BÁSICO PARA TRIBUNAL DE JUSTIÇA

Proteção de direitos

Todos os direitos autorais desta obra são reservados e protegidos pela Lei nº 9.610/1998. É proibida a reprodução de qualquer parte deste material didático, sem autorização prévia expressa por escrito do autor e da editora, por quaisquer meios empregados, sejam eletrônicos, mecânicos, videográficos, fonográficos, reprográficos, microfílmicos, fotográficos, gráficos ou quaisquer outros que possam vir a ser criados. Essas proibições também se aplicam à editoração da obra, bem como às suas características gráficas.

Diretor Geral: Evandro Guedes
Diretor de TI: Jadson Siqueira
Diretor Editorial: Javert Falco
Gerente Editorial: Mariana Passos
Editor(a): Mateus Ruhmke Vazzoller
Gerente de Editoração: Alexandre Rossa
Diagramador(a): Emilly Lazarotto

Língua Portuguesa
Adriano Pacciello, Giancarla Bombonato e Glaucia Cansian

Redação
Giancarla Bombonato

Matemática
Daniel Lustosa

Informática
João Paulo, Kátia Quadros, Luiz Rezende

Administração
Giovana Carranza, Marisol Bufeman

Direito Constitucional
Daniel Sena, Gustavo Muzy

Direito Administrativo
Evandro Guedes, Filipe Ávila, Isabel Rossoni

Estatuto da Pessoa com Deficiência
Nilton Matos

Direito Penal
Eduardo Labruna, Evandro Guedes, Rafael Medeiros, Lucas Favero

Direito Processual Penal
André Adriano, Roberto Fernandes

Questões Comentadas
Higor Carlos Alves da Silva, Alessandra Karl Rodrigues da Silva, Fabyanne Cavaggioni da Cruz, Tatiane Zmorzenski dos Santos, Tatiana Aparecida Campos, Gabriele Vieira Carrera, Jefferson de Oliveira da Costa Teixeira, Luis Fernando de Menezes

Dados Internacionais de Catalogação na Publicação (CIP)
Jéssica de Oliveira Molinari CRB-8/9852

B317
Básico para Tribunal de Justiça / Equipe de professores Alfacon. - Cascavel, PR : AlfaCon, 2023.
666 p.

Bibliografia
ISBN 978-65-5918-697-6

1. Serviço público - Concursos – Brasil 2. Língua portuguesa 3. Redação 4. Matemática 5. Direito 6. Estatuto da pessoal com deficiência

23-3860 　　　　　　　　　　　　　　　　　　　　　　　CDD 351.81076

Índices para catálogo sistemático:
1. Serviço público - Brasil - Concursos

Dúvidas?
Acesse: www.alfaconcursos.com.br/atendimento

Núcleo Editorial:
Rua: Paraná, nº 3193, Centro - Cascavel/PR
CEP: 85810-010

Núcleo Comercial/Centro de Distribuição:
Rua: Dias Leme, nº 489, Mooca - São Paulo/SP
CEP: 03118-040

SAC: (45) 3037-8888

Data de fechamento
1ª impressão:
07/07/2023

www.alfaconcursos.com.br/apostilas

Atualizações e erratas
Esta obra é vendida como se apresenta. Atualizações - definidas a critério exclusivo da Editora AlfaCon, mediante análise pedagógica – e erratas serão disponibilizadas no site www.alfaconcursos.com.br/codigo, por meio do código disponível no final do material didático Ressaltamos que há a preocupação de oferecer ao leitor uma obra com a melhor qualidade possível, sem a incidência de erros técnicos e/ou de conteúdo. Caso ocorra alguma incorreção, solicitamos que o leitor, atenciosamente, colabore com sugestões, por meio do setor de atendimento do AlfaCon Concursos Públicos.

APRESENTAÇÃO

A chance de fazer parte do Serviço Público chegou, e a oportunidade está no concurso para **Básico para Tribunal de Justiça**. Neste universo dos concursos públicos, estar bem-preparado faz toda a diferença e para ingressar nesta carreira, é fundamental que esteja preparado com os conteúdos que o AlfaCon julga mais importante cobrados na prova:

Aqui, você encontrará os conteúdos básicos de

> Língua Portuguesa
> Redação
> Matemática
> Informática
> Administração
> Direito Constitucional
> Direito Administrativo
> Estatuto da Pessoa com Deficiência
> Direito Penal
> Direito Processual Penal

O AlfaCon preparou todo o material com explicações, reunindo os principais conteúdos relacionados a prova, dando ênfase aos tópicos mais cobrados. ESTEJA ATENTO AO CONTEÚDO ONLINE POR MEIO DO CÓDIGO DE RESGATE, para que você tenha acesso a todo conteúdo do solicitado pelo edital.

Desfrute de seu material o máximo possível, estamos juntos nessa conquista!

Bons estudos e rumo à sua aprovação!

COMO ESTUDAR PARA UM CONCURSO PÚBLICO!

Para se preparar para um concurso público, não basta somente estudar o conteúdo. É preciso adotar metodologias e ferramentas, como plano de estudo, que ajudem o concurseiro em sua organização.

As informações disponibilizadas são resultado de anos de experiência nesta área e apontam que estudar de forma direcionada traz ótimos resultados ao aluno.

Curso on-line GRATUITO

- Como montar caderno
- Como estudar
- Como e quando fazer simulados
- O que fazer antes, durante e depois de uma prova!

Ou pelo link: alfaconcursos.com.br/cursos/material-didatico-como-estudar

ORGANIZAÇÃO

Organização é o primeiro passo para quem deseja se preparar para um concurso público.

Conhecer o conteúdo programático é fundamental para um estudo eficiente, pois os concursos seguem uma tendência e as matérias são previsíveis. Usar o edital anterior - que apresenta pouca variação de um para outro - como base é uma boa opção.

Quem estuda a partir desse núcleo comum precisa somente ajustar os estudos quando os editais são publicados.

PLANO DE ESTUDO

Depois de verificar as disciplinas apresentadas no edital, as regras determinadas para o concurso e as características da banca examinadora, é hora de construir uma tabela com seus horários de estudo, na qual todas as matérias e atividades desenvolvidas na fase preparatória estejam dispostas.

PASSO A PASSO

VEJA AS ETAPAS FUNDAMENTAIS PARA ORGANIZAR SEUS ESTUDOS

PASSO 1
Selecionar as disciplinas que serão estudadas.

PASSO 2
Organizar sua rotina diária: marcar pontualmente tudo o que é feito durante 24 horas, inclusive o tempo que é destinado para dormir, por exemplo.

PASSO 3
Organizar a tabela semanal: dividir o horário para que você estude 2 matérias por dia e também destine um tempo para a resolução de exercícios e/ou revisão de conteúdos.

PASSO 4
Seguir rigorosamente o que está na tabela, ou seja, destinar o mesmo tempo de estudo para cada matéria. Por exemplo: 2h/dia para cada disciplina.

PASSO 5
Reservar um dia por semana para fazer exercícios e também simulados.

Esta tabela é uma sugestão de como você pode organizar seu plano de estudo. Para cada dia, você deve reservar um tempo para duas disciplinas e também para a resolução de exercícios e/ou revisão de conteúdos. Fique atento ao fato de que o horário precisa ser determinado por você, ou seja, a duração e o momento do dia em que será feito o estudo é você quem escolhe.

AlfaCon
Concursos Públicos

TABELA SEMANAL

SEMANA	SEGUNDA	TERÇA	QUARTA	QUINTA	SEXTA	SÁBADO	DOMINGO
1							
2							
3							
4							

SUMÁRIO

LÍNGUA PORTUGUESA **25**

1 FONOLOGIA 26
   1.1 Partição silábica 26

2 ACENTUAÇÃO GRÁFICA 27
   2.1 Padrões de tonicidade 27
   2.2 Encontros vocálicos 27
   2.3 Regras gerais 27

3 ACORDO ORTOGRÁFICO DA LÍNGUA PORTUGUESA 28
   3.1 Trema 28
   3.2 Regras de acentuação 28
   3.3 Hífen com compostos 28
   3.4 Uso do hífen com palavras formadas por prefixos 29

4 ORTOGRAFIA 32
   4.1 Alfabeto 32
   4.2 Emprego da letra H 32
   4.3 Emprego de E e I 32
   4.4 Emprego de O e U 32
   4.5 Emprego de G e J 33
   4.6 Orientações sobre a grafia do fonema /s/ 33
   4.7 Emprego da letra Z 34
   4.8 Emprego do X e do CH 34
   4.9 Escreveremos com X 34
   4.10 Escreveremos com CH 34

5 NÍVEIS DE ANÁLISE DA LÍNGUA 35

6 ESTRUTURA E FORMAÇÃO DE PALAVRAS 36
   6.1 Estrutura das palavras 36
   6.2 Radicais gregos e latinos 36
   6.3 Origem das palavras de Língua Portuguesa 36
   6.4 Processos de formação de palavras 37
   6.5 Acrônimo ou sigla 37
   6.6 Onomatopeia ou reduplicação 37

7 MORFOLOGIA 38
   7.1 Substantivos 38
   7.2 Artigo 38
   7.3 Pronome 39
   7.4 Verbo 43
   7.5 Adjetivo 48
   7.6 Advérbio 50
   7.7 Conjunção 51
   7.8 Interjeição 51
   7.9 Numeral 52
   7.10 Preposição 53

Sumário

Sumário

8 SINTAXE BÁSICA **54**
   8.1 Período simples (oração) 54
   8.2 Termos integrantes da oração 55
   8.3 Termos acessórios da oração.. 55
   8.4 Período composto 55

9 FUNÇÕES DO "SE" **58**
   9.1 Partícula apassivadora 58
   9.2 Pronome reflexivo 58
   9.3 Pronome recíproco 58
   9.4 Partícula expletiva (de realce) 58
   9.5 Pronome indeterminador do sujeito 58
   9.6 Parte do verbo pronominal 58
   9.7 Conjunção 58

10 FUNÇÕES DO "QUE" **59**
   10.1 Substantivo.. 59
   10.2 Pronome.. 59
   10.3 Interjeição 59
   10.4 Preposição... 59
   10.5 Advérbio 59
   10.6 Conjunção 59
   10.7 Conjunção subordinativa 59
   10.8 Partícula expletiva (de realce) 59

11 CONCORDÂNCIA VERBAL E NOMINAL **60**
   11.1 Concordância verbal.. 60
   11.2 Concordância nominal 61

12 REGÊNCIA VERBAL E NOMINAL....................................... **62**
   12.1 Regência verbal 62
   12.2 Regência nominal 63

13 PARALELISMO.. **64**
   13.1 Paralelismo sintático 64
   13.2 Paralelismo semântico 64

14 COLOCAÇÃO PRONOMINAL.. **65**
   14.1 Regras de próclise 65
   14.2 Regras de mesóclise 65
   14.3 Regras de ênclise 65
   14.4 Casos facultativos.. 65

15 CRASE... **66**
   15.1 Crase proibitiva 66
   15.2 Crase obrigatória 66
   15.3 Crase facultativa 66

16 PONTUAÇÃO... **67**
   16.1 Principais sinais e usos 67

17 PARÁFRASE **69**
   17.1 Passos da paráfrase... 69

18 REESCRITURA DE FRASES **70**
18.1 Substituição de palavras ou de trechos de texto 70
18.2 Conectores de mesmo valor semântico 70
18.3 Retextualização de diferentes gêneros e níveis de formalidade 70

19 FIGURAS DE LINGUAGEM **73**
19.1 Vícios de linguagem 74
19.2 Funções da linguagem 74

20 TIPOLOGIA TEXTUAL **75**
20.1 Texto narrativo 75
20.2 Texto dissertativo 75
20.3 Texto descritivo 76
20.4 Conotação × denotação 76

21 GÊNEROS TEXTUAIS **77**
21.1 Gêneros textuais e esferas de circulação 77
21.2 Exemplos de gêneros textuais 77

22 COMPREENSÃO E INTERPRETAÇÃO DE TEXTOS **80**
22.1 Ideias preliminares sobre o assunto 80
22.2 Semântica ou pragmática? 80
22.3 Questão de interpretação 80
22.4 Dicas para interpretação 80
22.5 Dicas para organização 81

23 INTERPRETAÇÃO DE TEXTO POÉTICO **83**
23.1 Tradução de sentido 83
23.2 Organização de texto 83
23.3 Significação das palavras 84
23.4 Inferência 84

24 TIPOS DE DISCURSO **86**
24.1 Discurso direto 86
24.2 Discurso indireto 86
24.3 Discurso indireto livre 86

REDAÇÃO **87**

1 REDAÇÃO PARA CONCURSOS PÚBLICOS **88**
1.1 Por que tenho que me preparar com antecedência para a redação? 88
1.2 Os primeiros passos 88
1.3 Orientações para o texto definitivo 89
1.4 Temas e textos motivadores 90
1.5 Título 90
1.6 O texto dissertativo 90
1.7 Estrutura do texto dissertativo 91

2 DISSERTAÇÃO EXPOSITIVA E ARGUMENTATIVA **92**
2.1 Dissertação expositiva 92
2.2 Estrutura do texto dissertativo-expositivo 92
2.3 Propostas de dissertação expositiva 92

Sumário

Sumário

2.4 Dissertação argumentativa 95
2.5 Estrutura do texto dissertativo-argumentativo 95
2.6 Propostas de dissertação argumentativa 96
2.7 Elementos de coesão 97
2.8 Critérios de avaliação das bancas 98

MATEMÁTICA **100**

1 PROPOSIÇÕES **101**
1.1 Definições 101
1.2 Tabela verdade e valores lógicos das proposições compostas 102
1.3 Tautologias, contradições e contingências 103
1.4 Equivalências lógicas 103
1.5 Relação entre todo, algum e nenhum 105

2 ARGUMENTOS **106**
2.1 Definições 106
2.2 Métodos para classificar os argumentos 106

3 PSICOTÉCNICOS **108**

4 ANÁLISE COMBINATÓRIA **110**
4.1 Definição 110
4.2 Fatorial 110
4.3 Princípio fundamental da contagem (PFC) 110
4.4 Arranjo e combinação 110
4.5 Permutação 111

5 PROBABILIDADE **112**
5.1 Definições 112
5.2 Fórmula da probabilidade 112
5.3 Eventos complementares 112
5.4 Casos especiais de probabilidade 112

6 CONJUNTOS **114**
6.1 Definição 114
6.2 Subconjuntos 114
6.3 Operações com conjuntos 114

7 CONJUNTOS NUMÉRICOS **116**
7.1 Números naturais 116
7.2 Números inteiros 116
7.3 Números racionais 116
7.4 Números irracionais 118
7.5 Números reais 118
7.6 Intervalos 118
7.7 Múltiplos e divisores 118
7.8 Números primos 118
7.9 MMC e MDC 118
7.10 Divisibilidade 119
7.11 Expressões numéricas 119

8 SISTEMA LEGAL DE MEDIDAS 120
    8.1 Medidas de tempo 120
    8.2 Sistema métrico decimal 120

9 PROPORCIONALIDADE 121
    9.1 Grandeza 121
    9.2 Razão 121
    9.3 Proporção 121
    9.4 Divisão em partes proporcionais 121
    9.5 Regra das torneiras 122
    9.6 Regra de três 122

10 SEQUÊNCIAS NUMÉRICAS 123
    10.1 Definições 123
    10.2 Lei de formação de uma sequência 123
    10.3 Progressão aritmética (P.A.) 123
    10.4 Progressão geométrica (P.G.) 124

11 TRIGONOMETRIA 125
    11.1 Triângulos 125
    11.2 Trigonometria no triângulo retângulo 125
    11.3 Trigonometria em um triângulo qualquer 125
    11.4 Medidas dos ângulos 125
    11.5 Ciclo trigonométrico 126
    11.6 Funções trigonométricas 127
    11.7 Identidades e operações trigonométricas 127
    11.8 Bissecção de arcos ou arco metade 128

12 GEOMETRIA PLANA 129
    12.1 Semelhanças de figuras 129
    12.2 Relações métricas nos triângulos 129
    12.3 Quadriláteros 130
    12.4 Polígonos regulares 131
    12.5 Círculos e circunferências 132
    12.6 Polígonos regulares inscritos e circunscritos 132
    12.7 Perímetros e áreas dos polígonos e círculos 134

13 GEOMETRIA ESPACIAL 135
    13.1 Retas e planos 135
    13.2 Prismas 136
    13.3 Cilindro 140
    13.4 Cone circular 141
    13.5 Pirâmides 142
    13.6 Troncos 143
    13.7 Esfera 144

14 NOÇÕES DE MATEMÁTICA FINANCEIRA 146
    14.1 Porcentagem 146
    14.2 Lucro e prejuízo 146
    14.3 Juros simples 146

Sumário

Sumário

14.4 Juros compostos 146
14.5 Capitalização 146

INFORMÁTICA **147**

1 SOFTWARE **148**
1.1 Licenças de software 148
1.2 Tipos de software 149

2 HARDWARE **153**
2.1 Classificação dos dispositivos quanto à finalidade 153
2.2 Classificação dos dispositivos quanto ao tipo de tecnologia 153
2.3 Arquitetura 153
2.4 Processador 153
2.5 Unidades de medida 154

3 LINUX **155**
3.1 Dual boot 155
3.2 Distribuições 155
3.3 Estrutura de diretórios 155
3.4 Gerenciadores de arquivos 155
3.5 Terminal Linux 155
3.6 Comandos Linux 155

4 WINDOWS 10 ....**156**
4.1 Requisitos mínimos 156
4.2 Diferenças em relação à versão anterior 156
4.3 Estrutura de diretórios 161
4.4 Ferramentas administrativas 161
4.5 Configurações 163
4.6 Sistema 163
4.7 Dispositivos 163
4.8 Rede e internet 163
4.9 Personalização 163
4.10 Facilidade de acesso 164
4.11 Atualização e segurança 165
4.12 Backup no Windows 10 165
4.13 Explorador de arquivos 166

5 WORD 365 ....**167**
5.1 Extensões 167
5.2 Selecionando texto 169
5.3 Guia página inicial 169
5.4 Inserir 172
5.5 Guia Design 174
5.6 Guia Layout 174
5.7 Guia Referências 175
5.8 Guia Correspondências 175
5.9 Revisão 176

5.10 Exibir 176
5.11 Barra de Status 176
5.12 Visualização do Documento 176
5.13 Atalhos 177

6 EXCEL 365 ....**178**
6.1 Características do Excel 178
6.2 Interface 178
6.3 Seleção de células 179
6.4 Página Inicial 179
6.5 Formatação condicional 180
6.6 Validação de dados – Guia dados 180
6.7 Funções 183
6.8 Aninhar uma função dentro de outra função 187
6.9 Recursos automatizados do Excel 190
6.10 Endereço absoluto e endereço relativo 190
6.11 Erros do Excel 191

7 POWERPOINT 365 ....**192**
7.1 Arquivo 192
7.2 Imprimir 192
7.3 Página Inicial 193
7.4 Inserir 193
7.5 Transições 194
7.6 Animações 194
7.7 Apresentação de slides 195
7.8 Guia Exibir 195

8 PACOTE BROFFICE – LIBREOFFICE **197**

9 WRITER **198**
9.1 Formatos de arquivos 198
9.2 Formatação de texto 198
9.3 Barra de Menus 198
9.4 Menu Formatar 198
9.5 Menu Arquivo 203
9.6 Menu Editar 204
9.7 Menu Exibir 204
9.8 Menu Tabela 207
9.9 Menu Ferramentas 207

10 CALC **209**
10.1 Planilha 209
10.2 Célula 209
10.3 Operadores 210
10.4 Elemento fixador 211
10.5 Alça de preenchimento 211
10.6 Funções 212
10.7 Formatos de células 213

Sumário

Sumário

11 IMPRESS **215**
    11.1 Janela do programa 215
    11.2 Mestre 216
    11.3 Layouts 216
    11.4 Formatos de arquivos 216
    11.5 Modos de exibição 216
    11.6 Inserir slide 217
    11.7 Menu Apresentação de slides 218
    11.8 Impressão 219

12 REDES DE COMPUTADORES **221**
    12.1 Paradigma de comunicação 221
    12.2 Dispositivos de rede 221
    12.3 Topologia de rede 221
    12.4 Firewall 222
    12.5 Tipos de redes 222
    12.6 Padrões de infraestrutura 222
    12.7 Correio eletrônico 222
    12.8 URL (Uniform Resource Locator) 223
    12.9 Navegadores 224
    12.10 Conceitos relacionados à internet 224

13 SEGURANÇA DA INFORMAÇÃO **225**
    13.1 Princípios básicos da segurança da informação 225
    13.2 Criptografia 225
    13.3 Ataques 226

14 CLOUD COMPUTING **227**
    14.1 Características 227

ADMINISTRAÇÃO 228

1 TEORIAS ADMINISTRATIVAS **229**
    1.1 Conceito de Administração 229
    1.2 Teorias Administrativas - Principais Escolas - Características Básicas
    e Contribuições 229

2 PROCESSO ADMINISTRATIVO (ORGANIZACIONAL) **238**
    2.1 Planejamento 238
    2.2 Organização 242
    2.3 Direção 248
    2.4 Controle 260

3 CULTURA ORGANIZACIONAL **264**
    3.1 Dimensões da Cultura 264
    3.2 Funções da Cultura 264
    3.3 Como os Funcionários Aprendem a Cultura 264
    3.4 Aspectos Formais e Abertos x Aspectos Informais e Fechados 264
    3.5 Níveis da Cultura 265
    3.6 Elementos da Cultura Organizacional 265
    3.7 Os Reforçadores de Culturas de Torquato 265

3.8 Vantagens e Desvantagens da Cultura Organizacional 266
3.9 Características da Cultura Organizacional 266
3.10 Gestão da Cultura Organizacional 266
3.11 Clima Organizacional 267
3.12 Tipos de Clima Organizacional 267
3.13 Diagnóstico de Clima Organizacional 267
3.14 Gestão do Clima Organizacional 268

4 ADMINISTRAÇÃO PÚBLICA 269

4.1 Formas de Administração Pública (Patrimonialista, Burocrática e Gerencial) 269
4.2 O Paradigma Pós-Burocrático 270
4.3 Rumo à Administração Gerencial 271
4.4 O Retrocesso de 1988 271
4.5 O Aparelho do Estado e as Formas de Propriedade 273
4.6 Os Setores do Estado 273
4.7 Setores do Estado e Tipos de Gestão 274
4.8 Experiências de Reformas Administrativas 274
4.9 Governabilidade / Governança / Accountability 275
4.10 Evolução da Administração Gerencial 276
4.11 Governo Eletrônico e Transparência 277
4.12 Empreendedorismo Governamental e Novas Lideranças no Setor Público 278

5 GESTÃO DA QUALIDADE 280

5.1 Os Períodos ou Eras da Qualidade 280
5.2 Principais Teóricos e Suas Contribuições Para a Gestão da Qualidade 280
5.3 Qualidade Total 282
5.4 Melhoria Contínua 283
5.5 Qualidade na Administração Pública 283
5.6 Ferramentas da Qualidade 289

6 GESTÃO DE PROJETOS 295

6.1 Projetos X Operações 295
6.2 Gerenciamento de Projetos 295
6.3 Ciclo de Vida do Projeto 296
6.4 PMO – Escritório de Projetos 297
6.5 Partes Interessadas no Projeto - Stakeholders 298
6.6 Curiosidades Sobre o Assunto 300

7 PLANEJAMENTO ESTRATÉGICO 302

7.1 Processo de Planejamento 302
7.2 Níveis de Planejamento 302

8 TRABALHO EM EQUIPE 311

8.1 Tipos de Equipes 311
8.2 Características Necessárias para a Formação de uma Equipe 311
8.3 Estágios de Desenvolvimento da Equipe 312

Sumário

Sumário

9 COMUNICAÇÃO ORGANIZACIONAL **313**
- 9.1 Comunicabilidade 313
- 9.2 Comunicação Organizacional 314

10 PROCESSO DECISÓRIO..**316**
- 10.1 O Ambiente da Tomada de Decisão 316
- 10.2 Tipos de Decisões... 316
- 10.3 Modelos de Tomada de Decisão 316
- 10.4 Armadilhas Psicológicas na Tomada de Decisão 317

11 GESTÃO DE PROCESSOS **318**
- 11.1 Conceitos 318
- 11.2 Níveis de Detalhamento dos Processos 319
- 11.3 O Guia BPM CBOK.. 319
- 11.4 Mapeamento de Processos... 320
- 11.5 Projeto de Mapeamento e Modelagem de Processos........... 321
- 11.6 Diferenciando BPM e BPMS 322
- 11.7 Ciclo PDCA 322

12 BALANCED SCORECARD **323**
- 12.1 Processo de Elaboração do BSC... 323
- 12.2 Adaptação do BSC às Instituições Públicas......................... 323
- 12.3 Mapa Estratégico.. 324

13 NOÇÕES DE GESTÃO DE PESSOAS **325**
- 13.1 Escola das Relações Humanas... 325
- 13.2 Histórico da Gestão de Pessoas (GEP) 326
- 13.3 As Pessoas como Parceiras da Organização 327

14 LIDERANÇA **329**
- 14.1 Tipos de Liderança 329

15 TREINAMENTO..**331**
- 15.1 Processos de Treinamento.. 331

16 DESENVOLVIMENTO DE PESSOAS **333**
- 16.1 Tutoria 333
- 16.2 Aconselhamento 334
- 16.3 A Gestão de Pessoas com Base em Competências............... 335
- 16.4 Desenvolvimento Organizacional... 336
- 16.5 Motivação 337
- 16.6 Evolução da Forma de Ver as Pessoas nas Organizações.... 339

17 AVALIAÇÃO DE DESEMPENHO...**340**
- 17.1 Objetivos 340
- 17.2 Responsabilidades do Gerenciamento de Desempenho....... 340
- 17.3 Os Métodos de Avaliação e suas Principais Características... 340
- 17.4 Elementos do Gerenciamento de Desempenho 342
- 17.5 Benefícios da Avaliação de Desempenho 342
- 17.6 Falhas na Avaliação de Desempenho 342
- 17.7 O Feedback na Avaliação de Desempenho........................... 343

DIREITO CONSTITUCIONAL 344

1 INTRODUÇÃO AO DIREITO CONSTITUCIONAL 345
1.1 Noções gerais 345

2 TEORIA GERAL DA CONSTITUIÇÃO 346
2.1 Conceito de constituição e princípio da supremacia da constituição .. 346
2.2 Classificação das constituições 346
2.3 Poder constituinte 347
2.4 Classificação das normas constitucionais quanto à sua eficácia 347
2.5 Emendas constitucionais 348

3 PRINCÍPIOS FUNDAMENTAIS 349
3.1 Princípio da tripartição dos poderes 349
3.2 Princípio federativo 349
3.3 Princípio republicano 350
3.4 Presidencialismo 350
3.5 Regime democrático 350
3.6 Fundamentos da República Federativa do Brasil 351
3.7 Objetivos fundamentais da República Federativa do Brasil 351
3.8 Princípios que regem as relações internacionais do Brasil 351

4 DIREITOS FUNDAMENTAIS – REGRAS GERAIS 353
4.1 Conceito 353
4.2 Classificação 353
4.3 Características 353
4.4 Dimensões dos direitos fundamentais 353
4.5 Titulares dos direitos fundamentais 354
4.6 Cláusulas pétreas fundamentais 354
4.7 Eficácia dos direitos fundamentais 354
4.8 Força normativa dos tratados internacionais 355
4.9 Tribunal Penal Internacional (TPI) 355
4.10 Direitos e garantias 355

5 DIREITOS E DEVERES INDIVIDUAIS E COLETIVOS 356
5.1 Direito à vida 356
5.2 Direito à igualdade 356
5.3 Direito à liberdade 357
5.4 Direito à propriedade 359
5.5 Direito à segurança 360
5.6 Remédios constitucionais 365

6 DIREITOS SOCIAIS E NACIONALIDADE 368
6.1 Direitos sociais 368
6.2 Direitos de nacionalidade 370

7 DIREITOS POLÍTICOS E PARTIDOS POLÍTICOS 373
7.1 Direitos políticos 373
7.2 Partidos políticos 375

Sumário

Sumário

8 ORGANIZAÇÃO POLÍTICO-ADMINISTRATIVA **376**
   8.1 Princípio federativo: entes federativos 376
   8.2 Intervenção 383

9 ADMINISTRAÇÃO PÚBLICA **386**
   9.1 Conceito 386
   9.2 Princípios expressos da Administração Pública 386
   9.3 Princípios implícitos da Administração Pública 387
   9.4 Regras aplicáveis aos servidores públicos 388
   9.5 Direitos sociais dos servidores públicos 390
   9.6 Regras para servidores em exercício de mandato eletivo 392
   9.7 Regras de remuneração dos servidores públicos 392
   9.8 Regras de aposentadoria 393
   9.9 Militares dos estados, Distrito Federal e territórios.......................... 394

10 PODER JUDICIÁRIO **395**
   10.1 Disposições gerais 395
   10.2 Composição dos órgãos do Poder Judiciário 396
   10.3 Análise das competências dos órgãos do Poder Judiciário 401

11 FUNÇÕES ESSENCIAIS À JUSTIÇA **405**
   11.1 Ministério Público 405
   11.2 Advocacia Pública 409
   11.3 Advocacia 411

DIREITO ADMINISTRATIVO 413

1 INTRODUÇÃO AO DIREITO ADMINISTRATIVO **414**
   1.1 Ramos do Direito 414
   1.2 Conceito de Direito Administrativo 414
   1.3 Objeto do Direito Administrativo 414
   1.4 Fontes do Direito Administrativo 414
   1.5 Sistemas Administrativos 415
   1.6 Regime jurídico administrativo 415
   1.7 Noções de Estado 415
   1.8 Noções de governo 416

2 ADMINISTRAÇÃO PÚBLICA **417**
   2.1 Classificação de Administração Pública 417
   2.2 Organização da Administração 417
   2.3 Administração Direta 417
   2.4 Administração Indireta 418

3 ÓRGÃO PÚBLICO **422**
   3.1 Teorias 422
   3.2 Características 422
   3.3 Classificação 422
   3.4 Estrutura 422
   3.5 Atuação funcional/composição 423
   3.6 Paraestatais 423
   3.7 Organizações da Sociedade Civil (OSC) 423
   3.8 Organizações Não Governamentais (ONGs) 424

4 AGENTES PÚBLICOS..**425**
   4.1 Conceito 425
   4.2 Classificação... 425
5 PRINCÍPIOS FUNDAMENTAIS DA ADMINISTRAÇÃO PÚBLICA........................**426**
   5.1 Classificação... 426
   5.2 Princípios explícitos da Administração Pública....................... 426
   5.3 Princípios implícitos da Administração Pública 427
6 DEVERES E PODERES ADMINISTRATIVOS...**430**
   6.1 Deveres.. 430
   6.2 Poderes administrativos.. 430
7 ATO ADMINISTRATIVO...**434**
   7.1 Conceito de ato administrativo 434
   7.2 Elementos de validade do ato administrativo 434
   7.3 Atributos do ato administrativo....................................... 434
   7.4 Classificação dos atos administrativos................................ 435
   7.5 Extinção dos atos administrativos 437
8 IMPROBIDADE ADMINISTRATIVA **438**
   8.1 Sujeitos.. 438
   8.2 Regras gerais.. 438
   8.3 Atos de improbidade administrativa.................................. 438
   8.4 Efeitos da lei 439
   8.5 Sanções.. 439
   8.6 Prescrição 440
9 LEI Nº 14.133/2021 – NOVA LEI DE LICITAÇÕES **441**
   9.1 Aplicabilidade 441
   9.2 Princípios.. 441
   9.3 Objetivos da licitação.. 441
   9.4 Fases da licitação 441
   9.5 Modalidades de licitação 441
   9.6 Critérios de julgamento.. 442
   9.7 Inexigibilidade e dispensa de licitação – contratação direta 442
10 CONTROLE DA ADMINISTRAÇÃO PÚBLICA......................................**445**
   10.1 Classificação... 445
   10.2 Controle administrativo... 446
   10.3 Controle legislativo 446
   10.4 Controle judiciário 448
11 RESPONSABILIDADE CIVIL DO ESTADO..**449**
   11.1 Teoria do risco administrativo 449
   11.2 Teoria da culpa administrativa....................................... 449
   11.3 Teoria do risco integral 449
   11.4 Danos decorrentes de obras públicas 449
   11.5 Responsabilidade civil decorrente de atos legislativos............ 449
   11.6 Responsabilidade civil decorrente de atos jurisdicionais.......... 449

Sumário

Sumário

11.7 Ação de reparação de Danos 450
11.8 Ação regressiva 450

12 LEI Nº 13.869/2019 – ABUSO DE AUTORIDADE 451
12.1 Aspectos gerais 451
12.2 Sujeitos do crime e características gerais 451
12.3 Bem jurídico e sujeito passivo 452
12.4 Elemento subjetivo 452
12.5 Ação penal e competência 452
12.6 Efeitos da condenação e penas restritivas de direitos 453
12.7 Sanções de natureza civil e administrativa 453
12.8 Divergência na interpretação de lei ou na avaliação de fatos e provas
.... 454
12.9 Procedimento 454
12.10 Crimes em espécie 454

13 ÉTICA NO SERVIÇO PÚBLICO 465
13.1 Ética e moral 465
13.2 Ética: princípios e valores 466
13.3 Ética e democracia: exercício da cidadania 466
13.4 Ética e função pública 467
13.5 Código de Ética Profissional do Serviço Público (Decreto nº
1.171/1994) 468
13.6 Decreto nº 6.029/2007 469

ESTATUTO DA PESSOA COM DEFICIÊNCIA 472

1 ESTATUTO DA PESSOA COM DEFICIÊNCIA 473
1.1 Da igualdade e não discriminação 473
1.2 Do atendimento prioritário 474
1.3 Direitos fundamentais 475
1.4 Inclusão da pessoa com deficiência no trabalho 478

2 ACESSIBILIDADE 480
2.1 Acesso à justiça 482
2.2 Reconhecimento igual perante a lei 482
2.3 Crimes e infrações 482

3 LEIS FEDERAIS, DECRETOS E RESOLUÇÕES 483
3.1 Lei nº 10.048/2000 - atendimento prioritário 483
3.2 Lei nº 10.098/2000 — Promoção da acessibilidade 484
3.3 Decreto nº 5.296/2004 486
3.4 Resolução nº 230/2016 – CNJ 486
3.5 Princípios gerais da Convenção Internacional sobre os Direitos das
Pessoas com Deficiência 487

4 RESOLUÇÃO Nº 230/2016 - CNJ 488
4.1 Princípios Gerais da Convenção Internacional sobre os Direitos das
Pessoas com Deficiência 488

DIREITO PENAL **489**

1 DA APLICAÇÃO DA LEI PENAL **490**

1.1 Conceitos importantes 490

1.2 Características da lei penal.. 490

1.3 Classificação da lei penal... 490

1.4 Princípios do Direito Penal 490

1.5 Classificação e estrutura da lei penal 494

1.6 Fontes do Direito Penal 495

1.7 Analogia... 495

1.8 Interpretação de lei penal 496

1.9 Lei penal no tempo 496

1.10 Súmula nº 711 – STF 498

1.11 Lei penal no espaço 498

1.12 Extraterritorialidade da lei penal brasileira...................... 499

1.13 Pena cumprida no estrangeiro 500

1.14 Eficácia de sentença estrangeira 500

1.15 Contagem de prazo 501

1.16 Frações não computáveis da pena 501

1.17 Conflito aparente de normas... 501

2 TEORIA DO CRIME...**503**

2.1 Classificação de crimes e contravenções......................... 503

2.2 Infração penal... 503

2.3 Sujeitos 504

2.4 Critério de crime... 504

2.5 Fato típico 505

2.6 Etapas da realização do delito – iter criminis................... 508

2.7 Situações que impedem a responsabilização do agente pelo resultado 508

2.8 Teoria do erro 509

2.9 Descriminantes putativas.. 511

2.10 Ilicitude.. 511

3 CULPABILIDADE **513**

3.1 Elementos da culpabilidade 513

4 CRIMES CONTRA A PESSOA **516**

4.1 Crimes contra vida 516

4.2 Lesões corporais.. 523

4.3 Rixa 529

4.4 Crimes contra a honra 529

4.5 Crimes contra a liberdade individual 531

5 CRIMES CONTRA O PATRIMÔNIO **539**

5.1 Furto.. 539

5.2 Furto de coisa comum... 541

5.3 Roubo e extorsão 542

5.4 Dano.. 545

Sumário

Sumário

5.5 Apropriação indébita 545
5.6 Estelionato e outras fraudes...... 546
5.7 Receptação...... 549

6 CRIMES CONTRA A FÉ PÚBLICA...... 551
6.1 Moeda falsa 551
6.2 Falsidade documental 552
6.3 Fraudes em certames de interesse público 556

7 CRIMES CONTRA A ADMINISTRAÇÃO PÚBLICA...... 558
7.1 Crimes funcionais 558
7.2 Conceito de funcionário público 558
7.3 Crimes praticados por funcionário público contra a administração em geral...... 559
7.4 Crimes praticados por particular contra a administração em geral...... 565
7.5 Crimes em licitações e contratos administrativos...... 568
7.6 Crimes contra a administração da justiça 571
7.7 Crimes contra as finanças públicas...... 576

DIREITO PROCESSUAL PENAL...... 579

1 INTRODUÇÃO AO DIREITO PROCESSUAL PENAL...... 580
1.1 Lei Processual Penal no espaço...... 580
1.2 Lei Processual Penal no tempo...... 580
1.3 Interpretação da Lei Processual Penal...... 580

2 INQUÉRITO POLICIAL...... 581
2.1 Conceito de inquérito policial...... 581
2.2 Natureza jurídica...... 581
2.3 Características do inquérito policial 581
2.4 Valor probatório do inquérito policial 582
2.5 Vícios...... 582
2.6 Procedimento investigatório face aos servidores vinculados aos órgãos da segurança da pública (art. 144, CF/1988) 582
2.7 Incomunicabilidade...... 583
2.8 Notícia crime...... 583
2.9 Prazos para conclusão do inquérito policial...... 583

3 AÇÃO PENAL 585
3.1 Condições da ação penal...... 585
3.2 Espécies de ação penal 585
3.3 Ação penal incondicionada...... 585
3.4 Princípios que regem a ação penal incondicionada...... 585
3.5 Ação penal pública condicionada 585
3.6 Ação penal privada exclusiva 586
3.7 Ação penal privada subsidiária da pública 586
3.8 Ação penal personalíssima 586
3.9 Denúncia e queixa...... 586
3.10 Acordo de não persecução penal...... 586
3.11 Da ação penal...... 587

4 JURISDIÇÃO 590
    4.1 Características da jurisdição 590
    4.2 Princípios da jurisdição 590
    4.3 Inevitabilidade da jurisdição 590
    4.4 Inafastabilidade da jurisdição 590

5 COMPETÊNCIA 591
    5.1 Competência em razão da matéria........................... 591
    5.2 Competência em razão da pessoa 591
    5.3 Competência territorial... 591
    5.4 Conexão e continência 592

6 COMPETÊNCIA PENAL 593
    6.1 Competência criminal do STF................................... 593
    6.2 Competência criminal do STJ................................... 593
    6.3 Competência criminal da Justiça Federal.................. 594

7 QUESTÕES E PROCESSOS INCIDENTES 595
    7.1 Questões prejudiciais 595
    7.2 Exceções 595
    7.3 Incompatibilidades e impedimentos 596
    7.4 Conflito de jurisdição 596
    7.5 Restituição das coisas apreendidas......................... 596
    7.6 Medidas assecuratórias 597
    7.7 Incidente de falsidade 598
    7.8 Insanidade mental do acusado 598

8 PROVAS..599
    8.1 Conceito 599
    8.2 Cadeia de custódia 599
    8.3 Classificação das provas... 600

9 SUJEITOS PROCESSUAIS..604
    9.1 Juiz.. 604
    9.2 Ministério Público.. 604
    9.3 Acusado e seu defensor... 604
    9.4 Assistentes.. 605
    9.5 Funcionários da Justiça 605
    9.6 Peritos e intérpretes 605

10 PRISÕES...606
    10.1 Conceito.. 606
    10.2 Espécies de prisão cautelar 606

11 CITAÇÕES E INTIMAÇÕES..609
    11.1 Citações 609
    11.2 Intimações 610

12 PROCESSOS EM ESPÉCIE DO PROCESSO COMUM 611
    12.1 Instrução criminal 611

Sumário

Sumário

13 PROCESSOS EM ESPÉCIE **613**

13.1 Procedimento relativo aos procedimentos da competência do Tribunal do Júri 613

13.2 Princípios que regem o Tribunal do Júri 613

13.3 Debates 618

13.4 Questionário e sua votação 618

13.5 Sentença 619

13.6 Ata dos trabalhos 619

13.7 Atribuições do presidente do Tribunal do Júri 620

14 SENTENÇA **621**

14.1 Sentença penal absolutória 621

14.2 Sentença penal condenatória 621

14.3 Princípio da correlação e princípio da consubstanciação 622

14.4 Intimação das partes 622

15 EMENDATIO LIBELLI E MUTATIO LIBELLI **623**

15.1 Emendatio libelli 623

15.2 Mutatio libelli 623

16 RECURSOS **624**

16.1 Juízo de admissibilidade 624

16.2 Pressupostos processuais 624

16.3 Efeitos dos recursos 624

16.4 Princípios recursais 624

16.5 Disposições gerais 624

17 RECURSOS EM ESPÉCIE **625**

17.1 Recurso em Sentido Estrito (RESE) 625

17.2 Apelação 625

17.3 Processo e julgamento dos Recursos em Sentido Estrito e das apelações, nos Tribunais de Apelação 626

18 HABEAS CORPUS E SEU PROCESSO **628**

18.1 Espécies de HC 628

18.2 Outra denominação 628

18.3 Cabimento 628

18.4 Sujeitos 628

18.5 Formalidades 628

19 OUTROS RECURSOS EM ESPÉCIE **630**

19.1 Embargos 630

19.2 Revisão 630

19.3 Recurso extraordinário 631

19.4 Carta testemunhável 631

20 LEI Nº 9.099/1995 – JUIZADOS ESPECIAIS CÍVEIS E CRIMINAIS **632**

20.1 Juizados Especiais Cíveis 632

20.2 Atos processuais 633

20.3 Juizados Especiais Criminais (JECRIM) 635

QUESTÕES COMENTADAS **639**

LÍNGUA PORTUGUESA

FONOLOGIA

1 FONOLOGIA

Para escrever corretamente, dentro das normas aplicadas pela gramática, é preciso estudar o menor elemento sonoro de uma palavra: o fonema. A fonologia, então, é o estudo feito dos fonemas.

Os fonemas podem ser classificados em vogais, semivogais e consoantes. Esta qualificação ocorre de acordo com a forma como o ar passa pela boca e/ou nariz e como as cordas vocais vibram para produzir o som deles.

Cuidado para não confundir fonema com letra! A letra é a representação gráfica do fonema. Uma palavra pode ter quantidades diferentes de letras e fonemas.

Por exemplo:

Manhã: 5 letras

m/ /a/ /nh/ /ã/: 4 fonemas

- **Vogais:** existem **vogais nasais**, quando ocorre o movimento do ar saindo pela boca e pelo nariz. Tais vogais acompanham as letras m e n, ou também podem estar marcadas pelo til (~). No caso das **vogais orais**, o som passa apenas pela boca.

    Por exemplo:

    Mãe, lindo, tromba → vogais nasais

    Flor, calor, festa → vogais orais

- **Semivogais:** os fonemas /i/ e /u/ acompanhados por uma vogal na mesma sílaba da palavra constituem as semivogais. O som das semivogais é mais fraco do que o das vogais.

    Por exemplo: automóvel, história.

- **Consoantes:** quando o ar que sai pela boca sofre uma quebra formada por uma barreira como a língua, os lábios ou os dentes. São elas: b, c, d, f, g, j, k, l, lh, m, n, nh, p, rr, r, s, t, v, ch, z.

Lembre-se de que estamos tratando de fonemas, e não de letras. Por isso, os dígrafos também são citados como consoantes: os dígrafos são os encontros de duas consoantes, também chamados de encontros consonantais.

O encontro de dois sons vocálicos, ou seja, vogais ou semivogais, chama-se encontro vocálico. Eles são divididos em: ditongo, tritongo e hiato.

- **Ditongo:** na mesma sílaba, estão uma vogal e uma semivogal.

    Por exemplo: pai (A → vogal, I → semivogal).

- **Tritongo:** na mesma sílaba, estão juntas uma semivogal, uma vogal e outra semivogal.

    Por exemplo: Uruguai (U → semivogal, A → vogal, I → semivogal).

- **Hiato:** são duas vogais juntas na mesma palavra, mas em sílabas diferentes.

    Por exemplo: juíza (ju-í-za).

1.1 Partição silábica

Quando um fonema é falado em uma só expiração, ou seja, em uma única saída de ar, ele recebe o nome de sílaba. As palavras podem ser classificadas de diferentes formas, de acordo com a quantidade de sílabas ou quanto à sílaba tônica.

Pela quantidade de sílabas, as palavras podem ser:

- Monossílaba: 1 sílaba.

    Por exemplo: céu (monossílaba).

- Dissílaba: 2 sílabas.

    Por exemplo: jovem (jo-vem).

- Trissílaba: 3 sílabas.

    Por exemplo: palhaço (pa-lha-ço).

- Polissílaba: 4 ou mais sílabas.

    Por exemplo: dignidade (dig-ni-da-de,), particularmente (par-ti-cu-lar-men-te).

Pela tonicidade, ou seja, pela força com que a sílaba é falada e sua posição na palavra:

- **Oxítona:** a última sílaba é a tônica.
- **Paroxítona:** a penúltima sílaba é a tônica.
- **Proparoxítona:** a antepenúltima sílaba é a tônica.

A identificação da posição da sílaba tônica de uma palavra é feita de trás para frente. Desta forma, uma palavra oxítona possui como sílaba tônica a sílaba final da palavra.

Para realizar uma correta divisão silábica, é preciso ficar atento às regras.

- Não separe ditongos e tritongos.

    Por exemplo: sau-da-de, sa-guão.

- Não separe os dígrafos **CH, LH, NH, GU, QU**.

    Por exemplo: ca-**ch**o, a-be-**lh**a, ga-li-**nh**a, Gui-**lh**er-me, **qu**e-ri-do.

- Não separe encontros consonantais que iniciam sílaba.

    Por exemplo: **ps**i-có-lo-go, a-**gl**u-ti-nar.

- Separe as vogais que formam um hiato.

    Por exemplo: pa-ra-í-so, sa-ú-de.

- Separe os dígrafos **RR, SS, SC, SÇ, XC**.

    Por exemplo: ba**r**-**r**i-ga, a**s**-**s**a-do, pi**s**-**c**i-na, cre**s**-**ç**o, e**x**-**c**e-der.

- Separe as consoantes que estejam em sílabas diferentes.

    Por exemplo: a**d**-**j**un-to, sub**s**-**t**an-ti-vo, pra**g**-**m**á-ti-co.

2 ACENTUAÇÃO GRÁFICA

Antes de começar o estudo, é importante que você entenda quais são os padrões de tonicidade da Língua Portuguesa e quais são os encontros vocálicos presentes na Língua. Assim, fica mais fácil entender quais são as regras e como elas surgem.

2.1 Padrões de tonicidade

- **Palavras oxítonas:** última sílaba tônica (so-**fá**, ca-**fé**, ji-**ló**).
- **Palavras paroxítonas:** penúltima sílaba tônica (fer-**ru**-gem, a-**du**-bo, sa-**ú**-de).
- **Palavras proparoxítonas:** antepenúltima sílaba tônica (**â**-ni-mo, **ví**-ti-ma, **ó**-ti-mo).

2.2 Encontros vocálicos

- **Hiato:** encontro vocálico que se separa (pi-a-no, sa-ú-de).
- **Ditongo:** encontro vocálico que permanece unido na sílaba (cha-**péu**, to-**néis**).
- **Tritongo:** encontro vocálico que permanece unido na sílaba (sa-**guão**, U-ru-**guai**).

2.3 Regras gerais

2.3.1 Quanto às proparoxítonas

Acentuam-se todas as palavras proparoxítonas:
- Por exemplo: **ví**-ti-ma, **â**-ni-mo, hi-per-**bó**-li-co.

2.3.2 Quanto às paroxítonas

Não se acentuam as paroxítonas terminadas em **A, E, O** (seguidas ou não de **S**) **M** e **ENS**.
- Por exemplo: cas**te**lo, gra**na**da, pa**ne**la, pe**pi**no, **pa**jem, i**ma**gens etc.

Acentuam-se as terminadas em **R, N, L, X, I** ou **IS, US, UM, UNS, PS, Ã** ou **ÃS** e ditongos.
- Por exemplo: susten**tá**vel, **tó**rax, **hí**fen, **tá**xi, **ál**bum, **bí**ceps, prin**cí**pio etc.

Fique de olho em alguns casos particulares, como as palavras terminadas em **OM, ON, ONS**.
- Por exemplo: i**ân**dom; **pró**ton, **nêu**trons etc.

Com a reforma ortográfica, deixam de se acentuar as paroxítonas com **OO** e **EE**:
- Por exemplo: v**oo**, enj**oo**, perd**oo**, mag**oo**, le**em**, ve**em**, de**em**, cre**em** etc.

2.3.3 Quanto às oxítonas

São acentuadas as terminadas em:
- **A** ou **AS**: so**fá**, Pa**rá**.
- **E** ou **ES**: ra**pé**, ca**fé**.
- **O** ou **OS**: a**vô**, ci**pó**.
- **EM** ou **ENS**: tam**bém**, para**béns**.

2.3.4 Acentuação de monossílabos

Acentuam-se os monossílabos tônicos terminados em **A, E O**, seguidos ou não de **S**.
- Por exemplo: **pá, pó, pé, já, lá, fé, só**.

2.3.5 Acentuação dos hiatos

Acentuam-se os hiatos quando forem formados pelas letras **I** ou **U**, sozinhas ou seguidas de **S**:
- Por exemplo: sa**ú**va, ba**ú**, bala**ús**tre, pa**ís**.

Exceções:
- Seguidas de **NH**: tainha.
- Paroxítonas antecedidas de ditongo: feiura.
- Com o **I** duplicado: xiita.

2.3.6 Ditongos abertos

Serão acentuados os ditongos abertos **ÉU, ÉI** e **ÓI**, com ou sem **S**, quando forem oxítonos ou monossílabos.
- Por exemplo: chap**éu**, r**éu**, ton**éis**, her**ói**, past**éis**, hot**éis**, lenç**óis** etc.

Com a reforma ortográfica, caiu o acento do ditongo aberto em posição de paroxítona.
- Por exemplo: id**ei**a, onomatop**ei**a, jib**oi**a, paran**oi**a, her**oi**co etc.

2.3.7 Formas verbais com hífen

Para saber se há acento em uma forma verbal com hífen, deve-se analisar o padrão de tonicidade de cada bloco da palavra:
- Aju**dá**-lo (oxítona terminada em "a" → monossílabo átono).
- Con**tar**-lhe (oxítona terminada em "r" → monossílabo átono).
- Convi**dá**-la-íamos (oxítona terminada em "a" → proparoxítona).

2.3.8 Verbos "ter" e "vir"

Quando escritos na 3ª pessoa do singular, não serão acentuados:
- Ele **tem/vem**.

Quando escritos na 3ª **pessoa do plural**, receberão o **acento circunflexo**:
- Eles **têm/vêm**.

Nos verbos derivados das formas apresentadas anteriormente:
- Acento agudo para singular: contém, convém.
- Acento circunflexo para o plural: contêm, convêm.

2.3.9 Acentos diferenciais

Alguns permanecem:
- Pôde/pode (pretérito perfeito/presente simples).
- Pôr/por (verbo/preposição).
- Fôrma/forma (substantivo/verbo ou ainda substantivo).

Caiu o acento diferencial de:
- Para/pára (preposição/verbo).
- Pelo/pêlo (preposição + artigo/substantivo).
- Polo/pólo (preposição + artigo/substantivo).
- Pera/pêra (preposição + artigo/substantivo).

ACORDO ORTOGRÁFICO DA LÍNGUA PORTUGUESA

3 ACORDO ORTOGRÁFICO DA LÍNGUA PORTUGUESA

O Acordo Ortográfico busca simplificar as regras ortográficas da Língua Portuguesa e unificar a nossa escrita e a das demais nações de língua portuguesa: Portugal, Angola, Moçambique, Cabo Verde, Guiné-Bissau, São Tomé e Príncipe e Timor-Leste.

Sua implementação no Brasil passou por algumas etapas:
- **2009:** vigência ainda não obrigatória.
- **2010-2015:** adaptação completa às novas regras.
- **A partir de 1º de janeiro de 2016:** emprego obrigatório. O acordo ortográfico passa a ser o único formato da língua reconhecido no Brasil.

Entre as mudanças na língua portuguesa decorrentes da reforma ortográfica, podemos citar o fim do trema, alterações na forma de acentuar palavras com ditongos abertos e que sejam hiatos, supressão dos acentos diferenciais e dos acentos tônicos, novas regras para o emprego do hífen e inclusão das letras w, k e y ao idioma.

3.1 Trema

Não se usa mais o trema (¨), sinal colocado sobre a letra u para indicar que ela deve ser pronunciada nos grupos **gue, gui, que, qui**.
- Por exemplo: aguentar, bilíngue, cinquenta, delinquente, eloquente, ensanguentado, frequente, linguiça, quinquênio, sequência, sequestro, tranquilo etc.

Obs.: o trema permanece apenas nas palavras estrangeiras e em suas derivadas. Exemplos: Müller, mülleriano.

3.2 Regras de acentuação

3.2.1 Ditongos abertos em paroxítonas

Não se usa mais o acento dos ditongos abertos **EI** e **OI** das palavras paroxítonas (palavras que têm acento tônico na penúltima sílaba).
- Por exemplo: alcateia, androide, apoia, apoio (verbo), asteroide, boia, celuloide, claraboia, colmeia, Coreia, debiloide, epopeia, estoico, estreia, geleia, heroico, ideia, jiboia, joia, odisseia, paranoia, paranoico, plateia, tramoia etc.

Obs.: a regra vale somente para palavras paroxítonas. Assim, continuam a ser acentuadas as palavras oxítonas e os monossílabos tônicos terminados em **ÉI(S)**, **ÓI(S)**.
- Por exemplo: papéis, herói, heróis, dói (verbo doer), sóis etc.

A palavra **ideia** não leva mais acento, assim como **heroico**, mas o termo **herói** é acentuado.

3.2.2 I e U tônicos depois de um ditongo

Nas palavras paroxítonas, não se usa mais o acento no **I** e no **U** tônicos quando vierem depois de um ditongo.
- Por exemplo: baiuca, bocaiuva (tipo de palmeira), cauila (avarento).

Obs.:
- Se a palavra for oxítona e o I ou o U estiverem em posição final (ou seguidos de S), o acento permanece. Exemplos: tuiuiú, tuiuiús, Piauí.
- Se o I ou o U forem precedidos de ditongo crescente, o acento permanece. Exemplos: guaíba, Guaíra.

3.2.3 Hiatos EE e OO

Não se usa mais acento em palavras terminadas em **EEM** e **OO(S)**.
- Abençoo, creem, deem, doo, enjoo, leem, magoo, perdoo, povoo, veem, voos, zoo.

3.2.4 Acento diferencial

Não se usa mais o acento que diferenciava os pares pára/para, péla(s)/pela(s), pêlo(s)/pelo(s), pólo(s)/polo(s) e pêra/pera. Por exemplo:
Ele para o carro.
Ele foi ao polo Norte.
Ele gosta de jogar polo.
Esse gato tem pelos brancos.
Comi uma pera.

Obs.:
- Permanece o acento diferencial em **pôde/pode**. Pôde é a forma do passado do verbo poder (pretérito perfeito do indicativo), na 3ª pessoa do singular. Pode é a forma do presente do indicativo, na 3ª pessoa do singular.
  - Por exemplo: Ontem, ele não **pôde** sair mais cedo, mas hoje ele **pode**.
- Permanece o acento diferencial em pôr/por. Pôr é verbo. Por é preposição.
  - Por exemplo: Vou **pôr** o livro na estante que foi feita **por** mim.
- Permanecem os acentos que diferenciam o singular do plural dos verbos ter e vir, assim como de seus derivados (manter, deter, reter, conter, convir, intervir, advir etc.). Por exemplo:
Ele **tem** dois carros. Eles **têm** dois carros.
Ele **vem** de Sorocaba. Eles **vêm** de Sorocaba.
Ele **mantém** a palavra. Eles **mantêm** a palavra.
Ele **convém** aos estudantes. Eles **convêm** aos estudantes.
Ele **detém** o poder. Eles **detêm** o poder.
Ele **intervém** em todas as aulas. Eles **intervêm** em todas as aulas.
- É facultativo o uso do acento circunflexo para diferenciar as palavras **forma/fôrma**. Em alguns casos, o uso do acento deixa a frase mais clara. Por exemplo: Qual é a forma da fôrma do bolo?

3.2.5 Acento agudo no U tônico

Não se usa mais o acento agudo no **U** tônico das formas (tu) arguis, (ele) argui, (eles) arguem, do presente do indicativo dos verbos **arguir** e **redarguir**.

3.3 Hífen com compostos

3.3.1 Palavras compostas sem elementos de ligação

Usa-se o hífen nas palavras compostas que não apresentam elementos de ligação.
- Por exemplo: guarda-chuva, arco-íris, boa-fé, segunda-feira, mesa-redonda, vaga-lume, joão-ninguém, porta-malas, porta-bandeira, pão-duro, bate-boca etc.

Exceções: não se usa o hífen em certas palavras que perderam a noção de composição, como girassol, madressilva, mandachuva, pontapé, paraquedas, paraquedista, paraquedismo.

28

LÍNGUA PORTUGUESA

3.3.2 Compostos com palavras iguais

Usa-se o hífen em compostos que têm palavras iguais ou quase iguais, sem elementos de ligação.

- Por exemplo: reco-reco, blá-blá-blá, zum-zum, tico-tico, tique--taque, cri-cri, glu-glu, rom-rom, pingue-pongue, zigue-zague, esconde-esconde, pega-pega, corre-corre.

3.3.3 Compostos com elementos de ligação

Não se usa o hífen em compostos que apresentam elementos de ligação.

- Por exemplo: pé de moleque, pé de vento, pai de todos, dia a dia, fim de semana, cor de vinho, ponto e vírgula, camisa de força, cara de pau, olho de sogra.

Obs.: incluem-se nesse caso os compostos de base oracional.

- Por exemplo: Maria vai com as outras, leva e traz, diz que diz que, Deus me livre, Deus nos acuda, cor de burro quando foge, bicho de sete cabeças, faz de conta.

Exceções: água-de-colônia, arco-da-velha, cor-de-rosa, mais-que--perfeito, pé-de-meia, ao deus-dará, à queima-roupa.

3.3.4 Topônimos

Usa-se o hífen nas palavras compostas derivadas de topônimos (nomes próprios de lugares), com ou sem elementos de ligação. Por exemplo:

- Belo Horizonte: belo-horizontino.
- Porto Alegre: porto-alegrense.
- Mato Grosso do Sul: mato-grossense-do-sul.
- Rio Grande do Norte: rio-grandense-do-norte.
- África do Sul: sul-africano.

3.4 Uso do hífen com palavras formadas por prefixos

3.4.1 Casos gerais

Antes de H

Usa-se o hífen diante de palavra iniciada por **H**.

- Por exemplo: anti-higiênico, anti-histórico, macro-história, mini-hotel, proto-história, sobre-humano, super-homem, ultra-humano.

Letras iguais

Usa-se o hífen se o prefixo terminar com a mesma letra com que se inicia a outra palavra.

- Por exemplo: micro-ondas, anti-inflacionário, sub-bibliotecário, inter-regional.

Letras diferentes

Não se usa o hífen se o prefixo terminar com letra diferente daquela com que se inicia a outra palavra.

- Por exemplo: aeroespacial agroindustrial autoescola, antiaéreo, intermunicipal, supersônico, superinteressante, semicírculo.

Obs.: se o prefixo terminar por vogal e a outra palavra começar por **R** ou **S**, dobram-se essas letras.

- Por exemplo: minissaia, antirracismo, ultrassom, semirreta.

3.4.2 Casos particulares

Prefixos SUB- e SOB-

Com os prefixos **SUB-** e **SOB-**, usa-se o hífen também diante de palavra iniciada por **R**.

- Por exemplo: sub-região, sub-reitor, sub-regional, sob-roda.

Prefixos CIRCUM- e PAN-

Com os prefixos **CIRCUM-** e **PAN-**, usa-se o hífen diante de palavra iniciada por **M, N** e vogal.

- Por exemplo: circum-murado, circum-navegação, pan-americano.

Outros prefixos

Usa-se o hífen com os prefixos **EX-, SEM-, ALÉM-, AQUÉM-, RECÉM-, PÓS-, PRÉ-, PRÓ-, VICE-**.

- Por exemplo: além-mar, além-túmulo, aquém-mar, ex-aluno, ex-diretor, ex-hospedeiro, pós-graduação, pré-história, pré-ves-tibular, pró-europeu, recém-casado, recém-nascido, sem-terra, vice-rei.

Prefixo CO

O prefixo **CO** junta-se com o segundo elemento, mesmo quando este se inicia por **O** ou **H**. Neste último caso, corta-se o **H**. Se a palavra seguinte começar com **R** ou **S**, dobram-se essas letras.

- Por exemplo: coobrigação, coedição, coeducar, cofundador, coabitação, coerdeiro, corréu, corresponsável, cosseno.

Prefixos PRE- e RE-

Com os prefixos **PRE-** e **RE-**, não se usa o hífen, mesmo diante de palavras começadas por **E**.

- Por exemplo: preexistente, reescrever, reedição.

Prefixos AB-, OB- e AD-

Na formação de palavras com **AB-, OB-** e **AD-**, usa-se o hífen diante de palavra começada por **B, D** ou **R**.

- Por exemplo: ad-digital, ad-renal, ob-rogar, ab-rogar.

3.4.3 Outros casos do uso do hífen

NÃO e QUASE

Não se usa o hífen na formação de palavras com **não** e **quase**.

- Por exemplo: (acordo de) não agressão, (isto é, um) quase delito.

MAL

Com **mal**, usa-se o hífen quando a palavra seguinte começar por vogal, **H** ou **L**.

- Por exemplo: mal-entendido, mal-estar, mal-humorado, mal-limpo.

Obs.: quando **mal** significa doença, usa-se o hífen se não houver elemento de ligação.

- Por exemplo: mal-francês.

Se houver elemento de ligação, escreve-se sem o hífen.

- Por exemplo: mal de Lázaro, mal de sete dias.

Tupi-guarani

Usa-se o hífen com sufixos de origem tupi-guarani que representam formas adjetivas: **açu, guaçu, mirim:**

- Por exemplo: capim-açu, amoré-guaçu, anajá-mirim.

ACORDO ORTOGRÁFICO DA LÍNGUA PORTUGUESA

Combinação ocasional

Usa-se o hífen para ligar duas ou mais palavras que ocasionalmente se combinam, formando não propriamente vocábulos, mas encadeamentos vocabulares.

- Por exemplo: ponte Rio-Niterói, eixo Rio-São Paulo.

Hífen e translineação

Para clareza gráfica, se no final da linha a partição de uma palavra ou combinação de palavras coincidir com o hífen, ele deve ser repetido na linha seguinte.

- Por exemplo: O diretor foi receber os ex-
-alunos.

3.4.4 Síntese das principais regras do hífen

	Síntese do hífen	Exemplos
Letras diferentes	Não use hífen	Infraestrutura, extraoficial, supermercado
Letras iguais	Use hífen	Anti-inflamatório, contra-argumento, inter-racial, hiper-realista
Vogal + R ou S	Não use hífen (duplique R ou S)	Corréu, cosseno, minissaia, autorretrato
Bem	Use hífen	Bem-vindo, bem-humorado

3.4.5 Quadro resumo do emprego do hífen com prefixos

Prefixos	Letra que inicia a palavra seguinte
Ante-, anti-, contra-, entre-, extra-, infra-, intra-, sobre-, supra-, ultra-	H/VOGAL IDÊNTICA À QUE TERMINA O PREFIXO Exemplos com H: ante-hipófise, anti-higiênico, anti-herói, contra-hospitalar, entre-hostil, extra-humano, infra-hepático, sobre-humano, supra-hepático, ultra-hiperbólico. Exemplos com vogal idêntica: anti-inflamatório, contra-ataque, infra-axilar, sobre-estimar, supra-auricular, ultra-aquecido.
Ab-, ad-, ob-, sob-	B/R/D (Apenas com o prefixo "Ad") Exemplos: ab-rogar (pôr em desuso), ad-rogar (adotar), ob-reptício (astucioso), sob-roda, ad-digital
Circum-, pan-	H/M/N/VOGAL Exemplos: circum-meridiano, circum-navegação, circum-oral, pan-americano, pan-mágico, pan-negritude.
Ex- (no sentido de estado anterior), sota-, soto-, vice-, vizo-	DIANTE DE QUALQUER PALAVRA Exemplos: ex-namorada, sota-soberania (não total), soto-mestre (substituto), vice-reitor, vizo-rei.
Hiper-, inter-, super-	H/R Exemplos: hiper-hidrose, hiper-raivoso, inter-humano, inter-racial, super-homem, super-resistente.
Pós-, pré-, pró- (tônicos e com significados próprios)	DIANTE DE QUALQUER PALAVRA Exemplos: pós-graduação, pré-escolar, pró-democracia. Obs.: se os prefixos não forem autônomos, não haverá hífen. Exemplos: predeterminado, pressupor, pospor, propor.
Sub-	B /H/R Exemplos: sub-bloco, sub-hepático, sub-humano, sub-região. Obs.: "subumano" e "subepático" também são aceitas.
Pseudoprefixos (diferem-se dos prefixos por apresentarem elevado grau de independência e possuírem uma significação mais ou menos delimitada, presente à consciência dos falantes.) Aero-, agro-, arqui-, auto-, bio-, eletro-, geo-, hidro-, macro-, maxi-, mega-, micro-, mini-, multi-, neo-, pluri-, proto-, pseudo-, rétro-, semi-, tele-	H/VOGAL IDÊNTICA À QUE TERMINA O PREFIXO Exemplos com H: geo-histórico, mini-hospital, neo-helênico, proto-história, semi-hospitalar. Exemplos com vogal idêntica: arqui-inimigo, auto-observação, eletro-ótica, micro-ondas, micro-ônibus, neo-ortodoxia, semi-interno, tele-educação.

LÍNGUA PORTUGUESA

Não se utilizará o hífen:

- Em palavras iniciadas pelo prefixo **CO-**.
    - Por exemplo: Coadministrar, coautor, coexistência, cooptar, coerdeiro corresponsável, cosseno.
- Em palavras iniciadas pelos prefixos **DES-** ou **IN-** seguidos de elementos sem o "h" inicial.
    - Por exemplo: desarmonia, desumano, desumidificar, inábil, inumano etc.
- Com a palavra não.
    - Por exemplo: Não violência, não agressão, não comparecimento.
- Em palavras que possuem os elementos **BI**, **TRI**, **TETRA**, **PENTA**, **HEXA** etc.
    - Por exemplo: bicampeão, bimensal, bimestral, bienal, tridimensional, trimestral, triênio, tetracampeão, tetra-plégico, pentacampeão, pentágono etc.
- Em relação ao prefixo **HIDRO-**, em alguns casos pode haver duas formas de grafia.
    - Por exemplo: hidroelétrica e hidrelétrica.
- No caso do elemento **SOCIO**, o hífen será utilizado apenas quando houver função de substantivo (= de associado).
    - Por exemplo: sócio-gerente / socioeconômico.

ORTOGRAFIA

4 ORTOGRAFIA

A ortografia é a parte da Gramática que estuda a escrita correta das palavras. O próprio nome da disciplina já designa tal função. É oriunda das palavras gregas *ortho* que significa "correto" e *graphos* que significa "escrita".

4.1 Alfabeto

As letras **K, W** e **Y** foram inseridas no alfabeto devido a uma grande quantidade de palavras que são grafadas com tais letras e não podem mais figurar como termos exóticos em relação ao português. Eis alguns exemplos de seu emprego:

- Em abreviaturas e em símbolos de uso internacional: **kg** - quilograma / **w** - watt.
- Em palavras estrangeiras de uso internacional, nomes próprios estrangeiros e seus derivados: Kremlin, Kepler, Darwin, Byron, byroniano.

O alfabeto, também conhecido como abecedário, é formado (a partir do novo acordo ortográfico) por 26 letras.

FORMA MAIÚSCULA	FORMA MINÚSCULA	FORMA MAIÚSCULA	FORMA MINÚSCULA
A	a	N	n
B	b	O	o
C	c	P	p
D	d	Q	q
E	e	R	r
F	f	S	s
G	g	T	t
H	h	U	u
I	i	V	v
J	j	W	w
K	k	X	x
L	l	Y	y
M	m	Z	z

4.2 Emprego da letra H

A letra **H** demanda um pouco de atenção. Apesar de não possuir verdadeiramente sonoridade, ainda a utilizamos por convenção histórica. Seu emprego, basicamente, está relacionado às seguintes regras:

- No início de algumas palavras, por sua origem: hoje, hodierno, haver, Helena, helênico.
- No fim de algumas interjeições: Ah! Oh! Ih! Uh!
- No interior de palavra compostas que preservam o hífen, nas quais o segundo elemento se liga ao primeiro: super-homem, pré-história, sobre-humano.
- Nos dígrafos **NH, LH** e **CH**: tainha, lhama, chuveiro.

4.3 Emprego de E e I

Existe uma curiosidade a respeito do emprego dessas letras nas palavras que escrevemos: o fato de o "e", no final da palavra, ser pronunciado como uma semivogal faz com que muitos falantes pensem ser correto grafar a palavra com **I**.

Aqui, veremos quais são os principais aspectos do emprego dessas letras.

- Escreveremos com "e" palavras formadas com o prefixo **ANTE-** (que significa antes, anterior).
    - Por exemplo: antebraço, antevéspera, antecipar, antediluviano etc.
- A sílaba final de formas conjugadas dos verbos terminados em **–OAR** e **–UAR** (quando estiverem no subjuntivo).
    - Por exemplo: abençoe (abençoar), continue (continuar), pontue (pontuar).
- Algumas palavras, por sua origem.
    - Por exemplo: arrepiar, cadeado, creolina, desperdiçar, desperdício, destilar, disenteria, empecilho, indígena, irrequieto, mexerico, mimeógrafo, orquídea, quase, sequer, seringa, umedecer etc.
- Escreveremos com "i" palavras formadas com o prefixo **ANTI-** (que significa contra).
    - Por exemplo: antiaéreo, anticristo, antitetânico, anti-inflamatório.
- A sílaba final de formas conjugadas dos verbos terminados em **-AIR, -OER** e **-UIR**.
    - Por exemplo: cai (cair), sai (sair), diminui (diminuir), dói (doer).
- Os ditongos AI, OI, ÓI, UI.
    - Por exemplo: pai, foi, herói, influi.
- As seguintes palavras: aborígine, chefiar, crânio, criar, digladiar, displicência, escárnio, implicante, impertinente, impedimento, inigualável, lampião, pátio, penicilina, privilégio, requisito etc.

Vejamos alguns casos em que o emprego das letras **E** e **I** pode causar uma alteração semântica:

- Escrito com **E**:
    - Arrear = pôr arreios.
    - Área = extensão de terra, local.
    - Delatar = denunciar.
    - Descrição = ação de descrever.
    - Descriminação = absolver.
    - Emergir = vir à tona.
    - Emigrar = sair do país ou do local de origem.
    - Eminente = importante.
- Escrito com **I**:
    - Arriar = abaixar, desistir.
    - Ária = peça musical.
    - Dilatar = alargar, aumentar.
    - Discrição = separar, estabelecer diferença.
    - Imergir = mergulhar.
    - Imigrar = entrar em um país estrangeiro.
    - Iminente = próximo, prestes a ocorrer.

O Novo Acordo Ortográfico explica que, agora, escreve-se com **I** antes de sílaba tônica. Veja alguns exemplos: acriano (admite-se, por ora, acreano, de Acre), rosiano (de Guimarães Rosa), camoniano (de Camões), nietzschiano (de Nietzsche) etc.

4.4 Emprego de O e U

Apenas por exceção, palavras em português com sílabas finais átonas (fracas) terminam por **US**; o comum é que se escreva com **O** ou **OS**. Por exemplo: carro, aluno, abandono, abono, chimango etc.

Exemplos das exceções a que aludimos: bônus, vírus, ônibus etc.

Em palavras proparoxítonas ou paroxítonas com terminação em ditongo, são comuns as terminações em -**UA**, -**ULA**, -**ULO**: tábua, rábula, crápula, coágulo.

LÍNGUA PORTUGUESA

As terminações em -AO, -OLA, -OLO só aparecem em algumas palavras: mágoa, névoa, nódoa, agrícola, vinícola, varíola etc.

Fique de olho na grafia destes termos:

- **Com a letra O:** abolir, boate, botequim, bússola, costume, engolir, goela, moela, moleque, mosquito etc.
- **Com a letra U:** bulício, buliçoso, bulir, camundongo, curtume, cutucar, jabuti, jabuticaba, rebuliço, urtiga, urticante etc.

4.5 Emprego de G e J

Essas letras, por apresentarem o mesmo som, eventualmente, costumam causar problemas de ortografia. A letra **G** só apresenta o som de **J** diante das letras **E** e **I**: gesso, gelo, agitar, agitador, agir, gíria.

4.5.1 Escreveremos com G

- Palavras terminadas em **-AGEM**, **-IGEM**, **-UGEM**. Por exemplo: garagem, vertigem, rabugem, ferrugem, fuligem etc.

  > **Exceções:** pajem, lambujem (doce ou gorjeta), lajem (pedra da sepultura).

- Palavras terminadas em -ÁGIO, -ÉGIO, -ÍGIO, -ÓGIO, -ÚGIO: contágio, régio, prodígio, relógio, refúgio.
- Palavras derivadas de outras que já possuem a letra **G**. Por exemplo: **viagem** – viageiro; **ferrugem** – ferrugento; **vertigem** – vertiginoso; **regime** – regimental; **selvagem** – selvageria; **regional** – regionalismo.
- Em geral, após a letra "r". Por exemplo: aspergir, divergir, submergir, imergir etc.
- Palavras:

  > **De origem latina:** agir, gente, proteger, surgir, gengiva, gesto etc.
  > **De origem árabe:** álgebra, algema, ginete, girafa, giz etc.
  > **De origem francesa:** estrangeiro, agiotagem, geleia, sargento etc.
  > **De origem italiana:** gelosia, ágio etc.
  > **Do castelhano:** gitano.
  > **Do inglês:** gim.

4.5.2 Escreveremos com J

- Os verbos terminados em **-JAR** ou **-JEAR** e suas formas conjugadas:

  > **Gorjear:** gorjeia (lembre-se das "aves"), gorjeiam, gorjearão.
  > **Viajar:** viajei, viaje, viajemos, viajante.

> Cuidado para não confundir os termos **viagem** (substantivo) com **viajem** (verbo "viajar"). Vejamos o emprego:
>
> Ele fez uma bela viagem.
>
> Tomara que eles viajem amanhã.

- Palavras derivadas de outras terminadas em -JA. Por exemplo: **granja:** granjeiro, granjear; **loja:** lojista, lojinha; **laranja:** laranjal, laranjeira; **lisonja:** lisonjeiro, lisonjeador; **sarja:** sarjeta.
- Palavras cognatas (raiz em comum) ou derivadas de outras que possuem o J. Por exemplo:

  > **Laje:** lajense, lajedo.
  > **Nojo:** nojento, nojeira.
  > **Jeito:** jeitoso, ajeitar, desajeitado.

- Palavras de origem ameríndia (geralmente tupi-guarani) ou africana: canjerê, canjica, jenipapo, jequitibá, jerimum, jia, jiboia, jiló, jirau, Moji, pajé.

- Palavras: conjetura, ejetar, injeção, interjeição, objeção, objeto, objetivo, projeção, projeto, rejeição, sujeitar, sujeito, trajeto, trajetória, trejeito, berinjela, cafajeste, jeca, jegue, Jeremias, jerico, jérsei, majestade, manjedoura, ojeriza, pegajento, rijeza, sujeira, traje, ultraje, varejista.

4.6 Orientações sobre a grafia do fonema /s/

Podemos representar o fonema /s/ por:

- S: ânsia, cansar, diversão, farsa.
- SS: acesso, assar, carrossel, discussão.
- C, Ç: acetinado, cimento, açoite, açúcar.
- SC, SÇ: acréscimo, adolescente, ascensão, consciência, nasço, desça.
- X: aproximar, auxiliar, auxílio, sintaxe.
- XC: exceção, exceder, excelência, excepcional.

4.6.1 Escreveremos com S

- A correlação **ND – NS**:

  > **Pretender** – pretensão, pretenso.
  > **Expandir** – expansão, expansivo.

- A correlação **RG – RS**:

  > **Aspergir** – aspersão.
  > **Imergir** – imersão.
  > **Emergir** – emersão.

- A correlação **RT – RS**:

  > **Divertir** – diversão.
  > **Inverter** – inversão.

- O sufixo -**ENSE**:

  > Paranaense.
  > Cearense.
  > Londrinense.

4.6.2 Escreveremos com SS

- A correlação **CED – CESS**:

  > **Ceder** – cessão.
  > **Interceder** – intercessão.
  > **Retroceder** – retrocesso.

- A correlação **GRED – GRESS**:

  > **Agredir** – agressão, agressivo.
  > **Progredir** – progressão, progresso.

- A correlação **PRIM – PRESS**:

  > **Imprimir** – impressão, impresso.
  > **Oprimir** – opressão, opressor.
  > **Reprimir** – repressão, repressivo.

- A correlação **METER – MISS**:

  > **Submeter** – submissão.
  > **Intrometer** – intromissão.

4.6.3 Escreveremos com C ou com Ç

- Palavras de origem tupi ou africana. Por exemplo: açaí, araçá, Iguaçu, Juçara, muçurana, Paraguaçu, caçula, cacimba.
- **O Ç só será usado antes das vogais A, O e U.**
- Com os sufixos:

  > -**AÇA:** barcaça.
  > -**AÇÃO:** armação.
  > -**ÇAR:** aguçar.
  > -**ECER:** esmaecer.

ORTOGRAFIA

- **-IÇA**: carniça.
- **-NÇA**: criança.
- **-UÇA**: dentuça.

- Palavras derivadas de verbos terminados em -**TER** (não confundir com a regra do –**METER** – –**MISS**):
  - **Abster**: abstenção.
  - **Reter**: retenção.
  - **Deter**: detenção.

- Depois de ditongos:
  - Feição; louça; traição.

- Palavras de origem árabe:
  - Açúcar; açucena; cetim; muçulmano.

4.6.4 Emprego do SC

Escreveremos com **SC** palavras que são termos emprestados do latim. Por exemplo: adolescência; ascendente; consciente; crescer; descer; fascinar; fescenino.

4.6.5 Grafia da letra S com som de /z/

Escreveremos com S:

- Terminações em -**ÊS**, -**ESA** e -**ISA**, que indicam nacionalidade, título ou origem:
  - **Japonês** – japonesa.
  - **Marquês** – marquesa.
  - **Camponês** – camponesa.

- Após ditongos: causa; coisa; lousa; Sousa.

- As formas dos verbos **pôr** e **querer** e de seus compostos:
  - Eu pus, nós pusemos, pusésseis etc.
  - Eu quis, nós quisemos, quisésseis etc.

- Terminações -**OSO** e -**OSA**, que indicam qualidade. Por exemplo: gostoso; garboso; fervorosa; talentosa.

- Prefixo **TRANS**-: transe; transação; transoceânico.

- Em diminutivos cujo radical termine em **S**:
  - **Rosa** – rosinha.
  - **Teresa** – Teresinha.
  - **Lápis** – lapisinho.

- Na correlação **D** – **S**:
  - **Aludir** – alusão, alusivo.
  - **Decidir** – decisão, decisivo.
  - **Defender** – defesa, defensivo.

- Verbos derivados de palavras cujo radical termina em **S**:
  - **Análise** – analisar.
  - **Presa** – apresar.
  - **Êxtase** – extasiar.
  - **Português** – aportuguesar.

- Substantivos com os sufixos gregos -**ESE**, -**ISA** e -**OSE**: catequese, diocese, poetisa, virose, (obs.: "catequizar" com **Z**).

- Nomes próprios: Baltasar, Heloísa, Isabel, Isaura, Luísa, Sousa, Teresa.

- Palavras: análise, cortesia, hesitar, reses, vaselina, avisar, defesa, obséquio, revés, vigésimo, besouro, fusível, pesquisa, tesoura, colisão, heresia, querosene, vasilha.

4.7 Emprego da letra Z

Escreveremos com **Z**:

- Terminações -**EZ** e -**EZA** de substantivos abstratos derivados de adjetivos:
  - **Belo** – beleza.
  - **Rico** – riqueza.
  - **Altivo** – altivez.
  - **Sensato** – sensatez.

- Verbos formados com o sufixo -**IZAR** e palavras cognatas: balizar, inicializar, civilizar.

- As palavras derivadas em:
  - -**ZAL**: cafezal, abacaxizal.
  - -**ZEIRO**: cajazeiro, açaizeiro.
  - -**ZITO**: avezita.
  - -**ZINHO**: cãozinho, pãozinho, pezinho

- Derivadas de palavras cujo radical termina em **Z**: cruzeiro, esvaziar.

- Palavras: azar, aprazível, baliza, buzina, bazar, cicatriz, ojeriza, prezar, proeza, vazamento, vizinho, xadrez, xerez.

4.8 Emprego do X e do CH

A letra X pode representar os seguintes fonemas:
- /**ch**/: xarope.
- /**cx**/: sexo, tóxico.
- /**z**/: exame.
- /**ss**/: máximo.
- /**s**/: sexto.

4.9 Escreveremos com X

- Em geral, após um ditongo. Por exemplo: caixa, peixe, ameixa, rouxinol, caixeiro. **Exceções**: recauchutar e guache.

- Geralmente, depois de sílaba iniciada por **EN**-: enxada; enxerido; enxugar; enxurrada.

- Encher (e seus derivados); palavras que iniciam por **CH** e recebem o prefixo **EN**-. Por exemplo: encharcar, enchumaçar, enchiqueirar, enchumbar, enchova.

- Palavras de origem indígena ou africana: abacaxi, xavante, xará, orixá, xinxim.

- Após a sílaba **ME** no início da palavra. Por exemplo: mexerica, mexerico, mexer, mexida. **Exceção**: mecha de cabelo.

- Palavras: bexiga, bruxa, coaxar, faxina, graxa, lagartixa, lixa, praxe, vexame, xícara, xale, xingar, xampu.

4.10 Escreveremos com CH

- As seguintes palavras, em razão de sua origem: chave, cheirar, chuva, chapéu, chalé, charlatão, salsicha, espadachim, chope, sanduíche, chuchu, cochilo, fachada, flecha, mecha, mochila, pechincha.

- **Atente para a divergência de sentido com os seguintes elementos:**
  - Bucho – estômago.
  - Buxo – espécie de arbusto.
  - Cheque – ordem de pagamento.
  - Xeque – lance do jogo de xadrez.
  - Tacha – pequeno prego.
  - Taxa – imposto.

5 NÍVEIS DE ANÁLISE DA LÍNGUA

A Língua Portuguesa possui quatro níveis de análise. Veja cada um deles:

▷ **Nível fonético/fonológico:** estuda a produção e articulação dos sons da língua.
▷ **Nível morfológico:** estuda a estrutura e a classificação das palavras.
▷ **Nível sintático:** estuda a função das palavras dentro de uma sentença.
▷ **Nível semântico:** estuda as relações de sentido construídas entre as palavras.

Na **Semântica**, entre outras coisas, estuda-se a diferença entre linguagem de sentido denotativo (ou literal, do dicionário) e linguagem de sentido conotativo (ou figurado).

▷ Rosa é uma flor.
- **Morfologia:**
    Rosa: substantivo;
    É: verbo ser;
    Uma: artigo;
    Flor: substantivo
- **Sintaxe:**
    Rosa: sujeito;
    É uma flor: predicado;
    Uma flor: predicativo do sujeito.
- **Semântica:**
    Rosa pode ser entendida como uma pessoa ou como uma planta, depende do sentido.

ESTRUTURA E FORMAÇÃO DE PALAVRAS

6 ESTRUTURA E FORMAÇÃO DE PALAVRAS

6.1 Estrutura das palavras

Para compreender os termos da Língua Portuguesa, deve-se observar, nos vocábulos, a presença de algumas estruturas como **raiz**, **desinências** e **afixos**:

- **Raiz ou radical (morfema lexical):** parte que guarda o sentido da palavra.

    Pedreiro.
    Pedrada.
    Em**pedr**ado.
    Pedregulho.

- **Desinências:** fazem a flexão dos termos.
    Nominais:
    Gênero: jogador/jogadora.
    Número: aluno/alunos.
    Grau: cadeira/cadeirinha.
    Verbais:
    Modo-tempo: cantá**va**mos, vend**ê**ramos.
    Número-pessoa: fize**mos**, compra**stes**.

- **Afixos: conectam-se às raízes dos termos.**
    Prefixos: colocados antes da raiz.
    Infeliz, **des**fazer, **re**tocar.
    Sufixos: colocados após a raiz.
    Feli**zmente**, capac**idade**, igual**dade**.

Também é importante atentar aos termos de ligação. São eles:

- **Vogal de ligação:**
    Gas**ô**metro, bar**ô**metro, caf**e**icultura, carn**í**voro.
- **Consoante de ligação:**
    Gira**s**sol, cafe**t**eira, paula**d**a, chal**e**ira.

6.2 Radicais gregos e latinos

O conhecimento sobre a origem dos radicais é, muitas vezes, importante para a compreensão e memorização de inúmeras palavras.

6.2.1 Radicais gregos

Os radicais gregos têm uma importância expressiva para a compreensão e fácil memorização de diversas palavras que foram criadas e vulgarizadas pela linguagem científica.

Podemos observar que esses radicais se unem, geralmente, a outros elementos de origem grega e, frequentemente, sofrem alterações fonéticas e gráficas para formarem palavras compostas.

Seguem alguns radicais gregos, seus respectivos significados e algumas palavras de exemplo:

- *Ácros* **(alto):** acrópole, acrobacia, acrofobia.
- *Álgos* **(dor):** algofilia, analgésico, nevralgia.
- *Ánthropos* **(homem):** antropologia, antropófago, filântropo.
- *Astér, astéros* **(estrela):** asteroide, asterisco.
- *Ástron* **(astro):** astronomia, astronauta.
- *Biblíon* **(livro):** biblioteca, bibliografia, bibliófilo.
- *Chéir, cheirós* **(mão – cir-, quiro-):** cirurgia, cirurgião, quiromante.
- *Chlorós,* **(verde):** cloro, clorofila, clorídrico.
- *Chróma, chrómatos,* **(cor):** cromático, policromia.
- *Dáktylos* **(dedo):** datilografia, datilografar.
- *Déka* **(dez):** decálogo, decâmetro, decassílabo.
- *Gámos,* **(casamento):** poligamia, polígamo, monogamia.
- *Gastér, gastrós,* **(estômago):** gastrite, gastrônomo, gástrico.
- *Glótta, glóssa,* **(língua):** poliglota, epiglote, glossário.
- *Grámma* **(letra, escrito):** gramática, anagrama, telegrama.
- *Grápho* **(escrevo):** grafia, ortografia, caligrafia.
- *Heméra* **(dia):** hemeroteca, hemerologia, efêmero.
- *Hippos* **(cavalo):** hipódromo, hipismo, hipopótamo.
- *Kardía* **(coração):** cardíaco, cardiologia, taquicardia.
- *Mésos,* **(meio, do meio):** mesocarpo, mesóclise, mesopotâmia.
- *Mnéme* **(memória, lembrança):** mnemônico, amnésia, mnemoteste.
- *Morphé* **(forma):** morfologia, amorfo, metamorfose.
- *Nekrós* **(morto):** necrotério, necropsia, necrológio.
- *Páis, paidós* **(criança):** pedagogia, pediatria, pediatra.
- *Pyr, pyrós* **(fogo):** pirosfera, pirotécnico, antipirético.
- *Rhis, rhinós* **(nariz):** rinite, rinofonia, otorrino.
- *Theós* **(deus):** teologia, teólogo, apoteose.
- *Zóon* **(animal):** zoologia, zoológico, zoonose.

6.2.2 Radicais latinos

Outras palavras da língua portuguesa possuem radicais latinos. A maioria delas entrou na língua entre os séculos XVIII e XX. Seguem algumas das que vieram por via científica ou literária:

- *Ager, agri* **(campo):** agrícola, agricultura.
- *Ambi* **(de ambo, ambos):** ambidestro, ambíguo.
- *Argentum, argenti* **(prata):** argênteo, argentífero, argentino.
- *Capillus, capilli* **(cabelo):** capilar, capiliforme, capilaridade.
- *Caput, capitis* **(cabeça):** capital, decapitar, capitoso.
- *Cola-, colere* **(habitar, cultivar):** arborícola, vitícola.
- *Cuprum, cupri* **(cobre):** cúpreo, cúprico, cuprífero.
- *Ego* **(eu):** egocêntrico, egoísmo,ególatra.
- *Equi-, aequus* **(igual):** equivalente, equinócio, equiângulo.
- *-fero, ferre* **(levar, conter):** aurífero, lactífero, carbonífero.
- *Fluvius* **(rio):** fluvial, fluviômetro.
- *Frigus, frigoris* **(frio):** frigorífico, frigomóvel.
- *Lapis, lapidis* **(pedra):** lápide, lapidificar, lapidar.
- *Lex, legis* **(lei):** legislativo, legislar, legista.
- *Noceo, nocere* **(prejudicar, causar mal):** nocivo, inocente, inócuo.
- *Pauper, pauperis* **(pobre):** pauperismo, depauperar.
- *Pecus* **(rebanho):** pecuária, pecuarista, pecúnia.
- *Pluvia* **(chuva):** pluvial, pluviômetro.
- *Radix, radieis* **(raiz):** radical, radicar, erradicar.
- *Sidus, sideris* **(astro):** sideral, sidéreo, siderar.
- *Stella* **(estrela):** estelar, constelação.
- *Triticum, tritici* **(trigo):** triticultura, triticultor, tritícola.
- *Vinum, vini* **(vinho):** vinicultura, vinícola.
- *Vitis* **(videira):** viticultura, viticultor, vitícola.
- *Volo, volare* **(voar):** volátil, noctívolo.
- *Vox, vocis* **(voz):** vocal, vociferar.

6.3 Origem das palavras de Língua Portuguesa

As palavras da Língua Portuguesa têm múltiplas origens, mas a maioria delas veio do latim vulgar, ou seja, o latim que era falado pelo povo duzentos anos antes de Cristo.

No geral, as palavras que formam o nosso léxico podem ser de origem latina, de formação vernácula ou de importação estrangeira.

Quanto às palavras de origem latina, sabe-se que algumas datam dos séculos VI e XI, aproximadamente, e outras foram introduzidas na língua por escritores e letrados ao longo do tempo, sobretudo no período áureo, o século XVI, e de forma ainda mais abundante durante os séculos que o seguiram, por meios literário e científico. As primeiras, as formas populares, foram grandemente alteradas na fala do povo rude, mas as formas eruditas tiveram leves alterações.

Houve, ao longo desses séculos, com incentivo do povo luso-brasileiro, a criação de palavras que colaboraram para enriquecer o vocabulário. Essas palavras são chamadas criações vernáculas.

Desde os primórdios da língua, diversos termos estrangeiros entraram em uso, posteriormente enriquecendo definitivamente o patrimônio léxico, porque é inevitável que palavras de outros idiomas adentrem na língua por meio das relações estabelecidas entre os povos e suas culturas.

Devido a isso, encontramos, no vocabulário português, palavras provenientes:

- Do grego: por influência do cristianismo e do latim literário: anjo, bíblia, clímax. E por criação de sábios e cientistas: nostalgia, microscópio.
- Do hebraico: veiculadas pela Bíblia: aleluia, Jesus, Maria, sábado.
- Do alemão: guerra, realengo, interlância.
- Do árabe: algodão, alfaiate, algema.
- Do japonês: biombo, micado, samurai.
- Do francês: greve, detalhe, pose.
- Do inglês: bife, futebol, tênis.
- Do turco: lacaio, algoz.
- Do italiano: piano, maestro, lasanha.
- Do russo: vodca, esputinique.
- Do tupi: tatu, saci, jiboia, pitanga.
- Do espanhol: cavalheiro, ninharia, castanhola.
- De línguas africanas: macumba, maxixe, marimbondo.

Atualmente, o francês e o inglês são os idiomas com maior influência sobre a língua portuguesa.

6.4 Processos de formação de palavras

Há dois processos mais fortes (presentes) na formação de palavras em Língua Portuguesa: a composição e a derivação. Vejamos suas principais características.

6.4.1 Composição

É uma criação de vocábulo. Pode ocorrer por:

- **Justaposição:** sem perda de elementos.
    Guarda-chuva, girassol, arranha-céu etc.
- **Aglutinação:** com perda de elementos.
    Embora, fidalgo, aguardente, planalto, boquiaberto etc.
- **Hibridismo:** união de radicais oriundos de línguas distintas.
    Automóvel (latim e grego); sambódromo (tupi e grego).

6.4.2 Derivação

É uma transformação no vocábulo. Pode ocorrer das seguintes maneiras:

- **Prefixal (prefixação):** reforma, anfiteatro, cooperação.
- **Sufixal (sufixação):** pedreiro, engenharia, florista.
- **Prefixal – sufixal:** infelizmente, ateísmo, desordenamento.
- **Parassintética:** prefixo e sufixo simultaneamente, sem a possibilidade de remover umas das partes.
    Avermelhado, anoitecer, emudecer, amanhecer.
- **Regressão (regressiva) ou deverbal:** advinda de um verbo.
    Abalo (abalar), luta (lutar), fuga (fugir).
- **Imprópria (conversão):** mudança de classe gramatical.
    O jantar, um não, o seu sim, o pobre.

6.4.3 Estrangeirismo

Pode-se entender como um empréstimo linguístico.

- **Com aportuguesamento:** abajur (do francês *abat-jour*), algodão (do árabe *al-qutun*), lanche (do inglês *lunch*) etc.
- **Sem aportuguesamento:** *networking, software, pizza, show, shopping* etc.

6.5 Acrônimo ou sigla

- **Silabáveis:** podem ser separados em sílabas.
    Infraero (Infraestrutura Aeroportuária), **Petrobras** (Petróleo Brasileiro) etc.
- **Não-silabáveis:** não podem ser separados em sílabas.
    FMI, MST, SPC, PT, INSS, MPU etc.

6.6 Onomatopeia ou reduplicação

- **Onomatopeia:** tentativa de representar um som da natureza.
    Pow, paf, tum, psiu, argh.
- **Reduplicação:** repetição de palavra com fim onomatopaico.
    Reco-reco, tique-taque, pingue-pongue.
- **Redução ou abreviação:** eliminação do segmento de alguma palavra.
    Fone (telefone), cinema (cinematógrafo), pneu (pneumático) etc.

MORFOLOGIA

7 MORFOLOGIA

Antes de adentrar nas conceituações, veja a lista a seguir para facilitar o estudo. Nela, temos uma classe de palavra seguida de um exemplo.

Artigo: o, a, os, as, um, uma, uns, umas.
Adjetivo: legal, interessante, capaz, brasileiro, francês.
Advérbio: muito, pouco, bem, mal, ontem, certamente.
Conjunção: que, caso, embora.
Interjeição: Ai! Ui! Ufa! Eita!
Numeral: sétimo, vigésimo, terço.
Preposição: a, ante, até, após, com, contra, de, desde, em, entre.
Pronome: cujo, o qual, quem, eu, lhe.
Substantivo: mesa, bicho, concursando, Pablo, José.
Verbo: estudar, passar, ganhar, gastar.

7.1 Substantivos

É a palavra variável que designa qualidades, sentimentos, sensações, ações etc.

Quanto à sua classificação, o substantivo pode ser:
- **Primitivo** (sem afixos): pedra.
- **Derivado** (com afixos): pedreiro/empedrado.
- **Simples** (1 núcleo): guarda.
- **Composto** (mais de 1 núcleo): guarda-roupas.
- **Comum** (designa ser genérico): copo, colher.
- **Próprio** (designa ser específico): Maria, Portugal.
- **Concreto** (existência própria): cadeira, lápis.
- **Abstrato** (existência dependente): glória, amizade.

7.1.1 Substantivos concretos

Designam seres de existência própria, como: padre, político, carro e árvore.

7.1.2 Substantivos abstratos

Nomeiam qualidades ou conceitos de existência dependente, como: beleza, fricção, tristeza e amor.

7.1.3 Substantivos próprios

São sempre concretos e devem ser grafados com iniciais maiúsculas. Alguns substantivos próprios, no entanto, podem vir a se tornar comuns pelo processo de derivação imprópria que, geralmente, ocorre pela anteposição de um artigo e a grafia do substantivo com letra minúscula (um judas = traidor/um panamá = chapéu). As flexões dos substantivos podem se dar em gênero, número e grau.

7.1.4 Gênero dos substantivos

Quanto à distinção entre masculino e feminino, os substantivos podem ser:
- **Biformes:** quando apresentam uma forma para o masculino e outra para o feminino. Por exemplo: gato, gata, homem, mulher.
- **Uniformes:** quando apresentam uma única forma para ambos os gêneros. Nesse caso, eles estão divididos em:
  - **Epicenos:** usados para animais de ambos os sexos (macho e fêmea). Por exemplo: besouro, jacaré, albatroz.
  - **Comum de dois gêneros:** aqueles que designam pessoas. Nesse caso, a distinção é feita por um elemento ladeador (artigo, pronome). Por exemplo: o/a terrícola, o/a estudante, o/a dentista, o/a motorista.
  - **Sobrecomuns:** apresentam um só gênero gramatical para designar seres de ambos os sexos. Por exemplo: o indivíduo, a vítima, o algoz.

Em algumas situações, a mudança de gênero altera também o sentido do substantivo:
- O cabeça (líder).
- A cabeça (parte do corpo).

7.1.5 Número dos substantivos

Tentemos resumir as principais regras de formação do plural nos substantivos.

TERMINAÇÃO	VARIAÇÃO	EXEMPLO
vogal ou ditongo	acréscimo do S	barco – barcos
M	NS	pudim – pudins
ÃO (primeiro caso)	ÕES	ladrão – ladrões
ÃO (segundo caso)	ÃES	pão – pães
ÃO (terceiro caso)	S	cidadão – cidadãos
R	ES	mulher – mulheres
Z	ES	cartaz – cartazes
N	ES	abdômen – abdômenes
S (oxítonos)	ES	inglês – ingleses
AL, EL, OL, ULl	IS	tribunal – tribunais
IL (oxítonos)	S	barril – barris
IL (paroxítonos)	EIS	fóssil – fósseis
ZINHO, ZITO	S	anelzinho – aneizinhos

Alguns substantivos são grafados apenas no plural: alvíssaras, anais, antolhos, arredores, belas-artes, calendas, cãs, condolências, esponsais, exéquias, fastos, férias, fezes, núpcias, óculos, pêsames.

7.1.6 Grau do substantivo

Aumentativo/diminutivo

Analítico: quando se associam os adjetivos ao substantivo. Por exemplo: carro grande, pé pequeno.

Sintético: quando se adiciona ao substantivo sufixos indicadores de grau, carrão, pezinho.
- **Sufixos:**
  - **Aumentativos:** -ÁZIO, -ORRA, -OLA, -AZ, -ÃO, -EIRÃO, -ALHÃO, -ARÃO, -ARRÃO, -ZARRÃO.
  - **Diminutivos:** -ITO, -ULO-, -CULO, -OTE, -OLA, -IM, -ELHO, -INHO, -ZINHO. O sufixo -ZINHO é obrigatório quando o substantivo terminar em vogal tônica ou ditongo: cafezinho, paizinho etc.

O aumentativo pode exprimir tamanho (casarão), desprezo (sabichão, ministraço, poetastro) ou intimidade (amigão); enquanto o diminutivo pode indicar carinho (filhinho) ou ter valor pejorativo (livreco, casebre), além das noções de tamanho (bolinha).

7.2 Artigo

O artigo é a palavra variável que tem por função individualizar algo, ou seja, possui como função primordial indicar um elemento, por meio de definição ou indefinição da palavra que, pela anteposição do artigo, passa a ser substantivada. Os artigos se subdividem em:

LÍNGUA PORTUGUESA

- **Artigos definidos (O, A, OS, AS):** definem o substantivo a que se referem. Por exemplo:

  > Hoje à tarde, falaremos sobre **a** aula da semana passada.
  > Na última aula, falamos **do** conteúdo programático.

- **Artigos indefinidos (um, uma, uns, umas):** indefinem o substantivo a que se referem. Por exemplo:

  > Assim que eu passar no concurso, eu irei comprar **um** carro.
  > Pela manhã, papai, apareceu **um** homem da loja aqui.

É importante ressaltar que os artigos podem ser contraídos com algumas preposições essenciais, como demonstrado na tabela a seguir:

PREPOSIÇÕES	ARTIGO							
	DEFINIDO				INDEFINIDO			
	O	**A**	**OS**	**AS**	**UM**	**UMA**	**UNS**	**UMAS**
A	ao	à	aos	às	-	-	-	-
De	do	da	dos	das	dum	duma	duns	dumas
Em	no	na	nos	nas	num	numa	nuns	numas
Per	pelo	pela	pelos	pelas	-	-	-	-
Por	polo	pola	polos	polas	-	-	-	-

O artigo é utilizado para substantivar um termo. Ou seja, quer transformar algo em um substantivo? Coloque um artigo em sua frente.

> **Cantar** alivia a alma. (Verbo)
> O **cantar** alivia a alma. (Substantivo)

7.2.1 Emprego do artigo com a palavra "todo"

Quando inserimos artigos ao lado da palavra "todo", em geral, o sentido da expressão passa a designar totalidade. Como no exemplo abaixo:

> Pobreza é um problema que acomete **todo país**. (todos os países)
> Pobreza é um problema que acomete **todo o país**. (o país em sua totalidade).

7.3 Pronome

Em uma definição breve, podemos dizer que pronome é o termo que substitui um substantivo, desempenhando, na sentença em que aparece, uma função coesiva. Podemos dividir os pronomes em sete categorias, são elas: pessoais, tratamento, demonstrativos, relativos, indefinidos, interrogativos, possessivos.

Antes de partir para o estudo pormenorizado dos pronomes, vamos fazer uma classificação funcional deles quando empregados em uma sentença:

- **Pronomes substantivos:** são aqueles que ocupam o lugar do substantivo na sentença. Por exemplo:

  > **Alguém** apareceu na sala ontem.
  > **Nós** faremos todo o trabalho.

- **Pronomes adjetivos:** são aqueles que acompanham um substantivo na sentença. Por exemplo:

  > **Meus** alunos são os mais preparados.
  > Pessoa **alguma** fará tal serviço por **esse** valor.

7.3.1 Pronomes substantivos e adjetivos

É chamado **pronome substantivo** quando um pronome substitui um substantivo.

É chamado **pronome adjetivo** quando determina o substantivo com o qual se encontra.

7.3.2 Pronomes pessoais

Referem-se às pessoas do discurso, veja:

- Quem fala (1ª pessoa).
- Com quem se fala (2ª pessoa).
- De quem se fala (3ª pessoa).

Classificação dos pronomes pessoais (caso **reto** × caso **oblíquo**):

PESSOA GRAMATICAL	RETOS	OBLÍQUOS	
		ÁTONOS	**TÔNICOS**
1ª – Singular	eu	me	mim, comigo
2ª – Singular	tu	te	ti, contigo
3ª – Singular	ele, ela	o, a, lhe, se	si, consigo
1ª – Plural	nós	nos	nós, conosco
2ª – Plural	vós	vos	vós, convosco
3ª – Plural	eles, elas	os, as, lhes, se	si, consigo
Função	Sujeito	Complemento/Adjunto	

Veja a seguir o emprego de alguns pronomes (**certo** × **errado**).

Eu e tu × mim e ti

1ª regra: depois de preposição essencial, usa-se pronome oblíquo. Observe:

> **Entre** mim e ti, não há acordo.
> **Sobre** Manoel e ti, nada se pode falar.
> Devo **a** ti esta conquista.
> O presente é **para** mim.
> Não saia **sem** mim.
> Comprei um livro **para** ti.
> Observe a preposição essencial destacada nas sentenças.

2ª regra: se o pronome utilizado na sentença for sujeito de um verbo, deve-se empregar os do caso reto.

> Não saia sem **eu** deixar.
> Comprei um livro para **tu** leres.
> O presente é para **eu** desfrutar.

Observe que o pronome desempenha a função de sujeito do verbo destacado. Ou seja: "mim" não faz nada!

Não se confunda com as sentenças em que a ordem frasal está alterada. Deve-se, nesses casos, tentar colocar a sentença na ordem direta.

> Para mim, fazer exercícios é muito bom. → Fazer exercícios é muito bom para mim.
> Não é tarefa para mim realizar esta revisão. → Realizar esta revisão não é para mim.

Com causativos e sensitivos

Regra com verbos causativos (mandar, fazer, deixar) ou sensitivos (ver, ouvir, sentir): quando os pronomes oblíquos átonos são empregados com verbos causativos ou sensitivos, pode haver a possibilidade de desempenharem a função de sujeito de uma forma verbal próxima. Veja os exemplos:

> Fiz **Juliana** chorar. (Sentença original).
> Fi-**la** chorar. (Sentença reescrita com a substituição do termo Juliana pelo pronome oblíquo).

MORFOLOGIA

Em ambas as situações, a "Juliana é a chorona". Isso quer dizer que o termo feminino que está na sentença é sujeito do verbo "chorar". Pensando dessa maneira, entenderemos a primeira função da forma pronominal "la" que aparece na sentença reescrita.

Outro fator a ser considerado é que o verbo "fazer" necessita de um complemento, portanto, é um verbo transitivo. Ocorre que o complemento do verbo "fazer" não pode ter outro referente senão "Juliana". Então, entendemos que, na reescrita da frase, a forma pronominal "la" funciona como complemento do verbo "fazer" e sujeito do verbo "chorar".

Si e consigo

Esses pronomes somente podem ser empregados se se referirem ao sujeito da oração, pois possuem função reflexiva. Observe:

Alberto só pensa em si. ("Si" refere-se a "Alberto": sujeito do verbo "pensar").
O aluno levou as apostilas consigo. ("consigo" refere-se ao termo "aluno").

Estão erradas, portanto, frases como estas:

Creio muito em si, meu amigo.
Quero falar consigo.

Corrigindo:

Creio muito em você, meu amigo.
Quero falar contigo.

Conosco e convosco

As formas **"conosco"** e **"convosco"** são substituídas por **"com nós"** e **"com vós"** quando os pronomes pessoais são reforçados por palavras como **outros, mesmos, próprios, todos, ambos** ou **algum numeral**. Por exemplo:

Ele disse que iria com nós três.

Ele(s), ela(s) × o(s), a(s)

É muito comum ouvirmos frases como: "vi **ela** na esquina", "não queremos **eles** aqui". De acordo com as normas da Língua Portuguesa, é errado falar ou escrever assim, pois o pronome em questão está sendo utilizado fora de seu emprego original, ou seja, como um complemento (ao passo que deveria ser apenas sujeito). O certo é: "vi-**a** na esquina", "não **os** queremos aqui".

"O" e "a"

São complementos diretos, ou seja, são utilizados juntamente aos verbos transitivos diretos, ou nos bitransitivos, como no exemplo a seguir:

Comprei **um carro** para minha namorada = Comprei-**o** para ela. (Ocorreu a substituição do objeto direto)

É importante lembrar que há uma especificidade em relação à colocação dos pronomes "o" e "a" depois de algumas palavras:

- Se a palavra terminar em **R, S** ou **Z**: tais letras devem ser suprimidas e o pronome será empregado como **lo, la, los, las**.
    Fazer as tarefas = fazê-**las**.
    Querer o dinheiro = querê-**lo**.
- Se a palavra terminar com **ÃO, ÕE** ou **M**: tais letras devem ser mantidas e o pronome há de ser empregado como **no, na, nos, nas**.
    Compraram a casa = compraram-**na**.
    Compõe a canção = compõe-**na**.

Lhe

É um complemento indireto, equivalente a "a ele" ou "a ela". Ou seja, é empregado juntamente a um verbo transitivo indireto ou a um verbo bitransitivo, como no exemplo:

- Comprei um carro **para minha namorada** = comprei-**lhe** um carro. (Ocorreu a substituição do objeto indireto).

Muitas bancas gostam de trocar as formas "o" e "a" por "lhe", o que não pode ser feito sem que a sentença seja totalmente reelaborada.

7.3.3 Pronomes de tratamento

São pronomes de tratamento **você, senhor, senhora, senhorita, fulano, sicrano, beltrano** e as expressões que integram o quadro seguinte:

PRONOME	ABREVIATURA SINGULAR	ABREVIATURA PLURAL
Vossa Excelência(s)	V. Ex.ª	V. Ex.ᵃˢ
USA-SE PARA:		

Presidente (sem abreviatura), ministro, embaixador, governador, secretário de Estado, prefeito, senador, deputado federal e estadual, juiz, general, almirante, brigadeiro e presidente de câmara de vereadores.

PRONOME	ABREVIATURA SINGULAR	ABREVIATURA PLURAL
Vossa(s) Magnificência(s)	V. Mag.ª	V. Mag.ᵃˢ
USA-SE PARA:		

Reitor de universidade para o qual também se pode usar V. Ex.ª.

PRONOME	ABREVIATURA SINGULAR	ABREVIATURA PLURAL
Vossa(s) Senhoria(s)	V. Sª	V. S.ªˢ
USA-SE PARA:		
Qualquer autoridade ou pessoa civil não citada acima.		

PRONOME	ABREVIATURA SINGULAR	ABREVIATURA PLURAL
Vossa(s) Santidade(s)	V. S	VV. SS.
USA-SE PARA:		
Papa.		

PRONOME	ABREVIATURA SINGULAR	ABREVIATURA PLURAL
Vossa(s) Eminência(s)	V. Em.ª	V.Em.ᵃˢ
USA-SE PARA:		
Cardeal.		

PRONOME	ABREVIATURA SINGULAR	ABREVIATURA PLURAL
Vossa(s) Excelência(s) Reverendíssima(s)	V. Exª. Rev.ma	V. Ex.ᵃˢ. Rev.ᵐᵃˢ
USA-SE PARA:		
Arcebispo e bispo.		

PRONOME	ABREVIATURA SINGULAR	ABREVIATURA PLURAL
Vossa(s) Reverendíssima(s)	V. Rev.ᵐᵃ	V.Rev.ᵐᵃˢ
Usa-se para:		
Autoridade religiosa inferior às acima citadas.		

PRONOME	ABREVIATURA SINGULAR	ABREVIATURA PLURAL
Vossa(s) Reverência(s)	V. Rev.ª	V. Rev.ᵐᵃˢ
USA-SE PARA:		
Religioso sem graduação.		

PRONOME	ABREVIATURA SINGULAR	ABREVIATURA PLURAL
Vossa(s) Majestade(s)	V. M.	VV. MM.
USA-SE PARA:		
Rei e imperador.		

PRONOME	ABREVIATURA SINGULAR	ABREVIATURA PLURAL
Vossa(s) Alteza(s)	V. A.	VV. AA.
USA-SE PARA:		
Príncipe, arquiduque e duque.		

Todas essas expressões se apresentam também com "Sua" para cujas abreviaturas basta substituir o "V" por "S".

Emprego dos pronomes de tratamento

- **Vossa Excelência** etc. × **Sua Excelência** etc.

Os pronomes de tratamento iniciados com "Vossa(s)" empregam-se em uma relação direta, ou seja, indicam o nosso interlocutor, pessoa com quem falamos:

Soube que V. Ex.ª, Senhor Ministro, falou que não estava interessado no assunto da reunião.

Empregaremos o pronome com a forma "sua" quando a relação não é direta, ou seja, quando falamos sobre a pessoa:

A notícia divulgada é de que Sua Excelência, o Presidente da República, foi flagrado em uma boate.

Utilização da 3ª pessoa

Os pronomes de tratamento são de 3ª pessoa; portanto, todos os elementos relacionados a eles devem ser empregados também na 3ª pessoa, para que se mantenha a uniformidade:

É preciso que V. Ex.ª **diga** qual será o **seu** procedimento no caso em questão, a fim de que seus assessores possam agir a tempo.

MORFOLOGIA

Uniformidade de tratamento

No momento da escrita ou da fala, não é possível ficar fazendo "dança das pessoas" com os pronomes. Isso quer dizer que se deve manter a uniformidade de tratamento. Para tanto, se for utilizada 3ª pessoa no início de uma sentença, ela deve permanecer ao longo de todo o texto. Preste atenção para ver como ficou estranha a construção abaixo:

Quando **você** chegar, eu **te** darei o presente.

"Você" é de 3ª pessoa e "te" é de 2ª pessoa. Não há motivo para cometer tal engano. Tome cuidado, portanto. Podemos corrigir a sentença:

Quando tu chegares, eu te darei o presente.
Quando você chegar, eu lhe darei o presente.

7.3.4 Pronomes possessivos

São os pronomes que atribuem posse de algo às pessoas do discurso. Eles podem estar em:

- **1ª pessoa do singular:** meu, minha, meus, minhas.
- **2ª pessoa do singular:** teu, tua, teus, tuas.
- **3ª pessoa do singular:** seu, sua, seus, suas.
- **1ª pessoa do plural:** nosso, nossa, nossos, nossas.
- **2ª pessoa do plural:** vosso, vossa, vossos, vossas.
- **3ª pessoa do plural:** seu, sua, seus, suas.

Emprego

- Ambiguidade: "seu", "sua", "seus" e "suas" são os reis da ambiguidade (duplicidade de sentido).

    O policial prendeu o maconheiro em **sua** casa. (casa de quem?)
    Meu pai levou meu tio para casa em **seu** carro. (no carro de quem?).

- Corrigindo:

    O policial prendeu o maconheiro na casa **deste**.
    Meu pai, em **seu** carro, levou meu tio para casa.

- Emprego especial: não se usam os possessivos em relação às partes do corpo ou às faculdades do espírito. Devemos, pois, dizer:

    Machuquei a mão. (E não "a minha mão").
    Ele bateu a cabeça. (E não "a sua cabeça").
    Perdeste a razão? (E não "a tua razão").

7.3.5 Pronomes demonstrativos

São os que localizam ou identificam o substantivo ou uma expressão no espaço, no tempo ou no texto.

- **1ª pessoa:**
    Masculino: este(s).
    Feminino: esta(s).
    Neutro: isto.
    No espaço: com o falante.
    No tempo: presente.
    No texto: o que se pretende dizer ou o imediatamente retomado.

- **2ª pessoa**
    Masculino: esse(s).
    Feminino: essa(s).
    Neutro: isso.
    No espaço: pouco afastado.
    No tempo: passado ou futuro próximos.
    No texto: o que se disse anteriormente.

- **3ª pessoa**
    Masculino: aquele(s).
    Feminino: aquela(s).
    Neutro: aquilo.
    No espaço: muito afastado.
    No tempo: passado ou futuro distantes.
    No texto: o que se disse há muito ou o que se pretende dizer.

Quando o pronome retoma algo já mencionado no texto, dizemos que ele possui função **anafórica**. Quando aponta para algo que será dito, dizemos que possui função **catafórica**. Essa nomenclatura começou a ser cobrada em algumas questões de concurso público, portanto, é importante ter esses conceitos na ponta da língua.

Exemplos de emprego dos demonstrativos:

Veja **este** livro que eu trouxe, é muito bom.
Você deve estudar mais! **Isso** é o que eu queria dizer.
Vê **aquele** mendigo lá na rua? Terrível futuro o aguarda.

Há outros pronomes demonstrativos: **o, a, os, as**, quando antecedem o relativo que e podem ser permutados por **aquele(s), aquela(s), aquilo**. Veja os exemplos:

Não entendi o que disseste. (Não entendi aquilo que disseste.).
Esta rua não é a que te indiquei. (Esta rua não é aquela que te indiquei.).

Tal: quando puder ser permutado por qualquer demonstrativo:
Não acredito que você disse **tal** coisa. (Aquela coisa).

Semelhante: quando puder ser permutado por qualquer demonstrativo:
Jamais me prestarei a **semelhante** canalhice. (Esta canalhice).

Mesmo: quando modificar os pronomes eu, tu, nós e vós:
Eu **mesmo** investiguei o caso.

De modo análogo, classificamos o termo "**próprio**" (eu próprio, ela própria).

O termo "**mesmo**" pode ainda funcionar como pronome neutro em frases como: "é o mesmo", "vem a ser o mesmo".

Vejamos mais alguns exemplos:

José e **João** são alunos do ensino médio. Este gosta de matemática, **aquele** gosta de português.

Veja que a verdadeira relação estabelecida pelos pronomes demonstrativos focaliza, por meio do "este" o elemento mais próximo, por meio do "aquele" o elemento mais afastado.

Esta sala precisa de bons professores.
Gostaria de que esse órgão pudesse resolver meu problema.

Este(s), esta(s), isto indicam o local de onde escrevemos. **Esse(s), essa(s), isso** indicam o local em que se encontra o nosso interlocutor.

7.3.6 Pronomes relativos

São termos que relacionam palavras em um encadeamento. Os relativos da Língua Portuguesa são:

- **Que:** quando puder ser permutado por "o qual" ou um de seus termos derivados. Utiliza-se o pronome "que" para referências a pessoas ou coisas.

    O peão a **que** me refiro é Jonas.

- **O qual:** empregado para referência a coisas ou pessoas.

    A casa na **qual** houve o tiroteio foi interditada.

- **Quem:** é equivalente a dois pronomes: "aquele" e "que".

    O homem para **quem** se enviou a correspondência é Alberto.

- **Quanto:** será relativo quando seu antecedente for o termo "tudo".

    Não gastes tudo **quanto** tens.
- **Onde:** é utilizado para estabelecer referência a lugares, sendo permutável por "em que" ou "no qual" e seus derivados.

    O estado para **onde** vou é Minas Gerais.
- **Cujo:** possui um sentido possessivo. Não permite permuta por outro relativo. Também é preciso lembrar que o pronome "cujo" não admite artigo, pois já é variável (cujo/cuja, jamais "cujo o", "cuja a").

    Cara, o pedreiro em **cujo** serviço podemos confiar é Marcelino.

A preposição que está relacionada ao pronome é, em grande parte dos casos, oriunda do verbo que aparece posteriormente na sentença.

7.3.7 Pronomes indefinidos

São os pronomes que se referem, de forma imprecisa e vaga, à 3ª pessoa do discurso.

Eles podem ser:
- **Pronomes indefinidos substantivos:** têm função de substantivo: alguém, algo, nada, tudo, ninguém.
- **Pronomes indefinidos adjetivos:** têm função de adjetivo: cada, certo(s), certa (s).
- **Que variam entre pronomes adjetivos e substantivos:** variam de acordo com o contexto: algum, alguma, bastante, demais, mais, qual etc.

| VARIÁVEIS |||| INVARIÁVEIS |
| MASCULINO || FEMININO || |
SINGULAR	PLURAL	SINGULAR	PLURAL	
Algum	Alguns	Alguma	Algumas	Alguém
Certo	Certos	Certa	Certas	Algo
Muito	Muitos	Muita	Muitas	Nada
Nenhum	Nenhuns	Nenhuma	Nenhumas	Ninguém
Outro	Outros	Outra	Outras	Outrem
Qualquer	Quaisquer	Qualquer	Quaisquer	Cada
Quando	Quantos	Quanta	Quantas	-
Tanto	Tantos	Tanta	Tantas	-
Todo	Todos	Toda	Todas	Tudo
Vário	Vários	Vária	Várias	-
Pouco	Poucos	Pouca	Poucas	-

Fique bem atento para as alterações de sentido relacionadas às mudanças de posição dos pronomes indefinidos.

Alguma pessoa passou por aqui ontem. (Alguma pessoa = ao menos uma pessoa).

Pessoa alguma passou por aqui ontem. (Pessoa alguma = ninguém).

Locuções pronominais indefinidas

"Cada qual", "cada um", "seja qual for", "tal qual", "um ou outro" etc.

7.3.8 Pronomes interrogativos

Chamam-se interrogativos os pronomes **que, quem, qual** e **quanto**, empregados para formular uma pergunta direta ou indireta:

Que conteúdo estão estudando?

Diga-me **que** conteúdo estão estudando.

Quem vai passar no concurso?

Gostaria de saber **quem** vai passar no concurso.

Qual dos livros preferes?

Não sei **qual** dos livros preferes.

Quantos de coragem você tem?

Pergunte **quanto** de coragem você tem.

7.4 Verbo

É a palavra com que se expressa uma ação (cantar, vender), um estado (ser, estar), mudança de estado (tornar-se) ou fenômeno da natureza (chover).

Quanto à noção que expressam, os verbos podem ser classificados da seguinte maneira:
- **Verbos relacionais:** exprimem estado ou mudança de estado. São os chamados verbos de ligação.
- **Verbos de ligação: ser, estar, continuar, andar, parecer, permanecer, ficar, tornar-se etc.**
- **Verbos nocionais:** exprimem ação ou fenômeno da natureza. São os chamados verbos significativos.

Os verbos nocionais podem ser classificados da seguinte maneira:
- **Verbo Intransitivo (VI):** diz-se daquele que não necessita de um complemento para que se compreenda a ação verbal. Por exemplo: "morrer", "cantar", "sorrir", "nascer", "viver".
- **Verbo Transitivo (VT):** diz-se daquele que necessita de um complemento para expressar o afetado pela ação verbal. Divide-se em três tipos:
    - **Diretos (VTD):** não possuem preposição para ligar o complemento verbal ao verbo. São exemplos os verbos "querer", "comprar", "ler", "falar" etc.
    - **Indiretos (VTI):** possuem preposição para ligar o complemento verbal ao verbo. São exemplos os verbos "gostar", "necessitar", "precisar", "acreditar" etc.
    - **Diretos e Indiretos (VTDI) ou bitransitivos:** possuem dois complementos, um não preposicionado, outro com preposição. São exemplos os verbos "pagar", "perdoar", "implicar" etc.

Preste atenção na dica que segue:

João morreu. (Quem morre, morre. Não é preciso um complemento para entender o verbo).

Eu quero um aumento. (Quem quer, quer alguma coisa. É preciso um complemento para entender o sentido do verbo).

Eu preciso de um emprego. (Quem precisa, precisa "de" alguma coisa. Deve haver uma preposição para ligar o complemento ao seu verbo).

Mário pagou a conta ao padeiro. (Quem paga, paga algo a alguém. Há um complemento com preposição e um complemento sem preposição).

MORFOLOGIA

7.4.1 Estrutura e conjugação dos verbos

Os verbos possuem:
- **Raiz:** o que lhes guarda o sentido (**cant**ar, **corr**er, **sorr**ir).
- **Vogal temática:** o que lhes garante a família conjugacional (AR, ER, IR).
- **Desinências:** o que ajuda a conjugar ou nominalizar o verbo (canta**ndo**, cantá**vamos**).

Os verbos apresentam três conjugações, ou seja, três famílias conjugacionais. Em função da vogal temática, podem-se criar três paradigmas verbais. De acordo com a relação dos verbos com esses paradigmas, obtém-se a seguinte classificação:
- **Regulares:** seguem o paradigma verbal de sua conjugação sem alterar suas raízes (amar, vender, partir).
- **Irregulares:** não seguem o paradigma verbal da conjugação a que pertencem. As irregularidades podem aparecer na raiz ou nas desinências (ouvir – ouço/ouve, estar – estou/estão).
- **Anômalos:** apresentam profundas irregularidades. São classificados como anômalos em todas as gramáticas os verbos "ser" e "ir".
- **Defectivos:** não são conjugados em determinadas pessoas, tempo ou modo, portanto, apresentam algum tipo de "defeito" ("falir", no presente do indicativo, só apresenta a 1ª e a 2ª pessoa do plural). Os defectivos distribuem-se em grupos:
  - Impessoais.
  - Unipessoais: vozes ou ruídos de animais, só conjugados nas terceiras pessoas.
  - Antieufônicos: a sonoridade permite confusão com outros verbos – "demolir"; "falir", "abolir" etc.
- **Abundantes:** apresentam mais de uma forma para uma mesma conjugação.

Existe abundância **conjugacional** e **participial**. A primeira ocorre na conjugação de algumas formas verbais, como o verbo "haver", que admite "nós havemos/hemos", "vós haveis/heis". A segunda ocorre com as formas nominais de particípio.

A seguir segue uma lista dos principais abundantes na forma participial.

VERBOS	PARTICÍPIO REGULAR – EMPREGADO COM OS AUXILIARES "TER" E "HAVER"	PARTICÍPIO IRREGULAR – EMPREGADO COM OS AUXILIARES "SER", "ESTAR" E "FICAR"
aceitar	aceitado	aceito
acender	acendido	aceso
benzer	benzido	bento
eleger	elegido	eleito
entregar	entregado	entregue
enxugar	enxugado	enxuto
expressar	expressado	expresso
expulsar	expulsado	expulso
extinguir	extinguido	extinto
matar	matado	morto
prender	prendido	preso
romper	rompido	roto
salvar	salvado	salvo
soltar	soltado	solto
suspender	suspendido	suspenso
tingir	tingido	tinto

7.4.2 Flexão verbal

Relativamente à flexão verbal, anotamos:
- **Número:** singular ou plural.
- **Pessoa gramatical:** 1ª, 2ª ou 3ª.

Tempo: referência ao momento em que se fala (pretérito, presente ou futuro). O modo imperativo só tem um tempo, o presente.
- **Voz:** ativa, passiva, reflexiva e recíproca (que trabalharemos mais tarde).
- **Modo:** indicativo (certeza de um fato ou estado), subjuntivo (possibilidade ou desejo de realização de um fato ou incerteza do estado) e imperativo (expressa ordem, advertência ou pedido).

7.4.3 Formas nominais do verbo

As três formas nominais do verbo (infinitivo, gerúndio e particípio) não possuem função exclusivamente verbal.
- **Infinitivo:** assemelha-se ao substantivo, indica algo atemporal – o nome do verbo, sua desinência característica é a letra R: ama**r**, realça**r**, ungi**r** etc.
- **Gerúndio:** equipara-se ao adjetivo ou advérbio pelas circunstâncias que exprime de ação em processo. Sua desinência característica é -**NDO**: ama**ndo**, realça**ndo**, ungi**ndo** etc.
- **Particípio:** tem valor e forma de adjetivo – pode também indicar ação concluída, sua desinência característica é -**ADO** ou -**IDO** para as formas regulares: am**ado**, realç**ado**, ung**ido** etc.

7.4.4 Tempos verbais

Dentro do **modo indicativo**, anotamos os seguintes tempos:
- **Presente do indicativo:** indica um fato situado no momento ou época em que se fala.

  Eu amo, eu vendo, eu parto.
- **Pretérito perfeito do indicativo:** indica um fato cuja ação foi iniciada e concluída no passado.

  Eu amei, eu vendi, eu parti.
- **Pretérito imperfeito do indicativo:** indica um fato cuja ação foi iniciada no passado, mas não foi concluída ou era uma ação costumeira no passado.

  Eu amava, eu vendia, eu partia.
- **Pretérito mais-que-perfeito do indicativo:** indica um fato cuja ação é anterior a outra ação já passada.

  Eu amara, eu vendera, eu partira.
- **Futuro do presente do indicativo:** indica um fato situado em momento ou época vindoura.

  Eu amarei, eu venderei, eu partirei.
- **Futuro do pretérito do indicativo:** indica um fato possível, hipotético, situado num momento futuro, mas ligado a um momento passado.

  Eu amaria, eu venderia, eu partiria.

Dentro do **modo subjuntivo**, anotamos os seguintes tempos:
- Presente do subjuntivo: indica um fato provável, duvidoso ou hipotético, situado no momento ou época em que se fala. Para facilitar a conjugação, utilize a conjunção "que".

    Que eu ame, que eu venda, que eu parta.
- Pretérito imperfeito do subjuntivo: indica um fato provável, duvidoso ou hipotético, cuja ação foi iniciada, mas não concluída no passado. Para facilitar a conjugação, utilize a conjunção "se".

    Se eu amasse, se eu vendesse, se eu partisse.
- Futuro do subjuntivo: indica um fato provável, duvidoso, hipotético, situado num momento ou época futura. Para facilitar a conjugação, utilize a conjunção "quando".

    Quando eu amar, quando eu vender, quando eu partir.

7.4.5 Tempos compostos da voz ativa

Constituem-se pelos verbos auxiliares "**ter**" ou "**haver**" + particípio do verbo que se quer conjugar, dito principal.

No **modo indicativo**, os tempos compostos são formados da seguinte maneira:
- **Pretérito perfeito:** presente do indicativo do auxiliar + particípio do verbo principal (tenho amado).
- **Pretérito mais-que-perfeito:** pretérito imperfeito do indicativo do auxiliar + particípio do verbo principal (tinha amado).
- **Futuro do presente:** futuro do presente do indicativo do auxiliar + particípio do verbo principal (terei amado).
- **Futuro do pretérito:** futuro do pretérito indicativo do auxiliar + particípio do verbo principal (teria amado).

No **modo subjuntivo**, a formação se dá da seguinte maneira:
- **Pretérito perfeito:** presente do subjuntivo do auxiliar + particípio do verbo principal (tenha amado).
- **Pretérito mais-que-perfeito:** imperfeito do subjuntivo do auxiliar + particípio do verbo principal (tivesse amado).
- **Futuro composto:** futuro do subjuntivo do auxiliar + particípio do verbo principal (tiver amado).

Quanto às **formas nominais**, elas são formadas da seguinte maneira:
- **Infinitivo composto:** infinitivo pessoal ou impessoal do auxiliar + particípio do verbo principal (ter vendido/teres vendido).
- **Gerúndio composto:** gerúndio do auxiliar + particípio do verbo principal (tendo partido).

7.4.6 Vozes verbais

Quanto às vozes, os verbos apresentam voz:
- **Ativa:** o sujeito é agente da ação verbal.

    O corretor vende casas.
- **Passiva:** o sujeito é paciente da ação verbal.

    Casas são vendidas **pelo corretor**.
- **Reflexiva:** o sujeito é agente e paciente da ação verbal.

    A garota feriu-**se** ao cair da escada.
- **Recíproca:** há uma ação mútua descrita na sentença.

    Os amigos entreolh**aram-se**.

Voz passiva: sua característica é possuir um sujeito paciente, ou seja, que é afetado pela ação do verbo.
- **Analítica:** verbo auxiliar + particípio do verbo principal. Isso significa que há uma locução verbal de voz passiva.

    Casas são *vendidas* pelo corretor.

    Ele fez o trabalho – O trabalho **foi feito** por ele (mantido o pretérito perfeito do indicativo).

    O vento ia levando as folhas – As folhas iam **sendo levadas** pelo vento (mantido o gerúndio do verbo principal em um dos auxiliares).

    Vereadores entregarão um prêmio ao gari – Um prêmio **será entregue** ao gari por vereadores (veja como a flexão do futuro se mantém na locução).
- **Sintética:** verbo apassivado pelo termo "se" (partícula apassivadora) + sujeito paciente.

    Roubou-se **o dinheiro do povo**.

    Fez-se **o trabalho** com pressa.

É comum observar, em provas de concurso público, questões que mostram uma voz passiva sintética como aquela que é proveniente de uma ativa com sujeito indeterminado.

Alguns verbos da língua portuguesa apresentam **problemas de conjugação**:

Compraram um carro novo (ativa).

Comprou-se um carro novo (passiva sintética).

7.4.7 Verbos com a conjugação irregular

Abolir: defectivo – não possui a 1ª pessoa do singular do presente do indicativo, por isso não possui presente do subjuntivo e o imperativo negativo. (= banir, carpir, colorir, delinquir, demolir, descomedir-se, emergir, exaurir, fremir, fulgir, haurir, retorquir, urgir).

Acudir: alternância vocálica O/U no presente do indicativo – acudo, acodes etc. Pretérito perfeito do indicativo com U. (= bulir, consumir, cuspir, engolir, fugir).

Adequar: defectivo – só possui a 1ª e a 2ª pessoa do plural no presente do indicativo.

Aderir: alternância vocálica E/I no presente do indicativo – adiro, adere etc. (= advertir, cerzir, despir, diferir, digerir, divergir, ferir, sugerir).

Agir: acomodação gráfica G/J no presente do indicativo – ajo, ages etc. (= afligir, coagir, erigir, espargir, refulgir, restringir, transigir, urgir).

Agredir: alternância vocálica E/I no presente do indicativo – agrido, agrides, agride, agredimos, agredis, agridem. (= prevenir, progredir, regredir, transgredir).

Aguar: regular. Presente do indicativo – águo, águas etc. Pretérito perfeito do indicativo – aguei, aguaste, aguou, aguamos, aguastes, aguaram. (= desaguar, enxaguar, minguar).

Aprazer: irregular. Presente do indicativo – aprazo, aprazes, apraz etc. Pretérito perfeito do indicativo – aprouve, aprouveste, aprouve, aprouvemos, aprouvestes, aprouveram.

Arguir: irregular com alternância vocálica O/U no presente do indicativo – arguo (ú), arguis, argui, arguimos, arguis, arguem. Pretérito perfeito – argui, arguiste etc.

Atrair: irregular. Presente do indicativo – atraio, atrais etc. Pretérito perfeito – atraí, atraíste etc. (= abstrair, cair, distrair, sair, subtrair).

Atribuir: irregular. Presente do indicativo – atribuo, atribuis, atribui, atribuímos, atribuís, atribuem. Pretérito perfeito – atribuí, atribuíste, atribuiu etc. (= afluir, concluir, destituir, excluir, instruir, possuir, usufruir).

Averiguar: alternância vocálica O/U no presente do indicativo – averiguo (ú), averiguas (ú), averigua (ú), averiguamos, averiguais, averiguam (ú). Pretérito perfeito – averiguei, averiguaste etc. Presente do subjuntivo – averigue, averigues, averigue etc. (= apaziguar).

Cear: irregular. Presente do indicativo – ceio, ceias, ceia, ceamos, ceais, ceiam. Pretérito perfeito indicativo – ceei, ceaste, ceou, ceamos,

MORFOLOGIA

ceastes, cearam. (= verbos terminados em -ear: falsear, passear... - alguns apresentam pronúncia aberta: estreio, estreia...).

Coar: irregular. Presente do indicativo – coo, côas, côa, coamos, coais, coam. Pretérito perfeito – coei, coaste, coou etc. (= abençoar, magoar, perdoar).

Comerciar: regular. Presente do indicativo – comercio, comerciais etc. Pretérito perfeito – comerciei etc. (= verbos em -iar, exceto os seguintes verbos: mediar, ansiar, remediar, incendiar, odiar).

Compelir: alternância vocálica E/I. Presente do indicativo – compilo, compeles etc. Pretérito perfeito indicativo – compeli, compeliste.

Compilar: regular. Presente do indicativo – compilo, compilas, compila etc. Pretérito perfeito indicativo – compilei, compilaste etc.

Construir: irregular e abundante. Presente do indicativo – construo, constróis, constrói, construímos, construís, constroem. Pretérito perfeito indicativo – construí, construíste etc.

Crer: irregular. Presente do indicativo – creio, crês, crê, cremos, credes, creem. Pretérito perfeito indicativo – cri, creste, creu, cremos, crestes, creram. Imperfeito indicativo – cria, crias, cria, críamos, críeis, criam.

Falir: defectivo. Presente do indicativo – falimos, falis. Pretérito perfeito indicativo – fali, faliste etc. (= aguerrir, combalir, foragir-se, remir, renhir).

Frigir: acomodação gráfica G/J e alternância vocálica E/I. Presente do indicativo – frijo, freges, frege, frigimos, frigis, fregem. Pretérito perfeito indicativo – frigi, frigiste etc.

Ir: irregular. Presente do indicativo – vou, vais, vai, vamos, ides, vão. Pretérito perfeito indicativo – fui, foste etc. Presente subjuntivo – vá, vás, vá, vamos, vades, vão.

Jazer: irregular. Presente do indicativo – jazo, jazes etc. Pretérito perfeito indicativo – jázi, jazeste, jazeu etc.

Mobiliar: irregular. Presente do indicativo – mobílio, mobílias, mobília, mobiliamos, mobiliais, mobíliam. Pretérito perfeito indicativo – mobiliei, mobiliaste.

Obstar: regular. Presente do indicativo – obsto, obstas etc. Pretérito perfeito indicativo – obtei, obstaste etc.

Pedir: irregular. Presente do indicativo – peço, pedes, pede, pedimos, pedis, pedem. Pretérito perfeito indicativo – pedi, pediste etc. (= despedir, expedir, medir).

Polir: alternância vocálica E/I. Presente do indicativo – pulo, pules, pule, polimos, polis, pulem. Pretérito perfeito indicativo – poli, poliste etc.

Precaver-se: defectivo e pronominal. Presente do indicativo – precavemo-nos, precaveis-vos. Pretérito perfeito indicativo – precavi-me, precaveste-te etc.

Prover: irregular. Presente do indicativo – provejo, provês, provê, provemos, provedes, proveem. Pretérito perfeito indicativo – provi, proveste, proveu etc.

Reaver: defectivo. Presente do indicativo – reavemos, reaveis. Pretérito perfeito indicativo – reouve, reouveste, reouve etc. (verbo derivado do haver, mas só é conjugado nas formas verbais com a letra v).

Remir: defectivo. Presente do indicativo – remimos, remis. Pretérito perfeito indicativo – remi, remiste etc.

Requerer: irregular. Presente do indicativo – requeiro, requeres etc. Pretérito perfeito indicativo – requeri, requereste, requereu etc. (Derivado do querer, diferindo dele na 1ª pessoa do singular do presente do indicativo e no pretérito perfeito do indicativo e derivados, sendo regular).

Rir: irregular. Presente do indicativo – rio, ris, ri, rimos, rides, riem. Pretérito perfeito indicativo – ri, riste. (= sorrir).

Saudar: alternância vocálica. Presente do indicativo – saúdo, saúdas etc. Pretérito perfeito indicativo – saudei, saudaste etc.

Suar: regular. Presente do indicativo – suo, suas, sua etc. Pretérito perfeito indicativo – suei, suaste, sou etc. (= atuar, continuar, habituar, individuar, recuar, situar).

Valer: irregular. Presente do indicativo – valho, vales, vale etc. Pretérito perfeito indicativo – vali, valeste, valeu etc.

Também merecem atenção os seguintes verbos irregulares:

▷ **Pronominais:** apiedar-se, dignar-se, persignar-se, precaver-se.

- **Caber**

    Presente do indicativo: caibo, cabes, cabe, cabemos, cabeis, cabem.
    Presente do subjuntivo: caiba, caibas, caiba, caibamos, caibais, caibam.
    Pretérito perfeito do indicativo: coube, coubeste, coube, coubemos, coubestes, couberam.
    Pretérito mais-que-perfeito do indicativo: coubera, couberas, coubera, coubéramos, coubéreis, couberam.
    Pretérito imperfeito do subjuntivo: coubesse, coubesses, coubesse, coubéssemos, coubésseis, coubessem.
    Futuro do subjuntivo: couber, couberes, couber, coubermos, couberdes, couberem.

- **Dar**

    Presente do indicativo: dou, dás, dá, damos, dais, dão.
    Presente do subjuntivo: dê, dês, dê, demos, deis, deem.
    Pretérito perfeito do indicativo: dei, deste, deu, demos, destes, deram.
    Pretérito mais-que-perfeito do indicativo: dera, deras, dera, déramos, déreis, deram.
    Pretérito imperfeito do subjuntivo: desse, desses, desse, déssemos, désseis, dessem.
    Futuro do subjuntivo: der, deres, der, dermos, derdes, derem.

- **Dizer**

    Presente do indicativo: digo, dizes, diz, dizemos, dizeis, dizem.
    Presente do subjuntivo: diga, digas, diga, digamos, digais, digam.
    Pretérito perfeito do indicativo: disse, disseste, disse, dissemos, dissestes, disseram.
    Pretérito mais-que-perfeito do indicativo: dissera, disseras, dissera, disséramos, disséreis, disseram.
    Futuro do presente: direi, dirás, dirá etc.
    Futuro do pretérito: diria, dirias, diria etc.
    Pretérito imperfeito do subjuntivo: dissesse, dissesses, dissesse, disséssemos, dissésseis, dissessem.
    Futuro do subjuntivo: disser, disseres, disser, dissermos, disserdes, disserem.

- **Estar**

    Presente do indicativo: estou, estás, está, estamos, estais, estão.
    Presente do subjuntivo: esteja, estejas, esteja, estejamos, estejais, estejam.
    Pretérito perfeito do indicativo: estive, estiveste, esteve, estivemos, estivestes, estiveram.
    Pretérito mais-que-perfeito do indicativo: estivera, estiveras, estivera, estivéramos, estivéreis, estiveram.

LÍNGUA PORTUGUESA

Pretérito imperfeito do subjuntivo: estivesse, estivesses, estivesse, estivéssemos, estivésseis, estivessem.

Futuro do subjuntivo: estiver, estiveres, estiver, estivermos, estiverdes, estiverem.

- **Fazer**

Presente do indicativo: faço, fazes, faz, fazemos, fazeis, fazem.

Presente do subjuntivo: faça, faças, faça, façamos, façais, façam.

Pretérito perfeito do indicativo: fiz, fizeste, fez, fizemos, fizestes, fizeram.

Pretérito mais-que-perfeito do indicativo: fizera, fizeras, fizera, fizéramos, fizéreis, fizeram.

Pretérito imperfeito do subjuntivo: fizesse, fizesses, fizesse, fizéssemos, fizésseis, fizessem.

Futuro do subjuntivo: fizer, fizeres, fizer, fizermos, fizerdes, fizerem.

Seguem esse modelo os verbos: desfazer, liquefazer e satisfazer.

Os particípios destes verbos e seus derivados são irregulares: feito, desfeito, liquefeito, satisfeito etc.

- **Haver**

Presente do indicativo: hei, hás, há, havemos, haveis, hão.

Presente do subjuntivo: haja, hajas, haja, hajamos, hajais, hajam.

Pretérito perfeito do indicativo: houve, houveste, houve, houvemos, houvestes, houveram.

Pretérito mais-que-perfeito do indicativo: houvera, houveras, houvera, houvéramos, houvéreis, houveram.

Pretérito imperfeito do subjuntivo: houvesse, houvesses, houvesse, houvéssemos, houvésseis, houvessem.

Futuro do subjuntivo: houver, houveres, houver, houvermos, houverdes, houverem.

- **Ir**

Presente do indicativo: vou, vais, vai, vamos, ides, vão.

Presente do subjuntivo: vá, vás, vá, vamos, vades, vão.

Pretérito imperfeito do indicativo: ia, ias, ia, íamos, íeis, iam.

Pretérito perfeito do indicativo: fui, foste, foi, fomos, fostes, foram.

Pretérito mais-que-perfeito do indicativo: fora, foras, fora, fôramos, fôreis, foram.

Pretérito imperfeito do subjuntivo: fosse, fosses, fosse, fôssemos, fôsseis, fossem.

Futuro do subjuntivo: for, fores, for, formos, fordes, forem.

- **Poder**

Presente do indicativo: posso, podes, pode, podemos, podeis, podem.

Presente do subjuntivo: possa, possas, possa, possamos, possais, possam.

Pretérito perfeito do indicativo: pude, pudeste, pôde, pudemos, pudestes, puderam.

Pretérito mais-que-perfeito do indicativo: pudera, puderas, pudera, pudéramos, pudéreis, puderam.

Pretérito imperfeito do subjuntivo: pudesse, pudesses, pudesse, pudéssemos, pudésseis, pudessem.

Futuro do subjuntivo: puder, puderes, puder, pudermos, puderdes, puderem.

- **Pôr**

Presente do indicativo: ponho, pões, põe, pomos, pondes, põem.

Presente do subjuntivo: ponha, ponhas, ponha, ponhamos, ponhais, ponham.

Pretérito imperfeito do indicativo: punha, punhas, punha, púnhamos, púnheis, punham.

Pretérito perfeito do indicativo: pus, puseste, pôs, pusemos, pusestes, puseram.

Pretérito mais-que-perfeito do indicativo: pusera, puseras, pusera, puséramos, puséreis, puseram.

Pretérito imperfeito do subjuntivo: pusesse, pusesses, pusesse, puséssemos, pusésseis, pusessem.

Futuro do subjuntivo: puser, puseres, puser, pusermos, puserdes, puserem.

Todos os derivados do verbo pôr seguem exatamente este modelo: antepor, compor, contrapor, decompor, depor, descompor, dispor, expor, impor, indispor, interpor, opor, pospor, predispor, pressupor, propor, recompor, repor, sobrepor, supor, transpor são alguns deles.

- **Querer**

Presente do indicativo: quero, queres, quer, queremos, quereis, querem.

Presente do subjuntivo: queira, queiras, queira, queiramos, queirais, queiram.

Pretérito perfeito do indicativo: quis, quiseste, quis, quisemos, quisestes, quiseram.

Pretérito mais-que-perfeito do indicativo: quisera, quiseras, quisera, quiséramos, quiséreis, quiseram.

Pretérito imperfeito do subjuntivo: quisesse, quisesses, quisesse, quiséssemos, quisésseis, quisessem.

Futuro do subjuntivo: quiser, quiseres, quiser, quisermos, quiserdes, quiserem.

- **Saber**

Presente do indicativo: sei, sabes, sabe, sabemos, sabeis, sabem.

Presente do subjuntivo: saiba, saibas, saiba, saibamos, saibais, saibam.

Pretérito perfeito do indicativo: soube, soubeste, soube, soubemos, soubestes, souberam.

Pretérito mais-que-perfeito do indicativo: soubera, souberas, soubera, soubéramos, soubéreis, souberam.

Pretérito imperfeito do subjuntivo: soubesse, soubesses, soubesse, soubéssemos, soubésseis, soubessem.

Futuro do subjuntivo: souber, souberes, souber, soubermos, souberdes, souberem.

- **Ser**

Presente do indicativo: sou, és, é, somos, sois, são.

Presente do subjuntivo: seja, sejas, seja, sejamos, sejais, sejam.

Pretérito imperfeito do indicativo: era, eras, era, éramos, éreis, eram.

Pretérito perfeito do indicativo: fui, foste, foi, fomos, fostes, foram.

Pretérito mais-que-perfeito do indicativo: fora, foras, fora, fôramos, fôreis, foram.

Pretérito imperfeito do subjuntivo: fosse, fosses, fosse, fôssemos, fôsseis, fossem.

Futuro do subjuntivo: for, fores, for, formos, fordes, forem.

As segundas pessoas do imperativo afirmativo são: sê (tu) e sede (vós).

MORFOLOGIA

- **Ter**

    Presente do indicativo: tenho, tens, tem, temos, tendes, têm.
    Presente do subjuntivo: tenha, tenhas, tenha, tenhamos, tenhais, tenham.
    Pretérito imperfeito do indicativo: tinha, tinhas, tinha, tínhamos, tínheis, tinham.
    Pretérito perfeito do indicativo: tive, tiveste, teve, tivemos, tivestes, tiveram.
    Pretérito mais-que-perfeito do indicativo: tivera, tiveras, tivera, tivéramos, tivéreis, tiveram.
    Pretérito imperfeito do subjuntivo: tivesse, tivesses, tivesse, tivéssemos, tivésseis, tivessem.
    Futuro do subjuntivo: tiver, tiveres, tiver, tivermos, tiverdes, tiverem.

Seguem esse modelo os verbos: ater, conter, deter, entreter, manter, reter.

- **Trazer**

    Presente do indicativo: trago, trazes, traz, trazemos, trazeis, trazem.
    Presente do subjuntivo: traga, tragas, traga, tragamos, tragais, tragam.
    Pretérito perfeito do indicativo: trouxe, trouxeste, trouxe, trouxemos, trouxestes, trouxeram.
    Pretérito mais-que-perfeito do indicativo: trouxera, trouxeras, trouxera, trouxéramos, trouxéreis, trouxeram.
    Futuro do presente: trarei, trarás, trará etc.
    Futuro do pretérito: traria, trarias, traria etc.
    Pretérito imperfeito do subjuntivo: trouxesse, trouxesses, trouxesse, trouxéssemos, trouxésseis, trouxessem.
    Futuro do subjuntivo: trouxer, trouxeres, trouxer, trouxermos, trouxerdes, trouxerem.

- **Ver**

    Presente do indicativo: vejo, vês, vê, vemos, vedes, veem.
    Presente do subjuntivo: veja, vejas, veja, vejamos, vejais, vejam.
    Pretérito perfeito do indicativo: vi, viste, viu, vimos, vistes, viram.
    Pretérito mais-que-perfeito do indicativo: vira, viras, vira, víramos, víreis, viram.
    Pretérito imperfeito do subjuntivo: visse, visses, visse, víssemos, vísseis, vissem.
    Futuro do subjuntivo: vir, vires, vir, virmos, virdes, virem.

Seguem esse modelo os derivados antever, entrever, prever, rever. Prover segue o modelo acima apenas no presente do indicativo e seus tempos derivados; nos demais tempos, comporta-se como um verbo regular da segunda conjugação.

- **Vir**

    Presente do indicativo: venho, vens, vem, vimos, vindes, vêm.
    Presente do subjuntivo: venha, venhas, venha, venhamos, venhais, venham.
    Pretérito imperfeito do indicativo: vinha, vinhas, vinha, vínhamos, vínheis, vinham.
    Pretérito perfeito do indicativo: vim, vieste, veio, viemos, viestes, vieram.
    Pretérito mais-que-perfeito do indicativo: viera, vieras, viera, viéramos, viéreis, vieram.
    Pretérito imperfeito do subjuntivo: viesse, viesses, viesse, viéssemos, viésseis, viessem.
    Futuro do subjuntivo: vier, vieres, vier, viermos, vierdes, vierem.
    Particípio e gerúndio: vindo.

7.4.8 Emprego do infinitivo

Apesar de não haver regras bem definidas, podemos anotar as seguintes ocorrências:

▷ Usa-se o **impessoal**:
- Sem referência a nenhum sujeito:
    É proibido **estacionar** na calçada.
- Nas locuções verbais:
    Devemos **pensar** sobre a sua situação.
- Se o infinitivo exercer a função de complemento de adjetivos:
    É uma questão fácil de **resolver**.
- Se o infinitivo possuir valor de imperativo:
    O comandante gritou: "**marchar**!"

▷ Usa-se o **pessoal**:
- Quando o sujeito do infinitivo é diferente do sujeito da oração principal:
    Eu não te culpo por **seres** um imbecil.
- Quando, por meio de flexão, se quer realçar ou identificar a pessoa do sujeito:
    Não foi bom **agires** dessa forma.

7.5 Adjetivo

É a palavra variável que expressa uma qualidade, característica ou origem de algum substantivo ao qual se relaciona.

- Meu terno é azul, elegante e italiano.

Analisando, entendemos assim:

    Azul: característica.
    Elegante: qualidade.
    Italiano: origem.

7.5.1 Estrutura e a classificação dos adjetivos

Com relação à sua formação, eles podem ser:

- **Explicativos:** quando a característica é comum ao substantivo referido.
    Fogo **quente**, homem **mortal**. (Todo fogo é quente, todo homem é mortal).
- **Restritivos:** quando a característica não é comum ao substantivo, ou seja, nem todo substantivo é assim caracterizado.
    Terno **azul**, casa **grande**. (Nem todo terno é azul, nem toda casa é grande).
- **Simples:** quando possui apenas uma raiz.
    Amarelo, brasileiro, competente, sagaz, loquaz, inteligente, grande, forte etc.
- **Composto:** quando possui mais de uma raiz.
    Amarelo-canário, luso-brasileiro, verde-escuro, vermelho-sangue etc.
- **Primitivo:** quando pode dar origem a outra palavra, não tendo sofrido derivação alguma.
    Bom, legal, grande, rápido, belo etc.
- **Derivado:** quando resultado de um processo de derivação, ou seja, oriundo de outra palavra.
    Bondoso (de bom), grandioso (de grande), maléfico (de mal), esplendoroso (de esplendor) etc.

Os adjetivos que designam origem de algum termo são denominados adjetivos pátrios ou gentílicos.

LÍNGUA PORTUGUESA

Adjetivos pátrios de estados:

Acre: acriano.

Alagoas: alagoano.

Amapá: amapaense.

Aracaju: aracajuano ou aracajuense.

Amazonas: amazonense ou baré.

Belém (PA): belenense.

Belo Horizonte: belo-horizontino.

Boa Vista: boa-vistense.

Brasília: brasiliense.

Cabo Frio: cabo-friense.

Campinas: campineiro ou campinense.

Curitiba: curitibano.

Espírito Santo: espírito-santense ou capixaba.

Fernando de Noronha: noronhense.

Florianópolis: florianopolitano.

Fortaleza: fortalezense.

Goiânia: goianiense.

João Pessoa: pessoense.

Macapá: macapaense.

Maceió: maceioense.

Manaus: manauense.

Maranhão: maranhense.

Marajó: marajoara.

Natal: natalense ou papa-jerimum.

Porto Alegre: porto alegrense.

Ribeirão Preto: ribeiropretense.

Rio de Janeiro (estado): fluminense.

Rio de Janeiro (cidade): carioca.

Rio Branco: rio-branquense.

Rio Grande do Norte: rio-grandense-do-norte, norte-riograndense ou potiguar.

Rio Grande do Sul: rio-grandense-do-sul, sul-rio-grandense ou gaúcho.

Rondônia: rondoniano.

Roraima: roraimense.

Salvador: salvadorense ou soteropolitano.

Santa Catarina: catarinense ou barriga verde.

Santarém: santarense.

São Paulo (estado): paulista.

São Paulo (cidade): paulistano.

Sergipe: sergipano.

Teresina: teresinense.

Tocantins: tocantinense.

Adjetivos pátrios de países:

Croácia: croata.

Costa Rica: costarriquense.

Curdistão: curdo.

Estados Unidos: estadunidense, norte-americano ou ianque.

El Salvador: salvadorenho.

Guatemala: guatemalteco.

Índia: indiano ou hindu (os que professam o hinduísmo).

Israel: israelense ou israelita.

Irã: iraniano.

Moçambique: moçambicano.

Mongólia: mongol ou mongólico.

Panamá: panamenho.

Porto Rico: porto-riquenho.

Somália: somali.

Na formação de adjetivos pátrios compostos, o primeiro elemento aparece na forma reduzida e, normalmente, erudita.

Observe alguns exemplos de adjetivos pátrios compostos:

África: afro-americana.

Alemanha: germano- ou teuto-: competições teutoinglesas.

América: Américo-: companhia américo-africana.

Ásia: ásio-: encontros ásio-europeus.

Áustria: austro-: peças austro-búlgaras.

Bélgica: belgo-: acampamentos belgo-franceses.

China: sino-: acordos sino-japoneses.

Espanha: hispano- + mercado: hispano-português.

Europa: euro + negociações euro-americanas.

França: franco- ou galo-: reuniões franco-italianas.

Grécia: greco-: filmes greco-romanos.

Índia: indo-: guerras indo-paquistanesas.

Inglaterra: anglo-: letras anglo-portuguesas.

Itália: ítalo-: sociedade ítalo-portuguesa.

Japão: nipo-: associações nipo-brasileiras.

Portugal: luso-: acordos luso-brasileiros.

7.5.2 Locução adjetiva

Expressão que tem valor adjetival, mas que é formada por mais de uma palavra. Geralmente, concorrem para sua formação uma preposição e um substantivo. Veja alguns exemplos de locução adjetiva seguida de adjetivo:

De águia: aquilino.

De aluno: discente.

De anjo: angelical.

De bispo: episcopal.

De cabelo: capilar.

De cão: canino.

De dedo: digital.

De estômago: estomacal ou gástrico.

De fera: ferino.

De gelo: glacial.

De homem: viril ou humano.

De ilha: insular.

De lago: lacustre.

De madeira: lígneo.

De neve: níveo ou nival.

De orelha: auricular.

De paixão: passional.

De quadris: ciático.

De rio: fluvial.

De serpente: viperino.

De trigo: tritício.

De urso: ursino.

De velho: senil.

7.5.3 Flexão do adjetivo

O adjetivo pode ser flexionado em gênero, número e grau.

MORFOLOGIA

Flexão de gênero (masculino/feminino)

Com relação ao gênero, os adjetivos podem ser classificados de duas formas:
- **Biformes:** quando possuem uma forma para cada gênero.
  Homem **belo**/mulher **bela**.
  Contexto **complicado**/questão **complicada**.
- **Uniformes:** quando possuem apenas uma forma, como se fossem elementos neutros.
  Homem **fiel**/mulher **fiel**.
  Contexto **interessante**/questão **interessante**.

Flexão de número (singular/plural)

Os adjetivos simples seguem a mesma regra de flexão que os substantivos simples. Serão, por regra, flexionados os adjetivos compostos que, em sua formação, possuírem dois adjetivos. A flexão ocorrerá apenas no segundo elemento da composição.

Guerra greco-**romana** – Guerras greco-**romanas**.
Conflito **socioeconômico** – Análises **socioeconômicas**.

Por outro lado, se houver um substantivo como elemento da composição, o adjetivo fica invariável.

Blusa **amarelo-canário** – Blusas **amarelo-canário**.
Mesa **verde-musgo** – Mesas **verde-musgo**.

O caso em questão também pode ocorrer quando um substantivo passa a ser, por derivação imprópria, um adjetivo, ou seja, também serão invariáveis os "substantivos adjetivados".

Terno cinza – Ternos cinza.
Vestido rosa – Vestidos rosa.

E também:
Surdo mudo – surdos mudos.
Pele vermelha – peles vermelhas.

Azul- marinho e azul-celeste são invariáveis.

7.5.4 Flexão de grau (comparativo e superlativo)

Há duas maneiras de se estabelecer o grau do adjetivo: por meio do **grau comparativo** e por meio do **grau superlativo**.

Grau comparativo: estabelece um tipo de comparação de características, sendo estabelecido de três maneiras:
- **Inferioridade:** o açúcar é **menos** doce (do) **que** os teus olhos.
- **Igualdade:** o meu primo é **tão** estudioso **quanto** o meu irmão.
- **Superioridade:** gramática **é mais legal** (do) **que** matemática.

Grau superlativo: reforça determinada qualidade em relação a um referente. Pode-se estabelecer o grau superlativo de duas maneiras:
▷ **Relativo:** em relação a um grupo.
  - **De superioridade:** José é o **mais** inteligente dos alunos.
  - **De inferioridade:** o presidente foi o **menos** prestigiado da festa.
▷ **Absoluto:** sem relações, apenas reforçando as características:
  - **Analítico:** com auxílio de algum termo:
    Pedro é muito magro.
    Pedro é magro, magro, magro.
  - **Sintético** (com o acréscimo de -íssimo ou -érrimo):
    Pedro é macérrimo.
    Somos todos estudiosíssimos.

Veja, agora, alguns exemplos de superlativos sintéticos:
Ágil: agilíssimo.
Bom: ótimo ou boníssimo.
Capaz: capacíssimo.
Difícil: dificílimo.
Eficaz: eficacíssimo.
Fiel: fidelíssimo.
Geral: generalíssimo.
Horrível: horribilíssimo.
Inimigo: inimicíssimo.
Jovem: juveníssimo.
Louvável: laudabilíssimo.
Mísero: misérrimo.
Notável: notabilíssimo.
Pequeno: mínimo ou pequeníssimo.
Sério: seríssimo.
Terrível: terribilíssimo.
Vão: vaníssimo.

Atente à mudança de sentido provocada pela alteração de posição do adjetivo.

Homem **grande** (alto, corpulento).
Grande homem (célebre).

Mas isso nem sempre ocorre. Se você analisar a construção "giz azul" e "azul giz", perceberá que não há diferença semântica.

7.6 Advérbio

É a palavra invariável que se relaciona ao verbo, ao adjetivo ou a outro advérbio para atribuir-lhes uma circunstância. Veja os exemplos:

Os alunos saíram **apressadamente**.
O caso era muito **interessante**.
Resolvemos **muito bem** o problema.

7.6.1 Classificação do advérbio

- **Afirmação:** sim, certamente, efetivamente etc.
- **Negação:** não, nunca, jamais.
- **Intensidade:** muito, pouco, assaz, bastante, mais, menos, tão, tanto, quão etc.
- **Lugar:** aqui, ali, aí, aquém, acima, abaixo, atrás, dentro, junto, defronte, perto, longe, algures, alhures, nenhures etc.
- **Tempo:** agora, já, depois, anteontem, ontem, hoje, jamais, sempre, outrora, breve etc.
- **Modo:** assim, bem, mal, depressa, devagar, melhor, pior e a maior parte das palavras formadas de um adjetivo, mais a terminação "mente" (leve + mente = levemente; calma + mente = calmamente).
- **Inclusão:** também, inclusive.
- **Designação:** eis.
- **Interrogação:** onde, como, quando, por que.

Também existem as chamadas locuções adverbiais que vêm quase sempre introduzidas por uma preposição: à farta (= fartamente), às pressas (= apressadamente), à toa, às cegas, às escuras, às tontas, às vezes, de quando em quando, de vez em quando etc.

Existem casos em que utilizamos um adjetivo como forma de advérbio. É o que chamamos de adjetivo adverbializado. Veja os exemplos:

Aquele orador fala **belamente**. (Advérbio de modo).
Aquele orador fala **bonito**. (Adjetivo adverbializado que tenta designar modo).

LÍNGUA PORTUGUESA

7.7 Conjunção

É a palavra invariável que conecta elementos em algum encadeamento frasal. A relação em questão pode ser de natureza lógico-semântica (relação de sentido) ou apenas indicar uma conexão exigida pela sintaxe da frase.

7.7.1 Coordenativas

São as conjunções que conectam elementos que não possuem dependência sintática, ou seja, as sentenças que são conectadas por meio desses elementos já estão com suas estruturas sintáticas (sujeito / predicado / complemento) completas.

- **Aditivas:** e, nem (= e não), também, que, não só..., mas também, não só... como, tanto ... como, assim... como etc.

  > José não foi à aula **nem** fez os exercícios.
  >
  > Devemos estudar **e** apreender os conteúdos.

- **Adversativas:** mas, porém, contudo, todavia, no entanto, entretanto, senão, não obstante, aliás, ainda assim.

  > Os países assinaram o acordo, **mas** não o cumpriram.
  >
  > A menina cantou bem, **contudo** não agradou ao público.

- **Alternativas:** ou... ou, já ... já, seja... seja, quer... quer, ora... ora, agora... agora.

  > **Ora** diz sim, **ora** diz não.
  >
  > **Ou** está feliz, **ou** está no ludibriando.

- **Conclusivas:** logo, pois (depois do verbo), então, portanto, assim, enfim, por fim, por conseguinte, conseguintemente, consequentemente, donde, por onde, por isso.

  > O **concursando** estudou muito, **logo**, deverá conseguir seu cargo.
  >
  > É professor, **por conseguinte** deve saber explicar o conteúdo.

- **Explicativas:** isto é, por exemplo, a saber, ou seja, verbi gratia, pois (antes do verbo), pois bem, ora, na verdade, depois, além disso, com efeito, que, porque, ademais, outrossim, porquanto etc.

  > Deve ter chovido, **pois** o chão está molhado.
  >
  > O homem é um animal racional, **porque** é capaz de raciocinar.
  >
  > Não converse agora, **que** eu estou explicando.

7.7.2 Subordinativas

São as conjunções que denotam uma relação de subordinação entre orações, ou seja, a conjunção subordinativa evidencia que uma oração possui dependência sintática em relação a outra. O que se pretende dizer com isso é que uma das orações envolvidas nesse conjunto desempenha uma função sintática para com sua oração principal.

Integrantes

- Que, se:

  > Sei **que** o dia do pagamento é hoje.
  >
  > Vejamos **se** você consegue estudar sem interrupções.

Adverbiais

▷ **Causais:** indicam a causa de algo.

- Já que, porque, que, pois que, uma vez que, sendo que, como, visto que, visto como, como etc.

  > Não teve medo do perigo, **já que** estava protegido.
  >
  > Passou no concurso, **porque** estudou muito.

▷ **Comparativas:** estabelecem relação de comparação:

- Como, mais... (do) que, menos... (do) que, tão como, assim como, tanto quanto etc.

  > **Tal como** procederes, receberás o castigo.
  >
  > Alberto é aplicado **como** quem quer passar.

▷ **Concessivas (concessão):** estabelecem relação de quebra de expectativa com respeito à sentença à qual se relacionam.

- Embora, ainda que, dado que, posto que, conquanto, em que, quando mesmo, mesmo que, por menos que, por pouco que, apesar de (que).

  > **Embora** tivesse estudado pouco, conseguiu passar.
  >
  > **Conquanto** estudasse, não conseguiu aprender.

▷ **Condicionais:** estabelecem relação de condição.

- Se, salvo se, caso, exceto se, contanto que, com tal que, caso, a não ser que, a menos que, sem que etc.

  > **Se** tudo der certo, estaremos em Portugal amanhã.
  >
  > **Caso** você tenha dúvidas, pergunte a seu professor.

▷ **Consecutivas:** estabelecem relação de consequência.

- Tanto que, de modo que, de sorte que, tão...que, sem que etc.

  > O aluno estudou **tanto que** morreu.
  >
  > Timeto Amon era **tão** feio **que** não se olhava no espelho.

▷ **Conformativas:** estabelecem relação de conformidade.

- Conforme, consoante, segundo, da mesma maneira que, assim como, como que etc.

  > Faça a prova **conforme** teu pai disse.
  >
  > Todos agem **consoante** se vê na televisão.

▷ **Finais:** estabelecem relação de finalidade.

- Para que, a fim de que, que, porque.

  > Estudou muito **para que** pudesse ter uma vida confortável.
  >
  > Trabalhei **a fim de que** o resultado seja satisfatório.

▷ **Proporcionais:** estabelecem relação de proporção.

- À proporção que, à medida que, quanto mais... tanto mais, quanto menos... tanto menos, ao passo que etc.

  > À **medida que** o momento de realizar a prova chegava, a ansiedade de todos aumentava.
  >
  > **Quanto mais** você estudar, **tanto mais** terá a chance de ser bem-sucedido.

▷ **Temporais:** estabelecem relação de tempo.

- Quando, enquanto, apenas, mal, desde que, logo que, até que, antes que, depois que, assim que, sempre que, senão quando, ao tempo que, apenas que, antes que, depois que, sempre que etc.

  > **Quando** todos disserem para você parar, continue.
  >
  > **Depois que** terminar toda a lição, poderá descansar um pouco.
  >
  > **Mal** chegou, já quis sair.

7.8 Interjeição

É o termo que exprime, de modo enérgico, um estado súbito de alma. Sem muita importância para a análise a que nos propomos, vale apenas lembrar que elas possuem uma classificação semântica:

- **Dor:** ai! ui!
- **Alegria:** ah! eh! oh!
- **Desejo:** oxalá! tomara!
- **Admiração:** puxa! cáspite! safa! quê!
- **Animação:** eia! sus! coragem!
- **Aplauso:** bravo! apoiado!

MORFOLOGIA

- **Aversão:** ih! chi! irra! apre!
- **Apelo:** ó, olá! psit! pitsiu! alô! socorro!
- **Silêncio:** psit! psiu! caluda!
- **Interrogação, espanto:** hem!

Há, também, locuções interjeitivas: **minha nossa! Meu Deus!**

A despeito da classificação acima, o que determina o sentido da interjeição é o seu uso.

7.9 Numeral

É a palavra que indica uma quantidade, multiplicação, fração ou um lugar em uma série. Os numerais podem ser divididos em:

- **Cardinais:** quando indicam um número básico: um, dois, três, cem mil etc.
- **Ordinais:** quando indicam um lugar numa série: primeiro, segundo, terceiro, centésimo, milésimo etc.
- **Multiplicativos:** quando indicam uma quantidade multiplicativa: dobro, triplo, quádruplo etc.
- **Fracionários:** quando indicam parte de um inteiro: meio, metade, dois terços etc.

ALGARISMO ROMANOS	ALGARISMO ARÁBICOS	CARDINAIS	ORDINAIS
I	1	um	primeiro
II	2	dois	segundo
III	3	três	terceiro
IV	4	quatro	quarto
V	5	cinco	quinto
VI	6	seis	sexto
VII	7	sete	sétimo
VIII	8	oito	oitavo
IX	9	nove	nono
X	10	dez	décimo
XI	11	onze	undécimo ou décimo primeiro
XII	12	doze	duodécimo ou décimo segundo
XIII	13	treze	décimo terceiro
XIV	14	quatorze ou catorze	décimo quarto
XV	15	quinze	décimo quinto
XVI	16	dezesseis	décimo sexto
XVII	17	dezessete	décimo sétimo
XVIII	18	dezoito	décimo oitavo
XIX	19	dezenove	décimo nono
XX	20	vinte	vigésimo
XXI	21	vinte e um	vigésimo primeiro
XXX	30	trinta	trigésimo
XXXL	40	quarenta	quadragésimo
L	50	cinquenta	quinquagésimo
LX	60	sessenta	sexagésimo
LXX	70	setenta	septuagésimo ou setuagésimo
LXXX	80	oitenta	octogésimo
XC	90	noventa	nonagésimo
C	100	cem	centésimo
CC	200	duzentos	ducentésimo
CCC	300	trezentos	trecentésimo
CD	400	quatrocentos	quadringentésimo
D	500	quinhentos	quingentésimo
DC	600	seiscentos	seiscentésimo ou sexcentésimo
DCC	700	setecentos	septingentésimo
DCCC	800	oitocentos	octingentésimo
CM	900	novecentos	nongentésimo ou noningentésimo
M	1.000	mil	milésimo
X'	10.000	dez mil	dez milésimos
C'	100.000	cem mil	cem milésimos
M'	1.000.000	um milhão	milionésimo
M''	1.000.000.000	um bilhão	bilionésimo

Lista de numerais multiplicativos e fracionários:

Algarismos	Multiplicativos	Fracionários
2	duplo, dobro, dúplice	meio ou metade
3	triplo, tríplice	terço
4	quádruplo	quarto
5	quíntuplo	quinto
6	sêxtuplo	sexto
7	sétuplo	sétimo
8	óctuplo	oitavo
9	nônuplo	nono
10	décuplo	décimo
11	undécuplo	onze avos
12	duodécuplo	doze avos
100	cêntuplo	centésimo

7.9.1 Cardinais

Para realizar a leitura dos cardinais, é necessário colocar a conjunção "e" entre as centenas e dezenas, assim como entre as dezenas e a unidade.

Exemplo: 3.068.724 = três milhões, sessenta **e** oito mil, setecentos **e** vinte **e** quatro.

7.9.2 Ordinais

Quanto à leitura do numeral ordinal, há duas possibilidades: quando é inferior a 2.000, lê-se inteiramente segundo a forma ordinal.

- 1.766º = milésimo septingentésimo sexagésimo sexto.

Acima de 2.000, lê-se o primeiro algarismo como cardinal e os demais como ordinais. Hodiernamente, entretanto, tem-se observado a tendência a ler os números redondos segundo a forma ordinal.
- 2.536º = dois milésimos quingentésimo trigésimo sexto.
- 8 000º = oitavo milésimo.

7.9.3 Fracionários

O numerador de um numeral fracionário é sempre lido como cardinal. Quanto ao denominador, há dois casos:
- Primeiro: se for inferior ou igual a 10, ou ainda for um número redondo, será lido como ordinal 2/6 = dois sextos; 9/10 = nove décimos; centésimos (se houver). São exceções: 1/2 = meio; 1/3 = um terço.
- Segundo: se for superior a 10 e não constituir número redondo, é lido como cardinal, seguido da palavra "avos". 1/12 = um doze avos; 4/25 = quatro vinte e cinco avos.

Ao se fazer indicação de reis, papas, séculos, partes de uma obra, usam-se os numerais ordinais até décimo. A partir daí, devem-se empregar os cardinais. Século V (século quinto), século XX (vinte), João Paulo II (segundo), Bento XVI (dezesseis).

7.10 Preposição

É a palavra invariável que serve de ligação entre dois termos de uma oração ou, às vezes, entre duas orações. Costuma-se denominar "regente" o termo que exige a preposição e "regido" aquele que recebe a preposição:

Ele comprou um livro **de** poesia.
Ele tinha medo **de** ficar solitário.

Como se vê, a preposição "de", no primeiro caso, liga termos de uma mesma oração; no segundo, liga orações.

7.10.1 Preposições essenciais

São aquelas que têm como função primordial a conexão das palavras:
- a, ante, até, após, com contra, de, desde, em, entre, para, per, perante, por, sem, sob, sobre, trás.

Veja o emprego de algumas preposições:
Os manifestantes lutaram **contra** a polícia.
O aluno chegou **ao** salão rapidamente.
Aguardo sua decisão **desde** ontem.
Entre mim e ti, não há qualquer problema.

7.10.2 Preposições acidentais

São palavras que pertencem a outras classes, empregadas, porém, eventualmente como preposições: conforme, consoante, durante, exceto, fora, agora, mediante, menos, salvante, salvo, segundo, tirante.

O emprego das preposições acidentais é mais comum do que parece, veja os exemplos:
Todos saíram da sala, **exceto** eu.
Tirante as mulheres, o grupo que estava na sala parou de falar.
Escreveu o livro **conforme** o original.

7.10.3 Locuções prepositivas

Além das preposições simples, existem também as chamadas locuções prepositivas, que terminam sempre por uma preposição simples:
- abaixo de, acerca de, acima de, a despeito de, adiante de, a fim de, além de, antes de, ao lado de, a par de, apesar de, a respeito de, atrás de, através de, de acordo com, debaixo de, de cima de, defronte de, dentro de, depois de, diante de, embaixo de, em cima de, em frente de(a), em lugar de, em redor de, em torno de, em vez de, graças a, junto a (de), para baixo de, para cima de, para com, perto de, por baixo de, por causa de, por cima de, por detrás de, por diante de, por entre, por trás de.

7.10.4 Conectivos

Os conectivos têm a função de ligar palavras ou orações. Eles podem ser coordenativos (ligam orações coordenadas) ou subordinativos (ligam orações subordinadas).

Coordenativos

- Conjunções coordenativas que iniciam as orações coordenadas:
    Aditivas: e.
    Adversativas: mas.
    Alternativas: ou.
    Conclusivas: logo.
    Explicativas: pois.

Subordinativos

- Pronomes relativos que iniciam as orações adjetivas:
    Que.
    Quem.
    Cujo/cuja.
    O qual/a qual.
- Conjunções subordinativas que iniciam as orações adverbiais:
    Causais: porque.
    Comparativas: como.
    Concessivas: embora.
    Condicionais: se.
    Conformativas: conforme.
    Consecutivas: (tão) que.
    Finais: para que.
    Proporcionais: à medida que.
    Temporais: quando.
- **Conjunções subordinativas que iniciam as orações substantivas:**
    Integrantes: que, se.

7.10.5 Formas variantes

Algumas palavras possuem mais de uma forma, ou seja, junto à forma padrão existem outras formas variantes.

Em algumas situações, é irrelevante a variação utilizada, mas em outros deve-se escolher a variação mais generalizada.

Exemplos:
Assobiar, assoviar.
Coisa, cousa.
Louro, loiro.
Lacrimejar, lagrimejar.
Infarto, enfarte.
Diabete, diabetes.
Transpassar, traspassar, trespassar.

8 SINTAXE BÁSICA

Sintaxe é a parte da Gramática que estuda a função das palavras ou das expressões em uma oração ou em um período.

Antes de iniciar o estudo da sintaxe, faz-se necessário definir alguns conceitos, tais como: frase, oração e período (conceitos essenciais).

- **Frase**: qualquer sentença dotada de sentido.
  Eu adoro estudar português!
  Fogo! Socorro!
- **Oração**: frase organizada em torno de uma forma verbal.
  Os alunos farão a prova amanhã!
- **Período**: conjunto de orações.
  - Período simples: 1 oração.
    Ex.: **Estudarei** português.
  - Período composto: mais de 1 oração.
    Ex.: **Estudarei** português e **farei** a prova.

8.1 Período simples (oração)

A oração é dividida em termos. Assim, o estudo fica organizado e impossibilita a confusão. São os termos da oração:
- Essenciais.
- Integrantes.
- Acessórios.

8.1.1 Termos essenciais da oração

Sujeito e predicado: são chamados de essenciais, porque são os elementos que dão vida à oração. Quer dizer, sem um deles (o predicado, ao menos) não se pode formar oração.
- O **Brasil** caminha para uma profunda transformação social.
  O Brasil: sujeito.
  Para uma profunda transformação social: predicado.

Sujeito

Sujeito é o termo sintático sobre o qual se declara ou se constata algo. Deve-se observar que há uma profunda relação entre o verbo que comporá o predicado e o sujeito da oração. Usualmente, o sujeito é formado por um substantivo ou por uma expressão substantivada.

O sujeito pode ser: simples; composto; oculto, elíptico ou desinencial; indeterminado; inexistente ou oracional.

- **Sujeito simples:** aquele que possui apenas um núcleo.
  O país deverá enfrentar difíceis rivais na competição.
  A perda de fôlego de algumas das grandes economias também já foi notada por outras gigantes do setor.
- **Sujeito composto:** é aquele que possui mais de um núcleo.
  João e Maria são amigos inseparáveis.
  Eu, meus **amigos** e todo o **resto** dos alunos faremos a prova.
- **Sujeito oculto, elíptico ou desinencial:** aquele que não se encontra expresso na oração, porém é facilmente subentendido pelo verbo apresentado.
  Acord**amos** cedo naquele dia. (Nós)
  Ab**ri** o blusão, tirei o 38, e perguntei com tanta raiva que uma gota de meu cuspe bateu na cara dele. (R. Fonseca) (eu)
  Vanderlei caminh**ou** pela manhã. À tarde pass**eou** pelo lago municipal, onde encont**rou** a Anaconda da cidade. (Ele, Vanderlei)

Perceba que o sujeito não está grafado na sentença, mas é facilmente recuperável por meio da terminação do verbo.

▷ **Sujeito indeterminado:** ocorre quando o verbo não se refere a um núcleo determinado. São situações de indeterminação do sujeito:
  - Terceira pessoa do plural sem um referente:
    Nunca lhe **deram** nada.
    Fizeram comentários maldosos a seu respeito.
  - Com verbos transitivos indiretos, intransitivo e relacionais (de ligação) acompanhados da partícula "se" que, no caso, será classificada como índice de indeterminação de sujeito:
    Vive-se muito bem.
    Precisa-se de força e coragem na vida de estudante.
    Nem sempre **se está** feliz na riqueza.

▷ **Sujeito inexistente ou oração sem sujeito:** ocorre em algumas situações específicas.
  - Com verbos impessoais (principalmente os que denotam fenômeno da natureza).
    Em setembro **chove** muito.
    Nevava em Palotina.
  - Com o verbo haver, desde que empregado nos sentidos de existir, acontecer ou ocorrer.
    Há poemas perfeitos, não **há** poetas perfeitos.
    Deveria haver soluções para tais problemas.
  - Com os verbos ir, haver e fazer, desde que empregado fazendo alusão a tempo transcorrido.
    Faz um ano que não viajo. (verbo "fazer" no sentido de "tempo transcorrido")
    Há muito tempo que você não aparece. (verbo "haver" no sentido de "tempo")
    Vai para dois meses que não recebo salário. (verbo "ir" no sentido de "tempo")
  - Com os verbos ser ou estar indicando tempo.
    Era noite fechada.
    É tarde, eles não vêm!
  - Com os verbos bastar e chegar indicando cessamento.
    Basta de tanta corrupção no Senado!
    Chega de ficar calado quando a situação aperta!
  - Com o verbo ser indicando data ou horas.
    São dez horas no relógio da torre.
    Amanhã **serão** dez de dezembro.

▷ **Sujeito oracional:** ocorre nas análises do período composto, quando se verifica que o sujeito de um verbo é uma oração.
    É preciso **que você estude Língua Portuguesa**.

Predicado

É o termo que designa aquilo que se declara acerca do sujeito. É mais simples e mais prudente para o aluno buscar identificar o predicado antes do sujeito, pois, se assim o fizer, terá mais concretude na identificação do sujeito.

O predicado pode ser nominal, verbal ou verbo-nominal.
- **Predicado Nominal:** o predicado nominal é formado por um verbo relacional (de ligação) + predicativo.

Principais verbos de ligação: ser, estar, permanecer, continuar, ficar, parecer, andar e torna-se.
    A economia da Ásia parecia derrotada após a crise.
    O deputado, de repente, virou patriota.
    Português é legal.

LÍNGUA PORTUGUESA

- **Predicado Verbal:** o predicado verbal tem como núcleo um verbo nocional.

    Empresários **investirão R$ 250 milhões em novo berço para o Porto de Paranaguá**.

- **Predicado Verbo-nominal:** ocorre quando há um verbo significativo (nocional) + um predicativo do sujeito.

    O trem chegou atrasado. ("atrasado" é uma qualidade do sujeito que aparece após o verbo, portanto, é um predicativo do sujeito).

    Pedro Paladino já nasceu rico.

    Acompanhei a indignação de meus alunos preocupado.

Predicativo

O predicativo é um termo componente do predicado. Qualifica sujeito ou objeto.

> Josefina era **maldosa, ruim, sem valor**. (predicativo do sujeito)
>
> Leila deixou o garoto **louco**. (predicativo do objeto)
>
> O diretor nomeou João **chefe da repartição**. (predicativo do objeto)

8.2 Termos integrantes da oração

Os termos integrantes da oração são: objeto direto (complemento verbal); objeto indireto (complemento verbal); complemento nominal e agente da passiva.

- **Objeto Direto:** é o complemento de um verbo transitivo direto.

    Os bons cidadãos cumprem **as leis**. (quem cumpre, cumpre algo)

    Em resumo: ele queria **uma mulher**. (quem quer, quer algo)

- **Objeto Indireto:** é o complemento de um verbo transitivo indireto.

    Os bons cidadãos obedecem **às leis**. (quem obedece, obedece a algo)

    Necessitamos **de manuais mais práticos** nos dias de hoje. (quem necessita, necessita de algo)

- **Complemento Nominal:** é o complemento, sempre preposicionado, de adjetivos, advérbios e substantivos que, em determinadas circunstâncias, pedem complemento, assim como os verbos transitivos indiretos.

    O filme era impróprio para crianças.

    Finalizou-se a construção do prédio.

    Agiu favoravelmente ao réu.

- **Agente da Passiva:** é o complemento que, na voz passiva, designa o ser praticante da ação sofrida ou recebida pelo sujeito. Veja os exemplos:

    Voz ativa: o zagueiro executou a jogada.

    Voz passiva: a jogada foi executada **pelo zagueiro**. (Agente da passiva)

    Conversas foram interceptadas pela **Polícia Federal**. (Agente da passiva)

8.3 Termos acessórios da oração

Os termos acessórios da oração são: adjunto adnominal; adjunto adverbial; aposto e vocativo.

▷ **Adjunto Adnominal:** a função do adjunto adnominal é desempenhada por qualquer palavra ou expressão que, junto de um substantivo ou de uma expressão substantivada, modifica o seu sentido. Vejamos algumas palavras que desempenham tal função.

- **Artigos: as** alunas serão aprovadas.
- **Pronomes adjetivos: aquela** aluna será aprovada.
- **Numerais adjetivos: duas** alunas serão aprovadas.
- **Adjetivos:** aluno **estudioso** é aprovado.
- **Locuções adjetivas:** aluno **de gramática** passa no concurso.

▷ **Adjunto Adverbial:** o adjunto adverbial é o termo acessório (que não é exigido por elemento algum da sentença) que exprime circunstância ao verbo e, às vezes, ao adjetivo ou mesmo ao advérbio.

- **Advérbios:** os povos antigos trabalhavam mais.
- **Locuções Adverbiais:** li vários livros **durante as férias**.
- **Alguns tipos de adjuntos adverbiais:**

    Tempo: **ontem**, choveu muito.

    Lugar: gostaria de que me encontrasse **na esquina da padaria**.

    Modo: Alfredo executou a aria **fantasticamente**.

    Meio: fui para a escola **a pé**.

    Causa: **por amor**, cometem-se loucuras.

    Instrumento: quebrou a **vidraça com uma pedra**.

    Condição: **se estudar muito**, será aprovado.

    Companhia: faremos sucesso **com essa banda**.

▷ **Aposto:** o aposto é o termo sintático que, possuindo equivalência semântica, esclarece seu referente. Tipos de aposto:

    Explicativo: Alencar, **escritor romântico**, possui uma obra vastíssima.

    Resumitivo ou recapitulativo: estudo, esporte, cinema, **tudo** o chateava.

    Enumerativo: preciso de duas coisas: **saúde e dinheiro**.

    Especificativo: a notícia foi publicada na revista **Veja**.

    Distributivo: havia grupos interessados: **o da direita e o da esquerda**.

    Oracional: desejo só uma coisa: **que vocês passem no concurso**.

    Vocativo: é uma interpelação, é um chamamento. Normalmente, indica com quem se fala.

▷ **Ó mar**, por que não me levas contigo?

- Vem, **minha amiga**, abraçar um vitorioso.

8.4 Período composto

O período composto possui dois processos: coordenação e subordinação.

- **Coordenação:** ocorre quando são unidas orações independentes sintaticamente. Ou seja, são autônomas do ponto de vista estrutural. Vamos a um exemplo:

    - Altamiro pratica esportes e estuda muito.

- **Subordinação:** ocorre quando são unidas orações que possuem dependência sintática. Ou seja, não estão completas em sua estrutura. O processo de subordinação ocorre de três maneiras:

    - **Substantiva:** quando a oração desempenhar a função de um substantivo na sentença (**sujeito, predicativo, objeto direto, objeto indireto, complemento nominal ou aposto**).

    - **Adjetiva:** quando a oração desempenhar a função de adjunto adnominal na sentença.

    - **Adverbial:** quando a oração desempenhar a função de adjunto adverbial na sentença.

        Eu quero **que vocês passem no concurso**. (Oração subordinada substantiva objetiva direta – a função de objeto direto está sendo desempenhada pela oração)

        O Brasil, **que é um belíssimo país**, possui vegetação exuberante. (Oração subordinada adjetiva explicativa)

        Quando José entrou na sala, Manoel saiu. (Oração subordinada adverbial temporal)

SINTAXE BÁSICA

8.4.1 Processo de coordenação

Há dois tipos de orações coordenadas: **assindéticas** e **sindéticas**.

- **Assindéticas:**

O nome vem da palavra grega *sýndetos*, que significa conjunção, união. Ou seja, oração que não possui conjunção quando está colocada ao lado de outra.

> Valdevino **correu (oração coordenada assindética), correu (oração coordenada assindética), correu (oração coordenada assindética)** o dia todo.

Perceba que não há conjunções para ligar os verbos, ou seja, as orações estão colocadas uma ao lado da outra sem síndeto, portanto, são **orações coordenadas assindéticas**.

- **Sindéticas:**

Contrariamente às assindéticas, as sindéticas possuem conjunção para exprimir uma relação lógico-semântica. Cada oração recebe o nome da conjunção que a introduz. Por isso é necessário decorar as conjunções.

- **Aditivas:** são introduzidas pelas conjunções e, nem, mas também, também, como (após "não só"), como ou quanto (após "tanto"), mais etc., dando a ideia de adição à oração anterior.

> A seleção brasileira venceu a Dinamarca / **e empatou com a Inglaterra.** (Oração coordenada assindética / **oração coordenada sindética aditiva**)

- **Adversativas:** são introduzidas pelas conjunções: mas, porém, todavia, contudo, entretanto, no entanto, não obstante, senão, apesar disso, embora etc., indicando uma relação de oposição à sentença anterior.

> O time batalhou muito, / **mas não venceu o adversário.** (Oração coordenada assindética / **oração coordenada sindética adversativa**)

- **Alternativas:** são introduzidas pelas conjunções ou... ou, ora... ora, já... já, quer... quer, seja... seja, nem... nem etc., indicando uma relação de alternância entre as sentenças.

> Ora estuda, / ora trabalha. (**Oração coordenada sindética alternativa / oração coordenada sindética alternativa**)

- **Conclusivas:** são introduzidas pelas conjunções: pois (posposto ao verbo), logo, portanto, então, por conseguinte, por consequência, assim, desse modo, destarte, com isso, por isto, consequentemente, de modo que, indicando uma relação de conclusão do período anterior.

> Comprei a carne e o carvão, / **portanto podemos fazer o churrasco.** (Oração coordenada assindética / **oração coordenada sindética conclusiva**)

> Estou muito doente, / **não posso, pois, ir à aula.** (Oração coordenada assindética / **oração coordenada sindética conclusiva**)

- **Explicativas:** são introduzidas pelas conjunções que, porque, porquanto, por, portanto, como, pois (anteposta ao verbo), ou seja, isto é, indicando uma relação de explicação para com a sentença anterior.

> Não converse, / **pois estou estudando.** (Oração coordenada assindética / **oração coordenada sindética explicativa**)

8.4.2 Processo de subordinação

As orações subordinadas substantivas se dividem em seis tipos, introduzidas, geralmente, pelas conjunções "**que**" e "**se**".

- **Subjetiva:** exerce função de sujeito do verbo da oração principal.

> É interessante / **que todos joguem na loteria.** (Oração principal / **oração subordinada substantiva subjetiva**)

- **Objetiva direta:** exerce função de objeto direto.

> Eu quero / **que você entenda a matéria.** Quem quer, quer algo ou alguma coisa. (Oração principal / **oração subordinada substantiva objetiva direta**)

- **Objetiva indireta:** exerce função de objeto indireto.

> Os alunos necessitam / **de que as explicações fiquem claras.** Quem necessita, necessita de algo. (Oração principal / **oração subordinada substantiva objetiva indireta**)

- **Predicativa:** exerce função de predicativo.

> O bom é / **que você faça exercícios todos os dias.** (Oração principal / **oração subordinada substantiva predicativa**)

- **Completiva nominal:** exerce função de complemento nominal de um nome da oração principal.

> Jonas tem vontade / **de que alguém o mande calar a boca.** (Oração principal / **oração subordinada substantiva completiva nominal**)

- **Apositivas:** possuem a função de aposto da sentença principal, geralmente são introduzidas por dois-pontos (:).

> Eu quero apenas isto: / **que você passe no concurso.** (Oração principal / **oração subordinada substantiva apositiva**)

- **Orações subordinadas adjetivas:** dividem-se em dois tipos. Quando desenvolvidas, são introduzidas por um pronome relativo.

O nome oração subordinada adjetiva se deve ao fato de ela desempenhar a mesma função de um adjetivo na oração, ou seja, a função de adjunto adnominal. Na Gramática de Portugal, são chamadas de orações relativas pelo fato de serem introduzidas por pronome relativo.

- **Restritivas:** restringem a informação da oração principal. Não possuem vírgulas.

> O homem / **que mora ao lado** / é mal-humorado. (Oração principal / **oração subordinada adjetiva restritiva** / oração principal)

Para entender basta perguntar: qualquer homem é mal-humorado? Não. Só o que mora ao lado.

- **Explicativas:** explicam ou dão algum esclarecimento sobre a oração principal.

> João, / **que é o ex-integrante da comissão,** / chegou para auxiliar os novos contratados. (Oração principal / **oração subordinada adjetiva explicativa** /oração principal)

- **Orações subordinadas adverbiais:** dividem-se em nove tipos. Recebem o nome da conjunção que as introduz. Nesse caso, teremos uma principal (que não está negritada) e uma subordinada adverbial (que está em negrito).

Essas orações desempenham a função de adjunto adverbial da oração principal.

- **Causais:** exprimem a causa do fato que ocorreu na oração principal. Introduzidas, principalmente, pelas conjunções porque, visto que, já que, uma vez que, como que, como.

> **Já que precisamos de dinheiro,** vamos trabalhar.

LÍNGUA PORTUGUESA

- **Comparativas:** representam o segundo termo de uma comparação. Introduzidas, na maior parte dos casos, pelas conjunções que, do que, como, assim como, (tanto) quanto.

  > Tiburcina fala **como uma gralha** (fala - o verbo está elíptico).

- **Concessivas:** indica uma concessão entre as orações. Introduzidas, principalmente, pelas conjunções embora, a menos que, ainda que, posto que, conquanto, mesmo que, se bem que, por mais que, apesar de que. Fique de olho na relação da conjunção com o verbo.

  > **Embora não tivesse tempo disponível**, consegui estudar.

- **Condicionais:** expressa ideia de condição. Introduzidas, principalmente, pelas conjunções se, salvo se, desde que, exceto, caso, desde, contanto que, sem que, a menos que.

  > **Se ele não se defender**, acabará como "boi-de-piranha" no caso.

- **Conformativas:** exprimem acordo, concordância entre fatos ou ideias. Introduzidas, principalmente, pelas conjunções como, consoante, segundo, conforme, de acordo com etc.

  > Realize as atividades **conforme eu expliquei**.

- **Consecutivas:** indicam a consequência ou o efeito daquilo que se diz na oração principal. Introduzidas, principalmente, pelas conjunções que (precedida de tal, tão, tanto, tamanho), de sorte que, de modo que.

  > Estudei tanto, **que saiu sangue dos olhos**.

- **Finais:** exprimem finalidade da ação primeira. Introduzidas, em grande parte dos casos, pelas conjunções para que, a fim de que, que e porque.

  > Estudei muito **para que pudesse fazer a prova**.

- **Proporcionais:** expressa uma relação de proporção entre as orações. Introduzidas, principalmente, pelas conjunções (locuções conjuntivas) à medida que, quanto mais... mais, à proporção que, ao passo que, quanto mais.

  - > José piorava, **à medida que abandonava seu tratamento**.

- **Temporais:** indicam circunstância de tempo. Introduzidas, principalmente, pelas conjunções quando, antes que, assim que, logo que, até que, depois que, mal, apenas, enquanto etc.

  > **Logo que iniciamos o trabalho** os alunos ficaram mais tranquilos.

9 FUNÇÕES DO "SE"

A palavra "se", assim como o "que", possui diversas funções e costuma gerar muitas dúvidas. Por isso, para entender cada função e identificá-las, observe os exemplos a seguir.

9.1 Partícula apassivadora

Vendem-**se** plantas. (É possível passar a oração para a voz passiva analítica: plantas são vendidas).

Neste caso, o "se" nunca será seguido por preposição.

9.2 Pronome reflexivo

Nesse caso, o pronome expressa a igualdade entre o sujeito e o objeto da ação, exercendo a função de complemento verbal.

Penteou-**se** com capricho.

9.3 Pronome recíproco

Denota a ocorrência de que houve uma ação trocada entre os elementos do sujeito.

Amaram-**se** durante anos.

9.4 Partícula expletiva (de realce)

Tem o papel de realçar ou enfatizar um vocábulo ou um segmento da frase. Pode ser retirada da frase sem prejuízo sintático ou semântico.

Foi-**se** o tempo em que confiávamos nos políticos. (Não possui função na oração, apenas realça o que foi dito).

9.5 Pronome indeterminador do sujeito

O pronome "se" serve como índice de indeterminação do sujeito. O sujeito indeterminado é o sujeito que não quer ou não se pode identificar.

Precisa-**se** de secretária. (Não se pode passar a oração para a voz passiva analítica).

Nessa casa, come-**se** muito.

9.6 Parte do verbo pronominal

Alguns verbos exigem a presença da partícula "se" para indicar que a ação é referente ao sujeito que a pratica. Veja os exemplos:

Arrependeu-**se** de ter ligado.

Outros exemplos de verbos pronominais: lembrar-**se**, queixar-**se**, enganar-**se**, suicidar-**se**.

9.7 Conjunção

A conjunção "se" pode assumir várias funções, veja alguns exemplos:

Vou chegar no horário **se** não chover. (Conjunção condicional).

Não sei **se** dormirei em casa hoje. (Conjunção integrante).

Se vai ficar aqui, então fale comigo. (Conjunção adverbial causal).

Se queria ser mãe, nunca demonstrou amor pelas crianças. (Conjunção concessiva).

10 FUNÇÕES DO "QUE"

A palavra "que" possui diversas funções e costuma gerar muitas dúvidas. Por isso, para entender cada função e identificá-las, observe os exemplos a seguir:

10.1 Substantivo

Senti um **quê** de falsidade naquela fala.

Neste caso, o que está precedido por um determinante – um artigo –, e é acentuado, pois assume o papel de um substantivo. Poderia ser substituído por outro substantivo:

Senti um **ar** de falsidade naquela fala.

Quanto atua como substantivo, o quê será sempre acentuado e precedido por um artigo, pronome ou numeral.

10.2 Pronome

Exemplos:

Que beleza de festa! (Pronome exclamativo)
O livro **que** comprei estava em promoção. (Pronome relativo)
Que dia é a prova? (Pronome interrogativo)

10.3 Interjeição

Exemplos:

Quê? Não entendi.
Quê! Ela sabe sim!

10.4 Preposição

Temos **que** chegar cedo.

Observe que a regência do verbo ter exige a preposição "de": *temos de chegar cedo*. No entanto, na fala coloquial, já é aceito o uso do "que" como preposição.

10.5 Advérbio

Que bela está a casa!

Neste caso, antecede um adjetivo, modificando-o: **como** a casa está bela!

Que longe estava da cidade!

Neste caso, antecede um advérbio, intensificando-o: Estava **muito longe** da cidade.

10.6 Conjunção

Exemplos:

Que gostem ou **que** não gostem, tomei minha decisão. (Conjunção alternativa).
Pode entrar na fila **que** não será atendida. (Conjunção adversativa).
Não falte à aula **que** o conteúdo é importante. (Conjunção explicativa).

10.7 Conjunção subordinativa

Exemplos:

Estava tão cansada **que** não quis recebê-lo. (Conjunção subordinativa consecutiva).
Gostei da viagem, cara **que** tenha sido. (Conjunção subordinativa concessiva).
Não corra **que** o chão está molhado! (Conjunção subordinativa causal).

10.8 Partícula expletiva (de realce)

Que bonito **que** está o seu cabelo! (Não tem função na oração, apenas realça o que está sendo falado)

CONCORDÂNCIA VERBAL E NOMINAL

11 CONCORDÂNCIA VERBAL E NOMINAL

Trata-se do processo de flexão dos termos a fim de se relacionarem harmoniosamente na frase. Quando se pensa sobre a relação do verbo com os demais termos da oração, o estudo focaliza a concordância verbal. Quando a análise se volta para a relação entre pronomes, substantivos, adjetivos e demais termos do grupo nominal, diz-se que o foco é concordância nominal.

11.1 Concordância verbal

11.1.1 Regra geral

O verbo concorda com o sujeito em número e pessoa.
> O **primeiro-ministro** russo **acusou** seus inimigos.
> Dois **parlamentares rebateram** a acusação.
> **Contaram**-se **mentiras** no telejornal.
> **Vós sois** os responsáveis por vosso destino.

Regras para sujeito composto

▷ Anteposto se colocado antes do verbo, o verbo vai para o plural:
> **Eu e meus irmãos vamos** à praia.

▷ Posposto se colocado após o verbo, o verbo concorda com o mais próximo ou vai para o plural:
> **Morreu (morreram)**, no acidente, **o prefeito e o vereador**.

▷ Formado por pessoas (gramaticais) diferentes: plural da predominante.
> Eu, você e os alunos **estudaremos** para o concurso. (a primeira pessoa é a predominante, por isso, o verbo fica na primeira pessoa do plural).

▷ Com núcleos em correlação, a concordância se dá com o mais próximo ou fica no plural:
> O professor assim como o monitor auxilia(m) os estudantes.

▷ **Ligado por NEM o verbo concordará:**
- No singular: se houver exclusão.
> Nem Josias nem Josué **percebeu** o perigo iminente.
- No singular: quando se pretende individualizar a ação, aludindo a um termo em específico.
> Nem os esportes nem a leitura **o entretém**.
- No plural: quando não houver exclusão, ou seja, quando a intenção for aludir ao sujeito em sua totalidade.
> Nem a minha rainha nem o meu mentor **serão** tão convincentes a ponto de me fazerem mudar de ideia.

▷ **Ligado por COM o verbo concorda com o antecedente do COM ou vai para o plural:**
> O vocalista com os demais integrantes da banda **realizaram (realizou)** o show.

▷ **Ligado por OU o verbo fica no singular (se houver exclusão) ou no plural (se não houver exclusão):**
> Ou Pedro Amorim ou Jurandir Leitão **será** eleito vereador da cidade.
> O aviso ou o ofício **deveriam** ser expedidos antes da data prevista.

▷ Se o sujeito for construído com os termos: um e outro, nem um nem outro, o verbo fica no singular ou plural, dependendo do sentido pretendido.
> Um e outro **passou (passaram)** no concurso.
> Um ou outro: verbo no singular.
> Um ou outro fez a lição.

▷ **Expressões partitivas seguidas de nome plural:** verbo no singular ou plural.
> A maior parte das pessoas **fez (fizeram)** o exercício recomendado.

▷ **Coletivo geral:** verbo no singular.
> O cardume **nadou** rio acima.

▷ **Expressões que indicam quantidade aproximada seguida de numeral:** o verbo concorda com o substantivo.
> Aproximadamente 20% dos eleitores **compareceram** às urnas.
> Aproximadamente 20% do eleitorado **compareceu** às urnas.

▷ **Pronomes (indefinidos ou interrogativos) seguidos dos pronomes "nós" e/ou "vós":** o verbo fica no singular ou plural.
> Quem de nós **fará (faremos)** a diferença?

▷ **Palavra QUE (pronome relativo):** o verbo concorda com o antecedente do pronome "que".
> Fui eu que **fiz** a diferença.

▷ **Palavra QUEM:** verbo na 3ª pessoa do singular.
> Fui eu *quem* **fez** a diferença.

Pela repetida utilização errônea, algumas gramáticas já toleram a concordância do verbo com a pessoa gramatical distinta da terceira, no caso de se utilizar um pronome pessoal como antecedente do "quem".

▷ **Um dos que:** verbo no singular ou plural.
> Ele foi *um dos que* **fez (fizeram)** a diferença.

▷ **Palavras sinônimas:** verbo concorda com o mais próximo ou fica no plural.
> *A ruindade, a maldade, a vileza* **habita (habitam)** a alma do ser humano.

▷ **Quando os verbos estiverem acompanhados da palavra "SE":** fique atento à função da palavra "SE".
- **SE na função de pronome apassivador:** o verbo concorda com o sujeito paciente.
> **Vendem-se** casas e sobrados em Alta Vista.
> **Presenteou**-se o aluno aplicado com uma gramática.
- **SE na função de índice de indeterminação do sujeito:** o verbo fica sempre na 3ª pessoa do singular.
> **Precisa-se** de empregados com capacidade de aprender.
> **Vive**-se muito bem na riqueza.

A dica é ficar de olho na transitividade do verbo. Se o verbo for VTI, VI ou VL, o termo "SE" será índice de indeterminação do sujeito.

▷ **Casos de concordância com o verbo "ser":**
- **Quando indicar tempo ou distância:** concorda com o predicativo.
> Amanhã **serão** 7 de fevereiro.
> **São** 890 quilômetros daqui até Florianópolis.
- **Quando houver sujeito que indica quantidade e predicativo que indica suficiência ou excesso:** concorda com o predicativo.
> Vinte milhões **era** muito por aquela casa.
> Sessenta centavos **é** pouco por aquele lápis.
- **O verbo "dar", no sentido de "bater" ou "soar", acompanhado do termo "hora(s)":** concorda com o sujeito.
> **Deram** cinco horas no relógio do juiz.
> **Deu** cinco horas o relógio juiz.
- **Verbo "parecer" somado a infinitivo:** flexiona-se um dos dois.
> Os alunos **pareciam** estudar novos conteúdos.
> Os alunos **pareciam estudarem** novos conteúdos.

- **Quando houver sujeito construído com nome no plural,** com artigo no singular ou sem artigo: o verbo fica no singular.

    Memórias Póstumas de Brás Cubas **continua** sendo lido por jovens estudantes.

    Minas Gerais **é** um lindo lugar.

- Com artigo plural: o verbo fica no plural.

    Os Estados Unidos **aceitaram** os termos do acordo assinado.

11.2 Concordância nominal

A concordância nominal está relacionada aos termos do grupo nominal. Ou seja, relaciona-se com o substantivo, o pronome, o artigo, o numeral e o adjetivo. Vamos à regra geral para a concordância.

11.2.1 Regra geral

O artigo, o numeral, o adjetivo e o pronome adjetivo devem concordar com o substantivo a que se referem em gênero e número.

Meu belíssimo e **antigo** carro **amarelo** quebrou, ontem, em **uma** rua **estreita**.

Os termos destacados acima, mantém uma relação harmoniosa com o núcleo de cada expressão. Relação essa que se estabelece em questões de gênero e de número.

A despeito de a regra geral dar conta de grande parte dos casos de concordância, devemos considerar a existência de casos particulares, que merecem atenção.

11.2.2 Casos que devem ser estudados

Dependendo da intencionalidade de quem escreve, pode-se realizar a concordância atrativa, primando por concordar com apenas um termo de uma sequência ou com toda a sequência. Vejamos:

Vi um carro e uma **moto** *vermelha*. (concordância apenas com o termo "moto")

Vi um carro e uma **moto** *vermelhos*. (concordância com ambos os elementos)

A palavra "**bastante**", por exemplo, varia de acordo com o contexto. Se "bastante" é pronome adjetivo, será variável; se for advérbio (modificando o verbo), será invariável, ou seja, não vai para o plural.

Há *bastantes* **motivos** para sua ausência. (adjetivo)

Os alunos **falam** *bastante*. (advérbio)

Troque a palavra "bastante" por "muito". Se "muito" for para o plural, "bastante" também irá.

Anexo, incluso, apenso, obrigado, mesmo, próprio: são adjetivos que devem concordar com o substantivo a que se referem.

O *relatório* segue **anexo** ao documento.

Os *documentos* irão **apensos** ao relatório.

A expressão "em anexo" é invariável (não vai para plural nem para o feminino).

As planilhas irão **em anexo**.

É bom, é necessário, é proibido, é permitido: variam somente se o sujeito vier antecedido de um artigo ou outro termo determinante.

Maçã é **bom** para a voz. / A maçã é **boa** para a voz.

É necessário **aparecer** na sala. / É necessária **sua aparição** na sala.

"Menos" e "alerta" são sempre invariáveis, contanto que respeitem sua classe de origem - advérbio: se forem derivadas para substantivo, elas poderão variar.

Encontramos **menos** alunos na escola. / Encontramos **menos** alunas na escola.

O policial ficou **alerta**. / Os policiais ficaram **alerta**.

"Só" e "sós" variam apenas quando forem adjetivos: quando forem advérbios, serão invariáveis.

Pedro apareceu **só** (sozinho) na sala. / Os meninos apareceram **sós** (sozinhos) na sala. (adjetivo)

Estamos **só** (somente) esperando sua decisão. (advérbio)

- A expressão "a sós" é invariável.

    A menina ficou **a sós** com seus pensamentos.

Troque "só" por "sozinho" (vai para o plural) ou "somente" (fica no singular).

12 REGÊNCIA VERBAL E NOMINAL

Regência é a parte da Gramática Normativa que estuda a relação entre dois termos, verificando se um termo serve de complemento a outro e se nessa complementação há uma preposição.

Dividimos a regência em:
- Regência verbal (ligada aos verbos).
- Regência nominal (ligada aos substantivos, adjetivos ou advérbios).

12.1 Regência verbal

Deve-se analisar, nesse caso, a necessidade de complementação, a presença ou ausência da preposição e a possibilidade de mudança de sentido do texto.

Vamos aos casos:
- **Agradar e desagradar:** são transitivos indiretos (com preposição a) nos sentidos de satisfazer, contentar.

    A biografia de Aníbal Machado **agradou/desagradou** à maioria dos leitores.

    A criança **agradava** ao pai por ser muito comportada.

- **Agradar:** pode ser transitivo direto (sem preposição) se significar acariciar, afagar.

    Agradar a esposa.

    Pedro passava o dia todo **agradando** os seus gatos.

- **Agradecer:** transitivo direto e indireto, com a preposição a, no sentido de demonstrar gratidão a alguém.

    Agradecemos a Santo Antônio o milagre alcançado.

    Agradecemos-lhes a benesse concedida.

O verbo em questão também pode ser transitivo direto no sentido de mostrar gratidão por alguma coisa:

    Agradeço a dedicação de todos os estudantes.

    Os pais **agradecem** a dedicação dos professores para com os alunos.

- **Aspirar:** é transitivo indireto (preposição "a") nos sentidos de desejar, pretender ou almejar.

    Sempre **aspirei** a um cargo público.

    Manoel **aspirava** a ver novamente a família na Holanda.

- **Aspirar:** é transitivo direto na acepção de inalar, sorver, tragar, ou seja, mandar para dentro.

    Aspiramos o perfume das flores.

    Vimos a empregada **aspirando** a poeira do sofá.

- **Assistir:** é transitivo direto no sentido de ajudar, socorrer etc.

    O professor **assistia** o aluno.

    Devemos **assistir** os mais necessitados.

- **Assistir:** é transitivo indireto (complemento regido pela preposição "a") no sentido de ver ou presenciar.

    Assisti ao comentário da palestra anterior.

    Você deve **assistir** às aulas do professor!

- **Assistir:** é transitivo indireto (complemento regido pela preposição "a") no sentido de "ser próprio de", "pertencer a".

    O direito à vida **assiste** ao ser humano.

    Esse comportamento **assiste** às pessoas vitoriosas.

- **Assistir:** é intransitivo no sentido de morar ou residir.

    Maneco **assistira** em Salvador.

- **Chegar:** é verbo intransitivo e possui os adjuntos adverbiais de lugar introduzidos pela preposição "a".

    Chegamos a Cascavel pela manhã.

    Este é o ponto a que pretendia **chegar**.

Caso a expressão indique posição em um deslocamento, admite-se a preposição em:

    Cheguei no trem à estação.

Os verbos ir e vir têm a mesma regência de chegar:

    Nós **iremos** à praia amanhã.

    Eles **vieram** ao cursinho para estudar.

- **Custar no sentido de** ter valor ou preço: verbo transitivo direto.

    O avião **custa** 100 mil reais.

- **Custar no sentido de** ter como resultado certa perda ou revés é verbo transitivo direto e indireto:

    Essa atitude **custou**-lhe a vida.

- **Custar no sentido de** ser difícil ou trabalhoso é intransitivo:

    Custa muito entender esse raciocínio.

- **Custar no sentido de** levar tempo ou demorar é intransitivo:

    Custa a vida para aprender a viver.

- **Esquecer/lembrar:** possuem a seguinte regra – se forem pronominais, terão complemento regido pela preposição "de"; se não forem, não haverá preposição.

    Lembrei-**me de** seu nome.

    Esqueci-**me de** seu nome.

    Lembrei seu nome.

    Esqueci seu nome.

- **Gostar:** é transitivo indireto no sentido de apreciar (complemento introduzido pela preposição "de").

    Gosto de estudar.

    Gosto muito de minha mãe.

- **Gostar:** como sinônimo de experimentar ou provar é transitivo direto.

    Gostei a sobremesa apenas uma vez e já adorei.

    Gostei o chimarrão uma vez e não mais o abandonei.

- **Implicar** pode ser:
    - **Transitivo direto** (sentido de acarretar):

        Cada escolha **implica** uma renúncia.

    - **Transitivo direto e indireto** (sentido de envolver alguém em algo):

        Implicou a irmã no crime.

    - **Transitivo indireto** (sentido de rivalizar):

        Joana estava **implicando** com o irmão menor.

- **Informar:** é bitransitivo, ou seja, é transitivo direto e indireto. Quem informa, informa:

    Algo a alguém: **informei** o acontecido para Jonas.

    Alguém de algo: **informei**-o do acontecido.

    Alguém sobre algo: **informei**-o sobre o acontecido.

- **Morar/residir:** verbos intransitivos (ou, como preconizam alguns dicionários, transitivo adverbiado), cujos adjuntos adverbiais de lugar são introduzidos pela preposição "em".

    José **mora** em Alagoas.

    Há boas pessoas **residindo** em todos os estados do Brasil.

- **Obedecer:** é um verbo transitivo indireto.

    Os filhos **obedecem** aos pais.

    Obedeça às leis de trânsito.

Embora transitivo indireto, admite forma passiva:

    Os pais são obedecidos pelos filhos.

O antônimo "desobedecer" também segue a mesma regra.

- **Perdoar:** é transitivo direto e indireto, com objeto direto de coisa e indireto de pessoa.

    Jesus **perdoou** os pecados aos pecadores.

    Perdoava-lhe a desconsideração.

LÍNGUA PORTUGUESA

Perdoar admite a voz passiva:

>Os pecadores foram perdoados por Deus.

- **Precisar:** é transitivo indireto (complemento regido pela preposição de) no sentido de "necessitar".

>**Precisaremos** de uma nova Gramática.

- **Precisar:** é transitivo direto no sentido de indicar com precisão.

>Magali não soube **precisar** quando o marido voltaria da viagem.

- **Preferir:** é um verbo bitransitivo, ou seja, é transitivo direto e indireto, sempre exigindo a preposição a (preferir alguma coisa à outra).

>Adelaide **preferiu** o filé ao risoto.
>**Prefiro** estudar a ficar em casa descansando.
>**Prefiro** o sacrifício à desistência.

É incorreto reforçar o verbo "preferir" ou utilizar a locução "do que".

- **Proceder:** é intransitivo na acepção de "ter cabimento":

>Suas críticas são vazias, não **procedem**.

- **Proceder:** é também intransitivo na acepção de "portar-se":

Todas as crianças **procederam** bem ao lavarem as mãos antes do lanche.

- **Proceder:** no sentido de "ter procedência" é utilizado com a preposição de:

>Acredito que a dúvida **proceda** do coração dos curiosos.

- **Proceder:** é transitivo indireto exigindo a preposição a no sentido de "dar início":

>Os investigadores **procederam** ao inquérito rapidamente.

- **Querer:** é transitivo direto no sentido de "desejar":

>Eu **quero** um carro novo.

- **Querer:** é transitivo indireto (com o complemento de pessoa) no sentido de "ter afeto":

>**Quero** muito a meus alunos que são dedicados.

- **Solicitar:** é utilizado, na maior parte dos casos, como transitivo direto e indireto. Nada impede, entretanto, que se construa como transitivo direto.

>O juiz **solicitou** as provas ao advogado.
>**Solicito** seus documentos para a investidura no cargo.

- **Visar:** é transitivo direto na acepção de mirar.

>O atirador **visou** o alvo e disparou um tiro certeiro.

- **Visar:** é transitivo direto também no sentido de "dar visto", "assinar".

>O gerente havia **visado** o relatório do estagiário.

- **Visar:** é transitivo indireto, exigindo a preposição a, na acepção de "ter em vista", "pretender", "almejar".

>Pedro **visava** ao amor de Mariana.
>As regras gramaticais **visam** à uniformidade da expressão linguística.

12.2 Regência nominal

Alguns nomes (substantivos, adjetivos e advérbios) são comparáveis aos verbos transitivos indiretos: precisam de um complemento introduzido por uma preposição.

Acompanhemos os principais termos que exigem regência especial.

SUBSTANTIVO		
Admiração a, por	Devoção a, para, com, por	Medo a, de
Aversão a, para, por	Doutor em	Obediência a
Atentado a, contra	Dúvida acerca de, em, sobre	Ojeriza a, por
Bacharel em	Horror a	Proeminência sobre
Capacidade de, para	Impaciência com	Respeito a, com, para com, por
Exceção a	Excelência em	Exatidão de, em
Dissonância entre	Divergência com, de, em, entre, sobre	Referência a
Alusão a	Acesso a	Menção a

ADJETIVOS		
Acessível a	Diferente de	Necessário a
Acostumado a, com	Entendido em	Nocivo a
Afável com, para com	Equivalente a	Paralelo a
Agradável a	Escasso de	Parco em, de
Alheio a, de	Essencial a, para	Passível de
Análogo a	Fácil de	Preferível a
Ansioso de, para, por	Fanático por	Prejudicial a
Apto a, para	Favorável a	Prestes a
Ávido de	Generoso com	Propício a
Benéfico a	Grato a, por	Próximo a
Capaz de, para	Hábil em	Relacionado com
Compatível com	Habituado a	Relativo a
Contemporâneo a, de	Idêntico a	Satisfeito com, de, em, por
Contíguo a	Impróprio para	Semelhante a
Contrário a	Indeciso em	Sensível a
Curioso de, por	Insensível a	Sito em
Descontente com	Liberal com	Suspeito de
Desejoso de	Natural de	Vazio de
Distinto de, em, por	Dissonante a, de, entre	Distante de, para

ADVÉRBIOS		
Longe de	Perto de	Relativamente a
Contemporaneamente a	Impropriamente a	Contrariamente a

É provável que você encontre muitas listas com palavras e suas regências, porém a maneira mais eficaz de se descobrir a regência de um termo é fazer uma pergunta para ele e verificar se, na pergunta, há uma preposição. Havendo, descobre-se a regência.

- A descoberta era **acessível** a todos.

Faz-se a pergunta: algo que é acessível é acessível? (a algo ou a alguém). Descobre-se, assim, a regência de acessível.

13 PARALELISMO

Ocorre quando há uma sequência de expressões com estrutura idêntica.

13.1 Paralelismo sintático

O paralelismo sintático é possível quando a estrutura de termos coordenados entre si é idêntica. Nesse caso, entende-se que "termos coordenados entre si" são aqueles que desempenham a mesma função sintática em um período ou trecho.

> João comprou **balas** e **biscoitos**.

Perceba que "balas" e "biscoitos" têm a mesma função sintática (objeto direto). Além disso, ambas são expressões nominais. Assim, apresentam, na sentença, uma estrutura sintática idêntica.

> Os formandos **estão pensando na carreira, isto é, no futuro.**

Tanto "na carreira" quanto "no futuro" são complementos do verbo pensar. Ademais, as duas expressões são formadas por preposição e substantivo.

13.2 Paralelismo semântico

Estrutura-se pela coerência entre as informações.

> Lucélia **gosta de maçã e de pera**.

Percebe-se que há uma relação semântica entre maçã e pera, pois ambas são frutas.

> Lucélia **gosta de livros de ação e de pizza**.

Observa-se que os termos "livros de ação" e "pizza" não possuem sentidos semelhantes que garantam a sequência lógica esperada no período.

14 COLOCAÇÃO PRONOMINAL

Esta parte do conteúdo é relativa ao estudo da posição dos pronomes oblíquos átonos em relação ao verbo. Antes de iniciar o estudo, memorize os pronomes em questão.

PRONOMES OBLÍQUOS ÁTONOS
me
te
o, a, lhe, se
nos
vos
os, as, lhes, se

Quatro casos de colocação:
- **Próclise** (anteposto ao verbo):
    Nunca **o** vi.
- **Mesóclise** (medial em relação ao verbo):
    Dir-**te**-ei algo.
- **Ênclise** (posposto ao verbo):
    Passa-**me** a resposta.
- **Apossínclise** (intercalação de uma ou mais palavras entre o pronome e o verbo):
    - Talvez tu **me** já não creias.

14.1 Regras de próclise

- Palavras ou expressões negativas:
    Não **me** deixe aqui neste lugar!
    Ninguém **lhe** disse que seria fácil.
- Pronomes relativos:
    O material de que **me** falaste é muito bom.
    Eis o conteúdo que **me** causa nojo.
- Pronomes indefinidos:
    Alguém **me** disse que você vai ser transferido.
    Tudo **me** parece estranho.
- Conjunções subordinativas:
    Confiei neles, assim que **os** conheci.
    Disse que **me** faltavam palavras.
- Advérbios:
    Sempre **lhe** disse a verdade.
    Talvez **nos** apareça a resposta para essa questão.
- Pronomes interrogativos:
    Quem **te** contou a novidade?
    Que **te** parece essa situação?
- "Em + gerúndio"
    Em **se** tratando de Gramática, eu gosto muito!
    Nesta terra, em **se** plantando, tudo há de nascer.
- Particípio
    Ele havia avisado-**me**. (errado)
    Ele **me** havia avisado. (certo)
- Sentenças optativas:
    Deus **lhe** pague!
    Deus **o** acompanhe!

14.2 Regras de mesóclise

Emprega-se o pronome oblíquo átono no meio da forma verbal, quando ela estiver no futuro do presente ou no futuro simples do pretérito do indicativo.

Chamar-**te**-ei, quando ele chegar.
Se houver tempo, contar-**vos**-emos nossa aventura.
Contar-**te**-ia a novidade.

14.3 Regras de ênclise

Não se inicia sentença, em Língua Portuguesa, por pronome oblíquo átono. Ou seja, o pronome átono não deve ficar no início da frase.

Formas verbais:
- Do **infinitivo impessoal** (precedido ou não da preposição "a");
- Do **gerúndio**;
- Do **imperativo afirmativo**:
    Alcança-**me** o prato de salada, por favor!
    Urge obedecer-**se** às leis.
    O garoto saiu da sala desculpando-**se**.
    Tratando-**se** desse assunto, não gosto de pensar.
    Dá-**me** motivos para estudar.

Se o gerúndio vier precedido da preposição "em", deve-se empregar a próclise.

Em **se** tratando de Gramática, eu gosto muito.

14.4 Casos facultativos

Sujeito expresso, próximo ao verbo.
    O menino se machucou (-**se**).
    Eu **me** refiro (-me) ao fato de ele ser idiota.
Infinitivo antecedido de "não" ou de preposição.
    Sabemos que não se habituar (-**se**) ao meio causa problemas.
    O público o incentivou a se jogar (-**se**) do prédio.

CRASE

15 CRASE

O acento grave é solicitado nas palavras quando há a união da preposição "a" com o artigo (ou a vogal dependendo do caso) feminino "a" ou com os pronomes demonstrativos (aquele, aquela, aquilo e "a").

- Mário foi à festa ontem.
  > Tem-se o "a" preposição e o "a" artigo feminino.
  > Quem vai, vai a algum lugar. "Festa" é palavra feminina, portanto, admite o artigo "a".
- Chegamos **àquele** assunto (a + aquele).
- A gravata que eu comprei é semelhante **à** que você comprou (a + a).

Decore os casos em que não ocorre crase, pois a tendência da prova é perguntar se há crase ou não. Sabendo os casos proibitivos, fica muito fácil.

15.1 Crase proibitiva

Não se pode usar acento grave indicativo de crase:

- Antes de palavras masculinas.
  > Fez uma pergunta **a** Mário.
- Antes de palavras de sentido indefinido.
  > Não vai **a** festas, **a** reuniões, **a** lugar algum.
- Antes de verbos.
  > Todos estão dispostos **a** colaborar.
- Antes de pronomes pessoais.
  > Darei um presente **a ela**.
- Antes de nomes de cidade, estado ou país que não utilizam o artigo feminino.
  > Fui **a** Cascavel.
  > Vou **a** Pequim.
- Antes da palavra "casa" quando tem significado de próprio lar, ou seja, quando ela aparecer indeterminada na sentença.
  > Voltei a casa, pois precisava comer algo.

Quando houver determinação da palavra casa, ocorrerá crase.

> "Voltei à casa de meus pais."

- Da palavra "terra" quando tem sentido de solo.
  > Os tripulantes vieram a terra.

A mesma regra da palavra "casa" se aplica à palavra terra.

- De expressões com palavras repetidas.
  > Dia a dia, mano a mano, face a face, cara a cara etc.
- Diante de numerais cardinais referentes a substantivos que não estão determinados pelo artigo.
  > Assistirei a duas aulas de Língua Portuguesa.

No caso de locuções adverbiais que exprimem hora determinada e nos casos em que o numeral estiver precedido de artigo, acentua-se:

> "Chegamos às oito horas da noite."

> "Assisti às duas sessões de ontem."

No caso dos numerais, há uma dica para facilitar o entendimento dos casos de crase. Se houver o "a" no singular e a palavra posterior no plural, não ocorrerá o acento grave. Do contrário, ocorrerá.

15.2 Crase obrigatória

Deve-se usar acento grave indicativo de crase:

- Antes de locução adverbial feminina.
  > À noite, à tarde, às pressas, às vezes, à farta, à vista, à hora certa, à esquerda, à direita, à toa, às sete horas, à custa de, à força de, à espera de, à vontade, à toa.
- Antes de termos femininos ou masculinos com sentido da expressão "à moda de" ou "ao estilo de".
  > Filé à milanesa, servir à francesa, brigar à portuguesa, gol à Pelé, conto à Machado de Assis, discurso à Rui Barbosa etc.
- Antes de locuções conjuntivas proporcionais.
  > À medida que, à proporção que.
- Antes de locuções prepositivas.
  > À procura de, à vista de, à margem de, à beira de, à custa de, à razão de, à mercê de, à maneira de etc.
- Para evitar ambiguidade: receberá o acento o termo afetado pela ação do verbo (objeto direto preposicionado).
  > Derrubou a menina **à panela**.
  > Matou a vaca **à cobra**.
  > Diante da palavra distância quando houver determinação da distância em questão:
  > Achava-se à **distância de cem** (ou de alguns) **metros**.
- Antes das formas de tratamento "senhora", "senhorita" e "madame" = não há consenso entre os gramáticos, no entanto, opta-se pelo uso.
  > Enviei lindas flores **à senhorita**.
  > Josias remeteu uma carta **à senhora**.

15.3 Crase facultativa

- Após a preposição até.
  > As crianças foram até **à escola**.
- Antes de pronomes possessivos femininos.
  > Ele fez referência **à nossa causa!**
- Antes de nomes próprios femininos.
  > Mandei um SMS **à Joaquina**.
- Antes da palavra "Dona".
  > Remeti uma carta à **Dona Benta**.
  > Não se usa crase antes de nomes históricos ou sagrados.
  > O padre fez alusão a Nossa Senhora.
  > Quando o professor fez menção a Joana D'Arc, todos ficaram entusiasmados.

66

16 PONTUAÇÃO

A pontuação assinala a melodia de nossa fala, ou seja, as pausas, a ênfase etc.

16.1 Principais sinais e usos

16.1.1 Vírgula

É o sinal mais importante para concurso público.

Usa-se a vírgula para:

- Separar termos que possuem mesma função sintática no período.

    José, **Maria**, **Antônio** e **Joana** foram ao mercado. (Função de núcleo do sujeito).

- Isolar o vocativo.

    Então, **minha cara**, não há mais o que se dizer!

- Isolar um aposto explicativo (cuidado com essa regra, veja que não há verbo no aposto explicativo).

    O João, **ex-integrante da comissão**, veio fazer parte da reunião.

- Isolar termos antecipados, como: complemento, adjunto ou predicativo.

    Na semana passada, comemos camarão no restaurante português. (Antecipação de adjunto adverbial).

- Separar expressões explicativas, conjunções e conectivos.

    Isto é, ou seja, por exemplo, além disso, pois, porém, mas, no entanto, assim etc.

- Separar os nomes dos locais de datas.

    Cascavel, 2 de maio de 2012.

- Isolar orações adjetivas explicativas (pronome relativo + verbo + vírgula).

    O Brasil, **que é um belíssimo país**, possui ótimas praias.

- Separar termos de uma enumeração.

    Vá ao mercado e traga **cebola**, **alho**, **sal**, **pimenta e coentro**.

- Separar orações coordenadas.

    Esforçou-se muito, **mas não venceu o desafio**. (Oração coordenada sindética adversativa).

    Roubou todo o dinheiro, **e ainda apareceu na casa**. (Oração coordenada sindética aditiva).

A vírgula pode ser utilizada antes da conjunção aditiva "e" caso se queira enfatizar a oração por ela introduzida.

- Omitir um termo, elipse (no caso da elipse verbal, chamaremos "zeugma").
    - De dia era um anjo, de noite um **demônio**. (Omissão do verbo "ser").

- Separar termos de natureza adverbial deslocados dentro da sentença.

    Na semana passada, trinta alunos foram aprovados no concurso. (Locução adverbial temporal)

    Se estudar muito, você será aprovado no concurso. (Oração subordinada adverbial condicional)

16.1.2 Ponto final

Usa-se o ponto final:

- Ao final de frases para indicar uma pausa total; é o que marca o fim de um período.

    Depois de passar no concurso, comprarei um carro.

Em abreviaturas:

Sr., a. C., Ltda., num., adj., obs., máx., *bat.*, *brit.* etc.

16.1.3 Ponto e vírgula

Usam-se ponto e vírgula para:

- Separar itens que aparecem enumerados.
    - Uma boa dissertação apresenta:

    Coesão;

    Coerência;

    Progressão lógica;

    Riqueza lexical;

    Concisão;

    Objetividade;

    Aprofundamento.

- Separar um período que já se encontra dividido por vírgulas.

    Não gostava de trabalhar; queria, no entanto, muito dinheiro no bolso.

- Separar partes do texto que se equilibram em importância.

    Os pobres dão pelo pão o trabalho; os ricos dão pelo pão a fazenda; os de espíritos generosos dão pelo pão a vida; os de nenhum espírito dão pelo pão a alma. (Vieira)

    O capitalismo é a exploração do homem pelo homem; o socialismo é exatamente o contrário.

16.1.4 Dois pontos

São usados dois pontos quando:

- Se vai fazer uma citação ou introduzir uma fala.

    José respondeu:
    – Não, muito obrigado!

- Se quer indicar uma enumeração.

    Quero apenas uma coisa: que vocês sejam aprovados no concurso!

16.1.5 Aspas

São usadas aspas para indicar:

- Citação presente no texto.

    "Há distinção entre categorias do pensamento" – disse o filósofo.

- Expressões estrangeiras, neologismos, gírias.

    Na parede, haviam pintado a palavra "love". (Expressão estrangeira).

    Ficava "bailarinando", como diria Guimarães. (Neologismo).

    "Velho", esconde o "cano" aí e "deixa baixo". (Gíria).

16.1.6 Reticências

São usadas para indicar supressão de um trecho, interrupção na fala, ou dar ideia de continuidade ao que se estava falando.

[...] Profundissimamente hipocondríaco. Este ambiente me causa repugnância. Sobe-me à boca uma ânsia análoga à ânsia. Que se escapa pela boca de um cardíaco [...]

Eu estava andando pela rua quando...

Eu gostei da nova casa, mas da garagem...

16.1.7 Parênteses

- São usados quando se quer explicar melhor algo que foi dito ou para fazer simples indicações.

    Foi o homem que cometeu o crime (o assassinato do irmão).

PONTUAÇÃO

16.1.8 Travessão

- Indica a fala de um personagem.

    Ademar falou.
    Amigo, preciso contar algo para você.

- Isola um comentário no texto.

    O estudo bem realizado – **diga-se de passagem, que quase ninguém faz** – é o primeiro passo para a aprovação.

- Isola um aposto na sentença.

    A Semântica – **estudo sobre as relações de sentido** – é importantíssima para o entendimento da Língua.

- Reforçar a parte final de um enunciado.

    Para passar no concurso, é preciso estudar muito – **muito mesmo**.

16.1.9 Trocas

A banca, eventualmente, costuma perguntar sobre a possibilidade de troca de termos, portanto, atenção!

Vírgulas, travessões e parênteses, quando isolarem um aposto, podem ser trocados sem prejuízo para a sentença.

Travessões podem ser trocados por dois pontos, a fim de enfatizar um enunciado.

16.1.10 Regra de ouro

Na ordem natural de uma sentença, é proibido:

- Separar sujeito e predicado com vírgulas:

    Aqueles maravilhosos velhos ensinamentos de meu pai foram de grande utilidade. (Certo)

    Aqueles maravilhosos velhos ensinamentos de meu pai, foram de grande utilidade. (Errado)

- Separar verbo de objeto:

    "O presidente do maravilhoso país chamado Brasil assinou uma lei importante. (Certo)

    O presidente do maravilhoso país chamado Brasil assinou, uma lei importante. (Errado)

17 PARÁFRASE

Parafrasear, em sentido lato, significa reescrever uma sequência de texto sem alterar suas informações originais. Isso quer dizer que o texto resultante deve apresentar o mesmo sentido do texto original, modificando, evidentemente, apenas a ordem frasal ou o vocabulário. Há algumas exigências para uma paráfrase competente. São elas:

- Usar a mesma ordem das ideias que aparecem no texto original.
- Em hipótese alguma é possível omitir informações essenciais.
- Não tecer comentários acerca do texto original, apenas parafrasear, sem frescura.
- Usar construções sintáticas e vocabulares que, apesar de manterem o sentido original, sejam distintas das do texto base.

17.1 Passos da paráfrase

Há alguns recursos para parafrasear um texto:

- Utilização de termos sinônimos.

    O presidente assinou o documento, **mas** esqueceu-se de pegar sua caneta.

    O presidente assinou o documento, **contudo** esqueceu-se de pegar sua caneta.

- Uso de palavras antônimas, valendo-se de palavra negativa.

    José era um **covarde.**

    José **não** era um **valente.**

- Emprego de termos anafóricos.

    São Paulo e Palmeiras são dois times brasileiros. O São Paulo venceu o Palmeiras na semana passada.

    São Paulo e Palmeiras são dois times brasileiros. **Aquele** (São Paulo) venceu **este** (Palmeiras) na semana passada.

- Permuta de termo verbal por nominal, e vice-versa.

    É importante que chegue cedo.

    Sua chegada é importante.

- Deixar termos elípticos.

    Eu preciso da colaboração de todos.

    Preciso da colaboração de todos.

- Alteração da ordem frasal.

    Adalberto venceu o último desafio de sua vida ontem.

    Ontem, Adalberto venceu o último desafio de sua vida.

- Transposição de voz verbal.

    Joel cortou a seringueira centenária. A seringueira centenária foi cortada por Joel.

- Troca de discurso.

    Naquela manhã, Oséas dirigiu-se ao pai dizendo: "Cortarei a grama sozinho." (Discurso direto).

    Naquela manhã, Oséas dirigiu-se ao pai dizendo que cortaria a grama sozinho. (Discurso indireto).

- Troca de palavras por expressões perifrásticas.

    O Rei do Futebol esteve presente durante as celebrações.

    Pelé esteve presente durante as celebrações.

- Troca de locuções por palavras de mesmo sentido.

    A turma **da noite** está comprometida com os estudos.

    A turma **noturna** está mais comprometida com os estudos.

18 REESCRITURA DE FRASES

A reescrita de frases é uma paráfrase que visa à mudança da forma de um texto. Para que o novo período esteja correto, é preciso que sejam respeitadas a correção gramatical e o sentido do texto original. Desse modo, quando há qualquer inadequação do ponto de vista gramatical e/ou semântico, o trecho reescrito deve ser considerado incorreto.

Assim, para resolver uma questão que envolve reescrita de trechos ou períodos, é necessário verificar os aspectos gramaticais (principalmente, pontuação, elementos coesivos, ortografia, concordância, emprego de pronomes, colocação pronominal, regência etc.) e aspectos semânticos (significação de palavras, alteração de sentido etc.).

Existem diversas maneiras de se parafrasear uma frase, por isso cada banca examinadora pode formular questões a partir de muitas formas. Nesse sentido, é essencial conhecer e dominar as variadas estruturas que uma sentença pode assumir quando ela é reescrita.

18.1 Substituição de palavras ou de trechos de texto

No processo de reescrita, pode haver a substituição de palavras ou trechos. Ao se comparar o texto original e o que foi reestruturado, é necessário verificar se essa substituição mantém ou altera o sentido e a coerência do primeiro texto.

18.1.1 Locuções × palavras

Em muitos casos, há locuções (expressões formadas por mais de uma palavra) que podem ser substituídas por uma palavra, sem alterar o sentido e a correção gramatical. Isso é muito comum com verbos.

Os alunos **têm buscado** formação profissional. (Locução: têm buscado).

Os alunos **buscam** formação profissional. (Uma palavra: buscam).

Ambas as frases têm sentido atemporal, ou seja, expressam ações constantes, que não têm fim.

18.1.2 Significação das palavras

Ao avaliarmos a significação das palavras, devemos ficar atentos a alguns aspectos: sinônimos, antônimos, polissemia, homônimos e parônimos.

Sinônimos

Palavras que possuem significados próximos, mas não são totalmente equivalentes.

Casa – lar – moradia – residência.

Carro – automóvel.

Para verificar a validade da substituição, deve-se também ficar atento ao significado contextual. Por exemplo, na frase "as fronteiras entre o bem e o mal", não há menção a limites geográficos, pois a palavra "fronteira" está em sentido conotativo (figurado).

Além disso, nem toda substituição é coerente. Por exemplo, na frase "eu comprei uma casa", fica incoerente reescrever "eu comprei um lar".

Antônimos

Palavras que possuem significados diferentes, opostos, contrários.

Mal – bem.

Ausência – presença.

Subir – descer.

Cheio – vazio.

Possível – impossível.

Polissemia

Ocorre quando uma palavra apresenta mais de um significado em diferentes contextos.

Banco (instituição comercial financeira; assento).

Manga (parte da roupa; fruta).

A polissemia está relacionada ao significado contextual, ou seja, uma palavra tem um sentido específico apenas no contexto em que está inserida. Por exemplo:

A eleição foi marcada por debates explosivos (ou seja: debates acalorados, e não com sentido de explodir algo).

Homônimos

Palavras com a mesma pronúncia (algumas vezes, a mesma grafia), mas com significados diferentes.

Acender: colocar fogo. **As**cender: subir.

Con**c**erto: sessão musical. Con**s**erto: reparo.

Homônimos perfeitos

Palavras com a mesma grafia e o mesmo som.

Eu **cedo** este lugar você. (**Cedo** = verbo).

Cheguei **cedo** para jantar. (**Cedo** = advérbio de tempo).

Percebe-se que o significado depende do contexto em que a palavra aparece. Portanto, deve-se ficar atento à ortografia quando a questão é de reescrita.

Parônimos

Palavras que possuem significados diferentes, mas são muito parecidas na pronúncia e na escrita.

Ab**s**olver: perdoar, inocentar. Ab**s**orver: aspirar.

Comprimento: extensão. **Cu**mprimento: saudação.

18.2 Conectores de mesmo valor semântico

Há palavras, principalmente as conjunções, que possuem valores semânticos específicos, os quais devem ser levados em conta no momento de fazer uma substituição.

Logo, pode-se reescrever um período, alterando a conjunção. Para tanto, é preciso que a outra conjunção tenha o mesmo valor semântico. Além disso, é importante verificar como ficam os tempos verbais após a substituição.

Embora fosse tarde, fomos visitá-lo. (Conjunção subordinativa concessiva).

Apesar de ser tarde, fomos visitá-lo. (Conjunção subordinativa concessiva).

No exemplo anterior, o verbo também sofreu alteração.

Toque o sinal **para que** todos entrem na sala. (Conjunção subordinativa final).

Toque o sinal **a fim de que** todos entrem na sala. (Conjunção subordinativa final).

No exemplo anterior, o verbo permaneceu da mesma maneira.

18.3 Retextualização de diferentes gêneros e níveis de formalidade

Na retextualização, pode-se alterar o nível de linguagem do texto, dependendo de qual é a finalidade da transformação proposta. Nesse caso, são possíveis as seguintes alterações: linguagem informal para a formal; tipos de discurso; vozes verbais; oração reduzida para desenvolvida; inversão sintática; dupla regência.

LÍNGUA PORTUGUESA

18.3.1 Linguagem formal × linguagem informal

Um texto pode estar escrito em linguagem coloquial (informal) ou formal (norma padrão). A proposta de reescrita pode mudar de uma linguagem para outra. Veja o exemplo:

Pra que serve a política? (Informalidade)

Para que serve a política? (Formalidade)

A oralidade, geralmente, é mais informal. Portanto, fique atento: a fala e a escrita são diferentes, ou seja, a escrita não reproduz a fala e vice-versa.

18.3.2 Tipos de discurso

Discurso está relacionado à construção de textos, tanto orais quanto escritos, portanto, ele é considerado uma prática social.

Em um texto, podem ser encontrados três tipos de discurso: o discurso direto, o indireto e o indireto livre.

Discurso direto

São as falas das personagens. Esse discurso pode aparecer em forma de diálogos e citações, e vêm marcados com alguma pontuação (travessão, dois pontos, aspas etc.). Ou seja, o discurso direto reproduz fielmente a fala de alguém.

O médico disse à paciente:

Você precisa fazer exercícios físicos regularmente.

Discurso indireto

É a reprodução da fala de alguém, a qual é feita pelo narrador. Normalmente, esse discurso é escrito em terceira pessoa.

O médico disse à paciente que ela precisava fazer exercícios regulamente.

Discurso indireto livre

É a ocorrência do discurso direto e indireto ao mesmo tempo. Ou seja, o narrador conta a história, mas as personagens também têm voz própria.

No exemplo a seguir, há um discurso direto: "que raiva", que mostra a fala da personagem.

Retirou as asas e estraçalhou-a. Só tinham beleza. Entretanto, qualquer urubu... que raiva...

(Ana Maria Machado)

No trecho a seguir, há uma fala da personagem, mesclada com a narração: "Para que estar catando defeitos no próximo?".

D. Aurora sacudiu a cabeça e afastou o juízo temerário. Para que estar catando defeitos no próximo? Eram todos irmãos. Irmãos.

(Graciliano Ramos)

Exemplo de uma transposição de discurso direto para indireto:

Ana perguntou:

– Qual é a resposta correta?

Ana perguntou qual era a resposta correta.

Nas questões de reescrita que tratam da transposição de discursos, é mais frequente a substituição do direto pelo indireto. Nesse caso, deve-se ficar atento aos tempos verbais.

18.3.3 Voz verbal

Um verbo pode apresentar-se na voz ativa, passiva ou reflexiva.

Ativa

Ocorre quando o sujeito é agente, ou seja, pratica a ação expressa pelo verbo.

O aluno resolveu o exercício.

Passiva

Ocorre quando o sujeito é paciente, ou seja, recebe a ação expressa pelo verbo.

O exercício foi resolvido pelo aluno.

Reflexiva

Ocorre quando o sujeito é agente e paciente ao mesmo tempo, ou seja, pratica e recebe a ação.

A criança feriu-se com a faca.

Não confunda o emprego reflexivo do verbo com a reciprocidade. Por exemplo:

Os lutadores de MMA feriram-se. (Um ao outro)

Formação da voz passiva

A voz passiva pode ocorrer de forma analítica ou sintética.

- **Voz passiva analítica:** verbo SER + particípio do verbo principal.

    A academia de polícia **será pintada**.

    O relatório é **feito** por ele.

- A variação de tempo é determinada pelo verbo auxiliar (SER), pois o particípio é invariável.

    João **fez** a tarefa. (Pretérito perfeito do indicativo)

    A tarefa **foi** feita por João. (Pretérito perfeito do indicativo)

    João **faz** a tarefa. (Presente do indicativo)

    A tarefa **é** feita por João. (Presente do indicativo)

    João **fará** a tarefa. (Futuro do presente)

    A tarefa **será** feita por João. (Futuro do presente)

- **Voz passiva sintética:** verbo na 3ª pessoa, seguido do pronome apassivador SE.

    Abriram-se as inscrições para o concurso.

Transposição da voz ativa para a voz passiva

Pode-se mudar de uma voz para outra sem alterar o sentido da frase.

Os médicos brasileiros **lançaram** um tratamento para o câncer.

Um tratamento para o câncer **foi lançado** pelos médicos brasileiros.

Nas questões de concursos, costuma-se cobrar a transposição da voz ativa para a passiva, e da voz passiva sintética para a analítica.

Veja os exemplos:

A fiscalização exige o passaporte.

O passaporte é exigido pela fiscalização.

Exige-se comprovante de pagamento.

É exigido comprovante de pagamento.

18.3.4 Oração reduzida × oração desenvolvida

As orações subordinadas podem ser reduzidas ou desenvolvidas. Não há mudança de sentido se houver a substituição de uma pela outra. Veja os exemplos:

Ao terminar a aula, todos podem sair. (Reduzida de infinitivo)

Quando terminarem a prova, todos podem sair. (Desenvolvida)

Os vizinhos ouviram uma criança chorando na rua. (Reduzida de gerúndio)

Os vizinhos ouviram uma criança que chorava na rua. (Desenvolvida)

Terminada a reforma, a família mudou-se para a nova casa. (Reduzida de particípio)

Assim que terminou a reforma, a família mudou-se para a nova casa. (Desenvolvida)

REESCRITURA DE FRASES

18.3.5 Inversão sintática

Um período pode ser escrito na ordem direta ou indireta. Nesse caso, quando ocorre a inversão sintática, a correção gramatical é mantida. Apenas é necessário ficar atento ao sentido do período.

- Ordem direta: sujeito – verbo – complementos/adjuntos adverbiais.

> Os documentos foram levados para o gerente. (Direta)
> Foram levados os documentos para o gerente. (Indireta)

18.3.6 Dupla regência

Há verbos que exigem a presença da preposição e outros não. Deve-se ficar atento ao fato de que a regência pode influenciar no significado de um verbo.

Verbos transitivos diretos ou indiretos

Sem alterar o sentido, alguns verbos admitem duas construções: uma transitiva direta e outra indireta. Portanto, a ocorrência ou não da preposição mantém um trecho com o mesmo sentido.

- Almejar

> Almejamos **a** paz entre os países que estão em guerra.
> Almejamos **pela** paz entre os países que estão em guerra.

- Atender

> O gerente atendeu **os** meus pedidos.
> O gerente atendeu **aos** meus pedidos.

- Necessitar

> Necessitamos algumas horas para organizar o evento.
> Necessitamos **de** algumas horas para organizar o evento.

Transitividade e mudança de significado

Existem alguns verbos que, conforme a mudança de transitividade, têm o sentido alterado.

- **Aspirar:** é **transitivo direto** no sentido de sorver, inspirar (o ar), inalar.

> Aspirava o suave perfume. (Aspirava-o.)

- **Aspirar:** é **transitivo indireto** no sentido de desejar, ter como ambição.

> Aspirávamos ao cargo de diretor.

19 FIGURAS DE LINGUAGEM

As figuras de linguagem (também chamadas de figuras de pensamento) são construções que se relacionam com a função **poética da linguagem**, ou seja, estão articuladas em razão de modificar o código linguístico para dar ênfase no sentido de uma frase.

É comum vermos exemplos de figuras de linguagem em propagandas publicitárias, poemas, músicas etc. Essas figuras estão presentes em nossa fala cotidiana, principalmente na fala de registro **informal**.

O registro dito informal é aquele que não possui grande preocupação com a situação comunicativa, uma vez que não há tensão para a comunicação entre os falantes. Gírias, erros de concordância e subtração de termos da frase são comuns nesse baixo nível de formalidade comunicativa. Até grandes poetas já escreveram textos sobre esse assunto, veja o exemplo do escritor Oswald de Andrade, que discute a norma gramatical em relação à fala popular do brasileiro:

> *Pronominais*
> *Dê-me um cigarro*
> *Diz a gramática*
> *Do professor e do aluno*
> *E do mulato sabido*
> *Mas o bom negro e o bom branco*
> *Da Nação Brasileira*
> *Dizem todos os dias*
> *Deixa disso camarada*
> *Me dá um cigarro*

ANDRADE, Oswald de Andrade. **Os Cem Melhores Poemas Brasileiros do Século** - Seleção e Organização de Ítalo Moriconi. Rio de Janeiro: Editora Objetiva, 2001.

Vejamos agora algumas das principais figuras de linguagem que costumam ser cobradas em provas de concursos públicos:

- **Metáfora:** uma figura de linguagem, que consiste na comparação de dois termos sem o uso de um conectivo.

    Rosa **é uma flor**. (A pessoa é como uma flor: perfumada, delicada, bela etc.).
    Seus olhos **são dois oceanos**. (Os olhos possuem a profundidade do oceano, a cor do oceano etc.).
    João **é fera**. (João é perito em alguma coisa, desempenha determinada tarefa muito bem etc.).

- **Metonímia:** figura de linguagem que consiste em utilização de uma expressão por outra, dada a semelhança de sentido ou a possibilidade de associação lógica entre elas.

Há vários tipos de metonímia, vejamos alguns deles:

Efeito pela causa: O carrasco ergueu **a morte**. (O efeito é a morte, a causa é o machado)
Marca pelo produto: Vá ao mercado e traga um Nescau. (Achocolatado em pó)
Autor pela obra: Li Camões com entusiasmo. (Quem leu, leu a obra, não o autor)
Continente pelo conteúdo: Comi dois pratos de feijão. (Comeu o feijão, ou seja, o conteúdo do prato)
Parte pelo todo: Peço sua **mão em casamento**. (Pede-se, na verdade, o corpo todo)
Possuidor pelo possuído: Mulher, vou **ao médico**. (Vai-se ao consultório que pertence ao médico, não ao médico em si)

- **Antítese:** figura de linguagem que consiste na exposição de ideias opostas.

> *Nasce o **Sol** e não dura mais que um dia*
> *Depois da **Luz** se segue à **noite escura***
> *Em **tristes sombras** morre a formosura,*
> *Em contínuas **tristezas** e **alegrias**.*
>
> (Gregório de Matos)

Os termos em negrito evidenciam relações semânticas de distinção (oposição). Nascer é o contrário de morrer, assim como sombra é o contrário de luz. Essa figura foi muito utilizada na poesia brasileira, em especial pelo autor dos versos citados anteriormente: Gregório de Matos Guerra.

- **Paradoxo:** expressão que contraria o senso comum. Ilógica.

> *Amor é fogo que **arde sem se ver**;*
> *É ferida que **dói e não se sente**;*
> *É um **contentamento descontente**;*
> *É dor que **desatina sem doer**.*
>
> (Luís de Camões)

A construção semântica apresentada é totalmente ilógica, pois é impossível uma ferida doer e não ser sentida, assim como não é possível o contentamento ser descontente.

- **Perífrase:** expressão que tem por função substituir semanticamente um termo:

    A última flor do Lácio anda muito judiada. (Português é a última flor do Lácio)
    O país do futebol é uma grande nação. (Brasil)
    O Bruxo do Cosme Velho foi um grande escritor. (Machado de Assis era conhecido como o Bruxo do Cosme Velho)
    O anjo de pernas tortas foi o melhor jogador do mundo. (Garrincha)

- **Eufemismo:** figura que consiste em atenuar uma expressão desagradável:

    José **pegou emprestado sem avisar**. (Roubou)
    Maurício **entregou a alma a Deus**. (Morreu)
    Coitado, só porque **é desprovido de beleza**. (Feio)

- **Disfemismo:** contrário ao eufemismo, é a figura de linguagem que consiste em tornar uma expressão desagradável em algo ainda pior.

    O homem **abotoou o paletó de madeira**. (Morreu)
    Está chupando cana pela raiz. (Morreu)
    Sentou no colo do capeta. (Morreu)

- **Prosopopeia:** atribuição de características animadas a seres inanimados.

    O vento sussurrou em meus ouvidos.
    Parecia que a **agulha odiava o homem**.

- **Hipérbole:** exagero proposital de alguma característica.

    Estou morrendo de rir.
    Chorou rios de lágrimas.

- **Hipérbato:** inversão sintática de efeito expressivo.

    Ouviram do Ipiranga as margens plácidas. / De um povo heroico o brado e retumbante.

    - **Colocando na ordem direta:**
        As margens plácidas do Ipiranga ouviram o brado retumbante de um povo heroico.

- **Gradação:** figura que consiste na construção de uma escala de termo que fazem parte do mesmo campo semântico.

    Plantou **a semente**, zelou pelo **broto**, regou a **planta** e colheu o **fruto**. (A gradação pode ser do campo semântico da palavra semente – broto, planta e fruto – ou da palavra plantar – zelar, regar, colher)

- **Ironia:** figura que consiste em dizer o contrário do que se pensa.

    Lamento por ter sido eu o vencedor dessa prova. (Evidentemente a pessoa não lamenta ser o vencedor de alguma coisa)

- **Onomatopeia:** tentativa de representar um som da natureza. Figura muito comum em histórias em quadrinhos.

    Pof, tic-tac, click, bum, vrum!

FIGURAS DE LINGUAGEM

- **Sinestesia:** confusão dos sentidos do corpo humano para produzir efeitos expressivos.

    Ouvi uma **voz suave** saindo do quarto.
    O seu **perfume doce** é extremamente inebriante.

19.1 Vícios de linguagem

Em âmbito geral, vício de linguagem é toda expressão contrária à lógica da norma gramatical. Vejamos quais são os principais deslizes que se transformam em vícios.

- **Pleonasmo vicioso:** consiste na repetição desnecessária de ideias.

    Subir para cima.
    Descer para baixo.
    Entrar para dentro.
    Cardume de peixes.
    Enxame de abelhas.
    Elo de ligação.
    Fato real.

> **OBSERVAÇÃO**
>
> Pode existir o plágio expressivo em um texto poético. Na frase "ele penetrou na escura treva" há pleonasmo, mas não é vicioso.

- **Ambiguidade:** ocorre quando a construção frasal permite que a sentença possua dois sentidos.

    Tenho de buscar **a cadela da sua irmã**.
    A empregada disse para o chefe que o cheque estava sobre **sua mesa**.

- **Cacofonia:** ocorre quando a pronúncia de determinadas palavras permite a construção de outra palavra.

    Dei um beijo na bo**ca dela**. (Cadela)
    Nos**so hino** é belo. (Suíno)
    Na **vez passada**, esca**pei de** uma. (Vespa assada)

- **Barbarismo:** é um desvio na forma de falar ou grafar determinada palavra.

    Mortandela (em vez de mortadela).
    Poblema (em vez de problema).
    Mindingo (em vez de mendigo).
    Salchicha (em vez de salsicha).

Esse conteúdo costuma ser simples para quem pratica a leitura de textos poéticos, portanto, devemos sempre ler poesia.

19.2 Funções da linguagem

Deve-se a Roman Jakobson a discriminação das seis funções da linguagem na expressão e na comunicação humanas, conforme o realce particular que cada um dos componentes do processo de comunicação recebe no enunciado. Por isso mesmo, é raro encontrar em uma única mensagem apenas uma dessas funções, ou todas reunidas em um mesmo texto. O mais frequente é elas se superporem, apresentando-se uma ou outra como predominante.

Em que pese tal fato, é preciso considerar que há particularidades com relação às funções da linguagem, ou seja, cada função descreve algo em particular. Com isso, pretendo dizer que, antes de o estudante se ater às funções em si, é preciso que ele conheça o sistema que é um pouco mais amplo, ou seja, o ato comunicativo. Afinal, a teoria de Roman Jakobson se volta à descrição do ato comunicativo em si.

Na obra *Linguística e comunicação*, o linguista Roman Jakobson, pensando sobre o ato comunicativo e seus elementos, identifica seis funções da linguagem.

- Nesse esquema, identificamos:
    - **Emissor:** quem enuncia.
    - **Mensagem:** aquilo que é transmitido pelo emissor.
    - **Receptor:** quem recebe a mensagem.
    - **Código:** o sistema em que a mensagem é codificada. O código deve ser comum aos polos da comunicação.
    - **Canal:** meio físico porque ocorre a comunicação.

Pensando sobre esses elementos, Jakobson percebeu que cada função da linguagem está centrada em um elemento específico do ato comunicativo. É o que veremos agora.

As funções da linguagem são:

- **Referencial:** centrada na mensagem, ou seja, na transmissão do conteúdo. Como possui esse caráter, a objetividade é uma constante para a função referencial. É comum que se busque a imparcialidade quando dela se faz uso. É também conhecida como função denotativa. Como a terceira pessoa do singular é predominante, podem-se encontrar exemplos de tal função em textos científicos, livros didáticos, textos de cunho apenas informativo etc.

- **Emotiva:** centrada no emissor, ou seja, em quem enuncia a mensagem. Basicamente, a primeira pessoa predomina quando o texto se apoia sobre a função emotiva. É muito comum a observarmos em depoimentos, discursos, em textos sentimentais, e mesmo em textos líricos.

- **Apelativa:** centrada no receptor, ou seja, em quem recebe a mensagem. As características comuns a manifestações dessa função da linguagem são os verbos no modo imperativo, a tentativa de persuadir o receptor, a utilização dos pronomes de tratamento que tangenciem o interlocutor. É comum observar a função apelativa em propaganda, em discursos motivacionais etc.

- **Poética:** centrada na transformação da mensagem, ou seja, em como modificar o conteúdo da mensagem a fim de torná-lo mais expressivo. As figuras de linguagem são abundantes nessa função e, por sua presença, convencionou-se chamar, também, função poética de função conotativa. Textos literários, poemas e brincadeiras com a mensagem são fontes em que se pode verificar a presença da função poética da linguagem.

- **Fática:** centrada no canal comunicativo. Basicamente, busca testar o canal para saber se a comunicação está ocorrendo. Expressões como "olá", "psiu" e "alô você" são exemplos dessa função.

- **Metalinguística:** centrada no código. Quando o emissor se vale do código para explicar o próprio código, ou seja, num tipo de comunicação autorreferente. Como exemplo, podemos citar um livro de gramática, que se vale da língua para explicar a própria língua; uma aula de didática (sobre como dar aula); ou mesmo um poema que se refere ao processo de escrita de um poema. O poema a seguir é um ótimo exemplo de função metalinguística.

> *Catar feijão*
>
> *Catar feijão se limita com escrever:*
> *jogam-se os grãos na água do alguidar*
> *e as palavras na da folha de papel;*
> *e depois, joga-se fora o que boiar.*
> *Certo, toda palavra boiará no papel,*
> *água congelada, por chumbo seu verbo:*
> *pois para catar esse feijão, soprar nele,*
> *e jogar fora o leve e oco, palha e eco.*
> *Ora, nesse catar feijão entra um risco:*
> *o de que entre os grãos pesados entre*
> *um grão qualquer, pedra ou indigesto,*
> *um grão imastigável, de quebrar dente.*
> *Certo não, quando ao catar palavras:*
> *a pedra dá à frase seu grão mais vivo:*
> *obstrui a leitura fluviante, flutual,*
> *açula a atenção, isca-a com risco.*

MELO NETO, João Cabral de. **Obra completa**. Rio de Janeiro: Nova Aguilar, 1995.

74

LÍNGUA PORTUGUESA

20 TIPOLOGIA TEXTUAL

O primeiro item que se deve ter em mente na hora de analisar um texto segundo sua tipologia é o caráter da predominância. Isso quer dizer que um mesmo agrupamento textual pode possuir características de diversas tipologias distintas, porém as questões costumam focalizar qual é o "tipo" predominante, o que mais está evidente no texto. Um pouco de bom-senso e uma pequena dose de conhecimento relativo ao assunto são necessários para obter sucesso nesse conteúdo.

Trabalharemos com três tipologias básicas: **narração, dissertação e descrição.**

20.1 Texto narrativo

Facilmente identificável, a tipologia narrativa guarda uma característica básica: contar algo, transmitir a ocorrência de fatos e/ou ações que possuam um registro espacial e temporal. Quer dizer, a narração necessita, também, de um espaço bem-marcado e de um tempo em que as ações narradas ocorram. Discorramos sobre cada aspecto separadamente.

São elementos de uma narração:

- **Personagem:** quem pratica ação dentro da narrativa, é claro. Deve-se observar que os personagens podem possuir características físicas (altura, aparência, cor do cabelo etc.) e psicológicas (temperamento, sentimentos, emoções etc.), as quais podem ser descritas ao longo do texto.
- **Espaço:** trata-se do local em que a ação narrativa ocorre.
- **Tempo:** é o lapso temporal em que a ação é descrita. O tempo pode ser enunciado por um simples "era uma vez".
- **Ação:** não existe narração sem ação! Ou seja, os personagens precisam fazer algo, ou sofrer algo para que haja ação narrativa.
- **Narrador:** afinal, como será contada uma estória sem uma voz que a narre? Portanto, este é outro elemento estruturante da tipologia narrativa. O narrador pode estar inserido na narrativa ou apenas "observar" e narrar os acontecimentos.

Note-se que, na tipologia narrativa, os verbos flexionados no pretérito são mais evidentes.

Eis um exemplo de narração, tente observar os elementos descritos anteriormente, no texto a seguir:

Um apólogo
Era uma vez uma agulha, que disse a um novelo de linha:
— Por que está você com esse ar, toda cheia de si, toda enrolada, para fingir que vale alguma cousa neste mundo?
— Deixe-me, senhora.
— Que a deixe? Que a deixe, por quê? Por que lhe digo que está com um ar insuportável? Repito que sim, e falarei sempre que me der na cabeça.
— Que cabeça, senhora? A senhora não é alfinete, é agulha. Agulha não tem cabeça. Que lhe importa o meu ar? Cada qual tem o ar que Deus lhe deu. Importe-se com a sua vida e deixe a dos outros.
— Mas você é orgulhosa.
— Decerto que sou.
— Mas por quê?
— É boa! Porque coso. Então os vestidos e enfeites de nossa ama, quem é que os cose, senão eu?
— Você? Esta agora é melhor. Você é que os cose? Você ignora que quem os cose sou eu e muito eu? – Você fura o pano, nada mais; eu é que coso, prendo um pedaço ao outro, dou feição aos babados...
— Sim, mas que vale isso? Eu é que furo o pano, vou adiante, puxando por você, que vem atrás obedecendo ao que eu faço e mando...
— Também os batedores vão adiante do imperador.
— Você é imperador?
— Não digo isso. Mas a verdade é que você faz um papel subalterno, indo adiante; vai só mostrando o caminho, vai fazendo o trabalho obscuro e ínfimo. Eu é que prendo, ligo, ajunto...

Estavam nisto, quando a costureira chegou à casa da baronesa. Não sei se disse que isto se passava em casa de uma baronesa, que tinha a modista ao pé de si, para não andar atrás dela. Chegou à costureira, pegou do pano, pegou da agulha, pegou da linha, enfiou a linha na agulha, e entrou a coser. Uma e outra iam andando orgulhosas, pelo pano adiante, que era o melhor das sedas, entre os dedos da costureira, ágeis como os galgos de Diana – para dar a isto uma cor poética. E dizia a agulha:
— Então, senhora linha, ainda teima no que dizia há pouco? Não repara que esta distinta costureira só se importa comigo; eu é que vou aqui entre os dedos dela, unidinha a eles, furando abaixo e acima...
A linha não respondia; ia andando. Buraco aberto pela agulha era logo enchido por ela, silenciosa e ativa, como quem sabe o que faz, e não está para ouvir palavras loucas. A agulha, vendo que ela não lhe dava resposta, calou-se também, e foi andando. E era tudo silêncio na saleta de costura; não se ouvia mais que o plic-plic-plic-plic da agulha no pano. Caindo o sol, a costureira dobrou a costura, para o dia seguinte. Continuou ainda nessa e no outro, até que no quarto acabou a obra, e ficou esperando o baile. Veio a noite do baile, e a baronesa vestiu-se. A costureira, que a ajudou a vestir-se, levava a agulha espetada no corpinho, para dar algum ponto necessário. E enquanto compunha o vestido da bela dama, e puxava de um lado ou outro, arregaçava daqui ou dali, alisando, abotoando, acolchetando, a linha para mofar da agulha, perguntou-lhe:
— Ora, agora, diga-me, quem é que vai ao baile, no corpo da baronesa, fazendo parte do vestido e da elegância? Quem é que vai dançar com ministros e diplomatas, enquanto você volta para a caixinha da costureira, antes de ir para o balaio das mucamas? Vamos, diga lá.
Parece que a agulha não disse nada; mas um alfinete, de cabeça grande e não menor experiência, murmurou à pobre agulha:
— Anda, aprende, tola. Cansas-te em abrir caminho para ela e ela é que vai gozar da vida, enquanto aí ficas na caixinha de costura. Faze como eu, que não abro caminho para ninguém. Onde me espetam, fico.
Contei esta história a um professor de melancolia, que me disse, abanando a cabeça:
— Também eu tenho servido de agulha a muita linha ordinária!

ASSIS, Machado de. Um apólogo. In: **Para Gostar de Ler**. v. 9, Contos. São Paulo: Ática, 1984, p. 59.

20.2 Texto dissertativo

O texto dissertativo, também chamado por alguns de informativo, possui a finalidade de discorrer sobre determinado assunto, apresentando fatos, opiniões de especialistas, dados quantitativos ou mesmo informações sobre o assunto da dissertação. É preciso entender que nem sempre a dissertação busca persuadir o seu interlocutor, ela pode simplesmente transmitir informações pertinentes ao assunto dissertado.

Quando a persuasão é objetivada, o texto passa a ter também características argumentativas. A rigor, as questões de concurso público focalizam a tipologia, não seus interstícios, portanto, não precisa ficar desesperado com o fato de haver diferença entre texto dissertativo-expositivo e texto dissertativo-argumentativo. Importa saber que ele é dissertativo.

Ressalta-se que toda boa dissertação possui a **introdução** do tema, o **desenvolvimento** coeso e coerente, que está vinculado ao que se diz na introdução, e uma **conclusão** lógica do texto, evidenciando o que se permite compreender por meio da exposição dos parágrafos de desenvolvimento.

A tipologia dissertativa pode ser facilmente encontrada em editoriais, textos de divulgação acadêmica, ou seja, com caráter científico, ensaios, resenhas, artigos científicos e textos pedagógicos.

Exemplo de dissertação:

Japão foi avisado sobre problemas em usinas dois anos antes, diz Wikileaks
O Wikileaks, site de divulgação de informações consideradas sigilosas, vazou um documento que denuncia que o governo japonês já havia sido avisado pela vigilância nuclear internacional que suas usinas poderiam não ser capazes de resistir a terremotos. O relatório, assinado pelo embaixador Thomas Schieffer obtido pelo WikiLeaks foi publicado hoje pelo jornal britânico, The Guardian.

TIPOLOGIA TEXTUAL

O documento revela uma conversa de dezembro de 2008 entre o então deputado japonês, Taro Kono, e um grupo diplomático norte-americano durante um jantar. Segundo o relatório, um membro da Agência Internacional de Energia Atômica (AIEA) disse que as normas de segurança estavam obsoletas para aguentar os fortes terremotos, o que significaria "um problema grave para as centrais nucleares". O texto diz ainda que o governo do Japão encobria custos e problemas associados a esse ramo da indústria.

Diante da recomendação da AIEA, o Japão criou um centro de resposta de emergência em Fukushima, capaz de suportar, apenas, tremores até magnitude 7,0.

Como visto anteriormente, conceituar, polemizar, questionar a lógica de algum tema, explicar ou mesmo comentar uma notícia são estratégias dissertativas. Vamos dividir essa tipologia textual em dois tipos essencialmente diferentes: o **dissertativo-expositivo** e o **dissertativo-argumentativo**.

Padrão dissertativo-expositivo

A característica fundamental do padrão expositivo da dissertação é utilizar a estrutura da prosa não para convencer alguém de alguma coisa, e sim para apresentar uma ideia, apresentar um conceito. O princípio do texto expositivo não é a persuasão, é a informação e, justamente por tal fato, ficou conhecido como informativo. Para garantir uma boa interpretação desse padrão textual, é importante buscar a ideia principal (que deve estar presente na introdução do texto) e, depois, entender quais serão os aspectos que farão o texto progredir.

- **Onde posso encontrar esse tipo de texto?** Jornais revistas, sites sobre o mundo de economia e finanças. Diz-se que esse tipo de texto focaliza a função referencial da linguagem.
- **Como costuma ser o tipo de questão relacionada ao texto dissertativo-expositivo?** Geralmente, os elaboradores questionam sobre as informações veiculadas pelo texto. A tendência é que o elaborador inverta as informações contidas no texto.
- **Como resolver mais facilmente?** Toda frase que mencionar o conceito ou a quantidade de alguma coisa deve ser destacada para facilitar a consulta.

Padrão dissertativo-argumentativo

No texto do padrão dissertativo-argumentativo, existe uma opinião sendo defendida e existe uma posição ideológica por detrás de quem escreve o texto. Se analisarmos a divisão dos parágrafos de um texto com características argumentativas, perceberemos que a introdução apresenta sempre uma tese (ou hipótese) que é defendida ao longo dos parágrafos.

Uma vez feito isso, o candidato deve entender qual é a estratégia utilizada pelo produtor do texto para defender seu ponto de vista. Na verdade, agora é o momento de colocar "a mão na massa" para valer, uma vez que aqueles enunciados que iniciam com "infere-se da argumentação do texto", "depreende-se dos argumentos do autor" serão vencidos caso se observem os fatores de interpretação corretos:

- Conexão entre as ideias do texto (atenção para as conjunções).
- Articulação entre as ideias do texto (atenção para a combinação de argumentos).
- Progressão do texto.

Recursos argumentativos

Quando o leitor interage com uma fonte textual, deve observar – tratando-se de um texto com o padrão dissertativo-argumentativo – que o autor se vale de recursos argumentativos para construir seu raciocínio dentro do texto. Vejamos alguns recursos importantes:

- **Argumento de autoridade:** baseado na exposição do pensamento de algum especialista ou alguma autoridade no assunto. Citações, paráfrases e menções ao indivíduo podem ser tomadas ao longo do texto. É importante saber diferenciar se a opinião colocada em foco é a do autor ou se é a do indivíduo que ele cita ao longo do texto.
- **Argumento com base em consenso:** parte de uma ideia tomada como consensual, o que leva o leitor a entender apenas aquilo que o elaborador mostra. Sentenças do tipo "todo mundo sabe que", "é de conhecimento geral que" identificam esse tipo de argumentação.
- **Argumento com fundamentação concreta:** basear aquilo que se diz em algum tipo de pesquisa ou fato que ocorre com certa frequência.
- **Argumento silogístico (com base em um raciocínio lógico):** do tipo hipotético – "Se ... então".
- **Argumento de competência linguística:** consiste em adequar o discurso ao panorama linguístico de quem é tido como possível leitor do texto.
- **Argumento de exemplificação:** utilizar casos ou pequenos relatos para ilustrar a argumentação do texto.

20.3 Texto descritivo

Em um texto descritivo, faz-se um tipo de retrato por escrito de um lugar, uma pessoa, um animal ou um objeto. Os adjetivos são abundantes nessa tipologia, uma vez que a sua função de caracterizar os substantivos é extremamente exigida nesse contexto. É possível existir um texto descritivo que enuncie características de sensações ou sentimentos, porém não é muito comum em provas de concurso público. Não há relação temporal na descrição. Os verbos relacionais são mais presentes para poder evidenciar aspectos e características. Significa "criar" com palavras uma imagem.

Exemplo de texto descritivo:

Texto extraído da prova do BRB (2010) – Banca CESPE/UnB

Nome científico*: Ginkgo biloba L.*
Nome popular*: Nogueira-do-japão*
Origem*: Extremo Oriente*
Aspecto*: as folhas dispõem-se em leque e são semelhantes ao trevo; a altura da árvore pode chegar a 40 metros; o fruto lembra uma ameixa e contém uma noz que pode ser assada e comida*

20.4 Conotação × denotação

É interessante, quando se estuda o conteúdo de tipologia textual, ressaltar a distinção conceitual entre o sentido conotativo e o sentido denotativo da linguagem. Vejamos como se opera essa distinção:

Sentido conotativo: figurado, ou abstrato. Relaciona-se com as figuras de linguagem.

- Adalberto **entregou sua alma a Deus**.

    A ideia de entregar a alma a Deus é figurada, ou seja, não ocorre literalmente, pois não há um serviço de entrega de almas. Essa é uma figura que convencionamos chamar de **metáfora**.

Sentido denotativo: literal, ou do dicionário. Relaciona-se com a função **referencial** da linguagem.

- Adalberto **morreu**.

    Quando dizemos função referencial, entende-se que o falante está preocupado em transmitir precisamente o fato ocorrido, sem apelar para figuras de pensamento. Essa frase do exemplo serviu para mostrar o sinônimo da figura de linguagem anterior.

LÍNGUA PORTUGUESA

21 GÊNEROS TEXTUAIS

Os gêneros textuais podem ser textos orais ou escritos, formais ou informais. Eles possuem características em comum, como a intenção comunicativa, mas há algumas características que os distinguem uns dos outros.

21.1 Gêneros textuais e esferas de circulação

Cada gênero textual está vinculado a uma esfera de circulação, ou seja, um lugar comum em que ele pode ser encontrado.

Cotidiana: adivinhas, diário, álbum de família exposição oral, anedotas, fotos, bilhetes, músicas, cantigas de roda, parlendas, carta pessoal, piadas, cartão, provérbios, cartão postal, quadrinhas, causos, receitas, comunicado, relatos de experiências vividas, convites, trava-línguas, *curriculum vitae*.

Literária/artística: autobiografia, letras de músicas, biografias, narrativas de aventura, contos, narrativas de enigma, contos de fadas, narrativas de ficção, contos de fadas contemporâneos, narrativas de humor, crônicas de ficção, narrativas de terror, escultura, narrativas fantásticas, fábulas, narrativas míticas, fábulas contemporâneas, paródias, haicais, pinturas, histórias em quadrinhos, poemas, lendas, romances, literatura de cordel, tankas, memórias, textos dramáticos.

Científica: artigos, relatos históricos, conferências, relatórios, debates, palestras, verbetes, pesquisas.

Escolar: atas, relatos históricos, cartazes, relatórios, debates, regrados, relatos de experiências, diálogos/discussões argumentativas científicas, exposições orais, resenhas, júris simulados, resumos, mapas, seminários, palestras, textos argumentativos, pesquisas, textos de opinião, verbetes de enciclopédias.

Jornalística: imprensas, agendas culturais, fotos, anúncios de emprego, horóscopos, artigos de opinião, infográficos, caricaturas, manchetes, cartas ao leitor, mapas, mesas redondas, cartuns, notícias, charges, reportagens, classificados, resenhas críticas, crônicas jornalísticas, sinopses de filmes, editoriais, tiras, entrevistas (orais e escritas).

Publicidade: anúncios, músicas, caricaturas, **paródias**, cartazes, placas, comerciais para televisão, publicidades comerciais, *e-mails*, publicidades institucionais, *folders*, publicidades oficiais, fotos, textos políticos, *slogans*.

Política: abaixo-assinados, debates regrados, assembleias, discursos políticos, cartas de emprego, fóruns, cartas de reclamação, manifestos, cartas de solicitação, mesas redondas, debates, panfletos.

Jurídica: boletins de ocorrência, estatutos, constituição brasileira, leis, contratos, ofícios, declaração de direitos, procurações, depoimentos, regimentos, discursos de acusação, regulamentos, discursos de defesa, requerimentos.

Social: bulas, relatos históricos, manuais técnicos, relatórios, placas, relatos de experiências científicas, resenhas, resumos, seminários, textos argumentativos, textos de opinião, verbetes de enciclopédias.

Midiática: *blogs*, *realities show*, *chats*, *talks show*, desenhos animados, telejornais, e-mails, telenovelas, entrevistas, torpedos, filmes, vídeos clip, fotoblogs, videoconferências, *home page*.

21.2 Exemplos de gêneros textuais

Artigo: o artigo de opinião é um gênero textual que faz parte da esfera jornalística e tem por finalidade a exposição do ponto de vista sobre um determinado assunto. Assim como a dissertação, ele também se compõe de um título, uma introdução, um desenvolvimento e uma conclusão.

Ata: a ata tem como finalidade registrar ocorrências, resoluções e decisões de reuniões, sessões realizadas por algum órgão, setor, entidade etc.

Estrutura da ata:
- Dia, mês, ano e hora (por extenso);
- Local da reunião;
- Pessoas presentes, devidamente qualificadas;
- Ordem do dia (pauta);
- Fecho.

Observações:
- Não há disposição quanto à quantidade de pessoas que deve assinar a ata; pode ser assinada apenas pelo presidente e pelo secretário.
- A ata deve ser redigida de modo que não sejam possíveis alterações posteriores à assinatura (há o emprego de expressões "digo" e "em tempo").
- Não há parágrafos ou alíneas.
- A ata é o registro fiel.

Atestado: atestado é o documento mediante o qual a autoridade comprova um fato ou situação de que tenha conhecimento em razão do cargo que ocupa ou da função que exerce. Destina-se à comprovação de fatos ou situações passíveis de modificações frequentes. É uma mera declaração, ao passo que a certidão é uma transcrição. Ato administrativo enunciativo, o atestado é, em síntese, afirmação oficial de fatos.

Partes:
- **Título ou epígrafe:** denominação do ato (atestado).
- **Texto:** exposição do objeto da atestação. Pode-se declarar, embora não seja obrigatório, a pedido de quem e com que finalidade o documento é emitido.
- **Local e data:** cidade, dia, mês e ano da emissão do ato, podendo também citar, preferentemente sob forma de sigla, o nome do órgão em que a autoridade signatária do atestado exerce suas funções.
- **Assinatura:** nome e cargo ou função da autoridade que atesta.

Apostila: apostila é a averbação, feita abaixo dos textos ou no verso de decretos e portarias pessoais (nomeação, promoção, ascensão, transferência, readaptação, reversão, aproveitamento, reintegração, recondução, remoção, exoneração, demissão, dispensa, disponibilidade e aposentadoria), para que seja corrigida flagrante inexatidão material do texto original (erro na grafia de nomes próprios, lapso na especificação de datas etc.), desde que essa correção não venha a alterar a substância do ato já publicado.

Tratando-se de erro material em decreto pessoal, a apostila deve ser feita pelo Ministro de Estado que o propôs. Se o lapso houver ocorrido em portaria pessoal, a correção por apostilamento estará a cargo do ministro ou secretário signatário da portaria. Nos dois casos, a apostila deve sempre ser publicada no Boletim de Serviço ou Boletim Interno correspondente e, quando se tratar de ato referente a ministro de Estado, também no Diário Oficial da União.

A finalidade da correção de inexatidões materiais por meio de apostila é evitar que se sobrecarregue o Presidente da República com a assinatura de atos repetidos, e que se onere a Imprensa Nacional com a republicação de atos.

Forma e estrutura:
- Título, em maiúsculas e centralizado sobre o texto.

GÊNEROS TEXTUAIS

- Texto, no qual deve constar a correção que está sendo feita, a ser iniciada com a remissão ao decreto que autoriza esse procedimento.
- Local e data, por extenso:
  - Por exemplo: Brasília, em 12 de novembro de 1990.
- Identificação do signatário, abaixo da assinatura:
  - Por exemplo: NOME (em maiúsculas)
    Secretário da Administração Federal

No original do ato normativo, próximo à apostila, deverá ser mencionada a data de publicação da apostila no Boletim de Serviço ou no Boletim Interno.

Carta: pode ter caráter argumentativo quando se trata de uma carta aberta ou carta do leitor. Quando se trata de carta pessoal, há a presença de aspectos narrativos ou descritivos.

Charge: é um gênero textual em que é feita uma ilustração cômica, irônica, por meio de caricaturas, com o objetivo de satirizar, criticar ou fazer um comentário sobre algum acontecimento, que é atual, em sua grande maioria.

A charge é um dos gêneros textuais mais cobrados em questões de concurso. Deve-se dar atenção à crítica feita pelo autor, a qual pode ser percebida pela relação texto verbal e não verbal (palavras e imagens).

Certidão: certidão é o ato pelo qual se procede à publicidade de algo relativo à atividade Cartorária, a fim de que não haja dúvidas. Possui formato padrão próprio, termos essenciais que lhe dão suas características. Exige linguagem formal, objetiva e concisão.

Termos essenciais da certidão:
- **Afirmação:** certidão e dou fé que.
- **Identificação do motivo de sua expedição:** a pedido da parte interessada.
- **Ato a que se refere:** revendo os assentamentos constantes deste cartório, não logrei encontrar ação movida contra (nome).
- **Data:** de sua expedição.
- **Assinatura:** do escrivão.

Circular: é utilizada para transmitir avisos, ordens, pedidos ou instruções, dar ciência de leis, decretos, portarias etc.
- Destina-se a uma ou mais de uma pessoa/órgão/empresa. No caso de mais de um destinatário, todas as vias distribuídas devem ser iguais.
- A paragrafação pode seguir o estilo americano (sem entradas de parágrafo), ou estilo tradicional. No caso de estilo americano, todo o texto, a data e a assinatura devem ser alinhados à margem esquerda. No estilo tradicional, devem ser centralizados.

Partes:
- **Timbre:** impresso no alto do papel.
- **Título e número:** cerca de três linhas do timbre e no centro da folha. O número pode vir seguido do ano.
- **Data:** deve estar próxima do título e número, ao lado ou abaixo, podendo se apresentar de várias formas:
  - Por exemplo:
  - CIRCULAR Nº 01, DE 2 MARÇO DE 2002
  - CIRCULAR Nº 01
  - De 2 de março de 2002
  - CIRCULAR Nº 01/02
  - Rio de Janeiro, 2 de março de 2002

- **Ementa (opcional):** deve vir abaixo do título e data, cerca de três linhas.
  - Ementa: Material de consumo.
  - Ref.: Material de consumo.
- **Invocação:** cerca de quatro linhas do título. Dependendo do assunto e destinatários, a invocação é dispensável.
  - Excelentíssimo Senhor:
  - Senhor Prefeito:
  - Senhores Pais:
- **Texto:** cerca de três linhas do título. Deve conter:
  - Exposição do assunto, desenvolvida a partir dos objetivos.
  - A sensibilização do receptor/destinatário;
  - Convite a agir.
  - Cumprimento final:
  - Respeitosamente,
  - Atenciosamente,
- **Assinatura:** cerca de quatro linhas do cumprimento final. É composta do nome do emissor (só as iniciais maiúsculas) e cargo ou função (todo em maiúscula):
  - Por exemplo:
    Herivelto Nascimento
    DIRETOR
- **Anexos:** quando houver documentos a anexar, escreve-se a palavra anexo à margem esquerda, seguida da relação do que está anexado:
  - Por exemplo:
    Anexo: quadro de horários.
    Anexa: cópia do documento.
    Anexas: tabela de horários e cópia dos documentos.
- **Iniciais:** na última linha útil do papel, à esquerda, devemos escrever as iniciais de quem elaborou o texto (redator), seguidas das iniciais de quem a datilografou/digitou (em maiúscula ou minúscula, tanto faz). Quando o redator e o datilógrafo forem a mesma pessoa, basta colocar a barra seguida das iniciais:
  - PPS/AZ
  - Pps/az
  - /pps
  - /PPS
- **Declaração:** a declaração deve ser fornecida por pessoa credenciada ou idônea que nele assume a responsabilidade sobre uma situação ou a concorrência de um fato. Portanto, é uma comprovação escrita com caráter de documento. A declaração pode ser manuscrita em papel almaço simples ou digitada. Quanto ao aspecto formal, divide-se nas seguintes etapas:
  - **Timbre:** impresso com cabeçalho, contendo o nome do órgão ou empresa. Nas declarações particulares, usa-se papel sem timbre.
  - **Título:** no centro da folha, em caixa alta.
  - **Texto:**
    - Identificação do emissor.
    - O verbo atestar ou declarar deve aparecer no presente do indicativo, terceira pessoa do singular ou do plural.

LÍNGUA PORTUGUESA

- Finalidade do documento: em geral, costuma-se usar o termo "para os devidos fins". Também se pode especificar: "para fins de trabalho", "para fins escolares" etc.
- Nome e dados de identificação do interessado.
- Citação do fato a ser atestado.
- **Local e data:** deve-se escrevê-lo acerca de três linhas do texto.

Editorial: é um gênero textual dissertativo-argumentativo que apresenta o posicionamento de uma empresa, revista, jornal sobre determinado assunto.

Entrevista: é um gênero textual em que aparece o diálogo entre o entrevistador e o(s) entrevistado(s), para obter informações sobre o entrevistado ou algum assunto. Podem aparecer elementos expositivos, argumentativos e narrativos.

Edital: é um documento em que são apresentados avisos, citações, determinações.

São diversos os tipos de editais, de acordo com o objetivo: pode comunicar uma citação, um proclame, um contrato, uma exoneração, uma licitação de obras, serviços, tomada de preço etc.

Entre eles, os editais mais comuns são os de concursos públicos, que determinam as etapas dos processos seletivos e as competências necessárias para a sua execução.

COMPREENSÃO E INTERPRETAÇÃO DE TEXTOS

22 COMPREENSÃO E INTERPRETAÇÃO DE TEXTOS

22.1 Ideias preliminares sobre o assunto

Para interpretar um texto, o indivíduo precisa de muita atenção e de muito treino. Interpretar pode ser comparado com o disparar de uma arma: apenas temos chance de acertar o alvo se treinarmos muito e soubermos combinar todos os elementos externos ao disparo: velocidade do ar, direção, distância etc.

Quando o assunto é texto, o primordial é estabelecer uma relação contextual com aquilo que estamos lendo. Montar o contexto significa associar o que está escrito no texto-base com o que está disposto nas questões. Lembre-se de que as questões são elaboradas com a intenção de testar os concursandos, ou seja, deve ficar atento para todas as palavras e para todas as possibilidades de mudança de sentido que possa haver nas questões.

É preciso, para entender as questões de interpretação de qualquer banca, buscar o raciocínio que o elaborador da questão emprega na redação da questão. Usualmente, objetiva-se a depreensão dos sentidos do texto. Para tanto, destaque os itens fundamentais (as ideias principais contidas nos parágrafos) para poder refletir sobre tais itens dentro das questões.

22.2 Semântica ou pragmática?

Existe uma discussão acadêmica sobre o que possa ser considerado como semântica e como pragmática. Em que pese o fato de os universitários divergirem a respeito do assunto, vamos estabelecer uma distinção simples, apenas para clarear nossos estudos.

- **Semântica:** disciplina que estuda o **significado** dos termos. Para as questões relacionadas a essa área, o comum é que se questione acerca da troca de algum termo e a manutenção do sentido original da sentença.
- **Pragmática:** disciplina que estuda o **sentido** que um termo assume dentro de determinado contexto. Isso quer dizer que a identificação desse sentido depende do entorno linguístico e da intenção de quem exprime a sentença.

Para exemplificar essa situação, vejamos o exemplo a seguir:

- **Pedro está na geladeira.**

Nesse caso, é possível que uma questão avalie a capacidade de o leitor compreender que há, no mínimo, dois sentidos possíveis para essa sentença: um deles diz respeito ao fato de a expressão "na geladeira" poder significar algo como "ele foi até a geladeira buscar algo", o que – coloquialmente – significaria uma expressão indicativa de lugar.

O outro sentido diz respeito ao fato de "na geladeira" significar que "foi apartado de alguma coisa para receber algum tipo de punição".

A questão sobre **semântica** exigiria que o candidato percebesse a possibilidade de trocar a palavra "geladeira" por "refrigerador" – havendo, nesse caso, uma relação de sinonímia.

A questão de **pragmática** exigiria que o candidato percebesse a relação contextualmente estabelecida, ou seja, a criação de uma figura de linguagem (um tipo de metáfora) para veicular um sentido particular.

22.3 Questão de interpretação

Como se faz para saber que uma questão de interpretação é uma questão de interpretação?

Respondendo a essa pergunta, entende-se que há pistas que identificam a questão como pertencente ao rol de questões para interpretação. Os indícios mais precisos que costumam aparecer nas questões são:

- Reconhecimento da intenção do autor.
- Ponto de vista defendido.
- Argumentação do autor.
- Sentido da sentença.

Apesar disso, não são apenas esses os indícios de que uma questão é de interpretação. Dependendo da banca, podemos ter a natureza interpretativa distinta, principalmente porque o critério de interpretação é mais subjetivo que objetivo. Algumas bancas podem restringir o entendimento do texto; outras podem extrapolá-lo.

22.4 Dicas para interpretação

Há três elementos fundamentais para boa interpretação:
- Eliminação dos vícios de leitura.
- Organização.
- Sagacidade.

22.4.1 Vícios de leitura

A pior coisa que pode acontecer com o concursando, quando recebe um texto complexo para ler e interpretar, é cair num vício de leitura. Veja se você possui algum deles. Caso possua, tente eliminar o quanto antes.

Movimento

Como tudo inicia. O indivíduo pega o texto para ler e não para quieto. Troca a maneira de sentar, troca a posição do texto, nada está bom, nada está confortável. Em casa, senta para estudar e o que acontece? Fome. Depois? Sede. Então, a pessoa fica se mexendo para pegar comida, para tomar água, para ficar mais sossegado e o fluxo de leitura vai para o espaço. Fique quieto! O conceito é militar! Sente-se e permaneça assim até acabar a leitura, do contrário, vai acabar com a possibilidade de entender o que está escrito. Estudar com televisão, rádio, redes sociais e qualquer coisa dispersiva desse gênero só vai atrapalhar você.

Apoio

Não é aconselhável utilizar apoios para a leitura, tais como: réguas, acompanhar a linha com a caneta, ler em voz baixa, passar o dedo pelo papel etc. Basta pensar que seus olhos são muito mais rápidos que qualquer movimento ou leitura em voz alta.

"Garoto da borboleta"

Se você possui os vícios anteriores, certamente é um "garoto da borboleta" também. Isso quer dizer que é desatento e fica facilmente (fatalmente) disperso. Tudo chama sua atenção: caneta batendo na mesa, o concorrente barulhento, a pessoa estranha que está em sua frente, o tempo passando etc. Você vai querer ficar voltando ao início do texto porque não conseguiu compreender nada e, finalmente, vai perder as questões de interpretação.

22.4.2 Organização da leitura

Para que ocorra organização, é necessário compreender que todo texto possui:

- **Posto:** aquilo que é dito no texto. O conteúdo expresso.
- **Pressuposto:** aquilo que não está dito, mas que é facilmente compreendido.
- **Subentendido:** o que se pode interpretar por uma soma de dito com não-dito.

Veja um exemplo:

Alguém diz: "felizmente, meu tio parou de beber." É certo que o dito se compõe pelo conteúdo da mensagem: o homem parou de beber. O não-dito, ou pressuposto, fica a cargo da ideia de que o homem bebia e, agora, não bebe mais. Por sua vez, o subentendido pode ser abstraído como "meu tio possuía problemas com a bebida e eu assumo isso por meio da sentença que profiro". Não é difícil! É necessário, no entanto, possuir uma certa "malandragem linguística" para perceber isso de início.

22.5 Dicas para organização

As dicas de organização não são novas, mas são eficazes, vamos lá:

• Ler mais de uma vez o texto (quando for curto, é lógico)

A primeira leitura é para tomar contato com o assunto, a segunda, para observar como o texto está articulado.

Ao lado de cada parágrafo, escreva a principal ideia (tópico frasal) ou argumento mais forte do trecho. Isso ajuda você a ter clareza da temática e como ela está sendo desenvolvida.

Se o texto for muito longo, recomenda-se ler primeiro a questão de interpretação, para, então, buscá-la na leitura.

• Observar as relações entre parágrafos

Observar que há relações de exemplificação, oposição e causalidade entre os parágrafos do texto, por isso, tente compreender as relações intratextuais nos parágrafos.

Ficar de olho aberto para as conjunções adversativas: *no entanto, contudo, entretanto* etc.

• Atentar para o comando da questão

Responda àquilo que foi pedido.

• **Dica:** entenda que modificar e prejudicar o sentido não são a mesma coisa.

• Palavras de alerta (polarizadoras)

Sublinhar palavras como: *erro, incorreto, correto* e *exceto*, para não se confundir no momento de responder à questão.

Inaceitável, incompatível e *incongruente* também podem aparecer.

• Limitar os horizontes

Não imaginar que você sabe o que o autor quis dizer, mas sim entender o que ele disse: o que ele escreveu. Não extrapolar a significação do texto. Para isso, é importante prestar atenção ao significado das palavras.

Pode até ser coerente o que você concluiu, mas se não há base textual, descarte.

O homem **pode** morrer de infarto. / O homem **deve** morrer de infarto.

• Busque o tema central do texto

Geralmente aparece no primeiro parágrafo do texto.

• Desenvolvimento

Se o enunciado mencionar a argumentação do texto, você deve buscar entender o que ocorre com o desenvolvimento dos parágrafos.

Verificar se o desenvolvimento ocorre por:

- Causa e consequência.
- Enumeração de fatos.
- Retrospectiva histórica.
- Fala de especialista.
- Resposta a um questionamento.
- Sequência de dados.
- Estudo de caso.
- Exemplificação.

• Relatores

Atentar para os pronomes relativos e demonstrativos no texto. Eles auxiliam o leitor a entender como se estabelece a coesão textual.

Alguns deles: *que, cujo, o qual, onde, esse, este, isso, isto* etc.

• Entender se a questão é de interpretação ou de compreensão

• Interpretação

Parte do texto para uma conclusão. As questões que solicitam uma inferência costumam apresentar as seguintes estruturas:

"É possível entender que..."
"O texto possibilita o entendimento de que..."
"O texto encaminha o leitor para..."
"O texto possibilita deduzir que..."
"Depreende-se do texto que..."
"Com apoio no texto, infere-se que..."
"Entende-se que..."
"Compreende-se que..."
"Compreensão"

Buscam-se as informações solicitadas pela questão no texto. As questões dessa natureza possuem as seguintes estruturas:

"De acordo com o texto, é possível afirmar..."
"Segundo o texto..."
"Conforme o autor..."
"No texto..."
"Conforme o texto..."

• Tome cuidado com as generalizações

Na maior parte das vezes, o elaborador da prova utiliza a generalização para tornar a questão incorreta.

Atenção para as palavras: *sempre, nunca, exclusivamente, unicamente, somente.*

O que você não deve fazer!

"Viajar" no texto: interpretar algo para além do que o texto permite.

Interpretar apenas um trecho do texto.

Entender o contrário: fique atento a palavras como "pode", "não", "deve" etc.

22.5.1 Astúcia da banca

Talvez seja essa a característica mais difícil de se desenvolver no concursando, pois ela envolve o conhecimento do tipo de interpretação e dos limites estabelecidos pelas bancas. Só há uma maneira de ficar esperto estudando para concurso público: realizando provas! Pode parecer estranho, mas depois de resolver 200 questões da mesma banca, você já consegue prever como será a próxima questão. Prever é garantir o acerto! Então, faça exercícios até cansar e, quando cansar, faça mais um pouco.

Vamos trabalhar com alguns exemplos agora:

• Exemplo I

Entre os maiores obstáculos ao pleno desenvolvimento do Brasil, está a educação. Este é o próximo grande desafio que deve ser enfrentado com paciência, mas sem rodeios. É a bola da vez dentro das políticas públicas prioritárias do Estado. Nos anos 1990 do século passado, o país derrotou a inflação – que corroía salários, causava instabilidade política e irracionalidade econômica. Na primeira década deste século, os avanços deram-se em direção a uma agenda social, voltada para a redução da pobreza e da desigualdade estrutural. Nos próximos anos, a questão da melhoria da qualidade do ensino deve ser uma obrigação dos governantes, sejam quais forem os ungidos pelas decisões das urnas.

Jornal do Brasil, Editorial, 21/1/2010 (com adaptações).

COMPREENSÃO E INTERPRETAÇÃO DE TEXTOS

Agora o mesmo texto, devidamente marcado.

> *Entre **os maiores obstáculos** ao pleno desenvolvimento do Brasil, está a educação. Este é o **próximo grande desafio** que deve ser enfrentado com paciência, mas sem rodeios. É a **bola da vez** dentro das políticas públicas prioritárias do Estado. **Nos anos 90 do século passado**, o país derrotou a inflação – que corroía salários, causava instabilidade política e irracionalidade econômica. **Na primeira década deste século**, os avanços deram-se em direção a uma agenda social, voltada para a redução da pobreza e da desigualdade estrutural. **Nos próximos anos**, a questão da melhoria da qualidade do ensino deve ser uma **OBRIGAÇÃO DOS GOVERNANTES**, sejam quais forem os ungidos pelas decisões das urnas.*

Observe que destacamos para você elementos que podem surgir, posteriormente como questões. O texto inicia falando que há mais obstáculos além da educação. Também argumenta, posteriormente, que já houve outros desafios além desse que ele chama de "próximo grande desafio". Utilizando uma expressão de sentido **conotativo** (bola da vez), o escritor anuncia que a educação ocupa posição de destaque quando o assunto se volta para as políticas públicas prioritárias do Estado.

No decorrer do texto, que se desenvolve por um tipo de retrospectiva histórica (veja o que está destacado), o redator traça um panorama dessas políticas públicas ao longo da história do país, fazendo uma previsão para os anos vindouros (o que foi destacado em caixa alta).

- **Exemplo II**

> *Um passo fundamental para que não nos enganemos quanto à **natureza do capitalismo contemporâneo** e o significado das políticas empreendidas pelos países centrais para enfrentar a recente **crise econômica** é problematizarmos, com cuidado, o termo **neoliberalismo**: "começar pelas palavras talvez não seja coisa vã", escreve Alfredo Bosi em Dialética da Colonização.*
>
> ***A partir da década de 1980***, *buscando exprimir a natureza do capitalismo contemporâneo, muitos, principalmente os críticos, utilizaram esta palavra que, por fim, se generalizou. Mas o que, de fato, significa? O prefixo neo quer dizer novo; portanto, novo liberalismo. Ora, durante o século **XIX deu-se a construção de um liberalismo** que viria encontrar a sua crise definitiva na I Guerra Mundial em 1914 e na crise de 1929. Mas desde o período entre guerras e, sobretudo, depois, com o término da II Guerra Mundial, em 1945, tomou corpo um novo modelo, principalmente na Europa, que de certa forma se contrapunha ao velho liberalismo: era **o mundo da socialdemocracia**, da presença do Estado na vida econômica, das ações políticas inspiradas na reflexão teórica do economista britânico John Keynes, um crítico do liberalismo econômico clássico que viveu na primeira metade do século XX. Quando esse modelo também entrou em crise, no princípio da década de 1970, surgiu a perspectiva de **reconstrução da ordem liberal**. Por isso, novo liberalismo, neoliberalismo.*

Grupo de São Paulo, disponível em: http://www.correiocidadania.com.br/content/view/5158/9/. Acesso em: 28/10/2010. (Adaptado)

- **Exemplo III**

> ***Em Defesa do Voto Obrigatório***
>
> *O voto, direito duramente conquistado, **deve ser considerado um dever** cívico, sem o exercício do qual o **direito se descaracteriza ou se perde**, afinal liberdade e democracia são fins e não apenas meios. Quem vive em uma comunidade política não pode estar **desobrigado** de opinar sobre os rumos dela. Nada contra a desobediência civil, recurso legítimo para o protesto cidadão, que, no caso eleitoral, se pode expressar no voto nulo (cuja tecla deveria constar na máquina utilizada para votação). Com o **voto facultativo**, o direito de votar e o de não votar ficam inscritos, em pé de igualdade, no corpo legal. Uma parte do eleitorado deixará voluntariamente de opinar sobre a constituição do poder político. O desinteresse pela política e a descrença no voto são registrados como mera "escolha", sequer como desobediência civil ou protesto. **A consagração da alienação política** como um direito legal interessa aos conservadores, reduz o peso da soberania popular e desconstitui o sufrágio como universal.*
>
> *Para o **cidadão ativo**, que, além de votar, se organiza para garantir os direitos civis, políticos e sociais, o enfoque é inteiramente outro. O tempo e o **trabalho dedicados ao acompanhamento continuado da política não se apresentam como restritivos da liberdade individual.** Pelo contrário, são obrigações auto assumidas no esforço de construção e aprofundamento da democracia e de vigília na defesa das liberdades individuais e públicas. A ideia de que a democracia se constrói nas lutas do dia a dia se contrapõe, na essência, ao modelo liberal. O cidadão escolado na disputa política sabe que a liberdade de não ir votar é uma armadilha. Para que o sufrágio continue universal, para que todo poder emane do povo e não, dos donos do poder econômico, o voto, além de ser um direito, **deve conservar a sua condição de dever cívico**.*

23 INTERPRETAÇÃO DE TEXTO POÉTICO

Cada vez mais comum em provas de concursos públicos, o texto poético possui suas particularidades. Nem todas as pessoas possuem a capacidade de ler um texto poético, quanto mais interpretá-lo. Justamente por esse fato, ele tem sido o predileto dos examinadores que querem dificultar a vida dos candidatos.

Antes de passar à interpretação propriamente dita, é preciso identificar a nomenclatura das partes de um poema. Cada "linha" do poema é chamada de "**verso**", o conjunto de versos é chamado de "**estrofe**". A primeira sugestão para quem pretende interpretar um poema é segmentar a interpretação por estrofe e anotar o sentido trazido ao lado e cada trecho.

Geralmente, as bancas pecam ao diferenciar **autor** de **eu-lírico**. O primeiro é realmente a pessoa por detrás da caneta, ou seja, é quem efetivamente escreve o texto; o segundo é a "voz" do poema, a "pessoa" fictícia, abstrata que figura como quem traz o poema para o leitor.

Outra dificuldade muito comum é a leitura do texto. Como o texto está em uma disposição que não é mais tão usual, as pessoas têm dificuldade para realizar a leitura. Eis uma dica fundamental: só interrompa a leitura quando chegar a um ponto ou a uma vírgula, porque é dessa maneira que se lê um texto poético. Além disso, é preciso que, mesmo mentalmente, o indivíduo tente dar ênfase na leitura, pois isso pode ajudar na interpretação.

Comumente, o vocabulário do texto poético não é acessível e, em razão disso, costuma haver notas explicativas com o significado das palavras, jamais ignore essa informação! Pode ser a salvação para a interpretação do texto lido.

Veja um exemplo:

Nel mezzo del camin
Cheguei. Chegaste. Vinhas fatigada
E triste, e triste e fatigado eu vinha.
Tinhas a alma de sonhos povoada,
E a alma de sonhos povoada eu tinha...

E paramos de súbito na estrada
Da vida: longos anos, presa à minha
A tua mão, a vista deslumbrada
Tive da luz que teu olhar continha.

Hoje, segues de novo... Na partida
Nem o pranto os teus olhos umedece,
Nem te comove a dor da despedida.
E eu, solitário, volto a face, e tremo,
Vendo o teu vulto que desaparece
Na extrema curva do caminho extremo.

(Olavo Bilac)

Existe outro fator extremamente importante na hora de tentar entender o conteúdo de um texto poético: o **título**! Nem todo poema possui um título, é claro, mas os que possuem ajudam, e muito, na compreensão do "assunto" do poema.

É claro que ter conhecimento do autor e do estilo de escrita por ele adotado é a ferramenta mais importante para que o candidato compreenda com profundidade o que está sendo veiculado pelo texto, porém, como grande parte das bancas ainda não chegou a esse nível de aprofundamento interpretativo, apenas o reconhecimento da superfície do texto já é suficiente para responder às questões.

Vejamos alguns textos para explanar melhor:

Bem no fundo
No fundo, no fundo,
Bem lá no fundo,
A gente gostaria
De ver nossos problemas
Resolvidos por decreto

A partir desta data,
Aquela mágoa sem remédio
É considerada nula
E sobre ela – silêncio perpétuo

Extinto por lei todo o remorso,
Maldito seja quem olhar pra trás,
Lá pra trás não há nada,
E nada mais

Mas problemas não se resolvem,
Problemas têm família grande,
E aos domingos saem todos passear
O problema, sua senhora
E outros pequenos probleminhas

(Paulo Leminski)

Interpretação: por mais que trabalhemos para resolvermos nossos problemas, a única certeza é a de que eles continuarão existindo, pois é isso o que nos move.

23.1 Tradução de sentido

As questões de tradução de sentido costumam ser o "calcanhar de Aquiles" dos candidatos. A maneira mais eficaz de resolvê-las é buscar relações de sinonímia em ambos os lados da sentença. Com isso, fica mais fácil acertar a questão.

Consideremos a relação de sinonímia presente entre "alegria" e "felicidade". Esses dois substantivos não significam, rigorosamente, a mesma coisa, mas são considerados sinônimos contextuais, se considerarmos um texto. Disso, entende-se que o sinônimo é identificado contextualmente e não depende, necessariamente, do conhecimento do sentido de todas as palavras.

Seria bom se fosse sempre dessa maneira. Ocorre que algumas bancas tentam selecionar de maneira não rigorosa os candidatos, cobrando deles o chamado "conhecimento que não é básico". O melhor exemplo é pedir o significado da palavra "adrede", o qual pouquíssimas pessoas conhecem.

23.2 Organização de texto

Em algumas bancas, é comum haver questões que apresentam um texto desordenado, para que o candidato o reordene, garantido a **coesão** e a **coerência**. Além disso, não é raro haver trecho de texto com lacunas para preencher com alguns parágrafos. Para que isso ocorra, é mister saber o que significa coesão e coerência. Vamos a algumas definições simples.

23.2.1 Coesão

Coesão é o conjunto de procedimentos e mecanismos que estabelecem conexão dentro do texto, o que busca garantir a progressão daquilo que se escreve nas sentenças. Pronomes, perífrases e sinônimos estão entre os mecanismos de coesão que podem ser empregados na sentença.

INTERPRETAÇÃO DE TEXTO POÉTICO

23.2.2 Coerência

Coerência diz respeito à organização de significância do texto, ou seja, o sentido daquilo que se escreve. A sequência temporal e o princípio de não contradição são os dispostos mais emergentes da coerência.

Em questões dessa natureza, busque analisar as sequências de entrada e saída dos textos. Veja se há definições e conectivos que encerram ideias, ou se há pronomes que buscam sequenciar as sentenças. Desse modo, fica mais fácil acertar a questão.

23.3 Significação das palavras

23.3.1 Compreensão, interpretação e intelecção

O candidato que é concurseiro de longa data sabe que, dentre as questões de interpretação de texto, é muito comum surgirem nomenclaturas distintas para fenômenos não tão distintos assim. Quer dizer que, se no seu edital há elementos como leitura, compreensão, intelecção ou interpretação de texto, no fundo, o conceito é o mesmo. Ocorre que, dentro desse processo de interpretação, há elementos importantes para a resolução dos certames.

O que se diz e o que se pode ter dito

Sempre que há um momento de enunciação, o material linguístico serve de base para que os interlocutores negociem o sentido daquilo que está na comunicação. Isso ocorre por meio de vários processos. É possível destacar alguns mais relevantes:

- **Dito:** consiste na superfície do enunciado. O próprio material linguístico que se enuncia.
- **Não-dito:** consiste naquilo que se identifica imediatamente, quando se trabalha com o que está posto (o dito).
- **Subentendido:** consiste nos sentidos ativados por um processo inferencial de análise e síntese do material linguístico somado ao não-dito.

Vejamos isso em uma sentença para compreendermos a teoria.

- "A eleição de Barack Obama não é um evento apenas americano."

  > **Dito:** é o próprio conteúdo da sentença – o fato de a eleição em questão não ser um evento apenas americano.
  > **Não-dito:** alguém poderia pensar que a eleição teria importância apenas para os americanos.
  > **Subentendido:** pode-se concluir que a eleição em questão terá grandes repercussões, a um nível global.

23.4 Inferência

Para a finalidade dos concursos públicos, vamos considerar que a inferência é o resultado do processamento na leitura, ou seja, é aquilo que se pode "concluir" ou "depreender" da leitura de um texto.

No momento de responder a uma questão dessa natureza, recomenda-se prudência. Existe um conceito que parece fundamental para facilitar a resolução dessas questões. Ele se chama **ancoragem lexical.** Basicamente, entende-se como ancoragem lexical a inserção de algum elemento que dispara pressuposições e fomenta inferências, ou seja, se alguma questão pedir se é possível inferir algo, o candidato só poderá responder afirmativamente, se houver uma palavra ou uma expressão (âncora lexical) que permita associar diretamente esses elementos.

Semântica (sentido)

Evidentemente, o conteúdo relativo à significação das palavras deve muito a uma boa leitura do dicionário. Na verdade, o vocabulário faz parte do histórico de leitura de qualquer pessoa: quanto mais você lê, maior é o número de palavras que você vai possuir em seu vocabulário. Como é impossível receitar a leitura de um dicionário, podemos arrolar uma lista com palavras que possuem peculiaridades na hora de seu emprego. Falo especificamente de **sinônimos, antônimos, homônimos e parônimos**. Mãos à obra!

▷ **Sinônimos:**
  - Sentido aproximado: não existem sinônimos perfeitos:
    > Feliz – alegre – contente.
    > Palavra – vocábulo.
    > Professor – docente.
    > **O professor** Mário chegou à escola. O **docente** leciona matemática.

▷ **Antônimos:**
  - Oposição de sentido:
    > Bem – mal.
    > Bom – mau.
    > Igual – diferente.

▷ **Homônimos:** são palavras com escrita ou pronúncia iguais (semelhantes), porém com significado (sentido) diferente.
    > Adoro comer **manga** com sal.
    > Derrubei vinho na **manga** da camisa.

Há três tipos de homônimos: homógrafos, homófonos e homônimos perfeitos.

- **Homógrafos** – palavras que possuem a mesma grafia, mas o som é diferente.
    > O meu **olho** está doendo.
    > Quando eu **olho** para você, dói.
- **Homófonos** – apresentam grafia diferente, mas o som é semelhante.
    > A **cela** do presídio foi incendiada.
    > A **sela** do cavalo é novinha.
- **Homônimos perfeitos** – possuem a mesma grafia e o mesmo som.
    > O **banco** foi assaltado.
    > O **banco** da praça foi restaurado ontem.
    > Ele não **para** de estudar.
    > Ele olhou **para** a prova.
- **Parônimos:** são palavras que possuem escrita e pronúncia semelhantes, mas com significado distinto.
    > O professor fez a **descrição** do conteúdo.
    > Haja com muita **discrição**, Marivaldo.

Aqui vai uma lista para você se precaver quanto aos sentidos desses termos:

- **Ascender** (subir) e **acender** (pôr fogo, alumiar).
    > Quando Nero **ascendeu** em Roma, ele **acendeu** Roma.
- **Acento** (sinal gráfico) e **assento** (lugar de sentar-se).
    > O **acento** grave indica crase.
    > O **assento** 43 está danificado.
- **Acerca de** (a respeito de) e **cerca de** (aproximadamente).
    > **Há cerca de** (faz aproximadamente).
    > Falamos **acerca de** Português ontem.
    > José mora **cerca de** mim.
    > **Há cerca de** 10 anos, leciono Português.
- **Afim** (semelhante a) e **a fim de** (com a finalidade de).
    > Nós possuímos ideias **afins**.
    > Nós estamos estudando **a fim** de passar.

LÍNGUA PORTUGUESA

- **Aprender** (instruir-se) e **apreender** (assimilar).

  Quando você **apreender** o conteúdo, saberá que **aprendeu** o conteúdo.

- **Área** (superfície) e **ária** (melodia, cantiga).

  O tenor executou a ária.

  A polícia cercou a área.

- **Arrear** (pôr arreios) e **arriar** (abaixar, descer).

  Precisamos **arrear** o cavalo.

  Joaquim **arriou** as calças.

- **Caçar** (apanhar animais) e **cassar** (anular).

  O veado foi **caçado**.

  O deputado teve sua candidatura **cassada**.

- **Censo** (recenseamento) e **senso** (raciocínio).

  Finalizou-se o **censo** no Brasil.

  Argumentou com bom-**senso**.

- **Cerração** (nevoeiro) **serração** (ato de serrar).

  Nos dias de chuva, pode haver **cerração**.

  Rolou a maior **serração** na madeireira ontem.

- **Cerrar** (fechar) e **serrar** (cortar).

  Cerrou os olhos para a verdade.

  Marina **serrou**, acidentalmente, o nariz na serra.

- **Cessão** (ato de ceder), **seção** (divisão), **secção** (corte) e **sessão** (reunião).

  O órgão pediu a **cessão** do espaço.

  Compareça à **seção** de materiais.

  Fez-se uma **secção** no azulejo.

  Assisti à **sessão** de cinema ontem. Passava "A Lagoa Azul".

- **Concerto** (sessão musical) e **conserto** (reparo).

  Vamos ao **concerto** hoje.

  Fizeram o **conserto** do carro.

- **Mal** (antônimo de bem) e **mau** (antônimo de bom).

  O homem **mau** vai para o inferno.

  O **mal** nunca prevalece sobre o bem.

- **Ratificar** (confirmar) e **retificar** (corrigir).

  O documento **ratificou** a decisão.

  O documento **retificou** a decisão.

- **Tacha** (pequeno prego, mancha) e **taxa** (imposto, percentagem).

  Comprei uma **tacha**.

  Paguei outra **taxa**.

  Bucho (estômago) e **buxo** (arbusto)

- **Calda** (xarope) e **cauda** (rabo)
- **Cela** (pequeno quarto) e **sela** (arreio)
- **Chá** (bebida) e **xá** (título do soberano da Pérsia, atual Irã, antes da revolução islâmica)
- **Cheque** (ordem de pagamento) e **xeque** (lance do jogo de xadrez)
- **Comprimento** (extensão) e **cumprimento** (saudação)
- **Conjetura** (hipótese) e **conjuntura** (situação)
- **Coser** (costurar) e **cozer** (cozinhar)
- **Deferir** (costurar) e **diferir** (distinguir-se)
- **Degredado** (desterrado, exilado) e **degradado** (rebaixado, estragado)
- **Descrição** (ato de descrever) e **discrição** (reserva, qualidade de discreto)
- **Descriminar** (inocentar) e **discriminar** (distinguir)

- **Despensa** (lugar de guardar mantimentos) e **dispensa** (isenção, licença)
- **Despercebido** (não notado) e **desapercebido** (desprovido, despreparado)
- **Emergir** (vir à tona) e **imergir** (mergulhar)
- **Eminente** (notável, célebre) e **iminente** (prestes a acontecer)
- **Esbaforido** (ofegante, cansado) e **espavorido** (apavorado)
- **Esperto** (inteligente) e **experto** (perito)
- **Espiar** (observar) e **expiar** (sofrer castigo)
- **Estada** (ato de estar, permanecer) e **estadia** (permanência, estada por tempo limitado)
- **Estático** (imóvel) e **extático** (pasmo)
- **Estrato** (tipo de nuvem) e **extrato** (resumo)
- **Flagrante** (evidente) e **fragrante** (perfumado)
- **Fluir** (correr) e **fruir** (gozar, desfrutar)
- **Incidente** (episódio) e **acidente** (acontecimento grave)
- **Incipiente** (principiante) e **insipiente** (ignorante)
- **Inflação** (desvalorização do dinheiro) e **infração** (violação, transgressão)
- **Infligir** (aplicar castigo) e **infringir** (transgredir)
- **Intercessão** (ato de interceder) e **interseção ou intersecção** (ato de cortar)
- **Laço** (nó) e **lasso** (frouxo)
- **Mandado** (ordem judicial) e **mandato** (período político)
- **Ótico** (relativo ao ouvido) e **óptico** (relativo à visão)
- **Paço** (palácio) e **passo** (passada)
- **Peão** (empregado/peça de xadrez) e **pião** (brinquedo)
- **Pequenez** (pequeno) e **pequinês** (raça de cão, de Pequim)
- **Pleito** (disputa) e **preito** (homenagem)
- **Proeminente** (saliente) e **preeminente** (nobre, distinto)
- **Prescrição** (ordem expressa) e **proscrição** (eliminação, expulsão)
- **Prostrar-se** (humilhar-se) e **postar-se** (permanecer por muito tempo)
- **Ruço** (grisalho, desbotado) e **russo** (da Rússia)
- **Sexta** (numeral cardinal), **cesta** (utensílio) e **sesta** (descanso depois do almoço)
- **Sortido** (abastecido) e **surtido** (produzido, causado)
- **Sortir** (abastecer) e **surtir** (efeito ou resultado)
- **Sustar** (suspender) e **suster** (sustentar)
- **Tilintar** (soar) e **tiritar** (tremer)
- **Tráfego** (trânsito) e **tráfico** (comércio ilícito)
- **Vadear** (passa a pé ou a cavalo, atravessar o rio) e **vadiar** (vagabundear)
- **Viagem** (substantivo) e **viajem** (verbo)
- **Vultoso** (volumoso, grande vulto) e **vultuoso** (inchado)

TIPOS DE DISCURSO

24 TIPOS DE DISCURSO

Discurso está relacionado à construção de textos, tanto orais quanto escritos, portanto, ele é considerado uma prática social.

Em um texto, podem ser encontrados três tipos de discurso: o discurso **direto**, o **indireto** e o **indireto livre**.

24.1 Discurso direto

São as falas das personagens. Esse discurso pode aparecer em forma de diálogos e citações, e vem marcado com alguma pontuação (travessão, dois pontos, aspas etc.). Ou seja, o discurso direto reproduz fielmente a fala de alguém.

- Por exemplo:
    > O médico disse à paciente:
    > Você precisa fazer exercícios físicos regularmente.

24.2 Discurso indireto

É a reprodução da fala de alguém, a qual é feita pelo narrador. Normalmente, esse discurso é escrito em terceira pessoa.

- Por exemplo:
    > O médico disse à paciente que ela precisava fazer exercícios regulamente.

24.3 Discurso indireto livre

É a ocorrência do discurso direto e indireto ao mesmo tempo. Ou seja, o narrador conta a história, mas as personagens também têm voz própria.

No exemplo a seguir, há um discurso direto: "que raiva", que mostra a fala da personagem.

> "Retirou as asas e estraçalhou-a. Só tinham beleza. Entretanto, qualquer urubu... que raiva..." (Ana Maria Machado)

No trecho a seguir, há uma fala da personagem, mesclada com a narração: "Para que estar catando defeitos no próximo?".

> "D. Aurora sacudiu a cabeça e afastou o juízo temerário. Para que estar catando defeitos no próximo? Eram todos irmãos. Irmãos." (Graciliano Ramos)

Exemplo de uma transposição de discurso direto para indireto:

> Ana perguntou:
> – Qual a resposta correta?
> Ana perguntou qual era a resposta correta.

Ressalta-se que nas questões de reescrita que tratam da transposição de discursos, é mais frequente a substituição do direto pelo indireto.

REDAÇÃO

REDAÇÃO PARA CONCURSOS PÚBLICOS

1 REDAÇÃO PARA CONCURSOS PÚBLICOS

A questão discursiva (redação) assusta muitos candidatos. Afinal, escrever de acordo com a norma culta da Língua Portuguesa, respeitando as inúmeras regras gramaticais, é tarefa que exige muita atenção. Além disso, é necessário que o candidato apresente bons argumentos dentro de uma estrutura na qual as ideias tenham coesão e façam sentido (coerência). Por isso, é importante que a redação seja estudada e treinada ao longo da preparação para o concurso almejado.

1.1 Por que tenho que me preparar com antecedência para a redação?

Quando a redação (questão discursiva) é solicitada, em geral, é uma etapa eliminatória (se o candidato não alcançar a nota mínima, é eliminado do concurso). Então, por ter peso significativo, podendo colocá-lo na lista de classificação ou tirá-lo dela, merece atenção especial.

Entretanto, não se pode dar início ao estudo para concurso pela redação. É necessário que o aluno tenha conhecimento das regras gramaticais, da estrutura sintática das orações e dos períodos, dos elementos de coesão textual, ou seja, é essencial uma maturidade para, então, produzir um texto. Além do domínio da norma culta, deve-se dedicar à disciplina de Atualidades, que, muitas vezes, já vem prevista no edital. Quem tem conhecimento do assunto se sente mais confortável para escrever.

1.2 Os primeiros passos

Antes de começar a praticar a produção de textos, é importante ler o edital de abertura do concurso (quando já tiver sido publicado; quando não, leia o último) para entender os critérios de avaliação da sua prova discursiva e sobre qual assunto o tema versará.

Veja aguns exemplos:

CONCURSO	EDITAL – PROVA DISCURSIVA	ASSUNTO COBRADO - TEMA	A PROPOSTA
DEPEN - 2015	A prova discursiva valerá 20,00 pontos e consistirá da redação de texto dissertativo, de até 30 linhas, acerca de tema de atualidades, constantes do subitem 22.2 deste edital.	Os assuntos que o tema pode abordar foram disponibilizados no edital. Atualidades: 1 Sistema de justiça criminal. 2 Sistema prisional brasileiro. 3 Políticas públicas de segurança pública e cidadania.	**SEGURANÇA PÚBLICA: POLÍCIA E POLÍTICAS PÚBLICAS** Ao elaborar seu texto, faça o que se pede a seguir. > Disserte a respeito da segurança como condição para o exercício da cidadania. [valor: 25,50 pontos] > Dê exemplos de ação do Estado na luta pela segurança pública. [valor: 25,50 pontos] > Discorra acerca da ausência do poder público e a presença do crime organizado. [valor: 25,00 pontos]
PC-PR - 2018	A Redação, com no mínimo 15 e no máximo 25 linhas, versará sobre um tema da atualidade	Tema da atualidade, ou seja, pode ser cobrado qualquer assunto.	Com base na coletânea e nos conhecimentos sobre o tema, redija um texto dissertativo-argumentativo que coloque em discussão **a importância da correta emissão e decodificação da mensagem, bem como o repasse dessa mensagem ao interlocutor, seja na modalidade escrita ou oral.**
PF-2018 PERITO CRIMINAL	Para o cargo de Perito Criminal Federal, a prova discursiva, de caráter eliminatório e classificatório, valerá 13,00 pontos e consistirá da redação de texto dissertativo, de até 30 linhas, a respeito de temas relacionados aos conhecimentos específicos para cada cargo/área.	O tema tratará das matérias de conhecimentos específicos do cargo, ou seja, será um assunto do conteúdo programático.	Considerando que o texto precedente tem caráter unicamente motivador, redija um texto dissertativo acerca do **impacto da LRF na gestão pública**, abordando, necessariamente, os seguintes aspectos: 1. o processo de planejamento; [valor: 4,10 pontos] 2. as receitas e a renúncia fiscal; [valor: 4,10 pontos] 3. as despesas com pessoal. [valor: 4,20 pontos]
PRF - 2018	A prova discursiva valerá 20,00 pontos e consistirá da redação de texto dissertativo, de até 30 linhas, a respeito de temas relacionados aos objetos de avaliação.	O tema tratará de algum assunto relacionado ao conteúdo programático.	**O COMBATE ÀS INFRAÇÕES DE TRÂNSITO NAS RODOVIAS FEDERAIS BRASILEIRAS** Ao elaborar seu texto, aborde os seguintes aspectos: 1. medidas adotadas pela PRF no combate às infrações; [valor: 7,00 pontos] 2. ações da sociedade que auxiliem no combate às infrações; [valor: 6,00 pontos] 3. atitudes individuais para a diminuição das infrações. [valor: 6,00 pontos]
PM-SP - 2019 - SOLDADO	Prova Dissertativa (Parte II), de caráter eliminatório e classificatório, visa avaliar a capacidade do candidato de produzir uma redação que atenda ao tema e ao gênero/tipo de texto propostos, além de seu domínio da norma culta da língua portuguesa e dos mecanismos de coesão e coerência textual;	Não foi informado o tema nem o tipo de texto (dissertativo, narrativo, descritivo).	A popularização da internet ameaça o poder de influência da televisão?

A partir disso, o aluno deve direcionar a sua leitura para temas da atualidade, para matéria do conteúdo programático (conhecimentos específicos) ou para assunto relacionado ao cargo ou à instituição a que está concorrendo. É crucial que conheça a banca examinadora e que

REDAÇÃO

tenha contato com as provas anteriores a fim de observar o perfil das propostas de redação.

Em geral, as bancas de concursos públicos exigem textos dissertativos e apontam qual assunto o tema abordará (atualidades ou conteúdo programático). Quando isso não ocorrer, deve-se levar em consideração o perfil da banca e as provas anteriores para o mesmo cargo.

1.3 Orientações para o texto definitivo

a) Não use a 1ª pessoa do singular: os textos formais exigem a impessoalização da linguagem. Isso significa que, às vezes, é necessário omitir os agentes do discurso e as diversas vozes que compõem um texto. Então, empregue a terceira pessoa do singular ou do plural.

Ex.: **Eu acredito** que a pena de morte deve ser aplicada em casos de crimes hediondos. (Incorreto)

Acredita-se que a pena de morte deve ser aplicada em casos de crimes hediondos. (Correto)

Devemos analisar alguns fatores que contribuem para esse problema. (incorreto)

Alguns fatores que contribuem para esse problema devem ser analisados. (Correto)

> **Atenção!**
> A primeira pessoa do plural deve ser um sujeito socialmente considerado, como em "Nós (brasileiros) devemos entender que o voto é uma importante ferramenta para se alcançar uma mudança." Não empregue de forma indiscriminada.

Como impessoalizar a linguagem do texto dissertativo-argumentativo?

▷ **Oculte o agente:**

Para deixar o discurso mais objetivo, prefira por ocultar o agente sempre que possível. Isso pode ser feito por meio de expressões como: é importante, é preciso, é indispensável, é urgente, é crucial, é necessário, já que elas não revelam o agente da ação:

Ex.: É necessário discutir alguns aspectos relacionados a essa temática.

É essencial investir em educação para minimizar tais problemas.

▷ **Indetermine o sujeito:**

Indeterminar o sujeito também é uma estratégia de ocultar o agente da ação verbal. A melhor forma de empregar essa técnica é por meio do pronome indeterminador do sujeito (se).

| Muito **se** tem discutido sobre a redução da maioridade penal.

Acredita-se que a desigualdade social contribui para o aumento da violência.

▷ **Empregue a voz passiva:**

Na voz passiva, o sujeito da oração torna-se paciente, isto é, ele sofre a ação expressa pelo fato verbal. Empregá-la é um recurso que também oculta o agente da ação.

Ex.: Devem ser analisados alguns fatores que contribuem para o aumento da violência.

Medidas devem ser tomadas para a pacificação da sociedade.

a) Jamais se dirija ao leitor: o leitor é o examinador e o candidato não deve estabelecer um diálogo com ele.

b) Não use gírias; clichês, provérbios e citações sem critério. você pode acabar errando o autor da expressão (o que pega muito mal), ou até mesmo usá-la fora de contexto, o que pode direcionar a sua redação para um lado que você não quer. Os ditados populares empobrecem o texto. Os examinadores não gostam de ver o senso comum se repetindo.

| Desde os primórdios da humanidade; fechar com chave de ouro.

a) Evite a construção de períodos longos: pode prejudicar a clareza textual. Além disso, procure escrever na ordem direta.

b) Respeite as margens da folha de redação: não ultrapasse o limite estipulado na folha do texto definitivo.

c) Não use corretivo: se errar alguma palavra, risque (com um traço penas) e prossiga. Não use parênteses nem a palavra "digo".

| A sociadade sociedade deve se conscientizar do seu papel.

a) Evite algarismos, a não ser que se trate de anos, décadas, séculos ou referências a textos legais (artigos, decretos, etc.).

b) A letra deve ser legível: pode ser letra cursiva ou de imprensa. Não se esqueça de fazer a distinção entre maiúscula e minúscula.

c) Cuidado com a separação silábica.

Translineação: é a divisão das palavras no fim da linha. Eva em conta não apenas critérios de correção gramatical, mas também recomendações estilísticas (estética textual).

1) Não se isola sílaba forma apenas por uma vogal;

2) Não se isola elemento cacofônico;

3) Na partição de palavras hifenizadas, recomenda-se repetir o hífen na linha seguinte.

> Maria foi secretária, ministra e era muito **a-miga** do antigo presidente. Quando entrou na dis-**puta** eleitoral, todos nós esperávamos que, lançando-**se** candidata, facilmente ganharia as eleições.
> INADEQUADO

> Maria foi secretária, ministra e era muito **amiga** do antigo presidente. Quando entrou na **disputa** eleitoral, todos nós esperávamos que, lançando-**se** candidata, facilmente ganharia as eleições.
> ADEQUADO

a) Não use as palavras generalizadoras, afinal sempre há uma exceção, um exemplo contrário ou algo assim.

| "Todos jogam lixo no chão" ou "Ninguém faria isso" ou "Isso jamais vai acontecer, é impossível."

a) Não invente dados estatísticos, pesquisas, mentiras convincentes.

b) Não use a ironia. A ironia é uma figura de linguagem que não deve ser utilizada no texto dissertativo argumentativo. Nele nada deve ficar subentendido. A escrita deve ser sempre clara, sem nada oculto, sem gracinha e de forma argumentativa.

c) Não é uma boa ideia usar palavras rebuscadas. Seu texto pode ficar sem fluência e clareza, dificultando a compreensão do corretor. Lembre-se: linguagem formal não é sinônimo de linguagem complicada.

| Hodiernamente, mister, mormente, dessarte, etc.

a) Evite estrangeirismo: empregar palavras estrangeiras em meio à nossa língua de forma desnecessária. Não é necessário fazer isso se há no português uma palavra correspondente que pode ser usada.

| Ex.: Stress em vez de estresse

b) Não se utilize de pergunta retórica.

Pergunta retórica: é uma interrogação que não tem como objetivo obter uma resposta, mas sim estimular a reflexão do indivíduo sobre determinado assunto.

REDAÇÃO PARA CONCURSOS PÚBLICOS

1.4 Temas e textos motivadores

Os textos motivadores - um grupo de textos apresentados junto à proposta de redação - têm a função de situar o candidato acerca do tema proposto, fornecendo elementos que possam ajudá-lo a refletir sobre o assunto abordado. Tais textos servem para estimular ideias para o desenvolvimento do tema e são úteis por ajudar a manter o foco temático.

O papel dos textos motivadores da prova de redação é o de motivar, inspirar e contextualizar o candidato em relação ao tema proposta.

Esses textos não estão ali por acaso, então devem ser utilizados, e podem evitar que o candidato escreva uma redação genérica. Contudo, não podem ser copiados, pois as provas que contêm cópias terão as linhas desconsideradas e podem, quando em excesso, levar à nota zero.

Então, a intenção não é que o aluno reproduza as informações contidas nos textos motivadores. O que se deseja é que o candidato leia os textos, interprete-os e reelabore-os, interligando-os à sua discussão. Assim sendo, o ideal é retirar de cada texto motivador as ideias principais e que podem ser utilizadas na sua produção escrita.

Leia todos com atenção e não se esqueça de procurar estabelecer uma relação entre eles, ou seja, busque os pontos em comum, e os conecte de uma maneira que defina argumentos consistentes para sua redação. Escreva as principais ideias em forma de tópicos e com as suas palavras.

1.4.1 Tipos de textos motivadores

Os textos motivadores podem ser de vários tipos

▷ Matérias jornalísticas/ Reportagens

Um dos tipos mais comuns de textos motivadores são as matérias jornalísticas. Para que haja maior entendimento sobre elas, análise:

O que acontece?
Com quem acontece?
Em que lugar acontece?
Quando acontece?
De que modo acontece?
Por que acontece?
Para que acontece?

▷ Charges/Tirinhas

As charges ou as tirinhas são uma forma curta e, muitas vezes, descontraída de apresentar informações relevantes para a produção do texto. Repare nelas:

Os personagens;
O ambiente;
O assunto principal;
A linguagem utilizada (formal, informal, com figuras de linguagem ou não, com marcas de regionalismo ou não etc.).

▷ Gráficos

Os gráficos possibilitam uma leitura mais ágil das informações. Ao se deparar com eles, observe o seguinte:

O título;
As informações na horizontal e na vertical;
A forma como os índices foram representados (colunas, fatias etc.);
O uso de cores diferentes (caso haja);
A fonte da qual as informações foram coletadas.

▷ Imagens

Muitas vezes as imagens podem vir sem nenhuma palavra. Se isso ocorrer, note:

O que é a imagem (foto, quadro etc.)?
Quem é o autor dela?
Qual é o assunto principal?
O que está sendo retratado?
Há marcas temporais ou regionais na imagem?

Se o aluno não souber nada sobre a temática apresentada, os textos motivadores podem ser um ótimo suporte. Além dos dados expostos, tais textos também provocam a reflexão sobre outros aspectos do problema e jamais devem ser ignorados.

1.5 Título

O título só é obrigatório se for solicitado nas instruções da prova de redação.

Pode ser que a Banca examinadora deixe o espaço para o título, nesse caso, ele também é obrigatório.

Se puser o título e não for obrigatório (não for exigido), não receberá mais pontos por isso e só terá pontos descontados se contiver algum erro nele.

Caso se esqueça de colocar título quando for obrigatório, a redação não será anulada, mas poderá ter pontos (poucos) descontados.

Dicas:
- Nunca utilize tema como título;
- Não coloque ponto final;
- Não escreva todas as palavras com letra maiúscula;
- Não pule linha depois do título;
- Construa-o quando terminar o texto.

1.6 O texto dissertativo

Dissertar significa expor algum assunto. Dependendo da maneira como o esse assunto seja abordado, a dissertação poder ser **expositiva** ou **argumentativa**.

▷ **Dissertação expositiva: apresenta informações sobre assuntos, expõe, explica, reflete ideias de modo objetivo, imparcial. O autor é o porta-voz de uma opinião, ou seja, a intenção é expor fatos, dados estatísticos, informações científicas, argumentos de autoridades etc. Este tipo de texto pode ter duas abordagens:** Estudo de Caso (em que é apresentada uma solução para a situação hipotética apresentada) e Questão Teórica (em que é preciso apresentar conceitos, normas, regras, diretrizes de um determinado conteúdo).

Vejamos um exemplo do tipo expositivo.

A forma temporária como tratam os vídeos criados reflete outro aspecto característico desses apps. Em oposição à noção de que tudo o que é postado na internet fica registrado para a eternidade (e tem potencial de se transformar em viral), os aplicativos querem passar a sensação de efêmero. Quem não viu a transmissão ao vivo dificilmente terá nova chance. Nisso, eles se assemelham a outro app de sucesso, o Snapchat, serviço de troca de mensagens pelo qual o conteúdo é destruído segundos após ser recebido pelo destinatário.

(VEJA, 2015, p. 98)

▷ **Dissertação argumentativa:** defende uma tese (ideia, ponto de vista) por meio de estratégias argumentativas. Tem a intenção de persuadir (convencer) o interlocutor. Em geral, há o predomínio da linguagem denotativa, de conectores de causa-efeito, de verbos no presente.

Vejamos agora um exemplo do tipo argumentativo.

Fazer pesquisa crítica envolve difíceis decisões de cunho ético e político a fim de que, não importa quais sejam os resultados de nossos estudos, nosso compromisso com os sujeitos pesquisados seja mantido. A questão é complexa por causa das múltiplas realidades dos múltiplos participantes envolvidos na pesquisa naturalística da visa social. Por exemplo, no projeto de pesquisa de referência neste artigo, havia um componente que envolvia a observação participante da sala de aula, isto é, a observação à procura das unidades e elementos significativos para os próprios participantes da situação.

(KLEIMAN, 2001, p. 49)

Quando o texto dissertativo se dedica mais a expor ideias, a fazer que o leitor/ouvinte tome conhecimento de informações ou interpretações dos fatos, tem caráter expositivo e podemos classificá-lo como expositivo. Quando as interpretações expostas pelo texto dissertativo vão mais além nas intenções e buscam explicitamente convencer o

REDAÇÃO

leitor/ouvinte sobre a validade dessas explicações, classifica-se o texto como argumentativo (COROA , 2008b, p. 121).

Vale mencionar que, muitas, vezes, nos editais, não fica claro se o texto será expositivo ou argumentativo. Quando isso ocorrer, o candidato deve analisar as provas anteriores para traçar o perfil da banca examinadora. Mas não se preocupe, pois a estrutura de ambos é igual, ou seja, os dois tipos de texto devem conter introdução, desenvolvimento e conclusão. Além disso, no primeiro parágrafo, deve haver a apresentação da ideia central que será desenvolvida.

Veja as propostas a seguir:

Foi recentemente publicado no Americam Journal of Preventive Medicine um estudo com adultos jovens, de 19 a 32 anos de idade, apontando que quanto maior o tempo dispendido em mídias sociais de relacionamento, maior a sensação de solidão das pessoas. Além disso, esse estudo demonstrou também que quanto maior a frequência de uso, maior a sensação de isolamento social.

(Adaptado de: ESCOBAR, Ana. Disponível em: http://g1.globo.com)

Com base nas ideias do texto acima, redija uma dissertação sobre o tema:

Isolamento social na era da comunicação virtual

A partir da proposta apresentada, pode-se inferir que o examinador quer saber o ponto de vista (opinião) do candidato em relação ao assunto. A intenção é que seja apontado o que ele pensa a respeito do tema, e não que ele apresente de forma objetiva informações a fim de esclarecer determinado assunto. Então, resta claro que a dissertação terá caráter argumentativo.

Agora veja a proposta seguinte:

A segurança jurídica tem muita relação com a ideia de respeito à boa-fé. Se a administração adotou determinada interpretação como a correta e a aplicou a casos concretos, não pode depois vir a anular atos anteriores, sob o pretexto de que os mesmos foram praticados com base em errônea interpretação. Se o administrado teve reconhecido determinado direito com base em interpretação adotada em caráter uniforme para toda a administração, é evidente que a sua boa-fé deve ser respeitada. Se a lei deve respeitar o direito adquirido, o ato jurídico perfeito e a coisa julgada, por respeito ao princípio da segurança jurídica, não é admissível que os direitos do administrado fiquem flutuando ao sabor de interpretações jurídicas variáveis no tempo.

Maria Sylvia Zanella Di Pietro. Direito administrativo. p. 85 (com adaptações).

Considerando que o texto apresentado tem caráter estritamente motivador, elabore uma dissertação a respeito dos atos administrativos e da segurança jurídica no direito administrativo brasileiro, abordando, necessariamente, os seguintes aspectos:

1. os elementos de validade do ato administrativo e os critérios para sua convalidação; [valor: 14,00 pontos]

2. distinção entre ato administrativo nulo, anulável e inexistente; [valor: 10,00 pontos]

3. o controle exercido de ofício pela administração pública sobre os seus atos e o dever de agir e de prestar contas. [valor: 14,00 pontos]

Considerando o tema proposto e os tópicos apresentados, pode-se perceber que o candidato deve, necessariamente, produzir um texto expositivo, já que o examinador avaliará o conhecimento técnico dele sobre o assunto, e não o seu ponto de vista, a sua opinião. Para isso, deverá fundamentar suas ideias por meio de leis, doutrina, jurisprudência, citação de uma autoridade no assunto.

1.7 Estrutura do texto dissertativo

Não há dúvida de que todo texto dissertativo (expositivo ou argumentativo) deve ter início, meio e fim, ou seja, introdução, desenvolvimento e conclusão.

▷ **Introdução:** a importância da introdução é evidente, pois é ela que determina o tom do texto, o encaminhamento do desenvolvimento e sua estrutura. Então, ela deve ser vista como um compromisso que o autor assume com o restante do desenvolvimento. Nela haverá a contextualização do assunto que será desenvolvido ao longo do texto,

ou seja, apresentação da ideia que será defendida (argumentação) ou esclarecida (exposição).

▷ **Desenvolvimento:** é a parte da redação em que há o desenvolvimento da ideia apresentada no primeiro parágrafo. Vai ocorrer a comprovação da tese por meio de argumentos – texto argumentativo – ou a exposição de informações a fim de esclarecer um assunto – texto expositivo.

Estrutura dos parágrafos de desenvolvimento:

Tópico frasal: apresentação da ideia-núcleo que será desenvolvida (introdução);

Comprovação da ideia-núcleo (desenvolvimento);

Fechamento do parágrafo (conclusão).

Jamais construa parágrafos com apenas um período. Os parágrafos de desenvolvimento devem ter, no mínimo, três períodos.

▷ **Conclusão:** consiste no fechamento das ideias apresentadas. Não podem ser expostos argumentos novos nesse parágrafo. O que ocorre é a retomada da ideia central (tese ou tema) e a apresentação das considerações finais.

DISSERTAÇÃO EXPOSITIVA E ARGUMENTATIVA

2 DISSERTAÇÃO EXPOSITIVA E ARGUMENTATIVA

2.1 Dissertação expositiva

A dissertação expositiva tende à simples exposição de ideias, de informações, de definições e de conceitos, sem necessidade de um forte convencimento do leitor.

Quando o texto dissertativo se dedica mais a expor ideias, a fazer que o leitor/ouvinte tome conhecimento de informações ou interpretações dos fatos, tem caráter expositivo e podemos classificá-lo como expositivo. (COROA, 2008b, p. 121).

2.2 Estrutura do texto dissertativo-expositivo

Na introdução, há a apresentação do tema (parágrafo mais curto). Como não há tese, o candidato deve fazer a apresentação do tema (ideia central do texto).

▷ **Tipos de introdução:**
- **Definição:** tem por objetivo expor uma definição, uma ideia, uma expressão. Para isso, é importante ter como referência os sentidos expostos em dicionários, leis, doutrinas, etc.
- **Paráfrase:** é uma reescritura do tema e dos tópicos apresentados na proposta de redação. Não pode haver alteração de sentido e deve ser respeitada a simetria (paralelismo) sintático e semântico.
- **Citações e estatísticas:** neste tipo de introdução, o candidato traz uma frase (citação) de algum especialista no assunto, ou estatísticas a respeito do tema. Importante tomar cuidado para não trazer citações "vazias", que não sejam relacionadas ao assunto, e também se preocupar em fazer uma análise a respeito das estatísticas trazidas, para que elas não fiquem deslocadas.

▷ No desenvolvimento, há a apresentação de informações sobre assuntos, exposição, explicação de ideias de modo objetivo, fundamentação por meio de leis, citação de autores, exemplos etc. Segundo fulano de tal, ...; Segundo a Lei Tal,..., Conforme entendimento do STF, ... Em outras palavras, há presença de dados polifônicos. Não há opinião do candidato aqui, e sim apresentação do seu conhecimento técnico sobre determinado assunto.

ELEMENTOS COESIVOS PARA INCIAR OS PARÁGRAFOS DE DESENVOLVIMENTO

A primeira delas...
A primeira dessas questões ...
O primeiro desses pontos ...
Em primeiro lugar, ...
→ **1º PARÁGRAFO DE DESENVOLVIMENTO**

Outra questão importante é...
Também é de suma importância ...
O segundo dos aspectos ...
Além disso, ...
Em segundo lugar, ...
→ **2º PARÁGRAFO DE DESENVOLVIMENTO**

Há de se considerar também, ...
Há de se considerar, por último, ...
O terceiro dos aspectos, ...
→ **3º PARÁGRAFO DE DESENVOLVIMENTO**

▷ Na conclusão, ocorrerá a retomada da ideia central.

Tipos de conclusão:
- **Síntese:** consiste em sintetizar as ideias que foram abordadas ao longo da dissertação, confirmando a ideia central que aparece na introdução do texto.

- **Proposta de intervenção:** elaborar uma sugestão para solucionar o problema posto em debate na proposta de redação. Essas sugestões precisam ter três características muito importantes. Em primeiro lugar, é preciso que elas sejam aplicáveis ao tema e ao que foi dito no texto. Além disso, as sugestões precisam ser detalhadas. A proposta bem elaborada deve conter um detalhamento do que fazer, como fazer, os meios e os participantes da proposta. Por último, proposta apresentada deve ser executável, ou seja, possível de ser realizada. Não adianta apresentar soluções utópicas e fantasiosas, pois elas não serão realizadas.

- **Dedução:** trata-se de um processo de raciocínio em que a conclusão é alcançada a partir de um conjunto de premissas abordadas em uma afirmação e que constroem um pensamento lógico. Isso se chama "regras de inferência". O candidato vai explorar nos parágrafos dedicados ao desenvolvimento da dissertação, tudo aquilo que sabe sobre o tema, fazer as devidas relações e, no momento da conclusão, manifestar o que se pode deduzir dessas informações.

ELEMENTOS COESIVOS PARA INCIAR O ÚLTIMO PARÁGRAFO

Por fim, ...
Por último, ...
Finalmente, ...
Em último lugar, ...

2.3 Propostas de dissertação expositiva

PROPOSTA I

A remição de pena, ou seja, o direito do condenado de abreviar o tempo imposto em sua sentença penal, pode ocorrer mediante trabalho, estudo e, de forma mais recente, pela leitura, conforme disciplinado pela Recomendação n.º 44/2013 do CNJ. A remição de pena, prevista na Lei de Execução Penal, está relacionada ao direito constitucional de individualização da pena. Dessa forma, as penas devem ser justas e proporcionais, além de particularizadas, levando-se em conta a aptidão à ressocialização demonstrada pelo apenado por meio do estudo ou do trabalho.

A possibilidade de remir a pena por meio da leitura já é realidade em diversos presídios do país. De acordo com a Recomendação n.º 44/2013 do CNJ, deve ser estimulada a remição pela leitura como forma de atividade complementar, especialmente para apenados aos quais não sejam assegurados os direitos ao trabalho, à educação e à qualificação profissional. Para isso, há necessidade de elaboração de um projeto pela autoridade penitenciária estadual ou federal com vistas à remição pela leitura, assegurando-se, entre outros critérios, a participação voluntária do preso e a existência de um acervo de livros dentro da unidade penitenciária. Segundo a norma, o preso deve ter o prazo de 21 a 30 dias para a leitura de uma obra, apresentando, ao final do período, uma resenha a respeito do assunto, que deverá ser avaliada pela comissão organizadora do projeto. Cada obra lida possibilita a remição de quatro dias de pena, com o limite de doze obras por ano, ou seja, no máximo 48 dias de remição por leitura a cada doze meses.

Internet: <www.cnj.jus.br> (com adaptações).

A Assembleia Legislativa do Ceará aprovou projeto de lei que altera o art. 4.º da Lei n.º 15.718/2014, elaborada conforme recomendação do CNJ. O projeto de lei torna expressa a possibilidade da leitura de livros religiosos proporcionarem a remição da pena em execução penal. Segundo a Secretaria de Administração Penitenciária (SAP), atualmente, no projeto Livro Aberto, são 5.100 detentos que leem mensalmente em 17 unidades prisionais do Ceará. O preso escolhe, a cada mês, uma obra literária dentre os títulos selecionados para a leitura, o que agora poderá incluir livros religiosos. Em seguida, o apenado redigirá relatório de leitura ou resenha — a ser elaborados de forma individual, presencial e em local adequado —, devendo atingir nota igual ou superior a 6,0 para ser aprovado pela Secretaria de Educação do Estado do Ceará (SEDUC). Depois, isso é levado para a vara judicial, para ser avaliada a redução da pena.

Internet: <www.ceara.gov.br> (com adaptações).

REDAÇÃO

É indiscutível que a obra literária tem o poder de reorganizar a nossa visão de mundo, nossa mente e nossos sentimentos, tocando nosso espírito por meio das palavras, que não são apenas a forte presença do nosso código; elas comunicam sempre alguma coisa que nos toca, porque obedece a certa ordem. O caos originário dá lugar à ordem e, por conseguinte, a mensagem pode atuar. Uma boa notícia é que toda obra literária pressupõe essa superação do caos, determinada por um arranjo especial das palavras, fazendo uma proposta de sentido.

Maria Luzineide P. da C. Ribeiro e Maria do Rosário C. Rocha. Olhando pelo avesso: reflexões sobre a remição de pena pela leitura e a escolarização nas prisões brasileiras. In: Fernanda Marsaro dos Santos et al. (Org.). Educação nas prisões. 1.ª ed. Jundiaí: Paco, 2019, p. 203 (com adaptações).

A leitura é um poderoso instrumento de ascensão social, de amadurecimento do ser em relação à sua função dentro de uma complexa sociedade, de absorção da sua cultura ao redor (...) é uma atividade essencial a qualquer área do conhecimento e mais essencial ainda à própria vida do ser humano.

Fernanda M. dos Santos, Gesuína de F. E. Leclerc e Luciano C. Barbosa. Leitura que liberta: uma experiência para remição de pena no Distrito Federal. In: Fernanda Marsaro dos Santos et al. (Org.). Educação nas prisões. 1.ª ed. Jundiaí: Paco, 2019, p. 21.

Considerando que os textos anteriormente apresentados têm caráter unicamente motivador, redija um texto dissertativo abordando os seguintes aspectos acerca da remição de pena pela leitura.

1 A remição de pena pela leitura como forma de ressocialização. [valor: 9,50 pontos]

2 A importância da leitura como forma de reorganização da visão de mundo do detento. [valor: 9,50 pontos]

3 Possibilidades e desafios da implementação de projetos de leitura no sistema prisional brasileiro. [valor: 9,50 pontos]

Padrão de resposta da banca

O candidato deve redigir um texto dissertativo em que aborde os aspectos propostos, acerca da remição de pena pela leitura, de maneira clara e coerente, empregando mecanismos de coesão textual. O candidato deve demonstrar conhecer a atualidade do tema da remição de pena pela leitura como forma de ressocialização, bem como discorrer sobre a importância da leitura como possibilidade de ampliação da visão de mundo do participante do projeto dentro do estabelecimento prisional. Para tanto, pode, por exemplo, mencionar a Jornada da Leitura no Cárcere, evento cuja primeira edição ocorreu em fevereiro de 2020, com apoio do CNJ, a fim de identificar, refletir e disseminar as boas práticas de leitura no sistema carcerário. Por fim, o candidato deve discorrer sobre possibilidades de projetos de leitura que podem ser implementados no sistema penitenciário brasileiro e os desafios para que projetos dessa natureza sejam colocados em prática.

PROPOSTA II

Lei n.º 12.305, de 2 de agosto de 2010

Art. 6.º São princípios da Política Nacional de Resíduos Sólidos:
(...)
VI – a cooperação entre as diferentes esferas do poder público, o setor empresarial e demais segmentos da sociedade;
VII – a responsabilidade compartilhada pelo ciclo de vida dos produtos;
VIII – o reconhecimento do resíduo sólido reutilizável e reciclável como um bem econômico e de valor social, gerador de trabalho e renda e promotor de cidadania;
IX – o respeito às diversidades locais e regionais;
(...).

Internet: <mma.gov.br> (com adaptações).

Média da composição gravimétrica dos resíduos sólidos gerados no Brasil resíduos participação

Resíduos	Participação (%)	Quantidade (t por dia)
Material reciclável	31,9	58.527,40
metais	2,9	5.293,50
aço	2,3	4.213,70
alumínio	0,6	1.079,90
papel, papelão e tetrapak	13,1	23.997,40
plástico total	13,5	24.847,90
plástico firme	8,9	16.399,60
plástico rígido	4,6	8.449,30
vidro	2,4	4.388,60
material orgânico	51.4	94.335,10
outros	16,7	30.618,90
total	100	183.481,50

Internet: <www.politize.com.br> (com adaptações).

À proporção em que aumenta o número de habitantes nas cidades, cresce a geração de lixo. Observa-se que as cidades, cada vez mais, apresentam dificuldades para implantar, ordenar e gerenciar de modo sustentável os resíduos por elas gerados. Nesse contexto, em 12/8/2010, foi instituída a Política Nacional de Resíduos Sólidos (PNRS), pela Lei n.º 12.305/2010, que definiu princípios, objetivos, instrumentos e diretrizes relativos à gestão e ao gerenciamento de resíduos sólidos, incluídos os perigosos, em âmbito nacional.

Entre os conceitos introduzidos está o de responsabilidade compartilhada pelo ciclo de vida dos produtos: "conjunto de atribuições individualizadas e encadeadas dos fabricantes, importadores, distribuidores e comerciantes, dos consumidores e dos titulares dos serviços públicos de limpeza urbana e de manejo dos resíduos sólidos, para minimizar o volume de resíduos sólidos e rejeitos gerados, bem como para reduzir os impactos causados à saúde humana e à qualidade ambiental decorrentes do ciclo de vida dos produtos, nos termos desta Lei". Isso quer dizer que a lei exige que as empresas assumam o retorno de seus produtos descartados e cuidem da adequada destinação ao final de seu ciclo de vida útil.

Internet: <oeco.org.br> (com adaptações).

Cerca de 80% do impacto de um produto na natureza está relacionado ao seu design e a toda a cadeia logística. Assim, torna-se necessário rever os tipos de materiais produzidos e repensar suas formas de produção, para que seu destino final seja o começo de um novo ciclo, e não os aterros sanitários e os oceanos. O principal objetivo da economia circular é acabar com os resíduos, ou seja, não gerar desperdício.

Internet: <positiva.eco.br> (com adaptações).

Considerando que os fragmentos de texto precedentes têm caráter motivador, redija um texto dissertativo sobre o seguinte tema.

O DESCARTE DE RESÍDUOS SÓLIDOS NO BRASIL NO SÉCULO XXI

Ao elaborar seu texto, responda aos seguintes questionamentos.

1. Por que o modelo de descarte de resíduos sólidos predominante até o início do século XXI deve ser substituído? [valor: 9,50 pontos]

2. Em que consistem a economia circular e a responsabilidade compartilhada e de que forma esses novos conceitos podem impactar a economia do país? [valor: 19,00 pontos]

DISSERTAÇÃO EXPOSITIVA E ARGUMENTATIVA

Padrão de resposta da banca

Com relação ao aspecto 1, o candidato pode mencionar que o modelo de descarte de resíduos sólidos predominante até o início do século XXI acarreta as consequências como as mencionadas a seguir:

– para o meio ambiente: nos lixões, os resíduos são depositados a céu aberto, sem tratamento ou controle ambiental, o que contribui para o aumento da poluição; há agravamento do efeito estufa em razão da produção de gás metano e contaminação do lençol freático por meio do chorume que é produzido;

– para a saúde pública: os lixos expostos atraem animais vetores de doenças; os catadores de lixo, nos lixões, ficam expostos ao contato direto com agentes físicos, químicos e biológicos potencialmente nocivos; o sentimento de marginalização dos indivíduos que sobrevivem do descarte alheio é intensificado, o que agrava os problemas sociais existentes;

– para a economia: parte da população marginalizada do mercado formal busca a sobrevivência nos restos produzidos pela sociedade; com isso, prejudica-se a economia que gira em torno do mercado formal e aumentam-se os gastos públicos para a recuperação da saúde das pessoas submetidas a essas condições de insalubridade.

Por essas e por outras razões, o modelo de descarte de resíduos sólidos predominante até o início do século XXI precisa ser substituído por outro, que seja sustentável para o planeta.

Com relação ao aspecto 2, o candidato deve explicitar em que consiste a economia circular e a responsabilidade compartilhada. Pode mencionar, por exemplo, que a economia circular visa ao máximo aproveitamento dos materiais, de forma que se produza o mínimo de resíduos (diferentemente da economia linear, em que algo é produzido, consumido e descartado), e que a responsabilidade compartilhada, que envolve o recolhimento de um produto pela empresa fabricante após o seu ciclo de uso, para que se dê a destinação adequada a ele, favorece o reaproveitamento de materiais e a diminuição da produção de resíduos. Assim, a economia circular e a responsabilidade compartilhada impactam o modo de fabricação de produtos, uma vez que visam cada vez mais ao reaproveitamento dos materiais que já existem e cada vez menos ao emprego de novas matérias-primas, o que se reverte em menos danos ao meio ambiente. A economia circular e a responsabilidade compartilhada impactam, ainda, o modo como um produto é consumido e a valorização de suas características: um produto de vida útil mais longa, fabricado com materiais que podem ser reaproveitados ou que se decompõem mais rapidamente, é mais valorizado, em detrimento daquele que não compartilha dessas características, como o produto gerado sob condição de obsolescência programada, por exemplo.

PROPOSTA III

O Estado, como pessoa jurídica, é um ser intangível. Somente se faz presente no mundo jurídico por meio de seus agentes, pessoas físicas cuja conduta é a ele imputada. O Estado, por si só, não pode causar danos a ninguém. Segundo o direito positivo, o Estado é civilmente responsável pelos danos que seus agentes causarem a terceiros. Sendo-o, incumbe-lhe reparar os prejuízos causados, mediante obrigação de pagar as devidas indenizações.

José dos Santos Carvalho Filho. Manual de direito administrativo. 32.ª ed. São Paulo: Atlas, 2018 (com adaptações).

Considerando que o fragmento de texto anteriormente apresentado tem caráter unicamente motivador, redija um texto dissertativo acerca da responsabilidade civil do Estado, abordando, necessariamente, os seguintes tópicos:

1 a teoria da responsabilidade civil do Estado atualmente aplicada no direito brasileiro; [valor: 9,00 pontos]

2 requisitos da responsabilidade civil; [valor: 20,00 pontos]

3 direito de regresso. [valor: 9,00 pontos]

Padrão de resposta da banca

1 A teoria da responsabilidade civil do Estado aplicada atualmente no direito brasileiro é a teoria da responsabilidade objetiva do Estado. Ela dispensa o fator culpa em relação ao fato danoso, ou seja, a culpa é desconsiderada com pressuposto da responsabilidade. Esta teoria é informada pela teoria do risco administrativo e pela teoria do risco integral. Na primeira, é possível aplicar as causas excludentes da responsabilidade do Estado (culpa da vítima, culpa de terceiros ou força maior). Na segunda, não.

2 Os requisitos da responsabilidade civil do Estado são: a) fato administrativo, que é considerado qualquer conduta, comissiva ou omissiva, legítima ou ilegítima, singular ou coletiva, atribuída ao poder público; b) dano, pois não há responsabilidade sem que haja o dano, seja material, seja moral; e c) nexo causal, pois somente haverá responsabilidade se houver uma relação de causalidade entre o fato administrativo e o dano. Ao lesado cabe demonstrar que o prejuízo sofrido se originou da conduta estatal.

3 O direito de regresso é garantido ao Estado no sentido de dirigir sua pretensão indenizatória contra o agente responsável pelo dano, se ele tiver agido com dolo ou culpa, conforme dispõe o § 6.º do art. 37 da Constituição Federal de 1988: "Art. 37. (...) § 6.º As pessoas jurídicas de direito público e as de direito privado prestadoras de serviços públicos responderão pelos danos que seus agentes, nessa qualidade, causarem a terceiros, assegurado o direito de regresso contra o responsável nos casos de dolo ou culpa".

PROPOSTA IV

Art. 215. O Estado garantirá a todos o pleno exercício dos direitos culturais e acesso às fontes da cultura nacional, e apoiará e incentivará a valorização e a difusão das manifestações culturais. § 1.º O Estado protegerá as manifestações das culturas populares, indígenas e afro-brasileiras, e das de outros grupos participantes do processo civilizatório nacional.

Brasil. Constituição da República Federativa do Brasil. Brasília - DF: Senado Federal, 1988.

Os direitos culturais protegem o potencial que cada pessoa possui — individualmente, em comunidade com outros e como grupo de pessoas — para desenvolver e expressar sua humanidade e visão de mundo, os significados que atribui a sua experiência e a maneira como o faz. Os direitos culturais podem ser considerados como algo que protege o acesso ao patrimônio e aos recursos culturais que permitem a ocorrência desses processos de identificação e de desenvolvimento.

Entrevista com Farida Shaheed, da ONU. In: Revista Observatório Itaú Cultural, n.º 11, jan.-abr./2011 (com adaptações).

Integrar os direitos culturais ao rol de direitos humanos — ou seja, considerá-los direitos inerentes ao ser humano — traz consequências importantes ao tratamento desses direitos, que não podem, por exemplo, sofrer nenhum tipo de distinção de raça, cor, sexo, língua, religião, opinião política, origem social ou nacional ou condição de nascimento ou riqueza. Tais direitos incorporam, ainda, outras características dos direitos humanos: são fundados no respeito pela dignidade e no valor de cada pessoa; são universais, ou seja, são aplicados de forma igual e sem discriminação a todas as pessoas; são inalienáveis, de modo que ninguém pode ser privado de seus direitos humanos (apesar de eles poderem ser limitados em situações específicas); são indivisíveis, inter-relacionados e interdependentes, já que não é suficiente respeitar apenas parte dos direitos humanos; e devem ser vistos como de igual importância entre si.

Nicolas Allen. Os direitos culturais como direitos humanos: breve sistematização de tratados internacionais. Internet: <http://institutodea. com> (com adaptações).

Considerando que os fragmentos de textos apresentados anteriormente têm caráter unicamente motivador, redija um texto dissertativo abordando:

1 a importância da cultura para a formação integral do ser humano; [valor: 14,00 pontos]

2 a relação entre cultura e cidadania; [valor: 12,00 pontos]

3 o dever do Estado de garantir o acesso à cultura bem como incentivar a difusão e preservação das manifestações culturais. [valor: 12,00 pontos]

Padrão de resposta da banca

Espera-se que o candidato seja capaz de apresentar argumentos coerentes e determinantes para a defesa do importante papel das

REDAÇÃO

manifestações culturais na formação integral do ser humano, mostrando como a cultura é um meio essencial de enriquecimento da maneira como o sujeito enxerga a si mesmo e ao mundo que o cerca. Também se espera que o candidato seja capaz de relacionar a cultura à cidadania, mostrando, mediante argumentos e exemplos consistentes, que fazer da cultura um aspecto de destaque nas sociedades é relevante para a convivência social e para o pleno exercício dos direitos dos cidadãos. Por fim, espera-se que o candidato seja capaz de discorrer acerca do dever do Estado de garantir o acesso à cultura bem como incentivar a difusão e preservação das manifestações culturais, como forma de assegurar o pleno exercício da cidadania pelo povo.

PROPOSTA V

A Lei n.º 11.705/2008, conhecida como Lei Seca, por reduzir a tolerância com motoristas que dirigem embriagados, colocou o Brasil entre os países com legislação mais severa sobre o tema. No entanto, a atitude dos motoristas pouco mudou nesses dez anos. Um levantamento, por meio da Lei de Acesso à Informação, indicou mais de 1,7 milhão de autuações, com crescimento contínuo desde 2008. O avanço das infrações nos últimos cinco anos ficou acima do aumento da frota de veículos e de pessoas habilitadas: o número de motoristas flagrados bêbados continua crescendo, em vez de diminuir com o endurecimento das punições ao longo desses anos.

Internet: <g1.globo.com> (com adaptações).

Nas estradas federais que cortam o estado de Pernambuco, durante o feriadão de Natal, a PRF registrou cento e três acidentes de trânsito, com cinquenta e dois feridos e sete mortos. Segundo a corporação, seis motoristas foram presos por dirigir bêbados e houve oitenta e sete autuações pela Lei Seca. Os números são parte da Operação Integrada Rodovia, deflagrada pela PRF. Em 2017, foram registrados noventa acidentes. No ano passado, a ação da polícia teve um dia a menos.

Internet: <g1.globo.com> (com adaptações).

Considerando que os fragmentos de texto acima têm caráter unicamente motivador, redija um texto dissertativo acerca do seguinte tema.

O COMBATE ÀS INFRAÇÕES DE TRÂNSITO NAS RODOVIAS FEDERAIS BRASILEIRAS

Ao elaborar seu texto, aborde os seguintes aspectos:

1 medidas adotadas pela PRF no combate às infrações; [valor: 7,00 pontos]

2 ações da sociedade que auxiliem no combate às infrações; [valor: 6,00 pontos]

3 atitudes individuais para a diminuição das infrações. [valor: 6,00 pontos]

Padrão de resposta da banca

Quanto ao desenvolvimento do tema, o candidato deve, a partir dos textos motivadores, abordar o tema e os aspectos propostos, de maneira clara e coerente, empregando os mecanismos de coesão textual. A abordagem dada ao tema pode variar, mas o candidato deve demonstrar conhecer a atualidade do tema das infrações nas rodovias, que vitimam inúmeras pessoas, além dos próprios ilícitos cometidos.

Com relação ao aspecto 1, espera-se que o candidato aborde medidas que podem ser implementadas ou que já são adotadas pela Polícia Rodoviária Federal no combate às infrações nas rodovias, como o aumento de efetivo, a ampliação do uso de equipamentos eletrônicos, o incremento de operações integradas no combate aos ilícitos, as campanhas institucionais, entre outras.

No aspecto 2, espera-se que o candidato aborde ações que podem ser feitas pela sociedade para diminuição das infrações, como campanhas de iniciativa privada para aumento da conscientização da conduta a ser praticada, palestras em entidades privadas com ampla divulgação, envolvimento com escolas públicas e privadas em busca da conscientização da sociedade, entre outras.

No que se refere ao aspecto 3, espera-se que o candidato aborde atitudes que o indivíduo pode realizar para combater as infrações, como a própria conscientização da conduta correta a ser praticada, a participação de atividades educativas de trânsito, o envolvimento em atividades de ajuda a vítimas de trânsito, entre outras.

Observação: foram citadas algumas medidas, ações e atitudes neste padrão de resposta apenas como exemplos.

2.4 Dissertação argumentativa

A dissertação argumentativa tem o objetivo de convencer o leitor sobre uma tese, por meio de fortes articulações lógicas entre os significados.

Quando as interpretações expostas pelo texto dissertativo vão mais além nas intenções e buscam explicitamente convencer o leitor/ouvinte sobre a validade dessas explicações, classifica-se o texto como argumentativo (COROA, 2008b, p. 121).

2.5 Estrutura do texto dissertativo-argumentativo

Na Introdução, deve haver a contextualização do tema. Em seguida, deve ser apresentada a tese que será desenvolvida (ponto de vista). Por fim, podem ser apresentados os argumentos para a defesa dessa opinião (opcional).

Tipos de introdução

- O candidato pode utilizar a definição ou citações e estatísticas, mas deve, em seguida, apresentar a tese (opinião).
- **Roteiro:** tem por objetivo apresentar ao leitor o roteiro que será seguido durante o desenvolvimento do seu texto tese + argumentos); assim, ao citar o roteiro na introdução, o autor deve segui-lo até o final, para que não haja incoerências.
- **Exemplo:** Em virtude da onda de conservadorismo que o Brasil vive na atualidade, tornam-se comuns as discussões sobre direitos coletivos. Nesse cenário, é importante analisar as causas do conservadorismo moderno e os reflexos dele nos direitos da coletividade.
- **Alusão histórica:** representa um tipo de introdução em que um fato passado se relaciona de algum modo a um fato presente, servindo de ponto de reflexão ou ela semelhanças entre eles, ou pelas diferenças. Após a contextualização, deve ser apresentada a tese.
- **Exemplo:** Por ter pecado nos excessos do liberalismo, a Revolução Francesa foi talvez a que mais contribuiu com o surgimento do conservadorismo. Do mesmo modo, no Brasil esse mesmo processo volta a emergir depois de anos de governo liberal no poder.

▷ O desenvolvimento é o parágrafo em que serão desenvolvidos argumentos para comprovar a tese exposta na introdução. Na primeira frase do parágrafo, ou seja, no tópico frasal é apresentada a ideia central do parágrafo (o argumento). Depois do tópico frasal (introdução), há a comprovação dessa ideia (desenvolvimento) e, por fim, o fechamento do parágrafo (conclusão).

Os diversos argumentos deverão ser sustentados com exemplos e provas que os validem, tornando-os indiscutíveis, como:

- Exemplos;
- Enumeração de fatos;
- Causa e efeito;
- Dados estatísticos;
- Citações de autores renomados;
- Depoimentos de personalidades renomadas;
- Alusões históricas.

▷ Na conclusão há a retomada e a reafirmação da tese inicial, já defendida pelos diversos argumentos apresentados no desenvolvimento.

▷ **Retomada da tese:** a melhor forma de fazer isso é parafraseando a sua tese, ou seja, passando exatamente a mesma ideia, mas com outras palavras.

▷ Os mesmos tipos de conclusão do texto expositivo podem ser usados aqui.

DISSERTAÇÃO EXPOSITIVA E ARGUMENTATIVA

2.6 Propostas de dissertação argumentativa

PROPOSTA I

A partir da leitura do Texto Motivador abaixo e com base em seu conhecimento de mundo, escolha um dos temas e desenvolva um texto dissertativo-argumentativo. Seu texto deverá ser produzido em prosa e conter no mínimo 20 e no máximo 30 linhas.

TEMA: O excesso de imagens e sua relação com a realidade

O mundo das imagens

Talvez se possa dizer que o que predomina na mídia mundial é a imagem. Com frequência, as outras "linguagens" aparecem de maneira complementar [...] ou propriamente subordinada à imagem. Tanto assim que a mídia apresenta aspectos e fragmentos das configurações e movimentos da sociedade global como se fosse um vasto espetáculo de videoclipe [...] Ao lado da montagem, colagem, bricolagem, simulacro e virtualidade, muitas vezes combinando tudo isso, a mídia parece priorizar o espetáculo do videoclipe. Tanto é assim que guerras e genocídios parecem festivais pop, departamentos do shopping center global, cenas da Disneylândia mundial. Os mais graves e dramáticos acontecimentos da vida de indivíduos e coletividades aparecem, em geral, como um videoclipe eletrônico informático, desterritorializado entretenimento de todo o mundo.

Fonte: IANNI, Octávio. O mundo do trabalho. In: FREITAS, Marcos Cezar de. (Org.). A reinvenção do futuro. São Paulo: Cortez, 1996. p. 39

PROPOSTA II

A partir da leitura do Texto Motivador abaixo e com base em seu conhecimento de mundo, escolha um dos temas e desenvolva um texto dissertativo-argumentativo. Seu texto deverá ser produzido em prosa e conter no mínimo 20 e no máximo 30 linhas.

Tema: O cuidado com o corpo e com a mente e sua relação com o trabalho

Cuidar do corpo e da mente

Conciliar trabalho, estudo, rotina doméstica e os cuidados com o corpo e a mente pode, à primeira vista, parecer impossível. Por isso, o G1 conversou com especialistas para apontar passos essenciais para quem quer levar uma vida mais equilibrada. Eles concordaram em três pontos: fazer exercícios, comer bem, cuidar da saúde mental e buscar acompanhamento médico.

[...] Faça exercícios físicos. Fazer exercícios é a primeira recomendação. É simples: mexa-se. "Só de você não ser sedentário já está mil pontos à frente da pessoa sedentária", diz o clínico geral e médico de família Alfredo Salim Helito, do Hospital Sírio-Libanês, em São Paulo. "Se você tiver a opção entre ser magro e fazer atividade física, escolha a atividade física. O sedentarismo não pode acompanhar o ser humano", frisa.

Alimente-se bem. A alimentação saudável e equilibrada também é essencial. A alimentação foi outro ponto de consenso entre os especialistas ouvidos pelo G1 como chave para uma vida melhor. E a primeira dica de como nutrir melhor o corpo é: beber água.[...]

Cuide da saúde mental. Terapias, tradicionais ou alternativas, ajudam a melhorar a saúde mental. As intervenções tradicionais — como a psicoterapia ou a psicanálise — podem ajudar a prestar mais atenção às próprias emoções, pensamentos ou padrões de comportamento. Para a psicóloga Gláucia Flores, que atende em Brasília, o momento de buscar ajuda profissional é quando a pessoa percebe que está tendo prejuízos na vida.

"Vamos pensar nossa vida como uma pizza: uma fatia é o trabalho, uma é a família, uma é o casamento, os filhos, o lazer. Quando a gente dá mais importância pra uma do que pra outra, essa balança fica desigual. É importante, sim, que a gente encontre prazer no trabalho, mas também ter outros interesses para também aprender outras coisas", analisa Gláucia.

Vá ao médico. Encontrar um médico de confiança também é essencial. Além de adotar bons hábitos, fazer um acompanhamento médico pelo menos uma vez por ano também é recomendável, explica a clínica geral Sílvia Souto, da Aliança Instituto de Oncologia, em Brasília. Para começar, ela recomenda procurar, primeiro, um médico generalista.

Fonte: https://g1.globo.com/ciencia-e-saude/vivavoce/noticia/2019/02/01/cuidar-do-corpo-e-da-mente-veja-4-passos-paralevar-uma-vida-saudavel-e-equilibrada.ghtml. Adaptado. Acessado em 06/12/19

PROPOSTA III

Motivado pela leitura dos textos seguintes, sem, contudo, copiá-los ou parafraseá-los, redija um texto DISSERTATIVO-ARGUMENTATIVO com, no mínimo, 20 e, no máximo, 30 linhas, em modalidade e limites solicitados.

Tema: DESAFIOS DAS POLÍTICAS DE SEGURANÇA PÚBLICA PARA COMBATER A VIOLÊNCIA NA SOCIEDADE.

TEXTO 1

Constituições Federais e contexto político-institucional

O termo segurança "pública" parece ter sido usado pela primeira vez na Constituição Federal (CF) de 1937. Em outras Constituições, como a de 1934, aparece o termo segurança "interna" para tratar com matérias atinentes ao controle da ordem, fato que irá gerar vários dilemas organizacionais no país e em seu pacto federativo. É interessante constatar que, na CF de 1937, cabia exclusivamente à União a competência de regular a matéria e garantir "o bemestar, a ordem, a tranquilidade e a segurança públicas, quando o exigir a necessidade de uma regulamentação uniforme" (artigo 16, inciso V).

Nota-se aqui uma primeira tensão conceitual e que terá impacto direto nos mandatos e atribuições das polícias brasileiras. A Lei nº 192, de 17 de janeiro de 1936 regulava as atividades das polícias militares e as vinculava às unidades da federação, cabendo à União apenas um papel de supervisão e controle, por meio do Exército. Por essa lei, as polícias militares eram as responsáveis pela segurança "interna", enquanto a CF de 1937 fala de segurança "pública", atividade que formalmente não foi assumida por nenhuma instituição até a CF de 1988. O significativo é que essa lei só foi revogada pelo Decreto-Lei nº 317, de 13 de março de 1967, que regulamentou a CF de 1967 no que tange à atuação das polícias. O conceito criado pela CF de 1937 parece não ter conseguido se institucionalizar e não teve força para mudar, mesmo após o Estado Novo, as estruturas que organizavam as polícias estaduais. E ainda mais emblemático dessa dificuldade é que a CF de 1967 restabeleceu a competência das polícias militares para a "manutenção da ordem e segurança interna nos Estados, nos Territórios e no Distrito Federal" (grifo nosso).

Será somente a CF de 1988 que irá resgatar o conceito de 1937 e trará um capítulo específico sobre segurança "pública", não obstante repetir a CF de 1937 e não definir o significado desse conceito. A CF de 1988, em seu artigo 144, definirá tão somente quais são as instituições públicas encarregadas de prover segurança "pública" (LIMA, 2011). Em suma, nossa atual Constituição não define o que vem a ser segurança pública, apenas delimita quais organizações pertencem a esse campo.

Disponível em: <http://www.scielo.br/pdf/rdgv/v12n1/1808-2432-rdgv-12-10049.pdf> Acesso em: 20 de junho de 2019. Texto adaptado

TEXTO 2

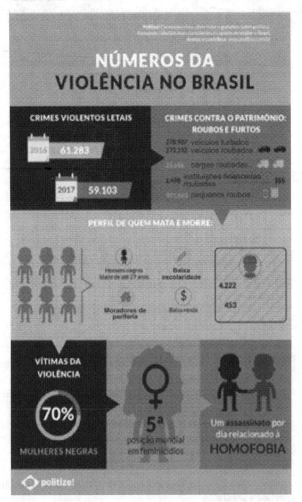

Disponível em: https://www.politize.com.br/seguranca-publica-brasileiraentenda. Acesso em 20 de junho de 2019. Texto adaptado.

PROPOSTA IV

Texto 01

Pela primeira vez, a população deve consumir mais conteúdo midiático na internet do que pela TV, de acordo com relatório da agência de mídia Zenith. Conforme a previsão, já em 2019 as pessoas devem passar mais horas navegando pela internet, fazendo compras, assistindo a filmes, séries e vídeos, conversando ou ouvindo música, do que assistindo à televisão.

("Internet irá ultrapassar TV já em 2019, indica relatório", 18.06.2018. https://epoca-negocios.globo.com. Adaptado)

Texto 02

De acordo com estudo divulgado pela empresa Morrison Foster, as pessoas passam, em média, sete horas por dia nas redes sociais. E é exatamente esse o local ocupado pelos influenciadores, que também estão conectados e produzindo conteúdos para seus seguidores a todo tempo. Segundo uma outra pesquisa, publicada pela Sprout Social, 74% dos consumidores guiam suas decisões de compra com base nas redes sociais. Ou seja, o público está atento às opiniões da internet e, principalmente, aos depoimentos de canais influentes e de credibilidade.

("A contribuição dos influenciadores digitais para a decisão de compra". 02.02.2018. https://franpress.com.br. Adaptado)

Texto 03

Nos últimos 10 anos, o tempo médio de consumo domiciliar de televisão passou de 8h18 para 9h17. Um crescimento de 12%. Vale ressaltar que esse foi um período de forte ascensão da internet como plataforma de distribuição de conteúdo. Os conteúdos da TV, além de entreter e informar, também exercem um papel importante na dinâmica social. Eles influenciam a pauta de conversas tanto com material que gera engajamento entre os telespectadores, como com publicidades criativas. O levantamento da Kantar IBOPE Media aponta que 51% das pessoas acham que a propaganda na TV é interessante e proporciona assunto para conversar. E, entre os que acessam a internet enquanto veem TV, 23% comentam nas redes sociais o que assistem – mostrando que a televisão segue marcando presença no dia a dia do brasileiro.

(João Paulo Reis. "Televisão: a abrangência e a influência do meio mais presente na vida dos brasileiros", 24.12.2018. https://observatoriodatelevisao.bol.uol.com.br. Adaptado)

Com base nas informações dos textos e em seus próprios conhecimentos, escreva um texto dissertativo, de acordo com a norma-padrão da língua portuguesa, sobre o tema:

A popularização da internet ameaça o poder de influência da televisão?

PROPOSTA V

Em visita aos Estados Unidos, em 1970, Margaret Thatcher fez o seguinte pronunciamento:

"Uma das razões por que valorizamos indivíduos não é porque sejam todos iguais, mas porque são todos diferentes. Permitamos que nossos filhos cresçam, alguns mais altos que outros, se tiverem neles a capacidade de fazê-lo. Pois devemos construir uma sociedade na qual cada cidadão possa desenvolver plenamente seu potencial, tanto para seu próprio benefício quanto para o da comunidade como um todo."

A premissa crucial que leva a afirmação de Thatcher a parecer quase evidente em si mesma – a suposição de que a "comunidade como um todo" seria adequadamente servida por todo cidadão dedicado a seu "próprio benefício" – acabou por ser admitida como ponto pacífico. Assim, no fim do século passado, tornou-se aceita a noção de que, ao agir egoisticamente, de algum modo as pessoas beneficiariam as outras.

(Adaptado de: ZYGMUNT, Bauman. A riqueza de poucos beneficia todos nós? Rio de Janeiro: Zahar, 2015, p.30)

II

Segundo a ortodoxia econômica, uma boa dose de desigualdade leva a economias mais eficientes e crescimento mais rápido. Isso se dá porque retornos mais altos e impostos menores no topo da escala – segundo afirmam – fomentariam o empreendedorismo e engendrariam um bolo econômico maior.

Assim, terá dado certo a experiência de fomento da desigualdade? Os indícios sugerem que não. A disparidade de riqueza atingiu dimensões extraordinárias, mas sem o progresso econômico prometido.

(Adaptado de: LANSEY, Stewart apud ZYGMUNT, Bauman. A riqueza de poucos beneficia todos nós? Rio de Janeiro: Zahar, 2015, p.24-25)

Considerando os textos acima, escreva uma dissertação argumentativa em que você discuta a seguinte questão:

A realização individual fomentaria maior igualdade social?

2.7 Elementos de coesão

Prioridade, relevância: em primeiro lugar, antes de mais nada, antes de tudo, em princípio, primeiramente, acima de tudo, principalmente, primordialmente, sobretudo.

Tempo: atualmente, hoje, frequentemente, constantemente às vezes, eventualmente, por vezes, ocasionalmente, sempre, raramente, não raro, ao mesmo tempo, simultaneamente, nesse ínterim, enquanto, quando, antes que, depois que, logo que, sempre que, assim que, desde que, todas as vezes que, cada vez que, então, enfim, logo, logo depois, imediatamente, logo após, a princípio, no momento em que, pouco antes, pouco depois, anteriormente, posteriormente, em seguida, afinal, por fim, finalmente, agora.

Semelhança, comparação, conformidade: de acordo com, segundo, conforme, sob o mesmo ponto de vista, tal qual, tanto quanto, como, assim como, como se, bem como, igualmente, da mesma forma, assim também, do mesmo modo, semelhantemente, analogamente, por analogia, de maneira idêntica, de conformidade com.

DISSERTAÇÃO EXPOSITIVA E ARGUMENTATIVA

Condição, hipótese: se, caso, desde que, eventualmente.

Adição, continuação: além disso, demais, ademais, outrossim, ainda mais, por outro lado, também, e, nem, não só ... mas também, não só... como também, não apenas ... como também, não só ... bem como, com, ou (quando não for excludente).

Dúvida: talvez, provavelmente, possivelmente, quiçá, quem sabe, é provável, não é certo, se é que.

Certeza, ênfase: certamente, decerto, por certo, inquestionavelmente, sem dúvida, inegavelmente, com toda a certeza.

Ilustração, esclarecimento: por exemplo, só para ilustrar, só para exemplificar, isto é, quer dizer, em outras palavras, ou por outra, a saber, ou seja, aliás.

Propósito, intenção, finalidade: com o fim de, a fim de, com o propósito de, com a finalidade de, com o intuito de, para que, a fim de que, para.

Resumo, recapitulação, conclusão: em suma, em síntese, em conclusão, enfim, em resumo, portanto, assim, dessa forma, dessa maneira, desse modo, logo, dessa forma, dessa maneira, assim sendo.

Explicação: por consequência, por conseguinte, como resultado, por isso, por causa de, em virtude de, assim, de fato, com efeito, tão (tanto, tamanho)... que, porque, porquanto, pois, já que, uma vez que, visto que, como (= porque), portanto, logo, que (= porque), de tal sorte que, de tal forma que, haja vista.

Contraste, oposição, restrição: pelo contrário, em contraste com, salvo, exceto, menos, mas, contudo, todavia, entretanto, no entanto, embora, apesar de, apesar de que, ainda que, mesmo que, posto que, conquanto, se bem que, por mais que, por menos que, só que, ao passo que, por outro lado, em contrapartida, ao contrário do que se pensa, em compensação.

Contraposição: é possível que... no entanto... É certo que... entretanto... É provável que ... porém...

Sequenciação dos parágrafos: em primeiro lugar ..., em segundo ..., por último ...; por um lado ..., por outro ...; primeiramente, ...,em seguida, ..., finalmente, ...

Enumeração: é preciso considerar que ...; Também não devemos esquecer que ...; Não podemos deixar de lembrar que...

Reafirmação/Retomada: compreende-se, então, que ... É bom acrescentar ainda que ... É interessante reiterar ...

2.8 Critérios de avaliação das bancas

Banca Cespe

Aspectos Macroestruturais

1. Apresentação (legibilidade, respeito às margens e indicação de parágrafos) e estrutura textual (organização das ideais em texto estruturado).

2. Desenvolvimento do tema: tópicos da proposta

Aspectos Microestruturais

Ortografia

Morfossintaxe

Propriedade vocabular

Quando forem apresentados tópicos, deve-se construir 1 (um) parágrafo para cada tópico.

Banca FCC

O candidato deverá desenvolver texto dissertativo a partir de proposta única, sobre assunto de interesse geral. Considerando que o texto é único, os itens discriminados a seguir serão avaliados em estreita correlação:

▷ **Conteúdo: até 40 (quarenta) pontos:**

perspectiva adotada no tratamento do tema;

capacidade de análise e senso crítico em relação ao tema proposto;

consistência dos argumentos, clareza e coerência no seu encadeamento.

Obs.: A nota será prejudicada, proporcionalmente, caso ocorra abordagem tangencial, parcial ou diluída em meio a divagações e/ou colagem de textos e de questões apresentados na prova.

▷ **Estrutura: até 30 (trinta) pontos:**

respeito ao gênero solicitado;

progressão textual e encadeamento de ideias;

articulação de frases e parágrafos (coesão textual).

▷ **Expressão: até 30 (trinta) pontos:**

▷ **A avaliação da expressão não será feita de modo estanque ou mecânico, mas sim de acordo com sua estreita correlação com o conteúdo desenvolvido. A avaliação será feita considerando-se:**

desempenho linguístico de acordo com o nível de conhecimento exigido para o cargo/área/especialidade;

adequação do nível de linguagem adotado à produção proposta e coerência no uso;

domínio da norma culta formal, com atenção aos seguintes itens: estrutura sintática de orações e períodos, elementos coesivos; concordância verbal e nominal; pontuação; regência verbal e nominal; emprego de pronomes; flexão verbal e nominal; uso de tempos e modos verbais; grafia e acentuação.

Banca Cesgranrio

A Redação será avaliada conforme os critérios a seguir:

▷ adequação ao tema proposto;

▷ adequação ao tipo de texto solicitado;

▷ emprego apropriado de mecanismos de coesão (referenciação, sequenciação e demarcação das partes do texto);

▷ capacidade de selecionar, organizar e relacionar de forma coerente argumentos pertinentes ao tema proposto; e

▷ pleno domínio da modalidade escrita da norma-padrão (adequação vocabular, ortografia, morfologia, sintaxe de concordância, de regência e de colocação).

Banca Vunesp

Na avaliação da Prova Dissertativa (Parte II), serão considerados os critérios a seguir:

▷ **Tema:** considera-se se o texto do candidato atende ao tema proposto. A fuga completa ao tema proposto é motivo suficiente para que a redação não seja corrigida em qualquer outro de seus aspectos, recebendo nota 0 (zero);

▷ **Estrutura (gênero/tipo de texto e coerência): consideram-se aqui, conjuntamente, os aspectos referentes ao gênero/tipo de texto proposto e à coerência das ideias. A fuga completa ao gênero/tipo de texto é motivo suficiente para que a redação não seja corrigida em qualquer outro de seus aspectos, recebendo nota 0 (zero). Avalia-se aqui como o candidato sustenta sua tese em termos argumentativos e como essa argumentação está organizada, considerando-se a macroestrutura do texto dissertativo (introdução, desenvolvimento e conclusão). No gênero/tipo de texto, avalia-se também o tipo de interlocução construída: por se tratar de uma dissertação, deve-se prezar pela objetividade, sendo assim, o uso de primeira pessoa do singular e de segunda pessoa (singular e plural) poderá ser penalizado. Será considerado aspecto negativo a referência direta à situação imediata de produção textual (ex.: como afirma o autor do primeiro texto/da coletânea/do texto I; como solicitado nesta prova/proposta de redação). Na coerência, será observada, além da pertinência dos argumentos mobilizados para a defesa do ponto de vista, a capacidade do candidato de encadear as ideias de forma lógica e coerente (progressão textual). Serão considerados aspectos negativos a presença de contradições entre as ideias, a falta de partes da macroestrutura dissertativa, a falta de desenvolvimento das ideias ou a presença de conclusões não decorrentes do que foi previamente exposto;**

REDAÇÃO

▷ **Expressão (coesão e modalidade):** consideram-se neste item os aspectos referentes à coesão textual e ao domínio da norma-padrão da língua portuguesa. Na coesão, avalia-se a utilização dos recursos coesivos da língua (anáforas, catáforas, substituições, conjunções etc.) de modo a tornar a relação entre frases e períodos e entre os parágrafos do texto mais clara e precisa. Serão considerados aspectos negativos as quebras entre frases ou parágrafos e o emprego inadequado de recursos coesivos. Na modalidade, serão examinados os aspectos gramaticais como ortografia, morfologia, sintaxe e pontuação, bem como a escolha lexical (precisão vocabular) e o grau de formalidade/informalidade expressa em palavras e expressões.

Banca IBFC

Para o desenvolvimento da Redação, o candidato deverá redigir, observando os critérios de correção estabelecidos no quadro abaixo:

Critérios de Correção

1 Conhecimento do tema (cobertura dos tópicos apresentados: domínio e interrelação entre os conceitos centrais do tema proposto);

2 Habilidade argumentativa (atualização, originalidade e relevância das informações);

3 Sequência lógica e de organização do pensamento (introdução, desenvolvimento e considerações finais);

4 Coerência e Coesão (pontuação, continuidade e progressão de ideias, uso apropriado de articuladores);

5 Morfossintaxe (relação entre as palavras, concordância verbal e nominal, regência verbal e nominal, organização e estruturação dos períodos e orações, emprego dos tempos e modos verbais e colocação de pronome);

6 Acentuação e ortografia.

Banca FGV

Na avaliação da Prova Escrita Discursiva, a redação será corrigida segundo os critérios a seguir:

PARTE 1 – ESTRUTURA TEXTUAL GLOBAL

(A) ABORDAGEM DO TEMA

Considera a capacidade de o candidato selecionar argumentos convenientes, dentro do perfil esperado, assim como a boa seleção desses argumentos.

(B) PROGRESSÃO TEXTUAL

Considera a capacidade de o candidato mostrar coesão e coerência entre os parágrafos componentes do texto por ele redigido, assim como a distribuição do tema por uma evolução adequada de suas partes.

PARTE 2 – CORREÇÃO GRAMATICAL

A correção gramatical será considerada sob o aspecto da melhor expressão escrita do ponto de vista comunicativo, ou seja, de sua adequação à situação comunicativa.

(A) SELEÇÃO VOCABULAR

Considera problemas de inadequação vocabular, troca entre parônimos, emprego de palavras gerais por específicas, emprego de vocábulos de variação linguística inadequada, marcas de oralidade.

(B) NORMA CULTA

Considera problemas gerais de construção frasal do ponto de vista comunicativo.

MATEMÁTICA

MATEMÁTICA

1 PROPOSIÇÕES

1.1 Definições

Proposição é uma sentença declarativa que admite apenas um dos dois valores lógicos (verdadeiro ou falso). As sentenças podem ser classificadas em abertas – que são as expressões que não podemos identificar como verdadeiras ou falsas – ou fechadas – que são as expressões que podemos identificar como verdadeiras ou falsas.

A seguir exemplos de algumas sentenças:

p: Danilo tem duas empresas.
Q: Susana comprou um carro novo.
a: Beatriz é inteligente.
B: 2 + 7 = 10

Nos exemplos acima, as letras do alfabeto servem para representar (simbolizar) as proposições.

1.1.1 Valores lógicos das proposições

Uma proposição só pode ser classificada em dois valores lógicos, que são: **Verdadeiro (V)** ou **Falso (F)**, não admitindo outro valor.

As proposições têm três princípios básicos, no entanto, o princípio fundamental é:

▷ **Princípio da não contradição:** diz que uma proposição não pode ser verdadeira e falsa ao mesmo tempo.
▷ **Os outros dois são:**
▷ **Princípio da identidade:** diz que uma proposição verdadeira sempre será verdadeira e uma falsa sempre será falsa.
▷ **Princípio do terceiro excluído:** diz que uma proposição só pode ter dois valores lógicos, – verdadeiro ou falso – se **não existir** um terceiro valor.

Interrogações, exclamações, ordens e frase sem verbo não são proposições.

Que dia é hoje?
Que maravilha!
Estudem muito.
Ótimo dia.

1.1.2 Sentenças abertas e quantificadores lógicos

Existem algumas sentenças abertas com incógnitas (termo desconhecido) ou com sujeito indefinido, como x + 2 = 5, ou seja, não sendo consideradas proposições, porque não se pode classificá-las sem saber o valor de x ou se ter a definição do sujeito. Com o uso dos **quantificadores lógicos**, tornam-se proposições, uma vez que eles passam a dar valor ao x ou definir o sujeito.

Os quantificadores lógicos são:

$\forall$: para todo; qualquer que seja; todo;
$\exists$: existe; existe pelo menos um; algum;
$\nexists$: não existe; nenhum.

x + 2 = 5 (sentença aberta – não é proposição).
p: $\exists$ x, x + 2 = 5 (lê-se: existe x tal que, x + 2 =5). Agora é proposição, porque é possível classificar a proposição como verdadeira, já que sabemos que tem um valor de x que somado a dois é igual a cinco.

1.1.3 Negação de proposição (modificador lógico)

Negar uma proposição significa modificar o seu valor lógico, ou seja, se uma proposição é verdadeira, a sua negação será falsa, e se uma proposição for falsa, a sua negação será verdadeira.

Os símbolos da negação são (~) ou ($\neg$) antes da letra que representa a proposição.

p: 3 é ímpar.
~p: 3 **não** é ímpar.
¬p: 3 é **par** (outra forma de negar a proposição).
~p: não é verdade que 3 é ímpar (outra forma de negar a proposição).
¬p: é mentira que 3 é ímpar (outra forma de negar a proposição).

Lei da dupla negação:

~(~p) = p, negar uma proposição duas vezes significa voltar para a própria proposição:

q: 2 é par;
~q: 2 não é par;
~(~q): 2 **não** é **ímpar**;
Portanto:
q: 2 é par.

1.1.4 Tipos de proposição

Simples ou atômica: são únicas, com apenas um verbo (ação), não pode ser dividida/separada (fica sem sentido) e não tem conectivo lógico.

Na proposição "João é professor", tem-se uma única informação, com apenas um verbo. Não é possível separá-la e não ter um conectivo.

Composta ou molecular: tem mais de uma proposição simples, unidas pelos conectivos lógicos. Podem ser divididas/separadas e ter mais de um verbo (pode ser o mesmo verbo referido mais de uma vez).

"Pedro é advogado e João é professor". É possível separar em duas proposições simples: "Pedro é advogado" e "João é professor".

Simples (atômicas)	Compostas (moleculares)
Não têm conectivo lógico	Têm conectivo lógico
Não podem ser divididas	Podem ser divididas
1 verbo	+ de 1 verbo

Conectivo lógico

Serve para unir as proposições simples, formando proposições compostas. São eles:

e: conjunção ($\wedge$)
ou: disjunção ($\vee$)
ou... ou: disjunção exclusiva ($\underline{\vee}$)
se..., então: condicional ($\rightarrow$)
se..., e somente se: bicondicional ($\leftrightarrow$)

Alguns autores consideram a negação (~) como um conectivo, aqui não faremos isso, pois os conectivos servem para formar proposição composta, e a negação faz apenas a mudança do valor das proposições.

O e possui alguns sinônimos, que são: mas, porém, nem (nem = e não) e a vírgula. O condicional também tem alguns sinônimos que são: portanto, quando, como e pois (pois = condicional invertido, como: A, pois B = B $\rightarrow$ A).

a: Maria foi à praia.
b: João comeu peixe.
p: Se Maria foi a praia, então João comeu peixe.
q: ou 4 + 7 = 11 ou a Terra é redonda.

PROPOSIÇÕES

1.2 Tabela verdade e valores lógicos das proposições compostas

A tabela verdade é um mecanismo usado para dar valor às proposições compostas (podendo ser verdadeiras ou falsas), por meio de seus respectivos conectivos.

A primeira coisa que precisamos saber numa tabela verdade é o seu número de linhas, e que esse depende do número de proposições simples que compõem a proposição composta.

Número de linhas = 2^n

Em que **n** é o número de proposições simples que compõem a proposição composta. Portanto, se houver 3 proposições simples formando a proposição composta, então, a tabela dessa proposição terá 8 linhas (2^3 = 8). Esse número de linhas da tabela serve para que tenhamos as possíveis relações entre V e F das proposições simples. Veja:

P	Q	R
V	V	V
V	V	F
V	F	V
V	F	F
F	V	V
F	V	F
F	F	V
F	F	F

Observe que temos as relações entre os valores lógicos das proposições, que são três verdadeiras (1ª linha), três falsas (última linha), duas verdadeiras e uma falsa (2ª, 3ª e 5ª linhas), e duas falsas e uma verdadeira (4ª, 6ª e 7ª linhas). Nessa demonstração, observamos uma forma prática de como organizar a tabela, sem se preocupar se foram feitas todas relações entre as proposições.

Para o correto preenchimento da tabela, devemos seguir algumas regras:

- Comece sempre pelas proposições simples e suas negações, se houver.
- Resolva os parênteses, colchetes e chaves, respectivamente (igual à expressão numérica), se houver.
- Faça primeiro as conjunções e disjunções, depois os condicionais e, por último, os bicondicionais.
- Em uma proposição composta, com mais de um conectivo, o conectivo principal será o que for resolvido por último (importante saber o conectivo principal).
- A última coluna da tabela deverá ser sempre a da proposição toda, conforme as demonstrações a seguir.

O valor lógico de uma proposição composta depende dos valores lógicos das proposições simples que a compõem e do conectivo utilizado. Veja a seguir.

Valor lógico de uma proposição composta por conjunção (e) = tabela verdade da conjunção ($\land$)

Conjunção e: p e q são proposições, sua conjunção é denotada por p $\land$ q. Essas proposições só são verdadeiras simultaneamente (se p ou q for falso, então p $\land$ q será falso).

| P $\land$ Q

P	Q	P$\land$Q
V	V	V
V	F	F
F	V	F
F	F	F

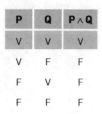

| Representado por meio de conjuntos, temos: P $\land$ Q

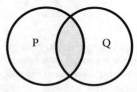

Valor lógico de uma proposição composta por disjunção (ou) = tabela verdade da disjunção ($\lor$)

Disjunção "ou": sejam p e q proposições, a disjunção é denotada por p $\lor$ q. Essas proposições só são falsas simultaneamente (se p ou q for verdadeiro, então p $\lor$ q será verdadeiro).

| P $\lor$ Q

P	Q	P$\lor$Q
V	V	V
V	F	V
F	V	V
F	F	F

| Representado por meio de conjuntos, temos: P $\lor$ Q

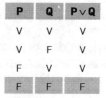

Valor lógico de uma proposição composta por disjunção exclusiva (ou, ou) = tabela verdade da disjunção exclusiva ($\underline{\lor}$)

Disjunção Exclusiva ou..., ou...: p e q são proposições, sua disjunção exclusiva é denotada por p $\underline{\lor}$ q. Essas proposições só são verdadeiras quando p e q tiverem valores diferentes/contrários (se p e q tiverem valores iguais, então p $\underline{\lor}$ q será falso).

| P $\underline{\lor}$ Q

P	Q	P$\underline{\lor}$Q
V	V	F
V	F	V
F	V	V
F	F	F

| Representado por meio de conjuntos, temos: P $\underline{\lor}$ Q

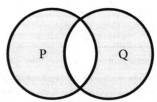

Valor lógico de uma proposição composta por condicional (se, então) = tabela verdade do condicional ($\rightarrow$)

Condicional Se p, então q: p e q são proposições, sua condicional é denotada por p $\rightarrow$ q, onde se lê p condiciona q ou se p, então q. A proposição assume o valor falso somente quando p for verdadeira e q for falsa. A seguir, a tabela para a condicional de p e q.

| $P \to Q$

P	Q	P→Q
V	V	V
V	F	F
F	V	V
F	F	V

Dicas:
P é antecedente e Q é consequente = $P \to Q$
P é consequente e Q é antecedente = $Q \to P$
P é suficiente e Q é necessário = $P \to Q$
P é necessário e Q é suficiente = $Q \to P$
| Representado por meio de conjuntos, temos: $P \to Q$

Valor lógico de uma proposição composta por bicondicional (se e somente se) = tabela verdade do bicondicional (↔)

Bicondicional se, e somente se: p e q são proposições, a bicondicional de p e q é denotada por p ↔ q, onde se lê p bicondicional q. Essas proposições só são verdadeiras quando tiverem valores iguais (se p e q tiverem valores diferentes, então p ↔ q será falso).

No bicondicional, P e Q são ambos suficientes e necessários ao mesmo tempo.
| $P \leftrightarrow Q$

P	Q	P↔Q
V	V	V
V	F	F
F	V	F
F	F	V

| Representado por meio de conjuntos, temos: $P \leftrightarrow Q$

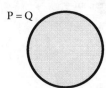

Proposição composta	Verdadeira quando:	Falsa quando:
P∧Q	P e Q são verdadeiras	Pelo menos uma falsa
P∨Q	Pelo menos uma verdadeira	P e Q são falsas
P⊻Q	P e Q têm valores diferentes	P e Q têm valores iguais
P→Q	P = verdadeiro, Q = verdadeiro ou P = falso	P = verdadeiro e Q = falso
P↔Q	P e Q têm valores iguais	P e Q têm valores diferentes

MATEMÁTICA

1.3 Tautologias, contradições e contingências

▷ **Tautologia:** proposição composta que é **sempre verdadeira**, independente dos valores lógicos das proposições simples que a compõem.
| $(P \wedge Q) \to (P \vee Q)$

P	Q	P∧Q	P∨Q	(P∧Q)→(P∨Q)
V	V	V	V	V
V	F	F	V	V
F	V	F	V	V
F	F	F	F	V

▷ **Contradição:** proposição composta que é **sempre falsa**, independente dos valores lógicos das proposições simples que a compõem.
| $\sim(P \vee Q) \wedge P$

P	Q	P∨Q	~(P∨Q)	~(P∨Q)∧P
V	V	V	F	F
V	F	V	F	F
F	V	V	F	F
F	F	F	V	F

▷ **Contingência:** ocorre quando não é tautologia nem contradição.
| $\sim(P \veebar Q) \leftrightarrow P$

P	Q	P⊻Q	~(P⊻Q)	~(P⊻Q)↔P
V	V	F	V	V
V	F	V	F	F
F	V	V	F	V
F	F	F	V	F

1.4 Equivalências lógicas

Duas ou mais proposições compostas são equivalentes, quando são formadas pelas mesmas proposições simples, e suas tabelas verdades (resultado) são iguais.

> **Fique Ligado**
> Atente-se para o princípio da equivalência. A tabela verdade está aí só para demonstrar a igualdade.

Seguem algumas demonstrações importantes:

▷ $P \wedge Q = Q \wedge P$: trocar as proposições de lugar – chamada de **recíproca**.

P	Q	P∧Q	Q∧P
V	V	V	V
V	F	F	F
F	V	F	F
F	F	F	F

PROPOSIÇÕES

▷ **P ∨ Q = Q ∨ P**: trocar as proposições de lugar – chamada de **recíproca**.

P	Q	P∨Q	Q∨P
V	V	V	V
V	F	V	V
F	V	V	V
F	F	F	F

P ⊻ Q = Q ⊻ P: trocar as proposições de lugar – chamada de **recíproca**.
P ⊻ Q = ~P ⊻ ~Q: negar as proposições – chamada de **contrária**.
P ⊻ Q = ~Q ⊻ ~P: trocar as proposições de lugar e negar – chamada de **contrapositiva**.
P ⊻ Q = (P ∧ ~Q) ∨ (~P ∧ Q): observe a seguir a exclusividade dessa disjunção.

P	Q	~P	~Q	P∧~Q	~P∧Q	P⊻Q	Q⊻P	~P⊻~Q	~Q⊻~P	(P∧~Q)∨(~P∧Q)
V	V	F	F	F	F	F	F	F	F	F
V	F	F	V	V	F	V	V	V	V	V
F	V	V	F	F	V	V	V	V	V	V
F	F	V	V	F	F	F	F	F	F	F

P ↔ Q = Q ↔ P: trocar as proposições de lugar – chamada de **recíproca**.
P ↔ Q = ~P ↔ ~Q: negar as proposições – chamada de **contrária**.
P ↔ Q = ~Q ↔ ~P: trocar as proposições de lugar e negar – chamada de **contrapostiva**.
P ↔ Q = (P → Q) ∧ (Q → P): observe a seguir a condicional para os dois lados, ou seja, bicondicional.

P	Q	~P	~Q	P→Q	Q→P	P↔Q	Q↔P	~P↔~Q	~Q↔~P	(P→Q)∧(Q→P)
V	V	F	F	V	V	V	V	V	V	V
V	F	F	V	F	V	F	F	F	F	F
F	V	V	F	V	F	F	F	F	F	F
F	F	V	V	V	V	V	V	V	V	V

> **Fique Ligado**
> A disjunção exclusiva e o bicondicional são as proposições com o maior número de equivalências.

P → Q = ~Q → ~P: trocar as proposições de lugar e negar – chamada de **contrapositiva**.
P → Q = ~P ∨ Q: negar o antecedente ou manter o consequente.

P	Q	~P	~Q	P→Q	~Q→~P	~P∨Q
V	V	F	F	V	V	V
V	F	F	V	F	F	F
F	V	V	F	V	V	V
F	F	V	V	V	V	V

Equivalências importantes e mais cobradas em concursos.

1.4.1 Negação de proposição composta

São também equivalências lógicas. Veja

▷ **~(P ∧ Q) = ~P ∨ ~Q** (Leis de Morgan)

Para negar a conjunção, troca-se o conectivo **e** (∧) por **ou** (∨) e nega-se as proposições que a compõem.

P	Q	~P	~Q	P∧Q	~(P∧Q)	~P∨~Q
V	V	F	F	V	F	F
V	F	F	V	F	V	V
F	V	V	F	F	V	V
F	F	V	V	F	V	V

▷ **~(P ∨ Q) = ~P ∧ ~Q** (Leis de Morgan)

Para negar a disjunção, troca-se o conectivo **ou** (∨) por **e** (∧) e negam-se as proposições simples que a compõem.

P	Q	~P	~Q	P∨Q	~(P∨Q)	~P∧~Q
V	V	F	F	V	F	F
V	F	F	V	V	F	F
F	V	V	F	V	F	F
F	F	V	V	F	V	V

▷ **~(P → Q) = P ∧ ~Q**

Para negar o condicional, mantém-se o antecedente e nega-se o consequente.

P	Q	~Q	P→Q	~(P→Q)	P∧~Q
V	V	F	V	F	F
V	F	V	F	V	V
F	V	F	V	F	F
F	F	V	V	F	F

▷ **~(P ⊻ Q) = P ↔ Q**

Para negar a disjunção exclusiva, faz-se o bicondicional ou nega-se a disjunção exclusiva com a própria disjunção exclusiva, mas negando apenas uma das proposições que a compõe.

P	Q	P⊻Q	~(P⊻Q)	P↔Q
V	V	F	V	V
V	F	V	F	F
F	V	V	F	F
F	F	F	V	V

▷ **~(P ↔ Q) = (P ⊻ Q)**

Para negar a bicondicional, faz-se a disjunção exclusiva ou nega-se o bicondicional com o próprio bicondicional, mas negando apenas uma das proposições que a compõe.

P	Q	P↔Q	~(P↔Q)	P⊻Q
V	V	V	F	F
V	F	F	V	V
F	V	F	V	V
F	F	V	F	F

1.5 Relação entre todo, algum e nenhum

Têm algumas relações entre si, conhecidas como **quantificadores lógicos**. Veja:

"Todo A é B" equivale a **"nenhum A não é B"**, vice-versa.
| "todo amigo é bom = nenhum amigo não é bom."

"Nenhum A é B" equivale a **"todo A não é B"**, vice-versa.
| "nenhum aluno é burro = todo aluno não é burro."

"Todo A é B" tem como negação **"algum A não é B"**, vice-versa.
| ~(todo estudante tem insônia) = algum estudante não tem insônia.

"Nenhum A é B" tem como negação **"algum A é B"**, vice-versa.
| ~(algum sonho é impossível) = nenhum sonho é impossível.

Representado em forma de conjuntos:

TODO A é B:

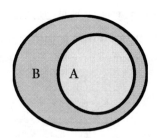

ALGUM A é B:

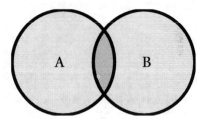

NENHUM A é B:

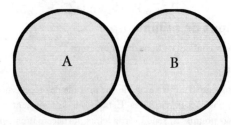

Relação de Equivalência	Relação de Negação
Todo A é B = Nenhum A não é B. *Todo diretor é bom ator. = Nenhum diretor é mau ator.*	Todo A é B = Algum A não é B. *Todo policial é honesto. = Algum policial não é honesto.*
Nenhum A é B = Todo A não é B. *Nenhuma mulher é legal. = Toda mulher não é legal.*	Nenhum A é B = Algum A é B. *Nenhuma ave é mamífera. = Alguma ave é mamífera.*

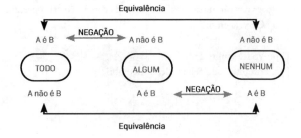

2 ARGUMENTOS

Os argumentos são uma extensão das proposições, mas com algumas características e regras próprias. Veja:

2.1 Definições

Argumento é um conjunto de proposições, divididas em premissas (proposições iniciais – hipóteses) e conclusões (proposições finais – teses).

p_1: Toda mulher é bonita.

p_2: Toda bonita é charmosa.

p_3: Maria é bonita.

c: Portanto, Maria é charmosa.

p_1: Se é homem, então gosta de futebol.

p_2: Mano gosta de futebol.

c: Logo, Mano é homem.

p1, p2, p3, pn, correspondem às premissas, e c à conclusão.

2.1.1 Representação dos argumentos

Os argumentos podem ser representados das seguintes formas:

$$P_1$$
$$P_2$$
$$P_3$$
$$...$$
$$\frac{P_n}{c}$$

ou

$$P_1 \wedge P_2 \wedge P_3 \wedge \cdots \wedge P_n \rightarrow C$$

ou

$$P_1, P_2, P_3, \cdots, Pn \vdash C$$

2.1.2 Tipos de argumentos

A seguir, conheça os tipos de argumentos.

Dedução

O argumento dedutivo é aquele que procede de proposições gerais para as proposições particulares. Esta forma de argumento é válida quando suas premissas, sendo verdadeiras, fornecem uma conclusão também verdadeira.

p_1: Todo professor é aluno.

p_2: Daniel é professor.

c: Logo, Daniel é aluno.

Indução

O argumento indutivo é o contrário do argumento dedutivo, procede de proposições particulares para proposições gerais. Quanto mais informações nas premissas, maior chance da conclusão estar correta.

p_1: Cerveja embriaga.

p_2: Uísque embriaga.

p_3: Vodca embriaga.

c: Portanto, toda bebida alcoólica embriaga.

Analogia

As analogias são comparações (nem sempre verdadeiras). Neste caso, procede de uma proposição conhecida para outra desconhecida, mas semelhante. Na analogia, não temos certeza.

p_1: No Piauí faz calor.

p_2: No Ceará faz calor.

p_3: No Paraná faz calor.

c: Sendo assim, no Brasil faz calor.

Falácia

As falácias são falsos argumentos, logicamente inconsistentes, inválidos ou que não provam o que dizem.

p_1: Eu passei num concurso público.

p_2: Você passou num concurso público.

c: Logo, todos passaram num concurso público.

Silogismos

Tipo de argumento formado por três proposições, sendo duas premissas e uma conclusão. São em sua maioria dedutivos.

p_1: Todo estudioso passará no concurso.

p_2: Beatriz é estudiosa.

c: Portanto, Beatriz passará no concurso.

2.1.3 Classificação dos argumentos

Os argumentos só podem ser classificados como válidos ou inválidos:

Válidos ou bem construídos

Os argumentos são válidos quando as premissas garantirem a conclusão, ou seja, quando a conclusão for uma consequência obrigatória do seu conjunto de premissas.

p_1: Toda mulher é bonita.

p_2: Toda bonita é charmosa.

p_3: Maria é mulher.

c: Portanto, Maria é bonita e charmosa.

Se Maria é mulher, toda mulher é bonita e toda bonita é charmosa, conclui-se que Maria só pode ser bonita e charmosa.

Inválidos ou mal construídos

Os argumentos são inválidos quando as premissas **não** garantem a conclusão, ou seja, quando a conclusão **não** for uma consequência obrigatória do seu conjunto de premissas.

p_1: Todo professor é aluno.

p_2: Daniel é aluno.

c: Logo, Daniel é professor.

Se Daniel é aluno, nada garante que ele seja professor, pois o que sabemos é que todo professor é aluno, não o contrário.

Alguns argumentos serão classificados apenas por meio desse conceito (da GARANTIA).

2.2 Métodos para classificar os argumentos

Os argumentos nem sempre podem ser classificados da mesma forma, por isso existem os métodos para sua classificação. Veja:

▷ **1º método:** diagramas lógicos (ou método dos conjuntos).

Utilizado sempre que houver as expressões **todo**, **algum** ou **nenhum** e seus respectivos sinônimos.

MATEMÁTICA

> **Fique ligado**
>
> Esse método é muito utilizado pelas bancas de concursos e tende a confundir o concurseiro, principalmente nas questões em que temos mais de uma opção de diagrama para o mesmo enunciado. Lembre-se que quando isso ocorrer, a questão só estará correta se a conclusão estiver presente em todas as representações e se todos os diagramas corresponderem à mesma condição.

Representaremos o que for dito em forma de conjuntos e verificaremos se a conclusão está correta (presente nas representações).

As representações genéricas são:

TODO A é B:

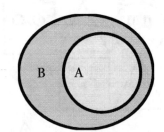

ALGUM A é B:

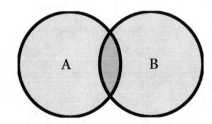

NENHUM A é B:

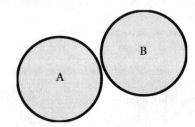

▷ **2º método:** premissas verdadeiras (proposição simples ou conjunção).

Utilizado sempre que não for possível os diagramas lógicos e se houver proposição simples ou conjunção.

A proposição simples ou a conjunção serão os pontos de partida da resolução, já que consideraremos todas as premissas verdadeiras e elas só admitem uma maneira de serem verdadeiras.

O método considera todas as premissas como verdadeiras, dá valor às proposições simples que as compõem e, no final, avalia a conclusão. Se a conclusão for verdadeira o argumento é válido, porém se a conclusão for falsa o argumento é inválido.

Premissas verdadeiras e conclusão verdadeira = argumento válido.

Premissas verdadeiras e conclusão falsa = argumento inválido.

▷ **3º método:** conclusão falsa (proposição simples, disjunção ou condicional).

Utilizado sempre que não for possível um dos dois métodos citados anteriormente e se na conclusão houver proposição simples, disjunção ou condicional.

A proposição simples, a disjunção ou o condicional serão os pontos de partida da resolução, já que consideraremos a conclusão como sendo falsa e elas só admitem um jeito de serem falsas.

O método considera a conclusão como falsa, dá valor às proposições simples que as compõem, pressupondo as premissas como verdadeiras e atribui valor às proposições simples das premissas. Se a conclusão for falsa e as premissas verdadeiras, o argumento será inválido; porém se uma das premissas mudar de valor, então o argumento passa a ser válido.

Conclusão falsa e premissas verdadeiras = argumento inválido.

Conclusão falsa e pelo menos uma premissa falsa = argumento válido.

Para o 2º método e o 3º método, podemos definir a validade dos argumentos da seguinte forma:

Premissas	Conclusão	Argumento
Verdadeiras	Verdadeira	Válido
Verdadeiras	Falsa	Inválido
Pelo menos uma falsa	Falsa	Válido

▷ **4º método:** tabela verdade.

Utilizado em último caso, quando não for possível usar qualquer um dos anteriores.

Depende da quantidade de proposições simples que tiver o argumento, esse método fica inviável, pois temos que desenhar a tabela verdade. No entanto, esse método é um dos mais garantidos nas resoluções das questões de argumentos.

Consiste em desenhar a tabela verdade do argumento em questão e avaliar se as linhas em que as premissas forem todas verdadeiras – ao mesmo tempo – a conclusão também será toda verdadeira. Caso isso ocorra, o argumento será válido, porém se uma das linhas em que as premissas forem todas verdadeiras e a conclusão for falsa, o argumento será inválido.

Linhas da tabela verdade em que as premissas são todas verdadeiras e a conclusão, for verdadeira = argumento válido.

Linhas da tabela verdade em que as premissas são todas verdadeiras e pelo menos uma conclusão for falsa = argumento inválido.

3 PSICOTÉCNICOS

Questões psicotécnicas são as que não precisamos de conhecimento adicional para resolvê-las. As questões podem ser de associações lógicas, verdades e mentiras, sequências lógicas, problemas com datas – calendários, sudoku, entre outras.

Abordar-se-á, agora, as questões mais simples do raciocínio lógico para uma melhor familiarização.

Não existe teoria, somente prática e é com ela que vamos trabalhar e aprender.

01. (FCC) Considere que os dois primeiros pares de palavras foram escritos segundo determinado critério.

Temperamento → totem

Traficante → tetra

Massificar → ?

De acordo com esse mesmo critério, uma palavra que substituiria o ponto de interrogação é:

a) ramas.
b) maras.
c) armas.
d) samar.
e) asmar.

Resposta: C.

Ao analisar os dois primeiros pares de palavras, observamos que a segunda palavra de cada par é formada pela última sílaba + a primeira sílaba da primeira palavra do par, logo, teremos AR + MAS = armas.

02. (FCC) Observe atentamente a disposição das cartas em cada linha do esquema seguinte. A carta que está oculta é:

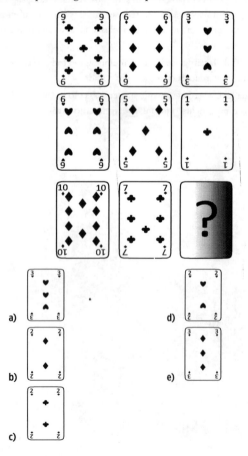

Resposta: A.

Ao observar cada linha (horizontal), temos nas duas primeiras três naipes iguais (copas, paus e ouros, só mudando a ordem). A terceira carta é o resultado da subtração da primeira pela segunda; portanto, a carta que está oculta tem que ser o 3 de copas, pois 10 – 7 = 3 e o naipe que não apareceu na terceira linha foi o de copas.

03. (FCC) Considere a sequência de figuras abaixo. A figura que substitui corretamente a interrogação é:

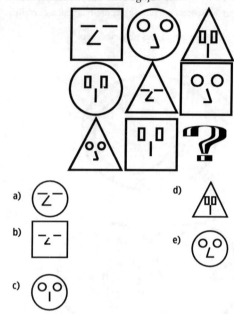

Resposta: A.

Observe que em cada fila (linha ou coluna) temos um círculo, um triângulo e um quadrado, fazendo o contorno da careta. Os olhos são círculos, quadrados ou tiras; o nariz é reto, para direita ou para esquerda; sendo assim, no ponto de interrogação o que está faltando é a carta redonda com os olhos em tiras e o nariz para a esquerda.

04. (FGV) Certo dia, três amigos fizeram, cada um deles, uma afirmação:

Aluísio: Hoje não é terça-feira.

Benedito: Ontem foi domingo.

Camilo: Amanhã será quarta-feira.

Sabe-se que um deles mentiu e que os outros dois falaram a verdade. Assinale a alternativa que indique corretamente o dia em que eles fizeram essas afirmações.

a) Sábado.
b) Domingo.
c) Segunda-feira.
d) Terça-feira.
e) Quarta-feira.

Resposta: C.

Com base no que foi dito na questão, Benedito e Camilo não podem estar falando a verdade, pois teríamos dois dias diferentes. Conclui-se que Aluísio e Benedito falaram a verdade, e que Camilo está mentindo. Logo, o dia em que foi feita a afirmação é uma segunda-feira.

MATEMÁTICA

05. (FUMARC) Heloísa, Bernardo e Antônio são três crianças. Uma delas tem 12 anos a outra tem 10 anos e a outra 8 anos. Sabe-se que apenas uma das seguintes afirmações é verdadeira:

I.   Bernardo tem 10 anos.

II.   Heloísa não tem 10 anos.

III.   Antônio não tem 12 anos.

Considerando estas informações é correto afirmar que:

a) Heloísa tem 12 anos, Bernardo tem 10 anos e Antônio tem 8 anos.

b) Heloísa tem 12 anos, Bernardo tem 8 anos e Antônio tem 10 anos.

c) Heloísa tem 10 anos, Bernardo tem 8 anos e Antônio tem 12 anos.

d) Heloísa tem 10 anos, Bernardo tem 12 anos e Antônio tem 8 anos.

Resposta: D.

Como a questão informa que só uma afirmação é verdadeira, vejamos: se **I** for a verdadeira, teremos Bernardo e Heloísa, com 10 anos, o que pelo enunciado não é possível; se **II** for a verdadeira, teremos Bernardo e Heloísa com 8 anos, o que também não é possível; se **III** for a verdadeira, teremos Heloísa com 10 anos, Bernardo com 12 anos e Antônio com 8 anos.

06. (FCC) Na sentença seguinte falta a última palavra. Você deve escolher a alternativa que apresenta a palavra que MELHOR completa a sentença.

Devemos saber empregar nosso tempo vago; podemos, assim, desenvolver hábitos agradáveis e evitar os perigos da:

a) Desdita.

b) Pobreza.

c) Ociosidade.

d) Bebida.

e) Doença.

Resposta: C.

Qual dessas alternativas tem a palavra que mais se relaciona com tempo vago? A palavra é OCIOSIDADE.

No livro *Alice no País dos Enigmas*, o professor de matemática e lógica Raymond Smullyan apresenta vários desafios ao raciocínio lógico que têm como objetivo distinguir entre verdadeiro e falso. Considere o seguinte desafio inspirado nos enigmas de Smullyan.

Duas pessoas carregam fichas nas cores branca e preta. Quando a primeira pessoa carrega a ficha branca, ela fala somente a verdade, mas, quando carrega a ficha preta, ela fala somente mentiras. Por outro lado, quando a segunda pessoa carrega a ficha branca, ela fala somente mentira, mas, quando carrega a ficha preta, fala somente verdades.

Com base no texto acima, julgue o item a seguir.

07. (CESPE) Se a primeira pessoa diz "Nossas fichas não são da mesma cor" e a segunda pessoa diz "Nossas fichas são da mesma cor", então, pode-se concluir que a segunda pessoa está dizendo a verdade.

Certo ( )   Errado ( )

Resposta: Certo.

Ao analisar, a seguir, linha por linha da tabela, encontramos contradições nas três primeiras linhas, ficando somente a quarta linha como certa, o que garante que a segunda pessoa está falando a verdade.

1ª pessoa: Nossas fichas não são da mesma cor	2ª pessoa: Nossas fichas são da mesma cor
Ficha branca (verdade)	Ficha branca (mentira)
Ficha branca (verdade)	Ficha preta (verdade)
Ficha preta (mentira)	Ficha branca (mentira)
Ficha preta (mentira)	Ficha preta (verdade)

Uma proposição é uma afirmação que pode ser julgada como verdadeira (V) ou falsa (F), mas não como ambas. As proposições são usualmente simbolizadas por letras maiúsculas do alfabeto, como, por exemplo, P, Q, R etc. Se a conexão de duas proposições é feita pela preposição "e", simbolizada usualmente por $\wedge$, então obtém-se a forma $P \wedge Q$, lida como "P e Q" e avaliada como V se P e Q forem V, caso contrário, é F. Se a conexão for feita pela preposição "ou", simbolizada usualmente por $\vee$, então obtém-se a forma $P \vee Q$, lida como "P ou Q" e avaliada como F se P e Q forem F, caso contrário, é V. A negação de uma proposição é simbolizada por $\neg P$, e avaliada como V, se P for F, e como F, se P for V.

Um argumento é uma sequência de proposições P1 , P2 , ..., Pn , chamadas premissas, e uma proposição Q, chamada conclusão. Um argumento é válido, se Q é V sempre que P1, P2, ..., Pn forem V, caso contrário, não é argumento válido.

A partir desses conceitos, julgue o próximo item.

08. (CESPE) O quadro abaixo pode ser completamente preenchido com algarismos de 1 a 6, de modo que cada linha e cada coluna tenham sempre algarismos diferentes.

Certo ( )   Errado ( )

1				3	2
		5	6		1
		1	6		5
5	4			2	
	3	2	4		
4			2		3

Resposta: Certo.

Vamos preencher o quadro, de acordo com o que foi pedido:

1	6	4	5	3	2
3	2	5	6	4	1
2	1	6	3	5	4
5	4	3	1	2	6
6	3	2	4	1	5
4	5	1	2	6	3

ANÁLISE COMBINATÓRIA

4 ANÁLISE COMBINATÓRIA

As primeiras atividades matemáticas estavam ligadas à contagem de objetos de um conjunto, enumerando seus elementos.

Vamos estudar algumas técnicas para a descrição e contagem de casos possíveis de um acontecimento.

4.1 Definição

A análise combinatória é utilizada para descobrir o **número de maneiras possíveis** para realizar determinado evento, sem que seja necessário demonstrar essas maneiras.

> Quantos são os pares formados pelo lançamento de dois **dados** simultaneamente?
> No primeiro dado, temos 6 possibilidades – do 1 ao 6 – e, no segundo dado, também temos 6 possibilidades – do 1 ao 6. Juntando todos os pares formados, temos 36 pares (6 · 6 = 36).
> (1,1), (1,2), (1,3), (1,4), (1,5), (1,6),
> (2,1), (2,2), (2,3), (2,4), (2,5), (2,6),
> (3,1), (3,2), (3,3), (3,4), (3,5), (3,6),
> (4,1), (4,2), (4,3), (4,4), (4,5), (4,6),
> (5,1), (5,2), (5,3), (5,4), (5,5), (5,6),
> (6,1), (6,2), (6,3), (6,4), (6,5), (6,6).
> Logo, temos **36 pares**.

Não há necessidade de expor todos os pares formados, basta que saibamos quantos pares existem.

Imagine se fossem 4 dados e quiséssemos saber todas as quadras possíveis, o resultado seria 1.296 quadras. Um número inviável de ser representado. Por isso utilizamos a análise combinatória.

Para resolver as questões de análise combinatória, utilizamos algumas técnicas, que veremos a seguir.

4.2 Fatorial

É comum, nos problemas de contagem, calcularmos o produto de uma multiplicação cujos fatores são números naturais consecutivos. Fatorial de um número (natural) é a multiplicação deste número por todos os seus antecessores, em ordem, até o número 1 ·

$$n! = n(n-1)(n-2)\ldots 3.2.1, \text{ sendo } n \in \mathbb{N} \text{ e } n > 1.$$

Por definição, temos:
- 0! = 1
- 1! = 1
- 4! = 4 · 3 · 2 · 1 = 24
- 6! = 6 · 5 · 4 · 3 · 2 · 1 = 720
- 8! = 8 · 7 · 6 · 5 · 4 · 3 · 2 · 1 = 40.320

Observe que:
- 6! = 6 · 5 · 4!
- 8! = 8 · 7 · 6!

Para n = 0, teremos: 0! = 1.
Para n = 1, teremos: 1! = 1.

> Qual deve ser o valor numérico de n para que a equação (n + 2)! = 20 · n! seja verdadeira?
> O primeiro passo na resolução deste problema consiste em escrevermos **(n + 2)!** em função de **n!**, em busca de uma equação que não mais contenha fatoriais:
> (n+2)(n+1) n! = 20n!, dividindo por n!, tem os:
> (n+2)(n+1) = 20, fazendo a distributiva.
> $n^2 + 3n + 2 = 20 \Rightarrow n^2 + 3n - 18 = 0$
> Conclui-se que as raízes procuradas são **-6** e **3**, mas como não existe fatorial de números negativos, já que eles não pertencem ao conjunto dos números naturais, ficamos apenas com a raiz igual a **3**.

> Portanto:
> O valor numérico de n, para que a equação seja verdadeira, é igual a 3.

4.3 Princípio fundamental da contagem (PFC)

O PFC é utilizado nas questões em que os elementos podem ser repetidos **ou** quando a ordem dos elementos fizer diferença no resultado.

É uma das técnicas mais importantes e uma das mais utilizadas nas questões de análise combinatória.

> **Fique ligado**
>
> Esses elementos são os dados das questões, os valores envolvidos.

Consiste de dois princípios: o **multiplicativo** e o **aditivo**. A diferença dos dois consiste nos termos utilizados durante a resolução das questões.

Multiplicativo: usado sempre que na resolução das questões utilizarmos o termo e. Como o próprio nome já diz, faremos multiplicações.

Aditivo: usado quando utilizarmos o termo **ou**. Aqui realizaremos somas.

> Quantas senhas de 3 algarismos são possíveis com os algarismos 1, 3, 5 e 7?
> Como nas senhas os algarismos podem ser repetidos, para formar senhas de 3 algarismos temos a seguinte possibilidade:
> SENHA = Algarismo E Algarismo E Algarismo
> N° de SENHAS = 4 · 4 · 4 (já que são 4 os algarismos que temos na questão, e observe o princípio multiplicativo no uso do e). N° de SENHAS = 64.

> Quantos são os números naturais de dois algarismos que são múltiplos de 5?
> Como o zero à esquerda de um número não é significativo, para que tenhamos um número natural com dois algarismos, ele deve começar com um dígito de 1 a 9. Temos, portanto, 9 possibilidades. Para que o número seja um múltiplo de 5, ele deve terminar em 0 ou 5, portanto, temos apenas 2 possibilidades. A multiplicação de 9 por 2 nos dará o resultado desejado. Logo: são 18 os números naturais de dois algarismos e múltiplos de 5.

4.4 Arranjo e combinação

Duas outras técnicas usadas para resolução de problemas de análise combinatória, sendo importante saber quando usa cada uma delas.

Arranjo: usado quando os elementos (envolvidos no cálculo) não podem ser repetidos E quando a ordem dos elementos faz diferença no resultado.

A fórmula do arranjo é:

$$A_{n,p} = \frac{n!}{(n \cdot p)!}$$

Sendo:
- **n** = todos os elementos do conjunto.
- **·p** = os elementos utilizados.
- pódio de competição

Combinação: usado quando os elementos (envolvidos no cálculo) não podem ser repetidos E quando a ordem dos elementos não faz diferença no resultado.

A fórmula da combinação é:

$$C_{n,p} = \frac{n!}{p! \cdot (n-p)!}$$

110

Sendo:

n = a todos os elementos do conjunto.

p = os elementos utilizados.

| salada de fruta.

4.5 Permutação

4.5.1 Permutação simples

Seja E um conjunto com **n** elementos. Chama-se permutação simples dos **n** elementos, qualquer agrupamento (sequência) de **n** elementos distintos de E em outras palavras. Permutação é a **organização** de **todos** os elementos

Podemos, também, interpretar cada permutação de **n** elementos como um arranjo simples de **n** elementos tomados **n** a **n**, ou seja, p = n.

Nada mais é do que um caso particular de arranjo cujo p = n.

Logo:

Assim, a fórmula da permutação é:

$$P_n = n!$$

| Quantos anagramas tem a palavra prova?
| A palavra **prova** tem 5 letras, e nenhuma repetida, sendo assim n = 5, é:
| P5 = 5!
| P5 = 5 · 4 · 3 · 2 · 1
| P5 = 120 anagramas

Fique ligado

As permutações são muito usadas nas questões de anagramas.
Anagramas são palavras formadas com todas as letras de uma palavra, desde que essas novas palavras tenham sentido ou não na linguagem comum.

4.5.2 Permutação com elementos repetidos

Na permutação com elementos repetidos, usa-se a seguinte fórmula:

$$P_n^{k,y,...,w} = \frac{n!}{k! \cdot y! \cdot ... \cdot w!}$$

Sendo:

n = o número total de elementos do conjunto.

k, y, w = as quantidades de elementos repetidos.

| Quantos anagramas tem a palavra concurso?
| Observe que na palavra **concurso** existem duas letras repetidas, C e O, e cada uma duas vezes, portanto, n = 8, k = 2 e y = 2, sendo:
|
| $P_8^{2,2} = \dfrac{8!}{2! \cdot 2!}$
|
| $P_8^{2,2} = \dfrac{8 \cdot 7 \cdot 6 \cdot 5 \cdot 4 \cdot 3 \cdot 2!}{2 \cdot 1 \cdot 2!}$ (Simplificando o 2!)
|
| $P_8^{2,2} = \dfrac{20.160}{2}$
|
| $P_8^{2,2} = 10.080$ anagramas

Resumo:

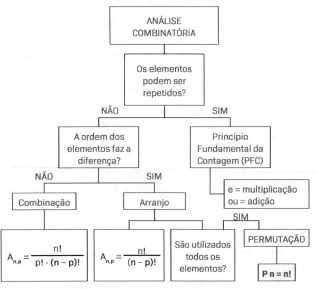

Para saber qual das técnicas utilizar, faça duas, no máximo, três perguntas para a questão, como segue:

Os elementos podem ser repetidos?

Se a resposta for sim, deve-se trabalhar com o PFC; se a resposta for não, passe para a próxima pergunta.

A ordem dos elementos faz diferença no resultado da questão?

Se a resposta for sim, trabalha-se com arranjo; se a resposta for não, trabalha-se com as combinações (todas as questões de arranjo podem ser feitas por PFC).

Vou utilizar todos os elementos para resolver a questão? (opcional)

Para fazer a 3ª pergunta, dependerá se a resposta da 1ª for não e a 2ª for sim; se a resposta da 3ª for sim, trabalha-se com as permutações.

4.5.3 Permutações circulares e combinações com repetição

Casos especiais dentro da análise combinatória

Permutação circular: usada quando houver giro horário ou anti-horário. Na permutação circular o que importa são as posições, não os lugares.

$$PC_n = (n-1)!$$

Sendo:

n = o número total de elementos do conjunto.

Pc = permutação circular.

Combinação com repetição: usada quando p > n ou quando a questão deixar subentendido que pode haver repetição.

$$A_{n,p} = C_{(n+p-1,p)} = \frac{(n+p-1)!}{p! \cdot (n-1)!}$$

Sendo:

n = o número total de elementos do conjunto.

p = o número de elementos utilizados.

Cr = combinação com repetição.

PROBABILIDADE

5 PROBABILIDADE

A que temperatura a água entra em ebulição? Ao soltar uma bola, com que velocidade ela atinge o chão? Ao conhecer certas condições, é perfeitamente possível responder a essas duas perguntas, antes mesmo da realização desses experimentos.

Esses experimentos são denominados determinísticos, pois neles os resultados podem ser previstos.

Considere agora os seguintes experimentos:

- No lançamento de uma moeda, qual a face voltada para cima?
- No lançamento de um dado, que número saiu?
- Uma carta foi retirada de um baralho completo. Que carta é essa?

Mesmo se esses experimentos forem repetidos várias vezes, nas mesmas condições, não poderemos prever o resultado.

Um experimento cujo resultado, mesmo que único, é imprevisível, é denominado experimento aleatório. E é justamente ele que nos interessa neste estudo. Um experimento ou fenômeno aleatório apresenta as seguintes características:

- Pode se repetir várias vezes nas mesmas condições.
- É conhecido o conjunto de todos os resultados possíveis.
- Não se pode prever o resultado.

A teoria da probabilidade surgiu para nos ajudar a medir a chance de ocorrer determinado resultado em um experimento aleatório.

5.1 Definições

Para o cálculo das probabilidades, temos que saber primeiro os três conceitos básicos acerca do tema:

Fique ligado

Maneiras possíveis de se realizar determinado evento (análise combinatória).

$\neq$ (diferente)

Chance de determinado evento ocorrer (probabilidade).

Experimento aleatório: é o experimento em que não é possível garantir o resultado, mesmo que esse seja feito diversas vezes nas mesmas condições.

Lançamento de uma moeda: ao lançar uma moeda os resultados possíveis são cara ou coroa, mas não tem como garantir qual será o resultado desse lançamento.

Lançamento de um dado: da mesma forma que a moeda, não temos como garantir qual é o resultado (1, 2, 3, 4, 5 e 6) desse lançamento.

Espaço amostral (Ω) ou (U): é o conjunto de todos os resultados possíveis para um experimento aleatório.

Na moeda: o espaço amostral na moeda é $\Omega = 2$, pois só temos dois resultados possíveis para esse experimento, que é ou cara ou coroa.

No dado: o espaço amostral no dado é U = 6, pois temos do 1 ao 6, como resultados possíveis para esse experimento.

Evento: qualquer subconjunto do espaço amostral é chamado evento.

No lançamento de um dado, por exemplo, em relação à face voltada para cima, podemos ter os eventos:

O número par: {2, 4, 6}.
O número ímpar: {1, 3, 5}.
Múltiplo de 8: { }.

5.2 Fórmula da probabilidade

Considere um experimento aleatório em que para cada um dos n eventos simples, do espaço amostral U, a chance de ocorrência é a mesma. Nesse caso, o cálculo da probabilidade de um evento qualquer dado pela fórmula:

$$P(A) = \frac{n(A)}{n(U)}$$

Na expressão acima, **n(U)** é o número de elementos do espaço amostral **U** e **n(A)**, o número de elementos do evento **A**.

$$P = \frac{evento}{espaço\ amostral}$$

Os valores da probabilidade variam de 0 (0%) a 1 (100%).

Quando a probabilidade é de 0 (0%), diz-se que o evento é impossível.

| Chance de você não passar num concurso.

Quando a probabilidade é de 1 (100%), diz-se que o evento é certo.

| Chance de você passar num concurso.

Qualquer outro valor entre 0 e 1, caracteriza-se como a probabilidade de um evento.

Na probabilidade também se usa o PFC, ou seja, sempre que houver duas ou mais probabilidades ligadas pelo conectivo e elas serão multiplicadas, e quando for pelo ou, elas serão somadas.

5.3 Eventos complementares

Dois eventos são ditos **complementares** quando a chance do evento ocorrer somado à chance de ele não ocorrer sempre dá 1.

$$P(A) + P(\bar{A}) = 1$$

Sendo:

- **P(A)** = a probabilidade do evento ocorrer.
- **P(Ā)** = a probabilidade do evento não ocorrer.

5.4 Casos especiais de probabilidade

A partir de agora, veremos algumas situações típicas da probabilidade, que servem para não perdermos tempo na resolução das questões.

5.4.1 Eventos independentes

Dois ou mais eventos são independentes quando não dependem uns dos outros para acontecer, porém ocorrem simultaneamente. Para calcular a probabilidade de dois ou mais eventos independentes, multiplicar a probabilidade de cada um deles.

Uma urna tem 30 bolas, sendo 10 vermelhas e 20 azuis. Se sortear 2 bolas, 1 de cada vez e repondo a sorteada na urna, qual será a probabilidade de a primeira ser vermelha e a segunda ser azul? Sortear uma bola vermelha da urna não depende de uma bola azul ser sorteada e vice-versa, então a probabilidade da bola ser vermelha é $\frac{10}{30}$, e para a bola ser azul a probabilidade é $\frac{20}{30}$. Dessa forma, a probabilidade de a primeira bola ser vermelha e a segunda azul é:

$$P = \frac{20}{30} \cdot \frac{10}{30}$$

$$P = \frac{200}{900}$$

$$P = \frac{2}{9}$$

5.4.2 Probabilidade condicional

É a probabilidade de um evento ocorrer, sabendo que já ocorreu outro, relacionado a esse.

A fórmula para o cálculo dessa probabilidade é:

$$P_{A/B} = \frac{P(A \cap B)}{P_B}$$

$$P = \frac{\text{probabilidade dos eventos simultâneos}}{\text{probabilidade do evento condicional}}$$

5.4.3 Probabilidade da união de dois eventos

Assim como na teoria de conjuntos, faremos a relação com a fórmula do número de elementos da união de dois conjuntos. É importante lembrar o que significa união.

A fórmula para o cálculo dessa probabilidade é:

$$P(A \cup B) = P(A) + P(B) - P(A \cap B)$$

Ao lançar um dado, qual é a probabilidade de obter um número primo ou um número ímpar?

Os números primos no dado são 2, 3 e 5, já os números ímpares no dado são 1, 3 e 5, então os números primos e ímpares são 3 e 5. Ao aplicar a fórmula para o cálculo da probabilidade fica:

$$P_{(A \cup B)} = \frac{3}{6} + \frac{3}{6} - \frac{2}{6}$$

$$P_{(A \cup B)} = \frac{4}{6}$$

$$P_{(A \cup B)} = \frac{2}{3}$$

5.4.4 Probabilidade binomial

Essa probabilidade é a chamada probabilidade estatística e será tratada aqui de forma direta e com o uso da fórmula.

A fórmula para o cálculo dessa probabilidade é:

$$P = C_{n,s} \cdot P^s_{sucesso} \cdot P^f_{fracasso}$$

Sendo:

- **C** = o combinação.
- **n** = o número de repetições do evento.
- **s** = o número de sucessos desejados.
- **f** = o número de fracassos.

6 CONJUNTOS

6.1 Definição

Os conjuntos numéricos são advindos da necessidade de contar ou quantificar as coisas ou os objetos, adquirindo características próprias que os diferem. Os componentes de um conjunto são chamados de elementos. Costuma-se representar um conjunto nomeando os elementos um a um, colocando-os entre chaves e separando-os por vírgula, o que chamamos de representação por extensão. Para nomear um conjunto, usa-se geralmente uma letra maiúscula.

$$A = \{1,2,3,4,5\} \rightarrow \text{conjunto finito}$$

$$B = \{1,2,3,4,5,...\} \rightarrow \text{conjunto infinito}$$

Ao montar o conjunto das vogais do alfabeto, os **elementos** serão a, e, i, o, u.

A nomenclatura dos conjuntos é formada pelas letras maiúsculas do alfabeto.

Conjunto dos estados da região Sul do Brasil:
A = {Paraná, Santa Catarina, Rio Grande do Sul}.

6.1.1 Representação dos conjuntos

Os conjuntos podem ser representados em **chaves** ou em **diagramas**.

> **Fique ligado**
>
> Quando é dada uma característica dos elementos de um conjunto, diz-se que ele está representado por compreensão.
> A = {x | x é um múltiplo de dois maior que zero}

▷ **Representação em chaves**

Conjunto dos estados brasileiros que fazem fronteira com o Paraguai:
B = {Paraná, Mato Grosso do Sul}.

▷ **Representação em diagramas**

Conjunto das cores da bandeira do Brasil:

6.1.2 Elementos e relação de pertinência

Quando um elemento está em um conjunto, dizemos que ele pertence a esse conjunto. A relação de pertinência é representada pelo símbolo ∈ (pertence).

Conjunto dos algarismos pares: G = {2, 4, 6, 8, 0}.
Observe que:
$4 \in G$
$7 \notin G$

6.1.3 Conjuntos unitário, vazio e universo

Conjunto unitário: possui um só elemento.
Conjunto da capital do Brasil: K = {Brasília}

Conjunto vazio: simbolizado por Ø ou {}, é o conjunto que não possui elemento.

Conjunto dos estados brasileiros que fazem fronteira com o Chile:
M = Ø.

Conjunto universo: em inúmeras situações é importante estabelecer o conjunto U ao qual pertencem os elementos de todos os conjuntos considerados. Esse conjunto é chamado de conjunto universo. Assim:

- Quando se estuda as letras, o conjunto universo das letras é o alfabeto.
- Quando se estuda a população humana, o conjunto universo é constituído de todos os seres humanos.

Para descrever um conjunto A por meio de uma propriedade característica p de seus elementos, deve-se mencionar, de modo explícito ou não, o conjunto universo U no qual se está trabalhando.

$A = \{x \in R \mid x>2\}$, onde $U = R \rightarrow$ forma explícita.
$A = \{x \mid x > 2\} \rightarrow$ forma implícita.

6.2 Subconjuntos

Diz-se que B é um subconjunto de A se todos os elementos de B pertencem a A.

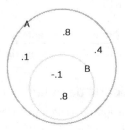

Deve-se notar que A = {-1, 0, 1, 4, 8} e B = {-1, 8}, ou seja, todos os elementos de B também são elementos do conjunto **A**.

- Os símbolos ⊂ (contido), ⊃ (contém), ⊄ (não está contido) e ⊅ (não contém) são utilizados para relacionar conjuntos.

Nesse caso, diz-se que B está contido em A ou B é subconjunto de A (B ⊂ A). Pode-se dizer também que A contém B (A ⊃ B).

Observações:

- Se $A \subset B$ e $B \subset A$, então $A = B$.
- Para todo conjunto A, tem-se $A \subset A$.
- Para todo conjunto A, tem-se $\emptyset \subset A$, onde $\emptyset$ representa o conjunto vazio.
- Todo conjunto é subconjunto de si próprio ($D \subset D$).
- O conjunto vazio é subconjunto de qualquer conjunto ($\emptyset \subset D$).
- Se um conjunto A possui p elementos, então ele possui 2p subconjuntos.
- O conjunto formado por todos os subconjuntos de um conjunto A, é denominado conjunto das partes de A. Assim, se A = {4, 7}, o conjunto das partes de A, é dado por {Ø, {4}, {7}, {4, 7}}.

6.3 Operações com conjuntos

União de conjuntos: a união de dois conjuntos quaisquer será representada por $A \cup B$ e terá os elementos que pertencem a A ou a B, ou seja, todos os elementos.

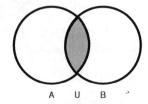

Interseção de conjuntos: a interseção de dois conjuntos quaisquer será representada por $A \cap B$. Os elementos que fazem parte do conjunto interseção são os elementos comuns aos dois conjuntos.

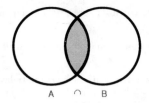

Conjuntos disjuntos: se dois conjuntos não possuem elementos em comum, diz-se que eles são disjuntos. Simbolicamente, escreve-se $A \cap B = \varnothing$. Nesse caso, a união dos conjuntos A e B é denominada união disjunta. O número de elementos $A \cap B$ nesse caso é igual a zero.

$$n(A \cap B) = 0$$

Seja $A = \{1, 2, 3, 4, 5\}$, $B = \{1, 5, 6, 3\}$, $C = \{2, 4, 7, 8, 9\}$ e $D = \{10, 20\}$. Tem-se:
$A \cup B = \{1, 2, 3, 4, 5, 6\}$
$B \cup A = \{1, 2, 3, 4, 5, 6\}$
$A \cap B = \{1, 3, 5\}$
$B \cap A = \{1, 3, 5\}$
$A \cup B \cup C = \{1, 2, 3, 4, 5, 6, 7, 8, 9\}$ e
$A \cap D = \varnothing$
É possível notar que A, B e C são todos disjuntos com D, mas A, B e C não são dois a dois disjuntos.

Diferença de conjuntos: a diferença de dois conjuntos quaisquer será representada por A – B e terá os elementos que pertencem somente a A, mas não pertencem a B, ou seja, que são exclusivos de A.

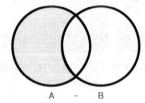

Complementar de um conjunto: se A está contido no conjunto universo U, o complementar de A é a diferença entre o conjunto universo e o conjunto A, será representado por $CU(A) = U - A$ e terá todos os elementos que pertencem ao conjunto universo, menos os que pertencem ao conjunto A.

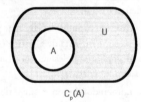

CONJUNTOS NUMÉRICOS

7 CONJUNTOS NUMÉRICOS

Os números surgiram da necessidade de contar ou quantificar coisas ou objetos. Com o passar do tempo, foram adquirindo características próprias.

7.1 Números naturais

É o primeiro dos conjuntos numéricos. Representado pelo símbolo ℕ e formado pelos seguintes elementos:

$\mathbb{N} = \{0, 1, 2, 3, 4, 5, 6, 7, 8, 9, 10, 11, 12, 13, ... + \infty\}$

O símbolo ∞ significa infinito, o + quer dizer positivo, então +∞ quer dizer infinito positivo.

7.2 Números inteiros

Esse conjunto surgiu da necessidade de alguns cálculos não possuírem resultados, pois esses resultados eram negativos. Representado pelo símbolo ℤ e formado pelos seguintes elementos:

$\mathbb{Z} = \{-\infty, ..., -3, -2, -1, 0, 1, 2, 3, ..., +\infty\}$

7.2.1 Operações e propriedades dos números naturais e inteiros

As principais operações com os números naturais e inteiros são: adição, subtração, multiplicação, divisão, potenciação e radiciação (as quatro primeiras são também chamadas operações fundamentais).

Adição

Na adição, a soma dos termos ou das parcelas resulta naquilo que se chama **total**.

| $2 + 2 = 4$

As propriedades da adição são:

- **Elemento neutro:** qualquer número somado ao zero tem como total o próprio número.
| $2 + 0 = 2$
- **Comutativa:** a ordem dos termos não altera o total.
| $2 + 3 = 3 + 2 = 5$
- **Associativa:** o ajuntamento de parcelas não altera o total.
| $(2 + 3) + 5 = 2 + (3 + 5) = 10$

Subtração

Operação contrária à adição é conhecida como diferença.

Os termos ou parcelas da subtração, assim como o total, têm nomes próprios:

M – N = P; em que M = minuendo, N = subtraendo e P = diferença ou resto.

| $7 - 2 = 5$

Quando o subtraendo for maior que o minuendo, a diferença será negativa.

Multiplicação

É a soma de uma quantidade de parcelas fixas. O resultado da multiplicação chama-se produto. Os sinais que indicam a multiplicação são o × e o ·.

| $4 \times 7 = 7 + 7 + 7 + 7 = 28$
| $7 \cdot 4 = 4 + 4 + 4 + 4 + 4 + 4 + 4 = 28$

As propriedades da multiplicação são:

Elemento neutro: qualquer número multiplicado por 1 terá como produto o próprio número.

| $5 \cdot 1 = 5$

Comutativa: ordem dos fatores não altera o produto.
| $3 \cdot 4 = 4 \cdot 3 = 12$

Associativa: o ajuntamento dos fatores não altera o resultado.
| $2 \cdot (3 \cdot 4) = (2 \cdot 3) \cdot 4 = 24$

Distributiva: um fator em evidência multiplica todas as parcelas dentro dos parênteses.
| $2 \cdot (3 + 4) = (2 \cdot 3) + (2 \cdot 4) = 6 + 8 = 14$

Fique ligado

Na multiplicação existe jogo de sinais. Veja a seguir:

Parcela	Parcela	Produto
+	+	+
+	–	–
–	+	–
–	–	+

| $2 \cdot (-3) = -6$
| $-3 \cdot (-7) = 21$

Divisão

É o inverso da multiplicação. Os sinais que indicam a divisão são: ÷, :, /.

| $14 \div 7 = 2$
| $25 : 5 = 5$
| $36/12 = 3$

Fique ligado

Por ser o inverso da multiplicação, a divisão também possui o jogo de sinal.

7.3 Números racionais

Os números racionais são os números que podem ser escritos na forma de fração, são representados pela letra ℚ e podem ser escritos em forma de frações.

| $\mathbb{Q} = \dfrac{a}{b}$ (com b diferente de zero → b ≠ 0); em que a é o numerador e b é o denominador.

Pertencem também a este conjunto as dízimas periódicas (números que apresentam uma série infinita de algarismos decimais, após a vírgula) e os números decimais (aqueles que são escritos com a vírgula e cujo denominador são potências de 10).

Toda fração cujo numerador é menor que o denominador é chamada de fração própria.

7.3.1 Operações com números racionais

Adição e subtração

Para somar frações deve estar atento se os denominadores das frações são os mesmos. Caso sejam iguais, basta repetir o denominador e somar (ou subtrair) os numeradores, porém se os denominadores forem diferentes é preciso fazer o MMC (mínimo múltiplo comum) dos denominadores, constituindo novas frações equivalentes às frações originais e proceder com o cálculo.

MATEMÁTICA

$$\frac{2}{7} + \frac{4}{7} = \frac{6}{7}$$

$$\frac{2}{3} + \frac{4}{5} = \frac{10}{15} + \frac{12}{15} = \frac{22}{15}$$

Multiplicação

Multiplicar numerador com numerador e denominador com denominador das frações.

$$\frac{3}{4} \cdot \frac{5}{7} = \frac{15}{28}$$

Divisão

Para dividir frações, multiplicar a primeira fração com o inverso da segunda fração.

$$\frac{2}{3} \div \frac{4}{5} = \frac{2}{3} \cdot \frac{5}{4} = \frac{10}{12} = \frac{5}{6}$$

$$\text{(Simplificado por 2)}$$

Toda vez, que for possível, deve simplificar a fração até sua fração irredutível (aquela que não pode mais ser simplificada).

Potenciação

Se a multiplicação é a soma de uma quantidade de parcelas fixas, a potenciação é a multiplicação de uma quantidade de fatores fixos, tal quantidade indicada no expoente que acompanha a base da potência.

A potenciação é expressa por: a^n, cujo **a** é a base da potência e o **n** é o expoente.

$$4^3 = 4 \cdot 4 \cdot 4 = 64$$

Propriedades das potências:

$a^0 = 1$

$3^0 = 1$

$a^1 = a$

$5^1 = 5$

$a^{-n} = 1/a^n$

$2^{-3} = 1/2^3 = 1/8$

$a^m \cdot a^n = a^{(m+n)}$

$3^2 \cdot 3^3 = 3^{(2+3)} = 3^5 = 243$

$a^m : a^n = a^{(m-n)}$

$4^5 : 4^3 = 4^{(5-3)} = 4^2 = 16$

$(a^m)^n = a^{m \cdot n}$

$(2^2)^4 = 2^{2 \cdot 4} = 2^8 = 256$

$a^{m/n} = \sqrt[n]{a^m}$

$7^{2/3} = \sqrt[3]{7^2}$

Não confunda: $(a^m)^n \neq a^{m^n}$

Não confunda também: $(-a)^n \neq -a^n$.

Radiciação

É a expressão da potenciação com expoente fracionário.

A representação genérica da radiciação é: $\sqrt[n]{a}$; cujo **n** é o índice da raiz, o **a** é o radicando e $\sqrt{\ }$ é o radical.

Quando o índice da raiz for o 2 ele não precisa aparecer e essa raiz será uma raiz quadrada.

Propriedades das raízes:

$$\sqrt[n]{a^m} = (\sqrt[n]{a^m}) = a^{m/n}$$

$$\sqrt[m]{\sqrt[n]{a}} = \sqrt[m \cdot n]{a}$$

$$\sqrt[n]{a^n} = a = a^{m/m} = a^1 = a$$

Racionalização: se uma fração tem em seu denominador um radical, faz-se o seguinte:

$$\frac{1}{\sqrt{a}} = \frac{1}{\sqrt{a}} \cdot \frac{\sqrt{a}}{\sqrt{a}} = \frac{\sqrt{a}}{\sqrt{a^2}} = \frac{\sqrt{a}}{a}$$

7.3.2 Transformação de dízima periódica em fração

Para transformar dízimas periódicas em fração, é preciso atentar-se para algumas situações:

- Verifique se depois da vírgula só há a parte periódica, ou se há uma parte não periódica e uma periódica.
- Observe quantas são as casas periódicas e, caso haja, as não periódicas. Lembre-se sempre que essa observação só será para os números que estão depois da vírgula.
- Em relação à fração, o denominador será tantos 9 quantos forem as casas do período, seguido de tantos 0 quantos forem as casas não periódicas (caso haja e depois da vírgula). Já o numerador será o número sem a vírgula até o primeiro período menos toda a parte não periódica (caso haja).

$$0,6666... = \frac{6}{9}$$

$$0,36363636... = \frac{36}{99}$$

$$0,123333... = \frac{123 - 12}{900} = \frac{111}{900}$$

$$2,8888... = \frac{28 - 2}{9} = \frac{26}{9}$$

$$3,754545454... = \frac{3754 - 37}{990} = \frac{3717}{990}$$

7.3.3 Transformação de número decimal em fração

Para transformar número decimal em fração, basta contar quantas casas existem depois da vírgula; então o denominador da fração será o número 1 acompanhado de tantos zeros quantos forem o número de casas, já o numerador será o número sem a vírgula.

$$0,3 = \frac{3}{10}$$

$$2,45 = \frac{245}{100}$$

$$49,586 = \frac{49586}{1000}$$

CONJUNTOS NUMÉRICOS

7.4 Números irracionais

São os números que não podem ser escritos na forma de fração.

O conjunto é representado pela letra $\mathbb{I}$ e tem como elementos as dízimas não periódicas e as raízes não exatas.

7.5 Números reais

Simbolizado pela letra $\mathbb{R}$, é a união do conjunto dos números racionais com o conjunto dos números irracionais.

Representado, temos:

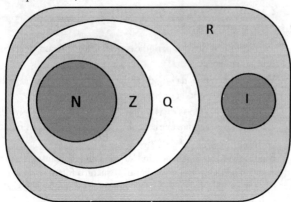

Colocando todos os números em uma reta, temos:

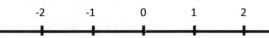

As desigualdades ocorrem em razão de os números serem maiores ou menores uns dos outros.

Os símbolos das desigualdades são:

≥ maior ou igual a.

≤ menor ou igual a.

> maior que.

< menor que.

Dessas desigualdades surgem os intervalos, que nada mais são do que um espaço dessa reta, entre dois números.

Os intervalos podem ser abertos ou fechados, depende dos símbolos de desigualdade utilizados.

Intervalo aberto ocorre quando os números não fazem parte do intervalo e os sinais de desigualdade são:

> maior que.

< menor que.

Intervalo fechado ocorre quando os números fazem parte do intervalo e os sinais de desigualdade são:

≥ maior ou igual a.

≤ menor ou igual a.

7.6 Intervalos

Os intervalos numéricos podem ser representados das seguintes formas:

7.6.1 Com os símbolos <, >, ≤, ≥

Quando usar os símbolos < ou >, os números que os acompanham não fazem parte do intervalo real. Quando usar os símbolos ≤ ou ≥, os números farão parte do intervalo real.

| 2 < x < 5: o 2 e o 5 não fazem parte do intervalo.
| 2 ≤ x < 5: o 2 faz parte do intervalo, mas o 5 não.
| 2 ≤ x ≤ 5: o 2 e o 5 fazem parte do intervalo.

7.6.2 Com os colchetes [ ]

Quando os colchetes estiverem voltados para os números, significa que farão parte do intervalo. Quando os colchetes estiverem invertidos, significa que os números não farão parte do intervalo.

|]2;5[: o 2 e o 5 não fazem parte do intervalo.
| [2;5[: o 2 faz parte do intervalo, mas o 5 não faz.
| [2;5]: o 2 e o 5 fazem parte do intervalo.

7.6.3 Sobre uma reta numérica

▷ **Intervalo aberto**

2<x<5:

Em que 2 e 5 não fazem parte do intervalo numérico, representado pela marcação aberta (sem preenchimento - O).

▷ **Intervalo fechado e aberto**

2≤x<5:

Em que 2 faz parte do intervalo, representado pela marcação fechada (preenchida●) em que 5 não faz parte do intervalo, representado pela marcação aberta (O).

▷ **Intervalo fechado**

2≤x≤5:

Em que 2 e 5 fazem parte do intervalo numérico, representado pela marcação fechada (●).

7.7 Múltiplos e divisores

Os múltiplos são resultados de uma multiplicação de dois números naturais.

| Os múltiplos de 3 são: 0, 3, 6, 9, 12, 15, 18, 21, 24, 27, 30... (os múltiplos são infinitos).

Os divisores de um número são os números, cuja divisão desse número por eles será exata.

| Os divisores de 12 são: 1, 2, 3, 4, 6, 12.

Fique ligado

Números quadrados perfeitos são aqueles que resultam da multiplicação de um número por ele mesmo.

| 4 = 2 · 2
| 25 = 5 · 5

7.8 Números primos

São os números que têm apenas dois divisores, o 1 e ele mesmo. (Alguns autores consideram os números primos aqueles que tem 4 divisores, sendo o 1, o -1, ele mesmo e o seu oposto – simétrico.)

| 2 (único primo par), 3, 5, 7, 11, 13, 17, 19, 23, 29, 31, 37, 41, 43, 47, 53, 59, ...

Os números primos servem para decompor outros números.

A decomposição de um número em fatores primos serve para fazer o MMC e o MDC (máximo divisor comum).

7.9 MMC e MDC

O MMC de um, dois ou mais números é o menor número que, ao mesmo tempo, é múltiplo de todos esses números.

O MDC de dois ou mais números é o maior número que pode dividir todos esses números ao mesmo tempo.

Para calcular, após decompor os números, o MMC de dois ou mais números será o produto de todos os fatores primos, comuns e

MATEMÁTICA

não comuns, elevados aos maiores expoentes. Já o MDC será apenas os fatores comuns a todos os números elevados aos menores expoentes.

$6 = 2 \cdot 3$

$18 = 2 \cdot 3 \cdot 3 = 2 \cdot 3^2$

$35 = 5 \cdot 7$

$144 = 2 \cdot 2 \cdot 2 \cdot 2 \cdot 3 \cdot 3 = 2^4 \cdot 3^2$

$225 = 3 \cdot 3 \cdot 5 \cdot 5 = 3^2 \cdot 5^2$

$490 = 2 \cdot 5 \cdot 7 \cdot 7 = 2 \cdot 5 \cdot 7^2$

$640 = 2 \cdot 2 \cdot 2 \cdot 2 \cdot 2 \cdot 2 \cdot 2 \cdot 5 = 2^7 \cdot 5$

MMC de 18 e 225 = $2 \cdot 3^2 \cdot 5^2 = 2 \cdot 9 \cdot 25 = 450$

MDC de 225 e 490 = 5

Para saber a quantidade de divisores de um número basta, depois da decomposição do número, pegar os expoentes dos fatores primos, somar +1 e multiplicar os valores obtidos.

$225 = 3^2 \cdot 5^2 = 3^{2+1} \cdot 5^{2+1} = 3 \cdot 3 = 9$

N° de divisores = $(2 + 1) \cdot (2 + 1) = 3 \cdot 3 = 9$ divisores. Que são: 1, 3, 5, 9, 15, 25, 45, 75, 225.

7.10 Divisibilidade

As regras de divisibilidade servem para facilitar a resolução de contas, para ajudar a descobrir se um número é ou não divisível por outro. Veja algumas dessas regras.

Divisibilidade por 2: para um número ser divisível por 2, ele tem de ser par.

14 é divisível por 2.

17 não é divisível por 2.

Divisibilidade por 3: para um número ser divisível por 3, a soma dos seus algarismos tem de ser divisível por 3.

174 é divisível por 3, pois $1 + 7 + 4 = 12$.

188 não é divisível por 3, pois $1 + 8 + 8 = 17$.

Divisibilidade por 4: para um número ser divisível por 4, ele tem de terminar em 00 ou os seus dois últimos números devem ser múltiplos de 4.

300 é divisível por 4.

532 é divisível por 4.

766 não é divisível por 4.

Divisibilidade por 5: para um número ser divisível por 5, ele deve terminar em 0 ou em 5.

35 é divisível por 5.

370 é divisível por 5.

548 não é divisível por 5.

Divisibilidade por 6: para um número ser divisível por 6, ele deve ser divisível por 2 e por 3 ao mesmo tempo.

78 é divisível por 6.

576 é divisível por 6.

652 não é divisível por 6.

Divisibilidade por 9: para um número ser divisível por 9, a soma dos seus algarismos deve ser divisível por 9.

75 é não divisível por 9.

684 é divisível por 9.

Divisibilidade por 10: para um número ser divisível por 10, ele tem de terminar em 0.

90 é divisível por 10.

364 não é divisível por 10.

7.11 Expressões numéricas

Para resolver expressões numéricas, deve-se seguir a ordem:

- Resolva os parênteses ( ), depois os colchetes [ ], depois as chaves { }, sempre nessa ordem.
- Dentre as operações, resolva primeiro as potenciações e raízes (o que vier primeiro), depois as multiplicações e divisões (o que vier primeiro) e, por último, as somas e subtrações (o que vier primeiro).

Calcule o valor da expressão:

$8 - \{5 - [10 - (7 - 3 \cdot 2)] \div 3\}$

$8 - \{5 - [10 - (7 - 6)] \div 3\}$

$8 - \{5 - [10 - (1)] \div 3\}$

$8 - \{5 - [9] \div 3\}$

$8 - \{5 - 3\}$

$8 - \{2\}$

6

SISTEMA LEGAL DE MEDIDAS

8 SISTEMA LEGAL DE MEDIDAS

8.1 Medidas de tempo

A unidade padrão do tempo é o segundo (s), mas devemos saber as seguintes relações:

1min = 60s

1h = 60min = 3.600s

1 dia = 24h = 1.440min = 86.400s

30 dias = 1 mês

2 meses = 1 bimestre

6 meses = 1 semestre

12 meses = 1 ano

10 anos = 1 década

100 anos = 1 século

| 15h47min18s + 11h39min59s = 26h86min77s = 26h87min17s = 27h27min17s= 1 dia 3h27min17s.

| 8h23min − 3h49min51s = 7h83min − 3h49min51s = 7h82min60s − 3h49min51s = 4h33min9s.

Cuidado com as transformações de tempo, pois elas não seguem o mesmo padrão das outras medidas.

8.2 Sistema métrico decimal

Serve para medir comprimentos, distâncias, áreas e volumes. Tem como unidade padrão o metro (m). Veja a seguir seus múltiplos, variações e algumas transformações.

Metro (m):

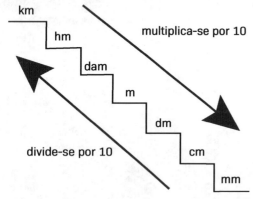

Ao descer um degrau da escada, multiplica-se por 10, e ao subir um degrau, divide-se por 10.

| Transformar 2,98km em cm = 2,98 · 100.000 = 298.000cm (na multiplicação por 10 ou suas potências, basta deslocar a vírgula para a direita).

| Transformar 74m em km = 74 ÷ 1.000 = 0,074km (na divisão por 10 ou suas potências, basta deslocar a vírgula para a esquerda).

Fique ligado

O grama (g) e o litro (l) seguem o mesmo padrão do metro (m).

Metro quadrado (m^2):

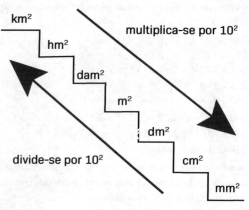

Ao descer um degrau da escada, multiplica por 10^2 ou 100, e ao descer um degrau, divide por 10^2 ou 100.

| Transformar 79,11m^2 em cm^2 = 79,11 · 10.000 = 791.100cm^2.

| Transformar 135m^2 em km^2 = 135 ÷ 1.000.000 = 0,000135km^2.

Metro cúbico (m^3):

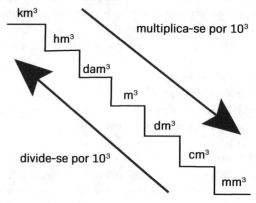

Ao descer um degrau da escada, multiplica-se por 10^3 ou 1.000, e ao subir um degrau, divide-se por 10^3 ou 1.000.

| Transformar 269dm^3 em cm^3 = 269 · 1.000 = 269.000cm^3.

| Transformar 4.831cm^3 em m^3 = 4.831 ÷ 1.000.000 = 0,004831m^3.

O metro cúbico, por ser uma medida de volume, tem relação com o litro (l), e essa relação é:

1m^3 = 1.000 litros.

1dm^3 = 1 litro.

1cm^3 = 1 mililitro.

9 PROPORCIONALIDADE

Os conceitos de razão e proporção estão ligados ao quociente. Esse conteúdo é muito solicitado pelas bancas de concursos.

Primeiramente, vamos compreender o que é grandeza, em seguida, razão e proporção.

9.1 Grandeza

É tudo aquilo que pode ser contado, medido ou enumerado.

| Comprimento (distância), tempo, quantidade de pessoas e/ou coisas etc.

Grandezas diretamente proporcionais: são aquelas em que o aumento de uma implica o aumento da outra.

| Quantidade e preço.

Grandezas inversamente proporcionais: são aquelas em que o aumento de uma implica a diminuição da outra.

| Velocidade e tempo.

9.2 Razão

É a comparação de duas grandezas. Essas grandezas podem ser da mesma espécie (unidades iguais) ou de espécies diferentes (unidades diferentes). Nada mais é do que uma fração do tipo $\frac{a}{b}$, com $b \neq 0$.

Nas razões, os numeradores são também chamados de antecedentes e os denominadores de consequentes.

Escala: comprimento no desenho comparado ao tamanho real.

Velocidade: distância comparada ao tempo.

9.3 Proporção

É determinada pela igualdade entre duas razões.

$$\frac{a}{b} = \frac{c}{d}$$

Dessa igualdade, tiramos a propriedade fundamental das proporções: o produto dos meios igual ao produto dos extremos (a chamada multiplicação cruzada).

$$\boxed{b \cdot c = a \cdot d}$$

É basicamente essa propriedade que ajuda resolver a maioria das questões desse assunto.

Dados três números racionais a, b e c, não nulos, denomina **quarta proporcional** desses números um número x tal que:

$$\frac{a}{b} = \frac{c}{x}$$

Proporção contínua é a que apresenta os meios iguais.

De um modo geral, uma proporção contínua pode ser representada por:

$$\frac{a}{b} = \frac{b}{c}$$

As outras propriedades das proporções são:

Numa proporção, a soma dos dois primeiros termos está para o 2º (ou 1º) termo, assim como a soma dos dois últimos está para o 4º (ou 3º).

$$\frac{a+b}{b} = \frac{c+d}{d} \quad \text{ou} \quad \frac{a+b}{a} = \frac{c+d}{c}$$

Numa proporção, a diferença dos dois primeiros termos está para o 2º (ou 1º) termo, assim como a diferença dos dois últimos está para o 4º (ou 3º).

$$\frac{a-b}{b} = \frac{c-d}{d} \quad \text{ou} \quad \frac{a-b}{a} = \frac{c-d}{c}$$

Numa proporção, a soma dos antecedentes está para a soma dos consequentes, assim como cada antecedente está para o seu consequente.

$$\frac{a+c}{b+d} = \frac{c}{d} = \frac{a}{b}$$

Numa proporção, a diferença dos antecedentes está para a diferença dos consequentes, assim como cada antecedente está para o seu consequente.

$$\frac{a-c}{b-d} = \frac{c}{d} = \frac{a}{b}$$

Numa proporção, o produto dos antecedentes está para o produto dos consequentes, assim como o quadrado de cada antecedente está para quadrado do seu consequente.

$$\frac{a \cdot c}{b \cdot d} = \frac{a^2}{b^2} = \frac{c^2}{d^2}$$

A última propriedade pode ser estendida para qualquer número de razões.

$$\frac{a \cdot c \cdot e}{b \cdot d \cdot f} = \frac{a^3}{b^3} = \frac{c^3}{d^3} = \frac{e^3}{f^3}$$

9.4 Divisão em partes proporcionais

Para dividir um número em partes direta ou inversamente proporcionais, devem-se seguir algumas regras.

▷ **Divisão em partes diretamente proporcionais**

| Divida o número 50 em partes diretamente proporcionais a 4 e a 6.

$4x + 6x = 50$

$10x = 50$

$x = \frac{50}{10}$

$x = 5$

x = constante proporcional

Então, $4x = 4 \cdot 5 = 20$ e $6x = 6 \cdot 5 = 30$

Logo, a parte proporcional a 4 é o 20 e a parte proporcional ao 6 é o 30.

▷ **Divisão em partes inversamente proporcionais**

| Divida o número 60 em partes inversamente proporcionais a 2 e a 3.

$$\frac{x}{2} = \frac{x}{3} = 60$$

$$\frac{3x}{6} + \frac{2x}{6} = 60$$

$5x = 60 \cdot 6$

$5x = 360$

$x = \frac{360}{5}$

$x = 72$

PROPORCIONALIDADE

x = constante proporcional

Então, $\dfrac{x}{2} = \dfrac{72}{2} = 36$ e $\dfrac{x}{3} = \dfrac{72}{3} = 24$

Logo, a parte proporcional a 2 é o 36 e a parte proporcional ao 3 é o 24.

Perceba que, na divisão diretamente proporcional, quem tiver a maior parte ficará com o maior valor. Já na divisão inversamente proporcional, quem tiver a maior parte ficará com o menor valor.

9.5 Regra das torneiras

Sempre que uma questão envolver uma situação que pode ser feita de um jeito em determinado tempo (ou por uma pessoa) e, em outro tempo, de outro jeito (ou por outra pessoa), e quiser saber em quanto tempo seria se fosse feito tudo ao mesmo tempo, usa-se a regra da torneira, que consiste na aplicação da seguinte fórmula:

$$t_T = \frac{t_1 \cdot t_2}{t_1 + t_2}$$

Em que **T** é o tempo.

Quando houver mais de duas situações, é melhor usar a fórmula:

$$\frac{1}{t_T} = \frac{1}{t_1} + \frac{1}{t_2} + \ldots + \frac{1}{t_n}$$

Em que **n** é a quantidade de situações.

Uma torneira enche um tanque em 6h. Uma segunda torneira enche o mesmo tanque em 8h. Se as duas torneiras forem abertas juntas quanto tempo vão levar para encher o mesmo tanque?

$$t_T = \frac{6 \cdot 8}{6 + 8} = \frac{48}{14} = 3\text{h}25\text{min}43\text{s}$$

9.6 Regra de três

Mecanismo prático e/ou método utilizado para resolver questões que envolvem razão e proporção (grandezas).

9.6.1 Regra de três simples

Aquela que só envolve duas grandezas.

Durante uma viagem, um carro consome 20 litros de combustível para percorrer 240km, quantos litros são necessários para percorrer 450km?

Primeiro, verifique se as grandezas envolvidas na questão são direta ou inversamente proporcionais, e monte uma estrutura para visualizar melhor a questão.

Distância	Litro
240	20
450	x

Ao aumentar a distância, a quantidade de litros de combustível necessária para percorrer essa distância também vai aumentar, então, as grandezas são diretamente proporcionais.

$$\frac{20}{x} = \frac{240}{450}$$

Aplicando a propriedade fundamental das proporções:

240x = 9.000

$$x = \frac{9.000}{240} = 37,5 \text{ litros}$$

9.6.2 Regra de três composta

Aquela que envolve mais de duas grandezas.

Dois pedreiros levam nove dias para construir um muro com 2m de altura. Trabalhando três pedreiros e aumentando a altura para 4m, qual será o tempo necessário para completar esse muro?

Neste caso, deve-se comparar uma grandeza de cada vez com a variável.

Dias	Pedreiros	Altura
9	2	2
x	3	4

Note que, ao aumentar a quantidade de pedreiros, o número de dias necessários para construir um muro diminui, então as grandezas pedreiros e dias são inversamente proporcionais. No entanto, se aumentar a altura do muro, será necessário mais dias para construí-lo. Dessa forma, as grandezas muro e dias são diretamente proporcionais. Para finalizar, monte a proporção e resolva. Lembre-se que quando uma grandeza for inversamente proporcional à variável sua fração será invertida.

$$\frac{9}{x} = \frac{3}{2} \cdot \frac{2}{4}$$

$$\frac{9}{x} = \frac{6}{8}$$

Aplicar a propriedade fundamental das proporções:

6x = 72

$$x = \frac{72}{6} = 12 \text{ dias}$$

MATEMÁTICA

10 SEQUÊNCIAS NUMÉRICAS

Neste capítulo, conheceremos a formação de uma sequência e também do que trata a P.A. (Progressão Aritmética) e a P.G. (Progressão Geométrica).

10.1 Definições

Sequências: conjunto de elementos organizados de acordo com certo padrão, ou seguindo determinada regra. O conhecimento das sequências é fundamental para a compreensão das progressões.

Progressões: são sequências numéricas com algumas características exclusivas.

Cada elemento das sequências e/ou progressões são denominados termos.

Sequência dos números quadrados perfeitos: (1, 4, 9, 16, 25, 36, 49, 64, 81, 100...).

Sequência dos números primos: (2, 3, 5, 7, 11, 13, 17, 19, 23, 29, 31, 37, 41, 43, 47, 53...).

O que determina a formação na sequência dos números é: $a_n = n^2$.

10.2 Lei de formação de uma sequência

Para determinar uma sequência numérica é preciso uma lei de formação. A lei que define a sequência pode ser a mais variada possível.

A sequência definida pela lei $a_n = n^2 + 1$, com $n \in \mathbb{N}$, cujo a_n é o termo que ocupa a n-ésima posição na sequência é: 0, 2, 5, 10, 17, 26... Por esse motivo, a_n é chamado de termo geral da sequência.

10.3 Progressão aritmética (P.A.)

Progressão aritmética é uma sequência numérica em que cada termo, a partir do segundo, é igual ao anterior adicionado a um número fixo, chamado razão da progressão (r).

Quando r > 0, a progressão aritmética é crescente; quando r < 0, decrescente e quando r = 0, constante ou estacionária.

- (2, 5, 8, 11, ...), temos r = 3. Logo, a P.A. é crescente.
- (20, 18, 16, 14, ...), temos r = -2. Logo, a P.A. é decrescente.
- (5, 5, 5, 5, ...), temos r = 0. Logo, a P.A. é constante.

A representação matemática de uma progressão aritmética é: $(a_1, a_2, a_3, ..., a_n, a_{n+1}, ...)$ na qual:

$$\begin{cases} a_2 = a_1 + r \\ a_3 = a_2 + r \\ a_4 = a_3 + r \\ \vdots \end{cases}$$

Se a razão de uma P.A. é a quantidade que acrescentamos a cada termo para obter o seguinte, podemos dizer que ela é igual à diferença entre qualquer termo, a partir do segundo, e o anterior. Assim, de modo geral, temos:

$$r = a_2 - a_1 = a_3 - a_2 = ... = a_{n+1} - a_n$$

Para encontrar um termo específico, a quantidade de termos ou até mesmo a razão de uma P.A., dispomos de uma relação chamada termo geral de uma P.A.: $a_n = a_1 + (n-1)r$, onde:

- a_n é o termo geral.
- a_1 é o primeiro termo.
- n é o número de termos.
- r é a razão da P.A.

Propriedades:

P_1. Em toda P.A. finita, a soma de dois termos equidistantes dos extremos é igual à soma dos extremos.

```
1    3    5    7    9    11
          5 + 7 = 12
     3 + 9 = 12
1 + 11 = 12
```

Dois termos são equidistantes quando a distância entre um deles para o primeiro termo da P.A. é igual a distância do outro para o último termo da P.A.

P_2. Uma sequência de três termos é P.A. se o termo médio é igual à média aritmética entre os outros dois, isto é, (a, b, c) é P.A. $\Leftrightarrow b = \dfrac{a+c}{2}$

Seja a P.A. (2, 4, 6), então, $4 = \dfrac{2+6}{2}$

P_3. Em uma P.A. com número ímpar de termos, o termo médio é a média aritmética entre os extremos.

(3, 6, 9, 12, 15, 18, 21, 24, 27, 30, 33, 36, 39), $21 = \dfrac{3+39}{2}$

P_4. A soma S_n dos n primeiros termos da P.A. $(a_1, a_2, a_3, ... a_n)$ é dada por:

$$S_n = \dfrac{(a_1 + a_n) \cdot n}{2}$$

Calcule a soma dos termos da P.A. (1, 4, 7, 10, 13, 16, 19, 22, 25).
$a_1 = 1; a_n = 25; n = 9$

$S_n = \dfrac{(a_1 + a^n) \cdot n}{2}$

$S_n = \dfrac{(1 + 25) \cdot 9}{2}$

$S_n = \dfrac{(26) \cdot 9}{2}$

$S_n = \dfrac{234}{2}$

$S_n = 117$

10.3.1 Interpolação aritmética

Interpolar significa inserir termos, ou seja, interpolação aritmética é a colocação de termos entre os extremos de uma P.A. Consiste basicamente em descobrir o valor da razão da P.A. e inserir esses termos.

Utiliza-se a fórmula do termo geral para a resolução das questões, em que **n** será igual a **k + 2**, cujo **k** é a quantidade de termos que se quer interpolar.

Insira 5 termos em uma P.A. que começa com 3 e termina com 15.
$a_1 = 3; a_n = 15; k = 5$ e
$n = 5 + 2 = 7$

$a_n = a_1 + (n - 1) \cdot r$
$15 = 3 + (7 - 1) \cdot r$
$15 = 3 + 6r$
$6r = 15 - 3$
$6r = 12$
$r = \dfrac{12}{6}$
$r = 2$

Então, P.A.
(3, 5, 7, 9, 11, 13, 15)

SEQUÊNCIAS NUMÉRICAS

10.4 Progressão geométrica (P.G.)

Progressão geométrica é uma sequência de números não nulos em que cada termo, a partir do segundo, é igual ao anterior multiplicado por um número fixo, chamado razão da progressão (q).

A representação matemática de uma progressão geométrica é $(a_1, a_2, a_3, \ldots, a_{n-1}, a_n)$, na qual $a_2 = a_1 \cdot q$, $a_3 = a_2 \cdot q, \ldots$ etc. De modo geral, escrevemos: $a_{n+1} = a_n \cdot q$, $\forall\, n \in \mathbb{N}^*$ e $q \in \mathbb{R}$.

Em uma P.G., a razão q é igual ao quociente entre qualquer termo, a partir do segundo, e o anterior.

$$(4, 8, 16, 32, 64)$$
$$q = \frac{8}{4} = \frac{16}{8} = \frac{32}{16} = \frac{64}{32} = 2$$

$$(6, -18, 54, -162)$$
$$q = \frac{186}{6} = \frac{54}{-18} = \frac{-162}{54} = -3$$

Assim, podemos escrever:
$$\frac{a_2}{a_1} = \frac{a_3}{a_2} = \ldots = \frac{a_{n+1}}{a_n} = q, \text{ sendo q a razão da P.G.}$$

Podemos classificar uma P.G. como:

Crescente:

Quando $a_1 > 0$ e $q > 1$

| $(2, 6, 18, 54, \ldots)$ é uma P.G. crescente com $a_1 = 2$ e $q = 3$

Quando $a_1 < 0$ e $0 < q < 1$

| $(-40, -20, -10, \ldots)$ é uma P.G. crescente com $a_1 = -40$ e $q = 1/2$

Decrescente:

Quando $a_1 > 0$ e $0 < q < 1$

| $(256, 64, 16, \ldots)$ é uma P.G. decrescente com $a_1 = 256$ e $q = 1/4$

Quando $a_1 < 0$ e $q > 1$

| $(-2, -10, -50, \ldots)$ é uma P.G. decrescente com $a_1 = -2$ e $q = 5$

Constante:

Quando $q = 1$

| $(3, 3, 3, 3, 3, \ldots)$ é uma P.G. constante com $a_1 = 3$ e $q = 1$

Alternada:

Quando $q < 0$

| $(2, -6, 18, -54)$ é uma P.G. alternada com $a_1 = 2$ e $q = -3$

A fórmula do termo geral de uma P.G. nos permite encontrar qualquer termo da progressão.

$$\boxed{a_n = a_1 \cdot q^{n-1}}$$

Propriedades:

P_1. Em toda P.G. finita, o produto de dois termos equidistantes dos extremos é igual ao produto dos extremos.

1   3   9   27   81   243
          9 · 27 = 243
       3 · 81 = 243
     1 · 243 = 243

Dois termos são equidistantes quando a distância de um deles para o primeiro termo P.G. é igual a distância do outro para o último termo da P.G.

P_2. Uma sequência de três termos, em que o primeiro é diferente de zero, é uma P.G., e sendo o quadrado do termo médio igual ao produto dos outros dois, isto é, $a \neq 0$.

| (a, b, c) é P.G. $\Leftrightarrow b^2 = ac$
| $(2, 4, 8) \Leftrightarrow 4^2 = 2 \cdot 8 = 16$

P_3. Em uma P.G. com número ímpar de termos, o quadrado do termo médio é igual ao produto dos extremos.

| $(2, 4, 8, 16, 32, 64, 128, 256, 512)$, temos que $32^2 = 2 \cdot 512 = 1.024$.

P_4. Soma dos n primeiros termos de uma P.G.: $S_n = \dfrac{a_1(q^n - 1)}{q - 1}$

P_5. Soma dos termos de uma P.G. infinita:

$$\begin{cases} S_\infty = \dfrac{a_1}{q-1}, \text{ se } -1 < q < 1 \\ 1 - q \end{cases}$$

- $S_\infty = +\infty$, se $q > 1$ e $a_1 > 0$
- $S_\infty = -\infty$, se $q > 1$ e $a_1 < 0$

10.4.1 Interpolação geométrica

Interpolar significa inserir termos, ou seja, interpolação geométrica é a colocação de termos entre os extremos de uma P.G. Consiste basicamente em descobrir o valor da razão da P.G. e inserir esses termos.

Utiliza-se a fórmula do termo geral para a resolução das questões, em que **n** será igual a **p + 2**, cujo **p** é a quantidade de termos que se quer interpolar.

Insira 4 termos em uma P.G. que começa com 2 e termina com 2.048.

$a_1 = 2$; $a_n = 2.048$; $p = 4$ e $n = 4 + 2 = 6$
$a_n = a_1 \cdot q^{(n-1)}$
$2.048 = 2 \cdot q^{(6-1)}$
$2.048 = 2 \cdot q^5$
$q^5 = \dfrac{2.048}{2}$
$q^5 = 1.024$ ($1.024 = 4^5$)
$q^5 = 4^5$
$q = 4$
P.G. (2, **8, 32, 128, 512**, 2.048).

10.4.2 Produto dos termos de uma P.G.

Para o cálculo do produto dos termos de uma P.G., usar a seguinte fórmula:

$$\boxed{P_n = \sqrt{(a_1 \cdot a_n)^n}}$$

Qual o produto dos termos da P.G. (5, 10, 20, 40, 80, 160)?
$a_1 = 5$; $a_n = 160$; $n = 6$
$P_n = \sqrt{(a_1 \cdot a_n)^n}$
$P_n = \sqrt{(5 \cdot 160)^6}$
$P_n = (5 \cdot 160)^3$
$P_n = (800)^3$
$P_n = 512.000.000$

MATEMÁTICA

11 TRIGONOMETRIA

Neste capítulo, estudaremos os triângulos e as relações que os envolvem.

11.1 Triângulos

O triângulo é uma das figuras mais simples e também uma das mais importantes da Geometria. O triângulo possui propriedades e definições de acordo com o tamanho de seus lados e medida dos ângulos internos.

▷ **Quanto aos lados, o triângulo pode ser classificado em:**
- **Equilátero:** possui todos os lados com medidas iguais.
- **Isósceles:** possui dois lados com medidas iguais.
- **Escaleno:** possui todos os lados com medidas diferentes.

▷ **Quanto aos ângulos, os triângulos podem ser denominados:**
- **Acutângulo:** possui os ângulos internos com medidas menores que 90°.
- **Obtusângulo:** possui um dos ângulos com medida maior que 90°.
- **Retângulo:** possui um ângulo com medida de 90°, chamado ângulo reto.

No triângulo retângulo existem importantes relações, uma delas é o **Teorema de Pitágoras**, que diz o seguinte: "A soma dos quadrados dos catetos é igual ao quadrado da hipotenusa".

$$a^2 = b^2 + c^2$$

A condição de existência de um triângulo é: um lado do triângulo ser menor do que a soma dos outros dois lados e também maior do que a diferença desses dois lados.

11.2 Trigonometria no triângulo retângulo

As razões trigonométricas básicas são relações entre as medidas dos lados do triângulo retângulo e seus ângulos. As três funções básicas da trigonometria são: seno, cosseno e tangente. O ângulo é indicado pela letra x.

Função	Notação	Definição
seno	sen(x)	medida do cateto oposto a x / medida da hipotenusa
cosseno	cos(x)	medida do cateto adjacente a x / medida da hipotenusa
tangente	tg(x)	medida do cateto oposto a x / medida do cateto adjacente a x

Relação fundamental: para todo ângulo x (medido em radianos), vale a importante relação:

$$\cos^2(x) + \sin^2(x) = 1$$

11.3 Trigonometria em um triângulo qualquer

Os problemas envolvendo trigonometria são resolvidos em sua maioria por meio da comparação com triângulos retângulos. No cotidiano, algumas situações envolvem triângulos acutângulos ou triângulos obtusângulos. Nesses casos, necessitamos da Lei dos Senos ou dos Cossenos.

11.3.1 Lei dos senos

A Lei dos Senos estabelece relações entre as medidas dos lados com os senos dos ângulos opostos aos lados. Observe:

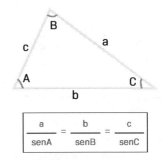

$$\frac{a}{\sin A} = \frac{b}{\sin B} = \frac{c}{\sin C}$$

11.3.2 Lei dos cossenos

Nos casos em que não pode aplicar a Lei dos Senos, existe o recurso da Lei dos Cossenos. Ela permite trabalhar com a medida de dois segmentos e a medida de um ângulo. Dessa forma, dado um triângulo ABC de lados medindo a, b e c, temos:

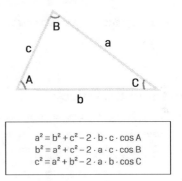

$$a^2 = b^2 + c^2 - 2 \cdot b \cdot c \cdot \cos A$$
$$b^2 = a^2 + c^2 - 2 \cdot a \cdot c \cdot \cos B$$
$$c^2 = a^2 + b^2 - 2 \cdot a \cdot b \cdot \cos C$$

11.4 Medidas dos ângulos

11.4.1 Medidas em grau

Sabe-se que uma volta completa na circunferência corresponde a 360°; se dividir em 360 arcos, haverá arcos unitários medindo 1° grau. Dessa forma, a circunferência é simplesmente um arco de 360° com o ângulo central medindo uma volta completa ou 360°.

É possível dividir o arco de 1° grau em 60 arcos de medidas unitárias iguais a 1' (arco de um minuto). Da mesma forma, podemos dividir o arco de 1' em 60 arcos de medidas unitárias iguais a 1" (arco de um segundo).

11.4.2 Medidas em radianos

Dada uma circunferência de centro O e raio R, com um arco de comprimento s e α o ângulo central do arco, vamos determinar a medida do arco em radianos de acordo com a figura a seguir:

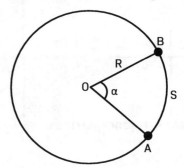

TRIGONOMETRIA

Diz-se que o arco mede um radiano se o comprimento do arco for igual à medida do raio da circunferência. Assim, para saber a medida de um arco em radianos, deve-se calcular quantos raios da circunferência são precisos para obter o comprimento do arco. Portanto:

$$\alpha = \frac{S}{R}$$

Com base nessa fórmula, podemos encontrar outra expressão para determinar o comprimento de um arco de circunferência:

$$s = \alpha \cdot R$$

De acordo com as relações entre as medidas em grau e radiano de arcos, vamos destacar uma regra de três capaz de converter as medidas dos arcos.

360° → 2π radianos (aproximadamente 6,28)
180° → π radiano (aproximadamente 3,14)
90° → π/2 radiano (aproximadamente 1,57)
45° → π/4 radiano (aproximadamente 0,785)

Medida em graus	Medida em radianos
180	π
x	a

11.5 Ciclo trigonométrico

Considerando um plano cartesiano, representados nele um círculo com centro na origem dos eixos e raios.

Divide-se o ciclo trigonométrico em quatro arcos, obtendo quatro quadrantes.

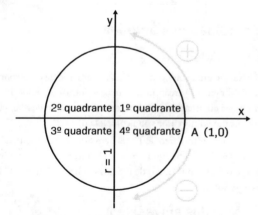

Dessa forma, obtêm-se as relações:

11.5.1 Razões trigonométricas

As principais razões trigonométricas são:

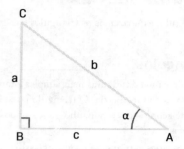

$$\text{sen}\,\alpha = \frac{\text{comprimento do cateto oposto}}{\text{comprimento da hitotenusa}} = \frac{a}{b}$$

$$\cos\alpha = \frac{\text{comprimento do cateto adjacente}}{\text{comprimento da hitotenusa}} = \frac{c}{b}$$

$$\text{tg}\,\alpha = \frac{\text{comprimento do cateto oposto}}{\text{comprimento do cateto adjacente}} = \frac{a}{b}$$

Outras razões decorrentes dessas são:

$$\text{tg}\,x = \frac{\text{sen}\,x}{\cos x}$$

$$\text{cotg}\,x = \frac{1}{\text{tg}\,x} = \frac{\cos x}{\text{sen}\,x}$$

$$\sec x = \frac{1}{\cos x}$$

$$\text{cossec}\,x = \frac{1}{\sec x}$$

A partir da relação fundamental, encontram as seguintes relações:
$(\text{sen}\,x)^2 + (\cos x)^2 = 1$ = [relação fundamental da trigonometria]
$1 + (\text{cotg}\,x)^2 = (\text{cossec}\,x)^2$
$1 + (\text{tg}\,x)^2 = (\sec x)^2$

11.5.2 Redução ao 1° quadrante

$\text{sen}(90° - \alpha) = \cos\alpha$
$\cos(90° - \alpha) = \text{sen}\,\alpha$
$\text{sen}(90° + \alpha) = \cos\alpha$
$\cos(90° + \alpha) = -\text{sen}\,\alpha$
$\text{sen}(180° - \alpha) = \text{sen}\,\alpha$
$\cos(180° - \alpha) = -\cos\alpha$
$\text{tg}(180° - \alpha) = -\text{tg}\,\alpha$
$\text{sen}(180° + \alpha) = -\text{sen}\,\alpha$
$\cos(180° + \alpha) = -\cos\alpha$
$\text{sen}(270° - \alpha) = -\cos\alpha$
$\cos(270° - \alpha) = -\text{sen}\,\alpha$
$\text{sen}(270° + \alpha) = -\cos\alpha$
$\cos(270° + \alpha) = \text{sen}\,\alpha$
$\text{sen}(-\alpha) = -\text{sen}\,\alpha$
$\cos(-\alpha) = \cos\alpha$
$\text{tg}(-\alpha) = -\text{tg}\,\alpha$

11.6 Funções trigonométricas

11.6.1 Função seno

Função seno é a função $f(x) = \text{sen } x$.

O domínio dessa função é R e a imagem é Im [–1,1], visto que, na circunferência trigonométrica, o raio é unitário.

Então:

- Domínio de $f(x) = \text{sen } x$; $D(\text{sen } x) = R$.
- Imagem de $f(x) = \text{sen } x$; $\text{Im}(\text{sen } x) = [-1,1]$.

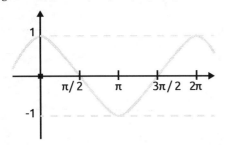

Sinal da função

$f(x) = \text{sen } x$ é positiva no 1º e 2º quadrantes (ordenada positiva).

$f(x) = \text{sen } x$ é negativa no 3º e 4º quadrantes (ordenada negativa).

- **Quando** $x \in \left[0, \dfrac{\pi}{2}\right]$: 1º quadrante, o valor de sen x cresce de 0 a 1.

- **Quando** $x \in \left[\dfrac{\pi}{2}, \pi\right]$: 2º quadrante, o valor de sen x decresce de 1 a 0.

- **Quando** $x \in \left[\pi, \dfrac{3\pi}{2}\right]$: 3º quadrante, o valor de sen x decresce de 0 a –1.

- **Quando** $x \in \left[\dfrac{3\pi}{2}, 2\pi\right]$: 4º quadrante, o valor de sen x cresce de –1 a 0.

11.6.2 Função cosseno

Função cosseno é a função $f(x) = \cos x$

O domínio dessa função também é R e a imagem é Im [–1,1]; visto que, na circunferência trigonométrica, o raio é unitário.

Então:

- Domínio de $f(x) = \cos x$; $D(\cos x) = R$.
- Imagem de $f(x) = \cos x$; $\text{Im}(\cos x) = [-1,1]$.

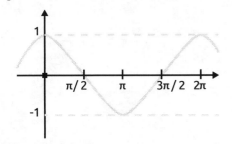

11.6.3 Sinal da função

$f(x) = \cos x$ é positiva no 1º e 4º quadrantes (abscissa positiva).

$f(x) = \cos x$ é negativa no 2º e 3º quadrantes (abscissa negativa).

- **Quando** $x \in \left[0, \dfrac{\pi}{2}\right]$: 1º quadrante, o valor de cos x cresce de 0 a 1.

- **Quando** $x \in \left[\dfrac{\pi}{2}, \pi\right]$: 2º quadrante, o valor de cos x decresce de 1 a 0.

- **Quando** $x \in \left[\pi, \dfrac{3\pi}{2}\right]$: 3º quadrante, o valor de cos x decresce de 0 a –1.

- **Quando** $x \in \left[\dfrac{3\pi}{2}, 2\pi\right]$: 4º quadrante, o valor de cos x cresce de –1 a 0.

11.6.4 Função tangente

Função tangente é a função $f(x) = \text{tg } x$.

Então:

- **Domínio de $f(x)$**: o domínio dessa função são todos os números reais, exceto os que zeram o cosseno, pois não existe cos x = 0
- Imagem de $f(x) = \text{Im} =]-\infty, \infty[$

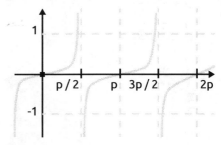

Sinal da função

$f(x) = \text{tg } x$ é positiva no 1º e 3º quadrantes (produto da ordenada pela abscissa positiva).

$f(x) = \text{tg } x$ é negativa no 2º e 4º quadrantes (produto da ordenada pela abscissa negativa).

11.6.5 Outras funções

Função secante

Denomina-se função secante a função: $f(x) = \dfrac{1}{\cos x}$

Função cossecante

Denomina-se função cossecante a função: $f(x) = \dfrac{1}{\text{sen } x}$

Função cotangente

Denomina-se função cotangente a função: $f(x) = \dfrac{1}{\text{tg } x}$

11.7 Identidades e operações trigonométricas

As mais comuns são:

$\text{sen}(a + b) = \text{sen } a \cdot \cos b + \text{sen } b \cdot \cos a$

$\text{sen}(a - b) = \text{sen } a \cdot \cos b - \text{sen } b \cdot \cos a$

$\cos(a + b) = \cos a \cdot \cos b - \text{sen } a \cdot \cos b$

$\cos(a - b) = \cos a \cdot \cos b + \text{sen } a \cdot \cos b$

$\text{tg}(a + b) = \dfrac{\text{tg}a + \text{tg}b}{1 - \text{tg}a \cdot \text{tg}b}$

TRIGONOMETRIA

$$\text{tg}(a-b) = \frac{\text{tga} - \text{tgb}}{1 + \text{tga} \cdot \text{tgb}}$$

$\text{sen}(2x) = 2 \cdot \text{sen}(x) \cdot \cos(x)$

$\cos(2x) = \cos^2(x) - \text{sen}^2(x)$

$\text{tg}(2x) = \left(\dfrac{2 \cdot \text{tg}(x)}{1 - \text{tg}^2(x)}\right)$

$\text{sen}(x) + \text{sen}(y) = 2 \cdot \text{sen}\left(\dfrac{x+y}{2}\right) \cdot \cos\left(\dfrac{x-y}{2}\right)$

$\text{sen}(x) - \text{sen}(y) = 2 \cdot \text{sen}\left(\dfrac{x-y}{2}\right) \cdot \cos\left(\dfrac{x+y}{2}\right)$

$\cos(x) + \cos(y) = 2 \cdot \cos\left(\dfrac{x+y}{2}\right) \cdot \cos\left(\dfrac{x-y}{2}\right)$

$\cos(x) - \cos(y) = 2 \cdot \text{sen}\left(\dfrac{x+y}{2}\right) \cdot \text{sen}\left(\dfrac{x-y}{2}\right)$

11.8 Bissecção de arcos ou arco metade

Também temos a fórmula do arco metade para senos, cossenos e tangentes:

$\sin\left(\dfrac{a}{2}\right) = \pm\sqrt{\dfrac{1 - \cos(a)}{2}}$

$\cos\left(\dfrac{a}{2}\right) = \pm\sqrt{\dfrac{1 + \cos(a)}{2}}$

$\tan\left(\dfrac{a}{2}\right) = \pm\sqrt{\dfrac{1 - \cos(a)}{1 + \cos(a)}}$

MATEMÁTICA

12 GEOMETRIA PLANA

▷ **Ceviana:** são segmentos de reta que partem do vértice do triângulo para o lado oposto.

▷ **Mediana:** é o segmento de reta que liga um vértice deste triângulo ao ponto médio do lado oposto a este vértice. As medianas se encontram em um ponto chamado de baricentro.

▷ **Altura:** altura de um triângulo é um segmento de reta perpendicular a um lado do triângulo ou ao seu prolongamento, traçado pelo vértice oposto. As alturas se encontram em um ponto chamado ortocentro.

▷ **Bissetriz:** é o lugar geométrico dos pontos que equidistam de duas retas concorrentes e, por consequência, divide um ângulo em dois ângulos congruentes. As bissetrizes se encontram em um ponto chamado incentro.

▷ **Mediatrizes:** são retas perpendiculares a cada um dos lados de um triângulo. As mediatrizes se encontram em um ponto chamado circuncentro.

12.1 Semelhanças de figuras

Duas figuras (formas geométricas) são semelhantes quando satisfazem a duas condições: os seus ângulos têm o mesmo tamanho e os lados correspondentes são proporcionais.

Nos triângulos existem alguns casos de semelhanças bem conhecidos:

▷ **1º caso: LAL (lado, ângulo, lado):** dois lados congruentes e o ângulo entre esses lados também congruentes.

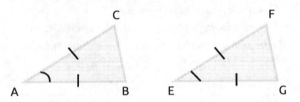

▷ **2º caso: LLL (lado, lado, lado):** os três lados congruentes.

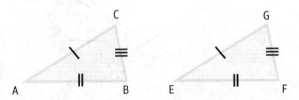

▷ **3º caso: ALA (ângulo, lado, ângulo):** dois ângulos congruentes e o lado entre esses ângulos também congruente.

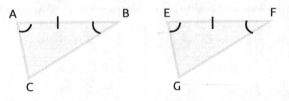

▷ **4º caso: LAAo (lado, ângulo, ângulo oposto):** congruência do ângulo adjacente ao lado, e congruência do ângulo oposto ao lado.

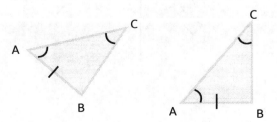

12.2 Relações métricas nos triângulos

12.2.1 Triângulo retângulo e suas relações métricas

Denomina-se triângulo retângulo o triângulo que tem um de seus ângulos retos, ou seja, um de seus ângulos mede 90°. O triângulo retângulo é formado por uma hipotenusa e dois catetos, a hipotenusa é o lado maior, o lado aposto ao ângulo de 90°, e os outros dois lados são os catetos.

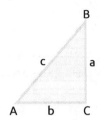

Na figura, podemos observar o triângulo retângulo de vértices A, B e C, e lados a, b e c. Como o ângulo de 90° está no vértice C, então a hipotenusa do triângulo é o lado c, e os catetos são os lados a e b.

Assim, podemos separar um triângulo em dois triângulos semelhantes:

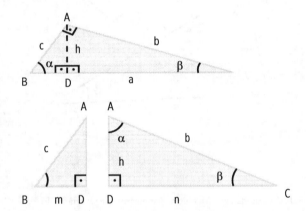

Neste segundo triângulo, podemos observar uma perpendicular à hipotenusa até o vértice A; essa é a altura h do triângulo, separando a hipotenusa em dois segmentos, o segmento m e o segmento n, separando esses dois triângulos obtemos dois triângulos retângulos, o triângulo ΔABD e ΔADC. Como os ângulos dos três triângulos são congruentes, então podemos dizer que os triângulos são semelhantes.

Com essa semelhança, ganhamos algumas relações métricas entre os triângulos:

$$\frac{c}{a} = \frac{m}{c} \Rightarrow c^2 = am$$

$$\frac{c}{a} = \frac{h}{b} \Rightarrow cb = ah$$

$$\frac{b}{a} = \frac{n}{b} \Rightarrow b^2 = an$$

$$\frac{h}{m} = \frac{n}{h} \Rightarrow h^2 = mn$$

Da primeira e da terceira equação, obtemos:

$c^2 + b^2 = am + an = a(m + n)$.

Como vimos na figura que m+n=a, então temos:

$c^2 + b^2 = aa = a^2$

ou seja, trata-se do Teorema de Pitágoras.

GEOMETRIA PLANA

12.2.2 Lei dos cossenos

Para um triângulo qualquer demonstra-se que:

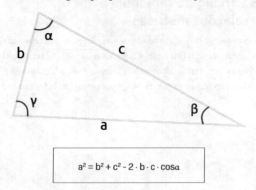

$$a^2 = b^2 + c^2 - 2 \cdot b \cdot c \cdot \cos\alpha$$

Note que o lado a do triângulo é oposto ao cosseno do ângulo α.

12.2.3 Lei dos senos

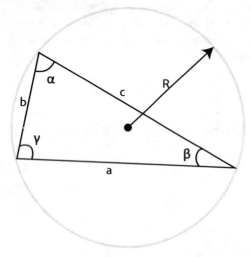

R é o raio da circunferência circunscrita a esse triângulo.

Neste caso, valem as seguintes relações, conforme a lei dos senos:

$$\frac{a}{\text{sen}\alpha} = \frac{b}{\text{sen}\beta} = \frac{c}{\text{sen}\gamma} = 2R$$

12.3 Quadriláteros

Quadrilátero é um polígono de quatro lados. Eles possuem os seguintes elementos:

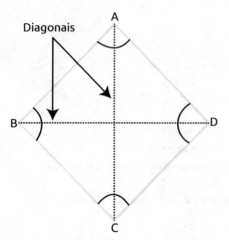

Vértices: A, B, C, e D.
Lados: AB, BC, CD, DA.
Diagonais: AC e BD.
Ângulos internos ou ângulos do quadrilátero ABCD: $\hat{A}, \hat{B}, \hat{C}, \hat{D}$.
Todo quadrilátero tem duas diagonais.

O perímetro de um quadrilátero ABCD é a soma das medidas de seus lados, ou seja, AB + BC + CD + DA.

12.3.1 Quadriláteros importantes

▷ **Paralelogramo:** é o quadrilátero que tem os lados opostos paralelos.

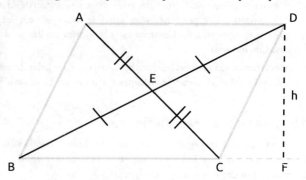

h é a altura do paralelogramo.

Em um paralelogramo:
- Os lados opostos são congruentes.
- Cada diagonal o divide em dois triângulos congruentes.
- Os ângulos opostos são congruentes.
- As diagonais interceptam-se em seu ponto médio.

▷ **Retângulo:** é o paralelogramo em que os quatro ângulos são congruentes (retos).

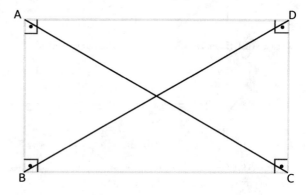

▷ **Losango:** é o paralelogramo em que os quatro lados são congruentes.

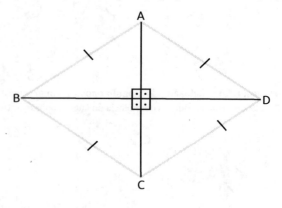

▷ **Quadrado:** é o paralelogramo em que os quatro lados e os quatro ângulos são congruentes.

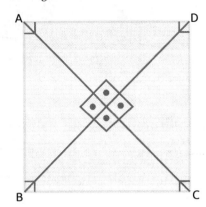

▷ **Trapézio:** é o quadrilátero que apresenta somente dois lados paralelos chamados bases.

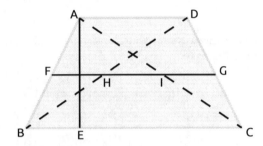

• **Trapézio retângulo:** é aquele que apresenta dois ângulos retos.

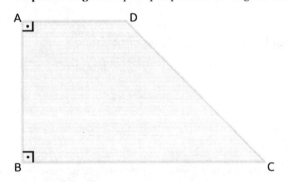

• **Trapézio isósceles:** é aquele em que os lados não paralelos são congruentes.

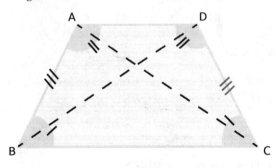

12.4 Polígonos regulares

Um polígono é regular se todos os seus lados e todos os seus ângulos forem congruentes.

Os nomes dos polígonos dependem do critério que se utiliza para classificá-los. Usando **o número de ângulos** ou o **número de lados**, tem-se a seguinte nomenclatura:

Número de lados (ou ângulos)	Nome do Polígono	
	Em função do número de ângulos	Em função do número de lados
3	triângulo	trilátero
4	quadrângulo	quadrilátero
5	pentágono	pentalátero
6	hexágono	hexalátero
7	heptágono	heptalátero
8	octógono	octolátero
9	eneágono	enealátero
10	decágono	decalátero
11	undecágono	undecalátero
12	dodecágono	dodecalátero
15	pentadecágono	pentadecalátero
20	icoságono	icosalátero

Nos polígonos regulares cada ângulo externo é dado por:

$$e = \frac{360°}{n}$$

A soma dos ângulos internos é dada por:

$$S_i = 180 \cdot (n-2)$$

E cada ângulo interno é dado por:

$$i = \frac{180(n-2)}{n}$$

12.4.1 Diagonais de um polígono

O segmento que liga dois vértices não consecutivos de polígono é chamado de diagonal.

O número de diagonais de um polígono é dado pela fórmula:

$$d = \frac{n \cdot (n-3)}{2}$$

GEOMETRIA PLANA

12.5 Círculos e circunferências

12.5.1 Círculo
É a área interna a uma circunferência.

12.5.2 Circunferência
É o contorno do círculo. Por definição, é o lugar geométrico dos pontos equidistantes ao centro.

A distância entre o centro e o lado é o raio.

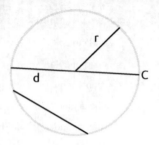

Corda
É o seguimento que liga dois pontos da circunferência.

A maior corda, ou corda maior de uma circunferência, é o diâmetro. Também dizemos que a corda que passa pelo centro é o diâmetro.

Posição relativa entre reta e circunferência

Secante	Tangente	Externa

Uma reta é:
- **Secante:** distância entre a reta e o centro da circunferência é menor que o raio.
- **Tangente:** a distância entre a reta e o centro da circunferência é igual ao raio.
- **Externa:** a distância entre a reta e o centro da circunferência é maior que o raio.

Posição relativa entre circunferência

As posições relativas entre circunferência são basicamente 5:

▷ **Circunferência secante:** a distância entre os centros é menor que a soma dos raios das duas, porém, é maior que o raio de cada uma.

▷ **Externo:** a distância entre os centros é maior que a soma do raio.

▷ **Tangente:** distância entre os centros é igual à soma dos raios.

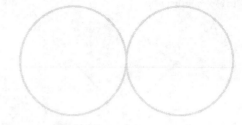

▷ **Interna:** distância entre os centros mais o raio da menor é igual ao raio da maior.

▷ **Interior:** distância entre os centros menos o raio da menor é menor que o raio da maior.

Ângulo central e ângulo inscrito

Central	Inscrito

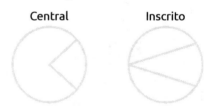

Um ângulo central sempre é o dobro do ângulo inscrito de um mesmo arco.

As áreas de círculos e partes do círculo são:

Área do círculo = $\pi \cdot r^2 = \dfrac{1}{4} \pi \cdot D^2$

Área do setor circular = $\pi \cdot r^2 = \dfrac{\alpha}{360°} = \dfrac{1}{2} \alpha \cdot r^2$

Área da coroa = área do círculo maior – área do círculo menor

Fique ligado
Os ângulos podem ser expressos em graus (360° = 1 volta) ou em radianos (2π = 1 volta)

12.6 Polígonos regulares inscritos e circunscritos

As principais relações entre a circunferência e os polígonos são:
- Qualquer polígono regular é inscritível em uma circunferência.
- Qualquer polígono regular e circunscritível a uma circunferência.

MATEMÁTICA

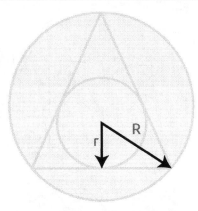

Polígono circunscrito a uma circunferência é o que possui seus lados tangentes à circunferência. Ao mesmo tempo, dizemos que esta circunferência está inscrita no polígono.

Um polígono é inscrito em uma circunferência se cada vértice do polígono for um ponto da circunferência, e neste caso dizemos que a circunferência é circunscrita ao polígono.

Da inscrição e circunscrição dos polígonos nas circunferências podem-se ter as seguintes relações:

Apótema de um polígono regular é a distância do centro a qualquer lado. Ele é sempre perpendicular ao lado.

Nos polígonos inscritos:

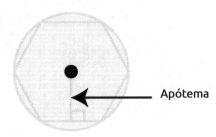

12.6.1 No quadrado

Cálculo da medida do lado (L):

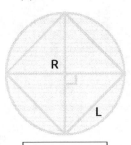

$$L = R\sqrt{2}$$

Cálculo da medida do apótema (a):

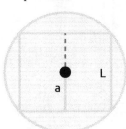

$$a = \frac{R\sqrt{2}}{2}$$

12.6.2 No hexágono

Cálculo da medida do lado (L):

$$L = R$$

Cálculo da medida do apótema (a):

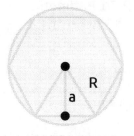

$$a = \frac{R\sqrt{3}}{2}$$

12.6.3 No triângulo equilátero

Nos polígonos circunscritos:

Cálculo da medida do lado (L):

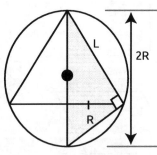

$$L = R\sqrt{3}$$

Cálculo da medida do apótema (a):

$$a = \frac{R}{2}$$

12.6.4 No quadrado

Cálculo da medida do lado (L):

$$L = 2R$$

Cálculo da medida do apótema (a):

$$a = R$$

12.6.5 No hexágono

Cálculo da medida do lado (L):

$$L = \frac{2R\sqrt{3}}{3}$$

Cálculo da medida do apótema (a):

$$a = R$$

12.6.6 No triângulo equilátero

Cálculo da medida do lado (L):

$$L = 2R\sqrt{3}$$

Cálculo da medida do apótema (a):

$$a = R$$

GEOMETRIA PLANA

12.7 Perímetros e áreas dos polígonos e círculos

12.7.1 Perímetro

É o contorno da figura, ou seja, a soma dos lados da figura.

Para calcular o perímetro do círculo utilize: $P = 2\pi \cdot r$

12.7.2 Área

É o espaço interno, ou seja, a extensão que ela ocupa dentro do perímetro.

Principais áreas (S) de polígonos

Retângulo
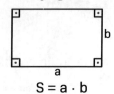
$S = a \cdot b$

Quadrado
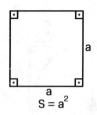
$S = a^2$

Paralelogramo
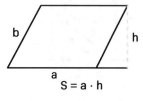
$S = a \cdot h$

Losango
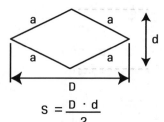
$S = \dfrac{D \cdot d}{2}$

Trapézio
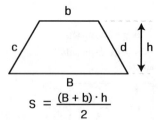
$S = \dfrac{(B + b) \cdot h}{2}$

Triângulo
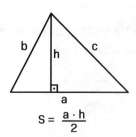
$S = \dfrac{a \cdot h}{2}$

Triângulo equilátero
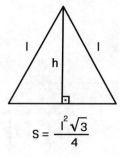
$S = \dfrac{l^2 \sqrt{3}}{4}$

Círculo
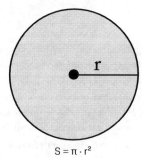
$S = \pi \cdot r^2$

MATEMÁTICA

13 GEOMETRIA ESPACIAL

Neste capítulo, serão abordados os principais conceitos de geometria espacial e suas aplicações.

13.1 Retas e planos

A reta é infinita, ou seja, contém infinitos pontos.

Por um ponto, podem ser traçadas infinitas retas.

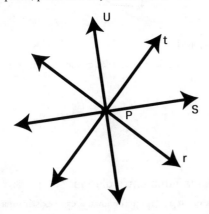

Por dois pontos distintos, passa uma única reta.

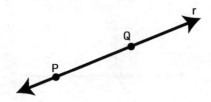

Um ponto qualquer de uma reta divide-a em duas semirretas.

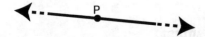

Por três pontos não colineares, passa um único plano.

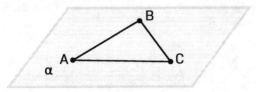

Por uma reta, pode ser traçada uma infinidade de planos.

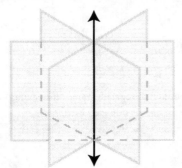

13.1.1 Posições relativas de duas retas

No espaço, duas retas distintas podem ser concorrentes, paralelas ou reversas:

Concorrentes
$r \cap s = \{P\}$
$r \subset \alpha$
$s \subset \alpha$

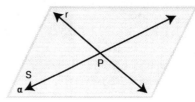

Paralelas
$r \cap s = \{\ \}$
$r \subset \alpha$
$s \subset \alpha$

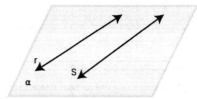

Concorrentes
$r \cap s = \{\ \}$
Não existe plano que contenha r e s simultaneamente

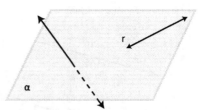

Em particular nas retas concorrentes, há aquelas que são perpendiculares.

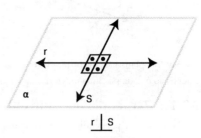

13.1.2 Posições relativas entre reta e plano

Reta contida no plano

Se uma reta r tem dois pontos distintos num plano α, então, r está contida nesse plano:

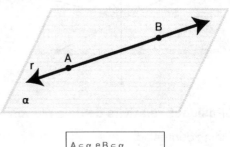

$$\begin{matrix} A \in \alpha \text{ e } B \in \alpha \\ A \in r \text{ e } B \in r \end{matrix} \Rightarrow r \subset \alpha$$

GEOMETRIA ESPACIAL

Reta concorrente ou incidente ao plano

Dizemos que a reta r fura o plano α ou que r e α são concorrentes em P quando r ∩ α = { P }.

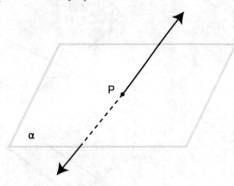

Reta paralela ao plano

Se uma reta r e um plano α não tem ponto em comum, então, a reta r é paralela a uma reta t contida no plano α; portanto, r || α, || t e t ⊂ α ⇒ r || α

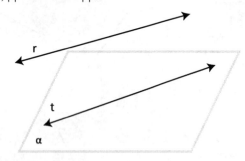

Se dois planos distintos têm um ponto em comum, então, a sua interseção é dada por uma única reta que passa por esse ponto.

13.1.3 Perpendicularismo entre reta e plano

Uma reta r é perpendicular a um plano α se, e somente se, r for perpendicular a todas as retas de α que passam pelo ponto de interseção de r e α.

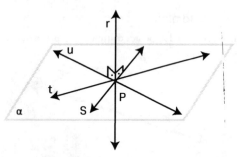

13.1.4 Posições relativas de dois planos

Planos coincidentes ou iguais

Planos concorrentes ou secantes

Dois planos, α e β, são concorrentes quando sua interseção é uma única reta:

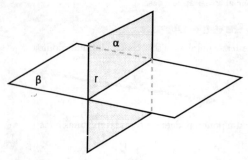

Planos paralelos

Dois planos, α e β, são paralelos quando sua interseção é vazia:

Perpendicularismo entre planos

Dois planos, α e β, são perpendiculares se existir uma reta de um deles que seja perpendicular ao outro:

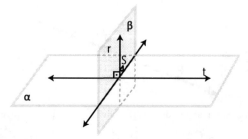

13.2 Prismas

Na figura a seguir, temos dois planos paralelos e distintos, α e β, um polígono convexo R contido em α e uma reta r que intercepta α e β, mas não R:

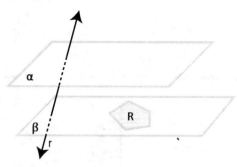

Para cada ponto P da região R, vamos considerar o segmento $\overline{P'P}$, paralelo à reta r (P linha, pertence a Beta).

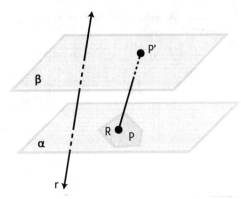

Assim, temos:

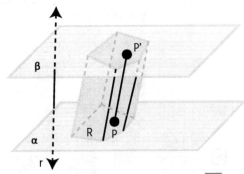

O conjunto de todos os segmentos congruentes $\overline{P'P}$ paralelos a r, é conhecido por prisma ou prisma limitado.

13.2.1 Elementos do prisma

Dado o prisma a seguir, considere os seguintes elementos:

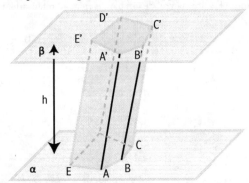

Bases: as regiões poligonais R e S

Altura: a distância h entre os planos α e β

Arestas das bases:

Lados AB, BC, CD, DE, EA, A'B', B'C', D'E', E'A' (dos polígonos)

Arestas laterais:

Os segmentos AA', BB', CC', DD', EE'

Faces laterais: os paralelogramos AA'BB', BB'C'C, CC'D'D, DD'E'E, EE'A'A

13.2.2 Classificação

Um prisma pode ser:

Reto: quando as arestas laterais são perpendiculares aos planos das bases.

Oblíquo: quando as arestas laterais são oblíquas aos planos das bases.

Prisma reto

Prisma oblíquo

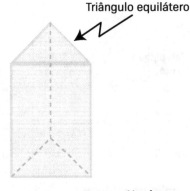

Prisma regular triangular

Chama-se de prisma regular todo prisma reto, cujas bases são polígonos regulares.

Triângulo equilátero

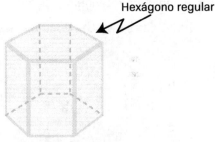

Hexágono regular

Prisma regular hexagonal

Fique ligado

As faces de um prisma regular são retângulos congruentes.

13.2.3 Áreas

Em um prisma distinguimos dois tipos de superfície: as faces e as bases. Assim, temos de considerar as seguintes áreas:

AL = n · AF (n = número de lados do polígono da base).

- **Área de uma face (AF):** área de um dos paralelogramos que constituem as faces.
- **Área lateral (AL):** soma das áreas dos paralelogramos que formam as faces do prisma.
- **Área da base (AB):** área de um dos polígonos das bases.
- **Área total (AT): soma da área lateral com a área das bases:**

GEOMETRIA ESPACIAL

$$A_T = A_L + 2A_B$$

13.2.4 Paralelepípedo

Todo prisma cujas bases são paralelogramos recebe o nome de paralelepípedo.

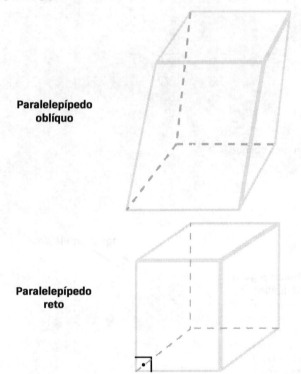

Paralelepípedo oblíquo

Paralelepípedo reto

Se o paralelepípedo reto tem bases retangulares, ele é chamado de paralelepípedo reto-retângulo, ortoedro ou paralelepípedo retângulo.

Paralelepípedo retângulo

Diagonais da base e do paralelepípedo

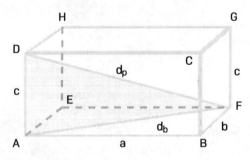

db = diagonal da base
dp = diagonal do paralelepípedo

Na base, ABFE, tem-se:

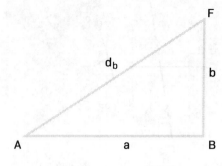

$$d_b^2 = a^2 + b^2 \Rightarrow d_b = \sqrt{a^2 + b^2}$$

No triângulo AFD, tem-se:

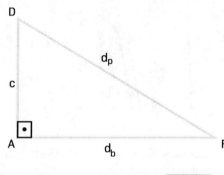

$$d_p^2 = d_b^2 + c^2 = a^2 + b^2 + c^2 \Rightarrow d_p = \sqrt{a^2 + b^2 + c^2}$$

Área lateral

Sendo AL a área lateral de um paralelepípedo retângulo, tem-se:

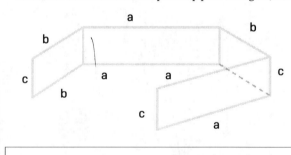

$$A_L = ac + bc + ac + bc = 2ac + 2bc = A_L = 2(ac + bc)$$

Área total

Planificando o paralelepípedo, verificamos que a área total é a soma das áreas de cada par de faces opostas:

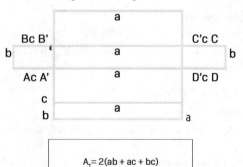

$$A_T = 2(ab + ac + bc)$$

Volume

O volume de um paralelepípedo retângulo de dimensões a, b e c é dado por:

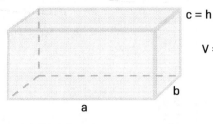

$$V = a \cdot b \cdot c$$

13.2.5 Cubo

Um paralelepípedo retângulo com todas as arestas congruentes (a = b = c) recebe o nome de cubo. Dessa forma, cada face é um quadrado.

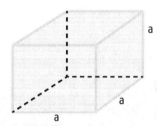

Diagonais da base e do cubo

Considere a figura a seguir:

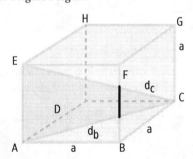

dc = diagonal do cubo
db = diagonal da base

Na base ABCD, tem-se:

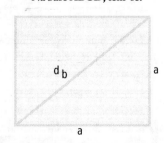

$d_c^2 = a^2 + a^2 = 2a^2 \Rightarrow d_b = a\sqrt{2}$

No triângulo ACE, tem-se:

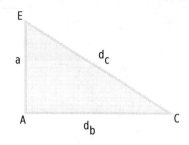

$d_c^2 = a^2 + d_b^2 = a^2 + 2a^2 = 3a^2 \Rightarrow d_b = a\sqrt{3}$

Área lateral

A área lateral AL é dada pela área dos quadrados de lado a:

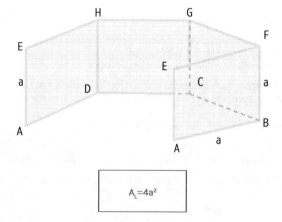

$$A_L = 4a^2$$

Área total

A área total AT é dada pela área dos seis quadrados de lado a:

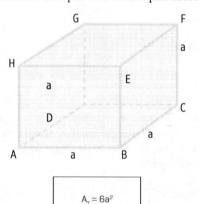

$$A_T = 6a^2$$

Volume

De forma semelhante ao paralelepípedo retângulo, o volume de um cubo de aresta a é dado por:

$$V = a \cdot a \cdot a = a^3$$

Generalização do volume de um prisma:
Vprisma = AB · h

GEOMETRIA ESPACIAL

13.3 Cilindro

13.3.1 Elementos do cilindro

Dado o cilindro a seguir, considere os seguintes elementos:

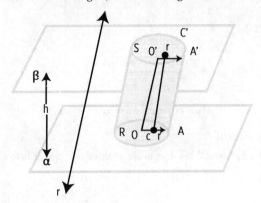

Bases: os círculos de centro O e O' e raios r.

Altura: a distância h entre os planos α e β.

Geratriz: qualquer segmento de extremidades nos pontos das circunferências das bases (por exemplo, $\overline{AA'}$) e paralelo à reta r.

13.3.2 Classificação do cilindro

Um cilindro pode ser:
- **Circular oblíquo:** quando as geratrizes são oblíquas às bases.
- **Circular reto:** quando as geratrizes são perpendiculares às bases.

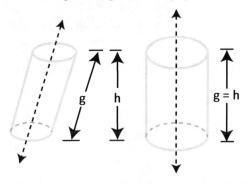

O cilindro circular reto é também chamado de cilindro de revolução, por ser gerado pela rotação completa de um retângulo por um de seus lados. Assim, a rotação do retângulo ABCD pelo lado $\overline{BC}$ gera o cilindro a seguir:

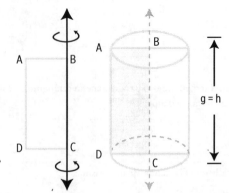

A reta $\overline{BC}$ contém os centros das bases e é o eixo do cilindro.

13.3.3 Seção

Seção transversal é a região determinada pela interseção do cilindro com um plano paralelo às bases. Todas as seções transversais são congruentes.

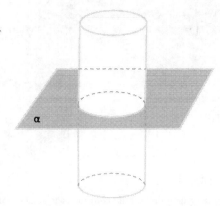

Seção meridiana é a região determinada pela interseção do cilindro com um plano que contém o eixo.

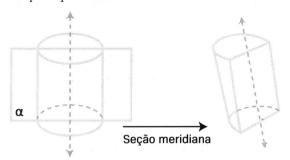

Seção meridiana

13.3.4 Áreas

Num cilindro, consideramos as seguintes áreas:

Área Lateral (AL)

Pode-se observar a área lateral de um cilindro fazendo a sua planificação:

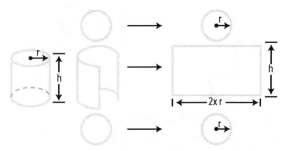

Assim, a área lateral do cilindro reto cuja altura é h e cujos raios dos círculos das bases são r é um retângulo de dimensões $2\pi r$ e h:

$$A_L = 2\pi r h$$

Área da base (AB): área do círculo de raio r:

$$A_B = 2\pi r^2$$

Área total (AT): soma da área lateral com as áreas das bases:

$$A_T = A_L + 2_{AB} = 2\pi r h + 2\pi r^2 = 2\pi r (h + r)$$

13.3.5 Volume

O volume de todo paralelepípedo retângulo e de todo cilindro é o produto da área da base pela medida de sua altura:

$$V_{cilindro} = A_B \cdot h$$

No caso do cilindro circular reto, a área da base é a área do círculo de raio r, $AB = \pi r^1 h$; portanto, seu volume é:

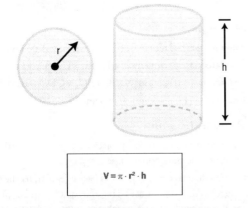

$$V = \pi \cdot r^2 \cdot h$$

13.3.6 Cilindro equilátero

Todo cilindro cuja seção meridiana é um quadrado (altura igual ao diâmetro da base) é chamado cilindro equilátero.

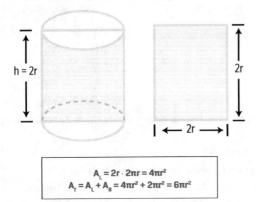

$$A_L = 2r \cdot 2\pi r = 4\pi r^2$$
$$A_T = A_L + A_B = 4\pi r^2 + 2\pi r^2 = 6\pi r^2$$

13.4 Cone circular

Dado um círculo C, contido num plano α, e um ponto V (vértice) fora de α, chamamos de cone circular o conjunto de todos os segmentos $\overline{VP}, P \in C$.

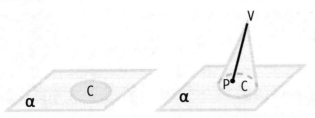

13.4.1 Elementos do cone circular

Dado o cone a seguir, consideramos os seguintes elementos:

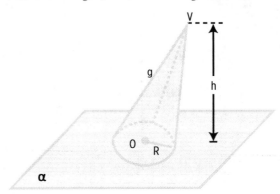

Altura: distância h do vértice V ao plano α.

Geratriz (g): segmento com uma extremidade no ponto V e outra em um ponto da circunferência.

Raio da base: raio R do círculo.

Eixo de rotação: reta $\overline{VO}$ determinada pelo centro do círculo e pelo vértice do cone.

13.4.2 Cone reto

Todo cone cujo eixo de rotação é perpendicular à base é chamado cone reto, também denominado cone de revolução. Ele pode ser gerado pela rotação completa de um triângulo retângulo em torno de um de seus catetos.

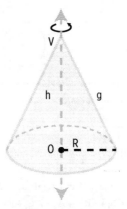

Da figura, e pelo Teorema de Pitágoras, temos a seguinte relação:

$$g^2 = h^2 + R^2$$

13.4.3 Seção meridiana

A seção determinada, em um cone de revolução, por um plano que contém o eixo de rotação é chamada seção meridiana.

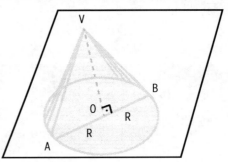

GEOMETRIA ESPACIAL

Se o triângulo AVB for equilátero, o cone também será equilátero:

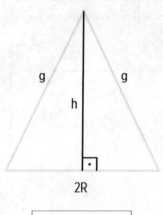

$$g = 2R$$
$$h = R\sqrt{3}$$

13.4.4 Áreas

Desenvolvendo a superfície lateral de um cone circular reto, obtemos um setor circular de raio g e comprimento $L = 2\pi R$.

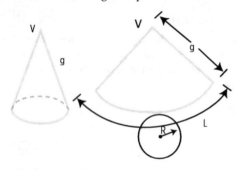

▷ Assim, há de se considerar as seguintes áreas:

Área lateral (AL): área do setor circular:

$$A_L = \frac{gl}{2} = \frac{g \cdot 2\pi R}{2} \Rightarrow A_L = \pi R g$$

Área da base (AB): área do círculo do raio R:
$$A_B = \pi R^2$$

Área total (AT): soma da área lateral com a área da base:
$$A_T = A_L + A_B = \pi R g + \pi R^2 \rightarrow A_T \pi R (g + R)$$

13.4.5 Volume

$$V_{cone} = 2\pi dS = 2\pi \cdot \frac{r}{3} \cdot \frac{rh}{2} \Rightarrow V_{cone} \frac{1}{3} \cdot \pi r^2 h$$

13.5 Pirâmides

Dado um polígono convexo R, contido em um plano α, e um ponto V (vértice) fora de α, chamamos de pirâmide o conjunto de todos os segmentos $\overline{VP}$, $P \in R$.

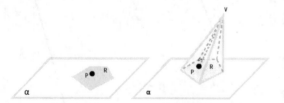

13.5.1 Elementos da pirâmide

Dada a pirâmide a seguir, tem-se os seguintes elementos:

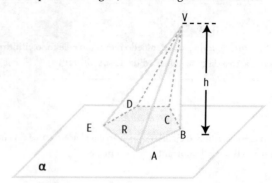

Base: o polígono convexo R.
Arestas da base: os lados AB, BC, CD, DE, EA do polígono.
Arestas laterais: os segmentos VA, VB, VC, VD, VE.
Faces laterais: os triângulos VAB, VBC, VCD, VDE, VEA.
Altura: distância h do ponto V ao plano.

13.5.2 Classificação

Uma pirâmide é reta quando a projeção ortogonal do vértice coincide com o centro do polígono da base.

Toda pirâmide reta, cujo polígono da base é regular, recebe o nome de pirâmide regular. Ela pode ser triangular, quadrangular, pentagonal etc., conforme sua base, seja, respectivamente, um triângulo, um quadrilátero, um pentágono etc.

Pirâmide regular hexagonal   Pirâmide regular quadrangular

13.5.3 Áreas

Em uma pirâmide, temos as seguintes áreas:
Área lateral (AL): reunião das áreas das faces laterais.
Área da base (AB): área do polígono convexo (base da pirâmide).
Área total (AT): união da área lateral com a área da base.

$$A_T = A_L + A_B$$

Para uma pirâmide regular, temos:

$$V_L = n \cdot \frac{bg}{2} \quad A_b = pa$$

Em que:
- **b** é a aresta;
- **g** é o apótema;
- **n** é o número de arestas laterais;
- **p** é o semiperímetro da base;
- **a** é o apótema do polígono da base.

13.5.4 Volume

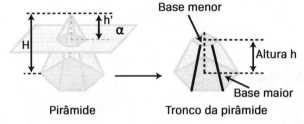

13.6 Troncos

Se um plano interceptar todas as arestas de uma pirâmide ou de um cone, paralelamente às suas bases, o plano dividirá cada um desses sólidos em dois outros: uma nova pirâmide e um tronco de pirâmide; e um novo cone e um tronco de cone.

13.6.1 Tronco da pirâmide

Dado o tronco de pirâmide regular a seguir, tem-se:

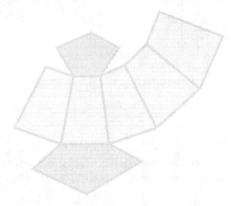

As bases são polígonos regulares paralelos e semelhantes.

As faces laterais são trapézios isósceles congruentes.

Áreas

Área lateral (AL): soma das áreas dos trapézios isósceles congruentes que formam as faces laterais.

Área total (AT): soma da área lateral com a soma das áreas da base menor (Ab) e maior (AB).

$$A_T = A_L + A_B + A_b$$

Volume

O volume de um tronco de pirâmide regular é dado por:

$$V_r = \frac{h}{3}(A_B + A_b + \sqrt{A_B A_b})$$

Sendo V o volume da pirâmide e V' o volume da pirâmide obtido pela seção, é válida a relação:

$$\frac{V'}{V} = \left(\frac{h'}{H}\right)^3$$

13.6.2 Tronco do cone

Sendo o tronco do cone circular regular a seguir, tem-se:

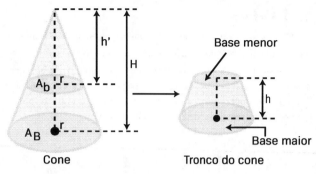

As bases maior e menor são paralelas.

A altura do tronco é dada pela distância entre os planos que contêm as bases.

Áreas

Área lateral

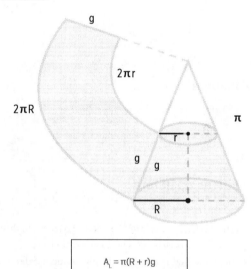

$$A_L = \pi(R + r)g$$

Área total

$$A_T = A_L + A_B + A_b = \pi(R + r)g + \pi R^2 + \pi r^2$$
$$\downarrow$$
$$A_T = [(R + r)g + R^2 + r^2]$$

Volume

$$V_r = \frac{h}{3}(A_B + A_b + \sqrt{A_B A_b}) \frac{h}{3}(\pi R^2 + \pi r^2 + \sqrt{\pi R^2 \cdot \pi r^2})$$
$$\downarrow$$
$$V = \frac{\pi h}{3}(R^2 + r^2 + Rr)$$

Sendo V o volume do cone e V' o volume do cone obtido pela seção, são válidas as relações:

$$\frac{r}{r'} = \frac{H'}{h'}$$

$$\frac{A_B}{A_b} = \left(\frac{H'}{h'}\right)^2$$

GEOMETRIA ESPACIAL

$$\frac{V}{V'} = \left(\frac{H'}{h'}\right)^3$$

13.7 Esfera

Chama-se de esfera de centro O e raio R, o conjunto de pontos do espaço cuja distância ao centro é menor ou igual ao raio R.

Considerando a rotação completa de um semicírculo em torno de um eixo, a esfera é o sólido gerado por essa rotação. Assim, ela é limitada por uma superfície esférica e formada por todos os pontos pertencentes a essa superfície e ao seu interior.

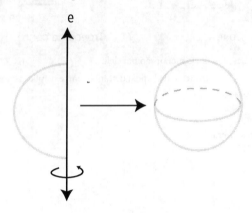

13.7.1 Volume

O volume da esfera de raio R é dado por:

$$V_e = \frac{4}{3} \cdot \pi R^3$$

13.7.2 Partes da esfera

Superfície esférica

A superfície esférica de centro O e raio R é o conjunto de pontos do espaço cuja distância ao ponto O é igual ao raio R.

Se considerar a rotação completa de uma semicircunferência em torno de seu diâmetro, a superfície esférica é o resultado dessa rotação.

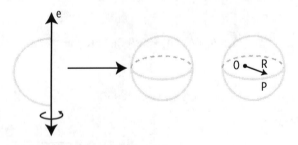

A área da superfície esférica é dada por:

$$A_s = 4\pi R^2$$

Zona esférica

É a parte da esfera gerada do seguinte modo:

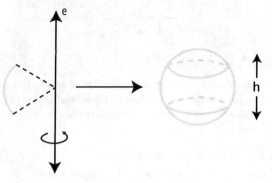

A área da zona esférica é dada por:

$$S = 2\pi Rh$$

Calota esférica

É a parte da esfera gerada do seguinte modo:

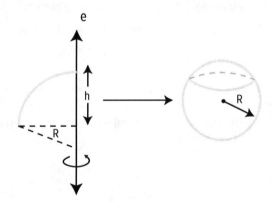

A área da calota esférica é dada por:

$$S = 2\pi Rh$$

Fuso esférico

O fuso esférico é uma parte da superfície esférica que se obtém ao girar uma semicircunferência de um ângulo $\alpha(0 < \alpha < 2\pi)$ em torno de seu eixo:

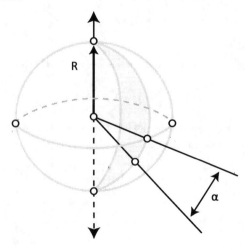

A área do fuso esférico pode ser obtida por uma regra de três simples:

$A_S - 2\pi \quad A_F = \dfrac{4\pi R^2 \alpha}{2\pi} \Rightarrow A_F = 2R^2\alpha$ (α em radianos)
$A_F - \alpha$

$A_S - 360° \quad A_F = \dfrac{4\pi R^2 \alpha}{360°} \Rightarrow A_F \quad \dfrac{\pi R^2 \alpha}{90°}$ (α em graus)
$A_F - \alpha$

Cunha esférica

Parte da esfera que se obtém ao girar um semicírculo em torno de seu eixo de um ângulo $\alpha (0 < \alpha < 2\pi)$:

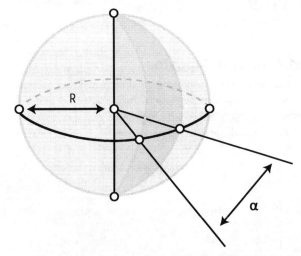

O volume da cunha pode ser obtido por uma regra de três simples:

$\left. \begin{array}{l} V_e - 2\pi \\ V_c - \alpha \end{array} \right] V_c = \dfrac{\frac{4}{3}\pi R^3 \alpha}{2\pi} \quad V_c = \dfrac{2}{3} R^3 \alpha$ (α em radianos)

$\left. \begin{array}{l} V_e - 360° \\ V_c - \alpha \end{array} \right] V_c = \dfrac{\frac{4}{3}\pi R^3 \alpha}{360°} \quad V_c = \dfrac{\pi R^3 \alpha}{270°}$ (α em graus)

14 NOÇÕES DE MATEMÁTICA FINANCEIRA

Porcentagem e juros fazem parte da matemática financeira e são assuntos amplamente difundidos em variados segmentos.

14.1 Porcentagem

É a aplicação da taxa percentual a determinado valor.

Taxa percentual: é o valor que vem acompanhado do símbolo %.

Para fins de cálculo, usa-se a taxa percentual em forma de fração ou em números decimais.

3% = 3/100 = 0,03
15% = 15/100 = 0,15
34% de 1.200 = 34/100 · 1.200 = 40.800/100 = 408
65% de 140 = 0,65 · 140 = 91

14.2 Lucro e prejuízo

Lucro e prejuízo são resultados de movimentações financeiras.

Custo (C): gasto.
Venda (V): ganho.
Lucro (L): quando se ganha mais do que se gasta.

$$L = V - C$$

Prejuízo (P): quando se gasta mais do que se ganha.

$$P = C - V$$

Basta substituir no lucro ou no prejuízo o valor da porcentagem, no custo ou na venda.

> Um computador foi comprado por R$ 3.000,00 e revendido com lucro de 25% sobre a venda. Qual o preço de venda?
> Como o lucro foi na venda, então L = 0,25V:
> L = V − C
> 0,25V = V − 3.000
> 0,25V − V = −3.000
> −0,75V = −3.000 (−1)
> 0,75V = 3.000
> $V = \dfrac{3.000}{0,75} = \dfrac{300.000}{75} = 4.000$
> Logo, a venda se deu por R$ 4.000,00.

14.3 Juros simples

Juros: atributos (ganhos) de uma operação financeira.

Juros simples: os valores são somados ao capital apenas no final da aplicação. Somente o capital rende juros.

Para o cálculo de juros simples, usa-se a seguinte fórmula:

$$J = C \cdot i \cdot t$$

Fique ligado

Nas questões de juros, as taxas de juros e os tempos devem estar expressos pela mesma unidade.

- J = juros.
- C = capital.
- i = taxa de juros.
- t = tempo da aplicação.

> Um capital de R$ 2.500,00 foi aplicado a juros de 2% ao trimestre durante um ano. Quais os juros produzidos?
> Em 1 ano há exatamente 4 trimestres, como a taxa está em trimestre, agora é só calcular:
> J = C · i · t
> J = 2.500 · 0,02 · 4
> J = 200

14.4 Juros compostos

Os valores são somados ao capital no final de cada período de aplicação, formando um novo capital, para incidência dos juros novamente. É o famoso caso de juros sobre juros.

Para o cálculo de juros compostos, usa-se a seguinte fórmula:

$$M = C \cdot (1 + i)^t$$

- M = montante.
- C = capital.
- i = taxa de juros.
- t = tempo da aplicação.

> Um investidor aplicou a quantia de R$ 10.000,00 à taxa de juros de 2% a.m. durante 4 meses. Qual o montante desse investimento?
> Aplique a fórmula, porque a taxa e o tempo estão na mesma unidade:
> M = C · (1 + i)^t
> M = 10.000 · (1 + 0,02)^4
> M = 10.000 · (1,02)^4
> M = 10.000 · 1,08243216
> M = 10.824,32

14.5 Capitalização

Capitalização: acúmulo de capitais (capital + juros).

Nos juros simples, calcula-se por: M = C + J.

Nos juros compostos, calcula-se por: J = M − C.

Em algumas questões terão de ser calculados os montantes dos juros simples ou dos juros compostos.

INFORMÁTICA

SOFTWARE

1 SOFTWARE

O software é a parte **abstrata** de um computador, também conhecido como a parte **lógica**. É um conjunto de instruções que devem ser seguidas e executadas por um mecanismo, seja ele um computador ou um aparato eletromecânico. É o termo usado para descrever programas, apps, scripts, macros e instruções de código embarcado diretamente (firmware), de modo a ditar o que uma máquina deve fazer.

Já os programas são a aplicação de regras de maneira digital, para que, dada uma situação, ocorra uma reação pré-programada. Assim, temos que um programa é uma representação de tarefas manuais, em que podemos automatizar processos, o que torna as tarefas mais dinâmicas.

1.1 Licenças de software

Uma licença de software define o que um usuário pode ou não fazer com ele e baseia-se essencialmente no direito autoral. Existem vários tipos de licenças de software, mas, no que tange ao concurso público, apenas duas são de valor significativo: a licença de software livre e a licença de software proprietário.

1.1.1 Software proprietário

A licença de software proprietário procura reservar o direito do desenvolvedor. Um software proprietário é também conhecido como software não livre, pois uma de suas principais características é manter o **código-fonte**1 **fechado**.

Há vários softwares proprietários gratuitos e, também, aqueles que, para o usuário adquirir o direito de uso, exigem a compra de uma licença, a qual não lhe dá direito de propriedade sobre o programa, apenas concede o direito de utilizá-lo, além de impor algumas regras de utilização.

> Windows, Microsoft Office, Mac OS, aplicativos da Adobe, Corel Draw, WinRAR, WinZip, MSN, entre outros.

1.1.2 Software livre

Em contrapartida ao software proprietário, um grupo criou o software livre. Tem, como um de seus princípios, as leis que regem a definição de **liberdades** como forma de protesto em relação ao software proprietário. A principal organização que mantém e promove esse tipo de software é a Free Software Foundation (FSF).

A característica mais importante para que seja considerado "livre" é que tenha o **código-fonte aberto** e deve obedecer a quatro **liberdades de software** do projeto GNU/GPL (*General Public License*/Licença Pública Geral), idealizado por Richard Matthew Stallman, ativista e fundador do movimento software livre. São elas:

▷ **Liberdade 0:** liberdade para executar o programa, para qualquer propósito.
▷ **Liberdade 1:** liberdade de estudar como o programa funciona e adaptá-lo às suas necessidades.
▷ **Liberdade 2:** liberdade de redistribuir cópias do programa de modo que você possa ajudar ao seu próximo.
▷ **Liberdade 3:** liberdade de modificar o programa e distribuir essas modificações, de modo que toda a comunidade se beneficie.

A GPL é um reforço a essas quatro liberdades, garantindo que o código-fonte de um software livre não possa ser apropriado por outra pessoa ou empresa, principalmente para que não seja transformado em software proprietário. Tem característica Copyleft, que qualquer um que distribui o software, com ou sem modificações, deve passar adiante a liberdade de copiar e modificar novamente o programa.

O Linux é um dos principais projetos desenvolvidos sob a licença de software livre, assim como o BrOffice, mas o principal responsável por alavancar o software livre, assim como o próprio Linux, foi o projeto Apache,2 que no início só rodava em servidores Linux e hoje é multiplataforma.

> Apache, Linux, BrOffice, LibreOffice, Mozilla Firefox, Mozilla Thunderbird.

1.1.3 Shareware

A licença do tipo shareware é comumente usada quando se deseja permitir ao usuário uma degustação do programa, oferecendo funcionalidades reduzidas ou mesmo total, porém com prazo determinado, que, depois de encerrado, o programa limita as funcionalidades ou pode deixar de funcionar.

O shareware permite a cópia e redistribuição do software, porém não permite a alteração, pois o código-fonte não é aberto.

Um exemplo de software popular que utiliza essa licença é o WinRAR que, após 40 dias, começa a exibir uma mensagem toda vez que é aberto, contudo, continua funcionando mesmo que o usuário não adquira a licença.

1.1.4 BIOS (basic input/output system)

O BIOS (sistema básico de entrada e saída, em português) é um software embarcado em uma **memória do tipo ROM**3; nos computadores atuais é mais comum em memórias do tipo **Flash ROM**4.

É o primeiro programa que roda quando ligamos o computador. Ele é composto pelo **setup**, que são suas configurações, e pelo **post**, responsável por realizar os testes de hardware.

Durante o processo de boot5, o BIOS aciona a memória CMOS6, onde ficam armazenadas as últimas informações sobre o hardware do computador e sobre a posição de início do sistema operacional no disco. Em posse dessas informações, consegue executar o post, verificando se todos os dispositivos necessários estão conectados e operantes.

Após as verificações de compatibilidade, o BIOS inicia o processo de leitura do disco indicado como primário a partir do ponto onde se encontra o sistema operacional, que é carregado para a memória principal do computador.

Em um mesmo computador podem ser instalados dois ou mais sistemas operacionais diferentes, ou mesmo versões diferentes do mesmo sistema. Quando há apenas um sistema operacional instalado no computador, este é iniciado diretamente pelo BIOS, porém, se houver dois ou mais, é necessário optar por qual dos sistemas se deseja utilizar.

---

1 Código-fonte: conjunto de instruções feitas em uma linguagem de programação, que definem o funcionamento e o comportamento do programa.

2 Apache: servidor responsável pelo processamento da maior parte das páginas disponibilizadas atualmente na internet, cerca de 51%.

3 Memórias ROM (Read-Only Memory – Memória Somente de Leitura) recebem esse nome porque os dados são gravados nelas apenas uma vez.

4 Memórias Flash ROM: são mais duráveis e podem guardar um volume elevado de dados.

5 Boot: processo de inicialização do sistema operacional.

6 CMOS: é uma pequena área de memória volátil, alimentada por uma bateria, que é usada para gravar as configurações do setup da placa mãe.

Em uma situação em que existem dois sistemas operacionais atribui-se a caracterização de dual boot. Um computador que possua uma distribuição Linux instalada e uma versão Windows, por exemplo, ao ser concluído o processo do BIOS, inicia um gerenciador de boot. Em geral é citado nas provas ou o **GRUB**[7] ou o **LILO**,[8] que são associados ao Linux.

1.2 Tipos de software

Existem diversos tipos de software, mas somente alguns nos interessam durante a prova. Dessa forma, focaremos o estudo no que nos é pertinente.

Podemos classificar os softwares em: firmwares, sistemas operacionais, escritório, utilitários, entretenimento e malwares.

1.2.1 Firmwares

Um firmware é normalmente um software embarcado, ou seja, ele é um software desenvolvido para operar sobre um hardware específico. De forma geral, um firmware é incorporado ao hardware já no momento de sua fabricação, mas, dependendo do tipo de memória em que é armazenado, ele pode ser atualizado ou não. O software do tipo firmware que interessa ao nosso estudo é o BIOS.

1.2.2 Sistemas operacionais (SO)

O sistema operacional é o **principal programa do computador**. Ele é o responsável por facilitar a interação do usuário com a máquina, além de ter sido criado para realizar as tarefas de controle do hardware, livrando assim os aplicativos de conhecer o funcionamento de cada peça existente para funcionar.

As tarefas de responsabilidade do SO são, principalmente, de níveis gerenciais e é o tem que administrar a entrada e a saída de dados, de forma que quando um usuário seleciona uma janela, ele está trazendo-a para o primeiro plano de execução. Por exemplo: sempre que o usuário digita um texto, o SO tem de gerenciar qual janela, ou seja, qual aplicativo receberá as informações entradas pelo teclado, mas, ao mesmo tempo, o SO receberá uma solicitação do aplicativo para que exiba na tela as informações recebidas.

Também é responsabilidade do SO gerenciar o uso da memória RAM e do processador. Ele dita que programa será executado naquele instante e quais espaços de memória estão sendo usados por ele e pelos demais aplicativos em execução.

Para que o sistema operacional consiga se comunicar com cada dispositivo, precisa saber antes como estes funcionam e, para tanto, é necessário instalar o **driver**[9] do dispositivo. Atualmente, a maioria dos drivers é identificada automaticamente pelo SO, mas o sistema nem sempre possui as informações sobre hardwares recém-lançados. Nesse caso, ao não conseguir o driver específico, o SO solicita ao usuário que informe o local onde ele possa encontrar o driver necessário.

Dentre os sistemas operacionais modernos, o Windows é o que mais se destaca em termos de número de usuários de computadores pessoais (PC). Por outro lado, quando se questiona em relação ao universo de servidores na internet, deparamo-nos com o Linux como mais utilizado e o principal motivo para isso relaciona-se à segurança mais robusta oferecida pelo ele.

Exemplos de SO para computadores pessoais: Windows, Linux, Mac OS e Chrome OS.

Vale a observação que esses sistemas derivaram de duas vertentes principais o **DOS** e o **UNIX**. É de interesse da prova saber que o DOS foi o precursor do Windows e que a plataforma UNIX foi a base do Linux e do Mac OS.

Contudo, não encontramos SO apenas em PCs. Os celulares, smartphones e tablets também utilizam sistemas operacionais. Atualmente, fala-se muito no sistema do Google para esses tipos dispositivos, o Google Android.

Os sistemas operacionais podem ser divididos em duas partes principais: núcleo e interface. O **núcleo** é chamado **kernel**. Ele é a parte responsável pelo gerenciamento do hardware, como já explanado, enquanto a **interface** é parte de interação com o usuário, seja ela apenas textual ou com recursos gráficos.

Sistema operacional	Kernel
Windows XP	NT 5.2
Windows Vista	NT 6.0
Windows 7	NT 6.1
Windows 8	NT 6.2
Windows 8.1	NT 6.3
Windows 10	Windows NT 10
Linux	Linux 3.10

A interface com recursos gráficos é comumente chamada **GUI (Graphic User Interface/Interface Gráfica do Usuário)**, também citada como gerenciador de interface gráfica. O nome Windows foi baseado, justamente, nessa característica de trabalhar com janelas gráficas como forma de comunicação com o usuário.

Em relação às **GUIs**, cada versão do Windows utiliza e trabalha com apenas uma interface gráfica, que só passou a ter um nome específico a partir do Windows Vista, conforme indicado na tabela a seguir:

Windows	GUI
XP	Sem nomenclatura
Vista	Aero
7	Aero
8/10	Metro

Por outro lado, existem diversas GUIs para o Linux, algumas distribuições Linux[10] trabalham com apenas um gerenciador de interface gráfica, enquanto outras trabalham com múltiplas. Ao contrário do Windows, o Linux tem suporte a várias Interfaces gráficas e as principais GUIs do Linux são: Gnome, FluxBox, KDE, BlackBox, Unity, Mate, XFCE e Cinnamon.

Características de um sistema operacional

Os sistemas operacionais podem ser classificados de acordo com suas características comportamentais: multitarefa, monotarefa, multiusuário e monousuário.

▷ **Multitarefa:** é o sistema que consegue executar mais de uma tarefa simultânea, como tocar uma música enquanto o usuário navega na internet e escreve um texto no Word.
| Windows, Linux e Mac OS.

---

7 GRUB (Grand Unifield Bootloader): gerenciador de boot disponibilizado como software GNU. Entre seus principais recursos está a capacidade de trabalhar com diversos sistemas operacionais, como o Linux, o Windows e as versões BSD.
8 LILO (LInux Loader): programa que permite o uso de dois ou mais sistemas operacionais no mesmo computador. A ferramenta possui uma série de instruções para gerenciar o setor de boot (inicialização) do HD, permitindo que se inicialize o computador a partir de uma partição que não seja a primeira do disco.
9 Driver: conjunto de informações sobre como funciona um dispositivo de hardware.
10 Distribuição Linux: uma cópia do Linux desenvolvida, geralmente, com base em outra cópia, mas com algumas adaptações.

SOFTWARE

▷ **Monotarefa:** é o sistema que, para executar uma tarefa, deve aguardar a que está em execução terminar ou mesmo forçar o seu término para que possa executar o que precisa. Trabalha com um item de cada vez.

| DOS e algumas versões UNIX.

▷ **Multiusuário:** é quando o SO permite mais de uma sessão de usuário ativa simultaneamente. Se dois ou mais usuários estiverem com sessões iniciadas, elas são, de certa maneira, tratadas independentemente, ou seja, um usuário não vê o que o outro estava fazendo, como também, em uso normal, não interfere nas atividades que estavam sendo executadas por outro usuário. O sistema multiusuário geralmente possui a opção trocar de usuário, que permite bloquear a sessão ativa e iniciar outra sessão simultânea.

| Unix, VMS e sistemas operacionais mainframe, como o MVS.

▷ **Monousuário:** em um sistema monousuário, para que outro usuário inicie sessão, é necessário finalizar a do usuário ativo, também conhecido como efetuar logoff.

| Palm OS.

1.2.3 Softwares de escritório

São aplicativos com utilização mais genérica, os quais possibilitam diversas demandas de um escritório, suprindo, também, muitas necessidades acadêmicas em relação à criação de trabalhos.

A seguir, apresentamos um comparativo entre as suítes de escritório[11] que são cobradas na prova.

Editor	Microsoft Office	BrOffice
Texto	Word	Writer
Planilha	Excel	Calc
Apresentação de slides	PowerPoint	Impress
Desenho	Publisher	Draw
Banco de dados	Access	Base
Fórmula	Equation	Math

Fique ligado

Editores de texto, planilha e apresentação são os itens mais cobrados em provas de concursos. Sobre esses programas, podem aparecer perguntas a respeito do seu funcionamento, ainda que sobre editores de apresentação sejam bem menos frequentes.

Outro ponto importante a ser ressaltado é que o **Microsoft Outlook** é componente da suíte de aplicativos Microsoft Office e que não foi destacado na tabela comparativa por não existir programa equivalente no BrOffice.

Por vezes o concursando pode se deparar na prova com o nome **LibreOffice**, o que está correto, pois o BrOffice é utilizado no Brasil apenas, mas ele é baseado no Libre Office. Até a versão 3.2, o BrOffice era fundamentado no OpenOffice e, após a compra da Sun pela Oracle a comunidade decidiu mudar para o Libre por questões burocráticas.

1.2.4 Softwares utilitários

Alguns programas ganharam tamanho espaço no dia a dia do usuário que, sem eles, podemos ficar sem acesso às informações contidas em arquivo, por exemplo.

São classificados como utilitários os programas compactadores de arquivos, como o ZIP, e leitores de PDF, como o Adobe Reader. Esses programas assumiram tal patamar por consolidarem seus formatos de arquivos.

Entre os compactadores temos os responsáveis pelo formato de arquivos ZIP, apesar de que, desde a versão XP, o Windows já dispunha de recurso nativo para compactar e descompactar arquivos nesse formato, muitos aplicativos se destacavam por oferecer o serviço de forma mais eficiente ou prática. Os compactadores mais conhecidos são: WinZip, BraZip e 7-Zip. Outro compactador que ganhou espaço no mercado foi o WinRar com o formato .RAR, que permite maior compactação quando comparado ao ZIP.

1.2.5 Softwares de entretenimento

Aqui entram os aplicativos multimídias como players de áudio e vídeo, assim como Windows Media Player, Winamp, iTunes, VLC player e BS player, dentre outros, e os players de jogos como Campo Minado, Paciência, Pinball e outros tantos de mais alto nível.

1.2.6 Malwares

Os malwares são programas que têm finalidade mal-intencionada e, na maioria das vezes, ilícita. Grande parte das bancas cita-os como pragas cibernéticas que infectam o computador do usuário e trazem algum prejuízo; por outro lado, há bancas que especulam sobre os diferentes tipos de malwares. A seguir são destacados os principais tipos de malwares.

Fique ligado

Para ser um malware tem que ser um software; do contrário, pode ser uma prática maliciosa, mas não um malware.

Vírus

O vírus é apenas um dos tipos de malware, ou seja, nem tudo que ataca o computador é um vírus. Para ser classificado como vírus, tem que ter as seguintes características:

▷ **Infectar** os arquivos do computador do usuário, principalmente arquivos do sistema.

▷ **Depender de ação do usuário**, como executar o arquivo ou programa que está contaminado com o vírus.

▷ Ter finalidades diversas, dentre as quais **danificar** tanto arquivos e o sistema operacional, como também as peças.

Vírus mutante

É um vírus mais evoluído, que tem a capacidade de alterar algumas de suas características a fim de burlar o antivírus.

Vírus de macro

O vírus de macro explora falhas de segurança das suítes de escritório, principalmente da Microsoft. Uma macro, ao ser criada, anexa ao documento uma programação (comandos geralmente em Visual Basic[12]) e o vírus desse tipo pode inserir seu código dentro deste código em VB.

O vírus de macro geralmente danifica a suíte de escritório, inutilizando-a, além de poder apagar documentos do computador. Para que seja executado, é necessário que o usuário execute o arquivo contaminado.

---

11 Suíte de escritório: expressão que remete ao conjunto integrado de aplicativos voltados para as tarefas de escritório, como editores de texto, editores de planilhas, editores de apresentação, aplicativos, agendas e outros.

12 Visual Basic (VB): é uma linguagem de programação criada pela Microsoft.

Worm

Ao contrário do vírus, o worm **não depende de ação do usuário** para executar; ele executa automaticamente: quando um pendrive é conectado a um computador, ele é contaminado ou contamina o sistema.

Ele tem como finalidade se replicar, porém, não infecta outros arquivos, apenas **cria cópias de si** em vários locais, o que pode encher o HD do usuário. Outra forma utilizada de se replicar é por meio da exploração de falhas dos programas, principalmente o e-mail, enviando por correio eletrônico cópias de si para os contatos do usuário.

Um worm, muitas vezes, instala no computador do usuário um bot, transformando o computador em um verdadeiro robô controlado à distância. Os indivíduos que criam um worm o fazem com a finalidade de infectar o maior número possível de computadores, para que possam utilizá-los em um ataque de DDoS[13], ou como forma de elevar a estatística de acessos a determinados sites. Também pode ser utilizado para realizar um ataque a algum computador ou servidor na internet a partir do computador infectado.

Trojan Horse (Cavalo de Troia)

O Trojan Horse (Cavalo de Troia) foi batizado com esse nome devido as suas características se assemelharem muito às da guerra da Grécia com Troia. Na História, os gregos deram aos troianos um grande cavalo feito de madeira e coberto de palha para disfarçar que era oco. Porém, dentro do cavalo estavam vários soldados gregos escondidos, que deveriam atacar quando fossem abertos os gigantes e fortes portões da cidade de Troia e, assim, o exército grego poderia invadir a fortaleza.

Um Cavalo de Troia é recebido pelo usuário como um "presente de grego", de modo a levar o usuário a abri-lo, ou seja, ele **depende de ação do usuário**. Esses presentes, geralmente, parecem um cartão virtual, uma mensagem, um álbum de fotos, uma indicação de prêmio, falsas respostas de orçamentos, folhas de pagamento ou qualquer coisa que, de alguma forma, chame a atenção do usuário para que ele abra para ser infectado.

Podemos tratá-lo em essência como um **meio** para que outro malware seja instalado no computador. Da mesma forma como o cavalo da história serviu como meio para infiltrar soldados e abrir os portões da cidade, o malware também pode abrir as portas do computador para que outros malwares o infectem, o que acontece na maioria dos casos, portanto, pode trazer em seu interior qualquer tipo de malware.

Esse malware executa as ações como exibir uma mensagem, ou crackear[14] um programa. Essa tarefa é realizada com o intuito de distrair o usuário enquanto os malwares são instalados.

Spyware

Também conhecido como **software espião**, o spyware tem a finalidade de capturar dados do usuário e enviá-los para terceiros. São de interesse, principalmente os números de cartões de crédito, CPF, RG, nomes, data de nascimento e tudo mais que for pertinente para que transações eletrônicas possam ser realizadas a partir dos dados capturados.

Existem dois tipos de spywares: os **KeyLoggers** e os **ScreenLoggers**.

KeyLogger

O termo key significa chave e log significa registro de ações.

O KeyLogger é um spyware cuja característica é capturar os dados digitados pelo usuário. Na maioria das situações o KeyLogger não captura o que é digitado a todo instante, mas o que é teclado após alguma ação prévia do usuário, como abrir uma página de um banco ou de uma mídia social. Há ainda alguns KeyLoggers são desenvolvidos para capturar conversas em programas de mensagens instantâneas.

ScreenLogger

Screen significa tela e, como mencionado anteriormente, log significa registro de ações.

O ScreenLogger é uma evolução do KeyLogger na tentativa de capturar, principalmente, as senhas de bancos, pois essa modalidade captura fotos avançadas da tela do computador a cada clique do mouse. Essa foto avançada, na verdade, é uma imagem de uma pequena área que circunda o cursor na tela, mas grande o suficiente para que seja possível ver em que número o usuário clicou.

Muitos serviços de internet Banking[15] utilizam um **teclado virtual**, no qual o usuário clica nos dígitos de sua senha ao invés de digitar. Assim, ao forçar que o usuário não utilize o teclado, essa ferramenta de segurança ajuda a evitar roubos de senhas por KeyLoggers. Por outro lado, foi criado o ScreenLogger, que captura imagens e, para combater essa modalidade, como forma de oferecer maior segurança, alguns bancos utilizam um dispositivo chamado **Token**, que é um dispositivo que gera uma chave de segurança aleatória e temporária, a qual uma vez utilizada para acessar a conta, torna-se inválida para novos acessos. Assim, mesmo sendo capturada, ela se torna inútil ao invasor.

> **Fique ligado**
>
> Cuidado para não confundir: teclado virtual em uma página de internet Banking é um recurso de segurança, enquanto o teclado virtual que faz parte do Windows é um recurso de acessibilidade.

Hijacker

O Hijacker é um malware que tem por finalidade **capturar** o **navegador** do usuário, principalmente o internet Explorer. Esse programa **fixa uma página inicial** no navegador, que pode ser uma página de propaganda ou um site de venda de produtos, ou mesmo um site de pornografia, ou páginas falsas de bancos.

As alterações realizadas por ele no navegador dificilmente são reversíveis. Na maioria dos casos, é necessário reinstalar o navegador várias vezes ou até formatar o computador. Existem, no mercado, alguns programas que tentam restaurar as configurações padrões dos navegadores, são conhecidos por HijackerThis, porém, não são ferramentas de segurança, mas apenas uma tentativa de consertar o estrago feito.

Adware

Adware (advertising software) é um software especializado em apresentar propagandas. Ele é tratado como malware, quando apresenta algumas características de spywares, além de, na maioria dos casos, se instalar no computador explorando falhas do usuário, por exemplo, durante a instalação de um programa em que o indivíduo não nota que em uma das etapas estava instalando outro programa diferente do desejado.

---

13 DDoS: ataque de negação de serviço distribuído.
14 Crackear: é uma quebra de licença de um software para que não seja necessário adquirir a licença de uso, caracterizando pirataria.

15 Internet Banking: acesso à conta bancária pela internet, para realizar algumas movimentações e consultas.

SOFTWARE

Muitos adwares monitoram o comportamento do usuário durante a navegação na internet e vendem essas informações para as empresas interessadas.

Backdoors

Backdoor é uma **porta dos fundos** para um ataque futuro ao computador do usuário. Ele pode ser inserido no computador por meio de Trojan Horse – que engana com falsos links –, como também pode ser um programa adulterado recebido de fonte pouco confiável. Por exemplo, um usuário baixa um programa em um site qualquer, diferente do oficial, e, por isso, nada impede que tenha sido ligeiramente alterado com a inserção de brechas para ataques futuros.

RootKits

Root significa raiz, que, nesse caso, é o administrador do ambiente Linux. Kit, por sua vez, é o conjunto de ferramentas e ações.

Um RootKit altera aplicativos do sistema, como os gerenciadores de arquivos, com o intuito de **esconder arquivos maliciosos** que estejam presentes no computador. Por meio dele, o invasor também pode criar backdoors no computador, para que possa voltar a atacar o equipamento sem se preocupar em ter de contaminá-lo novamente para fazer qualquer processo.

INFORMÁTICA

2 HARDWARE

O hardware consiste na parte física de um computador, ou seja, são as peças que o compõem. As questões comumente cobradas nos concursos relacionam os tipos de periféricos e sua classificação.

2.1 Classificação dos dispositivos quanto à finalidade

Os periféricos do computador são classificados de acordo com sua finalidade e uso. Assim, como classificações principais, temos as que se seguem.

2.1.1 Entrada

Dispositivos de entrada são aqueles por meio dos quais o usuário entra com alguma informação para ser enviada ao computador. Muito cuidado: para ser classificado como de entrada, os dispositivos têm de ser apenas de entrada.

| Dispositivos de entrada de dados: teclado, mouse, webcam, microfone, scanner de mesa, scanner de mão, scanner biométrico, mesa de design, Kinect1.

2.1.2 Saída

Classificamos como dispositivos de saída aqueles que têm por finalidade informar ao usuário o resultado de algum processamento.

| Dispositivos de saída: monitor, impressora, caixa de som.

2.1.3 Entrada/Saída

Os periféricos classificados nessa categoria são os que devemos tomar mais cuidado durante as provas, porque aqui se encaixam aqueles dispositivos que podemos chamar de dispositivos híbridos devido a sua capacidade de realizar tanto a tarefa de entrada como a de saída de dados.

| Impressoras multifuncionais, telas sensíveis ao toque (touchscreen), kits multimídias2.

2.1.4 Armazenamento

Os dispositivos de armazenamento são aqueles que nos permitem armazenar os dados e os mantêm armazenados mesmo quando não são alimentados por uma fonte de energia.

| Dispositivos de armazenamento: CD-ROM, DVD-ROM, BD-ROM (BlueRay Disk), HD (Hard Disk – disco rígido), HD externo, pendrive, HD SSD, cartão de memória.

2.2 Classificação dos dispositivos quanto ao tipo de tecnologia

Podemos ainda classificar os dispositivos de acordo com a tecnologia que eles utilizam para ler as informações ou escrevê-las.

2.2.1 Óticos

Um dispositivo ótico é aquele que se utiliza de sinais luminosos para, principalmente, ler informações.

| Scanner, CD, DVD, BD, webcam, alguns mouses.

2.2.2 Magnéticos

Os dispositivos de armazenamento magnético digitais possuem uma cabeça de leitura/escrita, que se move sobre uma superfície magnética. A cabeça modifica a magnetização de partes específicas do material, registrando dados em um código binário (bits), como zeros e uns. Ao mesmo tempo, para ler as informações, a cabeça detecta onde estão as alterações na superfície e, assim, reproduz o código que foi marcado.

Assim, vemos que ainda hoje é muito comum, entre os servidores de backup, o uso de fitas magnéticas, como a fita cassete, para armazenar os dados.

2.2.3 Elétricos

Atualmente, os dispositivos elétricos são os que mais vêm sendo utilizados, principalmente pela sua velocidade de operação e praticidade de uso, como o pendrive e os cartões de memória. É um dispositivo de altíssima velocidade que resolve o maior gargalo dos computadores, ou seja, substitui os HDs convencionais, que são as peças mais lentas das máquinas atuais.

2.3 Arquitetura

Podemos dividir as tecnologias de hardware em x86 de 32 bits e a de 64 bits. Essa divisão se baseia na forma como o sistema processa as informações, quer dizer, a quantidade de informações simultâneas que o processador opera.

2.4 Processador

O termo CPU significa Unidade Central de Processamento – e não o gabinete de peças da máquina, como muitos acreditam. Podemos comparar a CPU como sendo o cérebro do computador, porque ela é responsável por processar as informações e gerar um resultado. É composto por vários registradores, que possuem finalidades específicas, sendo os principais a ULA (Unidade Lógico-aritmética), responsável pelos cálculos e comparações lógicas; e a UC (Unidade de Controle), que tem como responsabilidade controlar o que está sendo feito no processador.

Também faz parte do processador a memória cache. Ela é uma memória pequena em relação à principal, porém muito mais rápida, operando quase na mesma velocidade que o processador.

Em um processador, podemos encontrar vários níveis de cache, nos atuais normalmente encontramos 2 níveis (level), sendo que os mais modernos já possuem 3 níveis. Em alguns modelos a cache de nível 3 é interna ao processador, junto às demais, enquanto em outros ela fica externa a ele.

A finalidade da cache é fornecer informações mais rapidamente ao processador, a fim de minimizar o tempo em que ele fica ocioso.

---

1 Kinect: é o dispositivo usado no vídeo game Xbox para entrada de movimentos do usuário, a Microsoft também o disponibilizou para ser utilizado como entrada para o computador.
2 Kit multimídia: é composto em geral por dispositivos de entrada e de saída, por isso é classificado como de Entrada/Saída.

HARDWARE

2.4.1 Memórias

Existem diversos tipos de memórias, quando tratamos de um computador. Elas podem ser classificadas de diversas formas de acordo com suas características, conforme a tabela a seguir.

Tipo de memória	Categoria	Mecanismo de apagamento	Mecanismo de escrita	Volatilidade
Memória de acesso aleatório (RAM)	Memória de leitura e escrita	Eletricamente, em nível de bytes	Eletricamente	Volátil
Memória apenas de leitura (ROM)	Memória apenas de leitura	Não é possível	Máscaras	Não volátil
ROM programável (PROM)				
PROM apagável (EPROM)		Luz UV, em nível de pastilha	Elétrico	
Memória flash	Memória principalmente de leitura	Eletricamente, em níveis de blocos		
PROM eletricamente apagável (EEPROM)		Eletricamente, em nível de bytes		

A memória RAM é a principal do computador, também conhecida como memória de trabalho. É uma memória de leitura e escrita, porém possui natureza volátil, ou seja, quando desconectada da energia, perde todas as informações que estavam nela, por isso que, quando não salvamos um documento e o fornecimento de energia acaba, desligando o computador, perdemos parte desse trabalho. Já o HD pode ser chamado memória secundária por ser uma memória de armazenamento não volátil.

A memória ROM (read-only memory ou, em português, memória somente de leitura) é um tipo de memória que, como o próprio nome sugere, permite apenas a leitura de dados e não a escrita. Isso porque suas informações são gravadas pelo fabricante uma única vez e não podem ser alteradas ou apagadas, somente acessadas, sendo classificadas como memória não volátil.

A memória RAM é expansível, ao contrário da memória ROM.

2.5 Unidades de medida

Na Informática, a menor unidade de medida é o bit, que consiste em um sinal verdadeiro ou falso para o computador, que, por questões de facilidade, transcreve-se na forma de 0 (zero) e 1 (um). Porém, o bit apenas é uma informação pequena, então foi criado o conceito de "palavra", que passou a ser chamada Byte. Um Byte é composto por 8 bits.

A partir disso temos as unidades K, M, G, T, P e assim por diante, para designar tamanhos de arquivos e capacidades de armazenamentos. A cada letra multiplicamos por 1.024 a quantidade da anterior. A tabela a seguir ilustra as equivalências de valores.

1 Peta (PB)	1 Tera (TB)	1 Giga (GB)	1 Mega (MB)	1 Kilo (KB)	1 Byte	bit
1.024 (TB)	1.024 GB	1.024 MB	1.024 KB	1.024 Bytes	8 bits	0 ou 1

INFORMÁTICA

3 LINUX

Trata-se de um sistema operacional (SO) criado por Linus Torvald, com base na plataforma UNIX. Nesta seção são abordados os conceitos relacionados diretamente a algumas funcionalidades e definições deste sistema.

3.1 Dual boot

É possível instalar em um mesmo computador múltiplos sistemas operacionais, de forma que, ao ligar o computador, o usuário escolhe qual sistema deseja utilizar. A etapa de escolha do sistema é controlada por gerenciadores de boot; quando se instala o Linux, ele instala automaticamente um gerenciador de boot, como o GRUB e o LILO.

3.2 Distribuições

Uma distribuição Linux é uma cópia modificada e compartilhada com a comunidade. Isso se deve ao fato de ele ser um software livre e, assim, é permitido alterar uma distribuição e repassar a outras pessoas que, por sua vez, também podem efetuar as suas alterações.

Há sites, como o https://distrowatch.com/, por exemplo, em que existem mais de 300 distribuições Linux registradas. As principais são:

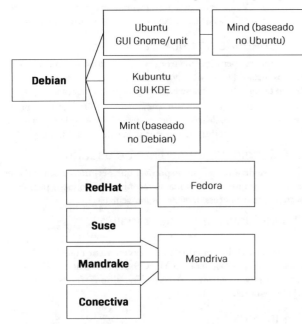

3.3 Estrutura de diretórios

A estrutura de diretórios define quais são as pastas do sistema e quais são as suas finalidades perante os programas e o próprio SO.

A estrutura de diretório do Linux, assim como a do Windows, possui caráter hierárquico, que toma como partida a raiz do sistema – no caso do Linux, a raiz do SO é o diretório / (barra). O termo raiz é atribuído, pois a estrutura de diretórios observada de forma inversa apresenta características de uma árvore que, a partir da raiz, possui seus galhos, as pastas e, por fim, suas folhas, os arquivos.

Diretórios	Funções
/dev	(devices): armazena os drivers/dev dos dispositivos.
/bin	(binaries): armazena os binários essenciais para o funcionamento do sistema. Como também comandos básicos do SO como rm, pwd, su, tar, entre outros.
/Sbin	(binaries): armazena os binários essenciais para o funcionamento do sistema que sejam vinculados ao Super Usuário (administrador).
/mnt	(Mount): conhecido como ponto de montagem padrão, é o local por meio do qual se tem acesso às unidades de armazenamento conectados no computador.
/etc	Armazena os arquivos de configuração do sistema operacional.
/boot	Arquivos necessários para o boot do sistema.
/tmp	Arquivos temporários.
/home	Armazena as pastas dos usuários.
/root	Diretório do administrador.

3.4 Gerenciadores de arquivos

O gerenciador de arquivo é o programa que permite navegar entre as pastas do computador, como também realizar tarefas do tipo copiar, recortar, colar, renomear e mover arquivos e pastas.

O Nautilus é o gerenciador de arquivos utilizado nas distribuições Linux que trabalham com a interface gráfica Gnome, enquanto as distribuições que utilizam o KDE têm como gerenciador de arquivos o Konqueror, que também pode ser utilizado como navegador de internet (o Nautilus tem essa opção desabilitada por segurança).

3.5 Terminal Linux

O Shell é o aplicativo que permite operar com o sistema operacional Linux por meio de linhas de comandos, ou seja, é o responsável por ler e interpretar um comando do usuário. Ele é similar ao Prompt de comandos no Windows (DOS).

3.6 Comandos Linux

Embora o Linux possua várias interfaces gráficas que podem ser utilizadas, a boa e velha linha de comando ainda é o caminho mais prático e rápido para a execução de muitas tarefas. Para facilitar o entendimento, a tabela a seguir contém os principais comandos suas ações:

Comandos	Funções
cd	Permite navegar entre as pastas.
ls	Lista arquivos e pastas do diretório atual.
clear	Limpa a tela.
exit	Sai do terminal.
cp	Copia um arquivo ou pasta especificado.
rm	Remove um arquivo ou pasta especificado.
init 0	Desliga o computador (é necessário ser administrador para executar este comando).
init 6	Reinicia o computador (é necessário ser administrador para executar este comando).
chmod	Permite alterar as permissões de arquivos e pastas.
mv	Move arquivos e pastas. Também pode ser utilizado para renomear um arquivo ou pasta.
pwd	Mostra o diretório em que você está.
mkdir	Cria um diretório.
reboot	Reinicia o sistema operacional.
tar	Empacota os arquivos e pastas em um único arquivo (não compacta).
gzip	Compacta os arquivos e/ou pastas em um mesmo arquivo.

WINDOWS 10

4 WINDOWS 10

O Microsoft Windows 10 é um sistema operacional lançado em 29 de julho de 2015. Essa versão trouxe inúmeras novidades, principalmente por conta da sua portabilidade para celulares e tablets.

4.1 Requisitos mínimos

Para instalar o Windows 10, o computador deve ter no mínimo 1 GB de memória RAM para computadores com processador 32 bits de 1 GHz, e 2 GB de RAM para processadores de 32 bits de 1 GHz. Todavia, recomenda-se pelo menos 4 GB.

A versão 32 bits do Windows necessita, inicialmente, de 16 GB de espaço livre em disco, enquanto o Windows 64 bits utiliza 20 GB. A resolução mínima recomendada para o monitor é de 1.024 × 768.

4.2 Diferenças em relação à versão anterior

O Windows 10 nasceu com a promessa de ser o último Windows lançado pela Microsoft, o que não significa que não será atualizado. A proposta da fabricante é não lançar mais versões, a fim de tornar as atualizações mais constantes, sem a necessidade de aguardar para atualizar junto com uma versão numerada. Em de outubro de 2021, o Windows 11 foi lançado e conta com um visual mais limpo e minimalista, incluindo ícones remodelados, janelas translúcidas, nova iconografia e um Menu Iniciar centralizado.

O objetivo do projeto do novo Windows foi baseado na interoperabilidade entre os diversos dispositivos como tablets, smartphones e computadores, de modo que a integração seja transparente, sem que o usuário precise, a cada momento, indicar o que deseja sincronizar.

A Charms Bar, presente no Windows 8 e 8.1, foi removida, e a tela inicial foi fundida ao botão (menu) Iniciar. Algumas outras novidades apresentadas pela Microsoft são:

▷ Xbox Live e novo Xbox app proporcionam novas experiências de jogo no Windows 10. No Xbox, é possível que jogadores e desenvolvedores acessem à rede de jogos do Xbox Live, tanto nos computadores quanto no Xbox One. Os jogadores podem capturar, editar e compartilhar seus melhores.

▷ Momentos no jogo com o Game DVR e disputar novos jogos com os amigos nos dispositivos, conectando a outros usuários do mundo todo. Os jogadores também podem disputar jogos no seu computador, transmitidos por stream diretamente do console Xbox One para o tablet ou computador Windows 10, dentro de casa.

▷ Sequential mode: em dispositivos 2 em 1, o Windows 10 alterna facilmente entre teclado, mouse, toque e tablet. À medida que detecta a transição, muda convenientemente para o novo modo.

▷ Novos apps universais: o Windows 10 oferece novos aplicativos de experiência, consistentes na sequência de dispositivos, para fotos, vídeos, música, mapas, pessoas e mensagens, correspondência e calendário. Esses apps integrados têm design atualizado e uniformidade de app para app e de dispositivo para dispositivo. O conteúdo é armazenado e sincronizado por meio do OneDrive, e isso permite iniciar uma tarefa em um dispositivo e continuá-la em outro.

4.2.1 Área de Trabalho

A barra de tarefas apresenta como novidade a busca integrada.

4.2.2 Cortana

Esse recurso opera junto ao campo de pesquisa localizado na barra de tarefas do Windows. É uma ferramenta de execução de comandos por voz, porém, ainda não conta com versão para o português do Brasil.

4.2.3 Continue de onde parou

Esse recurso permite uma troca entre computador, tablet e celular sem que o usuário tenha de salvar os arquivos e os enviar para os aparelhos; o próprio Windows se encarrega da sincronização.

Ao abrir um arquivo em um computador e editá-lo, basta abri-lo em outro dispositivo, de modo que as alterações já estarão acessíveis (a velocidade e disponibilidade dependem da conexão à internet).

4.2.4 Desbloqueio imediato de usuário

Trata-se de um recurso disponível que permite ao usuário que possua webcam usar uma forma de reconhecimento facial para *logar* no sistema, sem a necessidade de digitar senha.

4.2.5 Múltiplas áreas de trabalho

Uma das novidades do Windows 10 é a possibilidade de manipular "múltiplas Áreas de Trabalho", uma característica que já estava há tempos presente no Linux e no MacOS. Ao usar o atalho Windows + Tab, é possível criar uma Área de Trabalho e arrastar as janelas desejadas para ela.

4.2.6 Iniciar

Com essa opção em exibição, ao arrastar o mouse ligeiramente para baixo, são listados os programas abertos pela tela inicial. Programas abertos dentro do desktop não aparecem na lista, conforme ilustrado a seguir.

156

4.2.7 Aplicativos

Os aplicativos podem ser listados clicando-se no botão presente na parte inferior do botão Iniciar, mais à esquerda.

4.2.8 Acessórios

O Windows 10 reorganizou seus acessórios ao remover algumas aplicações para outro grupo (sistema do Windows).

Os aplicativos listados como acessórios são, efetivamente:

- Bloco de notas;
- Conexão de área de trabalho remota;
- Diário do Windows;
- Ferramenta de captura;
- Gravador de passos;
- internet Explorer;
- Mapa de caracteres;
- Notas autoadesivas;
- Painel de entrada de expressões matemática;
- Paint;
- Visualizador XPS;
- Windows Fax and Scan;
- Windows Media Player;
- WordPad.

4.2.9 Bloco de notas

O bloco de notas é um editor de texto simples, e apenas texto, ou seja, não aceita imagens ou formatações muito avançadas e são possíveis apenas algumas formatações de fonte: tipo/nome da fonte, estilo de fonte (negrito, itálico) e tamanho da fonte. A imagem a seguir ilustra a janela do programa.

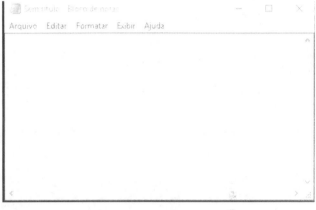

A cor da fonte não é uma opção de formatação presente. A janela a seguir ilustra as opções.

4.2.10 Conexão de área de trabalho remota

A conexão remota do Windows não fica ativa por padrão, por questões de segurança. Para habilitar a conexão, é necessário abrir a janela de configuração das Propriedades do Sistema, ilustrada a seguir. Essa opção é acessível pela janela Sistema do Windows.

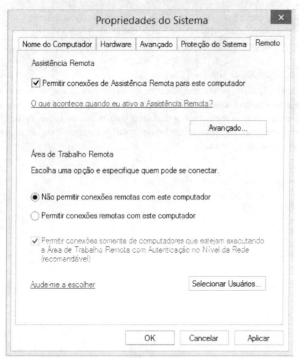

A conexão pode ser limitada à rede por restrição de autenticação em nível de rede, ou pela internet, usando contas de e-mail da Microsoft. A figura a seguir ilustra a janela da Conexão de Área de Trabalho Remota.

4.2.11 Diário do Windows

A ferramenta Diário do Windows é uma novidade no Windows 8. Ela permite que o usuário realize anotações como em um caderno. Os recursos de formatação são limitados, de modo que o usuário pode escrever com fonte manuscrita ou por meio de caixas de texto.

4.2.12 Ferramenta de captura

A ferramenta de captura, presente desde o Windows 7, permite o print de partes da tela do computador. Para tanto, basta selecionar a parte desejada usando o aplicativo.

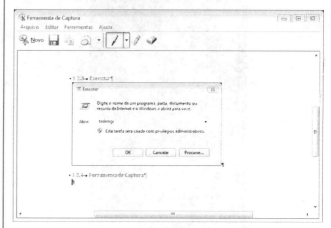

4.2.13 Gravador de passos

É um recurso vindo desde o Windows 8, muito útil para atendentes de suporte que precisam apresentar o passo a passo das ações que um usuário precisa executar para obter o resultado esperado. A figura a seguir ilustra a ferramenta com um passo gravado para exemplificação.

INFORMÁTICA

4.2.14 Mapa de caracteres

Frequentemente, faz-se necessário utilizar alguns símbolos diferenciados. Esses símbolos são chamados de caracteres especiais e esse recurso consegue listar os caracteres não presentes no teclado para cada fonte instalada no computador e copiá-los para a área de transferência do Windows.

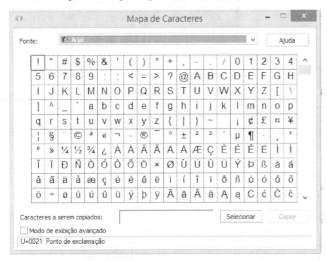

4.2.15 Notas autoadesivas

Por padrão, as notas autoadesivas são visíveis na Área de Trabalho, elas se parecem com post-its.

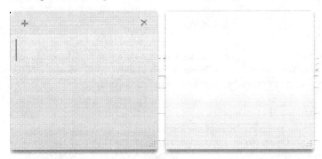

4.2.16 Painel de entrada de expressões matemáticas

Essa ferramenta possibilita o usuário de desenhar fórmulas matemáticas como integrais e somatórios, e ainda colar o resultado produzido em documentos. É possível fazer isso utilizando o mouse ou outro dispositivo de inserção como tablet canetas e mesas digitalizadoras.

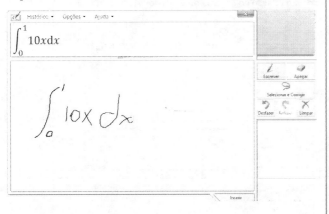

4.2.17 Paint

O tradicional editor de desenho do Windows, que salva seus arquivos no formato PNG, JPEG, JPG, GIF, TIFF e BMP (Bitmap), não sofreu mudanças em comparação com a versão presente no Windows 7.

4.2.18 WordPad

É um editor de texto que faz parte do Windows, ao contrário do MS Word, com mais recursos que o Bloco de Notas.

4.2.19 Facilidade de acesso

Anteriormente conhecida como ferramentas de acessibilidade, são recursos que têm por finalidade auxiliar pessoas com dificuldades para utilizar os métodos tradicionais de interação com o computador.

WINDOWS 10

Lupa

Ao utilizar a lupa, pode-se ampliar a tela ao redor do ponteiro do mouse, como também é possível usar metade da tela do computador exibindo a imagem ampliada da área próxima ao cursor.

Narrador

O narrador é uma forma de leitor de tela que lê o texto das áreas selecionadas com o mouse.

Teclado virtual

O teclado virtual é um software que permite entrada de texto em programas de computador de maneira alternativa ao teclado convencional.

Fique ligado

É preciso ter muito cuidado para não confundir o teclado virtual do Windows com o teclado virtual usado nas páginas de internet Banking.

4.2.20 Calculadora

A calculadora do Windows 10 deixa de ser associada aos acessórios. Outra grande mudança é o fato de que sua janela pode ser redimensionada, bem como perde um modo de exibição, sendo eles: padrão, científica e programador. Apresenta inúmeras opções de conversões de medidas, conforme ilustrado respectivamente ilustradas a seguir.

4.2.21 Painel de Controle

É o local onde se encontram as configurações do sistema operacional Windows e pode ser visualizado em dois modos: ícones ou categorias. As imagens a seguir representam, respectivamente, o modo ícones e o modo categorias.

No modo categorias, as ferramentas são agrupadas de acordo com sua similaridade, como "Sistema e segurança", o que envolve o "Histórico de arquivos" e a opção "Corrigir problemas".

A opção para remover um programa possui uma categoria exclusiva chamada "Programas".

Na categoria "Relógio, idioma e região", temos acesso às opções de configuração do idioma padrão do sistema. Por consequência, é possível também o acesso às unidades métricas e monetárias, bem como alterar o layout do teclado ou botões do mouse.

Algumas das configurações também podem ser realizadas pela janela de configurações acessível pelo botão Iniciar.

4.2.22 Segurança e manutenção

Nessa seção, é possível verificar o nível de segurança do computador em relação ao sistema ou à possibilidade de invasão.

INFORMÁTICA

4.2.23 Windows Defender

No Windows 10, o Windows Defender passou a ser antivírus, além de ser antispyware.

4.3 Estrutura de diretórios

Uma estrutura de diretórios é como o sistema operacional, em que organiza os arquivos, separando-os de acordo com sua finalidade.

O termo diretório é um sinônimo para pasta, que se diferencia apenas por ser utilizado, em geral, quando se cita alguma pasta "raiz" de um dispositivo de armazenamento ou partição.

Quando citamos o termo "raiz", estamos fazendo uma alusão a uma estrutura que se parece com uma árvore, que parte de uma raiz e cria vários galhos, que são as pastas, e as folhas, que são os arquivos. Dessa maneira, observamos que o **diretório raiz do Windows** é o diretório **C:** ou **C:**, enquanto o **diretório Raiz do Linux** é o **/**.

4.4 Ferramentas administrativas

Compreende ferramentas como agendador de tarefas, limpeza de disco, monitoramento de desempenho, entre muitos outros, que auxiliam na manutenção e no bom funcionamento da máquina.

Limpeza de disco

Apaga os arquivos temporários, por exemplo, arquivos da Lixeira, da pasta "Temporários da internet" e, no caso do Windows, a partir da versão Vista, as miniaturas.

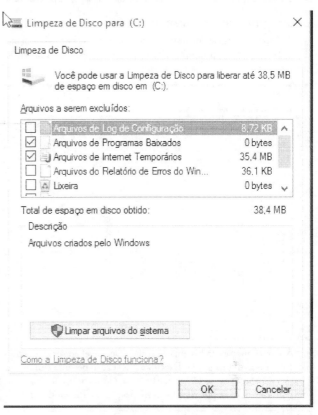

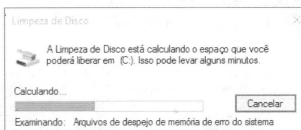

Lixeira

A capacidade da Lixeira do Windows é calculada. Assim, para HDs de até 40 GB, a capacidade é de 10%. Todavia, para discos rígidos maiores que 40 GB, o cálculo não é tão direto. Vamos a um exemplo: caso um HD possua o tamanho de 200 GB, é necessário descontar 40 GB, pois até 40 GB a lixeira possui capacidade de 10%; assim, sobram 160 GB. A partir desse valor, deve-se calcular mais 5%, ou seja, 8 GB. Com isso, a capacidade total da lixeira do HD de 200 GB fica com 4 GB + 8 GB = 12 GB.

> **Fique ligado**
>
> É importante, ainda, destacar que a capacidade da lixeira é calculada para cada unidade de armazenamento. Desse modo, se um HD físico de 500 GB estiver particionado, é necessário calcular separadamente a capacidade da lixeira para cada unidade.

A Lixeira é um local, e não uma pasta. Ela lista os arquivos que foram excluídos, porém nem todos aqueles que foram excluídos vão para a Lixeira. Vejamos a lista de situações em que um arquivo não será movido para a lixeira:

161

WINDOWS 10

- Arquivos maiores do que a capacidade da Lixeira;
- Arquivos que estão compartilhados na rede;
- Arquivos de unidades removíveis;
- Arquivos que foram removidos de forma permanente pelo usuário.

Desfragmentar e otimizar unidades

É responsabilidade do Desfragmentador organizar os dados dentro do HD de maneira contínua/contígua para que o acesso às informações em disco seja realizado mais rapidamente.

Configuração do sistema

A Configuração do Sistema é também acessível ao ser digitado o comando msconfig na janela "Executar". Essa ação permite configurar quais serviços serão carregados com o Sistema. No entanto, para fazer essa configuração, deve-se proceder ao acesso pelo "Gerenciador de tarefas".

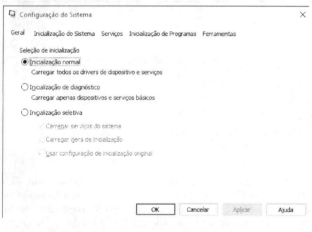

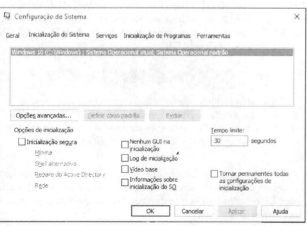

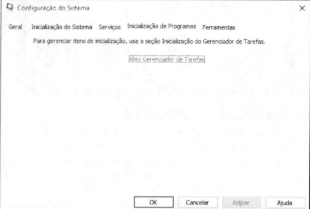

Monitor de recursos

Permite monitorar os recursos do computador e qual o uso que está sendo realizado.

ScanDisk

O ScankDisk é o responsável por verificar o HD em busca de falhas de disco. Muitas vezes, ele consegue corrigi-las.

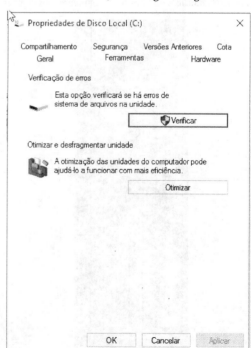

INFORMÁTICA

4.5 Configurações

Uma novidade do Windows 10 é a opção "Configurações", presente no botão Iniciar, que apresenta uma estrutura similar ao Painel de Controle, realizando a separação por categorias de ferramentas, conforme ilustra a figura a seguir.

4.6 Sistema

Nessa opção, são apresentadas as ferramentas de configuração de resolução de tela, definição de monitor principal (caso possua mais de um), modos de gestão de energia (mais utilizados em notebooks).

Também é possível encontrar a opção "Mapas offline", que permite o download de mapas para a pesquisa e o uso por GPS, principalmente usado em dispositivos móveis ou dotados de GPS.

4.7 Dispositivos

Esse recurso lista os dispositivos que foram instalados em algum momento no sistema, como as impressoras.

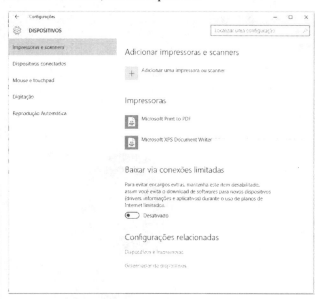

4.8 Rede e internet

Esse recurso serve para configurar rapidamente o proxy de uma rede, ou ativar/desativar a rede wi-fi, incluindo a opção para configurar uma rede VPN.

4.9 Personalização

Para personalizar os temas de cores da Área de Trabalho do Windows e os papéis de parede, a opção de personalização pode ser acessada pelas Configurações. Também é possível clicar com o botão direito do mouse sobre uma área vazia da Área de Trabalho e selecionar a opção "Personalizar".

163

WINDOWS 10

4.9.1 Contas

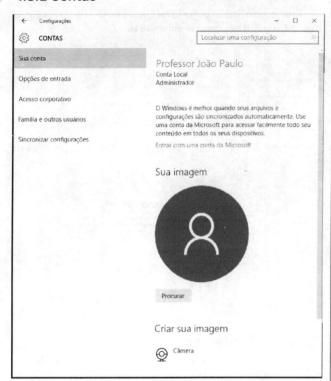

4.9.2 Hora e idioma

4.10 Facilidade de acesso

Além de contar com as ferramentas para acessibilidade, é possível configurar algumas características com alto contraste para melhorar o acesso ao uso do computador.

4.10.1 Privacidade

4.11 Atualização e segurança

Essa opção talvez seja uma das principais opções da janela de Configurações, pois, como necessidade mínima para a segurança, o sistema operacional deve estar sempre atualizado, assim como precisa possuir um programa antivírus que também esteja atualizado.

Vale lembrar que a realização periódica de backups também é considerada como um procedimento de segurança.

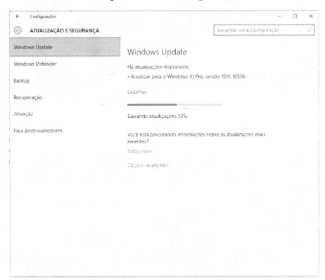

O Windows 10 realiza o backup dos arquivos usando a ferramenta "Histórico de arquivos", embora ainda permita realizar backups como no Windows 7.

A opção "Para desenvolvedores" é uma novidade do Windows que assusta alguns usuários desavisados, pois, ao tentarem instalar algum aplicativo que não seja originário da loja da Microsoft, não conseguem. Esse impedimento ocorre por segurança. De qualquer forma, para poder instalar aplicativos "externos", basta selecionar a opção "Sideload" ou "Modo desenvolvedor".

4.12 Backup no Windows 10

Um backup consiste em uma cópia de segurança dos arquivos, que deve ser feita periodicamente, preferencialmente em uma unidade de armazenamento separada do computador.

Apesar do nome cópia de segurança, um backup não impede que os dados sejam acessados por outros usuários. Ele é apenas uma salvaguarda dos dados para amenizar os danos de uma perda.

Nos Windows 8 e 10, o backup é gerenciado pelo "Histórico de arquivos", conforme a imagem a seguir.

4.12.1 Backup da imagem do sistema

O Backup do Windows oferece a capacidade de criar uma imagem do sistema, que é uma imagem exata de uma unidade. Uma imagem do sistema inclui o Windows e as configurações do sistema, os programas e os arquivos. É possível usar esse recurso para restaurar o conteúdo do computador, caso o disco rígido ou o computador pararem de funcionar. Quando se restaura o computador a partir de uma imagem do sistema, trata-se de uma restauração completa; não é possível escolher itens individuais para a restauração, e todos os atuais programas, as configurações do sistema e os arquivos serão substituídos. Embora esse tipo de backup inclua arquivos pessoais, é recomendável fazer backup dos arquivos regularmente, usando o Backup do Windows, a fim de que seja possível restaurar arquivos e pastas individuais conforme a necessidade. Quando for configurado um backup de arquivos agendado, o usuário poderá escolher se deseja incluir uma imagem do sistema. Essa imagem do sistema inclui apenas as unidades necessárias à execução do Windows. É possível criar manualmente uma imagem do sistema, caso o usuário queira incluir unidades de dados adicionais.

4.12.2 Disco de restauração

O disco de restauração armazena os dados mais importantes do sistema operacional Windows, em geral, o que é essencial para seu funcionamento. Esse disco pode ser utilizado quando o sistema vier a apresentar problemas, por vezes decorrentes de atualizações.

4.12.3 Tipos de backup

▷ **Completo/Normal:** também chamado backup total, é aquele em que todos os dados são salvos em única cópia de segurança. Ele é indicado para ser feito com menor frequência, pois é o mais demorado para ser processado, como também para ser recuperado. Contudo, localizar um arquivo fica mais fácil, pois se tem apenas uma cópia dos dados.

▷ **Diferencial:** esse procedimento de backup grava os dados alterados desde o último backup completo. Assim, no próximo backup diferencial, somente serão salvos os dados modificados desde a última vez em que foi realizado o completo. No entanto, esse backup é mais lento de ser processado do que o backup incremental, porém é mais rápido de ser restaurado, pois é necessário apenas restaurar o último backup completo e o último diferencial.

▷ **Incremental:** nesse tipo de backup, são salvos apenas os dados que foram alterados após a última cópia de segurança realizada. Este procedimento é mais rápido de ser processado, porém leva mais tempo para ser restaurado, pois envolve restaurar todos os backups anteriores. Os arquivos gerados são menores do que os gerados pelo backup diferencial.

▷ **Diário:** um backup diário copia todos os arquivos selecionados que foram modificados no dia de execução do backup diário. Os arquivos não são marcados como aqueles passaram por backup (o atributo de arquivo não é desmarcado).

▷ **De cópia:** um backup de cópia copia todos os arquivos selecionados, mas não os marca como arquivos que passaram por backup (ou seja, o atributo de arquivo não é desmarcado). A cópia é útil caso o usuário queira fazer backup de arquivos entre os backups normal e incremental, pois ela não afeta essas outras operações.

4.13 Explorador de arquivos

Conhecido até o Windows 7 como Windows Explorer, o gerenciador de arquivos do Windows usa a chamada Interface Ribbon (por faixas) no Windows 8 e 10. Com isso, torna mais acessíveis algumas ferramentas como a opção para exibir as pastas e os arquivos ocultos.

A figura a seguir ilustra a janela "Computador", que apresenta os dispositivos e unidades de armazenamento locais como HDs e Drives de mídias ópticas, bem como as mídias removíveis.

Um detalhe interessante sobre o Windows 10 é que as bibliotecas, conforme é possível verificar na imagem, não estão visíveis por padrão; o usuário precisa ativar sua exibição.

Ao selecionar arquivos ou pastas de determinados tipos, como imagens, algumas guias são exibidas como ilustra a série de figuras a seguir.

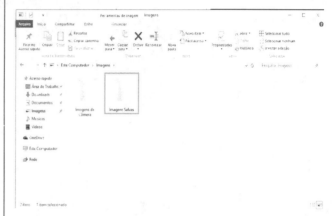

É possível notar que há opções específicas para facilitar o compartilhamento dos arquivos e pastas.

INFORMÁTICA

5 WORD 365

O Microsoft 365 é uma assinatura que possui os recursos mais colaborativos e atualizados em uma experiência integrada e perfeita, como os do Office que possui o Word, o PowerPoint e o Excel. Possui ainda armazenamento *on-line* extra e recursos conectados à nuvem que permitem editar arquivos em tempo real entre várias pessoas, além de sempre ter correções e atualizações de segurança mais recentes e suporte técnico contínuo, sem nenhum custo extra. É possível pagar a assinatura mensalmente ou anualmente, e o plano Microsoft 365 *Family* permite compartilhar a assinatura com até seis pessoas da família e usar seus aplicativos em vários PCs, Macs, tablets e telefones.

5.1 Extensões

Até a versão 2003, os documentos eram salvos no formato ".doc". A partir da versão 2007, os documentos são salvos na versão ".docx". O padrão do Word 2019 continua com a extensão .docx "DOCX", mas podemos salvar arquivos nos formatos .odt (Writer), PDF, .doc, .rtf, entre outros.

O Office 2019 é, também, vendido como uma compra única, o que significa tem um custo único e inicial para obter os aplicativos do Office para um computador. Compras únicas estão disponíveis para PCs e Macs. No entanto, não há opções de *upgrade*, o que significa que, caso seja necessário fazer um upgrade para a próxima versão principal, precisará comprá-la pelo preço integral.

Preste atenção a esses detalhes como extensão de arquivos, pois eles caem com frequência em provas de concurso.

Você poderá salvar os arquivos em uma versão anterior do Microsoft Office selecionando na lista "Salvar como", na caixa de diálogo. Por exemplo, é possível salvar o documento do Word 2013 (.docx) como um documento 97-2003 (.doc).

▷ **Barra de título:** em um novo documento, ela apresenta como título "Documento1". Quando o documento for salvo, ele apresentará o nome do documento nesta mesma barra.

▷ **Barra de acesso rápido:** é personalizável e contém um conjunto de comandos independentes da guia exibida no momento na "Faixa de opções".

▷ **Menu arquivo:** possui comandos básicos, que incluem – embora não estejam limitados a – Abrir, Salvar e Imprimir.

Note as entradas da coluna da esquerda, que, na prática, funciona como um painel. Elas prestam os clássicos serviços auxiliares de um menu "Arquivo" convencional, ou seja, Salvar, Salvar como, Abrir e Fechar o arquivo de trabalho.

Outras conhecidas como Novo: cria um arquivo e permite escolher entre centenas de modelos (*templates*) oferecidos.

▷ **Imprimir:** refere-se à impressão do documento.

Ao clicar em Imprimir, abrirá um menu dropdown, que mostra a impressora selecionada no momento. Um clique na lista suspensa mostrará outras impressoras disponíveis.

É possível imprimir tudo ou parte de um documento. As opções para escolher qual parte imprimir podem ser encontradas na guia "Imprimir", no modo de exibição do Microsoft Office *Backstage*. Em "Configurações", clique em Imprimir "Todas as páginas" para ver essas opções.

Quando há a necessidade de imprimir páginas alternadas no Word, é preciso digitar no formulário o intervalo desejado, como ˜Páginas: 3-6;8˜, em que "-"(aspas) significam "até" e ";" ou "e".

WORD 365

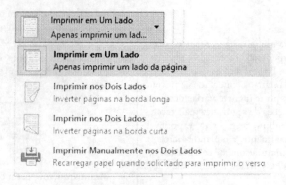

Ainda na opção "Imprimir", é possível visualizar como será feita impressão ao lado da lista de opções.

▷ **Arquivo/Opções:** esse comando traz muitas funcionalidades de configuração que estavam no menu Ferramentas do Word 2003.

▷ **Autocorreção:** é possível corrigir automaticamente o arquivo, ou seja, o Word faz uma análise do documento e consegue resolver problemas como palavras duplicadas ou sem acento, ou mesmo o uso acidental da tecla Caps Lock.

A diferença trazida na versão 2013 é poder abrir documentos PDF e editá-los. Basta clicar em "Abrir" e escolher o arquivo. A seguinte mensagem é exibida pelo word:

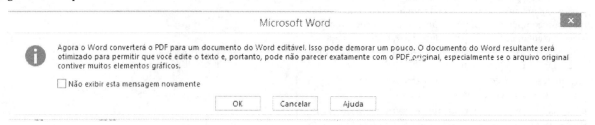

▷ **Abas ou guias:** todos os comandos e funcionalidades do Word 2013 estão dispostos em Guias. As Guias são divididas por Grupos de ferramentas. Alguns grupos possuem um pequeno botão na sua direita inferior que dão acesso a janelas de diálogo.

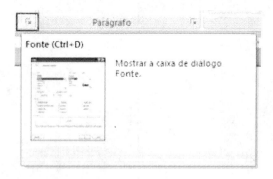

INFORMÁTICA

▷ **Guias contextuais:** essas guias são exibidas na Faixa de Opções somente quando relevantes para a tarefa atual, como formatar uma tabela ou uma imagem.

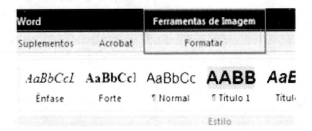

▷ **Barra de status:** contém informações sobre o documento, modos de exibição e zoom.

5.2 Selecionando texto

Selecionando pelo mouse: ao posicionar o mouse mais à esquerda do texto, o cursor, em forma de flecha branca, aponta para a direita:
▷ Ao dar um clique, ele seleciona toda a linha.
▷ Ao dar um duplo clique, ele seleciona todo o parágrafo.
▷ Ao dar um triplo cliquem, ele seleciona todo o texto.

Com o cursor no meio de uma palavra:
▷ Ao dar um clique, o cursor se posiciona onde foi clicado.
▷ Ao dar um duplo clique, ele seleciona toda a palavra.
▷ Ao dar um triplo clique ele seleciona todo o parágrafo.

É possível também clicar, manter o mouse pressionado e arrastá-lo até onde desejamos selecionar. Ou, ainda, clicar onde começa a seleção, pressionar a tecla SHIFT e clicar onde termina a seleção.

▷ Selecionar palavras alternadas: selecione a primeira palavra, pressione CTRL e vá selecionando as partes do texto que deseja modificar.

Pressionando ALT, selecionamos o texto em bloco:

> Com o cursor no meio de uma palavra:
> - Ao dar um clique o cursor se posiciona onde foi clicado
> - Ao dar um duplo clique, ele seleciona toda a palavra
> - Ao dar um triplo clique ele seleciona todo o parágrafo
> Podemos também clicar, manter o mouse pressionado e arrastar até onde deseja-se selecionar. O problema é que se o mouse for solto antes do desejado, é preciso reiniciar o processo, ou pressionar a tecla SHIFT no teclado e clicar ao final da seleção desejada.
> Podemos também clicar onde começa a seleção, pressionar a tecla SHIFT e clicar onde termina a seleção. E possível selecionar palavras alternadas.
> Selecione a primeira palavra, pressione CTRL e vá selecionando as partes do texto que deseja modificar.
> Pressionando ALT, selecionamos o texto em bloco.

5.3 Guia página inicial

Preste muita atenção nesta guia: é uma das mais cobradas em Word.

5.3.1 Grupo área de transferência

5.3.2 Copiar, Recortar e Colar

Copiar e Recortar enviam um texto ou um objeto selecionado para a área de transferência. Copiar permite que o texto ou objeto selecionado fique no local de origem também, e Recortar faz o contrário: o texto ou objeto selecionado é retirado do local de origem. Colar busca o que está na área de transferência.

Podem-se utilizar as teclas de atalho CTRL + C (copiar), CTRL + X (Recortar) e CTRL + V (Colar), ou o primeiro grupo na Guia Página Inicial.

WORD 365

5.3.3 Opções de colagem

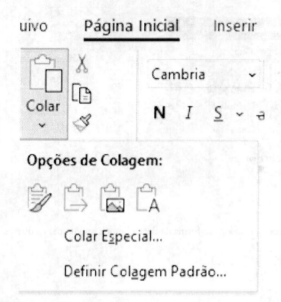

- **Manter formatação original**: preserva a aparência do texto original.
- **Mesclar formatação**: altera a formatação para que ela corresponda ao texto ao redor.
- **Imagem**: cola imagem.
- **Manter somente texto**: remove toda a formatação original do texto. Se você usar a opção Manter Somente Texto para colar conteúdo que inclui imagens e uma tabela, as imagens serão omitidas do conteúdo colado, e a tabela será convertida em uma série de parágrafos.

5.3.4 Colar especial

- **CTRL + ALT + V**: cola um texto ou objeto, que esteja na área de transferência, sem formatação, no formato RTF ou no formato HTML.

5.3.5 Área de Transferência

- **CTRL + CC – Importante**: abre o painel de tarefa Área de Transferência. Você pode armazenar até 24 itens na área de transferência.

Para abrir o painel, clique no botão ou use o atalho CTRL + CC, que deve estar configurado em Opções da Área de Transferência.

A Área de Transferência é uma área de armazenamento temporário de informações onde o que foi copiado ou movido de um lugar fica armazenado temporariamente. É possível selecionar o texto ou os elementos gráficos e, em seguida, usar os comandos Recortar ou Copiar para mover a seleção para a Área de Transferência, onde ela será armazenada até que o comando Colar seja acionado para inseri-la em algum outro lugar.

Quando são acionados o "Cortar" (CTRL + X) ou o "Copiar" (CTRL + C) de um elemento, este é conservado temporariamente na área de transferência.

5.3.6 Pincel de formatação

Este comando é amplamente cobrado em provas. Ele copia a formatação (fonte, cor, tamanho etc.) de um texto para aplicá-la a outro.

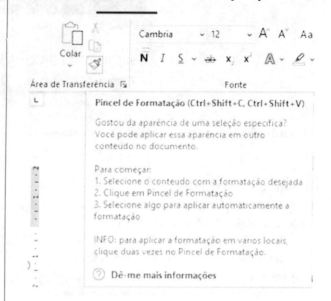

5.3.7 Fonte

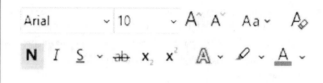

Para usar esse recurso, é possível usar os seguintes atalhos:
- **Abrir caixa de diálogo**: CTRL + D ou CTRL + SHIFT + P
- **Tipo e tamanho da fonte**: aumentar (CTRL + >) e Diminuir (CTRL + <)

5.3.8 Maiúsculas e minúsculas

Para usar esse recurso, é possível usar os seguintes atalhos:
- **Abrir caixa de diálogo**: CTRL + SHIFT + A.

170

INFORMÁTICA

- **Negrito:** CTRL + N
- **Itálico:** CTRL + I
- **Sublinhado:** CTRL + S (na seta ao lado do botão há opções de sublinhado).
- **Tachado:** efeito de texto com uma linha no meio: ~~TEXTO~~
- **Subscrito:** H_2O – CTRL + =
- **Sobescrito:** 22 – CTRL + SHIFT + +
- **Cor do realce do texto:** como se fosse um marcador de textos.

5.3.9 Cor da fonte

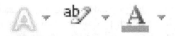

Ao pressionar o atalho CTRL + D, ou atalho CTRL + SHIFT + P ou ainda clicar no botão (Iniciador de caixa de diálogo) na parte inferior da guia, no grupo Fonte, a janela de diálogo FONTE é aberta.

5.3.10 Parágrafo

- **Marcadores:** ativa ou desativa marcadores (bullets points)
- **Numeração:** ativa ou desativa numeração, que pode ser com algarismos romanos, arábicos ou mesmo com letras maiúsculas e minúsculas.
- **Lista de vários níveis:** ativa ou desativa numeração de vários níveis, estilo tópicos e subtópicos.

- **Classificar:** abre caixa de diálogo onde podemos ordenar em ordem crescente ou decrescente os parágrafos do texto.
- **Mostrar tudo:** mostra marcas de parágrafo e outros símbolos de formatação ocultos. Esses símbolos não são imprimíveis.

5.3.11 Botões de alinhamento

É possível usar os seguintes recursos:
- **Alinhamento à esquerda:** CTRL + Q
- **Alinhamento centralizado:** CTRL + E
- **Alinhamento à direita:** CTRL + G
- **Alinhamento justificado:** CTRL + J
- **Botão sombreamento:** para colorir plano de fundo.
- **Botão bordas:** para inserir ou retirar bordas.

Na aba Quebra de linha e de página, temos o controle de linhas órfãs e viúvas.

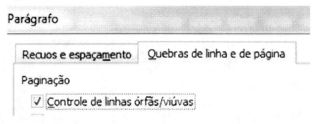

- **Linhas órfãs:** são as primeiras linhas dos parágrafos que têm as linhas subsequentes passadas para outra página.
- **Linhas viúvas:** são as linhas que ficam sozinhas em outra página, com o restante do parágrafo na página anterior.

5.3.12 Estilos

É possível fazer a maioria das alterações no texto pelo grupo Fonte, mas é trabalhoso. Uma maneira de fazer todas as alterações com um único comando é por meio dos estilos. Estilos é um conjunto de formatações predefinido, onde é possível fazer várias formatações em um texto com apenas um clique no botão do estilo escolhido.

171

5.3.13 Editando

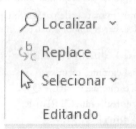

▷ **Localizar:** abre o painel de navegação para que se digite um texto para ser procurado no Word.
▷ **Localização avançada:** abre caixa de diálogo com opções avançadas para procurar um texto.
▷ **Ir Para:** permite ir para determinada página, tabela, gráfico, entre outros.
▷ **Substituir:** usado para substituir palavras em um texto. Você pode substituir uma palavra ou todas em uma única operação.
▷ **Selecionar:** seleciona textos ou objetos no documento.

5.4 Inserir

5.4.1 Páginas

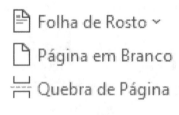

▷ **Folha de rosto:** insere uma folha de rosto já formatada ao documento.
▷ **Página em branco:** insere uma página em branco onde está o cursor.
▷ **Quebra de página:** insere uma quebra de página levando o texto para outra página.

5.4.2 Tabelas

Com o botão "Tabela", temos as funções Inserir Tabela, Desenhar Tabela, Converter Texto em Tabela, Inserir Planilha do Excel e Tabelas Rápidas. Quando o cursor é colocado dentro da tabela ou seleciona alguma área, aparece a guia de ferramentas de tabela, juntamente com o grupo Design e Layout.

Na guia Design é onde terão as opções para tratar as cores de sombreamento, bordas, linhas de cabeçalho da tabela. Na guia Layout, é possível trabalhar com inúmeras funcionalidades, como o botão Selecionar:

Ainda nesse grupo, há o botão "Exibir linhas de grade" e "Propriedades". Clicando em Propriedades, abrir, uma caixa de diálogo para configurar alinhamento, disposição do texto, especificar a altura da linha, largura da coluna ou célula será disposta na tela.

No grupo "Linhas e colunas", temos as opões de excluir células, colunas, linhas ou tabela, inserir linhas acima e abaixo e colunas esquerda e à direita.

No grupo Mesclar estão os botões para Mesclar células, Dividir células e Dividir Tabela.

Há, ainda alguns outros recursos presentes. São eles:
▷ **Tamanho da célula:** especifica a altura da linha e a largura da coluna. Há também os botões "Distribuir linhas" e "Distribuir colunas", que faz com que todas as linhas e colunas com as mesmas medidas.
▷ **Alinhamento:** alinhar parte superior à esquerda, alinhar parte superior no centro, alinhar parte superior à direita, centralizar à esquerda, centralizar, centralizar à direita, alinhar parte Inferior à esquerda, alinhar parte Inferior no centro, alinhar parte Inferior à direita. Depois, temos o botão de Direção do Texto e Margens da célula.
▷ **Classificar:** coloca o texto selecionado em ordem alfabética ou classifica dados numéricos.
▷ **Converter em texto:** muito importante para as provas. Possibilita converter uma tabela em um texto. É possível também converter texto em tabela, mas, para isso, é preciso clicar na Guia Inserir, no botão Tabela/Converter Texto em Tabela.
▷ **Movimentação na tabela:** movimente-se na tabela por meio das teclas setas, TAB, ou clicando com o mouse. A tecla ENTER não passará o cursor para outra célula da tabela, mas deixará a linha mais larga, logo, não é utilizada para a movimentação. **Contudo, preste atenção:** caso a tabela esteja no início de um documento, sem linha nenhuma anterior a ela (em branco ou não), posicionando o cursor na primeira célula da tabela e teclando ENTER, o Word criará uma linha em branco antes da tabela, movendo-a para baixo.

Dica: ao pressionar a tecla TAB, se o cursor estiver na última célula da tabela, será adicionada uma nova linha na tabela.

5.4.3 Ilustrações

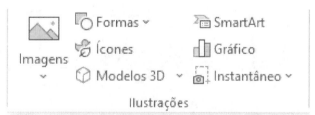

INFORMÁTICA

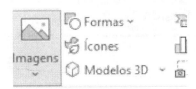

Abre caixa de diálogo para escolher um elemento gráfico como Fluxogramas, Organogramas, entre outros. Veja os tipos na imagem abaixo:

▷ **Instantâneo:** funciona como um *print screen* e possibilita selecionar a imagem que você quer colar em seu documento.

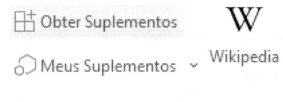

▷ **Gráfico:** botão para inserir gráfico com o auxílio do Excel.

5.4.4 Suplementos

▷ **Obter suplementos:** é possível adicionar ou comprar aplicativos, como um dicionário, por exemplo. Para começar a usar um novo aplicativo, clique em Meus Suplementos.

5.4.5 Mídia

▷ **Vídeo online:** é possível adicionar vídeos on-line também. Para isso, acesse o grupo Mídia. Insira vídeos on-line para assistir diretamente no Word sem ter que sair do documento.

5.4.6 Links

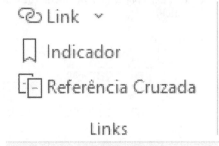

▷ **Opções de layout de uma imagem:** ao selecionar uma imagem, surge um botão, e, ao clicar nele, abre um menu com opções de Layout, no qual é possível escolher a maneira como seu objeto interage com o texto. Abre, ainda, lista com opção de formas para inserir no documento. Veja exemplos:

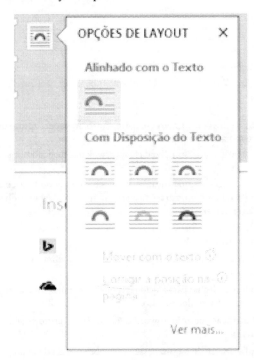

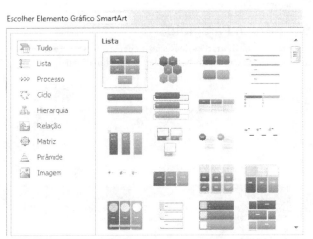

▷ **Hiperlink:** permite criar *links* para o mesmo documento ou outros documentos ou sites da internet.
▷ **Indicador:** cria um nome para um ponto específico do documento.
▷ **Referência cruzada:** permite criar *links* para redirecionar para uma figura ou tabela, por exemplo.

WORD 365

5.4.7 Cabeçalho e rodapé

Na Guia Contextual, podemos trabalhar com o Cabeçalho e Rodapé. Podemos inserir Número de Páginas, Data e Hora, Imagens, assim como inserir cabeçalhos e/ou rodapés diferentes em páginas pares e ímpares ou somente na primeira página.

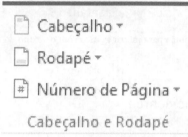

▷ **Navegação**: permite alternar entre Cabeçalho e Rodapé.
▷ **Fechar:** temos apenas o botão para sair do modo de edição do Cabeçalho e Rodapé.

5.4.8 Texto

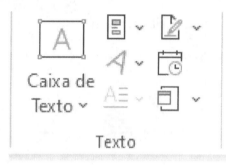

▷ **Caixa e texto:** insere uma caixa de texto pré-formatada no documento.
▷ **Explorar partes rápidas:** insere trechos de conteúdo reutilizáveis, como data ou uma assinatura.
▷ **WordArt:** insere um texto decorativo no documento.
▷ **Capitular:** cria uma letra maiúscula, grande, no início do parágrafo.
▷ **Adicionar uma linha de assinatura:** insere uma linha de assinatura para identificar quem vai assinar.
▷ **Data e hora:** inserir Data e hora atual no documento.
▷ **Objeto:** para aplicar um objeto ou texto inserido de outro arquivo no seu documento

5.4.9 Grupo símbolos

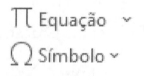

▷ **Equação:** permite inserir equações matemáticas ou desenvolver suas próprias equações usando uma biblioteca de símbolos matemáticos.
▷ **Símbolo:** utilizado para inserir símbolos que não constam no teclado, como símbolos de copyright, símbolo de marca registrada e outros.

5.5 Guia Design

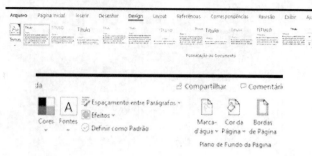

▷ **Temas:** botões para alterar o design geral do documento inteiro, incluindo cores, fontes e efeitos.

5.6 Guia Layout

Botões para definir margens, orientação do papel (retrato ou paisagem) e tamanho do papel.

Em Margens personalizadas (acessível ao clicar no botão Margens), há uma caixa de diálogo

"Configurar Página, igual a velha conhecida do Office 2003, lembra? Lá temos configurações como margens, orientação do papel, layout entre outras.

▷ **Colunas:** para formatar o documento em colunas, com ou sem linha entre elas.
▷ **Quebras:** para adicionar páginas, seção ou quebras de colunas ao documento.
▷ **Número de linha:** para adicionar número de linhas à margem lateral de cada linha do documento.
▷ **Hifenização**: permite o word quebrar linhas entre as sílabas das palavras.
▷ **Configuração de página:** esse botão abre a caixa de diálogo Configurar Página.

5.6.1 Grupo Parágrafo

Permite configurações de Recuo do parágrafo e espaçamento entre linhas. Preste atenção aos botões dessas funcionalidades.

INFORMÁTICA

▷ **Parágrafo:** abre a caixa de diálogo parágrafo.

5.6.2 Organizar

▷ **Posição:** configura o alinhamento da imagem no documento.
▷ **Quebra de texto automática:** altera a disposição do texto ao redor do objeto selecionado.
▷ **Avançar:** trará o objeto selecionado para a frente para que menos objetos fiquem à frente dele.
▷ **Recuar:** enviará o objeto selecionado para trás para que ele fique oculto atrás dos objetos à frente dele.
▷ **Painel de seleção:** mostra Painel de Seleção.
▷ **Alinhar:** alinhará o objeto selecionado em relação às margens.
▷ **Agrupar:** para agrupar objetos de forma que sejam tratados como um único.
▷ **Girar:** girar ou inverter o objeto selecionado.

5.7 Guia Referências

▷ **Sumário:** permite criar e editar um sumário para o documento ativo. Para isso acesse a guia Referências/Grupo Sumário/ Botão Sumário e escolha o tipo de sumário desejado.

▷ **Inserir nota de rodapé:** adiciona uma nota de rodapé. Para isso cursor após a palavra ou texto que deseje acrescentar na Nota de rodapé.
▷ **Inserir nota de fim:** adiciona uma nota de fim ao documento.
▷ **Próxima nota de rodapé:** útil para navegar até a próxima nota de rodapé do documento.
▷ **Mostrar notas:** mostra as notas inseridas no documento.

5.7.1 Citações e bibliografia

Uma bibliografia é uma lista de fontes, normalmente colocada no final de um documento, que você consultou ou citou na criação do documento. No Microsoft Word 2019, é possível gerar uma bibliografia automaticamente com base nas informações sobre a fonte fornecidas para o documento.

Toda vez que é criada é uma nova fonte (referência), as informações sobre são salvas no seu computador, para que você possa localizar e usar qualquer fonte que criou.

5.7.2 Legendas

Utilizado para inserir e gerenciar legendas de imagens.

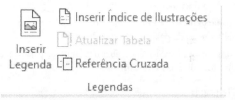

5.7.3 Índice

Perceba que Guia Referências oferece funcionalidades referentes a edição de um livro ou produção de uma monografia ou um TCC. Basta dar uma olhada: sumário, citações, bibliografias.

A Guia Página Inicial é utilizada principalmente para a formatação do documento, a Guia Inserir para inserir elementos e assim por diante.

5.8 Guia Correspondências

Essa guia permite a criação de preenchimento envelopes de correspondência, etiquetas de endereçamento e de mala direta.

175

WORD 365

5.9 Revisão

Esta aba é destinada à revisão textual, por exemplo, verificação de ortografia, substituição por sinônimos, ajuste de idioma, tradução, entre outros.

5.9.1 Revisão de texto

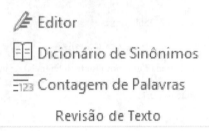

- **Editor/Ortografia e gramática:** inicia a correção ortográfica e gramatical do documento.
- **Dicionário de sinônimos:** sugere outras palavras com significado semelhante ao da palavra selecionada
- **Contagem de palavras:** para saber o número de palavras, caracteres, parágrafos e linhas no documento.

5.9.2 Idioma

Você pode traduzir texto escrito em outro idioma, como frases ou parágrafos e palavras individuais (com o Minitradutor), ou pode traduzir o arquivo inteiro.

Se esta for a primeira utilização dos serviços de tradução, é preciso clicar em OK para instalar os dicionários bilíngues e habilitar o serviço de tradução no painel Pesquisa. Também é possível ver quais dicionários bilíngues e serviços de tradução automática foram habilitados, basta clicar no link Opções de tradução no painel Pesquisa.

5.10 Exibir

- **Modo de Leitura:** oculta as barras do documento, facilitando a leitura em tela.
- **Layout de impressão:** formato atual do documento - como ficará na folha impressa-. Esse modo de exibição é útil para editar cabeçalhos e rodapés, para ajustar margens e para trabalhar com colunas e objetos de desenho.
- **Layout da web: aproxima** o documento de uma visualização na internet. Esse formato existe, pois muitos usuários postam textos produzidos no Word em sites e blogs.
- **Estrutura de tópicos:** permite visualizar seu documento em tópicos, o formato terá melhor compreensão quando trabalharmos com marcadores.
- **Rascunho:** é o formato bruto, permite aplicar diversos recursos de produção de texto, porém não visualiza como impressão nem outro tipo de meio.

5.10.1 Janela

- **Nova janela:** abre o documento em uma nova janela.
- **Organizar tudo:** organiza as janelas abertas.
- **Dividir:** divide a janela de modo que fica com dupla barra de rolagem, dupla régua. Ideal para trabalhar com cabeçalhos de textos.

5.11 Barra de Status

A barra de status, que é uma área horizontal na parte inferior da janela do documento no Microsoft Word, fornece informações sobre o estado atual do que está sendo exibido na janela e quaisquer outras informações contextuais.

- **Número da página:** mostra o número da página atual e o número de páginas no documento.
- **Palavras:** mostra o número de palavras do documento e quando um texto for selecionado, mostra também o número de palavras que estão selecionadas.

Esta opção, mostra o status da verificação de ortografia e gramática. Quando o Word faz a verificação de erros, uma caneta animada aparece sobre o livro. Se nenhum erro for encontrado, será exibida uma marca de seleção. Se um erro for encontrado, será exibido um "X". Para corrigir o erro, clique duas vezes nesse ícone.

5.12 Visualização do Documento

É possível alterar a forma de visualização do documento. No rodapé, a direta da tela tem o controle de Zoom. Anterior a este controle de zoom temos os botões de forma de visualização de seu documento, que podem também ser acessados pela Aba Exibição, conforme já estudamos.

INFORMÁTICA

5.13 Atalhos

Arquivo

Recurso	Teclas de atalho
Novo documento	CTRL + O
Abrir	CTRL + A
Salvar	CTRL + B
Salvar como	F12
Imprimir	CTRL + P
Visualizar impressão	CTRL + F2
Fechar	CTRL + W ou CTRL + F4
Sair	ALT + F4
Desfazer	CTRL + Z

Parágrafo

Recurso	Teclas de atalho
Alinhar à esquerda	CTRL + Q
Centralizar	CTRL + E
Alinhar à direita	CTRL + G
Justificar	CTRL + J
Espaçamento parágrafo 1	CTRL + 1
Espaçamento parágrafo 1,5	CTRL + 5
Espaçamento parágrafo 1,5	CTRL + 2

Fonte

Recurso	Teclas de atalho
Fonte	CTRL + D ou CTRL + SHIFT + P
Aumentar fonte	CTRL + SHIFT + >
Diminuir fonte	CTRL + SHIFT + <
Negrito	CTRL + N
Itálico	CTRL + I
Sublinhado	CTRL + S
Duplo sublinhado	CTRL + SHIFT + D
Maiúscula e minúscula	SHIFT + F3
Todas maiúsculas	CTRL + SHIFT + A
Realce	CTRL + ALT + H
Sobrescrito	CTRL + SHIFT + +
Subscrito	CTRL + =

Outros

Recurso	Teclas de atalho
Ajuda	F1
Quebra de página	CTRL + Enter
Dicionário de sinônimos	SHIFT + F7
Verificação ortográfica	F7
Hipelink	CTRL + K

Edição

Recurso	Teclas de atalho
Localizar	CTRL + L
Ir para	ALT + CTRL + G ou ALT + CTRL + F5

Geral

Recurso	Teclas de atalho
Substituir	CTRL + U
Selecionar tudo	CTRL + T

EXCEL 365

6 EXCEL 365

O Microsoft 365 é uma assinatura que inclui os recursos mais colaborativos e atualizados em uma experiência integrada e perfeita, pois inclui os aplicativos robustos de trabalho do Office, como Word, PowerPoint e Excel. Com ele, também é possível também obter armazenamento on-line extra e recursos conectados à nuvem que permitem colaborar com arquivos em tempo real.

O objetivo da assinatura é disponibilizar os recursos, correções e atualizações de segurança mais recentes, além de suporte técnico contínuo, sem nenhum custo extra. É possível optar por pagar a assinatura mensal ou anual, e o plano Microsoft 365 Family permite compartilhar a assinatura com até seis pessoas e usar os aplicativos em vários PCs, Macs, tablets e telefones.

Há também a possibilidade de adquirir o Office 2019 como uma compra única, o que significa pagar um custo único e inicial para obter os aplicativos do Office para um computador. Compras únicas estão disponíveis para PCs e Macs. No entanto, não há opções de upgrade

Segundo a Microsoft, o Excel: é um programa de planilhas do sistema Microsoft Office. Pode ser usado para criar e formatar pastas de trabalho (um conjunto de planilhas), para analisar dados e tomar decisões de negócios mais bem informadas. Especificamente, o Excel é muito utilizado para acompanhar dados, criar modelos de análise de dados, criar fórmulas para fazer cálculos desses dados, organizar dinamicamente de várias maneiras e apresentá-los em diversos tipos de gráficos profissionais.

6.1 Características do Excel

- **Planilha eletrônica:** sistema composto de 1.048.576 linhas e 16.384 colunas.
- **Pastas de trabalho abertas:** limitado pela memória disponível e pelos recursos do sistema (o padrão é 1 planilha).
- **Intervalo de zoom:** 10%a 400% por cento.
- **Extensão:** .xlsx
- **Trabalhando com pastas de trabalho:** cada pasta de trabalho do MS-Excel **consiste em um documento com uma ou mais planilhas**, ou seja, uma pasta no sentido literal, contendo diversos documentos.

6.2 Interface

A interface do Excel segue o padrão dos aplicativos Office, com ABAS, botão Office, controle de Zoom na direita etc. O que muda são alguns grupos e botões exclusivos do Excel e as guias de planilha no rodapé.

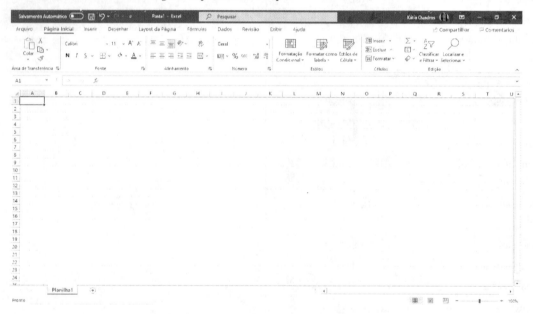

As linhas são identificadas por números e as colunas por letras. Desse modo, a junção de uma coluna e uma linha tem como resultado uma célula.

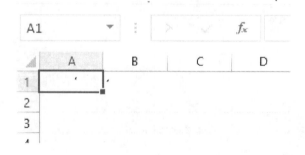

INFORMÁTICA

Na imagem mostrada, temos a célula A1 selecionada e podemos perceber uma caixa logo acima com o endereço da célula. Esta é a Caixa de Nome.

Ao lado temos a Barra de Fórmulas com os botões cancelar, inserir e inserir função.

6.3 Seleção de células

Se caso seja necessário selecionar mais de uma célula, basta manter pressionado o mouse e arrastar selecionando as células em sequência. Também, para selecionar células em sequência, clique na primeira célula, selecionando-a e em seguida pressione a tecla SHIFT e clique na última célula da sequência desejada.

Se precisar selecionar células alternadamente, clique sobre a primeira célula a ser selecionada, pressione CTRL e vá clicando nas que você quer selecionar. É possível também selecionar usando a combinação das setas do teclado com a tecla SHIFT.

6.4 Página Inicial

Nessa guia, temos recursos para a formatação das células. Nela é possível encontrar o grupo Fonte, que permite alterar a fonte a ser utilizada, o tamanho, aplicar negrito, itálico e sublinhado, linhas de grade, cor de preenchimento e cor de fonte. Ao clicar na faixa "Fonte", será mostrada a janela, conforme a imagem a seguir:

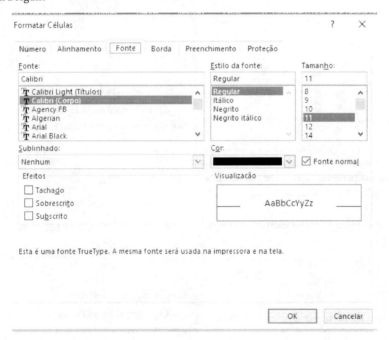

6.4.1 Alinhamento

O grupo Alinhamento permite definir o alinhamento do conteúdo da célula na horizontal e vertical, quebrar texto automaticamente, mesclar e centralizar.

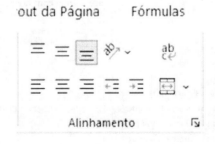

EXCEL 365

▷ **Botão Orientação:** permite girar o texto.

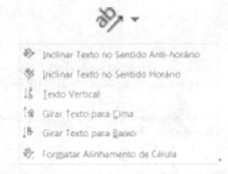

▷ **Mesclar e Centralizar:** torna duas ou mais células selecionadas em uma, centralizando o conteúdo da célula.
▷ **Mesclar através:** mescla somente em linha.
▷ **Mesclar célula:** apenas mescla sem centralizar.
▷ **Desfazer mesclagem de células:** desfaz a mesclagem das células.

6.4.2 Número

O grupo Número permite que se formatem os números de suas células. Ele dividido em categorias e dentro de cada categoria, possui exemplos de utilização e algumas personalizações, por exemplo, na categoria Moeda em que é possível definir o símbolo a ser usado e o número de casas decimais.

Formato de número de contabilização: Para formatar como moeda. Ex: R$ 40,00.

Separador de Milhares: Para formatar com duas casas decimais.

Aumentar e Diminuir casas decimais.

6.5 Formatação condicional

6.5.1 Página Inicial

Com essa funcionalidade podemos criar regras para evidenciar textos ou valores através de formatação de fonte ou preenchimento/sombreamento da célula, por exemplo. Podemos selecionar uma planilha inteira e definir uma regra, por exemplo, que números negativos ficarão automaticamente com fonte na cor vermelho e efeito negrito.

Tudo o que for digitado nestas células com valor negativo, ficarão na cor vermelho e efeito negrito.

6.6 Validação de dados – Guia dados

Use a validação de dados para restringir o tipo de dados ou os valores que os usuários inserem em células.

6.6.1 Texto para Colunas

Pegue o texto em uma ou mais células e divida-o em várias células usando o Assistente para Converter Texto em Colunas.

6.6.2 Remover Duplicatas

Quando você usa o recurso Remover Duplicatas, os dados duplicados são permanentemente excluídos.

6.6.3 Obter Dados

O principal benefício da conexão com dados externos é que você pode analisar periodicamente esses dados no Microsoft Office Excel sem copiar repetidamente os dados, que é uma operação que pode ser demorada e propensa a erros. Depois de se conectar a dados externos, você também pode atualizar automaticamente (ou atualizar) sua Excel de trabalho da fonte de dados original sempre que a fonte de dados for atualizada com novas informações.

6.6.4 Atingir Meta

Se você conhece o resultado que deseja obter de uma fórmula, mas não tem certeza sobre o valor de entrada necessário para chegar a esse resultado, use o recurso Atingir Meta.

Por exemplo, suponha que você precise pedir algum dinheiro emprestado. Você sabe quanto dinheiro quer, quanto tempo deseja usar para pagar o empréstimo e quanto pode pagar a cada mês. Você pode usar o recurso Atingir Meta para determinar qual taxa de juros você precisará garantir para atingir seu objetivo de empréstimo.

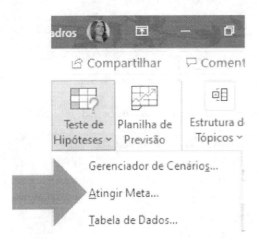

6.6.5 Impressão – Guia Arquivo

6.6.6 Classificar - Guia Página Inicial e Guia Dados

Permite classificar dados em ordem crescente ou decrescente. Pode ser com texto (alfabeticamente) ou números.

6.6.7 Filtrar – Guia Página Inicial e Guia dados

Organiza os dados para que seja mais fácil analisá-los. Por exemplo: Se tenho uma planilha com Homens e Mulheres, posso filtrar para que apareçam apenas as Mulheres. Perceba que as informações referentes aos Homens não são excluídas, apenas ficam ocultas, facilitando analisar apenas as informações referentes às mulheres.

Também posso filtrar por valores, pedindo para ocultar valores inferiores a R$ 1.000,00, por exemplo.

6.6.8 Tabela Dinâmica

Uma Tabela Dinâmica é uma ferramenta poderosa para calcular, resumir e analisar os dados que lhe permitem ver comparações, padrões e tendências nos dados.

Criar uma tabela dinâmica

- ▷ Selecione as células a partir das quais você deseja criar uma Tabela Dinâmica.
- ▷ Observação: seus dados não devem ter linhas ou colunas vazias. Deve haver apenas uma única linha de título.
- ▷ Selecione Inserir > Tabela Dinâmica.
- ▷ Em Escolha os dados que você deseja analisar, selecione Selecionar uma tabela ou intervalo.
- ▷ Em Tabela/Intervalo, verifique o intervalo de células.
- ▷ Em Escolha onde deseja que o relatório da Tabela Dinâmica seja posicionado, selecione Nova Planilha para posicionar a Tabela Dinâmica em uma nova planilha, ou escolha Planilha Existente e selecione o local em que deseja exibir a Tabela Dinâmica.
- ▷ Selecione OK.

EXCEL 365

6.6.9 Rastrear Precedentes e Dependentes - Guia Fórmulas

▷ **Células precedentes**: células que são referidas por uma fórmula em outra célula. Por exemplo, se a célula D10 contiver a fórmula =B5, a célula B5 será um precedente para a célula D10.

▷ **Células dependentes**: essas células contêm fórmulas que se referem a outras células. Por exemplo, se a célula D10 contiver a fórmula =B5, a célula D10 é dependente da célula B5.

6.6.10 Guia Fórmula

6.6.11 Transpor

Se tiver uma planilha com dados em colunas que você precisa girar para reorganizar em linhas, use o recurso Transpor. Com ele, você pode alternar rapidamente dados de colunas para linhas ou vice-versa.

Por exemplo, se seus dados se parecem com isso, com Regiões de Vendas nos títulos de coluna e Trimestres no lado esquerdo:

Vendas por região	Europa	Ásia	América do Norte
1º trim.	21.704.714	8.774.099	12.094.215
2º trim.	17.987.034	12.214.447	10.873.099
3º trim.	19.485.029	14.356.879	15.689.543
4º trim.	22.567.894	15.763.492	17.456.723

O recurso Transpor reorganizará a tabela de forma que os Trimestres sejam exibidos nos títulos de coluna e as Regiões de Vendas possam ser vistas à esquerda, assim:

Vendas por região	1º trim.	2º trim.	3º trim.	4º trim.
Europa	21.704.714	17.987.034	19.485.029	22.567.894
Ásia	8.774.099	12.214.447	14.356.879	15.763.492
América do Norte	12.094.215	10.873.099	15.689.543	17.456.723

6.6.12 Congelar Painéis

Quando você congela painéis, o Excel mantém linhas ou colunas específicas visíveis durante a rolagem na planilha. Por exemplo, se a primeira linha da planilha contiver rótulos, será possível congelá-la para garantir que os rótulos das colunas permaneçam visíveis enquanto você rola para baixo na planilha.

INFORMÁTICA

6.6.13 Dividir

▷ **Dividir**: Ao dividir divide painéis, o Excel cria duas ou quatro áreas separadas da planilha que podem ser roladas individualmente, enquanto as linhas e colunas da área não rolada permanecem visíveis.

6.6.14 Utilização de fórmulas

A planilha do Excel reconhece um cálculo ou fórmula quando se inicializa a célula com o sinal de igual (=). E, além do sinal de = uma fórmula também pode ser precedida por: + (mais) ou - (menos).

Assim, é possível, por exemplo, somar em uma célula C3, o valor de uma célula A3 mais o valor de uma célula B3, como também, pode-se multiplicar, dividir, subtrair ou inserir outras fórmulas.

6.6.15 Operadores

OPERADOR ARITMÉTICO	SIGNIFICADO	EXEMPLO
+ (sinal de mais)	Adição	3+3
− (sinal de menos)	Subtração Negação	3−1 −1
* (asterisco)	Multiplicação	3*3
/ (sinal de divisão)	Divisão	3/3
% (sinal de porcentagem)	Porcentagem	20%
^ (acento circunflexo)	Exponenciação	3^2

OPERADOR DE COMPARAÇÃO	SIGNIFICADO	EXEMPLO
= (sinal de igual)	Igual a	A1=B1
> (sinal de maior que)	Maior que	A1>B1
< (sinal de menor que)	Menor que	A1<B1
>= (sinal de maior ou igual a)	Maior ou igual a	A1>B1
<= (sinal de menor ou igual a)	Menor ou igual a	A1<B1
<> (sinal de diferente de)	Diferente de	A1<>B1

OPERADOR DE TEXTO	SIGNIFICADO	EXEMPLO
& (E comercial)	Conecta ou concatena dois valores para produzir um valor de texto contínuo	("North" & "wind")

É importante ressaltar que o Excel trabalha com os parênteses, quando se pretende fazer vários cálculos em uma mesma célula, a fim de priorizar aqueles que devem ser realizados primeiramente.

1ª prioridade - % e ^
2ª prioridade - * e /
3ª prioridade - + e -

O valor médio do intervalo B1:B10 na planilha denominada Marketing na mesma pasta de trabalho.

PARA SE REFERIR A	USE
A célula na coluna A e linha 10	A10
O intervalo de células na coluna A e linhas 10 a 20	A10:A20
O intervalo de células na linha 15 e colunas B até E	B15:E15
Todas as células na linha 5	5:5
Todas as células nas linhas 5 a 10	5:10
Todas as células na coluna H	H:H
Todas as células nas colunas H a J	H:J
O intervalo de células nas colunas A a E e linhas 10 a 20	A10:E20

Observe que o nome da planilha e um ponto de exclamação (!) precedem a referência de intervalo.

6.7 Funções

Funções são fórmulas predefinidas que efetuam cálculos usando valores específicos, denominados argumentos, em uma determinada ordem ou estrutura. As funções podem ser usadas para executar cálculos simples ou complexos.

6.7.1 SOMA

=SOMA(arg1;arg2;...;arg30)
=soma(a1:a5)
=soma(a1:a5;5)
=soma(a3;5;c1:c20)

	A	B	C	D	E
1					
2	Turma	Meninos	Meninas	Total	
3	2504B	16	17		
4	7001A	14	20		
5	3602A	21	19		
6	Total		51		
7					

Fique ligado

Essa função soma dois ou mais números. É importante notar que a referência : (dois pontos) significa "ATÉ" e a referência ; (ponto e vírgula) significa "E". É possível usar os dois sinais numa mesma função.

EXCEL 365

6.7.2 MÉDIA

=MÉDIA(arg1;arg2;...;arg30)
=média(a1:a5)
=média(a1:a5;6)
=média(a3;2;c1:c10)

	A	B	C	D	E
1					
2	Turma	Meninos	Meninas	Total	
3	2504B	16	17		
4	7001A	14	20		
5	3602A	21	19		
6	Total	17			
7					

Célula B6: =MÉDIA(B3:B5)

Fique ligado

A função MÉDIA soma os argumentos e divide pelo número de argumentos somados.
Por exemplo: MÉDIA(a1:a5)
A média, nesse exemplo, será a soma de a1, a2, a3, a4 e a5 dividido por 5.

6.7.3 MÁXIMO

Mostra o maior valor no intervalo.
=MÁXIMO(arg1;arg2;...arg30)
=máximo(c1:c10)
=máximo(c1:c10;3)

	A	B	C	D	E
1					
2	Turma	Meninos	Meninas	Total	
3	2504B	16	17		
4	7001A	14	20		
5	3602A	21	19		
6	Total	21			
7					

Célula B6: =MÁXIMO(B3:B5)

6.7.4 MÍNIMO

Mostra o menor valor no intervalo.
=MÍNIMO(arg1;arg2;...arg30)
=mínimo(c1:c10)
=mínimo(c1:c10;3)

	A	B	C	D	E
1					
2	Turma	Meninos	Meninas	Total	
3	2504B	16	17		
4	7001A	14	20		
5	3602A	21	19		
6	Total	14			
7					

Célula B6: =MÍNIMO(B3:B5)

6.7.5 MAIOR

Você pode usar esta função para selecionar um valor de acordo com a sua posição relativa. Por exemplo, você pode usar MAIOR para obter o primeiro, o segundo e o terceiro resultado e assim por diante.

Neste caso, o EXCEL deve mostrar o terceiro maior valor encontrado no intervalo A1:C3. O número 3 após o ";" é que indica essa posição.

=MAIOR(a1:c3;3)

	A	B	C	D	E
1	2	3	5		
2	4	7	1		
3	6	8	0		
4					
5			6		
6					

Célula C5: =MAIOR(A1:C3;3)

6.7.6 MENOR

Você pode usar esta função para selecionar um valor de acordo com a sua posição relativa. Por exemplo, você pode usar MENOR para obter o primeiro, segundo e terceiro resultados para obter o primeiro, o segundo e o terceiro resultado e assim por diante.

=MENOR(a1:c3;3)

Neste caso quero que o EXCEL mostre o terceiro menor valor encontrado no intervalo A1:C3.

	A	B	C	D	E
1	2	3	5		
2	4	7	1		
3	6	8	0		
4					
5			2		
6					

Célula C5: =MENOR(A1:C3;3)

6.7.7 CONT.SE

Realiza a contagem de todas as células de um intervalo que satisfazem uma determinada condição.

=CONT.SE(intervalo;condição)
=cont.se(c3:c8;">=2")
=cont.se(c3:c8;a2)

C	D	E	F
	5		
	5		
	25		
	2		

=CONT.SE(C3:C8;C4)

Perceba que no exemplo queremos que o Excel conte o número de células que contenham o valor referido em C4 (condição), ou seja, o

184

valor 5. As células que o Excel deve procurar e contar esse valor são as células C3 até C8 (intervalo). Nesse caso temos o resultado 2.

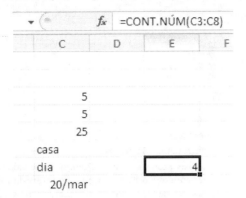

6.7.8 CONT.NÚM

Conta quantas células contêm números.
| =CONT.NÚM(intervalo)

6.7.9 CONT.VALORES

Conta o número de células que não estão vazias em um intervalo.
| =CONT.VALORES(intervalo)

6.7.10 CONCATENAR

A função **CONCATENAR** agrupa cadeias de texto. Os itens agrupados podem ser texto, números, referências de células ou uma combinação desses itens. Por exemplo, se sua planilha contiver o nome de uma pessoa na célula A1 e o sobrenome da pessoa na célula B1, você poderá combinar os dois valores em outra célula usando a seguinte fórmula:

=CONCATENAR(A1;" ";B1)

O segundo argumento neste exemplo (" ") é um caractere de espaço. É preciso especificar quaisquer espaços ou pontuação que você deseja que sejam exibidos nos resultados como um argumento entre aspas.

Você também pode usar o caractere **&** para concatenar:
=CONCATENAR(A2&B2&" -"&C2&"anos")
ou
=A2&" "&B2&" - "&C2&" &"anos"
ou ainda
=CONCATENAR(A2&" ";B2;"-"&C2&"anos")
Todas as formas estão corretas.

No exemplo abaixo, o examinador pediu que na célula C4 aparecesse o nome que está em A2, mais o sobrenome que está em B2 e a idade que está em C3, com devidos espaços e a palavra anos.

Os espaços e a palavra anos estão entre aspas, pois não são conteúdo de nenhuma célula e são textos. Textos devem ficar entre aspas nas fórmulas do Excel.

Podemos usar a função **CONCATENAR**:

Podemos usar a função **CONCATENAR** e o operador de texto &:

Podemos usar a função **CONCATENAR**, o operador de texto & e ;.

6.7.11 E

TODOS os argumentos devem ser verdadeiros.
=E(E2>=7;F2>=75)
Então, temos a função E e as condições separadas por ";".

6.7.12 OU

Apenas um dos argumentos precisa ser verdadeiro.
=OU(E2>=7;F2>=75)

EXCEL 365

Então, temos a função OU e as condições separadas por ";".

```
=OU(E2>=7;F2>=75)
     C      D       E       F      G
                   Nota    Freq
    75                7     75
    70                8     70
    30                5     80
    50                5     50

              VERDADEIRO
              VERDADEIRO
              VERDADEIRO
              FALSO
```

6.7.13 SOMASE

| =SOMASE(intervalo;condição)
| =SOMASE(c1:c10;">5")

Nesse caso, o Excel realizará a soma apenas das células no intervalo C1 até C10 que contenham valores maiores que 5. Outros números são ignorados. Realiza a soma de todos os valores de um intervalo que satisfazem uma determinada condição.

A função SOMASE pode assumir a seguinte sintaxe:
| SOMASE(intervalo, critérios, [intervalo_soma])

```
fx =SOMASE(C1:C10;">5")
       C      D      E
       3
       3
       3
       3
       3
       3
       3
      33
       3
       8
       4
      41
```

Uma planilha do Microsoft Excel apresenta os valores a seguir.

```
         A       B
  1      23      5
  2      12      8
  3      32      7
  4      17      9
  5      11      3
  6
```

Assinale a alternativa que apresenta, corretamente, o resultado gerado pela fórmula =SOMASE(A1:A5; ">15";B1:B5).

a) 0
b) 21
c) 32
d) 72
e) 95

Veja o resultado diretamente em uma planilha do Excel:

```
   A7           fx    =SOMASE(A1:A5; ">15";B1:B5)
      A    B    C    D    E    F    G
  1   23   5
  2   12   8
  3   32   7
  4   17   9
  5   11   3
  6
  7   21
  8
```

Agora vamos entender este resultado!
| =SOMASE(A1:A5; ">15";B1:B5)

A função Somase, neste caso em que tenho o intervalo da soma definido, irá fazer com que o Excel selecione o intervalo indicado: A1:A5, obedeça a condição que é: >15, mas some os valores que constam nas células correspondentes: B1:B5.

Então o Excel irá somar os valores 5, 7 e 9, pois esses valores estão no intervalo B1:B5 e correspondem aos valores 23, 32 e 17 que estão no intervalo A1:A5 e que obedecem a condição: ser >5.

6.7.14 MÉDIASE

=MÉDIASE(B2:B5;"<23000")

Retorna a média (média aritmética) de todas as células em um intervalo que satisfazem um determinado critério.

6.7.15 SE

Retorna valores diferentes dependendo do resultado de uma expressão.

É usada para testar condições, ou seja, se a condição especificada equivaler à verdadeira e a outra se equivaler a falsa.

=SE(teste_lógico;valor_se_verdadeiro;valor_se_falso)

Fique ligado

O "SE" funciona como todos os "SEs" da nossa vida: SE chover não vou à praia, SE eu tiver dinheiro vou à festa, SE eu tiver média final igual ou maior que 7,0 sou aprovado no colégio. Sim, SE você estudar com certeza vai passar no concurso! É lógica pura!

No exemplo a seguir temos um boletim escolar, em que o aluno que tiver nota igual ou maior a 7,0 será aprovado, senão será reprovado.

```
   G7              fx   =SE(F7>=7;"Aprovado";"Reprovado")
     F     G     H     I     J     K     L
  1 te médi
  2
  3
  4
  5
  6  Média  Situação
  7   8,0   Aprovado
  8   7,0   Aprovado
  9   3,8   Reprovado
 10   8,5   Aprovado
 11   7,5   Aprovado
 12   7,8   Aprovado
 13   8,8   Aprovado
 14
```

Vamos entender:

=SE -> aqui tenho a função

A função SE é uma pergunta com duas possíveis respostas: SIM ou NÃO:

F7>=7 -> Aqui tenho a pergunta: F7 é igual ou maior a 7?

Ao verificar a célula F7, ela contém a média 8,0. Logo, 8,0 é maior que 7, então, a resposta da pergunta anterior é SIM. Ao responder SIM à pergunta (condição), o Excel mostra a resposta especificada na função que está logo após o ";", neste caso a palavra "Aprovado". Ao responder NÃO à pergunta, o Excel mostra a segunda resposta especificada na função, após o ";", neste caso a palavra "Reprovado".

6.8 Aninhar uma função dentro de outra função

As funções aninhadas usam uma função como um dos argumentos de outra função.

A fórmula a seguir soma um conjunto de números (G2:G5) somente se a média de outro conjunto de números (F2:F5) for maior que 50. Caso contrário, ela retorna 0. Analise também a planilha.

	F	G
1	5	5
2	2	2
3	2	2
4	2	2
5	2	2
6		

=SE(MÉDIA(F2:F5)>50;SOMA(G2:G5);0)

As funções MÉDIA e SOMA são aninhadas na função SE.

Como resolver essa função? **Por partes!**

Primeiro devemos lembrar que a função Se é uma pergunta que pode ter apenas dois tipos de resposta: Ou SIM, ou NÃO. E que a pergunta está antes do primeiro ";". Caso a resposta seja SIM o EXCEL retornará o que estiver entre os dois ";". Caso a resposta seja NÃO o EXCEL retornará o que estiver após o segundo ";".

Vamos em busca da pergunta:

=SE(MÉDIA(F2:F5)>50;SOMA(G2:G5);0)

A pergunta é: MÉDIA(F2:F5)>50

Na planilha fornecida devemos observar os valores e calcular a Média:

Média(F2:F5) => (2 + 2 + 2 + 2)/4 = 2

A média é 2.

A pergunta é: 2>50?

A resposta é NÃO.

Então o EXCEL retornará o que está após o segundo ";" que é 0 (zero).

6.8.1 SE Aninhado

A função SE nos permite definir apenas 2 valores de retorno, porém muitas vezes precisamos de 3, 4 ou mais valores de retorno. Nestes casos utilizamos a função SE Aninhado.

Nesse exemplo temos uma empresa e sua folha de pagamentos. A empresa oferece gratificação aos funcionários que não faltam ou faltam apenas uma vez.

Dessa forma a pergunta que faço para começar a desenvolver a função é: Se o funcionário não faltar quanto ele recebe de gratificação? Basta olhar na célula A10 onde tenho o valor da gratificação que é de 10% sobre o salário. Então veja:

- Se o funcionário não faltar recebe salário acrescido de 10% de gratificação.
- Se o funcionário faltar apenas 1 vez ele recebe salário acrescido de 5% de gratificação.
- Se o funcionário faltar 2 ou mais vezes, recebe apenas o salário.

Agora é colocar essas regras na função. Perceber que o número de faltas está na célula B3, o salário na A3 e as regras para Gratificação nas células A9:B12. Certo?

Feito isso, vamos à função:

=SE(B3=0;A3*A10;SE(B3=1;A3*A11;SE(B3>=2;0)))

Ou seja: SE(B3 {número de faltas) =0;A3 {Salário}) *A10 {Valor da Gratificação}) ;SE {Senão, caso não atenda a condição anterior}(B3 {número de faltas) =1;A3 {Salário}) *A11{Valor da Gratificação});-SE(B3 {número de faltas}) >=2;0 {Não recebe nada de gratificação})))

Obs.: O texto em vermelho entre chaves refere-se a comentários sobre dados da função. Não fazem parte da função.

Ainda podemos escrever a função dessa forma:

=SE(B3=0;A3*A10;SE(B3=1;A3*A11;0))

Nesse caso, não desenvolvemos o último SE. Colocamos um ";" que se comporta como um SENÃO. Ou seja, se não forem satisfeitas as condições dos SEs anteriores o Excel fará o que houver após este último ";".

6.8.2 SES

A função SES verifica se uma ou mais condições são satisfeitas e retorna um valor que corresponde à primeira condição VERDADEIRO. A função SES pode ser usada como substituta de várias instruções SE aninhadas, além de ser muito mais fácil de ser lida quando condições múltiplas são usadas.

=SES(F2=1;D2;F2=2;D3;F2=3;D4;F2=4;D5;F2=5;D6;F2=6;-D7;F2=7;D8)

6.8.3 PROCV

Use a função PROCV, uma das funções de pesquisa e referência, quando precisar localizar algo em linhas de uma tabela ou de um intervalo. Por exemplo, para pesquisar o preço de uma peça automotiva pelo número da peça.

=PROCV(Valor que você deseja pesquisar, intervalo no qual você deseja pesquisar o valor, o número da coluna no intervalo contendo o valor de retorno, Correspondência Exata ou Correspondência Aproximada – indicado como 0/FALSO ou 1/VERDADEIRO).

EXCEL 365

▷ D13 é o valor_procurado ou o valor que você deseja pesquisar.

▷ B2 a E11 (realçados em amarelo na tabela) é a matriz_tabela ou o intervalo onde o valor de pesquisa está localizado.

▷ 3 é o núm_índice_coluna ou o número de coluna na matriz_tabela que contém o valor de retorno. Neste exemplo, a terceira coluna da matriz de tabela é Preço da Peça, portanto, o resultado da fórmula será um valor da coluna Preço da Peça.

▷ FALSO é o intervalo_pesquisa, portanto, o valor de retorno será uma correspondência exata.

▷ O resultado da fórmula PROCV é 85,73, o preço dos Rotores de freio.

Há quatro informações que serão necessárias para criar a sintaxe da função PROCV:

▷ O valor que você deseja pesquisar, também chamado valor de pesquisa.

▷ O intervalo onde o valor de pesquisa está localizado. Lembre-se de que o valor de pesquisa deve estar sempre na primeira coluna no intervalo para que a função PROCV funcione corretamente. Por exemplo, se o valor de pesquisa estiver na célula C2, o intervalo deve começar com C.

▷ O número da coluna no intervalo que contém o valor de retorno. Por exemplo, se você especificar B2:D11 como o intervalo, deverá contar B como a primeira coluna, C como a segunda e assim por diante.

▷ Se preferir, você pode especificar VERDADEIRO se quiser uma correspondência aproximada ou FALSO se quiser que uma correspondência exata do valor de retorno. Se você não especificar nada, o valor padrão será sempre VERDADEIRO ou correspondência aproximada.

6.8.4 VF

=VF(taxa,nper,pgto,[vp],[tipo])

Retorna o valor futuro de um investimento de acordo com os pagamentos periódicos e constantes e com uma taxa de juros constante.

| **=VF(2%;10;38,96)**

A sintaxe da função VF tem os seguintes argumentos:

▷ **Taxa**: obrigatório. A taxa de juros por período.

▷ **Nper**: obrigatório. O número total de períodos de pagamento em uma anuidade.

▷ **Pgto**: obrigatório. O pagamento feito a cada período; não pode mudar durante a vigência da anuidade. Geralmente, pgto contém o capital e os juros e nenhuma outra tarifa ou taxas. Se pgto for omitido, você deverá incluir o argumento vp.

▷ **Vp**: opcional. O valor presente ou a soma total correspondente ao valor presente de uma série de pagamentos futuros. Se vp for omitido, será considerado 0 (zero) e a inclusão do argumento pgto será obrigatória.

▷ **Tipo**: opcional. O número 0 ou 1 e indica as datas de vencimento dos pagamentos. Se tipo for omitido, será considerado 0.

	A	B	C
1	Taxa de Juros	Taxa	2%
2	Número de Parcelas	Nper	10
3	Valor Parcela Inicial	Pgto	38,96
4	Pagamento de cada Período		
5	que é a parcela inicial		
6			
7			R$ 426,60
8			

6.8.5 VP

=VP(taxa, nper, pgto, [vf], [tipo])

Retorna o valor presente de um investimento. O valor presente é o valor total correspondente ao valor atual de uma série de pagamentos futuros. Por exemplo, quando você toma uma quantia de dinheiro emprestada, a quantia do empréstimo é o valor presente para o concessor do empréstimo.

=VP(2%;10;38,96)

A sintaxe da função VP tem os seguintes argumentos:

▷ **Taxa**: necessário. A taxa de juros por período. Por exemplo, se você tiver um empréstimo para um automóvel com taxa de juros de 10% ano e fizer pagamentos mensais, sua taxa de juros mensal será de 10%/12 ou 0,83%. Você deverá inserir 10%/12 ou 0,83%, ou 0,0083, na fórmula como taxa.

▷ **Nper**: necessário. O número total de períodos de pagamento em uma anuidade. Por exemplo, se você fizer um empréstimo de carro de quatro anos e fizer pagamentos mensais, seu empréstimo terá 4*12 (ou 48) períodos. Você deverá inserir 48 na fórmula para nper.

▷ **Pgto**: necessário. O pagamento feito em cada período. Geralmente, pgto inclui o principal e os juros e nenhuma outra taxa ou tributo. Por exemplo, os pagamentos mensais de R$ 10.000 de um empréstimo de quatro anos para um carro serão de R$ 263,33. Você deverá inserir -263,33 na fórmula como pgto. Se pgto for omitido, você deverá incluir o argumento vf.

▷ **Vf**: opcional. O valor futuro, ou o saldo, que você deseja obter depois do último pagamento. Se vf for omitido, será considerado 0 (o valor futuro de um empréstimo, por exemplo, é 0). Por exemplo, se você deseja economizar R$ 50.000 para pagar um projeto em 18 anos, então o valor futuro será de R$ 50.000. Você poderia então fazer uma estimativa na taxa de juros e concluir quanto economizaria por mês. Se vf for omitido, você deverá incluir o argumento pgto.

▷ **Tipo**: opcional. O número 0 ou 1 e indica as datas de vencimento.

	A	B	C
1	Taxa de Juros	Taxa	2%
2	Número de Parcelas	Nper	10
3	Valor Parcela Inicial	Pgto	38,96
4	Pagamento de cada Período		
5	que é a parcela inicial		
6			
7			R$ 426,60
8			

6.8.6 NPER

=NPER(taxa;pgto;vp;vf;tipo)

Retorna o número de períodos para investimento de acordo com pagamentos constantes e periódicos e uma taxa de juros constante.

=NPER(2%;10;350)

A sintaxe da função NPER tem os seguintes argumentos:

▷ **Taxa:** é a taxa de juros por período.
▷ **Pgto:** é o pagamento feito em cada período; não pode mudar durante a vigência da anuidade. Geralmente, pgto contém o capital e os juros, mas nenhuma outra tarifa ou taxas.
▷ **Vp:** é o valor presente ou atual de uma série de pagamentos futuros.
▷ **Vf:** é o valor futuro, ou o saldo, que você deseja obter depois do último pagamento. Se vf for omitido, será considerado 0 (o valor futuro de um empréstimo, por exemplo, é 0).
▷ **Tipo:** é o número 0 ou 1 e indica as datas de vencimento.

6.8.7 Taxa

=TAXA(nper, pgto, vp, [vf], [tipo], [estimativa])

Retorna a taxa de juros por período de uma anuidade.

=TAXA(10;-38,96;426,65)

A sintaxe da função TAXA tem os seguintes argumentos:

▷ **Nper:** obrigatório. O número total de períodos de pagamento em uma anuidade.
▷ **Pgto:** obrigatório. O pagamento feito em cada período e não pode mudar durante a vigência da anuidade. Geralmente, pgto inclui o principal e os juros e nenhuma outra taxa ou tributo. Se pgto for omitido, você deverá incluir o argumento vf.
▷ **Vp: obrigatório.** O valor presente — o valor total correspondente ao valor atual de uma série de pagamentos futuros.
▷ **Vf:** opcional. O valor futuro, ou o saldo, que você deseja obter depois do último pagamento. Se vf for omitido, será considerado 0 (o valor futuro de um empréstimo, por exemplo, é 0).

Tipo: opcional. O número 0 ou 1 e indica as datas de vencimento.

6.8.8 PGTO

=PGTO(taxa, nper, vp, [fv], [tipo])

Retorna o pagamento periódico de uma anuidade de acordo com pagamentos constantes e com uma taxa de juros constante.

=PGTO(2%;36;350)

A sintaxe da função PGTO tem os seguintes argumentos:

▷ **Taxa:** obrigatório. A taxa de juros para o empréstimo.
▷ **Nper:** obrigatório. O número total de pagamentos pelo empréstimo.
▷ **Vp:** obrigatório. O valor presente, ou a quantia total agora equivalente a uma série de pagamentos futuros; também conhecido como principal.
▷ **Vf:** opcional. O valor futuro, ou o saldo, que você deseja obter após o último pagamento. Se vf for omitido, será considerado 0 (zero), ou seja, o valor futuro de um empréstimo é 0.
▷ **Tipo:** opcional. O número 0 (zero) ou 1 e indica o vencimento dos pagamentos.

6.8.9 ABS

=ABS(núm)

Retorna o valor absoluto de um número.

=ABS(-4)

6.8.10 AGORA

Retorna a data e hora.

=AGORA()

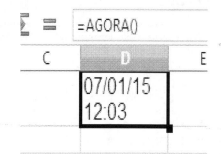

HOJE

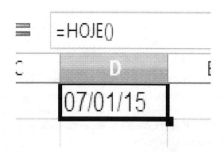

Retorna a data atual.

=HOJE()

6.8.11 DIA DA SEMANA

Fornece o dia da semana a que uma data corresponde. O Excel nos dará como resultado um número que equivale a um dia da semana. Por padrão o n.1 corresponde ao domingo.

=DIA.DA.SEMANA(data ou célula que contém a data)
=DIA.DA.SEMANA("10/11/1975")
=DIA.DA.SEMANA(B6)

6.8.12 DIAS360

Com esta função teremos o número de dias que há entre uma data inicial e uma data final.

=DIAS360(datainicial;datafinal)
=DIAS360("10/11/1975";"10/12/1975")
=DIAS360(A1;A2)

6.8.13 MULT

A função MULT multiplica todos os números especificados como argumentos e retorna o produto. Por exemplo, se as células A1 e A2 contiverem números, você poderá usar a fórmula =MULT(A1;A2) para multiplicar esses dois números juntos. A mesma operação também pode ser realizada usando o operador matemático de multiplicação (*); por exemplo, =A1 * A2.

A função MULT é útil quando você precisa multiplicar várias células ao mesmo tempo. Por exemplo, a fórmula =MULT(A1:A3;-C1:C3) equivale a =A1 * A2 * A3 * C1 * C2 * C3.

6.8.14 MOD

Retorna o resto de uma divisão.

Sintaxe: (Valor a ser dividido; divisor)

EXCEL 365

Exemplo:
=MOD(10;3)
O resultado retornado pelo Excel será 1.

6.8.15 ESCOLHER

Use núm_índice para retornar um valor da lista de argumentos de valor. Use ESCOLHER para selecionar um valor entre 254 valores que se baseie no número de índice.

=ESCOLHER(3;A1;A2;A3;A4;A5;A6;A7)

	A	B	C	D	E	F	G	H
1	Dom							
2	Seg		Ter					
3	Ter							
4	Qua							
5	Qui							
6	Sex							
7	Sáb							

6.8.16 CORRESP

A função CORRESP procura um item especificado em um intervalo de células e retorna à posição relativa desse item no intervalo. Por exemplo, se o intervalo A1:A3 contiver os valores 5, 25 e 38, a fórmula =CORRESP(25,A1:A3,0) retornará o número 2, porque 25 é o segundo item no intervalo.

=CORRESP(25;A1:A3)

6.8.17 TRUNCAR E INT

TRUNCAR e INT são semelhantes pois ambos retornam inteiros.

TRUNCAR remove a parte fracionária do número.

INT arredonda números para baixo até o inteiro mais próximo com base no valor da parte fracionária do número.

INT e TRUNCAR são diferentes apenas ao usar números negativos: TRUNCAR(-4.3) retorna -4, mas INT(-4.3) retorna -5 pois -5 é o número mais baixo.

6.8.18 ARRED

A função ARRED arredonda um número para um número especificado de dígitos. Por exemplo, se a célula A1 contiver 23,7825 e você quiser arredondar esse valor para duas casas decimais, poderá usar a seguinte fórmula:

=ARRED(A1;2)

O resultado dessa função é 23,78

6.8.19 PRI.MAIUSCULA

Coloca em maiúscula a primeira letra e todas as outras letras que seguem um caractere que não seja uma letra em uma cadeia de texto. Converte todas as outras letras da cadeia de texto em letras minúsculas.

PRI.MAIÚSCULA(texto)

6.8.20 MAIÚSCULA

Converte o texto em maiúsculas.
MAIÚSCULA(texto)

6.9 Recursos automatizados do Excel

6.9.1 Autopreenchimento

Este recurso é utilizado para digitar sequências de texto ou números.

Perceba na imagem abaixo que há uma célula qualquer selecionada e que em seu canto direito inferior existe um pequeno quadradinho. É nele que vamos clicar e manter pressionado o mouse para utilizar este recurso. Esta é a alça de preenchimento.

Como exemplo, digite na célula A1 a palavra **Janeiro**. Posicione a seta do mouse sobre a Alça de Preenchimento. Ela irá se transformar em uma cruz. Clique com o botão esquerdo do mouse e arraste a cruz até a célula E1. Ao chegar na coluna E, libere o botão do mouse. O Autopreenchimento reconhece letras maiúsculas e minúsculas, datas, dias de semana, sequências como Mês 1 etc.

	A	B	C	D	E	F
1	JAN	FEV	MAR	ABR		
2						
3						

6.10 Endereço absoluto e endereço relativo

Um recurso presente em qualquer planilha é o endereçamento ou referenciamento relativo. Dá-se o nome de referenciamento relativo ao fato de que quando se atribui, por exemplo, "=A2 + 1", na célula "a5" e se copia a fórmula para a célula "A6", esta irá referenciar o valor "=A3 + 1" (observe o incremento na fórmula). O mesmo pode ser feito através da Alça de Preenchimento, que copia a fórmula, mas a incrementa conforme você arrasta no sentido Linha ou Coluna.

Nem sempre este é o comportamento desejável. Veja o exemplo:

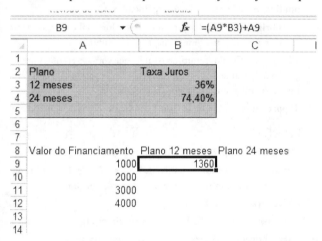

Na imagem, temos uma planilha do Excel com dados de uma empresa que empresta dinheiro, ou seja, trabalha com financiamento.

Se a pessoa emprestar qualquer valor dentre os oferecidos poderá pagar em 12 parcelas sob o juro de 36% ou em 24 parcelas sob o juro de 74,40%.

Então, trabalhamos nessa empresa, criamos a planilha com os dados especificados e que um cliente empresta R$ 1.000,00, então calculamos os juros conforme as especificações: =(A9*B3) + A9. Até aqui tudo certo!

Digamos que um segundo cliente empreste R$ 2.000,00 e para sermos mais rápidos e eficientes, apenas copiamos a fórmula da célula B9 para a B10, ou a arrastamos pela alça de preenchimento. Nesse caso, teremos um erro! Pois ao fazermos isso a função será incrementada e ficará assim: =(A10*B4) + A10, cobrando juros de 74,40% em vez de 36%.

Para lidar com esta situação precisamos fixar, ancorar a fórmula inserindo um $ em frente a especificação de Linha e/ou Coluna que desejamos fixar, que não queremos que seja alterada: =(A9*$B$3) + A9.

Dessa forma, quando copiarmos a função para outras células, a célula B3 não irá incrementar.

Em um endereço, quando se fixa a coluna e a linha simultaneamente, estamos perante um endereço absoluto.

Se a célula A3 tiver a fórmula =$A$1*A2, ao copiar a fórmula para as células B3 e C3 terão respectivamente as fórmulas:

=$A$1*B2 e =$A$1*C2.

6.11 Erros do Excel

	Significado
#DIV/0!	A função ou fórmula está efetuando uma divisão por zero.
#N/DN	Não existe valor disponível.
#NOME?	O Excel não reconhece um dos itens da fórmula. Pode ser: Função digitada incorretamente. Inclusão do texto sem aspas. Omissão de pontos que especifiquem intervalos de valores e outros.
#NULO	Interseção de valores que não se referenciam.
#NUM!	Algum número da fórmula está incorreto.
#REF!	Referência inválida na fórmula.
#VALOR!	Argumento inserido de forma errada na fórmula ou função.

6.11.1 Referência circular

Quando uma fórmula volta a fazer referência à sua própria célula, tanto direta como indiretamente, este processo chama-se referência circular. Ou seja: Você não pode digitar a função =soma(A1:A3) na célula A1, pois ela faz parte da função.

POWERPOINT 365

7 POWERPOINT 365

O PowerPoint 365 é um aplicativo visual e gráfico, usado principalmente para criar apresentações. Com ele, você pode criar, visualizar e mostrar apresentações de slides que combinam texto, formas, imagens, gráficos, animações, tabelas e vídeos.

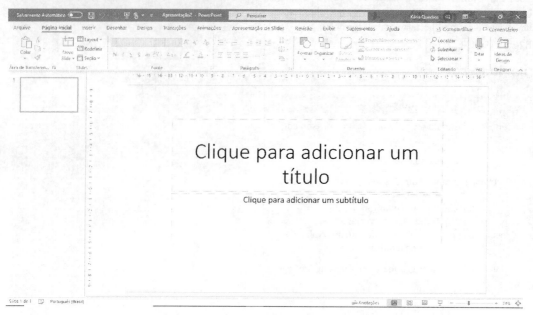

A parte principal do PowerPoint é a janela localizada à direita do aplicativo, em que é exibido o primeiro slide como padrão, perceba que este slide apresenta uma estrutura para inserção de conteúdo por meio de textos, imagens etc.

Principais extensões de arquivos:

▷ .pptx – extensão padrão.
▷ .ppsx – extensão de apresentação de slides.
▷ .potx – extensão modelo de arquivo.
▷ .odp – salva, abre, edita arquivos do LibreOffice Impress.

7.1 Arquivo

A Guia ou Menu Arquivo contém funcionalidades como Salvar, Salvar Como, Abrir, Fechar e que se comportam da mesma maneira conforme estudamos no Editor de Textos Microsoft Word 2019.

7.2 Imprimir

Na opção Imprimir, vamos trabalhar com Slides ao invés de páginas. Vamos escolher entre Imprimir Todos os Slides, Imprimir Seleção, Imprimir Slide Atual ou Imprimir um Intervalo Personalizado de Slides.

Em Folhetos, você poderá escolher o número de Slides em cada página.

192

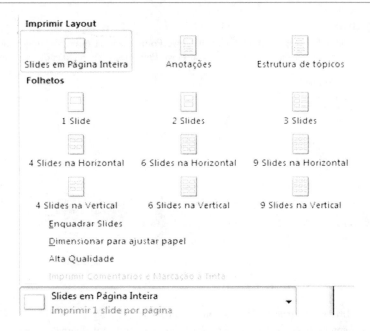

7.3 Página Inicial

Na Guia Inicial, temos os seguintes grupos de ferramentas: Área de Transferência, Slides, Fonte, Parágrafo, Desenho e Edição.

O Grupo **Slides** permite gerenciar o layout das apresentações e a inserção de novos slides personalizados. Com o botão Novo Slide, podemos inserir Novo Slide ou duplicar um slide existente.

7.4 Inserir

Aqui, temos os seguintes grupos de ferramentas: Novo Slide, Tabelas, Imagens, Ilustrações, Aplicativos, Links, Comentários, Texto, Símbolos e Mídia.

POWERPOINT 365

7.4.1 Álbum de Fotografias

No Grupo Imagens, temos Álbum de Fotografias. O Microsoft PowerPoint cria uma apresentação quando você usa o recurso Álbum de Fotografias. Qualquer apresentação que esteja aberta no momento no PowerPoint não será afetada por essa tarefa.

No menu Inserir, aponte para Imagem e clique em Novo álbum de fotografias.

Na caixa de diálogo Álbum de fotografias, adicione as fotos que devem aparecer no seu álbum de fotografias.

No Grupo Ilustrações / Formas temos uma funcionalidade importante: **Botões de Ação.** Um botão de ação consiste em um botão já existente que você pode inserir na sua apresentação e para o qual pode definir hiperlinks. Os botões de ação contêm formas, como setas para direita e para esquerda e símbolos de fácil compreensão referentes às ações de ir para o próximo, anterior, primeiro e último slide, além de executarem filmes ou sons.

Preste atenção ao Botão SmartArt, que permite inserir organogramas, fluxogramas e outros tipos de gráficos, conforme estudamos no Word 2019.

No grupo de ferramentas Texto temos Caixa de Texto, Cabeçalho e Rodapé, WordArt, Data e Hora, Número do Slide e Objetos.

7.5 Transições

Nesta guia, configuramos o efeito durante a transição de um slide para o outro.

7.6 Animações

Na guia Animações, você irá escolher animações para textos e objetos das apresentações em slides.

No grupo Animação, você seleciona a animação desejada para se aplicar ao texto ou objeto, bastando, para isso, selecionar o texto ou objeto desejado, escolher a animação e aplicar as configurações de intervalo, por exemplo, o tempo de duração do efeito animado.

No grupo Animação Avançada, temos o botão Adicionar Animação, Painel de Animação, Disparar e Pincel de Animação que copia a animação de um objeto para outro.

No grupo Intervalo, você irá configurar a Duração e Atraso das animações.

7.7 Apresentação de slides

Esta guia contém os seguintes grupos de ferramentas: Iniciar Apresentação de Slides, Configurar e Monitores.

No grupo **Iniciar Apresentação de Slides, você poderá iniciar sua apresentação através do Botão do Começo, ou do Botão do Slide Atual.**

7.8 Guia Exibir

▷ **Modo de exibição normal:** é o principal modo de exibição de edição, no qual você pode escrever e criar sua apresentação. O modo de exibição Normal tem quatro áreas de trabalho:

Área do Modo de Exibição Normal:

▷ **Guia slides:** exiba os slides da sua apresentação na forma de imagens em miniatura enquanto realiza a edição. As miniaturas facilitam a navegação pela apresentação e permitem que você veja os efeitos de qualquer alteração no design. Aqui também é possível reorganizar, adicionar ou excluir slides com facilidade.

▷ **Guia estrutura de tópicos:** a guia Estrutura de Tópicos mostra o texto do slide na forma de uma estrutura de tópicos.

▷ **Painel de slides:** na seção superior direita da janela do PowerPoint, o Painel de Slide exibe uma imagem ampla do slide atual. Com o slide nesse modo de exibição, é possível adicionar texto e inserir imagens, tabelas, elementos gráficos SmartArt, gráficos, objetos de desenho, caixas de texto, filmes, sons, hiperlinks e animações.

▷ **Painel de anotações:** no painel Anotações, abaixo do painel Slide, é possível digitar anotações que se apliquem ao slide atual. Mais tarde, você poderá imprimir suas anotações e consultá-las ao fornecer a apresentação. Você também poderá imprimir as anotações para distribuí-las ao público ou incluir as anotações em uma apresentação que enviar para o público ou publicar em uma página da web.

7.8.1 Classificação de slides

O modo de exibição Classificação de Slides mostra os slides em forma de miniaturas.

- **Anotações:** é possível digitar anotações que se apliquem ao slide atual.
- **Modos de exibição mestres:** tem a função de alterar o design e layout dos slides por meio dos próprios slides, folhetos ou anotações. Esta guia possui as funções Slide Mestre, Folheto Mestre, Anotações Mestras e podem ser utilizadas separadamente. Um slide mestre é o slide principal em uma hierarquia de slides que armazena informações sobre o tema e os layouts dos slides de uma apresentação, incluindo o plano de fundo, a cor, as fontes, os efeitos, os tamanhos dos espaços reservados e o posicionamento. Como os slides mestres afetam a aparência de toda a apresentação, ao criar e editar um slide mestre ou os layouts correspondentes, você trabalha no modo de exibição Slide Mestre.
- **Usar vários slides mestres (cada um com um tema diferente) em uma apresentação:** para que a sua apresentação contenha dois ou mais estilos ou temas diferentes (como planos de fundo, cores, fontes e efeitos), você precisa inserir um slide mestre para cada tema.
- **Prática recomendada para criar e trabalhar com slides mestres:** o ideal é criar um slide mestre antes de começar a criar slides individuais, e não depois. Quando você cria o slide mestre primeiro, todos os slides adicionados à apresentação são baseados nesse slide mestre e nos layouts associados. Quando começar a fazer alterações, faça-as no slide mestre.

INFORMÁTICA

8 PACOTE BROFFICE – LIBREOFFICE

Como o pacote Microsoft Office não possui uma versão para ser instalado em computadores com o sistema operacional Linux, os órgãos públicos que trabalham com este sistema operacional utilizam majoritariamente um pacote criado para atender as mesmas necessidades, mas que pode ser instalado tanto em computadores com Windows, quanto naqueles com Linux.

Inicialmente, foi criado o pacote OpenOffice, que possui apenas versão em inglês. Porém, como ele é um pacote baseado na licença de livre distribuição, foi desenvolvida uma versão traduzida para o português, denominada BrOffice. Mais recentemente, outra distribuição deste pacote, agora com o nome LibreOffice, começou a ser utilizada nas organizações.

A estrutura dos programas do pacote BrOffice/LibreOffice funciona por meio de menus, como as antigas versões do pacote Microsoft Office, e trabalha com um conjunto de extensões de arquivos distinto em cada aplicativo.

O conjunto de extensões de arquivos utilizado nos aplicativos dos Pacotes BrOffice e LibreOffice é denominado ODP (Formato de Documento Aberto).

LibreOffice			
Aplicativo	**Descrição**	**Padrão**	**Modelo**
Writer	Editor de textos	.ODT	.OTT
Calc	Planilha de cálculos	.ODS	.OTS
Impress	Editor de apresentações	.ODP	.OTP
Base	Banco de dados	.ODB	

WRITER

9 WRITER

9.1 Formatos de arquivos

Quando se fala nos editores do BrOffice (Libre Office), devemos conhecer seus formatos de arquivos padrões, ou seja, o formato com o qual será salvo um arquivo ao acionar a opção **Salvar Como**.

A suíte de aplicativos, como um todo, possui um formato genérico ODF (Open Document File - Formato de Documento Aberto). Assim, é possível no editor de texto, salvar neste formato, bem como no Calc e Impress. No entanto, o formato específico do Writer é o ODT (Open Document Text). As provas costumam relacionar os formatos com as versões dos editores. Então, vale lembrar que o Word 2003 não consegue trabalhar com esse formato de arquivo. Mas, pelo Writer, é possível salvar um documento de modo que ele possa ser aberto pelo Word 2003, ou seja, é possível salvar nos formatos DOC e DOCX. Em relação ao Word 2007 e 2010, por padrão, esses programas conseguem abrir e salvar arquivos no formato ODT.

9.2 Formatação de texto

A principal finalidade do Writer é editar textos. Portanto, suas principais ferramentas são para a formatação de documentos.

Barra de ferramentas de formatação

9.3 Barra de Menus

A seguir, é ilustrada a Barra de Menus e, por meio dela, temos acesso a quase todas as funcionalidades do programa. Observe que cada menu possui uma letra sublinhada. Por exemplo, o menu Arquivo possui a letra A sublinhada, essa letra sublinhada é a letra que pode ser utilizada após pressionar a tecla Alt, com o intuito de abrir o devido menu. Não é uma combinação necessariamente simultânea. Ela pode ser sequencial, ou seja, teclar Alt soltar e então pressionar a letra.

9.4 Menu Formatar

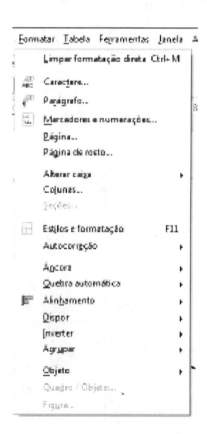

198

9.4.1 Botão direito do mouse

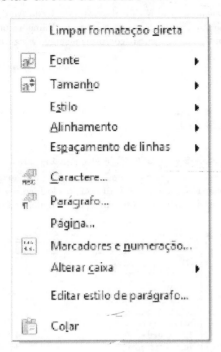

9.4.2 Caractere

Ao acionar esta opção, será aberta a janela ilustrada a seguir, por meio da qual podemos formatar as propriedades de fonte, como tipo/nome, estilo e tamanho e, pela aba Efeitos de Fonte, alterar a cor da fonte.

9.4.3 Parágrafo

As propriedades de Parágrafo englobam opções como recuos, espaçamento e alinhamentos, conforme ilustrado nas figuras na sequência:

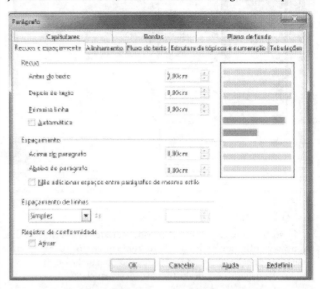

9.4.4 Marcadores e numeração

Fique atento à identificação de uso deste recurso, pois, pelo menu Formatar, elas estão descritas em conjunto. Porém, na barra de Ferramentas padrão elas são apresentadas em dois botões separados.

Ao acionar a opção pelo menu Formatar, a janela aberta apresenta os Marcadores em uma guia e a numeração em outra, conforme ilustram as duas figuras da sequência:

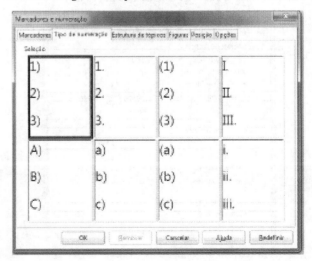

WRITER

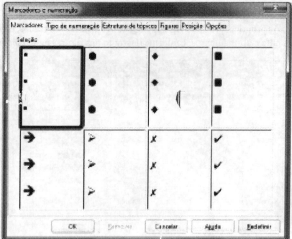

9.4.5 Página

Nesta opção, encontramos os recursos equivalentes aos encontrados na opção Configurar Página do Word, como dimensões das margens, dimensões de cabeçalho e rodapé, tamanho do papel e orientação da página. A imagem a seguir ilustra parte dessa janela:

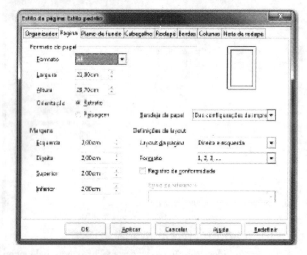

9.4.6 Página de rosto

Por meio deste recurso, é possível inserir páginas em uma seção separada, para que, de uma forma mais simples, sejam trabalhadas com cabeçalhos e rodapés diferentes em um mesmo documento, mais especificamente, no que tange à numeração de páginas.

9.4.7 Alterar caixa

Equivalente à opção Maiúsculas e Minúsculas do Word, essa opção permite alterar a forma do caractere de texto. É importante conhecer as cinco opções desse recurso, conforme ilustrado a seguir:

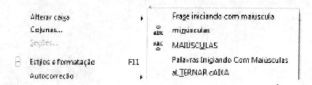

9.4.8 Estilos de formatação (F11)

Por essa opção, podemos definir estilos de formatação para o texto selecionado, como título 1, título 2, título 3, entre outros, para que a edição do documento seja mais prática, além de favorecer a padronização.

9.4.9 Ferramentas de formatação

Caractere

O campo descrito por Times New Roman define a grafia com que o texto será escrito, a exemplo: Arial, Times New Roman, Vivaldi. Esse campo também é conhecido como Tipo/Nome da Fonte.

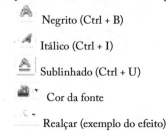

Negrito (Ctrl + B)

Itálico (Ctrl + I)

Sublinhado (Ctrl + U)

Cor da fonte

Realçar (exemplo do efeito)

Parágrafo

- Alinhamento à esquerda (Ctrl + L)
- Alinhamento centralizado (Ctrl + E)
- Alinhamento à direita (Ctrl + R)
- Alinhamento justificado (Ctrl + J)
- Ativar/desativar numeração (F12)
- Ativar/desativar marcadores (Shift + F12)
- Diminuir o recuo
- Aumentar o recuo

Tabulações

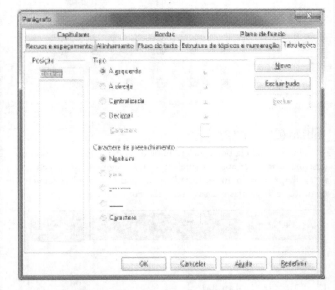

Caracteres não imprimíveis (Ctrl + F10)

Exibe as marcas de edição, que, como o próprio nome já informa, não aparecem na impressão. Essas marcações são úteis para um maior controle do documento em edição, como ilustrado a seguir. Os pontos à meia altura da linha representam um espaço e o mesmo símbolo do botão indica o final de um parágrafo. Assim, no exemplo a seguir, existem dois parágrafos.

Exemplo·de·exibição·de·caracteres·não·imprimíveis·no·Writer¶
¶

Cor do plano de fundo

Atenção para não confundir a cor do fundo do parágrafo com a ferramenta Realçar, pois a função Realçar aplica uma cor ao fundo do texto selecionado, enquanto a opção do Plano de Fundo aplica ao parágrafo, mesmo que tenha sido selecionada apenas uma palavra.

Estilos e formatação (F11)

Por meio deste botão ou pela tecla de atalho, é exibido o painel de estilos que oferece diversos estilos para a formatação do texto, por exemplo: Título 1, título 2, título 3, entre outros. A imagem a seguir ilustra o painel:

Além desse painel, também é possível escolher e aplicar um estilo por meio do Campo Estilos, ilustrado a seguir, presente na barra de ferramentas de formatação logo à esquerda do campo do tipo da fonte.

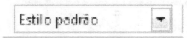

Os estilos de formatação são importantes estruturas na edição de um texto, principalmente se for necessário trabalhar com sumário, pois para utilizar o recurso de sumário, de forma que ele seja automático, é necessário utilizar os estilos de título.

9.4.10 Pincel de estilo

A ferramenta de Pincel de Estilo serve para copiar apenas a formatação. Ela não copia textos, apenas as suas características, como cor da fonte, tamanho, tipo de fonte entre outras, com o intuito de aplicar em outro trecho de texto.

O funcionamento da ferramenta parte de uma seleção prévia do trecho de texto que possui a formatação desejada, clicar no botão pincel de estilo, na sequência selecionar o trecho de texto ao qual se deseja aplicar as mesmas formatações, como que pintando a formatação. Ao terminar a seleção o texto selecionado já estará formatado tal qual o selecionado inicialmente, e o mouse volta ao normal para a edição.

WRITER

9.4.11 Ferramentas

Exportar diretamente como PDF

O BrOffice como um todo possui este recurso que permite gerar um arquivo PDF a partir do documento em edição. A janela aberta por este botão é muito similar à janela de Salvar Como, em que se deve apontar o local onde o arquivo será salvo e com qual nome se deseja salvá-lo.

Imprimir arquivo diretamente

Este é um recurso diferente da impressão habitual pelo atalho Ctrl + P. Essa ferramenta de impressão direta manda o arquivo diretamente para a impressora que estiver definida, pelo painel de controle, como padrão, usando as propriedades padrão de impressão.

Visualizar página

Este é simplesmente o recurso de visualizar o que será impresso, útil para ter uma maior noção de como ficarão distribuídas as informações no papel.

Ortografia e gramática (F7)

Essa ferramenta exibe uma janela, ilustrada a seguir, por meio da qual é possível corrigir as palavras "erradas" no texto. Erradas porque na verdade, são indicadas as palavras não conhecidas pelo dicionário do programa. Uma vez que ela esteja correta, é possível acrescentá-la ao dicionário.

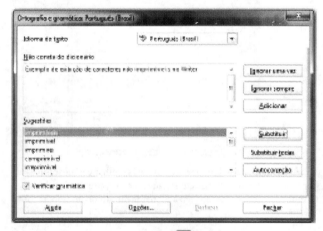

Autoverificação ortográfica

A Autoverificação é uma ferramenta presente apenas no BrOffice, cuja finalidade é apenas habilitar ou desabilitar a exibição do sublinhado vermelho das palavras desconhecidas.

Navegador (F5)

O Navegador tem aparecido nas provas apenas a título de conhecimento de seu nome, associado ao símbolo e atalho. Essa ferramenta é um recurso para navegar no texto, a partir das suas estruturas, como títulos, tabelas, figuras e outros itens que podem ser visualizados na figura a seguir:

Exemplo de exibição de caracteres não imprimíveis no Writer.

Galeria

O recurso Galeria tem peso similar ao Navegador nas provas. Acionar essa ferramenta resulta na exibição do painel ilustrado a seguir, por meio do qual é possível inserir, em meio ao documento, estruturas de navegação Web, como botões, sons e outros itens.

Tabela (Ctrl + F12)

O botão Tabela pode ser usado de duas maneiras. Clicando no desenho da tabela, é aberta a janela ilustrada a seguir. Caso seja clicado na flecha, é exibido um reticulado, pelo qual é possível selecionar a quantidade de células que se deseja criar em uma tabela.

202

9.4.12 Aba página

A aba Página é a principal da janela de formatação de página. A figura a seguir ilustra essa aba. Observe que as margens estão definidas por padrão em 2 cm, e que o tamanho do papel padrão é o A4. Também é possível determinar a orientação da página. Vale lembrar que, em um mesmo documento, é possível intercalar páginas com orientações diferentes. Para isso, devem ser utilizadas seções.

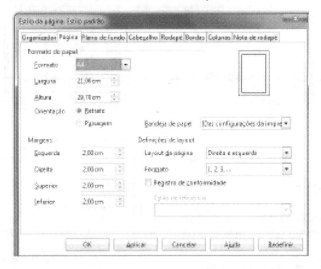

9.5 Menu Arquivo

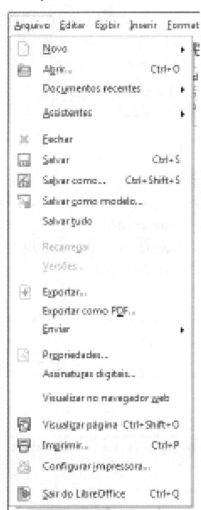

9.5.1 Novo

Dentre as opções do menu Arquivo, damos destaque para a opção Novo. Ela aponta a característica do BrOffice de ser uma suíte de aplicativos integrada, pois, mesmo estando no Writer, é possível criar uma planilha do Calc. No entanto, ao escolher na opção Novo, uma planilha será criada no Calc. Porém, ao realizar o acesso por meio deste caminho, o Calc é carregado mais rapidamente do que se o BrOffice estivesse fechado.

Para criar um Novo Documento em Branco podemos também utilizar a opção do atalho Ctrl + N.

9.5.2 Abrir (Ctrl + O)

Permite abrir um arquivo existente em uma unidade de armazenamento, navegando entre os arquivos e pastas.

Documentos recentes

Exibe a lista com os últimos documentos abertos, como também aqueles salvos, no Writer, com o intuito de fornecer um acesso mais rápido a eles.

9.5.3 Assistentes

Conforme ilustrado a seguir, existem vários assistentes no BrOffice. Eles são nada mais do que procedimentos realizados em etapas, a fim de auxiliar na criação ou estruturação de informações.

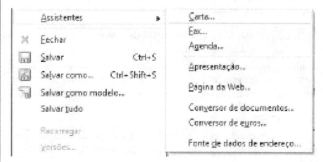

9.5.4 Fechar

A opção Fechar serve para fechar apenas o documento em edição, mantendo o programa aberto. Tem como teclas de atalho Ctrl + W ou Ctrl + F4.

9.5.5 Salvar

A opção Salvar apenas se preocupa em salvar as últimas alterações realizadas em um documento em edição. Seu atalho é Ctrl + S no Writer. Mas essa opção possui uma situação de exceção, quando o arquivo em edição é novo, ou seja, que nunca tenha sido salvo. Essa opção salvar corresponde à opção Salvar Como.

9.5.6 Salvar como

Esse recurso tem como princípio gerar um novo arquivo. Assim, se um arquivo for aberto e sejam realizadas várias alterações, sem salvar, e utilizar o comando Salvar Como, será aberta uma janela em que se solicita o local desejado e o nome do arquivo. Também é possível alterar o tipo de documento, após salvá-lo. O documento que fica em edição é o que acabou de ser salvo. O arquivo aberto inicialmente é apenas fechado, sem nenhuma alteração.

9.5.7 Salvar como modelo

Podemos criar um documento-base para outros documentos, utilizando formatações específicas. Assim, essa opção é a utilizada para salvar este arquivo, de modo que possa ser utilizado para esse fim.

WRITER

9.5.8 Salvar tudo
Essa ferramenta aplica o comando salvar todos os documentos em edição no BrOffice, até mesmo os que estiverem em edição no Calc.

9.5.9 Recarregar
Ao acionar essa opção, a última versão salva do documento é restaurada. Com isso, as alterações não salvas serão perdidas.

9.5.10 Exportar
É possível pelo BrOffice exportar o documento de texto para outros formatos utilizados por outros programas como: XML, HTML, HTM ou mesmo o PDF.

9.5.11 Exportar como PDF
A opção Exportar como PDF é basicamente um caminho mais curto e explícito para gerar um arquivo PDF, a partir do documento em edição.

9.5.12 Assinaturas digitais
Assim como o Microsoft Office no BrOffice, é possível assinar um documento digitalmente. Claro que, para utilizar a funcionalidade por completo, é necessário possuir um certificado digital. Contudo, mesmo não possuindo um, é possível utilizar esse recurso para assinar um documento. Porém, apenas será garantida a integridade do mesmo e apenas no próprio computador do usuário.

9.5.13 Visualizar no navegador web
Já que podemos criar páginas da Internet, é interessante que, no mínimo, possamos visualizar como ela ficaria no navegador. Diante disso, ao acionar essa ferramenta, será aberto o navegador de Internet (Browser) padrão exibindo como página o documento em edição.

9.5.14 Sair
Em comparação com a opção Fechar, a opção Sair fecha o programa inteiro, podendo utilizar, para isso, os atalhos Alt + F4 ou Ctrl + Q.

9.6 Menu Editar

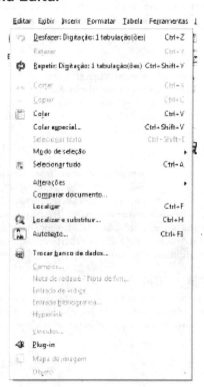

Do menu Editar anteriormente ilustrado, podemos destacar duas opções principais:

9.6.1 Colar especial
Esse recurso permite colar um determinado dado de acordo com a necessidade de formatação, ou seja, é possível manter a formatação igual à do local de onde foi copiado ou não utilizar formatação.

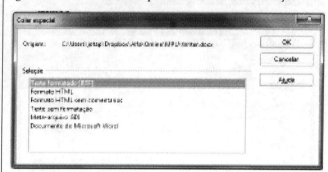

9.6.2 Selecionar tudo
A opção Selecionar Tudo tem como observação a sua tecla de atalho CTRL + A, que é a mesma utilizada para selecionar todos os arquivos e pastas de um diretório por meio dos gerenciadores de arquivos.

9.7 Menu Exibir

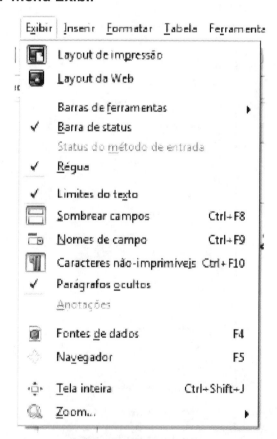

Do menu Exibir devemos conhecer os modos de exibição, bem como alguns itens importantes, listados a seguir. Mas, de modo geral, podemos pensar que as opções que normalmente encontramos nesse menu são coisas que não vemos e gostaríamos de ver, ou que estamos vendo, mas não desejamos mais ver.

9.7.1 Modos de exibição

São dois os Modos de Exibição: Layout de Impressão (Padrão) e Layout da Web. Contudo, poderíamos até considerar, dependendo da situação, a opção Tela Inteira como um modo de exibição.

9.7.2 Barra de ferramentas

A principal Barra de Ferramentas questionada nas provas é a barra de Desenho, que existe também no Writer e Calc, mas que é exibida por padrão apenas no Impress. A figura a seguir ilustra as barras disponíveis:

9.7.3 Barra de status

Essa é a barra que aparece por padrão nos editores. Ela fica localizada no fim da janela, ou seja, é a última barra dentro do programa. Nela encontramos informações como número da página atual e total de páginas do documento, idioma em uso e a ferramenta de zoom à direita.

9.7.4 Régua

Para ocultar a régua, basta desabilitar essa opção.

9.7.5 Limites de texto

Os Limites de Texto que são exibidos por padrão são, na verdade, as linhas que indicam as margens da página, ou seja, a área útil do documento.

9.7.6 Caracteres não imprimíveis (Ctrl + F10)

Os caracteres não imprimíveis também podem ser ativados pelo menu Exibir, como pelas teclas de atalho.

9.7.7 Navegador (F5)

O Navegador, anteriormente citado, também é encontrado no menu Exibir.

9.7.8 Tela inteira (Ctrl + Shift + J)

Modo de exibição que oculta as barras e ferramentas, objetivando a leitura do documento.

9.7.9 Zoom

Também podemos alterar o zoom utilizando o scroll do mouse, combinado com a tecla Ctrl.

9.7.10 Menu Inserir

9.7.11 Quebra manual

Este recurso permite utilizar estruturas que sejam auto-organizadas, como as quebras de página. Existem três quebras de texto possíveis, além das quebras de seção.

Quebra de linha (Shift + Enter)

Faz com que o conteúdo, após a quebra, seja iniciado na próxima linha.

Quebra de coluna (Ctrl + Shift + Enter)

Faz com que o conteúdo, após a quebra, seja iniciado na próxima coluna.

Quebra de página (Ctrl + Enter)

Faz com que o conteúdo, após a quebra, seja iniciado na próxima página.

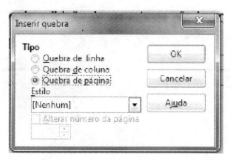

WRITER

9.7.12 Campos

Os Campos são estruturas de dados que utilizam propriedades do arquivo como nome do autor, título, dentre outras como Data e Hora do sistema.

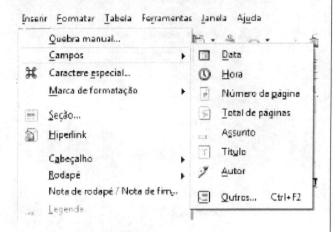

9.7.13 Caractere especial

A opção Caractere Especial pode ser utilizada para inserir símbolos como este ► entre inúmeros outros possíveis.

9.7.14 Seção

Uma Seção é o recurso-base para poder, em um mesmo documento, trabalhar com páginas com cabeçalhos e rodapés distintos, ou mesmo configurações de páginas distintas, como intercalar páginas em retrato e paisagem.

9.7.15 Cabeçalho / Rodapé

As estruturas de cabeçalhos e rodapés têm por princípio poupar trabalho durante a edição, de modo que o que for inserido nestas estruturas se repete nas demais páginas, não necessariamente do documento como um todo, mas em todas as páginas da mesma Seção.

9.7.16 Hiperlink

Um link nada mais é do que um caminho, um atalho para algum lugar. Esse lugar pode ser uma página na Internet, ou computador, como um arquivo que esteja na Internet ou mesmo no computador local. Também é possível fazer com que um link aponte para algum ponto do mesmo documento, criando uma espécie de navegação. Contudo, para realizar esse procedimento, deve-se antes inserir Indicadores. A imagem a seguir ilustra a janela de inserir hiperlink:

9.7.17 Nota de rodapé/nota de fim

Notas de Rodapé e Notas de Fim são observações que, por vezes, utilizamos para explicar algo que fugiria ao contexto de uma frase1. A identificação ao lado da palavra/frase serve para que, no rodapé da mesma página ou ao final do documento, o leitor busque a devida explicação para a observação.

9.7.18 Legenda

Uma Legenda é um recurso que poderia ser utilizado neste documento para identificar as figuras e referenciá-las em meio ao texto, mas como a estrutura de apresentação do conteúdo é linear e procura ser direta, não utilizamos esse recurso.

9.7.19 Indicador

Um Indicador é um ponto de referência para ser apontado por um hiperlink.

9.7.20 Referência

Uma Referência é uma citação pela qual utilizamos a ideia de informar algo do tipo, "conforme Figura 1". Em vez de escrever a palavra Figura 1, estaria utilizando uma referência a ela, para que caso seja inserida uma nova figura antes da 1 no documento, os locais em que havia sido citado como figura 1 sejam refatorados para 2.

9.7.21 Anotação

É o recurso de comentário que pode ser inserido em um documento como uma anotação do que deve ser feito.

9.7.22 Índices

Os Índices são os sumários e listas automáticas que podem ser inseridas em um documento, desde que se tenha utilizado os estilos de título e o recurso de legenda.

9.7.23 Quadro

Um quadro, basicamente, é uma caixa de texto para que seja inserido em seu interior uma estrutura qualquer.

9.7.24 Tabela

É mais um caminho possível para inserir uma tabela dentro do editor, dentre as quatro formas possíveis, como o atalho Ctrl + F12.

9.7.25 Figura

O recurso Figura permite inserir imagens de diferentes formatos (png, gif, jpg) em um documento.

9.7.26 Filme e som

É possível inserir uma música ou um vídeo em meio a um documento de texto.

9.7.27 Objeto

Destaque para a opção Objeto OLE (*Object Linked Embeded*) pela qual podemos inserir uma Planilha do Calc dentro de um documento de texto e ainda utilizá-la com suas características de planilha.

---

1 As notas de rodapé, assim como as notas de fim, têm a finalidade de trazer informações adicionais, que fogem ao contexto abordado no texto.

9.8 Menu Tabela

O menu Tabela apresenta as opções próprias de trabalho com uma tabela, como inicialmente inserir uma tabela no documento em edição. Várias opções aparecem desabilitadas, isso ocorre porque uma tabela não foi selecionada.

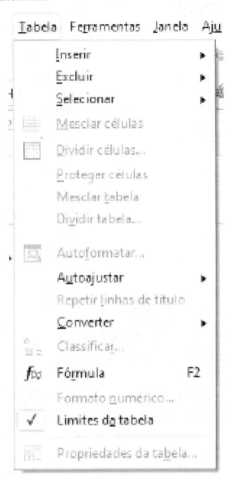

Outro caminho para se inserir uma tabela, além do menu Inserir e do atalho, dá-se por meio do menu Tabela opção Inserir e somente depois a opção Tabela.

9.8.1 Mesclar células

Essa ferramenta só fica habilitada quando duas ou mais células de uma tabela estão selecionadas. Ao acioná-las, as células se tornam uma, ou seja, são mescladas.

9.8.2 Dividir células

Atente-se para esse recurso, pois somente em uma tabela é possível dividir células, ou seja, esse recurso não existe para planilhas.

9.8.3 Proteger células

É um recurso que pode ser utilizado para bloquear as alterações em uma determinada célula e em uma tabela.

9.8.4 Dividir tabela

Assim como é possível dividir uma célula, também podemos dividir uma tabela em duas ou mais, mas apenas tabelas.

9.8.5 Repetir linhas de título

Quando se trabalha com tabelas muito extensas, que se distribuem em várias páginas, é difícil manter a relação do que se tem em cada coluna e linha. Para não ter que copiar manualmente os títulos, podemos utilizar o recurso repetir linhas de título.

9.8.6 Converter

É possível converter tanto um texto em tabela como uma tabela em texto, utilizando, para isso, alguns critérios como espaços entre palavras ou tabulações, entre outros.

9.9 Menu Ferramentas

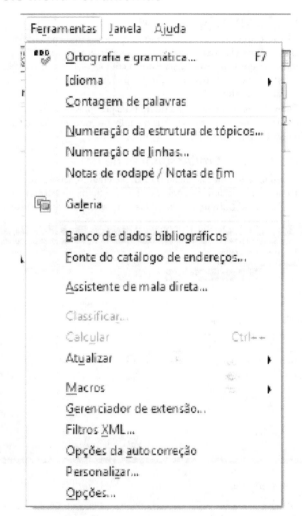

9.9.1 Ortografia e gramática (F7)

Abre uma janela para verificar o documento em busca de palavras desconhecidas ao dicionário do programa.

9.9.2 Idioma

No BrOffice Writer, podemos definir o idioma que está sendo trabalhado no texto selecionado, como no parágrafo e até para o documento de modo geral.

WRITER

9.9.3 Contagem de palavras

O Writer também possui recurso de contabilização de total de palavras que compõem o texto.

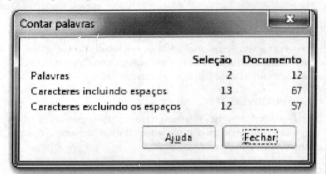

9.9.4 Numeração de linhas

Este recurso é bastante utilizado nas provas de Língua Portuguesa, em que ao lado das linhas, nos textos apresentados, aparece uma numeração, que não necessita ser exibida em todas as linhas. Atenção às questões que o comparam com o recurso Numeração, usado para numerar parágrafos.

Uma forma de identificar a diferença é pela presença dos indicadores de fim de parágrafo, visíveis quando a ferramenta "caracteres não imprimíveis" está ativa.

9.9.5 Notas de rodapé/notas de fim

Já vimos esse nome no menu Inserir. No entanto, são ferramentas distintas, mas relacionadas, pois esse recurso do menu Ferramentas abre a janela de configuração das notas, conforme ilustrado a seguir:

9.9.6 Galeria

A ferramenta que exibe a galeria também é encontrada no menu Ferramentas, além da barra de ferramentas padrão.

9.9.7 Assistente de mala direta

Uma ferramenta interessante para quem quer começar a entender o recurso de mala direta. Por meio dela, é possível criar uma mala direta passo a passo.

9.9.8 Macros

De uma forma geral, as Macros são regras criadas para automatizar tarefas repetitivas. Por meio dessa ferramenta é possível executar as macros existentes.

9.9.9 Opções de autocorreção

O recurso de Autocorreção é o responsável por corrigir palavras logo após a sua inserção, como colocar acento na palavra, caso digitada sem.

9.9.10 Opções

Esse recurso concentra as opções do programa como dados do usuário e recursos.

INFORMÁTICA

10 CALC

O BrOffice Calc é um editor de planilhas eletrônicas pelo qual pode-se estruturar um controle de livro-caixa ou estoque, dentre inúmeras outras estruturas para atender a necessidades básicas de um escritório, por exemplo, que deseja controlar suas atividades. A figura a seguir ilustra a janela principal desse programa.

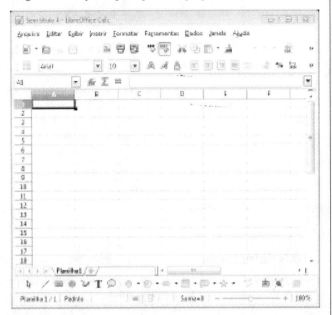

Para utilizar adequadamente esse programa, devemos entender as suas estruturas, com as quais iremos operar, como o formato de arquivo gerado.

Por padrão, um arquivo salvo no Calc é salvo no formato ODS (Open Document Spreadsheet), no entanto é possível por meio deste editor também salvar nos formatos padrões do Microsoft Office Excel: xls (97-2003) e xlsx (2007 e 2010).

Vale lembrar que o formato ODF é o formato genérico do BrOffice, conhecido como Open Document Format, ou seja, Formato de Documento Aberto. Fique atento, pois o PDF (Formato de Documento Portátil) também é possível de ser gerado pelo Calc, porém por meio da opção Exportar como PDF.

10.1 Planilha

Uma planilha nada mais é do que um reticulado de linhas e colunas, as quais são preenchidas com dados e fórmulas com o intuito de se obter algum resultado ou estruturar alguma informação.

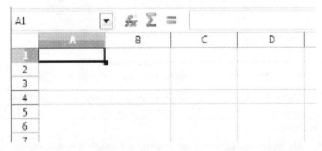

Por padrão, as linhas são identificadas por números enquanto as colunas são identificadas por letras, conforme ilustrado na figura acima. Vale lembrar que, uma vez que existe um padrão, que existe também outra forma de se trabalhar, neste caso, é possível utilizar números para as colunas, mas é necessário alterar as opções do programa.

Uma planilha já possui um total de 1.048.576 linhas por 1024 colunas, contudo, como o alfabeto vai apenas até a letra Z, a próxima coluna é dada pela combinação AA, seguida por AB até chegar a AZ, seguida por BA, BB e assim por diante até completar as 1024 colunas, sendo a última representada pela combinação AMJ.

O mais importante a ser observado sobre essa característica é que esses valores são fixos, ou seja, uma planilha sempre terá essa estrutura, mas quando usado o recurso inserir Linhas ou Colunas, ocorre um deslocamento de conteúdo para baixo, no caso de linhas, e para a direita, no caso de colunas.

10.2 Célula

Uma célula é a menor unidade estrutural de um editor de planilhas, elas são dadas pelo encontro de uma coluna com uma linha. Assim são identificadas pelos títulos das colunas e das linhas que são exibidas.

A célula A1 é a primeira célula de uma planilha, ou seja, é a célula que se encontra na coluna A e na linha 1.

10.2.1 Células de absorção

Dentre as características das células podemos citar as de Absorção, também conhecidas como células de resultado. Basicamente são aquelas que apresentam o resultado de algum cálculo.

Os indicadores de Células de Absorção são símbolos usados para identificar para o programa quais células devem ser calculadas. No Calc, são três os indicadores de células de absorção:

=	=5+5	10
+	+5+5	10
-	-5+5	0

10.2.2 Modos de endereçamento

Os modos de endereçamento são formas de identificar o endereço de uma célula, contudo para fins de identificação os três modos de endereçamento não possuem diferença, sua aplicação é apenas para os procedimentos de copiar e colar uma célula cujo conteúdo é uma fórmula, por vezes citado pelo clicar e arrastar.

Relativo: no modo de endereçamento relativo apenas precisamos indicar a coluna e a linha de uma célula. Como o exemplo: B2, ou seja, a célula que se encontra na junção da linha 2 com a coluna B.

Misto: no modo de endereçamento misto é utilizado o símbolo $ (cifrão) para indicar que o dado que estiver imediatamente à sua direita será sempre o mesmo, ou seja, não poderá ser alterado.

Existem duas formas de endereçamento misto, em uma bloqueamos a coluna, enquanto na outra a linha é que é bloqueada.

Quando desejamos travar a coluna, escrevemos o endereço da célula, =$B2, assim a linha pode ser alterada quando houver deslocamento, porém, a coluna será sempre a coluna B.

Por outro lado, quando desejamos fixar uma linha, devemos escrever o $ antes da linha, exemplo, =B$2, dessa forma, a coluna pode ser alterada quando houver deslocamento em relação à coluna, contudo a linha será sempre a linha 2.

Absoluto: no endereçamento absoluto tanto a coluna quanto a linha são fixadas, assim podemos dizer que a célula será sempre a mesma.

CALC

Endereço da planilha

<nome da Planilha>.<endereço da célula>

=Planilha1.B4+Planilha2.B4

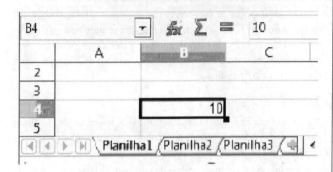

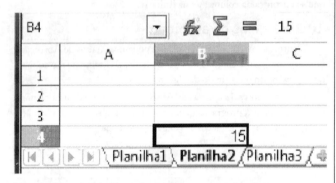

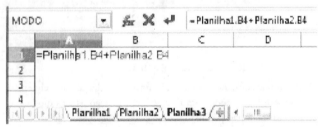

10.3 Operadores

No BrOffice Calc existem quatro tipos de operadores básicos: aritméticos, texto, referência e comparação, cada qual com suas peculiaridades.

10.3.1 Operadores aritméticos

Sobre Operadores Aritméticos, assim como sobre Células de Absorção, a maioria das perguntas é direta, mas as questões são colocadas na matemática destes operadores, ou seja, as regras de prioridade de operadores devem ser observadas para que não seja realizado um cálculo errado.

Operador	Símbolo	Exemplo de uso	Resultado
Adição	+	=5+5	10
Subtração	-	=5-5	0
Multiplicação	*	=5*5	25
Divisão	/	=5/5	1
Potenciação	^	=5^2	25
Percentagem	%	=200*10%	20

10.3.2 Operador de texto

Os editores também contam com um operador que permite atuar com texto. O operador de concatenação **&** tem a função de reunir o conteúdo das células na célula resultado. Atenção, nesse caso a ordem dos operadores altera o resultado.

A figura a seguir ilustra as células com operações de concatenação.

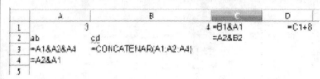

A figura a seguir mostra os resultados obtidos pelas fórmulas inseridas, atente aos resultados e perceba que a ordem dos fatores muda o resultado. Também observe que, por ter sido utilizado um operador de texto, o resultado por padrão fica alinhado à esquerda.

	A	B	C	D
1		3	4 43	51
2	ab	cd	abcd	
3	3abab3	3abab3		
4	ab3			
5				

10.3.3 Referência

Os operadores de referência são aqueles utilizados para definir o intervalo de dados que uma função deve utilizar.

;	E	União
:	Até	Intervalo
!		Interseção

Considere o seguinte conjunto de dados em uma planilha em edição no Calc:

	A
1	10
2	20
3	30
4	40
5	50
6	
7	
8	

=SOMA(A1 : A4)

A função é lida como Soma de A1 até A4, ou seja, todas as células que estão no intervalo de A1 até A4 inclusive. No caso de exemplo o resultado = 100.

De forma equivalente pode-se escrever a função como se segue:

=SOMA(A1 ; A2 ; A3 ; A4)

A qual se lê Soma de A1 e A2 e A3 e A4, assim é possível especificar células aleatórias de uma planilha para realizar um cálculo.

=SOMA(A1 ; A4)

Neste caso fique atento pois, a leitura é Soma de A4 e A1, ou seja, apenas estão sendo somadas as células A1 com A4 as demais não entram no conjunto especificado. Assim, o resultado seria 50.

=SOMA(A1 : A4 ! A3 : A5)

Já nesta última situação apresentada, deseja-se somar apenas as células que são comuns ao intervalo de A1 até A4 com A3 até A5, que no caso são as células A3 e A4, assim a soma destas células resulta em 70.

10.4 Elemento fixador

O **$** (cifrão) é um símbolo usado para travar alguma informação, via de regra o que estiver vinculado à direita.

As questões normalmente descrevem uma planilha e citam que uma determinada fórmula foi inserida em uma célula. Na sequência, a célula é selecionada, copiada e colada em outra célula, ou mesmo clicado pela alça de preenchimento e arrastado para outra célula.

No caso a seguir, foi inserida na célula C1 a fórmula =A1+$A2+A$2, após foi arrastada pela alça de preenchimento desta célula para a célula C2, assim a fórmula presente em C2 será:

1º de C1 para C2 foi acrescido apenas uma linha, sem alterar a coluna, assim as letras não são alteradas, mas existem modos de endereçamento misto, em que aparece $2 significa que a linha será sempre a linha 2, não podendo modificá-la.

	A	B	C	D
1	10	100	=A1+$A2+A$2	
2	50	200	=A2+$A3+A$2	
3	=$A$1+A1			
4		=$A$1+B2		
5				=B5+$A6+B$2
6				

	A	B	C	D
1	10	100	110	
2	50	200	120	
3	20			
4		210		
5				200
6				

C1	→	C2
Origem		Destino

	Destino	Origem	Deslocamento
Linha	2	-	1	1
Coluna	C3ª	-	C3ª	0

C1	→	D5
Origem		Destino

	Destino	Origem	Deslocamento
Linha	5	-	1	4
Coluna	D4ª	-	C3ª	1

A3	→	B4
Origem		Destino

	Destino	Origem	Deslocamento
Linha	4	-	3	1
Coluna	B2ª	-	A1ª	1

	→	
Origem		Destino

	Destino	Origem	Deslocamento
Linha		-		
Coluna		-		

10.5 Alça de preenchimento

A Alça de Preenchimento é um dos recursos que mais possui possibilidades de uso e por consequência respostas diferentes.

Observe que, quando uma ou mais células estão selecionadas, sempre no canto direito inferior é ilustrado um quadrado um pouco mais destacado, essa é a alça de preenchimento.

Ela possui esse nome porque é utilizada para facilitar o preenchimento de dados que obedeçam a uma regra ou padrão.

Quando uma única célula está selecionada e o seu conteúdo é um valor numérico. Ao clicar sobre a alça de preenchimento e arrastar seja na horizontal ou vertical, em qualquer sentido, exceto diagonal, será preenchido com uma Progressão Aritmética (PA) de razão 1, caso seja arrastado para esquerda ou para cima a razão é -1. A figura a seguir ilustra o comportamento.

A	B	C	D	E
		3		
		4		
3	4	5		
		6		7
		7		
		8		

Já na situação em que existem duas células adjacentes selecionadas contendo valores numéricos diferentes entre si, ao se arrastar pela alça de preenchimento as células serão preenchidas com uma PA cuja razão é a diferença entre os dois valores selecionados. A figura a seguir ilustra esse comportamento. Podemos observar que o valor que irá ser exibido na célula B6 será o número 30, com isso a célula B4 receberá o valor 20, enquanto a B5 receberá 25, conforme vemos na figura da direita.

Quando o conteúdo de uma única célula selecionada for um texto esse, será copiado para as demais células. Mas se o conteúdo, mesmo sendo um texto, fizer parte de uma série conhecida pelo programa às células serão preenchidas com o próximo valor da série. Por exemplo, se **Janeiro** for o conteúdo inserido na célula, então, ao arrastar pela alça de preenchimento para a direita ou para baixo a célula adjacente será preenchida com **Fevereiro**, por outro lado se for arrastado para cima ou para a esquerda a célula adjacente será preenchida com **Dezembro**. O mesmo vale para as sequências Jan, Seg e Segunda-feira.

Atenção: A, B, C não são conhecidos como série nos programas, mas o usuário pode criá-las.

Já na situação em que haja duas células que contenham textos diferentes selecionadas, ao arrastar será preenchido com o padrão encontrado.

Quando o conteúdo da célula for uma fórmula ao arrastar pela alça de preenchimento o resultado é o mesmo, ou seja, deverá ser calculada a nova fórmula de acordo com o deslocamento.

10.6 Funções

As funções são estruturas prontas criadas para que o usuário não se preocupe em como elas funcionam, mas apenas com que informações devem descrever para obter o resultado. Contudo, para as provas de concurso precisamos saber como elas funcionam.

A figura acima ilustra a barra de fórmulas e funções do Calc, por meio dela podemos inserir as funções, além de poder digitá-las diretamente. Essa barra também tem importante informação, pois é nela que é exibido o real conteúdo de uma célula, ou seja, se o que foi inserido foi uma fórmula ou um dado (valor) direto.

Caso ainda não conheça muito bem as funções é possível contar com o assistente de funções, que pode ser acessado pelo ícone

f_x presente nessa mesma barra. À direita dele encontra-se o botão SOMA, que pode ser usado para inserir a função =SOMA( ) já o sinal de igual presente na sequência é o mesmo que digitar o símbolo na célula selecionada a fim de inserir uma fórmula ou função, tanto que seu nome é Função.

10.6.1 Principais funções

=SOMA( ) =MÉDIA( ) =MED( )

=MÁXIMO( ) =MAIOR(;) =MÍNIMO( )

=MENOR(;) =MODO( )

=média(a1:a5)

Calcula-se a Média de A1 até A5. O cálculo da média é a soma de um conjunto de valores dividido pelo total de valores **somados**, assim para o caso apresentado na figura acima o resultado da média de A1 até A5 é 20/4 totalizando 5, ou seja, as células vazias são ignoradas. Caso a célula A3 possua o valor 0, o resultado seria 4, pois 0 (zero) é número.

=média(a1;a2;a3;a4;a5)

Nesta segunda forma, apenas se mudou os operadores de referência, mas o resultado será o mesmo, pois o conjunto de dados é o mesmo.

=média(b1:b5)

O conjunto apresentado também resulta em 5.

=soma(b1:b5)/5

Muito comum de ser usado nas provas as estruturas de funções combinadas com expressões aritméticas como somar o conjunto de B1 até B5 e na sequência dividir o resultado por 5. Atente-se, pois para o caso em questão a expressão acima calcula a média, porém não se pode dizer o mesmo para a frase, **a função =SOMA(B1:B5)/5 calcula a média dos valores de B1 até B5 qualquer que seja o valor nas células**, pois se alguma célula estiver vazia não será dividido por 5 o total somado, a fim de calcular a média.

=b1+b2+b3+b4+b5/5

Cuidado com a expressão acima, porque ela não calcula a média, mas é bastante usada nas provas para induzir o candidato ao erro, lembre-se que os cálculos devem ser realizados respeitando as precedências de operadores. Assim, a expressão para calcular a média seria **=(B1+B2+B3+B4+B5)/5** usando os parênteses para mudar a precedência indicando que o que está entre eles é que deve ser calculado por primeiro.

=med(b1:b5)

Atenção a essa função, pois as provas induzem o candidato a pensar que se trata da função que calcula a média, contudo o que ela calcula é a **Mediana**, que é o elemento central de um conjunto de elementos. Porém, outra questão recorrente pode ser apresentada: ocorre quando o conjunto de dados é similar ao apresentado, ou seja, com números repetidos e fora de ordem, devemos lembrar que a mediada leva em consideração os valores em ordem e que estes se repetem. Desse modo, na mediana de B1 até B5 devemos observar os valores (3, 3, 5, 7, 7), com base nesse conjunto tem-se que a mediana é 5, pois é o elemento central.

=med(a1:a5)

Contudo, quando o conjunto possui uma quantidade par de elementos, a mediana é a média dos elementos centrais. Dado do conjunto (3, 3, 7, 7) a mediana é a média de 3 e 7, ou seja, 5.

=máximo(b1:b5)

Essa função retorna o valor mais alto do conjunto de dados especificado.

=maior(b1:b5;3)

Em comparação com a função Máximo, é comum aparecer a função Maior que permite identificar o enésimo termo de um conjunto.

No exemplo anterior podemos ler como o terceiro maior número do intervalo de B1 a B5.

Neste caso, como se deseja o maior valor o conjunto, deve ser considerado em ordem decrescente (7, 7, 5, 3, 3), assim o terceiro maior número é 5.

=mínimo(b1:b5)

Enquanto o máximo traz como resposta o valor mais alto, o mínimo retorna o mais baixo.

Para o exemplo acima a resposta é 3.

=menor(b1:b5;1)

A função Menor exibe o enésimo menor número de um conjunto, desta forma, no exemplo dado, pede-se o primeiro menor número do intervalo de B1 a B5 (3, 3, 5, 7, 7), na função menor o conjunto de dados deve ser considerado em ordem crescente, assim o primeiro menor é 3, o mesmo que o mínimo de B1 até B5.

INFORMÁTICA

=modo(a1:a5)

Esta função retorna o valor que aparece com maior frequência no conjunto especificado. No caso do exemplo, a resposta é 3.

=modo(b1:b5)

Observe que o resultado será sempre o valor mais baixo que mais se repete, mesmo que outro valor apareça com a mesma frequência, como no segundo exemplo a resposta também é 3.

10.6.2 Outras funções comuns

	A	B	C	D	E
1	3	7	10	A	
2	7	3	20	B	
3		7	30	A	
4	3	3	40	A	
5	7	5	10	B	
6					

=se(; ;)

A função SE é também conhecida como condicional, por meio dela é possível definir ações a serem executadas diante de determinadas situações (condições).

Sua sintaxe é composta por três campos sendo que no primeiro é colocado um teste lógico, após o ponto e vírgula temos o campo que contém a ação a ser executada, caso o teste lógico seja verdadeiro e na sequência. No último campo, contém a ação caso o teste lógico seja falso.

=cont.Núm( )

Esta função exibe o total de células de um intervalo que possui como conteúdo um valor numérico.

=cont.Se(;)

Enquanto a função CONT.SE retorna a quantidade de células que atendem ao critério estabelecido no segundo campo.

=somase(; ;)

Já a função SOMASE, permite somar apenas o conteúdo das células de interesse ao montante.

Assim se aplicada a função **=SOMASE(D1:D5;"=A";C1:C5)** a resposta será o montante da soma das células da coluna C que estiverem na mesma linha das células da coluna D que possuírem a letra A como conteúdo. Assim a resposta é 80.

> Exs.:
> **=SE(C1>=10; "maior ou igual"; "Menor")**

Se o valor contido na célula C1 for maior ou igual a 10, então será escrito na célula o texto expresso no segundo campo da função. Por ser um texto, a ação desejada ele obrigatoriamente deve ser expresso entre aspas, contudo as aspas não serão exibidas na resposta.

Mas se o valor da célula C1 for menor do que então será escrito como resposta o texto **Menor**.

=cont.Núm(a1:a5)

Como a célula A3 está vazia, a resposta desta função é 4, pois existem apenas 4 células cujo conteúdo é um número.

=cont.Se(d1:d5; "=a")

Ao se aplicar a função acima, ela irá contar quantas células possuem o texto A, neste caso a resposta é 3.

10.7 Formatos de células

Ao clicar com o botão direito do mouse sobre uma ou mais células selecionadas é aberto o menu suspenso, ilustrado a seguir. Neste momento nos interessa a opção Formatar Células que, ao ser acionada, abre a janela de formatação de células.

10.7.1 Guia números

A figura a seguir ilustra a janela Formatar Células exibindo as opções da aba Números, as principais abas são as guias Número e Alinhamento.

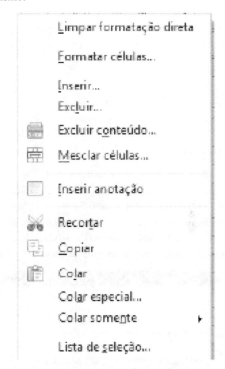

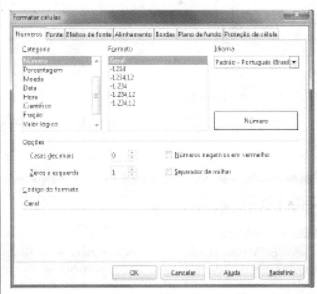

CALC

Na figura a seguir estão listados os formatos de células e exibidas as células formatadas.

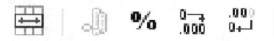

Os formatos Moeda e Percentagem também podem ser definidos pelas opções da barra de Ferramentas de Formatação. A figura a seguir ilustra parte desta barra com as opções citadas.

10.7.2 Guia alinhamento

Por meio desta guia, podemos formatar o alinhamento vertical e/ou horizontal de uma célula bem como a orientação do texto, ou seja, sua direção aplicando um grau de inclinação.

Também encontramos a opção Quebra Automática de texto que permite distribuir o conteúdo de uma célula em várias linhas de texto dentro da mesma célula. A figura a seguir ilustra estas opções.

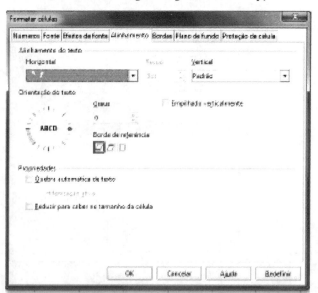

10.7.3 Outras ferramentas

Mesclar e centralizar

A opção Mesclar e Centralizar do Calc centraliza tanto na horizontal como na vertical. Porém, é possível exibir apenas o conteúdo da célula superior esquerda, como também se pode mover o conteúdo das células selecionadas que serão ocultas para a célula superior esquerda.

A sequência de imagens a seguir ilustra a operação de mesclar em que se opta por exibir apenas a célula superior esquerda, observe que as demais células são apenas ocultas, assim seus valores são mantidos e podem ser referenciados.

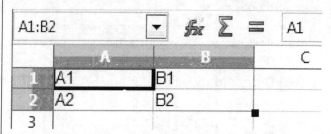

Nessa próxima sequência foi optado por mover o conteúdo para a célula superior esquerda, atente que a ordem dos dados é a mesma de leitura (esquerda para a direita e de cima para baixo).

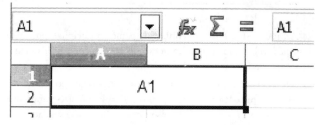

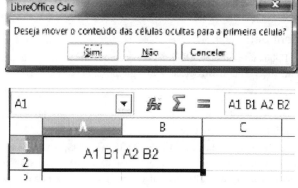

Bordas

Por padrão, em uma planilha, o que vemos são as linhas de grade e não as bordas das células, tanto que se realizarmos a impressão nenhuma divisão aparece. As bordas devem ser aplicadas manualmente de acordo com a necessidade, para isso, pode-se usar o botão Bordas presente na barra de ferramentas de formatação que, ao ser acionado, exibe as opções de bordas, como: bordas externas, internas, esquerda, direita, dentre outras.

Classificar

Outra opção que podemos destacar é a de classificação de dados, pela qual podemos ordenar um conjunto de dados selecionados em ordem crescente ou mesmo decrescente, por meio dos ícones.

INFORMÁTICA

11 IMPRESS

É também conhecido como editor de slides. Fique atento com as palavras expressas em português como eslaide, que aparenta ser errada, pelo fato de não ser empregada com frequência, comumente usada para induzir o candidato ao erro.

11.1 Janela do programa

Devemos, primeiramente, conhecer algumas funções da Janela do Editor para melhor entender seus recursos.

A primeira barra ao topo, onde encontramos os botões Fechar, Maximizar/Restaurar e Minimizar é a chamada Barra de Título, pois expressa o nome do arquivo e o programa no qual está sendo trabalhado.

A barra logo abaixo é a Barra de Menu, onde se encontram as ferramentas do programa. Observe, à direita do menu Ferramentas, a existência de um menu diferente dos encontrados no Writer e Calc, o menu Apresentação de Slides. Nele, são encontradas as opções específicas das operações com slides como Cronometrar, Transição e Apresentação de Slides.

Na sequência, são exibidas as duas barras de ferramentas (Padrão e de Formatação). Fique atento às divisões da janela. Na lateral esquerda, está o painel Slides, nele são exibidas as miniaturas dos slides a fim de navegação na apresentação, bem como de organização. Uma vez que, para deslocar o slide, basta clicar e arrastá-lo para o local desejado.

A última é a barra de Status, por meio dela podemos visualizar em qual slide estamos, além de poder alterar o zoom do slide em edição.

Acima da barra de Status está a barra de Desenhos, ilustrada a seguir. Essa barra é comum aos demais editores (Calc e Writer). Porém, ela só aparece por padrão no Impress. Para ocultá-la ou exibi-la, basta selecionar a barra no menu Exibir → Barras de Ferramentas → Desenho.

A área central da tela é onde fica o slide em edição, também conhecida como palco, quem sabe uma associação ao espaço onde o artista expõe a sua obra.

Já à direita, é exibido o Painel de Tarefas. Essa estrutura oferece diversas opções, conforme ilustrado a seguir:

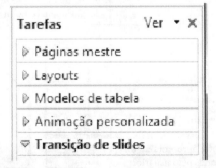

Acima do slide em edição, podem-se encontrar cinco opções, elas são modos de exibição que podem ser alternados.

IMPRESS

11.2 Mestre

Um mestre é aquele que deve ser seguido, ou seja, uma estrutura base para a criação de um conjunto de slides. Por meio dele podemos criar um modelo no qual se definem estilos de título, parágrafo, tópicos, planos de fundo e os campos de data/hora, rodapé e número do slide, conforme pode ser visualizado na imagem a seguir:

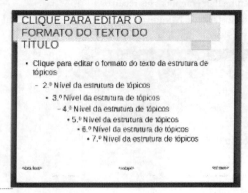

Para acionar o modo exibido, basta clicar no menu Exibir → Mestre → Slide Mestre.

A Nota Mestre serve para formatar as características das anotações (notas) que podem ser associadas a cada slide, conforme ilustrado a seguir.

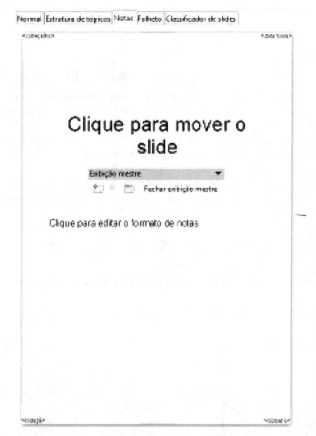

Já o item Elementos do Slide Mestre, serve para indicar quais elementos devem aparecer nos slides ou notas.

No painel de Tarefas, a opção Páginas Mestre apresenta alguns modelos de Slides Mestres que podem ser utilizados pelo usuário.

11.3 Layouts

Também podendo ser citado como Leiaute, são as estruturas que um slide pode possuir, como slides de título, título e subtítulo, slide em branco entre outros.

A figura a seguir ilustra os diversos layouts disponíveis no Impress. Esses podem ser definidos a qualquer momento da edição, inclusive após o slide já ter sido inserido.

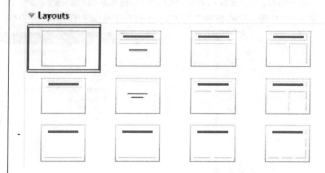

Por meio do botão Inserir Slide, presente na barra de ferramentas padrão, é possível escolher no momento da inserção o layout do slide. Após este já ter sido inserido, basta selecioná-lo no painel de slides, à esquerda, e escolher o novo layout desejado pelo botão de Layout do Slide ou pelo painel de Tarefas.

11.4 Formatos de arquivos

O Formato de Arquivo salvo por padrão no BrOffice (LibreOffice) Impress é o ODP (Open Document Presentation). Contudo, é possível salvar uma apresentação no formato ptt do PowerPoint (2003) ou pttx do PowerPoint 2007 e 2010.

Existe também um formato de arquivo pps (2003) e ppsx (2007 e 2010). Ele é um formato de autoplay, ou seja, ao ser acionado o arquivo com esse formato ele automaticamente é exibido no modo de exibição de slides.

11.5 Modos de exibição

Os Modos de Exibição refletem em diferentes estruturas e não apenas formas de visualizar os slides. No Impress, existem cinco modos de exibição principais, mas pode-se acrescentar também o modo de Apresentação de Slides como sendo um modo de exibição.

Para alternar entre os modos de exibição, pode-se escolher o modo desejado pelo Menu Exibir ou pelas opções presentes no topo do palco de edição.

11.5.1 Normal

Este é o modo de exibição padrão para a edição dos slides, conforme ilustrado a seguir. Com esse modo, é possível alterar os textos do slide, bem como suas formatações de texto, layout e plano de fundo.

INFORMÁTICA

11.5.2 Estrutura de tópicos

Já no modo de Estruturas de Tópicos, as características de formatação do slide não são exibidas, mas apenas o conteúdo do slide. Cada slide é indicado, bem como cada parágrafo de conteúdo, conforme ilustrado a seguir. Propriedades como o tamanho e o tipo da fonte, bem como negrito, sublinhado e itálico são aparentes neste modo de exibição, ao contrário da cor da fonte.

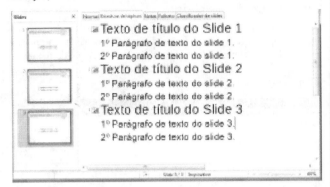

Notas

Este modo de exibição serve para que se possa inserir as anotações sobre um slide, muitas vezes usadas para descrever o assunto, ou conteúdo do slide, ou seja, são os tópicos a serem seguidos e apontados. Assim, as notas servem como um lembrete.

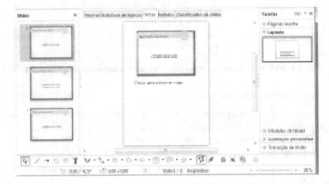

11.5.3 Folhetos

O modo de exibição de Folhetos, ilustrado a seguir, tem por objetivo as estruturas de cabeçalho e rodapé do modo de impressão de folhetos, ou seja, aquele em que são impressos vários slides por página.

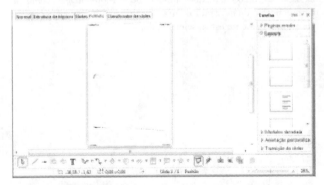

Também é possível dimensionar como ficaram os slides. Além do conteúdo do cabeçalho e rodapé, é possível inserir dados como data, hora e números de páginas. A figura a seguir ilustra com maior precisão os detalhes deste modo de exibição:

11.5.4 Classificador de slides

O modo Classificador de Slides serve para organizar a sequência dos slides na apresentação, oferecendo uma interface onde são exibidas as miniaturas das telas para que, ao clicar e arrastar os slides, seja possível movê-los para às posições desejadas. Na imagem a seguir, pode-se observar sua disposição:

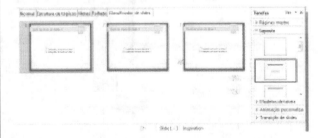

11.6 Inserir slide

Para inserir um slide em uma apresentação, podemos contar com o recurso Inserir Slide, que pode ser acionado a partir de três locais, dentro do editor de apresentação Impress: Menu Inserir, Botão direito do mouse e Barra de Ferramentas.

Além de poder inserir um novo slide pelo Menu Inserir, é possível duplicá-lo, ou seja, criar uma cópia do(s) slide(s) selecionado(s), conforme ilustrado a seguir.

217

IMPRESS

Com o clique do botão direito do mouse sobre um slide, é exibida a lista suspensa ilustrada a seguir, que possui tanto a opção de inserir novo slide, como duplicar o slide selecionado.

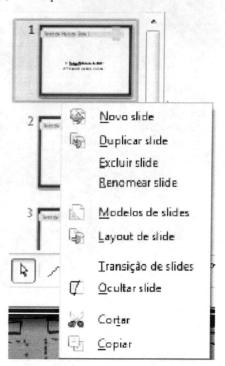

Caso o clique com o botão direito seja feito no espaço vazio, entre os slides é exibida apenas a opção Novo Slide, conforme ilustrado a seguir.

Já na barra de Ferramentas padrão, encontramos o ícone que permite a inserção de um slide. Caso seja clicado na seta à sua direita, é possível ainda escolher o layout do slide que está sendo inserido.

11.7 Menu Apresentação de slides

Neste menu é que se encontram as opções específicas de uma edição de apresentação de slides, como os efeitos de animação e transição de slides. Assim, se a prova citar alguma opção solicitando o menu em que ela é apresentada, se a opção tiver relação à apresentação de slides, então provavelmente estará no menu Apresentação de Slides.

Dentre os itens deste menu, podem-se destacar:

11.7.1 Apresentação de Slides

É a opção que permite exibir a apresentação de slides em tela cheia, de forma a poder visualizá-la. Também é possível encontrar essa opção no Menu Exibir, assim como acioná-la por meio da tecla de atalho F5 que, no caso do Impress, sempre inicia a partir do slide selecionado.

11.7.2 Configuração da apresentação de slides

Por meio desta opção é possível configurar características da exibição da apresentação como tempo de transição de slides automática e a possibilidade padrão de trocar de slide a cada clique do mouse ou com tecla do teclado. A figura a seguir ilustra a janela de configurações de apresentação:

11.7.3 Cronometrar

A opção Cronometrar do Impress é muito inferior ao mesmo recurso no PowerPoint, se comparados. Em teoria, essa ferramenta deveria permitir marcar o tempo que seria gasto para explanar sobre uma apresentação. Contudo, o tempo é marcado por slide e exibido apenas enquanto este está sendo exibido, após, no próximo slide, o contador é novamente zerado.

11.7.4 Interação

Por meio deste recurso é possível modificar a sequência de exibição de uma apresentação, atribuindo a elementos do slide, como figuras e textos, ações como ir para determinado slide da apresentação, como que criando botões de navegação. Para isso, no entanto, faz-se necessário que algum elemento esteja selecionado.

INFORMÁTICA

11.7.5 Animação personalizada

Esse recurso permite atribuir um efeito a um elemento no slide. Ao ser acionado, exibe suas opções no Painel de Tarefas à direita da tela, conforme ilustrado a seguir.

Para adicionar um efeito, é necessário selecionar algum elemento do slide, como texto ou figura e, na janela que se abre ao clicar em Adicionar (ilustrada a seguir), selecionar o efeito desejado, de acordo com categorias pré-definidas na forma de guias da janela, conforme ilustrado:

11.7.6 Transição de slides

Já a opção de Transição de Slides serve para aplicar um efeito a ser executado durante a troca de slide para outro. Permite, ainda, definir tempos específicos para cada slide em uma exibição automática.

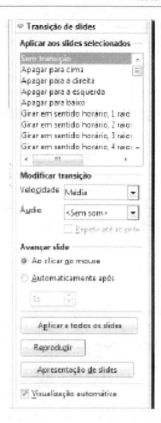

11.8 Impressão

É possível também imprimir a apresentação de slides de acordo com a necessidade, como imprimir um slide em cada página, como ilustrado na sequência, no modo **Slide**.

11.8.1 Slide

11.8.2 Folhetos

Caso necessário, para imprimir mais de um slide por página, pode-se escolher a opção Folheto, no campo Documento:

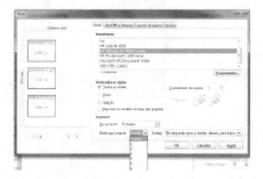

219

IMPRESS

É importante observar que a janela anterior está com o número de três Slides por página, notando-se, assim, na pré-visualização à esquerda, que os slides ficam um abaixo do outro, nesta opção de impressão, enquanto nas demais quantias os slides são distribuídos como representado a seguir, no modo de impressão de quatro slides por página:

11.8.3 Notas

No modo de impressão de Notas, cada folha recebe um slide e, abaixo dele, são impressas as anotações referentes a ele.

11.8.4 Estrutura de Tópicos

Já na forma de impressão de Estrutura de Tópicos, a impressão fica tal qual ao modo de exibição.

12 REDES DE COMPUTADORES

Dois computadores conectados entre si já caracterizam uma rede. Contudo, ela normalmente é composta por diversificados dispositivos como: celulares, smartphones, tablets, computadores, servidores, impressoras, roteadores, switches, hubs, modens etc. e, devido à essa grande variedade de dispositivos, o nome genérico HOST é atribuído aos dispositivos conectados na rede.

Todo host possui um endereço que o identifica na rede, que é o endereço IP. Mas também cada peça possui um número único de fábrica que o identifica, o MAC Address.

12.1 Paradigma de comunicação

Paradigma é um padrão a ser seguido e, no caso das redes, é o modelo Cliente/Servidor. Nesse modelo, o usuário é o cliente que envia uma solicitação ao servidor; ao receber a solicitação, o servidor a analisa e, se é de sua competência, prové a informação/dado.

12.2 Dispositivos de rede

Os dispositivos de rede são citados até mesmo em provas cujo conteúdo programático não cita a matéria de hardware. E na maioria das vezes em que aparecem questões sobre o assunto, se questiona em relação à finalidade de cada dispositivo na rede, portanto, nesta seção são descritos alguns dos principais dispositivos de rede:

Modem	Modulador/demulador | Responsável por converter o sinal analógico da linha telefônica em um sinal digital para o computador e vice-versa.
Hub	Conecta vários dispositivos em rede, mas não oferece muita segurança, pois envia as informações para todos na rede.
Switch	É um dispositivo que permite interligar vários dispositivos de forma mais inteligente que o Hub, pois no switch os dados são direcionados aos destinos corretos.
Roteador	Um roteador já trabalha no nível de rede; em um mesmo roteador podemos definir várias redes diferentes. Ele também cria uma rota para os dados.
Access Point	Um Ponto de Acesso opera de forma similar a um Switch, só que em redes sem fio.
Backbone	É a estrutura principal dentro de uma rede, na internet é a espinha dorsal que a suporta, ou seja, as principais ligações internacionais.

12.3 Topologia de rede

Topologia diz respeito à estrutura de organização dos dispositivos em uma rede.

12.3.1 Barramento

Na Topologia de Barramento, todos os dispositivos estão conectados no mesmo canal de comunicação, o que torna o tráfego de dados mais lento e, se o barramento se rompe, pode isolar parte da rede.

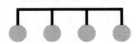

12.3.2 Anel

A estrutura em Anel conecta um dispositivo no outro; para que todos os computadores estejam conectados, é necessário que estejam ligados. Se o anel for simples, ou seja, de única via de dados, um computador desligado já é suficiente para tornar a rede inoperante para algum outro computador; o problema pode ser resolvido em partes, utilizando o anel duplo, trafegando dados em duas direções da rede, porém, se dois pontos forem desconectados, pode-se chegar à situação de duas redes isoladas.

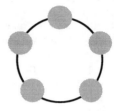

12.3.3 Estrela

Uma rede organizada em forma de estrela possui um nó centralizador. Esse modelo é um dos mais utilizados, pois um nó pode estar desconectado sem interferir no resto da rede, porém, o centro é o ponto crítico.

12.3.4 Estrela estendida

A Estrela Estendida é utilizada em situações como em uma universidade multicampi, em que um nó central é a conexão principal, a partir da qual se conecta com a internet, enquanto os outros *campi* possuem centrais secundárias como conexão entre seus computadores. A estrutura entre o nó principal e as centrais secundárias é o que chamamos de Backbone dessa rede.

12.3.5 Malha

A conexão em malha é o modelo da internet, em que encontramos vários nós principais, mas também várias ligações entre diversos nós.

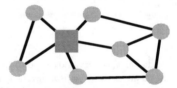

12.3.6 Pilhas de protocolos

Também colocadas pelas bancas examinadoras como modelos, as pilhas de protocolos definem um conjunto de protocolos e em quais camadas de rede devem operar.

Neste tópico temos dois tipos de questões que podem ser associados na prova. Questões que fazem relação com os tipos de redes e questões que tratam da finalidade dos principais protocolos utilizados em uma navegação na internet.

As pilhas de protocolos são:

TCP/IP	OSI

O modelo TCP/IP é o **padrão utilizado nas redes**. Mas, em redes privadas, mesmo o TCP/IP sendo padrão, pode ser implantado o modelo OSI.

Como o modelo TCP/IP é o padrão na seção seguinte são destacados os principais protocolos de navegação.

12.3.7 Principais protocolos

Um protocolo é uma regra de comunicação em redes, portanto, a transferência de arquivos, mesmo entre computadores de uma mesma rede, utiliza um protocolo como forma de padronizar o entendimento entre os dois.

REDES DE COMPUTADORES

HTTP

HTTP (HyperText Transport Protocol): é o protocolo de transferência de hipertexto. É o mais utilizado pelo usuário em uma navegação pela internet. Hipertexto consiste em um arquivo no formato HTML (HyperText Markup Language) - Linguagem de Marcação de Hipertexto.

HTML: é um arquivo que pode ser gerado por qualquer editor de texto, pois, quando é aberto no Bloco de Notas ou Wordpad, ele apresenta apenas informações de texto. No entanto, quando é aberto pelo navegador, este interpreta o código em HTML e monta o conteúdo Multimídia na página. Entende-se por conteúdo multimídia: textos, áudio, vídeos e imagens.

HTTPS

HTTPS **(HyperText Transport Protocol Secure)**, também conhecido como HTTP Seguro, é um protocolo que tem como diferença entre o HTTP apenas a segurança que oferece, pois, assim como o HTTP, serve para visualizar o conteúdo multimídia.

O que se questiona em relação a sua segurança é como ela é feita. O protocolo HTTPS utiliza o processo de Criptografia para manter sigilo sobre os dados transferidos entre o usuário e o servidor, para isso, são utilizados os protocolos TLS ou SSL.

Um detalhe muito importante é o de saber identificar se a navegação está sendo realizada por meio do protocolo HTTP ou pelo protocolo HTTPS. A forma mais confiável é observar a barra de endereços do navegador:

Firefox 10.02

IE 9

Google Chrome

Logo no início da barra, observamos a indicação do protocolo HTTPS, que, sempre que estiver em uso, deverá aparecer. Porém, deve-se ter muita atenção, pois, quando é utilizado o HTTP, alguns navegadores atuais têm omitido a informação no começo da barra de endereços.

Outra informação que nos ajuda a verificar se o acesso é por meio de uma conexão segura é o símbolo do cadeado fechado.

FTP

FTP (File Transport Protocol) é o protocolo de transferência de arquivos utilizado quando um usuário realiza download ou upload de um arquivo na rede.

O protocolo FTP tem como diferencial o fato de operar sobre duas portas: uma para tráfego dos dados e outra para autenticação e controle.

12.4 Firewall

O firewall pode ser software, hardware ou ambos. Ele é o responsável por **monitorar as portas da rede/computador**, permitindo ou negando a passagem dos dados na rede, seja na entrada ou saída.

É o monitor que fica na porta olhando para uma lista na qual contém as regras que um dado tem de cumprir para passar por ela. Essa lista são os protocolos, por exemplo, o Firewall monitorando a porta 80, relativa ao protocolo HTTP, o qual só trabalha com conteúdo multimídia. Então, se um arquivo .EXE tentar passar pela porta 80, ele deve ser barrado; essa é a função do Firewall.

12.5 Tipos de redes

Podemos classificar as redes de acordo com sua finalidade; neste tópico expõe-se a diferença entre as redes: internet × intranet × extranet.

12.5.1 internet

É a rede das redes, também conhecida como rede mundial de computadores.

Muitas provas citam o sinônimo WWW (World Wide Web) para internet, ou por vezes apenas web. Ela é definida como uma **rede pública** a qual todos com computador e servidor de acesso podem conectar-se.

12.5.2 intranet

É uma rede empresarial, também chamada de rede corporativa. Tem como principal característica ser uma **rede privada**, portanto, possui controle de acesso, o qual é restrito somente a pessoas autorizadas.

Uma intranet geralmente é constituída com o intuito de compartilhar recursos entre os funcionários de uma empresa, de maneira que pessoas externas não tenham acesso a eles. Os recursos compartilhados podem ser: impressoras, arquivos, sistemas, entre outros.

12.5.3 Extranet

É quando parte de uma intranet é disponibilizada por meio da internet. Também dizemos que extranet é quando duas empresas com suas distintas intranets possuem um sistema comum que acessam apenas parte de cada uma das intranets.

12.5.4 VPN

VPN é uma forma de criar uma intranet entre localizações geograficamente distantes, com um custo mais baixo do que ligar cabos entre os pontos. Para isso, emprega-se o processo de criptografia nos dados antes de enviá-los por meio da internet e, quando o dado chega na outra sede, passa pelo processo de descriptografia. Dessa maneira, quem está navegando na internet não tem acesso às informações da empresa, que continuam restritas; esse processo também é chamado tunelamento.

12.6 Padrões de infraestrutura

São padrões que definem como deve ser organizada e quais critérios precisam ser seguidos para montar uma estrutura de rede de acordo com os padrões estabelecidos pelo Instituto de Engenheiros Eletricistas e Eletrônicos (IEEE).

O padrão Ethernet define as regras para uma infraestrutura cabeada, como tipos de cabos que devem ser utilizados, distância máxima, tipos e quantidade de dispositivos, entre outras. Já o padrão 802.11 define as regras para uma estrutura wi-fi, ou seja, para a rede sem fio.

12.7 Correio eletrônico

O serviço de e-mail é outro ponto bastante cobrado nos concursos públicos. Em essência, o que se pede é se o concursando sabe sobre as diferentes formas de se trabalhar com ele.

O e-mail é uma forma de comunicação assíncrona, ou seja, no momento do envio apenas o emissor precisa estar conectado.

12.7.1 Formas de acesso

Podemos ler e escrever e-mail utilizando duas formas diferentes. O webmail ganhou mais espaço no mercado e se tornou majoritário no ramo de e-mails, mas muitas empresas utilizam ainda os clientes de e-mail.

Webmail

O webmail é uma interface de acesso para o e-mail via Browser (navegador de internet), ou seja, uma forma de visualizar o e-mail via uma página de web. Diante disso, é possível destacar que usamos os protocolos HTTP ou HTTPS para visualizar páginas da internet. Dessa forma, ao acessar sites de e-mail como Gmail, Hotmail, Yahoo! e Outlook, fazemos uso desses protocolos, sendo o HTTPS o mais usado atualmente pelos grandes serviços de e-mail, pois confere ao usuário maior segurança no acesso.

Dizemos que o webmail é uma forma de ler e escrever e-mails, dificilmente citado como forma de enviar e receber, uma vez que quem realmente envia é o servidor e não o computador do usuário.

Quando um e-mail é enviado, ele parte diretamente do servidor no qual o remetente possui conta para o servidor do serviço de e-mail do destinatário.

Cliente de e-mail

Um cliente de e-mail é um programa específico para enviar e receber mensagens de e-mail e que é, necessariamente, instalado no computador do usuário. Como exemplo temos: o Microsoft Outlook, o Mozilla Thunderbird, o Outlook Express, e o Windows Live Mail.

Os programas clientes de e-mail usam protocolos específicos para envio e recebimento das mensagens de e-mail.

Protocolos utilizados pelos clientes de e-mail

Para o envio, um cliente de e-mail utiliza o protocolo SMTP (Simple Mail Transport Protocol – Protocolo de transporte de mensagens simples). Como todo protocolo, o SMTP também opera sobre uma porta específica, que pode ser citada como sendo a porta 25, correspondente ao padrão, mas atualmente ela foi bloqueada para uso dos usuários, vindo a ser substituída pela 587.

Com isso, em questões de Certo e Errado, apenas a 587 é a correta, quando abordado sobre o usuário, pois entre servidores a 25 ainda é utilizada. Já nas questões de múltipla escolha, vale o princípio da menos errada, ou seja, se não tiver a 587, a 25 responde à questão.

Mesmo que a mensagem de e-mail possua arquivos anexos a ela, envia-se por SMTP; assim o protocolo FTP não é utilizado.

Já para o recebimento, o usuário pode optar em utilizar o protocolo POP ou o protocolo IMAP, contudo, deve ser observada a diferença entre os dois, pois essa diferença é ponto para muitas questões.

O protocolo POP tem por característica baixar as mensagens de e-mail para o computador do usuário, mas por padrão, ao baixá-las, elas são apagadas do servidor. Portanto, as mensagens que um usuário está lendo estão, necessariamente, em seu computador.

Por outro lado, se o usuário desejar, ele pode configurar o protocolo de forma que sejam mantidas cópias das mensagens no servidor, no entanto, a que o usuário está lendo, efetivamente, está em seu computador. Sobre essa característica são citadas questões relacionando à configuração a uma espécie de backup das mensagens de e-mail.

Atualmente o protocolo POP encontra-se na versão 3; dessa forma ele pode aparecer nos textos de questão como POP3, não afetando a compreensão dela. Uma vez que o usuário necessita conectar na internet apenas para baixar as mensagens, é possível que ele se desconecte da internet e mesmo assim leia seus e-mails. E, uma vez configurado o SMTP, também é possível redigir as respostas off-line, sendo necessário, no entanto, conectar-se novamente para que as mensagens possam ser enviadas.

Ao invés de utilizar o POP, o usuário pode optar em fazer uso do protocolo IMAP, que é para acesso a mensagens de e-mail, as quais, por sua vez, residem no servidor de e-mails. Portanto, se faz necessário estar conectado à internet para poder ler o e-mail por meio do protocolo IMAP.

Spam

Spam é uma prática que tem como finalidade divulgar propagandas por e-mail, ou mesmo utilizar-se de e-mails que chamem a atenção do usuário e o incentivem a encaminhar para inúmeros outros contatos, para que, com isso, levantem uma lista de contatos que pode ser vendida na internet ou mesmo utilizada para encaminhar mais propagandas.

Geralmente um spammer utiliza-se de e-mail com temas como: filantropia, hoax (boatos), lendas urbanas, ou mesmo assuntos polêmicos.

12.8 URL (Uniform Resource Locator)

É um endereço que identifica um site, um serviço, ou mesmo um endereço de e-mail. A seguir, temos um exemplo de URL; observe que podemos dividi-la em várias partes.

12.8.1 Domínio

É o nome registrado de um site para que possa ser acessado por meio da internet. Assim como a URL, um domínio também pode ser dividido em três partes.

site.com.br

O .br indica que esse site está registrado no conjunto de domínios do Brasil, que é administrado e regulamentado pelo Registro.Br, componente do Comitê Gestor de internet no Brasil (CGI).

O Registro.Br define várias normas em relação à criação de um domínio, como o tamanho máximo de 26 caracteres, a limitação para apenas letras e números e recentemente a opção de criar domínios com letras acentuadas e o caractere **ç**.

Também compete ao Registro.Br a normatização da segunda parte do domínio, representado na figura pelo **.com**. Essa informação diz respeito ao ramo de atividade a que se destina o domínio, mas não nos garante qual a real finalidade do site. A última parte, por fim, é o próprio nome do site que se deseja registrar.

12.8.2 Protocolo IP

Cada equipamento na rede ganha o nome genérico de Host, o qual deve possuir um endereço para que seja localizado na rede. Esse é o endereço IP.

O protocolo IP é o responsável por trabalhar com essa informação, para tanto, um endereço IP possui versões: IPv4 e IPv6.

Um IP também é um endereço, portanto, pode ser inserido diretamente na barra de endereços de um navegador.

O IPv4 é composto por até quatro grupos de três dígitos que atingem valor máximo de 255 cada grupo, suportando, no máximo, cerca de 4 bilhões (4.294.967.296) de endereços.

O IPv6 é uma proposta que está gradativamente substituindo o IPv4, justamente pela pouca quantidade de endereço que ele oferece. O IPv6 é organizado em 8 grupos de 4 dígitos hexadecimais, suportando cerca de 3,4 × 1038, aproximadamente 3,6 undecilhões de endereços IP.

| 0123:4567:89AB:CDEF:1011:1314:5B6C:88CC

12.8.3 DNS (Domain Name System)

O Domain Name System (em português, Sistema de Nomes de Domínios) é o responsável por traduzir (resolver por meio de consultas aos servidores Raiz da internet) um domínio para o endereço IP do servidor que hospeda (armazena) o site desejado. Esse processo ocorre em questão de segundos e obedece a uma estrutura hierárquica.

REDES DE COMPUTADORES

12.9 Navegadores

Navegadores são programas que permitem acesso às páginas da internet, são muitas vezes citados em provas pelo termo em inglês Browser. Como exemplo, temos: internet Explorer, Mozilla Firefox e Google Chrome. Também são cobrados os conceitos dos tipos de dados de navegação que estão relacionados aos navegadores.

12.9.1 Cache

É um armazenamento temporário. No caso dos navegadores, trata-se de uma pasta onde são armazenados os conteúdos multimídias como imagens, vídeos, áudio e inclusive textos, para que, no segundo momento em que o mesmo conteúdo for acessado, ele possa ser mostrado ao usuário mais rapidamente.

12.9.2 Cookies

São pequenas informações que alguns sites armazenam no computador do usuário. Exemplos de informações armazenadas nos cookies: senhas, obviamente que são armazenadas criptografadas; também são muito utilizados em sites de compras, para armazenar o carrinho de compras.

12.9.3 Dados de formulários

Quando preenchemos um formulário, os navegadores oferecem opção para armazenar os dados digitados em cada campo, assim, quando necessário preencher o mesmo formulário ou ainda outro formulário com campos de mesmo nome, o navegador sugere os dados já usados a fim de autocompletar o preenchimento do campo.

12.10 Conceitos relacionados à internet

Nesta seção são apresentados alguns conceitos, tecnologias e ferramentas relacionadas à internet que são cobrados nas provas dos concursos.

12.10.1 Motores de busca

Os Motores de Busca são normalmente conhecidos por buscadores. Dentre os principais estão Google, Bing (MSN) e Yahoo!.

É importante observar que, nos navegadores atuais, os motores de busca são integrados, com isso podemos definir qual se deseja utilizar, por exemplo: o Google Chrome e o Mozilla Firefox utilizam como motor de busca padrão o Google, já o internet Explorer utiliza o Bing. Essa informação é relevante, pois é possível nesses navegadores digitar os termos buscados diretamente na barra de endereços, ao invés de acessar previamente o site do motor de busca.

Busca avançada

Os motores de busca oferecem alguns recursos para otimizar a busca, como operadores lógicos, também conhecidos como operadores booleanos[1]. Dentre eles podemos destacar a negação (-). Ao realizar uma busca na qual se deseja encontrar resultados que sejam relacionados a determinado assunto, porém os termos usados são comuns a outro, podemos utilizar o sinal de menos precedendo o termo do assunto irrelevante, como o exemplo de uma questão que já caiu em prova: realizar a busca por leite e cão, contudo, se for inserido apenas estes termos na busca, muitos resultados serão relacionados a gatos e leite. Para que as páginas que contenham a palavra gato não sejam exibidas na lista de páginas encontradas, basta digitar o sinal de menos (-) antes da palavra gato (sem espaço entre o sinal e a palavra), assim a pesquisa a ser inserida no buscador fica **Cão Leite -Gato**.

Também é possível realizar a busca por uma frase exata, assim, somente serão listados os sites que contenham exatamente a mesma expressão. Para isso, basta digitar a frase desejada entre aspas duplas.

▷ Busca por/em domínio específico: para buscar sites que possuam determinado termo em seu nome de domínio, basta inserir o texto site: seguido da palavra desejada, lembrando que não deve haver espaço entre site: e o termo desejado. De forma similar, também pode-se utilizar **inurl: termo** para buscar sites que possuam o termo na URL.

Quando o domínio já é conhecido, é possível realizar a busca por determinado termo apenas nas páginas do domínio. Para tanto, deve-se digitar site:**Dominiodosite termo**.

▷ **Calculadora**: é possível, ainda, utilizar o Google como uma calculadora, bastando digitar a expressão algébrica que se deseja resolver como 2 + 2 e, como resultado da "pesquisa", é apresentado o resultado da operação.

▷ **Operador**: quando não se sabe exatamente qual é a palavra para completar uma expressão, pode-se completar a lacuna com um asterisco, assim o motor de busca irá entender que naquele espaço pode ser qualquer palavra.

▷ **Busca por tipo de arquivo:** podemos refinar as buscas a resultados que consistam apenas em determinado formato de arquivo. Para tanto, podemos utilizar o operador filetype: assim, para buscar determinado tema, mas que seja em PDF, por exemplo, pode-se digitar **filetype: pdf tema**.

Tipos de busca

Os principais motores de busca permitem realizar as buscas de forma orientada a conteúdos gerais da web, como refinar a busca para exibir apenas imagens, vídeos ou mapas relacionados aos termos digitados.

12.10.2 Chat

Um chat é normalmente citado como um bate-papo em tempo real; é a forma de comunicação em que ambos os interlocutores estão conectados (on-line) simultaneamente. Muitos chats operam com salas de bate-papo. Um chat pode ser em um site específico como o chat do UOL. Conversas pelo MSN ou Facebook podem ser consideradas como chat, desde que ambos os interlocutores estejam conectados.

12.10.3 Fórum

Também conhecidos como Listas de Discussão, os fóruns funcionam como debates sobre determinados assuntos. Em um fórum não é necessário que os envolvidos estejam conectados para receberem os comentários, pois estes ficam disponíveis para acesso futuro pelo usuário ou mesmo por pessoas que não estejam cadastradas no fórum, contudo, existem muitos fóruns fechados, nos quais só se entra por convite ou mediante aquisição. A maioria deles vincula o e-mail dos envolvidos a uma discussão, alertando-os assim, caso um novo comentário seja acrescentado.

12.10.4 Moodle

O Moodle é uma ferramenta fortemente utilizada pelo setor público, e privado, para dar suporte ao Ensino a Distância (EAD).

---

[1] Em referência à lógica de Boole, ou seja, a lógica que você estuda para o concurso.

INFORMÁTICA

13 SEGURANÇA DA INFORMAÇÃO

A Segurança da Informação é um ponto crucial para muitas bancas examinadoras de concurso público e, também, de interesse da instituição que irá receber os aprovados. Afinal, ao ser aprovado, o candidato fará parte do quadro de funcionários de uma instituição pública que possui uma intranet e sistemas sobre os quais há necessidade de manter uma boa política de segurança.

Segundo o Comitê Gestor de internet no Brasil (CGI), para um sistema ser classificado como seguro, ele deve atentar a três requisitos básicos: confidencialidade, integridade e disponibilidade.

Faz-se necessário que sejam atendidos alguns requisitos mínimos para uma segurança do microcomputador, que dependem tanto de recursos tecnológicos como de bom senso e discernimento por parte dos usuários.

Para manter um computador com o mínimo de segurança deve-se:
- Manter o **sistema operacional sempre atualizado**, pois a maioria dos malwares exploram as vulnerabilidades do SO.
- Possuir um sistema **antivírus** e manter tanto o aplicativo quanto as assinaturas de vírus[1] atualizadas.
- Manter o Firewall sempre ativo.
- Para se proteger contra os spywares também é indicada a instalação de um antispyware. Atualmente, a maioria dos antivírus já possui esse recurso integrado a eles.

13.1 Princípios básicos da segurança da informação

Os Princípios Básicos de Segurança em Tecnologia da Informação (TI) incluem os processos que devem ser garantidos para manter um sistema de informações seguro. Podemos destacar quatro conceitos como principais:

13.1.1 Disponibilidade

Deve garantir que os serviços ou recursos que forem necessários para uma tarefa, principalmente relacionados ao próprio processo de segurança, estejam sempre disponíveis. Um bom exemplo é na situação de entrega da declaração de imposto de renda, em que o serviço deve suportar a alta demanda que possa surgir sem afetar o usuário.

Podemos estreitar esse princípio sobre a garantia de que as chaves públicas do processo de Certificação Digital (estes conceitos são abordados na seção sobre Certificados Digitais) estejam sempre disponíveis para quem precisar delas.

13.1.2 Integridade

A Integridade garante a **não alteração** de uma informação/dado tanto no armazenamento quanto durante a troca dessas informações por algum meio. Com o princípio da integridade, verificamos se, durante o tráfego de uma informação, ela não foi alterada por alguém ou mesmo por falhas do processo de transmissão. No armazenamento ela garante que o dado não foi corrompido.

O processo que protege a integridade consiste na geração de um código de cerca de 20 caracteres, o **código HASH**, também conhecido como **resumo** de um dado; um exemplo é o MD5. O processo é realizado em uma via única, em que, a partir de um dado, gera-se o resumo dele. Porém, a partir do resumo, não é possível gerar o dado novamente.

Para verificar se houve alteração em um arquivo, deve-se comparar dois códigos HASH: um gerado por quem disponibiliza o dado e outro por quem o recebe. Se uma vírgula for alterada, os códigos gerados ficam completamente diferentes e é possível que dois dados diferentes gerem o mesmo HASH, mas é uma possibilidade ínfima.

13.1.3 Confidencialidade

O princípio da Confidencialidade é a garantia de que há sigilo sobre uma informação, de forma que o processo deve garantir que um dado não seja acessado por pessoas diferentes daquelas às quais ele se destina.

Para garantir a confidencialidade, utilizamos processo de criptografia de informações.

13.1.4 Autenticidade

A Autenticidade garante o autor de uma informação, ou seja, por meio dela podemos confirmar se uma mensagem é de autoria de quem diz.

Assim como a confidencialidade, a autenticidade é garantida por meio de criptografia.

13.2 Criptografia

A criptografia é a arte ou ciência de escrever em códigos, quer dizer, transformar um texto em algo ilegível de forma que possa ser armazenado ou enviado por um canal de comunicação. Assim, se alguém interceptá-lo, não conseguirá entender o que está escrito e o destinatário, ao receber a informação, deve fazer o processo inverso: decifrar o dado, para que consiga lê-lo.

Há dois principais métodos de criptografia: a de chave simétrica e a de chaves assimétricas.

13.2.1 Criptografia de chave simétrica

Uma chave de criptografia é uma informação a partir da qual seja possível transcrever uma mensagem criptografada.

A de chave simétrica é também conhecida como criptografia de chave única, em que a mesma chave é usada tanto para codificar uma mensagem quanto para decifrá-la. Um bom exemplo desse modelo é a criptografia maçônica.

A informação apresentada está criptografada. Para decifrar o que ela diz, precisamos da chave de criptografia que, na simétrica, é a mesma usada para gerar a mensagem. A seguir, temos a chave que abre a mensagem.

---

[1] Assinatura de vírus: é uma sequência de caracteres que identifica a presença do vírus em um arquivo.

SEGURANÇA DA INFORMAÇÃO

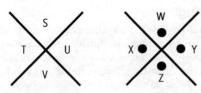

Ao substituirmos os símbolos pelas letras correspondentes, obtemos a palavra ALFA.

13.2.2 Criptografia de chaves assimétricas

Na criptografia de chaves assimétricas, em vez de uma chave como na simétrica, são usadas duas chaves que são diferentes entre si. Elas são chamadas de **Chave Pública** e a outra de **Chave Privada**, por conta da característica de cada uma.

A Chave Pública é uma informação (código) que fica disponível em um servidor de Chaves Públicas na internet, para quem precisar dela, enquanto a Chave Privada é um código que somente o dono deve conhecer.

O par de Chaves é único e correspondente, ou seja, uma mensagem/dado cifrada pela chave pública de um usuário só pode ser aberta pela chave privada do mesmo usuário. E o inverso também, uma mensagem cifrada com a chave privada de um usuário só pode ser descriptografada pela chave pública dele próprio.

13.2.3 Certificado digital

Um certificado digital é um documento eletrônico assinado digitalmente e cumpre o papel de associar um usuário a uma chave pública, pode ser comparado ao CPF ou CNPJ para empresas.

Ele também apresenta junto com a chave pública algumas informações essenciais como:

▷ Nome do dono da chave pública;
▷ Prazo de validade do certificado, que varia de 1 a 3 anos dependendo da classe contratada;
▷ Um número de série, critério de correspondência para identificar o usuário;
▷ E, juntamente, o certificado possui a assinatura da entidade de certificação, para comprovar sua validade.

Para adquirir um certificado digital, o usuário ou entidade deve procurar uma Autoridade Certificadora (AC), é a responsável por criar o par de Chaves de um usuário, ou uma Autoridade de Registro (AR), que é um intermediário entre o usuário e uma AC. Cabe a AR a responsabilidade de verificar os dados do usuário e encaminhar o pedido do certificado para a AC, entretanto, o usuário também pode se dirigir direto à AC. A Caixa Econômica Federal é a única instituição financeira que é uma AC.

13.2.4 Assinatura digital

Uma Assinatura Digital é um procedimento similar a uma assinatura de um documento impresso. Quando assinamos um contrato, normalmente ele possui mais de uma página, rubricamos[2] todas elas exceto a última, pois a assinatura precisa ser completa. A rubrica não prova que o documento foi lido, mas sim para que aquela folha não seja substituída. Além disso, é preciso recorrer a um cartório para reconhecer e certificar a assinatura na última página.

Esse procedimento realizado no papel, juntamente com as garantias, foi adaptado para o mundo digital, afinal, papel ocupa espaço.

Quando falamos sobre a rubrica garantir a não alteração de um documento, citamos o princípio da Integridade. Portanto, uma Assinatura Digital deve garantir também esse princípio, enquanto a certificação de quem assinou é o princípio da Autenticidade, que também deve ser garantido pela Assinatura Digital. Ou seja, garante os princípios da Autenticidade e da Integridade.

13.3 Ataques

Nem todos os ataques são realizados por malwares, atualmente existem duas práticas muito comuns utilizadas pelos criminosos cibernéticos para obter dados do usuário e realizar invasões.

13.3.1 Phishing

Phishing é uma expressão derivada do termo "pescar" em inglês, pois o que esse tipo de ataque faz é induzir o usuário a informar seus dados pessoais por meio de páginas da internet ou e-mails falsos.

Podemos identificar a página do tipo Phishing pelo endereço do site na barra de endereços do navegador, porque a página de phishing possui um endereço parecido, mas ligeiramente diferente do que o endereço desejado. Por exemplo, você certamente já deve ter visto ou ouvido falar de alguém que teve sua conta do Facebook[3] hackeada[4]; esse ataque procede a partir de um recado que o usuário recebe em sua conta.

Imagine o seguinte cenário: um usuário está navegando no site www.facebook.com.br, conectado em sua conta e clica no recado que normalmente traz um anúncio chamativo como "veja as fotos/vídeos do fim de semana passado", "cara, olha o que vc aprontou no fds", entre outros tantos. Quando clicado, uma nova aba ou janela é carregada no navegador, apenas como uma distração para o usuário, pois, enquanto ele fica vendo a nova aba carregar, a anterior muda, ligeiramente, para um endereço do gênero www.facebooks.com.br ou www.facebooki.com.br e mostra uma página idêntica à página de login de usuário do Facebook.

Sem perceber, ao clicar no recado, acabou saindo de sua conta e redigita seu usuário e senha novamente e é redirecionado novamente para sua conta, porém, o usuário em nenhum momento havia saído. A página de login que lhe foi mostrada era uma página falsa que capturou suas informações de login; cerca de dois dias depois o perfil invadido começa a enviar propagandas para os amigos e o mesmo recado etc., até o usuário não conseguir mais entrar na conta.

13.3.2 Pharming

O Pharming é uma evolução do Phishing, uma forma de deixar este mais difícil de ser identificado. O Pharming, na maioria das questões, é cobrado com relação aos seus sinônimos: DNS Poisoning, Cache Poisoning, sequestro de DNS, sequestro de Cache, Envenenamento de DNS e Envenenamento de Cache.

13.3.3 Negação de serviço (DoS e DDoS)

Um ataque de negação de serviço se dá quando um servidor ou serviço recebe mais solicitações do que é capaz de suprir.

▷ **DoS** (Denial of Service) é um ataque individual, geralmente com o intuito de tornar um serviço inoperante para o usuário.
▷ **DDoS** (Distributed Denial of Service) é um ataque realizado em massa. Utiliza-se de vários computadores contaminados com um malware que dispara solicitações de acesso a determinados serviços ou sites, derrubando o serviço. Muitas vezes, enquanto o servidor tenta suprir a demanda, ele se torna vulnerável a inserções de códigos maliciosos. Um grupo intitulado Anonymous realizou vários ataques de DDoS em sites de governos em protesto às suas ações, por exemplo, em retaliação à censura do WikiLeaks[5] e do The Pirate Bay.[6]

---

2 Rubrica: assinatura abreviada.

3 Facebook: mídia social, definida erroneamente como rede social, assim como as demais.
4 Hackear: termo utilizado como sinônimo para invasão ou roubo.
5 WikiLeaks: portal com postagens de fontes anônimas com documentos, fotos e informações confidenciais, vazadas de governos ou empresas, sobre assuntos sensíveis.
6 The Pirate Bay: um dos maiores portais de compartilhamento, *peer to peer*.

INFORMÁTICA

14 CLOUD COMPUTING

Cloud Computing ou Computação em Nuvem é o nome usual para identificar o paradigma de computação em que as infraestruturas, serviços e aplicações ficam nas redes, principalmente na internet. No entanto, também pode ser empregado para distinguir serviços de processamento dos serviços de armazenamento.

Pode-se dizer que o cloud computing é uma forma de evolução do conceito de **mainframes**, que são supercomputadores usados, normalmente, em redes privadas (intranets) e são responsáveis pelo trabalho pesado de processamento de informações. De forma geral, quando se emprega o uso de mainframes, associa-se o uso de thin clients pelos usuários, ou seja, terminais burros, apenas pontas para interação do usuário, pois os dados coletados e apresentados a ele são processados e armazenados nos mainframes.

O cloud computing é uma ideia similar ao feito com uso de computadores (servidores) localizados na internet, otimizando assim seu uso em vez de manter supercomputadores dentro das empresa.

A figura abaixo ilustra um serviço em que os dados são processados na nuvem e os resultados são exibidos no computador do usuário.

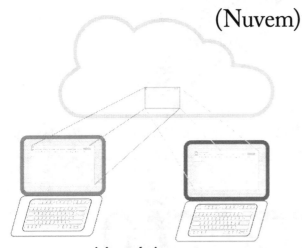

14.1 Características

Ao utilizar os serviços da nuvem não é preciso instalar aplicativos, porém, é possível que seja feito também dessa forma.

Com isso, os serviços da nuvem se tornam uma prática alternativa, pois o usuário precisa do básico em seu computador para acessar aos serviços. Assim, basta ter um computador conectado à internet e que seja dotado de um browser para utilizar os serviços da nuvem.

Contudo, uma característica negativa é a dependência dos servidores e provedores de serviço, pois, uma vez que não se tenha acesso à internet ou o serviço esteja fora do ar, o usuário não tem condições de utilizar os serviços da nuvem, salvo exceção do modelo "on premise".

É importante observar que, dentre os pré-requisitos básicos, o sistema operacional não foi citado, porque os serviços da nuvem independem do sistema instalado, pois, normalmente, são serviços que utilizam protocolos de navegação como HTTP e HTTPS, dentre outros.

Assim, como também não dependem de hardware específico para funcionar, podem inclusive ser citadas como multiplataforma, tanto no sentido de diferentes hardwares como no de diferentes sistemas operacionais. É comum usar serviços da nuvem também em tablets e smartphones, além dos computadores pessoais.

Outra característica dos serviços em nuvem diz respeito à segurança dos dados, em que o usuário não precisa se preocupar em fazer backups, controlar a segurança ou ter que realizar manutenção, pois essas são atribuições do fornecedor do serviço contratado.

A cloud computing também oferece praticidade no compartilhamento de informações, além de eximir o usuário de ter conhecimento sobre como funciona o serviço, possibilitando utilizá-lo sem preocupações.

Com todos esses detalhes, pode-se ainda destacar que a nuvem possibilita iniciar um trabalho em um computador e dar continuidade em outro computador.

14.1.1 Processamento na nuvem

É o processamento realmente dito nos termos de Cloud Computing, em que os dados são processados na nuvem.

É bastante comum hoje nos aparelhos celulares, smartphones e tablets, em aplicações como o "talk to text" (fale para escrever). Lembre-se de que a instalação não é obrigatória, mas pode ser feita. Nos aparelhos em que o usuário pode simplesmente pronunciar próximo a eles o texto que deseja escrever, o recurso usado precisa que o aparelho esteja conectado à internet para poder funcionar.

Isso ocorre porque os aparelhos atuais, por mais que possuam alta tecnologia e capacidade de processamento, ainda não são suficientes para processar dados como identificação de texto em falas. Com isso, a alternativa é usar servidores localizados na internet (nuvem) que recebem o áudio que os aparelhos gravam e processam a informação, oferecendo ao usuário o resultado na forma de texto.

Outro exemplo são os serviços do Google e da Microsoft, conhecidos, respectivamente, como Google Docs e Microsoft WebApps. Mas atenção às nomenclaturas, pois Google Drive/Disco ou Skydrive/OneDrive são serviços de outra natureza.

No Google Docs WebApps, o usuário encontra recursos como editores de texto, planilhas, apresentação, formulários e desenhos on-line usando a computação em nuvem. Ao utilizar esses serviços, o usuário não precisa possuir em seu computador editores similares, uma vez que basta executar o navegador de internet e nele acessar o site do serviço; ao logar, terá acesso aos recursos.

14.1.2 Armazenamento na nuvem

Já o armazenamento na nuvem, em inglês Cloud Storage, identifica os serviços que têm por característica armazenar os dados do usuário, de modo que, para acessá-los, seja necessário apenas um dispositivo (computador, smartphone ou tablet) conectado à internet e que possua um browser. Com a ascensão desse tipo de serviço, pode-se apostar na queda da venda de dispositivos para transporte de dados como os Pendrives.

São exemplos citados nas provas o Google Drive/Disco, o Microsoft Skydrive, atualmente chamado de OneDrive, o Dropbox, Mega, Minus e Copy. A maioria deles oferece contas gratuitas com limite de armazenamento, a fim de demonstrar seus serviços. Mas, caso o usuário deseje e/ou precise de mais espaço de armazenamento, ele pode adquirir mediante a assinatura.

A grande maioria dos serviços de Storage possui uma aplicação (opcional) que o usuário pode instalar em vários dispositivos, com o intuito de manter seus dados sincronizados. Ao instalar o aplicativo, ele criará uma pasta no dispositivo que estará em sincronia com a pasta on-line do usuário. Desse modo, todo arquivo salvo na referida pasta, automaticamente (quando conectado à internet) será enviado para a pasta on-line.

O Google Drive oferece gratuitamente aos usuários 15 GB de espaço, no entanto, ele é compartilhado com a caixa de entrada de e-mails.

O One Drive também oferece 15 GB, mas inicialmente são 7 GB; para ganhar mais, o usuário deve enviar convites.

O Dropbox inicialmente oferece 2 GB gratuitos, mas, por meio de convites, o usuário pode ter até 18 GB; recebendo um convite, o usuário ganha 500 MB.

Já o Copy oferece inicialmente 20 GB gratuitos e, a cada convite enviado e recebido, o usuário ganha mais 5 GB de espaço.

ADMINISTRAÇÃO

ADMINISTRAÇÃO

1 TEORIAS ADMINISTRATIVAS

1.1 Conceito de Administração

A Administração (do latim: administratione) é o conjunto de atividades voltadas à direção de uma organização. Tais atividades devem fazer uso de técnicas de gestão para que seus objetivos sejam alcançados de forma eficaz e eficiente, com responsabilidade social e ambiental.

Lacombe (2003, p.4) afirma que a essência do trabalho do administrador é obter resultados por meio das pessoas que ele coordena. A partir desse raciocínio de Lacombe, temos o papel do "Gestor Administrativo" que, com sua capacidade de gestão com as pessoas, consegue obter os resultados esperados.

Drucker (1998, p. 2) conceitua que administrar é manter as organizações coesas, fazendo-as funcionar.

Administrar como processo significa **planejar, organizar, dirigir (coordenar e liderar)**, e controlar organizações e/ou tarefas, tendo como objetivo maior produtividade e/ou lucratividade. Para se chegar a isso, o administrador avalia os objetivos organizacionais e desenvolve as estratégias necessárias para alcançá-los. Este profissional, no entanto, não tem apenas função teórica, ele é responsável pela implantação de tudo que planejou e, portanto, vai ser aquele que define os programas e métodos de trabalho, avaliando os resultados e corrigindo os setores e procedimentos que estiverem com problemas. Como é função do administrador que a produtividade e/ou lucros sejam altos, ele também terá a função de fiscalizar a produção e, para isso, é necessário que fiscalize cada etapa do processo, controlando inclusive os equipamentos e materiais (recursos) envolvidos na produção, para evitar desperdícios e prejuízos para a organização.

A Administração é uma ciência como qualquer outra e, como ocorre com todas as ciências, foi necessário o desenvolvimento de teorias que explicassem e orientassem as organizações. De vez em quando essa evolução é abordada em concursos, e quando isso acontece, o conteúdo está especificado como Teorias Administrativas ou Teoria Científica, Clássica, Burocrática, Relações Humanas, Estruturalista, Sistêmica e Contingencial.

1.2 Teorias Administrativas - Principais Escolas - Características Básicas e Contribuições

1.2.1 A Administração Científica (Taylorismo)

Para compreender esta teoria, precisamos nos localizar no tempo. Com a Revolução Industrial, as relações de trabalho e as condições em que a produção ocorria se transformaram tremendamente. A máquina a vapor proporcionou uma melhoria nos transportes (principalmente no que tange aos navios a vapor e trens). Isso permitiu que uma empresa "entregasse" seus produtos para um público cada vez maior e mais distante. Além disso, este novo maquinário levou a um novo tipo de processo produtivo: a produção em massa.

A produtividade e a velocidade de produção foram ampliadas enormemente. A pequena oficina aos poucos deu espaço a grandes indústrias, em que o ambiente de trabalho era insalubre e perigoso, com jornadas de trabalho de mais de doze horas diárias.

E quem eram os operários? A indústria na época contratava, em grande parte, os moradores do campo, que eram atraídos por melhores salários. Assim, estes trabalhadores chegavam às indústrias sem qualificação específica e efetuavam um trabalho basicamente manual (ou "braçal").

Então, procuremos imaginar a situação: a empresa precisava de produtividade, mas os funcionários não tinham a capacitação necessária; era um caos total.

Com isso, existia um ambiente de grande desperdício e baixa eficiência nas indústrias. O primeiro teórico a buscar mudar esta realidade foi Frederick Taylor, por isso que a Teoria Científica pode ser chamada também de Taylorismo.

Nas fábricas, os funcionários faziam seu trabalho de forma empírica, ou seja, na base da tentativa e do erro. Os gerentes não estudavam as melhores formas de se trabalhar. Os funcionários não se comprometiam com os objetivos (de acordo com Taylor, ficavam "vadiando") e cada um fazia o trabalho como "achava melhor" – não existia, assim, uma padronização dos processos de trabalho. Os funcionários utilizavam técnicas diferentes para realizar o mesmo trabalho e eram propensos a "pegar leve".

Taylor acreditava que o trabalho poderia ser feito de modo muito mais produtivo. A Administração Científica buscou, então, a melhoria da eficiência e da produtividade.

Fique ligado

Foco da Teoria Científica → EFICIÊNCIA E PRODUTIVIDADE

Frederick Taylor era engenheiro mecânico e constantemente se irritava com a ineficiência e incompetência dos funcionários.

Texto retirado e adaptado de: (CHIAVENATO, História da Administração: entendendo a Administração e sua poderosa influência no mundo moderno, 2009)

(Andrade & Amboni, 2011)

(CHIAVENATO, Introdução à teoria geral da Administração, 2011)

Taylorismo: *é sinônimo de Administração Científica. Muitos autores se referem a esta teoria fazendo alusão ao nome de seu principal autor: Frederick Taylor.*

Ele passou a estudar então a "melhor maneira" de se fazerem as tarefas. Este trabalho foi chamado de **estudo de tempos e movimentos**. O trabalho do operário era analisado e cronometrado, de modo que os gerentes pudessem determinar a maneira mais eficiente – "The One Best Way" ou a maneira certa de se fazer uma tarefa. Após a definição do modo mais rápido e fácil de executar uma tarefa (por exemplo, a montagem de uma roda), os funcionários eram treinados para executá-las desta forma – criando, assim, uma **padronização** do trabalho.

Esta padronização evitaria a execução de tarefas desnecessárias por parte dos empregados. Tudo isso ajudaria na economia de esforços e evitaria uma rápida **fadiga humana**. Para Taylor, a Administração Científica deveria analisar os movimentos efetuados pelos trabalhadores para conseguir desenhar um processo com um mínimo de esforço em cada tarefa.

Contexto da Administração Científica

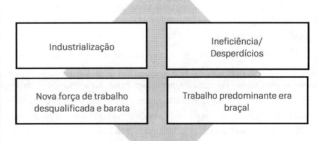

TEORIAS ADMINISTRATIVAS

Outro aspecto importante foi a **divisão do trabalho**. De acordo com os teóricos da Administração Científica, seria muito mais fácil treinar e capacitar um funcionário a executar uma tarefa específica (parafusar um assento, por exemplo) do que fazer todo o trabalho sozinho (montar uma bicicleta inteira, por exemplo).

Texto retirado de: (Certo & Certo, 2006), (Sobral &Peci, 2008), (Daft, 2005).

Este conceito foi a base da linha de montagem – processo produtivo em que a peça a ser feita vai passando de funcionário a funcionário, até que todos tenham montado "sua parte".

Chamamos isso de especialização. O empregado ficava restrito a uma pequena parte do processo produtivo, de modo que seu treinamento e adaptação à "melhor maneira" (o modo padronizado de se trabalhar) fosse facilitada.

Taylor também buscou aumentar o incentivo ao funcionário. Ele acreditava que a remuneração por hora não trazia nenhum incentivo ao funcionário. Assim, ele indicou o pagamento por produtividade (pagamento por peça, por exemplo) como essencial para que este funcionário buscasse um maior esforço.

Portanto, Taylor acreditava que o incentivo material levava a uma maior motivação para o trabalho. Isso foi a base do conceito do "Homo Economicus". Ou seja, a ideia de que a principal motivação de uma pessoa no trabalho seria a remuneração (ou benefícios materiais). Acreditava-se que pagando mais o funcionário seria mais produtivo.

A especialização surge em decorrência da divisão de trabalho. Preparar alunos para concursos, por exemplo, é uma atividade complexa. Por isso, ocorre a divisão: um professor ministra apenas a disciplina de Administração, outro leciona apenas Direito Constitucional, e assim por diante. Desse modo, quando um indivíduo executa apenas uma atividade, ele acaba se tornando especialista no assunto e executa a sua função de uma maneira mais adequada.

Entretanto, a Administração Científica pecou por não analisar a organização em todo o seu contexto. Ou seja, apenas analisava seu ambiente interno e seus problemas e as demandas de produção (ou seja, os problemas do "chão de fábrica"). Assim, não captava toda a complexidade em que a Administração estava envolvida. Analisar só a tarefa ou o trabalho em si não permite que a empresa toda seja gerenciada com sucesso. O foco era muito limitado.

A Teoria Científica, por ignorar (não considerar) o meio onde ela estava inserida (por exemplo, concorrentes, fornecedores, economia, governo, influências e inter-relações entre as demais organizações), é considerada uma teoria de sistema fechado. Seria como analisar uma empresa "no vácuo", sem imaginar a resposta dos seus consumidores ao aumento do preço de um produto, por exemplo.

No campo prático, a contribuição mais famosa para a Administração Científica foi a de Henry Ford (1863-1947), que deu origem ao fenômeno conhecido como Fordismo. Ford era um empresário da indústria automobilística americana. Basicamente, aplicando princípios de racionalização da produção. Ele acreditava que, com a produção em massa e padronizada, conseguiria transformar o sonho americano. O automóvel, que era um bem de luxo, passaria a ser mais barato, acessível a mais pessoas.

Ele "*acreditava também que o trabalho deveria ser altamente especializado, realizando cada operário uma única tarefa. Além disso, propunha boa remuneração e jornada de trabalho menor para aumentar a produtividade dos operários*". O Fordismo é, portanto, identificado com uma experiência prática de produção em massa ou em larga escala que aplicou princípios da Administração Científica e do Taylorismo.

Taylor procurou implementar uma mudança entre os trabalhadores e a Administração, estabelecendo diretrizes claras para melhorar a eficiência da produção. São elas:

- **Análise do trabalho e estudo dos tempos e movimentos:** o trabalho deveria ser feito de uma maneira simples, evitando movimentos desnecessários e com tempo médio estabelecido.
- Divisão do trabalho e especialização.
- **Desenho de cargos e tarefas:** estabelecer o conjunto de funções, responsabilidades e tarefas que o indivíduo deve executar e as relações com os demais cargos existentes.
- **Padronização:** obter a uniformidade dos processos e reduzir custos.
- **Estudo da fadiga humana:** a fadiga diminui a produtividade, aumenta os acidentes de trabalho e a rotatividade de pessoal, devem ser adotados métodos de trabalho para reduzi-la.
- **Supervisão funcional:** a supervisão seria feita por especialistas e não mais por um único chefe centralizador.
- **Homem econômico:** a motivação do indivíduo está vinculada diretamente com as recompensas salariais e materiais.

Características da Administração Científica

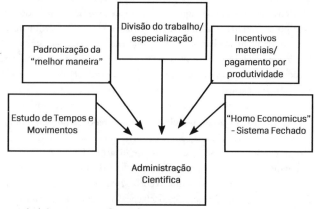

A Administração Científica, como qualquer teoria, recebeu críticas. Apresentamos algumas delas:

- O mecanicismo - a ideia de que a organização funcionaria como uma "máquina" e seus funcionários seriam "engrenagens" que deveriam funcionar no máximo da eficiência.
- A superespecialização do trabalhador – se as tarefas mais simples eram mais fáceis de serem treinadas e padronizadas, também tornavam o trabalho extremamente "chato"! Em pouco tempo o trabalhador já não tinha mais desafios e sua motivação diminuía.
- Visão microscópica do homem – a Administração Científica focava principalmente no trabalho manual (não se preocupando com sua criatividade) e se baseava na ideia de que o homem se motivava principalmente por influência dos incentivos materiais (sem atentar para outros fatores, como um ambiente desafiador, por exemplo).
- A Abordagem de sistema fechado – Taylor não se preocupou com o ambiente externo – o mercado de trabalho, os concorrentes, os fornecedores etc. Sua visão é voltada para dentro da empresa somente.
- A exploração dos empregados – apesar de Taylor propor um relacionamento "ganha-ganha" entre patrões e empregados, na prática a aplicação dos preceitos da Administração Científica levou a uma maior exploração dos empregados.
- Recompensas limitadas – para Taylor, o ser humano era motivado apenas por incentivos materiais. Atualmente, sabemos que existem diversos outros fatores que servem de motivadores para as pessoas.

1.2.2 A Teoria Clássica

Em um contexto semelhante ao da Administração Científica (pois foram criadas na mesma época), a Teoria Clássica da Administração, desenvolvida por Henri Fayol, buscou a melhoria da eficiência por meio do **foco nas estruturas organizacionais**.

Fique ligado

Foco da Teoria Clássica → ESTRUTURAS ORGANIZACIONAIS

Dessa forma, o foco com Fayol saiu das tarefas para a estrutura. Ele tinha uma visão de "cima para baixo" das empresas. Por meio dos estudos da departamentalização, via os departamentos como partes da estrutura da organização. A estrutura mostra como a empresa está organizada de uma maneira geral.

Foi, portanto, um dos pioneiros no que se chamou de teóricos **fisiologistas** da Administração. Assim, o escopo do trabalho do administrador foi bastante ampliado dentro da visão de Fayol.

Fayol é considerado o "pai da teoria administrativa", pois buscou instituir princípios gerais do trabalho de um administrador. Seu trabalho ainda é (após um século) considerado como relevante para que possamos entender o trabalho de um gestor atual. Ele foi capaz de definir funções empresariais, as quais, na sua grande maioria, ainda são utilizadas.

Fayol estabeleceu as Funções Básicas da Empresa, conforme os itens a seguir:

- Técnica - aquilo para que a empresa existe, o que ela faz, o que ela sabe fazer.
- Comercial - compra, venda e troca de mercadorias e serviços.
- Financeira - aplicação dos recursos com o objetivo de aumentar a riqueza da empresa.
- Contábil - fiscalizar e controlar os atos da empresa (balanços, relatórios, inventários, etc.).
- Segurança - manutenção e segurança dos operários e do patrimônio da empresa.
- Administrativa - responsável pelo controle e operacionalização das demais.

Essa última seria a responsável pela coordenação das outras funções.

Além disso, Fayol definiu o trabalho de um administrador dentro do que ele chamou de **processo administrativo** – as funções do administrador. De acordo com Fayol, elas são:

- **Prever:** visualizar o futuro e traçar o programa de ação em médio e longo prazos.
- **Organizar:** constituir a estrutura material e humana para realizar o empreendimento da empresa.
- **Comandar:** dirigir e orientar o pessoal para mantê-lo ativo na empresa.
- **Coordenar:** ligar e harmonizar todos os atos e todos os esforços coletivos.
- **Controlar:** cuidar para que tudo se realize de acordo com os planos da empresa.

Estes seriam elementos que estariam presentes no trabalho de cada administrador, independentemente de seu nível hierárquico. Assim, tanto o presidente da empresa quanto um mero supervisor deveriam desempenhar estas funções em seu dia a dia. Atualmente fala-se em:

- planejar;
- organizar;
- dirigir (coordenar e liderar);
- controlar.

Observando-se detalhadamente tais considerações, percebe-se a importância de Fayol nas teorias administrativas contemporâneas.

A Teoria Clássica também se baseava na mesma premissa do Taylorismo: a de que o homem seria motivado por incentivos financeiros e materiais, ou seja, o conceito de "*Homo Economicus*".

Além disso, também se preocupava mais com os aspectos internos das organizações, sem analisar as inter-relações e trocas entre a organização e o seu ambiente externo. Assim, *também era uma teoria de sistema fechado*.

Fayol estabeleceu quatorze princípios gerais da Administração, que orientariam a gestão das organizações para buscar maior eficiência e produtividade:

- **Divisão do trabalho:** consiste na especialização das tarefas e das pessoas para aumentar a eficiência.
- **Autoridade e responsabilidade:** autoridade é o direito de dar ordens e o poder de esperar obediência. A responsabilidade é uma consequência natural da autoridade e significa executar corretamente o trabalho de acordo com a confiança depositada.
- **Disciplina:** depende de obediência, aplicação, energia, comportamento e respeito aos acordos, regras e normas estabelecidas.
- **Unidade de comando:** cada empregado deve receber ordens de apenas um superior, evita a ambiguidade.
- **Unidade de direção:** uma cabeça e um plano para cada conjunto de atividades que tenham o mesmo objetivo, a empresa tem que seguir um rumo, uma direção.
- **Subordinação dos interesses individuais aos gerais:** os interesses pessoais devem estar em segundo plano e os organizacionais em primeiro.
- **Remuneração do pessoal:** deve haver justa e garantida satisfação para os empregados e para a organização em termos de retribuição, pagamento de acordo com a produtividade.
- **Centralização:** refere-se à concentração da autoridade no topo da hierarquia da organização ou nas mãos de poucos.
- **Cadeia escalar:** linha de autoridade que vai do escalão mais alto ao mais baixo da hierarquia; é necessário respeitar a ordem hierárquica das chefias.
- **Ordem:** um lugar para cada coisa e cada coisa em seu lugar.
- **Equidade:** amabilidade e justiça para alcançar a lealdade dos empregados.
- **Estabilidade do pessoal:** a rotatividade do pessoal é prejudicial para a eficiência da organização, pois o primeiro impacto é o aumento de custos.
- **Iniciativa:** a capacidade de visualizar um plano e assegurar pessoalmente seu sucesso.
- **Espírito de equipe:** a harmonia e a união entre as pessoas são grandes forças para a organização.

Fique ligado

Não se deve confundir Teoria Clássica com Abordagem Clássica, a Teoria Clássica é a de Fayol; a Abordagem Clássica envolve a Teoria Científica, a Teoria Clássica e a Burocrática.

Como problemas da Teoria Clássica, podemos citar a falta de preocupação com a organização informal das organizações (apenas focava na organização formal – linhas de autoridade, descrição de cargos, hierarquia etc.), além de uma ênfase exagerada na centralização,

TEORIAS ADMINISTRATIVAS

como o princípio da unidade de comando exemplifica. A ideia de uma organização flexível ainda não estava sendo tomada em consideração.

Fayol ignorava as relações interpessoais de amizade e inimizade, conflitos e sentimentos dos funcionários (desconsiderava a organização informal).

A Teoria Clássica também não se preocupou muito com os aspectos ligados às pessoas. Temas como: comunicação, motivação, negociação e liderança ainda eram pouco relevantes nestes estudos.

Taylor Versus Fayol

Tanto Fayol quanto Taylor fazem parte da abordagem clássica. As teorias deles, porém, são diferentes, e temos que ter isso em mente, porque esse assunto é muito abordado em concursos.

A principal diferença está na ênfase: Taylor tinha como ênfase a tarefa, enquanto Fayol tinha como ênfase a estrutura. Assim, enquanto a Administração Científica partia do específico (tarefa) para o geral, a Teoria Clássica analisava do geral para o específico, ou seja, das funções, princípios e hierarquia para o particular.

Outra diferença refere-se às relações de comando. Enquanto Fayol era forte defensor do princípio da unidade de comando, segundo o qual cada trabalhador deve receber ordens de apenas um chefe, Taylor defendia o princípio da supervisão funcional, o que permitia que cada trabalhador fosse supervisionado por múltiplos chefes, segundo as áreas de especialização de cada um.

Apesar disso, ambas as abordagens têm muitas coisas em comum. O próprio Fayol chegou a declarar que elas não deviam ser vistas como opostas, e sim como complementares. Ambas propuseram que a Administração deveria considerada uma ciência; ambas sugeriram um estudo sistemático do funcionamento da organização. Elas observaram a organização como um sistema fechado, desconsiderando a dimensão ambiente, e concentraram-se nos aspectos formais da organização.

A preocupação com a organização informal (relações interpessoais, amizades, inimizades, conflitos) e assuntos como motivação, liderança e frustrações só foi estudada pela Teoria das Relações Humanas. Mas antes de estudarmos essa teoria, veremos outra: a Burocracia.

1.2.3 Teoria Burocrática

Muitas vezes, o termo Burocracia é associado à ideia de lentidão, papelada, excesso de regras e normas, mas na verdade essas são as suas disfunções. Burocracia significa organização do trabalho. O termo é derivado do termo francês "bureau" (que significa escritório) e do termo grego "kratia", que se relaciona a poder ou regra. Dessa forma, a Burocracia seria um modelo em que o "escritório" ou os servidores públicos de carreira seriam os detentores do poder.

Com a industrialização e a introdução de regimes democráticos, no fim do século XIX, as sociedades ficaram cada vez mais complexas. A introdução da máquina a vapor acarretou uma evolução tremenda dos meios de transporte. Se antes eram necessários meses para realizar uma viagem do Brasil para a Europa, por exemplo, uma viagem por meio de navios a vapor passou a ser feita em poucos dias.

O trem a vapor fez a mesma revolução no transporte interno. Dessa forma, as notícias passaram a "correr" muito mais rápido e os produtos de cada região puderam passar a ser comercializados em cada vez mais mercados consumidores.

Estes fatores levaram a uma urbanização acelerada, pois as indústrias, agora com máquinas, necessitavam de cada vez mais "braços" para poder produzir em larga escala. Diante do aumento da demanda por trabalhadores no setor industrial, os salários na indústria ficaram melhores do que os do campo. Desta forma, o êxodo rural (massa de trabalhadores saindo do campo e se dirigindo para as cidades em busca de trabalho) foi marcante neste período.

Essas pessoas encontravam na cidade grande uma realidade totalmente diferente da qual estavam acostumadas, pois tinham necessidades que o Estado (que tinha uma filosofia liberal) ainda não estava capacitado para atender. Era o início do que iríamos denominar de "sociedade de massa".

As empresas e os governos necessitavam de uma administração mais racional e que maximizasse os recursos, além de ter uma maior estabilidade e previsibilidade em suas operações e processos de trabalho.

O Estado, por exemplo, que antes só se preocupava em manter a ordem interna e externa, passou a ter de se organizar cada vez mais para induzir o crescimento econômico, aumentar a infraestrutura do país e para prestar cada vez mais serviços à população.

O Patrimonialismo (modelo de gestão pública em que o patrimônio público se "mesclava" com o privado, e as relações se baseavam na confiança e não no mérito) não conseguia mais atender a este novo Estado, que concentrava cada vez mais atividades em sua máquina.

A Burocracia também pode ser alcunhada de Moldes Weberianos, pois Max Weber foi o idealizador dessa teoria e, muitas vezes, o nome do teórico é dado à teoria. Pode ser chamada também de Caráter Racional-Legal.

> **Fique ligado**
>
> O modelo burocrático de Weber tinha como objetivo uma maior previsibilidade e padronização do desempenho dos seus funcionários, atingindo, assim, uma maior eficiência.

O **modelo Burocrático,** inspirado por Max Weber, veio então suprir esta necessidade de impor uma administração adequada aos novos dEsafios do Estado moderno, com o objetivo de combater o nepotismo e a corrupção. Ou seja, uma administração mais racional e impessoal. No caso das grandes empresas, o modelo buscava o aumento consistente da produção, com maior eficiência.

Dessa forma, o modelo burocrático surgiu como uma necessidade histórica baseada em uma sociedade cada vez mais complexa, em que as demandas sociais cresceram, e havia um ambiente com empresas cada vez maiores, com uma população que buscava uma maior participação nos destinos dos governos. **Portanto, não se podia mais "depender" do arbítrio de um só indivíduo.**

Uma coisa que devemos ter em mente é que a Burocracia foi uma grande evolução do modelo patrimonialista. Weber concebeu a Burocracia como o modelo mais racional existente, o qual seria mais eficiente na busca dos seus objetivos.

Continuando, as características principais da Burocracia são:

Formalidade – a autoridade deriva de um conjunto de normas e leis, expressamente escritas e detalhadas. O poder do chefe é restrito aos objetivos propostos pela organização e somente é exercido no ambiente de trabalho - não na vida privada. As comunicações internas e externas também são todas padronizadas e formais.

Impessoalidade – os direitos e deveres são estabelecidos em normas. As regras são aplicadas de forma igual a todos, conforme seu cargo em função na organização. Segundo Weber, a Burocracia deve evitar lidar com elementos humanos, como a raiva, o ódio, o amor, ou seja, as emoções e as irracionalidades. As pessoas devem ser promovidas por mérito, e não por ligações afetivas. O poder é ligado não às pessoas, mas aos cargos – só se tem o poder em decorrência de estar ocupando um cargo.

Profissionalização – as organizações são comandadas por especialistas, remunerados em dinheiro e não em honrarias, títulos de nobreza, sinecuras (cargos rendosos), prebendas (de pouco trabalho), etc., contratados pelo seu mérito e seu conhecimento (e não por alguma relação afetiva ou emocional).

O modelo burocrático, que se caracterizou pela meritocracia na forma de ingresso nas carreiras públicas, mediante concursos públicos, buscou eliminar o hábito arraigado do modelo patrimonialista de ocupar espaço no aparelho do Estado por meio de trocas de cargos públicos por favores pessoais ao soberano.

Neste modelo, as pessoas seriam nomeadas por seus conhecimentos e habilidades, não por seus laços familiares ou de amizade. Prebendas e sinecuras, características do modelo patrimonialista, ou seja, aquelas situações em que pessoas ocupam funções no governo ganhando uma remuneração em troca de pouco ou nenhum trabalho, são substituídas pelo concurso público e pela noção de carreira.

Desta forma, o que se busca é a **profissionalização** do funcionário, sua especialização. De acordo com Weber, cada funcionário deve ser um especialista no seu cargo. Assim, deve ser contratado com base em sua competência técnica e ter um plano de carreira, sendo promovido devido à sua capacidade.

A impessoalidade no tratamento foi pensada de modo a evitar as emoções nos julgamentos e decisões. Seria, portanto, um modo de alcançar uma isonomia no tratamento das pessoas e uma maior racionalidade na tomada de decisões. Se mal conhecemos nossos funcionários, tenderemos a nos concentrar nos aspectos mais "concretos" dos problemas, não é mesmo?

A comunicação formal ajudaria nisso, pois os canais de transmissão de informações (como os ofícios e memorandos) não abrem espaço para um contato mais íntimo e pessoal. Boatos e "fofocas" não são usualmente escritos em cartas, não é verdade?

Além disso, outra característica importante da Burocracia é a noção de hierarquia. Toda a organização é feita de modo hierarquizado, com a autoridade sendo baseada nas normas e leis internas que determinam a competência de cada cargo. Assim, seu chefe tem o poder e a autoridade concedidos a ele por deter um cargo acima do seu. A obediência é ao cargo e não à pessoa.

Portanto, as organizações são estruturadas em vários níveis hierárquicos, em que o nível de cima controla o de baixo. É o que chamamos de estrutura verticalizada, na qual as decisões são tomadas na cúpula (topo da hierarquia ou nível estratégico).

Essa situação acaba gerando uma demora na tomada de decisões e no fluxo de informações dentro da organização.

Dentre as principais vantagens que a Burocracia trouxe, podemos citar: o predomínio de uma lógica científica sobre uma lógica da intuição, do "achismo"; a redução dos favoritismos e das práticas clientelistas; uma mentalidade mais democrática, que possibilitou igualdade de oportunidades e tratamento baseado em leis e regras aplicáveis a todos.

Atualmente, o termo "Burocracia" virou sinônimo de ineficiência e lentidão, pois conhecemos os defeitos do modelo (que chamamos de disfunções da Burocracia), mas ele foi um passo adiante na sua época. A Burocracia veio para modernizar o Estado e a sua gestão.

Na Burocracia, existe uma desconfiança extrema em relação às pessoas. Portanto, são desenvolvidos controles dos processos e dos procedimentos, de forma a evitar os desvios. Acreditava-se que, com o controle rigoroso, eliminar-se-iam a corrupção e o nepotismo, e a eficiência seria alcançada.

Ou seja, os funcionários tinham pouca discricionariedade, ou liberdade de escolha da melhor estratégia para resolver um problema ou atender seus clientes. Tudo era padronizado, manualizado. Com isso, os servidores passaram a se preocupar mais em seguir regulamentos do que em atingir bons resultados.

Devemos entender que **nenhum modelo existiu isoladamente**, mas que todos conviveram e convivem juntos. O modelo de gestão pública almejado no presente momento é o gerencial, mas ainda é muito forte a presença do modelo burocrático e, infelizmente, do próprio modelo patrimonialista na Administração Pública brasileira. Ou seja, **nunca aplicamos o modelo "puro" da Burocracia Weberiana**. Atenção: as bancas costumam cobrar muito isso.

A Burocracia foi implementada, mas nunca consolidada no Brasil. Atualmente, com o modelo Gerencial, busca-se a qualidade e a eficiência, mas isso já é outro assunto - é Administração Pública - e nós estamos focando na Administração Geral.

As principais disfunções da Burocracia são:

Dificuldade de resposta às mudanças no meio externo – visão voltada excessivamente para as questões internas (sistema fechado, ou seja, autorreferente, com a preocupação não nas necessidades dos clientes, mas nas necessidades internas da própria Burocracia).

Rigidez e apreço extremo às regras – o controle é sobre procedimentos e não sobre resultados, levando à falta de criatividade e ineficiências.

Perda da visão global da organização – a divisão de trabalho pode levar a que os funcionários não tenham mais a compreensão da importância de seu trabalho nem quais são as necessidades dos clientes.

Lentidão no processo decisório – hierarquia, formalidade e falta de confiança nos funcionários levam a uma demora na tomada de decisões importantes.

Excessiva formalização – em um ambiente de mudanças rápidas, não é possível padronizar e formalizar todos os procedimentos e tarefas, gerando uma dificuldade da organização de se adaptar a novas demandas. A formalização também dificulta o fluxo de informações dentro da empresa.

1.2.4 Teoria das Relações Humanas

O crescimento das ciências sociais, como a Psicologia, levou a diversos estudos dentro do contexto do homem no trabalho. Além disso, no início da década de 1930, a economia passou por uma grande depressão em todo o mundo. Com a crise, o desemprego cresceu muito. As más condições de trabalho predominavam na indústria, e os conflitos entre trabalhadores e patrões estavam aumentando. Nessa época ocorreram muitas greves e conflitos nas fábricas por todo o mundo.

A ideia de que o homem deveria ser uma engrenagem de uma "máquina" passou a não ser mais aceita. O Taylorismo começou a ser criticado por não se preocupar com o aspecto humano. Além disso, a produtividade prometida, muitas vezes, não se concretizou. Neste cenário, a Teoria das Relações Humanas começou a tomar forma.

Assim, a Teoria das Relações Humanas buscou o aumento da produtividade por meio de uma atenção especial às pessoas. De acordo com seus teóricos, se os gestores entendessem melhor seus funcionários e se "adaptassem" a eles, as suas organizações teriam um maior sucesso.

Dentre os estudos que impulsionaram esta teoria, destacou-se o trabalho de um pesquisador de Harvard: Elton Mayo.

TEORIAS ADMINISTRATIVAS

> **Fique ligado**
>
> Foco da Teoria das Relações Humanas → PESSOAS

Este autor desenvolveu uma pesquisa dentro de uma indústria da empresa Western Electric, em **Hawthorne**. Seu intuito inicial foi o de entender o efeito da iluminação no desempenho humano.

Ele iniciou os estudos em um grupo de mulheres operárias de uma fábrica. Dividiu o grupo em duas partes: uma ele deixou da mesma forma de antes, serviria como grupo de controle; e o outro grupo seria cuidadosamente estudado e observado.

A Teoria de Relações Humanas utilizou métodos científicos de pesquisa.

A surpresa de Mayo foi descobrir que a mudança na iluminação - seja ela qual fosse – aumentava a motivação dos empregados. Ele ficou sem compreender, aperfeiçoou o estudo e percebeu que a motivação interferia na produtividade. As funcionárias que estavam sendo observadas se sentiram especiais, e isso foi, na verdade, o que as motivou, e não a iluminação em si.

Essas trabalhadoras passaram a se sentir importantes. Passaram a perceber que seu trabalho estava sendo observado e medido por pesquisadores. Com isso, esforçavam-se mais. A iluminação em si era um aspecto menor. Já o sentimento de orgulho por fazer um trabalho bem feito era fundamental para o aumento da produtividade.

Com essas descobertas, todo o enfoque da Administração foi alterado. O foco de um gestor não deveria ser voltado aos aspectos fisiológicos do trabalhador, mas aos aspectos emocionais e psicológicos. Com esse aparecimento da noção de que a produtividade está ligada ao relacionamento entre as pessoas e o funcionamento dos grupos dentro de uma empresa, nasceu essa nova teoria. O conceito que se firmou, então, foi o de **homem social**.

De acordo com Sobral, as conclusões da pesquisa de Hawthorne foram:

- A integração social afeta a produtividade – assim, não é capacidade individual de cada funcionário o que define sua produtividade, e sim a sua capacidade social, sua integração no grupo.
- O comportamento é determinado pelas regras do grupo – os funcionários não agem isoladamente ou "no vácuo", mas como membros de um grupo.
- As organizações são formadas por grupos informais e formais – volta-se o foco para os grupos que existem de modo informal na empresa e que não são relacionados aos cargos e funções.
- A supervisão mais cooperativa aumenta produtividade – o supervisor mais eficaz é aquele que tem habilidade e capacidade de motivar e liderar seus funcionários em torno dos objetivos da empresa.
- A autoridade do gerente deve se basear em competências sociais – o gerente deve ser capaz de interagir, motivar e comandar seus funcionários. Apenas o fato de ter conhecimento técnico dos métodos de produção não é mais visto como o bastante.

Desta maneira, a Teoria das Relações Humanas trouxe para o debate a necessidade de se criar um ambiente de trabalho mais dEsafiador e de se compreender a influência da motivação e dos aspectos de liderança na produtividade das organizações.

Além disso, as recompensas não poderiam ficar reduzidas aos aspectos materiais. O reconhecimento social é uma força motivadora, e um ambiente de trabalho saudável também influencia na produtividade.

Apesar disso, a Teoria das Relações Humanas recebeu muitas críticas. A primeira delas é a de que permaneceu a análise da organização como se ela existisse "no vácuo", sem se relacionar com o "mundo exterior". Ou seja, **a abordagem de sistema fechado se manteve**.

A segunda é a de que nem sempre funcionários "felizes" e satisfeitos são produtivos. Ou seja, apenas os aspectos psicológicos e sociais não explicam de todo o fator produtividade. Outra crítica é a de que existiu uma "negação" do conflito inerente entre os funcionários e a empresa. Os objetivos individuais são muitas vezes diferentes dos objetivos organizacionais. Este conflito deve ser administrado, e não "negado".

Assim, podemos dizer que a Teoria das Relações Humanas se "esqueceu" dos aspectos técnicos envolvidos na produtividade. O aspecto humano é importante, mas não é a única variável da produtividade e do sucesso de uma organização.

E observarmos com atenção, cada teoria tinha uma visão muito limitada de como conseguir a eficiência: a Teoria Científica focava a Tarefa; a Teoria Clássica, a estrutura; a Teoria Burocrática, as regras, normas e processos; e a Teoria das Relações Humanas, só as pessoas. As teorias atuais não tentam eliminar as teorias anteriores, e sim aproveitar os aspectos positivos de cada uma e ter uma visão mais abrangente da organização.

1.2.5 Abordagem Comportamental da Administração

A teoria Comportamental da Administração, também conhecida como Comportamentalista ou Behaviorismo (do inglês behavior, comportamento), trouxe uma nova concepção e um novo enfoque dentro da Teoria Administrativa: a abordagem da ciência do comportamento (Behavioral Sciences Approach), é um movimento de oposição às Teorias Clássica e de Administração Científica, que, respectivamente, focaram a estrutura e a produção (o processo). Essa abordagem é uma evolução da teoria das relações humanas, a qual se preocupa com o indivíduo e como ele funciona - como age e reage aos estímulos externos, o que deu início aos estudos sobre o comportamento organizacional.

Portanto, os comportamentalistas foram estudiosos preocupados com o indivíduo, sua importância e seu impacto nas organizações, tendo contribuição tanto da Teoria Clássica, como da Escola das Relações Humanas. Tal teoria surgiu nos Estados Unidos em 1947, com a contribuição principalmente de McGregor, Maslow e Herzberg, entre outros.

A Abordagem Comportamental enfatiza as Ciências do Comportamento na Teoria da Administrativa e a busca de saídas democráticas e flexíveis para os problemas organizacionais. É por meio dessa abordagem que a ansiedade com a estrutura se arrasta para a preocupação com os processos e com o comportamento das pessoas na organização. Além disso, predomina a ênfase nas pessoas, inaugurada com a Teoria das Relações Humanas, mas dentro de um contexto organizacional.

A ciência comportamental é, portanto, o produto da expansão das fronteiras da ciência para incluir o comportamento humano e a mentalidade, processo grupal, e todos os processos peculiares e intrincados de que a mente do homem é capaz.

Comportamento Organizacional

O Comportamento Organizacional é um campo de estudos que investiga o impacto que indivíduos, grupos e a estrutura têm sobre o comportamento dentro das organizações, com o propósito de utilizar este conhecimento para melhorar a eficácia organizacional. O Comportamento Organizacional se preocupa com o estudo do que as pessoas fazem nas organizações e de como esse comportamento afeta o desempenho das empresas.

ADMINISTRAÇÃO

Os componentes que constituem a área de estudos do Comportamento Organizacional incluem motivação, comportamento e poder de liderança, comunicação interpessoal, estrutura e processos de grupos, aprendizado, desenvolvimento de atitudes e percepção, processos de mudanças, conflitos, planejamento do trabalho, estresse no trabalho, entre outros que compõem os fatores que influenciam o comportamento das pessoas.

Principais Teorias sobre Motivação

Para explicar o comportamento organizacional, a teoria comportamental fundamenta-se no comportamento individual das pessoas. Para explicar como as pessoas se comportam, estuda-se a motivação humana. O administrador precisa conhecer as necessidades humanas para melhor compreender o comportamento humano e utilizar a motivação humana como poderoso meio para melhorar a qualidade de vida, dentro das organizações.

Motivação é o motivo que a pessoa tem para agir.

Motivo é tudo aquilo que impulsiona a pessoa a agir de determinada forma ou, pelo menos, que dá origem a um comportamento específico. Porém, os motivos variam de acordo com valores, expectativas e anseios de cada pessoa, pois estas realizam atividades, trabalhos por interesses distintos e possuem atitudes diferentes, e consequentemente, comportam-se de maneira específica. O impulso à ação pode ser provocado por um estímulo externo (extrínseco - provindo do ambiente) e pode também ser gerado internamente (intrínseco) nos processos mentais do indivíduo.

1.2.6 Abordagem Neoclássica da Administração

No início da década de 1950, na Teoria Administrativa, ocorreu um período de intensa remodelação. A Segunda Guerra Mundial havia terminado e o mundo passou a conhecer um extraordinário surto de desenvolvimento industrial e econômico sem antecedentes. Em outras palavras, o mundo das organizações introduziu-se em uma etapa de grandes mudanças e transformações. Criada por Peter Drucker, Harold Koontz e Cyril O'Donnell, a qualificação de Teoria Neoclássica é, na verdade, um tanto exagerada, já que seus criadores não desenvolvem exatamente uma escola, mas um movimento que apresenta mais de uma fase ou sistema.

A Teoria Neoclássica da Administração surgiu da necessidade de se utilizarem os conceitos válidos e relevantes da Teoria Clássica, expurgando-os dos exageros e distorções típicos do pioneirismo, e condensando-os com outros conceitos válidos e relevantes oferecidos por outras teorias administrativas mais recentes.

Ela é identificada por algumas características marcantes:

- Ênfase na prática da Administração, reafirmação relativa (e não absoluta) dos postulados clássicos.
- Ênfase nos princípios clássicos de Administração.
- Ênfase nos resultados e objetivos e, sobretudo, no ecletismo aberto e receptivo.
- **Talvez a essencial implicação da Teoria Neoclássica refira-se aos tipos de organização formal, que envolvem a estrutura organizacional, filosofia, diretrizes, normas e regulamentos. Destacam-se algumas características básicas tais como:** a divisão do trabalho, especialização, hierarquia, distribuição de autoridade e responsabilidade e racionalismo da organização formal.

Nesse sentido, considera a Administração como uma técnica social básica, a qual leva à necessidade de haver conhecimentos técnicos, bem como aspectos relacionados com a direção de pessoas dentro da organização.

Na teoria Neoclássica, enfatizam-se novamente as funções do administrador: planejamento, organização, direção e controle, sendo a primeira função aquela que determina antecipadamente os objetivos e o que deve ser feito para alcançá-los.

A função Organização consiste no agrupamento das atividades necessárias para realizar o que foi planejado.

A Direção orienta e guia o comportamento das pessoas na direção dos objetivos a serem alcançados e, por último, o Controle que visa a assegurar se o que foi planejado, organizado e dirigido realmente cumpriu os objetivos pretendidos.

Administração por Objetivos

A Teoria Neoclássica deslocou progressivamente a atenção antes colocada nas chamadas atividades-meio para os objetivos ou finalidades da organização. O enfoque baseado no processo e a preocupação maior com as atividades (meios) passaram a ser substituídos por enfoque nos resultados e objetivos alcançados (fins).

A preocupação de "como" administrar passou à preocupação de "por que" ou "para que" administrar. A ênfase em fazer corretamente o trabalho (The Best Way, de Taylor), para alcançar a eficiência, passou a dar ênfase em fazer o trabalho mais relevante aos objetivos da organização para alcançar a eficácia. O trabalho passou de um fim em si mesmo a um meio de obter resultados.

A APO (Administração por Objetivos), também conhecida por Administração por Resultados, constitui um modelo administrativo bastante difundido e plenamente identificado com o espírito pragmático e democrático da Teoria Neoclássica. Seu aparecimento deu-se em 1954.

Peter F. Drucker publicou um livro (Prática de Administração de Empresas), no qual caracterizava pela primeira vez a APO, sendo considerado seu criador.

Características da APO

A APO é uma técnica de direção de esforços por meio do planejamento e do controle administrativo, fundamentados no princípio de que, para atingir resultados, a organização precisa, antes, definir em que negócio está atuando e que objetivos pretende alcançar.

A Administração por Objetivos é um processo pelo qual os gerentes, superior e subordinado, de uma organização identificam objetivos comuns, definem as áreas de responsabilidade de cada um, em termos de resultados esperados, e usam esses objetivos como guias para a operação dos negócios. Obtêm-se objetivos comuns e firmes que eliminam qualquer hesitação do gerente, ao lado de uma coesão de esforços em direção aos objetivos principais da organização.

Na realidade, a APO é um sistema dinâmico que integra a necessidade da companhia de alcançar seus objetivos de lucro e crescimento, a par da necessidade do gerente de contribuir para o seu próprio desenvolvimento. É um estilo exigente e compensador de Administração.

Em suma, a APO apresenta as seguintes características principais:

Estabelecimento do conjunto de objetivos entre o executivo e o seu supervisor; tanto o executivo quanto o seu superior participam do processo de estabelecimento e fixação de objetivos.

Estabelecimento de objetivos para cada departamento ou posição basicamente; a APO está fundamentada no estabelecimento de objetivos por posições de gerência.

Interligação dos objetivos departamentais; sempre existe alguma forma de correlacionar os objetivos dos vários órgãos ou gerentes envolvidos, mesmo que nem todos os objetivos estejam apoiados nos mesmos princípios básicos. Elaboração de planos táticos e de planos

TEORIAS ADMINISTRATIVAS

operacionais, com ênfase na mensuração e no controle a partir dos objetivos departamentais traçados. O executivo e o seu superior (ou somente o executivo que, posteriormente, obtém a aprovação de seu superior) elaboram os Planos Táticos adequados para alcançá-los da melhor maneira. Assim, os planos táticos constituirão os meios capazes de alcançar aqueles objetivos departamentais. Na sequência, os planos táticos serão desdobrados e melhor detalhados em planos operacionais. Em todos esses planos, a APO enfatiza a quantificação, a mensuração e o controle. Torna-se necessário mensurar os resultados obtidos e compará-los com os resultados planejados. São exatamente a mensuração e o controle que causam as maiores dificuldades de implantação da APO, pois, se o resultado não pode ser medido, é melhor esquecer o assunto.

Contínua avaliação, revisão e reciclagem dos planos. Praticamente todos os sistemas de APO possuem alguma forma de avaliação e de revisão regular do processo efetuado, por meio dos objetivos já alcançados e dos objetivos a serem alcançados, permitindo que algumas providências sejam tomadas e que novos objetivos sejam fixados para o período seguinte.

Participação atuante da chefia; há grande participação do superior. A maior parte dos sistemas de APO envolve mais o superior do que o subordinado. Há casos em que o superior estabelece os objetivos, mensura-os e avalia o progresso. Esse progresso, frequentemente usado, é muito mais característico do controle por objetivos do que da Administração por Objetivos.

A APO, sem dúvida alguma, representa uma evolução na TGA, apresentando uma nova metodologia de trabalho, reconhecendo o potencial dos funcionários das empresas, ampliando o seu campo de atuação para outros tipos de organizações (e não somente indústrias), permitindo estilos mais democráticos de Administração.

Essa Teoria já existe há várias décadas e predomina ainda hoje em algumas organizações.

1.2.7 Teoria Estruturalista

A Teoria Estruturalista veio como uma crítica tanto às teorias clássicas quanto à Teoria das Relações Humanas. Um de seus mais importantes teóricos, **Amitai Etzione**, considerava a organização como "um complexo de grupos sociais cujos interesses podem ou não ser conflitantes". Dessa maneira, tal teoria buscou "complementar" ou sintetizar as teorias anteriores (clássicas e humanas), pois acreditava que estas focavam apenas em partes do todo. Assim, a ideia principal foi considerar a organização em todos os aspectos como uma só estrutura – integrando todas as "visões" anteriores.

Assim, um aspecto importante foi a busca de uma análise tanto da **organização formal** (abordada na teoria clássica) quanto da **informal** (abordada na teoria das relações humanas). Dessa maneira, deveria existir um equilíbrio destas duas visões.

Para os estruturalistas, a sociedade moderna seria uma sociedade de organizações. O homem dependeria dessas organizações para tudo, e nelas cumpriria uma série de "papéis" diferentes. Assim, apareceu o conceito de **homem organizacional**. Seria o homem que desempenha diversos papéis nas diversas organizações. Outro conceito foi trazido por Gouldner: as diferentes concepções das organizações. Para este autor, existiria o modelo racional e o modelo natural de organização.

O **modelo racional** seria baseado no controle e no planejamento. A ideia era a de um **sistema fechado**, com pouca incerteza e preocupação para com o "mundo externo" à organização.

O outro modelo era o **natural**. Nele, existiria a noção de que a realidade é incerta e de que a organização é um conjunto de órgãos inter-relacionados e que são interdependentes. Assim, é um modelo que se preocupa com as "trocas" com o ambiente externo, ou seja, trata-se de um **modelo de sistema aberto**.

1.2.8 Teoria dos Sistemas

A Teoria dos Sistemas na Administração - TGS foi derivada do trabalho do biólogo Ludwig Von Bertalanffy. Este teórico criou então a TGS, que buscou ser uma teoria que integrasse todas as áreas do conhecimento.

Um sistema, de acordo com Bertalanffy, é um conjunto de unidades reciprocamente relacionadas para alcançar um propósito ou objetivo. Assim, a Teoria dos Sistemas acolheu o conceito no qual as organizações são **sistemas abertos**, ou seja, que trocam continuamente energia (ou matéria-prima, informações etc.) com o meio ambiente. Portanto, não podemos entender uma organização sem saber o contexto em que ela opera. Do mesmo modo, uma organização é a soma de suas partes (gerência de marketing, gerência de finanças etc.), e uma área depende da outra – o conceito de interdependência. Ou seja, é inútil uma área da empresa se sair muito bem (área de vendas, por exemplo) se outra área está tendo dificuldades (produção, por exemplo).

No caso citado, a empresa perderia os clientes por não conseguir cumprir as vendas efetuadas. Dessa forma, o administrador deve ter uma visão do todo. De como as áreas da organização interagem e quais são as interdependências.

Fique ligado

Atualmente, as organizações são vistas como sistemas abertos.

Os principais conceitos da Teoria dos Sistemas são:

- **Entrada – relaciona-se com tudo o que o sistema recebe do ambiente externo para poder funcionar:** recursos, insumos, dados, etc.
- **Saída – é o que o sistema produz. Uma saída pode ser:** uma informação, um produto, um serviço etc.
- **Feedback** – é o retorno sobre o que foi produzido, de modo que o sistema possa se corrigir ou se modificar.
- **Caixa preta** – se relaciona com um sistema em que o "interior" não é facilmente acessível (como o corpo humano, por exemplo). Assim, só temos acesso aos elementos de entrada e saída para sabermos como ele funciona.

Vejamos outros conceitos importantes a seguir, os quais são muito abordados em concursos públicos:

- Organizações são sistemas abertos, que influenciam o ambiente e são influenciados por ele.
- Organização é um sistema complexo, com partes inter-relacionadas e interdependentes.
- Organização está em constante interação com meio ambiente.
- **Feedback** – retroalimentação, controle dos resultados, retroinformação.
- **Sinergia** – o trabalho em sinergia mostra que o todo tem um resultado maior do que a soma das partes.
- **Holismo** – o sistema é um todo. Mudança em uma parte afeta as outras partes.
- **Homeostase** – o sistema busca o equilíbrio; é a capacidade de a organização fazer mudanças internas para se adaptar às mudanças externas.
- **Equifinalidade** – objetivos podem ser alcançados de várias maneiras; não existe um único modo; é possível partir de vários pontos e chegar ao mesmo objetivo.

236

ADMINISTRAÇÃO

- **Entropia** – tendência de qualquer sistema de se desintegrar, entrar em desordem, ficar obsoleto, entrar em desuso e morrer; é necessário evitar a entropia e buscar a entropia negativa.
- **Entropia Negativa** – recarga de "energia" e recursos no sistema, de maneira a evitar a desintegração, por meio de inovação, melhoria, crescimento, desenvolvimento e treinamento.

1.2.9 Teoria Contingencial

Antigamente, só existiam fábricas e indústrias e estabelecer regras e normas para um gerenciamento poderia trazer bons resultados. Mas atualmente existem organizações de diferentes tipos, inclusive virtuais, que oferecem produtos ou serviços. Ou seja, já não podemos afirmar que há uma única e correta maneira de administrar.

Para a Teoria da Contingência, que pode ser chamada de Situacional também, não existe uma "fórmula mágica" para se resolver os problemas das organizações. Cada situação pede uma resposta diferente. Assim, tudo é relativo. Tudo depende.

Ou seja, antes que um administrador possa determinar qual é o "caminho" correto para uma empresa, é necessária uma análise ambiental. Assim, dependendo da situação da empresa, sua estratégia ou a tecnologia envolvida, o "caminho" será de uma maneira ou de outra.

Estes fatores principais - como o tamanho da empresa e seu ambiente - são considerados contingências, que devem ser analisadas antes de se determinar um curso de ação. Portanto, não existe mais a "melhor maneira" de se administrar uma organização.

Do mesmo modo, esta teoria postula que existem várias maneiras de se alcançar um objetivo. O que um gestor deve buscar é um ajuste constante entre a organização e seu meio, suas contingências.

Dentre estas contingências importantes, Sobral cita: o ambiente interno e externo, a tecnologia, o tamanho e o tipo de tarefa.

Uma consequência prática destas ideias no mundo organizacional foi a tendência das organizações se tornarem mais flexíveis (para que possam reagir mais rápido às mudanças no ambiente).

Dentre os novos modelos adotados, temos as organizações em rede. Estas são muito mais flexíveis e dependem de uma nova visão. De acordo com Motta, o ambiente é uma rede formada por diversas organizações interligadas. Desta forma, o mercado automobilístico é formado por diversas montadoras, oficinas, seguradoras, fábricas de peças etc.

Além disso, a própria organização é composta por diversas redes sociais internas. Os diversos departamentos e áreas são dependentes uns dos outros. Como estas áreas ou grupos estão sempre em contato, seus membros recebem uma pressão ou influência que é derivada deste contato.

Nas organizações em rede, em vez da empresa "verticalizar" sua produção e "fazer tudo sozinha" - como comprar uma indústria e contratar funcionários - faz um contrato com um parceiro que passa a cumprir esta função.

Entretanto, apesar desta teoria acertar ao identificar a realidade e a complexidade da atuação das organizações atualmente, acaba "caindo" em um relativismo exagerado. Ou seja, para a Teoria da Contingência tudo depende. Desta maneira, não existem prescrições que possam ser generalizadas. Cada caso será sempre um caso específico e que deve ser analisado dentro de seu contexto.

Além disso, as contingências que influenciam a situação de uma organização são, muitas vezes, inúmeras. Ou seja, a definição do "caminho" a ser seguido por uma empresa pode ser um trabalho bastante complexo.

O Ambiente

Como na Teoria Contingencial é preciso levar em conta o ambiente, é necessário também entender o que é o "ambiente". Ele pode ser compreendido como o contexto que envolve externamente a organização. É a situação dentro da qual uma organização está inserida. Pode ser multivariado e complexo. Torna-se necessário dividi-lo para poder analisá-lo de acordo com o seu conteúdo. Sendo assim, é necessário entender o ambiente como o ambiente geral, e o ambiente de tarefa, conforme a exposição a seguir:

Ambiente Geral - é o macroambiente, ou seja, ambiente genérico e comum a todas as organizações. Tudo o que acontece no ambiente geral afeta direta ou indiretamente todas as organizações. O ambiente geral é constituído de um conjunto de condições comuns para todas as organizações. As principais condições são: condições tecnológicas, legais, políticas, econômicas, demográficas, ecológicas e culturais.

Ambiente de Tarefa - é o ambiente mais próximo e imediato da organização. É o segmento do ambiente geral do qual uma determinada organização extrai as suas entradas e deposita as suas saídas. É o ambiente de operações de cada organização. O ambiente de tarefa é constituído por: fornecedores de entradas, clientes ou usuários, concorrentes e entidades reguladoras.

Classificação de Ambientes

Os ambientes podem ser classificados de acordo com a sua diferenciação (estrutura) e conforme a sua dinâmica:

- **Quanto à sua diferenciação:**

Ambiente Homogêneo: quando é composto de fornecedores, clientes e concorrentes semelhantes. O ambiente é homogêneo quando há pouca segmentação ou diferenciação dos mercados.

Ambiente Heterogêneo: quando ocorre muita diferenciação entre fornecedores, clientes e concorrentes, provocando uma diversidade de problemas à organização. O ambiente é heterogêneo quando há muita diferenciação dos mercados.

- **Quanto à sua dinâmica:**

Ambiente Estável: é o ambiente que se caracteriza por pouca ou nenhuma mudança. É o ambiente em que quase não ocorrem mudanças, ou que, se houver, são mudanças lentas e perfeitamente previsíveis. É um ambiente tranquilo e previsível.

Ambiente Instável: é o ambiente dinâmico, que se caracteriza por muitas mudanças. É o ambiente em que os agentes estão constantemente provocando mudanças e influências recíprocas, formando um campo dinâmico de forças. A instabilidade provocada pelas mudanças gera incerteza para a organização. Sendo assim, a análise ambiental é feita pela análise das variáveis do ambiente de tarefa e do ambiente geral e também pela identificação da dinâmica e da diferenciação ambiental.

De uma forma geral, a abordagem contingencial coloca a sua maior ênfase no ambiente, de onde se identificam ameaças e oportunidades que condicionam as estratégias de ação. Também existe forte ênfase na tecnologia, que constitui tanto uma variável interna da organização, como externa (ambiental). Ela também concilia as abordagens de sistemas abertos e fechados e cria novas tendências para as organizações.

PROCESSO ADMINISTRATIVO (ORGANIZACIONAL)

2 PROCESSO ADMINISTRATIVO (ORGANIZACIONAL)

A Administração (do latim: *administratione*) é o conjunto de atividades voltadas à direção de uma organização. Tais atividades devem fazer uso de técnicas de gestão para que seus objetivos sejam alcançados de forma eficaz e eficiente, com responsabilidade social e ambiental. E o que são as organizações?

Segundo a banca Cespe, *"uma organização é o produto da combinação de esforços individuais, visando à realização de propósitos coletivos. Por meio de uma organização, é possível perseguir ou alcançar objetivos que seriam inatingíveis para uma pessoa"*.

Organizações são, portanto, empreendimentos coletivos, com um fim comum. No sentido clássico da Administração Geral, podem ser analisados como organizações: as empresas (uma padaria ou o Google), os órgãos públicos, os partidos políticos, as igrejas, as associações de bairro e outros agrupamentos humanos.

Uma característica essencial das organizações é que elas são sistemas sociais, com divisão de tarefas.

Lacombe (2003, p.4) diz que a essência do trabalho do administrador é obter resultados por meio das pessoas que ele coordena. A partir desse raciocínio de Lacombe, temos o papel do "Gestor Administrativo" que, com sua capacidade de gestão com as pessoas, consegue obter os resultados esperados. **Drucker** (1998, p. 2) diz que administrar é manter as organizações coesas, fazendo-as funcionar.

Administrar como processo significa **planejar**, **organizar**, **dirigir** e **controlar** organizações e/ou tarefas, tendo como objetivo maior produtividade e/ou lucratividade. Para se chegar a isso, o administrador avalia os objetivos organizacionais e desenvolve as estratégias necessárias para alcançá-los. Este profissional, no entanto, não tem apenas função teórica, ele é responsável pela implantação de tudo que planejou e, portanto, será aquele que definirá os programas e métodos de trabalho, avaliando os resultados e corrigindo os setores e procedimentos que estiverem com problemas. Como é função do administrador que a produtividade e/ou lucros sejam altos, ele também terá a função de fiscalizar a produção e, para isso, é necessário que fiscalize cada etapa do processo, controlando, inclusive, os equipamentos e materiais envolvidos na produção, para evitar desperdícios e prejuízos para a organização.

A realidade das empresas de hoje é muito diferente das empresas administradas no passado. Com o surgimento de várias inovações tecnológicas e com o próprio desenvolvimento intelectual do homem, é necessário muito mais do que intuição e percepção das oportunidades. A administração necessita de um amplo conhecimento e a aplicação correta dos princípios técnicos até agora formulados, a necessidade de combinar os meios e objetivos com eficiência e eficácia.

Principais Funções Administrativas

- Fixar objetivos.
- **Analisar:** conhecer os problemas.
- Solucionar problemas.
- Organizar e alocar recursos (financeiros, materiais, ambientais, humanos e tecnológicos).
- Comunicar, dirigir e motivar as pessoas (liderar).

Fique ligado

Esse conjunto de funções administrativas: Planejar, Organizar, Dirigir e Controlar corresponde ao Processo Organizacional, que pode ser chamado também de Processo Administrativo.

- Negociar.
- Tomar as decisões.
- Mensurar e avaliar (controlar).

2.1 Planejamento

O trabalho do administrador não se restringe ao presente, ao atual, ao corrente. Ele precisa extrapolar o imediato e se projetar para frente. O administrador precisa tomar decisões estratégicas e planejar o futuro de sua organização. Ao tomar decisões, o administrador configura e reconfigura continuamente a sua organização ou a unidade organizacional que administra. Ele precisa saber em qual rumo deseja que sua organização vá em frente, tomar as decisões necessárias e elaborar os planos para que isso realmente aconteça. O planejamento está voltado para o futuro. E o futuro requer uma atenção especial. É para ele que a organização deve estar preparada a todo instante.

Planejamento é a função administrativa que define objetivos e decide sobre os recursos e tarefas necessários para alcançá-los adequadamente. Como principal decorrência do planejamento, estão os planos. Os planos facilitam a organização no alcance de suas metas e objetivos. Além disso, os planos funcionam como guias ou balizamentos para assegurar os seguintes aspectos:

01. Os planos definem os recursos necessários para alcançar os objetivos organizacionais.
02. Os planos servem para integrar os vários objetivos a serem alcançados em um esquema organizacional que proporciona coordenação e integração.
03. Os planos permitem que as pessoas trabalhem em diferentes atividades consistentes com os objetivos definidos; eles dão racionalidade ao processo; são racionais, porque servem de meios para alcançar adequadamente os objetivos traçados.
04. Os planos permitem que o alcance dos objetivos possa ser continuamente monitorado e avaliado em relação a certos padrões ou indicadores, a fim de permitir a ação corretiva necessária quando o progresso não seja satisfatório.

O primeiro passo do planejamento consiste na definição dos objetivos para a organização. Objetivos são resultados específicos que se pretende atingir. Os objetivos são estabelecidos para cada uma das subunidades da organização, como suas divisões ou departamentos etc. Uma vez definidos, os programas são estabelecidos para alcançar os objetivos de maneira sistemática e racional. Ao selecionar objetivos e desenvolver programas, o administrador deve considerar sua viabilidade e aceitação pelos gerentes e funcionários da organização.

2.1.1 Objetivos e Metas

Objetivo é um resultado desejado que se pretende alcançar dentro de um determinado período de tempo. Os objetivos organizacionais podem ser rotineiros, inovadores e de aperfeiçoamento. A partir dos objetivos se estabelece a estratégia adequada para alcançá-los. Enquanto os objetivos são qualitativos, as **metas** são quantitativas. **Ex.:** uma determinada empresa estabeleceu como objetivo aumentar as vendas, e a meta é de R$ 500.000,00 (quinhentos mil reais); os objetivos só serão alcançados se as vendas chegarem às metas estabelecidas.

Fique ligado

Os objetivos e as metas têm em comum o fato de que devem ser reais, alcançáveis; devem ter prazo; são hierárquicos, específicos e desafiadores.

238

2.1.2 Estratégias

Estratégia organizacional refere-se ao comportamento global e integrado da empresa em relação ao ambiente externo. A estratégia é formulada a partir da missão, da visão e dos objetivos organizacionais, da análise ambiental (o que há no ambiente) e da análise organizacional (o que temos na empresa) para definir o que devemos fazer. A estratégia é a maneira racional de aproveitar as oportunidades externas e de neutralizar as ameaças externas, bem como de aproveitar as forças potenciais internas e neutralizar as fraquezas potenciais internas.

Geralmente, a estratégia organizacional envolve os seguintes aspectos fundamentais:

- É definida pelo nível institucional da organização.
- É projetada em longo prazo e define o futuro e destino da organização.
- Envolve a empresa na sua totalidade.
- É um mecanismo de aprendizagem organizacional.

Planejar significa olhar para frente, visualizar o futuro e o que deverá ser feito; elaborar bons planos é ajudar as pessoas a fazer hoje as ações necessárias para melhor enfrentar os desafios do amanhã. Em outros termos, o planejamento, constitui hoje uma responsabilidade essencial em qualquer tipo de organização ou de atividade.

O planejamento constitui a função inicial da administração. Antes que qualquer função administrativa seja executada, a administração precisa planejar, ou seja, determinar os objetivos e os meios necessários para alcançá-los adequadamente.

2.1.3 O Planejamento como uma Função Administrativa

De acordo com Idalberto Chiavenato:

O planejamento pode estar voltado para a estabilidade, no sentido de assegurar a continuidade do comportamento atual em um ambiente previsível e estável. Também pode estar voltado para a melhoria do comportamento para assegurar a reação adequada a frequentes mudanças em um ambiente mais dinâmico e incerto. Pode ainda estar voltado para as contingências no sentido de antecipar-se a eventos que podem ocorrer no futuro e identificar as ações apropriadas para quando eles eventualmente ocorrerem.

Como todo planejamento se subordina a uma filosofia de ação, Ackoff aponta três tipos de filosofia do planejamento:

05. **Planejamento conservador:** É o planejamento voltado para a estabilidade e para a manutenção da situação existente. As decisões são tomadas no sentido de obter bons resultados, mas não necessariamente os melhores possíveis, pois dificilmente o planejamento procurará fazer mudanças radicais na organização. Sua ênfase é conservar as práticas atualmente vigentes. O planejamento conservador está mais preocupado em identificar e sanar deficiências e problemas internos do que em explorar oportunidades ambientais futuras. Sua base é predominantemente retrospectiva no sentido de aproveitar a experiência passada e projetá-la para o futuro.

06. **Planejamento otimizante (retrospectivo):** É o planejamento voltado para a adaptabilidade e inovação dentro da organização. As decisões são tomadas no sentido de obter os melhores resultados possíveis para a organização, seja minimizando recursos para alcançar um determinado desempenho ou objetivo, seja maximizando o desempenho par melhor utilizar os recursos disponíveis. O planejamento otimizante geralmente está baseado em uma preocupação em melhorar as práticas atualmente vigentes na organização. Sua base é predominantemente incremental no sentido de melhorar continuamente, tornando as operações melhores a cada dia que passa.

07. **Planejamento adaptativo (ofensivo):** É o planejamento voltado para as contingências e para o futuro da organização. As decisões são tomadas no sentido de compatibilizar os diferentes interesses envolvidos, elaborando uma composição capaz de levar a resultados para o desenvolvimento natural da empresa e ajustá-la às contingências que surgem no meio do caminho. O planejamento adaptativo procura reduzir o planejamento retrospectivo voltado para a eliminação das deficiências localizadas no passado da organização. Sua base é predominantemente aderente no sentido de ajustar-se às demandas ambientais e preparar-se para as futuras contingências.

Em todos os casos, o planejamento consiste na tomada antecipada de decisões. Trata-se de decidir, no momento presente, o que fazer antes da ocorrência da ação necessária. Não se trata simplesmente da previsão das decisões que deverão ser tomadas no futuro, mas da tomada de decisões que produzirão efeitos e consequências futuras.

2.1.4 O Processo de Planejamento

O planejamento é um processo constituído de uma série sequencial de seis passos, a saber:

- **Estabelecer a Missão e Visão no caso do Planejamento Estratégico.** As organizações não existem a esmo. Todas elas têm uma missão a cumprir. **Missão** significa uma incumbência que se recebe, a razão de existência de uma organização. A missão funciona como o propósito orientador para as atividades de uma organização e para aglutinar os esforços dos seus membros. Enquanto a missão define o credo da organização, a **visão** define o que a organização pretende ser no futuro. A visão funciona como o projeto do que a organização gostaria de ser, ou seja, define os objetivos organizacionais mais relevantes.

- **Definir os objetivos.** Os objetivos da organização devem servir de direção a todos os principais planos, servindo de base aos objetivos departamentais e a todos os objetivos das áreas subordinadas. Os objetivos devem especificar resultados desejados e os pontos finais aonde se pretende chegar, para conhecer os passos intermediários.

- **Diagnóstico.** Verificar qual a situação atual em relação aos objetivos. Simultaneamente, a definição dos objetivos, deve-se avaliar a situação atual em contraposição aos objetivos desejados, verificar onde se está e o que precisa ser feito.

- **Prognóstico, estabelecer estratégias.** Premissas constituem os ambientes esperados dos planos em operação. Como a organização opera em ambientes complexos, quanto mais pessoas estiverem atuando na elaboração e compreensão do planejamento e quanto mais se obter envolvimento para utilizar premissas consistentes, tanto mais coordenado será o planejamento. Trata-se de gerar cenários alternativos para os estados futuros das ações, analisar o que pode ajudar ou prejudicar o progresso em direção aos objetivos. A previsão é um aspecto importante no desenvolvimento de premissas. A previsão está relacionada com pressuposições antecipatórias a respeito do futuro.

- **Analisar as alternativas de ação (estratégias).** Trata-se de relacionar e avaliar as ações que devem ser tomadas, escolher uma delas para perseguir um ou mais objetivos, fazer um plano para alcançar os objetivos.

- **Escolher um curso de ação entre as várias alternativas.** Trata-se de uma tomada de decisão, em que se escolhe uma alternativa e se abandonam as demais. A alternativa escolhida se transforma em um plano para o alcance dos objetivos.

- **Implementar o plano e avaliar os resultados.** Fazer aquilo que o plano determina e avaliar cuidadosamente os resultados para

PROCESSO ADMINISTRATIVO (ORGANIZACIONAL)

assegurar o alcance dos objetivos, seguir através do que foi planejado e tomar as ações corretivas à medida que se tornarem necessárias.

Nem sempre o planejamento é feito por administradores ou por especialistas trancados em salas e em apenas algumas épocas predeterminadas. Embora seja uma atividade voltada para o futuro, o planejamento deve ser contínuo e permanente e, se possível, abrangendo o maior número de pessoas na sua elaboração e implementação. Em outras palavras, o planejamento deve ser constante e participativo. A descentralização proporciona a participação e o envolvimento das pessoas em todos os aspectos do seu processo. É o chamado planejamento participativo.

Para fazer o planejamento, é vital que se conheça o contexto em que a organização está inserida. Em outras palavras, qual é o seu microambiente, qual a sua missão e quais os seus objetivos básicos. Sobretudo, quais os fatores-chave para o seu sucesso. A partir daí, pode-se começar a pensar em planejamento.

2.1.5 Fatores Críticos de Sucesso

Mas, o que são fatores críticos (chave) de sucesso?

Os **fatores críticos de sucesso**, em inglês *critical success factor* (CSF), são os pontos-chave que definem o sucesso ou o fracasso de um objetivo definido por um planejamento de determinada organização. Estes fatores precisam ser encontrados pelo estudo sobre os próprios objetivos, derivados deles, e tomados como condições fundamentais a serem cumpridas para que a instituição sobreviva e tenha sucesso na sua área. Quando bem definidos, os fatores críticos de sucesso se tornam um ponto de referência para toda a organização em suas atividades voltadas para a sua missão.

Exemplo: se a empresa quer melhorar o atendimento ao cidadão, um exemplo de fator crítico de sucesso é treinar os funcionários e colocar mais pessoas no setor de atendimento.

Os fatores críticos de sucesso são os elementos principais no alcance dos objetivos e metas da instituição, são aspectos ligados diretamente ao seu sucesso. Se eles não estiverem presentes, os objetivos não serão alcançados.

Como poderemos identificar os fatores críticos de sucesso?

Os fatores críticos de sucesso podem ser identificados de duas maneiras. Uma delas é perguntar ao cliente ao que ele atribui mais importância na hora de adquirir o produto ou serviço.

Por exemplo, o que um indivíduo que é concurseiro deve fazer para alcançar o seu objetivo que é ser servidor público? A resposta é óbvia: ele deve estudar, resolver questões, tirar dúvidas, assistir às aulas etc. Então podemos dizer que esses são exemplos de fatores críticos de sucesso.

Outra maneira para identificar os fatores críticos de sucesso é analisar profundamente os recursos organizacionais e o mercado, de maneira imaginativa, para identificar os segmentos que são mais decisivos e importantes. Para essa pesquisa, a ferramenta de *benchmarking* pode ser utilizada.

O *benchmarking* é um dos mais úteis instrumentos de gestão para melhorar o desempenho das empresas e conquistar a superioridade em relação à concorrência. Baseia-se na aprendizagem das melhores experiências de empresas similares e ajuda a explicar todo o processo que envolve uma excelente "performance" empresarial. A essência deste instrumento parte do princípio de que nenhuma empresa é a melhor em tudo, o que implica reconhecer que existe no mercado quem faz melhor do que nós. Habitualmente, um processo de *benchmarking* arranca quando se constata que a empresa está diminuindo a sua rentabilidade. Quando a aprendizagem resultante de um processo de *benchmarking* é aplicada de forma correta, facilita a melhoria do desempenho em situações críticas no seio de uma empresa.

Em outras palavras, *benchmarking* é a técnica por meio da qual a organização compara o seu desempenho com o de outra. Por meio do benchmarking, uma organização procura imitar outras organizações, concorrentes ou não, do mesmo ramo de negócios ou de outros, que façam algo de maneira particularmente bem feita (essa frase já apareceu de maneira idêntica em provas tanto da FCC como da Cespe).

Questões importantes a serem identificadas na elaboração do planejamento:

- É possível fazer?
- Vale a pena fazer?
- Quem faz?
- Como fazer bem?
- Funciona?

2.1.6 Benefícios do Planejamento

As empresas estão cada vez mais inseridas em ambientes altamente mutáveis e complexos; enfrentam uma enorme variedade de pessoas, fornecedores e concorrentes. Do lado externo, temos os concorrentes, o governo e suas regulamentações, a tecnologia, a economia globalizada, os fornecedores etc. No ambiente interno, existe a necessidade de trabalhar de forma cada vez mais eficiente, novas estruturas organizacionais, funcionários, recursos e muitos desafios administrativos.

O planejamento oferece inúmeras vantagens nessas situações, inclusive melhora a capacidade da empresa de se adaptar às mudanças (flexibilidade organizacional), ajuda na coordenação e na administração do tempo.

Vejamos algumas vantagens:

- permite utilizar os recursos de forma eficaz (alcance de resultados) e eficiente (economia);
- aumenta o conhecimento sobre o negócio/projeto e seu potencial de mercado;
- facilita a percepção de novas oportunidades ou riscos e aumenta a sensibilidade do empresário/executivo frente a problemas futuros;
- cria um "espírito de negócio" e comprometimento com o negócio/projeto, tanto em relação ao "dono" ou responsável pelo negócio, como também junto aos funcionários/parceiros envolvidos;
- determina tarefas e prazos com responsabilidade definida, viabilizando o controle do processo e do andamento do negócio;
- deixa claro para o empresário/executivo qual é o diferencial competitivo de seu negócio;
- pode ser utilizado como suporte para conseguir credibilidade e apoio financeiro interno e/ou no mercado;
- maior flexibilidade;
- agilidade nas tomadas de decisões;
- melhor conhecimento dos seus concorrentes;
- melhor comunicação entre os funcionários;
- maior capacitação gerencial, até dos funcionários de níveis inferiores;
- orientação maior nos comportamentos de funcionários;
- maior capacitação, motivação e comprometimento dos envolvidos;
- consciência coletiva;
- melhor conhecimento do ambiente em que os funcionários trabalham;
- melhor relacionamento entre empresa-ambiente;
- maior capacidade e rapidez de adaptação dentro da empresa;

- visão de conjunto;
- aumenta o foco (concentração de esforços) e a flexibilidade (facilidade de se adaptar e ajustar);
- melhora a coordenação e o controle.

De acordo com Chiavenato: "O planejamento ajuda o administrador em todos os tipos de organização a alcançar o melhor desempenho, porque:

01. **O planejamento é orientado para resultados**. Cria um senso de direção, de desempenho orientado para metas e resultados a serem alcançados.

02. **O planejamento é orientado para prioridades**. Assegura que as coisas mais importantes receberão atenção principal.

03. **O planejamento é orientado para vantagens**. Ajuda a alocar e a dispor recursos para sua melhor utilização e desempenho.

04. **O planejamento é orientado para mudanças**. Ajuda a antecipar problemas que certamente aparecerão e a aproveitar oportunidades à medida que se defronta com novas situações."

2.1.7 Tipos de Planejamento

O planejamento é feito através de planos. O administrador deve saber lidar com diferentes tipos de planos. Estes podem incluir períodos de longo, médio e curto prazo, como podem envolver a organização inteira, uma divisão ou departamento ou ainda uma tarefa. O planejamento é uma função administrativa que se distribui entre, todos os níveis organizacionais. Embora o seu conceito seja exatamente o mesmo, em cada nível organizacional, o planejamento apresenta características diferentes.

O planejamento envolve uma volumosa parcela da atividade organizacional. Com isso, queremos dizer que toda organização está sempre planejando: o nível institucional elabora genericamente o planejamento estratégico, o nível intermediário segue-o com planos táticos e o nível operacional traça detalhadamente os planos operacionais. Cada qual dentro de sua área de competência e em consonância com os objetivos globais da organização. O planejamento impõe racionalidade e proporciona o rumo às ações da organização. Além disso, estabelece coordenação e integração de suas várias unidades, que proporcionam a harmonia e sinergia da organização no caminho em direção aos seus objetivos principais.

Os planos podem abranger diferentes horizontes de tempo. Os planos de curto prazo cobrem um ano ou menos; os planos intermediários, um a dois anos; e os planos de longo prazo abrangem cinco ou mais anos. Os objetivos do planejamento devem ser mais específicos, no curto prazo, e mais abertos, no longo prazo. As organizações precisam de planos para todas as extensões de tempo. O administrador do nível institucional está mais voltado para planos de longo prazo que atinjam a organização inteira para proporcionar aos demais administradores um senso de direção para o futuro.

Uma pesquisa desenvolvida por Elliot Jaques mostra como as pessoas variam em sua capacidade de pensar, organizar e trabalhar com eventos situados em diferentes horizontes de tempo. Muitas pessoas trabalham confortavelmente com amplitudes de apenas três meses; um pequeno grupo trabalha melhor com uma amplitude de tempo de um ano; e somente poucas pessoas podem enfrentar o desafio de 20 anos pela frente. Como o administrador pode trabalhar em vários níveis de autoridade, ele deve planejar em função de diferentes períodos de tempo. Enquanto o planejamento de um supervisor desafia o espaço de três meses, um gerente pode lidar com períodos de um ano, enquanto um diretor lida com uma amplitude que pode ir de três, cinco, dez anos ou mais. O progresso nos níveis mais elevados da hierarquia administrativa pressupõe habilidades conceituais a serem trabalhadas, bem como uma visão projetada em longo prazo de tempo.

2.1.8 Planejamento Estratégico

O planejamento estratégico apresenta cinco características fundamentais.

01. **O planejamento estratégico está relacionado com a adaptação da organização a um ambiente mutável.** Está voltado para as relações entre a organização e seu ambiente de tarefa. Portanto, sujeito à incerteza a respeito dos eventos ambientais. Por se defrontar com a incerteza, tem suas decisões baseadas em julgamentos e não em dados concretos. Reflete uma orientação externa que focaliza as respostas adequadas às forças e pressões que estão situadas do lado de fora da organização.

02. **O planejamento estratégico é orientado para o futuro.** Seu horizonte de tempo é o longo prazo. Durante o curso do planejamento, a consideração dos problemas atuais é dada apenas em função dos obstáculos e barreiras que eles possam provocar para um desejado lugar no futuro. É mais voltado para os problemas do futuro do que daqueles de hoje.

03. **O planejamento estratégico é compreensivo.** Ele envolve a organização como uma totalidade, abarcando todos os seus recursos, no sentido de obter efeitos sinergísticos de todas as capacidades e potencialidades da organização. A resposta estratégica da organização envolve um comportamento global, compreensivo e sistêmico.

04. **O planejamento estratégico é um processo de construção de consenso.** Dada a diversidade dos interesses e necessidades dos parceiros envolvidos, o planejamento oferece um meio de atender todos eles na direção futura que melhor convenha a todos.

05. **O planejamento estratégico é uma forma de aprendizagem organizacional.** Como está orientado para a adaptação da organização ao contexto ambiental, o planejamento constitui uma tentativa constante de aprender a ajustar-se a um ambiente complexo, competitivo e mutável.

O planejamento estratégico se assenta sobre três parâmetros: a visão do futuro, os fatores ambientais externos e os fatores organizacionais internos. Começa com a construção do consenso sobre o futuro que se deseja: é a visão que descreve o mundo em um estado ideal. A partir daí, examinam-se as condições externas do ambiente e as condições internas da organização.

2.1.9 Planejamento Tático

O planejamento tático é o planejamento focado no médio prazo e que enfatiza as atividades correntes das várias unidades ou departamentos da organização. O administrador utiliza o planejamento tático para delinear o que as várias partes da organização, como departamentos ou divisões, devem fazer para que a organização alcance sucesso. Os planos táticos geralmente são desenvolvidos para as áreas de produção, *marketing*, pessoal, finanças e contabilidade. Para ajustar-se ao planejamento tático, o exercício contábil da organização e os planos de produção, de vendas, de investimentos etc., abrangem geralmente o período anual.

PROCESSO ADMINISTRATIVO (ORGANIZACIONAL)

Os planos táticos geralmente envolvem:

01. **Planos de produção.** Envolvendo métodos e tecnologias necessárias para as pessoas em seu trabalho arranjo físico do trabalho e equipamentos como suportes para as atividades e tarefas.
02. **Planos financeiros.** Envolvendo captação e aplicação do dinheiro necessário para suportar as várias operações da organização.
03. **Planos de marketing.** Envolvendo os requisitos de vender e distribuir bens e serviços no mercado e atender o cliente.
04. **Planos de recursos humanos.** Envolvendo recrutamento, seleção e treinamento das pessoas nas várias atividades dentro da organização. Recentemente, as organizações estão também se preocupando com a aquisição de competências essenciais para o negócio por meio da gestão do conhecimento corporativo.

Contudo, os planos táticos podem também se referir à tecnologia utilizada pela organização (tecnologia da informação, tecnologia de produção etc.), investimentos, obtenção de recursos etc.

Políticas

As políticas constituem exemplos de planos táticos que funcionam como guias gerais de ação. Elas funcionam como orientações para a tomada de decisão. Geralmente, refletem um objetivo e orienta as pessoas em direção a esses objetivos em situações que requeiram algum julgamento. As políticas servem para que as pessoas façam escolhas semelhantes ao se defrontarem com situações similares. As políticas constituem afirmações genéricas baseadas nos objetivos organizacionais e visam oferecer rumos para as pessoas dentro da organização.

2.1.10 Planejamento Operacional

O planejamento operacional é focalizado para o curto prazo e abrange cada uma das tarefas ou operações individualmente. Preocupa-se com "o que fazer" e com o "como fazer" as atividades quotidianas da organização. Refere-se especificamente às tarefas e operações realizadas no nível operacional. Como está inserido na lógica de sistema fechado, o planejamento operacional está voltado para a otimização e maximização de resultados, enquanto o planejamento tático está voltado para a busca de resultados satisfatórios.

O planejamento operacional é constituído de uma infinidade de planos operacionais que proliferam nas diversas áreas e funções dentro da organização. Cada plano pode consistir em muitos subplanos com diferentes graus de detalhamento. No fundo, os planos operacionais cuidam da administração da rotina para assegurar que todos executem as tarefas e operações de acordo com os procedimentos estabelecidos pela organização, a fim de que esta possa alcançar os seus objetivos. Os planos operacionais estão voltados para a eficiência (ênfase nos meios), pois a eficácia (ênfase nos fins) é problema dos níveis institucional e intermediário da organização.

Apesar de serem heterogêneos e diversificados, os planos operacionais podem ser classificados em quatro tipos, a saber:

01. **Procedimentos.** São os planos operacionais relacionados com métodos.
02. **Orçamentos.** São os planos operacionais relacionados com dinheiro.
03. **Programas (ou programações).** São os planos operacionais relacionados com tempo.
04. **Regulamentos.** São os planos operacionais relacionados com comportamentos das pessoas.

2.2 Organização

2.2.1 Definição de Organização

"Organização da empresa é a ordenação e o agrupamento de atividades e recursos, visando ao alcance de objetivos e resultados estabelecidos". (Djalma, 2002, p. 84).

Segundo Maximiano, uma **organização** é um sistema de recursos que procura alcançar objetivos. Em outras palavras, Organizar é desenhar/montar a estrutura da empresa/instituição de modo a facilitar o alcance dos resultados.

Os níveis da organização são:

Abrangência	Conteúdo	Tipo de Desenho	Resultado
Nível Institucional	A instituição como uma totalidade	Desenho organizacional	Tipo de organização
Nível intermediário	Caso departamento isoladamente	Desenho departamental	Tipo de departamentalização
Nível operacional	Cada tarefa ou operação	Desenho de cargos e tarefas	Análise e descrição de cargos

2.2.2 Estrutura Organizacional

VASCONCELOS (1989) entende estrutura como o resultado de um processo no qual a autoridade é distribuída, as atividades são especificadas (desde os níveis mais baixos até a alta administração) e um sistema de comunicação é delineado, permitindo que as pessoas realizem as atividades e exerçam a autoridade que lhes compete para o alcance dos objetivos da organização.

Estrutura organizacional: forma pela qual as atividades de uma organização são divididas, organizadas e coordenadas. (Stoner, 1992, p.230).

2.2.3 Estrutura Formal e Informal

Estrutura Formal: é aquela representada pelo organograma. Todas as relações são formais. Não se pode descartá-la e deixar funcionários se relacionarem quando eles não devem ter relações diretas. Na **Estrutura Formal (Organização Formal)**, conseguimos identificar os departamentos, os cargos, a definição das linhas de autoridade e de comunicação entre os departamentos e cargos envolvidos.

Já a **Estrutura Informal (Organização Informal)** é a rede de relações sociais e pessoais que não é representada ou requerida pela estrutura formal. Surge da interação social das pessoas, o que significa que se desenvolve, espontaneamente, quando as pessoas se reúnem. Portanto, apresenta relações que, usualmente, não são formalizadas e **não aparecem no organograma da empresa**. A organização informal envolve as emoções, atitudes e ações das pessoas em termos de suas necessidades, e não de procedimentos ou regras.

2.2.4 Elementos da Estrutura Organizacional

Especialização

Consequência da divisão do trabalho: cada unidade ou cargo passa a ter funções e tarefas específicas e especializadas.

A especialização pode dar-se em dois sentidos: vertical e horizontal.

A horizontal representa a tendência de criar departamentos especializados no mesmo nível hierárquico, cada qual com suas funções e tarefas. Exemplo: gerência de *Marketing*, gerência de Produção, gerência de Recursos Humanos.

A vertical caracteriza-se pelos níveis hierárquicos (chefia), pois, na medida em que ocorre a especialização horizontal do trabalho, é necessário coordenar essas diferentes atividades e funções. **Ex.:** Presidência, Diretoria-Geral, Gerências, Coordenadorias, Seções.

2.2.5 Centralização/Descentralização/Delegação

Centralização

CENTRALIZAÇÃO significa que a autoridade para decidir está localizada no topo da organização, ou seja, a maioria das decisões relativas ao trabalho que está sendo executado não é tomada por aqueles que o executam, mas em um ponto mais alto da organização.

Vantagens	Desvantagens
• decisões mais consistentes com os objetivos gerais; • maior uniformidade de procedimentos; • aproveitamento da capacidade dos líderes generalistas; • redução dos riscos de erros por parte dos subordinados; • maior controle global do desempenho da organização.	• decisões e administradores distanciados dos fatos locais; • dependência dos subordinados; • diminuição da motivação, criatividade; • maior demora na implementação das decisões • maior custo operacional.

Descentralização

Por outro lado, podemos dizer que **DESCENTRALIZAÇÃO** significa que a maioria das decisões relativas ao trabalho que está sendo executado é tomada pelos que o executam, ou com sua participação. A autoridade para decidir está dispersa nos níveis organizacionais mais baixos. A tendência moderna ocorre no intuito de descentralizar para proporcionar melhor uso dos recursos humanos.

Vantagens	Desvantagens
- maior agilidade e flexibilidade nas decisões; - decisões mais adaptadas aos fatos locais; - maior motivação, autonomia e disponibilidade dos líderes; - maior facilidade do controle específico do desempenho de unidades e gerentes.	- perda de uniformidade das decisões; - maiores desperdícios e duplicação de recursos; - canais de comunicação mais dispersos; - dificuldade de encontrar responsáveis e controlar o desempenho da organização como um todo; - mais cara.

Delegação

Segundo Oliveira (2010, p. 189), delegação é o processo de transferência de determinado nível de autoridade de um chefe para seu subordinado, criando o correspondente compromisso pela execução da tarefa delegada.

Em outras palavras, delegação é o processo de transmitir certas tarefas e obrigações de uma pessoa para outra, em geral, de um superior para um colaborador. Aquele que recebe o poder delegado tem autoridade suficiente para concluir o trabalho, mas aquele que delega fica com a total responsabilidade pelo seu êxito ou fracasso.

2.2.6 Cadeia de Comando/Escalar ou Linha de Comando

A cadeia de comando de uma organização mostra, basicamente, quem "manda em quem". Ou seja, descreve as linhas de autoridade, desde a cúpula da empresa até o seu nível mais baixo. A cadeia de comando mostra, portanto, a relação de subordinação dentro da estrutura e mostra como funciona a hierarquia funcional. Esta "estrutura hierárquica" é o que chamamos de "cadeia de comando".

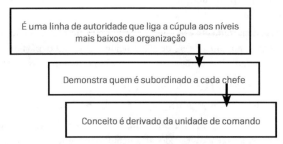

2.2.7 Amplitude Administrativa/Controle

Amplitude administrativa (ou amplitude de comando, ou de controle) é o número de subordinados/áreas que um gestor tem sob seu comando/supervisão. Em qualquer nível, cada gestor tem um determinado número de pessoas que se reportam a ele, pessoas estas que podem estar agrupadas em conjuntos de cargos ou em departamentos. Uma decisão importante no processo de organização é a definição da amplitude ideal de comando, ou seja, a quantidade de áreas e pessoas que um chefe tem capacidade de gerir com eficácia.

2.2.8 Organograma

É uma representação gráfica da estrutura da uma empresa/instituição, a divisão do trabalho em suas unidades/departamentos, a hierarquia e os canais de comunicação.

- **Divisão do trabalho:** quadros (retângulos) representam cargos ou unidades de trabalho (departamentos). Eles indicam o critério de divisão e de especialização das áreas, ou seja, como as responsabilidades estão divididas dentro da organização.
- **Autoridade e Hierarquia:** a quantidade de níveis verticais em que os retângulos estão agrupados mostra a cadeia de comando, ou seja, como a autoridade está distribuída, do diretor que tem mais autoridade, no topo da estrutura, até o funcionário que tem menos autoridade, na base da estrutura.
- **Canais de comunicação:** as linhas que verticais e horizontais que ligam os retângulos mostram as relações/comunicações entre as unidades de trabalho.

Formalização

Grau de controle da organização sobre o indivíduo, definido pelas normas e procedimentos, limitando a atuação e o comportamento.

Responsabilidade

Dever de desempenhar a tarefa ou atividade, ou cumprir um dever para o qual se foi designado. Nada mais é do que executar a tarefa adequadamente, de acordo com a confiança depositada.

O grau de responsabilidade é, geralmente, diretamente proporcional ao grau de autoridade da pessoa. Dessa forma, os cargos de alto escalão possuem maior autoridade e maior responsabilidade que os cargos mais baixos.

PROCESSO ADMINISTRATIVO (ORGANIZACIONAL)

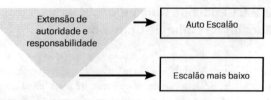

2.2.9 Departamentalização

Diferenciação horizontal que permite simplificar o trabalho, aproveitando os recursos de forma mais racional. É o agrupamento dos indivíduos em unidades gerenciáveis para facilitar a coordenação e o controle.

Um departamento é um "pedaço" da organização. É um setor que está focado em um aspecto de seu funcionamento. O departamento é uma unidade de trabalho que concentra um conjunto de tarefas.

Tipos de Departamentalização

Departamentalização por Função (Funcional)

É a divisão lógica de acordo com as funções a serem desempenhadas, ou seja, é a divisão departamental que segue o princípio da especialização.

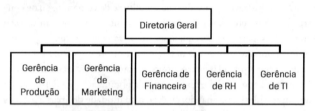

Vantagens	Desvantagens
- agrupa vários especialistas em uma mesma unidade; - simplifica o treinamento e orienta as pessoas para uma função específica, concentrando sua competência e habilidades técnicas; - permite economia de escala pelo uso integrado de pessoas, máquinas e produção em massa; - indicada para situações estáveis, tarefas rotineiras e para produtos ou serviços que permaneçam longos ciclos sem mudanças.	- reduz a cooperação interdepartamental (ênfase nas especialidades); - é inadequada para ambiente e tecnologia em constante mudança, pois dificulta a adaptação e a flexibilidade às mudanças externas; - foco na especialidade em detrimento do objetivo organizacional global.

Departamentalização Base Territorial ou Geográfica

É a diferenciação e o agrupamento das atividades de acordo com o local onde o trabalho será desempenhado, ou então a área de mercado a ser servida pela empresa. É utilizada geralmente por empresas que cobrem grandes áreas geográficas e cujos mercados são extensos e diversificados, ou seja, quando as circunstâncias externas indicam que o sucesso da organização depende particularmente do seu ajustamento às condições e às necessidades locais e regionais.

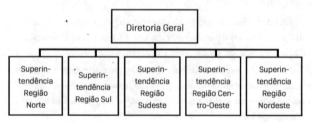

Vantagens	Desvantagens
- amplia a área de atuação, atingindo maior número de clientes; - permite fixar a responsabilidade de lucro e de desempenho no comportamento local ou regional, além de encorajar os executivos a pensar em termos de sucesso de território; - as características da empresa podem acompanhar adequadamente as variações de condições e características locais.	- o enfoque territorial pode deixar em segundo plano a coordenação, tanto dos aspectos de planejamento e execução, quanto de controle como um todo, em face do grau de liberdade e autonomia nas regiões; - em situações de instabilidade externa em determinada região, pode gerar temores e ansiedades na força de trabalho em função da possibilidade de desemprego ou prejuízo funcional.

Departamentalização por Produto/Serviço

Descentraliza as atividades e decisões de acordo com os produtos ou serviços executados. É realizada quando as atividades inerentes a cada um dos produtos ou serviços possuem diferenciações significativas e, por isso, fica mais fácil administrar cada produto/serviço individualmente.

Vantagens	Desvantagens
- fixa a responsabilidade dos departamentos para uma linha de produto; - facilita a coordenação entre as diferentes áreas: a preocupação principal é o produto, e as atividades das áreas envolvidas dão pleno suporte; - facilita a inovação, pois requer cooperação e comunicação dos vários grupos que contribuem para gerar o produto.	- dispersa os especialistas nos diversos subgrupos orientados para os produtos; - não é indicada para circunstâncias externas não mutáveis, empresas com pouca variabilidade dos produtos, por trazer custos operacionais elevados; - em situações de instabilidade externa, pode gerar temores e ansiedades na força de trabalho de determinada linha de produto, em função da possibilidade de desemprego ou prejuízo funcional; pode enfatizar a coordenação em detrimento da especialização.

Departamentalização por Cliente

Envolve a diferenciação e o agrupamento das atividades de acordo com o tipo de pessoa/grupo/empresa para quem o trabalho é executado. Divide as unidades organizacionais para que cada uma possa servir a um grupo de clientes, sendo indicada quando as características dos clientes – idade, sexo, nível socioeconômico – são determinantes para o sucesso do negócio e requerem diferentes abordagens para as vendas, os produtos, os serviços adicionais.

Vantagens	Desvantagens
- quando a satisfação do cliente é o aspecto mais crítico da organização, ou seja, quando o cliente é o mais importante, e os produtos e serviços devem ser adaptados às suas necessidades. - dispõe os executivos e todos os participantes da organização para a tarefa de satisfazer as necessidades e os requisitos dos clientes; - permite à organização concentrar seus conhecimentos sobre as distintas necessidades e exigências dos canais mercadológicos.	- as demais atividades da organização – produção, finanças – podem se tornar secundárias ou acessórias, em face da preocupação compulsiva com o cliente; - os demais objetivos da organização – lucratividade, produtividade – podem ser deixados de lado ou sacrificados.

Departamentalização por Processos

Processo é um conjunto de atividades inter-relacionadas e cíclicas que transforma insumos (entradas) em produtos (saídas). A departamentalização por fases do processo é utilizada quando o produto final é tão complexo que se faz necessário fabricá-lo a partir da divisão em processos menores, com linhas de produção distintas. Exemplo: indústria automobilística. Uma linha de produção é um arranjo físico de máquinas e equipamentos. Essa linha define o agrupamento de pessoas e de materiais para processar as operações.

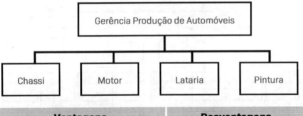

Vantagens	Desvantagens
- fixa a responsabilidade e a união dos esforços em determinado processo; - extrai vantagens econômicas oferecidas pela própria natureza do equipamento ou da tecnologia. A tecnologia passa a ser o foco e o ponto de referência para o agrupamento de unidades e posições.	- quando a tecnologia utilizada sofre mudanças e desenvolvimento revolucionários, a ponto de alterar profundamente os processos; - deve haver especial cuidado com a coordenação dos distintos processos.

Departamentalização por Projetos

Projeto é um evento temporário e não repetitivo, caracterizado por uma sequência lógica de atividades, com início, meio e fim, que se destina a atingir um objetivo claro e definido, sendo conduzido por pessoas dentro de parâmetros predefinidos de tempo, custo, recursos e qualidade.

A departamentalização por projetos, portanto, é utilizada em empresas cujos produtos envolvem grandes concentrações de recursos por um determinado tempo (navios, fábricas, usinas hidrelétricas, pontes, estradas), que exigem tecnologia sofisticada e pessoal especializado. Como o produto é de grande porte, exige planejamento individual e detalhado e um extenso período de tempo para execução; cada produto é tratado como um projeto.

Vantagens	Desvantagens
concentração de recursos e especialistas para realizar um trabalho complexo; foco no resultado; melhoria no controle da execução.	cada projeto é único, inédito, e envolve muitas habilidades e conhecimentos dispersos na empresa ao longo de seu ciclo de execução. Assim, quando termina uma fase, ou mesmo o projeto, a empresa pode ser obrigada a dispensar pessoal ou a paralisar máquinas e equipamentos se não tiver outro projeto em vista.

Departamentalização Matricial

Chama-se matricial, pois combina duas formas de estrutura formando uma espécie de grade. Trata-se de uma estrutura mista, híbrida, que combina geralmente a departamentalização funcional com a de produtos ou de projetos.

Os projetos seriam as áreas-fim, enquanto a estrutura funcional seria a área-meio, responsável pelo apoio aos projetos. A autonomia e o poder relativo a cada estrutura seriam decorrentes da ênfase dada pela empresa aos projetos ou às funções tradicionais.

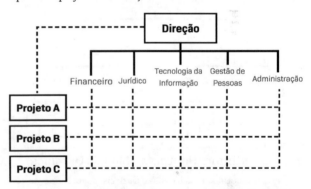

Vantagens	Desvantagens
- maior versatilidade e otimização dos recursos humanos; - forma efetiva para conseguir resultados ou resolver problemas complexos; - mais fortemente orientada para resultados; - maior grau de especialização.	- conflito linha/projeto; - duplicidade de autoridade e comando.

Departamentalização Mista/Híbrida/Combinada

É praticamente impossível encontrar, na prática, a aplicação pura de um único tipo de departamentalização em toda uma empresa. Geralmente, encontra-se uma reunião de diversos tipos de departamentalização em todos os níveis hierárquicos, a qual se denomina **Departamentalização Mista** ou **Combinada**.

PROCESSO ADMINISTRATIVO (ORGANIZACIONAL)

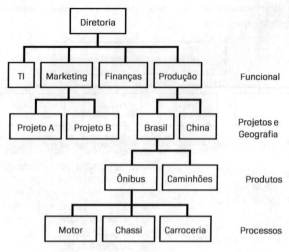

2.2.10 Modelos de Estrutura Organizacional

Desenho/Estrutura Vertical (Modelo Mecanicista)

O desenho é piramidal, caracterizando centralização das decisões. Geralmente é a estrutura de organizações tradicionais, forma burocrática, autoridade centralizada, hierarquizadas, mais rígidas, regras e procedimentos padronizados, divisão de trabalho, amplitude administrativa estreita e meios formais de coordenação.

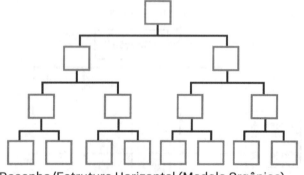

Desenho/Estrutura Horizontal (Modelo Orgânico)

As estruturas são mais achatadas e flexíveis, denotando a descentralização de decisões. *Downsizing* – estratégia administrativa para reduzir número de níveis e aspectos burocráticos da empresa. *Adhocráticos*, adaptativos, mais horizontais, com poucas regras e procedimentos, pouca divisão de trabalho, amplitudes administrativas maiores e mais meios pessoais de coordenação.

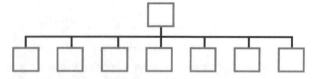

2.2.11 Variáveis Condicionantes da Estrutura Organizacional

01. **Ambiente:** instável, estável, homogêneo, heterogêneo (estrutura se adapta ao ambiente).
02. **Estratégia:** estabilidade ou crescimento (estrutura segue a estratégia), a mudança da estrutura em função da estratégia se chama covariação estrutural.
03. **Tecnologia:** em massa, por processo, unitária; sequencial, mediadora, intensiva (estrutura depende da tecnologia).
04. **Ciclo de vida e tamanho:** nascimento, crescimento, juventude, maturidade (estrutura se ajusta ao tamanho).
05. **Pessoas:** conhecimento x reposição.

2.2.12 Tipos de Estruturas Organizacionais

Cada estrutura deverá se adequar a um modelo, ora mais mecanicista, ora mais orgânico, a depender das variáveis condicionantes.

Os diferentes tipos de organização são decorrência da estrutura organizacional, ou seja, da arquitetura ou formato organizacional que assegura a divisão e a coordenação das atividades dos membros da instituição. A estrutura é o esqueleto que sustenta e articula as partes integrantes. Cada subdivisão recebe o nome de unidade, departamento, divisão, seção, equipe, grupo de trabalho.

Estrutura Linear

É a forma mais simples e antiga, originada dos exércitos e organizações eclesiásticas. O nome "linear" se dá em função das linhas diretas e únicas de autoridade e responsabilidade entre superiores e subordinados, resultando em um formato piramidal de organização. Cada gerente recebe e transmite tudo o que se passa na sua área de competência, pois as linhas de comunicação são rigidamente estabelecidas.

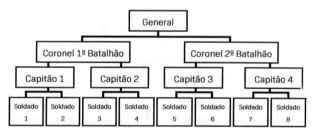

Vantagens	Desvantagens
- estrutura simples e de fácil compreensão e implantação; - clara delimitação das responsabilidades dos órgãos – nenhum órgão ou cargo interfere em área alheia; - estabilidade e disciplina garantidas pela centralização do controle e da decisão. - evita a ambiguidade; - unidade de comando, cada subordinado recebe ordens de um único chefe; - ideal para ambientes estáveis; - aproveita o conhecimento das chefias generalistas; - geralmente só é vantajoso em empresas pequenas.	- o formalismo das relações pode levar à rigidez e à inflexibilidade, dificultando a inovação e adaptação a novas circunstâncias; - a autoridade linear baseada no comando único e direto pode tornar-se autocrática, dificultando o aproveitamento de boas ideias; - chefes tornam-se generalistas e ficam sobrecarregados em suas atribuições na medida em que tudo tem que passar por eles; - com o crescimento da organização, as linhas formais de comunicação se congestionam e ficam lentas, pois tudo deve passar por elas.

Estrutura Funcional

ADMINISTRAÇÃO

É o tipo de organização em que se aplica o princípio funcional ou princípio da especialização. Cada área é especializada em um determinado assunto; é a autoridade em um tema. Dessa forma, ela presta seus serviços às demais áreas de acordo com sua especialidade.

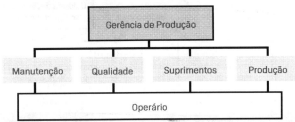

Vantagens	Desvantagens
- proporciona especialização e aperfeiçoamento; - permite a melhor supervisão técnica possível; - comunicações diretas, sem intermediação, mais rápidas e menos sujeitas a distorções; - separa as funções de planejamento e de controle das funções de execução: há uma especialização do planejamento e do controle, bem como da execução, permitindo plena concentração de cada atividade.	- não há unidade de mando, o que dificulta o controle das ações e a disciplina; - subordinação múltipla pode gerar tensão e conflitos dentro da organização; - concorrência entre os especialistas, cada um impondo seu ponto de vista de acordo com sua área de atuação; - coordenação e comunicação entre os departamentos é péssima; - pode gerar ambiguidade; - responsabilidade parcial de cada departamento.

Estrutura Linear-Staff

Nela coexistem os órgãos de linha (de execução) e de assessoria (de apoio e consultoria), mantendo relações entre si. As atividades de linha são aquelas intimamente ligadas aos objetivos da organização (áreas-fim). As atividades de *staff* são as áreas-meio, ou seja, prestam serviços especializados que servem de suporte às atividades-fim.

A autoridade para decidir e executar é do órgão de linha. A área de *staff* apenas assessora, sugere, dá apoio e presta serviços especializados. A relação deve ser sinérgica, pois a linha necessita do *staff* para poder desenvolver suas atividades, enquanto o *staff* necessita da linha para poder atuar.

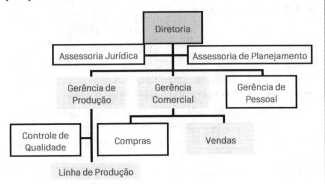

Vantagens	Desvantagens
melhor embasamento técnico e operacional para as decisões; agregar conhecimento novo e especializado à organização; facilita a utilização de especialistas; possibilita a concentração de problemas específicos nos órgãos de staff, enquanto os órgãos de linha ficam livres para executar as atividades-fim.	conflitos entre órgãos de linha e staff: experiências profissionais diversas, visões de trabalho distintas, diferentes níveis de formação; dificuldade de manutenção do equilíbrio entre linha e staff.

Estrutura Divisional ou Unidades Estratégicas de Negócios

Na estrutura divisional, a empresa desmembra sua estrutura em divisões, agregando os recursos e pessoas de acordo com os produtos, clientes e/ou mercados que são considerados importantes.

A vantagem deste modelo é que cada divisão funciona de maneira quase autônoma, independente, facilitando sua gestão. Cada divisão passa a ter seus próprios setores de pessoal, de *marketing*, e logística.

Com isso, estas divisões podem escolher estratégias distintas para atingir seus objetivos. Naturalmente, estas divisões não ficam "totalmente livres" do controle da cúpula da empresa, mas encontram muito mais flexibilidade para gerir seus negócios.

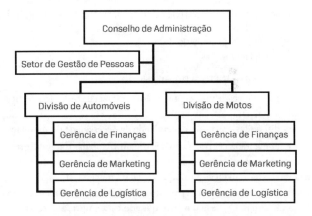

Vantagens	Desvantagens
- foco no resultado; - coordenação em razão do produto e serviço; - favorece a inovação e o crescimento; - comunicação e coordenação intradepartamentais boas.	- custos elevados, duplicidade de órgãos; - dificuldade de integração entre unidades; - a comunicação e a coordenação entre as divisões são péssimas.

Estrutura Matricial

Estas estruturas são um modelo híbrido, que conjuga duas estruturas em uma só. Normalmente, é um somatório de uma estrutura funcional com outra estrutura horizontal, temporária, focada em projetos.

As empresas que atuam com esta estrutura buscam associar as vantagens das duas estruturas, juntando os especialistas funcionais nos projetos mais estratégicos, sempre que necessário.

Ela é chamada de matricial porque seu aspecto é parecido com o de uma matriz. Sua criação foi uma tentativa de conciliar, em uma estrutura rígida e hierárquica, a flexibilidade de uma estrutura temporária.

PROCESSO ADMINISTRATIVO (ORGANIZACIONAL)

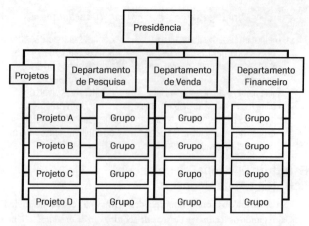

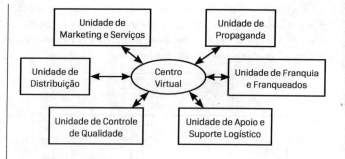

Vantagens	Desvantagens
- máximo aproveitamento de pessoal; - redução de custos; - flexibilidade para aumento e redução de quadro organizacional; - facilidade de apuração de resultado e controle de prazos e custos por projeto; - maior ganho de experiência prática do pessoal; - comunicação e coordenação intradepartamentais boas.	- menor lealdade à instituição; possibilidade de falta de contato entre elementos da mesma especialidade que trabalham em projetos diferentes; - responsabilidade parcial; comunicação e coordenação interdepartamentais péssimas.

Estrutura em Virtual ou em Rede

A antiga ideia de uma organização que "fazia de tudo" (ou verticalizada) ficou para trás. Como ninguém é "bom em tudo", devemos nos aliar a diferentes parceiros, dependendo da necessidade do momento.

Esta é a ideia central das redes organizacionais. Estas surgiram como uma necessidade de que as organizações fossem mais **flexíveis e adaptáveis às mudanças no ambiente**. Desta maneira, se uma empresa necessita de um novo design para seu novo produto, contrata um escritório de *design*. O mesmo ocorre quando esta empresa necessita de distribuir seu produto em um novo mercado – contrata uma empresa especializada em distribuição.

Assim sendo, a empresa pode estabelecer um foco naquilo que melhor sabe fazer e "mudar de rumo" sempre que for necessário. De acordo com este pensamento, surgiram as "organizações em rede" ou as "redes organizacionais".

Como as pessoas demandam cada vez mais produtos e serviços "customizados", essa tendência tem se acelerado. Mais estratégico do que ter capacidades "internas" (e mais estáveis, claro) é ter parceiros dentro de uma rede de atuação que deem este *Know-how* ou competências que possam ser "adquiridas" sempre que necessário.

A flexibilidade ocorre porque a organização passa a contratar qualquer serviço ou produto que precisar diretamente no mercado. Se em um segundo momento esses produtos e serviços não forem mais demandados, poderá cancelar o contrato e trocar de fornecedor, sem precisar demitir funcionários, vender maquinários, dentre outros custos e problemas.

Vantagens	Desvantagens
- negócios virtuais ou unidades de negócios; - baixo custo operacional e administrativo; - competitividade global; - flexibilidade e adaptabilidade a ambientes complexos. - rapidez de respostas às demandas ambientais.	- controle global difícil, riscos e incertezas; - dificuldade de cultura corporativa e lealdades fracas.

2.3 Direção

A direção é a função administrativa que se refere ao relacionamento interpessoal do administrador com seus subordinados. Para que o planejamento e a organização possam ser eficazes, eles precisam ser complementados pela orientação e pelo apoio às pessoas, por meio de adequada comunicação, liderança e motivação, características estas que um administrador deve possuir para conseguir dirigir pessoas com eficiência. Enquanto as outras funções administrativas – planejamento, organização e controle – são impessoais, a direção constitui um processo interpessoal que define as relações entre os indivíduos.

A direção está relacionada diretamente com a atuação sobre as pessoas da organização. Por essa razão, constitui uma das mais complexas funções da administração. Alguns autores preferem substituir a palavra *direção* por liderança ou influenciação. Outros ainda preferem o termo *coaching*. A direção é a fusão de outras duas funções, a coordenação (ajustamento do trabalho) e a liderança.

Para podermos aprofundar na função *direção*, precisamos estudar motivação, pois é questão certa na sua prova também.

2.3.1 Motivação

A motivação define-se pelo desejo de exercer altos níveis de esforço em direção a determinados objetivos, organizacionais ou não, condicionados pela capacidade de satisfazer algumas necessidades individuais.

A motivação é relativa às forças internas ou externas que fazem uma pessoa se entusiasmar e persistir na busca de um objetivo.

Podemos dizer que as principais características básicas da motivação consistem no fato de que ela é um fenômeno individual, ou seja, somos únicos e devemos ser tratados com tal; a motivação é intencional, uma vez que está sob o controle do trabalhador; a motivação é multifacetada, depende tanto do estímulo como da escolha do comportamento empregado.

Outra característica encontrada é que não podemos medir a motivação diretamente. Medimos o comportamento motivado, a ação e as forças internas e externas que influenciam na escolha de ação, pois a motivação não é passível de observação.

A motivação é a força propulsora do comportamento; oferece direção, intensidade, sentido e persistência.

Ciclo Motivacional

Em todo estado de motivação existe um ciclo motivacional. Ele começa com o surgimento de uma necessidade; portanto, sem essa necessidade, não há ciclo. A necessidade traz um estado psicológico no indivíduo causando um desconforto levando a um motivo para sair de determinada situação. Quando as pessoas estão em estado estável, sem essa necessidade, elas tendem a ficar estáticas, acomodando-se nos lugares que ocupam. Por um lado, isso é bom, mas por outro, seres estáticos se acomodam com a situação atual e acabam ficando para trás. Por isso, este incômodo pode ser visto como algo positivo, pois é ele que faz as pessoas se moverem e conseguirem grandes realizações e avanços como seres humanos ou para qualquer outra coisa.

No ciclo motivacional nem sempre a necessidade pode ser satisfeita. Nesses casos ela é liberada na forma de frustrações, causando desconfortos psicológicos como apatia, depressão, entre outros. Porém, quando não é liberada em aspectos psicológicos, pode ser levada para vias fisiológicas, causando problemas no organismo. A necessidade pode também ser transferida para outro lugar, como, por exemplo, a não conquista de uma necessidade é compensada por algum outro benefício.

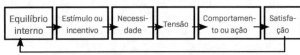

As *etapas do ciclo motivacional, envolvendo a satisfação de uma necessidade*

Tipos de Motivação

Observamos uma divisão no tipo de motivação sabendo que são diversas as causas motivacionais do indivíduo, suas necessidades e expectativas.

Chamamos a motivação de **INTRÍNSECA** quando ela está relacionada com recompensas psicológicas: reconhecimento, respeito, *status*. Esse tipo motivacional está intimamente ligado às ações individuais dos gerentes em relação aos seus subordinados.

Por outro lado, fala-se de motivação **EXTRÍNSECA** quando as causas estão baseadas em recompensas tangíveis: salários, benefícios, promoções, sendo que estas causas independem da gerência intermediária, pois geralmente são determinadas pela alta administração, pelos gerentes gerais.

2.3.2 Principais Teorias Motivacionais

Algumas provas, por exemplo, podem buscar a classificação das teorias em **teorias de conteúdo e teorias de processo**:
- As **teorias de conteúdo** são aquelas que se referem ao conteúdo da motivação, ou seja, **o que** leva o indivíduo a se motivar.
- As **teorias de processos** são aquelas que se referem ao processo motivacional e ao seu funcionamento.

Teorias de conteúdo	Teorias de processo
1. Teoria da Hierarquia das Necessidades de Maslow. 2. Teoria ERC de Alderfer. 3. Teoria dos dois fatores de Herzberg. 4. Teoria X e Y de McGregor. 5. Teoria das Necessidades adquiridas de McClelland.	1. Teoria da Expectativa ou da Expectância de Vroom. 2. Teoria do Reforço – Skinner. 3. Teoria da Equidade - Stacy Adams. 4. Teoria da Autoeficácia – Bandura. 5. Teoria da Definição de Objetivos – Edwin Locke.

Teorias de Conteúdo

As teorias de conteúdo partem do princípio de que os motivos do comportamento humano residem no próprio indivíduo. A motivação para agir e se comportar é originada das forças existentes no indivíduo. Assim, cada pessoa reage de forma diferente a estímulos recebidos.

Teoria da Hierarquia das Necessidades de Maslow

É a teoria mais conhecida sobre motivação, foi proposta pelo psicólogo americano Abraham H. Maslow, baseia-se na ideia de que cada ser humano esforça-se muito para satisfazer suas necessidades pessoais e profissionais. É um esquema que apresenta uma divisão hierárquica em que as necessidades consideradas de nível mais baixo devem ser satisfeitas antes das necessidades de nível mais alto. Segundo esta teoria, cada indivíduo tem de realizar uma "escalada" hierárquica de necessidades para atingir a sua plena autorrealização.

Para tanto, **Maslow** definiu uma série de cinco necessidades do ser, que são explicadas uma a uma a seguir:

Autorrealização	Desejo da pessoa de se tornar "tudo o que é capaz", crescimento profissional, etc.
Estima	Necessidade de respeito próprio, reconhecimento, status, etc.
Sociais	Necessidade de pertencimento: ter amigos, ter um bom ambiente de trabalho, etc.
Segurança	Ausência de ameaças e perigos: trabalho seguro, sem poluição, tranquilidade financeira
Fisiológicas	Necessidades mais básicas de todo ser-humano: ar, comida, água, etc.

Alguns aspectos sobre a Hierarquia de Necessidades de Maslow
- Para alcançar uma nova etapa, a anterior deve estar satisfeita. Isso se dá uma vez que, quando uma etapa está satisfeita, ela deixa de ser o elemento motivador do comportamento do ser, fazendo com que outra necessidade tenha destaque como motivação.
- Os 4 primeiros níveis dessas necessidades podem ser satisfeitos por aspectos extrínsecos (externos) ao ser humano, e não apenas por sua vontade.
- **Importante!** A necessidade de autorrealização nunca é saciada, ou seja, quanto mais se sacia, mais a necessidade aumenta.
- Acredita-se que as necessidades fisiológicas já nascem com o indivíduo. As outras mostradas no esquema acima se adquirem com o tempo.
- As necessidades primárias, ou básicas, satisfazem-se mais rapidamente que as necessidades secundárias, ou superiores.
- O indivíduo será sempre motivado pelas necessidades que se apresentarem mais importantes para ele.
- De acordo com Maslow, há uma hierarquia na satisfação das necessidades, indo da base para o topo.
- De acordo com os teóricos atuais, não há hierarquia entre as necessidades; tudo depende da prioridade de cada indivíduo. (BOLD)

Essa teoria está perdendo cada vez mais força, mas ainda é considerada importante pela excelente divisão das necessidades.

Teoria ERC ou ERG de Clayton Alderfer

Basicamente, é uma adaptação da teoria da hierarquia das necessidades de Maslow.

Alderfer procurou adequar os estudos de Maslow para que a teoria pudesse refletir os dados de suas pesquisas.

PROCESSO ADMINISTRATIVO (ORGANIZACIONAL)

A primeira diferença é o fato de que Alderfer reduziu os níveis hierárquicos para três: de existência, de relacionamento e de crescimento (em inglês: *grow*).

01. **Necessidades de existência (*existence*):** incluem as necessidades de bem-estar físico: existência, preservação e sobrevivência. Abarcam as necessidades básicas de Maslow, ou seja, as fisiológicas e as de segurança.

02. **Necessidades de relacionamento (*relatedness*):** são as necessidades de relacionamentos interpessoais, ou seja, de sociabilidade e relacionamento social. Podem ser associadas às necessidades sociais e de estima de Maslow.

03. **Necessidades de crescimento (*grow*):** são as necessidades que o ser humano tem de desenvolver seu potencial e crescer. Relacionam-se com as necessidades de realização de Maslow.

Outra diferença está no fato de que na teoria ERC não existe uma hierarquia tão rígida. Vários níveis de necessidades podem ser estimulados ao mesmo tempo – a satisfação de um nível anterior não seria um pré-requisito para a satisfação do nível seguinte.

Além disso, se um nível de necessidade superior não for atendido, isso pode levar a pessoa a aumentar a necessidade de nível inferior. Exemplo: a falta de reconhecimento no trabalho poderia aumentar a demanda por melhores salários.

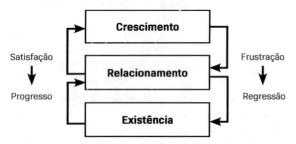

Teoria das Necessidades Adquiridas de David McClelland

De acordo com McClelland, a motivação é relacionada com a satisfação de certas necessidades adquiridas dos indivíduos. Estas necessidades seriam geradas por meio da própria experiência das pessoas, de sua vivência.

01. **Necessidade de Realização (Competir):** é o desejo de ser excelente, de ser melhor, de ser mais eficiente; as pessoas com essas necessidades gostam de correr riscos calculados, de ter responsabilidades, de traçar metas.

02. **Necessidade de Poder (Exercer influência):** é o desejo de controlar os outros e de influenciá-los. Pessoas assim têm grande poder de argumentação e esse poder pode ser tanto positivo quanto negativo; elas procuram assumir cargos de liderança.

03. **Necessidade de Afiliação (Relacionar-se):** reflete o desejo de interação social, de contatos interpessoais, de amizades e de poucos conflitos. Pessoas com essas necessidades colocam seus relacionamentos acima das tarefas.

As principais conclusões que podemos tirar dessa teoria são:

04. As pessoas se sentem muito motivadas quando o trabalho têm bastante responsabilidade, um grau médio de riscos e bastante *feedback*.

05. Uma grande necessidade de realização não faz de alguém, necessariamente, um bom gestor, mas faz com que ela busque o desempenho para atingir as metas fixadas. Isso acontece porque pessoas preocupadas demais em realizar os objetivos não costumam se importar tanto em fazer com que os membros de uma equipe melhorem seu desempenho. Os bons gerentes gerais não costumam ter uma alta necessidade de realização.

06. As necessidades de poder e afiliação estão intimamente ligadas ao sucesso gerencial. Os melhores gestores são aqueles que possuem grande necessidade de poder e baixa necessidade de afiliação. Pode-se considerar que uma grande motivação pelo poder é requisito para a eficácia administrativa.

Trata-se, como se vê, de uma teoria com bastante suporte, mas que possui dificuldades em se operacionalizar, dado que é custoso e demorado conseguir identificar as necessidades do indivíduo sob esta teoria, já que elas são subconscientes.

Teoria dos Dois Fatores de Herzberg

A Teoria dos Dois Fatores de Herzberg é uma das teorias motivacionais mais importantes, sendo também chamada de Teoria da Higiene-Motivação.

Segundo essa teoria, a motivação para o trabalho resulta de dois fatores:

- **Fatores Higiênicos:** referentes ao **AMBIENTE DE TRABALHO**, também chamados de fatores extrínsecos ou profiláticos. Eles **evitam a insatisfação** caso estejam presentes. Incluem aspectos como qualidade da supervisão, remuneração, políticas da empresa, condições físicas de trabalho, relacionamento com colegas e segurança no emprego, benefícios, estilos de gestão, políticas da empresa;

- **Fatores Motivacionais:** referentes ao **CONTEÚDO DO CARGO**, ou seja, ao próprio trabalho, sendo também chamados de fatores intrínsecos. São responsáveis pela existência de satisfação dos funcionários. Incluem aspectos como chances de promoção, oportunidades de crescimento pessoal, reconhecimento, responsabilidades e realização.

Fatores Motivacionais	Fatores Higiênicos
Trabalho em si.	Condições de trabalho.
Realização.	Administração da empresa.
Reconhecimento.	Salário.
Progresso.	Relações com o supervisor.
Responsabilidade.	Benefícios e incentivos sociais.

- A satisfação no cargo depende dos fatores motivacionais.
- A insatisfação no cargo depende dos fatores higiênicos.

Convém compreender que, para a Teoria dos Dois Fatores, **a satisfação não é o oposto da insatisfação.** (TODA A FRASE EM BOLD)

Na verdade, na ausência de fatores higiênicos, haveria a insatisfação; enquanto que, na sua presença, chegar-se-ia a um "ponto neutro", chamado de não insatisfação.

Enquanto isso, na ausência de fatores motivacionais, haveria, quanto a esses fatores, um estado de não satisfação. Se eles estiverem presentes, haveria um estado de satisfação.

Para que o trabalhador se sinta motivado, é necessário que ele possua fatores extrínsecos satisfeitos (para evitar a desmotivação) e fatores motivacionais também satisfeitos (para que se gere a motivação).

Teoria X e Y de Douglas McGregor

As Teorias X e Y são antagônicas quanto à sua visão do ser humano. Ambas foram desenvolvidas por Douglas McGregor, de acordo com sua observação do comportamento dos gestores com relação aos funcionários.

De acordo com os pressupostos da **Teoria X**, as pessoas: são preguiçosas e indolentes; evitam o trabalho; evitam a responsabilidade para se sentirem mais seguras; precisam ser controladas e dirigidas; são ingênuas e sem iniciativa.

Se o gestor tem esta visão negativa das pessoas, ele tende a ser mais controlador e repressor, a tratar os subordinados de modo mais rígido, a ser autocrático, a não delegar responsabilidades.

Nas pressuposições da **Teoria Y**, o trabalho é uma atividade tão natural como brincar ou descansar, portanto, as pessoas: são esforçadas e gostam de ter o que fazer; procuram e aceitam responsabilidades e desafios; podem ser automotivadas e autodirigidas; são criativas e competentes.

Como o gestor acredita no potencial dos funcionários, ele incentiva a participação, delega poderes e cria um ambiente mais democrático e empreendedor.

Teoria X	Teoria Y
Um indivíduo comum, em situações comuns, evitará sempre que possível o trabalho.	O indivíduo comum não só aceita a responsabilidade do trabalho, como também as procura.
Alguns indivíduos só trabalham sob forte pressão.	O controle externo e a ameaça não são meios adequados de se obter trabalho.
Precisam ser forçados, controlados para que se esforcem em cumprir os objetivos.	O dispêndio de esforço no trabalho é algo natural.
É preguiçoso e prefere ser dirigido, evita as responsabilidades, tem ambições e, acima de tudo, deseja sua própria segurança.	São criativos e incentivos, buscam sempre a solução para os problemas da empresa.
O indivíduo é motivado pelo menor esforço, demandando um acompanhamento por parte do líder.	São pessoas motivadas pelo máximo esforço, demandando uma participação maior nas decisões e negociações inerentes ao seu trabalho.
São ameaçados com punições severas para que se esforcem em cumprir os objetivos estabelecidos pela organização.	O atingimento dos objetivos da organização está ligado às recompensas associadas e não ao controle rígido e às punições.
O homem comum busca, basicamente, segurança.	Os indivíduos são criativos e inventivos, buscam sempre a solução para os problemas da empresa.

Teorias de Processo

Enquanto as teorias de conteúdo se preocupam com as necessidades, as teorias de processo procuram verificar como o comportamento é ativado, dirigido, mantido e ativado.

Teoria da Expectativa ou da Expectância de Vroom

A Teoria da Expectativa (também chamada de Expectância), de Victor Vroom, é uma das teorias da motivação mais amplamente aceitas para o contexto organizacional atual.

Sua ideia central é a seguinte: os funcionários ficarão motivados para um trabalho quando acreditarem que seu esforço gerará o desempenho esperado pela organização e que esse desempenho fará com que ele receba recompensas da organização, que servirão para a satisfação de suas metas pessoais.

Parece complexo, mas vamos desdobrar o que foi dito acima em três aspectos centrais. Assim, as relações que influenciam a motivação do funcionário na organização são as seguintes:

01. **Relação esforço-desempenho (Expectância):** trata-se da crença do funcionário de que seu esforço gerará o desempenho esperado e que esse resultado será percebido pela organização em sua avaliação de desempenho.
02. **Relação desempenho-recompensa (Instrumentalidade):** trata-se da crença de que ao atingir os objetivos fixados para si, o funcionário receberá recompensas da organização, como remuneração variável, bônus, folgas, etc.
03. **Relação recompensa-metas pessoais (Valência):** trata-se do grau em que as recompensas que o funcionário recebe da organização servem para ele possa atingir as próprias metas pessoais.

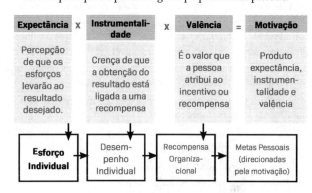

Teoria do Reforço - Skinner

A ideia principal dessa teoria é a de que o reforço condiciona o comportamento, sendo que este é determinado por experiências negativas ou positivas, devendo o gerente estimular comportamentos desejáveis e desencorajar comportamentos não agradáveis.

O reforço positivo se dá de várias formas, tais como: premiações, promoções e até um simples elogio a um trabalho bem feito. São motivadores vistos que incentivam o alto desempenho.

O reforço negativo condiciona o funcionário a não se comportar de maneira desagradável. Tal reforço atua por meio de repreensões, chegando até a demissão.

Conforme Schermerhorn (1996 apud CHIAVENATO, 2005, p. 486-487), **existem quatro estratégias de modificação de comportamento organizacional**:

- **Reforço positivo: para aumentar a frequência ou intensidade do comportamento desejável, relacionando com as consequências agradáveis e contingentes à sua ocorrência. Exemplo:** um administrador que demonstra aprovação por uma atitude de um funcionário; uma organização que concede um prêmio financeiro a um funcionário por uma boa sugestão.
- **Reforço negativo:** para aumentar a frequência ou intensidade do comportamento desejável pelo fato de evitar uma consequência desagradável e contingente à sua ocorrência. Um gerente deixa de repreender o funcionário faltoso ou deixa de exigir que não mais cometa determinada falta.
- **Punição:** para diminuir a frequência ou eliminar um comportamento indesejável pela aplicação da consequência desagradável e contingente à sua ocorrência. Um administrador repreende o funcionário ou suspende o pagamento de bônus ao funcionário que atrasa indevidamente o seu trabalho.

PROCESSO ADMINISTRATIVO (ORGANIZACIONAL)

- **Extinção:** para diminuir a frequência ou eliminar um comportamento indesejável pela remoção de uma consequência agradável e contingente à sua ocorrência. Um administrador observa que um empregado faltoso recebe aprovação social de seus colegas e aconselha os colegas a não praticarem mais tal aprovação. A extinção não encoraja nem recompensa.

Teoria da Equidade - Stacy Adams

Para Stacy Adams, todos fazem uma comparação entre o que "entrega" e o que "recebe" em troca (pela empresa e colegas). Assim, a noção de que a relação é justa teria um impacto significativo na motivação.

Equidade, neste caso, é a relação entre a contribuição que o indivíduo dá em seu trabalho e as recompensas que recebe, comparadas com as recompensas que os outros recebem em troca dos esforços empregados. É uma relação de comparação social.

A Teoria da Equidade focaliza a relação dos resultados para os esforços empreendidos em relação à razão percebida pelos demais, existindo assim a EQUIDADE. Porém, quando essa relação resulta em um sentimento de desigualdade, ocorre a INEQUIDADE, podendo esta ser *negativa*, quando o trabalhador recebe menos que os outros, e positiva, quando o trabalhador recebe mais que os outros.

Se alguma dessas duas condições acontece, o indivíduo poderá se comportar da seguinte forma:

- Apresentará uma redução ou um aumento em nível de esforço.
- Poderá fazer tentativas para alterar os resultados.
- Poderá distorcer recursos e resultados.
- Poderá mudar de setor ou até de emprego.
- Poderá provocar mudanças nos outros.
- E, por fim, poderá trocar o grupo ao qual está se comparando.

A equidade é subjetiva: o que pode parecer justo para o superior pode não parecer justo para o subordinado. Por isso, a maior importância recai sobre o que o ambiente percebe como justo, e não sobre o que o gerente acredita ser justo.

Teoria da Autoeficácia - Bandura

Segundo esta teoria, a motivação e o desempenho de um indivíduo podem ser determinados pelo quanto este indivíduo acredita que pode ser eficiente desenvolvendo as tarefas (SPECTOR, 2006). Isso significa que pessoas com alto nível de **autoeficácia** são motivadas a fazer tarefas, pois acreditam que podem desempenhá-las bem, e pessoas com baixo nível de **autoeficácia** não se motivam por certas tarefas por não acreditarem no sucesso de suas ações para desenvolvê-las.

Utilizando o pensamento de Bandura, *apud* Yassudaetall (2005), pode-se dizer que a teoria da autoeficácia prevê que a confiança que o indivíduo tem em sua capacidade é uma grande fonte de motivação e é reguladora de suas atitudes. Quando uma pessoa se percebe capaz de realizar algo, esforça-se mais e tem mais motivação para concluir sua tarefa do que o indivíduo com baixo nível de autoeficácia.

Fique ligado

Autoeficácia é a percepção que temos de que somos capazes, competentes e aptos para realizar um trabalho. Assim, torna-se necessária para a motivação. Masquando é elevada demais, é um obstáculo para o aprendizado, pois o indivíduo acredita que já não precisa melhorar mais, porque está no nível de excelência.

Assim, este estudo afirma que uma pessoa esforça-se mais em tarefas que acredita ter maior grau de autoeficácia para realizar, e que a autoeficácia das pessoas pode variar de acordo com a tarefa que terão que realizar (SPECTOR, 2006).

Bandura também apresenta quatro fontes possíveis para autoeficácia: a fonte mais importante seria o próprio desempenho da pessoa nas tarefas em um determinado domínio. A autoeficácia também pode ser influenciada pela observação do desempenho de outras pessoas - que pode nos levar a concluir que faríamos melhor ou pior do que os outros fazem. Outra fonte da autoeficácia seria a persuasão verbal de outras pessoas, que podem nos convencer de que somos ou não capazes de realizar algo. Finalmente, a percepção de nossos estados fisiológicos também pode afetar nossa autoeficácia, pois se nos sentimos ansiosos, amedrontados frente a certas tarefas, podemos inferir que nos sentimos assim porque não somos capazes de realizá-las (BANDURA *apud* YASSUDA *et all*, 2005, p.1).

Teoria da Definição de Objetivos – Edwin Locke

A Teoria da Definição de Objetivos desenvolvida por Edwin Locke preconiza que a motivação das pessoas está intrinsecamente ligada à busca de alcance de objetivos. O objetivo sinaliza às pessoas o que precisa ser feito e quanto esforço elas terão de despender para o seu alcance.

É uma abordagem cognitiva que sustenta que o comportamento de uma pessoa é orientado por seus propósitos.

Está fundamentada em alguns pressupostos:

01. Objetivos bem definidos e mais difíceis de serem alcançados levam a melhores resultados do que metas genéricas e abrangentes.
02. Objetivos difíceis, para pessoas capacitadas, elevam o desempenho.
03. A retroação a respeito do desempenho provoca melhor desempenho. Quando a retroação é autogerenciada, é mais poderosa que a retroação externa.
04. Objetivos construídos com a participação dos funcionários, que terão que atingi-los para que surtam mais resultados.
05. Pessoas com alta autoeficácia tendem a concluir com êxito as tarefas. Pessoas com baixa autoeficácia precisam de maior retroação externa.
06. A definição individual de objetivos funciona melhor para tarefas individuais e independentes.

2.3.3 Estilos de Direção

Os Sistemas Administrativos

Dentro desse filão, Likert, outro expoente da teoria comportamental, fez uma pesquisa levando em conta algumas variáveis comportamentais importantes. Dentre elas, estão o processo decisorial, os sistemas de comunicação, o relacionamento interpessoal dos membros e os sistemas de punições e recompensas adotados pelas organizações.

- **Processo decisorial.** O administrador pode centralizar totalmente em suas mãos todas as decisões dentro da organização (centralização) ou pode descentralizar totalmente as decisões de maneira conjunta e participativa com as pessoas envolvidas (descentralização). Ele pode adotar uma supervisão direta, rígida e fechada sobre as pessoas (estilo autocrático) até uma supervisão genérica, aberta, democrática e orientadora que permite ampla autodireção e autocontrole por parte das pessoas (estilo democrático).
- **Sistemas de comunicação.** O administrador pode adotar fluxos descendentes de ordens e instruções e fluxos ascendentes de relatórios para informação (comunicação vertical e rígida), ou pode adotar sistemas de informação desenhados para proporcionar acesso a todos os dados necessários ao desempenho (comunicação vertical e horizontal intensa e aberta).

- **Relacionamento interpessoal.** O administrador pode adotar cargos com tarefas segmentadas e especializadas (cargos especializados, individualizados e confinados em que as pessoas não podem se comunicar entre si) ou pode adotar desenhos de cargos que permitam o trabalho em grupo ou em equipe em operações autogerenciadas e autoavaliadas (cargos enriquecidos e abertos).
- **Sistemas de punições e recompensas.** O administrador pode adotar um esquema de punições que obtenha a obediência por meio da imposição de castigos e medidas disciplinares (ênfase nas punições e no medo), ou pode adotar um esquema de recompensas materiais e simbólicas para obter a aceitação, a motivação positiva e o comprometimento das pessoas (ênfase nas recompensas e no estímulo).

Likert chegou à conclusão de que as variáveis comportamentais escolhidas para sua pesquisa variam e se comportam como continuons.

Em função dessa continuidade, chegou à conclusão de que existem quatro sistemas administrativos.

Sistema 1: Autoritário-Coercitivo

No extremo esquerdo do *continuum*, o Sistema 1 constitui o sistema mais fechado, duro e arbitrário de administrar uma organização. É totalmente coercitivo e coativo, impondo regras e regulamentos, e exige rígida e cega obediência. As decisões são monopolizadas na cúpula da organização. Impede a liberdade, nega a informação, restringe o indivíduo e faz com que ele trabalhe isoladamente dos demais. Há forte desconfiança em relação às pessoas e impede-se qualquer contato interpessoal. Para incentivar as pessoas a trabalharem, utiliza punições e castigos - a motivação negativa - de modo a impor intimidação e medo e reforçar a obediência cega.

Sistema 2: Autoritário-Benevolente

O Sistema 2 é também um sistema autoritário. Todavia, é benevolente e menos coercitivo e fechado do que o anterior. Permite alguma delegação das decisões em níveis mais baixos, desde que essas decisões sejam repetitivas e operacionais e sujeitas à confirmação da cúpula. As restrições à liberdade são menores do que no Sistema 1; oferece-se alguma informação, já que o fluxo vertical de informações traz ordens e comandos de cima para baixo e informações de baixo para cima a fim de abastecer o processo decisório. Existe ainda uma grande desconfiança das pessoas, mas permite-se algum relacionamento entre elas, como certa condescendência da organização. O sistema utiliza punições e castigos, mas já se preocupa com recompensas, que são estritamente materiais e salariais, frias e calculistas.

Sistema 3: Consultivo

O Sistema 3 já é mais aberto do que os anteriores. Deixa de ser autocrático e impositivo para dar alguma margem de contribuição das pessoas. Daí a sua denominação do sistema consultivo. Proporciona descentralização e delegação das decisões, permitindo que as pessoas possam envolver-se no processo decisorial da organização. O sistema se apoia em boa dose de confiança nas pessoas, permitindo que elas trabalhem ocasionalmente em grupos ou em equipes. As comunicações são intensas e o seu fluxo é vertical - acentuadamente ascendente e descendente - com algumas repercussões laterais ou horizontais. O sistema utiliza mais recompensas - que são predominantemente materiais e ocasionalmente sociais - e poucas punições.

Sistema 4: Participativo

No extremo direito do *continuum* está o Sistema 4, que constitui o sistema mais aberto e democrático de todos. É denominado sistema participativo, pois incentiva total descentralização e delegação das decisões aos níveis mais baixos da organização, exigindo apenas um controle dos resultados por parte da cúpula. As decisões passam a ser tomadas diretamente pelos executores das tarefas. O sistema se apoia em total confiança nas pessoas e no seu *empoderamento* (*empowerment*), incentivando a responsabilidade e o trabalho conjunto em equipe. As comunicações constituem o núcleo de integração do sistema, e seu fluxo é tanto vertical como horizontal para proporcionar envolvimento total das pessoas no negócio da organização. O sistema utiliza amplamente as recompensas salariais como parte do seu esquema de remuneração variável pelo alcance de metas e resultados, bem como recompensas sociais ou simbólicas. As punições são raras e, quando acontecem, são decididas e administradas pelas equipes ou grupos de trabalho.

Mas, o que determina o tipo de administração a ser desenvolvido pelo administrador? Geralmente, a consistência entre meios e fins. E aqui reside um dos principais aspectos da teoria administrativa. Essa consistência depende de conceitos e teorias a respeito da natureza das pessoas, como elas se comportam nas organizações e como os administradores devem se comportar nesse conjunto. Os sistemas administrativos de Likert constituem uma notável contribuição da escola comportamental para a avaliação do grau de abertura e democratização das organizações. As organizações bem-sucedidas estão migrando decidida e rapidamente para o lado direito do *continuum* descrito - Sistema 4 - e adotando posturas altamente participativas e democráticas com relação às pessoas que nelas trabalham.

2.3.4 O Papel da Direção

Para a Teoria Comportamental, o papel do administrador é promover a integração e articulação entre as variáveis organizacionais e as variáveis humanas, focalizando o ambiente e, mais especificamente, o cliente. De um lado, as variáveis organizacionais, como missão, objetivos, estrutura, tecnologia, tarefas etc.; e de outro, as variáveis humanas, como habilidades, atitudes, competências, valores, necessidades individuais etc., que devem ser devidamente articuladas e balanceadas. As ações de planejar, organizar, controlar e, principalmente, dirigir servem exatamente para proporcionar essa integração e articulação.

Para alcançar uma adequada integração e articulação entre as variáveis organizacionais e as variáveis humanas, o administrador deve utilizar vários mecanismos, como as variáveis comportamentais estudadas por Likert: o processo decisório, os sistemas de comunicação, o relacionamento interpessoal dos membros e o sistema de punições e recompensas.

Por meio desses mecanismos de integração, o papel do administrador se estende por uma ampla variedade de alternativas, que vão desde o Sistema 1 até o Sistema 4 de Likert. O administrador exerce direção, toma decisões e influencia e motiva as pessoas. Ele comunica e estrutura as organizações e desenha cargos e tarefas que repercutem no relacionamento interpessoal dos membros. Ele incentiva as pessoas sob diferentes aspectos. Em cada uma dessas áreas, o papel do administrador pode variar entre comportamentos ou abordagens alternativos.

A Direção e as Pessoas

As mais recentes abordagens administrativas enfatizam que são as pessoas que fazem a diferença nas organizações. Em outras palavras, em um mundo onde a informação é rapidamente disponibilizada e compartilhada pelas organizações, sobressaem aquelas que são capazes de transformá-la rapidamente em oportunidades em termos de novos produtos e serviços antes que outras organizações o façam. E isso somente pode ser conseguido com a ajuda das pessoas que sabem utilizá-la adequadamente, e não apenas com a tecnologia que pode ser adquirida no mercado. São as pessoas - e não apenas a tecnologia - que fazem a diferença. A tecnologia pode ser adquirida por qualquer organização com relativa facilidade nos balcões do mercado. Bons funcionários requerem um investimento muito mais longo em termos de capacitação quanto a habilidades e conhecimentos e, sobretudo, de confiança e comprometimento pessoal.

Ouchi deu o nome de **Teoria Z** para descrever o esquema de administração adotado pelos japoneses, cujos princípios são:
- Filosofia de emprego em longo prazo.
- Poucas promoções verticais e movimentos em cargos laterais.
- Ênfase no planejamento e desenvolvimento da carreira.
- Participação e consenso na tomada de decisões.
- Envolvimento dos funcionários.

É certo que todos esses princípios são válidos para o Japão e sua peculiar cultura oriental e tradições milenares. Mas todos eles podem ser simplesmente transplantados para um país como o nosso, com hábitos e costumes totalmente diferentes. Contudo, alguns aspectos mostram que confiança, consenso e envolvimento das pessoas no negócio são fatores inequívocos de sucesso organizacional. Em qualquer lugar do mundo, é bom não perdê-los de vista.

Conceito de Grupo Social

No passado, prevaleceu por longas décadas a noção de que os indivíduos constituíam o elemento básico na construção dos blocos organizacionais e da dinâmica organizacional. O tempo, a experiência e os resultados serviram para descartar essa noção míope e errônea, e as organizações mais avançadas passaram a redesenhar os seus processos organizacionais construídos sobre e ao redor de indivíduos para remodelá-los inteiramente no nível de grupos de trabalho. Um grande número de organizações está caminhando rápida e definitivamente nessa direção: a ideia é sair do nível do átomo ou da molécula e passar a selecionar grupos - e não mais indivíduos - treinar, remunerar, promover, liderar e motivar grupos, e uma enorme extensão de atividades organizacionais, no sentido de utilizar não mais as pessoas de maneira confinada e isolada, mas grupos de trabalho atuando coesa e conjuntamente. Chegou, portanto, a hora de levar os grupos a sério.

Um grupo pode ser definido como um conjunto de dois ou mais indivíduos que estabelecem contatos pessoais, significativos e propositais, uns com os outros, em uma base de continuidade, para alcançar um ou mais objetivos comuns. Nesse sentido, um grupo é muito mais do que um simples conjunto de pessoas, pois seus membros se consideram mutuamente dependentes para alcançar os objetivos e interagem uns com os outros regularmente para o alcance desses objetivos no decorrer do tempo. Todas as pessoas pertencem a vários grupos, dentro e fora de organizações. Por outro lado, os administradores estão participando e liderando as atividades de muitos e diferentes grupos em suas organizações.

Existem grupos formais e informais. Um grupo formal é um grupo oficialmente designado para atender a um específico propósito dentro de uma organização. Algumas unidades de grupo são permanentes e até podem aparecer nos organogramas de muitas organizações na figura de departamentos (como departamentos de pesquisa de mercado), divisões (como divisão de produtos de consumo) ou de equipes (como equipe de montagem de produtos). Um grupo permanente pode variar de tamanho, indo desde um pequeno departamento ou uma equipe de poucas pessoas até grandes divisões com centenas de pessoas envolvidas. Em todos esses casos, os grupos formais compartilham a característica comum de serem criados oficialmente para desempenhar certas tarefas em uma base duradoura, e continuam sua existência até que alguma decisão mude ou reconfigure a organização por alguma razão.

Os grupos temporários são criados para específicos propósitos e se dissolvem quando tal propósito é alcançado ou cumprido. Certos comitês ou forças-tarefa designados para resolver problemas específicos ou cumprir atribuições especiais são exemplos típicos de grupos temporários. O presidente de uma organização pode solicitar uma força-tarefa para estudar a viabilidade de adotar horário flexível para o pessoal de nível gerencial da empresa. Alguns grupos temporários requerem apenas um líder ou orientador, e não um gerente para alcançar bons resultados.

Por outro lado, muitas organizações utilizam grupos informais que emergem extraoficialmente e que não são reconhecidos como parte da estrutura formal da organização. São grupos amigáveis que se compõem de pessoas com afinidades naturais entre si e que trabalham juntas com mais facilidade. Os grupos de interesses são compostos de pessoas que compartilham interesses comuns e que podem ter interesses relacionados com o trabalho, como serviços comunitários, esportes ou religião.

Quaisquer que sejam os tipos de grupos de trabalho, é inegável a sua enorme utilidade para as organizações.

2.3.5 Trabalho em Equipe

A formação de uma boa equipe que conquiste excelentes resultados tem sido uma busca cada vez mais frequente em qualquer tipo de organização. A tradicional reunião de pessoas em busca de objetivos comuns, que, no passado, era chamada de equipe, hoje é entendida como sendo, na verdade, apenas agrupamento, ou grupo. A verdadeira equipe é aquela que possui objetivos claros, sabe exatamente onde deve chegar, cresce enquanto equipe, mas que respeita e incentiva o crescimento de cada um dos seus componentes. Dessa forma, muito mais do que retratar o papel das equipes na organização, pretende-se descrever os tipos de personalidade, de modo que se consiga uma formação, por meio de uma melhor análise, de equipes de elevado desempenho, com personalidades que venham sempre a somar.

O que é uma Equipe?

A equipe é um grupo de pessoas, em que seus participantes se conhecem, relacionam-se diretamente, havendo ainda uma unidade de espírito e de ação. Quando se focalizam as equipes, verifica-se que os resultados que elas querem atingir são os objetivos da organização.

A equipe traz consigo a ação, a execução do trabalho, agrupando profissionais de categorias diferentes ou não, complementando-se, articulando-se e dependendo uns dos outros para objetivos comuns.

Objetivos do Trabalho em Equipe

As organizações que se baseiam no trabalho em equipe buscam evitar condições opressivas de trabalho e as substituem por processos e políticas que estimulam as pessoas a trabalharem efetivamente para objetivos comuns. Conforme MOSCOVICI (1996) *"(...) desenvolver uma equipe é ajudar a aprender e a institucionalizar um processo constante de autoexame e avaliação das condições que dificultam seu funcionamento efetivo, além de desenvolver habilidades para lidar eficazmente com esses problemas."*

É necessário que uma equipe possua objetivos, para que consiga se manter e se desenvolver. Os objetivos são de suma importância para o trabalho em equipe, pois guiam as ações dos participantes do grupo, que coordenam e planejam seus esforços. Servem ainda para delimitar critérios a fim de resolver conflitos interpessoais, de maneira a promover a melhoria do trabalho, que passa a ser constantemente avaliado, analisado e revisado. Os objetivos, quando imediatos, têm maior significado para a equipe. Devem servir como passos intermediários para os objetivos principais.

ADMINISTRAÇÃO

Tipos de Equipes

PARKER (1995) divide as equipes em três tipos específicos, cada qual com as suas características.

A **equipe funcional** é formada por um chefe e seus subordinados diretos e tem sido a marca da empresa moderna. Questões como autoridade, relações, tomada de decisão, liderança e gerenciamento demarcado são simples e claras.

A **equipe autogerenciável** é um grupo íntegro de colaboradores responsáveis por todo um processo ou segmento de trabalho, que oferece um produto ou serviço a um cliente interno ou externo. Em diferentes instâncias, os membros da equipe trabalham em conjunto para melhorar as suas operações, lidar com os problemas do dia a dia e planejar e controlar as suas atividades.

E a **equipe interfuncional**, às vezes chamada de **equipe multidisciplinar**, faz parte da silenciosa revolução que atualmente vem abrangendo as organizações. PARKER (1995) diz que *"(...) as possibilidades para esse tipo de equipe parecem ser ilimitadas. Encontro-as nos mais diversos ramos de atividade, desempenhando uma gama de funções igualmente amplas, até então praticadas isoladamente."* Ainda sob o enfoque de PARKER (1995), *"(...) equipes interfuncionais estão ajudando a agilizar o processo de desenvolvimento de produtos, melhorar o enfoque dado ao cliente, aumentar a capacidade criativa da empresa, oferecer um fórum para o aprendizado organizacional e servir de ponto único de contato para clientes, fornecedores e outros envolvidos."*

Equipe virtual - as pessoas estão separadas fisicamente, mas unidas pela TI (Tecnologia da Informação).

Equipe temporária - as pessoas estão unidas por um período de tempo específico; após esse prazo, a equipe é desfeita.

Equipe força-tarefa - é uma equipe temporária, montada para resolver um problema específico.

Equipe transversal - é formada por pessoas de departamentos diferentes e níveis organizacionais diferentes.

Estágio de Desempenho de Equipes

De acordo com KATZENBACH e SMITH (apud MOSCOVICI, 1996), a curva de desempenho da equipe permite classificá-la de acordo com o modo de funcionamento em uma das cinco posições:

Pseudo-equipe: neste grupo, pode-se definir um trabalho, mas não há preocupação com o desempenho coletivo apreciável. Prevalece a individualidade.

Grupos de trabalho: não existe estímulo para transformar-se em equipe. Os membros partilham informações entre si, porém são mantidas, de forma individual, as responsabilidades e objetivos. Não se produz desempenho coletivo.

Equipe potencial: existe intenção de produzir o desempenho coletivo. Necessita-se assumir compromisso quanto ao resultado de grupo e se requerem esclarecimentos das finalidades, dos objetivos e da abordagem de tarefa.

Equipe real: composta de pessoas que, além de possuírem habilidades que se complementam, comprometem-se umas com as outras, por meio da missão e dos objetivos comuns e da abordagem de trabalho bem definida. Existe confiança entre os membros do grupo, assumindo responsabilidade plena sobre o desempenho.

Equipe de elevado desempenho: equipe com membros profundamente comprometidos com o crescimento pessoal de cada indivíduo e com o sucesso deles mesmos e dos outros. Possuem resultados muito além das expectativas. Na análise de MANZ e SIMS (1996), com coautores de Empresas sem chefes, instalando equipes de elevado desempenho, tem-se:

a) aumento na produtividade;
b) melhora na qualidade;
c) melhora na qualidade de vida profissional dos funcionários;
d) redução no nível de rotatividade de pessoal e absenteísmo;
e) redução no nível de conflito;
f) aumento na inovação;
g) aumento na flexibilidade; e
h) obtenção de economia de custos da ordem de 30% a 70%.

É necessário aprender a trabalhar em equipe, sabendo-se que uma equipe não começa a funcionar eficientemente no momento em que é criada. Conforme KOPITTKE (2000) *"é necessário um tempo para que a equipe se alinhe."* Em um importante estudo, feito nos anos 70, o psicólogo Tuckman identificou quatro estágios de desenvolvimento de equipes que visam ao sucesso, conforme relata KOPITTKE (2000), sendo eles:

a) **formação:** neste estágio, as pessoas ainda estão aprendendo a lidar umas com as outras; pouco trabalho é feito;
b) **tormenta:** tem-se uma época de difícil negociação das condições sob as quais a equipe vai trabalhar;
c) **aquiescência:** é a época na qual os papéis são aceitos (posse do problema) e as informações circulam livremente;
d) **realização:** quando a execução do trabalho atinge níveis ótimos (não há mais problema).

Habilidades para o Trabalho em Equipe

As competências para um bom desempenho no trabalho em equipe diferem das competências necessárias ao trabalho individual. A seguir, estão explicitadas essas competências:

a) **cooperar:** participar voluntariamente, apoiar as decisões da equipe, fazer a sua parte do trabalho;
b) **compartilhar informações:** manter as pessoas informadas e atualizadas sobre o processo do grupo;
c) **expressar expectativas positivas:** esperar o melhor das capacidades dos outros membros do grupo, falando dos membros da equipe para os outros com aprovação. Apelar para a racionalidade em situações de conflito e não assumir posição polêmica nesses casos;
d) **estar disposto a aprender com os companheiros:** valorizar a experiência dos outros, solicitar dados e interagir pedindo e valorizando ideias;
e) **encorajar os outros:** dar crédito aos colegas que tiveram bom desempenho tanto dentro como fora da equipe;
f) **construir um espírito de equipe:** tomar atitudes especiais para promover clima amigável, moral alto e cooperação entre os membros da equipe;
g) **resolver conflitos:** trazer à tona o conflito dentro da equipe e encorajar ou facilitar uma solução construtiva para a equipe. Não esconder ou evitar o problema, mas tentar resolvê-lo da forma mais rápida possível.

As diferenças entre as mentalidades		
Fatores	**Ênfase em "você"**	**Ênfase em "nós"**
Estrutura	Trabalho individual centralizado nos departamentos.	Trabalho por processos realizado por times semiautônomos.

PROCESSO ADMINISTRATIVO (ORGANIZACIONAL)

Hierarquia	Rígida, com muitos níveis.	Poucos níveis para facilitar a comunicação e agilizar a tomada de decisões.
Carreira	Baseada em cargos e em tempo de serviço.	O funcionário ganha projeção à medida que adquire mais habilidades.
Execução de projetos	Uma área ou pessoa é eleita para levar adiante um projeto.	As equipes multidisciplinares, formadas por pessoas de diversos setores, assumem o projeto.
Tomada de decisão	Todas as decisões operacionais são de responsabilidade do supervisor.	As decisões sobre detalhes do dia a dia do funcionário são tomadas por ele mesmo. A autonomia acelera os processos e aumenta a produtividade.
Remuneração fixa	Baseada em cargos, tempo de serviço e formação.	Baseada nas habilidades que agregam valor aos produtos da empresa
Remuneração variável	Não há participação nos resultados.	Participação nos resultados proporcional às metas alcançadas variável pelo time ou pelo cumprimento de projetos individuais.
Comunicação	A comunicação é truncada, pois há dificuldade de transmissão das informações entre os departamentos. Crença de que a competição interna gera lucros para a empresa.	Estímulo à comunicação aberta entre todos os níveis. A internet tem sido o veículo mais utilizado e as reuniões viraram hábito diário.
Competição	Crença de que a competição interna gera lucros para a empresa.	Diminuição da competitividade. As promoções são baseadas nas habilidades adquiridas e, muitas vezes, só acontecem com o consentimento do grupo.

Liderança

Para o empregado de hoje, ter sucesso significa alcançar a realização pessoal, social e financeira, ser interdependente, contribuir para a solução de problemas, encontrar desafios e atingir metas. As pessoas querem sentir que seus esforços são valorizados e que seu trabalho é o diferencial que contribui para o sucesso da empresa em que trabalham.

O líder de hoje pode se perguntar: "*Quais as habilidades essenciais que preciso ter para obter a lealdade e o comprometimento da minha equipe? Como posso ser ainda mais útil com cada pessoa do meu time?*".

Tais questões serão respondidas adiante, com a intenção de estimular o pensamento e as ações do candidato, desenvolvendo nele as habilidades necessárias para adotar comportamentos de liderança e, ao mesmo tempo, obter êxito na prova de Administração Geral, pois este tema é muito cobrado em concursos.

A fim de conquistar o comprometimento de uma equipe, é necessário que o líder inspire – e não exija – respeito e confiança. Cada pessoa se compromete quando é tratada como se fizesse parte da equipe – quando sabe que sua contribuição é importante. Quando a pessoa percebe que é considerada, compreendida e reconhecida, sua percepção de comprometimento cresce. Um líder que forma outros líderes ensina que são seis os passos que criam condições para o desenvolvimento da lealdade e do comprometimento:

01. Comunicação franca e aberta.
02. Envolvimento e potencialização dos colaboradores.
03. Desenvolvimento profissional e pessoal dos colaboradores.
04. Demonstrar o reconhecimento.
05. Liderar com ética e imparcialidade.
06. Promover o bem-estar no ambiente de trabalho.

Quando Fayol anunciou as funções administrativas, elas eram representadas pela sigla POCCC (Planejamento, Organização, Comando, Coordenação e Controle). Com o passar do tempo, as funções de comando e coordenação foram unificadas na letra D, de direção. Essa função engloba atividades como a tomada de decisão, a comunicação com os subordinados, superiores e pares, a obtenção, a motivação e o desenvolvimento de pessoal.

A liderança nas empresas pode ocorrer de duas maneiras:

a) **liderança decorrente de uma função** (cargo com autoridade de decisão);
b) **liderança como uma qualidade pessoal** (conjunto de atributos e atitudes que tornam uma pessoa um líder).

Teorias sobre Liderança

As teorias sobre liderança podem ser classificadas em três grandes grupos:

01. Teoria dos traços de liderança.
02. Estilos de liderança.
03. Liderança situacional (contingencial).

Vamos aprofundar, vejamos o que o Idalberto Chiavenato explica:

1ª. Teoria dos Traços de Personalidade

De acordo com esta teoria, já desacreditada, o líder possuiria características marcantes de personalidade que o qualificariam para a função. Essas características eram:

- habilidade de interpretar objetivos e missões;
- facilidade em solucionar problemas e conflitos;
- habilidade de delegar responsabilidade aos outros;
- facilidade em supervisionar e orientar pessoas;
- habilidade de estabelecer prioridades;
- habilidade de planejar e programar atividades em equipe.

De acordo com vários autores, somente seriam líderes potenciais aqueles que possuíssem essas qualidades.

2ª. Estilos de Liderança?

Esta teoria aponta três estilos de liderança: **autocrática, democrática e liberal**. Ela está concentrada mais especificamente no modo como os líderes tomavam decisões, e o efeito que isso produzia nos índices de produtividade e na satisfação geral dos subordinados.

ADMINISTRAÇÃO

AUTOCRÁTICA	DEMOCRÁTICA	LIBERAL
Apenas o líder fixa as diretrizes, sem qualquer participação do grupo.	As diretrizes são debatidas pelo grupo, estimulado e assistido pelo líder.	Há liberdade completa para as decisões grupais ou individuais, com participação mínima do líder.
O líder determina as providências e as técnicas para a execução das tarefas, cada uma por vez, na medida em que se tornam necessárias e de modo imprevisível para o grupo.	O próprio grupo esboça as providências e as técnicas para atingir o alvo solicitando aconselhamento técnico ao líder quando necessário, passando este a sugerir duas ou mais alternativas para o grupo escolher. As tarefas ganham nova perspectivas com os debates.	A participação do líder no debate é pouca, esclarecendo que poderia fornecer informações desde que as pedissem.
O líder determina qual a tarefa que cada um deve executar e qual o seu companheiro de trabalho.	A divisão das tarefas fica a critério do próprio grupo e cada membro tem liberdade de escolher seus companheiros de trabalho.	Tanto a divisão das tarefas, como a escolha dos companheiros, fica totalmente a cargo do grupo. Absoluta falta de participação do líder.
O líder é Dominador e é "pessoal" nos elogios e nas críticas ao trabalho de cada membro.	O líder procura ser um membro normal do grupo, em espírito, sem encarregar-se muito de tarefas. O líder é "objetivo" e limita-se aos "fatos" em suas críticas e elogios.	O líder não faz nenhuma tentativa de avaliar ou de regular o curso dos acontecimentos. O líder somente faz comentários irregulares sobre as atividades dos membros quando perguntado.

As experiências demonstram o seguinte comportamento aos diferentes tipos de liderança a que foram submetidos:

- **Liderança Autocrática.** O comportamento dos grupos mostrou forte tensão, frustração e, sobretudo, agressividade, de um lado; e, de outro, nenhuma espontaneidade nem iniciativa, nem formação de grupos de amizade. Embora aparentemente gostassem das tarefas, não demonstraram satisfação com relação à situação. O trabalho somente se desenvolvia com a presença física do líder. Quando este se ausentava, as atividades paravam e os grupos expandiam seus sentimentos reprimidos, chegando a explosões de indisciplina e de agressividade.
- **Liderança Liberal.** Embora a atividade dos grupos fosse intensa, a produção foi simplesmente medíocre. As tarefas se desenvolviam ao acaso, com muitas oscilações, perdendo-se muito tempo com discussões mais voltadas para motivos pessoais do que relacionadas com o trabalho em si. Notou-se forte individualismo agressivo e pouco respeito com relação ao líder.
- **Liderança Democrática.** Houve formação de grupos de amizade e de relacionamentos cordiais entre os participantes. Líder e subordinados passaram a desenvolver comunicações espontâneas, francas e cordiais. O trabalho mostrou um ritmo suave e seguro sem alterações, mesmo quando o líder se ausentava. Houve um nítido sentido de responsabilidade e comprometimento pessoal.

Grid Gerencial

Robert R. Blake e Jane S. Mouton (1989) procuraram representar os vários modos de usar autoridade ao exercer a liderança por meio do Grid Gerencial. Esta representação possui duas dimensões: preocupação com a produção e preocupação com as pessoas.

A **preocupação com a produção** refere-se ao enfoque dado pelo líder aos resultados, ao desempenho, à conquista dos objetivos. O líder com este tipo de preocupação empenha-se na mensuração da quantidade e da qualidade do trabalho de seus subordinados.

A **preocupação com as pessoas** diz respeito aos pressupostos e atitudes do líder para com seus subordinados. Este tipo de preocupação revela-se de diversas formas, desde o esforço em assegurar a estima dos subordinados e em obter a sua confiança e respeito, até o empenho em garantir boas condições de trabalho, benefícios sociais e outras vantagens.

O inter-relacionamento entre as duas dimensões do Grid Gerencial expressa o uso de autoridade por um líder.

> **Ex.:** quando uma alta preocupação com as pessoas se associa a uma baixa preocupação com a produção, o líder deseja que as pessoas se relacionem bem e sejam "felizes", o que é bem diferente de quando uma alta preocupação com as pessoas se associa a uma alta preocupação com a produção. O líder, aqui, deseja que as pessoas mergulhem no trabalho e procurem colaborar com entusiasmo (Blake e Mouton, 1989, p.14).

Cinco estilos básicos de uso de autoridade são definidos por Blake e Mouton. Os autores criaram uma grade gerencial para mostrar que a preocupação com a produção e a preocupação com as pessoas são aspectos complementares e não mutuamente excludentes. Os líderes foram dispostos em dois eixos: o eixo horizontal se refere à preocupação com a produção, enquanto o eixo vertical se refere à preocupação com as pessoas. Cada eixo está dividido em nove graduações. A graduação mínima é 1 e significa pouquíssima preocupação por parte do administrador. A graduação máxima é 9 e significa a máxima preocupação possível. A figura subsequente ilustra a grade gerencial.

Os Cinco Estilos do Grid Gerencia e Seus Significados

ESTILO	SIGNIFICADO	PARTICIPAÇÃO	FRONTEIRAS INTERGRUPAIS
1.1	Mínima preocupação com a produção e com as pessoas.	Pouco envolvimento e comprometimento.	Isolamento. Falta de coordenação intergrupal.
1.9	Enfatiza as pessoas, com mínima preocupação com a produção.	Comportamento superficial e efêmero. Soluções do mínimo denominador comum.	Coexistência pacífica. Grupos evitam problemas para manter harmonia.
9.1	Preocupação máxima com a produção e mínima com as pessoas.	Não há participação das pessoas.	Hostilidade intergrupal. Suspeita e desconfiança mútuas. Atitude de ganhar/perder.

PROCESSO ADMINISTRATIVO (ORGANIZACIONAL)

5.5	Estilo meio-termo. Atitude de conseguir alguns resultados sem muito esforço.	Meio caminho e acomodação que deixa todos descontentes.	Trégua inquieta. Transigência, rateios e acomodação para manter a paz.
9.9	Estilo de excelência. Ênfase na produção e nas pessoas.	Elevada participação e envolvimento. Comprometimento das pessoas.	Comunicações abertas e francas. Flexibilidade e atitude para o tratamento construtivo dos problemas.

Vejamos essa mesma grade, de modo mais detalhado, e como é a maneira pela qual cada líder pensa e atua:

- **(1,1)**: a preocupação mínima com a produção e com as pessoas caracteriza o líder que desempenha uma gerência empobrecida. Este tipo de líder, em geral, adota uma postura passiva em relação ao trabalho, fazendo o mínimo para garantir sua permanência na organização.

"Faço o suficiente para ir levando. Aceito os fatos, as crenças e as posições que me são fornecidos. Guardo minhas opiniões para mim mesmo, mas respondo quando solicitado. Evito tomar partido, não revelando minhas opiniões, atitudes e ideias. Permaneço neutro ou tento manter-me fora do conflito. Deixo os outros tomarem suas decisões ou me conformo com o que quer que aconteça. Evito fazer críticas".

- **(1,9)**: a preocupação máxima com as pessoas e mínima com a produção caracteriza o líder que faz do ambiente do trabalho um clube campestre. Este líder busca sempre a harmonia de relacionamentos, mesmo que tenha que sacrificar a eficiência e a eficácia do trabalho realizado.

"Tomo a iniciativa de ações que ajudem e apoiem os outros. Procuro fatos, crenças e posições que sugiram estar tudo bem. Em benefício da harmonia, não me inclino a contestar os outros. Acato as opiniões, atitudes e ideias dos outros, embora tenha restrições. Evito gerar conflitos, mas se ocorrerem, tento acalmar os ânimos, a fim de manter todos unidos. Busco tomar decisões que preservem as boas relações e estimulo os outros a tomarem decisões sempre que possível. Encorajo e elogio quando ocorre algo positivo, mas evito dar um 'feedback' negativo".

- **(9,1)**: a preocupação máxima com a produção e mínima com as pessoas caracteriza o líder que se utiliza da autoridade para alcançar resultados. Este líder, em geral, age de maneira centralizadora e controladora.

"Exijo de mim e dos outros. Investigo os fatos, as crenças e as posições, a fim de manter qualquer situação sob controle e certificar-me de que os outros não estejam cometendo erros. Não abro mão de minhas opiniões, atitudes e ideias, mesmo que isso signifique rejeitar os pontos de vista alheios. Quando o conflito surge, procuro atalhá-lo ou fazer valer minha posição. Dou grande valor a tomar minhas próprias decisões e raramente me deixo influenciar pelos outros. Assinalo fraquezas ou o fracasso em corresponder às expectativas."

- **(5,5)**: o meio-termo, ou seja, a preocupação média com a produção e com as pessoas caracteriza o líder que vê as pessoas no trabalho dentro do pressuposto do homem organizacional. Este tipo de líder busca o equilíbrio entre os resultados obtidos e a disposição e ânimo no trabalho.

"Tento manter um ritmo constante. Aceito os fatos mais ou menos pela aparência e investigo os fatos, as crenças e as posições quando surgem discrepâncias óbvias. Expresso minhas opiniões, atitudes e ideias como quem tateia o terreno e tenta chegar a uma concordância por meio de concessões mútuas. Quando surge um conflito, tento encontrar uma posição razoável, considerada conveniente pelos outros. Procuro tomar decisões exequíveis que os outros aceitem. Dou 'feedback' indireto ou informal sobre sugestões para aperfeiçoamento."

- **(9,9)**: a máxima preocupação com a produção e com as pessoas caracteriza o líder que vê no trabalho em equipe a única forma de alcançar resultados, estimulando assim, a máxima participação e interação entre seus subordinados na busca de objetivos comuns.

"Exerço esforço vigoroso e os outros aderem entusiasticamente. Procuro e confirmo as informações. Solicito e dou atenção a opiniões, atitudes e ideias diferentes das minhas. Reavalio continuamente meus próprios dados, crenças e posições bem como os dos outros, a fim de estar seguro da sua validade. Julgo importante expressar minhas preocupações e convicções. Reajo a ideias melhores do que as minhas, mudando meu modo de pensar. Quando o conflito surge, procuro saber seus motivos, a fim de solucionar as causas subjacentes. Dou grande valor à tomada de decisões certas. Procuro o entendimento e o acordo. Encorajo o 'feedback' de mão-dupla a fim de fortalecer a operacionalidade".

Blake e Mouton caracterizaram este último estilo como o mais apropriado para conseguir os objetivos das organizações. Os treinamentos realizados por eles em programas de Desenvolvimento Organizacional visavam a fazer com que os líderes adotassem o estilo (9,9). Entretanto, pesquisas empíricas têm revelado que nem sempre este tipo de estilo de liderança é o mais indicado para a eficiência e a eficácia dos resultados.

3ª Teoria Situacional de Liderança

Nesta teoria, o líder pode assumir diferentes padrões de liderança de acordo com a situação e para cada um dos membros da sua equipe.

A Teoria Situacional surgiu diante da necessidade de um modelo significativo na área de liderança, em que é definida a maturidade como a capacidade e a disposição das pessoas de assumir a responsabilidade de dirigir o próprio comportamento. Portanto, entende-se como Liderança Situacional o líder que se comporta de um determinado modo ao tratar individualmente os membros do seu grupo e, de outro, quando se dirigir a este como um todo, dependendo do nível de maturidade das pessoas que tal líder deseja influenciar.

A Liderança Situacional não só sugere o estilo de liderança de alta probabilidade para os vários níveis de maturidade, como indica a probabilidade de sucesso das outras configurações de estilo, se o líder não for capaz de adotar o estilo desejável. Estes conceitos são válidos em qualquer situação em que alguém pretende influenciar o comportamento de outras pessoas. Em um contexto geral, ela pode ser aplicada em qualquer tipo organizacional, quer se trate de uma organização empresarial, educacional, governamental ou militar e até mesmo na vida familiar.

As principais ramificações da Teoria Situacional são:

- A escolha dos padrões de liderança.
- Modelo Contingencial.
- Teoria do Caminho – meta.

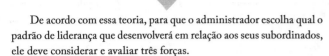

A *escolha dos padrões de liderança*

De acordo com essa teoria, para que o administrador escolha qual o padrão de liderança que desenvolverá em relação aos seus subordinados, ele deve considerar e avaliar três forças.

01. Forças no administrador, como:
a) seu sistema de valores e convicções pessoais;
b) sua confiança nos subordinados;
c) suas inclinações pessoais a respeito de como liderar;
d) seus sentimentos de segurança em situações incertas.

02. Forças nos subordinados, como:
a) sua necessidade de liberdade ou de orientação superior;
b) sua disposição de assumir responsabilidade;
c) sua segurança na incerteza;
d) seu interesse pelo problema ou pelo trabalho;
e) sua compreensão e identificação do problema;
f) seus conhecimentos e experiência para resolver o problema;
g) sua expectativa de participação nas decisões.

03. Forças na situação, como:
a) o tipo de empresa, seus valores e tradições, suas políticas e diretrizes;
b) a eficiência do grupo de subordinados;
c) o problema a ser resolvido ou a complexidade do trabalho;
d) a premência de tempo.

Da abordagem situacional, podem-se inferir as seguintes proposições:

a) Quando as tarefas são rotineiras e respectivas, a liderança é geralmente limitada e sujeita a controles pelo chefe, que passa a se situar em um padrão de liderança próximo ao extremo esquerdo do gráfico.
b) Um líder pode assumir diferentes padrões de liderança para cada um de seus subordinados, de acordo com as forças acima.
c) Para um mesmo subordinado, o líder também pode assumir diferentes padrões de liderança, conforme a situação envolvida. Em situações em que o subordinado apresenta alto nível de eficiência, o líder pode dar-lhe maior liberdade nas decisões; mas se o subordinado apresenta erros seguidos e imperdoáveis, o líder pode impor-lhe maior autoridade pessoal e menor liberdade de trabalho.

Modelo Contingencial de Fiedler

O modelo contingencial de Fiedler enuncia que a liderança eficaz é função da correlação do estilo do líder e o grau de favorabilidade de uma situação. Segundo Hersey & Blanchard (1986), Fiedler enumerou como variáveis determinantes deste último, as relações pessoais entre os atores organizacionais, o modo de estruturação dos processos de trabalho e, ainda, o poder inerente à posição hierárquica do líder.

O autor modera orientações comportamentais com fatores situacionais de modo a prever a eficácia da liderança. A eficácia tanto pode ser conseguida com uma mais elevada orientação para a tarefa como com uma mais elevada orientação para o relacionamento – dependendo do contexto organizacional.

Existem alguns fatores que determinam a eficácia da liderança: relação líder-liderado, o grau de estruturação da tarefa e a quantidade de poder, por exemplo.

Quanto melhor for a relação líder-liderados; quanto mais elevada for a estruturação das tarefas e elevado o poder decorrente da posição ocupada pelo líder, maior será o controle ou influência que ele poderá ter.

Teoria Situacional de Hersey e Blanchard – O ciclo de vida da Liderança

A abordagem de Hersey e Blanchard se apoia no relacionamento entre a maturidade dos empregados e o comportamento do líder em relação ao relacionamento e à tarefa.

De acordo com os autores, os empregados variam muito em seu nível de maturidade - habilidade de fazer seu trabalho de forma independente, de assumir responsabilidade e de desejar o sucesso.

Nesse sentido, o estilo de liderança a ser utilizado depende da maturidade dos funcionários, que pode atingir um dos quatro estágios seguintes:

- **Maturidade 1:** as pessoas demonstram pouca capacidade e disposição para realizar as tarefas e assumir responsabilidades (motivação e capacidade baixas).
- **Maturidade 2:** as pessoas possuem motivação para o trabalho mas não possuem as competências necessárias para realizá-lo (baixa capacidade e alta motivação).
- **Maturidade 3:** as pessoas possuem as competências necessárias para a realização da tarefa, mas não estão motivadas para tal (alta capacidade e baixa motivação).
- **Maturidade 4:** as pessoas possuem as competências necessárias para a realização do trabalho e desejam realizar as tarefas que lhe são passadas (alta capacidade e alta motivação).

Em outras palavras, considerando o estágio da maturidade do grupo, o líder deverá adotar uma das formas de liderança possíveis, considerando tanto o **comportamento de relacionamento** (ou foco no apoio às pessoas), quanto **o comportamento de tarefa** (ou foco nas tarefas/produção), conforme apresentado a seguir:

- **Estilo 1: Narrar/Determinar/Dirigir (alto comportamento de tarefa e baixo comportamento de relacionamento):** é o estilo para grupos com a menor maturidade (M1). Nesse caso, o líder orienta claramente as tarefas a serem realizadas.
- **Estilo 2: Vender/Guiar/Persuadir (alto comportamento de tarefa e alto comportamento de relacionamento):** quando a maturidade está entre baixa e moderada (M2), esse é o estilo ideal. Nele, o líder, ao mesmo tempo em que convence as pessoas, apoia o seu desenvolvimento, pois elas possuem baixa capacitação;
- **Tipo 3: Participar (baixo comportamento de tarefa e alto comportamento de relacionamento):** é o estilo correto para a maturidade de média a alta (M3). Aqui, o papel do líder é muito mais de apoiar as pessoas, enfatizando a criação de motivação, do que de dirigi-las para a realização das tarefas, já que elas são capazes;
- **Tipo 4: Delegar (baixo comportamento de tarefa e baixo comportamento de relacionamento):** trata-se do estilo adequado para liderar pessoas com o maior nível de maturidade (M4). Nessa condição, a maturidade dos liderados permite que eles executem os planos com maior liberdade e menor controle, possibilitando ao líder a delegação das tarefas.

PROCESSO ADMINISTRATIVO (ORGANIZACIONAL)

Teoria do Caminho-Meta

No cerne da Teoria do Caminho-Meta, encontra-se a noção de que o propósito primordial do líder é motivar os seus seguidores,, esclarecendo as metas e os melhores caminhos para alcançá-las. Essa abordagem está baseada na teoria da expectativa da motivação.

Segundo a Teoria do Caminho-Meta ou dos Objetivos, os líderes devem aumentar o número e os tipos de recompensas aos subordinados. Além disso, devem proporcionar orientação e aconselhamento para mostrar como essas recompensas podem ser obtidas. Isso significa que o líder deve ajudar os subordinados a terem expectativas realistas e a reduzir as barreiras que impedem o alcance das metas.

As pessoas estão satisfeitas com seu trabalho quando acreditam que ele levará a resultados desejáveis e trabalharão mais se sentirem que esse trabalho dará frutos compensadores. A consequência desses pressupostos para a liderança é que os liderados serão motivados pelo comportamento ou pelo estilo do líder à medida que esse estilo ou comportamento influenciam as expectativas (caminhos para a meta) e as valências (atratividade da meta). (CHIAVENATO, 1999)

Essa teoria propõe quatro estilos de comportamento, que podem permitir aos líderes manipularem as três variáveis motivacionais: liderança diretiva, encorajadora, participativa e orientada para a realização. Vejamos o quadro a seguir.

Estilos de comportamento da Teoria do Caminho-Meta (WAGNER III E HOLLENBECK, 1999, cap.9, p. 262).

Liderança	Características
Diretiva	O líder é autoritário. Os subordinados sabem exatamente o que é esperado deles; e o líder fornece direções específicas. Os subordinados não participam na tomada de decisões.
Encorajadora	O líder é amistoso e acessível e demonstra uma preocupação genuína com os subordinados.
Participativa	O líder pede e usa sugestões dos subordinados, mas ainda toma as decisões.
Orientada para a realização	O líder fixa metas desafiadoras para os subordinados e demonstra confiança em que eles atingirão as metas.

Edward Hollander sugeriu que o processo de liderança é mais bem compreendido como a ocorrência de transações mutuamente gratificantes entre líderes e seguidores dentro de um determinado contexto situacional.

Seu modelo é conhecido como **modelo transacional**.

Liderança é a junção dos três vetores:

Líderes - Seguidores - Situações

Pode-se entender a liderança apenas por meio de uma avaliação das características importantes dessas três forças e dos modos pelos quais interagem. A liderança transacional está baseada em um processo de troca, no qual o líder provê recompensas em troca do esforço de seguidores e desempenho (Bass & Avolio, 1993). Bass (1995) claramente identifica a liderança transacional como sendo baseada em troca material ou econômica.

Teoria da Liderança Transformacional

Em essência, a liderança transformacional é o processo de construção do comprometimento organizacional por meio do *empowerment* dos seguidores para acompanhar esses objetivos. Ocorre quando os líderes elevam os interesses de seus empregados garantindo a aceitação dos propósitos e da missão do grupo e estimulam seus empregados a pensar além de seus interesses em prol dos interesses da organização.

Considerando os líderes transacionais, segundo Bass (1997), esse tipo de liderança ocorre quando o líder utiliza autoridade burocrática, foco na realização da tarefa, e recompensas ou punições.

Os líderes transformacionais preocupam-se com o progresso e o desenvolvimento de seus seguidores. Eles se preocupam em transformar os valores dos seguidores para suportar a visão e os objetivos da organização. Isso cria um clima de confiança no qual a visão pode ser compartilhada.

Bass (1997) afirma que a liderança transformacional, assim como o carisma, tornou-se um tópico popular na literatura recente sobre liderança nas organizações; alguns autores usam os dois termos indistintamente, enquanto outros fazem distinção entre ambos. Define líderes transformacionais basicamente em termos do efeito dos líderes sobre os seguidores. Os seguidores sentem confiança, admiração, lealdade e respeito com relação ao líder, estando motivados a fazer por ele mais do que originalmente é esperado.

2.4 Controle

Como as organizações não operam na base da improvisação e nem ao acaso, elas precisam ser devidamente controladas. Elas requerem um considerável esforço de controle em suas várias operações e atividades para saber se estão no rumo certo e dentro do que foi planejado, organizado e dirigido. O controle constitui a última das funções administrativas, vindo depois do planejamento, da organização e da direção. Controlar significa garantir que o planejamento seja bem executado e que os objetivos estabelecidos sejam alcançados da melhor maneira possível.

A função administrativa de controle está relacionada com a maneira pela qual os objetivos devem ser alcançados por meio da atividade das pessoas que compõem a organização. O planejamento serve para definir os objetivos, traçar as estratégias para alcançá-los e estabelecer os planos de ação. A organização serve para estruturar as pessoas e os recursos de maneira a trabalhar de forma organizada e racional. A direção mostra os rumos e dinamiza as pessoas para que utilizem os recursos da melhor maneira possível. Por fim, o controle serve para que todas as coisas funcionem da maneira certa e no tempo certo.

O controle verifica se a execução está de acordo com o que foi planejado: quanto mais completos, definidos e coordenados forem os planos, mais fácil será o controle. Quanto mais complexo o planejamento e quanto maior for o seu horizonte de tempo, tanto mais complexo será o controle. Quase todos os esquemas de planejamento trazem em seu bojo o seu próprio sistema de controle. Por meio da função de controle, o administrador assegura que a organização e seus planos estejam na trilha certa.

O desempenho de uma organização e das pessoas que a compõem depende da maneira como cada pessoa e cada unidade organizacional desempenha seu papel e se move no sentido de alcançar os objetivos e metas comuns. O controle é o processo pelo qual são fornecidas as informações e retroação para manter as funções dentro de suas respectivas trilhas. É a atividade integrada e monitorada que aumenta a probabilidade de que os resultados planejados sejam atingidos da melhor maneira.

2.4.1 Conceito de Controle

A palavra "controle" pode assumir vários e diferentes significados. Quando se fala em controle, pensa-se em significados como frear, regular, conferir ou verificar, exercer autoridade sobre alguém, comparar com um padrão ou critério. No fundo, todas essas conotações constituem meias verdades a respeito do que seja o controle. Contudo, sob um ponto de vista mais amplo, os três significados mais comuns de controle são:

- **Controle como função restritiva e coercitiva.** Utilizada no sentido de coibir ou restringir certos tipos de desvios indesejáveis ou de comportamentos não aceitos pela comunidade. Nesse sentido, o controle assume um caráter negativo e restritivo, sendo muitas vezes interpretado como coerção, delimitação, inibição e manipulação. É o chamado controle social aplicado nas organizações e nas sociedades para inibir o individualismo e a liberdade das pessoas.
- **Controle como um sistema automático de regulação.** Utilizado no sentido de manter automaticamente um grau constante no fluxo ou funcionamento de um sistema. É o caso do processo de controle automático das refinarias de petróleo, de indústrias químicas de processamento contínuo e automático. O mecanismo de controle detecta possíveis desvios ou irregularidades e proporciona automaticamente a regulação necessária para se voltar à normalidade. É o chamado controle cibernético que é inteiramente autossuficiente na monitoração do desempenho e na correção dos possíveis desvios. Quando algo está sob controle significa que está dentro do normal ou da expectativa.
- **Controle como função administrativa.** É o controle como parte do processo administrativo, como o planejamento, organização e direção.

Trataremos o controle sob o ponto de vista do terceiro significado, isto é, como parte do processo administrativo. Assim, o controle é a função administrativa que monitora e avalia as atividades e resultados alcançados para assegurar que o planejamento, a organização e a direção sejam bem-sucedidos.

Tal como o planejamento, a organização e a direção, o controle é uma função administrativa que se distribui entre todos os níveis organizacionais.

Assim, quando falamos de controle, queremos dizer que o nível institucional efetua o controle estratégico, o nível intermediário faz os controles táticos e o nível operacional, os controles operacionais. Cada qual dentro de sua área de competência. Os três níveis se interligam e se entrelaçam intimamente. Contudo, o processo é exatamente o mesmo para todos os níveis: monitorar e avaliar incessantemente as atividades e operações da organização.

O controle está presente, em maior ou menor grau, em quase todas as formas de ação organizacional. Os administradores passam boa parte de seu tempo observando, revendo e avaliando o desempenho de pessoas, de unidades organizacionais, de máquinas e equipamentos, de produtos e serviços, em todos os três níveis organizacionais.

2.4.2 O Processo de Controle

A finalidade do controle é assegurar que os resultados do que foi planejado, organizado e dirigido se ajustem tanto quanto possível aos objetivos previamente estabelecidos. A essência do controle reside na verificação se a atividade controlada está ou não alcançando os objetivos ou resultados desejados. Nesse sentido, o controle consiste basicamente de um processo que guia a atividade exercida para um fim previamente determinado. O processo de controle apresenta quatro etapas ou fases, a saber:

04. Estabelecimento de objetivos ou padrões de desempenho.
05. Avaliação ou mensuração do desempenho atual.
06. Comparação do desempenho atual com os objetivos ou padrões estabelecidos.
07. Tomada de ação corretiva para corrigir possíveis desvios ou anormalidades.

O processo de controle se caracteriza pelo seu aspecto cíclico e repetitivo. Na verdade, o controle deve ser visualizado como um processo sistêmico em que cada etapa influencia e é influenciada pelas demais.

2.4.3 Estabelecimento de Objetivos ou Padrões

O primeiro passo do processo de controle é estabelecer previamente os objetivos ou padrões que se deseja alcançar ou manter. Os objetivos já foram estudados anteriormente e servem como pontos de referência para o desempenho ou os resultados de uma organização, unidade organizacional ou atividade individual. O padrão é um nível de atividade estabelecido para servir como um modelo para a avaliação do desempenho organizacional. Um padrão significa um nível de realização ou de desempenho que se pretende tomar como referência. Os padrões funcionam como marcos que determinam se a atividade organizacional é adequada ou inadequada ou como normas que proporcionam a compreensão do que se deverá fazer. Eles dependem diretamente dos objetivos e fornecem os parâmetros que deverão balizar o funcionamento do sistema. Os padrões podem ser tangíveis ou intangíveis, específicos ou vagos, mas estão sempre relacionados com o resultado que se deseja alcançar.

Existem vários tipos de padrões utilizados para avaliar e controlar os diferentes recursos da organização, como:

- Padrões de quantidade. Como número de empregados, volume de produção, total de vendas, percentagem de rotação de estoque, índice de acidentes, índice de absenteísmo etc.
- Padrões de qualidade. Como padrões de qualidade de produção, índice de manutenção de máquinas e equipamentos, qualidade dos produtos ou serviços oferecidos pela organização, assistência técnica, atendimento ao cliente etc.
- Padrões de tempo. Como permanência média do empregado na organização, tempos padrões de produção, tempo de processamento dos pedidos de clientes, ciclo operacional financeiro etc.
- Padrões de custo. Como custo de estocagem de matérias-primas, custo do processamento de um pedido, custo de uma requisição de material, custo de uma ordem de serviço, relação custo-benefício de um equipamento, custos diretos e indiretos de produção etc.

PROCESSO ADMINISTRATIVO (ORGANIZACIONAL)

2.4.4 Características do Controle

Na verdade, o administrador deve compreender que um sistema eficaz de controle precisa reunir os seguintes aspectos:

Orientação estratégica para resultados. O controle deve apoiar planos estratégicos e focalizar as atividades essenciais que fazem a real diferença para a organização.

Compreensão. O controle deve apoiar o processo de tomada de decisões apresentando dados em termos compreensíveis. O controle deve evitar relatórios complicados e estatísticas enganosas.

Orientação rápida para as exceções. O controle deve indicar os desvios rapidamente, por meio de uma visão panorâmica sobre onde as variações estão ocorrendo e o que deve ser feito para corrigi-las adequadamente.

Flexibilidade. O controle deve proporcionar um julgamento individual e que possa ser modificado para adaptar-se a novas circunstâncias e situações.

Autocontrole. O controle deve proporcionar confiabilidade, boa comunicação e participação entre as pessoas envolvidas.

Natureza positiva. O controle deve enfatizar o desenvolvimento, mudança e melhoria. Deve alavancar a iniciativa das pessoas e minimizar o papel da penalidade e das punições.

Clareza e objetividade. O controle deve ser imparcial e acurado para todos. Deve ser respeitado como um propósito fundamental: a melhoria do desempenho.

2.4.5 Tipos de Controle

Cada organização requer um sistema básico de controles para aplicar seus recursos financeiros, desenvolver pessoas, analisar o desempenho financeiro e avaliar a produtividade operacional. O desafio é saber como utilizar tais controles e aprimorá-los para, com isso, melhorar gradativa e incessantemente o desempenho de toda a organização.

Controles Estratégicos

Os controles estratégicos são denominados controles organizacionais: constituem o sistema de decisões de cúpula que controla o desempenho e os resultados da organização como um todo, tendo por base as informações externas — que chegam do ambiente externo - e as informações internas - que sobem internamente por meio dos vários níveis organizacionais.

Existem vários tipos de controles estratégicos, a saber:

Balanço e Relatórios Financeiros

É um tipo de controle do desempenho global que permite medir e avaliar o esforço total da organização, em vez de medir simplesmente algumas partes dela. O tipo mais utilizado de controle global são os balanços contábeis e relatórios financeiros, ressaltando aspectos como o volume de vendas, volume de produção, volume de despesas em geral, custos, lucros, utilização do capital, retorno sobre o investimento aplicado e outras informações numéricas dentro de um inter-relacionamento que varia de uma organização para outra. Geralmente, é um controle sobre o desempenho passado e sobre os resultados alcançados. Quase sempre permite a transposição de previsões de vendas e a previsão de despesas a serem incorridas, para proporcionar o balanço projetado ou uma espécie de projeção de lucros e perdas como importante ferramenta para o processo decisório da organização.

Controle dos Lucros e Perdas

O demonstrativo de lucros e perdas (L&P) proporciona uma visão sintética da posição de lucros ou de perdas da organização em um determinado período de tempo, permitindo comparações com períodos anteriores e detectar variações em algumas áreas (como despesas de vendas ou lucro bruto sobre vendas) que necessitam de maior atenção por parte do administrador. Já que a sobrevivência do negócio depende de sua lucratividade, o lucro se coloca como importante padrão para a medida do sucesso da organização como uma totalidade. Quando aplicado a uma unidade específica, o controle sobre L&P se baseia na premissa de que o objetivo do negócio como um todo é gerar lucros, e cada parte da organização deve contribuir para esse objetivo. A capacidade de cada unidade organizacional atingir um determinado lucro esperado passa a ser o padrão adequado para medir seu desempenho e resultados.

Análise do Retorno Sobre o Investimento (RSI)

Uma das técnicas de controle global utilizadas para medir o sucesso absoluto ou relativo da organização ou de uma unidade organizacional é a razão dos ganhos em relação ao investimento de capital. Trata-se de uma abordagem desenvolvida pela *DuPont Company* como parte do seu sistema de controle global. O sistema utilizado pela *DuPont* envolve os seguintes fatores na análise do RSI:

A análise do RSI permite que a organização avalie suas diferentes linhas de produtos ou unidades de negócios para verificar onde o capital está sendo mais eficientemente empregado. Permite identificar os produtos ou unidades mais rentáveis, como melhorar outros que estão pesando negativamente na balança dos lucros. Com isso, proporciona a possibilidade de fazer uma aplicação balanceada do capital em vários produtos ou unidades organizacionais para alcançar um lucro global maior.

Controles Táticos

Os controles táticos são feitos no nível intermediário e referem-se a cada uma das unidades organizacionais - departamentos, divisões ou equipes. Geralmente, estão orientados para o médio prazo, isto é, para o exercício anual. Os tipos de controles táticos mais importantes são:

Controle Orçamentado

Falamos de orçamento quando estudamos os tipos de planos relacionados com dinheiro. O orçamento é um plano de resultados esperados expressos em termos numéricos. Por meio do orçamento, a atividade da organização é traduzida em resultados esperados, tendo o dinheiro como denominador comum. Quase sempre se fala em planejamento orçamentário, relegando o controle orçamentário a um segundo plano. O controle orçamentário é um processo de monitorar e controlar despesas programadas das várias unidades organizacionais, no decorrer de um exercício anual, apontando possíveis desvios e indicando medidas corretivas.

Contabilidade de Custos

A contabilidade de custos é considerada um ramo especializado da contabilidade. Trata de informações sobre distribuição e análise de custos considerando algum tipo de unidade-base, como produtos, serviços, componentes, projetos ou unidades organizacionais. A contabilidade de custos classifica os custos em:

• Custos fixos. São os custos que independem do volume de produção ou do nível de atividade da organização. Qualquer que seja a quantidade de produtos produzidos, os custos fixos permanecem inalterados; mesmo que a empresa nada produza, eles se mantêm constantes. Envolvem aluguéis, seguros, manutenção, depreciação, salários dos gerentes, do pessoal de assessoria etc.

• Custos variáveis. São os custos que estão diretamente relacionados com o volume de produção ou com o nível de atividade da organização. Constituem uma variável dependente da produção realizada e englobam custos de materiais diretos (materiais ou matérias-primas que são diretamente transformados em produto ou que participam diretamente na elaboração do produto) e custos de mão de obra direta (salários e encargos sociais do pessoal que realiza as tarefas de produção do produto).

Com base nos custos fixos e variáveis, pode-se calcular o ponto de equilíbrio (break-even point), também chamado ponto de paridade. É possível traçar um gráfico que permite mostrar a relação entre a renda total de vendas e os custos de produção. O ponto de equilíbrio é o ponto de intersecção entre a linha de vendas e a linha de custos totais. É o ponto em que não há lucro nem prejuízo. Ou em outros termos, é o ponto em que o lucro é zero e o prejuízo também.

O gráfico do ponto de equilíbrio é uma técnica de planejamento e de controle que procura mostrar como os diferentes níveis de venda ou de receita afetam os lucros da organização. O ponto de equilíbrio é o ponto em que os custos e as vendas se equiparam. No seu lado esquerdo, está a área de prejuízo e, no seu lado direito, a área de lucro.

Controles Operacionais

Os controles operacionais são feitos no nível operacional da organização e são projetados em curto prazo.

Disciplina

Nas organizações bem-sucedidas, o autocontrole e a autodisciplina das pessoas são sempre preferidos ao controle externo ou disciplina imposta pela força. Para muitos autores, a disciplina é o ato de influenciar o comportamento das pessoas por meio de reprimendas. Preferimos conceituar a disciplina como o processo de preparar uma pessoa de modo que ela possa desenvolver o autocontrole e tornar-se mais eficaz em fazer seu trabalho. O propósito do processo disciplinar desenvolvido pelo administrador é a manutenção de um desempenho humano de acordo com os objetivos organizacionais. O termo "disciplina" apresenta quase sempre uma conotação simplista de dar recompensas ou aplicar punições após o fato, quando, na realidade, a disciplina, em seu próprio contexto, deve ser visualizada como o desenvolvimento da habilidade ou capacidade de analisar situações, determinar qual é o comportamento adequado e decidir a agir favoravelmente no sentido de proporcionar contribuições à organização e receber suas recompensas.

Boa parte das ações corretivas de controle no nível operacional é realizada sobre as pessoas ou sobre o seu desempenho. É a chamada ação disciplinar: a ação disciplinar é a ação corretiva realizada sobre o comportamento de pessoas para orientar e/ou corrigir desvios ou discrepâncias. Seu propósito é reduzir a discrepância entre os resultados atuais e os resultados esperados. A ação disciplinar pode ser positiva ou negativa, dependendo do desvio ou da discrepância ocorridos. A ação positiva toma a forma de encorajamento, recompensas, elogios, treinamento adicional ou orientação pessoal. A ação negativa inclui o uso de advertências, admoestações, penalidades, castigos e até mesmo a demissão do funcionário. Quando é necessária a ação disciplinar negativa, ela deve ser adotada em etapas crescentes. A primeira, dependendo da infração cometida, deve ser uma reprimenda ou advertência. As reincidências devem merecer um crescimento progressivo nas penalidades para cada infração sucessiva: advertência verbal, advertência escrita, suspensão e demissão.

Para que possa ser eficaz, a ação disciplinar deve possuir as seguintes características:

Deve ser esperada. A ação disciplinar deve ser prevista em regras e procedimentos e previamente estabelecida. Não deve ser improvisada, mas planejada. A sanção negativa é imposta a fim de desencorajar a infração.

Deve ser impessoal. A ação disciplinar não deve simplesmente buscar punir uma determinada pessoa ou grupos, mas apenas corrigir a situação. Ela deve basear-se em fatos, e não em opiniões ou em pessoas. Não deve visar à pessoa, mas à discrepância, ao fato, ao comportamento em si. Ela deve fundamentar-se em regras e procedimentos.

Deve ser imediata. A ação disciplinar deve ser aplicada tão logo seja detectado o desvio, para que o infrator associe claramente a sua aplicação com o desvio que provocou.

Deve ser consistente. As regras e os regulamentos devem ser feitos para todas nas pessoas, sem exceções. Devem ser justos e equitativos, sem favoritismo ou tendenciosidade.

Deve ser limitada ao propósito. Depois de aplicada a ação disciplinar, o administrador deve reassumir sua atitude normal em relação ao funcionário faltoso. Tratar o funcionário sempre como faltoso é puni-lo permanentemente, encorajando hostilidade e autodepreciação, quando o certo seria adotar uma atitude positiva e construtiva.

Deve ser informativa. Isto é, deve proporcionar orientação sobre o que se deve fazer e o que não se pode fazer.

As técnicas de reforço positivo ou negativo que vimos anteriormente constituem um excelente ponto de partida para as situações disciplinares do dia a dia.

3 CULTURA ORGANIZACIONAL

De acordo com Schein, cultura:

"É um modelo de pressupostos básicos, que determinado grupo tem inventado, descoberto ou desenvolvido no processo de aprendizagem para lidar com problemas de adaptação externa e integração interna. Uma vez que os pressupostos tenham funcionado bem o suficiente para serem considerados válidos, são ensinados aos demais membros como maneira correta para se proceder, se pensar e sentir-se em relação àqueles problemas."

Segundo Nassar (2000):

"(...) cultura organizacional é o conjunto de valores, crenças e tecnologias que mantém unidos os mais diferentes membros, de todos os escalões hierárquicos, perante as dificuldades, operações do cotidiano, metas e objetivos. Pode-se afirmar ainda que é a cultura organizacional que produz junto aos mais diferentes públicos, diante da sociedade e mercados o conjunto de percepções, ícones, índices e símbolos que chamamos de imagem corporativa."

Para Chiavenato,

"A cultura organizacional consiste em padrões explícitos e implícitos de comportamentos adquiridos e transmitidos ao longo do tempo que constituem uma característica própria de cada empresa." Para esse autor, a cultura organizacional pode ser dividida em um nível visível e outro invisível. *"No nível visível, estão os padrões e estilos de comportamento dos empregados. No nível como um iceberg, invisível estão os valores compartilhados e crenças que permanecem durante um longo período de tempo. Este nível é mais difícil de mudar."*

Assim, a cultura organizacional representa o modo institucionalizado de pensar e agir da organização, sendo perceptível na forma que seus funcionários se comportam, na forma de realizar negócios, na lealdade dos funcionários, etc. Trata-se das normas informais e não escritas que orientam o comportamento dos membros da organização, direcionando suas ações para os objetivos organizacionais. Deste modo, os padrões culturais agem como um mecanismo de controle organizacional mais sutil do que os tradicionais.

A cultura é um fator que diferencia uma empresa da outra. Existem culturas inovadoras, que incentivam a tomada de riscos e de novas ideias. Também existem culturas conservadoras, que apreciam a segurança e o cuidado em mudar de direção.

Fique ligado

Cultura é um conjunto de comportamentos, hábitos, costumes, crenças, valores e princípios de um grupo de pessoas.

A cultura dá um senso de identidade aos membros da empresa. Muitas pessoas procuram trabalhar em organizações que valorizam as mesmas coisas do que elas.

3.1 Dimensões da Cultura

Segundo Kanaane (1999)

- **Material:** instrumentos, processos e recursos materiais utilizados na organização. Está relacionado ao sistema produtivo da organização.
- **Ideológica:** conjunto de normas e valores, regulamentos, política administrativa, tradições, padrão de conduta esperado, estilo de gestão que governa e controla o funcionamento da organização. Está relacionada com os valores da organização.
- **Psicossocial:** manifestações afetivas dos indivíduos. Está relacionado às percepções e sentimentos positivos ou negativos, e como relacionamento e interação entre os membros.

As três dimensões formadoras da cultura organizacional – ideológica, material e psicossocial – não são necessariamente equivalentes. Uma ou outra pode predominar na vida organizacional, pode ter maior expressão, atuar com mais força. Há organizações eminentemente voltadas para as questões materiais, outras mais ideológicas, outras ainda em que são mais intensas as relações psicossociais.

3.2 Funções da Cultura

- Papel de definidora de fronteiras, ou seja, cria distinções entre uma organização e as outras.
- Gera senso de identidade aos membros da organização.
- Facilita o comprometimento com algo maior do que os interesses de cada um.
- Estimula a estabilidade do sistema social.
- Gera uma "argamassa social" que ajuda a manter a organização coesa, fornecendo os padrões adequados para aquilo que os funcionários vão fazer ou dizer.
- Serve de mecanismo de controle que orienta e dá forma às atitudes e comportamentos dos funcionários.
- Favorece a integração interna e adaptação externa.
- Ajuda na estabilidade social.

3.3 Como os Funcionários Aprendem a Cultura

Segundo Maximiano (2007) a cultura é transmitida aos funcionários de diversas maneiras, e as mais poderosas são as histórias, os rituais, os símbolos e a linguagem.

Histórias: referem-se a eventos ocorridos com fundadores de empresas, quebras de regras, sucesso estrondosos, reduções da força de trabalho, recolocações de funcionários, reações a antigos erros, lutas organizacionais. Essas narrativas vinculam o presente como passado e oferecem explicações e legitimidade para as práticas vigentes.

Rituais: são sequências repetitivas de atividades que expressam e reforçam os valores fundamentais da organização, quais objetivos são mais importantes.

Símbolos materiais: o tamanho da sede, a elegância do mobiliário, a aparência e vestuário dos executivos, o espaço físico da empresa, o tipo de carro disponível, elevadores etc.

Linguagem: muitas organizações e unidades dentro de organizações utilizam a linguagem como forma de identificação dos membros de sua cultura e subcultura. Ao aprender essa linguagem, os membros demonstram sua aceitação da cultura e, assim fazendo, ajudam a preservá-la.

3.4 Aspectos Formais e Abertos x Aspectos Informais e Fechados

Muitos aspectos da cultura organizacional são percebidos com facilidade e são denominados formais e abertos, enquanto outros são de difícil percepção e são denominados aspectos informais e ocultos. Tal como um iceberg, os aspectos formais ficam na parte visível e envolvem as políticas e diretrizes, métodos e procedimentos, objetivos, estrutura e tecnologia adotada. Os aspectos informais envolvem as percepções, sentimentos, atitudes, valores e interações grupais.

Para Chiavenato, a cultura organizacional pode ser dividida em um nível visível e outro invisível.

"No nível visível, estão os padrões e estilos de comportamento dos empregados. No nível invisível estão os valores compartilhados e crenças que permanecem durante um longo período de tempo. Este nível é mais difícil de mudar."

ADMINISTRAÇÃO

Aspectos Formais e Abertos
Estrutura Organizacional
Títulos e descrições de cargos
Objetivos e estratégias
Tecnologia e práticas operacionais
Políticas e diretrizes de pessoal
Métodos e procedimentos
Medidas de produtividade física e financeira

Componentes visíveis e publicamente observáveis, orientados para aspectos operacionais e tarefas.

Aspectos Informais e Ocultos
Padrões de influenciação e de poder
Percepção e atitudes de pessoas
Sentimentos e normas de grupos
Crenças, valores e expectativas
Padrões de integração informais
Normas grupais
relações afetivas

Componentes invisíveis e cobertos, afetivos e eocionais, orientados para aspectos sociais e psicológicos.

3.5 Níveis da Cultura

A cultura apresenta vários níveis. Nem todos seus aspectos são visíveis. Muitas vezes, temos dificuldade de identificar certos fatores e também de alterá-los.

A classificação mais utilizada, em concursos, destes níveis da cultura organizacional é descrita por Schein. De acordo com ele, a cultura existe em três níveis:

Artefatos - É o primeiro nível, o mais superficial. Basicamente é tudo o que percebemos assim que temos contato com uma organização. Dentro deste nível temos os produtos, padrões comportamentais, o vestuário, o espaço físico, os símbolos, os logotipos, a linguagem, etc.

Valores - Relacionados com a crença no que é certo ou errado dentro da organização. Existe em um nível consciente e são utilizados para explicar e justificar o comportamento dos integrantes. Podem ser percebidos nas histórias, nas lendas, na linguagem e nos símbolos.

Pressupostos Básicos - São as verdades inquestionáveis. Valores tão arraigados que nem mais são explicitados. São as fontes originais dos valores. É o nível mais profundo e difícil de ser mudado. Como os valores, podem ser percebidos nas histórias, nas lendas, na linguagem e nos símbolos.

3.6 Elementos da Cultura Organizacional

Elementos da cultura, segundo Maximiano (2007):

Elemento	Descrição
Artefato	Componentes mais visíveis de uma cultura, compreendendo os veículos, a arquitetura, arranjo físico, as roupas e os produtos utilizados pelas pessoas.
Tecnologia	Repertório de conhecimentos utilizados pela organização e pelos funcionários para resolver problemas e transformar conhecimento e experiência em recursos, produtos e serviços.
Símbolos	Podem ser materiais ou não. Comportamentos e objetos dotados de significados e transmitem mensagens dentro da organização (linguagem, histórias, mitos, heróis – podem ser tanto personagens reais quanto imaginários, rituais, cerimônias e alguns elementos da arquitetura e vestuário).
Valores	Os valores estão no íntimo da cultura. Crenças, preceitos, ideologias, preconceitos e julgamentos compartilhados sobre elementos externos ou internos.

Além disso, a cultura tem uma importante função, relacionada ao controle e à estabilidade. Controle, porque propaga valores e normas desejados, evitando comportamentos que poderiam ser negativos. Estabilidade, porque a cultura é duradoura e de difícil modificação, razão pela qual ela promove certa garantia de mudanças bruscas que poderiam trazer prejuízos.

Valores organizacionais: referem-se à filosofia da empresa. Refletem a visão compartilhada de "como as coisas devem ser", dando uma sensação de direção comum para os seus membros.

Cultura gerencial: é um reflexo dos valores, voltado para o conceito de autoridade na organização, em termos de estilos predominantes de liderança e maneiras de se solucionarem os problemas.

Heróis organizacionais: são modelos de papéis que personificam o sistema de valores culturais e que definem o conceito de sucesso na organização, estabelecendo um padrão de desempenho e motivando os integrantes da empresa.

Histórias e mitos da organização: são narrativas que organizam as crenças sobre a organização e seu sistema de valores, que ajudam a compreender "como as coisas são feitas". Os contadores de histórias da organização difundem o folclore da corporação e dramatizam as façanhas dos heróis da empresa. Mitos são histórias contadas e não comprovadas.

Tabus e rituais da organização: os rituais são as cerimônias especiais, de homenagem ou premiação, festas e reuniões anuais, assim como os rituais diários (hora do cafezinho, reuniões de departamentos). Já os tabus transmitem a ideia dos limites aceitáveis para os comportamentos e interações.

Símbolos culturais (cultura objetiva): artefatos materiais que representam a cultura da empresa. Envolvem mobiliário, automóveis, ambiente de trabalho (escritórios abertos ou fechados, estacionamentos com vagas privativas) e imagens (logotipo, estilo de vestuário).

3.7 Os Reforçadores de Culturas de Torquato

Segundo Torquato (1992), há quatro tipos de reforçadores de culturas dentro das organizações. São eles:

Aspectos históricos: experiência de longos anos da empresa que pesa sobre a comunidade, os costumes e a ordem conservadora. Essa experiência, de alguma maneira, inibe o avanço das mudanças.

Natureza técnica da empresa: produtos e serviços que ela produz.

Gestão da organização: este modelo é representado pelos tipos autocrático e democrático, sendo que o autocrático estabelece a cultura normativa, hermética, em que a hierarquia é levada às últimas consequências. O democrático pressupõe a ideia de participação, desbloqueando canais formais, abrindo fluxos, incentivando a criatividade e impulsionando a comunidade para as mudanças.

Osmose geográfica: caracteriza-se por uma interpenetração de culturas, por conta da proximidade das empresas, por se localizarem na mesma região em que as comunidades costumam incorporar comportamentos semelhantes.

CULTURA ORGANIZACIONAL

3.8 Vantagens e Desvantagens da Cultura Organizacional

3.8.1 Vantagens

- Uma cultura forte tende a evitar o surgimento de problemas internos, reduzindo o nível de conflitos.
- Uma cultura forte desenvolve uma imagem clara sobre a organização.
- Uma cultura forte proporciona um senso de identidade aos membros de uma organização.
- A cultura demarca claramente as diferenças entre diferentes organizações.
- Uma cultura forte possibilita melhor controle pela gestão.
- Uma cultura adaptativa permite uma melhor adaptação da organização ao meio.
- Uma cultura forte favorece o comprometimento dos colaboradores com a organização.

3.8.2 Desvantagens

Uma cultura forte pode dificultar os processos de mudança e adaptação da organização, fazendo com que as pessoas não aceitem bem os processos de mudança.

Uma cultura forte pode dificultar a aceitação da diversidade na organização.

3.9 Características da Cultura Organizacional

Robbins et al. (2010) argumentam que existem sete características essenciais que ajudam a capturar a essência da cultura de uma organização.

Para considerá-las, é preciso entender que, para cada uma delas, as organizações podem dar muita ou pouca ênfase, existindo inúmeros pontos intermediários entre esses dois extremos. As sete características estão dispostas a seguir:

1. Grau de inovação: trata-se do grau de estímulo dado aos funcionários para que sejam inovadores e assumam o risco da inovação.

2. Atenção aos detalhes: trata-se da precisão, análise e cuidado com os detalhes que se espera dos funcionários.

3. Orientação para resultados: trata-se do grau no qual o foco da direção está direcionado aos resultados e não aos processos e técnicas utilizados para alcançá-los.

4. Foco na pessoa: trata-se do grau em que a direção da organização considera o impacto de suas decisões sobre o seu pessoal durante o processo de tomada de decisões.

5. Foco na equipe: trata-se do grau em que a organização do trabalho está mais voltada para as equipes e não para os indivíduos.

6. Agressividade: trata-se do grau de agressividade e competitividade das pessoas na organização, em oposição à tranquilidade que poderia existir.

7. Estabilidade: trata-se do grau de estabilidade enfatizada pela organização, que busca a manutenção do status quo ao invés do crescimento organizacional.

Devemos entender, ainda, que a cultura não é uniforme por toda a organização, havendo uma cultura dominante e diversas subculturas.

3.9.1 Cultura Dominante e Subculturas

As organizações, em sua maioria, possuem uma cultura dominante e diversas subculturas.

De acordo com Robbins,

"uma cultura dominante expressa os valores principais que são compartilhados pela maioria dos seus membros. Quando falamos da cultura de uma organização, nos referimos à cultura dominante."

Cultura dominante: expressa os valores essenciais compartilhados pela maioria dos membros da organização – é a cultura organizacional.

Uma subcultura é um conjunto de valores que não são compartilhados por todos os membros, mas apenas alguns. Ou seja, podem existir outras culturas "dentro" da mesma organização. Muitas empresas possuem uma cultura dominante e algumas subculturas espalhadas por suas diversas divisões e setores.

Subculturas: coexistência de diversas culturas na mesma organização.

Contracultura: peculiar de um grupo que se opõe à cultura mais ampla, contestando seus padrões.

Se as organizações não possuíssem nenhuma cultura dominante e fossem constituídas apenas de diversas subculturas, a importância da cultura organizacional seria consideravelmente reduzida, porque não haveria nenhuma interpretação uniforme do que seria um comportamento adequado ou inadequado. Dessa forma, seria difícil manter a coesão da empresa e o foco nos objetivos principais.

3.9.2 Cultura Forte e Cultura Fraca

Cultura Fraca: é heterogênea – há poucos (ou não há) valores essenciais compartilhados. Não há interpretação uniforme do que seria um comportamento adequado ou inadequado. É difícil manter a coesão e o foco nos objetivos principais.

Cultura Forte: é homogênea – os valores são intensamente acatados e compartilhados.

Quanto mais membros aceitarem os valores e se comprometerem com eles, mais forte será a cultura.

Uma cultura forte aumenta a consistência do comportamento. Nesse sentido, pode-se dizer que uma cultura forte funciona como um substituto da formalização.

As regras e regulamentações da formalização agem para controlar o comportamento dos funcionários. Uma formalização intensa na organização gera previsibilidade, ordem e consistência. Uma cultura forte pode fazer o mesmo sem necessidade de documentação escrita.

3.9.3 Socialização

Para Maximiano (2007), a socialização de um novo funcionário é uma maneira de passar a cultura organizacional.

3.10 Gestão da Cultura Organizacional

Outro aspecto relacionado à cultura organizacional e que costuma ser cobrado em concursos refere-se à sua dinâmica de transformação.

Conforme vimos, a cultura se transforma espontaneamente, no longo prazo, conforme ingressam novas pessoas na organização, conforme há transformações no ambiente e de acordo com acontecimentos internos. Estas transformações colocam alguns desafios à empresa. Por exemplo, na hora de realizar a seleção de novas pessoas que irão ingressar na organização, deve-se observar se elas serão capazes de se alinhar à cultura existente. Além disso, devem ser realizados processos de socialização capazes de ensinar a cultura às novas pessoas, para que elas sejam capazes de agir de acordo com o que é esperado.

Uma pergunta que surge, e a respeito da qual há grande debate teórico, é: a cultura pode ser gerenciada, ou deliberadamente modificada pela organização?

A maioria dos autores entende que sim, a cultura é gerenciável. Mas não é uma tarefa fácil! A cultura é duradoura e tende a ser estável, razão pela qual a mudança da cultura exige grandes esforços dos líderes. Inclusive, uma das tarefas do líder moderno é exatamente influenciar para a criação ou consolidação de uma cultura organizacional positiva, que contribua para a consecução dos objetivos organizacionais.

Conforme afirma Ulrich, *"A cultura, quando gerenciada, pode contribuir para o sucesso da organização. Entretanto, o agente de mudanças encontrará resistências às transformações necessárias"*.

Se uma empresa precisa ter um estilo de gestão democrático, aberto e participativo para atingir os seus resultados, os líderes dessa empresa precisam trabalhar para que essas características passem a fazer parte do "espírito" da empresa, passem a ser um valor natural e compartilhado por todos. O importante é que as intervenções na cultura sejam feitas de maneira planejada e ética.

Uma das maneiras de se modificar a cultura é a administração simbólica. *"Nesse caso, as pessoas investidas em posições estratégicas de mando procuram influenciar valores culturais arraigados e normas organizacionais, modelando elementos culturais de superfície, tais como símbolos, histórias e cerimônias com o intuito de explicitar acordos culturais desejados".*

Outro ponto de destaque na gestão da cultura é a dificuldade encontrada por empresas multinacionais na adaptação à cultura local de países onde instalam suas filiais. A globalização traz a necessidade de as empresas fornecerem os mesmos produtos com a mesma qualidade em diferentes países. Entretanto, o estilo gerencial nem sempre pode ser o mesmo, sob o risco de enfrentamento de fortes resistências de base cultural. *"Portanto, no processo de adaptação à cultura local devemos identificar e analisar os valores básicos que devem ser mantidos e aperfeiçoados, como os inerentes à personalidade da organização, e os que devem ser moldados à realidade globalizada".*

(Ulrich apud Rocha-Pinto, p.109)

A gestão da cultura organizacional consiste basicamente em fortalecer a cultura quando ela já está consolidada nos padrões desejados pela alta administração, ou promover mudanças na cultura, quando esta não está favorecendo o bom desempenho organizacional.

3.11 Clima Organizacional

Refere-se a um conjunto de percepções, opiniões e sentimentos que se expressam no comportamento de um grupo ou uma organização, em determinado momento ou situação, sendo, portanto, passageiro e superficial. Caracteriza-se como um fenômeno geralmente de caráter menos profundo e que pode mudar em menor tempo. Diferente da cultura, o clima é avaliativo e descritivo, uma vez que, além de poder ser descrito, pode ser avaliado quanto ao grau de intensidade dos itens que o compõem, por meio da pesquisa de clima organizacional.

O clima organizacional pode ser definido como o grau da satisfação dos agentes da organização com os vários aspectos da cultura organizacional.

É um conceito que se refere ao ambiente interno da organização. Trata-se da manifestação de um conjunto de valores, atitudes e padrões de comportamento, formais e informais, existentes em uma organização.

Enquanto a cultura trata da essência da organização e é relativamente estável, o clima organizacional é a síntese das percepções dos funcionários sobre a organização e o ambiente de trabalho, sendo algo mais temporário. Assim, as mudanças de cultura tendem a ser mais difíceis e demoradas do que a mudança do clima organizacional, que podem ser implementadas em um prazo mais curto.

Segundo George Litwin (apud, ROBBINS,2007) clima organizacional: *"É a qualidade ou propriedade do ambiente organizacional que é percebida ou experimentada pelos membros da organização e influencia o seu comportamento".*

O clima organizacional é uma decorrência da cultura organizacional, tanto de seus aspectos "positivos" e motivadores quanto de seus aspectos "negativos" e geradores de conflitos, sendo mais facilmente perceptível e manejável pela organização do que a sua cultura.

Chiavenato (2007) nos informa que o clima organizacional *"está intimamente relacionado com o grau de motivação de seus participantes. O clima organizacional é a qualidade ou propriedade do ambiente organizacional, percebida ou experimentada pelos participantes da empresa e que influencia o seu comportamento".*

Percebe-se, deste modo, que o clima organizacional está muito relacionado à motivação e comportamentos dos funcionários. Um clima positivo influencia positivamente o trabalho das pessoas, enquanto um clima negativo pode "pesar" e fazer com que os funcionários passem a se sentir menos motivados. Além disso, funcionários desmotivados tendem a gerar um clima organizacional negativo, gerando um ciclo negativo na organização.

Nesse sentido, o clima organizacional pode ser classificado como favorável (ou bom) ou não favorável (ou ruim) ao bom desempenho do trabalho. O clima favorável proporciona as condições para um maior comprometimento por parte dos funcionários enquanto um clima desfavorável pode fazer com que os funcionários se desagreguem no trabalho. De forma diversa, as pessoas dentro da organização podem classificar o clima de várias formas qualitativas, como: bom, ruim, neutro, frio, caloroso, desafiador, "pegando fogo", depressivo, ameaçador, etc.

É preciso ter em conta também que o clima dependerá da cultura como um todo, mas dependerá, na prática, de várias características do dia a dia organizacional, como: o estilo de liderança, as características do líder e dos liderados, a estrutura organizacional, as políticas e valores postos em prática, o ramo de atividade da organização, o momento vivido pela organização etc., que poderão ser avaliadas em pesquisas de clima organizacional para serem geridas com eficácia.

3.12 Tipos de Clima Organizacional

O clima organizacional poderá ser classificado de duas formas, segundo as respostas dos indivíduos aos estímulos organizacionais.

Podemos dizer que o clima é bom quando há um baixo turnover, alto tempo de permanência dos funcionários na empresa, bem como quando estes possuem orgulho em participar da organização.

Em um clima prejudicado ou ruim, há um turnover elevado, conflitos interpessoais, desinteresse pelo cumprimento das tarefas, resistências internas, competição exacerbada, vergonha de trabalhar na empresa. Em um clima prejudicado ou ruim, predomina a falta de motivação.

3.13 Diagnóstico de Clima Organizacional

3.13.1 Indicadores do Clima Organizacional

O início do diagnóstico do clima organizacional pode dar-se a partir da análise de alguns indicadores, como:
- Absenteísmo, verificado por meio do levantamento do número de faltas ao trabalho.

CULTURA ORGANIZACIONAL

- Demonstrações indiretas de insatisfação com a empresa, materializadas em pichações nos banheiros, bilhetes anônimos, rumores nos corredores.
- Reclamações nas caixas de sugestões localizadas nos setores.
- Feedback nas avaliações de desempenho.
- Participação de funcionários em greves ou outros tipos de manifestações afins.
- Conflitos interpessoais e interdepartamentais, demonstradores de dificuldades na comunicação e falta de diálogo.
- Desperdícios de material, denotando descuido e desinteresse pelo patrimônio da organização.
- Queixas no serviço médico, no setor de psicologia ou serviço social da empresa.

É importante observar que, principalmente em grandes corporações, há a possibilidade de que haja localização de focos problemáticos em alguns setores, enquanto em outros os indicadores são satisfatórios. Cabe, portanto, uma análise cuidadosa neste sentido, a fim de evitar generalizar questões que na verdade são locais.

3.14 Gestão do Clima Organizacional

Para gerir o clima organizacional, é necessário fazer primeiramente um diagnóstico, a partir de uma pesquisa de clima, para saber qual a situação atual em relação às diversas dimensões do clima. O diagnóstico identificará os pontos fortes e fracos do clima organizacional, e, como consequência, deve-se ter um plano de ação para tentar elevar a qualidade do clima, especialmente em relação aos pontos mais críticos. Após a implementação dessas ações, teremos uma nova pesquisa para avaliar o clima, reiniciando, assim, o ciclo de gestão do clima organizacional.

A opção pela gestão do clima mostra que a empresa está preocupada com o lado pessoal dos funcionários. Só o fato de fazer uma pesquisa já deixa a mensagem "Queremos ouvir você, queremos saber a sua opinião". Esse tipo de postura da empresa tende a motivar os empregados.

> **Fique ligado**
>
> A cultura pode mudar no médio e no longo prazo, enquanto que o clima pode modificar-se no curto e no médio prazo.

Por outro lado, essas iniciativas criam expectativas nas pessoas, que esperam ações concretas para sanar as insatisfações levantadas.

Caso a empresa faça o diagnóstico, mas não promova ações de melhoria, o resultado pode ser catastrófico, com uma piora no clima e uma sensação de frustração dos funcionários.

4 ADMINISTRAÇÃO PÚBLICA

4.1 Formas de Administração Pública (Patrimonialista, Burocrática e Gerencial)

O Brasil passou por três tentativas de reformas administrativas. Tais reformas caracterizam as chamadas "Formas de Administração Pública", classificadas em patrimonialista, burocrática e gerencial.

4.1.1 Patrimonialista

O termo patrimonialismo significa a incapacidade ou a relutância do príncipe em distinguir entre o patrimônio público e seus bens privados (são interdependentes). O aparelho do Estado funciona como uma extensão do poder do soberano, e os seus auxiliares, servidores, possuem status de nobreza real. Os cargos são considerados prebendas ou sinecuras (empregos rendosos que exigem pouco ou nenhum esforço de quem os exerce, e são distribuídos da forma mais adequada ao soberano). A res publica ("a coisa pública" – os bens públicos) não é diferenciada da res principis (patrimônio do príncipe ou do soberano). Em consequência, a corrupção e o nepotismo são inerentes a esse tipo de Administração. No momento em que o capitalismo e a democracia se tornam dominantes, o mercado e a sociedade civil passam a se distinguir do Estado, tornando-se a Administração patrimonialista abominável.

4.1.2 Burocrática

Surge na segunda metade do século XIX, na época do Estado liberal, como forma de combater a corrupção e o nepotismo patrimonialista. Baseada nos princípios de Administração do exército prussiano, constituía-se em uma alternativa muito superior à Administração patrimonialista do Estado. Tal modelo foi adotado inicialmente nas empresas, principalmente em organizações industriais, em decorrência da necessidade de ordem e exatidão e das reivindicações dos trabalhadores por um tratamento justo e imparcial.

A autoridade não mais tem origem no soberano, e sim no cargo que a pessoa ocupa na organização, e a obediência é devida às leis e aos regulamentos, formalmente definidos. Qualquer organização ou grupo que se baseie em leis racionais é uma burocracia.

O tipo ideal de burocracia, segundo Weber, apresenta como características principais:

O caráter racional-legal das normas e regulamentos, caráter formal das comunicações, profissionalização, ideia de carreira, hierarquia funcional e disciplina, impessoalidade, formalismo, divisão do trabalho, competência técnica e meritocracia, rotinas e procedimentos padronizados, separação da propriedade.

Weber distinguiu três tipos de autoridade ou dominação:

- tradicional – transmitida por herança, conservadora;
- carismática – baseada na devoção afetiva e pessoal e no arrebatamento emocional dos seguidores em relação à pessoa do líder;
- racional legal ou burocrática – baseada em normas legais racionalmente definidas e impostas a todos.

Para Weber, a burocracia é a organização eficiente por excelência e para conseguir essa eficiência, precisa detalhar antecipadamente e nos mínimos detalhes como as coisas deverão ser feitas.

Teve como pano de fundo o liberalismo econômico, que pregava que o Estado deveria se restringir a suas funções típicas (defesa nacional, aplicação da justiça, elaboração de leis, diplomacia, etc.). Todavia, não conseguiu eliminar completamente o Patrimonialismo, passando os dois modelos a subsistirem juntos. A autoridade burocrática não se confunde com a autoridade tradicional.

Os controles administrativos que visam evitar a corrupção e o nepotismo são sempre a priori.

Por outro lado, o controle - a garantia do poder do Estado – transforma-se na própria razão de ser do funcionário. Em consequência, o Estado volta-se para si mesmo, perdendo a noção de sua missão básica, que é servir à sociedade. A qualidade fundamental da Administração Burocrática é a efetividade no controle dos abusos; seus defeitos: a ineficiência, a autorreferência, o clientelismo e o fisiologismo. Esse modelo surgiu com o advento do Departamento Administrativo de Serviço Público – DASP, em 1938, com objetivos de centralização das atribuições de reforma e de reorganização do setor público e a racionalização de métodos e processos administrativos.

Voltado cada vez mais para si mesmo, o modelo burocrático tradicional vinha caminhando para um sentido contrário aos anseios dos cidadãos. A incapacidade de responder às demandas destes, a baixa eficiência de suas estruturas, aliadas à captura do Estado por interesses privados e ao processo de globalização e de transformações tecnológicas, desencadearam a CRISE DO ESTADO, cujas manifestações mais evidentes foram:

CRISE FISCAL: perda em maior grau de crédito público e incapacidade crescente do Estado de realizar uma poupança pública que lhe permitisse financiar políticas públicas, devido principalmente à grave crise econômica mundial dos anos 70 e 80.

ESGOTAMENTO DAS FORMAS DE INTERVENÇÃO DO ESTADO: crise do "Estado de Bem-Estar Social" ou "Welfare State" no Primeiro Mundo, o esgotamento da industrialização por substituição de importações nos países em desenvolvimento e o colapso do estatismo nos países comunistas.

OBSOLESCÊNCIA NA FORMA BUROCRÁTICA DE ADMINISTRAR O ESTADO: serviços sociais prestados com baixa qualidade, ineficientes e com custos crescentes. Era preciso urgentemente aumentar a eficiência governamental. Este cenário impulsionou o surgimento de um novo modelo de Administração Pública, mais preocupado com os resultados e não com procedimentos e que levava em consideração, sobretudo, a eficiência: produzir mais aproveitando ao máximo os recursos disponíveis, com a maior produtividade possível. O Estado teria que inovar, ser criativo, e se aproximar mais dos princípios que regem a Administração de Empresas Privadas, reduzindo custos e maximizando resultados.

Disfunções da Burocracia

Perrow afirmava que o tipo ideal de Weber nunca é alcançado, porque as organizações são essencialmente sistemas sociais, feitas de pessoas, e as pessoas não existem apenas para as organizações. Estas têm interesses independentes e levam para dentro das organizações em que trabalham toda a sua vida externa. Além disso, a organização burocrática que Weber idealizou parece servir melhor para lidar com tarefas estáveis e rotinizadas. Não trata das organizações dinâmicas, para as quais a mudança é constante; somente as organizações mecanicistas, orientadas basicamente para as atividades padronizadas e repetitivas. Perrow apontou quatro disfunções da burocracia:

PARTICULARISMO: as pessoas levam para dentro das organizações os interesses do grupo de que participam fora dela.

SATISFAÇÃO DE INTERESSES PESSOAIS: utilização da organização para fins pessoais do funcionário.

EXCESSO DE REGRAS: as burocracias exageram na tentativa de regulamentar tudo o que for possível a respeito do comportamento

ADMINISTRAÇÃO PÚBLICA

humano, criando regras em excesso, e muitos funcionários ficam encarregados de fiscalizar o cumprimento de tais regras.

HIERARQUIA: para Perrow seria a negação da autonomia, liberdade, iniciativa, criatividade, dignidade e independência. Seria a maior responsável pela resistência às mudanças, as quais atrapalham o comodismo dos que estão no topo da hierarquia.

Merton também critica o modelo weberiano que, em sua opinião, negligencia o peso do fator humano e não é racional, como ele retrata. Para ele, as principais disfunções da burocracia são:

EXAGERADO APEGO AOS REGULAMENTOS E SUPERCONFORMIDADE ÀS ROTINAS E PROCEDIMENTOS: as regras passam a se transformar de meios em objetivos. O funcionário esquece que a flexibilidade é uma das principais características de qualquer atividade racional. Trabalha em função do regulamento e não em função dos objetivos organizacionais.

EXCESSO DE FORMALISMO E PAPELÓRIO: devido à necessidade de se documentar por escrito todas as comunicações e procedimentos.

RESISTÊNCIA ÀS MUDANÇAS: o funcionário, por se tornar um mero executor de rotinas e procedimentos definidos, passa a dominar seu trabalho com segurança e tranquilidade. Qualquer possibilidade de mudança que surja no horizonte passa a ser interpretada como ameaça à sua posição e, portanto, é altamente indesejável. Tal resistência pode ser manifestada de forma velada e discreta ou ativa e agressiva.

DESPERSONALIZAÇÃO DO RELACIONAMENTO: o chefe não considera mais os funcionários como indivíduos, mas sim como ocupantes de cargos, sendo conhecidos pelo título do cargo e até mesmo pelo número interno que a organização lhes fornece.

CATEGORIZAÇÃO COMO BASE DO PROCESSO DECISORIAL: a burocracia se assenta em uma rígida hierarquização da autoridade. Ou seja, na burocracia quem toma as decisões são as pessoas que estão no mais alto nível da hierarquia, mesmo que não saibam nada do assunto, visto que são os únicos com real poder de decisão.

UTILIZAÇÃO INTENSIVA DE SINAIS DE STATUS: identifica os que estão no topo da hierarquia, tais como broches, tamanho de sala ou de mesa; pode ser interpretada como excessiva, prejudicial, visto que os funcionários que não as dispõem podem se sentir desprestigiados, em situação inferior aos demais, perdendo motivação e diminuindo sua produtividade.

Gerencial: emerge na segunda metade do século XX, como resposta, de um lado, à expansão das funções econômicas e sociais dos Estados e, de outro ao desenvolvimento tecnológico e à globalização da economia mundial.

No começo da década de 80, o modelo gerencial puro, denominado managerialism ou gerencialismo, sugeriu três providências básicas:

CORTE DE GASTOS: inclusive de pessoal;

AUMENTO DA EFICIÊNCIA: com a introdução da lógica da produtividade existente no setor privado;

ATUAÇÃO MAIS FLEXÍVEL DO APARATO BUROCRÁTICO.

A reforma do aparelho do Estado passa a ser orientada predominantemente pelos valores da eficiência e qualidade na prestação de serviços públicos e pelo desenvolvimento de uma cultura gerencial nas organizações. A forma de controle deixa de basear-se nos processos (meios) para concentrar-se nos resultados (fins).

A Administração Pública Gerencial constitui um avanço e, até certo ponto, um rompimento com a Administração Pública Burocrática. Isto não significa, entretanto, que negue todos os seus princípios. Pelo contrário, a Administração Pública Gerencial está apoiada na anterior, da qual conserva, embora flexibilizando, alguns dos seus princípios fundamentais, como a admissão segundo rígidos critérios de mérito, a existência de um sistema estruturado e universal de remuneração, as carreiras, a avaliação constante de desempenho, o treinamento sistemático. A diferença fundamental está na forma de controle, que deixa de basear-se nos processos para concentrar-se nos resultados, e não na rigorosa profissionalização da Administração Pública, que continua um princípio fundamental.

O modelo gerencial busca a inserção e o aperfeiçoamento da máquina administrativa voltada para a gestão e a avaliação a posteriori de resultados em detrimento ao controle burocrático e a priori de processos. Enquanto a Administração Burocrática pressupõe uma racionalidade absoluta, a Administração Gerencial pensa na sociedade como um campo de conflito, cooperação e incerteza. Seu marco inicial surgiu na década de 60 com a publicação do Decreto-Lei nº 200/67.

Na Administração Pública Gerencial, a estratégia volta-se para a definição precisa dos objetivos que o administrador público deverá atingir em sua unidade, para a garantia de autonomia do administrador na gestão dos recursos humanos, materiais e financeiros que lhe forem colocados à disposição para que possa atingir os objetivos contratados, e para o controle ou cobrança a posteriori dos resultados.

No plano da estrutura organizacional, a descentralização e a redução dos níveis hierárquicos tornam-se essenciais. Em suma, afirma-se que a Administração Pública deve ser permeável à maior participação dos agentes privados e/ou das organizações da sociedade civil e deslocar a ênfase dos procedimentos (meios) para os resultados (fins).

A Administração Pública Gerencial vê o cidadão como contribuinte de impostos e como cliente dos seus serviços. O paradigma gerencial contemporâneo, fundamentado nos princípios da confiança e da descentralização da decisão, exige formas flexíveis de gestão, horizontalização de estruturas, descentralização de funções, incentivos à criatividade.

4.2 O Paradigma Pós-Burocrático

O paradigma gerencial contemporâneo, fundamentado nos princípios da confiança e da descentralização da decisão, exige formas flexíveis de gestão, horizontalização de estruturas, descentralização de funções, incentivos à criatividade. Contrapõe-se à ideologia do formalismo e do rigor técnico da burocracia tradicional. À avaliação sistemática, a recompensa pelo desempenho e a capacitação permanente, que já eram características da boa Administração Burocrática, acrescentam-se os princípios da orientação para o cidadão-cliente; do controle por resultados, e da competição administrada.

No presente momento, uma visão realista da reconstrução do aparelho do Estado em bases gerenciais deve levar em conta a necessidade de equacionar as assimetrias de correntes da persistência de aspectos patrimonialistas na Administração contemporânea, bem como dos excessos formais e anacronismos do modelo burocrático tradicional. Para isso, é fundamental ter clara a dinâmica da Administração Racional-Legal ou Burocrática. Não se trata simplesmente de descartá-la, mas sim de considerar os aspectos em que está superada e as características que ainda se mantêm válidas como formas de garantir efetividade à Administração Pública.

O modelo gerencial tornou-se realidade no mundo desenvolvido quando, por meio da definição clara de objetivos para cada unidade da

ADMINISTRAÇÃO

Administração, da descentralização, da mudança de estruturas organizacionais e da adoção de valores e de comportamentos modernos no interior do Estado, revelou-se mais capaz de promover o aumento da qualidade e da eficiência dos serviços sociais oferecidos pelo setor público.

4.3 Rumo à Administração Gerencial

Tendo em vista as inadequações do modelo, a Administração Burocrática implantada a partir de 1930 sofreu sucessivas tentativas de reforma. Não obstante, as experiências se caracterizaram, em alguns casos, pela ênfase na extinção e criação de órgãos, e, em outros, pela constituição de estruturas paralelas visando a alterar a rigidez burocrática. Na própria área da reforma administrativa, esta última prática foi adotada, por exemplo, no Governo JK, com a criação de comissões especiais, como a **Comissão de Estudos e Projetos Administrativos**, objetivando a realização de estudos para simplificação dos processos administrativos e reformas ministeriais, e a **Comissão de Simplificação Burocrática**, que visava à elaboração de projetos direcionados para reformas globais e descentralização de serviços.

A reforma operada em 1967 pelo Decreto-Lei n° 200, entretanto, constitui um marco na tentativa de superação da rigidez burocrática, podendo ser considerada como um primeiro momento da Administração Gerencial no Brasil. Mediante o referido decreto-lei, realizou-se a transferência de atividades para autarquias, fundações, empresas públicas e sociedades de economia mista, a fim de obter-se maior dinamismo operacional por meio da descentralização funcional. Instituíram-se como princípios de racionalidade administrativa o planejamento e o orçamento, o descongestionamento das chefias executivas superiores (desconcentração/descentralização), a tentativa de reunir competência e informação no processo decisório, a sistematização, a coordenação e o controle.

O paradigma gerencial da época, compatível com o monopólio estatal na área produtiva de bens e serviços, orientou a expansão da Administração indireta, em uma tentativa de "flexibilizar a Administração" com o objetivo de atribuir maior operacionalidade às atividades econômicas do Estado.

Entretanto, as reformas operadas pelo Decreto-Lei no 200/67 não desencadearam mudanças no âmbito da Administração Burocrática central, permitindo a coexistência de núcleos de eficiência e competência na Administração indireta e formas arcaicas e ineficientes no plano da Administração direta ou central. O núcleo burocrático foi, na verdade, enfraquecido indevidamente por meio de uma estratégia oportunista do regime militar, que não desenvolveu carreiras de administradores públicos de alto nível, preferindo, ao invés disso, contratar os escalões superiores da Administração por meio das empresas estatais.

Em meados dos anos 1970, uma nova iniciativa modernizadora da Administração Pública teve início, com a criação da **SEMOR - Secretaria da Modernização**. Reuniu-se em torno dela um grupo de jovens administradores públicos, muitos deles com formação em nível de pós-graduação no exterior, que buscou implantar novas técnicas de gestão, e particularmente de administração de recursos humanos, na Administração Pública federal.

No início dos anos 1980, registrou-se uma nova tentativa de reformar a burocracia e orientá-la na direção da Administração Pública Gerencial, com a criação do Ministério da Desburocratização e do **Programa Nacional de Desburocratização - PRND**, cujos objetivos eram a revitalização e a agilização das organizações do Estado, a descentralização da autoridade, a melhoria e simplificação dos processos administrativos e a promoção da eficiência. As ações do PRND voltaram-se inicialmente para o combate à burocratização dos procedimentos. Posteriormente, foram dirigidas para o desenvolvimento do Programa Nacional de Desestatização, em um esforço para conter os excessos da expansão da Administração descentralizada, estimulada pelo Decreto-Lei n° 200/67.

4.4 O Retrocesso de 1988

As ações rumo a uma Administração Pública Gerencial, são, entretanto, paralisadas na transição democrática de 1985 que, embora representasse uma grande vitória democrática, teve como um de seus custos mais surpreendentes o loteamento dos cargos públicos da Administração indireta e das delegacias dos ministérios nos Estados para os políticos dos partidos vitoriosos. Um novo populismo patrimonialista surgia no País. De outra parte, a alta burocracia passava a ser acusada, principalmente pelas forças conservadoras, de ser a culpada da crise do Estado, na medida em que favorecera seu crescimento excessivo.

A conjunção desses dois fatores leva, na Constituição de 1988, a um retrocesso burocrático sem precedentes. Sem que houvesse maior debate público, o Congresso Constituinte promoveu um surpreendente engessamento do aparelho estatal, ao estender para os serviços do Estado e para as próprias empresas estatais praticamente as mesmas regras burocráticas rígidas adotadas no núcleo estratégico do Estado. A nova Constituição determinou a perda da autonomia do Poder Executivo para tratar da estruturação dos órgãos públicos, instituiu a obrigatoriedade de regime jurídico único para os servidores civis da União, dos Estados-Membros e dos Municípios, e retirou da Administração indireta a sua flexibilidade operacional, ao atribuir às fundações e autarquias públicas normas de funcionamento idênticas às que regem a Administração direta.

Este retrocesso burocrático foi em parte uma reação ao clientelismo que dominou o país naqueles anos. Foi também uma consequência de uma atitude defensiva da alta burocracia que, sentindo-se injustamente acusada, decidiu defender-se de forma irracional.

O retrocesso burocrático não pode ser atribuído a um suposto fracasso da descentralização e da flexibilização da Administração Pública que o Decreto-Lei no 200 teria promovido. Embora alguns abusos tenham sido cometidos em seu nome, seja em termos de excessiva autonomia para as empresas estatais, seja em termos do uso patrimonialista das autarquias e fundações (onde não havia a exigência de processo seletivo público para a admissão de pessoal), não é correto afirmar que tais distorções possam ser imputadas como causas do mesmo. Na medida em que a transição democrática ocorreu no Brasil, em meio à crise do Estado, essa última foi equivocadamente identificada pelas forças democráticas como resultado, entre outros, do processo de descentralização que o regime militar procurara implantar. Por outro lado, a transição democrática foi acompanhada por uma ampla campanha contra a estatização, que levou os constituintes a aumentar os controles burocráticos sobre as empresas estatais e a estabelecer normas rígidas para a criação de novas empresas públicas e de subsidiárias das já existentes.

Afinal, geraram-se dois resultados: de um lado, o abandono do caminho rumo a uma Administração Pública Gerencial e a reafirmação dos ideais da Administração Pública Burocrática clássica; de outro lado, dada a ingerência patrimonialista no processo, a instituição de uma série de privilégios, que não se coadunam com a própria Administração Pública Burocrática. Como exemplos, temos a estabilidade rígida para todos os servidores civis, diretamente relacionada à generalização do regime estatutário na Administração direta e nas fundações e autarquias, a aposentadoria com proventos integrais sem correlação com o tempo de serviço ou com a contribuição do servidor.

ADMINISTRAÇÃO PÚBLICA

Todos estes fatos contribuíram para o desprestígio da Administração Pública brasileira, não obstante o fato de que os administradores públicos brasileiros são majoritariamente competentes, honestos e dotados de espírito público. Estas qualidades, que eles demonstraram desde os anos 1930, quando a Administração Pública profissional foi implantada no Brasil, foram um fator decisivo para o papel, estratégico que o Estado jogou no desenvolvimento econômico brasileiro.

As distorções provocadas pela nova Constituição logo se fizeram sentir. No governo Collor, entretanto, a resposta a elas foi equivocada e apenas agravou os problemas existentes, na medida em que se preocupava em destruir ao invés de construir. O governo Itamar Franco buscou essencialmente recompor os salários dos servidores, que haviam sido violentamente reduzidos no governo anterior. O discurso de reforma administrativa assume uma nova dimensão a partir de 1994, quando a campanha presidencial introduz a perspectiva da mudança organizacional e cultural da Administração Pública no sentido de uma Administração Gerencial.

A **Administração Gerencial**, em sua fase inicial, implica administrar a república de forma semelhante ao setor privado, de forma eficiente, com a utilização de ferramentas que consigam maximizar a riqueza do acionista, ou a satisfação do usuário (considerando-se a realidade do serviço público). Nesse sentido, buscar-se-á a adoção de uma postura mais empresarial, empreendedora, aberta a novas ideias e voltada para o incremento na geração de receitas e no maior controle dos gastos públicos. Esse modelo é mais bem entendido considerando o cenário em que foi concebido: no plano econômico, dada a crise do petróleo na década de 1970, esgotaram-se as condições que viabilizavam a manutenção do Welfare State (Estado de Bem-Estar Social), onde prevalecia o entendimento de que cabia ao Estado proporcionar uma gama enorme de serviços à população, respondendo esse por saúde, educação, habitação etc. A partir daí, começa a ser difundida a ideia de devolução ao setor privado daqueles serviços que o Poder Público não tem condições de prestar com eficiência (privatizações), devendo o Estado desenvolver aquilo que cabe intrinsecamente a ele fazer (Diplomacia, Segurança, Fiscalização etc.). O Estado Mínimo volta a ganhar força. Ou seja, o que se propôs, na verdade, foi a quebra de um paradigma, a redefinição do que caberia efetivamente ao Estado fazer e o que deveria ser delegado ao setor privado. Como referência, é possível citar a obra de Osbome & Gaebler, Reinventando o Governo, na qual são destacados princípios a serem observados na construção deste modelo, tais como:

- formação de parcerias;
- foco em resultados;
- visão estratégica;
- Estado catalisador, ao invés de remador;
- visão compartilhada; e
- busca da excelência.

Assim, o modelo gerencial (puro, inicial), buscou responder com maior agilidade e eficiência aos anseios da sociedade, insatisfeita com os serviços recebidos do setor público.

A preocupação primeira do modelo gerencial foi o incremento da eficiência, tendo em vista as disfunções do modelo burocrático. Nessa fase, o usuário do serviço público é visto tão somente como o financiador do sistema.

No Consumerism, que foi uma corrente, há o incremento na busca pela qualidade, decorrente da mudança do modo de ver o usuário do serviço, de mero contribuinte para cliente consumidor de serviços públicos. Nesse momento, há uma alteração no foco da organização. A burocracia, que normalmente é autorreferenciada, ou seja, voltada para si mesma, passa a observar com maior cuidado a razão de sua existência: a satisfação de seu consumidor. Com isso, buscar-se-á conhecê-lo por meio, dentre outras coisas, de pesquisas de opinião e procurar-se-á proporcionar um atendimento diferenciado com vistas no atendimento de necessidades individualizadas.

Na fase mais recente, o entendimento de que o usuário do serviço deve ser visto como cliente-consumidor perdeu força, principalmente porque a ideia de consumidor poderia levar a um atendimento melhor para alguns e pior para outros, em um universo em que todos têm os mesmos direitos. É possível perceber isso quando levamos em consideração que clientes mais bem organizados e estruturados teriam mais poder para pleitear mais ou melhores serviços, culminando em prejuízo para os menos estruturados. Por isso, nesta abordagem é preferível o uso de conceito de cidadão, que ao invés de buscar a sua satisfação, estaria voltado para a consecução do bem comum. Com isso, o que se busca é a equidade, ou seja, o tratamento igual a todos os que se encontram em situações equivalentes.

Os cidadãos teriam, além de direitos, obrigações perante a sociedade, tais como a fiscalização da república, vindo a cobrar, inclusive, que os maus gestores sejam responsabilizados (accountability) por atos praticados com inobservância da Legislação ou do interesse público.

A fim de aprimorar o aprendizado e complementar os estudos para a prova, a partir de agora este material reproduzirá extratos do **Plano Diretor da Reforma do Aparelho do Estado**.

Estado e sociedade formam, em uma democracia, um todo indivisível: a competência e os limites de atuação do Estado estão definidos precipuamente na Constituição. Deriva seu poder de legislar e de tributar a população, da legitimidade que lhe outorga a cidadania, via processo eleitoral. A sociedade, por seu turno, manifesta seus anseios e demandas por canais formais ou informais de contato com as autoridades constituídas. É pelo diálogo democrático entre o Estado e a sociedade que se definem as prioridades a que o Governo deve ater-se para a construção de um país mais próspero e justo.

Nos últimos anos, assistimos em todo o mundo a um debate acalorado - ainda longe de concluído - sobre o papel que o Estado deve desempenhar na vida contemporânea e o grau de intervenção que deve ter na economia. No Brasil, o tema adquire relevância particular, tendo em vista que o Estado, em razão do modelo de desenvolvimento adotado, desviou-se de suas funções precípuas para atuar com grande ênfase na esfera produtiva. Essa maciça interferência do Estado no mercado acarretou distorções crescentes neste último, que passou a conviver com artificialismos que se tornaram insustentáveis na década de 1990. Sem dúvida, em um sistema capitalista, Estado e mercado, direta ou indiretamente, são as duas instituições centrais que operam na coordenação dos sistemas econômicos. Dessa forma, se uma delas apresenta funcionamento irregular, é inevitável que nos depararemos com uma crise. Foi assim nos anos 1920 e 1930, em que claramente foi o mau funcionamento do mercado que trouxe em seu bojo uma crise econômica de grandes proporções. Já nos anos 1980, é a crise do Estado que põe em cheque o modelo econômico em vigência.

É importante ressaltar que a redefinição do papel do Estado é um tema de alcance universal nos anos 1990. No Brasil, esta questão adquiriu importância decisiva, tendo em vista o peso da presença do Estado na economia nacional. Tornou-se, consequentemente, inadiável equacionar a questão da reforma ou da reconstrução do Estado, que já não consegue atender com eficiência à sobrecarga de demandas a ele dirigidas, sobretudo na área social. A reforma do Estado não é, assim, um tema abstrato: ao contrário, é algo cobrado pela cidadania, que vê frustradas suas demandas e expectativas.

A crise do Estado teve início nos anos 1970, mas só nos anos 1980 se tornou evidente. Paralelamente ao descontrole fiscal, diversos países passaram a apresentar redução nas taxas de crescimento econômico, aumento do desemprego e elevados índices de inflação. Após várias tentativas de explicação, ficou claro, afinal, que a causa da desaceleração econômica nos países desenvolvidos e dos graves desequilíbrios na América Latina e no Leste Europeu era a crise do Estado, que não soubera processar de forma adequada a sobrecarga de demandas a ele dirigidas. A desordem econômica expressava agora a dificuldade do Estado em continuar a administrar as crescentes expectativas em relação à política de bem-estar aplicada com relativo sucesso no pós-guerra.

A Primeira Grande Guerra Mundial e a Grande Depressão foram o marco da crise do mercado e do Estado liberal. Surge em seu lugar um novo formato de Estado, que assume um papel decisivo na promoção do desenvolvimento econômico e social. A partir desse momento, o Estado passa a desempenhar um papel estratégico na coordenação da economia capitalista, promovendo poupança forçada alavancando o desenvolvimento econômico, corrigindo as distorções do mercado e garantindo uma distribuição de renda mais igualitária.

Não obstante, nos últimos 20 anos, esse modelo mostrou-se superado, vítima de distorções decorrentes da tendência observada em grupos de empresários e de funcionários, que buscam utilizar o Estado em seu próprio benefício, e vítima também da aceleração do desenvolvimento tecnológico e da globalização da economia mundial, que tornaram a competição entre as nações muito mais aguda. A crise do Estado define-se, então, como uma crise fiscal, caracterizada pela crescente perda do crédito por parte do Estado e pela poupança pública que se torna negativa; como o esgotamento da estratégia estatizante de intervenção do Estado, a qual se reveste de várias formas: o Estado do bem-estar social nos países desenvolvidos, a estratégia de substituição de importações no terceiro mundo e o estatismo nos países comunistas; e como a superação da forma de administrar o Estado, isto é, a superação da Administração Pública Burocrática.

No Brasil, embora esteja presente desde os anos 1970, a crise do Estado somente se tornará clara a partir da segunda metade dos anos 1980. Suas manifestações mais evidentes são a própria crise fiscal e o esgotamento da estratégia de substituição de importações, que se inserem em um contexto mais amplo de superação das formas de intervenção econômica e social do Estado. Adicionalmente, o aparelho do Estado concentra e centraliza funções, e se caracteriza pela rigidez dos procedimentos e pelo excesso de normas e regulamentos.

A reação imediata à crise - ainda nos anos 1980, logo após a transição democrática - foi ignorá-la. Uma segunda resposta igualmente inadequada foi a neoliberal, caracterizada pela ideologia do Estado mínimo. Ambas revelaram-se irrealistas: a primeira, porque subestimou tal desequilíbrio; a segunda, porque foi utópica. Só em meados dos anos 1990 surge uma resposta consistente com o desafio de superação da crise: a ideia da reforma ou reconstrução do Estado, de forma a resgatar sua autonomia financeira e sua capacidade de implementar políticas públicas.

Neste sentido, são inadiáveis: o ajustamento fiscal duradouro; as reformas econômicas orientadas para o mercado, que, acompanhadas de uma política industrial e tecnológica, garantam a concorrência interna e criem as condições para o enfrentamento da competição internacional; a reforma da previdência social; a inovação dos instrumentos de política social, proporcionando maior abrangência e promovendo melhor qualidade para os serviços sociais; e a reforma do aparelho do Estado, com vistas a aumentar sua "governança", ou seja, sua capacidade de implementar de forma eficiente políticas públicas.

Cabe aos ministérios da área econômica, particularmente aos da Fazenda e do Planejamento, proporem alternativas com vistas à solução da crise fiscal. Aos ministérios setoriais, compete rever as políticas públicas, em consonância com os novos princípios do desenvolvimento econômico e social. A atribuição do Ministério da Administração Federal e Reforma do Estado é estabelecer as condições para que o governo possa aumentar sua governança.

Para isso, sua missão específica é a de orientar e instrumentalizar a reforma do aparelho do Estado, nos termos definidos pela Presidência por meio desse Plano Diretor.

4.5 O Aparelho do Estado e as Formas de Propriedade

Para enfrentar os principais problemas que representam obstáculos à implementação de um aparelho do Estado moderno e eficiente, torna-se necessário definir um modelo conceitual, que distinga os segmentos fundamentais característicos da ação do Estado. A opção pela construção deste modelo tem como principal vantagem permitir a identificação de estratégias específicas para cada segmento de atuação do Estado, evitando a alternativa simplista de proposição de soluções genéricas a problemas que são peculiares dependendo do setor. Entretanto, tem a desvantagem da imperfeição intrínseca dos modelos, que sempre representam uma simplificação da realidade. Estas imperfeições, caracterizadas por eventuais omissões e dificuldades de estabelecimento de limites entre as fronteiras de cada segmento, serão aperfeiçoadas na medida do aprofundamento do debate.

O Estado é a organização burocrática que possui o poder de legislar e tributar sobre a população de um determinado território. O Estado é, portanto, a única estrutura organizacional que possui o "poder extroverso", ou seja, o poder de constituir unilateralmente obrigações para terceiros, com extravasamento dos seus próprios limites.

O aparelho do Estado ou Administração Pública lato senso, compreende um núcleo estratégico ou governo, constituído pela cúpula dos três Poderes, um corpo de funcionários e uma força militar e policial.

O aparelho do Estado é regido basicamente pelo Direito Constitucional e pelo Direito Administrativo, enquanto que o Estado é fonte ou sancionador e garantidor desses e de todos os demais direitos. Quando somamos ao aparelho do Estado todo o sistema institucional-legal, que regula não apenas o próprio aparelho do Estado, mas toda a sociedade, temos o Estado.

4.6 Os Setores do Estado

No aparelho do Estado, é possível distinguir quatro setores:

4.6.1 Núcleo Estratégico

Corresponde ao governo, em sentido lato. É o setor que define as leis e as políticas públicas, e cobra o seu cumprimento. É, portanto, o setor onde as decisões estratégicas são tomadas. Corresponde aos Poderes Legislativo e Judiciário, ao Ministério Público e, no Poder Executivo, ao Presidente da República, aos ministros e aos seus auxiliares e assessores diretos, responsáveis pelo planejamento e formulação das políticas públicas.

4.6.2 Atividades Exclusivas

É o setor em que são prestados serviços que só o Estado pode realizar. São serviços em que se exerce o poder extroverso do Estado - o poder de regulamentar, fiscalizar, fomentar. Como exemplos, temos: a cobrança e fiscalização dos impostos, a polícia, a previdência social básica, o serviço de desemprego, a fiscalização do cumprimento de normas sanitárias, o serviço de trânsito, a compra de serviços de saúde

ADMINISTRAÇÃO PÚBLICA

pelo Estado, o controle do meio ambiente, o subsídio à educação básica, o serviço de emissão de passaportes etc.

4.6.3 Serviços Não Exclusivos

Corresponde ao setor onde o Estado atua simultaneamente com outras organizações públicas não estatais e privadas. As instituições desse setor não possuem o poder de Estado. Este, entretanto, está presente porque os serviços envolvem direitos humanos fundamentais, como os da educação e da saúde, ou porque possuem "economias externas" relevantes, na medida em que produzem ganhos que não podem ser apropriados por esses serviços por meio do mercado. As economias produzidas imediatamente se espalham para o resto da sociedade, não podendo ser transformadas em lucros. São exemplos deste setor: as universidades, os hospitais, os centros de pesquisa e os museus.

4.6.4 Produção de Bens e Serviços Para o Mercado

Corresponde à área de atuação das quatro empresas. É caracterizado pelas atividades econômicas voltadas para o lucro que ainda permanecem no aparelho do Estado como, por exemplo, as do setor de infraestrutura. Estão no Estado, seja porque faltou capital ao setor privado para realizar o investimento, seja porque são atividades naturalmente monopolistas, nas quais o controle via mercado não é possível, tornando-se necessária no caso de privatização, a regulamentação rígida.

4.7 Setores do Estado e Tipos de Gestão

Cada um destes quatro setores referidos apresenta características peculiares, tanto no que se refere às suas prioridades, quanto aos princípios administrativos adotados.

No núcleo estratégico, o fundamental é que as decisões sejam as melhores, e, em seguida, que sejam efetivamente cumpridas. A efetividade é mais importante que a eficiência. O que importa saber é, primeiramente, se as decisões que estão sendo tomadas pelo governo atendem eficazmente ao interesse nacional, se correspondem aos objetivos mais gerais, aos quais a sociedade brasileira está voltada, ou não. Em segundo lugar, se, uma vez tomadas as decisões, estas são de fato cumpridas. Já no campo das atividades exclusivas de Estado, o que importa é atender milhões de cidadãos com boa qualidade a um custo baixo.

Como já vimos, existem ainda hoje duas formas de Administração Pública relevantes: a Administração Pública Burocrática e a Administração Pública Gerencial. A primeira, embora sofrendo do excesso de formalismo e da ênfase no controle dos processos, tem como vantagens a segurança e a efetividade das decisões. Já a Administração Pública Gerencial caracteriza-se fundamentalmente pela eficiência dos serviços prestados a milhares, senão milhões, de cidadãos. Nestes termos, no núcleo estratégico, em que o essencial é a correção das decisões tomadas e o princípio administrativo fundamental é o da efetividade, entendido como a capacidade de ver obedecidas e implementadas com segurança as decisões tomadas; é mais adequado que haja um misto de Administração Pública Burocrática e Gerencial.

No setor das atividades exclusivas e de serviços competitivos ou não exclusivos, o importante é a qualidade e o custo dos serviços prestados aos cidadãos. O princípio correspondente é o da eficiência, ou seja, a busca de uma relação ótima entre qualidade e custo dos serviços colocados à disposição do público. Logo, a Administração deve ser necessariamente Gerencial. O mesmo se diga, obviamente, do setor das empresas, que, enquanto estiverem com o Estado, deverão obedecer aos princípios gerenciais de Administração.

4.8 Experiências de Reformas Administrativas

4.8.1 A Administração Pública Gerencial no Brasil (O Governo FHC)

Em termos de Administração Pública, o marco de referência da era FHC foi a implantação do Plano Diretor da Reforma do Aparelho do Estado (1995), fundamentado em princípios da Administração Pública Gerencial.

Com a finalidade de colaborar com o trabalho que a sociedade e o governo estão tentando fazer para mudar o Brasil, o então Presidente da República, Fernando Henrique Cardoso, determinou a elaboração do "Plano Diretor da Reforma do Aparelho do Estado" definindo objetivos e estabelecendo diretrizes para a "futura" reforma da Administração Pública brasileira a ser aprovada pelo Poder Legislativo.

A seguir, transcrevemos alguns trechos desse documento para análise dos candidatos, no que tange aos rumos da Administração Pública em nosso país.

Este "Plano Diretor" procura criar condições para a construção pública em bases modernas e racionais. No passado, constituiu grande avanço à implementação de uma Administração Pública formal, baseada em princípios racionais e burocráticos, os quais se contrapunham ao patrimonialismo, ao clientelismo, ao nepotismo, vícios estes que ainda persistem e que precisam ser extirpados. Mas o sistema introduzido, ao limitar-se a padrões hierárquicos rígidos e ao concentrar-se no controle dos processos e não dos resultados, revelou-se lento e ineficiente para a magnitude e a complexidade dos desafios que o País passou a enfrentar diante da globalização econômica. A situação agravou-se a partir do início da década de 90, como resultado de reformas administrativas apressadas, as quais desorganizaram centros decisórios importantes, afetaram a "memória administrativa", a par de desmantelarem sistemas de produção de informações vitais para o processo decisório governamental.

"Entende-se por aparelho do Estado a Administração Pública em sentido amplo, ou seja, a estrutura organizacional do Estado, em seus três Poderes (Executivo, Legislativo e Judiciário) e três níveis (União, Estados-Membros e Municípios). O aparelho do Estado é constituído pelo governo, isto é, pela cúpula dirigente nos três Poderes, por um corpo de funcionários, e pela força militar. O Estado, por sua vez, é mais abrangente que o aparelho, porque compreende adicionalmente o sistema constitucional legal, que regula a população nos limites de um território. O Estado é a organização burocrática que tem o monopólio da violência legal, é o aparelho que tem o poder de legislar e tributar a população de um determinado território".

Estes conceitos permitem distinguir a reforma do Estado da reforma do aparelho do Estado. A reforma do Estado é um projeto amplo que diz respeito às áreas do governo e, ainda, ao conjunto da Sociedade Brasileira, enquanto que a reforma do aparelho do Estado tem um escopo mais restrito: está orientada para tornar a Administração Pública mais eficiente e mais voltada para a cidadania.

Este Plano Diretor focaliza sua atenção na Administração. A reforma do aparelho do Estado tem um escopo mais público federal, mas muitas das suas diretrizes e propostas podem também ser aplicadas em nível estadual e municipal. *"A reforma do Estado deve ser entendida dentro do contexto da definição do papel do Estado, que deixa de ser o responsável direto pelo desenvolvimento econômico e social pela via da produção de bens e serviços, para fortalecer-se na função de promotor e regulador desse desenvolvimento".*

"Nesse sentido, são inadiáveis:
- o ajustamento fiscal duradouro;
- reformas econômicas orientadas para o mercado, que, acompanhadas de uma política industrial e tecnológica, garantam a concorrência interna criem as condições para o enfrentamento da competição internacional;
- a reforma da previdência social;
- a inovação dos instrumentos de política social, proporcionando maior abrangência e promovendo melhor qualidade para os serviços; e
- a reforma do aparelho do Estado, com vista a aumentar sua 'governança', ou seja, sua capacidade de implementar de forma eficiente políticas públicas,"

4.9 Governabilidade / Governança / Accountability

4.9.1 Governança e Governabilidade

A reforma do Estado envolve múltiplos aspectos. O ajuste fiscal devolve ao Estado a capacidade de definir e implementar políticas públicas. Por meio da liberalização comercial, o Estado abandona a estratégia protecionista da substituição de importações. O programa de privatizações reflete a conscientização da gravidade da crise fiscal e da correlata limitação da capacidade do Estado de promover poupança forçada por meio das empresas estatais. Por meio desse programa, transfere-se para o setor privado a tarefa da produção que, em princípio, este realiza de forma mais eficiente. Finalmente, por meio de um programa de publicização, transfere-se para o setor público não estatal a produção dos serviços competitivos ou não exclusivos de Estado, estabelecendo-se um sistema de parceria entre Estado e sociedade para seu financiamento e controle.

Desse modo, o Estado reduz seu papel de executor ou prestador direto de serviços, mantendo-se, entretanto, no papel de regulador e provedor ou promotor destes, principalmente dos serviços sociais, como educação e saúde, que são essenciais, para o desenvolvimento, na medida em que envolvem investimento em capital humano: para a democracia, na medida em que promovem cidadãos; e para uma distribuição de renda mais justa, na medida em que o mercado é incapaz de garantir, dada a oferta muito superior à demanda de mão de obra não especializada. Como promotor desses serviços, o Estado continuará a subsidiá-los, buscando, ao mesmo tempo, o controle social direto e a participação da sociedade.

Nesta nova perspectiva, busca-se o fortalecimento das funções de regulação e de coordenação do Estado, particularmente no nível federal, e a progressiva descentralização vertical, para os níveis estadual e municipal, das funções executivas no campo da prestação de serviços sociais e de infraestrutura.

Considerando esta tendência, pretende-se reforçar a governança - a capacidade de governo do Estado - por meio da transição programada de um tipo de Administração Pública Burocrática, rígida e ineficiente, voltada para si própria e para o controle interno, para uma Administração Pública Gerencial, flexível e eficiente, voltada para o atendimento do cidadão. O governo brasileiro não carece de "governabilidade", ou seja, de poder para governar, dada sua legitimidade democrática e o apoio com que conta na sociedade civil. Enfrenta, entretanto, um problema de governança, na medida em que sua capacidade de implementar as políticas é limitada pela rigidez e ineficiência da máquina administrativa.

4.9.2 *Accountability*

É um termo abrangente que vai além da prestação de contas, pura e simples, pelos gestores da coisa pública. *Accountability* diz respeito à sensibilidade das autoridades públicas em relação ao que os cidadãos pensam, à existência de mecanismos institucionais efetivos, que permitam chamá-los à fala quando não cumprirem suas responsabilidades básicas. No âmbito da Secretaria Federal de Controle, o termo *accountability* é traduzido, por alguns, como "responsabilidade".

A busca da *accountability* passa também pela reforma da sociedade; ela precisa saber e querer cobrar; precisa interessar-se pela gestão pública, deve entender a relação da boa Administração com a qualidade de vida; em suma, deve ser mais cidadã.

É importante o papel do cidadão no processo, considerando que o verdadeiro controle do Governo, o controle efetivo, é consequência da cidadania organizada, já que a sociedade desmobilizada não será capaz de garantir a *accountability*.

4.9.3 Qualidade do Governo

O marco de referência para essa reestruturação de qualidade do Estado, de modo a torná-lo mais eficiente e transparente quanto ao uso dos recursos públicos, e mais eficaz quanto aos resultados de suas ações em termos de prestação de serviços de interesse coletivo foi o lançamento do bestseller "Reinventando o Governo", de autoria de David Osborne e Ted Gaebler, nos EUA, em 1994. Os autores propõem um receituário estratégico, organizado em torno de dez princípios básicos, voltado para a reinvenção do governo, ou seja, um novo paradigma de Estado. Resumiremos os dez princípios:

- **Governo catalisador:** aquele que escolhe "navegar em vez de remar"; o que, em outras palavras, significa um governo que é forte porque se limita a decidir e a dirigir, deixando a execução para outrem.
- **Participação da população no governo:** mediante a transferência do poder decisório da burocracia para as comunidades, de tal maneira que elas possam ser corresponsáveis com o governo pelo controle dos serviços públicos.
- **Competição nos serviços públicos:** a competição não deve ocorrer apenas entre os setores público e privado, mas também entre os próprios órgãos públicos, pois a competição sadia estimula a inovação e o aumento da eficiência.
- **Governo orientado por missões:** em contraposição às organizações públicas rigidamente dirigidas por normas e regulamentos, as organizações orientadas por missões são mais racionais, eficazes, criativas, têm maior flexibilidade operativa e moral mais elevado.
- **Governo de resultados:** no qual se privilegiam os resultados a atingir e não simplesmente os recursos.
- **Ênfase no cliente:** consiste em aproximar os órgãos governamentais dos usuários de serviços públicos, de modo a identificar os seus anseios e incorporar as críticas, a fim de moldar a prestação de serviços conforme as suas reais necessidades.
- **Governo empreendedor:** é aquele que gera receitas (extratributárias) ao invés de simplesmente incorrer em gastos.
- **Papel preventivo:** preocupação com a prevenção de problemas evitáveis e com a previsão (antecipação) de dificuldades futuras.
- **Descentralização:** para responder com maior rapidez a mudanças nas circunstâncias ou nas necessidades de seus clientes; o governo descentralizado é mais eficiente, inovador, produtivo e mais comprometido com os resultados.
- **Governo orientado para o mercado:** é uma forma de usar o poder de alavancagem do setor público para orientar as decisões dos agentes privados, de modo a alcançar mais eficientemente as metas coletivas.

ADMINISTRAÇÃO PÚBLICA

Uma primeira mudança de comportamento, produzida pela introdução da Administração flexível, ocasionou uma transformação na visão de mundo da Administração Pública: a sociedade não é composta por súditos ou concorrentes, mas sim por clientes e cidadãos. O gestor público deverá dar uma atenção especial ao cliente, entendendo que:

- o público é o elemento mais importante em qualquer atividade governamental;
- o público é a razão da existência do governo;
- a autoridade, no setor público, deriva de um consentimento e fundamenta-se em uma delegação;
- o público não interrompe o trabalho do funcionalismo; ele é o propósito desse trabalho;
- o público é parte essencial da atividade do Estado; não é descartável;
- o público é quem paga o salário de todos, desde o dirigente ao do faxineiro dos órgãos governamentais;
- pesquisar a vontade pública e procurar entender as aspirações e queixas da sociedade é função de todo governo moderno e democrático;
- a cortesia não é apenas uma atitude pessoal, mas uma obrigação;
- o público não é apenas quem paga a conta, mas a razão das atividades do governo;
- a ideia de que o governo não tem concorrente como as empresas, é falsa. O governo é uma opção livre pelo menos de eleição em eleição. Manter o público satisfeito para que se lembre do seu partido na próxima eleição é função dos dirigentes.

4.10 Evolução da Administração Gerencial

Dentro de um contexto de governos neoliberais da década de 80 do século passado, com Ronald Regan, nos Estados Unidos, e Margaret Thatcher, na Inglaterra, começam a ser implantados os ideários do gerencialismo. Embora o contexto inicial fosse neoliberal, logo se percebeu que o Estado Mínimo era inviável para o gerencialismo. As razões disso são as demandas cada vez maiores dos cidadãos por melhores e mais diversificados serviços, ou seja, as pessoas não querem um Estado que apenas cuida da educação e da saúde.

Ao invés de um Estado Mínimo, a ideia passa a ser a de um Estado Menor, reduzir ao efetivamente necessário, não ao mínimo. Nesse formato, grande parte dos investimentos em infraestrutura e das prestações de serviços é realizada por parte da iniciativa privada. Ao Estado cabe regular as atividades para garantir o bom funcionamento.

4.10.1 Gerencialismo Puro

Em um primeiro momento, o gerencialismo focou na eficiência, a qualquer preço, considerando o cidadão como um contribuinte (tax payer), ou seja, é aquele que banca o governo.

A Emenda Constitucional 19/98 é a marca legal da introdução da Administração Gerencial no Brasil. O grande foco dessa fase era corrigir os problemas que vieram da burocracia, por meio da redução de gastos públicos e do aumento da produtividade do setor público, ou seja, buscava-se a eficiência governamental.

Características do Gerencialismo Puro

- aplicação de conhecimentos/teorias oriundas da iniciativa privada;
- foco na Administração voltada para a mudança de cultura no setor público;
- corte de custos, redução salarial, demissões, racionalização de processos etc.

Vejamos os problemas/críticas da primeira fase do gerencialismo.

Ausência de mensuração da efetividade (impacto) dos serviços prestados.

Preocupação excessiva com a relação custo e produção, na questão financeira.

O cidadão é visto como um mero contribuinte.

Consumerism

No Consumerism, a preocupação estende-se para a qualidade (efetividade). O usuário do serviço público agora é visto como um cliente/consumidor, em alusão aos termos utilizados nas empresas. A satisfação do cliente vira o foco, e a qualidade do serviço é a ferramenta principal. A ideia era fazer com que o setor público ficasse mais ágil e competitivo, descentralizando serviços, implantando inovações para o atendimento ao público, incentivando a competição entre os órgãos públicos. Sobre a descentralização, convém demonstrarmos como ela é realizada na Administração Pública brasileira.

O controle no gerencialismo, como vimos, enfatiza os resultados, ao invés de destacar os gastos, como fazia a burocracia weberiana implantada por Getúlio Vargas em meados de 1930. Passando o resultado a ser o centro das atenções, é preciso demonstrar meios para se trabalhar com resultados, modernizando o serviço público.

4.10.2 Public Service Oriented – PSO

O *Public Service Oriented* é uma evolução do modelo gerencial: parte para a equidade/justiça, relacionada com a *accountability* (responsabilização). O usuário é visto como um cidadão. Essa mudança de cliente para cidadão é fundamental. O tratamento de um cliente é proporcional ao que ele gasta. Com o cidadão, isso não acontece. O cidadão tem, além de direitos, obrigações perante a sociedade, como a fiscalização da "coisa pública", devendo cobrar os maus gestores (responsabilizando-os – *accountability*).

A descentralização promovida pela PSO não visa somente à eficiência do serviço ou à qualidade do atendimento. Na Public Service Oriented, a descentralização é uma forma de promover a participação política dos cidadãos.

Aos poucos, foram-se delineando os contornos da nova Administração Pública:

- descentralização do ponto de vista político, transferindo recursos e atribuições para os níveis políticos regionais e locais;
- descentralização administrativa, por meio da delegação de autoridade para os administradores públicos transformados em gerentes crescentemente autônomos;
- organizações com poucos níveis hierárquicos ao invés de piramidal;
- pressuposto da confiança limitada e não da desconfiança total;
- controle por resultados, a posteriori, ao invés do controle rígido, passo a passo, dos processos administrativos; e
- Administração voltada para o atendimento do cidadão, ao invés de autorreferida.

4.11 Governo Eletrônico e Transparência

4.11.1 Infovia Brasil

O projeto Infovia Brasil consiste na obtenção de uma rede de comunicação de voz, dados e imagens de alta velocidade, com abrangência nacional, o que irá permitir a integração de todos os órgãos da Administração Pública federal no País.

Benefícios da Infovia

O primeiro ponto a ser levado em conta para a implementação do projeto é a redução e um melhor controle de gastos, além de contribuir para a padronização e aumentar a confiança e a segurança das informações governamentais que trafegam nas redes.

4.11.2 Padrões de Interoperabilidade de Governo Eletrônico (e-PING)

A arquitetura e-PING define um conjunto mínimo de premissas, políticas e padrões que regulamentam a utilização da Tecnologia de Informação e Comunicação (TIC) no Governo Federal, estabelecendo as condições de interação com os demais Poderes e esferas de governo e com a sociedade em geral. Em outras palavras, significa fazer com que os diferentes sistemas de informação existentes nas diferentes esferas de governo consigam "falar entre si", o que não acontece atualmente.

Alguns dos benefícios que a arquitetura e-PING pode trazer ao governo e à sociedade em geral são a unificação dos cadastros sociais, a unificação dos sistemas de segurança, a unificação dos DETRANs, entre outros.

Para que se estabeleçam os objetivos da e-PING, é fundamental que se defina claramente o que se entende por interoperabilidade. A seguir, apresentamos alguns conceitos:

- habilidade de transferir e utilizar informações de maneira uniforme e eficiente entre várias organizações e sistemas de informações (governo da Austrália);
- intercâmbio coerente de informações entre serviços e sistemas. Deve possibilitar a substituição de qualquer componente ou produto usado nos pontos de interligação por outro de especificação similar, sem comprometer as funcionalidades do sistema (governo do Reino Unido);
- habilidade de dois ou mais sistemas (computadores, meios de comunicação, redes e outros componentes de TI) de interagir e intercambiar dados de acordo com um método definido, de forma a obter os resultados esperados (ISO).

4.11.3 Diretrizes Gerais para o Governo Eletrônico

A seguir são apresentadas as diretrizes gerais de implantação e operação do governo eletrônico no âmbito dos comitês técnicos de governo eletrônico e de toda a Administração Pública federal. Essas diretrizes devem servir como referência geral para estruturar as estratégias de intervenção, adotadas como orientações para todas as ações de governo eletrônico, gestão do conhecimento e gestão da TI no Governo Federal.

01. A prioridade do governo eletrônico é a promoção da cidadania.

A política de governo eletrônico do governo brasileiro abandona a visão que vinha sendo adotada, que apresentava o cidadão-usuário, antes de tudo, como "cliente" dos serviços públicos, em uma perspectiva de provisão de inspiração neoliberal. O deslocamento não é somente semântico. Significa que o governo eletrônico tem como referência os direitos coletivos e uma visão de cidadania que não se restringe à somatória dos direitos dos indivíduos. Assim, forçosamente incorpora a promoção da participação e do controle social e a indissociabilidade entre a prestação de serviços e sua afirmação como direito dos indivíduos e da sociedade. Essa visão, evidentemente, não abandona a preocupação em atender às necessidades e demandas dos cidadãos individualmente, mas a vincula aos princípios da universalidade, da igualdade perante a lei e da equidade na oferta de serviços e informações.

02. 0A inclusão digital é indissociável do governo eletrônico.

A inclusão digital deve ser tratada como um elemento constituinte da política de governo eletrônico, para que esta possa configurar-se como política universal. Esta visão funda-se no entendimento da inclusão digital como direito de cidadania e, portanto, objeto de políticas públicas para sua promoção. Entretanto, a articulação à política de governo eletrônico não pode levar a uma visão instrumental da inclusão digital. Esta deve ser vista como estratégia para construção e afirmação de novos direitos e consolidação de outros pela facilitação de acesso a eles. Não se trata, portanto, de contar com iniciativas de inclusão digital somente como recurso para ampliar a base de usuários (e, portanto, justificar os investimentos em governo eletrônico), nem de reduzi-la a elemento de aumento da empregabilidade de indivíduos ou de formação de consumidores para novos tipos ou canais de distribuição de bens e serviços. Além disso, enquanto a inclusão digital concentra-se apenas em indivíduos, ela cria benefícios individuais, mas não transforma as práticas políticas. Não é possível falar destas sem que se fale também da utilização da Tecnologia da Informação pelas organizações da sociedade civil em suas interações com os governos, o que evidencia o papel relevante da transformação dessas mesmas organizações pelo uso de recursos tecnológicos.

03. O software livre é um recurso estratégico para a implementação do governo eletrônico

O software livre deve ser entendido como opção tecnológica do Governo Federal, em que, na medida do possível, deve ser promovida sua utilização. Para tanto, devem-se priorizar soluções, programas e serviços baseados em softwares livres que promovam a otimização de recursos e investimentos em Tecnologia da Informação. Entretanto, a opção pelo software livre não pode ser entendida somente como motivada por aspectos econômicos, mas pelas possibilidades que abre no campo da produção e circulação de conhecimento, no acesso a novas tecnologias e no estímulo ao desenvolvimento de software em ambientes colaborativos e ao desenvolvimento de software nacional. A escolha do software livre como opção prioritária onde cabível encontra suporte também na preocupação em garantir ao cidadão o direito de acesso aos serviços públicos sem obrigá-lo a usar plataformas específicas.

04. A gestão do conhecimento é um instrumento estratégico de articulação e gestão das políticas públicas do governo eletrônico.

A gestão do conhecimento é compreendida, no âmbito das políticas de governo eletrônico, como um conjunto de processos sistematizados, articulados e intencionais, capazes de assegurar a habilidade de criar, coletar, organizar, transferir e compartilhar conhecimentos estratégicos que podem servir para a tomada de decisões, para a gestão de políticas públicas e para inclusão do cidadão como produtor de conhecimento coletivo.

05. O governo eletrônico deve racionalizar o uso de recursos.

O governo eletrônico não deve significar aumento dos dispêndios do Governo Federal na prestação de serviços e em Tecnologia da Informação. Ainda que seus benefícios não possam ficar restritos a este aspecto, é inegável que deve produzir redução de custos unitários e racionalização do uso de recursos. Grande parte das iniciativas de

ADMINISTRAÇÃO PÚBLICA

governo eletrônico pode ser realizada por meio do compartilhamento de recursos entre órgãos públicos. Este compartilhamento pode se dar tanto no desenvolvimento quanto na operação de soluções, inclusive por meio do compartilhamento de equipamentos e recursos humanos. Destaque especial deve merecer o desenvolvimento compartilhado em ambiente colaborativo, envolvendo múltiplas organizações.

06. O governo eletrônico deve contar com um arcabouço integrado de políticas, sistemas, padrões e normas.

O sucesso da política de governo eletrônico depende da definição e publicação de políticas, padrões, normas e métodos para sustentar as ações de implantação e operação do governo eletrônico que cubram uma série de fatores críticos para o sucesso das iniciativas.

07. Integração das ações de governo eletrônico com outros níveis de governo e outros Poderes.

A implantação do governo eletrônico não pode ser vista como um conjunto de iniciativas de diferentes atores governamentais que podem manter-se isoladas entre si. Pela própria natureza do governo eletrônico, este não pode prescindir da integração de ações e de informações. A natureza federativa do Estado brasileiro e a divisão dos Poderes não pode significar obstáculo para a integração das ações de governo eletrônico. Cabe ao Governo Federal um papel de destaque nesse processo, garantindo um conjunto de políticas, padrões e iniciativas que garantam a integração das ações dos vários níveis de governo e dos três Poderes.

A presença do governo eletrônico na prática da cidadania inclui a transparência nos assuntos de:

- orçamento;
- fiscalização e controle;
- prevenção e combate à corrupção;
- prestação de contas;
- denúncias.

O Programa de Governo Eletrônico brasileiro conta com um comitê executivo e oito comitês técnicos responsáveis pelo desenvolvimento das políticas e ações definidas nos princípios e diretrizes estabelecidas para toda a Administração Pública federal.

O comitê executivo foi criado no âmbito do Conselho de Governo pelo Decreto de 18 de outubro de 2000. O Ministério do Planejamento, Orçamento e Gestão exerce as atribuições de Secretaria-Executiva e garante o apoio técnico-administrativo necessário ao funcionamento do comitê.

Já os comitês técnicos foram criados pelo Decreto não numerado de 29 de outubro de 2003 para atuar nos seguintes segmentos:

- implementação do software livre;
- inclusão digital;
- integração de sistemas;
- sistemas legados e licenças de software;
- gestão de sítios e serviços on-line;
- infraestrutura de rede;
- governo para governo; e
- gestão de conhecimentos e informação estratégica.

4.12 Empreendedorismo Governamental e Novas Lideranças no Setor Público

Empreendedor é a qualificação dada a um indivíduo que possui determinadas características, tais como inovador, realizador, arrojado, autoconfiante, capaz de assumir riscos calculados, agente de transformação/mudança. Esse conceito não se restringe às empresas, podendo aparecer a figura do empreendedor em um projeto específico ou em uma ação isolada dentro de uma comunidade.

Podemos chamar de empreendedor o fundador de uma empresa, já que normalmente ele constrói algo partindo do nada, em situações difíceis. Uma pessoa com características de empreendedor acredita ser importante sentir-se útil para o grupo em que está inserida, possuindo necessidade de obter poder e de se tornar realizada em suas ações, buscando sempre diversas oportunidades. É importante mencionar que é possível treinar pessoas para se tornarem empreendedoras. Segundo Filion, "o treinamento para a atividade empreendedora deve capacitar o empreendedor para imaginar e identificar visões, desenvolver habilidades para sonhos realistas."

Quando falamos em empreendedorismo governamental, é essencial citarmos o livro "Reinventando o Governo", de Ted Gaebler e David Osborne. Baseado em ideais de geração de competitividade dentro do Governo, os princípios dessa obra influenciaram os Governos de Bill Clinton e de Fernando Henrique Cardoso.

O livro se desenvolve dando ênfase a administradores que buscaram em seus governos alternativas para melhorar a qualidade de vida da população buscando não só a prestação de serviço, mas sim a união entre o setor privado e o público. Segundo o livro, os governantes teriam de deixar o papel de coletar impostos e prestar serviços para aprenderem a solução de problemas pela união de esforços entre iniciativa privada e pública, "aprender a navegar em vez de remar", o governo não precisa prestar todo o serviço, mas garantir que seja prestado.

No entendimento da maioria das pessoas, existem dois setores, público e privado, totalmente diferentes entre si, sendo que um não deveria intervir no outro; mas ao contrário desse entendimento, os dois setores deveriam trabalhar juntos, em parcerias para melhor prestarem os serviços necessários à população, e não devemos esquecer as organizações voluntárias ou não lucrativas, entidades não governamentais que muitas vezes prestam os serviços de forma muito eficaz.

A competitividade entre setor público e privado traz vantagens, em diversos serviços, como limpeza pública, educação, saúde transporte, controle do tráfego entre outros, reduzindo com isso o risco do monopólio.

A respeito das vantagens de governos orientados por missão em vez de regras, quando governos deixam seus funcionários livres para que eles busquem as melhores formas de realizar os serviços tendo com isso grandes vantagens sendo mais efetiva e flexível, criados a partir da desburocratização das atividades, tirando todo o peso de regras e regulamentos desnecessários mantendo somente o necessário.

As organizações que qualificam os resultados de seus trabalhos conseguem com essas informações grande poder de transformação, tudo o que se precisa fazer é qualificar algumas coisas e, com isso, buscar avaliar se o resultado é o desejado ou não. Com isso, buscam-se alternativas para a correção. O governo empreendedor busca formas de gerar lucros e não despesas.

4.12.1 Gestão de Resultados na Produção de Serviços Públicos

Os empreendedores públicos sabem que enquanto as instituições forem financiadas da forma tradicional, poucas razões terão para se esforçarem na busca de desempenhos mais satisfatórios. Contudo, se forem financiadas segundo um critério de avaliação de resultados, em um instante ficarão obcecados por maior performance. Por não mensurarem os resultados, os governos burocratizados raramente logram grandes conquistas.

ADMINISTRAÇÃO

Se uma organização não avalia os resultados e é incapaz de identificar o que dá certo no momento em que o fenômeno acontece, não poderá aprender com a experiência. Sem o devido feedback em termos de resultados, qualquer iniciativa renovadora já nasce morta.

A Gestão para Resultados é uma estratégia de gestão centrada no desempenho para o desenvolvimento e na melhora da Administração Pública. Proporciona um marco coerente para a eficácia do desenvolvimento na qual a informação sobre o desempenho é usada para melhorar a tomada de decisão, e inclui ferramentas práticas como planejamento estratégico, programação e execução orçamentária, gestão de riscos, e monitoramento e avaliação dos resultados.

O planejamento é necessário, o improviso custa caro e se fica refém do diagnóstico do presente. Segundo Peter Druker (1999) "O planejamento não diz respeito a decisões futuras, mas às implicações futuras de decisões presentes".

Qualquer atividade humana realizada sem qualquer tipo de preparo é uma atividade aleatória que conduz, em geral, o indivíduo e as organizações a destinos não esperados, altamente emocionantes e em regra a situações piores que aquelas anteriormente existentes. A qualidade é fruto de um esforço direcionado de um indivíduo ou grupo para fazer algo acontecer conforme o que foi anteriormente desejado e estabelecido, portanto a qualidade somente poderá ser alcançada por meio de um trabalho planejado.

A maior eficiência do gasto público é uma condição necessária para que o Brasil possa obter mais crescimento econômico, menor desigualdade, mais oportunidades de trabalho, menos violência e uma vida mais longa e recompensadora para sua população. Nesse contexto, deve-se refletir sobre como gestores e servidores públicos podem atuar para buscar essa maior eficiência. Para tanto, mostra-se, inicialmente, que o Estado brasileiro gasta muito e gasta mal.

É notória a importância e a necessidade dos programas de qualidade, independentemente da escolha. Mas considerando os objetivos e as melhorias a serem alcançadas, um ou outro terão melhor adaptação na empresa. Considerando-se que a finalidade inicial de uma gestão de qualidade é tornar os processos mais eficientes, melhorar os resultados das organizações e o bem-estar dos trabalhadores, vale ressaltar que são contínuos os aprimoramentos dos programas de qualidade. E assim devem ser, pois as novas demandas, não importando as origens, exigem dinâmica na melhoria constante.

Entretanto, é necessário considerar que, mesmo tratando-se de "qualidade", depara-se com o tangível e o intangível no dia a dia, uma vez que não podemos desconsiderar a importância do modelo de gestão desenvolvido na empresa. Em rápida reflexão, constata-se que as empresas que possuem uma gestão direcionada para a visão holística obtêm melhores resultados qualitativos, com foco nas pessoas e no ambiente, agregando a tecnologia como meio de execução, logicamente sem deixar de lado a administração científica, ou seja, a racionalização do trabalho por meio da estrutura exigida no nível estratégico, tático e operacional.

Observa-se também que as empresas que atuam com ênfase nas tarefas, estrutura e tecnologia não atingem os resultados projetados. Em um passado remoto, esse foi o modelo de sucesso adotado, mas as mudanças e as evoluções na base da Teoria da Administração e seus principais enfoques, seguidas por mudanças nos negócios e exigências dos clientes incumbiram de expurgar do mercado essa antiga visão.

A qualidade traz ganhos substanciais para toda a empresa, apesar de a maior garantia de resultados convergir para o ambiente interno/externo, a visão, o clima e/ou cultura empresarial, refletindo enormemente e positivamente sobre as pessoas/colaboradores, tornando a empresa sólida, apta ao crescimento, podendo afiançar um desempenho irrepreensível, mas isso, por si só não garante os melhores resultados financeiros

5 GESTÃO DA QUALIDADE

"Qualidade" é hoje uma palavra-chave muito difundida nas empresas: fácil de falar e difícil de fazer. Ao mesmo tempo, existe pouco entendimento do que vem a ser qualidade.

A definição da qualidade possui uma extrema diversidade de interpretação, dada por diversos autores, que procuram dar uma definição simples para que seja assimilável a todos os níveis das organizações: precisa, para não gerar interpretações duvidosas; e abrangente, para mostrar sua importância em todas as suas atividades produtivas.

O conceito de qualidade apresentado pelas principais autoridades da área são as seguintes:

(JURAN, 1992:9) Qualidade é ausência de deficiências, ou seja, quanto menos defeitos, melhor a qualidade.

(FEIGENBAUM, 1994:8) Qualidade é a correção dos problemas e de suas causas ao longo de toda a série de fatores relacionados com marketing, projetos, engenharia, produção e manutenção, que exercem influência sobre a satisfação do usuário.

(CROSBY, 1986:31) Qualidade é a conformidade do produto às suas especificações. As necessidades devem ser especificadas, e a qualidade é possível quando essas especificações são obedecidas sem ocorrência de defeito.

(DEMING, 1993:56) Qualidade é tudo aquilo que melhora o produto do ponto de vista do cliente. Deming associa qualidade à impressão do cliente, portanto não é estática. A dificuldade em definir qualidade está na renovação das necessidades futuras do usuário em características mensuráveis, de forma que o produto possa ser projetado e modificado para dar satisfação por um preço que o usuário possa pagar.

> **Fique ligado**
> Qualidade se refere às características do produto e do serviço que atendem às necessidades dos clientes.

(ISHIKAWA, 1993: 43) Qualidade é desenvolver, projetar, produzir e comercializar um produto de qualidade que é mais econômico, mais útil e sempre satisfatório para o consumidor.

5.1 Os Períodos ou Eras da Qualidade

A gestão da qualidade é um tema dinâmico, que foi se modificando ao longo do tempo, fruto de sua interação com a sociedade. Logo, assim como a sociedade, a gestão da qualidade evoluiu, buscando atender aos anseios da população. Nesse contexto, vejamos as classificações para os diversos períodos ou eras da qualidade:

01. **Inspeção:** a garantia da qualidade era certificada por meio do controle em massa de 100% dos produtos, ocorrendo o controle por amostragens em casos muito específicos, sem uma estruturação adequada. Essa técnica era possível, pois a maioria dos produtores era composta por artesãos, e as empresas não tinham uma grande capacidade de produção. Nesse período, o controle da qualidade limitava-se à inspeção e às atividades restritas, como contagem, classificação pela qualidade e reparos.

02. **Controle estatístico da qualidade:** surgiu em meados de 1931, tendo como referência Walter Andrew Shewhart, que deu um caráter científico à prática da busca da qualidade. Nesse período, o controle da qualidade no processo produtivo passa ao correr mediante procedimentos estatísticos, utilizando mecanismos como a amostragem. Porém, assim como na era da inspeção, a qualidade ainda era pensada de forma sistêmica, com envolvimento de todos.

03. **Garantia da qualidade:** surge após a II Guerra Mundial, tendo como referência William Edwards Deming e Joseph M. Juran. A proposta passa a ser por uma preocupação com a qualidade desde o projeto de desenvolvimento, envolvendo todos os funcionários, de todos os níveis hierárquicos, além de fornecedores e clientes. A ideia é manter e aperfeiçoar as técnicas clássicas da qualidade.

04. **Gestão estratégica da qualidade (gestão da Qualidade Total):** nas últimas duas décadas, a qualidade passa a ser uma preocupação estratégica da organização, incorporando e ampliando as propostas que surgiram nos anos 50. Contudo, nesse momento, a preocupação com a qualidade envolve todos os pontos do negócio, sendo fator elementar na manutenção das atividades da empresa.

EVOLUÇÃO DO CONCEITO DE QUALIDADE

FASE	CONCEITO	EIXO
inspeção	Conforme especificações	Produto
Controle da qualidade	Conforme especificações	Processo
Garantia da qualidade	Adequação ao uso	Prevenção
Qualidade Total	Satisfação do cliente	Pessoas

5.2 Principais Teóricos e Suas Contribuições Para a Gestão da Qualidade

5.2.1 W. Edwards Deming

O estudo da qualidade tornou-se mais evidente a partir das ideias do americano William Edwards Deming no começo do século XX. Apesar de ter nascido nos EUA, Deming não conseguiu fazer sua proposta ser difundida naquele país, pois os norte-americanos vendiam tudo o que produziam, logo não sentiam os efeitos da falta de qualidade de seus produtos. Contudo, o Japão era um país quase destruído em decorrência da II Guerra Mundial, assim acolheu e difundiu as ideias de Deming, tornando-se, em pouco tempo, referência em qualidade e tecnologia.

Somente a partir dos anos 70-80 é que os Estados Unidos passaram a dar importância aos escritos da qualidade de Deming, fruto da alta competitividade dos produtos japoneses.

Ele baseava sua abordagem no uso de técnicas estatísticas, em que o principal objetivo era reduzir custos e aumentar a produtividade e a qualidade. Com efeito, Deming apresentou quatorze princípios, ou pontos, para a gestão, que descrevem o caminho para a Qualidade Total. São eles:

> **Quatorze Princí da Qualidade de Deming**
>
> Criar uma constância de propósitos de aperfeiçoamento do produto e do serviço, a fim de torná-los competitivos, perpetuá-los no mercado e gerar empregos.
>
> Adotar a nova filosofia. Vivemos numa nova era econômica. A administração ocidental deve despertar deve despertar para o desafio, conscientizar-se de suas responsabilidades e assumir a liderança em direção á transformação.
>
> Acabar com a dependencia de inspeção para a obtenção da qualidade. Eliminar a necessidade da inspeção em massa, priorizando a internalização da qualidade do produto.

ADMINISTRAÇÃO

Acabar com a prática do negócio compensador baseado apenas no preço. Em vez disso, minimizar o custo total. Insistir na ideia de um único fornecedor para cada item, desenvolvendo relacionamento duradouros, calcados na qualidade e na confiança.

Aperfeiçoar continuamente todo o processo de planejamento, produção e serviço, com o objetivo de aumentar a qualidade e a produtividade e, consequentemente, reduzir os custos.

Fornecer treinamento no local de trabalho.

Adotar e estabeler a liderança. O objetivo da liderança é ajudar as pessoas a realizar um trabalho melhor. Assim como a liderança dos trabalhadores, a liderança empresarial necessita de uma completa reformulação.

Eliminar o medo.

Quebrar barreiras entre departamentos. Os colaboradores dos setores de pesquisa, projetos, vendas, compras ou produção devem trabalhar em equipe, tornando-se capazes de antecipar problemas que possam sugir durante a produção ou durante a utilização dos produtos ou serviços

Eliminar slogans, exortações e metas dirigidas aos empregados.

Eliminar padrões atificiais (cotas numéricas) para o chão de fábrica, a administração por objetivos (APO) e a administração atráves de números e metas numéricas.

Remover barreiras que despojem as pessoas de orgulho no trabalho. A atenção dos supervisores deve voltar-se para a qualidade e não para os números. Remover as barreiras que usurpam dos colaboradores das áreas administrativas e de planejamento/engenharia o justo direito de orgulhar-se do produto de seu trabalho. Isso significa a abolição das avaliações de desempenho ou mérito e da administra por objetivos ou por números.

Estabelecer um programa rigoroso de educação e autoaperfeiçoamento para todo o pessoal.

Colocar todos da empresa para trabalhar de modo a realizar a transformação. A transformação é tarefa de todos.

Método PDCA

- Método de controle de processos desenvolvido pelo americano Shewhart, na década de 30 e divulgado por Deming no Japão, como uma das ferramentas da qualidade, que visa à melhoria contínua (Kaizen) dos processos de trabalho.
- O método PDCA é utilizado nas organizações para gerenciar os processos internos de forma a garantir o alcance das metas estabelecidas, usando as informações como fator de direcionamento das decisões.

Ciclo PDCA de Melhoria Contínua

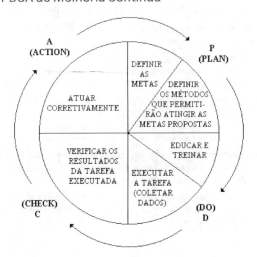

- **P (Plan – planejar):** definir o que se quer, estabelecer metas para manter e para melhorar e métodos para alcançar as metas (itens de controle do processo).
- **D (Do – executar):** tomar a iniciativa, educar e treinar e fazer conforme o planejado, registrando as informações.
- **C (Check– verificar):** monitorar e medir a execução (a partir dos registros) com o planejado.
- **A (Action – agir):** tomar ações corretivas (ou de melhoria) para resultados não alcançados, para melhorar o desempenho do processo e retomar o modelo PDCA.

5.2.2 Joseph M. Juran

Conforme apresentamos acima, a qualidade, conforme o conceito proposto por Joseph Moses Juran, é a adequação à finalidade e ao uso. Essa definição está alinhada à perspectiva da qualidade baseada no usuário em que um produto de qualidade é aquele que atende aos padrões e às preferências do usuário.

Juran foi o primeiro a aplicar os conceitos de qualidade à estratégia empresarial, em vez de meramente associá-la à estatística ou aos métodos de controle total da qualidade. Juntamente com Deming, foi um dos principais responsáveis pelo movimento da qualidade no Japão.

Nessa linha, propôs uma trilogia que compõe os pontos fundamentais para a gestão da qualidade: planejamento, controle e melhoria.

- **Planejamento:** é a preparação para encontrar as metas de qualidade em que serão identificados os consumidores e suas necessidades;
- **Controle:** é usado para evitar ou corrigir eventos indesejáveis ou inesperados, conferindo estabilidade e consistência. É o processo de encontro das metas de qualidade estabelecidas durante as operações; e
- **Melhoria:** processo de melhoria contínua da qualidade por meio de mudanças planejadas, previstas e controladas.

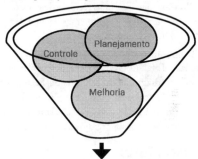

Trilogia da gestão da qualidade de Juran

5.2.3 Armand Vallin Feigenbaun

Feigenbaun é o pioneiro no uso da expressão Qualidade Total, por meio de seus estudos realizados na General Eletric (GE). Em sua abordagem, a qualidade deveria ser vista como instrumento estratégico pelo qual todos os trabalhadores devem ser responsáveis. A qualidade é uma filosofia de gestão e um compromisso de excelência. Este autor

GESTÃO DA QUALIDADE

enumerou quatro características essenciais em um sistema organizacional provido de Qualidade Total:

01. Os processos de **aperfeiçoamento da qualidade são contínuos**.
02. Todo o esforço é **documentado**, de sorte que as pessoas da organização possam visualizar onde, como, por que e quando suas atividades afetam a qualidade.
03. **Tanto a gerência como as demais pessoas** abraçam a ideia de desempenharem suas atividades com qualidade. e
04. Aperfeiçoamento técnico e planejamento para **oferecer inovações** que sustentem positivamente a relação cliente/organização.

Por fim, destaca-se que Feigenbaun foi a primeira pessoa a realizar estudos sobre os custos da qualidade, demonstrando os custos envolvidos na garantia ou na falta de qualidade nas organizações (custos da prevenção, da avaliação, de falhas internas e de falhas externas).

5.2.4 Philip B. Crosby

Para Crosby a qualidade significa a conformidade com as especificações, de acordo com as necessidades dos clientes. Seus estudos relacionam-se com os conceitos de —zero defeito e de —fazer certo desde a primeira vez.

Este autor afirma que a insatisfação com o serviço ou produto final de uma organização constitui um — problema de qualidade. Esse problema, porém, é apenas um sintoma do que está ocorrendo no interior da organização. Assim, ele traçou o — perfil da organização problema.

Para ele, a prevenção é muito mais eficaz do que as técnicas não preventivas, como inspeção, teste e controle da qualidade. Além disso, traçou, assim como fez Deming, 14 passos para a melhoria da qualidade, que devem ser encarados como um processo perseguido continuamente.

5.2.5 Outros "Gurus da Qualidade"

Além dos autores mencionados acima, podemos destacar:

- **Walter Shewart**, que inseriu as técnicas de controle estatístico da qualidade e criou algumas ferramentas de qualidade como o ciclo PDCA e o gráfico de controle; e
- **Kaoru Ishikawa**, é conhecido como o "Pai do Controle ou Gestão da Qualidade Total" (TQC) japonês, desenvolveu o diagrama de causa e efeito (diagrama de Espinha de Peixe ou diagrama de Ishikawa) e os círculos de qualidade – formados por pequenos grupos de funcionários responsáveis por conduzir e democratizar o controle de qualidade na organização.

5.3 Qualidade Total

Após passarmos por toda essa evolução da qualidade, podemos falar da qualidade nos dias atuais. Chiavenato (2011, p. 549) faz um importante resumo das definições de importantes cientistas do mundo da qualidade. Vejamos:

A Qualidade Total é uma decorrência da aplicação da melhoria contínua. A palavra qualidade tem vários significados. Qualidade é o atendimento das exigências do cliente. Para Deming, a qualidade deve ter como objetivo as necessidades dos usuários, presentes e futuras. Para Juran, representa a adequação à finalidade e ao uso. Para Crosby, é a conformidade com as exigências. Feigenbaum diz que ela é o total das características de um produto ou serviço referentes a marketing, engenharia, manufatura e manutenção, pelas quais o produto ou serviço, quando em uso, atenderá às expectativas do cliente.

Ainda nesse sentido, a norma ISO 9000 define qualidade como – a totalidade de características de um ente (organização, produto, processos etc.) que lhe confere a capacidade de satisfazer às necessidades implícitas dos cidadãos.

Percebe-se que o conceito de Qualidade Total implica o atendimento às necessidades do cliente. Contudo, vai além, pois com a incorporação de práticas de qualidade, a organização deverá diminuir os custos de produção, fruto da eliminação do desperdício. Com isso, aumenta-se a eficiência e, por fim, os lucros da empresa.

Ademais, a **gestão da Qualidade Total** (*Total Quality Management* –TQM) atribui às pessoas, e não somente aos gerentes e dirigentes, a responsabilidade pelo alcance dos padrões de qualidade. Nessa linha, cada pessoa da instituição deve exercer o controle de qualidade do produto. Com isso, as práticas de controle de qualidade ocorrem de maneira descentralizada e coletiva, ao contrário do controle burocrático que é rígido, unitário e centralizador.

Devemos destacar que, na Qualidade Total, deve ocorrer uma preocupação não somente com a satisfação dos clientes externos, mas também dos clientes internos. Para explicar melhor esse conceito, devemos entender os clientes externos como os clientes finais de um processo, ou seja, as pessoas ou organizações que devem ser atendidas ao final do processo.

Os clientes internos, por sua vez, são aquelas pessoas que participam do processo produtivo e dependem de um insumo realizado por outro servidor.

Dessa forma, a Qualidade Total, além de envolver a participação de todos na gestão da qualidade, preocupa-se com o atendimento das demandas dos clientes internos e externos.

Podemos mencionar, também, os mandamentos da melhoria contínua:

01. total satisfação dos clientes;
02. gerência participativa;
03. constância de propósitos;
04. aperfeiçoamento contínuo;
05. desenvolvimento de recursos humanos;
06. delegação;
07. garantia da qualidade;
08. não aceitação de erros;
09. gerência de processos; e
10. disseminação de informações.

Convém lembrar, é claro, que a **satisfação dos clientes** é considerada como princípio central da gestão da Qualidade Total.

Para encerrar o assunto, apresentaremos os princípios da gestão da qualidade constantes da NBR ISO 9004:200, que foram desenvolvidos para serem utilizados pela Alta Direção a fim de dirigir a organização à melhoria de desempenho.

a) **foco no cliente:** organizações dependem de seus clientes e, portanto, convém que entendam as necessidades atuais e futuras do cliente, atendam aos requisitos e procurem exceder as suas expectativas;

b) **liderança:** líderes estabelecem a unidade de propósitos e o rumo da organização. Convém que eles criem e mantenham um ambiente interno no qual as pessoas possam estar totalmente envolvidas no propósito de atingir os objetivos da organização;

c) **envolvimento de pessoas:** pessoas de todos os níveis são a essência de uma organização, e seu total envolvimento possibilita que as suas habilidades sejam usadas para o benefício da organização;

d) **abordagem de processo:** um resultado desejado é alcançado mais eficientemente quando as atividades e os recursos relacionados são gerenciados como um processo;

e) **abordagem sistêmica para a gestão:** identificar, entender e gerenciar os processos inter-relacionados, como um sistema, contribui para a eficácia e eficiência da organização no sentido desta atingir seus objetivos;

f) **melhoria contínua:** convém que a melhoria contínua do desempenho global da organização seja seu objetivo permanente;

g) **abordagem factual para tomada de decisões:** decisões eficazes são baseadas na análise de dados e de informações; e

h) **benefícios mútuos nas relações com os fornecedores:** uma organização e seus fornecedores são interdependentes, e uma relação de benefícios mútuos aumenta a capacidade de ambos em agregar valor.

Segundo a NBR, o uso com sucesso dos oito princípios de gestão por uma organização resultará em benefícios para as partes interessadas, tais como melhoria no retorno financeiro, criação de valores aumento de estabilidade.

5.4 Melhoria Contínua

A melhoria contínua deriva da filosofia japonesa do kaizen (kai-mudança; zen – bom), significando um aprimoramento contínuo e gradual na maneira como as coisas são feitas na organização, envolvendo a participação de todos os membros. Nesse contexto, vejamos os ensinamentos de Chiavenato (2012, p. 272):

A melhoria contínua é uma técnica de mudança organizacional suave e ininterrupta centrada nas atividades em grupo das pessoas. Visa à qualidade dos produtos e serviços dentro de programas em longo prazo, que privilegiam a melhoria gradual e o passo a passo por meio da intensiva colaboração e participação das pessoas. Trata-se de uma abordagem incremental e participativa para obter excelência na qualidade dos produtos e serviços a partir das pessoas.

Por meio dessa filosofia, as mudanças não ocorrem de forma abrupta, mas aos poucos, de forma incremental, prevendo que os funcionários melhorem suas atividades dia após dia. Nesse contexto, o aprimoramento organizacional deve ser contínuo e gradual. Com efeito, a consequência desse aprimoramento poderá ser vista pelo aumento da qualidade dos produtos e serviços oferecidos, aumento da eficiência, eliminação de custos, aumento da satisfação dos clientes etc. Ademais, a filosofia do kaizen foi pioneira ao destacar a importância das pessoas e das equipes com sua participação e conhecimentos.

5.5 Qualidade na Administração Pública

- **Em 1991: Collor** lançou o **Programa Brasileiro da Qualidade e Produtividade (PBQP)**, para dinamizar a indústria brasileira diante da abertura comercial. Lançou o **Subprograma Qualidade e Produtividade do Serviço Público – PQSP**, voltado para o cidadão e para a melhoria da qualidade dos serviços públicos. Tinha foco interno, voltado para Técnicas e Ferramentas.

- **Em 1996: FHC** lançou o **Programa de Qualidade e Participação da Administração Pública – QPAP** - que visava à satisfação do cliente com o envolvimento de todos os servidores. O foco era interno e externo, voltado para a Gestão e Resultados.

- **Em 1999:** com a formulação do PPA 2000-2003, houve a transformação em **Programa de Qualidade no Serviço Público – PQSP**, com o objetivo de trazer satisfação ao cidadão. Tinha o foco externo, voltado para a satisfação do cidadão.

- **Em 2005:** foi instituído o **Programa Nacional de Gestão Pública e Desburocratização – GesPública**, por meio do Decreto nº 5.378, resultado da fusão do **programa de Qualidade no Serviço Público e o Programa Nacional de Desburocratização**, sob a coordenação do MPOG.

5.5.1 Modelo do GesPública

O Programa Nacional de Gestão Pública e Desburocratização (GesPública) foi instituído em 2005, por meio do Decreto nº 5.378/2005. Este programa tem como principais características: ser essencialmente público, ser contemporâneo, estar voltado para a disposição de resultados para a sociedade e ser federativo.

A missão do Programa é promover a excelência em gestão pública. O Art. 1º do Decreto nº 5.378/2005 prevê que a finalidade do GesPública é contribuir para a melhoria da qualidade dos serviços públicos prestados aos cidadãos e para o aumento da competitividade do País. Já o Art. 3º traz os seus objetivos:

I. eliminar o déficit institucional, visando ao integral atendimento das competências constitucionais do Poder Executivo Federal;

II. promover a governança, aumentando a capacidade de formulação, implementação e avaliação das políticas públicas;

III. promover a eficiência, por meio de melhor aproveitamento dos recursos, relativamente aos resultados da ação pública;

IV. assegurar a eficácia e efetividade da ação governamental, promovendo a adequação entre meios, ações, impactos e resultados; e

V. promover a gestão democrática, participativa, transparente e ética.

O quadro a seguir resume a missão, finalidade e objetivos do Programa:

	MISSÃO	Promover a excelência em gestão pública
GESPÚ-BLICA	FINALI-DADE	Melhorar a qualidade dos serviços públicos ao cidadão
		Aumentar a competitividade do país
		Eliminar o déficit Institucional
		Melhorar a governança
		Aumentar a eficiência
		Assegurar a eficácia e a efetividade da ação governamental
		Promover uma gestão democrática

Gespública: missão, finalidades e objetivos. (Fonte: Paludo, 2013, p.207)

Com efeito, Augustinho Paludo resume de forma brilhante as ferramentas disponibilizadas pelo GesPública:

Autoavaliação: verifica o grau de aderência dos processos gerenciais de um ente público em relação ao Modelo/Critérios de Excelência em Gestão Pública;

Carta de serviço: metodologia utilizada para tornar a organização mais acessível e transparente para o cidadão, disponibilizando informações sobre como acessar os serviços prestados por ela e quais são os compromissos e os padrões de atendimento estabelecidos;

Padrão de pesquisa de satisfação: é uma metodologia de pesquisa de opinião padronizada, que investiga o nível de satisfação dos usuários de um serviço público;

GESTÃO DA QUALIDADE

Guia de gestão de processos: é o instrumento que orienta a modelagem e a gestão de processos voltados ao alcance de resultados; e

Guia "d" simplificação: é o instrumento que visa à simplificação de processos, atividades e normas.

O modelo do GesPública não se restringe ao Poder Executivo, nem tampouco ao Governo Federal. A ideia é fomentar a melhoria da gestão pública em todos os Poderes de todos os entes da federação. Ademais, esse Programa está diretamente relacionado ao uso do Modelo de Excelência em Gestão Pública, que será objeto de estudo do nosso tópico seguinte.

5.5.2 Modelo de Excelência em Gestão Pública (MEGP)

O Modelo de Excelência em Gestão Pública (MEGP) foi concebido a partir da premissa de que a Administração Pública tem que ser excelente sem deixar de considerar as particularidades inerentes à sua natureza pública.

Nesse contexto, o MEGP tem como base os princípios constitucionais da Administração Pública e como pilares os fundamentos da excelência gerencial. Os fundamentos da excelência são conceitos que definem o entendimento contemporâneo de uma gestão de excelência na Administração Pública e que, orientados pelos princípios constitucionais, compõem a estrutura de sustentação do MEGP. Ou seja, os princípios constitucionais representam a orientação dos fundamentos que, por sua vez, são os pilares do Modelo.

Juntos, os princípios constitucionais e os fundamentos sustentam o MEGP, indicam os valores e diretrizes estruturais que devem balizar o funcionamento do sistema de gestão das organizações públicas e definem o que se entende, hoje, por excelência em gestão pública.

Os princípios constitucionais são apresentados no Art. 37 da Constituição Federal de 1988. Juntos eles formam o famoso LIMPE (Legalidade, Impessoalidade, Moralidade, Publicidade e Eficiência). No contexto do MEGP, para a gestão pública ser excelente, ela deve ser legal, impessoal, moral, pública e eficiente.

- **Legalidade:** estrita obediência à lei; nenhum resultado poderá ser considerado bom, nenhuma gestão poderá ser reconhecida como de excelência à revelia da lei.
- **Impessoalidade:** não fazer acepção de pessoas. O tratamento diferenciado restringe-se apenas aos casos previstos em lei. A cortesia, a rapidez no atendimento, a confiabilidade e o conforto são requisitos de um serviço público de qualidade e devem ser agregados a todos os usuários indistintamente. Em se tratando de organização pública, todos os seus usuários são preferenciais, são pessoas muito importantes.
- **Moralidade:** pautar a gestão pública por um código moral. Não se trata de ética (no sentido de princípios individuais, de foro íntimo), mas de princípios morais de aceitação pública.
- **Publicidade:** ser transparente, dar publicidade aos fatos e aos dados. Essa é uma forma eficaz de indução do controle social.
- **Eficiência:** fazer o que precisa ser feito com o máximo de qualidade ao menor custo possível. Não se trata de redução de custo de qualquer maneira, mas de buscar a melhor relação entre qualidade do serviço e qualidade do gasto.

O MEGP está alicerçado em fundamentos próprios da gestão de excelência contemporânea e condicionado aos princípios constitucionais próprios da natureza pública das organizações. Esses fundamentos e princípios constitucionais, juntos, definem o que se entende hoje por excelência em gestão pública. Vejamos quais são os fundamentos do Modelo:

- Pensamento sistêmico - entendimento das relações de interdependência entre os diversos componentes de uma organização, bem como entre a organização e o ambiente externo, com foco na sociedade.
- Aprendizado organizacional - busca contínua e alcance de novos patamares de conhecimento, individuais e coletivos, por meio da percepção, reflexão, avaliação e compartilhamento de informações e experiências.
- Cultura da inovação - promoção de um ambiente favorável à criatividade, à experimentação e à implementação de novas ideias que possam gerar um diferencial para a atuação da organização.
- Liderança e constância de propósitos - a liderança é o elemento promotor da gestão, responsável pela orientação, estímulo e comprometimento para o alcance e melhoria dos resultados organizacionais e deve atuar de forma aberta, democrática, inspiradora e motivadora das pessoas, visando ao desenvolvimento da cultura da excelência, à promoção de relações de qualidade e à proteção do interesse público. É exercida pela alta administração, entendida como o mais alto nível gerencial e assessoria da organização.
- Orientação por processos e informações - compreensão e segmentação do conjunto das atividades e processos da organização que agreguem valor para as partes interessadas, sendo que a tomada de decisões e a execução de ações devem ter como base a medição e análise do desempenho, levando-se em consideração as informações disponíveis.
- Visão de futuro - Indica o rumo de uma organização e a constância de propósitos que a mantém nesse rumo. Está diretamente relacionada à capacidade de estabelecer um estado futuro desejado que dê coerência ao processo decisório e que permita à organização antecipar-se às necessidades e expectativas dos cidadãos e da sociedade. Inclui, também, a compreensão dos fatores externos que afetam a organização com o objetivo de gerenciar seu impacto na sociedade.
- Geração de valor - alcance de resultados consistentes, assegurando o aumento de valor tangível e intangível de forma sustentada para todas as partes interessadas.
- Comprometimento com as pessoas - estabelecimento de relações com as pessoas, criando condições de melhoria da qualidade nas relações de trabalho, para que elas se realizem profissional e humanamente, maximizando seu desempenho por meio do comprometimento, de oportunidade para desenvolver competências e de empreender, com incentivo e reconhecimento.

- Foco no cidadão e na sociedade - direcionamento das ações públicas para atender e regular, continuamente, as necessidades dos cidadãos e da sociedade, na condição de sujeitos de direitos, beneficiários dos serviços públicos e destinatários da ação decorrente do poder de Estado exercido pelas organizações públicas.
- Desenvolvimento de parcerias - desenvolvimento de atividades conjuntamente com outras organizações com objetivos específicos comuns, buscando o pleno uso das suas competências complementares para desenvolver sinergias.
- Responsabilidade social - atuação voltada para assegurar às pessoas a condição de cidadania com garantia de acesso aos bens e serviços essenciais, e ao mesmo tempo tendo também como um dos princípios gerenciais a preservação da biodiversidade e dos ecossistemas naturais, potencializando a capacidade das gerações futuras de atender suas próprias necessidades.
- Controle social - atuação que se define pela participação das partes interessadas no planejamento, acompanhamento e avaliação das atividades da Administração Pública e na execução das políticas e dos programas públicos.
- Gestão participativa - estilo de gestão que determina uma atitude gerencial da alta administração que busque o máximo de cooperação das pessoas, reconhecendo a capacidade e o potencial diferenciado de cada um e harmonizando os interesses individuais e coletivos, a fim de conseguir a sinergia das equipes de trabalho.

O GesPública desdobrou o Modelo de Excelência em Gestão Pública em três instrumentos de avaliação, com a finalidade de facilitar o processo de avaliação continuada da gestão. Os três instrumentos sugerem um caminho progressivo do processo de autoavaliação, conforme mostra o quadro a seguir.

Excelência em Serviços Públicos

A questão da excelência em serviços públicos está atrelada às melhorias acumuladas no decorrer do processo de modernização, à utilização de ferramentas da qualidade, à situação orçamentária financeira do Estado para custeio da prestação dos serviços e ao padrão de relacionamento entre o Estado e a sociedade.

Fique ligado

Atenção 1: Os conceitos, técnicas e ferramentas da qualidade são utilizados para obter a excelência na gestão de produtos e serviços.
Atenção 2: No conceito da qualidade, a excelência no serviço público é tida como a satisfação das expectativas e necessidades do cidadão.

A excelência na prestação de serviços públicos corresponde ao grau máximo/ótimo dos serviços prestados – quase impossível de ser atingido –, no entanto, advoga-se ser possível e **atribui-se aos programas de qualidade a missão de atingir essa excelência**. A excelência corresponde a uma visão existente na Administração Pública, segundo a qual ao utilizar ferramentas e técnicas da qualidade para promover melhorias contínuas relacionadas aos serviços oferecidos ao cidadão – o que inclui o treinamento e a motivação dos servidores – estar-se-á caminhando rumo à excelência.

Não são leis, normas ou técnicas que caracterizam uma gestão pública como de excelência; **são valores** essenciais, que precisam ser internalizados por todas as pessoas das organizações públicas, que definirão a gestão de uma organização como excelente.

A qualidade é uma filosofia de gestão e um compromisso com a excelência (...) baseada na orientação para o cliente (Valéria Moreira, 2008).

A Excelência em uma organização depende fundamentalmente de sua capacidade de perseguir seus propósitos em completa harmonia com seu ecossistema (PNQ, 2011).

A cultura organizacional deve ser de inovação, de aprendizado e de comprometimento com o atendimento eficiente (e de qualidade) das necessidades e demandas dos cidadãos. Incorporar as necessidades dos cidadãos como sendo as da própria organização e disseminar isso dentro da organização como meta contínua a ser alcançada pode levar as entidades públicas a um grau muito próximo da excelência pretendida.

Pode-se afirmar que a conquista da excelência nos serviços públicos **decorre de um amplo conjunto de fatores**, muitos dos quais associados à incorporação de novas filosofias gerenciais, de novas tecnologias, de princípios e ferramentas da qualidade, do desempenho dos recursos humanos, com mudança cultural e amplo engajamento dos servidores públicos, e com a efetiva participação e controle da sociedade – **direcionando tudo isso para o atendimento das necessidades dos cidadãos**.

Fique ligado

Na busca pela excelência na prestação de serviços públicos, as pessoas (servidores públicos) é que farão a grande diferença.

De acordo com Philip Kotler (2000), existem fatores determinantes da qualidade/excelência dos serviços: **confiabilidade:** prestar o serviço exatamente como foi prometido; **capacidade de resposta:** prontidão para ajudar os clientes e prestar os serviços dentro do prazo estabelecido; **segurança:** transmitir confiança aos clientes, além de conhecimento, cortesia e capacidade; **empatia:** compreender o cliente e dar-lhe atenção individualizada; **itens tangíveis:** referem-se à boa aparência que devem ter as instalações físicas, equipamentos e servidores.

É importante ter em mente que prestar serviços de excelência/qualidade é um grande passo, mas a excelência exige mais: é preciso monitorar continuamente a opinião dos clientes sobre a qualidade dos serviços prestados, para saber se continuam satisfeitos. Nesse sentido, segundo Geoff Dinsdale e Brian Marson (2000),

As pesquisas são uma ferramenta poderosa para se identificar e reduzir as lacunas entre as expectativas dos usuários com relação aos serviços e sua satisfação com os mesmos (...) Se as pesquisas fazem as perguntas certas, os resultados podem informar aos gestores o que eles precisam fazer para melhorar o serviço aos seus usuários especificamente, e/ou para os cidadãos em geral.

Para que os serviços sejam de excelência, é necessário que – ente público e servidor – criem uma cultura de excelência na prestação de serviços e no atendimento aos cidadãos – o que deixa claro que mudanças continuam sendo necessárias para readequar a atuação pública

GESTÃO DA QUALIDADE

direcionada ao atendimento do usuário-cidadão. Isso representa um desafio que abrange:

- A gestão pública – novos modelos de gestão baseados na inovação, no incentivo e na flexibilidade (reorganizar a administração e os recursos disponíveis, otimizando-os).
- As condições de trabalho – os dirigentes públicos devem propiciar um ambiente de trabalho adequado, que contribua para motivar os servidores a prestarem serviços e atendimentos de excelência.
- Os recursos humanos – além de capacitação contínua, deve ser criada uma nova cultura de atendimento ao cidadão e de comprometimento com a prestação dos serviços públicos de excelência.
- As novas tecnologias – devem ser amplamente utilizadas para a melhoria dos processos de trabalho e de comunicação – para fazer mais e melhor, com menor custo –, sem comprometer a excelência.
- Os conceitos e ferramentas da qualidade – a implantação de conceitos e ferramentas da qualidade para melhorar o atendimento e a prestação dos serviços, com vistas a alcançar a excelência.
- A comunicação com o usuário-cidadão – criação de novos canais que possibilitem a troca de informações e o conhecimento das expectativas, reclamações e necessidades dos clientes-usuários.
- Controle por resultados – necessariamente, avaliar a atuação administrativa em face dos resultados alcançados, e do nível de satisfação dos usuários quanto aos serviços prestados.

A avaliação dos serviços trará para a administração o feedback necessário à manutenção ou ao aperfeiçoamento dos serviços. Alguns requisitos foram identificados para avaliar se os serviços têm qualidade: facilidade de acesso ao serviço; utilidade das visitas aos locais de atendimento – quanto menor o número de visitas para obter o serviço, maior o nível de qualidade; tempo utilizado para o atendimento completo do serviço: horas, dias ou meses; a correspondência entre o produto final do serviço e a satisfação da necessidade do cliente; a divulgação de informações sobre os serviços; e a atenção às reclamações dos usuários.

Destaque-se ainda que a excelência em serviços no conceito de Qualidade Total é mais ampla, pois inclui também os clientes internos, como funcionários e administradores. Para Karl Albrecht (1992), a Qualidade Total na prestação de serviços é uma situação na qual uma organização fornece qualidade e serviços superiores a seus clientes, proprietários e funcionários.

Em síntese, para que os serviços prestados sejam excelentes, toda a gestão deve estar orientada para a busca da excelência – tanto no discurso, quanto nas ações.

O Modelo de Excelência da FNQ

O modelo de excelência em gestão da FNQ – Fundação Nacional da Qualidade – **consiste na representação de um sistema gerencial constituído por diversos fundamentos e critérios**, que orientam a adoção de práticas de gestão nas organizações públicas e privadas, com a finalidade de levar as organizações brasileiras a padrões de desempenho reconhecidos pela sociedade e à excelência em sua gestão.

A FNQ definiu os fundamentos e os critérios de excelência em gestão, **tendo como referência organizações de excelência em nível mundial**. Esses critérios incorporam conceitos e técnicas utilizados na administração das atuais organizações de sucesso: organizações de classe mundial, líderes em seus segmentos.

Os fundamentos de excelência, segundo o Caderno FNQ (2011), são os seguintes:

- Pensamento sistêmico. Entendimento das relações de interdependência entre os diversos componentes de uma organização, bem como entre a organização e o ambiente externo.
- Aprendizado organizacional. Busca o alcance de um novo patamar de conhecimento para a organização por meio de percepção, reflexão, avaliação e compartilhamento de experiências.
- Cultura de inovação. Promoção de um ambiente favorável à criatividade, experimentação e implementação de novas ideias que possam gerar um diferencial competitivo para a organização.
- Liderança e constância de propósitos. Atuação de forma aberta, democrática, inspiradora e motivadora das pessoas, visando ao desenvolvimento da cultura da excelência, à promoção de relações de qualidade e à proteção dos interesses das partes interessadas.
- Orientação por processos e informações. Compreensão e segmentação do conjunto das atividades e processos da organização que agreguem valor para as partes interessadas, sendo que a tomada de decisões e execução de ações deve ter como base a medição e análise do desempenho, levando-se em consideração as informações disponíveis, além de incluir os riscos identificados.
- Visão de futuro. Compreensão dos fatores que afetam a organização, seu ecossistema e o ambiente externo no curto e no longo prazo, visando à sua perenização.
- Geração de valor. Alcance de resultados consistentes, assegurando a perenidade da organização pelo aumento de valores tangível e intangível, de forma sustentada para todas as partes interessadas.
- Valorização das pessoas. Estabelecimento de relações com as pessoas, criando condições para que elas se realizem profissional e humanamente, maximizando seu desempenho por meio de comprometimento, desenvolvimento de competências e espaço para empreender.
- Conhecimento sobre o cliente e o mercado. Conhecimento e entendimento do cliente e do mercado, visando à criação de valor de forma sustentada para o cliente e, consequentemente, gerando mais competitividade nos mercados.
- Desenvolvimento de parcerias. Desenvolvimento de atividades em conjunto com outras organizações, a partir da plena utilização das competências essenciais de cada uma, objetivando benefícios para ambas as partes.
- Responsabilidade social. Atuação que se define pela relação ética e transparente da organização com todos os públicos com os quais se relaciona, estando voltada para o desenvolvimento sustentável da sociedade, preservando recursos ambientais e culturais para gerações futuras; respeitando a diversidade e promovendo a redução das desigualdades sociais como parte integrante da estratégia da organização.

A partir dos fundamentos, foram constituídos oito critérios de excelência, que permitem às organizações medirem seus esforços no sentido de avaliar se estão ou não sendo excelentes, ou, ao menos, caminhando rumo à excelência. O Caderno da FNQ (2011) **apresenta os seguintes critérios de excelência:**

- Liderança. Examina o sistema de liderança da organização e o comprometimento pessoal dos membros da Direção no estabelecimento, disseminação e atualização de valores e princípios organizacionais que promovam a cultura da excelência, considerando as necessidades de todas as partes interessadas. Também examina como é implementada a governança, como é analisado o desempenho da organização e como são implementadas as práticas voltadas para assegurar a consolidação do aprendizado organizacional.
- Estratégias e planos. Examina, em detalhe, o processo de formulação das estratégias, enfatizando a análise do setor de atuação, do macroambiente e do modelo de negócio da organização. Também examina o processo de implementação das estratégias, incluindo a definição de indicadores, o desdobramento das metas e planos para todos os setores da organização e o acompanhamento dos ambientes internos e externos.

- Clientes. Examina como a organização identifica, analisa e compreende as necessidades e expectativas dos clientes e dos mercados; divulga seus produtos, marcas e ações de melhoria; e estreita seu relacionamento com os clientes. Também examina como a organização mede e intensifica a satisfação e a fidelidade dos clientes em relação a seus produtos e marcas, bem como avalia a insatisfação.
- Sociedade. Examina como a organização contribui para o desenvolvimento econômico, social e ambiental de forma sustentável – por meio da minimização dos impactos negativos potenciais de seus produtos e operações na sociedade –, e como interage com a sociedade de forma ética e transparente.
- Informações e conhecimento. Examina a gestão e a utilização das informações da organização e de informações comparativas pertinentes, bem como a gestão de seus ativos intangíveis.
- Pessoas. Examina como são proporcionadas as condições para o desenvolvimento e utilização plena do potencial das pessoas que compõem a força de trabalho, em consonância com as estratégias organizacionais. Também examina os esforços para criar e manter um ambiente de trabalho e um clima organizacional que conduzam à excelência do desempenho, à plena participação e ao crescimento das pessoas.
- Processos. Examina como a organização identifica os processos de agregação de valor; e identifica, gerencia, analisa e melhora os processos principais do negócio e os processos de apoio. Também examina como a organização gerencia o relacionamento com os fornecedores e conduz a sua gestão financeira, visando à sustentabilidade econômica do negócio.
- Resultados. Examina os resultados da organização, abrangendo os aspectos econômico-financeiros e os relativos aos clientes e mercados, sociedade, pessoas, processos principais do negócio e de apoio, assim como os relativos ao relacionamento com os fornecedores.

Modelo de Excelência em Gestão Pública (MEGP)

Com efeito, o Modelo de Excelência em Gestão Pública é a representação de um sistema gerencial constituído de oito partes integradas, que orientam a adoção de práticas de excelência em gestão com a finalidade de levar as organizações públicas brasileiras a padrões elevados de desempenho e de excelência em gestão. A figura a seguir representa graficamente o MEGP, destacando a relação entre as suas partes.

Representação do Modelo de Excelência em Gestão Pública

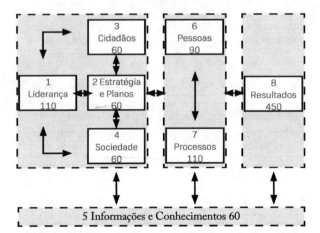

O primeiro bloco – Liderança, Estratégias e Planos, Cidadãos e Sociedade - pode ser denominado de planejamento. Por meio da liderança forte da alta administração, que focaliza as necessidades dos cidadãos-usuários, os serviços, os produtos e os processos são planejados conforme os recursos disponíveis, para melhor atender a esse conjunto de necessidades.

- **Liderança:** este critério examina a governança pública e a governabilidade da organização, incluindo aspectos relativos à transparência, equidade, prestação de contas e responsabilidade corporativa. Também examina como é exercida a liderança, incluindo temas como mudança cultural e implementação do sistema de gestão da organização. O critério aborda a análise do desempenho da organização, enfatizando a comparação com o desempenho de outras organizações e a avaliação do êxito das estratégias.
- **Estratégias e Planos:** este critério examina como a organização, a partir de sua visão de futuro, da análise dos ambientes interno e externo e da sua missão institucional, formula suas estratégias, desdobra-as em planos de ação de curto e longo prazos e acompanha a sua implementação, visando ao atendimento de sua missão e à satisfação das partes interessadas.
- **Cidadãos:** este critério examina como a organização, no cumprimento das suas competências institucionais, identifica os cidadãos usuários dos seus serviços e produtos, conhece suas necessidades e avalia a sua capacidade de atendê-las, antecipando-se a elas. Aborda também como ocorre a divulgação de seus serviços, produtos e ações para fortalecer sua imagem institucional e como a organização estreita o relacionamento com seus cidadãos-usuários, medindo a sua satisfação e implementando e promovendo ações de melhoria.
- **Sociedade:** este critério examina como a organização aborda suas responsabilidades perante a sociedade e as comunidades diretamente afetadas pelos seus processos, serviços e produtos e como estimula a cidadania. Examina, também, como a organização atua em relação às políticas públicas do seu setor e como estimula o controle social de suas atividades pela Sociedade e o comportamento ético.

O **segundo bloco** - Pessoas e Processos - representa a execução do planejamento. Nesse espaço, concretizam-se as ações que transformam objetivos e metas em resultados. São as pessoas, capacitadas e motivadas, que operam esses processos e fazem com que cada um deles produza os resultados esperados.

- **Pessoas:** este critério examina os sistemas de trabalho da organização, incluindo a organização do trabalho, a estrutura de cargos, os processos relativos à seleção e contratação de pessoas, assim como a gestão do desempenho de pessoas e equipes. Também examina os processos relativos à capacitação e ao desenvolvimento das pessoas e como a organização promove a qualidade de vida das pessoas, interna e externamente ao ambiente de trabalho.
- **Processos:** este critério examina como a organização gerencia, analisa e melhora os processos finalísticos e os processos de apoio. Também examina como a organização gerencia o processo de suprimento, destacando o desenvolvimento da sua cadeia de suprimento. O critério aborda como a organização gerencia os seus processos orçamentários e financeiros, visando o seu suporte.

O **terceiro bloco** - Resultados - representa o controle, pois serve para acompanhar o atendimento à satisfação dos destinatários dos serviços e da ação do Estado, o orçamento e as finanças, a gestão das pessoas, a gestão de suprimento e das parcerias institucionais, bem como o desempenho dos serviços/produtos e dos processos organizacionais.

- **Resultados:** este critério examina os resultados da organização, abrangendo os resultados orçamentários e financeiros, os relativos aos cidadãos-usuários, à sociedade, às pessoas, aos processos finalísticos e processos de apoio, assim como os relativos ao suprimento. A avaliação dos resultados inclui a análise da tendência e do nível atual de desempenho, pela verificação do atendimento dos níveis de expectativa das partes interessadas e pela comparação com o desempenho de outras organizações.

GESTÃO DA QUALIDADE

O quarto bloco - Informações e Conhecimento - representa a inteligência da organização. Nesse bloco, são processados e avaliados os dados e os fatos da organização (internos) e aqueles provenientes do ambiente (externos), que não estão sob seu controle direto, mas, de alguma forma, influenciam o seu desempenho. Esse bloco dá à organização a capacidade de corrigir ou melhorar suas práticas de gestão e, consequentemente, seu desempenho.

- **Informações e Conhecimento:** este critério examina a gestão das informações, incluindo a obtenção de informações comparativas pertinentes. Também examina como a organização identifica, desenvolve, mantém e protege os seus conhecimentos. Assim, para efeito de avaliação da gestão pública, as oito partes do Modelo de Excelência em Gestão Pública foram transformadas em Critérios para Avaliação da Gestão Pública; a esses critérios foram incorporados referenciais de excelência (requisitos) a partir dos quais a organização pública pode implementar ciclos contínuos de avaliação e melhoria de sua gestão. Apenas para ilustração, observaremos a figura a seguir com as respectivas pontuações máximas do MEGP, destacando os critérios e itens de avaliação.

Critério e Itens de Avaliação

	Critérios e Itens	Pontos
1	Liderança	110
	1.1 Governança pública e governabilidade	40
	1.2 Sistema de Liderança	40
	1.3 Analise de Desempenho da Organização	30
2	Estratégia e Planos	60
	2.1 Formulação das Estratégias	30
	2.2 Implementação das Estratégias	30
3	Cidadãos	60
	3.1 Imagem e conhecimento mútuo	30
	3.2 Relacionamento com os cidadãos-usuários	30
4	Sociedade	60
	4.1 Atuação Socioambiental	20
	4.2 Ética e controle social	20
	4.3 Politica públicas	20
5	Informações e Conhecimento	60
	5.1 Informações da Organização	20
	5.2 Informações Comparativas	20
	5.3 Gestão do Conhecimento	20
6	Pessoas	90
	6.1 Sistema de Trabalho	30
	6.2 Capacitação e Desenvolvimento	30
	6.3 Qualidade de Vida	30
7	Precessos	110
	7.1 Processos finalisticos e processos de apoio	50
	7.2 Processos de suprimento	30
	7.3 Processos orçamentário e financeiros	30
8	Resultados	450
	8.1 Resultado relativo aos cidadão-usuarios	100
	8.2 Resultado relativos à sociedade	100
	8.3 Resultados orçamentários e financeiros	60
	8.4 Resultados relativos às pessoas	60
	8.5 Resultados relativos aos processos de suprimento	30
	8.6 Resultado dos processos finalísticos e dos processos de apoio	100
	Total de Pontos	**100**

QUADRO RESUMO

MEGP (GESPÚBLICA)		FNQ
Fundamentos	**Princípios Cponstitucionais**	**Fundamentos**
Pensamento sistêmico		Pensamento sistêmico
Aprendizado Organizacional		Aprendizado Organizacional
Cultura da Organização	—	Cultura da Organização
Liderança e constância de propósitos		Liderança e constância de propósitos
Orientação por processos e informações		Orientação por processos e informações
Visão de futuro		Visão de futuro
Geração de Valor		Geração de Valor
Valorização das pessoas		Valorização das pessoas
Foco no cidadão e na sociedade		Foco no cidadão e na sociedade
Desenvolvimento de parcerias		Desenvolvimento de parcerias
Responsabilidade Social		Responsabilidade Social
Controle Social		
Gestão parcipativa		

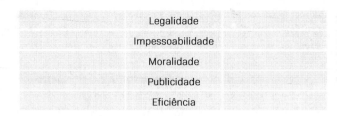

5.6 Ferramentas da Qualidade

São recursos utilizados que identificam e melhoram a qualidade dos produtos, serviços e processos. As ferramentas não servem unicamente para solucionar problemas, elas devem também fazer parte de um processo de planejamento para alcançar objetivos.

As ferramentas básicas da qualidade que serão descritas a seguir têm como objetivo demonstrar a aplicação de cada uma delas, os pré-requisitos para a construção, como fazer e relação entre cada ferramenta.

Segundo Williams (1995), as ferramentas devem ser usadas para controlar a variabilidade, que é a quantidade de diferença em relação a um padrão, sendo que a finalidade das ferramentas é eliminar ou reduzir a variação em produto e serviço.

Para manter os processos estáveis e com um nível de variação mínimo, usam-se duas estratégias:

a) Padronização dos processos da empresa.
b) Controlar a variabilidade dos processos envolvendo as ferramentas adequadas, visando à sua redução.

Os objetivos das ferramentas da qualidade, segundo Oliveira (1995), são:

a) Facilitar a visualização e entendimento dos problemas.
b) Sintetizar o conhecimento e as conclusões.
c) Desenvolver a criatividade.
d) Permitir o conhecimento do processo.
e) Fornecer elementos para o monitoramento dos processos.

Para analisar a variabilidade nos processos, podemos utilizar várias ferramentas, sendo que as citadas a seguir não são as únicas, mas são as mais utilizadas.

Folha de verificação

A folha de verificação é uma das sete ferramentas da qualidade e é considerada a mais simples das ferramentas. Apresenta uma maneira de organizar e apresentar os dados em forma de um quadro, tabela ou planilha, facilitando desta forma a coleta e análise dos dados.

A utilização da folha de verificação economiza tempo, eliminando o trabalho de desenhar figuras ou escrever números repetitivos, não comprometendo a análise dos dados.

A seguir, apresentamos um exemplo de folha de verificação utilizada no levantamento da produção mensal de uma fábrica de biscoitos. Esta folha de verificação é capaz de proporcionar evidência objetiva para análises de eventuais problemas envolvendo a produção de diferentes biscoitos.

	Semana				
Produto	1	2	3	4	Total
Waffer	100	80	50	40	270
Recheado	50	70	80	100	300
Salgado	50	50	55	45	200
Leite	80	85	79	82	326
Maisena	47	48	50	49	194

De acordo com o exemplo acima, podemos perceber que a produção do biscoito tipo waffer vem diminuindo semana a semana, o que pode ou não ser indício de um problema. Portanto, a folha de verificação tem grande aplicação para levantamento e verificação de dados e fatos.

Na administração da qualidade, não é possível tomar decisões acertadas ou propor planos de melhoria com base apenas em suposições e argumentos que não estejam fundamentados em fatos e dados. Por exemplo, quando um funcionário comenta que o serviço de entrega está ruim, não é possível saber se isso é fato ou opinião, não suportados por qualquer evidência objetiva. Mas, se o funcionário informa que, de acordo com levantamento realizado, das 1500 entregas feitas no mês de setembro, foram registradas 50 reclamações de clientes, o que significa que para cada 30 entregas, uma entrega apresentou problema, ele está comprovando um fato para que uma decisão seja tomada. Mas, para dispor desses dados, é necessário que eles tenham sido coletados. Daí a importância das folhas de verificação: elas possibilitam a coleta dos dados e a sua disponibilidade (são evidências objetivas) para análise e solução de eventuais problemas.

Sobre os fatos é que devem se basear as decisões empresariais, levando-se em conta a melhoria da qualidade de produtos, processos produtivos e serviços. As opiniões devem ser motivadoras e capazes de proporcionar as evidências objetivas nas quais as decisões precisam se apoiar.

Gráfico de Pareto (método 80/20 – prioriza problemas)

O diagrama ou gráfico de Pareto é assim definido no Japão segundo Karatsuand Ikeda (1985: 25): "É um diagrama que apresenta os itens e a classe na ordem dos números de ocorrências, apresentando a soma total acumulada." Nos permite visualizar diversos elementos de um problema auxiliando na determinação da sua prioridade.

É representado por barras dispostas em ordem decrescente, com a causa principal vista do lado esquerdo do diagrama, e as causas menores são mostradas em ordem decrescente ao lado direito. Cada barra representa uma causa exibindo a relevante causa com a contribuição de cada uma em relação à total.

É uma das ferramentas mais eficientes para encontrar problemas. Para traçar o diagrama, ele deve ser repetido várias vezes para cada um dos problemas levantados, tomando os itens prioritários como problemas novos.

O diagrama de Pareto descreve as causas que ocorrem na natureza e no comportamento humanos, podendo assim ser uma poderosa ferramenta para focalizar esforços pessoais em problemas, e tem maior potencial de retorno.

Frequência

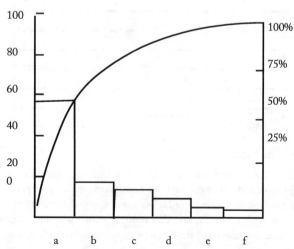

GESTÃO DA QUALIDADE

3. Diagrama de Causa e Efeito (Diagrama de Espinha de Peixe ou Diagrama de Ishikawa)

É uma representação gráfica que permite a organização das informações possibilitando a identificação das possíveis causas de um determinado problema ou efeito. OLIVEIRA (1995: 29).

Mostra-nos as causas principais de uma ação, as quais dirigem para as subcausas, levando ao resultado final. Foi desenvolvido em 1943 por Ishikawa na Universidade de Tóquio. Ele usou isto para explicar como vários fatores poderiam ser comuns entre si e estar relacionados.

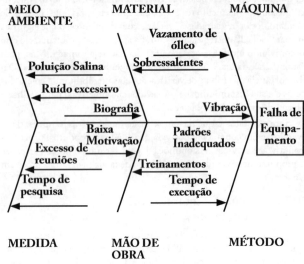

4. Histograma

São gráficos de barras que mostram a variação sobre uma faixa específica, JURAN (1989). O histograma foi desenvolvido por Guerry em 1833 para descrever sua análise de dados sobre crime. Desde então, os histogramas têm sido aplicados para descrever os dados nas mais diversas áreas.

É uma ferramenta que nos possibilita conhecer as características de um processo ou um lote de produto permitindo uma visão geral da variação de um conjunto de dados. ROSALES (1994:52).

A maneira como esses dados se distribuem contribui de uma forma decisiva na identificação dos dados. Eles descrevem a frequência com que variam os processos e a forma de distribuição dos dados como um todo. PALADINI (1994).

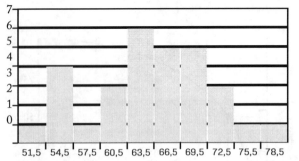

5. Estratificação

A estratificação é o método usado para separar (ou estratificar) um conjunto de dados de modo a perceber que existe um padrão. Quando esse padrão é descoberto, fica fácil detectar o problema e identificar suas causas. A estratificação ajuda a verificar o impacto de uma determinada causa sobre o efeito estudado e ajuda a detectar um problema.

A estratificação começa pela coleta de dados com perguntas do tipo: os turnos de trabalho diferentes podem ser responsáveis por diferenças nos resultados?; os erros cometidos por empregados novos são diferentes dos erros cometidos por empregados mais experientes?; a produção às segundas-feiras é muito diferente da dos outros dias da semana? etc.

Quando a coleta de dados termina, devem-se procurar, primeiramente, padrões relacionados com o tempo ou a sequência, verificando se há diferenças sistemáticas entre os dados coletados. No caso de perguntas como as exemplificadas, devem-se analisar as diferenças entre dias da semana, turnos, operadores etc.

Um exemplo comum de estratificação é o das pesquisas realizadas por institutos de pesquisa que aparecem nos jornais diariamente. Em época de eleições, por exemplo, os dados da pesquisa podem ser estratificados por região de origem, sexo, faixa etária, escolaridade ou classe socioeconômica do eleitor.

6. Gráfico de Controle

Os gráficos de controle servem para medirmos a variabilidade de um processo. Por meio da determinação de limites mínimos e máximos de "tolerância", podemos analisar o comportamento de um processo específico.

No caso a seguir, teríamos o número de defeitos em um processo Y em cada mês. Sempre que o processo mostrar um comportamento atípico, como nos meses de fevereiro e setembro, por exemplo, devemos analisar o funcionamento do processo com mais rigor.

Defeitos no processo Y

Portanto, esse gráfico nos mostra se existe algum fator influenciando de modo especial a qualidade. Quando os valores estiverem dentro da faixa entre o limite inferior e o limite superior, poderíamos dizer que o processo está "sob controle".

Gráfico de dispersão

Os **Diagramas de dispersão** ou **Gráficos de Dispersão** são representações de duas ou mais variáveis que são organizadas em um gráfico, uma em função da outra.

O **diagrama de dispersão** é também utilizado como ferramenta de qualidade. Um método gráfico de análise que permite verificar a existência ou não de relação entre duas variáveis de natureza quantitativa, ou seja, variáveis que podem ser medidas ou contadas, tais como: sinergia, horas de treinamento, intenções, número de horas em ação, jornada, intensidades, velocidade, tamanho do lote, pressão, temperatura etc.

Nesta forma, o diagrama de dispersão é usado para se verificar uma possível relação de causa e efeito. Isto não prova que uma variável afeta a outra, mas torna claro se a relação existe e em que intensidade. Na prática, muitas vezes, temos a necessidade de estudar a relação de correspondência entre duas variáveis.

Idade	Peso	Altura	Idade	Peso	Altura
17	50	1,50	37	52	1,55
18	55	1,58	41	95	1,90
20	72	1,62	28	62	1,65
25	62	1,65	19	79	1,82
17	70	1,71	46	85	1,82
38	83	1,72	74	79	1,90
54	80	1,78	58	85	1,90
64	72	1,80	60	89	2,00

Enxugamento (*downsizing*)

A Qualidade Total representa uma revolução na gestão da entidade, porque os antigos Departamentos de Controle de Qualidade (DCQ) e os sistemas formais de controle é que detinham e centralizavam totalmente essa responsabilidade. A Qualidade Total provocou o enxugamento (*downsizing*) dos DCQs e sua descentralização para o nível operacional. O downsizing promove redução de níveis hierárquicos e enxugamento organizacional para reduzir as operações ao essencial (*core business*) do negócio e transferir o acidental para terceiros que saibam fazê-lo melhor e mais barato (terceirização). O enxugamento substitui a antiga cultura baseada na desconfiança - que alimentava um contingente excessivo de comandos e de controles - para uma nova cultura que incentiva a iniciativa das pessoas. O policiamento externo é substituído pelo comprometimento e autonomia das pessoas, além do investimento em treinamento para melhorar a produtividade.

Terceirização (*outsourcing*)

A terceirização ocorre quando uma operação interna da organização é transferida para outra organização que consiga fazê-la melhor e de forma mais barata. As organizações transferem para outras organizações atividades como malotes, limpeza e manutenção de escritórios e fábricas, serviços de expedição, guarda e vigilância, refeitórios etc. Por essa razão, empresas de consultoria em contabilidade, auditoria, advocacia, engenharia, relações públicas, propaganda etc., representam antigos departamentos ou unidades organizacionais terceirizados para reduzir a estrutura organizacional e dotar a organização de maior agilidade e flexibilidade. A terceirização representa uma transformação de custos fixos em custos variáveis. Na prática, uma simplificação da estrutura e do processo decisório das organizações e uma focalização maior no core business e nos aspectos essenciais do negócio.

Redução do tempo do ciclo de produção

O tempo de ciclo refere-se às etapas seguidas para completar um processo, como ensinar o programa a uma classe, fabricar um carro ou atender um cliente. A simplificação de ciclos de trabalho, a queda de barreiras entre as etapas do trabalho e entre departamentos envolvidos e a remoção de etapas improdutivas no processo permite que a Qualidade Total seja bem-sucedida. O ciclo operacional da organização torna-se mais rápido e o giro do capital mais ainda. A redução do ciclo operacional permite a competição pelo tempo, o atendimento mais rápido do cliente, etapas de produção mais encadeadas entre si, queda de barreiras e obstáculos intermediários. Os conceitos de fábrica enxuta e just in time (JIT) são baseados no ciclo de tempo reduzido.

11. Reengenharia

A reengenharia foi uma reação ao colossal abismo existente entre as mudanças ambientais velozes e intensas e a total inabilidade das organizações em ajustar-se a essas mudanças. Para reduzir a enorme distância entre a velocidade das mudanças ambientais e a permanência das organizações tratou-se de aplicar um remédio forte e amargo. Reengenharia significa fazer uma nova engenharia da estrutura organizacional. Representa uma reconstrução, e não simplesmente uma reforma total ou parcial da empresa. Não se trata de fazer reparos rápidos ou mudanças cosméticas na engenharia atual, mas de fazer um desenho organizacional totalmente novo e diferente. A reengenharia se baseia nos processos empresariais e considera que eles é que devem fundamentar o formato organizacional. Não se pretende melhorar os processos já existentes, mas a sua total substituição por processos inteiramente novos. Nem se pretende automatizar os processos já existentes. Isso seria o mesmo que sofisticar aquilo que é ineficiente ou buscar uma forma ineficiente de fazer as coisas erradas. Nada de pavimentar estradas tortuosas, que continuam tortas apesar de aparentemente novas, mas construir novas estradas modernas e totalmente remodeladas. A reengenharia não se confunde com a melhoria contínua: pretende criar um processo inteiramente novo e baseado na TI, e não o aperfeiçoamento gradativo e lento do processo atual.

Para alguns autores, a reengenharia é o reprojeto dos processos de trabalho e a implementação de novos projetos, enquanto para outros é o repensar fundamental e a reestruturação radical dos processos empresariais visando alcançar enormes melhorias no desempenho de custos, qualidade, atendimento e velocidade. A reengenharia se fundamenta em quatro palavras-chave:

01. **Fundamental.** Busca reduzir a organização ao essencial e fundamental. As questões: por que fazemos o que fazemos? E por que fazemos dessa maneira?
02. **Radical.** Impõe uma renovação radical, desconsiderando as estruturas e os procedimentos atuais para inventar novas maneiras de fazer o trabalho.
03. **Drástica.** A reengenharia joga fora tudo o que existe atualmente na empresa. Destrói o antigo e busca sua substituição por algo inteiramente novo. Não aproveita nada do que existe!
04. **Processos.** A reengenharia reorienta o foco para os processos, e não mais para as tarefas ou serviços nem para pessoas ou para a estrutura organizacional. Busca entender o "quê" e o "porquê" e não o "como" do processo.

A reengenharia está preocupada em fazer cada vez mais com cada vez menos. Seus três componentes são: pessoas, TI e processos. Na verdade, a reengenharia focaliza os processos organizacionais. Um processo é o conjunto de atividades com uma ou mais entradas e que cria uma saída de valor para o cliente. As organizações estão mais voltadas para tarefas, serviços, pessoas ou estruturas, mas não para os seus processos. Ninguém gerencia processos. Na realidade, as organizações são constituídas de vários processos fragmentados que atravessam os departamentos funcionais separados como se fossem diferentes feudos. Melhorar apenas tais processos não resolve. A solução é focalizar a empresa nos seus processos e não nos seus órgãos. Daí, virar o velho e tradicional organograma de cabeça para baixo. Ou jogá-lo fora. A reengenharia trata de processos.

A reengenharia de processos direciona as características organizacionais para os processos. Suas consequências para a organização são:

01. Os departamentos tendem a desaparecer e ceder lugar a equipes orientadas para os processos e para os clientes. A tradicional departamentalização por funções é substituída por redes de equipes de processos. A orientação interna para funções especializadas dos órgãos cede lugar para uma orientação voltada para os processos e clientes.
02. A estrutura organizacional hierarquizada, alta e alongada passa a ser nivelada, achatada e horizontalizada. É o enxugamento (downsizing) da organização para transformá-la de centralizadora e rígida em flexível, maleável e descentralizadora.

03. A atividade também muda: as tarefas simples, repetitivas, rotineiras, fragmentadas e especializadas, com ênfase no isolamento individual passam a basear-se em equipes com trabalhos multidimensionais e com ênfase na responsabilidade grupal, solidária e coletiva.
04. Os papéis das pessoas deixam de ser moldados por regras e regulamentos internos para a plena autonomia, liberdade e responsabilidade.
05. A preparação e o desenvolvimento das pessoas deixam de ser feitos por meio do treinamento específico, com ênfase na posição e no cargo ocupado, para se constituir em uma educação integral e com ênfase na formação da pessoa e nas suas habilidades pessoais.
06. As medidas de avaliação do desempenho humano deixam de se concentrar na atividade passada e passam a avaliar os resultados alcançados, a contribuição efetiva e o valor criado à organização e ao cliente.
07. Os valores sociais, antes protetores e visando à subordinação das pessoas às suas chefias, agora passam a ser produtivos, visando à orientação das pessoas para o cliente, seja ele interno ou externo.
08. Os gestores, antes controladores de resultados e distantes das operações cotidianas, tornam-se líderes e impulsionadores ficando mais próximos das operações e das pessoas.
09. Os gestores deixam de ser supervisores dotados de habilidades técnicas e se tornam orientadores e educadores dotados de habilidades interpessoais.

A reengenharia nada tem a ver com a tradicional departamentalização por processos. Ela simplesmente elimina departamentos e os substitui por equipes. Apesar de estar ligada a demissões em massa devido ao consequente *downsizing* e à substituição de trabalho humano pelo computador, a reengenharia mostrou a importância dos processos horizontais das organizações e do seu tratamento racional.

Benchmarking

O *benchmarking* foi introduzido em 1979 pela Xerox, como um *processo contínuo de avaliar produtos, serviços e práticas dos concorrentes mais fortes e daquelas empresas que são reconhecidas como líderes empresariais.* Spendolini acrescenta que o *benchmarking* é um processo contínuo e sistemático de pesquisa para avaliar produtos, serviços, processos de trabalho de empresas ou organizações que são reconhecidas como representantes das melhores práticas, com o propósito de aprimoramento organizacional. Isso permite comparações de processos e práticas administrativas entre empresas para identificar o "melhor do melhor" e alcançar um nível de superioridade ou vantagem competitiva. O benchmarking encoraja as organizações a pesquisar os fatores-chave que influenciam a produtividade e a qualidade. Essa visualização pode ser aplicada a qualquer função como produção, vendas, recursos humanos, engenharia, pesquisa e desenvolvimento, distribuição etc., o que produz melhores resultados quando implementado na empresa como um todo.

O benchmarking visa desenvolver a habilidade dos administradores de visualizar no mercado as melhores práticas administrativas das empresas consideradas excelentes (benchmarks) em certos aspectos, comparar as mesmas práticas vigentes na empresa focalizada, avaliar a situação e identificar as oportunidades de mudanças dentro da organização. A meta é definir objetivos de gestão e legitimá-los por meio de comparações externas. A comparação costuma ser um saudável método didático, pois desperta para as ações que as empresas excelentes estão desenvolvendo e que servem de lição e de exemplo, de guia e de orientação para as empresas menos inspiradas.

O *benchmarking* exige três objetivos que a organização precisa definir:

01. Conhecer suas operações e avaliar seus pontos fortes e fracos. Para tanto, deve documentar os passos e práticas dos processos de trabalho, definir medidas de desempenho e diagnosticar suas fragilidades.
02. Localizar e conhecer os concorrentes ou organizações líderes do mercado, para poder diferenciar as habilidades, conhecendo seus pontos fortes e fracos e compará-los com os próprios pontos fortes e fracos.
03. Incorporar o melhor do melhor adotando os pontos fortes dos concorrentes e, se possível, excedendo-os e ultrapassando-os.

O *benchmarking* é constituído de 15 estágios, todos eles focalizados no objetivo de comparar competitividade.

A principal barreira à adoção do benchmarking reside em convencer os administradores de que seus desempenhos podem ser melhorados e excedidos. Isso requer uma paciente abordagem e apresentação de evidências de melhores métodos utilizados por outras organizações. O *benchmarking* requer consenso e comprometimento das pessoas. Seu principal benefício é a competitividade, pois ajuda a desenvolver um esquema de como a operação pode sofrer mudanças para atingir um desempenho superior e excelente.

Job Enrichment e Job Enlargement

O desenho contingencial de cargos é dinâmico e privilegia a mudança em função do desenvolvimento pessoal do ocupante. Em outros termos, permite a adaptação do cargo ao potencial de desenvolvimento pessoal do ocupante. Essa adaptação contínua é feita pelo enriquecimento de cargos. Enriquecimento de cargos significa a reorganização e ampliação do cargo para proporcionar adequação ao ocupante no sentido de aumentar a satisfação intrínseca, por meio do acréscimo de variedade, autonomia, significado das tarefas, identidade com as tarefas e retroação. Segundo a teoria dos dois fatores de Herzberg, o enriquecimento de cargos constitui a maneira de obter satisfação intrínseca por meio do cargo. É que o cargo é pequeno demais para o espírito de muitas pessoas. Em outras palavras, os cargos não são suficientemente grandes para a maioria das pessoas e precisam ser redimensionados. O enriquecimento do cargo — ou ampliação do cargo - torna-se a maneira prática e viável para a adequação permanente do cargo ao crescimento profissional do ocupante. Consiste em aumentar de maneira deliberada e gradativa os objetivos, responsabilidades e desafios das tarefas do cargo para ajustá-los às características progressivas do ocupante. O enriquecimento do cargo pode ser lateral ou horizontal (carga lateral com a adição de novas responsabilidades do mesmo nível) ou vertical (carga vertical com adição de novas responsabilidades mais elevadas).

A adequação do cargo ao ocupante melhora o relacionamento entre as pessoas e o seu trabalho, incluindo novas oportunidades de iniciar outras mudanças na organização e na cultura organizacional e de melhorar a qualidade de vida no trabalho. O que se espera do enriquecimento de cargos é não apenas uma melhoria das condições de trabalho, mas, sobretudo, um aumento da produtividade e redução das taxas de rotatividade e de absenteísmo do pessoal. Uma experiência desse tipo introduz um novo conceito de cultura e clima organizacional, tanto na fábrica como no escritório: reeducação da gerência e da chefia, descentralização da gestão de pessoas, delegação de responsabilidades, maiores oportunidades de participação etc. O enriquecimento de cargos oferece as seguintes vantagens:

01. Elevada motivação intrínseca do trabalho.
02. Desempenho de alta qualidade no trabalho.
03. Elevada satisfação com o trabalho.
04. Redução de faltas (absenteísmo) e de desligamentos (rotatividade).

As pessoas que executam trabalhos interessantes e desafiadores estão mais satisfeitas com eles do que as que executam tarefas repetitivas e rotineiras. Os resultados do trabalho aumentam quando estão presentes três estados psicológicos críticos nas pessoas que o executam, a saber:

01. Quando a pessoa encara o seu trabalho como significativo ou de valor.
02. Quando a pessoa se sente responsável pelos resultados do trabalho.
03. Quando a pessoa conhece os resultados que obtém fazendo o trabalho.

14. *Brainstorming*

Brainstorming, ou técnica da tempestade cerebral, traz à lembrança chuvas e trovoadas (ideias e sugestões) seguidas de bonança e tranquilidade (solução). É uma técnica utilizada para gerar ideias criativas que possam resolver problemas da organização. É feita em sessões que duram de 10 a 15 minutos e envolve um número de participantes - não maior que 15 - que se reúnem ao redor de uma mesa para dizer palavras que veem à mente quando se emite uma palavra-base. Isso permite gerar tantas ideias quanto for possível. Os participantes são estimulados a produzir, sem qualquer crítica nem censura, o maior número de ideias sobre determinado assunto ou problema.

Em uma primeira etapa, o brainstonning visa obter a máxima quantidade possível de contribuições em forma de ideias e que constituirão o material de trabalho para a segunda etapa, em que se selecionam as ideias mais promissoras. A primeira etapa chama-se geração de ideias e pode ser feita de modo estruturado (um participante de cada vez em sequência) ou não estruturado (cada um fala a sua ideia quando quiser e sem nenhuma sequência). O modo estruturado permite a obtenção da participação de todos. As ideias são anotadas em um quadro, sem nenhuma preocupação de interpretar o que o participante quis dizer. Na segunda etapa, as ideias serão discutidas e reorganizadas para verificar quais são as que têm possibilidade de aplicação e de gerar soluções para o problema em foco. O brainstorming é uma técnica que se baseia em quatro princípios básicos:

01. Quanto maior o número de ideias, maior a probabilidade de boas ideias.
02. Quanto mais extravagante ou menos convencional a ideia, melhor.
03. Quanto maior a participação das pessoas, maiores as possibilidades de contribuição, qualidade, acerto e implementação.
04. Quanto menor o senso crítico e a censura íntima, mais criativas e inovadoras serão as ideias.

O *brainstorming* elimina totalmente qualquer tipo de regra ou limitação, mas se assenta nos seguintes aspectos:

01. É proibida a crítica de qualquer pessoa sobre as ideias alheias.
02. Deve ser encorajada a livre criação de ideias.
03. Quanto mais ideias surgirem, melhor.
04. Deve ser encorajada a combinação ou modificação de ideias.

Histogramas

Histograma é uma representação gráfica da distribuição de frequências de massa de medições; é normalmente um gráfico de barras verticais.

Fluxograma

Fluxograma é um tipo de diagrama, e pode ser entendido como uma representação esquemática de um processo, muitas vezes feito por meio de gráficos que ilustram de forma descomplicada a transição de informações entre os elementos que o compõem. Podemos entendê-lo, na prática, como a documentação dos passos necessários para a execução de um processo qualquer. É uma das sete ferramentas da qualidade. É muito utilizada em fábricas e indústrias para a organização de produtos e processos.

Matriz GUT

É uma ferramenta muito importante para a gestão de problemas dentro de uma empresa, e mostra-se bastante eficaz, apesar da simplicidade no desenvolvimento e manutenção. Ela está ligada, geralmente, à Matriz SWOT e à sua análise dos ambientes interno e externo da empresa, onde analisa a prioridade de resolução de um problema, que pode estar dentro ou fora da empresa.

A grande vantagem em se utilizar a Matriz GUT é que ela auxilia o gestor a avaliar de forma quantitativa os problemas da empresa, tornando possível priorizar as ações corretivas e preventivas para o extermínio total ou parcial do problema.

Para montar a Matriz GUT, é necessário listar todos os problemas relacionados às atividades realizadas no departamento, na empresa ou até mesmo nos processos, por exemplo. Em seguida são atribuídas notas para cada problema listado, dentro dos três aspectos principais que serão analisados: Gravidade, Urgência e Tendência.

As notas devem ser atribuídas seguindo a seguinte escala crescente: nota 5, para os maiores valores, e 1, para os menores valores.

Gravidade: representa o impacto do problema analisado caso ele venha a acontecer. É analisado sobre alguns aspectos, como: tarefas, pessoas, resultados, processos, organizações etc., analisando sempre seus efeitos a médio e longo prazo, caso o problema em questão não seja resolvido.

Urgência: representa o prazo, o tempo disponível ou necessário para resolver um determinado problema analisado. Quanto maior a urgência, menor será o tempo disponível para resolver esse problema. É recomendado que seja feita a seguinte pergunta: "A resolução deste problema pode esperar ou deve ser realizada imediatamente?".

Tendência: representa o potencial de crescimento do problema, a probabilidade de o problema se tornar maior com o passar do tempo. É a avaliação da tendência de crescimento, redução ou desaparecimento do problema. Recomenda-se fazer a seguinte pergunta: "Se eu não resolver esse problema agora, ele vai piorar pouco a pouco ou vai piorar bruscamente?".

Após definir e listar os problemas e dar uma nota a cada um deles, é necessário somar os valores de cada um dos aspectos: Gravidade, Urgência e Tendência, para então obtermos aqueles problemas que serão nossas prioridades. Aqueles que apresentarem um valor maior de prioridade serão os que deveremos enfrentar primeiro, uma vez que serão os mais graves, urgentes e com maior tendência a se tornarem piores.

GESTÃO DA QUALIDADE

5W2H

O **5W2H**, basicamente, é um checklist de determinadas atividades que precisam ser desenvolvidas com o máximo de clareza possível por parte dos colaboradores da empresa.

Ele funciona como um mapeamento destas atividades, no qual ficará estabelecido o que será feito, quem fará o quê, em qual período de tempo, em qual área da empresa e todos os motivos pelos quais esta atividade deve ser feita.

Esta ferramenta é extremamente útil para as empresas, uma vez que elimina por completo qualquer dúvida que possa surgir sobre um processo ou sua atividade. Em um meio ágil e competitivo, como é o ambiente corporativo, a ausência de dúvidas agiliza e muito as atividades a serem desenvolvidas por colaboradores de setores ou áreas diferentes. Afinal, um erro na transmissão de informações pode acarretar diversos prejuízos a uma empresa. Por isso, é preciso ficar atento a essas questões decisivas, e o **5W2H** é excelente neste quesito!

Por que 5W2H?

O nome desta ferramenta foi assim estabelecido por juntar as primeiras letras dos nomes (em inglês) das diretrizes utilizadas neste processo. Abaixo é possível ver cada uma delas e o que elas representam:

5W					2H	
What	Why	Where	When	Who	How	Howmuch
O que será feito (etapas)	Por que será feito (justificativa)	Onde será feito (local)	Quando será feito (tempo)	Por quem será feito (responsabilidade)	Como será feito (método)	Quanto custará fazer (custo)

Há ainda outros 2 tipos de nomenclatura para esta ferramenta, o **5W1H** (em que se exclui o "H" referente ao "How much") e o mais recente **5W3H** (em que se inclui o "H" referente ao "How many", ou Quantos). Todas elas podem ser utilizadas perfeitamente, dependendo da necessidade do gestor, respeitando sempre as características individuais, e todas já foram cobradas em prova.

Deming e Juran são, frequentemente, considerados os Pais da Qualidade. Joseph Juran (1904-2008) é considerado o primeiro a aplicar os princípios da qualidade à estratégia empresarial. Juran ficou famoso por definir que a qualidade deve se basear sempre em três etapas: planejamento, controle e melhoria. Estas etapas são conhecidas como Trilogia Juran. Deming estabeleceu 14 princípios, que veremos a seguir.

ADMINISTRAÇÃO

6 GESTÃO DE PROJETOS

De início, temos que entender o **conceito do termo "Projeto"** no contexto da Administração e da Gestão Pública, já que esse termo também é utilizado em outras áreas do conhecimento (projeto de lei, por exemplo).

O guia do PMBOK (publicação oficial do Instituto Internacional que define as regras de gerenciamento de Projetos, o PMI – Project Management Institute) oferece uma definição bastante simples, projeto é **"um esforço temporário empreendido para criar um produto, serviço ou resultado exclusivo"**.

Outras definições:

Projeto é um empreendimento não repetitivo, caracterizado por uma sequência clara e lógica de eventos, com início, meio e fim, que se destina a atingir um objetivo claro e definido, sendo conduzido por pessoas dentro de parâmetros pré-definidos de tempo, custo, recursos envolvidos e qualidade. (RICARDO VIANA VARGAS)

Projeto é um conjunto de ações, executado de maneira coordenada por uma organização transitória, ao qual são alocados os insumos necessários para, em certo prazo, alcançar ou superar expectativas e necessidades do cliente. (BOENTE)

Vejamos, então, as principais características de um projeto:

FINITUDE: possui início, meio e fim. Atenção, pois o fim de um projeto não é apenas atingido quando os objetivos são alcançados. Um projeto também pode ser finalizado quando se chega à conclusão de que não será possível atingir os objetivos estabelecidos ou quando se percebe que o projeto não é mais necessário. Além disso, a característica de temporalidade não quer dizer que os projetos têm curta duração. Pelo contrário, muitos projetos duram anos. O que é importante fixar é que, em todos os casos, a duração de um projeto é finita. Projetos não são esforços contínuos.

Uma observação importante a fazer é que *"geralmente o termo 'temporário' não se aplica ao produto, serviço ou resultado criado pelo projeto. A maioria dos projetos é realizada para criar um resultado duradouro"*.

FOCO: tem um objetivo claro e definido. Para minimizar as incertezas de um projeto, a definição clara do que se espera é essencial. **Todo o planejamento do projeto será estruturado com base no objetivo a ser atingido.** E só é possível dizer se o projeto foi um sucesso ou não se os objetivos foram definidos e divulgados de maneira clara a todas as partes envolvidas, para que a comparação do resultado alcançado com o resultado esperado seja real.

SINGULARIDADE: visa à criação de um produto, serviço ou resultado ÚNICO, com características exclusivas, mesmo que haja similares, ou que projetos parecidos se repitam de tempos em tempos. Por exemplo, digamos que uma associação médica promova um congresso anual, cada vez em uma cidade diferente. Apesar de todos os anos o congresso acontecer, cada evento será um projeto diferente e único, com resultados exclusivos.

LIMITES: possui parâmetros de custo, recursos, qualidade e tempo. Todo projeto possui restrições, sejam elas de ordem orçamentária, de pessoal, de critérios específicos de aceitação do produto etc.

INCERTEZA: como um projeto visa ao desenvolvimento de algo único e novo, sempre há um componente de incerteza, em menor ou maior grau, na sua execução. Para buscar minimizar tais incertezas, o planejamento e o controle devem ser realizados de maneira muito cuidadosa, com análises de risco e viabilidade, de acordo com o tipo de projeto.

ELABORAÇÃO PROGRESSIVA: significa desenvolver em etapas e continuar por incrementos. Por exemplo, o escopo do projeto será descrito de maneira geral no seu início e se tornará mais explícito e detalhado conforme a equipe do projeto desenvolve um entendimento mais completo dos objetivos e das entregas. A elaboração progressiva não deve ser confundida com aumento do escopo. Ainda neste capítulo veremos em detalhes o significado de escopo e como é feito seu gerenciamento.

INTERDISCIPLINARIEDADE: o desenvolvimento de projetos requer uma gama de conhecimentos diferenciados. A metodologia de gestão de projeto compreende, além de técnicas específicas da área de projetos, ferramentas e conceitos de outras disciplinas tais como administração em geral, planejamento, controle de qualidade, informática, estatística, custos e orçamento, entre outras.

6.1 Projetos X Operações

- **Semelhanças:**
  - realizado por pessoas;
  - recursos limitados;
  - planejado, executado e controlado.
- **diferenças:**
  - operações são contínuas e repetidas; projetos são temporários e exclusivos;
  - projetos atingem seus objetivos e terminam; operações adotam um novo conjunto de objetivos e continuam.

6.2 Gerenciamento de Projetos

6.2.1 O PMI e o PMBOK

Conheceremos agora a instituição que é a maior referência em gestão de projetos atualmente e a referência bibliográfica mais famosa e mais cobrada em concursos nessa área.

O PMI - *Project Management Institute* - foi criado em 1969 na Pensilvânia, Estados Unidos, com o objetivo de ser uma instituição que padronizasse termos e conceitos e divulgasse os conhecimentos em gerência de projetos.

Em 1990, o PMI publicou o *"A Guide to the Project Management Body of Knowledge (PMBOK Guide)"*, um guia que abrange as áreas do conhecimento que regem as regras do gerenciamento de projetos. Este guia se tornou a publicação central do PMI, sendo aceita, desde 1999, como padrão de gerenciamento de projetos pelo ANSI (*American National Standarts Institute*).

Atualmente, o PMI compartilha seus padrões técnicos com a comunidade internacional de Gerência de Projetos por meio de mais de 200.000 associados em 125 países, praticando e estudando o Gerenciamento de Projetos nas mais diferentes atividades, incluindo a indústria aeroespacial, automotiva, gerenciamento de negócios, engenharia de construções, serviços financeiros, Tecnologia da Informação, farmacêutica e telecomunicações.

O principal objetivo do Guia PMBOK é identificar o subconjunto do Conjunto de conhecimentos em gerenciamento de projetos que é amplamente reconhecido como boa prática. "Amplamente reconhecido" significa que o conhecimento e as práticas descritas são aplicáveis à maioria dos projetos na maior parte do tempo, e que existe um consenso geral em relação ao seu valor e sua utilidade. "Boa prática" significa que existe acordo geral de que a aplicação correta dessas habilidades, ferramentas e técnicas podem aumentar as chances de sucesso em uma ampla série de projetos diferentes.

segundo Maximiano, o Guia PMBOK é o documento que sistematiza o campo da administração de projetos, identificando e definindo os principais conceitos e técnicas que as pessoas envolvidas e interessadas nesse campo devem dominar.

Ainda de acordo com Maximiano, os outros objetivos do PMBOK contribuem para a criação de uma linguagem comum para a área e fornecem as bases para programas de treinamento e educação em administração de projetos.

Os projetos são constituídos de Portfólios, Programas, Projetos, Subprojetos.

- **Portfólio:** conjunto de programas ou projetos agrupados, não necessariamente interdependentes ou relacionados.
- **Programa:** conjunto de projetos (um projeto pode ou não fazer parte de um programa).
- Os subprojetos podem ser chamados de projetos e gerenciados como tal.

GESTÃO DE PROJETOS

6.3 Ciclo de Vida do Projeto

Determina as fases do projeto, caracterizada pela entrega de um subproduto.
- avaliação é realizada no final de cada fase para identificar os pontos de melhoria;
- o ciclo de vida do projeto é diferente do ciclo de vida do produto, pois um produto pode ter muitos projetos associados a ele;
- **as fases podem ser:**
  - **sequenciais:** só têm início depois que a anterior termina.
  - **sobrepostas:** têm início antes do término da anterior;
  - **iterativas:** uma fase é planejada e as demais são planejadas à medida que o trabalho avança.

6.3.1 O Ciclo de Vida do Projeto Define
- que trabalho técnico deve ser realizado em cada fase;
- quando as entregas devem ser geradas em cada fase e como cada entrega é revisada, verificada e validada;
- quem está envolvido em cada fase;
- como controlar e aprovar cada fase.

6.3.2 Fases do Ciclo de Vida do Projeto

Fases de Preparação ou Iniciação: identificação da demanda e a necessidade do projeto, com a definição do objetivo e a elaboração de planos preliminares.

Fases de Estruturação (Planejamento): detalhamento do que será realizado, com cronogramas, interdependências entre atividades, recursos envolvidos, custos.

Fases de Desenvolvimento e Implementação: as atividades previstas são efetivamente executadas.

Fases de Controle e monitoramento: podem ocorrer em paralelo com as fases de desenvolvimento, nas quais se corrigem os desvios.

Fases de Finalização ou encerramento: o produto final é entregue e aceito, e a estrutura é desmobilizada.

6.3.3 Características do Ciclo de vida

Os níveis de **custo e de pessoal** são baixos no início, máximos na execução e caem rapidamente conforme o projeto é finalizado.

A influência das **partes interessadas**, os riscos e as incertezas são maiores no início e caem ao longo da vida do projeto.

Os custos das **mudanças e correções de erros** aumentam conforme o projeto se aproxima do término. O impacto sobre os custos da mudança é menor no início.

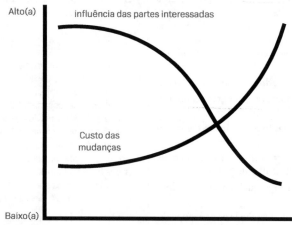

6.4 PMO – Escritório de Projetos

O **escritório de projetos** é uma unidade central que coordena, apoia e gerencia os projetos, podendo executá-los diretamente.

O Escritório de Projetos (*Project Management Office* – PMO) é uma unidade formal criada para tornar a gestão de projetos mais profissional na organização, padronizando procedimentos, orientando os gerentes de projetos técnica e metodologicamente e dando suporte à alta administração.

O PMO é um pequeno grupo de pessoas que têm relacionamento direto com todos os projetos da empresa, seja prestando consultoria e treinamento, seja efetuando auditoria e acompanhamento de desempenho. É importante saber que a configuração de um escritório de projetos é muito variável entre as organizações.

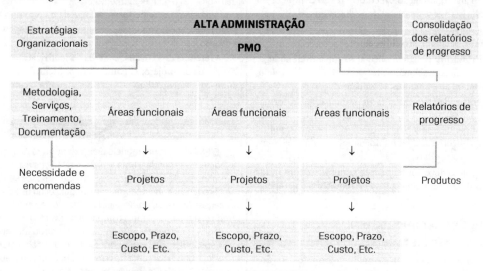

> **Fique ligado**
>
> O PMP (Project Management Professional) é o profissional de gerenciamento de projetos, ou seja, o gerente do projeto. Ele gerencia as restrições dos projetos individuais, controlando os recursos disponíveis (orçamento, cronograma etc.) para atingir os objetivos específicos do projeto que está sob sua responsabilidade. Ele deve ter conhecimento sobre o gerenciamento de projetos, ser capaz de aplicar este conhecimento para obter desempenho e ter capacidade de orientar, gerenciar e liderar o seu pessoal para que todos estejam engajados com o projeto, mesmo considerando suas restrições.

GESTÃO DE PROJETOS

6.5 Partes Interessadas no Projeto - Stakeholders

Partes interessadas no projeto ou Stakeholders são pessoas e organizações ativamente envolvidas no projeto ou cujos interesses podem ser afetados como resultado da execução ou do término do projeto. Eles podem também exercer influência sobre os objetivos e resultados do projeto. A equipe de gerenciamento de projetos precisa identificar as partes interessadas, determinar suas necessidades e expectativas e, na medida do possível, gerenciar sua influência em relação aos requisitos para garantir um projeto bem-sucedido.

As principais partes interessadas em todos os projetos incluem:

Gerente de projetos: a pessoa responsável pelo gerenciamento do projeto.

Cliente/usuário: a pessoa ou organização que utilizará o produto do projeto.

Organização executora: a empresa cujos funcionários estão mais diretamente envolvidos na execução do trabalho do projeto.

Membros da equipe do projeto: o grupo que está executando o trabalho do projeto.

Equipe de gerenciamento de projetos: os membros da equipe do projeto que estão diretamente envolvidos nas atividades de gerenciamento de projetos.

Patrocinador: a pessoa ou o grupo que fornece os recursos financeiros, em dinheiro ou em espécie, para o projeto.

Influenciadores: pessoas ou grupos que não estão diretamente relacionados à aquisição ou ao uso do produto do projeto, mas que, devido à posição de uma pessoa na organização do cliente ou na organização executora, podem influenciar, positiva ou negativamente, o andamento do projeto.

PMO: se existir na organização executora, o PMO poderá ser uma parte interessada se tiver responsabilidade direta ou indireta pelo resultado do projeto.

Os Stakeholders podem ser divididos em:

Stakeholders Primários: possuem obrigação contratual ou legal com o projeto. Ex: gerentes funcionais, diretores, gerente de projeto, equipe, clientes, empregados, credores, acionistas.

Stakeholders Secundários: não têm nenhuma relação formal com o projeto, mas podem exercer poder, como ações legais, pressões políticas e sociais, apoio da mídia. Ex.: Organizações sociais, políticas, ambientalistas, concorrentes, comunidade local, mídia, escolas, hospitais.

O gerente do projeto deve conhecer e se comunicar com todos os Stakeholders; conhecer suas expectativas e requisitos e gerenciar suas influências.

6.5.1 Áreas de Conhecimento em Gerenciamento de Projetos

O PMI organiza os processos da gerência de projetos em **dez áreas de conhecimento**, também chamadas de **"dez gerências"** por alguns autores.

Essa é uma divisão que considera o conteúdo do que se está gerenciando, a temática dos processos. As DEZ áreas de conhecimento (ATUALIZADA PELO PMBOK 5ª edição) são:

Gerência da Integração: envolve os processos necessários para assegurar que os diversos elementos do projeto sejam adequadamente coordenados. No contexto do gerenciamento de projetos, a integração inclui características de unificação, consolidação, articulação e ações integradoras que são essenciais para o término do projeto, para atender com sucesso às necessidades do cliente e de outras partes interessadas e para gerenciar as expectativas.

Gerência do Escopo: inclui os processos que asseguram que o projeto deverá abranger todo o trabalho necessário, e somente o trabalho necessário, para completar o projeto com sucesso. O foco dessa área é a abrangência do projeto, a definição exata do que deve ser realizado, para que a equipe não gaste esforços com atividades não contempladas oficialmente no projeto.

Gerência do Tempo: contempla os processos necessários para garantir que o projeto termine dentro do prazo estipulado. Envolve definição, sequência e estimativa de duração das atividades, assim como elaboração e controle do cronograma.

> **Fique ligado**
>
> Estrutura Analítica de Projetos - A EAP é uma decomposição hierárquica orientada à entrega do trabalho a ser executado pela equipe do projeto, para atingir os objetivos do projeto e criar as entregas necessárias. A EAP organiza e define o escopo total do projeto. A EAP subdivide o trabalho do projeto em partes menores e mais facilmente gerenciáveis, em que cada nível descendente da EAP representa uma definição cada vez mais detalhada do trabalho do projeto. É possível agendar, estimar custos, monitorar e controlar o trabalho planejado contido nos componentes de nível mais baixo da EAP, denominados pacotes de trabalho. A EAP envolve as entradas, as ferramentas e técnicas empregadas e as saídas do projeto.

Gerência do Custo: estabelece os processos que garantem que o projeto seja finalizado dentro do orçamento calculado. Engloba planejamento de recursos, estimativa, orçamento e controle de custos.

Gerência da Qualidade: incorpora os processos que buscam garantir que as necessidades que originaram o desenvolvimento do projeto sejam atendidas.

Gerência dos Recursos Humanos: busca utilizar, da melhor forma, as habilidades das pessoas envolvidas no projeto. Está relacionada à montagem e ao desenvolvimento da equipe.

Gerência das Comunicações: objetiva a geração, a captura, a distribuição, o armazenamento e a apresentação das informações do projeto sejam feitas de forma adequada e no tempo correto. Inclui o planejamento das comunicações e relato de desempenho, dentre outros processos.

Gerência dos Riscos: engloba a identificação, análise e respostas aos riscos do projeto. É composta por identificação, quantificação e análise de riscos, além do desenvolvimento e controle das respostas aos riscos.

> **Fique ligado**
>
> O PMBOK traz um modelo de EAR-Estrutura Analítica de Riscos, que corresponde a uma representação dos riscos identificados, organizada hierarquicamente, em que os riscos são ordenados por categoria e subcategoria, com identificação das diversas áreas e causas de riscos potenciais. Os objetivos da análise de riscos são: reduzir a probabilidade e o impacto de eventos negativos e aumentar a de eventos positivos. Trata-se de uma atividade recente (que vem ganhando destaque) e parte significativa dos projetos ainda não inclui o gerenciamento de riscos – embora muitos autores afirmem que "gerenciar projetos é gerenciar riscos".
> Técnica Delphi: é uma técnica usada no gerenciamento de riscos que serve para se buscar um consenso entre especialistas em uma determinada área. Ela é especialmente útil para que especialistas gerem ideias sobre os riscos enfrentados, no processo de identificação de riscos. Eles participam de maneira anônima, respondendo questões a sobre alguns aspectos do projeto. Essas respostas são resumidas e redistribuídas para que os especialistas façam novos comentários. Este processo é repetido por algumas rodadas até que seja alcançado um consenso, reduzindo a parcialidade que decorre da influência indevida de algum dos especialistas.

ADMINISTRAÇÃO

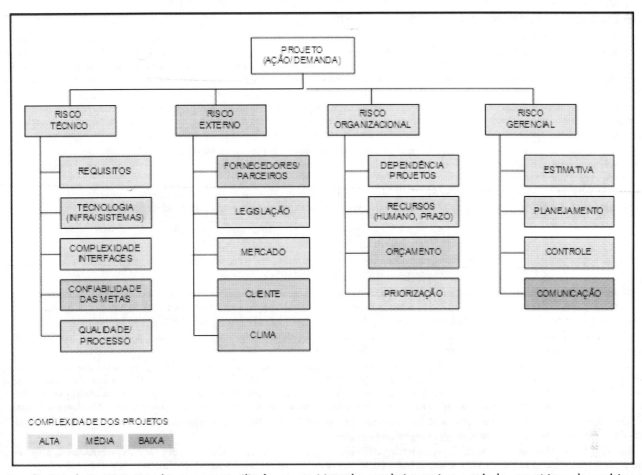

Gerência das aquisições: envolve os processos utilizados para aquisições de mercadorias, serviços e resultados necessários ao desenvolvimento do projeto, como o planejamento das aquisições, obtenção de propostas, seleção de fornecedores e administração de contratos.

Gerência das Partes Interessadas: são indivíduos ou organizações que estejam ativamente envolvidos no projeto de forma positiva e também negativa e que possuem seus interesses próprios relacionados ao projeto. São eles: clientes, fornecedores, gerente e equipe de projeto, usuários do produto do projeto, organizações governamentais e não governamentais, meio ambiente etc.

6.5.2 Grupos de Processos

O PMBOK define que existem cinco grupos de processos de gerência de projetos que descrevem a natureza dos processos. Os grupos de processos não são fases do projeto. DAG: VERIFIQUE O TAMANHO DO SUBLINHADO ABAIXO ESTÃO DIFERENTES

- **Grupos de Processos Iniciação:** definir o projeto ou uma nova fase do projeto por meio da obtenção de autorização.
- **Grupos de Processos Planejamento:** definir escopo, refinar objetivos, desenvolver curso de ação para alcançar objetivos.
- **Grupos de Processos Execução:** executar o trabalho definido no plano de gerenciamento do projeto conforme especificações.
- **Grupos de Processos Monitoramento e controle:** verificar o progresso e o desempenho, áreas de mudança no plano e iniciar mudanças.
- **Grupos de Processos Encerramento:** para finalizar todas as atividades, para encerrar o projeto.

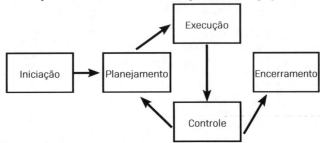

Esses **5 grupos de processos** abrangem **10 áreas de conhecimento**. A partir desta combinação de grupos de processos com áreas de conhecimento, o Guia PMBOK® 5ª edição apresenta **47 processos** que são sugeridos como necessários e aplicáveis para se gerenciar um projeto, desde o seu início até a sua entrega.

Os grupos de processos NÃO são fases ou etapas do projeto! Apesar de os nomes serem parecidos, é preciso compreender que as etapas representam o ciclo de vida do projeto, com início, meio e fim (4 etapas). Os Grupos de processos (5 grupos) se repetem ao longo das várias fases estabelecidas para o seu projeto. Assim, no projeto como um todo, haverá a execução dos diferentes processos, em diferentes grupos, ao longo de todo o projeto! Não há mistério aqui, é preciso apenas memorizar!

GESTÃO DE PROJETOS

6.6 Curiosidades Sobre o Assunto

CPM – Critical Path Method (ou Método do Caminho Crítico) – é uma metodologia utilizada no planejamento de projetos: ele está diretamente relacionado com o **planejamento do tempo do projeto**, no sentido de minimizar o tempo total de sua duração; é elaborado para otimizar/minimizar o tempo de realização do projeto. No entanto, uma vez definidas as atividades críticas e estabelecido o período total de tempo – **esse tempo representa o prazo máximo de duração do projeto:** o caminho crítico passa a representar o prazo máximo aceito para a realização do projeto.

O **caminho crítico** identifica as atividades principais/críticas/gargalo; aquelas que não podem atrasar, visto que comprometeriam a realização do projeto: é utilizado para definir um conjunto de atividades a serem executadas em uma sequência lógico-evolutiva, e que devem ser realizadas nas datas previamente estabelecidas, sem atrasos, para que o projeto possa ser concluído dentro do prazo definido.

Nessa lógica, se o prazo total foi excedido, é porque **ao menos uma atividade do caminho crítico** foi concluída com atraso. Por outro lado, é possível que determinada(s) atividade(s) – **que não faça(m) parte do caminho crítico** – seja(m) concluída(s) fora do prazo e, mesmo assim, o projeto seja executado no prazo esperado.

A técnica **PERT** - *Program Evaluation and Review Technique* - também é utilizada no planejamento do tempo estimado do projeto, de forma similar ao método CPM. Ambos utilizam o conceito de redes para planejar, visualizar e coordenar as atividades do projeto.

> **Fique ligado**
>
> Somente as atividades críticas fazem parte do caminho crítico: essas atividades condicionam o tempo total de duração do projeto.

A diferença, no entanto, consiste no seguinte: o **método CPM** utiliza o caminho crítico, cujas atividades não podem sofrer atrasos sem que se reflita em atraso na duração do tempo total do projeto; o **método PERT** calcula o tempo a partir da média ponderada de três estimativas de tempo das atividades: provável, pessimista e otimista. Assim, afirma-se que o PERT é probabilístico e o CPM, determinístico.

Tanto o PERT como o CPM permitem visualizar as relações de interdependência das/entre as atividades, por meio de uma **rede**, assim como determinar o tempo total de duração do projeto e o tipo de folga que existe entre as atividades.

COBIT é um guia de melhores práticas utilizado na gestão de Tecnologia da Informação; apresentado como *framework*, contém um sumário executivo, objetivos do controle, mapas de auditoria, ferramentas e técnicas de gerenciamento e controle. O COBIT independe da tecnologia adotada e vem sendo utilizado como forma de otimizar os recursos de TI. Sua estrutura compreende dezenas de processos, medidas para monitoramento/avaliação, e **quatro dimensões/domínios: Planejar e Organizar; Adquirir e Implementar; Entregar e Dar Suporte; Monitorar e Avaliar.**

O modelo COBIT tem como princípios: **gerir e controlar os recursos de TI, identificar os investimentos necessários (com base nos requisitos do negócio) e fornecer as informações que a organização precisa.**

O COBIT parte dos requisitos do negócio e é bastante utilizado na análise de riscos, atividades de controle e na **priorização de projetos**, pois permite identificar quais projetos têm maiores chances de sucesso e podem ser executados mais rapidamente.

Áreas de conhecimento	Iniciação	Planejamento	Execução	Monitoramento e controle	Encerramento
Integração	1.1 Desenvolver o termo de abertura do projeto	1.2 Desenvolver o plano de gerenciamento do projeto	1.3 Orientar e gerenciar o trabalho do projeto	1.4 Monitorar e controlar o trabalho do projeto 1.5 Realizar o controle integrado de mudanças	1.6 Encerrar o projeto ou fase
Escopo		2.1 Planejar o Gerenciamento do Escopo 2.2 Coletar os requisitos 2.3 Definir o escopo 2.4 Criar EAP		2.5 Validar o escopo 2.6 Controlar o escopo	
Tempo		3.1 Planejar o gerenciamento do Cronograma 3.2 Definir as atividades 3.3 Sequenciar as atividades 3.4 Estimar os recursos das atividades 3.5 Estimar a duração das atividades 3.6 Desenvolver o cronograma		3.7 Controlar o cronograma	

ADMINISTRAÇÃO

Custos		4.1 Planejar o gerenciamento da qualidade 4.2 Estimar custos 4.3 Determinar orçamentos		4.4 Controlar os custos	
Qualidade		5.1 Planejar o gerenciamento da qualidade	5.2 Realizar a garantia de qualidade	5.3 Controlar a qualidade	
Recursos Humanos		6.1 Planejar o gerenciamento do Recursos Humanos	6.2 Mobilizar a equipe do projeto 6.3 Desenvolver a equipe do projeto 6.4 Gerenciar a equipe do projeto		
Comunicações		7.1 Planejar o gerenciamento das comunicações	7.2 Gerenciar as comunicações	7.3 Controlar as comunicações	
Riscos		8.1 Planejar o gerenciamento dos riscos 8.2 Identificar os riscos 8.3 Realizar a análise qualitativa dos riscos 8.4 Realizar a análise quantitativa dos riscos 8.5 Planejar as respostas aos riscos		8.6 Controlar os riscos	
Aquisições		9.1 Planejar o gerenciamento das aquisições	9.2 conduzir as aquisições	9.3 Controlar as aquisições	9.4 Encerrar as aquisições
Partes interessadas	10.1 Identificar partes interessadas	10.2 Planejar o gerenciamento das partes interessadas	10.3 Gerenciar o envolvimento das partes interessadas	10.4 Controlar o envolvimento das partes interessadas	

7 PLANEJAMENTO ESTRATÉGICO

7.1 Processo de Planejamento

Maximiano descreve o planejamento como o processo de tomar *decisões para o futuro*. De forma mais completa, Chiavenato diz que planejar é definir os objetivos e escolher antecipadamente o melhor curso de ação para alcançá-los.

Para Felipe Sobral e Alketa Peci, o planejamento tem a dupla atribuição de definir o *que* deve ser feito – objetivos – e *como* deve ser feito – planos:

Planejamento	
Concepção de planos	Definição dos objetivos
Guias que entegram e coordenam as atividades da organização de forma a alcançar esses objetivos	Resultados, propósitos, intenções ou estados futuros que as organizações preteden alcaçar

Na lição de Chiavenato (2006), o planejamento pode ser considerado como um processo constituído de uma série sequencial de seis passos:

01. Definição dos objetivos: o primeiro passo do planejamento é o estabelecimento dos objetivos que se pretende alcançar, ou seja, os objetivos da organização devem orientar todos os principais planos, servindo de base os objetivos departamentais. Os objetivos devem especificar resultados desejados e os pontos finais a que se pretende chegar, para se conhecer quais os passos intermediários para chegar lá.

02. Verificação da situação atual em relação aos objetivos: simultaneamente à definição dos objetivos, deve-se avaliar a situação atual em contraposição aos objetivos desejados, verificar onde se está e o que precisa ser feito.

03. Desenvolver premissas quanto às condições futuras: premissas constituem os ambientes esperados dos planos em operação. Como a organização opera em ambientes complexos. Trata-se de gerar cenários alternativos para os estados futuros das ações, analisando o que pode ajudar ou prejudicar o progresso em relação aos objetivos.

04. Analisar as alternativas de ação: o quarto passo do planejamento é a busca e análise dos cursos alternativos de ação. Trata-se de relacionar e avaliar as ações que devem ser empreendidas.

05. Escolher um curso de ação entre as várias alternativas: o quinto passo é selecionar o curso de ação adequada para alcançar os objetivos propostos. Trata-se de uma tomada de decisão, em que se escolhe uma alternativa e se abandona as demais. A alternativa escolhida se transforma em um plano para alcance dos objetivos.

06. Implementar o plano e avaliar os resultados: fazer aquilo que o plano determina e avaliar cuidadosamente os resultados para assegurar o alcance dos objetivos, seguir por meio do que foi planejado e empreender as ações corretivas à medida que se tornarem necessárias.

7.2 Níveis de Planejamento

Estratégico	Amplo e genérico - menor grau de detalhamento. Impacta em toda a organização. Determina objetivos e diretrizes institucionais. Longo Prazo - maior nível de incerteza.
Tático	Desdobramento das estratégias em cada unidade. Aproxima/intrega o estratégico com o operacional. Grau de detalhamento um pouco maior - diminui incertezas. Médio Prazo
Operacional	Desdobramento dos planos táticos em atividades. Máximo detalhamento - maior precisão. Curto prazo - menor risco. "O que" e "Como" fazer - procedimentos, cronogramas.

Planos Estratégicos	Definem a missão, o futuro e as formas de atuar no ambiente (produtos e serviços, clientes e mercados, vantagens competitivas), bem como os objetivos de longo prazo.
Planos Funcionais ou Administrativos	Definem os objetivos e curso de açãodas áreas funcionais (marketing, finanças, oprações, recursos humanos) para realizar os planos estratégicos.
Planos operacionais	Definem atividades, recursos e formas de controle necessários para realizar os cursos de ação escolhidos.

O planejamento estratégico é insuficiente de forma isolada para que as organizações alcancem vantagem competitiva, sendo necessário o desenvolvimento e a implantação dos planejamentos táticos e operacionais de forma integrada e alinhada.

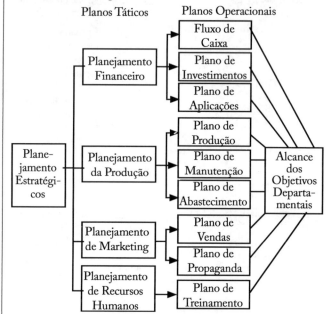

7.2.1 Planejamento Estratégico

O ambiente cheio de incertezas em que estão inseridas as organizações faz com que elas busquem se adaptar constantemente. E, nesse sentido, uma ferramenta indispensável é o planejamento estratégico, que proporciona flexibilidade na gestão das organizações com técnicas e processos administrativos.

No entanto, Matos e Chiavenato (1999) lecionam que o planejamento estratégico apresenta cinco características fundamentais:

- **O planejamento estratégico está relacionado com a adaptação da organização a um ambiente mutável:** ou seja, sujeito à incerteza a respeito dos eventos ambientais. Por se defrontar com a incerteza, tem suas decisões baseadas em julgamentos, e não em dados concretos. Reflete uma orientação externa que focaliza as respostas adequadas às forças e pressões que estão situadas do lado de fora da organização.

- **O planejamento estratégico é orientado para o futuro:** seu horizonte de tempo é o longo prazo. Durante o curso do planejamento, a consideração dos problemas atuais é dada em função dos obstáculos e barreiras que eles possam provocar para um almejado lugar no futuro.

- **O planejamento estratégico é compreensivo:** ele envolve a organização como uma totalidade, abarcando todos os seus recursos, no sentido de obter efeitos sinergéticos de todas as capacidades e potencialidades da organização. A resposta estratégica da organização envolve um comportamento global, compreensivo e sistêmico. A participação das pessoas é fundamental nesse aspecto, pois o planejamento estratégico não deve ficar apenas no papel, mas na cabeça e no coração de todos os envolvidos. São eles que o realizam e o fazem acontecer.
- **O planejamento estratégico é um processo de construção de consenso:** devido à diversidade dos interesses e necessidades dos parceiros envolvidos, o planejamento deve oferecer um meio de atender a todos na direção futura que melhor convenha para que a organização possa alcançar seus objetivos. Para isso, é preciso aceitação ampla e irrestrita para que o planejamento estratégico possa ser realizado, por meio dessas pessoas, em todos os níveis da organização.
- **O planejamento estratégico é uma forma de aprendizagem organizacional:** por estar orientado para a adaptação da organização ao contexto ambiental, o planejamento constitui uma tentativa constante de aprender a ajustar-se a um ambiente complexo, competitivo e suscetível a mudanças.

Etapas do Planejamento Estratégico

Para Maximiano, o planejamento estratégico é uma sequência de análises e decisões que compreende os seguintes componentes principais:

- - Entendimento da missão. (Em que ponto estamos?)
- - Análise do ambiente externo. (Quais são as ameaças e oportunidades do ambiente?)
- - Análise do ambiente interno. (Quais são os pontos fortes e fracos dos sistemas internos da organização?)
- - Definição do plano estratégico. (Para onde devemos ir? O que devemos fazer para chegar lá?)

Por seu turno, Chiavenato descreve sete etapas do planejamento estratégico:

- determinação dos objetivos;
- análise ambiental externa;
- análise organizacional interna;
- formulação de alternativas;
- elaboração do planejamento;
- implementação e execução;
- avaliação dos resultados.

Ademais, Djalma Rebouças de Oliveira dispõe que o planejamento estratégico compõe-se por quatro fases básicas:

Fase I – Diagnóstico estratégico – também denominada auditoria de posição, deve-se determinar "como se está". As pessoas representativas devem analisar os aspectos inerentes à realidade interna e externa da empresa. Essa fase pode ser dividida em cinco etapas básicas: (a) identificação da visão; (b) identificação dos valores; (c) análise externa; (d) análise interna; e (e) análise dos concorrentes.

Fase II – Missão da empresa – nesse momento, deve ser estabelecida a razão de ser da empresa, bem como o seu posicionamento estratégico. Essa fase divide-se em cinco etapas: (a) estabelecimento da missão da empresa; (b) estabelecimento dos propósitos atuais e potenciais; (c) estruturação e debate de cenários; (d) estabelecimento da postura estratégica; e (e) estabelecimento das macroestratégias e macropolíticas.

Fase III – Instrumentos prescritivos e quantitativos – nessa fase, deve-se estabelecer "de onde se quer chegar" e de "como chegar à situação que se deseja". Assim, pode-se dividi-la em dois instrumentos perfeitamente interligados: (a) instrumentos prescritivos (explicitação do que deve ser feito pela empresa); e (b) instrumentos quantitativos (projeções econômico-financeiras do planejamento orçamentário).

Fase IV – Controle e avaliação – deve verificar "como a empresa está indo" para a situação desejada.

7.2.2 Missão, Visão, Valores, Questões e Objetivos

A **missão significa a razão de ser da empresa**. A missão deve expressar o motivo da existência da organização e o que ela faz. Trata-se do propósito fundamental ou razão de existir de uma organização, independentemente de ser pública ou privada. É um referencial para as ações desempenhadas pela instituição.

Por outro lado, **a visão representa o consenso dos membros da organização sobre o futuro que se deseja**. Na hora de definir a visão, deve-se olhar para o futuro e identificar a forma como a organização deve ser vista por colaboradores, clientes, fornecedores e a sociedade em geral.

Por sua vez, os **valores são princípios, crenças, normas e padrões** que devem orientar o comportamento das pessoas na organização.

| Ex.: Profissionalismo, Equidade, Ética e Transparência.

Por fim, os **objetivos são resultados que a empresa pretende alcançar; enquanto as metas são os desdobramentos dos objetivos**. As estratégias representam o caminho a ser seguido para alcançar os objetivos.

7.2.3 Evolução do Pensamento Estratégico

O pensamento estratégico vem evoluindo com o passar do tempo, sendo manifestado por meio de várias correntes. Moysés Filho et al. (2003, p. 15-30) descrevem as fases de evolução do pensamento estratégico empresarial, desde 1950 até os dias de hoje, por meio de seis escolas que se sucedem e se complementam no decorrer do tempo.

PLANEJAMENTO ESTRATÉGICO

A primeira fase é correspondente à **Escola do Planejamento Financeiro**, segundo a qual a alta administração aprovava um orçamento visando apenas ao controle financeiro do desempenho.

A segunda fase, caracterizada pela **Escola do Planejamento a Longo Prazo**, baseava-se na projeção do futuro por meio da elaboração de cenários na premissa de que o futuro seria estimado pela projeção de indicadores passados e atuais, podendo ser melhorados a longo prazo pela intervenção ativa no presente.

A terceira fase, chamada de **Escola do Planejamento Estratégico**, caracterizou-se por se basear principalmente na análise das forças-fraquezas internas e das oportunidades-ameaças do ambiente, calçada na premissa de que as estratégias eficazes derivam de um processo de pensamento rigidamente formado, dando ênfase ao planejamento.

Já a quarta escola, definida como **Escola da Administração Estratégica**, embora aceitasse a maioria das premissas desenvolvidas anteriormente, concentrou sua abordagem no argumento de que a implantação das estratégias era tão importante quanto a sua formulação, focando consequentemente a abordagem prescritiva do pensamento estratégico.

Na quinta fase, **Escola da Gestão Estratégica**, a abordagem sistêmica foi inserida a todo o processo, em que além do ato de planejar estrategicamente, era também necessário organizar, dirigir e coordenar estrategicamente, proporcionando, com isso, uma abordagem mais integrada e menos centralizada.

A sexta escola, chamada de **Gestão Estratégica Competitiva**, é descrita como uma tendência do pensamento estratégico contemporâneo. Esta Escola tem como premissa básica a ideia de que a estratégia deve assumir a forma de um processo de aprendizado ao longo do tempo, integrando oito características básicas: Atuação Global; Proatividade e Foco Participativo; Incentivo à Criatividade; Controle pelo Balanced Scorecard; Organização em Unidades Estratégicas de Negócios; Ênfase em Alianças Responsabilidade Social Aprendizagem Contínua.

Evolução do Pensamento Estratégico

Escola de Pensamento	Características Principais	Sistemas de Valores	Problemas	Predominância
Planejamento Financeiro	- Orçamento Anual - Controle Financeiro - Administração por objetivos (APC)	- Cumprir o Orçamento	- Promover a Miopia	Década de 1950
Planejamento a longo prazo	- Projeção de Tendências - Análise de Lacunas - Estudos de Cenários	- Projetar o Futuro	- Não prever descontinuidades	Década de 1960
Planejamento estratégico	- Pensamento Estratégico - Analise de Mudanças no Ambiente - Analise dos Recursos internos e Competências - Alocação de Recursos - Foco na Formulação	- Definir a Estratégia	- Falta de Foco na Implementação	Década de 1970
Administração Estratégica	- Analise da Estrutura da Industria - Contexto Econômico e Competitivo - Estratégia Genéricas - Cadeia de Valor - Foco na análise e Implementação - Pesquisa e Informações com Base Analítica	- Definir as Atividades da Industria	- Não Desenvolver a Abordagem Sistêmica	Década de 1980
Gestão Estratégica	- Pensamento Sistêmico - Integração entre Planejamento e Controle - Coordenação de todos os Recursos para o Objetivo - Organização Estratégica - Direção Estratégica - Foco nos Objetivos Financeiros	- Buscar Sintonia Entre os Ambientes Internos e Externos	- Falta de Alinhamento com a Filosofia Organizacional	Década de 1990
Gestão Estratégica Competitiva	- Atuação Global - Proatividade e Foco Participativo - Incentivo à Criatividade - Controle pelo Balanced Scorecard - Organização em Unidades Estratégicas de Negócios - Enfase em Alianças - Responsabilidade Social - Aprendisagem Continua	- Estratégia como processo de Aprendisagem Continua e Integrada	--------------	Início do Século XXI

ADMINISTRAÇÃO

7.2.4 Análise SWOT

A técnica SWOT surgiu da tentativa de correção do planejamento corporativo, conhecido na época como planejamento estratégico mal-sucedido (Chiavenato 2000).

O planejamento estratégico, segundo Chiavenato (2000), é um método pelo qual uma organização deseja implantar uma determinada estratégia de negócios, crescimento e desenvolvimento almejando os objetivos propostos. Para Philip KOTLER (1975), o conceito de pla-nejamento estratégico é um método gerencial pelo qual uma corporação estabelece sua direção a ser seguida, considerando a maximização da interação com o ambiente interno e externo. A direção estabelecida pela corporação deve considerar o âmbito de atuação, políticas fun-cionais, macropolíticas, estratégias funcionais, filosofia de atuação, macroestratégia, macro-objetivos e objetivos funcionais.

Segundo Andrade, et al. (2008),

*"A sigla S.W.O.T., deriva da língua inglesa e traduz-se: **Sthreats** (forças), **Weaknesses** (fraquezas), **Opportunities** (oportunidades) e **Sthreats** (amea-ças). Esta análise procura avaliar os pontos fortes e pontos fracos no ambiente interno da organização e as oportunidades e as ameaças no ambiente externo." (Andrade, et al. 2008).*

- **S – Sthreats:** Pontos fortes (Forças) – Descreve os pontos fortes da empresa que estão sob influência do próprio administrador;
- **W – Weaknesses:** Pontos fracos (Fraquezas) – Competências que estão sob influência do administrador, mas por algum motivo atra-palham ou não geram vantagem competitiva;
- **O - Opportunities:** oportunidades – Forças externas à empresa, influenciando positivamente, porém não estão sob controle do administrador.
- **T - Threats:** ameaças – Forças externas à empresa, que tendem a pesar negativamente nos negócios da empresa.

As Forças e Fraquezas são fatores que estão caracterizados como internos de criação ou de destruição de valores. Estes valores podem ser ativos, habilidades ou recursos financeiros e humanos que uma orga-nização possui a disposição em relação aos seus concorrentes (Value Based Management, 2011).

Já as Oportunidades e as Ameaças são consideradas como fato-res externos de criação ou de destruição de valores, não controlados pela empresa. Estes valores podem ser fatores demográficos, políticos, sociais, legais e Tecnológicos. (Value Based Management, 2011).

A análise SWOT é uma técnica que sintetiza os principais fatores internos e externos das organizações empresariais e sua capacidade estratégica de influenciar uma tendência de causar maior impacto no desenvolvimento da estratégia (Johnson, et al. 2007). O objetivo desta ferramenta "(...) é identificar o grau em que as forças e fraquezas atuais são relevantes para, e capazes de, lidar com as ameaças ou capitalizar as oportunidades no ambiente empresarial." (JOHNSON, et al. 2007).

Há várias vantagens na utilização desta técnica, dentre elas estão:

- Auxiliar a empresa a identificar o que a torna mais efetiva (forças), aumentando a confiança nas ações a serem tomadas, indicando um caminho mais seguro para sua ação no mercado.
- Planejar ações de correção e ajuste, identificando os pontos de melhoria da empresa (fraquezas).
- Usufruir das oportunidades identificadas.
- Diminuir os riscos referentes às ameaças identificadas.
- Alcance de um maior grau de conhecimento diante do negócio, ambiente e do nicho de mercado da empresa.
- Domínio do Problema.

A Análise SWOT ou Matriz SWOT, pode ser adotada por uma organização, unidade ou até mesmo por uma equipe favorecendo uma série de objetivos do projeto, podendo esta ser utilizada para avaliar um produto ou marca; uma terceirização de uma função de negócios; uma parceria ou aquisição. Além de que, quando bem aplicada pode trazer **benefícios** para o desenvolvimento de uma negociação, a aplicação de uma tecnologia específica ou uma fonte de alimentação especial.

- **Neutralidade Aplicação:** a análise SWOT é realizada por meio da identificação de um objetivo/problema, sendo assim deve se realizar uma sessão de Brainstorming utilizada para identificar os fatores internos e externos que são favoráveis e desfavoráveis para a realiza-ção deste objetivo. Permanecendo este mesmo critério para análise com finalidade de apoio ao planejamento estratégico, análise de oportunidades, análise competitiva, desenvolvimento de negócios ou processos de desenvolvimento de produtos.
- **Análise Multinível:** consiste em informações valiosas sobre as chances de seu objetivo, podendo ser fornecidas por meio da visua-lização de cada um dos quatro elementos das forças de análise SWOT (Forças, Fraquezas, Oportunidades e Ameaças), de forma independente ou em combinação.
- **Integração de Dados:** a análise SWOT propõe que as informa-ções quantitativas e qualitativas a partir de um número de fontes devem ser combinadas, facilitando o acesso a uma gama de dados de múltiplas fontes, a fim de melhorar a comunicação, o nível de planejamento e tomada de decisões da empresa, auxiliando na coordenação de suas operações.
- **Simplicidade:** esse método de análise não requer habilidades téc-nicas nem treinamento. Sendo assim, ela pode ser realizada por qualquer pessoa com domínio e competência de realização sobre o negócio, ou setor em que ela opera. O processo envolve uma sessão de Brainstorming, em que serão discutidas as quatro dimensões de análise SWOT, como resultado, as crenças individuais de cada participante, os conhecimentos e os julgamentos são agregados em uma avaliação coletiva assegurada pelo grupo como um todo, com a finalidade de chegar a acordo/ solução.
- **Custo:** por meio da simplicidade de realização do método SWOT, a empresa pode escolher um membro da equipe em vez de contra-tar um consultor externo, reduzindo assim o custo de investimento. Além disso, pode ser realizado em um curto período de tempo já que o membro da empresa que irá realizar este método de análise já possui conhecimento sobre o negócio e a conduta da empresa.

As Desvantagens em Não Utilizar a Matriz SWOT

A MATRIZ SWOT é uma ferramenta que proporciona para as empresas a facilidade de poder identificar quais são seus pontos fortes e fracos, quais são suas oportunidades e ameaças. Com a sua implan-tação, pode trazer a capacidade de a empresa conseguir enxergar as características principais da empresa de um modo mais específico, profundo e detalhado.

Com a identificação dessas características, traz a facilidade de se fazer ou implantar melhorias em seu processo produtivo, e também aumenta sua vantagem competitiva no mercado. O importante é que as empresas se adequem a essa ferramenta, pois ela traz pode trazer um benefício qualitativo, e pode também agregar valor para a empresa e torna a empresa mais competitiva do ponto de vista da concorrência.

Empresas que não a implantam possuem grande dificuldade de identificar os pontos a serem melhorados, e quais são seus aspectos que podem lhe proporcionar oportunidades de melhoria? Não implantar a MATRIZ SWOT traz como consequência a baixa vantagem com-petitiva no mercado.

PLANEJAMENTO ESTRATÉGICO

Empresas que optam por não a implantar podem conseguir sucesso, mas não com a mesma forma repentina e ágil de empresas que a implantam.

ESQUEMAS

Ambiente interno (variáveis controláveis):
Pontos fortes (Strengths) - são competências, fatores ou características internas positivas que a organização possui – Ex.: funcionários capacitados; e
Pontos fracos (Weaknesses) - são deficiências, fatores ou características internas negativas que prejudicam o desempenho e o cumprimento da missão organizacional – Ex.: funcionários não capacitados.

Ambiente externo (variáveis não controláveis):
Oportunidades (Opportunities) - as oportunidades são as forças externas à organização que influenciam positivamente no cumprimento da missão, mas que não temos controle sobre elas – Ex.: mercado internacional em expansão; e
Ameaças (Threats) - são aspectos externos à organização que impactam negativamente no desempenho e no cumprimento da missão – Ex.: governo cria um novo imposto.

Forças	Fraquezas
- Boa imagem - Qualidade do produto - Baixo custo - Parcerias - Distribuição - Liderança de mercado - Competência Tecnologia própria	- Falta de direção e estratégia - Pouco investimento em inovação - Linha de produtos muito reduzida - Distribuição limitada - Custos Altos - Problemas operacionais internos - Falta de experiência da administração - Falta de formação dos funcionários

Oportunidades	Ameaças
- Rápido crescimento de mercado -Abertura aos mercados estrangeiros - Empresa rival enfrenta dificuldade - Encontrados novos usos do produto - Novas tecnologias - Mudanças demográficas - Novos métodos de distribuição - Diminuição da regulamentação	- Receção - Nova tecnologia - Mudanças demográficas - Empresas rivais adaptam novas estratégias - Barreiras ao comércio exterior - Desempenho negativos das empresas associadas - Aumento da regulamentação

Graus de interação	Comprotamento	Consequências
Negativoi ↓ [Dinossauro]	- Não reage - Não adaptativo - Não inovativa	Sobrevivência curto prazo ↓ [extinção]
Neutro ↓ [camaleão]	- Reagente - Adaptativo	Sobrevivência longo prazo ↓ [estagnação]
Positivo ↓ [homo sapiens]	- Reagente - Adaptativo - Inovativo	Sobrevivência longo prazo ↓ [desenvolvimento]

O cruzamento entre os quatro pontos da análise SWOT gera uma moldura em que a organização pode desenvolver suas estratégias e melhor aproveitar suas vantagens competitivas. Vamos utilizar, para essa demonstração, a nomenclatura FOFA:

FOFA	AMBIENTE INTERNO	
	Forças (S)	Fraquezas (W)
AMBIENTE EXTERNO Oportunidades (O)	SO (máx.-máx.)-ALAVANCAGEM Tirar o máximo partido dos pontos fortes para aproveitar o máximo das oportunidades.	WO (min.-máx.)-LIMITAÇÕES Minimizar ou superar os efeitos negativos dos pontos fracos e aproveitar oportunidades.
Ameaças (T)	ST (máx. - min.)-VULNERABILIDADE Tirar o máximo partido dos pontos fortes para minimizar efeitos das ameaças detectadas.	WT(min. - min.)-PROBLEMAS Minimizar ou ultrapassar pontos fracos e fazer face às ameaças.

Tipos de Estratégias

O executivo poderá escolher determinado tipo de estratégia que seja o mais adequado, tendo em vista a sua capacitação e o objetivo estabelecido. Entretanto, deverá estar ciente de que a escolha poderá nortear o seu desenvolvimento por um período de tempo que poderá ser longo.

As estratégias podem ser estabelecidas de acordo com a situação da empresa: podem estar voltadas à sobrevivência, à manutenção, ao crescimento ou ao desenvolvimento, conforme postura estratégica da empresa.

A combinação de estratégias deve ser feita de forma que aproveite todas as oportunidades possíveis, e utilizando a estratégia certa no memento certo.

Estratégia de Sobrevivência

Este tipo de estratégia deve ser adotado pela empresa quando não existir outra alternativa para ela, ou seja, apenas quando o ambiente e a empresa estão em situação inadequada com muitas dificuldades ou quando apresentam péssimas perspectivas (alto índice de pontos fracos internos e ameaças externas). Em qualquer outra situação, quando a empresa adota esta estratégia como precaução, as consequências podem ser desastrosas, pois numa postura de sobrevivência, normalmente a primeira decisão do executivo é parar os investimentos e reduzir, ao máximo, as despesas.

A sobrevivência pode ser uma situação adequada como condição mínima para atingir outros objetivos mais tangíveis no futuro, como lucros maiores, vendas incrementadas, maior participação no mercado, etc., mas não como um objetivo único da empresa, ou seja, estar numa situação de "sobreviver por sobreviver".

Os tipos que se enquadram na situação de estratégia de sobrevivência são:

- **Redução de custos:** utilizada normalmente em período de recessão, que consiste na redução de todos os custos possíveis para que a empresa possa subsistir.
- **Desinvestimento:** quando as empresas encontram-se em conflito com linhas de produtos que deixam de ser interessantes, portanto, é melhor desinvestir do que comprometer toda a empresa.

Se nenhuma estratégia básica de sobrevivência der certo, o executivo penderá para a adoção da estratégia de - Liquidação de negócio: estratégia usada em último caso, quando não existe outra saída, a não ser fechar o negócio.

Estratégia de Manutenção

Neste caso, a empresa identifica um ambiente com predominância de ameaças; entretanto, ela possui uma série de pontos fortes (disponibilidade financeira, recursos humanos, tecnologia etc.) acumulados ao longo dos anos, que possibilitam ao administrador, além de querer continuar sobrevivendo, também manter a sua posição conquistada até o momento. Para tanto, deverá sedimentar e usufruir ao máximo os seus pontos fortes, tendo em vista, inclusive, minimizar os seus pontos fracos, tentando ainda, maximizar os pontos fracos e minimizar os pontos fortes dos concorrentes.

A estratégia de manutenção é uma postura preferível quando a empresa está enfrentando ou espera encontrar dificuldades, e a partir dessa situação prefere tomar uma atitude defensiva diante das ameaças.

A estratégia de manutenção pode apresentar três situações:
- **Estratégia de estabilidade:** procura, principalmente, a manutenção de um estado de equilíbrio ameaçado, ou ainda, o seu retorno em caso de sua perda.
- **Estratégia de especialização:** a empresa busca conquistar ou manter a liderança no mercado por meio da concentração dos esforços de expansão numa única ou em poucas atividades da relação produto/mercado. Sua vantagem é a redução dos custos unitários, e a desvantagem é a vulnerabilidade pela alta dependência de poucas modalidades de fornecimento de produção e vendas.
- **Estratégia de nicho:** a empresa procura dominar um segmento de mercado que ela atua, concentrando o seu esforço e recursos em preservar algumas vantagens competitivas. Pode ficar entendido que este tipo de empresa tem um ambiente ecológico bem restrito, não procura expandir-se geograficamente e segue a estratégia do menor risco, executando-se aquele que é inerente a quem se encontra num só segmento. Assim a empresa dedica-se a um único produto, mercado ou tecnologia, pois não há interesse em desviar os seus recursos para outras atenções.

Estratégia de Crescimento

Nesta situação, o ambiente está proporcionando situações favoráveis que podem transformar-se em oportunidades, quando efetivamente é usufruída a situação favorável pela empresa. Normalmente, o executivo procura, nesta situação, lançar novos produtos, aumentar o volume de vendas etc.

Algumas das estratégias inerentes à postura de crescimento são:
- **Estratégia de inovação:** a empresa procura antecipar-se aos concorrentes por meio de frequentes desenvolvimentos e lançamentos de novos produtos e serviços; portanto, a empresa deve ter acesso rápido e direto a todas as informações necessárias num mercado de rápida evolução tecnológica.
- **Estratégia de joint venture:** trata-se de uma estratégia usada para entrar em novo mercado onde duas empresas se associam para produzir um produto. Normalmente, uma empresa entra no negócio com capital e a outra com a tecnologia necessária.
- **Estratégia de internacionalização:** a empresa estende suas atividades para fora do seu país de origem. Embora o processo seja lento e arriscado, esta estratégia pode ser muito interessante para empresas de grande porte, pela atual evolução de sistemas, como logísticos e comunicação.
- **Estratégia de expansão:** o processo de expansão das empresas deve ser muito bem planejado, pois caso contrário, elas podem ser absorvidas pelo Governo ou outras empresas nacionais ou multinacionais. Muitas vezes, a não expansão na hora certa pode provocar uma perda de mercado, de modo que a única providência da empresa perante esta situação seja a venda ou a associação com empresas de maior porte.

A decisão em investir na expansão é mais comum que na diversificação, pois esta última envolve uma mudança mais radical dos produtos, e dos seus usos atuais, enquanto a expansão aproveita uma situação de sinergia potencial muito forte.

Estratégia de Desenvolvimento

Neste caso, a predominância na situação da empresa é de pontos fortes e de oportunidades. Diante disso, o executivo deve procurar desenvolver a sua empresa por meio de duas direções: podem-se procurar novos mercados e clientes ou então, novas tecnologias diferentes daquelas que a empresa domina. A combinação destas permite ao executivo construir novos negócios no mercado.

- **Desenvolvimento de mercado:** ocorre quando a empresa procura maiores vendas, levando seus produtos a novos mercados.
- **Desenvolvimento de produto ou serviços:** ocorre quando a empresa procura maiores vendas mediante o desenvolvimento de melhores produtos e/ou serviços para seus mercados atuais. Este desenvolvimento pode ocorrer por meio de novas características do produto/serviço; variações de qualidade; ou diferentes modelos e tamanhos (proliferação de produtos).
- **Desenvolvimento financeiro:** união de duas ou mais empresas por meio da associação ou fusão, para a formação de uma nova empresa. Isto ocorre quando uma empresa apresenta poucos recursos financeiros e muitas oportunidades; enquanto a outra empresa tem um quadro totalmente ao contrário; e ambas buscam a união para o fortalecimento em ambos os aspectos.
- **Desenvolvimento de capacidades:** ocorre quando a associação é realizada entre uma empresa com ponto fraco em tecnologia e alto índice de oportunidades usufruídas e/ou potenciais, e outra empresa com ponto forte em tecnologia, mas com baixo nível de oportunidades ambientais.
- **Desenvolvimento de estabilidade:** corresponde a uma associação ou fusão de empresas que procuram tornar as suas evoluções uniformes, principalmente quanto ao aspecto mercadológico.

Entretanto a estratégia mais forte do desenvolvimento de uma empresa corresponde à diversificação, que é dividida em dois modelos:
- **Diversificação horizontal:** por meio desta estratégia, a empresa concentra o seu capital, pela compra ou associação com empresas similares. A empresa atua em ambiente econômico que lhe é familiar, porque os consumidores são do mesmo tipo. O potencial de ganhos de sinergia neste tipo de diversificação é baixo, com exceção da sinergia comercial, uma vez que os mesmos canais de distribuição são usados.
- **Diversificação vertical:** ocorre quando a empresa passa a produzir novo produto ou serviço, que se acha entre o seu mercado de matérias-primas e o consumidor final do produto que já se fabrica.
- **Diversificação concêntrica:** diversificação da linha de produtos, com o aproveitamento da mesma tecnologia ou força de vendas, oferecendo-se uma quantidade maior de produtos no mesmo mercado. A empresa pode ter ganhos substanciais em termos de flexibilidade.

PLANEJAMENTO ESTRATÉGICO

- **Diversificação conglomerada:** consiste na diversificação de negócios em que a empresa não aproveitará a mesma tecnologia ou força de vendas.
- **Diversificação interna:** corresponde a uma situação em que a diversificação da empresa é, basicamente, gerada pelos fatores internos, e sofre menos influência dos fatores externos.
- **Diversificação mista:** trata-se de uma situação em que a empresa apresenta mais que um tipo anterior de diversificação ao mesmo tempo.

Diagnóstico			Interno	Interno
E X T E R N O			Pontos Fracos	Pontos Forte
			Postura Estratégica de Sobrevivência	Postura Estratégica de Manutenção
	PREDO-MINÂN-CIA DE AMEAÇAS		Redução de Custos	Estabilidade
			Desinvestimento	Nicho
			Liquidação de Negocio	Especialização
			Postura Estratégica de Crescimento	Postura Estratégica de Desenvolvimento
	PREDO-MINÂN-CIA DE OPORTU-NIDADES		Inovação	de Mercado
			Internacionalização	de Produção
			Joint Venture	Financeiro
				de Capacidades
			Expansão	de Estabilidade
				Diversificação

Resumo dos tipos básicos de estratégias:

Análise competitiva e estratégias genéricas de Michael Porter

Michael Porter desenvolveu um modelo de cinco forças competitivas. Esses fatores são os seguintes:

Ameaça de Novos Entrantes – Alto investimento necessário e economias de escala são alguns dos fatores que podem dificultar a entrada de um novo competidor em um mercado. Naturalmente, é mais difícil abrir uma nova indústria aeronáutica do que uma nova loja de roupas. Dessa forma, as empresas que estão em setores com altas barreiras à entrada sofrem menos competição dos que as que estão em mercados com baixas barreiras de entrada.

Poder de Negociação dos Clientes – Quanto mais informados estão os clientes, mais eles normalmente podem exigir das empresas qualidade, preço e serviços. Os clientes são poderosos quando são poucos, ou compram em grande quantidade, quando os custos de trocar de fornecedor são baixos, quando eles conhecem as estruturas de custos das empresas e quando podem deixar de consumir os produtos ou fabricá-los internamente.

Poder de Negociação dos Fornecedores – Muitos dos fatores que podem deixar os clientes fortes podem deixar os fornecedores poderosos se forem invertidos. Os fornecedores são fortes: quando são poucos e/ou dominam o mercado; quando o custo de trocar de fornecedor é alto; quando os clientes são pouco importantes; e quando podem se tornar competidores, ou seja, passar a concorrer no mercado do cliente.

Ameaça de Produtos Substitutos – Um produto é substituto quando satisfaz a mesma necessidade dos clientes (exemplo: manteiga e margarina). Se existem muitos produtos que podem substituir o produto que sua empresa fornece, a posição estratégica é difícil e o setor será menos atraente e lucrativo.

Rivalidade entre os Concorrentes – Se existem muitos concorrentes em um mercado e se a força deles é semelhante, pode ocorrer uma guerra de preços, levando a uma queda na atratividade do setor. Outros fatores que levam a isso são: custos fixos elevados, que podem levar as empresas a buscar operar com capacidade total, e uma grande barreira de saída, como instalações caras, de difícil venda, maquinário específico e altas indenizações, que podem levar empresas a continuar investindo e operando em mercados com lucratividades baixas.

Rivalidade entre Concorrentes

Avalia a competitividade do mercado, levando em conta aspectos como:
- Quantidade de concorrentes
- Diferenciação dos produtos
- Diversidade dos concorrentes
- Marketing Share de cada concorrente
- Poder/financeiro dos concorrentes

Novos Entrantes

Avalia a dificuldade de novas empresas entrarem no mesmo Mercado, observando:
- Necessidade de Capital para iniciar o negócio
- Custos de mudança
- Acesso aos canais de distribuição
- Khow, How, patentes
- Custos e tempo para regulamentação

Compradores

Avalia o seu poder de negociação sobre os fornecedores, observando:
- Volume de compras
- Custo de mudança de fornecedor
- Produtos substitutos
- Quantidade de fornecedores

Substitutos

Analisa a possibilidadede produtos substitutos através de:
- Propensão do comprador
- Relação/rendimento
- Custos de mudança para o comprador

Fornecedores

Avalia o poder de negociação dos fornecedores, levando em conta aspectos como:
- Quantidade de fornecedores
- Custo para mudanças de fornecedor

A partir das características de cada um dos fatores acima, as empresas podem tomar uma das **três estratégicas genéricas propostas por Porter: liderança em custo, diferenciação e foco (também chamado enfoque ou estratégia de nicho).**

Liderança em custos – Nessa estratégia, a empresa busca ser a mais eficiente na produção de produtos e serviços em seu mercado, de modo que tenha vantagem competitiva em relação aos seus concorrentes. Pode-se alcançar isso com: economias de escala, acesso a matérias-primas mais baratas, entre outras. Essa posição de custo mais baixo que seus concorrentes permite uma série de vantagens, como operar com lucratividade quando seus concorrentes estão perdendo dinheiro, por exemplo.

Diferenciação – Uma empresa também pode ter vantagens competitivas tendo produtos com características únicas na percepção de seus clientes, que lhe possibilitem cobrar um preço mais alto sem perder sua clientela. Um exemplo atual é a Apple. Essa empresa, com seus produtos inovadores, como o iPhone e o iPad, tem conquistado uma maior lealdade de seus clientes e maior lucratividade. A diferenciação pode ocorrer na qualidade do produto, no atendimento, no estilo do produto, na marca etc.

ADMINISTRAÇÃO

Foco ou Enfoque – Também é chamada de estratégia de nicho. Nessa situação, a empresa foca seus esforços em um mercado pequeno (seja geográfico, produto ou clientela) de modo a conseguir uma vantagem específica naquele mercado, que não tenha como conseguir em todo o mercado (a Ferrari buscou essa estratégia com o foco em carros de alto desempenho, pois era pequena para concorrer no mercado de automóveis populares, muito maior, antes de ser comprada pela Fiat).

ESTRATÉGIAS GENÉRICAS DE PORTER

VANTAGEM COMPETITIVA

ALVO ESTRATÉGICO	Unicidade observada pelo Cliente	Posição de Baixo Custo
Indústria como um todo	DIFERENCIAÇÃO	LIDERANÇA DE CUSTOS
Segmento específico	ENFOQUE	ENFOQUE

Em síntese, Porter identificou cinco forças competitivas que devem ser analisadas pelas empresas para que escolham uma de suas três estratégias genéricas.

Matriz *Ansoff*

Um dos fatores mais importantes para o sucesso de uma organização ou de qualquer outro negócio é a análise estratégica do mercado. Igor *Ansoff*, professor e consultor russo, desenvolveu em 1965, uma ferramenta de análise e de definição dos problemas estratégicos.

A matriz de produtos e mercados de *Ansoff* tem como foco principal mostrar a expansão de produtos e mercados visando criar oportunidades de crescimento para as empresas. Um administrador pode usar essa matriz no momento em que estiver mapeando o portfólio da sua organização. Neste momento, será analisada a receita criada pelos produtos existentes, de modo a compará-la com a receita que a organização pretende alcançar. A matriz permite estruturar e definir a estratégia para esse crescimento.

A matriz *Ansoff* é um quadrante composto por duas dimensões: produtos e mercados. Do lado direito, encontram-se os produtos novos; e do esquerdo, os existentes. Essa combinação forma quatro estratégias para o crescimento e o desenvolvimento da empresa. Essas estratégias são: o desenvolvimento do mercado, a penetração no mercado, a diversificação e o desenvolvimento do produto.

A definição desse quadro mostra em qual mercado sua organização deseja atuar.

Desenvolvimento do mercado: No desenvolvimento de mercado, a empresa deseja vender seus produtos existentes em um mercado novo. Essa estratégia de desenvolvimento de mercado deve analisar os mercados parecidos com o seu, e pensar na expansão de seus negócios. Essa expansão deve analisar alguns fatores como localização geográfica e idade.
Imaginemos uma loja de camisas on-line que vende apenas em um Estado. Ela pode expandir suas vendas para outras unidades federativas, incluindo outros serviços de entrega. Se o público-alvo dessa loja for composto por homens de uma determinada faixa etária, ela pode aumentar esse público ao incluir outras idades.

Penetração de mercado: A penetração de mercado visa vender os produtos existentes em um mercado existente, ou seja, pretende-se desenvolver uma estratégia para aumentar sua presença onde ela já atua. Essa estratégia pode ser feita por meio de liquidações, fidelização de clientes, promoções, entre outras ações.

Diversificação: A diversificação é uma estratégia que objetiva criar produtos, para atuar em novos mercados. Essa estratégia busca a inovação que inevitavelmente proporciona riscos, pois a empresa está entrando em um campo desconhecido. Logo, não tem muito como fugir desse fator. Criar uma estratégia para crescer e desenvolver nesse mercado é inerente a uma organização na maioria das vezes.

Desenvolvimento do produto: Essa estratégia sugere o desenvolvimento de novos produtos em mercados existentes. Isso pode ser feito por meio de aperfeiçoamento do produto e de melhorias tecnológicas. Um bom exemplo é a ação de empresas de refrigerantes que incluem em seu MIX de sucos e refrigerantes, versões diet e light.

		Produtos	
		Existentes	**Novos**
Mercados	**Existentes**	Penetração de Mercado	Desenvolvimento de produtos
	Novos	Desenvolvimento de Mercado	Diversificação

Construção de Cenários

Para Godet (apud MARCIAL E GRUMBACH, 2008, p. 47), cenário é *"o conjunto formado pela descrição coerente de uma situação futura e pelo encaminhamento dos acontecimentos que permitem passar da situação de origem à situação futura".*

A importância de se trabalhar com cenários, conforme menciona Valdez (2007), é que eles permitem "estimular a imaginação, reduzir as incoerências, criar uma linguagem comum e permitir a reflexão". Já Franco (2007) informa que *"a existência de mais de uma solução é condição básica para a tomada de decisão e uma das bases do planejamento estratégico".*

No tocante à atividade de planejamento estratégico, Cortez (2007) anota dois tipos de enfoques que explicam os estudos referentes ao futuro: **a abordagem projetiva e a prospectiva**.

Segundo esse autor, a **abordagem projetiva** se refere a cenário único. É a abordagem clássica. Para os seguidores dessa linha de pensamento, as forças que atuaram no passado até o presente serão as mesmas que atuarão no presente até o futuro. Com esse raciocínio, acreditam poder prever o que ocorrerá. Naturalmente, a previsão clássica não considera o ambiente macro, tendo somente a visão parcial do problema.

A figura a seguir apresenta de maneira simples esta abordagem:

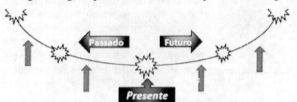

Figura 1 – Abordagem Projetiva

Pelo entendimento de Santos (2004), a abordagem prospectiva trata de vários cenários prováveis de ocorrer no futuro, dentro de um horizonte de tempo determinado. A abordagem prospectiva indica que as forças que atuaram no passado até o presente não necessariamente serão as mesmas que atuarão até o futuro. Desta forma, não existirá somente um só cenário.

A figura 2 exemplifica o raciocínio prospectivo:

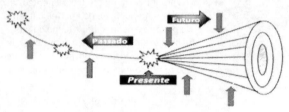

Figura 2 – Abordagem Prospectiva

O que se percebe é a criação de um cone (cone de futuro), em que o passado e o presente são conhecidos, sendo este último o vértice e os diversos caminhos até sua base os cenários que poderão vir a ocorrer.

A lógica dessa abordagem, segundo Marcial (2008), é no sentido de que, conhecendo os diversos caminhos, o homem pode influir na constituição de um futuro melhor. Isso requer que se considere o ambiente como um todo, levando em consideração as variáveis econômicas, ambientais, políticas, tecnológicas, entre outras, bem como os diversos agentes, clientes, governo, concorrentes etc. Perceber a intensidade dessas forças e, se possível, interferir para obter o melhor resultado é o propósito maior da análise prospectiva.

8 TRABALHO EM EQUIPE

Atualmente, a realização de tarefas, de grandes organizações ou mesmo de pequenas empresas, não pode ser determinada a uma única pessoa. Isso porque ela provavelmente ficaria exacerbada com tamanha função.

Para tanto, faz-se necessária a utilização de equipes de trabalho. Isso quer dizer, **a reunião de pessoas em um conjunto para a obtenção de um mesmo objetivo**.

Segundo os ensinamentos de Daft, podemos definir uma equipe como uma unidade de duas ou mais pessoas que interagem e coordenam seu trabalho para alcançar uma meta específica.

Não podemos, porém, afirmar que uma equipe tem as mesmas características que um grupo. Isso porque, embora a equipe corresponda a um grupo de pessoas, ela implica o conceito de união, missão compartilhada e responsabilidade em prol de uma única finalidade. Em uma equipe, o que importa é a "química" entre os componentes, como eles trabalham em grupo, em detrimento de suas capacidades individuais.

	Grupos		**Equipes**
Objetivos	Podem apresentar algum objetivo geral em comum, mas não é necessário que apresente.		Apresentam objetivos gerais e específicos em comum, compartilhado por todos os membros
Atividades	Não são complementares		São complementares, demandam convergências de esforços dos membros
Relação	Normalmente não existe interdependência. Quando existe são simples e lineares	X	Existe interdependência complexa, as tarefas e/ou resultados de um membro dependem do outro
Metas	Podem compartilhar informações sobre a meta		São conhecidas e compartilhadas por todos do grupo, uma vez que o desempenho é coletivo.
Sinergia	Neutro. Em alguns casos pode ser negativo.		Positiva. O alcance dos objetivo pressupões a convergência dos esforços.
Responsabilidades	Individuais e isoladas.		Individuais mas correlacionadas ou Coletivas
Habilidades	Aleatórias e variadas		Correlacionadas e Complementares

Mas e quem é o responsável por coordenar as equipes formadas?

Como cada equipe possui suas características específicas, depende do gerente a formação e organização de cada unidade. A equipe será a base do trabalho do gerente e será também o modo de alcance da eficácia organizacional. Contudo, essa eficácia é associada a alguns fatores, como **resultados produtivos, satisfação pessoal e capacidade de se adaptar e aprender**.

- **Satisfação Pessoal:** diz respeito à capacidade que a equipe tem de manter-se satisfeita de suas necessidades pessoais, mantendo o compromisso firmado como grupo e melhorando sua participação.
- **Resultado produtivo:** refere-se aos resultados, qualitativos e quantitativos, alcançados pelo grupo após a definição de uma meta.
- **Capacidade de se adaptar e aprender:** trata da capacidade que o grupo possui de evolução de habilidades e de trazer conhecimentos que possam potencializar o que é realizado pela organização enquanto equipe.

Uma vez realizada esta breve apresentação do conceito de equipe, podemos agora analisar as características e os tipos possíveis de criação nas empresas.

8.1 Tipos de Equipes

A formação de uma equipe depende do objetivo a ser alcançado, da estrutura da empresa, da cultura organizacional, das habilidades dos colaboradores e de vários outros fatores, a serem observados pelo líder/gerente na ocorrência de situações que exijam um esforço conjunto.

Contudo, isso não exige que apenas um grupo seja formado, podendo haver a coexistência de várias equipes dentro de uma organização.

Para tanto, Chiavenato apresenta os seguintes tipos de equipe:

- **Equipes funcionais cruzadas:** são formadas por profissionais de diversos setores da empresa que se unem para buscar uma meta por meio de um mix de competências. São normalmente designadas para uma determinada tarefa.
- **Equipes de projetos:** são equipes criadas fora da estrutura formal da empresa. Sua criação ocorre para um propósito especial, por exemplo, a criação de um novo produto. Exige criatividade e pessoas especializadas para a tarefa. Geralmente, desfaz-se ao cumprimento da atividade designada.
- **Equipes autodirigidas:** são compostas por pessoas altamente treinadas para desempenhar um conjunto de tarefas interdependentes dentro de uma unidade natural de trabalho. Os membros usam o consenso na tomada de decisão para desempenhar o trabalho, resolver problemas ou lidar com clientes internos ou externos.
- **Equipes de força-tarefa:** designadas para a solução de um problema de ordem imediata. O grupo se reúne em busca de uma solução de longo prazo que possa resolver a situação inicial e que futuramente, possa ser implementada na organização.
- **Equipes de melhoria de processos:** é um grupo de pessoas experientes, de diferentes departamentos ou funções, encarregadas de melhorar a qualidade, reduzir custos, incrementar a produtividade em processos que afetam todos os departamentos ou funções envolvidas. Os membros são geralmente designados, isto é, indicados pela administração.

8.2 Características Necessárias para a Formação de uma Equipe

O objetivo central de uma equipe é sempre a eficácia nos processos e projetos desenvolvidos. É necessário, no entanto, que algumas características sejam observadas. Isso porque qualquer equipe que vise ao alto rendimento deve obter autonomia e autossuficiência para concluir seus objetivos de maneira exemplar.

Assim, é dever do líder garantir que sua equipe apresente:

- **Objetivos claros:** todos os membros da equipe devem conhecer bem a sua missão e objetivo, que devem ser aceitos por todos. O mesmo deve acontecer com os objetivos pessoais de quem compõe o grupo. Todos devem se ajudar para o objetivo ser alcançado.
- **Percepção integrada:** para que a visualização e posterior análise do problema possam ocorrer, é preciso que a equipe tenha uma percepção conjunta e coerente da situação apresentada. Isso otimiza as soluções e a definição de propósitos.

TRABALHO EM EQUIPE

- **Divisão do trabalho grupal:** embora uma equipe seja a união de várias habilidades, é necessário que cada tarefa seja designada a uma pessoa específica, de acordo com as suas propensões e competências. Dessa forma, as atividades do grupo são mais bem desempenhadas e todos têm visualização do seu papel enquanto equipe.
- **Decisões conjuntas:** essa característica visa à fuga de formalidades. Para dar maior agilidade ao que deve ser decidido, a equipe deve, em conversas, encontrar o consenso e decidir as ações de modo colaborativo e sem conflitos.
- **Liderança compartilhada:** a liderança não precisa ser sempre a mesma, isso iria caracterizar um chefe e não um líder. Ela deve passar de pessoa a pessoa de acordo com a tarefa apresentada, com as necessidades da equipe e dos seus colaboradores. Isso exige clareza nas funções de cada componente, assim como humildade em abster-se da função de líder, sempre visando ao melhor resultado para o conjunto.
- **Novas ideias para a solução de problemas:** nem sempre existe uma concordância sobre qual atitude deve ser tomada. Quando tal situação ocorre, a equipe deve discutir novas ideias e de modo diferencial, buscar uma nova solução. Afinal, a diversidade de pensamentos também é um dos motivos para se formar uma equipe.
- **Avaliação da eficácia:** a equipe deve sempre se autoavaliar e verificar constantemente se as ações escolhidas estão surtindo o efeito desejado. Seu desempenho deve ser analisado em relação às tarefas e também quanto ao relacionamento entre os componentes.

A figura a seguir resume as características de uma equipe:

Características de uma equipe		
Objetivos claros	Percepção integrada	Divisão do trabalho grupal
Decisões conjuntas	Liderança Compartilhada	Novas ideias para a solução de problemas
Avaliação da eficácia		

Além dos atributos apresentados, Daft ainda apresenta o tamanho como uma característica. Segundo o autor, a variação no número de componentes causa impacto direto na eficácia do grupo. Para tanto, ele apresenta a seguinte divisão:

- **Pequenas equipes (2 a 5 membros):** por conter poucos membros, ocorre maior concordância de ideias. Existe maior satisfação entre os participantes e uma tendência a permanecer com decisões sem muita burocracia, mais informais. O grupo quer permanecer junto e com isso gera maiores opiniões e soluções.
- **Grandes equipes (10 ou mais membros):** tendem a apresentar maiores desacordos. A comunicação já não é tão facilitada, devido ao grande número de componentes e pode ocorrer a formação de subgrupos – que podem acabar rivalizando entre si. Os líderes acabam sofrendo uma demanda maior, visto que a coordenação deve ser mais forte para garantir relações amistosas e soluções tomadas pelo grupo como um todo. Normalmente, estão associadas à menor satisfação e, com isso, a rotatividade e o absenteísmo tendem a ser maiores.

De fato, cada empresa deverá saber qual o tamanho ideal da equipe a ser formada. Elas precisam ter tamanho suficiente para incorporar as várias habilidades de seus componentes, para permitir que eles possam expressar suas opiniões e sentimentos perante o grupo e ainda assim, garantir que todos se sintam como parte efetiva da equipe.

À medida que o tamanho da equipe aumenta, menor é a interação entre seus membros e maior será a necessidade de uma boa liderança para contornar os possíveis malefícios e retornar ao objetivo central, a eficácia da organização.

8.3 Estágios de Desenvolvimento da Equipe

Após a formação de uma equipe, ela se desenvolve por diversos estágios. Tal situação é notada inclusive no dia a dia. Quem já foi um iniciante em determinado grupo, irmandade ou comitê sabe que as equipes recém-formadas são bem diferentes das equipes mais maduras. No início, os componentes precisam se conhecer, estabelecer seus papéis e esclarecer a função de cada pessoa no grupo.

Nesse âmbito, o desafio de um bom líder é saber gerenciar as diversas fases que uma equipe passa e melhorar o seu funcionamento em cada um desses períodos.

01. **Estágio de formação:** É o estágio inicial da equipe. Nesse período ocorre toda a orientação e desenvolvimento do grupo. Os componentes começam a estabelecer possíveis relações entre si e testam a possibilidade de amizade futura. É o período de "quebrar o gelo". A instabilidade e incerteza são grandes nesse estágio, pois os membros têm como maior preocupação a procura pelo seu papel no grupo, o que esperam dele e o que ele próprio espera de si perante o conjunto. Nessa fase, o líder tem a missão de encorajar os participantes, seja na participação de discussões pertinentes ao grupo, seja no conhecimento entre seus componentes.

02. **Estágio tempestade:** Esse é o estágio no qual emergem as personalidades dos indivíduos, seus papéis e, por consequência, os conflitos resultantes deles. As pessoas passam a ter maior clareza quanto à sua função e a reforçar a sua posição dentro do grupo. Por esse motivo, esse estágio é marcado por conflitos e desacordos. Pode ocorrer a formação de subgrupos com interesses comuns e buscando posições específicas dentro da equipe. Cabe ao líder trabalhar as incertezas dos participantes e suas percepções conflitantes sobre a meta e as tarefas do grupo, pois a menos que a equipe mude com sucesso para um novo estágio, ela pode atrasar-se ou mesmo não avançar para o alto desempenho.

03. **Estágio normatização:** Nesse estágio, os conflitos já foram sanados e a harmonia da equipe surge. Os membros passam a se aceitar e um consenso sobre quem é o líder é desenvolvido. Com as diferenças resolvidas, os membros desenvolvem um sentido de coesão de equipe. Esse estágio é de curta duração e nele o líder deve enfatizar a unidade e esclarecer as normas e valores da equipe.

04. **Estágio desempenho:** Durante esse estágio, a equipe passa a dar ênfase à solução de problemas e a realização da tarefa designada a eles. Coordenam-se e lidam com as discordâncias sem maiores problemas. A interação é frequente e todas as discussões se fundem em busca da meta almejada. Agora o líder deve administrar o trabalho e focá-lo no alto rendimento, visto que a equipe já sabe qual o seu papel para ajudá-lo nesse objetivo.

05. **Estágio recesso:** O último estágio de desenvolvimento de uma equipe. Ocorre apenas em equipes que têm um trabalho delimitado, ou seja, a equipe foi formada com um objetivo e ao alcançá-lo ocorre o desmanche do grupo. Nesse período, a ênfase está em completar a tarefa de maneira satisfatória e desacelerar todo o processo para a sua consecução. Pode ocorrer uma mistura de sentimentos nos membros da equipe – alegria pela realização do trabalho e tristeza pela perda da associação e de amigos encontrados no grupo. Cabe ao líder fazer o melhor fechamento para a equipe que se desmantela, podendo fazer, caso queira, alguma cerimônia ou até mesmo, a entrega de placas e prêmios. É importante salientar que os estágios irão ocorrer em sequência, mas a sua duração irá depender do período em que a equipe ficará reunida, podendo ser mais rápidos – quando houver pressão do tempo ou curto período para a realização da tarefa –, ou longos se o grupo assim necessitar.

9 COMUNICAÇÃO ORGANIZACIONAL

Uma organização funciona a partir dos processos de comunicação. Esta é fundamental para assegurar a coesão e a interligação entre todos os membros da organização. Sem comunicação, as pessoas ficam isoladas e sem contato entre si. Quando falamos de comportamento humano e cultura organizacional, a comunicação deve ser a primeira área a ser enfocada, em face de sua importância para o trabalho nestas outras áreas.

A comunicação é o processo pelo qual as pessoas transmitem umas às outras informações a respeito de ideias, sentimentos e emoções. Ela faz parte de todas as interações sociais.

Na interação social, é necessária, além da transferência, a compreensão do significado para evitar falhas de comunicação que podem ter consequências sérias para os envolvidos no processo.

As pessoas transmitem ideias e sentimentos por meio de símbolos, que são formas arbitrárias utilizadas para referirem-se a intenções ou outro objeto. Os símbolos e os significados deles precisam ser socialmente compartilhados, ou seja, para se comunicar com sucesso, é preciso conhecer e dominar as formas de exprimir ideias e sentimentos aceitos na sociedade.

Comunicação é a utilização de algum meio pelo qual a ideia, a informação ou o pensamento são transmitidos de uma pessoa para outra, representando um grande intercâmbio que conecta duas ou mais pessoas.

9.1 Comunicabilidade

A comunicabilidade pode ser interpretada como a adaptação da mensagem ao público-alvo, uma vez que as pessoas devem ser capazes de interpretar corretamente o que está sendo dito.

A comunicabilidade enfatiza a maneira como os indivíduos se comunicam para a comunicação ser compreensível por parte do receptor. Sem a comunicabilidade adequada, a compreensão da mensagem não ocorrerá.

9.1.1 Funções da Comunicação

A comunicação apresenta quatro funções básicas: controle, motivação, expressão emocional e informação.

01. **Controle.** A comunicação apresenta a função de controle quando é utilizada para divulgar normas e procedimentos de trabalho. É um instrumento hierárquico neste sentido. No plano informal um grupo controla outro quando o hostiliza.
02. **Motivação.** Quando a comunicação é utilizada na organização para comunicar metas e definir objetivos ela serve como instrumento para promover a motivação.
03. **Expressão emocional.** É a forma pela qual um grupo pode exprimir seus sentimentos de satisfação ou insatisfação.
04. **Informação.** Proporciona as informações necessárias ao processo de tomada de decisão.

9.1.2 Tipos de Linguagem

No cotidiano, sem perceber, usamos frequentemente a **linguagem verbal**, quando por algum motivo em especial não a utilizamos, então poderemos usar a **linguagem não verbal**.

Linguagem verbal é uso da escrita ou da fala como meio de comunicação.

Linguagem não verbal é o uso de imagens, figuras, desenhos, símbolos, dança, tom de voz, postura corporal, pintura, música, mímica, escultura e gestos como meio de comunicação.

9.1.3 Processo de Comunicação

O modelo de comunicação mais utilizado é o de Shannon, Weaver e Schramm. A comunicação neste modelo é fluxo bem definido. A interrupção do fluxo é geradora de problemas na comunicação. Neste modelo, a comunicação é composta de sete partes:

01. **Fonte. É o emissor ou comunicador da mensagem.** Inicia a comunicação por meio da codificação de uma mensagem. A mensagem é um produto físico: pode ser a fala, a escrita, um quadro, uma música, um gesto. A mensagem é afetada pelo código ou símbolos que utilizamos.
02. **Codificação.** Para ser transmitida, a mensagem precisa ser codificada adequadamente, isto é, seus **símbolos precisam ser traduzidos de forma que se tornem inteligíveis** por intermédio do canal que escolhemos.
03. **Canal. É o veículo ou mídia por meio do qual a mensagem é encaminhada.** É um meio existente fora do comunicador e é escolhido por ele. Pode ser percebido por todos. Pode ser um discurso oral, documentação escrita, comunicação não verbal. Também, podem-se utilizar as modernas tecnologias como veículos: e-mail, telefone, internet. O canal pode ser **formal** quando é determinado pela organização para transmitir informações relativas ao trabalho ou **informal** como as redes sociais e pessoais que transmitem informações de forma espontânea.
04. **Decodificação. É o processo de tradução dos símbolos utilizados na mensagem na mente do receptor.** Quando a imagem decodificada corresponde à imagem transmitida, houve sucesso na comunicação. O receptor deve ser capaz de poder traduzir a mensagem enviada, ou seja, ele precisa ter capacidade para decodificar os símbolos transmitidos, do contrário não haverá comunicação eficaz. Quando se transmite uma mensagem, devem-se levar em conta as capacidades do receptor neste sentido.
05. **Receptor.** É o **sujeito final da mensagem.** É o destinatário da comunicação.
06. **Retroação.** É a verificação do sucesso da comunicação. É o *feedback* enviado pelo receptor ao emissor sobre a compreensão da **mensagem (ou não). A comunicação eficaz é aquela que vai do emissor ao receptor e de retorna ao emissor com retroação positiva, ou seja, com perfeito entendimento da mensagem.** A retroação pode ser verbal ou não verbal. Se houver uma reação inapropriada, significa que a comunicação não foi bem-sucedida.
07. **Ruído. São os fatores que podem distorcer uma mensagem. São perturbações indesejáveis que tendem a alterar, distorcer ou alterar, de maneira imprevisível, a mensagem transmitida.** Pode ocorrer em qualquer etapa do processo de comunicação. Estão incluídos entre os ruídos a geração de boatos, as informações ambíguas, as interferências em comunicações telefônicas (como barulhos, cruzamento de linhas, etc.) que causam falta de compreensão.

O processo de comunicação pode ser eficiente e eficaz. A eficiência se relaciona com o correto uso dos meios utilizados para a comunicação. A eficácia está relacionada com o alcance dos objetivos desejados com a transmissão da mensagem.

A comunicação humana, a despeito das modernas tecnologias, ainda é limitada passível aos mesmos fenômenos que perturbavam a comunicação de nossos antepassados. As diferenças individuais, os traços de personalidade, percepção e atribuição, motivação e limitações humanas influenciam a capacidade humana em termos de comunicação.

COMUNICAÇÃO ORGANIZACIONAL

Vejamos o quadro abaixo com a esquematização do processo de comunicação.

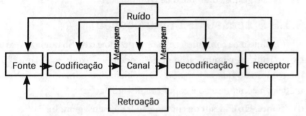

Fonte: Chiavenato (2005)

9.1.4 Barreiras à Comunicação

Vimos acima que nem o processo de comunicação funciona adequadamente. O correto funcionamento depende dos sete componentes que o constituem. Nem sempre a mensagem é decodificada pelo receptor da forma como foi enviada. **Isto acontece porque, em todo processo de comunicação, existem barreiras que servem obstáculos ao perfeito entendimento.**

01. **Barreiras mecânicas ou físicas** = Aparelho de transmissão, como o barulho, ambiente e equipamentos inadequados. A comunicação é bloqueada por fatores físicos.

02. **Barreiras fisiológicas** = Dizem respeito aos problemas genéticos ou de má-formação dos órgãos vitais da fala.

03. *Barreiras semânticas* = São as que decorrem do uso inadequado de linguagem não comum ao receptor ou a grupos visados.

04. **Barreiras psicológicas** = São os preconceitos e estereótipos que fazem com que a comunicação fique prejudicada.

05. **Barreiras pessoais** = As pessoas podem facilitar ou dificultar a comunicação. Tudo dependerá da personalidade de cada um, do estado de espírito, das emoções, dos valores etc.

06. **Barreiras administrativas/burocráticas** = Decorrem das formas como as organizações atuam e processam as informações.

9.2 Comunicação Organizacional

A comunicação organizacional pode ser dividida em:

01. **Comunicação formal** - É aquela que ocorre "oficialmente" na empresa, ou seja, entre níveis hierárquicos, visando atender a alguma exigência funcional da organização. É feita por meio de documentos oficiais. Em geral, tem formalização definida pelo regimento interno da empresa ou pela própria redação de expediente ou é representada pela linguagem formal utilizada pelos funcionários dentro das organizações.

02. **Comunicação informal** - Acontece à margem dos fluxos formais, ou seja, surge dentro dos mais diversos contextos e envolve as pessoas, independentemente de posição hierárquica. É aquela representada pelo contato espontâneo entre colegas de trabalho. Apresenta três características: ela não é controlada pela direção da empresa; é tida pela maioria dos funcionários como mais confiável do que os comunicados formais vindos da cúpula da organização; ela é largamente utilizada para servir aos interesses pessoais dos que a integra.

9.2.1 Direção da Comunicação

A comunicação interna é de extrema importância para o sucesso da organização. Em uma empresa, as pessoas convivem, compartilham experiências, criam laços afetivos. A comunicação entre as pessoas facilita a integração e tende a ampliar a afinidade, a identificação. A troca de ideias permite a interação entre os indivíduos.

As comunicações internas (de trabalho) podem fluir em sentido vertical, horizontal ou diagonal.

A dimensão vertical pode ser dividida em direções ascendente e descendente.

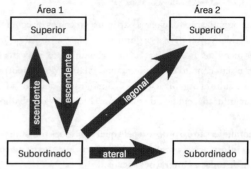

- **Ascendente:** ocorrerá do subordinado para o superior/chefia. É utilizada para fornecer *feedback* aos executivos, informá-los sobre os progressos em relação às metas e relatar os problemas que estão ocorrendo. A comunicação ascendente mantém os dirigentes informados sobre como os funcionários se sentem em relação ao trabalho, aos colegas e à organização em geral. Os executivos também contam com esse tipo de comunicação para obter ideias sobre como as coisas podem ser melhoradas.

- **Descendente:** ocorrerá do superior para o subordinado. Ela é usada pelos líderes para atribuir tarefas, fornecer instruções de trabalho, informar aos subordinados sobre políticas e procedimentos, identificar problemas que necessitam de atenção e fornecer *feedback* sobre desempenho.

- **Lateral:** quando a comunicação se dá entre os membros de um mesmo grupo ou de grupos do mesmo nível, entre executivos do mesmo nível ou entre quaisquer pessoas que estão em um nível horizontal equivalente dentro da organização, diz-se que essa comunicação é lateral ou horizontal.

- **Diagonal:** esse é o tipo de comunicação que ocorre envolvendo transferências entre diferentes níveis hierárquicos e também perpassando fronteiras setoriais (entre diferentes seções ou departamentos). Percebe-se uma mistura dos efeitos citados para a comunicação vertical e horizontal.

É importante ressaltar que as organizações são sistemas abertos e, como tal, intercambiam com o ambiente externo e recebem *feedback*. Portanto, a comunicação organizacional também afeta o ambiente externo à organização, no qual ela está inserida.

9.2.2 Comunicação em Equipes

O trabalho em equipe exige que a informação flua adequadamente para que se solucionem os problemas do dia a dia. Cada tipo de equipe exige um fluxo diferente de comunicação. Equipes que executam atividades complexas e difíceis precisam de informações circulando continuamente entre todos os membros, de forma descentralizada. Por outro lado, quando a equipe executa tarefas rotineiras, a rede de informações pode ser centralizada.

A vantagem da rede centralizada é que ela proporciona soluções mais rápidas para problemas mais simples. Produz poucos erros em relação aos problemas simples e muitos erros em relação aos problemas complexos.

Na rede descentralizada, os problemas complexos são resolvidos de forma mais rápida por que as informações estão compartilhadas entre todos os membros da rede. As decisões são mais rápidas e melhores. É muito acurada na resolução de problemas complexos, e pouco acurada na resolução de problemas simples.

Tipos de Comunicação em Equipes

1- Comunicação em roda: neste tipo de comunicação em roda os membros comunicam por de um único membro, ocupando este a posição central. A comunicação neste tipo de rede é mais rápida, é centralizada e o rigor é bom, tem emergência de liderança. A satisfação neste tipo de cadeia é reduzida

2- Comunicação em Y: na rede em Y a comunicação faz-se nos dois sentidos aos diversos níveis da hierarquia. Tem como característica de ser lenta, ao rigor é razoável, é centralizada e tem emergência de liderança. A satisfação é reduzida.

3-Comunicação em cadeia: na rede de comunicação em cadeia, cada indivíduo comunica apenas com o que o antecede e o precede. A velocidade é lenta, o rigor é razoável e a satisfação é reduzida, a centralização é moderada, e tem emergência de liderança.

4-Comunicação em circulo: na comunicação em círculo, o último indivíduo comunica com o primeiro. A velocidade é média, o rigor é bom, a satisfação é elevada, não é centralizada e não tem emergência de liderança.

5- Comunicação em interligação total: todos os membros comunicam com todos; a velocidade é lenta e o rigor é reduzido, e a satisfação é elevada; a emergência de liderança não há, e não ocorre a centralização.

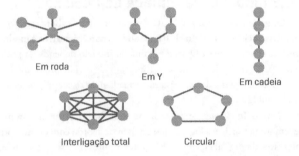

10 PROCESSO DECISÓRIO

De forma sintética, o **processo decisório representa a sequência de passos necessários para analisar e escolher as alternativas para determinado problema.**

Podemos apresentar cinco passos principais do processo decisório:

- **Identificação do problema ou oportunidade:** é a fase em que se percebe que o problema está ocorrendo e que é necessário tomar uma decisão.
- **Diagnóstico:** consiste em procurar entender o problema ou oportunidade e identificar suas causas e consequências. Há algumas técnicas que podem ser utilizadas para analisar os problemas de forma sistemática, estudando suas causas, consequências e prioridades, a exemplo do diagrama de causa e efeito e do princípio de Pareto.
- **Geração de alternativas:** em algumas situações, será necessário criar alternativas para solucionar o problema, utilizando ferramentas específicas, como o *brainstorming* (tempestade de ideias).
- **Escolha de uma alternativa viável:** nesse momento, as decisões devem ser avaliadas, julgadas e comparadas para, então, escolher a alternativa mais adequada para solucionar o problema.
- **Avaliação da decisão:** após implementar a decisão, torna-se necessário avaliar os seus efeitos. Assim, inicia-se um novo ciclo, que pode gerar outras decisões ou processos de resolver problemas.

10.1 O Ambiente da Tomada de Decisão

Assim, as **condições para a tomada de decisão** envolvem a **certeza**, a **incerteza**, o **risco** e a **ambiguidade**.

Certeza: situação na qual toda a informação necessária para a tomada de decisão se encontra disponível. Seria o caso em que a pessoa que decide possui todas as informações sobre as alternativas e seus resultados. Por exemplo, um investidor precisa escolher entre duas opções de aplicações. Ele possui todas as informações sobre os rendimentos e possui 100% de certeza que eles se confirmarão. Assim, ele poderá tomar uma decisão com total certeza. Contudo, devemos destacar que esse tipo de situação dificilmente irá ocorrer na vida real. Praticamente em todos os ambientes haverá um mínimo de incerteza sobre as decisões dos administradores.

- **Risco**: situação na qual não é possível prever com certeza os resultados associados a cada alternativa, mas há informação suficiente para estimar suas probabilidades de ocorrência. Assim, o risco é a probabilidade de algo acontecer e ter impacto, normalmente negativo, nos trabalhos. Para estimar os riscos, as organizações utilizam ferramentas probabilísticas, designando as chances ou não de um evento vir a acontecer. Em geral, quase toda decisão em uma organização envolve um determinado nível de risco.
- **Incerteza**: situação na qual a informação sobre as alternativas e suas consequências é incompleta e imprecisa. Assim, os administradores não conseguem estimar os riscos associados a cada alternativa disponível. Com isso, o tomador de decisão vai escolher uma alternativa sem conhecer totalmente as opções disponíveis ou sem ter certeza de seus resultados. Normalmente, as decisões das organizações são tomadas com algum nível de incerteza.
- **Ambiguidade**: condição na qual as metas a serem alcançadas ou o problema a ser resolvido não estão claros; é difícil definir as alternativas, e as informações sobre os resultados não estão disponíveis. É como ter que desenvolver um projeto sem receber diretrizes, orientações ou qualquer direção a seguir. Não se sabe o que se deve fazer, qual problema deve ser resolvido e quais os resultados esperados.

10.2 Tipos de Decisões

Nesse contexto, as decisões podem ser tomadas em diferentes contextos, o que vai gerar diferentes tipos de decisões. O **grau de disponibilidade de informação** precisa e confiável e o **nível no qual as decisões são tomadas** permitem distinguir dois tipos de decisões gerenciais: **programadas** e **não programadas**.

- **Decisão programada** – uma decisão tomada em resposta a uma situação que ocorre com frequência para permitir que as regras da decisão sejam desenvolvidas e aplicadas no futuro. Elas também são conhecidas como **decisões estruturadas**. Por exemplo, a decisão de recompor o papel e o cartucho de tinta quando os estoques estão baixos são decisões programadas. Normalmente, as decisões programadas são tomadas nos níveis mais baixos da organização.
- **Decisão não programada** – uma decisão tomada em resposta a uma situação isolada, mal definida, e, em grande parte, desestruturada, com importantes consequências para a organização. As decisões estratégicas da organização, por envolverem incertezas, podem ser consideradas decisões não programadas. Por exemplo: construir uma nova fábrica? Desenvolver um novo produto? Trocar uma unidade de sede?

10.3 Modelos de Tomada de Decisão

Os gerentes se utilizam de três tipos diferentes de abordagens para tomar as decisões: **modelo clássico, modelo administrativo e modelo político**. Para Richard Daft, a escolha do modelo depende da preferência pessoal, do tipo de decisão (programada ou não programada) e a extensão na qual a decisão é caracterizada pelo risco, pela incerteza e pela ambiguidade.

O **modelo clássico** é baseado na suposição de que os gerentes devem tomar decisões lógicas que estejam de acordo com os melhores interesses da organização. Nesse contexto, presume-se que as metas são conhecidas e acordadas e que os problemas são precisamente formulados.

Em síntese, entende-se, no modelo clássico, que o tomador de decisões possui condições de analisar logicamente o problema, pois todos os elementos necessários são conhecidos e previamente definidos, bastando, por conseguinte, escolher a melhor alternativa.

Já o **modelo administrativo** explica como os gerentes tomam as decisões em situações caracterizadas por decisões não programadas, incerteza e ambiguidade.

O modelo administrativo considera que os gerentes vivem em um ambiente de racionalidade limitada, que pressupõe que as pessoas têm o tempo e a capacidade cognitiva para processar somente uma quantidade limitada de informações. Assim, não possuem capacidade para analisar 100% das informações. Isso ocorre porque as organizações são extremamente complexas, fazendo com que as decisões não sejam inteiramente racionais.

Além disso, o modelo administrativo considera que os gerentes não buscam a decisão ótima, mas apenas uma decisão satisfatória. Isso quer dizer que os administradores escolhem a primeira alternativa de solução que satisfaça os critérios mínimos de decisão. Exemplificaremos como isso acontece: Imaginemos que Carlos irá participar de uma reunião muito importante, na qual ele está encarregado de apresentar um novo projeto para uma empresa parceira. Carlos sabe que o sucesso nessa apresentação pode significar uma promoção, com um aumento significativo no salário. Minutos antes da reunião, Carlos derruba café em sua camisa.

O que Carlos vai fazer? Ele corre para a primeira loja que encontrar, a fim de comprar a primeira camisa que resolver o seu problema. Ou

ADMINISTRAÇÃO

seja, Carlos sabe que, na cidade, há centenas de lojas que podem vender o mesmo produto por condições melhores, mas ele vai fechar o negócio, pois sua preocupação, naquele instante, é resolver o problema. Assim, Carlos tomou a decisão satisfatória, mesmo sabendo que, com mais tempo, ele teria capacidade de decidir melhor.

Dessa forma, o modelo administrativo considera que as decisões se fundamentam na racionalidade limitada e na decisão satisfatória.

Por fim, o **modelo político** é útil para tomar decisões não programadas, em que as condições são incertas, as informações são limitadas e os gerentes podem estar em desacordo sobre quais metas perseguir ou qual curso de ação tomar. Assim, as pessoas formam uma coalizão, isto é, uma aliança informal entre os gerentes que apoiam uma meta específica.

O modelo político parte do pressuposto segundo o qual as organizações são formadas por grupos com diferentes interesses, metas e valores.

Ademais, as informações são ambíguas e incompletas, e os gerentes não possuem tempo, recursos e capacidade para analisar todas as alternativas. Assim, os gerentes se envolvem em debates e, por meio de barganha e discussões, formam coalizões para defender o seu ponto de vista.

Modelo Clássico	Decisões Lógicas	Informações completas, sem incertezas
Modelo Administrativo	Racionalidade Limitada	Decisão Satisfatória
Modelo Político	Conflitos de interesses / Formação de Coalizões	Informações ambíguas e incompletas

10.4 Armadilhas Psicológicas na Tomada de Decisão

O último assunto a ser abordado sobre a tomada de decisões corresponde às armadilhas.

Como vimos anteriormente, as decisões, de uma maneira geral, são tomadas em um ambiente de racionalidade limitada. O modelo clássico pode ser aplicado em raras exceções, uma vez que, comumente, as informações não são completas, ou não há tempo ou capacidade para analisá-las.

Assim, os tomadores de decisão utilizam um conjunto de regras empíricas, conhecidas como princípios heurísticos, que orientam implicitamente o julgamento do tomador de decisão. Ou seja, ao invés de tentar analisar todas as informações, as pessoas costumam basear-se em informações pré-estabelecidas ou de fácil acesso.

Isso facilita a tomada de decisão, tornando-a mais rápida. Contudo, as pessoas podem sofrer o que chamamos de "armadilhas psicológicas" na tomada de decisão, que são desvios psicológicos que geram tendências involuntárias e intuitivas, levando à perpetuação de erros na avaliação de situações e decisões.

Para melhorar as suas decisões, os administradores devem aprender a reconhecer e a evitar essas armadilhas.

Segundo Hammond e Raiffa, *apud* Sobral e Peci, existem oito tipos de armadilhas psicológicas na tomada de decisão:

Armadilhas psicológicas			
Ancoragem	Perpetuação do *status quo*	Custo irrecuperável	Evidência confirmadora
Formulação do problema	Excesso de confiança	Lembrança	Prudência

- **Ancoragem:** tendência de ancorar o julgamento em uma informação inicial, dificultando assim o ajuste diante de informações posteriores. Lembremo-nos do famoso ditado "*A primeira impressão é a que fica*". É mais ou menos isso que ocorre.

- **Perpetuação do *status quo*:** é o medo de mudar. Consiste na tendência a favorecer as alternativas que perpetuam a continuidade e evitem a mudança. Nesse tipo de armadilha, quando estiver diante de duas alternativas, o tomador de decisão tende a escolher aquela que não gera grandes mudanças.

- **Custo irrecuperável:** tendência de fazer escolhas que justifiquem suas decisões passadas, mesmo que essas decisões tenham se revelado erradas. É como decidir estudar para uma área e depois perceber que o concurso pelo qual tanto se esperava ainda demorará vários anos para acontecer. Ainda assim, o concurseiro não deixa de estudar o material que já adquiriu, pois não quer reconhecer a perda de dinheiro.

- **Evidência confirmadora:** é a tendência de buscar informações que corroborem seu instinto ou seu ponto de vista, de modo a evitar informações que o contradigam. As decisões são baseadas em informações não confirmadas, mas, ainda assim, assumidas, mesmo que de forma polêmica. O gerente quer tomar uma posição e, para isso, buscará somente as informações que podem ajudá-lo.

- **Formulação do problema:** está na forma como o problema é descrito. Às vezes, um mesmo problema pode ser descrito de maneira diferente, levando a mesma pessoa a decidir de forma distinta, sem saber que se tratava da mesma situação. Ou seja, um problema mal descrito pode gerar distorções e minar o processo decisório.

- **Excesso de confiança:** tendência de confiar demais na precisão de suas previsões, o que pode levar a falhas no julgamento e na avaliação de decisões.

- **Lembrança:** tendência a valorizar os acontecimentos que estão presentes na memória. Ou seja, a pessoa decide com base nas informações que estão "frescas" na memória.

- **Prudência:** é o medo de errar, em especial em decisões muito importantes. Assim, as pessoas podem fazer estimativas e projeções muito seguras ou muito conservadoras.

GESTÃO DE PROCESSOS

11 GESTÃO DE PROCESSOS

11.1 Conceitos

As organizações privadas ou públicas podem ser vistas como um conjunto de processos. Todo processo deve ter, **no mínimo**, entrada, processamento e saída. Os produtos mais típicos da saída são: bens, serviços e informações. É no "processamento" que estão concentradas as atividades do processo.

> **Fique ligado**
>
> O processo existe em todas as empresas – de forma bem definida ou de forma fragmentada (ainda que as empresas não consigam visualizá-lo e defini-lo como tal).

O valor é o cliente quem atribui, reconhecendo sua importância e demonstrando disposição em pagar o preço estabelecido. Fonte: Agostinho Paludo, Administração Pública, 3ª edição, Editora Elsevier, 2013, página 339.

Fornecedor	Atividades/Tarefas	Cliente
Entrada →	Processamento →	Saída →
Insumos Produto Serviço Informação	Transformação Agregação de valor	Produtos Bens Serviços Informações

Um processo compreende uma série de atividades, racionalmente sequenciais e inter-relacionadas, que devem ser executadas para se obter determinado resultado pretendido. É um modo de transformar insumos em produtos para atender à necessidade de algum cliente. O processo inicia com a identificação de uma necessidade e termina com a entrega do produto (bem ou serviço) ao cliente.

Na visão de Thomas Davenport *o processo é uma ordenação específica das atividades de trabalho no tempo e no espaço, com um começo e um fim, **inputs** e **outputs** claramente identificados*. Segundo o mesmo autor, tais atividades são estruturadas com a finalidade de agregar valor às entradas *(inputs)*, resultando em um produto para um cliente.

Desta maneira, todo tipo de trabalho importante em uma organização faz parte de algum processo. Não existe produto ou serviço fornecido sem que exista um processo organizacional por trás.

Harrington define processo como a utilização de recursos da empresa para oferecer resultados objetivos aos seus clientes. Assim sendo, **o processo seria um fluxo de trabalho**, em que existiriam os *inputs* (materiais, informação, equipamentos etc.) que seriam trabalhados, de forma a agregar valor. Desta forma, o fluxo resultaria em uma série de *outputs* (produtos e serviços desejados pelos clientes).

Para o GesPública (2011), *o processo é um conjunto de decisões que transformam insumos em valores gerados ao cliente/cidadão*.

Portanto, cada atividade destas pode agregar valor ou não ao processo, pois um erro ou demora em uma delas acabará por prejudicar o cliente.

Assim, quando pensamos em processo, temos de entender que estas atividades estão interligadas e que não adianta uma delas ser muito bem feita se outra for deficiente.

Desta forma, a gestão por processos implica uma ênfase em "como" o produto ou serviço é feito, ao contrário do foco no "quê" é feito, característica das organizações tradicionais.

Assim, é possível afirmar que toda vez que tivermos um conjunto de atividades e tarefas sendo executadas de forma integrada para produzir um produto (bem ou serviço) com vistas a atender a necessidades de clientes – teremos um processo – seja ele reconhecido ou não, nominado ou não, compreendido como tal ou não.

> **Fique ligado**
>
> De acordo com Nunes,
> "O modelo de organização orientado por processos passou a ser considerado como alternativa mais adequada para promover uma maior efetividade organizacional. O pressuposto foi ode que nessa forma de organização ocorresse uma eliminação de barreiras dentro da empresa, possibilitando a visualização da organização como um todo e uma maior inter-relação entre os diferentes agentes da cadeia de valor (cliente, fornecedor, executores do processo)".

11.1.1 Cadeia de Valor

Cadeia de Valor, para Michael Porter, é o conjunto de atividades tecnológicas e econômicas distintas que uma organização utiliza para entregar produtos e serviços aos seus clientes.

Cada uma dessas atividades (produção, distribuição, comercialização etc.) deve entregar algum "valor". Quanto mais valor agregado, mais competitiva fica a empresa. Este é um conceito relacionado com a vantagem competitiva.

Os processos podem ser assim classificados:

- **Processos negócio/principais/primários/chaves/essenciais/finalísticos**, que são os processos que resultam na entrega de algum bem ou serviço ao cliente final – devem satisfazer as necessidades e expectativas dos clientes e demais partes interessadas. Ex.: produção de um bem/prestação de serviço direto ao cliente final.

- **Processos secundários/administrativo/de suporte/auxiliares/meio**, que são os processos internos que geram apenas bens e serviços internos, mas que, ao mesmo tempo, são indispensáveis para que os processos principais possam ser executados (dão suporte à execução dos processos principais), contribuindo para o sucesso da organização. Ex.: gestão de pessoas, compras, manutenção em geral, contas a pagar, processos de recursos humanos etc.

- **Processos gerenciais, ligados às estratégias e utilizados na tomada de decisão, no estabelecimento de metas, na coordenação dos demais processos e na avaliação dos resultados. Ex.:** planejamento estratégico, gestão do conhecimento, avaliação de desempenho, avaliação da satisfação dos clientes etc.

Resumindo:

Percebe-se que os **processos de negócio** são os mais importantes para a organização, constituindo o cerne de sua existência, pois eles são responsáveis pelo atendimento das necessidades dos clientes, diferenciando a organização de suas concorrentes no mercado.

Os **processos organizacionais**, por sua vez, são aqueles que dão o devido suporte e apoio para que os processos de negócio possam funcionar bem e agregar valor para os clientes.

Os **processos gerenciais**, por sua vez, são aqueles relacionados às ações dos gerentes. Trata-se da tomada de decisões gerenciais pelos gerentes para que a organização possa seguir rumo ao futuro.

Por fim, apresenta-se outra visão, que divide os processos em:

ADMINISTRAÇÃO

- **Processos primários:** são aqueles que agregam valor para o cliente e que vão de ponta a ponta na organização. São equivalentes aos processos de negócio ou de clientes.
- **Processos secundários:** dão o suporte necessário para que os processos primários funcionem adequadamente. Relacionam-se com os processos de gerenciamento e administrativos.

11.2 Níveis de Detalhamento dos Processos

Em toda empresa, existem alguns processos mais complexos e outros mais simples. Além disso, existem processos mais importantes e outros menos importantes. O nível de detalhamento de um processo está relacionado com a sua complexidade.

Quanto mais complexo (mais atividades, entradas ou produtos resultantes), mais provável que tenhamos de "decompô-lo" em subprocessos para que seja mais fácil a análise e o controle.

A decomposição de um processo segue a seguinte lógica:

- **Macroprocesso:** compreende a visão mais geral do processo, que, em regra, abrange vários processos principais ou secundários e envolvem mais de uma função organizacional;
- **Processo:** conjunto de operações (atividades e tarefas) que recebe um insumo, agrega valor e transforma em um produto (bem/serviço) destinado ao atendimento de necessidades dos clientes internos e externos;
- **Subprocesso:** refere-se a uma parte específica do processo, composto por um conjunto de atividades que demandam insumos próprios e resultam em subproduto(s) que concorre(m) para o produto final do processo;
- **Atividade:** é um conjunto de tarefas com procedimentos definidos que descrevem o passo a passo para a execução de acordo com algum método/técnica. A atividade terá nome próprio, será precedida por um *input* (entrada) e resultará em um *output* (saída), em um produto parcial que concorre para o produto final do processo.

Atenção → São as atividades que agregam valor ao processo, assim, a cada atividade executada o processo deve adquirir um valor maior.

- **Tarefa:** é a menor divisão do trabalho, exclusivamente operacional, que corresponde ao fazer. É uma partição da atividade com rotina ou procedimento específico.

Atenção → Nos macroprocessos a visão é geral, sem detalhamentos, nos processos tem-se um nível intermediário de detalhamento, já para as atividades e tarefas o nível de detalhamento deve ser amplo, de forma a permitir que cada detalhe importante que compõe o processo possa ser claramente visualizado e compreendido.

Macroprocessos	→	Visão Geral
Processos	→	Detalhamento Intermediário
Atividades/Tarefas	→	Detalhamento Amplo

11.3 O Guia BPM CBOK

O gerenciamento de processos na Administração Pública brasileira utiliza as boas práticas previstas no guia *Business Process Management Common Book Of Knowledge* (BPM CBOK) - cujo nome pode ser traduzido como *Guia para o Corpo Comum de Conhecimentos sobre Gerenciamento de Processos de Negócio.*

Trata-se de uma abordagem que busca identificar, desenhar, medir, monitorar, controlar e melhorar os processos de negócio nas organizações. A ideia é alinhar os processos de negócio à estratégia da organização para que ela obtenha o desempenho desejado.

Nas palavras do Guia BPM CBOK:

Gerenciamento de Processos de Negócio (BPM) é uma abordagem disciplinada para identificar, desenhar, executar, documentar, medir, monitorar, controlar e melhorar processos de negócio automatizados ou não para alcançar os resultados pretendidos consistentes e alinhados com as metas estratégicas de uma organização. BPM envolve a definição deliberada, colaborativa e cada vez mais assistida por tecnologia, melhoria, inovação e gerenciamento de processos de negócio ponta a ponta que conduzem a resultados de negócios, criam valor e permitem que uma organização cumpra com seus objetivos de negócio com mais agilidade. BPM permite que uma organização alinhe seus processos de negócio à sua estratégia organizacional, conduzindo a um desempenho eficiente em toda a organização por meio de melhorias das atividades específicas de trabalho em um departamento, a organização como um todo ou entre organizações.

O gerenciamento de processos do BPM é estabelecido com base em um ciclo de vida que possui seis etapas:

01. planejamento;

02. análise;

03. desenho e modelagem;

04. implantação;

05. monitoramento e controle;

06. refinamento;

11.3.1 Planejamento

É a primeira etapa do ciclo de gerenciamento de processos. É nesta fase que é desenvolvido um plano e uma estratégia dirigida aos processos da organização, estabelecendo a estratégia e o direcionamento do BPM. O início do plano se dá por meio do entendimento das estratégias e metas que são desenhadas para garantir que o cliente perceba valor nos processos de negócio da organização. A estrutura e o direcionamento dos processos centrados no cliente são baseados no plano.

O planejamento deve assegurar que a abordagem de gestão dos processos de negócio integre a estratégia, as pessoas, processos e sistemas ao longo dos limites funcionais.

É aqui também que são identificados os papéis e responsabilidades organizacionais de gerenciamento de projetos, o patrocínio executivo, metas, expectativas quanto à medição do desempenho e as metodologias a serem utilizadas.

11.3.2 Análise

Após considerar as metas e objetivos desejados, a análise dos processos busca entender os processos atuais, também chamados de *AS IS* (do inglês - "como é" - em oposição aos processos a serem implementados no futuro, chamados de *TO BE* ("como será"), no contexto das metas e dos objetivos desejados.

Segundo o Guia de Gestão de Processos de Governo do GesPública, a análise reúne informações oriundas de planos estratégicos, modelos de processo, medições de desempenho, mudanças no ambiente externo e outros fatores, a fim de compreender os processos no escopo da organização como um todo. Nessa etapa são vistos alguns pontos como: objetivos da modelagem de negócio, ambiente do negócio que será modelado, principais *stakeholders* e escopo da modelagem de processos relacionados com o objetivo geral.

A análise dos processos leva em conta diferentes metodologias para facilitar as atividades de identificação do contexto e de diagnóstico da situação atual, que constituem o foco desta etapa.

11.3.3 Desenho e Modelagem

O desenho está focado sobre o desenho intencional e cuidadoso dos processos de negócio que entregam valor ao cliente. É no desenho

GESTÃO DE PROCESSOS

que se definem as especificações dos processos de negócio, de modo que fique claro *o que, quando, onde, quem* e *como o trabalho* será realizado.

Conforme consta no Guia CBOK, o desenho dos processos trata da

Criação de especificações para processos de negócio novos ou modificados dentro do contexto dos objetivos de negócio, objetivos de desempenho de processo, fluxo de trabalho, aplicações de negócio, plataformas tecnológicas, recursos de dados, controles financeiros e operacionais, e integração com outros processos internos e externos.

Sobre a modelagem do processo, o Guia de Gestão de Processos de Governo do GesPública afirma o seguinte:

Já a modelagem de processo é definida como 'um conjunto de atividades envolvidas na criação de representações de um processo de negócio existente ou proposto', tendo por objetivo 'criar uma representação do processo em uma perspectiva ponta a ponta que o descreva de forma necessária e suficiente para a tarefa em questão'. Alternativamente chamada de fase de 'identificação', a modelagem pode ser também definida como 'fase na qual ocorre a representação do processo presente exatamente como o mesmo se apresenta na realidade, buscando-se ao máximo não recorrer à redução ou simplificação de qualquer tipo.

O Guia CBOK ressalta, no entanto, que a modelagem de processos pode ser executada tanto para o mapeamento dos processos atuais como para o mapeamento de propostas de melhoria. **Implementação**

Para a realização das atividades de implementação, subentende-se que as fases anteriores criaram e aprovaram um conjunto de especificações que podem ser executados sofrendo apenas pequenos ajustes pontuais.

Deste modo, a implementação nada mais é do que a realização do desenho do processo de negócio aprovado. Ela se dá por meio de procedimentos e fluxos de trabalho documentados, testados e operacionais.

11.3.4 Monitoramento e Controle

Esta etapa busca fornecer informações-chave de desempenho de processos por meio de métricas ligadas às metas estabelecidas e ao valor para a organização. A análise do desempenho realizada nesta etapa pode fazer com que se desenvolvam atividades de melhoria, redesenho ou reengenharia.

11.3.5 Refinamento

Segundo o Guia BPM CBOK, *o refinamento trata aspectos de ajustes e melhorias pós-implementação de processos com base nos indicadores e informações-chave de desempenho.*

Estes ajustes são feitos com base nas informações obtidas por meio da medição e do monitoramento de processos de negócio.

O Guia de Gestão de Processos de Governo afirma que esta etapa também pode ser chamada de "encenação", revendo o modelo de processo e implantando as mudanças propostas após o estudo de variados cenários.

11.4 Mapeamento de Processos

Para que possamos melhorar um processo necessitamos antes conhecê-lo. Desta maneira, precisamos analisar o processo, de forma a entender o fluxo de trabalho envolvido, quais são os setores e pessoas envolvidas e as decisões que devem ser tomadas durante o processo.

Portanto, o trabalho de "entender" e visualizar um processo de trabalho é chamado de **mapeamento de processos**. Este trabalho é executado, normalmente, por meio de uma ferramenta chamada de fluxograma, que será analisada posteriormente.

11.4.1 Técnicas de Mapeamento, Análise e Melhoria de Processos

Para que um profissional possa mapear um processo, ele deve primeiro compreendê-lo. Para que isso ocorra, existem diversas técnicas que podem ser utilizadas. As principais são:

- entrevistas e reuniões;
- observação das atividades *in loco*;
- análise da documentação e dos sistemas existentes;
- coleta de dados e evidências

Ao mapearmos um processo, este será descrito desde o início, deforma a representar cada atividade e decisão envolvida nele. Desta forma, a pessoa que estiver fazendo o mapeamento deverá compreender os elementos: (fornecedores, entradas, processo, saídas e clientes) de modo a descrever todos os aspectos do processo.

Entre os benefícios que uma organização pode ter ao mapear seus processos, temos:

- compreender o impacto que o processo tem para a organização e seus clientes;
- entender a relação de dependência entre os setores no processo;
- compreender quais são os "atores" envolvidos no processo;
- analisar se o processo é necessário e se é bem executado;
- propor mudanças no processo;
- identificar quais são os fatores críticos no processo.

Principais Técnicas para Mapeamento de Processos

Segundo DE MELLO (2008, p. 27), a literatura apresenta algumas técnicas de mapeamento com diferentes enfoques tornando a correta interpretação destas técnicas fundamental no processo de mapeamento.

Dentre as diversas técnicas de mapeamento podemos citar:

SIPOC: o SIPOC é uma ferramenta que consiste na identificação clara dos elementos dos processos, incluindo o próprio processo, suas entradas e saídas, além dos clientes e fornecedores do processo.

Trata-se de uma técnica utilizada antes mesmo do trabalha com o processo começar. Ela é anterior à construção de um mapa do processo ou fluxograma, pois identifica os fornecedores, a entrada dos insumos da empresa, todo o conjunto de atividades de processamento (tais como transporte, montagem, armazenamento etc.), os produtos finais do processo e a destinação para os clientes.

Discutindo a técnica, Lobato e Lima (2010, p. 350) apresentam os seguintes conceitos segundo Mello et. al. (2002): *fornecedor é aquele que propicia as entradas necessárias, podendo ser interno e externo; entrada é o que será transformado na execução do processo; processo é a representação esquemática da sequência de atividades que levam a um resultado esperado; saída é o produto ou serviço como solicitado pelo cliente; cliente é quem recebe o produto ou serviço.*

Blueprinting: é uma técnica que permite retratar o processo de serviço, os pontos de contato e as evidências físicas de um serviço do ponto de vista do cliente. É uma verdadeira "impressão digital" do processo, representando um verdadeiro mapa das transações em um processo de prestação de serviço.

Segundo Frazzon *et al.* (2014) *O uso do Service Blueprint surgiu como uma técnica para identificação de pontos de falha no processo, porém seu uso foi expandido para a área estratégica, pois ele também permite identificar as áreas prioritárias para o cumprimento dos objetivos operacionais estratégicas da organização (GIANESI; CORREA, 1994). Assim como contribui para decisões referentes ao posicionamento estratégico da organização de serviços (SHOSTACK, 1987).*

Essa ferramenta possibilita uma visualização de todo o processo de serviço em um diagrama, especialmente dos encontros de serviço com o cliente, também chamados de momentos da verdade, em que as evidências físicas da prestação de serviço são demonstradas, permitindo ainda a separação dos processos primários dos processos de apoio.

Fluxograma: esta é uma ferramenta muito utilizada para que se possa visualizar com facilidade o fluxo de ações para que determinado processo possa ser concluído.

Trata-se de um gráfico que representa o fluxo ou sequencia normal de qualquer trabalho, produto, documento, informação etc., utilizando-se de diferentes símbolos que esclarecem o que está acontecendo em cada etapa.

Mapafluxograma: o mapafluxograma apresenta o fluxo de movimentação física de um determinado item com base em uma rotina produtiva preestabelecida. É como um fluxograma de como o material deverá se movimentar no espaço físico para que o processo seja desempenhado de acordo com o que está previsto no fluxograma.

Assim, o mapafluxograma permite, em conjunto com o fluxograma, o estudo do processo como um todo, tanto do ponto de vista do conjunto de atividades desempenhadas como da movimentação de material no espaço físico.

IDEF: (*Integration Definition for Function Modeling* – Definição integrada para modelagem de funções).

Segundo o CBOK, O IDEF é um padrão federal de processamento de informação (FIPS – *Federal Information Processing Standard*) desenvolvido pela Força Aérea dos EUA. **OIDEF é utilizado para criar uma descrição clara e detalhada de um processo ou um sistema.**

- **Utiliza-se quando for preciso descrever formalmente um processo, para garantir um resultado detalhado, claro e preciso.**
- **Utiliza-se quando o processo for complexo, e outros métodos fossem resultar em um diagrama mais complexo.**
- **Utiliza-se quando houver tempo hábil para trabalhar em entender e produzir uma descrição completa e correta do processo.**
- **IDEF 0 – Modelo de funções (processos)**
- **IDEF 1 – Modelo de informações (dados)**
- **IDEF 2 – Modelo dinâmico (comportamento)**
- **IDEF 3 – Modelo de fluxo de trabalho (*workflow*)**

O IDEF 0, mais utilizado da família na modelagem de processo, destina-se a descrever graficamente o processo de transformação ou produção de um bem ou serviço.

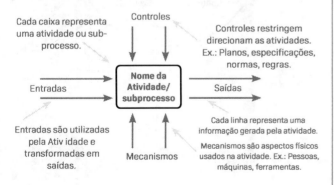

- **Mapeamento *Lean*:** é o mapeamento realizado com base na técnica do *just in time* para o processo, seja em manufatura, seja em serviço, tentando gerar economias ao longo do processamento para um processo enxuto. Sua base é a redução de desperdícios e de custos, eliminando do processo as atividades que não agregam valor, gerando um fluxo de valor. Por isso, a técnica também é conhecida como ***mapeamento do fluxo de valor do processo*.**

11.5 Projeto de Mapeamento e Modelagem de Processos

O BPMN (Business *Process Modeling Notation*) é o padrão utilizado para o desenho (ou modelagem) dos processos em uma organização.

Consiste de um conjunto de **notações gráficas**, ou seja, um conjunto de símbolos padronizados que servem para que possamos descrever e redesenhar um processo. Esse diagrama, que nos permite visualizar um processo, também é conhecido como **fluxograma.**

Assim, essa é a ferramenta utilizada para efetuar o mapeamento e a modelagem dos processos. Desta forma, ele é utilizado para **descrever, de modo gráfico, um processo por meio do uso de símbolos e linhas.**

11.5.1 Grau de Maturidade em Processos

O grau de maturidade na Gestão de Processos de Negócio define a maturidade a partir de níveis, que medem a evolução da organização/instituição quanto às práticas de gestão/gerenciamento de processos.

O Guia de Gestão de Processos no Governo do GesPública (2011) descreve a maturidade do processo em 5 níveis, a partir de dois modelos. Esses níveis refletem a transformação da organização na medida em que seus processos e capacidades são aperfeiçoados.

Na **visão do CBOK** – *Business Process Maturity*, os níveis (exceto o primeiro) são compostos por **áreas de processos**, estruturadas com vistas a atingir metas de criação, suporte e sustentação específicas de cada nível. Nessas áreas a **ênfase é nas melhores práticas**, indicando o que deve ser feito (mas não de que forma devem fazer).

- **Nível 1, Inicial:** os processos são executados de maneira *ad-hoc*, o gerenciamento não é consistente e é difícil prever os resultados.
- **Nível 2, Gerenciado:** a gestão equilibra os esforços nas unidades de trabalho, garantindo que sejam executados de modo que se possa repetir o procedimento e satisfazer os compromissos primários dos grupos de trabalho. No entanto, outras unidades de trabalho que executam tarefas similares podem usar diferentes procedimentos.
- **Nível 3, Padronizado:** os processos padrões são consolidados com base nas melhores práticas identificadas pelos grupos de trabalho, e procedimentos de adaptação são oferecidos para suportar diferentes necessidades do negócio. Os processos padronizados propiciam uma economia de escala e base para o aprendizado por meio de meios comuns e experiências.

GESTÃO DE PROCESSOS

- **Nível 4, Previsível:** as capacidades habilitadas pelos processos padronizados são exploradas e devolvidas às unidades de trabalho. O desempenho dos processos é gerenciado estatisticamente durante a execução de todo o *workflow*, entendendo e controlando a variação, de forma que os resultados dos processos sejam previstos ainda em estados intermediários.
- **Nível 5, Otimizado:** ações de melhorias proativas e oportunistas buscam inovações que possam fechar os *gaps* entre a capacidade atual da organização e a capacidade requerida para alcançar seus objetivos de negócio.

11.6 Diferenciando BPM e BPMS

O BPM não aceita o conceito de processos da forma trazida pelos ERPs ou SIGs – ele tem entendimento próprio e separado. **Para o BPM o processo não se restringe à execução no sistema** – mas pode ser alterado, adaptado, melhorado, monitorado em tempo real e disponibilizado por toda a organização.

Assim, para dar suporte às novas exigências do BPM é que surgiram os BPMS. Mas o que são os BPMS?

- Os BPMS – *Business Process Management Systems* – correspondem ao sistema informatizado que dá suporte para a gestão de processos nas organizações/instituições; correspondem à tecnologia que suporta o conceito e as tarefas de gestão de processos do BPM.
- Os BPMS fazem referência a um sistema computacional que suporta a gestão da informação pela organização, com foco no gerenciamento de processos.
- Os BPMS constituem uma peça de *software* que dá suporte às atividades como modelagem, análise e aprimoramento de processos de negócio.
- Os BPMS correspondem à plataforma que dá suporte aos processos de negócio.

BPM → Foco no negócio e na gestão

BPMS → Foco em TI-Tecnologia da Informação

11.6.1 Reengenharia

Na década de 1980 (pode constar em prova também década de 90), a reengenharia foi um marco para a divulgação da administração de processos e do aprimoramento de processos. O autor desse conceito foi Michael Hammer, que o divulgou no artigo "Promovendo a reengenharia do trabalho: não automatize, destrua". Nesse texto, Hammer usa o verbo "*to reengineer*" (sem equivalente em português; ficaria "reengenheirar" se fosse traduzido literalmente) com o sentido de reformular a maneira de conduzir os negócios. Hammer afirmava que a tecnologia da informação tinha sido usada de forma incorreta pela maioria das empresas. O que elas faziam, geralmente, era automatizar os processos de trabalho de forma como estavam projetados. Elas deveriam, em vez disso, redesenhar os processos.

Em seu livro de 1993, *Reengeneering the corporation*, escrito em parceria com James Champy, as ideias originais foram ampliadas e acrescidas de uma metodologia para a implantação da reengenharia. Nesse livro, os autores apresentaram as bases da administração de processos e do aprimoramento dos processos.

A reengenharia firmou-se como proposta de redesenhar a organização em torno de seus processos, para torná-la mais ágil e eficiente. Moreira (1994) apresentou a reengenharia como uma proposição audaciosa:

Fazer a reengenharia é reinventar a empresa, desafiando suas doutrinas, práticas e atividades existentes, para, em seguida, redesenhar seus recursos de maneira inovadora, em processos que integram as funções departamentais. Esta reinvenção tem como objetivo otimizar a posição competitiva da organização, seu valor para os acionistas e sua contribuição para a sociedade.

11.7 Ciclo PDCA

O Ciclo PDCA teve origem com Shewhart, nos Estados Unidos, mas tornou-se conhecido como ciclo de Deming a partir de 1950, no Japão. Para o glossário do GesPública, Ciclo PDCA é *uma ferramenta que busca a lógica para fazer certo desde a primeira vez*.

É uma técnica simples para o controle de processos, que também pode ser utilizada para o gerenciamento contínuo das atividades de uma organização. **É um método** usado para controlar e melhorar as atividades de um processo.

O PDCA:

- padroniza as informações de controle;
- reduz e evita erros lógicos;
- facilita o entendimento das informações;
- melhora a realização das atividades; e
- proporciona resultados mais confiáveis.

Também chamado Ciclo da Melhoria Contínua, o PDCA é uma "ferramenta oficial da qualidade", utilizado em processos de trabalho com vistas a maximizar a eficiência e alcançar a excelência de produtos e serviços.

O PDCA parte da insatisfação com o "estado atual das coisas" e analisa os processos com vistas a realizá-los de maneira otimizada. Inclui as seguintes etapas:

- **planejamento (*plan*):** estabelecer objetivos, metas e os meios para alcançá-los;
- **execução (*do*):** executar as atividades propostas no planejamento;
- **controle/ verificação (*check/control*):** monitora/controla a execução e verifica o grau de cumprimento do que foi planejado;
- **ação avaliativa (*act*):** identifica eventuais falhas e corrige-as, a fim de melhorar a execução.

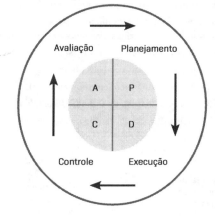

ADMINISTRAÇÃO

12 BALANCED SCORECARD

O Balanced Scorecard é um Painel Balanceado de Indicadores, conceito desenvolvido por Robert Kaplan e David Norton, que detectaram que o controle dos resultados baseados em indicadores financeiros não mais atendia. A geração de valor dependia do acompanhamento do desempenho estratégico organizacional por meio da medição de indicadores de desempenho.

Serve como instrumento de alinhamento entre o planejamento estratégico e o operacional.

Compreende a tradução da visão e da estratégia de uma organização em um conjunto integrado de objetivos e indicadores de desempenho que formam a base para um sistema de gerenciamento estratégico e de comunicação.

Atualmente, o BSC passou a ser utilizado como uma metodologia de gestão estratégica, servindo, em muitos casos, como instrumento representativo da estrutura dos processos gerenciais das organizações e como ferramenta de gestão.

Nesse contexto, as perspectivas podem ser descritas assim:

Perspectiva financeira: analisa o negócio do ponto de vista financeiro. Relaciona-se normalmente com indicadores de lucratividade, como receita líquida, margem líquida, retorno sobre o investimento, entre outros. Indica se a estratégia da empresa está se traduzindo em resultados financeiros.

Perspectiva dos clientes: nesse ponto de vista, busca-se identificar os segmentos (de clientes e de mercados) em que a empresa atuará e as medidas de desempenho que serão aceitas. Geralmente envolve indicadores como: satisfação dos clientes, retenção de clientes, lucro por cliente e participação de mercado. Essa perspectiva possibilita ao gestor as estratégias de mercado que permitirão atingir resultados superiores no futuro.

Perspectiva de processos internos: identifica os processos críticos que a empresa deve focar para ter sucesso. Ou seja, mapeia os processos que causam o maior impacto na satisfação dos consumidores e na obtenção dos objetivos financeiros da organização. Devem ser melhorados os processos existentes e desenvolvidos os que serão importantes no futuro.

Perspectiva do aprendizado e do crescimento: identifica as medidas que a empresa deve tomar de modo a se capacitar para os desafios futuros. As principais variáveis são as pessoas, os sistemas e os procedimentos organizacionais. Dessa forma, as empresas devem treinar e desenvolver seu pessoal, desenvolver sistemas melhores e procedimentos que alinhem os incentivos aos objetivos corretos.

12.1 Processo de Elaboração do BSC

O processo de elaboração do *Balanced Scorecard* descrito por Christiane Ogassawara (2009) possui **cinco princípios**:

- **Traduzir a estratégia em guias operacionais: cria-se um referencial para a descrição e implementação das estratégias:** o mapa estratégico. Esse mapa descreve a estratégia e fornece os fundamentos que guiarão o projeto de um BSC.
- **Alinhar a organização à estratégia:** as áreas ou unidades de negócio se ligam à estratégia corporativa.
- **Transformar a estratégia em tarefa de todos:** essa transformação ocorre por meio da comunicação da estratégia (de cima para baixo), que deve ser traduzida em linguajar claro para que todos os colaboradores da organização a entendam e direcionem sua atuação para ela. São necessários treinamentos para transmitir aos funcionários os conceitos estratégicos e demais informações relacionadas à remuneração por incentivos e ao trabalho em conjunto para a execução da estratégia.
- **Converter a estratégia em processo contínuo: na implementação do processo de gerenciamento da estratégia nas empresas, três passos foram identificados:** a conexão da estratégia ao processo orçamentário, objetivando conciliar as iniciativas de longo prazo com o desempenho esperado no curto prazo; a realização de reuniões gerenciais para avaliação da estratégia; e o aprendizado organizacional, com adaptação da estratégia.
- **Mobilizar a mudança por meio da liderança executiva: a implementação da estratégia demanda trabalho contínuo e em equipe. Caso a alta direção da organização não se envolva ou atue com pouca dedicação, a estratégia não será implementada. Esse princípio contempla:** a mobilização para a mudança organizacional (esclarecimento sobre a importância da mudança), e a definição do processo de governança que orientará e direcionará as mudanças (há um rompimento da estrutura tradicional de poder).

Três pessoas que desempenham papéis críticos na construção do BSC foram identificadas por Kaplan e Norton (1997): o arquiteto, o agente de mudanças e o comunicador. **O arquiteto** corresponde a um alto executivo da organização designado como responsável pela construção do BSC e pela sua inclusão ao sistema gerencial – esse executivo deve ter capacidade para educar a equipe e orientar o processo de tradução da estratégia em indicadores; **o agente** de mudanças corresponde a um representante do executivo principal, designado para moldar as ações de rotina decorrentes do novo sistema gerencial; e **o comunicador**, que tem a responsabilidade de conquistar o apoio e a adesão de todos os membros da organização quanto ao novo sistema gerencial a ser implementado.

12.2 Adaptação do BSC às Instituições Públicas

A utilização do BSC no meio público insere-se tanto no contexto da nova Administração Pública, iniciada com a reforma gerencial de 1995, quanto no contexto do planejamento estratégico – amplamente utilizado pelos órgãos públicos no âmbito federal.

O BSC despertou particular atenção no meio público, haja vista que, na prestação de serviços, os indicadores tradicionais de desempenho se mostraram insuficientes e ineficientes. A atribuição de responsabilidades e a cobrança por resultados (mediante a utilização de indicadores) inserem-se no bojo da reforma gerencial de 1995 – agora o BSC também permite avaliar redução de tempo, qualidade e satisfação do cidadão-usuário.

Segundo Kaplan e Norton (1997), o BSC *pode proporcionar foco, motivação e responsabilidade em empresas públicas e instituições sem fins lucrativos*. Além dos aspectos já abordados, Vera Osório (2003) acredita que o BSC no meio público possibilita *maior integração do orçamento na elaboração dos planos e expressa a importância do aprendizado e do crescimento institucional dos profissionais como um grande diferencial para a sustentabilidade da organização ao longo do tempo*.

> **Fique Ligado**
>
> Embora Kaplan e Norton tenham sugerido um modelo para o setor público, até o momento não foi padronizado um modelo de BSC para a área pública: o que existem são diversos modelos semelhantes sendo adaptados à realidade de cada ente público.

Quanto às perspectivas utilizadas, os próprios autores, Kaplan e Norton (1997), sugerem que **as perspectivas do BSC devem funcionar como modelo, e não como "camisa de força"**. Assim, é possível alterar ou inserir perspectivas de acordo com a natureza e função social de cada ente público.

Mas algumas questões já podem ser definidas. **A mudança radical aqui ocorre em relação à perspectiva mais importante:** no meio público, o cumprimento da missão institucional (prestar serviços à sociedade) é a principal perspectiva, e deve estar no topo do BSC. Para os indicadores, os termos mais adequados são Orçamentários e Não Orçamentários.

A perspectiva financeira/orçamentária é deslocada para a base do BSC, visto que no meio público **ela é condição** indispensável, e não resultado final. Mas ao mesmo tempo em que é deslocada, ela condicionará a atuação pública, pois não se pode realizar nenhuma

BALANCED SCORECARD

despesa que não se encontre aprovada no orçamento anual. **Recursos orçamentários adequados contribuem para o alcance dos objetivos de todas as demais perspectivas.** Assim, a perspectiva financeira se torna um meio de obtenção dos recursos necessários ao cumprimento da função social de competência do ente público.

A **perspectiva do cliente** também é mais bem definida como **cliente-cidadão** ou **cidadão-cliente**, visto que, no contexto público, o cidadão é o centro: como financiador, como usuário e como titular da coisa pública – o que exige, no mínimo, equidade no tratamento.

A **perspectiva fiduciária** sugerida por Kaplan e Norton, **não é obrigatória, mas, se utilizada**, reflete os objetivos dos interessados, como os contribuintes ou doadores (que fornecem recursos para o custeio da máquina pública). Se forem bem atendidos, eles poderão contribuir para o aumento da arrecadação de recursos. Quanto aos processos internos, os conceitos são bastante semelhantes.

No que concerne à perspectiva de aprendizado e crescimento, cabe ressaltar que existe maior dificuldade em se tratar com as pessoas/servidores no meio público, haja vista a existência de normas legais específicas que, por um lado, garantem estabilidade ao servidor público, e, por outro, acabam por dificultar a flexibilidade necessária às inovações – além da cultura existente no meio público, que em regra é refratária a mudanças. No entanto, são as pessoas que poderão tornar as organizações públicas excelentes ou não. Mariani (2002) considera que a valorização do servidor é condição essencial nesse processo, e que a qualidade dos servidores e sua motivação são condições necessárias à realização dos objetivos das demais perspectivas.

Para realizar nossa visão como organização deve aprender a melhorar? ↓ Aprendizado e Crescimento	Financeira Capacidade de gerar resultados financeiros para proprietários e acionistas. **MISSÃO** **VISÃO** **ESTRATÉGIA** Processos Internos Capacidade de melhorar, inovar e se adaptar. Desenvolvimento de novos processos.	Se formos bem sucedidos, como seremos percebidos pelos nossos acionistas? ← Clientes Capacidade de satisfazer clientes com produtos e serviços de qualidade. Conquista e retenção de clientes. ↑ Para realizar a visão, como devemos cuidar de nossos clientes?
Para satisfazer os clientes, em que processos devemos ser excelentes? →		

12.3 Mapa Estratégico

Como vimos acima, o Balanced Scorecard é uma ferramenta utilizada para traduzir a estratégia e a visão em objetivos, metas, medidas e iniciativas claras e bem definidas. Assim, o BSC envolve um conjunto de indicadores financeiros e não financeiros para demonstrar como a organização está em relação aos seus objetivos principais.

Dessa forma, Kaplan e Norton desenvolveram uma ferramenta, chamada de mapa estratégico, que serve como referencial geral para a implementação da estratégia. Segundo os autores, o mapa estratégico é tão importante como os referenciais utilizados pelos gerentes financeiros.

Mapa Estratégico	Objetivo Estratégico	Indicador	Meta	Plano de Ação
Descreve a estratégia da empresa através de objetivos relacionados entre si e distribuídores nas quatro dimensões	O que deve ser alcançado e o que é crítico para o sucesso da organização	Como será medido e acompanhado o sucesso do alcance do objetivo	O nível de desempenho ou a taxa de melhoria necessário	Programas de ação chave necessários para se alcançar os objetivos
↓	↓	↓	↓	↓
Mapa estratégico	**Objetivos**	**Indicadores**	**Meta**	**Iniciativa**
Financeira — Rentabilidade	-Rápida Preparação em solo	-Tempo de pouso -Partida Pontual	-30 Minutos -90%	-Programa de otimização da duração do ciclo
Mercado — Menos aviões, Mais clientes, Voo Pontual, Preços mais baixos				
Processos Internos — Rápida preparação em solo				
Aprendizado & Inovação — Alinhamento do pessoal de terra				

O BSC permite:
- Esclarecer e traduzir a visão e a estratégia;
- Comunicar a associar objetivos e medidas estratégicas;
- Planejar, estabelecer metas e alinhar iniciativas estratégicas;
- Melhorar o feedback e o aprendizado estratégico.

13 NOÇÕES DE GESTÃO DE PESSOAS

13.1 Escola das Relações Humanas

A Escola das Relações Humanas surgiu como oposição à Teoria Clássica da Administração, surgida na década de 1920. Essa escola, desde sua origem, apresentou como principal objetivo estabelecer uma relação de humanização nas empresas, pois o elemento humano tem suma importância nas relações de produção. Tal pensamento era inovador, visto que em propostas anteriores, como o Taylorismo e o Fordismo, a figura humana era controlada como máquina.

13.1.1 Taylorismo - A Racionalização da Produção

Também conhecido como Administração Científica, o Taylorismo é um sistema de organização industrial criado pelo engenheiro mecânico e economista norte-americano, Frederick Winslow Taylor, no final do século XIX. A principal característica desse sistema é a organização e divisão de tarefas dentro de uma empresa com o objetivo de obter o máximo de rendimento e eficiência com o mínimo de tempo e atividade, ou seja, Taylor tenta otimizar resultados respondendo à seguinte pergunta: como aumentar o consumo e o lucro diminuindo o tempo de produção e o custo?

As respostas são:

- Divisão das tarefas de trabalho dentro de uma empresa;
- Especialização do trabalhador;
- Treinamento e preparação dos trabalhadores de acordo com as aptidões apresentadas;
- Análise dos processos produtivos dentro de uma empresa com o objetivo de otimização do trabalho;
- Adoção de métodos para diminuir a fadiga e os problemas de saúde dos trabalhadores;
- Implantação de melhorias nas condições e nos ambientes de trabalho;
- Uso de métodos padronizados para reduzir custos e aumentar a produtividade;
- Criação de sistemas de incentivos e recompensas salariais para motivar os trabalhadores e aumentar a produtividade;
- Uso de supervisão humana especializada para controlar o processo produtivo;
- Disciplina na distribuição de atribuições e responsabilidades;
- Uso de métodos de trabalho que já foram testados e planejados para eliminar o improviso.

13.1.2 Fordismo

A melhor maneira de definir o Fordismo é entender que ele foi uma aplicação prática do Taylorismo. Funciona assim: Taylor pensa, mas é Ford que aplica. Isso mesmo, Ford ganhou dinheiro com a ideia de Taylor.

A principal característica do Fordismo é a **fabricação em massa**, baseada numa linha de montagem. Assim, temos uma redução significativa dos custos de produção, o que barateia o produto e possibilita a venda para o maior número possível de consumidores. Dentro desse sistema de produção, uma esteira rolante conduzia ao produto, no caso da Ford, os automóveis. Cada funcionário executava uma pequena etapa. Assim, os funcionários não precisavam sair do seu local de trabalho, o que resultava em uma maior velocidade de produção. Também não era necessária a utilização de mão de obra muito capacitada, pois cada trabalhador executava apenas uma pequena tarefa, todo dia, dentro de uma etapa de produção. Isso gerava um barateamento no processo produtivo.

O declínio do Fordismo pode ser observado a partir dos anos 70, quando foi substituído pelo Toyotismo.

Daí a necessidade daquilo que chamamos de humanização. O homem, a partir de então, passa a ser visto como um todo. O homem apresenta necessidades físicas, psicológicas e sociais. Tais necessidades passaram a interessar à organização, já que se compreendeu que o elemento humano é o capital mais precioso dentro de uma organização empresarial. Satisfação no trabalho, interação entre as pessoas, relações pessoais, interpessoais e sociais, aspectos relacionados à motivação, entre outros, acabam traçando os rumos das pesquisas na área de relações humanas.

13.1.3 Pirâmide de Maslow X Necessidades do Trabalhador

Alguns estudos também relacionaram a Maslow, as necessidades do indivíduo dentro das organizações:

Necessidades Biológicas e Fisiológicas

As empresas devem oferecer salários justos, horários adequados e intervalos de descanso.

Necessidades de Segurança

As empresas devem deixar claro para seus funcionários que estão dentro das normas de segurança e de trabalho; e oferecer benefícios, como seguro de vida, planos de saúde e de aposentadoria.

Necessidades de Participação

Mostrar aos colaboradores, por meio de projetos e palestras em grupo, a necessidade do trabalho em equipe e a importância das relações interpessoais.

Necessidades de Estima

Reconhecer o trabalho e o esforço dos colaboradores por meio de elogios, promoções e premiações, não propriamente financeiras.

Necessidades de Autorrealização

Viabilizar ideias dos funcionários, fazer com que estes participem das tomadas de decisões relacionadas ao seu trabalho; promover cursos de atualização e oferecer oportunidades dentro da empresa.

O autor Antônio Carlos Gil em sua obra Gestão de Pessoas: um enfoque profissional apresenta a seguinte definição:

É o ramo especializado da Ciência da Administração que envolve todas as ações que têm por objetivo a integração do colaborador no contexto da organização e no aumento de sua produtividade.

Para o autor Chivenato, gestão de pessoas: É o conjunto de decisões integradas sobre as relações de emprego que influenciam a eficácia dos funcionários e das organizações .

Segundo Merras: É o conjunto de políticas e práticas necessárias para conduzir os aspectos da posição gerencial relacionados com as pessoas, incluindo recrutamento, seleção, treinamento, recompensas e avaliação de desempenho.

13.2 Histórico da Gestão de Pessoas (GEP)

A evolução da GEP está atrelada à história da Administração, conforme já mencionamos. Usando como base fundamental as Escolas Administrativas, podemos observar o enfoque dado, em cada período, aos recursos humanos dentro da visão organizacional, assim distribuída:

13.2.1 Até 1930 – Fase Contábil

Período constituído por contexto histórico conturbado, marcado pela ênfase na alternância política entre São Paulo e Minas Gerais, no período conhecido como República do café-com-leite. Nessa época, a questão social era considerada caso de polícia. Não havia ainda uma legislação trabalhista e as condições do trabalho eram extremamente precárias. Essa fase é pioneira na gestão pessoal e, também, chamada de "pré-histórica" por alguns autores. Caracterizava-se pela preocupação existente com os custos da organização. Os trabalhadores eram vistos exclusivamente sob o enfoque contábil: comprava-se a mão de obra e, portanto, as entradas e saídas provenientes dessa conta deveriam ser registradas contabilmente, sem o estabelecimento direto da relação humana.

13.2.2 De 1930 a 1950 – Fase Legal

Com as transformações políticas a partir da Revolução de 1930 e da Era Vargas, também observamos mudanças no setor de gestão pessoal. Registramos o aparecimento da função de chefe de pessoal, profissional cuja preocupação estava centrada no acompanhamento e na manutenção das recém criadas leis trabalhistas da era getulista. As leis trabalhistas já estavam presentes na Constituição de 1934 e incluíam, entre outras coisas; descanso semanal remunerado, jornada de trabalho, férias, salário mínimo, etc. O poder até então, unicamente, centrado na figura dos feitores (chefes de produção) sobre os empregados, passou para as mãos do chefe de pessoal pelo domínio exercido sobre as regras e normas jurídicas, impostas pela CLT de 01 de maio de 1943.

13.2.3 De 1950 a 1965 – Fase Tecnicista

Período marcado pelo populismo político e pelo desenvolvimentismo econômico. A abertura da economia brasileira ao capital estrangeiro foi significativa nesse período. Uma industrialização intensa ampliou a mão de obra e as necessidades de emprego. Na Fase Tecnicista foi implantado no Brasil o modelo americano de gestão de recursos humanos e isso alavancou a função de RH ao status orgânico de gerência. Os empresários incluíram nos organogramas a figura do gerente de relações industriais. Isso representou, para as organizações e para os trabalhadores, um grande avanço na qualidade das relações entre capital e trabalho. Foi nessa fase que a área de RH passou a operacionalizar serviços como os de treinamento, recrutamento e seleção, cargos e salários, higiene e segurança, entre outros.

13.2.4 De 1965 a 1985 – Fase Administrativa ou Sindicalista

Enfrentamos nesse contexto a fase da República Militar, em que ações populares eram vistas como uma "ameaça à ordem nacional". A Fase Administrativa criou um marco histórico nas relações entre capital e trabalho, uma vez que parte das conquistas é produto das lutas empreendidas pelos próprios trabalhadores. Implementou-se o movimento sindical denominado 'novo sindicalismo'. Nessa fase, registrou-se nova mudança significativa na denominação e na responsabilidade do até aqui gerente de relações industriais. O cargo passou a ser chamado como gerente de recursos humanos. Pretendia-se, com essa mudança, transferir a ênfase em procedimentos burocráticos e puramente operacionais para responsabilidades de ordem mais humanísticas, voltadas para os indivíduos e suas relações com os sindicatos, a sociedade, etc.

13.2.5 Posterior a 1985 – Fase Estratégica

A redemocratização do Brasil e as mudanças oriundas da Constituição de 1988 foram o fundamento dessa fase, demarcada operacionalmente pela introdução dos primeiros programas de planejamento estratégico de RH, atrelado ao planejamento central das organizações. Nessa fase é que se registraram as primeiras preocupações de longo prazo, por parte da direção das empresas, em relação aos trabalhadores. Iniciou-se uma nova alavancagem organizacional do cargo de gerente de recursos humanos, que, de posição gerencial, de terceiro escalão, em nível ainda tático, passou a ser reconhecido como diretoria, em nível estratégico nas organizações.

As etapas evolutivas da área de RH, podem ser sintetizadas em quatro, a saber:
- Administração de Pessoal;
- Relações Industriais;
- Administração de Recursos Humanos;
- Gestão de Pessoas.
- **Podemos concluir que a Gestão de Pessoas surge da necessidade de conciliar os elementos humanos e operacionais dentro de uma visão estratégica do setor empresarial que se divide em:**
- Provisão de Recursos Humanos;
- Aplicação de Recursos Humanos;
- Desenvolvimento de Recursos Humanos;
- Manutenção de Recursos Humanos;
- Monitoração de Recursos Humanos;

Processo de Provisão

Consiste em abastecer a empresa com uma mão de obra que seja qualificada. É uma referência ao **recrutamento** e **seleção pessoal**.

Planejamento de Recursos Humanos

Processo que diz respeito à decisão relativa aos recursos humanos, necessários para alcançar os objetivos organizacionais dentro de um tempo determinado. É uma visão sobre a necessidade da força de trabalho e dos talentos humanos para realizar a ação organizacional futura. O Planejamento Estratégico do RH é parte integrante do Planejamento Estratégico da Organização e deve ter como objetivo o alcance das metas e a inclusão das necessidades individuais.

Recrutamento

É o conjunto de técnicas e procedimentos que visa a atrair candidatos potencialmente qualificados e capazes de ocupar cargos dentro da organização. O recrutamento é feito a partir das necessidades presentes e futuras de Recursos Humanos da organização.

Seleção de Pessoal

É a escolha dos candidatos recrutados que melhor se ajustam ao cargo em aberto. O objetivo essencial da seleção de pessoal é **escolher** e **classificar** os candidatos adequados às necessidades da organização.

ADMINISTRAÇÃO

Processo de Aplicação

Consiste na análise e na descrição de cargos e na avaliação de desempenho.

Clima Organizacional

É o modo como se desenvolve a conciliação entre a expectativa e a realidade dentro do ambiente de trabalho. Há um impacto do clima organizacional sobre a motivação, o desempenho e a satisfação no trabalho, pois é ele que cria certos tipos de expectativas, cujas consequências são decorrentes de diferentes ações. As pessoas esperam certas recompensas e satisfações. Assim, o clima organizacional é o conjunto de fatores que interferem na satisfação ou no descontentamento no trabalho. É o conjunto de variáveis que busca identificar os aspectos que precisam ser melhorados, em busca da satisfação e do bem-estar dos colaboradores.

Educação Corporativa

É a prática coordenada de gestão de pessoas e de gestão do conhecimento, tendo como orientação a estratégia de longo prazo de uma organização.

Tecnologia em RH

É a otimização da gestão e dos custos de serviço por empregado; diminui a relação de dependência entre o empregado e os Recursos Humanos; dá mais autonomia aos empregados, que se tornam responsáveis pelo uso e benefício que obtêm dos sistemas e reduz os custos das tarefas administrativas.

Objetivos Organizacionais	Objetivos Individuais
Crescimento sustentado	Melhores salários
Lucratividade	Melhores benefícios
Produtividade	Estabilidade/segurança no emprego
Qualidade dos produtos/serviços	Qualidade de vida
Novos mercados	Oportunidades de crescimento
Novos clientes	Liberdade de atuação
Competitividade	Lazer
Imagem no mercado	Reconhecimento e valorização

As organizações necessitam de pessoas para realizarem suas funções. Assim, com o crescimento da empresa, aumenta também a necessidade de recursos humanos que possam gerir os recursos materiais, financeiros e tecnológicos, com eficiência e eficácia.

Com isso, as pessoas passam a ser um diferencial na empresa, ou seja, constroem a competência básica da empresa em um cenário empresarial instável, globalizado e fortemente concorrencial.

13.3 As Pessoas como Parceiras da Organização

Dentro das organizações, todo processo produtivo de uma participação conjunta de diversos parceiros, que contribuam com algum recurso.

Os fornecedores contribuem com matérias-primas, insumos básicos, serviços e tecnologias. Os acionistas e investidores contribuem com capital e investimentos que permitem o aporte financeiro para a aquisição de recursos. Os empregados contribuem com seus conhecimentos, capacidades e habilidades, proporcionando decisões e ações que dinamizam a organização. Os clientes e consumidores contribuem, a dquirindo seus bens ou serviços colocados no mercado.

Mas, a relação não consiste numa unilateralidade, pois cada um dos parceiros tem alguma expectativa de retorno que sirva como estímulo para continuar seu investimento.

As pessoas devem ser visualizadas como parceiras das organizações, pois constituem parte integrante do capital intelectual. As organizações bem sucedidas se deram conta disso e tratam seus funcionários como parceiros do negócio e fornecedores de competências, e não mais como simples empregados contratados.

Nesse sentido, a gestão de pessoas é um ramo muito sensível e instável, pois vários fatores influenciam para que alcancem seus objetivos. Entre esses fatores, podemos destacar:

- Políticas organizacionais;
- Contexto ambiental;
- Tecnologia empregada;
- Formas de gestão.

No cenário do mundo globalizado, as instituições estão atuando de forma estratégica. Assim, um processo produtivo é realizado com o auxílio de vários colaboradores, os quais auxiliam com algum recurso. Nesse cenário, são os principais parceiros das empresas os *stakeholders*.

13.3.1 Stakeholders

São as pessoas que afetam ou são afetadas de alguma forma pelas políticas das empresas. Também são considerados como públicos estratégicos, já que, de modo indireto ou direto, influenciam fortemente nos resultados das organizações. Podem estar divididos em dois grandes grupos: Diretos e Indiretos.

Diretos

São as pessoas que possuem uma relação direta com a organização, como: acionistas, clientes, fornecedores e funcionários.

Stakeholders Diretos	Relação de Troca com a Organização	
	Entregam	Esperam
Acionistas	Recursos financeiros (em forma de ações, empréstimos ou financiamentos)	Lucros para a Organização. Que a organização obtenha lucros
Fornecedores	Matéria - prima para a organização	Retorno financeiro e possibilidade de novos negócios
Empregados	Força de trabalho, esforço, conhecimento	Incentivos como remuneração e benefícios
Clientes	Dinheiro	Produtos de qualidade por um preço justo

Indiretos

Possuem significância mais indireta na empresa, como o governo a mídia e a sociedade.

327

NOÇÕES DE GESTÃO DE PESSOAS

Stakeholders Indiretos	Relação de Troca com a Organização	
	Entregam	**Esperam Receber**
Governo	Incentivos para que a organização se instale na cidade ou país (incentivos fiscais, doação de terrenos).	Os impostos pagos pelas organizações e o desenvolvimento da cidade ou país, já que as organizações geram emprego e desenvolvimento nos locais onde se instalam.
Mídia	Propaganda, que ajuda a organização a ser bem vista pelos seus clientes.	Pagamento por serviço prestado.
Sociedade	Os clientes, os empregados e os fornecedores.	Não apenas a obtenção de lucros, mas o desenvolvimento da sociedade.

Há três fatores que indicam a importância dos *Stakeholders* para a organização:

- **Urgência:** quando se necessita Fique ligado imediata, pois sua necessidade é sensível ao tempo.
- **Poder:** quando, pela força ou poder coercitivo, se impõe em relação à organização.
- **Legitimidade:** quando o relacionamento é pautado ou protegido por leis ou normas legítimas.

13.3.2 Aspectos Fundamentais

Alguns aspectos são fundamentais para a gestão de pessoas:

Pessoas como Seres Humanos

Reconhecer que as pessoas não são meramente recursos da empresa, mas são seres dotados de inteligência, personalidade, histórias particulares diferenciadas e possuidores de conhecimento e de capacidade adequada para a gestão dos demais recursos da organização. Isso implica no rompimento com a visão taylorista/fordista na qual as pessoas devem apenas reproduzir aquilo que lhes é ordenado. É perceptível a capacidade das pessoas em auxiliar, constantemente no processo de desenvolvimento da empresa.

Pessoas como Elementos Impulsionadores

Num cenário globalizado de constantes transformações, as pessoas geram a competitividade, já que dinamizam a organização, não sendo apenas agentes passivos e estáticos, mas agentes envolvidos no processo.

Pessoas como Parceiros da Organização

As pessoas movimentam e levam a empresa ao sucesso, pois são parceiras das organizações. Investindo nelas, há sempre um retorno.

Pessoas como Talento

As pessoas são seres repletos de talentos e competências e, com isso, levam a organização ao sucesso. Visto que uma organização não pode ser formada apenas de máquinas e tecnologia, há sempre necessidade de alguém que as opere.

Pessoas como Capital

As pessoas são o principal ativo organizacional, já que agregam conheci.nento e inteligência à organização.

13.3.3 Objetivos

Os objetivos da Gestão de Pessoas são amplos, mas devem contribuir sempre para a eficácia organizacional por meio das seguintes ações:

- Corroborar para que a organização alcance sua missão e seus objetivos;
- Proporcionar maior competitividade à organização, otimizando a capacidade produtiva das pessoas para melhorar o atendimento aos parceiros;
- Propiciar pessoas bem treinadas e motivadas à organização, começando por manter um projeto de capacitação contínuo e o reconhecimento dos esforços depreendidos. Recompensar quem desempenha bem seu papel, não apenas com remuneração;
- Propiciar a satisfação e aumentar a autoavaliação, pois hoje as pessoas satisfeitas no trabalho são necessariamente mais produtivas, pois, com pessoas felizes, a organização ruma para o sucesso;
- Desenvolver a qualidade de vida no trabalho, já que a confiança nas organizações é fundamental para que a produtividade das pessoas seja maximizada. Devido a isso, as empresas estão investindo em programas para melhorar a qualidade e o ambiente de trabalho, visando à satisfação das necessidades individuais e proporcionando um local atraente e satisfatório para os trabalhadores;
- Ficar atento às mudanças e adaptar-se a elas, contribuindo para o sucesso da organização;
- Trabalhar com princípios e valores éticos e responsabilidade social;
- Desenvolver uma equipe e uma empresa. Para isso, não basta cuidar das pessoas, é necessário levar em consideração a organização do trabalho e o estilo de gestão.

13.3.4 Processos Organizacionais

A Gestão de Pessoas utiliza seis processos básicos:

- **Processos de agregar pessoas:** são os processos utilizados para incluir novas pessoas na empresa. Podem ser também denominados de processos de provisão ou suprimento de pessoas. Incluem as funções de recrutamento e seleção de pessoas.
- **Processos de aplicar pessoas:** são os processos utilizados para desenhar as atividades que as pessoas irão realizar na empresa, assim como, de orientar e acompanhar seu desempenho. Incluem as funções de desenho de cargos e de avaliação de desempenho.
- **Processos de recompensar pessoas:** são os processos utilizados para incentivar as pessoas e satisfazer suas necessidades individuais. Incluem as funções de remuneração e benefícios.
- **Processos de desenvolver pessoas:** são os processos utilizados para capacitar e incrementar o desenvolvimento profissional e pessoal. Incluem as funções de treinamento e de desenvolvimento.
- **Processos de manter pessoas:** são os processos utilizados para criar condições ambientais e psicológicas satisfatórias para as atividades das pessoas. Incluem as funções de higiene e segurança no trabalho, assim como de relações trabalhistas.
- **Processos de monitorar pessoas:** são os processos utilizados para acompanhar e controlar as atividades das pessoas e verificar os resultados. Incluem as funções de banco de dados e sistemas de informações gerenciais.

ADMINISTRAÇÃO

14 LIDERANÇA

A força de trabalho e o seu poder é o principal efeito da liderança, já que esta dá ritmo e energia ao trabalho desenvolvido que move uma organização.

Liderar

É conectar os empregados ao seu negócio.

É obter e manter empregados que ajam e trabalhem como proprietários.

Liderança

É a arte de fazer com que os outros tenham vontade de fazer algo que você está convencido de que deve ser feito.

É a arte de mobilizar os outros a batalhar por aspirações compartilhadas.

É a arte de obter resultados desejados, acordados e esperados por meio de empregados engajados.

Líder

É o portador da autoridade legitimada, ou seja, aquele em quem se reconhecem motivos para ser ouvido, acatado e seguido. *(Benedito Milioni)*

As empresas vêm buscando líderes e não apenas gerentes. Assim, uma característica marcante entre os líderes é a naturalidade de trabalhar em equipe, já que eles não podem agir sozinhos. Existem quatro competência comuns aos líderes:

- *Fique ligado:* o líder desperta a Fique ligado e consegue o comprometimento de sua equipe, pois seus membros passam a querer participar dessa visão e alcançar os objetivos propostos pela liderança.
- *Significado:* os líderes possuem grande habilidade para a comunicação. Assim, conseguem passar de forma clara e concisa as informações para a sua equipe.
- *Confiança:* o líder inspira confiança, pois tem objetivos e propósitos consistentes.
- *Conhecimento pessoal:* os líderes sabem explorar seus pontos fortes e, ao mesmo tempo, buscam melhorar seus pontos fracos.

Em quaisquer definições de liderança, sempre haverá uma ou duas palavras, no máximo, que, se retiradas, mudam o significado de liderança para gerência ou chefia. Vejamos:

Gerenciar

É colocar para trabalhar os empregados no seu negócio.

É obter e manter empregados que ajam e trabalhem como empregados.

Gerência

É a arte de fazer com que os outros façam algo que você está convencido de que deva ser feito.

É a arte de mobilizar os outros a batalhar.

É a arte de obter resultados desejados, acordados e esperados por meio de empregados.

Diferenças entre Gerente e Líder	
Gerente	**Líder**
Administra	Inova
Prioriza as tarefas	Prioriza as pessoas
Prevê curto prazo	Estabelece longo prazo
Exerce o controle	Inspira a confiança
É eficiente	É eficaz

14.1 Tipos de Liderança

14.1.1 Liderança Formal

Quando é conferida por alguém da organização, ou seja, a organização designa alguém para liderar, o que os torna gestores. Assim, nem todo gestor é um líder.

14.1.2 Liderança Informal

São pessoas que não possuem o poder formal para liderar, porém lideram. Elas surgem normalmente dentro de um grupo sem serem designadas pela organização.

Gestor	Líder
Liderança baseada em leis impostas pela organização, fixa poder de comando.	Liderança baseada na confiança que os liderados têm nas qualidades de líder.
Os subordinados obedecem a autoridade imposta pela empresa, e não o gestor.	Os seguidores concordam com as ideias e visões que o líder possui.
Utiliza-se do poder coercitivo das regras da organização para forçar a obediência.	O poder vem da massa que o segue.

14.1.3 Liderança Autocrática

Baseia-se numa relação de submissão, já que o líder tem uma postura dominadora e agressiva, não dando liberdade alguma a seus subordinados.

14.1.4 Liderança Democrática

Consiste em uma liderança participativa, ou seja, o líder consegue motivar os liderados a participarem das decisões, pois possui caráter comunicativo. Esse tipo de liderança pode ser subdividido em duas subcategorias:

- **Consultivo:** ele pede a opinião dos liderados, porém, toma a decisão final sozinho.
- **Participativo:** ouve a opinião dos liderados, fazendo com que as decisões sejam tomadas pelo grupo, sendo orientadas pelo líder, mas decididas em coletivo.

14.1.5 Liderança Liberal

Esse tipo de liderança é caracterizada, basicamente, pela ausência de líderes, já que o próprio grupo é quem toma as decisões.

14.1.6 Liderança Orientada pelas Tarefas

A preocupação central desse tipo de liderança é com a tarefa e não com a equipe que a executa. Assim, acaba se tornando uma liderança preocupada demasiadamente com tarefas, metas e objetivos a serem cumpridos.

14.1.7 Liderança Orientada para as Pessoas

O foco está na equipe de trabalho, O processo administrativo deve tornar o ambiente de trabalho confortável para as pessoas.

LIDERANÇA

14.1.8 Liderança Diretiva

Esse tipo de liderança esclarece as atividades e o que ele espera de seus subordinados, além de organizar as diretrizes, metas e objetivos de maneira clara.

14.1.9

14.1.10 Liderança Apoiadora

É o líder que se mostra sensível às necessidades e expectativas das pessoas que compõem a sua equipe.

14.1.11 Liderança Orientada para a Conquista

Esse tipo de liderança impõe metas e objetivos desafiadores e espera de seus liderados que demonstrem desempenho máximo.

Liderança Carismática

É exercida pelo líder consegue obter a confiança de seus liderados, atribuindo a ele características de herói. Um líder carismático deve:

- Possuir visão;
- Dispor-se a correr riscos para alcançar essa visão;
- Ser sensível às necessidades de seus liderados;
- Ter comportamento diferente do comum.

Um líder não necessita nascer carismático; ele pode desenvolver um carisma se seguir três etapas, a saber:

- Visão otimista consiste em desenvolver uma aura de carisma, tendo sempre uma visão otimista e demonstrando isso com linguagem corporal. É aquela que utiliza paixão em tudo o que faz.
- Criação de confiança em seus liderados para segui-lo.
- Potencial - consegue extrair potencial de seus liderados.

14.1.12 Liderança Visionária

Segundo Robbins, a liderança visionária é a habilidade para criar e articular uma visão do futuro, realista, digna de crédito e atraente, que cresce a partir do presente e o aperfeiçoa.

15 TREINAMENTO

Visa ao desenvolvimento de qualidades dos colaboradores a fim de torná-los mais produtivos e capazes de contribuir de forma mais adequada para o alcance dos objetivos organizacionais.

15.1 Processos de Treinamento

O treinamento é um processo cíclico e contínuo composto de quatro etapas. Para Chiavenato, muito parecido com a perspectiva de Rosemberg, citado por Abbad, que apresenta:

- **Diagnóstico:** é o levantamento das necessidades de treinamento a serem satisfeitas. Essas necessidades podem ser passadas, presentes ou futuras;
- **Desenho:** é a elaboração de um programa de treinamento para atender às necessidades diagnosticadas;
- **Implementação:** é a aplicação e a condução do programa de treinamento;
- **Avaliação:** é a verificação dos resultados do treinamento.

Treinamento			
Diagnóstico	Desenho	Implementação	Avaliação
Objetivos da Organização	Decisões importantes sobre a estratégia	Condução do treinamento	Monitoramento do processo

15.1.1 Diagnóstico

Organização	Recursos Humanos
Diagnóstico da organização -Visa alcançar a missão, a visão e os objetivos da empresa.	-Foco nas pessoas -Competências necessárias para contribuir com o sucesso da organização.
Treinamentos	**Estrutura de Cargos**
Determinação de objetivos usados na avaliação de eficiência e eficácia.	-Análise dos cargos -Observação de competências necessárias -Treinamento para as pessoas que ocupam estes cargos.

Tem por função identificar as necessidades de treinamentos a serem realizados, podendo essa necessidade ser passada, presente ou futura. As necessidades nem sempre são claras e, para serem apuradas, há quatro níveis de análise:

- **Organizacional:** analisa a organização como um todo, determinando os treinamentos necessários para que a missão, a visão e os objetivos da empresa sejam alcançados.
- **Recursos Humanos:** tem seu foco nos treinamentos necessários para que as pessoas possam contribuir para que os objetivos organizacionais sejam alcançados.
- **Estrutura de cargos:** analisa os quadros de cargos e determina quais são os treinamentos necessários para que as pessoas possam desenvolver adequadamente os cargos ou funções que ocupam.
- **Treinamento:** designa os objetivos que servirão de parâmetro para a avaliação da eficácia e da eficiência do programa de treinamento.

15.1.2 Desenho

Tem por função elaborar os projetos de treinamentos para as necessidades encontradas no diagnóstico. Esse treinamento deve ser coeso e integrado. Para isso, deve conter seis itens básicos: quem deve ser treinado, como treiná-lo, em que treinar, por que treinar, onde treinar, quando treinar e para que treinar.

Assim, os treinamentos devem estar intimamente ligados às necessidades da empresa. Nem sempre a compra de pacotes de treinamento dará resultados, já que eles não são pautados na organização e sim em um contexto genérico.

Quem treinar	Como treinar	Em que treinar
Treinados	Métodos de treinamento	Conteúdo dos treinamentos
Por quem	**Quando treinar**	**Para que treinar**
Instrutor	Horário de treinamento	Objetivo do treinamento

15.1.3 Implementação

Trata-se da efetiva execução e condução dos projetos de treinamento. Existem várias técnicas de treinamento, destacando-se:

- **Leitura:** é um dos métodos mais utilizados. O instrutor apresentar verbalmente o treinamento e os treinados apenas ouvirem. A vantagem é que o instrutor pode passar uma vasta gama de conhecimento em um curto espaço de tempo; contudo, há pouco esclarecimento de dúvidas e, basicamente, nenhuma prática, o que acaba por não gerar, significativas mudanças na organização.
- **Instrução programada:** é uma técnica que utiliza-se de programas para que as informações sejam transmitidas. Assim, não necessita de instrutor e é realizada aos poucos, dividida em blocos nos quais constam questões para o treinado responder e avaliar seu aprendizado.
- **Treinamento em classe:** é o mais utilizado, este é realizado em sala de aula, com o auxílio de um instrutor ou gerente que ministra o conteúdo.
- ***Computer-based training* (CTB):** é realizado a partir da utilização de tecnologias da informação, como a ajuda de CD's, DVD's ou ajudas gráficas. O treinamento fica restrito à entrega de instruções aos participantes.
- ***E-learning*: utiliza-se a integração de diversas soluções propiciadas com o uso de tecnologias da internet, baseando-se em 3 princípios:**

Criação de uma rede, também chamada de *network*, em que a atualização das instruções é feita instantaneamente.

Facilidade na entrega do treinamento aos participantes, pois são utilizados ferramentas padrão da internet.

Possibilita um aprendizado amplo, pois não se limita à simples entrega de instruções.

Vantagens do *E-Learning*

- Custo baixo;
- **Fácil adaptação:** pode ser regido ou adaptado às pessoas a quem será ministrado o conteúdo;
- Atualização instantânea;
- Pode ser acessado de qualquer lugar pela internet;
- Motiva a aprendizagem organizacional;
- Não tem limite de treinados, pode ser feito para 10 ou 1000 pessoas sem custo adicional.

TREINAMENTO

15.1.4 Avaliação

É a análise dos resultados obtidos com a implementação do treinamento, a fim de saber se o treinamento alcançou o seu objetivo. É a etapa final do treinamento, utilizada para medir a eficácia do trabalho desenvolvido.

Dessa forma, é necessário que algumas medidas sejam levadas em consideração para a realização da avaliação do treinamento, sendo elas: custo, qualidade, serviço, rapidez e resultado.

CUSTO	QUALIDADE
Que foi investido no projeto de treinamento.	Se as expectativas foram obtidas.

SERVIÇO	RAPIDEZ	RESULTADOS
Se as necessidades dos participantes foram cumpridas.	Se os desafios oferecidos foram cumpridos.	Quais foram os resultados apresentados pelo programa.

A avaliação ajuda a determinar fatores importantes, como se os objetivos propostos para a realização de treinamento estão sendo alcançados. Para isso, há 5 níveis diferentes de resultados: reação, aprendizado, desempenho, resultado e avaliação do investimento.

- **Reação:** quando o treinamento modifica apenas a primeira reação do funcionário, mas sem grandes colaborações para o futuro.
- **Aprendizado:** o funcionário realmente absorve o que o treinamento lhe passou e transforma esse conhecimento em aprendizado.
- **Desempenho:** o treinamento foi recepcionado de forma positiva pelo funcionário, já que surtiu efeitos concretos em relação ao seu desempenho.
- **Resultado:** se, após o treinamento foram observardas mudanças consideráveis nos resultados obtidos pelos funcionários, minimizando os pontos fracos da organização.
- **Avaliação de investimento:** o treinamento será considerado satisfatório se o resultado alcançado justificar o investimento depreendido pela organização.

16 DESENVOLVIMENTO DE PESSOAS

O desenvolvimento de pessoas está mais relacionado com a educação e com a orientação para o futuro do que com o treinamento. Afirmamos ser ele um projeto a longo prazo que visa à manutenção pessoal na organização. **Educação é o processo de desenvolvimento relacionado com a formação da personalidade e da melhoria da capacidade para compreender e interpretar o conhecimento.** O desenvolvimento está voltado para o crescimento do empregado numa progressão geométrica, que leva em consideração o interesse pessoal no crescimento organizacional, visando à carreira futura, mais do que ao cargo atual.

Vejamos como Chiavenato diferencia desenvolvimento, treinamento e educação:

Desenvolvimento de RH: *é o conjunto de experiências organizadas de aprendizagem (intencionais e propositais) proporcionadas pela organização, dentro de um específico período de tempo, para oferecer a oportunidade de melhoria no desempenho e/ou crescimento humano. Inclui três áreas de atividades: treinamento, educação e desenvolvimento.*

Desenvolvimento Pessoal: *são as experiências não necessariamente relacionadas com o cargo atual, mas que proporcionam oportunidades para o desenvolvimento e o crescimento profissional.*

Treinamento: *são experiências organizadas de aprendizagem centradas na posição atual da organização. O treinamento deve aumentar a possibilidade de o funcionário desempenhar melhor suas atuais responsabilidades.*

Educação: *são as experiências de aprendizagem que preparam a pessoa para enfrentar futuros deveres na organização.*

▷ **Podemos apontar alguns métodos de desenvolvimento de pessoas no cargo atual:**

Rotação de cargos: entende-se como a movimentação das pessoas em vários cargos na organização com o objetivo de expandir suas habilidades, conhecimentos e capacidades. Permite expor as pessoas a um grau de complexidade crescente, estimulando novas ideias e aumentando experiências. Característica comum dos modelos de produção pós década de 70 do século XX, quando foi introduzido o sistema toyotista de produção.

Posições de assessoria: alocar, por exemplo, uma pessoa com alto potencial para trabalhar como assessor de um gerente de alto desempenho, para que o empregado possa realizar diferentes tarefas sob a supervisão de um gerente apoiador que estimule a manutenção das aptidões funcionais e o desenvolvimento de novas habilidades dentro do ambiente de trabalho, proporcionando o crescimento do empregado.

Aprendizagem prática: o treinando é designado para realizar um trabalho de tempo integral para analisar e resolver problemas em certos projetos ou outros departamentos. Em alguns casos podem ser criadas equipes que colaborem mutuamente.

Atribuição de comissões: dar oportunidades para que o empregado participe de comissões especiais de trabalho, observando discussões, posturas, capacidade gerencial e compartilhando a tomada de decisão.

Participação em cursos e seminários externos: é uma forma tradicional de desenvolvimento, na qual o empregado pode adquirir novas habilidades e conhecimentos. Pode ser realizado presencialmente ou à distância, variando conforme a intenção e a disponibilidade do grupo.

Exercícios de simulação: exercícios de simulação incluem dramatizações (*role playing*), jogos de empresas, estudos de caso, etc.

Treinamento fora da empresa (*outdoor*): são treinamentos realizados por consultoria especializada, cujo foco primário é ressaltar a importância do trabalho em equipe e a força que esse tipo de trabalho tem no mundo globalizado contemporâneo.

Centros de desenvolvimento interno: são centros localizados na empresa, destinados a expor os gerentes e empregados a exercícios realísticos para desenvolver e melhorar as habilidades pessoais. É o caso das universidades corporativas.

Ainda no quesito Desenvolvimento de Pessoas, podemos citar os métodos de desenvolvimento de pessoas fora do cargo. São dois: **Tutoria e Aconselhamento.**

16.1 Tutoria

É assistência dada aos empregados escolhidos para ascender dentro da empresa. Dá-se o nome a este processo de *mentoring/coaching*. Um gerente da organização exerce um papel ativo na condução do empregado aspirante a um posto mais elevado. Ele guia, aconselha, faz críticas e sugestões, dá suporte profissional e político.

Mentoring	Coaching
Relação entre o protetor e o protegido	Relação entre o líder e o subordinado
Foco no longo prazo e no futuro	Foco no curto prazo e no cotidiano
Estilo de desenvolvimento na carreira	Estilo de liderança e supervisão
Orientação profissional por alguma pessoa da organização	Condução ativa da pessoa pelo supervisor imediato
Impulso na carreira futura	Impulso no trabalho atual

16.1.1 As Quatro Etapas do Processo de Coaching

Primeira Etapa: sem dúvida é a mais crítica, afinal, consiste na construção de uma parceria sólida e consciente, que garanta alto nível de confiança e maturidade entre o *coach* e o cliente, em que ambas as partes possam assumir e cumprir todas as responsabilidades acordadas. Precisa de uma avaliação coerente e racional para o estabelecimento de laços sólidos.

Segunda Etapa: diz respeito ao que o cliente **deseja** realizar: a sua visão de futuro. O *coach* deve estimular o cliente a sonhar e, ao "vender" esses sonhos, deixar sempre clara a possibilidade viável de realizá-los.

Terceira Etapa: consiste na análise da "bagagem de mão", ou seja, a trajetória de realização de ambos. É o estabelecimento de uma reciprocidade baseada na quebra da barreira de resistência, estabelecida naturalmente pelos seres humanos. É muito importante que *coach* e cliente se conheçam bem, para que explorem com competência os talentos um do outro. **Envolve realização da síntese da história de vida de ambos - valores, atitudes, padrões de comportamento, pontos fortes e fracos (competências), resultados (sucessos e fracassos). Deve ser feita tomando como referência o projeto que o cliente quer realizar e não deve ser uma sessão de avaliação do cliente. O objetivo é avaliar o que será usado e o que será descartado.**

Quarta Etapa ou Plano de Ação: conhecendo melhor o cliente, o *coach* pode ajudá-lo a identificar os gaps (GAPS é um termo em inglês que significa um distanciamento, afastamento, separação, uma lacuna ou um vácuo) entre sua visão, situação e competências atuais. O *coach* deverá observar se essa distância não está muito além do que se pode cumprir, pois isso só causaria ansiedade.

DESENVOLVIMENTO DE PESSOAS

16.1.2 Princípios do Coaching

- Todos os seres humanos sonham com a possibilidade de se satisfazerem e merecem a oportunidade de o fazer da melhor forma possível.
- As pessoas criam a sua própria experiência de vida e um *coach* pode ajudá-las a criar a que realmente querem.
- A compreensão intelectual não é suficiente. Uma mudança requer uma ação.
- O fracasso é algo que não existe. Se a pessoa não consegue o que quer, ela encontra outra maneira. Fracasso é apenas uma maneira, a curto prazo, de dizer que não se conseguiu alcançar o que queria ainda.
- Todas as pessoas têm todos os recursos necessários ou então pode criá-los. Não existe ninguém que não tenha esses recursos. O cliente tem as respostas; o *coach*, as perguntas.
- Um *coach* trabalha para aumentar a quantidade de escolhas na vida do cliente.
- O *coaching* é uma parceria sinérgica e equitativa.

16.2 Aconselhamento

É um método semelhante ao da abordagem da tutoria. Mas, no aconselhamento, o gerente responsável atua no eventual surgimento de problemas. **Quando o empregado apresenta um comportamento e desempenho inconsistentes, o gerente deve intervir e identificar o problema.** O papel de conselheiro exige grande capacidade auditiva (de ouvir) e persuasiva (de persuadir).

No entanto, alguns teóricos discordam da abordagem de Chiavenato e indicam que o aconselhamento (*counseling*) é, essencialmente, exercido por um psicólogo qualificado para atividades terapêuticas.

Vejamos abaixo, as diferenças no conceito entre *mentoring*, *coaching* e *counseling* (aconselhamento):[1]

16.2.1 Modelos de Apoio

Coaching

O que é?

Processo para avaliar e orientar o desenvolvimento contínuo das competências de uma pessoa ou equipe, que serão utilizadas na realização de metas e objetivos.

Quem oferece?

Profissional especializado e credenciado, de fora ou de dentro da empresa.

Quem utiliza?

Pessoa ou equipe que precise desenvolver suas habilidades e competências para a realização de suas metas e objetivos.

Para que serve?

Promover mudanças de comportamento para atingir novo objetivo, auxiliando o desenvolvimento das próprias competências, para a realização de metas/ objetivos.

Quanto dura? Como é aplicado?

Em reuniões semanais, em média de 10 semanas. Pode ser aplicado individualmente ou em grupo.

Coaching de Skills & Competências

O que é?

Focado em um projeto atual de *coachee* ou equipe. Pode ser um método, estratégia ou comportamento relacionado ao sucesso de um projeto.

Quem oferece?

Profissional especializado e credenciado, de fora ou de dentro da empresa.

Quem utiliza?

Pessoa ou equipe que busque desenvolver competência na qual sente carência de desempenho e/ou para alcançar uma meta específica.

Para que serve?

Promover mudanças de comportamento e desenvolver competências para atingir um objetivo.

Quanto dura? Como é aplicado?

Curta duração, vinculada ao alcance do propósito preestabelecido.

Coaching de Performance

O que é?

Foco na efetividade do *coachee* ou equipe no cargo ou papel atual.

Quem oferece?

Profissional especializado e credenciado, de fora ou de dentro da empresa.

Quem utiliza?

Pessoa ou equipe que busque melhorar no contexto profissional ou pessoal

Para que serve?

Melhoria de desempenho profissional ou pessoal.

Quanto dura? Como é aplicado?

Duração pode ser de alguns meses.

Coaching de Desenvolvimento

O que é?

Foco em desafios de cargo futuro ou no futuro da carreira.

Quem oferece?

Profissional especializado e credenciado, de fora ou de dentro da empresa.

Quem utiliza?

Pessoa que busque chances de promoção ou oportunidade de carreira.

Para que serve?

Desenvolver e/ou adquirir competência para alcançar objetivo de carreira

Quanto dura? Como é aplicado?

Duração vinculada ao alcance do propósito pré-estabelecido. Pode ser de vários meses a 1 ano

Coaching para Negócios (Sounding Board)

O que é?

Foco em competências que gerem melhores resultados de negócios e em macro-situações diretivas e estratégicas. Não é focado em habilidades específicas e relaciona-se mais à administração.

Quem oferece?

Necessariamente um profissional de fora, especializado, credenciado e experiente na gestão de empresas.

Quem utiliza?

Dirigente líder de empresa ou de instituição.

Para que serve?

---

[1] Extraído de http://drh-talent.com/site/coaching-2/

ADMINISTRAÇÃO

Oportunidade do líder discutir situações e competências que não seriam possíveis discutir com alguém de seu meio.

Quanto dura? Como é aplicado?

A duração pode ser de vários anos, de formatos mais flexíveis e encontros mais esporádicos.

16.2.2 Coaching de Vida ou de Carreira

O que é?

Motivar o *coachee* a ser o melhor que pode como ser humano, indo além dos limites que se impôs, com foco no equilíbrio, no bem-estar e na qualidade de vida.

Quem oferece?

Preferencialmente um profissional especializado e credenciado, de fora da empresa, mais vivido e experiente.

Quem utiliza?

Pessoa que se encontre em fase de transição de vida e/ou carreira.

Pessoa que sinta que pode/deve ter uma vida melhor, mas não sabe o que fazer.

Para que serve?

Motivar o *coachee* a ir além dos seus limites e ser o melhor que pode como ser humano, para realizar o seu potencial total na vida.

Quanto dura? Como é aplicado?

Duração vinculada ao alcance do propósito pré-estabelecido.

Consulting

O que é?

Apoio especializado para diagnóstico e solução de problemas empresariais.

Quem oferece?

Consultor especializado, geralmente de fora da empresa.

Quem utiliza?

Empresa e/ou departamento da empresa.

Para que serve?

Diagnosticar problemas e oferecer soluções.

Quanto dura? Como é aplicado?

Pontual. Em forma de projeto, com prazo predeterminado, correspondente ao cronograma acordado.

Mentoring

O que é?

Orientação de caráter amplo, que aguça a visão aponta caminhos e cria diretrizes para o assessorado.

Quem oferece?

Normalmente uma pessoa mais experiente, que pode ser de dentro ou fora da empresa e que conhece o ambiente em que ele e/ou o assessorado atuam.

Quem utiliza?

Profissional em fase inicial de transformação ou de desenvolvimento de carreira.

Para que serve?

O mentor, passando suas experiências e conhecimentos, facilita, apoia e direciona o crescimento profissional do assessorado.

Quanto dura? Como é aplicado?

Em reuniões pré-programadas ou quando o mentor e /ou assessorado sentirem necessidade, durante a fase de desenvolvimento profissional.

Counseling

O que é?

Aconselhamento para ajudar a resolver evento pontual, de carreira ou emocional que o assessorado não tenha condições de definir ou necessite de apoio.

Quem oferece?

Profissional especializado, geralmente de fora da empresa. Usualmente são praticados por psicólogo ou assistente social.

Quem utiliza?

Pessoa, em geral do topo da empresa, que necessitar, tomar decisões importantes de vida ou de trabalho.

Para que serve?

Mapear a situação e sugerir rotas, em aconselhamento de carreira ou para problemas emocionais de executivos.

Quanto dura? Como é aplicado?

De forma pontual e com duração enquanto a decisão está sendo tomada.

16.3 A Gestão de Pessoas com Base em Competências

A forma de gerir pessoas sofreu grandes transformações ao longo dos últimos anos. Dentre as principais, citam-se:

Alteração no perfil das pessoas exigido pelas empresas. Ao perfil obediente e disciplinado, prefere-se um perfil autônomo e empreendedor. A mudança no padrão de exigência gerou a necessidade de uma cultura organizacional que estimulasse e apoiasse a iniciativa individual, a criatividade e a busca autônoma de resultados para a empresa ou o negócio.

Deslocamento do foco da gestão de pessoas por meio do controle para o foco por meio do desenvolvimento. A marca dos sistemas tradicionais de gestão de pessoas, inspirada no paradigma fordista e taylorista de administração, é o controle das pessoas. Segundo esse paradigma, os indivíduos são controláveis, portanto, espera-se deles uma postura passiva. Hoje, há uma grande pressão para que a gestão de pessoas seja orientada para a ideia de desenvolvimento mútuo. A empresa, ao se desenvolver, desenvolve as pessoas, e estas, ao se desenvolverem, fazem o mesmo com a organização. A pessoa é vista como a gestora de sua relação com a empresa, bem como do seu desenvolvimento profissional.

Maior participação das pessoas no sucesso do negócio ou da empresa. O comprometimento integral dos indivíduos com a organização ou negócio mobiliza não somente os músculos e parte da inteligência, mas todo o seu potencial criador, sua intuição, sua capacidade de interpretar o contexto e de agir sobre ele, gerando vantagens competitivas únicas. As pessoas são depositárias do patrimônio intelectual da empresa, bem como da capacidade e da agilidade de resposta da organização aos estímulos do ambiente e, ainda, da capacidade de visualização e exploração de oportunidades de negócios.

16.3.1 Conceitos de Competências

O entendimento do que faz a diferença entre funcionário com desempenho padrão e o com desempenho excepcional é a base do conceito de Competências. Segundo o dicionário Aurélio da Língua Portuguesa competência é:

Qualidade de quem é capaz de apreciar e resolver certo assunto, fazer determinada coisa; capacidade, habilidade, aptidão, idoneidade.

DESENVOLVIMENTO DE PESSOAS

Conhecimento aplicado e orientado para melhorar o desempenho do indivíduo, da equipe e da organização. Deve ser certificável, isto é, medida segundo certos padrões.

Um agrupamento de conhecimentos, habilidades e atitudes correlacionados, que afeta parte considerável da atividade de alguém, que se relaciona com o desempenho, que pode ser medido segundo padrões preestabelecidos, e que pode ser melhorado por meio de treinamento e desenvolvimento (Scott B. Parry – The quest for competences. Training, July 1996).

Para Maria Tereza Fleury (2000), Competência significa Saber agir de maneira responsável (...) implica mobilizar, integrar, transferir conhecimentos, recursos, habilidades, que agreguem valor econômico à organização e valor social ao indivíduo.

Há uma relação íntima entre as competências organizacionais e as individuais, de modo que, o estabelecimento das competências individuais deve estar vinculado à reflexão sobre as competências organizacionais, uma vez que há uma influência mútua entre elas.

Após a publicação do Artigo *The Core Competences of the Corporation* (As Competências Essenciais das Organizações), por C. K. Prahalad e Gary Hamel, na década de 90, a Competência passou a ser compreendida por muitas pessoas e por alguns teóricos da Administração como um conjunto de **C**onhecimentos, **H**abilidades e **A**titudes, necessários para que a pessoa desenvolva suas atribuições e responsabilidades.

16.3.2 Classificação das Competências

▷ **Alguns autores as classificam como:**

Competências Genéricas: competências que são necessárias/desejáveis em qualquer área ou processo em que o profissional atua. Exemplo: interrelacionamento pessoal, conhecimentos em informática, comprometimento com a qualidade, trabalho em equipe, autodesenvolvimento, planejamento, comunicação etc.

Competências Específicas: competências que estão diretamente relacionadas a determinada área ou processo. Exemplo: negociações sindicais, atendimento ao cliente, idiomas, administração de projetos, seleção, desenvolvimento de sistemas, análise de fluxo de caixa etc.

▷ **Outros as denominam como:**

Competências Técnicas: conhecimentos necessários para a execução do processo, diretamente relacionadas à formação profissional. Exemplo: conhecimentos de informática, gerenciamento de qualidade, pesquisa, sistema de telecomunicações.

Competências de Gestão: competências de natureza administrativa, vinculadas à prestação de serviços ou ao fornecimento de produtos. Exemplo: planejamento, gerenciamento de contratos, organização, cumprimento de metas etc.

Competências Interpessoais: competências que envolvem o relacionamento entre pessoas no ambiente de trabalho. Exemplo: liderança, comunicação, senso de equipe, delegação etc.

Competências Intelectuais: Competências que abrangem as características pessoais, os processos cognitivos e emocionais, necessários à tomada de decisões e solução de problemas. Exemplo: raciocínio lógico, criatividade, objetividade, capacidade de síntese, capacidade analítica etc.

16.4 Desenvolvimento Organizacional

Segundo Chiavenato, Desenvolvimento Organizacional é um esforço de longo prazo, apoiado pela alta direção, no sentido de melhorar os processos de resolução de problemas e de renovação organizacional, particularmente através de um eficaz e colaborativo diagnóstico e administração da cultura organizacional - com ênfase especial nas equipes formais de trabalho, equipes temporárias e cultura intergrupal - com a assistência de um consultor-facilitador e a utilização da teoria e tecnologia das ciências do comportamento, incluindo ação e pesquisa.

▷ **Outras definições:**

DO é a aplicação dos conhecimentos das ciências comportamentais num esforço a longo prazo para melhorar a capacidade da organização, de modo que permite confrontar-se com as mudanças no ambiente externo aumentando suas habilidades para solução de problemas.

DO é um conjunto de intervenções planejadas de mudança, construído a partir de valores humanísticos e democráticos que procuram incrementar a eficácia organizacional e o bem-estar dos funcionários.

16.4.1 Pressupostos do DO

- A constante e rápida mutação do ambiente.
- A necessidade contínua de adaptação.
- A interação entre a organização e o ambiente.
- Uma organização sensível e flexível, tendo capacidade e versatilidade de redistribuir rapidamente seus recursos, de maneira a maximizar a sua aplicação.
- **A interação entre indivíduo e organização. O DO parte de uma filosofia acerca do homem:** o ser humano tem aptidões para a produtividade, que podem permanecer inativas se o ambiente em que ele vive e trabalha é hostil.
- Os objetivos individuais e os objetivos organizacionais. É plenamente possível o esforço no sentido de se conseguir que as metas dos indivíduos se integrem com os objetivos da organização, num plano em que o significado do trabalho seja realmente estimulante e gratificante.
- Há mudança organizacional deve ser planejada.
- A necessidade de participação e comprometimento.
- O incremento da eficácia organizacional e do bem-estar da organização dependem de uma correta compreensão e aplicação dos conhecimentos acerca da natureza humana.
- Um objetivo essencial das organizações é o de melhorar a qualidade de vida. Não basta as meras alterações estruturais ou funcionais (alterações de rotinas e procedimentos). É preciso considerar que os métodos científicos que visam a melhorar a eficiência organizacional.

▷ **O DO utiliza um processo dinâmico composto de três fases distintas:**

- **Diagnóstico.** A partir da pesquisa sobre a situação atual. Geralmente, o diagnóstico é uma percepção a respeito da necessidade de mudança na organização ou em parte dela. O diagnóstico deve ser obtido por meio de entrevistas com as pessoas ou grupos envolvidos.
- **Intervenção.** Uma ação para alterar a situação atual. Geralmente, a intervenção é definida e planejada por meio de *workshops* e discussões entre as pessoas e os grupos envolvidos para determinar as ações e os rumos adequados para a mudança.
- **Reforço.** Um esforço para estabilizar e manter a nova situação, por meio de retroação. Geralmente, o reforço é obtido em reuniões e avaliações periódicas que servem de retroinformação a respeito da mudança alcançada.

16.4.2 Técnicas de DO

▷ **Segundo Chiavenato, as principais técnicas de DO são:**

Treinamento da sensitividade ou treinamento da sensibilidade: constitui a técnica mais antiga e ampla de DO. Consiste em reunir grupos chamados *T-groups* (grupos de treinamento) e que são orientados por um líder treinado para aumentar a sensibilidade quanto às suas habilidades e dificuldades de relacionamento interpessoal. O resultado consiste em maior criatividade (menos temor dos outros e menos posição de defesa), menor hostilidade quanto aos outros (devido à melhor compreensão dos outros) e maior sensitividade às influências sociais e psicológicas sobre o comportamento em trabalho. Isso favorece a flexibilidade do comportamento das pessoas em relação aos outros. Em geral, é aplicada de cima para baixo, começando na cúpula da organização e descendo até os níveis mais baixos.

Análise Transacional (AT): é uma técnica que visa ao autodiagnóstico das relações interpessoais. As relações interpessoais ocorrem por meio de transações. Uma transação significa qualquer forma de comunicação, mensagem ou de relação com os demais. A AT é uma técnica destinada a indivíduos e não a grupos, pois se concentra nos estilos e conteúdos das comunicações entre as pessoas. Ela ensina as pessoas a enviar mensagens que sejam claras e ágeis e a dar respostas que sejam naturais e razoáveis. O objetivo é reduzir os hábitos destrutivos de comunicação – os chamados "jogos" – nos quais a intenção ou o significado das comunicações fica obscuro ou distorcido. A AT assemelha-se a uma terapia psicológica para melhorar o relacionamento interpessoal, permitindo a cada indivíduo autodiagnosticar sua inter-relação com os outros para modificá-la e melhorá-la gradativamente.

Desenvolvimento de equipes: é uma técnica de alteração comportamental na qual várias pessoas, de vários níveis e áreas da organização, se reúnem sob a coordenação de um consultor ou líder e criticam-se mutuamente, procurando um ponto de encontro em que a colaboração seja mais frutífera, eliminando-se as barreiras interpessoais de comunicação pelo esclarecimento e compreensão de suas causas. Ao final, a equipe autoavalia o seu comportamento a partir de determinadas variáveis. A ideia básica é construir equipes por meio da abertura de mentalidade e de ação das pessoas. No trabalho em equipe são eliminadas as diferenças hierárquicas e os interesses específicos de cada departamento ou especialidade, proporcionando uma predisposição sadia para a interação e, consequentemente, para a criatividade e inovação.

Consultoria de procedimentos: é uma técnica em que cada equipe é coordenada por um consultor, cuja atuação varia enormemente. A coordenação permite certas intervenções para tornar a equipe mais sensível aos seus processos internos de estabelecer metas e objetivos, de participação, sentimentos, liderança, tomada de decisões, confiança e criatividade. O consultor trabalha com os membros da equipe para ajudá-los a compreender a dinâmica de suas relações de trabalho em situações de grupo e auxiliá-los a desenvolver o diagnóstico de barreiras e as habilidades de solução de problemas para fortalecer o senso de unidade entre seus membros, incrementar as relações interpessoais, melhorar o cumprimento das tarefas e aumentar a sua eficácia.

Reunião de confrontação: É uma técnica de alteração comportamental com a ajuda de um consultor interno ou externo (denominado terceira parte). Dois grupos antagônicos em conflito (desconfiança recíproca, discordância, antagonismo, hostilidade etc.) podem ser tratados por meio de uma reunião de confrontação que dura um dia, na qual cada grupo se autoavalia, bem como avalia o comportamento do outro, como se fosse colocado diante de um espelho. Nessa reunião, cada grupo apresenta ao outro os resultados das avaliações e é interrogado no que se refere a suas percepções. Segue-se uma discussão, inicialmente acalorada, tendendo a uma posição de compreensão e de entendimento recíprocos quanto ao comportamento das partes envolvidas. O consultor facilita a confrontação, com total isenção de ânimo, ponderando as críticas, moderando os trabalhos, orientando a discussão para a solução construtiva do conflito e eliminando as barreiras intergrupais.

A reunião de confrontação é uma técnica de enfoque socioterapêutico para melhorar a saúde da organização, incrementando as comunicações e as relações entre diferentes departamentos ou equipes, além de planejar ações corretivas ou profiláticas.

Retroação de dados (*feedback* de dados): É uma técnica de mudança de comportamento que parte do princípio de que, quanto mais dados cognitivos o indivíduo recebe, tanto maior será a sua possibilidade de organizar os dados e agir criativamente. A retroação de dados proporciona aprendizagem de novos dados a respeito de si mesmo, dos outros, dos processos grupais ou da dinâmica de toda a organização – dados que nem sempre são levados em consideração. A retroação refere-se às atividades e processos que refletem e espelham a maneira pela qual uma pessoa é percebida ou visualizada pelas demais pessoas. Requer intensa comunicação e um fluxo adequado de informação dentro da organização para atualizar os membros e permitir que eles próprios possam conscientizar-se das mudanças e explorar as oportunidades que geralmente se encontram encobertas dentro da organização. As técnicas de DO são geralmente aplicadas em uma sequência. O ponto de partida é a melhora inicial da sensibilidade intrapessoal das pessoas para posteriormente melhorar e incentivar os seus relacionamentos interpessoais. A seguir, inicia-se a formação e o desenvolvimento de equipes com técnicas intragrupais, às quais se seguem as técnicas intergrupais necessárias para integrar equipes entre si e, mais adiante, as técnicas intraorganizacionais para definir os objetivos organizacionais a serem alcançados, mediante o trabalho conjunto e coordenado das diferentes equipes envolvidas.

16.5 Motivação

Primeiramente, quando falamos em motivação, temos que desvincular do conceito coloquial, já que estamos falando de uma área da gestão de pessoas. Motivação é a vontade de dispor de um grande esforço em prol das metas da organização. Dessa forma, deve-se levar em consideração que se trata de pessoas que possuem vontades internas ou externas, que precisam ser estimuladas para que alcancem o sucesso desejado.

16.5.1 Comprometimento

As pessoas, quando entram em uma organização para trabalharem, trazem consigo anseios e objetivos individuais e esperam que a organização atenda. Quando essa expectativa é correspondida, aumenta a possibilidade do funcionário se comprometer com a tarefa que lhe foi atribuída pela organização.

Dessa forma, quanto ao comprometimento psicológico que os funcionários possuem com a organização, podemos subdividir em três espécies:

Comprometimento afetivo: é caracterizado pela identificação que o colaborador tem com a organização, já que o mesmo internalizou os valores e os objetivos organizacionais. Dessa forma, os comportamentos são orientados visando à permanência na instituição e baseiam-se na percepção de coerência entre as posturas adotadas pela organização e as suas particulares.

Comprometimento instrumental: essa forma de comprometimento está baseada na troca estabelecida entre a organização (recompensas financeiras) e o trabalhador (força de trabalho).

Comprometimento normativo: baseia-se na percepção por parte do funcionário de uma obrigação em permanecer na organização, decorrente de um reconhecimento que já tenha recebido e da obrigação legal/moral.

DESENVOLVIMENTO DE PESSOAS

Quadro Resumo

Forma de Comprometimento	Característica
Afetivo	Funcionários permanecem na organização porque querem.
Instrumental	Os colaboradores continuam na organização porque precisam (visam à remuneração).
Normativo	Os funcionários permanecem na organização porque se sentem, de alguma maneira, obrigados.

16.5.2 Teorias da Motivação

Há muito tempo, são realizadas pesquisas sobre a motivação. Assim, as teorias foram agrupadas conforme a época em que foram produzidas, divididas então em:

- Teorias de motivação de conteúdo estático;
- Teorias do processo de motivação;
- Teorias baseadas no ambiente.

16.5.3 Motivação de Conteúdo Estático

Teoria das Necessidades de Maslow

Nessa teoria, Abraham Maslow pesquisou a relação entre as necessidades dos seres humanos e as suas motivações para realizarem alguns feitos. Assim, ele constatou que a motivação seria uma forma de buscarmos a satisfação das necessidade que se mostram dominantes em dado momento.

Dessa forma, foram agrupadas as necessidades humanas em cinco categorias:

- **Necessidades fisiológicas: têm uma força maior, já que representam as necessidades básicas humanas para a sobrevivência, como:** alimento, vestuário e moradia.
- **Necessidades de segurança:** englobam as necessidades de evitar o perigo físico, como a conservação do emprego ou da propriedade.
- **Necessidades de participação:** como o ser humano é um ser social, existe a necessidade de participar de um grupo e por ele ser aceito.
- **Necessidades de estima:** refletem o desejo que temos de não apenas participarmos de um grupo, mas também sermos reconhecidos e respeitados pelos outros.
- **Necessidades de autorrealização:** é o desejo de desenvolver suas potencialidades, tonar-se aquilo que é capaz de ser.

Teoria de Erc de Clayton Alderfer

Essa teoria foi desenvolvida a partir da teoria de Maslow, porém Alderfer reduziu as categorias de necessidades humanas em:

5	5- Necessidades de autorrealização
4	4- Necessidades de estima
3	3- Necessidades de participação
2	2- Necessidades de segurança
1	1- Necessidades fisiológicas

Existência: corresponde aos dois primeiros níveis, isto é, as necessidades fisiológicas e as de segurança;

Relacionamento: correspondente ao terceiro e ao quarto níveis, isto é, necessidade de participação e estima;

Crescimento: corresponde à necessidade de autorrealização.

Fique ligado

Maslow considera que: necessidades satisfeitas não motivam; as pessoas podem ser afetadas por vários níveis de necessidades ao mesmo tempo; os níveis mais baixos são prioridades, pois as pessoas buscam a sua satisfação primeiro.
Necessidades primárias: são a base da pirâmide e constituem necessidades fisiológicas e de segurança.
Necessidades Secundárias: é o topo da pirâmide, são as necessidades de estima, participação e autorrealização.

Teoria das Necessidades Aprendidas

Essa teoria foi desenvolvida por McCelland. Ele acreditava que as necessidades são aprendidas e estão diretamente ligadas à cultura. Assim, ele subdividiu as necessidades em três graus diferentes:

Necessidade de afiliação: é o desejo de participar da sociedade e de ter uma interação social;

Necessidade de poder: as pessoas têm a necessidade de ter autoridade ou poder, o que pode ser:

- **Positivo:** efeito de persuasão, inspirador;
- **Negativo:** efeito de submissão, dominação;

Necessidade de realização: é o desejo de ter responsabilidades para resolver problemas, realizar-se correndo riscos e alcançando metas.

Teoria dos Dois Fatores de Herzberg

Herzberg conclui em suas pesquisas que as necessidades humanas se dividem em duas categorias, independentes entre si:

Aspectos Higiênicos (também conhecidos como extrínsecos): fazem parte do ambiente em que estamos inseridos. Pode-se destacar: modelo de gestão, condições de trabalho, relações interpessoais e remuneração.

Aspectos Motivadores (também conhecidos como intrínsecos): estão relacionados ao trabalho. Pode-se destacar: realização, reconhecimento, trabalhos desafiadores, crescimento, responsabilidade e o próprio trabalho.

16.5.4 Teorias do Processo de Motivação

Teoria da Expectativa de Victor Vroom

Victor Vroom foi um psicólogo que observou a motivação como decorrente dos objetivos e das expectativas em relação a esses objetivos. Assim, ele criou uma fórmula para a motivação:

Valência: é a importância que o resultado alcançado tem para a pessoa.

Instrumentalidade: esta relacionada ao esforço que a pessoa está disposta a empreender para alcançar esse objetivo.

Expectativa: é a probabilidade que o desprendimento do esforço tem de realmente alcançar o objetivo.

Teoria do Estabelecimento de Metas de Edwin Locke

Essa teoria sugere que a motivação do funcionário advém da definição, pelos gestores, de metas e objetivos claros a serem perseguidos pelos colaboradores. Assim, o conhecimento da meta a ser alcançada ajuda a manter o foco no objetivo e a canaliza as energias para que esse objetivo seja alcançado de maneira satisfatória.

Teoria da Avaliação Cognitiva de Deci

Como a motivação é um motorzinho que move as pessoas em prol de um determinado objetivo, o autor observou que a motivação provém de fontes intrínsecas, extrínsecas ou mesmo, da falta de motivação.

Intrínsecas: relacionada à satisfação e ao prazer;

Extrínsecas: relacionada à pela inserção e ao reconhecimento social, podendo ser de:

Aspecto controlador: quando se sente pressionado a obter os resultados preestabelecidos, sentindo-se ameaçado e, consequentemente, diminuindo a sua motivação intrínseca.

Aspectos informais: provêm de informações que permitem a própria pessoa avaliar seu desempenho naquilo que está realizando.

16.5.5 Motivação Baseada no Ambiente

Teoria do Condicionamento e Reforço Operantes de Skinner

Skinner baseou a sua teoria em experiências realizadas com ratos em laboratório, nas quais, para cada objetivo alcançado, os animais recebiam uma recompensa e o êxito aumentava quanto mais reforçado era o esforço. Ele afirma que a recompensa tem o poder de estimular e de aumentar as chances de alcançar os objetivos.

Skinner dividiu esse comportamento em:

Reforço positivo: quando há um benefício pela manutenção do comportamento por parte do funcionário. Por exemplo: bater as metas.

Reforço negativo: quando se recompensa o funcionário pela realização de um malefício.

Punição: quando se pune um funcionário pelo cometimento de um comportamento considerado como sendo um malefício. Por exemplo: chegar assiduamente atrasado, então, desconta-se uma porcentagem de sua remuneração.

Extinção: retirada de um benefício.

Teoria da Comparação Social de Festinger

Esta teoria defende que as pessoas buscam constantemente, melhorar a imagem que têm de si mesmas e dos grupos dos quais participam. Assim, o foco está em ser diferente, mas socialmente aceito.

Teoria da Equidade de Adams

Esta teoria deriva da teoria da comparação social, porém aqui o psicólogo Stacy Adams constata que as pessoas avaliam a relação esforço-recompensa que conseguem obter e comparam com aquela alcançada por outros trabalhadores.

Assim, cria-se o sentimento de equidade, ou seja de, igualdade de oportunidades, já que as pessoas esperam receber recompensas iguais para esforços iguais. Quando há uma desigualdade gera-se uma tensão visando a reestabelecer o equilíbrio.

Teoria X e Teoria Y

Basicamente, essas teorias tratam de dois perfis de personalidade e de comportamento de funcionários - aspectos que, muitas vezes, os próprios indivíduos não percebem que possuem. Em uma das teorias, o funcionário é relaxado, preguiçoso e gosta pouco de trabalhar. Já na outra, o funcionário gosta e busca as responsabilidades dentro da empresa. Adiante, comentaremos, detalhadamente, cada uma delas.

Douglas McGregor desenvolveu essas duas teorias visando uma análise dos fatores motivacionais relacionados ao trabalho.

Teoria X

Essa teoria possui uma visão negativa do ser humano, já que os gestores tem que ter posturas impositivas e coercitivas com os seus subordinados. Dessa forma, essa teoria visa a demonstrar que é impossível associar prazer e trabalho e que, para que os subordinados produzam, o gerente deve ser autocrático.

Baseia-se nas seguintes concepções sobre a natureza humana:

O ser humano é indolente e preguiçoso por natureza e procura evitar ao máximo o trabalho. Dessa forma, tem como características:

Não possuir ambição, já que não gosta de assumir responsabilidades e prefere ser dirigido para se sentir mais seguro.

Ser naturalmente egocêntrico, ou seja, colocar os seus interesses pessoais acima dos objetivos da empresa.

Ser resistente a mudanças e evitar correr risco, pois procura sempre a forma mais segura.

Não ser capaz de autodisciplina e autocontrole; por isso, precisa ser controlado e dirigido.

A administração baseada nessa teoria passa a observar:
- Organização dos recursos da empresa.
- Direção dos esforços.
- Punição, recompensa e coação às pessoas.
- Incentivos econômicos.

Baseada nessas concepções, a Teoria X desenvolve um estilo de direção em que o controle da energia humana é direcionado, unicamente, ao alcance dos objetivos empresarias.

Teoria Y

Já a teoria Y procura ver o ser humano de uma maneira mais positiva, ou seja, o gerente pode utilizar modelos participativos de gerência, deixando que os subordinados encontrem seus próprios caminhos para a motivação e encontrem prazer no trabalho.

Baseia-se nas seguintes concepções sobre a natureza humana:

O trabalho pode ser fonte de prazer e de satisfação para o ser humano, quando é realizado de forma voluntária, ou pode ter caráter punitivo, quando é desagradável e evitado pelas pessoas.

As pessoas possuem capacidade de assumir responsabilidades, ter autodireção e autocontrole. Dessa forma, o controle, a punição e a ameaça não se tornam a única forma de obter dedicação e alcançar os objetivos, como é afirmado na Teoria X.

Nessa teoria é amplamente incentivado a imaginação e a criatividade para a resolução de problemas.

16.6 Evolução da Forma de Ver as Pessoas nas Organizações

Como o pensamento administrativo e a forma como as organizações se relacionam com seus empregados evoluiu, também evoluiu a forma como as pessoas são vistas perante à organização:

Homem econômico racional: o homem era considerado passivo, um indivíduo sobre o qual a organização deveria exercer o comando total.

Homem social: a necessidade de relacionamento e afiliação (participar e sentir-se parte do grupo) começou a ser percebida pela organização.

Homem que se renova com as necessidades: a organização passou a aceitar que existe auto-motivação e autocontrole por parte de seus colaboradores.

Homem complexo: está inserido em um contexto moderno, onde a organização passou a olhar seus funcionários como pessoas diferentes e individuais, dotadas de características próprias, qualidades e competências, mas também defeitos.

17 AVALIAÇÃO DE DESEMPENHO

A avaliação de desempenho pode ser entendida, principalmente, como um processo que mede o desempenho do colaborador no cargo em que ocupa na organização, o qual pode ser medido de maneira formal, através de modelos estabelecidos e documentados ou, informal, através da simples observação dos supervisores, gerentes e/ou gestores das empresas.

17.1 Objetivos

As organizações buscam diversas formas de obter melhores resultados, e uma dessas formas é fazer uma boa avaliação no desempenho de seus colaboradores, pois isso pode contribuir muito para a elaboração de estratégias que levem a melhoria do desempenho dos seus funcionários e, consequentemente, aos resultados esperados. Entretanto é preciso que se tenha completo entendimento de todos os objetivos de uma avaliação. Elenca-se a seguir os principais objetivos da avaliação de desempenho:

▷ **Os principais objetivos da avaliação de desempenho são:**
- Favorecer a adequação dos indivíduos aos cargos e à organização.
- Conhecer como está o potencial de desenvolvimento de cada empregado.
- Fornecer informações para a elaboração de programas de treinamento e de desenvolvimento de pessoal.
- Fornecer informações sobre quais empregados deverão ser promovidos.

Existem muitos métodos que podem ser utilizados pelas organizações para propor a realização de uma avaliação de desempenho, porém é necessário que cada organização escolha o método que mais seja adequado ao seu segmento, à suas necessidades e às suas características.

17.2 Responsabilidades do Gerenciamento de Desempenho

A avaliação de desempenho é entendida como uma responsabilidade do supervisor (de linha) e uma função do setor de recursos humanos (*staff*), entretanto é preciso considerar que a responsabilidade pelo processamento da avaliação do desempenho pode ser feito:

▷ **Centralizada:** a avaliação pode ser centralizada quando ela é feita pela área de recursos humanos da organização;

▷ **Centralização média:** a avaliação centralizada média é feita com a participação de avaliadores de diversas áreas juntamente com uma comissão.

Em algumas organizações, a avaliação de desempenho é atribuída a uma comissão, e essa comissão de avaliação normalmente é formada por membros de diversos setores da empresa, bem como de líderes e membros da diretoria, os quais podem ser transitórios ou permanentes. Dessa forma, a avaliação acaba sendo coletiva, e cada integrante terá igual participação e responsabilidade no julgamento.

Além disso, existem também os integrantes que são estáveis e permanentes, os quais participam de todo o processo de avaliação. O papel desses integrantes é a manutenção do equilíbrio dos julgamentos, do atendimento aos padrões e da constância ao sistema.

Os integrantes da comissão que irão participar de forma exclusiva das avaliações dos colaboradores, como os membros que são interessados a participar dessas avaliações e estão vinculados a sua área de atuação, têm uma tarefa importante a fazer, pois precisam buscar informações a respeito dos avaliados e proceder ao julgamento e a avaliação de forma imparcial e homogênea.

Pode-se citar alguns exemplos de comissão de avaliação do desempenho, nos quais os membros são estáveis ou permanentes, como:
- Presidente ou diretor;
- Diretor de RH;
- Especialista em avaliação de desempenho;
- Executivo de organização e métodos.

O grande propósito de uma organização, quanto às avaliações, é conseguir uma harmonia em todo o processo de avaliação e, além disso, conseguir que a comissão de avaliação trabalhe de forma consistente e homogênea.

▷ **Descentralizada:** a avaliação de desempenho pode ser descentralizada, ou seja, ela pode ser feita pelos colaboradores, mas, certamente, com o acompanhamento e controle dos gerentes ou supervisores. Porém, é um tipo de avaliação que não é muito utilizada devido à cultura dos funcionários que, muitas vezes, não estão preparados para saber exatamente como avaliar, pois a avaliação exige treinamento, não pode ser feita de qualquer maneira.

17.3 Os Métodos de Avaliação e suas Principais Características

Para que seja feita uma avaliação de desempenho adequada, é preciso escolher o método de acordo com a área avaliada, e com o perfil do colaborados, ou seja, se são funcionários da produção, do setor de vendas, se são líderes, horistas, etc., pois é preciso estruturar a avaliação de forma que ela se adapte ao público avaliado.
- Método
- Descrição
- Características
- Vantagens
- Desvantagens

17.3.1 Escala Gráfica

Utiliza "fatores de avaliação" previamente graduados, através de um formulário de dupla entrada com linhas de fatores e colunas de graus.

Parece simples, mas é preciso cuidar com o alto nível da subjetividade e prejulgamento.

De fácil entendimento e aplicação simples.

17.3.2 A Visão da Empresa x A Situação do Empregado

Um pouco trabalhoso para o avaliador registrar.

Não permite muita flexibilidade ao avaliador.

Sujeito à generalização dos avaliadores quanto à pontuação dos fatores. Método subjetivo que exige prejulgamento (se o funcionário é bom em um fator, a tendência é avaliá-lo bom em todos os demais).

Tende a bitolar os resultados das avaliações.

Utiliza de métodos estatísticos para poder corrigir as possíveis distorções ou erros de avaliação.

17.3.3 Escolha Forçada

Utiliza blocos de "frases descritivas" (positivas ou positivas e negativas), escolhidas de acordo com os critérios existentes na empresa; a pessoa que vai avaliar precisa escolher somente uma ou duas frases que se apliquem ao desempenho do seu avaliado.

Proporciona resultados mais confiáveis e isentos de subjetividade, pois elimina a generalização.

ADMINISTRAÇÃO

Método simples e fácil de aplicar e não precisa treinar os avaliadores.

Sua elaboração é complexa, exigindo um planejamento mais demorado.

Apresenta resultados globais (discrimina apenas os empregados bons, médios e fracos, pois é fundamentalmente comparativo).

É preciso completar as informações, no caso de avaliações usadas para o desenvolvimento dos colaboradores.

O avaliador fica sem saber qual seria o resultado da avaliação dos seus subordinados.

17.3.4 Pesquisa de Campo

A pesquisa de campo é feita através de entrevistas com o supervisor imediato, que levanta as causas e possíveis motivos que originaram tal desempenho de seus colaboradores. A avaliação é feitas utilizando-se da análise de fatos e situações.

A entrevista obedece ao seguinte roteiro:

Avaliação inicial: avaliação como mais que satisfatório (+), satisfatório (+-) ou menos que satisfatório (-).

Análise suplementar: análise de forma mais profunda, por meio de perguntas do especialista ao chefe.

Planejamento: fase importante na qual é desenhado uma planejamento para o colaborador melhorar o seu desempenho (aconselhamento, readaptação, treinamento, desligamento e substituição, promoção ou manutenção no cargo).

- É um método mais amplo, pois permite também o planejamento do empregado na função e na empresa.
- Necessidade de retroação de dados acerca do desempenho dos empregados.
- Possui uma enorme gama de aplicações.
- Permite um acompanhamento muito mais dinâmico do empregado.
- Comparação aos pares.
- A comparação dois a dois, de cada vez, dos empregados, permite que se anote o que pode ser entendido como sendo o melhor desempenho, podendo-se também utilizar fatores de avaliação.
- Esse método somente deve ser usado quando for impossível usar outros métodos.
- É um processo muito simples.
- Pouco eficiente.

17.3.5 Frases Descritivas

Têm as mesmas características da escolha forçada, porém, não é obrigatória uma escolha entre blocos de frases. (A pessoa que irá avaliar pode escolher entre vários opções de frases, aquelas que mais se caracterizam e as que não caracterizam o desempenho do subordinado. O avaliador escolherá aquelas frases que mais representam o comportamento dos avaliados).

17.3.6 Método

Escala Gráfica

- Descrição

Utiliza "fatores de avaliação" previamente graduados, através de um formulário de dupla entrada com linhas de fatores e colunas de graus.

- Características

O mais utilizado. É aparentemente simples, mas requer cuidados para a neutralização da subjetividade e prejulgamento.

- Vantagens

De fácil entendimento e aplicação simples

Permite uma boa visão do que a empresa deseja x a situação do empregado.

Um pouco trabalhoso para o avaliador registrar

- Desvantagens

Não permite muita flexibilidade ao avaliador.

Sujeito à generalização dos avaliadores quanto à pontuação dos fatores. Método subjetivo que exige prejulgamento (se o funcionário é bom em um fator, a tendência é avaliá-lo bom em todos os demais).

Tende a bitolar os resultados das avaliações.

Necessita de procedimentos matemáticos e estatísticos para correção das distorções e influências pessoais (que tendem a apresentar resultados exigentes ou condescendentes a todos os seus subordinados).

Escolha Forçada

- Descrição

Utiliza blocos de "frases descritivas" (positivas ou positivas e negativas), escolhidas de acordo com os critérios existentes na empresa, entre as quais o avaliador deve escolher apenas uma ou duas que mais se aplicam ao desempenho do seu avaliado.

- Vantagens

Proporciona resultados mais confiáveis e isentos de subjetividade, pois elimina a generalização.

Sua aplicação é simples e não exige preparo dos avaliadores.

- Desvantagens

Sua elaboração é complexa, exigindo um planejamento mais demorado.

Apresenta resultados globais (discrimina apenas os empregados bons, médios e fracos, pois é fundamentalmente comparativo).

Quando utilizado para o desenvolvimento de pessoal, necessita de complementação de informações.

Deixa o avaliador sem noção de qual será o resultado da avaliação dos seus subordinados.

Pesquisa De Campo

- Descrição

São entrevistas de um especialista em avaliação em cada setor, com o supervisor imediato, que levanta as causas, origens e motivos do desempenho dos seus subordinados, através de análise de fatos e situações.

- **Características: A entrevista obedece ao seguinte roteiro:**

Avaliação inicial : O desempenho é avaliado como mais que satisfatório (+), satisfatório (+-) ou menos que satisfatório (-).

Análise suplementar: Uma análise mais aprofundada do desempenho do funcionário, através de perguntas do especialista ao chefe.

Planejamento: Faz-se o plano de ação para o funcionamento (aconselhamento, readaptação, treinamento, desligamento e substituição, promoção ou manutenção no cargo).

- Vantagens

É um método mais amplo, pois permite também o planejamento do empregado na função e na empresa.

- Desvantagens

Necessidade de retroação de dados acerca do desempenho dos empregados.

Possui uma enorme gama de aplicações.

AVALIAÇÃO DE DESEMPENHO

Permite um acompanhamento muito mais dinâmico do empregado.

Comparação aos Pares

- Descrição

A comparação dois a dois, de cada vez, dos empregados, anotando-se o que é considerado melhor quanto ao desempenho, pode também utilizar fatores de avaliação.

- Características

É recomendado apenas quando os avaliadores não têm condições de utilizar outros métodos.

- Vantagem

É um processo muito simples.

- Desvantagem

Pouco eficiente.

Frases Descritivas

- Descrição

Apenas difere do método da escolha forçada por não exigir obrigatoriedade na escolha entre um bloco de frases (existem várias frases para o avaliador escolher que caracterizam e que não caracterizam o desempenho do subordinado. O avaliador escolherá aquelas frases que mais representam o comportamento dos avaliados).

Além desses métodos, ainda temos:

Método dos Incidentes Críticos

É um método de avaliação de desempenho bastante simples.

Método baseado nas características extremas (incidentes críticos) que representam desempenhos altamente positivos (sucesso) ou altamente negativos (fracasso). Ele afirma também que o método não se preocupa com o desempenho normal, mas com desempenho positivo ou negativo excepcionais. Cada fator de avaliação do desempenho é transformado em incidente crítico ou excepcional para avaliar os pontos fortes e os pontos fracos de cada empregado.

Lista de Verificação

Esse método é considerado tradicional na avaliação de desempenho.

É baseado na relação de fatores de avaliação a serem considerados (*check-lists*) a respeito de cada empregado. Cada um desses fatores de desempenho recebe uma avaliação quantitativa.

Avaliação 360 graus e por Objetivos. Esses métodos são considerados diferenciados dos demais, pois são métodos mais modernos e sofisticados.

Avaliação por Objetivos

Esse método está profundamente relacionado ao modelo de administração por objetivos. É um método no qual o superior (o chefe) e o subordinado (o operário) identificam, juntos, os objetivos a serem atingidos pelo funcionário em um determinado período de tempo. Nesse método permite um acompanhamento periódico dos resultados alcançados e os anteriormente fixados e a identificação das providências necessárias para o próximo período.

Avaliação 360 Graus

É um método de avaliação de desempenho que se baseia na ampla participação de todos os integrantes da equipe. As informações sobre o desempenho do avaliado são coletadas de todas as pessoas ao seu redor. É também chamada de "*feedback* 360". Essa avaliação é realizada de modo circular por todos os elementos que mantêm alguma interação com o avaliado.

17.4 Elementos do Gerenciamento de Desempenho

17.4.1 O Avaliador de Desempenho

A responsabilidade pela avaliação de desempenho das pessoas pode ser atribuída ao responsável do setor de recursos humanos, ao gerente do setor, ao próprio colaborador ou, ainda, de forma conjunta, levando em conta que pode haver uma comissão de avaliação de desempenho.

17.4.2 O Avaliado de Desempenho

O papel do avaliado é aproveitar ao máximo esse projeto e beneficiar-se do mesmo, almejando, através dele, uma posição melhor na organização.

17.5 Benefícios da Avaliação de Desempenho

Os benefícios de uma avaliação de desempenho são vistos a curto, médio e longo prazo, desde que todo o processo de avaliação tenha sido bem preparado, bem planejado. A seguir, são elencados alguns dos benefícios da avaliação ou gerenciamento do desempenho para o chefe, para o subordinado e para a organização:

17.5.1 Benefícios para o Chefe

Tem condições de avaliar melhor o comportamento e o desempenho dos colaboradores, desde que use uma avaliação que elimine a subjetividade;

Sugere melhorias para o comportamento de seus subordinados;

Melhora a comunicação e o feedback entre líder e subordinado, deixando a avaliação do desempenho como um sistema objetivo.

17.5.2 Benefícios para o Subordinado

Tem conhecimento sobre o que precisa melhorar e o que a empresa mais valoriza em seus funcionários.

Sabe quais são as expectativas de seu superior quanto ao seu desempenho e à melhoria do seu ponto fraco, bem como conhece mais sobre os seu ponto forte, de acordo com a avaliação do chefe;

Tem condições de melhorar o seu desempenho através do plano de ação que seu superior traça e que ele toma conhecimento do mesmo, podendo realizar as melhorias.

Consegue avaliar-se e ter opinião crítica sobre o próprio desenvolvimento e controle.

17.5.3 Benefícios para a Organização

Consegue avaliar melhor o capital humano da organização.

Tem condições de saber exatamente qual é o funcionário que precisa de treinamento e qual pode promover.

Pode oferecer mais oportunidades e de desenvolvimento aos seus colaboradores, além de conseguir motivar a produtividade e melhorar o relacionamento interpessoal da sua equipe.

17.6 Falhas na Avaliação de Desempenho

Em qualquer processo de avaliação de desempenho, podem ocorrer vários erros e falhas, devido a vícios na avaliação ou à escolha de métodos errados, os quais prejudicam e comprometem todo o processo.

A seguir, serão apresentadas algumas falhas ou erros do processo de avaliação de desempenho:

Padrões obscuros - apresenta os aspectos e os graus de mérito, abertos à interpretação. Isso poderá causar avaliações injustas.

Erro de tendência Central - a pessoa que avalia tenta evitar as pontuações máximas e mínimas, pontuando todos os empregados em todos os aspectos na média. Essa situação produz avaliações distorcidas e de pouca utilidade.

Rigor ou Brandura (complacência) - consiste no comportamento dos avaliadores que tendem a avaliar todos os empregados ou muito bem ou muito mal.

Parcialidade - permite que as diferenças individuais afetem a avaliação que os empregados recebem.

Efeito Halo - esse é um erro de avaliação que consiste em avaliar de forma positiva ou negativa determinado funcionário, de acordo com uma de suas características, ou seja, se o colaborador é bom em certa tarefa, então, ele será bom em todas, e se é ruim em alguma coisa, ele será ruim em qualquer coisa.

Recenticidade - avaliação feita com os fatos que aconteceram recentemente.

Erro de "primeira impressão" - esse erro ocorre pela avaliação ser feita com base na primeira impressão que se teve do colaborador, não levando em conta a sua evolução e realizações nos últimos meses.

Erros de semelhança (auta-identificação) - avaliação de forma positiva, somente com os colaboradores que possuem características semelhantes ao avaliador.

Erro de fadiga / rotina – erro por estar cansado, devido a muitas avaliações seguidas.

17.7 O Feedback na Avaliação de Desempenho

O gerenciamento da avaliação de desempenho conta com uma ferramenta muito importante que é o *feedback*, pode ser entendido como retroalimentação. Esse termo é utilizado na eletrônica, mas também é utilizado em outras áreas.

Pode-se dizer que o *feedback* é um sistema que avalia os resultados do sistema, através do processo de retroalimentação.

DIREITO CONSTITUCIONAL

DIREITO CONSTITUCIONAL

1 INTRODUÇÃO AO DIREITO CONSTITUCIONAL

1.1 Noções gerais

Para iniciarmos o estudo do Direito Constitucional, alguns conceitos precisam ser esclarecidos.

Primeiramente, faz-se necessário conhecer qual será o objeto de estudo desta disciplina jurídica: **Constituição Federal**.

A Constituição Federal é a norma mais importante de todo o ordenamento jurídico brasileiro. Ela é a norma principal, a norma fundamental.

Se pudéssemos posicionar as espécies normativas na forma de uma pirâmide hierárquica, a Constituição Federal apareceria no topo desta pirâmide, ao passo que as outras espécies normativas estariam todas abaixo dela, como na ilustração:

Para que sua preparação seja adequada, é necessário ter em vista uma Constituição atualizada. Isso por conta de que a Constituição Federal atual foi promulgada em 1988, mas já sofreu diversas alterações. Significa dizer, numa linguagem mais jurídica, que ela foi **emendada**.

As emendas constitucionais são a única forma de alteração do texto constitucional. Portanto, uma lei ou outra espécie normativa hierarquicamente inferior à Constituição jamais poderá alterar o seu texto.

Neste ponto, caberia a seguinte pergunta: o que torna a Constituição Federal a norma mais importante do direito brasileiro? A resposta é muito simples: a Constituição possui alguns elementos que a distinguem das outras espécies normativas, por exemplo:

- **Princípios constitucionais;**
- **Direitos fundamentais;**
- **Organização do Estado;**
- **Organização dos Poderes.**

De nada adiantaria possuir uma Constituição Federal com tantos elementos essenciais ao Estado se não existisse alguém para protegê-la. O próprio texto constitucional previu um Guardião para a Constituição: o **Supremo Tribunal Federal (STF)**.

O STF é o órgão de cúpula do Poder Judiciário e possui como atribuição principal a guarda da Constituição. Ele é tão poderoso que, se alguém editar uma norma que contrarie o disposto no texto constitucional, o STF a declarará inconstitucional. Uma norma declarada inconstitucional pelo STF não produzirá efeitos na sociedade.

Além de guardião da Constituição Federal, o STF possui outra atribuição: a de intérprete do texto fundamental. É o STF quem define a melhor interpretação para esta ou aquela norma constitucional. Quando um Tribunal manifesta sua interpretação, dizemos que ele revelou sua **jurisprudência** (o pensamento dos tribunais), sendo a do STF a que mais interessa para o estudo do Direito Constitucional.

É exatamente neste ponto que se encontra a maior importância do STF para o objetivo que se tem em vista: é essencial conhecer sua jurisprudência, pois costuma cair em prova. Para se ter ideia da importância dessa matéria, é possível que alguma jurisprudência do STF seja contrária ao próprio texto constitucional. Dessa forma, o aluno precisa ter uma dupla percepção: conhecer o texto da Constituição e conhecer a jurisprudência do STF.

Contudo, ainda existe outra fonte de conhecimento essencial para o aprendizado em Direito Constitucional: a **doutrina**. A doutrina é o pensamento produzido pelos estudiosos do Direito Constitucional. Conhecer a doutrina também faz parte de sua preparação.

Em suma, para estudar Direito Constitucional é necessário estudar:

- **A Constituição Federal;**
- **A jurisprudência do Supremo Tribunal Federal;**
- **A doutrina do Direito Constitucional.**

Neste estudo, apresentaremos o conteúdo de Direito Constitucional atualizado, objetivo e necessário para prova, de forma que se tenha à mão um material suficiente ao estudo para concurso público.

> **Atenção**
>
> **Metodologia de Estudo**
> A preparação em Direito Constitucional precisa observar três passos:
> 1. Leitura da Constituição Federal;
> 2. Leitura de material teórico;
> 3. Resolução de exercícios.
> O aluno que seguir esses passos certamente chegará à aprovação em concurso público. Essa é a melhor orientação para quem está iniciando os estudos.

1.1.1 Classificações

A partir de algumas **características** que possuem as constituições, é possível classificá-las, agrupá-las. As classificações a seguir não são as únicas possíveis, realçando apenas aqueles elementos mais comumente cobrados nos concursos públicos.

- **Quanto à origem:** a Constituição Federal pode ser promulgada ou outorgada. A **promulgada** é aquela decorrente de um verdadeiro processo democrático para a sua elaboração, fruto de uma Assembleia Nacional Constituinte. A **outorgada** é aquela imposta, unilateralmente, por um governante ou por um grupo de pessoas, ao povo.
- **Quanto à possibilidade de alteração, mutação:** podem ser **flexíveis**, **rígidas** ou **semirrígidas**. As **flexíveis** não exigem, para a sua alteração, qualquer processo legislativo especial. As **rígidas**, contudo, dependem de um processo legislativo de alteração mais difícil do que aquele utilizado para as normas ordinárias. Já as constituições **semirrígidas** são aquelas cuja parte de seu texto só pode ser alterada por um processo mais difícil, sendo que outra parte pode ser mudada sem qualquer processo especial.
- **Quanto à forma adotada:** podem ser **escritas/dogmáticas** e **costumeiras**. As **dogmáticas** são aquelas que apresentam um único texto, no qual encontramos sistematizadas e organizadas todas as disposições essenciais do Estado. As **costumeiras** são aquelas formadas pela reunião de diversos textos esparsos, reconhecidos pelo povo como fundamentais, essenciais.
- **Quanto à extensão:** podem ser **sintéticas** ou **analíticas**. As **sintéticas** são aquelas concisas, enxutas e que só trazem as disposições políticas essenciais a respeito da forma, organização, fundamentos e objetivos do Estado. As analíticas são aquelas que abordam diversos assuntos, não necessariamente relacionados com a organização do Estado e dos poderes.

A partir das classificações apresentadas acima, temos que a Constituição Federal de 1988 pode ser considerada por **promulgada**, **rígida**, **escrita** e **analítica**.

TEORIA GERAL DA CONSTITUIÇÃO

2 TEORIA GERAL DA CONSTITUIÇÃO

2.1 Conceito de constituição e princípio da supremacia da constituição

Costuma-se dizer que a origem das constituições seria a chamada *Magna Charta Libertatum*, ou simplesmente *Magna Carta*, que foi assinada em 1215, pelo Rei João Sem Terra da Inglaterra, a qual aceitava limitações impostas à autoridade do rei por parte dos nobres locais.

Esse documento é considerado c embrião das constituições atuais porque, pela primeira vez, entendia-se que até mesmo o próprio rei teria de se submeter a um documento jurídico.

No entanto, embora se considere que essa seria a origem remota das constituições, o constitucionalismo, como ramo do Direito, surgiu juntamente com as constituições escritas e rígidas, sendo que as primeiras foram a dos Estados Unidos, em 1787, após a independência das 13 colônias inglesas, e a da França, em 1791, após a Revolução Francesa de 1789.

Essas duas constituições apresentavam dois traços marcantes: organização do Estado e limitação do poder estatal, por meio da previsão de direitos e garantias fundamentais.

Mas, o que vem a ser uma constituição?

A palavra "constituição" tem o significado de estrutura, formação, organização.

Pode ser definida como a lei fundamental e suprema de um Estado, que contém normas referentes à estruturação do Estado, forma de governo e aquisição do poder, direitos e garantias dos cidadãos.

Ou seja, a constituição vai definir, em normas gerais, o funcionamento do Estado, bem como os direitos fundamentais de seus cidadãos.

É o principal documento jurídico de uma nação e todas as leis lhe devem obediência, sendo que aquelas que contradisserem a constituição serão consideradas como aberrações jurídicas, e não devem produzir efeitos.

Essa ideia de superioridade da constituição em relação às leis é o que se chama de princípio da supremacia da constituição.

Para garantir tal supremacia, o Poder Judiciário se utiliza do chamado mecanismo de controle de constitucionalidade, afastando do ordenamento jurídico aquelas normas consideradas inconstitucionais.

2.1.1 Conceito ideal de constituição

Durante o século XIX, tendo em vista o surgimento de movimentos liberais em praticamente toda a Europa, exigindo que os respectivos monarcas de cada país aceitassem submeter-se a uma constituição, surgiram muitos textos com esse nome, mas que, na prática, serviam para legitimar o poder real.

Ou seja, funcionavam como "falsas constituições" para reforçar a autoridade dos reis.

Para combater isso, os constitucionalistas criaram o que ficou conhecido como "conceito ideal de Constituição".

Dessa forma, para que uma constituição possa ser considerada como tal, deve:
- Consagrar um sistema de garantias da liberdade (mecanismos de defesa do cidadão contra arbítrios estatais);
- Cónter o princípio da divisão de poderes, permitindo o controle sistêmico do Estado por si mesmo;
- Ser escrita.

2.2 Classificação das constituições

As constituições podem ser classificadas por diversos critérios. Vejamos os principais deles.

2.2.1 Quanto ao conteúdo

Na verdade, não se trata de um critério de classificação de constituições, mas sim de normas constitucionais.

Por ele, as normas constitucionais podem ser agrupadas em dois grupos: **constituição material** e **constituição formal**.

- **Constituição material:** conjunto de regras substancialmente constitucionais, ou seja, são aquelas normas que tratam de assuntos propriamente constitucionais, como organização do Estado, direitos fundamentais etc.
- **Constituição formal:** o conjunto de todas as regras constantes da constituição escrita, consubstanciada em um documento solene, mesmo que algumas dessas regras tratem de matéria não propriamente constitucional. Ou seja, é tudo o que consta em uma constituição.

Existem normas que são formalmente constitucionais, porém materialmente não o são, porque tratam de assunto que poderia muito bem não estar da Constituição. Exemplo disso é a disposição constante no art. 242, § 2º:

§ 2º *O Colégio Pedro II, localizado na cidade do Rio de Janeiro, será mantido na órbita federal.*

2.2.2 Quanto à forma

Quanto à sua forma, as constituições dividem-se em **escritas** e **costumeiras**.

- **Escritas:** conforme o próprio nome indica, caracterizam-se por se encontrarem consubstanciadas em textos legais formais. A maioria dos países ocidentais adota essa forma.

    Por exemplo: constituição brasileira, americana, francesa, alemã, portuguesa etc.).
- **Costumeiras:** são aquelas que não estão codificadas somente em textos legais formais, mas são formadas pelos costumes e decisões dos tribunais (a chamada jurisprudência) e em textos constitucionais esparsos.
    - Seu maior exemplo é o da Constituição Inglesa, pois aquele país não possui um documento intitulado "Constituição", sendo as normas organizadoras do Estado Inglês formadas ao longo de um extenso período.

2.2.3 Quanto ao modo de elaboração

Quanto a esse critério, podem as constituições ser **dogmáticas** ou **históricas**. Na verdade, essa classificação está muito ligada à classificação quanto à forma da constituição.

- **Dogmáticas:** são sempre escritas e são elaboradas por um órgão constituinte em um momento preciso e determinado, produzindo um documento que pode ser datado e que refletirá as ideias predominantes na sociedade em um determinado momento.
- Toda constituição escrita é dogmática e vice-versa.
- **Históricas:** estão associadas às constituições costumeiras, têm sua formação dispersa no tempo, sendo consolidadas por meio de um lento processo histórico, não havendo um momento em que se possa dizer: "eis a nossa Constituição pronta!", estando em um processo de contínua formação e alteração, uma vez que não estão consubstanciadas em um único documento.
- Uma vez mais, quem nos fornece o exemplo é a Constituição Inglesa.

DIREITO CONSTITUCIONAL

2.2.4 Quanto à origem

Sob esse ponto de vista, as constituições podem ser **populares**, **outorgadas** ou **cesaristas**.

- **Populares:** são elaboradas por um órgão eleito pela vontade popular, chamado normalmente de Assembleia Constituinte, que assim delibera e aprova o documento como representante da vontade dos nacionais. Exemplo desse tipo é a nossa Constituição atual.

- **Outorgadas:** caracterizam-se por serem elaboradas sem a participação do povo, mas são impostas (outorgadas) por alguém ou um grupo que não recebeu do povo o poder constituinte originário.

Exemplo dessas constituições são as constituições brasileiras de 1824, 1937 e 1967.

Cesaristas ou plebiscitárias: representam um meio-termo entre os dois primeiros tipos, pois são elaboradas por alguém que não recebeu do povo a incumbência de elaborar a constituição, porém são submetidas posteriormente a um processo de aprovação popular (plebiscito).

2.2.5 Quanto à possibilidade de alteração

Nesse aspecto, as constituições podem ser: **imutáveis**, **rígidas**, **flexíveis** ou **semirrígidas**.

- **Imutáveis:** não admitem qualquer modificação por qualquer meio, tendo sempre o mesmo texto perpetuamente. Como se pode logo concluir, estão fadadas a uma existência de curta duração, uma vez que não podem ser alteradas para adaptarem-se às mudanças da sociedade.

- **Rígidas:** são aquelas que somente podem ser alteradas mediante um processo especial, mais solene e mais difícil do que o utilizado na elaboração das leis. A Constituição Brasileira de 1988 é rígida.

- **Flexíveis:** caracterizam-se por poderem ser modificadas sem a exigência de um processo qualificado diferente do adotado para a legislação ordinária. Ou seja, são aquelas que são alteradas da mesma forma que as leis.

- **Semirrígidas ou semiflexíveis:** são aquelas que contêm uma parte rígida, que somente pode ser alterada por um processo diferenciado, e uma parte flexível, que pode ser alterada por leis comuns. Quanto à extensão

De acordo com esse critério, as constituições podem ser **analíticas** ou **sintéticas**.

- **Analíticas:** também chamadas de dirigentes, têm esse nome por serem mais detalhadas, regendo todos os assuntos que entendam relevantes à formação, destinação e funcionamento do Estado. Por essa razão, são chamadas também de dirigentes. As constituições mais recentes tendem a ser analíticas.

- **Sintéticas:** também chamadas de negativas, preocupam-se somente com os princípios e as normas gerais de regência do Estado, organizando-o e limitando seu poder através dos direitos e garantias individuais. Ou seja, praticamente só possuem normas materialmente constitucionais. São chamadas de sintéticas por serem resumidas e tratarem somente dos assuntos materialmente constitucionais.

Um exemplo de constituição analítica é a nossa atual e um exemplo de constituição sintética é a norte-americana.

2.3 Poder constituinte

O poder constituinte pode ser definido como a manifestação soberana da suprema vontade política de um povo, social e juridicamente organizado, que se manifesta na elaboração e alteração da Constituição.

Ou seja, é o poder constituinte que elabora e altera a Constituição.

2.3.1 Titularidade

Em uma democracia, o poder constituinte pertence ao povo. Assim, a vontade constituinte é a vontade do próprio povo.

Porém, embora o povo seja o titular do direito, quem o exerce são seus representantes, uma vez que o exercício direto do poder constituinte pelo povo é inviável. Essa titularidade (mas não exercício direto) fica claro no preâmbulo de nossa Constituição: "*Nós, representantes do povo brasileiro, reunidos...*" e no parágrafo único do art. 1º. "*Todo o poder emana do povo, que o exerce por meio de representantes eleitos ou diretamente, nos termos desta Constituição*".

2.3.2 Espécies de poder constituinte

O poder constituinte classifica-se em:

- **Poder constituinte originário**

O poder constituinte originário elabora a Constituição do Estado, organizando-o e criando seus poderes.

O exercício desse poder se manifesta na elaboração de uma nova constituição.

Pode-se identificar duas formas de expressão desse poder: através de uma Assembleia Constituinte eleita pelo povo, ato chamado de convenção (constituições populares, tendo como um dos exemplos a Constituição Federal de 1988) ou de um Movimento Revolucionário, através de um ato de outorga, como ocorreu com a Constituição de 1824.

O poder constituinte originário caracteriza-se por ser inicial (dá início ao ordenamento jurídico), ilimitado (não é limitado por qualquer norma jurídica anterior) e incondicionado (forma livre de exercício).

- **Poder constituinte derivado**

Tem esse nome porque deriva das normas estabelecidas pelo Poder Constituinte originário.

Além de derivado do Poder Constituinte originário, apresenta as características de subordinado ou limitado (encontra-se limitado pelas normas do texto constitucional, às quais deve obedecer, sob pena de inconstitucionalidade) e condicionado, uma vez que seu exercício deve seguir as regras estabelecidas pelo Poder Constituinte originário.

Por sua vez, o poder constituinte derivado subdivide-se em:

Poder constituinte derivado reformador: consiste na possibilidade de alterar-se o texto constitucional, respeitando-se os limites e a forma estabelecidos na Constituição.

Poder constituinte derivado decorrente: consiste na capacidade, em um Estado federal, de os estados membros se auto-organizarem por meio de constituições estaduais, respeitando as regras contidas na Constituição Federal.

Assim, no Brasil, por exemplo, cada estado possui a sua própria Constituição, e os municípios podem elaborar suas leis orgânicas.

2.4 Classificação das normas constitucionais quanto à sua eficácia

As normas constitucionais podem ser classificadas de acordo com sua aplicabilidade, ou seja, de acordo com sua capacidade de produzirem efeitos.

TEORIA GERAL DA CONSTITUIÇÃO

A classificação tradicional é do jurista José Afonso da Silva, que divide as normas constitucionais em três categorias: normas de eficácia plena, de eficácia contida e de eficácia limitada.

- **Normas de eficácia plena:** são aquelas que, desde a entrada em vigor da Constituição, produzem ou podem produzir todos os seus efeitos essenciais, nos termos propostos pelo constituinte (por exemplo: os remédios constitucionais).
- **Normas de eficácia contida:** são aquelas que, embora produzam seus efeitos desde logo, foi deixada margem, pelo constituinte, de restrição, pelo legislador ordinário, de seus efeitos. Por exemplo: art. 5º, inciso XIII.
- **Normas de eficácia limitada:** somente produzem seus efeitos plenamente após a edição de lei ordinária ou complementar que lhes desenvolva a aplicabilidade. Ou seja, precisam ser regulamentadas. Por exemplo: art. 7º, inciso XI.

Além desses três tipos, podemos citar também as normas programáticas:

- **Normas programáticas:** caracterizam-se por expressarem valores que devem ser respeitados e perseguidos pelo legislador. Não têm a pretensão de serem de aplicação imediata, mas, sim, de aplicação diferida, paulatina, constituindo um norte ao legislador. Por isso, normalmente, trazem conceitos vagos e abertos. Um exemplo de norma programática seria o art. 7º, inciso IV, de nossa Constituição Federal, que trata do salário-mínimo:

    Art. 7º São direitos dos trabalhadores urbanos e rurais, além de outros que visem à melhoria de sua condição social: [...]

    IV – Salário mínimo, fixado em lei, nacionalmente unificado, capaz de atender a suas necessidades vitais básicas e às de sua família com moradia, alimentação, educação, saúde, lazer, vestuário, higiene, transporte e previdência social, com reajustes periódicos que lhe preservem o poder aquisitivo, sendo vedada sua vinculação para qualquer fim;

2.5 Emendas constitucionais

No exercício do **poder constituinte derivado**, o Estado pode alterar o texto constitucional, respeitados os limites impostos pelo **poder constituinte originário**.

Estas alterações se dão por meio das chamadas emendas constitucionais, as quais, uma vez aprovadas, passam a compor o texto original da Magna Carta, em pé de igualdade com as demais normas.

A emenda constitucional é expressamente prevista como espécie normativa no art. 59 da Constituição Federal.

No entanto, para sua aprovação, uma proposta de emenda constitucional não pode incidir em alguma das restrições previstas pelo constituinte.

2.5.1 Restrições às emendas constitucionais

As restrições às emendas constitucionais podem ser de dois tipos: materiais (também chamadas de cláusulas pétreas), temporais e formais.

- **Restrições materiais**

Têm esse nome porque são restrições de conteúdo (matéria). Ou seja, a Constituição proíbe a aprovação de emendas que tratem de determinadas matérias.

Essas matérias que não podem ser objeto de emendas estão previstas no art. 60, § 4º, e são chamadas pela doutrina de cláusulas pétreas.

Vejamos o texto deste dispositivo:

Art. 60 [...]

§ 4º Não será objeto de deliberação a proposta de emenda tendente a abolir:

I – A forma federativa de Estado;

II – O voto direto, secreto, universal e periódico;

III – A separação dos Poderes;

IV – Os direitos e garantias individuais.

Atenção

Teoria da dupla revisão

O constitucionalista português José Gomes Canotilho, na obra *Direito Constitucional e Teoria da Constituição,* defendia ser possível a alteração das cláusulas pétreas, desde que antes fosse alterado o texto constitucional que as defina (teoria da dupla revisão). Ou seja, primeiro altera-se o rol das cláusulas pétreas e depois altera-se a constituição no particular.

No entanto, a maioria dos doutrinadores brasileiros rejeita esta tese por ser uma forma de burlar a vontade soberana do Constituinte Originário.

- **Restrições temporais**

O art. 60, § 1º, estabelece que a Constituição não poderá ser emendada: na vigência de intervenção federal; na vigência de estado de defesa; na vigência de estado de sítio.

- **Restrições formais**

As restrições formais nada mais são do que os procedimentos necessários para que a emenda constitucional possa ser votada e aprovada.

Pelo fato de a nossa constituição ser rígida, a elaboração de emendas exige um processo legislativo mais rígido e dificultoso do que o ordinário.

Ou seja, as restrições formais são os requisitos que deverão ser observados para a aprovação da emenda. Estão ligados à iniciativa para a propositura da emenda, ao rito e ao quórum necessários para sua aprovação.

2.5.2 Iniciativa

De acordo com o art. 60 da Constituição Federal de 1988, ela poderá ser emendada mediante proposta:

I – De um terço, no mínimo, dos membros da Câmara dos Deputados ou do Senado Federal;

II – Do Presidente da República;

III – De mais da metade das Assembleias Legislativas das unidades da Federação, manifestando-se, cada uma delas, pela maioria relativa de seus membros.

Ou seja, uma Proposta de Emenda Constitucional (PEC) somente pode ser apresentada por uma dessas pessoas ou entidades.

2.5.3 Rito e quórum de aprovação

A PEC terá sua constitucionalidade examinada pela Comissão de Constituição e Justiça da Casa onde foi proposta. Após isso, será colocada em plenário e será votada em dois turnos, sendo que, em cada um deles, deverá ser aprovada por três quintos dos votos dos membros daquela Casa (maioria qualificada de 60% dos membros).

Se a PEC for aprovada nestes dois turnos, será enviada para votação na outra Casa legislativa, onde também deverá ser aprovada em dois turnos com três quintos de aprovação.

Após isso, se aprovada, será então promulgada pelas mesas da Câmara dos Deputados e do Senado Federal.

3 PRINCÍPIOS FUNDAMENTAIS

Os Princípios fundamentais, também chamados de Princípios constitucionais, formam a **base de toda a organização do Estado Brasileiro**. Como bem citado por José Afonso da Silva, na obra *Curso de Direito Constitucional Positivo*, "os Princípios Fundamentais visam essencialmente definir e caracterizar a coletividade política e o Estado e enumerar as principais opções político-constitucionais".

Exatamente em razão de sua importância, a Constituição Federal os colocou logo no início, pois eles são a base de todo o texto. O que se segue a partir desses princípios é mero desdobramento de seu conteúdo.

Quem se prepara para concurso público deve saber que, quando esse tema é abordado, costuma-se trabalhar questões com o conteúdo previsto nos arts. 1º ao 4º do texto constitucional. Geralmente, aparece apenas texto constitucional puro, mas, dependendo do concurso, as bancas costumam cobrar questões doutrinárias mais difíceis.

Quais princípios serão abordados?

- Princípio da tripartição dos poderes;
- Princípio federativo;
- Princípio republicano;
- Presidencialismo;
- Princípio democrático;
- Fundamentos da República Federativa do Brasil;
- Objetivos fundamentais da República Federativa do Brasil;
- Princípios que regem as relações internacionais do Brasil.

3.1 Princípio da tripartição dos poderes

Esse princípio, também chamado de princípio da separação dos poderes, originou-se, historicamente, numa tentativa de limitar os poderes do Estado. Alguns filósofos perceberam que, se o poder do Estado estivesse dividido entre três entidades diferentes, seria possível que a sociedade exercesse um maior controle de sua utilização.

Na verdade, a divisão não é do poder estatal, haja vista ser ele uno, indivisível e indelegável, mas apenas uma divisão das suas funções. Nos dizeres de José Afonso da Silva, na obra *Curso de Direito Constitucional Positivo*:

> O poder político, uno, indivisível e indelegável, se desdobra e se compõe de várias funções, fato que permite falar em distinções das funções, que fundamentalmente são três: a legislativa, a executiva e a jurisdicional.

A previsão constitucional desse princípio encontra-se no art. 2º, que diz:

> *Art. 2º São Poderes da União, independentes e harmônicos entre si, o Legislativo, o Executivo e o Judiciário.*

Esses são os três poderes, cada qual responsável pelo desenvolvimento de uma função principal do Estado:

- **Poder Executivo:** função principal (típica) de administrar o Estado.
- **Poder Legislativo:** função principal (típica) de legislar e fiscalizar as contas públicas.
- **Poder Judiciário:** função principal (típica) jurisdicional.

Além da sua própria função, a Constituição criou uma sistemática que permite a cada um dos poderes o exercício da função do outro poder. Essa função acessória chamamos de **função atípica:**

- **Poder Executivo:** função atípica de legislar e julgar.
- **Poder Legislativo:** função atípica de administrar e julgar.
- **Poder Judiciário:** função atípica de administrar e legislar.

Dessa forma, pode-se dizer que além da própria função, cada poder exerce de forma acessória a função do outro poder.

Uma pergunta sempre surge na cabeça dos candidatos: qual dos três poderes é mais importante?

A única resposta possível é a inexistência de poder mais importante. Cada poder possui sua própria função de forma que não se pode afirmar que exista hierarquia entre os poderes do Estado.

Eles são independentes e harmônicos entre si, e para se garantir essa harmonia, a doutrina norte-americana desenvolveu um sistema que mantém a igualdade entre os poderes: **sistema de freios e contrapesos** *(checks and balances)*.

O sistema de freios e contrapesos adotado pela nossa Constituição, revela-se nas inúmeras medidas previstas no texto constitucional que condicionam a competência de um poder à apreciação de outro poder de forma a garantir o equilíbrio entre os três poderes. A seguir estão alguns exemplos delas:

- **Necessidade de sanção do chefe do Poder Executivo** para que um projeto de lei aprovado pelo Poder Legislativo possa entrar em vigor.
- **Processo do chefe do Poder Executivo** por crime de responsabilidade a ser realizado no Senado Federal, cuja sessão de julgamento é presidida pelo presidente do STF.
- **Necessidade de apreciação** pelo Poder Legislativo das Medidas Provisórias editadas pelo chefe do Poder Executivo.
- **Nomeação dos ministros** do STF é feita pelo Presidente da República depois de aprovada pelo Senado Federal.

Em todas as hipóteses acima apresentadas, faz-se necessária a participação de mais de um Poder para a consecução de um ato administrativo. Isso cria uma verdadeira relação de interdependência entre os poderes, o que garante o equilíbrio entre eles.

Por último, não se pode esquecer que a separação dos poderes é uma das cláusulas pétreas por força do art. 60, § 4º, inciso III, da Constituição Federal.

Significa dizer que a separação dos poderes não pode ser abolida do texto constitucional por meio de emenda:

> *Art. 60 [...]*
> *§ 4º Não será objeto de deliberação a proposta de emenda tendente a abolir: [...]*
> *III – A separação dos Poderes.*

3.2 Princípio federativo

Esse princípio apresenta a forma de Estado adotada no Brasil: federação. A forma de Estado reflete o modo de exercício do poder político em função do território. É uma forma composta ou complexa, visto que prevalece a pluralidade de poderes políticos internos. Está baseada na descentralização política do Estado, cuja representação se dá por meio de quatro entes federativos:

- **União;**
- **Estados;**
- **Distrito Federal;**
- **Municípios.**

Cada ente federativo possui sua **própria autonomia política**, o que **não** pode ser confundido com o atributo da soberania, pertencente ao Estado Federal.

A autonomia de cada ente confere-lhe a capacidade política de, inclusive, criar sua própria Constituição. Apesar de cada ente federativo possuir essa independência, não se pode esquecer que a existência do pacto federativo pressupõe a existência de uma Constituição Federal e

PRINCÍPIOS FUNDAMENTAIS

da impossibilidade de separação (princípio da indissolubilidade do vínculo federativo). Havendo quebra do pacto federativo, a Constituição Federal prevê como instrumento de manutenção da forma de Estado a chamada Intervenção Federal, a qual será estudada em momento oportuno.

Não existe hierarquia entre os entes federativos. O que os distingue é a competência que cada um recebeu da Constituição Federal. Deve-se ressaltar que os estados e o Distrito Federal possuem direito de participação na formação da vontade nacional ao possuírem representantes no Senado Federal. Os municípios não possuem representantes no Senado Federal. Caracteriza-se, ainda, pela existência de um guardião da Constituição Federal, o Supremo Tribunal Federal (STF). A doutrina tem apontado para algumas características da forma federativa brasileira:

- **Tricotômica:** a Federação é constituída em três níveis: federal, estadual e municipal. O Distrito Federal não é considerado nessa classificação, haja vista possuir competência híbrida, ou seja, ora age como estado ora como município.
- **Centrífuga:** essa característica reflete a formação da federação brasileira. É a formação "de dentro para fora". A força de criação do estado federal brasileiro surgiu a partir de um Estado Unitário para a criação de um estado federado, ou seja, o poder centralizado que se torna descentralizado. O poder político era concentrado nas mãos de um só ente e, depois, passa a fazer parte de vários entes federativos.
- **Por desagregação:** ocorre quando um estado unitário resolve se descentralizar politicamente, desagregando o poder central em favor de vários entes titulares de poder político.

Como última observação, não menos importante, a **forma federativa de Estado** também é uma **cláusula pétrea**.

Depois de estudar os princípios da tripartição dos poderes e o poder federativo, passa-se a ver como eles estão estruturados dentro da República Federativa do Brasil. Uma informação importante antes disso: a autonomia política existente em cada ente federativo pode ser percebida por meio de existência dos poderes em cada um.

- União
  - Poder Executivo – Presidente da República.
  - Poder Legislativo – Congresso Nacional.
  - Poder Judiciário – STF e demais órgãos judiciais federais.
- Estados
  - Poder Executivo – Governador.
  - Poder Legislativo – Assembleia Legislativa.
  - Poder Judiciário – Tribunal de Justiça.
- Municípios
  - Poder Executivo – Prefeito.
  - Poder Legislativo – Câmara de Vereadores.
  - Poder Judiciário – Não existe.
- Distrito Federal
  - Poder Executivo – Governador.
  - Poder Legislativo – Câmara Legislativa.
  - Poder Judiciário – Tribunal de Justiça.

3.3 Princípio republicano

O princípio republicano representa a **forma de governo** adotada no Brasil. A forma de governo reflete o modo de aquisição e exercício do poder político, além de medir a relação existente entre o governante e o governado.

A melhor forma de entender esse instituto é conhecendo suas características. A primeira característica decorre da análise etimológica da expressão *res publica*. Essa expressão, que dá origem ao princípio ora estudado, significa coisa pública, ou seja, em um Estado republicano, o governante cuida da coisa pública, governa para o povo.

Outra característica importante é a temporariedade. Esse atributo revela o caráter temporário do exercício do poder político. Por causa desse princípio, em nosso Estado, o governante permanece no poder por tempo determinado.

Em uma República, o governante é escolhido pelo povo. Essa é a chamada eletividade. O poder político é adquirido pelas eleições, sendo que a vontade popular se concretiza nas urnas.

Por fim, em um Estado republicano, o governante pode ser responsabilizado por seus atos.

A forma de governo republicana se contrapõe à monarquia, cujas características são opostas às estudadas aqui.

É importante destacar que o princípio republicano não é uma cláusula pétrea, pois esse princípio não se encontra listado no rol das cláusulas pétreas do art. 60, § 4º, da Constituição Federal. Apesar disso, a Constituição o considerou como princípio sensível. Princípios sensíveis são aqueles que, se tocados, ensejarão a chamada Intervenção Federal, conforme previsto no art. 34, inciso VII, da Constituição Federal de 1988:

> *Art. 34 A União não intervirá nos Estados nem no Distrito Federal, exceto para: [...]*
> *VII – assegurar a observância dos seguintes princípios constitucionais:*
> *a) forma republicana, sistema representativo e regime democrático.*

3.4 Presidencialismo

O Presidencialismo é o sistema de governo adotado no Brasil. O sistema de governo rege a relação entre o Poder Executivo e o Legislativo medindo o grau de dependência entre eles. No presidencialismo, prevalece a separação entre os Poderes Executivo e Legislativo, os quais são independentes e harmônicos entre si.

A Constituição Federal de 1988 declara, em seu art. 76, que:

> *O Poder Executivo é exercido pelo Presidente da República, auxiliado pelos Ministros de Estado.*

O Presidencialismo possui uma característica muito importante, que é a concentração das funções executivas em uma só pessoa, o Presidente, o qual é eleito pelo povo, e exerce ao mesmo tempo três funções: chefe de Estado, chefe de governo, e chefe da Administração Pública.

A função de chefe de Estado diz respeito a todas as atribuições do presidente nas relações externas do País. Como chefe de governo, o presidente possui inúmeras atribuições internas no que tange à governabilidade do país. Já como chefe da Administração Pública, o presidente exercerá as funções relacionadas com a chefia da Administração Pública federal.

3.5 Regime democrático

Este princípio revela o regime de governo adotado no Brasil. Caracteriza-se pela existência do Estado Democrático de Direito e pela preservação da dignidade da pessoa humana.

A democracia significa o governo do povo, pelo povo e para o povo. É a chamada soberania popular. Sua fundamentação constitucional encontra-se no art. 1º da CF/1988/1988:

> *Art. 1º [...]*
> *Parágrafo único. Todo o poder emana do povo, que o exerce por meio de representantes eleitos ou diretamente, nos termos desta Constituição.*

Esse princípio também é conhecido como princípio sensível e, no Brasil, caracteriza-se por seu exercício se dar de forma direta e indireta. Por esse motivo, a democracia brasileira é conhecida como semidireta ou participativa. Esse tema, porém, será abordado na seção sobre **Direitos Políticos**.

- Forma de Estado → Federativa
- Forma de Governo → Republicana
- Sistema de Estado → Presidencialista
- Regime de Estado → Democrático

3.6 Fundamentos da República Federativa do Brasil

Entre os Princípios Constitucionais mais importantes, destacam-se os Fundamentos da República Federativa do Brasil, os quais estão elencados no art. 1º da Constituição Federal de 1988:

Art. 1º A República Federativa do Brasil, formada pela união indissolúvel dos Estados e Municípios e do Distrito Federal, constitui-se em Estado Democrático de Direito e tem como fundamentos:
I – A soberania;
II – A cidadania;
III – A dignidade da pessoa humana;
IV – Os valores sociais do trabalho e da livre iniciativa;
V – O pluralismo político.

- **Soberania:** é um fundamento que possui estreita relação com o Poder do Estado. É a capacidade que o Estado tem de impor sua vontade. Esse princípio possui uma dupla acepção: soberania interna e externa.
- **A soberania interna** é a capacidade de impor o poder estatal no âmbito interno, perante os administrados, sem se sujeitar a qualquer outro poder.
- **A soberania externa** é percebida pelo reconhecimento dos outros Estados soberanos de que o Estado Brasileiro possui sua própria autonomia no âmbito internacional.
- **Cidadania:** como princípio revela a condição jurídica de quem é titular de direitos políticos. Ela permite ao indivíduo que possui vínculo jurídico com o Estado participar de suas decisões e escolher seus representantes. O exercício da cidadania guarda estreita relação com a democracia, pois essa autoriza a participação popular na formação da vontade estatal.
- **Dignidade da pessoa humana:** é considerada o princípio com maior hierarquia axiológica da Constituição. Sua importância se traduz na medida em que deve ser assegurada, primordialmente, pelo Estado, mas também deve ser observada nas relações particulares. Como fundamento, embasa toda a gama de direitos fundamentais, os quais estão ligados em sua origem a esse princípio. A dignidade da pessoa humana representa o núcleo mínimo de direitos e garantias que devem ser assegurados aos seres humanos.
- **Valor social do trabalho e da livre iniciativa:** revela a adoção de uma economia capitalista ao mesmo tempo em que elege o trabalho como elemento responsável pela valorização social. Ao mesmo tempo em que a Constituição garante uma liberdade econômica, protege o trabalho como elemento relacionado à dignidade do indivíduo como membro da sociedade.
- **Pluralismo político:** ao contrário do que parece, não está relacionado apenas com a pluralidade de partidos políticos, devendo ser entendido sob um sentido mais amplo, pois revela uma sociedade em que pluralidade de ideias se torna um ideal a ser preservado. Liberdades, como de expressão, religiosa ou política estão entre as formas de manifestação desse princípio.

3.7 Objetivos fundamentais da República Federativa do Brasil

Outro grupo de princípios constitucionais que costuma ser cobrado em prova é o dos objetivos da República Federativa do Brasil, os quais estão previstos em um rol exemplificativo no art. 3º da Constituição Federal de 1988:

Art. 3º Constituem objetivos fundamentais da República Federativa do Brasil:
I – Construir uma sociedade livre, justa e solidária;
II – Garantir o desenvolvimento nacional;
III – Erradicar a pobreza e a marginalização e reduzir as desigualdades sociais e regionais;
IV – Promover o bem de todos, sem preconceitos de origem, raça, sexo, cor, idade e quaisquer outras formas de discriminação.

Os objetivos são verdadeiras metas a serem perseguidas pelo Estado com o fim de garantir os ditames constitucionais. Deve-se ter muita atenção em relação a esses dispositivos, pois eles costumam ser cobrados em prova fazendo-se alterações dos termos constitucionais.

Outra característica que distingue os fundamentos dos objetivos é o fato de os fundamentos serem nominados com substantivos ao passo que os objetivos se iniciam com verbos. Essa diferença pode ajudar a perceber qual a resposta correta na prova.

3.8 Princípios que regem as relações internacionais do Brasil

Têm-se os princípios que regem as relações internacionais, os quais estão previstos no art. 4º da Constituição Federal de 1988:

Art. 4º A República Federativa do Brasil rege-se nas suas relações internacionais pelos seguintes princípios:
I – Independência nacional;
II – Prevalência dos direitos humanos;
III – Autodeterminação dos povos;
IV – Não intervenção;
V – Igualdade entre os Estados;
VI – Defesa da paz;
VII – Solução pacífica dos conflitos;
VIII – Repúdio ao terrorismo e ao racismo;
IX – Cooperação entre os povos para o progresso da humanidade;
X – Concessão de asilo político.
Parágrafo único. A República Federativa do Brasil buscará a integração econômica, política, social e cultural dos povos da América Latina, visando à formação de uma comunidade latino-americana de nações.

Esses princípios revelam características muito interessantes do Brasil, ressaltando sua soberania e independência em relação aos outros Estados do mundo.

- **Independência nacional:** destaca, no âmbito da soberania externa, a relação do país com os demais estados, uma relação de igualdade, sem estar subjugado a outro Estado.
- **Prevalência dos direitos humanos:** vai ao encontro do fundamento da dignidade da pessoa humana, característica muito importante que se revela por meio do grande rol de direitos e garantias fundamentais previstos na Constituição Federal.
- **Autodeterminação dos povos:** por esse princípio, respeitam-se as decisões e escolhas de cada povo. Entende-se que cada povo é capaz de escolher o seu próprio caminho político e de resolver suas crises internas sem necessidade de intervenção externa de outros países.
- **Não intervenção:** no mesmo sentido de preservação e respeito à soberania dos demais Estados.

PRINCÍPIOS FUNDAMENTAIS

- **Igualdade entre os Estados:** sendo que cada país é reconhecido como titular de soberania na mesma proporção que os demais, sem hierarquia entre eles.
- **Defesa da paz:** princípio fundamental que funciona como bandeira defendida pelo Brasil em suas relações internacionais.
- **Solução pacífica dos conflitos:** revela o lado conciliador do governo brasileiro, que por vezes intermedeia relações conturbadas entre outros chefes de estado.
- **Repúdio ao terrorismo e ao racismo:** é princípio decorrente da dignidade da pessoa humana; terrorismo e racismo são tomados como inaceitáveis em sociedades modernas.
- **Cooperação entre os povos para o progresso da humanidade:** envolvimento em pesquisas científicas para cura de doenças, bem como na defesa e preservação do meio ambiente, entre outros.
- **Concessão de asilo político:** como princípio constitucional, fundamenta a decisão brasileira de amparar estrangeiros que estejam sendo perseguidos em seus países por questões políticas ou de opinião.

Destaca-se, entre os princípios que regem as relações internacionais, um mandamento para que a República Federativa do Brasil busque a integração econômica, política, social e cultural dos povos da América Latina, visando à formação de uma comunidade latino-americana de nações. Repare que o texto constitucional mencionou América Latina, não América do Sul. Parece não haver muita diferença, mas esse tema já foi cobrado em prova e a troca dos termos é considerada errada.

4 DIREITOS FUNDAMENTAIS – REGRAS GERAIS

4.1 Conceito

Os direitos e garantias fundamentais são institutos jurídicos que foram criados no decorrer do desenvolvimento da humanidade e se constituem de normas protetivas que formam um núcleo mínimo de prerrogativas inerentes à condição humana.

4.1.1 Amplitude horizontal e amplitude vertical

Possuem como objetivo principal a proteção do indivíduo diante do poder do Estado. Mas não só do Estado. Os direitos e garantias fundamentais também constituem normas de proteção do indivíduo em relação aos outros indivíduos da sociedade.

E é exatamente nesse ponto que surgem os conceitos de **amplitude vertical e amplitude horizontal.**

- **Amplitude vertical:** é o efeito protetor que as normas definidoras de direitos e garantias fundamentais produzem para um indivíduo diante do Estado.
- **Amplitude horizontal:** é o efeito protetor que as normas definidoras de direitos e garantias fundamentais produzem para um indivíduo diante dos outros indivíduos.

4.2 Classificação

A Constituição Federal, quando se refere aos direitos fundamentais, classifica-os em cinco grupos:
- Direitos e deveres individuais e coletivos;
- Direitos sociais;
- Direitos de nacionalidade;
- Direitos políticos;
- Partidos políticos.

Essa classificação encontra-se distribuída entre os arts. 5º e 17 do texto constitucional e é normalmente chamada pela doutrina de Conceito Formal dos Direitos Fundamentais. O Conceito Formal é o que a Constituição Federal resolveu classificar como sendo Direito Fundamental. É o rol de direitos fundamentais previstos expressamente no texto constitucional.

Costuma-se perguntar nas provas: "O rol de direitos fundamentais é um rol exaustivo? Ou melhor, taxativo?" O que se quer saber é se o rol de direitos fundamentais é só aquele que está expresso na Constituição ou não.

Responde-se a essa questão com o § 2º do art. 5º, que diz:

> *§ 2º Os direitos e garantias expressos nesta Constituição não excluem outros decorrentes do regime e dos princípios por ela adotados, ou dos tratados internacionais em que a República Federativa do Brasil seja parte.*

Isso significa que o rol não é taxativo, mas exemplificativo. A doutrina costuma chamar esse parágrafo de cláusula de abertura material, que é exatamente a possibilidade de existirem outros direitos fundamentais, ainda que fora do texto constitucional. Esse seria o conceito material dos direitos fundamentais, ou seja, todos os direitos fundamentais que possuem a essência fundamental, ainda que não estejam expressos no texto constitucional.

4.3 Características

O elemento jurídico acima abordado, além de explicar a possibilidade de se inserirem novos direitos fundamentais no rol dos que já existem expressamente na Constituição Federal, também constitui uma das características que serão abordadas a seguir:

- **Historicidade:** essa característica revela que os direitos fundamentais são frutos da evolução histórica da humanidade. Significa que eles evoluem com o passar do tempo.
- **Inalienabilidade:** os direitos fundamentais não podem ser alienados, não podem ser negociados, não podem ser transigidos.
- **Irrenunciabilidade:** os direitos fundamentais não podem ser renunciados.
- **Imprescritibilidade:** os direitos fundamentais não se sujeitam aos prazos prescricionais. Não se perde um direito fundamental pelo decorrer do tempo.
- **Universalidade:** os direitos fundamentais pertencem a todas as pessoas, independentemente da sua condição.
- **Máxima Efetividade:** essa característica é mais uma imposição ao Estado, que está coagido a garantir a máxima efetividade dos direitos fundamentais. Esses direitos não podem ser ofertados de qualquer forma. É necessário que eles sejam garantidos da melhor forma possível.
- **Concorrência:** os direitos fundamentais podem ser utilizados em conjunto com outros direitos. Não é necessário abandonar um para usufruir outro direito.
- **Complementariedade:** um direito fundamental não pode ser interpretado sozinho. Cada direito deve ser analisado juntamente com outros direitos fundamentais, bem como com outros institutos jurídicos.
- **Proibição do retrocesso:** essa característica proíbe que os direitos já conquistados sejam perdidos.
- **Limitabilidade:** não existe direito fundamental absoluto. São direitos relativos.
- **Não Taxatividade:** essa característica, já tratada anteriormente, diz que o rol de direitos fundamentais é apenas exemplificativo, tendo em vista a possibilidade de inserção de novos direitos.

4.4 Dimensões dos direitos fundamentais

As dimensões, também conhecidas por gerações de direitos fundamentais, são uma classificação adotada pela doutrina que leva em conta a ordem cronológica de reconhecimento desses direitos. São cinco as dimensões atualmente reconhecidas:

- **1ª dimensão:** foram os primeiros direitos conquistados pela humanidade. São direitos relacionados à liberdade, em todas as suas formas. Possuem um caráter negativo diante do Estado, tendo em vista ser utilizado como uma verdadeira limitação ao poder estatal, ou seja, o Estado, diante dos direitos de primeira dimensão, fica impedido de agir ou interferir na sociedade. São verdadeiros direitos de defesa com caráter individual. Estão entre estes direitos as liberdades públicas, civis e políticas.
- **2ª dimensão:** estes direitos surgem na tentativa de reduzirem as desigualdades sociais provocadas pela primeira dimensão. Por isso, são conhecidos como direitos de igualdade. Para reduzir as diferenças sociais, o Estado precisa interferir na sociedade: essa interferência reflete a conduta positiva adotada por meio de prestações sociais. São exemplos de direitos de segunda dimensão: os direitos sociais, econômicos e culturais.
- **3ª dimensão:** aqui estão os conhecidos direitos de fraternidade. São direitos que refletem um sentimento de solidariedade entre os povos na tentativa de preservarem os direitos de toda a coletividade. São de terceira geração o direito ao meio ambiente saudável, o direito ao progresso da humanidade, ao patrimônio comum, entre outros.

DIREITOS FUNDAMENTAIS – REGRAS GERAIS

- **4ª dimensão:** esses direitos ainda não possuem um posicionamento pacífico na doutrina, mas costuma-se dizer que nesta dimensão ocorre a chamada globalização dos direitos fundamentais. São direitos que rompem com as fronteiras entre os Estados. São direitos de todos os seres humanos, independentemente de sua condição, como o direito à democracia, ao pluralismo político. São também considerados direitos de 4ª geração os direitos mais novos, que estão em construção, como o direito genético ou espacial.

- **5ª dimensão:** essa é a mais nova dimensão defendida por alguns doutrinadores. É formado basicamente pelo direito à paz. Esse seria o direito mais almejado pelo homem e que consubstancia a reunião de todos os outros direitos.

Deve-se ressaltar que esses direitos, à medida que foram sendo conquistados, complementavam os direitos anteriores, de forma que não se pode falar em substituição ou superação de uma geração sobre a outra, mas em cumulação, de forma que hoje podemos usufruir de todos os direitos pertencentes a todas as dimensões.

Para não se esquecer das três primeiras dimensões é só lembrar-se do lema da Revolução Francesa: Liberdade (1ª dimensão), Igualdade (2ª dimensão) e Fraternidade (3ª dimensão).

4.5 Titulares dos direitos fundamentais

4.5.1 Quem são os titulares dos direitos fundamentais?

A própria Constituição Federal responde a essa pergunta quando diz no *caput* do art. 5º que são titulares "os brasileiros e estrangeiros residentes no país". Mas será que é necessário residir no país para que o estrangeiro tenha direitos fundamentais?

Imaginemos um avião cheio de alemães que está fazendo uma escala no Aeroporto Municipal de Cascavel-PR.

Nenhum dos alemães reside no país. Seria possível entrar no avião e matar todas aquelas pessoas, haja vista não serem titulares de direitos fundamentais por não residirem no país? É claro que não. Para melhor se compreender o termo "residente", o STF o tem interpretado de forma mais ampla no sentido de abarcar todos aqueles que estão no país. Ou seja, todos os que estão no território brasileiro, independentemente de residirem no país, são titulares de direitos fundamentais.

Mas será que, para ser titular de direitos fundamentais, é necessário ter a condição humana? Ao contrário do que parece, não é necessário. Tem-se reconhecido como titulares de direitos fundamentais as pessoas jurídicas. Ressalta-se que não só as pessoas jurídicas de direito privado, mas também as pessoas jurídicas de direito público.

Os animais não são considerados titulares de direitos fundamentais, mas isso não significa que seja possível maltratá-los. Na prática, a Constituição Federal de 1988 os protege contra situações de maus-tratos. O STF já se pronunciou sobre a "briga de galo" e a "farra do boi", declarando-as inconstitucionais. Quanto à "vaquejada", o Supremo se manifestou acerca da admissibilidade parcial, desde que não figure flagelação do animal. Por fim, o tema de "rodeios" ainda não foi pleiteado. De outro lado, mortos podem ser titulares de direitos fundamentais, desde que o direito seja compatível (por exemplo: honra).

4.6 Cláusulas pétreas fundamentais

O art. 60, § 4º da Constituição Federal de 1988, traz o rol das chamadas **Cláusulas Pétreas**:

> *§ 4º Não será objeto de deliberação a proposta de emenda tendente a abolir:*

> *I – A forma federativa de Estado;*
> *II – O voto direto, secreto, universal e periódico;*
> *III – A separação dos Poderes;*
> *IV – Os direitos e garantias individuais.*

As Cláusulas Pétreas são núcleos temáticos formados por institutos jurídicos de grande importância, os quais não podem ser retirados da Constituição. Observe-se que o texto proíbe a abolição desses princípios, mas não impede que eles sejam modificados, no caso, para melhor. Isso já foi cobrado em prova. É importante notar que o texto constitucional prevê no inciso IV como sendo Cláusulas Pétreas apenas os direitos e garantias individuais. Pela literalidade da Constituição, não são todos os direitos fundamentais que são protegidos por esse instituto, mas apenas os de caráter individual. Parte da doutrina e da jurisprudência entende que essa proteção deve ser ampliada, abrangendo os demais direitos fundamentais. Deve-se ter atenção com esse tema em prova, pois já foram cobrados os dois posicionamentos.

4.7 Eficácia dos direitos fundamentais

O § 1º do art. 5º da Constituição Federal de 1988 prevê que:

> *§ 1º As normas definidoras dos direitos e garantias fundamentais têm aplicação imediata.*

Quando a Constituição Federal de 1988 se refere à aplicação de uma norma, na verdade está falando da sua eficácia.

Esse tema é sempre cobrado em provas de concurso. Com o intuito de obter uma melhor compreensão, é necessário conceituar, classificar e diferenciar os vários níveis de eficácia das normas constitucionais.

Para que uma norma constitucional seja aplicada é indispensável que a ela possua eficácia, a qual é a capacidade que uma norma jurídica tem de produzir efeitos.

Se os efeitos produzidos se restringem ao âmbito normativo, tem-se a chamada **eficácia jurídica**, ao passo que, se os efeitos são concretos, reais, tem-se a chamada **eficácia social**. Eficácia jurídica, portanto, é a capacidade que uma norma constitucional tem de revogar todas as outras normas que com ela apresentem divergência. Já a eficácia social, também conhecida como efetividade, é a aplicabilidade na prática, concreta, da norma. Todas as normas constitucionais possuem eficácia jurídica, mas nem todas possuem eficácia social. Logo, é possível afirmar que todas as normas constitucionais possuem eficácia. O problema surge quando uma norma constitucional não pode ser aplicada na prática, ou seja, não possui eficácia social.

Para explicar esse fenômeno, foram desenvolvidas várias classificações acerca do grau de eficácia de uma norma constitucional. A classificação mais adotada pela doutrina e mais cobrada em prova é a adotada pelo professor José Afonso da Silva, na obra *Curso de Direito Constitucional Positivo*. Para esse estudioso, a eficácia social se classifica em:

- **Eficácia plena:** são aquelas **autoaplicáveis.** São normas que possuem aplicabilidade direta, imediata e integral. Seus efeitos práticos são plenos. É uma norma que não depende de complementação legislativa para produzir efeitos. Veja os exemplos: art. 1º; art. 5º, *caput* e incisos XXXV e XXXVI; art. 19; art. 21; art. 53; art. 60, § 1º e 4º; art. 69; art. 128, § 5º, incisos I e II; art. 145, § 2º; entre outros.

- **Eficácia contida:** também são **autoaplicáveis**. Assim como as normas de eficácia plena, elas possuem **aplicabilidade direta e imediata**. Contudo, sua aplicação não é integral. É neste ponto que a eficácia contida se diferencia da eficácia plena. A norma de eficácia contida nasce plena, mas pode ser restringida por outra norma.

- Daí a doutrina chamá-la de norma contível, restringível ou redutível. Essas espécies permitem que outra norma reduza a sua aplicabilidade. São normas que produzem efeitos imediatos, mas esses efeitos podem ser restringidos. Por exemplo: art. 5º, incisos VII, XII, XIII, XV, XXVII e XXXIII; art. 9º; art. 37, inciso I; art. 170, parágrafo único; entre outros.
- **Eficácia limitada:** são desprovidas de eficácia social. Diz-se que as normas de eficácia limitada não são autoaplicáveis, possuem aplicabilidade indireta, mediata e reduzida ou diferida.
- São normas que dependem de outra para produzirem efeitos. O que as difere das normas de eficácia contida é a dependência de outra norma para que produza efeitos sociais. Enquanto as de eficácia contida produzem efeitos imediatos, os quais poderão ser restringidos posteriormente, as de eficácia limitada dependem de outra norma para produzirem efeitos. Deve-se ter cuidado para não pensar que essas espécies normativas não possuem eficácia. Como se afirmou anteriormente, elas possuem eficácia jurídica, mas não possuem eficácia social. As normas de eficácia limitada são classificadas, ainda, em:
- **Normas de eficácia limitada de princípio institutivo:** são aquelas que dependem de outra norma para organizar ou instituir estruturas, entidades ou órgãos. Por exemplo: art. 18, § 2º; art. 22, parágrafo único; art. 25, § 3º; art. 33; art. 88; art. 90, § 2º; art. 102, § 1º; art. 107, § 1º; art. 113; art. 121; art. 125, § 3º; art. 128, § 5º; art. 131; entre outros.
- **Normas de eficácia limitada de princípio programático:** são aquelas que apresentam verdadeiros objetivos a serem perseguidos pelo Estado, programas a serem implementados. Em regra, possuem fins sociais. Por exemplo: art. 7º, incisos XI, XX e XXVII; art. 173, § 4º; arts. 196; 205; 215; 218; 227; entre outros.

O Supremo Tribunal Federal (STF) possui algumas decisões que conferiram o grau de eficácia limitada aos seguintes dispositivos: art. 5º, inciso LI; art. 37, inciso I; art. 37, inciso VII; art. 40, § 4º; art. 18, § 4º.

Feitas as considerações iniciais sobre esse tema, resta saber o que o § 1º do art. 5º da Constituição Federal de 1988 quis dizer com "aplicação imediata". Para traduzir essa expressão, basta analisar a explicação apresentada anteriormente. Segundo a doutrina, as normas que possuem aplicação imediata ou são de eficácia plena ou contida. Ao que parece, o texto constitucional quis restringir a eficácia dos direitos fundamentais em plena ou contida, não existindo, em regra, normas definidoras de direitos fundamentais com eficácia limitada. Entretanto, pelos próprios exemplos aqui apresentados, não é essa a realidade do texto constitucional. Certamente, existem normas de eficácia limitada entre os direitos fundamentais (art. 7º, incisos XI, XX e XXVII). A dúvida que surge então é: como responder na prova?

A doutrina e o STF têm entendido que, apesar do texto expresso na Constituição Federal, existem normas definidoras de direitos fundamentais que não possuem aplicabilidade imediata, as quais são de eficácia limitada. Diante dessa contradição, a doutrina tem orientado no sentido de se conferir a maior eficácia possível aos direitos fundamentais. Em prova, pode ser cobrada tanto uma questão abordando o texto puro da Constituição Federal quanto o posicionamento da doutrina. Deve-se responder conforme for perguntado.

A Constituição previu dois instrumentos para garantir a efetividade das normas de eficácia limitada: **Ação Direta de Inconstitucionalidade por Omissão** e o **Mandado de Injunção**.

4.8 Força normativa dos tratados internacionais

Uma regra muito importante para a prova é a que está prevista no § 3º do art. 5º da Constituição Federal de 1988:

> § 3º Os tratados e convenções internacionais sobre direitos humanos que forem aprovados, em cada Casa do Congresso Nacional, em dois turnos, por três quintos dos votos dos respectivos membros, serão equivalentes às emendas constitucionais.

Esse dispositivo constitucional apresenta a chamada força normativa dos tratados internacionais.

Segundo o texto constitucional, é possível que um tratado internacional possua força normativa de emenda constitucional, desde que preencha os seguintes requisitos:
- Deve falar de direitos humanos;
- Deve ser aprovado nas duas casas legislativas do Congresso Nacional, ou seja, na Câmara dos Deputados e no Senado Federal;
- Deve ser aprovado em dois turnos em cada casa;
- Deve ser aprovado por 3/5 dos membros em cada turno de votação, em cada casa.

Preenchidos esses requisitos, o Tratado Internacional terá força normativa de **Emenda à Constituição.**

Mas surge a seguinte questão: e se o Tratado Internacional for de Direitos Humanos e não preencher os requisitos constitucionais previstos no § 3º do art. 5º da Constituição? Qual será sua força normativa? Segundo o STF, caso o Tratado Internacional fale de direitos humanos, mas não preencha os requisitos do § 3º do art. 5º da CF/1988/1988, ele terá força normativa de **norma supralegal.**

Ainda há os tratados internacionais que não falam de direitos humanos. São tratados que falam de outros temas, por exemplo, o comércio. Esses tratados possuem força normativa de **lei ordinária.**

Em suma, são três as forças normativas dos Tratados Internacionais:
- Emenda à Constituição;
- Norma supralegal;
- Lei ordinária.

4.9 Tribunal Penal Internacional (TPI)

Há outra regra muito interessante prevista no § 4º do art. 5º da Constituição Federal de 1988:

> § 4º O Brasil se submete à jurisdição de Tribunal Penal Internacional a cuja criação tenha manifestado adesão.

É o chamado **Tribunal Penal Internacional.** Mas o que é o Tribunal Penal Internacional? É uma corte permanente, localizada em Haia, na Holanda, com competência de julgamento dos crimes contra a humanidade.

É um Tribunal, pois tem função jurisdicional; é penal porque só julga crimes; é internacional, haja vista sua competência não estar restrita à fronteira de um só Estado.

Mas uma coisa deve ser esclarecida. O TPI não julga qualquer tipo de crime. Só os crimes que tenham repercussão para toda a humanidade. Geralmente, são crimes de guerra, agressão estrangeira, genocídio, dentre outros.

Apesar de ser um tribunal com atribuições jurisdicionais, o TPI não faz parte do Poder Judiciário brasileiro. Sua competência é complementar à jurisdição nacional, não ofendendo, portanto, a soberania do Estado brasileiro. Isso significa que o TPI só age quando a Justiça Brasileira se omite ou é ineficaz.

4.10 Direitos e garantias

Muitos questionam se direitos e garantias são a mesma coisa, mas a melhor doutrina tem diferenciado esses dois institutos.

Os direitos são os próprios direitos previstos na Constituição Federal de 1988. São os bens jurídicos tutelados pela Constituição. Eles representam por si só esses bens.

As garantias são instrumentos de proteção dos direitos. São ferramentas disponibilizadas pela Constituição para a fruição dos direitos.

Apesar da diferença entre os dois institutos é possível afirmar que **toda garantia é um direito.**

DIREITOS E DEVERES INDIVIDUAIS E COLETIVOS

5 DIREITOS E DEVERES INDIVIDUAIS E COLETIVOS

A Constituição Federal, ao disciplinar os direitos individuais, os coloca basicamente no art. 5º. Logo no *caput* desse artigo, já aparece uma classificação didática dos direitos ali previstos:

> **Art. 5º** *Todos são iguais perante a lei, sem distinção de qualquer natureza, garantindo-se aos brasileiros e aos estrangeiros residentes no País a inviolabilidade do direito à vida, à liberdade, à igualdade, à segurança e à propriedade, nos termos seguintes:*

Para estudarmos os direitos individuais, utilizaremos os cinco grupos de direitos previstos no *caput* do art. 5º:

- Direito à vida;
- Direito à igualdade;
- Direito à liberdade;
- Direito à propriedade;
- Direito à segurança.

Percebe-se que os 78 incisos do art. 5º, de certa forma, decorrem de um desses direitos que podem ser chamados de **"direitos raízes"**. Utilizando essa divisão, a seguir serão abordados os incisos mais importantes desse artigo, tendo em vista a preparação para a prova. Logicamente, não conseguiremos abordar todos os incisos, o que não tira a responsabilidade de lê-los.

5.1 Direito à vida

Ao falar desse direito, que é considerado pela doutrina como o **direito mais fundamental de todos**, por ser um pressuposto para o exercício dos demais direitos, enfrenta-se um primeiro desafio: esse direito é absoluto?

Assim como os demais direitos, o direito à vida não é absoluto. São várias as justificativas existentes para considerá-lo um direito passível de flexibilização.

5.1.1 Pena de morte

Existe pena de morte no Brasil? A resposta é sim. A alínea "a" do inciso XLVII do art. 5º traz essa previsão expressamente:

> XLVII – Não haverá penas:
> a) de morte, salvo em caso de guerra declarada, nos termos do art. 84, XIX;

Todas as vezes que a Constituição traz uma negação acompanhada de uma exceção, estamos diante de uma possibilidade.

5.1.2 Aborto

A prática de aborto no Brasil é permitida? O art. 128 do Código Penal Brasileiro apresenta duas possibilidades de prática de aborto que são verdadeiras excludentes de ilicitude:

> **Art. 128** *Não se pune o aborto praticado por médico:*
> *Aborto necessário*
> *I – Se não há outro meio de salvar a vida da gestante;*
> *Aborto sentimental*
> *II – Se a gravidez resulta de estupro e o aborto é precedido de consentimento da gestante ou, quando incapaz, de seu representante legal.*

São os **abortos necessário** e **sentimental**. Aborto necessário é aquele praticado para salvar a vida da gestante e o aborto sentimental é utilizado nos casos de estupro. Essas duas exceções à prática do crime de aborto são hipóteses em que se permite a sua prática no direito brasileiro. Além dessas duas hipóteses previstas expressamente na legislação brasileira, o STF também reconhece a possibilidade da prática de aborto do feto anencéfalo (feto sem cérebro). Mais uma vez, o direito à vida encontra-se flexibilizado.

5.1.3 Legítima defesa e estado de necessidade

Esses dois institutos, também excludentes de ilicitude do crime, são outras possibilidades de limitação do direito à vida, conforme disposto no art. 23 do Código Penal Brasileiro:

> **Art. 23** *Não há crime quando o agente pratica o fato:*
> *I – Em estado de necessidade;*
> *II – Em legítima defesa;*

Em linhas gerais e de forma exemplificativa, o estado de necessidade permite que, diante de uma situação de perigo, uma pessoa possa, para salvar uma vida, tirar a vida de outra pessoa. Na legítima defesa, caso sua vida seja ameaçada por alguém, existe legitimidade em retirar a vida de quem o ameaçou.

Outro ponto que deve ser ressaltado é que o direito à vida não está subordinado apenas ao fato de se estar vivo. Quando a constituição protege o direito à vida, a faz em suas diversas acepções. Existem dispositivos constitucionais que protegem o direito à vida no que tange a sua preservação da integridade física e moral (art. 5º, incisos III, V, XLVII e XLIX; art. 199, § 4º). A Constituição também protege o direito à vida no que tange à garantia de uma vida com qualidade (arts. 6º; 7º, inciso IV; 196; 205; 215).

5.2 Direito à igualdade

5.2.1 Igualdade formal e igualdade material

Possui como sinônimo o termo Isonomia. A doutrina classifica esse direito em:

- **Igualdade formal:** traduz-se no termo "todos são iguais perante a lei, sem distinção de qualquer natureza". É o previsto no *caput* do art. 5º. É uma igualdade jurídica, que não se preocupa com a realidade, mas apenas evita que alguém seja tratado de forma discriminatória.
- **Igualdade material:** também chamada de igualdade efetiva ou substancial. É a igualdade que se preocupa com a realidade. Traduz-se na seguinte expressão: "tratar os iguais com igualdade e os desiguais com desigualdade, na medida das suas desigualdades". Esse tipo de igualdade confere um tratamento com justiça para aqueles que não a possuem.

A igualdade formal é a regra utilizada pelo Estado para conferir um tratamento isonômico entre as pessoas. Contudo, por diversas vezes, um tratamento igualitário não consegue atender a todas as necessidades práticas. Faz-se necessária a utilização da igualdade em seu aspecto material para que se consiga produzir um verdadeiro tratamento isonômico.

Imaginemos as relações entre homens e mulheres. A regra é que homem e mulher são tratados da mesma forma conforme previsto no inciso I do art. 5º:

> *I – Homens e mulheres são iguais em direitos e obrigações, nos termos desta Constituição;*

Contudo, em diversas situações, homens e mulheres serão tratados de forma diferente:

- **Licença-maternidade:** tem duração de 120 dias para a mulher. Para o homem, apenas 5 dias de licença-paternidade;
- **Aposentadoria:** a mulher se aposenta 5 anos mais cedo que o homem;
- **Serviço militar obrigatório:** só o homem está obrigado.

Essas são algumas das situações em que são permitidos tratamentos desiguais entre as pessoas. As razões que justificam essa discriminação são as diferenças efetivas que existem entre os homens e as mulheres em cada uma das hipóteses. Exemplificando, a mulher tem mais tempo para se recuperar em razão da nítida distinção do desgaste feminino para o masculino no que tange ao parto. É indiscutível que, por mais desgastante que seja o nascimento de um filho para o pai, nada se compara ao sofrimento suportado pela mãe. Por essa razão, a licença-maternidade é maior que a licença-paternidade.

5.2.2 Igualdade nos concursos públicos

O tema diz respeito à igualdade nos concursos públicos. Seria possível restringir o acesso a um cargo público em razão do sexo de uma pessoa? Ou por causa de sua altura? Ou ainda, pela idade que possui?

Essas questões encontram a mesma resposta: sim! É possível, desde que os critérios discriminatórios preencham alguns requisitos:

- **Deve ser fixado em lei:** não basta que os critérios estejam previstos no edital, precisam estar previstos em lei, no seu sentido formal.
- **Deve ser necessário ao exercício do cargo:** o critério discriminatório deve ser necessário ao exercício do cargo. A título de exemplo: seria razoável exigir para um cargo de policial militar, altura mínima ou mesmo, idade máxima, que representam vigor físico, tendo em vista a natureza do cargo que exige tal condição. As mesmas condições não poderiam ser exigidas para um cargo de técnico judiciário, por não serem necessárias ao exercício do cargo.

Em suma, podem ser exigidos critérios discriminatórios desde que previstos em lei e que sejam necessários ao exercício do cargo, observados os critérios de proporcionalidade e razoabilidade.

Esse tema sempre tem sido alvo de questões em prova, principalmente sob o aspecto jurisprudencial.

5.2.3 Ações afirmativas

Como formas de concretização da igualdade material foram desenvolvidas políticas públicas de compensação dirigidas às minorias sociais chamadas de **ações afirmativas ou discriminações positivas**. São verdadeiras ações de cunho social que visam a compensar possíveis perdas que determinados grupos sociais tiveram ao longo da história de suas vidas. Quem nunca ouviu falar nas "quotas para os pobres nas Universidades" ou ainda, "reserva de vagas para deficientes em concursos públicos"? Essas são algumas das espécies de ações afirmativas desenvolvidas no Brasil.

Mas por que reservar vagas para deficientes em concursos públicos? O deficiente, qualquer que seja sua deficiência, quando se prepara para um concurso público possui muito mais dificuldade que uma pessoa que tem a plenitude de seu vigor físico. Em razão dessa diferença, o Estado, na tentativa de reduzir a desigualdade existente entre os concorrentes, resolveu compensar a limitação de um portador de necessidades especiais reservando-lhe vagas especiais.

Perceba que, ao contrário do que parece, quando se reservam vagas num concurso público para deficientes estamos diante de um nítido tratamento discriminatório, que nesse caso é justificável pelas diferenças naturais entre o concorrente sadio e o concorrente deficiente. Lembre-se de que igualdade material é tratar iguais com igualdade e desiguais com desigualdade. O que se faz por meio dessas políticas de compensação é tratar os desiguais com desigualdade, na medida de suas desigualdades. Só dessa forma é possível alcançar um verdadeiro tratamento isonômico entre os candidatos.

Por fim, destaca-se o fato de o STF ter declarado constitucional a política de cotas étnico-raciais para seleção de estudantes em universidades públicas pacificando uma discussão antiga sobre esse tipo de ação afirmativa.

5.3 Direito à liberdade

O direito à liberdade pertence à primeira geração de direitos fundamentais por expressarem os direitos mais ansiados pelos indivíduos como forma de defesa diante do Estado. O que se verá a seguir são algumas das acepções desse direito que podem ser cobradas em prova.

5.3.1 Liberdade de ação

O inciso II do art. 5º apresenta aquilo que a doutrina chama de liberdade de ação:

> *II – Ninguém será obrigado a fazer ou deixar de fazer alguma coisa senão em virtude de lei;*

Essa é a liberdade por excelência. Segundo o texto constitucional, a liberdade só pode ser restringida por lei. Por isso, dizemos que esse inciso também apresenta o **princípio da legalidade.**

A liberdade pode ser entendida de duas formas, a depender do destinatário da mensagem:

- **Para o particular:** liberdade significa "fazer tudo que não for proibido".
- **Para o agente público:** liberdade significa "poder fazer tudo o que for determinado ou permitido pela lei".

5.3.2 Liberdade de locomoção

Uma das liberdades mais almejadas pelos indivíduos durante as lutas sociais é o grande carro-chefe na limitação dos poderes do Estado. O inciso XV do art. 5º já diz:

> *XV – É livre a locomoção no território nacional em tempo de paz, podendo qualquer pessoa, nos termos da lei, nele entrar, permanecer ou dele sair com seus bens;*

Perceba-se que o direito explanado nesse inciso não possui caráter absoluto, haja vista ter sido garantido em tempo de paz. Isso significa que em momentos sem paz seriam possíveis restrições às liberdades de locomoção. Destaca-se o Estado de Sítio que pode ser decretado nos casos previstos no art. 137 da Constituição Federal de 1988. Nessas circunstâncias, seriam possíveis maiores restrições à chamada liberdade de locomoção por meio de medidas autorizadas pela própria Constituição Federal:

> *Art. 137 O Presidente da República pode, ouvidos o Conselho da República e o Conselho de Defesa Nacional, solicitar ao Congresso Nacional autorização para decretar o estado de sítio nos casos de:*
> *I – Comoção grave de repercussão nacional ou ocorrência de fatos que comprovem a ineficácia de medida tomada durante o estado de defesa;*
> *II – Declaração de estado de guerra ou resposta a agressão armada estrangeira.*

> *Art. 139 Na vigência do estado de sítio decretado com fundamento no art. 137, I, só poderão ser tomadas contra as pessoas as seguintes medidas:*
> *I – Obrigação de permanência em localidade determinada;*
> *II – Detenção em edifício não destinado a acusados ou condenados por crimes comuns;*

Outro ponto interessante refere-se à possibilidade de qualquer pessoa entrar, permanecer ou sair do país com seus bens. Esse direito também não pode ser encarado de forma absoluta, haja vista a possibilidade de se exigir declaração de bens ou pagamento de imposto quando da entrada no país com bens. Nesse caso, liberdade de locomoção não se confunde com imunidade tributária.

Caso a liberdade de locomoção seja restringida por ilegalidade ou abuso de poder, a Constituição reservou um poderoso instrumento garantidor, o chamado *Habeas corpus*.

> *Art. 5º [...]*
> *LXVIII – conceder-se-á "Habeas corpus" sempre que alguém sofrer ou se achar ameaçado de sofrer violência ou coação em sua liberdade de locomoção, por ilegalidade ou abuso de poder;*

5.3.3 Liberdade de pensamento

Essa liberdade serve de amparo para uma série de possibilidades no que tange ao pensamento. Assim como os demais direitos fundamentais, a manifestação do pensamento não possui caráter absoluto, sendo restringido pela própria Constituição Federal, que proíbe seu exercício de forma anônima:

> *Art. 5º [...]*
> *IV – É livre a manifestação do pensamento, sendo vedado o anonimato;*

A vedação ao anonimato, além de ser uma garantia ao exercício da manifestação do pensamento, possibilita o exercício do direito de resposta caso alguém seja ofendido.

DIREITOS E DEVERES INDIVIDUAIS E COLETIVOS

Sobre Denúncia Anônima, é importante fazer uma observação. Diante da vedação constitucional ao anonimato, poder-se-ia imaginar que essa ferramenta de combate ao crime fosse considerada inconstitucional. Contudo, não tem sido esse o entendimento do STF. A denúncia anônima pode até ser utilizada como ferramenta de comunicação do crime, mas não pode servir como amparo para a instauração do Inquérito Policial, muito menos como fundamento para condenação de quem quer que seja.

5.3.4 Liberdade de consciência e crença religiosa

Uma primeira pergunta deve ser feita acerca da liberdade religiosa em nosso país: qual a religião oficial do Brasil? A única resposta possível: é nenhuma. A liberdade religiosa do Estado brasileiro é incompatível com a existência de uma religião oficial. É o que apresenta o inciso VI do art. 5º:

> *VI – É inviolável a liberdade de consciência e de crença, sendo assegurado o livre exercício dos cultos religiosos e garantida, na forma da lei, a proteção aos locais de culto e a suas liturgias;*

Esse inciso marca a liberdade religiosa existente no Brasil. Por esse motivo, dizemos que o Brasil é um Estado laico, leigo ou não confessional. Isso significa, basicamente, que no Brasil existe uma relação de separação entre Estado e Igreja. Essa relação entre o Estado e a Igreja encontra, inclusive, vedação expressa no texto constitucional:

> *Art. 19 É vedado à União, aos Estados, ao Distrito Federal e aos Municípios:*
> *I – Estabelecer cultos religiosos ou igrejas, subvencioná-los, embaraçar-lhes o funcionamento ou manter com eles ou seus representantes relações de dependência ou aliança, ressalvada, na forma da lei, a colaboração de interesse público;*

Por causa da liberdade religiosa, é possível exercer qualquer tipo de crença no país. É possível ser católico, protestante, mulçumano, ateu ou satanista. Isso é liberdade de crença ou consciência. Liberdade de crer ou não crer. Perceba que o inciso VI, além de proteger as crenças e cultos, também protege as suas liturgias. Apesar do amparo constitucional, não se pode utilizar esse direito para praticar atos contrários às demais normas do direito brasileiro como, por exemplo, sacrificar seres humanos como forma de prestar culto a determinada divindade. Isso a liberdade religiosa não ampara.

Outro dispositivo importante é o previsto no inciso VII:

> *Art. 5º [...]*
> *VII – É assegurada, nos termos da lei, a prestação de assistência religiosa nas entidades civis e militares de internação coletiva;*

Nesse inciso, a Constituição Federal de 1988 garantiu a assistência religiosa nas entidades de internação coletivas, sejam elas civis ou militares. Entidades de internação coletivas são quartéis, hospitais ou hospícios. Em razão dessa garantia constitucional, é comum encontrarmos nesses estabelecimentos capelas para que o direito seja exercido.

Apesar da importância dos dispositivos analisados anteriormente, nenhum é mais cobrado em prova que o inciso VIII:

> *Art. 5º [...]*
> *VIII – Ninguém será privado de direitos por motivo de crença religiosa ou de convicção filosófica ou política, salvo se as invocar para eximir-se de obrigação legal a todos imposta e recusar-se a cumprir prestação alternativa, fixada em lei;*

Estamos diante do instituto da Escusa de Consciência. Esse direito permite a qualquer pessoa que, em razão de sua crença ou consciência, deixe de cumprir uma obrigação imposta sem que com isso sofra alguma consequência em seus direitos. Tal permissivo constitucional encontra uma limitação prevista expressamente no texto em análise. No caso de uma obrigação imposta a todos, se o indivíduo se recusar ao seu cumprimento, ser-lhe-á oferecida uma prestação alternativa. Não a cumprindo também, a Constituição permite que direitos sejam restringidos. O art. 15 prescreve que os direitos restringidos serão os direitos políticos:

> *Art. 15 É vedada a cassação de direitos políticos, cuja perda ou suspensão só se dará nos casos de: [...]*
> *IV – Recusa de cumprir obrigação a todos imposta ou prestação alternativa, nos termos do art. 5º, VIII;*

5.3.5 Liberdade de reunião

Acerca dessa liberdade, é importante ressaltar as condições estabelecidas pelo texto constitucional:

> *Art. 5º [...]*
> *XVI – Todos podem reunir-se pacificamente, sem armas, em locais abertos ao público, independentemente de autorização, desde que não frustrem outra reunião anteriormente convocada para o mesmo local, sendo apenas exigido prévio aviso à autoridade competente;*

Enumerando-as, de forma a facilitar o estudo, tem-se que as condições estabelecidas para o exercício do direito à reunião são:

- **Reunião pacífica:** não se legitima uma reunião que tenha fins não pacíficos.
- **Sem armas:** para evitar a violência ou coação por meio de armas.
- **Locais abertos ao público:** encontra-se subentendida a reunião em local fechado.
- **Independente de autorização:** não precisa de autorização.
- **Necessidade de prévio aviso.**
- **Não frustrar outra reunião convocada anteriormente para o mesmo local:** garantia de isonomia no exercício do direito prevalecendo o de quem exerceu primeiro.

Sobre o exercício da liberdade de reunião é importante saber que ele não depende de autorização, mas necessita de prévio aviso.

Outro ponto que já foi alvo de questão de prova é a possibilidade de restrição desse direito no Estado de Sítio e no Estado de Defesa. O problema está na distinção entre as limitações que podem ser adotadas em cada uma das medidas:

> *Art. 136 [...]*
> *§ 1º O decreto que instituir o estado de defesa determinará o tempo de sua duração, especificará as áreas a serem abrangidas e indicará, nos termos e limites da lei, as medidas coercitivas a vigorarem, dentre as seguintes:*
> *I – Restrições aos direitos de:*
> *a) reunião, ainda que exercida no seio das associações;*
> *Art. 139. Na vigência do estado de sítio decretado com fundamento no art. 137, I, só poderão ser tomadas contra as pessoas as seguintes medidas: [...]*
> *IV – Suspensão da liberdade de reunião;*

Ao passo que no **estado de defesa** ocorrerão **restrições** ao direito de reunião, no **estado de sítio** ocorrerá a **suspensão** desse direito.

5.3.6 Liberdade de associação

São vários os dispositivos constitucionais que regulam a liberdade de associação:

> *Art. 5º [...]*
> *XVII – É plena a liberdade de associação para fins lícitos, vedada a de caráter paramilitar;*
> *XVIII – A criação de associações e, na forma da lei, a de cooperativas independem de autorização, sendo vedada a interferência estatal em seu funcionamento;*
> *XIX – As associações só poderão ser compulsoriamente dissolvidas ou ter suas atividades suspensas por decisão judicial, exigindo-se, no primeiro caso, o trânsito em julgado;*
> *XX – Ninguém poderá ser compelido a associar-se ou a permanecer associado;*
> *XXI – As entidades associativas, quando expressamente autorizadas, têm legitimidade para representar seus filiados judicial ou extrajudicialmente;*

O primeiro ponto que dever ser lembrado é que a liberdade de associação só poderá ser usufruída para fins lícitos sendo proibida a criação de associação paramilitar.

DIREITO CONSTITUCIONAL

Entende-se como associação de caráter paramilitar toda organização paralela ao Estado, sem legitimidade, com estrutura e organização tipicamente militar. São as facções criminosas, milícias ou qualquer outra organização que possua fins ilícitos e alheios aos do Estado.

Destaca-se, com a mesma importância, a dispensa de autorização e interferência estatal no funcionamento e criação das associações.

Maior destaque deve ser dado ao inciso XIX, que condiciona qualquer limitação às atividades associativas a uma decisão judicial. As associações podem ter suas atividades **suspensas** ou **dissolvidas**. Em qualquer um dos casos deve haver **decisão judicial**. No caso da **dissolução**, por ser uma medida mais grave, não basta qualquer decisão judicial, tem que ser **transitada em julgado**. Isso significa uma decisão definitiva, à qual não caiba mais recurso.

O inciso XX tutela a chamada liberdade associativa, pela qual ninguém será obrigado a se associar ou mesmo a permanecer associado a qualquer entidade associativa.

Por fim, temos o inciso XXI, que permite às associações que representem seus associados tanto na esfera judicial quanto na administrativa desde que possuam expressa autorização. Expressa autorização significa por escrito, por meio de instrumento legal que comprove a autorização.

Vale destacar que, para suspender as atividades de uma associação, basta qualquer decisão judicial; para dissolver, tem que haver decisão judicial transitada em julgado.

5.4 Direito à propriedade

Quando se fala em direito à propriedade, alguns atributos que lhe são inerentes aparecem imediatamente. Propriedade é a faculdade que uma pessoa tem de usar, gozar dispor de um bem. O texto constitucional garante esse direito de forma expressa:

> *Art. 5º [...]*
> *XXII – É garantido o direito de propriedade.*

Apesar de esse direito aparentar possuir um caráter absoluto, quando se investiga mais a fundo esse tema, percebe-se que ele possui vários limitadores no próprio texto constitucional. E é isso que se passa a analisar agora.

5.4.1 Limitações

Dentre as limitações existentes na Constituição, estão: função social, requisição administrativa, desapropriação, bem de família, propriedade imaterial e direito à herança.

5.4.2 Função social

A Constituição Federal de 1988 exige, em seu art. 5º, que a propriedade atenda a sua função social:

> *XXIII – A propriedade atenderá a sua função social;*

Isso significa que a propriedade não é tão individual quanto pensamos. A necessidade de observância da função social demonstra que a propriedade é muito mais que uma titularidade privada. Esse direito possui reflexos em toda a sociedade. É só imaginar uma propriedade imóvel, um terreno urbano, que, apesar de possuir um proprietário, fica abandonado. Cresce o mato, as pessoas começam a jogar lixo naquele lugar, alguns criminosos começam a utilizar aquele ambiente para prática de atividades ilícitas. Veja quantas coisas podem acontecer numa propriedade e que importarão em consequências gravosas para o meio social mais próximo. É por isso que a propriedade tem que atender a sua função social.

5.4.3 Requisição administrativa

Consta no inciso XXV do art. 5º:

> *XXV – No caso de iminente perigo público, a autoridade competente poderá usar de propriedade particular, assegurada ao proprietário indenização ulterior, se houver dano;*

Essa é a chamada Requisição Administrativa. Esse instituto permite que a propriedade seja limitada pela necessidade de se solucionar situação de perigo público. Não se trata de uma forma de desapropriação, pois o dono da propriedade requisitada não a perde, apenas a empresta para uso público, sendo garantido, posteriormente, havendo dano, direito a indenização. Esse instituto limita o caráter absoluto da propriedade.

5.4.4 Desapropriação

É a perda da propriedade. Esse é o limitador por excelência do direito, restringindo o caráter perpétuo da propriedade. A seguir, estão exemplificadas as três modalidades de desapropriação.

- **Desapropriação pelo mero interesse público:** essa modalidade é utilizada pelo Estado quando o interesse social ou a utilidade pública prevalecem sobre o direito individual. Nesse tipo de desapropriação, destaca-se que o proprietário nada fez para merecê-la, contudo, o interesse público exige que determinada área seja desapropriada. É o caso de construção de uma rodovia que exige a desapropriação de várias propriedades para o asfaltamento da via.

- Deve ser destacado que essa modalidade de desapropriação gera direito à indenização, que deve ser paga em dinheiro, previamente e com valor justo.

- Conforme o texto da Constituição Federal de 1988:

  > *Art. 5º [...]*
  > *XXIV – A lei estabelecerá o procedimento para desapropriação por necessidade ou utilidade pública, ou por interesse social, mediante justa e prévia indenização em dinheiro, ressalvados os casos previstos nesta Constituição;*

- **Desapropriação-sanção:** nesta modalidade, o proprietário, por algum motivo, não observou a função social da propriedade. Por esse motivo, é chamada de Desapropriação-sanção, haja vista ser uma verdadeira punição. Segundo a Constituição Federal de 1988, essa desapropriação gera direito à indenização, que deverá ser paga em títulos da dívida pública ou agrária. Segundo os arts. 182, § 4º, inciso III e 184 da Constituição Federal de 1988:

  > *Art. 182 [...]*
  > *§ 4º É facultado ao Poder Público municipal, mediante lei específica para área incluída no plano diretor, exigir, nos termos da lei federal, do proprietário do solo urbano não edificado, subutilizado ou não utilizado, que promova seu adequado aproveitamento, sob pena, sucessivamente, de:*
  > *I – Parcelamento ou edificação compulsórios;*
  > *II – Imposto sobre a propriedade predial e territorial urbana progressivo no tempo;*
  > *III – Desapropriação com pagamento mediante títulos da dívida pública de emissão previamente aprovada pelo Senado Federal, com prazo de resgate de até dez anos, em parcelas anuais, iguais e sucessivas, assegurados o valor real da indenização e os juros legais.*
  > *Art. 184 Compete à União desapropriar por interesse social, para fins de reforma agrária, o imóvel rural que não esteja cumprindo sua função social, mediante prévia e justa indenização em títulos da dívida agrária, com cláusula de preservação do valor real, resgatáveis no prazo de até vinte anos, a partir do segundo ano de sua emissão, e cuja utilização será definida em lei.*

- **Desapropriação confiscatória:** *é a desapropriação que ocorre com a propriedade utilizada para cultivo de plantas psicotrópicas. Nesse caso, não haverá indenização, mas o proprietário poderá ser processado pela prática de ilícito penal.*

  > *Art. 243 As propriedades rurais e urbanas de qualquer região do País onde forem localizadas culturas ilegais de plantas psicotrópicas ou a exploração de trabalho escravo na forma da lei serão expropriadas e destinadas à reforma agrária e a programas de habitação popular, sem qualquer indenização ao proprietário e sem prejuízo de outras sanções previstas em lei, observado, no que couber, o disposto no art. 5º.*
  > *Parágrafo único. Todo e qualquer bem de valor econômico apreendido em decorrência do tráfico ilícito de entorpecentes e drogas afins e da exploração de trabalho escravo será confiscado e reverterá a fundo especial com destinação específica, na forma da lei.*

DIREITOS E DEVERES INDIVIDUAIS E COLETIVOS

> **Atenção!**
>
> **Desapropriação por interesse público** → indenizada em dinheiro.
> **Desapropriação-sanção** → indenizada em títulos da Dívida Pública.
> **Desapropriação confiscatória** → não tem direito à indenização.

5.4.5 Bem de família

A Constituição consagra uma forma de proteção às pequenas propriedades rurais chamada de bem de família:

> *Art. 5º [...]*
>
> *XXVI – A pequena propriedade rural, assim definida em lei, desde que trabalhada pela família, não será objeto de penhora para pagamento de débitos decorrentes de sua atividade produtiva, dispondo a lei sobre os meios de financiar o seu desenvolvimento;* =

O mais importante para prova é atentar para os requisitos estabelecidos no inciso, quais sejam:

- **Pequena propriedade rural:** não se trata de qualquer propriedade.
- **Definida em lei:** não em outra espécie normativa.
- **Trabalhada pela família:** não por qualquer pessoa.
- **Débitos decorrentes da atividade produtiva:** não por qualquer débito.

5.4.6 Propriedade imaterial

Além das propriedades sobre bens materiais, a Constituição também consagra normas de proteção sobre a propriedade de bens imateriais. São duas as propriedades consagradas: autoral e industrial.

- **Propriedade autoral:** encontra-se protegida nos incisos XXVII e XXVIII do art. 5º:

  > *XXVII – Aos autores pertence o direito exclusivo de utilização, publicação ou reprodução de suas obras, transmissível aos herdeiros pelo tempo que a lei fixar;*
  >
  > *XXVIII – São assegurados, nos termos da lei:*
  >
  > *a) a proteção às participações individuais em obras coletivas e à reprodução da imagem e voz humanas, inclusive nas atividades desportivas;*
  >
  > *b) o direito de fiscalização do aproveitamento econômico das obras que criarem ou de que participarem aos criadores, aos intérpretes e às respectivas representações sindicais e associativas;*

- **Propriedade industrial:** encontra-se protegida no inciso XXIX:

  > *XXIX – A lei assegurará aos autores de inventos industriais privilégio temporário para sua utilização, bem como proteção às criações industriais, à propriedade das marcas, aos nomes de empresas e a outros signos distintivos, tendo em vista o interesse social e o desenvolvimento tecnológico e econômico do País;*

Uma relação muito interessante entre a propriedade autoral e a industrial está no tempo de proteção previsto na Constituição Federal de 1988. Observe-se que na propriedade autoral o direito do autor é vitalício, tendo em vista a previsão de possibilidade de transmissão desses direitos aos herdeiros. Contudo, quando nas mãos dos sucessores, a proteção será pelo tempo que a lei fixar, ou seja, temporário.

Já na propriedade industrial, a proteção do próprio autor já possui caráter temporário.

5.4.7 Direito à herança

De nada adiantaria tanta proteção à propriedade se esse bem jurídico não pudesse ser transmitido por meio da sucessão de bens aos herdeiros após a morte. O direito à herança, consagrado expressamente na Constituição, traduz-se no coroamento do direito de propriedade. É a grande força motriz desse direito. Só faz sentido ter direito à propriedade se esse direito possa ser transferido aos herdeiros.

> *Art. 5º [...]*
>
> *XXX – É garantido o direito de herança;*
>
> *XXXI – A sucessão de bens de estrangeiros situados no País será regulada pela lei brasileira em benefício do cônjuge ou dos filhos brasileiros, sempre que não lhes seja mais favorável a lei pessoal do de cujus;*

Destaque especial deve ser dado ao inciso XXXI, que prevê a possibilidade de aplicação de lei estrangeira no país em casos de sucessão de bens de pessoa estrangeira desde que esses bens estejam situados no Brasil. A Constituição Federal permite que seja aplicada a legislação mais favorável aos herdeiros, quer seja a lei brasileira, quer seja a lei estrangeira.

5.5 Direito à segurança

Ao se referir à segurança como direito individual, o art. 5º pretende significar "segurança jurídica" que trata de normas de pacificação social e que produzem uma maior segurança nas relações sociais. Esse é o ponto alto dos direitos individuais. Sem dúvida, aqui está a maior quantidade de questões cobradas em prova.

5.5.1 Princípio da segurança nas relações jurídicas

Este princípio tem como objetivo garantir a estabilidade das relações jurídicas. Veja o que diz a Constituição:

> *Art. 5º [...]*
>
> *XXXVI – A lei não prejudicará o direito adquirido, o ato jurídico perfeito e a coisa julgada;*

Os três institutos aqui protegidos encontram seu conceito formalizado na **Lei de Introdução às Normas do Direito brasileiro**.

> *Art. 6º [...]*
>
> *§ 1º Reputa-se ato jurídico perfeito o já consumado segundo a lei vigente ao tempo em que se efetuou.*
>
> *§ 2º Consideram-se adquiridos assim os direitos que o seu titular, ou alguém por ele, possa exercer, como aqueles cujo começo do exercício tenha termo pré-fixo, ou condição pré-estabelecida inalterável, a arbítrio de outrem.*
>
> *§ 3º Chama-se coisa julgada ou caso julgado a decisão judicial de que já não caiba recurso.*

Em linhas gerais, pode-se assim conceituá-los:

- **Direito adquirido:** direito já incorporado ao patrimônio do titular.
- **Ato jurídico perfeito:** ato jurídico que já atingiu seu fim. Ato jurídico acabado, aperfeiçoado, consumado.
- **Coisa julgada:** sentença judicial transitada em julgado. Aquela sentença em relação à qual não cabe mais recurso.

De uma coisa não se pode esquecer: a proibição de retroatividade da lei nos casos aqui estudados não se aplica às leis mais benéficas, ou seja, uma lei mais benéfica poderá produzir efeitos em relação ao direito adquirido, ao ato jurídico perfeito e à coisa julgada.

5.5.2 Devido processo legal

O devido processo legal possui como objetivo principal limitar o poder do Estado. Esse princípio condiciona a restrição da liberdade ou dos bens de um indivíduo à existência de um procedimento estatal que respeite todos os direitos e garantias processuais previstos na lei. É o que diz o inciso LIV do art. 5º:

> *LIV – Ninguém será privado da liberdade ou de seus bens sem o devido processo legal;*

A exigência constitucional de existência de processo aplica-se tanto aos processos judiciais quanto aos procedimentos administrativos.

Desse princípio, surge a garantia constitucional à **proporcionalidade e razoabilidade.** Da mesma forma, é durante o devido processo legal que poderão ser exercidos os direitos ao contraditório e à ampla defesa, que serão analisados a seguir.

5.5.3 Contraditório e ampla defesa

Essas garantias constitucionais, conforme já salientado, decorrem do devido processo legal. São utilizadas como ferramenta de defesa diante das acusações impostas pelo Estado ou por um particular nos processos judiciais e administrativos:

DIREITO CONSTITUCIONAL

Art. 5° [...]

LV – Aos litigantes, em processo judicial ou administrativo, e aos acusados em geral são assegurados o contraditório e ampla defesa, com os meios e recursos a ela inerentes;

Mas o que significam o contraditório e a ampla defesa?

Contraditório é o direito de contradizer, contrariar, contraditar. Se alguém diz que você é ou fez alguma coisa, o contraditório lhe permite dizer que não é e que não fez o que lhe foi imputado. É simplesmente o direito de contrariar. Já a **ampla defesa** é a possibilidade de utilização de todos os meios admitidos em direito para se defender de uma acusação.

Em regra, o contraditório e a ampla defesa são garantidos em todos os processos judiciais ou administrativos, contudo, a legislação brasileira previu alguns procedimentos administrativos incompatíveis com o exercício desse direito:

- Inquérito policial.
- Sindicância investigativa.
- Inquérito civil.

Em suma, nos procedimentos investigatórios que não possuem o condão de punir o investigado não serão garantidos o contraditório e a ampla defesa.

Observem-se as Súmulas Vinculantes do Supremo Tribunal Federal que versam sobre esse tema:

Súmula Vinculante n° 3 – STF Nos processos perante o Tribunal de Contas da União asseguram-se o contraditório e a ampla defesa quando da decisão puder resultar anulação ou revogação de ato administrativo que beneficie o interessado, excetuada a apreciação da legalidade do ato de concessão inicial de aposentadoria, reforma e pensão.

Súmula Vinculante n° 5 – STF A falta de defesa técnica por advogado no processo administrativo disciplinar não ofende a Constituição.

Súmula Vinculante n° 14 – STF É direito do defensor, no interesse do representado, ter acesso amplo aos elementos de prova que, já documentados em procedimento investigatório realizado por órgão com competência de polícia judiciária, digam respeito ao exercício do direito de defesa.

Súmula Vinculante n° 21 – STF É inconstitucional a exigência de depósito ou arrolamento prévios de dinheiro ou bens para admissibilidade de recurso administrativo.

5.5.4 Proporcionalidade e razoabilidade

Eis uma garantia fundamental que não está expressa no texto constitucional apesar de ser um dos institutos mais utilizados pelo Supremo em suas decisões atuais. Trata-se de um princípio implícito, cuja fonte é o princípio do devido processo legal. Esses dois institutos jurídicos são utilizados como parâmetro de ponderação quando adotadas medidas pelo Estado, principalmente no que tange à restrição de bens e direitos dos indivíduos. Duas palavras esclarecem o sentido dessas garantias: necessidade e adequação.

Para saber se um ato administrativo observou os critérios de proporcionalidade e razoabilidade, deve-se questionar se o ato foi necessário e se foi adequado à situação.

Para exemplificar, imaginemos que um determinado fiscal sanitário, ao inspecionar um supermercado, depara-se com um pote de iogurte com a data de validade vencida há um dia. Imediatamente, ele prende o dono do mercado, dá dois tiros para cima, realiza revista manual em todos os clientes e funcionários do mercado e aplica uma multa de dois bilhões de reais. Pergunta-se: será que a medida adotada pelo fiscal foi necessária? Foi adequada? Certamente que não. Logo, a medida não observou os princípios da razoabilidade e proporcionalidade.

É importante deixar claro que os princípios da proporcionalidade e da razoabilidade estão implícitos no texto constitucional, ou seja, não estão previstos expressamente.

5.5.5 Inadmissibilidade das provas ilícitas

Uma das garantias mais importantes do direito brasileiro é a inadmissibilidade das provas ilícitas. Encontra-se previsto expressamente no inciso LVI do art. 5°:

LVI – São inadmissíveis, no processo, as provas obtidas por meios ilícitos.

Em razão dessa garantia, é proibida a produção de provas ilícitas num processo sob pena de nulidade processual. Em regra, a prova ilícita produz nulidade de tudo o que a ela estiver relacionado. Esse efeito decorre da chamada **Teoria dos Frutos da Árvore Envenenada**. Segundo a teoria, se a árvore está envenenada, os frutos também o serão. Se uma prova foi produzida de forma ilícita, as demais provas dela decorrentes também serão ilícitas (ilicitude por derivação). Contudo, deve-se ressaltar que essa teoria é aplicada de forma restrita no direito brasileiro, ou seja, encontrada uma prova ilícita num processo, não significa que todo o processo será anulado, mas apenas os atos e demais provas que decorreram direta ou indiretamente daquela produzida de forma ilícita.

Caso existam provas autônomas produzidas em conformidade com a lei, o processo deve prosseguir ainda que tenham sido encontradas e retiradas as provas ilícitas. Logo, é possível afirmar que a existência de uma prova ilícita no processo não anula de pronto todo o processo.

Deve-se destacar, ainda, a única possibilidade já admitida de prova ilícita nos tribunais brasileiros: a produzida em legítima defesa.

5.5.6 Inviolabilidade domiciliar

Essa garantia protege o indivíduo em seu recinto mais íntimo: a casa. A Constituição dispõe que:

Art. 5° [...]

XI – A casa é asilo inviolável do indivíduo, ninguém nela podendo penetrar sem consentimento do morador, salvo em caso de flagrante delito ou desastre, ou para prestar socorro, ou, durante o dia, por determinação judicial.

Como regra, só se pode entrar na casa de uma pessoa com o seu consentimento. Excepcionalmente, a Constituição Federal admite a entrada sem consentimento do morador nos casos de:

- Flagrante delito.
- Desastre.
- Prestar socorro.
- Determinação Judicial – só durante o dia.

No caso de determinação judicial, a entrada se dará apenas durante o dia. Nos demais casos, a entrada será permitida a qualquer hora.

Alguns conceitos importantes: o que é casa? O que pode ser entendido como casa para efeito de inviolabilidade? A jurisprudência tem interpretado o conceito de casa de forma ampla, em consonância com o disposto nos arts. 245 e 246 do Código de Processo Penal:

Art. 245 As buscas domiciliares serão executadas de dia, salvo se o morador consentir que se realizem à noite, e, antes de penetrarem na casa, os executores mostrarão e lerão o mandado ao morador, ou a quem o represente, intimando-o, em seguida, a abrir a porta.

Art. 246 Aplicar-se-á também o disposto no artigo anterior, quando se tiver de proceder a busca em compartimento habitado ou em aposento ocupado de habitação coletiva ou em compartimento não aberto ao público, onde alguém exercer profissão ou atividade.

O STF já considerou como casa, para efeitos de inviolabilidade, oficina mecânica, quarto de hotel ou escritório profissional.

Outra questão relevante é saber o que é dia? Dois são os posicionamentos adotados na doutrina:

- Das 6 h às 18 h.
- Da aurora ao crepúsculo.

Segundo a jurisprudência, isso deve ser resolvido no caso concreto, tendo em vista variação de fusos horários existentes em nosso país, bem como a ocorrência do horário de verão. Na prática, é possível entrar na casa independentemente do horário, desde que seja durante o dia.

DCON

361

DIREITOS E DEVERES INDIVIDUAIS E COLETIVOS

Em caso de flagrante delito, desastre ou para prestar socorro, pode-se entrar a qualquer momento

Entrada somente para pessoas autorizadas

Mas se for para cumprir determinação judicial só durante o dia

Casa – Asilo Inviolável

5.5.7 Princípio da inafastabilidade da jurisdição

Esse princípio, também conhecido como princípio do livre acesso ao poder judiciário ou direito de ação, garante, nos casos de necessidade, o acesso direto ao Poder Judiciário. Também, decorre desse princípio a ideia de que não é necessário o esgotamento das vias administrativas para ingressar com uma demanda no Poder Judiciário. Assim prevê a Constituição Federal:

Art. 5º [...]
XXXV – A lei não excluirá da apreciação do Poder Judiciário lesão ou ameaça a direito;

Perceba que a proteção possui sentido duplo: lesão ou ameaça à lesão. Significa dizer que a garantia pode ser utilizada tanto de forma preventiva como de forma repressiva. Tanto para prevenir a ofensa a direito como para reprimir a ofensa já cometida.

Quanto ao acesso ao Judiciário independentemente do esgotamento das vias administrativas, há algumas peculiaridades previstas na legislação brasileira:

- **Justiça desportiva:** a Constituição Federal de 1988 prevê no art. 217 que o acesso ao Poder Judiciário está condicionado ao esgotamento das vias administrativas.

    Art. 217 [...]
    § 1º O Poder Judiciário só admitirá ações relativas à disciplina e às competições desportivas após esgotarem-se as instâncias da justiça desportiva, regulada em lei.

- **Compromisso arbitral:** a Lei nº 9.307/1996 prevê que as partes, quando em discussão patrimonial, poderão optar pela arbitragem como forma de resolução de conflito. Não se trata de uma instância administrativa de curso forçado, mas de uma opção facultada às partes.

- **Habeas data:** o art. 8º da Lei nº 9.507/1997 exige, para impetração do *habeas data*, a comprovação da recusa ao acesso à informação. Parte da doutrina não considera isso como exigência de prévio esgotamento da via administrativa, mas condição da ação. Veja-se a súmula nº 2 do STJ:

    Súmula nº 2 – STJ Não cabe "Habeas Data" se não houve recusa de informações por parte da autoridade administrativa.

- **Reclamação Constitucional:** o art. 7º, § 1º da Lei nº 11.417/2006, que regula a edição de Súmulas Vinculantes, prevê que só será possível a Reclamação Constitucional nos casos de omissão ou ato da Administração Pública que contrarie ou negue vigência à Súmula Vinculante, após o esgotamento das vias administrativas.

5.5.8 Gratuidade das certidões de nascimento e de óbito

A Constituição Federal de 1988 traz expressamente que:

Art. 5º, LXXVI. São gratuitos para os reconhecidamente pobres, na forma da lei:
a) o registro civil de nascimento;
b) a certidão de óbito;

Observe-se que o texto constitucional condiciona o benefício da gratuidade do registro de nascimento e da certidão de óbito apenas para os reconhecidamente pobres. Entretanto, a Lei nº 6.015/1973 prevê que:

Art. 30 Não serão cobrados emolumentos pelo registro civil de nascimento e pelo assento de óbito, bem como pela primeira certidão respectiva.
§ 1º Os reconhecidamente pobres estão isentos de pagamento de emolumentos pelas demais certidões extraídas pelo cartório de registro civil.

Perceba que essa lei amplia o benefício garantido na Constituição para todas as pessoas no que tange ao registro e à aquisição da primeira certidão de nascimento e de óbito. Quanto às demais vias, só serão garantidas aos reconhecidamente pobres. Deve-se ter cuidado com essa questão em prova, pois deve ser levado em conta se a pergunta tem como referência a Constituição ou não.

5.5.9 Celeridade processual

Traz o texto constitucional:

Art. 5º [...]
LXXVIII – A todos, no âmbito judicial e administrativo, são assegurados a razoável duração do processo e os meios que garantam a celeridade de sua tramitação.

Essa é a garantia da celeridade processual. Decorre do princípio da eficiência que obriga o Estado a prestar assistência em tempo razoável. Celeridade quer dizer rapidez, mas uma rapidez com qualidade. Esse princípio é aplicável nos processos judiciais e administrativos, visa dar maior efetividade a prestação estatal. Deve-se garantir o direito antes que o seu beneficiário deixe de precisar. Após a inclusão desse dispositivo entre os direitos fundamentais, várias medidas para acelerar a prestação jurisdicional foram adotadas, dentre as quais destacam-se:

- Juizados especiais;
- Súmula vinculante;
- Realização de inventários e partilhas por vias administrativas;
- Informatização do processo.

Essas são algumas das medidas que foram adotadas para trazer mais celeridade ao processo.

5.5.10 Erro judiciário

Dispositivo de grande utilidade social que funciona como limitador da arbitrariedade estatal. O Estado, no que tange à liberdade do indivíduo, não pode cometer erros sob pena de ter que indenizar o injustiçado. Isso é o que prevê o inciso LXXV do art. 5º:

LXXV – O Estado indenizará o condenado por erro judiciário, assim como o que ficar preso além do tempo fixado na sentença;

5.5.11 Publicidade dos atos processuais

Em regra, os atos processuais são públicos. Essa publicidade visa a garantir maior transparência aos atos administrativos bem como permite a fiscalização popular. Além disso, atos públicos possibilitam um exercício efetivo do contraditório e da ampla defesa. Entretanto, essa publicidade comporta algumas exceções:

Art. 5º [...]
LX – A lei só poderá restringir a publicidade dos atos processuais quando a defesa da intimidade ou o interesse social o exigirem;

Nos casos em que a intimidade ou o interesse social exigirem, a publicidade poderá ser restringida apenas aos interessados. Imaginemos uma audiência em que estejam envolvidas crianças; nesse caso, como forma de preservação da intimidade, o juiz poderá restringir a participação na audiência apenas aos membros da família e demais interessados.

362

DIREITO CONSTITUCIONAL

5.5.12 Sigilo das comunicações

Uma das normas mais importantes da Constituição Federal que versa sobre segurança jurídica é esta:

> *Art. 5° [...]*
>
> *XII – É inviolável o sigilo da correspondência e das comunicações telegráficas, de dados e das comunicações telefônicas, salvo, no último caso, por ordem judicial, nas hipóteses e na forma que a lei estabelecer para fins de investigação criminal ou instrução processual penal;*

Esse dispositivo prevê quatro formas de comunicação que possuem proteção constitucional:

- Sigilo da correspondência;
- Comunicação telegráfica;
- Comunicação de dados;
- Comunicações telefônicas.

Dessas quatro formas de comunicação, apenas uma obteve autorização de violação do sigilo pelo texto constitucional: as comunicações telefônicas. Deve-se tomar cuidado com esse tema em prova. Segundo o texto expresso, só as comunicações telefônicas poderão ter o seu sigilo violado. E só o juiz poderá fazê-lo, com fins definidos também pela Constituição, os quais são para investigação criminal e instrução processual penal.

Entretanto, considerando a inexistência de direito fundamental absoluto, a jurisprudência tem considerado a possibilidade de quebra dos demais sigilos, desde que seja determinada por ordem judicial.

No que tange ao sigilo dos dados bancários, fiscais, informáticos e telefônicos, a jurisprudência tem permitido sua quebra por determinação judicial, determinação de Comissão Parlamentar de Inquérito, requisição do Ministério Público, solicitação da autoridade fazendária.

5.5.13 Tribunal do Júri

O Tribunal do Júri é uma instituição pertencente ao Poder Judiciário, que possui competência específica para julgar determinados tipos de crime. O Júri é formado pelo Conselho de Sentença, que é presidido por um Juiz Togado e por sete jurados que efetivamente farão o julgamento do acusado. A ideia do Tribunal do Júri é que o acusado seja julgado por seus pares.

A Constituição Federal apresenta alguns princípios que regem esse tribunal:

> *Art. 5° [...]*
>
> *XXXVIII – É reconhecida a instituição do júri, com a organização que lhe der a lei, assegurados:*
>
> *a) a plenitude de defesa;*
>
> *b) o sigilo das votações;*
>
> *c) a soberania dos veredictos;*
>
> *d) a competência para o julgamento dos crimes dolosos contra a vida.*

Segundo esse texto, o Tribunal do Júri é regido pelos seguintes princípios:

- **Plenitude de defesa:** esse princípio permite que no júri sejam utilizadas todas as provas permitidas em direito. Aqui, o momento probatório é bastante explorado haja vista a necessidade de se convencer os jurados que são pessoas comuns da sociedade.
- **Sigilo das votações:** o voto é sigiloso. Durante o julgamento não é permitido que um jurado converse com o outro sobre o julgamento sob pena de nulidade;
- **Soberania dos veredictos:** o que for decidido pelos jurados será considerado soberano. Nem o Juiz presidente poderá modificar o julgamento. Aqui quem decide são os jurados;
- **Competência para julgar os crimes dolosos contra a vida:** o júri não julga qualquer tipo de crime, mas apenas os dolosos contra a vida. Crimes dolosos, em simples palavras, são aqueles praticados com intenção, com vontade. São diferentes dos crimes culposos, os quais são praticados sem intenção.

5.5.14 Princípio da anterioridade

O inciso XXXIX do art. 5° da Constituição Federal de 1988 apresenta o chamado princípio da anterioridade penal:

> *XXXIX – Não há crime sem lei anterior que o defina, nem pena sem prévia cominação legal.*

Esse princípio decorre na necessidade de se prever antes da aplicação da pena, a conduta que é considerada como crime e a pena que deverá ser cominada. Mais uma regra de segurança jurídica.

5.5.15 Princípio da irretroatividade

Esse princípio também possui sua importância ao prever que a lei penal não poderá retroagir, salvo se for para beneficiar o réu.

> *Art. 5° [...]*
>
> *XL – A lei penal não retroagirá, salvo para beneficiar o réu.*

5.5.16 Crimes imprescritíveis, inafiançáveis e insuscetíveis de graça e anistia

Os dispositivos a seguir estão entre os mais cobrados em prova. O ideal é que sejam memorizados na ordem proposta no quadro abaixo:

> *Art. 5° [...]*
>
> *XLII – A prática do racismo constitui crime inafiançável e imprescritível, sujeito à pena de reclusão, nos termos da lei;*
>
> *XLIII – A lei considerará crimes inafiançáveis e insuscetíveis de graça ou anistia a prática da tortura, o tráfico ilícito de entorpecentes e drogas afins, o terrorismo e os definidos como crimes hediondos, por eles respondendo os mandantes, os executores e os que, podendo evitá-los, se omitirem;*
>
> *XLIV – Constitui crime inafiançável e imprescritível a ação de grupos armados, civis ou militares, contra a ordem constitucional e o Estado Democrático.*

Atenção

Crimes imprescritíveis → racismo; ação de grupos armados.
Crimes inafiançáveis → racismo; ação de grupos armados; tráfico; terrorismo, tortura; crimes hediondos.
Crimes insuscetíveis de graça e anistia → tráfico; terrorismo; tortura; crimes hediondos.

Os crimes inafiançáveis englobam todos os crimes previstos no art. 5°, incisos XLII, XLIII e XLIV.

Os crimes que são insuscetíveis de graça e anistia não são imprescritíveis, e vice e versa. Dessa forma, nunca pode existir, na prova, uma questão que trabalhe com as duas classificações ao mesmo tempo.

Nunca, na prova, pode haver uma questão em que se apresentem as três classificações ao mesmo tempo.

5.5.17 Princípio da personalidade da pena

Assim diz o inciso XLV, do art. 5° da Constituição Federal de 1988:

> *XLV – Nenhuma pena passará da pessoa do condenado, podendo a obrigação de reparar o dano e a decretação do perdimento de bens ser, nos termos da lei, estendidas aos sucessores e contra eles executadas, até o limite do valor do patrimônio transferido.*

Esse inciso diz que a pena é pessoal, quem comete o crime responde pelo crime, de forma que não é possível que uma pessoa cometa um crime e outra responda pelo crime em seu lugar, porque a pena é pessoal.

É necessário prestar atenção ao tema, pois já apareceu em prova tanto na forma de um problema quanto com a modificação do próprio texto constitucional. Esse princípio da personalidade da pena diz que a pena é pessoal, isto é, a pena não pode passar para outra pessoa, mas permite que a responsabilidade pelos danos civis possa passar para seus herdeiros. Para exemplificar, imaginemos que uma determinada pessoa assalta uma padaria e consegue roubar uns R$ 50.000,00.

DIREITOS E DEVERES INDIVIDUAIS E COLETIVOS

Em seguida, a polícia prende o ladrão por ter roubado a padaria. Em regra, todo crime cometido gera uma responsabilidade penal prevista no Código Penal brasileiro. Ainda, deve-se ressarcir os danos causados à vítima. Se ele roubou R$50.000,00, tem que devolver, no mínimo, esse valor à vítima.

É muito difícil conseguir o montante voluntariamente, por isso, é necessário entrar com uma ação civil *ex delicto* para reaver o dinheiro referente ao crime cometido. O dono da padaria entra com a ação contra o bandido pedindo os R$ 50.000,00 acrescidos juros e danos morais. Enquanto ele cumpre a pena, a ação está tramitando. Ocorre que o preso se envolve numa confusão dentro da penitenciária e acaba morrendo.

O preso possui alguns filhos, os quais são seus herdeiros. Quando os bens passam aos herdeiros, chamamos isso de sucessão. Quando foram contabilizar os bens que o bandido tinha, perceberam que sobraram apenas R$ 30.000,00, valor que deve ser dividido entre os herdeiros. Pergunta:

O homem que cometeu o crime estava cumprindo pena, mas ele morreu. Qual filho assume o lugar dele? O mais velho ou o mais novo?

Nenhum dos dois, porque a pena é personalíssima. Só cumpre a pena quem praticou o crime.

É possível que a responsabilidade de reparar os danos materiais exigidos pelo dono da padaria recaia sobre seus herdeiros?

Sim. A Constituição diz que os herdeiros respondem com o valor do montante recebido, até o limite da herança recebida.

O dono da padaria pediu R$ 50.000,00, mas só sobraram R$ 30.000,00. Os filhos terão que inteirar esse valor até completar os R$ 50.000,00?

Não, pois a Constituição diz que os sucessores respondem até o limite do patrimônio transferido. Ou seja, se só são transferidos R$ 30.000,00, então os herdeiros só vão responder pela indenização com esses R$ 30.000,00. E o os outros R$ 20.000,00, quem vai pagar? Ninguém. O dono da padaria fica com esse prejuízo.

5.5.18 Penas proibidas e permitidas

Vejamos agora dois incisos do art. 5º da Constituição Federal de 1988, que sempre caem em prova juntos: incisos XLVI e XLVII. Há no inciso XLVI as penas permitidas e no XLVII as penas proibidas. Mas como isso cai em prova? O examinador pega uma pena permitida e diz que é proibida ou pega uma proibida e diz que é permitida. Conforme os incisos:

> *Art. 5º [...]*
> *XLVI – A lei regulará a individualização da pena e adotará, entre outras, as seguintes:*
> *a) privação ou restrição da liberdade;*
> *b) perda de bens;*
> *c) multa;*
> *d) prestação social alternativa;*
> *e) suspensão ou interdição de direitos.*

Aqui há o rol de penas permitidas. Memorize essa lista para lembrar quais são as penas permitidas. Atenção para uma pena que é pouco comum e que geralmente em prova é colocada como pena proibida, que é a pena de perda de bens.

Veja o próximo inciso com o rol de penas proibidas:

> *XLVII – Não haverá penas:*
> *a) de morte, salvo em caso de guerra declarada, nos termos do art. 84, XIX;*
> *b) de caráter perpétuo;*
> *c) de trabalhos forçados;*
> *d) de banimento;*
> *e) cruéis.*

Essas são as penas que não podem ser aplicadas no Brasil. E, na prova, é cobrado da seguinte forma: existe pena de morte no Brasil? Deve-se ter muita atenção com esse tema, pois apesar de a Constituição ter dito que é proibida, existe uma exceção: no caso de guerra declarada. Essa exceção é uma verdadeira possibilidade, de forma que se deve afirmar que existe pena de morte no Brasil. Apesar de a regra ser a proibição, existe a possibilidade de sua aplicação. Só como curiosidade, a pena de morte no Brasil é regulada pelo Código Penal Militar, a qual será executada por meio de fuzilamento.

A próxima pena proibida é a de caráter perpétuo. Não existe esse tipo de pena no Brasil, pois as penas aqui são temporárias. No Brasil, uma pessoa só fica presa por, no máximo, 40 anos.

A outra pena é a de trabalhos forçados. É aquela pena em que o sujeito é obrigado a trabalhar de forma a denegrir a sua condição como ser humano. Esse tipo de pena não é permitido no Brasil.

Há ainda a pena de banimento, que é a expulsão do brasileiro, tanto nato como naturalizado.

Por fim, a Constituição veda a aplicação de penas cruéis. Pena cruel é aquela que denigre a condição humana, expõe o indivíduo a situações desumanas, vexatórias, que provoquem intenso sofrimento.

5.5.19 Princípio da individualização da pena

Nos termos do art. 5º, inciso XLVIII, da Constituição Federal de 1988:

> *XLVIII – A pena será cumprida em estabelecimentos distintos, de acordo com a natureza do delito, a idade e o sexo do apenado;*

Esse dispositivo traz uma regra muito interessante, o princípio da individualização da pena. Significa que a pessoa, quando cumprir sua pena, deve cumpri-la em estabelecimento e condições compatíveis com a sua situação. Se mulher, deve cumprir com mulheres; se homem, cumprirá com homens; se reincidente, com reincidentes; se réu primário, com réus primários; e assim por diante. O ideal é que cada situação possua um cumprimento de pena adequado que propicie um melhor acompanhamento do poder público e melhores condições para a ressocialização.

5.5.20 Regras sobre prisões

São vários os dispositivos constitucionais previstos no art. 5º, da Constituição Federal de 1988, que se referem às prisões:

> *LXI – Ninguém será preso senão em flagrante delito ou por ordem escrita e fundamentada de autoridade judiciária competente, salvo nos casos de transgressão militar ou crime propriamente militar, definidos em lei;*
> *LXII – A prisão de qualquer pessoa e o local onde se encontre serão comunicados imediatamente ao juiz competente e à família do preso ou à pessoa por ele indicada;*
> *LXIII – O preso será informado de seus direitos, entre os quais o de permanecer calado, sendo-lhe assegurada a assistência da família e de advogado;*
> *LXIV – O preso tem direito à identificação dos responsáveis por sua prisão ou por seu interrogatório policial;*
> *LXV – A prisão ilegal será imediatamente relaxada pela autoridade judiciária;*
> *LXVI – Ninguém será levado à prisão ou nela mantido, quando a lei admitir a liberdade provisória, com ou sem fiança;*
> *LXVII – Não haverá prisão civil por dívida, salvo a do responsável pelo inadimplemento voluntário e inescusável de obrigação alimentícia e a do depositário infiel.*

Como destaque para provas, é importante enfatizar o disposto no inciso LXVII, o qual prevê duas formas de prisão civil por dívida:

- **Devedor de pensão alimentícia;**
- **Depositário infiel.**

Apesar de a Constituição Federal de 1988 apresentar essas duas possibilidades de prisão civil por dívida, o STF tem entendido que só existe uma: a prisão do devedor de pensão alimentícia. Isso significa que o depositário infiel não poderá ser preso. Essa é a inteligência da Súmula Vinculante nº 25:

> *Súmula Vinculante nº 25 É ilícita a prisão civil de depositário infiel, qualquer que seja a modalidade do depósito.*

DIREITO CONSTITUCIONAL

Em relação a esse assunto, deve-se ter muita atenção ao resolver a questão. Se a Banca perguntar conforme a Constituição Federal, responde-se segundo a Constituição Federal. Mas se perguntar à luz da jurisprudência, responde-se conforme o entendimento do STF.

Atenção
Constituição Federal → duas formas de prisão civil → depositário infiel e devedor de pensão alimentícia. **STF** → uma forma de prisão civil → devedor de pensão alimentícia.

5.5.21 Extradição

Fruto de acordo internacional de cooperação, a extradição permite que determinada pessoa seja entregue a outro país para que seja responsabilizada pelo cometimento de algum crime. Existem duas formas de extradição:

- **Extradição ativa:** quando o Brasil pede para outro país a extradição de alguém.
- **Extradição passiva:** quando algum país pede para o Brasil a extradição de alguém.

A Constituição Federal preocupou-se em regular apenas a extradição passiva por meios dos incisos LI e LII do art. 5º:

> LI – Nenhum brasileiro será extraditado, salvo o naturalizado, em caso de crime comum, praticado antes da naturalização, ou de comprovado envolvimento em tráfico ilícito de entorpecentes e drogas afins, na forma da lei;
>
> LII – Não será concedida extradição de estrangeiro por crime político ou de opinião.

De acordo com a inteligência desses dispositivos, três regras podem ser adotadas em relação à extradição passiva:

- **Brasileiro nato:** nunca será extraditado.
- **Brasileiro naturalizado:** será extraditado em duas hipóteses: crime comum cometido antes da naturalização comprovado envolvimento com o tráfico ilícito de drogas, antes ou depois da naturalização.
- **Estrangeiro:** poderá ser extraditado salvo em dois casos: **crime político e crime de opinião.**

Na **extradição ativa,** qualquer pessoa pode ser extraditada, inclusive o brasileiro nato. Deve-se ter muito cuidado com essa questão em prova. Lembre-se de que a extradição ativa ocorre quando o Brasil pede a extradição de um criminoso para outro país. Isso pode ser feito pedindo a extradição de qualquer pessoa que o Brasil queira punir.

Quais princípios que regem a extradição no país?

- **Princípio da reciprocidade:** o Brasil só extradita ao país que extradita para o Brasil. Deve haver acordo ou tratado de extradição entre o país requerente e o Brasil.
- **Princípio da especialidade:** o extraditando só poderá ser processado e julgado pelo crime informado no pedido de extradição.
- **Comutação da pena:** o país requerente deverá firmar um compromisso de comutar a pena prevista em seu país quando a pena a ser aplicada for proibida no Brasil.
- **Dupla tipicidade ou dupla incriminação:** só se extradita se a conduta praticada for considerada crime no Brasil e no país requerente.

Deve-se ter muito cuidado para não confundir extradição com entrega, deportação, expulsão ou banimento.

- **Extradição:** a extradição, como se viu, é instituto de cooperação internacional entre países soberanos para a punição de criminosos. Pela extradição, um país entrega o criminoso a outro país para que ele seja punido pelo crime praticado.
- **Entrega:** é o ato por meio do qual o país entrega uma pessoa para ser julgada no Tribunal Penal Internacional.
- **Deportação:** é a retirada do estrangeiro que tenha entrado de forma irregular no território nacional.

- **Expulsão:** é a retirada do estrangeiro que tenha praticado um ato ofensivo ao interesse nacional conforme as regras estabelecidas no Estatuto do Estrangeiro (art. 65, Lei nº 6.815/1980).
- **Banimento:** é uma das penas proibidas no direito brasileiro que consiste na expulsão de brasileiros para fora do território nacional.

5.5.22 Princípio da presunção da inocência

Também conhecido como princípio da não culpabilidade, essa regra de segurança jurídica garante que ninguém poderá ser condenado sem antes haver uma sentença penal condenatória transitada em julgado. Ou seja, uma sentença judicial condenatória definitiva:

> **Art. 5º** [...]
>
> LVII – Ninguém será considerado culpado até o trânsito em julgado de sentença penal condenatória.

5.5.23 Identificação criminal

> **Art. 5º** [...]
>
> LVIII – O civilmente identificado não será submetido a identificação criminal, salvo nas hipóteses previstas em lei.

A Constituição garante que não será identificado criminalmente quem possuir identificação pública capaz de identificá-lo. Contudo, a Lei nº 12.037/2009 prevê hipóteses nas quais será possível a identificação criminal mesmo de quem apresentar outra identificação:

> **Art. 3º** Embora apresentado documento de identificação, poderá ocorrer identificação criminal quando:
>
> I – O documento apresentar rasura ou tiver indício de falsificação;
>
> II – O documento apresentado for insuficiente para identificar cabalmente o indiciado;
>
> III – O indiciado portar documentos de identidade distintos, com informações conflitantes entre si;
>
> IV – A identificação criminal for essencial às investigações policiais, segundo despacho da autoridade judiciária competente, que decidirá de ofício ou mediante representação da autoridade policial, do Ministério Público ou da defesa;
>
> V – Constar de registros policiais o uso de outros nomes ou diferentes qualificações;
>
> VI – O estado de conservação ou a distância temporal ou da localidade da expedição do documento apresentado impossibilite a completa identificação dos caracteres essenciais.

5.5.24 Ação penal privada subsidiária da pública

> **Art. 5º** [...]
>
> LIX – Será admitida ação privada nos crimes de ação pública, se esta não for intentada no prazo legal.

Em regra, nos crimes de ação penal pública, o titular da ação penal é o Ministério Público. Contudo, havendo omissão ou mesmo desídia por parte do órgão ministerial, o ofendido poderá promover a chamada ação penal privada subsidiária da pública. Esse tema encontra-se disciplinado no art. 29 do Código de Processo Penal:

> **Art. 29** Será admitida ação privada nos crimes de ação pública, se esta não for intentada no prazo legal, cabendo ao Ministério Público aditar a queixa, repudiá-la e oferecer denúncia substitutiva, intervir em todos os termos do processo, fornecer elementos de prova, interpor recurso e, a todo tempo, no caso de negligência do querelante, retomar a ação como parte principal.

5.6 Remédios constitucionais

Os remédios constitucionais são espécies de garantias constitucionais que visam a proteger determinados direitos e até outras garantias fundamentais. São poderosas ações constitucionais que estão disciplinadas no texto da Constituição.

DIREITOS E DEVERES INDIVIDUAIS E COLETIVOS

5.6.1 *Habeas corpus*

Sem dúvida, esse remédio constitucional é o mais importante para prova, haja vista a sua utilização para proteger um dos direitos mais ameaçados do indivíduo: a liberdade de locomoção. Vejamos o que diz o texto constitucional:

> *Art. 5º [...]*
> *LXVIII – Conceder-se-á "Habeas corpus" sempre que alguém sofrer ou se achar ameaçado de sofrer violência ou coação em sua liberdade de locomoção, por ilegalidade ou abuso de poder.*

É essencial, conhecer os elementos necessários para a utilização dessa ferramenta.

Deve-se compreender que o *Habeas corpus* é utilizado para proteger a liberdade de locomoção. Em relação a isso, é preciso estar atento, pois ele não tutela qualquer liberdade, mas apenas a liberdade de locomoção.

Outro ponto fundamental é que ele poderá ser utilizado tanto de forma preventiva quanto de forma repressiva.

- *Habeas corpus* **preventivo**: é aquele utilizado para prevenir a violência ou coação à liberdade de locomoção.
- *Habeas corpus* **repressivo**: é utilizado para reprimir à violência ou coação a liberdade de locomoção, ou seja, é utilizado quando a restrição da liberdade de locomoção já ocorreu.

Percebe-se que não é a qualquer tipo de restrição à liberdade de locomoção que caberá o remédio, mas apenas àquelas cometidas com ilegalidade ou abuso de poder.

Nas relações processuais que envolvem a utilização do *Habeas corpus*, é possível identificar a participação de três figurantes: o impetrante, o paciente e a autoridade coatora.

- **Impetrante:** o impetrante é a pessoa que impetra a ação. Quem entra com a ação. A titularidade dessa ferramenta é Universal, pois qualquer pessoa pode impetrar o HC. Não precisa sequer de advogado. Sua possibilidade é tão ampla que não precisa possuir capacidade civil ou mesmo qualquer formalidade. Esse remédio é desprovido de condições que impeçam sua utilização da forma mais ampla possível. Poderá impetrar essa ação tanto uma pessoa física quanto jurídica.
- **Paciente:** o paciente é quem teve a liberdade de locomoção restringida. Ele será o beneficiário do *Habeas corpus*. Pessoa jurídica não pode ser paciente de *Habeas corpus*, pois a liberdade de locomoção é um direito incompatível com sua natureza jurídica.
- **Autoridade coatora:** é quem restringiu a liberdade de locomoção com ilegalidade ou abuso de poder. Poderá ser tanto uma autoridade privada quanto uma autoridade pública.

Outra questão interessante que está prevista na Constituição é a gratuidade dessa ação:

> *Art. 5º [...]*
> *LXXVII – São gratuitas as ações de Habeas corpus e Habeas Data, e, na forma da lei, os atos necessários ao exercício da cidadania.*

A Constituição Federal de 1988 proíbe a utilização desse remédio constitucional em relação às punições disciplinares militares. É o que prevê o art. 142, § 2º:

> *§ 2º Não caberá "Habeas corpus" em relação a punições disciplinares militares.*

Contudo, o STF tem admitido o remédio quando impetrado por razões de ilegalidade da prisão militar. Quanto ao mérito da prisão, deve-se aceitar a vedação Constitucional, mas em relação às legalidades da prisão, prevalece o entendimento de que o remédio seria possível.

Também não cabe *Habeas corpus* em relação às penas pecuniárias, multas, advertências ou, ainda, nos processos administrativos disciplinares e no processo de *Impeachment*. Nesses casos, o não cabimento deve-se ao fato de que as medidas não visam restringir a liberdade de locomoção.

Por outro lado, a jurisprudência tem admitido o cabimento para impugnar inserção de provas ilícitas no processo ou quando houver excesso de prazo na instrução processual penal.

Por último, cabe ressaltar que o magistrado poderá concedê-lo de ofício.

5.6.2 *Habeas data*

O *habeas data* cuja previsão está no inciso LXXII do art. 5º tem como objetivo proteger a liberdade de informação:

> *LXXII – conceder-se-á "Habeas Data":*
> *a) para assegurar o conhecimento de informações relativas à pessoa do impetrante, constantes de registros ou bancos de dados de entidades governamentais ou de caráter público;*
> *b) para a retificação de dados, quando não se prefira fazê-lo por processo sigiloso, judicial ou administrativo.*

Duas são as formas previstas na Constituição para utilização desse remédio:

- **Para conhecer a informação.**
- **Para retificar a informação.**

É importante ressaltar que só caberá o remédio em relação às informações do próprio impetrante.

As informações precisam estar em um banco de dados governamental ou de caráter público, o que significa que seria possível entrar com um *habeas data* contra um banco de dados privado desde que tenha caráter público.

Da mesma forma que o *habeas corpus*, o *habeas data* também é gratuito:

> *Art. 5º [...]*
> *LXXVII – São gratuitas as ações de "Habeas corpus" e "Habeas Data", e, na forma da lei, os atos necessários ao exercício da cidadania.*

5.6.3 Mandado de segurança

O mandado de segurança é um remédio muito cobrado em prova em razão dos seus requisitos:

> *Art. 5º, CF/1988/1988 [...]*
> *LXIX – Conceder-se-á mandado de segurança para proteger direito líquido e certo, não amparado por "Habeas corpus" ou "Habeas Data", quando o responsável pela ilegalidade ou abuso de poder for autoridade pública ou agente de pessoa jurídica no exercício de atribuições do Poder Público.*

Como se pode ver, o mandado de segurança será cabível proteger direito líquido e certo desde que não amparado por *Habeas corpus* ou *habeas data*. O que significa dizer que será cabível desde que não seja para proteger a liberdade de locomoção e a liberdade de informação. Esse é o chamado caráter subsidiário do mandado de segurança.

O texto constitucional exigiu também para a utilização dessa ferramenta a ilegalidade e o abuso de poder praticado por autoridade pública ou privada, desde que esteja no exercício de atribuições do poder público.

O mandado de segurança possui prazo decadencial para ser utilizado: 120 dias.

Existe também o mandado de segurança coletivo:

> *Art. 5º [...]*
> *LXX – O mandado de segurança coletivo pode ser impetrado por:*
> *a) partido político com representação no Congresso Nacional;*
> *b) organização sindical, entidade de classe ou associação legalmente constituída e em funcionamento há pelo menos um ano, em defesa dos interesses de seus membros ou associados.*

Observadas as regras do mandado de segurança individual, o mandado de segurança coletivo possui alguns requisitos que lhe são peculiares: os legitimados para propositura.

São legitimados para propor o mandado de segurança coletivo:

- **Partidos políticos com representação no Congresso Nacional:** para se ter representação no Congresso Nacional, basta um membro em qualquer uma das casas.
- **Organização sindical.**
- **Entidade de classe.**

DIREITO CONSTITUCIONAL

- **Associação.**

Desde que legalmente constituída e em funcionamento há, pelo menos, um ano. Segundo o STF, a necessidade de estar constituída e em funcionamento há pelo menos um ano só se aplica às associações. A Banca FCC entende que esse requisito se aplica a todas as entidades.

5.6.4 Mandado de injunção

O mandado de injunção é uma ferramenta mais complexa para se entender. Vejamos o que diz a Constituição Federal de 1988:

> *Art. 5º [...]*
>
> *LXXI – Conceder-se-á mandado de injunção sempre que a falta de norma regulamentadora torne inviável o exercício dos direitos e liberdades constitucionais e das prerrogativas inerentes à nacionalidade, à soberania e à cidadania.*

O seu objetivo é suprir a omissão legislativa que impede o exercício de direitos fundamentais. Algumas normas constitucionais para que produzam efeitos dependem da edição de outras normas infraconstitucionais. Essas normas são conhecidas por sua eficácia como normas de eficácia limitada. O mandado de injunção visa a corrigir a ineficácia das normas com eficácia limitada.

Todas as vezes que um direito deixar de ser exercido pela ausência de norma regulamentadora, será cabível esse remédio.

No que tange à efetividade da decisão, deve-se esclarecer a possibilidade de adoção por parte do STF de duas correntes doutrinárias:

- **Teoria concretista geral:** o Poder Judiciário concretiza o direito no caso concreto aplicando seu dispositivo com efeito *erga omnes*, para todos os casos iguais;
- **Teoria concretista individual:** o Poder Judiciário concretiza o direito no caso concreto aplicando seu dispositivo com efeito *inter partes*, ou seja, apenas com efeito entre as partes.

5.6.5 Ação popular

A ação popular é uma ferramenta fiscalizadora utilizada como espécie de exercício direto dos direitos políticos. Por isso, só poderá ser utilizada por cidadãos. Segundo o inciso LXXIII do art. 5º da Constituição Federal de 1988:

> *LXXIII – Qualquer cidadão é parte legítima para propor ação popular que vise a anular ato lesivo ao patrimônio público ou de entidade de que o Estado participe, à moralidade administrativa, ao meio ambiente e ao patrimônio histórico e cultural, ficando o autor, salvo comprovada má-fé, isento de custas judiciais e do ônus da sucumbência.*

Além da previsão constitucional, essa ação encontra-se regulamentada pela Lei nº 4.717/1965. Percebe-se que seu objetivo consiste em proteger o patrimônio público, a moralidade administrativa, o meio ambiente e o patrimônio histórico e cultural.

O autor não precisa pagar custas judiciais ou ônus de sucumbência, salvo se houver má-fé.

6 DIREITOS SOCIAIS E NACIONALIDADE

6.1 Direitos sociais

6.1.1 Prestações positivas

Os direitos sociais encontram-se previstos a partir do art. 6º até o art. 11 da Constituição Federal de 1988. São normas que se concretizam por meio de prestações positivas por parte do Estado, haja vista objetivarem reduzir as desigualdades sociais.

Deve-se dar destaque para o art. 6º, que foi alterado pela Emenda Constitucional nº 90/2015 e que possivelmente será objeto de questionamento em concurso público:

> **Art. 6º** São direitos sociais a educação, a saúde, a alimentação, o trabalho, a moradia, o transporte, o lazer, a segurança, a previdência social, a proteção à maternidade e à infância, a assistência aos desamparados, na forma desta Constituição.
>
> **Parágrafo único.** Todo brasileiro em situação de vulnerabilidade social terá direito a uma renda básica familiar, garantida pelo poder público em programa permanente de transferência de renda, cujas normas e requisitos de acesso serão determinados em lei, observada a legislação fiscal e orçamentária. (Incluído pela EC nº 114/2021)

Boa parte dos direitos aqui previstos necessita de recursos financeiros para serem implementados, o que acaba por dificultar sua plena eficácia.

No entanto, antes de avançar nessa parte do conteúdo, faz-se necessário dizer que costumam ser cobradas questões de provas que abordam apenas o texto puro da Constituição Federal de 1988. A principal orientação, portanto, é que se dedique tempo à leitura da Constituição Federal, mais precisamente, do art. 7º, que possui vários dispositivos que podem ser trabalhados em prova.

6.1.2 Reserva do possível

Seria possível exigir do Estado a concessão de um direito social quando tal direito não fosse assegurado de forma condizente com sua previsão constitucional? A título de exemplo, veremos um dispositivo dos direitos sociais dos trabalhadores:

> **Art. 7º** [...]
>
> IV – Salário-mínimo, fixado em lei, nacionalmente unificado, capaz de atender a suas necessidades vitais básicas e às de sua família com moradia, alimentação, educação, saúde, lazer, vestuário, higiene, transporte e previdência social, com reajustes periódicos que lhe preservem o poder aquisitivo, sendo vedada sua vinculação para qualquer fim.

Observe-se que a Constituição Federal de 1988 garante que o salário-mínimo deve atender às necessidades vitais básicas do trabalhador e de sua família com moradia, alimentação, educação, saúde, lazer, vestuário, higiene, transporte e previdência social. Entendendo que os direitos sociais são espécies de direitos fundamentais e, analisando-os sob o dispositivo previsto no § 1º do art. 5º, segundo o qual "as normas definidoras de direitos e garantias fundamentais têm aplicação imediata", pergunta-se: seria possível entrar com uma ação visando a garantir o disposto no inciso IV, que está sendo analisado?

Certamente não. Para se garantir tudo o que está previsto no referido inciso, seria necessário que o salário-mínimo valesse, em média, por volta de R$ 3.000,00. Agora, imagine se algum trabalhador conseguisse esse benefício por meio de uma decisão judicial, o que não fariam todos os demais trabalhadores do país.

Se o Estado fosse obrigado a pagar esse valor para todos os trabalhadores, os cofres públicos rapidamente quebrariam. Para se garantir essa estabilidade, foi desenvolvida a **Teoria da Reserva do Possível**, por meio da qual o Estado pode alegar essa impossibilidade financeira para atender algumas demandas, como o aumento do salário-mínimo. Quando o poder público for demandado para garantir algum benefício de ordem social, poderá ser alegada, previamente, a impossibilidade financeira para concretização do direito sob o argumento da reserva do possível.

6.1.3 Mínimo existencial

Por causa da Reserva do Possível, o Estado passou a se esconder atrás dessa teoria, eximindo-se da sua obrigação social de garantia dos direitos tutelados na Constituição Federal. Tudo o que era pedido para o Estado era negado sob o argumento de que "não era possível". Para trazer um pouco de equilíbrio a essa relação, foi desenvolvida outra teoria chamada de Mínimo Existencial. Essa teoria permite que os poderes públicos deixem de atender algumas demandas em razão da reserva do possível, mas exige que seja garantido o mínimo existencial.

6.1.4 Princípio da proibição ou retrocesso ou efeito cliquet

Uma regra que funciona com caráter de segurança jurídica é a proibição do retrocesso. Esse dispositivo proíbe que os direitos sociais já conquistados sejam esvaziados ou perdidos sob pena de desestruturação social do país.

6.1.5 Salário-mínimo

Feitas algumas considerações iniciais sobre a doutrina social, segue-se à análise de alguns dispositivos que se encontram no art. 7º da Constituição Federal de 1988:

> IV – Salário-mínimo, fixado em lei, nacionalmente unificado, capaz de atender a suas necessidades vitais básicas e às de sua família com moradia, alimentação, educação, saúde, lazer, vestuário, higiene, transporte e previdência social, com reajustes periódicos que lhe preservem o poder aquisitivo, sendo vedada sua vinculação para qualquer fim.

Vários pontos são relevantes nesse inciso. Primeiramente, é importante comentar o trecho "fixado em lei". Segundo o texto constitucional, o salário-mínimo só poderá ser fixado em Lei; entretanto, no dia 25 de fevereiro de 2011 foi publicada a Lei nº 12.382, que prevê a possibilidade de fixação do salário-mínimo por meio de Decreto do Poder Executivo. Questionado no STF, o guardião da Constituição considerou constitucional a fixação de salário-mínimo por meio de Decreto Presidencial.

Outro ponto interessante diz respeito ao salário-mínimo ser nacionalmente unificado. Muitos acham que alguns estados da federação fixam valores referentes ao salário-mínimo maiores do que o fixado nacionalmente. O STF já afirmou que os Estados não podem fixar salário-mínimo diferente do nacionalmente unificado. O que cada Estado pode fixar é o piso salarial da categoria de trabalhadores com valor maior que o salário-mínimo.

Algumas súmulas vinculantes do STF são importantes, pois se referem ao salário-mínimo:

> **Súmula Vinculante nº 4** Salvo nos casos previstos na Constituição, o salário-mínimo não pode ser usado como indexador de base de cálculo de vantagem de servidor público ou de empregado, nem ser substituído por decisão judicial.
>
> **Súmula Vinculante nº 6** Não viola a Constituição o estabelecimento de remuneração inferior ao salário-mínimo para as praças prestadoras de serviço militar inicial.
>
> **Súmula Vinculante nº 15** O cálculo de gratificações e outras vantagens do servidor público não incide sobre o abono utilizado para se atingir o salário-mínimo.

DIREITO CONSTITUCIONAL

Súmula Vinculante 16: *Os Arts. 7º, IV, e 39, § 3º (redação da EC nº 19/1998) da Constituição referem-se ao total da remuneração percebida pelo servidor público.*

6.1.6 Prescrição trabalhista

Um dos dispositivos previstos no art. 7º da Constituição Federal de 1988 mais cobrados em prova é o inciso XXIX:

> *XXIX – Ação, quanto aos créditos resultantes das relações de trabalho, com prazo prescricional de cinco anos para os trabalhadores urbanos e rurais, até o limite de dois anos após a extinção do contrato de trabalho.*

Imaginemos, por exemplo, uma pessoa que tenha exercido sua função no período noturno, em uma empresa, durante 20 anos. Contudo, em todos esses anos de trabalho, ela não recebeu nenhum adicional noturno. Ao ter seu contrato de trabalho rescindido, ela poderá ingressar em juízo pleiteando as verbas trabalhistas não pagas. Tendo em vista a existência de prazo prescricional para reaver seus direitos, o trabalhador terá o prazo de 2 anos para entrar com a ação, e só terá direito aos últimos 5 anos de adicional noturno.

Ressalta-se que esses 5 anos são contados a partir do dia em que se entrou com a ação. Se ele entrar com a ação no último dia do prazo de 2 anos, só terá direito a 3 anos de adicional noturno.

Nesse exemplo, se o trabalhador entrar com a ação no dia 01/01/2021, receberá os últimos 5 anos de adicional noturno, ou seja, até o dia 01/01/2016. Mas se o trabalhador entrar com a ação no dia 01/01/2023, último dia do prazo prescricional de 2 anos, ele terá direito aos últimos 5 anos de adicional noturno a contar do dia em que entrou com a ação. Isso significa que se depare com o adicional noturno até o dia 01/01/2018. Perceba que, se o trabalhador demorar a entrar com a ação, ele perde os direitos trabalhistas anteriores ao prazo dos últimos 5 anos.

6.1.7 Proibição do trabalho noturno, perigoso e insalubre

Este inciso também é muito cotado para ser cobrado em prova. É importante lê-lo para que, em seguida, se possa responder a uma pergunta que fará entender o motivo de ele ser tão abordado em testes:

> *Art. 7º [...]*
>
> *XXXIII – Proibição de trabalho noturno, perigoso ou insalubre a menores de dezoito e de qualquer trabalho a menores de dezesseis anos, salvo na condição de aprendiz, a partir de quatorze anos.*

A pergunta é muito simples: a partir de qual idade pode trabalhar no Brasil? Você deve estar em dúvida: entre 16 e 14 anos. Isso é o que acontece com a maioria dos candidatos. Por isso, nunca esqueça: se temos uma regra e essa regra está acompanhada de uma exceção; temos, então, uma possibilidade.

Se a Constituição diz que é proibido o trabalho para os menores de 16 e, em seguida, excepciona essa regra dizendo que é possível a partir dos 14, na condição de aprendiz, ela quis dizer que o trabalho no Brasil se inicia aos 14 anos. Esse entendimento se fortalece à luz do art. 227, § 3º, inciso I:

> *Art. 227 [...]*
>
> *§ 3º O direito a proteção especial abrangerá os seguintes aspectos:*
>
> *I – Idade mínima de quatorze anos para admissão ao trabalho, observado o disposto no art. 7º, XXXIII.*

6.1.8 Direitos dos empregados domésticos

O parágrafo único, do art. 7º, da Constituição Federal de 1988 assegurava ao trabalhador doméstico um número reduzido de direitos, se comparado com os demais empregados, urbanos ou rurais.

Nos termos da CF/1988/1988, estariam garantidos à categoria dos trabalhadores domésticos apenas os direitos previstos nos incisos IV, VI, VIII, XV, XVII, XVIII, XIX, XXI e XXIV, do art. 7º, bem como a sua integração à previdência social.

Com a promulgação da Emenda Constitucional nº 72, de 2 de abril de 2013, aquele parágrafo foi alterado para estender aos empregados domésticos praticamente todos os demais direitos constantes nos incisos, do art. 7º, da CF/1988.

A nova redação do parágrafo único, do art. 7º, da CF/1988 dispõe:

> *Art. 7º [...]*
>
> *Parágrafo único. São assegurados à categoria dos trabalhadores domésticos os direitos previstos nos incisos IV, VI, VII, VIII, X, XIII, XV, XVI, XVII, XVIII, XIX, XXI, XXII, XXIV, XXVI, XXX, XXXI e XXXIII e, atendidas as condições estabelecidas em lei e observada a simplificação do cumprimento das obrigações tributárias, principais e acessórias, decorrentes da relação de trabalho e suas peculiaridades, os previstos nos incisos I, II, III, IX, XII, XXV e XXVIII, bem como a sua integração à previdência social.*

6.1.9 Direitos coletivos dos trabalhadores

São basicamente os direitos relacionados à criação e organização das associações e sindicatos que estão previstos no art. 8º.

- **Princípio da unicidade sindical**

O primeiro direito coletivo refere-se ao princípio da unicidade sindical. Esse dispositivo proíbe a criação de mais de uma organização sindical, representativa de categoria profissional ou econômica, em uma mesma base territorial:

> *Art. 8º [...]*
>
> *II – É vedada a criação de mais de uma organização sindical, em qualquer grau, representativa de categoria profissional ou econômica, na mesma base territorial, que será definida pelos trabalhadores ou empregadores interessados, não podendo ser inferior à área de um Município.*

Em cada base territorial (federal, estadual, municipal ou distrital) só pode existir um sindicato representante da mesma categoria, lembrando que a base territorial mínima se refere à área de um município.

Exemplificando: só pode existir **um** sindicato municipal de pescadores no município de Cascavel. Só pode existir **um** sindicato estadual de pescadores no estado do Paraná. Só pode existir **um** sindicato federal de pescadores no Brasil. Contudo, é possível existirem vários sindicatos municipais de pescadores no Estado do Paraná.

- **Contribuição confederativa e sindical**

Essa questão costuma enganar até mesmo os mais preparados. Vejamos o que diz a Constituição Federal de 1988 no art. 8º, inciso IV:

> *IV – A assembleia geral fixará a contribuição que, em se tratando de categoria profissional, será descontada em folha, para custeio do sistema confederativo da representação sindical respectiva, independentemente da contribuição prevista em lei.*

A primeira coisa que se deve perceber é a existência de duas contribuições nesse inciso. Uma chamada de **contribuição confederativa** a outra de **contribuição sindical**.

A **contribuição confederativa** é a prevista nesse inciso, fixada pela assembleia geral, descontada em folha para custear o sistema confederativo. Essa contribuição é aquela paga às organizações sindicais e que só é obrigada aos filiados e aos sindicatos. Não possui natureza tributária, por isso obriga apenas as pessoas que voluntariamente se filiam a uma entidade sindical.

A **contribuição sindical**, que é a contribuição prevista em lei, mais precisamente na Consolidação das Leis Trabalhistas (Decreto-Lei nº 5.452/1943), deve ser paga por todos os trabalhadores ainda que profissionais liberais. Sua natureza é tributária, não possuindo caráter facultativo.

DIREITOS SOCIAIS E NACIONALIDADE

CONTRIBUIÇÃO	
Confederativa	**Sindical**
Fixada pela Assembleia	Fixada pela CLT
Natureza não tributária	Natureza tributária
Obrigada apenas aos filiados a sindicatos	Obrigada a todos os trabalhadores

- **Liberdade de associação**

Esse inciso costuma ser cobrado em prova devido às inúmeras possibilidades de se modificar o seu texto:

Art. 8º [...]
V – Ninguém será obrigado a filiar-se ou a manter-se filiado a sindicato.

É a liberdade de associação que permite aos trabalhadores escolherem se desejam ou não se filiar a um determinado sindicato. Ninguém será obrigado a filiar-se ou a manter-se filiado.

- **Participação do aposentado no sindicato**

Esse inciso também possui aplicação semelhante ao anterior, portanto, deve haver uma leitura atenta aos detalhes que podem ser modificados em prova:

Art. 8º [...]
VII – O aposentado filiado tem direito a votar e ser votado nas organizações sindicais.

- **Estabilidade sindical**

A estabilidade sindical constitui norma de proteção aos dirigentes sindicais que possui grande utilidade ao evitar o cometimento de arbitrariedades por partes das empresas em retaliação aos representantes dos empregados:

Art 8º [...]
VIII – É vedada a dispensa do empregado sindicalizado a partir do registro da candidatura a cargo de direção ou representação sindical e, se eleito, ainda que suplente, até um ano após o final do mandato, salvo se cometer falta grave nos termos da lei.

O importante aqui é entender o período de proteção que a Constituição Federal de 1988 garantiu aos dirigentes sindicais. A estabilidade se inicia com o registro da candidatura e permanece, com o candidato eleito, até um ano após o término do seu mandato. Ressalte-se que essa proteção contra despedida arbitrária não prospera diante do cometimento de falta grave.

6.2 Direitos de nacionalidade

A nacionalidade é um vínculo jurídico existente entre um indivíduo e um Estado. Esse vínculo jurídico é a ligação existente capaz de gerar direitos e obrigações entre a pessoa e o Estado.

A aquisição da nacionalidade decorre do nascimento ou da manifestação de vontade. Quando a nacionalidade é adquirida pelo nascimento, estamos diante da chamada **nacionalidade originária**. Mas, se for adquirida por meio da manifestação de vontade, estamos diante de uma **nacionalidade secundária**.

A **nacionalidade originária**, também chamada de aquisição de nacionalidade primária, é aquela involuntária. Decorre do nascimento desde que preenchidos os requisitos previstos na legislação. Um brasileiro que adquire nacionalidade originária é chamado de nato.

Dois critérios foram utilizados em nossa Constituição para se conferir a nacionalidade originária: *jus solis* e *jus sanguinis*.

- ***Jus solis:*** esse é critério do solo, critério territorial. Serão considerados brasileiros natos as pessoas que nascerem no território nacional. Esse é o critério adotado como regra no texto constitucional.
- ***Jus sanguinis:*** esse é o critério do sangue. Serão considerados brasileiros natos os descendentes de brasileiros, ou seja, aqueles que possuem o sangue brasileiro.

A **nacionalidade secundária** ou adquirida é a aquisição que depende de uma manifestação de vontade. É voluntária e, quem a adquire, possui a qualificação de naturalizado.

6.2.1 Conflito de nacionalidade

Alguns países adotavam apenas o critério *jus sanguinis*, outros somente o critério *jus solis*, e isso gerou alguns problemas que a doutrina nominou de conflito de nacionalidade. O conflito de nacionalidade pode ser de duas formas: positivo e negativo.

- **Conflito positivo:** ocorre quando o indivíduo adquire várias nacionalidades. Ele será chamado de polipátrida.
- **Conflito negativo:** ocorre quando o indivíduo não adquire qualquer nacionalidade. Esse será chamado de apátrida (*heimatlos*).

Para evitar a ocorrência desses tipos de conflito, os países têm adotado critérios mistos de aquisição de nacionalidade originária, a exemplo do próprio Brasil.

A seguir, serão analisadas várias hipóteses previstas no art. 12 da Constituição Federal de aquisição de nacionalidade tanto originária quanto secundária.

6.2.2 Nacionalidade originária

As hipóteses de aquisição da nacionalidade originária estão previstas no art. 12, I da Constituição Federal, e são:

Art. 12 São brasileiros:
I – Natos:
a) os nascidos na República Federativa do Brasil, ainda que de pais estrangeiros, desde que estes não estejam a serviço de seu país;
b) os nascidos no estrangeiro, de pai brasileiro ou mãe brasileira, desde que qualquer deles esteja a serviço da República Federativa do Brasil;
c) os nascidos no estrangeiro de pai brasileiro ou de mãe brasileira, desde que sejam registrados em repartição brasileira competente ou venham a residir na República Federativa do Brasil e optem, em qualquer tempo, depois de atingida a maioridade, pela nacionalidade brasileira.

A primeira hipótese, prevista na alínea "a", adotou para aquisição o critério *jus solis*, ou seja, serão considerados brasileiros natos aqueles que nascerem no país ainda que de pais estrangeiros, desde que, os pais não estejam a serviço do seu país. Para que os filhos de pais estrangeiros fiquem impedidos de adquirirem a nacionalidade brasileira, é preciso que ambos os pais sejam estrangeiros, mas basta que apenas um deles esteja a serviço do seu país. Se os pais estrangeiros estiverem a serviço de outro país, a doutrina tem entendido que não se aplicará a vedação.

Já a segunda hipótese, adotada na alínea "b", utilizou o critério *jus sanguinis* para fixação da nacionalidade originária. Serão brasileiros natos os nascidos fora do país, filho de pai ou mãe brasileira, desde que qualquer deles esteja a serviço da República Federativa do Brasil. Estar a serviço do país significa estar a serviço de qualquer ente federativo (União, estados, Distrito Federal ou municípios) incluídos os órgãos e entidades da administração indireta (fundações, autarquias, empresas públicas e sociedades de economia mista).

DIREITO CONSTITUCIONAL

A terceira hipótese, prevista na alínea "c", apresenta, na verdade, duas possibilidades: uma depende do registro a outra depende da opção confirmativa.

Primeiro, temos a regra aplicada aos nascidos no estrangeiro, filho de pai brasileiro ou mãe brasileira, condicionada à aquisição da nacionalidade ao registro em repartição brasileira competente. Nessa hipótese, adota-se o critério *jus sanguinis* acompanhado do registro em repartição brasileira.

Em seguida, temos a segunda possibilidade destinada aos nascidos no estrangeiro de pai brasileiro ou de mãe brasileira, que venham a residir na República Federativa do Brasil e optem (opção confirmativa), em qualquer tempo, depois de atingida a maioridade, pela nacionalidade brasileira.

Essa é a chamada nacionalidade protestativa, pois depende da manifestação de vontade por parte do interessado. Deve-se ter cuidado com a condição para a manifestação da vontade que só pode ser exercida depois de atingida a maioridade, apesar de não existir tempo limite para o exercício desse direito.

6.2.3 Nacionalidade secundária

A seguir, serão apresentadas as hipóteses de aquisição de nacionalidade secundária:

> ***Art. 12*** *[...]*
>
> *II – Naturalizados:*
>
> *a) Os que, na forma da lei, adquiram a nacionalidade brasileira, exigidas aos originários de países de língua portuguesa apenas residência por um ano ininterrupto e idoneidade moral;*
>
> *b) os estrangeiros de qualquer nacionalidade, residentes na República Federativa do Brasil há mais de quinze anos ininterruptos e sem condenação penal, desde que requeiram a nacionalidade brasileira.*

A primeira hipótese de naturalização, prevista na alínea "a" do inciso II, é a chamada naturalização ordinária. Essa naturalização apresenta uma forma de aquisição prevista em lei. Esta Lei é a nº 6.815/1980, que traz algumas regras para aquisição de nacionalidade, as quais não serão estudadas neste momento. O que interessa agora para a prova é a segunda parte da alínea, que confere um tratamento diferenciado para os originários de países de língua portuguesa, para quem será exigida apenas residência por um ano ininterrupto e idoneidade moral. Entende-se país de língua portuguesa qualquer país que possua a língua portuguesa como língua oficial (Angola, Portugal, Timor Leste, entre outros). Essa forma de naturalização não gera direito subjetivo ao estrangeiro, o que significa que ele poderá pleitear sua naturalização e essa poderá ser indeferida pelo Chefe do Poder Executivo, haja vista se tratar de um ato discricionário.

A alínea "b" do inciso II apresenta a chamada naturalização extraordinária ou quinzenária. Essa hipótese é destinada a qualquer estrangeiro e será exigida residência ininterrupta pelo prazo de 15 anos e não existência de condenação penal. Nessa espécie, não há discricionariedade em conceder a naturalização, pois ela gera direito subjetivo ao estrangeiro que tenha preenchido os requisitos.

O melhor é não esquecer que a ausência temporária da residência não quebra o vínculo ininterrupto exigido para a naturalização no país. Também deve ser ressaltado que não existe naturalização tácita ou automática, sendo exigido requerimento de quem desejar se naturalizar no Brasil.

6.2.4 Português equiparado

> ***Art. 12*** *[...]*
>
> *§ 1º Aos portugueses com residência permanente no País, se houver reciprocidade em favor de brasileiros, serão atribuídos os direitos inerentes ao brasileiro, salvo os casos previstos nesta Constituição.*

Trata-se do chamado português equiparado ou quase nacional. Segundo o dispositivo, a Constituição assegura aos portugueses tratamento diferenciado, como se fossem brasileiros. Não se trata de uma hipótese de naturalização, nesse caso são atribuídos os mesmos direitos inerentes ao brasileiro.

Essa condição depende de reciprocidade por parte de Portugal. O Brasil possui um acordo internacional com Portugal por meio do Decreto nº 3.927/2001 que promulgou o Tratado de Cooperação, Amizade e Consulta Brasil/Portugal. Havendo o mesmo tratamento a um brasileiro quando estiver no país português, serão garantidos tratamentos diferenciados aos portugueses que aqui estiverem desde que manifestem interesse no recebimento desse tratamento diferenciado. Ressalta-se que para requerer esse tipo de tratamento será necessária, além do requerimento, a constituição de residência permanente no Brasil.

Por fim, não se pode esquecer de que o tratamento dado aos portugueses os equipara aos brasileiros naturalizados.

6.2.5 Tratamento diferenciado entre brasileiros

O § 2º do art. 12 proíbe o tratamento diferenciado entre brasileiros natos e naturalizados:

> *§ 2º A lei não poderá estabelecer distinção entre brasileiros natos e naturalizados, salvo nos casos previstos nesta Constituição.*

O próprio dispositivo excepciona a regra permitindo que a Constituição Federal estabeleça tratamento diferenciado entre brasileiros natos e naturalizados. São quatro os tratamentos diferenciados estabelecidos pelo texto constitucional:

* **Cargos privativos de brasileiros natos;**
* **Funções privativas de brasileiros natos;**
* **Regras de extradição;**
* **Propriedade de empresas de jornalística ou de radiodifusão.**

O § 3º apresenta a primeira hipótese de distinção dentre brasileiros natos e naturalizados:

> *§ 3º São privativos de brasileiro nato os cargos:*
>
> *I – De Presidente e Vice-Presidente da República;*
>
> *II – De Presidente da Câmara dos Deputados;*
>
> *III – De Presidente do Senado Federal;*
>
> *IV – De Ministro do Supremo Tribunal Federal;*
>
> *V – Da carreira diplomática;*
>
> *VI – de oficial das Forças Armadas;*
>
> *VII – De Ministro de Estado da Defesa.*

Os cargos privativos aos brasileiros natos são muito incidentes em provas. Por esse motivo, sugere-se que sejam memorizados. Dois critérios foram utilizados para escolha desses cargos. O primeiro está relacionado com os cargos que sucedem o Presidente da República (presidente e vice-Presidente da República, presidente da Câmara dos Deputados, presidente do Senado Federal e ministro do Supremo Tribunal Federal). O segundo critério diz respeito à segurança nacional (carreira diplomática, oficial das forças armadas e ministro do Estado da Defesa).

As funções privativas de brasileiros natos estão previstas no art. 89, inciso VII da Constituição Federal de 1988:

DIREITOS SOCIAIS E NACIONALIDADE

> **Art. 89** *O Conselho da República é órgão superior de consulta do Presidente da República, e dele participam:*
> *I – O Vice-Presidente da República;*
> *II – O Presidente da Câmara dos Deputados;*
> *III – O Presidente do Senado Federal;*
> *IV – Os líderes da maioria e da minoria na Câmara dos Deputados;*
> *V – Os líderes da maioria e da minoria no Senado Federal;*
> *VI – O Ministro da Justiça;*
> *VII – Seis cidadãos brasileiros natos, com mais de trinta e cinco anos de idade, sendo dois nomeados pelo Presidente da República, dois eleitos pelo Senado Federal e dois eleitos pela Câmara dos Deputados, todos com mandato de três anos, vedada a recondução.*

A terceira possibilidade de tratamento diferenciado diz respeito às regras de extradição previstas no inciso LI do art. 5º da Constituição Federal de 1988:

> *LI – Nenhum brasileiro será extraditado, salvo o naturalizado, em caso de crime comum, praticado antes da naturalização, ou de comprovado envolvimento em tráfico ilícito de entorpecentes e drogas afins, na forma da lei.*

A quarta previsão está no art. 222 da Constituição Federal de 1988:

> **Art. 222** *A propriedade de empresa jornalística e de radiodifusão sonora e de sons e imagens é privativa de brasileiros natos ou naturalizados há mais de dez anos, ou de pessoas jurídicas constituídas sob as leis brasileiras e que tenham sede no País.*

6.2.6 Perda da nacionalidade

A seguir serão trabalhadas as hipóteses de perda da nacionalidade. Uma pergunta: brasileiro nato pode perder a nacionalidade?

Vejamos o que diz a Constituição Federal:

> **Art. 12, § 4º** *Será declarada a perda da nacionalidade do brasileiro que:*
> *I – Tiver cancelada sua naturalização, por sentença judicial, em virtude de atividade nociva ao interesse nacional;*
> *II – Adquirir outra nacionalidade, salvo nos casos:*
> *a) de reconhecimento de nacionalidade originária pela lei estrangeira;*
> *b) de imposição de naturalização, pela norma estrangeira, ao brasileiro residente em estado estrangeiro, como condição para permanência em seu território ou para o exercício de direitos civis.*

Ao se analisar o dispositivo do *caput* desse parágrafo, é possível concluir que as regras são para os brasileiros natos ou naturalizados.

Mas vale a pena verificar cada hipótese:

- O inciso I deixa claro que é uma hipótese aplicada apenas aos brasileiros naturalizados (cancelamento de naturalização). Se o indivíduo tem seu vínculo com o Estado cancelado por decisão judicial, não há que se falar em permanência da nacionalidade brasileira;
- O inciso II já não permite a mesma conclusão, haja vista ter considerado qualquer brasileiro. Logo, ao brasileiro, seja ele nato ou naturalizado, que adquirir outra nacionalidade, será declarada a perda da nacionalidade, pelo menos em regra. Essa regra possui duas exceções: nos casos de reconhecimento de nacionalidade originária estrangeira ou de imposição de naturalização, não será declarada a perda da nacionalidade brasileira. É nestas hipóteses que se encontram permitidas as situações de dupla nacionalidade que conhecemos.

Uma questão interessante surge: seria possível a reaquisição da nacionalidade brasileira?

Uma vez perdida a nacionalidade, tem-se entendido que é possível a sua reaquisição dependo da forma que foi perdida.

Se o indivíduo perde a nacionalidade com fundamento no inciso I, por cancelamento de naturalização, só seria possível a reaquisição por meio de ação rescisória.

Caso o indivíduo perca a nacionalidade por ter adquirido outra, que revela a hipótese do inciso II, também será possível a reaquisição por decreto presidencial (art. 36, Lei nº 818/1949).

Apesar da divergência doutrinária, prevalece o entendimento de que o brasileiro, após a reaquisição, volta à condição anterior, ou seja, se era brasileiro nato, volta a ser nato, se era naturalizado, volta como naturalizado.

DIREITO CONSTITUCIONAL

7 DIREITOS POLÍTICOS E PARTIDOS POLÍTICOS

7.1 Direitos políticos

Os direitos políticos são um conjunto de direitos fundamentais que permitem ao indivíduo participar da vontade política do Estado. Para se falar de direitos políticos, alguns conceitos são indispensáveis.

7.1.1 Cidadania, democracia e soberania popular

A Cidadania é a condição conferida ao indivíduo que possui direito político. É o exercício desse direito. Essa condição só é possível em nosso país por causa do regime de governo adotado, a Democracia. A democracia parte do pressuposto de que o poder do Estado decorre da vontade popular, da Soberania Popular. Conforme o parágrafo único do art. 1º da Constituição:

> *Art. 1º [...]*
> *Parágrafo único. Todo o poder emana do povo, que o exerce por meio de representantes eleitos ou diretamente, nos termos desta Constituição.*

A democracia brasileira é classificada como semidireta ou participativa, haja vista poder ser exercida tanto de forma direta como de forma indireta. Como forma de exercício direto temos o previsto no art. 14 da CF/1988/1988:

> *Art. 14 A soberania popular será exercida pelo sufrágio universal e pelo voto direto e secreto, com valor igual para todos, e, nos termos da lei, mediante:*
> *I – Plebiscito;*
> *II – Referendo;*
> *III – Iniciativa popular.*

Mas ainda há a ação popular que também é forma de exercício direto dos direitos políticos:

> *Art. 5º [...]*
> *LXXIII – Qualquer cidadão é parte legítima para propor ação popular que vise a anular ato lesivo ao patrimônio público ou de entidade de que o Estado participe, à moralidade administrativa, ao meio ambiente e ao patrimônio histórico e cultural, ficando o autor, salvo comprovada má-fé, isento de custas judiciais e do ônus da sucumbência.*

Entendamos o que significa cada uma das formas de exercício direto dos direitos políticos.

- **Plebiscito:** consulta popular realizada antes da tomada de decisão. O representante do poder público quer tomar uma decisão, mas, antes de tomá-la, ele pergunta para os cidadãos quem concorda. O que os cidadãos decidirem será feito.
- **Referendo:** consulta popular realizada depois da tomada de decisão. O representante do poder público toma uma decisão e depois pergunta o que os cidadãos acharam.
- **Iniciativa Popular:** essa é uma das formas de se iniciar o processo legislativo no Brasil. A legitimidade para propor criação de lei pelo eleitorado encontra amparo no art. 61, § 2º da CF/1988:

> *Art. 61 [...]*
> *§ 2º A iniciativa popular pode ser exercida pela apresentação à Câmara dos Deputados de projeto de lei subscrito por, no mínimo, um por cento do eleitorado nacional, distribuído pelo menos por cinco Estados, com não menos de três décimos por cento dos eleitores de cada um deles.*

- **Ação popular:** remédio constitucional previsto no inciso LXXIII que funciona como instrumento de fiscalização dos poderes públicos nos termos do inciso citado.

Quando se fala em exercício indireto, significa exercício por meio dos representantes eleitos que representarão a vontade popular.

Todas essas ferramentas disponibilizadas acima constituem formas de exercício dos direitos políticos no Brasil.

7.1.2 Classificação dos direitos políticos

A doutrina costuma classificar os direitos políticos em **direitos políticos positivos e direitos políticos negativos**.

- **Direitos políticos positivos**

Os direitos políticos positivos se mostram pela possibilidade de participação na vontade política do Estado. Esses direitos políticos se materializam por meio da Capacidade Eleitoral Ativa e da Capacidade Eleitoral Passiva. O primeiro é a possibilidade de votar. O segundo, de ser votado.

Para que se possa exercer a capacidade eleitoral ativa, faz-se necessário o chamado alistamento eleitoral. É, simplesmente, inscrever-se como eleitor, o que acontece quando obtemos o título de eleitor. A Constituição apresenta três regras para o alistamento e o voto:

- **Voto Obrigatório:** maiores de 18 anos.
- **Voto Facultativo:** maiores de 16 e menores de 18; analfabetos e maiores de 70 anos.
- **Voto Proibido:** estrangeiros e conscritos.

Vejamos estas regras previstas no texto constitucional:

> *Art. 14. [...]*
> *§ 1º O alistamento eleitoral e o voto são:*
> *I – Obrigatórios para os maiores de dezoito anos;*
> *II – Facultativos para:*
> *a) os analfabetos;*
> *b) os maiores de setenta anos;*
> *c) os maiores de dezesseis e menores de dezoito anos.*
> *§ 2º Não podem alistar-se como eleitores os estrangeiros e, durante o período do serviço militar obrigatório, os conscritos.*

A capacidade eleitoral passiva é a capacidade de ser eleito. É uma das formas de participação política em que o cidadão aceita a incumbência de representar os interesses dos seus eleitores. Para que alguém possa ser eleito se faz necessário o preenchimento das condições de elegibilidade. São condições de elegibilidade as previstas no art. 14, § 3º da Constituição Federal de 1988:

> *Art. 14 [...]*
> *§ 3º São condições de elegibilidade, na forma da lei:*
> *I – a nacionalidade brasileira;*
> *II – o pleno exercício dos direitos políticos;*
> *III – o alistamento eleitoral;*
> *IV – o domicílio eleitoral na circunscrição;*
> *V – a filiação partidária;*
> *VI – a idade mínima de:*
> *a) trinta e cinco anos para Presidente e Vice-Presidente da República e Senador;*
> *b) trinta anos para Governador e Vice-Governador de Estado e do Distrito Federal;*
> *c) vinte e um anos para Deputado Federal, Deputado Estadual ou Distrital, Prefeito, Vice-Prefeito e juiz de paz;*
> *d) dezoito anos para Vereador.*

- **Direitos políticos negativos**

Os direitos políticos negativos são verdadeiras vedações ao exercício da cidadania. São inelegibilidades, hipóteses de perda ou suspensão dos direitos políticos que se encontram previstos expressamente no texto constitucional. Só não se pode esquecer a possibilidade prevista no § 9º do art. 14 da Constituição, que admite que sejam criadas outras inelegibilidades por Lei Complementar, desde possuam caráter relativo. Inelegibilidade absoluta, segundo a doutrina, só na Constituição Federal de 1988.

A primeira inelegibilidade está prevista no art. 14, § 4º:

> *Art. 14 [...]*
> *§ 4º São inelegíveis os inalistáveis e os analfabetos.*

Trata-se de uma inelegibilidade absoluta que impede os inalistáveis e analfabetos a concorrerem a qualquer cargo eletivo. Nota-se primeiramente que a Constituição se refere aos inalistáveis como "inelegíveis". Todas as vezes que se encontrar o termo inalistável, deve-se pensar

DIREITOS POLÍTICOS E PARTIDOS POLÍTICOS

automaticamente em estrangeiros e conscritos. Logo, são inelegíveis os estrangeiros, conscritos e analfabetos.

Quanto aos analfabetos, uma questão merece atenção: os analfabetos podem votar, mas não podem receber votos.

Em seguida, tem-se o § 5º, que traz a chamada regra da reeleição. Trata-se de uma espécie de inelegibilidade relativa por meio do qual alguns titulares de cargos políticos ficam impedidos de se reelegerem por mais de duas eleições consecutivas, ou seja, é permitida apenas uma reeleição:

> *Art. 14 [...]*
> *§ 5º O Presidente da República, os Governadores de Estado e do Distrito Federal, os Prefeitos e quem os houver sucedido, ou substituído no curso dos mandatos poderão ser reeleitos para um único período subsequente.*

O primeiro ponto interessante desse parágrafo está na restrição que só ocorre para os membros do Poder Executivo (presidente, governador e prefeito). Logo, um membro do Poder Legislativo poderá se reeleger quantas vezes ele quiser, enquanto o membro do Poder Executivo só poderá se reeleger uma única vez. Ressalte-se que o impedimento se aplica também a quem suceder ou substituir o titular dos cargos supracitados.

Mais uma regra de inelegibilidade relativa encontra-se no § 6º:

> *Art. 14 [...]*
> *§ 6º Para concorrerem a outros cargos, o Presidente da República, os Governadores de Estado e do Distrito Federal e os Prefeitos devem renunciar aos respectivos mandatos até seis meses antes do pleito.*

Estamos diante da chamada regra de **desincompatibilização**. Da mesma forma que o dispositivo anterior só se aplica aos membros do Poder Executivo, e essa norma exige que os representantes desse Poder, para que possam concorrer a outro cargo, devem renunciar os respectivos mandatos até seis meses antes do pleito.

Ainda há a chamada inelegibilidade reflexa, ou em razão do parentesco. Essa hipótese gera um impedimento, não ao titular do cargo político, mas aos seus parentes até segundo grau. Também se aplica apenas aos membros do Poder Executivo:

> *Art. 14 [...]*
> *§ 7º São inelegíveis, no território de jurisdição do titular, o cônjuge e os parentes consanguíneos ou afins, até o segundo grau ou por adoção, do Presidente da República, de Governador de Estado ou Território, do Distrito Federal, de Prefeito ou de quem os haja substituído dentro dos seis meses anteriores ao pleito, salvo se já titular de mandato eletivo e candidato à reeleição.*

O impedimento gerado está relacionado ao território de jurisdição do titular da seguinte forma:

- O prefeito gera inelegibilidade aos cargos de Prefeito e vereador do mesmo município;
- O governador gera inelegibilidade aos cargos de prefeito, vereador, deputado estadual, deputado federal, senador da República e governador do mesmo Estado Federativo;
- O Presidente gera inelegibilidade a todos os cargos eletivos do país.

São parentes de 1º grau: pai, mãe, filho, sogro. São parentes de 2º grau: avô, irmão, neto, cunhado.

O STF editou a Súmula Vinculante nº 18, que diz:

> **Súmula Vinculante nº 18** *A dissolução da sociedade ou do vínculo conjugal, no curso do mandato, não afasta a inelegibilidade prevista no § 7º do art. 14 da Constituição Federal.*

Lei complementar pode estabelecer novas hipóteses de inelegibilidade relativa. É o que dispõe o § 9º do art. 14:

> *Art. 14 [...]*
> *§ 9º Lei complementar estabelecerá outros casos de inelegibilidade e os prazos de sua cessação, a fim de proteger a probidade administrativa, a moralidade para exercício de mandato considerada vida pregressa do candidato, e a normalidade e legitimidade das eleições contra a influência do poder econômico ou o abuso do exercício de função, cargo ou emprego na administração direta ou indireta.*

Com base no texto, é possível concluir que o rol de inelegibilidades relativas previstas na Constituição Federal de 1988 é meramente exemplificativo. Há ainda a Lei Complementar nº 64/1990 que traz várias hipóteses de inelegibilidade.

7.1.3 Condições para eleição do militar

O militar pode se candidatar a cargo político eletivo desde que observadas as regras estabelecidas no § 8º do art. 14:

> *Art. 14 [...]*
> *§ 8º O militar alistável é elegível, atendidas as seguintes condições:*
> *I – se contar menos de dez anos de serviço, deverá afastar-se da atividade;*
> *II – se contar mais de dez anos de serviço, será agregado pela autoridade superior e, se eleito, passará automaticamente, no ato da diplomação, para a inatividade.*

Primeiramente, deve-se ressaltar que a Constituição veda a filiação partidária aos militares:

> *Art. 142 [...]*
> *§ 3º [...]*
> *V – O militar, enquanto em serviço ativo, não pode estar filiado a partidos políticos.*

Recordando as condições de elegibilidade, tem-se que é necessária a filiação partidária para ser elegível, contudo, no caso do militar, o TSE tem entendido que o registro da candidatura supre a falta de prévia filiação partidária.

Um segundo ponto interessante decorre da própria interpretação do § 8º, que prevê duas regras para eleição dos militares em razão do tempo de serviço:

- **Militar com menos de dez anos:** deve se afastar da atividade;
- **Militar com mais de dez anos:** deve ficar agregado pela autoridade superior e se eleito, passado para inatividade.

Esse prazo de dez anos escolhido pela Constituição decorre da garantia de estabilidade para os militares.

7.1.4 Impugnação de mandato eletivo

Estes parágrafos dispensam explicação e, quando aparecem em prova, costumam cobrar o próprio texto constitucional. Deve-se ter cuidado com o prazo de 15 dias para impugnação:

> *Art. 14 [...]*
> *§ 10 O mandato eletivo poderá ser impugnado ante a Justiça Eleitoral no prazo de quinze dias contados da diplomação, instruída a ação com provas de abuso do poder econômico, corrupção ou fraude.*
> *§ 11 A ação de impugnação de mandato tramitará em segredo de justiça, respondendo o autor, na forma da lei, se temerária ou de manifesta má-fé.*

7.1.5 Cassação, suspensão e perda dos direitos políticos

Uma coisa é certa: não existe cassação de direitos políticos no Brasil. Isso não pode ser esquecido, pois sempre é cobrado em prova. Apesar dessa norma protetiva, são permitidas a perda e a suspensão desses direitos, conforme disposto no art. 15 da Constituição:

> *Art. 15 É vedada a cassação de direitos políticos, cuja perda ou suspensão só se dará nos casos de:*
> *I – Cancelamento da naturalização por sentença transitada em julgado;*
> *II – Incapacidade civil absoluta;*
> *III – Condenação criminal transitada em julgado, enquanto durarem seus efeitos;*
> *IV – Recusa de cumprir obrigação a todos imposta ou prestação alternativa, nos termos do art. 5º, VIII;*
> *V – Improbidade administrativa, nos termos do art. 37, § 4º.*

Observe-se que o texto constitucional não esclareceu muito bem quais são as hipóteses de perda ou suspensão, trabalho esse que ficou

DIREITO CONSTITUCIONAL

a cargo da doutrina fazer. Seguem abaixo as hipóteses de perda ou suspensão:

- **Cancelamento da naturalização por sentença transitada em julgado:** trata-se de perda dos direitos políticos. Ora, se o indivíduo teve cancelado seu vínculo com o Estado Brasileiro, não há sentido em lhe garantir os direitos políticos.
- **Incapacidade civil absoluta:** apesar de ser absoluta, essa incapacidade civil pode cessar dependendo da situação. Logo, é hipótese de suspensão dos direitos políticos.
- **Condenação criminal transitada em julgado, enquanto durarem seus efeitos:** condenação criminal é suspensão, pois dura enquanto durar a pena. Deve-se ter cuidado com essa questão em prova. O efeito da suspensão sobre os direitos políticos independe do tipo de pena aplicada ao cidadão.
- **Recusa de cumprir obrigação a todos imposta ou prestação alternativa, nos termos do art. 5º, inciso VIII:** essa é a famosa hipótese da escusa de consciência. Em relação a esse tema, existe divergência na doutrina. Parte da doutrina Constitucional entende que é hipótese de perda, outra parte da doutrina, principalmente eleitoral, entende que seja hipótese de suspensão.
- **Improbidade administrativa, nos termos do art. 37, § 4º, CF/1988/1988:** essa é mais uma hipótese de suspensão dos direitos políticos.

7.1.6 Princípio da anterioridade eleitoral

Este princípio exige o prazo de um ano para aplicação de lei que altere processo eleitoral. Isso visa a evitar que os candidatos sejam pegos de surpresa com as regras eleitorais. O art. 16 da Constituição Federal de 1988 diz:

> *Art. 16 A lei que alterar o processo eleitoral entrará em vigor na data de sua publicação, não se aplicando à eleição que ocorra até um ano da data de sua vigência.*

7.2 Partidos políticos

7.2.1 Natureza jurídica dos partidos políticos

Os partidos políticos, segundo previsão expressa da Constituição Federal de 1988, possuem natureza jurídica de direito privado. Segundo o disposto no art. 17, § 2º:

> *§ 2º Os partidos políticos, após adquirirem personalidade jurídica, na forma da lei civil, registrarão seus estatutos no Tribunal Superior Eleitoral.*

Quando a Constituição determina que os partidos devem adquirir sua personalidade jurídica na forma da lei civil, praticamente, afirma que é uma pessoa jurídica de direito privado apesar de ser exigido seu registro no TSE.

7.2.2 Direitos dos partidos

Os partidos possuem vários direitos previstos expressamente na Constituição Federal de 1988, dentre os quais destacam-se:
- **Recursos do fundo partidário;**
- **Acesso gratuito ao rádio e à televisão (Lei nº 9.096/1995).**

7.2.3 Limitações aos partidos

Apesar da liberdade estampada no *caput* do art. 17 da CF/1988/1988, é possível perceber que a criação dos partidos políticos possui algumas limitações:

> *Art. 17 É livre a criação, fusão, incorporação e extinção de partidos políticos, resguardados a soberania nacional, o regime democrático, o pluripartidarismo, os direitos fundamentais da pessoa humana e observados os seguintes preceitos:*
>
> *I – Caráter nacional;*
>
> *II – Proibição de recebimento de recursos financeiros de entidade ou governo estrangeiros ou de subordinação a estes;*
>
> *III – Prestação de contas à Justiça Eleitoral;*
>
> *IV – Funcionamento parlamentar de acordo com a lei. [...]*
>
> *§ 4º É vedada a utilização pelos partidos políticos de organização paramilitar.*

7.2.4 Verticalização

Antes da Emenda Constitucional nº 52/2006, era utilizada a chamada Verticalização, que significava a necessidade de vinculação das candidaturas do nível nacional, estadual, distrital ou municipal. Vejamos como está escrito agora:

> *§ 1º É assegurada aos partidos políticos autonomia para definir sua estrutura interna e estabelecer regras sobre escolha, formação e duração de seus órgãos permanentes e provisórios e sobre sua organização e funcionamento e para adotar os critérios de escolha e o regime de suas coligações nas eleições majoritárias, vedada a sua celebração nas eleições proporcionais, sem obrigatoriedade de vinculação entre as candidaturas em âmbito nacional, estadual, distrital ou municipal, devendo seus estatutos estabelecer normas de disciplina e fidelidade partidária.*

Significa dizer que não é mais preciso haver vinculação das candidaturas nos diversos níveis federativos (União, Estados, Distrito Federal e Municípios).

ORGANIZAÇÃO POLÍTICO-ADMINISTRATIVA

8 ORGANIZAÇÃO POLÍTICO-ADMINISTRATIVA

Para que se possa compreender a organização político-administrativa do Estado brasileiro, faz-se necessário, primeiramente, entender como se deu essa formação. Para isso, será abordado o princípio federativo.

8.1 Princípio federativo: entes federativos

A forma de Estado adotada no Brasil é a federativa. Quando se afirma que o nosso Estado é uma Federação, quer-se dizer como se dá o exercício do poder político em função do território. Em um Estado Federal, existe pluralidade de poderes políticos internos, os quais se organizam de forma descentralizada. No Brasil, são quatro poderes políticos, também chamados de entes federativos:

- União;
- Estados;
- Distrito Federal;
- Municípios.

Essa organização é baseada na autonomia política de cada ente federativo. Deve-se estar atento a esse tema em prova, pois as bancas gostam de trocar autonomia por soberania. Cada ente possui sua própria autonomia, enquanto o Estado Federal possui a soberania. A autonomia de cada ente federativo se dá no âmbito político, financeiro, orçamentário, administrativo e em qualquer outra área permitida pela Constituição Federal:

> *Art. 18 A organização político-administrativa da República Federativa do Brasil compreende a União, os Estados, o Distrito Federal e os Municípios, todos autônomos, nos termos desta Constituição.*

Deve-se destacar, inclusive, que o pacto federativo sobrevive em torno da Constituição Federal, que impede sua dissolução sob pena de se decretar Intervenção Federal:

> *Art. 34 A União não intervirá nos Estados nem no Distrito Federal, exceto para:*
> *I – Manter a integridade nacional.*

A proibição de secessão, que impede a separação de um ente federativo, também é conhecida como princípio da indissolubilidade.

Outro ponto muito cobrado em prova diz respeito à inexistência de hierarquia entre os entes federativos. O que distingue um ente federativo do outro não é a superioridade, mas a distribuição de competências feita pela própria Constituição Federal de 1988. Não se deve esquecer também que as Unidades da Federação possuem representação junto ao Poder Legislativo da União, mais precisamente, no Senado Federal.

Em razão dessa organização completamente diferenciada, a doutrina classifica a federação brasileira de várias formas:

- **Tricotômica:** federação constituída em três níveis: federal, estadual e municipal. O Distrito Federal não é considerado nessa classificação, haja vista possuir competência híbrida, agindo tanto como um Estado quanto como Município.
- **Centrífuga:** característica que reflete a formação da federação brasileira. É a formação "de dentro para fora". O movimento é de centrifugadora. A força de criação do estado federal brasileiro surgiu a partir de um Estado Unitário para a criação de um estado federado, ou seja, o poder centralizado que se torna descentralizado. O poder político era concentrado nas mãos de um só ente e depois passa a fazer parte de vários entes federativos.
- **Por desagregação:** ocorre quando um Estado Unitário resolve se descentralizar politicamente, desagregando o poder central em favor de vários entes titulares de poder político.

Mais uma característica que não pode ser ignorada em prova: a forma Federativa de Estado é uma **cláusula pétrea**, conforme dispõe o art. 60, § 4º, inciso I:

> *Art. 60 [...]*
> *§ 4º Não será objeto de deliberação a proposta de emenda tendente a abolir:*
> *I A forma federativa de Estado.*

Cumpre lembrar de que a capital do Brasil é Brasília. Deve-se ter cuidado: há questão de prova que diz que a capital é o Distrito Federal. O Distrito Federal é um ente federativo, ao passo que Brasília é uma região administrativa dentro do Distrito Federal:

> *Art. 18 [...]*
> *§ 1º Brasília é a Capital Federal.*

Outra coisa com a qual se deve ter cuidado diz respeito aos territórios federais:

> *Art. 18 [...]*
> *§ 2º Os Territórios Federais integram a União, e sua criação, transformação em Estado ou reintegração ao Estado de origem serão reguladas em lei complementar.*

Esses não são entes federativos, pois não possuem autonomia política. São pessoas jurídicas de direito público que possuem apenas capacidade administrativa. Sua natureza jurídica é de autarquia federal e só podem ser criados por lei federal. Para sua criação se faz necessária a aprovação das populações diretamente envolvidas, por meio de plebiscito, parecer da Assembleia Legislativa e lei complementar federal. Os territórios são administrados por governadores escolhidos pelo Presidente da República e podem ser divididos em municípios. Cada território elegerá quatro deputados federais, mas não poderá eleger Senador da República. Seguem abaixo vários dispositivos da Constituição Federal de 1988 que regulamentam os territórios:

> *Art. 18 [...]*
> *§ 3º Os Estados podem incorporar-se entre si, subdividir-se ou desmembrar-se para se anexarem a outros, ou formarem novos Estados ou Territórios Federais, mediante aprovação da população diretamente interessada, através de plebiscito, e do Congresso Nacional, por lei complementar.*
>
> *Art. 45 [...]*
> *§ 2º Cada Território elegerá quatro Deputados.*
>
> *Art. 48 Cabe ao Congresso Nacional, com a sanção do Presidente da República, não exigida esta para o especificado nos Arts. 49, 51 e 52, dispor sobre todas as matérias de competência da União, especialmente sobre:[...]*
>
> *VI – Incorporação, subdivisão ou desmembramento de áreas de Territórios ou Estados, ouvidas as respectivas Assembleias Legislativas.*
>
> *Art. 84 Compete privativamente ao Presidente da República: [...]*
>
> *XIV – Nomear, após aprovação pelo Senado Federal, os Ministros do Supremo Tribunal Federal e dos Tribunais Superiores, os Governadores de Territórios, o Procurador-geral da República, o presidente e os diretores do banco central e outros servidores, quando determinado em lei.*

A Constituição Federal autoriza a divisão dos Territórios em Municípios. Os Territórios com mais de 100.000 habitantes possuirão Poder Judiciário próprio, bem como membros do Ministério Público e Defensores Públicos Federais. Poderão ainda eleger membros para Câmara Territorial:

> *Art. 33 [...]*
> *§ 1º Os Territórios poderão ser divididos em Municípios, aos quais se aplicará, no que couber, o disposto no Capítulo IV deste Título. [...]*
> *§ 3º Nos Territórios Federais com mais de cem mil habitantes, além do Governador nomeado na forma desta Constituição, haverá órgãos judiciários de primeira e segunda instância, membros do Ministério Público e defensores públicos federais; a lei disporá sobre as eleições para a Câmara Territorial e sua competência deliberativa.*

8.1.1 Vedações constitucionais

A Constituição Federal de 1988 fez questão de estabelecer algumas vedações expressas aos entes federativos, as quais estão previstas no art. 19:

> **Art. 19** É vedado à União, aos Estados, ao Distrito Federal e aos Municípios:
> I – Estabelecer cultos religiosos ou igrejas, subvencioná-los, embaraçar-lhes o funcionamento ou manter com eles ou seus representantes relações de dependência ou aliança, ressalvada, na forma da lei, a colaboração de interesse público;
> II – Recusar fé aos documentos públicos;
> III – Criar distinções entre brasileiros ou preferências entre si.

A primeira vedação decorre da laicidade do Estado brasileiro, ou seja, não possuímos religião oficial no Brasil, em razão da situação de separação entre Estado e Igreja. A segunda vedação decorre da presunção de veracidade dos documentos públicos. E, por último, contemplando o princípio da isonomia, o qual será tratado em momento oportuno, fica vedado estabelecer distinções entre brasileiros ou preferências entre si. Atente-se a esta questão.

8.1.2 Características dos entes federativos

- **União**

Muitos sentem dificuldade em visualizar a União, tendo em vista ser um ente meio abstrato. O que se precisa saber é que a União é uma pessoa jurídica de direito público interno ao mesmo tempo em que é pessoa jurídica de direito público externo. É o Poder Central responsável por assuntos de interesse geral do Estado e que representa os demais entes federativos. Apesar de não possuir o atributo de soberania, a União exerce essa soberania em nome do Estado Federal. É só pensar na representação internacional do Estado. Quem celebra tratados internacionais? É o chefe do executivo da União, o Presidente da República.

Um dos temas mais cobrados em prova são os Bens da União. Os bens da União estão previstos no art. 20 da Constituição Federal:

> **Art. 20** São bens da União:
> I – Os que atualmente lhe pertencem e os que lhe vierem a ser atribuídos;
> II – As terras devolutas indispensáveis à defesa das fronteiras, das fortificações e construções militares, das vias federais de comunicação e à preservação ambiental, definidas em lei;
> III – Os lagos, rios e quaisquer correntes de água em terrenos de seu domínio, ou que banhem mais de um Estado, sirvam de limites com outros países, ou se estendam a território estrangeiro ou dele provenham, bem como os terrenos marginais e as praias fluviais;
> IV – As ilhas fluviais e lacustres nas zonas limítrofes com outros países; as praias marítimas; as ilhas oceânicas e as costeiras, excluídas, destas, as que contenham a sede de Municípios, exceto aquelas áreas afetadas ao serviço público e a unidade ambiental federal, e as referidas no art. 26, II;
> V – Os recursos naturais da plataforma continental e da zona econômica exclusiva;
> VI – O mar territorial;
> VII – Os terrenos de marinha e seus acrescidos;
> VIII – os potenciais de energia hidráulica;
> IX – Os recursos minerais, inclusive os do subsolo;
> X – As cavidades naturais subterrâneas e os sítios arqueológicos e pré-históricos;
> XI – As terras tradicionalmente ocupadas pelos índios.
> § 1º É assegurada, nos termos da lei, à União, aos Estados, ao Distrito Federal e aos Municípios a participação no resultado da exploração de petróleo ou gás natural, de recursos hídricos para fins de geração de energia elétrica e de outros recursos minerais no respectivo território, plataforma continental, mar territorial ou zona econômica exclusiva, ou compensação financeira por essa exploração. (Redação dada pela Emenda Constitucional nº 102/2019)
> § 2º A faixa de até cento e cinquenta quilômetros de largura, ao longo das fronteiras terrestres, designada como faixa de fronteira, é considerada fundamental para defesa do território nacional, e sua ocupação e utilização serão reguladas em lei.

Esse artigo, quando cobrado em prova, costuma ser trabalhado apenas com o texto literal da Constituição. A dica de estudo é a memorização dos bens que são considerados da União. Contudo, alguns bens necessitam de uma explicação maior para que sejam compreendidos.

- **Terras devolutas**

O inciso II fala das chamadas terras devolutas, mas o que significa terras devolutas? São terras que estão sob o domínio da União sem qualquer destinação, nem pública nem privada. Serão da União apenas as terras devolutas indispensáveis à defesa das fronteiras, das fortificações e construções militares, das vias federais de comunicação e à preservação ambiental, conforme definição em lei. As demais terras devolutas serão de propriedade dos Estados Membros nos termos do art. 26, incisos IV:

> **Art. 26** Incluem-se entre os bens dos Estados: [...]
> IV – As terras devolutas não compreendidas entre as da União.

- **Mar Territorial, Plataforma Continental e Zona Econômica Exclusiva (ZEE)**

Os incisos IV e V apresentam três bens que são muito interessantes e que se confundem nas cabeças dos alunos: mar territorial, plataforma continental e Zona Econômica Exclusiva. A Lei nº 8.617/1993 esclarece as diferenças entre esses institutos.

O mar territorial é formado por uma faixa de água marítima ao longo da costa brasileira, com uma dimensão de 12 milhas marítimas, contadas a partir da linha base. A plataforma continental é o prolongamento natural do território terrestre, compreendidos o leito e o subsolo do mar até a distância de 200 milhas marítimas ou até o bordo exterior da margem continental.

A ZEE é a extensão situada além do mar territorial até o limite das 200 milhas marítimas.

Acerca desse tema sempre há confusão. O mar territorial é extensão do território nacional sobre qual o Estado exerce sua soberania. Já a plataforma continental e a zona econômica exclusiva são águas internacionais onde o direito à soberania do Estado se limita à exploração e ao aproveitamento, à conservação e a gestão dos recursos naturais, vivos ou não vivos, das águas sobrejacentes ao leito do mar, do leito do mar e seu subsolo, e no que se refere a outras atividades com vistas à exploração e ao aproveitamento da zona para fins econômicos.

- **Estados**

Os estados são pessoas jurídicas de direito público interno, entes federativos detentores de autonomia própria. Essa autonomia se percebe pela sua capacidade de auto-organização, autogoverno, autoadministração. Destaca-se, ainda, o seu poder de criação da própria Constituição Estadual, bem como das demais normas de sua competência:

> **Art. 25** Os Estados organizam-se e regem-se pelas Constituições e leis que adotarem, observados os princípios desta Constituição.

Percebe-se, ainda, o seu autogoverno à medida que cada Estado organiza seus próprios Poderes: Poder Legislativo (Assembleia Legislativa), Poder Executivo (Governador) e Poder Judiciário (Tribunal de Justiça). Destacam-se também suas autonomias administrativa, tributária e financeira.

ORGANIZAÇÃO POLÍTICO-ADMINISTRATIVA

Segundo o art. 18, § 3º, da Constituição Federal de 1988:

> **Art. 18** [...]
> § 3º Os Estados podem incorporar-se entre si, subdividir-se ou desmembrar-se para se anexarem a outros, ou formarem novos Estados ou Territórios Federais, mediante aprovação da população diretamente interessada, através de plebiscito, e do Congresso Nacional, por lei complementar.

O que se precisa lembrar para a prova é que, para se criar outro Estado, faz-se necessária a aprovação da população diretamente interessada por meio de plebiscito e que essa criação depende de lei complementar federal. A Constituição Federal de 1988 prevê ainda a oitiva das Assembleias Legislativas envolvidas na modificação:

> **Art. 48** Cabe ao Congresso Nacional, com a sanção do Presidente da República, não exigida esta para o especificado nos Arts. 49, 51 e 52, dispor sobre todas as matérias de competência da União, especialmente sobre: [...]
> IV – Incorporação, subdivisão ou desmembramento de áreas de Territórios ou Estados, ouvidas as respectivas Assembleias Legislativas.

Em razão de sua autonomia, a Constituição Federal de 1988 apresentou um rol de bens que pertencem aos Estados:

> **Art. 26** Incluem-se entre os bens dos Estados:
> I – As águas superficiais ou subterrâneas, fluentes, emergentes e em depósito, ressalvadas, neste caso, na forma da lei, as decorrentes de obras da União;
> II – As áreas, nas ilhas oceânicas e costeiras, que estiverem no seu domínio, excluídas aquelas sob domínio da União, Municípios ou terceiros;
> III – As ilhas fluviais e lacustres não pertencentes à União;
> IV – As terras devolutas não compreendidas entre as da União.

Algumas regras em relação à Organização dos Poderes Legislativo e Executivo no âmbito dos Estados também aparecem na Constituição Federal de 1988. Quando cobradas em prova, a leitura e memorização dos artigos abaixo se tornam essenciais:

> **Art. 27** O número de Deputados à Assembleia Legislativa corresponderá ao triplo da representação do Estado na Câmara dos Deputados e, atingido o número de trinta e seis, será acrescido de tantos quantos forem os Deputados Federais acima de doze.
> § 1º Será de quatro anos o mandato dos Deputados Estaduais, aplicando-se-lhes as regras desta Constituição sobre sistema eleitoral, inviolabilidade, imunidades, remuneração, perda de mandato, licença, impedimentos e incorporação às Forças Armadas.
> § 2º O subsídio dos Deputados Estaduais será fixado por lei de iniciativa da Assembleia Legislativa, na razão de, no máximo, setenta e cinco por cento daquele estabelecido, em espécie, para os Deputados Federais, observado o que dispõem os Arts. 39, § 4º, 57, § 7º, 150, II, 153, III, e 153, § 2º, I.
> § 3º Compete às Assembleias Legislativas dispor sobre seu regimento interno, polícia e serviços administrativos de sua secretaria, e prover os respectivos cargos.
> § 4º A lei disporá sobre a iniciativa popular no processo legislativo estadual.
> **Art. 28** A eleição do Governador e do Vice-Governador de Estado, para mandato de quatro anos, realizar-se-á no primeiro domingo de outubro, em primeiro turno, e no último domingo de outubro, em segundo turno, se houver, do ano anterior ao do término do mandato de seus antecessores, e a posse ocorrerá em primeiro de janeiro do ano subsequente, observado, quanto ao mais, o disposto no art. 77.
> § 1º Perderá o mandato o Governador que assumir outro cargo ou função na Administração Pública direta ou indireta, ressalvada a posse em virtude de concurso público e observado o disposto no art. 38, I, IV e V.
> § 2º Os subsídios do Governador, do Vice-Governador e dos Secretários de Estado serão fixados por lei de iniciativa da Assembleia Legislativa, observado o que dispõem os Arts. 37, XI, 39, § 4º, 150, II, 153, III, e 153, § 2º, I.

- **Municípios**

Os municípios são elencados pela Constituição Federal de 1988 como entes federativos dotados de autonomia, a qual se percebe pela sua capacidade de auto-organização, autogoverno e autoadministração. São regidos por lei orgânica e possui Executivo e Legislativo próprio, os quais são representados, respectivamente, pela Prefeitura e pela Câmara Municipal e que são regulamentados pelos arts. 29 e 29-A da Constituição Federal de 1988. O examinador pode explorar, em prova de concurso público, questões que requeiram a memorização desses artigos. Para entender por que ele faria isso, recomenda-se a leitura:

> **Art. 29** O Município reger-se-á por lei orgânica, votada em dois turnos, com o interstício mínimo de dez dias, e aprovada por dois terços dos membros da Câmara Municipal, que a promulgará, atendidos os princípios estabelecidos nesta Constituição, na Constituição do respectivo Estado e os seguintes preceitos:
> I – Eleição do Prefeito, do Vice-Prefeito e dos Vereadores, para mandato de quatro anos, mediante pleito direto e simultâneo realizado em todo o País;
> II – Eleição do Prefeito e do Vice-Prefeito realizada no primeiro domingo de outubro do ano anterior ao término do mandato dos que devam suceder, aplicadas as regras do art. 77, no caso de Municípios com mais de duzentos mil eleitores;
> III – Posse do Prefeito e do Vice-Prefeito no dia 1º de janeiro do ano subsequente ao da eleição;
> IV – Para a composição das Câmaras Municipais, será observado o limite máximo de:
> a) 9 (nove) Vereadores, nos Municípios de até 15.000 (quinze mil) habitantes;
> b) 11 (onze) Vereadores, nos Municípios de mais de 15.000 (quinze mil) habitantes e de até 30.000 (trinta mil) habitantes;
> c) 13 (treze) Vereadores, nos Municípios com mais de 30.000 (trinta mil) habitantes e de até 50.000 (cinquenta mil) habitantes;
> d) 15 (quinze) Vereadores, nos Municípios de mais de 50.000 (cinquenta mil) habitantes e de até 80.000 (oitenta mil) habitantes;
> e) 17 (dezessete) Vereadores, nos Municípios de mais de 80.000 (oitenta mil) habitantes e de até 120.000 (cento e vinte mil) habitantes;
> f) 19 (dezenove) Vereadores, nos Municípios de mais de 120.000 (cento e vinte mil) habitantes e de até 160.000 (cento sessenta mil) habitantes;
> g) 21 (vinte e um) Vereadores, nos Municípios de mais de 160.000 (cento e sessenta mil) habitantes e de até 300.000 (trezentos mil) habitantes;
> h) 23 (vinte e três) Vereadores, nos Municípios de mais de 300.000 (trezentos mil) habitantes e de até 450.000 (quatrocentos e cinquenta mil) habitantes;
> i) 25 (vinte e cinco) Vereadores, nos Municípios de mais de 450.000 (quatrocentos e cinquenta mil) habitantes e de até 600.000 (seiscentos mil) habitantes;
> j) 27 (vinte e sete) Vereadores, nos Municípios de mais de 600.000 (seiscentos mil) habitantes e de até 750.000 (setecentos cinquenta mil) habitantes;
> k) 29 (vinte e nove) Vereadores, nos Municípios de mais de 750.000 (setecentos e cinquenta mil) habitantes e de até 900.000 (novecentos mil) habitantes;
> l) 31 (trinta e um) Vereadores, nos Municípios de mais de 900.000 (novecentos mil) habitantes e de até 1.050.000 (um milhão e cinquenta mil) habitantes;
> m) 33 (trinta e três) Vereadores, nos Municípios de mais de 1.050.000 (um milhão e cinquenta mil) habitantes e de até 1.200.000 (um milhão e duzentos mil) habitantes;
> n) 35 (trinta e cinco) Vereadores, nos Municípios de mais de 1.200.000 (um milhão e duzentos mil) habitantes e de até 1.350.000 (um milhão e trezentos e cinquenta mil) habitantes;

DIREITO CONSTITUCIONAL

o) 37 (trinta e sete) Vereadores, nos Municípios de 1.350.000 (um milhão e trezentos e cinquenta mil) habitantes e de até 1.500.000 (um milhão e quinhentos mil) habitantes;

p) 39 (trinta e nove) Vereadores, nos Municípios de mais de 1.500.000 (um milhão e quinhentos mil) habitantes e de até 1.800.000 (um milhão e oitocentos mil) habitantes;

q) 41 (quarenta e um) Vereadores, nos Municípios de mais de 1.800.000 (um milhão e oitocentos mil) habitantes e de até 2.400.000 (dois milhões e quatrocentos mil) habitantes;

r) 43 (quarenta e três) Vereadores, nos Municípios de mais de 2.400.000 (dois milhões e quatrocentos mil) habitantes e de até 3.000.000 (três milhões) de habitantes;

s) 45 (quarenta e cinco) Vereadores, nos Municípios de mais de 3.000.000 (três milhões) de habitantes e de até 4.000.000 (quatro milhões) de habitantes;

t) 47 (quarenta e sete) Vereadores, nos Municípios de mais de 4.000.000 (quatro milhões) de habitantes e de até 5.000.000 (cinco milhões) de habitantes;

u) 49 (quarenta e nove) Vereadores, nos Municípios de mais de 5.000.000 (cinco milhões) de habitantes e de até 6.000.000 (seis milhões) de habitantes;

v) 51 (cinquenta e um) Vereadores, nos Municípios de mais de 6.000.000 (seis milhões) de habitantes e de até 7.000.000 (sete milhões) de habitantes;

w) 53 (cinquenta e três) Vereadores, nos Municípios de mais de 7.000.000 (sete milhões) de habitantes e de até 8.000.000 (oito milhões) de habitantes; e

x) 55 (cinquenta e cinco) Vereadores, nos Municípios de mais de 8.000.000 (oito milhões) de habitantes;

V – Subsídios do Prefeito, do Vice-Prefeito e dos Secretários Municipais fixados por lei de iniciativa da Câmara Municipal, observado o que dispõem os Arts. 37, XI, 39, § 4º, 150, II, 153, III, e 153, § 2º, I;

VI – O subsídio dos Vereadores será fixado pelas respectivas Câmaras Municipais em cada legislatura para a subsequente, observado o que dispõe esta Constituição, observados os critérios estabelecidos na respectiva Lei Orgânica e os seguintes limites máximos:

a) em Municípios de até dez mil habitantes, o subsídio máximo dos Vereadores corresponderá a vinte por cento do subsídio dos Deputados Estaduais;

b) em Municípios de dez mil e um a cinquenta mil habitantes, o subsídio máximo dos Vereadores corresponderá a trinta por cento do subsídio dos Deputados Estaduais;

c) em Municípios de cinquenta mil e um a cem mil habitantes, o subsídio máximo dos Vereadores corresponderá a quarenta por cento do subsídio dos Deputados Estaduais;

d) em Municípios de cem mil e um a trezentos mil habitantes, o subsídio máximo dos Vereadores corresponderá a cinquenta por cento do subsídio dos Deputados Estaduais;

e) em Municípios de trezentos mil e um a quinhentos mil habitantes, o subsídio máximo dos Vereadores corresponderá a sessenta por cento do subsídio dos Deputados Estaduais;

f) em Municípios de mais de quinhentos mil habitantes, o subsídio máximo dos Vereadores corresponderá a setenta e cinco por cento do subsídio dos Deputados Estaduais;

VII – O total da despesa com a remuneração dos Vereadores não poderá ultrapassar o montante de cinco por cento da receita do Município;

VIII – Inviolabilidade dos Vereadores por suas opiniões, palavras e votos no exercício do mandato e na circunscrição do Município;

IX – Proibições e incompatibilidades, no exercício da vereança, similares, no que couber, ao disposto nesta Constituição para os membros do Congresso Nacional e na Constituição do respectivo Estado para os membros da Assembleia Legislativa;

X – Julgamento do Prefeito perante o Tribunal de Justiça;

XI – Organização das funções legislativas e fiscalizadoras da Câmara Municipal;

XII – Cooperação das associações representativas no planejamento municipal;

XIII – Iniciativa popular de projetos de lei de interesse específico do Município, da cidade ou de bairros, através de manifestação de, pelo menos, cinco por cento do eleitorado;

XIV – Perda do mandato do Prefeito, nos termos do art. 28, parágrafo único.

Art. 29-A *O total da despesa do Poder Legislativo Municipal, incluídos os subsídios dos Vereadores e excluídos os gastos com inativos, não poderá ultrapassar os seguintes percentuais, relativos ao somatório da receita tributária e das transferências previstas no § 5º do art. 153 e nos arts. 158 e 159, efetivamente realizado no exercício anterior: (Conforme Emenda Constitucional nº 109/2021) [...]*

I – 7% (sete por cento) para Municípios com população de até 100.000 (cem mil) habitantes;

II – 6% (seis por cento) para Municípios com população entre 100.000 (cem mil) e 300.000 (trezentos mil) habitantes;

III – 5% (cinco por cento) para Municípios com população entre 300.001 (trezentos mil e um) e 500.000 (quinhentos mil) habitantes;

IV – 4,5% (quatro inteiros e cinco décimos por cento) para Municípios com população entre 500.001 (quinhentos mil e um) e 3.000.000 (três milhões) de habitantes;

V – 4% (quatro por cento) para Municípios com população entre 3.000.001 (três milhões e um) e 8.000.000 (oito milhões) de habitantes;

VI – 3,5% (três inteiros e cinco décimos por cento) para Municípios com população acima de 8.000.001 (oito milhões e um) habitantes.

§ 1º A Câmara Municipal não gastará mais de setenta por cento de sua receita com folha de pagamento, incluído o gasto com o subsídio de seus Vereadores.

§ 2º Constitui crime de responsabilidade do Prefeito Municipal:

I – Efetuar repasse que supere os limites definidos neste artigo;

II – Não enviar o repasse até o dia vinte de cada mês; ou

III – Enviá-lo a menor em relação à proporção fixada na Lei Orçamentária.

§ 3º. Constitui crime de responsabilidade do Presidente da Câmara Municipal o desrespeito ao § 1º deste artigo.

Mesmo sendo dotada de autonomia federativa, sua organização possui algumas limitações impostas pela própria Constituição. Entre essas limitações, deve-se destacar a ausência de Poder Judiciário no âmbito municipal, cuja função jurisdicional é exercida pelos órgãos do Judiciário federal e estadual. É importante lembrar que não existe representante municipal no Congresso Nacional.

A Constituição Federal de 1988 permite que sejam criados novos municípios, conforme as regras estabelecidas no art. 18, § 4º:

Art. 18 *[...]*

§ 4º A criação, a incorporação, a fusão e o desmembramento de Municípios, far-se-ão por lei estadual, dentro do período determinado por Lei Complementar Federal, e dependerão de consulta prévia, mediante plebiscito, às populações dos Municípios envolvidos, após divulgação dos Estudos de Viabilidade Municipal, apresentados e publicados na forma da lei.

Perceba que as regras são um pouco diferentes das necessárias para a criação de Estados. A primeira coisa que deve ser lembrada é que a criação será por lei ordinária estadual, desde que haja autorização emanada de lei complementar federal. As populações diretamente envolvidas na modificação devem ser consultadas por meio de plebiscito. E, por último, não se pode esquecer a exigência de Estudo de Viabilidade Municipal. Para prova, memorize essas condições.

Um fato curioso é que apesar de não existir ainda uma Lei Complementar Federal autorizando o período de criação de Municípios, vários Municípios foram criados na vigência de Constituição Federal, o que obrigou o Congresso Nacional a aprovar a Emenda Constitucional nº

ORGANIZAÇÃO POLÍTICO-ADMINISTRATIVA

57/2008, que acrescentou o art. 96 ao Ato das Disposições Constitucionais Transitórias (ADCT), convalidando a criação dos Municípios até 31 de dezembro de 2006:

> **Art. 96** *Ficam convalidados os atos de criação, fusão, incorporação e desmembramento de Municípios, cuja lei tenha sido publicada até 31 de dezembro de 2006, atendidos os requisitos estabelecidos na legislação do respectivo Estado à época de sua criação.*

- **Distrito Federal**

Se questionarem se o Distrito Federal é um Estado ou é um Município, a resposta será: "O Distrito Federal não é Estado nem Município, é Distrito Federal."

A Constituição Federal afirma que o Distrito Federal é ente federativo assim como a União, os Estados e os Municípios. Esse ente federativo é conhecido pela sua autonomia e por sua competência híbrida. Quando se fala em competência híbrida, quer-se dizer que o DF pode exercer competências tanto de Estado quanto de Município:

> **Art. 32** *[...]*
> *§ 1º Ao Distrito Federal são atribuídas as competências legislativas reservadas aos Estados e Municípios.*

Caracteriza a sua autonomia o fato de poder criar a sua própria lei orgânica, bem como a existência do Poder Executivo (governador), Legislativo (Câmara Legislativa) e Judiciário (Tribunal de Justiça do Distrito Federal e Territórios):

> **Art. 32** *O Distrito Federal, vedada sua divisão em Municípios, reger-se-á por lei orgânica, votada em dois turnos com interstício mínimo de dez dias, e aprovada por dois terços da Câmara Legislativa, que a promulgará, atendidos os princípios estabelecidos nesta Constituição.*
> *§ 2º A eleição do Governador e do Vice-Governador, observadas as regras do art. 77, e dos Deputados Distritais coincidirá com a dos Governadores e Deputados Estaduais, para mandato de igual duração.*
> *§ 3º Aos Deputados Distritais e à Câmara Legislativa aplica-se o disposto no art. 27.*

Como se pode depreender da leitura do artigo, a autonomia do DF possui algumas limitações, por exemplo, a vedação da sua divisão em Municípios. Nesse mesmo sentido, deve-se lembrar que o Distrito Federal não possui competência para organizar e manter as Polícias Civil e Militar, o Corpo de Bombeiros Militar, o Poder Judiciário, o Ministério Público e a Defensoria Pública. Nesses casos, a competência foi conferida à União:

> **Art. 32** *[...]*
> *§ 4º Lei federal disporá sobre a utilização, pelo Governo do Distrito Federal, da polícia civil, da polícia penal, da polícia militar e do corpo de bombeiros militar. (Redação dada pela Emenda Constitucional nº 104/2019)*
> **Art. 21** *Compete à União:[...]*
> *XIII – organizar e manter o Poder Judiciário, o Ministério Público do Distrito Federal e dos Territórios e a Defensoria Pública dos Territórios;*
> *XIV – organizar e manter a polícia civil, a polícia penal, a polícia militar e o corpo de bombeiros militar do Distrito Federal, bem como prestar assistência financeira ao Distrito Federal para a execução de serviços públicos, por meio de fundo próprio; (Redação dada pela Emenda Constitucional nº 104/2019)*

Por fim, é importante lembrar que o Distrito Federal não se confunde com Brasília. Isso é facilmente percebido pela leitura do art. 18:

> **Art. 18** *A organização político-administrativa da República Federativa do Brasil compreende a União, os Estados, o Distrito Federal e os Municípios, todos autônomos, nos termos desta Constituição.*
> *§ 1º Brasília é a Capital Federal.*

O Distrito Federal é ente federativo, ao passo que Brasília é a capital federal. Sob a ótica da organização administrativa do DF, pode-se afirmar que Brasília é uma das regiões administrativas do Distrito Federal, haja vista não poder o DF ser dividido em municípios.

8.1.3 Competências dos entes federativos

Como já foi visto, entre os entes federativos não existe hierarquia. Mas o que diferencia um ente federativo do outro? A diferença está na distribuição das competências pela Constituição. Cada ente federativo possui sua parcela de responsabilidades estabelecidas dentro da Constituição Federal de 1988.

Para a fixação dessas competências, a Constituição fez uso do princípio da predominância de interesse. Esse princípio define a abrangência das competências de cada ente com base na predominância de interesse. Para a União, em regra, foram previstas competências de interesse geral, de toda a coletividade. Para os Estados, a Constituição reservou competências de interesse regional. Aos municípios, competências de interesse local. E, por fim, ao Distrito Federal, foram reservadas competências de interesse local e regional, razão pela qual a doutrina chama de competência híbrida.

As competências são classificadas em dois tipos:

- **Competências materiais ou administrativas:** são aquelas que preveem ações a serem desempenhadas pelos entes federativos.
- **Competências legislativas:** estão relacionadas com a capacidade que um ente federativo possui de criar leis, inovar o ordenamento jurídico. Primeiramente, serão analisadas as competências administrativas de todos os entes federativos. De início, será abordada a União.

8.1.4 Competências administrativas

A União possui duas formas de competências materiais: exclusiva e comum. As competências exclusivas estão previstas no art. 21 da Constituição Federal de 1988:

> **Art. 21** *Compete à União:*
> *I – Manter relações com Estados estrangeiros e participar de organizações internacionais;*
> *II – Declarar a guerra e celebrar a paz;*
> *III – Assegurar a defesa nacional;*
> *IV – Permitir, nos casos previstos em lei complementar, que forças estrangeiras transitem pelo território nacional ou nele permaneçam temporariamente;*
> *V – Decretar o estado de sítio, o estado de defesa e a intervenção federal;*
> *VI – Autorizar e fiscalizar a produção e o comércio de material bélico;*
> *VII – Emitir moeda;*
> *VIII – Administrar as reservas cambiais do País e fiscalizar as operações de natureza financeira, especialmente as de crédito, câmbio e capitalização, bem como as de seguros e de previdência privada;*
> *IX – Elaborar e executar planos nacionais e regionais de ordenação do território e de desenvolvimento econômico e social;*
> *X – Manter o serviço postal e o correio aéreo nacional;*
> *XI – Explorar, diretamente ou mediante autorização, concessão ou permissão, os serviços de telecomunicações, nos termos da lei, que disporá sobre a organização dos serviços, a criação de um órgão regulador e outros aspectos institucionais;*
> *XII – Explorar, diretamente ou mediante autorização, concessão ou permissão:*
> *a) os serviços de radiodifusão sonora, e de sons e imagens;*
> *b) os serviços e instalações de energia elétrica e o aproveitamento energético dos cursos de água, em articulação com os Estados onde se situam os potenciais hidroenergéticos;*
> *c) a navegação aérea, aeroespacial e a infraestrutura aeroportuária;*

d) os serviços de transporte ferroviário e aquaviário entre portos brasileiros e fronteiras nacionais, ou que transponham os limites de Estado ou Território;

e) os serviços de transporte rodoviário interestadual e internacional de passageiros;

f) os portos marítimos, fluviais e lacustres;

XIII – organizar e manter o Poder Judiciário, o Ministério Público do Distrito Federal e dos Territórios e a Defensoria Pública dos Territórios;

XIV – organizar e manter a polícia civil, a polícia penal, a polícia militar e o corpo de bombeiros militar do Distrito Federal, bem como prestar assistência financeira ao Distrito Federal para a execução de serviços públicos, por meio de fundo próprio; (Redação dada pela Emenda Constitucional nº 104/2019)

XV – Organizar e manter os serviços oficiais de estatística, geografia, geologia e cartografia de âmbito nacional;

XVI – Exercer a classificação, para efeito indicativo, de diversões públicas e de programas de rádio e televisão;

XVII – Conceder anistia;

XVIII – Planejar e promover a defesa permanente contra as calamidades públicas, especialmente as secas e as inundações;

XIX – Instituir sistema nacional de gerenciamento de recursos hídricos e definir critérios de outorga de direitos de seu uso;

XX – Instituir diretrizes para o desenvolvimento urbano, inclusive habitação, saneamento básico e transportes urbanos;

XXI – Estabelecer princípios e diretrizes para o sistema nacional de viação;

XXII – Executar os serviços de polícia marítima, aeroportuária e de fronteiras;

XXIII – Explorar os serviços e instalações nucleares de qualquer natureza e exercer monopólio estatal sobre a pesquisa, a lavra, o enriquecimento e reprocessamento, a industrialização e o comércio de minérios nucleares e seus derivados, atendidos os seguintes princípios e condições:

a) toda atividade nuclear em território nacional somente será admitida para fins pacíficos e mediante aprovação do Congresso Nacional;

b) sob regime de permissão, são autorizadas a comercialização e a utilização de radioisótopos para pesquisa e uso agrícolas e industriais; (Redação dada pela Emenda Constitucional nº 118, de 2022)

c) sob regime de permissão, são autorizadas a produção, a comercialização e a utilização de radioisótopos para pesquisa e uso médicos; (Redação dada pela Emenda Constitucional nº 118, de 2022)

d) a responsabilidade civil por danos nucleares independe da existência de culpa;

XXIV – organizar, manter e executar a inspeção do trabalho;

XXV – estabelecer as áreas e as condições para o exercício da atividade de garimpagem, em forma associativa.

XXVI – organizar e fiscalizar a proteção e o tratamento de dados pessoais, nos termos da lei. (Incluído pela Emenda Constitucional nº 115/2022)

Essas competências são exclusivas, pois a União exclui a possibilidade de outro ente federativo realizá-la. Por isso, diz-se que são indelegáveis. Só a União pode fazer.

A outra competência material da União é a comum. Ela é comum a todos os entes federativos, União, estados, Distrito Federal e municípios. Vejamos o que diz o art. 23 da Constituição Federal de 1988:

Art. 23 *É competência comum da União, dos Estados, do Distrito Federal e dos Municípios:*

I – Zelar pela guarda da Constituição, das leis e das instituições democráticas e conservar o patrimônio público;

II – Cuidar da saúde e assistência pública, da proteção e garantia das pessoas portadoras de deficiência;

III – Proteger os documentos, as obras e outros bens de valor histórico, artístico e cultural, os monumentos, as paisagens naturais notáveis e os sítios arqueológicos;

IV – Impedir a evasão, a destruição e a descaracterização de obras de arte e de outros bens de valor histórico, artístico ou cultural;

V – Proporcionar os meios de acesso à cultura, à educação, à ciência, à tecnologia, à pesquisa e à inovação;

VI – Proteger o meio ambiente e combater a poluição em qualquer de suas formas;

VII – Preservar as florestas, a fauna e a flora;

VIII – Fomentar a produção agropecuária e organizar o abastecimento alimentar;

IX – Promover programas de construção de moradias e a melhoria das condições habitacionais e de saneamento básico;

X – Combater as causas da pobreza e os fatores de marginalização, promovendo a integração social dos setores desfavorecidos;

XI – Registrar, acompanhar e fiscalizar as concessões de direitos de pesquisa e exploração de recursos hídricos e minerais em seus territórios;

XII – Estabelecer e implantar política de educação para a segurança do trânsito.

Parágrafo único. *Leis complementares fixarão normas para a cooperação entre a União e os Estados, o Distrito Federal e os Municípios, tendo em vista o equilíbrio do desenvolvimento e do bem-estar em âmbito nacional.*

Agora vejamos as competências materiais dos Estados. A primeira de que já se falou, é a competência comum prevista no art. 23, analisada anteriormente.

Os Estados também possuem a chamada competência residual, reservada ou remanescente. Está prevista no art. 25, § 1º, o qual cita que estão reservadas aos Estados as competências que não lhe sejam vedadas pela Constituição. Significa dizer que os Estados poderão fazer tudo aquilo que não for competência da União ou do Município:

Art. 25 *[...]*

§ 1º São reservadas aos Estados as competências que não lhes sejam vedadas por esta Constituição.

Em relação às competências administrativas dos Municípios, a Constituição previu duas espécies: Comum e Exclusiva. A competência comum está prevista no art. 23 e já foi vista anteriormente. A competência exclusiva está no art. 30, incisos III a IX da Constituição Federal de 1988:

Art. 30 *Compete aos Municípios:[...]*

III – Instituir e arrecadar os tributos de sua competência, bem como aplicar suas rendas, sem prejuízo da obrigatoriedade de prestar contas e publicar balancetes nos prazos fixados em lei;

IV – Criar, organizar e suprimir distritos, observada a legislação estadual;

V – Organizar e prestar, diretamente ou sob regime de concessão ou permissão, os serviços públicos de interesse local, incluído o de transporte coletivo, que tem caráter essencial;

VI – Manter, com a cooperação técnica e financeira da União e do Estado, programas de educação infantil e de ensino fundamental;

VII – Prestar, com a cooperação técnica e financeira da União e do Estado, serviços de atendimento à saúde da população;

VIII – Promover, no que couber, adequado ordenamento territorial, mediante planejamento e controle do uso, do parcelamento e da ocupação do solo urbano;

IX – Promover a proteção do patrimônio histórico-cultural local, observada a legislação e a ação fiscalizadora federal e estadual.

No âmbito das competências administrativas, temos as competências do Distrito Federal que são chamadas de híbridas. O Distrito Federal pode fazer tudo o que for de competência dos Estados ou dos Municípios.

8.1.5 Competências legislativas

Vejamos agora as competências legislativas de cada ente federativo. Primeiramente, no que diz respeito às competências legislativas da União, elas podem ser privativas ou concorrentes.

As competências privativas da União estão previstas no art. 22 da Constituição Federal de 1988 e possuem como característica principal a possibilidade de delegação mediante Lei Complementar aos Estados:

Art. 22 Compete privativamente à União legislar sobre:

I – Direito civil, comercial, penal, processual, eleitoral, agrário, marítimo, aeronáutico, espacial e do trabalho;

II – Desapropriação;

III – Requisições civis e militares, em caso de iminente perigo e em tempo de guerra;

IV – Águas, energia, informática, telecomunicações e radiodifusão;

V – Serviço postal;

VI – Sistema monetário e de medidas, títulos e garantias dos metais;

VII – Política de crédito, câmbio, seguros e transferência de valores;

VIII – Comércio exterior e interestadual;

IX – Diretrizes da política nacional de transportes;

X – Regime dos portos, navegação lacustre, fluvial, marítima, aérea e aeroespacial;

XI – Trânsito e transporte;

XII – Jazidas, minas, outros recursos minerais e metalurgia;

XIII – Nacionalidade, cidadania e naturalização;

XIV – Populações indígenas;

XV – Emigração e imigração, entrada, extradição e expulsão de estrangeiros;

XVI – Organização do sistema nacional de emprego e condições para o exercício de profissões;

XVII – Organização judiciária, do Ministério Público do Distrito Federal e dos Territórios e da Defensoria Pública dos Territórios, bem como organização administrativa destes;

XVIII – Sistema estatístico, sistema cartográfico e de geologia nacionais;

XIX – Sistemas de poupança, captação e garantia da poupança popular;

XX – Sistemas de consórcios e sorteios;

XXI – normas gerais de organização, efetivos, material bélico, garantias, convocação, mobilização, inatividades e pensões das polícias militares e dos corpos de bombeiros militares; (Redação dada pela Emenda Constitucional nº 103/2019)

XXII – Competência da polícia federal e das polícias rodoviária e ferroviária federais;

XXIII – Seguridade social;

XXIV – Diretrizes e bases da educação nacional;

XXV – Registros públicos;

XXVI – Atividades nucleares de qualquer natureza;

XXVII – Normas gerais de licitação e contratação, em todas as modalidades, para as administrações públicas diretas, autárquicas e fundacionais da União, Estados, Distrito Federal e Municípios, obedecido o disposto no art. 37, XXI, e para as empresas públicas e sociedades de economia mista, nos termos do art. 173, § 1º, III;

XXVIII – Defesa territorial, defesa aeroespacial, defesa marítima, defesa civil e mobilização nacional;

XXIX – Propaganda comercial.

XXX – proteção e tratamento de dados pessoais. (Incluído pela Emenda Constitucional nº 115/2022)

Parágrafo único. Lei complementar poderá autorizar os Estados a legislar sobre questões específicas das matérias relacionadas neste artigo.

As competências concorrentes, previstas no art. 24 da Constituição, podem ser exercidas de forma concorrentes pela União, pelos Estados e pelo Distrito Federal. Atenção: Município não possui competência concorrente. Vejamos o que diz o citado artigo:

Art. 24 Compete à União, aos Estados e ao Distrito Federal legislar concorrentemente sobre:

I – Direito tributário, financeiro, penitenciário, econômico e urbanístico;

II – Orçamento;

III – Juntas comerciais;

IV – Custas dos serviços forenses;

V – Produção e consumo;

VI – Florestas, caça, pesca, fauna, conservação da natureza, defesa do solo e dos recursos naturais, proteção do meio ambiente e controle da poluição;

VII – Proteção ao patrimônio histórico, cultural, artístico, turístico e paisagístico;

VIII – Responsabilidade por dano ao meio ambiente, ao consumidor, a bens e direitos de valor artístico, estético, histórico, turístico e paisagístico;

IX – Educação, cultura, ensino, desporto, ciência, tecnologia, pesquisa, desenvolvimento e inovação;

X – Criação, funcionamento e processo do juizado de pequenas causas;

XI – Procedimentos em matéria processual;

XII – Previdência social, proteção e defesa da saúde;

XIII – Assistência jurídica e Defensoria pública;

XIV – Proteção e integração social das pessoas portadoras de deficiência;

XV – Proteção à infância e à juventude;

XVI – Organização, garantias, direitos e deveres das polícias civis.

§ 1º No âmbito da legislação concorrente, a competência da União limitar-se-á a estabelecer normas gerais.

§ 2º A competência da União para legislar sobre normas gerais não exclui a competência suplementar dos Estados.

§ 3º Inexistindo lei federal sobre normas gerais, os Estados exercerão a competência legislativa plena, para atender a suas peculiaridades.

§ 4º A superveniência de lei federal sobre normas gerais suspende a eficácia da lei estadual, no que lhe for contrário.

No âmbito das competências concorrentes, algumas regras são fundamentais para a prova. Aqui, a participação da União é no sentido de fixar normas gerais, ficando os Estados com a competência de suplementar a legislação federal. Caso a União não legisle sobre determinada matéria de competência concorrente, nasce para o Estado o direito de legislar de forma plena sobre a matéria. Contudo, resolvendo a União legislar sobre matéria já regulada pelo Estado, a lei estadual ficará com sua eficácia suspensa pela lei federal nos pontos discordantes. Deve-se ter cuidado com esse último ponto. Não ocorre revogação da lei estadual pela lei federal, haja vista não existir hierarquia entre leis de entes federativos distintos. O que ocorre, como bem explicitou a Constituição Federal, é a suspensão da eficácia.

Quanto às competências dos Estados, há as seguintes espécies: residual, por delegação da União, concorrente suplementar e expressa.

A competência residual dos Estados é também chamada de competência remanescente ou reservada. Está prevista no art. 25, § 1º, que prevê que aos estados serão reservadas todas as competências que não sejam previstas a União ou aos municípios. Deve-se lembrar que esse dispositivo fundamenta tanto as competências materiais quanto as legislativas:

Art. 25 [...]

§ 1º São reservadas aos Estados as competências que não lhes sejam vedadas por esta Constituição.

Outra competência dos Estados é a por delegação da União, que decorre da possibilidade de serem delegadas as competências privativas

DIREITO CONSTITUCIONAL

da União mediante Lei Complementar. Encontra-se prevista no art. 22, parágrafo único:

> **Art. 22 [...]**
>
> **Parágrafo único.** *Lei complementar poderá autorizar os Estados a legislar sobre questões específicas das matérias relacionadas neste artigo.*

Temos ainda as competências concorrentes suplementares previstas no art. 24, § 2º da Constituição Federal de 1988. Essas suplementam a competência legislativa da União no âmbito das competências concorrentes permitindo, inclusive, que os Estados legislem de forma plena quando não existir lei federal sobre o assunto:

> **Art. 24 [...]**
>
> *§ 2º A competência da União para legislar sobre normas gerais não exclui a competência suplementar dos Estados.*
>
> *§ 3º Inexistindo lei federal sobre normas gerais, os Estados exercerão a competência legislativa plena, para atender a suas peculiaridades.*

Há também as competências expressas dos Estados, as quais podem ser encontradas nos art. 18, § 4º e 25, §§ 2º e 3º da Constituição Federal:

> **Art. 18 [...]**
>
> *§ 4º A criação, a incorporação, a fusão e o desmembramento de Municípios, far-se-ão por lei estadual, dentro do período determinado por Lei Complementar Federal, e dependerão de consulta prévia, mediante plebiscito, às populações dos Municípios envolvidos, após divulgação dos Estudos de Viabilidade Municipal, apresentados e publicados na forma da lei.*
>
> **Art. 25, § 2º** *Cabe aos Estados explorar diretamente, ou mediante concessão, os serviços locais de gás canalizado, na forma da lei, vedada a edição de medida provisória para a sua regulamentação.*
>
> *§ 3º Os Estados poderão, mediante lei complementar, instituir regiões metropolitanas, aglomerações urbanas e microrregiões, constituídas por agrupamentos de municípios limítrofes, para integrar a organização, o planejamento e a execução de funções públicas de interesse comum.*

Para os Municípios, a Constituição previu dois tipos de competência legislativa: exclusiva e suplementar. A legislativa exclusiva dos Municípios está prevista no art. 30, I, o qual menciona que os Municípios possuem competência para legislar sobre assuntos de interesse local:

> **Art. 30** *Compete aos Municípios:*
>
> *I – Legislar sobre assuntos de interesse local.*

A competência legislativa suplementar está prevista no art. 30, II, que permite aos Municípios legislar de forma suplementar a Legislação Federal e Estadual:

> **Art. 30** *Compete aos Municípios: [...]*
>
> *II – Suplementar a legislação federal e a estadual no que couber.*

Por fim, nós há a competência legislativa do Distrito Federal que, conforme já dito, é híbrida, permitindo ao Distrito Federal legislar sobre as matérias de competência dos estados e dos municípios. Apesar dessa competência ampla, a Constituição resolveu estabelecer algumas limitações a sua autonomia legislativa excluindo algumas matérias de sua competência. Segundo o art. 21, incisos XIII e XIV da Constituição Federal de 1988, o Distrito Federal não possui competência para organizar e legislar sobre alguns dos seus órgãos: Poder Judiciário, Polícia Militar, Corpo de Bombeiros Militar e Polícia Civil.

> **Art. 21** *Compete à União:[...]*
>
> *XIII – Organizar e manter o Poder Judiciário, o Ministério Público do Distrito Federal e dos Territórios e a Defensoria Pública dos Territórios.*
>
> *XIV – organizar e manter a polícia civil, a polícia penal, a polícia militar e o corpo de bombeiros militar do Distrito Federal, bem como prestar assistência financeira ao Distrito Federal para a execução de serviços públicos, por meio de fundo próprio;*

Dicas para os concursos

Não se deve confundir as competências exclusivas com as privativas da União. **Competência exclusiva** é administrativa e indelegável. **Competência privativa** é legislativa e delegável. Não se deve confundir as **competências comuns** com as **concorrentes**. **Competência comum** é comum a todos os entes e é administrativa. **Competência concorrente** é só para União, estados e o Distrito Federal além de ser legislativa. Município tem competência comum, mas não tem concorrente.

Competências administrativas

- **União**
  - Exclusiva (art. 21)
  - Comum (art. 23)
- **Estados**
  - Comum (art. 23)
  - Residual, reservada, remanescente (art. 25, §1º)
- **Municípios**
  - Comum (art. 23)
  - Exclusiva (art. 30, III-IX)
- **Distrito Federal**
  - Competência híbrida

Competências legislativas

- **União**
  - Privativa (art. 22)
  - Concorrente (art. 24)
- **Estados**
  - Concorrente suplementar (art. 24)
  - Residual reservada remanescente (art. 25, §1º)
  - Por delegação da União (art. 22, parágrafo único)
  - Expressos (art. 25, §§2º e 3º)
- **Municípios**
  - Exclusiva (art. 30, I)
  - Suplementar ao Estado (art. 30, II)
- **Distrito Federal**
  - Competência híbrida (Estados e Municípios)

8.2 Intervenção

A Constituição Federal de 1988 está assentada no princípio federativo como forma de Estado adotada no Brasil. O fato de sermos uma federação reflete inúmeras características, dentre as quais se destaca a autonomia de cada ente federativo. A autonomia é atributo inerente aos entes federativos que exclui a possibilidade de hierarquia entre eles bem como a possibilidade de intervenção de um ente federativo no outro.

A regra constitucional é a da não intervenção. Contudo, excepcionalmente, a Constituição Federal de 1988 previu hipóteses taxativas que permitem a um ente federativo intervir em outro ente em situações que visem à preservação da unidade do pacto federativo, a garantia da soberania nacional e de princípios fundamentais.

ORGANIZAÇÃO POLÍTICO-ADMINISTRATIVA

A União poderá intervir nos estados e no Distrito Federal e os estados poderão intervir em seus Municípios. A União não pode intervir em município, salvo se for um município pertencente a Território Federal. Destaca-se, novamente, que a possibilidade de intervenção é uma exceção e só poderá ocorrer nas hipóteses taxativamente elencadas na Constituição Federal de 1988.

Outra regra comum às intervenções é que a competência para as decretar é exclusiva do chefe do Poder Executivo. Se a intervenção é federal, a competência para decretar é do Presidente da República. Se a intervenção é estadual, a competência é do Governador de Estado.

A seguir serão abordadas as espécies de intervenção.

8.2.1 Intervenção federal

A intervenção federal é a intervenção da União nos Estados ou nos Municípios pertencentes aos Territórios Federais e será decretada pelo Presidente da República.

Como dito anteriormente, a possibilidade de intervenção federal constitui exceção prevista em rol taxativo, conforme disposto no art. 34:

> *Art. 34 A União não intervirá nos Estados nem no Distrito Federal, exceto para:*
> *I – Manter a integridade nacional;*
> *II – Repelir invasão estrangeira ou de uma unidade da Federação em outra;*
> *III – Pôr termo a grave comprometimento da ordem pública;*
> *IV – Garantir o livre exercício de qualquer dos Poderes nas unidades da Federação;*
> *V – Reorganizar as finanças da unidade da Federação que:*
> *a) suspender o pagamento da dívida fundada por mais de dois anos consecutivos, salvo motivo de força maior;*
> *b) deixar de entregar aos Municípios receitas tributárias fixadas nesta Constituição, dentro dos prazos estabelecidos em lei;*
> *VI – Prover a execução de lei federal, ordem ou decisão judicial;*
> *VII – Assegurar a observância dos seguintes princípios constitucionais:*
> *a) forma republicana, sistema representativo e regime democrático;*
> *b) direitos da pessoa humana;*
> *c) autonomia municipal;*
> *d) prestação de contas da Administração Pública, direta e indireta;*
> *e) aplicação do mínimo exigido da receita resultante de impostos estaduais, compreendida a proveniente de transferências, na manutenção e desenvolvimento do ensino e nas ações e serviços públicos de saúde.*

A partir desse artigo, a doutrina classificou a intervenção federal em dois tipos:

- **Intervenção federal espontânea:** ou de ofício, é aquela em que o Chefe do Poder Executivo, de forma discricionária, decreta a intervenção independentemente de provocação de outros órgãos. A decretação de ofício ocorrerá nas hipóteses previstas nos incisos I, II, III do art. 34:

> *Art. 34 A União não intervirá nos Estados nem no Distrito Federal, exceto para:*
> *I – Manter a integridade nacional;*
> *II – Repelir invasão estrangeira ou de uma unidade da Federação em outra;*
> *III – Pôr termo a grave comprometimento da ordem pública;*

- **Intervenção federal provocada:** é aquela que depende da provocação dos órgãos legitimados pela Constituição Federal de 1988, conforme o art. 36:

> *Art. 36 A decretação da intervenção dependerá:*
> *I – No caso do art. 34, IV, de solicitação do Poder Legislativo ou do Poder Executivo coacto ou impedido, ou de requisição do Supremo Tribunal Federal, se a coação for exercida contra o Poder Judiciário;*

> *II – No caso de desobediência a ordem ou decisão judiciária, de requisição do Supremo Tribunal Federal, do Superior Tribunal de Justiça ou do Tribunal Superior Eleitoral;*
> *III – De provimento, pelo Supremo Tribunal Federal, de representação do Procurador-geral da República, na hipótese do art. 34, VII, e no caso de recusa à execução de lei federal.*

A provocação se dá por meio de solicitação ou requisição. A solicitação não obriga o Presidente da República a decretar a medida, ao contrário da requisição, que está revestida de obrigatoriedade na qual caberá ao presidente apenas executá-la.

A decretação de intervenção federal por solicitação ocorrerá na hipótese do art. 34, inciso IV, a qual compete ao Poder Executivo ou Legislativo das Unidades da Federação solicitar a execução da medida quando se acharem coagidos ou impedidos de executarem suas atribuições constitucionais.

A decretação de intervenção federal por requisição ocorrerá nas hipóteses previstas no art. 34, incisos IV, VI e VII. No inciso IV, a requisição caberá ao Supremo Tribunal Federal quando a coação for exercida contra o Poder Judiciário. No inciso VI, a requisição virá do STF, STJ ou do TSE quando houver desobediência de ordem judicial. Nos incisos VI e VII, a requisição será do Supremo quando houver representação interventiva feita pelo Procurador Geral da República nos casos de recusa de execução de lei federal ou ofensa aos princípios sensíveis.

O decreto interventivo especificará todas as condições em que ocorrerá a medida e terá eficácia imediata após a sua decretação pelo Presidente da República. Após sua decretação, a medida será submetida a apreciação do Congresso Nacional no prazo de 24 horas:

> *Art. 36 [...]*
> *§ 1º O decreto de intervenção, que especificará a amplitude, o prazo e as condições de execução e que, se couber, nomeará o interventor, será submetido à apreciação do Congresso Nacional ou da Assembleia Legislativa do Estado, no prazo de vinte e quatro horas.*
> *§ 2º Se não estiver funcionando o Congresso Nacional ou a Assembleia Legislativa, far-se-á convocação extraordinária, no mesmo prazo de vinte e quatro horas.*

Caberá ao Congresso Nacional aprovar ou suspender a execução da Intervenção:

> *Art. 49 É da competência exclusiva do Congresso Nacional:[...]*
> *IV – Aprovar o estado de defesa e a intervenção federal, autorizar o estado de sítio, ou suspender qualquer uma dessas medidas.*

Nas hipóteses de intervenção decretada por requisição do Poder Judiciário previstas no art. 34, VI e VII, a Constituição dispensou a necessidade e apreciação do Congresso Nacional, destacando que, nesses casos, o decreto limitar-se-á a suspensão do ato impugnado, caso essa medida seja suficiente para conter a crise. Se a mera suspensão do ato não restabelecer a normalidade, poderão ser adotadas outras medidas com o mesmo objetivo:

> *Art. 36 [...]*
> *§ 3º Nos casos do art. 34, VI e VII, ou do art. 35, IV, dispensada a apreciação pelo Congresso Nacional ou pela Assembleia Legislativa, o decreto limitar-se-á a suspender a execução do ato impugnado, se essa medida bastar ao restabelecimento da normalidade.*

Não podemos esquecer que nos casos de intervenção espontânea ou provocada por solicitação, o Presidente deverá consultar, antes da decretação, o Conselho da República e o Conselho da Defesa Nacional que emitirão parecer opinativo sobre a situação:

> *Art. 90 Compete ao Conselho da República pronunciar-se sobre:*
> *I – Intervenção federal, estado de defesa e estado de sítio;*

DIREITO CONSTITUCIONAL

> *Art. 91 [...]*
>
> *§ 1º Compete ao Conselho de Defesa Nacional:[...]*
>
> *II – Opinar sobre a decretação do estado de defesa, do estado de sítio e da intervenção federal.*

Cessando a crise, a ordem será restabelecida, inclusive com o retorno das autoridades públicas afastadas, caso não possuam outra incompatibilidade:

> *Art. 36 [...]*
>
> *§ 4º Cessados os motivos da intervenção, as autoridades afastadas de seus cargos a estes voltarão, salvo impedimento legal.*

Apesar de a Constituição Federal não mencionar sobre a possibilidade de controle judicial da intervenção, seria possível que ocorresse este controle caso os limites constitucionais estabelecidos fossem desrespeitados. Ressalta-se que contra a intervenção em si não cabe atuação do Poder Judiciário, considerando ser essa uma medida de natureza política.

8.2.2 Intervenção estadual

A intervenção estadual poderá ocorrer nos Municípios localizados em seu território mediante decreto do Governador do Estado nas hipóteses previstas no art. 35:

> *Art. 35 O Estado não intervirá em seus Municípios, nem a União nos Municípios localizados em Território Federal, exceto quando:*
>
> *I – Deixar de ser paga, sem motivo de força maior, por dois anos consecutivos, a dívida fundada;*
>
> *II – Não forem prestadas contas devidas, na forma da lei;*
>
> *III – Não tiver sido aplicado o mínimo exigido da receita municipal na manutenção e desenvolvimento do ensino e nas ações e serviços públicos de saúde;*
>
> *IV – O Tribunal de Justiça der provimento a representação para assegurar a observância de princípios indicados na Constituição Estadual, ou para prover a execução de lei, de ordem ou de decisão judicial.*

Devem ser atendidos os mesmos requisitos da intervenção federal: temporariedade, controle político pelo legislativo e decreto do Chefe do Executivo.

Na hipótese do inciso IV, a intervenção dependerá de representação interventiva do Procurador-geral de Justiça, sendo dispensada a apreciação da Assembleia Legislativa. Segundo o STF, essa decisão do Tribunal de Justiça que autoriza a intervenção do Estado no Município possui natureza político-administrativa e tem caráter definitivo, sendo insuscetível de recurso extraordinário para o STF.

ADMINISTRAÇÃO PÚBLICA

9 ADMINISTRAÇÃO PÚBLICA

9.1 Conceito

Primeiramente, faz-se necessário conceituar a Administração Pública, remetendo ao *caput* do art. 37, Constituição Federal de 1988.

> *Art. 37 A Administração Pública direta e indireta de qualquer dos Poderes da União, dos Estados, do Distrito Federal e dos Municípios obedecerá aos princípios de legalidade, impessoalidade, moralidade, publicidade e eficiência e, também, ao seguinte:*

Neste primeiro momento, deve-se entender que alguns termos que aparecem no art. 37. O conceito da Administração Pública deve ser visto sob dois aspectos. Sob a perspectiva objetiva, a Administração Pública constitui a atividade desenvolvida pelo poder público, que tem como função a satisfação do interesse público. Sob a perspectiva subjetiva, Administração Pública é o conjunto de órgãos e pessoas jurídicas que desempenham a atividade administrativa. Interessa aqui conhecer a Administração Pública sob essa última perspectiva, a qual se classifica em Administração Direta e Indireta.

- **Administração Pública Direta**: é formada por pessoas jurídicas de direito público, ou pessoas políticas, entes que possuem personalidade jurídica e autonomia própria. São entes da Administração Pública Direta a União, os Estados, o Distrito Federal e os municípios. Esses entes são pessoas jurídicas de Direito Público que exercem as atividades administrativas por meio dos órgãos e agentes pertencentes aos Poderes Executivo, Legislativo e Judiciário. Os órgãos não são dotados de personalidade jurídica própria, pois agem em nome da pessoa jurídica a qual estão vinculados.
- **Administração Pública Indireta**: é formada por pessoas jurídicas próprias, de direito público ou privado, que executam atividades do Estado por meio da descentralização administrativa. São os entes da Administração Indireta as Autarquias, Fundações Públicas, Sociedades de Economia Mista e Empresas Públicas.

Segundo a Constituição Federal de 1988, a Administração Pública, seja ela direta ou indireta, pertencente a qualquer dos Poderes, deverá obedecer aos Princípios da legalidade, impessoalidade, moralidade, publicidade e eficiência, os quais serão estudados agora.

9.2 Princípios expressos da Administração Pública

Os princípios que regem a Administração Pública são verdadeiros parâmetros que orientam o desenvolvimento da atividade administrativa, os quais são de observância obrigatória. A Administração é regida por princípios expressos e princípios implícitos. Primeiramente vamos analisar os princípios expressos no texto constitucional, que são: legalidade, impessoalidade, moralidade, publicidade e eficiência.

9.2.1 Legalidade

Esse é o primeiro princípio expresso na Constituição Federal para a Administração Pública. Para se entender o princípio da legalidade, é preciso analisar suas duas acepções: a legalidade em relação aos particulares e a legalidade em relação à Administração Pública.

Para os particulares, a legalidade remete ao art. 5º da Constituição: significa que ele poderá fazer tudo o que não for proibido por lei, conforme já previa o art. 5º, inciso II da Constituição Federal de 1988:

> *II – ninguém será obrigado a fazer ou deixar de fazer alguma coisa senão em virtude de lei.*

Já em relação à Administração Pública, a legalidade impõe uma conduta mais rigorosa exigindo que se faça apenas o que estiver determinado por lei ou que seja permitido pela lei: quando se fala em lei, trata-se daquela em sentido estrito, ou em sentido formal, porque há exceções à aplicação do princípio da legalidade que já apareceram em prova, como a medida provisória, o estado de defesa e o estado de sítio; por isso, esse princípio não deve ser encarado de forma absoluta.

A medida provisória é exceção, pois é ato emitido pelo chefe do Poder Executivo, porque com sua publicação já produz efeitos na sociedade; em seguida, temos os sistemas constitucionais de crises, sendo exceções, porque o decreto que rege essas medidas prevê algumas situações excepcionais, com amparo constitucional, então são exceções à legalidade, mas com fundamento constitucional. O agente público, ao agir, deverá pautar sua conduta segundo a lei.

9.2.2 Impessoalidade

Esse princípio exige do administrador uma postura isenta de interesses pessoais. Ele não poderá agir com o fim de atender suas próprias vontades. Agir de forma impessoal é agir visando a atender o interesse público. A impessoalidade deve ser enxergada sob duas perspectivas: finalidade da atuação administrativa e proibição da promoção pessoal. A impessoalidade deve ser vista sob duas perspectivas: primeiro, a impessoalidade se confunde com o interesse público; segundo, a impessoalidade é a proibição da autopromoção, ou seja, vedação à promoção pessoal.

A título exemplificativo, para a finalidade da atuação administrativa, que será sempre a satisfação do interesse público em benefício da coletividade, é que se realizam os concursos públicos para contratação de pessoal e licitação para contratação dos serviços pela Administração Pública, são formas exigidas por lei que garantem o referido princípio. Isso impede que o administrador atue satisfazendo seus interesses pessoais.

Nesse sentido, fica proibida a vinculação da imagem do administrador a obras e propagandas não se permitindo também a vinculação da sigla do partido. Ressalte-se ainda o teor da Súmula Vinculante nº 13 do STF, que veda a prática de nepotismo:

> *Súmula Vinculante nº 13 A nomeação de cônjuge, companheiro ou parente em linha reta, colateral ou por afinidade, até o terceiro grau, inclusive, da autoridade nomeante ou de servidor da mesma pessoa jurídica, investido em cargo de direção, chefia ou assessoramento, para o exercício de cargo em comissão ou de confiança, ou, ainda, de função gratificada na Administração Pública direta e indireta, em qualquer dos Poderes da União, dos Estados, do Distrito Federal e dos municípios, compreendido o ajuste mediante designações recíprocas, viola a Constituição Federal.*

A impessoalidade também proíbe a promoção pessoal. O administrador público não poderá se utilizar da máquina administrativa para promover sua própria imagem. Veja o que diz o art. 37, § 1º diz:

> *§1º A publicidade dos atos, programas, obras, serviços e campanhas dos órgãos públicos deverá ter caráter educativo, informativo ou de orientação social, dela não podendo constar nomes, símbolos ou imagens que caracterizem promoção pessoal de autoridades ou servidores públicos.*

Notemos que esse parágrafo tem como objetivo trazer de forma expressa a proibição da vinculação da imagem do agente público com as obras e serviços realizadas durante seu mandato, nesse sentido, já existe proibição da utilização inclusive da sigla do partido.

9.2.3 Moralidade

Não é possível se definir o que é, mas é possível compreender por meio da interpretação das normas. Esse princípio prevê que o administrador deve agir conforme os fins públicos. Por esse princípio, ao administrador não basta fazer tudo conforme a lei. É importante o faça de boa-fé, respeitando os preceitos éticos, com probidade e justiça. E aqui não se fala em moral comum, mas em uma moral jurídica ou política.

A não observância do referido princípio poderá ser combatida por meio da Ação Popular, conforme prevê o art. 5º, inciso LXXIII da Constituição Federal de 1988:

> *LXXIII – Qualquer cidadão é parte legítima para propor ação popular que vise a anular ato lesivo ao patrimônio público ou de entidade de que o Estado participe, à moralidade administrativa, ao meio ambiente e ao patrimônio histórico e cultural, ficando o autor, salvo comprovada má-fé, isento de custas judiciais e do ônus da sucumbência.*

DIREITO CONSTITUCIONAL

Ressalte-se também que, se o agente público agir em desconformidade com o princípio de moralidade, sua conduta poderá ensejar a ação de improbidade administrativa, a qual é punida nos termos do art. 37, § 4º:

> § 4º Os atos de improbidade administrativa importarão a suspensão dos direitos políticos, a perda da função pública, a indisponibilidade dos bens e o ressarcimento ao erário, na forma e gradação previstas em lei, sem prejuízo da ação penal cabível.

9.2.4 Publicidade

A publicidade como princípio também poderá ser analisada sob duas acepções: a primeira delas é a publicidade como condição de eficácia do ato administrativo; a segunda, como forma de se garantir a transparência destes mesmos atos.

Como condição de eficácia do ato administrativo, a publicidade muito aparece em prova; o examinador costuma dizer que a publicidade é requisito de validade do ato administrativo, mas isso é errado, porque validade e eficácia são diferentes. A publicidade é necessária, pois é a forma de tornar conhecido o conteúdo do ato, principalmente se esse ato for capaz de produzir efeitos externos ou que ensejem ônus para o patrimônio público. Em regra, a publicidade se dá pelos meios de comunicação oficiais, como o Diário Oficial da União.

A publicidade também tem a função de garantir a transparência do ato administrativo. É uma forma dos administrados fiscalizarem a atuação do poder público. Apesar de sua importância, nesse aspecto a publicidade encontra limitação na própria Constituição que prevê a possibilidade de sigilo dos atos administrativos todas as vezes que for necessário para preservar a segurança da sociedade e do Estado:

> Art. 5º [...]
> XXXIII – Todos têm direito a receber dos órgãos públicos informações de seu interesse particular, ou de interesse coletivo ou geral, que serão prestadas no prazo da lei, sob pena de responsabilidade, ressalvadas aquelas cujo sigilo seja imprescindível à segurança da sociedade e do Estado.

9.2.5 Eficiência

O princípio da eficiência foi o último incluído no rol dos princípios, em razão da reforma administrativa promovida pela Emenda Constitucional nº 19/1998. A sua inserção como princípio expresso está relacionada a necessidade de produção de resultados satisfatórios a sociedade. A Administração Pública deve ter produtividade em suas atividades como se fosse iniciativa privada.

Como forma de garantir uma nova postura na prestação dos seus serviços, esse princípio exige que as ações sejam praticadas com celeridade, perfeição, visando a atingir ótimos resultados, sempre tendo como destinatário o bem-estar do administrado. A celeridade dos processos encontra-se prevista no art. 5º, inciso LXXVIII da Constituição Federal de 1988:

> LXXVIII – A todos, no âmbito judicial e administrativo, são assegurados a razoável duração do processo e os meios que garantam a celeridade de sua tramitação.

Em respeito ao princípio da eficiência, a Constituição Federal previu formas de participação do administrado como fiscal da Administração Pública:

> Art. 37 [...]
> § 3º A lei disciplinará as formas de participação do usuário na Administração Pública direta e indireta, regulando especialmente:
> I – As reclamações relativas à prestação dos serviços públicos em geral, asseguradas a manutenção de serviços de atendimento ao usuário e a avaliação periódica, externa e interna, da qualidade dos serviços;
> II – O acesso dos usuários a registros administrativos e a informações sobre atos de governo, observado o disposto no art. 5º, X e XXXIII;
> III – A disciplina da representação contra o exercício negligente ou abusivo de cargo, emprego ou função na Administração Pública.

Decorre desse princípio, ainda, a necessidade de avaliação de desempenho para concessão da estabilidade ao servidor público em estágio probatório, bem como a existência da avaliação periódica de desempenho como uma das condições para perda do cargo nos termos do art. 41 da Constituição Federal de 1988:

> Art. 41 São estáveis após três anos de efetivo exercício os servidores nomeados para cargo de provimento efetivo em virtude de concurso público.
> § 1º O servidor público estável só perderá o cargo:
> I – Em virtude de sentença judicial transitada em julgado;
> II – Mediante processo administrativo em que lhe seja assegurada ampla defesa;
> III – Mediante procedimento de avaliação periódica de desempenho, na forma de lei complementar, assegurada ampla defesa.
> § 2º Invalidada por sentença judicial a demissão do servidor estável, será ele reintegrado, e o eventual ocupante da vaga, se estável, reconduzido ao cargo de origem, sem direito a indenização, aproveitado em outro cargo ou posto em disponibilidade com remuneração proporcional ao tempo de serviço.
> § 3º Extinto o cargo ou declarada a sua desnecessidade, o servidor estável ficará em disponibilidade, com remuneração proporcional ao tempo de serviço, até seu adequado aproveitamento em outro cargo.
> § 4º Como condição para a aquisição da estabilidade, é obrigatória a avaliação especial de desempenho por comissão instituída para essa finalidade.

Princípios expressos

Legalidade → fazer aquilo que a lei determina.
Impessoalidade → agir conforme fins públicos/vedação à promoção pessoal.
Moralidade → agir conforme a ética, a probidade e a justiça.
Publicidade → condição de eficácia dos atos/garantia da transparência.
Eficiência → gestão de bons resultados.

9.3 Princípios implícitos da Administração Pública

Além dos princípios expressamente previstos no *caput* do art. 37 da Constituição Federal de 1988 (legalidade, impessoalidade, moralidade, publicidade e eficiência), a doutrina elenca outros como princípios gerais de direito que decorrem da interpretação constitucional. Vejamos a seguir.

9.3.1 Supremacia do interesse público

Esse princípio é tido pela doutrina como um dos pilares do regime jurídico administrativo. Nesse sentido, o Estado representa o interesse público ou da coletividade, e a coletividade, em regra, deve prevalecer sobre o interesse privado. A Administração Pública, em sua relação com os administrados tem prevalência sobre o interesse privado.

O Regime Democrático adotado no Estado brasileiro confere à Administração Pública o poder de representar os interesses da sociedade, é nessa relação que vamos desenvolver a supremacia do interesse público, que decorre da relação de verticalidade entre o Estado e os particulares.

Esse princípio não goza de caráter absoluto, pois o Estado também age como se fosse particular em suas relações jurídicas, geralmente econômicas, por exemplo, o Estado não pode abusar da autoridade estatal sobre os direitos e princípios fundamentais dos administrados, já que esses são os limites da supremacia do interesse público.

Decorre desse princípio o poder de império exercido pela Administração Pública, a qual poderá impor sua vontade ao particular de forma coercitiva, podendo inclusive restringir seus direitos e impor obrigações, como ocorre no caso da desapropriação e requisição administrativa. Logicamente, esse princípio não goza de caráter absoluto, não tendo aplicabilidade nos atos praticados de mera gestão administrativa ou quando o poder público atua como particular nas relações econômicas.

ADMINISTRAÇÃO PÚBLICA

9.3.2 Indisponibilidade do interesse público

Juntamente com a Supremacia do interesse público, o Princípio da indisponibilidade do interesse público forma a base do regime jurídico-administrativo. Por esse princípio, a Administração Pública não pode ser vista como dona da coisa pública, mas apenas gestora. A coisa pública pertence ao povo, e o Estado é o responsável pelo cuidado ou gestão da coisa pública.

Como limitação a esse princípio, existe o princípio da legalidade, que determina os passos e em que condições a Administração Pública pode se utilizar dos bens públicos, sempre respeitando a indisponibilidade do interesse público. Destaca-se ainda o papel que esse princípio exerce como limitador do princípio da supremacia do interesse público.

Um ponto importante a respeito desse princípio é que os bens públicos são indisponíveis, não pertencendo aos seus administradores ou aos seus agentes os quais estão proibidos, inclusive de renunciar a qualquer direito ou prerrogativa inerente ao Poder Público.

Na desapropriação, a Administração Pública pode retirar o bem de uma pessoa pelo fundamento da Supremacia do interesse público, por outro lado, em razão da Indisponibilidade do interesse público, há vedação à Administração Pública no sentido de não se apropriar de tal bem sem que o particular seja indenizado.

9.3.3 Razoabilidade e proporcionalidade

Esses princípios são, por vezes, vistos em separado pela doutrina; eles servem para a limitação da atuação administrativa, e devem ser vistos em conjunto, como unidade. A razoabilidade e a proporcionalidade decorrem do princípio do devido processo legal e são utilizados, principalmente, como limitador da discricionariedade administrativa, ainda mais quando o ato limitado restringe os direitos do administrado. Trata-se, portanto, de uma ferramenta para controle de legalidade que pode gerar a nulidade do ato administrativo. Ao pensar em razoabilidade e proporcionalidade, deve-se pensar em dois elementos que os identificam: adequação e necessidade.

A melhor forma de verificar a sua utilização prática é no caso concreto. Imagine uma fiscalização sanitária realizada pelo poder público em que o administrado é flagrado cometendo um ilícito sanitário, ou seja, encontra um produto com o prazo de validade vencido. Dependendo da infração cometida, será aplicada uma penalidade administrativa maior ou não. Com a aplicação dos princípios em tela, a penalidade deve ser necessária, adequada e equivalente à infração cometida. Os princípios garantem que a sanção aplicada não seja maior que a necessária para atingir o fim proposto pelo poder público. O que se busca é uma adequação entre os meios e os fins necessários, proibindo o excesso na aplicação das medidas.

Sem dúvida, esses princípios gerais de direito estão entre os mais utilizados atualmente nas decisões do Supremo Tribunal Federal, pois esses princípios são utilizados nas decisões para se adequar à lei ao caso concreto.

Em suma, esses princípios são a adequação dos meios com a finalidade proposta pela Administração Pública, com o fim de evitar os excessos cometidos pelo agente público. Em razão disso, também são conhecidos como a proibição do excesso, por isso, deve-se trabalhar a razoabilidade e a proporcionalidade como unidade.

9.3.4 Continuidade dos serviços públicos

Esse princípio se traduz pelo próprio nome. Ele exige que a atividade administrativa seja contínua, não sofra interrupções e seja adequada, com qualidade, para que não ocorram prejuízos tanto para a Administração quanto para os administrados. Apesar disso, há situações excepcionais, em que se permite a interrupção do serviço público. Existem limitações a esse princípio, tanto para a Administração, quanto para o particular que está incumbido de executar o serviço público, e sua atuação pode ser percebida no próprio direito de greve do servidor público que se encontra condicionado à observância da lei para ser exercido.

O poder de vinculação desse princípio é tão grande que o particular, ao prestar o serviço público por delegação, não poderá interrompê-lo ainda que a Administração Pública não cumpra sua parte no contrato. Significa dizer que o particular prejudicado no contrato administrativo **não poderá opor a exceção do contrato não cumprido,** ficando desobrigado apenas por decisão judicial transitada em julgado, ou seja, o particular não pode deixar de cumprir sua obrigação pelo não cumprimento por parte da administração, mas o particular pode deixar de prestar o serviço público quando determinado por decisão judicial.

O responsável pela prestação do serviço público só ficaria desobrigado da sua prestação em caso de emergência e desde que haja aviso prévio em situações de **segurança**, de **ordem técnica** ou mesmo por **inadimplência do usuário**.

9.3.5 Autotutela

Esse princípio permite que a Administração avalie e reveja seus próprios atos, tanto em relação à legalidade do ato, quanto ao aspecto do mérito. Essa possibilidade não impede o ato de ser apreciado pelo Poder Judiciário, limitando a verificação da legalidade, nunca o mérito. Quando o ato for revisto em razão de vício de legalidade, ocorre a anulação do ato, se a questão é de mérito (discricionariedade e oportunidade), a administração revoga seus atos.

Este princípio foi consagrado pelo Supremo por meio da Súmula Vinculante nº 473:

> *Súmula Vinculante nº 473*, **STF** *A administração pode anular seus próprios atos, quando eivados de vícios que os tornam ilegais, porque deles não se originam direitos; ou revogá-los, por motivo de conveniência ou oportunidade, respeitados os direitos adquiridos, e ressalvada, em todos os casos, a apreciação judicial.*

A autotutela dos atos administrativos não depende de provocação, podendo a administração analisar de ofício seus próprios atos. Essa é a ideia primordial da autotutela.

9.3.6 Segurança jurídica

Esse princípio tem fundamento inicial já no art. 5º da Constituição Federal de 1988, que decorre da própria garantia fundamental à Segurança Jurídica; no que tange a sua aplicabilidade na Administração Pública, esse princípio evoca a impossibilidade de a lei nova prejudicar o direito adquirido, o ato jurídico perfeito e a coisa julgada, ou seja, esse princípio veda a aplicação retroativa de nova interpretação da norma administrativa, para que o administrado não seja surpreendido com inovações jurídicas.

Por se tratar de um direito fundamental, a Administração Pública fica obrigada a assegurar o seu cumprimento sob pena de ser responsabilizada.

9.4 Regras aplicáveis aos servidores públicos

Passamos agora a analisar as regras aplicáveis aos servidores públicos, as quais estão previstas nos arts. 37 a 41 da Constituição Federal de 1988.

9.4.1 Cargos, empregos e funções

Os primeiros dispositivos relacionados aos servidores públicos e que foram apresentados pela Constituição Federal regulamentam o acesso a cargos, empregos e funções públicas. Vejamos o que diz o art. 37, I e II da Constituição Federal de 1988:

> *I – Os cargos, empregos e funções públicas são acessíveis aos brasileiros que preencham os requisitos estabelecidos em lei, assim como aos estrangeiros, na forma da lei;*
>
> *II – A investidura em cargo ou emprego público depende de aprovação prévia em concurso público de provas ou de provas e títulos, de acordo com a natureza e a complexidade do cargo ou emprego, na forma prevista em lei, ressalvadas as nomeações para cargo em comissão declarado em lei de livre nomeação e exoneração.*

Ao iniciarmos este estudo, uma distinção se faz necessária: qual a diferença entre cargo, emprego e função pública?

DIREITO CONSTITUCIONAL

- **Cargo público** é a unidade de competência ofertada por uma pessoa jurídica de direito público e ocupada por um agente público que tenha sido criado por lei com denominação específica e quantidade certa. Quem ocupa um cargo público fez concurso público e é submetido a um regime estatutário e pode ser de provimento efetivo ou em comissão.
- **Emprego público**, por sua vez, é a unidade de competência desempenhada por agentes contratados sob regime celetista, ou seja, quem ocupa um emprego público possui uma relação trabalhista com a Administração Pública.
- **Função pública** é a atribuição ocupada por quem não possui cargo ou emprego público. Ocorre em duas situações: nas contratações temporárias e nas atividades de confiança.

Os cargos, empregos e funções são acessíveis a todos os brasileiros e estrangeiros que preencherem os requisitos previstos em lei. Aos estrangeiros, o acesso é limitado, essa é norma de eficácia limitada, pois depende de regulamentação, como professores ou pesquisadores em universidades e instituições de pesquisa científica e tecnológica. Destaca-se ainda que existem cargos privativos de brasileiros natos, os quais estão previstos no art. 12, § 3º da Constituição Federal de 1988: presidente e vice-Presidente da República, presidente da Câmara dos Deputados, Presidente do Senado Federal, ministro do STF, oficial das forças armadas, carreira diplomática e ministro do estado da defesa.

O acesso aos cargos e empregos públicos depende de aprovação em concurso público de provas ou de provas e títulos dependendo do cargo a ser ocupado. A realização do concurso não será necessária para o preenchimento de cargos em comissão, haja vista serem de livre nomeação e exoneração. Estão obrigados a contratar por meio de concurso toda a Administração Pública direta e indireta, seja do Poder Executivo, Legislativo, ou Judiciário, seja da União, estados, Distrito Federal e municípios.

É importante ressaltar, neste momento, que a função pública aqui tratada não pode ser confundida com a função que todo agente da Administração Pública detém, que é aquele conjunto de atribuições inerentes ao cargo ou emprego; neste momento a função pública foi tratada como diferenciação do cargo e do emprego públicos. Em seguida, é necessário ressaltar que os cargos em comissão dispensam o concurso público, que é meio exigido para que se ocupe um cargo ou empregos públicos.

9.4.2 Validade do concurso público

A Constituição Federal de 1988 previu prazo de validade para os concursos públicos. Vejamos o que diz o art. 37, incisos III e IV:

> *Art. 37 [...]*
>
> *III – O prazo de validade do concurso público será de até dois anos, prorrogável uma vez, por igual período;*
>
> *IV – Durante o prazo improrrogável previsto no edital de convocação, aquele aprovado em concurso público de provas ou de provas e títulos será convocado com prioridade sobre novos concursados para assumir cargo ou emprego, na carreira.*

O prazo de validade será de **até dois anos,** podendo ser prorrogado apenas uma vez, por igual período. O prazo de validade passa a ser contado a partir da homologação do resultado. Este é o prazo que a Administração Pública terá para contratar ou nomear os aprovados para o preenchimento do emprego ou do cargo público, respectivamente.

Segundo posicionamento do STF, quem é aprovado dentro do número de vagas previstas no edital possui direito subjetivo à nomeação durante o prazo de validade do concurso. Uma forma de burlar esse sistema encontrado pela Administração Pública tem sido a publicação de edital com cadastro de reserva, que gera apenas uma expectativa de direito para quem foi classificado no concurso público.

Segundo a Constituição Federal de 1988, durante o prazo improrrogável do concurso, os aprovados terão prioridade na convocação diante dos novos concursados, o que não impede a abertura de novos certames apesar de a Lei nº 8.112/1990 proibir a abertura de novo concurso enquanto houver candidato aprovado no concurso anterior e desde que esteja dentro do prazo de validade. Na prova, deve-se responder conforme for perguntado. Se for segundo a Constituição Federal, não há proibição de realização de novo concurso enquanto existir outro com prazo de validade aberto. Se perguntar segundo a Lei nº 8.112/1990, não se abrirá novo concurso enquanto houver candidato aprovado em concurso anterior com prazo de validade não expirado.

9.4.3 Reserva de vaga para deficiente

Essa regra sobre concurso público é uma das mais importantes de inclusão social previstas no texto constitucional; é regra de ação afirmativa que visa à inserção social dos portadores de necessidades especiais, e compensar a perda social que alguns grupos têm. Possuindo valor social relevante, diz respeito à reserva de vagas para pessoas com necessidades especiais, que não podem ser tratados da mesma forma que as pessoas que estão em pleno vigor físico. Aqui, a isonomia deve ser material observando a nítida diferença entre os deficientes e os que não são. Vejamos o que dispõe a Constituição a respeito desse tema:

> *Art. 37 [...]*
>
> *VIII – A lei reservará percentual dos cargos e empregos públicos para as pessoas portadoras de deficiência e definirá os critérios de sua admissão.*

Por se tratar de norma de eficácia limitada, a Constituição exigiu regulamentação para este dispositivo o que foi feito, no âmbito federal, pela Lei nº 8.112/1990:

> *Art. 5 [...]*
>
> *§ 2º Às pessoas portadoras de deficiência é assegurado o direito de se inscrever em concurso público para provimento de cargo cujas atribuições sejam compatíveis com a deficiência de que são portadoras; para tais pessoas serão reservadas até 20% (vinte por cento) das vagas oferecidas no concurso.*

Esse dispositivo garante a reserva de até 20% das vagas oferecidas no concurso para os deficientes. Complementando esta norma, foi publicado o Decreto Federal nº 3.298/1999 que fixou o mínimo de 5% das vagas para deficientes, exigindo nos casos em que esse percentual gerasse número fracionado, que fosse arredondado para o próximo número inteiro. Essa proteção gerou um inconveniente nos concursos com poucas vagas, fazendo com que o STF interviesse e decidisse no sentido de que se a observância do mínimo de 5% ultrapassar o máximo de 20% não será necessário fazer a reserva da vaga. Isso é perfeitamente visível em concursos com duas vagas. Se fosse reservado o mínimo, ter-se-ia pelo menos 1 vaga para deficiente, o que corresponderia a 50% das vagas, ultrapassando assim o limite de 20% estabelecido em lei.

9.4.4 Funções de confiança e cargos em comissão

A Constituição Federal de 1988 prevê a existência das funções de confiança e os cargos em comissão:

> *Art. 37 [...]*
>
> *V – As funções de confiança, exercidas exclusivamente por servidores ocupantes de cargo efetivo, e os cargos em comissão, a serem preenchidos por servidores de carreira nos casos, condições e percentuais mínimos previstos em lei, destinam-se apenas às atribuições de direção, chefia e assessoramento.*

Existem algumas peculiaridades entre esses dois institutos que sempre são cobrados em prova. As funções de confiança são privativas de ocupantes de cargo efetivo, ou seja, para aquele que fez concurso público; já os cargos em comissão podem ser ocupados por qualquer pessoa, apesar de a Constituição estabelecer que deve se reservar um percentual mínimo para os ocupantes de cargo efetivo. Tanto as funções de confiança como os cargos em comissão destinam-se às atribuições de **direção, chefia** e **assessoramento**.

- **Funções de confiança:** livres designação e livres dispensa – são apenas para servidores públicos ocupantes de cargos efetivos, os quais serão designados para seu exercício podendo ser dispensados a critério da Administração Pública.

- **Cargos em comissão:** são de livre nomeação e livre exoneração, podendo ser ocupados por qualquer pessoa, servidor público ou não. A ocupação de um cargo em comissão por pessoa não detentora de cargo de provimento efetivo não gera direito de ser efetivado, muito menos de adquirir a estabilidade.

9.4.5 Contratação por tempo determinado

Outra forma de ingresso no serviço público é por meio de contratação por tempo determinado. A Constituição prevê:

> *Art. 37, IX. A lei estabelecerá os casos de contratação por tempo determinado para atender a necessidade temporária de excepcional interesse público.*

Nesse caso, temos uma norma de eficácia limitada, pois a Constituição não regulamenta, apenas prevê que uma lei vai regulamentar. Na contratação por tempo determinado, o contratado não ocupa cargo público nem possui vínculo trabalhista. Ele exercerá função pública de caráter temporário. Essa contratação tem que ser embasada em excepcional interesse público, questão emergencial. Em regra, faz-se o processo seletivo simplificado, podendo ser feito por meio de provas, entrevista ou até mesmo entrega de currículo; esse processo simplificado não pode ser confundido com o concurso público.

O seu contrato com a Administração Pública é regido por norma específica de regime especial que, no caso da esfera federal, será a Lei nº 8.745/1993. A referida lei traz várias hipóteses de contratação temporária para atender a essa necessidade excepcional.

9.5 Direitos sociais dos servidores públicos

Quando se fala em direitos sociais aplicáveis aos servidores públicos, significa dizer uma parcela dos direitos de natureza trabalhista prevista no art. 7º da Constituição Federal de 1988. Vejamos quais direitos sociais trabalhistas foram destinados a esses trabalhadores ocupantes de cargos públicos.

9.5.1 Direitos trabalhistas

A Constituição Federal não concedeu todos os direitos trabalhistas aos servidores públicos, mas apenas os previstos expressamente no texto constitucional no art. 39, § 3º:

> *Art. 39 [...]*
> *§ 3º Aplica-se aos servidores ocupantes de cargo público o disposto no art. 7º, IV, VII, VIII, IX, XII, XIII, XV, XVI, XVII, XVIII, XIX, XX, XXII e XXX, podendo a lei estabelecer requisitos diferenciados de admissão quando a natureza do cargo o exigir.*

Segundo esse dispositivo, foram garantidos os seguintes direitos sociais aos servidores públicos:

> *IV – Salário-mínimo, fixado em lei, nacionalmente unificado, capaz de atender a suas necessidades vitais básicas e às de sua família com moradia, alimentação, educação, saúde, lazer, vestuário, higiene, transporte e previdência social, com reajustes periódicos que lhe preservem o poder aquisitivo, sendo vedada sua vinculação para qualquer fim;*
>
> *VII – Garantia de salário, nunca inferior ao mínimo, para os que percebem remuneração variável;*
>
> *VIII – Décimo terceiro salário com base na remuneração integral ou no valor da aposentadoria;*
>
> *IX – Remuneração do trabalho noturno superior à do diurno;*
>
> *XII – Salário-família pago em razão do dependente do trabalhador de baixa renda nos termos da lei;*
>
> *XIII – Duração do trabalho normal não superior a oito horas diárias e quarenta e quatro semanais, facultada a compensação de horários e a redução da jornada, mediante acordo ou convenção coletiva de trabalho;*
>
> *XV – Repouso semanal remunerado, preferencialmente aos domingos;*
>
> *XVI – Remuneração do serviço extraordinário superior, no mínimo, em cinquenta por cento à do normal;*
>
> *XVII – Gozo de férias anuais remuneradas com, pelo menos, um terço a mais do que o salário normal;*

> *XVIII – Licença à gestante, sem prejuízo do emprego e do salário, com a duração de cento e vinte dias;*
>
> *XIX – Licença-paternidade, nos termos fixados em lei;*
>
> *XX – Proteção do mercado de trabalho da mulher, mediante incentivos específicos, nos termos da lei;*
>
> *XXII – Redução dos riscos inerentes ao trabalho, por meio de normas de saúde, higiene e segurança;*
>
> *XXX – Proibição de diferença de salários, de exercício de funções e de critério de admissão por motivo de sexo, idade, cor ou estado civil.*

A experiência de ler os incisos destinados aos servidores públicos é muito importante para que você acerte em prova. O fato de outros direitos trabalhistas do art. 7º não terem sido previstos no art. 39 não significa que tais direitos não sejam concedidos aos servidores públicos. Ocorre que alguns direitos trabalhistas conferidos aos servidores públicos estão disciplinados em outros lugares na própria Constituição ou em leis esparsas. A título de exemplo, pode-se citar o direito à aposentadoria, que apesar de não ter sido referido no art. 39, § 3º, encontra-se previsto expressamente no art. 40 da Constituição Federal de 1988.

9.5.2 Liberdade de associação sindical

A Constituição Federal garante aos servidores públicos o direito à associação sindical:

> *Art. 37 [...]*
> *VI – É garantido ao servidor público civil o direito à livre associação sindical.*

A Constituição Federal de 1988 concede ao servidor público civil o direito à associação sindical. Dessa forma, a livre associação profissional ou sindical não é garantida aos militares em razão da peculiaridade do seu regime jurídico, cuja vedação está prevista na própria Constituição Federal:

> *Art. 142 [...]*
> *IV – Ao militar são proibidas a sindicalização e a greve.*

Segundo a doutrina, trata-se de uma norma autoaplicável, a qual não depende de regulamentação para ser exercida, pois o servidor pode prontamente usufruir desse direito.

9.5.3 Direito de greve

Segundo o art. 37, inciso VII, da Constituição Federal de 1988:

> *VII – O direito de greve será exercido nos termos e nos limites definidos em lei específica;*

O direito de greve, previsto na Constituição Federal aos servidores públicos, condiciona o seu exercício a uma norma regulamentadora, por isso é uma norma de eficácia limitada.

Como até o presente momento a necessária lei não foi publicada, o Supremo Tribunal Federal adotou a Teoria Concretista Geral, a partir da análise do Mandado de Injunção, e fez com que o direito de greve tivesse efetividade e conferiu efeito *erga omnes* à decisão, ou seja, os seus efeitos atingem todos os servidores públicos, ainda que aquele não tenha ingressado com ação judicial para exercer seu direito de greve.

A partir disso, segundo o STF, os servidores públicos de todo o país poderão se utilizar do seu direito de greve nos termos da Lei nº 7.783/1989, a qual regulamenta o direito de greve dos trabalhadores da iniciativa privada.

Ressalte-se que o direito de greve, juntamente com o de associação sindical, não se aplica aos militares pelos mesmos motivos já apresentados ao analisarmos o direito de liberdade de associação sindical.

9.5.4 Vedação à acumulação de cargos, empregos e funções públicas

A Constituição achou por bem regular a acumulação de cargos públicos no art. 37, incisos XVI e XVII:

> *XVI – É vedada a acumulação remunerada de cargos públicos, exceto, quando houver compatibilidade de horários, observado em qualquer caso o disposto no inciso XI:*
> *a) a de dois cargos de professor;*

DIREITO CONSTITUCIONAL

b) a de um cargo de professor com outro técnico ou científico;

c) a de dois cargos ou empregos privativos de profissionais de saúde, com profissões regulamentadas;

XVII – A proibição de acumular estende-se a empregos e funções e abrange autarquias, fundações, empresas públicas, sociedades de economia mista, suas subsidiárias, e sociedades controladas, direta ou indiretamente, pelo poder público;

Segundo o texto constitucional, em regra, é vedada a acumulação de cargos públicos, ressalvadas as hipóteses previstas na própria Constituição Federal de 1988 e quando houver compatibilidade de horário.

Além dessas hipóteses, a CF/1988/1988 também previu a acumulação lícita em outros casos, observemos:

- **Magistrado + magistério:** é permitida a acumulação de um cargo de juiz com um de professor:

    Art. 95 [...]

    Parágrafo único. Aos juízes é vedado:

    I – Exercer, ainda que em disponibilidade, outro cargo ou função, salvo uma de magistério.

- **Membro do Ministério Público + Magistério:** é permitida a acumulação de um cargo de Membro do Ministério Público com um de professor:

    Art. 128 [...]

    § 5º. Leis complementares da União e dos Estados, cuja iniciativa é facultada aos respectivos Procuradores-Gerais, estabelecerão a organização, as atribuições e o estatuto de cada Ministério Público, observadas, relativamente a seus membros: [...]

    II – As seguintes vedações:

    d) exercer, ainda que em disponibilidade, qualquer outra função pública, salvo uma de magistério.

- **Cargo Eletivo + cargo, emprego ou função pública:** é permitida a acumulação de um cargo eletivo com um cargo emprego ou função pública:

    Art. 38 Ao servidor público da administração direta, autárquica e fundacional, no exercício de mandato eletivo, aplicam-se as seguintes disposições:

    I – Tratando-se de mandato eletivo federal, estadual ou distrital, ficará afastado de seu cargo, emprego ou função;

    II – Investido no mandato de Prefeito, será afastado do cargo, emprego ou função, sendo-lhe facultado optar pela sua remuneração;

    III – Investido no mandato de Vereador, havendo compatibilidade de horários, perceberá as vantagens de seu cargo, emprego ou função, sem prejuízo da remuneração do cargo eletivo, e, não havendo compatibilidade, será aplicada a norma do inciso anterior;

    IV – Em qualquer caso que exija o afastamento para o exercício de mandato eletivo, seu tempo de serviço será contado para todos os efeitos legais, exceto para promoção por merecimento;

    V – Na hipótese de ser segurado de regime próprio de previdência social, permanecerá filiado a esse regime, no ente federativo de origem.

A proibição de acumular se estende à percepção de remuneração e aposentadoria. Vejamos o que diz o §10º do art. 37:

§ 10 É vedada a percepção simultânea de proventos de aposentadoria decorrentes do art. 40 ou dos Arts. 42 e 142 com a remuneração de cargo, emprego ou função pública, ressalvados os cargos acumuláveis na forma desta Constituição, os cargos eletivos e os cargos em comissão declarados em lei de livre nomeação e exoneração.

Aqui, a acumulação dos proventos da aposentadoria com a remuneração será permitida nos casos em que são autorizadas a acumulação dos cargos, ou, ainda, quando acumular com cargo em comissão e cargo eletivo. Significa dizer ser possível a acumulação dos proventos da aposentadoria de um cargo, emprego ou função pública com a remuneração de cargo, emprego ou função pública.

A Constituição Federal de 1988 também vedou a percepção de mais de uma aposentadoria, ressalvados os casos de acumulação de cargos permitida, ou seja, o indivíduo pode acumular as aposentadorias dos cargos que podem ser acumulados.

Art. 40 [...]

§ 6º Ressalvadas as aposentadorias decorrentes dos cargos acumuláveis na forma desta Constituição, é vedada a percepção de mais de uma aposentadoria à conta de regime próprio de previdência social, aplicando-se outras vedações, regras e condições para a acumulação de benefícios previdenciários estabelecidas no Regime Geral de Previdência Social.

9.5.5 Estabilidade

Um dos maiores desejos de quem faz concurso público é alcançar a Estabilidade. Essa é a garantia que se dá aos titulares de cargo público, ou seja, ao servidor público. Essa garantia faz que o servidor tenha certa tranquilidade para usufruir do seu cargo com maior tranquilidade; o servidor passa exercer suas atividades sem a preocupação de perder seu cargo por qualquer simples motivo. Vejamos o que diz a Constituição Federal:

Art. 41 São estáveis após três anos de efetivo exercício os servidores nomeados para cargo de provimento efetivo em virtude de concurso público.

§ 1º. O servidor público estável só perderá o cargo:

I – Em virtude de sentença judicial transitada em julgado;

II – Mediante processo administrativo em que lhe seja assegurada ampla defesa;

III – Mediante procedimento de avaliação periódica de desempenho, na forma de lei complementar, assegurada ampla defesa.

§ 2º Invalidada por sentença judicial a demissão do servidor estável, será ele reintegrado, e o eventual ocupante da vaga, se estável, reconduzido ao cargo de origem, sem direito a indenização, aproveitado em outro cargo ou posto em disponibilidade com remuneração proporcional ao tempo de serviço.

§ 3º Extinto o cargo ou declarada a sua desnecessidade, o servidor estável ficará em disponibilidade, com remuneração proporcional ao tempo de serviço, até seu adequado aproveitamento em outro cargo.

§ 4º Como condição para a aquisição da estabilidade, é obrigatória a avaliação especial de desempenho por comissão instituída para essa finalidade.

O primeiro ponto relevante é que a estabilidade se adquire após três anos de efetivo exercício. Só adquire estabilidade quem ocupa um cargo público de provimento efetivo, após a aprovação em concurso público. Essa garantia não se estende aos titulares de emprego público nem aos que ocupam cargos em comissão de livre nomeação e exoneração.

Não confunda a estabilidade com estágio probatório. Esse é o período de avaliação inicial dentro do novo cargo a que o servidor concursado se sujeita antes de adquirir sua estabilidade. A Constituição Federal de 1988 não fala nada de estágio probatório, mas, para os servidores públicos federais, aplica-se o prazo previsto na Lei nº 8.112/1990. Aqui temos um problema. O referido estatuto dos servidores públicos federais prevê o prazo de 24 meses para o estágio probatório.

Contudo, tem prevalecido, na doutrina e na jurisprudência, o entendimento de que não tem como se dissociar o prazo do estágio probatório da aquisição da estabilidade, de forma que até o próprio STF e o STJ reconhecem que o prazo do estágio probatório foi revogado tacitamente pela Emenda Constitucional nº 19/1998 que alterou o prazo de aquisição da estabilidade para 3 anos. Reforça esse entendimento o fato de que a Advocacia-Geral da União já emitiu parecer vinculante determinando a aplicação do prazo de **três anos para o estágio probatório** em todo o Poder Executivo Federal, o que de fato acontece. Dessa forma, para prova o prazo do estágio probatório é de 3 anos.

Segundo o texto constitucional, é condição para a aquisição da estabilidade a avaliação especial de desempenhos aplicada por comissão instituída para essa finalidade.

O servidor estável só perderá o cargo nas hipóteses previstas na Constituição, as quais são:

- **Sentença judicial transitada em julgado.**
- **Procedimento administrativo disciplinar.**

ADMINISTRAÇÃO PÚBLICA

- **Insuficiência de desempenho comprovada na avaliação periódica.**
- **Excesso de despesas com pessoal nos termos do art. 169, § 3º.**

9.6 Regras para servidores em exercício de mandato eletivo

Para os servidores públicos que estão no exercício de mandato eletivo, aplicam-se as seguintes regras:

> **Art. 38** Ao servidor público da administração direta, autárquica e fundacional, no exercício de mandato eletivo, aplicam-se as seguintes disposições:
>
> I – Tratando-se de mandato eletivo federal, estadual ou distrital, ficará afastado de seu cargo, emprego ou função;
>
> II – Investido no mandato de Prefeito, será afastado do cargo, emprego ou função, sendo-lhe facultado optar pela sua remuneração;
>
> III – Investido no mandato de Vereador, havendo compatibilidade de horários, perceberá as vantagens de seu cargo, emprego ou função, sem prejuízo da remuneração do cargo eletivo, e, não havendo compatibilidade, será aplicada a norma do inciso anterior;
>
> IV – Em qualquer caso que exija o afastamento para o exercício de mandato eletivo, seu tempo de serviço será contado para todos os efeitos legais, exceto para promoção por merecimento;
>
> V – Na hipótese de ser segurado de regime próprio de previdência social, permanecerá filiado a esse regime, no ente federativo de origem.

Em suma:

- **Mandato Eletivo Federal, Estadual ou Distrital:** afasta-se do cargo, emprego ou função;
- **Mandato Eletivo Municipal**
    - **Prefeito:** Afasta-se do cargo, mas pode optar pela remuneração;
    - **Vereador:** Havendo compatibilidade de horário, pode exercer os dois cargos e cumular as duas remunerações respeitando os limites legais. Não havendo compatibilidade de horário, deverá afastar-se do cargo podendo optar pela remuneração de um dos dois.

Havendo o afastamento, a Constituição Federal de 1988 determina ainda que esse período seja contabilizado como tempo de serviço gerando todos seus efeitos legais, com exceção da promoção de merecimento, além de ser contabilizado para efeito de benefício previdenciário.

9.7 Regras de remuneração dos servidores públicos

A Constituição Federal de 1988 previu várias regras referentes a remuneração dos servidores públicos, que consta no art. 37, da CF/1988/1988, as quais são bem interessantes para serem cobradas em sua prova:

> X – A remuneração dos servidores públicos e o subsídio de que trata o § 4º do art. 39 somente poderão ser fixados ou alterados por lei específica, observada a iniciativa privativa em cada caso, assegurada revisão geral anual, sempre na mesma data e sem distinção de índices;

O primeiro ponto importante sobre a remuneração dos servidores é que ela só pode ser fixada por meio de lei específica, se a Constituição Federal de 1988 não estabelece qualquer outro critério, essa lei é ordinária. Além disso, a iniciativa da lei também é específica, ou seja, cada poder tem competência para propor a lei que altere o quadro remuneratório dos seus servidores. Por exemplo, no âmbito do Poder Executivo Federal o Presidente da República é quem tem a iniciativa para propor o projeto de lei.

Ainda há que se fazer a revisão geral anual, sem distinção de índices e sempre na mesma data, que serve para suprir as perdas inflacionárias que ocorrem com a remuneração dos servidores. No que tange à revisão geral anual, o STF entende que a competência para a iniciativa é privativa do Presidente da República, com base no art. 61, § 1º, II, "a" da CF/1988:

> § 1º São de iniciativa privativa do Presidente da República as leis que: [...]
>
> II – Disponham sobre:
>
> a) criação de cargos, funções ou empregos públicos na administração direta e autárquica ou aumento de sua remuneração.

Outro ponto importante é o **teto constitucional**, que é o limite imposto para fixação das tabelas remuneratórias dos servidores; conforme o inciso XI do art. 37 da Constituição Federal de 1988:

> XI – A remuneração e o subsídio dos ocupantes de cargos, funções e empregos públicos da administração direta, autárquica e fundacional, dos membros de qualquer dos Poderes da União, dos Estados, do Distrito Federal e dos Municípios, dos detentores de mandato eletivo e dos demais agentes políticos e os proventos, pensões ou outra espécie remuneratória, percebidos cumulativamente ou não, incluídas as vantagens pessoais ou de qualquer outra natureza, não poderão exceder o subsídio mensal, em espécie, dos Ministros do Supremo Tribunal Federal, aplicando-se como limite, nos Municípios, o subsídio do Prefeito, e nos Estados e no Distrito Federal, o subsídio mensal do Governador no âmbito do Poder Executivo, o subsídio dos Deputados Estaduais e Distritais no âmbito do Poder Legislativo e o subsídio dos Desembargadores do Tribunal de Justiça, limitado a noventa inteiros e vinte e cinco centésimos por cento do subsídio mensal, em espécie, dos Ministros do Supremo Tribunal Federal, no âmbito do Poder Judiciário, aplicável este limite aos membros do Ministério Público, aos Procuradores e aos Defensores Públicos.

Vamos entender essa regra, analisando os diversos tipos de limites previstos no texto constitucional.

O primeiro limite é o Teto Geral, que, segundo a Constituição, corresponde ao subsídio do Ministro do Supremo Tribunal Federal. Isso significa que nenhum servidor público no Brasil pode receber remuneração maior que o subsídio do Ministro do Supremo Tribunal Federal. Esse limite se aplica a todos os poderes em todos os entes federativos. Ressalte-se que a iniciativa de proposta legislativa para fixação da remuneração dos Ministros pertence aos próprios membros do STF.

Em seguida, nós temos os subtetos, que são limites aplicáveis a cada poder e em cada ente federativo. Vejamos de forma sistematizada as regras previstas na Constituição Federal:

9.7.1 Estados e DF

Poder Executivo: subsídio do governador.

Poder Legislativo: subsídio do deputado estadual ou distrital.

Poder Judiciário: subsídio do desembargador do Tribunal de Justiça. Aplica-se este limite aos membros do Ministério Público e da Defensoria Pública dos Estados e Distrito Federal.

9.7.2 Municípios

Poder Executivo: subsídio do prefeito.

A Constituição Federal de 1988 permite que os estados e o Distrito Federal poderão, por iniciativa do governador, adotar limite único nos termos do art. 37, § 12, mediante emenda à Constituição Estadual ou a lei orgânica do Distrito Federal, o qual não poderá ultrapassar 90,25% do subsídio do ministro do STF. Ressalte-se que, se porventura for criado este limite único, ele não será aplicado a alguns membros do Poder Legislativo, como aos deputados distritais e vereadores.

A seguir, são abordados alguns limites específicos que também estão previstos no texto constitucional, mas em outros artigos, pois são determinados a algumas autoridades:

- **Governador e Prefeito:** subsídio do ministro do STF;
- **Deputado Estadual e Distrital:** 75% do subsídio do Deputado Federal;
- **Vereador:** 75% do subsídio do Deputado Estadual para os municípios com mais de 500.000 habitantes. Nos municípios com menos habitantes, aplica-se a regra proporcional a população conforme o art. 29, VI da Constituição Federal.

- **Magistrados dos Tribunais Superiores:** 95% do subsídio dos ministros do STF. Dos demais magistrados, o subteto é 95% do subsídio dos ministros dos Tribunais Superiores.

    Art. 93 [...]

    V – O subsídio dos Ministros dos Tribunais Superiores corresponderá a noventa e cinco por cento do subsídio mensal fixado para os Ministros do Supremo Tribunal Federal e os subsídios dos demais magistrados serão fixados em lei e escalonados, em nível federal e estadual, conforme as respectivas categorias da estrutura judiciária nacional, não podendo a diferença entre uma e outra ser superior a dez por cento ou inferior a cinco por cento, nem exceder a noventa e cinco por cento do subsídio mensal dos Ministros dos Tribunais Superiores, obedecido, em qualquer caso, o disposto nos Arts. 37, XI, e 39, § 4º.

Tetos específicos

Governador e prefeito → subsídio do Ministro do STF.
Deputado estadual e distrital → 75% do subsídio do Deputado Federal.
Vereador → 75% do subsídio do Deputado Estadual (municípios + de 500 mil habitantes).
Magistrados dos Tribunais Superiores → 95% do subsídio dos ministros do STF.

Lembre-se de que esses limites se aplicam quando for possível a acumulação de cargos prevista no texto constitucional, ressalvados os seguintes casos:

- **Magistratura + magistério:** a resolução nº 14/2006 do Conselho Nacional de Justiça prevê que não se sujeita ao teto a remuneração oriunda no magistério exercido pelos juízes;
- Exercício cumulativo de funções no Supremo Tribunal Federal e Tribunal Superior Eleitoral.

Os limites aplicam-se as empresas públicas e sociedades de economia mista desde que recebam recursos da União dos Estados e do Distrito Federal para pagamento do pessoal e custeio em geral:

Art. 37 [...]

§ 9º O disposto no inciso XI aplica-se às empresas públicas e às sociedades de economia mista, e suas subsidiárias, que receberem recursos da União, dos Estados, do Distrito Federal ou dos Municípios para pagamento de despesas de pessoal ou de custeio em geral.

A Constituição Federal também trouxe previsão expressa vedando qualquer equiparação ou vinculação de remuneração de servidor público:

Art. 37, XIII. É vedada a vinculação ou equiparação de quaisquer espécies remuneratórias para o efeito de remuneração de pessoal do serviço público.

Antes da Emenda Constitucional nº 19/1998, muitos servidores incorporavam vantagens pecuniárias calculadas sobre outras vantagens, gerando aumento desproporcional da remuneração. Isso acabou com a alteração do texto constitucional:

Art. 37 [...]

XIV – Os acréscimos pecuniários percebidos por servidor público não serão computados nem acumulados para fins de concessão de acréscimos ulteriores.

Destaque-se, ainda, a regra constitucional que prevê a irredutibilidade da remuneração dos servidores públicos:

Art. 37 [...]

XV – O subsídio e os vencimentos dos ocupantes de cargos e empregos públicos são irredutíveis, ressalvado o disposto nos incisos XI e XIV deste artigo e nos Arts. 39, § 4º, 150, II, 153, III, e 153, § 2º, I.

A irredutibilidade aqui é meramente nominal, não existindo direito à preservação do valor real em proteção a perda do poder aquisitivo. A irredutibilidade também não impede a alteração da composição remuneratória; significa dizer que podem ser retiradas as gratificações, mantendo-se o valor nominal da remuneração, nem mesmo a supressão de parcelas ou gratificações; é preciso considerar que o STF entende não haver direito adquirido a regime jurídico.

9.8 Regras de aposentadoria

Esse tema costuma ser trabalhado em Direito Previdenciário devido às inúmeras regras de transição que foram editadas, além das previstas no texto constitucional. Para as provas de Direito Constitucional, é importante a leitura atenta dos dispositivos abaixo:

Art. 40 O regime próprio de previdência social dos servidores titulares de cargos efetivos terá caráter contributivo e solidário, mediante contribuição do respectivo ente federativo, de servidores ativos, de aposentados e de pensionistas, observados critérios que preservem o equilíbrio financeiro e atuarial.

§ 1º O servidor abrangido por regime próprio de previdência social será aposentado:

I – por incapacidade permanente para o trabalho, no cargo em que estiver investido, quando insuscetível de readaptação, hipótese em que será obrigatória a realização de avaliações periódicas para verificação da continuidade das condições que ensejaram a concessão da aposentadoria, na forma de lei do respectivo ente federativo;

II – compulsoriamente, com proventos proporcionais ao tempo de contribuição, aos 70 (setenta) anos de idade, ou aos 75 (setenta e cinco) anos de idade, na forma de lei complementar;

III – no âmbito da União, aos 62 (sessenta e dois) anos de idade, se mulher, e aos 65 (sessenta e cinco) anos de idade, se homem, e, no âmbito dos Estados, do Distrito Federal e dos Municípios, na idade mínima estabelecida mediante emenda às respectivas Constituições e Leis Orgânicas, observados o tempo de contribuição e os demais requisitos estabelecidos em lei complementar do respectivo ente federativo.

§ 2º Os proventos de aposentadoria não poderão ser inferiores ao valor mínimo a que se refere o § 2º do art. 201 ou superiores ao limite máximo estabelecido para o Regime Geral de Previdência Social, observado o disposto nos §§ 14 a 16.

§ 3º As regras para cálculo de proventos de aposentadoria serão disciplinadas em lei do respectivo ente federativo.

§ 4º É vedada a adoção de requisitos ou critérios diferenciados para concessão de benefícios em regime próprio de previdência social, ressalvado o disposto nos §§ 4º-A, 4º-B, 4º-C e 5º.

§ 4º-A Poderão ser estabelecidos por lei complementar do respectivo ente federativo idade e tempo de contribuição diferenciados para aposentadoria de servidores com deficiência, previamente submetidos a avaliação biopsicossocial realizada por equipe multiprofissional e interdisciplinar.

§ 4º-B Poderão ser estabelecidos por lei complementar do respectivo ente federativo idade e tempo de contribuição diferenciados para aposentadoria de ocupantes do cargo de agente penitenciário, de agente socioeducativo ou de policial dos órgãos de que tratam o inciso IV do caput do art. 51, o inciso XIII do caput do art. 52 e os incisos I a IV do caput do art. 144.

§ 4º-C Poderão ser estabelecidos por lei complementar do respectivo ente federativo idade e tempo de contribuição diferenciados para aposentadoria de servidores cujas atividades sejam exercidas com efetiva exposição a agentes químicos, físicos e biológicos prejudiciais à saúde, ou associação desses agentes, vedada a caracterização por categoria profissional ou ocupação.

§ 5º Os ocupantes do cargo de professor terão idade mínima reduzida em 5 (cinco) anos em relação às idades decorrentes da aplicação do disposto no inciso III do § 1º, desde que comprovem tempo de efetivo exercício das funções de magistério na educação infantil e no ensino fundamental e médio fixado em lei complementar do respectivo ente federativo.

§ 6º Ressalvadas as aposentadorias decorrentes dos cargos acumuláveis na forma desta Constituição, é vedada a percepção de mais de uma aposentadoria à conta de regime próprio de previdência social, aplicando-se outras vedações, regras e condições para a acumulação de benefícios previdenciários estabelecidas no Regime Geral de Previdência Social.

§ 7º Observado o disposto no § 2º do art. 201, quando se tratar da única fonte de renda formal auferida pelo dependente, o benefício de pensão por morte será concedido nos termos de lei do respectivo ente federativo, a qual tratará de forma diferenciada a hipótese de morte dos servidores de que trata o § 4º-B decorrente de agressão sofrida no exercício ou em razão da função.

§ 8º É assegurado o reajustamento dos benefícios para preservar-lhes, em caráter permanente, o valor real, conforme critérios estabelecidos em lei.

§ 9º O tempo de contribuição federal, estadual, distrital ou municipal será contado para fins de aposentadoria, observado o disposto nos §§ 9º e 9º-A do art. 201, e o tempo de serviço correspondente será contado para fins de disponibilidade.

§ 10 A lei não poderá estabelecer qualquer forma de contagem de tempo de contribuição fictício.

§ 11 Aplica-se o limite fixado no art. 37, XI, à soma total dos proventos de inatividade, inclusive quando decorrentes da acumulação de cargos ou empregos públicos, bem como de outras atividades sujeitas a contribuição para o regime geral de previdência social, e ao montante resultante da adição de proventos de inatividade com remuneração de cargo acumulável na forma desta Constituição, cargo em comissão declarado em lei de livre nomeação e exoneração, e de cargo eletivo.

§ 12 Além do disposto neste artigo, serão observados, em regime próprio de previdência social, no que couber, os requisitos e critérios fixados para o Regime Geral de Previdência Social.

§ 13 Aplica-se ao agente público ocupante, exclusivamente, de cargo em comissão declarado em lei de livre nomeação e exoneração, de outro cargo temporário, inclusive mandato eletivo, ou de emprego público, o Regime Geral de Previdência Social.

§ 14 A União, os Estados, o Distrito Federal e os Municípios instituirão, por lei de iniciativa do respectivo Poder Executivo, regime de previdência complementar para servidores públicos ocupantes de cargo efetivo, observado o limite máximo dos benefícios do Regime Geral de Previdência Social para o valor das aposentadorias e das pensões em regime próprio de previdência social, ressalvado o disposto no § 16.

§ 15 O regime de previdência complementar de que trata o § 14 oferecerá plano de benefícios somente na modalidade contribuição definida, observará o disposto no art. 202 e será efetivado por intermédio de entidade fechada de previdência complementar ou de entidade aberta de previdência complementar.

§ 16 Somente mediante sua prévia e expressa opção, o disposto nos §§ 14 e 15 poderá ser aplicado ao servidor que tiver ingressado no serviço público até a data da publicação do ato de instituição do correspondente regime de previdência complementar.

§ 17 Todos os valores de remuneração considerados para o cálculo do benefício previsto no § 3º serão devidamente atualizados, na forma da lei.

§ 18 Incidirá contribuição sobre os proventos de aposentadorias e pensões concedidas pelo regime de que trata este artigo que superem o limite máximo estabelecido para os benefícios do regime geral de previdência social de que trata o art. 201, com percentual igual ao estabelecido para os servidores titulares de cargos efetivos.

§ 19 Observados critérios a serem estabelecidos em lei do respectivo ente federativo, o servidor titular de cargo efetivo que tenha completado as exigências para a aposentadoria voluntária e que opte por permanecer em atividade poderá fazer jus a um abono de permanência equivalente, no máximo, ao valor da sua contribuição previdenciária, até completar a idade para aposentadoria compulsória.

§ 20 É vedada a existência de mais de um regime próprio de previdência social e de mais de um órgão ou entidade gestora desse regime em cada ente federativo, abrangidos todos os poderes, órgãos e entidades autárquicas e fundacionais, que serão responsáveis pelo seu financiamento, observados os critérios, os parâmetros e a natureza jurídica definidos na lei complementar de que trata o § 22.

§ 21 (Revogado)

§ 22 Vedada a instituição de novos regimes próprios de previdência social, lei complementar federal estabelecerá, para os que já existam, normas gerais de organização, de funcionamento e de responsabilidade em sua gestão, dispondo, entre outros aspectos, sobre:

I – requisitos para sua extinção e consequente migração para o Regime Geral de Previdência Social;

II – modelo de arrecadação, de aplicação e de utilização dos recursos;

III – fiscalização pela União e controle externo e social;

IV – definição de equilíbrio financeiro e atuarial;

V – condições para instituição do fundo com finalidade previdenciária de que trata o art. 249 e para vinculação a ele dos recursos provenientes de contribuições e dos bens, direitos e ativos de qualquer natureza;

VI – mecanismos de equacionamento do déficit atuarial;

VII – estruturação do órgão ou entidade gestora do regime, observados os princípios relacionados com governança, controle interno e transparência;

VIII – condições e hipóteses para responsabilização daqueles que desempenhem atribuições relacionadas, direta ou indiretamente, com a gestão do regime;

IX – condições para adesão a consórcio público;

X – parâmetros para apuração da base de cálculo e definição de alíquota de contribuições ordinárias e extraordinárias.

9.9 Militares dos estados, Distrito Federal e territórios

A Constituição Federal distingue duas espécies de servidores, os civis e os militares, sendo que a estes reserva um regime jurídico diferenciado, previsto especialmente no art. 42 (Polícias Militares e Corpos de Bombeiros Militares) e no art. 142, § 3º (Forças Armadas – Exército, Marinha e Aeronáutica).

As Polícias Militares, os Corpos de Bombeiros Militares e as Forças Armadas são instituições organizadas com base na **hierarquia** e na **disciplina**.

Tomando de empréstimo o conceito constante do art. 14, § 1º e 2º, da Lei nº 6.880/1980 (Estatuto dos Militares das Forças Armadas), temos que a **hierarquia** militar é a ordenação da autoridade, em níveis diferentes, dentro da estrutura militar e a **disciplina** é a rigorosa observância e o acatamento integral das leis, regulamentos, normas e disposições que fundamentam o organismo militar e coordenam seu funcionamento regular e harmônico, traduzindo-se pelo perfeito cumprimento do dever por parte de todos e de cada um dos componentes desses organismos.

A hierarquia e a disciplina estão presentes em todo o serviço público. No entanto, no seio militar, elas são muito mais rígidas, objetivando garantir pronta e irrestrita obediência de seus membros, o que é imprescindível para o exercício das suas atividades.

As Polícias Militares e os Corpos de Bombeiros Militares são **órgãos de segurança pública** (art. 144, da Constituição Federal de 1988), organizados e mantidos pelos Estados.

Às Polícias Militares cabem as atribuições de polícia administrativa, ostensiva e a preservação da ordem pública. Aos Corpos de Bombeiros Militares cabe, além das atribuições definidas em lei (atividades de combate a incêndio, busca e resgate de pessoas etc.), a execução de atividades de defesa civil (art. 144, § 5º, da CF/1988/1988).

Segundo o § 6º, do art. 144, da CF/1988/1988, as Polícias Militares e os Corpos de Bombeiros Militares são forças auxiliares e reserva do Exército e subordinam-se aos governadores dos estados, do Distrito Federal e dos territórios.

Apesar de estarem subordinadas ao Governador do Distrito Federal, a organização e a manutenção da Polícia Militar e do Corpo de Bombeiros Militares do Distrito Federal são de competência da União (art. 21, inciso XIV, da CF/1988/1988).

No art. 42, a Constituição Federal estende aos policiais militares e aos bombeiros militares praticamente as mesmas **disposições** aplicáveis aos integrantes das Forças Armadas, militares da União, previstas no art. 142, § 2º e 3º, da Constituição Federal de 1988. Assim, entre outros:

- **O militar que seja alistável é elegível.** No entanto, se contar menos de dez anos de serviço, deverá afastar-se da atividade; se contar mais de dez anos de serviço será agregado pela autoridade superior e, se eleito, passará automaticamente, no ato da diplomação, para a inatividade.
- **Não cabe** *Habeas corpus* em relação a punições disciplinares militares.
- **Ao militar são proibidas** a sindicalização e a greve.
- O militar, **enquanto em serviço ativo,** não pode estar filiado a partidos políticos.

10 PODER JUDICIÁRIO

10.1 Disposições gerais

O Poder Judiciário é o titular da chamada função jurisdicional. Ele possui a atribuição principal de "dizer o direito", "aplicar o direito ao caso concreto". Além de desempenhar esta função típica, o Judiciário também exerce de forma atípica a função dos demais poderes. Quando realiza concursos públicos ou contrata uma empresa prestadora de serviços, ele o faz no exercício da função administrativa (Poder Executivo). O Judiciário também exerce de forma atípica a função do Poder Legislativo quando edita instrumentos normativos que regulam as atividades dos tribunais.

Para desempenhar suas funções, o Poder Judiciário se utiliza de diversos órgãos os quais estão previstos no art. 92:

Art. 92 São órgãos do Poder Judiciário:
I – O Supremo Tribunal Federal;
I-A. O Conselho Nacional de Justiça;
II – O Superior Tribunal de Justiça;
II-A. O Tribunal Superior do Trabalho;
III – Os Tribunais Regionais Federais e Juízes Federais;
IV – Os Tribunais e Juízes do Trabalho;
V – Os Tribunais e Juízes Eleitorais;
VI – Os Tribunais e Juízes Militares;
VII – Os Tribunais e Juízes dos Estados e do Distrito Federal e Territórios.
§ 1º O Supremo Tribunal Federal, o Conselho Nacional de Justiça e os Tribunais Superiores têm sede na Capital Federal.
§ 2º O Supremo Tribunal Federal e os Tribunais Superiores têm jurisdição em todo o território nacional.

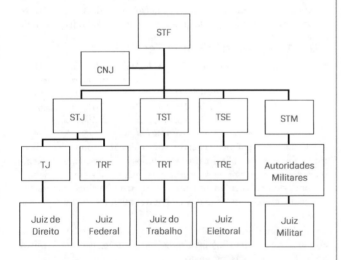

10.1.1 Critérios para ingresso na carreira

Conforme o que diz o art. 93, inciso I, da Constituição Federal de 1988:

Art. 93 Lei complementar, de iniciativa do Supremo Tribunal Federal, disporá sobre o Estatuto da Magistratura, observados os seguintes princípios:
I – Ingresso na carreira, cujo cargo inicial será o de juiz substituto, mediante concurso público de provas e títulos, com a participação da Ordem dos Advogados do Brasil em todas as fases, exigindo-se do bacharel em direito, no mínimo, três anos de atividade jurídica e obedecendo-se, nas nomeações, à ordem de classificação.

Esse inciso apresenta regras para o ingresso na carreira da Magistratura. O ingresso dar-se-á no cargo de juiz substituto e depende de aprovação em concurso público de provas e títulos.

Como foi possível perceber, é um tipo de concurso que é bem seletivo, sendo que aprovação depende de intensa dedicação do candidato. Além de a prova ser dificílima, o candidato precisa comprovar no mínimo três anos de atividade jurídica, que só pode ser realizada após a conclusão do curso. Deve-se estar atento a esse prazo de atividade jurídica exigido, as bancas costumam trocar o três por outro numeral.

O conceito de atividade jurídica é definido na Resolução nº 75/2009 do Conselho Nacional de Justiça que prevê, entre outros, o exercício da advocacia ou de cargo público privativo de bacharel em direito como forma de se comprovar o tempo exigido.

10.1.2 Quinto constitucional

O quinto permite que uma pessoa se torne magistrado sem necessidade de realização de concurso público para a magistratura. É uma porta de entrada destinada a quem não é membro do Poder Judiciário. A regra do quinto decorre do fato de que 1/5 das vagas em alguns tribunais são destinadas aos membros do Ministério Público ou da Advocacia. Vejamos o que dispõe o art. 94 da Constituição Federal:

Art. 94 Um quinto dos lugares dos Tribunais Regionais Federais, dos Tribunais dos Estados, e do Distrito Federal e Territórios será composto de membros, do Ministério Público, com mais de dez anos de carreira, e de advogados de notório saber jurídico e de reputação ilibada, com mais de dez anos de efetiva atividade profissional, indicados em lista sêxtupla pelos órgãos de representação das respectivas classes.
Parágrafo único. Recebidas as indicações, o tribunal formará lista tríplice, enviando-a ao Poder Executivo, que, nos vinte dias subsequentes, escolherá um de seus integrantes para nomeação.

Um detalhe que não pode ser esquecido é: para concorrer às vagas pelo quinto constitucional, faz-se necessário que os membros do Ministério Público e da Advocacia possuam mais de dez anos de experiência.

Outra questão muito importante é saber quais são os tribunais que permitem o ingresso pelo quinto. Segundo o art. 94, podem ingressar pelo quinto os membros dos tribunais regionais federais, dos tribunais dos estados, e do Distrito Federal e territórios.

Ainda possuem um quinto das vagas para os membros do Ministério Público e da Advocacia os Tribunais Regionais do Trabalho e o Tribunal Superior do Trabalho. Assim preveem os arts. 111-A e 115 da Constituição Federal de 1988:

Art. 111-A O Tribunal Superior do Trabalho compor-se-á de vinte e sete Ministros, escolhidos dentre brasileiros com mais de trinta e cinco anos e menos de sessenta e cinco anos, de notável saber jurídico e reputação ilibada, nomeados pelo Presidente da República após aprovação pela maioria absoluta do Senado Federal, sendo:
I – Um quinto dentre advogados com mais de dez anos de efetiva atividade profissional e membros do Ministério Público do Trabalho com mais de dez anos de efetivo exercício, observado o disposto no art. 94.
Art. 115 Os Tribunais Regionais do Trabalho compõem-se de, no mínimo, sete juízes, recrutados, quando possível, na respectiva região, e nomeados pelo Presidente da República dentre brasileiros com mais de trinta e menos de sessenta e cinco anos, sendo:
I – Um quinto dentre advogados com mais de dez anos de efetiva atividade profissional e membros do Ministério Público do Trabalho com mais de dez anos de efetivo exercício, observado o disposto no art. 94.

O Superior Tribunal de Justiça também permite que membros do Ministério Público ou da advocacia nele ingressem, contudo, não são destinadas 1/5 das vagas, mas 1/3 das vagas:

Art. 104 O Superior Tribunal de Justiça compõe-se de, no mínimo, trinta e três Ministros.
Parágrafo único. Os Ministros do Superior Tribunal de Justiça serão nomeados pelo Presidente da República, dentre brasileiros com mais de trinta e cinco e menos de sessenta e cinco anos, de notável saber jurídico e reputação ilibada, depois de aprovada a escolha pela maioria absoluta do Senado Federal, sendo:
I – Um terço dentre juízes dos Tribunais Regionais Federais e um terço dentre desembargadores dos Tribunais de Justiça, indicados em lista tríplice elaborada pelo próprio Tribunal;

PODER JUDICIÁRIO

II – Um terço, em partes iguais, dentre advogados e membros do Ministério Público Federal, Estadual, do Distrito Federal e Territórios, alternadamente, indicados na forma do art. 94.

10.1.3 Garantias dos membros

As garantias são um conjunto de proteções que os membros do Poder Judiciário possuem e que são inerentes ao exercício de suas funções. Uma observação se faz necessária: quando se fala "membro do Poder Judiciário", refere-se ao titular da função jurisdicional, ou seja, ao magistrado, ao juiz. Os demais servidores auxiliares do Poder Judiciário não possuem as mesmas garantias dos juízes.

A doutrina classifica as garantias dos magistrados em duas espécies:

- **Garantias de independência:**

São proteções que garantem ao magistrado uma maior tranquilidade para desempenhar suas funções. O objetivo é permitir ao juiz segurança no desempenhar de suas funções. Elas estão previstas no art. 95 da Constituição Federal de 1988, as quais são:

Art. 95 Os juízes gozam das seguintes garantias:

I – Vitaliciedade, que, no primeiro grau, só será adquirida após dois anos de exercício, dependendo a perda do cargo, nesse período, de deliberação do tribunal a que o juiz estiver vinculado, e, nos demais casos, de sentença judicial transitada em julgado;

II – Inamovibilidade, salvo por motivo de interesse público, na forma do art. 93, VIII;

III – Irredutibilidade de subsídio, ressalvado o disposto nos Arts. 37, X e XI, 39, § 4º, 150, II, 153, III, e 153, § 2º, I.

A **vitaliciedade** é como se fosse a estabilidade do servidor público, com uma diferença: ela é bem mais vantajosa que a simples estabilidade. A vitaliciedade garante ao magistrado perder o seu cargo apenas por sentença judicial transitada em julgado. Como se pode ver, é bem mais vantajosa que a estabilidade. Atente-se para alguns detalhes: a vitaliciedade só será adquirida após dois anos de exercício no cargo; durante o estágio probatório do juiz, que dura dois anos, ele poderá perder o cargo por deliberação do próprio tribunal do qual faz parte.

Um detalhe quase nunca percebido é que a exigência dos dois anos de exercício para se adquirir a vitaliciedade só se aplica aos juízes do primeiro grau, ou seja, aos juízes que ingressaram na carreira por meio de concurso público. Os juízes que ingressam diretamente no Tribunal, por meio do quinto constitucional, ou mesmo no STJ pelo 1/3 das vagas, não precisam esperar os dois anos para adquirir a garantia. Para estes, a vitaliciedade é imediata, sendo adquirida quando ele pisa no Tribunal.

A **inamovibilidade** prevê que o magistrado não poderá ser removido do local onde exerce a sua função sem sua vontade. Ele poderá julgar qualquer pessoa, conforme sua convicção, sem medo de ser obrigado a deixar o local onde exerce a sua jurisdição. Essa garantia não é absoluta, pois poderá ser removido de ofício por interesse público conforme preleciona o art. 93, inciso VIII, da Constituição Federal de 1988:

Art. 93 [...]

VIII – O ato de remoção ou de disponibilidade do magistrado, por interesse público, fundar-se-á em decisão por voto da maioria absoluta do respectivo tribunal ou do Conselho Nacional de Justiça, assegurada ampla defesa.

A **irredutibilidade dos subsídios** representa a garantia de que o magistrado não poderá ter redução em sua remuneração. A forma de retribuição pecuniária do magistrado é por meio de subsídio, que equivale a uma parcela única. Por isso, fala-se em irredutibilidade dos subsídios.

- **Garantias de imparcialidade**

Essas normas são verdadeiras vedações aplicadas aos magistrados. São impedimentos que visam a garantir um julgamento imparcial, sem vícios ou privilégios. Por isso, são chamadas de garantias de imparcialidade. São elas:

Art. 95 [...]

Parágrafo único. Aos juízes é vedado:

I – Exercer, ainda que em disponibilidade, outro cargo ou função, salvo uma de magistério;

II – Receber, a qualquer título ou pretexto, custas ou participação em processo;

III – Dedicar-se à atividade político-partidária.

IV – Receber, a qualquer título ou pretexto, auxílios ou contribuições de pessoas físicas, entidades públicas ou privadas, ressalvadas as exceções previstas em lei;

V – Exercer a advocacia no juízo ou tribunal do qual se afastou, antes de decorridos três anos do afastamento do cargo por aposentadoria ou exoneração.

Geralmente as bancas cobram a memorização dessas vedações. O **inciso I** é bem cobrado em razão da exceção prevista na Constituição para a acumulação de cargos ou funções. Segundo esse inciso, o magistrado, além de exercer sua função de juiz, também pode exercer uma função no magistério.

O **inciso II** proíbe o magistrado de receber custas ou participação em processos. O juiz já recebe sua remuneração para desempenhar sua função independente dos valores que estão em jogo nos processos.

O **inciso III** proíbe o juiz de se dedicar à atividade político-partidária exatamente para evitar que seus julgamentos sejam influenciados por correntes políticas ou convicções partidárias. O juiz precisa ficar alheio a tais situações.

O **inciso IV** proíbe o magistrado de receber ajudas financeiras de terceiros ressalvados os casos previstos em lei. Por exemplo, um juiz não pode receber um carro como agradecimento por um julgamento favorável, mas poderia receber os valores decorrentes da venda de livros que tenha escrito ou mesmo, receber valores pela ministração de palestras.

10.2 Composição dos órgãos do Poder Judiciário

A composição dos tribunais é tema recorrente em prova e requer um alto poder de memorização do candidato, principalmente pela composição diferenciada entre um e outro tribunal. A seguir descreve-se, então, a composição de cada um dos órgãos do Poder Judiciário.

10.2.1 Supremo Tribunal Federal

Art. 101 O Supremo Tribunal Federal compõe-se de onze Ministros, escolhidos dentre cidadãos com mais de trinta e cinco e menos de sessenta e cinco anos de idade, de notável saber jurídico e reputação.

Parágrafo único. Os Ministros do Supremo Tribunal Federal serão nomeados pelo Presidente da República, depois de aprovada a escolha pela maioria absoluta do Senado Federal.

O Supremo Tribunal Federal é o órgão de cúpula do Poder Judiciário e é formado por 11 ministros escolhidos pelo Presidente da República depois de aprovada a escolha pela maioria absoluta do Senado Federal, dentre os cidadãos com mais de trinta e cinco e menos de sessenta e cinco anos de idade, de notável saber jurídico e reputação ilibada.

Existe mais um requisito que não está escrito nesse artigo, mas está previsto no art. 12, § 3º, IV, da Constituição. Para ser Ministro do STF deve ser brasileiro nato:

Art. 12 [...]

§ 3º São privativos de brasileiro nato os cargos: [...]

IV – De Ministro do Supremo Tribunal Federal.

A Constituição não exige do candidato a ministro do STF que tenha formação superior em Direito, apesar de exigir notório saber jurídico.

10.2.2 Conselho Nacional de Justiça

Vejamos agora a composição do Conselho Nacional de Justiça (CNJ):

Art. 103-B O Conselho Nacional de Justiça compõe-se de 15 (quinze) membros com mandato de 2 (dois) anos, admitida 1 (uma) recondução, sendo:

I – O Presidente do Supremo Tribunal Federal;

DIREITO CONSTITUCIONAL

II – Um Ministro do Superior Tribunal de Justiça, indicado pelo respectivo tribunal;

III – Um Ministro do Tribunal Superior do Trabalho, indicado pelo respectivo tribunal;

IV – Um desembargador de Tribunal de Justiça, indicado pelo Supremo Tribunal Federal;

V – Um juiz estadual, indicado pelo Supremo Tribunal Federal;

VI – Um juiz de Tribunal Regional Federal, indicado pelo Superior Tribunal de Justiça;

VII – Um juiz federal, indicado pelo Superior Tribunal de Justiça;

VIII – Um juiz de Tribunal Regional do Trabalho, indicado pelo Tribunal Superior do Trabalho;

IX – Um juiz do trabalho, indicado pelo Tribunal Superior do Trabalho;

X – Um membro do Ministério Público da União, indicado pelo Procurador-geral da República;

XI – Um membro do Ministério Público estadual, escolhido pelo Procurador-geral da República dentre os nomes indicados pelo órgão competente de cada instituição estadual;

XII – Dois advogados, indicados pelo Conselho Federal da Ordem dos Advogados do Brasil;

XIII – Dois cidadãos, de notável saber jurídico e reputação ilibada, indicados um pela Câmara dos Deputados e outro pelo Senado Federal.

§ 1º O Conselho será presidido pelo Presidente do Supremo Tribunal Federal e, nas suas ausências e impedimentos, pelo Vice-Presidente do Supremo Tribunal Federal.

§ 2º Os demais membros do Conselho serão nomeados pelo Presidente da República, depois de aprovada a escolha pela maioria absoluta do Senado Federal.

§ 3º Não efetuadas, no prazo legal, as indicações previstas neste artigo, caberá a escolha ao Supremo Tribunal Federal.

§ 4º Compete ao Conselho o controle da atuação administrativa e financeira do Poder Judiciário e do cumprimento dos deveres funcionais dos juízes, cabendo-lhe, além de outras atribuições que lhe forem conferidas pelo Estatuto da Magistratura:

I – zelar pela autonomia do Poder Judiciário e pelo cumprimento do Estatuto da Magistratura, podendo expedir atos regulamentares, no âmbito de sua competência, ou recomendar providências;

II – zelar pela observância do art. 37 e apreciar, de ofício ou mediante provocação, a legalidade dos atos administrativos praticados por membros ou órgãos do Poder Judiciário, podendo desconstituí-los, revê-los ou fixar prazo para que se adotem as providências necessárias ao exato cumprimento da lei, sem prejuízo da competência do Tribunal de Contas da União;

III – receber e conhecer das reclamações contra membros ou órgãos do Poder Judiciário, inclusive contra seus serviços auxiliares, serventias e órgãos prestadores de serviços notariais e de registro que atuem por delegação do poder público ou oficializados, sem prejuízo da competência disciplinar e correicional dos tribunais, podendo avocar processos disciplinares em curso, determinar a remoção ou a disponibilidade e aplicar outras sanções administrativas, assegurada ampla defesa;

IV – representar ao Ministério Público, no caso de crime contra a Administração Pública ou de abuso de autoridade;

V – rever, de ofício ou mediante provocação, os processos disciplinares de juízes e membros de tribunais julgados há menos de um ano;

VI – elaborar semestralmente relatório estatístico sobre processos e sentenças prolatadas, por unidade da Federação, nos diferentes órgãos do Poder Judiciário;

VII – elaborar relatório anual, propondo as providências que julgar necessárias, sobre a situação do Poder Judiciário no País e as atividades do Conselho, o qual deve integrar mensagem do Presidente do Supremo Tribunal Federal a ser remetida ao Congresso Nacional, por ocasião da abertura da sessão legislativa.

A composição do CNJ possui uma dificuldade peculiar para a memorização. Perceba na leitura do artigo, que os membros do Conselho são indicados por algum órgão. Além de memorizar os membros, o candidato tem de memorizar o órgão que indicou o membro. Para isso, deve-se fazer uma análise lógica na construção dessa composição:

A primeira coisa que se tem que fazer é identificar os órgãos que escolhem:
- **Supremo Tribunal Federal (STF);**
- **Superior Tribunal de Justiça (STJ);**
- **Tribunal Superior do Trabalho (TST);**
- **Programa de Gerenciamento de Riscos (PGR);**
- **Conselho Federal da Ordem dos Advogados do Brasil (CF/1988OAB);**
- **Câmara dos Deputados;**
- **Senado Federal.**

A partir dessa primeira análise, parte-se para a identificação dos membros que são indicados por cada um dos órgãos, que deve ser construída de forma lógica.

Entre os membros do CNJ existem dois advogados: quem poderia indicar dois advogados? O STF, o STJ, o TST ou o **Conselho Federal dos Advogados do Brasil**? Que quem indica os dois advogados é o CF/1988OAB. Entre os membros do CNJ, existe um membro do Ministério Público da União e um membro do Ministério Público estadual. Quem indica esses dois membros do Ministério Público? Será o STF? Ou seria o STJ? Não é mais lógico que a escolha dos membros do Ministério Público seja do **Procurador Geral da República,** que é o chefe do Ministério Público da União? Certamente.

Com base nessa lógica, fica fácil identificar os membros do CNJ. Continuemos a análise. Agora existem membros da justiça trabalhista: um Ministro do TST, um Juiz do TRT e um Juiz do Trabalho. Quem escolhe esses juízes é o **Tribunal Superior do Trabalho** o responsável pela escolha desses três membros pertencentes à justiça trabalhista.

Ainda há alguns membros a serem escolhidos. Quem escolhe os membros da Justiça Federal (Juiz do TRF e Juiz Federal)? Tem de ser o Tribunal guardião da Legislação Federal: **Superior Tribunal de Justiça**. Ele também escolherá um membro do seu próprio tribunal para fazer parte do CNJ.

Ao **Supremo Tribunal Federal,** fica a responsabilidade pela escolha dos membros da Justiça Estadual, ou seja, um Juiz Estadual e um Desembargador de Tribunal de Justiça. Aqui cabe uma observação importantíssima. O STF não escolhe um de seus ministros para fazer parte do CNJ, pois o Presidente do STF é membro nato. Ele não é escolhido, ele faz parte do CNJ desde sua nomeação como Presidente do STF. Ao mesmo tempo em que é indicado como Presidente do STF, ele também cumulará a função de Presidente do CNJ.

Por último, resta saber quem o **Senado Federal** e a **Câmara dos Deputados** indicarão para ser membro do CNJ. Cada um deles indicará um cidadão de notável saber jurídico e reputação ilibada.

Como se pode perceber, nem todos os membros do Conselho Nacional de Justiça são membros do Poder Judiciário. Essa é uma característica já cobrada em prova, com exceção do Presidente do STF, que é membro nato do CNJ; os demais serão nomeados pelo Presidente da República depois de aprovada a escolha pela maioria do Senado Federal. Caso as indicações acima listadas não sejam efetuadas, caberá ao Supremo Tribunal Federal fazê-las. Lembre-se de que os membros do CNJ exercem um mandato de dois anos, sendo admitida uma recondução.

10.2.3 Superior Tribunal de Justiça

O texto constitucional prevê no art. 104 da Constituição Federal de 1988:

> **Art. 104** *O Superior Tribunal de Justiça compõe-se de, no mínimo, trinta e três Ministros.*
>
> **Parágrafo único.** *Os Ministros do Superior Tribunal de Justiça serão nomeados pelo Presidente da República, dentre brasileiros com mais de trinta e cinco e menos de sessenta e cinco anos, de notável saber jurídico e reputação ilibada, depois de aprovada a escolha pela maioria absoluta do Senado Federal, sendo:*
>
> *I – Um terço dentre juízes dos Tribunais Regionais Federais e um terço dentre desembargadores dos Tribunais de Justiça, indicados em lista tríplice elaborada pelo próprio Tribunal;*

PODER JUDICIÁRIO

II – Um terço, em partes iguais, dentre advogados e membros do Ministério Público Federal, Estadual, do Distrito Federal e Territórios, alternadamente, indicados na forma do art. 94.

O Superior Tribunal de Justiça é composto por, no mínimo, 33 ministros. Deve-se ter cuidado com isso em prova: não são 33, mas, no mínimo 33. Esse dispositivo permite que o Tribunal possua mais de 33 membros.

Seus membros serão nomeados pelo Presidente da República depois de aprovada a escolha pelo Senado Federal. Aqui se aplica uma regra comum nos tribunais superiores: nomeação pelo Presidente mediante aprovação do Senado. Outro requisito é a idade: no mínimo 35 e no máximo 65 anos.

Questão sempre cobrada em prova é a composição. A escolha dos Ministros não é livre, estando vinculada ao texto constitucional que prevê:

- 1/3 das vagas para os membros dos Tribunais Regionais Federais;
- 1/3 das vagas para os Desembargadores dos Tribunais de Justiça;
- 1/3 das vagas, dividida em partes iguais, para membros do Ministério Público Federal, Estadual e do Distrito Federal e advogados com mais de 10 anos de experiência.

No que tange às vagas para os membros do Ministério Público e advogados, uma coisa chama a atenção: a divisão em partes iguais. Se houver isso em uma prova, é muito provável que o candidato marque essa afirmação como sendo incorreta, tendo em vista 1/3 de 33 ser igual a 11, valor esse impossível de se dividir em partes iguais, quando a divisão se trata de pessoas. Contudo, essa é a previsão expressa da Constituição, que não é de toda absurda. Considerando que o STJ pode ser composto por mais de 33 membros, havendo, por exemplo, 36, seria possível efetivar essa divisão em partes iguais. Enquanto o órgão for formado por 33 membros, a vaga remanescente é alternada entre membros do MPF e MPDFT e da advocacia.

10.2.4 Tribunal Regional Federal

O art. 107 apresenta as regras de composição dos Tribunais Regionais Federais:

Art. 107 Os Tribunais Regionais Federais compõem-se de, no mínimo, sete juízes, recrutados, quando possível, na respectiva região e nomeados pelo Presidente da República dentre brasileiros com mais de trinta e menos de sessenta e cinco anos, sendo:

I – Um quinto dentre advogados com mais de dez anos de efetiva atividade profissional e membros do Ministério Público Federal com mais de dez anos de carreira;

II – Os demais, mediante promoção de juízes federais com mais de cinco anos de exercício, por antiguidade e merecimento, alternadamente.

Os TRF's possuem a mesma peculiaridade do STJ no que diz respeito à composição baseada em um mínimo, sendo, nesse caso, no mínimo sete juízes, recrutados, quando possível, na respectiva região. Atualmente, são cinco regiões jurisdicionais, cada uma sob a responsabilidade de um TRF.

Para fazer parte dos TRFs o juiz precisa ter no mínimo 30 e no máximo 65 anos de idade. Quando comparada aos Tribunais Superiores, a idade mínima sofre uma atenuação de 35 para 30 anos; deve-se ter atenção em relação a isso.

Os membros dos TRFs são nomeados pelo Presidente da República sem necessidade de aprovação do Senado Federal. Essa é outra distinção importante.

Nos TRFs adota-se a regra do quinto constitucional, por meio do qual, 1/5 das vagas são destinadas a advogados e membros do Ministério Público Federal com mais de 10 anos de experiência. As demais vagas são destinadas a promoção de juízes federais com mais de cinco anos de exercício, que pode ocorrer ou por merecimento ou por antiguidade, de forma alternada.

10.2.5 Justiça do Trabalho

A Justiça do Trabalho encontra-se prevista no art. 111 da Constituição, sendo competente para julgar as causas cuja matéria possua natureza trabalhista. São órgãos da Justiça do Trabalho:

Art. 111. São órgãos da Justiça do Trabalho:
I – O Tribunal Superior do Trabalho;
II – Os Tribunais Regionais do Trabalho;
III – Juízes do Trabalho.

10.2.6 Tribunal Superior de Trabalho

O Tribunal Superior do Trabalho é o órgão de cúpula da Justiça do Trabalho. Segundo a Constituição Federal de 1988, o TST é composto por 27 membros, conforme previsão do art. 111-A:

Art. 111-A O Tribunal Superior do Trabalho compor-se-á de vinte e sete Ministros, escolhidos dentre brasileiros com mais de trinta e cinco anos e menos de sessenta e cinco anos, de notável saber jurídico e reputação ilibada, nomeados pelo Presidente da República após aprovação pela maioria absoluta do Senado Federal, sendo:

I – Um quinto dentre advogados com mais de dez anos de efetiva atividade profissional e membros do Ministério Público do Trabalho com mais de dez anos de efetivo exercício, observado o disposto no art. 94;

II – Os demais dentre juízes dos Tribunais Regionais do Trabalho, oriundos da magistratura da carreira, indicados pelo próprio Tribunal Superior.

O Texto Constitucional exige para ser ministro do TST a condição de brasileiro, maior de 35 anos e menor de 65 anos. A nomeação dos ministros se dá por ato do Presidente da República após a aprovação do Senado Federal pelo voto da maioria absoluta dos seus membros. Os 27 ministros são divididos da seguinte forma:

- **1/5:** advogados com mais de dez anos de efetiva atividade profissional e membros do Ministério Público do Trabalho com mais de dez anos de efetivo exercício;
- **4/5:** juízes dos TRT's, oriundos da magistratura de carreira, indicados pelo próprio tribunal.

Como se pode perceber, no TST adota-se o critério de ingresso pela regra do quinto constitucional. Além disso, é importante ressaltar a exigência de que juiz do TRT que deseje concorrer a uma vaga no TST seja membro do Poder Judiciário de carreira, isto é, que tenha ingressado nos quadros do tribunal por meio de concurso público nos termos do art. 93, I da CF/1988. Essa última regra exclui a possibilidade daqueles que são oriundos do quinto constitucional nos TRTs de ingressarem no TST na vaga destinada aos membros da magistratura trabalhista (4/5 das vagas).

A Constituição Federal de 1988 prevê, ainda, o funcionamento junto ao TST da Escola Nacional de Formação e Aperfeiçoamento de Magistrados do Trabalho e o Conselho Superior da Justiça do Trabalho, conforme o art. 111-A, § 2º:

Art. 111-A [...]

§ 2º Funcionarão junto ao Tribunal Superior do Trabalho:

I – A Escola Nacional de Formação e Aperfeiçoamento de Magistrados do Trabalho, cabendo-lhe, dentre outras funções, regulamentar os cursos oficiais para o ingresso e promoção na carreira;

II – O Conselho Superior da Justiça do Trabalho, cabendo-lhe exercer, na forma da lei, a supervisão administrativa, orçamentária, financeira e patrimonial da Justiça do Trabalho de primeiro e segundo graus, como órgão central do sistema, cujas decisões terão efeito vinculante.

§ 3º Compete ao Tribunal Superior do Trabalho processar e julgar, originariamente, a reclamação para a preservação de sua competência e garantia da autoridade de suas decisões.

10.2.7 Tribunal Regional do Trabalho

O ingresso no Tribunal Regional do Trabalho se dá conforme as regras previstas no art. 115 da Constituição Federal de 1988:

Art. 115 Os Tribunais Regionais do Trabalho compõem-se de, no mínimo, sete juízes, recrutados, quando possível, na respectiva região, e nomeados pelo Presidente da República dentre brasileiros com mais de trinta e menos de sessenta e cinco anos, sendo:

DIREITO CONSTITUCIONAL

I – Um quinto dentre advogados com mais de dez anos de efetiva atividade profissional e membros do Ministério Público do Trabalho com mais de dez anos de efetivo exercício, observado o disposto no art. 94;

II – Os demais, mediante promoção de juízes do trabalho por antiguidade e merecimento, alternadamente.

§ 1º. Os Tribunais Regionais do Trabalho instalarão a justiça itinerante, com a realização de audiências e demais funções de atividade jurisdicional, nos limites territoriais da respectiva jurisdição, servindo-se de equipamentos públicos e comunitários.

§ 2º. Os Tribunais Regionais do Trabalho poderão funcionar descentralizadamente, constituindo Câmaras regionais, a fim de assegurar o pleno acesso do jurisdicionado à justiça em todas as fases do processo.

Art. 116. Nas Varas do Trabalho, a jurisdição será exercida por um juiz singular.

São no mínimo sete juízes recrutados, quando possível, na respectiva região os quais serão nomeados pelo Presidente da República entre brasileiros com mais de 30 e menos de 65 anos de idade. Para ser um juiz do TRT, é necessária a observação dos seguintes critérios:

- **1/5:** advogados com mais de 10 anos de efetiva atividade profissional e membros do Ministério Público do Trabalho com mais de 10 anos de efetivo exercício;
- **4/5:** juízes do trabalho promovidos por antiguidade e merecimento, alternadamente.

A Constituição prevê, dentro da estrutura dos TRTs, como forma de democratizar o acesso à Justiça do Trabalho, a possibilidade de instalação da justiça itinerante, com a realização de audiências e demais funções de atividade jurisdicional, nos limites territoriais da respectiva jurisdição, servindo-se de equipamentos públicos e comunitários. Não se deve esquecer de que os TRTs poderão funcionar descentralizadamente, constituindo câmaras regionais, a fim de assegurar o pleno acesso do jurisdicionado à justiça em todas as fases do processo, garantindo-se, dessa forma, uma maior celeridade processual. Ainda dentro da estrutura da Justiça do Trabalho, a Constituição Federal de 1988 prevê a possibilidade de juízes de direito exercerem as atribuições da jurisdição trabalhista nas comarcas não abrangidas pela Justiça do Trabalho, garantindo, nesse caso, recurso para o TRT:

Art. 112 A lei criará varas da Justiça do Trabalho, podendo, nas comarcas não abrangidas por sua jurisdição, atribuí-la aos juízes de direito, com recurso para o respectivo Tribunal Regional do Trabalho.

Por fim, a Constituição determinou que a jurisdição nas Varas do Trabalho seja exercida por um juiz singular:

Art. 116 Nas Varas do Trabalho, a jurisdição será exercida por um juiz singular.

Quanto às competências da Justiça do Trabalho, a Constituição encarregou-se de defini-las expressamente no art. 114 da Constituição Federal de 1988:

Art. 114 Compete à Justiça do Trabalho processar e julgar:

I – As ações oriundas da relação de trabalho, abrangidos os entes de direito público externo e da Administração Pública direta e indireta da União, dos Estados, do Distrito Federal e dos Municípios;

II – As ações que envolvam exercício do direito de greve;

III – As ações sobre representação sindical, entre sindicatos, entre sindicatos e trabalhadores, e entre sindicatos e empregadores;

IV – Os mandados de segurança, "Habeas corpus" e "Habeas Data", quando o ato questionado envolver matéria sujeita à sua jurisdição;

V – Os conflitos de competência entre órgãos com jurisdição trabalhista, ressalvado o disposto no art. 102, I, o;

VI – As ações de indenização por dano moral ou patrimonial, decorrentes da relação de trabalho;

VII – As ações relativas às penalidades administrativas impostas aos empregadores pelos órgãos de fiscalização das relações de trabalho;

VIII – A execução, de ofício, das contribuições sociais previstas no art. 195, I, a , e II, e seus acréscimos legais, decorrentes das sentenças que proferir;

IX – Outras controvérsias decorrentes da relação de trabalho, na forma da lei.

§ 1º Frustrada a negociação coletiva, as partes poderão eleger árbitros.

§ 2º Recusando-se qualquer das partes à negociação coletiva ou à arbitragem, é facultado às mesmas, de comum acordo, ajuizar dissídio coletivo de natureza econômica, podendo a Justiça do Trabalho decidir o conflito, respeitadas as disposições mínimas legais de proteção ao trabalho, bem como as convencionadas anteriormente.

§ 3º Em caso de greve em atividade essencial, com possibilidade de lesão do interesse público, o Ministério Público do Trabalho poderá ajuizar dissídio coletivo, competindo à Justiça do Trabalho decidir o conflito.

10.2.8 Justiça Eleitoral

A Justiça Eleitoral é a justiça especializada em questões de natureza eleitoral. Seus órgãos estão previstos no art. 118 da Constituição Federal de 1988:

Art. 118 São órgãos da Justiça Eleitoral:
I – O Tribunal Superior Eleitoral;
II – Os Tribunais Regionais Eleitorais;
III – Os Juízes Eleitorais;
IV – As Juntas Eleitorais.

Uma peculiaridade distingue os órgãos da Justiça Eleitoral dos demais órgãos do Poder Judiciário. Apesar de seus membros possuírem as mesmas garantias dos demais membros do Poder Judiciário, eles não possuem a vitaliciedade, haja vista serem eleitos para um mandato de dois anos, no mínimo, não podendo exercê-lo por mais de dois biênios consecutivos:

Art. 121 Lei complementar disporá sobre a organização e competência dos tribunais, dos juízes de direito e das juntas eleitorais.

§ 1º Os membros dos tribunais, os juízes de direito e os integrantes das juntas eleitorais, no exercício de suas funções, e no que lhes for aplicável, gozarão de plenas garantias e serão inamovíveis.

§ 2º Os juízes dos tribunais eleitorais, salvo motivo justificado, servirão por dois anos, no mínimo, e nunca por mais de dois biênios consecutivos, sendo os substitutos escolhidos na mesma ocasião e pelo mesmo processo, em número igual para cada categoria.

Analisa-se, a seguir, a composição de cada um dos órgãos da Justiça Eleitoral.

10.2.9 Tribunal Superior Eleitoral

O Tribunal Superior Eleitoral é o tribunal superior da Justiça Eleitoral. Sua composição está prevista no art. 119 da Constituição Federal:

Art. 119 O Tribunal Superior Eleitoral compor-se-á, no mínimo, de sete membros, escolhidos:

I – Mediante eleição, pelo voto secreto:
a) Três juízes dentre os Ministros do Supremo Tribunal Federal;
b) Dois juízes dentre os Ministros do Superior Tribunal de Justiça;

II – Por nomeação do Presidente da República, dois juízes dentre seis advogados de notável saber jurídico e idoneidade moral, indicados pelo Supremo Tribunal Federal.

Parágrafo único. O Tribunal Superior Eleitoral elegerá seu Presidente e o Vice-Presidente dentre os Ministros do Supremo Tribunal Federal, e o Corregedor Eleitoral dentre os Ministros do Superior Tribunal de Justiça.

Como se pode depreender do texto constitucional, o TSE é composto de no mínimo sete membros os quais serão eleitos ou nomeados segundo as seguintes regras:

- Escolhidos mediante eleição: **três** juízes dentre os Ministros STF e **dois** juízes dentre os Ministros do STJ;
- Por nomeação do Presidente da República: dois juízes dentre seis **advogados** de notável saber jurídico e idoneidade moral, indicados pelo Supremo Tribunal Federal.

O presidente e o vice-presidente do TSE serão escolhidos dentre os Ministros do STF e o Corregedor Eleitoral será escolhido dentre os Ministros do STJ.

PODER JUDICIÁRIO

10.2.10 Tribunal Regional Eleitoral

Os Tribunais Regionais Eleitorais serão distribuídos em todo território nacional sendo um em cada Capital de cada Estado e no Distrito Federal os quais se comporão de **sete membros**, conforme dispõe o art. 120 da Constituição Federal de 1988:

> **Art. 120** *Haverá um Tribunal Regional Eleitoral na Capital de cada Estado e no Distrito Federal.*
>
> *§ 1º Os Tribunais Regionais Eleitorais compor-se-ão:*
>
> *I – Mediante eleição, pelo voto secreto:*
>
> *a) De dois juízes dentre os desembargadores do Tribunal de Justiça;*
>
> *b) De dois juízes, dentre juízes de direito, escolhidos pelo Tribunal de Justiça;*
>
> *II – De um juiz do Tribunal Regional Federal com sede na Capital do Estado ou no Distrito Federal, ou, não havendo, de juiz federal, escolhido, em qualquer caso, pelo Tribunal Regional Federal respectivo;*
>
> *III – Por nomeação, pelo Presidente da República, de dois juízes dentre seis advogados de notável saber jurídico e idoneidade moral, indicados pelo Tribunal de Justiça.*
>
> *§ 2º O Tribunal Regional Eleitoral elegerá seu Presidente e o Vice-Presidente dentre os desembargadores.*

Os membros do TRE serão escolhidos conforme os seguintes critérios:

- **Mediante eleição: dois** juízes dentre os desembargadores do Tribunal de Justiça e **dois** juízes, dentre juízes de direito, escolhidos pelo Tribunal de Justiça.
- **Por nomeação do Presidente da República:** de **dois** juízes dentre seis advogados de notável saber jurídico e idoneidade moral, indicados pelo Tribunal de Justiça.

Cada TRE elegerá seu presidente e o vice-presidente entre os seus desembargadores.

- **Juízes e Juntas Eleitorais**

No que tange aos juízes e juntas eleitorais previstos no art. 121 da Constituição Federal de 1988, sua regulação está prevista no Código Eleitoral entre os arts. 32 e 41, a qual deve ser analisada em disciplina oportuna. Isto é o que prevê o texto constitucional:

> **Art. 121** *Lei complementar disporá sobre a organização e competência dos tribunais, dos juízes de direito e das juntas eleitorais.*
>
> *§ 1º Os membros dos tribunais, os juízes de direito e os integrantes das juntas eleitorais, no exercício de suas funções, e no que lhes for aplicável, gozarão de plenas garantias e serão inamovíveis.*

- **Competência**

Quanto às atribuições da Justiça Eleitoral, não existe dúvida sobre a sua competência especializada em matéria eleitoral. O art. 121, em seu § 3º, estabelece algumas regras que podem ser cobradas em prova:

> **Art. 121** *[...]*
>
> *§ 3º São irrecorríveis as decisões do Tribunal Superior Eleitoral, salvo as que contrariarem esta Constituição e as denegatórias de Habeas corpus ou mandado de segurança.*
>
> *§ 4º Das decisões dos Tribunais Regionais Eleitorais somente caberá recurso quando:*
>
> *I – Forem proferidas contra disposição expressa desta Constituição ou de lei;*
>
> *II – Ocorrer divergência na interpretação de lei entre dois ou mais tribunais eleitorais;*
>
> *III – Versarem sobre inelegibilidade ou expedição de diplomas nas eleições federais ou estaduais;*
>
> *IV – Anularem diplomas ou decretarem a perda de mandatos eletivos federais ou estaduais;*
>
> *V – Denegarem Habeas corpus, mandado de segurança, Habeas Data ou mandado de injunção.*

10.2.11 Justiça Militar

A Justiça Militar compõe a chamada justiça especializada, nesse caso, em direito militar. A sua existência se deve à subordinação dos militares a um regime especial com direitos e deveres distintos quando comparados aos servidores civis.

A Constituição Federal definiu como órgãos da Justiça Militar os seguintes:

> **Art. 122** *São órgãos da Justiça Militar:*
>
> *I – O Superior Tribunal Militar;*
>
> *II – Os Tribunais e Juízes Militares instituídos por lei.*

Na sequência, pode-se ver a composição de cada um dos órgãos.

- **Superior Tribunal Militar**

O Superior Tribunal Militar é o órgão de cúpula da Justiça Militar, o qual é composto segundo as regras estabelecidas no art. 123 da Constituição Federal de 1988:

> **Art. 123** *O Superior Tribunal Militar compor-se-á de quinze Ministros vitalícios, nomeados pelo Presidente da República, depois de aprovada a indicação pelo Senado Federal, sendo três dentre oficiais-generais da Marinha, quatro dentre oficiais-generais do Exército, três dentre oficiais-generais da Aeronáutica, todos da ativa e do posto mais elevado da carreira, e cinco dentre civis.*
>
> **Parágrafo único.** *Os Ministros civis serão escolhidos pelo Presidente da República dentre brasileiros maiores de trinta e cinco anos, sendo:*
>
> *I – Três dentre advogados de notório saber jurídico e conduta ilibada, com mais de dez anos de efetiva atividade profissional;*
>
> *II – Dois, por escolha paritária, dentre juízes auditores e membros do Ministério Público da Justiça Militar.*

O STM é composto por quinze ministros nomeados pelo Presidente da República, depois de aprovada a indicação pelo Senado Federal. Esses ministros ocuparão os cargos de forma vitalícia e serão escolhidos entre militares da ativa e do posto mais elevado da carreira, bem como entre civis escolhidos pelo Presidente da República com mais de 35 anos de idade, observadas as seguintes regras:

10 Militares:
- **Três** – oficiais-generais da Marinha;
- **Quatro** – oficiais-generais do Exército;
- **Três** – oficiais-generais da Aeronáutica.

5 Civis:
- **Três** – civis entre advogados de notório saber jurídico e conduta ilibada, com mais de dez anos de efetiva atividade profissional;
- **Dois** – civis escolhidos de forma paritária, entre juízes auditores e membros do Ministério Público da Justiça Militar.

- **Competências**

Segundo a Constituição Federal, a Justiça Militar é competente para processar e julgar os crimes militares definidos em lei:

> **Art. 124** *À Justiça Militar compete processar e julgar os crimes militares definidos em lei.*
>
> **Parágrafo único.** *A lei disporá sobre a organização, o funcionamento e a competência da Justiça Militar.*

É importante lembrar que essa competência é da Justiça Militar da União, a qual só julgará crimes militares praticados por militares das Forças Armadas. A Constituição Federal de 1988 também previu a criação da Justiça Militar nos Estados com competência para julgar os militares dos estados (policiais e bombeiros militares) em seu art. 125, § 3º ao 5º:

> **Art. 125** *Os Estados organizarão sua Justiça, observados os princípios estabelecidos nesta Constituição.*
>
> *§ 3º A lei estadual poderá criar, mediante proposta do Tribunal de Justiça, a Justiça Militar estadual, constituída, em primeiro grau, pelos juízes de direito e pelos Conselhos de Justiça e, em segundo grau, pelo próprio Tribunal de Justiça, ou por Tribunal de Justiça Militar nos Estados em que o efetivo militar seja superior a vinte mil integrantes.*

§ 4º Compete à Justiça Militar estadual processar e julgar os militares dos Estados, nos crimes militares definidos em lei e as ações judiciais contra atos disciplinares militares, ressalvada a competência do júri quando a vítima for civil, cabendo ao tribunal competente decidir sobre a perda do posto e da patente dos oficiais e da graduação das praças.

§ 5º Compete aos juízes de direito do juízo militar processar e julgar, singularmente, os crimes militares cometidos contra civis e as ações judiciais contra atos disciplinares militares, cabendo ao Conselho de Justiça, sob a presidência de juiz de direito, processar e julgar os demais crimes militares.

10.2.12 Tribunais e juízes estaduais

Em relação aos tribunais e juízes estaduais, a Constituição Federal fixou regras gerais e deixou a cargo de cada Estado organizar a sua justiça, observados os princípios estabelecidos na Constituição Federal:

Art. 125 Os Estados organizarão sua Justiça, observados os princípios estabelecidos nesta Constituição.

§ 1º A competência dos tribunais será definida na Constituição do Estado, sendo a lei de organização judiciária de iniciativa do Tribunal de Justiça.

§ 2º Cabe aos Estados a instituição de representação de inconstitucionalidade de leis ou atos normativos estaduais ou municipais em face da Constituição Estadual, vedada a atribuição da legitimação para agir a um único órgão.

§ 3º A lei estadual poderá criar, mediante proposta do Tribunal de Justiça, a Justiça Militar estadual, constituída, em primeiro grau, pelos juízes de direito e pelos Conselhos de Justiça e, em segundo grau, pelo próprio Tribunal de Justiça, ou por Tribunal de Justiça Militar nos Estados em que o efetivo militar seja superior a vinte mil integrantes.

§ 4º Compete à Justiça Militar estadual processar e julgar os militares dos Estados, nos crimes militares definidos em lei e as ações judiciais contra atos disciplinares militares, ressalvada a competência do júri quando a vítima for civil, cabendo ao tribunal competente decidir sobre a perda do posto e da patente dos oficiais e da graduação das praças.

§ 5º Compete aos juízes de direito do juízo militar processar e julgar, singularmente, os crimes militares cometidos contra civis e as ações judiciais contra atos disciplinares militares, cabendo ao Conselho de Justiça, sob a presidência de juiz de direito, processar e julgar os demais crimes militares.

§ 6º O Tribunal de Justiça poderá funcionar descentralizadamente, constituindo Câmaras regionais, a fim de assegurar o pleno acesso do jurisdicionado à justiça em todas as fases do processo.

§ 7º O Tribunal de Justiça instalará a justiça itinerante, com a realização de audiências e demais funções da atividade jurisdicional, nos limites territoriais da respectiva jurisdição, servindo-se de equipamentos públicos e comunitários.

Art. 126 Para dirimir conflitos fundiários, o Tribunal de Justiça proporá a criação de varas especializadas, com competência exclusiva para questões agrárias.

Parágrafo único. Sempre que necessário à eficiente prestação jurisdicional, o juiz far-se-á presente no local do litígio.

- **STF – 11 membros – entre 35 e 65 anos**

    Composição: brasileiros natos. Notável saber jurídico e reputação ilibada. Nomeados pelo Presidente da República mediante aprovação do Senado pela maioria absoluta.

- **CNJ – 15 membros**

    Composição: presidente do STF. Indicados pelo STF: 1 desembargador do TJ, 1 juiz estadual. Indicados pelo STJ: 1 ministro do STJ, 1 juiz do TRF, 1 juiz federal. Indicados pelo TST: 1 ministro do TST, 1 juiz do TRT, 1 juiz do trabalho. Indicados pelo PGR: 1 membro do MPE, 1 membro do MPU. Indicados pelo CF/1988OAB: 2 advogados. Indicado pela Câmara: 1 cidadão. Indicado pelo Senado: 1 cidadão.

- **STJ – mínimo de 33 membros – entre 35 e 65 anos**

    Composição: Brasileiro. Notável saber jurídico e reputação ilibada. Nomeado pelo Presidente da República mediante aprovação do Senado. 1/3 juízes do TRF. 1/3 desembargadores do TJ. 1/3 advogados e membros do MPF, MPE e MPDFT.

- **TRF – mínimo de 7 membros – entre 30 e 65 anos**

    Composição: Nomeados pelo Presidente da República. 1/5 advogados e membros do MPF (os advogados e membros do Ministério Público quando são nomeados para algum cargo do Poder Judiciário pelo Quinto Constitucional precisam comprovar 10 anos de experiência). 4/5 juízes federais.

- **TST – 27 membros – entre 35 e 65 anos**

    Composição: Nomeado pelo Presidente da República mediante aprovação do Senado. 1/5 advogados e membros do MPT. 4/5 juízes do TRT da magistratura de carreira.

- **TRT – mínimo de 7 membros**

    Composição: Eleição: 3 ministros do STF; 2 ministros do STJ. Nomeação pelo Presidente da República: 2 advogados de notável saber jurídico e idoneidade moral indicados pelo STF.

- **TRE – 7 membros**

    Composição: Eleição: 2 desembargadores do TJ, 2 juízes de direito do TJ. 1 juiz do TRF ou juiz federal. Nomeação pelo Presidente da República: 2 advogados de notável saber jurídico e idoneidade moral indicados pelo TJ.

- **STM – 15 membros**

    Composição: Ministros vitalícios. Nomeados pelo Presidente da República mediante aprovação do Senado. 3 oficiais-generais da Marinha. 4 oficiais-generais do Exército. 3 oficiais-generais da Aeronáutica. 5 civis escolhidos pelo Presidente entre brasileiros com mais de trinta e cinco anos sendo três dentre advogados com mais de dez anos de efetiva atividade profissional e dois entre juízes auditores e membros do Ministério Público Militar.

10.3 Análise das competências dos órgãos do Poder Judiciário

O sucesso nesta parte da matéria depende de intensa leitura e memorização das competências que serão cobradas em prova. As mais cobradas são, sem dúvida, as do STF e do STJ. Também há grande ocorrência de questões sobre o CNJ. Passa-se à análise de cada um dos órgãos do Poder Judiciário.

10.3.1 Supremo Tribunal Federal

O Supremo Tribunal Federal é o órgão de cúpula do Poder Judiciário. Também é conhecido como Tribunal Constitucional, pois possui como atribuição precípua a guarda da Constituição Federal. Como protetor do texto constitucional, ele realiza o chamado Controle de Constitucionalidade Concentrado. Nota-se que as competências do STF compõem um rol taxativo e estão distribuídas em três espécies: originária, recursal ordinária e recursal extraordinária.

- **Originárias:** as causas previstas no inciso I do art. 102 têm início no próprio STF, a quem compete julgar originariamente.

    Art. 102 Compete ao Supremo Tribunal Federal, precipuamente, a guarda da Constituição, cabendo-lhe:

    I – Processar e julgar, originariamente:

    a) A ação direta de inconstitucionalidade de lei ou ato normativo federal ou estadual e a ação declaratória de constitucionalidade de lei ou ato normativo federal;

PODER JUDICIÁRIO

b) Nas infrações penais comuns, o Presidente da República, o Vice-Presidente, os membros do Congresso Nacional, seus próprios Ministros e o Procurador-geral da República;

c) Nas infrações penais comuns e nos crimes de responsabilidade, os Ministros de Estado e os Comandantes da Marinha, do Exército e da Aeronáutica, ressalvado o disposto no art. 52, I, os membros dos Tribunais Superiores, os do Tribunal de Contas da União e os chefes de missão diplomática de caráter permanente;

d) O Habeas corpus, sendo paciente qualquer das pessoas referidas nas alíneas anteriores; o mandado de segurança e o Habeas Data contra atos do Presidente da República, das Mesas da Câmara dos Deputados e do Senado Federal, do Tribunal de Contas da União, do Procurador-geral da República e do próprio Supremo Tribunal Federal;

e) O litígio entre Estado estrangeiro ou organismo internacional e a União, o Estado, o Distrito Federal ou o Território;

f) As causas e os conflitos entre a União e os Estados, a União e o Distrito Federal, ou entre uns e outros, inclusive as respectivas entidades da administração indireta;

g) A extradição solicitada por Estado estrangeiro;

h) (Revogado Emenda Constitucional nº 45, de 2004);

i) O Habeas corpus, quando o coator for Tribunal Superior ou quando o coator ou o paciente for autoridade ou funcionário cujos atos estejam sujeitos diretamente à jurisdição do Supremo Tribunal Federal, ou se trate de crime sujeito à mesma jurisdição em uma única instância;

j) A revisão criminal e a ação rescisória de seus julgados;

l) A reclamação para a preservação de sua competência e garantia da autoridade de suas decisões;

m) A execução de sentença nas causas de sua competência originária, facultada a delegação de atribuições para a prática de atos processuais;

n) A ação em que todos os membros da magistratura sejam direta ou indiretamente interessados, e aquela em que mais da metade dos membros do tribunal de origem estejam impedidos ou sejam direta ou indiretamente interessados;

o) Os conflitos de competência entre o Superior Tribunal de Justiça e quaisquer tribunais, entre Tribunais Superiores, ou entre estes e qualquer outro tribunal;

p) O pedido de medida cautelar das ações diretas de inconstitucionalidade;

q) O mandado de injunção, quando a elaboração da norma regulamentadora for atribuição do Presidente da República, do Congresso Nacional, da Câmara dos Deputados, do Senado Federal, das Mesas de uma dessas Casas Legislativas, do Tribunal de Contas da União, de um dos Tribunais Superiores, ou do próprio Supremo Tribunal Federal;

r) As ações contra o Conselho Nacional de Justiça e contra o Conselho Nacional do Ministério Público.

- **Recurso ordinário:** analisa matéria já debatida em instância anterior atuando como tribunal de 2º grau de jurisdição. O art. 102, II prevê como competência em sede de recurso ordinário:

II – Julgar, em recurso ordinário:

a) O Habeas corpus, o mandado de segurança, o Habeas Data e o mandado de injunção decididos em única instância pelos Tribunais Superiores, se denegatória a decisão;

b) O crime político.

- **Recurso extraordinário:** atua na defesa da norma constitucional. O art. 102, inciso III, prevê que compete ao STF o julgamento das causas decididas em única ou última instância quando a decisão recorrida:

III – Julgar, mediante recurso extraordinário, as causas decididas em única ou última instância, quando a decisão recorrida:

a) Contrariar dispositivo desta Constituição;

b) Declarar a inconstitucionalidade de tratado ou lei federal;

c) Julgar válida lei ou ato de governo local contestado em face desta Constituição;

d) Julgar válida lei local contestada em face de lei federal.

As questões sobre competências costumam ser bem complicadas, pois exigem do candidato a memorização de vários dispositivos, sem contar que se costuma complicar colocando a competência de um tribunal como se fosse de outro tribunal. Vejamos este exemplo:

Controle de constitucionalidade: o STF, em sede de controle de constitucionalidade concentrado, tem competência para apreciar originariamente a Ação Direta de Inconstitucionalidade e a Ação Declaratória de Constitucionalidade. Essas ações têm como objetivo questionar a constitucionalidade de uma lei ou ato normativo diante da Constituição. Quando esse questionamento se dá diretamente no STF, é necessário que seja apresentado por um dos legitimados que estão previstos no art. 103 da Constituição Federal de 1988:

Art. 103 Podem propor a ação direta de inconstitucionalidade e a ação declaratória de constitucionalidade:

I – O Presidente da República;

II – A Mesa do Senado Federal;

III – A Mesa da Câmara dos Deputados;

IV – A Mesa de Assembleia Legislativa ou da Câmara Legislativa do Distrito Federal;

V – O Governador de Estado ou do Distrito Federal;

VI – O Procurador-geral da República;

VII – O Conselho Federal da Ordem dos Advogados do Brasil;

VIII – Partido político com representação no Congresso Nacional;

IX – Confederação sindical ou entidade de classe de âmbito nacional.

§1º O Procurador-geral da República deverá ser previamente ouvido nas ações de inconstitucionalidade e em todos os processos de competência do Supremo Tribunal Federal.

§2º Declarada a inconstitucionalidade por omissão de medida para tornar efetiva norma constitucional, será dada ciência ao Poder competente para a adoção das providências necessárias e, em se tratando de órgão administrativo, para fazê-lo em trinta dias.

§ 3º Quando o Supremo Tribunal Federal apreciar a inconstitucionalidade, em tese, de norma legal ou ato normativo, citará, previamente, o Advogado-Geral da União, que defenderá o ato ou texto impugnado.

Deve-se memorizar o rol de legitimados. Observe que os membros do Poder Executivo e Legislativo da União, dos estados e do Distrito Federal possuem legitimidade para ingressar com essas ações de Controle de Constitucionalidade, contudo as mesmas autoridades no âmbito dos Municípios não possuem tal poder, e isso aparece muito em prova. Prefeito e mesa da Câmara de Vereadores não possuem legitimidade para propor as ações de controle de constitucionalidade citadas acima.

Observam-se também outros detalhes. No que tange às Casas Legislativas, a competência é da Mesa e não do membro. Mesa da Câmara ou da Assembleia é órgão de direção em que encontram o Presidente da Casa, os Secretários e demais membros de direção.

Quanto aos partidos políticos, não é qualquer partido político que tem legitimidade; tem de ser partido com representação no Congresso Nacional. E representação no Congresso Nacional significa pelo menos um membro em qualquer uma das Casas.

Em relação à confederação sindical ou entidade de classe, não será qualquer uma que possui legitimidade. Deve ser de âmbito nacional.

Súmulas vinculantes: as súmulas vinculantes são ferramentas jurídicas criadas para garantir maior efetividade ao inciso LXXVIII do art. 5º da Constituição Federal de 1988 (celeridade processual). Introduzida no direito brasileiro por meio da Emenda Constitucional nº 45/2004, essas súmulas refletem o pensamento do Supremo Tribunal Federal acerca da validade, interpretação e eficácia de algumas normas que já foram analisadas em reiteradas decisões.

A competência para edição dessas súmulas é exclusiva do STF. Após a edição da súmula, ela produz efeitos vinculantes para todos os órgãos do Poder Judiciário e para a Administração Pública Direta e Indireta, nas esferas federal, estadual e municipal. É importante ressaltar que os efeitos das súmulas vinculantes não atingem o STF nem o Poder Legislativo: o STF, por poder rever ou cancelar a súmula conforme a evolução jurisprudencial; e o Legislativo, por ser o Poder responsável pela inovação legislativa no Brasil.

DIREITO CONSTITUCIONAL

O seu principal objetivo é diminuir a quantidade de processos com temas idênticos que se acumulam nas diversas instâncias do Judiciário. Ao editar uma súmula vinculante, o STF produz segurança jurídica e evita a multiplicação de processos sobre as questões sumuladas. Esse tema está regulado pelo art. 103-A da Constituição Federal e pela Lei nº 11.417/2006.

> *Art. 103-A O Supremo Tribunal Federal poderá, de ofício ou por provocação, mediante decisão de dois terços dos seus membros, após reiteradas decisões sobre matéria constitucional, aprovar súmula que, a partir de sua publicação na imprensa oficial, terá efeito vinculante em relação aos demais órgãos do Poder Judiciário e à Administração Pública direta e indireta, nas esferas federal, estadual e municipal, bem como proceder à sua revisão ou cancelamento, na forma estabelecida em lei.*
>
> *§ 1º A súmula terá por objetivo a validade, a interpretação e a eficácia de normas determinadas, acerca das quais haja controvérsia atual entre órgãos judiciários ou entre esses e a Administração Pública que acarrete grave insegurança jurídica e relevante multiplicação de processos sobre questão idêntica.*
>
> *§ 2º Sem prejuízo do que vier a ser estabelecido em lei, a aprovação, revisão ou cancelamento de súmula poderá ser provocada por aqueles que podem propor a ação direta de inconstitucionalidade.*
>
> *§ 3º Do ato administrativo ou decisão judicial que contrariar a súmula aplicável ou que indevidamente a aplicar, caberá reclamação ao Supremo Tribunal Federal que, julgando-a procedente, anulará o ato administrativo ou cassará a decisão judicial reclamada, e determinará que outra seja proferida com ou sem a aplicação da súmula, conforme o caso.*

10.3.2 Superior Tribunal de Justiça

O Superior Tribunal de Justiça é o conhecido protetor da legislação federal. Suas competências estão arroladas no art. 105 da Constituição Federal de 1988 e estão divididas em: originária, recursal ordinária e recursal especial.

- **Originária:** as causas previstas no inciso I do art. 105 têm início no próprio STJ, a quem compete julgar originariamente:

> *a) Nos crimes comuns, os Governadores dos Estados e do Distrito Federal, e, nestes e nos de responsabilidade, os desembargadores dos Tribunais de Justiça dos Estados e do Distrito Federal, os membros dos Tribunais de Contas dos Estados e do Distrito Federal, os dos Tribunais Regionais Federais, dos Tribunais Regionais Eleitorais e do Trabalho, os membros dos Conselhos ou Tribunais de Contas dos Municípios e os do Ministério Público da União que oficiem perante tribunais;*
>
> *b) Os mandados de segurança e os Habeas Data contra ato de Ministro de Estado, dos Comandantes da Marinha, do Exército e da Aeronáutica ou do próprio Tribunal;*
>
> *c) Os Habeas corpus, quando o coator ou paciente for qualquer das pessoas mencionadas na alínea "a", ou quando o coator for tribunal sujeito à sua jurisdição, Ministro de Estado ou Comandante da Marinha, do Exército ou da Aeronáutica, ressalvada a competência da Justiça Eleitoral;*
>
> *d) Os conflitos de competência entre quaisquer tribunais, ressalvado o disposto no art. 102, I, "o", bem como entre tribunal e juízes a ele não vinculados e entre juízes vinculados a tribunais diversos;*
>
> *e) As revisões criminais e as ações rescisórias de seus julgados;*
>
> *f) A reclamação para a preservação de sua competência e garantia da autoridade de suas decisões;*
>
> *g) Os conflitos de atribuições entre autoridades administrativas e judiciárias da União, ou entre autoridades judiciárias de um Estado e administrativas de outro ou do Distrito Federal, ou entre as deste e da União;*
>
> *h) O mandado de injunção, quando a elaboração da norma regulamentadora for atribuição de órgão, entidade ou autoridade federal, da administração direta ou indireta, excetuados os casos de competência do Supremo Tribunal Federal e dos órgãos da Justiça Militar, da Justiça Eleitoral, da Justiça do Trabalho e da Justiça Federal;*

> *i) A homologação de sentenças estrangeiras e a concessão de exequatur às cartas rogatórias.*

- **Recurso Ordinário:** analisa matéria já debatida em instância anterior atuando como tribunal de 2º grau de jurisdição. O art. 105, II prevê como competência em sede de recurso ordinário:

> *a) Os "Habeas corpus" decididos em única ou última instância pelos Tribunais Regionais Federais ou pelos tribunais dos Estados, do Distrito Federal e Territórios, quando a decisão for denegatória;*
>
> *b) Os mandados de segurança decididos em única instância pelos Tribunais Regionais Federais ou pelos tribunais dos Estados, do Distrito Federal e Territórios, quando denegatória a decisão;*
>
> *c) As causas em que forem partes Estado estrangeiro ou organismo internacional, de um lado, e, do outro, Município ou pessoa residente ou domiciliada no País.*

- **Recurso Especial:** atua na defesa das normas infraconstitucionais federais. O art. 105, inciso III prevê que compete ao STJ o julgamento das causas decididas em única ou última instância pelos TRF's e TJ's que:

> *a) Contrariar tratado ou lei federal, ou negar-lhe vigência;*
>
> *b) Julgar válido ato de governo local contestado em face de lei federal;*
>
> *c) Der a lei federal interpretação divergente da que lhe haja atribuído outro tribunal.*

10.3.3 Conselho Nacional de Justiça

O Conselho Nacional de Justiça é órgão do Poder Judiciário, mas não possui função jurisdicional. Sua função é de caráter administrativo.

O CNJ é responsável pela fiscalização administrativa e financeira do Poder Judiciário. Possui também atribuição para fiscalizar os seus membros quanto a observância dos deveres funcionais.

Por fim, deve-se lembrar que o CNJ não possui competência sobre o STF, haja vista este ser o órgão de cúpula de todo o Poder Judiciário.

> *Art. 103-B [...]*
>
> *§ 4º Compete ao Conselho o controle da atuação administrativa e financeira do Poder Judiciário e do cumprimento dos deveres funcionais dos juízes, cabendo-lhe, além de outras atribuições que lhe forem conferidas pelo Estatuto da Magistratura:*
>
> *I – Zelar pela autonomia do Poder Judiciário e pelo cumprimento do Estatuto da Magistratura, podendo expedir atos regulamentares, no âmbito de sua competência, ou recomendar providências;*
>
> *II – Zelar pela observância do art. 37 e apreciar, de ofício ou mediante provocação, a legalidade dos atos administrativos praticados por membros ou órgãos do Poder Judiciário, podendo desconstituí-los, revê-los ou fixar prazo para que se adotem as providências necessárias ao exato cumprimento da lei, sem prejuízo da competência do Tribunal de Contas da União;*
>
> *III – Receber e conhecer das reclamações contra membros ou órgãos do Poder Judiciário, inclusive contra seus serviços auxiliares, serventias e órgãos prestadores de serviços notariais e de registro que atuem por delegação do poder público ou oficializados, sem prejuízo da competência disciplinar e correicional dos tribunais, podendo avocar processos disciplinares em curso e determinar a remoção, a disponibilidade ou a aposentadoria com subsídios ou proventos proporcionais ao tempo de serviço e aplicar outras sanções administrativas, assegurada ampla defesa;*
>
> *IV – Representar ao Ministério Público, no caso de crime contra a Administração Pública ou de abuso de autoridade;*
>
> *V – Rever, de ofício ou mediante provocação, os processos disciplinares de juízes e membros de tribunais julgados há menos de um ano;*
>
> *VI – Elaborar semestralmente relatório estatístico sobre processos e sentenças prolatadas, por unidade da Federação, nos diferentes órgãos do Poder Judiciário;*
>
> *VII – Elaborar relatório anual, propondo as providências que julgar necessárias, sobre a situação do Poder Judiciário no País e as atividades do Conselho, o qual deve integrar mensagem do Presidente do Supremo Tribunal Federal a ser remetida ao Congresso Nacional, por ocasião da abertura da sessão legislativa.*

PODER JUDICIÁRIO

§ 5º O Ministro do Superior Tribunal de Justiça exercerá a função de Ministro-Corregedor e ficará excluído da distribuição de processos no Tribunal, competindo-lhe, além das atribuições que lhe forem conferidas pelo Estatuto da Magistratura, as seguintes:

I – Receber as reclamações e denúncias, de qualquer interessado, relativas aos magistrados e aos serviços judiciários;

II – Exercer funções executivas do Conselho, de inspeção e de correição geral;

III – Requisitar e designar magistrados, delegando-lhes atribuições, e requisitar servidores de juízes ou tribunais, inclusive nos Estados, Distrito Federal e Territórios.

§ 6º Junto ao Conselho oficiarão o Procurador-geral da República e o Presidente do Conselho Federal da Ordem dos Advogados do Brasil.

§ 7º A União, inclusive no Distrito Federal e nos Territórios, criará ouvidorias de justiça, competentes para receber reclamações e denúncias de qualquer interessado contra membros ou órgãos do Poder Judiciário, ou contra seus serviços auxiliares, representando diretamente ao Conselho Nacional de Justiça.

10.3.4 Justiça Federal

Estes são os órgãos da chamada Justiça Federal:

Art. 106 São órgãos da Justiça Federal:

I – Os Tribunais Regionais Federais;

II – Os Juízes Federais.

- **Tribunal Regional Federal e Juízes Federais**

As competências da Justiça Federal, em regra, estão relacionadas com causas de interesse da União. Atente para esse tema, pois há competências que são dos Tribunais Regionais Federais e outras que são dos Juízes Federais. As provas costumam trocar essas competências umas pelas outras. As primeiras encontram-se definidas na Constituição Federal no art. 108 e as dos Juízes Federais estão previstas no art. 109:

Art. 108 Compete aos Tribunais Regionais Federais:

I – Processar e julgar, originariamente:

a) Os juízes federais da área de sua jurisdição, incluídos os da Justiça Militar e da Justiça do Trabalho, nos crimes comuns e de responsabilidade, e os membros do Ministério Público da União, ressalvada a competência da Justiça Eleitoral;

b) As revisões criminais e as ações rescisórias de julgados seus ou dos juízes federais da região;

c) Os mandados de segurança e os Habeas Data contra ato do próprio Tribunal ou de juiz federal;

d) Os Habeas corpus, quando a autoridade coatora for juiz federal;

e) Os conflitos de competência entre juízes federais vinculados ao Tribunal;

II – Julgar, em grau de recurso, as causas decididas pelos juízes federais e pelos juízes estaduais no exercício da competência federal da área de sua jurisdição.

Art. 109 Aos juízes federais compete processar e julgar:

I – As causas em que a União, entidade autárquica ou empresa pública federal forem interessadas na condição de autoras, rés, assistentes ou oponentes, exceto as de falência, as de acidentes de trabalho e as sujeitas à Justiça Eleitoral e à Justiça do Trabalho;

II – As causas entre Estado estrangeiro ou organismo internacional e Município ou pessoa domiciliada ou residente no País;

III – As causas fundadas em tratado ou contrato da União com Estado estrangeiro ou organismo internacional;

IV – Os crimes políticos e as infrações penais praticadas em detrimento de bens, serviços ou interesse da União ou de suas entidades autárquicas ou empresas públicas, excluídas as contravenções e ressalvada a competência da Justiça Militar e da Justiça Eleitoral;

V – Os crimes previstos em tratado ou convenção internacional, quando, iniciada a execução no País, o resultado tenha ou devesse ter ocorrido no estrangeiro, ou reciprocamente;

V-A. As causas relativas a direitos humanos a que se refere o § 5º deste artigo;

VI – Os crimes contra a organização do trabalho e, nos casos determinados por lei, contra o sistema financeiro e a ordem econômico-financeira;

VII – Os Habeas corpus, em matéria criminal de sua competência ou quando o constrangimento provier de autoridade cujos atos não estejam diretamente sujeitos a outra jurisdição;

VIII – Os mandados de segurança e os Habeas Data contra ato de autoridade federal, excetuados os casos de competência dos tribunais federais;

IX – Os crimes cometidos a bordo de navios ou aeronaves, ressalvada a competência da Justiça Militar;

X – Os crimes de ingresso ou permanência irregular de estrangeiro, a execução de carta rogatória, após o "exequatur", e de sentença estrangeira, após a homologação, as causas referentes à nacionalidade, inclusive a respectiva opção, e à naturalização;

XI – A disputa sobre direitos indígenas.

DIREITO CONSTITUCIONAL

11 FUNÇÕES ESSENCIAIS À JUSTIÇA

As funções essenciais à justiça estão previstas expressamente do art. 127 ao 135 da Constituição Federal de 1988, elas são representadas pelas seguintes instituições:

- **Ministério Público;**
- **Advocacia Pública;**
- **Defensoria Pública;**
- **Advocacia.**

Ao contrário do que muitos pensam, essas instituições não fazem parte do Poder Judiciário, mas desempenham suas funções junto a esse poder. Sua atuação é essencial ao exercício jurisdicional, razão pela qual foram classificadas como funções essenciais. Essa necessidade se justifica em razão da impossibilidade de o Judiciário agir de ofício, ou seja, toda atuação jurisdicional demanda provocação, a qual será titularizada por uma dessas instituições.

Esses organismos são representados por agentes públicos ou privados cuja função principal é provocar a atuação do Poder Judiciário, o qual se mantém inerte e imparcial, aguardando o momento certo para agir. São em sua essência "advogados".

O Ministério Público é o advogado da sociedade, pois, conforme prevê o *caput* do art. 127, incumbe-lhe a tarefa de defender a ordem jurídica, o regime democrático e os interesses sociais e individuais indisponíveis:

> *Art. 127 O Ministério Público é instituição permanente, essencial à função jurisdicional do Estado, incumbindo-lhe a defesa da ordem jurídica, do regime democrático e dos interesses sociais e individuais indisponíveis.*

A Advocacia Pública advoga para o Estado representando os entes públicos judicial e extrajudicialmente ou mesmo desempenhando atividades de assessoria e consultoria jurídica.

A Defensoria Pública tem como atribuição principal advogar para os necessitados. São os defensores públicos responsáveis pela defesa dos hipossuficientes, aqueles que não possuem recursos financeiros para contratarem advogados privados.

E, por último, há a Advocacia, que, pela lógica, é privada, formada por advogados particulares, os quais são inscritos na Ordem dos Advogados do Brasil (OAB) e atuam de forma autônoma e independente dentro dos limites estabelecidos em lei.

O objetivo desta breve introdução é apresentar a diferença funcional básica entre as instituições de forma a facilitar o estudo que, a partir de agora, será mais aprofundado, visando a possíveis questões em provas de concursos públicos. Então, analisaremos, a partir de agora, as Funções Essenciais à Justiça.

11.1 Ministério Público

A compreensão dessa instituição inicia-se pela leitura do próprio texto constitucional, que prevê: o Ministério Público é uma instituição permanente, de natureza política, cujas atribuições possuem natureza administrativa, sem que com isso esteja subordinada ao Poder Executivo.

Fala-se em uma instituição independente e autônoma aos demais Poderes, motivo pelo qual está posicionada constitucionalmente em capítulo à parte na organização dos poderes como uma função essencial à justiça. Como função essencial à justiça, o Ministério Público é responsável pela provocação do Poder Judiciário em defesa da sociedade, quando se tratar de direitos sociais e individuais indisponíveis.

O Ministério Público no Brasil, além de obedecer às regras constitucionais, também é regido por duas normas: Lei Complementar nº 75/1993 e a Lei nº 8.625/1993. Essa regula o Ministério Público Nacional e é aplicável aos Ministérios Públicos dos Estados. Aquela é específica para o Ministério Público da União. Cada Estado da Federação poderá organizar o seu órgão ministerial editando sua própria lei orgânica estadual.

A seguir, será feita uma leitura da instituição sob a ótica constitucional sem aprofundar nas estruturas lançadas nas referidas leis orgânicas, o que será feito em momento oportuno.

11.1.1 Estrutura orgânica

Para viabilizar o exercício de suas funções, a Constituição Federal organizou o Ministério Público no art. 128:

> *Art. 128 O Ministério Público abrange:*
> *I – o Ministério Público da União, que compreende:*
> *a) o Ministério Público Federal;*
> *b) o Ministério Público do Trabalho;*
> *c) o Ministério Público Militar;*
> *d) o Ministério Público do Distrito Federal e Territórios;*
> *II – os Ministérios Públicos dos Estados.*

Fique atento a essa classificação, pois o rol é taxativo e, em prova, os examinadores costumam mencionar a existência de um Ministério Público Eleitoral ao se fazer comparativo com a estrutura do Poder Judiciário. Na organização do MPU, não foi prevista a existência de Ministério Público com atribuição Eleitoral, função essa de competência do Ministério Público Federal e do Ministério Público Estadual, conforme prevê a Lei Complementar nº 75/1993 (arts. 72 a 80).

Como se pode perceber, o Ministério Público está dividido em Ministério Público da União e Ministério Público dos Estados, cada um com sua própria autonomia organizacional e chefia própria. O Ministério Público da União, por sua vez, abrange:

- Ministério Público Federal;
- Ministério Público do Trabalho;
- Ministério Público Militar;
- Ministério Público do Distrito Federal e Territórios.

Existe ainda o Ministério Público junto ao Tribunal de Contas, o qual possui natureza diversa do Ministério Público aqui estudado. Sua organização está atrelada ao Tribunal de Contas do qual faz parte, mas aos seus membros são estendidas as disposições aplicáveis aos Membros do Ministério Público:

> *Art. 130 Aos membros do Ministério Público junto aos Tribunais de Contas aplicam-se as disposições desta seção pertinentes a direitos, vedações e forma de investidura.*

11.1.2 Atribuições

Suas atribuições se apoiam na defesa da ordem jurídica, do regime democrático e dos interesses sociais e individuais indisponíveis. É um verdadeiro defensor da sociedade e fiscal dos poderes públicos. Em rol meramente exemplificativo, a Constituição previu como funções institucionais o art. 129:

> *Art. 129 São funções institucionais do Ministério Público:*
> *I – promover, privativamente, a ação penal pública, na forma da lei;*
> *II – zelar pelo efetivo respeito dos Poderes Públicos e dos serviços de relevância pública aos direitos assegurados nesta Constituição, promovendo as medidas necessárias a sua garantia;*
> *III – promover o inquérito civil e a ação civil pública, para a proteção do patrimônio público e social, do meio ambiente e de outros interesses difusos e coletivos;*
> *IV – promover a ação de inconstitucionalidade ou representação para fins de intervenção da União e dos Estados, nos casos previstos nesta Constituição;*
> *V – defender judicialmente os direitos e interesses das populações indígenas;*
> *VI – expedir notificações nos procedimentos administrativos de sua competência, requisitando informações e documentos para instruí-los, na forma da lei complementar respectiva;*
> *VII – exercer o controle externo da atividade policial, na forma da lei complementar mencionada no artigo anterior;*
> *VIII – requisitar diligências investigatórias e a instauração de inquérito policial, indicados os fundamentos jurídicos de suas manifestações processuais;*

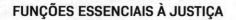

FUNÇÕES ESSENCIAIS À JUSTIÇA

IX – *exercer outras funções que lhe forem conferidas, desde que compatíveis com sua finalidade, sendo-lhe vedada a representação judicial e a consultoria jurídica de entidades públicas.*

§ 1º A legitimação do Ministério Público para as ações civis previstas neste artigo não impede a de terceiros, nas mesmas hipóteses, segundo o disposto nesta Constituição e na lei.

§ 2º As funções do Ministério Público só podem ser exercidas por integrantes da carreira, que deverão residir na comarca da respectiva lotação, salvo autorização do chefe da instituição.

§ 3º O ingresso na carreira do Ministério Público far-se-á mediante concurso público de provas e títulos, assegurada a participação da Ordem dos Advogados do Brasil em sua realização, exigindo-se do bacharel em direito, no mínimo, três anos de atividade jurídica e observando-se, nas nomeações, a ordem de classificação.

§ 4º Aplica-se ao Ministério Público, no que couber, o disposto no art. 93.

§ 5º A distribuição de processos no Ministério Público será imediata.

No desempenho das suas funções institucionais, algumas características foram previstas pela Constituição, as quais são muito importantes para a prova.

Os § 2º e § 3º afirmam que as funções do Ministério Púbico só podem ser exercidas por integrantes da carreira, ou seja, por Membros aprovados em concurso público de provas e títulos, assegurada a participação da OAB durante a sua realização, entre os quais são exigidos os seguintes requisitos:

- Ser bacharel em direito;
- Possuir, no mínimo, três anos de atividade jurídica.

Em relação à atividade jurídica, deve-se salientar a regulamentação feita pela Resolução nº 40 do Conselho Nacional do Ministério Público, a qual prevê, entre outras atividades, o exercício da advocacia ou de cargo, função e emprego que exija a utilização preponderante de conhecimentos jurídicos, ou até mesmo a realização de cursos de pós-graduação dentro dos parâmetros estabelecidos pela referida resolução. É importante lembrar que esse requisito deverá ser comprovado no momento da investidura no cargo, ou seja, na posse, depois de finalizadas todas as fases do concurso.

A Constituição exige ainda que o Membro do Ministério Público resida na comarca de lotação, salvo quando houver autorização do chefe da Instituição. Em razão da semelhança e importância com a carreira da magistratura, a Constituição previu expressamente a aplicação do art. 93 aos membros do Ministério Público, no que for compatível com a carreira. E, por fim, determina que a distribuição dos processos aos órgãos ministeriais seja feita de forma imediata.

Titular da ação penal pública

Segundo o inciso I do art. 129, compete ao Ministério Público promover, privativamente, a ação penal pública, na forma da lei. A doutrina classifica esse dispositivo como espécie de norma de eficácia contida possuindo aplicabilidade direta e imediata, permitida a regulamentação por lei.

Essa competência é corroborada pela possibilidade de requisição de diligências investigatórias e da instauração de inquérito policial, para que o órgão ministerial formule sua convicção sobre o ilícito penal, o que está previsto no inciso VIII do art. 129.

Essa exclusividade conferida pela Constituição Federal encontra limitação no próprio texto constitucional, ao permitir o cabimento de ação penal privada subsidiária da pública nos casos em que o Ministério Público (MP) fique inerte e não cumpra com sua obrigação.

Dessa competência decorre o poder de investigação do Ministério Público, o qual tem sido alvo de muita discussão nos tribunais. Quem não concorda com esse poder sustenta ser a atividade de investigação criminal uma atividade exclusiva da autoridade policial nos termos do art. 144 da CF/1988.

O posicionamento que tem prevalecido na doutrina e na jurisprudência é no sentido de que o Ministério Público tem legitimidade para promover a investigação criminal, haja vista ser ele o destinatário das informações sobre o fato delituoso produzido no inquérito policial.

Ademais, por ter caráter administrativo, o inquérito policial é dispensável, não dependendo o Ministério Público da sua existência para promover a persecução penal.

Para a solução desse caso, tem-se aplicado a Teoria dos Poderes Implícitos. Segundo a teoria, as competências expressamente previstas no texto constitucional carregam consigo os meios necessários para sua execução, ou seja, a existência de uma competência explícita implica existência de competências implicitamente previstas e necessárias para execução da atribuição principal. Em suma, se ao Ministério Público compete o oferecimento exclusivo da ação penal pública, por consequência da aplicação dessa teoria, compete também a execução das atividades necessárias à formação da sua opinião sobre o delito. Significa dizer que o poder de investigação criminal está implicitamente previsto no poder de oferecimento da ação penal pública.

11.1.3 Legitimidade para promover o inquérito civil e a ação civil pública

O Ministério Público também é competente para promover o inquérito civil e a ação civil pública nos termos do inciso III do art. 129. Essas ferramentas são utilizadas para a proteção do patrimônio público e social, do meio ambiente e de outros interesses difusos e coletivos.

Entendem-se como interesses difusos aqueles de natureza indivisível, cujos titulares não se podem determinar apesar de estarem ligados uns aos outros pelas circunstâncias fáticas. Interesses coletivos se diferenciam dos difusos na medida em que é possível determinar quem são os titulares do direito.

Segundo a Constituição Federal, a ação civil pública não é medida exclusiva a ser adotada pelo Ministério Público:

Art. 129 [...]

§ 1º A legitimação do Ministério Público para as ações civis previstas neste artigo não impede a de terceiros, nas mesmas hipóteses, segundo o disposto nesta Constituição e na lei.

A Lei nº 7.347/1985 (Lei de Ação Civil Pública) prevê que são legitimados para propor tal ação, além do MP:

- **A Defensoria Pública;**
- **A União, os estados, o Distrito Federal e os municípios;**
- **A autarquia, empresa pública, fundação ou sociedade de economia mista;**
- **A associação que concomitantemente esteja constituída há pelo menos 1 ano nos termos da lei civil e inclua entre suas finalidades institucionais a proteção ao meio ambiente, ao consumidor, à ordem econômica, à livre concorrência ou ao patrimônio artístico, estético, histórico, turístico e paisagístico.**

Já o inquérito civil é procedimento investigatório de caráter administrativo, que poderá ser instaurado pelo Ministério Público com o fim de colher os elementos de prova necessários para a sua convicção sobre o ilícito e, posteriormente, instrução da ação civil pública.

11.1.4 Controle de constitucionalidade

Função das mais relevantes desempenhada pelos órgãos ministeriais ocorre no controle da constitucionalidade das leis e atos normativos. Essa atribuição é inerente à sua função de guardião da ordem jurídica. Como protetor da ordem jurídica, compete ao Ministério Público oferecer as ações de controle abstrato de constitucionalidade, bem como a Representação Interventiva para fins de intervenção da União e dos estados nas hipóteses previstas na Constituição Federal.

11.1.5 Controle externo da atividade policial

A Constituição Federal determina que o Ministério Público realize o controle externo da atividade policial. Fala-se em controle externo haja vista o Ministério Público não pertencer à mesma estrutura das forças policiais. É uma instituição totalmente autônoma a qualquer órgão policial, razão pela qual não se pode falar em subordinação dos organismos policiais ao Parquet. A justificativa para essa atribuição decorre do fato de ser ele o destinatário final da atividade policial.

Se, por um lado, o controle externo objetiva a fiscalização das atividades policiais para que elas não sejam desenvolvidas além dos limites legais, preservando os direitos e garantias fundamentais dos investigados, por outro, garante o seu perfeito desenvolvimento, prevenindo e corrigindo a produção probatória, visando ao adequado oferecimento da ação penal.

O controle externo da atividade policial desenvolvido pelo Ministério Público, além de regulamentado nas respectivas leis orgânicas, está normatizado na Resolução nº 20 do CNMP. Ressalte-se que o controle externo não exime a instituição policial de realizar o seu próprio controle interno por meio das corregedorias e órgãos de fiscalização.

Sujeitam-se ao citado controle externo todas as instituições previstas no art. 144 da Constituição Federal de 1988, bem como as demais instituições que possuam parcela do poder de polícia desde que estejam relacionadas com a segurança pública e a persecução criminal.

11.1.6 Conselho Nacional do Ministério Público (CNMP)

O Conselho Nacional do Ministério Público, a exemplo do Conselho Nacional de Justiça, foi criado pela Emenda Constitucional nº 45/2004 com o objetivo de efetuar a fiscalização administrativa e financeira do Ministério Público, bem como o cumprimento dos deveres funcionais de seus membros.

- **Composição**

Segundo o texto constitucional, o CNMP é composto de 14 membros, nomeados pelo Presidente da República, depois de aprovada a escolha pela maioria absoluta do Senado Federal, para um mandato de dois anos, sendo permitida apenas uma recondução. Veja-se a composição prevista pela Constituição Federal no art. 130-A:

> *Art. 130-A O Conselho Nacional do Ministério Público compõe-se de quatorze membros nomeados pelo Presidente da República, depois de aprovada a escolha pela maioria absoluta do Senado Federal, para um mandato de dois anos, admitida uma recondução, sendo:*
>
> *I – o Procurador-geral da República, que o preside;*
>
> *II – quatro membros do Ministério Público da União, assegurada a representação de cada uma de suas carreiras;*
>
> *III – três membros do Ministério Público dos Estados;*
>
> *IV – dois juízes, indicados um pelo Supremo Tribunal Federal e outro pelo Superior Tribunal de Justiça;*
>
> *V – dois advogados, indicados pelo Conselho Federal da Ordem dos Advogados do Brasil;*
>
> *VI – dois cidadãos de notável saber jurídico e reputação ilibada, indicados um pela Câmara dos Deputados e outro pelo Senado Federal.*
>
> *§ 1º. Os membros do Conselho oriundos do Ministério Público serão indicados pelos respectivos Ministérios Públicos, na forma da lei.*

- **Atribuições**

Vejamos as atribuições previstas constitucionalmente para o CNMP:

> *Art. 130-A [...]*
>
> *§ 2º. Compete ao Conselho Nacional do Ministério Público o controle da atuação administrativa e financeira do Ministério Público e do cumprimento dos deveres funcionais de seus membros, cabendo-lhe:*
>
> *I – zelar pela autonomia funcional e administrativa do Ministério Público, podendo expedir atos regulamentares, no âmbito de sua competência, ou recomendar providências;*
>
> *II – zelar pela observância do art. 37 e apreciar, de ofício ou mediante provocação, a legalidade dos atos administrativos praticados por membros ou órgãos do Ministério Público da União e dos Estados, podendo desconstituí-los, revê-los ou fixar prazo para que se adotem as providências necessárias ao exato cumprimento da lei, sem prejuízo da competência dos Tribunais de Contas;*
>
> *III – receber e conhecer das reclamações contra membros ou órgãos do Ministério Público da União ou dos Estados, inclusive contra seus serviços auxiliares, sem prejuízo da competência disciplinar e correicional da instituição, podendo avocar processos disciplinares em curso, determinar a remoção, a disponibilidade ou a aposentadoria com subsídios ou proventos proporcionais ao tempo de serviço e aplicar outras sanções administrativas, assegurada ampla defesa;*
>
> *IV – rever, de ofício ou mediante provocação, os processos disciplinares de membros do Ministério Público da União ou dos Estados julgados há menos de um ano;*
>
> *V – elaborar relatório anual, propondo as providências que julgar necessárias sobre a situação do Ministério Público no País e as atividades do Conselho, o qual deve integrar a mensagem prevista no art. 84, XI.*
>
> *§ 3º. O Conselho escolherá, em votação secreta, um Corregedor nacional, dentre os membros do Ministério Público que o integram, vedada a recondução, competindo-lhe, além das atribuições que lhe forem conferidas pela lei, as seguintes:*
>
> *I – receber reclamações e denúncias, de qualquer interessado, relativas aos membros do Ministério Público e dos seus serviços auxiliares;*
>
> *II – exercer funções executivas do Conselho, de inspeção e correição geral;*
>
> *III – requisitar e designar membros do Ministério Público, delegando-lhes atribuições, e requisitar servidores de órgãos do Ministério Público.*
>
> *§ 4º. O Presidente do Conselho Federal da Ordem dos Advogados do Brasil oficiará junto ao Conselho.*
>
> *§ 5º. Leis da União e dos Estados criarão ouvidorias do Ministério Público, competentes para receber reclamações e denúncias de qualquer interessado contra membros ou órgãos do Ministério Público, inclusive contra seus serviços auxiliares, representando diretamente ao Conselho Nacional do Ministério Público.*

11.1.7 Princípios institucionais

A Constituição Federal prevê expressamente no § 1º do art. 127 os chamados princípios institucionais, os quais norteiam o desenvolvimento das atividades dos Órgãos Ministeriais:

> *§ 1º São princípios institucionais do Ministério Público a unidade, a indivisibilidade e a independência funcional.*

- **Princípio da unidade:** revela que os membros do Ministério Público integram um órgão único chefiado por um procurador-geral. Essa unidade é percebida dentro de cada ramo do Ministério Público, não existindo unidade entre o Ministério Público estadual e da União, ou entre os diversos Ministérios Públicos estaduais, ou ainda entre os ramos do Ministério Público da União. Qualquer divisão que exista dentro de um dos órgãos ministeriais possui caráter meramente funcional.

- **Princípio da indivisibilidade:** que decorre do princípio da unidade, revela a possibilidade de os membros se substituírem sem qualquer prejuízo ao processo, pois o Ministério Público é uno e indivisível. Os membros agem em nome da instituição e nunca em nome próprio, pois pertencem a um só corpo. Esse princípio veda a vinculação de um membro a um processo permitindo, inclusive, a delegação da denúncia a outro membro. Ressalte-se que, como no princípio da unidade, a indivisibilidade só ocorre dentro de um mesmo ramo do Ministério Público.

- **Princípio da independência funcional:** com uma dupla acepção: em relação aos membros e em relação à instituição. No que tange aos membros, o referido princípio garante uma atuação independente no exercício das suas atribuições sujeitando-se apenas às determinações constitucionais, legais e de sua consciência jurídica, não havendo qualquer hierarquia ou subordinação intelectual entre os membros. Sob a perspectiva da instituição, o princípio da independência funcional elimina qualquer subordinação do Ministério Público a outro poder. Apesar da independência funcional, verifica-se a existência de uma mera hierarquia administrativa.

FUNÇÕES ESSENCIAIS À JUSTIÇA

Além desses princípios expressos na Constituição Federal, a doutrina e a jurisprudência reconhecem a existência de um princípio implícito no texto constitucional:

- **Princípio do promotor natural:** esse princípio decorre da interpretação do art. 129, § 2º, da Constituição, que afirma:

  > § 2º As funções do Ministério Público só podem ser exercidas por integrantes da carreira, que deverão residir na comarca da respectiva lotação, salvo autorização do chefe da instituição.

O princípio do promotor natural veda a designação de membros do Ministério Público fora das hipóteses constitucionais e legais, exigindo que sua atuação seja predeterminada por critérios objetivos aplicáveis a todos os membros da carreira, evitando, assim, que haja designações arbitrárias. O princípio também impede a nomeação de promotor *ad hoc* ou de exceção considerando que as funções do Ministério Público só podem ser desempenhadas por membros da carreira.

11.1.8 Garantias

O Ministério Público, em razão da importância de sua função, recebeu da Constituição Federal algumas garantias que lhe asseguram a independência necessária para bem desempenhar suas atribuições. E não é só a instituição que possui garantias, mas os membros também. Vejamos o que diz a Constituição sobre as garantias institucionais e dos membros:

> **Art. 127** [...]
>
> § 2º Ao Ministério Público é assegurada autonomia funcional e administrativa, podendo, observado o disposto no art. 169, propor ao Poder Legislativo a criação e extinção de seus cargos e serviços auxiliares, provendo-os por concurso público de provas ou de provas e títulos, a política remuneratória e os planos de carreira; a lei disporá sobre sua organização e funcionamento.
>
> § 3º O Ministério Público elaborará sua proposta orçamentária dentro dos limites estabelecidos na lei de diretrizes orçamentárias.
>
> § 4º Se o Ministério Público não encaminhar a respectiva proposta orçamentária dentro do prazo estabelecido na lei de diretrizes orçamentárias, o Poder Executivo considerará, para fins de consolidação da proposta orçamentária anual, os valores aprovados na lei orçamentária vigente, ajustados de acordo com os limites estipulados na forma do § 3º.
>
> § 5º Se a proposta orçamentária de que trata este artigo for encaminhada em desacordo com os limites estipulados na forma do § 3º, o Poder Executivo procederá aos ajustes necessários para fins de consolidação da proposta orçamentária anual.
>
> § 6º Durante a execução orçamentária do exercício, não poderá haver a realização de despesas ou a assunção de obrigações que extrapolem os limites estabelecidos na lei de diretrizes orçamentárias, exceto se previamente autorizadas, mediante a abertura de créditos suplementares ou especiais.

O art. 127, § 2º a § 6º, trata das chamadas **garantias institucionais.** Essas garantias visam a conceder maior autonomia à instituição, além de proteger sua independência no exercício de suas atribuições constitucionais. As Garantias Institucionais são de três espécies:

- **Autonomia funcional:** ao desempenhar sua função, o Ministério Público não se subordina a qualquer outra autoridade ou poder, sujeitando-se apenas às determinações constitucionais, legais e de sua consciência jurídica.
- **Autonomia administrativa:** é a capacidade de autogestão, autoadministração e autogoverno. O Ministério Público tem competência para propor ao Legislativo a criação, extinção e organização de seus cargos e carreiras bem como demais atos de gestão.
- **Autonomia financeira:** o Ministério Público pode elaborar sua proposta orçamentária dentro dos limites estabelecidos na Lei de Diretrizes Orçamentárias, tendo liberdade para administrar esses recursos.

Um dos temas mais importantes e que revelam a autonomia administrativa do Ministério Público é a possibilidade que a instituição tem de escolher os seus próprios chefes. Vejamos a literalidade do texto constitucional:

> **Art. 128** [...]
>
> § 1º O Ministério Público da União tem por chefe o Procurador-geral da República, nomeado pelo Presidente da República dentre integrantes da carreira, maiores de trinta e cinco anos, após a aprovação de seu nome pela maioria absoluta dos membros do Senado Federal, para mandato de dois anos, permitida a recondução.
>
> § 2º A destituição do Procurador-geral da República, por iniciativa do Presidente da República, deverá ser precedida de autorização da maioria absoluta do Senado Federal.

No âmbito dessa autonomia, a Constituição previu expressamente que o procurador-geral será escolhido pela própria instituição dentre os membros da carreira. No caso do Ministério Público da União (MPU), a chefia ficará a cargo do procurador-geral da República, o qual será nomeado pelo Presidente da República dentre os membros da carreira com mais de 35 anos de idade, desde que sua escolha seja aprovada pelo voto da maioria absoluta do Senado Federal. O procurador-geral da República exercerá seu mandato por dois anos, permitida a recondução. Ao permitir a recondução, a Constituição não estabeleceu limites, de forma que o procurador-geral da República poderá ser reconduzido por quantas vezes o presidente considerar conveniente. Se o presidente pode nomear o Chefe do MPU, ele também poderá destituí-lo do cargo, desde que autorizado pelo Senado pela mesma quantidade de votos, qual seja, maioria absoluta.

Já em relação à Chefia dos Ministérios Públicos dos Estados e do Distrito Federal e Territórios a regra é um pouco diferente:

> **Art. 128** [...]
>
> § 3º Os Ministérios Públicos dos Estados e o do Distrito Federal e Territórios formarão lista tríplice dentre integrantes da carreira, na forma da lei respectiva, para escolha de seu Procurador-Geral, que será nomeado pelo Chefe do Poder Executivo, para mandato de dois anos, permitida uma recondução.
>
> § 4º Os Procuradores-Gerais nos Estados e no Distrito Federal e Territórios poderão ser destituídos por deliberação da maioria absoluta do Poder Legislativo, na forma da lei complementar respectiva.

A escolha dos procuradores-gerais de justiça dependerá de nomeação pelo chefe do Poder Executivo, com base em lista tríplice formada dentre os integrantes da carreira, sendo permitida uma recondução. Diferentemente do procurador-geral da República, que poderá ser reconduzido várias vezes, o procurador-geral de Justiça só poderá ser reconduzido uma única vez. A destituição desses procuradores-gerais dependerá da deliberação da maioria absoluta do Poder Legislativo.

Já o art. 128, § 5º, apresenta as **garantias dos membros.**

> **Art. 128** [...]
>
> § 5º Leis complementares da União e dos Estados, cuja iniciativa é facultada aos respectivos Procuradores-Gerais, estabelecerão a organização, as atribuições e o estatuto de cada Ministério Público, observadas, relativamente a seus membros:
>
> I – as seguintes garantias:
>
> a) vitaliciedade, após dois anos de exercício, não podendo perder o cargo senão por sentença judicial transitada em julgado;
>
> b) inamovibilidade, salvo por motivo de interesse público, mediante decisão do órgão colegiado competente do Ministério Público, pelo voto da maioria absoluta de seus membros, assegurada ampla defesa;
>
> c) irredutibilidade de subsídio, fixado na forma do art. 39, § 4º, e ressalvado o disposto nos Arts. 37, X e XI, 150, II, 153, III, 153, § 2º, I;

São duas espécies de garantias dos membros: **garantias de independência e garantias de imparcialidade.**

- **Garantias de independência**

São prerrogativas inerentes ao cargo e estão previstas no inciso I do referido artigo, as quais visam a garantir aos membros maior liberdade, independência e autonomia no exercício de sua função ministerial. Tais garantias são indisponíveis, proibindo o titular do cargo de dispensar qualquer das prerrogativas. São as garantias da vitaliciedade, inamovibilidade e irredutibilidade dos subsídios.

DIREITO CONSTITUCIONAL

A **vitaliciedade** é como se fosse uma estabilidade só que muito mais vantajosa. O membro, ao ingressar na carreira mediante concurso público, torna-se vitalício após o efetivo exercício no cargo pelo prazo de dois anos. Uma vez vitalício só perderá o cargo por sentença judicial transitada em julgado. Após passar pelo estágio probatório de dois anos, um Membro do Ministério Público só perderá o cargo por sentença judicial transitada em julgado.

A **inamovibilidade** impede a movimentação do membro *ex-ofício* contra a sua vontade. Em regra, o Membro do Ministério Público só poderá ser removido ou promovido por sua própria iniciativa, ressalvados os casos em que houver interesse público. E mesmo quando o interesse público exigir, a remoção dependerá de decisão do órgão colegiado competente pelo voto da maioria absoluta de seus membros, assegurando-se o direito à ampla defesa.

A **Irredutibilidade dos Subsídios** diz respeito à proteção da remuneração do membro ministerial. Subsídio é a forma de retribuição pecuniária paga ao membro do Ministério Público a qual se caracteriza por ser uma parcela única. Com essa garantia, o Membro do Ministério Público poderá trabalhar sem medo de perder sua remuneração.

Ressalta-se que o Supremo Tribunal Federal já entendeu tratar-se esta irredutibilidade como meramente nominal, não protegendo o subsídio da desvalorização provocada por perdas inflacionárias. Lembre-se também de que essa garantia não é absoluta, pois comporta exceções previstas nos Arts. 37, X e XI, 150, II, 153, III, e 153, § 2º, I, da Constituição Federal. Em suma, a irredutibilidade não impedirá a redução do subsídio quando ultrapassar o teto constitucional ou em razão da cobrança do imposto de renda.

- **Garantias de imparcialidade**

São verdadeiras vedações e visam a garantir uma atuação isenta de qualquer interferência política ou pessoal.

> *Art. 128 [...]*
>
> *§ 5º [...]*
>
> *II – as seguintes vedações:*
>
> *a) receber, a qualquer título e sob qualquer pretexto, honorários, percentagens ou custas processuais;*
>
> *b) exercer a advocacia;*
>
> *c) participar de sociedade comercial, na forma da lei;*
>
> *d) exercer, ainda que em disponibilidade, qualquer outra função pública, salvo uma de magistério;*
>
> *e) exercer atividade político-partidária;*
>
> *f) receber, a qualquer título ou pretexto, auxílios ou contribuições de pessoas físicas, entidades públicas ou privadas, ressalvadas as exceções previstas em lei (Incluída pela Emenda Constitucional nº 45, de 2004).*
>
> *§ 6º Aplica-se aos membros do Ministério Público o disposto no art. 95, parágrafo único, V.*

Antes de explorar essas regras, faz-se necessária a menção ao art. 29, § 3º, da ADCT:

> *§ 3º Poderá optar pelo regime anterior, no que respeita às garantias e vantagens, o membro do Ministério Público admitido antes da promulgação da Constituição, observando-se, quanto às vedações, a situação jurídica na data desta.*

Esse dispositivo retrata uma peculiaridade interessante a respeito dos membros do Ministério Público. Antes da promulgação da Constituição Federal de 1988, o regime jurídico a que estavam sujeitos era diferente. A ADCT permitiu aos membros que ingressaram antes de 1988 a escolha do regime jurídico a que estariam sujeitos a partir de então. Os membros que ingressaram na carreira antes de 1988 e que possuíam inscrição na OAB podem advogar desde que tenham optado pelo regime jurídico anterior a 1988. Para os membros que ingressaram na carreira depois da promulgação da Constituição Federal, essa escolha não é permitida, pois estão sujeitos apenas ao regime constitucional atual. Feita essa consideração, passa-se à análise das garantias vigentes.

Deve-se compreender a abrangência das vedações do inciso II do § 5º do art. 128 da Constituição Federal de 1988.

É vedado aos membros do Ministério Público receber, a qualquer título e sob qualquer pretexto, honorários, percentagens ou custas processuais, bem como receber auxílios ou contribuições de pessoas físicas, entidades públicas ou privadas, ressalvadas as exceções previstas em lei. Tais vedações visam a impedir que membros sejam motivados indevidamente a exercer suas funções sob a expectativa de receberem maiores valores pela sua atuação. Percebe-se que a vedação encontra exceção quando a contribuição está prevista em lei. Dessa forma, não ofende a Constituição Federal o recebimento de valores em razão da venda de livros, do exercício do magistério ou mesmo da ministração de palestra.

Outra vedação aplicável aos membros do Parquet é em relação ao exercício da advocacia. Acerca desse impedimento, deve-se ressaltar a situação dos membros do Ministério Público da União que ingressaram na carreira antes de 1988 e que tenham optado pelo regime jurídico anterior, nos termos do § 3º do art. 29 da ADCT, os quais poderão exercer a advocacia nos termos da Resolução nº 8 do CNMP, com a nova redação dada pela Resolução nº 16.

Ademais, o texto constitucional estendeu aos Membros do Ministério Público a mesma vedação aplicável aos Magistrados no art. 95, parágrafo único, V, qual seja, a de exercer a advocacia no juízo ou tribunal do qual se afastou, antes de decorridos três anos do afastamento do cargo por aposentadoria ou exoneração. A doutrina tem chamado essa vedação de quarentena.

Os membros do Ministério Público não podem participar de sociedade comercial, na forma da lei. Essa vedação encontra regulamentação na Lei nº 8.625/1993, a qual prevê a possibilidade de participação como cotista ou acionista.

Também não podem exercer, ainda que em disponibilidade, qualquer outra função pública, salvo uma de magistério. Ressalta-se que o CNMP regulamentou o exercício do magistério, que poderá ser público ou privado, por no máximo 20 horas aula por semana, desde que o horário seja compatível com as atribuições ministeriais e o seu exercício se dê inteiramente em sala de aula.

Para evitar que sua atuação seja influenciada por pressões políticas, a Constituição vedou o exercício de atividade político-partidária aos membros do Ministério Público. Isso significa que, se um membro quiser se filiar ou mesmo exercer um cargo político, deverá se afastar do cargo no Ministério Público. Essa vedação tem caráter absoluto desde a Emenda Constitucional nº 45/2004, a qual foi regulamentada pelo Conselho Nacional do Ministério Público, que determinou a aplicação da vedação apenas aos membros que tenham ingressado na carreira após a promulgação da emenda.

11.2 Advocacia Pública

A Advocacia Pública é a função essencial à justiça responsável pela defesa dos interesses dos entes estatais, tanto judicialmente quanto extrajudicialmente, bem como as atividades de consultoria e assessoramento jurídico do Poder Executivo.

No âmbito da União, essa atividade é exercida pela Advocacia-Geral da União, enquanto nos estados, Distrito Federal e nos municípios, a Advocacia Pública será exercida pelas procuradorias.

Apesar de não haver previsão constitucional para as procuradorias municipais, elas são perfeitamente possíveis desde que previstas na Lei Orgânica do Município ou permitidas sua criação pela Constituição Estadual.

São vistas, a seguir, quais instituições compõem a Advocacia Pública no Brasil.

11.2.1 Advocacia-Geral da União (AGU)

A AGU é responsável pela assistência jurídica da União, conforme prevê o texto constitucional:

> *Art. 131 A Advocacia-Geral da União é a instituição que, diretamente ou através de órgão vinculado, representa a União, judicial e extrajudicialmente, cabendo-lhe, nos termos da lei complementar que dispuser sobre sua organização e funcionamento, as atividades de consultoria e assessoramento jurídico do Poder Executivo.*

FUNÇÕES ESSENCIAIS À JUSTIÇA

§ 1º A Advocacia-Geral da União tem por chefe o Advogado-Geral da União, de livre nomeação pelo Presidente da República dentre cidadãos maiores de trinta e cinco anos, de notável saber jurídico e reputação ilibada.

A chefia desse órgão fica a cargo do Advogado-Geral da União, o qual é nomeado livremente pelo Presidente da República, entre os cidadãos maiores de trinta e cinco anos, com notável saber jurídico e reputação ilibada. Segundo a Lei nº 10.683/2003, em seu art. 25, o advogado-geral da União é considerado ministro de Estado, sendo-lhe aplicadas todas as prerrogativas inerentes ao *status*. Atente-se para isso em prova, visto que, para ser o chefe dessa Instituição, não é necessário ser membro da carreira nem depende de aprovação do Senado Federal. É um cargo de livre nomeação e exoneração cuja confiança do Presidente da República se torna o principal critério para a escolha do seu titular.

Um detalhe muito importante e que pode ser cobrado em prova é que a Constituição Federal, ao apontar as competências dessa instituição, afirmou que a AGU representa judicial e extrajudicialmente a União e em relação a consultoria e assessoramento jurídico apenas ao Poder Executivo. Essas competências foram confirmadas na Lei Complementar nº 73/1993 (Lei Orgânica da Advocacia-Geral da União):

Art. 1º A Advocacia-Geral da União é a instituição que representa a União judicial e extrajudicialmente.

Parágrafo único. À Advocacia-Geral da União cabem as atividades de consultoria e assessoramento jurídicos ao Poder Executivo, nos termos desta Lei Complementar.

Enquanto a atividade de consultoria e assessoramento jurídico restringe-se apenas ao Poder Executivo, a representação judicial e extrajudicial abrangerá todos os poderes da União (Executivo, Legislativo e Judiciário), bem como suas autarquias e fundações públicas, conforme esclarece a Lei nº 9.028/1995:

Art. 22 A Advocacia-Geral da União e os seus órgãos vinculados, nas respectivas áreas de atuação, ficam autorizados a representar judicialmente os titulares e os membros dos Poderes da República, das Instituições Federais referidas no Título IV, Capítulo IV, da Constituição, bem como os titulares dos Ministérios e demais órgãos da Presidência da República, de autarquias e fundações públicas federais, e de cargos de natureza especial, de direção e assessoramento superiores e daqueles efetivos, inclusive promovendo ação penal privada ou representando perante o Ministério Público, quando vítimas de crime, quanto a atos praticados no exercício de suas atribuições constitucionais, legais ou regulamentares, no interesse público, especialmente da União, suas respectivas autarquias e fundações, ou das Instituições mencionadas, podendo, ainda, quanto aos mesmos atos, impetrar Habeas corpus e mandado de segurança em defesa dos agentes públicos de que trata este artigo.

É importante lembrar também que o ingresso na carreira da AGU depende de aprovação em concurso público de provas e títulos nos termos do art. 131, § 2º:

§ 2º O ingresso nas classes iniciais das carreiras da instituição de que trata este artigo far-se-á mediante concurso público de provas e títulos.

Destaca-se ainda a atuação da AGU na defesa da República Federativa do Brasil em demandas instauradas perante Cortes Internacionais.

Além das diversas carreiras que serão vistas, não se pode esquecer dos Advogados da União, os quais são responsáveis pela defesa da União quando esta se encontra em juízo.

11.2.2 Procuradoria-Geral da Fazenda Nacional (PGFN)

A PGFN é órgão vinculado a AGU responsável pelas ações de natureza tributária, cujo objetivo principal é garantir o recebimento de recursos de origem fiscal. A Constituição assim define sua competência no art. 131:

Art. 131, § 3º. Na execução da dívida ativa de natureza tributária, a representação da União cabe à Procuradoria-Geral da Fazenda Nacional, observado o disposto em lei.

11.2.3 Procuradoria-Geral Federal

A Procuradoria-Geral Federal, órgão vinculado à AGU, é responsável pela representação judicial e extrajudicial das autarquias e fundações públicas da União por meio dos Procuradores Federais. Sua previsão não é constitucional, mas está descrita na Lei nº 10.480/2002:

Art. 10 À Procuradoria-Geral Federal compete a representação judicial e extrajudicial das autarquias e fundações públicas federais, as respectivas atividades de consultoria e assessoramento jurídicos, a apuração da liquidez e certeza dos créditos, de qualquer natureza, inerentes às suas atividades, inscrevendo-os em dívida ativa, para fins de cobrança amigável ou judicial.

Em relação ao Banco Central, autarquia vinculada a União, foi prevista carreira própria regulamentada na Lei nº 9.650/1998, a qual localizou o Procurador do Banco Central como membro de carreira da própria instituição. Apesar disso, o Procurador do Banco Central está vinculado à AGU.

11.2.4 Procuradoria-Geral dos estados e do Distrito Federal

No âmbito dos estados e do Distrito Federal, a consultoria jurídica e a representação judicial serão realizadas pelos Procuradores dos Estados e do Distrito Federal, conforme preleciona o art. 132 da Constituição Federal:

Art. 132 Os Procuradores dos Estados e do Distrito Federal, organizados em carreira, na qual o ingresso dependerá de concurso público de provas e títulos, com a participação da Ordem dos Advogados do Brasil em todas as suas fases, exercerão a representação judicial e a consultoria jurídica das respectivas unidades federadas.

Parágrafo único. Aos procuradores referidos neste artigo é assegurada estabilidade após três anos de efetivo exercício, mediante avaliação de desempenho perante os órgãos próprios, após relatório circunstanciado das corregedorias.

Segundo a Constituição, o ingresso na carreira depende de concurso público de provas e títulos, cuja participação da OAB é obrigatória em todas as suas fases, não sendo admitido, portanto, que as atividades de representação judicial e de consultoria jurídica sejam realizadas por ocupantes de cargos em comissão.

Apesar de não haver previsão constitucional, o STF já decidiu que devem ser aplicadas simetricamente as mesmas regras da União para a nomeação do Procurador-geral das Unidades Federadas. Dessa forma, o governador detém a competência de nomear e exonerar livremente o chefe da Instituição, não se exigindo que o titular do referido cargo seja membro da carreira.

Por fim, a Constituição Federal de 1988 garantiu aos procuradores estaduais e do Distrito Federal, estabilidade após três anos de efetivo exercício mediante avaliação de desempenho perante os órgãos próprios, após relatório circunstanciado das corregedorias.

11.2.5 Procuradoria dos municípios

Conforme já estudado, não existe previsão constitucional para a criação das procuradorias municipais, não havendo da mesma forma qualquer impedimento para sua criação. Logo, cada município poderá criar sua própria procuradoria, desde que prevista essa possibilidade na Constituição Estadual ou na Lei Orgânica do Município.

11.2.6 Defensoria Pública

Como instituição essencial ao funcionamento da Justiça, a Defensoria Pública é responsável, em primeiro plano, pela assistência jurídica e gratuita dos hipossuficientes, os quais não possuem recursos financeiros para contratar um advogado. Essa função tipicamente realizada pela Defensoria concretiza o direito fundamental expresso no art. 5º, LXXIV, da Constituição:

Art. 5º [...]

LXXIV – O Estado prestará assistência jurídica integral e gratuita aos que comprovarem insuficiência de recursos.

DIREITO CONSTITUCIONAL

Complementando esse dispositivo, a Constituição previu no art. 134 algumas regras sobre a defensoria:

> **Art. 134** *A Defensoria Pública é instituição permanente, essencial à função jurisdicional do Estado, incumbindo-lhe, como expressão e instrumento do regime democrático, fundamentalmente, a orientação jurídica, a promoção dos direitos humanos e a defesa, em todos os graus, judicial e extrajudicial, dos direitos individuais e coletivos, de forma integral e gratuita, aos necessitados, na forma do inciso LXXIV do art. 5º desta Constituição Federal.*
>
> *§ 1º Lei complementar organizará a Defensoria Pública da União e do Distrito Federal e dos Territórios e prescreverá normas gerais para sua organização nos Estados, em cargos de carreira, providos, na classe inicial, mediante concurso público de provas e títulos, assegurada a seus integrantes a garantia da inamovibilidade e vedado o exercício da advocacia fora das atribuições institucionais.*
>
> *§ 2º Às Defensorias Públicas Estaduais são asseguradas autonomia funcional e administrativa e a iniciativa de sua proposta orçamentária dentro dos limites estabelecidos na lei de diretrizes orçamentárias e subordinação ao disposto no art. 99, § 2º.*
>
> *§ 3º Aplica-se o disposto no § 2º às Defensorias Públicas da União e do Distrito Federal.*
>
> *§ 4º São princípios institucionais da Defensoria Pública a unidade, a indivisibilidade e a independência funcional, aplicando-se também, no que couber, o disposto no art. 93 e no inciso II do art. 96 desta Constituição Federal.*

Atualmente, cada Unidade Federativa é responsável pela organização da sua Defensoria Pública, havendo ainda uma defensoria no âmbito da União e no Distrito Federal.

As defensorias estaduais possuem autonomia funcional e administrativa não se admitindo sua subordinação a nenhum dos poderes. Sua autonomia avança ainda nas questões orçamentárias permitindo que tenha iniciativa própria para apresentação de proposta orçamentária dentro dos limites estabelecidos na lei de diretrizes orçamentárias.

A Emenda Constitucional nº 74/2013, introduziu o § 3º ao art. 134, da CF/1988/1988 para conferir autonomia funcional e administrativa e a iniciativa de proposta orçamentária também às Defensorias Públicas da União e do Distrito Federal.

Segundo a Lei Complementar nº 80/1994 que organiza a Defensoria Pública:

> **Art. 2º** *A Defensoria Pública abrange:*
>
> *I – a Defensoria Pública da União;*
>
> *II – a Defensoria Pública do Distrito Federal e dos Territórios;*
>
> *III – as Defensorias Públicas dos Estados.*

Cabe aos defensores públicos a assistência jurídica integral dos hipossuficientes, não se limitando apenas à defesa judicial. A Lei Complementar nº 80/1994 traz extenso rol de atribuições:

> **Art. 4º** *São funções institucionais da Defensoria Pública, dentre outras:*
>
> *I – prestar orientação jurídica e exercer a defesa dos necessitados, em todos os graus;*
>
> *II – promover, prioritariamente, a solução extrajudicial dos litígios, visando à composição entre as pessoas em conflito de interesses, por meio de mediação, conciliação, arbitragem e demais técnicas de composição e administração de conflitos;*
>
> *III – promover a difusão e a conscientização dos direitos humanos, da cidadania e do ordenamento jurídico;*
>
> *IV – prestar atendimento interdisciplinar, por meio de órgãos ou de servidores de suas Carreiras de apoio para o exercício de suas atribuições;*
>
> *V – exercer, mediante o recebimento dos autos com vista, a ampla defesa e o contraditório em favor de pessoas naturais e jurídicas, em processos administrativos e judiciais, perante todos os órgãos e em todas as instâncias, ordinárias ou extraordinárias, utilizando todas as medidas capazes de propiciar a adequada e efetiva defesa de seus interesses;*
>
> *VI – representar aos sistemas internacionais de proteção dos direitos humanos, postulando perante seus órgãos;*

> *VII – promover ação civil pública e todas as espécies de ações capazes de propiciar a adequada tutela dos direitos difusos, coletivos ou individuais homogêneos quando o resultado da demanda puder beneficiar grupo de pessoas hipossuficientes;*
>
> *VIII – exercer a defesa dos direitos e interesses individuais, difusos, coletivos e individuais homogêneos e dos direitos do consumidor, na forma do inciso LXXIV do art. 5º da Constituição Federal;*
>
> *IX – impetrar Habeas corpus, mandado de injunção, Habeas Data e mandado de segurança ou qualquer outra ação em defesa das funções institucionais e prerrogativas de seus órgãos de execução;*
>
> *X – promover a mais ampla defesa dos direitos fundamentais dos necessitados, abrangendo seus direitos individuais, coletivos, sociais, econômicos, culturais e ambientais, sendo admissíveis todas as espécies de ações capazes de propiciar sua adequada e efetiva tutela;*
>
> *XI – exercer a defesa dos interesses individuais e coletivos da criança e do adolescente, do idoso, da pessoa portadora de necessidades especiais, da mulher vítima de violência doméstica e familiar e de outros grupos sociais vulneráveis que mereçam proteção especial do Estado;*
>
> *XII e XIII. Vetados.*
>
> *XIV – acompanhar inquérito policial, inclusive com a comunicação imediata da prisão em flagrante pela autoridade policial, quando o preso não constituir advogado;*
>
> *XV – patrocinar ação penal privada e a subsidiária da pública;*
>
> *XVI – exercer a curadoria especial nos casos previstos em lei;*
>
> *XVII – atuar nos estabelecimentos policiais, penitenciários e de internação de adolescentes, visando a assegurar às pessoas, sob quaisquer circunstâncias, o exercício pleno de seus direitos e garantias fundamentais;*
>
> *XVIII – atuar na preservação e reparação dos direitos de pessoas vítimas de tortura, abusos sexuais, discriminação ou qualquer outra forma de opressão ou violência, propiciando o acompanhamento e o atendimento interdisciplinar das vítimas;*
>
> *XIX – atuar nos Juizados Especiais;*
>
> *XX – participar, quando tiver assento, dos conselhos federais, estaduais e municipais afetos às funções institucionais da Defensoria Pública, respeitadas as atribuições de seus ramos;*
>
> *XXI – executar e receber as verbas sucumbenciais decorrentes de sua atuação, inclusive quando devidas por quaisquer entes públicos, destinando-as a fundos geridos pela Defensoria Pública e destinados, exclusivamente, ao aparelhamento da Defensoria Pública e à capacitação profissional de seus membros e servidores;*
>
> *XXII – convocar audiências públicas para discutir matérias relacionadas às suas funções institucionais.*

Por fim, cabe destacar que, assim como os Advogados Públicos, os Defensores Públicos são remunerados por meio de subsídio:

> **Art. 135** *Os servidores integrantes das carreiras disciplinadas nas Seções II e III deste Capítulo serão remunerados na forma do art. 39, § 4º.*

11.3 Advocacia

Quando a Constituição Federal se refere à advocacia, fala-se do advogado privado, profissional autônomo, indispensável à função jurisdicional. Os advogados estão vinculados à Ordem dos Advogados do Brasil, entidade de classe de natureza especial, não vinculada aos poderes do Estado e que tem como atribuições controlar, fiscalizar e selecionar novos profissionais para o exercício da carreira.

Segundo a Constituição Federal de 1988:

> **Art. 133** *O advogado é indispensável à administração da justiça, sendo inviolável por seus atos e manifestações no exercício da profissão, nos limites da lei.*

Esse dispositivo revela dois princípios que regem a advocacia no Brasil: o princípio da indispensabilidade e o da inviolabilidade.

- **Princípio da indispensabilidade:** o advogado é indispensável à administração da justiça, pois só ele possui a chamada capacidade postulatória. Logicamente, esse princípio não goza de caráter absoluto, sendo permitida a capacidade de postular ao próprio interessado em situações expressamente previstas na Constituição Federal como no *Habeas corpus* e nos juizados especiais.

FUNÇÕES ESSENCIAIS À JUSTIÇA

- Destaca-se ainda que nos processos administrativos disciplinares a ausência de defesa técnica por meio de advogado não gera nulidade ao procedimento.
- **Princípio da inviolabilidade:** constitui norma que visa garantir ao advogado o exercício das suas atribuições de forma independente e autônoma às demais instituições do Estado. Da mesma forma, esse princípio não goza de caráter absoluto, sendo possível a limitação quando seus atos e atribuições não estiverem ligados ao exercício da profissão nos termos do Estatuto da Advocacia.

Como condição para o exercício dessa profissão, o STF já declarou que é constitucional a necessidade de aprovação do Exame de Ordem aplicado pela OAB aos bacharéis em Direito.

A amplitude desse tema requer análise aprofundada, a qual é feita em disciplina própria. Aqui foi feita uma breve análise constitucional do instituto.

Ministério Público → defende a sociedade.

Advocacia Pública → defende o Estado.

Advocacia Privada → defende os particulares.

Defensoria Pública → defende pessoas de baixa renda.

DIREITO ADMINISTRATIVO

INTRODUÇÃO AO DIREITO ADMINISTRATIVO

1 INTRODUÇÃO AO DIREITO ADMINISTRATIVO

Na introdução ao Direito Administrativo, conheceremos algumas características do Direito Administrativo, seu conceito, sua finalidade e seu regime jurídico peculiar que orienta toda a sua atividade administrativa, seja ela exercida pelo próprio Estado-administrador, ou por particular. Para entendermos melhor tudo isso, é preciso iniciar os estudos pela compreensão adequada do papel do Direito na vida social.

O Direito é um conjunto de normas (regras e princípios) impostas coativamente pelo Estado que regulam a vida em sociedade, possibilitando a coexistência pacífica das pessoas.

1.1 Ramos do Direito

O Direito é historicamente dividido em dois grandes ramos: o **direito público** e o **direito privado**.

Em relação ao **direito privado**, vale o princípio da igualdade (isonomia) entre as partes; aqui não há que se falar em superioridade de uma parte sobre a outra. Por esse motivo, dizemos que estamos em uma relação jurídica horizontal ou em uma horizontalidade nas relações jurídicas.

O **direito privado** é regulado pelo princípio da autonomia da vontade, o que traduz a regra que diz que o particular pode fazer tudo aquilo que não é proibido (art. 5º, inciso II, da Constituição Federal de 1988).

No **direito público**, temos uma relação jurídica vertical, com o Estado em um dos polos, representando os interesses da coletividade, e um particular no outro, desempenhando seus próprios interesses. O Estado é tratado com superioridade ante ao particular, pois o Estado é o procurador da vontade da coletividade, que, representada pelo próprio Estado, deve ser tratada de forma prevalente ante a vontade do particular.

O fundamento dessa relação jurídica vertical é encontrado no princípio da supremacia do interesse público, que estudaremos com mais detalhes no tópico referente aos princípios. Já podemos, no entanto, adiantar que, o interesse público é supremo. Desse modo, são disponibilizadas ao Estado prerrogativas especiais para que este possa atingir os seus objetivos. Essas prerrogativas são os poderes da Administração Pública.

Os dois princípios norteadores do Direito Administrativo são: Supremacia do Interesse Público (gera os poderes) e Indisponibilidade do Interesse Público (gera os deveres da administração).

1.2 Conceito de Direito Administrativo

Na doutrina, podem ser encontrados vários conceitos para o Direito Administrativo. A seguir, descreveremos dois deles, trazidos pela doutrina contemporânea:

- O Direito Administrativo é o ramo do direito público que tem por objeto órgãos, agentes e pessoas jurídicas administrativas que integram a Administração Pública. A atividade jurídica não contenciosa que exerce e os bens que se utiliza para a consecução de seus fins são de natureza pública.
- O Direito Administrativo é o conjunto harmônico de princípios jurídicos que regem órgãos, agentes e atividades públicas que tendem a realizar concreta, direta e imediatamente os fins desejados pelo Estado.

Os conceitos de Direito Administrativo foram desenvolvidos de forma que se desdobram em uma sequência natural de tópicos que devem ser estudados ponto a ponto para que a matéria seja corretamente entendida.

1.3 Objeto do Direito Administrativo

Por meio desses conceitos, podemos constatar que o objeto do Direito Administrativo são as relações da Administração Pública, sejam elas de natureza interna entre as entidades que a compõem, seus órgãos e agentes, ou de natureza externa entre a administração e os administrados.

Além de ter por objeto a atuação da Administração Pública, também é foco do Direito Administrativo o desempenho das atividades públicas quando exercidas por algum particular, como no caso das concessões, permissões e autorizações de serviços públicos.

Resumidamente, podemos dizer que o Direito Administrativo tem por objeto a Administração Pública e as atividades administrativas, independentemente de quem as exerçam.

1.4 Fontes do Direito Administrativo

É o lugar de onde provém algo, no nosso caso, no qual emanam as regras do Direito Administrativo. Esse não está codificado em um único livro. Dessa forma, para o estudarmos de maneira completa, temos que recorrer às fontes, ou seja, a institutos esparsos. Por esse motivo, dizemos que o Direito Administrativo está tipificado (escrito), mas não está codificado em um único instituto.

- **Lei:** fonte principal do Direito Administrativo. A lei deve ser compreendida em seu sentido amplo, o que inclui a Constituição Federal, as normas supralegais, as leis e também os atos normativos da própria Administração Pública. Temos como exemplo os arts. 37 ao 41 da Constituição Federal, as Leis nos 8.666/1993, 14.133/2021, 8.112/1990, 8.429/1992 (Lei de Improbidade Administrativa), 14.230/2021, 9.784/1999 (Processo Administrativo Federal) etc.
- **Súmulas Vinculantes:** são instruções jurídicas que norteiam a interpretação e aplicação das normas constitucionais. Ou seja, as decisões trazidas pelo STF nas súmulas devem ser seguidas pelo Poder Judiciário e pela Administração Pública.
- **Jurisprudência:** são decisões que são editadas pelos tribunais e não possuem efeito vinculante; são resumos numerados que servem de fonte de pesquisa do direito materializados em livros, artigos e pareceres.
- **Doutrina:** tem a finalidade de tentar sistematizar e melhor explicar o conteúdo das normas de Direito Administrativo. A doutrina pode ser utilizada como critério de interpretação de normas, bem como para auxiliar a produção normativa.
- **Costumes:** conjunto de regras não escritas, porém, observadas de maneira uniforme, as quais suprem a omissão legislativa acerca de regras internas da Administração Pública.

Segundo o doutrinador do Direito Administrativo, Hely Lopes Meirelles, em razão da deficiência da legislação, a prática administrativa vem suprindo o texto escrito e, sedimentada na consciência dos administradores e administrados, a praxe burocrática passa a saciar a lei e atuar como elemento informativo da doutrina.

Leis e súmulas vinculantes são consideradas fontes principais do Direito Administrativo. Jurisprudência, súmulas, doutrinas e costumes são considerados fontes secundárias.

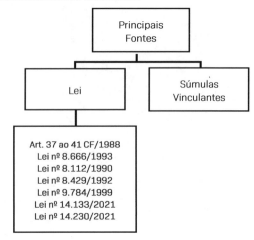

DIREITO ADMINISTRATIVO

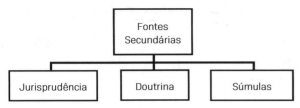

1.5 Sistemas Administrativos

É o regime que o Estado adota para o controle dos atos administrativos ilegais praticados pelo poder público nas diversas esferas e em todos os poderes. Existem dois sistemas que são globalmente utilizados:

- O **sistema francês** (do contencioso administrativo), não utilizado no Brasil, determina que as lides administrativas podem transitar em julgado, ou seja, as decisões administrativas têm força de definibilidade. Nesse sentido, falamos em dualidade de jurisdição, já que existem tribunais administrativos e judiciais, cada qual com suas competências.
- O **sistema inglês** (do não contencioso administrativo), também chamado de jurisdicional único ou unicidade da jurisdição, é o sistema que atribui somente ao Poder Judiciário a capacidade de tomar decisões sobre a legalidade administrativa com caráter de coisa julgada ou definitividade.

> **Atenção!**
> A Constituição Federal de 1988 adotou o Sistema Inglês, do não contencioso administrativo.

O Direito Administrativo, no nosso sistema, não pode fazer coisa julgada e todas as decisões administrativas podem ser revistas pelo Poder Judiciário, pois somente ele pode dar resolução em caráter definitivo. Ou seja, não cabem mais recursos, por isso, falamos em trânsito em julgado das decisões judiciais e nunca das decisões administrativas.

1.5.1 Via administrativa de curso forçado

São situações em que o particular é obrigado a seguir todas as vias administrativas até o fim, antes de recorrer ao Poder Judiciário. Isso é exceção, pois a regra é que, ao particular, é facultado recorrer-se ao Poder Judiciário, por força do art. 5º, inciso XXXV, da Constituição Federal de 1988.

Aqui, o indivíduo deve esgotar as esferas administrativas obrigatoriamente antes de ingressar com ação no Poder Judiciário.

> *XXXV - A lei não excluirá da apreciação do Poder Judiciário lesão ou ameaça a direito.*

Exemplos:

- **Justiça Desportiva:** só são admitidas pelo Poder Judiciário ações relativas à disciplina e às competições desportivas depois de esgotadas as instâncias da Justiça Desportiva. Art. 217, § 1º, CF/1988.
- **Ato administrativo ou omissão da Administração Pública que contrarie súmula vinculante:** só pode ser alvo de reclamação ao STF depois de esgotadas as vias administrativas. Lei nº 11.417/2006, art. 7º, § 1º.
- *Habeas data*: é indispensável para caracterizar o interesse de agir no *habeas data* a prova anterior do indeferimento do pedido de informação de dados pessoais ou da omissão em atendê-lo sem que se confirme situação prévia de pretensão. (STF, HD, 22-DF Min. Celso de Mello).

1.6 Regime jurídico administrativo

É o conjunto de normas e princípios de direito público que regulam a atuação da Administração Pública. Tais regras se fundamentam nos princípios da Supremacia e da Indisponibilidade do Interesse Público, conforme estudaremos adiante.

O princípio da supremacia do interesse público é o fundamento dos poderes da Administração Pública, afinal de contas, qualquer pessoa que tenha como fim máximo da sua atuação o interesse da coletividade, somente conseguirá atingir esses objetivos se dotadas de poderes especiais.

O princípio da indisponibilidade do interesse público é o fundamento dos deveres da Administração Pública, pois essa tem o dever de nunca abandonar o interesse público e de usar os seus poderes com a finalidade de satisfazê-lo.

Desses dois princípios, decorrem todos os outros princípios e regras que se desdobram no regime jurídico administrativo.

1.7 Noções de Estado

1.7.1 Conceito de Estado

- **Estado:** é a pessoa jurídica territorial soberana.
- **Pessoa:** capacidade para contrair direitos e obrigações.
- **Jurídica:** é constituída por meio de uma formalidade documental e não por uma mulher, tal como a pessoa física.
- **Territorial soberana:** quer dizer que, dentro do território do Estado, esse detém a soberania, ou seja, sua vontade prevalece ante a das demais pessoas (sejam elas físicas ou jurídicas). Podemos definir soberania da seguinte forma: soberania é a independência na ordem internacional (lá fora ninguém manda no Estado) e supremacia na ordem interna (aqui dentro quem manda é o Estado).

1.7.2 Elementos do Estado

- **Território**: é a base fixa do Estado (solo, subsolo, mar, espaço aéreo).
- **Povo:** é o componente humano do Estado.
- **Governo soberano**: é o responsável pela condução do Estado. Por ser tal governo soberano, ele não se submete a nenhuma vontade externa, apenas aos desígnios do povo.

1.7.3 Formas de Estado

- **Estado unitário:** é caracterizado pela centralização política; não existe divisão em Estados-membros ou municípios, há somente uma esfera política central que emana sua vontade para todo o país. É o caso do Uruguai.
- **Estado federado:** caracteriza-se pela descentralização política. Existem diferentes entidades políticas autônomas que são distribuídas regionalmente e cada uma exerce o poder político dentro de sua área de competência. É o caso do Brasil.

1.7.4 Poderes do Estado

Os poderes do Estado estão previstos no texto Constitucional.

> *Art. 2º São Poderes da União, independentes e harmônicos entre si, o Legislativo, o Executivo e o Judiciário.*

Os poderes podem exercer as funções para que foram investidos pela Constituição Federal (funções típicas) ou executar cargos diversos das suas competências constitucionais (funções atípicas). Por esse motivo, não há uma divisão absoluta entre os poderes, e sim relativa, pois o Poder Executivo pode executar suas funções típicas (administrar) e pode também iniciar o processo legislativo em alguns casos (pedido de vagas para novos cargos). Além disso, é possível até mesmo legislar no caso de medidas provisórias com força de lei.

INTRODUÇÃO AO DIREITO ADMINISTRATIVO

Poderes	Funções típicas	Funções atípicas
Legislativo	Criar leis Fiscalizar (Tribunal de Contas)	Administrar Julgar conflitos
Executivo	Administrar	Criar leis Julgar conflitos
Judiciário	Julgar conflitos	Administrar Criar leis

É importante notar que a atividade administrativa está presente nos três poderes. Por isso, o Direito Administrativo, por ser um dos ramos do Direito Público, disciplina não somente a atividade administrativa do Poder Executivo, mas também as do Poder Legislativo e do Judiciário.

1.8 Noções de governo

Governar é atividade política e discricionária, tendo conduta independente. O ato de governar está relacionado com as funções políticas do Estado: de comandar, coordenar, direcionar e fixar planos e diretrizes de atuação do Estado.

O governo é o conjunto de Poderes e órgãos constitucionais responsáveis pela função política do Estado. Ele está diretamente ligado às decisões tomadas pelo Estado, exercendo direção suprema e geral. Ao fazer uma analogia, podemos dizer que o governo é o cérebro do Estado.

1.8.1 Função de governo e função administrativa

É comum aparecer em provas de concursos públicos questões que confundem as ideias de governo e de Administração Pública. Para evitar esse erro, analisaremos as diferenças entre as expressões.

O governo é uma atividade política e discricionária e que possui conduta independente. Para ele, a administração é uma atividade neutra, normalmente vinculada à lei ou à norma técnica, e exercida mediante conduta hierarquizada.

Não podemos confundir governo com Administração Pública, pois o governo se encarrega de definir os objetivos do Estado e as políticas para o alcance desses objetivos. A Administração Pública, por sua vez, se encarrega de atingir os objetivos traçados pelo governo.

O governo atua mediante atos de soberania ou, ao menos, de autonomia política na condução dos negócios públicos. A administração é atividade neutra, normalmente vinculada à lei ou à norma técnica. Governo é conduta independente, enquanto a administração é hierarquizada.

O governo deve comandar com responsabilidade constitucional e política, mas sem responsabilidade técnica e legal pela execução. A administração age sem responsabilidade política, mas com responsabilidade técnica e legal pela execução dos serviços públicos.

1.8.2 Sistemas de governo

Sistema de governo refere-se ao grau de dependência entre o Poder Legislativo e Executivo.

- **Parlamentarismo**

É caracterizado por uma grande relação de dependência entre o Poder Legislativo e o Executivo.

A chefia do Estado e a do Governo são desempenhadas por pessoas distintas.

Chefe de Estado: responsável pelas relações internacionais.

Chefe de governo: responsável pelas relações internas, o chefe de governo é o da Administração Pública.

- **Presidencialismo**

É caracterizado por não existir dependência, ou quase nenhuma, entre os Poderes Legislativo e Executivo.

A chefia do Estado e a do Governo são representadas pela mesma pessoa.

O Brasil adota o presidencialismo como sistema de governo.

1.8.3 Formas de governo

A forma de governo refere-se à relação entre governantes e governados.

- **Monarquia**

Hereditariedade: o poder é passado de pai para filho.

Vitaliciedade: o detentor do poder fica no cargo até a morte e não necessita prestar contas.

- **República**

Eletividade: o governante precisa ser eleito para chegar ao poder.

Temporalidade: ao chegar ao poder, o governante ficará no cargo por tempo determinado e deve prestar contas.

O Brasil adota a república como forma de governo.

DIREITO ADMINISTRATIVO

2 ADMINISTRAÇÃO PÚBLICA

Antes de fazermos qualquer conceituação doutrinária sobre Administração Pública, podemos entendê-la como a ferramenta utilizada pelo Estado para atingir os seus objetivos. O Estado possui objetivos, e quem escolhe quais são eles é seu governo, pois a esse é que cabe a função política (atividade eminentemente discricionária) do Estado e que determina as suas vontades, ou seja, o Governo é o cérebro do Estado. Para poder atingir esses objetivos, o Estado precisa fazer algo, e o faz por meio de sua Administração Pública. Assim, essa é a responsável pelo exercício das atividades públicas do Estado.

2.1 Classificação de Administração Pública

2.1.1 Sentido material/objetivo

Em sentido material ou objetivo, a Administração Pública compreende o exercício de atividades pelas quais se manifesta a função administrativa do Estado.

Compõe a Administração Pública material qualquer pessoa jurídica, seus órgãos e agentes que exercem as atividades administrativas do Estado. Como exemplo de tais atividades, há a prestação de serviços públicos, o exercício do poder de Polícia, o fomento, a intervenção e as atividades da Administração Pública.

Essas são as chamadas atividades típicas do Estado e, pelo critério formal, qualquer pessoa que exerce alguma dessas é de Administração Pública, não importa quem seja. Por esse critério, teríamos, por exemplo, as seguintes pessoas na Administração Pública: União, estados, municípios, Distrito Federal, Autarquias, Fundações Públicas prestadoras de serviços públicos, Empresa Pública prestadora de serviço público, Sociedade de Economia Mista prestadora de serviços públicos e, ainda, as concessionárias, autorizatárias e permissionárias de serviço público.

Esse critério não é o adotado pelo Brasil. Assim sendo, a classificação feita acima não descreve a Administração Pública brasileira, que, conforme veremos a seguir, adota o modelo formal de classificação.

2.1.2 Sentido formal/subjetivo

Em sentido formal ou subjetivo, a Administração Pública compreende o conjunto de órgãos e pessoas jurídicas encarregadas, por determinação legal, do exercício da função administrativa do Estado.

Pelo modelo formal, segundo Meirelles, a Administração Pública é o conjunto de entidades (pessoas jurídicas, seus órgãos e agentes) que o nosso ordenamento jurídico identifica como Administração Pública, pouco interessa a sua área de atuação, ou seja, pouco importa a atividade, mas, sim, quem a desempenha. A Administração Pública brasileira que adota o modelo formal é classificada em Administração Direta e Indireta.

2.2 Organização da Administração

A Administração Pública foi definida pela Constituição Federal de 1988 no art. 37.

> *Art. 37 A Administração Pública Direta e indireta de qualquer dos Poderes da União, dos Estados, do Distrito Federal e dos Municípios obedecerá aos princípios de legalidade, impessoalidade, moralidade, publicidade e eficiência e, também, ao seguinte [...].*

O Decreto-lei nº 200/1967 determina quem é Administração Pública Direta e Indireta.

> *Art. 4º A Administração Federal compreende:*
> *I - A Administração Direta, que se constitui dos serviços integrados na estrutura administrativa da Presidência da República e dos Ministérios.*
> *II - A Administração Indireta, que compreende as seguintes categorias de entidades, dotadas de personalidade jurídica própria:*
> *a) Autarquias;*
> *b) Empresas Públicas;*
> *c) Sociedades de Economia Mista.*
> *d) Fundações públicas.*

Dessa forma, temos somente quatro pessoas que representam a Administração Direta. Elas são consideradas pessoas jurídicas de direito público e possuem várias características. As pessoas da Administração Direta recebem o nome de pessoas políticas do estado.

A Administração Indireta também representa um rol taxativo e não cabe ampliação. Existem quatro pessoas da Administração Indireta e nenhuma outra. Elas possuem características marcantes, contudo, não possuem a mais importante e que as diferencia das pessoas políticas do Estado: a capacidade de legislar (capacidade política).

2.3 Administração Direta

A Administração Direta é representada pelas entidades políticas. São elas: União, estados, Distrito Federal e municípios.

A definição no Brasil foi feita pelo Decreto-lei nº 200/1967, que dispõe sobre a organização da Administração Federal e estabelece diretrizes para a Reforma Administrativa.

É importante observar que esse decreto dispõe somente sobre a Administração Pública Federal, todavia, pela aplicação do princípio da simetria, tal regra é aplicada uniformemente por todo o território nacional. Assim sendo, tal classificação utilizada nesse decreto define expressamente a Administração Pública Federal e também, implicitamente, a Administração Pública dos demais entes da federação.

Os entes políticos possuem autonomia política (capacidade de legislar), administrativa (capacidade de se auto-organizar) e capacidade financeira (capacidade de julgar as próprias contas). Não podemos falar aqui em hierarquia entre os entes, mas sim em cooperação, pois um não dá ordens aos outros, visto que eles são autônomos.

As principais características da Administração Direta são:

- São pessoas jurídicas de direito público interno – têm autonomia.
- Unidas formam a República Federativa do Brasil: pessoa jurídica de direito público externo – tem soberania (independência na ordem externa e supremacia na interna).
- Regime jurídico de direito público.
- **Autonomia política:** administrativa e financeira.
- **Sem subordinação:** atuam por cooperação.
- **Competências:** extraídas da CF/1988.
- Responsabilidade civil – regra – objetiva.
- **Bens:** públicos, não podem ser objeto de sequestro, arresto, penhora etc.
- **Débitos judiciais:** são pagos por precatórios.
- **Regime de pessoal:** regime jurídico único.
- Competência para julgamento de ações judiciais da União é a Justiça Federal; dos demais Entes Políticos é a Justiça Estadual.

Algumas noções de centralização, descentralização e desconcentração são importantes para compreender a Administração Direta:

- **Centralização Administrativa:** órgãos e agentes trabalhando para a Administração Direta.
- **Descentralização administrativa:** técnica administrativa em que a Administração Direta passa a atividade administrativa, serviço ou obra pública para outras pessoas jurídicas ou físicas (para pessoa física somente por delegação por colaboração). A descentralização pode ser feita por outorga legal (titularidade + execução) ou diante delegação por colaboração (somente execução). A outorga legal cria as pessoas da Administração Indireta. A Delegação por colaboração gera os concessionários, permissionários e autorizatários de serviços públicos.
- **Descentralização por outorga legal:** também chamada de descentralização técnica, por serviços, ou funcional, é feita por lei e transfere a titularidade e a execução da atividade administrativa por prazo indeterminado para uma pessoa jurídica integrante da Administração Indireta.

ADMINISTRAÇÃO PÚBLICA

- **Descentralização por delegação:** também chamada de descentralização por colaboração, é feita em regra por um contrato administrativo e, nesses casos, depende de licitação. Também pode acontecer descentralização por delegação por meio de um ato administrativo. Transfere somente a execução da atividade administrativa, e não a sua titularidade, por prazo determinado para um particular, pessoa física ou jurídica.

▷ **Outorga legal:**
- Feita por lei;
- Transfere a titularidade e a execução do serviço público;
- Não tem prazo.

▷ **Delegação:**
- Feita por contrato, exceto as autorizações;
- Os contratos dependem de licitação;
- Transfere somente a execução do serviço público e não a titularidade;
- À fiscalização do Poder Público. Tal fiscalização decorre do exercício do poder disciplinar;
- Tem prazo.
- **Desconcentração administrativa:** técnica de subdivisão de órgãos públicos para que melhor desempenhem o serviço público ou atividade administrativa. Em outras palavras, na desconcentração, a pessoa jurídica distribui competências no âmbito de sua própria estrutura. É a distribuição de competências entre os diversos órgãos integrantes da estrutura de uma pessoa jurídica da Administração Pública. Somente ocorre na Administração Direta ou Indireta, jamais para particulares, uma vez que não existem órgãos públicos entre particulares.

2.4 Administração Indireta

Pessoas/entes/entidades administrativas
- Fundações públicas;
- Autarquias;
- Sociedades de economia mista;
- Empresas públicas.

Características
- Tem personalidade jurídica própria;
- Tem patrimônio e receita próprios;
- Tem autonomia: administrativa, técnica e financeira.
- Não tem autonomia política;
- Finalidade definida em lei;
- Controle do Estado.

Não há subordinação nem hierarquia entre os entes da Administração Direta e indireta, mas sim vinculação que se manifesta por meio da **supervisão ministerial** realizada pelo ministério ou secretaria da pessoa política responsável pela área de atuação da entidade administrativa. Tal supervisão tem por finalidade o exercício do denominado **controle finalístico** ou **poder de tutela**.

Em alguns casos, a entidade administrativa pode estar diretamente vinculada à chefia do Poder Executivo e, nesse contexto, caberá a essa chefia o exercício do controle finalístico de tal entidade.

Nomeação de dirigentes: os dirigentes das entidades administrativas são nomeados pelo chefe do poder a que está vinculada a respectiva entidade, ou seja, as entidades administrativas ligadas ao Poder Executivo Federal têm seus dirigentes nomeados pelo chefe de tal poder, que, nesse caso, é o Presidente da República.

É válido lembrar que, em todos os poderes, existe a função administrativa no Executivo, de forma típica, e nos demais poderes, de forma atípica. Além disso, a função administrativa de todos os poderes é exercida pela sua Administração Pública (Administração Direta e Indireta), assim, existe Administração Pública Direta e Indireta nos três poderes e, caso uma entidade administrativa seja vinculada ao Poder Legislativo ou Judiciário, caberá ao chefe do respectivo poder a nomeação de tal dirigente.

Excepcionalmente, a nomeação de um dirigente pode depender ainda de aprovação do Poder Legislativo. Na esfera federal, temos como exemplo a nomeação dos dirigentes das agências reguladoras. Tais nomeações são feitas pelo Presidente da República e, para terem efeito, dependem de aprovação do Senado Federal.

Via de regra, lembraremos que a nomeação do dirigente de uma entidade administrativa é feita pelo chefe do Poder Executivo, sendo que, em alguns casos, é necessária a prévia aprovação de outro poder. Excepcionalmente, o Judiciário e o Legislativo poderão nomear dirigentes para essas entidades, desde que vinculadas ao respectivo poder.

Criação dos entes da Administração Indireta: a instituição das entidades administrativas depende sempre de uma lei ordinária específica. Essa lei pode criar a entidade administrativa. Nesse caso, nasce uma pessoa jurídica de direito público, a autarquia. A lei também pode autorizar a criação das entidades administrativas. Nessa circunstância, nascem as demais entidades da Administração Indireta: fundações públicas, empresas públicas e sociedades de economia mista. Pelo fato dessas entidades serem autorizadas por lei, elas são pessoas jurídicas de direito privado.

A lei que cria ou que autoriza a criação de uma entidade administrativa é uma **lei ordinária específica.**

Quando a lei autoriza a criação de uma entidade da Administração Indireta, a sua construção será consumada após o registro na serventia registral pertinente (cartório ou junta comercial, conforme o caso).

Ocorre extinção dos entes da Administração Indireta nas seguintes condições:
- Só lei revoga lei.
- Se a lei cria, a lei extingue.
- Se a lei autoriza a criação, autoriza também a extinção.

Relação da Administração Pública Direta com a Indireta: as entidades compreendidas na Administração Indireta vinculam-se ao Ministério em cuja área de competência estiver enquadrada sua principal atividade. Dessa forma, não há que se falar em hierarquia ou subordinação, mas, sim em vinculação.

A vinculação entre a Administração Direta e a Administração Indireta gera o chamado controle finalístico ou supervisão ministerial. Assim, a Administração Direta não pode intervir nas decisões da Indireta, salvo se ocorrer a chamada fuga de finalidade.

2.4.1 Autarquias

Autarquia é a pessoa jurídica de direito público, criada por lei, com capacidade de autoadministração, para o desempenho de serviço público descentralizado (atividade típica do Estado). É o próprio serviço público personificado.

Vejamos a seguir as suas características:
- **Personalidade jurídica:** direito público.
- Recebem todas as prerrogativas do direito público.
- **Finalidade:** atividade típica do Estado.
- **Regime jurídico:** público.
- **Responsabilidade civil:** objetiva.
- **Bens públicos:** não podem ser objeto de penhora, arresto ou sequestro.
- Ao serem constituídas, recebem patrimônio do ente instituidor e, a partir desse momento, seguem com sua autonomia.
- **Débitos judiciais:** pagamento por precatórios.
- **Regime de pessoal:** regime jurídico único.
- Competência para o julgamento de suas ações judiciais:
  - Autarquia Federal = Justiça Federal.
  - Outras Esferas = Justiça Estadual. Por exemplo: Instituto Nacional do Seguro Social (INSS), Banco Central do Brasil.

A seguir estão presentes as espécies de autarquias:

- **Comum ou ordinária (de acordo com Decreto-lei nº 200/1967):** são as autarquias que recebem as características principais, ou seja, criadas diretamente por lei, pessoas jurídicas de direito público e que desempenham um serviço público especializado; seu ato constitutivo é a própria lei.
- **Sob regime especial:** as autarquias em regime especial são submetidas a um regime jurídico peculiar, diferente do jurídico relativo às autarquias comuns. Por autarquia comum deve-se entender as ordinárias, aquelas que se submetem a regime jurídico comum das autarquias. Na esfera federal, o regime jurídico comum das autarquias é o Decreto-lei nº 200/1967. Se a autarquia, além das regras do regime jurídico comum, ainda é alcançada por alguma regra especial, peculiar às suas atividades, será considerada uma autarquia em regime especial.
- **Agências reguladoras:** são responsáveis por regular, normatizar e fiscalizar determinados serviços públicos que foram delegados ao particular. Em razão dessa característica, elas têm mais liberdade e maior autonomia, se comparadas com as Autarquias comuns. Por exemplo: Agência Nacional do Cinema (Ancine); Agência Nacional de Águas e Saneamento Básico (ANA); Agência Nacional de Aviação Civil (Anac); Associação Nacional de Tecnologia do Ambiente Construído (Antaq); Agência Nacional de Telecomunicações (Anatel); Agência Nacional de Energia Elétrica (Aneel); Agência Nacional do Petróleo, Gás Natural e Biocombustíveis (ANP); Agência Nacional de Transportes Terrestres (ANTT) etc.
- **Autarquia territorial:** é classificado como Autarquia Territorial o espaço que faça parte do território da União, mas que não se enquadre na definição de Estado-membro, Distrito Federal ou município. No Brasil atual, não existem exemplos de autarquias territoriais, mas elas podem vir a ser criadas. Nesse caso, esses territórios fazem parte da Administração Direta e são autarquias territoriais, pois são criados por lei e assumem personalidade jurídica de direito público.
- **Associações públicas (autarquias interfederativas ou multifederativas):** também chamadas de consórcio público de Direito Público. O consórcio público é a pessoa jurídica formada exclusivamente por entes da Federação, na forma da Lei nº 11.107/2005, para estabelecer relações de cooperação federativa, inclusive a realização de objetivos de interesse comum, constituída como associação pública, com personalidade jurídica de direito público e natureza autárquica, ou como pessoa jurídica de direito privado, sem fins econômicos. Assim, não é todo consórcio público que representa uma autarquia interfederativa, mas somente os públicos de Direito Público.
- **Autarquia fundacional ou fundação autárquica:** as fundações públicas de Direito Público (exceção) são consideradas, na verdade, uma espécie de autarquia.
- **Agências executivas:** as agências executivas não se configuram como pessoas jurídicas, menos ainda outra classificação qualquer. Representam, na prática, um título que é dado às autarquias e fundações públicas que assinam contrato de gestão com a Administração Pública, conforme art. 37, § 8º, CF/1988.
- **Conselhos fiscalizadores de profissões:** são considerados autarquias, contudo, comportam uma exceção muito importante:

    ADI 3.026-DF Min. Eros Graus. 08/06/2006. OAB: Considerada entidade sui generis, um serviço independente não sujeita ao controle finalístico da Administração Direta.

2.4.2 Fundação Pública

A Fundação Pública é a entidade dotada de personalidade jurídica de direito privado, sem fins lucrativos, criada em virtude de autorização legislativa, para o desenvolvimento de atividades que não exijam execução por órgãos ou entidades de direito público, com autonomia administrativa, patrimônio próprio gerido pelos respectivos órgãos de direção e funcionamento custeado por recursos da União e de outras fontes.

Regra

- Autorizada por lei;
- Pessoa jurídica de direito privado;
- Depende de registro dos atos constitutivos na junta comercial;
- Depende de lei complementar que especifique o campo de atuação.

Exceção

- Criada diretamente por lei;
- Pessoa jurídica de direito público;
- Possui um capital personalizado (diferença meramente conceitual);
- Considerada pela doutrina como autarquia fundacional.

> **Atenção!**
> As fundações públicas de Direito Público, são espécie de autarquia, sendo chamadas pela doutrina como autarquias fundacionais.

Características

- **Personalidade jurídica:** direito privado.
- **Finalidade:** lei complementar definirá – sem fins lucrativos.
- **Regime jurídico:** híbrido (regras de Direito Público + direito privado) incontroverso.
- **Responsabilidade civil:** se for prestadora de serviço público, é objetiva; caso contrário, é subjetiva.
- **Bens privados, com exceção:** bens diretamente ligados à prestação de serviço público são bens públicos.
- **Débitos judiciais:** são pagos por meio do seu patrimônio, com exceção dos bens diretamente ligados à prestação de serviços públicos, que são bens públicos e não se submetem a pagamento de débitos judiciais.
- **Regime de pessoal:** Regime Jurídico Único (RJU).

Competência para o julgamento de suas ações judiciais:

- Justiça Federal.
- Outras esferas = Justiça Estadual.
- Instituto Brasileiro de Geografia e Estatística (IBGE), Biblioteca Nacional, Fundação Nacional do Índio (Funai).

2.4.3 Empresas Públicas e Sociedades de Economia Mista

São pessoas jurídicas de direito privado, criadas pela Administração Direta por meio de autorização da lei, com o respectivo registro, para a prestação de serviços públicos ou a exploração da atividade econômica.

A Lei nº 13.303/2016 dispõe sobre o estatuto jurídico da empresa pública, da sociedade de economia mista e de suas subsidiárias, no âmbito da União, dos estados, do Distrito Federal e dos municípios.

A referida lei apresenta os seguintes conceitos:

> ***Art. 3º*** *Empresa pública é a entidade dotada de personalidade jurídica de direito privado, com criação autorizada por lei e com patrimônio próprio, cujo capital social é integralmente detido pela União, pelos Estados, pelo Distrito Federal ou pelos Municípios.*
>
> ***Art. 4º*** *Sociedade de economia mista é a entidade dotada de personalidade jurídica de direito privado, com criação autorizada por lei, sob a forma de sociedade anônima, cujas ações com direito a voto pertençam em sua maioria à União, aos Estados, ao Distrito Federal, aos Municípios ou a entidade da Administração Indireta.*

ADMINISTRAÇÃO PÚBLICA

2.4.4 Empresas Públicas e Sociedades de Economia Mista Exploradoras da Atividade Econômica

Art. 173 Ressalvados os casos previstos nesta Constituição, a exploração direta de atividade econômica pelo Estado só será permitida quando necessária aos imperativos da segurança nacional ou a relevante interesse coletivo, conforme definidos em lei.

§ 1º A lei estabelecerá o estatuto jurídico da Empresa Pública, da sociedade de economia mista e de suas subsidiárias que explorem atividade econômica de produção ou comercialização de bens ou de prestação de serviços, dispondo sobre:

I - Sua função social e formas de fiscalização pelo Estado e pela sociedade;

II - A sujeição ao regime jurídico próprio das empresas privadas, inclusive quanto aos direitos e obrigações civis, comerciais, trabalhistas e tributários;

III -. Licitação e contratação de obras, serviços, compras e alienações, observados os princípios da Administração Pública;

IV - A constituição e o funcionamento dos conselhos de administração e fiscal, com a participação de acionistas minoritários;

V - Os mandatos, a avaliação de desempenho e a responsabilidade dos administradores.

§ 2º As empresas públicas e as sociedades de economia mista não poderão gozar de privilégios fiscais não extensivos às do setor privado.

§ 3º A lei regulamentará as relações da Empresa Pública com o Estado e a sociedade.

§ 4º A lei reprimirá o abuso do poder econômico que vise à dominação dos mercados, à eliminação da concorrência e ao aumento arbitrário dos lucros.

§ 5º A lei, sem prejuízo da responsabilidade individual dos dirigentes da pessoa jurídica, estabelecerá a responsabilidade desta, sujeitando-a as punições compatíveis com sua natureza, nos atos praticados contra a ordem econômica e financeira e contra a economia popular.

2.4.5 Empresas Públicas e Sociedades de Economia Mista Prestadoras de Serviço Público

Essas entidades são criadas para a exploração da atividade econômica em sentido amplo, o que inclui o exercício delas em sentido estrito e também a prestação de serviços públicos que podem ser explorados com o intuito de lucro.

Segundo o art. 175 da Constituição Federal de 1988:

Art. 175 Incumbe ao Poder Público, na forma da lei, diretamente ou sob regime de concessão ou permissão, sempre através de licitação, a prestação de serviços públicos.

Parágrafo único. A lei disporá sobre:

I - O regime das empresas concessionárias e permissionárias de serviços públicos, o caráter especial de seu contrato e de sua prorrogação, bem como as condições de caducidade, fiscalização e rescisão da concessão ou permissão;

II - Os direitos dos usuários;

III - Política tarifária;

IV - A obrigação de manter serviço adequado.

Não se inclui nessa categoria os serviços públicos relativos aos direitos sociais, pois esses não podem ser prestados com o intuito de lucro pelo Estado e, também, não são de titularidade exclusiva do Estado, podendo ser livremente explorados por particulares.

2.4.6 Sociedade de Economia Mista

A sociedade de economia mista é uma entidade dotada de personalidade jurídica de direito privado, autorizada por lei para a exploração de atividade econômica, sob a forma de sociedade anônima, cujas ações com direito a voto pertençam em sua maioria à União ou a entidade da Administração Indireta:

- Autorizada por lei;
- Pessoa jurídica de direito privado;
- Capital 50% + 1 ação no controle da Administração Pública;
- Constituição obrigatória por Sociedade Anônima (SA);
- Competência da Justiça Estadual.

2.4.7 Empresa Pública

Entidade dotada de personalidade jurídica de direito privado, com patrimônio próprio e capital exclusivo da União, autorizado por lei para a exploração de atividade econômica que o governo seja levado a exercer por força de contingência ou de conveniência administrativa, podendo revestir-se de qualquer das formas admitidas em direito.

Principais características:

- Autorizado por lei;
- Pessoa jurídica de direito privado;
- 100% na constituição de capital público;
- Constituído de qualquer forma admitido em direito;
- Competência da Justiça Federal.

Algumas características comuns das empresas públicas e sociedades de economia mista:

- **Personalidade jurídica:** direito privado.
- **Finalidade:** prestação de serviço público ou a exploração da atividade econômica.
- **Regime jurídico híbrido:** se for prestadora de serviço público, o regime jurídico é mais público; se for exploradora da atividade econômica, o regime jurídico é mais privado.
- **Responsabilidade civil:** se for prestadora de serviço público, a responsabilidade civil é objetiva, se for exploradora da atividade econômica, a civil é subjetiva.
- **Bens privados, com exceção:** bens diretamente ligados à prestação de serviço público são bens públicos.
- **Débitos judiciais:** são pagos por meio do seu patrimônio, com exceção dos bens diretamente ligados à prestação de serviços públicos, que são bens públicos e não se submetem a pagamento de débitos judiciais.
- **Regime de pessoal:** Consolidação das Leis do Trabalho (CLT) – Emprego Público.

DIREITO ADMINISTRATIVO

- **Exemplos de empresas públicas:** Caixa Econômica Federal, Correios.
- **Exemplo de sociedades de economia mista:** Banco do Brasil e Petrobras.

O quadro a seguir foi desenvolvido para memorização das características mais importantes das pessoas da Administração Pública Indireta.

Tabela comparativa das características dos entes da Administração Pública

Característica	Entidades políticas	Autarquia	Fundação pública	Empresa pública	Sociedade de economia mista
Personalidade jurídica	Direito Público	Direito Público	direito privado	direito privado	direito privado
Finalidade	Competências constitucionais	Atividade típica do Estado	Lei complementar definirá	Exploração da atividade econômica ou prestação de serviço público	Exploração da atividade econômica ou prestação de serviço público
Regime jurídico	Direito Público	Direito Público	Híbrido: se PSP + público. Caso desenvolva outra atividade, mais privado.	Híbrido: se EAE + privado; se PSP + público	Híbrido: se EAE + privado; se PSP + público
Responsabilidade civil	Objetiva: ação Subjetiva: omissão	Objetiva: ação Subjetiva: omissão	PSP = Objetiva, nos demais casos, subjetiva	PSP = Objetiva, EAE = Subjetiva	PSP = Objetiva, EAE = Subjetiva
Bens	Públicos	Públicos	Privados, exceção: bens diretamente ligados à prestação de serviços públicos são bens públicos.	Privados, exceção: bens diretamente ligados à prestação de serviços públicos são bens públicos.	Privados, exceção: bens diretamente ligados à prestação de serviços públicos são bens públicos.
Débitos judiciais	Precatórios	Precatórios	Patrimônio	Patrimônio	Patrimônio
Regime de pessoal	Regime Jurídico Único	Regime Jurídico Único	Regime Jurídico Único	CLT	CLT
Competência para Julgamento	União: Justiça Federal; Demais: Justiça Estadual.	Federal: Justiça Federal; Demais: Justiça Estadual.	Federal: Justiça Federal; Demais: justiça Estadual.	Federal: Justiça Federal; Demais: justiça Estadual.	Todas: Justiça Estadual.

* EAE: Exploração da Atividade Econômica.

* PSP: Prestação de Serviço Público.

3 ÓRGÃO PÚBLICO

É importantíssimo para o estudo do Direito Administrativo estudar a respeito dos órgãos públicos, sua finalidade, seu papel na estrutura da Administração Pública, bem como as diversas teorias e classificações relativas ao tema. Começaremos a partir das teorias que buscam explicar o que é o órgão público.

3.1 Teorias

São três as teorias criadas para caracterizar e conceituar a ideia de órgão público: a Teoria do Mandato, Teoria da Representação e Teoria Geral do Órgão.

3.1.1 Teoria do mandato

Essa teoria preceitua que o agente, pessoa física, funciona como o mandatário da pessoa jurídica, agindo sob seu nome e com a responsabilidade dela, em razão de outorga específica de poderes (não adotado).

3.1.2 Teoria da representação

O agente funciona como um tutor ou curador do Estado.

3.1.3 Teoria geral do órgão

Tem-se a presunção de que a pessoa jurídica exterior a sua vontade por meio dos órgãos, os quais são parte integrante da própria estrutura da pessoa jurídica, de tal modo que, quando os agentes que atuam nesses órgãos manifestam sua vontade, considera-se que essa foi manifestada pelo próprio Estado. Falamos em imputação da atuação do agente, pessoa natural, à pessoa jurídica (adotado pela Constituição Federal de 1988).

Alguns órgãos possuem uma pequena capacidade de impetrar mandado de segurança para garantir prerrogativas próprias. Contudo, somente os órgãos independentes e autônomos têm essa capacidade.

Os órgãos não possuem personalidade jurídica, tampouco vontade própria, agem em nome da entidade a que pertencem, mantendo relações entre si e com terceiros, e não possuem patrimônio próprio. Os órgãos manifestam a vontade da pessoa jurídica à qual pertencem. Dizemos que os agentes, quando atuam para o Estado, estão em imputação à pessoa jurídica à qual estão efetivamente ligados. Assim, falamos em imputação à pessoa jurídica.

Constatamos que órgãos são meros centros de competência, e que os agentes que trabalham nesses órgãos estão em imputação à pessoa jurídica a que estão ligados; suas ações são imputadas ao ente federativo. Assim, quando um servidor público federal atua, suas ações são imputadas (como se o próprio Estado estivesse agindo) à União, pois o agente é ligado a um órgão que pertence a esse ente.

Por exemplo: quando um policial federal está trabalhando, ele é um agente público que atua dentro de um órgão (Departamento de Polícia Federal) e suas ações, quando feitas, são consideradas como se a União estivesse agindo. Por esse motivo, os atos que gerem prejuízo a terceiros são imputados à União, ou seja, é a União que paga o prejuízo e, depois, entra com ação regressiva contra o agente público.

3.2 Características

3.2.1 Não possui personalidade jurídica

Muitas pessoas se assustam com essa regra devido ao fato de o órgão público ter Cadastro Nacional da Pessoa Jurídica (CNPJ), realizar licitações e também por celebrar contratos públicos. Todavia, essas situações não devem ser levadas em consideração nesse momento.

O CNPJ não é suficiente para conferir personalidade jurídica para o órgão público, a sua instituição está ligada ao direito tributário. O órgão faz licitação, celebra contratos, no entanto, ele não possui direitos, não é responsável pela conduta dos seus agentes e tudo isso porque não possui personalidade jurídica, uma vez que órgão público não é pessoa.

3.2.2 Integram a estrutura da pessoa jurídica a que pertencem

O órgão público é o integrante essencial da estrutura corporal (orgânica) da pessoa jurídica a que está ligado.

Algumas características sobre o tema:

- Não possui capacidade processual, salvo os órgãos independentes e autônomos que podem impetrar Mandado de Segurança em defesa de suas prerrogativas constitucionais, quando violadas por outro órgão.
- Não possui patrimônio próprio.
- É hierarquizado.
- É fruto da desconcentração.
- Está presente na Administração Direta e Indireta.
- **Criação e extinção:** por meio de Lei.
- **Estruturação:** pode ser feita por meio de decreto autônomo, desde que não implique em aumento de despesas.
- Os agentes que trabalham nos órgãos estão em imputação à pessoa jurídica que estão ligados.

3.3 Classificação

Dentre as diversas classificações pertinentes ao tema, a partir de agora, abordaremos as classificações quanto à posição estatal que leva em consideração a relação de subordinação e hierarquia, a estrutura que se relaciona com a desconcentração e a composição ou atuação funcional que se relaciona com a quantidade de agentes que agem e manifestam vontade em nome do órgão.

3.3.1 Posição estatal

Quanto à posição estatal, os órgãos são classificados em independentes, autônomos, superiores e subalternos:

- **Órgãos independentes**
  - São considerados o mais alto escalão do Governo.
  - Não exercem subordinação.
  - Seus agentes são inseridos por eleição.
  - Têm suas competências determinadas pelo texto constitucional.
  - Possuem alguma capacidade processual.

- **Órgãos autônomos**
  - São classificados como órgãos diretivos.
  - Possuem capacidade administrativa, financeira e técnica.
  - São exemplos os ministérios e as secretarias.
  - Possuem alguma capacidade processual.

- **Órgãos superiores**
  - São órgãos de direção, controle e decisão.
  - Não possuem autonomia administrativa ou financeira.
  - Exemplos são as coordenadorias, gabinetes etc.

- **Subalternos**
  - Exercem atribuições de mera execução.
  - Exercem reduzido poder decisório.
  - São exemplos as seções de expediente ou de materiais.

3.4 Estrutura

A classificação quanto à estrutura leva em consideração, a partir do órgão analisado, se existe ou não um processo de desconcentração, se há ramificações que levam a órgãos subordinados ao órgão analisado.

DIREITO ADMINISTRATIVO

- **Simples:** são aqueles que representam um só centro de competências, sem ramificações, independentemente do número de cargos.
- **Compostos:** são aqueles que reúnem em sua estrutura diversos órgãos, ou seja, existem ramificações.

A Presidência da República é um órgão composto, pois dela se originam outros órgãos de menor hierarquia, dentre esses o Ministério da Justiça, por exemplo, que também é órgão composto, pois, a partir dele, tem-se novas ramificações, como o Departamento Penitenciário Nacional, o Departamento de Polícia Federal, entre outros.

A partir da Presidência da República, tem-se também um órgão chamado de gabinete. Ele é considerado simples, pois, a partir dele, não há novos órgãos, ou seja, não nasce nenhuma ramificação a partir do gabinete da Presidência da República.

3.5 Atuação funcional/composição

Os órgãos públicos podem ser classificados em singulares ou colegiados:

- **Órgãos singulares ou unipessoais:** a sua atuação ou decisões são atribuições de um único agente. Por exemplo: Presidência da República.
- **Órgãos colegiados ou pluripessoais:** a atuação e as decisões dos órgãos colegiados acontecem mediante obrigatória manifestação conjunta de seus membros. Por exemplo: Congresso Nacional, Tribunais de Justiça.

3.6 Paraestatais

A expressão "paraestatais" gera divergência em nosso ordenamento jurídico, sendo que podemos mencionar três posicionamentos:

- As paraestatais são as autarquias – posição de José Cretella Júnior – entendimento ultrapassado.
- As paraestatais são: as fundações públicas, empresas públicas, sociedades de economia mista e os serviços sociais autônomos – posição de Hely Lopes Meirelles – corrente minoritária.
- As paraestatais são os serviços sociais autônomos, as fundações de apoio, as Organizações Sociais (OSs), as Organizações da Sociedade Civil de Interesse Público (Oscips) e as Organizações da Sociedade Civil (OSCs) – posição de Maria Silvia Zanella Di Pietro, entre outros – é o entendimento majoritário.
- Observação: nesse terceiro sentido, as paraestatais equivalem ao chamado terceiro setor. O primeiro setor é o Estado e o segundo setor é o mercado (iniciativa privada que visa ao lucro).

Serviços sociais autônomos: são pessoas jurídicas de direito privado sem fins lucrativos, instituídas por lei e vinculadas a categorias profissionais, sendo mantidas por dotações orçamentárias ou contribuições parafiscais. É o chamado sistema "S".

Por exemplo: Serviço Social da Indústria (Sesi), Serviço Social do Comércio (Sesc), Serviço Nacional de Aprendizagem Industrial (Senai), Serviço Nacional de Aprendizagem Comercial (Senac), Serviço Brasileiro de Apoio às Micro e Pequenas Empresas (Sebrae) etc. Não integram a Administração Pública nem direta e nem indireta.

Fundações de apoio: são pessoas jurídicas de direito privado que se destinam a colaborar com instituições de ensino e pesquisa, sendo instituídas por professores, pesquisadores ou universitários (Lei nº 8.958/1994). Por exemplo: Fundação Universitária para o Vestibular (Fuvest), Fundação Instituto de Pesquisas Econômicas (Fipe), Conselho Nacional de Desenvolvimento Científico e Tecnológico (CNPQ) etc.

Organizações Sociais (OSs) e Organizações da Sociedade Civil de Interesse Público (Oscips): são pessoas jurídicas de direito privado sem fins lucrativos, instituídas por particulares que desempenham serviços não exclusivos de Estado, como a saúde, cultura, preservação do meio ambiente etc.

Existem **características comuns** entre as Organizações Sociais (Lei nº 9.637/1998) e as Organizações da Sociedade Civil de Interesse Público (Lei nº 9.790/1999):

- São pessoas jurídicas de direito privado.
- Não têm fins lucrativos.
- Instituídas por particulares.
- Desempenham serviços não exclusivos de Estado.
- Não integram a Administração Pública (seja direta ou indireta).
- Integram o chamado terceiro setor.
- Sujeitam-se ao controle da Administração Pública e do Tribunal de Contas.
- Gozam de imunidade tributária, desde que atendidos os requisitos legais, conforme prevê o art. 150, inciso VI, alínea "c", da Constituição Federal de 1988.

Principais diferenças entre OS e OSCIP

Organizações Sociais: o vínculo com o Estado se dá por contrato de gestão; o ato de qualificação é discricionário, dado pelo ministro da pasta competente; pode ser contratada pela Administração com dispensa de licitação (hipótese de licitação dispensável); o conselho deve ser formado por representantes do poder público; regulada pela Lei nº 9.637/1998.
Exs.: Associação Roquette Pinto, Instituto Nacional de Matemática Pura e Aplicada (IMPA).

Organizações da Sociedade Civil de Interesse Público: o vínculo com o Estado se dá por Termo de Parceria; o ato de qualificação é vinculado, dado pelo Ministro da Justiça; não há essa previsão; não há essa exigência; regulada pela Lei nº 9.790/1999.
Exs.: Amigo do Índio (AMI), Associação de Amparo às Mães de Alto Risco (AMAR).

Observações sobre as Organizações Sociais (OSs)

- O poder público pode destinar para as OSs recursos orçamentários e bens necessários ao cumprimento do contrato de gestão, mediante permissão de uso.
- O poder público pode ceder servidores públicos para as OSs com ônus para a origem.
- A Administração poderá dispensar a licitação nos contratos de prestação de serviços celebrados com as OSs (art. 24, inciso XXIV da Lei nº 8.666/1993).

3.7 Organizações da Sociedade Civil (OSC)

As Organizações da Sociedade Civil (OSCs) são entidades do terceiro setor criadas com a finalidade de atuar junto ao Poder Público, em regime de mútua cooperação, na execução de serviços públicos e tem o seu regime jurídico regulado pela Lei nº 13.019/2014.

Essas entidades atuam na prestação de serviço público não exclusivo do Estado e têm vínculo com a Administração Pública, de modo que essa conexão se dá mediante celebração de Termo de Fomento, Termo de Colaboração e Acordo de Cooperação. Vejamos tais conceitos:

- **Termo de Colaboração (art. 2º, inciso VII e art. 16):** instrumento por meio do qual são formalizadas as parcerias estabelecidas pela Administração Pública com organizações da sociedade civil para a consecução de finalidades de interesse público e recíproco propostas pela Administração Pública que envolvam a transferência de recursos financeiros. Assim, o Termo de Colaboração é utilizado para a execução de políticas públicas nas mais diversas áreas, para consecução de **planos de trabalho de iniciativa da própria Administração**, nos casos em que esta já tem parâmetros consolidados, com indicadores e formas de avaliação conhecidos, abarcando, reitere-se, o **repasse de valores por parte do erário;**

- **Termo de Fomento (art. 2º, inciso VIII, e art. 17):** instrumento por meio do qual são formalizadas as parcerias estabelecidas pela Administração Pública com organizações da sociedade civil para a consecução de finalidades de interesse público e recíproco propostas pelas organizações da sociedade civil, que envolvam a transferência de recursos financeiros. Note, portanto, que o Termo de Fomento, ao contrário do Termo de Colaboração, tem como objetivo **incentivar iniciativas das próprias OSCs, para consecução de planos de trabalho por elas propostos**, buscando albergar nas políticas públicas tecnologias sociais inovadoras, promover projetos e eventos nas mais diversas áreas e expandir o alcance das ações desenvolvidas pelas organizações. Assim como no Termo de Colaboração, o Termo de Fomento também enseja a transferência de recursos financeiros por parte da Administração Pública;
- **Acordo de Cooperação (art. 2º, inciso VIII-A):** instrumento por meio do qual são formalizadas as parcerias estabelecidas pela Administração Pública com organizações da sociedade civil para a consecução de finalidades de interesse público e recíproco que não envolvam a transferência de recursos financeiros. Portanto, o grande diferencial do Acordo de Cooperação com os demais é justamente a **ausência de repasse de valores financeiros**. O acordo, como regra, também não exige prévia realização de chamamento público como ocorre no caso do Termo de Fomento e do Termo de Colaboração, salvo quando envolver alguma forma de compartilhamento de recurso patrimonial (comodato, doação de bens etc.).
- **Chamamento público:** trata-se do procedimento que o poder público deverá realizar, obrigatoriamente, na prospecção de organizações. É a partir desse chamamento que serão avaliadas diferentes propostas para escolher a OSC mais adequada à parceria, ou ainda um grupo de OSCs trabalhando em rede, a fim de tornar mais eficaz a execução do objeto. Tal procedimento deverá adotar métodos claros, objetivos e simplificados que orientem os interessados e facilitem o acesso direto aos órgãos e às instâncias decisórias.
- Observação: não se aplicará a Lei nº 8.666/1993 às relações de parceria com as OSCs (art. 84 da Lei nº 13.019/2014), uma vez que agora há lei própria.

3.8 Organizações Não Governamentais (ONGs)

A ONG é uma entidade civil sem fins lucrativos, formada por pessoas interessadas em determinado tema, o qual se constitui em seu objetivo e interesse principal. Por exemplo: Instituto Brasileiro de Defesa do Consumidor (Idec).

Normalmente, são iniciativas de pessoas ou grupos que visam colaborar com a solução de problemas da comunidade, como mobilizações, educação, conscientização e organização de serviços ou programas para o atendimento de suas necessidades.

Do ponto de vista jurídico, o termo ONG não se aplica. O Código Civil brasileira prevê apenas dois formatos institucionais para entidades civis sem fins lucrativos, sendo a Associação Civil (art. 44, inciso I e art. 53, ambos do Código Civil) e a Fundação Privada (art. 44, III e 62, ambos do Código Civil).

DIREITO ADMINISTRATIVO

4 AGENTES PÚBLICOS

Estudaremos a seguir os agentes públicos, sua finalidade, seu papel na estrutura da Administração Pública, bem como as diversas classificações relativas ao tema.

4.1 Conceito

Considera-se agente público toda pessoa física que exerça, ainda que transitoriamente ou sem remuneração, por eleição, nomeação, designação, contratação ou qualquer outra forma de investidura ou vínculo, mandato, cargo, emprego ou função pública.

4.2 Classificação

- Agentes políticos.
- Agentes administrativos.
- Particulares em colaboração com o poder público.

4.2.1 Agentes políticos

Os agentes políticos estão nos mais altos escalões do Poder Público. São responsáveis pela elaboração das diretrizes governamentais e pelas funções de direção, orientação e supervisão geral da Administração Pública.

- **Características**
- Sua competência é haurida da Constituição Federal.
- Não se sujeitam às regras comuns aplicáveis aos servidores públicos em geral.
- Normalmente, são investidos em seus cargos por meio de eleição, nomeação ou designação.
- Não são hierarquizados, subordinando-se tão somente à Constituição Federal.

Exceção: auxiliares imediatos dos chefes do Executivo são, hierarquizados, pois se subordinam ao líder desse poder.

Exemplos: ministros de Estado e secretários estaduais e municipais.

Tabela de Agentes Políticos

Poder	Federal	Estadual	Municipal
Executivo	Presidente da República; Ministros de estados	Governadores; secretários estaduais	Prefeitos; secretários municipais
Legislativo	Deputados federais; senadores	Deputados estaduais	Vereadores
Judiciário	Membros do Poder Judiciário Federal	Membros do Poder Judiciário Estadual	Não há
Ministério Público	Membros do Ministério Público Federal	Membros do Ministério Público Estadual	Não há

4.2.2 Agentes administrativos

São as pessoas que exercem atividade pública de natureza profissional, permanente e remunerada, estão sujeitos à hierarquia funcional e ao regime jurídico estabelecido pelo ente ao qual pertencem. O vínculo entre esses agentes e o ente ao qual estão ligados é um vínculo de natureza permanente.

- **Servidores públicos (estrito):** são os titulares de cargos públicos (efetivos e comissionados), são vinculados ao seu cargo por meio de um estatuto estabelecido pelo ente contratante.
- **Empregados públicos:** são os ocupantes de Emprego Público; são vinculados ao seu emprego por meio da Consolidação das Leis do Trabalho (CLT).
- **Temporários:** são contratados por tempo determinado para atender necessidade temporária de excepcional interesse público. Exercem função pública temporária e remunerada, estão vinculados à Administração Pública por meio de um contrato de direito público e não de natureza trabalhista. O meio utilizado pelo Estado para selecionar os temporários é o processo seletivo simplificado e não o concurso público.

Algumas doutrinas dividem a classificação dos servidores públicos em sentido amplo e em estrito. Nesse último caso, servidor público é o que consta acima, ou seja, somente os titulares de cargos públicos; já em sentido amplo, adota-se a seguinte regra: servidor público é um gênero que comporta três espécies: os servidores estatutários, os empregados públicos e os servidores temporários. Então, caso se adote o conceito de servidor público em sentido amplo, este será sinônimo de agente administrativo.

Servidor público (amplo)
Servidor estatutário = servidor público (estrito)
Empregado público = empregado público
Servidor temporário = temporário

4.2.3 Particulares em colaboração com o Poder Público

- **Agentes honoríficos:** são cidadãos que transitoriamente são requisitados ou designados para prestar certos serviços públicos específicos em razão da sua honra, da sua conduta cívica ou de sua notória capacidade profissional. Geralmente atuam sem remuneração. São os mesários, jurados, entre outros.
- **Agentes delegados:** são particulares que recebem a incumbência de exercer determinada atividade, obra ou serviço, por sua conta e risco e em nome próprio, sob permanente fiscalização do poder contratante, ou seja, são aquelas pessoas que recebem a incumbência de prestar certas atividades do Estado por meio da descentralização por delegação. São elas:
    - Autorizatárias de serviços públicos;
    - Concessionárias de serviços públicos;
    - Permissionárias de serviços públicos.
- **Agentes credenciados:** são os particulares que recebem a incumbência de representar a administração em determinado ato ou praticar certa atividade específica, mediante remuneração do poder público credenciante.

PRINCÍPIOS FUNDAMENTAIS DA ADMINISTRAÇÃO PÚBLICA

5 PRINCÍPIOS FUNDAMENTAIS DA ADMINISTRAÇÃO PÚBLICA

Neste momento, o objetivo é conhecer o rol de princípios fundamentais que norteiam e orientam toda a atividade administrativa do Estado, bem como toda a atuação da Administração Pública Direta e indireta.

Tais princípios são de observância obrigatória para toda a Administração Pública, quer da União, dos estados, do Distrito Federal, quer dos municípios. São considerados expressos, pois estão descritos expressamente no *caput* do art. 37 da Constituição Federal de 1988.

> **Art. 37** *A Administração Pública Direta e indireta de qualquer dos Poderes da União, dos Estados, do Distrito Federal e dos Municípios obedecerá aos princípios de legalidade, impessoalidade, moralidade, publicidade e eficiência e, também, ao seguinte. (Ver CF/1988)*

5.1 Classificação

Os princípios da Administração Pública são classificados como princípios explícitos (expressos) e implícitos.

É importante apontar que não existe relação de subordinação e de hierarquia entre os princípios expressos e os implícitos; na verdade, essa relação não existe entre nenhum princípio.

Isso quer dizer que, em um aparente conflito entre os princípios, um não exclui o outro, pois deve o administrador público observar ambos ao mesmo tempo, devendo nortear sua decisão na obediência de todos os princípios fundamentais pertinentes ao caso em concreto.

Como exemplo, não pode o administrador público deixar de observar o princípio da legalidade para buscar uma atuação mais eficiente (de acordo com o princípio da eficiência), devendo ele, na colisão entre os dois princípios, observar a lei e ainda buscar a eficiência conforme os meios que lhes seja possível.

Os **princípios explícitos** ou expressos são aqueles que estão descritos no *caput* do art. 37 da CF/1988. São eles:
- Legalidade;
- Impessoalidade;
- Moralidade;
- Publicidade;
- Eficiência.

Os **princípios implícitos** são aqueles que não estão descritos no *caput* do art. 37 da Constituição Federal. São eles:
- Supremacia do interesse público;
- Indisponibilidade do interesse público;
- Motivação;
- Razoabilidade;
- Proporcionalidade;
- Autotutela;
- Continuidade dos serviços públicos;
- Segurança jurídica, entre outros.

A seguir, analisaremos as características dos princípios fundamentais da Administração Pública que mais aparecem nas provas de concurso público.

5.2 Princípios explícitos da Administração Pública

5.2.1 Princípio da legalidade

O princípio da legalidade está previsto em dois lugares distintos na Constituição Federal. Em primeiro plano, no art. 5º, inciso II: *ninguém será obrigado a fazer ou deixar de fazer alguma coisa senão em virtude de lei*. O princípio da legalidade regula a vida dos particulares e, ao particular, é facultado fazer tudo que a lei não proíbe; é o chamado princípio da autonomia da vontade. Essa regra não deve ser aplicada à Administração Pública.

Em segundo plano, o art. 37, *caput* do texto Constitucional, determina que a Administração Pública somente pode fazer aquilo que a lei determina ou autoriza. Assim, em caso de omissão legislativa (falta de lei), a Administração Pública está proibida de agir.

Nesse segundo caso, a lei deve ser entendida em sentido amplo, o que significa que a Administração Pública deve obedecer aos mandamentos constitucionais, às leis formais e materiais (leis complementares, leis delegadas, leis ordinárias, medidas provisórias) e também às normas infralegais (decretos, resoluções, portarias, entre outros), e não somente a lei em sentido estrito.

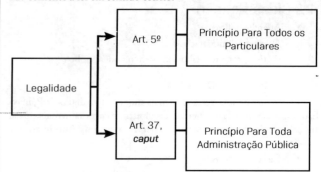

5.2.2 Princípio da impessoalidade

O princípio da impessoalidade determina que todas as ações da Administração Pública devem ser revestidas de finalidade pública. Além disso, como segunda vertente, proíbe a promoção pessoal do agente público, como determina o art. 37, § 1º da Constituição Federal de 1988:

> **Art. 37, § 1º** *A publicidade dos atos, programas, obras, serviços e campanhas dos órgãos públicos deverá ter caráter educativo, informativo ou de orientação social, dela não podendo constar nomes, símbolos ou imagens que caracterizem promoção pessoal de autoridades ou servidores públicos.*

O princípio da impessoalidade é tratado sob dois prismas, a saber:
- Como determinante da finalidade de toda atuação administrativa (também chamado de princípio da **finalidade**, considerado constitucional implícito, inserido no princípio expresso da impessoalidade).
- Como vedação a que o agente público se promova à custa das realizações da Administração Pública (vedação à promoção pessoal do administrador público pelos serviços, obras e outras realizações efetuadas pela Administração Pública).

É pelo princípio da impessoalidade que dizemos que o agente público age em imputação à pessoa jurídica a que está ligado, ou seja, pelo princípio da impessoalidade as ações do agente público são determinadas como se o próprio Estado estivesse agindo.

5.2.3 Princípio da moralidade

O princípio da moralidade é um complemento ao da legalidade, pois nem tudo que é legal é moral. Dessa forma, o Estado impõe a sua administração a atuação segundo a lei e também segundo a moral administrativa. Tal princípio traz para o agente público o dever de probidade. Esse dever é sinônimo de atuação com ética, decoro, honestidade e boa-fé.

O princípio da moralidade determina que o agente deva sempre trabalhar com ética e em respeito aos princípios morais da Administração Pública. O princípio está intimamente ligado ao dever de probidade (honestidade) e sua não observação acarreta a aplicação do art. 37, § 4º da Constituição Federal de 1988 e a Lei nº 8.429/1992 (Lei de Improbidade Administrativa).

> *Art. 37, § 4º Os atos de improbidade administrativa importarão a suspensão dos direitos políticos, a perda da função pública, a indisponibilidade dos bens e o ressarcimento ao erário, na forma e gradação previstas em lei, sem prejuízo da ação penal cabível.*

O desrespeito ao princípio da moralidade afeta a própria legalidade do ato administrativo, ou seja, leva a anulação do ato, e ainda pode acarretar a responsabilização dos agentes por improbidade administrativa.

O princípio da moralidade não se refere ao senso comum de moral, que é formado por meio das instituições que passam pela vida da pessoa, como família, escola, igreja, entre outras. Para a Administração Pública, esse princípio refere-se à moralidade administrativa, que está inserida no corpo das normas de Direito Administrativo.

5.2.4 Princípio da publicidade

Esse princípio deve ser entendido como aquele que determina que os atos da Administração sejam claros quanto à sua procedência. Por esse motivo, em regra, os atos devem ser publicados em diário oficial e, além disso, a Administração deve tornar o fato acessível (público). Tornar público é, além de publicar em diário oficial, apresentar os atos na internet, pois esse meio, hoje, é o que deixa todas as informações acessíveis.

O princípio da publicidade apresenta dupla acepção em face do sistema constitucional vigente:

- Exigência de publicação em órgão oficial como requisito de eficácia dos atos administrativos que devam produzir efeitos externos e dos atos que impliquem ônus para o patrimônio público.

Essa regra não é absoluta, pois, em defesa da intimidade e também do Estado, alguns atos públicos não precisam ser publicados:

> *Art. 5º, X, CF/1988 São invioláveis a intimidade, a vida privada, a honra e a imagem das pessoas, assegurado o direito a indenização pelo dano material ou moral decorrente de sua violação.*
>
> *Art. 5º, XXXIII, CF/1988 Todos têm direito a receber dos órgãos públicos informações de seu interesse particular, ou de interesse coletivo ou geral, que serão prestadas no prazo da lei, sob pena de responsabilidade, ressalvadas aquelas cujo sigilo seja imprescindível à segurança da sociedade e do Estado.*

Assim, o ato que tiver em seu conteúdo uma informação sigilosa ou relativa à intimidade da pessoa tem de ser resguardado no devido sigilo.

- Exigência de transparência da atuação administrativa:

> *Art. 5º, XXXIII, CF/1988 Todos têm direito a receber dos órgãos públicos informações de seu interesse particular, ou de interesse coletivo ou geral, que serão prestadas no prazo da lei, sob pena de responsabilidade, ressalvadas aquelas cujo sigilo seja imprescindível à segurança da sociedade e do Estado.*

O princípio da publicidade orientou o poder legislativo nacional a editar a Lei nº 12.527/2011, que regulamenta o dispositivo do art. 5º, inciso XXXIII, da Constituição Federal de 1988. Dispõe sobre o acesso à informação pública, sobre a informação sigilosa, sua classificação, bem como a informação pessoal, entre outras providências. Tal dispositivo merece ser lido, pois essa lei transpassa toda a essência do princípio da publicidade.

Podemos inclusive afirmar que esse princípio foi materializado em lei após a edição da Lei nº 12.527/2011. Veja a seguir a redação do art. 3º dessa lei:

> *Art. 3º Os procedimentos previstos nesta Lei destinam-se a assegurar o direito fundamental de acesso à informação e devem ser executados em conformidade com os princípios básicos da Administração Pública e com as seguintes diretrizes:*
>
> *I - Observância da publicidade como preceito geral e do sigilo como exceção;*
>
> *II - Divulgação de informações de interesse público, independentemente de solicitações;*
>
> *III - Utilização de meios de comunicação viabilizados pela tecnologia da informação;*
>
> *IV - Fomento ao desenvolvimento da cultura de transparência na Administração Pública;*
>
> *V - Desenvolvimento do controle social da Administração Pública.*

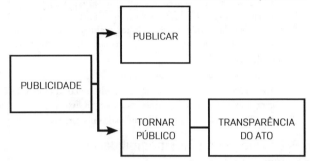

5.2.5 Princípio da eficiência

O princípio da eficiência foi o último a ser inserido no bojo do texto constitucional. Esse princípio foi incluído com a Emenda Constitucional nº 19/1998), e apresenta dois aspectos principais:

- Relativamente à forma de atuação do agente público, espera-se o melhor desempenho possível de suas atribuições, a fim de obter os melhores resultados.
- Quanto ao modo de organizar, estruturar e disciplinar a Administração Pública, exigiu-se que esse seja o mais racional possível, no intuito de alcançar melhores resultados na prestação dos serviços públicos.

> *Art. 37, § 8º, CF/1988 A autonomia gerencial, orçamentária e financeira dos órgãos e entidades da Administração Direta e indireta poderá ser ampliada mediante contrato, a ser firmado entre seus administradores e o poder público, que tenha por objeto a fixação de metas de desempenho para o órgão ou entidade, cabendo à lei dispor sobre.*

O princípio da eficiência orienta a atuação da Administração Pública de forma que essa busque o melhor custo-benefício no exercício de suas atividades, ou seja, os serviços públicos devem ser prestados com adequação às necessidades da sociedade que o custeia.

A atuação da Administração Pública tem que ser eficiente, o que acarreta ao agente público o dever de agir com presteza, esforço, rapidez e rendimento funcional. Seu descumprimento poderá acarretar a perda do seu cargo por baixa produtividade apurada em procedimento da avaliação periódica de desempenho, tanto antes da aquisição da estabilidade, como também após.

5.3 Princípios implícitos da Administração Pública

5.3.1 Princípio da supremacia do interesse público sobre o privado

Esse princípio é também considerado o norteador do Direito Administrativo. Ele determina que o Estado, quando trabalhando com o interesse público, se sobrepõe ao particular. Devemos lembrar que esse princípio deve ser utilizado pelo administrador público de forma razoável e proporcional para que o ato não se transforme em arbitrário e, consequentemente, ilegal.

PRINCÍPIOS FUNDAMENTAIS DA ADMINISTRAÇÃO PÚBLICA

É o fundamento das prerrogativas do Estado, ou seja, da relação jurídica desigual ou vertical entre o Estado e o particular. A exemplo, temos o poder de império do Estado (também chamado de poder extroverso), que se manifesta por meio da imposição da lei ao administrado, admitindo até o uso da força coercitiva para o cumprimento da norma. Assim sendo, a Administração Pública pode criar obrigações, restringir ou condicionar os direitos dos administrados.

Limitações:
- Respeito aos demais princípios.
- Não está presente diretamente nos atos de gestão (atos de gestão são praticados pela administração na qualidade de gestora de seus bens e serviços, sem exercício de supremacia sobre os particulares, assemelhando-se aos atos praticados pelas pessoas privadas. São exemplos de atos de gestão a alienação ou a aquisição de bens pela Administração Pública, o aluguel a um particular de um imóvel de propriedade de uma autarquia, entre outros).

Exemplos de incidência:
- Intervenção na propriedade privada.
- Exercício do poder de polícia, limitando ou condicionando o exercício de direito em prol do interesse público.
- Presunção de legitimidade dos atos administrativos.

5.3.2 Princípio da indisponibilidade do interesse público

Conforme dito anteriormente, o princípio da indisponibilidade do interesse público juntamente com o da supremacia do interesse público, formam os pilares do regime jurídico administrativo.

Esse princípio é o fundamento das **restrições** do Estado. Assim sendo, apesar de o princípio da supremacia do interesse público prever prerrogativas especiais para a Administração Pública em determinadas relações jurídicas com o administrado, tais poderes são ferramentas que a ordem jurídica confere aos agentes públicos para alcançar os objetivos do Estado. E o uso desses poderes, então, deve ser balizado pelo interesse público, o que impõe restrições legais a sua atuação, garantindo que a utilização do poder tenha por finalidade o interesse público e não o do administrador.

Assim, é vedada a renúncia do exercício de competência pelo agente público, pois a atuação desse não é balizada por sua vontade pessoal, mas, sim, pelo interesse público, também chamado de interesse da lei. Os poderes conferidos aos agentes públicos têm a finalidade de auxiliá-los a atingir tal interesse. Com base nessa regra, concluímos que esses agentes não podem dispor do interesse público, por não ser o seu proprietário, e sim o povo. Ao agente público cabe a gestão da Administração Pública em prol da coletividade.

5.3.3 Princípios da razoabilidade e proporcionalidade

Os princípios da razoabilidade e da proporcionalidade não se encontram expressos no texto constitucional. Esses são classificados como princípios gerais do Direito e são aplicáveis a vários ramos da ciência jurídica. São chamados de princípios da proibição de excesso do agente público.

A razoabilidade diz que toda atuação da Administração tem que seguir a teoria do homem médio, ou seja, as decisões devem ser tomadas segundo o critério da maioria das pessoas "racionais", sem exageros ou deturpações.

- **Razoabilidade:** adequação entre meios e fins. O princípio da proporcionalidade diz que o agente público deve ser proporcional no uso da força para o cumprimento do bem público, ou seja, nas aplicações de penalidades pela Administração deve ser levada em conta sempre a gravidade da falta cometida.
- **Proporcionalidade:** vedação de imposição de obrigações, restrições e sanções em medida superior àquela estritamente necessária ao interesse público.

Podemos dar como exemplo a atuação de um fiscal sanitário, que esteja vistoriando dois estabelecimentos e, em um deles, encontre um quilo de carne estragada e, no outro, encontre uma tonelada.

Na aplicação da penalidade, deve ser respeitada tanto a razoabilidade quanto a proporcionalidade, ou seja, aplica-se, no primeiro, uma penalidade pequena, uma multa, por exemplo, e, no segundo, uma penalidade grande, suspensão de 90 dias.

Veja que o administrador não pode fazer menos ou mais do que a lei determina, isso em obediência ao princípio da legalidade, senão cometerá abuso de poder.

5.3.4 Princípio da autotutela

O princípio da autotutela propicia o controle da Administração Pública sob seus próprios atos em dois pontos específicos:

- **De legalidade:** em que a Administração Pública pode controlar seus próprios atos quando eivados de vício de ilegalidade, sendo provocado ou de ofício.
- **De mérito:** em que a Administração Pública pode revogar seus atos por conveniência e oportunidade.

> *Súmula nº 473 – STF A Administração pode anular seus próprios atos, quando eivados de vícios que os tornam ilegais, porque deles não se originam direitos; ou revogá-los, por motivo de conveniência ou oportunidade, respeitados os direitos adquiridos, e ressalvada, em todos os casos, a apreciação judicial.*

O princípio da autotutela não exclui a possibilidade de controle jurisdicional do ato administrativo previsto no art. 5º, inciso XXXV, da Constituição Federal de 1988: a lei não excluirá da apreciação do Poder Judiciário lesão ou ameaça a direito.

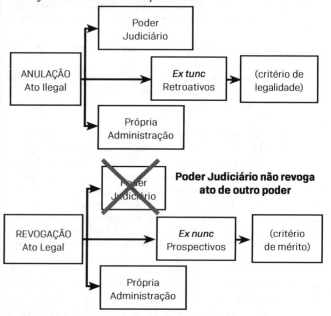

5.3.5 Princípio da ampla defesa

A ampla defesa determina que todos que sofrerem medidas de caráter de pena terão direito a se defender de todos os meios disponíveis legais em direito. Está previsto nos processos administrativos disciplinares:

> *Art. 5ª, LV, CF/1988 Aos litigantes, em processo judicial ou administrativo, e aos acusados em geral são assegurados o contraditório e ampla defesa, com os meios e recursos a ela inerentes;*

5.3.6 Princípio da continuidade do serviço público

O princípio da continuidade do serviço público tem como escopo (objetivo) não prejudicar o atendimento dos serviços essenciais à população. Assim, evitam que esses sejam interrompidos.

428

DIREITO ADMINISTRATIVO

Regra

- Os serviços públicos devem ser adequados e ininterruptos.

Exceção

- Aviso prévio;
- Situações de emergência.

Alcance

- Todos os prestadores de serviços públicos;
- Administração Direta;
- Administração Indireta;
- Concessionárias, autorizatárias e permissionárias de serviços públicos.

Efeitos

- Restrição de direitos das prestadoras de serviços públicos, bem como dos agentes envolvidos na prestação desses serviços, a exemplo do direito de greve.

Dessa forma, quem realiza o serviço público se submete a algumas restrições:

- Restrição ao direito de greve, art. 37, inciso VII, da Constituição Federal de 1988;
- Suplência, delegação e substituição – casos de funções vagas temporariamente;
- Impossibilidade de alegar a exceção do contrato não cumprido, somente em casos em que se configure uma impossibilidade de realização das atividades;
- Possibilidade da encampação da concessão do serviço, retomada da administração do serviço público concedido no prazo na concessão, quando o serviço não é prestado de forma adequada.

O Código de Defesa do Consumidor, em seu art. 22, assegura ao consumidor que os serviços essenciais devem ser contínuos, caso contrário, aos responsáveis, caberá indenização. O referido código não diz quais seriam esses serviços essenciais. Podemos usar, como analogia, o art. 10 da Lei nº 7.783/1989, que enumera os que seriam considerados fundamentais:

> *Art. 10 São considerados serviços ou atividades essenciais:*
>
> *I – Tratamento e abastecimento de água; produção e distribuição de energia elétrica, gás e combustíveis;*
>
> *II – Assistência médica e hospitalar;*
>
> *III – Distribuição e comercialização de medicamentos e alimentos;*
>
> *IV – Funerários;*
>
> *V – Transporte coletivo;*
>
> *VI – Captação e tratamento de esgoto e lixo;*
>
> *VII – Telecomunicações;*
>
> *VIII – Guarda, uso e controle de substâncias radioativas, equipamentos e materiais nucleares;*
>
> *IX – Processamento de dados ligados a serviços essenciais;*
>
> *X – controle de tráfego aéreo e navegação aérea;*
>
> *XI – Compensação bancária.*

5.3.7 Princípio da segurança jurídica

Esse princípio veda a aplicação retroativa da nova interpretação da norma.

Caso uma regra tenha a sua redação ou interpretação revogada ou alterada, os atos praticados durante a vigência da norma antiga continuam valendo, pois tal princípio visa resguardar o direito adquirido, o ato jurídico perfeito e a coisa julgada.

Assim, temos que a nova interpretação da norma, via de regra, somente terá efeitos prospectivos, ou seja, da data em que for revogada para frente, não atingindo os atos praticados na vigência da norma antiga.

6 DEVERES E PODERES ADMINISTRATIVOS

Para um desempenho adequado do papel que compete à Administração Pública, o ordenamento jurídico confere a ela poderes e deveres especiais. Conheceremos seus deveres e poderes de modo a diferenciar a aplicabilidade de um ou de outro poder ou dever na análise de casos concretos, bem como apresentado nas questões de concurso público.

6.1 Deveres

Os deveres da Administração Pública são um conjunto de obrigações de direito público que a ordem jurídica confere aos agentes públicos com o objetivo de permitir que o Estado alcance seus fins.

O fundamento desses deveres é o princípio da indisponibilidade do interesse público, pois, como a Administração Pública é uma ferramenta do Estado para alcançar seus objetivos, não é permitido ao agente público usar dos seus poderes para satisfazer interesses pessoais ou de terceiros. Com base nessa regra, concluímos que esses agentes não podem dispor do interesse público, por não ser o seu proprietário, e sim o povo. A ele cabe a gestão da Administração Pública em prol da coletividade.

A doutrina, de modo geral, enumera como alguns dos principais deveres impostos aos agentes administrativos pelo ordenamento jurídico quatro obrigações administrativas, a saber:

- Poder-dever de agir;
- Dever de eficiência;
- Dever de probidade;
- Dever de prestar contas.

6.1.1 Poder-dever de agir

O poder-dever de agir determina que toda a Administração Pública tem que agir em caso de determinação legal. Contudo, essa é temperada, uma vez que o administrador precisa ter possibilidade real de atuar.

> *Art. 37, § 6º, CF/1988* Policiais em serviço que presenciam um cidadão ser assaltado e morto e nada fazem. Nessa situação, além do dever imposto por lei, havia a possibilidade de agir. Nesse caso concreto, gera-se a possibilidade de indenização por parte do Estado, com base na responsabilidade civil do Estado.

Enquanto, no direito privado, agir é uma faculdade do administrador, no direito público, agir é um dever legal do agente público.

Em decorrência dessa regra temos que os **poderes** administrativos são **irrenunciáveis**, devendo ser **obrigatoriamente exercidos** por seus titulares nas situações cabíveis.

A inércia do agente público acarreta responsabilização a ela por abuso de poder na modalidade omissão. A Administração Pública também responderá pelos danos patrimoniais ou morais decorrentes da omissão na esfera cível.

6.1.2 Dever de eficiência

A Constituição implementou o dever de eficiência com a introdução da Emenda Constitucional nº 19 de 1998, a chamada reforma administrativa. Esse novo modelo instituiu a denominada "administração gerencial", tendo vários exemplos dispostos no corpo do texto constitucional, como:

- Possibilidade de perda do cargo de servidor estável em razão de insuficiência de desempenho (art. 41, § 1º, inciso III);
- O estabelecimento como condição para o ganho da estabilidade de avaliação de desempenho (art. 41, § 4º);
- A possibilidade da celebração de contratos de gestão (art. 37, § 8º);
- A exigência de participação do servidor público em cursos de aperfeiçoamento profissional como um dos requisitos para a promoção na carreira (art. 39, § 2º).

6.1.3 Dever de probidade

O dever de probidade determina que todo administrador público, no desempenho de suas atividades, atue sempre com ética, honestidade e boa-fé, em consonância com o princípio da moralidade administrativa.

> *Art. 37, § 4º, CF/1988* Os atos de improbidade administrativa importarão a suspensão dos direitos políticos, a perda da função pública, a indisponibilidade dos bens e o ressarcimento ao erário, na forma e gradação previstas em lei, sem prejuízo da ação penal cabível.

Efeitos

- A suspensão dos direitos políticos;
- Perda da função pública;
- Ressarcimento ao erário;
- Indisponibilidade dos bens.

6.1.4 Dever de prestar contas

O dever de prestar contas decorre diretamente do princípio da indisponibilidade do interesse público, sendo pertinente à função do agente público, que é simples gestão da coisa pública.

> *Art. 70, Parágrafo único, CF/1988* Prestará contas qualquer pessoa física ou jurídica, pública ou privada, que utilize, arrecade, guarde, gerencie ou administre dinheiros, bens e valores públicos ou pelos quais a União responda, ou que, em nome dessa, assuma obrigações de natureza pecuniária.

6.2 Poderes administrativos

São mecanismos que, utilizados isoladamente ou em conjunto, permitem que a Administração Pública possa cumprir suas finalidades. Dessa forma, os poderes administrativos representam um conjunto de prerrogativas de direito público que a ordem jurídica confere aos agentes administrativos para o fim de permitir que o Estado alcance os seus fins.

O fundamento desses poderes é o princípio da supremacia do interesse público, pois, como a Administração Pública é uma ferramenta do Estado para alcançar seus objetivos, e tais objetivos são de interesse de toda coletividade, é necessário que o Estado possa ter prerrogativas especiais na busca de seus objetivos. Como exemplo, podemos citar a aplicação de uma multa de trânsito. Imagine que a lei fale que ultrapassar o sinal vermelho é errado, mas que o Estado não tenha o poder de aplicar a multa. De nada vale a previsão da infração na lei.

São poderes administrativos descritos pela doutrina pátria:

- Poder vinculado;
- Poder discricionário;
- Poder hierárquico;
- Poder disciplinar;
- Poder regulamentar;
- Poder de polícia.

6.2.1 Poder vinculado

O poder vinculado determina que o administrador somente pode fazer o que a lei determina; aqui não se gera poder de escolha, ou seja, está o administrador preso (vinculado) aos ditames da lei.

O agente público não pode fazer considerações de conveniência e oportunidade. Caso descumpra a única hipótese prevista na lei para orientar a sua conduta, praticará um ato ilegal, assim, deve o ato ser anulado.

6.2.2 Poder discricionário

O poder discricionário gera a margem de escolha, que é a conveniência e a oportunidade, o mérito administrativo. Diz-se que o agente público pode agir com liberdade de escolha, mas sempre respeitando os parâmetros da lei.

Duas são as vertentes que autorizam o poder discricionário: a lei e os conceitos jurídicos indeterminados. Esses últimos são determinações da própria lei, por exemplo: quando a lei prevê a boa-fé, quem decide se o administrado está de boa ou má-fé é o agente público, sempre sendo razoável e proporcional.

DIREITO ADMINISTRATIVO

6.2.3 Poder hierárquico

Manifesta a noção de um escalonamento vertical da Administração Pública, já que temos a subordinação entre órgãos e agentes, sempre no âmbito de uma mesma pessoa jurídica.

É interessante salientar que não há subordinação nem hierarquia:
- Entre pessoas distintas.
- Entre os poderes da república.
- Entre a administração e o administrado.

Suas prerrogativas são:
- **Dar ordens:** cabe ao subordinado o dever de obediência, salvo nos casos de ordens manifestamente ilegais.
- Fiscalizar a atuação dos subordinados.
- Revisar os atos dos subordinados e, nessa atribuição:
- Manter os atos vinculados legais e os atos discricionários legais convenientes e oportunos.
- Convalidar os atos com defeitos sanáveis.
- Anular os atos ilegais.
- Revogar os atos discricionários legais inconvenientes e inoportunos.
- Aplicar sanções aos servidores que praticarem infrações funcionais.

A caraterística marcante é o grau de subordinação entre órgãos e agentes, sempre dentro da estrutura da mesma pessoa jurídica. O controle hierárquico permite que o superior aprecie todos os aspectos dos atos de seus subordinados (quanto à legalidade e quanto ao mérito administrativo) e pode ocorrer de ofício ou a pedido, quando for interesse de terceiros, por meio de recurso hierárquico.

- **Delegação**

Competência: é o ato discricionário, revogável a qualquer tempo, mediante o qual o superior hierárquico confere o exercício temporário de algumas de suas atribuições, originariamente pertencentes ao seu cargo, a um subordinado.

É importante alertar que, excepcionalmente, a lei admite a delegação para outro órgão que não seja hierarquicamente subordinado ao delegante, conforme podemos constatar da redação do art. 12 da Lei nº 9.784/1999:

> *Art. 12 Um órgão administrativo e seu titular poderão, se não houver impedimento legal, delegar parte da sua competência a outros órgãos ou titulares, ainda que estes não lhe sejam hierarquicamente subordinados, quando for conveniente, em razão de circunstâncias de índole técnica, social, econômica, jurídica ou territorial.*

São características da delegação:
- **Não podem ser delegados:**
  - Edição de atos de caráter normativo;
  - A decisão de recursos administrativos;
  - As matérias de competência exclusiva do órgão ou autoridade.
- **Consequências:**
  - **Não acarreta renúncia de competências;**
  - Transfere o exercício da atribuição e não a titularidade, pois pode ser revogada a delegação a qualquer tempo pela autoridade delegante;
  - O ato de delegação e sua revogação deverão ser publicados em meio oficial.
- **Avocação.**

Competência: avocar é o ato discricionário mediante o qual o superior hierárquico traz para si o exercício temporário de determinada competência, atribuída por lei a um subordinado.

Cabimento: é uma medida excepcional e deve ser fundamentada.

Restrições: não podem ser avocadas competências exclusivas do subordinado.

Consequências: desonera o agente de qualquer responsabilidade relativa ao ato praticado pelo superior hierárquico.

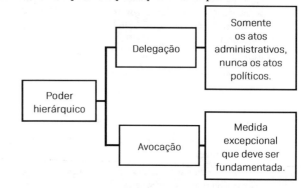

> **Atenção!**
>
> Segundo a Lei nº 9.784/1999, que trata do processo administrativo federal:
> **Art. 13.** Não podem ser objeto de delegação:
> I - a edição de atos de caráter normativo;
> II - a decisão de recursos administrativos;
> III - as matérias de competência exclusiva do órgão ou autoridade.

6.2.4 Poder disciplinar

O poder disciplinar é uma espécie de poder-dever de agir da Administração Pública. Dessa forma, o administrador público atua de forma a punir internamente as infrações cometidas por seus agentes e, em exceção, atua de forma a punir particulares que mantenham um vínculo jurídico específico com a Administração.

O poder disciplinar não pode ser confundido com o *jus puniendi* do Estado, ou seja, com o poder do Estado de aplicar a lei penal a quem comete uma infração penal.

Em regra, o poder disciplinar é discricionário, algumas vezes, é vinculado. Essa discricionariedade se encontra na escolha da quantidade de sanção a ser aplicada dentro das hipóteses previstas na lei, e não na faculdade de punir ou não o infrator, pois puni-lo é um dever. Assim, a punição não é discricionária, quantidade de punição que em regra é, porém, é importante lembrar que, quando a lei apontar precisamente a penalidade ou a quantidade dela que deve ser aplicada para determinada infração, o poder disciplinar será vinculado.

6.2.5 Poder regulamentar

Quando a Administração atua punindo particulares (comuns) que cometeram falta, ela está usando o poder de polícia. Contudo, quando atua penalizando particulares que mantenham um vínculo jurídico específico (plus), estará utilizando o poder disciplinar.

Existem duas formas de manifestação do poder regulamentar: o decreto regulamentar e o autônomo, sendo que o primeiro é a regra e o segundo é a exceção.

- **Decreto regulamentar**

Também denominado decreto executivo ou regulamento executivo.

O decreto regulamentar é uma prerrogativa dos chefes do poder executivo de regulamentar a lei para garantir a sua fiel aplicação.

- **Restrições**
  - Não inova o ordenamento jurídico;
  - Não pode alterar a lei;
  - Não pode criar direitos e obrigações;
  - Caso o decreto regulamentar extrapole os limites da lei, haverá quebra do princípio da legalidade. Nessa situação, se do decreto regulamentar for federal, caberá ao Congresso Nacional sustar os seus dispositivos violadores da lei.

DEVERES E PODERES ADMINISTRATIVOS

- **Exercício**
  - Somente por decretos dos chefes do poder Executivo (presidente da República, governadores e prefeitos), sendo uma competência exclusiva, indelegável a qualquer outra autoridade.
- **Natureza**
  - Decreto: natureza secundária ou derivada;
  - Lei: natureza primária ou originária.
- **Prazo para regulamentação**
  - A ausência do prazo é inconstitucional;
  - Enquanto não regulamentada, a lei é inexequível (não pode ser executada);
  - Se o chefe do Executivo descumprir o prazo, a lei se torna exequível (pode ser executada);
  - A competência para editar decreto regulamentar não pode ser objeto de delegação.
- **Decreto autônomo**

A Emenda Constitucional nº 32, alterou o art. 84 da Constituição Federal e deu ao seu inciso VI a seguinte redação:

> *Art. 84 Compete privativamente ao Presidente da República: [...]*
>
> *VI. dispor, mediante decreto, sobre:*
>
> *a) organização e funcionamento da administração federal, quando não implicar aumento de despesa nem criação ou extinção de órgãos públicos;*
>
> *b) extinção de funções ou cargos públicos, quando vagos; [...]*

Essa previsão se refere ao que a doutrina chama de decreto autônomo, pois se refere à predição para o presidente da república tratar mediante decreto de determinados assuntos, sem lei anterior, balizando a sua atuação, pois a baliza foi a própria Constituição Federal. O decreto é autônomo porque não depende de lei.

Características:

- Inova o ordenamento jurídico;
- O decreto autônomo tem natureza primária ou originária;
- Somente pode tratar das matérias descritas no art. 84, inciso VI, da Constituição Federal de 1988;
- O presidente da República poderá delegar as atribuições mencionadas para edição de decretos autônomos aos ministros de Estado, ao procurador-geral da República ou ao advogado-geral da União, que observarão os limites traçados nas respectivas delegações, conforme prevê o inciso único do art. 84.

As regras relativas às competências do presidente da República no uso do decreto regulamentar e do autônomo são estendidas aos demais chefes do executivo nacional dentro das suas respectivas administrações públicas. Assim, governadores e prefeitos podem tratar, mediante decreto autônomo, dos temas estaduais e municipais de suas respectivas administrações que o presidente da República pode resolver, mediante decreto autônomo, na esfera da Administração Pública federal.

6.2.6 Poder de polícia

O Código Tributário Nacional, em seu art. 78, ao tratar dos fatos geradores das taxas, assim conceitua poder de polícia:

> *Art. 78 Considera-se poder de polícia atividade da Administração Pública que, limitando ou disciplinando direito, interesse ou liberdade, regula a prática de ato ou abstenção de fato, em razão de interesse público concernente à segurança, à higiene, à ordem, aos costumes, à disciplina da produção e do mercado, ao exercício de atividades econômicas dependentes de concessão ou autorização do Poder Público, à tranquilidade pública ou ao respeito à propriedade e aos direitos individuais ou coletivos.*

O **conceito** de poder de polícia é a faculdade que dispõe a Administração Pública para condicionar, restringir o uso, o gozo de bens, atividades e direitos individuais, em benefício da coletividade ou do próprio Estado.

É competente para exercer o poder de polícia administrativa sobre uma dada atividade o ente federado, ao qual a Constituição da República atribui competência para legislar sobre essa mesma atividade, para regular a prática dessa.

Assim, podemos dizer que o poder de polícia é discricionário em regra, podendo ser vinculado nos casos em que a lei determinar. Ele dispõe que toda a Administração Pública pode condicionar ou restringir os direitos dos administrados em caso de não cumprimento das determinações legais.

O poder de polícia **fundamenta-se no império** do Estado **(poder extroverso)**, que decorre do princípio da supremacia do interesse público, pois, por meio de imposições limitando ou restringindo a esfera jurídica dos administrados, visa à Administração Pública à defesa de um bem maior, que é proteção dos direitos da coletividade, pois o interesse público prevalece sobre os particulares.

- **Atributos do Poder de Polícia**

Discricionariedade: o poder de polícia, em regra, é discricionário, pois dá margem de liberdade dentro dos parâmetros legais ao administrador público para agir; contudo, se a lei exigir, tal poder pode ser vinculado.

O Estado escolhe as atividades que sofrerão as fiscalizações da polícia administrativa. Essa escolha é manifestação da discricionariedade do poder de polícia do Estado. Também é manifestação da discricionariedade do poder de polícia a majoração da quantidade de pena aplicada a quem cometer uma infração sujeita à disciplina do poder de polícia.

Nos casos em que a lei prevê uma pena que tenha duração no tempo e não fixar exatamente a quantidade, dando uma margem de escolha de quantidade ao julgador, temos o exercício do poder discricionário na atuação de polícia e, como limite desse poder de punir, temos a própria lei que traz a ordem de polícia e ainda os princípios da razoabilidade e da proporcionalidade que vedam a aplicação da pena em proporção superior à gravidade do fato ilícito praticado.

O cabimento se aplica em autorização da lei e medida urgente.

Autoexecutoriedade: é a prerrogativa da Administração Pública de executar diretamente as decisões decorrentes do poder de polícia, por seus próprios meios, sem precisar recorrer ao judiciário.

A autoexecutoriedade no uso do poder de polícia não é absoluta, tendo natureza relativa, ou seja, não são todos os atos decorrentes do poder de polícia que são autoexecutórios. Para que um ato assim ocorra, é necessário que ele seja exigível e executório ao mesmo tempo.

Exigibilidade: exigível é aquela conduta prevista na norma que, caso seja infringida, pode ser aplicada uma **coerção indireta**, ou seja, caso a pessoa venha a sofrer uma penalidade e se recuse a aceitar a aplicação da sanção, a aplicação dessa somente poderá ser executada por decisão judicial. É o caso das multas, por exemplo, que podem ser lançadas a quem comete uma infração de trânsito, a administração não pode receber o valor devido por meio da coerção, caso a pessoa penalizada se recuse a pagar a multa, o seu recebimento dependerá de execução judicial pela Administração Pública. A exigibilidade é uma característica de todos os atos praticados no exercício do poder de polícia.

Executoriedade: executória é a norma que, caso seja desrespeitada, permite a aplicação de uma **coerção direta**, ou seja, a administração pode utilizar da força coercitiva para garantir a aplicação da penalidade, sem precisar recorrer ao Judiciário.

É o caso das sanções de interdição de estabelecimentos comerciais, suspensão de direitos, entre outras. Não são todas as medidas decorrentes do poder de polícia executórias.

O ato de polícia para ser autoexecutório precisa ser ao mesmo tempo exigível e executório, ou seja, nem todos os atos decorrentes do poder de polícia são autoexecutórios.

DIREITO ADMINISTRATIVO

Coercibilidade: esse atributo informa que as determinações da Administração Pública podem ser impostas coercitivamente ao administrado, ou seja, o particular é obrigado a observar os ditames da administração. Caso ocorra resistência por parte desse, a Administração Pública estará autorizada a usar força, independentemente de autorização judicial, para fazer com que seja cumprida a regra de polícia. Todavia, os meios utilizados pela administração devem ser legítimos, humanos e compatíveis com a urgência e a necessidade da medida adotada.

- **Classificação**

O poder de polícia pode ser originário, no caso da Administração Pública Direta e derivada. Quando diz respeito às autarquias, a doutrina orienta que fundações públicas, sociedade de economia mista e empresas públicas não possuem o poder de polícia em suas ações.

Poder de polícia originário:
- Dado à Administração Pública Direta.

Poder de polícia delegado:
- Dado às pessoas da Administração Pública Indireta que possuem personalidade jurídica de direito público. Esse poder somente é proporcionado para as autarquias ligadas à Administração Indireta.

O poder de polícia não pode ser exercido por particulares ou por pessoas jurídicas de direito privado da Administração Indireta, entretanto, o STJ em uma recente decisão entendeu que os atos de consentimento de polícia e de fiscalização dessa, que por si só não têm natureza coercitiva, podem ser delegados às pessoas jurídicas de direito privado da Administração Indireta.

- **Meios de atuação**

O poder de polícia pode ser exercido tanto preventivamente quanto repressivamente.

Prevenção: manifesta-se por meio da edição de atos normativos de alcance geral, como leis, decretos, resoluções, entre outros, e também por meio de várias medidas administrativas, como a fiscalização, a vistoria, a notificação, a licença, a autorização, entre outras.

Repressão: manifesta-se por meio da aplicação de punições, como multas, interdição de direitos, destruição de mercadorias etc.

- **Ciclo de polícia**

O ciclo de polícia se refere às fases de atuação desse poder, ordem de polícia, consentimento, fiscalização e sanção de polícia. Para se completar, esse ciclo pode passar por quatro fases distintas:

Ordem de polícia: é a lei inovadora que tem trazido limites ou condições ao exercício de atividades privadas ou uso de bens.

Consentimento: é a autorização prévia fornecida pela Administração para a prática de determinada atividade privada ou para usar um bem.

Fiscalização: é a verificação, por parte da Administração Pública, para certificar-se de que o administrado está cumprindo as exigências contidas na ordem de polícia para a prática de determinada atividade privada ou uso de bem.

Sanção de Polícia: é a coerção imposta pela administração ao particular que pratica alguma atividade regulada por ordem de polícia em descumprimento com as exigências contidas.

É importante destacar que o ciclo de polícia não precisa necessariamente comportar essas quatro fases, pois as de ordem e fiscalização devem sempre estar presentes em qualquer atuação de polícia administrativa, todavia, as fases de consentimento e de sanção não estarão presentes em todos os ciclos de polícia.

- **Prescrição**

O prazo de prescrição das ações punitivas decorrentes do exercício do poder de polícia é de **5 anos** para a esfera federal, conforme constata-se na redação do art. 1º da Lei nº 9.873/1999:

Art. 1º Prescreve em cinco anos a ação punitiva da Administração Pública Federal, direta e indireta, no exercício do poder de polícia, objetivando apurar infração a legislação em vigor, contados da data da prática do ato ou, no caso de infração permanente ou continuada, do dia em que tiver cessado.

> **Polícia Administrativa x Polícia Judiciária**
>
> **Polícia Administrativa:** atua visando evitar a prática de infrações administrativas, tem natureza preventiva, entretanto, em alguns casos ela pode ser repressiva. A polícia administrativa atua sobre atividades privadas, bens ou direitos.
>
> **Polícia Judiciária:** atua com o objetivo de reprimir a infração criminal, tem natureza repressiva, mas, em alguns casos, pode ser preventiva. Ao contrário da polícia administrativa que atua sobre atividades privadas, bens ou direitos, a atuação da judiciária recai sobre as pessoas.

- **Poder de polícia prestação de serviços públicos**

Não podemos confundir toda atuação estatal com a prestação de serviços públicos, pois, dentre as diversas atividades desempenhadas pela Administração Pública, temos, além da prestação de serviços públicos, o exercício do poder de polícia, o fomento, a intervenção na propriedade privada, entre outras.

Distingue-se o poder de polícia da prestação de serviços públicos, pois essa é uma atividade positiva, que se manifesta numa obrigação de fazer.

Poder de polícia: atividade negativa, que traz a noção de não fazer, proibição, excepcionalmente pode trazer uma obrigação de fazer. Seu exercício sofre tributação mediante taxa e é indelegável a particulares.

Serviço público: atividade positiva, que traz a noção de fazer algo. Sua remuneração se dá por meio da tarifa, que não é um tributo, mas, sim, uma espécie de preço público, e o serviço público, mesmo sendo de titularidade exclusiva do Estado, é delegável a particulares.

6.2.7 Abuso de poder

O administrador público tem de agir, obrigatoriamente, em obediência aos princípios constitucionais, do contrário, sua ação pode ser arbitrária e, consequentemente, ilegal, o que gerará o chamado abuso de poder.

- **Excesso de poder:** quando o agente público atua fora dos limites de sua esfera de competência.
- **Desvio de poder:** quando a atuação do agente, embora dentro de sua órbita de competência, contraria a finalidade explícita ou implícita na lei que determinou ou autorizou a sua atuação, tanto é desvio de poder a conduta contrária à finalidade geral (ou mediata) do ato – o interesse público –, quanto a que discrepe de sua finalidade específica (ou imediata).
- **Omissão de poder:** ocorre quando o agente público fica inerte diante de uma situação em que a lei impõe o uso do poder.

> **Atenção!**
>
> Todos os atos que forem praticados com abuso de poder são ilegais e devem ser anulados; essa anulação pode acontecer tanto pela via administrativa quanto pela via judicial.
> O remédio constitucional para combater o abuso de poder é o Mandado de Segurança.

ATO ADMINISTRATIVO

7 ATO ADMINISTRATIVO

7.1 Conceito de ato administrativo

Ato administrativo é toda manifestação unilateral de vontade da Administração Pública, que, agindo nessa qualidade, tenha por fim imediato adquirir, resguardar, transferir, modificar, extinguir e declarar direitos, ou impor obrigações aos administrados ou a si própria.

Da prática dos atos administrativos gera-se superioridade e efeitos jurídicos.

7.2 Elementos de validade do ato administrativo

7.2.1 Competência

Poderes que a lei confere aos agentes públicos para exercer funções com o mínimo de eficácia. A competência tem caráter instrumental, ou seja, é um instrumento outorgado para satisfazer interesses públicos – finalidade pública.

Características da competência:

- **Obrigatoriedade:** ela é obrigatória para todos os agentes e órgãos públicos.
- **Irrenunciabilidade:** a competência é um poder-dever de agir e não pode ser renunciada pelo detentor do poder-dever. Contudo, tem caráter relativo uma vez que a competência pode ser delegada ou pode ocorrer a avocação.
- **Intransferível:** mesmo após a delegação, a competência pode ser retomada a qualquer tempo pelo titular do poder-dever, por meio da figura da revogação.
- **Imodificável:** pela vontade do agente, pois somente a lei determina competências.
- **Imprescritível:** a competência pode ser executada a qualquer tempo. Somente a lei pode exercer a função de determinar prazos prescricionais. Por exemplo: o art. 54 da Lei nº 9.784/1999 determina o prazo decadência de cinco anos para anular atos benéficos para o administrado de boa-fé.

7.2.2 Finalidade

Visa sempre ao interesse público e à finalidade específica prevista em lei. Por exemplo: remoção de ofício.

7.2.3 Forma

O ato administrativo é, em regra, formal e escrito.

7.2.4 Motivo

O motivo é a causa imediata do ato administrativo. É a situação de fato e de direito que determina ou autoriza a prática do ato, ou, em outras palavras, o pressuposto fático e jurídico (ou normativo) que enseja a prática do ato.

> *Art. 40, § 1º, II, "a", CF/1988 Trata da aposentadoria por tempo de contribuição.*

Atenção!

A Lei nº 9.784/1999, que trata dos processos administrativos no âmbito da União, reza pelo princípio do informalismo, admitindo que existam atos verbais ou por meio de sinais (de acordo com o contexto).

7.2.5 Objeto

É o ato em si, ou seja, no caso da remoção o ato administrativo é o próprio instituto da remoção.

Por exemplo: demissão – quanto ao ato de demissão deve ter o agente competente para determiná-lo (competência), depois disso, deve ser revertido de forma escrita (forma), a finalidade deve ser o interesse público (finalidade), o motivo deve ser embasado em lei, ou seja, os casos do art. 132 da Lei nº 8.112/1990, o objeto é o próprio instituto da demissão que está prescrito em lei.

7.2.6 Motivação

É a exteriorização por escrito dos motivos que levaram a produção do ato.

- Faz parte do elemento "forma" e não do "motivo".
- Teoria dos motivos determinantes.

A motivação é elemento de controle de validade dos atos administrativos. Se ela for falsa, o ato é ilegal, independentemente da sua qualidade (discricionário ou vinculado).

Devem ser motivados:

- Todos os atos administrativos vinculados;
- Alguns atos administrativos discricionários (atos punitivos, que geram despesas, dentre outros).

A Lei nº 9.784/1999, em seu art. 50, traz um rol dos atos que devem ser motivados:

> *Art. 50 Os atos administrativos deverão ser motivados, com indicação dos fatos e dos fundamentos jurídicos, quando:*
> *I - Neguem, limitem ou afetem direitos ou interesses;*
> *II - Imponham ou agravem deveres, encargos ou sanções;*
> *III - Decidam processos administrativos de concurso ou seleção pública;*
> *IV - Dispensem ou declarem a inexigibilidade de processo licitatório;*
> *V - Decidam recursos administrativos;*
> *VI - Decorram de reexame de ofício;*
> *VII - Deixem de aplicar jurisprudência firmada sobre a questão ou discrepem de pareceres, laudos, propostas e relatórios oficiais;*
> *VIII - Importem anulação, revogação, suspensão ou convalidação de ato administrativo.*
> *§ 1º A motivação deve ser explícita, clara e congruente, podendo consistir em declaração de concordância com fundamentos de anteriores pareceres, informações, decisões ou propostas, que, nesse caso, serão parte integrante do ato.*
> *§ 2º Na solução de vários assuntos da mesma natureza, pode ser utilizado meio mecânico que reproduza os fundamentos das decisões, desde que não prejudique direito ou garantia dos interessados.*
> *§ 3º A motivação das decisões de órgãos colegiados e comissões ou de decisões orais constará da respectiva ata ou de termo escrito.*

7.3 Atributos do ato administrativo

São as qualidades especiais dos atos administrativos que lhes asseguram uma qualidade jurídica superior à dos atos de direito privado.

7.3.1 Presunção de legitimidade e veracidade

Presume-se, em caráter relativo, que os atos da administração foram produzidos em conformidade com a lei e os fatos deles. Para os administrados, são obrigatórios. Ocorre, aqui, a inversão do ônus da prova (cabe ao administrado provar que o ato é vicioso).

7.3.2 Consequências

Imediata executoriedade do ato administrativo, mesmo impugnado pelo administrado. Até decisão que reconhece o vício ou susta os efeitos do ato.

Impossibilidade de o Poder Judiciário analisar, de ofício, elementos de validade do ato não expressamente impugnados pelo administrado.

7.3.3 Imperatividade

Imperativo, ou seja, é impositivo e independe da anuência do administrado, com exceção de:

- **Atos negociais:** a Administração concorda com uma pretensão do administrado ou reconhece que ela satisfaz os requisitos para o exercício de certo direito (autorização e permissão – discricionário; licença – vinculado).

DIREITO ADMINISTRATIVO

- **Atos enunciativos:** declaram um fato ou emitem uma opinião sem que tal manifestação produza por si só efeitos jurídicos.

> **Atenção!**
>
> Relacionado ao *poder extroverso* do Estado (expressão italiana do autor Renato Aless), esse poder é usado como sinônimo para imperatividade nas provas de concurso.

7.3.4 Autoexecutoriedade

O ato administrativo, uma vez produzido pela Administração, é passível de execução imediata, independentemente de manifestação do Poder Judiciário.

Deve haver previsão legal, a exceção existe em casos de emergência. Esse atributo incide em todos os atos, com exceção dos enunciativos e negociais. A Administração não goza de autoexecutoriedade na cobrança de débito, quando o administrado resiste ao pagamento.

7.3.5 Tipicidade

O ato deve observar a forma e o tipo previsto em lei para sua produção.

7.4 Classificação dos atos administrativos

- **Atos vinculados:** são os que a Administração pratica sem margem alguma de liberdade de decisão, pois a lei previamente determinou o único comportamento possível a ser obrigatoriamente adotado sempre que se configure a situação objetiva descrita na lei. Não cabe ao agente público apreciar a situação objetiva descrita nela.
- **Atos discricionários:** a Administração pode praticar, com certa liberdade de escolha, nos termos e limites da lei, quanto ao seu conteúdo, seu modo de realização, sua oportunidade e sua conveniência administrativa.
- **Atos gerais:** caracterizam-se por não possuir destinatários determinados. Os atos gerais são sempre determinados e prevalecem sobre os individuais. Podem ser revogados a qualquer tempo. Por exemplo: são os decretos regulamentares. Esses atos necessitam ser publicados em meio oficial.
- **Atos individuais:** são aqueles que possuem destinatários certos (determinados), produzindo diretamente efeitos concretos, constituindo ou declarando situação jurídicas subjetivas. Por exemplo: nomeação em concurso público e exoneração. Os atos podem ser discricionários ou vinculados e sua revogação somente é passível caso não tenha gerado direito adquirido.
- **Atos simples:** decorrem de uma única manifestação de vontade, de um único órgão.
- **Atos complexos:** necessitam, para formação de seu conteúdo, da manifestação de vontade de dois ou mais órgãos.
- **Atos compostos:** o seu conteúdo depende de manifestação de vontade de um único órgão, contudo, para funcionar, necessita de outro ato que o aprove.

Diferenças entre Ato Complexo e Ato Composto

Ato Complexo
1 ato, 2 vontades e 2 ou + órgãos

Ato Composto
2 atos, 2 vontades, 1 órgão com aprovação de outro

Ato complexo	Ato composto
1 ato	2 atos
2 vontades	2 vontades
2 ou + órgãos	1 órgão com a aprovação de outro

Espécies de Atos Administrativos

- Normativo;
- Ordinatórios;
- Negociais;
- Enunciativos;
- Punitivos.

7.4.1 Atos normativos

São atos caracterizados pela generalidade e pela abstração, isto é, um ato normativo não é prescrito para uma situação determinada, mas para todos os eventos assemelhados; a abstração deriva do fato desse ato não representar um caso concreto, determinado, mas, sim, um caso abstrato, descrito na norma e possível de acontecer no mundo real. A regra abstrata deve ser aplicada no caso concreto.

Finalidade: regulamentar as leis e uniformizar procedimentos administrativos.

Características:

- Não possuem destinatários determinados;
- Correspondem aos atos gerais;
- Não pode inovar o ordenamento jurídico;
- Controle.

Regra: os atos administrativos normativos não podem ser atacados mediante recursos administrativos ou judiciais.

Exceção: atos normativos que gerarem efeitos concretos para determinado destinatário podem ser impugnados pelo administrado na via judicial ou administrativa. Por exemplo: decretos regulamentares, instruções normativas, atos declaratórios normativos.

7.4.2 Atos ordinários

São atos administrativos endereçados aos servidores públicos em geral.

Finalidade: divulgar determinações aplicáveis ao adequado desempenho de suas funções.

Características

- Atos internos;
- Decorrem do exercício do poder hierárquico;
- Vinculam os servidores subordinados ao órgão que o expediu;
- Não atingem os administrados;
- Estão hierarquicamente abaixo dos atos normativos;
- Devem obediência aos atos normativos que tratem da mesma matéria relacionada ao ato ordinatório.
- Por exemplo: instruções, circulares internas, portarias, ordens de serviço.

7.4.3 Atos negociais

São atos administrativos editados quando o ordenamento jurídico exige que o particular obtenha anuência prévia da Administração para realizar determinada atividade de interesse dele ou exercer determinado direito.

Finalidade: satisfação do interesse público, ainda que essa possa coincidir com o interesse do particular que requereu o ato.

Características:

- Os atos negociais não são imperativos, coercitivos e autoexecutórios;
- Os atos negociais não podem ser confundidos com contratos, pois, nesses existe manifestação de vontade bilateral e, nos atos negociais, nós temos uma manifestação de vontade unilateral da Administração Pública, que é provocada mediante requerimento do particular.

Os atos negociais também são divididos em vinculados, discricionários, definitivos e precários:

D
A
D
M

ATO ADMINISTRATIVO

- **Atos negociais vinculados:** reconhecem um direito subjetivo do particular, mediante um requerimento, desse particular, comprovando preencher os requisitos que a lei exige para a anuência do direito, a Administração obrigatoriamente deve praticar o ato.
- **Atos negociais discricionários:** não reconhecem um direito subjetivo do particular, pois, mesmo que esse atenda às exigências necessárias para a obtenção do ato, a Administração poderá não o praticar, decidindo se executa ou não o ato por juízo de conveniência e oportunidade.
- **Atos negociais definitivos:** não comportam revogação, são atos vinculados, mas podem ser anulados ou cassados. Assim, esses atos geram, ao particular, apenas uma expectativa de definitividade.
- **Atos negociais precários:** podem ser revogados a qualquer tempo, são atos discricionários; geralmente, a revogação do ato negocial não gera direito de indenização ao particular.

Os atos negociais apresentam as seguintes espécies:
- **Licença:** fundamenta-se no poder de polícia da Administração. É ato vinculado e definitivo, pois reconhece um direito subjetivo do particular, mediante um requerimento desse, comprovando preencher os requisitos que a lei exige. Para a anuência do direito, a Administração, obrigatoriamente, deve praticar o ato. A licença não comporta revogação, mas ela pode ser anulada ou cassada. Assim, esses atos geram, ao particular, apenas uma expectativa de definitividade.
    - Por exemplo: alvará para a realização de uma obra, alvará para o funcionamento de um estabelecimento comercial, licença para dirigir, licença para exercer uma profissão.
- **Admissão:** é o ato unilateral e vinculado pelo qual a Administração faculta a alguém a inclusão em estabelecimento governamental para o gozo de um serviço público. O ato de admissão não pode ser negado aos que preencham as condições normativas requeridas.
    - Por exemplo: ingresso em estabelecimento oficial de ensino na qualidade de aluno; o desfrute dos serviços de uma biblioteca pública como inscrito entre seus usuários.
- **Aprovação:** é o ato unilateral e discricionário pelo qual a Administração faculta a prática de ato jurídico (aprovação prévia) ou manifesta sua concordância com ato jurídico já praticado (aprovação *a posteriori*).
- **Homologação:** é o ato unilateral e vinculado de controle pelo qual a Administração concorda com um ato jurídico ou série de atos (procedimento) já praticados, verificando a consonância deles com os requisitos legais condicionadores de sua válida emissão.
- **Autorização:** na maior parte das vezes em que é praticado, fundamenta-se no poder de polícia do Estado quando a lei exige a autorização como condicionante para prática de uma determinada atividade privada ou para o uso de bem público. Todavia, a autorização também pode representar uma forma de descentralizar, por delegação, serviços públicos para o particular.
    - A autorização é caracterizada por uma predominância do interesse do particular que solicita o ato, todavia, também existe interesse público na prática desse ato.
    - É um ato discricionário, pois não reconhece um direito subjetivo do particular; mesmo que esse atenda às exigências necessárias para a obtenção do ato, a Administração poderá não o praticar, decidindo se desempenha ou não o ato por juízo de conveniência e oportunidade.
    - É um ato precário, pois pode ser revogado a qualquer tempo. Via de regra, a revogação da autorização não gera direito de indenização ao particular, mas, caso a autorização tenha sido concedida por prazo certo, pode haver o direito de indenização para o particular.
    - **Prazo:** a autorização é concedida sem prazo determinado, todavia, pode havê-la outorgada por prazo certo.
        - Por exemplo: atividades potencialmente perigosas e que podem colocar em risco a coletividade, por isso, a necessidade de regulação do Estado; autorização para porte de arma de fogo; autorização para a prestação de serviços privados de educação e saúde; autorização de uso de bem público; autorização de serviço público: prestação de serviço de táxi.
- **Permissão:** é o ato administrativo discricionário e precário, pelo qual a Administração Pública consente ao particular o exercício de uma atividade de interesse predominantemente da coletividade.
    - A permissão apresenta as seguintes características: pode ser concedida por prazo certo e pode ser imposta condições ao particular.
    - A permissão é um ato precário, pois pode ser revogada a qualquer tempo. Via de regra, a revogação da permissão não gera direito de indenização ao particular, mas, caso a autorização tenha sido concedida por prazo certo ou sob condições, pode haver o direito de indenização para o particular.
    - A permissão concedida ao particular, por meio de um ato administrativo, não se confunde com a permissão para a prestação de serviços públicos. Nesse último caso, representa uma espécie de descentralização por delegação realizada por meio de contrato.
    - Por exemplo: permissão de uso de bem público.

7.4.4 Atos enunciativos

São atos administrativos enunciativos aqueles que têm por finalidade declarar um juízo de valor, uma opinião ou um fato.

Características:
- Não produzem efeitos jurídicos por si só;
- Não contêm uma manifestação de vontade da administração.

Seguem alguns exemplos de atos enunciativos:
- **Certidão:** é uma cópia de informações registradas em banco de dados da Administração. Geralmente, é concedida ao particular mediante requerimento da informação registrada pela Administração.
- **Atestado:** declara uma situação de que a Administração tomou conhecimento em virtude da atuação de seus agentes. O atestado não se assemelha à certidão, pois essa declara uma informação constante em banco de dados e aquele declara um fato que não corresponde a um registro de um arquivo da Administração.
- **Parecer:** é um documento técnico, confeccionado por órgão especializado na respectiva matéria tema do parecer, em que o órgão emite sua opinião relativa ao assunto.
- **Apostila:** apostilar significa corrigir, emendar, complementar um documento. É o aditamento de um contrato administrativo ou de um ato administrativo. É um ato de natureza aditiva, pois sua finalidade é adicionar informações a um registro já existente.
    - Por exemplo: anotar alterações na situação funcional de um servidor.

7.4.5 Atos punitivos

São os atos administrativos por meio dos quais a Administração Pública impõe sanções a seus servidores ou aos administrados.

Fundamento:
- **Poder disciplinar:** quando o ato punitivo atinge servidores públicos e particulares ligados à Administração por algum vínculo jurídico específico.

436

DIREITO ADMINISTRATIVO

- **Poder de polícia:** quando o ato punitivo atinge particulares não ligados à Administração Pública por um vínculo jurídico específico.

Os atos punitivos podem ser internos e externos:

- **Atos punitivos internos:** têm como destinatários os servidores públicos e aplicam penalidades disciplinares, ou seja, os atos punitivos internos decorrem sempre do poder disciplinar.
- **Atos punitivos externos:** têm como destinatários os particulares. Podem ter fundamento decorrente do poder disciplinar, quando punem particulares sujeitos à disciplina administrativa, ou podem ter fundamento no poder de polícia, quando punem particulares não ligados à Administração Pública.

Todo ato punitivo interno decorre do poder disciplinar, mas nem todo ato que decorre do poder punitivo que surge do poder disciplinar é um ato punitivo interno, pois, quando a Administração Pública aplica punição aos particulares ligados à administração, essa punição decorre do poder disciplinar, mas também representa um ato punitivo externo.

Todo ato punitivo decorrente do poder de polícia é um ato punitivo externo, pois, nesse caso, temos a Administração punindo sempre o particular.

7.5 Extinção dos atos administrativos

7.5.1 Anulação ou controle de legalidade

É o desfazimento do ato administrativo que decorre de vício de legalidade ou de legitimidade na prática do ato.

Cabimento
- Ato discricionário;
- Ato vinculado.

Competência para anular
- **Entidade da Administração Pública que praticou o ato:** pode anular o ato a pedido do interessado ou de ofício em razão do princípio da autotutela.
- **Poder Judiciário:** pode anular somente por provocação do interessado.

Efeitos da anulação: *ex tunc*, retroagem desde a data da prática do ato, impugnando a validade do ato.

Prazo: 5 anos.
- Contagem;
- Prática do ato.

No caso de efeitos patrimoniais contínuos, a partir do primeiro pagamento.

7.5.2 Revogação ou controle de mérito

É o desfazimento do ato administrativo por motivos de conveniência e oportunidade.

Cabimento
- Ato discricionário legal, inconveniente e inoportuno;
- Não é cabível a revogação de ato vinculado.

A competência para revogar é apenas a entidade da Administração Pública que praticou o ato.

Não pode o controle de mérito ser feito pelo Poder Judiciário na sua função típica de julgar. Todavia, a Administração Pública está presente nos três poderes da União e, caso uma entidade dos Poderes Judiciário, Legislativo ou Executivo pratique ato discricionário legal, que com o passar do tempo, se mostre inconveniente e inoportuno, somente a entidade que criou o ato tem competência para revogá-lo.

Assim, o Poder Judiciário não tem competência para exercer o controle de mérito dos atos da Administração Pública, mas essa pratica atos administrativos e cabe somente a ela a revogação de seus atos.

Efeitos da revogação: *ex nunc*, não retroagem, ou seja, a revogação gera efeitos prospectivos, para frente.

7.5.3 Cassação

É o desfazimento do ato administrativo decorrente do descumprimento dos requisitos que permitem a manutenção do ato. Na maioria das vezes, a cassação representa uma sanção aplicada ao particular que deixou de atender às condições exigidas para a manutenção do ato.

Como exemplo, temos a cassação da carteira de motorista, que nada mais é do que a cassação de um ato administrativo classificado como licença. A cassação da licença para dirigir decorre da prática de infrações de trânsito praticadas pelo particular, assim, nesse caso, essa cassação é uma punição.

7.5.4 Convalidação

Convalidação é a correção com efeitos retroativos do ato administrativo com defeito sanável, o qual pode ser considerado:

- **Vício de competência relativo à pessoa**
    - **Exceção:** competência exclusiva (não cabe convalidação).
    - O vício de competência relativo à matéria não é considerado um defeito sanável e também não cabe convalidação.
- **Vício de forma**
    - **Exceção:** a lei determina que a forma seja elemento essencial de validade de determinado ato (também não cabe convalidação).
- **Convalidação tácita**
    - O art. 54 da Lei nº 9.784/1999 prevê que a Administração tem o direito de anular os atos administrativos de que decorram efeitos favoráveis para os destinatários. O prazo é de 5 anos, contados da data em que forem praticados, salvo comprovada má-fé. Transcorrido esse prazo, o ato foi convalidado, pois não pode ser mais anulado pela Administração.
- **Convalidação expressa**

    Art. 55, Lei nº 9.784/1999 Em decisão na qual se evidencie não acarretarem lesão ao interesse público nem prejuízo a terceiros, os atos que apresentarem defeitos sanáveis poderão ser convalidados pela própria Administração.

IMPROBIDADE ADMINISTRATIVA

8 IMPROBIDADE ADMINISTRATIVA

A improbidade administrativa está prevista no texto constitucional em seu art. 37, § 4º, que prevê:

Art. 37, § 4º, CF/1988 Os atos de improbidade administrativa importarão a suspensão dos direitos políticos, a perda da função pública, a indisponibilidade dos bens e o ressarcimento ao erário, na forma e gradação previstas em lei, sem prejuízo da ação penal cabível.

A norma constitucional determinou que os atos de improbidade administrativa deveriam ser regulamentados para a sua execução, o que ocorreu com a edição da Lei nº 8.429/1992 por meio da Lei nº 14.230/2021, que dispõe sobre as sanções aplicáveis aos agentes públicos nos casos de enriquecimento ilícito no exercício de mandato, cargo, emprego ou função na Administração Pública Direta, Indireta ou fundacional e dá outras providências.

8.1 Sujeitos

8.1.1 Sujeito passivo (vítima)

A Administração Direta, Indireta ou fundacional de qualquer dos Poderes da União, dos estados, do Distrito Federal, dos municípios, de território, de empresa incorporada ao patrimônio público ou de entidade para cuja criação ou custeio o erário haja concorrido ou concorra com mais de 50% do patrimônio ou da receita anual.

Entidade que receba subvenção, benefício ou incentivo, fiscal ou creditício, de órgão público, bem como daquelas para cuja criação ou custeio o erário haja concorrido ou concorra com menos de cinquenta por cento do patrimônio ou da receita anual, limitando-se, nesses casos, a sanção patrimonial à repercussão do ilícito sobre a contribuição dos cofres públicos.

8.1.2 Sujeito ativo (pessoa que pratica o ato de improbidade administrativa)

Agente público (exceção agente político sujeito a crime de responsabilidade Supremo Tribunal Federal), servidores ou não, com algum tipo de vínculo nas entidades que podem ser vítimas de improbidade administrativa.

> **Conceito de agente público para aplicação da lei**
>
> Reputa-se agente público, para os efeitos dessa lei, todo aquele que exerce, ainda que transitoriamente ou sem remuneração, por eleição, nomeação, designação, contratação ou qualquer outra forma de investidura ou vínculo, mandato, cargo, emprego ou função nas entidades mencionadas no artigo anterior.
> Qualquer pessoa que induza ou concorra com o agente público ou que se beneficie do ato.
> As disposições dessa lei são aplicáveis, no que couber, àquele que, mesmo não sendo agente público, induza ou concorra para a prática do ato de improbidade ou dele se beneficie sob qualquer forma direta ou indireta.

8.2 Regras gerais

Os agentes públicos de qualquer nível ou hierarquia são obrigados a velar pela estrita observância dos princípios de legalidade, impessoalidade, moralidade e publicidade no trato dos assuntos que lhe são afetos.

Ocorrendo lesão ao patrimônio público por ação ou omissão, dolosa ou culposa, do agente ou de terceiros, dar-se-á o integral ressarcimento do dano.

No caso de enriquecimento ilícito, o agente público ou terceiro beneficiário perderá os bens ou valores acrescidos ao seu patrimônio.

Quando o ato de improbidade causar lesão ao patrimônio público ou ensejar enriquecimento ilícito, como medida cautelar, caberá à autoridade administrativa responsável pelo inquérito representar ao Ministério Público, para a indisponibilidade dos bens do indiciado.

O sucessor daquele que causar lesão ao patrimônio público ou se enriquecer ilicitamente está sujeito às cominações dessa lei até o limite do valor da herança.

8.3 Atos de improbidade administrativa

As modalidades estão previstas do art. 9º ao 11, da Lei nº 8.429/1992, e constituem um rol exemplificativo, ou seja, no caso concreto, podem existir outras situações capituladas como improbidade que não estão expressamente previstas no texto da lei.

8.3.1 Enriquecimento ilícito

Art. 9º Constitui ato de improbidade administrativa importando em enriquecimento ilícito auferir, mediante a prática de ato doloso, qualquer tipo de vantagem patrimonial indevida em razão do exercício de cargo, de mandato, de função, de emprego ou de atividade nas entidades referidas no art. 1º desta Lei, e notadamente:

I – Receber, para si ou para outrem, dinheiro, bem móvel ou imóvel, ou qualquer outra vantagem econômica, direta ou indireta, a título de comissão, percentagem, gratificação ou presente de quem tenha interesse, direto ou indireto, que possa ser atingido ou amparado por ação ou omissão decorrente das atribuições do agente público;

II – Perceber vantagem econômica, direta ou indireta, para facilitar a aquisição, permuta ou locação de bem móvel ou imóvel, ou a contratação de serviços pelas entidades referidas no art. 1º por preço superior ao valor de mercado;

III – Perceber vantagem econômica, direta ou indireta, para facilitar a alienação, permuta ou locação de bem público ou o fornecimento de serviço por ente estatal por preço inferior ao valor de mercado;

IV – Utilizar, em obra ou serviço particular, qualquer bem móvel, de propriedade ou à disposição de qualquer das entidades referidas no art. 1º desta Lei, bem como o trabalho de servidores, de empregados ou de terceiros contratados por essas entidades;

V – Receber vantagem econômica de qualquer natureza, direta ou indireta, para tolerar a exploração ou a prática de jogos de azar, de lenocínio, de narcotráfico, de contrabando, de usura ou de qualquer outra atividade ilícita, ou aceitar promessa de tal vantagem;

VI – Receber vantagem econômica de qualquer natureza, direta ou indireta, para fazer declaração falsa sobre qualquer dado técnico que envolva obras públicas ou qualquer outro serviço ou sobre quantidade, peso, medida, qualidade ou característica de mercadorias ou bens fornecidos a qualquer das entidades referidas no art. 1º desta Lei;

VII – Adquirir, para si ou para outrem, no exercício de mandato, de cargo, de emprego ou de função pública, e em razão deles, bens de qualquer natureza, decorrentes dos atos descritos no caput deste artigo, cujo valor seja desproporcional à evolução do patrimônio ou à renda do agente público, assegurada a demonstração pelo agente da licitude da origem dessa evolução;

VIII – Aceitar emprego, comissão ou exercer atividade de consultoria ou assessoramento para pessoa física ou jurídica que tenha interesse suscetível de ser atingido ou amparado por ação ou omissão decorrente das atribuições do agente público, durante a atividade;

IX – Perceber vantagem econômica para intermediar a liberação ou aplicação de verba pública de qualquer natureza;

X – Receber vantagem econômica de qualquer natureza, direta ou indiretamente, para omitir ato de ofício, providência ou declaração a que esteja obrigado;

XI – Incorporar, por qualquer forma, ao seu patrimônio, bens, rendas, verbas ou valores integrantes do acervo patrimonial das entidades mencionadas no art. 1º dessa lei;

XII – Usar, em proveito próprio, bens, rendas, verbas ou valores integrantes do acervo patrimonial das entidades mencionadas no art. 1º dessa lei.

8.3.2 Prejuízo ao erário

Dos atos de improbidade administrativa que causam prejuízo ao erário:

Art. 10 Constitui ato de improbidade administrativa que causa lesão ao erário qualquer ação ou omissão dolosa, que enseje, efetiva e comprovadamente, perda patrimonial, desvio, apropriação, malbaratamento *ou dilapidação dos bens ou haveres das entidades referidas no art. 1º desta Lei, e notadamente:*

I - Facilitar ou concorrer, por qualquer forma, para a indevida incorporação ao patrimônio particular, de pessoa física ou jurídica, de bens, de rendas, de verbas ou de valores integrantes do acervo patrimonial das entidades referidas no art. 1º desta Lei;

II - Permitir ou concorrer para que pessoa física ou jurídica privada utilize bens, rendas, verbas ou valores integrantes do acervo patrimonial das entidades mencionadas no art. 1º desta lei, sem a observância das formalidades legais ou regulamentares aplicáveis à espécie;

III - Doar à pessoa física ou jurídica bem como ao ente despersonalizado, ainda que de fins educativos ou assistências, bens, rendas, verbas ou valores do patrimônio de qualquer das entidades mencionadas no art. 1º desta lei, sem observância das formalidades legais e regulamentares aplicáveis à espécie;

IV - Permitir ou facilitar a alienação, permuta ou locação de bem integrante do patrimônio de qualquer das entidades referidas no art. 1º desta lei, ou ainda a prestação de serviço por parte delas, por preço inferior ao de mercado;

V - Permitir ou facilitar a aquisição, permuta ou locação de bem ou serviço por preço superior ao de mercado;

VI - Realizar operação financeira sem observância das normas legais e regulamentares ou aceitar garantia insuficiente ou inidônea;

VII - Conceder benefício administrativo ou fiscal sem a observância das formalidades legais ou regulamentares aplicáveis à espécie;

VIII - Frustrar a licitude de processo licitatório ou de processo seletivo para celebração de parcerias com entidades sem fins lucrativos, ou dispensá-los indevidamente, acarretando perda patrimonial efetiva;

IX - Ordenar ou permitir a realização de despesas não autorizadas em lei ou regulamento;

X - Agir ilicitamente na arrecadação de tributo ou de renda, bem como no que diz respeito à conservação do patrimônio público;

XI - Liberar verba pública sem a estrita observância das normas pertinentes ou influir de qualquer forma para a sua aplicação irregular;

XII - Permitir, facilitar ou concorrer para que terceiro se enriqueça ilicitamente;

XIII - Permitir que se utilize, em obra ou serviço particular, veículos, máquinas, equipamentos ou material de qualquer natureza, de propriedade ou à disposição de qualquer das entidades mencionadas no art. 1º desta lei, bem como o trabalho de servidor público, empregados ou terceiros contratados por essas entidades.

XIV - Celebrar contrato ou outro instrumento que tenha por objeto a prestação de serviços públicos por meio da gestão associada sem observar as formalidades previstas na lei;

XV - Celebrar contrato de rateio de consórcio público sem suficiente e prévia dotação orçamentária, ou sem observar as formalidades previstas na lei.

XVI - Facilitar ou concorrer, por qualquer forma, para a incorporação, ao patrimônio particular de pessoa física ou jurídica, de bens, rendas, verbas ou valores públicos transferidos pela Administração Pública a entidades privadas mediante celebração de parcerias, sem a observância das formalidades legais ou regulamentares aplicáveis à espécie;

XVII - Permitir ou concorrer para que pessoa física ou jurídica privada utilize bens, rendas, verbas ou valores públicos transferidos pela Administração Pública a entidade privada mediante celebração de parcerias, sem a observância das formalidades legais ou regulamentares aplicáveis à espécie;

XVIII - Celebrar parcerias da Administração Pública com entidades privadas sem a observância das formalidades legais ou regulamentares aplicáveis à espécie;

XIX - Agir para a configuração de ilícito na celebração, na fiscalização e na análise das prestações de contas de parcerias firmadas pela Administração Pública com entidades privadas;

XX - Liberar recursos de parcerias firmadas pela Administração Pública com entidades privadas sem a estrita observância das normas pertinentes ou influir de qualquer forma para a sua aplicação irregular.

XXI – (Revogado pela Lei nº 14.230/2021).

8.3.3 Atos que atentem aos princípios da Administração Pública

***Art. 11** Constitui ato de improbidade administrativa que atenta contra os princípios da Administração Pública a ação ou omissão dolosa que viole os deveres de honestidade, de imparcialidade e de legalidade, caracterizada por uma das seguintes condutas:*

I e II (Revogados pela Lei nº 14.230/2021).

III - Revelar fato ou circunstância de que tem ciência em razão das atribuições e que deva permanecer em segredo, propiciando beneficiamento por informação privilegiada ou colocando em risco a segurança da sociedade e do Estado;

IV - Negar publicidade aos atos oficiais, exceto em razão de sua imprescindibilidade para a segurança da sociedade e do Estado ou de outras hipóteses instituídas em lei;

V - Frustrar, em ofensa à imparcialidade, o caráter concorrencial de concurso público, de chamamento ou de procedimento licitatório, com vistas à obtenção de benefício próprio, direto ou indireto, ou de terceiros;

VI - Deixar de prestar contas quando esteja obrigado a fazê-lo, desde que disponha das condições para isso, com vistas a ocultar irregularidades;

VII - Deixar de prestar contas quando esteja obrigado a fazê-lo, desde que disponha das condições para isso, com vistas a ocultar irregularidades;

VIII - Descumprir as normas relativas à celebração, fiscalização e aprovação de contas de parcerias firmadas pela Administração Pública com entidades privadas. (Redação dada pela Lei nº 13.019, de 2014)

IX e X -(Revogados pela Lei nº 14.230/2021).

8.4 Efeitos da lei

A lei de improbidade administrativa gera quatro efeitos.
- Suspensão dos direitos políticos;
- Perda da função pública;
- Indisponibilidade dos bens;
- Ressarcimento ao erário.

A suspensão dos direitos políticos e a perda da função pública somente se dão depois do trânsito em julgado da sentença condenatória. A indisponibilidade dos bens não constitui penalidade, mas, sim medida cautelar e pode se dar mesmo antes do início da ação.

O ressarcimento ao erário, por sua vez, constitui a responsabilidade civil do agente, ou seja, a obrigação de reparar o dano.

8.5 Sanções

8.5.1 Natureza das sanções

Administrativa
- Perda da função pública;
- Proibição de contratar com o poder público;
- Proibição de receber benefícios ou incentivos fiscais do poder público.

Civil
- Ressarcimento ao erário;
- Perda dos bens;
- Multa.

Política
- Suspensão dos direitos políticos.

Medida cautelar
- A indisponibilidade dos bens visa à garantia da aplicação das penalidades civis.
- Não estabelece sanções penais, mas, se o fato também for tipificado como crime, haverá tal responsabilidade.

IMPROBIDADE ADMINISTRATIVA

8.5.2 Penalidades

- **Enriquecimento ilícito:** perda dos bens ou valores acrescidos ilicitamente ao patrimônio; perda da função pública; suspensão dos direitos políticos até 14 anos; pagamento de multa civil equivalente ao valor do acréscimo patrimonial; e proibição de contratar com o Poder Público ou receber benefícios ou incentivos fiscais ou creditícios, direta ou indiretamente, ainda que por intermédio de pessoa jurídica da qual seja sócio majoritário, por prazo não superior a 14 anos.

- **Prejuízo ao erário:** perda dos bens ou valores acrescidos ilicitamente ao patrimônio, se concorrer essa circunstância; perda da função pública; suspensão dos direitos políticos até 12 anos; pagamento de multa civil equivalente ao valor do dano; e proibição de contratar com o poder público ou receber benefícios ou incentivos fiscais ou creditícios, direta ou indiretamente, ainda que por intermédio de pessoa jurídica da qual seja sócio majoritário, por prazo não superior a 12 anos.

- **Atos que atentem contra os princípios da Administração Pública:** pagamento de multa civil de até 24 vezes o valor da remuneração percebida pelo agente; e proibição de contratar com o Poder Público ou receber benefícios ou incentivos fiscais ou creditícios, direta ou indiretamente, ainda que por intermédio de pessoa jurídica da qual seja sócio majoritário, por prazo não superior a 4 anos.

8.5.3 Punições

Art. 12 da Lei nº 8.429/1992			
Modalidades Sanções	Enriquecimento Ilícito (art. 9º)	Prejuízo ao Erário (art. 10)	Afronta os princípios (art. 11)
Suspensão dos direitos políticos	Até 14 anos	Até 12 anos	–
Multa civil	Equivalente ao valor do acréscimo	Equivalente ao valor do dano	Até 24X o valor da remuneração
Proibição de contratar com a administração	Não superior a 14 anos	Não superior a 12 anos	Não superior a 4 anos

Aplicação das sanções: na fixação das penas previstas, o juiz levará em conta a extensão do dano causado, assim como o proveito patrimonial obtido pelo agente.

Independe de aprovação ou rejeição de contas pelos órgãos de controle.

8.6 Prescrição

Os atos de improbidade administrativa prescrevem, segundo o art. 23 da Lei nº 8.429/1992:

> **Art. 23** A ação para a aplicação das sanções previstas nesta Lei prescreve em 8 (oito) anos, contados a partir da ocorrência do fato ou, no caso de infrações permanentes, do dia em que cessou a permanência.
>
> I a III Revogados pela Lei nº 14.230/2021.
>
> **§ 1º** A instauração de inquérito civil ou de processo administrativo para apuração dos ilícitos referidos nesta Lei suspende o curso do prazo prescricional por, no máximo, 180 (cento e oitenta) dias corridos, recomeçando a correr após a sua conclusão ou, caso não concluído o processo, esgotado o prazo de suspensão.
>
> **§ 2º** O inquérito civil para apuração do ato de improbidade será concluído no prazo de 365 (trezentos e sessenta e cinco) dias corridos, prorrogável uma única vez por igual período, mediante ato fundamentado submetido à revisão da instância competente do órgão ministerial, conforme dispuser a respectiva lei orgânica.

> **§ 3º** Encerrado o prazo previsto no § 2º deste artigo, a ação deverá ser proposta no prazo de 30 (trinta) dias, se não for caso de arquivamento do inquérito civil.
>
> **§ 4º** O prazo da prescrição referido no caput deste artigo interrompe-se:
>
> I - Pelo ajuizamento da ação de improbidade administrativa;
>
> II - Pela publicação da sentença condenatória;
>
> III - Pela publicação de decisão ou acórdão de Tribunal de Justiça ou Tribunal Regional Federal que confirma sentença condenatória ou que reforma sentença de improcedência;
>
> IV - Pela publicação de decisão ou acórdão do Superior Tribunal de Justiça que confirma acórdão condenatório ou que reforma acórdão de improcedência;
>
> V - Pela publicação de decisão ou acórdão do Supremo Tribunal Federal que confirma acórdão condenatório ou que reforma acórdão de improcedência.
>
> **§ 5º** Interrompida a prescrição, o prazo recomeça a correr do dia da interrupção, pela metade do prazo previsto no caput deste artigo.
>
> **§ 6º** A suspensão e a interrupção da prescrição produzem efeitos relativamente a todos os que concorreram para a prática do ato de improbidade.
>
> **§ 7º** Nos atos de improbidade conexos que sejam objeto do mesmo processo, a suspensão e a interrupção relativas a qualquer deles estendem-se aos demais.
>
> **§ 8º** O juiz ou o tribunal, depois de ouvido o Ministério Público, deverá, de ofício ou a requerimento da parte interessada, reconhecer a prescrição intercorrente da pretensão sancionadora e decretá-la de imediato, caso, entre os marcos interruptivos referidos no § 4º, transcorra o prazo previsto no § 5º deste artigo.

Atenção!

As ações de ressarcimento ao erário dos prejuízos causados por atos dolosos de improbidade administrativa são imprescritíveis.

9 LEI Nº 14.133/2021 – NOVA LEI DE LICITAÇÕES

9.1 Aplicabilidade

A Lei nº 14.133/2021 aplica-se à União, aos estados, ao Distrito Federal e aos municípios, ou seja, é uma norma de caráter nacional. Assim, prevê a nova Lei:

> **Art. 1º** Esta Lei estabelece normas gerais de licitação e contratação para as Administrações Públicas diretas, autárquicas e fundacionais da União, dos Estados, do Distrito Federal e dos Municípios, e abrange:
> I - Os órgãos dos Poderes Legislativo e Judiciário da União, dos Estados e do Distrito Federal e os órgãos do Poder Legislativo dos Municípios, quando no desempenho de função administrativa;
> II - Os fundos especiais e as demais entidades controladas direta ou indiretamente pela Administração Pública.
> **§ 1º** Não são abrangidas por esta Lei as empresas públicas, as sociedades de economia mista e as suas subsidiárias, regidas pela Lei nº 13.303, de 30 de junho de 2016, ressalvado o disposto no art. 178 desta Lei.
> **Art. 2º** Esta Lei aplica-se a:
> I - Alienação e concessão de direito real de uso de bens;
> II - Compra, inclusive por encomenda;
> III - Locação;
> IV - Concessão e permissão de uso de bens públicos;
> V - Prestação de serviços, inclusive os técnico-profissionais especializados;
> VI - Obras e serviços de arquitetura e engenharia;
> VII - Contratações de tecnologia da informação e de comunicação.
> **Art. 3º** Não se subordinam ao regime desta Lei:
> I - Contratos que tenham por objeto operação de crédito, interno ou externo, e gestão de dívida pública, incluídas as contratações de agente financeiro e a concessão de garantia relacionadas a esses contratos;
> II - Contratações sujeitas a normas previstas em legislação própria.

9.2 Princípios

O art. 5º da Lei nº 14.133/2021 estabelece os seguintes preceitos:

> **Art. 5º** Na aplicação desta Lei, serão observados os princípios da legalidade, da impessoalidade, da moralidade, da publicidade, da eficiência, do interesse público, da probidade administrativa, da igualdade, do planejamento, da transparência, da eficácia, da segregação de funções, da motivação, da vinculação ao edital, do julgamento objetivo, da segurança jurídica, da razoabilidade, da competitividade, da proporcionalidade, da celeridade, da economicidade e do desenvolvimento nacional sustentável, assim como as disposições do Decreto-lei nº 4.657, de 4 de setembro de 1942 (Lei de Introdução às Normas do Direito Brasileiro).

Percebe-se que a nova disposição abrange princípios já consolidados no art. 37 da Constituição Federal de 1988 e na Lei nº 8.666/1993. Contudo, merece destaque a inovação trazida pela Lei nº 14.133/2021 acerca do princípio da segregação de funções. O novo preceito objetiva evitar a concentração de competências em um ou em poucos agentes públicos, ou seja, o princípio busca evitar que a mesma pessoa seja responsável por diversas fases do procedimento licitatório, a fim de reduzir os riscos presentes nos controles internos da Administração Pública.

Nesse sentido, vale destacar o art. 7º, § 1º da nova Lei de Licitação:

> **Art. 7º** Caberá à autoridade máxima do órgão ou da entidade, ou a quem as normas de organização administrativa indicarem, promover gestão por competências e designar agentes públicos para o desempenho das funções essenciais à execução desta Lei que preencham os seguintes requisitos:
> [...]
> **§ 1º** A autoridade referida no caput deste artigo deverá observar o princípio da segregação de funções, vedada a designação do mesmo agente público para atuação simultânea em funções mais suscetíveis a riscos, de modo a reduzir a possibilidade de ocultação de erros e de ocorrência de fraudes na respectiva contratação.

9.3 Objetivos da licitação

A Lei nº 14.133/2021 dispõe em seu art. 11 que o procedimento licitatório possui os seguintes objetivos:

> **Art. 11** O processo licitatório tem por objetivos:
> I - Assegurar a seleção da proposta apta a gerar o resultado de contratação mais vantajoso para a Administração Pública, inclusive no que se refere ao ciclo de vida do objeto;
> II - Assegurar tratamento isonômico entre os licitantes, bem como a justa competição;
> III - Evitar contratações com sobrepreço ou com preços manifestamente inexequíveis e superfaturamento na execução dos contratos;
> IV - Incentivar a inovação e o desenvolvimento nacional sustentável.
> **Parágrafo único.** A alta administração do órgão ou entidade é responsável pela governança das contratações e deve implementar processos e estruturas, inclusive de gestão de riscos e controles internos, para avaliar, direcionar e monitorar os processos licitatórios e os respectivos contratos, com o intuito de alcançar os objetivos estabelecidos no caput deste artigo, promover um ambiente íntegro e confiável, assegurar o alinhamento das contratações ao planejamento estratégico e às leis orçamentárias e promover eficiência, efetividade e eficácia em suas contratações.

9.4 Fases da licitação

De acordo com o art. 17 da nova Lei de Licitações, a licitação desenvolve-se nas seguintes fases:

> **Art. 17** O processo de licitação observará as seguintes fases, em sequência:
> I - Preparatória;
> II - De divulgação do edital de licitação;
> III - De apresentação de propostas e lances, quando for o caso;
> IV - De julgamento;
> V - De habilitação;
> VI - Recursal;
> VII - De homologação.

Ao contrário da disposição da Lei nº 8.666/1993, a fase de habilitação, como regra geral, ocorre posteriormente às etapas de apresentação de propostas e lances e de julgamento. No entanto, o § 1º do art. 17, prevê que a fase de habilitação poderá, mediante ato motivado com explicitação dos benefícios decorrentes, anteceder as fases de apresentação de propostas e lances e de julgamento, desde que expressamente previsto no edital de licitação.

Ademais, as licitações serão realizadas preferencialmente sob a forma eletrônica, admitida a utilização da forma presencial, desde que motivada, devendo a sessão pública ser registrada em ata e gravada em áudio e vídeo.

Também, é importante mencionar que a Administração poderá convocar, com antecedência mínima de 8 dias úteis, **audiência pública**, presencial ou a distância, na forma eletrônica, sobre licitação que pretenda realizar, com disponibilização prévia de informações pertinentes, inclusive de estudo técnico preliminar e elementos do edital de licitação, e com possibilidade de manifestação de todos os interessados.

9.5 Modalidades de licitação

De acordo com o art. 28 da Lei nº 14.133/2021, são cinco as modalidades de licitação:

> **Art. 28** São modalidades de licitação:
> I - Pregão;
> II - Concorrência;
> III - Concurso;
> IV - Leilão;
> V - Diálogo competitivo.

Destaca-se que a lei veda a criação de outras modalidades de licitação ou, ainda, a combinação das previstas no art. 28.

LEI Nº 14.133/2021 – NOVA LEI DE LICITAÇÕES

Como se observa, merece destaque algumas diferenças entre a Lei nº 8.666/1993 e a Lei nº 14.133/2021. Veja que o **pregão** passou expressamente a constar como modalidade de licitação, sendo a sua utilização obrigatória para aquisição de bens e serviços comuns, e quanto ao critério de julgamento, não há restrição quanto ao de menor preço, pois foi acrescentado a possibilidade de se utilizar o critério de maior desconto.

A **concorrência** não mais pode ser utilizada para alienações, nem para a aquisição de bens e serviços comuns.

Ademais, o **leilão** passou a ser a única modalidade utilizada para alienações da Administração Pública. A modalidade **concurso**, agora está sujeita aos critérios de julgamento de melhor técnica ou conteúdo artístico.

Ainda, dentre a previsão do art. 28, merece destaque "o **diálogo competitivo**". A nova modalidade de licitação é aplicada para a contratação de obras, serviços e compras em que a Administração Pública realiza diálogos com licitantes previamente selecionados mediante critérios objetivos, com o intuito de desenvolver uma ou mais alternativas capazes de atender às suas necessidades, devendo os licitantes apresentar proposta final após o encerramento dos diálogos.

O diálogo competitivo é restrito a determinadas situações, conforme estabelece o art. 32 da Lei nº 14.133/2021:

> *Art. 32 A modalidade diálogo competitivo é restrita a contratações em que a Administração:*
> *I - Vise a contratar objeto que envolva as seguintes condições:*
> *a) inovação tecnológica ou técnica;*
> *b) impossibilidade de o órgão ou entidade ter sua necessidade satisfeita sem a adaptação de soluções disponíveis no mercado; e*
> *c) impossibilidade de as especificações técnicas serem definidas com precisão suficiente pela Administração;*
> *II - Verifique a necessidade de definir e identificar os meios e as alternativas que possam satisfazer suas necessidades, com destaque para os seguintes aspectos:*
> *a) a solução técnica mais adequada;*
> *b) os requisitos técnicos aptos a concretizar a solução já definida;*
> *c) a estrutura jurídica ou financeira do contrato;*
> *III - (Vetado).*

9.6 Critérios de julgamento

Conforme prevê o art. 33 da Lei nº 14.133/2021, o julgamento das propostas será realizado de acordo com os seguintes critérios:

> *I - Menor preço;*
> *II - Maior desconto;*
> *III - Melhor técnica ou conteúdo artístico;*
> *IV - Técnica e preço;*
> *V - Maior lance, no caso de leilão;*
> *VI - Maior retorno econômico.*

O julgamento por **menor preço** ou **maior desconto** e, quando couber, por técnica e preço considerará o menor dispêndio para a Administração, atendidos os parâmetros mínimos de qualidade definidos no edital de licitação.

O julgamento **por maior desconto** terá como referência o preço global fixado no edital de licitação, e o desconto será estendido aos eventuais termos aditivos.

Já o julgamento por **melhor técnica** ou conteúdo artístico considerará exclusivamente as propostas técnicas ou artísticas apresentadas pelos licitantes, e o edital deverá definir o prêmio ou a remuneração que será atribuída aos vencedores.

9.7 Inexigibilidade e dispensa de licitação – contratação direta

Assim como a Lei nº 8.666/1993, a Lei nº 14.133/2021 prevê as situações que permitem a contratação direta pela Administração Pública. Trata-se da inexigibilidade e dispensa de licitação.

A inexigibilidade configura-se quando inviável a competição, ou seja, a licitação não é juridicamente possível.

Por sua vez, a dispensa ocorre quando a competição é possível, mas a licitação poderá deixar de ocorrer. A dispensa pode ser subdividida em: licitação dispensável e licitação dispensada.

Na **licitação dispensável**, o administrador possui discricionariedade (conveniência e oportunidade) para, em cada caso, decidir se realizará, ou não, a licitação.

Por outro lado, na **licitação dispensada** não há discricionariedade, a lei, desde logo, dispensa a licitação.

O art. 74 da Lei nº 14.133/2021 prevê as hipóteses de **inexigibilidade** da licitação:

> *Art. 74 É inexigível a licitação quando inviável a competição, em especial nos casos de:*
> *I - Aquisição de materiais, de equipamentos ou de gêneros ou contratação de serviços que só possam ser fornecidos por produtor, empresa ou representante comercial exclusivos;*
> *II - Contratação de profissional do setor artístico, diretamente ou por meio de empresário exclusivo, desde que consagrado pela crítica especializada ou pela opinião pública;*
> *III - Contratação dos seguintes serviços técnicos especializados de natureza predominantemente intelectual com profissionais ou empresas de notória especialização, vedada a inexigibilidade para serviços de publicidade e divulgação:*
> *a) estudos técnicos, planejamentos, projetos básicos ou projetos executivos;*
> *b) pareceres, perícias e avaliações em geral;*
> *c) assessorias ou consultorias técnicas e auditorias financeiras ou tributárias;*
> *d) fiscalização, supervisão ou gerenciamento de obras ou serviços;*
> *e) patrocínio ou defesa de causas judiciais ou administrativas;*
> *f) treinamento e aperfeiçoamento de pessoal;*
> *g) restauração de obras de arte e de bens de valor histórico;*
> *h) controles de qualidade e tecnológico, análises, testes e ensaios de campo e laboratoriais, instrumentação e monitoramento de parâmetros específicos de obras e do meio ambiente e demais serviços de engenharia que se enquadrem no disposto neste inciso;*
> *IV - Objetos que devam ou possam ser contratados por meio de credenciamento;*
> *V - Aquisição ou locação de imóvel cujas características de instalações e de localização tornem necessária sua escolha.*

O art. 75 estabelece as hipóteses de licitação dispensável:

> *Art. 75 É dispensável a licitação:*
> *I - Para contratação que envolva valores inferiores a R$ 100.000,00 (cem mil reais), no caso de obras e serviços de engenharia ou de serviços de manutenção de veículos automotores; (Vide Decreto nº 10.922, de 2021)*
> *II - Para contratação que envolva valores inferiores a R$ 50.000,00 (cinquenta mil reais), no caso de outros serviços e compras; (Vide Decreto nº 10.922, de 2021) (Vigência)*
> *III - Para contratação que mantenha todas as condições definidas em edital de licitação realizada há menos de 1 (um) ano, quando se verificar que naquela licitação:*
> *a) não surgiram licitantes interessados ou não foram apresentadas propostas válidas;*
> *b) as propostas apresentadas consignaram preços manifestamente superiores aos praticados no mercado ou incompatíveis com os fixados pelos órgãos oficiais competentes;*
> *IV - Para contratação que tenha por objeto:*
> *a) bens, componentes ou peças de origem nacional ou estrangeira necessários à manutenção de equipamentos, a serem adquiridos do fornecedor original desses equipamentos durante o período de garantia técnica, quando essa condição de exclusividade for indispensável para a vigência da garantia;*

DIREITO ADMINISTRATIVO

b) bens, serviços, alienações ou obras, nos termos de acordo internacional específico aprovado pelo Congresso Nacional, quando as condições ofertadas forem manifestamente vantajosas para a Administração;

c) produtos para pesquisa e desenvolvimento, limitada a contratação, no caso de obras e serviços de engenharia, ao valor de R$ 300.000,00 (trezentos mil reais); (Vide Decreto nº 10.922, de 2021)

d) transferência de tecnologia ou licenciamento de direito de uso ou de exploração de criação protegida, nas contratações realizadas por instituição científica, tecnológica e de inovação (ICT) pública ou por agência de fomento, desde que demonstrada vantagem para a Administração;

e) hortifrutigranjeiros, pães e outros gêneros perecíveis, no período necessário para a realização dos processos licitatórios correspondentes, hipótese em que a contratação será realizada diretamente com base no preço do dia;

f) bens ou serviços produzidos ou prestados no País que envolvam, cumulativamente, alta complexidade tecnológica e defesa nacional;

g) materiais de uso das Forças Armadas, com exceção de materiais de uso pessoal e administrativo, quando houver necessidade de manter a padronização requerida pela estrutura de apoio logístico dos meios navais, aéreos e terrestres, mediante autorização por ato do comandante da força militar;

h) bens e serviços para atendimento dos contingentes militares das forças singulares brasileiras empregadas em operações de paz no exterior, hipótese em que a contratação deverá ser justificada quanto ao preço e à escolha do fornecedor ou executante e ratificada pelo comandante da força militar;

i) abastecimento ou suprimento de efetivos militares em estada eventual de curta duração em portos, aeroportos ou localidades diferentes de suas sedes, por motivo de movimentação operacional ou de adestramento;

j) coleta, processamento e comercialização de resíduos sólidos urbanos recicláveis ou reutilizáveis, em áreas com sistema de coleta seletiva de lixo, realizados por associações ou cooperativas formadas exclusivamente de pessoas físicas de baixa renda reconhecidas pelo poder público como catadores de materiais recicláveis, com o uso de equipamentos compatíveis com as normas técnicas, ambientais e de saúde pública;

k) aquisição ou restauração de obras de arte e objetos históricos, de autenticidade certificada, desde que inerente às finalidades do órgão ou com elas compatível;

l) serviços especializados ou aquisição ou locação de equipamentos destinados ao rastreamento e à obtenção de provas previstas nos incisos II e V do caput do art. 3º da Lei nº 12.850, de 2 de agosto de 2013, quando houver necessidade justificada de manutenção de sigilo sobre a investigação;

m) aquisição de medicamentos destinados exclusivamente ao tratamento de doenças raras definidas pelo Ministério da Saúde;

V - Para contratação com vistas ao cumprimento do disposto nos arts. 3º, 3º-A, 4º, 5º e 20 da Lei nº 10.973, de 2 de dezembro de 2004, observados os princípios gerais de contratação constantes da referida Lei;

VI - Para contratação que possa acarretar comprometimento da segurança nacional, nos casos estabelecidos pelo Ministro de Estado da Defesa, mediante demanda dos comandos das Forças Armadas ou dos demais ministérios;

VII - Nos casos de guerra, estado de defesa, estado de sítio, intervenção federal ou de grave perturbação da ordem;

VIII - Nos casos de emergência ou de calamidade pública, quando caracterizada urgência de atendimento de situação que possa ocasionar prejuízo ou comprometer a continuidade dos serviços públicos ou a segurança de pessoas, obras, serviços, equipamentos e outros bens, públicos ou particulares, e somente para aquisição dos bens necessários ao atendimento da situação emergencial ou calamitosa e para as parcelas de obras e serviços que possam ser concluídas no prazo máximo de 1 (um) ano, contado da data de ocorrência da emergência ou da calamidade, vedadas a prorrogação dos respectivos contratos e a recontratação de empresa já contratada com base no disposto neste inciso;

IX - Para a aquisição, por pessoa jurídica de direito público interno, de bens produzidos ou serviços prestados por órgão ou entidade que integrem a Administração Pública e que tenham sido criados para esse fim específico, desde que o preço contratado seja compatível com o praticado no mercado;

X - Quando a União tiver que intervir no domínio econômico para regular preços ou normalizar o abastecimento;

XI - Para celebração de contrato de programa com ente federativo ou com entidade de sua Administração Pública Indireta que envolva prestação de serviços públicos de forma associada nos termos autorizados em contrato de consórcio público ou em convênio de cooperação;

XII - Para contratação em que houver transferência de tecnologia de produtos estratégicos para o Sistema Único de Saúde (SUS), conforme elencados em ato da direção nacional do SUS, inclusive por ocasião da aquisição desses produtos durante as etapas de absorção tecnológica, e em valores compatíveis com aqueles definidos no instrumento firmado para a transferência de tecnologia;

XIII - Para contratação de profissionais para compor a comissão de avaliação de critérios de técnica, quando se tratar de profissional técnico de notória especialização;

XIV - Para contratação de associação de pessoas com deficiência, sem fins lucrativos e de comprovada idoneidade, por órgão ou entidade da Administração Pública, para a prestação de serviços, desde que o preço contratado seja compatível com o praticado no mercado e os serviços contratados sejam prestados exclusivamente por pessoas com deficiência;

XV - Para contratação de instituição brasileira que tenha por finalidade estatutária apoiar, captar e executar atividades de ensino, pesquisa, extensão, desenvolvimento institucional, científico e tecnológico e estímulo à inovação, inclusive para gerir administrativa e financeiramente essas atividades, ou para contratação de instituição dedicada à recuperação social da pessoa presa, desde que o contratado tenha inquestionável reputação ética e profissional e não tenha fins lucrativos;

XVI - Para aquisição, por pessoa jurídica de direito público interno, de insumos estratégicos para a saúde produzidos por fundação que, regimental ou estatutariamente, tenha por finalidade apoiar órgão da Administração Pública Direta, sua autarquia ou fundação em projetos de ensino, pesquisa, extensão, desenvolvimento institucional, científico e tecnológico e de estímulo à inovação, inclusive na gestão administrativa e financeira necessária à execução desses projetos, ou em parcerias que envolvam transferência de tecnologia de produtos estratégicos para o SUS, nos termos do inciso XII do caput deste artigo, e que tenha sido criada para esse fim específico em data anterior à entrada em vigor desta Lei, desde que o preço contratado seja compatível com o praticado no mercado.

XV - Para contratação de instituição brasileira que tenha por finalidade estatutária apoiar, captar e executar atividades de ensino, pesquisa, extensão, desenvolvimento institucional, científico e tecnológico e estímulo à inovação, inclusive para gerir administrativa e financeiramente essas atividades, ou para contratação de instituição dedicada à recuperação social da pessoa presa, desde que o contratado tenha inquestionável reputação ética e profissional e não tenha fins lucrativos;

XVI - Para aquisição, por pessoa jurídica de direito público interno, de insumos estratégicos para a saúde produzidos por fundação que, regimental ou estatutariamente, tenha por finalidade apoiar órgão da Administração Pública Direta, sua autarquia ou fundação em projetos de ensino, pesquisa, extensão, desenvolvimento institucional, científico e tecnológico e de estímulo à inovação, inclusive na gestão administrativa e financeira necessária à execução desses projetos, ou em parcerias que envolvam transferência de tecnologia de produtos estratégicos para o SUS, nos termos do inciso XII do caput deste artigo, e que tenha sido criada para esse fim específico em data anterior à entrada em vigor desta Lei, desde que o preço contratado seja compatível com o praticado no mercado.

No que se refere às hipóteses de **licitação dispensada**, o art. 76, incisos I e II da Lei nº14.133/2021 prevê o seguinte:

Art. 76 A alienação de bens da Administração Pública, subordinada à existência de interesse público devidamente justificado, será precedida de avaliação e obedecerá às seguintes normas:

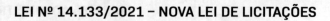

I - Tratando-se de bens imóveis, inclusive os pertencentes às autarquias e às fundações, exigirá autorização legislativa e dependerá de licitação na modalidade leilão, dispensada a realização de licitação nos casos de:

a) dação em pagamento;

b) doação, permitida exclusivamente para outro órgão ou entidade da Administração Pública, de qualquer esfera de governo, ressalvado o disposto nas alíneas "f", "g" e "h" deste inciso;

c) permuta por outros imóveis que atendam aos requisitos relacionados às finalidades precípuas da Administração, desde que a diferença apurada não ultrapasse a metade do valor do imóvel que será ofertado pela União, segundo avaliação prévia, e ocorra a torna de valores, sempre que for o caso;

d) investidura;

e) venda a outro órgão ou entidade da Administração Pública de qualquer esfera de governo;

f) alienação gratuita ou onerosa, aforamento, concessão de direito real de uso, locação e permissão de uso de bens imóveis residenciais construídos, destinados ou efetivamente usados em programas de habitação ou de regularização fundiária de interesse social desenvolvidos por órgão ou entidade da Administração Pública;

g) alienação gratuita ou onerosa, aforamento, concessão de direito real de uso, locação e permissão de uso de bens imóveis comerciais de âmbito local, com área de até 250 m² (duzentos e cinquenta metros quadrados) e destinados a programas de regularização fundiária de interesse social desenvolvidos por órgão ou entidade da Administração Pública;

h) alienação e concessão de direito real de uso, gratuita ou onerosa, de terras públicas rurais da União e do Instituto Nacional de Colonização e Reforma Agrária (Incra) onde incidam ocupações até o limite de que trata o § 1º do art. 6º da Lei nº 11.952, de 25 de junho de 2009, para fins de regularização fundiária, atendidos os requisitos legais;

i) legitimação de posse de que trata o art. 29 da Lei nº 6.383, de 7 de dezembro de 1976, mediante iniciativa e deliberação dos órgãos da Administração Pública competentes;

j) legitimação fundiária e legitimação de posse de que trata a Lei nº 13.465, de 11 de julho de 2017;

II - tratando-se de bens móveis, dependerá de licitação na modalidade leilão, dispensada a realização de licitação nos casos de:

a) doação, permitida exclusivamente para fins e uso de interesse social, após avaliação de oportunidade e conveniência socioeconômica em relação à escolha de outra forma de alienação;

b) permuta, permitida exclusivamente entre órgãos ou entidades da Administração Pública;

c) venda de ações, que poderão ser negociadas em bolsa, observada a legislação específica;

d) venda de títulos, observada a legislação pertinente;

e) venda de bens produzidos ou comercializados por entidades da Administração Pública, em virtude de suas finalidades;

f) venda de materiais e equipamentos sem utilização previsível por quem deles dispõe para outros órgãos ou entidades da Administração Pública.

DIREITO ADMINISTRATIVO

10 CONTROLE DA ADMINISTRAÇÃO PÚBLICA

O Controle da Administração Pública é um conjunto de instrumentos que o ordenamento jurídico estabelece a fim de que a própria Administração Pública, os três poderes, e, ainda, o povo, diretamente ou por meio de órgãos especializados, possam exercer o poder de fiscalização, orientação e revisão da atuação de todos os órgãos, entidades e agentes públicos, em todas as esferas do poder.

10.1 Classificação

10.1.1 Quanto à origem

Controle Interno: acontece dentro do próprio poder, decorrente do princípio da autotutela.

Finalidade:

> *Art. 74, CF/1988 Os Poderes Legislativo, Executivo e Judiciário manterão, de forma integrada, sistema de controle interno com a finalidade de:*
> *I - Avaliar o cumprimento das metas previstas no plano plurianual, a execução dos programas de governo e dos orçamentos da União;*
> *II - Comprovar a legalidade e avaliar os resultados, quanto à eficácia e eficiência, da gestão orçamentária, financeira e patrimonial nos órgãos e entidades da administração federal, bem como da aplicação de recursos públicos por entidades de direito privado;*
> *III - Exercer o controle das operações de crédito, avais e garantias, bem como dos direitos e haveres da União;*
> *IV - Apoiar o controle externo no exercício de sua missão institucional.*
> *§ 1º Os responsáveis pelo controle interno, ao tomarem conhecimento de qualquer irregularidade ou ilegalidade, dela darão ciência ao Tribunal de Contas da União, sob pena de responsabilidade solidária.*

Por exemplo:

- Pode ser exercido no âmbito hierárquico ou por órgãos especializados (sem hierarquia);
- O controle finalístico (controvérsia doutrinária, alguns autores falam que é modalidade de controle externo);
- A fiscalização realizada por um órgão da Administração Pública do Legislativo sobre a atuação dela própria;
- O controle realizado pela Administração Pública do Poder Judiciário nos atos administrativos praticados pela própria Administração Pública desse poder.

Controle externo: é exercido por um poder sobre os atos administrativos de outro poder.

A exemplo, temos o controle judicial dos atos administrativos, que analisa aspectos de legalidade dos atos da Administração Pública dos demais poderes; ou o controle legislativo realizado pelo poder legislativo, nos atos da Administração Pública dos outros poderes.

Controle popular: é o controle exercido pelos administrados na atuação da Administração Pública dos três poderes, seja por meio da ação popular, do direito de petição ou de outros.

É importante lembrar que os atos administrativos devem ser publicados, salvo os sigilosos. Todavia, uma outra finalidade da publicidade dos atos administrativos é o desenvolvimento do controle social da Administração Pública.

10.1.2 Quanto ao momento de exercício

Controle prévio: é exercido antes da prática ou antes da conclusão do ato administrativo.

Finalidade: é um requisito de validade do ato administrativo.

Por exemplo: a aprovação do Senado Federal da escolha de ministros do STF ou de dirigente de uma agência reguladora federal. Em tais situações, a referida aprovação antecede a nomeação de tais agentes.

Controle concomitante: é exercido durante a prática do ato.

Finalidade: possibilitar a aferição do cumprimento das formalidades exigidas para a formação do ato administrativo.

Por exemplo: fiscalização da execução de um contrato administrativo; acompanhamento de uma licitação pelos órgãos de controle.

Controle subsequente/corretivo/posterior: é exercido após a conclusão do ato.

Finalidade:

- Correção dos defeitos sanáveis do ato;
- Declaração de nulidade do ato;
- Revogação do ato discricionário legal inconveniente e inoportuno;
- Cassação do ato pelo descumprimento dos requisitos que são exigidos para a sua manutenção;
- Conferir eficácia ao ato.

Por exemplo: homologação de um concurso público.

10.1.3 Quanto ao aspecto controlado

Controle de legalidade: sua finalidade é verificar se o ato foi praticado em conformidade com o ordenamento jurídico, e, por esse, entendemos que o ato tem que ser praticado de acordo com as leis e também com os princípios fundamentais da Administração Pública.

A lei deve ser entendida, nessa situação, em sentido amplo, ou seja, a Constituição Federal, as leis ordinárias, complementares, delegadas, medidas provisórias e as normas infralegais.

▷ **Exercício:** são três as possibilidades:

- **Própria Administração Pública:** pode realizar o controle de legalidade a pedido ou de ofício. Em decorrência do princípio da autotutela, é espécie de controle interno.
- **Poder Judiciário:** no exercício da função jurisdicional, pode exercer o controle de legalidade somente por provocação. Nesse caso, é uma espécie de inspeção externo.
- **Poder Legislativo:** somente pode exercer controle de legalidade nos casos previstos na Constituição Federal. É forma de controle externo.

▷ **Consequências:** são três as possibilidades:

- **Confirmação** da validade do ato.
- **Anulação** do ato com vício de validade (ilegal).
- Um ato administrativo pode ser anulado pela própria Administração que o praticou, por provocação ou de ofício (controle interno) ou pelo Poder Judiciário. Nesse caso, somente por provocação (controle externo). A anulação gera efeitos retroativos (*ex tunc*), desfazendo todas as relações do ato resultadas, salvo, entretanto, os efeitos produzidos para os terceiros de boa-fé.
- Prazo para anulação na via administrativa: 5 anos, contados a partir da prática do ato, salvo comprovada má-fé.
- Segundo o STF, quando o controle interno acarretar o desfazimento de um ato administrativo que implique em prejuízo à situação jurídica do administrado, a administração deve antes instaurar um procedimento que garanta a ele o contraditório e a ampla-defesa, para que, dessa forma, possa defender os seus interesses.
- **Convalidação:** é a correção do ato com efeitos retroativos do ato administrativo com defeito sanável. Considera-se problema reparável:

    - **Vício de competência relativo à pessoa**
        - Exceção: competência exclusiva (também não cabe convalidação).
        - O vício de competência relativo à matéria não é caracterizado como um defeito sanável.
    - **Vício de forma**
        - Exceção: lei determina que a forma seja elemento essencial de validade de determinado ato (também não cabe convalidação).

445

CONTROLE DA ADMINISTRAÇÃO PÚBLICA

Assim, somente os vícios nos elementos forma e competência podem ser convalidados. Em todos os demais casos, a administração somente pode anular o ato.

Mesmo quando o defeito admite convalidação, a Administração Pública tem a possibilidade de anular, pois a regra é a anulação e a convalidação uma faculdade disponível ao agente público em hipóteses excepcionais.

Convalidação tácita: o art. 54 da Lei nº 9.784 /1999 prevê que a Administração tem o direito de anular os atos administrativos de que decorram efeitos favoráveis; para os destinatários, decai em cinco anos, contados da data em que forem praticados, salvo comprovada má-fé. Transcorrido esse prazo, o ato foi convalidado, pois não pode ser mais anulado pela administração.

Convalidação expressa: o prazo que a Administração Pública tem para convalidar um ato é o mesmo que ela tem para anular, ou seja, 5 anos contados a partir da data da prática do feito. Como analisamos, a convalidação, se trata de um controle de legalidade que verificou que o ato foi praticado com vício, todavia, na hipótese descrita no art. 55 da Lei nº 9.784/1999, a autoridade com competência para anular tal ato, pode optar pela sua convalidação.

> *Art. 55, Lei nº 9.784/1999 Em decisão na qual se evidencie não acarretar lesão ao interesse público nem prejuízo a terceiros, os atos que apresentarem defeitos sanáveis poderão ser convalidados pela própria Administração.*

Controle de mérito: sua finalidade é verificar a conveniência e a oportunidade dos atos administrativos discricionários.

Exercício: em regra, é exercido discricionariamente pelo próprio poder que praticou o feito.

Excepcionalmente, o Poder Legislativo tem competência para verificar o mérito de atos administrativos dos outros poderes, esse é um controle de mérito de natureza política.

Não pode ser exercido pelo Poder Judiciário na sua função típica, mas pode ser executado pela Administração Pública do Poder Judiciário nos atos dela própria.

Consequências

- Manutenção do ato discricionário legal, conveniente e oportuno.
- Revogação do ato discricionário legal, inconveniente e inoportuno.

Nas hipóteses em que o Poder Legislativo exerce controle de mérito da atuação administrativa dos outros poderes, não lhe é permitida a revogação de tais atos.

10.1.4 Quanto à amplitude

Controle hierárquico: decorre da hierarquia presente na Administração Pública, que se manifesta na subordinação entre órgãos e agentes, sempre no âmbito de uma mesma pessoa jurídica. Acontece na Administração Pública dos três poderes.

Consequências: é um controle interno permanente (antes/durante/após a prática do ato) e irrestrito, pois verifica aspectos de legalidade e de mérito de um ato administrativo praticado pelos agentes e órgãos subordinados.

Esse controle está relacionado às atividades de supervisão, coordenação, orientação, fiscalização, aprovação, revisão, avocação e aplicação de meios corretivos dos desvios e irregularidades verificados.

Controle finalístico/tutela administrativa/supervisão ministerial: é exercido pela Administração Direta sobre as pessoas jurídicas da Administração Indireta.

Efeitos: depende de norma legal que o estabeleça, não se enquadrando como um controle específico, e sua finalidade é verificar se a entidade está atingindo as suas intenções estatutárias.

10.2 Controle administrativo

É um controle interno, fundado no poder de autotutela, exercido pelo Poder Executivo e pelos órgãos administrativos dos poderes legislativo e judiciário sobre suas próprias condutas, tendo em vista aspectos de legalidade e de mérito administrativo.

> *Súmula nº 473 – STF A Administração pode anular seus próprios atos, quando eivados de vícios que os tornam ilegais, porque deles não se originam direitos; ou revogá-los, por motivo de conveniência ou oportunidade, respeitados os direitos adquiridos, e ressalvada, em todos os casos, a apreciação judicial.*

O controle administrativo é sempre interno. Pode ser hierárquico, quando é feito entre órgãos verticalmente escalonados integrantes de uma mesma pessoa jurídica, seja da Administração Direta ou Indireta; ou não hierárquico, quando exercido entre órgãos que, embora integrem uma só pessoa jurídica, não estão na mesma linha de escalonamento vertical e também no controle finalístico exercido entre a Administração Direta e a Indireta.

O controle administrativo é um controle permanente, pois acontece antes, durante e depois da prática do ato; também é irrestrito, pois como já foi dito, analisa aspectos de legalidade e de mérito.

Ainda é importante apontar que o controle administrativo pode acontecer de ofício ou a pedido do administrado.

Quando interessado em provocar a atuação da Administração Pública, o administrado pode se valer da reclamação administrativa, que é uma expressão genérica para englobar um conjunto de instrumentos, como o direito de petição, a representação, a denúncia, o recurso, o pedido de reconsideração, a revisão, dentre outros meios.

O meio utilizado pela Administração Pública para processar o pedido do interessado é o processo administrativo, que, na esfera federal, é regulado pela Lei nº 9.784/1999.

10.3 Controle legislativo

É a fiscalização realizada pelo Poder Legislativo, na sua função típica de fiscalizar, na atuação da Administração Pública dos três poderes.

Quando exercido na atuação administrativa dos outros poderes, é espécie de controle externo; quando realizado na Administração Pública do próprio poder legislativo, é espécie de controle interno.

10.3.1 Hipóteses de controle legislativo

O controle legislativo na atuação da Administração Pública somente pode ocorrer nas hipóteses previstas na Constituição Federal, não sendo permitidas às Constituições Estaduais ou às leis orgânicas criarem novas modalidades de controle legislativo no respectivo território de sua competência. Caso se crie nova forma de controle legislativo por instrumento legal diverso da Constituição Federal, tal norma será inconstitucional.

Como as normas estaduais e municipais não podem criar novas modalidades de controle legislativo, nessas esferas, pelo princípio da simetria, são aplicadas as hipóteses de controle legislativo previstas na Constituição Federal para os estados e municípios. Todavia, vale ressaltar que como o sistema legislativo federal adota o bicameralismo, as hipóteses de controle do Congresso Nacional, do Senado, das comissões e do Tribunal de Contas da União são aplicadas às assembleias legislativas na esfera estadual e às câmaras de vereadores nas esferas municipais.

O controle legislativo apresenta as seguintes modalidades:

Controle de legalidade: quando se analisa aspectos de legalidade da atuação da Administração Pública dos três poderes, como dos atos e contratos administrativos.

Controle de mérito (político): é um controle de natureza política, que possibilita ao Poder Legislativo, nas hipóteses previstas na Constituição Federal, a intervir na atuação da Administração Pública do Poder Executivo, controlando aspectos de eficiência da atuação e também de conveniência da tomada de determinadas decisões do poder executivo.

Por exemplo: quando o Senado tem que aprovar o ato do presidente da República, que nomeia um dirigente de uma agência reguladora.

446

DIREITO ADMINISTRATIVO

Efeitos: não acarreta revogação do ato, pois esse ainda não conclui o seu processo de formação enquanto não for aprovado pelo poder legislativo, ou seja, tal ato não gera efeitos até a aprovação, por isso, não há o que se falar em revogação.

Controle exercido pelo Congresso Nacional: a competência exclusiva do Congresso Nacional vem descrita no art. 40 da Constituição Federal de 1988:

> *V - Sustar os atos normativos do Poder Executivo que exorbitem do poder regulamentar ou dos limites de delegação legislativa;*

Tal situação acontece quando, no exercício do poder regulamentar, o presidente da R

epública edite um decreto para complementar determinada lei e, nesse decreto, ele venha a inovar o ordenamento jurídico, ultrapassando os limites da lei. Todavia, a sustação do ato normativo pelo Congresso Nacional não invalida todo o decreto, mas somente o trecho dele que esteja exorbitando do exercício do poder regulamentar.

> *IX - Julgar anualmente as contas prestadas pelo Presidente da República e apreciar os relatórios sobre a execução dos planos de governo;*
> *X - Fiscalizar e controlar, diretamente, ou por qualquer de suas Casas, os atos do Poder Executivo, incluídos os da Administração Indireta;*

Controle exercido privativamente pelo Senado Federal: as competências privativas do Senado Federal vêm descritas no art. 52 da Constituição Federal, dentre essas, algumas se referem ao exercício de atividades de controle:

> *I - Processar e julgar o Presidente e o Vice-Presidente da República nos crimes de responsabilidade, bem como os Ministros de Estado e os Comandantes da Marinha, do Exército e da Aeronáutica nos crimes da mesma natureza conexos com aqueles;*
> *II - Processar e julgar os Ministros do Supremo Tribunal Federal, os membros do Conselho Nacional de Justiça e do Conselho Nacional do Ministério Público, o Procurador-Geral da República e o Advogado-Geral da União nos crimes de responsabilidade;*

Nesses dois primeiros casos, o julgamento será presidido pelo presidente do STF, limitando-se este à condenação, que somente será proferida por dois terços dos votos do Senado Federal.

> *III - Aprovar previamente, por voto secreto, após arguição pública, a escolha de:*
> *a) Magistrados, nos casos estabelecidos nesta Constituição;*
> *b) Ministros do Tribunal de Contas da União indicados pelo Presidente da República;*
> *c) Governador de Território;*
> *d) Presidente e diretores do Banco Central;*
> *e) Procurador-Geral da República;*
> *f) titulares de outros cargos que a lei determinar.*
> *IV - Aprovar previamente, por voto secreto, após arguição em sessão secreta, a escolha dos chefes de missão diplomática de caráter permanente;*
> *V - Autorizar operações externas de natureza financeira, de interesse da União, dos Estados, do Distrito Federal, dos Territórios e dos Municípios;*
> *VI - Fixar, por proposta do Presidente da República, limites globais para o montante da dívida consolidada da União, dos Estados, do Distrito Federal e dos Municípios;*
> *VII - Dispor sobre limites globais e condições para as operações de crédito externo e interno da União, dos Estados, do Distrito Federal e dos Municípios, de suas autarquias e demais entidades controladas pelo Poder Público Federal;*
> *VIII - dispor sobre limites e condições para a concessão de garantia da União em operações de crédito externo e interno;*
> *IX - Estabelecer limites globais e condições para o montante da dívida mobiliária dos Estados, do Distrito Federal e dos Municípios;*
> *X - Aprovar, por maioria absoluta e por voto secreto, a exoneração, de ofício, do Procurador-Geral da República antes do término de seu mandato;*
> *XI - Avaliar periodicamente a funcionalidade do Sistema Tributário Nacional, em sua estrutura e seus componentes, e o desempenho das administrações tributárias da União, dos Estados e do Distrito Federal e dos Municípios.*

Controle exercido pela Câmara dos Deputados: a competência da Câmara dos Deputados vem descrita no art. 51 da Constituição Federal, e nesse momento analisaremos as competências relativas à área de controle da administração:

> *Compete privativamente à Câmara dos Deputados:*
> *I - Autorizar, por dois terços de seus membros, a instauração de processo contra o Presidente e o Vice-Presidente da República e os Ministros de Estado;*
> *II - Proceder à tomada de contas do Presidente da República, quando não apresentadas ao Congresso Nacional dentro de sessenta dias após a abertura da sessão legislativa;*

Fiscalização Contábil, Financeira e Orçamentária na Constituição Federal: também chamado de Controle Financeiro Amplo, vem descrito no art. 70 da CF/1988, que traz as seguintes regras:

> *Art. 70, CF/1988 A fiscalização contábil, financeira, orçamentária, operacional e patrimonial da União e das entidades da Administração Direta e indireta, quanto à legalidade, legitimidade, economicidade, aplicação das subvenções e renúncia de receitas, será exercida pelo Congresso Nacional, mediante controle externo, e pelo sistema de controle interno de cada Poder.*

Como podemos observar, segundo os ditames do art. 70 da Constituição Federal, a fiscalização contábil, financeira e orçamentária é realizada tanto por meio de controle interno como de externo.

Áreas alcançadas pelo controle financeiro (amplo):

- **Contábil:** controla o cumprimento das formalidades no registro de receitas e despesas.
- **Financeira:** controla a entrada e a saída de capital, sua destinação.
- **Orçamentária:** fiscaliza e acompanha a execução do orçamento anual, plurianual.
- **Operacional:** controla a atuação administrativa, observando se estão sendo respeitadas as diretrizes legais que orientam a atuação da Administração Pública, bem como avaliando aspectos de eficiência e economicidade.
- **Patrimonial:** controle do patrimônio público, seja ele móvel ou imóvel.
- **Aspectos controlados:** as áreas alcançadas pelo controle financeiro (sentido amplo) abrangem os seguintes aspectos:
- **Legalidade:** atuação conforme a lei.
- **Legitimidade:** atuação conforme os princípios orientadores da atuação da Administração Pública.

O controle financeiro realizado pelo Congresso Nacional não analisa aspectos de mérito.

Para que o controle financeiro seja eficiente, é necessária a prestação de contas por parte das pessoas físicas ou jurídicas que, de qualquer forma, administrem dinheiro ou direito patrimonial público; tal regra vem descrita no parágrafo único do art. 70:

> *Art. 70 [...]*
> *Parágrafo único. Prestará contas qualquer pessoa física ou jurídica, pública ou privada, que utilize, arrecade, guarde, gerencie ou administre dinheiros, bens e valores públicos ou pelos quais a União responda, ou que, em nome desta, assuma obrigações de natureza pecuniária.*

Controle exercido pelos Tribunais de Contas: os Tribunais de Contas são órgãos de controle vinculados ao Poder Legislativo. A finalidade que possuem é auxiliar na função de exercer o controle externo da Administração Pública.

Apesar da expressão órgãos auxiliares, os tribunais de contas não se submetem ao Poder Legislativo, ou seja, não existe hierarquia nem subordinação entre os tribunais de contas e o Poder Legislativo.

A Constituição Federal, no art. 71, estabelece as competências do Tribunal de Contas da União (TCU), e, pelo princípio da simetria, os tribunais de contas estaduais e municipais detêm as mesmas competências nas suas esferas de fiscalização, não sendo permitidas

CONTROLE DA ADMINISTRAÇÃO PÚBLICA

às Constituições Estaduais e às leis orgânicas municipais criar novas hipóteses de controle. Veja as competências dos Tribunais de Contas a seguir.

> *Art. 71 O controle externo, a cargo do Congresso Nacional, será exercido com o auxílio do Tribunal de Contas da União, ao qual compete:*
>
> *I - Apreciar as contas prestadas anualmente pelo Presidente da República, mediante parecer prévio que deverá ser elaborado em sessenta dias a contar de seu recebimento;*
>
> *II - Julgar as contas dos administradores e demais responsáveis por dinheiros, bens e valores públicos da Administração Direta e indireta, incluídas as fundações e sociedades instituídas e mantidas pelo Poder Público federal, e as contas daqueles que derem causa a perda, extravio ou outra irregularidade de que resulte prejuízo ao erário público;*
>
> *III - Apreciar, para fins de registro, a legalidade dos atos de admissão de pessoal, a qualquer título, na Administração Direta e indireta, incluídas as fundações instituídas e mantidas pelo Poder Público, excetuadas as nomeações para cargo de provimento em comissão, bem como a das concessões de aposentadorias, reformas e pensões, ressalvadas as melhorias posteriores que não alterem o fundamento legal do ato concessório;*
>
> *IV - Realizar, por iniciativa própria, da Câmara dos Deputados, do Senado Federal, de Comissão técnica ou de inquérito, inspeções e auditorias de natureza contábil, financeira, orçamentária, operacional e patrimonial, nas unidades administrativas dos Poderes Legislativo, Executivo e Judiciário, e demais entidades referidas no inciso II;*
>
> *V - Fiscalizar as contas nacionais das empresas supranacionais de cujo capital social a União participe, de forma direta ou indireta, nos termos do tratado constitutivo;*
>
> *VI - Fiscalizar a aplicação de quaisquer recursos repassados pela União mediante convênio, acordo, ajuste ou outros instrumentos congêneres, a Estado, ao Distrito Federal ou a Município;*
>
> *VII - Prestar as informações solicitadas pelo Congresso Nacional, por qualquer de suas Casas, ou por qualquer das respectivas Comissões, sobre a fiscalização contábil, financeira, orçamentária, operacional e patrimonial e sobre resultados de auditorias e inspeções realizadas;*
>
> *VIII - Aplicar aos responsáveis, em caso de ilegalidade de despesa ou irregularidade de contas, as sanções previstas em lei, que estabelecerá, entre outras cominações, multa proporcional ao dano causado ao erário;*
>
> *IX - Assinar prazo para que o órgão ou entidade adote as providências necessárias ao exato cumprimento da lei, se verificada ilegalidade;*
>
> *X - Sustar, se não atendido, a execução do ato impugnado, comunicando a decisão à Câmara dos Deputados e ao Senado Federal;*
>
> *XI - Representar ao Poder competente sobre irregularidades ou abusos apurados.*
>
> *§ 1º No caso de contrato, o ato de sustação será adotado diretamente pelo Congresso Nacional, que solicitará, de imediato, ao Poder Executivo as medidas cabíveis.*
>
> *§ 2º Se o Congresso Nacional ou o Poder Executivo, no prazo de noventa dias, não efetivar as medidas previstas no parágrafo anterior, o Tribunal decidirá a respeito.*
>
> *§ 3º As decisões do Tribunal de que resulte imputação de débito ou multa terão eficácia de título executivo.*
>
> *§ 4º O Tribunal encaminhará ao Congresso Nacional, trimestral e anualmente, relatório de suas atividades.*

10.3.2 Pontos relevantes

A partir dessas regras, analisaremos alguns aspectos relevantes referentes ao controle da Administração Pública quando feito pelos tribunais de contas, nas suas respectivas áreas de competências.

Apreciação e julgamento das contas públicas: o TCU tem a competência de apreciar e julgar as contas dos administradores públicos.

> **Atenção!**
>
> Contas do Presidente da República são somente apreciadas mediante parecer prévio do tribunal de contas, a competência para julgá-las é do Congresso Nacional.

O julgamento das contas feito pelo Tribunal de Contas da União (TCU) não depende de homologação ou parecer do Poder Legislativo, pois, lembrando, os Tribunais de Contas não são subordinados ao Poder Legislativo.

Julgamento das contas do próprio Tribunal de Contas: como a Constituição Federal não se preocupou em estabelecer quem é que detém a competência para julgar as contas dos Tribunais de Contas, o Supremo Tribunal Federal (STF) entendeu que podem as Constituições Estaduais e Leis Orgânicas Municipais submeterem as contas dos Tribunais de Contas a julgamentos das suas respectivas casas legislativas.

Controle dos atos administrativos: o TCU tem o poder de sustar a execução do ato e, nesse caso, deve dar ciência dessa decisão à Câmara dos Deputados e ao Senado Federal.

> *Súmula Vinculante nº 3 Nos processos perante ao Tribunal de Contas da União, asseguram-se o contraditório e a ampla defesa quando da decisão puder resultar anulação ou revogação de ato administrativo que beneficie o interessado, excetuada a apreciação da legalidade do ato de concessão inicial de aposentadoria, reforma e pensão.*

Controle dos Contratos Administrativos

- **Regra:** o TCU não pode sustar os contratos administrativos, pois tal competência é do Congresso Nacional, que deve solicitar de imediato ao Poder Executivo a adoção das medidas cabíveis.
- **Exceção:** caso o Congresso Nacional ou o Poder Executivo não tomem as medidas necessárias para a sustação do contrato em 90 dias, o TCU terá competência para efetuar a sua sustação.

Declaração de inconstitucionalidade das leis: segundo o STF, os tribunais de contas, no exercício de suas competências, podem declarar uma norma inconstitucional e afastar a sua aplicação nos processos de sua apreciação. Todavia, tal declaração de inconstitucionalidade deve ser feita pela maioria absoluta dos membros dos tribunais de contas.

> *Súmula nº 347 – STF O Tribunal de Contas, no exercício de suas atribuições, pode apreciar a constitucionalidade das leis e dos atos do poder público.*

10.4 Controle judiciário

É um controle de legalidade (nunca de mérito) realizado pelo Poder Judiciário, na sua função típica de julgar, nos atos praticados pelas Administração Pública de qualquer poder.

Esse controle por abranger somente aspectos de legalidade, fica restrito à possibilidade de anulação dos atos administrativos ilegais, não podendo o Poder Judiciário realizar o controle de mérito dos atos administrativos e, em consequência, não podendo revogar os atos administrativos praticados pela Administração Pública.

O controle judiciário somente será exercido por meio da provocação do interessado, não podendo o Poder Judiciário apreciar um ato administrativo de ofício, em decorrência do atributo da presunção de legitimidade dos atos administrativos.

É importante lembrar que a própria Administração Pública faz o controle de legalidade da sua própria atuação, todavia as decisões administrativas não fazem coisa julgada. Assim sendo, a decisão administrativa pode ser reformada pelo Poder Judiciário, pois somente as decisões desse poder é que tem o efeito de coisa julgada.

Os meios para provocar a atuação do Poder Judiciário são vários, dentre eles, encontramos:

- Mandado de Segurança.
- Ação Popular.
- Ação Civil Pública.
- Dentre outros.

DIREITO ADMINISTRATIVO

11 RESPONSABILIDADE CIVIL DO ESTADO

A Responsabilidade Civil consubstancia-se na obrigação de indenizar um dano patrimonial decorrente de um fato lesivo voluntário. É modalidade de obrigação extracontratual e, para que ocorra, são necessários alguns elementos previstos no art. 37, § 6º, da Constituição Federal:

> *§ 6º As pessoas jurídicas de direito público e as pessoas jurídicas de direito privado prestadoras de serviço público responderão pelos danos seus agentes, nessa qualidade, causarem a terceiros, assegurado o direito de regresso contra o responsável nos casos de dolo ou culpa.*

11.1 Teoria do risco administrativo

É a responsabilidade objetiva do Estado, que paga o terceiro lesado, desde que ocorra o dano por ação praticada pelo agente público, mesmo o agente não agindo com dolo ou culpa.

Enquanto para a Administração a responsabilidade independe da culpa, para o servidor, ela depende: aquela é objetiva, esta é subjetiva e se apura pelos critérios gerais do Código Civil.

> **Atenção!**
> As pessoas jurídicas de direito privado prestadoras de serviço público estão também sob a responsabilidade na modalidade risco administrativo.

11.1.1 Requisitos

- O fato lesivo causado pelo agente em decorrência de culpa em sentido amplo, a qual abrange o dolo (intenção), e a culpa em sentido estrito, que engloba a negligência, a imprudência e a imperícia.
- A ocorrência de um dano patrimonial ou moral.
- O nexo de causalidade entre o dano havido e o comportamento do agente, o que significa ser necessário que o dano efetivamente haja decorrido diretamente, da ação ou omissão indevida do agente.
- Situações de quebra do nexo causal da Administração Pública (Rompimento do Nexo Causal). Veja os casos a seguir:
- **Caso I:** culpa exclusiva de terceiros ou da vítima.
    > Por exemplo: Marco, agente federal, dirigindo regularmente viatura oficial em escolta, atropela Sérgio, um suicida. Nessa situação, a Administração Pública não está obrigada a indenizar, pois o prejuízo foi causado exclusivamente pela vítima.
- **Caso II:** caso fortuito, evento da natureza imprevisível e inevitável.
    > Por exemplo: a Polícia Rodoviária Federal (PRF) apreende um veículo em depósito. No local, cai um raio e destrói por completo o veículo apreendido. Nessa situação, a Administração não estará obrigada a indenizar o prejuízo sofrido, uma vez que não ocorreu culpa.
- **Caso III:** motivo de força maior, evento humano imprevisível e inevitável.
    > Por exemplo: a PRF apreende um veículo em depósito. Uma manifestação popular intensa invade-o e depreda todo o veículo, inutilizando-o. Nessa situação, a Administração não estará obrigada a indenizar o prejuízo sofrido, uma vez que não ocorreu culpa.

> **Atenção!**
> Estão incluídas todas as pessoas jurídicas de direito público, ou seja, a Administração Direta, as autarquias e as fundações públicas de direito público, independentemente de suas atividades.

11.2 Teoria da culpa administrativa

Segundo a teoria da culpa administrativa, também conhecida como teoria da culpa anônima ou falta de serviço, o dever do Estado de indenizar o dano sofrido pelo particular somente existe caso seja comprovada a existência de falta de serviço. É possível, ainda, ocorrer a responsabilização do Estado aos danos causados por fenômenos da natureza quando ficar comprovado que o Estado concorreu de alguma maneira para que se produzisse o evento danoso, seja por dolo ou culpa. Nessa situação, vigora a responsabilidade subjetiva, pois temos a condição de ter ocorrido com dolo ou culpa. A culpa administrativa pode decorrer de uma das três formas possíveis de falta do serviço:

- Inexistência do serviço.
- Mau funcionamento do serviço.
- Retardamento do serviço.

Cabe sempre ao particular prejudicado pela falta comprovar sua ocorrência para fazer justa indenização.

Para os casos de omissão, a regra geral é a responsabilidade subjetiva. No entanto, há casos em que mesmo na omissão a responsabilidade do Estado será objetiva, por exemplo, no caso de atendimento hospitalar deficiente e de pessoas sob a custódia do Estado, ou seja, o preso, pois, nesse caso, o Estado tem o dever de assegurar integridade física e mental do custodiado.

11.3 Teoria do risco integral

A Teoria do risco integral representa uma exacerbação da responsabilidade civil da Administração. Segundo essa teoria, basta a existência de evento danoso e do nexo causal para que surja a obrigação de indenizar para a administração, mesmo que o dano decorra de culpa exclusiva do particular.

Alguns autores consideram essa teoria para o caso de acidente nuclear.

11.4 Danos decorrentes de obras públicas

Só o fato da obra: sem qualquer irregularidade na sua execução.
- Responsabilidade Civil Objetiva da Administração Pública ou particular (tanto faz quem execute a obra).

Má execução da obra
- **Administração Pública:** responsabilidade civil objetiva, com direito de ação regressiva.
- **Particular:** responsabilidade civil subjetiva.

11.5 Responsabilidade civil decorrente de atos legislativos

Regra: irresponsabilidade do Estado.
Exceção 1: leis inconstitucionais:
- Depende de declaração de inconstitucionalidade do STF;
- Depende de ajuizamento de ação de reparação de danos.

Exceção 2: leis de efeitos concretos.

11.6 Responsabilidade civil decorrente de atos jurisdicionais

Regra: irresponsabilidade do Estado.

Exceção: erro judiciário – esfera penal, ou seja, erro do judiciário que acarretou a prisão de um inocente ou na manutenção do preso no cárcere por tempo superior ao prolatado na sentença, art. 5º, inciso LXXV, da Constituição Federal de 1988. Segundo o STF, essa responsabilidade não alcança outras esferas.

Caso seja aplicada uma prisão cautelar a um acusado criminal e ele venha a ser absolvido, o Estado não responderá pelo erro judiciário, pois se entende que a aplicação da medida não constitui erro do judiciário, mas, sim, uma medida cautelar pertinente ao processo.

RESPONSABILIDADE CIVIL DO ESTADO

11.7 Ação de reparação de Danos

Administração Pública Particular
- Pode ser amigável ou judicial.
- Não pode ser intentada contra o agente público cuja ação acarretou o dano.

Ônus da prova
- **Particular:** nexo de causalidade direto e imediato entre o fato lesivo e o dano.
- **Administração Pública**
  - Culpa exclusiva da vítima.
  - Força maior.
  - Culpa concorrente da vítima.

Valor da indenização destina-se à cobertura das seguintes despesas:
- O que a vítima perdeu;
- O que a vítima gastou (advogados);
- O que a vítima deixou de ganhar.
- **Em caso de morte:**
  - Sepultamento;
  - Pensão alimentícia para os dependentes com base na expectativa de vida da vítima.

Prescrição
De acordo com o art. 1º da Lei nº 9.494/1997: 5 anos.

Tal prazo aplica-se inclusive às delegatárias de serviço público.

11.8 Ação regressiva

Administração Pública agente público

O art. 37, § 6º, da CF/1988 permite à Administração Pública ou delegatária (concessionárias, autorizatárias e permissionárias) de serviço público a ingressar com uma ação regressiva contra o agente cuja atuação acarretou o dano, desde que comprovado dolo ou culpa.

Requisitos
- Trânsito em julgado da sentença que condenou a Administração ou delegatária a indenizar.
- Culpa ou dolo do agente público (responsabilidade civil subjetiva).

Regras especiais
- O dever de reparação se estende aos sucessores até o limite da herança recebida.
- Pode acontecer após a quebra do vínculo entre o agente público e a Administração Pública.
- A ação de ressarcimento ao erário é imprescritível.

O agente ainda pode ser responsabilizado nas esferas administrativa e criminal se a conduta que gerou o prejuízo ainda incorrer em crime ou em falta administrativa, conforme o caso, podendo as penalidades serem aplicadas de forma cumulativa.

12 LEI Nº 13.869/2019 – ABUSO DE AUTORIDADE

12.1 Aspectos gerais

12.1.1 Contexto da lei

Em setembro de 2019 tivemos a publicação da Lei nº 13.869/2019, nossa nova Lei de Abuso de Autoridade, a qual revogou expressamente a Lei nº 4.898/1965 – antiga Lei de Abuso de Autoridade - além de alterar diversos dispositivos de outras leis em vigor.

12.1.2 Finalidade da lei

Estudamos em Direito Administrativo que o Estado e seus agentes possuem algumas prerrogativas não extensíveis aos particulares, como por exemplo a presunção de legitimidade de seus atos (são, a princípio, considerados praticados de acordo com a lei). Contudo, não raro temos a ocorrência de condutas praticadas por agentes estatais que extrapolam ou se desviam dos limites da lei, caracterizando-se em verdadeiro abuso da autoridade legitimamente conferida a eles.

Com isso, surge a necessidade de contenção e punição desses atos praticados em desconformidade com a legislação. Várias são as normas, administrativas, cíveis e penais, que visam punir o agente público que abusa de seu poder. Temos como exemplo os crimes do Código Penal, notadamente os cometidos contra a Administração Pública, que buscam, mesmo que de forma indireta quanto ao abuso, punir tais atos praticados por agentes públicos. Da mesma forma, há normas administrativas, como a Lei de Improbidade, que sancionam administrativamente tais condutas.

Ao lado dessas normas, tínhamos a Lei mº 4.898/1965, a qual, como vimos, foi revogada pela nova Lei de Abuso de Autoridade - Lei nº 13.869/2019 – atualmente em vigor e que, nas palavras de Greco e Sanches, tem por finalidade: *modernizar a prevenção e repressão aos comportamentos abusivos de poder no trato dos direitos fundamentais do cidadão, colocando em mira a conduta de autoridades e agentes públicos*[1].

12.1.3 Organização

Vale ressaltar ainda que a Lei nº 13.869/2019 é dividida nos seguintes Capítulos:

Capítulo I	DISPOSIÇÕES GERAIS
Capítulo II	DOS SUJEITOS DO CRIME
Capítulo III	DA AÇÃO PENAL
Capítulo IV	DOS EFEITOS DA CONDENAÇÃO E DAS PENAS RESTRITIVAS DE DIREITOS
Capítulo V	DAS SANÇÕES DE NATUREZA CIVIL E ADMINISTRATIVA
Capítulo VI	**DOS CRIMES E DAS PENAS**
Capítulo VII	DO PROCEDIMENTO
Capítulo VIII	DISPOSIÇÕES FINAIS

12.2 Sujeitos do crime e características gerais

> **Art. 1º** Esta Lei define os crimes de abuso de autoridade, cometidos por agente público, servidor ou não, que, no exercício de suas funções ou a pretexto de exercê-las, abuse do poder que lhe tenha sido atribuído.
>
> **§ 1º** As condutas descritas nesta Lei constituem crime de abuso de autoridade quando praticadas pelo agente com a finalidade específica de prejudicar outrem ou beneficiar a si mesmo ou a terceiro, ou, ainda, por mero capricho ou satisfação pessoal.
>
> **§ 2º** A divergência na interpretação de lei ou na avaliação de fatos e provas não configura abuso de autoridade.
>
> **Art. 2º** É sujeito ativo do crime de abuso de autoridade qualquer agente público, servidor ou não, da administração direta, indireta ou fundacional de qualquer dos Poderes da União, dos Estados, do Distrito Federal, dos Municípios e de Território, compreendendo, mas não se limitando a:
>
> I - Servidores públicos e militares ou pessoas a eles equiparadas;
> II - Membros do Poder Legislativo;
> III - membros do Poder Executivo;
> IV - Membros do Poder Judiciário;
> V - Membros do Ministério Público;
> VI - Membros dos tribunais ou conselhos de contas.
>
> **Parágrafo único.** Reputa-se agente público, para os efeitos desta Lei, todo aquele que exerce, ainda que transitoriamente ou sem remuneração, por eleição, nomeação, designação, contratação ou qualquer outra forma de investidura ou vínculo, mandato, cargo, emprego ou função em órgão ou entidade abrangidos pelo caput deste artigo.

12.2.1 Sujeitos ativo

Quanto ao sujeito ativo (quem pratica o crime), como se extrai da leitura do art. 1º, *caput* c/c art. 2º, os crimes da Lei nº 13.869/2019 são próprios (exigirão uma condição especial do sujeito ativo), os quais somente poderão ser cometidos por **agente público**.

Mas qual o conceito "Agente Público" para os fins da mencionada Lei?

É um conceito bastante amplo. Resumindo e esquematizando o disposto no art. 2º, temos que se trata:

> **Aquele que exerce cargo, emprego, função ou mandato na admnistração direta ou indireta ou funcional de qualquer dos poderes da União dos Poderes da União, dos Estados, do Distrito Federal, dos Municípios e de Territórrio**

Ainda que de forma transitória ou sem remuneração (Ex.: mesários eleitorais, jurados).	Por qualquer forma de investidura ou vínculo (Ex.: eleição, nomeação, designação, contratação).

O art. 2º, em seus incisos, traz um rol exemplificativo de sujeitos ativos, sem prejuízo de vários outros exemplos: servidores públicos; empregados públicos; agentes políticos; militares, etc.

12.2.2 No exercício de suas funções ou a pretexto de exercê-las

Segundo o art. 1º, os crimes da Lei poderão ser cometidos por agente público: que estiver **no exercício da sua função pública** (Ex.: policial em serviço); bem como por aquele que, embora não esteja no exercício da função (Ex.: policial de folga), cometer o ato invocando a sua condição de autoridade pública, ou seja, **a pretexto de exercê-la**.

Exige-se, portanto, que a conduta cometida guarde relação com a função pública do sujeito ativo para que tenhamos a configuração de crime contido na lei (que pode estar exercendo-a efetivamente ou mesmo atuando a pretexto de exercê-la).

12.2.3 Agente público de férias ou licença

Poderá ser sujeito ativo de crime da Lei nº 13.869/2019. Isso porque quando está de férias ou licença o agente público conserva o seu vínculo com a Administração Pública e, como vimos, é possível que

---

[1] GRECO, Rogério. CUNHA, Rogério Sanches. Abuso de Autoridade Lei nº 13.869/2019 comentada artigo por artigo. Salvador: Juspodivm, 2020, p. 12.

LEI Nº 13.869/2019 - ABUSO DE AUTORIDADE

o abuso seja cometido não só no exercício da função, mas também a pretexto de exercê-la.

12.2.4 Agente público aposentado ou demitido

Nesses casos, o sujeito não mais possui vínculo funcional com a Administração Pública (não é mais "agente público" para fins da lei), não podendo cometer, em regra, crime de abuso de autoridade.

12.2.5 Múnus público

Aquele que exerce múnus público (um tipo de encargo imposto pela lei) - como por exemplo o tutor, curador, inventariante - não é "agente público" para os fins da Lei de Abuso de Autoridade, não podendo assim ser considerado sujeito ativo dos delitos tipificados na mencionada norma.

12.2.6 Concurso de pessoas

Como são crimes próprios, os delitos da Lei nº 13.869/2019 admitem tanto coautoria quanto participação.

Assunto interessante diz respeito à possibilidade de o particular cometer crime da nova Lei de Abuso de Autoridade: **via de regra não cometerá**, haja vista que não é "agente público" para os fins do mencionado art. 2°.

Contudo, existe uma possibilidade de o particular responder pelo delito: quando pratica-lo conjuntamente com um "agente público", ou seja, atuando como coautor ou partícipe (concurso de pessoas). Dessa forma, sozinho, o particular nunca cometerá crime da Lei de Abuso de Autoridade.

E por qual razão o particular também responderá por crime da Lei nº 13.869/2019, nesse caso de concurso de pessoas? Explicamos. O art. 30 do Código Penal dispõe que *não se comunicam as condições de caráter pessoal, salvo quando elementares do crime*. Ou seja, quando houver uma **elementar**, essa irá se comunicar (aos coautores e partícipes do delito).

Elementares são, basicamente, os dados fundamentais/principais de uma conduta criminosa. Nos crimes da Lei nº 13.869/2019, a condição de "agente público" é uma elementar, portanto ela irá se comunicar, se transmitir do agente público ao particular, respondendo, ambos, por crime de Abuso de Autoridade. Obviamente se o particular desconhecer a condição de agente público do seu parceiro, não responderá por crime de abuso

12.3 Bem jurídico e sujeito passivo

Os bens jurídicos tutelados, ou seja, os valores fundamentais que a Lei nº 13.869/2019 buscou proteger ao criminalizar as condutas de abuso de autoridade são dois: **o regular funcionamento da Administração Pública**, a qual não pode admitir que as condutas de seus agentes estejam em desconformidade com a lei; **os direitos fundamentais das vítimas**, as quais sofreram o ato de abuso por parte do agente estatal.

Analisando os bens jurídicos protegidos pela Lei, teremos que, à semelhança, são dois os sujeitos passivos (vítimas) do crime de abuso: tanto o **Estado**, responsável pela "máquina pública", quanto a pessoa (física ou jurídica) que sofreu a conduta ilegal por parte do agente estatal

12.4 Elemento subjetivo

Todos os crimes previstos na Lei nº 13.869/2019 são **dolosos** - não há delito de abuso de autoridade culposo - e exigem, além do dolo genérico (presente em todo crime doloso), um especial fim de agir, o qual encontra-se previsto no art. 1°, §1°

12.5 Ação penal e competência

Art. 3° Os crimes previstos nesta Lei são de ação penal pública incondicionada.

§ 1° Será admitida ação privada se a ação penal pública não for intentada no prazo legal, cabendo ao Ministério Público aditar a queixa, repudiá-la e oferecer denúncia substitutiva, intervir em todos os termos do processo, fornecer elementos de prova, interpor recurso e, a todo tempo, no caso de negligência do querelante, retomar a ação como parte principal.

§ 2° A ação privada subsidiária será exercida no prazo de 6 (seis) meses, contado da data em que se esgotar o prazo para oferecimento da denúncia.

12.5.1 Ação penal

Todos os crimes da Lei de Abuso de Autoridade serão processados e julgados mediante ação penal pública incondicionada.

O art. 3°, em seus §§ 1° e 2°, traz a chamada ação penal privada subsidiária da pública, que consiste na possibilidade de admissão da ação penal privada para crimes que se processam originariamente sob ação penal pública, caso essa não seja intentada no prazo legal[2] pelo Ministério Público (titular dessa espécie de ação penal). Aqui a lei praticamente repetiu o já previsto no Código de Processo Penal, o qual aborda essa temática com mais detalhamento.

Observe que, mesmo no caso de admissão da ação penal privada subsidiária da pública, o Ministério Público continua tendo um amplo poder de gerência, podendo: aditar ou repudiar a queixa (oferecendo denúncia substitutiva); intervir em todos os termos do processo; fornecer elementos de prova; interpor recurso; e, a todo tempo, no caso de negligência do querelante, retomar a ação como parte principal. Além disso, note que o prazo de exercício dessa espécie de ação será de 6 meses, a contar da data em que se esgotar o prazo para oferecimento da denúncia. Transcorrido o prazo mencionado sem que a vítima tenha oferecido a queixa subsidiária, opera-se a decadência do direito de ação (o MP continua legitimado a oferecer a denúncia enquanto não extinta a punibilidade do crime, Ex.: prescrição).

12.5.2 Competência

A competência para julgamento dos crimes de abuso de autoridade é, via de regra, da **Justiça Comum Estadual**.

Poderemos ter também o julgamento pela **Justiça Comum Federal** se vislumbrarmos, no caso concreto, alguma das hipóteses previstas no art. 109 da CF, com destaque para o inciso IV (ofensa a algum bem, serviço ou interesse da União, suas autarquias ou empresas públicas).

Ex.: crime de abuso de autoridade cometido no interior de órgão público federal (bem da União).

E o crime da Lei nº 13.869/2019 praticado por militar? De qual Justiça é a competência?

Segundo a melhor doutrina, se praticado por militar **no exercício de suas funções/em serviço**, competência da **Justiça Militar**. Vamos explicar melhor. Esse é um ponto que tem que ficar bem claro, pois trata-se de uma novidade introduzida pela **Lei nº 13.491/2017**.

Antes da edição da **Lei nº 13.491/2017**, mesmo praticado por militar, os crimes previstos nas leis penais especiais seriam sempre de competência da Justiça Comum. Isso porque a Justiça Militar julga apenas crimes militares e, anteriormente à lei citada, crime militar era definido como aquele contido no Código Penal Militar. Porém, a partir da vigência da mencionada norma, houve **alteração no conceito de crime militar** (em tempo de paz), de forma que atualmente os crimes militares são,

---

2 O prazo para oferecimento da denúncia encontra-se previsto no art. 46 do CPP: 5 dias estando o réu preso; 15 dias estando o réu solto ou afiançado.

DIREITO ADMINISTRATIVO

além dos previstos no CPM: **aqueles contidos nas leis penais especiais e também no Código Penal (comum)**, desde **que sejam praticados em alguma das situações elencadas no art. 9°, II do CPM.**

Dessa forma, o crime de abuso de autoridade cometido por militar, em alguma das situações do art. 9, II do CPM (Ex.: em serviço), será julgado pela **Justiça Militar** (haja vista se tratar de crime militar por extensão/equiparação).

12.6 Efeitos da condenação e penas restritivas de direitos

Art. 4º São efeitos da condenação:

I - Tornar certa a obrigação de indenizar o dano causado pelo crime, devendo o juiz, a requerimento do ofendido, fixar na sentença o valor mínimo para reparação dos danos causados pela infração, considerando os prejuízos por ele sofridos;

II - A inabilitação para o exercício de cargo, mandato ou função pública, pelo período de 1 (um) a 5 (cinco) anos;

III - a perda do cargo, do mandato ou da função pública.

Parágrafo único. Os efeitos previstos nos incisos II e III do caput deste artigo são condicionados à ocorrência de reincidência em crime de abuso de autoridade e não são automáticos, devendo ser declarados motivadamente na sentença.

12.6.1 Efeitos da condenação

No art. 4° da Lei estão previstos os efeitos extrapenais aplicáveis a quem for condenado por crime de abuso de autoridade. É interessante pontuar que alguns desses efeitos são automáticos, não necessitando de fundamentação pelo juiz quando da prolação da sentença condenatória (inciso I[3]) – uma vez condenado por crime da lei, automaticamente lhe será imposto tal efeito, quando for o caso.

Contudo, outros deles exigirão a devida fundamentação pelo magistrado para a sua caracterização (incisos II e III) – se o juiz, na sentença condenatória, nada diz a respeito desses efeitos, eles não serão impostos ao condenado. Quanto a esses, também é obrigatória a presença de reincidência específica, ou seja, que o condenado seja reincidente **em crime da Lei n° 13.869/2019** (foi condenado definitivamente por delito da Lei de Abuso de Autoridade e, posteriormente).

Para além do mencionado, o desafio do futuro aprovado aqui é memorizar o texto legal. Dessa forma, segue um esquema com as principais informações a serem gravadas:

São efeitos da condenação		
Perda de cargo, do mandato ou da função pública.	Inabilitação para o exercício de cargo, mandato ou função pública - 1 a 5 anos.	Torna certa a obrigação de indenizar o dano causado pelo crime + devendo o juiz, a requerimento do ofendido, fixar na sentença o valor mínimo para reparação dos danos, considerando os prejuízos sofridos.
Esse efeito é condicionado a ocorrência de reincidência em crime de abuso de autoridade e não automático.		

Art. 5º As penas restritivas de direitos substitutivas das privativas de liberdade previstas nesta Lei são:

---

3 Sendo mais específico, doutrina especializada entende que a primeira parte do inciso I é efeito automático da condenação, enquanto a segunda parte do dispositivo (*devendo o juiz, a requerimento do ofendido, fixar na sentença o valor mínimo para reparação dos danos causados pela infração, considerando os prejuízos por ele sofridos*) exigirá requerimento do ofendido para sua incidência (efeito não automático).

I - Prestação de serviços à comunidade ou a entidades públicas;

II - Suspensão do exercício do cargo, da função ou do mandato, pelo prazo de 1 (um) a 6 (seis) meses, com a perda dos vencimentos e das vantagens;

Parágrafo único. As penas restritivas de direitos podem ser aplicadas autônoma ou cumulativamente.

12.6.2 Penas restritivas de direitos

O art. 5° traz as penas restritivas de direitos substitutivas das penas privativas de liberdade específicas para crimes da lei de abuso de autoridade, as quais podem ser aplicadas de forma autônoma (apenas uma delas) ou cumulativa (as duas em conjunto). Embora a lei anuncie quais são as penas substitutivas possíveis, nada diz a respeito dos requisitos para se operar essa substituição (quanto a esse ponto, deveremos observar o previsto no art. 44 do Código Penal).

Da mesma forma que o art. 4°, para provas de concursos a memorização do dispositivo é fundamental. Portanto, saiba:

Art. 5º - Penas Restritivas de Direito Substitutivas (aplicadas - autônoma ou cumulativamente):	
Prestação de serviços à comunidade ou entidades públicas.	Suspensão do exercício do cargp, função ou do mandato, pelo prazo de 1 a 6 meses + com a perda dos vencimentos e das vantagens.

12.7 Sanções de natureza civil e administrativa

Art. 6° As penas previstas nesta Lei serão aplicadas independentemente das sanções de natureza civil ou administrativa cabíveis.

Parágrafo único. As notícias de crimes previstos nesta Lei que descreverem falta funcional serão informadas à autoridade competente com vistas à apuração.

Art. 7° As responsabilidades civil e administrativa são independentes da criminal, não se podendo mais questionar sobre a existência ou a autoria do fato quando essas questões tenham sido decididas no juízo criminal.

Art. 8° Faz coisa julgada em âmbito cível, assim como no administrativo-disciplinar, a sentença penal que reconhecer ter sido o ato praticado em estado de necessidade, em legítima defesa, em estrito cumprimento de dever legal ou no exercício regular de direito.

12.7.1 Princípio da independência das instâncias

Via de regra, quanto à diversidade de punições a um ato ilícito vigora o princípio da independência das instâncias: as esferas cível, administrativa e penal são autônomas, ou seja, não guardam qualquer relação de dependência entre si. Por exemplo, para que se apure a responsabilização criminal de um ato de abuso de autoridade, não é necessário aguardar a instauração ou mesmo o encerramento do processo administrativo disciplinar (e vice-versa). É nesse sentido o teor do art. 6°, *caput* da Lei.

Além disso, é possível que um único ato de abuso de autoridade dê ensejo a três espécies diferentes de responsabilização: ADMINISTRATIVA + CIVIL + PENAL (as quais, em regra, são independes).

Contudo, pela leitura dos dispositivos seguintes – art. 7° e 8° - inferimos que o princípio mencionado não é absoluto, comportando duas exceções positivadas na Lei n° 13.869/2019:

LEI Nº 13.869/2019 – ABUSO DE AUTORIDADE

Se o juízo do crime já decidiu a respeito da existência ou autoria do fato (materialidade e autoria): → Essas questões não poderão ser novamente questionadas nas esferas cível e administrativa

Ou seja, o que foi decidido na esfera criminal em relação a existência ou autoria do fato, por meio de sentença penal condenatória (ou absolutória), torna-se imutável para as demais, retirando parcela da "independência" dessas instâncias.

A sentença penal que reconhecer ter sido o ato praticado em estado de necessidade, legítima defesa, estrito cumprimento de dever legal ou exercício regular de direito: → Faz coisa julgada no âmbito cível e administrativo

A sentença penal que reconhecer alguma das causas de exclusão da ilicitude do art. 23 CP, de igual modo, é imodificável nas demais esferas, esvaziando também parte da "independência" das mesmas.

12.7.2 Notificação falta funcional

Conforme disposto no art. 6º, parágrafo único no caso de notícia de crime que descreva também alguma falta funcional (âmbito administrativo), tal fato será comunicado à autoridade competente com vistas à respectiva apuração da responsabilidade disciplinar.

> **As condutas descritas na Lei constituem crime de abuso de autoridade quando praticadas pelo agente com finalidade específica de (dolo específico):**

- Prejudicar outrem
- Benificiar a terceiro
- Benificiar a si mesmo
- Ou, ainda, por mero capricho ou satisfação pessoal

Portanto, pelo menos em regra, sem a existência de alguma dessas finalidades específicas não há que se falar em crime da Lei de Abuso de Autoridade. Ok!

Então para a caracterização dos delitos da Lei nº 13.869/2019 é necessário que se alcance alguma das finalidades citadas?

Não é necessário que se alcance, mas apenas que haja a pretensão, a intenção, o fim específico de abusar de seu poder, praticando alguma das condutas tipificadas na lei, para se chegar a qualquer dessas finalidades (mesmo que ela não seja alcançada).

12.8 Divergência na interpretação de lei ou na avaliação de fatos e provas

É certo que o operador do Direito, rotineiramente, se vê diante da necessidade de interpretar leis ou dispositivos de leis, bem como avaliar fatos e provas nas mais diversas situações. É comum que existam divergências entre os operadores quanto a interpretação ou avaliação desses fatos, isso é inclusive muito salutar. A divergência leva ao aprofundamento da questão, o que poderá gerar um raciocínio melhor construído, uma tese melhor trabalhada.

Atento a isso, o legislador previu no art. 1º, §2º que:

> *Art. 1º, § 2º A divergência na interpretação de lei ou na avaliação de fatos e provas não configura abuso de autoridade.*

Dessa forma, não que se falar em crime de abuso de autoridade no caso de mera divergência na interpretação de lei ou na avaliação de fatos e provas.

12.9 Procedimento

> *Art. 39 Aplicam-se ao processo e ao julgamento dos delitos previstos nesta Lei, no que couber, as disposições do Decreto-Lei nº 3.689, de 3 de outubro de 1941 (Código de Processo Penal), e da Lei nº 9.099, de 26 de setembro de 1995.*

Diferentemente do previsto na antiga lei de abuso de autoridade (Lei nº 4.898/1965), a qual previa um procedimento especial aos seus crimes, a Lei nº 13.869/2019 dispõe em seu art. 39 que aplicam-se aos delitos as normas de processo e julgamento contidas no Código de Processo Penal ou na Lei nº 9.099/1995 (Juizados Especiais Criminais).

De forma objetiva, saiba que a nova Lei de Abuso de Autoridade traz um padrão quanto à sanção penal privativa de liberdade, de modo que os delitos são punidos de duas uma:

▷ **Ou detenção de 6 meses a 2 anos** (menor potencial ofensivo): nesse caso, aplicar-se-ão as disposições da Lei nº 9.099/1995: procedimento sumaríssimo, institutos despenalizadores e demais disposições da lei.

▷ **Ou detenção de 1 a 4 anos** (médio potencial ofensivo): para esses, aplicar-se-ão as disposições do CPP. Sendo mais específico, em regra incidirá o procedimento especial reservado ao processo e julgamento dos crimes de responsabilidade dos funcionários públicos (arts. 513 a 518 do CPP), aplicando-se subsidiariamente as normas do procedimento ordinário.

Ressaltamos, por fim, a possibilidade de aplicação da Lei nº 9.099/1995 (no que for compatível), em especial o instituto da suspensão condicional do processo (pois todos os crimes da nova lei de abuso de autoridade possuem pena mínima igual ou inferior a 1 ano).

12.10 Crimes em espécie

A partir do art. 9º nós temos a previsão dos crimes em espécie da nova lei de abuso de autoridade. Certamente a maior parte das questões irão exigir do candidato o conhecimento da letra da lei, principalmente nesse momento inicial, no qual são escassas as decisões jurisprudenciais sobre o tema e as discussões doutrinárias ainda embrionárias.

Inicialmente, como forma de sistematizar os temas, elencaremos aqui ensinamentos sobre os seguintes pontos (alguns já abordados anteriormente, mas que merecem atenção do futuro aprovado, pois aproveitam a todos os crimes da lei): **elemento subjetivo; modalidades da conduta; objeto material**.

12.10.1 Elemento subjetivo

Os crimes previstos na lei são todos dolosos (não há abuso de autoridade culposo). Além disso, não basta o chamado "dolo genérico" (ou simplesmente "dolo"), pois, como já estudado, os delitos exigirão também uma finalidade específica (dolo específico), constante no art. 1º, §1º da Lei.

12.10.2 Modalidades comissiva e omissiva

Em regra, os crimes da lei serão cometidos mediante ação (crimes comissivos), contudo, alguns outros delitos exigirão uma omissão por parte do agente público para sua caracterização (crimes omissivos). Saiba, portanto, que a Lei prevê tanto crimes comissivos quanto omissivos.

12.10.3 Objeto material

É a pessoa ou coisa sob a qual recai a conduta do agente, no caso dos delitos da Lei nº 13.869/2019, cuida-se da pessoa física ou jurídica que sofreu o ato consistente em crime de abuso de autoridade.

DIREITO ADMINISTRATIVO

12.10.4 Art. 9°

Art. 9° Decretar medida de privação da liberdade em manifesta desconformidade com as hipóteses legais:

Pena – detenção, de 1 (um) a 4 (quatro) anos, e multa.

Parágrafo único. Incorre na mesma pena a autoridade judiciária que, dentro de prazo razoável, deixar de:

I – Relaxar a prisão manifestamente ilegal;

II – Substituir a prisão preventiva por medida cautelar diversa ou de conceder liberdade provisória, quando manifestamente cabível;

III – deferir liminar ou ordem de habeas corpus, quando manifestamente cabível.

Conduta Típica

Estamos diante da conduta de agente público que decreta medida de privação da liberdade em **manifesta**[4] desconformidade com a lei. O conceito de "medida de privação de liberdade" é amplo, abrangendo a **prisão cautelar** (flagrante, preventiva, temporária), **prisão definitiva** (em razão de sentença condenatória transitada em julgado), **prisão civil** (dívida de alimentos) e internação de menor infrator (Lei nº 8.069/1990).

Portanto, trata-se da situação na qual o sujeito ativo, em manifesta desconformidade com o previsto em lei e abusando de seu poder, ordena a privação de liberdade de uma pessoa.

> **Ex.:** juiz que decreta a prisão temporária de um sujeito em razão do cometimento do crime de ameaça (art. 147 CP). Tal ordem é manifestamente ilegal, haja vista que o delito do art. 147 CP não consta no rol da Lei nº 7.960/1989 (prisão temporária).

Figuras equiparadas

No parágrafo único nós temos algumas figuras equiparadas, ou seja, cada inciso constitui um crime autônomo, mas que receberá a mesma consequência penal da conduta prevista no *caput*, incorrendo na mesma pena a autoridade judiciária que, **dentro de prazo razoável, deixar de:**

▷ Relaxar prisão **manifestamente** ilegal: juiz que ao receber o preso em flagrante, na audiência de custódia, e verificada nítida ilegalidade na prisão, deixa de relaxa-la, convertendo-a em prisão preventiva;

▷ Substituir a prisão preventiva por medida cautelar diversa ou de conceder liberdade provisória, **quando manifestamente cabível**: conduta do juiz que ao receber preso em flagrante na audiência de custódia - sendo caso de flagrante lícito - e diante da evidente ausência dos requisitos para decretação da prisão preventiva (art. 312 c/c art. 313 do CPP), mesmo assim decide ordena-la, deixando de conceder a liberdade provisória manifestamente cabível;

▷ Deferir liminar ou ordem de *habeas corpus*, **quando manifestamente cabível**: imagine que um juiz esteja há vários meses com um pedido liminar ou de *habeas corpus* concluso para seu julgamento em processo criminal e, ainda, é manifestamente cabível o pleiteado pela defesa. Mesmo diante de tal situação, o juiz dolosamente se mantém inerte, não deferindo o pedido nitidamente cabível.

Sujeitos do crime

Sujeito ativo: em relação ao *caput*, poderá ser qualquer agente público, na forma do art. 2°, pois todo agente estatal é passível de decretar medida de privação de liberdade em **manifesta** desconformidade com a lei; quanto ao parágrafo único, será apenas quem se enquadrar na qualidade de autoridade judiciária: Juiz, Desembargador, Ministro.

Sujeito passivo: tanto o Estado quanto a pessoa que sofreu a conduta ilegal por parte do agente público.

Modalidades comissiva e omissiva

O verbo "decretar" (*caput*) exige uma ação por parte do sujeito ativo (crime comissivo). Contudo, no tocante ao verbo "deixar" parágrafo único) temos delito praticado por omissão (crime omissivo próprio).

12.10.5 Art. 10

Art. 10 Decretar a condução coercitiva de testemunha ou investigado manifestamente descabida ou sem prévia intimação de comparecimento ao juízo:

Pena – detenção, de 1 (um) a 4 (quatro) anos, e multa.

Conduta típica

Em breves palavras, condução coercitiva consiste em levar alguém, ainda que contra a sua vontade, à presença de determinada autoridade para que possa realizar algum ato proveitoso à persecução penal. Segundo o CPP, existe a possibilidade de condução coercitiva em relação aos seguintes sujeitos: **vítima** (art. 201, §1°); **acusado** (art. 260); **testemunha** (art. 218); **perito** (art. 278).

Embora haja todas essas possibilidades, teremos o crime do art. 10 quando o agente público legitimado decretar condução coercitiva, de **testemunha ou investigado** (apenas esses), em uma de duas situações:

▷ **Quando manifestamente descabida a medida**: citamos como exemplo uma condução coercitiva do investigado para interrogatório em sede policial. O STF recentemente reconheceu a impossibilidade de condução coercitiva de investigado ou réu objetivando a realização de interrogatório na fase investigatória ou judicial, considerando não recepcionada a parte do art. 260 do CPP que dispõe sobre a possibilidade de aplicação da medida *"para interrogatório"*;

▷ **Quando não tenha havido prévia intimação de comparecimento ao juízo**: sem intimação prévia e o subsequente não comparecimento na data agendada de forma injustificada, a condução coercitiva de testemunha ou investigado configurará o crime do art. 10.

Sujeitos do crime

Sujeito ativo: para melhor doutrina, a condução coercitiva pode ser determinada por várias autoridades, como por exemplo: juiz; autoridade policial; membro do Ministério Público. Dessa forma, não só o juiz como também qualquer agente público com atribuição para determinar a medida poderá ser sujeito ativo do crime

12.10.6 Art. 12

Art. 12 Deixar injustificadamente de comunicar prisão em flagrante à autoridade judiciária no prazo legal:

Pena – detenção, de 6 (seis) meses a 2 (dois) anos, e multa.

Parágrafo único. Incorre na mesma pena quem:

I – Deixa de comunicar, imediatamente, a execução de prisão temporária ou preventiva à autoridade judiciária que a decretou;

II – Deixa de comunicar, imediatamente, a prisão de qualquer pessoa e o local onde se encontra à sua família ou à pessoa por ela indicada;

III – deixa de entregar ao preso, no prazo de 24 (vinte e quatro) horas, a nota de culpa, assinada pela autoridade, com o motivo da prisão e os nomes do condutor e das testemunhas;

IV – Prolonga a execução de pena privativa de liberdade, de prisão temporária, de prisão preventiva, de medida de segurança ou de internação, deixando, sem motivo justo e excepcionalíssimo, de executar o alvará de soltura imediatamente após recebido ou de promover a soltura do preso quando esgotado o prazo judicial ou legal.

Conduta típica

Os delitos do art. 12 criminalizam o descumprimento de certos deveres legais, inerentes ao momento da prisão ou à execução da pena e de observância obrigatória pelos agentes públicos encarregados. Não se trata de discutir a legalidade da prisão em si, mas sim o cumprimento ou não de deveres correlatos, previstos em lei.

O art. 12, inicialmente, pune o agente público que deixa injustificadamente[5] de comunicar prisão em flagrante à autoridade judiciária

---

4 Cuida-se de um elemento normativo a ser esclarecido pelo intérprete. Os mesmo acontece em relação aos termos "dentro de prazo razoável", "manifestamente cabível", presentes no parágrafo único e incisos.

5 Se houver justo motivo, por exemplo falha nos sistemas de comunicação, não há crime.

LEI Nº 13.869/2019 – ABUSO DE AUTORIDADE

no prazo legal. Esse dever de comunicação encontra-se previsto no art. 306, *caput* do CPP (bem como no art. 5°, LXII, CF) que anuncia, dentre outros, a exigência de comunicação imediata da prisão em flagrante de qualquer pessoa ao juiz competente, o qual, uma vez descumprido, caracterizará o crime em questão.

Perceba que o prazo legal dessa comunicação - conforme extraído da letra do art. 306, *caput, CPP* - é **imediatamente**. Contudo, ressaltamos que para boa parte da **doutrina é lícito que a comunicação da prisão se dê no prazo de 24 horas** (aplicando-se, por extensão, o prazo para remessa do auto de prisão em flagrante ao juiz - art. 306, §1°, CPP), sem que haja crime algum.

Por outro lado, também encontramos entendimento que interpreta literalmente o art. 306, *caput*, CPP, assim se a comunicação da prisão ao juiz não ocorrer imediatamente haverá o delito do art. 12, *caput* da Lei nº 13.869/2019. Para prova objetiva, recomendamos essa interpretação literal do dispositivo.

Figuras equiparadas

No parágrafo único nós temos algumas figuras equiparadas, ou seja, cada inciso constitui um crime autônomo, mas que receberá a mesma consequência penal da conduta prevista no *caput*, incorrendo na mesma pena quem:

▷ **Deixa de:** comunicar, imediatamente, a **execução** de prisão temporária ou **preventiva à autoridade judiciária** que a decretou. Cuida-se de um dever prescrito pelo art. 289-A, §3° do CPP. Quanto ao alcance da expressão "imediatamente" – aqui e no inciso II - valem as mesmas observações feitas ao *caput*;

> **Fique ligado**
>
> Autoridade policial que cumpre prisão preventivamente legalmente autorizada por juiz, porém não o comunica imediatamente sobre a execução da medida.

▷ **Deixa de:** comunicar, imediatamente, a prisão de qualquer pessoa e o local onde se encontra **à sua família ou à pessoa por ela indicad**a. Esses também são deveres, à semelhança do *caput*, previstos no art. 306 do CPP (bem como no art. 5°, LXII, CF);

▷ **Deixa de**: entregar ao preso, no prazo de 24 (vinte e quatro) horas, a **nota de culpa**, assinada pela autoridade, com o motivo da prisão e o nome do condutor e das testemunhas. O dever de entrega da nota de culpa no prazo de 24 horas encontra-se previsto no art. 306, §2° do CPP;

▷ **Deixa**: sem justo e excepcionalíssimo motivo, de **executar imediatamente** alvará de soltura de preso ou **promover a sua soltura** quando esgotado o prazo judicial ou legal, prolongando, dessa forma, a execução de **pena privativa de liberdade**, de p**risão temporária ou preventiva, de medida de segurança ou de internação**.

É certo que se houver justo motivo para a não execução imediata do alvará/não promoção de soltura, não há crime.

> **Ex.:** atraso em virtude de rebelião no presídio ou diante de falha nos sistemas de comunicação, etc.

Sujeitos do crime

Sujeito ativo: será qualquer agente público com atribuição de praticar as condutas previstas nos tipos penais.

Modalidade omissiva

O crime do art. 12 (*caput* ou parágrafo único) reclama conduta omissiva por parte do sujeito ativo (crime omissivo próprio). Excepcionalmente aqui, não há modalidade comissiva do delito.

12.10.7 Art. 13

Art. 13 Constranger o preso ou o detento, mediante violência, grave ameaça ou redução de sua capacidade de resistência, a:

I - Exibir-se ou ter seu corpo ou parte dele exibido à curiosidade pública;

II - Submeter-se a situação vexatória ou a constrangimento não autorizado em lei;

III - produzir prova contra si mesmo ou contra terceiro:

Pena - detenção, de 1 (um) a 4 (quatro) anos, e multa, sem prejuízo da pena cominada à violência.

Conduta típica

O crime do art. 13 objetiva tutelar a integridade física e moral do preso ou detento, a qual encontra respaldo em dispositivos constitucionais (art. 5°, XLIX - *é assegurado aos presos o respeito à integridade física e moral*) e legais (art. 41, VIII, LEP - *constituem direitos do preso: proteção contra qualquer forma de sensacionalismo*). Nesse sentido, o mencionado delito tipifica a conduta do agente público que constrange/obriga o preso ou detento, mediante violência, grave ameaça ou redução de sua capacidade de resistência (violência imprópria), a:

▷ **Exibir-se ou ter seu corpo ou parte dele exibido à curiosidade pública:** essa última expressão indica a ausência de finalidade pública na exibição da pessoa presa ou detida, ou seja, o objetivo é saciar a curiosidade de terceiros e não uma efetiva e razoável contribuição à persecução penal;

> **Ex.:** policial que coloca pessoa presa em flagrante dentro do "baú" da viatura (bagageiro adaptado) e comunica à imprensa para que possam fotografá-lo e exibi-lo à curiosidade pública. Nessa situação, o constrangimento foi realizado mediante violência imprópria, pois o preso, subjugado na parte traseira da viatura, encontrava-se com sua capacidade de resistência reduzida.

Ressaltamos que a exposição da imagem de pessoa presa, mesmo que contra sua vontade, mas com o objetivo de auxiliar na elucidação do delito e desde que dentro de limites razoáveis e proporcionais ao atingimento da finalidade pública, não configurará o delito em questão. Podemos citar a divulgação à imprensa das fotos de pessoa presa suspeita de cometer vários delitos contra a dignidade sexual, para que seja possível a identificação de outras possíveis vítimas.

▷ Submeter-se a situação vexatória ou a constrangimento não autorizado em lei: policial que, mediante grave ameaça, constrange pessoa presa a gravar um vídeo de desculpas, chorando e se auto ofendendo, em razão dos delitos praticados;

Vale ressaltar que se a situação causar vexame ou constrangimento, porém for autorizada pela lei, não há crime.

> **Ex.:** prisão preventiva lícita, decretada pelo juiz e executada na empresa do detido, na presença de seus funcionários.

▷ **Produzir prova contra si mesmo ou contra terceiro**: O tipo penal consagra o princípio do *nemo tenetur se detegere* ou direito a não auto incriminação, o qual garante ao réu o direito de não praticar nenhum comportamento ativo que possa auto incriminá-lo. Tipifica também o constrangimento à produção de prova contra terceiro.

> **Ex.:** escrivão de polícia que constrange pessoa detida, mediante grave ameaça, a fornecer um fio de seu cabelo para que se realize exame de DNA, necessário a comprovar a materialidade de um crime de estupro (art. 213 CP).

Sem prejuízo da pena cominada à violência

Observe que, se para cometer o delito do art. 13 o agente público se valer do emprego de violência à vítima, teremos concurso de crimes - por expressa disposição legal: *detenção, de 1 (um) a 4 (quatro) anos, e multa, **sem prejuízo da pena cominada à violência**.*

Sujeitos do crime

Sujeito ativo: é o agente público que praticar a conduta prevista no tipo penal (não se enquadram como sujeito ativo do delito, os

456

profissionais da imprensa que, porventura, venham a capturar imagens do preso ou detento – não são "agentes públicos").

12.10.8 Art. 15

> **Art. 15** Constranger *a depor, **sob ameaça de prisão**, pessoa que, em razão de função, ministério, ofício ou profissão, deva guardar segredo ou resguardar sigilo:*
> *Pena - detenção, de 1 (um) a 4 (quatro) anos, e multa.*
> **Parágrafo único.** *Incorre na mesma pena quem prossegue com o interrogatório:*
> *I - de pessoa que tenha decidido exercer o direito ao silêncio; ou*
> *II - de pessoa que tenha optado por ser assistida por advogado ou defensor público, sem a presença de seu patrono.*

O núcleo do tipo (verbo) deste crime é **constranger**. Este delito só poder ser praticado por ação, não cabe imputação por omissão.

Sujeito passivo: Os sujeitos passivos deste crime estão previstos no art. 207 do Código de Processo Penal.

> **Art. 207** *São proibidas de depor as pessoas que, em razão de função, ministério, ofício ou profissão, devam guardar segredo, salvo se, desobrigadas pela parte interessada, quiserem dar o seu testemunho.*

Exemplos:
- Um padre em relação a uma confissão;
- Um psicólogo em relação ao seu paciente;
- Advogado.

Essas pessoas não podem ser constrangidas a depor, ainda que estejam desobrigadas pela parte interessada.

Esse constrangimento não é feito de qualquer forma para a caracterização deste delito. O constrangimento deve ser feito sobre a ameaça de prisão.

Pois, a maioria da doutrina, Renato Brasileiro, Renee do O', Rogério Greco e **Rogério Sanches Cunha**, entende que esse crime é um **crime de ação vinculada.**

Já no parágrafo único do art. 15 da Lei nº 13.869/2019 trata de um crime em que o sujeito passivo do crime só podem ser o **acusado ou réu**, uma vez que se trata de interrogatório.

O interrogatório divide-se em duas fases.
- A 1º fase trata-se da qualificação do interrogando. Na qual a autoridade policial coleta dados de identificação do acusado/réu, por exemplo, seu nome, endereço, idade;
- Já na 2º fase trata-se do mérito, do fato em si.

O crime em análise recai sobre a segunda fase do interrogatório, na qual se discute o mérito, ou seja, o que aconteceu de fato.

> **Fique ligado**
> Um delegado de polícia inicia o interrogatório. Porém, o interrogando suscita seu direito ao silêncio e o delegado continua estimulando-o a fala, não respeitando assim o direito ao silêncio do acusado. Caracteriza-se o crime do art. 15, parágrafo único, I da Lei nº 13.869/2019.

A primeira fase ou parte do interrogatório não dá ao interrogando o direito ao silêncio quanto menos a faltar com a verdade, pois trata-se de informações sobre a sua identidade. Por isso, não cabe a alegação de autodefesa neste momento do interrogatório, conforme demonstra a Súmula nº 522 do STJ.

Além disso, incorre no art. 68 da Lei de Contravenções Penais o interrogando que mentir ou silenciar seus dados pessoais na fase de qualificação do interrogatório (1º fase).

> **Súmula nº 522 - STJ**
> *A conduta de atribuir-se falsa identidade perante autoridade policial é típica, ainda que em situação de alegada autodefesa.*

Sujeito ativo

Qualquer agente público com atribuição de praticar as funções descritas no tipo penal.

12.10.9 Art. 15-A

Recentemente, por meio da Lei nº 14.321/2022, um novo crime foi adicionado à Lei de Abuso de Autoridade (Lei nº 13.869/2019), que trata da **violência institucional**.

> **Art. 15-A** *Submeter a vítima de infração penal ou a testemunha de crimes violentos a procedimentos desnecessários, repetitivos ou invasivos, que a leve a reviver, sem estrita necessidade:*
> *I - a situação de violência; ou*
> *II - outras situações potencialmente geradoras de sofrimento ou estigmatização:*
> *Pena - detenção, de 3 (três) meses a 1 (um) ano, e multa.*
> *§ 1º Se o agente público permitir que terceiro intimide a vítima de crimes violentos, gerando indevida revitimização, aplica-se a pena aumentada de 2/3 (dois terços).*
> *§ 2º Se o agente público intimidar a vítima de crimes violentos, gerando indevida revitimização, aplica-se a pena em dobro.*

Essa tipificação trata da possibilidade de a vítima sofrer indiretamente em razão do delito que foi praticado contra ela, através da sua submissão a procedimentos repetitivos ou desnecessários, dentro de instituições estatais (delegacia, fórum), fazendo com que ela reviva o evento traumático da violência ou sofrimento.

Esse processo de sofrimento causado é denominado de **vitimização secundária** ou **revitimização**. Em suma, são situações em que o sofrimento não decorre diretamente da violência praticada contra a vítima, mas que se dá em decorrência de procedimentos institucionais.

- Pode acontecer, por exemplo, em tomada de depoimentos ou em virtude de um mau atendimento nos órgãos públicos;

Portanto, o art. 15-A da Lei de Abuso de Autoridade visa punir a conduta de agentes públicos que submetam **vítima de infração penal ou testemunha de crime violento** a um processo de revitimização.

Outro ponto que merece destaque, diz respeito à pena cominada para o crime de violência institucional: **detenção de 3 (três) meses a 1 (um) ano.** É a menor pena da Lei nº 13.869/2019 e, por se tratar de delito de menor potencial ofensivo, é cabível o procedimento do Juizado Especial Criminal (Lei nº 9.099/1995) e os benefícios que dele decorrem.

- Ainda que incidam as causas de aumento de pena, previstas no §1º e §2º, o crime continua sendo de menor potencial ofensivo, vez que não ultrapassa o limite máximo de 2 anos.

Em seguida, vale salientar quais indivíduos podem ser vítimas desse crime:
- As vítimas de infração penal;
- A testemunha de crimes violentos. Nesse ponto, **obrigatoriamente** a testemunha deve ser de crimes violentos, não de qualquer tipo de infração penal.

Prosseguindo, ainda no *caput* do art. 15-A, a lei menciona *"procedimentos desnecessários, repetitivos ou invasivos"*. Não há especificação de quais procedimentos se enquadram nesse conceito, mas são considerados quaisquer procedimentos em que a vítima é submetida perante um agente público e que diga respeito à infração penal.

LEI Nº 13.869/2019 – ABUSO DE AUTORIDADE

Só haverá a conduta criminosa, caso a lembrança dos eventos criminosos seja desnecessária, ou seja, quando **não houver a estrita necessidade**.

▷ Imagine que determinada pessoa foi vítima de uma tentativa de homicídio. Ela deverá ser ouvida em sede policial, para a elucidação do fato, ato que **obrigatoriamente** deve ocorrer e será inevitável que ela reviva os eventos traumáticos que passou;

Ainda, a vítima foi intimada para prestar este depoimento em horário no qual ela poderá se locomover, após total recuperação de sua saúde. Chegando no órgão público, foi tratada com a cordialidade devida. Veja que ela não foi submetida a um procedimento desnecessário, portanto, não haverá crime por parte do agente público.

Agora, em sentido contrário, veja outro exemplo:

▷ Imagine uma testemunha de um crime de homicídio (crime violento). O delegado que estava conduzindo a investigação desse delito achou que o primeiro depoimento prestado por essa testemunha não seria suficiente para se chegar à identificação do autor do crime;

O delegado, por sua vez, tem a convicção de que tal testemunha sabe quem é o autor, mas não quer revelar. Diante disso, dolosamente, ordena que a testemunha seja intimada toda semana, por várias vezes, para prestar múltiplos depoimento até que ela revele o que ele deseja.

Perceba que o delegado (agente público) submeteu uma testemunha de crime violento a procedimento desnecessário e repetitivo, fazendo-a reviver os eventos traumáticos sem que houvesse estrita necessidade em fazê-lo. Nesse caso, presente o dolo específico, haverá o crime de violência institucional (art. 15-A).

Causas de aumento de pena

Primeiramente, ambas as causas de aumento possuem uma característica em comum: serão aplicadas quando há **intimidação à vítima de crime violento que cause uma indevida revitimização**.

Em segundo lugar, as duas causas são aplicáveis somente **às vítimas de crimes violentos**, de modo que as testemunhas (citadas pelo *caput*) não são abrangidas pelas causas de aumento.

Terceiro, está presente o ato de **intimidar** a vítima, que é uma postura ainda mais hostil do que aquela prevista no *caput*.

Agora, especificamente sobre o §1º, trata-se da situação em que o agente público adota uma postura omissiva e permite que um **terceiro intimide a vítima** de crime violento, causando indevida revitimização (aplica-se a pena aumentada de 2/3).

Quanto ao §2º, trata-se da situação em que o **próprio agente público intimida a vítima** de crime violento, causando indevida revitimização (aplica-se a pena em dobro).

Característica comum	§ 1º	§ 2º
Intimidação da vítima de crime violento, causando indevida revitimização.	Agente público se omite e permite que terceiro intimide a vítima.	Quando o próprio agente público pratica a intimação.

Sujeitos do crime

Em relação ao **sujeito ativo**, poderá ser qualquer agente público com atribuição de aplicar o procedimento (ex: juiz, delegado, promotor de justiça, etc). Assim, como todos os crimes da Lei de Abuso de Autoridade, trata-se de um crime próprio.

Já o **sujeito passivo** é a vítima de infração penal ou testemunha de crime violento. Lembrando que no contexto das causas de aumento

(§§1º e 2º), apenas a vítima de crime violento pode figurar como sujeito passivo.

Consumação do crime

O crime de violência institucional é um **crime formal**, ou seja, consuma-se com a mera prática da conduta e não exige a ocorrência do resultado naturalístico (alteração no mundo natural).

Tal delito se consuma com a submissão da vítima aos procedimentos desnecessários, repetitivos ou invasivos que a fazem reviver, sem estrita necessidade, a situação de violência, sofrimento ou estigmatização.

A tentativa é possível. Cuida-se, ainda, de crime de perigo concreto.

12.10.10 Art. 16

> **Art. 16** *Deixar de identificar-se ou identificar-se falsamente ao* **preso** *por ocasião de sua captura ou quando deva fazê-lo durante sua detenção ou prisão:*
>
> *Pena – detenção, de 6 (seis) meses a 2 (dois) anos, e multa.*
>
> **Parágrafo único.** *Incorre na mesma pena quem, como responsável por interrogatório em sede de procedimento investigatório de infração penal, deixa de identificar-se ao preso ou atribui a si mesmo falsa identidade, cargo ou função.*

Tem-se neste dispositivo a consagração de um direito fundamental previsto no art. 5, LXIV da CRFB/88, a saber, a identificação dos agentes responsáveis por sua prisão (art.16, caput) ou interrogatório (art. 16, parágrafo único).

> *LXIV – o preso tem direito à identificação dos responsáveis por sua prisão ou por seu interrogatório policial;*

Caput

O art. 16, *caput* pode ser praticado tanto por ação ou por omissão. Por omissão quando o agente deixar de identificar-se. Por ação quando ele utilizar-se de identificação falsa.

Sujeito passivo: é somente o **preso**, seja na captura, detenção ou prisão.

Sujeito ativo: qualquer agente público com atribuição de praticar as funções descritas no tipo penal.

Parágrafo único

É um crime equiparado ao art. 16, *caput*. Contudo, o PÚ fala em atribui a si mesmo falsa **identidade, cargo ou função** enquanto no *caput* fala-se apenas em identidade/identificação.

Neste ponto, a doutrina diverge, pois, para alguns no caput não abrangerá cargo ou função. Portanto, no art. 16, *caput*, se o agente público se identificar falsamente quanto a cargo ou função **não** haveria tipicidade.

Já no parágrafo único do mesmo dispositivo, se o agente público se identificar falsamente quanto a cargo ou função haveria tipicidade.

No parágrafo único do art. 16 também configura-se o crime por ação ou omissão.

Sujeitos do crime

Sujeito passivo: o mesmo sujeito passivo do *caput*, o preso! Contudo, apenas no momento do interrogatório de procedimento investigatório de infração penal. Por isso, a maioria da doutrina diz que este delito em fase pré-processual. Não cabe falar em caracterização do delito na fase processual penal/ fase judicial.

DIREITO ADMINISTRATIVO

Sujeito ativo: qualquer agente público com atribuição de praticar as funções descritas no tipo penal, autoridade policial, membro do Ministério Público, desde que na fase pré-processual.

12.10.11 Art. 18

Art. 18 Submeter o preso a interrogatório policial durante o período de repouso noturno, salvo se capturado em flagrante delito ou se ele, devidamente assistido, consentir em prestar declarações:

Pena – detenção, de 6 (seis) meses a 2 (dois) anos, e multa.

Em regra, o interrogatório não pode ser feito em horário de repouso noturno, ou seja, horário de descanso.

Contudo, há duas exceções, se o preso for capturado em flagrante delito no horário de descanso noturno ou se ele, estando assistido, desejar prestar declarações.

Sujeitos do crime

Sujeito passivo: o sujeito passivo é o preso, porém a tipificação só ocorre se o ato se der em sede de inquérito policial.

Sujeito ativo: somente a autoridade policial (Delegado de Polícia).

Repouso noturno

A lei em análise é silente a respeito do conceito de repouso noturno. Por isso, há bastante divergência doutrinária acerca do assunto.

Contudo, segundo Renato Brasileiro, aplica-se para fins de conceituação de repouso noturno o art. 22, § 1º , inciso III da Lei nº 13.869/2019, aplica-se um prazo da própria Lei de Abuso de Autoridade.

Portanto, o período compreendido entre 21h (vinte e uma horas) até 5h (cinco horas).

Art. 22 Invadir ou adentrar, clandestina ou astuciosamente, ou à revelia da vontade do ocupante, imóvel alheio ou suas dependências, ou nele permanecer nas mesmas condições, sem determinação judicial ou fora das condições estabelecidas em lei:

Pena – detenção, de 1 (um) a 4 (quatro) anos, e multa.

*§ 1º Incorre na mesma pena, na forma prevista no **caput** deste artigo, quem:*

*III - cumpre mandado de busca e apreensão domiciliar **após as 21h (vinte e uma horas) ou antes das 5h (cinco horas)**.*

Ex.: A autoridade policial inicia o interrogatório do preso antes das 20 horas, contudo, as 20 horas e 50 minutos, ele percebe que aquele interrogatório não está finalizado ainda e que seu término não está próximo, ou seja, ele precisaria continuar o interrogatório após as 21 horas.

Neste caso, ele pode continuar com o interrogatório, mesmo ultrapassando o horário das 21 horas ou ele deve interromper o interrogatório e dar continuidade após o horário de repouso noturno?

Para Renato Brasileiro, o Delegado de Polícia deverá interromper o interrogatório e retomá-lo no dia seguinte após as 5 horas. Num entendimento diferente do que se aplica aos mandados de busca e apreensão.

12.10.12 Art. 19

Art. 19 Impedir ou retardar, injustificadamente, o envio de pleito de preso à autoridade judiciária competente para a apreciação da legalidade de sua prisão ou das circunstâncias de sua custódia:

Pena – detenção, de 1 (um) a 4 (quatro) anos, e multa.

*Parágrafo único. Incorre na mesma pena o magistrado que, ciente do impedimento ou da demora, **deixa** de tomar as providências tendentes a saná-lo ou, não sendo competente para decidir sobre a prisão, **deixa** de enviar o pedido à autoridade judiciária que o seja.*

Este artigo busca proteger o direito fundamental ao direito de petição, art. 5, XXXIV da CRFB/88.

Art. 5º Todos são iguais perante a lei, sem distinção de qualquer natureza, garantindo-se aos brasileiros e aos estrangeiros residentes no País a inviolabilidade do direito à vida, à liberdade, à igualdade, à segurança e à propriedade, nos termos seguintes:

XXXIV - são a todos assegurados, independentemente do pagamento de taxas:

*a) o **direito de petição aos Poderes Públicos** em defesa de direitos ou contra ilegalidade ou abuso de poder;*

Caput

Para que haja a tipificação deste crime faz-se necessário que a conduta do agente público ocorra de forma **injustificada,** pois, caso exista uma justificativa a conduta será atípica.

Os núcleos do tipo penal em análise são impedir ou retardar, os quais podem ocorrer **por ação ou omissão**. Uma vez que o verbo impedir demonstra uma ação do sujeito ativo, já o verbo retardar traz uma ideia de um não fazer, ou seja, uma omissão.

> **Ex.:** O preso redige um habeas corpus requerendo sua soltura para o juiz. Entretanto, o diretor do estabelecimento prisional, a fim de prejudicar dolosamente o preso, impede que esse habeas corpus chegue ao juiz. Restará configurado o crime do art. 19, caput da Lei nº 13.869/2019.

Sujeitos do crime

Sujeito ativo: trata-se de crime próprio, somente o agente público pode cometê-lo.

Sujeito passivo: o sujeito passivo deste crime é somente o preso.

Porém, para configuração do delito o **pedido** do preso terá de ser necessariamente **a autoridade judiciária (juiz) competente para apreciar sua prisão ou qualquer circunstância relativa a sua custódia.**

Parágrafo único

No parágrafo únci do art. 19 da Lei nº 13.869/2019 estão previstas as figuras equiparadas ao crime do *caput* do referido artigo. A conduta deste crime apenas se configura por omissão.

Sujeito ativo: também é crime próprio, porém, o sujeito ativo deste crime é somente o magistrado (juiz, desembargador ou ministro).

Art. 19 da Lei nº 13.869/2019	
Caput	Parágrafo único
Ação ou Omissão	Apenas por Omissão

12.10.13 Art. 20

Art. 20 Impedir, sem justa causa, a entrevista pessoal e reservada do preso com seu advogado:

Pena – detenção, de 6 (seis) meses a 2 (dois) anos, e multa.

*Parágrafo único. Incorre na mesma pena quem **impede o preso**, o réu solto ou o investigado de **entrevistar-se pessoal e reservadamente com seu advogado ou defensor, por prazo razoável, antes de audiência judicial**, e de sentar-se ao seu lado e com ele comunicar-se durante a audiência, salvo no curso de interrogatório ou no caso de audiência realizada por videoconferência.*

Caput

A conduta deste crime é impedir a entrevista pessoal e reservada do preso com seu advogado.

A entrevista pessoal e reservada do preso com seu advogado é assegurada constitucionalmente como um direito fundamental previsto no art. 5º , LXIII da CRFB/88.

LEI Nº 13.869/2019 - ABUSO DE AUTORIDADE

*LXIII - **o preso** será informado de seus direitos, entre os quais o de permanecer calado, sendo-lhe **assegurada a assistência** da família e de advogado;*

Sujeitos do crime

Sujeito ativo: trata-se de crime próprio somente o agente público pode cometê-lo.

Sujeito passivo: no caput do art. 20 da Lei de Abuso de Autoridade o sujeito passivo é **apenas o preso**, diferentemente do parágrafo único do mesmo artigo.

Parágrafo único

Trata-se de uma figura equiparada ao art. 20, caput. Por isso, a conduta deste crime também é impedir a entrevista pessoal e reservada do preso com seu advogado, porém, por prazo razoável antes da audiência ou de sentar-se ao seu lado e com ele comunicar-se durante a audiência.

Exceções:
▷ Interrogatório em juízo;
▷ Audiência realizada por videoconferência.

Segundo a maioria da doutrina, a exceção do interrogatório é mencionada porque, no interrogatório, o sistema vigente é o presidencialista, ou seja, as perguntas serão realizadas diretamente do juiz para o interrogando. As partes levaram suas perguntas ao juiz e ele as fará diretamente ao acusado/réu.

Sujeito ativo: somente o magistrado/autoridade judiciária (juiz, desembargador ou ministro).

Sujeito passivo: o sujeito passivo deste crime pode ser preso, réu solto ou investigado.

12.10.14 Art. 21

Art. 21 Manter presos de ambos os sexos na mesma cela ou espaço de confinamento:

Pena - detenção, de 1 (um) a 4 (quatro) anos, e multa.

Parágrafo único. Incorre na mesma pena quem mantém, na mesma cela, criança ou adolescente na companhia de maior de idade ou em ambiente inadequado, observado o disposto na Lei nº 8.069, de 13 de julho de 1990 (Estatuto da Criança e do Adolescente).

Este crime visa proteger o direito do preso previsto no art. 82 da Lei de Execução Penal (LEP).

Art. 82 Os estabelecimentos penais destinam-se ao condenado, ao submetido à medida de segurança, ao preso provisório e ao egresso.
*§ 1° A mulher e o maior de sessenta anos, **separadamente, serão recolhidos a estabelecimento próprio e adequado** à sua condição pessoal.*
§ 2º - O mesmo conjunto arquitetônico poderá abrigar estabelecimentos de destinação diversa desde que devidamente isolados.

Cela ou espaço de confinamento

Cela é o local onde ficam os presos definitivos ou provisórios, seja em penitenciárias ou delegacias.

Espaço de confinamento é qualquer outro local enclausurado onde fique o preso que não seja uma cela destinado ao preso provisório ou definitivo. Ex.: baú da viatura/gaiola.

Transexuais e travestis

Há uma intensa discussão doutrinária envolvendo os transexuais e travestis no que tange a questão de qual seria a cela e espaço de confinamento adequado a este grupo de pessoas.

Alguns entendem que os transexuais, de maneira geral, devem ser recolhidos em celas femininas.

Outros doutrinadores vão entender que neste caso vale a opção do indivíduo que está preso. Caso o indivíduo do gênero masculino se identifique com o gênero feminino, mesmo não tendo realizado cirurgia de redesignação sexual, sem alteração no registro civil, deve ser recolhido em unidade prisional feminina.

Segundo Nucci, "(...)Há, certamente, a omissão legislativa – e não deveria ter acontecido - onde prender travesti e transexuais. Já que inexiste clara definição, não se pode processar por abuso de autoridade o lugar onde se coloca, preso, a pessoa travesti ou transexual, vale dizer, em cela masculina ou feminina.(...)"

Cuida-se de tema que carece de uniformização pelos tribunais superiores.

Sujeitos do crime

Sujeito ativo: Somente aquele agente público com atribuição de praticar as funções descritas no tipo penal tanto para a tipificação do *caput* quanto do parágrafo único do art. 21 da Lei de Abuso de Autoridade.

Parágrafo único

A figura descrita no parágrafo único da art. 21 é equiparada a conduta do art. 21, *caput* e nela incorre o agente que, na mesma cela, colocar criança ou adolescente na companhia de maior de idade ou em ambiente inadequado. Para a interpretação do art. 21, parágrafo único faz-se necessário remeter-se aos arts. 94 e 123 do Estatuto da Criança e do Adolescente.

Art. 94 As entidades que desenvolvem programas de internação têm as seguintes obrigações, entre outras:
I - observar os direitos e garantias de que são titulares os adolescentes;
II - não restringir nenhum direito que não tenha sido objeto de restrição na decisão de internação;
III - oferecer atendimento personalizado, em pequenas unidades e grupos reduzidos;
IV - preservar a identidade e oferecer ambiente de respeito e dignidade ao adolescente;
V - diligenciar no sentido do restabelecimento e da preservação dos vínculos familiares;
VI - comunicar à autoridade judiciária, periodicamente, os casos em que se mostre inviável ou impossível o reatamento dos vínculos familiares;
VII - oferecer instalações físicas em condições adequadas de habitabilidade, higiene, salubridade e segurança e os objetos necessários à higiene pessoal;
VIII - oferecer vestuário e alimentação suficientes e adequados à faixa etária dos adolescentes atendidos;
IX - oferecer cuidados médicos, psicológicos, odontológicos e farmacêuticos;
X - propiciar escolarização e profissionalização;
XI - propiciar atividades culturais, esportivas e de lazer;
XII - propiciar assistência religiosa àqueles que desejarem, de acordo com suas crenças;
XIII - proceder a estudo social e pessoal de cada caso;
XIV - reavaliar periodicamente cada caso, com intervalo máximo de seis meses, dando ciência dos resultados à autoridade competente;
XV - informar, periodicamente, o adolescente internado sobre sua situação processual;
XVI - comunicar às autoridades competentes todos os casos de adolescentes portadores de moléstias infecto-contagiosas;
XVII - fornecer comprovante de depósito dos pertences dos adolescentes;
XVIII - manter programas destinados ao apoio e acompanhamento de egressos;
XIX - providenciar os documentos necessários ao exercício da cidadania àqueles que não os tiverem;

XX - manter arquivo de anotações onde constem data e circunstâncias do atendimento, nome do adolescente, seus pais ou responsável, parentes, endereços, sexo, idade, acompanhamento da sua formação, relação de seus pertences e demais dados que possibilitem sua identificação e a individualização do atendimento.

§ 1º Aplicam-se, no que couber, as obrigações constantes deste artigo às entidades que mantêm programas de acolhimento institucional e familiar.

§ 2º No cumprimento das obrigações a que alude este artigo as entidades utilizarão preferencialmente os recursos da comunidade.

Art. 123 A internação deverá ser cumprida em entidade exclusiva para adolescentes, em local distinto daquele destinado ao abrigo, obedecida rigorosa separação por critérios de idade, compleição física e gravidade da infração.

12.10.15 Art. 22

Art. 22 Invadir ou adentrar, clandestina ou astuciosamente, ou à revelia da vontade do ocupante, imóvel alheio ou suas dependências, ou nele permanecer nas mesmas condições, sem determinação judicial ou fora das condições estabelecidas em lei:
Pena – detenção, de 1 (um) a 4 (quatro) anos, e multa.

§ 1º Incorre na mesma pena, na forma prevista no **caput** *deste artigo, quem:*
I - coage alguém, mediante violência ou grave ameaça, a franquear--lhe o acesso a imóvel ou suas dependências;
III - cumpre mandado de busca e apreensão domiciliar após as 21h (vinte e uma horas) ou antes das 5h (cinco horas).

§ 2º Não haverá crime se o ingresso for para prestar socorro, ou quando houver fundados indícios que indiquem a necessidade do ingresso em razão de situação de flagrante delito ou de desastre (excludentes de ilicitude).

Caput

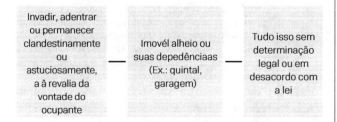

Quando que o ingresso ou permanência em imóvel alheio descumprirá as condições estabelecidas na lei?

Art. 5, XI, CRFB/88 A casa é asilo inviolável do indivíduo, ninguém nela podendo penetrar sem consentimento do morador, salvo em caso de flagrante delito ou desastre, ou para prestar socorro, ou, durante o dia, por determinação judicial;

Ou seja, quando não for hipótese de:
▷ Flagrante delito;
▷ Desastre;
▷ Prestação de socorro; ou
▷ Durante o dia, por determinação judicial.

Figura equiparada

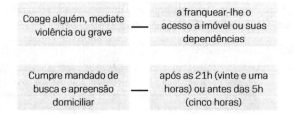

Ex.: um policial que chega na residência do suspeito da prática do crime, porém, sem ordem judicial e sem elementos para um flagrante. Esse mesmo policial começa a coagir o investigado, dizendo que já há inquérito instaurado, e que ele teria de consentir com a entrada, caso contrário ele iria "ferrar" o investigado no inquérito policial. E diz mais:

▷ Quem não deve não teme. Então, você tem de me deixar entrar, eu vou interpretar que você está devendo alguma coisa.

Nesta situação, há uma coação mediante grave ameaça para que o morador franqueie, ou seja, permita a entrada no imóvel ou sua dependência. Isso figura a conduta típica do art. 22, § 1º, I da **Lei nº 13.869/2019.**

O inciso III pressupõe que há um mandado judicial a ser realizado, portanto, ele precisa ser cumprido durante o dia.

A Constituição Federal não traz o conceito de dia deixando a cargo do legislador infraconstitucional e a jurisprudência definirem este conceito. A Lei nº 13.869/2019 definiu que o conceito de dia, para o cumprimento de mandado de busca e apreensão, abrange o horário de 5 (cinco) horas e 21 (vinte e uma) horas.

Portanto, cumprir ordem judicial de busca e apreensão, depois das 21 horas e antes das 5horas, configura crime de abuso de autoridade, na forma do art. 22, § 1º, inciso III da **Lei nº 13.869/2019.**

Antes da Lei de Abuso de Autoridade, para o conceito de dia utilizava-se o critério cronológico, ou seja, dia era o horário das 6 (seis) horas até as 18 (dezoito) horas.

▷ Imagine que policiais munidos de um mandado de busca e apreensão domiciliar ingressam no imóvel do suspeito as 20 (vinte) horas.

Nesta situação há crime de abuso de autoridade? Não!
Essa prova será considerada lícita?
Para boa parte da doutrina (Renato Brasileiro, Norberto Avena, Guilherme de Souza Nucci):

Neste caso, a prova é totalmente lícita, válida e constitucional. Isso porque o critério do art. 22, § 1º, inciso III da **Lei nº 13.869/2019, além de definir um tipo penal, também será determinante quanto a licitude da prova, ou seja, se a prova é lícita ou não.**

Sujeitos do crime

Sujeito ativo: todo o art. 22 da **Lei nº 13.869/2019 é crime próprio, apenas podendo cometê-lo o agente público.**

Conduta

▷ **Omissiva**: permanecer - Caput.
▷ **Comissiva**: demais verbos do caput e § 1º.

Faz-se necessário observar que o art. 22 da Lei de Abuso de Autoridade "equivale" ao crime de invasão de domicílio, a diferença está no sujeito ativo desses delitos.

Por isso, **a Lei nº 13.869/2019 REVOGOU o art. 150, § 2º do CP** que era uma causa de aumento de pena do crime de violação de domicílio (quando o crime fosse cometido por funcionário público).

12.10.16 Art. 23

Art. 23 Inovar artificiosamente, no curso de diligência, de investigação ou de processo, o estado de lugar, de coisa ou de pessoa, com o fim de eximir-se de responsabilidade ou de responsabilizar criminalmente alguém ou agravar-lhe a responsabilidade:
Pena – detenção, de 1 (um) a 4 (quatro) anos, e multa.

Ex.: policial, autor de crime de homicídio, que no decorrer das investigações forja uma carta de comunicação de suicídio, dando a entender ter sido redigida pela vítima, com o intento de fazer cessar a persecução penal.

Ou seja, o termo "inovar artificiosamente" significa criar, montar algo que não corresponde à realidade. Ademais, esta inovação deve estar minimamente apta a enganar alguém, caso contrário não haverá crime (crime impossível).

LEI Nº 13.869/2019 – ABUSO DE AUTORIDADE

Parágrafo único. Incorre na mesma pena quem pratica a conduta com o intuito de:

I – eximir-se de responsabilidade civil ou administrativa por excesso praticado no curso de diligência;

Imagine que em determinada diligência, o policial comete excesso no momento do cumprimento de uma ordem de busca e apreensão (quebrou vários móveis da residência). Sabendo que este excesso certamente resultaria em uma responsabilização cível ou administrativa, ele adultera as imagens das câmeras de segurança daquele local com o objetivo de eximir-se dessa provável responsabilidade.

Perceba que o agente não cometeu infração penal com o excesso, porém ele certamente lhe gerará responsabilidade na esfera cível ou administrativa. Na verdade, o crime ocorre quando, diante do excesso, o sujeito pratica a conduta para eximir-se de uma das responsabilidades mencionadas.

II – omitir dados ou informações ou divulgar dados ou informações incompletos para desviar o curso da investigação, da diligência ou do processo.

A omissão ou incompletude do dado ou informação tem como finalidade necessária embaraçar o andamento de investigação, diligência ou processo.

Neste delito (como um todo), cabe salientar que o sujeito ativo pode ser qualquer agente público capaz de praticar os atos descritos.

12.10.17 Art. 24

Art. 24 Constranger, sob violência ou grave ameaça, funcionário ou empregado de instituição hospitalar pública ou privada a admitir para tratamento pessoa cujo óbito já tenha ocorrido, com o fim de alterar local ou momento de crime, prejudicando sua apuração:

Pena – detenção, de 1 (um) a 4 (quatro) anos, e multa, além da pena correspondente à violência.

Imagine que um policial está com um suspeito da prática de um crime e, após espancá-lo, o suspeito acaba falecendo. Diante da situação, sabendo que o indivíduo estava morto, o policial leva-o até um hospital para que o médico receba o falecido como se vivo estivesse, com o objetivo de alterar o momento da morte. O médico nega realizar o ato ilícito proposto, então o policial o ameaça de morte para que faça sua vontade.

Nesse caso, perceba que o objetivo do agente foi o de alterar o momento da morte, **prejudicando a apuração do crime**. Além disso, destaca-se que o agente necessariamente deve saber que o indivíduo já está sem vida.

No exemplo acima o agente responderá pelo delito do art. 24 da Lei nº 13.869/2019 em concurso com o art. 121, CP (homicídio – considerando o dolo de matar), haja vista o teor do preceito secundário daquele, o qual estabelece pena de detenção, de 1 a 4 anos, e multa, além da pena correspondente à violência (a grave ameaça será absorvida pelo crime da Lei nº 13.869/2019).

Novamente, o sujeito ativo, como um todo, pode ser qualquer agente público.

12.10.18 Art. 25

Art. 25 Proceder à obtenção de prova, em procedimento de investigação ou fiscalização, por meio manifestamente ilícito:

Pena – detenção, de 1 (um) a 4 (quatro) anos, e multa.

Observado que o *caput* menciona procedimentos de investigação ou fiscalização, pode-se afirmar que o crime também é aplicável a procedimentos administrativos (da Receita Federal, por exemplo).

Imagine que um investigador de polícia deseje colher elementos de autoria e materialidade de determinada infração penal, mas está encontrando muita dificuldade. Posteriormente, ele toma conhecimento de que o suspeito da infração se comunica através de cartas com outro criminoso e certamente ali estarão presentes elementos de autoria e materialidade do crime. No entanto não foi concedida autorização judicial para interceptação das correspondências.

Então, mesmo sem autorização, o policial vai até a caixa de correspondências do suspeito e retira as cartas lá presentes, onde realmente constam evidências da autoria e materialidade.

Claramente o policial obteve as provas de forma ilícita, violando o sigilo da correspondência (art. 5º, XII da CF) e agindo sem autorização judicial.

Parágrafo único. Incorre na mesma pena quem faz uso de prova, em desfavor do investigado ou fiscalizado, com prévio conhecimento de sua ilicitude.

Perceba que no parágrafo único o agente não agiu para obter a prova ilícita (ela já existia), mas sim fez uso, em desfavor do investigado ou fiscalizado, de prova que já sabia ilícita.

O sujeito ativo desde delito, como um todo, pode ser qualquer agente público que praticar as condutas previstas no tipo.

12.10.19 Art. 27

Art. 27 Requisitar instauração ou instaurar procedimento investigatório de infração penal ou administrativa, em desfavor de alguém, à falta de qualquer indício da prática de crime, de ilícito funcional ou de infração administrativa:

Pena – detenção, de 6 (seis) meses a 2 (dois) anos, e multa.

> **Fique ligado**
>
> Existem duas ADINs (Ações Diretas de Inconstitucionalidade) em andamento cujo objeto é esse delito, mas nenhuma delas foi julgada até o momento. Portanto, o crime previsto neste artigo ainda é considerado constitucional.

Note que a instauração de procedimento investigatório deve ser contra alguém específico – não haverá crime se for uma investigação sem autoria definida.

Ex.: imagine que um Delegado de Polícia tenha o seu vizinho como inimigo. Este vizinho recebeu uma ótima proposta de emprego e, sabendo disso, o delegado instaura um inquérito policial contra ele, acusando-o da prática de tráfico de drogas. O delegado sabe que este crime nunca ocorreu, mas tem como objetivo frustrar a contratação do vizinho no novo emprego.

Este artigo (entre outros da Lei de Abuso de Autoridade) é alvo de críticas, em razão da subjetividade por ele trazida – não é muito claro quando se caracteriza a "falta de qualquer indício", ficando a critério do intérprete na análise do caso concreto.

Além disso, alguns juristas afirmam que este crime pode servir como desestímulo ao início de novas investigações, quando os indícios ainda são muito frágeis, mas que poderiam ser enriquecidos no decurso do inquérito (ou procedimento administrativo).

Parágrafo único. Não há crime quando se tratar de sindicância ou investigação preliminar sumária, devidamente justificada.

O parágrafo único prevê que não haverá o crime quando se tratar de sindicância ou investigação preliminar sumária, devidamente justificada. Assim, havendo qualquer indício, por menor que seja, da prática de crime, infração funcional ou administrativa, não responderá pelo delito em questão o agente público que instaurar ou requisitar o procedimento (aliás, esse será o seu dever).

O sujeito ativo desde delito, como um todo, pode ser qualquer agente público que praticar as condutas previstas no tipo.

12.10.20 Art. 28

Art. 28 Divulgar gravação ou trecho de gravação sem relação com a prova que se pretenda produzir, expondo a intimidade ou a vida privada ou ferindo a honra ou a imagem do investigado ou acusado:

Pena – detenção, de 1 (um) a 4 (quatro) anos, e multa.

DIREITO ADMINISTRATIVO

Infelizmente, o legislador não deixou claro quais tipos de gravação podem ser considerados para fins deste delito. No entanto, a doutrina entende que a "gravação" é resultado de uma anterior interceptação ou de anterior escuta realizada.

Ou seja, o crime trata da divulgação da *mídia* em que está armazenada a comunicação anteriormente interceptada. Podem ser comunicações telefônicas ou ambientais (reguladas pela Lei 9.296/96).

▷ Relembrando o que se compreende por interceptação ambiental: são sinais ópticos (filmagens), sinais acústicos (gravação de voz) ou sinais eletromagnéticos (ondas de rádio).

Ademais, ressalta-se que a gravação que foi divulgada (inteiramente ou trechos) deve ser sido interceptada de forma **lícita**. Isso porque, na hipótese de a interceptação ter ocorrido de forma ilícita, pode-se estar diante do crime do art. 10 da Lei nº 9.296/1996.

Além disso, para que tenhamos o delito do art. 28, o tipo penal exige que a conduta do sujeito ativo:

▷ Recaia sobre gravação ou trecho de gravação sem relação com a prova que se pretenda produzir. Portanto, caso a gravação ou trecho guarde relação com a prova a ser produzida, não haverá o crime do art. 28 (podendo estar caracterizado o delito do art. 10 ou 10-A da Lei nº 9.296/1996, a depender da espécie de comunicação – telefônica ou ambiental);

▷ Exponha a intimidade ou a vida privada ou fira a honra ou a imagem. Se a conduta não atacar algum desses direitos constitucionalmente garantidos, não teremos o crime;

▷ Tenha como destinatário o investigado (fase investigativa) ou acusado (fase judicial). Dessa forma, se a conduta recair sobre qualquer outra pessoa que não alguma das citadas, não haverá o crime.

O sujeito ativo desse delito é o agente público que deva assegurar a confidencialidade da gravação.

12.10.21 Art. 29

> **Art. 29** *Prestar informação falsa sobre procedimento judicial, policial, fiscal ou administrativo com o fim de prejudicar interesse de investigado:*
> *Pena – detenção, de 6 (seis) meses a 2 (dois) anos, e multa.*

A constitucionalidade desse delito também está sendo discutida em duas ADINs, mas até o momento não houve julgamento do feito. Por enquanto, é constitucional.

A informação falsa prestada pode estar relacionada aos âmbitos judicial, policial, fiscal ou administrativo. Outro ponto importante é que o sujeito deve saber que está prestando uma informação falsa, pois se trata de um crime doloso.

Ademais, a finalidade da informação falsa deve ser exclusivamente para prejudicar os interesses do investigado. Quando há a intenção de beneficiar o investigado, pode-se caracterizar o crime do art. 319 do Código Penal (prevaricação).

O sujeito ativo desse delito, como um todo, pode ser qualquer agente público que praticar as condutas previstas no tipo.

12.10.22 Art. 30

> **Art. 30** *Dar início ou proceder à persecução penal, civil ou administrativa sem justa causa fundamentada ou contra quem sabe inocente:*
> *Pena – detenção, de 1 (um) a 4 (quatro) anos, e multa.*

Para a caracterização deste delito, a persecução iniciada deve ser penal, civil ou administrativa, desde **que sem justa causa fundamentada** ou contra **pessoa que o sujeito ativo sabe inocente**.

▷ A ausência de justa causa é quando não existem elementos mínimos para que se inicie uma persecução (elementos mínimos de materialidade ou autoria), ou seja, ausência de lastro probatório mínimo.

Assim como outros artigos da Lei de Abuso de Autoridade, vários doutrinadores entendem que o art. 30 é inconstitucional, pois é muito vago o conceito do que seria uma persecução penal, civil ou **administrativa "sem justa causa"**, tornando subjetiva essa avaliação.

O sujeito ativo será o agente público que praticar a conduta prevista no tipo penal.

12.10.23 Art. 31

> **Art. 31** *Estender injustificadamente a investigação, procrastinando-a em prejuízo do investigado ou fiscalizado:*
> *Pena – detenção, de 6 (seis) meses a 2 (dois) anos, e multa.*

Primeiramente, note que o crime descrito não se restringe ao âmbito penal, pois o legislador utilizou os termos "investigado" e "fiscalizado" (englobando o âmbito administrativo também).

Outro elemento normativo fundamental é o termo *"estender injustificadamente"*. Novamente, a lei não explica o que se deve entender a partir disso. A doutrina aponta que não se trata de uma mera contagem de dias, em que há um limite máximo – deve-se considerar a **complexidade da investigação, o número de vítimas e quem de fato está procrastinando o caso.**

> **Parágrafo único.** *Incorre na mesma pena quem, inexistindo prazo para execução ou conclusão de procedimento, o estende de forma imotivada, procrastinando-o em prejuízo do investigado ou do fiscalizado.*

O parágrafo único traz uma conduta equiparada ao *caput*. Independentemente de haver ou não prazo para a conclusão de determinado procedimento, a procrastinação poderá ser verificada de acordo com o caso concreto.

O sujeito ativo será o agente público que incidir na conduta prevista no tipo penal.

Por sua vez, a conduta pode ser comissiva (ação) ou omissiva (omissão).

▷ Quando um delegado toma medidas protelatórias, com o intuito de prejudicar o investigado, há conduta **comissiva,** por exemplo;

▷ Quando o delegado se omite quanto ao andamento da investigação, com o intuito de prejudicar o investigado, há conduta **omissiva,** por exemplo.

12.10.24 Art. 32

> **Art. 32** *Negar ao interessado, seu defensor ou advogado acesso aos autos de investigação preliminar, ao termo circunstanciado, ao inquérito ou a qualquer outro procedimento investigatório de infração penal, civil ou administrativa, assim como impedir a obtenção de cópias, ressalvado o acesso a peças relativas a diligências em curso, ou que indiquem a realização de diligências futuras, cujo sigilo seja imprescindível:*
> *Pena – detenção, de 6 (seis) meses a 2 (dois) anos, e multa.*

Trata-se da conduta de negar ao interessado (ou ao seu defensor), o acesso aos autos ou à obtenção de cópias destes, podendo ser procedimento investigatório de infração penal, civil ou administrativa.

Existe ressalva quanto às diligências em andamento ou aquelas que estejam relacionadas com diligências futuras. Por exemplo, uma interceptação telefônica que está em curso. Portanto, como uma conclusão óbvia, não haverá crime quando a negativa de acesso aos autos estiver fundamentada na imprescindibilidade de sigilo da diligência (futura ou em andamento).

O presente texto legal possui inspiração no enunciado da Súmula Vinculante nº 14: *É direito do defensor, no interesse do representado, ter acesso amplo aos elementos de prova que, já documentados em procedimento investigatório realizado por órgão com competência de polícia judiciária, digam respeito ao exercício do direito de defesa.*

O sujeito ativo será o agente público que incidir na conduta prevista no tipo penal.

12.10.25 Art. 33

Art. 33 Exigir informação ou cumprimento de obrigação, inclusive o dever de fazer ou de não fazer, sem expresso amparo legal:
Pena – detenção, de 6 (seis) meses a 2 (dois) anos, e multa.

O delito do art. 33 não deve ser confundido com o crime de **constrangimento ilegal**, previsto no art. 146 do Código Penal. Neste último, faz-se necessária a presença de violência ou grave ameaça, diferentemente do crime da Lei de Abuso de Autoridade. Outra diferença, diz respeito ao sujeito ativo – no crime do Código Penal não se exige a qualidade de agente público.

Também não se deve confundir este crime com a **extorsão**, do art. 158 do Código Penal, pelas mesmas razões apresentadas acima, além do fato de o crime de extorsão envolver vantagem de natureza patrimonial.

Parágrafo único. Incorre na mesma pena quem se utiliza de cargo ou função pública ou invoca a condição de agente público para se eximir de obrigação legal ou para obter vantagem ou privilégio indevido.

Enquanto no caput o agente público exige o cumprimento de obrigação ou informação sem fundamento na lei, no parágrafo único ele utilizará o seu cargo ou função para se eximir de uma obrigação prevista na lei ou obter vantagem indevida.

Entendemos que a vantagem indevida pode ser de qualquer espécie (não necessariamente patrimonial).

Ex.: policial que vai a uma boate e, na bilheteria, invoca a sua função pública para conseguir adentrar no estabelecimento de forma gratuita, obtendo assim uma vantagem indevida. Crime do art. 33, parágrafo único.

O sujeito ativo será o agente público que incidir na conduta prevista no tipo penal (*caput* e parágrafo único).

12.10.26 Art. 36

Art. 36 Decretar, em processo judicial, a indisponibilidade de ativos financeiros em quantia que extrapole exacerbadamente o valor estimado para a satisfação da dívida da parte e, ante a demonstração, pela parte, da excessividade da medida, deixar de corrigi-la:
Pena – detenção, de 1 (um) a 4 (quatro) anos, e multa.

Veja que este crime possui dupla exigência para sua caracterização: **decretar** a indisponibilidade de ativos financeiros em quantia que extrapole exacerbadamente o valor estimado para a satisfação da dívida e, ante a demonstração, pela parte, da excessividade da medida, **deixar de corrigi-la**. O crime apenas estará configurado com a presença das duas condutas.

Ademais, é apresentada uma conduta comissiva (decretar) seguida de uma conduta omissiva (deixar de corrigir) – é o que a doutrina denomina de **crime de conduta mista**.

O sujeito ativo é a autoridade judiciária (juiz, desembargador, ministro), pois ela será a competente para decretar a indisponibilidade de ativos financeiros.

12.10.27 Art. 37

Art. 37 Demorar demasiada e injustificadamente no exame de processo de que tenha requerido vista em órgão colegiado, com o intuito de procrastinar seu andamento ou retardar o julgamento:
Pena – detenção, de 6 (seis) meses a 2 (dois) anos, e multa.

É bastante comum que os órgãos colegiados lidem com processos complexos, razão pela qual o pedido de vistas muitas vezes é necessário, para que o desembargador (por exemplo) analise o caso com mais atenção.

Contudo, embora salutar, em algumas ocasiões esses pedidos de vista atrasam de forma demasiada o andamento processual, podendo gerar danos irreversíveis (Ex.: prescrição). Nesse sentido foi editado o presente delito, o qual exigirá uma demora considerável e injustificada no exame de processo constante em órgão colegiado pelo sujeito ativo e, ainda, que essa conduta tenha por finalidade procrastinar seu andamento ou retardar o julgamento.

O sujeito ativo deve ser aquele que integra ou atua em órgão colegiado (desembargador, ministro, membro do Ministério Público, por exemplo). Ademais, trata-se de crime omissivo (não há modalidade comissiva do delito).

12.10.28 Art. 38

Art. 38 Antecipar o responsável pelas investigações, por meio de comunicação, inclusive rede social, atribuição de culpa, antes de concluídas as apurações e formalizada a acusação:
Pena – detenção, de 6 (seis) meses a 2 (dois) anos, e multa.

Estamos diante da conduta do agente público, responsável pelas investigações, que antecipa, por meio de comunicação, inclusive rede social, atribuição de culpa, antes de concluídas as apurações (investigações) e formalizada a acusação (oferecimento da peça acusatória).

Imagine que um delegado de polícia, dolosamente, atribua a culpa pelo cometimento de um crime a um investigado, através de um programa de televisão, mas sem indiciamento, finalização das investigações ou formalização da acusação. Nesta hipótese, temos o delito do art. 38.

Exige-se que a antecipação na atribuição de culpa se dê por meio de comunicação, inclusive rede social (crime de forma vinculada).

Renato Brasileiro acrescenta que "não haverá crime se a conduta for praticada no âmbito de uma conversa privada, por exemplo (v.g., conversa particular via whatsapp). A comunicação é o processo de informação que se realiza entre os comunicadores e a audiência, heterogênea e anônima, por meio de instrumentos que são os meios de comunicação".[6]

O sujeito ativo será o agente público que incidir na conduta prevista no tipo penal.

---

6 LIMA, Renato Brasileiro de. Legislação Criminal Especial Comentada. 9ª ed. Salvador: Juspodivm, 2021, p. 198.

13 ÉTICA NO SERVIÇO PÚBLICO

Nesta unidade, trabalharemos o seguinte conteúdo: ética e moral; ética, princípios e valores; ética e democracia: exercício da cidadania; ética e função pública; ética no setor público: Código de Ética Profissional do Serviço Público (Decreto nº 1.171/1994). Acrescentamos, ao final, o Decreto nº 6.029/2007, que revogou o Decreto nº 1.171/1994 em parte, e que, muito embora não seja mencionado no edital, tem sido cobrado.

O Código de Ética Profissional do Serviço Público (Decreto nº 1.171/1994) contempla essencialmente duas partes.

A primeira, dita de ordem substancial (fundamental), fala sobre os princípios morais e éticos a serem observados pelo servidor, e constitui o Capítulo I, que abrange as regras deontológicas (Seção I), os principais deveres do servidor público (Seção II), bem como as vedações (Seção III).

Já a segunda parte, de ordem formal, dispõe sobre a criação e funcionamento de Comissões de Ética, e constitui o Capítulo II, que trata das Comissões de Ética em todos os órgãos do Poder Executivo Federal (Exposição de Motivos nº 001/94-CE).

Este conteúdo, referente ao Código de Ética Profissional do Serviço Público, considerando os últimos conteúdos cobrados, é um dos mais relevantes e que mais deve ser estudado.

13.1 Ética e moral

13.1.1 Ética

A palavra "ética" vem do grego *ethos*, que significa "modo de ser" ou "caráter" (índole).

A ética é a parte da filosofia que estuda a moralidade das ações humanas, isto é, se são boas ou más. É uma reflexão crítica sobre a moralidade.

A ética faz parte do nosso dia a dia. Em todas as nossas ações e relações, em algum grau, utilizamos nossos valores éticos. Isso não quer dizer que o homem já nasça com consciência plena do que é bom ou mau. Essa consciência existe, mas se desenvolve a partir do relacionamento com o meio e do autodescobrimento.

De acordo com o autor espanhol, Adolfo Vázquez, a ética representa uma abordagem científica sobre as constantes morais, ou seja, refere-se àquele conjunto de valores e costumes mais ou menos permanente no tempo e no espaço. Em outras palavras, a ética é a ciência da moral, isto é, de uma esfera do comportamento humano.

A ética pode ser definida como a teoria ou a ciência do comportamento moral, que busca explicar, compreender, justificar e criticar a moral ou as morais de uma sociedade. Compete à ética chegar, por meio de investigações científicas, à explicação de determinadas realidades sociais, ou seja, ela investiga o sentido que o homem dá a suas ações para ser verdadeiramente feliz. A ética é, portanto, filosófica e científica.

Entretanto, a ética não é puramente teoria; é um conjunto de princípios e disposições voltados para a ação, historicamente produzidos, cujo objetivo é balizar (limitar) as ações humanas.

Todavia, segundo Vázquez, não cabe à ética formular juízos de valor sobre a prática moral de outras sociedades, ou de outras épocas, em nome de uma moral absoluta e universal, mas deve antes explicar a razão de ser desta pluralidade e das mudanças de moral; isto é, deve esclarecer o fato de os homens terem recorrido a práticas morais diferentes e até opostas.

Em um sentido mais amplo, a ética engloba um conjunto de regras e preceitos de ordem valorativa, que estão ligados à prática do bem e da justiça, aprovando ou desaprovando a ação dos homens de um grupo social ou de uma sociedade.

Em suma, a ética é um conjunto de normas que rege a boa conduta humana.

Para que uma conduta possa ser considerada ética, três elementos essenciais devem ser ponderados: a ação (ato moral), a intenção (finalidade), e as circunstâncias (consequências) do ato. Se um único desses três elementos não for bom, correto e certo, o comportamento não é ético.

A norma ética é aquela que prescreve como o homem deve agir. Possui, como uma de suas características, a possibilidade de ser violada, ao contrário da norma legal (lei).

A ética não deve ser confundida com a lei, embora, com certa frequência, a lei tenha como base princípios éticos. Ao contrário da lei, nenhum indivíduo pode ser compelido, pelo Estado ou por outros indivíduos, a cumprir as normas éticas, nem sofrer qualquer sanção pela desobediência a estas.

Para o autor Lázaro Lisboa, a ética tem por objeto o comportamento humano no interior de cada sociedade, e o estudo desse comportamento com o fim de estabelecer níveis aceitáveis que garantam a convivência pacífica dentro das sociedades e entre elas, constitui o objetivo da Ética.

O estudo da ética demonstra que a consciência moral nos inclina para o caminho da virtude, que seria uma qualidade própria da natureza humana. Logo, um homem para ser ético precisa necessariamente ser virtuoso, ou seja, praticar o bem usando a liberdade com responsabilidade constantemente.

Segundo a classificação de Eduardo Garcia Maýnez, são quatro as formas de manifestação do pensamento ético ocidental:

▷ Ética empírica.
▷ Ética dos bens.
▷ Ética formal.
▷ Ética de valores.

A ética empírica está dividida em:

Ética Anarquista: só tem valor o que não contraria as tendências naturais;

Ética Utilitarista: é bom o que é útil;

Ética Ceticista: não se pode dizer com certeza o que é certo ou errado, bom ou mau, pois ninguém jamais será capaz de desvendar os mistérios da natureza.

Ética Subjetivista: "o homem é a medida de todas as coisas existentes ou inexistentes" (Protágoras).

Já a ética dos bens divide-se em:

Ética Socrática: para Sócrates (469 - 399 a.C.), o supremo bem, a virtude máxima é a sabedoria. As duas máximas de Sócrates são: "Só sei que nada sei" e "Conhece-te a ti mesmo".

Ética Platônica: para Platão (427 - 347 a.C.), todos os fenômenos naturais são meros reflexos de formas eternas, imutáveis, sugerindo o "mundo das ideias".

Ética Aristotélica: para Aristóteles (384 - 322 a.C.), a felicidade só pode ser conseguida com a integração de suas três formas: prazer, virtude (cidadania responsável), sabedoria (filosofia/ciência).

Ética Epicurista: para Epicuro (341 - 270 a.C.), o bem supremo é a felicidade, a ser atingido por meio dos prazeres (eudaimonismo hedonista) e os do espírito são mais elevados que os do corpo. Seu objetivo maior era afastar a dor e os sofrimentos.

Ética Estoica: Zenão (300 a.C.) fundou esta filosofia que ensina a ética da virtude como fim: o estoico não aspira ser feliz, mas ser bom.

Para a ética formal, segundo Kant, uma ação é boa, tem valor, deve ser feita, se obedece ao "princípio categórico", que está baseado na ideia do dever (vale sempre e é uma ordem).

Por fim, para a ética de valores, uma ação é boa (e consequentemente é um dever) se estiver fundamentada em um valor.

13.1.2 Moral

Os romanos traduziram o ethos grego para o latim mos, de onde vem a palavra "moral".

ÉTICA NO SERVIÇO PÚBLICO

O termo "moral", portanto, deriva do latim "mos" ou "mores", que significa "costume" ou "costumes".

A moral é definida como o conjunto de normas, princípios, preceitos, costumes, valores que norteiam o comportamento do indivíduo no seu grupo social. A moral é normativa.

Em outras palavras, a moral é um conjunto de regras de conduta adotadas pelos indivíduos de um grupo social e tem a finalidade de organizar as relações interpessoais segundo os valores do bem e do mal.

A moral é a "ferramenta" de trabalho da ética. Sem os juízos de valor aplicados pela moral seria impossível determinar se a ação do homem é boa ou má.

A moral ocupa-se basicamente de questões subjetivas, abstratas e de interesses particulares do indivíduo e da sociedade, relacionando-se com valores ou condutas sociais.

A moral possui, portanto, um caráter subjetivo, que faz com que ela seja influenciada por vários fatores, alterando, assim, os conceitos morais de um grupo para outro. Esses fatores podem ser sociais, históricos, geográficos etc. Observa-se, então, que a moral é dinâmica, ou seja, ela pode mudar seus juízos de valor de acordo com o contexto em que esteja inserida.

Sendo assim, para Vázquez a moral é mutável e varia historicamente, de acordo com o desenvolvimento de cada sociedade e, com ela, variam os seus princípios e as suas normas. Ela norteia os valores éticos na Administração Pública.

Aristóteles, em seu livro "A Política", assevera que "os pais sempre parecerão antiquados para os seus filhos". Essa afirmação demonstra que, na passagem de uma geração para outra, os valores morais mudam.

Para que um ato seja considerado moral, ou seja, bom, deve ser livre, consciente, intencional e solidário. O ato moral tem, em sua estrutura, dois importantes aspectos: o normativo e o factual. O normativo são as normas e imperativos que enunciam o "dever ser". Ex.: cumpra suas obrigações, não minta, não roube etc. O factual são os atos humanos que se realizam efetivamente, ou seja, é a aplicação da norma no dia a dia, no convívio social.

Apesar de se assemelharem, e mesmo por vezes se confundirem, ética e moral são termos aplicados diferentemente. Enquanto o primeiro trata o comportamento humano como objeto de estudo e normatização, procurando tomá-lo de forma mais abrangente possível, o segundo se ocupa de atribuir um valor à ação. Esse valor tem como referências as normas e conceitos do que vem a ser bom ou mau, baseados no senso comum.

No contexto da ação pública, ética e moral não são considerados termos sinônimos. Portanto, não devem ser confundidos.

Enquanto a ética é teórica e busca explicar e justificar os costumes de uma determinada sociedade, a moral é normativa. Enquanto a ética tem caráter científico, a moral tem caráter prático imediato, visto que é parte integrante da vida cotidiana das sociedades e dos indivíduos. A moral é a aplicação da ética no cotidiano, é a prática concreta. A moral, portanto, não é ciência, mas objeto da ciência; e, neste sentido, é por ela estudada e investigada.

13.2 Ética: princípios e valores

13.2.1 Princípios

Segundo o dicionário Houaiss, princípio pode ser considerado o primeiro momento da existência (de algo) ou de uma ação ou processo. Pode também ser definido como um conjunto de regras ou código de (boa) conduta, com base no qual se governa a própria vida e ações.

Dados esses conceitos, percebe-se que os princípios que regem a conduta em sociedade são aqueles conceitos ou regras que se aprendem por meio do convívio, passados de geração para geração.

Esses conhecimentos se originaram, em algum momento, no grupo social em que estão inseridos, convencionando-se que sua aplicação é boa, e assim aceita pelo grupo.

Quando uma pessoa afirma que determinada ação fere seus princípios, ela está se referindo a um conceito ou regra, que foi originado em algum momento em sua vida ou na vida do grupo social em que está inserida, e que foi aceito como ação moralmente boa.

13.2.2 Valores

O conceito de valor tem sido investigado e definido em diferentes áreas do conhecimento (filosofia, sociologia, ciências econômicas, marketing etc.).

Os valores são as normas, princípios ou padrões sociais aceitos ou mantidos por indivíduos, classe ou sociedade. Dizem, portanto, respeito a princípios que merecem ser buscados.

O valor exprime uma relação entre as necessidades do indivíduo (respirar, comer, viver, posse, reproduzir, prazer, domínio, relacionar, comparar) e a capacidade das coisas, objetos ou serviços de satisfazê-las.

É na apreciação desta relação que se explica a existência de uma hierarquia de valores, segundo a urgência/prioridade das necessidades e a capacidade dos mesmos objetos para as satisfazerem, diferenciadas no espaço e no tempo.

Nas mais diversas sociedades, independentemente do nível cultural, econômico ou social em que estejam inseridas, os valores são fundamentais para se determinar quais são as pessoas que agem tendo por finalidade o bem.

O caráter dos seres, pelo qual são mais ou menos desejados ou estimados por uma pessoa ou grupo, é determinado pelo valor de suas ações.

Todos os termos que servem para qualificar uma ação ou o caráter de uma pessoa têm um peso bom e um peso ruim. Cite-se, como exemplo, os termos verdadeiro e falso, generoso e egoísta, honesto e desonesto, justo e injusto. Os valores dão "peso" à ação ou ao caráter de uma pessoa ou grupo.

Kant afirmava que toda ação considerada boa moralmente deveria ser universal, ou seja, ser boa em qualquer tempo e em qualquer lugar. Infelizmente, o ideal kantiano de valor e moralidade está muito longe de ser alcançado, pois as diversidades culturais e sociais fazem com que o valor dado a determinadas ações mude de acordo com o contexto.

O complexo de normas éticas se alicerça em valores, normalmente designados valores do "bem".

Segundo Felix Ruiz López:

> Valores éticos são indicadores da relevância ou do grau de atendimento aos princípios éticos". Por exemplo, a dignidade da pessoa sugere e exige que se valorize o respeito às pessoas. Esses valores éticos só podem ser atribuídos a pessoas, pois elas são os únicos seres que agem com conhecimento de certo e errado, bem e mal, e com liberdade para agir. Algumas condutas podem ferir os valores éticos. A prática constante de respeito aos valores éticos conduz as pessoas às virtudes morais. (Fonte: ALONSO, Felix Ruiz; LÓPEZ, Francisco Granizo; CASTRUCCI, Plínio de Laura – Curso de Ética em Administração. São Paulo: Atlas, 2008. [Adaptado]).

13.3 Ética e democracia: exercício da cidadania

13.3.1 Ética e democracia

O Brasil ainda caminha a passos muito lentos no que diz respeito à ética, principalmente no cenário político.

Vários são os fatores que contribuíram para esta realidade, dentre eles, principalmente, os golpes de Estado, a saber, o Golpe de 1930 e o Golpe de 1964.

Durante o período em que o país vivenciou a ditadura militar e em que a democracia foi colocada de lado, tivemos a suspensão do ensino da filosofia e, consequentemente, da ética, nas escolas e universidades; além disso, os direitos políticos do cidadão foram suspensos, a liberdade de expressão caçada e cresceu o medo da repressão.

Como consequência dessa série de medidas autoritárias e arbitrárias, nossos valores morais e sociais foram perdendo espaço para os valores que o Estado queria impor, levando a sociedade a uma espécie de "apatia" social.

Nos dias atuais, estamos presenciando uma nova fase em nosso país, no que tange à aplicabilidade das leis e da ética no poder.

Os crimes de corrupção envolvendo desvio de dinheiro estão sendo mais investigados e a polícia tem trabalhado com mais liberdade de atuação em prol da moralidade e do interesse público, o que tem levado os agentes públicos a refletir mais sobre seus atos antes ainda de praticá-los.

Essa nova fase se deve principalmente à democracia, implantada como regime político com a Constituição de 1988.

Etimologicamente, o termo democracia vem do grego demokratía, em que kratía significa governo e demo, povo. Logo, a democracia, por definição, é o "governo do povo".

A democracia confere ao povo o poder de influenciar na administração do Estado. Por meio do voto, o povo é que determina quem vai ocupar os cargos de direção do Estado. Logo, insere-se nesse contexto a responsabilidade tanto do povo, que escolhe seus dirigentes, quanto dos escolhidos, que deverão prestar contas de seus atos no poder.

A ética exerce papel fundamental em todo esse processo, regulamentando e exigindo dos governantes comportamento adequado à função pública, que lhe foi confiada por meio do voto, e conferindo ao povo as noções e os valores necessários tanto para o exercício e cobrança dos seus direitos quanto para atendimento de seus deveres.

É por meio dos valores éticos e morais, determinados pela sociedade, que podemos perceber se os atos cometidos pelos ocupantes de cargos públicos estão visando ao bem comum e ao interesse público.

13.3.2 Exercício da cidadania

Em se tratando do exercício da cidadania, podemos afirmar que todo cidadão tem direito a exercer a cidadania, isto é, seus direitos de cidadão; direitos esses garantidos constitucionalmente.

Direitos e deveres andam juntos no que tange ao exercício da cidadania. Não se pode conceber um direito que não seja precedido de um dever a ser cumprido; é uma via de mão dupla.

Os direitos garantidos constitucionalmente, individuais, coletivos, sociais ou políticos, são precedidos de responsabilidades que o cidadão deve ter perante a sociedade. Por exemplo, a Constituição garante o direito à propriedade privada, mas exige-se que o proprietário seja responsável pelos tributos que o exercício desse direito gera, como, por exemplo, o pagamento do Imposto Predial e Territorial Urbano (IPTU).

Exercer a cidadania, por consequência, é ser probo (íntegro, honrado, justo, reto), agir com ética assumindo a responsabilidade que advém de seus deveres enquanto cidadão inserto no convívio social.

13.4 Ética e função pública

Função pública é a competência, atribuição ou encargo para o exercício de determinada função. Ressalta-se que essa função não é livre, devendo, portanto, estar o seu exercício sujeito ao interesse público, ou seja, da coletividade.

No exercício das mais diversas funções públicas, os servidores devem respeitar, além das normatizações vigentes nos órgãos e entidades públicas que regulamentam e determinam a forma de agir dos agentes públicos, os valores éticos e morais que a sociedade impõe para o convívio em grupo. A não observação desses valores acarreta a uma série de erros e problemas no atendimento ao público e aos usuários do serviço, o que contribui de forma significativa para uma imagem negativa do órgão ou entidade e do serviço público.

O padrão ético dos servidores públicos, no exercício da função pública, advém de sua natureza, ou seja, do caráter público e de sua relação com o público.

O servidor deve estar atento a esse padrão não apenas no exercício de suas funções, mas também na vida particular. O caráter público do seu serviço deve se incorporar à sua vida privada, a fim de que os valores morais e a boa-fé, amparados constitucionalmente como princípios básicos e essenciais a uma vida equilibrada, sejam inseridos e se tornem uma constante em seu relacionamento com os usuários do serviço bem como com os colegas.

Os princípios constitucionais devem ser observados para que a função pública se integre de forma indissociável ao direito. Os princípios são:

▷ **Legalidade**: todo ato administrativo deve seguir fielmente os meandros da lei.
▷ **Impessoalidade**: aplicado como sinônimo de igualdade – todos devem ser tratados de forma igualitária e respeitando o que a lei prevê.
▷ **Moralidade**: respeito ao padrão moral para não comprometer os bons costumes da sociedade.
▷ **Publicidade**: refere-se à transparência de todo ato público, salvo os casos previstos em lei.
▷ **Eficiência**: ser o mais eficiente possível na utilização dos meios que são postos a sua disposição para a execução do seu mister (cargo ou função).

13.4.1 Ética no setor público

As questões éticas estão cada vez mais em voga na cena pública brasileira, dada à multiplicação de casos de corrupção e, sobretudo, à reação da sociedade frente a um tal grau de desmoralização das relações políticas e sociais.

Com os escândalos e denúncias de corrupção expostas pela mídia, refletir sobre essas questões traz à tona os conceitos éticos que envolvem a busca por melhores ações tanto na vida pessoal como na vida pública.

A ética é pautada na conduta responsável das pessoas. Daí a importância da escolha de um político com esse caráter, a fim de diminuir o mau uso da máquina pública e evitar que se venha auferir ganhos e vantagens pessoais.

Porém, as normas morais apenas fornecem orientações, cabendo ao político determinar quais são as exigências e limitações e decidir pela melhor alternativa de ação, que detém a responsabilidade em atender as demandas, no papel de representantes democráticos, com integridade e eficiência.

Durante as últimas décadas, o setor público foi alvo, tanto por parte da mídia quanto do senso comum vigente, de um processo deliberado de formação de uma caricatura, que transformou sua imagem no estereótipo de um setor muito burocrático, que não funciona e custa caro à população.

O cidadão, mesmo bem atendido por um servidor público, não consegue sustentar uma boa imagem do servidor e do serviço público, pois o que faz a imagem de um órgão ou entidade pública parecer boa diante da população é o atendimento de seus funcionários, e, por mais que os servidores sérios e responsáveis se esforcem, existe uma minoria que consegue facilmente acabar com todos os esforços levados a cabo por aqueles bons funcionários.

Nesse ponto, a ética se insere de maneira determinante para contribuir e melhorar a qualidade do atendimento, inserindo no âmbito do poder público os princípios e regras necessários ao bom andamento do serviço e ao respeito aos usuários.

Os novos códigos de ética, além de regulamentar a qualidade e o trato dispensados aos usuários e ao serviço público e de trazer punições para os que descumprem as suas normas, também têm a função de proteger a imagem e a honra do servidor que trabalha seguindo fielmente as regras nele contidas, contribuindo, assim, para uma melhoria na imagem do servidor e do órgão ou entidade perante a população.

Em se tratando da ética no serviço público, destacamos o Código de Ética Profissional do Servidor Público do Poder Executivo Federal, aprovado pelo Decreto nº 1.171/1994, que foi revogado em parte pelo Decreto nº 6.029, de 1º de fevereiro de 2007, que institui Sistema de Gestão da Ética do Poder Executivo Federal. Ambos os Decretos seguem na íntegra.

ÉTICA NO SERVIÇO PÚBLICO

13.5 Código de Ética Profissional do Serviço Público (Decreto nº 1.171/1994)

Decreto nº 1.171, de 22 de Junho de 1994.

Aprova o Código de Ética Profissional do Servidor Público Civil do Poder Executivo Federal.

O PRESIDENTE DA REPÚBLICA, no uso das atribuições que lhe confere o art. 84, incisos IV e VI, e ainda tendo em vista o disposto no art. 37 da Constituição, bem como nos arts. 116 e 117 da Lei nº 8.112, de 11 de dezembro de 1990, e nos arts. 10, 11 e 12 da Lei nº 8.429, de 2 de junho de 1992, decreta:

Art. 1º Fica aprovado o Código de Ética Profissional do Servidor Público Civil do Poder Executivo Federal, que com este baixa.

Art. 2º Os órgãos e entidades da Administração Pública Federal direta e indireta implementarão, em sessenta dias, as providências necessárias à plena vigência do Código de Ética, inclusive mediante a Constituição da respectiva Comissão de Ética, integrada por três servidores ou empregados titulares de cargo efetivo ou emprego permanente.

Parágrafo único. A constituição da Comissão de Ética será comunicada à Secretaria da Administração Federal da Presidência da República, com a indicação dos respectivos membros titulares e suplentes.

Art. 3º Este decreto entra em vigor na data de sua publicação.

Brasília, 22 de junho de 1994, 173º da Independência e 106º da República.

ITAMAR FRANCO
Romildo Canhim

Anexo

Código de Ética Profissional do Servidor Público Civil do Poder Executivo Federal

Capítulo I

Seção I – Das Regras Deontológicas

I – A dignidade, o decoro, o zelo, a eficácia e a consciência dos princípios morais são primados maiores que devem nortear o servidor público, seja no exercício do cargo ou função, ou fora dele, já que refletirá o exercício da vocação do próprio poder estatal. Seus atos, comportamentos e atitudes serão direcionados para a preservação da honra e da tradição dos serviços públicos.

II – O servidor público não poderá jamais desprezar o elemento ético de sua conduta. Assim, não terá que decidir somente entre o legal e o ilegal, o justo e o injusto, o conveniente e o inconveniente, o oportuno e o inoportuno, mas principalmente entre o honesto e o desonesto, consoante as regras contidas no art. 37, caput, e § 4º, da Constituição Federal.

III – A moralidade da Administração Pública não se limita à distinção entre o bem e o mal, devendo ser acrescida da ideia de que o fim é sempre o bem comum. O equilíbrio entre a legalidade e a finalidade, na conduta do servidor público, é que poderá consolidar a moralidade do ato administrativo.

IV – A remuneração do servidor público é custeada pelos tributos pagos direta ou indiretamente por todos, até por ele próprio, e por isso se exige, como contrapartida, que a moralidade administrativa se integre no Direito, como elemento indissociável de sua aplicação e de sua finalidade, erigindo-se, como consequência, em fator de legalidade.

V – O trabalho desenvolvido pelo servidor público perante a comunidade deve ser entendido como acréscimo ao seu próprio bem-estar, já que, como cidadão, integrante da sociedade, o êxito desse trabalho pode ser considerado como seu maior patrimônio.

VI – A função pública deve ser tida como exercício profissional e, portanto, se integra na vida particular de cada servidor público. Assim, os fatos e atos verificados na conduta do dia a dia em sua vida privada poderão acrescer ou diminuir o seu bom conceito na vida funcional.

VII – Salvo os casos de segurança nacional, investigações policiais ou interesse superior do Estado e da Administração Pública, a serem preservados em processo previamente declarado sigiloso, nos termos da lei, a publicidade de qualquer ato administrativo constitui requisito de eficácia e moralidade, ensejando sua omissão comprometimento ético contra o bem comum, imputável a quem a negar.

VIII – Toda pessoa tem direito à verdade. O servidor não pode omiti-la ou falseá-la, ainda que contrária aos interesses da própria pessoa interessada ou da Administração Pública. Nenhum Estado pode crescer ou estabilizar-se sobre o poder corruptivo do hábito do erro, da opressão ou da mentira, que sempre aniquilam até mesmo a dignidade humana quanto mais a de uma Nação.

IX – A cortesia, a boa vontade, o cuidado e o tempo dedicados ao serviço público caracterizam o esforço pela disciplina. Tratar mal uma pessoa que paga seus tributos direta ou indiretamente significa causar-lhe dano moral. Da mesma forma, causar dano a qualquer bem pertencente ao patrimônio público, deteriorando-o, por descuido ou má vontade, não constitui apenas uma ofensa ao equipamento e às instalações ou ao Estado, mas a todos os homens de boa vontade que dedicaram sua inteligência, seu tempo, suas esperanças e seus esforços para construí-los.

X – Deixar o servidor público ou qualquer pessoa à espera de solução que compete ao setor em que exerça suas funções, permitindo a formação de longas filas, ou qualquer outra espécie de atraso na prestação do serviço, não caracteriza apenas atitude contra a ética ou ato de desumanidade, mas principalmente grave dano moral aos usuários dos serviços públicos.

XI – O servidor deve prestar toda a sua atenção às ordens legais de seus superiores, velando atentamente por seu cumprimento, e, assim, evitando a conduta negligente. Os repetidos erros, o descaso e o acúmulo de desvios tornam-se, às vezes, difíceis de corrigir e caracterizam até mesmo imprudência no desempenho da função pública.

XII – Toda ausência injustificada do servidor de seu local de trabalho é fator de desmoralização do serviço público, o que quase sempre conduz à desordem nas relações humanas.

XIII – O servidor que trabalha em harmonia com a estrutura organizacional, respeitando seus colegas e cada concidadão, colabora e de todos pode receber colaboração, pois sua atividade pública é a grande oportunidade para o crescimento e o engrandecimento da Nação.

Seção II – Dos Principais Deveres do Servidor Público

XIV – São deveres fundamentais do servidor público:

a) desempenhar, a tempo, as atribuições do cargo, função ou emprego público de que seja titular;

b) exercer suas atribuições com rapidez, perfeição e rendimento, pondo fim ou procurando prioritariamente resolver situações procrastinatórias, principalmente diante de filas ou de qualquer outra espécie de atraso na prestação dos serviços pelo setor em que exerça suas atribuições, com o fim de evitar dano moral ao usuário;

c) ser probo, reto, leal e justo, demonstrando toda a integridade do seu caráter, escolhendo sempre, quando estiver diante de duas opções, a melhor e a mais vantajosa para o bem comum;

d) jamais retardar qualquer prestação de contas, condição essencial da gestão dos bens, direitos e serviços da coletividade a seu cargo;

e) tratar cuidadosamente os usuários dos serviços aperfeiçoando o processo de comunicação e contato com o público;

f) ter consciência de que seu trabalho é regido por princípios éticos que se materializam na adequada prestação dos serviços públicos;

g) ser cortês, ter urbanidade, disponibilidade e atenção, respeitando a capacidade e as limitações individuais de todos os usuários do serviço público, sem qualquer espécie de preconceito ou distinção de raça, sexo, nacionalidade, cor, idade, religião, cunho político e posição social, abstendo-se, dessa forma, de causar-lhes dano moral;

h) ter respeito à hierarquia, porém sem nenhum temor de representar contra qualquer comprometimento indevido da estrutura em que se funda o Poder Estatal;

i) resistir a todas as pressões de superiores hierárquicos, de contratantes, interessados e outros que visem obter quaisquer favores, benesses ou vantagens indevidas em decorrência de ações imorais, ilegais ou aéticas e denunciá-las;

j) zelar, no exercício do direito de greve, pelas exigências específicas da defesa da vida e da segurança coletiva;

l) ser assíduo e frequente ao serviço, na certeza de que sua ausência provoca danos ao trabalho ordenado, refletindo negativamente em todo o sistema;

m) comunicar imediatamente a seus superiores todo e qualquer ato ou fato contrário ao interesse público, exigindo as providências cabíveis;

DIREITO ADMINISTRATIVO

n) manter limpo e em perfeita ordem o local de trabalho, seguindo os métodos mais adequados à sua organização e distribuição;

o) participar dos movimentos e estudos que se relacionem com a melhoria do exercício de suas funções, tendo por escopo a realização do bem comum;

p) apresentar-se ao trabalho com vestimentas adequadas ao exercício da função;

q) manter-se atualizado com as instruções, as normas de serviço e a legislação pertinentes ao órgão onde exerce suas funções;

r) cumprir, de acordo com as normas do serviço e as instruções superiores, as tarefas de seu cargo ou função, tanto quanto possível, com critério, segurança e rapidez, mantendo tudo sempre em boa ordem;

s) facilitar a fiscalização de todos atos ou serviços por quem de direito;

t) exercer com estrita moderação as prerrogativas funcionais que lhe sejam atribuídas, abstendo-se de fazê-lo contrariamente aos legítimos interesses dos usuários do serviço público e dos jurisdicionados administrativos;

u) abster-se, de forma absoluta, de exercer sua função, poder ou autoridade com finalidade estranha ao interesse público, mesmo que observando as formalidades legais e não cometendo qualquer violação expressa à lei;

v) divulgar e informar a todos os integrantes da sua classe sobre a existência deste Código de Ética, estimulando o seu integral cumprimento.

Seção III – Das Vedações ao Servidor Público

XV – É vedado ao servidor público:

a) o uso do cargo ou função, facilidades, amizades, tempo, posição e influências, para obter qualquer favorecimento, para si ou para outrem;

b) prejudicar deliberadamente a reputação de outros servidores ou de cidadãos que deles dependam;

c) ser, em função de seu espírito de solidariedade, conivente com erro ou infração a este Código de Ética ou ao Código de Ética de sua profissão;

d) usar de artifícios para procrastinar ou dificultar o exercício regular de direito por qualquer pessoa, causando-lhe dano moral ou material;

e) deixar de utilizar os avanços técnicos e científicos ao seu alcance ou do seu conhecimento para atendimento do seu mister;

f) permitir que perseguições, simpatias, antipatias, caprichos, paixões ou interesses de ordem pessoal interfiram no trato com o público, com os jurisdicionados administrativos ou com colegas hierarquicamente superiores ou inferiores;

g) pleitear, solicitar, provocar, sugerir ou receber qualquer tipo de ajuda financeira, gratificação, prêmio, comissão, doação ou vantagem de qualquer espécie, para si, familiares ou qualquer pessoa, para o cumprimento da sua missão ou para influenciar outro servidor para o mesmo fim;

h) alterar ou deturpar o teor de documentos que deva encaminhar para providências;

i) iludir ou tentar iludir qualquer pessoa que necessite do atendimento em serviços públicos;

j) desviar servidor público para atendimento a interesse particular;

l) retirar da repartição pública, sem estar legalmente autorizado, qualquer documento, livro ou bem pertencente ao patrimônio público;

m) fazer uso de informações privilegiadas obtidas no âmbito interno de seu serviço, em benefício próprio, de parentes, de amigos ou de terceiros;

n) apresentar-se embriagado no serviço ou fora dele habitualmente;

o) dar o seu concurso a qualquer instituição que atente contra a moral, a honestidade ou a dignidade da pessoa humana;

p) exercer atividade profissional aética ou ligar o seu nome a empreendimentos de cunho duvidoso.

Capítulo II – Das Comissões de Ética

XVI – Em todos os órgãos e entidades da Administração Pública Federal direta, indireta autárquica e fundacional, ou em qualquer órgão ou entidade que exerça atribuições delegadas pelo poder público, deverá ser criada uma Comissão de Ética, encarregada de orientar e aconselhar sobre a ética profissional do servidor, no tratamento com as pessoas e com o patrimônio público, competindo-lhe conhecer concretamente de imputação ou de procedimento susceptível de censura.

XVII – (Revogado pelo Decreto nº 6.029, de 2007)

XVIII – À Comissão de Ética incumbe fornecer, aos organismos encarregados da execução do quadro de carreira dos servidores, os registros sobre sua conduta ética, para o efeito de instruir e fundamentar promoções e para todos os demais procedimentos próprios da carreira do servidor público.

XIX – (Revogado pelo Decreto nº 6.029, de 2007)

XX – (Revogado pelo Decreto nº 6.029, de 2007)

XXI – (Revogado pelo Decreto nº 6.029, de 2007)

XXII – A pena aplicável ao servidor público pela Comissão de Ética é a de censura e sua fundamentação constará do respectivo parecer, assinado por todos os seus integrantes, com ciência do faltoso.

XXIII – (Revogado pelo Decreto nº 6.029, de 2007)

XXIV – Para fins de apuração do comprometimento ético, entende-se por servidor público todo aquele que, por força de lei, contrato ou de qualquer ato jurídico, preste serviços de natureza permanente, temporária ou excepcional, ainda que sem retribuição financeira, desde que ligado direta ou indiretamente a qualquer órgão do poder estatal, como as autarquias, as fundações públicas, as entidades paraestatais, as empresas públicas e as sociedades de economia mista, ou em qualquer setor onde prevaleça o interesse do Estado

XXV – (Revogado pelo Decreto nº 6.029, de 2007)

13.6 Decreto nº 6.029/2007

Considerando que os incisos XVII, XIX, XX, XXI, XXIII e XXV, do Decreto nº 1.171/1994 foram revogados pelo Decreto nº 6.029/2007, e que, muito embora este último não tenha sido mencionado expressamente no edital, seu conteúdo tem sido cobrado, transcrevemo-lo na íntegra a seguir.

Decreto nº 6.029, de 1º de fevereiro de 2007

Institui Sistema de Gestão da Ética do Poder Executivo Federal, e dá outras providências.

O PRESIDENTE DA REPÚBLICA, no uso da atribuição que lhe confere o art. 84, inciso VI, alínea "a", da Constituição, decreta:

Art. 1º Fica instituído o Sistema de Gestão da Ética do Poder Executivo Federal com a finalidade de promover atividades que dispõem sobre a conduta ética no âmbito do Executivo Federal, competindo-lhe:

I – integrar os órgãos, programas e ações relacionadas com a ética pública;

II – contribuir para a implementação de políticas públicas tendo a transparência e o acesso à informação como instrumentos fundamentais para o exercício de gestão da ética pública;

III – promover, com apoio dos segmentos pertinentes, a compatibilização e interação de normas, procedimentos técnicos e de gestão relativos à ética pública;

IV – articular ações com vistas a estabelecer e efetivar procedimentos de incentivo e incremento ao desempenho institucional na gestão da ética pública do Estado brasileiro.

Art. 2º Integram o Sistema de Gestão da Ética do Poder Executivo Federal:

I – a Comissão de Ética Pública - CEP, instituída pelo Decreto de 26 de maio de 1999;

II – as Comissões de Ética de que trata o Decreto no 1.171, de 22 de junho de 1994;

III – as demais Comissões de Ética e equivalentes nas entidades e órgãos do Poder Executivo Federal.

Art. 3º A CEP será integrada por sete brasileiros que preencham os requisitos de idoneidade moral, reputação ilibada e notória experiência em administração pública, designados pelo Presidente da República, para mandatos de três anos, não coincidentes, permitida uma única recondução.

§ 1º A atuação no âmbito da CEP não enseja qualquer remuneração para seus membros e os trabalhos nela desenvolvidos são considerados prestação de relevante serviço público.

§ 2º O Presidente terá o voto de qualidade nas deliberações da Comissão.

§ 3º Os mandatos dos primeiros membros serão de um, dois e três anos, estabelecidos no decreto de designação.

ÉTICA NO SERVIÇO PÚBLICO

Art. 4º À CEP compete:

I – atuar como instância consultiva do Presidente da República e Ministros de Estado em matéria de ética pública;

II – administrar a aplicação do Código de Conduta da Alta Administração Federal, devendo:

a) submeter ao Presidente da República medidas para seu aprimoramento;

b) dirimir dúvidas a respeito de interpretação de suas normas, deliberando sobre casos omissos;

c) apurar, mediante denúncia, ou de ofício, condutas em desacordo com as normas nele previstas, quando praticadas pelas autoridades a ele submetidas;

III – dirimir dúvidas de interpretação sobre as normas do Código de Ética Profissional do Servidor Público Civil do Poder Executivo Federal de que trata o Decreto nº 1.171, de 1994;

IV – coordenar, avaliar e supervisionar o Sistema de Gestão da Ética Pública do Poder Executivo Federal;

V – aprovar o seu regimento interno; e

VI – escolher o seu Presidente.

Parágrafo único. A CEP contará com uma Secretaria-Executiva, vinculada à Casa Civil da Presidência da República, à qual competirá prestar o apoio técnico e administrativo aos trabalhos da Comissão.

Art. 5º Cada Comissão de Ética de que trata o Decreto nº 1171, de 1994, será integrada por três membros titulares e três suplentes, escolhidos entre servidores e empregados do seu quadro permanente, e designados pelo dirigente máximo da respectiva entidade ou órgão, para mandatos não coincidentes de três anos.

Art. 6º É dever do titular de entidade ou órgão da Administração Pública Federal, direta e indireta:

I – assegurar as condições de trabalho para que as Comissões de Ética cumpram suas funções, inclusive para que o exercício das atribuições de seus integrantes não lhes resulte qualquer prejuízo ou dano;

II – conduzir em seu âmbito a avaliação da gestão da ética conforme processo coordenado pela Comissão de Ética Pública.

Art. 7º Compete às Comissões de Ética de que tratam os incisos II e III do art. 2º:

I – atuar como instância consultiva de dirigentes e servidores no âmbito de seu respectivo órgão ou entidade;

II – aplicar o Código de Ética Profissional do Servidor Público Civil do Poder Executivo Federal, aprovado pelo Decreto 1.171, de 1994, devendo:

a) submeter à Comissão de Ética Pública propostas para seu aperfeiçoamento;

b) dirimir dúvidas a respeito da interpretação de suas normas e deliberar sobre casos omissos;

c) apurar, mediante denúncia ou de ofício, conduta em desacordo com as normas éticas pertinentes;

d) recomendar, acompanhar e avaliar, no âmbito do órgão ou entidade a que estiver vinculada, o desenvolvimento de ações objetivando a disseminação, capacitação e treinamento sobre as normas de ética e disciplina;

III – representar a respectiva entidade ou órgão na Rede de Ética do Poder Executivo Federal a que se refere o art. 9º; e

IV – supervisionar a observância do Código de Conduta da Alta Administração Federal e comunicar à CEP situações que possam configurar descumprimento de suas normas.

§ 1º Cada Comissão de Ética contará com uma Secretaria-Executiva, vinculada administrativamente à instância máxima da entidade ou órgão, para cumprir plano de trabalho por ela aprovado e prover o apoio técnico e material necessário ao cumprimento das suas atribuições.

§ 2º As Secretarias-Executivas das Comissões de Ética serão chefiadas por servidor ou empregado do quadro permanente da entidade ou órgão, ocupante de cargo de direção compatível com sua estrutura, alocado sem aumento de despesas.

Art. 8º Compete às instâncias superiores dos órgãos e entidades do Poder Executivo Federal, abrangendo a administração direta e indireta:

I – observar e fazer observar as normas de ética e disciplina;

II – constituir Comissão de Ética;

III – garantir os recursos humanos, materiais e financeiros para que a Comissão cumpra com suas atribuições; e

IV – atender com prioridade às solicitações da CEP.

Art. 9º Fica constituída a Rede de Ética do Poder Executivo Federal, integrada pelos representantes das Comissões de Ética de que tratam os incisos I, II e III do art. 2º, com o objetivo de promover a cooperação técnica e a avaliação em gestão da ética.

Parágrafo único. Os integrantes da Rede de Ética se reunirão sob a coordenação da Comissão de Ética Pública, pelo menos uma vez por ano, em fórum específico, para avaliar o programa e as ações para a promoção da ética na administração pública.

Art. 10. Os trabalhos da CEP e das demais Comissões de Ética devem ser desenvolvidos com celeridade e observância dos seguintes princípios:

I – proteção à honra e à imagem da pessoa investigada;

II – proteção à identidade do denunciante, que deverá ser mantida sob reserva, se este assim o desejar; e

III – independência e imparcialidade dos seus membros na apuração dos fatos, com as garantias asseguradas neste Decreto.

Art. 11 Qualquer cidadão, agente público, pessoa jurídica de direito privado, associação ou entidade de classe poderá provocar a atuação da CEP ou de Comissão de Ética, visando à apuração de infração ética imputada a agente público, órgão ou setor específico de ente estatal.

Parágrafo único. Entende-se por agente público, para os fins deste Decreto, todo aquele que, por força de lei, contrato ou qualquer ato jurídico, preste serviços de natureza permanente, temporária, excepcional ou eventual, ainda que sem retribuição financeira, a órgão ou entidade da administração pública federal, direta e indireta. (grifo da autora)

Art. 12 O processo de apuração de prática de ato em desrespeito ao preceituado no Código de Conduta da Alta Administração Federal e no Código de Ética Profissional do Servidor Público Civil do Poder Executivo Federal será instaurado, de ofício ou em razão de denúncia fundamentada, respeitando-se, sempre, as garantias do contraditório e da ampla defesa, pela Comissão de Ética Pública ou Comissões de Ética de que tratam os incisos II e III do art. 2º, conforme o caso, que notificará o investigado para manifestar-se, por escrito, no prazo de dez dias.

§ 1º O investigado poderá produzir prova documental necessária à sua defesa.

§ 2º As Comissões de Ética poderão requisitar os documentos que entenderem necessários à instrução probatória e, também, promover diligências e solicitar parecer de especialista.

§ 3º Na hipótese de serem juntados aos autos da investigação, após a manifestação referida no caput deste artigo, novos elementos de prova, o investigado será notificado para nova manifestação, no prazo de dez dias.

§ 4º Concluída a instrução processual, as Comissões de Ética proferirão decisão conclusiva e fundamentada.

§ 5º Se a conclusão for pela existência de falta ética, além das providências previstas no Código de Conduta da Alta Administração Federal e no Código de Ética Profissional do Servidor Público Civil do Poder Executivo Federal, as Comissões de Ética tomarão as seguintes providências, no que couber:

I – encaminhamento de sugestão de exoneração de cargo ou função de confiança à autoridade hierarquicamente superior ou devolução ao órgão de origem, conforme o caso;

II – encaminhamento, conforme o caso, para a Controladoria-Geral da União ou unidade específica do Sistema de Correição do Poder Executivo Federal de que trata o Decreto nº 5.480, de 30 de junho de 2005, para exame de eventuais transgressões disciplinares; e

III – recomendação de abertura de procedimento administrativo, se a gravidade da conduta assim o exigir.

Art. 13 Será mantido com a chancela de "reservado", até que esteja concluído, qualquer procedimento instaurado para apuração de prática em desrespeito às normas éticas.

DIREITO ADMINISTRATIVO

§ 1º Concluída a investigação e após a deliberação da CEP ou da Comissão de Ética do órgão ou entidade, os autos do procedimento deixarão de ser reservados.

§ 2º Na hipótese de os autos estarem instruídos com documento acobertado por sigilo legal, o acesso a esse tipo de documento somente será permitido a quem detiver igual direito perante o órgão ou entidade originariamente encarregado da sua guarda.

§ 3º Para resguardar o sigilo de documentos que assim devam ser mantidos, as Comissões de Ética, depois de concluído o processo de investigação, providenciarão para que tais documentos sejam desentranhados dos autos, lacrados e acautelados.

Art. 14 A qualquer pessoa que esteja sendo investigada é assegurado o direito de saber o que lhe está sendo imputado, de conhecer o teor da acusação e de ter vista dos autos, no recinto das Comissões de Ética, mesmo que ainda não tenha sido notificada da existência do procedimento investigatório.

Parágrafo único. O direito assegurado neste artigo inclui o de obter cópia dos autos e de certidão do seu teor.

Art. 15 Todo ato de posse, investidura em função pública ou celebração de contrato de trabalho, dos agentes públicos referidos no parágrafo único do art. 11, deverá ser acompanhado da prestação de compromisso solene de acatamento e observância das regras estabelecidas pelo Código de Conduta da Alta Administração Federal, pelo Código de Ética Profissional do Servidor Público Civil do Poder Executivo Federal e pelo Código de Ética do órgão ou entidade, conforme o caso.

Parágrafo único. A posse em cargo ou função pública que submeta a autoridade às normas do Código de Conduta da Alta Administração Federal deve ser precedida de consulta da autoridade à Comissão de Ética Pública, acerca de situação que possa suscitar conflito de interesses.

Art. 16 As Comissões de Ética não poderão escusar-se de proferir decisão sobre matéria de sua competência alegando omissão do Código de Conduta da Alta Administração Federal, do Código de Ética Profissional do Servidor Público Civil do Poder Executivo Federal ou do Código de Ética do órgão ou entidade, que, se existente, será suprida pela analogia e invocação aos princípios da legalidade, impessoalidade, moralidade, publicidade e eficiência.

§ 1º Havendo dúvida quanto à legalidade, a Comissão de Ética competente deverá ouvir previamente a área jurídica do órgão ou entidade.

§ 2º Cumpre à CEP responder a consultas sobre aspectos éticos que lhe forem dirigidas pelas demais Comissões de Ética e pelos órgãos e entidades que integram o Executivo Federal, bem como pelos cidadãos e servidores que venham a ser indicados para ocupar cargo ou função abrangida pelo Código de Conduta da Alta Administração Federal.

Art. 17 As Comissões de Ética, sempre que constatarem a possível ocorrência de ilícitos penais, civis, de improbidade administrativa ou de infração disciplinar, encaminharão cópia dos autos às autoridades competentes para apuração de tais fatos, sem prejuízo das medidas de sua competência.

Art. 18 As decisões das Comissões de Ética, na análise de qualquer fato ou ato submetido à sua apreciação ou por ela levantado, serão resumidas em ementa e, com a omissão dos nomes dos investigados, divulgadas no sítio do próprio órgão, bem como remetidas à Comissão de Ética Pública.

Art. 19 Os trabalhos nas Comissões de Ética de que tratam os incisos II e III do art. 2º são considerados relevantes e têm prioridade sobre as atribuições próprias dos cargos dos seus membros, quando estes não atuarem com exclusividade na Comissão.

Art. 20 Os órgãos e entidades da Administração Pública Federal darão tratamento prioritário às solicitações de documentos necessários à instrução dos procedimentos de investigação instaurados pelas Comissões de Ética.

§ 1º Na hipótese de haver inobservância do dever funcional previsto no caput, a Comissão de Ética adotará as providências previstas no inciso III do § 5º do art. 12.

§ 2º As autoridades competentes não poderão alegar sigilo para deixar de prestar informação solicitada pelas Comissões de Ética.

Art. 21 A infração de natureza ética cometida por membro de Comissão de Ética de que tratam os incisos II e III do art. 2º será apurada pela Comissão de Ética Pública.

Art. 22 A Comissão de Ética Pública manterá banco de dados de sanções aplicadas pelas Comissões de Ética de que tratam os incisos II e III do art. 2º e de suas próprias sanções, para fins de consulta pelos órgãos ou entidades da administração pública federal, em casos de nomeação para cargo em comissão ou de alta relevância pública.

Parágrafo único. O banco de dados referido neste artigo engloba as sanções aplicadas a qualquer dos agentes públicos mencionados no parágrafo único do art. 11 deste Decreto.

Art. 23 Os representantes das Comissões de Ética de que tratam os incisos II e III do art. 2º atuarão como elementos de ligação com a CEP, que disporá em Resolução própria sobre as atividades que deverão desenvolver para o cumprimento desse mister.

Art. 24 As normas do Código de Conduta da Alta Administração Federal, do Código de Ética Profissional do Servidor Público Civil do Poder Executivo Federal e do Código de Ética do órgão ou entidade aplicam-se, no que couber, às autoridades e agentes públicos neles referidos, mesmo quando em gozo de licença.

Art. 25 Ficam revogados os incisos XVII, XIX, XX, XXI, XXIII e XXV do Código de Ética Profissional do Servidor Público Civil do Poder Executivo Federal, aprovado pelo Decreto nº 1.171, de 22 de junho de 1994, os arts. 2º e 3º do Decreto de 26 de maio de 1999, que cria a Comissão de Ética Pública, e os Decretos de 30 de agosto de 2000 e de 18 de maio de 2001, que dispõem sobre a Comissão de Ética Pública.

Art. 26 Este Decreto entra em vigor na data da sua publicação.

Brasília, 1º de fevereiro de 2007; 186º da Independência e 119º da República.

LUIZ INÁCIO LULA DA SILVA
Dilma Rousseff

ESTATUTO DA PESSOA COM DEFICIÊNCIA

1 ESTATUTO DA PESSOA COM DEFICIÊNCIA

Ao tratar de direitos das pessoas com deficiência, abordamos não só o Estatuto da Pessoa com Deficiência (ou lei de inclusão), mas diversas leis e normas que garantem a efetividade de diversos direitos, promovendo inclusão e igualdade.

O seu edital poderá cobrar somente o Estatuto da Pessoa com Deficiência ou abordar outras leis. Nosso foco será o Estatuto e faremos, em alguns pontos, comparativos e abordando aspectos de outras leis que garantem acessibilidade.

A Lei nº 13.146/2015 instituiu o Estatuto da Pessoa com Deficiência (EPD) que visa promover a inclusão social e a cidadania, promovendo a igualdade no exercício dos direitos e liberdades fundamentais da pessoa com deficiência.

A Lei tem por base a Convenção sobre os Direitos das Pessoas com Deficiência e seu protocolo facultativo, que foram devidamente ratificados pelo Congresso Nacional e promulgados pelo Decreto nº 6.949, de 25 de agosto de 2009.

Para aplicação do Estatuto, devemos entender que a lei conceitua como pessoa com deficiência:

> *Art. 2º Considera-se pessoa com deficiência aquela que tem impedimento de longo prazo de natureza física, mental, intelectual ou sensorial, o qual, em interação com uma ou mais barreiras, pode obstruir sua participação plena e efetiva na sociedade em igualdade de condições com as demais pessoas.*

Para acesso a alguns direitos (como aposentadoria com tempo de contribuição reduzido), faz-se necessária a avaliação da deficiência.

Conforme prevê o EPD, a avaliação da deficiência, quando necessária, será biopsicossocial (modelo que visa à análise e identificação considerando fatores biológicos, psicológicos e sociais) por uma equipe multiprofissional e interdisciplinar e considerará:

- Os impedimentos nas funções e nas estruturas do corpo;
- Os fatores socioambientais, psicológicos e pessoais;
- A limitação no desempenho de atividades; e
- A restrição de participação.

Além do conceito sobre pessoa com deficiência, o artigo 3º dispõe diversos conceitos para a aplicabilidade da lei. Para melhor compreensão e fixação, listamos abaixo os conceitos que mais são "trocados" nas provas:

- **Acessibilidade:** possibilidade e condição de alcance para utilização, com segurança e autonomia, de espaços, mobiliários, equipamentos urbanos, edificações, transportes, informação e comunicação, inclusive seus sistemas e tecnologias, bem como de outros serviços e instalações abertos ao público, de uso público ou privados de uso coletivo, tanto na zona urbana como na rural, por pessoa com deficiência ou com mobilidade reduzida.
- **Adaptações razoáveis:** adaptações, modificações e ajustes necessários e adequados que não acarretem ônus desproporcional e indevido, quando requeridos em cada caso, a fim de assegurar que a pessoa com deficiência possa gozar ou exercer, em igualdade de condições e oportunidades com as demais pessoas, todos os direitos e liberdades fundamentais.
- **Atendente pessoal:** pessoa, membro ou não da família, que, com ou sem remuneração, assiste ou presta cuidados básicos e essenciais à pessoa com deficiência no exercício de suas atividades diárias, excluídas as técnicas ou os procedimentos identificados com profissões legalmente estabelecidas.
- **Moradia para a vida independente da pessoa com deficiência:** moradia com estruturas adequadas capazes de proporcionar serviços de apoio coletivos e individualizados que respeitem e ampliem o grau de autonomia de jovens e adultos com deficiência.
- Pessoa com deficiência aquela que tem impedimento de longo prazo de natureza física, mental, intelectual ou sensorial, o qual, em interação com uma ou mais barreiras, pode obstruir sua participação plena e efetiva na sociedade em igualdade de condições com as demais pessoas.
- **Elemento de urbanização:** quaisquer componentes de obras de urbanização, tais como os referentes a pavimentação, saneamento, encanamento para esgotos, distribuição de energia elétrica e de gás, iluminação pública, serviços de comunicação, abastecimento e distribuição de água, paisagismo e os que materializam as indicações do planejamento urbanístico.
- **Residências inclusivas:** unidades de oferta do Serviço de Acolhimento do Sistema Único de Assistência Social (Suas) localizadas em áreas residenciais da comunidade, com estruturas adequadas, que possam contar com apoio psicossocial para o atendimento das necessidades da pessoa acolhida, destinadas a jovens e adultos com deficiência, em situação de dependência, que não dispõem de condições de autossustentabilidade e com vínculos familiares fragilizados ou rompidos.
- **Acompanhante:** aquele que acompanha a pessoa com deficiência, podendo ou não desempenhar as funções de atendente pessoal.
- **Pessoa com mobilidade reduzida:** aquela que tenha, por qualquer motivo, dificuldade de movimentação, permanente ou temporária, gerando redução efetiva da mobilidade, da flexibilidade, da coordenação motora ou da percepção, incluindo idoso, gestante, lactante, pessoa com criança de colo e obeso.
- **Mobiliário urbano:** conjunto de objetos existentes nas vias e nos espaços públicos, superpostos ou adicionados aos elementos de urbanização ou de edificação, de forma que sua modificação ou seu traslado não provoque alterações substanciais nesses elementos, como semáforos, postes de sinalização e similares, terminais e pontos de acesso coletivo às telecomunicações, fontes de água, lixeiras, toldos, marquises, bancos, quiosques e quaisquer outros de natureza análoga.
- **Profissional de apoio escolar:** pessoa que exerce atividades de alimentação, higiene e locomoção do estudante com deficiência e atua em todas as atividades escolares nas quais se fizer necessária, em todos os níveis e modalidades de ensino, em instituições públicas e privadas, excluídas as técnicas ou os procedimentos identificados com profissões legalmente estabelecidas.

1.1 Da igualdade e não discriminação

Determina o artigo 4º do EPD:

> *Art. 4º Toda pessoa com deficiência tem direito à igualdade de oportunidades com as demais pessoas e não sofrerá nenhuma espécie de discriminação.*
>
> *§ 1º Considera-se discriminação em razão da deficiência toda forma de distinção, restrição ou exclusão, por ação ou omissão, que tenha o propósito ou o efeito de prejudicar, impedir ou anular o reconhecimento ou o exercício dos direitos e das liberdades fundamentais de pessoa com deficiência, incluindo a recusa de adaptações razoáveis e de fornecimento de tecnologias assistivas.*
>
> *§ 2º A pessoa com deficiência não está obrigada à fruição de benefícios decorrentes de ação afirmativa.*

A ação afirmativa se refere às ações especiais e temporárias que visam eliminar desigualdades, garantindo a compensação provocada pela discriminação e desigualdade.

ESTATUTO DA PESSOA COM DEFICIÊNCIA

A pessoa com deficiência, especialmente os considerados vulneráveis, criança, adolescente, mulher e idoso, deve ser protegida de toda forma de:

- Negligência;
- Discriminação;
- Exploração;
- Violência;
- Tortura;
- Crueldade;
- Opressão; e
- Tratamento desumano ou degradante.

A deficiência não afeta a plena capacidade civil da pessoa, inclusive para:

- Casar-se e constituir união estável;
- Exercer direitos sexuais e reprodutivos;
- Exercer o direito de decidir sobre o número de filhos e de ter acesso a informações adequadas sobre reprodução e planejamento familiar;
- Conservar sua fertilidade, sendo vedada a esterilização compulsória;
- Exercer o direito à família e à convivência familiar e comunitária; e
- Exercer o direito à guarda, à tutela, à curatela e à adoção, como adotante ou adotando, em igualdade de oportunidades com as demais pessoas.

O Estatuto prevê como dever que:

- Juízes e Tribunais no exercício da função devem remeter peças ao Ministério Público para providências;
- Todos devem comunicar ameaça ou violação de direitos.

Ainda, prevê o artigo 8º do EPD:

> *Art. 8º É dever do Estado, da sociedade e da família assegurar à pessoa com deficiência, com prioridade, a efetivação dos direitos referentes à vida, à saúde, à sexualidade, à paternidade e à maternidade, à alimentação, à habitação, à educação, à profissionalização, ao trabalho, à previdência social, à habilitação e à reabilitação, ao transporte, à acessibilidade, à cultura, ao desporto, ao turismo, ao lazer, à informação, à comunicação, aos avanços científicos e tecnológicos, à dignidade, ao respeito, à liberdade, à convivência familiar e comunitária, entre outros decorrentes da Constituição Federal, da Convenção sobre os Direitos das Pessoas com Deficiência e seu Protocolo Facultativo e das leis e de outras normas que garantam seu bem-estar pessoal, social e econômico.*

1.2 Do atendimento prioritário

Determina o art. 9º do EPD:

> *Art. 9º A pessoa com deficiência tem direito a receber atendimento prioritário, sobretudo com a finalidade de:*
>
> *I – proteção e socorro em quaisquer circunstâncias;*
>
> *II – atendimento em todas as instituições e serviços de atendimento ao público;*
>
> *III – disponibilização de recursos, tanto humanos quanto tecnológicos, que garantam atendimento em igualdade de condições com as demais pessoas;*
>
> *IV – disponibilização de pontos de parada, estações e terminais acessíveis de transporte coletivo de passageiros e garantia de segurança no embarque e no desembarque;*
>
> *V – acesso a informações e disponibilização de recursos de comunicação acessíveis;*
>
> *VI – recebimento de restituição de imposto de renda;*
>
> *VII – tramitação processual e procedimentos judiciais e administrativos em que for parte ou interessada, em todos os atos e diligências.*
>
> *§ 1º Os direitos previstos neste artigo são extensivos ao acompanhante da pessoa com deficiência ou ao seu atendente pessoal, exceto quanto ao disposto nos incisos VI e VII deste artigo.*
>
> *§ 2º Nos serviços de emergência públicos e privados, a prioridade conferida por esta Lei é condicionada aos protocolos de atendimento médico.*

O dispositivo determina situações que as pessoas com deficiência terão atendimento prioritário.

Atenção com as confusões sobre prioridade de atendimento. O edital pode abordar, além do EPD, a Lei nº 10.048/2000, que trata das pessoas que terão atendimento prioritário em órgãos públicos, instituições financeiras, entre outras.

A citada lei prevê atendimento prioritário para:

- Pessoas com deficiência;
- Os idosos com idade igual ou superior a 60 (sessenta) anos;
- As gestantes;
- As lactantes;
- As pessoas com crianças de colo;
- Obesos.

A Lei nº 10.048/2000 prevê também que as empresas públicas de transporte e as concessionárias de transporte coletivo reservarão assentos, devidamente identificados, aos idosos, gestantes, lactantes, pessoas deficientes e pessoas acompanhadas por crianças de colo e os logradouros e sanitários públicos, bem como os edifícios de uso público, terão normas de construção, para efeito de licenciamento da respectiva edificação, baixadas pela autoridade competente, destinadas a facilitar o acesso e uso desses locais pelas pessoas deficientes. Veja-se:

> *Art. 1º As pessoas com deficiência, os idosos com idade igual ou superior a 60 (sessenta) anos, as gestantes, as lactantes, as pessoas com crianças de colo e os obesos terão atendimento prioritário, nos termos desta Lei. (Redação dada pela Lei nº 13.146, de 2015) (Vigência)*
>
> *Art. 2º As repartições públicas e empresas concessionárias de serviços públicos estão obrigadas a dispensar atendimento prioritário, por meio de serviços individualizados que assegurem tratamento diferenciado e atendimento imediato às pessoas a que se refere o art. 1º.*
>
> *Parágrafo único. É assegurada, em todas as instituições financeiras, a prioridade de atendimento às pessoas mencionadas no art. 1º.*
>
> *Art. 3º As empresas públicas de transporte e as concessionárias de transporte coletivo reservarão assentos, devidamente identificados, aos idosos, gestantes, lactantes, pessoas portadoras de deficiência e pessoas acompanhadas por crianças de colo.*
>
> *Art. 4º Os logradouros e sanitários públicos, bem como os edifícios de uso público, terão normas de construção, para efeito de licenciamento da respectiva edificação, baixadas pela autoridade competente, destinadas a facilitar o acesso e uso desses locais pelas pessoas portadoras de deficiência.*
>
> *Art. 5º Os veículos de transporte coletivo a serem produzidos após doze meses da publicação desta Lei serão planejados de forma a facilitar o acesso a seu interior das pessoas portadoras de deficiência.*
>
> *§ 1º (Vetado)*
>
> *§ 2º Os proprietários de veículos de transporte coletivo em utilização terão o prazo de cento e oitenta dias, a contar da regulamentação desta Lei, para proceder às adaptações necessárias ao acesso facilitado das pessoas portadoras de deficiência.*
>
> *Art. 6º A infração ao disposto nesta Lei sujeitará os responsáveis:*
>
> *I – no caso de servidor ou de chefia responsável pela repartição pública, às penalidades previstas na legislação específica;*
>
> *II – no caso de empresas concessionárias de serviço público, a multa de R$ 500,00 (quinhentos reais) a R$ 2.500,00 (dois mil e quinhentos reais), por veículos sem as condições previstas nos arts. 3º e 5º;*
>
> *III – no caso das instituições financeiras, às penalidades previstas no art. 44, incisos I, II e III, da Lei nº 4.595, de 31 de dezembro de 1964.*
>
> *Parágrafo único. As penalidades de que trata este artigo serão elevadas ao dobro, em caso de reincidência.*

Art. 7º O Poder Executivo regulamentará esta Lei no prazo de sessenta dias, contado de sua publicação.
Art. 8º Esta Lei entra em vigor na data de sua publicação.

1.3 Direitos fundamentais

Os direitos fundamentais são garantidos a todos pela nossa Constituição. Portanto, não importa quem seja, fica garantido os direitos previstos na nossa Carta Magna.

O EPD prevê regras específicas tratando sobre direitos fundamentais, tendo por objetivo a garantia de inclusão e igualdade.

São previstos:
- Direito à vida;
- Direito à habilitação e à reabilitação;
- Direito à saúde;
- Direito à educação;
- Direito à moradia;
- Direito ao trabalho;
- Direito à assistência social;
- Direito à previdência social;
- Direito à cultura, ao esporte, ao turismo e ao lazer;
- Direito ao transporte e à mobilidade.

Vamos trabalhar alguns destes (é essencial a leitura da lei de todos os dispositivos).

1.3.1 Direito à vida

O Poder Público deve garantir a dignidade da pessoa com deficiência ao longo de toda a vida. E em situações de risco, emergência ou estado de calamidade pública, a pessoa com deficiência será considerada vulnerável, devendo o poder público adotar medidas para sua proteção e segurança.

A pessoa com deficiência não poderá ser obrigada a se submeter à intervenção clínica ou cirúrgica, a tratamento ou a institucionalização forçada (a curatela pode suprir o consentimento)

O consentimento prévio, livre e esclarecido da pessoa com deficiência é indispensável para a realização de tratamento, procedimento, hospitalização e pesquisa científica.

Dispensa em casos de:
- Risco de morte.
- Emergência em saúde, resguardado seu superior interesse e adotadas as salvaguardas legais cabíveis.

O EPD prevê que a pesquisa científica envolvendo pessoa com deficiência em situação de tutela ou de curatela deve ser realizada, em caráter excepcional, quando não existe a possibilidade de realização com participantes não tutelados ou curatelados, apenas quando houver indícios de benefício direto para sua saúde ou para a saúde de outras pessoas com deficiência.

1.3.2 Direito à reabilitação e habilitação

A reabilitação e habilitação é um direito garantido a toda pessoa com deficiência, visando ao desenvolvimento de potencialidades, talentos, habilidades e aptidões físicas, cognitivas, sensoriais, psicossociais, atitudinais, profissionais e artísticas que contribuam para a conquista da autonomia da pessoa com deficiência e de sua participação social em igualdade de condições e oportunidades com as demais pessoas.

Para passar por este processo, será realizada avaliação multidisciplinar, analisando potencialidades, habilidades e quais necessidades da pessoa com deficiência, seguindo as seguintes diretrizes:

Art. 15 O processo mencionado no art. 14 desta Lei baseia-se em avaliação multidisciplinar das necessidades, habilidades e potencialidades de cada pessoa, observadas as seguintes diretrizes:

I – diagnóstico e intervenção precoces;

II – adoção de medidas para compensar perda ou limitação funcional, buscando o desenvolvimento de aptidões;

III – atuação permanente, integrada e articulada de políticas públicas que possibilitem a plena participação social da pessoa com deficiência;

IV – oferta de rede de serviços articulados, com atuação intersetorial, nos diferentes níveis de complexidade, para atender às necessidades específicas da pessoa com deficiência;

V – prestação de serviços próximo ao domicílio da pessoa com deficiência, inclusive na zona rural, respeitadas a organização das Redes de Atenção à Saúde (RAS) nos territórios locais e as normas do Sistema Único de Saúde (SUS).

Fica, ainda, garantido para as pessoas com deficiência:
- Organização, serviços, métodos, técnicas e recursos para atender às características de cada pessoa com deficiência;
- Acessibilidade em todos os ambientes e serviços;
- Tecnologia assistiva, tecnologia de reabilitação, materiais e equipamentos adequados e apoio técnico profissional, de acordo com as especificidades de cada pessoa com deficiência;
- Capacitação continuada de todos os profissionais que participem dos programas e serviços.

Os serviços do SUS e do SUAS deverão promover ações articuladas para garantir à pessoa com deficiência e sua família a aquisição de informações, orientações (nas mais diversas áreas: de saúde, de educação, de cultura, de esporte, de lazer, de transporte, de previdência social, de assistência social, de habitação, de trabalho, de empreendedorismo, de acesso ao crédito, de promoção, proteção e defesa de direitos e nas demais áreas que possibilitem à pessoa com deficiência exercer sua cidadania) formas de acesso às políticas públicas disponíveis, com a finalidade de propiciar sua plena participação social.

1.3.3 Direito à saúde

À pessoa com deficiência fica assegurada a atenção integral à saúde, de forma universal e igualitária, por intermédio do SUS, bem como fica assegurada a participação na elaboração de políticas de saúde.

As ações e os serviços de saúde pública destinados à pessoa com deficiência devem assegurar:
- Diagnóstico e intervenção precoces, realizados por equipe multidisciplinar;
- Serviços de habilitação e de reabilitação sempre que necessários, para qualquer tipo de deficiência, inclusive para a manutenção da melhor condição de saúde e qualidade de vida;
- Atendimento domiciliar multidisciplinar, tratamento ambulatorial e internação;
- Campanhas de vacinação;
- Atendimento psicológico, inclusive para seus familiares e atendentes pessoais;
- Respeito à especificidade, à identidade de gênero e à orientação sexual da pessoa com deficiência;
- Atenção sexual e reprodutiva, incluindo o direito à fertilização assistida;
- Informação adequada e acessível à pessoa com deficiência e a seus familiares sobre sua condição de saúde;
- Serviços projetados para prevenir a ocorrência e o desenvolvimento de deficiências e agravos adicionais;

ESTATUTO DA PESSOA COM DEFICIÊNCIA

- Promoção de estratégias de capacitação permanente das equipes que atuam no SUS, em todos os níveis de atenção, no atendimento à pessoa com deficiência, bem como orientação a seus atendentes pessoais;
- Oferta de órteses, próteses, meios auxiliares de locomoção, medicamentos, insumos e fórmulas nutricionais, conforme as normas vigentes do Ministério da Saúde.

As diretrizes aplicam-se também às instituições privadas que participem de forma complementar do SUS ou que recebam recursos públicos para sua manutenção.

O art. 19 do EPD prevê ações que devem ser desenvolvidas pelo SUS destinadas à prevenção:

> **Art. 19** Compete ao SUS desenvolver ações destinadas à prevenção de deficiências por causas evitáveis, inclusive por meio de:
>
> I – acompanhamento da gravidez, do parto e do puerpério, com garantia de parto humanizado e seguro;
>
> II – promoção de práticas alimentares adequadas e saudáveis, vigilância alimentar e nutricional, prevenção e cuidado integral dos agravos relacionados à alimentação e nutrição da mulher e da criança;
>
> III – aprimoramento e expansão dos programas de imunização e de triagem neonatal;
>
> IV – identificação e controle da gestante de alto risco.
>
> V – aprimoramento do atendimento neonatal, com a oferta de ações e serviços de prevenção de danos cerebrais e sequelas neurológicas em recém-nascidos, inclusive por telessaúde. (Incluído pela Lei nº 14.510/2022)

Importante também frisar que o EPD prevê no aspecto da saúde:

- As operadoras de planos e seguros privados de saúde são obrigadas a garantir à pessoa com deficiência, no mínimo, todos os serviços e produtos ofertados aos demais clientes. Também é vedada cobrança de valores diferenciados por planos e seguros privados de saúde, em razão de sua condição de pessoa com deficiência.
- Quando esgotados os meios de atenção à saúde da pessoa com deficiência no local de residência, será prestado atendimento fora de domicílio, para fins de diagnóstico e de tratamento, garantidos o transporte e a acomodação da pessoa com deficiência e de seu acompanhante.
- À pessoa com deficiência internada ou em observação é assegurado o direito à acompanhante ou à atendente pessoal, devendo o órgão ou a instituição de saúde proporcionar condições adequadas para sua permanência em tempo integral e, na impossibilidade de permanência, o profissional de saúde responsável deverá justificar, por escrito, devendo o órgão ou a instituição de saúde adotar as providências cabíveis para suprir a ausência do acompanhante ou do atendente pessoal.
- É assegurado à pessoa com deficiência o acesso aos serviços de saúde, tanto públicos como privados, e às informações prestadas e recebidas, por meio de recursos de tecnologia assistiva e de todas as formas de comunicação.
- Os espaços dos serviços de saúde, tanto públicos quanto privados, devem assegurar o acesso da pessoa com deficiência, em conformidade com a legislação em vigor, mediante a remoção de barreiras, por meio de projetos arquitetônicos, de ambientação de interior e de comunicação que atendam às especificidades das pessoas com deficiência física, sensorial, intelectual e mental.
- Os casos de suspeita ou de confirmação de violência praticada contra a pessoa com deficiência serão objetos de notificação compulsória pelos serviços de saúde públicos e privados à autoridade policial e ao Ministério Público, além dos Conselhos dos Direitos da Pessoa com Deficiência. Para efeito da lei, conceitua-se violência qualquer ação ou omissão, praticada em local público ou privado, que lhe cause morte ou dano ou sofrimento físico ou psicológico.

Aos profissionais que prestam assistência à pessoa com deficiência, especialmente em serviços de habilitação e de reabilitação, deve ser garantida capacitação inicial e continuada.

1.3.4 Direito à educação

A educação também constitui direito da pessoa com deficiência, assegurados um sistema educacional inclusivo em todos os níveis e aprendizado ao longo de toda a vida, de forma a alcançar o máximo de desenvolvimento possível de seus talentos e habilidades físicas, sensoriais, intelectuais e sociais, segundo suas características, interesses e necessidades de aprendizagem.

Cabe ao Estado, à família, à comunidade escolar e à sociedade assegurar educação de qualidade à pessoa com deficiência, colocando-a a salvo de toda forma de violência, negligência e discriminação.

Direito à educação
↓
Dever de assegurar educação de qualidade e impedir violência, negligência e discriminação
↓ ↓ ↓ ↓
Estado | Família | Comunidade escolar | Sociedade

Desta feita, determina o art. 28 do EPD:

> **Art. 28** Incumbe ao poder público assegurar, criar, desenvolver, implementar, incentivar, acompanhar e avaliar:
>
> I – sistema educacional inclusivo em todos os níveis e modalidades, bem como o aprendizado ao longo de toda a vida;
>
> II – aprimoramento dos sistemas educacionais, visando a garantir condições de acesso, permanência, participação e aprendizagem, por meio da oferta de serviços e de recursos de acessibilidade que eliminem as barreiras e promovam a inclusão plena;
>
> III – projeto pedagógico que institucionalize o atendimento educacional especializado, assim como os demais serviços e adaptações razoáveis, para atender às características dos estudantes com deficiência e garantir o seu pleno acesso ao currículo em condições de igualdade, promovendo a conquista e o exercício de sua autonomia;
>
> IV – oferta de educação bilíngue, em Libras como primeira língua e na modalidade escrita da língua portuguesa como segunda língua, em escolas e classes bilíngues e em escolas inclusivas;*
>
> V – adoção de medidas individualizadas e coletivas em ambientes que maximizem o desenvolvimento acadêmico e social dos estudantes com deficiência, favorecendo o acesso, a permanência, a participação e a aprendizagem em instituições de ensino;
>
> VI – pesquisas voltadas para o desenvolvimento de novos métodos e técnicas pedagógicas, de materiais didáticos, de equipamentos e de recursos de tecnologia assistiva; *
>
> VII – planejamento de estudo de caso, de elaboração de plano de atendimento educacional especializado, de organização de recursos e serviços de acessibilidade e de disponibilização e usabilidade pedagógica de recursos de tecnologia assistiva;
>
> VIII – participação dos estudantes com deficiência e de suas famílias nas diversas instâncias de atuação da comunidade escolar;
>
> IX – adoção de medidas de apoio que favoreçam o desenvolvimento dos aspectos linguísticos, culturais, vocacionais e profissionais, levando-se em conta o talento, a criatividade, as habilidades e os interesses do estudante com deficiência;
>
> X – adoção de práticas pedagógicas inclusivas pelos programas de formação inicial e continuada de professores e oferta de formação continuada para o atendimento educacional especializado;

ESTATUTO DA PESSOA COM DEFICIÊNCIA

XI – formação e disponibilização de professores para o atendimento educacional especializado, de tradutores e intérpretes da Libras, de guias intérpretes e de profissionais de apoio;

XII – oferta de ensino da Libras, do Sistema Braille e de uso de recursos de tecnologia assistiva, de forma a ampliar habilidades funcionais dos estudantes, promovendo sua autonomia e participação;

XIII – acesso à educação superior e à educação profissional e tecnológica em igualdade de oportunidades e condições com as demais pessoas;

XIV – inclusão em conteúdos curriculares, em cursos de nível superior e de educação profissional técnica e tecnológica, de temas relacionados à pessoa com deficiência nos respectivos campos de conhecimento;

XV – acesso da pessoa com deficiência, em igualdade de condições, a jogos e a atividades recreativas, esportivas e de lazer, no sistema escolar;

XVI – acessibilidade para todos os estudantes, trabalhadores da educação e demais integrantes da comunidade escolar às edificações, aos ambientes e às atividades concernentes a todas as modalidades, etapas e níveis de ensino;

XVII – oferta de profissionais de apoio escolar;

XVIII – articulação intersetorial na implementação de políticas públicas.

Às instituições privadas, de qualquer nível e modalidade de ensino, aplica-se obrigatoriamente o que determina o artigo, exceto incisos IV e VI, sendo vedada a cobrança de valores adicionais de qualquer natureza em suas mensalidades, anuidades e matrículas no cumprimento dessas determinações.

Na disponibilização de tradutores e intérpretes da Libras para o atendimento educacional especializado, de guias intérpretes e de profissionais de apoio; deve-se observar o seguinte:

- ***Educação básica: Ensino Médio + certificado de proficiência na Libras.***
- ***Os tradutores e intérpretes da Libras, quando direcionados à tarefa de interpretar nas salas de aula dos cursos de graduação e pós-graduação:*** nível superior + com habilitação, prioritariamente, em Tradução e Interpretação em Libras.

Nos processos seletivos para ingresso e permanência nos cursos oferecidos pelas instituições de ensino superior e de educação profissional e tecnológica, públicas e privadas, devem ser adotadas as seguintes medidas:

- Atendimento preferencial à pessoa com deficiência nas dependências das Instituições de Ensino Superior (IES) e nos serviços;
- Disponibilização de formulário de inscrição de exames com campos específicos para que o candidato com deficiência informe os recursos de acessibilidade e de tecnologia assistiva necessários para sua participação;
- Disponibilização de provas em formatos acessíveis para atendimento às necessidades específicas do candidato com deficiência;
- Disponibilização de recursos de acessibilidade e de tecnologia assistiva adequados, previamente solicitados e escolhidos pelo candidato com deficiência;
- Dilação de tempo, conforme demanda apresentada pelo candidato com deficiência, tanto na realização de exame para seleção quanto nas atividades acadêmicas, mediante prévia solicitação e comprovação da necessidade;
- Adoção de critérios de avaliação das provas escritas, discursivas ou de redação que considerem a singularidade linguística da pessoa com deficiência, no domínio da modalidade escrita da língua portuguesa;
- Tradução completa do edital e de suas retificações em Libras.

1.3.5 Direito à moradia

O EPD prevê que a pessoa com deficiência tem direito à moradia digna, no seio da família natural ou substituta, com seu cônjuge ou companheiro ou desacompanhada, ou em moradia para a vida independente da pessoa com deficiência, ou, ainda, em residência inclusiva.

O poder público deve adotar programas e ações estratégicas para apoiar a criação e a manutenção de moradia para a vida independente da pessoa com deficiência.

A proteção integral na modalidade de residência inclusiva será prestada no âmbito do Suas à pessoa com deficiência em situação de dependência que não disponha de condições de autossustentabilidade, com vínculos familiares fragilizados ou rompidos.

Programas habitacionais, públicos ou subsidiados devem reservar 3% das unidades habitacionais para aquisição para pessoa com deficiência, que goza de prioridade na aquisição, sendo beneficiada com prioridade uma vez apenas.

1.3.6 Direito ao trabalho

A pessoa com deficiência tem direito ao trabalho de sua livre escolha e aceitação, em ambiente acessível (sendo obrigação das pessoas jurídicas a garantir ambiente acessível e inclusivo) e inclusivo, em igualdade de oportunidades com as demais pessoas.

São direitos das pessoas com deficiência:

- Igualdade de oportunidades com as demais pessoas;
- Condições justas e favoráveis de trabalho, incluindo igual remuneração por trabalho de igual valor;
- Participação e acesso a cursos, treinamentos, educação continuada, planos de carreira, promoções, bonificações e incentivos profissionais oferecidos pelo empregador, em igualdade de oportunidades com os demais empregados;
- Acessibilidade em cursos de formação e de capacitação.

É vedada a restrição ao trabalho da pessoa com deficiência e qualquer discriminação em razão de sua condição, inclusive nas etapas de recrutamento, seleção, contratação, admissão, exames admissional e periódico, permanência no emprego, ascensão profissional e reabilitação profissional, bem como exigência de aptidão plena.

É finalidade primordial das políticas públicas de trabalho e emprego promover e garantir condições de acesso e de permanência da pessoa com deficiência no campo de trabalho. Os programas de estímulo ao empreendedorismo e ao trabalho autônomo, incluídos o cooperativismo e o associativismo, devem prever a participação da pessoa com deficiência e a disponibilização de linhas de crédito, quando necessárias.

1.3.7 Habilitação profissional e reabilitação profissional

O art. 36 do EPD prevê:

> ***Art. 36*** *O poder público deve implementar serviços e programas completos de habilitação profissional e de reabilitação profissional para que a pessoa com deficiência possa ingressar, continuar ou retornar ao campo do trabalho, respeitados sua livre escolha, sua vocação e seu interesse.*
>
> *§ 1º Equipe multidisciplinar indicará, com base em critérios previstos no § 1º do art. 2º desta Lei, programa de habilitação ou de reabilitação que possibilite à pessoa com deficiência restaurar sua capacidade e habilidade profissional ou adquirir novas capacidades e habilidades de trabalho.*
>
> *§ 2º A habilitação profissional corresponde ao processo destinado a propiciar à pessoa com deficiência aquisição de conhecimentos, habilidades*

ESTATUTO DA PESSOA COM DEFICIÊNCIA

e aptidões para exercício de profissão ou de ocupação, permitindo nível suficiente de desenvolvimento profissional para ingresso no campo de trabalho.

§ 3º Os serviços de habilitação profissional, de reabilitação profissional e de educação profissional devem ser dotados de recursos necessários para atender a toda pessoa com deficiência, independentemente de sua característica específica, a fim de que ela possa ser capacitada para trabalho que lhe seja adequado e ter perspectivas de obtê-lo, de conservá-lo e de nele progredir.

§ 4º Os serviços de habilitação profissional, de reabilitação profissional e de educação profissional deverão ser oferecidos em ambientes acessíveis e inclusivos.

§ 5º A habilitação profissional e a reabilitação profissional devem ocorrer articuladas com as redes públicas e privadas, especialmente de saúde, de ensino e de assistência social, em todos os níveis e modalidades, em entidades de formação profissional ou diretamente com o empregador.

§ 6º A habilitação profissional pode ocorrer em empresas por meio de prévia formalização do contrato de emprego da pessoa com deficiência, que será considerada para o cumprimento da reserva de vagas prevista em lei, desde que por tempo determinado e concomitante com a inclusão profissional na empresa, observado o disposto em regulamento.

§ 7º A habilitação profissional e a reabilitação profissional atenderão à pessoa com deficiência.

1.4 Inclusão da pessoa com deficiência no trabalho

Teremos inclusão quando da colocação da pessoa com deficiência de forma competitiva e em igualdade de oportunidades, observada legislação trabalhista e previdenciária.

Devem, ainda, ser observadas as normas de acessibilidade e fornecidos recursos de tecnologia assistiva e a adaptação razoável no ambiente de trabalho.

A colocação competitiva da pessoa com deficiência pode ocorrer por meio de trabalho com apoio, observadas as seguintes diretrizes:

- Prioridade no atendimento à pessoa com deficiência com maior dificuldade de inserção no campo de trabalho;
- Provisão de suportes individualizados que atendam a necessidades específicas da pessoa com deficiência, inclusive a disponibilização de recursos de tecnologia assistiva, de agente facilitador e de apoio no ambiente de trabalho;
- Respeito ao perfil vocacional e ao interesse da pessoa com deficiência apoiada;
- Oferta de aconselhamento e de apoio aos empregadores, com vistas à definição de estratégias de inclusão e de superação de barreiras, inclusive atitudinais;
- Realização de avaliações periódicas;
- Articulação intersetorial das políticas públicas;
- Possibilidade de participação de organizações da sociedade civil.

1.4.1 Assistência social

A assistência social visa à promoção da pessoa, sendo previstos serviços, programas, projetos e os benefícios no âmbito da política pública de assistência social à pessoa com deficiência e sua família têm como objetivo a garantia da segurança de renda, da acolhida, da habilitação e da reabilitação, do desenvolvimento da autonomia e da convivência familiar e comunitária, para a promoção do acesso a direitos e da plena participação social.

Os serviços socioassistenciais destinados à pessoa com deficiência em situação de dependência deverão contar com cuidadores sociais para prestar-lhe cuidados básicos e instrumentais.

É assegurado à pessoa com deficiência que não possua meios para prover sua subsistência nem de tê-la provida por sua família o benefício mensal de 1 (um) salário-mínimo, nos termos da Lei nº 8.742, de 7 de dezembro de 1993 (LOAS – Lei Orgânica da Assistência Social), que é conhecido como Benefício de Prestação Continuada da Assistência Social (BPC-LOAS).

Dentro do âmbito assistencial, o EPD trouxe a previsão do auxílio-inclusão, prevendo benefício para aquele que passe a exercer atividade remunerada e recebia o BPC-LOAS, como uma forma de incentivo para manutenção da pessoa com deficiência no mercado de trabalho (ser segurado obrigatório do RGPS – Regime Geral de Previdência Social) vejamos o que dispõe o artigo 94 do Estatuto:

Art. 94 Terá direito a auxílio-inclusão, nos termos da lei, a pessoa com deficiência moderada ou grave que:

I – receba o benefício de prestação continuada previsto no art. 20 da Lei nº 8.742, de 7 de dezembro de 1993, e que passe a exercer atividade remunerada que a enquadre como segurado obrigatório do RGPS;

II – tenha recebido, nos últimos 5 (cinco) anos, o benefício de prestação continuada previsto no art. 20 da Lei nº 8.742, de 7 de dezembro de 1993, e que exerça atividade remunerada que a enquadre como segurado obrigatório do RGPS.

Resumo dos requisitos pelo Estatuto:

Auxílio - inclusão → Deficiência grave ou moderada

→ Receber BPC LOAS ou ter recebido nos últimos 5 anos

→ Exercer atividade remunerada que o enquadre como segurado obrigatório do RGPS

1.4.2 Cultura, esporte, turismo e lazer

Vamos aos dispositivos legais:

Art. 42 A pessoa com deficiência tem direito à cultura, ao esporte, ao turismo e ao lazer em igualdade de oportunidades com as demais pessoas, sendo-lhe garantido o acesso:

I – a bens culturais em formato acessível;

II – a programas de televisão, cinema, teatro e outras atividades culturais e desportivas em formato acessível; e

III. a monumentos e locais de importância cultural e a espaços que ofereçam serviços ou eventos culturais e esportivos.

§ 1º É vedada a recusa de oferta de obra intelectual em formato acessível à pessoa com deficiência, sob qualquer argumento, inclusive sob a alegação de proteção dos direitos de propriedade intelectual.

§ 2º O poder público deve adotar soluções destinadas à eliminação, à redução ou à superação de barreiras para a promoção do acesso a todo patrimônio cultural, observadas as normas de acessibilidade, ambientais e de proteção do patrimônio histórico e artístico nacional.

Art. 43 O poder público deve promover a participação da pessoa com deficiência em atividades artísticas, intelectuais, culturais, esportivas e recreativas, com vistas ao seu protagonismo, devendo:

I – incentivar a provisão de instrução, de treinamento e de recursos adequados, em igualdade de oportunidades com as demais pessoas;

II – assegurar acessibilidade nos locais de eventos e nos serviços prestados por pessoa ou entidade envolvida na organização das atividades de que trata este artigo; e

III – assegurar a participação da pessoa com deficiência em jogos e atividades recreativas, esportivas, de lazer, culturais e artísticas, inclusive no sistema escolar, em igualdade de condições com as demais pessoas.

Nos teatros, cinemas, auditórios, estádios, ginásios de esporte, locais de espetáculos e de conferências e similares serão reservados espaços livres e assentos para a pessoa com deficiência, de acordo com a capacidade de lotação da edificação, que devem ser distribuídos em locais diversos, de boa visibilidade, em todos os setores, próximos aos corredores, devidamente sinalizados, evitando-se áreas segregadas de público e obstrução das saídas, em conformidade com as normas de acessibilidade, devendo acomodar acompanhante da pessoa deficiente ou com mobilidade reduzida, sendo garantida também a acomodação próxima ao grupo familiar e comunitário.

No caso de não haver comprovada procura pelos assentos reservados, esses podem, excepcionalmente, ser ocupados por pessoas sem deficiência ou que não tenham mobilidade reduzida.

Devem existir rotas de fuga e saídas de emergência acessíveis, conforme padrões das normas de acessibilidade, a fim de permitir a saída segura da pessoa com deficiência ou com mobilidade reduzida, em caso de emergência.

- **Cinema:** deve garantir, em todas as sessões, recursos de acessibilidade para a pessoa com deficiência.
- O valor do ingresso da pessoa com deficiência não poderá ser superior ao valor cobrado das demais pessoas.

O Estatuto também prevê regras para hotéis, pousadas e similares:

Princípios do desenho universal

Hotéis, pousadas e similares
↓
- Devem ser acessíveis → 10% dormitórios acessíveis, garantido pelo menos uma unidade
- Já existentes → Rotas acessíveis

1.4.3 Direito ao transporte e mobilidade

O EPD determina diversas regras com relação ao transporte e mobilidade das pessoas com deficiência. Vamos aos dispositivos e esquematizar:

Art. 46 O direito ao transporte e à mobilidade da pessoa com deficiência ou com mobilidade reduzida será assegurado em igualdade de oportunidades com as demais pessoas, por meio de identificação e de eliminação de todos os obstáculos e barreiras ao seu acesso.

§ 1º Para fins de acessibilidade aos serviços de transporte coletivo terrestre, aquaviário e aéreo, em todas as jurisdições, consideram-se como integrantes desses serviços os veículos, os terminais, as estações, os pontos de parada, o sistema viário e a prestação do serviço.

§ 2º São sujeitas ao cumprimento das disposições desta Lei, sempre que houver interação com a matéria nela regulada, a outorga, a concessão, a permissão, a autorização, a renovação ou a habilitação de linhas e de serviços de transporte coletivo.

§ 3º Para colocação do símbolo internacional de acesso nos veículos, as empresas de transporte coletivo de passageiros dependem da certificação de acessibilidade emitida pelo gestor público responsável pela prestação do serviço.

Art. 47 Em todas as áreas de estacionamento aberto ao público, de uso público ou privado de uso coletivo e em vias públicas, devem ser reservadas vagas próximas aos acessos de circulação de pedestres, devidamente sinalizadas, para veículos que transportem pessoa com deficiência com comprometimento de mobilidade, desde que devidamente identificados.

§ 1º As vagas a que se refere o caput deste artigo devem equivaler a 2% (dois por cento) do total, garantida, no mínimo, 1 (uma) vaga devidamente sinalizada e com as especificações de desenho e traçado de acordo com as normas técnicas vigentes de acessibilidade.

ESTATUTO DA PESSOA COM DEFICIÊNCIA

§ 2º Os veículos estacionados nas vagas reservadas devem exibir, em local de ampla visibilidade, a credencial de beneficiário, a ser confeccionada e fornecida pelos órgãos de trânsito, que disciplinarão suas características e condições de uso.

§ 3º A utilização indevida das vagas de que trata este artigo sujeita os infratores às sanções previstas no inciso XX do art. 181 da Lei nº 9.503, de 23 de setembro de 1997 (Código de Trânsito Brasileiro). (Redação dada pela Lei nº 13.281, de 2016) (Vigência)

§ 4º A credencial a que se refere o § 2º deste artigo é vinculada à pessoa com deficiência que possui comprometimento de mobilidade e é válida em todo o território nacional.

Art. 48 Os veículos de transporte coletivo terrestre, aquaviário e aéreo, as instalações, as estações, os portos e os terminais em operação no País devem ser acessíveis, de forma a garantir o seu uso por todas as pessoas.

§ 1º Os veículos e as estruturas de que trata o caput deste artigo devem dispor de sistema de comunicação acessível que disponibilize informações sobre todos os pontos do itinerário.

§ 2º São asseguradas à pessoa com deficiência prioridade e segurança nos procedimentos de embarque e de desembarque nos veículos de transporte coletivo, de acordo com as normas técnicas.

§ 3º Para colocação do símbolo internacional de acesso nos veículos, as empresas de transporte coletivo de passageiros dependem da certificação de acessibilidade emitida pelo gestor público responsável pela prestação do serviço.

Art. 49 As empresas de transporte de fretamento e de turismo, na renovação de suas frotas, são obrigadas ao cumprimento do disposto nos arts. 46 e 48 desta Lei.(Vigência)

Art. 50 O poder público incentivará a fabricação de veículos acessíveis e a sua utilização como táxis e vans, de forma a garantir o seu uso por todas as pessoas.

Art. 51 As frotas de empresas de táxi devem reservar 10% (dez por cento) de seus veículos acessíveis à pessoa com deficiência. (Vide Decreto nº 9.762, de 2019) (Vigência)

§ 1º É proibida a cobrança diferenciada de tarifas ou de valores adicionais pelo serviço de táxi prestado à pessoa com deficiência.

§ 2º O poder público é autorizado a instituir incentivos fiscais com vistas a possibilitar a acessibilidade dos veículos a que se refere o caput deste artigo.

Art. 52 As locadoras de veículos são obrigadas a oferecer 1 (um) veículo adaptado para uso de pessoa com deficiência, a cada conjunto de 20 (vinte) veículos de sua frota. (Vide Decreto nº 9.762, de 2019) (Vigência)

Parágrafo único. *O veículo adaptado deverá ter, no mínimo, câmbio automático, direção hidráulica, vidros elétricos e comandos manuais de freio e de embreagem.*

Direito ao transporte e à mobilidade

- Estacionamentos: uso público ou privado de uso coletivo e vias públicas
  ↓
  Vagas próximas aos acessos de pedestres — 2% do total, garantindo no mínimo uma vaga
- Frotas de táxis → 10% de seus veículos acessíveis
- Locadoras de veículos → Um veículo adaptado a cada conjunto de 20 veículos da frota

2 ACESSIBILIDADE

A acessibilidade é direito que garante à pessoa com deficiência ou com mobilidade reduzida viver de forma independente e exercer seus direitos de cidadania e de participação social.

Estão sujeitas às normas de acessibilidade (previstas no EPD e outras normas):

- A aprovação de projeto arquitetônico e urbanístico ou de comunicação e informação, a fabricação de veículos de transporte coletivo, a prestação do respectivo serviço e a execução de qualquer tipo de obra, quando tenham destinação pública ou coletiva;
- A outorga ou a renovação de concessão, permissão, autorização ou habilitação de qualquer natureza;
- A aprovação de financiamento de projeto com utilização de recursos públicos, por meio de renúncia ou de incentivo fiscal, contrato, convênio ou instrumento congênere; e
- A concessão de aval da União para obtenção de empréstimo e de financiamento internacionais por entes públicos ou privados.

A acessibilidade é direito que garante à pessoa com deficiência ou com mobilidade reduzida viver de forma independente e exercer seus direitos de cidadania e de participação social.

Estão sujeitas às normas de acessibilidade (previstas no EPD e outras normas):

- A aprovação de projeto arquitetônico e urbanístico ou de comunicação e informação, a fabricação de veículos de transporte coletivo, a prestação do respectivo serviço e a execução de qualquer tipo de obra, quando tenham destinação pública ou coletiva;
- A outorga ou a renovação de concessão, permissão, autorização ou habilitação de qualquer natureza;
- A aprovação de financiamento de projeto com utilização de recursos públicos, por meio de renúncia ou de incentivo fiscal, contrato, convênio ou instrumento congênere; e
- a concessão de aval da União para obtenção de empréstimo e de financiamento internacionais por entes públicos ou privados.

Atente para o disposto no art. 55 do EPD:

> *Art. 55 A concepção e a implantação de projetos que tratem do meio físico, de transporte, de informação e comunicação, inclusive de sistemas e tecnologias da informação e comunicação, e de outros serviços, equipamentos e instalações abertos ao público, de uso público ou privado de uso coletivo, tanto na zona urbana como na rural, devem atender aos princípios do desenho universal, tendo como referência as normas de acessibilidade.*
>
> *§ 1º O desenho universal será sempre tomado como regra de caráter geral.*
>
> *§ 2º Nas hipóteses em que comprovadamente o desenho universal não possa ser empreendido, deve ser adotada adaptação razoável.*
>
> *§ 3º Caberá ao poder público promover a inclusão de conteúdos temáticos referentes ao desenho universal nas diretrizes curriculares da educação profissional e tecnológica e do ensino superior e na formação das carreiras de Estado.*
>
> *§ 4º Os programas, os projetos e as linhas de pesquisa a serem desenvolvidos com o apoio de organismos públicos de auxílio à pesquisa e de agências de fomento deverão incluir temas voltados para o desenho universal.*
>
> *§ 5º Desde a etapa de concepção, as políticas públicas deverão considerar a adoção do desenho universal.*

Toda construção, reforma, ampliação e mudanças de uso de edificação abertas ao público ou privadas de uso coletivo (museus, teatros, cinemas etc.) devem ser acessíveis, sendo obrigação de entidades de fiscalização das atividades de engenharia, de arquitetura e correlatas, ao anotarem a responsabilidade técnica de projetos, devem exigir a responsabilidade profissional declarada de atendimento às regras de acessibilidade previstas em legislação e em normas técnicas pertinentes.

Para aprovar licenciamento ou emissão de certificado de projeto executivo arquitetônico, urbanístico e de instalações e equipamentos temporários ou permanentes e para o licenciamento ou a emissão de certificado de conclusão de obra ou de serviço, deve ser atestado o atendimento às regras de acessibilidade.

As edificações públicas e privadas de uso coletivo já existentes devem garantir acessibilidade à pessoa com deficiência em todas as suas dependências e serviços, tendo como referência as normas de acessibilidade vigentes.

> *Art. 58 O projeto e a construção de edificação de uso privado multifamiliar devem atender aos preceitos de acessibilidade, na forma regulamentar. (Regulamento)*
>
> *§ 1º As construtoras e incorporadoras responsáveis pelo projeto e pela construção das edificações a que se refere o caput deste artigo devem assegurar percentual mínimo de suas unidades internamente acessíveis, na forma regulamentar.*
>
> *§ 2º É vedada a cobrança de valores adicionais para a aquisição de unidades internamente acessíveis a que se refere o § 1º deste artigo.*
>
> *Art. 59 Em qualquer intervenção nas vias e nos espaços públicos, o poder público e as empresas concessionárias responsáveis pela execução das obras e dos serviços devem garantir, de forma segura, a fluidez do trânsito e a livre circulação e acessibilidade das pessoas, durante e após sua execução.*
>
> *Art. 60 Orientam-se, no que couber, pelas regras de acessibilidade previstas em legislação e em normas técnicas, observado o disposto na Lei nº 10.098, de 19 de dezembro de 2000, nº 10.257, de 10 de julho de 2001, e nº12.587, de 3 de janeiro de 2012:*
>
> *I – os planos diretores municipais, os planos diretores de transporte e trânsito, os planos de mobilidade urbana e os planos de preservação de sítios históricos elaborados ou atualizados a partir da publicação desta Lei;*
>
> *II – os códigos de obras, os códigos de postura, as leis de uso e ocupação do solo e as leis do sistema viário;*
>
> *III – os estudos prévios de impacto de vizinhança;*
>
> *IV – as atividades de fiscalização e a imposição de sanções; e*
>
> *V – a legislação referente à prevenção contra incêndio e pânico.*
>
> *§ 1º A concessão e a renovação de alvará de funcionamento para qualquer atividade são condicionadas à observação e à certificação das regras de acessibilidade.*
>
> *§ 2º A emissão de carta de habite-se ou de habilitação equivalente e sua renovação, quando esta tiver sido emitida anteriormente às exigências de acessibilidade, é condicionada à observação e à certificação das regras de acessibilidade.*
>
> *Art. 61 A formulação, a implementação e a manutenção das ações de acessibilidade atenderão às seguintes premissas básicas:*
>
> *I – eleição de prioridades, elaboração de cronograma e reserva de recursos para implementação das ações; e*
>
> *II – planejamento contínuo e articulado entre os setores envolvidos.*
>
> *Art. 62 É assegurado à pessoa com deficiência, mediante solicitação, o recebimento de contas, boletos, recibos, extratos e cobranças de tributos em formato acessível.*

A acessibilidade também contempla a informação e a comunicação, determinando a legislação:

- Obrigatoriedade nos sites de internet mantidos por empresas com sede ou representação comercial no País ou por órgãos de governo, para uso da pessoa com deficiência, garantindo-lhe acesso às informações disponíveis, conforme as melhores práticas e diretrizes de acessibilidade adotadas internacionalmente, devendo ter símbolos de acessibilidade em destaque.

ESTATUTO DA PESSOA COM DEFICIÊNCIA

- Telecentros comunitários que receberem recursos públicos federais para seu custeio ou sua instalação e lanhouses devem possuir equipamentos e instalações acessíveis. Os telecentros e as lanhouses devem garantir, no mínimo, 10% (dez por cento) de seus computadores com recursos de acessibilidade para pessoa com deficiência visual, sendo assegurado pelo menos 1 (um) equipamento, quando o resultado percentual for inferior a 1 (um).
- As empresas prestadoras de serviços de telecomunicações deverão garantir pleno acesso à pessoa com deficiência, conforme regulamentação específica.
- Cabe ao poder público incentivar a oferta de aparelhos de telefonia fixa e móvel celular com acessibilidade que, entre outras tecnologias assistivas, possuam possibilidade de indicação e de ampliação sonoras de todas as operações e funções disponíveis.
- *Os serviços de radiodifusão de sons e imagens devem permitir o uso dos seguintes recursos, entre outros:* substituição por meio de legenda oculta; janela com intérprete da Libras; audiodescrição.
- O poder público deve adotar mecanismos de incentivo à produção, à edição, à difusão, à distribuição e à comercialização de livros em formatos acessíveis, inclusive em publicações da administração pública ou financiadas com recursos públicos, com vistas a garantir à pessoa com deficiência o direito de acesso à leitura, à informação e à comunicação.
- Nos editais de compras de livros, inclusive para o abastecimento ou a atualização de acervos de bibliotecas em todos os níveis e modalidades de educação e de bibliotecas públicas, o poder público deverá adotar cláusulas de impedimento à participação de editoras que não ofertem sua produção também em formatos acessíveis. Consideram-se formatos acessíveis os arquivos digitais que possam ser reconhecidos e acessados por softwares leitores de telas ou outras tecnologias assistivas que vierem a substituí-los, permitindo leitura com voz sintetizada, ampliação de caracteres, diferentes contrastes e impressão em Braille.
- O poder público deve estimular e apoiar a adaptação e a produção de artigos científicos em formato acessível, inclusive em Libras.
- O poder público deve assegurar a disponibilidade de informações corretas e claras sobre os diferentes produtos e serviços ofertados, por quaisquer meios de comunicação empregados, inclusive em ambiente virtual, contendo a especificação correta de quantidade, qualidade, características, composição e preço, bem como sobre os eventuais riscos à saúde e à segurança do consumidor com deficiência, em caso de sua utilização, aplicando-se, no que couber, o disposto no Código de Defesa do Consumidor.
- Os fornecedores devem disponibilizar, mediante solicitação, exemplares de bulas, prospectos, textos ou qualquer outro tipo de material de divulgação em formato acessível.
- As instituições promotoras de congressos, seminários, oficinas e demais eventos de natureza científico-cultural devem oferecer à pessoa com deficiência, no mínimo, os recursos de tecnologia assistiva. Os congressos, os seminários, as oficinas e os demais eventos de natureza científico-cultural promovidos ou financiados pelo poder público devem garantir as condições de acessibilidade e os recursos de tecnologia assistiva.
- Os programas, as linhas de pesquisa e os projetos a serem desenvolvidos com o apoio de agências de financiamento e de órgãos e entidades integrantes da administração pública que atuem no auxílio à pesquisa devem contemplar temas voltados à tecnologia assistiva. Caberá ao poder público, diretamente ou em parceria com organizações da sociedade civil, promover a capacitação de tradutores e intérpretes da Libras, de guias intérpretes e de profissionais habilitados em Braille, audiodescrição, estenotipia e legendagem.

Também contempla a tecnologia, incentivando o acesso e a criação de recursos e facilidades para garantir a acessibilidade, ficando garantido à pessoa com deficiência acesso a produtos, recursos, estratégias, práticas, processos, métodos e serviços de tecnologia assistiva que maximizem sua autonomia, mobilidade pessoal e qualidade de vida.

O poder público desenvolverá plano específico de medidas, a ser renovado em cada período de 4 (quatro) anos, com a finalidade de:

- Facilitar o acesso a crédito especializado, inclusive com oferta de linhas de crédito subsidiadas, específicas para aquisição de tecnologia assistiva;
- Agilizar, simplificar e priorizar procedimentos de importação de tecnologia assistiva, especialmente as questões atinentes a procedimentos alfandegários e sanitários;
- Criar mecanismos de fomento à pesquisa e à produção nacional de tecnologia assistiva, inclusive por meio de concessão de linhas de crédito subsidiado e de parcerias com institutos de pesquisa oficiais;
- Eliminar ou reduzir a tributação da cadeia produtiva e de importação de tecnologia assistiva;
- Facilitar e agilizar o processo de inclusão de novos recursos de tecnologia assistiva no rol de produtos distribuídos no âmbito do SUS e por outros órgãos governamentais;
- Os procedimentos constantes do plano específico de medidas deverão ser avaliados, pelo menos, a cada 2 (dois) anos.

Dentro do contexto de acessibilidade, também visualizamos a participação política e na vida pública:

> *Art. 76 O poder público deve garantir à pessoa com deficiência todos os direitos políticos e a oportunidade de exercê-los em igualdade de condições com as demais pessoas.*
>
> *§ 1º À pessoa com deficiência será assegurado o direito de votar e de ser votada, inclusive por meio das seguintes ações:*
>
> *I – garantia de que os procedimentos, as instalações, os materiais e os equipamentos para votação sejam apropriados, acessíveis a todas as pessoas e de fácil compreensão e uso, sendo vedada a instalação de seções eleitorais exclusivas para a pessoa com deficiência;*
>
> *II – incentivo à pessoa com deficiência a candidatar-se e a desempenhar quaisquer funções públicas em todos os níveis de governo, inclusive por meio do uso de novas tecnologias assistivas, quando apropriado;*
>
> *III – garantia de que os pronunciamentos oficiais, a propaganda eleitoral obrigatória e os debates transmitidos pelas emissoras de televisão possuam, pelo menos, os recursos elencados no art. 67 desta Lei;*
>
> *IV – garantia do livre exercício do direito ao voto e, para tanto, sempre que necessário e a seu pedido, permissão para que a pessoa com deficiência seja auxiliada na votação por pessoa de sua escolha.*
>
> *§ 2º O poder público promoverá a participação da pessoa com deficiência, inclusive quando institucionalizada, na condução das questões públicas, sem discriminação e em igualdade de oportunidades, observado o seguinte:*
>
> *I – participação em organizações não governamentais relacionadas à vida pública e à política do País e em atividades e administração de partidos políticos;*
>
> *II – formação de organizações para representar a pessoa com deficiência em todos os níveis;*
>
> *III – participação da pessoa com deficiência em organizações que a representem.*

Quanto à ciência e tecnologia é previsto:

> *Art. 77 O poder público deve fomentar o desenvolvimento científico, a pesquisa e a inovação e a capacitação tecnológicas, voltados à melhoria da qualidade de vida e ao trabalho da pessoa com deficiência e sua inclusão social.*

ACESSIBILIDADE

§ 1º O fomento pelo poder público deve priorizar a geração de conhecimentos e técnicas que visem à prevenção e ao tratamento de deficiências e ao desenvolvimento de tecnologias assistiva e social.

§ 2º A acessibilidade e as tecnologias assistiva e social devem ser fomentadas mediante a criação de cursos de pós-graduação, a formação de recursos humanos e a inclusão do tema nas diretrizes de áreas do conhecimento.

§ 3º Deve ser fomentada a capacitação tecnológica de instituições públicas e privadas para o desenvolvimento de tecnologias assistiva e social que sejam voltadas para melhoria da funcionalidade e da participação social da pessoa com deficiência.

§ 4º As medidas previstas neste artigo devem ser reavaliadas periodicamente pelo poder público, com vistas ao seu aperfeiçoamento.

Art. 78 Devem ser estimulados a pesquisa, o desenvolvimento, a inovação e a difusão de tecnologias voltadas para ampliar o acesso da pessoa com deficiência às tecnologias da informação e comunicação e às tecnologias sociais.

Parágrafo único. Serão estimulados, em especial:

I – o emprego de tecnologias da informação e comunicação como instrumento de superação de limitações funcionais e de barreiras à comunicação, à informação, à educação e ao entretenimento da pessoa com deficiência;

II – a adoção de soluções e a difusão de normas que visem a ampliar a acessibilidade da pessoa com deficiência à computação e aos sítios da internet, em especial aos serviços de governo eletrônico.

2.1 Acesso à justiça

É um dever do poder público assegurar o acesso da pessoa com deficiência à justiça, em igualdade de oportunidades com as demais pessoas, garantindo, sempre que requeridos, adaptações e recursos de tecnologia assistiva, para, assim, garantir acesso e igualdade no judiciário. Devem ser oferecidos todos os recursos de tecnologia assistiva disponíveis para que a pessoa com deficiência tenha garantido o acesso à justiça, sempre que figure em um dos polos da ação ou atue como testemunha, partícipe da lide posta em juízo, advogado, defensor público, magistrado ou membro do Ministério Público.

A pessoa com deficiência tem garantido o acesso ao conteúdo de todos os atos processuais de seu interesse, inclusive no exercício da advocacia, pois não rara atuação de advogados com deficiência.

A fim de garantir a atuação da pessoa com deficiência em todo o processo judicial, o poder público deve capacitar os membros e os servidores que atuam no Poder Judiciário, no Ministério Público, na Defensoria Pública, nos órgãos de segurança pública e no sistema penitenciário quanto aos direitos da pessoa com deficiência.

As pessoas com deficiência submetida à medida restritiva de liberdade ficam assegurados todos os direitos e garantias a que fazem jus os apenados sem deficiência, garantida a acessibilidade.

Cabe à Defensoria Pública e ao Ministério Público tomar as medidas necessárias à garantia dos direitos previstos nesta Lei de Inclusão.

Os serviços notariais e de registro não podem negar ou criar óbices ou condições diferenciadas à prestação de seus serviços em razão de deficiência do solicitante, devendo reconhecer sua capacidade legal plena, garantida a acessibilidade, sendo o descumprimento caracterizado como discriminação em razão da deficiência.

2.2 Reconhecimento igual perante a lei

Determina a Lei:

Art. 84 A pessoa com deficiência tem assegurado o direito ao exercício de sua capacidade legal em igualdade de condições com as demais pessoas.

§ 1º Quando necessário, a pessoa com deficiência será submetida à curatela, conforme a lei.

§ 2º É facultado à pessoa com deficiência a adoção de processo de tomada de decisão apoiada.

§ 3º A definição de curatela de pessoa com deficiência constitui medida protetiva extraordinária, proporcional às necessidades e às circunstâncias de cada caso, e durará o menor tempo possível.

§ 4º Os curadores são obrigados a prestar, anualmente, contas de sua administração ao juiz, apresentando o balanço do respectivo ano.

Art. 85 A curatela afetará tão somente os atos relacionados aos direitos de natureza patrimonial e negocial.

§ 1º A definição da curatela não alcança o direito ao próprio corpo, à sexualidade, ao matrimônio, à privacidade, à educação, à saúde, ao trabalho e ao voto.

§ 2º A curatela constitui medida extraordinária, devendo constar da sentença as razões e motivações de sua definição, preservados os interesses do curatelado.

§ 3º No caso de pessoa em situação de institucionalização, ao nomear curador, o juiz deve dar preferência a pessoa que tenha vínculo de natureza familiar, afetiva ou comunitária com o curatelado.

Art. 86 Para emissão de documentos oficiais, não será exigida a situação de curatela da pessoa com deficiência.

Art. 87 Em casos de relevância e urgência e a fim de proteger os interesses da pessoa com deficiência em situação de curatela, será lícito ao juiz, ouvido o Ministério Público, de ofício ou a requerimento do interessado, nomear, desde logo, curador provisório, o qual estará sujeito, no que couber, às disposições do Código de Processo Civil.

2.3 Crimes e infrações

O EPD prevê 4 crimes expressos, sem prejuízo de sanções penais cabíveis. A cobrança é voltada para o texto da lei:

Art. 88 Praticar, induzir ou incitar discriminação de pessoa em razão de sua deficiência:

Pena – reclusão, de 1 (um) a 3 (três) anos, e multa.

§ 1º Aumenta-se a pena em 1/3 (um terço) se a vítima encontrar-se sob cuidado e responsabilidade do agente.

§ 2º Se qualquer dos crimes previstos no caput deste artigo é cometido por intermédio de meios de comunicação social ou de publicação de qualquer natureza:

Pena – reclusão, de 2 (dois) a 5 (cinco) anos, e multa.

§ 3º Na hipótese do § 2º deste artigo, o juiz poderá determinar, ouvido o Ministério Público ou a pedido deste, ainda antes do inquérito policial, sob pena de desobediência:

I – recolhimento ou busca e apreensão dos exemplares do material discriminatório;

II – interdição das respectivas mensagens ou páginas de informação na internet.

§ 4º Na hipótese do § 2º deste artigo, constitui efeito da condenação, após o trânsito em julgado da decisão, a destruição do material apreendido.

Art. 89 Apropriar-se de ou desviar bens, proventos, pensão, benefícios, remuneração ou qualquer outro rendimento de pessoa com deficiência:

Pena – reclusão, de 1 (um) a 4 (quatro) anos, e multa.

Parágrafo único. Aumenta-se a pena em 1/3 (um terço) se o crime é cometido:

I – por tutor, curador, síndico, liquidatário, inventariante, testamenteiro ou depositário judicial; ou

II – por aquele que se apropriou em razão de ofício ou de profissão.

Art. 90 Abandonar pessoa com deficiência em hospitais, casas de saúde, entidades de abrigamento ou congêneres:

Pena – reclusão, de 6 (seis) meses a 3 (três) anos, e multa.

Parágrafo único. Na mesma pena incorre quem não prover as necessidades básicas de pessoa com deficiência quando obrigado por lei ou mandado.

Art. 91 Reter ou utilizar cartão magnético, qualquer meio eletrônico ou documento de pessoa com deficiência destinados ao recebimento de benefícios, proventos, pensões ou remuneração ou à realização de operações financeiras, com o fim de obter vantagem indevida para si ou para outrem:

Pena – detenção, de 6 (seis) meses a 2 (dois) anos, e multa.

Parágrafo único. Aumenta-se a pena em 1/3 (um terço) se o crime é cometido por tutor ou curador.

3 LEIS FEDERAIS, DECRETOS E RESOLUÇÕES

Segundo dados da Organização Mundial da Saúde (OMS), cerca de 10% da população mundial possuem algum tipo de deficiência. Conforme dados do Censo Demográfico de 2010, do Instituto Brasileiro de Geografia e Estatística (IBGE), 45,6 milhões de pessoas declararam possuir alguma deficiência, o que correspondia a 23,9% da população, à época. A deficiência visual atinge 18,8% da população, seguida da motora (7%), da auditiva (5,1%) e da mental ou intelectual (1,4%). Esse número pode chegar a 50 milhões de pessoas com deficiência nas projeções para o Censo Demográfico de 2020, de acordo com as perspectivas do próprio IBGE.

A partir dessa realidade, percebeu-se a necessidade de pensar a sociedade brasileira e a inclusão das pessoas com deficiência em igualdades de direitos e oportunidades, seguindo os princípios constitucionais do país, já que a Constituição prevê a igualdade material entre todos, assim sendo, é de responsabilidade do Estado criar condições capazes de fazer com que pessoas com deficiência consigam os mesmos objetivos das pessoas que não possuem deficiências.

As políticas públicas são necessárias para garantir a efetivação de direitos e essas só são possíveis se iniciadas por pesquisas referentes às situações enfrentadas pelo grupo a quem se destina a política, aos exemplos já implantados em outros países, ao contato direto com o grupo afetado, para, assim, conhecer as suas demandas, necessidades e opiniões acerca do tema. Logo, é por meio da participação popular e do comprometimento do poder público que é possível implantar uma política pública de acessibilidade de qualidade.

A acessibilidade consiste na possibilidade e condição da pessoa com deficiência ou com mobilidade reduzida de usar, com segurança e autonomia, os espaços, mobiliários e equipamentos urbanos, as edificações, os transportes e os sistemas e meios de comunicação.

Ocorre que, para a consolidação deste direito, muitas vezes é necessária a eliminação de barreiras arquitetônicas, urbanísticas, de transportes, de comunicação, tecnológicas e barreiras atitudinais. As barreiras estão previstas na Lei nº 13.146/2015, o Estatuto da Pessoa com Deficiência e podem ser lembradas a partir do mnemônico TACTAU.

Transportes
Arquitetônico
Comunicação
Tecnologia
Atitudinais
Urbanística

- **Transporte:** meios de transporte.
- **Arquitetônicas:** obstáculos existentes em edifícios públicos ou privados.
- **Comunicação e informação:** obstáculo, atitude ou comportamento que dificulte ou impossibilite expressão nos sistemas de comunicação e tecnologia da informação.
- **Tecnológicas:** dificultam ou impedem acesso às tecnologias.
- **Atitudinais:** atitudes ou comportamentos que impedem ou prejudicam a participação social igualitária.
- **Urbanísticas:** são as vias e espaços, públicos ou privados.

Infelizmente ainda é comum encontrarmos situações como calçadas esburacadas, falta de rampas, escadas sem opção de elevador ou plataforma de elevação, elevadores sem a escrita em braile e sem sinalização sonora, locais com a ausência de piso tátil, o que dificulta e até impede o acesso da pessoa com deficiência e mobilidade reduzida ao meio físico.

De acordo com a CF/88, o direito de ir e vir deve ser assegurado a todos os cidadãos, devendo ser eliminadas todas as barreiras físicas que impeçam o acesso das pessoas com deficiência e mobilidade reduzida aos prédios públicos, aos estabelecimentos comerciais, de ensino, praças, parques, cinemas e tantos outros. Há, no cenário brasileiro, farta legislação contemplando estes direitos (artigos 227, § 2º, e 244 da CF/88; Leis nº 7.853/89, nº 10.048/00 e nº 10.098/00; Decreto nº 3.298/99 e Decreto Regulamentador nº 5.296/04, além de outras legislações estaduais e municipais), devendo ser denunciado ao Ministério Público, por meio de sua ouvidoria, qualquer violação a estes direitos.

Tanto a legislação brasileira quanto as normas técnicas apresentam uma evolução na abordagem do tema acessibilidade nas diversas áreas do conhecimento. No ambiente construído, as principais referências são a Lei nº 10.098, de 19 de dezembro de 2000, que estabelece normas e critérios básicos para a promoção da acessibilidade, o Decreto nº 5.296, de 02 de dezembro de 2004, que regulamenta esta lei, e a norma brasileira que estabelece os parâmetros técnicos para a promoção da acessibilidade, que iremos tratar nesse primeiro momento.

As Leis Federais nº 10.048 e nº 10.098 de 2000 estabeleceram normas gerais e critérios básicos a fim de promover acessibilidade às pessoas com deficiência ou às pessoas com mobilidade reduzida, temporária ou terminantemente. A primeira (Lei nº 10.048/00) trata de atendimento prioritário e de acessibilidade nos meios de transportes e inova ao introduzir penalidades ao seu descumprimento; e a segunda (Lei nº 10.098/00) subdivide o assunto em acessibilidade ao meio físico, aos meios de transporte, na comunicação e informação e em ajudas técnicas.

As leis acima citadas foram regulamentadas por meio do Decreto nº 5.296, de 2 de dezembro de 2004, que estabeleceu critérios mais particulares para a implementação da acessibilidade arquitetônica e urbanística e aos serviços de transportes coletivos. No primeiro caso, no que se refere diretamente à mobilidade urbana, o decreto define condições para a construção de calçadas, instalação de mobiliário urbano e de equipamentos de sinalização de trânsito, de estacionamentos de uso público; no segundo, define padrões de acessibilidade universal para "veículos, terminais, estações, pontos de parada, vias principais, acessos e operação" do transporte rodoviário (urbano, metropolitano, intermunicipal e interestadual), ferroviário, aquaviário e aéreo.

3.1 Lei nº 10.048/2000 - atendimento prioritário

De início, é relevante ressaltar que a Lei nº 10.048/00 é a Lei de Atendimento Prioritário e não de Atendimento Exclusivo, lei essa que passou por duas alterações, como observamos abaixo:

O Presidente da República Faço saber que o Congresso Nacional decreta e eu sanciono a seguinte Lei:

> *Art. 1º As pessoas portadoras de deficiência física, os idosos com idade igual ou superior a sessenta e cinco anos, as gestantes, as lactantes e as pessoas acompanhadas por crianças de colo terão atendimento prioritário, nos termos desta Lei.*
>
> *Art. 1º As pessoas portadoras de deficiência, os idosos com idade igual ou superior a 60 (sessenta) anos, as gestantes, as lactantes e as pessoas acompanhadas por crianças de colo terão atendimento prioritário, nos termos desta Lei. (Redação dada pela Lei nº 10.741, de 2003)*
>
> *Art. 1º As pessoas com deficiência, os idosos com idade igual ou superior a 60 (sessenta) anos, as gestantes, as lactantes, as pessoas com crianças de colo e os obesos terão atendimento prioritário, nos termos desta Lei. (Redação dada pela Lei nº 13.146, de 2015) (Vigência)*

A partir da Lei Brasileira de Inclusão, o legislador incluiu os obesos no atendimento prioritário e a alteração da terminologia Pessoa Portadora por Pessoa com Deficiência.

As lactantes não necessariamente precisam estar com a criança de colo ou amamentando.

LEIS FEDERAIS, DECRETOS E RESOLUÇÕES

Art. 2º As repartições públicas e empresas concessionárias de serviços públicos estão obrigadas a dispensar atendimento prioritário, por meio de serviços individualizados que assegurem tratamento diferenciado e atendimento imediato às pessoas a que se refere o art. 1º.

Parágrafo único. É assegurada, em todas as instituições financeiras, a prioridade de atendimento às pessoas mencionadas no art. 1º

Em 2008, a Federação Brasileira de Bancos (Febraban) assinou um Termo de Ajuste de Conduta (TAC) com o Ministério Público Federal, os Ministérios Públicos de São Paulo e Minas Gerais e também a Secretaria Especial de Direitos Humanos na Presidência da República (SEDH), para promover acessibilidade nas agências bancárias. O Termo abrange todas as agências de bancos federais, no Brasil inteiro. Em bancos estaduais e privados, a medida tem efeito apenas nos estados de São Paulo e Minas Gerais. Nesses estados, os bancos públicos e privados precisarão realizar ajustes não apenas arquitetônicos. Essa medida tem como objetivo diminuir as barreiras que dificultam o atendimento nos bancos, de forma adequada.

Os terminais de autoatendimento e caixas deverão ser acessíveis para atender as pessoas em cadeiras de rodas. Precisará, ainda, haver garantia de demarcação de local preferencial nas filas. Os bancos com mais de um pavimento precisarão adaptar obrigatoriamente apenas um deles, desde que este andar ofereça todos os serviços às pessoas com deficiência. As adaptações devem seguir as normas estabelecidas pela ABNT (Associação Brasileira de Normas Técnicas).

Art. 3º As empresas públicas de transporte e as concessionárias de transporte coletivo reservarão assentos, devidamente identificados, aos idosos, gestantes, lactantes, pessoas portadoras de deficiência e pessoas acompanhadas por crianças de colo.

Nesse artigo, vale destacar que os obesos não aparecem como prioridade.

Art. 4º Os logradouros e sanitários públicos, bem como os edifícios de uso público, terão normas de construção, para efeito de licenciamento da respectiva edificação, baixadas pela autoridade competente, destinadas a facilitar o acesso e uso desses locais pelas pessoas portadoras de deficiência.

Art. 5º Os veículos de transporte coletivo a serem produzidos após doze meses da publicação desta Lei serão planejados de forma a facilitar o acesso a seu interior das pessoas portadoras de deficiência.

§ 1º (VETADO)

§ 2º Os proprietários de veículos de transporte coletivo em utilização terão o prazo de cento e oitenta dias, a contar da regulamentação desta Lei, para proceder às adaptações necessárias ao acesso facilitado das pessoas portadoras de deficiência.

Art. 6º A infração ao disposto nesta Lei sujeitará os responsáveis:
I – no caso de servidor ou de chefia responsável pela repartição pública, às penalidades previstas na legislação específica;
II – no caso de empresas concessionárias de serviço público, a multa de R$ 500,00 (quinhentos reais) a R$ 2.500,00 (dois mil e quinhentos reais), por veículos sem as condições previstas nos arts. 3º e 5º;
III – no caso das instituições financeiras, às penalidades previstas no art. 44, incisos I, II e III, da Lei no 4.595, de 31 de dezembro de 1964.
Parágrafo único. As penalidades de que trata este artigo serão elevadas ao dobro, em caso de reincidência.

Art. 7º O Poder Executivo regulamentará esta Lei no prazo de sessenta dias, contado de sua publicação.

Art. 8º Esta Lei entra em vigor na data de sua publicação.

3.2 Lei nº 10.098/2000 — Promoção da acessibilidade

CAPÍTULO I DISPOSIÇÕES GERAIS

Art. 1º Esta Lei estabelece normas gerais e critérios básicos para a promoção da acessibilidade das pessoas portadoras de deficiência ou com mobilidade reduzida, mediante a supressão de barreiras e de obstáculos nas vias e espaços públicos, no mobiliário urbano, na construção e reforma de edifícios e nos meios de transporte e de comunicação.

No art.1º, podemos observar ainda a utilização da terminologia portador de necessidade, que foi revogado pelo Estatuto da Pessoa com Deficiência. Lembre-se de que a expressão pessoas com deficiência foi adotada oficialmente pela Assembleia Geral das Nações Unidas a partir da Convenção sobre os Direitos das Pessoas com Deficiência, de 13 de dezembro de 2006, a qual entrou em vigor em 3 de maio de 2008, subscrita e ratificada por vários países, entre eles o Brasil. Essa referida Convenção foi aprovada pelo Senado Federal em 9 de julho de 2008 pelo Decreto nº 186/2008 e, posteriormente, promulgada pela Presidência da República em 25 de agosto de 2009, a partir do Decreto nº 6.949/2009.

Em relação ao Brasil, o Decreto nº 6.949/2009 foi o primeiro documento internacional de direitos humanos que adquiriu status constitucional sob a forma de emenda à Constituição, uma vez que, nos termos do art.1º, do referido Decreto, a Convenção da ONU foi aprovada pelo Congresso brasileiros nos moldes do § 3º, do art. 5º, da Constituição Federal, o qual prevê que: *"Os tratados e convenções internacionais sobre os direitos humanos que forem aprovados, em cada Casa do Congresso Nacional, em dois turnos, por 3/5 dos votos dos respectivos membros, serão equivalentes à emendas constitucionais."*

Art. 2º Para os fins desta Lei são estabelecidas as seguintes definições:
I – acessibilidade: possibilidade e condição de alcance para utilização, com segurança e autonomia, de espaços, mobiliários, equipamentos urbanos, edificações, transportes, informação e comunicação, inclusive seus sistemas e tecnologias, bem como de outros serviços e instalações abertos ao público, de uso público ou privados de uso coletivo, tanto na zona urbana como na rural, por pessoa com deficiência ou com mobilidade reduzida; (Redação dada pela Lei nº 13.146, de 2015)
II – barreiras: qualquer entrave, obstáculo, atitude ou comportamento que limite ou impeça a participação social da pessoa, bem como o gozo, a fruição e o exercício de seus direitos à acessibilidade, à liberdade de movimento e de expressão, à comunicação, ao acesso à informação, à compreensão, à circulação com segurança, entre outros, classificadas em: (Redação dada pela Lei nº 13.146, de 2015)
a) barreiras urbanísticas: as existentes nas vias e nos espaços públicos e privados abertos ao público ou de uso coletivo; (Redação dada pela Lei nº 13.146, de 2015)
b) barreiras arquitetônicas: as existentes nos edifícios públicos e privados; (Redação dada pela Lei nº 13.146, de 2015)
c) barreiras nos transportes: as existentes nos sistemas e meios de transportes; (Redação dada pela Lei nº 13.146, de 2015)
d) barreiras nas comunicações e na informação: qualquer entrave, obstáculo, atitude ou comportamento que dificulte ou impossibilite a expressão ou o recebimento de mensagens e de informações por intermédio de sistemas de comunicação e de tecnologia da informação; (Redação dada pela Lei nº 13.146, de 2015)
III – pessoa com deficiência: aquela que tem impedimento de longo prazo de natureza física, mental, intelectual ou sensorial, o qual, em interação com uma ou mais barreiras, pode obstruir sua participação plena e efetiva na sociedade em igualdade de condições com as demais pessoas; (Redação dada pela Lei nº 13.146, de 2015) (Vigência)

ESTATUTO DA PESSOA COM DEFICIÊNCIA

IV - pessoa com mobilidade reduzida: aquela que tenha, por qualquer motivo, dificuldade de movimentação, permanente ou temporária, gerando redução efetiva da mobilidade, da flexibilidade, da coordenação motora ou da percepção, incluindo idoso, gestante, lactante, pessoa com criança de colo e obeso; (Redação dada pela Lei nº 13.146, de 2015)

V - acompanhante: aquele que acompanha a pessoa com deficiência, podendo ou não desempenhar as funções de atendente pessoal; (Redação dada pela Lei nº 13.146, de 2015) (Vigência)

VI - elemento de urbanização: quaisquer componentes de obras de urbanização, tais como os referentes a pavimentação, saneamento, encanamento para esgotos, distribuição de energia elétrica e de gás, iluminação pública, serviços de comunicação, abastecimento e distribuição de água, paisagismo e os que materializam as indicações do planejamento urbanístico; (Redação dada pela Lei nº 13.146, de 2015)

VII - mobiliário urbano: conjunto de objetos existentes nas vias e nos espaços públicos, superpostos ou adicionados aos elementos de urbanização ou de edificação, de forma que sua modificação ou seu traslado não provoque alterações substanciais nesses elementos, tais como semáforos, postes de sinalização e similares, terminais e pontos de acesso coletivo às telecomunicações, fontes de água, lixeiras, toldos, marquises, bancos, quiosques e quaisquer outros de natureza análoga; (Incluído pela Lei nº 13.146, de 2015)

VIII - tecnologia assistiva ou ajuda técnica: produtos, equipamentos, dispositivos, recursos, metodologias, estratégias, práticas e serviços que objetivem promover a funcionalidade, relacionada à atividade e à participação da pessoa com deficiência ou com mobilidade reduzida, visando à sua autonomia, independência, qualidade de vida e inclusão social; (Incluído pela Lei nº 13.146, de 2015)

IX - comunicação: forma de interação dos cidadãos que abrange, entre outras opções, as línguas, inclusive a Língua Brasileira de Sinais (Libras), a visualização de textos, o Braille, o sistema de sinalização ou de comunicação tátil, os caracteres ampliados, os dispositivos multimídia, assim como a linguagem simples, escrita e oral, os sistemas auditivos e os meios de voz digitalizados e os modos, meios e formatos aumentativos e alternativos de comunicação, incluindo as tecnologias da informação e das comunicações; (Incluído pela Lei nº 13.146, de 2015)

X - desenho universal: concepção de produtos, ambientes, programas e serviços a serem usados por todas as pessoas, sem necessidade de adaptação ou de projeto específico, incluindo os recursos de tecnologia assistiva. (Incluído pela Lei nº 13.146, de 2015)

Art. 3º *O planejamento e a urbanização das vias públicas, dos parques e dos demais espaços de uso público deverão ser concebidos e executados de forma a torná-los acessíveis para todas as pessoas, inclusive para aquelas com deficiência ou com mobilidade reduzida. (Redação dada pela Lei nº 13.146, de 2015)*

Parágrafo único. *O passeio público, elemento obrigatório de urbanização e parte da via pública, normalmente segregado e em nível diferente, destina-se somente à circulação de pedestres e, quando possível, à implantação de mobiliário urbano e de vegetação. (Incluído pela Lei nº 13.146, de 2015)*

Art. 4º *As vias públicas, os parques e os demais espaços de uso público existentes, assim como as respectivas instalações de serviços e mobiliários urbanos deverão ser adaptados, obedecendo-se ordem de prioridade que vise à maior eficiência das modificações, no sentido de promover mais ampla acessibilidade às pessoas portadoras de deficiência ou com mobilidade reduzida.*

Parágrafo único. *No mínimo 5% (cinco por cento) de cada brinquedo e equipamento de lazer existentes nos locais referidos no caput devem ser adaptados e identificados, tanto quanto tecnicamente possível, para possibilitar sua utilização por pessoas com deficiência, inclusive visual, ou com mobilidade reduzida. (Redação dada pela Lei nº 13.443, de 2017)*

Art. 5º *O projeto e o traçado dos elementos de urbanização públicos e privados de uso comunitário, nestes compreendidos os itinerários e as passagens de pedestres, os percursos de entrada e de saída de veículos, as escadas e rampas, deverão observar os parâmetros estabelecidos pelas normas técnicas de acessibilidade da Associação Brasileira de Normas Técnicas – ABNT.*

3.2.1 Conceitos relevantes da ABNT

Acessibilidade: possibilidade e condição de alcance, percepção e entendimento para a utilização com segurança e autonomia de edificações, espaço, mobiliário, equipamento urbano e elementos. É o processo pelo qual se atinge o acesso universal, resultado da prática do design inclusivo.

Acessível: espaço, edificação, mobiliário, equipamento urbano ou elemento que possa ser alcançado, acionado, utilizado e vivenciado por qualquer pessoa, inclusive aquelas com mobilidade reduzida. O termo acessível implica tanto em acessibilidade física como de comunicação.

Acesso universal: condição de percepção, aproximação e utilização, ampla e irrestrita, de ambientes, produtos e ou serviços por qualquer pessoa.

Adaptável: espaço, edificação, mobiliário, equipamento urbano ou elemento cujas características possam ser alteradas para que se torne acessível.

Adaptado: espaço, edificação, mobiliário, equipamento urbano ou elemento cujas características originais foram alteradas posteriormente para serem acessíveis.

Adequado: espaço, edificação, mobiliário, equipamento urbano ou elemento cujas características foram originalmente planejadas para serem acessíveis.

Barreira arquitetônica, Urbanística ou Ambiental: qualquer elemento natural, instalado ou edificado, que impeça a aproximação, transferência ou circulação no espaço, mobiliário ou equipamento urbano.

Deficiência: redução, limitação ou inexistência das condições de percepção das características do ambiente ou de mobilidade e de utilização de edificações, espaços, mobiliário, equipamento urbano e elementos em caráter temporário ou permanente.

Desenho universal: concepção de ambientes, produtos e ou serviços para atender ao maior número possível de pessoas, sem necessidade de adaptação ou projeto especializado, representando o nível mais amplo de acessibilidade. O desenho universal visa atender a maior gama de variações possíveis das características antropométricas e sensoriais da população.

Equipamento urbano: todos os bens públicos e privados, de utilidade pública, destinados à prestação de serviços necessários ao funcionamento da cidade, implantados mediante autorização do poder público, em espaços públicos e privados.

Espaço acessível: espaço que pode ser percebido e utilizado em sua totalidade por todas as pessoas, inclusive aquelas com mobilidade reduzida.

Faixa elevada: elevação do nível do leito carroçável composto de área plana elevada, sinalizada com faixa de travessia de pedestres e rampa de transposição para veículos, destinada a promover a concordância entre os níveis das calçadas em ambos os lados da via.

Inclusão: reconhecimento da diversidade humana, garantia do acesso universal e equidade.

Mobiliário urbano: todos os objetos, elementos e pequenas construções integrantes da paisagem urbana, de natureza utilitária, ou não, implantada mediante autorização do poder público em espaços públicos e privados.

Pessoa com mobilidade reduzida: aquela que temporária ou permanentemente, tem limitada sua capacidade de relacionar-se com o meio de utilizá-lo. Entende-se por pessoa com mobilidade reduzida a pessoa com deficiência, obesa, idosa, gestante, entre outros.

Piso tátil: piso caracterizado pela diferenciação de textura em relação ao piso adjacente, destinado a constituir alerta ou linha guia perceptível por pessoas com deficiência visual.

Tecnologia assistiva: conjunto de técnicas, aparelhos ou instrumentos, produtos e procedimentos que visam auxiliar a mobilidade, a percepção e a utilização do meio ambiente e dos elementos por pessoas com deficiência.

LEIS FEDERAIS, DECRETOS E RESOLUÇÕES

Art. 6º Os banheiros de uso público existentes ou a construir em parques, praças, jardins e espaços livres públicos deverão ser acessíveis e dispor, pelo menos, de um sanitário e um lavatório que atendam às especificações das normas técnicas da ABNT.

§ 1º Os eventos organizados em espaços públicos e privados em que haja instalação de banheiros químicos deverão contar com unidades acessíveis a pessoas com deficiência ou com mobilidade reduzida. (Incluído pela Lei nº 13.825, de 2019)

§ 2º O número mínimo de banheiros químicos acessíveis corresponderá a 10% (dez por cento) do total, garantindo-se pelo menos 1 (uma) unidade acessível caso a aplicação do percentual resulte em fração inferior a 1 (um). (Incluído pela Lei nº 13.825, de 2019)

Art. 7º Em todas as áreas de estacionamento de veículos, localizadas em vias ou em espaços públicos, deverão ser reservadas vagas próximas dos acessos de circulação de pedestres, devidamente sinalizadas, para veículos que transportem pessoas portadoras de deficiência com dificuldade de locomoção.

Parágrafo único. As vagas a que se refere o caput deste artigo deverão ser em número equivalente a dois por cento do total, garantida, no mínimo, uma vaga, devidamente sinalizada e com as especificações técnicas de desenho e traçado de acordo com as normas técnicas vigentes.

3.2.2 Desenho e localização do mobiliário urbano

[Figura: Estacionamento para pessoas com deficiência]

Art. 8º Os sinais de tráfego, semáforos, postes de iluminação ou quaisquer outros elementos verticais de sinalização que devam ser instalados em itinerário ou espaço de acesso para pedestres deverão ser dispostos de forma a não dificultar ou impedir a circulação, e de modo que possam ser utilizados com a máxima comodidade.

Art. 9º Os semáforos para pedestres instalados nas vias públicas deverão estar equipados com mecanismo que emita sinal sonoro suave, intermitente e sem estridência, ou com mecanismo alternativo, que sirva de guia ou orientação para a travessia de pessoas portadoras de deficiência visual, se a intensidade do fluxo de veículos e a periculosidade da via assim determinarem.

Parágrafo único. Os semáforos para pedestres instalados em vias públicas de grande circulação, ou que deem acesso aos serviços de reabilitação, devem obrigatoriamente estar equipados com mecanismo que emita sinal sonoro suave para orientação do pedestre. (Incluído pela Lei nº 13.146, de 2015)

Art. 10 Os elementos do mobiliário urbano deverão ser projetados e instalados em locais que permitam sejam eles utilizados pelas pessoas portadoras de deficiência ou com mobilidade reduzida.

Art. 10-A A instalação de qualquer mobiliário urbano em área de circulação comum para pedestre que ofereça risco de acidente à pessoa com deficiência deverá ser indicada mediante sinalização tátil de alerta no piso, de acordo com as normas técnicas pertinentes. (Incluído pela Lei nº 13.146, de 2015)

3.3 Decreto nº 5.296/2004

O Decreto 5.296/2004:

- Regulamenta as Leis nº 10.048/2000 e nº 10.098/2000;
- Conceitua ajuda técnica, desenho universal e acessibilidade;
- Dispõe sobre acessibilidade nos serviços de transportes.

Ainda, o Capítulo IV, do Decreto nº 5.296/04, que discorre sobre a Implementação da Acessibilidade Arquitetônica e Urbanística, inicia com o art. 10, impondo que a concepção e a implantação dos projetos arquitetônicos e urbanísticos devam atender aos princípios do **desenho universal**, tendo como referências básicas as normas técnicas de acessibilidade da ABNT, a legislação específica e as regras contidas no Decreto.

O conceito de desenho universal, criado por uma comissão em Washington, Estados Unidos, nos anos 1960, foi inicialmente chamado de "Desenho Livre de Barreiras" por se voltar à eliminação de barreiras arquitetônicas nos projetos de edifícios, equipamentos e áreas urbanas. Posteriormente, esse conceito evoluiu para a concepção de Desenho Universal, pois passou a considerar não só o projeto, mas principalmente a diversidade humana, de forma a respeitar as diferenças existentes entre as pessoas e a garantir a acessibilidade a todos os componentes do ambiente.

O desenho universal deve ser concebido como gerador de ambientes, serviços, programas e tecnologias acessíveis, utilizáveis equitativamente, de forma segura e autônoma por todas as pessoas – na maior extensão possível – sem que tenham que ser adaptados ou readaptados especificamente, em virtude dos sete princípios que o sustentam, a saber:

Uso flexível	Design de produtos ou espaços que atendam pessoas com diferentes habilidades e diversas preferências, sendo adaptáveis para qualquer uso.
Uso equiparável	São espaços objetos e produtos que podem ser utilizados por pessoas com diferentes capacidades, tornando os ambientes iguais para todos.
Simples e intuitivo	De fácil entendimento para que uma pessoa possa compreender, independentemente de sua experiência, conhecimento, habilidade de linguagem, ou nível de concentração.
Informação perceptível	Quando a informação necessária é transmitida de forma a atender as necessidades do receptor, seja ela uma pessoa estrangeira, com dificuldade de visão ou audição.
Tolerante ao erro	Previsto para minimizar os riscos e possíveis consequências de ações acidentais ou não intencionais.
Com pouca exigência de esforço físico	Para ser usado eficientemente, com o mínimo de fadiga.
Dimensão e espaço para aproximação e uso	Que estabelece dimensões e espaços apropriados para o acesso, o alcance, a manipulação e o uso, independentemente do tamanho do corpo (obesos, anões etc.) da postura ou mobilidade de usuários (pessoas em cadeiras de rodas, com carrinhos de bebê, bengalas etc.).

3.4 Resolução nº 230/2016 – CNJ

A Resolução nº 230/16 do Conselho Nacional de Justiça orienta a adequação das atividades dos órgãos do Poder Judiciário e de seus serviços auxiliares às determinações exaradas pela Convenção Internacional sobre os Direitos das Pessoas com Deficiência e seu Protocolo Facultativo e pela Lei Brasileira de Inclusão da Pessoa com Deficiência por meio – entre outras medidas – da Recomendação CNJ 27, de 16/12/2009, bem como da instituição de Comissões Permanentes de Acessibilidade e Inclusão.

ESTATUTO DA PESSOA COM DEFICIÊNCIA

3.5 Princípios gerais da Convenção Internacional sobre os Direitos das Pessoas com Deficiência

Como princípios gerais citam-se:
- Respeito pela diferença e aceitação das pessoas com deficiência como parte da diversidade humana e humanidade;
- Plena e efetiva participação e inclusão na sociedade;
- Igualdade entre homem e mulher;
- Respeito pela dignidade da pessoa humana;
- Respeito pelo desenvolvimento das capacidades das crianças com deficiência e pelo direito de preservação da identidade;
- Não discriminação;
- Igualdade de oportunidades;
- Acessibilidade.

A Resolução nº 230/2016 prevê, entre outros procedimentos, atendimento e tramitação processual prioritários aos usuários com deficiência quando forem parte ou interessados. Também visa a adoção urgente de medidas apropriadas para eliminar e prevenir qualquer barreira. O intuito é assegurar a servidores, a funcionários terceirizados e a usuários em geral as adaptações necessárias para o atendimento.

3.5.1 Essência da norma

Art. 1º Esta Resolução orienta a adequação das atividades dos órgãos do Poder Judiciário e de seus serviços auxiliares em relação às determinações exaradas pela Convenção Internacional sobre os Direitos das Pessoas com Deficiência e seu Protocolo Facultativo (promulgada por meio do Decreto nº 6.949/2009) e pela Lei Brasileira de Inclusão da Pessoa com Deficiência (Lei nº 13.146/2015).

3.5.2 O que a Resolução considera

O art. 2º, da Resolução nº 230/2016, do CNJ, estabelece conceitos aplicáveis às pessoas com deficiência, dos quais se destacam:
- **Discriminação por motivo de deficiência:** significa qualquer diferenciação, exclusão ou restrição, por ação ou omissão, baseada em deficiência, com o propósito ou efeito de impedir ou impossibilitar o reconhecimento, o desfrute ou o exercício, em igualdade de oportunidades com as demais pessoas, de direitos humanos e liberdades fundamentais nos âmbitos político, econômico, social, cultural, civil ou qualquer outro, incluindo a recusa de adaptações razoáveis e de fornecimento de tecnologias assistivas;
- **Acessibilidade:** significa possibilidade e condição de alcance para utilização, com segurança e autonomia, de espaços, mobiliários, equipamentos urbanos, edificações, transportes, informação e comunicação, inclusive seus sistemas e tecnologias, bem como de outros serviços e instalações abertos ao público, de uso público ou privados de uso coletivo, tanto na zona urbana como na rural, por pessoa com deficiência ou com mobilidade reduzida;
- **Barreiras:** significa qualquer entrave, obstáculo, atitude ou comportamento que limite ou impeça a participação social da pessoa, bem como o gozo, a fruição e o exercício de seus direitos à acessibilidade, à liberdade de movimento e de expressão, à comunicação, ao acesso à informação, à compreensão, à circulação com segurança;
- **Tecnologia assistiva:** (ou "ajuda técnica") significa produtos, equipamentos, dispositivos, recursos, metodologias, estratégias, práticas e serviços que objetivem promover a funcionalidade, relacionada à atividade e à participação da pessoa com deficiência ou com mobilidade reduzida, visando à sua autonomia, independência, qualidade de vida e inclusão social;
- **Comunicação:** significa uma forma de interação dos cidadãos que abrange, entre outras opções, as línguas, inclusive a Língua Brasileira de Sinais (Libras), a visualização de textos, o Braille, o sistema de sinalização ou de comunicação tátil, os caracteres ampliados, os dispositivos multimídia, assim como a linguagem simples, escrita e oral, os sistemas auditivos e os meios de voz digitalizados e os modos, meioes formatos aumentativos e alternativos de comunicação, incluindo as tecnologias da informação e das comunicações.

3.5.3 Atendimento prioritário à pessoa com deficiência

Art. 16 A pessoa com deficiência tem direito a receber atendimento prioritário, sobretudo com a finalidade de:

I – proteção e socorro em quaisquer circunstâncias;

II – atendimento em todos os serviços de atendimento ao público;

III – disponibilização de recursos, tanto humanos quanto tecnológicos, que garantam atendimento em igualdade de condições com as demais pessoas;

IV – acesso a informações e disponibilização de recursos de comunicação acessíveis;

V – tramitação processual e procedimentos judiciais e administrativos em que for parte ou interessada, em todos os atos e diligências.

Parágrafo único. *Os direitos previstos neste artigo são extensivos ao acompanhante da pessoa com deficiência ou ao seu atendente pessoal, exceto quanto ao disposto no inciso V deste artigo.*

Art. 3º A fim de promover a igualdade, adotar-se-ão, com urgência, medidas apropriadas para eliminar e prevenir quaisquer barreiras urbanísticas, arquitetônicas, nos transportes, nas comunicações e na informação, atitudinais ou tecnológicas, devendo-se garantir às pessoas com deficiência – servidores, serventuários extrajudiciais, terceirizados ou não – quantas adaptações razoáveis ou mesmo tecnologias assistivas sejam necessárias para assegurar acessibilidade plena, coibindo qualquer forma de discriminação por motivo de deficiência.

4 RESOLUÇÃO Nº 230/2016 - CNJ

A Resolução nº 230/16 do Conselho Nacional de Justiça orienta a adequação das atividades dos órgãos do Poder Judiciário e de seus serviços auxiliares às determinações exaradas pela Convenção Internacional sobre os Direitos das Pessoas com Deficiência e seu Protocolo Facultativo e pela Lei Brasileira de Inclusão da Pessoa com Deficiência por meio – entre outras medidas – da Recomendação CNJ 27, de 16/12/2009, bem como da instituição de Comissões Permanentes de Acessibilidade e Inclusão.

4.1 Princípios Gerais da Convenção Internacional sobre os Direitos das Pessoas com Deficiência

PRINCÍPIOS GERAIS:
- RESPEITO PELA DIFERENÇA E ACEITAÇÃO DAS PESSOAS COM DEFICIÊNCIA COMO PARTE DA DIVERSIDADE HUMANA E HUMANIDADE
- NÃO DISCRIMINAÇÃO
- IGUALDADE DE OPORTUNIDADES
- ACESSIBILIDADE
- PLENA E EFETIVA PARTICIPAÇÃO E INCLUSÃO NA SOCIEDADE
- IGUALDADE ENTRE HOMEM E MULHER
- RESPEITO PELA DIGNIDADE DA PESSOA HUMANA
- RESPEITO PELO DESENVOLVIMENTO DAS CAPACIDADES DAS CRIANÇAS COM DEFICIÊNCIA E PELO DIREITO DE PRESERVAÇÃO DA IDENTIDADE

A Resolução nº 230/2016 prevê, entre outros procedimentos, atendimento e tramitação processual prioritários aos usuários com deficiência quando forem parte ou interessados. Também visa a adoção urgente de medidas apropriadas para eliminar e prevenir qualquer barreira. O intuito é assegurar a servidores, a funcionários terceirizados e a usuários em geral as adaptações necessárias para o atendimento.

4.1.1 Essência da Norma

"Art. 1º Esta Resolução orienta a adequação das atividades dos órgãos do Poder Judiciário e de seus serviços auxiliares em relação às determinações exaradas pela Convenção Internacional sobre os Direitos das Pessoas com Deficiência e seu Protocolo Facultativo (promulgada por meio do Decreto nº 6.949/2009) e pela Lei Brasileira de Inclusão da Pessoa com Deficiência (Lei nº 13.146/2015)."

4.1.2 O Que a Resolução Leva em Conta

O Art. 2º, da Resolução nº 230/2016, do CNJ, estabelece conceitos aplicáveis às pessoas com deficiência, dos quais se destacam:

- "discriminação por motivo de deficiência" significa qualquer diferenciação, exclusão ou restrição, por ação ou omissão, baseada em deficiência, com o propósito ou efeito de impedir ou impossibilitar o reconhecimento, o desfrute ou o exercício, em igualdade de oportunidades com as demais pessoas, de direitos humanos e liberdades fundamentais nos âmbitos político, econômico, social, cultural, civil ou qualquer outro, incluindo a recusa de adaptações razoáveis e de fornecimento de tecnologias assistivas;

- "acessibilidade" significa possibilidade e condição de alcance para utilização, com segurança e autonomia, de espaços, mobiliários, equipamentos urbanos, edificações, transportes, informação e comunicação, inclusive seus sistemas e tecnologias, bem como de outros serviços e instalações abertos ao público, de uso público ou privados de uso coletivo, tanto na zona urbana como na rural, por pessoa com deficiência ou com mobilidade reduzida;

- "barreiras" significa qualquer entrave, obstáculo, atitude ou comportamento que limite ou impeça a participação social da pessoa, bem como o gozo, a fruição e o exercício de seus direitos à acessibilidade, à liberdade de movimento e de expressão, à comunicação, ao acesso à informação, à compreensão, à circulação com segurança;

- "tecnologia assistiva" (ou "ajuda técnica") significa produtos, equipamentos, dispositivos, recursos, metodologias, estratégias, práticas e serviços que objetivem promover a funcionalidade, relacionada à atividade e à participação da pessoa com deficiência ou com mobilidade reduzida, visando à sua autonomia, independência, qualidade de vida e inclusão social;

- "comunicação" significa uma forma de interação dos cidadãos que abrange, entre outras opções, as línguas, inclusive a Língua Brasileira de Sinais (Libras), a visualização de textos, o Braille, o sistema de sinalização ou de comunicação tátil, os caracteres ampliados, os dispositivos multimídia, assim como a linguagem simples, escrita e oral, os sistemas auditivos e os meios de voz digitalizados e os modos, meios e formatos aumentativos e alternativos de comunicação, incluindo as tecnologias da informação e das comunicações.

4.1.3 Atendimento Prioritário à Pessoa com Deficiência

Art. 16. A pessoa com deficiência tem direito a receber atendimento prioritário, sobretudo com a finalidade de:

I. proteção e socorro em quaisquer circunstâncias;

II. atendimento em todos os serviços de atendimento ao público;

III. disponibilização de recursos, tanto humanos quanto tecnológicos, que garantam atendimento em igualdade de condições com as demais pessoas;

IV. acesso a informações e disponibilização de recursos de comunicação acessíveis;

V. tramitação processual e procedimentos judiciais e administrativos em que for parte ou interessada, em todos os atos e diligências.

Parágrafo único. *Os direitos previstos neste artigo são extensivos ao acompanhante da pessoa com deficiência ou ao seu atendente pessoal, exceto quanto ao disposto no inciso V deste artigo.*

Art. 3º A fim de promover a igualdade, adotar-se-ão, com urgência, medidas apropriadas para eliminar e prevenir quaisquer barreiras urbanísticas, arquitetônicas, nos transportes, nas comunicações e na informação, atitudinais ou tecnológicas, devendo-se garantir às pessoas com deficiência – servidores, serventuários extrajudiciais, terceirizados ou não – quantas adaptações razoáveis ou mesmo tecnologias assistivas sejam necessárias para assegurar acessibilidade plena, coibindo qualquer forma de discriminação por motivo de deficiência.

DIREITO PENAL

DA APLICAÇÃO DA LEI PENAL

1 DA APLICAÇÃO DA LEI PENAL

O Direito Penal é o ramo do direito que repercute na esfera de liberdade do indivíduo. É, por excelência, o ramo do direito que prevê a tipificação de delitos (condutas proibidas, seguidas da aplicação da respectiva pena).

Porém, antes de adentrarmos especificamente nos crimes em espécie, é imprescindível repassarmos uma série de peculiaridades, conceitos e princípios que funcionam como verdadeiras matrizes, pelas quais toda a disciplina irá se desdobrar.

Seja como for, o Direito Penal tem como essência a proteção dos bens jurídicos mais importantes e necessários para a sobrevivência em sociedade.

Além disso, é mister dividir o Direito Penal em duas partes:
▷ Parte geral – dos arts. 1º ao 120.
▷ Parte especial – dos arts. 121 ao 361.

1.1 Conceitos importantes

A parte conceitual nunca teve grande relevância para as provas de concurso, entretanto, recentemente, a CESPE/CEBRASPE trouxe algumas questões envolvendo este aspecto, o que torna relevante a apresentação destas classificações.

1.1.1 Direito Penal objetivo e Direito Penal subjetivo

O Direito Penal objetivo consiste no conjunto de normas em vigor, o qual deve respeitar, naturalmente, o princípio da legalidade, estampado no art. 1º do Código Penal e art. 5º, XXXIX, da CF.

Por sua vez, o Direito Penal subjetivo traduz-se no chamado *jus puniendi*, ou seja, o direito de punir do Estado, representando a capacidade de produzir e fazer cumprir suas normas.

1.1.2 Direito Penal substantivo e Direito Penal adjetivo

O Direito Penal substantivo corresponde ao Direito material, que cria as figuras criminosas e contravencionais, enquanto o Direito Penal adjetivo é o direito processual que trata das normas destinadas a instrumentalizar a atuação do Estado diante da ocorrência de um crime.

1.1.3 Direito internacional penal e Direito Penal internacional

Conforme o estudo avançar, vamos perceber que o Direito Penal, como regra, é aplicado aos fatos ocorridos em território nacional. Porém, há a possibilidade de que a norma estrangeira seja aplicada a fato ocorrido dentro dos nossos limites territoriais. Quando a lei estrangeira regulamenta um fato ocorrido no Brasil, temos o fenômeno da **intraterritorialidade**, ou Direito internacional penal.

Noutro giro, existe também a possibilidade de a Lei Penal Brasileira regulamentar fatos que ocorram no estrangeiro, ao que se denomina **extraterritorialidade** ou Direito Penal internacional.

1.1.4 Direito Penal de emergência e Direito Penal simbólico

O Direito Penal de emergência consiste em situações em que uma lei é editada com a finalidade de atender aos reclames da sociedade ou pressões políticas. Pode também ser lembrado como um direito editado às pressas.

Já o Direito Penal simbólico pode ser tratado como um aleatório jurídico, na medida em que podemos ter a norma, porém sem efetividade jurídica, carecendo de regulamentação ou subsídios para sua implantação e aplicação.

1.2 Características da lei penal

▷ **Exclusividade:** somente a lei pode prever figuras criminosas e suas respectivas sanções.
▷ **Imperatividade:** é imposta a todos, independente da vontade do sujeito.
▷ **Generalidade:** todos devem respeitar a lei.
▷ **Impessoalidade:** destina-se a regulamentar fatos, não é direcionada à pessoa.

1.3 Classificação da lei penal

Lei penal incriminadora: define infrações e as respectivas sanções.

Obs.: a lei penal incriminadora subdivide-se em preceito primário (descrição da conduta) e preceito secundário (previsão de pena).

Lei penal não incriminadora: lei penal em sentido amplo. Não prevê a conduta criminosa. Desmembra-se em:
▷ **Permissiva justificante:** tornam lícitas determinadas condutas (Ex.: art. 25 do CP).
▷ **Permissiva exculpante:** elimina a culpabilidade (Ex.: embriaguez acidental completa – art. 28, § 1º, do CP).
▷ **Explicativa ou interpretativa**: norma conceitual (Ex.: art. 327 do CP).
▷ **Complementar:** aquela que delimita a aplicação da lei penal incriminadora.
▷ **Lei penal de extensão ou integrativa:** aquela utilizada para viabilizar a tipicidade de alguns fatos (Ex.: art. 14 do CP – tentativa).

Em muitos dispositivos da lei penal, temos menções que remetem à década de 40, quando o Código foi editado. Dessa forma, a interpretação das normas penais deve ser moderna e contemporânea à época em que é realizada.

Com relação às formas de interpretação, é preciso recordar alguns conceitos que podem induzir o candidato a erro, são os seguintes termos:
▷ **Interpretação extensiva:** situações em que a lei disse menos do que deveria, em razão disso, o intérprete amplia o significado da norma (Ex.: art. 186 do CP).
▷ **Interpretação restritiva:** a lei disse mais do que deveria, assim, o aplicador do direito deve enxugar o alcance da norma.
▷ **Interpretação analógica:** para esta modalidade, que destoa um pouco do conceito de interpretação, estamos diante de situações em que, em homenagem ao princípio da legalidade, o legislador traz algumas situações que de fato pretendeu regular, mas, na sequência, permite que aquilo que seja semelhante também seja abrangido pelo dispositivo (Ex.: quando o Código utiliza a expressão: "ou outro meio...", "ou por qualquer outro meio...", como acontece no art. 121, § 2º, I, do CP).

Também não se pode confundir métodos de interpretação com a analogia. Esta não é forma de interpretação, e, sim, de integração.

1.4 Princípios do Direito Penal

1.4.1 Legalidade

Indubitavelmente, trata-se da norma motriz, que permite o desenvolvimento de todo o Direito Penal, possibilitando a real identificação do plano sobre o qual o direito penal se desenvolve.

Art. 1º, CP c/c art. 5º, XXXIX, CF Não há crime sem lei anterior que o defina e não há pena sem prévia cominação legal.

DIREITO PENAL

O princípio da legalidade visa a fornecer segurança jurídica em matéria penal, ou seja, dar às pessoas a garantia de que não sofrerão punição criminal, a não ser que pratiquem um comportamento descrito previamente em lei, com pena antecipadamente cominada.

Deste princípio matriz e balizador do Direito Penal, extraímos algumas regras:

▷ **Primeira regra:** proíbe a retroatividade de uma lei penal incriminadora (princípio da irretroatividade da lei penal). Entretanto, excepcionalmente permite-se a retroatividade da lei penal que beneficie o agente (art. 5º, XL, da CF).

A esta movimentação de leis no tempo damos o nome de extratividade.

A extratividade pode ser compreendida como um gênero do qual são espécies: a retroatividade (lei aplicada a período anterior à sua vigência – o que só ocorre *in bonam partem*); e a ultratividade (quando a lei é aplicada após o seu período de revogação, em homenagem ao *tempus regit actum*).

> *Art. 5º, XL – a lei penal não retroagirá, salvo para beneficiar o réu.*

▷ **Segunda regra:** proíbe o uso da analogia, dos princípios gerais de direito ou costumes para incriminar determinadas condutas.

Permite-se, contudo, a aplicação da analogia *in bonam partem*. É importante conceituar **analogia**, pois usualmente seus termos são confundidos por outros institutos.

A analogia consiste em uma ferramenta de **integração** (não é interpretação), e em aplicar uma disposição prevista em lei para determinado caso, a outro caso semelhante, sem, contudo, ter previsão legal.

> **Ex.:** aplicação do perdão judicial constante no art. 121, § 5º, do CP ao homicídio culposo previsto no CTB.

Perceba que ambos os dispositivos tutelam a vida. Outrossim, um deles goza de um benefício e o outro não.

A lei penal, para produzir seus efeitos na prática, precisa ser: anterior ao fato, escrita, elaborada no seu sentido estrito e certa/determinada (ademais, deve respeitar o aspecto formal e material na sua elaboração).

▷ **Terceira regra:** consolida a ideia de proibição à criação a tipos penais vagos, abstratos, indeterminados, de modo que a lei penal deve ser determinada em seu conteúdo (taxatividade).

Importante mencionar que a norma penal em branco não se enquadra neste aspecto. A norma mencionada é aquela que depende de uma complementação normativa para que se possa compreender o âmbito de aplicação do preceito primário da norma.

Fique ligado

Ponto importante e que já foi tema de prova é que o princípio da legalidade é a soma do princípio da reserva legal (somente a lei pode criar crimes e prever penas) + princípio da anterioridade da lei penal (a lei deve ser anterior ao fato).

1.4.2 Intervenção mínima

Consagra a ideia de que o Direito Penal deve intervir minimamente na vida do indivíduo. Isso porque a regulamentação das condutas deve se limitar ao necessário e indispensável para manutenção da paz social. Assim, somente se deve recorrer à intervenção do Direito Penal em situações extremas, como a última saída (*ultima ratio*).

Este princípio é o responsável não só pela indicação dos bens de maior relevo, mas também se presta a fazer com que ocorra a chamada descriminalização.

Naturalmente, se é com base neste princípio que os bens são selecionados para permanecer sob a tutela do Direito Penal, porque são considerados como os de maior importância, também será com fundamento nele que o legislador fará retirar do nosso ordenamento jurídico penal certos tipos incriminadores.

Portanto, identifica-se que o Estado, a partir do Direito Penal, deve interferir o menos possível na vida em sociedade, devendo ser solicitado somente quando os demais ramos do direito, comprovadamente, não forem capazes de proteger aqueles de maior importância.

Tal princípio relaciona-se a duas características do Direito Penal: à **fragmentariedade e à subsidiariedade.**

A partir da ideia de intervenção mínima, temos dois desdobramentos:

▷ **Princípio da fragmentariedade:** caberá ao Direito Penal proteger os bens jurídicos mais importantes e punir os ataques mais graves, deixando de lado bens ou lesões de pouca importância.

▷ **Princípio da subsidiariedade:** o Direito Penal é direito de *ultima ratio*, isto é, só deve atuar nos casos em que os demais ramos do Direito forem insuficientes para resolver o problema.

1.4.3 Culpabilidade

Este princípio não encontra previsão expressa no texto constitucional, sendo um desdobramento lógico oriundo de critérios hermenêuticos (interpretativos).

Possui três sentidos fundamentais:

▷ Culpabilidade como elemento integrante do conceito analítico de crime;

▷ Culpabilidade como princípio medidor da pena;

▷ Culpabilidade como ferramenta *latu sensu*, que traz a ideia de responsabilidade.

O primeiro elemento corresponde a identificar se a culpabilidade é preenchida para fins de identificar se o critério trifásico para conceituar o crime encontra-se preenchido.

No segundo aspecto, a culpabilidade deve ser analisada sob o crivo de que o crime já existe, para tanto, no ato da aplicação de uma pena, o magistrado deve se ater ao **critério trifásico**, previsto no art. 59 do CP e ponderar qual é o grau de culpabilidade do agente, entendendo-se como o grau de participação do agente na prática da conduta.

Por derradeiro, o estudo da culpabilidade *latu sensu* consagra a ideia de que o sujeito só pode ser responsabilizado se sua conduta ofensiva for dolosa (quis o fato ou assumiu o risco de produzi-lo) ou culposa (deu causa ao resultado por imprudência, negligência ou imperícia), evitando-se, portanto, a chamada imputação objetiva.

Fique ligado

Embora a responsabilidade penal, em regra, seja subjetiva, no que diz respeito aos crimes ambientais e à responsabilidade civil do Estado, esta será objetiva.

Assim, a simples participação material no resultado não configura, por si só, responsabilidade penal.

1.4.4 Humanidade/dignidade da pessoa humana

A dignidade da pessoa humana configura valor transcendental e verdadeiro sobreprincípio, orientador de toda interpretação normativa, apta a influenciar a aplicação do ordenamento jurídico e nortear a atuação estatal em todos os seus setores.

DA APLICAÇÃO DA LEI PENAL

Ciente desta importância, o legislador constituinte erigiu a dignidade humana como fundamento da República, o consagrando no art. 1º, III, da Constituição Federal de 1988:

> **Art. 1º, CF** *A República Federativa do Brasil, formada pela união indissolúvel dos Estados e Municípios e do Distrito Federal, constitui-se em Estado Democrático de Direito e tem como fundamentos:*
>
> *[...]*
>
> ***III** – a dignidade da pessoa humana.*

Por sua vez, preconiza o princípio da humanidade, as normas penais devem sempre dispensar tratamento humanizado aos sujeitos ativos de infrações penais, vedando-se a tortura, o tratamento desumano ou degradante penas de morte, de caráter perpétuo, cruéis, de banimento ou de trabalhos forçados.

Deve-se garantir ao indivíduo um mínimo existencial, um sentimento de autoestima e de respeitabilidade.

Penas proibidas: art. 5º, XLVII, da CF.

> **Art. 5º, XLVII, CF** *não haverá penas:*
>
> *a) de morte, salvo em caso de guerra declarada, nos termos do art. 84, XIX;*
>
> *b) de caráter perpétuo;*
>
> *c) de trabalhos forçados;*
>
> *d) de banimento;*
>
> *e) cruéis.*

Além disso, rotineiramente o Estado demonstra preocupação com este aspecto, como com a edição da Lei nº 13.769/2018, que estabelece regras especiais para a progressão de regime da mulher gestante, mãe ou responsável por pessoas ou crianças com deficiência.

A edição da referida norma consagra um entendimento firmado pelo STF no bojo do julgamento do HC nº 143.641/SP, no qual figuravam como pacientes todas as mulheres submetidas à prisão cautelar no sistema penitenciário nacional, que ostentassem a condição de gestante, puérperas (pouco tempo após o parto) ou mães com crianças de até 12 anos de idade sob sua responsabilidade.

1.4.5 Insignificância ou bagatela

Desenvolvido por Claus Roxin, o princípio da insignificância ou da bagatela estabelece que a finalidade do Direito Penal consiste na proteção subsidiária de bens jurídicos. Logo, comportamentos que produzam lesões insignificantes aos objetos jurídicos tutelados pela norma penal devem ser considerados penalmente irrelevantes. A aplicação do princípio produz fatos materialmente *atípicos*.

Assim, o Direito Penal deve procurar proteger a comunidade de crimes que tenham gravidade razoável, evitando punir os chamados crimes de bagatela (ninharia). Fundamenta-se no princípio da fragmentariedade, pois compete ao Direito Penal proteger bens jurídicos mais importantes, e não proteger as condutas irrelevantes no aspecto material. A conduta já nasce insignificante, atípica (excluída a tipicidade material).

> **Ex.:** acionar o aparato penal, porque um cidadão primário, sem antecedentes criminais, subtraiu, episodicamente, objeto em valor inferior a dez reais de um grande estabelecimento comercial, importaria na violação do princípio da insignificância (ou da bagatela própria).

Para sua incidência, a jurisprudência do STF e do STJ firmou entendimento de que é necessária a presença dos seguintes vetores:

▷ A mínima ofensividade da conduta do agente;

▷ Nenhuma periculosidade social da ação;

▷ O reduzidíssimo grau de reprovabilidade do comportamento;

▷ A inexpressividade da lesão jurídica provocada.

Para balizar a aplicação, vale também recortar que as circunstâncias subjetivas (pessoais) da vítima também devem ser levadas em consideração no que tange ao princípio da insignificância.

Assim, ainda que o bem seja de valor econômico irrelevante, não é possível aplicar o princípio da bagatela caso a lesão jurídica, do ponto de vista da vítima, seja considerável.

Por exemplo, um cão vira-latas, apesar de não apresentar valor econômico aferível, jamais será considerado insignificante para seu dono, razão pela qual não é possível aplicar o princípio da insignificância para o agente que furta o animal.

Acerca do assunto, merecem atenção as Súmulas nº 589, 599 e 606 do STJ:

> **Súmula nº 589 – STJ**
>
> *É inaplicável o princípio da insignificância nos crimes ou contravenções penais praticados contra a mulher no âmbito das relações domésticas.*
>
> **Súmula nº 599 – STJ**
>
> *O princípio da insignificância é inaplicável aos crimes contra a administração pública.*
>
> **Súmula nº 606 – STJ**
>
> *Não se aplica o princípio da insignificância aos casos de transmissão clandestina de sinal de internet via radiofrequência que caracterizam o fato típico previsto no art. 183 da Lei nº 9.472/97.*

A jurisprudência também entende que não se aplica aos seguintes crimes: tráfico de drogas; roubo; moeda falsa; furto qualificado (em regra); estelionato previdenciário, crimes contra a administração pública; drogas; apropriação indébita previdenciária; contrabando.

Não bastasse, jurisprudência oscila (e muito) nesse aspecto. Nesse sentido, hoje prevalece o entendimento de que, ao indivíduo reincidente, analisando-se cada caso, pode ser aplicado o princípio em estudo. Entretanto, se estivermos de um criminoso contumaz, não se dará esta aplicação.

Vale destacar a aplicação do princípio no que tange ao crime de descaminho (art. 334 do CP).

Não obstante o crime de descaminho estar no capítulo dos crimes praticados por particular contra a Administração em geral, tanto o STF quanto o STJ admitem a aplicação do princípio da insignificância.

A justificativa passa pelo forte viés arrecadatório/tributário do tipo penal do art. 334 do CP, razão pela qual, como ocorre nos crimes tributários, admite-se a bagatela para o descaminho.

Fique ligado

Mesmo que soe como um contrassenso, o valor a ser considerado para fins de aplicação da insignificância no descaminho, é de R$ 20.000,00 (vinte mil reais).

1.4.6 *Ne bis in idem*

Este princípio não está previsto expressamente em nosso texto legal, mas, sim, no Estatuto de Roma, que criou o Tribunal Penal Internacional, e possui o seguinte enunciado:

> **Art. 20** *Ne bis in idem Salvo disposição em contrário do presente Estatuto, ninguém será julgado pelo Tribunal por condutas constitutivas de crimes pelos quais já tenha sido condenado ou absolvido pelo próprio Tribunal. Ninguém será julgado por outro tribunal por um crime previsto no art. 5º, pelo qual já tenha sido condenado ou absolvido pelo Tribunal. Ninguém que já tenha sido julgado por outro tribunal por uma conduta igualmente prevista nos arts. 6º, 7º ou 8º, será julgado pelo Tribunal pela mesma conduta, a menos que os procedimentos no outro tribunal: Tenham obedecido ao propósito de subtrair o acusado de sua responsabilidade penal por crimes sob a jurisdição do Tribunal; ou Não tenham sido conduzidos de forma independente ou imparcial, em conformidade com as normas do devido processo reconhecidas pelo direito internacional, mas de tal forma que, nas circunstâncias, era incompatível com a intenção de efetivamente submeter o indivíduo em questão à ação da justiça.*

DIREITO PENAL

Como decorrência de todo princípio, este também não é absoluto, constando com a exceção do próprio Estatuto de Roma, relativamente ao crime de genocídio. Em nosso ordenamento jurídico, a exceção fica por conta da possibilidade de dupla punição pelo mesmo fato quando estivermos diante de uma hipótese de **extraterritorialidade** incondicionada da Lei Penal Brasileira.

Para nosso estudo, devemos correlacionar referido princípio em três aspectos:

▷ No sentido de que ninguém poderá ser processado duas vezes pelo mesmo crime (fato).

> **Fique ligado**
>
> Para o STJ não ocorre bis in idem para a hipótese de instauração de processo penal no Brasil, enquanto ainda tramita processo pelo mesmo fato no exterior, tendo em vista que apenas a sentença pode provocar efeitos no Brasil.

▷ Refere-se à **matéria**, já que ninguém pode ser condenado pela segunda vez em razão do mesmo fato.

▷ Refere-se à etapa de **execução** de um processo, consiste na ideia de que ninguém poderá executar duas penas pelo mesmo fato.

Súmula nº 241 – STJ
A reincidência penal não pode ser considerada como circunstância agravante e, simultaneamente, como circunstância judicial.

1.4.7 Presunção de inocência

A Constituição Federal consagrou a presunção de inocência em seu art. 5º, LVII:

Art. 5º, LVII, CF Ninguém será considerado culpado até o trânsito em julgado de sentença penal condenatória.

No mesmo sentido, o princípio também se concretiza na **Convenção Americana sobre Direito Humanos**:

Art. 8º, § 2º Toda pessoa acusada de um delito tem direito a que se presuma sua inocência, enquanto não for legalmente comprovada sua culpa. Durante o processo, toda pessoa tem direito, em plena igualdade, às seguintes garantias mínimas.

Pelo presente princípio, identificamos duas regras: a primeira, que configura o dever da acusação em demonstrar a responsabilidade do réu (e não a este comprovar sua inocência); e que a condenação deve derivar da certeza do julgador, sendo que qualquer dúvida deve ser interpretada em favor do réu (*in dubio pro reo*). A segunda refere-se ao tratamento do acusado, ou seja, dentro do processo a finalidade do princípio é fazer com o que juiz veja o acusado como um inocente, com a tendência de absolvê-lo quando a acusação não conseguir provar a sua culpa.

É importante registrar que a partir do julgamento das Ações Declaratórias de Constitucionalidade (ADCs) nº 43, 44 e 54, o STF reconheceu que a execução provisória de pena, baseada em acórdão penal condenatório proferido em grau de apelação, ainda que sujeito a recurso especial ou extraordinário, viola o princípio constitucional da presunção de inocência, não sendo permitida, portanto.

> **Fique ligado**
>
> Esta regra pode ser alterada dependendo da composição do STF.

1.4.8 Materialização do fato

Eventual pena a ser imposta, deve ser baseada por ter o agente praticado um fato lesivo a bem jurídico de terceiro e não em razão do modo de ser do sujeito.

1.4.9 Isonomia/igualdade

Consagrou-se o princípio da isonomia, ou da igualdade, como a obrigação de tratar igualmente aos iguais, e desigualmente aos desiguais, na medida de suas desigualdades.

1.4.10 Proporcionalidade

O princípio da proporcionalidade objetiva, de imediato, uma justa correlação entre a gravidade do fato perpetrado pelo agente e a sanção penal correspondente.

1.4.11 Confiança

Trata-se de construção jurisprudencial para enfrentar os problemas resultantes dos crimes praticados na direção de veículo automotor. Em resumo, o indivíduo deve pautar sua conduta imaginando e acreditando que os outros cidadãos também cumprirão com sua parcela de responsabilidade. Se ocorrer a violação de um dever de confiança por parte de terceira pessoa, não há que se falar em responsabilidade do agente que participou do resultado.

> Ex.: quando o indivíduo conduz seu veículo com prudência e cautela e, de repente, uma pessoa correndo atravessa a rua, é atropelada e morre. Ora, o condutor agiu amparado pelo princípio da confiança, não tendo culpa (responsabilidade), já que dirigia na expectativa de que os demais respeitariam as regras de sinalização e circulação.

1.4.12 Ofensividade/lesividade/ exclusiva proteção de bens jurídicos

O princípio da ofensividade, também chamado de princípio da lesividade (*nullum crimen sine injuria*), significa que não há crime sem que haja lesão ou perigo de lesão a um bem jurídico determinado.

Este princípio exige que, para que ocorra a atuação/intervenção da lei penal, é preciso que exista lesão ou perigo de lesão ao bem jurídico tutelado.

▷ **Dessa forma, do referido princípio extrai-se duas importantes consequências:** De uma parte, **impede a incriminação de mera atitude interna.** As ideias e convicções, os desejos, as aspirações e os sentimentos dos homens não podem constituir o fundamento de um tipo penal, nem mesmo quando se orientem para a prática de um crime. Também veda a incriminação **de simples estados ou condições existenciais,** ou seja, não se pode punir alguém pelo que é ou pela sua periculosidade, mas tão somente pelo que faz.

▷ **Delitos de perigo abstrato e perigo concreto:** nos primeiros, o perigo gerado pela conduta é presumido (porte de arma, porte de drogas para consumo...), enquanto que, no segundo, a situação de perigo é exigida pela Lei e, para que a conduta seja materializada, este perigo precisa ser comprovado (Ex.: art. 250 do CP).

A autolesão, ou a colocação em risco de um bem jurídico próprio, não configura crime, em razão do que determina o princípio da alteridade.

Pelo fato de se exigir a ofensa ao bem jurídico é que não se pune, como regra, os atos preparatórios ou a simples cogitação.

Condutas internas não exigem a intervenção do Direito Penal.

1.4.13 Adequação social

Para o princípio da adequação social, o Direito Penal há de ser produzido e aplicado com um mínimo de racionalidade. Não faz sentido incriminar comportamentos socialmente adequados. A lei não pode coibir condutas úteis para o corpo social.

DA APLICAÇÃO DA LEI PENAL

Este princípio parte do pressuposto de que comportamentos historicamente desenvolvidos dentro de um contexto social positivo, adequados, portanto, aos valores éticos-sociais tutelados pelo direito, não poderão ser tidos como ilícitos, ainda que se amoldem formalmente a um tipo penal.

Tal princípio tem, por decorrência, duas funções: a primeira, de restringir o âmbito de abrangência do tipo penal, no sentido de que não devem ser punidas aquelas condutas que sejam socialmente aceitas. A segunda vertente corresponde à ideia de orientar o legislador acerca da seleção de bens jurídicos.

Súmula nº 502 – STJ

Presentes a materialidade e a autoria, afigura-se típica, em relação ao crime previsto no art. 184, § 2º, do CP, a conduta de expor à venda CDs e DVDs piratas.

1.4.14 Individualização da pena

Deriva do art. 5º, XLVI, da CF, que traz a seguinte redação:

Art. 5º, XLVI – a lei regulará a individualização da pena e adotará, entre outras, as seguintes:

▷ Privação ou restrição da liberdade;
▷ Perda de bens;
▷ Multa;
▷ Prestação social alternativa;
▷ Suspensão ou interdição de direitos.

A individualização da pena deverá ocorrer nas seguintes fases: cominação, aplicação e execução.

▷ **Fase legislativa:** escolha das espécies de penas que irão cominar determinado comportamento penal.
▷ **Fase judiciária:** consistente na operação jurídica de fixação da pena que será imposta ao autor do fato típico, ilícito e culpável.
▷ **Fase administrativa:** consistente no cumprimento da pena após o trânsito em julgado da sentença penal condenatória, nos termos regulados na Lei de Execução Penal.

1.4.15 Pessoalidade/intranscendência da pena

O referido princípio está positivado na Constituição Federal, em seu art. 5º, XLV, que estatui:

Art. 5º, XLV, CF Nenhuma pena passará da pessoa do condenado, podendo a obrigação de reparar o dano e a decretação do perdimento de bens ser, nos termos da lei, estendidas aos sucessores e contra eles executadas, até o limite do valor do patrimônio transferido.

Este princípio traz um importante vetor de controle social, bem como a limitação da punição. Segundo este princípio, a pena não pode jamais transcender a pessoa que foi a autora ou partícipe do delito. Nesse contexto, diferentemente do que acontecia nos primórdios, sobretudo à época da vingança privada, a pena poderia passar para outra pessoa da família (ascendente, descendente ou colateral), entretanto, corroborado pelo princípio do direito penal do autor, somente quem pratica o fato é que pode sofrer os consectários lógicos decorrentes de uma conduta.

Se vincula, ainda, ao postulado da imputação subjetiva, de modo que apenas tem responsabilidade penal o agente que dolosa ou culposamente deu causa ao resultado, não se estendendo a terceiros as sanções daí decorrentes. Fundamenta-se na culpabilidade, pois, da mesma forma, apenas o agente que praticou o injusto e é reprovável por tal prática sofrerá a respectiva sanção penal.

A extensão para os limites patrimoniais, dizem respeito a uma possível indenização na seara cível, a título de reparação de danos.

1.5 Classificação e estrutura da lei penal

1.5.1 Lei penal incriminadora

É a norma penal por excelência. É aquela que define infrações e as respectivas sanções, efetivando o princípio da legalidade penal (art. 5º, XXXIX, da CF, e art. 1º do CP).

> **Fique ligado**
>
> A lei penal incriminadora se subdivide em **preceito primário** (descrição da conduta) e **preceito secundário** (previsão de pena).

1.5.2 Lei penal não incriminadora

É a denominada lei penal em sentido amplo, na medida em que não prevê a conduta criminosa, mas, sim, pode tornar lícita determinada conduta, ou apresentar descrições e conceitos gerais.

Desmembram-se em:

▷ **Permissiva justificante:** tornam lícitas determinadas condutas (Ex.: art. 25 do CP)
▷ **Permissiva exculpante:** elimina a culpabilidade (Ex.: embriaguez acidental completa – art. 28, § 1º, do CP).
▷ **Explicativa ou interpretativa:** norma conceitual (Ex.: art. 327 do CP – que nos traz o conceito de funcionário público).
▷ **Lei penal de extensão ou integrativa:** aquela utilizada para viabilizar a tipicidade de alguns fatos (Ex.: art. 14 do CP – tentativa).

Perceba que na utilização da norma relativa à tentativa, ela é quem permite a punição pelo respectivo fato. Seja como for, o indivíduo responde pela pena prevista para o delito, com a redução de 1 a 2/3.

Bom lembrar também quais são os crimes que **não** admitem tentativa, é o CCHOUP:

▷ **Crimes** culposos;
▷ **Contravenções** penais;
▷ Crimes **habituais**;
▷ Crimes **omissivos** próprios;
▷ Crimes **unissubsistentes**;
▷ Crimes **preterdolosos**.

1.5.3 Lei ou norma penal em branco ou incompleta ou primariamente remetida

É importante ressaltar que nem sempre o legislador consegue atingir todas as condutas a partir da edição de uma norma penal.

Nesse sentido, exsurge a chamada Lei Penal em Branco, ou também chamada de primariamente remetida.

Em linhas gerais, esta modalidade legislativa é aquela que depende de um **complemento normativo** para que se possa compreender o âmbito de alcance do preceito primário da norma.

> **Fique ligado**
>
> Ressalte-se que o preceito primário é aquele que descreve a conduta.

Para sua correta classificação e compreensão do instituto, deve-se observar com rigor a **fonte legislativa** (origem da norma).

1.5.4 Norma penal em branco homogênea/em sentido *lato sensu*/imprópria/homóloga

Chama-se norma penal em branco em sentido *lato* ou norma pena em branco homogênea aquela cujo complemento está no mesmo patamar

DIREITO PENAL

que a norma incriminadora, ou seja, tem a mesma natureza jurídica (é, portanto, lei e não outro ato normativo) e provém do mesmo órgão (o Poder Legislativo Federal).

| Ex.: uma lei complementa outra lei.

A normas penais em branco homogêneas ainda podem ser subdivididas:

▷ **Homovitelinas:** o complemento normativo origina-se da mesma fonte legislativa e encontra-se dentro do mesmo ramo do ordenamento jurídico (Ex.: art. 338 do CP, que é complementado pelo art. 5º do mesmo CP).

▷ **Heterovitelinas:** o complemento normativo vem da mesma fonte, porém, o complemento está em outro diploma normativo (Ex.: arts. 236 e 237 do CP, que são complementados por artigos do Código Civil – arts. 1.521, 1.523, 1.577).

1.5.5 Heterogênea/sentido estrito/própria/heteróloga

Já a norma penal em branco em sentido estrito ou norma penal em branco heterogênea é aquela cujo complemento normativo advém de fonte legislativa **diversa** (portaria, decreto, regulamento), como ocorre com a Lei de Drogas, que é complementada pela Portaria nº 344 da SVS/MS, ou seja, uma norma elaborada pelo **Poder Legislativo**, sendo complementada por uma norma do **Poder Executivo**.

Da mesma forma, as condutas descritas nos arts. 268 e 269 do CP, que trata da infração de medida sanitária destinada a impedir a introdução ou propagação de doença contagiosa e a omissão de informação de doença de notificação compulsória. Porém, essas doenças, bem como as medidas de contenção, devem partir de resoluções ou outros atos normativos expedidos pela Anvisa.

Vale destacar que, em que pese ter havido grande embate acerca da constitucionalidade desta modalidade de lei, prevaleceu o entendimento de que **são constitucionais**, na medida em que possibilitam um melhor e mais seguro controle das substâncias ditas por ilícitas, sem a necessidade de um moroso procedimento legislativo para sua alteração.

1.5.6 Norma penal em branco secundariamente remetida, ao avesso ou ao revés

Trata-se de nova denominação trazida pela doutrina.

Aqui, haverá necessidade de "complementação" do preceito secundário da norma.

Deixamos o termo complementação entre aspas pois não será, necessariamente, um complemento normativo, a fim de facilitar a retórica, haverá, em verdade, uma remessa de pena.

Ou seja, o preceito primário da norma é claro, porém, no que concerne à pena, haverá a disposição de que a pena será "a mesma aplicada para outro delito", conforme exemplos abaixo.

| **Ex. 1:** Art. 304 – Fazer uso de qualquer dos papéis falsificados ou alterados, a que se referem os arts. 297 a 302:

> ***Pena – a cominada à falsificação ou à alteração.***

| **Ex. 2:** Lei nº 2.889/1956.

> ***Art. 1º** Quem, com a intenção de destruir, no todo ou em parte, grupo nacional, étnico, racial ou religioso, como tal:*
>
> *a) matar membros do grupo;*
>
> *b) causar lesão grave à integridade física ou mental de membros do grupo;*
>
> *c) submeter intencionalmente o grupo a condições de existência capazes de ocasionar-lhe a destruição física total ou parcial;*
>
> *d) adotar medidas destinadas a impedir os nascimentos no seio do grupo;*
>
> *e) efetuar a transferência forçada de crianças do grupo para outro grupo.*

Será punido:

Com as penas do art. 121, § 2º, do Código Penal, no caso da letra "a";

Com as penas do art. 129, § 2º, no caso da letra "b";

Com as penas do art. 270, no caso da letra "c";

Com as penas do art. 125, no caso da letra "d";

Com as penas do art. 148, no caso da letra "e".

1.6 Fontes do Direito Penal

Trata-se da origem da norma, de onde se pode extrair conteúdo de Direito Penal. As fontes subdividem-se em fontes materiais, substanciais ou de produção e em fontes formais, de conhecimento ou de cognição.

1.6.1 Fonte material/de produção

Diz respeito à produção da norma. Em nosso ordenamento jurídico, existe apenas uma fonte, que é a União, representada pelo Poder Legislativo, conforme o art. 22, I, da CF.

1.6.2 Fonte formal/de conhecimento

De onde extraímos o conteúdo Direito Penal (instrumento de exteriorização). Subdividem-se em imediatas e mediatas:

▷ **Imediatas:** lei, Constituição Federal (através dos mandados de criminalização – art. 5º, XLII, XLIII, XLIV), tratados e acordos internacionais de direitos humanos, jurisprudência, princípios e complementos normativos.

Note-se que todas essas fontes fornecem, de maneira direta ou imediata, o conteúdo de Direito Penal. Não existe a necessidade de se passar por um processo de interpretação (processo hermenêutico).

▷ **Mediatas:** doutrina, pois são aquelas que, necessariamente, passam por um processo de interpretação.

▷ **Informal:** costumes.

> **Fique ligado**
>
> Costume não cria nem revoga infração penal.

Além disso, o princípio pode ser utilizado *secundum legem*, hipótese em que funcionará como ferramenta de apoio à lei. E pode ser classificado como *prater legem*, que são situações em que serão utilizados para suprir a falta da lei.

1.7 Analogia

A analogia constitui **método de integração do ordenamento jurídico**. Trata-se de mecanismo utilizado para suprir lacunas. Consiste em "aplicar, a um caso não contemplado de modo direto ou específico por uma norma jurídica, uma norma prevista para uma hipótese distinta, mas semelhante ao caso não contemplado".

Vale destacar que no Direito Penal somente se admite a analogia *in bonam partem*, ou seja, aquela utilizada em benefício do sujeito ativo da infração penal. Proíbe-se, de outro lado, a analogia *in malam partem*, isto é, em prejuízo do sujeito ativo da infração penal, justamente por importar na criação de delitos não previstos em lei ou no agravamento da punição de fatos já disciplinados legalmente, atentando contra o princípio da legalidade.

Um bom exemplo pode ser extraído do art. 302 do CTB. Trata-se do homicídio culposo praticado na direção de veículo automotor. O dispositivo mencionado, tutela à vida.

DA APLICAÇÃO DA LEI PENAL

No art. 121 do Código Penal também temos a tutela à vida. Ocorre que no § 3º do art. 121 temos o homicídio culposo. Mais adiante, no § 5º do mesmo art. 121, temos uma hipótese de perdão judicial.

Pelo texto da lei, quando uma pessoa praticar homicídio culposo, se a consequência da conduta for mais grave do que uma possível pena, o magistrado deixará de aplicá-la.

Entretanto, esta hipótese de perdão judicial não está prevista para o homicídio culposo do CTB. Por isso, como ambos tutelam o mesmo bem jurídico, devem ter a mesma regulamentação. A consequência é a aplicação do perdão judicial analogicamente à previsão contida no CTB.

1.8 Interpretação de lei penal

Quando se fala em interpretação da lei penal, uma grande polêmica surge. Isso porque existem diversos conceitos e práticas aplicadas para se extrair o conteúdo da norma.

Ocorre que, diferentemente daquilo que é empregado por muitos, não podemos falar em critérios corretos e equivocados de interpretação. E a razão é muito simples: não existe certo ou errado.

A busca pela interpretação, por meio dos critérios hermenêuticos, depende daquilo que se defende.

Além disso, devemos enfatizar que, em muitos dispositivos da lei penal, temos menções que remetem à década de 1940, quando o Código foi editado.

Dessa forma, a interpretação das normas penais deve ser moderna e contemporânea à época em que é realizada.

Para permitir uma correta compreensão dos institutos, devemos nos ater à interpretação em três momentos: quanto ao sujeito, quanto ao meio e quanto ao resultado.

> **Ex.:** uma pessoa emprega um mecanismo e chega a um resultado, utilizando as três etapas.

1.8.1 Mecanismos empregados

Quanto ao sujeito

Quanto à pessoa que interpreta, temos as seguintes formas:

▷ **Autêntica ou legislativa:** é aquele fornecida pelo próprio legislador no corpo da lei. Como vemos, por exemplo, no art. 327 do CP, que traz expressamente a classificação de funcionário público.

▷ **Doutrinária ou científica:** é aquela interpretação feita pelos estudiosos do direito, gerando as chamadas correntes doutrinárias.

▷ **Jurisprudencial:** trata-se da interpretação praticada pelos órgãos jurisdicionais.

Quanto ao meio/modo

▷ **Gramatical:** considera o sentido literal das palavras.

▷ **Teleológica:** diz respeito à vontade intrínseca da lei, atendendo-se aos seus fins e busca pelo seu real sentido, coadunando o dispositivo interpretado com as demais disposições vigentes no universo jurídico.

▷ **Histórica:** é aquela que indaga a origem da lei, identificando os reais fundamentos da sua edição.

▷ **Sistemática:** é aquela moderna, realizada de acordo com as premissas atuais, e não de acordo com o entendimento existente no ato de edição da norma.

Quanto ao resultado

No que concerne ao resultado, a interpretação pode ser:

▷ **Declarativa:** é aquela em que o texto da lei corresponde ao que o legislador quis dizer, como se observa nas hipóteses do art. 302 do CPP, por exemplo.

▷ **Interpretação restritiva:** nesta modalidade, a lei disse mais do que deveria, assim o aplicador do direito deve restringir o alcance da norma, é o que se vê em termos deveras aberto, como no art. 312 do CTB (expressão garantia da ordem pública).

▷ **Interpretação extensiva:** situações em que a lei disse menos do que deveria, em razão disso o intérprete amplia o significado da norma (Ex.: art. 176 do CP – outras fraudes).

É possível a interpretação extensiva contra o réu?

A resposta deriva do entendimento do STF que encampou entendimento proferido por Zaffaroni no seguinte sentido: é possível a interpretação extensiva contra réu sempre que outra forma de interpretação puder gerar um escândalo (entenda-se reiteração de condutas) por sua notória irracionalidade.

Em resumo, o entendimento é de que é possível a interpretação extensiva contra o réu.

1.8.2 Interpretação analógica

Para esta modalidade, que destoa um pouco do conceito de interpretação, estamos diante de situações em que, em homenagem ao princípio da legalidade, o legislador traz algumas situações que de fato pretendeu regular, mas, na sequência, permite que aquilo que seja semelhante também seja abrangido pelo dispositivo (Ex.: quando o Código utiliza a expressão: "ou outro meio...", "ou por qualquer outro meio...", como acontece no art. 121, § 2º, I, do CP).

> **Art. 121, § 2º** Se o homicídio é cometido:
> I – mediante paga ou promessa de recompensa, **ou por outro motivo torpe**;
> [...]
> III – com emprego de veneno, fogo, explosivo, asfixia, tortura **ou outro meio insidioso ou cruel, ou de que possa resultar perigo comum**;
> IV – à traição, de emboscada, ou mediante dissimulação **ou outro recurso que dificulte ou torne impossível a defesa do ofendido.**

Fique ligado

Não se pode confundir a interpretação analógica com analogia. A primeira é interpretação; a segunda, é meio de integração utilizada em caso de lacuna de lei.

1.9 Lei penal no tempo

Como decorrência lógica do princípio da legalidade, aplica-se, em regra, a lei penal vigente ao tempo da realização do fato criminoso (*tempus regit actum*), ou seja, tão logo um fato seja praticado, a lei que estiver em vigência naquele momento, deve ser aplicada.

Excepcionalmente, no entanto, será permitida a retroatividade da lei penal para alcançar fatos passados, desde que benéfica ao réu, conforme assegura o art. 5º, XL, da CF:

> **Art. 5º, XL** – A lei penal não retroagirá, salvo para beneficiar o réu.

No mesmo sentido é a previsão do art. 2º do Código Penal:

> **Art. 2º, CP** Ninguém pode ser punido por fato que lei posterior deixa de considerar crime, cessando em virtude dela a execução e os efeitos penais da sentença condenatória.
> **Parágrafo único.** A lei posterior, que de qualquer modo favorecer o agente, aplica-se aos fatos anteriores, ainda que decididos por sentença condenatória transitada em julgado.

A esta possibilidade conferida à lei de movimentar-se no tempo (para beneficiar o réu) dá-se o nome de extra-atividade da lei penal.

A extra-atividade deve ser compreendida como gênero do qual são espécies:

DIREITO PENAL

▷ **Retroatividade**, capacidade que a lei penal tem de ser aplicada a fatos praticados antes da sua vigência; e
▷ **Ultratividade**, que representa a possibilidade de aplicação da lei penal mesmo depois de revogada.

1.9.1 Tempo do crime

Art. 4º, CP Considera-se praticado o crime no momento da ação ou omissão, ainda que outro seja o momento do resultado.

Para a correta (e justa) aplicação da lei penal é imprescindível definir o tempo do crime, ou seja, quando um crime se considera praticado. A respeito disso, há diferentes teorias apontadas pela doutrina:

▷ **Teoria da atividade:** considera praticado o crime no momento da conduta (ação ou omissão), ainda que outro seja o momento do resultado. O CP adotou esta teoria (art. 4º).
▷ **Teoria do resultado:** considera o momento da produção do resultado (consumação).
▷ **Teoria mista (ou ubiquidade):** considera tanto o momento da conduta como o do resultado.

Crime permanente e imputabilidade: se uma pessoa menor de 18 anos inicia a prática de um crime permanente (Ex.: sequestro) e atinge a maioria enquanto não cessada a permanência, aplica-se a legislação penal, tendo em vista que passou a ser imputável durante a prática da conduta.

Fixação da imputabilidade: se um menor de 18 anos desfere facadas na vítima que vem a falecer dias depois, ocasião em que já atingiu a maioridade, aplica-se o Estatuto da Criança e do Adolescente (ECA) e não do Código Penal (CP), tendo em vista que o ato infracional foi praticado na época em que era inimputável (momento da conduta).

1.9.2 Sucessão de leis no tempo

Avaliando este tópico, é imprescindível ter em mente que, amparado pelo princípio da legalidade, diversos cenários podem aparecer para fins de validarem a substituição/sucessão legislativa. E, em decorrência disso, precisamos avaliar o disposto no art. 5º, XL, da CF.

Assim, no âmbito intertemporal, temos 4 situações distintas:

▷ *Novatio legis* **incriminadora:** trata-se de nova lei que aporta nova figura criminosa no ordenamento jurídico. Em resumo, um fato que não era criminalizado, com a vigência de determinada lei passa a ser.

> Ex.: Lei nº 12.012/2009, que introduziu no CP a figura do art. 349-A, que consiste na figura de ingressar, promover, intermediar, auxiliar ou facilitar a entrada de aparelho telefônico de comunicação móvel, de rádio ou similar, sem autorização legal, em estabelecimento prisional, pratica o crime.

Como se trata de lei nova prejudicial, não haverá retroatividade.

▷ *Novatio legis in pejus:* trata-se de lei nova que não cria um crime, mas que prejudica, de alguma forma, a situação do agente (Ex.: lei nova que aumenta a pena do delito).

Como se trata de lei nova prejudicial, não haverá retroatividade.

▷ *Novatio legis in mellius:* trata-se de lei nova que surge com o intuito de melhorar, de alguma forma, a situação do agente (art. 2º, parágrafo único, do CP).

Como se trata de lei nova benéfica, haverá retroatividade.

▷ *Abolitio criminis:* trata-se de lei nova que descriminaliza a conduta. É o melhor dos cenários para o agente, tendo em vista que, nesta modalidade, haverá a supressão da figura criminosa. Com isso, um fato que antes era considerado criminoso, deixará de ser. Sobrevindo *abolitio criminis* após o trânsito em julgado de sentença penal condenatória, cessa a execução da pena e extinguem-se todos os efeitos penais secundários da condenação, tais como a formação de condição para reincidência e a constituição de maus antecedentes.

Como se trata de lei nova benéfica, haverá retroatividade.

▷ **Princípio da continuidade normativo-típica:** o conteúdo típico criminalizado migra para outro tipo penal.

Não se trata de lei que extingue o crime. A lei continua com as mesmas disposições, porém, haverá tão somente a migração do conteúdo delitivo para outro dispositivo.

Acerca do tema **combinação de leis**, existe divergência doutrinária acerca da possibilidade, porém, a jurisprudência do STJ e a do STF já estão firmes no sentido de que a aplicação da norma não pode ser fracionada, devendo ser aplicada num todo.

Outrossim, merece destaque a Súmula nº 711 do STF, que discorre sobre a lei penal no caso de crimes permanentes ou continuados.

> **Súmula nº 711 – STF**
> *A lei penal mais grave aplica-se ao crime continuado ou ao crime permanente, se a sua vigência é anterior à cessação da continuidade ou da permanência.*

1.9.3 Competência para a aplicação da lei mais benéfica após o trânsito em julgado

Em regra, é do juízo da execução, e não do Tribunal, mediante revisão criminal. Nesse sentido é o entendimento consolidado na jurisprudência:

> **Súmula nº 611 – STF**
> *Transitada em julgado a sentença condenatória, compete ao juízo das execuções a aplicação da lei mais benigna.*

1.9.4 Retroatividade de lei penal mais benéfica

O sujeito ativo praticou o crime sob a vigência da Lei A. Entretanto, em 2018, **surgiu uma nova lei, uma lei mais benéfica que a Lei A**, que foi revogada. Nessa situação, será aplicada a **retroatividade** para **beneficiar o réu**, ainda que haja sentença condenatória transitada em julgado (sentença irrecorrível).

1.9.5 Ultratividade de lei mais benéfica

A ultratividade mais benéfica vai aplicar uma lei revogada que estava vigente na época do fato (*tempus regit actum*) e por ser mais benéfica que a lei nova.

Como a banca pode usar os termos de lei nova mais benéfica ou lei nova mais gravosa:

▷ **BENÉFICA:**
  - *Novatio legis in mellius*: nova lei mais favorável, mais benéfica (melhor).
  - *Abolitio criminis.*

DA APLICAÇÃO DA LEI PENAL

▷ **GRAVOSA:**
- *Novatio legis* **incriminadora:** nova lei que torna um fato criminoso.
- *Novatio legis in pejus:* nova lei mais gravosa (**pior**).

Existe ainda uma expressão chamada *lex tertia*, que seria uma terceira lei, mas formada pela combinação de outras duas (**é vedada sua aplicação no ordenamento jurídico, ainda que para favorecer**).

1.10 Súmula nº 711 – STF

Súmula nº 711 – STF
A lei penal mais grave aplica-se ao crime continuado ou ao crime permanente, se a sua vigência é anterior à cessação da continuidade ou da permanência.

De uma forma clara e objetiva, não há aplicação necessariamente de uma lei mais benéfica quando o caso estiver tratando de **crimes pernamente ou continuado**, dado o fato de que a Súmula nº 711 do STF determina que se aplique a lei que estiver vigente anteriormente à cessação da continuidade/permanência, **ainda que ela seja mais grave**. Em outros termos, aplica-se a lei que estiver valendo quando o indivíduo cessou o crime (sendo a lei mais benéfica ou mais gravosa).

Ex.: "B", penalmente imputável, sequestrou "A". Se sobrevier uma LEI (AINDA QUE MAIS GRAVOSA) e "B" estiver na permanência desse crime, cerceando a liberdade de "A", essa lei será aplicada a ele. Isso porque o crime de sequestro é permanente, consumando-se enquanto a vítima estiver em privação de liberdade pelo autor

1.10.1 Lei excepcional e lei temporária

Segundo o art. 3º do CP, há a ultratividade da lei excepcional ou temporária: ela se aplica aos fatos havidos ao tempo de sua vigência, mesmo depois de decorrido o tempo de sua duração ou cessada a situação de excepcionalidade.

As leis excepcionais ou temporárias possuem duas características marcantes, quais sejam:

▷ **Ultrativas:** aplicam-se mesmo depois de revogadas.
▷ **Autorrevogáveis:** decorrido o prazo de duração ou a situação que autorizou a sua edição, a norma se extingue.

AMBAS:
▷ Efeito ULTRATIVO (MAIS GRAVOSO).

LEI TEMPORÁRIA:
▷ Tempo determinado para revogação (prazo certo).
▷ **Não** ocorre ***abolitio criminis*** em decorrência de sua *autorrevogação*, pois o autor será responsabilizado pelos atos praticados durante o império dela.

LEI EXCEPCIONAL:
▷ Não há um tempo certo fixado, pois são circunstâncias excepcionais que determinaram a criação da lei.
▷ **São exemplos de circunstâncias excepcionais:** estado de calamidade, guerra, situações fáticas que não há como determinar um prazo certo (pandemia).

Portanto, se a banca não afirmar tempo determinado, período determinado (prazo certo), estará falando da lei excepcional.

Em determinado momento de escassez de água, em razão da ausência de chuvas, entrou em vigor nova lei penal que tornou crime a conduta de lavar carros e/ou calçadas, enquanto **perdurasse o período de racionamento** de água (AOCP – Lei Excepcional).

1.11 Lei penal no espaço

Não basta que se determine em que momento a lei penal brasileira pode ser aplicada. Para que a lei cumpra as suas funções, é necessário que seja determinado em quais locais poderá o judiciário brasileiro exercer sua competência. Sobre o assunto, o Código Penal estabelece os critérios gerais para que a lei possa alcançar fatos cuja persecução penal seja do interesse do Estado brasileiro.

Por intermédio de tais critérios, pretende-se basicamente evitar que ocorram lacunas de impunidade a respeito de ilícitos que atinjam bens jurídicos tutelados, direta ou indiretamente, pelo ordenamento jurídico brasileiro. Por esta mesma razão, a generalidade dos Estados adota também critérios de incidência para as suas respectivas leis penais, criando-se, assim, uma espécie de "malha" de leis penais, circunstância esta que redunda na quase impossibilidade de "conflitos negativos de jurisdições", ou seja, o surgimento de "paraísos penais".

A matéria envolve, portanto, o chamado Direito Penal Internacional, ou seja, o ramo do Direito que define os crimes internacionais, próprios ou impróprios, as regras relativas à aplicação territorial e extraterritorial do Direito Penal, a imunidade de pessoas especialmente protegidas, a cooperação penal internacional em todos os seus níveis, as extradições, as transferências de condenados entre países, a determinação da forma e dos limites de execução de sentença penal estrangeira, a existência e funcionamento de tribunais penais internacionais ou regionais, bem como as demais questões jurídicas que envolvam a imputação criminal de fatos que possam surgir no plano internacional.

Especificamente no que diz respeito à aplicação da lei penal, ou seja, à prerrogativa de investigar, processar e julgar fatos no âmbito espacial, a doutrina elaborou alguns princípios gerais, que foram acolhidos, em maior ou menor extensão, pelos legisladores dos diversos países.

1.11.1 Princípios

Territorialidade

A lei penal aplica-se no território onde se exerce a soberania do Estado, independentemente da nacionalidade do agente ou da vítima ou do titular do bem jurídico atingido. O princípio da territorialidade é o preponderante na lei brasileira e é consequência direta da soberania estatal (art. 5º do CP).

Personalidade ou nacionalidade

A lei penal nacional pode ser aplicada ao cidadão onde quer que se encontre, devendo ser considerada apenas a nacionalidade do agente ou da vítima. Segundo tal princípio, a lei penal aplica-se aos fatos praticados pelo ou contra nacional de um Estado, independentemente do local da ocorrência do fato ou da procedência do bem jurídico lesado por tal conduta.

O princípio da personalidade se subdivide em ativo, referente, exatamente, ao autor do delito, e passivo, que também leva em consideração a nacionalidade da vítima.

Ressalte-se que os nacionais têm deveres para com o seu país, não sendo, portanto, aceitável, que, no estrangeiro, perpetrem fatos delituosos e contem com a impunidade ao retornarem à terra natal.

DIREITO PENAL

Ademais, como a maioria dos Estados não concede extradição de seus nacionais, justifica-se plenamente a existência desse princípio.

Defesa, real ou da proteção

A lei penal deve incidir tutelando determinados bens jurídicos de suma relevância para o Estado (vida, liberdade, patrimônio, fé pública etc.), onde quer que eles se encontrem, independentemente da nacionalidade do sujeito ativo da ameaça ou lesão de tais bens jurídicos.

O ordenamento jurídico brasileiro adota o princípio da defesa em três situações:

Crimes contra a vida ou liberdade do Presidente da República. É a primeira situação de extraterritorialidade incondicionada;

Crimes contra o patrimônio ou a fé pública da União, Distrito Federal, Estado, Município, empresa pública, sociedade de economia mista, fundação pública. É também hipótese de extraterritorialidade incondicionada; e

Crimes praticados contra a administração por quem está a seu serviço.

Por este princípio pune-se, por exemplo, o falsificador de moeda que opere no estrangeiro ou o estelionatário que acarrete um dano material nas finanças públicas fora do território nacional.

Justiça universal

A lei penal aplica-se a todo e qualquer fato punível, seja qual for a nacionalidade do agente ou do bem jurídico lesado ou posto em perigo e qualquer que tenha sido o lugar onde tenha sido o fato praticado. Por intermédio deste postulado, os Estados acordam em reprimir os fatos quem mais atentam contra a consciência universal, independentemente do lugar onde ocorram ou da nacionalidade do seu autor.

O ordenamento jurídico brasileiro reconhece o princípio da justiça universal em dois casos:

▷ **Crimes de genocídio:** ainda aqui a extraterritorialidade é incondicionada, embora seja exigido, para a aplicação da lei brasileira, um requisito: que o agente seja brasileiro ou domiciliado no Brasil; e

▷ **Crimes que, por tratado ou convenção, o Brasil se obrigou a reprimir:** trata-se também de situação na qual o parâmetro que determina a aplicação da lei brasileira é a necessidade de cooperação internacional, mas, ao contrário da primeira, a extraterritorialidade aqui é condicionada à presença cumulativa das condições já mencionadas.

Representação ou bandeira

Cuida-se de levar em conta, para efeito de aplicação da lei penal brasileira, a bandeira da embarcação ou aeronave no interior da qual o fato foi praticado. No caso, releva saber a natureza da aeronave ou embarcação (pública ou privada), bem como o lugar onde ela se encontre.

1.11.2 Classificações

Trata-se de normas que nos auxiliam a identificar quando a lei penal brasileira terá incidência.

O art. 5º do CP estabelece que, ressalvadas as disposições constantes em convenções, tratados e regras de direito internacional, aplica-se a lei brasileira ao crime cometido em território nacional.

Para fins de compreensão do território nacional, devemos entender que neste se compreende:

▷ **Território físico ou geográfico:** compreende o solo, subsolo, rios, lagos, mar territorial e o espaço aéreo correspondente.

Fique ligado

Para fins de definição do mar territorial, considera-se uma linha de 12 milhas náuticas contadas da linha de baixa-mar (art. 1º da Lei nº 8.617/1993).

▷ **Território jurídico ou por equiparação** (art. 5º, §§ 1º e 2º):

- As embarcações e aeronaves brasileiras, de natureza pública ou a serviço do governo brasileiro onde quer que se encontrem;

- As aeronaves e as embarcações brasileiras, mercantes ou de propriedade privada, que se encontrem, respectivamente, no espaço aéreo correspondente ou em alto-mar; e

- Aeronaves ou embarcações estrangeiras de propriedade privada, achando-se aquelas em pouso no território nacional ou em voo no espaço aéreo correspondente, e estas em porto ou mar territorial do Brasil.

1.11.3 Disposições gerais

Diferentemente do que ocorre com o **tempo do crime**, aqui temos outro critério. Isso porque, aqui, relativamente ao **espaço** de aplicação da lei penal, tem-se por objetivo evitar o que a doutrina chama de "lacunas de impunidade", e fazer com que a lei penal alcance condutas que transcendam as fronteiras do território nacional.

A ideia aqui é fazer com que a lei brasileira possa ser aplicada aos chamados "crimes à distância", que são aqueles em que a conduta começa em um país e tem seu resultado em outro.

Para resolver o impasse, o CP adotou em seu art. 6º a chamada **teoria da ubiquidade** (mista, híbrida ou da unidade), que é aquela em que se considera praticado o crime no momento da ação ou da omissão, no todo ou em parte, bem como onde se produziu ou deveria produzir-se o resultado.

A adoção da teoria da ubiquidade impede a formação de vazios ou "pontos cegos", situação que poderia apresentar-se caso o país no qual foi praticada a conduta acolhesse a teoria do resultado, e aquele em que ocorreu o resultado acolhesse a teoria da atividade.

> **Exs.:**
> "A" é alvejado por disparo de arma de fogo no Brasil e vem a falecer após cruzar a fronteira com o Paraguai.
>
> "B" despacha um pacote contendo uma bomba-relógio que deveria ser detonada quando o destinatário, residente no Brasil, a abrisse, sendo certo que o artefato foi descoberto e desativado em alto-mar.

1.12 Extraterritorialidade da lei penal brasileira

Extraterritorialidade é o fenômeno pelo qual a lei penal brasileira se aplica a fatos ocorridos fora do território nacional, ou seja, pratica-se um crime em algum lugar estranho ao território brasileiro e, por determinação do nosso Código Penal, esse fato fica sujeito à aplicação da nossa lei penal.

Embora a regra em nosso ordenamento seja de que a lei penal será aplicada aos fatos que ocorrerem em território nacional, o art. 7º apresenta uma série de situações em que a lei penal brasileira pode ser aplicada a fatos ocorridos fora dos limites territoriais brasileiros.

O Código Penal prevê três **espécies** de extraterritorialidade. Os casos mais graves são os de extraterritorialidade **incondicionada**, em que a lei penal brasileira se aplica aos fatos praticados no exterior, independentemente de qualquer condição (art. 7º, I e § 1º). Por outro lado, existem as hipóteses de extraterritorialidade **condicionada**, em

DA APLICAÇÃO DA LEI PENAL

que a aplicação da lei penal brasileira depende do concurso de diversas condições (art. 7º, II e §§ 2º e 3º).

Por fim, há a extraterritorialidade **hipercondicionada**, prevista no art. 7º, § 3º, do CP, em que o legislador faz ainda mais exigências para a incidência da lei penal, do que para as hipóteses de extraterritorialidade condicionada. Vejamos cada uma das modalidades:

1.12.1 Extraterritorialidade incondicionada

Dar-se-á a extraterritorialidade incondicionada nas seguintes hipóteses:

> *Art. 7º Ficam sujeitos à lei brasileira, embora cometidos no estrangeiro:*
> *I – os crimes:*
> *a) contra a vida ou a liberdade do Presidente da República;*
> *b) contra o patrimônio ou a fé pública da União, do Distrito Federal, de Estado, de Território, de Município, de empresa pública, sociedade de economia mista, autarquia ou fundação instituída pelo Poder Público;*
> *c) contra a administração pública, por quem está a seu serviço;*
> *d) de genocídio, quando o agente for brasileiro ou domiciliado no Brasil;*
> *§ 1º Nos casos do inciso I, o agente é punido segundo a lei brasileira, ainda que absolvido ou condenado no estrangeiro.*

Veja-se que todas as hipóteses constantes do art. 7º consubstanciam fatos cuja gravidade reclama a adoção de providências, nos termos da legislação penal brasileira, independentemente de qualquer condição.

Vemos aqui verdadeira exceção ao *bis in idem*, isso porque, além de não ser necessário o preenchimento de nenhuma condição para a incidência da lei brasileira, o agente será punido mesmo que condenado no estrangeiro.

Eventual condenação aplicada no estrangeiro será detraída/descontada da condenação do Brasil, vide art. 8º do CP.

Para sua prova, os exemplos virão da maneira mais complexa possível. Entretanto, a resolução da questão depende exclusivamente do texto de lei.

1.12.2 Extraterritorialidade condicionada

A extraterritorialidade condicionada ocorre em relação às seguintes infrações:

> *Art. 7º Ficam sujeitos à lei brasileira, embora cometidos no estrangeiro: [...]*
> *II – os crimes:*
> *a) que, por tratado ou convenção, o Brasil se obrigou a reprimir;*
> *b) praticados por brasileiro;*
> *c) praticados em aeronaves ou embarcações brasileiras, mercantes ou de propriedade privada, quando em território estrangeiro e aí não sejam julgados. [...]*
> *§ 2º Nos casos do inciso II, a aplicação da lei brasileira depende do concurso das seguintes condições:*
> *a) entrar o agente no território nacional;*
> *b) ser o fato punível também no país em que foi praticado;*
> *c) estar o crime incluído entre aqueles pelos quais a lei brasileira autoriza a extradição;*
> *d) não ter sido o agente absolvido no estrangeiro ou não ter aí cumprido a pena;*
> *e) não ter sido o agente perdoado no estrangeiro ou, por outro motivo, não estar extinta a punibilidade, segundo a lei mais favorável.*

Para esta segunda hipótese de extraterritorialidade, vale mencionar que é necessária a ocorrência de um dos crimes descritos no inciso II do art. 7º, **mais** o preenchimento de todas as condições previstas no § 2º do mesmo dispositivo.

Além disso, a lei penal brasileira somente será aplicada aos crimes aqui destacados na hipótese de o agente não ter sido processado no estrangeiro.

Perceba que, na extraterritorialidade **incondicionada**, o agente será submetido ao julgamento de acordo com a lei brasileira independentemente de qualquer condição. Já na extraterritorialidade **condicionada**, é mister (obrigatória) a presença de todas as condições legalmente previstas.

É relevante mencionar que, nos casos de extraterritorialidade condicionada, não existirá a possibilidade de ocorrer *bis in idem*, haja vista que se o agente tiver sido absolvido ou condenado e cumprido pena no estrangeiro, ficará afastada a possibilidade de aplicação extraterritorial de nossa lei penal.

1.12.3 Extraterritorialidade hipercondicionada

Quando se tratar de crime praticado por estrangeiro, contra brasileiro, fora do nosso território, além das cinco condições previstas no § 2º, do art. 7º, anteriormente citadas, exigem-se outras duas, previstas no § 3º do mesmo dispositivo:

> *Art. 7º, § 3º A lei brasileira aplica-se também ao crime cometido por estrangeiro contra brasileiro fora do Brasil, se, reunidas as condições previstas no parágrafo anterior (§ 2º do art. 7º, II, do CP):*
> *a) não foi pedida ou foi negada a extradição;*
> *b) houve requisição do Ministro da Justiça.*

Com certeza esta é a hipótese que demonstra maior grau de excepcionalidade para a aplicação da lei brasileira, pois, para a sua aplicação, além das condições estabelecidas no § 2º do art. 7º, ainda se faz necessária a presença das outras duas condições.

1.13 Pena cumprida no estrangeiro

> *Art. 8º A pena cumprida no estrangeiro atenua a pena imposta no Brasil pelo mesmo crime, quando diversas, ou nela é computada, quando idênticas.*

O regramento contido neste dispositivo tem relação com as hipóteses de extraterritorialidade incondicionada da lei penal brasileira. Nesta toada, se o indivíduo cumpriu pena por um determinado fato no estrangeiro e caso seja hipótese de aplicação da nossa lei, a pena por ele cumprida no estrangeiro deve atenuar ou ser computada na pena imposta no Brasil.

1.14 Eficácia de sentença estrangeira

O art. 9º do CP estabelece as hipóteses em que a sentença penal estrangeira precisa ser homologada para que produza efeitos no Brasil. São as seguintes:

> *Art. 9º A sentença estrangeira, quando a aplicação da lei brasileira produz na espécie as mesmas consequências, pode ser homologada no Brasil para:*
> *I – obrigar o condenado à reparação do dano, a restituições e a outros efeitos civis;*
> *II – sujeitá-lo a medida de segurança.*
> *Parágrafo único. A homologação depende:*
> *a) para os efeitos previstos no inciso I, de pedido da parte interessada;*
> *b) para os outros efeitos, da existência de tratado de extradição com o país de cuja autoridade judiciária emanou a sentença, ou, na falta de tratado, de requisição do Ministro da Justiça.*

Segundo o art. 9º do CP, a sentença estrangeira, quando a aplicação da lei brasileira produz na espécie as mesmas consequências – dupla tipicidade –, pode ser homologada para: (1) obrigar o condenado à reparação do dano, restituição da coisa ou a outros efeitos civis; e

DIREITO PENAL

(2) sujeitá-lo à medida de segurança, no caso de inimputável ou semi-imputável que necessite de especial tratamento.

Não obstante, o parágrafo único do art. 9º do CP estabelece os requisitos para a homologação da sentença penal estrangeira, sendo certo que a competência para tanto é do Superior Tribunal de Justiça, conforme o art. 105, I, "i", da CF, com a redação da Emenda Constitucional nº 45/2004.

> **Fique ligado**
>
> Antes da referida emenda, a competência era do STF.

Extrai-se, desse dispositivo que não é possível a homologação da sentença penal estrangeira para que no Brasil venha surtir a imposição de pena. Como visto, admitia-se a homologação tão somente para efeitos secundários e – acresça-se – de difícil verificação na prática, não sendo possível a incidência de um dos principais mecanismos de cooperação penal internacional, a teor do art. 9º do CP.

Porém, com a edição da Lei nº 13.445/2017 (Lei de Migração), houve parcial revogação do art. 9º do CP (derrogação).

Como dito, a Lei de Migração adotou o instituto da homologação da sentença penal estrangeira, sob a denominação de "transferência de execução de pena".

Segundo o art. 100, da Lei de Migração, nas hipóteses em que couber solicitação de extradição executória, a autoridade competente poderá solicitar ou autorizar a transferência de execução da pena, desde que observado o princípio do *non bis in idem*. Conforme o parágrafo único daquele dispositivo, sem prejuízo do disposto no Código Penal – vale dizer, sem prejuízo da homologação da sentença estrangeira para os efeitos secundários acima apontados –, a transferência de execução de pena será possível quando:

▷ O condenado em território estrangeiro for nacional ou tiver residência habitual ou vínculo pessoal no Brasil;

▷ A sentença tiver transitado em julgado;

▷ A duração da condenação a cumprir ou que restar para cumprir for de, pelo menos, um ano, na data de apresentação do pedido ao Estado da condenação;

▷ O fato que originou a condenação constituir infração penal perante a lei de ambas as partes; e

▷ Houver tratado ou promessa de reciprocidade de tratamento.

Demais disso, o pedido passivo de transferência da execução da pena formulado por Estado estrangeiro deve ser encaminhado pela via diplomática ou por via de autoridades centrais, se houver tratado nessa matéria, sendo certo que, após o recebimento pela autoridade responsável do Poder Executivo, ele deve ser encaminhado ao STJ para decisão quanto a sua homologação (art. 105, I, "i", da CF, c/c art. 101 e §§, da Lei nº 13.445/2017). Caso o STJ decida pelo preenchimento dos pressupostos legais para a homologação, deve a sentença estrangeira ser encaminhada para a respectiva vara de execução penal da Justiça Federal do local onde se encontra a pessoa que irá cumprir a pena (art. 102 da Lei nº 13.445/2017).

Por fim, vale destacar que a sentença estrangeira não depende de homologação para produzir reincidência, impedir a obtenção de *sursis* ou para aumentar o período para concessão de livramento condicional.

1.15 Contagem de prazo

Art. 10 O dia do começo inclui-se no cômputo do prazo.

Contam-se os dias, os meses e os anos pelo calendário comum.

Este dispositivo, embora pareça simples e não tenha a devida importância, deve ser enfatizado, na medida em que permite a aplicação de uma série de benefícios ao acusado.

Não se pode confundir o prazo de natureza penal com o prazo de natureza processual. Este possui previsão no art. 798, § 1º, do CPP e, para ele, não se computará no prazo o dia do começo, incluindo-se, porém, o do vencimento.

Ao contrário do que ocorre com os prazos processuais, os penais contam-se, incluindo-se o dia do começo. Não importa a hora do dia em que o evento que dá início ao prazo ocorreu. Conta-se o dia como um todo.

São prazos penais, por exemplo, o tempo de cumprimento de pena, o prazo decadencial e o prazo prescricional.

Por fim, os prazos penais são contínuos, não se prorrogam nem se suspendem em virtude de férias ou feriados.

1.16 Frações não computáveis da pena

Art. 11 Desprezam-se, nas penas privativas de liberdade e nas restritivas de direitos, as frações de dia, e, na pena de multa, as frações de cruzeiro.

No ato do cálculo da pena, se, ao final, o magistrado não obtiver um número inteiro, ele deverá desprezar as frações de dia nas penas privativas de liberdade e restritiva de direitos e, na pena de multa, desprezar as frações de real.

1.17 Conflito aparente de normas

Denomina-se conflito ou concurso aparente de normas a circunstância de duas ou mais normas penais incriminadoras regularem, em tese, o mesmo caso concreto, sendo que, efetivamente, somente uma deverá ser aplicada, em homenagem à vedação trazida pelo princípio do *ne bis in idem*.

O conflito aparente de normas possui as seguintes características:

▷ Unidade de fato;

▷ Aplicação (aparente) de mais de uma norma;

▷ Vigência simultânea dessas normas.

1.17.1 Critérios para resolver o conflito aparente de normas

Não há em nosso ordenamento jurídico critérios orientadores expressos sobre qual tipo penal preferir quando mais de um aparentemente for aplicável. A doutrina e a jurisprudência, porém, desenvolveram parâmetros norteadores, chamados comumente de "princípios", voltados à solução do conflito aparente de normas.

É importante destacar que para a existência de um verdadeiro conflito aparente de normas, três pressupostos devem ser identificados:

> **Fique ligado**
>
> Antes da referida emenda, a competência era do STF.

▷ **Unidade de fato:** é necessário que o agente tenha praticado efetivamente um único fato delituoso, pois, do contrário, haverá concurso de crimes (arts. 69 a 71 do CP);

▷ **Incidência aparente de dois ou mais tipos penais:** isso porque a aplicação de mais de um tipo penal a um único comportamento viola o princípio do *ne bis in idem*, de tal modo que a constatação de o fato configurar simultaneamente dois ou mais tipos penais deve ser apenas aparente, isto é, à primeira vista, pois cabe ao aplicador da lei identificar, dentre estes, qual deve prevalecer; e

▷ **Vigência simultânea dos tipos penais aparentemente aplicáveis:** é necessário que todos os tipos penais incidentes estejam em plena vigência, pois se um deles houver sido revogado por outro, não há conflito aparente de normas, mas **conflito de leis penais no tempo**, o qual deve ser solucionado por critérios próprios (*abolitio criminis, novatio legis in mellius, novatio legis in pejus* e *novatio legis incriminadora*).

DA APLICAÇÃO DA LEI PENAL

Vejamos, a seguir, os critérios ou "princípios" utilizados na solução do conflito aparente de normas.

Princípio da especialidade

A aplicação da lei especial exclui a aplicação da lei geral.

> **Art. 12, CP** As regras gerais deste Código aplicam-se aos fatos incriminados por lei especial, se esta não dispuser de modo diverso

Em suma, este princípio se faz pertinente para resolução do conflito aparente quando uma norma possua, em sua definição, todos os elementos típicos de outra, mais alguns denominados especializantes.

Se a hipótese a ser subsumida apresentar os elementos da norma particular, esta irá preponderar sobre aquela. Alude-se, nesse sentido, ao adágio latino: *lex specialis derogat legi generali*.

Princípio da subsidiariedade

O tipo penal prevalece sobre o tipo subsidiário. Também chamado de "soldado de reserva". Utiliza-se deste princípio quando não existir previsão legal para tanto, bem como quando não for possível caracterizar uma infração principal. Esses casos podem ser observados quando o legislador utiliza o termo "se o fato não constitui crime mais grave".

| Exs.: arts. 132, 238 e 307 do CP.

Embora de compreensão menos fácil do que o anterior, o princípio da subsidiariedade também é utilizado para a resolução do conflito aparente de normas. No caso, a relação que se estabelece não é a de exclusão entre o geral e o especial, mas, sim, entre normas primária e secundária.

> **Art. 132** Expor a vida ou a saúde de outrem a perigo direto e iminente:
> Pena – detenção, de três meses a um ano, se o fato não constitui crime mais grave.
> Simulação de autoridade para celebração de casamento
> **Art. 238** Atribuir-se falsamente autoridade para celebração de casamento:
> Pena – detenção, de um a três anos, se o fato não constitui crime mais grave.
> Falsa identidade
> **Art. 307** Atribuir-se ou atribuir a terceiro falsa identidade para obter vantagem, em proveito próprio ou alheio, ou para causar dano a outrem:
> Pena – detenção, de três meses a um ano, ou multa, se o fato não constitui elemento de crime mais grave.

Princípio da consunção/absorção

O crime-fim prevalece (absorve) sobre o crime-meio. Será utilizado quando a conduta definida na norma penal também está abrangida por outra mais ampla. Há uma relação entre continente e conteúdo.

Quando um crime for meio para um resultado, o crime-meio fica absorvido pelo crime-fim.

> **Ex.:** o agente tem a finalidade de matar uma determinada pessoa a socos e pontapés. Para a execução do delito, o indivíduo pratica diversas lesões corporais até chegar ao resultado. As lesões corporais foram o meio para a consumação, devendo ser, portanto, absorvidas pelo homicídio.

Não obstante, justamente neste aspecto, vale destacar a Súmula nº 17 do STJ, que estabelece uma especial relação entre o crime de falsidade e estelionato, nesse sentido:

> **Súmula nº 17 – STJ**
> Quando o falso se exaure no estelionato, sem mais potencialidade lesiva, é por este absorvido.

Princípio da alternatividade/tipo misto alternativo

Quando o agente comete mais de uma ação ou omissão, todas previstas no mesmo tipo penal, incorre em um único crime. Neste espeque, temos as situações envolvendo os chamados crimes de ação múltipla, ou, simplesmente, tipo misto alternativo.

Consiste naquelas condutas em que o tipo penal é composto por diversos núcleos (verbos).

Assim, a prática de mais de um verbo dentro de um mesmo contexto fático representa crime único.

Exemplo clássico é a Lei de Drogas, que traz em seu bojo 18 ações nucleares, conforme abaixo:

> **Art. 33** Importar, exportar, remeter, preparar, produzir, fabricar, adquirir, vender, expor à venda, oferecer, ter em depósito, transportar, trazer consigo, guardar, prescrever, ministrar, entregar a consumo ou fornecer drogas, ainda que gratuitamente, sem autorização ou em desacordo com determinação legal ou regulamentar:
> Pena – reclusão de 5 (cinco) a 15 (quinze) anos e pagamento de 500 (quinhentos) a 1.500 (mil e quinhentos) dias-multa.

DIREITO PENAL

2 TEORIA DO CRIME

2.1 Classificação de crimes e contravenções

No ordenamento jurídico brasileiro quando se fala em infração penal, estamos falando de crime e contravenção penal. Então, o termo **infração penal** é usado como um gênero do qual os crimes e contravenções são espécies.

Você poderia perfeitamente perguntar: mas e os delitos? Não existem os delitos? Existem países em que há três tipos de infrações penais, três espécies: os crimes, os delitos e as contravenções, sendo que os delitos ficariam entre os crimes e as contravenções, menos graves que os crimes e mais graves que as contravenções.

No Brasil, quando o vocábulo delito é sinônimo de crime. Aqui não há essa terceira espécie; só temos duas: crimes ou delitos e contravenções.

Poderíamos nos questionar: será que de fato existe alguma diferença entre crime e contravenção? Se olharmos a essência, os substratos, a substância, não há diferenças. Não há nada, nenhum elemento numa determinada conduta que diga que ela tem que ser uma contravenção ou crime. Não há diferença de natureza ontológica.

A diferença consiste no bem jurídico tutelado. O legislador reserva aos crimes a titulação das ofensas mais graves, inerentes aos bens jurídicos mais importantes para o convívio social. Por outro lado, reserva às condutas que não são consideradas tão importantes ou graves a condição de contravenção penal. Mas isso é apenas uma opção do legislador, por questão de política criminal. Tanto é assim que muitas condutas, que um dia foram classificadas como contravenções penais, hoje são tipificadas como crimes.

> **Exs.:** pode-se citar a questão da arma de fogo, cujo porte e posse até 1997 eram condutas tipificadas como contravenção penal e, a partir de 1997, passaram a ser catalogadas como crimes na Lei nº 10.826/2003, por uma opção do legislador.

Também há a questão dos maus-tratos aos animais. Até 1998, antes da Lei nº 9.605/1998 (Lei de Crimes Ambientais), a conduta de maus-tratos caracterizava conduta meramente contravencional. A partir da novel Lei, a conduta passou a ser tipificada como crime, conforme previsão do art. 32 da Lei nº 9.605/1998. No mesmo sentido, tem-se o racismo, que já foi contravenção penal, no entanto hoje é crime. Veja-se, portanto, que a questão é de opção legislativa, de política criminal, do que é mais ou menos grave, a depender do contexto social.

O examinador pode questionar se uma contravenção penal pode ser convertida em crime. Sim, você já sabe que pode, porque é uma opção legislativa. A diferença situa-se apenas no grau de reprovação, a depender do tempo histórico e dos valores de determinada sociedade. Mas por quê? Porque não há diferença de essência nem natureza, a diferença é apenas de reprovação da conduta.

2.2 Infração penal

É possível definir infração penal como toda conduta previamente tipificada na legislação como sendo ilícita.

Como afirma a doutrina, a infração penal é um gênero cujas espécies são: CRIME e CONTRAVENÇÃO.

2.2.1 Espécies

Crime

Trata-se de infração de maior potencial ofensivo, punida com pena de reclusão ou detenção, podendo, também, ser cominada a pena de multa, seja cumulativa ou alternativamente.

▷ Há algum conceito legal de crime?

A resposta é **SIM**.

O conceito legal de crime encontra-se no art. 1º do Decreto-lei nº 3.914/1941 (Lei de Introdução ao Código Penal), nos seguintes termos:

> **Art. 1º** Considera-se crime a infração penal que a lei comina pena de reclusão ou de detenção, quer isoladamente, quer alternativa ou cumulativamente com a pena de multa [...].

▷ Considerando que o art. 28 da Lei nº 11.343/2006 (Lei de Drogas) não prevê pena de reclusão ou detenção, houve descriminalização da conduta?

A resposta é **NÃO**.

Segundo o STF, apesar de não prever pena de prisão (reclusão ou detenção), o tipo penal do art. 28 da Lei de Drogas ainda é crime, havendo, apenas, a despenalização.

Art. 28 da Lei de Drogas
Despenalização
Demais peculiaridades do crime

▷ Os crimes podem ser de ação penal pública, condicionada ou incondicionada, ou de ação penal privada (art. 100 do CP);

▷ Os crimes admitem a tentativa (art. 14, II, do CP);

▷ Os crimes podem ser dolosos ou culposos;

▷ A lei penal brasileira se aplica tanto aos crimes praticados no Brasil (art. 5º do CP) como àqueles cometidos no exterior (art. 7º do CP);

▷ O limite de cumprimento das penas privativas de liberdade decorrentes de crime é de 40 anos (art. 75 do CP).

Contravenção

Por outro lado, a contravenção penal pode ser definida como infração de menor potencial ofensivo, sendo punida com prisão simples ou multa.

O conceito legal de contravenção também se encontra no art. 1º do Decreto-lei nº 3.914/1941 (Lei de Introdução ao Código Penal), nos seguintes termos:

> **Art. 1º** [...] contravenção, a infração penal a que a lei comina, isoladamente, pena de prisão simples ou de multa, ou ambas, alternativa ou cumulativamente.

As contravenções são tipificadas no Decreto-lei nº 3.688/1941, também conhecida como Lei das Contravenções Penais.

Peculiaridades das contravenções penais

▷ São sempre de ação penal pública incondicionada (art. 17 da LCP);

▷ As contravenções não admitem tentativa (art. 4º da LCP);

▷ A lei penal brasileira aplica-se somente às contravenções cometidas em território nacional (art. 2º da LCP);

▷ O limite de cumprimento da pena de contravenção (prisão simples) penal é de cinco anos (art. 10 da LCP).

Fique ligado
Cuidado para não confundir crime de menor potencial ofensivo (cuja pena máxima é igual ou inferior a dois anos) e infração de menor potencial ofensivo (contravenção).

Crime de menor potencial ofensivo	Infração de menor potencial ofensivo
Crime	Contravenção
Pena máxima igual ou inferior a 2 anos	

TEORIA DO CRIME

2.3 Sujeitos

2.3.1 Sujeito ativo

É aquele que ofende o bem jurídico protegido pelo Direito Penal, ou seja, é o agente que comete a infração penal.

Responsabilidade da pessoa jurídica

Sem dúvidas, a responsabilidade penal das pessoas jurídicas pela prática de crimes ambientais é um dos temas mais debatidos e questionados em concursos públicos.

Inicialmente, é importante destacar o art. 225, § 3º, da CF, com a seguinte redação:

> *Art. 225, § 3º As condutas e atividades consideradas lesivas ao meio ambiente sujeitarão os infratores, pessoas físicas ou **jurídicas**, a sanções penais e administrativas, independentemente da obrigação de reparar os danos causados.*

Por outro lado, o art. 3º da Lei nº 9.605/1998 também traz previsão expressa no mesmo sentido:

> *Art. 3º As pessoas jurídicas serão responsabilizadas administrativa, civil e penalmente conforme o disposto nesta Lei, nos casos em que a infração seja cometida por decisão de seu representante legal ou contratual, ou de seu órgão colegiado, no interesse ou benefício da sua entidade.*
>
> *Parágrafo único. A responsabilidade das pessoas jurídicas não exclui a das pessoas físicas, autoras, coautoras ou partícipes do mesmo fato.*

A doutrina sempre apresentou resistência a possibilidade de responsabilização penal da pessoa jurídica, já que o ente carece de voluntariedade, característica essencial da conduta considerada criminosa.

De fato, do ponto de vista lógico-jurídico, qualquer ação praticada pela pessoa jurídica, certamente, surge da vontade da(s) pessoa(s) físicas que a determina(m).

Contudo, a Constituição Federal trouxe, expressamente, a possibilidade de responsabilização penal da pessoa jurídica em seu art. 225, § 3º, razão pela qual, hoje, é amplamente admitida.

Pessoa jurídica
↓
Responsabilidade por crimes ambientais

▷ O que é teoria da dupla imputação?

Segundo a teoria da dupla imputação, para a responsabilização penal da pessoa jurídica é necessária a responsabilização (imputação), também, da pessoa física que a determina (comanda).

Teoria da dupla imputação	
Pessoa física	Pessoa jurídica

É importante ressaltar que a teoria da dupla imputação, antes exigida pelo STJ, não é mais aceita para os crimes ambientais.

Dessa forma, é plenamente possível que a pessoa jurídica seja denunciada e, inclusive, condenada sem que seja necessária a condenação da pessoa física que a administrava.

Por exemplo, é possível que a empresa Vale S/A seja condenada por crime ambiental sem que seja necessária a condenação de qualquer de seus funcionários ou administradores.

2.3.2 Sujeito passivo

É o titular do bem jurídico ofendido, ou seja, é aquele que foi lesado pela infração penal cometida pelo sujeito ativo.

Apesar de não ser frequentemente cobrado, há uma classificação quanto ao sujeito passivo, que pode ser exigida em provas de concurso público:

Sujeito passivo formal	Sujeito passivo material
O Estado, que sempre será atingido pela prática da infração penal	O titular do bem jurídico atingido

2.4 Critério de crime

Inicialmente, é importante destacar que o conceito de crime não é único e pode ser definido de diversas formas a depender do enfoque adotado.

Nesse sentido, a doutrina apresenta 3 critérios bastante comuns:

Critérios
↓
Material
↓
Formal
↓
Analítico

2.4.1 Critério material

Para tal critério, o crime é toda ação ou omissão que causa lesão ao bem jurídico penalmente tutelado.

Nas provas de concurso público, é bastante comum associar o critério material com um conceito pré-jurídico, ou seja, o crime seria tudo aquilo que atenta contra os interesses da sociedade e que é reprimido por meio do Direito Penal.

2.4.2 Critério formal

Por outro lado, para o critério formal, leva-se em consideração um conceito legal de crime.

Nesse sentido, como visto anteriormente, o conceito legal de crime é previsto no art. 1º do Decreto-lei nº 3.914/1941 (Lei de Introdução ao Código Penal), nos seguintes termos:

> *Art. 1º Considera-se crime a infração penal que a lei comina pena de reclusão ou de detenção, quer isoladamente, quer alternativa ou cumulativamente com a pena de multa[....].*

2.4.3 Critério analítico

Não há dúvidas de que é o critério mais exigido nos concursos públicos.

Inicialmente, é importante chamar atenção ao fato de que será adotada a **Teoria Tripartite**, aceita pela maioria das bancas de concurso público.

Assim, para o critério analítico, é possível conceituar o crime como sendo um fato típico, ilícito e culpável.

Critério analítico (Teoria tripartite)
↓
Fato típico
↓
Ilicitude
↓
Culpabilidade

DIREITO PENAL

> **Fique ligado**
>
> Alguns doutrinadores adotam a **Teoria Bipartite**. Para tal corrente, a **culpabilidade** não seria um elemento do crime, mas um pressuposto de aplicação da pena.

"Escada" do crime

É importante destacar que, no critério analítico, só é possível falar em crime caso estejam presentes todos os elementos (tipicidade, ilicitude e culpabilidade).

> "A" atira contra "B", que vem a morrer por conta dos disparos de arma de fogo.

No exemplo acima, não é possível, *a priori*, afirmar a existência do crime de homicídio.

Assim, com as informações apresentadas, há como apontar, apenas, que houve um fato típico, previsto no art. 121 do Código Penal.

Com a escassez de informações, não há como saber se "A", por exemplo, agiu em legítima defesa, hipótese de exclusão da ilicitude.

Nesse caso, não há dúvidas da inexistência de crime, já que ausente o 2º elemento (ilicitude).

Tudo isso que foi dito pode ser resumido no seguinte esquema, denominado "escada do crime":

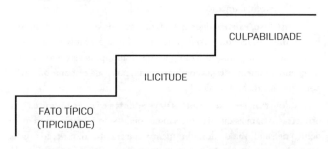

> **Fique ligado**
>
> Em suma, para a existência do crime, é necessária a presença de todos os elementos, de forma que cada um, na ordem apresentada, seja pressuposto do antecessor.

2.5 Fato típico

É todo fato jurídico decorrente da conduta de um indivíduo que atenta contra um bem jurídico e, por essa razão, o legislador resolveu reprimir por meio da criação de um tipo penal.

Por exemplo, cita-se o tipo penal do art. 121 do CP, conhecido como homicídio, que visa proteger a vida (bem jurídico).

> **Fique ligado**
>
> **Tipo penal** é a descrição, em lei, de uma conduta proibida e que enseja a cominação de uma pena.

2.5.1 Elementos do fato típico

Da mesma forma que o crime é formado por seus elementos (fato típico, ilicitude e culpabilidade), cada um deles será composto por outros elementos.

Em relação ao fato típico, os elementos são:

Fato típico
↓
Conduta
↓
Resultado
↓
Nexo Causal
↓
Tipicidade

Assim, até o momento, é possível apresentar o seguinte esquema:

CRIME		
Fato típico	Culpabilidade	Ilicitude
↓		
Conduta		
Resultado		
Nexo Causal		
Tipicidade		

2.5.2 Resultado

Há uma classificação bem conhecida no Direito Penal que leva em consideração a relação entre o resultado naturalístico e a consumação do crime.

Dessa forma, os crimes podem ser classificados em:

Fato típico
↓
Material
↓
Formal
↓
Mera conduta

Crime material

O crime material é aquele em que há previsão no tipo penal de um resultado naturalístico e que tal circunstância precisa ocorrer para que se tenha a modalidade consumada.

Por exemplo, o homicídio é classificado como crime material, já que há no art. 121 do CP a previsão de que o resultado naturalístico (morte) é condição necessária para a consumação, ou seja, se não ocorrer o resultado morte, o homicídio restará praticado na modalidade tentada.

Crime material	
Previsão de resultado naturalístico	O resultado naturalístico é necessário para a consumação do crime

Crime formal

O crime formal é aquele em que há previsão no tipo penal de um resultado naturalístico, mas sua ausência no caso concreto não interfere na consumação do crime.

TEORIA DO CRIME

Por exemplo, o crime de extorsão (art. 158) prevê um resultado naturalístico, que é a obtenção da vantagem indevida pelo agente.

Contudo, a consumação da extorsão independe do recebimento dessa vantagem, já que esta se dá quando o agente a exige, ou seja, a obtenção do lucro ilícito é mero exaurimento do delito.

| Previsão de resultado naturalístico | O resultado naturalístico **não** é necessário para a consumação do crime |

Crime de mera conduta

O crime de mera conduta é aquele em que não há previsão no tipo penal de um resultado naturalístico, ou seja, praticada a conduta descrita no tipo penal, o crime estará consumado.

A doutrina apresenta diversos exemplos de crimes de mera conduta, como a violação de domicílio (CP, art. 150).

Assim, uma vez violado o domicílio, o crime já estará consumado, até porque não há previsão de um resultado naturalístico em sua descrição, ou seja, basta que o agente adentre na residência sem autorização:

> **Art. 150** Entrar ou permanecer, clandestina ou astuciosamente, ou contra a vontade expressa ou tácita de quem de direito, em casa alheia ou em suas dependências:
> Pena – detenção, de um a três meses, ou multa.

Crime de mera conduta
Não há previsão de resultado naturalístico

2.5.3 Conduta

A doutrina atual, com origem na década de 1930, e que veio a se incorporar na legislação brasileira, classifica a conduta como o **comportamento humano voluntário psiquicamente dirigido a um fim.**

A conduta, pois, pressupõe um movimento humano voluntário (que seja dotado de vontade), que cause repercussão no mundo exterior. Por isso que, **como regra**, não se pune a cogitação e os atos preparatórios.

Assim, podemos traduzir dois elementos da conduta:

▷ Comportamento voluntário; e
▷ Exteriorização da vontade.

Exclusão da conduta

▷ **Caso fortuito e força maior:** decorre de atos imprevisíveis, fenômenos naturais, situações que tiveram a causa desconhecida. Para Zaffaroni, é um resultado que se produz fora do controle da vontade.
▷ **Involuntariedade:** atos praticados sem intenção.
  - **Estado de inconsciência completa:** sonambulismo, hipnose, ataque de epilepsia.
  - **Movimentos reflexos:** são atos originados a partir de uma reação automática do agente.
▷ **Coação física irresistível:** uma força física externa conduz o agente a praticar um fato ou o impossibilita de evitar o resultado.

Fique ligado
Este elemento não pode ser confundido com a coação moral irresistível, pois esta, além de ser uma situação à culpabilidade, o agente tinha a opção entre o agir/não agir, mas uma força psicológica (grave ameaça), retira a liberdade de escolha do cidadão.

Nexo causal

É o vínculo, a ponte que une a conduta ao resultado. Em resumo, trata-se da análise da vinculação do resultado ao agente.

O Código Penal dispõe sobre o nexo de causalidade no *caput* do art. 13, ao assim dispor:

> **Art. 13** O resultado, de que depende a existência do crime, somente é imputável a quem lhe deu causa. Considera-se causa a ação ou omissão sem a qual o resultado não teria ocorrido.

A nossa legislação adotou a chamada Teoria da Equivalência dos Antecedentes Causais (*conditio sine qua non*). Para essa teoria, reitere-se, todos os antecedentes do resultado, ainda que sobre ele tenham exercido mínima influência, serão considerados como sua "causa".

Essa teoria deve ser somada à teoria da eliminação hipotética dos antecedentes causais para se apurar quais são, de fato, as causas determinantes para o resultado. Mas cuidado para não regredir ao infinito!

Concausas

No caso concreto, é possível que exista mais de uma causa motivadora do resultado. É o que se denomina tecnicamente de concausa.

> **Ex.:** Pedro, desfere 4 tiros em seu desafeto, pretendendo matá-lo. Porém, o desafeto havia sido vítima de ministração de veneno por sua esposa minutos antes. O desafeto morre em decorrência do envenenamento.

Nesse caso, existem duas causas concorrendo para o evento morte. Entretanto, aplicando-se o método da eliminação hipotética, Pedro não pode ser responsabilizado pelo resultado, pois este aconteceria independentemente de sua conduta. Resta, pois, sua responsabilização por tentativa de homicídio.

A doutrina trata das **causas dependentes e independentes.** As primeiras seriam as que têm origem na conduta do sujeito e inserem-se dentro da sua linha de desdobramento causal natural, esperada. Já as causas independentes são as que, originando-se ou não da conduta do agente, produzem por si só o resultado. Elas configuram um fator que está fora do desdobramento do que normalmente aconteceria com a conduta praticada. São eventos inusitados, inesperados.

Ainda, a respeito das **causas independentes**, faz-se necessário distingui-las entre as causas **absolutamente** e as **relativamente** independentes da conduta.

As causas absolutamente independentes dizem respeito às que produzem por si só o resultado, não possuindo qualquer origem ou relação com a conduta praticada. Nesse caso, o resultado ocorreria de qualquer modo, com ou sem o comportamento realizado (eliminação hipotética), motivo pelo qual fica afastado o nexo de causalidade (fazendo com que não se possa imputar o resultado ao autor da conduta). O agente, desse modo, só responde pelos atos praticados, excluindo-se de seu âmbito a imputação do resultado.

As causas **absolutamente independentes** se dividem em:

▷ **Preexistentes:** a causa do resultado antecede o comportamento concorrente. Trata-se da situação do exemplo acima.
▷ **Concomitantes:** as causas concorrentes para o resultado são simultâneas.
▷ **Supervenientes:** a causa do resultado é posterior ao comportamento concorrente.

Para todas estas hipóteses, em se tratando de concausa absolutamente independente, não importa a espécie, o comportamento concorrente será punido na modalidade tentada.

Noutro giro, na **causa relativamente independente**, a origem efetiva do resultado se origina do comportamento concorrente, ocorrendo

506

DIREITO PENAL

uma fusão entre as causas para produzir o resultado final. Possuem a mesma subclassificação.

Preexistente: o elemento que se conjuga para produzir ao resultado é anterior à causa concorrente.

> **Ex.:** indivíduo que é portador de hemofilia, vítima de uma pequena facada, que morre em razão da dificuldade para estancar o sangue. O autor dessa facada responde pelo crime consumado.

Concomitante: a causa efetiva do resultado se conjuga simultaneamente com a concausa.

> **Ex.:** "A" querendo matar "B" desfere-lhe um tiro. Por circunstâncias alheias, o tiro não atinge a vítima, mas esta, em razão do susto, tem um ataque cardíaco e morre. O agente "A" responde pelo crime doloso, na medida em que, se não tivesse atirado, "B" não morreria.

Superveniente: o elemento propulsor que se soma à concausa acontece após a causa concorrente. Trata-se de situação descrita no art. 13, § 1º, do CP.

> *Art. 13, § 1º A superveniência de causa relativamente independente exclui a imputação quando, por si só, produziu o resultado; os fatos anteriores, entretanto, imputam-se a quem os praticou.*

Formas de conduta

Quando se analisa a conduta, é importante analisar a voluntariedade do agente, que consiste em ter consciência do ato praticado.

Para tanto, é imprescindível analisar se a conduta foi dolosa (praticada intencionalmente) ou culposa (sem intenção de produzir o resultado), praticada por ação (conduta positiva/agir – ou também chamado de crime comissivo) ou por omissão (conduta negativa, deixar de fazer).

▷ **Crime doloso:** nos termos do art. 18, I, do CP, diz-se doloso o crime que o agente quis o resultado ou assumiu o risco de produzi-lo. Trata-se, pois da vontade consciente dirigida a praticar um crime. **O dolo apresenta dois elementos:** o volitivo, que consiste na vontade de praticar a conduta, e o intelectivo, que representa a consciência do resultado.

▷ **Crime culposo:** tem previsão no art. 18, II, do CP, e diz respeito às condutas praticadas com a quebra de um dever objetivo de cuidado. Ou seja, consiste em uma conduta não pretendida pelo autor do fato, que poderia ter sido evitado se as cautelas necessárias fossem observadas.

Nesta modalidade, o agente pratica uma conduta eivado de voluntariedade. Espera que seu resultado seja lícito, porém, pela quebra do dever objetivo de cuidado, falha.

Quebra do dever objetivo de cuidado

▷ **Imprudência:** consiste em uma conduta positiva, que deságua no resultado não pretendido.

▷ **Negligência:** abstenção, conduta negativa, deixar de fazer.

▷ **Imperícia:** falta de aptidão técnica.

Em suma, para a configuração do crime culposo, é necessário o preenchimento dos seguintes requisitos:

▷ Conduta humana e voluntária;

▷ Violação do dever objetivo de cuidado;

▷ Resultado (naturalístico) involuntário;

▷ Nexo de causalidade;

▷ Resultado involuntário previsível;

▷ Previsão legal para crime culposo.

Espécies de culpa

▷ **Culpa consciente:** o agente prevê o resultado, mas espera que ele não ocorra, supondo poder evitá-lo com sua habilidade.

▷ **Culpa inconsciente ou própria:** o agente não prevê o resultado, que era previsível. Qualquer outro cidadão, nas mesmas condições, poderia prever. O agente não quer e não assume o risco de produzir o resultado, mas falha relativamente ao dever de cuidado objetivo.

▷ **Culpa imprópria:** quando o dolo na conduta é tratado como culpa, em razão de um erro evitável (art. 20, § 1º, do CP).

Obs.: É elementar para o seu concurso diferenciar de maneira clara a culpa consciente do dolo eventual. Na primeira situação, o agente prevê o resultado, mas acredita que com sua habilidade ele é capaz de evitar o resultado. Já no dolo eventual, o agente prevê o resultado e assume o risco de sua ocorrência, agindo com descaso (com indiferença) em relação ao bem jurídico tutelado.

▷ **Crime comissivo:** é o crime praticado por ação, quando há subsunção de uma conduta a um núcleo de um tipo penal.

▷ **Crime omissivo:** trata-se de situações em que há uma abstenção de conduta, um deixar de fazer.

- **Crime omissivo próprio:** é o crime omissivo por excelência, aquele em que já contém no tipo penal a ideia de não fazer, constando expressamente em seu núcleo o vocábulo "deixar de".

  | Ex.: arts. 135, 244 e 269 do CP.

- **Crime omissivo impróprio ou comissivo por omissão (existem ainda os sinônimos: espúrio, impuro):** aqui não se leva em consideração apenas a abstenção de comportamento. Deve ser levado em consideração para esta classificação que a omissão a ser analisada é quando o agente tinha um dever jurídico para evitar a ocorrência do resultado.

Fique ligado

Trazendo uma rápida diferenciação: na **omissão própria**, o agente tem um dever genérico de agir, enquanto na **omissão imprópria**, o indivíduo tem um dever jurídico que o vincula ao resultado caso seja omisso. Além disso, na **omissão própria** o agente responde por omissão pura, enquanto na **omissão imprópria**, o agente responde por crime comissivo praticado por omissão.

A omissão imprópria tem sua previsão no art. 13, § 2º, do CP:

> *§ 2º A omissão é penalmente relevante quando o omitente devia e podia agir para evitar o resultado. O dever de agir incumbe a quem:*
> *a) tenha por lei obrigação de cuidado, proteção ou vigilância;*
> *b) de outra forma, assumiu a responsabilidade de impedir o resultado;*
> *c) com seu comportamento anterior, criou o risco da ocorrência do resultado.*

Crime preterdoloso

Além das espécies de crimes já estudados (doloso e culposo), reconhece-se o crime preterdoloso ou preterintencional, em que o resultado vai além da intenção do agente. O crime preterdoloso é uma das espécies de crime qualificado pelo resultado (gênero).

O agente quer um resultado e o atinge, mas sua conduta enseja outro evento, por ele não desejado (obtido culposamente).

> **Ex.:** lesão corporal seguida de morte (art. 129, § 3º, do CP). Ocorre "dolo no antecedente e culpa no consequente". Importante assinalar que o agente só responderá pelo resultado que agrava a pena se para ele concorrer, ao menos, culposamente (CP, art. 19).

TEORIA DO CRIME

2.6 Etapas da realização do delito – *iter criminis*

Aqui estamos diante do caminho do crime, os atos que são usualmente praticados até que alcancemos um resultado (jurídico ou naturalístico).

Ademais, estuda-se também a consumação e tentativa, tendo em vista que existe reflexo jurídico distinto em cada uma das situações.

Acerca das etapas, apresentamos as quatro:

- Cogitação;
- Atos preparatórios;
- Atos executórios;
- Consumação.

> **Fique ligado**
>
> O **exaurimento** não integra o *iter criminis*, mas serve de importante critério para solução de questões envolvendo sucessão de leis no tempo. Também pode recair em fato que aumenta a reprovabilidade da conduta.

2.6.1 Cogitação

Consiste na fase interna, o mero pensamento, antecipação mental. Mostra-se irrelevante aos fins de direito na medida em que não houve o exercício ou violação de bem jurídico alheio.

2.6.2 Atos preparatórios

Momento anterior ao início da execução e posterior à cogitação. Os atos preparatórios verificam-se quando a ideia passa da esfera mental e se materializa mediante condutas voltadas ao cometimento do crime.

Via de regra, os atos preparatórios são impuníveis, mas existem exceções.

> **Fique ligado**
>
> As exceções aparecem nos arts. 288 e 291 do CP, bem como no art. 34 da Lei de Drogas, e art. 5º da Lei nº 13.260/2016.

2.6.3 Atos executórios

Aqui, efetivamente, dá-se início à violação ao bem jurídico alheio. São as ações ou omissões diretamente dirigidas ao intento criminoso.

2.6.4 Consumação

É a fase conclusiva do *iter criminis*. O delito encontra-se consumado quando estiverem reunidos todos os elementos da definição legal do delito (art. 14, I, do CP). Com a consumação, alcança-se o resultado, o que faz preencher a figura típica.

O exaurimento não faz parte do *iter criminis*. Cuida-se, em verdade, de momento posterior à consumação, sendo, em regra, por ela absorvido.

2.7 Situações que impedem a responsabilização do agente pelo resultado

2.7.1 Tentativa

Também chamada de *conatus*, é denominada uma norma de extensão (regra ampliativa da tipicidade penal), que permite a aplicação de pena mesmo quando não há a consumação delitiva.

> **Art. 14** Diz-se o crime:
> **Crime consumado**
> I – consumado, quando nele se reúnem todos os elementos de sua definição legal;
> **Tentativa**
> II – tentado, quando, iniciada a execução, não se consuma por circunstâncias alheias à vontade do agente.
> **Parágrafo único.** Salvo disposição em contrário, pune-se a tentativa com a pena correspondente ao crime consumado, diminuída de um a dois terços.

A tentativa pode se desmembrar em:

- **Tentativa perfeita ou inacabada (crime falho):** o agente percorre todo o *iter criminis*, esgotando o processo executório que tinha por objetivo, mas a consumação não ocorre por fatores involuntários (circunstâncias alheias à sua vontade).
- **Tentativa imperfeita ou inacabada:** aqui o agente não consegue levar adiante todo o plano criminoso. O processo de execução delitiva sofre interferência antes mesmo da realização do itinerário previsto.
- **Tentativa vermelha ou cruenta:** a vítima sofre lesões, mas o fato não se consuma.
- **Tentativa branca ou incruenta:** a vítima não chega a ser fisicamente atingida.

Não admitem tentativa:

- Crimes de atentado;
- Crimes culposos;
- Crimes preterdolosos;
- Crimes omissivos próprios;
- Crimes unissubsistentes;
- Crimes habituais;
- Contravenções penais.

2.7.2 Desistência voluntária e arrependimento eficaz (tentativa abandonada ou qualificada)

As hipóteses relacionadas à chamada tentativa qualificada encontram respaldo no art. 15 do CP, que são os institutos da desistência voluntária e do arrependimento eficaz, também classificados como "ponte de ouro". São duas as espécies: a desistência voluntária e o arrependimento eficaz.

> **Art. 15** O agente que, voluntariamente, desiste de prosseguir na execução ou impede que o resultado se produza, só responde pelos atos já praticados.

A **desistência voluntária** está prevista na primeira parte do art. 15 do Código Penal, e consiste na prática em que o agente, durante a execução do delito, **desiste de prosseguir na execução quando lhe era possível.**

Assim, o agente que voluntariamente (não precisa ser espontaneamente) desiste de prosseguir na execução responde tão somente pelos atos já praticados.

Por outro lado, no **arrependimento eficaz**, os atos executórios já foram praticados, mas o agente, agindo em sentido contrário, evita o resultado do crime.

> Ex.: OREIA, com intuito de matar, dispara os cinco tiros possíveis em NARIGA. Na sequência, se arrepende e socorre a vítima, levando-a ao hospital. Por conta do tratamento médico, NARIGA sobrevive.

Perceba que nesta segunda hipótese o agente evita a produção do resultado. E, para ser agraciado com a aplicação do instituto, o resultado não pode se produzir.

Além disso, perceba que neste instituto o agente termina de praticar **todos** os atos de execução.

DIREITO PENAL

Segundo o entendimento dominante na doutrina, as figuras do art. 15 do CP são excludentes da tipicidade tentada. Isso porque "tanto na desistência voluntária quanto no arrependimento eficaz não se atinge o momento consumativo do crime 'por vontade do agente'. Isso torna evidente a falta de adequação típica pela inocorrência do segundo elemento da tentativa, que é a não consumação do crime por circunstâncias independentes da vontade do agente".

2.7.3 Arrependimento posterior

> *Art. 16 Nos crimes cometidos sem violência ou grave ameaça à pessoa, reparado o dano ou restituída a coisa, até o recebimento da denúncia ou da queixa, por ato voluntário do agente, a pena será reduzida de um a dois terços.*

Essa modalidade de "interferência" no *iter criminis* corresponde a uma hipótese em que o agente se arrepende da prática delitiva após a consumação do delito.

Nesse sentido, nos termos do art. 16 do CP, que também é conhecido como "Ponte de Prata", **nos crimes sem violência ou grave ameaça**, se o agente **repara o dano ou restitui a coisa** (por ato voluntário – não necessariamente espontâneo) **até o recebimento da denúncia**, tem sua pena reduzida de 1/3 a 2/3.

Obs. 1: Embora o *caput* do art. 16 estabeleça que o instituto é aplicado aos crimes sem violência ou grave ameaça, temos os seguintes entendimentos:

▷ É aplicável este instituto aos crimes de lesões corporais culposas, tendo em vista que, neste caso, a lesão está no resultado, e não no meio empregado.

▷ **Também se aplica o arrependimento posterior ao crime praticado com violência imprópria** (Ex.: quando há redução de capacidade de resistência da vítima), na medida em que inexiste violência física.

Obs. 2: Os **crimes contra a fé pública**, assim como os demais **crimes** não patrimoniais em geral, são incompatíveis com o instituto do **arrependimento posterior**, dada a impossibilidade material de haver reparação do dano causado ou a restituição da coisa subtraída.

2.7.4 Crime impossível

> *Art. 17 Não se pune a tentativa quando, por ineficácia absoluta do meio ou por absoluta impropriedade do objeto, é impossível consumar-se o crime.*

Configura-se o crime impossível quando, após a prática do fato, constata-se que a consumação jamais poderia ter sido realmente alcançada.

Este instituto se materializa e, consequentemente, não permite a punição pela tentativa quando o meio for absolutamente ineficaz (Ex.: tentar matar alguém por um ato de bruxaria ou com uma arma de brinquedo) ou pela impropriedade do objeto (Ex.: atirar contra um cadáver; tomar medicação abortiva sem estar grávida).

É relevante destacar que o meio (absolutamente ineficaz) a que alude o Código é o meio executório e o objeto (absolutamente impróprio) a que faz referência é o objeto material.

Por fim, vale mencionar o chamado crime impossível por obra do agente provocador, que se dá quando a Polícia induz o agente a praticar o fato, assegurando-se, em paralelo, que será impossível consumá-lo. Essa hipótese decorre do entendimento jurisprudencial do STF:

> *Súmula nº 145 – STF*
> *Não há crime, quando a preparação do flagrante pela polícia torna impossível a sua consumação.*

Tomemos como exemplo o fato de a Polícia, pretendendo identificar o autor de crimes contra o patrimônio em local de grande circulação de pessoas, colocar um policial ostentando diversas joias de ouro, fazendo-se passar pela vítima preferencial do investigado, com o intuito de servir de isca, para induzi-lo à prática do crime e, ao mesmo tempo, são colocados diversos policiais à paisana. Quando o agente tentar praticar o delito, será preso em flagrante pelos policiais. Veja-se que, nesse exemplo, a preparação do flagrante pela polícia torna impossível a consumação do delito.

2.8 Teoria do erro

Ainda dentro do campo da conduta, situação que gera boa discussão sobre o tema é a teoria do erro, prevista no art. 20 do CP, que traz a seguinte redação:

> *Art. 20 O erro sobre elemento constitutivo do tipo legal de crime exclui o dolo, mas permite a punição por crime culposo, se previsto em lei.*

Erro, em Direito Penal, corresponde a uma *falsa percepção da realidade*. O erro pode interferir na responsabilidade penal do agente, retirando do fato seu caráter criminoso ou eximindo de culpa o autor do crime.

No *caput* do art. 20 temos a figura do erro de tipo, hipótese em que o agente ignora ou tem uma falsa percepção da realidade que o circunda, ou seja, ele não capta corretamente os eventos que ocorrem ao seu redor. O sujeito se confunde, trocando um fato por outros.

Por exemplo, incorre em erro de tipo a pessoa que, ao sair de um supermercado, dirige-se ao estacionamento e, diante de um automóvel idêntico ao seu (mesma cor e modelo), nele ingressa e, com sua chave, o aciona e deixa o local. A falsa percepção da realidade incidiu sobre um dado fático previsto como elementar do tipo penal do art. 155 do CP (no caso, desconhecia que o bem era "coisa alheia" e acreditava, de boa-fé, que se tratava de "coisa própria").

O erro de tipo pode ser desmembrado em: **essencial** e **acidental**.

O erro de tipo **essencial** recai sobre os dados principais do crime e pode ser inevitável ou evitável.

▷ **Inevitável/escusável/justificável/invencível:** é o erro imprevisível, que exclui o dolo (ausência de consciência) e a culpa (sem previsibilidade do resultado).

▷ **Evitável/inescusável/injustificável/vencível:** erro previsível. Exclui somente o dolo (falta de consciência) e pune-se a culpa, se prevista em lei.

Já o erro acidental recai sobre dados secundários do crime. Pode se dar de seis formas:

2.8.1 Erro sobre o objeto

O agente confunde o objeto material. A consequência é que o agente responde de acordo com o bem jurídico efetivamente atingido. Não há que se falar em exclusão do dolo nem da culpa.

2.8.2 Erro sobre a pessoa

Aqui, há o erro com relação à pessoa sobre a qual recai a conduta. Aqui, existe uma vítima real (que recebe a conduta), e uma virtual (a que deveria receber). A consequência, conforme prevê o art. 20, § 3º, do CP é que o agente responde pelo crime de acordo com as condições da vítima a que se pretendia atingir.

2.8.3 Erro na execução/*aberratio ictus*

Quando, por acidente ou erro no uso dos meios de execução, o agente, ao invés de atingir a pessoa que pretendia ofender, atinge pessoa diversa, responde como se tivesse praticado o crime contra aquela, atendendo-se ao disposto no § 3º do art. 20 deste Código. No caso de ser também atingida a pessoa que o agente pretendia ofender, aplica-se a regra do art. 70 deste Código.

TEORIA DO CRIME

2.8.4 Resultado diverso do pretendido/ aberratio criminis ou delicti

Art. 74 Fora dos casos do artigo anterior, quando, por acidente ou erro na execução do crime, sobrevém resultado diverso do pretendido, o agente responde por culpa, se o fato é previsto como crime culposo; se ocorre também o resultado pretendido, aplica-se a regra do art. 70 deste Código.

2.8.5 Erro provocado por terceiro

Art. 20, § 2º Responde pelo crime o terceiro que determina o erro.

2.8.6 Erro sobre o nexo causal

Erro sobre o nexo causal é aquele em que o resultado almejado pelo agente é alcançado, mas se produz com nexo causal diverso, de maneira não quista pelo agente.

Divide-se em duas espécies:

▷ **A primeira é o erro sobre o nexo causal em sentido estrito**: ocorre quando o agente, mediante um só ato, provoca o resultado visado, porém com outro nexo de causalidade.

> **Ex.:** "A" empurra "B" de uma montanha para que ele morra afogado, porém, durante a queda, "B" bate a cabeça contra uma rocha e morre em razão das múltiplas lesões.

▷ **A segunda é o dolo geral ou *aberratio causae*:** nesta situação, o agente realiza uma pluralidade de atos, provocando o resultado pretendido, porém com outro liame (nexo causal).

> **Ex.:** Caio, com intenção de matar, desfere três tiros contra seu desafeto, Getúlio, acreditando tê-lo matado. Ato contínuo, desova o cadáver em uma distante lagoa da região, porém, Getúlio acaba morrendo por afogamento. Dessa forma, o agente será responsabilizado por crime único onde irá ser considerado, o nexo ocorrido (e não o pretendido inicialme

Erro de tipo essencial

O erro de tipo essencial é previsto no art. 20 do Código Penal, nos seguintes termos:

Art. 20 O erro sobre elemento constitutivo do tipo legal de crime exclui o dolo, mas permite a punição por crime culposo, se previsto em lei.

Dessa forma, o erro de tipo essencial ocorre quando a falsa percepção recai sobre elementares do tipo penal.

> **Fique ligado**
>
> **Elementares do tipo penal:** São os elementos do tipo penal que, se suprimidos, desclassificam o crime (leva a outro tipo penal) ou tornam a conduta atípica.

O caso concreto anteriormente apresentado é um exemplo de erro de tipo essencial, já que ser "menor de 14 anos" é elementar do tipo penal.

Art. 217-A Ter conjunção carnal ou praticar outro ato libidinoso com menor de 14 (catorze) anos:

Pena – reclusão, de 8 (oito) a 15 (quinze) anos.

Exclusão do dolo

A principal consequência do erro de tipo essencial é a **exclusão do dolo**.

O motivo é bastante simples.

Como o indivíduo age sob falsa percepção da realidade, a voluntariedade (dolo) de sua conduta é viciada, ou seja, ele não tinha a intenção de praticar o ilícito, aliás, teria, até mesmo, a evitado.

Apesar das terminologias semelhantes, é na consequência que se verifica a maior distinção entre o erro de tipo e o erro de proibição:

Erro de tipo	Erro de tipo
Exclusão do dolo	Exclusão da culpabilidade

Erro de tipo essencial: escusável x inescusável

Dentro do erro de tipo essencial, há a classificação em: 1) ESCUSÁVEL e 2) INESCUSÁVEL.

O erro de tipo **essencial escusável (inevitável)** ocorre quando o agente toma as devidas cautelas, mas, ainda assim, pratica a conduta com base em falsa percepção dos fatos, ou seja, qualquer outra pessoa agiria da mesma forma.

> "A", maior, conhece "B" em uma boate e a convida para passar a noite em sua casa. Contudo, "B" é menor e possui menos de 14 anos, apesar de sua compleição física aparentar mais idade (exemplo já apresentado).

Por outro lado, o **erro de tipo essencial inescusável (evitável)** ocorre quando o agente age sem tomar os cuidados adequados ao caso concreto, ou seja, age com **culpa**.

> "A", caçador, atira em direção a um arbusto que se movimentava, sem se preocupar em verificar se era, de fato, uma presa. Após o disparo, "A" descobre que atingiu "B", um outro caçador que se encontrava no local.

▷ O erro de tipo essencial sempre exclui o dolo?

A resposta é **SIM**.

Não importa se o erro de tipo essencial é escusável ou inescusável, pois se o agente agiu com falsa percepção dos fatos (realidade), sua intenção (dolo) é viciada.

Dessa forma, o Direito Penal, corretamente, exclui o dolo.

▷ Mas qual a diferença prática entre as modalidades do erro de tipo essencial?

Como no erro de tipo essencial inescusável (evitável) o agente age com culpa, haverá responsabilização penal caso a conduta corresponda a um tipo penal que admita a modalidade culposa.

Por exemplo, se o indivíduo pratica um homicídio incorrendo em erro de tipo essencial escusável, deverá responder pelo crime de homicídio culposo, já que o tipo penal admite a modalidade culposa.

Escusável	Inescusável
Exclui o dolo	Exclui o dolo
↓	↓
Exclui a culpa	Responde pela culpa se prevista a modalidade culposa

2.8.7 Erro de proibição

No erro de proibição, ao contrário do erro de tipo, a pessoa tem plena noção da realidade que se passa a seu redor.

Não há confusão mental sobre o que está acontecendo diante de seus olhos. O sujeito, portanto, sabe exatamente o que faz. Seu equívoco recai sobre a compreensão acerca de uma regra de conduta. Com seu comportamento, o agente viola alguma proibição contida em norma penal que desconhece por absoluto. Em outras palavras, ele sabe o que faz, só não sabe que o que faz é proibido.

O instituto está previsto no art. 21 do Código Penal:

Art. 21 O desconhecimento da lei é inescusável. O erro sobre a ilicitude do fato, se inevitável, isenta de pena; se evitável, poderá diminuí-la de um sexto a um terço.

É importante mencionar que não se pode confundir erro de proibição com o desconhecimento da lei. Isso porque a maioria da população desconhece a legislação, muito menos o Código Penal, contudo, as pessoas sabem bem que matar, roubar, sequestrar, ofender a honra etc. são crimes. Se o desconhecimento da lei isentasse a população de responsabilidade penal por seus atos, quase todos teriam um "alvará" para cometer os mais variados crimes, prejudicando terceiros, sem sofrer qualquer punição.

2.9 Descriminantes putativas

De início, registra-se que descriminante é sinônimo de causa de exclusão de ilicitude, que estão elencadas no art. 23 do Código Penal:

> ***Art. 23*** *Não há crime quando o agente pratica o fato:*
> *I – em estado de necessidade;*
> *II – em legítima defesa;*
> *III – em estrito cumprimento de dever legal ou no exercício regular de direito.*

O termo "putativa" está relacionado à ausência de realidade, ou seja, descriminante putativa é uma situação que somente aparenta ser uma causa de excludente de ilicitude.

As descriminantes putativas estão previstas no art. 20, § 1º, do CP, nos seguintes termos:

> ***Art. 20, § 1º*** *É isento de pena quem, por erro plenamente justificado pelas circunstâncias, supõe situação de fato que, se existisse, tornaria a ação legítima. Não há isenção de pena quando o erro deriva de culpa e o fato é punível como crime culposo.*

2.9.1 Espécies

Inicialmente, o tema requer muita atenção do aluno, bem como o domínio dos institutos: erro de proibição e erro de tipo.

Apesar do Código Penal não mencionar, são reconhecidas 2 (duas) espécies de descriminantes putativas:

Descriminantes putativas	
Falsa percepção dos fatos (pressupostos fáticos)	Erro sobre existência ou limite da descrimintante

2.10 Ilicitude

Também denominada antijuridicidade, é o segundo elemento do conceito analítico de crime. A ilicitude consiste na contrariedade do fato com o ordenamento jurídico, por meio da exposição a perigo de dano ou da lesão a um bem jurídico tutelado.

Ao examinar uma conduta, que é, em verdade, casuística, pois não é possível universalizar os fatos, é preciso analisar se o agente praticou esta conduta amparado por alguma situação que tornou a ação legítima ou não.

Se ele agir amparado por uma causa que torne lícita sua conduta, estaremos diante da exclusão da ilicitude e, como decorrência, do crime em si.

As causas excludentes de ilicitude podem ser chamadas de Descriminantes ou Justificantes.

A ilicitude, também denominada de antijuridicidade, é a relação de contrariedade entre o fato humano e as exigências do ordenamento jurídico.

2.10.1 Causas excludentes de ilicitude em espécie

São situações nas quais o ordenamento jurídico autoriza, excepcionalmente, a prática de fatos típicos. As excludentes de ilicitude são previstas no art. 23 do Código Penal. De acordo com o texto, são quatro as causas de justificação:

> ***Art. 23*** *Não há crime quando o agente pratica o fato:*
> *I – em estado de necessidade;*
> *II – em legítima defesa*
> *III – em estrito cumprimento de dever legal ou no exercício regular de direito.*
> *Excesso punível*
> ***Parágrafo único.*** *O agente, em qualquer das hipóteses deste artigo, responderá pelo excesso doloso ou culposo.*

Sendo o fato praticado nessas circunstâncias, não haverá crime.

Estado de necessidade

> ***Art. 24*** *Considera-se em estado de necessidade quem pratica o fato para salvar de perigo atual, que não provocou por sua vontade, nem podia de outro modo evitar, direito próprio ou alheio, cujo sacrifício, nas circunstâncias, não era razoável exigir-se.*
> *§ 1º Não pode alegar estado de necessidade quem tinha o dever legal de enfrentar o perigo.*
> *§ 2º Embora seja razoável exigir-se o sacrifício do direito ameaçado, a pena poderá ser reduzida de um a dois terços.*

Nesta modalidade de descriminante, verificamos situação em que dois bens jurídicos correm risco de perecer. Nesse contexto, a Lei permite que um deles seja sacrificado em detrimento de outrem, já que não seria possível a preservação de ambos.

Requisitos:

▷ **Perigo atual:** é o risco presente, real, gerado por fato humano, **comportamento de animal** (não provocado pelo dono) ou fato da natureza.

▷ A situação de perigo não pode ter sido causada pelo agente.

▷ Salvar direito próprio ou alheio.

▷ Inexistência de dever legal de enfrentar o perigo.

▷ Impossibilidade da prática de outro ato de salvaguarda.

Dentro do estado de necessidade, muito se discute acerca do furto famélico.

Hodiernamente, a jurisprudência encara esta situação como estado de necessidade, desde que preenchidos os seguintes requisitos:

▷ Fato praticado em razão de extrema miserabilidade do agente.

▷ Que o crime seja o único/último recurso possível.

▷ Subtração de coisa capaz de solucionar a situação de emergência.

▷ Falta de recursos ou impossibilidade de trabalhar.

Além disso, merece ênfase o exemplo do **ataque animal.**

Se o ataque animal se dá "por conta" do instinto deste, e, posteriormente, há o sacrifício de direito alheio (Ex.: morte do cachorro, invasão de domicílio ou deterioração de parte de carro), estaremos diante do estado de necessidade.

Por outro lado, se o animal for utilizado como uma ferramenta para ataque (como uma arma), eventual repulsa será considerada como a excludente da legítima defesa.

Legítima defesa

> ***Art. 25*** *Entende-se em legítima defesa quem, usando moderadamente dos meios necessários, repele injusta agressão, atual ou iminente, a direito seu ou de outrem.*
> ***Parágrafo único.*** *Observados os requisitos previstos no caput deste artigo, considera-se também em legítima defesa o agente de segurança pública que repele agressão ou risco de agressão a vítima mantida refém durante a prática de crimes.*

É a figura clássica quando se fala em excludente de ilicitude.

Requisitos:

▷ **Agressão injusta:** trata-se de uma agressão imotivada, ou seja, a conduta humana que lesa ou expõe a perigo o bem jurídico alheio.

Uma vez identificada a agressão injusta, o titular do bem que pode ser violado pode repeli-la, valendo-se da utilização dos meios necessários. Registre-se, que a saída do local para buscar uma arma, com o posterior regresso, afasta a ocorrência de legítima defesa.

É importante mencionar que contra o ataque de animal cabe estado de necessidade (a não ser que alguém provoque deliberadamente o animal, de modo que ele sirva como instrumento do ataque de um ser humano).

TEORIA DO CRIME

- **Atual ou iminente:** atual é a agressão presente, enquanto iminente é a que está para acontecer.
- **Uso moderado dos meios necessários:** deve haver um juízo de proporcionalidade ao se repelir a conduta.
- **Proteção de direito próprio ou de outrem:** a legítima defesa pode ser utilizada como instrumento para a proteção de direito próprio ou de terceiro.

> **Fique ligado**
>
> O pacote anticrime inseriu no art. 25 do CP a legítima defesa de agente de segurança pública.

Porém, trata-se dos mesmos requisitos daqueles previstos no *caput*. Assim, vale a pena conferir a letra da lei.

Por fim, vale destacar que a mera provocação enseja à legítima defesa. Ao reagir a uma provocação por parte da vítima, o agente responderá pelo crime, podendo ser reconhecida em seu favor uma atenuante genérica (art. 65, III, "b") ou um privilégio, como no crime de homicídio (art. 121, § 1º).

Estrito cumprimento do dever legal

Os agentes públicos, no curso de suas atuações, eventualmente podem violar bem jurídico alheio (Ex.: prisão).

Assim, se a intervenção é praticada de maneira legal, não há que se falar em ato ilícito, pois há respaldo da própria lei.

Nesse sentido, para não inviabilizar o desempenho das atividades inerentes ao cargo público, o Direito Penal criou uma hipótese de exclusão de ilicitude que autoriza o agente público a praticar condutas típicas, porém, não ilícitas.

Para que o cumprimento do dever legal exclua a ilicitude da conduta é preciso que obedeça aos seguintes requisitos:

- Existência prévia de um dever legal;
- Atitude pautada pelos estritos limites do dever; e
- Conduta, como regra, de agente público e, excepcionalmente, de particular.

Exercício regular de direito

Todo aquele que exerce um direito assegurado por lei não pratica ato ilícito. Quando o ordenamento jurídico, por meio de qualquer de seus ramos, autoriza determinada conduta, sua licitude reflete-se na seara penal, configurando excludente de ilicitude: exercício regular de um direito (art. 23, III, do CP).

Se a parte age em uma situação legítima, respaldada por um direito, não há que se falar em ilícito.

É o que ocorre, por exemplo, quando um civil efetua uma prisão em flagrante, conforme autorização do art. 301 do CPP.

Outro exemplo bastante difundido é o chamado desforço pessoal possessório (defesa da posse), regulado pela lei civil, efetivado depois de consumado o esbulho.

Atente-se que, durante a perturbação da posse, a reação do possuidor será legítima defesa. Porém, concretizado o esbulho, poderá o titular do direito (o possuidor) reavê-lo, reação esta que configurará o exercício regular de direito.

Consentimento do ofendido

Trata-se de causa supralegal de exclusão de ilicitude, que poderá ser reconhecida desde que: o não consentimento não pode integrar o tipo penal; o ofendido tem que ser capaz; o consentimento deve ser válido; o bem deve ser disponível; o bem deve ser próprio; o consentimento deve ser anterior à lesão e deve ser expresso.

É importante destacar que o art. 23 do CP apresenta um rol exemplificativo, ou seja, é possível identificar outras causas de exclusão da ilicitude no ordenamento jurídico.

Por exemplo, a doutrina entende que as hipóteses elencadas no art. 128 do CP – aborto terapêutico e aborto humanitário – são espécies de exclusão da ilicitude no crime de aborto.

Também é pacífico o entendimento de que há, inclusive, causas supralegais de exclusão de ilicitude, ou seja, situações em que, mesmo diante da ausência de lei específica, não haverá crime na conduta do agente.

> **Fique ligado**
>
> O consentimento, hipótese supralegal de exclusão da ilicitude, pode ser posterior à conduta do agente? A resposta é **NÃO**. Segundo a jurisprudência dos Tribunais Superiores, o consentimento da suposta vítima deve ser prévio ou, no mínimo, concomitante à conduta do agente.

2.10.2 Excesso no uso das excludentes

O excesso configura-se com a desnecessária intensificação de uma conduta inicialmente legítima. Predomina na doutrina o entendimento de que o excesso decorre tanto do emprego do meio desnecessário como da falta de moderação.

Havendo excesso durante a prática de uma excludente de ilicitude, a Lei permite que haja punição por excesso **doloso ou culposo** (art. 23, parágrafo único, do CP).

DIREITO PENAL

3 CULPABILIDADE

Este elemento do crime tem como pressuposto lógico a liberdade de escolha do indivíduo no ato da prática de uma conduta. A doutrina conceitua como "a capacidade antropológica de se determinar no sentido da norma jurídica".

Evidentemente, a responsabilidade penal só pode recair sobre aquele que possui aptidão de dominar os seus instintos (físicos e psíquicos) para praticar uma conduta. Em resumo, o indivíduo precisa ser livre para decidir (livre-arbítrio).

Como fator preponderante na análise dos elementos do crime, é imperioso, diante do caso concreto, formalizar a seguinte indagação: "Poderia o agente agir de outra forma?".

Assim, a culpabilidade constitui o **juízo de reprovação** que recai sobre o autor de um fato típico e antijurídico, resultando da soma dos seguintes elementos: imputabilidade, potencial consciência da ilicitude e exigibilidade de conduta diversa.

3.1 Elementos da culpabilidade

3.1.1 Imputabilidade

No ordenamento jurídico brasileiro, todos os maiores de 18 anos presumem-se imputáveis, salvo se possuírem qualquer anormalidade psíquica, duradoura ou transitória, que lhes retire a capacidade. Já para os menores de 18 anos, a presunção é inversa e não admite prova em contrário: por força de lei, são sempre considerados inimputáveis.

Consiste na capacidade de autodeterminação, ou o conjunto de condições que permitem ao agente a faculdade de atuar de modo distinto, permitindo que a responsabilidade penal possa recair sobre quem praticou a conduta.

A nossa construção legislativa não laborou no sentido de apresentar um conceito claro de imputabilidade, mas apresenta diretamente hipóteses de **inimputabilidade.**

No parágrafo único do art. 26 do Código Penal, há hipótese de semi-imputabilidade, na medida em que o agente é dotado de parcial capacidade para compreender a reprovabilidade do fato. A consequência da semi-imputabilidade é a aplicação de pena reduzida ou medida de segurança.

> *Art. 26 É isento de pena o agente que, por doença mental ou desenvolvimento mental incompleto ou retardado, era, ao tempo da ação ou da omissão, inteiramente incapaz de entender o caráter ilícito do fato ou de determinar-se de acordo com esse entendimento.*
> *Redução de pena*
> **Parágrafo único.** *A pena pode ser reduzida de um a dois terços, se o agente, em virtude de perturbação de saúde mental ou por desenvolvimento mental incompleto ou retardado não era inteiramente capaz de entender o caráter ilícito do fato ou de determinar-se de acordo com esse entendimento.*
> *Menores de 18 anos*
> *Art. 27 Os menores de 18 (dezoito) anos são penalmente inimputáveis, ficando sujeitos às normas estabelecidas na legislação especial.*

3.1.2 Causas de exclusão da imputabilidade

Anomalia psíquica

A doença mental, ou desenvolvimento mental incompleto ou retardado, se aliada à falta de capacidade de compreender o caráter ilícito do fato e de determinar-se de acordo com esse entendimento, produz a inimputabilidade.

A expressão **doença mental** empregada pelo legislador deve ser tomada em seu sentido amplo ou lato, entendida como qualquer condição física ou psíquica, orgânica ou funcional, congênita ou adquirida, transitória ou permanente, que comprometa a capacidade de entendimento ou autodeterminação do sujeito.

De acordo com o art. 26 do CP, se, em virtude da doença mental, desenvolvimento mental incompleto ou retardado o agente era, ao tempo da ação ou omissão, inteiramente incapaz de entender o caráter ilícito do fato ou de determinar-se de acordo com esse entendimento, será considerado inimputável.

Por outro lado, estabelece o parágrafo único do art. 26 do CP que, se em virtude da perturbação mental ou desenvolvimento mental incompleto ou retardado o agente tem meramente diminuída a capacidade de entendimento ou determinação, o agente será considerado semi-imputável

Menoridade

No ordenamento jurídico brasileiro, a menoridade é a condição de toda pessoa que ainda não completou 18 anos de idade. O fundamento da inimputabilidade penal dos menores de 18 anos, além de prevista no art. 27 do CP, encontra-se determinada no art. 228 da CF.

> *Art. 27, CP Os menores de 18 (dezoito) anos são penalmente inimputáveis, ficando sujeitos às normas estabelecidas na legislação especial.*
> *Art. 228, CF São penalmente inimputáveis os menores de 18 (dezoito) anos, sujeitos às normas da legislação especial.*

Vale destacar que a idade do agente deve ser verificada no momento da conduta, pouco importando qual seja no momento do resultado, em virtude da adoção da teoria da atividade com relação ao tempo do crime, adotada pelo art. 4º do CP.

Por fim, é importante ressaltar que o adolescente (pessoa com mais de 12 e menos de 18 anos completos) que pratica um fato definido como crime ou contravenção penal incorre em ato infracional, nos termos da Lei nº 8.069/1990 – Estatuto da Criança e do Adolescente, ficando sujeito às chamadas medidas socioeducativas (internação, semiliberdade etc.).

A criança que cometer semelhante ato, por sua vez, pode receber a aplicação de uma medida protetiva (encaminhamento aos pais ou responsável, mediante termo de responsabilidade; orientação, apoio e acompanhamento temporários; matrícula e frequência obrigatórias em estabeecimento oficial de ensino fundamental etc.), nos termos do referido Estatuto

Emoção e paixão

Conforme previsão expressa do art. 28, I, do CP, não excluem a imputabilidade penal a emoção e a paixão.

Emoção e paixão não se confundem. Por **emoção** entende-se **a forte e transitória perturbação da afetividade** ou a viva excitação do sentimento. Cuida-se de um estado momentâneo. A paixão, por outro lado, corresponde a um forte sentimento de caráter duradouro.

Vale lembrar que a emoção, muito embora não isente o agente de pena, pode influenciar na sua dosimetria, beneficiando o agente com uma sanção reduzida.

É o caso, por exemplo, se o agente praticar um homicídio sob o **domínio de violenta emoção, logo em seguida a injusta provocação da vítima,** sua pena será reduzida de um sexto a um terço (art. 121, § 1º, do CP).

Ainda, aquele que praticar a infração penal sob *a influência* de violenta emoção provocada por ato injusto do ofendido receberá uma atenuante genérica, conforme previsão do art. 65, III, "c", do Código Penal

Embriaguez

A embriaguez consiste na intoxicação transitória e aguda, provocada por álcool ou substância de efeitos análogos.

CULPABILIDADE

Neste ponto, é imprescindível cuidado especial. Perceba, o inciso II do art. 28 do CP estabelece com propriedade que a **embriaguez voluntária ou culposa** também **não tem o condão de excluir** a imputabilidade penal.

A única forma de se excluir a imputabilidade em razão da embriaguez é aquela completa e fortuita ou acidental. Porém, exige-se que ela conduza o agente a estado em que seja inteiramente incapaz de entender o caráter criminoso do fato e de determinar-se de acordo com seu entendimento.

> **Art. 28, CP [...]**
> § 1º É isento de pena o agente que, por embriaguez completa, proveniente de caso fortuito ou força maior, era, ao tempo da ação ou da omissão, inteiramente incapaz de entender o caráter ilícito do fato ou de determinar-se de acordo com esse entendimento.
>
> § 2º A pena pode ser reduzida de um a dois terços, se o agente, por embriaguez, proveniente de caso fortuito ou força maior, não possuía, ao tempo da ação ou da omissão, a plena capacidade de entender o caráter ilícito do fato ou de determinar-se de acordo com esse entendimento.

A doutrina identifica três estágios de embriaguez: excitação, depressão e sono (letargia). Considera-se completa a embriaguez nas duas últimas fases, pois ela retira por completo a capacidade de discernimento do agente.

A embriaguez completa e involuntária enseja absolvição própria, por exclusão da culpabilidade (inimputabilidade penal). Se o comprometimento da capacidade de compreensão ou autodeterminação for apenas parcial, incidirá uma causa de diminuição de pena, de um a dois terços (art. 28, § 2º) ("semi-imputabilidade" penal).

Embriaguez fortuita ou acidental

É a embriaguez que ocorre a partir de um fato não previsível.

> **Fique ligado**
> Acerca da situação do alcoólatra, não enquadramos a situação no art. 28 do CP, mas sim na hipótese de doente mental do art. 26 do mesmo códex.

Embriaguez voluntária (dolosa ou culposa)

Na primeira vertente, estamos diante da situação em que o agente voluntariamente se embriaga (Ex.: pedindo várias rodadas de drinks) ou quando ele consome bebida em excesso e alcança o estado de embriaguez sem intenção.

A embriaguez voluntária possui três subdivisões: culposa; dolosa e preordenada.

▷ A **embriaguez culposa** consiste no excesso imprudente no consumo da bebida, ou seja, a pessoa não age com o propósito de embriagar-se, mas exagera na dose e se alcooliza.

▷ A **embriaguez dolosa**, por sua vez, se dá quando o indivíduo tem intenção prévia de se inebriar com álcool. Além do eventual prazer decorrente do consumo da bebida, ele almeja atingir o estágio de ebriez.

▷ A **preordenada**, por fim, ocorre quando o sujeito pretende se embriagar para cometer algum delito, ou seja, o agente, desde o início, atua com dolo de realizar algum comportamento criminoso, de modo que a bebida atua como possível fator de desinibição ou encorajamento para a prática do crime. Nesse caso, a embriaguez preordenada é constitui agravante genérica expressamente prevista no art. 61, II, "l", do Código Penal.

Em todas as situações acima retratadas, o agente responde pelo fato, aplicando-se a teoria da *actio libera in causa*, situação em que o sujeito pratica um comportamento criminoso sendo inimputável ou incapaz de agir, mas, em momento anterior, ele próprio se colocou nesta situação de ausência de imputabilidade ou de capacidade de ação, de maneira propositada ou, pelo menos, previsível.

É fundamental, nesse sentido, que o resultado posteriormente produzido tenha sido desejado ou seja, ao menos, previsível, no momento em que se realizou o ato livre, causador da futura inimputabilidade ou falta de ação

3.1.3 Potencial consciência da ilicitude

Para que o fato típico e contrário ao Direito possa ser reprovado ao agente que o praticou, é necessário que ele conheça ou possa conhecer justamente tal natureza ilícita.

Em resumo, o juízo de censura pressupõe que o agente saiba ou possa atingir a percepção de que o fato que praticou era antijurídico. Se não detiver o necessário conhecimento da proibição (que não se confunde com desconhecimento da lei, o qual é inescusável), sua ação ou omissão não terá a mesma reprovabilidade.

Não se pode confundir a imputabilidade com a consciência da ilicitude. É preciso atentar para a diferença, notadamente no que diz respeito à imputabilidade enquanto capacidade de entender o caráter ilícito do fato. Esta diz respeito a condições *mentais*, ao passo que a possibilidade de conhecer o caráter ilícito do fato (ou potencial consciência da ilicitude) refere-se a condições *culturais*

Erro de proibição

O erro de proibição é o equívoco que incide sobre o juízo de ilicitude de um comportamento criminoso. O agente tem perfeitamente formada a representação da sua conduta, mas acredita que o comportamento não constitui crime.

A ausência ou a errônea compreensão acerca da natureza ilícita do fato acarreta aquilo que se denomina de erro sobre o que é proibido (erro de proibição). A culpabilidade só restará afastada se o agente, além de não dispor do conhecimento da proibição, nem ao menos deter capacidade para adquirir tal entendimento (careça de possibilidade – ou potencial – consciência da ilicitude). Assim dispõe o art. 21 do CP, em sua parte final:

> **Art. 21** O desconhecimento da lei é inescusável. O erro sobre a ilicitude do fato, se inevitável, isenta de pena; se evitável, poderá diminuí-la de um sexto a um terço.
>
> **Parágrafo único.** Considera-se evitável o erro se o agente atua ou se omite sem a consciência da ilicitude do fato, quando lhe era possível, nas circunstâncias, ter ou atingir essa consciência.

O erro de proibição que interfere, como visto, na consciência da ilicitude classifica-se em evitável (vencível ou inescusável) e inevitável (invencível ou escusável):

▷ **Inevitável:** isenta de pena, por excluir a culpabilidade em virtude da ausência de potencial conhecimento da ilicitude.

▷ **Evitável:** não isenta de pena nem exclui a culpabilidade, visto que o agente, embora não tivesse o real conhecimento, tinha o potencial conhecimento da ilicitude. A pena, entanto, será reduzida de 1/6 a 1/3.

3.1.4 Exigibilidade de conduta diversa

Neste requisito, deve-se analisar sobre a viabilidade e a possibilidade de o agente ter agido de outra forma, ou seja, se o agente poderia agir de acordo com o direito e não praticar uma conduta antijurídica.

Como nosso raciocínio para (des)construção da teoria do crime é inverso, é imperioso analisar os fatores que ensejam no afastamento deste requisito, quando se identifica na casuística que o agente não poderia agir de outra forma (o que se denomina de inexigibilidade de conduta diversa).

A Lei Penal apresenta duas figuras neste espeque:

▷ A coação moral irresistível;

▷ Obediência hierárquica a ordem não manifestamente ilegal.

> **Art. 22** Se o fato é cometido sob coação irresistível ou em estrita obediência a ordem, não manifestamente ilegal, de superior hierárquico, só é punível o autor da coação ou da ord

Coação moral irresistível

Trata-se de situação que não permite ao indivíduo agir de outra forma, uma vez que a prática da conduta se deu de modo em que não se poderia exigir do agente comportamento diverso.

Aqui, o comportamento do agente é viciado pois ele age impelido por uma ameaça de mal sério (*vis compulsiva*).

A coação deve ser irresistível quando não pode ser superada, senão com uma energia extraordinária, portanto, juridicamente inexigível.

Excluída a culpabilidade do fato, deverá o coator responder pelo delito.

Aqui, estamos diante do que se denomina de autoria mediata. Quando caracterizada a coação moral irresistível, somente será punível o autor da coação. O coagido será isento de pena. Apesar de haver duas pessoas envolvidas na consecução do fato, o coator e o coagido, não se há de falar em concurso de pessoas. O coagido é mero instrumento nas mãos do coator. Por isso fala-se em autoria mediata.

> **Fique ligado**
>
> A coação **moral** irresistível exclui a culpabilidade, enquanto a coação **física** irresistível representa uma causa de exclusão da conduta, afastando, pois, o **fato típico.**

3.1.5 Coação física irrestível x coação moral irresistível

Um dos temas mais relevantes da culpabilidade é a distinção entre coação física irresistível e coação moral irresistível.

Apesar de o resultado ser idêntico (inexistência de crime), são diversas as causas:

Coação física irresistível	Coação moral irresistível
Atipicidade	Exclusão da culpabilidade

Obediência hierárquica

Dá-se a obediência hierárquica quando alguém detentor de função pública, cumpre ordem de autoridade superior, revestida de caráter criminoso, desconhecendo a ilicitude de tal comando que, ademais, não pode ser manifestamente ilegal.

Trata-se também de hipótese de inexigibilidade de conduta diversa por não ser exigível que o funcionário público subordinado proceda a um minucioso exame de legalidade das ordens que recebe de seu superior hierárquico antes de cumpri-las.

Nesse requisito, deparamo-nos com a situação de hierarquia entre superior e subordinado. Dessa forma, não pode o funcionário questionar a determinação recebida pelo superior, salvo se claramente ilegal.

Os requisitos da excludente são:

▷ Relação de hierarquia em sentido estrito;

▷ Existência de uma ordem legal;

▷ Ilegalidade não manifesta; e

▷ Cumprimento nos estritos limites da ordem.

Se a ordem for não manifestamente ilegal, resta excluída a culpabilidade do agente, desde que sua obediência tenha se adstrito aos limites da ordem. Por outro lado, se a ordem for manifestamente ilegal, torna-se exigível que o subordinado se negue ao cumprimento, de forma que não há incidência da exculpante, mas, tão somente, atenuação da pena nos termos do art. 65, III, do CP.

CRIMES CONTRA A PESSOA

4 CRIMES CONTRA A PESSOA

4.1 Crimes contra vida

4.1.1 Homicídio

Art. 121 Matar alguém:
Pena – reclusão, de seis a vinte anos.

A primeira figura delitiva, disposta na parte especial do Código Penal, diz respeito ao homicídio: morte injusta de uma pessoa (humana) praticada por outrem.

Atente-se: o crime do *caput* não é hediondo, **assim, é considerado apenas quando praticado em atividade típica de grupo de extermínio (ainda que por um só agente)**, tampouco, homicídio qualificado.

Vale destacar que a tipificação do tipo penal do art. 121, *caput*, determina-se por exclusão, isto é, constitui homicídio simples aquele que não é **privilegiado** (art. 121, § 1º) ou **qualificado** (art. 121, §2º).

O tipo penal do art. 121 visa à tutela da vida humana, a qual se inicia com a primeira contração expulsiva do feto e vai até o instante que antecede a morte cerebral. Quanto ao sujeito ativo, o homicídio é crime comum, podendo ser praticado por qualquer pessoa. De igual modo, qualquer pessoa pode ser classificada como sujeito passivo do homicídio, desde o início do nascimento.

No que tange à conduta, a prática do homicídio consiste em tirar a vida[1] de alguém e pode ser praticada de maneira comissiva ou omissiva. Recaindo a conduta sobre pessoa já sem vida, só podemos falar em crime impossível, dada a absoluta impropriedade do objeto (art. 17, CP).

> **Fique ligado**
>
> Portador de HIV que, intencionalmente, transmite a doença à parceira que não tinha ciência da condição do parceiro: para o STJ, restou decidido que a transmissão consciente do HIV caracteriza lesão corporal gravíssima, enquadrando-se a enfermidade no conceito de doença incurável (art. 129, § 2º, II, CP). Ainda, foi entendido que a ausência de manifestação dos sintomas não exclui o crime.

O homicídio é crime material, pois somente é consumado com a morte da vítima. Inclusive, considera-se como delito plurissubsistente, uma vez que a execução pode ser fracionada, admitindo-se a tentativa.

O delito insere-se na categoria dos **crimes que deixam vestígios.** Aplica-se, portanto, o disposto no art. 158 do CPP, tornando obrigatória a realização do exame de corpo de delito.

Homicídio privilegiado

Causa de diminuição de pena
§ 1º Se o agente comete o crime impelido por motivo de relevante valor social ou moral, ou sob o domínio de violenta emoção, logo em seguida a injusta provocação da vítima, o juiz pode reduzir a pena de um sexto a um terço.

De acordo com o § 1°, a pena será reduzida de um sexto até um terço, isto é, embora se tenha convencionado denominar de "homicídio privilegiado", cuida-se de causa da diminuição de pena.

Aqui, podemos extrair três hipóteses para a aplicação da redução da pena – são as chamadas causas privilegiadoras:

▷ **Relevante valor social (interesses coletivos):** o valor social refere-se ao motivo nobre ligado a questões de interesse coletivo;

| **Ex.:** indivíduo que espanca até a morte pessoa que vinha cometendo vários latrocínios na comunidade.

▷ Relevante valor moral (interesses particulares do agente, fazendo valer sentimento de piedade): por valor moral entende-se aquele que diz respeito aos interesses pessoais do agente e merece apoio da moralidade média das pessoas;

| **Ex.:** pai que mata o estuprador da filha.

▷ **Domínio de violenta emoção após injusta provocação da vítima:** ocorre a perda do autocontrole – o agente está em choque emocional.

> **Fique ligado**
>
> Não basta estar influenciado pela violenta emoção, e, sim, estar **dominado**.

O domínio da violenta emoção consiste num estado anímico diferenciado, em que o agente atua de maneira impulsiva. Para caracterizá-la, é preciso que haja reação imediata após a injusta provocação, sem nenhum tipo de intervalo.

O privilégio, ora discutido, tem natureza jurídica de **direito subjetivo do indivíduo**, e, uma vez reconhecido, a redução da pena é obrigatória. Outro ponto de destaque que deve ser enfatizado diz respeito à possibilidade de cumulação do privilégio com as qualificadoras. Prevalece a orientação de que o privilégio (causa subjetiva) somente é compatível com as qualificadoras de ordem **objetivas**.

Homicídio qualificado

Aqui, já avançamos ao campo de um crime considerado hediondo (o *quantum* de pena migra para 12 a 30 anos). As qualificadoras podem ser de natureza subjetiva ou objetiva:

▷ **Subjetiva:** são aquelas relacionadas aos motivos do crime, relacionadas à **"depravação espiritual do agente"** e estão previstas nos incisos I, II, V, VII quando expressam que o crime é praticado contra a autoridade ou agente de segurança em decorrência da função ou contra cônjuge, companheiro ou parente consanguíneo até terceiro grau, em razão dessa condição;

▷ **Objetivas:** são aquelas relacionadas ao **modo de execução**, constantes dos incisos III, IV, VI, VII e IX quando estabelecem que o crime é praticado contra autoridade ou agente de segurança no exercício da função.

> **Fique ligado**
>
> A vertente atual é a de que a qualificadora do feminicídio é de ordem objetiva, seguindo os parâmetros estabelecidos pela jurisprudência do STJ.

Assim, o homicídio qualificado pode se dar:

▷ **Mediante paga ou promessa de recompensa, ou por outro motivo torpe:** a primeira parte, corresponde ao homicídio mercenário ou por mandato remunerado. Quando o agente pratica o delito almejando o lucro ou uma recompensa prometida.

> **Fique ligado**
>
> A recompensa não necessita ser de ordem patrimonial, basta que seja qualquer tipo de vantagem.
> Ademais, importante destacar que a qualificadora se materializa mesmo que a vantagem não chegue a ser percebida pelo agente.

Para a análise desta qualificadora, é imprescindível destacar que temos duas figuras presentes: o mandante e o executor.

A doutrina e a jurisprudência ensinam que a comunicação desta qualificadora não se dá de maneira automática ao mandante.

---

[1] Considera-se que a vida extrauterina de um indivíduo se inicia com o parto (início das contrações expulsivas ou, quando ocorrer por intervenção cirúrgica, a partir do momento em que se inicia a cirurgia para retirada).

DIREITO PENAL

> **Fique ligado**
>
> Imagine que um pai de família simples resida com sua família em uma localidade dominada por uma milícia local. Um dos milicianos estupra a filha de 15 anos.
> O pai, consternado, solicita a um justiceiro que mate o traficante, mediante promessa de pagamento, o que ocorre.
> Nesse caso, o executor responde pelo crime qualificado, enquanto que o pai responde pelo crime na forma simples, com aplicação do privilégio, pelo relevante valor moral.

Por motivo torpe entende-se aquele repugnante, que causa asco, nojo.

Na primeira parte do dispositivo, o delito é de concurso necessário, pois é indispensável a participação do mandante e do executor.

> **Fique ligado**
>
> A vingança pode ou não constituir motivo torpe, depende da causa que a originou (nem mesmo os tribunais possuem uniformidade).

- **Por motivo fútil:** aqui verifica-se total desproporção entre o delito e sua causa moral. Trata-se do motivo que é pequeno demais para que se justifique. É o motivo realmente insignificante.

Como exemplo, temos o cliente que mata o garçom, pois esse lhe entregou o troco errado; aquele que mata por dívidas irrisórias.

Enfim, no motivo fútil há um imenso abismo entre a motivação e o comportamento praticado pelo agente.

É a qualificadora que indica a percepção de que a motivação decorre de um fator insuficiente para conduzir alguém a delinquir.

- **Com emprego de veneno, fogo, explosivo, asfixia, tortura ou outro meio insidioso ou cruel, ou de que possa resultar perigo comum:** a utilização do veneno pode também ser chamada de venefício.

Veneno é um meio insidioso por excelência, pois a pessoa não sabe que está sendo morta. Cuida-se de qualquer substância gasosa, mineral, vegetal ou animal que, introduzida no organismo, é idônea a alterar ou destruir as funções vitais, levando a óbito. É, de fato, meio costumeiramente imperceptível, como ocorre com "vidro moído", adicionado a um suco ou alimento a ser ingerido pela vítima.

> **Fique ligado**
>
> Para caracterizar o venefício, seguindo o entendimento doutrinário e jurisprudencial, é imprescindível que o consumo do veneno seja desconhecido pela vítima.
> Caso a vítima seja obrigada a ingerir substância que, sabidamente, está envenenada, poderá incidir a qualificadora do meio cruel.

O uso do fogo ou explosivo pode ser facilmente identificado a partir da casuística. Seja o agente ateando fogo ou inserindo artefato explosivo na vítima, ou em seu carro, sempre dominado pela vontade de matar.

Por asfixia entende-se todo impedimento, por qualquer meio (mecânico – enforcamento, afogamento, estrangulamento, esganadura ou sufocação – ou tóxico – produzido por gases) da passagem do ar pelas vias respiratórias e pulmões da pessoa.

Matar sob tortura significa infligir intenso mal para dar a morte a alguém. Tortura é, portanto, o excesso de dor, de angústia, de sofrimento desnecessário. Ela pode ser física ou mental, como ocorre, por exemplo, quando o agente emprega "terror" por ocasião da conduta homicida.

> **Fique ligado**
>
> Não há que se confundir o homicídio qualificado pela tortura com a tortura com resultado morte, mormente porque, na primeira hipótese, a intenção do agente é matar, enquanto que, na segunda, o resultado morte não é querido pelo agente, mas ocorre a título de preterdolo.

- **À traição, de emboscada, ou mediante dissimulação ou outro recurso que dificulte ou torne impossível a defesa do ofendido:** trata-se de uma qualificadora que representa uma forma covarde de tirar a vida de outrem. Está relacionada a uma conduta desleal ou com abuso de boa-fé da vítima.

  | **Ex.:** matar a vítima enquanto está dormindo.

Na traição, há a quebra da confiança depositada pelo lesado. Isso porque, o agente constrói ou tira vantagem da confiança alheia.

A emboscada representa a armadilha, esconder-se para atacar o desafeto.

Na dissimulação, temos a aplicação de um disfarce, que tem o intuito de facilitar a aproximação do autor com a vítima.

Para identificar as demais hipóteses em que se torna impossível a defesa da vítima, estamos diante da utilização da interpretação analógica, que dependerá do casuísmo para sua qualificação.

- **Para assegurar a execução, a ocultação, a impunidade ou vantagem de outro crime:** a primeira parte do dispositivo denomina-se de homicídio **teleológico** (assegurar a execução), já a segunda, **consequencial** (assegurar a execução, impunidade ou vantagem de outro crime).

No homicídio teleológico, o ato é praticado no intuito de permitir ao agente a prática de outra conduta.

  | **Ex.:** agente mata o marido para estuprar sua mulher.

Já no homicídio consequencial, há a prática do crime para ocultar o outro crime, por exemplo: matar uma testemunha ocular de um fato.

Garantir a impunidade diz respeito à conduta de praticar homicídio para sagrar-se ileso. Ex.: matar o oficial de justiça que iria cumprir seu mandado de prisão.

Por fim, assegurar a vantagem de outro crime consiste em ter o proveito do crime anterior de maneira isolada.

Assim, podemos imaginar dois indivíduos que praticam um roubo. No intuito de permanecer sozinho com o proveito do crime, um dos coautores mata o outro, permanecendo assim, sozinho com todo o produto do crime.

- **Contra a mulher por razões da condição de sexo feminino** (art. 121, § 2°, VI,) – Feminicídio: trata-se de disposição inserida pela Lei nº 13.104/2015 que apresentou uma nova qualificadora para o delito de homicídio.

A disposição - que deve ser considerada como uma *novatio legis incriminadora* – está prevista no art. 121, § 2º, VI e tem sua conceituação no art. 121 e o § 2°-A. Não obstante, é importante conjugar as disposições mencionadas com o art. 121, §7º, que nos traz uma causa de aumento de pena, que adiante será abordada.

> **Fique ligado**
>
> O feminicídio consiste numa qualificadora do homicídio, logo, é considerado CRIME HEDIONDO (Lei nº 8.072/1990). Todavia, ao analisar o texto da referida lei, não se encontrará a disposição expressa do feminicídio, apenas do homicídio qualificado.

Outro ponto de relevância diz respeito à diferenciação entre os termos femicídio e feminicídio. O primeiro consiste na morte de uma mulher. Já o segundo, por sua vez, é uma espécie de femicídio, que

CRIMES CONTRA A PESSOA

consiste em tirar a vida da mulher por menosprezo ou discriminação à condição de mulher ou em decorrência de violência doméstica.

Nesse contexto, vale mencionar que todo feminicídio é um homicídio, mas nem todo homicídio de mulher é um feminicídio.

> **Ex.:** a morte, ainda que violenta, de uma mulher, por exemplo, decorrente de um acidente de trabalho, em nada se relaciona a sua condição de mulher.

A lei é taxativa ao designar a mulher como sujeito passivo desse crime.

Em resumo, temos dois elementos para caracterizar o feminicídio: 1) situação de violência doméstica; ou 2) discriminação ou menosprezo à condição de mulher.

Na primeira hipótese, violência doméstica e familiar se faz referência à Lei nº 11.340/2006 (Lei Maria da Penha). Nesse sentido, o art. 5º da Lei Maria da Penha define a violência doméstica e familiar. É importante ressaltar que a configuração da violência doméstica não exige, necessariamente, a coabitação, conforme o disposto na Súmula nº 600, do STJ.

Na segunda situação apresentada, faz-se necessário que a vítima seja mulher. Entretanto, considerando as atuais disposições envolvendo diversidade de gênero, a lei tem sido interpretada extensivamente para considerar como sujeito passivo do feminicídio também a pessoa transgênero, desde que seja demonstrado que o fato se deu por menosprezo ou discriminação à condição de gênero da vítima.

Menosprezo significa depreciação, desdém, indiferença, e discriminação é o ato de tratar de forma injusta, desigual. Nesse inciso, especificamente, não há necessidade de vínculo afetivo entre a mulher e o agente misógino, diferentemente da hipótese anterior.

Evidentemente, que diante de um caso concreto, é necessária uma profunda identificação para que se constate a real motivação do fato.

> **Fique ligado**
>
> Por fim, é importante ressaltar que, de acordo com o entendimento atual, o feminicídio é uma qualificadora de natureza objetiva, logo, compatível com o privilégio.

Causas de aumento de pena no feminicídio: vale destacar que a Lei nº 13.104/2015, além de dispor sobre o feminicídio, também trouxe causas de aumento da pena no referido crime, quando o fato for praticado: 1º) durante a gestação ou nos três meses posteriores ao parto; 2º) contra mulher menor de 14 anos, maior de 60 ou com reduzida capacidade de desistência; e 3º) na presença física ou virtual de descendente ou de ascendente da vítima.

> **Fique ligado**
>
> Os parentes colaterais (irmãos, tios, sobrinhos...) não foram incluídos no referido rol, razão porque não podem ser aqui enquadrados, pena de configurar analogia *in malam partem*.

Como se pode verificar, cuidar-se-iam de situações nas quais a morte por razões da condição de sexo feminino guardaria maior reprovabilidade.

▷ **Contra autoridade ou agente de segurança pública (art. 121, § 2º, VII):** Trata-se do chamado homicídio funcional, circunstância qualificadora do delito de homicídio quando o crime é praticado contra autoridade ou agente das Forças Armadas, da segurança pública, integrantes do sistema prisional ou da Força Nacional de Segurança Pública, no exercício da função ou em decorrência dela, ou contra seu cônjuge, companheiro ou parente consanguíneo **até terceiro grau**, em razão dessa condição – atenção, relativamente aos parentes, é necessário que haja relação com a função do agente.

> **Fique ligado**
>
> Embora a letra de lei traga o termo "parentes consanguíneos", é imperioso aplicar uma interpretação sistemática, podendo aqui também considerar o filho adotivo, por exemplo.

Registra-se que esta qualificadora faz expressa referência a dois dispositivos da Constituição Federal de 1988: o art. 142 e o art. 144. O primeiro dispõe sobre as Forças Armadas e diz: as Forças Armadas, constituídas pela Marinha, pelo Exército e pela Aeronáutica, são instituições nacionais permanentes e regulares, organizadas com base na hierarquia e na disciplina, sob a autoridade suprema do Presidente da República, e destinam-se à defesa da Pátria, à garantia dos poderes constitucionais e, por iniciativa de qualquer destes, da lei e da ordem."

Por sua vez, o art. 144 dispõe sobre as autoridades e agentes de segurança pública: a segurança pública, dever do Estado, direito e responsabilidade de todos, é exercida para a preservação da ordem pública e da incolumidade das pessoas e do patrimônio, por meio dos seguintes órgãos:

- Polícia federal;
- Polícia rodoviária federal;
- Polícia ferroviária federal;
- Polícias civis;
- Polícias militares e corpos de bombeiros militares.
- Polícias penais federal, estaduais e distrital.

Cumpre mencionar que o § 8º, do art. 144, da Constituição, faz referência à guarda municipal e o § 10 refere-se à segurança viária. Considerando que a qualificadora não faz menção somente ao *caput* do art. 144 da Constituição Federal, deve-se entender que ela abarcaria, igualmente, as autoridades e agentes da guarda municipal e da segurança viária, bem como as pessoas a eles relacionados, o que ampliaria sobremodo, o raio de incidência dessa qualificadora.

Por outro lado, como visto, os integrantes do sistema prisional também são mencionados pela qualificadora em estudo.

▷ **Homicídio qualificado pelo emprego de arma de uso restrito ou proibido (art. 121, § 2°, VIII):** Trata-se de uma nova qualificadora, que havia sido vetada originalmente pelo Presidente da República, veto este que fora cassado pelo Congresso Nacional.

No ato da vedação, o Presidente da República entendeu que referido dispositivo violava o princípio da proporcionalidade, na medida em que não haveria coerência, pois se o fato fosse praticado com uso de uma arma branca ou com arma de fogo de uso permitida, a pena poderia ser mais branda.

Usou como argumento também o fato que a qualificadora poderia representar uma insegurança jurídica, tendo em vista que o fogo da referida qualificadora seriam os agentes de segurança pública.

Sua redação é bastante simples e qualifica o homicídio, elevando a pena-base para um patamar de 12 a 30 anos quando o homicídio é praticado mediante emprego de arma de fogo de uso **restrito** ou **proibido**.

A qualificadora é de natureza objetiva, pois se refere ao modo de execução do crime. Logo, é compatível com a forma privilegiada do homicídio. Assim como as demais hipóteses de homicídio qualificado, trata-se de crime hediondo, submetido aos rigores da Lei nº 8.072/1990.

De plano, vale ressaltar que se trata de uma norma penal em branco heterogênea, na medida em que depende de complementação normativa para se compreender o âmbito de alcance de seu preceito primário. Em linhas gerais, o complemento normativo será utilizado para classificar as armas de uso restrito ou proibido (Decreto nº 9.847/2019, art. 2º).

Apenas em linhas gerais, vale destacar que arma de fogo de uso restrito é aquela cujo uso é exclusivo das forças de segurança pública, enquanto que as armas de fogo de uso proibido são as armas dissimuladas que não possuem, em um primeiro momento, aparência de arma de fogo (Ex.: uma caneta que é dotada de dispositivos que permitem a expulsão de um projétil a partir da queima de gases).

DIREITO PENAL

> **Fique ligado**
>
> Outra questão importante é que a natureza jurídica da referida qualificadora é de ordem **objetiva**.

Importante frisar, igualmente, que referido dispositivo não faz menção acerca de o agente ter ou não o registro de cautela ou porte da referida arma. Para tanto, pessoa que ostente o porte ou registro e pratique crime doloso com arma de fogo de uso restrito ou proibido, responderá pelo delito de acordo com essa qualificadora.

A título de recapitulação, vale frisar que os decretos que regulamentam e classificam as armas de fogo de uso restrito e proibido não têm incidência em concursos policiais federais, justamente pelo fato de possuírem questões estritamente técnicas e voltadas ao estudo da estrutura e composição da arma, assim como a potência por ela proferida no ato do disparo.

Ditos regulamentos são dotados de complexidade e, por serem expedidos via Decreto, possuem fácil grau de revogação e edição.

Outro ponto que merece atenção, já que seus conceitos têm sido cobrados, diz respeito à classificação da norma. Como vimos, trata-se de norma penal em branco. Acerca disso, é importante ressaltar que nem sempre o legislador consegue atingir todas as condutas a partir da edição de uma norma penal.

Nesse sentido, exsurge a chamada Lei Penal em Branco, também chamada de primariamente remetida.

Em linhas gerais, essa modalidade legislativa é aquela que depende de um complemento normativo para que se possa compreender o âmbito de alcance do preceito primário da norma.

> **Fique ligado**
>
> Ressalte-se que o preceito primário é aquele que descreve a conduta.

Para sua correta classificação e compreensão do instituto, deve-se observar com rigor a **fonte legislativa** (origem da norma).

Divide-se em:

▷ **Norma penal em branco homogênea/em sentido *lato sensu*/imprópria/homóloga:** o complemento normativo advém da mesma fonte legislativa (Ex.: uma lei complementa outra lei).

A normas penais em branco homogêneas ainda podem ser subdivididas:

- **Homovitelinas: o complemento normativo vem da mesma fonte legislativa e se encontra dentro do mesmo ramo do ordenamento jurídico (Ex.:** art. 338 do CP, que é complementado pelo art. 5º do mesmo CP);

- **Heterovitelinas: o complemento normativo vem da mesma fonte, porém, o complemento está em outro diploma normativo (Ex.:** art. 236 e 237 do CP, que são complementados por artigos do Código Civil – arts. 1.521, 1.523, 1.577).

▷ **Heterogênea/sentido estrito/própria/heteróloga:** o complemento normativo vem de fonte legislativa **diversa**, como ocorre com a Lei de Drogas, que é complementada pela Portaria nº 344 da SVS/MS, ou seja, uma norma elaborada pelo Poder Legislativo, complementada por uma norma do Poder Executivo.

Da mesma forma, as condutas descritas nos arts. 268 e 269 do CP, que tratam da infração de medida sanitária destinada a impedir a introdução ou propagação de doença contagiosa e a omissão de informação de doença de notificação compulsória. Porém, essas doenças, bem como as medidas de contenção, devem partir de resoluções ou outros atos normativos expedidos pela Anvisa.

Vale destacar que, em que pese ter havido grande embate acerca da constitucionalidade dessa modalidade de lei, prevaleceu o entendimento de que **são constitucionais**, na medida em que possibilitam um melhor e mais seguro controle das substâncias ditas ilícitas, sem a necessidade de um moroso procedimento legislativo para sua alteração.

▷ **Norma penal em branco secundariamente remetida, ao avesso ou ao revés:** trata-se de nova denominação trazida pela doutrina, aqui, haverá necessidade de "complementação" do preceito secundário da norma.

O termo "complementação" foi grafado entre aspas, pois não será, necessariamente, um complemento normativo. A fim de facilitar a retórica, haverá, em verdade, uma remessa de pena, ou seja, o preceito primário da norma é claro, porém, no que concerne à pena, haverá a disposição de que a pena será "a mesma aplicada para outro delito", conforme exemplos a seguir.

> **Ex. 1:** *Art. 304 Fazer uso de qualquer dos papéis falsificados ou alterados, a que se referem os arts. 297 a 302:*
>
> **Pena** - *a cominada à falsificação ou à alteração.*

> **Ex. 2:** Lei nº 2.889/1956
>
> *Art. 1º Quem, com a intenção de destruir, no todo ou em parte, grupo nacional, étnico, racial ou religioso, como tal:*
>
> *a) matar membros do grupo;*
>
> *b) causar lesão grave à integridade física ou mental de membros do grupo;*
>
> *c) submeter intencionalmente o grupo a condições de existência capazes de ocasionar-lhe a destruição física total ou parcial;*
>
> *d) adotar medidas destinadas a impedir os nascimentos no seio do grupo;*
>
> *e) efetuar a transferência forçada de crianças do grupo para outro grupo.*
>
> *Será punido:*
>
> *Com as penas do art. 121, § 2º, do Código Penal, no caso da letra a;*
>
> *Com as penas do art. 129, § 2º, no caso da letra b;*
>
> *Com as penas do art. 270, no caso da letra c;*
>
> *Com as penas do art. 125, no caso da letra d;*
>
> *Com as penas do art. 148, no caso da letra e.*

▷ **Homicídio contra menor de 14 (quatorze) anos (art. 121, §2º, IX):** trata-se de qualificadora acrescida pela Lei Henry Borel – Lei nº 14.344/2022. A inovação legislativa prevê circunstância mais gravosa para os homicídios praticados contra menor de 14 (quatorze) anos, de modo que a pena atribuída a esses casos é de 12 a 30 anos, assim como as demais hipóteses qualificadoras previstas no §2º, do art. 121, do CP.

O nome da lei é uma homenagem a Henry Borel, menino de quatro anos que foi espancado e morto no apartamento em que morava com a mãe o padrasto, no dia 8 de março de 2021, no Rio de Janeiro.

Trata-se de qualificadora de natureza objetiva, relacionada à qualidade da vítima, absolutamente conectada com as disposições constitucionais previstas no art. 227 da CF, cujo dispositivo veicula como dever do Estado assegurar à criança e ao adolescente, com absoluta prioridade, o direito à vida.

Ademais, para a incidência da nova qualificadora, é necessário que o agente tenha consciência sobre a idade da vítima por ocasião do cometimento do crime, já que o Direito Penal é regido pelo princípio da responsabilidade subjetiva (ou princípio da culpabilidade), não havendo falar-se, assim, em responsabilidade penal objetiva.

A idade da vítima deve ser verificada no momento da prática da conduta, por força da adoção da teoria da atividade (art. 4º, CP).

Assim, o assassinato de crianças e adolescentes menores de 14 anos é considerado homicídio qualificado e crime hediondo, tendo

CRIMES CONTRA A PESSOA

em vista que a novel lei também alterou o art. I, da Lei n° 8.072/1990 para atribuir o caráter hediondo ao delito.

Ademais, a Lei n°14.344/2022 também acrescentou o § 2°-B ao art. 121, do CP, prevendo novas majorantes para o homicídio qualificado praticado contra menor de 14 anos.

De acordo com o inciso I do aludido dispositivo, a pena é aumentada de 1/3 (um terço) até a metade se o homicídio é praticado contra menor de 14 (quatorze) anos, com deficiência ou com doença que implique o aumento de sua vulnerabilidade. O inciso II prevê circunstância mais gravosa para os casos de homicídio contra menor de 14 (quatorze) anos nas situações, por exemplo, em que o autor seja ascendente, padrasto ou madrasta, da vítima. Nessas hipóteses, a pena será aumentada de 2/3 (dois terços).

Assim, o homicídio contra menor de menor de 14 (quatorze) anos, além de qualificar o delito, iniciando o cálculo da dosimetria da pena já em 12 anos, poderá ter a sanção penal aumentada com as novas circunstâncias previstas no novo § 2°-B, do art. 121, do CP.

A fim de clarificar e facilitar a memorização, vejamos a nova disposição legal:

> *Art. 121 Matar alguém:*
> *Homicídio qualificado*
> *§ 2° Se o homicídio é cometido:*
> *[...]*
> *IX - contra menor de 14 (quatorze) anos:*
> ***Pena*** *- reclusão, de doze a trinta anos.*
> *[...]*
> *§ 2°-B. A pena do homicídio contra menor de 14 (qutorze) anos é aumentada de: (Incluído pela Lei n° 14.344, de 2022)*
> *I - 1/3 (um terço) até a metade se a vítima é pessoa com deficiência ou com doença que implique o aumento de sua vulnerabilidade; (Incluído pela Lei n° 14.344, de 2022)*
> *II - 2/3 (dois terços) se o autor é ascendente, padrasto ou madrasta, tio, irmão, cônjuge, companheiro, tutor, curador, preceptor ou empregador da vítima ou por qualquer outro título tiver autoridade sobre ela.*

Homicídio privilegiado-qualificado

Discute-se sobre a possibilidade do chamado homicídio privilegiado-qualificado.

> **Ex.:** Carlos, já não mais suportando o estado de saúde de sua genitora, que há anos batalha contra um câncer, e já em estado terminal, decide abreviar o seu sofrimento, adicionando, sem o seu conhecimento, uma dose excessiva de medicamento em seu soro, levando-a a óbito.

Na hipótese, evidente que o agente praticou o homicídio por relevante valor moral, porém, utilizou-se de meio insidioso para praticar o crime.

Sobre o tema, prevalece o entendimento de que é possível a coexistência do homicídio privilegiado **(natureza jurídica subjetiva)** com os tipos qualificados do § 2°, **desde que se tratem de hipóteses objetivas**, tais como o meio – como o meio insidioso, referido no exemplo – ou o modo de execução que dificulte ou impossibilite a defesa do ofendido.

Em resumo, o privilégio pode coexistir com as qualificadoras objetivas. Admite- se homicídio eutanásico cometido mediante veneno. A circunstância do relevante valor moral (subjetivo) não repele o elemento exasperador objetivo. O mesmo se diga do fato de alguém matar de emboscada e impelido por esse motivo.

A jurisprudência considera possível o homicídio privilegiado-qualificado: *A jurisprudência do STF admite a possibilidade de homicídio privilegiado-qualificado, desde que não haja incompatibilidade entre as circunstâncias do caso. O recurso utilizado para atingir a vítima 'é realidade objetiva, pertinente à mecânica do agir do infrator' (HC 77.347, HC 69.524, HC 61.074). Daí a inexistência de contradição no reconhecimento da qualificadora, cujo caráter é objetivo (modo de execução do crime), e do privilégio, afinal reconhecido (sempre de natureza subjetiva).*

Por outro lado, considera-se inadmissível a coexistência de homicídio privilegiado e qualificado, quando decorrentes de fatores ou motivações de natureza subjetiva – tais como a torpeza ou a futilidade –, uma vez que motivações nobres e reprováveis se excluem reciprocamente.

Homicídio culposo

> *§ 3° Se o homicídio é culposo:*
> *Pena - detenção, de um a três anos.*

Por se tratar de crime **culposo**, a punição é de detenção, menos rigorosa do que a previsão de pena para o crime doloso.

No homicídio culposo, observa-se que o resultado causado – a morte de um ser humano – não decorre de um comportamento doloso, mas, sim, da violação de um dever de cuidado exigido pela norma penal, ante a previsibilidade objetiva do fato desvalioso.

> **Fique ligado**
>
> Quando o resultado morte for causado na modalidade culpa na condução de veículo automotor a punição será regida pelo art. 302 do CTB (Lei n°9.503/1997).

Trata-se da situação em que o agente **não quis o resultado**, atuando por imprudência, negligência ou imperícia, quando o resultado jamais era aceito ou quisto pelo agente.

Relativamente às causas de aumento, temos a seguinte disposição:

> *Aumento de pena*
> *§ 4° No homicídio culposo, a pena é aumentada de 1/3 (um terço), se o crime resulta de inobservância de regra técnica de profissão, arte ou ofício, ou se o agente deixa de prestar imediato socorro à vítima, não procura diminuir as consequências do seu ato, ou foge para evitar prisão em flagrante. Sendo doloso o homicídio, a pena é aumentada de 1/3 (um terço) se o crime é praticado contra pessoa menor de 14 (quatorze) ou maior de 60 (sessenta) anos.*

A primeira parte do §4° do art. 121 do CP traz algumas situações majorantes para o homicídio culposo.

a) Quando é praticado em inobservância de regra técnica de profissão, arte ou ofício, também chamada de **culpa profissional**;
b) Quando ocorrer omissão de socorro;
c) Quando não procura diminuir as consequências do seu ato; ou
d) Quando o agente foge para evitar prisão em flagrante.

A segunda parte do § 4° prevê circunstâncias majorantes para a pena do homicídio doloso. De início, é importante destacar que a inclusão da qualificadora do inciso IX, do § 2° (contra menor de 14 anos), pela novel Lei n°14.344/2022, revogou tácita e parcialmente a segunda parte do § 4° do art. 121, do Código Penal, de modo que o homicídio praticado contra pessoa menor de 14 (quatorze) não mais pode servir como causa de aumento de pena, devendo agora, qualificar o delito doloso contra a vida.

Portanto, remanesce como causa de aumento de pena (1/3) somente a hipótese em que o crime de homicídio é praticado contra pessoa maior de 60 (sessenta) anos.

Vale destacar que para a incidência da majorante é necessário que o agente conheça (ou seja previsível) que se trata de idoso.

▷ **Perdão judicial:** ponto de fundamental destaque é que o homicídio **culposo** pode ter a possibilidade de perdão judicial.

> *§ 5° Na hipótese de homicídio culposo, o juiz poderá deixar de aplicar a pena, se as consequências da infração atingirem o próprio agente de forma tão grave que a sanção penal se torne desnecessária.*

O perdão judicial constitui **causa extintiva da punibilidade**, por meio da qual o Estado, mediante a presença de certos requisitos, renuncia ao direito de punir, geralmente fundado na desnecessidade da pena.

No homicídio culposo, a causa extintiva da punibilidade se dá quando as consequências da infração atingirem o próprio agente de forma tão grave que a sanção penal se torne desnecessária.

Em resumo, se, por um descuido, da conduta do agente ocorre o resultado morte, a depender das consequências (quando a consequência da infração atinge o próprio autor do fato de maneira tão gravosa), é possível perdoá-lo.

> **Fique ligado**
>
> Por exemplo, o pai que, por descuido, deixa a arma de fogo cair no chão e provoca um disparo que acerta seu filho, que vem a óbito. Ou a mãe que esquece seu filho recém-nascido no interior do automóvel, causando a morte da criança por desidratação em razão da exposição do veículo ao sol por várias horas.

Evidentemente, que nos exemplos narrados, não se fará necessária a imposição de pena, já que o sofrimento decorrente da perda do filho é muito mais gravosa ao agente do que qualquer tipo de sanção.

No que se refere à natureza jurídica da sentença que concede o perdão judicial, o entendimento é de que não se trata de decisão absolutória e nem condenatória, mas **declaratória de extinção da punibilidade**. Vejamos o entendimento sumulado pelo STJ:

> *Súmula nº 18 – STJ*
> *A sentença concessiva do perdão judicial é declaratória da extinção da punibilidade, não subsistindo qualquer efeito condenatório.*

4.1.2 Induzimento, instigação ou auxílio a suicídio ou à automutilação

> **Art. 122** *Induzir ou instigar alguém a suicidar-se ou a praticar automutilação ou prestar-lhe auxílio material para que o faça:*
> *Pena – reclusão, de 6 (seis) meses a 2 (dois) anos.*
> *§ 1º Se da automutilação ou da tentativa de suicídio resulta lesão corporal de natureza grave ou gravíssima, nos termos dos §§ 1º e 2º do art. 129 deste Código*
> *Pena – reclusão, de 1 (um) a 3 (três) anos.*
> *§ 2º Se o suicídio se consuma ou se da automutilação resulta morte:*
> *Pena – reclusão, de 2 (dois) a 6 (seis) anos.*
> *§ 3º A pena é duplicada:*
> *I – se o crime é praticado por motivo egoístico, torpe ou fútil;*
> *II – se a vítima é menor ou tem diminuída, por qualquer causa, a capacidade de resistência.*
> *§ 4º A pena é aumentada até o dobro se a conduta é realizada por meio da rede de computadores, de rede social ou transmitida em tempo real.*
> *§ 5º Aumenta-se a pena em metade se o agente é líder ou coordenador de grupo ou de rede virtual.*
> *§ 6º Se o crime de que trata o § 1º deste artigo resulta em lesão corporal de natureza gravíssima e é cometido contra menor de 14 (quatorze) anos ou contra quem, por enfermidade ou deficiência mental, não tem o necessário discernimento para a prática do ato, ou que, por qualquer outra causa, não pode oferecer resistência, responde o agente pelo crime descrito no § 2º do art. 129 deste Código.*
> *§ 7º Se o crime de que trata o § 2º deste artigo é cometido contra menor de 14 (quatorze) anos ou contra quem não tem o necessário discernimento para a prática do ato, ou que, por qualquer outra causa, não pode oferecer resistência, responde o agente pelo crime de homicídio, nos termos do art. 121 deste Código.*

A Lei nº 13.968/2019 trouxe importantes inovações para o delito previsto no art. 122, do CP, cuja redação anterior não era capaz de atender à modernidade das técnicas de induzimento ao suicídio ou automutilação. Porém, com todo respeito, o legislador errou ao inserir um crime contra a vida e um crime contra a integridade física dentro de um mesmo dispositivo, considerando, inclusive, o mesmo *quantum* de pena para as duas condutas, o que se revela desproporcional, já que os resultados oriundos da conduta podem ser distintos. Inclusive, a distinção é importante, pois a instigação, o induzimento ou o auxílio ao suicídio serão de competência do Tribunal do Júri, enquanto a instigação, o induzimento ou o auxílio à automutilação serão de competência do Juizado Especial Criminal (somente a figura do *caput*).

Nas condutas que direcionam ao suicídio (art. 122, 1ª parte, CP), qualquer pessoa pode ser caracterizada como sujeito ativo do crime, admitindo-se concurso eventual. Já o sujeito passivo deve ser apenas a pessoa capaz, uma vez que, se o "suicida" for incapaz de entender o significado de sua ação e de determinar-se de acordo com seu próprio entendimento, o agente responderá por homicídio, pois a incapacidade da vítima é um instrumento daquele que lhe provocou a morte (art. 122, § 7º, CP).

Já na figura das condutas que direcionam à automutilação (art. 122, 2ª parte), qualquer pessoa pode ser sujeito ativo. Quanto ao sujeito passivo, deve ser pessoa capaz, tendo em vista que, sendo a vítima menor de quatorze anos ou que não tenha capacidade de oferecer resistência, se da automutilação resulta morte (culposa, pois não era o resultado querido pelo agente), o agente responde por homicídio. Porém, *in factu*, este dispositivo sofre severas críticas, por não poder o agente responder por crime doloso contra a vida, sendo que a morte ocorreu de forma culposa. A doutrina tem caminhado no sentido de que, nesses casos, o agente deve responder por lesão corporal seguida de morte.

Pela atual sistemática, não se exige nenhum resultado lesivo, bastando a prática do núcleo do tipo para que a ação se consume.

> **Fique ligado**
>
> O crime é classificado como formal, na medida em que inexiste necessidade de resultado naturalístico para sua consumação. Assim, se o agente induz/instiga/auxilia materialmente a vítima a cometer suicídio ou a automutilar-se, incorre no delito do art. 122, caput. Não há necessidade nem mesmo de a vítima tentar se matar ou se automutilar, pois a conduta de induzir ou instigar já é suficiente para consumar o delito.

As condutas aqui previstas consistem em **instigar** (fomentar ideia existente), **induzir** (construir a ideia) ou **auxiliar** (prestação de auxílio). Este crime só é punido a título de dolo.

A conduta aqui praticada deve recair sobre uma pessoa específica ou grupo determinado de pessoas. Por esta razão, a disseminação ou a apologia da prática de suicídio para um grupo indistinto de pessoas, não será considerada crime.

▷ **Formas qualificadas (§ 1º e § 2º):** se da automutilação ou da tentativa de suicídio resultar lesão corporal grave ou gravíssima, haverá a punição do agente que induziu, instigou ou auxiliou em reclusão de um a três anos. Noutro giro, se o suicídio se consuma ou se da automutilação resultar morte, haverá pena de reclusão de dois a seis anos.

▷ **Causas de aumento de pena:** a pena para o crime será duplicada se o fato for praticado por motivo egoístico (interesses pessoais), torpe (motivo desprezível, repugnante) ou fútil (desproporcional), ou se a vítima é menor de idade ou tem diminuída, por qualquer causa, a capacidade de resistência.

A pena será aumentada também até o dobro (§ 4º) se a conduta é realizada por meio da rede de computadores, de rede social ou transmitida em tempo real. Ademais, poderá ocorrer o aumento da pena em até metade, se o agente é líder ou coordenador de grupo ou de rede virtual (§ 5º).

CRIMES CONTRA A PESSOA

§ 6º Se o crime de que trata o § 1º deste artigo resulta em lesão corporal de natureza gravíssima e é cometido contra menor de 14 (quatorze) anos ou contra quem, por enfermidade ou deficiência mental, não tem o necessário discernimento para a prática do ato, ou que, por qualquer outra causa, não pode oferecer resistência, responde o agente pelo crime descrito no § 2º do art. 129 deste Código.

§ 7º Se o crime de que trata o § 2º deste artigo é cometido contra menor de 14 (quatorze) anos ou contra quem não tem o necessário discernimento para a prática do ato, ou que, por qualquer outra causa, não pode oferecer resistência, responde o agente pelo crime de homicídio, nos termos do art. 121 deste Código.

Aqui temos duas situações inusitadas que merecem destaque pela redação adotada. Se do crime previsto no § 1º do art. 122 ocorrer lesão corporal gravíssima e for praticado contra menor de 14 anos ou pessoa que, por enfermidade ou falta de discernimento para compreender os seus atos, o agente que instiga auxilia ou induz, responderá diretamente pela lesão corporal gravíssima, na medida em que a vulnerabilidade da vítima foi explorada para a prática do crime.

O mesmo raciocínio se aplica ao crime do art. 122, § 2º. Na hipótese, se praticado contra menor de 14 anos ou contra quem não tenha o necessário discernimento para a prática do ato, ou quem por qualquer outra causa não possa oferecer resistência, o agente que induz, instiga ou auxilia, responderá pelo crime de homicídio, ante a exploração da vulnerabilidade da vítima.

4.1.3 Infanticídio

Art. 123 Matar, sob a influência do estado puerperal, o próprio filho, durante o parto ou logo após:
Pena - detenção, de dois a seis anos.

A conduta aqui prevista é aquela em que a mãe mata o próprio filho, **influenciada pelo estado puerperal**, durante o parto ou logo após.

A figura aqui prevista é uma hipótese de homicídio privilegiado em que, por circunstâncias particulares e especiais, o legislador resolveu conferir tratamento mais brando à autora do delito, reduzindo as penas mínimas e máxima do delito. O puerpério é o período que se estende do início do parto até a volta da mulher às condições pré-gravidez. Momento em que a mãe sofre profundas alterações psíquicas e físicas, que chegam a transtorná-la, deixando-a sem plenas condições de entender o que está fazendo.

A influência do estado puerperal (estado originado a partir da profusão hormonal) deve ser constatado por laudo médico.

O período "logo após" é de difícil conceituação. Entretanto, prevalece que este lapso temporal compreende todo o período do puerpério.

A conduta só se pune a título de dolo.

Trata-se de delito próprio, pois só pode ser cometido por agente especial, no caso a mãe do recém-nascido.

O delito admite tentativa. Inclusive, vários casos de agressões contra recém-nascidos terminam não se consumando.

> **Fique ligado**
>
> Atualmente, existe o entendimento de que é possível a participação de outra pessoa na prática do crime, não se admitindo, no entanto, a coautoria.

4.1.4 Aborto provocado pela gestante ou com seu consentimento

Art. 124 Provocar aborto em si mesma ou consentir que outrem lhe provoque:
Pena - detenção, de um a três anos.

Tecnicamente, consiste na interrupção da gravidez com a destruição do produto da concepção. Na ótica jurídica, o termo inicial da gestação é a implantação do embrião no endométrio.

A hipótese do art. 124 traz duas hipóteses, o autoaborto e o aborto praticado por terceiro com o consentimento da gestante.

No autoaborto, o delito pode ser cometido por qualquer meio (crime de forma livre). É necessário que a gestante provoque em si própria (dê causa, produza, realize) a morte do produto do nascituro. No aborto consentido, um terceiro, com o consentimento válido da gestante, pratica o fato.

Quanto ao elemento subjetivo, o tipo penal é doloso, isto é, o ato deve ser praticado de modo consciente e voluntário, tendente à interrupção da vida humana intrauterina. Não se pune a forma culposa.

> **Fique ligado**
>
> Acerca do crime de aborto, é importante recordar que o STF possui precedente de que não haverá crime se o aborto for praticado até o terceiro mês da gestação. (HC nº 124.306)

4.1.5 Aborto provocado por terceiro sem o consentimento da gestante

Art. 125 Provocar aborto, sem o consentimento da gestante:
Pena - reclusão, de três a dez anos.

Trata-se da forma mais cruel de aborto, na medida em que a gestante é pega de surpresa, ou seja, tem a sua gestação interrompida sem o seu consentimento.

Dessa forma, tem-se a conduta punida com maior rigor do que as demais formas do aborto.

A conduta típica é semelhante àquela contida no art. 124, isto é, dá-se quando o agente provocar aborto, **sem o consentimento da mulher** ou **mediante consentimento inválido.**

Aborto provocado por terceiro com consentimento da gestante

Art. 126 Provocar aborto com o consentimento da gestante:
Pena - reclusão, de um a quatro anos.
Parágrafo único. Aplica-se a pena do artigo anterior, se a gestante não é maior de quatorze anos, ou é alienada ou débil mental, ou se o consentimento é obtido mediante fraude, grave ameaça ou violência.

A conduta típica é semelhante àquela contida nos arts. 124 e 125, isto é, provocar aborto. Exige-se, todavia, que ocorra o **consentimento válido da gestante**.

Trata-se de crime que se manifesta como exceção à teoria monista, na medida em que, quem praticar o crime, com consentimento da gestante, responde por este crime, enquanto que, a gestante que consente para a sua prática responde pelo crime do art. 124 do CP.

> **Fique ligado**
>
> Se a gestante não é maior de 14 anos ou possui algum tipo de comprometimento mental ou, ainda, se o consentimento é obtido mediante fraude, o agente que pratica o aborto responde pela pena prevista do art. 125, na medida em que não se trata de consentimento válido.

4.1.6 Aborto majorado pelo resultado

Art. 127 As penas cominadas nos dois artigos anteriores são aumentadas de um terço, se, em consequência do aborto ou dos meios empregados para provocá-lo, a gestante sofre lesão corporal de natureza grave; e são duplicadas, se, por qualquer dessas causas, lhe sobrevém a morte.

DIREITO PENAL

Haverá aumento de pena em um terço se, em decorrência do aborto praticado por terceiro, com ou sem o consentimento da gestante, ocorrer lesão corporal de natureza grave ou gravíssima.

A pena aplicada será duplicada se houver a morte da gestante.

As causas de aumento de pena aqui previstas não alcançam a figura do art. 124 (da própria gestante), pois, em homenagem ao princípio da lesividade, não se pune a autolesão.

4.1.7 Aborto legal

> **Art. 128** *Não se pune o aborto praticado por médico:*
> *Aborto necessário*
> *I – se não há outro meio de salvar a vida da gestante;*
> *Aborto no caso de gravidez resultante de estupro*
> *II – se a gravidez resulta de estupro e o aborto é precedido de consentimento da gestante ou, quando incapaz, de seu representante legal.*

O art. 128 prevê duas hipóteses em que a provocação do aborto não é considerada crime. Esses dispositivos têm natureza jurídica de causas especiais de exclusão da ilicitude. As figuras em que o aborto é legal são chamadas de aborto necessário (terapêutico) e sentimental (humanitário).

No inciso I, prevê-se o aborto necessário ou terapêutico, e, no inciso II, tem-se o denominado aborto sentimental ou humanitário ou ético.

Para a caracterização do inciso I, é imprescindível três requisitos:

▷ Ser praticado por médico;

Se for necessária a realização por pessoa sem habilitação profissional, poderá haver a incidência do estado de necessidade.

▷ Perigo de vida da gestante;

▷ A impossibilidade de outro meio de salvaguarda.

Para a caracterização da hipótese do inciso II, são necessários os seguintes requisitos:

▷ Ser praticado por médico;

Se for necessária a realização por pessoa sem habilitação profissional, poderá haver a incidência do estado de necessidade.

▷ Gravidez decorrente de estupro;

▷ Consentimento da gestante ou do representante legal.

Vale recordar que, além das hipóteses previstas, em 2012, ao julgar a ADPF n 54, o STF entendeu ser cabível mais uma forma de aborto, o que restou denominado de aborto terapêutico de feto anencéfalo. A anencefalia consiste na malformação do tubo neural, a caracterizar-se pela ausência parcial do encéfalo e do crânio, resultante de defeito no fechamento do tubo neural durante o desenvolvimento embrionário.

4.2 Lesões corporais

4.2.1 Lesão corporal leve

> **Art. 129** *Ofender a integridade corporal ou a saúde de outrem:*
> *Pena – detenção, de três meses a um ano.*

No capítulo II da parte especial, o CP trata das condutas criminosas que afetam a integridade física ou a saúde do corpo humano. Para a configuração do núcleo do tipo é preciso que a vítima sofra dano em seu corpo, com alguma alteração interna ou externa. Também é aceito, para fins de tipificação desta conduta, qualquer ofensa que provoque abalo ou prejuízo às funções orgânicas.

Objeto jurídico deste delito é a incolumidade pessoal (física do indivíduo), especialmente, no aspecto corporal, fisiológico e mental.

São dois os critérios de análise da lesão corporal, no primeiro aspecto, subdividem-se em:

▷ Simples (*caput*);

▷ Dolosa qualificada (§§1º, 2º e 3º);

▷ Dolosa privilegiada (§§4º e 5º);

▷ Culposa (§6º).

No segundo critério, leva-se em consideração o grau da lesão, desmembrando-se em:

▷ Leve;

▷ Grave;

▷ Gravíssima;

▷ Seguida de morte.

Qualquer pessoa pode ser o sujeito ativo do crime, enquanto que sujeito passivo é toda pessoa viva. Excepcionalmente, quando da lesão puder ocorrer aceleração de parto ou aborto, o sujeito passivo é a mulher grávida.

A punição, quanto à voluntariedade, dá-se a título de dolo, culpa e preterdolo.

A lesão leve pode ser considerada um crime subsidiário, pois, se não for possível classificá-la como uma lesão grave ou gravíssima, a tipificação permanece na conduta do *caput*.

Ademais, as lesões corporais de natureza leve e lesões culposas são suscetíveis de ação penal pública condicionada à representação do ofendido e serão processadas perante o Juizado Especial Criminal.

4.2.2 Lesão corporal grave

> *§ 1º Se resulta:*
> *I - Incapacidade para as ocupações habituais, por mais de trinta dias;*
> *II - perigo de vida;*
> *III - debilidade permanente de membro, sentido ou função;*
> *IV - aceleração de parto:*
> *Pena - reclusão, de um a cinco anos.*

Avançando ao campo das qualificadoras, no inciso I, considera-se qualificada a lesão que causa incapacidade física ou mental do agente em praticar suas atividades habituais por mais de 30 dias.

Por atividade ou ocupação habitual entende-se qualquer atividade costumeira, não necessariamente ligada ao trabalho ou ocupação lucrativa –, mas deve ser uma atividade lícita.

A gravidade da lesão será aferida por perícia médica após o trigésimo dia (art. 168, §2º, CPP), que, entretanto, poderá ser suprido pela prova testemunhal (art. 168, §3º, CPP).

No inciso II, trabalha-se com o perigo de vida, consistente no alto grau de probabilidade de um resultado fatal. O perigo deve ser presente, não presumido, e será atestado por laudo médico.

▷ Frise-se que o perigo de vida deve ser gerado a partir do preterdolo, uma vez que, se o agente tinha a intenção de matar e este resultado não ocorre, é imperiosa a punição por tentativa de homicídio.

A hipótese aventada no inciso III corresponde à diminuição/redução ou enfraquecimento da capacidade dos membros, sentidos (visão, audição, tato, paladar) ou função (capacidade respiratória, digestiva etc.).

Cuidado, a debilidade permanente não exige perpetuidade, mas somente que seja incerto o prazo de recuperação.

CRIMES CONTRA A PESSOA

> **Fique ligado**
>
> Atente-se também que, no caso de órgãos duplos (olhos, rins, pulmões, dedos), a perda de um deles, com preservação da atividade do outro, caracteriza-se aqui, na **debilidade permanente**.

Por derradeiro, a hipótese do inciso IV tata da aceleração de parto. Mas cuidado! Se o feto é expulso sem vida ou, mesmo se, com vida logo vem a morrer em razão dos ferimentos, a lesão corporal será gravíssima.

Para caracterizar a qualificadora do inciso IV, é imprescindível que o agente saiba do estado gravídico da ofensora.

Em arremate, a doutrina de Cezar Roberto Bitencourt ensina que todas as qualificadoras contidas no §1º são de natureza **objetiva**.

4.2.3 Lesão corporal gravíssima

No §2º trataremos de situações que são, via de regra, irreparáveis.

> *§ 2° Se resulta:*
> *Pena - reclusão, de dois a oito anos.*
> *I - Incapacidade permanente para o trabalho;*

A incapacidade aqui mencionada deve se dar para qualquer tipo de trabalho, e não, especificamente, para a função que até então era exercida pela vítima.

> *II - enfermidade incurável;*

Para esta classificação, podemos configurar como a transmissão intencional de uma doença para qual não existe cura ou também o desenvolvimento de um processo patológico incurável após a prática da conduta ofensiva (Ex.: desenvolvimento de convulsão a partir de um traumatismo cranioencefálico).

> **Fique ligado**
>
> Para o STJ, restou decidido que a transmissão consciente do HIV caracteriza lesão corporal gravíssima, enquadrando-se a enfermidade no conceito de doença incurável (art. 129, §2º, II, CP). Ainda, entendeu que a ausência de manifestação dos sintomas não exclui o crime.

> *III - perda ou inutilização do membro, sentido ou função;*

Aqui, trata-se de amputação, mutilação ou inutilização de mão, pé, braço...

> *IV - deformidade permanente;*

Trata-se do dano estético irreparável. Além disso, a presente qualificadora abrange todo o corpo, não somente as regiões visíveis.

As questões da organizadora CESPE/CEBRASPE tendem a confundir o candidato entre as hipóteses de debilidade permanente e deformidade permanente de acordo com o grau da lesão (grave ou gravíssima).

> **Fique ligado**
>
> Para facilitar:
> → de**B**ilidade → Lesão **grave**: Pela ordem alfabética, o B vem antes do F, logo, está para a lesão GRAVE, que também é estudada antes da gravíssima.
> → de**F**ormidade → Lesão **gravíssima**: F depois do B.

> *V - aborto;*

Indispensável que o agente tenha conhecimento do estado da vítima. Aqui, pune-se a lesão a título de dolo e o abortamento a título de culpa (crime preterdoloso ou preterintencional).

4.2.4 Lesão corporal seguida de morte

> *§ 3º Se resulta morte e as circunstâncias evidenciam que o agente não quis o resultado, nem assumiu o risco de produzi-lo:*
> *Pena - reclusão, de quatro a doze anos.*

Cuida-se do chamado "homicídio preterdoloso".

Em resumo, pune-se a morte causada culposamente. Conforme consta do dispositivo, é necessário que as circunstâncias do caso concreto indiquem que o sujeito não quis a morte, nem assumiu o risco de produzi-la, pena de responder pelo crime de homicídio culposo.

Em apertada síntese, pode-se dizer que o evento "morte" pode ter sido:

▷ **Previsto e querido:** homicídio doloso com dolo direto de 1º grau (homicídio doloso);

▷ **Previsto, não querido, mas aceito como efeito secundário necessário:** homicídio doloso com dolo direto de 2º grau (homicídio com dolo de consequência necessária);

▷ **Previsto, não querido, mas aceito ou tolerado:** homicídio doloso com dolo eventual;

▷ **Previsto, não querido, não aceito ou tolerado:** lesões corporais seguidas de morte com culpa consciente;

▷ **Não previsto, embora previsível:** lesões corporais seguidas de morte com culpa inconsciente;

▷ **Não previsto e não previsível:** exclusão da responsabilidade pela morte (art. 19, do CP).

4.2.5 Hipótese de diminuição de pena/lesão corporal privilegiada

> *§ 4º Se o agente comete o crime impelido por motivo de relevante valor social ou moral ou sob o domínio de violenta emoção, logo em seguida a injusta provocação da vítima, o juiz pode reduzir a pena de um sexto a um terço.*

Tal como verificado no homicídio, há uma causa de redução de pena (de 1/6 a 1/3) quando o agente comete o crime impelido **por motivo de relevante valor social ou moral ou sob o domínio de violenta emoção, logo em seguida à injusta provocação da vítima.**

Assim, a causa de diminuição abrange fatores de cunho pessoal, subjetivo, incomunicável, portanto, no concurso de pessoas.

4.2.6 Substituição da pena

> *§ 5º O juiz, não sendo graves as lesões, pode ainda substituir a pena de detenção pela de multa, de duzentos mil réis a dois contos de réis:*
> *I - se ocorre qualquer das hipóteses do parágrafo anterior;*
> *II - se as lesões são recíprocas.*

Incidente somente nas lesões corporais de natureza leve, a substituição da detenção por multa se dá quando presente a motivação privilegiada (§ 4º) ou na hipótese de lesões recíprocas.

> **Fique ligado**
>
> No caso de violência recíproca, cumpre verificar se um dos contendores agiu em legítima defesa, hipótese em que haverá excludente de ilicitude àquele que repele a injusta agressão.

4.2.7 Lesão corporal culposa

> *§ 6º Se a lesão é culposa:*
> *Pena - detenção, de dois meses a um ano.*

Trata-se de situação em que a ofensa à integridade física ou à saúde da vítima decorre de comportamento em que há a violação do dever de cuidado. Compreende, pois, a culpa consciente ou inconsciente.

A gravidade das lesões corporais é irrelevante para a tipificação do delito de lesões corporais de natureza culposa, podendo ser levada em consideração na dosimetria da pena, haja vista a circunstância judicial das consequências do crime.

DIREITO PENAL

> **Fique ligado**
>
> A lesão corporal culposa não é desmembrada em leve, grave ou gravíssima.
> O que se valora é a intenção ou não em produzir o resultado. Se dolosa, haverá a gradação, se culposa, não.
> Vale destacar que as lesões corporais culposas praticadas na condução de veículo automotor tipificam o delito do art. 303, do CTB.

4.2.8 Aumento de pena

> *§ 7º Aumenta-se a pena de 1/3 (um terço) se ocorrer qualquer das hipóteses dos §§ 4º e 6º do art. 121 deste Código.*

Haverá aumento de pena em 1/3, quando a lesão corporal culposa representar violação de regra técnica de arte, profissão ou ofício; ausência de socorro imediato ou fuga para evitar a prisão; ou lesão corporal dolosa contra criança ou idoso.

Ademais, haverá aumento de pena, se a lesão é praticada por milícia privada ou sob o pretexto de prestação de serviço de segurança ou, ainda, por grupo de extermínio.

4.2.9 Perdão judicial

> *§ 8º Aplica-se à lesão culposa o disposto no § 5º do art. 121.*

Trata-se de hipótese de perdão judicial idêntica a existente para o homicídio culposo (art. 121, § 5º).

4.2.10 Violência doméstica

> *§ 9º Se a lesão for praticada contra ascendente, descendente, irmão, cônjuge ou companheiro, ou com quem conviva ou tenha convivido, ou, ainda, prevalecendo-se o agente das relações domésticas, de coabitação ou de hospitalidade:*
>
> *Pena - detenção, de 3 (três) meses a 3 (três) anos.*
>
> *§ 10 Nos casos previstos nos §§ 1º a 3º deste artigo, se as circunstâncias são as indicadas no § 9º deste artigo, aumenta-se a pena em 1/3 (um terço).*
>
> *§ 11 Na hipótese do § 9º deste artigo, a pena será aumentada de um terço se o crime for cometido contra pessoa portadora de deficiência.*

A pena máxima cominada para essa qualificadora foi triplicada pela Lei nº 11.340/2006 com o objetivo de retirar a violência doméstica e familiar contra a mulher (lesões leves) do âmbito das infrações de menor potencial ofensivo, vedando-se, inclusive, a pena alternativa das cestas básicas (art. 17, da Lei Maria da Penha).

Haverá o aumento da pena em 1/3 quando ocorrer o resultado lesões grave, gravíssima ou seguida de morte havidas contra ascendente, descendente, irmão, cônjuge ou companheiro, ou com quem conviva ou tenha convivido, ou, ainda, prevalecendo-se o agente das relações domésticas, de coabitação ou de hospitalidade.

> **Fique ligado**
>
> Vale frisar que, para que se caracterize a violência doméstica, não há a necessidade de coabitação entre autor do fato e vítima.

Na hipótese de violência doméstica (art. 129, § 9º), quando a vítima for pessoa portadora de deficiência, a pena sofrerá acréscimo de 1/3.

Cumpre observar que, quando da incidência de duas ou mais causas de aumento – ou de duas ou mais causas de diminuição –, contempladas na Parte Especial do Código, deve-se aplicar a regra constaste do art. 68, parágrafo único, do CP.

Quando a mulher figurar como vítima das lesões corporais será preciso verificar se o fato foi ou não resultante de violência doméstica ou familiar. Em caso positivo, e, sendo lesão corporal leve, o fato se subsumirá ao art. 129, § 9º, agravado pelo art. 61, II, f, p. final. Caso contrário, a lesão corporal leve fora do âmbito doméstico ou familiar caracterizará o art. 129, *caput*, c/c art. 61, II, f, parte final. Cuidando-se de lesão corporal grave e lesão corporal seguida de morte, incidirá a majorante do § 10, quando oriunda de violência doméstica ou familiar, c/c art. 61, II, f, parte final. A tipificação corresponderá ao art. 129, §§ 1º, 2º e 3º, c/c art. 61, II, f, p. final, quando as lesões forem resultantes de violência fora do ambiente familiar ou doméstico.

Em resumo, fez-se inserir a qualificadora da lesão corporal praticada em razão de discriminação à condição de mulher ou em situação de violência doméstica.

O próprio texto da lei faz a remessa específica ao § 2-A do art. 121, do CP.

Para compreender de maneira correta aquilo que se entende por violência doméstica, é imprescindível que se analise o que dispõem os arts. 5º e 7º da Lei nº 11.340/2006:

> ***Art. 5º*** *Para os efeitos desta Lei, configura violência doméstica e familiar contra a mulher qualquer ação ou omissão baseada no gênero que lhe cause morte, lesão, sofrimento físico, sexual ou psicológico e dano moral ou patrimonial:*
>
> *I – no âmbito da unidade doméstica, compreendida como o espaço de convívio permanente de pessoas, com ou sem vínculo familiar, inclusive as esporadicamente agregadas;*
>
> *II – no âmbito da família, compreendida como a comunidade formada por indivíduos que são ou se consideram aparentados, unidos por laços naturais, por afinidade ou por vontade expressa;*
>
> *III – em qualquer relação íntima de afeto, na qual o agressor conviva ou tenha convivido com a ofendida, independentemente de coabitação.*
>
> ***Parágrafo único.*** *As relações pessoais enunciadas neste artigo independem de orientação sexual.*
>
> ***Art. 7º*** *São formas de violência doméstica e familiar contra a mulher, entre outras:*
>
> *I – a violência física, entendida como qualquer conduta que ofenda sua integridade ou saúde corporal;*
>
> *II – a violência psicológica, entendida como qualquer conduta que lhe cause dano emocional e diminuição da autoestima ou que lhe prejudique e perturbe o pleno desenvolvimento ou que vise degradar ou controlar suas ações, comportamentos, crenças e decisões, mediante ameaça, constrangimento, humilhação, manipulação, isolamento, vigilância constante, perseguição contumaz, insulto, chantagem, violação de sua intimidade, ridicularização, exploração e limitação do direito de ir e vir ou qualquer outro meio que lhe cause prejuízo à saúde psicológica e à autodeterminação;*
>
> *III – a violência sexual, entendida como qualquer conduta que a constranja a presenciar, a manter ou a participar de relação sexual não desejada, mediante intimidação, ameaça, coação ou uso da força; que a induza a comercializar ou a utilizar, de qualquer modo, a sua sexualidade, que a impeça de usar qualquer método contraceptivo ou que a force ao matrimônio, à gravidez, ao aborto ou à prostituição, mediante coação, chantagem, suborno ou manipulação; ou que limite ou anule o exercício de seus direitos sexuais e reprodutivos;*
>
> *IV – a violência patrimonial, entendida como qualquer conduta que configure retenção, subtração, destruição parcial ou total de seus objetos, instrumentos de trabalho, documentos pessoais, bens, valores e direitos ou recursos econômicos, incluindo os destinados a satisfazer suas necessidades;*
>
> *V – a violência moral, entendida como qualquer conduta que configure calúnia, difamação ou injúria.*

Desse modo, conclui-se que, mesmo no caso de lesão corporal praticada no contexto de violência doméstica e familiar, é indispensável que o crime envolva o gênero ("razões de condição de sexo feminino").

> **Ex. 1:** convivente que pratica lesão corporal contra a mulher por alegar que ela "não tem direito de se separar dele".
>
> **Ex. 2:** marido que pratica lesão corporal contra a esposa pelo fato de a mesma não preparar o jantar.

CRIMES CONTRA A PESSOA

É importante destacar, igualmente, que existem hipóteses em que a vítima pode ser mulher, mas não haverá, necessariamente, o deslocamento para esta figura qualificada se não existir, no caso concreto, uma motivação baseada no gênero.

| **Ex.:** irmã que lesiona a outra numa disputa por herança.

Veja que nesse caso, por mais que a lesão tenha ocorrido em um ambiente doméstico, não houve a prática do delito em razão de menosprezo à condição de mulher ou em situação de violência doméstica, não há embasamento nas razões de gênero, e sim, discussão essencialmente patrimonial.

Por fim, impende destacar que o parágrafo em questão será aplicado apenas para a lesão corporal de natureza leve, na medida em que, sendo grave ou gravíssima, haverá o deslocamento da figura típica para este dispositivo.

Fique ligado

Haverá a aplicação da nova qualificadora para a mulher transgênero, ainda que não tenha se submetido à cirurgia de alteração de sexo.

4.2.11 Lesão corporal funcional

> § 12 Se a lesão for praticada contra autoridade ou agente descrito nos arts. 142 e 144 da Constituição Federal, integrantes do sistema prisional e da Força Nacional de Segurança Pública, no exercício da função ou em decorrência dela, ou contra seu cônjuge, companheiro ou parente consanguíneo até terceiro grau, em razão dessa condição, a pena é aumentada de um a dois terços.

A Lei nº 13.142/2015 alterou não somente o crime de homicídio, como também determinou o aumento de pena de um a dois terços, no caso de lesão corporal praticada contra autoridade ou agente, que seja integrante do sistema prisional ou da força nacional de segurança pública, no exercício da função ou em decorrência dela.

Assim, a referida causa de aumento tem incidência quando qualquer crime de lesão corporal dolosa (leve, grave, gravíssima ou seguida de morte) for cometido contra: integrante das Forças Armadas (art. 142, CF), integrante das forças de segurança pública (art. 144, CF), do sistema prisional, da Força Nacional de Segurança Pública.

É pressuposto da causa de aumento que a vítima esteja no exercício de suas funções no momento do delito ou que esse tenha sido cometido em decorrência delas. Quem agride policial que está de folga em razão, por exemplo, de uma discussão de trânsito não incorre na causa de aumento.

A referida majorante é também aplicável no caso de a violência ser cometida contra cônjuge ou companheiro ou parente consanguíneo de **até terceiro grau** da referida autoridade ou agente, igualmente em razão dessa condição.

Fique ligado

Neste aspecto, vale destacar o art. 1º, I-A da Lei nº 8.072/1990 que dispõe ser crime hediondo lesão corporal dolosa de natureza gravíssima (art. 129, § 2º) e lesão corporal seguida de morte (art. 129, § 3º), quando praticadas contra autoridade ou agente descrito nos arts. 142 e 144 da Constituição Federal, integrantes do sistema prisional e da Força Nacional de Segurança Pública, no exercício da função ou em decorrência dela, ou contra seu cônjuge, companheiro ou parente consanguíneo até terceiro grau, em razão dessa condição.

4.2.12 Lesão corporal praticada contra mulher por razões da condição do sexo feminino

> § 13 Se a lesão for praticada contra a mulher, por razões da condição do sexo feminino, nos termos do § 2º-A do art. 121 deste Código:
> **Pena** - reclusão, de 1 (um) a 4 (quatro anos)

A Lei nº 14.188/2021 acrescentou o § 13 ao art. 129, prevendo a modalidade de lesão corporal em cenário de violência de gênero contra a mulher. Essa figura difere da "violência doméstica", descrita no art. 129, § 9º, que pode ter como sujeito passivo tanto o homem quanto a mulher. Já a nova modalidade qualificada, de sua parte, só admite a mulher como vítima do crime, exigindo, também, que a conduta seja praticada "por razões da condição do sexo feminino".

Por exemplo, se um homem, menosprezando a vítima por sua condição de mulher, a agride para provar sua superioridade física, causando-lhe lesão leve, incorre na qualificadora prevista no § 13.

Assim, com a inclusão do § 13° no art. 129 do CP, que se apresenta em relação de especialidade para com o § 9º, lesões leves cometidas contra mulheres em situação de violência doméstica ou mediante menosprezo ou discriminação à condição de mulher, ainda que perpetradas por descendente, ascendente, irmão, cônjuge, companheiro etc., não mais se enquadram no § 9º.

4.2.13 Ação penal

A lesão corporal de natureza leve é punida com detenção, de 3 meses a 1 ano. Por sua vez, a lesão corporal de natureza grave é sancionada com pena de reclusão, de 1 a 5 anos. A lesão gravíssima tem pena de reclusão, de 2 a 8 anos. Caso se trate de lesão corporal seguida de morte, a pena é de reclusão, de 4 a 12 anos. A lesão corporal culposa contém pena de detenção, de 2 meses a 1 ano. Na hipótese de violência doméstica, a pena é de detenção, de 6 meses a 1 ano.

A ação penal é pública, porém condicionada nas hipóteses de lesões de natureza leve e culposa, conforme o art. 88, da Lei nº 9.099/1995.

Nas demais hipóteses, a ação penal será pública incondicionada.

Fique ligado

No tocante à ação penal pública condicionada em delitos de violência doméstica e familiar contra a mulher, o art. 16, da Lei Maria da Penha só admite a "renúncia" ao direito de representação em audiência especial perante o Juiz e o membro do Ministério Público.
O art. 17, da mesma lei, veda a aplicação da pena substitutiva de cesta básica ou outras de prestação pecuniária, bem como a aplicação substitutiva de pagamento isolado de multa.
Ademais, em se tratando de lesão corporal, ainda que leve ou culposa, praticada no âmbito de violência doméstica e familiar, a ação penal sempre será pública incondicionada.

4.2.14 Periclitação da vida e da saúde

4.2.15 Perigo de contágio venéreo

> **Art. 130** Expor alguém, por meio de relações sexuais ou qualquer ato libidinoso, a contágio de moléstia venérea, de que sabe ou deve saber que está contaminado:
> Pena - detenção, de três meses a um ano, ou multa.
> § 1º Se é intenção do agente transmitir a moléstia:
> Pena - reclusão, de um a quatro anos, e multa.
> § 2º Somente se procede mediante representação.

A partir deste capítulo, serão analisados tipos penais que tratam de um perigo individual.

Também são tipos penais dotados de subsidiariedade. Ora tácita, ora expressa.

O crime é comum, na medida que pode ser praticado por qualquer pessoa.

A conduta pressupõe "expor alguém" a partir de relações sexuais ou qualquer ato libidinoso – conjunção carnal ou qualquer outro ato com conotação sexual, por exemplo, sexo oral –, a contágio de moléstia

DIREITO PENAL

venérea, essa, podendo ser interpretada como uma Doença Sexualmente Transmissível (herpes, sífilis, gonorreia etc.).

A doutrina sustenta que a AIDS não é doença venérea, embora possa ser também transmitida por relações sexuais desprotegidas, como ocorre com o vírus da Hepatite B.

De modo que, a questão da AIDS, na dogmática penal, sempre foi envolta em grande polêmica. Em regra geral, se o agente sabe ou deve saber estar infectado com o vírus HIV (exame positivo ou sinais visíveis da moléstia) e mantém relação sexual com parceiro insciente desse fato, ele responde pelo ato em si, pelo crime do art. 131.

Se da relação sexual desprotegida, o parceiro contrai a AIDS, há uma mudança de tipificação, ou seja, o agente responderá por lesões corporais gravíssimas (art. 129, § 2º, II), de acordo com o posicionamento do STF – situação de extrema dificuldade em se comprovar.

Por outro lado, se o agente informa ao parceiro ser portador do vírus e esse consente livremente em manter relações sexuais sem proteção (sem preservativos), há a incidência do princípio da autocolocação em risco que exclui a tipicidade do ato.

Atente que o crime é formal ou de consumação antecipada, tendo em vista que a mera exposição da vítima ao perigo de contágio já basta para a sua tipificação.

O crime somente se pratica mediante dolo (direto ou eventual).

No §1º há a presença de uma qualificadora e o §2º estabelece que o crime somente se processa mediante ação penal pública condicionada à representação.

4.2.16 Perigo de contágio de moléstia grave

> **Art. 131** *Praticar, com o fim de transmitir a outrem moléstia grave de que está contaminado, ato capaz de produzir o contágio:*
> *Pena – reclusão, de um a quatro anos, e multa.*

Trata-se de crime comum, podendo ser praticado por qualquer pessoa que pratique um determinado ato com a finalidade de transmitir moléstia grave de que está contaminado, sujeita a produzir contágio para terceiros, seja por contato direto, ou indireto.

Veja que o crime se consuma independente do contágio.

Basta imaginar um agente que, sabendo ser portador de pneumonia bacteriana, espalha, intencionalmente, sua saliva em um corrimão de um shopping center.

Mesmo que não ocorra o efetivo contágio por terceiros, houve risco de contágio para terceiros, estando consumado o delito.

4.2.17 Perigo para a vida ou saúde de outrem

> **Art. 132** *Expor a vida ou a saúde de outrem a perigo direto e iminente:*
> *Pena – detenção, de três meses a um ano, se o fato não constitui crime mais grave.*
> **Parágrafo único.** *A pena é aumentada de um sexto a um terço se a exposição da vida ou da saúde de outrem a perigo decorre do transporte de pessoas para a prestação de serviços em estabelecimentos de qualquer natureza, em desacordo com as normas legais.*

Trata-se, igualmente, de crime comum, no qual a conduta pressupõe a colocação da vida ou da saúde de outrem em situação de perigo direto e iminente (prestes a ocorrer).

Podemos exemplificar com a conduta de um motorista de ônibus, que desce uma serra em alta velocidade, expondo os passageiros a uma situação clara de perigo.

O tipo é expressamente subsidiário, na medida em que, se o fato constituir crime mais grave, esse prevalecerá.

O crime somente se processa mediante dolo.

No parágrafo único, há uma causa de aumento de pena (de 1/6 a 1/3) se a exposição da vida ou da saúde de outrem decorre de transporte de pessoas para a prestação de serviços de qualquer natureza. Assim, haverá a incidência desta causa de aumento, independentemente, de serviço público ou privado.

4.2.18 Abandono de incapaz

> **Art. 133** *Abandonar pessoa que está sob seu cuidado, guarda, vigilância ou autoridade, e, por qualquer motivo, incapaz de defender-se dos riscos resultantes do abandono:*
> *§ 1º Se do abandono resulta lesão corporal de natureza grave:*
> *Pena – reclusão, de um a cinco anos.*
> *§ 2º Se resulta a morte:*
> *Pena – reclusão, de quatro a doze anos.*
> *Aumento de pena*
> *§ 3º As penas cominadas neste artigo aumentam-se de um terço:*
> *I – se o abandono ocorre em lugar ermo;*
> *II – se o agente é ascendente ou descendente, cônjuge, irmão, tutor ou curador da vítima.*
> *III – se a vítima é maior de 60 (sessenta) anos.*

Aqui, estaremos diante de crime próprio, na medida em que só poderá praticá-lo aquele que tem o dever de proteger a pessoa que está sob seu cuidado.

Trata-se de crime contra a vida e saúde de pessoa certa, tutelando-se também a proteção daquele que está sob a guarda ou responsabilidade de outrem.

O crime pressupõe o ato de abandonar, deixar sem amparo, assistência, auxílio a pessoa que está sob seu cuidado, sendo esta pessoa incapaz de se proteger dos riscos deste abandono.

O crime somente se pratica mediante dolo de abandono.

Fique ligado

Caso o agente promova o abandono com a intenção de matar, haverá dolo de homicídio, sendo que o crime contra a vida absorverá o crime em tela.

Os §§1º e 2º trazem qualificadoras quando, do abandono, decorre lesão grave ou morte, havendo uma previsão abstrata de pena maior para esta última situação.

No §3º há causas de aumento de pena (1/3) caso:

▷ O abandono ocorra em local ermo;

▷ Se o agente é ascendente, descendente, cônjuge, irmão, tutor ou curador da vítima;

▷ Se a vítima é maior de 60 anos.

4.2.19 Exposição ou abandono de recém-nascido

> **Art. 134** *Expor ou abandonar recém-nascido, para ocultar desonra própria:*
> *Pena – detenção, de seis meses a dois anos.*
> *§ 1º Se do fato resulta lesão corporal de natureza grave:*
> *Pena – detenção, de um a três anos.*
> *§ 2º Se resulta a morte:*
> *Pena – detenção, de dois a seis anos.*

Neste crime, estaremos diante de uma forma especial do abandono de incapaz.

O crime é próprio, pois somente o pai ou mãe biológicos podem ser sujeitos ativos.

CRIMES CONTRA A PESSOA

O tipo objetivo alude, de forma alternativa, a "expor" ou "abandonar" recém-nascido, o que significa deixar o infante sem assistência, desamparado do cuidado maternal.

Percebe-se, ainda, a intenção de ocultar "desonra própria".

Para a maioria da doutrina, a honra que se pretende ocultar é a de cunho sexual, ou seja, visa-se "abafar" o nascimento da criança para manter a reputação, a boa-fama, a decência, enfim, de que gozaria o autor ou autora do crime. Segundo Damásio de Jesus, se se tratar de outro motivo, que não o de natureza sexual, por exemplo, miséria, excesso de prole, receio de um filho doentio etc., o fato constitui abandono de incapaz.

O crime é punido mediante dolo e se consuma com a real exposição à situação de perigo.

Os §§1º e 2º trazem previsões de figuras qualificadas pelo resultado (lesão grave ou morte).

4.2.20 Omissão de socorro

> *Art. 135* Deixar de prestar assistência, quando possível fazê-lo sem risco pessoal, à criança abandonada ou extraviada, ou à pessoa inválida ou ferida, ao desamparo ou em grave e iminente perigo; ou não pedir, nesses casos, o socorro da autoridade pública:
> Pena - detenção, de um a seis meses, ou multa.
> *Parágrafo único*. A pena é aumentada de metade, se da omissão resulta lesão corporal de natureza grave, e triplicada, se resulta a morte.

Trata-se de crime comum, omissivo por si só. A razão da incriminação e chancela pelo direito penal reside num dever social e moral de solidariedade para aqueles que estão em situação que reclama ajuda.

A omissão de socorro exige que a situação de perigo não tenha sido criada pelo próprio omitente. Se, ao contrário, o agente criou o perigo com um comportamento precedente (ingerência), responderá pelo resultado normativo nos termos do art. 13, § 2º.

O crime pode ser praticado de duas formas:

▷ **Diretamente**, ou seja, com o deixar de prestar socorro; ou
▷ **Indiretamente**, vale dizer, com o não pedido de assistência às autoridades públicas.

Atente-se, todavia, que em primeiro lugar o agente deve prestar imediata assistência. Caso não possa, deverá, então, procurar por socorro.

É o que ocorre, por exemplo, com a vítima que está a se afogar. Caso o agente não saiba ou não possa nadar por alguma circunstância, deverá acionar o Corpo de Bombeiros (ou outro órgão de proteção).

A autoridade pública, mencionada no tipo, é o servidor público em geral, isto é, policial civil, policial militar, bombeiro militar, guarda municipal etc.

A expressão **sem risco pessoal** consiste em agir sem risco à sua vida ou integridade física. A lei penal não exige heroísmo ou martírio, mas tão somente o possível, podendo e devendo o agente optar em chamar por socorro quando não tiver condições de agir pessoalmente. Ademais, o crime de omissão de socorro não admite tentativa, porquanto constitui infração instantânea, consumando-se no instante em que o sujeito omite a prestação de socorro. A falta de socorro quando a vítima está evidentemente morta não constitui crime, sendo considerada hipótese de crime impossível, pois não há socorro a ser prestado.

Por fim, o parágrafo único prevê que a pena será aumentada de metade (1/2) se da omissão resultar lesão corporal de natureza grave, ou triplicada, se houver o resultado morte. Aqui, o resultado não decorre diretamente da omissão, e sim, da causa originária que fez surgir a necessidade do socorro. Assim, a majorante somente será aplicada se ficar provado que, caso o agente tivesse socorrido a vítima, poderia ter-se evitado a ocorrência do resultado mais grave.

4.2.21 Condicionamento de atendimento médico hospitalar emergencial

> *Art. 135-A* Exigir cheque-caução, nota promissória ou qualquer garantia, bem como o preenchimento prévio de formulários administrativos, como condição para o atendimento médico-hospitalar emergencial:
> Pena - detenção, de 3 (três) meses a 1 (um) ano, e multa.
> *Parágrafo único*. A pena é aumentada até o dobro se da negativa de atendimento resulta lesão corporal de natureza grave, e até o triplo se resulta a morte.

A Lei nº 12.653/2012 introduziu, no Código Penal, no art. 135-A:

Segundo a dicção da lei, passou-se a tipificar a mencionada conduta comissiva, ao lado do tipo omissivo da omissão de socorro (art. 135, do CP), com o objetivo de obrigar dirigentes e empregados de estabelecimentos de saúde do tipo "pronto-socorro" **a não exigir** "cheques-caução", "nota promissória", ou qualquer outra garantia similar, bem como o preenchimento prévio de formulário administrativo, como *conditio sine qua non* para o atendimento médico-hospitalar emergencial.

Antes da referida inovação legal, não era frequente que aquele que procurasse atendimento médico-hospitalar emergencial, para si ou para terceiros, fosse instado, logo na recepção do nosocômio, a assinar um cheque em um determinado valor – o chamado "cheque-caução" – ou, alternativamente, a preencher um formulário administrativo. Tais providências, prévias e condicionantes do socorro médico, tinha por finalidade acautelar ou "proteger" financeiramente o estabelecimento hospitalar, na hipótese de o indivíduo não ter plano de saúde ou, caso fosse possuidor, que o mesmo não autorizasse, no todo ou em parte, a respectiva intervenção médica.

Superado o burocrático, com a autorização do respectivo plano de saúde, o cheque ou outro título de crédito deixado em caução, bem como o formulário administrativo, eram desconsiderados e devolvidos ao interessado. Caso o plano de saúde não autorizasse, por alguma razão, a cobertura financeira dos serviços médico-hospitalares, podia acontecer de o estabelecimento recusar o atendimento do necessitado ou, alternativamente, atendê-lo e cobrar o respectivo valor, descontando o cheque ou executando diretamente a dívida.

4.2.22 Maus-tratos

> *Art. 136* Expor a perigo a vida ou a saúde de pessoa sob sua autoridade, guarda ou vigilância, para fim de educação, ensino, tratamento ou custódia, quer privando-a de alimentação ou cuidados indispensáveis, quer sujeitando-a a trabalho excessivo ou inadequado, quer abusando de meios de correção ou disciplina:
> Pena - detenção, de dois meses a um ano, ou multa.
> § 1º Se do fato resulta lesão corporal de natureza grave:
> Pena - reclusão, de um a quatro anos.
> § 2º Se resulta a morte:
> Pena - reclusão, de quatro a doze anos.
> § 3º Aumenta-se a pena de um terço, se o crime é praticado contra pessoa menor de 14 (catorze) anos.

Com a evolução dos costumes, a profissionalização da educação e a constatação de que inúmeros abusos de prerrogativas acarretavam perigos para a saúde ou mesmo a vida da pessoa em processo de educação, passou-se a ter como intolerável certos abusos daquele direito-dever.

Nesse sentido, o Código de Menores, promulgado em 1927, criminalizou os abusos corretivos, então denominados "castigos imoderados".

O bem jurídico tutelado pelo delito de maus-tratos é a vida e saúde humana, especialmente, daqueles submetidos à autoridade, à guarda, à vigilância, para fins de educação, ensino, tratamento ou custódia.

Saliente-se que o pátrio poder – ou melhor, o poder familiar – não é mais tido como um "direito absoluto", visto ser, unicamente, um meio para exercer direito à educação, dentre outros *munus*.

Em síntese, há de ser punido o excesso perpetrado pelos pais ou quaisquer outros responsáveis pela educação, ensino, tratamento ou custódia de pessoa determinada.

Com relação ao tipo objetivo, o primeiro destaque que deve ser dado diz respeito à relação subordinativa existente entre sujeito ativo e passivo. Exige-se uma relação de autoridade, guarda, vigilância para fins de educação, ensino, tratamento ou custódia.

Cuida-se de elementar típica especializante, acarretando, como dito, a figura do crime próprio. Os maus-tratos pressupõem determinadas condutas típicas.

O delito de maus-tratos se consuma com a exposição da vítima a perigo efetivo, ou seja, à probabilidade real de sofrer lesões. Trata-se de crime de perigo concreto, devendo-se comprovar a exposição ao risco de dano.

Dessa maneira, o mero empurrão, palmada ou beliscão, por mais antipedagógico que se apresente, não caracteriza, a princípio, o delito.

Anote-se que o crime é permanente nas três primeiras figuras típicas; e instantâneo na última.

Com relação à tentativa, em tese, é possível. Contudo, na prática, parece difícil se verificar a tentativa. Assim, em tese, se o agente é detido quando estava prestes a desferir uma surra de vara no filho, poderá responder pelo art. 136, do CP, na forma tentada.

De toda sorte, nas hipóteses de privação de alimentos ou dos cuidados básicos, não será possível a tentativa.

O crime somente se pratica mediante dolo.

Fique ligado
Não confundir o crime de maus-tratos com a tortura castigo.

É importante destacar que o delito de maus-tratos não se confunde com o tipo penal previsto no art. 1°, inciso II, da Lei n°9.455/1997 (Lei de Tortura). A diferença fundamental reside no **elemento subjetivo**. Nos maus-tratos, a intenção é obrigatoriamente a de educar, ensinar, tratar ou custodiar. **Na tortura, o objetivo não é educar, mas aplicar o castigo, que ganha importância como um fim em si mesmo. Além disso, neste delito os meios empregados produzem *intenso sofrimento físico ou mental*.** Configurará tortura, por exemplo, acorrentar o tutelado no porão da residência como forma de aplicar castigo. Haverá maus-tratos, de outra parte, se a medida consistir em privá-lo de alimentação por uma semana, visando educá-lo ou ensinar-lhe algo.

Nos §§1° e 2° há causas qualificadoras em decorrência do resultado culposo (lesão grave ou morte).

Se do crime de maus-tratos resultar **lesão corporal grave** ou **morte**, a conduta típica passa a ser qualificada, isto é, punida mais severamente. Tratam-se de qualificadoras exclusivamente **preterdolosas**, pois se o dolo do agente for de lesionar ou matar, não há que se falar no crime do art. 136, CP. No §3°, por fim, há causa de aumento de 1/3, se o crime é praticado contra pessoa menor de 14 (catorze) anos.

4.3 Rixa
Art. 137 Participar de rixa, salvo para separar os contendores:
Pena - detenção, de quinze dias a dois meses, ou multa.
Parágrafo único. Se ocorre morte ou lesão corporal de natureza grave, aplica-se, pelo fato da participação na rixa, a pena de detenção, de seis meses a dois anos.

Trata-se de crime comum, também denominado de crime de concurso necessário, já que se exige a presença de, pelo menos, três pessoas, para que o crime em estudo se consume.

Fundamentalmente, o ilícito consiste na briga entre várias pessoas, que se agridem reciprocamente.

Como ocorre em situações desse nível, é muito difícil apurar a responsabilidade pormenorizada das lesões havidas em brigas e confusões entre várias pessoas. Dessa forma, para rebarbar a impunidade por falta de provas, decidiu-se criminalizar o fato em si, ou seja, a rixa, posto que geradora de perigo para a saúde ou a vida individual. Numa palavra, rixa é confusão, baderna, desordem, distribuição indiscriminada de socos, tapas, empurrões, pontapés, arremesso de objetos etc.

Deve-se atentar para a sistemática da autonomia da rixa. Em outras palavras, pune-se a participação em rixa, de forma independente da imputação de lesões graves ou mesmo a morte. Restando apurada a autoria das lesões graves ou mesmo da morte, o agente também responderá, na forma do concurso formal, pelos crimes do art. 129 ou art. 121, respectivamente. No caso, não há incidência da forma qualificada da rixa (vedação do *bis in idem*). Os demais rixosos responderão pela forma qualificada do delito.

O bem jurídico protegido no crime de rixa é a incolumidade da pessoa física, mas, por via indireta, objetiva-se também proteger a coletividade. Tutela-se, portanto, a incolumidade privada e pública.

Tratando-se de crime de perigo abstrato, a rixa se consuma por ocasião das agressões, ou seja, com a eclosão da briga generalizada.

Tratando-se de crime de perigo abstrato, a rixa se consuma por ocasião das agressões, ou seja, com a eclosão da briga generalizada.

O crime somente se pratica mediante dolo.

4.4 Crimes contra a honra
4.4.1 Calúnia

Art. 138 Caluniar alguém, imputando-lhe falsamente fato definido como crime:
Pena – detenção, de seis meses a dois anos, e multa.
§ 1° Na mesma pena incorre quem, sabendo falsa a imputação, a propala ou divulga.
§ 2° É punível a calúnia contra os mortos.
Exceção da verdade
§ 3° Admite-se a prova da verdade, salvo:
I – se, constituindo o fato imputado crime de ação privada, o ofendido não foi condenado por sentença irrecorrível;
II – se o fato é imputado a qualquer das pessoas indicadas no n° I do art. 141;
III – se do crime imputado, embora de ação pública, o ofendido foi absolvido por sentença irrecorrível.

Trata-se da conduta de imputar falsamente a outra pessoa, fato esse definido como **crime**.

Fique ligado
Não há previsão para imputação falsa de contravenção. Se isso ocorrer, poderemos estar diante do crime de difamação.

A conduta aqui prevista viola a honra objetiva do sujeito e está relacionada com a reputação e a boa fama do cidadão. Para sua consumação é imprescindível o conhecimento de terceiros. Qualquer pessoa pode ser o sujeito ativo deste crime (exceto as autoridades que gozam de inviolabilidade – senadores, deputados, vereadores).

Fique ligado
Ressaltamos que não existe autocalúnia. Se o agente, perante a autoridade, assumir a prática de crime inexistente, dando ensejo a investigações inúteis, responderá por autoacusação falsa (art. 341 do CP).

CRIMES CONTRA A PESSOA

Haverá a calúnia quando o fato imputado jamais ocorreu, ou, quando o fato existiu e não foi a pessoa apontada seu autor. A conduta é praticada com dolo de ofender a honra da vítima. Não se admite a modalidade culposa.

Consuma-se no momento em que terceiro toma conhecimento da imputação criminosa feita à vítima. O crime é formal, pois consuma-se independentemente do dano à reputação da vítima. A tentativa se limita à modalidade escrita.

Fique ligado

Em defesa do interesse público, o CP admite a chamada exceção da verdade, ou seja, a prova da verdade da imputação, o que gera a atipia da conduta. Trata-se de um incidente processual, no qual o acusado de ter praticado calúnia pretende provar a veracidade do que alegou.

Existe também a chamada exceção de notoriedade, que consiste na oportunidade facultada ao demandado de demonstrar que suas afirmações são de domínio público. A exceção de notoriedade é cabível nos crimes de calúnia e de difamação. Ela se aplica sob o fundamento de que, se o fato é de domínio público, não há como se atentar contra a honra objetiva.

4.4.2 Difamação

Art. 139 *Difamar alguém, imputando-lhe fato ofensivo à sua reputação:*

Pena – detenção, de três meses a um ano, e multa.

Exceção da verdade

Parágrafo único. *A exceção da verdade somente se admite se o ofendido é funcionário público e a ofensa é relativa ao exercício de suas funções.*

Consiste no ato de imputar a alguém fato não criminoso, mas ofensivo à sua reputação. O crime aqui previsto lesa a honra objetiva do autor. Para sua consumação, é imprescindível o conhecimento de terceiros.

Qualquer pessoa pode ser o sujeito ativo desta conduta (ressalvadas aquelas que possuem imunidade). O sujeito passivo também pode ser qualquer pessoa, inclusive a pessoa jurídica.

Fique ligado

Os mortos não podem ser difamados.

O crime se consuma quando um terceiro (ainda que um só) conhece da imputação desonrosa. É fundamental que a ofensa seja comunicada a terceiro. A exceção da verdade somente se admite se o ofendido é funcionário público e a ofensa é relativa ao exercício de suas funções.

Súmula nº 714 – STF

É concorrente a legitimidade do ofendido, mediante queixa, e do ministério público, condicionada à representação do ofendido, para a ação penal por crime contra a honra de servidor público em razão do exercício de suas funções.

Para a difamação, admite-se a exceção de notoriedade.

4.4.3 Injúria

Art. 140 *Injuriar alguém, ofendendo-lhe a dignidade ou o decoro:*

Pena – detenção, de um a seis meses, ou multa.

§ 1º O juiz pode deixar de aplicar a pena:

I – quando o ofendido, de forma reprovável, provocou diretamente a injúria;

II – no caso de retorsão imediata, que consista em outra injúria.

§ 2º Se a injúria consiste em violência ou vias de fato, que, por sua natureza ou pelo meio empregado, se considerem aviltantes:

Pena – detenção, de três meses a um ano, e multa, além da pena correspondente à violência.

§ 3º Se a injúria consiste na utilização de elementos referentes à religião ou à condição de pessoa idosa ou com deficiência (Redação dada pela Lei nº 14.532, de 2023):

Pena – reclusão de um a três anos, e multa.

Diferentemente das modalidades anteriores, aqui o indivíduo tem atribuído qualidades negativas ou defeitos contra si. O crime aqui previsto viola a **honra subjetiva** do cidadão, que é aquela relacionada à dignidade e ao decoro pessoal. É o juízo que cada indivíduo tem de si (relacionado à autoestima).

Para sua consumação não é imprescindível o conhecimento de terceiros. Qualquer pessoa pode ser o sujeito ativo ou passivo deste crime. A pessoa jurídica, por não possuir honra subjetiva, não pode ser sujeito passivo deste crime.

A autoinjúria não constitui delito. Na injúria, como não existe a imputação de um fato, mas somente a opinião de um agente sobre o ofendido, não se admite a exceção da verdade nem a de notoriedade.

As hipóteses previstas no §1º consistem em formas de perdão judicial. Embora conste o verbo "poderá", é uniforme a ideia de que se trata de direito subjetivo do acusado. A qualificadora do § 2º é também denominada de injúria real.

A lei exige que a violência seja aviltante, agindo o agente com o propósito de ofender, humilhar a vítima (Ex.: cusparada, tapa na face). Nas palavras de Nelson Hungria, atinge-se a alma do agente e não somente a integridade física (puxão de orelha, cuspe no rosto, tapa na cara etc.).

Já a qualificadora do § 3º foi alterada pela Lei nº 14.532/2023, de modo que a denominada injúria racial migrou do Código Penal para a Lei de Racismo (Lei nº 7.716/1989), sendo, então, equiparada ao crime de racismo. Agora, a ofensa motivada pela "raça, cor, etnia e origem" não mais consta do § 3º, do art. 140. Assim, os xingamentos envolvendo a raça, cor, etnia e origem passam a ser tipificados no art. 2º-A, da Lei nº 7.161989, com pena de dois a cinco anos de reclusão. É importante destacar que o termo "origem", anteriormente previsto no §3º, passou a ser denominado de "procedência nacional", configurando a injúria preconceituosa de origem interna, ou seja, para pessoas pertencentes a determinados estados da federação. Com alteração promovida pela Lei nº14.532/2023, a injúria racial deve sofrer as mesmas consequências do crime de racismo, quais sejam, a condição de crime inafiançável, imprescritível e de ação penal pública incondicionada.

É importante destacar que a conduta de injúria preconceituosa não pode ser confundida com o crime de racismo previsto no art. 20 da Lei nº 7.716/1989. Nessa, pressupõe-se a ocorrência de segregação em função da raça ou da cor, situação em que a segregação é utilizada com o intuito de criar, por meio de ações concretas, efetiva divisão dos cidadãos, baseado em preconceito de raça ou cor. Na injúria racial, o crime é praticado contra agente específico, por meio de xingamentos, com intuito de ofender moralmente o indivíduo.

Portanto, a injúria praticada contra a pessoa em razão da raça, cor, etnia ou procedência nacional torna-se, legalmente, espécie de racismo.

Fique ligado

Agora, com as alterações promovidas pela Lei nº14.532/2023, a injúria praticada contra a pessoa em razão da raça, cor, etnia ou procedência nacional torna-se, legalmente, espécie de racismo.

DIREITO PENAL

4.4.4 Disposições comuns aos crimes contra a honra

Causas de aumento de pena

Art. 141 As penas cominadas neste Capítulo aumentam-se de um terço, se qualquer dos crimes é cometido:
I - contra o Presidente da República, ou contra chefe de governo estrangeiro;
II - contra funcionário público, em razão de suas funções;
III - na presença de várias pessoas, ou por meio que facilite a divulgação da calúnia, da difamação ou da injúria.
IV - contra criança, adolescente, pessoa maior de 60 (sessenta) anos ou pessoa com deficiência, exceto na hipótese prevista no § 3º do art. 140 deste Código (Redação da pela Lei nº14.344/2022).
*§ 1º - Se o crime é cometido mediante paga ou promessa de recompensa, aplica-se a pena em dobro. (**também chamado de ofensa mercenária**).*
§ 2º Se o crime é cometido ou divulgado em quaisquer modalidades das redes sociais da rede mundial de computadores, aplica-se em triplo a pena.

O art. 141 apresenta situações em que os crimes contra honra têm a pena aumentada de 1/3. Merece destaque a alteração promovida pela Lei nº 14.344/2022, quanto à causa de aumento prevista no inciso IV, do art. 141. Anteriormente, não havia previsão de causa de aumento no caso de crimes contra honra praticado contra criança ou adolescente. Com a novel Lei, os crimes de calúnia, injúria e difamação praticados contra criança ou adolescente serão punidos mais severamente. Vale destacar que o inciso IV alerta, ao final, que a majorante não coexiste com a injúria qualificada pelo preconceito, evitando-se *bis in idem*.

Das disposições apresentadas, a que merece ressalva é a constante do § 2º, tendo em vista que havia sido vetada pelo Presidente da República, mas tal veto fora completamente afastado pelo Congresso Nacional, existindo agora, portanto, disposição que eleva a pena ao triplo.

Exclusão do crime

Art. 142 Não constituem injúria ou difamação punível:
I - a ofensa irrogada em juízo, na discussão da causa, pela parte ou por seu procurador;
II - a opinião desfavorável da crítica literária, artística ou científica, salvo quando inequívoca a intenção de injuriar ou difamar;
III - o conceito desfavorável emitido por funcionário público, em apreciação ou informação que preste no cumprimento de dever de ofício.
Parágrafo único. Nos casos dos Ins. I e III, responde pela injúria ou pela difamação quem lhe dá publicidade.

Não será considerado crime a injúria ou a difamação (exclui-se a calúnia) quando o fato for praticado em juízo, na discussão dos interesses dos envolvidos, alcançando a parte e seu procurador.

Ainda, a opinião da crítica, desde que não tenha a intenção clara de difamar ou de injuriar.

Também, o conceito desfavorável prestado por servidor público, em análise ou informação que preste no exercício da função.

> **Fique ligado**
> Na hipótese dos incisos I e III do art. 142, responderá pela injúria ou pela difamação aquele que lhe der publicidade.

Retratação

Art. 143 O querelado que, antes da sentença, se retrata cabalmente da calúnia ou da difamação, fica isento de pena.
Parágrafo único. Nos casos em que o querelado tenha praticado a calúnia ou a difamação utilizando-se de meios de comunicação, a retratação dar-se-á, se assim desejar o ofendido, pelos mesmos meios em que se praticou a ofensa.

A retratação é um ato unilateral, não depende de aceitação do ofendido.

> **Fique ligado**
> Não confundir retratação com o perdão do ofendido.

Como possui caráter subjetivo, a retratação de um dos querelados não se estende aos demais.

Ademais, a retratação só é cabível nos crimes de calúnia e difamação. E o momento em que se pode realizar a retratação é **até o proferimento da sentença.**

Pedido de explicações em juízo

Art. 144 Se, de referências, alusões ou frases, se infere calúnia, difamação ou injúria, quem se julga ofendido pode pedir explicações em juízo. Aquele que se recusa a dá-las ou, a critério do juiz, não as dá satisfatórias, responde pela ofensa.

Havendo ofensas equívocas, aquelas com duplo sentido, vagas, é dado ao suposto ofendido o direito de pedir explicações em juízo, funcionando como uma medida preparatória e facultativa para o oferecimento da inicial.

O juízo competente para o processamento do pedido de explicações é o juiz da vara criminal, onde irá tramitar a suposta ação penal privada.

> **Fique ligado**
> Vale destacar que se a parte se recusar a dar explicações ou as der de maneira não satisfatória, responderá pelo conteúdo da ofensa.

Ação penal

Art. 145 Nos crimes previstos neste Capítulo somente se procede mediante queixa, salvo quando, no caso do art. 140, § 2º, da violência resulta lesão corporal.
Parágrafo único. Procede-se mediante requisição do Ministro da Justiça, no caso do inciso I do caput do art. 141 deste Código, e mediante representação do ofendido, no caso do inciso II do mesmo artigo, bem como no caso do § 3º do art. 140 deste Código.

Nos crimes contra a honra, a regra é que se adote a ação penal privada. Porém, se do crime de injúria resulta lesão corporal, a ação será pública incondicionada. **Ainda, com o advento da Lei nº 9.099/1995, existe doutrina que sustenta o crime ser de ação penal pública condicionada se a lesão for leve.**

Somado a isso, será pública condicionada a representação no caso de o delito ser cometido contra funcionário público, no exercício de suas funções e, também, pública condicionada à requisição do Ministro da Justiça, caso o crime seja praticado contra o Presidente da República ou chefe de governo estrangeiro.

Súmula nº 714 – STF
É concorrente a legitimidade do ofendido, mediante queixa, e do Ministério Público, condicionada à representação do ofendido, para a ação penal por crime contra a honra de servidor público em razão do exercício de suas funções.

4.5 Crimes contra a liberdade individual

4.5.1 Crimes contra a liberdade pessoal

Constrangimento ilegal

Art. 146 Constranger alguém, mediante violência ou grave ameaça, ou depois de lhe haver reduzido, por qualquer outro meio, a capacidade de resistência, a não fazer o que a lei permite, ou a fazer o que ela não manda:
Pena - detenção, de três meses a um ano, ou multa.
Aumento de pena
§ 1º As penas aplicam-se cumulativamente e em dobro, quando, para a execução do crime, se reúnem mais de três pessoas, ou há emprego de armas.

CRIMES CONTRA A PESSOA

§ 2º Além das penas cominadas, aplicam-se as correspondentes à violência.

§ 3º Não se compreendem na disposição deste artigo:

I – a intervenção médica ou cirúrgica, sem o consentimento do paciente ou de seu representante legal, se justificada por iminente perigo de vida;

II – a coação exercida para impedir suicídio.

A liberdade individual pode também ser chamada de "liberdade pública" – que consiste no direito de livre manifestação da vontade, a liberdade ambulatorial, a dignidade da pessoa humana, a privacidade, a intimidade, além de outras garantias do cidadão.

No caso em tela, a lei penal visa proteger a liberdade de autodeterminação, ou seja, o direito de a pessoa fazer ou não fazer o que lhe for permitido por lei.

Trata-se do direito de externar livremente sua vontade, direito de resistir àquilo que não deseja fazer ou se abster, salvo quando obrigada por força de uma norma geral e abstrata, ou seja, pela lei.

O crime em estudo é manifestamente subsidiário.

O sujeito ativo pode ser qualquer pessoa.

O núcleo do tipo é "constranger", que representa a ideia de coagir, compelir, forçar alguém a fazer ou não fazer o que não está obrigado por força de lei.

> **Ex.:** confessar um crime, escrever uma carta, entregar um documento etc.

A finalidade da coação pode ser a prestação de qualquer natureza, desde que não constitua outra infração penal (absorção). Em suma, trata-se de pretensão ilegítima, por exemplo, ingerir bebida alcoólica, ir ou não ir a determinado espetáculo, assistir ou não assistir a um programa de televisão, faltar a aulas na escola etc.

Não é necessário para satisfazer o tipo penal que o sujeito passivo resista à violência, ameaça ou a qualquer outro meio capaz de reduzir a sua resistência. O sujeito passivo pode anuir, viciosamente, claro, a fazer ou deixar de fazer o que lhe é impingido.

É elementar do tipo penal que a conduta seja praticada mediante violência ou grave ameaça.

O constrangimento ilegal se consuma com a efetiva adoção, por parte da vítima, total ou parcial, do comportamento impingido pelo agente.

A tentativa restará caracterizada quando, inobstante o emprego de violência física ou grave ameaça, não se realiza a ação pretendida, ou quando a vítima não se intimida, ou bem resiste heroicamente à agressão/ameaça sofrida.

O art. 146, § 1º contempla hipótese de aplicação da pena cumulativamente (detenção e multa) e em dobro quando, no momento da execução do crime, reúnem-se quatro ou mais pessoas, dado o excessivo acréscimo de temor. Na contagem dos concorrentes, computam-se menores e/ou terceiros não identificados.

Aplica-se, ainda, o disposto nesse parágrafo, na hipótese de emprego de armas. Atente-se que a palavra "armas", no plural, indica gênero e não a exigência de mais de um artefato.

Pode, portanto, ser uma arma legítima ou uma arma branca.

O art. 146, § 2º, do CP, determina que, em havendo o constrangimento com violência, haverá cúmulo material de infrações.

As hipóteses do § 3º do art. 146, do CP, representam excludentes de tipicidade. Assim, não haverá crime das hipóteses destacadas.

Ameaça

> **Art. 147** Ameaçar alguém, por palavra, escrito ou gesto, ou qualquer outro meio simbólico, de causar-lhe mal injusto e grave:
> Pena – detenção, de um a seis meses, ou multa.
> **Parágrafo único.** Somente se procede mediante representação.

A ação nuclear consiste em *ameaçar*, isto é, intimidar, difundir o medo na vítima.

▷ É necessário que a ameaça seja idônea, isto é, capaz de inspirar temor e, dessa forma, atingir a vítima psicologicamente. Se for empregada de maneira vaga, deixará de ser idônea (Ex.: "você vai se arrepender"). Crime de menor potencial ofensivo: aplica-se a lei dos juizados (Lei nº 9.099/1995).

▷ Ação penal condicionada à representação.

▷ Meio simbólico: muro do indivíduo está marcado de sangue.

> **Fique ligado**
>
> É necessário que o mal seja injusto e grave.

Quanto ao elemento subjetivo, a infração é punida exclusivamente na forma **dolosa**. O fim do agente é intimidar o sujeito passivo **(elemento subjetivo específico)**. Se o autor pretender que a vítima faça ou deixe de fazer algo, ilegitimamente (sem amparo na lei), o crime será de constrangimento ilegal.

Tudo aquilo que tem que ser decidido pela justiça, não é considerado mal injusto, mas sim mal justo. Logo, não será considerado crime de ameaça.

Se for funcionário público constrangendo alguém pode caracterizar o crime de abuso de autoridade específica.

Perseguição (*stalking*)

> **Art. 147-A** Perseguir alguém, reiteradamente e por qualquer meio, ameaçando-lhe a integridade física ou psicológica, restringindo-lhe a capacidade de locomoção ou, de qualquer forma, invadindo ou perturbando sua esfera de liberdade ou privacidade.
> Pena – reclusão, de 6 (seis) meses a 2 (dois) anos, e multa.
> § 1º A pena é aumentada de metade se o crime é cometido:
> I – contra criança, adolescente ou idoso;
> II – contra mulher por razões da condição de sexo feminino, nos termos do § 2º-A do art. 121 deste Código;
> III – mediante concurso de 2 (duas) ou mais pessoas ou com o emprego de arma.
> § 2º As penas deste artigo são aplicáveis sem prejuízo das correspondentes à violência.
> § 3º Somente se procede mediante representação.

O crime de perseguição foi tipificado recentemente por meio da Lei nº 14.132/2021, incriminando a conduta de qualquer pessoa que **persegue** alguém (vítima determinada), **reiteradamente** e por qualquer meio, **ameaçando-lhe** a integridade física ou psicológica, **restringindo-lhe** a capacidade de **locomoção** ou, de qualquer forma, **invadindo** ou **perturbando** sua esfera de **liberdade** ou **privacidade**.

▷ Ameaçando-lhe a integridade: **física ou psicológica;** ou

▷ Restringindo-lhe a capacidade: **locomoção;** ou

▷ Invadindo/perturbando: **liberdade ou privacidade.**

O crime exige a prática reiterada (pluralidade), que pode se dar por meio de uma perseguição real (*stalking* presencial) ou remota (*stalking* virtual), esta última também chamada de *cyberstalking*, ocorrendo por meio de redes sociais, mensagens de texto, chamadas via telefone, *WhatsApp* etc.

Aumenta-se a pena se o crime é cometido:

DIREITO PENAL

- Contra criança, adolescente ou idoso;
- Mediante concurso de duas ou mais pessoas;
- Emprego de **arma (genérica);**
- Contra mulher por razões da condição de sexo feminino, nos termos do § 2º-A do art. 121 deste Código.

Consideram-se razões da condição de sexo feminino: violência doméstica e familiar; menosprezo ou discriminação à condição de mulher.

Além disso, pune-se também o agente com as penas correspondentes à violência. Por exemplo, crime de lesão corporal.

> **Fique ligado**
> O crime somente se processa mediante representação da vítima ou do ofendido. Trata-se, portanto, de crime de ação penal pública **condicionada.**

Violência psicológica contra a mulher

> **Art. 147-B Causar dano emocional à mulher** que a prejudique e perturbe seu pleno desenvolvimento ou que vise a degradar ou a controlar suas ações, comportamentos, crenças e decisões, **mediante** ameaça, constrangimento, humilhação, manipulação, isolamento, chantagem, ridicularização, limitação do direito de ir e vir ou qualquer outro meio que cause prejuízo à sua saúde psicológica e autodeterminação:
> Pena – **reclusão**, de 6 (seis) meses a 2 (dois) anos, e multa, **se a conduta não constitui crime mais grave**.

A Lei nº 14.188/2021, "Lei do Sinal Vermelho", criou a conduta incriminadora Violência psicológica contra a mulher, tipificada no art. 147-B do Código Penal, dentro dos crimes contra a liberdade pessoal, tutelando-se, assim, a liberdade da mulher. Diante disso, reforça a ideia de que a violência contra a mulher não é somente física, conforme prevê o art. 7º da Lei Maria da Penha (Lei nº11.340/2006). Agora, surge em âmbito penal, a fim de suprir a deficiência legislativa que apenas trazia conceitos e formas dessa agressão.

O tipo penal visa proteger a integridade psíquica da mulher, seu bem-estar psicológico, sua autoestima e, ainda, sua liberdade e capacidade de autodeterminação.

É possível a **tentativa**, pois trata-se de crime plurissubsistente. Se o agente, por exemplo, de forma dolosa, ridiculariza ou humilha a vítima, mas não o suficiente para abalá-la emocionalmente, não alcançando este resultado por circunstâncias alheias à sua vontade, responde por crime tentado.

> **Fique ligado**
> Trata-se de um tipo penal **subsidiário**, afastando-se sua incidência se houver um crime mais grave.
> O tipo penal é processado mediante ação penal pública **incondicionada.**

A descrição do tipo traz consigo um resultado naturalístico (**dano emocional**). Além disso, destaca-se que se trata de **crime comum em relação ao sujeito ativo,** mas não se faz necessária a motivação específica de gênero tipificada no art. 121, § 2º-A, **bastando que a vítima seja mulher.** Portanto, o vínculo familiar, o doméstico ou o afetivo estão dispensados para caracterização do delito.

> **Fique ligado**
> A prática do crime, **por si só**, não afasta a incidência da Lei nº 9.099/1995, exceto quando envolve violência doméstica ou familiar.

Conflito entre perseguição motivada por gênero x violência psicológica contra a mulher:

O crime do art. 147-B funciona como um "soldado reserva", atuando quando o fato não constitui um crime mais grave. Nesse caso, havendo perseguição **reiterada** contra uma mulher, considerando-se as razões de gênero do 121, § 2º-A, aplica-se o crime de **perseguição com aumento de pena em metade (art. 147-A, § 1, II)** por ser mais grave.

É possível que haja concurso de crimes, desde que as condutas sejam praticadas em contextos fáticos distintos.

Sequestro e cárcere privado

> **Art. 148** Privar alguém de sua liberdade, mediante seqüestro ou cárcere privado:
> Pena – reclusão, de um a três anos.
> § 1º A pena é de reclusão, de dois a cinco anos:
> I – se a vítima é ascendente, descendente, cônjuge ou companheiro do agente ou maior de 60 (sessenta) anos;
> II – se o crime é praticado mediante internação da vítima em casa de saúde ou hospital;
> III – se a privação da liberdade dura mais de quinze dias.
> IV – se o crime é praticado contra menor de 18 (dezoito) anos;
> V – se o crime é praticado com fins libidinosos.
> § 2º Se resulta à vítima, em razão de maus-tratos ou da natureza da detenção, grave sofrimento físico ou moral:
> Pena – reclusão, de dois a oito anos.

Este delito sofreu significativas alterações por conta de várias reformas legislativas. Porém, sua essência nunca deixou de existir, sendo representada por uma conduta que se assemelha ao constrangimento ilegal, mas com privação de liberdade.

O sujeito ativo pode ser qualquer pessoa. No entanto, sendo o agente funcionário público, poderá responder por delito de abuso de autoridade. Caso o agente tenha laços de família com a vítima, poderá responder pelo delito na forma qualificada.

Terminologicamente, sequestro difere de cárcere privado. A primeira modalidade é gênero, enquanto a segunda é espécie. Explicamos: cárcere privado é o confinamento em recinto fechado (quarto, banheiro, mala do carro etc.), enquanto que, no sequestro há a supressão da liberdade em qualquer lugar.

| **Ex.:** nas dependências de uma área rural.

A diferenciação reside apenas no plano teórico, eis que as situações recebem o mesmo tratamento jurídico.

É imprescindível que a privação ocorra por espaço de tempo juridicamente relevante, não se exigindo que a impossibilidade de superação das barreiras à locomoção seja absoluta, caracterizando, assim, o crime quando a "fuga" for arriscada ou extremamente vexatória (deixar uma mulher despida num banheiro público, por exemplo).

O crime somente se pratica mediante dolo.

O delito se consuma quando a vítima fica privada de sua liberdade de locomoção, isto é, no momento em que não possa exercitar o direito de ir ou vir.

Por outro giro, admite-se a tentativa. Isso porque se trata de delito material. É o que ocorre na hipótese de alguém ser surpreendido prestes a trancafiar a vítima num determinado cômodo.

No art. 148, § 1º, do CP, temos a previsão das formas qualificadas. A primeira diz respeito à condição da vítima: ascendente, descendente, cônjuge ou companheiro do agente.

A segunda qualificadora é a da vítima maior de 60 anos. Cuida-se de disposição inserida pelo Estatuto do Idoso, objetivando uma maior tutela desse grupo especial de pessoas. Não se desconhece que, em

CRIMES CONTRA A PESSOA

razão da saúde frágil, muitos idosos são inescrupulosamente privados da liberdade ambulatorial. Se a pessoa completa 60 anos durante o cativeiro, também incidirá a qualificadora.

A qualificadora seguinte trata do crime praticado mediante a internação. No caso, a internação ou a manutenção sob internação se dá de forma fraudulenta, como forma de mascarar o real propósito do agente.

A forma qualificada da duração de mais de 15 dias de privação da liberdade denota a maior reprovabilidade da conduta.

Há ainda a previsão da figura qualificada quando o crime for praticado contra menor de 18 anos ou quando o crime for praticado com fins libidinosos.

> **Fique ligado**
>
> Há que se recordar que se trata de crime permanente, ou seja, a qualificadora persiste ainda que a vítima venha a completar 18 anos no cárcere.

Redução à condição análoga a de escravo

Art. 149 Reduzir alguém a condição análoga à de escravo, quer submetendo-o a trabalhos forçados ou a jornada exaustiva, quer sujeitando-o a condições degradantes de trabalho, quer restringindo, por qualquer meio, sua locomoção em razão de dívida contraída com o empregador ou preposto:
Pena - reclusão, de dois a oito anos, e multa, além da pena correspondente à violência.
§ 1º Nas mesmas penas incorre quem:
I – cerceia o uso de qualquer meio de transporte por parte do trabalhador, com o fim de retê-lo no local de trabalho;
II – mantém vigilância ostensiva no local de trabalho ou se apodera de documentos ou objetos pessoais do trabalhador, com o fim de retê-lo no local de trabalho
§ 2º A pena é aumentada de metade, se o crime é cometido:
I – contra criança ou adolescente;
II – por motivo de preconceito de raça, cor, etnia, religião ou origem.

O crime de redução à condição análoga à de escravo (*plagium*[2]), contemplava um tipo aberto. Todavia, como a quase unanimidade dos casos dizia respeito aos lamentáveis episódios envolvendo pessoas exploradas economicamente, depois de alterações normativas, o tipo penal passou a ostentar redação específica sobre a exploração desumana de trabalhadores brasileiros ou estrangeiros, no campo ou na cidade.

Atente-se, ainda, que a presente infração penal denota um maior desprezo pela pessoa humana. Viola-se, por conseguinte, normas e de princípios inscritos na Constituição Federal de 1988, bem como em tratados e convenções internacionais.

Tutela-se a liberdade pessoal, com especial relação ao *status libertatis*. Busca-se evitar que uma pessoa seja submetida à servidão de outrem. A lei penal quer prevenir e reprimir a completa sujeição de uma pessoa ao poder de outra.

> **Fique ligado**
>
> Nesse particular, o hipotético consentimento do ofendido é irrelevante. Não há a exclusão do delito se o próprio sujeito concorda com a inteira supressão de sua liberdade pessoal, já que isso importaria em anulação da personalidade, o que é vedado pelo ordenamento jurídico.

Qualquer pessoa pode ser autora do crime sob consideração, assim como a vítima.

O tipo objetivo descreve a submissão total do sujeito passivo, suprimindo seu *status libertatis*. Em resumo, a vítima é forçada a sujeitar-se a uma situação atentatória aos seus mais básicos direitos. Para a tipicidade do fato, não é necessário que a vítima seja transportada ou transferida de um lugar para o outro, nem que seja enclausurada, ou sofra maus-tratos, desde que haja privações ao seu direito de ir e vir. Esse estado de submissão deve ter alguma duração temporal, caso contrário poderá ser crime de sequestro.

No Brasil, é comum encontrar-se essa situação tanto nas capitais como no interior dos Estados, onde indivíduos são contratados para prestar serviços em colheitas nas fazendas, mas acabam se tornando devedores de seus patrões que arcam com sua condução, hospedagem, alimentação etc. Até que quitem a dívida, esses indivíduos são forçados a trabalhar sem receber nada em troca.

Com a Lei nº 10.803/2003 foram elencadas modalidades específicas de redução à condução análoga de escravo:

▷ Submissão a trabalhos forçados ou a jornada exaustiva: sujeitar, subjugar a vítima, forçando-a trabalhos forçados ou exaustivos, quando a vítima não consegue oferecer recusa, em face do emprego de violência, grave ameaça ou fraude;

▷ Sujeição a condições degradantes de trabalho: o indivíduo é obrigado a trabalhar em condições violadoras de sua dignidade, sem possibilidade ou meios de interromper ou de se recusar a cumprir as ordens;

▷ Mediante restrição, por qualquer meio, de sua locomoção em razão de dívida contraída com o empregador ou preposto – em decorrência da dívida, há verdadeira restrição da liberdade de locomoção, sendo cerceada a liberdade de ir e vir do indivíduo.

A vítima é obrigada a trabalhar sem permissão para deixar o local até quitar a dívida contraída com o patrão ou preposto.

Tais ações podem ser praticadas por qualquer meio (crime de forma livre), inclusive mediante o emprego de fraude, ameaça ou violência. Trata-se de norma penal especial em relação aos delitos do art. 146 (constrangimento ilegal), art. 147 (ameaça) e art. 148 (cárcere privado), se forem meios para a prática do delito do art. 149, todos do CP. Porém, haverá concurso material se houver homicídio, lesões ou estupro, dentre outras figuras que tutelam bens jurídicos distintos.

O crime é praticado mediante dolo e se aperfeiçoa quando o agente reduz a vítima à condição semelhante à de escravo com a prática de alguma das condutas descritas no tipo.

A tentativa é, em tese, cabível, por tratar-se de crime material, embora, na prática, de difícil verificação. Alude-se ao exemplo do agente ser detido numa *blitz* policial no momento em que conduzia trabalhadores rurais para uma fazenda, onde ficariam sem oportunidade de transporte de volta.

Tráfico de pessoas

Art. 149-A Agenciar, aliciar, recrutar, transportar, transferir, comprar, alojar ou acolher pessoa, mediante grave ameaça, violência, coação, fraude ou abuso, com a finalidade de:
I - remover-lhe órgãos, tecidos ou partes do corpo;
II - submetê-la a trabalho em condições análogas à de escravo;
III - submetê-la a qualquer tipo de servidão;
IV - adoção ilegal; ou
V - exploração sexual.
Pena - reclusão, de 4 (quatro) a 8 (oito) anos, e multa.
§ 1º A pena é aumentada de um terço até a metade se:
I - o crime for cometido por funcionário público no exercício de suas funções ou a pretexto de exercê-las;

---

[2] Expressão que vem do Direito Romano e consistia na imposição indevida de um cidadão à condição de escravo.

II - o crime for cometido contra criança, adolescente ou pessoa idosa ou com deficiência;
III - o agente se prevalecer de relações de parentesco, domésticas, de coabitação, de hospitalidade, de dependência econômica, de autoridade ou de superioridade hierárquica inerente ao exercício de emprego, cargo ou função; ou
IV - a vítima do tráfico de pessoas for retirada do território nacional.
§ 2º A pena é reduzida de um a dois terços se o agente for primário e não integrar organização criminosa.

O crime pode ser praticado por qualquer pessoa, cuida-se de crime comum. Contudo, na prática, observa-se o concurso de pessoas – na forma de associação ou organização criminosa – para a realização do delito. Com efeito, trata-se de um dos delitos controlados pelo crime organizado transnacional.

Por sua vez, o sujeito passivo é qualquer pessoa.

O tráfico de pessoas para fins de adoção ilegal pressupõe, via de regra, que a vítima seja criança ou adolescente.

Cuida-se de tipo de ação múltipla ou conteúdo variado. Os verbos são agenciar (tratar, cuidar, promover), aliciar (atrair, seduzir, cooptar), recrutar (trazer ou angariar adeptos), transportar (levar de um local para outro), transferir (fazer passar, deslocar), comprar (adquirir de forma onerosa), alojar (recolher ou acomodar) ou acolher (dar acolhida ou hospedar). A ação perpetrada por tais verbos recai sobre pessoa (homem, mulher ou criança) e deve ser empregada mediante grave ameaça (vis compulsiva), violência (vis absoluta), coação moral (que pode ser resistível ou irresistível), fraude (engano, artifício, ardil ou qualquer expediente capaz de induzir ou manter a vítima em erro) ou abuso (uso incorreto ou ilícito de um determinado direito ou de uma autoridade ou, ainda, tirar proveito da situação vulnerável da vítima, conforme as considerações acima apresentadas).

A finalidade objetivada com a conduta é a da remoção de órgãos, tecidos ou partes do corpo; submissão a trabalho em condições análogas à de escravo; submissão a qualquer tipo de servidão; adoção ilegal; ou exploração sexual.

Para existir, o tráfico de pessoas não exige mais o requisito da entrada ou a saída da vítima do território nacional. Todavia, é certo que o cruzar as fronteiras do país constitui-se uma das causas de aumento de pena, consoante o art. 149-A, § 1º, IV, do CP.

A anuência da vítima não descaracteriza o crime em questão.

O crime é praticado por dolo, agregado do especial fim de agir consubstanciado no propósito de remoção de órgãos, tecidos ou partes do corpo, submissão a trabalho em condições análogas à de escravo, submissão a qualquer tipo de servidão, adoção ilegal; ou exploração sexual.

A consumação ocorre com a realização das condutas de agenciar, aliciar, recrutar, transportar, transferir, comprar, alojar ou acolher pessoa, desde que empregada a violência física ou moral, a fraude ou o abuso de direito ou de autoridade. A finalidade objetivada pelo agente (remoção de órgãos, tecidos ou partes do corpo, submissão a trabalho em condições análogas à de escravo, submissão a qualquer tipo de servidão, adoção ilegal; ou exploração sexual) não necessita se verificar para fins de consumação.

A tentativa é cabível, por se tratar de crime plurissubsistente.

Segundo o § 1º, do art. 149-A, do CP, a pena é aumentada de um terço até a metade se o crime for cometido por funcionário público no exercício de suas funções, ou, a pretexto de exercê-las; se a vítima for criança, adolescente ou pessoa idosa ou com deficiência; se o agente se prevalecer de relações de parentesco, domésticas, de coabitação, de hospitalidade, de dependência econômica, de autoridade ou de superioridade hierárquica inerente ao exercício de emprego, cargo ou função; ou se a vítima for para o exterior.

No primeiro caso, além de ir contra a política criminal global de coibir o tráfico de pessoas, o funcionário público (cuja a definição para fins penais está contida no art. 327, do CP) infringe os deveres de probidade e de moralidade inerentes à administração pública federal, estadual ou municipal. Na hipótese de a vítima ser criança, adolescente ou pessoa idosa ou com deficiência, evidencia-se a situação de maior vulnerabilidade, justificando-se, assim, o reforço punitivo. No caso de aproveitamento dos vínculos especiais de parentesco, hospitalidade etc., é indiscutível o maior desvalor da conduta, devendo-se atentar para não incorrer em *bis in idem* no caso de funcionário público valer-se do exercício do seu cargo, emprego ou função nos quadros da administração pública. Por fim, a retirada da vítima do território nacional aprofunda tanto a gravidade da conduta como a do resultado, não raro colocando a vida da pessoa traficada ao risco de morte ou lesões corporais de natureza grave.

Nos termos do § 2°, do art. 149-A, do CP, a pena é reduzida de um até dois terços se o agente for primário e não integrar organização criminosa. Cuida-se de minorante inspirada na causa de diminuição existente em outra modalidade de tráfico, qual seja, no art. 33, § 4º, da Lei nº 11.343/2006 (Lei de Drogas), embora não contemple os requisitos adicionais de bons antecedentes e de não se dedicar às atividades criminosas.

De toda sorte, faz jus a redução de pena aquele que, de fato, além de não ser reincidente (art. 65, do CP), não estiver vinculado a nenhuma rede, esquema ou grupo de tráfico de pessoas, perpetrando-o de maneira episódica, restando, enfim, comprovado que não faz de tal crime um "meio de vida".

Se se tratar da conduta de recrutar trabalhadores, mediante fraude, com o fim de levá-los para território estrangeiro, o crime será do art. 206, do CP, e não tráfico de pessoas. Da mesma forma, se se tratar de aliciamento de trabalhadores de um local para outro do território nacional, estará caracterizado o crime do art. 207, do CP.

Não se confunde, igualmente, com o tráfico de pessoas, a conduta do "coiote", ou seja, daquele que promove, por qualquer meio, com o fim de obter vantagem econômica, a entrada ilegal em território nacional ou de brasileiro em país estrangeiro (art. 232-A, do CP, introduzido pela Lei nº 13.445/2017).

A pena é de quatro a oito anos de reclusão, além de multa na forma básica.

A ação é pública incondicionada. Quanto ao tráfico de pessoas, quando transnacional, a competência será da Justiça Federal (art. 109, V, da CF).

4.5.2 Crimes contra a inviolabilidade do domicílio

Violação de domicílio

Art. 150 Entrar ou permanecer, clandestina ou astuciosamente, ou contra a vontade expressa ou tácita de quem de direito, em casa alheia ou em suas dependências:
Pena - detenção, de um a três meses, ou multa.
§ 1º Se o crime é cometido durante a noite, ou em lugar ermo, ou com o emprego de violência ou de arma, ou por duas ou mais pessoas:
Pena - detenção, de seis meses a dois anos, além da pena correspondente à violência.
§ 3º Não constitui crime a entrada ou permanência em casa alheia ou em suas dependências:
I - durante o dia, com observância das formalidades legais, para efetuar prisão ou outra diligência;

CRIMES CONTRA A PESSOA

II - a qualquer hora do dia ou da noite, quando algum crime está sendo ali praticado ou na iminência de o ser.
§ 4º A expressão "casa" compreende:
I - qualquer compartimento habitado;
II - aposento ocupado de habitação coletiva;
III - compartimento não aberto ao público, onde alguém exerce profissão ou atividade.
§ 5º Não se compreendem na expressão "casa":
I - hospedaria, estalagem ou qualquer outra habitação coletiva, enquanto aberta, salvo a restrição do n.º II do parágrafo anterior;
II - taverna, casa de jogo e outras do mesmo gênero.

Segundo o art. 5º, XI, CF, a casa é asilo inviolável do indivíduo. Protege-se, assim, a liberdade privada, especialmente da inviolabilidade do domicílio, do direito à tranquilidade doméstica e a paz íntima dos moradores (liberdade individual: inviolabilidade da habitação).

Qualquer pessoa pode praticar o crime em tela, inclusive o proprietário, quando o imóvel estiver legitimamente com terceiros. Idem, havendo divórcio, ficando um dos dois no antigo imóvel.

O sujeito ativo é o morador, aquele que pode permitir ou impedir a entrada de outrem em seu domicílio, seja ele proprietário, locador etc.

Prédio de apartamentos: qualquer morador, não só no seu imóvel, mas também nas áreas de uso comum.

Não há crime quando o agente entra a convite de um dos moradores, mesmo com o dissenso do outro, como ocorre em caso de infidelidade conjugal.

Os verbos são entrar ou permanecer na casa sem consentimento de quem de direito. Entrar significa ingressar, invadir, transpor os limites da casa ou suas dependências. O corpo do agente tem de transpor por inteiro a fronteira da casa com o mundo exterior. Por sua vez, permanecer é não sair quando, tendo ingressado legitimamente, recusa-se a se retirar (resistência de certa duração, que é algo mais do que mera hesitação).

Entrada ou permanência deve ser clandestina, astuciosa ou franca. Clandestina é a sorrateira, às escondidas do morador. Astuciosa ocorre quando o agente se utiliza de meios fraudulentos para induzir ou manter o morador em erro. Por exemplo, um falso entregador de pizza ou prestador de serviços ou empregado demitido que finge estar doente para não se locomover e permanecer, indevidamente, no imóvel. Franca, quando o agente contraria abertamente a vontade do morador, ou seja, força a entrada ou a sua permanência contra o dissenso explícito ou tácito do sujeito passivo.

O dissenso tácito se dá com as portas e janelas fechadas. Por sua vez, o expresso ocorre com gestos ou palavras do morador.

O "domicílio" para fins penais não se confunde com o "domicílio" do direito civil. Para esse último, entende-se como domicílio o lugar onde a pessoa estabelece sua residência com ânimo definitivo, o centro de suas ocupações habituais ou o centro de seus negócios. Para o Direito Penal, domicílio é todo lugar de habitação ou de atividade privada (Ex.: quarto de hotel ocupado por hóspede).

O conceito de casa compreende qualquer espaço delimitado habitado por alguém, uma construção materialmente isolada a que se aplica propriamente essa denominação ou qualquer aposento dentro dela que constitua a morada de outrem, quarto de hotel ou hospedaria, compartimento que esteja servindo, de maneira permanente ou transitória, de local de residência, ou mesmo a gruta que alguém tenha disposto para a sua moradia ou qualquer refúgio transformado em habitação.

O fato de um motel receber rotineiramente casais para encontros amorosos não desnatura a condição de habitação coletiva, e seus quartos, quando ocupados, constituem "casa" no sentido legal.

Importa considerar que o recinto deve estar separado do mundo exterior e que seja o espaço físico reservado a outrem.

Dependências da casa são os lugares que complementam a moradia (o *hall* do elevador do apartamento, o terraço, o quintal, o jardim, a garagem etc.). É necessário que haja certa conexão com a casa. Por exemplo, não é crime invadir o pasto de uma fazenda, ainda que isto possa configurar esbulho possessório.

Compartimento não aberto ao público, onde alguém exerce profissão ou atividade (art. 150, § 4º, III, do CP) compreende os escritórios de advocacia ou engenharia, consultório médico, gabinete odontológico, *atelier* de arte ou costura etc.

Segundo o art. 150 § 5º, do CP, não se compreendem na expressão "casa", a hospedaria ou qualquer outra habitação coletiva, enquanto aberta, salvo o aposento ocupado, bem como a taverna, casa de jogo etc. Esses locais não estão protegidos por serem abertos ao público e, consequentemente, não terem destinação de servir de espaço reservado da vida de alguém.

Pelo mesmo motivo, também não são considerados casa: restaurantes, boates, dancéterias etc. Repartições públicas, ainda que com restrições de acesso, bem como salas de aula, também não são entendidas como casa.

Por fim, registre-se que é necessário que a casa seja habitada, ainda que os moradores estejam ausentes (Ex.: casa de campo, casa de praia).

O crime é praticado com dolo, ou seja, a vontade de ingressar ou permanecer na casa contra a vontade de quem de direito. Dispensa a finalidade contrária ao direito, basta o dolo genérico.

Não há dolo em episódio acidental, por exemplo, invadir uma casa para fugir de uma briga ou confusão na rua ou, ainda, por engano, ao errar a numeração de um apartamento.

O crime se consuma com a entrada efetiva, transposto pelo agente o limite que separa o domicílio do mundo externo, ou com a permanência ou persistência durante determinado lapso de tempo juridicamente apreciável. Trata-se de crime de mera conduta, que não reclama, assim, qualquer resultado naturalístico, bastando o perigo presumido na conduta do agente para aperfeiçoá-lo.

Tentativa: para a doutrina nada impede, apesar de ser crime de mera conduta.

> Ex.: forçar a entrada, sem sucesso; ser detido quando escalava o muro; manifestar propósito de permanecer sendo, contudo, expulso logo em seguida.

Segundo o art. 150, § 1º, do CP, qualifica-se o crime quando cometido "durante a noite". Isso quer dizer depois do entardecer, quando há ausência de luz solar. Durante a noite é o período compreendido entre o pôr-do-sol e o seu nascer. Cuida-se de uma concepção diferente de "repouso noturno", presente no crime de furto.

Qualifica-se, ainda, quando perpetrado em "lugar ermo". Cuida-se de lugar habitualmente desabitado, despovoado, pouco frequentado; a ausência de habitante torna mais fácil o crime.

O emprego de violência também qualifica a violação de domicílio. Violência pode ser definida como a força física utilizada contra pessoa ou coisa, como ocorre no caso de arrombamento ou agressões ao morador.

Outra qualificadora consiste no emprego de arma ou quando cometido por duas ou mais pessoas. Em ambas as hipóteses, evidencia-se a maior periculosidade da conduta, o que justifica sua majoração.

Qualifica, por fim, o crime, quando perpetrado por funcionário público, fora dos casos legais ou com inobservância das formalidades de estilo. Em se tratando, ainda, de autoridade pública, pode ser caracterizado o abuso de autoridade.

As formalidades em questão estão disciplinadas no art. 150, § 3º, do CP.

É lícita a violação do domicílio quando praticada nas condições estipuladas no § 3º do art. 150, vale dizer, não constitui crime o ingresso ou permanência nas seguintes hipóteses:

- Durante o dia, com observância das formalidades legais, para efetuar prisão ou outra diligência judicial (penhora, busca e apreensão etc.) ou administrativa (inspeções sanitárias etc.);
- A qualquer hora do dia ou da noite, quando algum crime está sendo praticado ou na iminência de o ser.

Aduz-se que a própria Constituição Federal contém semelhante permissiva, prevendo a hipótese do ingresso autorizado judicialmente, durante ou dia, ou em caso de flagrante delito, legítima defesa de terceiro, e, ainda, "em caso de desastre ou para prestar socorro" (art. 5º, XI, da CF).

A ação penal é pública incondicionada. Cabe transação penal ou suspensão condicional do processo.

4.5.3 Crimes contra a inviolabilidade dos segredos

Divulgação de segredo

Art. 153 Divulgar alguém, sem justa causa, conteúdo de documento particular ou de correspondência confidencial, de que é destinatário ou detentor, e cuja divulgação possa produzir dano a outrem:
Pena – detenção, de um a seis meses, ou multa, de trezentos mil réis a dois contos de réis.
§ 1º Somente se procede mediante representação.
§ 1º-A Divulgar, sem justa causa, informações sigilosas ou reservadas, assim definidas em lei, contidas ou não nos sistemas de informações ou banco de dados da Administração Pública:
Pena – detenção, de 1 (um) a 4 (quatro) anos, e multa.
§ 2º Quando resultar prejuízo para a Administração Pública, a ação penal será incondicionada.

O art. 153 tipifica a conduta daquele que divulga, sem justa causa, conteúdo de documento particular ou de correspondência confidencial, de que é destinatário ou detentor, que tenha a possibilidade de produzir dano a outrem.

Trata-se de crime próprio, pois o tipo penal exige uma qualidade especial do sujeito ativo, qual seja, a de destinatário ou detentor do documento particular ou de correspondência confidencial.

Supondo que a divulgação do segredo não pode causar dano, nesse caso, não há crime.

Crime de menor potencial ofensivo.

Fique ligado

Não se confunde com o art. 325, do CP (tem como sujeito ativo o funcionário público). Logo, o art. 153 § 1º serve para as pessoas que não sejam funcionários públicos.

Violação do segredo profissional

Art. 154 Revelar alguém, sem justa causa, segredo, de que tem ciência em razão de função, ministério, ofício ou profissão, e cuja revelação possa produzir dano a outrem:
Pena – detenção, de três meses a um ano, ou multa de um conto a dez contos de réis.
Parágrafo único. Somente se procede mediante representação.

A privacidade da pessoa, sua intimidade, no que concerne ao sigilo daquelas informações particulares que confia apenas ao confidente necessário.

É crime **próprio**, já que o autor do crime deve ser titular de uma função, ministério, ofício ou profissão que toma conhecimento do segredo confiado em razão de um daqueles atributos. O autor deve estar no exercício da função quando obtiver a informação.

O sujeito passivo é aquele que for exposto a perigo de dano com a divulgação do segredo, podendo ser qualquer pessoa.

O agente deve revelar, **sem justa causa**, segredo, de que tem ciência em razão de função, ministério, ofício ou profissão, e cuja revelação possa produzir dano a alguém.

Elemento subjetivo: é doloso, não se exigindo que o agente tenha a intenção de prejudicar a vítima. Não se admite a modalidade culposa.

Por se tratar de crime formal, consuma-se com a mera divulgação do segredo, dispensando a ocorrência do dano para a consumação do delito. Admite-se a tentativa (se for praticado pela forma escrita).

A ação penal é pública condicionada à representação do ofendido.

Invasão de dispositivo informático

Art. 154-A Invadir dispositivo informático de uso alheio, conectado ou não à rede de computadores, com o fim de obter, adulterar ou destruir dados ou informações sem autorização expressa ou tácita do usuário do dispositivo ou de instalar vulnerabilidades para obter vantagem ilícita:
Pena – reclusão, de 1 (um) a 4 (quatro) anos, e multa.
§ 1º Na mesma pena incorre quem produz, oferece, distribui, vende ou difunde dispositivo ou programa de computador com o intuito de permitir a prática da conduta definida no caput.
§ 2º Aumenta-se a pena de 1/3 (um terço) a 2/3 (dois terços) se da invasão resulta prejuízo econômico.
§ 3º Se da invasão resultar a obtenção de conteúdo de comunicações eletrônicas privadas, segredos comerciais ou industriais, informações sigilosas, assim definidas em lei, ou o controle remoto não autorizado do dispositivo invadido:
Pena – reclusão, de 2 (dois) a 5 (cinco) anos, e multa.
§ 4º Na hipótese do § 3º, aumenta-se a pena de um a dois terços se houver divulgação, comercialização ou transmissão a terceiro, a qualquer título, dos dados ou informações obtidos.
§ 5º Aumenta-se a pena de um terço à metade se o crime for praticado contra:
I - Presidente da República, governadores e prefeitos;
II - Presidente do Supremo Tribunal Federal;
III - Presidente da Câmara dos Deputados, do Senado Federal, de Assembleia Legislativa de Estado, da Câmara Legislativa do Distrito Federal ou de Câmara Municipal; ou
IV - dirigente máximo da administração direta e indireta federal, estadual, municipal ou do Distrito Federal.
Ação penal
Art. 154-B Nos crimes definidos no art. 154-A, somente se procede mediante representação, salvo se o crime é cometido contra a administração pública direta ou indireta de qualquer dos Poderes da União, Estados, Distrito Federal ou Municípios ou contra empresas concessionárias de serviços públicos.

A Lei nº 14.155/2021 apresentou significativa alteração no que diz respeito à conduta prevista no art. 154-A do Código Penal. Isso porque a nova redação tem por objetivo proteger os dispositivos pessoais que possibilitam o armazenamento de informações pessoais e sigilosas.

Antes de adentrarmos na análise específica, é prudente analisar os tipos penais antes e depois da Lei nº 14.155/2021, vejamos:

Redação originial	Redação após a Lei nº 14.155/2021
*Art. 154-A Invadir dispositivo informático alheio, conectado ou não à rede de computadores, **Mediante Violação Indevida De Mecanismos De Segurança** e com o fim de obter, adulterar ou destruir dados ou informações sem autorização expressa ou tácita **do titular do dispositivo** ou instalar vulnerabilidades para obter vantagem ilícita: Pena – detenção, de 3 (três) meses a 1 (um) ano, e multa.*	*Art. 154-A Invadir dispositivo informático alheio, conectado ou não à rede de computadores, com o fim de obter, adulterar ou destruir dados ou informações sem autorização expressa ou tácita do **usuário do dispositivo** ou de instalar vulnerabilidades para obter vantagem ilícita: Pena – reclusão, de 1 (um) a 4 (um) ano, e multa.*

CRIMES CONTRA A PESSOA

Pela redação original, era necessário a invasão de dispositivo alheio **mediante a violação de mecanismo de segurança** (Ex.: senha, biometria, reconhecimento facial ou outro meio fraudulento). Tal exigência fora retirada do texto legal.

Pela atual redação, basta haver a invasão de dispositivo alheio, ainda que não tenha senha. Seguindo o que preceitua a doutrina, pela redação original, o crime era de ação vinculada, mas passou a ser de ação livre.

Destaque-se também que pela redação primária, era necessário que o bem invadido fosse de propriedade de outra pessoa. Com a reforma legislativa, basta que o equipamento seja de uso de outrem. Em resumo, o próprio dono do bem pode ser sujeito ativo do crime, desde que o uso do equipamento seja franqueado a outrem.

A pena também foi majorada. O delito foi afastado da esfera do JECRIM e passou a ser de competência da Justiça Comum Estadual.

Considerando apenas o já exposto, temos que a Lei nº 14.155/2021 deve ser considerada como uma *novatio legis in pejus*.

Nesse contexto, qualquer pessoa que tenha praticado o crime antes da vigência do referido diploma normativo será responsabilizada pela lei da data do fato (*tempus regit actum*), enquanto que só serão responsabilizados pela nova lei os indivíduos que praticarem as condutas após o início de vigência das novas disposições, que se deu em 27 de maio de 2021.

Avançando aos parágrafos, insta salientar que incorrerá na mesma pena prevista no *caput* (reclusão de 1 a 4 anos) aquele que produz, oferece, distribui, vende ou difunde dispositivo ou programa de computador que permita a invasão de dispositivo informático de uso alheio.

Resumindo, para que o agente seja responsabilizado pelo crime em questão, ele não necessita ser o invasor. Caso ele, de alguma forma, permita ou possibilite que outra pessoa invada o dispositivo, responderá pela mesma pena.

Havendo prejuízo econômico com a invasão, a pena será majorada no intervalo de 1 a 2/3.

O § 3º traz uma forma qualificada, aumentando o intervalo de pena para 2 a 5 anos quando da invasão resultar a obtenção de conteúdo de comunicações eletrônicas privadas, segredos comerciais ou industriais, informações sigilosas, assim definidas em lei, ou o controle remoto não autorizado do dispositivo invadido.

À luz desse dispositivo, percebe-se que a figura do *caput* é classificada como crime formal, na medida em que a mera invasão já é suficiente para configurar o crime.

No § 4º temos uma majorante referente à forma qualificada, sendo que a pena será aumentada de 1 a 2/3 quando houver comercialização ou transmissão dos dados ou informações obtidos. Haverá aumento de pena mesmo que a divulgação não seja onerosa.

O § 5º prevê outra causa de aumento, no intervalo de 1/3 à metade quando o crime for praticado contra:

▷ Presidente da República, governadores e prefeitos;
▷ Presidente do Supremo Tribunal Federal;
▷ Presidente da Câmara dos Deputados, do Senado Federal, de Assembleia Legislativa de Estado, da Câmara Legislativa do Distrito Federal ou de Câmara Municipal; ou
▷ Dirigente máximo da administração direta e indireta federal, estadual, municipal ou do Distrito Federal.

Por derradeiro, vale destacar que os crimes previstos no art. 154-A serão processados mediante representação do ofendido, ou seja, ação penal pública condicionada, exceto se o crime for praticado contra a Administração Pública Direta ou Indireta de qualquer dos poderes da União, Estados, Distrito Federal ou Municípios ou, ainda, contra empresas concessionárias de serviços públicos.

DIREITO PENAL

5 CRIMES CONTRA O PATRIMÔNIO

5.1 Furto

Art. 155 Subtrair, para si ou para outrem, coisa alheia móvel: Pena – reclusão, de um a quatro anos, e multa.

§ 1º A pena aumenta-se de um terço, se o crime é praticado durante o repouso noturno.

§ 2º Se o criminoso é primário, e é de pequeno valor a coisa furtada, o juiz pode substituir a pena de reclusão pela de detenção, diminuí-la de um a dois terços, ou aplicar somente a pena de multa.

§ 3º Equipara-se à coisa móvel a energia elétrica ou qualquer outra que tenha valor econômico.

Furto qualificado

§ 4º A pena é de reclusão de dois a oito anos, e multa, se o crime é cometido:

I – com destruição ou rompimento de obstáculo à subtração da coisa;
II – com abuso de confiança, ou mediante fraude, escalada ou destreza;
III – com emprego de chave falsa;
IV – mediante concurso de duas ou mais pessoas.

§ 4º-A A pena é de reclusão de 4 (quatro) a 10 (dez) anos e multa, se houver emprego de explosivo ou de artefato análogo que cause perigo comum.

§ 4º-B A pena é de reclusão, de 4 (quatro) a 8 (oito) anos, e multa, se o furto mediante fraude é cometido por meio de dispositivo eletrônico ou informático, conectado ou não à rede de computadores, com ou sem a violação de mecanismo de segurança ou a utilização de programa malicioso, ou por qualquer outro meio fraudulento análogo.

§ 4º-C A pena prevista no § 4º-B deste artigo, considerada a relevância do resultado gravoso:

I – aumenta-se de 1/3 (um terço) a 2/3 (dois terços), se o crime é praticado mediante a utilização de servidor mantido fora do território nacional;
II – aumenta-se de 1/3 (um terço) ao dobro, se o crime é praticado contra idoso ou vulnerável.

§ 5º A pena é de reclusão de três a oito anos, se a subtração for de veículo automotor que venha a ser transportado para outro Estado ou para o exterior.

§ 6º A pena é de reclusão de 2 (dois) a 5 (cinco) anos se a subtração for de semovente domesticável de produção, ainda que abatido ou dividido em partes no local da subtração.

§ 7º A pena é de reclusão de 4 (quatro) a 10 (dez) anos e multa, se a subtração for de substâncias explosivas ou de acessórios que, conjunta ou isoladamente, possibilitem sua fabricação, montagem ou emprego.

Trata-se de delito que tutela o patrimônio e a propriedade de coisa móvel. Os bens imóveis, independentemente do tratamento que lhes é dado pelo Código Civil, não podem ser objeto de furto. Qualquer pessoa pode ser o sujeito ativo deste crime. O objeto material é a coisa alheia móvel que suporta a conduta criminosa. O verbo núcleo do tipo penal é "subtrair", que significa inverter o título da posse.

Além disso, admite-se a tentativa em todas as modalidades de furto (simples, privilegiado e qualificado).

Segundo a doutrina, a coisa necessariamente deve ser alheia. Portanto, a coisa de **ninguém** (nunca teve dono) e a coisa abandonada (dispensada) não são objetos materiais deste crime.

Diferentemente do que ocorre com a coisa perdida (pertence a alguém), portanto, quem apropria-se de achado que pertence a outrem, incorre na conduta do art. 169, parágrafo único, II, do CP.

Outro ponto de destaque diz respeito ao fato de que o sujeito ativo deve ter a intenção de não devolver a coisa à vítima, deve existir o chamado "ânimo de assenhoramento definitivo". Hipoteticamente, se a subtração se der apenas para uso momentâneo, com a restituição da *res* logo em seguida, ao que se denomina *FURTO DE USO*, estaremos diante de atipicidade da conduta.

Portanto, quanto ao elemento subjetivo, o furto é punido somente na forma dolosa (dolo direto ou eventual).

> **Fique ligado**
>
> E o **furto famélico** (furto para alimentação)? Neste caso, reconhece-se a excludente do estado de necessidade (art. 24, CP), desde que preenchidos os requisitos.

Para a consumação do delito, embora existam correntes diversas, os Tribunais Superiores encamparam a Teoria da *amotio ou apprehensio*, que estabelece a consumação no momento em que ocorrer a inversão da posse – mesmo que por um pequeno espaço de tempo ou por meio de posse mansa e pacífica.

Assim, a consumação do furto se dá quando a vítima perde, ainda que momentaneamente, a livre disponibilidade sobre o bem, não se exigindo que o agente tenha a posse mansa e pacífica do objeto material. Nesse sentido, vale destacar a tese firmada pelo STJ:

> *Consuma-se o crime de furto com a posse de fato da res furtiva, ainda que por breve espaço de tempo e seguida de perseguição ao agente, sendo prescindível a posse mansa e pacífica ou desvigiada (Tema nº 934).*

A presença de sistema de vigilância ou a presença de seguranças, em estabelecimentos comerciais, não torna o crime impossível. Nesse sentido, foi editada a Súmula nº 567 do STJ, que estabelece:

> *Sistema de vigilância realizado por monitoramento eletrônico ou por existência de segurança no interior de estabelecimento comercial, por si só, não torna impossível a configuração do crime de furto.*

5.1.1 Furto majorado

O § 1º do art. 155 estabelece uma causa de aumento em razão do **repouso noturno**. A expressão destacada é que gera controvérsia para conceituação – eis que temos dispositivos em leis distintas com considerações que não convergem.

De qualquer forma, a orientação a ser adotada deve levar em conta o casuísmo, entendendo como repouso noturno aquele momento em que, presumidamente, a vítima encontra-se repousando. Assim, tal critério é variável, pois deve ser considerado o tempo em que as pessoas de determinado local costumeiramente recolhem-se para repouso, o que é diferente em uma grande cidade como São Paulo, diante de um pequeno município do interior.

O STJ admitiu a aplicação da causa de aumento em caso de furto praticado contra estabelecimento comercial ou residência desabitada, em razão da maior vulnerabilidade do patrimônio.

Além disso, no que tange à aplicabilidade da causa de aumento de pena do repouso noturno no crime de furto qualificado, o atual entendimento do STJ (Tema Repetitivo 1.087) é no sentido de que **o repouso noturno (§1º) é incompatível com o furto qualificado, pois a majorante, aplicada somente ao furto simples, não pode ser utilizada para redimensionar a dosimetria do delito, cujas penas previstas já são superiores e mais gravosas.** Vejamos a tese fixada (Tema Repetitivo nº 1.087):

> *A causa de aumento prevista no § 1º do art. 155 do Código Penal (prática do crime de furto no período noturno) não incide no crime de furto na sua forma qualificada (§ 4º).*

5.1.2 Furto privilegiado ou mínimo

O § 2º, do art. 155, prevê hipótese de causa de diminuição de pena, chamada pela doutrina de "furto privilegiado". A benesse trata-se de norma penal não incriminadora, e foi instituída, a fim de beneficiar os autores primários e que subtraem coisa de valor de pequeno valor. Assim, para a incidência do privilégio, temos duas situações:

CRIMES CONTRA O PATRIMÔNIO

> - Primariedade do agente;
> - Coisa de pequeno valor (aquela que não ultrapassa um salário mínimo).

Acerca da aplicação do privilégio ao furto qualificado, após muitos embates, editou-se a Súmula nº 511 do STJ:

> *É possível o reconhecimento do privilégio previsto no § 2º do art. 155 do CP nos casos de crime de furto qualificado, se estiverem presentes a primariedade do agente, o pequeno valor da coisa e a qualificadora for de ordem objetiva.*

Para o próprio tribunal, portanto, a qualificadora não se coaduna com o furto praticado mediante abuso de confiança e fraude, que ostentam a natureza subjetiva.

5.1.3 Cláusula de equiparação

O § 3º do art. 155 traz bens móveis por equiparação, qual seja, a energia elétrica ou qualquer outra com valor econômico (elétrica, radioativa, térmica etc.).

Acerca do sinal de TV a cabo, o STF julgou pela atipicidade da conduta, tendo em vista que, diferentemente da energia, que é um recurso findável, o sinal de TV a cabo não se esgota, nem diminui.

Contudo, o STJ já entendeu em sentido contrário.

Outro ponto de enfoque, que não merece ser confundido, diz respeito ao agente que altera (frauda) o medidor de energia, a fim de que o equipamento perca a perfeita funcionalidade e demonstre um resultado menor do consumo – esta conduta é tratada como estelionato (art. 171, CP), e não furto.

5.1.4 Furto qualificado

O § 4º do artigo 155 prevê as figuras qualificadas do furto, situações em que a pena mínima passa a ser de **2 a 8 anos de reclusão**, se o crime é praticado nas situações abaixo descritas.

Destruição ou rompimento de obstáculo

Trata-se do furto cometido mediante violência contra a coisa, por meio da degradação, do arrombamento, do rompimento, da demolição, da destruição total ou parcial de quaisquer objetos ou construções (cadeados, cofres, correntes, muro, teto, janela, portas etc.), que dificultem a subtração da coisa visada pelo agente.

O rompimento aqui mencionado, apto a qualificar o furto, deve ser exterior à coisa subtraída. Nesse contexto, se o agente quebra o vidro para subtrair o próprio veículo, **não haverá incidência da qualificadora**. Contudo, se ocorrer a quebra do vidro para subtrair um bem interno (Ex.: aparelho de som), **haverá a incidência da qualificadora**.

Outro ponto de destaque é que, embora o STJ já tenha reconhecido a aplicação do princípio da insignificância ao furto praticado mediante rompimento de obstáculo, a jurisprudência da corte é firme no sentido de que a escalada, o arrombamento, o rompimento de obstáculo, o concurso de agentes – ou quando o paciente é reincidente ou possuidor de maus antecedentes –, a reprovabilidade do comportamento está demonstrada, afastando a aplicação do princípio da insignificância.

Abuso de confiança

É uma circunstância subjetiva, reveladora de maior periculosidade do agente, que se aproveita de uma relação de confiança nele depositada. É importante frisar que esta qualificadora exige um especial vínculo de lealdade, não sendo considerada pela mera relação de emprego ou hospitalidade. Assim, para sua incidência, a vítima deve depositar, por algum motivo, **especial confiança no agente** (amizade, parentesco, relações ou referências profissionais etc.), **o qual dela se aproveita**.

Ex.: um amigo visita outro e, aproveitando-se da confiança depositada, subtrai algum bem sem que o proprietário perceba ou mesmo suspeite de suas intenções.

Em resumo, o sujeito ativo tem acesso à coisa em razão da confiança nele depositada. Portanto, se qualquer pessoa também puder praticar o fato, mesmo que com a relação de confiança, a qualificadora deverá ser afastada.

> **Fique ligado**
>
> O STJ considera inviável e incompatível o princípio da insignificância com o abuso de confiança.

Além disso, essa causa é a única que não se compatibiliza com o privilégio descrito no art. 155, § 2º, tendo em vista que ambos possuem natureza subjetiva, o que destoa do contido na Súmula nº 511 do STJ.

> **Súmula nº 511 – STJ**
> *É possível o reconhecimento do privilégio previsto no § 2º do art. 155 do CP nos casos de crime de furto qualificado, se estiverem presentes a primariedade do agente, o pequeno valor da coisa e a qualificadora for de ordem objetiva.*

Fraude

É o emprego de artifício, meio enganoso, capaz de iludir a vigilância do ofendido e permitir maior facilidade na subtração pelo agente. É importante não confundir o furto mediante fraude com o estelionato, pois nesta modalidade a fraude empregada visa enganar a vítima, fazendo-a incidir em erro, para que entregue o objeto espontaneamente ao agente. Já no furto mediante fraude, a artimanha é utilizada para diminuir a vigilância da vítima sobre o bem, viabilizando sua retirada pelo agente, sem que o ofendido se dê conta disso.

Escalada

É o uso de via anormal para que o agente ingresse no local onde se encontra a coisa pretendida.

A confecção de um túnel para acesso pode ser classificada como escalada, a partir de uma interpretação extensiva. De acordo com o Superior Tribunal de Justiça, "a escalada pressupõe a entrada em um local por um meio anormal, exigindo do agente esforço físico incomum, como saltar um muro de 1,80 m de altura".

Destreza

Trata-se do indivíduo que aplica técnicas sorrateiras, físicas ou manuais, de maneira que o agente pratica o fato sem que a vítima perceba. A jurisprudência condiciona a aplicação desta qualificadora à vítima trazer o bem junto ao corpo, pressuposto lógico para se avaliar a habilidade.

Chave falsa

Trata-se de todo instrumento com ou sem forma de chave, destinado a abrir fechaduras, sem arrombá-las (grampos, tesouras, mixas, chave de fenda, etc.).

A ligação direta não foi prevista em lei, razão pela qual não se pode equipará-la à chave falsa ou ao rompimento de obstáculo. Registre-se, porém, que existem decisões (posicionamento minoritário) considerando a ligação direta como qualificadora mediante rompimento de obstáculo.

Concurso de pessoas

Basta a participação de mais de uma pessoa, ainda que a outra seja inimputável, para configurar a qualificadora. Vale destacar que não é necessário que todos os agentes estejam no local da subtração.

DIREITO PENAL

> **Fique ligado**
>
> Vale recordar a Súmula nº 442 do STJ, que veta a aplicação da majorante do concurso de agentes prevista para o crime de roubo.

Emprego de explosivo

Prevista no §4º-A, a qualificadora foi introduzida pela Lei nº 13.654/2018, a fim de estabelecer uma punição mais eficaz e proporcional para o crime de furto quando cometido com emprego de explosivo ou artefato similar, especialmente a ação de criminosos que explodem caixas eletrônicos para subtrair o dinheiro existente na máquina, uma vez que a explosão pode gerar perigo comum para a população nas imediações do local.

> **Fique ligado**
>
> Registre-se que o furto mediante uso de substância explosiva migrou à condição de crime hediondo.

Furto de veículo automotor

O § 5° estabelece que o furto será qualificado se o veículo for transportado para outro estado ou para o exterior. Vale destacar que a aplicação da qualificadora pressupõe a prévia intenção do agente de transportar o veículo para outro Estado ou para o exterior e a efetiva transposição de fronteiras.

Furto de animal

O § 6° prevê a figura qualificada denominada de abigeato. Esse tipo qualificado é destinado à análise da subtração de animais vivos.

Todavia, para que se enquadre nesta hipótese, é preciso que o animal seja domesticável e destinado à reprodução.

Entende-se por semovente o animal (irracional) que possui condições de se deslocar por conta própria. É fundamental que se cuide de semovente domesticável; significa que o animal deve ter o condão de ser domesticado, sendo desnecessário que já o tenha sido.

Furto de substância explosiva

Também introduzida pela Lei nº 13.654/2018, a qualificadora prevista no § 7° pune com maior rigor a subtração do explosivo ou de acessórios, independentemente de sua utilização. Nesse caso, o que qualifica o furto é a natureza do objeto material subtraído.

Portanto, difere da hipótese do §4º-A, tendo em vista que, lá, ocorre o **emprego da substância explosiva como meio para acessar o patrimônio.** A hipótese do §7° consiste em praticar o furto da própria substância explosiva.

Nova qualificadora do furto (eletrônico ou informático)

A Lei nº 14.155/2021 trouxe novas figuras no intuito de sancionar com maior rigor algumas situações envolvendo o furto.

A primeira modalidade é a prevista no § 4º-B, que qualifica o furto quando a fraude é empregada por meio de dispositivo eletrônico ou informático, estando ou não conectado à Internet, com ou sem violação de mecanismo de segurança. Será também qualificado se houver a utilização de programa malicioso ou qualquer outra ferramenta similar.

> **Fique ligado**
>
> Perceba que, aqui, o legislador optou por utilizar a técnica da interpretação analógica, para fins de classificar "outro meio fraudulento análogo".

Podemos dizer também que o parágrafo em estudo é a qualificadora da qualificadora. Isso porque este parágrafo traz uma forma qualificada para o furto (qualificado) mediante fraude.

Na sequência, faz-se prudente analisar o § 4º-C, que traz também algumas causas de aumento (majorantes) para o furto mediante fraude eletrônica previsto no § 4º-B. Nessa toada, o inciso I do parágrafo acima mencionado dispõe que a pena será elevada de 1/3 até 2/3, caso o crime seja praticado mediante utilização de servidor mantido fora do território nacional.

Como se sabe, o crime organizado tem investido em servidores internacionais (externos) para promover a invasão de dispositivos informáticos alheios, e, com isso, dificultar o trabalho da investigação, rastreamento de IPs etc., para dificultar a responsabilização do criminoso.

> **Fique ligado**
>
> Cuidado, pois aqui não haverá, via de regra, o deslocamento do feito à Justiça Federal, já que esta competência está prevista em um rol taxativo (art. 109 da CF).

Também haverá aumento de pena de 1/3 até o dobro se o crime é praticado contra idoso ou vulnerável, conforme estabelece o inciso II, do § 4º-C. Naturalmente, aqui o aumento se justifica em razão da ignorância da vítima, que, muitas vezes, não dispõe de um conhecimento tecnológico razoável para proteger seu sistema operacional (computador, celular, tablet, entre outros) de qualquer vulnerabilidade.

Contextualizando, esta nova Lei representa uma *novatio legis in pejus*, tendo em vista que prejudica a situação do agente. Dessa forma, não possui aplicação retroativa, sendo que as condutas que se assemelhem ao tipo legal somente terão aplicação após o início de vigência da norma, ou seja, 27 de maio de 2021.

Outro ponto de destaque é que agora existe compatibilidade da conduta com a norma positivada, na medida em que, com o avançar da tecnologia, muito se discutia acerca do uso de dispositivo para facilitar o acesso a contas bancárias, por exemplo.

Havia divergência sobre a tipificação da conduta, entre estelionato e furto mediante fraude, porém, com a nova disposição, não há mais discussão neste aspecto.

É relevante apresentar também que o artifício ardil é empregado para facilitar a **subtração** da coisa, razão pela qual não há que se falar em estelionato, já que, neste, o agente aplica a fraude para que a vítima entregue a vantagem indevida.

5.1.5 Ação penal

No furto, a ação penal é pública incondicionada, ressalvadas as observações do art. 182 do CP (escusas relativas), quando o crime é praticado entre cônjuges separados judicialmente ou desquitados, entre irmãos ou entre tio e sobrinho, se houver, nesse caso, coabitação, situações em que a ação penal se torna pública condicionada à representação do ofendido:

> **Art. 182** *Somente se procede mediante representação, se o crime previsto neste título é cometido em prejuízo:*
>
> *I – do cônjuge desquitado ou judicialmente separado;*
>
> *II – de irmão, legítimo ou ilegítimo;*
>
> *III – de tio ou sobrinho, com quem o agente coabita.*

5.2 Furto de coisa comum

> **Art. 156** *Subtrair o condômino, co-herdeiro ou sócio, para si ou para outrem, a quem legitimamente a detém, a coisa comum:*
>
> **Pena** *– detenção, de seis meses a dois anos, ou multa.*
>
> *§ 1º Somente se procede mediante representação.*
>
> *§ 2º Não é punível a subtração de coisa comum fungível, cujo valor não excede a quota a que tem direito o agente.*

Aqui, temos uma forma menos grave do crime de furto, uma modalidade específica. Não obstante, a conduta recai sobre objeto comum (e

CRIMES CONTRA O PATRIMÔNIO

não alheio) a várias pessoas (condôminos, coerdeiros ou sócios). Este crime é próprio, pois só pode ser praticado pelo condômino.

A ação penal para este delito é condicionada à representação da vítima ou do representante legal (art. 155, § 1°).

Além disso, não haverá a punição para a hipótese de existir subtração de coisa substituível cujo valor não exceda a quota parte (fração ideal) a que o agente tenha direito.

5.3 Roubo e extorsão

5.3.1 Roubo

> **Art. 157** *Subtrair coisa móvel alheia, para si ou para outrem, mediante grave ameaça ou violência a pessoa, ou depois de havê-la, por qualquer meio, reduzido à impossibilidade de resistência:*
> *Pena - reclusão, de quatro a dez anos, e multa.*
>
> *§ 1° Na mesma pena incorre quem, logo depois de subtraída a coisa, emprega violência contra pessoa ou grave ameaça, a fim de assegurar a impunidade do crime ou a detenção da coisa para si ou para terceiro.*
>
> *§ 2° A pena aumenta-se de 1/3 (um terço) até metade:*
> *I – (revogado);*
> *II – se há o concurso de duas ou mais pessoas;*
> *III – se a vítima está em serviço de transporte de valores e o agente conhece tal circunstância;*
> *IV – se a subtração for de veículo automotor que venha a ser transportado para outro Estado ou para o exterior;*
> *V – se o agente mantém a vítima em seu poder, restringindo sua liberdade;*
> *VI – se a subtração for de substâncias explosivas ou de acessórios que, conjunta ou isoladamente, possibilitem sua fabricação, montagem ou emprego;*
> *VII – se a violência ou grave ameaça é exercida com emprego de arma branca.*
>
> *§ 2°-A A pena aumenta-se de 2/3 (dois terços):*
> *I – se a violência ou ameaça é exercida com emprego de arma de fogo;*
> *II – se há destruição ou rompimento de obstáculo mediante o emprego de explosivo ou de artefato análogo que cause perigo comum.*
>
> *§ 2°-B Se a violência ou grave ameaça é exercida com emprego de arma de fogo de uso restrito ou proibido, aplica-se em dobro a pena prevista no caput deste artigo.*
>
> *§ 3° Se da violência resulta:*
> *I – lesão corporal grave, a pena é de reclusão de 7 (sete) a 18 (dezoito) anos, e multa;*
> *II – morte, a pena é de reclusão de 20 (vinte) a 30 (trinta) anos, e multa.*

Neste artigo, abordaremos uma modalidade de crime complexo (tipo que se materializa pela junção de dois tipos penais: furto e constrangimento ilegal), que tutela o patrimônio, a liberdade individual e a integridade física do agente.

Entre as condutas previstas, é considerado hediondo o roubo cometido com restrição à liberdade de locomoção da vítima, com emprego de arma de fogo (uso permitido, restrito ou proibido) ou do qual resulte lesão corporal grave ou morte (art. 1°, II, "a", "b" ou "c", da Lei n° 8.072/1990).

Trata-se de delito que pode ser praticado por qualquer pessoa, exceto o proprietário do objeto. O sujeito passivo é o possuidor/proprietário do bem.

A figura prevista no *caput* é descrita como "roubo próprio", aquela conduta em que o agente, para se apropriar do patrimônio alheio, aplica violência; grave ameaça; ou qualquer outro meio capaz de impossibilitar a vítima de resistir ou defender-se (esta última hipótese também é chamada de violência imprópria).

> Ex.: emprego de drogas, sonífero, hipnose, trancar a vítima em um cômodo.

No § 1°, temos a figura do roubo impróprio ou roubo por aproximação, que se configura quando o agente da violência ou grave ameaça não age para subtrair a coisa, mas para assegurar a impunidade do crime ou a detenção da coisa que já está na sua posse.

É importante colacionar dois entendimentos:

▷ Não cabe a aplicação do princípio da insignificância ao crime de roubo;
▷ É típica a conduta de roubar bem ilícito, pois a *res furtiva* tem relevância econômica para a vítima.

Para a consumação do delito, da mesma forma como acontece no furto, não há a necessidade de posse mansa e pacífica do bem. Adotou-se também a teoria da *amotio* (*apprehensio*). Nesse sentido, veja-se o entendimento jurisprudencial consolidado na Súmula n° 582 do STJ: *Consuma-se o crime de roubo com a inversão da posse do bem mediante emprego de violência ou grave ameaça, ainda que por breve tempo e em seguida à perseguição imediata ao agente e recuperação da coisa roubada, sendo prescindível a posse mansa e pacífica ou desvigiada.*

No que se refere à pluralidade de vítimas, o entendimento do STF é no sentido de que, se o roubo é cometido contra mais de uma pessoa e o agente subtrai bens de várias vítimas no mesmo contexto fático, caracteriza concurso formal de crimes. O STJ ratificou este entendimento. Inclusive, o fato de as pessoas serem da mesma família não torna o crime único.

Por outro lado, se o agente emprega grave ameaça ou violência contra duas pessoas, mas subtrai objeto de só uma delas, há crime único, porquanto apenas um patrimônio foi lesado.

A ocasional inexistência de valores em poder da vítima de assalto, inviabilizando sua consumação, traduz-se em caso de impropriedade **relativa** do objeto, o que caracteriza a tentativa, e não a figura de crime impossível.

Majorantes e qualificadoras

O §2° do art. 157 prevê circunstâncias majorantes, em que a pena será aumentada de 1/3 (um terço) até a 1/2 (metade).

O inciso I, que tratava sobre o emprego de arma, foi revogado pela Lei n°13.654/2018, tendo em vista que agora existem causas de aumento distintas para o emprego de arma branca e para o emprego de arma de fogo.

O inciso II faz referência ao concurso de pessoas. Para sua incidência, é imprescindível que os agentes pratiquem o núcleo do tipo e, ainda, que haja um mínimo de duas pessoas, devendo-se considerar possíveis inimputáveis ou agentes não identificados.

O inciso III traz a causa de aumento para situações em que o agente está em situação de transporte de valores.

O STJ tem decidido que o roubo cometido contra os Correios atrai esta majorante (REsp 1.309.966/RJ, j. 26/08/2014).

Redobre a atenção aqui, pois, neste caso, nos termos do art. 109, IV, da CF, a competência para julgamento será da Justiça Federal. Mas isso nem sempre será assim. Como é notório, os Correios também atuam em sistema de agências franqueadas – pessoas jurídicas de direito privado que alçam esse *status* por conta de processo licitatório. Dessa forma, se o fato atingir uma empresa franqueada, a competência será da Justiça Estadual – mas este entendimento diz respeito ao patrimônio da agência propriamente dita. Se a conduta atingir os bens transportados por SEDEX – ainda que por agente terceirizado –, o STF considera crime contra o serviço postal, atraindo a competência da Justiça Federal.

No inciso IV, temos a figura majorada do roubo quando o agente realiza a subtração de veículo e tem por objetivo o deslocamento da coisa para outro Estado da Federação ou para outro País. Vale destacar que a efetiva transposição da fronteira é necessária para incidência da aludida majorante.

O inciso V aumenta a pena para a hipótese em que o agente mantém a vítima em seu poder. São hipóteses em que o agente, para consumar o crime de roubo ou garantir o sucesso da fuga, mantém a vítima com restrição da liberdade. Por exemplo, se o agente mantém as vítimas confinadas e amarradas em um cômodo da casa, restringindo-lhes a liberdade por espaço de tempo suficiente à subtração dos bens objeto do roubo, incide o aumento de pena previsto no § 2º, V, do art. 157 do CP. Essa hipótese agora é considerada crime hediondo (art. 1º, II, "a", da Lei nº 8.072/1990).

O inciso VI majora a pena se a subtração for de substâncias explosivas ou de acessórios que, conjunta ou isoladamente, possibilitem sua fabricação, montagem ou emprego.

Por fim, o inciso VII foi incluído pela Lei nº 13.964/2019 (Pacote Anticrime) prevendo como causa de aumento de pena o roubo cometido com emprego de arma branca (tais como: faca de cozinha, tesoura, navalha, pedra, vidro etc.).

O §2º-A lei também consagra uma causa de aumento de pena (*quantum* de 2/3) nas seguintes hipóteses:

> *I – violência ou ameaça é exercida com **emprego** (não bastando o mero porte) de arma de fogo;*

Acerca do uso da arma de brinquedo, deve-se destacar que a Súmula nº 174 do STJ já foi há muito revogada (ano de 2001).

Além disso, o STJ e STF entendem que, para a configuração da majorante, é desnecessária a apreensão da arma, desde que sua utilização seja ratificada por outros meios de prova (por exemplo, a palavra da vítima, que atestou que o agente efetuou disparos).

Entretanto, se a arma de fogo usada no crime for apreendida, periciada e se constatar sua ineficiência, não haverá que se falar na incidência da majorante.

Vale mencionar que o Pacote Anticrime – Lei nº 13.964/2019 incluiu o roubo majorado pelo emprego de arma de fogo, inclusive de uso permitido, no rol dos delitos hediondos (alínea b do inciso II do art. 1º da Lei n. 8.072/90). II – se há destruição ou rompimento de obstáculo mediante o emprego de explosivo ou de artefato análogo que cause perigo comum.

Destacamos que o legislador não incluiu este inciso como crime hediondo. Isso se torna curioso, na medida em que o fez com relação ao furto praticado da mesma forma. A doutrina trata o tema como uma "omissão terrível".

O §2º-B prevê que a pena é aplicada **em dobro** se a violência ou a grave ameaça é exercida com emprego de arma de fogo de uso restrito ou proibido. A circunstância majorante, foi criada pela Lei Anticrime (Lei nº 13.964/2019).

Deve-se destacar que, nesse caso, o crime de roubo também é hediondo, tendo em vista que a Lei Anticrime, expressamente, o inclui no respectivo rol (alínea *b* do inciso II do art. 1º da Lei nº 8.072/1990).

Para a análise geral das causas de aumento, é imperioso ressaltar a Súmula nº 443 do STJ, a qual estabelece que a aplicação das causas de aumento deve ser devidamente fundamentada, não bastando a mera indicação do número de majorantes.

Por derradeiro, o §3º traz duas figuras que qualificam o crime de roubo: a primeira trata sobre lesão corporal de natureza grave ou gravíssima (pena de reclusão de 7 a 18 anos); e a segunda hipótese trata do resultado morte – o popular latrocínio (pena de 20 a 30 anos).

Para a ocorrência das qualificadoras, o resultado deve ter sido causado ao menos culposamente.

É relevante atinar, de igual forma, que as majorantes dos §§ 2º, 2º-A e 2º-B têm exclusiva aplicação aos crimes de roubo próprio e impróprio, não se aplicando para as hipóteses de roubo qualificado.

Acerca do latrocínio, impende ressaltar:

Morte consumada	Subtração consumada	Latrocínio consumado
Morte tentada	Subtração tentada	Latrocínio tentado
Morte consumada	Subtração tentada	**Latrocínio consumado (vide Súmula nº 610, STF)**
Morte tentada	Subtração consumada	Latrocínio tentado

Em resumo, se há a consumação da morte – ainda que a subtração não se materialize (tentativa) –, estaremos diante do latrocínio consumado, conforme entendimento do STF, nos termos da Súmula nº 610: *Há crime de latrocínio, quando o homicídio se consuma, ainda que não realize o agente a subtração de bens da vítima.*

O processamento do roubo, em todas as suas modalidades, opera-se mediante ação penal pública incondicionada.

Segundo entendimento prevalente, na hipótese de latrocínio com vítimas distintas, o agente responderá pelos crimes na modalidade de concurso formal impróprio ou imperfeito (art. 70, 2ª parte do CP).

O latrocínio também é crime hediondo, previsto no art. 1º, inciso II, "c", da Lei nº 8.072/1990.

Por fim, é importante destacar que a competência para julgamento do latrocínio será do **juiz singular** e não do Tribunal do Júri (Súmula nº 603 do STF).

5.3.2 Extorsão

> *Art. 158 Constranger alguém, mediante violência ou grave ameaça, e com o intuito de obter para si ou para outrem indevida vantagem econômica, a fazer, tolerar que se faça ou deixar de fazer alguma coisa:*
> *Pena – reclusão, de quatro a dez anos, e multa.*
> *§ 1º Se o crime é cometido por duas ou mais pessoas, ou com emprego de arma, aumenta-se a pena de um terço até metade.*
> *§ 2º Aplica-se à extorsão praticada mediante violência o disposto no § 3º do artigo anterior.*
> *§ 3º Se o crime é cometido mediante a restrição da liberdade da vítima, e essa condição é necessária para a obtenção da vantagem econômica, a pena é de reclusão, de 6 (seis) a 12 (doze) anos, além da multa; se resulta lesão corporal grave ou morte, aplicam-se as penas previstas no art. 159, §§ 2º e 3º, respectivamente.*

Esse delito pune, num primeiro momento, o patrimônio da vítima, e, num segundo plano, a integridade física, a psíquica, a liberdade individual e a vida da pessoa.

O objetivo do agente na extorsão é a obtenção de uma indevida vantagem econômica, para si ou para outrem (o núcleo do tipo é o verbo "constranger", que possui como sinônimo: obrigar, coagir, exigir...). Todavia, estamos diante de um delito formal[1], que se consuma no instante em que a violência ou a grave ameaça é empregada, independentemente da obtenção da vantagem indevida.

Conforme já mencionado, a vantagem, além de ser econômica (cunho patrimonial), deve ser indevida (elemento normativo do tipo). Caso a vantagem seja devida, não há que se falar no delito de extorsão, mas sim no crime de exercício arbitrário das próprias razões, sem prejuízo da violência (CP, art. 345).

O crime pode ser praticado por qualquer pessoa, assim como qualquer pessoa pode ser vítima. Há entendimento, inclusive, que a pessoa jurídica pode ser vítima de extorsão.

---

1 Súmula nº 96 do STJ: *O crime de extorsão consuma-se independentemente da obtenção da vantagem indevida.*

CRIMES CONTRA O PATRIMÔNIO

> **Fique ligado**
>
> Se a exigência da vantagem indevida partir de um servidor público, não teremos o crime de extorsão, mais sim o de concussão (art. 316, CP).

Não há de se confundir o delito de extorsão com o roubo, pois neste, o agente emprega a violência ou grave ameaça para subtrair o bem, buscando imediata vantagem, dispensando a participação da vítima. Já no delito de extorsão, há o constrangimento mediante emprego de violência ou grave ameaça para fazer com que a vítima lhe conceda uma vantagem econômica indevida. Assim, a diferença é que no roubo o agente atua sem a participação da vítima, ao passo que na extorsão o ofendido colabora com o criminoso.

Logo, não há de se confundir os delitos.

Vale a ressalva de que o entendimento do STJ e do STF é no sentido da possibilidade de cumulação material das infrações (art. 69, do CP), na hipótese em que o agente, após subtrair os bens da vítima mediante violência ou grave ameaça, a constrange a entregar o cartão bancário e a respectiva senha para sacar dinheiro de sua conta (STJ, AgRg no AREsp 323.029/DF – 01/09/2016).

Quanto ao elemento subjetivo, a extorsão somente se consuma mediante dolo, sendo imprescindível que o agente tenha consciência e vontade de realizar a conduta descrita no tipo penal.

O § 1° do art. 158 prevê hipótese de causa de aumento de pena, equivalente a 1/3 até metade, se o crime é praticado por duas ou mais pessoas ou com o emprego de arma, frisando que inimputáveis ou pessoas não identificadas servem para a contabilização do número de agentes.

> **Fique ligado**
>
> Como a lei não fez distinção acerca do que se entende por arma, tanto a doutrina quanto os tribunais entendem que se aplica aqui o sentido amplo de arma, considerando-se como tal tudo aquilo capaz de causar temor à vítima.

Se da extorsão resulta lesão corporal grave, gravíssima ou morte, aplicam-se os regramentos do § 3° do art. 157, com as respectivas proporções. Essas modalidades previstas no § 3° são consideradas como crimes hediondos (art. 1°, III, da Lei n°8.072/1990).

Para arrematar o art. 158, cabe destacar a figura prevista no § 3° do referido artigo, que contempla a hipótese de sequestro relâmpago.

Haverá a incidência da referida qualificadora quando o crime é cometido mediante a restrição da liberdade da vítima, e essa condição é necessária para a obtenção da vantagem econômica (pena de reclusão de 6 a 12 anos). Se da prática do crime resulta lesão corporal grave ou morte, aplicam-se as penas previstas no art. 159, §§ 2° e 3° (pena de reclusão de 24 a 30 anos).

O STJ, a seu turno, considerou aplicáveis a esta qualificadora as causas de aumento do § 1° do art. 158 do Código Penal. Assim, é possível que o juiz condene o agente por extorsão pela restrição da liberdade da vítima, e, na terceira fase da dosimetria da pena, aumente-a de um terço até metade, se o crime foi cometido por duas ou mais pessoas ou com emprego de arma.

Em razão da gravidade do delito, a ação penal será sempre pública incondicionada.

5.3.3 Extorsão mediante sequestro

> *Art. 159* Sequestrar pessoa com o fim de obter, para si ou para outrem, qualquer vantagem, como condição ou preço do resgate:
> Pena – reclusão, de oito a quinze anos.
>
> *§ 1° Se o sequestro dura mais de 24 (vinte e quatro) horas, se o sequestrado é menor de 18 (dezoito) ou maior de 60 (sessenta) anos, ou se o crime é cometido por bando ou quadrilha.*
> *Pena – reclusão, de doze a vinte anos.*
>
> *§ 2° Se do fato resulta lesão corporal de natureza grave:*
> *Pena – reclusão, de dezesseis a vinte e quatro anos.*
>
> *§ 3° Se resulta a morte:*
> *Pena – reclusão, de vinte e quatro a trinta anos.*
>
> *§ 4° Se o crime é cometido em concurso, o concorrente que o denunciar à autoridade, facilitando a libertação do sequestrado, terá sua pena reduzida de um a dois terços.*

Neste crime, analisamos a conduta em que a privação da liberdade é meio necessário para a obtenção da vantagem indevida. Além disso, as figuras aqui contidas, tanto em sua forma simples quando nas qualificadas, são todas denominadas hediondas.

Qualquer pessoa pode figurar no polo ativo. No polo passivo, igualmente, qualquer pessoa pode ser vítima. Inclusive, o entendimento predominante é que a pessoa jurídica também pode ser vítima, por exemplo, quando um dos sócios é sequestrado e o pagamento do resgate é feito com o patrimônio da empresa.

Se ocorrer a privação de liberdade de um animal, constrangendo-se seu dono, mediante grave ameaça a pagar resgate, haverá a figura da extorsão simples.

Para a configuração do presente crime, basta o autor exigir qualquer vantagem (diferentemente dos anteriores, em que a vantagem deveria ser indevida).

O delito é permanente, admitindo a prisão em flagrante em qualquer momento durante a privação da liberdade da vítima. Também é crime formal, porquanto se consuma com privação da liberdade da vítima, sendo o recebimento do resgate mero exaurimento do crime.

O crime é qualificado se o sequestro durar mais de 24 horas ou se o agente tem menos de 18 anos ou mais de 60 e, ainda, se o crime é praticado por associação criminosa (neste último caso, não haverá *bis in idem* se for processado e condenado pela extorsão qualificada + associação criminosa).

> **Fique ligado**
>
> Deve-se destacar que, se a pessoa forjar o próprio sequestro com o intuito de receber pelo resgate, estaremos diante do crime de extorsão (art. 158, CP).

O § 3° remete às mesmas condições previstas para o art. 157, § 3°, a qual fazemos remessa.

Por derradeiro, o § 4° apresenta uma hipótese de delação premiada, laborando em uma causa especial de redução de pena.

Assim, a pena será reduzida no patamar de 1/3 a 2/3 se o agente que concorreu para a prática delitiva denunciar o fato à autoridade e, em decorrência da delação houver a facilitação na libertação do sequestrado.

Pela gravidade e, ainda, por ser considerado hediondo, naturalmente a ação penal será pública incondicionada.

5.3.4 Extorsão indireta

> *Art. 160* Exigir ou receber, como garantia de dívida, abusando da situação de alguém, documento que pode dar causa a procedimento criminal contra a vítima ou contra terceiro:
> Pena – reclusão, de um a três anos, e multa.

Trata-se de infração que não costuma ser trabalhada pelas bancas de concurso, entretanto, *ad cautelam*, faremos breve análise.

O tipo em estudo é uma infração que tem por objetivo a proteção patrimonial nas relações entre credores e devedores.

O sujeito ativo será qualquer pessoa. Já o sujeito passivo é aquele que entrega o documento.

O documento entregue pela vítima deve ser suficiente para desaguar na propositura de um procedimento criminal, caso contrário, inexistirá o crime. O exemplo é a exigência da entrega de um cheque que, sabidamente, não possui fundos ou um cheque em branco.

DIREITO PENAL

A conduta só se pratica mediante dolo, exigindo-se que o sujeito ativo tenha plena consciência de que está abusando da situação financeira aflitiva do ofendido.

Na modalidade exigir, o crime é formal, enquanto que na conduta de receber é material.

O crime se consuma, independentemente, da instauração do procedimento criminal contra a vítima, basta que seja possível.

O crime processa-se mediante ação penal pública incondicionada.

5.4 Dano

Art. 163 Destruir, inutilizar ou deteriorar coisa alheia:
Pena - detenção, de um a seis meses, ou multa.
Dano qualificado
Parágrafo único. *Se o crime é cometido:*
I - com violência à pessoa ou grave ameaça;
II - com emprego de substância inflamável ou explosiva, se o fato não constitui crime mais grave;
III - contra o patrimônio da União, Estado, Município, empresa concessionária de serviços públicos ou sociedade de economia mista;
IV - por motivo egoístico ou com prejuízo considerável para a vítima:
Pena - detenção, de seis meses a três anos, e multa, além da pena correspondente à violência.

▷ O tipo penal do art. 163 do CP tutela a propriedade de coisas móveis e imóveis. O verbo núcleo do tipo descreve as ações de destruir, inutilizar ou deteriorar o bem alheio.

▷ **Destruir** significa arruinar, extinguir ou eliminar;

▷ **Inutilizar** significa tornar inútil ou imprestável alguma coisa para os fins a qual se destina;

▷ **Deteriorar** significa estragar ou corromper alguma coisa parcialmente.

No que se refere ao elemento subjetivo, o crime de dano só é punido na forma dolosa, pois o dano causado culposamente constitui mero ilícito civil. Assim, é imprescindível que exista vontade e consciência do agente em destruir, inutilizar ou deteriorar coisa alheia.

Por fim, é importante destacar que quando se tratar de **bem especialmente protegido** por lei, ato administrativo ou decisão judicial, arquivo, registro, museu, biblioteca, pinacoteca, instalação científica ou similar, a conduta se subsumirá ao **art. 62 da Lei n. 9.605/98 (Lei de Crimes Ambientais).**

5.4.1 Ação penal

Art. 167 Nos casos do art. 163, do inciso IV do seu parágrafo e do art. 164, somente se procede mediante queixa.

Em sua forma simples (art. 163, *caput)*, e na forma qualificada pelo motivo egoístico ou considerável prejuízo da vítima, o delito é processado mediante ação penal privada (queixa). Nos demais casos, a ação penal é pública incondicionada. A reparação do dano pode ensejar a aplicação do art. 16 do CP (arrependimento posterior) no caso do dano qualificado (§1°).

5.5 Apropriação indébita

Art. 168 Apropriar-se de coisa alheia móvel, de que tem a posse ou a detenção:
Pena - reclusão, de um a quatro anos, e multa.
Aumento de pena
§ 1° A pena é aumentada de um terço, quando o agente recebeu a coisa:
I - em depósito necessário;
II - na qualidade de tutor, curador, síndico, liquidatário, inventariante, testamenteiro ou depositário judicial;
III - em razão de ofício, emprego ou profissão.

Trata-se de mais um delito que protege o patrimônio e a posse sobre coisas móveis.

O crime pode ser praticado por qualquer pessoa. O sujeito passivo é o proprietário que teve a coisa indevidamente apropriada por outrem.

O verbo núcleo do tipo é "apropriar-se". Assim, o que consubstancia o delito é a apropriação, entendida como a conduta do agente que legitimamente detém algum objeto, em nome alheio, e, a partir de um certo momento, passa a agir como se dono da coisa fosse.

O crime só se pratica mediante dolo e, para sua ocorrência, é necessária a ocorrência dos seguintes requisitos: a) a vítima deve entregar voluntariamente o bem, ou seja, a posse do sujeito deve ser legítima; b) a posse deve ser confiada sem necessidade de vigilância; c) a conduta recai sobre bem alheio móvel; c) inversão do *animus* da posse, ou seja, o sujeito que detinha a coisa passa a tratá-la como sua.

> **Fique ligado**
>
> Constamos a ressalva de que o STJ entendeu que, mesmo que o bem seja fungível (possa ser substituído por outro de igual qualidade), haverá o crime.

Ainda, de acordo com o entendimento do STJ, é aplicável o princípio da insignificância ao delito em questão. Além disso, o ressarcimento do dano não exclui a tipicidade, apenas configura causa de redução de pena (arrependimento posterior), desde que preenchidos os requisitos do art. 16 do CP.

O § 1° prevê a chamada apropriação indébita circunstanciada. A pena será aumentada em 1/3 (um terço) quando o agente recebeu a coisa: em depósito necessário; na qualidade de tutor, curador, síndico, liquidatário, inventariante, testamenteiro ou depósito judicial; ou em razão de ofício, emprego ou profissão.

▷ Quanto às causas de aumento, a questão envolvendo o agente que recebe a coisa em depósito necessário tem sido controvertida, pois o depósito necessário será endossado a um servidor público que, se se apropria da coisa, pratica peculato.

▷ As demais situações são de fácil constatação.

▷ A ação penal será pública incondicionada.

5.5.1 Apropriação indébita previdenciária

Art. 168-A Deixar de repassar à previdência social as contribuições recolhidas dos contribuintes, no prazo e forma legal ou convencional:
Pena – reclusão, de 2 (dois) a 5 (cinco) anos, e multa.
§ 1° Nas mesmas penas incorre quem deixar de:
I – recolher, no prazo legal, contribuição ou outra importância destinada à previdência social que tenha sido descontada de pagamento efetuado a segurados, a terceiros ou arrecadada do público;
II – recolher contribuições devidas à previdência social que tenham integrado despesas contábeis ou custos relativos à venda de produtos ou à prestação de serviços;
III – pagar benefício devido a segurado, quando as respectivas cotas ou valores já tiverem sido reembolsados à empresa pela previdência social.
§ 2° É extinta a punibilidade se o agente, espontaneamente, declara, confessa e efetua o pagamento das contribuições, importâncias ou valores e presta as informações devidas à previdência social, na forma definida em lei ou regulamento, antes do início da ação fiscal.
§ 3° É facultado ao juiz deixar de aplicar a pena ou aplicar somente a de multa se o agente for primário e de bons antecedentes, desde que:
I – tenha promovido, após o início da ação fiscal e antes de oferecida a denúncia, o pagamento da contribuição social previdenciária, inclusive acessórios; ou

CRIMES CONTRA O PATRIMÔNIO

II – o valor das contribuições devidas, inclusive acessórios, seja igual ou inferior àquele estabelecido pela previdência social, administrativamente, como sendo o mínimo para o ajuizamento de suas execuções fiscais.

§ 4º A faculdade prevista no § 3º deste artigo não se aplica aos casos de parcelamento de contribuições cujo valor, inclusive dos acessórios, seja superior àquele estabelecido, administrativamente, como sendo o mínimo para o ajuizamento de suas execuções fiscais.

O delito do art. 168-A trata da chamada apropriação indébita previdenciária, o qual visa tutelar a previdência social, gerida e administrada pela União. Portanto, é de competência da Justiça Federal.

O sujeito ativo é a pessoa que tem o dever legal de repassar à Previdência Social a contribuição devida e os respectivos recolhimentos. O sujeito passivo é a previdência social, existindo também entendimento de que se trata da União.

A conduta criminosa consiste na omissão de deixar de recolher os valores devidos à Previdência Social.

Fique ligado

Hipoteticamente, se o agente pratica a conduta de forma reiterada, o entendimento sedimentado é que responde em continuidade delitiva, ainda que se trate da gestão de empresas diferentes.

O crime somente se pratica mediante dolo e não há a necessidade de uma finalidade especial por parte do agente.

Segundo entendimento majoritário da doutrina, o crime é formal. Porém, **o STF entende que o crime é material, tendo em vista que, quando há a omissão daquele que deveria repassar o valor,** o agente enriquece ilicitamente, em detrimento da Previdência.

Como o crime é omissivo próprio, unissubsistente, não há de se falar em tentativa.

O importante e relevante de se analisar, diz respeito à hipótese de extinção da punibilidade prevista no §2°, o qual prevê que se o agente, espontaneamente, declarar, confessar e efetuar o pagamento das contribuições, importâncias ou valores e, ainda, prestar as informações devidas à previdência social, na forma definida em lei ou regulamento, antes do início da ação fiscal, extingue-se a punibilidade.

O § 3° prevê a hipótese de **perdão judicial** ou **privilégio.** Nessa situação, o juiz poderá deixar de aplicar a pena ou impor somente a multa, desde que presentes os requisitos genéricos e específicos alternativos.

Quanto aos requisitos genéricos, o agente deve ser primário e de bons antecedentes. Já quanto aos requisitos alternativos, o agente deve ter promovido, após o início da ação fiscal e antes de oferecida a denúncia, o pagamento da contribuição social previdenciária, inclusive acessórios; ou o valor das contribuições devidas, inclusive acessórios, seja igual ou inferior àquele estabelecido pela previdência social, administrativamente, como sendo o mínimo para o ajuizamento de suas execuções fiscais.

Relativamente aos valores utilizados como parâmetro, existe divergência, a jurisprudência do STJ entendia que o valor a ser aplicado seria o de R$ 10.000,00, desconsiderando a Portaria nº 75/2012 do Ministério da Fazenda (que estabelece R$ 20.000,00).

Porém, em recente decisão, datada de 22/05/2019, no AgRg na RvCr 4.881/RJ, a terceira turma entendeu que não se aplica o princípio da insignificância à apropriação indébita previdenciária e de sonegação de contribuição previdenciária, ratificando entendimento exarado pelo STF, no sentido de que a Previdência Social é bem supraindividual, que representa um interesse público, sendo, portanto, insuscetível de aplicação do princípio da bagatela.

5.5.2 Outras formas de apropriação

Apropriação de coisa havida por erro, caso fortuito ou força da natureza

Art. 169 *Apropriar-se alguém de coisa alheia vinda ao seu poder por erro, caso fortuito ou força da natureza:*

Pena – detenção, de um mês a um ano, ou multa.

Parágrafo único. *Na mesma pena incorre:*

Apropriação de tesouro

I - quem acha tesouro em prédio alheio e se apropria, no todo ou em parte, da quota a que tem direito o proprietário do prédio;

Apropriação de coisa achada

II - quem acha coisa alheia perdida e dela se apropria, total ou parcialmente, deixando de restitui-la ao dono ou legítimo possuidor ou de entregá-la à autoridade competente, dentro no prazo de quinze dias.

Art. 170 *Nos crimes previstos neste Capítulo, aplica-se o disposto no art. 155, § 2º.*

Os dispositivos em questão não possuem histórico de cobrança em concursos policiais, razão pela qual trazemos apenas sua redação, tendo em vista que não exigem grandes esforços hermenêuticos.

5.6 Estelionato e outras fraudes

5.6.1 Estelionato

Art. 171 *Obter, para si ou para outrem, vantagem ilícita, em prejuízo alheio, induzindo ou mantendo alguém em erro, mediante artifício, ardil, ou qualquer outro meio fraudulento:*

Pena – reclusão, de um a cinco anos, e multa, de quinhentos mil réis a dez contos de réis.

§ 1º Se o criminoso é primário, e é de pequeno valor o prejuízo, o juiz pode aplicar a pena conforme o disposto no art. 155, § 2º.

§ 2º Nas mesmas penas incorre quem:

Disposição de coisa alheia como própria

I - vende, permuta, dá em pagamento, em locação ou em garantia coisa alheia como própria;

Alienação ou oneração fraudulenta de coisa própria

II - vende, permuta, dá em pagamento ou em garantia coisa própria inalienável, gravada de ônus ou litigiosa, ou imóvel que prometeu vender a terceiro, mediante pagamento em prestações, silenciando sobre qualquer dessas circunstâncias;

Defraudação de penhor

III - defrauda, mediante alienação não consentida pelo credor ou por outro modo, a garantia pignoratícia, quando tem a posse do objeto empenhado;

Fraude na entrega de coisa

IV - defrauda substância, qualidade ou quantidade de coisa que deve entregar a alguém;

Fraude para recebimento de indenização ou valor de seguro

V - destrói, total ou parcialmente, ou oculta coisa própria, ou lesa o próprio corpo ou a saúde, ou agrava as consequências da lesão ou doença, com o intuito de haver indenização ou valor de seguro.

Fraude no pagamento por meio de cheque

VI - emite cheque, sem suficiente provisão de fundos em poder do sacado, ou lhe frustra o pagamento.

Fraude eletrônica

§ 2º-A A pena é de reclusão, de 4 (quatro) a 8 (oito) anos, e multa, se a fraude é cometida com a utilização de informações fornecidas pela vítima ou por terceiro induzido a erro por meio de redes sociais, contatos telefônicos ou envio de correio eletrônico fraudulento, ou por qualquer outro meio fraudulento análogo.

§ 2º-B A pena prevista no § 2º-A deste artigo, considerada a relevância do resultado gravoso, aumenta-se de 1/3 (um terço) a 2/3 (dois terços), se o crime é praticado mediante a utilização de servidor mantido fora do território nacional.

§ 3º A pena aumenta-se de um terço, se o crime é cometido em detrimento de entidade de direito público ou de instituto de economia popular, assistência social ou beneficência.

Estelionato contra idoso ou vulnerável

§ 4º A pena aumenta-se de 1/3 (um terço) ao dobro, se o crime é cometido contra idoso ou vulnerável, considerada a relevância do resultado gravoso.

§ 5º Somente se procede mediante representação, salvo se a vítima for:

I - a Administração Pública, direta ou indireta;

II - criança ou adolescente;

III - pessoa com deficiência mental; ou

IV - maior de 70 (setenta) anos de idade ou incapaz.

Neste título, analisaremos o crime de estelionato, espécie de delito patrimonial em que a fraude constitui elemento fundamento para da conduta típica. A fraude é aquilo que vicia a vontade alheia, que induz a vítima em erro, ou seja, o estelionato é perpetrado por intermédio da astúcia, do engodo, do embuste, da trapaça do agente, que objetiva induzir ou manter alguém em erro, a fim de obter indevida vantagem econômica.

Sobre a caracterização do tipo penal do art. 171, do CP, entende-se que o crime se configura quando o agente emprega qualquer meio fraudulento, induzindo alguém em erro ou mantendo-o nessa situação, e, conseguindo, assim, uma vantagem indevida para si ou para outrem, como lesão patrimonial alheia. A fraude é, portanto, o núcleo do delito. É o meio fraudulento que faz com que a vítima, enganada, entregue a coisa ao estelionatário.

O bem jurídico protegido é o patrimônio alheio, e ainda, protege-se, também, a boa-fé e a confiança recíproca.

O crime de estelionato pode ser praticado por qualquer pessoa, sendo classificado como crime comum, admitindo-se o concurso eventual de pessoas.

É a pessoa física ou jurídica que sofre a lesão patrimonial; normalmente, é aquele que vem a ser enganado, nada impedindo, porém, que seja terceira pessoa. Nesse sentido, a expressão "prejuízo alheio".

O núcleo da conduta é o verbo "obter", que significa receber ou adquirir vantagem em prejuízo alheio. Observe-se que esse verbo não se confunde com as ações de "subtrair" (art. 155, do CP) ou "apropriar-se" (art. 168, do CP). A forma se de obter a vantagem é por meio do "expediente fraudulento", desde que idôneo para lesar o bem jurídico. O próprio dispositivo exemplifica meios fraudulentos: artifício, ardil ou comportamento similar.

Fique ligado

Não confunda o estelionato com o furto qualificado pelo emprego da fraude. No primeiro, a vítima é induzida e mantida em erro e, voluntariamente, entrega o patrimônio ao estelionatário. No furto mediante fraude, haverá o emprego da fraude para permitir a subtração.
Como sempre saliento, é imprescindível recordar os verbos (ações nucleares), a fim de contextualizar com o caso concreto e permitir uma correta tipificação do delito.

A seu turno, induzir ou manter alguém em erro, significa que, no induzir, o agente conduz o lesado a errar, leva-o à falsa representação da realidade. Ao passo que no manter, o erro preexiste ao estelionatário, que, na verdade, dele se aproveita, não desfazendo o equívoco alheio.

O tipo menciona, ainda, "vantagem ilícita". Diversamente do furto ou da apropriação indébita, que aludem à "coisa alheia", ao estelionato basta a "vantagem ilícita", vale dizer, qualquer benefício de caráter econômico ou patrimonial.

O elemento subjetivo do crime é o dolo, consistente na vontade do agente de induzir ou manter alguém em erro, a fim de obter indevida vantagem, para si ou para outrem.

Cuida-se de crime material, consumando-se, portanto, com a ocorrência do resultado naturalístico, qual seja, a obtenção da vantagem econômica ilícita e o correspondente prejuízo alheio. O delito de estelionato consuma-se com a obtenção de vantagem ilícita em prejuízo alheio, desde que o agente desfrute, durante algum tempo desta vantagem, não desaparecendo o crime pelo ressarcimento do dano.

A tentativa é perfeitamente possível, por exemplo, no golpe de apresentar-se como suposto titular de uma conta bancária, mas não conseguir sacar valores depositados por conta da diligente intervenção do gerente daquela instituição bancária.

5.6.2 Estelionato privilegiado

No art. 171, § 1º, temos a figura do estelionato privilegiado, hipótese em que, sendo o réu primário e pequeno o valor do prejuízo, haverá a possibilidade de substituição da pena de reclusão pela detenção; ou a redução da pena de 1 a 2/3 ou, ainda, a possibilidade de aplicação apenas da pena de multa.

Perceba que o dispositivo fala em pequeno prejuízo e não em pequeno valor da coisa. Assim, valor do prejuízo deve ser apurado no caso concreto, a fim de se verificar se foi de grande ou pequena monta.

No § 2º, do art. 171, temos as condutas equiparadas ao estelionato. Vejamos uma a uma.

5.6.3 Disposição de coisa alheia como própria

Prevista no inciso I, do § 2º, esta modalidade pune a conduta de vender, permutar, dar em pagamento, em locação ou em garantia coisa alheia como própria. O verbo "vender" significa alienar por quantia certa. "Permutar" é sinônimo de trocar.

Por sua vez, "dar em pagamento" se refere ao instituto da "dação em pagamento", próprio do Direito Civil. Conforme o art. 356 do Código Civil, a dação em pagamento significa "acordo liberatório, feito entre credor e devedor, em que o credor consente na entrega de uma coisa diversa da avençada". Na hipótese em comento, a tal "coisa diversa da avençada" não seria do devedor, e sim, de pessoa alheia, mas o estelionatário dá em pagamento ao credor como se fosse dele próprio.

"Dar em locação" seria ceder a outrem, "por tempo determinado ou não, o uso e gozo de coisa não fungível, mediante certa retribuição", nos moldes do art. 565 do Código Civil. Na hipótese em comento, a coisa não fungível cedida seria de outra pessoa, mas o estelionatário a coloca como se fosse própria.

Por fim, "dar em garantia" se refere aos direitos reais como o penhor, a anticrese e a hipoteca, nos moldes dos arts. 1.419 e seguintes do Código Civil.

5.6.4 Alienação ou oneração fraudulenta de coisa própria (inalienável)

Prevista no inciso II, do §2º, a segunda modalidade especial é "vender, permutar, dar em pagamento ou em garantia coisa própria inalienável, gravada de ônus ou litigiosa, ou imóvel que prometeu vender a terceiro, mediante pagamento em prestações, silenciando sobre qualquer dessas circunstâncias.

Esta conduta se distingue da anterior porque aqui é o próprio dono da coisa que pratica o ilícito penal. Sua conduta é reprovada porque tenta vender, permutar, dar em pagamento ou em garantia coisa inalienável, seja por cláusula de inalienabilidade, ônus gravado, litígio sobre a coisa ou promessa de venda.

Para a configuração, natural que se obedeça ao regramento geral contido no *caput*.

5.6.5 Defraudação de penhor

Prevista no inciso III, do §2º, a defraudação de penhor consiste em defraudar, mediante alienação não consentida pelo credor ou por outro modo, a garantia pignoratícia, quando tem a posse do objeto empenhado.

CRIMES CONTRA O PATRIMÔNIO

Cumpre observar que, em regra, o penhor implica na transferência efetiva do bem móvel. Entretanto, algumas vezes, por efeito da cláusula *constituti (constituto possessório)*, não há a tradição, permanecendo a coisa com o devedor (Ex.: o penhor de uma máquina industrial).

Nas hipóteses em que isso acontece e o devedor aliena a coisa sem consentimento, ocorre o preenchimento da figura típica em questão. Sobre o tema, decidiu-se que "caracteriza-se a defraudação de penhor pela pretensão de obter vantagem ilícita, decorrente diretamente da violação do direito do credor pela venda, permuta, dação, locação, dissipação ou escondimento do bem dado em garantia."

Em suma, a garantia pignoratícia deve ser sempre respeitada pelo devedor.

5.6.6 Fraude na entrega da coisa

Previsto no inciso IV, do § 2°, o tipo pressupõe defraudar substância, qualidade ou quantidade de coisa que deve entregar a alguém, ou seja, que o sujeito ativo tem a obrigação de entregar a outrem. Ex.: entrega de ouro de 18 quilates ao invés de 24 quilates.

5.6.7 Fraude para o recebimento de indenização ou valor de seguro

Prevista no inciso V, do § 2°, a fraude para o recebimento de indenização ou valor de seguro consiste em qualquer uma das várias condutas a seguir: destruir, total ou parcialmente, ou ocultar coisa própria, ou lesar o próprio corpo ou a saúde, ou agravar as consequências da lesão ou doença, com o intuito de haver indenização ou valor de seguro.

Trata-se de crime próprio, pois o sujeito ativo é quem tem o seguro a receber, admitindo-se, porém, a coautoria ou participação. A figura se desdobra em várias condutas: 1ª destruir total ou parcialmente coisa própria; 2ª ocultar coisa própria; 3ª lesar o próprio corpo ou a saúde (autolesão) que, no caso, é punível porque afeta o patrimônio de outrem; e 4ª agravar lesão ou doença já existente.

A modalidade é crime formal, ou de consumação antecipada, pois não se exige a efetiva obtenção da indenização ou do valor do seguro. De modo que o recebimento efetivo da indenização ou do valor do seguro representa **mero exaurimento** da atividade criminosa, vez que ele somente se refere ao elemento pessoal da conduta.

5.6.8 Fraude no pagamento por meio de cheque

Prevista no inciso VI, do § 2°, é a mais relevante das figuras equiparadas constantes do art. 171, do CP, em razão da grande incidência de casos dessa natureza. A primeira observação a ser feita é a de que o título de crédito denominado "cheque" constitui ordem de pagamento à vista.

Sobre o sujeito ativo, tem-se que vem a ser aquele que emite o cheque sem a correspondente provisão de fundos ou, alternativamente, aquele que frustra o seu pagamento. A seu turno, o sujeito passivo pode ser qualquer pessoa que venha a receber o título de crédito para pagamento de dívida.

O tipo objetivo contempla duas condutas: "emitir", que significa colocar em circulação; e "frustrar", que significa obstar o desconto na respectiva conta bancária, o popular **sustar**.

Na conduta de frustrar, observa-se que, no momento da emissão, não houve dolo, pois havia fundos suficientes à cobertura do cheque. Entretanto, em um segundo momento, o agente obsta-lhe o pagamento, por meio de contraordem ao gerente, retirando, a posterior, os valores existentes, comunicando fraudulentamente um suposto "furto de talonário" etc.

Se o estabelecimento bancário compensa o cheque por meio do limite bancário (cheque especial), não há crime. Se, todavia, o valor emitido superar o referido limite, o delito restará caracterizado. Nesse sentido, decidiu-se que ainda que se trate de cheque especial, pode configurar-se estelionato quando a emissão excede em muito o crédito que a instituição financeira concede ao agente.

Para a configuração desta modalidade, é imprescindível a demonstração de que o agente tinha a manifesta intenção de lesar e de obter o benefício.

5.6.9 Fraude eletrônica

A Lei nº14.155/2021 também trouxe inovações semelhantes às do crime de furto relativamente ao estelionato praticado por meio de redes sociais (*Facebook, Instagram, Whatsapp*) ou qualquer outro tipo de correspondência – física ou virtual –, que permita a aplicação de golpes. A nova lei inseriu os §§ 2°-A e 2°-B ao art. 171, prevendo a figura qualificada do estelionato quando a fraude for eletrônica.

Prevê o § 2°-A que a pena do estelionato será de 04 (quatro) a 08 (oito) anos de reclusão, e multa, se a fraude for cometida com a utilização de informações fornecidas pela vítima ou por terceiro induzido a erro por meio de dispositivo eletrônico ou informático (celular/computador/telefone), ou por qualquer outro meio fraudulento análogo.

De acordo com o §2°-B, se a fraude eletrônica for perpetrada com utilização de servidor mantido fora do território nacional, a pena será aumentada de um a dois terços. Vale destacar que a causa de aumento de pena do art. 171, § 2º-B é idêntica à do art. 155, § 4º-C.

Para elucidar qualquer tipo de dúvida que porventura exista, no furto mediante fraude, o agente emprega artifício ardil com o intuito de **subtrair**. Já no estelionato, há o emprego de fraude para que a vítima entregue "voluntariamente" – movida pelo erro – a coisa.

Exemplo dessa fraude é o caso clássico do SMS do "caminhão do Faustão" ou *e-mails* que anunciam o recebimento de prêmios. Outro exemplo recorrente, que faz milhares de vítimas, é o golpe do *WhatsApp*, em que o sujeito convence o ofendido, mediante ardil, a lhe passar os dados e o controle do aplicativo e, depois de obter o controle, age como se fosse a vítima e manda mensagens a seus contatos pedindo dinheiro "emprestado".

5.6.10 Causa de aumento de pena

O § 3° do art. 171 prevê hipóteses em que a pena aumenta de 1/3 (um terço) quando o estelionato é praticado em prejuízo de entidade de direito público ou de instituto de economia popular, assistência social ou beneficência. Tratando-se do patrimônio da Previdência Social, vide a Súmula n º24, do STJ.

Importante registrar que, no caso de percepção reiterada de benefícios previdenciários fraudulentos, ou seja, praticado "mês a mês", o entendimento jurisprudencial prevalente é de que, para o beneficiário, o estelionato é encarado como crime permanente. Esse entendimento é importante, dentre outras razões, porque influenciará na contagem do prazo prescricional.

No entanto, para aquele que habilita fraudulentamente (geralmente um funcionário do INSS), mercê de vantagem indevida, a conduta é instantânea. Nesse sentido, o STF decidiu que o agente que perpetra a fraude contra a Previdência Social recebe tratamento jurídico-penal diverso daquele que, ciente da fraude, figura como beneficiário das parcelas. O primeiro pratica crime instantâneo de efeitos permanentes; já o segundo pratica crime de natureza permanente, cuja execução se prolonga no tempo, renovando-se a cada parcela recebida da Previdência.

Por fim, destaca-se a previsão do § 4° de que a pena do estelionato será majorada de um terço até o dobro se o crime é praticado contra idoso ou vulnerável, considerada a relevância do resultado gravoso.

5.6.11 Distinções relevantes

Conforme já mencionado quando tratávamos do furto, distingue-se o estelionato do furto mediante fraude. Com efeito, no estelionato há entrega espontânea da coisa pela vítima e, no art. 155, § 4°, há subtração. No furto, a fraude é para "amortecer" a esfera de vigilância, e, no estelionato, para "viciar" a vontade.

Distingue-se, ainda, o estelionato da apropriação indébita. Nesta, não há má-fé desde o início, mas aquilo que se denomina – sem muita técnica – de "dolo subsequente", ou seja, a "malícia" do agente sobrevém à posse de boa-fé. Ao revés, no estelionato, a má-fé existe desde o início da conduta.

Impende destacar que, quando o crime de falsificação de documento, sem maior potencialidade lesiva, se exaure no estelionato, este absorve aquele.

5.6.12 Ação penal

Em 2019, houve alteração acerca da natureza jurídica da ação penal aplicável ao estelionato.

Até a vigência da Lei n° 13.964/2019 (Pacote Anticrime), a ação penal era pública incondicionada.

Porém, com as alterações trazidas pela nova lei, a ação penal do estelionato, em regra, passou a ser pública condicionada à representação da vítima. No entanto, a ação continua sendo pública incondicionada quando o estelionato for praticado contra:

▷ Administração pública, direta ou indireta;

▷ Criança ou adolescente;

▷ Pessoa com deficiência mental;

▷ Maior de 70 anos de idade ou incapaz.

5.7 Receptação

Art. 180 Adquirir, receber, transportar, conduzir ou ocultar, em proveito próprio ou alheio, coisa que sabe ser produto de crime, ou influir para que terceiro, de boa-fé, a adquira, receba ou oculte:

Pena - reclusão, de um a quatro anos, e multa.

Receptação qualificada

§ 1° Adquirir, receber, transportar, conduzir, ocultar, ter em depósito, desmontar, montar, remontar, vender, expor à venda, ou de qualquer forma utilizar, em proveito próprio ou alheio, no exercício de atividade comercial ou industrial, coisa que deve saber ser produto de crime:

Pena - reclusão, de três a oito anos, e multa.

§ 2° Equipara-se à atividade comercial, para efeito do parágrafo anterior, qualquer forma de comércio irregular ou clandestino, inclusive o exercício em residência.

§ 3° Adquirir ou receber coisa que, por sua natureza ou pela desproporção entre o valor e o preço, ou pela condição de quem a oferece, deve presumir-se obtida por meio criminoso:

Pena - detenção, de um mês a um ano, ou multa, ou ambas as penas.

§ 4° A receptação é punível, ainda que desconhecido ou isento de pena o autor do crime de que proveio a coisa.

§ 5° Na hipótese do § 3°, se o criminoso é primário, pode o juiz, tendo em consideração as circunstâncias, deixar de aplicar a pena. Na receptação dolosa aplica-se o disposto no § 2° do art. 155.

§ 6° Tratando-se de bens do patrimônio da União, de Estado, do Distrito Federal, de Município ou de autarquia, fundação pública, empresa pública, sociedade de economia mista ou empresa concessionária de serviços públicos, aplica-se em dobro a pena prevista no caput deste artigo.

Antes de sua tipificação, a receptação era conhecida como *post factum* impunível em crime contra o patrimônio (furto, roubo, estelionato etc.), razão pela qual recebia a mesma pena deste último. Com o passar do tempo e diante da disseminação da prática delitiva, ganhou contornos de crime autônomo.

Ademais, a receptação não se vincula, necessariamente, a um anterior crime contra o patrimônio. O delito pode existir, inclusive, em hipóteses de crimes de outra natureza, como peculato, tráfico de armas, contrabando, descaminho etc.

Denomina-se a receptação de "delito parasitário" ou acessório, na medida em que está relacionada a um crime anterior.

Qualquer pessoa pode praticar a receptação, menos o autor, coautor ou partícipe do delito antecedente.

É questionado se o proprietário pode também ser sujeito ativo da receptação. Tem-se que, a princípio, sim. Isso porque o tipo não exige a qualidade de coisa alheia. Pressupõe-se, porém, que haja a intermediação fática de um terceiro prejudicado.

> **Ex.:** "A" dá uma joia em penhor a "B", que vem a ser roubado. Algum tempo depois, "A" identifica sua joia, exposta à venda em um local mal afamado, adquirindo-a por preço ínfimo, lesando, indiretamente, a garantia pignoratícia do credor "B".

No exemplo, constata-se que, apesar de "A" ser o proprietário da joia, na verdade foi "B" quem sofreu prejuízo com o roubo da coisa, na medida em que, além de ser roubado, ele perdeu a garantia. Portanto, no exemplo, "A" praticou o crime de receptação de coisa própria. Ao revés, se "A" tivesse sido vítima de um delito, readquirindo sua joia, direta ou indiretamente, de um criminoso, sem prejudicar "B" ou qualquer outra pessoa, não haverá o delito em análise. No máximo, uma questão de natureza ética ou moral (transacionar com um infrator).

De acordo com o art. 180, do CP, a receptação pode ser: própria (1ª parte) ou imprópria (2ª parte).

Na receptação dolosa própria, o delito se consuma com a prática de algum dos verbos constantes do tipo, mediante a conduta de adquirir, ou seja, obter a coisa a título de domínio; ou receber, guardar, depositar; ou ocultar, esconder; ou transportar, levar o objeto de um lugar ao outro; ou conduzir (hipóteses que configuram crime permanente).

> **Fique ligado**
>
> Temos, pois, um tipo misto alternativo, na medida em que constam vários verbos na sua composição. Assim, a conduta incidente em mais de um verbo não enseja concurso de crimes, mas crime único. Dessa forma, o agente que adquire e, posteriormente, oculta o bem receptado, comete uma só infração penal.

Na receptação dolosa imprópria, a conduta consiste em "influir" para que terceiro de boa-fé adquira, receba ou oculte o bem que o agente sabe ser produto de crime. O agente influi (faz uma espécie de intermediação) junto ao terceiro de boa-fé, para que ele adquira, receba ou oculte a coisa produto de crime.

Cumpre dizer que o objeto material da receptação é a coisa produto do crime anterior.

Por sua vez, em respeito ao princípio da legalidade, a coisa precisa ser produto de crime, não abrangendo a figura das contravenções penais. Por essa razão, o crime anterior precisa ser provado, ainda que não se exija a condenação do autor do crime antecedente.

O STF entende ser incompatível o princípio da insignificância com o delito em questão, embora já o tenha aplicado em situações pontuais, especialmente, quando preenchidos todos os requisitos.

CRIMES CONTRA O PATRIMÔNIO

5.7.1 Elemento subjetivo

A receptação pressupõe o dolo direto, visto que o tipo alude à coisa que sabe ser produto de crime. Ao lado do dolo, há a exigência do especial fim de agir: **proveito próprio ou alheio** (elemento subjetivo específico).

5.7.2 Receptação qualificada

A receptação será punida de maneira mais gravosa quando houver a prática de algum dos núcleos descritos no §1º no exercício de atividade comercial ou industrial. Embora esteja prevista como receptação qualificada, há entendimento na doutrina de que se trata de crime autônomo, porquanto o dispositivo prevê seis novos verbos núcleos a mais que a figura do *caput*.

A figura do § 1° objetiva combater, reprimir de forma mais severa a ação de receptadores profissionais, especialmente, aqueles indivíduos que atuam sistematicamente com a receptação de veículos, os chamados "desmanches".

As condutas previstas no § 1° devem, necessariamente, se dar no exercício de atividade comercial ou industrial.

Além disso, o §2º considera como atividade comercial qualquer forma de comércio irregular ou clandestino, ainda que exercido, exclusivamente, em residência.

5.7.3 Receptação culposa

No § 3º do art. 180, o delito é punido a título de culpa. A receptação é o único crime patrimonial punido tanto na forma dolosa quanto culposa. Utiliza-se, o legislador, da expressão "coisa que deve presumir-se obtida por meio criminoso" para indicar que o agente atua violando o dever de cuidado exigido na conduta. A culpa pode ser consciente ou inconsciente.

Cumpre, ainda, observar que se trata de um raro caso de tipo culposo fechado, pois o dispositivo indica em que consiste o referido cuidado violado: natureza do objeto, desproporção entre valor ou preço do produto, condição de quem oferece.

Haverá, pois, a modalidade culposa da receptação quando houver manifesta desproporção entre o valor e o preço, ou pela desconfiança da condição de quem a oferece.

Segundo o § 4º do art. 180, para que possa haver receptação, é imprescindível a prática de um crime anterior, havendo, pois, uma acessoriedade material. Não é preciso, porém, a punição do delito antecedente, bastando tão somente a certeza jurídica de sua existência.

Por esta razão, o receptador será punido, ainda que desconhecido ou isento de pena o autor do crime anterior.

> **Fique ligado**
>
> Embora a Lei traga a expressão "crime anterior", admite-se o ato infracional anterior.

5.7.4 Perdão judicial e receptação privilegiada

O §5º traz importantes considerações.

A primeira delas é que, em se tratando de receptação culposa, dependendo das circunstâncias, o magistrado poderá **deixar de aplicar a pena**, concedendo ao réu o perdão judicial (art. 107, IX, CP).

Além disso, no que tange à receptação dolosa, admite-se a aplicação da figura da receptação privilegiada, que segue o mesmo regramento do furto privilegiado, ou seja, sendo o réu primário e de pequeno valor a coisa receptada, o magistrado poderá: a) substituir a pena de reclusão pela pena de detenção; b) reduzir a pena de 1 a 2/3 ou; c) aplicar somente a pena de multa.

5.7.5 Receptação de bens públicos

Conforme o disposto no § 6º, do art. 180, do CP, em se tratando de receptação de bens do patrimônio da União, de Estado, do Distrito Federal, de Município ou de autarquia, fundação pública, empresa pública, sociedade de economia mista ou empresa concessionária de serviços públicas, a pena deverá ser **aplicada em dobro.**

5.7.6 Ação penal

A ação penal é pública incondicionada.

5.7.7 Receptação de animal

Visando proteger as atividades campesinas, sobretudo o agronegócio, a Lei nº 13.330/2016 alterou não apenas o furto, para prever o crime de abigeato, como também, acrescentou ao nosso ordenamento a figura penal da receptação de animal.

Assim, a conduta prevista no art. 180-A é basicamente a mesma prevista no *caput* do art. 180, porém, quem recepta a coisa, deve fazê-la no exercício de atividade comercial e consta como objeto material o **semovente domesticável de produção, ainda que abatido ou dividido em partes,** cuja parte deva saber se tratar ser objeto de crime anterior.

> **Ex.:** João chega até o açougue de Zé e lhe oferece partes de carne (bovina) em que afirma que fora subtraída da propriedade de Carlos. Em razão do preço e da qualidade da carne, Zé adquire o produto e expõe à venda em seu estabelecimento.

O sujeito ativo é qualquer pessoa, desde que não seja o executor do crime anterior. O sujeito passivo também pode ser qualquer pessoa, sendo no caso a vítima do crime antecedente.

O crime se consuma quando o agente pratica algum dos verbos alternativamente previstos no tipo.

Na conduta consistente em ocultar, o crime será permanente, nas demais, por se tratar de crime material, consuma-se com a tradição. Admite-se, em qualquer caso, a tentativa.

A pena é de reclusão, de 2 (dois) a 5 (cinco) anos, e multa. A ação penal é pública incondicionada.

6 CRIMES CONTRA A FÉ PÚBLICA

No Título X do Código Penal (crimes contra a fé pública), tutela-se a fé pública e a credibilidade da autenticidade e o valor dos documentos e atos prescritos para as relações em sociedade. Conforme ensina Nélson Hungria, "a fé pública é a expressão da certeza jurídica, é a confiança geral na verdade de certos atos, símbolos ou formas (testemunho, moeda, documento) a que a lei atribui valor jurídico".

Sem a fé pública, seria impossível a vida em sociedade, pois inexistiria a confiança em determinados atos, documentos, sinais e símbolos, que regem as relações diárias.

6.1 Moeda falsa

> **Art. 289** *Falsificar, fabricando-a ou alterando-a, moeda metálica ou papel-moeda de curso legal no país ou no estrangeiro:*
> *Pena – reclusão, de três a doze anos, e multa.*
> *§ 1º Nas mesmas penas incorre quem, por conta própria ou alheia, importa ou exporta, adquire, vende, troca, cede, empresta, guarda ou introduz na circulação moeda falsa.*
> *§ 2º Quem, tendo recebido de boa-fé, como verdadeira, moeda falsa ou alterada, a restitui à circulação, depois de conhecer a falsidade, é punido com detenção, de seis meses a dois anos, e multa.*
> *§ 3º É punido com reclusão, de três a quinze anos, e multa, o funcionário público ou diretor, gerente, ou fiscal de banco de emissão que fabrica, emite ou autoriza a fabricação ou emissão:*
> *I – de moeda com título ou peso inferior ao determinado em lei;*
> *II – de papel-moeda em quantidade superior à autorizada.*
> *§ 4º Nas mesmas penas incorre quem desvia e faz circular moeda, cuja circulação não estava ainda autorizada.*
> *Crimes assimilados ao de moeda falsa*
> **Art. 290** *Formar cédula, nota ou bilhete representativo de moeda com fragmentos de cédulas, notas ou bilhetes verdadeiros; suprimir, em nota, cédula ou bilhete recolhidos, para o fim de restituí-los à circulação, sinal indicativo de sua inutilização; restituir à circulação cédula, nota ou bilhete em tais condições, ou já recolhidos para o fim de inutilização:*
> *Pena – reclusão, de dois a oito anos, e multa.*
> **Parágrafo único.** *O máximo da reclusão é elevado a doze anos e multa, se o crime é cometido por funcionário que trabalha na repartição onde o dinheiro se achava recolhido, ou nela tem fácil ingresso, em razão do cargo.*

O crime em estudo é comum, na medida em que pode ser praticado por qualquer pessoa. As condutas descritas no *caput* do art. 289 e em seu § 1º dizem respeito ao ato específico de falsificar o papel moeda ou a moeda metálica (falsificar significa conferir aparência de moeda verdadeira, seja nacional, seja estrangeira).

Como um dos núcleos, tem-se a **alteração**, que consiste em atribuir valor diverso ao papel moeda, por exemplo, transformar uma nota de 10,00 em uma de 100,00.

Segundo a doutrina, somente se configura o crime, se a alteração foi no sentido de atribuir maior valor à cédula ou à moeda metálica.

Trata-se de crime formal, de perigo abstrato, já que não há a necessidade de prejuízo a terceiro para que o delito se consuma.

O elemento subjetivo do tipo é o dolo, consistente na vontade e consciência de falsificar a moeda e de colocá-la em circulação.

O crime se consuma no momento da fabricação ou alteração, sendo perfeitamente admissível a tentativa, haja vista que o núcleo do tipo permite o fracionamento da conduta.

Outro ponto que merece realce é que, para que o crime se consuma, a falsificação deve ser convincente, ou seja, apta a confundir ou ludibriar pessoa capaz, não caracterizando o crime do art. 289 a falsificação grosseira, na medida em que se trata de crime impossível.

Todavia, mesmo se tratando de crime impossível no que tange à fé pública, poderá ocorrer o crime de estelionato (art. 171, CP), conforme preconiza a Súmula nº73, do STJ:

> *A utilização de papel-moeda grosseiramente falsificado configura, em tese, o crime de estelionato, de competência da Justiça Estadual.*

Para a configuração do crime em questão, não é necessário que o agente coloque os produtos falsificados em circulação. Por fim, seguindo precedentes jurisprudenciais (Informativo nº 554, do STJ), o instituto do arrependimento posterior não é compatível com o delito de moeda falsa.

No que se refere ao princípio da insignificância, o entendimento predominante é pela sua não aplicabilidade, ainda que ínfimo o valor, tendo em vista que a credibilidade do papel moeda que circula no País está em foco.

6.1.1 Circulação de moeda falsa

O § 1º prevê a forma equiparada do delito, que pune com a mesma pena do *caput* aquele que importa, exporta, vende, adquire, cede, empresta, guarda ou introduz em circulação moeda falsa.

6.1.2 Figura privilegiada

No § 2º, do art. 289, do CP, temos a figura privilegiada do delito de moeda falsa, que consiste na conduta do indivíduo que, após receber uma moeda falsa, e, com o manifesto intuito de minimizar seu prejuízo, reintroduz a moeda falsa em circulação.

O pressuposto para a incidência do privilégio é que o agente tenha recebido o dinheiro como se fosse legítimo, ignorando a sua falsidade. Não obstante, restitui a moeda à circulação, passando para outro terceiro de boa-fé, de pois de conhecer a falsidade.

A pena prevista para esta modalidade é mais branda, quando comparada com a figura do *caput*, punindo o agente com pena de detenção, de seis meses a dois anos, e multa. O fundamento do privilégio é a menor reprovabilidade da conduta, pois o agente é vítima da falsidade anterior.

6.1.3 Forma qualificada

Por sua vez, o § 3º, do art. 289, prevê a figura qualificada do delito, que é classificado como crime próprio, pois é praticado pelo funcionário público ou diretor, gerente, ou fiscal do banco emissor, responsável por emitir ou autorizar a fabricação da moeda com título ou peso inferior ao determinado em lei ou de papel-moeda em quantidade superior à autorizada.

Ao contrário do que ocorre na figura do *caput* e nos §§ 1º e 2º, o objeto material não é a moeda falsa ou alterada (de curso legal no País ou no estrangeiro), e, sim, a moeda verdadeira, mas cujo título ou peso esteja abaixo do determinado em lei (inciso I) ou mesmo o papel-moeda em quantidade superior à autorizada (inciso II).

Para esclarecimento sobre o tema, "título" corresponde às substâncias contidas na moeda metálica, por exemplo, estanho, cobre etc. A doutrina chama atenção ao inciso II, em que não consta a moeda metálica. Dessa forma, caso o agente fabrique moeda metálica em quantidade superior à autorizada, a conduta será atípica.

6.1.4 Desvio e circulação indevida

O § 4º prevê outra figura equiparada à qualificada, que consiste em permitir a circulação de moeda que ainda dependa de autorização.

CRIMES CONTRA A FÉ PÚBLICA

Trata-se de crime próprio, pois somente pode ser praticado pelo funcionário público, responsável pela guarda e liberação de circulação da moeda.

Portanto, a autorização de circulação da moeda constitui o elemento normativo do tipo, porquanto se autorizada a circulação, não haverá a figura típica do § 4°.

6.1.5 Crimes assimilados

O art. 290 prevê o crime assimilado ao de moeda falsa, criminalizando a conduta do o agente que, utilizando fragmentos de moeda legítima, forma nova cédula de papel moeda, com o fim de colocá-la em circulação; ou daquele que suprime o sinal indicador de que a cédula havia sido retirada de circulação, ou, ainda, recolocar em circulação moeda ou papel moeda que já havia sido recolhida para inutilização.

Para a configuração do delito é necessário que haja potencialidade lesiva na conduta do agente, isto é, a capacidade de enganar um número indeterminado de pessoas, de modo que a moeda passa a circular como se legítima fosse.

O parágrafo único do art. 290 prevê a forma qualificada do delito, quando o crime é praticado por funcionário que trabalhe na repartição, onde o dinheiro se achava recolhido, ou possui, em razão do cargo, fácil acesso às cédulas.

Fique ligado

Neste último caso, o crime será próprio, pois o criminoso se vale das facilidades que o cargo lhe proporciona.

6.1.6 Petrechos para falsificação de moeda

O crime de petrechos para falsificação de moeda está previsto no art. 291, do Código Penal, nos seguintes termos:

> *Art. 291 Fabricar, adquirir, fornecer, a título oneroso ou gratuito, possuir ou guardar maquinismo, aparelho, instrumento ou qualquer objeto especialmente destinado à falsificação de moeda:*
> *Pena – reclusão, de dois a seis anos, e multa.*

O tipo penal pune a conduta do agente que pratica um dos verbos núcleos (fabricar, adquirir, fornecer ou possuir) referentes ao objeto destinado à falsificação de moeda. Trata-se de tipo misto alternativo, que visa coibir a disseminação e a prática de crimes do agente que auxilia a fomentar a produção de moeda falsa.

Em regra, as condutas são punidas a partir dos atos executórios. Contudo, temos aqui uma exceção à regra. Trata-se de ato meramente preparatório, que recebe a chancela do direito penal. Inclusive, impende destacar que, para a consumação do delito, não se faz necessário o efetivo uso do maquinário, sendo suficiente o agente possuí-lo ou tê-lo guardado para que o crime reste consumado.

Segundo a jurisprudência pacificada nos Tribunais Superiores, não é possível o concurso de crimes entre os delitos do art. 289 e 291, caso o agente, efetivamente, utilize os petrechos (instrumentos) para falsificar a moeda. Isso porque, o delito do art. 291 será absorvido (crime subsidiário), devendo o autor responder apenas pelo tipo penal do art. 289, do Código Penal. Ex.: durante cumprimento de mandado de busca e apreensão, a equipe policial logrou encontrar na residência de "A" grande quantidade de cédulas falsas, bem como impressora jato de tinta de alta performance e arquivos digitais contendo moldes de cédulas correntes.

Segundo o STJ, o objeto especialmente destinado à falsificação não se trata de equipamento desenvolvido exclusivamente para a falsificação de moeda, já que tal entendimento esvaziaria o tipo penal.

Dessa forma, entende-se como objeto especialmente destinado à falsificação de moeda, aquele em que o agente dá uso à essa contrafação. Ex.: "[...] a posse de impressora, ainda que manufaturada visando ao uso doméstico, mas com o propósito de a utilizar precipuamente para contrafação da moeda, incorre no referido crime".

6.2 Falsidade documental

Antes de analisarmos os dispositivos que tutelam os crimes relacionados à falsidade documental, é imperioso destacar que existem 3 tipos de falsidades relevantes para o Direito Penal:

A falsidade material, que consiste em falsificar a estrutura de um documento público;

A falsidade ideológica, que corresponde à conduta de inserir informações falsas em um documento legítimo;

Por último, a falsidade pessoal, que corresponde ao ato de se passar por outra pessoa.

6.2.1 Falsificação de documento público

> *Art. 297 Falsificar, no todo ou em parte, documento público, ou alterar documento público verdadeiro:*
> *Pena – reclusão, de dois a seis anos, e multa.*
> *§ 1º Se o agente é funcionário público, e comete o crime prevalecendo-se do cargo, aumenta-se a pena de sexta parte.*
> *§ 2º Para os efeitos penais, equiparam-se a documento público o emanado de entidade paraestatal, o título ao portador ou transmissível por endosso, as ações de sociedade comercial, os livros mercantis e o testamento particular.*
> *§ 3º Nas mesmas penas incorre quem insere ou faz inserir:*
> *I – na folha de pagamento ou em documento de informações que seja destinado a fazer prova perante a previdência social, pessoa que não possua a qualidade de segurado obrigatório;*
> *II – na Carteira de Trabalho e Previdência Social do empregado ou em documento que deva produzir efeito perante a previdência social, declaração falsa ou diversa da que deveria ter sido escrita;*
> *III – em documento contábil ou em qualquer outro documento relacionado com as obrigações da empresa perante a previdência social, declaração falsa ou diversa da que deveria ter constado.*
> *§ 4º Nas mesmas penas incorre quem omite, nos documentos mencionados no § 3º, nome do segurado e seus dados pessoais, a remuneração, a vigência do contrato de trabalho ou de prestação de serviços.*

O delito do art. 297 tutela a fé pública, especialmente, a autenticidade dos documentos.

Trata-se de tipo penal que busca reprimir a conduta do agente que falsifica documento emanado pela Administração Pública (ou equiparado) ou altera documento público verdadeiro.

O art. 297 pune a falsidade material, ou seja, aquela que diz respeito à forma (estrutura) do documento. Em resumo, o agente CRIA um documento público. Exemplo: agente que, possuindo uma impressora com alta capacidade, imprime uma cédula de identidade.

Fique ligado

A substituição da foto no documento de identidade é classificada como crime de falsidade de documento.

Para a constatação da falsificação de documento público, não se exige a perícia, embora a regra seja a sua realização.

A consumação do delito ocorre com a efetiva falsificação ou adulteração, independente da ocorrência de qualquer resultado. Trata-se, portanto, de crime formal.

DIREITO PENAL

Ademais, é imprescindível que a falsificação seja idônea para enganar indeterminado número de pessoas, pois o falso grosseiro não traz perigo à fé pública.

Vale destacar o teor da Súmula n° 17, do STJ: *quando o falso se exaure no estelionato, sem mais potencialidade lesiva, é por este absorvido*. Conforme este entendimento, quando o crime de falsificação se exaure no estelionato, aplica-se o princípio da consunção, em vista de que o crime de falso serviu como meio necessário para a consumação do estelionato.

Em razão da súmula apresentada, destacamos que nem sempre o crime fim possuirá pena mais elevada.

O § 1° do art. 297 prevê causa especial de aumento de pena quando o agente é funcionário público e comete o crime utilizando-se do cargo, caso em que a pena será aumentada de 1/6.

O §2°, por sua vez, trata dos documentos públicos por equiparação. O dispositivo apresenta um rol de documentos particulares que, para fins penais, são equiparados a documento público, sendo eles: documento emanado de entidade paraestatal, o título ao portador ou transmissível por endosso (cheque, nota promissória, duplicata etc.), as ações de sociedade comercial, os livros mercantis e o testamento particular.

Os §§ 3° e 4°, do art. 297, do Código Penal, apresentam os tipos penais equiparados à falsificação de documento público. O § 3°, em seus incisos, tipifica a conduta do agente que insere informação falsa ou diversa da que deveria constar, na folha de pagamento ou em documento de informações que seja destinado a fazer prova perante a previdência social; na CTPS do empregado ou em documento destinado à previdência social, ou em documento contábil relacionado com as obrigações da empresa perante a previdência social.

Ao contrário do *caput*, a falsidade empregada pelo agente no § 3° é a ideológica, que se refere ao conteúdo do documento.

O § 4° prevê a figura equiparada que incrimina condutas omissivas, punindo com as mesmas penas do *caput* aquele que omitir, nos mesmos documentos elencados no § 3°, as seguintes informações: o nome do segurado e seus dados pessoais, a remuneração, a vigência do contrato de trabalho ou de prestação de serviços.

Conforme se observa, o art. 297, §4°, do Código Penal, trata da omissão de anotação de vínculo empregatício na CTPS. Assim, questiona-se: qual é o **juízo competente** para julgar o crime do art. 297, §4°, do Código Penal?

Duas correntes existem sobre o tema. Para o STJ (em posição majoritária), o sujeito passivo do tipo penal é a Previdência Social, pois a omissão na CTPS leva ao não recolhimento de contribuições sociais devidas pelo vínculo empregatício. Dessa forma, a competência seria da Justiça Federal.

Contudo, em sentido contrário, a 1ª Turma do STF firmou entendimento de que não haveria lesão a bem ou interesse da União, suficiente o bastante, a potencializar a atração da competência da Justiça Federal, sendo, portanto, de competência da Justiça Estadual.

6.2.2 Falsificação de documento particular

Art. 298 Falsificar, no todo ou em parte, documento particular ou alterar documento particular verdadeiro:

Pena - reclusão, de um a cinco anos, e multa.

Falsificação de cartão

Parágrafo único. Para fins do disposto no caput, equipara-se a documento particular o cartão de crédito ou débito.

Trata-se de tipo penal que busca reprimir a conduta do agente que falsifica ou altera documento particular.

Assim como delito do art. 297, a falsidade que se pune é a material, ou seja, aquela que diz respeito à forma do documento. O delito do art. 298 pune duas condutas, a de falsificar, no todo ou em parte, documento particular, ou alterar documento particular verdadeiro.

Vale destacar que a falsificação deve ser idônea, apta a enganar um número indeterminado de pessoas, pois o falso grosseiro não traz perigo a fé pública.

Ademais, o conceito de documento particular é alcançado por exclusão, ou seja, será particular todo documento que não se amoldar ao conceito de documento público ou equiparado.

É importante destacar que a Lei n° 12.737/2012, consolidando o que já era aplicado pela jurisprudência, acrescentou o parágrafo único ao art. 298, sedimentando a ideia de que o cartão de crédito ou débito é equiparado a documento particular.

6.2.3 Falsidade ideológica

Art. 299 Omitir, em documento público ou particular, declaração que dele devia constar, ou nele inserir ou fazer inserir declaração falsa ou diversa da que devia ser escrita, com o fim de prejudicar direito, criar obrigação ou alterar a verdade sobre fato juridicamente relevante:

Pena - reclusão, de um a cinco anos, e multa, se o documento é público, e reclusão de um a três anos, e multa, de quinhentos mil réis a cinco contos de réis, se o documento é particular.

Parágrafo único. Se o agente é funcionário público, e comete o crime prevalecendo-se do cargo, ou se a falsificação ou alteração é de assentamento de registro civil, aumenta-se a pena de sexta parte.

Ao contrário dos tipos penais vistos anteriormente, a conduta do art. 299, do CP, é classificada como um falso ideológico. É importante distinguir os conceitos de falsidade material e falsidade ideológica.

Na falsidade material, o que se frauda é a própria forma do documento, que é alterada, no todo ou em parte, ou é forjada pelo agente, que cria um documento novo. Já na falsidade ideológica, ao contrário, a forma do documento é verdadeira, mas seu conteúdo é falso, isto é, a ideia ou declaração que o documento contém não corresponde à verdade.

Repise-se que nos crimes anteriores (arts. 297 e 298), a falsidade recai sobre o próprio documento (sua parte exterior), enquanto a ideológica diz respeito ao seu conteúdo, tratado no art. 299, do CP.

No delito do art. 299 pune-se a conduta daquele que omite em documento público ou particular, declaração que dele devia constar, ou nele inserir ou fazer inserir declaração falsa ou diversa da que devia ser escrita.

Exemplos das condutas:

▷ Indicação de condutor diverso do que conduzia o veículo no momento da infração de trânsito;
▷ Declarações inverídicas no Imposto de Renda;
▷ Preenchimento de declaração de ITCMD com valores que não correspondem ao real.

> **Fique ligado**
>
> A falsa declaração de pobreza para obter a gratuidade de Justiça configura o crime de falsidade ideológica, segundo o entendimento do STJ.

Para a consumação do delito de falsidade ideológica exige-se que o documento com informações inverídicas tenha a aptidão de fazer prova por si mesmo.

Ademais, para a consumação do delito não basta que o agente insira ou omita a informação falsa no documento público ou particular,

CRIMES CONTRA A FÉ PÚBLICA

é necessário que atue com a intenção de prejudicar direito, criar obrigação ou alterar a verdade sobre fato juridicamente relevante.

Conforme determina o parágrafo único, haverá aumento de pena em 1/6 se o agente for funcionário público, e, comete o crime prevalecendo-se do cargo, ou se a falsificação ou alteração é de assentamento de registro civil.

6.2.4 Falso reconhecimento de firma ou letra

Art. 300 Reconhecer, como verdadeira, no exercício de função pública, firma ou letra que o não seja:
Pena - reclusão, de um a cinco anos, e multa, se o documento é público; e de um a três anos, e multa, se o documento é particular.

O delito do art. 300 tutela a fé pública, mormente o fato da legitimidade dos documentos produzidos pelos tabeliães.

O crime é próprio, pois só pode ser praticado pelo agente público que goza de poderes específicos para promover o reconhecimento de firma (assinatura) ou letra (manuscrito).

A conduta suscetível de punição é o reconhecimento como verdadeira de firma ou letra que não seja autêntica.

A pena será mais gravosa se o reconhecimento for em documento público.

6.2.5 Certidão ou atestado ideologicamente falso

Art. 301 Atestar ou certificar falsamente, em razão de função pública, fato ou circunstância que habilite alguém a obter cargo público, isenção de ônus ou de serviço de caráter público, ou qualquer outra vantagem:
Pena - detenção, de dois meses a um ano.

Este delito tutela a autenticidade de atestados emitidos com a finalidade de habilitar uma pessoa a obter cargo público ou isentá-la de qualquer ônus.

Trata-se de crime próprio, tendo em vista que o *caput* prevê expressamente que o crime somente pode ser praticado pelo funcionário público, quando age em razão de seu ofício.

O elemento subjetivo do tipo é o dolo, configurando-se o crime quando o agente atua com vontade livre de atestar falsamente, com consciência de que poderá propiciar vantagem a outrem.

Fique ligado

Para a consumação do crime é indispensável que o documento seja idôneo para habilitar, de fato, a pessoa para a função pública.

Falsidade material de atestado ou certidão

§ 1º Falsificar, no todo ou em parte, atestado ou certidão, ou alterar o teor de certidão ou de atestado verdadeiro, para prova de fato ou circunstância que habilite alguém a obter cargo público, isenção de ônus ou de serviço de caráter público, ou qualquer outra vantagem:
Pena - detenção, de três meses a dois anos.

§ 2º Se o crime é praticado com o fim de lucro, aplica-se, além da pena privativa de liberdade, a de multa.

Trata-se de modalidade específica de falsidade, que consiste na conduta de falsificar atestado ou certidão ou alterar teor de documento verdadeiro para provar falsamente que alguém se encontra apto a obter cargo público, para se isentar de alguma sanção.

Enquanto no *caput* pune-se o falso ideológico (relativo ao conteúdo do documento), nesta modalidade a falsidade é material (relativa à forma), pois aqui o agente falsifica, no todo ou em parte, ou altera o teor de certidão ou atestado verdadeiro.

Ainda, se o crime é praticado com finalidade de lucro também será aplicada a pena de multa.

O crime é formal, ou seja, consuma-se com o simples ato da falsificação, sem a necessidade de obtenção de lucro pelo agente.

6.2.6 Falsidade de atestado médico

Art. 302 Dar o médico, no exercício da sua profissão, atestado falso:
Pena - detenção, de um mês a um ano.
Parágrafo único. Se o crime é cometido com o fim de lucro, aplica-se também multa.

Trata-se de um tipo especial de falsidade ideológica que é praticado pelo médico (crime próprio).

Fique ligado

Se o atestado for emitido por um dentista, médico veterinário ou outro profissional da área da saúde, não estaremos diante da conduta do art. 302, em razão da proibição da analogia *in malam partem*. Como consequência, poderá haver a responsabilização pelo crime de falsidade ideológica.

O verbo núcleo do delito é "dar", no sentido de "fornecer, entregar", o atestado falso.

O crime se consuma no momento em que o médico fornece ou entrega o atestado para a pessoa que fará uso daquele documento.

Importante destacar que o atestado médico deve corresponder a situações clínicas (de saúde), ainda que de outra área de especialidade do paciente.

Ex.: um médico cardiologista pode conceder um atestado médico acerca de uma condição clínica de uma gestante.

Nesse contexto, não haverá crime se o médico atesta acerca da conduta social do agente.

Ademais, é necessário que a falsidade seja referente a fato juridicamente relevante, devendo haver potencialidade de dano no atestado falso.

Caso o médico que forneça o atestado seja funcionário público, responderá pelo crime do art. 301, do CP, em razão do princípio da especialidade.

6.2.7 Reprodução ou adulteração de selo ou peça filatélica

Art. 303 Reproduzir ou alterar selo ou peça filatélica que tenha valor para coleção, salvo quando a reprodução ou a alteração está visivelmente anotada na face ou no verso do selo ou peça:
Pena - detenção, de um a três anos, e multa.
Parágrafo único. Na mesma pena incorre quem, para fins de comércio, faz uso do selo ou peça filatélica.

Esse tipo penal, embora conste do Código Penal, foi revogado tacitamente pelo art. 39 e parágrafo único da Lei nº 6.535/1978.

Todavia, o tipo penal visa coibir a posse do selo ou peça filatélica (são selos ou carimbos comemorativos) para fins de comércio. Sem esse fim, o fato será atípico.

6.2.8 Uso de documento falso

Art. 304 Fazer uso de qualquer dos papéis falsificados ou alterados, a que se referem os arts. 297 a 302:
Pena - a cominada à falsificação ou à alteração.

O tipo penal do art. 304 pune a conduta do agente que utiliza o documento público ou particular falso.

O crime de uso de documento falso se consuma com a simples utilização de documento comprovadamente falso, sendo considerado um crime formal.

A pena para o crime em estudo, depende da natureza do documento utilizado.

> **Fique ligado**
>
> Segundo o STJ (Info 553), é possível a condenação pelo crime de uso de documento falso com outros elementos de prova que não seja necessariamente a prova pericial.

O art. 304 do Código Penal não se configura caso o agente tenha sido o responsável pela falsificação do documento utilizado, hipótese em que o agente responderá pelo falso, sendo a utilização do documento mero exaurimento do crime.

Em relação à competência para julgamento do delito em estudo, há o entendimento sumulado do STJ:

> **Súmula nº 546 - STJ**
>
> *A competência para processar e julgar o crime de uso de documento falso é firmada em razão da entidade ou órgão ao qual foi apresentado o documento público, não importando a qualificação do órgão expedidor.*

Ex.: João apresenta uma CNH falsa para uma equipe de policiais rodoviários federais. Nesse caso, a competência será da Justiça Federal, em razão do agente público a quem foi apresentado o documento falso.

Ponto de fundamental relevância diz respeito ao encontro **fortuito do documento falso,** por exemplo, numa situação de abordagem e revista pessoal, por parte da equipe policial.

Imagine que, após a abordagem policial, o servidor solicita do condutor do automóvel o seu documento de identificação, esse apresenta seu RG e, após ser solicitada a apresentação de sua CNH, o sujeito afirma não possuir – embora possua uma falsificada em sua carteira. Desconfiado, o policial rodoviário realiza revista pessoal no condutor e encontra uma CNH falsa em sua carteira.

Para o exemplo narrado, entende-se que o encontro casual do documento falso em poder de alguém (como ocorre por ocasião de uma revista policial) não é suficiente para configurar o tipo penal, tendo em vista que o núcleo do tipo corresponde à conduta de "FAZER USO", e, no caso narrado, inexiste o elemento volitivo do agente, consistente na vontade de usar o documento, com consciência da falsidade.

6.2.9 Supressão de documento

> **Art. 305** *Destruir, suprimir ou ocultar, em benefício próprio ou de outrem, ou em prejuízo alheio, documento público ou particular verdadeiro, de que não podia dispor:*
>
> *Pena - reclusão, de dois a seis anos, e multa, se o documento é público, e reclusão, de um a cinco anos, e multa, se o documento é particular.*

O crime em estudo diz respeito à conduta daquele que destrói (danifica totalmente), suprime (retira parte do conteúdo) ou oculta, em benefício próprio ou de terceiros ou em prejuízo de terceiro, documento público ou particular (objeto material), legítimos, de que não poderia dispor. Assim, não é típica a conduta se o agente pode, livremente, desfazer-se do documento.

Cuidado, pois a sanção será distinta para os delitos a depender da natureza do documento. A pena será mais grave se o documento é público.

Se o documento é público, reclusão, de dois a seis anos, e multa; se o documento é particular, reclusão, de um a cinco anos, e multa.

A ação penal é pública incondicionada.

6.2.10 Falsa identidade

O crime de falsidade identidade está previsto no art. 307, do Código Penal, nos seguintes termos:

> **Art. 307** *Atribuir-se ou atribuir a terceiro falsa identidade para obter vantagem, em proveito próprio ou alheio, ou para causar dano a outrem:*
>
> *Pena - detenção, de três meses a um ano, ou multa, se o fato não constitui elemento de crime mais grave.*

Inicialmente, é importante destacar a diferença entre a falsa identidade (CP, art. 307) e o uso de documento falso (CP, art. 304).

A **falsa identidade** não envolve a apresentação de documento falso, ou seja, o agente apenas atribui-lhe um nome falso.

Ex.: "A", ao ser preso em flagrante pela prática de um crime, informa aos policiais que seu nome é "B".

Falsa identidade	Uso de documento falso
O agente atribui-se um nome falso	O agente apresenta um documento de identidade falso

O art. 307 incrimina, assim, a ação de quem, verbalmente ou por escrito, imputa, a si próprio ou a terceira pessoa, identidade que não é a verdadeira.

O elemento subjetivo é o dolo, consistente na vontade consciente de atribuir-se falsa identidade com o especial fim de agir (para obter vantagem em proveito próprio ou alheio, ou causar prejuízo a outrem).

Trata-se de crime formal, ocorrendo a sua consumação com a simples atribuição da falsa identidade.

A tentativa não é possível, por tratar-se de crime unissubsistente.

A ação penal é pública incondicionada.

Falsa identidade x autodefesa

O Direito Penal assegura ao acusado o direito de não produzir prova contra si mesmo (princípio do *nemu tenetur se detegere*).

Contudo, o STF entende que tal prerrogativa não alcança a conduta do agente que se atribui falsa identidade, sendo, portanto, considerada uma conduta típica.

O entendimento acima apresentado, inclusive, é corroborado pelo STJ na seguinte súmula:

> **Súmula nº 522 – STJ**
>
> *A conduta de atribuir-se falsa identidade perante autoridade policial é típica, ainda que em situação de alegada autodefesa.*

No mesmo sentido, em sede de repercussão geral, veja-se o Tema 478: "O princípio constitucional da autodefesa (art. 5º, LXIII, da CF) não alcança aquele que atribui falsa identidade perante autoridade policial com o intento de ocultar maus antecedentes, sendo, portanto, típica a conduta praticada pelo agente (art. 307 do CP)".

6.2.11 Uso de documento de identificação civil de terceiro

O crime de uso de documento de identificação civil de terceiro está previsto no art. 308 do Código Penal nos seguintes termos:

> **Art. 308** *Usar, como próprio, passaporte, título de eleitor, caderneta de reservista ou qualquer documento de identidade alheia ou ceder a outrem, para que dele se utilize, documento dessa natureza, próprio ou de terceiro:*
>
> *Pena - detenção, de quatro meses a dois anos, e multa, se o fato não constitui elemento de crime mais grave.*

São duas as condutas típicas previstas no art. 308: usar, como próprio, documento de identificação alheio; e ceder a outrem, para que dele se utilize, documento dessa natureza. A primeira conduta

CRIMES CONTRA A FÉ PÚBLICA

consiste no emprego ou utilização, pelo agente, de documento de terceira pessoa, como se fosse seu. A segunda, por sua vez, consiste na entrega, no fornecimento, do documento pessoal para que outrem utilize como se fosse seu.

Ademais, é importante destacar a diferença entre o uso de documento de identificação civil de terceiro (CP, art. 308) e o uso de documento falso (CP, art. 304).

O **uso de documento de identificação civil de terceiro** não envolve um documento falso, mas de terceiro, legítimo.

> Ex.: "A", portando o RG de seu irmão "B", apresenta tal documento à equipe policial quando é preso em flagrante.

Uso de documento de identificação civil de terceiro	Uso de documento falso
Apresenta um documento de identidade de terceiro	Apresenta um documento de identidade falso

Por outro lado, há distinção do tipo penal do art. 308 com o crime de falsa identidade (art. 307), pois neste não há a apresentação de qualquer documento.

Uso de documento de identificação civil de terceiro	Falsa identidade
Apresenta um documento de identidade de terceiro	Apenas atribui um nome falso

6.2.12 Adulteração de sinal identificador de veículo automotor

O crime de adulteração de sinal identificador de veículo automotor está previsto no art. 311 do Código Penal nos seguintes termos:

> **Art. 311** *Adulterar ou remarcar número de chassi ou qualquer sinal identificador de veículo automotor, de seu componente ou equipamento:*
> *Pena - reclusão, de três a seis anos, e multa.*

A conduta punida pelo art. 311 é adulterar (falsificar, contrafazer) ou remarcar (marcar de novo) número de chassi ou qualquer sinal identificador de veículo automotor, de seu componente ou equipamento.

O elemento subjetivo do tipo é o dolo, consistente vontade livre e consciente do agente de adulterar ou remarcar, sabendo da falsidade do novo número ou sinal. A consumação do delito se dá com a adulteração ou remarcação idônea a dissimular a identificação do veículo.

Em relação ao meio executório, questiona-se: configura o crime do art. 311 a conduta do agente consistente em colocar fita adesiva na placa do automóvel?

A resposta é **SIM**.

Apesar de corrente doutrinária em sentido contrário, a jurisprudência dos Tribunais Superiores tem entendimento no sentido de se tratar de fato típico a conduta do agente que coloca fita adesiva para alterar letras ou números da placa do automóvel.

Configura o crime do art. 311 do Código Penal a conduta do agente de adulterar a placa de veículo reboque ou semirreboque?

A resposta é **NÃO**.

O art. 311 do Código Penal menciona o termo "veículo automotor", que, nos termos do CTB, pode ser conceituado como:

> *VEÍCULO AUTOMOTOR - todo veículo a motor de propulsão que circule por seus próprios meios, e que serve normalmente para o transporte viário de pessoas e coisas, ou para a tração viária de veículos utilizados para o transporte de pessoas e coisas. O termo compreende os veículos conectados a uma linha elétrica e que não circulam sobre trilhos (ônibus elétrico).*

Dessa forma, os reboques e semirreboques não se enquadram na definição acima, razão pela qual a conduta de adulterar sua placa é considerada **atípica**.

Causa de aumento de pena

O art. 311, §1º, do Código Penal, apresenta uma causa de aumento de pena:

> *§ 1º Se o agente comete o crime no exercício da função pública ou em razão dela, a pena é aumentada de um terço.*

Nesta hipótese, em que o agente age como autor do crime, a função pública deve, de alguma forma, propiciar ou facilitar a prática da conduta incriminada.

Forma equiparada

O art. 311, §2º, do Código Penal, apresenta a forma equiparada:

> *§ 2º Incorre nas mesmas penas o funcionário público que contribui para o licenciamento ou registro do veículo remarcado ou adulterado, fornecendo indevidamente material ou informação oficial.*

Neste caso, o agente pode responder tanto como coautor quanto partícipe. O fornecimento de material ou informação oficial deve ser indevido, isto é, realizado em desacordo com as normas vigentes.

6.3 Fraudes em certames de interesse público

> **Art. 311-A** *Utilizar ou divulgar, indevidamente, com o fim de beneficiar a si ou a outrem, ou de comprometer a credibilidade do certame, conteúdo sigiloso de:*
> *I - concurso público;*
> *II - avaliação ou exame públicos;*
> *III - processo seletivo para ingresso no ensino superior; ou*
> *IV - exame ou processo seletivo previstos em lei:*
> *Pena - reclusão, de 1 (um) a 4 (quatro) anos, e multa.*
> *§ 1º Nas mesmas penas incorre quem permite ou facilita, por qualquer meio, o acesso de pessoas não autorizadas às informações mencionadas no caput.*
> *§ 2º Se da ação ou omissão resulta dano à administração pública:*
> *Pena - reclusão, de 2 (dois) a 6 (seis) anos, e multa.*
> *§ 3º Aumenta-se a pena de 1/3 (um terço) se o fato é cometido por funcionário público.*

As disposições relativas a este dispositivo foram inseridas pela Lei nº 12.550/2011, prevendo punição para os indivíduos que fraudem certames de interesse público ou de acesso ao nível superior ou qualquer outro exame para acesso a determinado cargo (concurso público, ENEM, vestibular, Exame da OAB etc.).

Objetivamente, o legislador procurou suprir uma lacuna, tendo em vista que referida conduta, com o avanço da tecnologia, não encontrava respaldo no ordenamento jurídico.

Por muito tempo, os Tribunais Superiores discutiam acerca da "cola eletrônica". Para alguns julgadores, a conduta consistia no crime de estelionato, para outros, falsidade ideológica e, para uma terceira posição, seria fato atípico.

Com a ausência de disposição específica, prevaleceu a posição de que o fato seria atípico por violação ao princípio da taxatividade.

O sujeito ativo pode ser qualquer pessoa. O tipo não requer nenhuma condição ou qualidade pessoal e, em se tratando de funcionário público, há incidência da causa de aumento de pena do § 3º, do art. 311-A, do CP.

Trata-se de crime comum, pois pode ser praticado por qualquer pessoa, enquanto o sujeito passivo é o Estado, titular do bem jurídico, fé pública. Secundariamente, entende-se que pode ser vítima do delito

DIREITO PENAL

o concorrente prejudicado com a fraude ou a instituição que promove o certame.

Os núcleos do tipo consistem em utilizar ou divulgar o **conteúdo sigiloso** de concurso público; avaliação ou exame público; processo seletivo para ingresso no ensino superior; ou o exame ou processo seletivo previsto em lei.

Registre-se, **por exemplo,** que, aquele que vaza o gabarito de um certame, uma prova de concurso, pratica o crime em questão.

Por outro lado, se há a utilização de ponto, no qual o participante do concurso repassa as questões para que um terceiro, "expert", a realize e devolva o gabarito, estaremos diante de fato atípico.

Todavia, se quem passa as informações leva ao candidato o conteúdo sigiloso do gabarito, haverá o crime em tela.

O crime em questão somente se pratica mediante dolo, devendo existir especial fim de agir, consistente em beneficiar a si ou terceiro ou de comprometer a lisura do certame.

Trata-se de crime formal, razão pela qual o crime se consuma, independentemente, de prejuízo. O caminho do crime (*iter criminis)* pode ser fracionado, admitindo-se a tentativa.

O § 1º, do art. 311-A, prevê a figura equiparada do delito, aplicando a mesma pena do *caput* para quem permite ou facilita, por qualquer meio, o acesso de pessoas não autorizadas às informações sigilosas de certames de interesse público.

Prevê o § 2° a forma qualificada do delito, estabelecendo que se da ação ou omissão resultar dano à administração pública, a pena é de reclusão, de dois a seis anos e multa.

Há ainda, previsão de causa de aumento de pena (1/3), quando quem pratica o núcleo do tipo é funcionário público, prevalecendo-se de suas funções.

A ação penal é pública incondicionada.

CRIMES CONTRA A ADMINISTRAÇÃO PÚBLICA

7 CRIMES CONTRA A ADMINISTRAÇÃO PÚBLICA

7.1 Crimes funcionais

Antes de adentrarmos aos tipos penais propriamente ditos, é mister ressaltar que aqui estaremos diante dos **crimes funcionais,** ou seja, aqueles em que o agente, no exercício de suas funções ou a pretexto dela, aproveita-se da facilidade e do grau de confiança de sua função para tirar algum proveito ilícito.

Naturalmente, que embora os crimes não envolvam necessariamente o uso de violência, mostram-se reprováveis na medida em que quebram um dever de lealdade do servidor para com a Administração Pública.

Inclusive, a reprovabilidade destes delitos é de tamanha dimensão, que a orientação jurisprudencial é a de não permitir a aplicação do princípio da insignificância, pois a conduta fere o aspecto material e moral da Administração Pública (Sumula nº 599, STJ).

Além disso, os crimes funcionais podem ser divididos em:
- Próprios (puros); e
- Impróprios (impuros).

7.1.1 Crimes funcionais próprios

Serão próprios aqueles em que, faltando a qualidade de funcionário público ao autor, o fato passa a ser tratado como conduta atípica. Pode-se dizer, então, que nos crimes funcionais próprios, desaparecendo a condição funcional do agente, opera-se a atipicidade total da conduta.

> **Fique ligado**
>
> É o que acontece, por exemplo, com o crime de prevaricação do art. 319, do CP ("Retardar ou deixar de praticar, indevidamente, ato de ofício, ou praticá-lo contra disposição expressa de lei, para satisfazer interesse ou sentimento pessoal).

Perceba que o crime só pode ser praticado pelo funcionário público. Não haverá punição, a título de exemplo, de um particular que deixa de praticar indevidamente um ato de ofício em ato de satisfação de interesse pessoal.

Poderá ocorrer uma sanção administrativa de acordo com as disposições da CLT (Consolidação das Leis do Trabalho), mas jamais um crime.

7.1.2 Crimes funcionais impróprios

Por outro lado, os crimes funcionais **impróprios** são aqueles em que, não mais subsistindo a qualidade de servidor do agente, desaparece o crime funcional, ocorrendo, porém, uma responsabilidade subsidiária (**atipicidade relativa**).

É o que ocorre, a título de exemplo, no crime de peculato, do art. 312, do CP, que traz a seguinte conduta: "Apropriar-se o funcionário público de dinheiro, valor ou qualquer outro bem móvel, público ou particular, de que tem a posse em razão do cargo, ou desviá-lo, em proveito próprio ou alheio".

Analisando o núcleo da primeira conduta (apropriar-se), percebe-se que, se o funcionário público se apropria do bem de que tem a posse em razão do cargo, haverá o crime mencionado. Porém, afastando a condição de funcionário público do agente, se um particular, em situação de trabalho, apropria-se de patrimônio alheio, haverá o crime de apropriação indébita.

> **Fique ligado**
>
> Destaco, por fim, que, é possível o concurso de pessoas entre civil e funcionário público, sendo que ambos poderão responder pelo crime funcional. Entretanto, é **imprescindível** que o particular conheça a condição funcional do agente.

7.2 Conceito de funcionário público

O conceito daquilo que se entende por funcionário público, deriva do art. 327, do CP, conforme abaixo:

> *Art. 327 Considera-se funcionário público, para os efeitos penais, quem, embora transitoriamente ou sem remuneração, exerce cargo, emprego ou função pública.*
>
> *§ 1º Equipara-se a funcionário público quem exerce cargo, emprego ou função em entidade paraestatal, e quem trabalha para empresa prestadora de serviço contratada ou conveniada para a execução de atividade típica da Administração Pública.*
>
> *§ 2º A pena será aumentada da terça parte quando os autores dos crimes previstos neste Capítulo forem ocupantes de cargos em comissão ou de função de direção ou assessoramento de órgão da administração direta, sociedade de economia mista, empresa pública ou fundação instituída pelo poder público.*

Perceba que, destoando da técnica empregada pelo direito administrativo, o Código Penal emprega um conceito em sentido amplo do que se entende por funcionário público.

Para fins penais, será considerado funcionário, todo aquele que exerce cargo, emprego ou função pública, ainda que transitoriamente (temporariamente) e sem remuneração (de maneira gratuita, não onerosa).

Nesse contexto, o jurado, o mesário, médico voluntário que atua em hospital credenciado ao SUS, serão considerados funcionários públicos à luz do direito penal.

Vale ressaltar que o §1º, do art. 327, apresenta os chamados FUNCIONÁRIOS PÚBLICOS POR EQUIPARAÇÃO, que alcança todos aqueles que exerçam cargo, emprego ou função pública em entidades paraestatais (ONG's), OSCIPS, Sistema S).

Aplica-se também àqueles que trabalham para empresa prestadora de serviço contratada ou conveniada para a execução de atividade típica da Administração Pública. Neste caso, podemos mencionar as empresas particulares que, por contratação direta ou licitação, atuam em atribuição do poder público.

> **Ex.:** empresa ALFA que, por contrato ou convênio, estabelecido com o poder público, é responsável pela implantação e atualização de um programa de computador por meio do qual se dão os atos e procedimentos administrativos.

Logo, laborando numa interpretação inversa do dispositivo, temos que aqueles que são contratados pelo poder público para exercer função **não típica de Estado,** não serão considerados funcionários públicos por equiparação. É o que ocorre, por exemplo, com prestadores de serviço de limpeza ou segurança privada.

Em arremate ao art. 327, vale destacar a causa de aumento de pena contida no §2º, que dispõe que a pena será aumentada da terça parte quando os autores dos crimes previstos neste Capítulo forem ocupantes de cargos em comissão ou de função de direção ou assessoramento de **órgão da administração direta, sociedade de economia mista, empresa pública ou fundação** instituída pelo poder público.

Logo, a partir da análise, importante traçar dois cenários relevantes para a melhor compreensão:
- **O primeiro** é que as autarquias não se incluem neste rol.
- **O segundo** é que o STF tem entendimento consolidado no sentido de que Prefeitos, Governadores e o Presidente da República, quando autores de crimes funcionais, estão incluídos na causa de aumento.

DIREITO PENAL

7.3 Crimes praticados por funcionário público contra a administração em geral

7.3.1 Peculato

Art. 312 Apropriar-se o funcionário público de dinheiro, valor ou qualquer outro bem móvel, público ou particular, de que tem a posse em razão do cargo, ou desviá-lo, em proveito próprio ou alheio:
Pena - reclusão, de dois a doze anos, e multa.

§ 1º Aplica-se a mesma pena, se o funcionário público, embora não tendo a posse do dinheiro, valor ou bem, o subtrai, ou concorre para que seja subtraído, em proveito próprio ou alheio, valendo-se de facilidade que lhe proporciona a qualidade de funcionário.

Peculato culposo

§ 2º Se o funcionário concorre culposamente para o crime de outrem:
Pena - detenção, de três meses a um ano.

§ 3º No caso do parágrafo anterior, a reparação do dano, se precede à sentença irrecorrível, extingue a punibilidade; se lhe é posterior, reduz de metade a pena imposta.

Peculato mediante erro de outrem

Art. 313 Apropriar-se de dinheiro ou qualquer utilidade que, no exercício do cargo, recebeu por erro de outrem:
Pena - reclusão, de um a quatro anos, e multa.

Inserção de dados falsos em sistema de informações.

Art. 313-A Inserir ou facilitar, o funcionário autorizado, a inserção de dados falsos, alterar ou excluir indevidamente dados corretos nos sistemas informatizados ou bancos de dados da Administração Pública com o fim de obter vantagem indevida para si ou para outrem ou para causar dano:
Pena – reclusão, de 2 (dois) a 12 (doze) anos, e multa.

Modificação ou alteração não autorizada de sistema de informações

Art. 313-B Modificar ou alterar, o funcionário, sistema de informações ou programa de informática sem autorização ou solicitação de autoridade competente:
Pena – detenção, de 3 (três) meses a 2 (dois) anos, e multa.

Parágrafo único. As penas são aumentadas de um terço até a metade se da modificação ou alteração resulta dano para a Administração Pública ou para o administrado.

Podemos classificar o peculato em 5 espécies:

▷ Peculato apropriação → art. 312, *caput*, 1ª parte;
▷ Peculato desvio → art. 312, *caput*, 2ª parte;
▷ Peculato furto → art. 312, §1º;
▷ Peculato culposo → art. 312, §2º;
▷ Peculato mediante erro de outrem ou peculato estelionato → art. 313;
▷ Peculato eletrônico → arts. 313-A e B.

Antes de adentrarmos especificamente em cada figura, é prudente uma análise de circunstâncias comuns, que se aplicam a todas as modalidades do delito.

O peculato é **crime próprio**, na medida em que só pode ser praticado por funcionário público.

Porém, mesmo sendo próprio, admite-se o concurso de pessoas para punir igualmente o particular se este detiver conhecimento da condição funcional do coautor, caso contrário, o particular (mesmo agindo em concurso, mas desconhecendo a condição funcional do agente), responderá por modalidade de apropriação indébita ou furto, no caso do art. 312, §1°, por exemplo.

O sujeito passivo do delito é o Estado, que é lesado na sua esfera patrimonial.

Na figura do **peculato apropriação**, o agente apodera-se de dinheiro, valor ou qualquer outro bem móvel do qual detenha a posse legítima, passando, contudo, a comportar-se como se fosse dono da coisa. Tornando prático: trata-se de uma modalidade especial de apropriação indébita.

No peculato desvio (ou malversação), o funcionário público dá destinação diversa à coisa, em benefício próprio ou de outrem, auferindo vantagem de qualquer natureza. Inclusive, essa modalidade exige um dolo específico do agente, qual seja, o desvio em proveito (patrimonial ou moral) próprio ou alheio. Se o desvio for praticado em benefício da própria administração, poderá ocorrer outro delito (como é o caso do crime de emprego irregular de verbas ou rendas públicas — CP, art. 315), mas não o peculato.

Como já ressaltado nas Condições Gerais, ao crime em comento não se aplica o princípio da insignificância, por força da **Súmula nº 599, do STJ**. Não obstante, não se extingue a punibilidade pela reparação integral do dano. O que pode ocorrer é a figura do arrependimento posterior (art. 16, CP).

> **Fique ligado**
>
> Embora o arrependimento posterior possa ser aplicado ao crime de peculato, não se entende pela sua aplicação do crime de **moeda falsa**.

Diferente da conduta de se apropriar, o **peculato furto** (ou peculato impróprio) previsto no art. 312, §1°, incrimina o servidor público que subtrai, ou concorre para a subtração de coisa que se encontra sob a guarda ou custódia da Administração. Em resumo, o agente, servidor público, não tem a posse do bem, mas vale-se da facilidade que a função lhe proporciona e subtrai – ou concorre para que seja subtraída -, coisa do ente público ou de particular depositada junto à Administração.

Na conduta "subtrair", é o próprio funcionário quem subtrai o bem, como no crime de furto (art. 155, do CP). Já na hipótese de concorrer para a subtração, o servidor público, de forma voluntária e consciente, concorre para que terceira pessoa subtraia o objeto material. Neste caso, há concurso necessário entre o funcionário e o terceiro responsável pela subtração, lembrando-se que a condição funcional do servidor se comunicará a esse, porque se trata de circunstância elementar ao crime (art. 30, CP). É imprescindível que o particular tenha conhecimento da qualidade de funcionário público do agente principal.

Outra figura prevista, com punição mais branda, é o **peculato culposo**, previsto no §2°, do art. 312.

Nesta modalidade, o agente, por meio de manifesta quebra do dever objetivo de cuidado (negligência, imprudência ou imperícia), cria condições favoráveis para a prática do peculato doloso, em qualquer de suas modalidades.

> **Ex.:** Funcionário que sai da repartição às pressas e deixa aberta a porta de um armário onde se depositavam bens apreendidos de alto valor. Assim, se durante a madrugada uma pessoa, ciente da situação, invade o departamento e subtrai os bens armazenados, haverá o crime patrimonial deste, enquanto que o servidor descuidado responderá pelo peculato culposo.

Ainda, no peculato culposo, prevê o § 3 que, **se o agente promove a reparação do dano antes da sentença transitada em julgado, haverá extinção da punibilidade. Se posterior ao trânsito em julgado, não haverá extinção da punibilidade, mas, sim, redução da metade da pena imposta.**

A figura mencionada **somente se aplica ao peculato culposo.**

CRIMES CONTRA A ADMINISTRAÇÃO PÚBLICA

As questões tendem a suscitar a possibilidade da aplicação do §3º no peculato doloso, o que, evidentemente, não se aplica.

O **peculato mediante erro de outrem (art. 313)** é uma forma especial de apropriação havida por erro de outrem. Aqui, o agente se apodera do bem ou valor em razão do erro de outra pessoa, ou seja, o agente não estava na posse de dinheiro ou qualquer utilidade, mas pelo erro de terceiro que se engana na entrega da coisa, o servidor público se apropria do objeto. Nesta modalidade, diz-se que o dolo é superveniente, na medida em que este não existe no momento em que o agente recebe a coisa por erro, mas, sim, no momento em que dela se apropria.

Ademais, a pessoa que se engana na entrega tanto pode ser particular como outro funcionário público.

Por derradeiro, vejamos a figura típica do chamado peculato eletrônico (digital). O delito se divide em duas modalidades:

▷ A primeira, disposta no art. 313-A, do CP, corresponde à tutela da proteção dos dados, que somente podem ser alterados para atender ao interesse público.

Aqui, o sujeito ativo é o funcionário público autorizado, ou seja, o que está investido na função de cuidar dos sistemas informatizados.

▷ A segunda, prevista no art. 313-B, diz respeito à modificação ou alteração, praticada por funcionário, em sistema de informações ou programa de informática sem autorização ou solicitação da autoridade responsável.

Diferentemente do que ocorre com o tipo penal art. 313-A, que protege os dados de um sistema, na figura do art. 313-B, tutela-se o próprio sistema de informações ou programa de informática, por isso mais branda.

O sujeito ativo é o funcionário público.

Para a modalidade trabalhada no segundo item, haverá aumento de pena de um terço até a metade, se da modificação ou alteração resulta dano para a Administração Pública ou para o administrado.

7.3.2 Modificação ou alteração não autorizada de sistema de informações

Se a conduta não for inserir, facilitar, alterar ou excluir dados, mas, sim modificar, temos a tipificação do art. 313-B, que tem uma pena bem mais branda:

> **Art. 313-B** Modificar ou alterar, o funcionário, sistema de informações ou programa de informática sem autorização ou solicitação de autoridade competente:
> Pena - detenção, de 3 (três) meses a 2 (dois) anos, e multa.
> **Parágrafo único.** As penas são aumentadas de um terço até a metade se da modificação ou alteração resulta dano para a Administração Pública ou para o administrado.

O parágrafo único do art. 313-B prevê uma modalidade majorada em razão do resultado, ou seja, se da modificação ou alteração resultar dano para a Administração Pública ou para o administrado, as penas serão aumentadas de 1/3 até 1/2.

7.3.3 Extravio, sonegação ou inutilização de livro ou documento

> **Art. 314** Extraviar livro oficial ou qualquer documento, de que tem a guarda em razão do cargo; sonegá-lo ou inutilizá-lo, total ou parcialmente:
> Pena - reclusão, de um a quatro anos, se o fato não constitui crime mais grave.

São três os verbos núcleos do tipo: **extraviar, inutilizar ou sonegar** livro ou documento.

Trata-se de crime de mão própria, pois somente o funcionário público que detém a guarda do livro ou documento, em razão do cargo, pode praticar o aludido delito.

Note que nos dias atuais, praticamente todos os dados da Administração Pública são armazenados em sistemas informatizados, mas ainda existem livros e documentos (em menor quantidade do que antigamente).

O elemento subjetivo do delito é o dolo, ou seja, exige-se a vontade livre e consciente de extraviar, sonegar ou inutilizar livro oficial ou documento.

Por se tratar de **crime doloso**, a mera desorganização do funcionário público não enseja a caracterização do delito, apesar de estar sujeito a procedimento administrativo disciplinar.

▷ **Extraviar** significa propositalmente dar outra destinação ao documento que deveria estar naquele determinado setor (determinado livro que deveria estar no setor "A" foi, propositalmente, colocado no setor "B").

▷ **Inutilizar** significa deteriorar, destruir o documento e pode se dar de forma total (quando é completamente destruído) ou parcial (manchado, destruído ou deteriorado, mas não em sua totalidade).

▷ **Sonegar** significa esconder determinado livro ou documento da administração pública (ato comumente chamado de "engavetamento" de documentos).

O funcionário público pode extraviar, inutilizar ou sonegar documentos da administração por qualquer motivo que seja. No entanto, quando o funcionário público extravia, inutiliza ou sonega livro ou documento público por solicitar ou aceitar vantagem indevida ou aceitar promessa de **vantagem indevida**, incorre o agente na conduta do art. 317, do Código Penal (corrupção passiva) ou ainda no delito de **concussão (art. 316, CP)**, caso tenha havido a exigência de vantagem indevida.

Note que na cominação da pena para o crime de do art. 314, o legislador prevê reclusão de um a quatro anos **se o fato não constituir crime mais grave**, já pensando na possibilidade de se caracterizar a corrupção passiva, sendo o art. 314 um crime subsidiário dos delitos mais graves.

7.3.4 Emprego irregular de verbas ou rendas públicas

> **Art. 315** Dar às verbas ou rendas públicas aplicação diversa da estabelecida em lei:
> Pena - detenção, de um a três meses, ou multa.

A conduta que se incrimina no art. 315 é a de dar aplicação diversa da estabelecida em lei às verbas ou rendas públicas. Trata-se, portanto, de norma penal em branco, em que as verbas ou rendas devem ser vinculadas, por lei, a certa destinação (educação, saúde etc.).

O elemento subjetivo do tipo é o dolo, que consiste na vontade livre e consciente de dar aplicação diferente às verbas ou rendas públicas. A consumação se dá com a efetiva aplicação diversa das verbas ou rendas, independentemente de prejuízo patrimonial ao ente público.

A primeira impressão que se tem ao realizar a leitura da conduta prevista no art. 315 é que se trata de um crime grave. No entanto, veja que se trata de um delito de menor potencial ofensivo, porquanto as penas mínima e máxima previstas são um a três meses de detenção.

No tipo penal apresentado, digamos que a verba mencionada era destinada à reforma de uma quadra poliesportiva. No entanto, a verba acabou sendo empregada irregularmente para a reforma de um hospital público. Note que ambas as obras são de interesse público, ou seja, o delito em comento trata da hipótese de o desvio ocorrer para atender outro interesse público distinto daquele que estava previsto no primeiro momento, mas ainda assim, é um desvio.

Atente-se para o fato de que a conduta prevista no art. 315, do CP, em nada se assemelha com o peculato, que é um dos crimes mais graves que podem ser cometidos contra a Administração Pública.

No crime de peculato, o funcionário público subtrai, se apropria ou desvia bem ou valor de domínio público, para si ou para outrem, ou seja, para um interesse particular, diferente do que ocorre no art. 315, em que o desvio se direciona para outro interesse público.

7.3.5 Concussão

Art. 316 Exigir, para si ou para outrem, direta ou indiretamente, ainda que fora da função ou antes de assumi-la, mas em razão dela, vantagem indevida:
Pena - reclusão, de 2 (dois) a 12 (doze) anos, e multa.

O verbo núcleo do tipo é exigir, que tem o sentido de impor, ordenar etc. Trata-se da exigência (imposição, ordem) praticada pelo funcionário público contra outra pessoa, no intuito de obter vantagem indevida.

É importante não confundir o delito de concussão com o crime de corrupção passiva. A diferença está entre os verbos **exigir**, de um lado, e solicitar, receber ou aceitar, de outro. Enfim, na concussão há a imposição da vantagem indevida, sendo a vítima constrangida em razão da função pública do agente. Na corrupção passiva, a intensidade da solicitação equipara-se a uma negociação.

Trata-se de crime próprio, pois somente o funcionário público pode cometê-lo, ainda que fora da função ou antes de assumi-la, desde, entretanto, que atue em nome do cargo.

Fique ligado

Vale frisar que se admite a coautoria com particular, desde que esse tenha conhecimento da condição funcional do agente.

O sujeito passivo primário é o Estado, notadamente no aspecto da moralidade e eficiência administrativa, já que o agente atua em nome do ente que representa. De maneira secundária, o particular também é considerado sujeito passivo, porquanto é lesado pelo servidor.

O crime se consuma com a mera exigência da vantagem indevida, direta ou indiretamente (valendo-se de interposta pessoa), sendo o recebimento da vantagem mero exaurimento do crime. Em resumo, não há a necessidade de obtenção da vantagem, sendo classificado como um crime formal.

A vantagem deve ser indevida, isto é, ilegal, e será, em regra, de natureza econômica e patrimonial. Deve, em suma, beneficiar o próprio agente ou terceiro – não a administração pública.

O crime somente se pratica mediante dolo, inexistindo previsão para a modalidade culposa.

7.3.6 Excesso de exação

§ 1º Se o funcionário exige tributo ou contribuição social que sabe ou deveria saber indevido, ou, quando devido, emprega na cobrança meio vexatório ou gravoso, que a lei não autoriza:
Pena - reclusão, de 3 (três) a 8 (oito) anos, e multa.
§ 2º Se o funcionário desvia, em proveito próprio ou de outrem, o que recebeu indevidamente para recolher aos cofres públicos:
Pena - reclusão, de dois a doze anos, e multa.

O crime em debate constitui uma forma especial de concussão. Nesse sentido, o sujeito ativo do excesso de exação é o funcionário público encarregado da arrecadação tributária.

O sujeito passivo é o Estado e, indiretamente, o particular atingido.

O excesso de exação é previsto sob duas modalidades distintas: exigência indevida e cobrança vexatória.

A primeira consiste em **exigir tributo ou contribuição que sabe ou deveria saber indevido.**

A segunda consiste em **empregar meio vexatório (que humilha, ridiculariza) ou gravoso na cobrança de tributo devido.**

O crime só se pratica mediante dolo.

Há ainda a previsão da forma qualificada do delito no § 2º, na qual o agente desvia, em proveito próprio ou alheio, o que obteve indevidamente. Segundo se entende, a tipicidade reveste-se da peculiaridade de que o agente, após praticar a conduta delitiva a que se refere o § 1º, desvia em proveito seu ou de outrem o que recebeu ilicitamente, deixando, por conseguinte, de recolhê-lo aos cofres públicos.

Há, pois, dois momentos: no primeiro, há o recebimento indevido; e, no segundo, o posterior desvio do numerário.

A ação penal é pública incondicionada.

7.3.7 Corrupção passiva

Art. 317 Solicitar ou receber, para si ou para outrem, direta ou indiretamente, ainda que fora da função ou antes de assumi-la, mas em razão dela, vantagem indevida, ou aceitar promessa de tal vantagem:
Pena – reclusão, de 2 (dois) a 12 (doze) anos, e multa.
§ 1º A pena é aumentada de um terço, se, em conseqüência da vantagem ou promessa, o funcionário retarda ou deixa de praticar qualquer ato de ofício ou o pratica infringindo dever funcional.
§ 2º Se o funcionário pratica, deixa de praticar ou retarda ato de ofício, com infração de dever funcional, cedendo a pedido ou influência de outrem:
Pena - detenção, de três meses a um ano, ou multa.

Lamentavelmente, a corrupção é modalidade criminosa que se faz presente desde o alto escalão da Administração Pública até em atos corriqueiros da vida atual – como a conhecida "cervejinha" ou "cafezinho" solicitado por funcionário público. A corrupção, além de implicar aumento de custos com desvios de dinheiro público, de corroer a confiança nas instituições e na própria Democracia, acarreta efeitos indiretos que, muitas vezes, não são lembrados, gerando graves consequências no próprio crescimento econômico e no desenvolvimento social do país.

A ideia em se coibir o delito de corrupção gira em torno da preservação da moralidade administrativa e no zelo em se manter hígido o nome do Estado.

Noutro vértice, a incriminação da corrupção objetiva evitar o enriquecimento ilícito do agente público.

Trata-se de crime próprio, pois somente pode figurar como sujeito ativo, o funcionário público, ainda que fora da função ou antes de assumi-la, mas desde que pratique o crime em razão da sua função. Vale destacar, os funcionários públicos por equiparação (art. 327, §1º, CP).

É importante ressaltar que, se houver coautoria ou participação no crime de corrupção passiva, o particular (*extraneus*) responderá pelo mesmo tipo, uma vez que há comunicabilidade das circunstâncias elementares do crime, nos termos do art. 30, do Código Penal, sendo, no caso, comunicável a qualidade de funcionário público. Portanto, o particular pode figurar como sujeito ativo desse crime, quando houver concurso de pessoas.

O sujeito passivo é a Administração Pública. Eventualmente, o particular assediado pelo funcionário público também pode ser sujeito passivo, quando não houver a bilateralidade da infração penal.

O tipo objetivo compreende as condutas de **solicitar, receber ou aceitar** promessa de vantagem indevida. Solicitar significa pedir, requerer, manifestar o desejo de receber a espúria vantagem. A solicitação pode ser expressa ou tácita, predominando, nos casos concretos, esta última. A princípio, a solicitação denota um comportamento unilateral. Nesse caso, havendo a solicitação de vantagem indevida, se o particular efetuar o pagamento, este não praticará crime, configurando-se o mero exaurimento da corrupção passiva.

A segunda conduta é receber, isto é, adquirir, tomar, obter, alcançar a vantagem ilícita. Aqui, há o princípio da bilateralidade da corrupção, ou seja, encontra-se uma exceção à teoria monista do concurso de pessoas (art. 29, *caput*, do CP). Significa dizer que ao invés de os indivíduos que solicitam ou recebem a vantagem responderem pelo mesmo tipo penal, serão capitulados em delitos distintos, no caso, corrupção passiva e ativa (crime praticado pelo particular que oferece ou promete vantagem). Naturalmente, se o funcionário público recebe, é porque alguém ofertou.

O terceiro verbo é o aceitar a promessa de vantagem, que consiste em concordar, anuir a um pagamento futuro. Há, igualmente, a bilateralidade de comportamentos.

Conforme tratado anteriormente, se ao invés de solicitar a vantagem indevida, o agente público exigi-la, o crime praticado será o de concussão (art. 316, CP).

Pressupõe-se, para a caracterização do delito, que a conduta do agente deve guardar relação com o exercício da função.

O objeto material é a vantagem indevida, que constitui todo benefício ou proveito contrário ao direito, de qualquer natureza, seja material, imaterial (moeda virtual ou *bitcoin*), moral ou pessoal (favores sexuais).

O crime somente se pratica mediante dolo, ou seja, com a vontade livre e consciente de praticar as ações previstas no tipo penal, aliado ao elemento subjetivo do tipo implícito na expressão "para si ou para outrem".

O crime é formal e sua consumação independe da ocorrência do resultado pretendido. O crime se aperfeiçoa com a mera solicitação da vantagem ou aceitação da promessa, ainda que essa não se concretize. Todavia, no verbo **receber**, entende-se que o crime é material.

Cumpre registrar que, se após a consumação do delito (trata-se de crime formal), o funcionário público concretiza a ilícita "contrapartida", incidirá a causa de aumento do art. 317, § 1º, do CP.

A propósito, vale ressaltar que não se descaracteriza a prisão em flagrante do funcionário no momento do recebimento da "propina", quando, antes, já houve a solicitação da vantagem. Não há que falar em "flagrante preparado" no caso do funcionário ser capturado no momento em que colocava a "mão no dinheiro", não obstante, tecnicamente, poder ser alegado o exaurimento do delito.

Causa de aumento de pena

O §1º prevê a chamada corrupção própria exaurida. Ocorre quando o funcionário, em consequência da vantagem ou promessa, efetivamente, retarda (atrasa) ou deixa de praticar qualquer ato de ofício, ou o pratica infringindo dever funcional.

Cuida-se de hipótese de exaurimento da corrupção passiva que aumenta a reprimenda imposta, diante da maior lesão ao bem jurídico. Nesse sentido, dispõe o art. 317, § 1º, do CP que, se em consequência da vantagem ou promessa o funcionário retarda ou deixa de praticar qualquer ato de ofício ou o pratica infringindo dever funcional, a pena deve ser aumentada de um terço.

Forma privilegiada

Segundo o art. 317, § 2º, do CP, se o funcionário pratica, deixa de praticar ou retarda ato de ofício, com infração de dever funcional, **cedendo a pedido ou influência de outrem**, a pena será de detenção, de três meses a um ano, ou multa.

Nesse caso, o funcionário público não se utiliza da sua função para negociar vantagem indevida; simplesmente, ele viola o dever de fidelidade funcional para atender a um pedido de terceiro, influente ou não. Exige-se que haja pedido ou influência. É a reprovável "deferência" ou "vassalagem" do sujeito ativo que dá origem à forma especial de corrupção que, no caso, aproxima-se bastante do delito de prevaricação.

A ação penal é pública incondicionada.

7.3.8 Facilitação de contrabando ou descaminho

> **Art. 318** Facilitar, com infração de dever funcional, a prática de contrabando ou descaminho (art. 334):
> Pena – reclusão, de 3 (três) a 8 (oito) anos, e multa.

O tipo penal do art. 318 incrimina a facilitação da prática de contrabando ou descaminho, por funcionário público, com infração de dever funcional.

Trata-se de outra exceção ao princípio da unidade do delito – igualmente ao verificado no caso de corrupção passiva e ativa. Isso porque, a rigor, o funcionário público que facilita o descaminho ou o contrabando, violando o seu dever funcional, responderia como partícipe dos crimes dos arts. 334 e 334-A, caso não houvesse o aludido tipo penal.

É classificado como crime próprio, pois só o funcionário público, com dever funcional de fiscalização ou repressão ao contrabando ou descaminho, pode cometer o delito.

O sujeito passivo é o Estado, mais especificamente, a União Federal, em razão do controle de entrada e saída de mercadorias do país. É possível, ainda, ter como sujeito passivo indireto, os Estados da Federação, em razão da tributação reflexa.

O crime somente se pratica com dolo, inexistindo previsão para a forma culposa.

A ação penal é pública incondicionada.

7.3.9 Prevaricação

> **Art. 319** Retardar ou deixar de praticar, indevidamente, ato de ofício, ou praticá-lo contra disposição expressa de lei, para satisfazer interesse ou sentimento pessoal:
> Pena – detenção, de três meses a um ano, e multa.

O crime do art. 319 consiste no ato do funcionário público retardar ou deixar de praticar, indevidamente, ato de ofício, ou praticá-lo contra disposição expressa da lei, para satisfazer interesse ou sentimento pessoal.

Assim, na hipótese de omissão ou retardamento do ato de ofício, ou na prática desse *contra legem*, guiado por motivação particular, configurada estará a figura da prevaricação.

Trata-se de crime funcional próprio, pois, uma vez afastada a condição de funcionário público do agente, operar-se-á a atipicidade absoluta da conduta.

O crime só se pratica mediante dolo, inexistindo previsão para a modalidade culposa.

Demais disso, exige-se o elemento subjetivo do tipo, compreendido com a expressão "para satisfazer interesse ou sentimento pessoal." Sem essa finalidade específica, a conduta será atípica. Interesse pessoal é a vantagem pretendida pelo funcionário público, seja moral ou material.

Sentimento diz respeito à afetação do funcionário para com determinada pessoa, como simpatia, ódio, vingança etc.

Cumpre salientar, no particular, a grande "fragilidade", em termos práticos, do delito de prevaricação.

Com efeito, nos casos levados a juízo, há uma grande dificuldade de se provar que o ato praticado, omitido ou retardado, se deu em razão da motivação indevida. Isso porque sempre há uma margem de argumentação defensiva no sentido da conveniência ou oportunidade do ato praticado, retardado ou omitido pelo funcionário público. Na dúvida sobre a pertinência da "justificativa", impõe-se, como se sabe, a absolvição do réu.

A ação penal é pública incondicionada. Cabe transação penal ou suspensão condicional do processo, nos termos da Lei nº 9.099/1995.

7.3.10 Prevaricação imprópria

Art. 319-A Deixar o Diretor de Penitenciária e/ou agente público, de cumprir seu dever de vedar ao preso o acesso a aparelho telefônico, de rádio ou similar, que permita a comunicação com outros presos ou com o ambiente externo:
Pena – detenção, de 3 (três) meses a 1 (um) ano.

Trata-se de delito que visa tutelar a lisura no procedimento de recuperação do apenado, visando evitar seu acesso aos meios de comunicação.

Nesse sentido, inúmeros são os efeitos negativos da permissão, direta ou indireta, da manipulação de aparelhos de comunicação por parte dos presos: extorsões, preparações para fugas, gerenciamento da organização criminosa de dentro das prisões etc.

Quanto ao sujeito ativo, o crime somente pode ser praticado pelo Diretor de Penitenciária ou o agente público que tenha o dever de impedir o acesso dos presos a celulares e afins, como diretores de cadeia pública e centros de detenção provisória, agentes penitenciários, Delegados de Polícia ou carcereiros em cujas delegacias se achem recolhidos presos.

O objetivo é evitar que o preso tenha acesso aos meios de comunicação.

> **Fique ligado**
> Segundo o entendimento dos Tribunais Superiores, a permissão de acesso a *chip* de aparelho celular não configura o presente crime.

A prevaricação penitenciária somente é punida na forma dolosa, direta ou eventual. O crime se pratica mediante a omissão dolosa.

A tentativa não é possível, tendo em vista que se trata de crime omissivo próprio.

A ação penal é pública incondicionada.

7.3.11 Condescendência criminosa

Art. 320 Deixar o funcionário, por indulgência, de responsabilizar subordinado que cometeu infração no exercício do cargo ou, quando lhe falte competência, não levar o fato ao conhecimento da autoridade competente:
Pena - detenção, de quinze dias a um mês, ou multa.

O delito do art. 320 contém duas modalidades. A primeira, consiste na conduta do funcionário **em deixar de responsabilizar** subordinado que cometeu infração no exercício do cargo. O agente, embora tenha competência, deixa de responsabilizar, isto é, não promove a apuração da falta nem aplica ao subordinado as cominações legais. A segunda, configura-se com a conduta do funcionário público de **não levar o fato ao conhecimento** da autoridade competente, quando lhe falte competência.

O pressuposto lógico-jurídico é o fato de que o subordinado tenha cometido infração penal ou administrativa, ou seja, que haja alguma relação com a falta e o exercício do cargo. Ao revés, caso se tratar de falta não relacionada com o serviço público, o fato é atípico.

O crime é omissivo próprio e somente se pratica mediante dolo.

A ação penal é pública incondicionada. Cabe transação penal ou suspensão condicional do processo, conforme o caso.

7.3.12 Advocacia administrativa

Art. 321 Patrocinar, direta ou indiretamente, interesse privado perante a administração pública, valendo-se da qualidade de funcionário:
Pena – detenção, de um a três meses, ou multa.
Parágrafo único. *Se o interesse é ilegítimo:*
Pena – detenção, de três meses a um ano, além da multa.

O verbo núcleo do tipo é "patrocinar", que tem a significação de pleitear, advogar, defender, apadrinhar interesse alheio. Configura-se com a conduta o agente que representa, patrocina, intervém, pede, pleiteia por interesse privado perante a Administração Pública, valendo-se da qualidade de funcionário público.

Trata-se de crime próprio, pois somente pode ser praticado por funcionário público.

O delito pode ser cometido direta ou indiretamente. Na forma direta, o próprio funcionário público atua para a obtenção do atendimento do interesse particular. No meio indireto, ele se vale de interposta pessoa, estafeta ou terceiro que faz às vezes do funcionário, agindo, pois, em seu nome.

O crime somente se pratica mediante dolo. Na forma qualificada, deve existir o conhecimento da ilegitimidade do ato.

A consumação ocorre com a prática do primeiro ato de patrocínio, independentemente, de lograr obter alguma decisão favorável ao seu "cliente". Admite-se a tentativa.

Tratando-se de interesse ilegítimo, ou seja, não agasalhado em lei, incide a qualificadora do parágrafo único do art. 321, do CP.

7.3.13 Violência arbitrária

Art. 322 Praticar violência, no exercício de função ou a pretexto de exercê-la:
Pena - detenção, de seis meses a três anos, além da pena correspondente à violência.

Há discussão doutrinária e jurisprudencial sobre a revogação ou não deste dispositivo por força da Nova Lei de Abuso de Autoridade (Lei nº 13.869/2019).

Há duas correntes sobre o assunto. Prevalece a orientação de que não houve revogação, consoante entendimento do STF. Entretanto, o tipo penal funcionará de maneira subsidiária.

O bem jurídico tutelado pelo delito do art. 322 é a garantia do regular desenvolvimento das atividades da administração pública. Secundariamente, tutela a integridade do particular afetado pela ação violenta.

O verbo núcleo do tipo é "praticar", que tem o sentido de cometer, fazer, executar. A figura típica pune a prática de violência, entendida essa como a "violência física sobre a pessoa visada, não bastando, portanto, a simples violência moral (ameaça).

É requisito do tipo penal que a violência seja cometida pelo agente no exercício da função, ou seja, quando o funcionário público está

CRIMES CONTRA A ADMINISTRAÇÃO PÚBLICA

efetivamente desempenhando sua atividade funcional específica; ou a pretexto de exercê-la.

O elemento subjetivo é o dolo, ou seja, a vontade de praticar violência com consciência e arbitrariedade.

7.3.14 Abandono de função

> *Art. 323 Abandonar cargo público, fora dos casos permitidos em lei:*
> *Pena - detenção, de quinze dias a um mês, ou multa.*
> *§ 1º Se do fato resulta prejuízo público:*
> *Pena - detenção, de três meses a um ano, e multa.*
> *§ 2º Se o fato ocorre em lugar compreendido na faixa de fronteira:*
> *Pena - detenção, de um a três anos, e multa.*

O núcleo do tipo é "abandonar", que significa afastar-se deliberadamente, ausentar-se de maneira arbitrária do local onde exerce o cargo público. O abandono deve ser inequívoco e total, vale dizer, sem deixar espaço para substitutos. E, segundo a doutrina, este abandono deve acarretar uma probabilidade de dano ao serviço público.

Caso se trate de demissão requerida pelo servidor público, deve-se aguardar o deferimento por parte da Administração Pública. Caso se afaste sem aguardar a decisão final sobre a demissão, poderá o agente responder pelo crime em questão.

O tipo subjetivo é o dolo, consistente na vontade consciente de abandonar o efetivo exercício do cargo, abrangendo o conhecimento da irregularidade da medida.

O delito se opera com o afastamento do exercício do cargo público por tempo juridicamente relevante. Por se tratar de delito omissivo próprio, não cabe a tentativa.

Há, ainda, a presença de duas qualificadoras. Na primeira, a pena é agravada se, do abandono, redundar prejuízo público.

Na segunda qualificadora, a pena é exasperada quando o fato é cometido em lugar compreendido na faixa de fronteira. No caso, há, naturalmente, um prejuízo maior em razão da lacuna que prejudica os interesses nacionais frente aos países limítrofes. De acordo com o art. 1°, da Lei n° 6.634/1979, é considerada área indispensável à Segurança Nacional a faixa interna de 150 Km (cento e cinquenta quilômetros) de largura, paralela à linha divisória terrestre do território nacional, que será designada como Faixa de Fronteira.

7.3.15 Exercício funcional ilegalmente antecipado ou prolongado

> *Art. 324 Entrar no exercício de função pública antes de satisfeitas as exigências legais, ou continuar a exercê-la, sem autorização, depois de saber oficialmente que foi exonerado, removido, substituído ou suspenso:*
> *Pena - detenção, de quinze dias a um mês, ou multa.*

O tipo penal do art. 324, do CP, objetiva proteger a Administração Pública no que diz respeito à segurança e à regularidade do exercício do cargo público, desde a sua investidura até o afastamento do servidor, temporária ou definitivamente.

Objetiva-se evitar insegurança jurídica decorrente da anulação ou mesmo nulidade dos atos praticados por quem ainda não tomou posse, ou, em outro extremo, por quem não mais possui o direito de exercê-lo.

Cuida-se de crime próprio. Por essa razão, o sujeito ativo é o funcionário público que entra no exercício de função, antecipadamente, ou que a exerce mesmo depois de saber, oficialmente, da sua exoneração/remoção ou suspensão.

Todavia, para que haja a incriminação, exige-se que ele tenha conhecimento oficial do impedimento em questão.

Após essa ciência, a continuidade no cargo caracterizará o delito em tela.

O crime só se pratica com dolo, isto é, mediante a vontade e consciência de antecipar ou prolongar o exercício da atividade funcional, com consciência da ilegalidade.

A consumação ocorre com a realização do primeiro ato de ofício indevido. Admite-se a tentativa.

A ação penal é pública incondicionada.

7.3.16 Violação de sigilo funcional

> *Art. 325 Revelar fato de que tem ciência em razão do cargo e que deva permanecer em segredo, ou facilitar-lhe a revelação:*
> *Pena - detenção, de seis meses a dois anos, ou multa, se o fato não constitui crime mais grave.*
> *§ 1º Nas mesmas penas deste artigo incorre quem:*
> *I – permite ou facilita, mediante atribuição, fornecimento e empréstimo de senha ou qualquer outra forma, o acesso de pessoas não autorizadas a sistemas de informações ou banco de dados da Administração Pública;*
> *II – se utiliza, indevidamente, do acesso restrito.*
> *§ 2º Se da ação ou omissão resulta dano à Administração Pública ou a outrem:*
> *Pena – reclusão, de 2 (dois) a 6 (seis) anos, e multa.*

Conforme dispõe o art. 5º, XXXIII, da CF, todos têm direito a receber dos órgãos públicos informações de seu interesse particular, ou de interesse coletivo ou geral, que serão prestadas no prazo da lei, sob pena de responsabilidade, ressalvadas aquelas cujo sigilo seja imprescindível à segurança da sociedade e do Estado.

No mesmo sentido, o art. 37, § 3º, inc. II, da Constituição de 1988, dispõe que a lei disciplinará as formas de participação do usuário na Administração Pública direta e indireta, regulando especialmente: o acesso dos usuários a registros administrativos e a informações sobre atos de governo, observado o disposto no art. 5º, X e XXXIII.

Desse modo, é evidente que as informações que encampam a atuação pública são dotadas de publicidade. Todavia, soa natural que, em determinadas situações, essa publicidade seja mitigada em prol do próprio interesse público, por exemplo, o sigilo no curso de uma investigação.

Desta feita, o funcionário que, violando seu dever de observar o sigilo, revelar fato conhecido em razão do cargo, prejudicando a Administração Pública ou algum particular, incorre no delito do art. 325, do CP.

O sujeito ativo é o funcionário público. Aliás, trata-se de crime próprio, pois somente o funcionário público que tem ciência do segredo, é que pode praticá-lo. Na hipótese de uma terceira pessoa, que não o funcionário público, receber a informação por aquele "vazada", não responde pelo crime, a não ser que tenha induzido, instigado ou auxiliado, secundariamente, o funcionário infiel.

> **Fique ligado**
>
> O pressuposto lógico do crime é que o funcionário tenha conhecimento do segredo em razão do cargo, vale dizer, por força do desempenho de suas funções. Se ele toma conhecimento por razões diversas, não haverá o crime em foco.

Por outro lado, caso se trate de um segredo de interesse particular, poderá caracterizar o art. 154, do CP.

O crime somente se pratica mediante dolo.

DIREITO PENAL

A consumação ocorre com o ato da revelação do segredo ou de sua facilitação. Trata-se de delito formal, que independe de produção efetiva de dano, bastando sua potencialidade lesiva.

A tentativa dependerá da forma pela qual o segredo chega até ao terceiro. Se for via oral, não há possibilidade de tentativa; se for por meio escrito, v.g., há possibilidade do *conatus*.

7.4 Crimes praticados por particular contra a administração em geral

7.4.1 Usurpação de função pública

> **Art. 328** *Usurpar o exercício de função pública:*
> *Pena – detenção, de três meses a dois anos, e multa.*
> **Parágrafo único.** *Se do fato o agente aufere vantagem:*
> *Pena – reclusão, de dois a cinco anos, e multa.*

A partir deste artigo serão analisados os crimes praticados por particulares contra a Administração Pública.

O delito do art. 328 criminaliza a conduta do sujeito que se apropria de maneira ilegítima e ilegal de função reservada a qualquer agente público. A ideia do núcleo "usurpar o exercício de função pública" significa exercer indevidamente, sem ter o direito.

Pode praticar o crime em estudo aquele que se usurpa nas funções de servidor público, de natureza vitalícia, efetiva, temporária ou delegada, sejam elas civis ou militares.

Trata-se de crime comum, que pode ser praticado por qualquer pessoa, inclusive por funcionário público quando venha a exercer uma função que não lhe compete.

Fique ligado

Vale frisar que, se o agente alega que é titular de uma função pública, mas não realiza nenhum ato a ela inerente, não há delito, mas, apenas, a contravenção do art. 45, da Lei das Contravenções Penais.

O elemento subjetivo do tipo é o dolo, consistente na vontade de usurpar a função, com consciência da ilegitimidade do exercício.

O parágrafo único prevê a figura qualificado do delito, se o agente ao usurpar a função pública, aufere vantagem moral ou material, para si ou para terceiro.

A ação penal é pública incondicionada.

7.4.2 Resistência

> **Art. 329** *Opor-se à execução de ato legal, mediante violência ou ameaça a funcionário competente para executá-lo ou a quem lhe esteja prestando auxílio:*
> *Pena – detenção, de dois meses a dois anos.*
> *§ 1º Se o ato, em razão da resistência, não se executa:*
> *Pena – reclusão, de um a três anos.*
> *§ 2º As penas deste artigo são aplicáveis sem prejuízo das correspondentes à violência.*

Trata-se da conduta daquele que se opõe à execução de um ato **legal**, por exemplo, impedir um oficial de justiça de cumprir um mandado, exercendo violência ou ameaça (não precisa ser grave) contra ele.

Destacamos que a "oposição" referida no dispositivo legal deve-se a uma resistência denominada **ativa**, não caracterizando o delito em tela a resistência passiva, que é o ato de esbravejar, espernear ou manifestar discordância contra o ato praticado.

O crime em tela tem por objetivo proteger a higidez e credibilidade dos servidores públicos.

Além disso, se a resistência se dá para evitar um ato ilegal, a conduta configura fato atípico, na medida em que o particular estará agindo amparado por alguma excludente de ilicitude.

O crime só se pratica com dolo.

O crime será qualificado se o ato, em razão da resistência, não se executa.

A pena do crime de resistência será somada à pena de eventual violência, aplicando-se a regra do concurso material de infrações.

A ação penal é pública incondicionada.

7.4.3 Desobediência

> **Art. 330** *Desobedecer a ordem legal de funcionário público:*
> *Pena – detenção, de quinze dias a seis meses, e multa.*

Distintamente do que ocorre no crime anterior, na desobediência, pune-se a conduta de quem desobedece à ordem **legal** de funcionário público. Por isso, é muito comum que, havendo resistência, haverá desobediência. Todavia, é possível desobedecer sem resistir, já que a resistência é condicionada à existência de violência ou ameaça ao servidor que cumpre ato legal.

Além disso, para a tipificação da desobediência é indispensável que o destinatário da ordem tenha o dever jurídico de obedecê-la, isto é, a obrigação de acatá-la.

Nesse contexto, não obedecer a ordem legal do funcionário público (ficar parado, em silêncio ou outra conduta) configura o crime em estudo.

Merece destaque o entendimento majoritário no sentido de que até mesmo o servidor público pode cometer este crime, desde que a ordem não seja relacionada às suas funções.

O elemento subjetivo do crime é o dolo, ou seja, a vontade livre e consciente de desobedecer a ordem legal que tem obrigação de cumprir. O erro ou o motivo de força maior exclui o elemento subjetivo.

Admite-se a tentativa somente na forma comissiva, não sendo possível na omissiva.

A ação é pública incondicionada.

7.4.4 Desacato

> **Art. 331** *Desacatar funcionário público no exercício da função ou em razão dela:*
> *Pena – detenção, de seis meses a dois anos, ou multa.*

O crime de desacato tutela a moralidade, a dignidade e o prestígio da função pública.

Embora o STJ tenha se posicionado pela inconstitucionalidade deste delito, por – de acordo com o antigo entendimento – violar o direito de liberdade de expressão, prevalece a orientação de que todos os direitos comportam mitigação, razão pela qual o delito contido no art. 331 é plenamente constitucional e tem por objetivo proteger a Administração Pública.

O verbo núcleo do delito é "desacatar" que consiste na conduta de humilhar, menosprezar, achincalhar, menoscabar etc. o funcionário público quando no exercício de sua função ou em razão dela. Assim, o entendimento é de que, para que se configure desacato, faz-se necessário que a ofensa seja dirigida diretamente ao funcionário público. Entende-se também que não é admissível que o crime de desacato seja cometido por telefone, fax, telegrama, correspondência eletrônica, carta ou pela imprensa. Nessas situações, estaremos diante de crimes contra a honra.

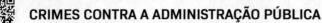

CRIMES CONTRA A ADMINISTRAÇÃO PÚBLICA

Ademais, o entendimento predominante é que um funcionário público pode praticar o crime em tela quando desacatar outro, pouco importando a posição hierárquica.

> **Fique ligado**
>
> Em resumo, é elementar para a consumação do crime que a conduta seja realizada contra funcionário público **no exercício da função ou em razão dela, vale dizer, o chamado nexo funcional**.

A prática delitiva se dá mediante dolo, consistente na vontade livre e consciente de proferir palavra ou praticar ato injurioso ou difamatório, com finalidade de desprestigiar a função pública do ofendido.

Vale destacar que não haverá crime se o funcionário houver dado causa ao desacato, pois neste caso será retorsão ou justa repulsa, em que ausente o dolo inerente ao tipo.

A ação penal é pública incondicionada.

7.4.5 Tráfico de influência

> **Art. 332** Solicitar, exigir, cobrar ou obter, para si ou para outrem, vantagem ou promessa de vantagem, a pretexto de influir em ato praticado por funcionário público no exercício da função:
> Pena – reclusão, de 2 (dois) a 5 (cinco) anos, e multa.
> **Parágrafo único.** A pena é aumentada da metade, se o agente alega ou insinua que a vantagem é também destinada ao funcionário.

O delito do art. 332 tutela o prestígio (bom nome) da Administração Pública. O tipo penal tem como finalidade evitar a chamada comercialização da suposta influência em atividade de funcionário público.

O objetivo deste tipo penal é dizimar a conduta de qualquer indivíduo que tenha por intuito obter vantagem pessoal sob o argumento de intervir em atividade funcional de servidor público.

A característica do delito está na razão da conduta do agente a pretexto de influir em ato praticado por funcionário público no exercício da função. O sujeito ativo solicita, exige, cobra ou obtém a vantagem ou promessa de vantagem a pretexto de influir em ato praticado por funcionário público.

Note-se, desde logo, que do tipo legal está excluída a alegação de que se possa exercer influência sobre servidores da justiça, tais quais juiz, jurado, órgão do Ministério Público, funcionário de justiça, perito, tradutor, intérprete ou testemunha, uma vez que esses se inserem no rol taxativo do art. 357, do CP (exploração de prestígio).

O crime pode ser praticado por qualquer pessoa, até mesmo por funcionário público.

O delito somente se pratica mediante dolo.

Haverá aumento de pena (1/2), caso o agente dê a entender que a importância ou qualquer outra vantagem, também será destinada ao funcionário público.

7.4.6 Corrupção ativa

> **Art. 333** Oferecer ou prometer vantagem indevida a funcionário público, para determiná-lo a praticar, omitir ou retardar ato de ofício:
> Pena – reclusão, de 2 (dois) a 12 (doze) anos, e multa.
> **Parágrafo único.** A pena é aumentada de um terço, se, em razão da vantagem ou promessa, o funcionário retarda ou omite ato de ofício, ou o pratica infringindo dever funcional.

Trata-se de mais um tipo penal que tutela a credibilidade do Estado frente a seus agentes.

Os núcleos do tipo são "oferecer" e "prometer" vantagem indevida para determinar que funcionário público pratique, omita ou retarde ato que deveria praticar de ofício. Oferecer tem o sentido de pôr à disposição, apresentar para que seja aceito. Prometer, por sua vez, tem o sentido de obrigar-se, comprometer-se, garantir dar alguma coisa.

É a clássica forma de corrupção, o chamado "cafezinho" ou "ajudinha".

O entendimento que prevalece nos tribunais superiores é o de que a entrega de lembranças, cestas de natal ou outras regalias ao funcionário público, sem o ânimo de corrompê-lo, não caracteriza o crime em questão.

Vale destacar que se houver imposição do funcionário para o oferecimento ou promessa, não há corrupção ativa, mas concussão praticada pelo funcionário (CP, art. 316).

O crime em estudo é formal e se consuma com a simples promessa ou oferecimento da vantagem indevida.

Caso o agente aceite, poderá haver a responsabilização do particular por corrupção ativa e do servidor que aceita ou recebe por corrupção passiva (art. 317, CP).

> **Fique ligado**
>
> Se a corrupção for de testemunha ou perito, tradutor ou intérprete, aplicar-se-á a norma incriminadora do art. 343, do CP, em homenagem ao princípio da especialidade.

O crime só se pratica mediante dolo, que se representa pela vontade, livre e consciente de oferecer ou prometer vantagem indevida a funcionário público, acrescido do elemento subjetivo do injusto, manifestado pelo especial fim de agir, que, no caso, é a intenção manifesta de levar o funcionário a praticar ato de ofício, ou omiti-lo ou retardá-lo.

O delito será qualificado quando, em razão da vantagem ou promessa, o funcionário retarda ou omite ato de ofício, ou o pratica infringindo dever funcional.

A ação penal é pública incondicionada.

7.4.7 Descaminho

> **Art. 334** Iludir, no todo ou em parte, o pagamento de direito ou imposto devido pela entrada, pela saída ou pelo consumo de mercadoria.
> Pena – reclusão, de 1 (um) a 4 (quatro) anos.
> § 1º Incorre na mesma pena quem:
> I – pratica navegação de cabotagem, fora dos casos permitidos em lei;
> II – pratica fato assimilado, em lei especial, a descaminho;
> III – vende, expõe à venda, mantém em depósito ou, de qualquer forma, utiliza em proveito próprio ou alheio, no exercício de atividade comercial ou industrial, mercadoria de procedência estrangeira que introduziu clandestinamente no País ou importou fraudulentamente ou que sabe ser produto de introdução clandestina no território nacional ou de importação fraudulenta por parte de outrem;
> IV – adquire, recebe ou oculta, em proveito próprio ou alheio, no exercício de atividade comercial ou industrial, mercadoria de procedência estrangeira, desacompanhada de documentação legal ou acompanhada de documentos que sabe serem falsos.
> § 2º Equipara-se às atividades comerciais, para os efeitos deste artigo, qualquer forma de comércio irregular ou clandestino de mercadorias estrangeiras, inclusive o exercido em residências.
> § 3º A pena aplica-se em dobro se o crime de descaminho é praticado em transporte aéreo, marítimo ou fluvial.

O crime de descaminho, hoje, encontra previsão isolada, mas, ao longo do tempo, sempre foi trabalhado em conjunto ao contrabando. Entretanto, em 2014, por força da Lei nº 13.008/2014, houve a divisão do dispositivo, que passou a prever as condutas em dispositivos apartados (separados), notadamente, por se perceber um maior grau de reprovabilidade do contrabando, que é punido com maior rigor.

DIREITO PENAL

Em rápida síntese, é necessário apresentar distinções breves entre os delitos de descaminho e contrabando. O primeiro consiste em fraude no pagamento de impostos devidos para o mesmo fim (entrada ou saída de mercadorias permitidas do País), enquanto que o segundo consiste na importação ou exportação de mercadoria proibida no Brasil.

No crime de descaminho, protege-se o interesse tributário e alfandegário, enquanto que, no de contrabando, a conduta atinge a Administração Pública no aspecto de fiscalização e controle dos serviços de saúde, segurança pública, moralidade etc.

Conforme se extrai do *caput* do art. 334, o tipo penal incrimina a conduta de iludir, no todo ou em parte, o pagamento de direito ou imposto devido pela entrada, pela saída ou pelo consumo de mercadoria.

O descaminho é crime comum, que pode ser praticado por qualquer pessoa.

Fique ligado

O funcionário público que concorre com o crime, facilitando-o com infração de dever funcional, pratica a conduta do art. 318, do CP.

Como dito, o descaminho protege a regularidade tributária no país. Por exemplo, na importação é obrigatório o pagamento do Imposto de Importação, contribuições sociais (PIS/PASEP/COFINS) e, eventualmente, do ICMS. Na saída da mercadoria são devidos, em regra, o Imposto de Exportação e tributação reflexa. Como se vê, na conduta, o agente ilude a arrecadação tributária da União e, eventualmente, dos Estados.

Há ainda as figuras equiparadas do delito, que recebem a mesma pena do *caput*, estando elas dispostas no § 1º do artigo. A primeira é a navegação de cabotagem fora dos casos permitidos em lei (§ 1º, I). Essa hipótese delitiva consiste em norma penal em branco, pois depende de uma norma extrapenal para dar os contornos da tipificação, disciplinando, assim, a navegação de cabotagem (ou seja, aquela circunscrita ao território nacional, tendo por escopo a comunicação e o comércio entre os portos do país).

A segunda é a prática de fato assimilado, em lei especial, a descaminho (§ 1º, II). Trata-se de outra norma penal em branco, exigindo preceito em Lei especial que a complemente.

A terceira é o uso comercial ou industrial de mercadoria que o próprio agente importou ou introduziu, ou que sabe ser produto de importação fraudulenta (§ 1º, III). Este inciso trata de condutas múltiplas, relacionadas, na primeira parte, com atividade comercial ou industrial, ainda que irregular ou clandestina (§ 2º), mas sempre revestida de habitualidade ou continuidade.

Observe-se que o tipo descreve condutas do próprio autor do contrabando ou descaminho. Nesse caso, pelo princípio da especialidade, o conflito aparente se resolve pela aplicação exclusiva do § 1º, "I", afastando a incidência do *caput*.

Na segunda parte, definem-se fatos que deveriam ser, em tese, crime de receptação. O agente vende etc., mercadoria, objeto de contrabando ou descaminho cometido por terceiro ("ou que sabe ser produto de introdução clandestina no território nacional ou de importação fraudulenta por parte de outrem"). Nesse caso, não basta a realização de um dos vários verbos, mas deve haver, necessariamente, ciência da origem delituosa da coisa para que se complete o elemento do dolo direto. Pelo mesmo princípio da especialidade, o dispositivo afasta a aplicação do art. 180, do CP.

Por fim, a quarta figura assimilada é a receptação de produtos de descaminho (§ 1º, IV). Nela, encontram-se definidas várias condutas, igualmente praticadas no exercício de atividade comercial ou industrial, que constituiriam, a rigor, o tipo de receptação do art. 180 § 1º, do CP, mas que, em razão da regra da especialidade, serão punidas pelo presente dispositivo.

As ações, no caso, pressupõem a entrada ilícita no País de mercadoria estrangeira, que chega ao sujeito:

▷ Sem a documentação exigida pela lei;

▷ Com documentação falsa, de conhecimento do agente.

Há, portanto, a exigência de dolo na ação do comerciante etc. Se ele age de forma culposa, violando dever de cuidado, há a incidência da receptação culposa do art. 180, § 3º, do CP.

A conduta deve ser praticada no exercício de atividade comercial ou industrial, ainda que irregular ou clandestina (§ 2º). Exige-se, pois, a continuidade ou habitualidade do comportamento, vale dizer, a reiteração na prática delituosa, com destinação comercial ou industrial da mercadoria.

O crime só se pratica mediante dolo.

É considerado delito formal, bastando a entrada ou saída da mercadoria do território nacional para que a conduta se materialize.

Considerando a natureza estabelecida para o crime, segundo a jurisprudência do STF, para a configuração do delito em estudo, não se faz necessária a consolidação do débito na via administrativa.

A ação penal é pública incondicionada.

7.4.8 Contrabando

> **Art. 334-A** *Importar ou exportar mercadoria proibida:*
> *Pena – reclusão, de 2 (dois) a 5 (cinco) anos.*
> *§ 1º Incorre na mesma pena quem:*
> *I – pratica fato assimilado, em lei especial, a contrabando;*
> *II – importa ou exporta clandestinamente mercadoria que dependa de registro, análise ou autorização de órgão público competente;*
> *III – reinsere no território nacional mercadoria brasileira destinada à exportação;*
> *IV – vende, expõe à venda, mantém em depósito ou, de qualquer forma, utiliza em proveito próprio ou alheio, no exercício de atividade comercial ou industrial, mercadoria proibida pela lei brasileira;*
> *V – adquire, recebe ou oculta, em proveito próprio ou alheio, no exercício de atividade comercial ou industrial, mercadoria proibida pela lei brasileira.*
> *§ 2º Equipara-se às atividades comerciais, para os efeitos deste artigo, qualquer forma de comércio irregular ou clandestino de mercadorias estrangeiras, inclusive o exercido em residências.*
> *§ 3º A pena aplica-se em dobro se o crime de contrabando é praticado em transporte aéreo, marítimo ou fluvial.*

Num primeiro momento, e, inclusive, já foi objeto de questão de prova para a Polícia Federal, destaca-se que o crime de contrabando é punível em razão do princípio da continuidade normativo típica, tendo em vista que a Lei nº 13.008/2014 deslocou o conteúdo criminoso do contrabando para o art. 334-A, do CP, operando-se uma revogação formal do tipo penal, permanecendo típica, a conduta.

As disposições específicas assemelham-se ao crime de descaminho. Inclusive, o funcionário público que facilita o contrabando responde pelo crime do art. 318, do CP.

No contrabando, a mercadoria (coisa móvel de qualquer natureza), pode ser absoluta ou relativamente proibida, sendo que, no primeiro caso, a mercadoria não pode ingressar ou sair em hipótese nenhuma. Já no segundo caso, é possível, desde que satisfeitas as condições previstas na legislação especial.

CRIMES CONTRA A ADMINISTRAÇÃO PÚBLICA

Há ainda as figuras equiparadas, estando elas dispostas no § 1º do artigo. A primeira figura assimilada (§ 1º, I) consiste na prática de fato assimilado, em lei especial, ao contrabando. Trata-se de outra norma penal em branco, exigindo preceito em Lei especial que a complemente. Como exemplo, temos os decretos que regulamentam as zonas francas.

A segunda forma equiparada (§ 1º, II) é a importação ou exportação clandestina de mercadoria que depende de registro, análise ou autorização de órgão público competente (Ex.: cigarros, agrotóxicos...)

No § 1º, III, o que se proíbe é a reinserção em território nacional de mercadoria brasileira destinada à exportação. Será o caso de se punir aqueles que desviam produtos destinados, especificamente, para exportação.

O quarto caso de contrabando por assimilação é o de uso comercial ou industrial de mercadoria proibida pela lei brasileira (§ 1º, IV). Este inciso trata de condutas múltiplas, relacionadas com atividade comercial ou industrial, ainda que irregular ou clandestina (§ 2º), mas sempre revestida de habitualidade ou continuidade. Trata-se de situação que se assemelha ao inciso III, do artigo anterior.

A última conduta equiparada é a de receptação de produtos de contrabando (§ 1º, V). Semelhante ao inciso IV, do artigo anterior, aqui, novamente, encontram-se definidas várias condutas ("adquire, recebe ou oculta"), igualmente, praticadas no exercício de atividade comercial ou industrial, que constituiriam, a rigor, o tipo de receptação do art. 180, § 1º, do CP, mas que, em razão do princípio da especialidade, serão punidas pelo presente dispositivo.

Diferente do caso de receptação de produto de descaminho, para a receptação de contrabando, somente importará que o sujeito receba mercadoria que é proibida pela lei brasileira. Em caso de necessário conhecimento da situação, há então a exigência de dolo da ação do comerciante ou industrial. Se ele age culposamente, violando dever de cuidado, há a incidência da receptação culposa do art. 180, § 3º, do CP.

Reitere-se que a conduta deve ser praticada no exercício de atividade comercial ou industrial, ainda que irregular ou clandestina (conforme o §2º, do art. 334-A, do CP). Exige-se, pois, a continuidade ou habitualidade do comportamento, vale dizer, reiterada prática delituosa, com destinação comercial ou industrial da mercadoria.

O crime só se pratica mediante dolo, que consiste na vontade livre e consciente de importar ou exportar mercadoria proibida.

A ação penal é pública incondicionada.

7.4.9 Inutilização de edital ou de sinal

> *Art. 336 Rasgar ou, de qualquer forma, inutilizar ou conspurcar edital afixado por ordem de funcionário público; violar ou inutilizar selo ou sinal empregado, por determinação legal ou por ordem de funcionário público, para identificar ou cerrar qualquer objeto:*
> *Pena – detenção, de um mês a um ano, ou multa.*

Cumpre ressaltar que edital é um documento afixado no mural da repartição para emanar alguma ordem ao funcionário público. Por outro lado, sinal é um objeto empregado para identificar ou lacrar alguma coisa. Consuma-se quando da prática das condutas, independentemente, de qual dano material à Administração Pública.

7.4.10 Subtração ou inutilização de livro ou documento

> *Art. 337 Subtrair, ou inutilizar, total ou parcialmente, livro oficial, processo ou documento confiado **à custódia de funcionário**, em razão de ofício, ou de particular em serviço público:*
> *Pena – reclusão, de dois a cinco anos, **se o fato não constitui crime mais grave.***

A conduta é subtrair ou inutilizar, total ou parcialmente livro oficial, processo ou documento entregue em confiança a funcionário público ou a particular em serviço público. Consuma-se no momento da prática de quaisquer das condutas previstas no tipo. O crime do art. 337 é absolutamente assemelhado com o crime do art. 314, ambos do CP. As peculiaridades são:

O crime do art. 314 é praticado por funcionário público, o que não ocorre com o crime do art. 337.

No crime do art. 314 do CP, o autor, além de ser funcionário público, deve ter a guarda do documento em razão de sê-lo. Já no crime do art. 337, o autor do crime não tem a posse do livro ou documento. Quem desfruta da posse é o funcionário público ou o particular em serviço público.

7.4.11 Sonegação de contribuição previdenciária

> *Art. 337-A Suprimir ou reduzir contribuição social previdenciária e qualquer acessório, mediante as seguintes condutas:*
> *I – omitir de folha de pagamento da empresa ou de documento de informações previsto pela legislação previdenciária segurados empregado, empresário, trabalhador avulso ou trabalhador autônomo ou a este equiparado que lhe prestem serviços;*
> *II – deixar de lançar mensalmente nos títulos próprios da contabilidade da empresa as quantias descontadas dos segurados ou as devidas pelo empregador ou pelo tomador de serviços;*
> *III – omitir, total ou parcialmente, receitas ou lucros auferidos, remunerações pagas ou creditadas e demais fatos geradores de contribuições sociais previdenciárias:*
> *Pena – reclusão, de 2 (dois) a 5 (cinco) anos, e multa.*

O STJ se manifestou acerca do sujeito ativo do crime, o que é divergente da doutrina. Para o STJ, qualquer pessoa pode ser o sujeito ativo do crime!

Extinção da punibilidade

> *§ 1º É extinta a punibilidade se o agente, **espontaneamente**, declara e confessa as contribuições, importâncias ou valores e presta as informações devidas à previdência social, na forma definida em lei ou regulamento, antes do início da ação fiscal.*

Faculdade do juiz

> *§ 2º É facultado ao juiz **deixar de aplicar** a pena ou aplicar **somente a de multa** se o agente for primário e de bons antecedentes, desde que:*
> *II – o valor das contribuições devidas, inclusive acessórios, seja igual ou inferior àquele estabelecido pela previdência social, administrativamente, como sendo o mínimo para a ajuizamento de suas execuções fiscais.*

Aumento de pena

> *§ 3º Se o empregador não é pessoa jurídica e sua folha de pagamento mensal não ultrapassa R$ 1.510,00 (um mil, quinhentos e dez reais), o juiz poderá reduzir a pena de **um terço até a metade** ou aplicar **apenas a de multa**.*
> *§ 4º O valor a que se refere o parágrafo anterior será reajustado nas mesmas datas e nos mesmos índices do reajuste dos benefícios da previdência social.*

7.5 Crimes em licitações e contratos administrativos

Antes de avançar à análise dos tipos penais, é importante tecer algumas considerações sobre os crimes envolvendo licitações e contratos administrativos.

Primeiramente, a licitação consiste no procedimento utilizado pela administração pública para a execução de uma função do Estado.

DIREITO PENAL

O contrato administrativo, por sua vez, representa o vínculo formal estabelecido entre a administração e o vencedor da licitação, no qual serão estabelecidas as condições para o desenvolvimento dos trabalhos (chamado de contrato vertical ou leonino).

A antiga (ainda vigente) Lei de Licitações (Lei nº 8.666/1990) já representava um tormento para quem a estudava. Não obstante, o Congresso aprovou e já se encontra em vigência a nova Lei de Licitações – Lei nº 14.133/2021.

Em resumo, as duas leis possuem vigência simultânea.

Evidentemente, que aqui buscaremos analisar tão somente os aspectos penais da Nova Lei de Licitações, que transferiu todas as condutas tidas por ilícitas para o Código Penal.

Como o conteúdo é muito recente, naturalmente que haverá reflexo jurisprudencial sobre o tema.

7.5.1 Contratação direta ilegal

> *Art. 337-E Admitir, possibilitar ou dar causa à contratação direta fora das hipóteses previstas em lei:*
> *Pena – reclusão, de 4 (quatro) a 8 (oito) anos, e multa.*

A nova Lei de Licitações estabelece em seus arts. 71 a 73 as hipóteses de contratação direta. Nesse contexto, sempre que o funcionário público admitir, possibilitar ou dar causa à realização de contratação direta fora das hipóteses legais, haverá o crime em tela.

Estamos diante de uma norma penal em branco, na medida em que as hipóteses de contratação direta estão inseridas na Lei Específica.

Trata-se de crime comum, podendo qualquer pessoa figurar como sujeito ativo, tanto o particular (contratante, por exemplo), como o agente público responsável por viabilizar a contratação direta ilegal.

O crime é formal e se consuma com a mera permissão ou instauração de contratação direta fora do estabelecido pela legislação.

Fique ligado

Como mencionado no preâmbulo, os Tribunais Superiores exigem dolo específico (benefício próprio ou de terceiro, ou para prejudicar o processo licitatório) para a consumação deste delito.

O crime se processa mediante ação penal pública incondicionada.

7.5.2 Frustração do caráter competitivo de licitação

> *Art. 337-F Frustrar ou fraudar, com o intuito de obter para si ou para outrem vantagem decorrente da adjudicação do objeto da licitação, o caráter competitivo do processo licitatório:*
> *Pena – reclusão, de 4 (quatro) anos a 8 (oito) anos, e multa.*

O bem jurídico tutelado tipo penal é a preservação do caráter competitivo da licitação, de modo a assegurar a seleção da proposta mais vantajosa para a Administração Pública.

O crime em análise tem por intuito impedir que haja um procedimento licitatório hígido, no qual os licitantes, por meio de artifícios, pretendem frustrar o resultado do procedimento, como uma combinação de preços, por exemplo.

O crime é formal (não se exige a obtenção da vantagem) e, como no delito anterior, exige-se o dolo específico.

O elemento subjetivo do delito é o dolo, consistente na consciência e vontade do agente de frustrar ou fraudar a natureza competitiva do processo licitatório.

Trata-se de crime comum, o qual pode ser cometido por qualquer pessoa, particular ou agente público. Quando a conduta for cometida pelo servidor público responsável por zelar pela higidez do certame,

haverá a incidência da agravante genérica do art. 61, II, *g*, do Código, relativa a cometer o delito com violação de dever inerente ao cargo público.

A ação penal é pública incondicionada.

7.5.3 Patrocínio de contratação indevida

> *Art. 337-G Patrocinar, direta ou indiretamente, interesse privado perante a Administração Pública, dando causa à instauração de licitação ou à celebração de contrato cuja invalidação vier a ser decretada pelo Poder Judiciário:*
> *Pena – reclusão, de 6 (seis) meses a 3 (três) anos, e multa.*

O delito do art. 337-G é uma modalidade específica do delito contido no art. 321, do CP.

O crime é próprio, pois só pode ser praticado por funcionário público.

Assim, o crime se consuma quando o funcionário público representa interesses privados junto à Administração Pública, dando causa à instauração do procedimento licitatório ou quando firmar contrato que seja desconstituído pelo Judiciário (condição específica para punição).

A doutrina entende que o crime é material, eis que depende de resultado naturalístico.

O crime somente se pratica mediante dolo e é processado por ação penal pública incondicionada.

7.5.4 Modificação ou pagamento irregular em contrato administrativo

> *Art. 337-H Admitir, possibilitar ou dar causa a qualquer modificação ou vantagem, inclusive prorrogação contratual, em favor do contratado, durante a execução dos contratos celebrados com a Administração Pública, sem autorização em lei, no edital da licitação ou nos respectivos instrumentos contratuais, ou, ainda, pagar fatura com preterição da ordem cronológica de sua exigibilidade:*
> *Pena – reclusão, de 4 (quatro) anos a 8 (oito) anos, e multa.*

Trata-se de tipo misto alternativo (vários núcleos), que incrimina a conduta do funcionário público (crime próprio) que admite, possibilita ou dá causa a qualquer modificação ou a obtenção de vantagem ou permite a prorrogação contratual sem autorização nos instrumentos regulatórios.

A segunda forma de conduta prevista, diz respeito ao pagamento de fatura fora da ordem cronológica de exigibilidade, ou seja, sem qualquer autorização, altera-se a ordem dos pagamentos, dando-se preferência a uns em detrimento de outros.

O crime é doloso e processado mediante ação penal pública incondicionada.

7.5.5 Perturbação de processo licitatório

> *Art. 337-I Impedir, perturbar ou fraudar a realização de qualquer ato de processo licitatório:*
> *Pena – detenção, de 6 (seis) meses a 3 (três) anos, e multa.*

Trata-se de crime que pune a conduta daquele que atrapalha a realização de qualquer ato de processo licitatório.

O crime é comum, pois pode ser praticado por qualquer pessoa.

As ações nucleares são **impedir** (obstar, obstruir, impossibilitar a execução ou o prosseguimento), **perturbar** (turbar, atrapalhar, embaraçar, tumultuar) ou **fraudar** (enganar, iludir).

O tipo é misto alternativo e, deveras, subjetivo, na medida em que competirá ao magistrado tecer um juízo de valor ao comportamento do agente, para aferir se se amolda ao tipo legal.

CRIMES CONTRA A ADMINISTRAÇÃO PÚBLICA

O crime é material, pois se exige o efetivo impedimento, perturbação ou fraude à realização dos atos do processo licitatório.

O tipo é doloso e processado por ação penal pública incondicionada.

7.5.6 Violação de sigilo em licitação

> **Art. 337-J** *Devassar o sigilo de proposta apresentada em processo licitatório ou proporcionar a terceiro o ensejo de devassá-lo:*
> *Pena - detenção, de 2 (dois) anos a 3 (três) anos, e multa.*

O tipo penal do art. 337-J objetiva tutelar a competitividade, imparcialidade, impessoalidade e a lisura do procedimento licitatório.

A conduta incriminada é a de quebrar o sigilo de proposta apresentada no bojo de processo de licitação ou propiciar que um terceiro pratique a conduta.

Trata-se de crime próprio, pois o sujeito ativo deve ser o agente público responsável pela manutenção do segredo em torno da proposta apresentada. Além disso, é crime formal, se consumando pela efetiva ciência indevida do teor da proposta licitatória.

Só pode ser praticado mediante dolo.

A ação penal é pública incondicionada.

7.5.7 Afastamento de licitante

> **Art. 337-K** *Afastar ou tentar afastar licitante por meio de violência, grave ameaça, fraude ou oferecimento de vantagem de qualquer tipo:*
> *Pena - reclusão, de 3 (três) anos a 5 (cinco) anos, e multa, além da pena correspondente à violência.*
> ***Parágrafo único.*** *Incorre na mesma pena quem se abstém ou desiste de licitar em razão de vantagem oferecida.*

Trata-se de tipo misto alternativo (vários núcleos), no qual se incrimina a conduta daquele que afasta ou tenta afastar licitante, valendo-se de violência, grave ameaça, fraude ou oferecimento de vantagem.

Fique ligado

Aqui, estamos diante de um crime de empreendimento ou atentado, tendo em vista que se pune a conduta consumada e a tentada com a mesma pena.

O parágrafo único deste artigo prevê a modalidade equiparada, ao permitir a punição de quem se abstém ou desiste de licitar, em razão de vantagem oferecida.

Percebe-se, dessa forma, que, se uma pessoa aceita a vantagem e se afasta do procedimento licitatório, será punido com a mesma pena daquele que lhe ofereceu efetivamente a vantagem.

O crime é doloso e processado mediante ação penal pública incondicionada.

7.5.8 Fraude em licitação ou contrato

> **Art. 337-L** *Fraudar, em prejuízo da Administração Pública, licitação ou contrato dela decorrente, mediante:*
> *I - entrega de mercadoria ou prestação de serviços com qualidade ou em quantidade diversas das previstas no edital ou nos instrumentos contratuais;*
> *II - fornecimento, como verdadeira ou perfeita, de mercadoria falsificada, deteriorada, inservível para consumo ou com prazo de validade vencido;*
> *III - entrega de uma mercadoria por outra;*
> *IV - alteração da substância, qualidade ou quantidade da mercadoria ou do serviço fornecido;*
> *V - qualquer meio fraudulento que torne injustamente mais onerosa para a Administração Pública a proposta ou a execução do contrato:*
> *Pena - reclusão, de 4 (quatro) anos a 8 (oito) anos, e multa.*

No crime em tela, há a punição daquele que aplica fraude em prejuízo da Administração Pública, licitação ou contrato dela decorrente. Para tanto, a fraude aplicada deve se dar da seguinte forma:

▷ Entrega de mercadoria ou prestação de serviços com qualidade ou em quantidades diversas das previstas no edital ou nos instrumentos contratuais;

▷ Fornecimento, como verdadeira ou perfeita, de mercadoria falsificada, deteriorada, inservível para consumo ou com prazo de validade vencido;

▷ Entrega de uma mercadoria por outra;

▷ Alteração da substância, qualidade ou quantidade da mercadoria ou do serviço fornecido;

▷ Qualquer meio fraudulento que torne injustamente mais onerosa para a Administração Pública a proposta ou a execução do contrato.

O crime é comum, podendo ser praticado por qualquer pessoa.

O elemento subjetivo do tipo é o dolo, que consiste na vontade e consciência de fraudar a licitação ou contrato administrativo dela decorrente. Há, ainda, elemento subjetivo específico, traduzido no propósito de gerar prejuízo à Administração Pública.

Trata-se de crime material porque sua consumação depende da efetiva produção de prejuízo à Administração Pública, mediante a realização dos comportamentos arrolados no tipo penal.

A ação penal pública incondicionada.

7.5.9 Contratação inidônea

> **Art. 337-M** *Admitir à licitação empresa ou profissional declarado inidôneo:*
> *Pena - reclusão, de 1 (um) ano a 3 (três) anos, e multa.*
> *§ 1º Celebrar contrato com empresa ou profissional declarado inidôneo:*
> *Pena - reclusão, de 3 (três) anos a 6 (seis) anos, e multa.*
> *§ 2º Incide na mesma pena do caput deste artigo aquele que, declarado inidôneo, venha a participar de licitação e, na mesma pena do § 1º deste artigo, aquele que, declarado inidôneo, venha a contratar com a Administração Pública.*

O *caput* do art. 337-M incrimina a conduta de **permitir a participação de** empresa ou profissional declarado inidôneo.

O mero fato de uma pessoa, seja física ou jurídica, ter sido admitida no processo licitatório macula o procedimento, motivo pelo qual a conduta é tida como ilícita. O crime é próprio, pois apenas o funcionário público com competência para admitir os licitantes é quem pratica o crime em tela.

Desconectando a ordem dos dispositivos, vale mencionar que o parágrafo terceiro equipara à figura do *caput* a conduta do particular declarado inidôneo que **participe da licitação. Neste parágrafo, o crime é comum, pois qualquer empresa participante pode praticá-lo.**

Retomando a sequência, o parágrafo primeiro prevê a **forma qualificada do delito**, com a previsão da conduta de **celebrar contrato** com empresa ou profissional declarado inidôneo, ou seja, mesmo depois de atestada a inidoneidade do participante, celebra-se o contrato.

O crime é doloso, exigindo para a sua consumação a vontade e consciência de admitir ao certame ou celebrar o vínculo contratual com profissional ou empresa, ciente de que foram declarados inidôneos.

É processado mediante ação penal pública incondicionada.

7.5.10 Impedimento indevido

> **Art. 337-N** *Obstar, impedir ou dificultar injustamente a inscrição de qualquer interessado nos registros cadastrais ou promover indevidamente a alteração, a suspensão ou o cancelamento de registro do inscrito:*
> *Pena - reclusão, de 6 (seis) meses a 2 (dois) anos, e multa.*

A conduta incriminada na primeira parte é a de obstar, impedir ou dificultar injustamente a inscrição de qualquer interessado nos registros cadastrais. Exige-se, para a tipificação da conduta, o elemento normativo "injustamente", de modo que se o obstáculo imposto, por exemplo, possuir fundamento legal, a conduta nem sequer será típica.

O crime é próprio, de acordo com a doutrina, porquanto só pode ser cometido pelo agente público responsável pela inscrição do profissional ou empresa no cadastro, ou pela manutenção desses como inscritos no registro.

Nas modalidades de "obstar" e "impedir", é necessário que a inscrição não ocorra para a consumação do delito, razão pela qual o crime é material. Na modalidade de "dificultar", não é imprescindível tal resultado, de modo que o crime é de mera conduta. Na figura de promover, o crime também é material, consumando-se com a efetiva alteração, suspensão ou cancelamento do registro.

O crime é doloso e se processa mediante ação penal pública incondicionada.

7.5.11 Omissão grave de dado ou de informação por projetista

> *Art. 337-O Omitir, modificar ou entregar à Administração Pública levantamento cadastral ou condição de contorno em relevante dissonância com a realidade, em frustração ao caráter competitivo da licitação ou em detrimento da seleção da proposta mais vantajosa para a Administração Pública, em contratação para a elaboração de projeto básico, projeto executivo ou anteprojeto, em diálogo competitivo ou em procedimento de manifestação de interesse:*
> *Pena – reclusão, de 6 (seis) meses a 3 (três) anos, e multa.*
> *§ 1º Consideram-se condição de contorno as informações e os levantamentos suficientes e necessários para a definição da solução de projeto e dos respectivos preços pelo licitante, incluídos sondagens, topografia, estudos de demanda, condições ambientais e demais elementos ambientais impactantes, considerados requisitos mínimos ou obrigatórios em normas técnicas que orientam a elaboração de projetos.*
> *§ 2º Se o crime é praticado com o fim de obter benefício, direto ou indireto, próprio ou de outrem, aplica-se em dobro a pena prevista no caput deste artigo.*

A conduta incriminada no art. 337-O é omitir, modificar ou entregar à Administração **levantamento cadastral ou condição de entorno** nas seguintes condições: **em relevante dissonância com a realidade** (projeto que não se adequa à real necessidade); **em frustração ao caráter competitivo da licitação** (projeto, por exemplo, feito sob medida para determinado contratante); **ou em detrimento da seleção da proposta mais vantajosa para a Administração Pública** (projeto que busque evitar a seleção da proposta mais vantajosa, frustrando a finalidade da licitação).

Essas condutas, para a configuração do delito, devem ocorrer em:
▷ Contratação para a elaboração de projeto básico, projeto executivo ou anteprojeto;
▷ Diálogo competitivo; ou
▷ Procedimento de manifestação de interesse.

O **levantamento cadastral** é a pesquisa ou investigação, culminando na coleta de dados, envolvendo informações cadastrais.

Já a condição de contorno é definida pelo parágrafo primeiro. Assim, consideram-se **condição de contorno** as informações e os levantamentos suficientes e necessários para a definição da solução de projeto e dos respectivos preços pelo licitante, incluídos sondagens, topografia, estudos de demanda, condições ambientais e demais elementos ambientais impactantes, considerados requisitos mínimos ou obrigatórios em normas técnicas que orientam a elaboração de projetos.

A Administração, antes de proceder à licitação de obras, por exemplo, pode contratar a elaboração de um projeto básico, que será utilizado para seleção das melhores propostas para execução de obras.

O § 2º prevê causa de aumento de pena, que será aplicada no caso de o crime ser praticado **com a finalidade de obter benefício, direto ou indireto, próprio ou de outrem**.

O crime é doloso e se processa mediante ação penal pública incondicionada.

7.5.12 Pena de multa

> *Art. 337-P A pena de multa cominada aos crimes previstos neste Capítulo seguirá a metodologia de cálculo prevista neste Código e não poderá ser inferior a 2% (dois por cento) do valor do contrato licitado ou celebrado com contratação direta.*

No tocante à aplicação da pena de multa, deve-se observar as disposições estabelecidas pela própria lei penal, sendo que a sanção não pode ser inferior a 2% do valor do contrato.

7.6 Crimes contra a administração da justiça

7.6.1 Reingresso de estrangeiro expulso

> *Art. 338 Reingressar no território nacional o estrangeiro que dele foi expulso:*
> *Pena – reclusão, de um a quatro anos, sem prejuízo de nova expulsão após o cumprimento da pena.*

É um delito pouco explorado pelas bancas, mas é de fácil compreensão. Trata simplesmente do reingresso de estrangeiro expulso, conduta bastante rara de ser encontrada.

Além disso, claramente é crime de competência investigativa da Polícia Federal e será processado e julgado perante a Justiça Federal.

Vale destacar que é pressuposto do crime que o sujeito tenha, antes de praticá-lo, sido regularmente expulso por ato legal (ex: decreto presidencial de expulsão).

7.6.2 Denunciação caluniosa

> *Art. 339 Dar causa à instauração de inquérito policial, de procedimento investigatório criminal, de processo judicial, de processo administrativo disciplinar, de inquérito civil ou de ação de improbidade administrativa contra alguém, imputando-lhe crime, infração ético-disciplinar ou ato ímprobo de que o sabe inocente:*
> *Pena – reclusão, de dois a oito anos, e multa.*
> *§ 1º A pena é aumentada de sexta parte, se o agente se serve de anonimato ou de nome suposto.*
> *§ 2º A pena é diminuída de metade, se a imputação é de prática de contravenção.*

O crime do art. 339 tem por objetivo evitar o andamento de investigações baseado em falsas imputações.

A conduta indicada no tipo penal é "dar causa", que significa provocar, motivar, originar. A imputação feita pelo agente requer a indicação de pessoa determinada, a descrição do crime, da infração ético-disciplinar ou ato ímprobo, supostamente cometido.

Ainda, o agente deve saber que o imputado é inocente, seja porque não foi o autor do crime, seja porque o delito não existiu.

Assim, estará consumado o delito quando o sujeito, que pode ser qualquer pessoa, dá causa:
▷ A instauração de IP;
▷ A procedimento investigatório criminal (PIC);
▷ A processo judicial;

CRIMES CONTRA A ADMINISTRAÇÃO PÚBLICA

- A processo administrativo disciplinar;
- A inquérito civil; ou
- A ação de improbidade administrativa, imputando a alguém crime, contravenção, infração ético-disciplinar ou ato de improbidade administrativa de que sabe ser a pessoa inocente.

Ademais, o paradigma para a correta percepção deste delito é que, aqui, o agente, imputando falsamente um fato a outrem, provoca a ação da autoridade.

A pena será aumentada de 1/6 se o agente se valer do anonimato.

A pena será diminuída de metade se a imputação é de contravenção penal.

O crime em estudo não se confunde com a calúnia, já que nesta, o *animus* é de "lesionar" a imagem do imputado, enquanto que no art. 339 a finalidade especial do agente é prejudicar o imputado, mediante a utilização da máquina pública.

O crime somente se pratica por dolo e a ação penal é pública incondicionada.

7.6.3 Comunicação falsa de crime

Art. 340 Provocar a ação de autoridade, comunicando-lhe a ocorrência de crime ou de contravenção que sabe não se ter verificado:
Pena - detenção, de um a seis meses, ou multa.

Consiste na conduta de provocar a ação de autoridade a partir de uma informação falsa de crime ou contravenção.

É o popular **trote**.

Igualmente, não se pode confundir o crime de denunciação caluniosa com a comunicação falsa de crime. Neste, o agente comunica um fato inexistente, enquanto que, naquela, o fato existe, mas imputa-se a autoria a quem se sabe não ter praticado a infração.

O crime somente se pratica mediante dolo e a ação penal é pública incondicionada.

7.6.4 Autoacusação falsa

Art. 341 Acusar-se, perante a autoridade, de crime inexistente ou praticado por outrem:
Pena - detenção, de três meses a dois anos, ou multa.

Trata-se da conduta de imputar a si mesmo, assumir a autoria de delito que não ocorreu ou que foi perpetrado por terceiro. Enfim, é confessar ter cometido um crime imaginário ou, se existente, que foi praticado por outra pessoa.

Fique ligado

Consiste na autoimputação falsa de **crime** inexistente ou praticado por outrem, não se incluindo a contravenção.

Além disso, é necessário que se faça "perante" a autoridade, não configurando o crime quando a confissão é feita a particular ou pessoa sem a qualidade de autoridade.

O elemento subjetivo do tipo é o dolo, consistente na vontade livre de acusar-se, com consciência de que o crime inexistiu ou foi cometido por outrem.

A ação penal é pública incondicionada.

7.6.5 Falso testemunho ou falsa perícia

Art. 342 Fazer afirmação falsa, ou negar ou calar a verdade como testemunha, perito, contador, tradutor ou intérprete em processo judicial, ou administrativo, inquérito policial, ou em juízo arbitral:
Pena - reclusão, de 2 (dois) a 4 (quatro) anos, e multa.

§ 1º As penas aumentam-se de um sexto a um terço, se o crime é praticado mediante suborno ou se cometido com o fim de obter prova destinada a produzir efeito em processo penal, ou em processo civil em que for parte entidade da administração pública direta ou indireta.

§ 2º O fato deixa de ser punível se, antes da sentença no processo em que ocorreu o ilícito, o agente se retrata ou declara a verdade.

Art. 343 Dar, oferecer ou prometer dinheiro ou qualquer outra vantagem a testemunha, perito, contador, tradutor ou intérprete, para fazer afirmação falsa, negar ou calar a verdade em depoimento, perícia, cálculos, tradução ou interpretação:
Pena - reclusão, de três a quatro anos, e multa.

Parágrafo único. *As penas aumentam-se de um sexto a um terço, se o crime é cometido com o fim de obter prova destinada a produzir efeito em processo penal ou em processo civil em que for parte entidade da administração pública direta ou indireta.*

O bem jurídico tutelado pelo art. 342 é a administração da justiça e veracidade das provas.

O objetivo de um processo, administrativo ou judicial é, basicamente, buscar a verdade dos fatos.

Naturalmente, que qualquer sujeito processual que interfira calando com a verdade ou, simplesmente, não participando de maneira honesta, compromete o resultado do feito.

O delito incrimina os comportamentos de "**fazer afirmação falsa**", que consiste na conduta comissiva, na qual o agente afirma uma inverdade, "**negar a verdade**", conduta na qual o agente nega o que sabe, e "**calar a verdade**", circunstância em que o agente silencia, omite o que sabe.

O crime pode ser praticado por qualquer pessoa. Na segunda parte, somente o perito, tradutor, contador, podem incorrer no delito.

Fique ligado

Lembre-se, prevalece no STF e no STJ a orientação no sentido de que a pessoa que não presta juramento de dizer a verdade também poderá responder por este crime.

Por sua vez, o perito é um auxiliar da justiça, consistindo em especialista chamado a opinar acerca de questão concernente ao seu âmbito de conhecimento. Tradutor é o perito incumbido de traduzir do estrangeiro. Intérprete é quem media a comunicação entre a autoridade e alguma pessoa que desconhece o idioma nacional ou que não pode falar (Ex.: Libras). Contador é o especialista em cálculos, muitas vezes, o único apto a avaliar balanços empresariais, importantes, principalmente, para casos de crimes falimentares.

O falso testemunho ou falsa perícia podem ser praticados em:

- Processo judicial, aquele presidido por autoridade judiciária;
- Processo administrativo, o meio de apuração e punição de faltas de servidores públicos e demais pessoas sujeitas a regime funcional estatutário;
- Inquérito policial, o procedimento administrativo que realiza a persecução criminal pré-processual;
- Juízo arbitral, um meio alternativo de solução de litígio, ou qualquer outra corte administrativa de mediação de conflitos.;

O crime só se pratica mediante dolo e a ação penal é pública incondicionada.

Por outro lado, não haverá o crime de falso testemunho se a testemunha mentir, ainda que compromissada, para não se incriminar (autodefesa), pois há inexigibilidade de conduta diversa da sua parte.

7.6.6 Coação no curso do processo

Art. 344 *Usar de violência ou grave ameaça, com o fim de favorecer interesse próprio ou alheio, contra autoridade, parte, ou qualquer outra pessoa que funciona ou é chamada a intervir em processo judicial, policial ou administrativo, ou em juízo arbitral:*

Pena – reclusão, de um a quatro anos, e multa, além da pena correspondente à violência.

O direito penal como última instância de atuação deve manter preservada a estrutura da justiça e o bom andamento processual, por esta razão é que o prosseguimento íntegro de um processo também recebe a chancela do direito penal quando maculado ou quando esteja na iminência de ser comprometido.

O crime do art. 344 consiste em usar o agente de violência ou grave ameaça no intuito de favorecer interesse próprio ou alheio, contra quem venha a funcionar no processo judicial, policial, administrativo ou arbitral.

O crime somente se pratica mediante dolo e se consuma com o uso da violência ou grave ameaça, não sendo necessário que o agente consiga o efetivo favorecimento ou que a vítima se sinta intimidada.

A ação penal é pública incondicionada.

7.6.7 Exercício arbitrário das próprias razões

Art. 345 *Fazer justiça pelas próprias mãos, para satisfazer pretensão, embora legítima, salvo quando a lei o permite:*

Pena – detenção, de quinze dias a um mês, ou multa, além da pena correspondente à violência.

Parágrafo único. *Se não há emprego de violência, somente se procede mediante queixa.*

Art. 346 *Tirar, suprimir, destruir ou danificar coisa própria, que se acha em poder de terceiro por determinação judicial ou convenção:*

Pena – detenção, de seis meses a dois anos, e multa.

O art. 345 criminaliza a conduta do agente que tendo ou acreditando ter direito contra outra pessoa, em vez de recorrer à justiça, arbitrariamente satisfaz sua pretensão, fazendo justiça pelas próprias mãos, conforme a expressão utilizada pelo tipo penal. Como visto, o direito penal é controlado e aplicado pelo Estado, não sendo permitida a aplicação do direito pelo próprio particular, como ocorria, por exemplo, no período da vingança privada.

O crime somente se consuma quando a pretensão do agente é satisfeita.

A ação penal será pública incondicionada se houver o uso de violência. Não havendo violência, por expressa previsão legal, a ação penal será privada, sendo promovida mediante queixa.

Por sua vez, o art. 346, do CP, prevê a figura mais grave do crime de exercício arbitrário das próprias razões, que elenca em seu *caput* as condutas que serão punidas: tirar, suprimir, destruir, danificar coisa própria que esteja em poder de terceiro, o que pode ocorrer devido a uma ordem judicial (medida liminar, penhora, guarda, fiel depositário etc.) ou em decorrência de um contrato (convenção, acordo, convênio etc.) bilateral entre as partes.

Importa destacar que para a caracterização aludido delito, é necessário que a coisa (objeto do delito) pertença ao sujeito ativo; caso contrário, a conduta poderá ser tipificada como crime contra o patrimônio ou desobediência à ordem judicial.

O elemento subjetivo do tipo é o dolo. A consumação do delito se dá com a efetiva tirada, supressão, destruição ou danificação. A tentativa é possível e o crime se processa mediante ação penal pública incondicionada.

7.6.8 Fraude processual

Art. 347 *Inovar artificiosamente, na pendência de processo civil ou administrativo, o estado de lugar, de coisa ou de pessoa, com o fim de induzir a erro o juiz ou o perito:*

Pena – detenção, de três meses a dois anos, e multa.

Parágrafo único. *Se a inovação se destina a produzir efeito em processo penal, ainda que não iniciado, as penas aplicam-se em dobro.*

O processo é o meio pelo qual o Estado-Juiz aplica as disposições do direito material, a fim de aplicá-lo de maneira imparcial e dirimir os conflitos sociais. Sob esta ótica, a fraude processual, crime descrito no art. 347, do CP, tem como finalidade impedir o bom êxito do processo.

O sujeito ativo pode ser qualquer pessoa, mesmo que não seja interessada ou não tenha participação no processo.

O sujeito passivo é o Estado.

A ideia central da figura criminosa consiste na inovação artificiosa, consistente em alterar ou mudar o estado de um lugar, coisa ou pessoa, com a finalidade específica de induzir a erro o juiz da causa ou o perito responsável pela reconstituição (apenas os dois envolvidos).

A inovação artificiosa significa a transformação de algo utilizando-se de um meio fraudulento (artifício ou ardil), ou seja, que visa ocultar a constatação da modificação realizada.

A inovação artificiosa, para configurar a hipótese do *caput*, deverá ocorrer na pendência do julgamento de processo civil ou administrativo. Se a inovação ocorrer no curso de processo penal, haverá causa de aumento de pena (em dobro).

O crime só se pratica com dolo e com a finalidade específica de ludibriar o juiz ou perito.

A ação penal é pública incondicionada.

7.6.9 Favorecimento pessoal

Art. 348 *Auxiliar a subtrair-se à ação de autoridade pública autor de crime a que é cominada pena de reclusão:*

Pena – detenção, de um a seis meses, e multa.

§ 1º Se ao crime não é cominada pena de reclusão:

Pena – detenção, de quinze dias a três meses, e multa.

§ 2º Se quem presta o auxílio é ascendente, descendente, cônjuge ou irmão do criminoso, fica isento de pena.

O **crime** de favorecimento pessoal caracteriza-se pela assistência prestada depois da prática de um delito, com o intuito de auxiliar o autor do crime, a que é cominada pena de **reclusão**, a subtrair-se (fugir) da ação da autoridade competente (tanto judicial como a policial).

Se o autor do crime a que se presta o auxílio, é cominada pena de detenção, haverá a forma privilegiada do delito, conforme prevê o §1º, do art. 348.

O crime é praticado com dolo de favorecimento de outrem, mediante a vontade livre de auxiliar, com consciência de que o favorecido está ou irá ser perseguido pela autoridade.

A consumação se dá no momento que o favorecido consegue subtrair-se à ação da autoridade pública.

> **Fique ligado**
>
> Lição importantíssima trazida pelo §2º, do art. 348, do CP, diz respeito à chamadas escusas absolutórias. Assim, se o auxílio é prestado ao **cônjuge, ascendente, descendente ou irmão,** o sujeito será isento de pena. Mas cuidado, pois esta disposição não se aplica aos crimes subsequentes, especialmente no favorecimento real.

A ação penal é pública incondicionada.

CRIMES CONTRA A ADMINISTRAÇÃO PÚBLICA

7.6.10 Favorecimento real

Art. 349 Prestar a criminoso, fora dos casos de coautoria ou de receptação, auxílio destinado a tornar seguro o proveito do crime:

Pena – detenção, de um a seis meses, e multa.

Diferentemente do favorecimento pessoal, o favorecimento real se materializa pelo auxílio prestado a criminoso, a fim de garantir o sucesso do ilícito praticado anteriormente, assegurando-se o proveito do crime.

Merece atenção a expressão "fora dos casos de coautoria ou de receptação". Perceba que a configuração do delito exige que o auxílio seja prestado após a prática do crime, pois se o auxílio for praticado antes ou durante a prática criminosa, configurar-se-á a coautoria ou participação. Nesse sentido, a descrição do tipo penal é clara na expressão "que o agente não seja coautor, partícipe ou receptador".

A conduta de prestar indica comportamento ativo direcionado a tornar seguro o proveito do crime de outrem.

O crime somente se pratica com dolo.

Se o agente desconhece que o proveito é oriundo de delito precedente, haverá erro de tipo.

A ação penal é pública incondicionada.

7.6.11 Favorecimento real impróprio

Art. 349-A Ingressar, promover, intermediar, auxiliar ou facilitar a entrada de aparelho telefônico de comunicação móvel, de rádio ou similar, sem autorização legal, em estabelecimento prisional.

Pena: detenção, de 3 (três) meses a 1 (um) ano.

Trata-se de delito que visa tutelar a integridade de estabelecimento prisional, evitando que os visitantes ingressem ou facilitem a entrada de aparelhos telefônicos ou qualquer outro meio que permita contato com o meio externo.

O tipo penal prevê cinco verbos núcleos alternativos: ingressar, promover, intermediar, auxiliar ou facilitar.

As condutas incriminadas devem ser praticadas sem autorização legal (elemento normativo do tipo) e em estabelecimento prisional, pois caso contrário, o fato é atípico.

Com relação ao sujeito ativo é importante ter cuidado. Em regra, pode ser qualquer pessoa, inclusive o próprio apenado (que se encontre em regime aberto ou semiaberto).

Reitere-se que se o sujeito ativo for funcionário público, poderá responder pelo delito do art. 319-A, do CP.

Ademais, o preso que utiliza o celular nas dependências do estabelecimento prisional não pratica crime, apenas falta grave.

O crime se pratica mediante dolo, ou seja, a vontade livre e consciente de praticar as condutas previstas no tipo penal, a fim de fazer chegar ao preso o equipamento de comunicação.

A ação penal é pública incondicionada.

7.6.12 Fuga de pessoa presa ou submetida à medida de segurança

Art. 351 Promover ou facilitar a fuga de pessoa legalmente presa ou submetida a medida de segurança detentiva:

Pena – detenção, de seis meses a dois anos.

§ 1º Se o crime é praticado a mão armada, ou por mais de uma pessoa, ou mediante arrombamento, a pena é de reclusão, de dois a seis anos.

§ 2º Se há emprego de violência contra pessoa, aplica-se também a pena correspondente à violência.

§ 3º A pena é de reclusão, de um a quatro anos, se o crime é praticado por pessoa sob cuja custódia ou guarda está o preso ou o internado.

§ 4º No caso de culpa do funcionário incumbido da custódia ou guarda, aplica-se a pena de detenção, de três meses a um ano, ou multa.

No rol dos crimes praticados em face do sistema prisional, o tipo penal do art. 351 possui grande relevância.

O bem jurídico tutelado é a administração da justiça.

Inicialmente, vale destacar que o crime de **fuga de pessoa presa ou submetida à medida de segurança não é praticado pelo preso**, mas sim, pela pessoa que promove ou facilita a sua fuga.

Fique ligado

Ainda, é prudente ressaltar que, caso o funcionário público promova ou facilite a fuga, esse responde a título de dolo ou culpa, conforme §4º, do art. 351, do CP.

Retirada a exceção do quadro acima, quando o crime é próprio, a regra é que o crime seja comum, podendo ser praticado por qualquer pessoa.

O art. 351 criminaliza a conduta de quem promove ou facilita a fuga de pessoa legalmente presa (inclusive menor que cumpre medida socioeducativa) ou submetida à medida de segurança detentiva. Ademais, cuida-se de crime de ação livre, podendo ser praticado com emprego de qualquer meio executivo: ameaça, fraude, violência contra a pessoa ou coisa, dentre outros meios.

Ademais, é indispensável a **legalidade** da prisão (provisória ou definitiva) ou medida de segurança, pois, em se tratando de prisão ilegal, não haverá o preenchimento dos elementos que constituem o tipo penal, porquanto a legalidade da prisão é elemento normativo do tipo.

O crime se pratica mediante dolo, admitindo-se a culpa quando o sujeito ativo é o funcionário público, conforme acima destacado.

O §1° prevê a forma qualificada pelo meio de execução. De acordo com o dispositivo, se o crime é praticado à mão armada (arma branca ou de fogo), ou por mais de uma pessoa, ou mediante arrombamento, a pena será de reclusão de dois a seis anos.

O § 2° trata do concurso de crimes no caso de emprego de violência contra pessoa, sendo aplicada cumulativamente à pena correspondente à violência com a sanção do delito do art. 351.

Por fim, o § 3°, prevê circunstância qualificadora em razão da condição do agente, incidindo quando o crime é praticado por pessoa sob cuja custódia ou guarda está o preso ou internado. No caso, identifica-se uma falha funcional, cuidando-se, pois, de qualificadora, na qual o sujeito ativo é especial próprio. Dessa maneira, o servidor responsável pelos detentos que facilitar a fuga do custodiado é quem responde pela forma qualificada.

A ação penal é de iniciativa pública incondicionada.

7.6.13 Evasão mediante violência

Art. 352 Evadir-se ou tentar evadir-se o preso ou o indivíduo submetido a medida de segurança detentiva, usando de violência contra a pessoa:

Pena – detenção, de três meses a um ano, além da pena correspondente à violência.

O crime em questão visa evitar a rebeldia daquele que se encontra custodiado.

Trata-se de crime próprio, pois somente a pessoa presa ou submetida à medida de segurança pode praticar o delito, sendo indispensável que a prisão ou internação seja formalmente legal.

Entretanto, o crime somente restará consumado se o detento fugir ou tentar fugir valendo-se de violência contra a pessoa.

Logo, se a fuga é desprovida de violência, não há que se falar no crime do art. 352.

DIREITO PENAL

> **Fique ligado**
>
> É relevante mencionar que o crime do art. 352 é punido com a mesma pena tanto para aquele que efetivamente foge quanto para aquele que tenta fugir, mas não consegue, recebendo a nomenclatura de crime de empreendimento ou de atentado.

O crime só se pratica com dolo, consistente na vontade livre e consciente de evadir-se, usando de violência contra pessoa.

A ação penal é pública incondicionada.

7.6.14 Arrebatamento de preso

> *Art. 353 Arrebatar preso, a fim de maltratá-lo, do poder de quem o tenha sob custódia ou guarda:*
>
> *Pena – reclusão, de um a quatro anos, além da pena correspondente à violência.*

A conduta consiste em arrebatar preso do poder de quem o tenha sob custódia ou guarda, a fim de maltratá-lo. O verbo é arrebatar, que significa tomar à força, arrancar, subtrair o preso.

O tipo alude ao preso, seja a prisão legal ou ilegal. Não há menção àquele que cumpre medida de segurança.

A seu turno, o preso pode ser arrebatado do seu cubículo ou de outro local que se encontre sob a tutela pública, como uma sala de audiência, por exemplo.

A conduta somente se pratica com o dolo de arrebatamento somado ao especial fim de agir (maltratar o preso).

A ação penal é pública incondicionada.

7.6.15 Motim de presos

> *Art. 354 Amotinarem-se presos, perturbando a ordem ou disciplina da prisão:*
>
> *Pena – detenção, de seis meses a dois anos, além da pena correspondente à violência.*

Para se evitar rebeliões e o mau comportamento carcerário, houve a necessidade de tipificação desta conduta.

O crime é plurissubjetivo, pois, seguindo o entendimento que prevalece, deve ser praticado por um número significativo de pessoas. Portanto, é crime coletivo ou de concurso necessário.

Amotinarem-se significa rebelarem-se, revoltarem-se, promover algazarra.

Para a consumação do crime, que só se pratica mediante dolo, é imperioso que a revolta conjunta tumultue a ordem ou disciplina do estabelecimento prisional, mediante atos de violência contra os agentes penitenciários e as instalações.

A ação penal é pública incondicionada.

7.6.16 Patrocínio infiel

> *Art. 355 Trair, na qualidade de advogado ou procurador, o dever profissional, prejudicando interesse, cujo patrocínio, em juízo, lhe é confiado:*
>
> *Pena – detenção, de seis meses a três anos, e multa.*

Trata-se de crime próprio, que só pode ser praticado pelo advogado legitimamente constituído ou por procurador.

No crime em estudo há uma traição envolvendo o dever profissional, prejudicando a pessoa que o constituiu para atuar em juízo.

O crime é material e somente praticado mediante dolo.

A ação penal é pública incondicionada.

7.6.17 Patrocínio simultâneo ou tergiversação

> *Parágrafo único. Incorre na pena deste artigo o advogado ou procurador judicial que defende na mesma causa, simultânea ou sucessivamente, partes contrárias.*

Na mesma pena do artigo anterior incorre o advogado ou o procurador (crime próprio), que patrocina (representa, defende) interesses simultâneos (ao mesmo tempo) ou de maneira sucessiva (inicia representando uma parte e, posteriormente, passa a representar a outra).

Aqui, contudo, o crime é de consumação antecipada (formal), na medida em que não se exige o prejuízo efetivo.

O crime é doloso e processado mediante ação penal pública incondicionada.

7.6.18 Sonegação de papel ou objeto de valor probatório

> *Art. 356 Inutilizar, total ou parcialmente, ou deixar de restituir autos, documento ou objeto de valor probatório, que recebeu na qualidade de advogado ou procurador:*
>
> *Pena – detenção, de seis meses a três anos, e multa.*

O crime é próprio, pois só pode ser praticado pelo advogado ou procurador (exigência do tipo penal).

Assim, sempre que o patrocinador da causa destruir ou tornar sem valor documento ou não o restituir, configurar-se-á o crime em tese.

A consumação do delito ocorre com a não restituição dos autos ou com a inutilização daquilo que tenha valor probatório.

O crime é doloso e processado mediante ação penal pública incondicionada.

7.6.19 Exploração de prestígio

> *Art. 357 Solicitar ou receber dinheiro ou qualquer outra utilidade, a pretexto de influir em juiz, jurado, órgão do Ministério Público, funcionário de justiça, perito, tradutor, intérprete ou testemunha:*
>
> *Pena – reclusão, de um a cinco anos, e multa.*
>
> *Parágrafo único. As penas aumentam-se de um terço, se o agente alega ou insinua que o dinheiro ou utilidade também se destina a qualquer das pessoas referidas neste artigo.*

Trata-se de modalidade especial do delito de tráfico de influência.

O sujeito ativo é qualquer pessoa que solicita ou recebe dinheiro (propina) sob a mera alegação de que irá influir em funcionário da justiça. Inclusive, o tipo penal cita taxativamente os servidores, não se estendendo a outras pessoas: juiz, jurado, órgão do MP, funcionários da justiça (oficial de justiça, técnicos, analistas e demais serventuários), perito, tradutor, intérprete ou testemunha.

Registre-se que para a consumação do crime, o funcionário público mencionado **não precisa ter conhecimento da situação**, na medida em que o autor do fato está se utilizando de um suposto interesse sobre o serventuário.

> **Fique ligado**
>
> No tráfico de influência (art. 332, CP), os núcleos são os mesmos ("solicitar, exigir, cobrar ou obter, para si ou para outrem), vantagem ou promessa de vantagem, a pretexto de influir em ato praticado por funcionário público no exercício da função", mas a suposta influência é exercida sobre um funcionário público que não seja atuante nas etapas relacionadas ao processo.

A mera solicitação consiste em crime formal (de consumação antecipada), enquanto o recebimento é crime material.

CRIMES CONTRA A ADMINISTRAÇÃO PÚBLICA

O parágrafo único prevê causa especial de aumento de pena de 1/3 (um terço), se o agente alegar ou insinuar que o dinheiro ou utilidade também se destina a qualquer das pessoas referidas no tipo penal.

Vale frisar que o funcionário que, supostamente, será influenciado não terá o conhecimento da situação, pois, se o tiver, poderá praticar o crime do art. 317, do CP.

Além disso, não há a necessidade de o sujeito ativo do crime de exploração de prestígio exercer efetivamente a influência sobre o funcionário, porquanto é punível a mera alegação do agente de que irá influir. Se a referida influência ocorrer, haverá mero exaurimento do crime (fato posterior não punível).

O crime é doloso e processado mediante ação penal pública incondicionada.

7.6.20 Violência ou fraude em arrematação judicial

Art. 358 Impedir, perturbar ou fraudar arrematação judicial; afastar ou procurar afastar concorrente ou licitante, por meio de violência, grave ameaça, fraude ou oferecimento de vantagem:
Pena – detenção, de dois meses a um ano, ou multa, além da pena correspondente à violência.

Trata-se de crime comum, podendo ser praticado por qualquer pessoa.

O tipo penal tutela a administração da justiça, objetivando inibir práticas lesivas em arrematação judicial promovida por particular. O art. 358 criminaliza a conduta daquele que tumultua, impede a realização de uma arrematação judicial ou, por meio de violência ou grave ameaça, impede que o interessado participe.

O crime é doloso e processado mediante ação penal pública incondicionada.

7.6.21 Desobediência à decisão judicial sobre perda ou suspensão de direito

Art. 359 Exercer função, atividade, direito, autoridade ou múnus, de que foi suspenso ou privado por decisão judicial:
Pena – detenção, de três meses a dois anos, ou multa.

Da mesma forma que a lei penal pune aquele que se diz funcionário público ou que exerce a função pública antes de nomeado ou depois de formalmente afastado, há a previsão daquele que exerce uma função, atividade, direito, autoridade ou múnus (serviço privado, mas com relevância pública, por exemplo, a advocacia) de que foi afastado por decisão judicial.

O crime é classificado como próprio, pois somente aquele afastado por decisão judicial é que pode praticá-lo.

Para tanto, é preciso que o agente exerça atos relacionados à função mesmo depois de ter sido afastado por decisão judicial.

O crime é doloso e processado mediante ação penal pública incondicionada.

7.7 Crimes contra as finanças públicas

Buscando preservar a saúde das finanças públicas, a Lei Complementar nº 101/2000 (Lei de Responsabilidade Fiscal) estabeleceu normas voltadas para a responsabilidade na gestão fiscal, a fim de prevenir riscos e corrigir desvios capazes de afetar o equilíbrio das contas públicas. A partir da LC nº 101/2000, foi editada a Lei nº 10.028/2000, que acrescentou o Capítulo IV (Dos Crimes contra as Finanças Públicas) ao Título XI (Dos Crimes contra a Administração Pública) da Parte Especial do CP (arts. 359-A a 359-H).

Importante lembrar que a depender da operação de crédito realizada com finanças públicas, vai se estabelecer a justiça competente para processar e julgar o caso, ora justiça federal ora justiça estadual.

7.7.1 Sujeitos do crime contra as finanças públicas

Trata-se de crime próprio, pois somente pode ser praticado pelos agentes públicos que detenham atribuição legal para realizar operação de crédito com finanças públicas.

7.7.2 Contratação de operação de crédito

Art. 359-A Ordenar, autorizar ou realizar operação de crédito, interno ou externo, sem prévia autorização legislativa:
Pena – reclusão, de 1 (um) a 2 (dois) anos.
Parágrafo único. Incide na mesma pena quem ordena, autoriza ou realiza operação de crédito, interno ou externo:
I – Com inobservância de limite, condição ou montante estabelecido em lei ou em resolução do Senado Federal.
II – Quando o montante da dívida consolidada ultrapassa o limite máximo autorizado por lei.

O art. 359-A criminaliza a conduta do sujeito ativo que **ordenar autorizar ou realizar operação de crédito de maneira interna ou externa sem a prévia autorização legislativa.** Isso quer dizer que não pode existir operação de crédito sem autorização prévia da câmara de vereadores, no âmbito municipal ou da assembleia legislativa em nível estadual, ou autorização do Congresso Nacional no âmbito federal. Note que estamos diante do **sistema de freios e contrapesos,** tão comentado por todo o ordenamento jurídico, que consiste no controle do poder pelo próprio poder.

Importante ressaltar que quando se fala em operações de créditos é preciso destacar o art. 29, inciso III, da Lei de Responsabilidade Fiscal (LC nº 101/2000), que apresenta o conceito de operação de crédito:

Lei Complementar nº 101/2000
Art. 29 Para os efeitos desta Lei Complementar, são adotadas as seguintes definições:
III - operação de crédito: compromisso financeiro assumido em razão de mútuo, abertura de crédito, emissão e aceite de título, aquisição financiada de bens, recebimento antecipado de valores provenientes da venda a termo de bens e serviços, arrendamento mercantil e outras operações assemelhadas, inclusive com o uso de derivativos financeiros;

Outra importante característica do tipo penal do art. 359-A diz respeito à sua consumação. Trata-se de **crime formal,** consumando-se quando o **sujeito ativo** pratica alguma das condutas típicas consistente em **ordenar ou autorizar operação de crédito.** Por outro lado, a conduta de **realizar operação de crédito trata-se de uma conduta material,** pois a consumação só ocorrerá com a efetiva contratação da operação de crédito.

Note que no elementar **ordenar,** poderá existir uma relação de hierarquia e subordinação, de modo que o subordinado ao agir praticar a conduta, de forma dolosa (com consciência e vontade), responderá como partícipe do crime. No entanto, se a operação de crédito é realizada sem a observância de ilegalidade por parte do subordinado, esse pode alegar **erro de proibição e ser isento de pena,** visto que só está cumprindo uma ordem.

Vale destacar que para a configuração do delito exige-se que as condutas sejam praticadas "sem prévia autorização legislativa", que vem a ser o elemento normativo do tipo. Existindo autorização, não há que se falar no crime do art. 359-A.

Outro detalhe que merece atenção é que o crime do art. 359-A não admite a modalidade **culposa,** admitindo-se por parte do funcionário público somente a atuação com dolo direto ou dolo eventual.

DIREITO PENAL

> **Fique ligado**
>
> Em razão da sanção cominada ao delito do art. 359-A ser de 1 a 2 anos, incide a lei do juizado especial criminal (JECRIM) Lei nº 9.099/1995, ainda que bem criticada pela doutrina haja vista que o delito visa lesar às finanças públicas.

7.7.3 Inscrição de despesas não empenhadas em restos a pagar

> *Art. 359-B Ordenar ou autorizar a inscrição em restos a pagar, de despesa que não tenha sido previamente empenhada ou que exceda limite estabelecido em lei:*
> *Pena – detenção, de 6 (seis) meses a 2 (dois) anos.*

Perceba que, novamente, trata-se de um crime de natureza formal, não exigindo resultado naturalístico para sua consumação. Note que o simples fato de o agente **ordenar ou autorizar** a inscrição em restos a pagar **sem estar previamente empenhada** ou que exceda o limite estabelecido, já configura a conduta do art. 359-B.

Conforme o art. 36 da Lei nº 4.320/1964, consideram-se restos a pagar as despesas empenhadas, mas não pagas até o dia 31 de dezembro, distinguindo-se as processadas das não processadas.

Trata-se de crime próprio, sendo sujeito ativo o agente público que possua atribuição legal para ordenar ou autorizar a inscrição em restos a pagar.

Portanto, incorre na conduta criminosa tipificada no art. 359-B o agente público que ordenar ou autorizar a inscrição em restos a pagar, de **dívida que não foi empenhada ou excedeu o limite previsto.**

7.7.4 Assunção de obrigação no último ano do mandato ou legislatura

> *Art. 359-C Ordenar ou autorizar a assunção de obrigação, nos dois últimos quadrimestres do último ano do mandato ou legislatura, cuja despesa não possa ser paga no mesmo exercício financeiro ou, caso reste parcela a ser paga no exercício seguinte, que não tenha contrapartida suficiente de disponibilidade de caixa:*
> *Pena – reclusão, de 1 (um) a 4 (quatro) anos.*

Note que a preocupação deste tipo penal é com o futuro Governo, haja vista que incorrerá nesse crime o agente que ordenar ou autorizar a assunção de obrigação nos dois últimos quadrimestres do último ano do mandato legislativo ou legislatura e que a despesa não possa ser paga no mesmo exercício financeiro ou que não tenha disponibilidade de caixa.

Outro detalhe desse dispositivo que deve ser observado trata-se de os **dois últimos quadrimestres do mandato ou legislatura, na qual a despesa não possa ser paga.** É importante também se atentar para o fato de que esse tipo penal trata de **assunção de despesa**, enquanto que os arts. 359-F e 359-G tratam do **não cancelamento de restos a pagar e o aumento de despesa total com pessoal no último ano do mandato ou legislatura,** respectivamente.

Note que existe um lapso temporal diferente que pode ser cobrado na sua prova. Veja que no art.359-C a conduta de **ordenar ou autorizar** a assunção de obrigação, deve se dar **nos dois últimos quadrimestres do último ano do mandato ou legislatura,** ao passo que no art. 359-G a conduta de **ordenar, autorizar ou executar** ato que acarrete aumento de **despesa** total com pessoal, deve ocorrer nos **180 dias anteriores** ao final do mandato ou da legislatura.

7.7.5 Ordenação de despesa não autorizada

> *Art. 359-D Ordenar despesa **não** autorizada por lei:*
> *Pena – reclusão, de 1 (um) a 4 (quatro) anos.*

No art.359-D é apresentada uma conduta genérica, no sentido de que o servidor público não pode ordenar despesas, quando não autorizadas por lei (lei orçamentária anual).

Trata-se de crime formal, não se exigindo resultado naturalístico, ou seja, que a despesa tenha sido efetuada, bastando a efetiva ordem da despesa não autorizada por lei, para a sua consumação.

Também se trata de crime próprio, pois somente pode ser praticado por agente público com atribuição legal para ordenar despesa.

O tipo penal abre algumas exceções, como no caso de uma despesa imprevisível ou um fato decorrente da força da natureza, que exigem uma atenção maior do Estado com a sociedade. Nesse caso, abre-se exceção para uma despesa não autorizado por lei.

Não haverá crime se a despesa tiver sido autorizada na lei orçamentária.

7.7.6 Prestação de garantias graciosas

> *Art. 359-E Prestar garantia em operação de crédito sem que tenha sido constituída contragarantia em valor igual ou superior ao valor da garantia prestada, na forma da lei:*
> *Pena – detenção, de 3 (três) meses a 1 (um) ano.*

O crime de prestação de garantias graciosas prevê conduta de menor potencial ofensivo. Observe que a definição de **operações de crédito** encontra-se no art. 29 da LRF, conforme acima mencionado.

A conduta típica do art. 359-E é prestar garantia, que significa dar, conceder. A garantia é prestada sem ter sido constituída contragarantia em valor igual ou superior àquela, na forma da lei.

Assim, por exemplo, o Estado (União, DF, Estado ou Município), em uma relação contratual, realiza uma operação de crédito com o particular (terceiro) e nessa transação o ente público oferece uma garantia para o terceiro, com objetivo de assegurar o cumprimento do contrato. Contudo, nessa relação contratual, o particular **não ofereceu uma contragarantia de valor igual ou superior ao valor ofertado pelo Estado.**

Portanto, o crime se consuma com a prestação de garantia sem a correspondente contragarantia, em valor igual ou superior àquela.

> **Fique ligado**
>
> Note que se não ocorrer uma contragarantia na relação contratual entre o Estado e o particular, estará configurado o crime de prestação de garantias graciosas.

7.7.7 Não cancelamento de restos a pagar

> *Art. 359-F Deixar de ordenar, de autorizar ou de promover o cancelamento do montante de restos a pagar inscrito em valor superior ao permitido em lei:*
> *Pena – detenção, de 6 (seis) meses a 2 (dois) anos.*

Como já foi visto anteriormente, o resto a pagar trata-se de despesa que já foi, previamente, empenhada, mas que não será paga até o fim do período orçamentário ou até 31/12.

O crime de não cancelamento de restos a pagar, previsto no art. 359-F, exige uma conduta dolosa do agente, consistente na vontade livre e consciente de deixar de ordenar, de autorizar ou de promover o cancelamento do montante de restos a pagar inscrito em valor superior ao permitido em lei.

Este delito ocorre da seguinte forma: o Estado, inicialmente, inscreve uma dívida em restos a pagar para realizar o pagamento em ano posterior, no entanto, diante da impossibilidade financeira para o pagamento da dívida, o agente público deixa de forma dolosa de promover o cancelamento do montante inscrito em restos a pagar.

7.7.8 Aumento de despesa total com pessoal no último ano do mandato ou legislatura

> **Art. 359-G** *Ordenar, autorizar ou executar ato que acarrete aumento de despesa total com pessoal, nos 180 dias anteriores ao final do mandato ou da legislatura:*
>
> *Pena - reclusão, de 1 (um) a 4 (quatro) anos.*

Assim como nos delitos anteriores, o tipo penal do art. 359-G tutela o equilíbrio das contas públicas, principalmente, a proteção da administração seguinte.

O crime do art. 359-G tem como verbos núcleos as condutas de ordenar, autorizar ou executar, **ato que acarrete aumento com despesa total com pessoal, 180 dias anteriores ao final do mandato ou legislatura.**

O conceito de despesa total com pessoal está previsto no art. 18 da LC nº 101/2000 (LRF):

> **Art. 18** *Para os efeitos desta Lei Complementar,* **entende-se como despesa total com pessoal:** *o somatório dos gastos do ente da Federação com os ativos, os inativos e os pensionistas, relativos a mandatos eletivos, cargos, funções ou empregos, civis, militares e de membros de Poder, com quaisquer espécies remuneratórias, tais como vencimentos e vantagens, fixas e variáveis, subsídios, proventos da aposentadoria, reformas e pensões, inclusive adicionais, gratificações, horas extras e vantagens pessoais de qualquer natureza, bem como encargos sociais e contribuições recolhidas pelo ente às entidades de previdência.*

O delito se consuma com o aumento da despesa total com pessoal, no prazo de 180 dias anteriores ao final do mandato ou legislatura.

Vale destacar que esse delito difere do **art. 359-C** visto anteriormente.

7.7.9 Oferta pública ou colocação de títulos no mercado

> **Art. 359-H** *Ordenar, autorizar ou promover a oferta pública ou a colocação no mercado financeiro de títulos da dívida pública sem que tenham sido criados por lei ou sem que estejam registrados em sistema centralizado de liquidação e de custódia:*
>
> *Pena - reclusão, de 1 (um) a 4 (quatro) anos.*

O delito de oferta pública ou colocação de títulos no mercado, previsto no art. 359-H criminaliza a conduta do agente público que ordenar, autorizar ou promover a oferta pública ou a colocação no mercado financeiro de títulos da dívida pública, sem que esses tenham sido criados por lei ou sem que estejam registrados em sistema centralizado de liquidação e de custódia.

Como se observa, a oferta pública ou a colocação no mercado financeiro, constituem o elemento normativo do tipo, porquanto se os títulos da dívida pública tenham sido criados por lei, ou esses tenham sido registrados em sistema centralizado de liquidação e de custódia, não restará configurado o delito do art. 359-H.

Trata-se de crime formal, que dispensa a ocorrência de resultado naturalístico para sua consumação.

A ação penal é pública incondicionada.

DIREITO PROCESSUAL PENAL

1 INTRODUÇÃO AO DIREITO PROCESSUAL PENAL

Toda vez que ocorre a prática de um delito, nasce para o Estado o *jus puniendi*, ou seja, o direito de punir do Estado, sempre pautado no devido processo legal. Tal mandamento deriva do Estado Democrático de Direito. Cumpre frisar que o Estado não pode simplesmente aplicar qualquer pena, mas, sim, seguir o mandamento constitucional previsto no art. 5º, XLVII:

> **Art. 5º, CF/1988** [...]
> XLVII – não haverá penas:
> a) de morte, salvo em caso de guerra declarada, nos termos do art. 84, XIX;
> b) de caráter perpétuo;
> c) de trabalhos forçados;
> d) de banimento;
> e) cruéis.

Assim, visa-se respeitar a dignidade da pessoa humana, harmonizando-a com as medidas legais pertinentes à elucidação de um delito, bem como a consequente aplicação posterior da pena.

Desse modo, definimos o processo penal como um conjunto de normas jurídicas tendentes a direcionar a atuação da polícia judiciária, assim como de todo o Poder Judiciário criminal, objetivando uma investigação, um processo e uma sentença justa, que se fundamentem na verdade dos fatos, a fim de respeitar todos os direitos constitucionais do homem, a ampla defesa, a presunção de inocência, dentre outros. Nesse sentido, verificamos nos comandos a seguir relacionados, previstos no art. 5º da CF/1988:

> **Art. 5º, CF/1988** [...]
> III – ninguém será processado nem sentenciado senão pela autoridade competente;
> LIV – ninguém será privado da liberdade ou de seus bens sem o devido processo legal;
> LV – aos litigantes, em processo judicial ou administrativo, e aos acusados em geral são assegurados o contraditório e ampla defesa, com os meios e recursos a ela inerentes;
> LVI – são inadmissíveis, no processo, as provas obtidas por meios ilícitos;
> LVII – ninguém será considerado culpado até o trânsito em julgado de sentença penal condenatória.

Por fim, cabe ressaltar que a prisão ocorre no Brasil conforme mandamento também presente no inciso LXI do art. 5º da CF/1988:

> **Art. 5º, LXI, CF/1988** Ninguém será preso senão em flagrante delito ou por ordem escrita e fundamentada de autoridade judiciária competente, salvo nos casos de transgressão militar ou crime propriamente militar, definidos em lei.

1.1 Lei Processual Penal no espaço

O Código de Processo Penal, em seu art. 1º, estabelece o princípio da territorialidade da Lei Processual Penal *(Locus Regit Actum ou Lex Fori)*, de modo que se aplicam em território brasileiro as normas de cunho processual penal a todas as infrações penais relacionadas com o Estado brasileiro, de maneira a não haver hipóteses de extraterritorialidade de Lei Processual Penal.

> **Art. 1º, CPP** O processo penal reger-se-á, em todo o território brasileiro, por este Código, ressalvados:
> I – os tratados, as convenções e regras de Direito Internacional;
> II – as prerrogativas constitucionais do presidente da República, dos ministros de Estado, nos crimes conexos com os do presidente da República, e dos ministros do Supremo Tribunal Federal, nos crimes de responsabilidade;
> III – os processos da competência da Justiça Militar;
> IV – os processos da competência do tribunal especial;
> V – os processos por crimes de imprensa.

> **Parágrafo único.** Aplicar-se-á, entretanto, este Código aos processos referidos nºs IV e V, quando as leis especiais que os regulam não dispuserem de modo diverso.

Ao falar sobre território, faz-se necessário buscar seu conceito na própria lei, ou seja, no Código Penal Brasileiro, conforme esculpido definição presente no em seu art. 5º:

> **Art. 5º, CP** Aplica-se a lei brasileira, sem prejuízo de convenções, tratados e regras de direito internacional, ao crime cometido no território nacional.
> § 1º Para os efeitos penais, consideram-se como extensão do território nacional as embarcações e aeronaves brasileiras, de natureza pública ou a serviço do governo brasileiro onde quer que se encontrem, bem como as aeronaves e as embarcações brasileiras, mercantes ou de propriedade privada, que se achem, respectivamente, no espaço aéreo correspondente ou em alto-mar.
> § 2º É também aplicável a lei brasileira aos crimes praticados a bordo de aeronaves ou embarcações estrangeiras de propriedade privada, achando-se aquelas em pouso no território nacional ou em voo no espaço aéreo correspondente, e estas em porto ou mar territorial do Brasil.

1.2 Lei Processual Penal no tempo

> **Art. 2º, CPP** A lei processual penal aplicar-se-á desde logo, sem prejuízo da validade dos atos realizados sob a vigência da lei anterior.

Este artigo contempla o princípio da aplicação imediata (*tempus regit actum*). Deste princípio derivam duas regras fundamentais:

▷ A lei genuinamente processual tem aplicação imediata;
▷ A vigência dessa nova lei não invalida os atos processuais anteriores já praticados.

1.3 Interpretação da Lei Processual Penal

> **Art. 3º, CPP** A lei processual penal admitirá interpretação extensiva e aplicação analógica, bem como o suplemento dos princípios gerais de direito.

A aplicação da Lei Processual Penal segue as mesmas regras de hermenêutica que disciplinam a interpretação da legislação em geral. Interpretar significa definir o sentido e o alcance de determinado conceito.

Em função da impossibilidade de se poder escrever na lei todo seu significado ou, ainda, de se prever todas as situações possíveis de ocorrer efetivamente, o art. 3º do Código de Processo Penal prevê que a Lei Processual Penal admitirá:

▷ Interpretação extensiva;
▷ Aplicação analógica;
▷ Suplemento dos princípios gerais de Direito.

DIREITO PROCESSUAL PENAL

2 INQUÉRITO POLICIAL

A persecução criminal apresenta dois momentos distintos: o da investigação e o da ação penal. A investigação é a atividade preparatória da ação penal, de caráter preliminar e informativo. Já a ação penal consiste no pedido de julgamento da pretensão punitiva.

Em outros termos, a persecução penal estatal se constitui de duas etapas:

- Investigação preliminar: gênero do qual é espécie o inquérito policial, cujo objetivo é formar lastro probatório mínimo para a deflagração válida da fase seguinte;
- Processo penal: é desencadeado pela propositura de ação penal perante o judiciário.

```
Crime ——— Persecução ——— Pena
       Investigações + Processo judicial
```

2.1 Conceito de inquérito policial

Inquérito policial (IP) é um **procedimento administrativo** inquisitivo, anterior ao processo, presidido pela autoridade policial (delegado de Polícia) que conduz diligências, as quais objetivam apurar: autoria (responsável pelo crime); materialidade (existência) e circunstâncias com a finalidade de possibilitar que o titular da ação penal possa ingressar em juízo.

2.2 Natureza jurídica

Trata-se de um **procedimento administrativo**, quando verificamos o quesito Procedimento – uma vez que não se trata de processo judicial nem de processo administrativo, porquanto dele não resulta a imposição direta de nenhuma sanção.

O IP é um procedimento administrativo, porque é realizado pela polícia judiciária, que é um órgão do Poder Executivo, que tem como função típica administrar a coisa pública.

2.3 Características do inquérito policial

2.3.1 Inquisitivo

No inquérito policial não há partes, acusação e defesa; temos somente o delegado de Polícia investigando um crime e, consequentemente, um suspeito. Nele, não há contraditório nem ampla defesa.

A investigação não observa o contraditório, pois a Polícia não tem a obrigação de avisar um suspeito que o está investigando; e não há ampla defesa, porque o inquérito não pode, em regra, fundamentar uma sentença condenatória, tendo o suspeito possibilidade de se defender durante o processo.

> *Art. 5º, LV, CF/1988 Aos litigantes, em processo judicial ou administrativo, e aos acusados em geral são assegurados o contraditório e ampla defesa, com os meios e recursos a ela inerentes.*

Como na fase da investigação não existe nenhuma acusação nem partes, não há que se falar em contraditório e ampla defesa, pois o Direito Constitucional previsto no art. 5º, LV, da CF/1988 é válido para as partes de um processo. Além do inquérito policial não ter partes, é um procedimento e não um processo, conforme descrito na Constituição Federal.

2.3.2 Escrito

Todas as diligências realizadas no curso de um inquérito policial devem ser passadas a termo (escritas), para que seja facilitada a troca de informações entre os órgãos responsáveis pela persecução penal.

O delegado de Polícia tem a faculdade de filmar ou gravar diligências realizadas, mas isso não afasta a obrigação de transcrever todas por escrito.

> *Art. 405, § 1º, CPP Sempre que possível, o registro dos depoimentos do investigado, indiciado, ofendido e testemunhas será feito pelos meios ou recursos de gravação magnética, estenotipia, digital ou técnica similar, inclusive audiovisual, destinada a obter maior fidelidade das informações.*

Assim, é possível que o delegado, havendo meios, documente os atos do IP por meio das tecnologias existentes, inclusive captação de som e imagem.

2.3.3 Discricionário

Discricionariedade é a liberdade dentro da lei (esta determina ou autoriza a atuação do Estado). Assim, o delegado tem liberdade para a adoção e condução das diligências adotadas no curso de um inquérito policial.

O art. 6º do CPP traz um rol de possíveis procedimentos que podem ser adotados pela Polícia na condução de um inquérito; ele não é taxativo, pois a Polícia pode adotar qualquer uma daquelas diligências na ordem que entender melhor, ou seja, o rol é exemplificativo.

Não podemos entender discricionariedade como uma faculdade do delegado de iniciar ou não uma investigação, porque, conforme veremos adiante, em alguns casos a investigação é obrigatória. A discricionariedade refere-se ao fato de o delegado, sendo obrigado ou não a investigar, poder adotar as diligências que considere convenientes para a solução do crime, desde que esteja prevista tal diligência na lei.

Explica essa regra o fato de que cada crime é um acontecimento único no mundo e, assim, a solução deles não tem uma receita certa, devendo a autoridade policial saber utilizar, dentre os meios disponíveis, aqueles adequados à solução do caso.

2.3.4 Oficial

A realização do inquérito policial é atribuição de um órgão oficial do Estado (Polícia Judiciária), com a presidência deste incumbida à autoridade policial do respectivo órgão (delegado de Polícia – art. 2º, § 1º, Lei nº 12.830/2013).

> *Art. 2º, Lei nº 12.830/2013 As funções de polícia judiciária e a apuração de infrações penais exercidas pelo delegado de polícia são de natureza jurídica, essenciais e exclusivas de Estado.*

2.3.5 Oficioso

Ao tomar conhecimento de notícia de crime de ação penal pública incondicionada, a autoridade policial é obrigada a agir de ofício, independentemente de provocação da vítima e/ou qualquer outra pessoa.

Deve instaurar o inquérito policial de ofício, nos termos do art. 5º, I, do CPP, procedendo, então, às diligências investigatórias para obter elementos de informação quanto à infração penal e sua autoria.

No caso de crimes de ação penal pública condicionada à representação e de ação penal de iniciativa privada, a instauração do IP está condicionada à manifestação da vítima ou de seu representante legal.

2.3.6 Sigiloso

Ao contrário do que ocorre no processo, o inquérito não comporta publicidade, sendo procedimento essencialmente sigiloso, disciplinando o art. 20, do CPP:

> *Art. 20, CPP A autoridade assegurará no inquérito o sigilo necessário à elucidação do fato ou exigido pelo interesse da sociedade.*

Classificação do sigilo:

- **Sigilo externo**: destinado aos terceiros desinteressados e à imprensa;
- **Sigilo Interno**: destinado aos interessados no processo.

O sigilo do IP não atinge o juiz e o membro do Ministério Público.

Quanto ao advogado do investigado, o Estatuto da OAB traz, em art. 7º, XIV, a seguinte redação:

> *Art. 7º, EOAB São direitos do advogado: [...]*
> *XIV – examinar, em qualquer instituição responsável por conduzir investigação, mesmo sem procuração, autos de flagrante e de investigações de qualquer natureza, findos ou em andamento, ainda que conclusos à autoridade, podendo copiar peças e tomar apontamentos, em meio físico ou digital.*

INQUÉRITO POLICIAL

Súmula Vinculante nº 14 – STF
É direito do defensor, no interesse do representado, ter acesso amplo aos elementos de prova que, já documentados em procedimento investigatório realizado por órgão com competência de polícia judiciária, digam respeito ao exercício do direito de defesa.

2.3.7 Indisponível

A persecução criminal é de ordem pública e, uma vez iniciado o inquérito, o delegado de Polícia não pode dispor dele. Se diante de uma circunstância fática o delegado percebe que não houve crime, nem em tese, não deve iniciar o inquérito policial. Contudo, uma vez iniciado o procedimento investigativo, deve levá-lo até o final, não podendo arquivá-lo em virtude de expressa vedação contida no art. 17 do CPP.

Art. 17, CPP A autoridade policial não poderá mandar arquivar autos de inquérito.

2.3.8 Dispensável

Da leitura de dispositivos que regem a persecução penal preliminar, a exemplo art. 39, § 5º, do CPP, podemos concluir que o inquérito não é imprescindível para a propositura da ação penal.

Art. 39, § 5º, CPP O órgão do Ministério Público dispensará o inquérito, se com a representação forem oferecidos elementos que o habilitem a promover a ação penal, e, neste caso, oferecerá a denúncia no prazo de quinze dias.

O inquérito visa coletar indícios de autoria e materialidade do crime para que o titular da ação penal possa ingressar em juízo. Assim, se ele tiver esses indícios colhidos por outros meios, como por um inquérito não policial, o inquérito policial se torna dispensável.

Súmula nº 234 – STJ
A participação de membro do Ministério Público na fase investigatória criminal não acarreta seu impedimento ou suspeição para o oferecimento da denúncia.

2.4 Valor probatório do inquérito policial

O inquérito policial tem valor probatório relativo, pois ele serve para embasar o início do processo, mas não tem a força de, sozinho, sustentar uma sentença condenatória, porque as provas colhidas durante o IP não se submeteram ao contraditório e à ampla defesa. Enfatizamos que o valor probatório é relativo, uma vez que não fundamenta uma decisão judicial, porém pode dar margem à abertura de um processo criminal contra alguém.

Art. 155, CPP O juiz formará sua convicção pela livre apreciação da prova produzida em contraditório judicial, não podendo fundamentar sua decisão exclusivamente nos elementos informativos colhidos na investigação, ressalvadas as provas cautelares, não repetíveis e antecipadas.

2.4.1 Provas cautelares, não repetíveis e antecipadas

São as provas extraídas do inquérito policial e que têm a força de, eventualmente, sustentar uma sentença condenatória, conforme orienta o art. 155 do CPP.

Provas cautelares

São aquelas em que existe um risco de desaparecimento do objeto pelo decurso do tempo. Justificam-se pela necessidade, pela urgência.

Provas não renováveis ou irrepetíveis

São colhidas na fase investigatória, porque não podem ser produzidas novamente na fase processual devido ao seu fácil perecimento.

Perícia nos vestígios do crime: para que essas provas tenham valor probatório de justificar uma sentença na fase processual, é necessário que elas sejam submetidas à ampla defesa e ao contraditório diferido ou postergado, ou seja, durante a fase processual.

Prova antecipada

Aqui, referimo-nos às provas que, em regra, deveriam ser colhidas durante o curso do processo, e não durante o inquérito policial. Em alguns casos, é possível que o juiz antecipe a oitiva de uma testemunha para a fase das investigações, quando houver receio de que ela morra (idade avançada ou doença grave) ou, então, que a vítima se mude definitivamente para outro lugar, inviabilizando sua audição.

Art. 225, CPP Se qualquer testemunha houver de ausentar-se, ou, por enfermidade ou por velhice, inspirar receio de que ao tempo da instrução criminal já não exista, o juiz poderá, de ofício ou a requerimento de qualquer das partes, tomar-lhe antecipadamente o depoimento.

2.5 Vícios

Os vícios do inquérito policial são seus defeitos ou suas nulidades, e a dúvida é se aqueles podem ou não causar nulidades ao processo futuro. A resposta é negativa, pois o IP não tem a força de condenar ninguém; assim, seus defeitos serão apurados pelos órgãos competentes (Corregedoria, Ministério Público). Dessa forma, podemos concluir que o delegado não pode ser considerado impedido ou suspeito de presidir o IP pelas futuras partes.

2.6 Procedimento investigatório face aos servidores vinculados aos órgãos da segurança da pública (art. 144, CF/1988)

A Lei nº 13.964/2019 (Pacote Anticrime) incluiu o art. 14-A ao Código de Processo Penal, com a seguinte redação:

Art. 14-A, CPP Nos casos em que servidores vinculados às instituições dispostas no art. 144 da Constituição Federal figurarem como investigados em inquéritos policiais, inquéritos policiais militares e demais procedimentos extrajudiciais, cujo objeto for a investigação de fatos relacionados ao uso da força letal praticados no exercício profissional, de forma consumada ou tentada, incluindo as situações dispostas no art. 23 do Decreto-lei nº 2.848, de 7 de dezembro de 1940 (Código Penal), o indiciado poderá constituir defensor.

§ 1º Para os casos previstos no caput deste artigo, o investigado deverá ser citado da instauração do procedimento investigatório, podendo constituir defensor no prazo de até 48 (quarenta e oito) horas a contar do recebimento da citação.

§ 2º Esgotado o prazo disposto no § 1º deste artigo com ausência de nomeação de defensor pelo investigado, a autoridade responsável pela investigação deverá intimar a instituição a que estava vinculado o investigado à época da ocorrência dos fatos, para que essa, no prazo de 48 (quarenta e oito) horas, indique defensor para a representação do investigado.

§ 3º Havendo necessidade de indicação de defensor nos termos do § 2º deste artigo, a defesa caberá preferencialmente à Defensoria Pública, e, nos locais em que ela não estiver instalada, a União ou a Unidade da Federação correspondente à respectiva competência territorial do procedimento instaurado deverá disponibilizar profissional para acompanhamento e realização de todos os atos relacionados à defesa administrativa do investigado.

§ 4º A indicação do profissional a que se refere o § 3º deste artigo deverá ser precedida de manifestação de que não existe defensor público lotado na área territorial onde tramita o inquérito e com atribuição para nele atuar, hipótese em que poderá ser indicado profissional que não integre os quadros próprios da Administração.

§ 5º Na hipótese de não atuação da Defensoria Pública, os custos com o patrocínio dos interesses dos investigados nos procedimentos de que trata este artigo correrão por conta do orçamento próprio da instituição a que este esteja vinculado à época da ocorrência dos fatos investigados.

§ 6º As disposições constantes deste artigo se aplicam aos servidores militares vinculados às instituições dispostas no art. 142 da Constituição Federal, desde que os fatos investigados digam respeito a missões para a Garantia da Lei e da Ordem.

DIREITO PROCESSUAL PENAL

2.7 Incomunicabilidade

É importante saber que a incomunicabilidade não foi recepcionada pela CF/1988 e está tacitamente sem efeitos, mas suas regras são cobradas em questão de concurso.

> **Art. 21, CPP** *A incomunicabilidade do indiciado dependerá sempre de despacho nos autos e somente será permitida quando o interesse da sociedade ou a conveniência da investigação o exigir.*
>
> **Parágrafo único.** *A incomunicabilidade, que não excederá de três dias, será decretada por despacho fundamentado do Juiz, a requerimento da autoridade policial, ou do órgão do Ministério Público, respeitado, em qualquer hipótese, o disposto no artigo 89, inciso III, do Estatuto da Ordem dos Advogados do Brasil.*

2.8 Notícia crime

Notícia crime (*notitia criminis*) é o conhecimento espontâneo ou provocado por parte da autoridade policial de um fato aparentemente criminoso. Por meio dela, a autoridade policial dará início às investigações.

2.8.1 Classificação da notícia crime

Ela é classificada em direta ou indireta, conforme veremos a seguir:

▷ **Notícia crime direta (cognição imediata ou espontânea):** a autoridade policial toma conhecimento de um fato supostamente criminoso por meio da atuação da própria Polícia, quando noticiado o crime pela imprensa ou comunicado anonimamente por um particular.

▷ **Notícia crime indireta (cognição mediata ou provocada):** a Polícia Judiciária toma conhecimento do crime por meio da comunicação de um terceiro identificado.

2.8.2 Espécies de notícia crime indireta

Requerimento

É a comunicação de um fato supostamente criminoso, realizado pela vítima ou por seu representante legal. Além de comunicar o crime, também serve como um pedido para que a Polícia inicie as investigações.

Segundo o CPP, diante de um requerimento, o delegado pode recusar-se a iniciar as investigações e, nesse caso, é cabível recurso ao chefe de Polícia (art. 5º, § 2º, CPP).

> **Art. 5º, § 2º, CPP** *Do despacho que indeferir o requerimento de abertura de inquérito caberá recurso para o chefe de Polícia.*

Requisição

É a comunicação do crime feita à autoridade policial pelo promotor ou pelo juiz e uma determinação para o início das investigações. O delegado não pode se recusar a cumprir uma requisição.

> **Art. 13, CPP** *Incumbirá ainda à autoridade policial:*
>
> *I – fornecer às autoridades judiciárias as informações necessárias à instrução e julgamento dos processos;*
>
> *II – **realizar as diligências requisitadas pelo juiz ou pelo Ministério Público**;*
>
> *III – cumprir os mandados de prisão expedidos pelas autoridades judiciárias;*
>
> *IV – representar acerca da prisão preventiva.*

Representação

É a comunicação do crime e, também, uma autorização para que o Estado atue, seja investigando e/ou processando o possível autor. A representação é apresentada pela vítima ou por seu representante legal nos crimes de ação penal pública condicionada a ela.

É importante saber que a falta da representação nos casos em que a investigação dependa dela impede a atuação do Estado, ou seja, a Polícia não pode investigar o fato, não pode lavrar um auto de prisão em flagrante e não haverá processo.

Requisição do ministro da justiça

É a comunicação do crime e, também, uma autorização política para que o delegado inicie as investigações. Será necessária especificamente em crimes de ação penal pública condicionada à requisição do Ministro da Justiça, a qual não tem caráter de ordem como a do juiz ou do promotor. O nome requisição foi adotado, porque o ato é praticado por uma autoridade da alta cúpula do Poder Executivo.

2.8.3 Notícia crime com força coercitiva ou notícia crime por apresentação

É comunicação de um crime decorrente de uma prisão em flagrante, porque a notícia crime manifesta-se com a simples apresentação do autor do delito à autoridade policial, pela pessoa que realizou a prisão.

2.9 Prazos para conclusão do inquérito policial

O inquérito policial não pode se estender indefinidamente (é temporário), dispondo o Código de Processo Penal e a legislação extravagante acerca dos prazos de sua conclusão.

2.9.1 Regra geral

Como regra geral, para os crimes da atribuição da Polícia Civil estadual, o prazo para a conclusão do inquérito é de 10 dias, estando o indiciado preso (prazo improrrogável), e de 30 dias, se o agente está solto. Este prazo comporta prorrogação, a requerimento do delegado e mediante autorização do juiz (art. 10, CPP), não especificando a lei qual o tempo de prorrogação nem quantas vezes poderá ocorrer, o que nos leva a crer que esta se dá em razão da natureza das diligências necessárias e a complexidade da investigação.

> **Art. 10, CPP** *O inquérito deverá terminar no prazo de 10 dias, se o indiciado tiver sido preso em flagrante, ou estiver preso preventivamente, contado o prazo, nesta hipótese, a partir do dia em que se executar a ordem de prisão, ou no prazo de 30 dias, quando estiver solto, mediante fiança ou sem ela.*

Com o advento da Lei nº 13.964/2019, foi acrescentado o art. 3º-B ao CPP, o qual se encontra no tópico "Juiz das Garantias", passando a dispor, dentre as várias competências do juiz das garantias, a possibilidade de que este possa prorrogar o inquérito policial quando o investigado estiver preso.

> **Art. 3º-B, § 2º, CPP** *Se o investigado estiver preso, o juiz das garantias poderá, mediante representação da autoridade policial e ouvido o Ministério Público, prorrogar, uma única vez, a duração do **inquérito por até 15 (quinze) dias**, após o que, se ainda assim a investigação não for concluída, a prisão será imediatamente relaxada.*

Reprodução simulada do fato

> **Art. 7º, CPP** *Para verificar a possibilidade de haver a infração sido praticada de determinado modo, a autoridade policial poderá proceder à reprodução simulada dos fatos, desde que esta não contrarie a moralidade ou a ordem pública.*

A reprodução simulada do fato é a famosa reconstituição do crime; tem a finalidade de verificar se a infração foi praticada de determinado modo. Nesse caso, o suspeito não é obrigado a contribuir com a diligência, mas é obrigado a comparecer.

Indiciamento

É o ato da autoridade policial que comunica a uma pessoa que ela é a suspeita de ter praticado determinado crime e está sendo investigada em um inquérito policial. O indiciamento não é um ato discricionário, pois se fundamenta nas provas colhidas durante as diligências. Se as provas apontam um suspeito, ele deve ser indiciado; se não apontam, o delegado não pode indiciar ninguém.

> **Art. 2º, § 6º, Lei nº 12.830/2013** *O indiciamento, privativo do delegado de polícia, dar-se-á por ato fundamentado, mediante análise técnico-jurídica do fato, que deverá indicar a autoria, materialidade e suas circunstâncias.*

INQUÉRITO POLICIAL

Procedimento especial no CPP

Art. 13-A, CPP *Nos crimes previstos nos arts. 148, 149 e 149-A, no § 3º do art. 158 e no art. 159 do Decreto-lei nº 2.848, de 7 de dezembro de 1940 (Código Penal), e no art. 239 da Lei nº 8.069, de 13 de julho de 1990 (Estatuto da Criança e do Adolescente), o membro do Ministério Público ou o delegado de polícia poderá requisitar, de quaisquer órgãos do poder público ou de empresas da iniciativa privada, dados e informações cadastrais da vítima ou de suspeitos.*

Parágrafo único. *A requisição, que será atendida no prazo de 24 (vinte e quatro) horas, conterá:*

I – o nome da autoridade requisitante;

II – o número do inquérito policial; e

III – a identificação da unidade de polícia judiciária responsável pela investigação.

Art. 13-B *Se necessário à prevenção e à repressão dos crimes relacionados ao tráfico de pessoas, o membro do Ministério Público ou o delegado de polícia poderão requisitar, mediante autorização judicial, às empresas prestadoras de serviço de telecomunicações e/ou telemática que disponibilizem imediatamente os meios técnicos adequados – como sinais, informações e outros – que permitam a localização da vítima ou dos suspeitos do delito em curso.*

§ 1º Para os efeitos deste artigo, sinal significa posicionamento da estação de cobertura, setorização e intensidade de radiofrequência.

§ 2º Na hipótese de que trata o caput, o sinal:

I – não permitirá acesso ao conteúdo da comunicação de qualquer natureza, que dependerá de autorização judicial, conforme disposto em lei;

II – deverá ser fornecido pela prestadora de telefonia móvel celular por período não superior a 30 (trinta) dias, renovável por uma única vez, por igual período;

III – para períodos superiores àquele de que trata o inciso II, será necessária a apresentação de ordem judicial.

§ 3º Na hipótese prevista neste artigo, o inquérito policial deverá ser instaurado no prazo máximo de 72 (setenta e duas) horas, contado do registro da respectiva ocorrência policial.

§ 4º Não havendo manifestação judicial no prazo de 12 (doze) horas, a autoridade competente requisitará às empresas prestadoras de serviço de telecomunicações e/ou telemática que disponibilizem imediatamente os meios técnicos adequados – como sinais, informações e outros – que permitam a localização da vítima ou dos suspeitos do delito em curso, com imediata comunicação ao juiz.

Final do inquérito policial

O inquérito policial é finalizado com a produção de um documento chamado relatório. Nele, o delegado relatará as diligências realizadas.

O delegado não deve emitir opinião no relatório – ressalva feita à Lei nº 11.343/2006 (Lei de Drogas), prevendo que, na elaboração do relatório, a autoridade policial deva justificar as razões que a levaram à classificação do delito (art. 52).

Após a confecção do relatório, o IP estará concluído.

Destino dos autos do inquérito policial

Os autos do inquérito, integrados ao relatório, serão remetidos ao Judiciário (art. 10, § 1º, CPP), para que sejam acessados pelo titular da ação penal.

Art. 10, § 1º, CPP *A autoridade fará minucioso relatório do que tiver sido apurado e enviará autos ao juiz competente.*

Arquivamento do inquérito

Art. 28, CPP *Ordenado o arquivamento do inquérito policial ou de quaisquer elementos informativos da mesma natureza, o órgão do Ministério Público comunicará à vítima, ao investigado e à autoridade policial e encaminhará os autos para a instância de revisão ministerial para fins de homologação, na forma da lei. (Redação dada pela Lei nº 13.964/2019)*

Ordenado o arquivamento do IP, o membro do Ministério Público comunicará à vítima, ao investigado e à autoridade policial, devendo, ainda, encaminhar os autos para a instância de revisão ministerial para fins de homologação.

Assim, atualmente, o controle do arquivamento é feito pelo próprio órgão ministerial (MP) e não mais pelo juiz.

Efeitos do arquivamento do inquérito policial

Arquivado o inquérito policial, por despacho do juiz, a requerimento do promotor de Justiça, não pode a ação penal ser iniciada sem novas provas (Súmula nº 524 – STF). Assim, o arquivamento do IP veda o oferecimento da denúncia para a promoção da ação penal, mas tal vedação não é absoluta, pois, se surgirem novas provas, a acusação poderá ser oferecida e ser iniciada a ação penal.

Art. 18, CPP *Depois de ordenado o arquivamento do inquérito pela autoridade judiciária, por falta de base para a denúncia, a autoridade policial poderá proceder a novas pesquisas, se de outras provas tiver notícia.*

584

DIREITO PROCESSUAL PENAL

3 AÇÃO PENAL

A ação penal é o início para todo o processo penal.

3.1 Condições da ação penal

Possibilidade jurídica do pedido

Para atender a essa condição, a ação penal precisa apenas ter sido ajuizada com base em conduta que demonstre fato típico.

Essa conduta típica se mostra quando cumprido o requisito da possibilidade jurídica do pedido.

Interesse de agir

No Processo Penal, a lide tem, **obrigatoriamente**, que ser resolvida pelas vias judiciárias. Assim, o titular da ação penal deverá provocar o Judiciário.

O interesse de agir, no Processo Penal, está muito ligado à utilização da via correta para dar andamento na lide.

Legitimidade *ad causam*

Trata-se de quem é pertinente para estar em determinado polo da demanda. O Ministério Público, por exemplo, deve estar no polo ativo no caso de denúncia de crimes hediondos, assim como o réu deve estar em polo passivo no processo.

3.2 Espécies de ação penal

Pública

▷ Incondicionada;
▷ Condicionada:
  - Representação ofendido;
  - Requisição Ministro da Justiça.

Privada

▷ Exclusiva;
▷ Personalíssima;
▷ Subsidiária da Pública;

3.3 Ação penal incondicionada

É a regra em nosso ordenamento processual penal. A titularidade é do Ministério Público de forma privativa, ou seja, somente ele possui o poder postulatório como pressuposto processual para a provocação do Poder Judiciário.

Há, no entanto, exceções a essa titularidade:

▷ Nesse caso, a lei deverá determinar se é **ação penal pública condicionada** ou **ação penal privada**;

▷ Nos casos em que o crime praticado atenta contra patrimônio ou interesse da União, estados e municípios, a ação penal **será sempre pública**.

> *Art. 24, CPP Nos crimes de ação pública, esta será promovida por denúncia do Ministério Público, mas dependerá, quando a lei o exigir, de requisição do Ministro da Justiça, ou de representação do ofendido ou de quem tiver qualidade para representá-lo. [...]*
>
> *§ 2º Seja qual for o crime, quando praticado em detrimento do patrimônio ou interesse da União, Estado e Município, a ação penal será pública.*

3.4 Princípios que regem a ação penal incondicionada

Obrigatoriedade

Se houver todos os indícios da materialidade do fato (delito), o MP **deverá** oferecer a denúncia.

Exceção: nos juizados especiais, já que nesses casos o titular da ação e o infrator transacionam de forma que não haja o ajuizamento da demanda.

Indisponibilidade

Após ter sido ajuizada a ação penal pública, seu titular **não poderá desistir ou transigir**.

O MP **não** poderá desistir da ação penal.

> *Art. 42, CPP O Ministério Público não poderá desistir da ação penal.*

Oficialidade

A ação penal pública **deverá** ser ajuizada por um órgão oficial. Se passado o prazo legal para ajuizamento da ação e o MP não o tiver feito, a lei prevê que o ofendido poderá promover a ação penal privada subsidiária da pública.

Durante o **prazo legal**, a ação penal pública é **exclusiva do MP**. O prazo legal para que o ofendido possa ajuizar a ação penal privada subsidiária da pública é de **6 meses**. Após este prazo, caso o ofendido não tenha ajuizado a ação, **a legitimidade volta a ser do MP, exclusivamente**, desde que não tenha sido extinta a punibilidade.

Divisibilidade

Caso haja **mais de 1 infrator**, o MP pode ajuizar a demanda apenas a um ou alguns deles, podendo deixar os demais para a demanda posterior. O MP **não** está obrigado a oferecer a denúncia sempre que uma investigação criminal for instaurada. Há casos em que o inquérito policial será arquivado.

> *Art. 28, CPP Ordenado o arquivamento do inquérito policial ou de quaisquer elementos informativos da mesma natureza, o órgão do Ministério Público comunicará à vítima, ao investigado e à autoridade policial e encaminhará os autos para a instância de revisão ministerial para fins de homologação, na forma da lei.*

3.5 Ação penal pública condicionada

Nesse caso, para que o MP possa ser o titular da ação penal e exercer de forma legítima tal direito, deverá estar presente o critério de **procedibilidade**, que nada mais é do que a requisição do ministro da Justiça ou, ainda, a representação do ofendido.

Nos casos de requisição do Ministro da Justiça, bem como do condicionamento à representação do ofendido, a representação admite retratação, desde que feita até o momento do oferecimento da denúncia.

No caso em que for ajuizada a ação penal sem a representação, tal nulidade poderá ser sanada se a vítima a apresentar em juízo dentro do prazo de 6 meses – já mencionado anteriormente.

A representação **não poderá ser dividida no que diz respeito aos autores do fato**. Mesmo não podendo haver fracionamento da representação, nada impede o MP de denunciar apenas um infrator por vez, de acordo como o que vimos no processo de divisibilidade.

Ofendido menor ou incapaz

Representante legal tem legitimidade.

Não tem representante legal?

Interesses colidem com os do representante?

▷ Juiz deverá nomear curador (art. 33, CPP);
▷ Tal curador não está obrigado a oferecer representação, apenas a analisar o que é bom ou não para o ofendido.

Prazo para representação: **6 meses**, a contar da data em que se é conhecido o autor do delito.

Representação poderá ser feita perante:

▷ MP;
▷ Autoridade policial;
▷ Juiz.

AÇÃO PENAL

Nos casos de ação penal pública condicionada à requisição do ministro da Justiça:

▷ Apenas para determinados crimes;

▷ **Não** há prazo decadencial para o oferecimento da requisição, desde que não esteja extinta a punibilidade do crime em questão.

3.6 Ação penal privada exclusiva

A vontade do ofendido em oferecer ou não a denúncia se sobrepõe ao interesse público.

Princípios

▷ **Oportunidade:** o ofendido ou demais legitimados poderão avaliar se darão ou não início ao processo, levando em consideração a **conveniência do ajuizamento da ação.**

▷ **Disponibilidade:** o ofendido (titular) pode desistir da ação penal.

▷ **Indivisibilidade:** não será possível fracionar a ação penal no que diz respeito aos infratores.

> *Art. 48, CPP A queixa contra qualquer dos autores do crime obrigará ao processo de todos, e o Ministério Público velará pela sua indivisibilidade.*
>
> *Art. 49 A renúncia ao exercício do direito de queixa, em relação a um dos autores do crime, a todos se estenderá.*

Prazo decadencial: **6 meses** contados a partir do momento em que o ofendido fica ciente de quem foi o infrator.

A queixa poderá ser oferecida:

▷ Pessoalmente;

▷ Por procurador com poderes especiais.

Ofendido faleceu. Quem pode ajuizar a ação penal?

▷ Cônjuge;

▷ Ascendente;

▷ Descendente;

▷ Irmão.

A ordem acima deverá ser respeitada.

Início do prazo para os legitimados

▷ **Ação penal já ajuizada:** prazo de **60 dias** para prosseguir na ação.

▷ **Ação penal ainda não ajuizada:** prazo se inicia com o óbito do ofendido.

▷ **Exceção:** ainda não era sabido o provável infrator.

3.7 Ação penal privada subsidiária da pública

Trata-se do caso em que a ação penal é pública, no entanto, por inércia do MP, é concedido por lei o direito de ajuizar a ação ao ofendido.

> *Art. 29, CPP Será admitida ação privada nos crimes de ação pública, se esta não for intentada no prazo legal, cabendo ao Ministério Público aditar a queixa, repudiá-la e oferecer denúncia substitutiva, intervir em todos os termos do processo, fornecer elementos de prova, interpor recurso e, a todo tempo, no caso de negligência do querelante, retomar a ação como parte principal.*

O ofendido terá o prazo de **6 meses** para oferecer a denúncia, que começa a correr a partir de findo o prazo para que o MP a ofereça.

> *Art. 38, CPP Salvo disposição em contrário, o ofendido, ou seu representante legal, decairá no direito de queixa ou de representação, se não o exercer dentro do prazo de seis meses, contado do dia em que vier a saber quem é o autor do crime, ou, no caso do art. 29 do dia em que se esgotar o prazo para o oferecimento da denúncia.*

Iniciado tal prazo para o ofendido, tanto ele quanto o MP têm legitimidade para oferecer a denúncia. Findo o prazo de **6 meses,** o ofendido perde o direito de ajuizar a ação penal, retornando tal direito exclusivamente para o MP.

Na ação penal privada subsidiária da pública, o MP atua como fiscal da lei, porém com atribuições mais amplas.

Nesses casos, o MP pode:

▷ **Aditar a queixa:** pode se referir a diversos aspectos (inclusão de réus, por exemplo).

▷ **Repudiar a queixa:** somente poderá fazê-lo quando alegar que não houve inércia.

▷ **Retomar a ação como parte principal:** o ofendido deixa à desejar na forma como conduz a causa e o MP retoma a ação como parte principal.

3.8 Ação penal personalíssima

Tipo de ação penal personalíssima exclusiva, na qual apenas o ofendido pode ajuizar a ação.

Caso o ofendido venha a falecer, não há a hipótese de estender a legitimidade aos sucessores.

Se o ofendido for menor, não há a possibilidade de o representante ajuizar a demanda.

3.9 Denúncia e queixa

Elementos

▷ **Exposição do fato criminoso:** a inicial deverá expor de forma detalhada o fato criminoso.

▷ **Qualificação do acusado:** a inicial deverá conter a qualificação do acusado. Caso não haja qualificação suficiente, deverão ser indicados elementos que tornem possível a identificação (tatuagem, marcas no corpo, características físicas).

▷ **Tipificação do delito:** deverá indicar qual dispositivo legal o acusado violou. Não é elemento indispensável.

▷ **Rol de testemunhas:** a inicial deverá conter o rol de testemunhas, caso haja.

▷ **Endereçamento:** a peça acusatória deverá ser endereçada ao juiz competente para apreciação do caso. O endereçamento errado não invalidará a peça.

▷ **Redação em vernáculo:** todos os atos processuais deverão ser redigidos em língua portuguesa.

▷ **Subscrição:** a inicial deverá ser assinada pelo membro do MP ou advogado querelante, quando for o caso.

3.10 Acordo de não persecução penal

Trata-se de uma espécie de transação, entre o MP e o suposto infrator, em que há uma transação penal buscando evitar o ajuizamento da ação.

> *Art. 28-A, CPP Não sendo caso de arquivamento e tendo o investigado confessado formal e circunstancialmente a prática de infração penal sem violência ou grave ameaça e com pena mínima inferior a 4 (quatro) anos, o Ministério Público poderá propor acordo de não persecução penal, desde que necessário e suficiente para reprovação e prevenção do crime, **mediante as seguintes condições ajustadas cumulativa e alternativamente:***
>
> *I – **reparar o dano ou restituir a coisa à vítima,** exceto na impossibilidade de fazê-lo;*
>
> *II – **renunciar voluntariamente a bens e direitos indicados pelo Ministério Público** como instrumentos, produto ou proveito do crime;*
>
> *III – **prestar serviço à comunidade ou a entidades públicas por período correspondente à pena mínima** cominada ao delito diminuída de um a dois terços, em local a ser indicado pelo juízo da execução, na forma do art. 46 do Decreto-lei nº 2.848, de 7 de dezembro de 1940 (Código Penal);*
>
> *IV – **pagar prestação pecuniária,** a ser estipulada nos termos do art. 45 do Decreto-lei nº 2.848, de 7 de dezembro de 1940 (Código Penal), a entidade pública ou de interesse social, a ser indicada pelo juízo da execução, que tenha, preferencialmente, como função proteger bens jurídicos iguais ou semelhantes aos aparentemente lesados pelo delito; ou*
>
> *V – **cumprir, por prazo determinado, outra condição indicada pelo Ministério Público,** desde que proporcional e compatível com a infração penal imputada.*

DIREITO PROCESSUAL PENAL

§ 1º Para aferição da pena mínima cominada ao delito a que se refere o caput deste artigo, serão consideradas as causas de aumento e diminuição aplicáveis ao caso concreto.

§ 2º O disposto no caput deste artigo não se aplica nas seguintes hipóteses:

I – se for cabível transação penal de competência dos Juizados Especiais Criminais, nos termos da lei;

II – se o investigado for reincidente ou se houver elementos probatórios que indiquem conduta criminal habitual, reiterada ou profissional, exceto se insignificantes as infrações penais pretéritas;

III – ter sido o agente beneficiado nos 5 anos anteriores ao cometimento da infração, em acordo de não persecução penal, transação penal ou suspensão condicional do processo; e

IV – nos crimes praticados no âmbito de violência doméstica ou familiar, ou praticados contra a mulher por razões da condição de sexo feminino, em favor do agressor.

§ 3º O acordo de não persecução penal será formalizado por escrito e será firmado pelo membro do Ministério Público, pelo investigado e por seu defensor.

§ 4º Para a homologação do acordo de não persecução penal, será realizada audiência na qual o juiz deverá verificar a sua voluntariedade, por meio da oitiva do investigado na presença do seu defensor, e sua legalidade.

§ 5º Se o juiz considerar inadequadas, insuficientes ou abusivas as condições dispostas no acordo de não persecução penal, devolverá os autos ao Ministério Público para que seja reformulada a proposta de acordo, com concordância do investigado e seu defensor.

§ 6º Homologado judicialmente o acordo de não persecução penal, o juiz devolverá os autos ao Ministério Público para que inicie sua execução perante o juízo de execução penal.

§ 7º O juiz poderá recusar homologação à proposta que não atender aos requisitos legais ou quando não for realizada a adequação a que se refere o § 5º deste artigo.

§ 8º Recusada a homologação, o juiz devolverá os autos ao Ministério Público para a análise da necessidade de complementação das investigações ou o oferecimento da denúncia.

§ 9º A vítima será intimada da homologação do acordo de não persecução penal e de seu descumprimento.

§ 10 Descumpridas quaisquer das condições estipuladas no acordo de não persecução penal, o Ministério Público deverá comunicar ao juízo, para fins de sua rescisão e posterior oferecimento de denúncia.

§ 11 O descumprimento do acordo de não persecução penal pelo investigado também poderá ser utilizado pelo Ministério Público como justificativa para o eventual não oferecimento de suspensão condicional do processo.

§ 12 A celebração e o cumprimento do acordo de não persecução penal não constarão de certidão de antecedentes criminais, exceto para os fins previstos no inciso III do § 2º deste artigo.

§ 13 Cumprido integralmente o acordo de não persecução penal, o juízo competente decretará a extinção de punibilidade.

§ 14 No caso de recusa, por parte do Ministério Público, em propor o acordo de não persecução penal, o investigado poderá requerer a remessa dos autos a órgão superior, na forma do art. 28 deste Código.

Pressupostos para proposição

▷ Infração penal;

▷ Sem violência ou grave ameaça;

▷ Pena **mínima inferior a 4 anos;**

▷ Acordo suficiente e necessário para prevenção do crime.

3.11 Da ação penal

Art. 24, CPP *Nos crimes de* **ação pública,** *esta* **será promovida por denúncia do Ministério Público,** *mas dependerá, quando a lei o exigir, de requisição do Ministro da Justiça, ou de representação do ofendido ou de quem tiver qualidade para representá-lo.*

§ 1º No **caso de morte do ofendido ou quando declarado ausente por decisão judicial,** *o* **direito de representação** *passará ao* **cônjuge, ascendente, descendente ou irmão.**

§ 2º Seja qual for o **crime,** *quando* **praticado em detrimento do patrimônio** *ou* **interesse da União, Estado e Município,** *a* **ação penal será pública.**

Art. 25 *A representação será irretratável, depois de oferecida a denúncia.*

Art. 26 *A ação penal, nas contravenções, será iniciada com o auto de prisão em flagrante ou por meio de portaria expedida pela autoridade judiciária ou policial.*

Art. 27 *Qualquer pessoa do povo poderá provocar a iniciativa do Ministério Público, nos casos em que caiba a ação pública, fornecendo-lhe, por escrito, informações sobre o fato e a autoria e indicando o tempo, o lugar e os elementos de convicção.*

Art. 28 *Ordenado o arquivamento do inquérito policial ou de quaisquer elementos informativos da mesma natureza, o órgão do Ministério Público comunicará à vítima, ao investigado e à autoridade policial e encaminhará os autos para a instância de revisão ministerial para fins de homologação, na forma da lei.*

§ 1º Se a vítima, ou seu representante legal, não concordar com o arquivamento do inquérito policial, poderá, no prazo de 30 dias do recebimento da comunicação, submeter a matéria à revisão da instância competente do órgão ministerial, conforme dispuser a respectiva lei orgânica.

§ 2º Nas ações penais relativas a crimes praticados em detrimento da União, Estados e Municípios, a revisão do arquivamento do inquérito policial poderá ser provocada pela chefia do órgão a quem couber a sua representação judicial.

Art. 28-A *Não sendo caso de arquivamento e tendo o investigado confessado formal e circunstancialmente a prática de infração penal sem violência ou grave ameaça e com pena mínima inferior a* **4 anos,** *o Ministério Público poderá propor acordo de não persecução penal, desde que necessário e suficiente para reprovação e prevenção do crime, mediante as seguintes condições ajustadas cumulativa e alternativamente:*

I – **reparar o dano** *ou restituir a coisa à vítima, exceto na impossibilidade de fazê-lo;*

II – **renunciar voluntariamente** *a bens e direitos indicados pelo Ministério Público como instrumentos, produto ou proveito do crime;*

III – **prestar serviço à comunidade** *ou a entidades públicas por período correspondente à pena mínima cominada ao delito diminuída de um a dois terços, em local a ser indicado pelo juízo da execução, na forma do art. 46 do Decreto-lei nº 2.848, de 7 de dezembro de 1940 (Código Penal);*

IV – **pagar prestação pecuniária,** *a ser estipulada nos termos do art. 45 do Decreto-lei nº 2.848, de 7 de dezembro de 1940 (Código Penal), a entidade pública ou de interesse social, a ser indicada pelo juízo da execução, que tenha, preferencialmente, como função proteger bens jurídicos iguais ou semelhantes aos aparentemente lesados pelo delito; ou*

V – **cumprir, por prazo determinado, outra condição indicada pelo Ministério Público,** *desde que proporcional e compatível com a infração penal imputada.*

§ 1º Para aferição da pena mínima cominada ao delito a que se refere o caput deste artigo, serão consideradas as causas de aumento e diminuição aplicáveis ao caso concreto.

§ 2º O disposto no caput deste artigo não se aplica nas seguintes hipóteses:

I – se for cabível transação penal de competência dos Juizados Especiais Criminais, nos termos da lei;

II – se o investigado for reincidente ou se houver elementos probatórios que indiquem conduta criminal habitual, reiterada ou profissional, exceto se insignificantes as infrações penais pretéritas;

III – ter sido o agente beneficiado nos **5 anos** *anteriores ao cometimento da infração, em acordo de não persecução penal, transação penal ou suspensão condicional do processo; e*

IV – nos crimes praticados no âmbito de violência doméstica ou familiar, ou praticados contra a mulher por razões da condição de sexo feminino, em favor do agressor.

AÇÃO PENAL

§ 3º O acordo de não persecução penal será formalizado por escrito e será firmado pelo membro do Ministério Público, pelo investigado e por seu defensor.

§ 4º Para a homologação do acordo de não persecução penal, será realizada audiência na qual o juiz deverá verificar a sua voluntariedade, por meio da oitiva do investigado na presença do seu defensor, e sua legalidade.

§ 5º Se o juiz considerar inadequadas, insuficientes ou abusivas as condições dispostas no acordo de não persecução penal, devolverá os autos ao Ministério Público para que seja reformulada a proposta de acordo, com concordância do investigado e seu defensor.

§ 6º Homologado judicialmente o acordo de não persecução penal, o juiz devolverá os autos ao Ministério Público para que inicie sua execução perante o juízo de execução penal.

§ 7º O juiz poderá recusar homologação à proposta que não atender aos requisitos legais ou quando não for realizada a adequação a que se refere o § 5º deste artigo.

§ 8º Recusada a homologação, o juiz devolverá os autos ao Ministério Público para a análise da necessidade de complementação das investigações ou o oferecimento da denúncia.

§ 9º A vítima será intimada da homologação do acordo de não persecução penal e de seu descumprimento.

§ 10 Descumpridas quaisquer das condições estipuladas no acordo de não persecução penal, o Ministério Público deverá comunicar ao juízo, para fins de sua rescisão e posterior oferecimento de denúncia.

§ 11 O descumprimento do acordo de não persecução penal pelo investigado também poderá ser utilizado pelo Ministério Público como justificativa para o eventual não oferecimento de suspensão condicional do processo.

§ 12 A celebração e o cumprimento do acordo de não persecução penal não constarão de certidão de antecedentes criminais, exceto para os fins previstos no inciso III do § 2º deste artigo

§ 13 Cumprido integralmente o acordo de não persecução penal, o juízo competente decretará a extinção de punibilidade.

§ 14 No caso de recusa, por parte do Ministério Público, em propor o acordo de não persecução penal, o investigado poderá requerer a remessa dos autos a órgão superior, na forma do art. 28 deste Código.

Art. 29 Será admitida ação privada nos crimes de ação pública, se esta não for intentada no prazo legal, cabendo ao Ministério Público aditar a queixa, repudiá-la e oferecer denúncia substitutiva, intervir em todos os termos do processo, fornecer elementos de prova, interpor recurso e, a todo tempo, no caso de negligência do querelante, retomar a ação como parte principal.

Art. 30 Ao ofendido ou a quem tenha qualidade para representá-lo caberá intentar a **ação privada**.

Art. 31 No caso de morte do ofendido ou quando declarado ausente por decisão judicial, o direito de oferecer queixa ou prosseguir na ação passará ao cônjuge, ascendente, descendente ou irmão.

Art. 32 Nos crimes de ação privada, o juiz, a requerimento da parte que comprovar a sua pobreza, nomeará advogado para promover a ação penal.

§ 1º Considerar-se-á pobre a pessoa que não puder prover às despesas do processo, sem privar-se dos recursos indispensáveis ao próprio sustento ou da família.

§ 2º Será prova suficiente de pobreza o atestado da autoridade policial em cuja circunscrição residir o ofendido.

Art. 33 Se o ofendido for **menor de 18 anos**, ou **mentalmente enfermo**, ou **retardado mental**, e não tiver representante legal, ou colidirem os interesses deste com os daquele, o direito de queixa poderá ser exercido por curador especial, nomeado, de ofício ou a requerimento do Ministério Público, pelo juiz competente para o processo penal.

Art. 34 Se o ofendido for **menor de 21 e maior de 18 anos**, o direito de queixa poderá ser exercido por ele ou por seu representante legal.

Art. 36 Se comparecer mais de uma pessoa com direito de queixa, terá preferência o cônjuge, e, em seguida, o parente mais próximo na ordem de enumeração constante do art. 31. Podendo, entretanto, qualquer delas prosseguir na ação, caso o querelante desista da instância ou a abandone.

Art. 37 As fundações, associações ou sociedades legalmente constituídas poderão exercer a ação penal, devendo ser representadas por quem os respectivos contratos ou estatutos designarem ou, no silêncio destes, pelos seus diretores ou sócios-gerentes.

Art. 38 Salvo disposição em contrário, o ofendido, ou seu representante legal, decairá no direito de queixa ou de representação, se não o exercer dentro do prazo de seis meses, contado do dia em que vier a saber quem é o autor do crime, ou, no caso do art. 29 de ia em que se esgotar o prazo para o oferecimento da denúncia.

Parágrafo único. Verificar-se-á a decadência do direito de queixa ou representação, dentro do mesmo prazo, nos casos dos arts. 24, parágrafo único, e 31.

Art. 39 O direito de representação poderá ser exercido, pessoalmente ou por procurador com poderes especiais, mediante declaração, escrita ou oral, feita ao juiz, ao órgão do Ministério Público, ou à autoridade policial.

§ 1º A representação feita oralmente ou por escrito, sem assinatura devidamente autenticada do ofendido, de seu representante legal ou procurador, será reduzida a termo, perante o juiz ou autoridade policial, presente o órgão do Ministério Público, quando a este houver sido dirigida.

§ 2º A representação conterá todas as informações que possam servir à apuração do fato e da autoria.

§ 3º Oferecida ou reduzida a termo a representação, a autoridade policial procederá a inquérito, ou, não sendo competente, remetê-lo-á à autoridade que o for.

§ 4º A representação, quando feita ao juiz ou perante este reduzida a termo, será remetida à autoridade policial para que esta proceda a inquérito.

§ 5º O órgão do Ministério Público dispensará o inquérito, se com a representação forem oferecidos elementos que o habilitem a promover a ação penal, e, neste caso, oferecerá a denúncia no prazo de quinze dias.

Art. 40 Quando, em autos ou papéis de que conhecerem, os juízes ou tribunais verificarem a existência de crime de ação pública, remeterão ao Ministério Público as cópias e os documentos necessários ao oferecimento da denúncia.

Art. 41 A denúncia ou queixa conterá a exposição do fato criminoso, com todas as suas circunstâncias, a qualificação do acusado ou esclarecimentos pelos quais se possa identificá-lo, a classificação do crime e, quando necessário, o rol das testemunhas.

Art. 42 O Ministério Público não poderá desistir da ação penal.

Art. 43. (Revogado pela Lei nº 11.719/2008).

Art. 44 A queixa poderá ser dada por procurador com poderes especiais, devendo constar do instrumento do mandato o nome do querelante e a menção do fato criminoso, salvo quando tais esclarecimentos dependerem de diligências que devem ser previamente requeridas no juízo criminal.

Art. 45 A queixa, ainda quando a ação penal for privativa do ofendido, poderá ser aditada pelo Ministério Público, a quem caberá intervir em todos os termos subsequentes do processo.

Art. 46 O prazo para oferecimento da denúncia, estando o réu preso, será de **5 dias**, contado da data em que o órgão do Ministério Público receber os autos do inquérito policial, e de **15 dias**, se o réu estiver solto ou afiançado. No último caso, se houver devolução do inquérito à autoridade policial (art. 16), contar-se-á o prazo da data em que o órgão do Ministério Público receber novamente os autos.

§ 1º Quando o Ministério Público dispensar o inquérito policial, o prazo para o oferecimento da denúncia contar-se-á da data em que tiver recebido as peças de informações ou a representação

§ 2º O prazo para o aditamento da queixa será de **3 dias**, contado da data em que o órgão do Ministério Público receber os autos, e, se este não se pronunciar dentro do tríduo, entender-se-á que não tem o que aditar, prosseguindo-se nos demais termos do processo.

Art. 47 Se o Ministério Público julgar necessários maiores esclarecimentos e documentos complementares ou novos elementos de convicção, deverá requisitá-los, diretamente, de quaisquer autoridades ou funcionários que devam ou possam fornecê-los.

Art. 48 A queixa contra qualquer dos autores do crime obrigará ao processo de todos, e o Ministério Público velará pela sua indivisibilidade.

DIREITO PROCESSUAL PENAL

Art. 49 *A renúncia ao exercício do direito de queixa, em relação a um dos autores do crime, a todos se estenderá.*

Art. 50 *A renúncia expressa constará de declaração assinada pelo ofendido, por seu representante legal ou procurador com poderes especiais.*

Parágrafo único. *A renúncia do representante legal do menor que houver completado 18 (dezoito) anos não privará este do direito de queixa, nem a renúncia do último excluirá o direito do primeiro.*

Art. 51 *O perdão concedido a um dos querelados aproveitará a todos, sem que produza, todavia, efeito em relação ao que o recusar.*

Art. 52 *Se o querelante for **menor de 21 e maior de 18 anos**, o direito de perdão poderá ser exercido por ele ou por seu representante legal, mas o perdão concedido por um, havendo oposição do outro, não produzirá efeito.*

Art. 53 *Se o querelado for mentalmente enfermo ou retardado mental e não tiver representante legal, ou colidirem os interesses deste com os do querelado, a aceitação do perdão caberá ao curador que o juiz lhe nomear.*

Art. 54 *Se o querelado for **menor de 21 anos**, observar-se-á, quanto à aceitação do perdão, o disposto no art. 52.*

Art. 55 *O perdão poderá ser aceito por procurador com poderes especiais.*

Art. 56 *Aplicar-se-á ao perdão extraprocessual expresso o disposto no art. 50.*

Art. 57 *A renúncia tácita e o perdão tácito admitirão todos os meios de prova.*

Art. 58 *Concedido o perdão, mediante declaração expressa nos autos, o querelado será intimado a dizer, dentro de três dias, se o aceita, devendo, ao mesmo tempo, ser cientificado de que o seu silêncio importará aceitação.*

Parágrafo único. Aceito o perdão, o juiz julgará extinta a punibilidade.

Art. 59 *A aceitação do perdão fora do processo constará de declaração assinada pelo querelado, por seu representante legal ou procurador com poderes especiais.*

Art. 60 *Nos casos em que somente se procede mediante queixa, considerar-se-á perempta a ação penal:*

*I – quando, iniciada esta, o querelante deixar de promover o andamento do processo durante **30 dias** seguidos;*

*II – quando, falecendo o querelante, ou sobrevindo sua incapacidade, não comparecer em juízo, para prosseguir no processo, dentro do prazo de **60 dias**, qualquer das pessoas a quem couber fazê-lo, ressalvado o disposto no art. 36;*

III – quando o querelante deixar de comparecer, sem motivo justificado, a qualquer ato do processo a que deva estar presente, ou deixar de formular o pedido de condenação nas alegações finais;

IV – quando, sendo o querelante pessoa jurídica, esta se extinguir sem deixar sucessor.

Art. 61 *Em qualquer fase do processo, o juiz, se reconhecer extinta a punibilidade, deverá declará-lo de ofício.*

Parágrafo único. *No caso de requerimento do Ministério Público, do querelante ou do réu, o juiz mandará autuá-lo em apartado, ouvirá a parte contrária e, se o julgar conveniente, concederá o prazo de cinco dias para a prova, proferindo a decisão dentro de cinco dias ou reservando-se para apreciar a matéria na sentença final.*

Art. 62 *No caso de morte do acusado, o juiz somente à vista da certidão de óbito, e depois de ouvido o Ministério Público, declarará extinta a punibilidade.*

JURISDIÇÃO

4 JURISDIÇÃO

A função jurisdicional cabe ao Poder Judiciário. Significa "dizer o Direito" e pode ser conceituada como a atuação do Estado na aplicação do Direito.

A jurisdição tem como finalidade trazer a paz social. Já como finalidade jurídica, ela precisa dizer quem tem o direito no caso concreto. Além dessas, tem ainda como finalidade política fortalecer a imagem do Estado como entidade soberana.

4.1 Características da jurisdição

4.1.1 Inércia

Significa que o Estado só pode se movimentar se for provocado, ou seja, se a parte interessada vai até ele alegar seu direito prejudicado.

Exceção: em alguns casos, o juiz pode, de ofício, dar andamento em determinada ação por exemplo, conceder *habeas corpus*.

> *Art. 654, § 2º, CPP Os juízes e os tribunais têm competência para expedir de ofício ordem de habeas corpus, quando no curso de processo verificarem que alguém sofre ou está na iminência de sofrer coação ilegal.*

Por que a jurisdição é inerte?

▷ Um conflito jurídico nem sempre será um conflito social;
▷ Se o juiz dá início ao processo, entende-se que este já se posicionou de um lado do processo e isso fere a **imparcialidade do juiz**.

Após a "provocação" do judiciário, o processo segue seu curso por impulso oficial.

4.1.2 Caráter substitutivo

A vontade do Estado (lei) substitui a vontade das partes.

Exceção: quando a vontade do Estado e das partes coincidirem, a vontade do Estado não substituirá a das partes.

4.1.3 Definitividade

Ocorre porque, em algum momento do processo, a decisão tomada pelo juiz será **imodificável, definitiva**.

Ocorre se a demanda for analisada no mérito.

No caso de sentença condenatória, por permitir **a qualquer tempo a revisão criminal**, entende-se que não faz coisa julgada material.

4.2 Princípios da jurisdição

4.2.1 Investidura

É preciso estar investido no poder jurisdicional.

O Estado delega esse poder a seus agentes.

Ocorre por meio da posse no cargo de magistrado:
▷ Concurso (art. 93, I, CF/1988);
▷ 5º Constitucional (art. 94, CF/1988).

4.2.2 Indelegabilidade

Os investidos no poder jurisdicional não podem delegar seus cargos a terceiros.

O Poder Judiciário não pode delegar a outro Poder ou a outros órgãos.

Um órgão jurisdicional não pode delegar sua função a outro após fixadas as regras de competência para o julgamento de um processo.

4.3 Inevitabilidade da jurisdição

▷ **Vinculação obrigatória ao processo:** após iniciado o processo, as partes estão vinculadas a ele.
▷ **Vinculação obrigatória aos efeitos da jurisdição:** os sujeitos, após vinculados ao processo, estão obrigados a suportar a tutela jurisdicional.

4.4 Inafastabilidade da jurisdição

> *Art. 5º, XXXV, CF/1988 A lei não excluirá da apreciação do Poder Judiciário lesão ou ameaça a direito;*

Possui duas perspectivas:
▷ Todo cidadão tem o direito de levar uma demanda à apreciação do Poder Público;
▷ O processo deve garantir justiça ao cidadão.

4.4.1 Princípio do juiz natural

A parte não pode escolher o juiz que julgará sua causa.

4.4.2 Territorialidade

Todo juiz possui jurisdição em todo o território nacional, no entanto, sua competência funcional é delimitada de várias formas.

DIREITO PROCESSUAL PENAL

5 COMPETÊNCIA

A competência é o limite da jurisdição ou, ainda, o conjunto de regras que estabelecem os limites em que cada juiz pode exercer seu poder jurisdicional.

Divide-se em três ordens:
- **Competência em razão da matéria:** com base no fator a ser julgado.
- **Competência em razão da pessoa:** tem como base as pessoas que se encontram no polo passivo do processo.
- **Competência territorial:** usa como base definidora da competência o local onde a infração ocorreu.

> **Art. 69, CPP** *Determinará a competência jurisdicional:*
> *I – o lugar da infração:*
> *II – o domicílio ou residência do réu;*
> *III – a natureza da infração;*
> *IV – a distribuição;*
> *V – a conexão ou continência;*
> *VI – a prevenção;*
> *VII – a prerrogativa de função.*

De acordo com a doutrina, apenas o três primeiros são critérios verdadeiros para a fixação de competência no âmbito criminal. Os demais são a consolidação da competência.

5.1 Competência em razão da matéria

- Justiça especializada:
  - Justiça Militar;
  - Justiça Eleitoral.
- Justiça comum:
  - Justiça federal;
  - Justiça estadual.

As justiças eleitoral e militar julgam apenas os crimes militares e eleitorais. E quanto à justiça federal e estadual? Para saber quais serão casos da justiça comum federal, preste atenção ao art. 109 da CF/1988:

> **Art. 109, CF/1988** *Aos juízes federais compete processar e julgar:*
> *I – as causas em que a União, entidade autárquica ou empresa pública federal forem interessadas na condição de autoras, rés, assistentes ou oponentes, exceto as de falência, as de acidentes de trabalho e as sujeitas à Justiça Eleitoral e à Justiça do Trabalho;*
> *II – as causas entre Estado estrangeiro ou organismo internacional e Município ou pessoa domiciliada ou residente no País;*
> *III – as causas fundadas em tratado ou contrato da União com Estado estrangeiro ou organismo internacional;*
> *IV – os crimes políticos e as infrações penais praticadas em detrimento de bens, serviços ou interesse da União ou de suas entidades autárquicas ou empresas públicas, excluídas as contravenções e ressalvada a competência da Justiça Militar e da Justiça Eleitoral;*
> *V – os crimes previstos em tratado ou convenção internacional, quando, iniciada a execução no País, o resultado tenha ou devesse ter ocorrido no estrangeiro, ou reciprocamente;*
> *V-A – as causas relativas a direitos humanos a que se refere o § 5º deste artigo;*
> *VI – os crimes contra a organização do trabalho e, nos casos determinados por lei, contra o sistema financeiro e a ordem econômico-financeira;*
> *VII – os habeas corpus, em matéria criminal de sua competência ou quando o constrangimento provier de autoridade cujos atos não estejam diretamente sujeitos a outra jurisdição;*
> *VIII – os mandados de segurança e os habeas data contra ato de autoridade federal, excetuados os casos de competência dos tribunais federais;*
> *IX – os crimes cometidos a bordo de navios ou aeronaves, ressalvada a competência da Justiça Militar;*
> *X – os crimes de ingresso ou permanência irregular de estrangeiro, a execução de carta rogatória, após o "exequatur", e de sentença estrangeira, após a homologação, as causas referentes à nacionalidade, inclusive a respectiva opção, e à naturalização;*
> *XI – a disputa sobre direitos indígenas.*
> *§ 5º Nas hipóteses de grave violação de direitos humanos, o Procurador-Geral da República, com a finalidade de assegurar o cumprimento de obrigações decorrentes de tratados internacionais de direitos humanos dos quais o Brasil seja parte, poderá suscitar, perante o Superior Tribunal de Justiça, em qualquer fase do inquérito ou processo, incidente de deslocamento de competência para a Justiça Federal.*

Todas as opções que não se enquadram no artigo citado, serão julgadas pela justiça comum.

5.2 Competência em razão da pessoa

Define a competência do órgão jurisdicional tendo como base as pessoas a serem julgadas.

Normalmente, o julgamento começa com os órgãos mais baixos; no entanto, em alguns casos, dependendo das pessoas a serem julgadas, tal competência pode começar originariamente nos Tribunais. É o que chamamos de **prerrogativa de função** ou **foro privilegiado**.

> **Art. 96, CF/1988** *Compete privativamente: [...]*
> *III – aos Tribunais de Justiça julgar os juízes estaduais e do Distrito Federal e Territórios, bem como os membros do Ministério Público, nos crimes comuns e de responsabilidade, ressalvada a competência da Justiça Eleitoral.*

Quando se aplica o foro privilegiado? Recentemente, o STF fixou hipóteses, por meio de teses importantes constantes na AP nº 937.

- O foro por prerrogativa de função se aplica apenas aos crimes cometidos durante o exercício do cargo e relacionados às funções desempenhadas.
- Após o término da instrução processual, com a publicação do despacho de intimação para apresentação de alegações finais, a competência não mais se altera pelo fato de o agente deixar de ocupar o cargo, seja qual for o motivo.

5.3 Competência territorial

Em razão do local da infração

Será preciso analisar o local em que ocorreu a infração para determinar a base territorial. Para isso, é preciso saber antes o lugar onde o crime foi praticado.

Quando há vários locais, considera-se a **teoria do resultado**, levando em conta o lugar onde o crime se consumirá.

- **Crimes plurilocais comuns:** teoria do resultado.
- **Crimes plurilocais contra a vida:** teoria da atividade.
- **Juizados especiais:** teoria da atividade.
- **Crimes falimentares:** local onde a falência foi decretada.
- **Atos infracionais:** teoria da atividade.
- **Crime praticado no exterior e consumado no exterior:** na capital do estado em que o réu tenha fixado seu último domicílio no Brasil. Se nunca tiver sido domiciliado no Brasil, na capital federal.
- **Crime praticado em bordo de aeronaves ou embarcações, mas sujeitos à lei brasileira por determinação penal:** no local em que a embarcação ou aeronave pousar primeiro ou, ainda, no último local em que tenha feito parada.
- **Crime tentado, porém,** não consumado: considera-se local do crime onde ocorreu o último local da execução.
- **Em razão do local do domicílio do réu:** nesse caso, a competência territorial leva em conta o domicílio do réu.
- **Lugar da infração não conhecido:** pelo lugar da residência ou domicílio do réu.
- **Tem mais de uma residência?** A competência se dá pela prevenção.

COMPETÊNCIA

▷ **Não tem residência ou paradeiro ignorado:** juiz que tiver conhecimento do fato primeiro.
▷ **Crime de ação exclusivamente privada:** o querelante pode escolher ajuizar a queixa no lugar de residência ou domicílio do réu, mesmo que seja conhecido o lugar da infração.

5.4 Conexão e continência

Sobre a conexão:

> *Art. 76, CPP A competência será determinada pela conexão:*
> *I – se, ocorrendo duas ou mais infrações, houverem sido praticadas, ao mesmo tempo, por várias pessoas reunidas, ou por várias pessoas em concurso, embora diverso o tempo e o lugar, ou por várias pessoas, umas contra as outras;*
> *II – se, no mesmo caso, houverem sido umas praticadas para facilitar ou ocultar as outras, ou para conseguir impunidade ou vantagem em relação a qualquer delas;*
> *III – quando a prova de uma infração ou de qualquer de suas circunstâncias elementares influir na prova de outra infração.*

De acordo com a doutrina, a conexão se classifica como:

▷ **Intersubjetiva por simultaneidade ocasional:** diversas pessoas cometem diversas infrações no mesmo local, mesma época, porém sem quaisquer ligações ou vínculos subjetivos.
▷ **Intersubjetiva por concurso:** não leva em consideração o local nem o momento da infração, desde que os agentes ajam em concurso de pessoas.
▷ **Intersubjetiva por reciprocidade:** conexão entre infrações praticadas no mesmo lugar e ao mesmo tempo, no entanto, os agentes praticam infrações uns contra os outros.
▷ **Conexão objetiva teleológicas:** a infração foi praticada para facilitar outra infração.
▷ **Conexão objetiva consequencial:** uma infração é cometida para ocultar outra, garantindo a princípio a impunidade do fato.
▷ **Conexão instrumental:** é exigido que a prova da ocorrência de uma infração e sua autoria influencie em outra infração.

Sobre a continência:

> *Art. 77, CPP A competência será determinada pela continência quando:*
> *I – duas ou mais pessoas forem acusadas pela mesma infração;*
> *II – no caso de infração cometida nas condições previstas nos arts. 51, § 1º, 53, segunda parte, e 54 do Código Penal.*

A continência, por sua vez, divide-se em:

▷ **Por cumulação subjetiva:** concurso de pessoas (quando 2 ou mais pessoas são acusadas pela mesma infração);
▷ **Por concurso formal:** o agente pratica 2 ou mais crimes mediante uma só conduta.

DIREITO PROCESSUAL PENAL

6 COMPETÊNCIA PENAL

6.1 Competência criminal do STF

Art. 102, CF/1988 Compete ao Supremo Tribunal Federal, precipuamente, a guarda da Constituição, cabendo-lhe:

I – processar e julgar, originariamente:

a) a ação direta de inconstitucionalidade de lei ou ato normativo federal ou estadual e a ação declaratória de constitucionalidade de lei ou ato normativo federal;

b) nas infrações penais comuns, o Presidente da República, o Vice-Presidente, os membros do Congresso Nacional, seus próprios Ministros e o Procurador-Geral da República;

c) nas infrações penais comuns e nos crimes de responsabilidade, os Ministros de Estado e os Comandantes da Marinha, do Exército e da Aeronáutica, ressalvado o disposto no art. 52, I, os membros dos Tribunais Superiores, os do Tribunal de Contas da União e os chefes de missão diplomática de caráter permanente;

d) o habeas corpus, sendo paciente qualquer das pessoas referidas nas alíneas anteriores; o mandado de segurança e o habeas data contra atos do Presidente da República, das Mesas da Câmara dos Deputados e do Senado Federal, do Tribunal de Contas da União, do Procurador-Geral da República e do próprio Supremo Tribunal Federal;

e) o litígio entre Estado estrangeiro ou organismo internacional e a União, o Estado, o Distrito Federal ou o Território;

f) as causas e os conflitos entre a União e os Estados, a União e o Distrito Federal, ou entre uns e outros, inclusive as respectivas entidades da administração indireta;

g) a extradição solicitada por Estado estrangeiro;

i) o habeas corpus, quando o coator for Tribunal Superior ou quando o coator ou o paciente for autoridade ou funcionário cujos atos estejam sujeitos diretamente à jurisdição do Supremo Tribunal Federal, ou se trate de crime sujeito à mesma jurisdição em uma única instância;

j) a revisão criminal e a ação rescisória de seus julgados;

l) a reclamação para a preservação de sua competência e garantia da autoridade de suas decisões;

m) a execução de sentença nas causas de sua competência originária, facultada a delegação de atribuições para a prática de atos processuais;

n) a ação em que todos os membros da magistratura sejam direta ou indiretamente interessados, e aquela em que mais da metade dos membros do tribunal de origem estejam impedidos ou sejam direta ou indiretamente interessados;

o) os conflitos de competência entre o Superior Tribunal de Justiça e quaisquer tribunais, entre Tribunais Superiores, ou entre estes e qualquer outro tribunal;

p) o pedido de medida cautelar das ações diretas de inconstitucionalidade;

q) o mandado de injunção, quando a elaboração da norma regulamentadora for atribuição do Presidente da República, do Congresso Nacional, da Câmara dos Deputados, do Senado Federal, das Mesas de uma dessas Casas Legislativas, do Tribunal de Contas da União, de um dos Tribunais Superiores, ou do próprio Supremo Tribunal Federal;

r) as ações contra o Conselho Nacional de Justiça e contra o Conselho Nacional do Ministério Público;

II – julgar, em recurso ordinário:

a) o habeas corpus, o mandado de segurança, o habeas data e o mandado de injunção decididos em única instância pelos Tribunais Superiores, se denegatória a decisão;

b) o crime político;

III – julgar, mediante recurso extraordinário, as causas decididas em única ou última instância, quando a decisão recorrida:

a) contrariar dispositivo desta Constituição;

b) declarar a inconstitucionalidade de tratado ou lei federal;

c) julgar válida lei ou ato de governo local contestado em face desta Constituição.

d) julgar válida lei local contestada em face de lei federal.

Todas as hipóteses de competência originária de julgamento no STF são por prerrogativa de função.

A primeira hipótese traz os crimes comuns que foram praticados por:

▷ Presidente e vice-presidente da República;
▷ Membro do Congresso Nacional;
▷ Ministros do STF;
▷ PGR.

Já no caso de crimes de responsabilidade, a competência é do Senado Federal:

Art. 52, CF/1988 Compete privativamente ao Senado Federal:

I – processar e julgar o Presidente e o Vice-Presidente da República nos crimes de responsabilidade, bem como os Ministros de Estado e os Comandantes da Marinha, do Exército e da Aeronáutica nos crimes da mesma natureza conexos com aqueles;

II – processar e julgar os Ministros do Supremo Tribunal Federal, os membros do Conselho Nacional de Justiça e do Conselho Nacional do Ministério Público, o Procurador-Geral da República e o Advogado-Geral da União nos crimes de responsabilidade;

Já na segunda hipótese, a competência estende-se aos crimes comuns e de responsabilidade cometidos por algumas autoridades, a saber:

▷ Ministros de Estado;
▷ Comandantes:
  • Marinha;
  • Exército;
  • Aeronáutica.
▷ Membros dos Tribunais Superiores:
  • Membros do TCU;
  • Chefes de missão diplomática em caráter permanente.

Há a competência originária do STF também para julgamento de *habeas corpus*.

6.2 Competência criminal do STJ

Art. 105, CF/1988 Compete ao Superior Tribunal de Justiça:

I – processar e julgar, originariamente:

*a) **nos crimes comuns**, os Governadores dos Estados e do Distrito Federal, e, nestes e nos de responsabilidade, os desembargadores dos Tribunais de Justiça dos Estados e do Distrito Federal, os membros dos Tribunais de Contas dos Estados e do Distrito Federal, os dos Tribunais Regionais Federais, dos Tribunais Regionais Eleitorais e do Trabalho, os membros dos Conselhos ou Tribunais de Contas dos Municípios e os do Ministério Público da União que oficiem perante tribunais;*

*b) **os mandados de segurança** e os **habeas data** contra ato de **Ministro de Estado**, dos **Comandantes da Marinha, do Exército e da Aeronáutica ou do próprio Tribunal**;*

*c) os **habeas corpus**, quando o coator ou paciente for qualquer das pessoas mencionadas na alínea "a", ou quando o coator for tribunal sujeito à sua jurisdição, Ministro de Estado ou Comandante da Marinha, do Exército ou da Aeronáutica, ressalvada a competência da Justiça Eleitoral;*

*d) **os conflitos de competência entre quaisquer tribunais**, ressalvado o disposto no art. 102, I, "o", bem como entre tribunal e juízes a ele não vinculados e entre juízes vinculados a tribunais diversos;*

*e) **as revisões criminais e as ações rescisórias de seus julgados;***

COMPETÊNCIA PENAL

f) a reclamação para a preservação de sua competência e garantia da autoridade de suas decisões;

*g) os **conflitos de atribuições** entre autoridades administrativas e judiciárias da União, ou entre autoridades judiciárias de um Estado e administrativas de outro ou do Distrito Federal, ou entre as deste e da União;*

*h) o **mandado de injunção**, quando a elaboração da norma regulamentadora for atribuição de órgão, entidade ou autoridade federal, da administração direta ou indireta, excetuados os casos de competência do Supremo Tribunal Federal e dos órgãos da Justiça Militar, da Justiça Eleitoral, da Justiça do Trabalho e da Justiça Federal;*

*i) a **homologação de sentenças estrangeiras** e a **concessão de exequatur às cartas rogatórias**;*

*II – julgar, em **recurso ordinário**:*

*a) os **habeas corpus** decididos em única ou última instância pelos Tribunais Regionais Federais ou pelos tribunais dos Estados, do Distrito Federal e Territórios, quando a decisão for denegatória;*

*b) os **mandados de segurança** decididos em única instância pelos Tribunais Regionais Federais ou pelos tribunais dos Estados, do Distrito Federal e Territórios, quando denegatória a decisão;*

*c) as causas em que forem **partes Estado estrangeiro** ou **organismo internacional**, de um lado, e, do outro, Município ou pessoa residente ou domiciliada no País;*

*III – julgar, **em recurso especial**, as causas decididas, em única ou última instância, pelos Tribunais Regionais Federais ou pelos tribunais dos Estados, do Distrito Federal e Territórios, quando a decisão recorrida:*

a) contrariar tratado ou lei federal, ou negar-lhes vigência;

b) julgar válido ato de governo local contestado em face de lei federal;

c) der a à lei federal interpretação divergente da que lhe haja atribuído outro tribunal.

***Parágrafo único.** Funcionarão junto ao Superior Tribunal de Justiça:*

I – a Escola Nacional de Formação e Aperfeiçoamento de Magistrados, cabendo-lhe, dentre outras funções, regulamentar os cursos oficiais para o ingresso e promoção na carreira;

II – o Conselho da Justiça Federal, cabendo-lhe exercer, na forma da lei, a supervisão administrativa e orçamentária da Justiça Federal de primeiro e segundo graus, como órgão central do sistema e com poderes correicionais, cujas decisões terão caráter vinculante.

*V – os **crimes previstos em tratado ou convenção internacional**, quando, iniciada a execução no País, o resultado tenha ou devesse ter ocorrido no estrangeiro, ou reciprocamente;*

*V-A – as **causas relativas a direitos humanos** a que se refere o § 5º deste artigo;*

VI – os crimes contra a organização do trabalho e, nos casos determinados por lei, contra o sistema financeiro e a ordem econômico-financeira;

*VII – os **habeas corpus**, em matéria criminal de sua competência ou quando o constrangimento provier de autoridade cujos atos não estejam diretamente sujeitos a outra jurisdição;*

*VIII – os **mandados de segurança** e os **habeas data** contra ato de autoridade federal, excetuados os casos de competência dos tribunais federais;*

*IX – os **crimes cometidos a bordo de navios ou aeronaves**, ressalvada a competência da Justiça Militar;*

*X – os **crimes de ingresso ou permanência irregular de estrangeiro**, a execução de carta rogatória, após o "exequatur", e de sentença estrangeira, após a homologação, as causas referentes à nacionalidade, inclusive a respectiva opção, e à naturalização;*

*XI – a **disputa sobre direitos indígenas**.*

6.2.1 Competência originária

▷ **Crimes comuns:** aqueles praticados por governadores de estado ou do Distrito Federal.

▷ **Comuns e de responsabilidade:**
- Desembargadores do TJ, TRFs, TRTs e TREs;
- Membros dos TCUs e TCMs;
- Membros do MPU que oficiem perante os tribunais.

▷ **Revisão criminal de seus próprios julgados:** se proferir condenação definitiva, ele próprio poderá ajuizar a revisão criminal.

▷ *Habeas corpus*;

▷ **Coator:**
- Tribunal sujeito à jurisdição do STJ;
- Ministro de Estado ou comandante das forças armadas.

▷ **Paciente:**
- Qualquer autoridade que o STJ julgou originariamente;
- Em crimes comuns;
- Comuns e de responsabilidade.

6.3 Competência criminal da Justiça Federal

Art. 109, CF/1988 Aos juízes federais compete processar e julgar:
[...]

*IV – os **crimes políticos** e as **infrações penais** praticadas em detrimento de bens, serviços ou interesse da União ou de suas entidades autárquicas ou empresas públicas, excluídas as contravenções e ressalvada a competência da Justiça Militar e da Justiça Eleitoral;*

7 QUESTÕES E PROCESSOS INCIDENTES

7.1 Questões prejudiciais

Um dos pontos mais questionados em concurso público refere-se à suspensão quando depender de solução de controvérsias. Nesse sentido, podemos esquematizar os principais pontos inerentes ao estudo do tema.

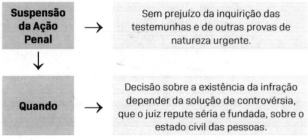

Dessa forma, entende-se por questão prejudicial toda questão de valoração jurídica, tanto no âmbito da seara do Direito Penal ou Extrapenal, que interferirá diretamente, devendo tal motivo ser decidido antes da questão principal, no qual dela é dependente.

As questões prejudiciais podem existir de forma autônoma. Como temos na letra da lei:

> ***Art. 92, CPP*** *Se a decisão sobre a existência da infração depender da solução de controvérsia, que o juiz repute séria e fundada, sobre o estado civil das pessoas, o curso da ação penal ficará **suspenso** até que no juízo cível seja a controvérsia dirimida por sentença passada em julgado, sem prejuízo, entretanto, da inquirição das testemunhas e de outras provas de natureza urgente.*
>
> ***Parágrafo único.*** *Se for o crime de **ação pública**, o Ministério Público, quando necessário, promoverá a **ação civil** ou prosseguirá na que tiver sido iniciada, com a citação dos interessados.*
>
> ***Art. 93*** *Se o reconhecimento da existência da infração penal depender de decisão sobre questão diversa da prevista no artigo anterior, da competência do juízo cível, e se neste houver sido proposta ação para resolvê-la, o juiz criminal poderá, desde que essa questão seja de difícil solução e não verse sobre direito cuja prova a lei civil limite, suspender o curso do processo, após a inquirição das testemunhas e realização das outras provas de natureza urgente.*
>
> *§ 1º O juiz marcará o **prazo da suspensão**, que poderá ser razoavelmente prorrogado, se a demora não for imputável à parte. Expirado o prazo, sem que o juiz cível tenha proferido decisão, o juiz criminal fará prosseguir o processo, retomando sua competência para resolver, de fato e de direito, toda a matéria da acusação ou da defesa.*
>
> *§ 2º Do **despacho** que **denegar a suspensão não** caberá recurso.*
>
> *§ 3º Suspenso o processo, e tratando-se de crime de ação pública, incumbirá ao Ministério Público intervir imediatamente na causa cível, para o fim de promover-lhe o rápido andamento.*
>
> ***Art. 94*** *A suspensão do curso da ação penal, nos casos dos artigos anteriores, será decretada pelo juiz, de ofício ou a requerimento das partes.*

7.2 Exceções

▷ Incompetência de juízo;
▷ Litispendência;
▷ Ilegitimidade da parte;
▷ Coisa julgada.

Regra: a arguição de suspeição precederá a qualquer outra.
Exceção: quando fundada em motivo superveniente.

Note que as exceções são consideradas um mecanismo de defesa indireta, que pode acarretar a extinção do processo nessa situação temos exceção peremptórias, ou pode dilatar seu procedimento e, nesse caso, temos exceção dilatória.

São exceções dilatórias as exceções de suspeição e de incompetências do juízo (arts. 96 a 111, CPP).

São peremptórias as que visam pôr termo a uma lide, ou seja, extinguir o processo em razão de questões que não mais poderiam ser discutidas (por exemplo: coisa julgada e litispendência).

Como temos na letra da lei:

> ***Art. 95, CPP*** *Poderão ser opostas as exceções de:*
> *I – suspeição;*
> *II – incompetência de juízo;*
> *III – litispendência;*
> *IV – ilegitimidade de parte;*
> *V – coisa julgada.*
>
> ***Art. 96*** *A arguição de suspeição precederá a qualquer outra, salvo quando fundada em motivo superveniente.*
>
> ***Art. 97*** *O juiz que espontaneamente afirmar suspeição deverá fazê-lo por escrito, declarando o motivo legal, e remeterá imediatamente o processo ao seu substituto, intimadas as partes.*
>
> ***Art. 98*** *Quando qualquer das partes pretender recusar o juiz, deverá fazê-lo em petição assinada por ela própria ou por procurador com poderes especiais, aduzindo as suas razões acompanhadas de prova documental ou do rol de testemunhas.*
>
> ***Art. 99*** *Se reconhecer a suspeição, o juiz sustará a marcha do processo, mandará juntar aos autos a petição do recusante com os documentos que a instruam, e por despacho se declarará suspeito, ordenando a remessa dos autos ao substituto.*
>
> ***Art. 100*** *Não aceitando a suspeição, o juiz mandará autuar em apartado a petição, dará sua resposta dentro em três dias, podendo instruí-la e oferecer testemunhas, e, em seguida, determinará sejam os autos da exceção remetidos, dentro em **24 horas**, ao juiz ou tribunal a quem competir o julgamento.*
>
> *§ 1º Reconhecida, preliminarmente, a relevância da arguição, o juiz ou tribunal, com citação das partes, marcará dia e hora para a inquirição das testemunhas, seguindo-se o julgamento, independentemente de mais alegações.*
>
> *§ 2º Se a suspeição for de manifesta improcedência, o juiz ou relator a rejeitará liminarmente.*
>
> ***Art. 101*** *Julgada procedente a suspeição, ficarão **nulos** os atos do processo principal, pagando o juiz as custas, no caso de erro inescusável; rejeitada, evidenciando-se a malícia do excipiente, a este será imposta a multa de duzentos mil-réis a dois contos de réis.*
>
> ***Art. 102*** *Quando a parte contrária reconhecer a procedência da arguição poderá ser sustado, a seu requerimento, o processo principal, até que se julgue o incidente da suspeição.*
>
> ***Art. 103*** *No Supremo Tribunal Federal e nos Tribunais de Apelação, o juiz que se julgar suspeito deverá declará-lo nos autos e, se for revisor, passar o feito ao seu substituto na ordem da precedência, ou, se for relator, apresentar os autos em mesa para nova distribuição.*
>
> *§ 1º Se não for relator nem revisor, o juiz que houver de dar-se por suspeito, deverá fazê-lo verbalmente, na sessão de julgamento, registrando-se na ata a declaração.*
>
> *§ 2º Se o presidente do tribunal se der por suspeito, competirá ao seu substituto designar dia para o julgamento e presidi-lo.*
>
> *§ 3º Observar-se-á, quanto à arguição de suspeição pela parte, o disposto nos arts. 98 a 101, no que lhe for aplicável, atendido, se o juiz a reconhecer, o que estabelece este artigo.*
>
> *§ 4º A suspeição, não sendo reconhecida, será julgada pelo tribunal pleno, funcionando como relator o presidente.*
>
> *§ 5º **Se o recusado for o presidente do tribunal, o relator será o vice-presidente.***
>
> ***Art. 104*** *Se for arguida a suspeição do órgão do Ministério Público, o juiz, depois de ouvi-lo, decidirá, sem recurso, podendo antes admitir a produção de provas no prazo de **3 dias**.*
>
> ***Art. 105*** *As partes poderão também arguir de suspeitos os peritos, os intérpretes e os serventuários ou funcionários de justiça, decidindo*

QUESTÕES E PROCESSOS INCIDENTES

o juiz de plano e sem recurso, à vista da matéria alegada e prova imediata.

Art. 106 A suspeição dos jurados deverá ser arguida **oralmente**, decidindo de plano do presidente do Tribunal do Júri, que a rejeitará se, negada pelo recusado, não for imediatamente comprovada, o que tudo constará da ata.

Art. 107 Não se poderá opor suspeição às autoridades policiais nos atos do inquérito, mas deverão elas declarar-se suspeitas, quando ocorrer motivo legal.

Art. 108 A exceção de incompetência do juízo poderá ser oposta, verbalmente ou por escrito, no prazo de defesa.

§ 1º Se, ouvido o Ministério Público, for aceita a declinatória, o feito será remetido ao juízo competente, onde, ratificados os atos anteriores, o processo prosseguirá.

§ 2º Recusada a incompetência, o juiz continuará no feito, fazendo tomar por termo a declinatória, se formulada verbalmente.

Art. 109 Se em qualquer fase do processo o juiz reconhecer motivo que o torne incompetente, declará-lo-á nos autos, haja ou não alegação da parte, prosseguindo-se na forma do artigo anterior.

Art. 110 Nas exceções de litispendência, ilegitimidade de parte e coisa julgada, será observado, no que lhes for aplicável, o disposto sobre a exceção de incompetência do juízo.

§ 1º Se a parte houver de opor mais de uma dessas exceções, deverá fazê-lo numa só petição ou articulado.

§ 2º A exceção de coisa julgada somente poderá ser oposta em relação ao fato principal, que tiver sido objeto da sentença.

Art. 111 As exceções serão processadas em autos apartados e não suspenderão, em regra, o andamento da ação penal.

As exceções podem ser:

▷ **Peremptórias: extinguem o processo** quando julgadas procedentes.
▷ **Dilatórias: retardam o curso do processo** quando julgadas procedentes.

7.3 Incompatibilidades e impedimentos

Art. 112, CPP O juiz, o órgão do Ministério Público, os serventuários ou funcionários de justiça e os peritos ou intérpretes abster-se-ão de servir no processo, quando houver incompatibilidade ou impedimento legal, que declararão nos autos. Se não se der a abstenção, a incompatibilidade ou impedimento poderá ser arguido pelas partes, seguindo-se o processo estabelecido para a exceção de suspeição.

7.4 Conflito de jurisdição

Haverá conflito de jurisdição:

▷ Quando duas ou mais autoridades judiciárias se considerarem competentes, ou incompetentes, para conhecer do mesmo fato criminoso;
▷ Quando entre elas surgir controvérsia sobre unidade de juízo, junção ou separação de processos.

Quem pode suscitar?

Parte interessada: órgãos do Ministério Público, junto a qualquer dos juízes em dissídio, por qualquer dos juízes ou tribunais em causa.

Art. 113, CPP As questões atinentes à competência resolver-se-ão não só pela exceção própria, como também pelo conflito positivo ou negativo de jurisdição.

Art. 114 Haverá **conflito de jurisdição**:
I – quando duas ou mais autoridades judiciárias se considerarem competentes, ou incompetentes, para conhecer do mesmo fato criminoso;
II – quando entre elas surgir controvérsia sobre unidade de juízo, junção ou separação de processos.

Art. 115 O conflito poderá ser suscitado:
I – pela parte interessada;
II – pelos órgãos do Ministério Público junto a qualquer dos juízes em dissídio;
III – por qualquer dos juízes ou tribunais em causa.

Art. 116 Os juízes e tribunais, sob a forma de representação, e a parte interessada, sob a de requerimento, darão parte escrita e circunstanciada do conflito, perante o tribunal competente, expondo os fundamentos e juntando os documentos comprobatórios.

§ 1º Quando negativo o conflito, os juízes e tribunais poderão suscitá-lo nos próprios autos do processo.

§ 2º Distribuído o feito, se o conflito for positivo, o relator poderá determinar imediatamente que se suspenda o andamento do processo.

§ 3º Expedida ou não a **ordem de suspensão**, o relator requisitará informações às autoridades em conflito, remetendo-lhes cópia do requerimento ou representação.

§ 4º As informações serão prestadas no prazo marcado pelo relator.

§ 5º Recebidas as informações, e depois de ouvido o procurador-geral, o conflito será decidido na primeira sessão, salvo se a instrução do feito depender de diligência.

§ 6º Proferida a decisão, as cópias necessárias serão remetidas, para a sua execução, às autoridades contra as quais tiver sido levantado o conflito ou que o houverem suscitado.

Art. 117 O Supremo Tribunal Federal, mediante avocatória, restabelecerá a sua jurisdição, sempre que exercida por qualquer dos juízes ou tribunais inferiores.

7.5 Restituição das coisas apreendidas

É de interesse probatório na busca da verdade real a apresentação de objetos relacionados à infração penal, os quais, enquanto interessarem à instrução criminal, devem permanecer apreendidos.

A restituição pode ser deferida pela própria **autoridade policial** ainda na fase de inquérito policial, assim como também processada pela **autoridade judiciária** por meio de processamento do incidente em autos apartados.

Para lembrar, se dentro no prazo de 90 dias, a contar da data em que transitar em julgado a sentença final, condenatória ou absolutória, os objetos apreendidos não forem reclamados ou não pertencerem ao réu, serão vendidos em leilão, depositando-se o saldo à disposição do juízo de ausentes.

Na hipótese de decretação de perdimento de obras de arte ou de outros bens de relevante valor cultural ou artístico, se o crime não tiver vítima determinada, poderá haver destinação dos bens a museus públicos.

Ademais, importante ressaltar que bens apreendidos podem ser restituídos e necessitam de dois requisitos:

▷ Que o bem não tenha mais interesse à persecução penal;
▷ Que se trate de objeto não sujeito ao confisco pela União.

Art. 118 Antes de transitar em julgado a sentença final, as coisas apreendidas não poderão ser restituídas enquanto interessarem ao processo.

Art. 119 As coisas a que se referem os arts. 74 e 100 do Código Penal não poderão ser restituídas, mesmo depois de transitar em julgado a sentença final, salvo se pertencerem ao lesado ou a terceiro de boa-fé.

Art. 120 A restituição, quando cabível, poderá ser ordenada pela autoridade policial ou juiz, mediante termo nos autos, desde que não exista dúvida quanto ao direito do reclamante.

§ 1º Se duvidoso esse direito, o pedido de restituição autuar-se-á **em apartado**, assinando-se ao requerente o prazo de **5 dias** para a prova. Em tal caso, só o juiz criminal poderá decidir o incidente.

§ 2º O incidente autuar-se-á também em apartado e só a autoridade judicial o resolverá, se as coisas forem apreendidas em poder de terceiro de boa-fé, que será intimado para alegar e provar o seu direito, em prazo igual e sucessivo ao do reclamante, tendo um e outro dois dias para arrazoar.

§ 3º Sobre o pedido de restituição será sempre ouvido o Ministério Público.

§ 4º Em caso de dúvida sobre quem seja o verdadeiro dono, o juiz remeterá as partes para o juízo cível, ordenando o depósito das coisas em mãos de depositário ou do próprio terceiro que as detinha, se for pessoa idônea.

§ 5º Tratando-se de coisas facilmente deterioráveis, serão avalia-das e levadas a leilão público, depositando-se o dinheiro apurado, ou entregues ao terceiro que as detinha, se este for pessoa idônea e assinar termo de responsabilidade.

Art. 121 *No caso de apreensão de coisa adquirida com os proventos da infração, aplica-se o disposto no art. 133 e seu parágrafo.*

Art. 122 *Sem prejuízo do disposto no art. 120, as coisas apreendidas serão alienadas nos termos do disposto no art. 133 deste Código.*

Art. 123 *Fora dos casos previstos nos artigos anteriores, se dentro no prazo de **90 dias**, a contar da data em que transitar em julgado a sentença final, condenatória ou absolutória, os objetos apreendidos não forem reclamados ou não pertencerem ao réu, serão vendidos em leilão, depositando-se o saldo à disposição do juízo de ausentes.*

Art. 124 *Os instrumentos do crime, cuja perda em favor da União for decretada, e as coisas confiscadas, de acordo com o disposto no art. 100 do Código Penal, serão inutilizados ou recolhidos a museu criminal, se houver interesse na sua conservação.*

Art. 124-A *Na hipótese de decretação de perdimento de obras de arte ou de outros bens de relevante valor cultural ou artístico, se o crime não tiver vítima determinada, poderá haver destinação dos bens a museus públicos.*

7.6 Medidas assecuratórias

São procedimentos de natureza cautelar de caráter patrimonial, que tem por objetivos a futura reparação do dano sofrido pela vítima e o pagamento das custas processuais e de multa a que eventualmente venha a ser condenado o réu.

São medidas assecuratórias:

▷ **Sequestro:** medida que torna indisponível bens móveis e imóveis proveniente da prática de um crime.

▷ **Arresto:** relacionada a reparação dos danos sofridos pela vítima. Somente para bens imóveis.

▷ **Hipoteca legal:** tem como objetivo a constrição de bens móveis, pertencentes ao agente, de forma a garantir a satisfação da pretensão indenizatória.

Como temos na letra da lei:

Art. 125, CPP *Caberá o sequestro dos bens imóveis, adquiridos pelo indiciado com os proventos da infração, ainda que já tenham sido transferidos a terceiro.*

Art. 126 *Para a decretação do sequestro, bastará a existência de indí-cios veementes da proveniência ilícita dos bens.*

Art. 127 *O juiz, de ofício, a requerimento do Ministério Público ou do ofendido, ou mediante representação da autoridade policial, poderá ordenar o sequestro, em qualquer fase do processo ou ainda antes de oferecida a denúncia ou queixa.*

Art. 128 *Realizado o sequestro, o juiz ordenará a sua inscrição no Registro de Imóveis.*

Art. 129 *O sequestro autuar-se-á em apartado e admitirá embargos de terceiro.*

Art. 130 *O sequestro poderá ainda ser embargado:*

I – pelo acusado, sob o fundamento de não terem os bens sido adquiridos com os proventos da infração;

II – pelo terceiro, a quem houverem os bens sido transferidos a título oneroso, sob o fundamento de tê-los adquirido de boa-fé.

Parágrafo único. *Não poderá ser pronunciada decisão nesses embargos antes de passar em julgado a sentença condenatória.*

Art. 131 *O sequestro será levantado:*

I – se a ação penal não for intentada no prazo de sessenta dias, contado da data em que ficar concluída a diligência;

II – se o terceiro, a quem tiverem sido transferidos os bens, prestar caução que assegure a aplicação do disposto no art. 74, II, b, segunda parte, do Código Penal;

III – se for julgada extinta a punibilidade ou absolvido o réu, por sentença transitada em julgado.

Art. 132 *Proceder-se-á ao sequestro dos bens móveis se, verificadas as condições previstas no art. 126, não for cabível a medida regulada no Capítulo XI do Título VII deste Livro.*

Art. 133 *Transitada em julgado a sentença condenatória, o juiz, de ofício ou a requerimento do interessado ou do Ministério Público, determinará a avaliação e a venda dos bens em leilão público cujo perdimento tenha sido decretado.*

§ 1º Do dinheiro apurado, será recolhido aos cofres públicos o que não couber ao lesado ou a terceiro de boa-fé.

§ 2º O valor apurado deverá ser recolhido ao Fundo Penitenciário Nacional, exceto se houver previsão diversa em lei especial.

Art. 133-A *O juiz poderá autorizar, constatado o interesse público, a utilização de bem sequestrado, apreendido ou sujeito a qualquer medida assecuratória pelos órgãos de segurança pública previstos no art. 144 da Constituição Federal, do sistema prisional, do sistema socioeducativo, da Força Nacional de Segurança Pública e do Instituto Geral de Perícia, para o desempenho de suas atividades.*

§ 1º O órgão de segurança pública participante das ações de investi-gação ou repressão da infração penal que ensejou a constrição do bem terá prioridade na sua utilização.

§ 2º Fora das hipóteses anteriores, demonstrado o interesse público, o juiz poderá autorizar o uso do bem pelos demais órgãos públicos.

§ 3º Se o bem a que se refere o caput deste artigo for veículo, embar-cação ou aeronave, o juiz ordenará à autoridade de trânsito ou ao órgão de registro e controle a expedição de certificado provisório de registro e licenciamento em favor do órgão público beneficiário, o qual estará isento do pagamento de multas, encargos e tributos anteriores à disponibilização do bem para a sua utilização, que deverão ser cobrados de seu responsável.

§ 4º Transitada em julgado a sentença penal condenatória com a decre-tação de perdimento dos bens, ressalvado o direito do lesado ou terceiro de boa-fé, o juiz poderá determinar a transferência definitiva da propriedade ao órgão público beneficiário ao qual foi custodiado o bem.

Art. 134 *A hipoteca legal sobre os imóveis do indiciado poderá ser requerida pelo ofendido em qualquer fase do processo, desde que haja certeza da infração e indícios suficientes da autoria.*

Art. 135 *Pedida a especialização mediante requerimento, em que a parte estimará o valor da responsabilidade civil, e designará e estimará o imóvel ou imóveis que terão de ficar especialmente hipotecados, o juiz mandará logo proceder ao arbitramento do valor da responsabilidade e à avaliação do imóvel ou imóveis.*

§ 1º A petição será instruída com as provas ou indicação das provas em que se fundar a estimação da responsabilidade, com a relação dos imóveis que o responsável possuir, se outros tiver, além dos indicados no requerimento, e com os documentos comprobatórios do domínio.

§ 2º O arbitramento do valor da responsabilidade e a avaliação dos imóveis designados far-se-ão por perito nomeado pelo juiz, onde não houver avaliador judicial, sendo-lhe facultada a consulta dos autos do processo respectivo.

*§ 3º O juiz, ouvidas as partes no prazo de **2 dias**, que correrá em cartório, poderá corrigir o arbitramento do valor da responsabilidade, se lhe parecer excessivo ou deficiente.*

§ 4º O juiz autorizará somente a inscrição da hipoteca do imóvel ou imóveis necessários à garantia da responsabilidade.

§ 5º O valor da responsabilidade será liquidado definitivamente após a condenação, podendo ser requerido novo arbitramento se qualquer das partes não se conformar com o arbitramento anterior à sentença condenatória.

§ 6º Se o réu oferecer caução suficiente, em dinheiro ou em títulos de dívida pública, pelo valor de sua cotação em Bolsa, o juiz poderá deixar de mandar proceder à inscrição da hipoteca legal.

Art. 136 *O arresto do imóvel poderá ser decretado de início, revogan-do-se, porém, se no prazo de **15 dias** não for promovido o processo de inscrição da hipoteca legal.*

Art. 137 *Se o responsável não possuir bens imóveis ou os possuir de valor insuficiente, poderão ser arrestados bens móveis suscetíveis de penhora, nos termos em que é facultada a hipoteca legal dos imóveis.*

§ 1º Se esses bens forem coisas fungíveis e facilmente deterioráveis, proceder-se-á na forma do § 5. do art. 120.

§ 2º Das rendas dos bens móveis poderão ser fornecidos recursos arbi-trados pelo juiz, para a manutenção do indiciado e de sua família.

QUESTÕES E PROCESSOS INCIDENTES

Art. 138 O processo de especialização da hipoteca e do arresto correrão em auto apartado.

Art. 139 O depósito e a administração dos bens arrestados ficarão sujeitos ao regime do processo civil.

Art. 140 As garantias do ressarcimento do dano alcançarão também as despesas processuais e as penas pecuniárias, tendo preferência sobre estas a reparação do dano ao ofendido.

Art. 141 O arresto será levantado ou cancelada a hipoteca, se, por sentença irrecorrível, o réu for absolvido ou julgada extinta a punibilidade.

Art. 142 Caberá ao Ministério Público promover as medidas estabelecidas nos arts. 134 e 137, se houver interesse da Fazenda Pública, ou se o ofendido for pobre e o requerer.

Art. 143 Passando em julgado a sentença condenatória, serão os autos de hipoteca ou arresto remetidos ao juiz do cível (art. 63).

Art. 144 Os interessados ou, nos casos do art. 142, o Ministério Público poderão requerer no juízo cível, contra o responsável civil, as medidas previstas nos arts. 134, 136 e 137.

Art. 144-A O juiz determinará a alienação antecipada para preservação do valor dos bens sempre que estiverem sujeitos a qualquer grau de deterioração ou depreciação, ou quando houver dificuldade para sua manutenção.

§ 1º *O leilão far-se-á preferencialmente por meio eletrônico.*

§ 2º Os bens deverão ser vendidos pelo valor fixado na avaliação judicial ou por valor maior. Não alcançado o valor estipulado pela administração judicial, será realizado novo leilão, em até **10 dias** contados da realização do primeiro, podendo os bens ser alienados por valor não inferior a **80%** do estipulado na avaliação judicial.

§ 3º O produto da alienação ficará depositado em conta vinculada ao juízo até a decisão final do processo, procedendo-se à sua conversão em renda para a União, Estado ou Distrito Federal, no caso de condenação, ou, no caso de absolvição, à sua devolução ao acusado.

§ 4º Quando a indisponibilidade recair sobre dinheiro, inclusive moeda estrangeira, títulos, valores mobiliários ou cheques emitidos como ordem de pagamento, o juízo determinará a conversão do numerário apreendido em moeda nacional corrente e o depósito das correspondentes quantias em conta judicial.

§ 5º No caso da alienação de veículos, embarcações ou aeronaves, o juiz ordenará à autoridade de trânsito ou ao equivalente órgão de registro e controle a expedição de certificado de registro e licenciamento em favor do arrematante, ficando este livre do pagamento de multas, encargos e tributos anteriores, sem prejuízo de execução fiscal em relação ao antigo proprietário.

§ 6º O valor dos títulos da dívida pública, das ações das sociedades e dos títulos de crédito negociáveis em bolsa será o da cotação oficial do dia, provada por certidão ou publicação no órgão oficial.

7.7 Incidente de falsidade

O documento pode ser o próprio objeto material de um crime, como nos crimes de falsidade documental, falsidade ideológica e uso de documento falso, ou meio de prova.

Quando esse documento for o próprio objeto material do crime, a apuração de sua falsidade não será incidental, mas questão principal, ligada à própria materialidade do delito. Dessa forma, o incidente de falsidade se destina a apurar se o documento apresentado como prova é verdadeiro ou falso.

Art. 145, CPP Arguida, por escrito, a falsidade de documento constante dos autos, o juiz observará o seguinte processo:

I – mandará autuar em apartado a impugnação, e em seguida ouvirá a parte contrária, que, no prazo de **48 horas**, oferecerá resposta;

II – assinará o prazo de **3 dias**, sucessivamente, a cada uma das partes, para prova de suas alegações;

III – conclusos os autos, poderá ordenar as diligências que entender necessárias;

IV – se reconhecida a falsidade por decisão irrecorrível, mandará desentranhar o documento e remetê-lo, com os autos do processo incidente, ao Ministério Público.

Art. 146 A arguição de falsidade, feita por procurador, exige poderes especiais.

Art. 147 O juiz poderá, de ofício, proceder à verificação da falsidade.

Art. 148 Qualquer que seja a decisão, não fará coisa julgada em prejuízo de ulterior processo penal ou civil.

7.8 Insanidade mental do acusado

A insanidade mental no momento da prática de crime poderá acarretar a **inimputabilidade ou semi-imputabilidade** com suas consequências quanto à sanção penal destinada, que pode ser uma medida de segurança ou uma diminuição de pena.

Já no aspecto processual, se a doença mental for posterior à infração penal, a ação penal será suspensa até que ele recobre a consciência, sob pena de se ver prejudicado o exercício da ampla defesa e um dos seus aspectos, a defesa pessoal, produzindo-se apenas os atos processuais urgentes.

Ressalta-se que quando houver dúvida sobre a integridade mental do acusado, o juiz ordenará, de ofício ou a requerimento do Ministério Público, do defensor, do curador, do ascendente, descendente, irmão ou cônjuge do acusado, seja este submetido a exame médico-legal.

Art. 149, CPP Quando houver dúvida sobre a integridade mental do acusado, o juiz ordenará, de ofício ou a requerimento do Ministério Público, do defensor, do curador, do ascendente, descendente, irmão ou cônjuge do acusado, seja este submetido a exame médico-legal.

§ 1º O exame poderá ser ordenado ainda na fase do inquérito, mediante representação da autoridade policial ao juiz competente.

§ 2º O juiz nomeará curador ao acusado, quando determinar o exame, ficando suspenso o processo, se já iniciada a ação penal, salvo quanto às diligências que possam ser prejudicadas pelo adiamento.

Art. 150 Para o efeito do exame, o acusado, se estiver preso, será internado em manicômio judiciário, onde houver, ou, se estiver solto, e o requererem os peritos, em estabelecimento adequado que o juiz designar.

§ 1º O exame não durará mais de **45 dias**, salvo se os peritos demonstrarem a necessidade de **maior prazo**.

§ 2º Se não houver prejuízo para a marcha do processo, o juiz poderá autorizar que sejam os autos entregues aos peritos, para facilitar o exame.

Art. 151 Se os peritos concluírem que o acusado era, ao tempo da infração, irresponsável nos termos do art. 22 do Código Penal, o processo prosseguirá, com a presença do curador.

Art. 152 Se se verificar que a doença mental sobreveio à infração o processo continuará suspenso até que o acusado se restabeleça, observado o § 2º do art. 149.

§ 1º O juiz poderá, nesse caso, ordenar a internação do acusado em manicômio judiciário ou em outro estabelecimento adequado.

§ 2º O processo retomará o seu curso, desde que se restabeleça o acusado, ficando-lhe assegurada a faculdade de reinquirir as testemunhas que houverem prestado depoimento sem a sua presença.

Art. 153 O incidente da insanidade mental processar-se-á em auto apartado, que só depois da apresentação do laudo, será apenso ao processo principal.

Art. 154 Se a insanidade mental sobrevier no curso da execução da pena, observar-se-á o disposto no art. 682.

▷ **Acusado não insano:** o processo seguirá seu curso regularmente.

▷ **Acusado insano:** juiz nomeia curados para atuar como representante legal do réu.

DIREITO PROCESSUAL PENAL

8 PROVAS

8.1 Conceito

É tudo aquilo que é apresentado ao juiz com o objetivo de contribuir na formação da sua opinião quanto aos fatos ou atos do processo que sejam relevantes para auxiliá-lo a chegar à sentença.

8.2 Cadeia de custódia

Cadeia de custódia da prova consiste no caminho que deve ser percorrido pela prova até sua análise pelo magistrado, sendo certo que qualquer interferência indevida durante esse trâmite processual pode resultar na sua imprestabilidade.

Note que o tema "cadeia de custódia" é um tema totalmente novo incluído pelo Pacote Anticrime (Lei nº 13.721/2018), portanto, a probabilidade de constar em provas será enorme. Atente à letra da lei, pois, sendo novidade e como não há jurisprudência envolvendo o tema ainda, assim, as bancas devem abusar a lei seca.

Considera-se cadeia de custódia o conjunto de todos os procedimentos utilizados para manter e documentar a história cronológica do vestígio coletado em locais ou em vítimas de crimes, para rastrear sua posse e manuseio a partir de seu reconhecimento até o descarte.

Início da cadeia de custódia: dá-se com a preservação do local de crime ou com procedimentos policiais ou periciais nos quais seja detectada a existência de vestígio.

O agente público que reconhecer um elemento como de potencial interesse para a produção da prova pericial **fica responsável por sua preservação.**

A coleta dos vestígios deverá ser realizada **preferencialmente** por perito oficial.

É proibida a entrada em locais isolados, bem como a remoção de quaisquer vestígios de locais de crime antes da liberação por parte do perito responsável, **sendo tipificada como fraude processual a sua realização.**

> *Art. 158-A, CPP Considera-se cadeia de custódia o conjunto de todos os procedimentos utilizados para manter e documentar a história cronológica do vestígio coletado em locais ou em vítimas de crimes, para rastrear sua posse e manuseio a partir de seu reconhecimento até o descarte.*
>
> *§ 1º O início da cadeia de custódia dá-se com a preservação do local de crime ou com procedimentos policiais ou periciais nos quais seja detectada a existência de vestígio.*
>
> *§ 2º O agente público que reconhecer um elemento como de potencial interesse para a produção da prova pericial fica responsável por sua preservação.*
>
> *§ 3º Vestígio é todo objeto ou material bruto, visível ou latente, constatado ou recolhido, que se relaciona à infração penal.*
>
> *Art. 158-B A cadeia de custódia compreende o rastreamento do vestígio nas seguintes etapas:*
>
> *I – reconhecimento: ato de distinguir um elemento como de potencial interesse para a produção da prova pericial;*
>
> *II – isolamento: ato de evitar que se altere o estado das coisas, devendo isolar e preservar o ambiente imediato, mediato e relacionado aos vestígios e local de crime;*
>
> *III – fixação: descrição detalhada do vestígio conforme se encontra no local de crime ou no corpo de delito, e a sua posição na área de exames, podendo ser ilustrada por fotografias, filmagens ou croqui, sendo indispensável a sua descrição no laudo pericial produzido pelo perito responsável pelo atendimento;*
>
> *IV – coleta: ato de recolher o vestígio que será submetido à análise pericial, respeitando suas características e natureza;*
>
> *V – acondicionamento: procedimento por meio do qual cada vestígio coletado é embalado de forma individualizada, de acordo com suas características físicas, químicas e biológicas, para posterior análise, com anotação da data, hora e nome de quem realizou a coleta e o acondicionamento;*
>
> *VI – transporte: ato de transferir o vestígio de um local para o outro, utilizando as condições adequadas (embalagens, veículos, temperatura, entre outras), de modo a garantir a manutenção de suas características originais, bem como o controle de sua posse;*
>
> *VII – recebimento: ato formal de transferência da posse do vestígio, que deve ser documentado com, no mínimo, informações referentes ao número de procedimento e unidade de polícia judiciária relacionada, local de origem, nome de quem transportou o vestígio, código de rastreamento, natureza do exame, tipo do vestígio, protocolo, assinatura e identificação de quem o recebeu;*
>
> *VIII – processamento: exame pericial em si, manipulação do vestígio de acordo com a metodologia adequada às suas características biológicas, físicas e químicas, a fim de se obter o resultado desejado, que deverá ser formalizado em laudo produzido por perito;*
>
> *IX – armazenamento: procedimento referente à guarda, em condições adequadas, do material a ser processado, guardado para realização de contraperícia, descartado ou transportado, com vinculação ao número do laudo correspondente;*
>
> *X – descarte: procedimento referente à liberação do vestígio, respeitando a legislação vigente e, quando pertinente, mediante autorização judicial.*
>
> *Art. 158-C A coleta dos vestígios deverá ser realizada preferencialmente por perito oficial, que dará o encaminhamento necessário para a central de custódia, mesmo quando for necessária a realização de exames complementares.*
>
> *§ 1º Todos os vestígios coletados no decurso do inquérito ou processo devem ser tratados como descrito nesta Lei, ficando órgão central de perícia oficial de natureza criminal responsável por detalhar a forma do seu cumprimento.*
>
> *§ 2º É proibida a entrada em locais isolados bem como a remoção de quaisquer vestígios de locais de crime antes da liberação por parte do perito responsável, sendo tipificada como fraude processual a sua realização.*
>
> *Art. 158-D O recipiente para acondicionamento do vestígio será determinado pela natureza do material.*
>
> *§ 1º Todos os recipientes deverão ser selados com lacres, com numeração individualizada, de forma a garantir a inviolabilidade e a idoneidade do vestígio durante o transporte.*
>
> *§ 2º O recipiente deverá individualizar o vestígio, preservar suas características, impedir contaminação e vazamento, ter grau de resistência adequado e espaço para registro de informações sobre seu conteúdo.*
>
> *§ 3º O recipiente só poderá ser aberto pelo perito que vai proceder à análise e, motivadamente, por pessoa autorizada.*
>
> *§ 4º Após cada rompimento de lacre, deve se fazer constar na ficha de acompanhamento de vestígio o nome e a matrícula do responsável, a data, o local, a finalidade, bem como as informações referentes ao novo lacre utilizado.*
>
> *§ 5º O lacre rompido deverá ser acondicionado no interior do novo recipiente.*
>
> *Art. 158-E Todos os Institutos de Criminalística deverão ter uma central de custódia destinada à guarda e controle dos vestígios, e sua gestão deve ser vinculada diretamente ao órgão central de perícia oficial de natureza criminal.*
>
> *§ 1º Toda central de custódia deve possuir os serviços de protocolo, com local para conferência, recepção, devolução de materiais e documentos, possibilitando a seleção, a classificação e a distribuição de materiais, devendo ser um espaço seguro e apresentar condições ambientais que não interfiram nas características do vestígio.*
>
> *§ 2º Na central de custódia, a entrada e a saída de vestígio deverão ser protocoladas, consignando-se informações sobre a ocorrência no inquérito que a eles se relacionam.*
>
> *§ 3º Todas as pessoas que tiverem acesso ao vestígio armazenado deverão ser identificadas e deverão ser registradas a data e a hora do acesso.*
>
> *§ 4º Por ocasião da tramitação do vestígio armazenado, todas as ações deverão ser registradas, consignando-se a identificação do responsável pela tramitação, a destinação, a data e o horário da ação.*

PROVAS

Art. 158-F Após a realização da perícia, o material deverá ser devolvido à central de custódia, devendo nela permanecer.

Parágrafo único. Caso a central de custódia não possua espaço ou condições de armazenar determinado material, deverá a autoridade policial ou judiciária determinar as condições de depósito do referido material em local diverso, mediante requerimento do diretor do órgão central de perícia oficial de natureza criminal.

8.3 Classificação das provas

8.3.1 Provas nominadas

São aquelas cujo meio de produção está previsto em lei (arts. 158 a 250, CPP).

Art. 226, CPP Quando houver necessidade de fazer-se o reconhecimento de pessoa, proceder-se-á pela seguinte forma:

I – a pessoa que tiver de fazer o reconhecimento será convidada a descrever a pessoa que deva ser reconhecida;

II – a pessoa, cujo reconhecimento se pretender, será colocada, se possível, ao lado de outras que com ela tiverem qualquer semelhança, convidando-se quem tiver de fazer o reconhecimento a apontá-la;

III – se houver razão para recear que a pessoa chamada para o reconhecimento, por efeito de intimidação ou outra influência, não diga a verdade em face da pessoa que deve ser reconhecida, a autoridade providenciará para que esta não veja aquela;

IV – do ato de reconhecimento lavrar-se-á auto pormenorizado, subscrito pela autoridade, pela pessoa chamada para proceder ao reconhecimento e por duas testemunhas presenciais.

8.3.2 Provas inominadas

São aquelas cujos meios de produção não estão previstos na lei. Por exemplo: recognição visuográfica de local de crime.

8.3.3 Princípio da liberdade na produção de provas

É possível a utilização de qualquer uma das duas modalidades de provas anteriormente descritas, ou seja, as nominadas e as inominadas, em razão do princípio da liberdade na produção da prova.

Não há nenhuma hierarquia entre as provas, ou seja, tanto as nominadas quanto as inominadas têm o mesmo valor. Tal princípio encontra exceção na seguinte hipótese: estado civil das pessoas.

Art. 155, parágrafo único, CPP Somente quanto ao estado das pessoas serão observadas as restrições estabelecidas na lei civil.

Para provar o estado civil, é necessária a apresentação de certidão, não admitindo nenhum outro modo, como a prova testemunhal.

8.3.4 Provas ilícitas

Recebem conceituação diferente pelo Código de Processo Penal e, também, pela doutrina.

▷ **Conceito de provas ilícitas dentro do CPP:** não há distinção entre as provas ilícitas e ilegítimas, sendo todas elas espécies de provas ilícitas, ou seja, estas, para o CPP, são aquelas que ferem normas constitucionais e infraconstitucionais. Assim, tanto faz se fere norma de Direito Penal ou de Direito Processual Penal.

Art. 157, CPP São inadmissíveis, devendo ser desentranhadas do processo, as provas ilícitas, assim entendidas as obtidas em violação a normas constitucionais ou legais.

▷ **Conceito de provas ilícitas para a doutrina:** as provas ilícitas recebem uma subclassificação: ilícitas e ilegítimas.

- **Provas ilícitas**: são as que ofendem o direito material (Código Penal ou legislação penal extravagante) e aquelas que ofendem os princípios constitucionais penais. Por exemplo: violar uma correspondência para conseguir uma prova.

- **Provas Ilegítimas**: são as provas que ofendem o direito formal, processual, ou seja, o Código de Processo Penal e a legislação processual penal extravagante. Também são aquelas que violam os princípios constitucionais processuais penais. Por exemplo: laudo pericial confeccionado somente por um perito não oficial.

Distinção entre prova ilícita e prova ilegítima

▷ **Prova ilícita:** é aquela produzida mediante a violação de norma de direito material prevista na Constituição Federal ou em lei ordinária.

▷ **Prova ilegítima:** é aquela produzida mediante violação de norma de direito processual.

Art. 479, CPP Durante o julgamento não será permitida a leitura de documento ou a exibição de objeto que não tiver sido juntado aos autos com a antecedência mínima de 3 (três) dias úteis, dando-se ciência à outra parte.

Inutilização da prova Ilícitas

Art. 157, CPP São inadmissíveis, devendo ser desentranhadas do processo, as provas ilícitas, assim entendidas as obtidas em violação a normas constitucionais ou legais. [...]

§ 3º Preclusa a decisão de desentranhamento da prova declarada inadmissível, esta será inutilizada por decisão judicial, facultado às partes acompanhar o incidente.

Teoria dos frutos da árvore envenenada (*fruits of the poisonous tree*): teoria da prova ilícita por derivação.

Art. 157, § 1º, 1ª parte, CPP São também inadmissíveis as provas derivadas das ilícitas.

As provas que decorrem de uma ilícita também estarão contaminadas, não devendo ser utilizadas no processo.

▷ **Teoria da descoberta inevitável:** prova originária de fonte independente.

Art. 157, §§ 1º e 2º, CPP São também inadmissíveis as provas derivadas das ilícitas, salvo quando não evidenciado o nexo de causalidade entre umas e outras, ou quando as derivadas puderem ser obtidas por uma fonte independente das primeiras. Considera-se fonte independente aquela que por si só, seguindo os trâmites típicos e de praxe, próprios da investigação ou instrução criminal, seria capaz de conduzir ao fato objeto da prova.

A prova derivada de uma ilícita poderá ser utilizada quando, seguindo os trâmites típicos e de praxe da investigação, ou da instrução criminal, pudermos chegar à mesma prova obtida por meio de uma ilícita.

Por meio de uma escuta ilegal, obtém-se a localização de um documento incriminador em relação ao indiciado. Ocorre que uma testemunha, depondo regularmente, também indicou à Polícia o lugar onde se encontrava a referida prova. Podemos concluir que mesmo que esse documento não fosse confeccionado por meio de um procedimento ilegal, ele seria produzido após o interrogatório, por fonte independente.

▷ **Teoria da prova absolutamente independente:**

Art. 157, § 3º, CPP Preclusa a decisão de desentranhamento da prova declarada inadmissível, esta será inutilizada por decisão judicial, facultado às partes acompanhar o incidente.

A mera existência de uma prova ilícita no processo não necessariamente o contamina, pois, havendo outras provas lícitas absolutamente independentes da ilícita no processo serão aproveitadas.

A prova declarada ilícita pelo juiz será desentranhada dos autos e destruída com a presença facultativa das partes.

8.3.5 Ônus da prova

Art. 156, CPP A prova da alegação incumbirá a quem a fizer.

▷ **Prova emprestada:** é aceita no Brasil e é aquela produzida em outro processo.

▷ **Requisitos:** ser entre as partes envolvidas e ser colhida perante o juiz.

DIREITO PROCESSUAL PENAL

8.3.6 Exame de corpo delito

> **Art. 158, CPP** *Quando a infração deixar vestígios, será indispensável o exame de corpo de delito, direto ou indireto, não podendo supri-lo a confissão do acusado.*
>
> **Parágrafo único**. *Dar-se-á prioridade à realização do exame de corpo de delito quando se tratar de crime que envolva:*
>
> *I – violência doméstica e familiar contra mulher;*
>
> *II – violência contra criança, adolescente, idoso ou pessoa com deficiência.*

▷ **Obrigatoriedade do exame de corpo de delito:** quando ocorrer infrações que deixam vestígios.

Não podendo supri-lo a confissão do acusado:

▷ **Prioridade à realização do exame de corpo de delito:** violência doméstica e familiar contra a mulher, contra criança, adolescente, idoso ou pessoa com deficiência.

O exame de corpo de delito pode ser negado pelo juiz ou delegado?

> **Art. 184, CPP** *Salvo o caso de **exame de corpo de delito**, o juiz ou a autoridade policial **negará a perícia requerida pelas partes**, quando não for necessária ao esclarecimento da verdade.*

Diferença entre corpo de delito e exame de corpo de delito

▷ **Corpo de delito:** é um conjunto de vestígios deixados, pode ser qualquer coisa, como corpo, documentos etc.

▷ **Exame de corpo de delito:** é a perícia que será realizada nos vestígios.

> **Art. 158, CPP** *Quando a infração deixar vestígios, será indispensável o exame de corpo de delito, direto ou indireto, não podendo supri-lo a confissão do acusado.*

Diferença entre corpo de delito direto e indireto

▷ **Direto:** é aquele realizado exatamente nos vestígios deixados pelo crime.

▷ **Indireto:** é aquele realizado por outros meios, pois não foi possível fazer o direto, uma vez que ocorreu desaparecimento (por exemplo: prontuários médicos, atestados).

É possível a prova testemunhal no exame de corpo de delito indireto?

> **Art. 167, CPP** *Não sendo possível o exame de corpo de delito, por haverem desaparecido os vestígios, a prova testemunhal poderá suprir-lhe a falta.*

8.3.7 Peritos

> **Art. 159, CPP** *O exame de corpo de delito e outras perícias serão realizados por perito oficial, portador de diploma de curso superior.*

O exame de corpo de delito e outras perícias serão realizadas por **perito oficial**, portador de diploma de curso superior.

> **Art. 159, § 1º, CPP** *Na falta de perito oficial, o exame será realizado por 2 (duas) pessoas idôneas, portadoras de diploma de curso superior preferencialmente na área específica, dentre as que tiverem habilitação técnica relacionada com a natureza do exame.*
>
> *§ 2º Os peritos não oficiais prestarão o compromisso de bem e fielmente desempenhar o encargo.*

Portanto, o perito não oficial deve:

▷ Ser pessoa idônea (obrigatório);

▷ Ser portador de curso superior (obrigatório);

▷ Estar **preferencialmente** na área específica da matéria examinada.

8.3.8 Reconhecimento de pessoas e objetos

É o meio de prova que tem por finalidade identificar se determinada pessoa ou objeto teve algum tipo de ligação com o crime apurado no processo. Assim, alguém que já tenha visto uma coisa ou outra será chamado a identificá-lo.

Reconhecimento de pessoas

Por meio deste expediente, busca-se identificar não somente o infrator, mas, em alguns casos, até mesmo a vítima e as testemunhas.

> **Art. 226, CPP** *[...]*
>
> *I – A pessoa que tiver de fazer o reconhecimento será convidada a descrever a pessoa que deva ser reconhecida;*
>
> *II – A pessoa, cujo reconhecimento se pretender, será colocada, se possível, ao lado de outras que com ela tiverem qualquer semelhança, convidando-se quem tiver de fazer o reconhecimento a apontá-la;*

Reconhecimento de objetos

Se for necessário proceder ao reconhecimento de objetos que tenham algum tipo de vínculo com o crime, será adotará adotado o mesmo procedimento realizado para reconhecer uma pessoa.

> **Art. 227, CPP** *No reconhecimento de objeto, proceder-se-á com as cautelas estabelecidas no artigo anterior, no que for aplicável.*

É possível o reconhecimento de pessoas tanto por fotografias como pela voz (modalidade de provas inominadas).

Acareação

É o meio de prova que tem por finalidade esclarecer divergências nas declarações de qualquer cidadão sobre fatos ou circunstâncias relevantes. A acareação pode se dar tanto entre acusados, acusado e testemunha etc.

> **Art. 229, CPP** *A acareação será admitida entre acusados, entre acusado e testemunha, entre testemunhas, entre acusado ou testemunha e a pessoa ofendida, e entre as pessoas ofendidas, sempre que divergirem, em suas declarações, sobre fatos ou circunstâncias relevantes.*

Natureza: meio de prova

▷ **Pressupostos:** divergência substancial sobre fato ou circunstância relevante, prestada previamente pelos confrontantes.

▷ **Procedimento:** os acareados serão convocados à presença da autoridade (juiz ou delegado). Na sequência, serão provocados pela autoridade a mudar ou ratificar o depoimento anteriormente prestado.

Documentos

É o papel ou meio digital, fotográfico etc., que tem por finalidade transmitir uma informação. É o documento produzido com a finalidade de provar algo. Por exemplo: um comprovante de pagamento, declaração do IR.

Documentos eventuais

Não possuem a finalidade de provar nada, mas, excepcionalmente, podem funcionar como prova. Por exemplo: uma foto familiar.

Tradução

Os documentos em língua estrangeira poderão ser traduzidos para que se obtenha a exata compreensão.

Segundo a doutrina, o que estiver escrito em língua estrangeira, para que tenha valor de prova, deve ser traduzido para o português, respeitando-se o princípio da publicidade.

Restituição

Após a sentença transitar em julgado, será possível a devolução dos documentos originais ao proprietário, adotando-se o seguinte procedimento:

▷ Requerimento do proprietário;

▷ Prévia oitiva do MP antes da decisão juiz;

▷ Se o juiz deferir o pedido, deve ficar cópia nos autos.

> **Art. 238, CPP** *Os documentos originais, juntos a processo findo, quando não exista motivo relevante que justifique a sua conservação nos autos, poderão, mediante requerimento, e ouvido o Ministério Público, ser entregues à parte que os produziu, ficando traslado nos autos.*

PROVAS

Indícios

Art. 239, CPP Considera-se indício a circunstância conhecida e provada, que, tendo relação com o fato, autorize, por indução, concluir-se a existência de outra ou outras circunstâncias.

Por exemplo: alguém passeia pela rua e depara-se com uma pessoa com a roupa suja de sangue e uma faca na mão. Essa pessoa passa pela outra correndo e, após alguns metros, encontra um cidadão caído no chão com várias facadas no corpo. Pode-se concluir, logicamente, que aquela primeira que passou com a faca cometeu a agressão, mesmo que não se tenha visto o crime acontecer.

Busca e apreensão

▷ **Busca:** é a procura de determinada pessoa ou objeto do rol do art. 240 do CPP.
▷ **Apreensão:** é resultante da busca bem-sucedida, em que se apreende a respectiva pessoa ou objeto procurado.

Para a doutrina moderna, a busca e apreensão seria uma medida cautelar que tem por finalidade prospectar objetos ou pessoas.

▷ **Momento:** pode ser produzida a qualquer momento, antes, durante ou até mesmo após a persecução penal, ou seja, durante a execução da pena.

Laudo pericial (art. 160, CPP)

Art. 160, CPP Os peritos elaborarão o laudo pericial, onde descreverão minuciosamente o que examinarem, e responderão aos quesitos formulados.

Parágrafo único. O laudo pericial será elaborado no prazo máximo de 10 dias, podendo este prazo ser prorrogado, em casos excepcionais, a requerimento dos peritos.

É um documento por meio do qual o perito expõe suas conclusões e deve conter:
▷ Informações detalhadas do objeto periciado;
▷ Respostas elaboradas para os quesitos formulados pelas partes;
▷ Conclusões.

Art. 161 O exame de corpo de delito poderá ser feito em qualquer dia e a qualquer hora.

Autopsia é obrigatória?

Art. 16, parágrafo único, CPP Nos casos de morte violenta, bastará o simples exame externo do cadáver, quando não houver infração penal que apurar, ou quando as lesões externas permitirem precisar a causa da morte e não houver necessidade de exame interno para a verificação de alguma circunstância relevante.

Interrogatório

▷ Trata-se de um meio de prova e um meio de defesa;
▷ Ato personalíssimo do réu.

Via de regra será oral. As exceções estão previstas nos arts. 192 e 193 do CPP:

Art. 192, CPP O interrogatório do mudo, do surdo ou do surdo-mudo será feito pela forma seguinte:

I – ao surdo serão apresentadas por escrito as perguntas, que ele responderá oralmente

II – ao mudo as perguntas serão feitas oralmente, respondendo-as por escrito

III – ao surdo-mudo as perguntas serão formuladas por escrito e do mesmo modo dará as respostas

Parágrafo único. Caso o interrogando não saiba ler ou escrever, intervirá no ato, como intérprete e sob compromisso, pessoa habilitada a entendê-lo

Art. 193 Quando o interrogando não falar a língua nacional, o interrogatório será feito por meio de intérprete.

Individualidade

Art. 191 Havendo mais de um acusado, serão interrogados separadamente.

Procedimentos

Art. 185 O acusado que comparecer perante a autoridade judiciária, no curso do processo penal, será qualificado e interrogado na presença de seu defensor, constituído ou nomeado. [...]

§ 5º Em qualquer modalidade de interrogatório, o juiz garantirá ao réu o direito de entrevista prévia e reservada com o seu defensor; [...]

§ 10 Do interrogatório deverá constar a informação sobre a existência de filhos, respectivas idades e se possuem alguma deficiência e o nome e o contato de eventual responsável pelos cuidados dos filhos, indicado pela pessoa presa

Qualificação – 2 fases

Art. 187 O interrogatório será constituído de duas partes: sobre a pessoa do acusado e sobre os fatos

§ 1º Na primeira parte o interrogando será perguntado sobre a residência, meios de vida ou profissão, oportunidades sociais, lugar onde exerce a sua atividade, vida pregressa, notadamente se foi preso ou processado alguma vez e, em caso afirmativo, qual o juízo do processo, se houve suspensão condicional ou condenação, qual a pena imposta, se a cumpriu e outros dados familiares e sociais

§ 2º Na segunda parte será perguntado sobre:

I – ser verdadeira a acusação que lhe é feita;

II – não sendo verdadeira a acusação, se tem algum motivo particular a que atribuí-la, se conhece a pessoa ou pessoas a quem deva ser imputada a prática do crime, e quais sejam, e se com elas esteve antes da prática da infração ou depois dela;

III – onde estava ao tempo em que foi cometida a infração e se teve notícia desta;

IV – as provas já apuradas;

V – se conhece as vítimas e testemunhas já inquiridas ou por inquirir, e desde quando, e se tem o que alegar contra elas;

VI – se conhece o instrumento com que foi praticada a infração, ou qualquer objeto que com esta se relacione e tenha sido apreendido;

VII – todos os demais fatos e pormenores que conduzam à elucidação dos antecedentes e circunstâncias da infração;

VIII – se tem algo mais a alegar em sua defesa.

Pode ser invocado o nemo tenetur se detegere no interrogatório?

Art. 186, CPP Depois de devidamente qualificado e cientificado do inteiro teor da acusação, o acusado será informado pelo juiz, antes de iniciar o interrogatório, do seu direito de permanecer calado e de não responder perguntas que lhe forem formuladas.

Parágrafo único. O silêncio, que não importará em confissão, não poderá ser interpretado em prejuízo da defesa.

Uma vez interrogado o acusado, ele pode ser inquirido novamente?

Art. 196, CPP A todo tempo o juiz poderá proceder a novo interrogatório de ofício ou a pedido fundamentado de qualquer das partes.

Interrogatório por videoconferência

Art. 185, § 2º, CPP Excepcionalmente, o juiz, por decisão fundamentada, de ofício ou a requerimento das partes, poderá realizar o interrogatório do réu preso por sistema de videoconferência ou outro recurso tecnológico de transmissão de sons e imagens em tempo real, desde que a medida seja necessária para atender a uma das seguintes finalidades:

I – prevenir risco à segurança pública, quando exista fundada suspeita de que o preso integre organização criminosa ou de que, por outra razão, possa fugir durante o deslocamento;

II – viabilizar a participação do réu no referido ato processual, quando haja relevante dificuldade para seu comparecimento em juízo, por enfermidade ou outra circunstância pessoal;

III – impedir a influência do réu no ânimo de testemunha ou da vítima, desde que não seja possível colher o depoimento destas por videoconferência, nos termos do art. 217 deste Código;

IV – responder à gravíssima questão de ordem pública.

§ 3º Da decisão que determinar a realização de interrogatório por videoconferência, as partes serão intimadas com 10 (dez) dias de antecedência

§ 4º Antes do interrogatório por videoconferência, o preso poderá acompanhar, pelo mesmo sistema tecnológico, a realização de todos os atos da audiência única de instrução e julgamento

§ 6º A sala reservada no estabelecimento prisional para a realização de atos processuais por sistema de videoconferência será fiscalizada pelos corregedores e pelo juiz de cada causa, como também pelo Ministério Público e pela Ordem dos Advogados do Brasil.

Confissão

Art. 197, CPP *O valor da confissão se aferirá pelos critérios adotados para os outros elementos de prova, e para a sua apreciação o juiz deverá confrontá-la com as demais provas do processo, verificando se entre ela e estas existe compatibilidade ou concordância.*

Art. 198 *O silêncio do acusado não importará confissão, mas poderá constituir elemento para a formação do convencimento do juiz.*

Art. 199 *A confissão, quando feita fora do interrogatório, será tomada por termo nos autos, observado o disposto no art. 195.*

Art. 200 *A confissão será divisível e retratável, sem prejuízo do livre convencimento do juiz, fundado no exame das provas em conjunto.*

9 SUJEITOS PROCESSUAIS

9.1 Juiz

O processo desenvolve-se com partes relacionadas dentro de uma relação jurídica estabelecida. Nesse contexto, temos os sujeitos essenciais e os secundários.

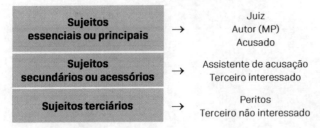

O juiz possui:

- **Poder de Polícia Administrativa:** exercido com a finalidade de manter e garantir a ordem dos trabalhos, bem como a disciplina.
- **Poder jurisdicional:** tem a ver com sua atividade-fim. É relativo à condução do processo.

*Art. 251, CPP Ao juiz incumbirá prover à regularidade do processo e manter a ordem no curso dos respectivos atos, podendo, para tal fim, requisitar a **força pública**.*

*Art. 252 O juiz **não poderá** exercer jurisdição no processo em que:*

*I – tiver funcionado seu cônjuge ou parente, consanguíneo ou afim, em linha reta ou colateral até o **3º grau**, inclusive, como defensor ou advogado, órgão do Ministério Público, autoridade policial, auxiliar da justiça ou perito;*

II – ele próprio houver desempenhado qualquer dessas funções ou servido como testemunha;

*III – tiver funcionado como juiz de outra instância, pronunciando-se, de **fato** ou **de direito**, sobre a questão;*

IV – ele próprio ou seu cônjuge ou parente, consanguíneo ou afim em linha reta ou colateral até o terceiro grau, inclusive, for parte ou diretamente interessado no feito.

*Art. 253 Nos juízos coletivos, **não poderão** servir no mesmo processo os juízes que forem entre si parentes, consanguíneos ou afins, em linha reta ou colateral até o **3º grau**, inclusive.*

*Art. 254 O juiz dar-se-á por **suspeito**, e, se não o fizer, poderá ser recusado por qualquer das partes:*

I – se for amigo íntimo ou inimigo capital de qualquer deles;

*II – se ele, seu cônjuge, ascendente ou descendente, estiver respondendo a processo por fato **análogo**, sobre cujo caráter criminoso haja controvérsia;*

*III – se ele, seu cônjuge, ou parente, consanguíneo, ou afim, até o **3º grau**, inclusive, sustentar demanda ou responder a processo que tenha de ser julgado por qualquer das partes;*

IV – se tiver aconselhado qualquer das partes;

V. se for credor ou devedor, tutor ou curador, de qualquer das partes;

VI – se for sócio, acionista ou administrador de sociedade interessada no processo.

*Art. 255 O impedimento ou suspeição decorrente de parentesco por afinidade **cessará** pela dissolução do casamento que lhe tiver dado causa, **salvo** sobrevindo **descendentes**; mas, **ainda que dissolvido** o casamento sem **descendentes**, **não funcionará como juiz** o sogro, o padrasto, o cunhado, o genro ou enteado de quem for parte no processo.*

*Art. 256 A **suspeição** não poderá ser declarada nem reconhecida, quando a **parte injuriar o juiz** ou **de propósito der motivo para criá-la**.*

- Na suspeição, há espaço para juízo de valoração;
- Pode ser de ofício ou arguida pelas partes;
- Deve ser demonstrado por meio de prova;
- Rol exemplificativo.

A suspeição não poderá ser declarada nem reconhecida quando a parte injuriar o juiz ou, de propósito, der motivo para criá-la.

Impedimento

Quando tiver funcionado seu cônjuge ou parente, consanguíneo ou afim, em linha reta ou colateral até o 3º grau, inclusive, como:

- Defensor;
- Advogado;
- Órgão do Ministério Público;
- Autoridade policial;
- Auxiliar da Justiça ou perito.

Ele próprio houver desempenhado qualquer dessas funções ou servido como testemunha.

Tiver funcionado como juiz de outra instância, pronunciando-se, de fato ou de direito, sobre a questão.

Ele próprio ou seu cônjuge ou parente, consanguíneo ou afim em linha reta ou colateral até o terceiro grau, inclusive, for parte ou diretamente interessado no feito.

*Art. 267, CPP Nos termos do art. 252, **não funcionarão** como defensores os **parentes do juiz**.*

*Art. 253, CPP Nos juízos coletivos, **não poderão** servir no mesmo processo os juízes que forem entre si, parentes, consanguíneos ou afins, em linha reta ou colateral até o **3º grau**, inclusive.*

Suspeição

- Se for **amigo íntimo** ou **inimigo capital** de qualquer deles.
- Se ele, seu cônjuge, **ascendente** ou **descendente**, estiver respondendo a processo por **fato análogo**, sobre cujo caráter criminoso haja controvérsia.
- Se ele, seu cônjuge, ou parente, consanguíneo, ou afim, até o **3º grau**, inclusive, **sustentar demanda** ou responder a processo que tenha de ser julgado por qualquer das partes.
- Se tiver **aconselhado** qualquer das partes.
- Se for **credor** ou devedor, **tutor** ou **curador**, de qualquer das partes.
- Se for **sócio**, **acionista** ou **administrador** de sociedade interessada no processo.
- A **suspeição** não poderá ser declarada nem reconhecida, quando a parte injuriar o juiz ou de propósito der motivo para criá-la.

*Art. 274, CPP As prescrições sobre **suspeição** dos juízes estendem-se aos **serventuários** e **funcionários da justiça**, no que lhes for aplicável.*

9.2 Ministério Público

*Art. 257, CPP Ao **Ministério Público** cabe:*

*I – promover, **privativamente**, a **ação penal**, na forma estabelecida neste Código; e*

II – fiscalizar a execução da lei.

*Art. 258 Os órgãos do Ministério Público **não funcionarão** nos processos em que o juiz ou qualquer das partes for seu cônjuge, ou parente, consanguíneo ou afim, em linha reta ou colateral, até o **3º grau**, inclusive, e a eles se estendem, no que lhes for aplicável, as prescrições relativas à suspeição e aos impedimentos dos juízes.*

9.3 Acusado e seu defensor

Art. 259, CPP A impossibilidade de identificação do acusado com o seu verdadeiro nome ou outros qualificativos não retardará a ação penal, quando certa a identidade física. A qualquer tempo, no curso do processo, do julgamento ou da execução da sentença, se for descoberta a sua qualificação, far-se-á a retificação, por termo, nos autos, sem prejuízo da validade dos atos precedentes.

*Art. 260 Se o **acusado não atender à intimação** para o interrogatório, reconhecimento ou qualquer outro ato que, sem ele, não possa ser realizado, **a autoridade poderá mandar conduzi-lo à sua presença**.*

DIREITO PROCESSUAL PENAL

Parágrafo único. *O mandado conterá, além da ordem de condução, os requisitos mencionados no art. 352, no que lhe for aplicável.*

Art. 261 *Nenhum acusado, ainda que ausente* **ou** *foragido, será processado ou julgado* **sem defensor**.

Parágrafo único. *A defesa técnica, quando realizada por defensor público ou dativo, será sempre exercida através de manifestação fundamentada.*

Art. 262 *Ao acusado* **menor** *dar-se-á* **curador**.

Art. 263 *Se o acusado não o tiver, ser-lhe-á nomeado defensor pelo juiz,* **ressalvado** *o seu direito de, a todo tempo, nomear outro de sua confiança, ou a si mesmo defender-se, caso tenha habilitação.*

Parágrafo único. *O acusado, que* **não for pobre**, *será obrigado a pagar os honorários do defensor dativo, arbitrados pelo juiz.*

Existem duas espécies de defensor:

▷ **Constituído:** indicado pelo réu;

▷ **Nomeado:** indicado pelo juiz.

Art. 264 **Salvo** *motivo relevante, os* **advogados** *e* **solicitadores** *serão obrigados, sob pena de multa de cem a quinhentos mil-réis, a prestar seu patrocínio aos acusados,* **quando nomeados pelo Juiz**.

Art. 265 *O defensor* **não poderá** *abandonar o processo senão por motivo imperioso, comunicado previamente o juiz, sob pena de multa de* **10 a 100 salários-mínimos**, *sem prejuízo das demais sanções cabíveis.*

§ 1º A audiência poderá ser adiada se, **por motivo justificado**, *o defensor não puder comparecer.*

§ 2º Incumbe ao defensor provar o **impedimento** *até a abertura da audiência. não o fazendo, o juiz não determinará o adiamento de ato algum do processo, devendo nomear defensor substituto, ainda que provisoriamente ou só para o efeito do ato.*

Art. 266 *A constituição de defensor* **independerá** *de instrumento de mandato, se o acusado o indicar por ocasião do interrogatório.*

Art. 267 *Nos termos do art. 252,* **não funcionarão** *como defensores os* **parentes do juiz**.

9.4 Assistentes

Art. 268, CPP *Em todos os termos da* **ação pública**, *poderá* **intervir**, **como assistente** *do Ministério Público, o ofendido ou seu representante legal, ou, na falta, qualquer das pessoas mencionadas no art. 31.*

Art. 269 *O* **assistente** *será admitido enquanto não passar em julgado a sentença e receberá a causa no estado em que se achar.*

Art. 270 *O corréu no mesmo processo não poderá intervir como assistente do Ministério Público.*

Art. 271 *Ao assistente será permitido propor meios de prova, requerer perguntas às testemunhas, aditar o libelo e os articulados, participar do debate oral e arrazoar os recursos interpostos pelo Ministério Público, ou por ele próprio, nos casos dos arts. 584, § 1º, e 598.*

§ 1º O juiz, ouvido o Ministério Público, decidirá acerca da realização das provas propostas pelo assistente.

§ 2º O **processo prosseguirá** *independentemente de nova intimação do assistente, quando este, intimado, deixar de comparecer a qualquer dos atos da instrução ou do julgamento, sem motivo de força maior devidamente comprovado.*

Art. 272 *O Ministério Público será ouvido previamente sobre a admissão do assistente.*

Art. 273 *Do despacho que admitir, ou não, o assistente, não caberá recurso, devendo, entretanto, constar dos autos o pedido e a decisão.*

9.5 Funcionários da Justiça

Art. 274, CPP *As prescrições sobre suspeição dos juízes estendem-se aos serventuários e funcionários da justiça, no que lhes for aplicável.*

9.6 Peritos e intérpretes

Art. 275, CPP *O perito,* **ainda quando não oficial**, *estará* **sujeito à disciplina judiciária**.

Art. 276 *As partes não intervirão na nomeação do perito.*

Art. 277 *O perito nomeado pela autoridade será obrigado a aceitar o encargo, sob pena de multa de cem a quinhentos mil-réis, salvo escusa atendível.*

Parágrafo único. *Incorrerá na mesma multa o perito que, sem justa causa, provada imediatamente:*

a) deixar de acudir à intimação ou ao chamado da autoridade;

b) não comparecer no dia e local designados para o exame;

c) não der o laudo, ou concorrer para que a perícia não seja feita, nos prazos estabelecidos.

Art. 278 *No caso de não-comparecimento do perito,* **sem justa causa**, *a autoridade poderá* **determinar a sua condução**.

Art. 279 **Não poderão ser peritos**:

I – os que estiverem sujeitos à interdição de direito mencionada nos nºs I e IV do art. 69 do Código Penal;

II – os que tiverem prestado depoimento no processo ou opinado anteriormente sobre o objeto da perícia;

III – os analfabetos e os menores de 21 anos.

Art. 280 *É extensivo aos peritos, no que lhes for aplicável, o disposto sobre suspeição dos juízes.*

Art. 281 **Os intérpretes são, para todos os efeitos, equiparados aos peritos**.

10 PRISÕES

10.1 Conceito

Prisão é uma restrição à liberdade de ir e vir (liberdade ambulatorial ou de locomoção), por meio do recolhimento ao cárcere por ordem fundamentada do juiz ou derivada da prisão em flagrante.

10.2 Espécies de prisão cautelar

Atualmente, existem três espécies de prisão cautelar: 1) prisão em flagrante, 2) preventiva e 3) temporária.

10.2.1 Prisão preventiva

É a medida cautelar de constrição da liberdade pessoal, cabível durante toda a persecução penal (inquérito policial + processo), decretada pelo juiz *ex-officio* no curso da ação penal, ou a requerimento do MP, do querelante, do assistente ou por representação da autoridade policial. Não tem prazo e justifica-se na presença dos requisitos estabelecidos na lei.

Note que a prisão preventiva teve alterações consideráveis conforme o Pacote Anticrime.

Tempo da prisão preventiva

Não há prazo definido em lei acerca da duração dela e estende-se no tempo enquanto houver necessidade, que é dosada pela presença de seus requisitos legais. Se eventualmente estes desaparecem, a prisão preventiva será revogada e nada impede que ela seja decretada novamente, caso algum dos requisitos reapareça.

Por sua vez, se ela se estende no tempo de maneira desproporcional, transforma-se em prisão ilegal e, nesse caso, merecerá relaxamento.

Cabimento

Será possível tanto na investigação policial como no processo.

Art. 311, CPP *Em qualquer fase da investigação policial ou do processo penal, caberá a prisão preventiva decretada pelo juiz, a requerimento do Ministério Público, do querelante ou do assistente, ou por representação da autoridade policial.*

Decretação

Art. 312, CPP *A prisão preventiva poderá ser decretada como garantia da ordem pública, da ordem econômica, por conveniência da instrução criminal ou para assegurar a aplicação da lei penal, quando houver prova da existência do crime e indício suficiente de autoria e de perigo gerado pelo estado de liberdade do imputado.*

§ 1º A prisão preventiva também poderá ser decretada em caso de descumprimento de qualquer das obrigações impostas por força de outras medidas cautelares (art. 282, § 4º).

§ 2º A decisão que decretar a prisão preventiva deve ser motivada e fundamentada em receio de perigo e existência concreta de fatos novos ou contemporâneos que justifiquem a aplicação da medida adotada.

Admissibilidade

Art. 313, CPP *Nos termos do **art. 312 deste Código**, será admitida a decretação da prisão preventiva:*

I – nos crimes dolosos punidos com pena privativa de liberdade máxima superior a 4 (quatro) anos.

II – se tiver sido condenado por outro crime doloso, em sentença transitada em julgado, ressalvado o disposto no inciso I do caput do art. 64 do Decreto-lei nº 2.848, de 7 de dezembro de 1940 – Código Penal.

III – se o crime envolver violência doméstica e familiar contra a mulher, criança, adolescente, idoso, enfermo ou pessoa com deficiência, para garantir a execução das medidas protetivas de urgência.

§ 1º Também será admitida a prisão preventiva quando houver dúvida sobre a identidade civil da pessoa ou quando esta não fornecer elementos suficientes para esclarecê-la, devendo o preso ser colocado imediatamente em liberdade após a identificação, salvo se outra hipótese recomendar a manutenção da medida.

§ 2º Não será admitida a decretação da prisão preventiva com a finalidade de antecipação de cumprimento de pena ou como decorrência imediata de investigação criminal ou da apresentação ou recebimento de denúncia.

Excludentes de ilicitude

Art. 314, CPP *A prisão preventiva em nenhum caso será decretada se o juiz verificar pelas provas constantes dos autos ter o agente praticado o fato nas condições previstas nos incisos I, II e III do caput do art. 23 do Decreto-lei nº 2.848, de 7 de dezembro de 1940 – Código Penal.*

Motivação

Art. 315, CPP *A decisão que decretar, substituir ou denegar a prisão preventiva será sempre motivada e fundamentada.*

§ 1º Na motivação da decretação da prisão preventiva ou de qualquer outra cautelar, o juiz deverá indicar concretamente a existência de fatos novos ou contemporâneos que justifiquem a aplicação da medida adotada.

§ 2º Não se considera fundamentada qualquer decisão judicial, seja ela interlocutória, sentença ou acórdão, que:

I – limitar-se à indicação, à reprodução ou à paráfrase de ato normativo, sem explicar sua relação com a causa ou a questão decidida.

II – empregar conceitos jurídicos indeterminados, sem explicar o motivo concreto de sua incidência no caso.

III – invocar motivos que se prestariam a justificar qualquer outra decisão.

IV – não enfrentar todos os argumentos deduzidos no processo capazes de, em tese, infirmar a conclusão adotada pelo julgador.

V – limitar-se a invocar precedente ou enunciado de súmula, sem identificar seus fundamentos determinantes nem demonstrar que o caso sob julgamento se ajusta àqueles fundamentos.

VI – deixar de seguir enunciado de súmula, jurisprudência ou precedente invocado pela parte, sem demonstrar a existência de distinção no caso em julgamento ou a superação do entendimento.

Art. 316 *O juiz poderá, de ofício ou a pedido das partes, revogar a prisão preventiva se, no correr da investigação ou do processo, verificar a falta de motivo para que ela subsista, bem como novamente decretá-la, se sobrevierem razões que a justifiquem.*

Parágrafo único. *Decretada a prisão preventiva, deverá o órgão emissor da decisão revisar a necessidade de sua manutenção a cada 90 (noventa) dias, mediante decisão fundamentada, de ofício, sob pena de tornar a prisão ilegal.*

10.2.2 Prisão temporária

É a prisão cautelar cabível apenas ao longo do inquérito policial, decretada pelo juiz a requerimento do MP ou por representação da autoridade policial (o juiz não pode decretar a medida de ofício e não pode ser requerida pelo querelante nos casos de ação penal privada), com prazo pré-estabelecido em lei, uma vez presente os requisitos do art. 1º da Lei nº 7.960/1989.

Prisão temporária

- É a prisão cautelar;
- Cabível apenas ao longo do IP;
- Decretada pelo juiz;
- Requerida pelo MP ou pelo delegado;
- Com prazo pré-estabelecido em lei;
- Uma vez presente os seus requisitos.

Cabimento

Art. 1º, Lei nº 7.960/1989 *Caberá prisão temporária:*

I – quando imprescindível para as investigações do inquérito policial;

II – quando o indicado não tiver residência fixa ou não fornecer elementos necessários ao esclarecimento de sua identidade;

III – quando houver fundadas razões, de acordo com qualquer prova admitida na legislação penal, de autoria ou participação do indiciado nos seguintes crimes:

a) homicídio doloso (art. 121, caput, e seu § 2º);

b) sequestro ou cárcere privado (art. 148, caput, e seus §§ 1º e 2º);

c) roubo (art. 157, caput, e seus §§ 1º, 2º e 3º);

d) extorsão (art. 158, caput, e seus §§ 1º e 2º.);

e) extorsão mediante sequestro (art. 159, caput, e seus §§ 1º, 2º e 3º);

f) estupro (art. 213, caput, e sua combinação com o art. 223, caput, e parágrafo único);

g) atentado violento ao pudor (art. 214, caput, e sua combinação com o art. 223, caput, e parágrafo único);

h) rapto violento (art. 219, e sua combinação com o art. 223, caput, e parágrafo único);

i) epidemia com resultado de morte (art. 267, § 1º);

j) envenenamento de água potável ou substância alimentícia ou medicinal qualificado pela morte (art. 270, caput, combinado com art. 285);

l) quadrilha ou bando (art. 288), todos do Código Penal;

m) genocídio (arts. 1º, 2º e 3º da Lei nº 2.889, de 1º de outubro de 1956), em qualquer de suas formas típicas;

n) tráfico de drogas (art. 12 da Lei nº 6.368, de 21 de outubro de 1976);

o) crimes contra o sistema financeiro (Lei nº 7.492, de 16 de junho de 1986).

p) crimes previstos na Lei de Terrorismo.

O rol de crimes descrito é taxativo, o que significa que somente esses delitos comportam a medida e mais nenhum.

10.2.3 Prisão em flagrante

É a prisão cautelar de natureza administrativa que funciona como ferramenta de preservação social, autorizando a captura daquele que é surpreendido no instante em que pratica ou termina de concluir a infração penal. Caracteriza-se pela imediatidade entre o crime e a prisão. Essa modalidade de prisão comporta várias delas e, a seguir, exemplificaremos cada hipótese de flagrante, conforme o que vem sendo cobrado nos principais concursos do país.

Modalidades de flagrante

▷ **Flagrante obrigatório/coercitivo**: é aquele flagrante das autoridades policiais e seus agentes. A autoridade policial não tem qualquer discricionariedade quanto a prisão em flagrante ou não.

*Art. 301, CPP Qualquer do povo poderá e as autoridades policiais e seus agentes **deverão** prender quem quer que seja encontrado em flagrante delito.*

Flagrante obrigátorio
↓
Autoridade Policial ou seus Agentes
↓
Tem o dever de efetuar a prisão

▷ **Flagrante facultativo**: é o flagrante que se aplica a qualquer pessoa do povo, não tendo o sujeito a obrigação de agir.

Art. 301, CPP Qualquer do povo poderá e as autoridades policiais e seus agentes deverão prender quem quer que seja encontrado em flagrante delito.

Flagrante facultativo
↓
Qualquer pessoa do povo
↓
Poderá realizar o flagrante

Esquematizando o tema:

Art. 301	Espécie de flagrante
Qualquer do povo PODERÁ	FACULTATIVO
As autoridades policiais e seus agentes DEVERÃO	OBRIGATÓRIO

Excludente de licitude	Infração em tese
Exercício regular do direito	Constrangimento ilegal
Estrito cumprimento do dever legal	Abuso de autoridade

▷ **Flagrante próprio (real/perfeito/propriamente dito)** tem cabimento em duas hipóteses:
- Quando o agente está cometendo o delito, ou seja, está em plena prática dos atos executórios;
- Acaba de cometer o delito, isto é, o agente terminou de concluir a prática da infração penal, ficando evidente que é o autor do crime.

Art. 302, CPP Considera-se em flagrante delito quem:
I – Está cometendo a infração penal;
II – Acaba de cometê-la;

▷ **Flagrante impróprio (irreal/imperfeito/quase flagrante)**: é a espécie de flagrante que ocorre quando o criminoso conclui o crime ou é interrompido pela chegada de terceiros e foge, sem ser preso no local, fazendo com que se inicie uma perseguição, seja pela polícia, pela vítima ou por terceiro.

Art. 302 Considera-se em flagrante delito quem: [...]
III – É perseguido, logo após, pela autoridade, pelo ofendido ou por qualquer pessoa, em situação que faça presumir ser autor da infração.

▷ **Flagrante presumido (ficto ou assimilado):** o criminoso é encontrado logo depois de praticar o crime, com objetos, armas ou papéis que faça presumir ser ele o autor do delito. Nesse caso, não há perseguição.

Art. 302 Considera-se em flagrante delito quem: [...]
IV – É encontrado, logo depois, com instrumentos, armas, objetos ou papéis que façam presumir ser ele autor da infração.

▷ **Flagrante forjado:** é o flagrante realizado para incriminar um inocente. A prisão é ilegal e o forjador responderá criminalmente por denunciação caluniosa (art. 339, CP).

▷ **Flagrante esperado:** ocorre quando a Polícia toma conhecimento da possibilidade da ocorrência de um crime, então, fica em campana, aguardando que se iniciem os primeiros atos executórios, na expectativa de concretizar a captura. Devido à falta de previsão legal do flagrante esperado, quando a tomada se concretiza, ele se transforma em flagrante próprio. Assim, essa é uma modalidade viável para autorizar a prisão em flagrante.

No flagrante esperado, a Polícia em nada contribui com a prática do delito; ela simplesmente toma conhecimento do crime que está por vir e aguarda o delito acontecer para realizar a prisão. Não confundir com o flagrante preparado.

▷ **Flagrante preparado (provocado/delito putativo por obra do agente provocador):** ocorre quando o agente provocador (em regra, a Polícia, podendo também ser terceiro) induz ou instiga alguém a cometer um crime. Não é admitida no Brasil a prisão – é ilegal –, e o fato praticado não constitui crime, pois é atípico, sendo a consumação da ação impossível, haja vista que, durante os atos executórios, haverá a prisão.

Súmula nº 145 – STF
Não há crime, quando a preparação do flagrante pela polícia torna impossível a sua consumação.

PRISÕES

▷ **Flagrante postergado (diferido/estratégico/ação controlada):** caracteriza-se pela possibilidade que a Polícia – e somente ela – tem de retardar a prisão em flagrante, na expectativa de realizá-la em um momento mais adequado para a colheita de provas, para a captura do maior número de infratores e, também, a fim de conseguir o enquadramento no delito principal da facção criminosa. Ele é possível no **art. 53, Lei nº 11.343/2006.**

> *Art. 53, Lei nº 11.343/2006 Em qualquer fase da persecução criminal relativa aos crimes previstos nesta Lei, são permitidos, além dos previstos em lei, mediante autorização judicial e ouvido o Ministério Público, os seguintes procedimentos investigatórios:*
>
> *I – A infiltração por agentes de polícia, em tarefas de investigação, constituída pelos órgãos especializados pertinentes;*
>
> *II – A não atuação policial sobre os portadores de drogas, seus precursores químicos ou outros produtos utilizados em sua produção, que se encontrem no território brasileiro, com a finalidade de identificar e responsabilizar maior número de integrantes de operações de tráfico e distribuição, sem prejuízo da ação penal cabível.*
>
> *Parágrafo único. Na hipótese do inciso II deste artigo, a autorização será concedida desde que sejam conhecidos o itinerário provável e a identificação dos agentes do delito ou de colaboradores.*

Fases da prisão em flagrante

▷ **Captura:** emprego da força – a força pode ser utilizada, porém com moderação. Referente ao tema, importante o teor constante do art. 292 do CPP.

> *Art. 292, CPP Se houver, ainda que por parte de terceiros, resistência à prisão em flagrante ou à determinada por autoridade competente, o executor e as pessoas que o auxiliarem poderão usar dos meios necessários para defender-se ou para vencer a resistência, do que tudo se lavrará auto subscrito também por duas testemunhas.*

Uso de algemas

Trata-se de uma medida de natureza excepcional, devendo ser utilizado utilizada quando houver risco de fuga OU agressão do preso contra policiais, membros da sociedade ou até a si mesmo.

Súmula Vinculante nº 11 – STF

> *Só é lícito o uso de algemas em casos de resistência e de fundado receio de fuga ou de perigo à integridade física própria ou alheia, por parte do preso ou de terceiros, justificada a excepcionalidade por escrito, sob pena de responsabilidade disciplinar, civil e penal do agente ou da autoridade e de nulidade da prisão ou do ato processual a que se refere, sem prejuízo da responsabilidade civil do Estado.*
>
> *Art. 292, parágrafo único, CPP É vedado o uso de algemas em mulheres grávidas durante os atos médico-hospitalares preparatórios para a realização do parto e durante o trabalho de parto, bem como em mulheres durante o período de puerpério imediato.*

▷ **Condução coercitiva:** não se imporá prisão em flagrante.
- Lei dos Juizados Especiais Criminais;
- Porte de drogas para consumo pessoal;
- CTB.

▷ **Lavratura do auto de prisão em flagrante:** possibilidade de concessão de fiança pela própria autoridade policial, nos moldes previstos pelo art. 322 do CPP.

> *Art. 322, CPP A autoridade policial **somente** poderá conceder fiança nos casos de infração cuja pena privativa de liberdade máxima não seja superior a 4 (quatro) anos.*
>
> *Parágrafo único. Nos demais casos, a fiança será requerida ao juiz, que decidirá em 48 (quarenta e oito) horas.*

▷ **Convalidação judicial da prisão em flagrante:** essa convalidação judicial constitui-se no procedimento que deverá ser observado pelo juiz quando do recebimento do auto de prisão em flagrante.

Cumpre recordarmos que a obrigatoriedade de comunicação da prisão ao juiz encontra-se prevista na legislação ao teor do art. 306, do Código de Processo Penal, o que dispõe:

> *Art. 306 A prisão de qualquer pessoa e local onde se encontre serão comunicados imediatamente ao juiz competente, ao Ministério Público e a família do preso ou a pessoa por ele indicada.*
>
> *§ 1º Em até 24 (vinte e quatro horas) após a realização da prisão, será encaminhado ao juiz competente o auto de prisão em flagrante e, caso o autuado não informe o nome de seu advogado, cópia integral para Defensoria Pública.*
>
> *§ 2º No mesmo prazo, será entregue ao preso, mediante recibo, a nota de culpa (termo de ciência das garantias constitucionais), assinada pela autoridade, com o motivo da prisão, o nome do condutor e os das testemunhas.*

Audiência de custódia: audiência de custódia consiste no direito que a pessoa presa em flagrante possui de ser conduzida (levada), sem demora, à presença de uma autoridade judicial (magistrado) que analisará se os direitos fundamentais dessa pessoa foram respeitados (por exemplo: se não houve tortura), se a prisão em flagrante foi legal e se a prisão cautelar deve ser decretada ou se o preso poderá receber a liberdade provisória ou medida cautelar diversa da prisão.

> *Art. 310, CPP Após receber o auto de prisão em flagrante, no prazo máximo de até 24 (vinte e quatro) horas após a realização da prisão, o juiz deverá promover audiência de custódia com a presença do acusado, seu advogado constituído ou membro da Defensoria Pública e o membro do Ministério Público, e, nessa audiência, o juiz deverá, fundamentadamente.*
>
> *I – relaxar a prisão ilegal; o.*
>
> *II – converter a prisão em flagrante em preventiva, quando presentes os requisitos constantes do art. 312 deste Código, e se revelarem inadequadas ou insuficientes as medidas cautelares diversas da prisão; o.*
>
> *III – conceder liberdade provisória, com ou sem fiança.*
>
> *§ 1º Se o juiz verificar, pelo auto de prisão em flagrante, que o agente praticou o fato em qualquer das condições constantes dos incisos I, II ou III do caput do art. 23 do Decreto-lei nº 2.848, de 7 de dezembro de 1940 (Código Penal), poderá, fundamentadamente, conceder ao acusado liberdade provisória, mediante termo de comparecimento obrigatório a todos os atos processuais, sob pena de revogação.*
>
> *§ 2º Se o juiz verificar que o agente é reincidente ou que integra organização criminosa armada ou milícia, ou que porta arma de fogo de uso restrito, deverá denegar a liberdade provisória, com ou sem medidas cautelares.*
>
> *§ 3º A autoridade que deu causa, sem motivação idônea, à não realização da audiência de custódia no prazo estabelecido no caput deste artigo responderá administrativa, civil e penalmente pela omissão.*
>
> *§ 4º Transcorridas 24 (vinte e quatro) horas após o decurso do prazo estabelecido no caput deste artigo, a não realização de audiência de custódia sem motivação idônea ensejará também a ilegalidade da prisão, a ser relaxada pela autoridade competente, sem prejuízo da possibilidade de imediata decretação de prisão preventiva.*

DIREITO PROCESSUAL PENAL

11 CITAÇÕES E INTIMAÇÕES

11.1 Citações

Citação é o chamamento do réu para participar do processo que foi movido em face dele.

O processo só completa sua formação após o cumprimento da citação.

> **Art. 351, CPP** A citação inicial far-se-á por mandado, quando o réu estiver no território **sujeito à jurisdição do juiz que a houver ordenado**.

O mandado de citação deverá cumprir algumas formalidades, conforme aponta o art. 352. Essas formalidades são necessárias para que o réu tenha ciência da natureza do processo que está sendo movido contra ele.

> **Art. 352, CPP** O mandado de citação indicará:
> I – o nome do juiz;
> II – o nome do **querelante** nas ações iniciadas por queixa;
> III – o nome do réu, ou, se for desconhecido, os seus sinais característicos;
> IV – a residência do réu, **se for conhecida**;
> V – o fim para que é feita a citação;
> VI – o juízo e o lugar, o dia e a hora em que o réu deverá comparecer;
> VII – a **subscrição do escrivão** e a **rubrica do juiz**.

Além destes, existem ainda os requisitos chamados de **extrínsecos**, constantes no art. 357 do CPP.

> **Art. 357, CPP** São requisitos da citação por mandado:
> I – leitura do mandado ao citando pelo oficial e entrega da contrafé, na qual se mencionarão dia e hora da citação;
> II – declaração do oficial, na certidão, da entrega da contrafé, e sua aceitação ou recusa.

Veja que, nos casos citados, faz-se necessário que o réu esteja no **território de jurisdição do juiz.** Quando este estiver fora da jurisdição, será citado por **carta precatória**.

> **Art. 353, CPP** Quando o réu estiver **fora do território** da jurisdição do juiz processante, será citado mediante **precatória**.
> **Art. 354** A precatória indicará:
> I – o juiz deprecado e o juiz deprecante;
> II – a sede da jurisdição de um e de outro;
> III – o fim para que é feita a citação, com todas as especificações;
> IV – o juízo do lugar, o dia e a hora em que o réu deverá comparecer.
> **Art. 355** A precatória será devolvida ao juiz deprecante, independentemente de traslado, depois de lançado o "cumpra-se" e de feita a citação por mandado do juiz deprecado.
> § 1º Verificado que o réu se encontra em território sujeito à jurisdição de outro juiz, a este remeterá o juiz deprecado os autos para efetivação da diligência, desde que haja tempo para fazer-se a citação.
> § 2º Certificado pelo oficial de justiça que o réu se oculta para não ser citado, a precatória será imediatamente devolvida, para o fim previsto no art. 362.

Dá procedimento à citação
Se o réu na localidade do juiz deprecado
Expedida a Precatória

Juiz deprecado verifica que o réu se encontra em território sujeito à jurisdição de outro juiz.	Certificado pelo oficial de justiça que o réu se oculta para não ser citado.
↓	↓
Remeterá o juiz deprecado os autos para efetivação de diligência.	Devolvida ao juiz deprecante para que cite por hora certa.
↓	
Desde que haja tempo para fazer-se a citação	

** A precatória tem caráter intinerante **

Se houver **urgência**, a precatória **poderá**:
▷ Ser expedida via **telegráfica;**
▷ Depois de reconhecida a firma do juiz;
▷ O que a estação expedidora mencionará.

> **Art. 358, CPP** A citação do militar far-se-á por intermédio do chefe do respectivo serviço.
> **Art. 359** O dia designado para funcionário público comparecer em juízo, como acusado, será notificado assim a ele como ao chefe de sua repartição.
> **Art. 360** Se o réu estiver preso, será pessoalmente citado.
> **Art. 358** A citação do **militar** far-se-á por intermédio do chefe do respectivo serviço.
> **Art. 359** O dia designado para **funcionário público** comparecer em juízo, **como acusado**, será **notificado** assim **a** ele como ao **chefe de sua repartição**.
> **Art. 360** Se o réu estiver **preso**, será **pessoalmente citado**.

11.1.1 Jurisprudência

O comparecimento espontâneo do acusado sana eventual nulidade ou falta da citação, desde que não tenha havido prejuízo para a defesa, nos termos do art. 570 do CPP e do entendimento consolidado do STJ.

> **Art. 361, CPP** Se o réu não for encontrado, será citado por edital, com o prazo de 15 (quinze) dias.
> **Art. 362** Verificando que o réu se oculta para não ser citado, o oficial de justiça certificará a ocorrência e procederá à citação com hora certa, na forma estabelecida nos arts. 252 a 254 do Novo Código de Processo Civil.
> **Parágrafo único.** Completada a citação com hora certa, se o acusado não comparecer, ser-lhe-á nomeado **defensor dativo**.
> **Art. 363** O processo terá **completada a sua formação** quando realizada a citação do acusado.
> § 1º **Não** sendo **encontrado o acusado**, será procedida a **citação por edital**.

Há duas regras na jurisprudência em relação à citação por edital, conforme segue:

> **Súmula nº 351 – STF**
> É nula a citação por edital de réu preso na mesma unidade da federação em que o juiz exerce sua jurisdição.
> **Súmula nº 366 – STF**
> Não é nula a citação por edital que indica o dispositivo da lei penal, embora não transcreva a denúncia ou queixa, ou não resuma os fatos em que se baseia.

Em relação à Súmula nº 351, foi firmado o entendimento no sentido de que se o réu está preso em local conhecido nos autos do processo, ainda que em unidade da federação diversa daquela em que corre o processo, a citação por edital não pode ser realizada.

> **Art. 364, CPP** No caso do artigo anterior, no I, o prazo será fixado pelo juiz entre **15** (quinze) e **90** (noventa) dias, de acordo com as circunstâncias, e, no caso de no II, o prazo será de trinta dias.
> **Art. 365** O edital de citação indicará:
> I – o nome do juiz que a determinar;
> II – o nome do réu, ou, se não for conhecido, os seus sinais característicos, bem como sua residência e profissão, se constarem do processo;
> III – o fim para que é feita a citação;
> IV – o juízo e o dia, a hora e o lugar em que o réu deverá comparecer;
> V – o prazo, que será contado do dia da publicação do edital na imprensa, se houver, ou da sua afixação.
> **Parágrafo único.** O **edital** será afixado à porta do edifício onde funcionar o juízo e será **publicado pela imprensa**, onde houver, devendo a afixação ser certificada pelo oficial que a tiver feito e a publicação provada por exemplar do jornal ou certidão do escrivão, da qual conste a página do jornal com a data da publicação.

CITAÇÕES E INTIMAÇÕES

O que o mandado, a precatória e o edital de citação indicarão?

▷ Mandado:
- Nome do juiz;
- Nome do réu ou, se desconhecido, seus sinais característicos;
- O fim para que é feita a citação;
- O juízo, o lugar, o dia e a hora em que o réu deverá comparecer;
- Nome do querelante nas ações iniciadas por queixa;
- A residência do réu, se for conhecida.

▷ Precatória:
- Juiz deprecante e juiz deprecado;
- A sede de jurisdição de um e de outro;
- O fim para que é feita a citação, com todas as especificações;
- O juízo, o lugar, o dia e a hora em que o réu deverá comparecer.

▷ Edital:
- O nome do juiz que a determinar;
- O nome do réu ou, se não for conhecido, os sinais característicos, bem como sua residência e profissão, se constarem do processo;
- O fim para que é feita a citação;
- O juízo, o lugar, o dia e a hora em que o réu deverá comparecer;
- O prazo, que será contado do dia da publicação do edital na imprensa, se houver ou da sua afixação.

> *Art. 366, CPP Se o acusado, **citado por edital, não comparecer**, nem constituir advogado, ficarão **suspensos o processo e o curso do prazo prescricional**, podendo o juiz determinar a produção antecipada das provas **consideradas urgentes** e, se for o caso, **decretar prisão preventiva**, nos termos do disposto no art. 312.*

Explicando o art. 366:

▷ **Produção antecipada das provas consideradas urgentes:** o que determina a produção de provas antecipadas deve ser algo concreto e devidamente fundamentado, não sendo aceita apenas a alegação de urgência, conforme Súmula nº 455 – STJ.

▷ **Prisão preventiva:** devem estar presentes os requisitos do art. 312 e regras do art. 313 do CPP.

> *Art. 367, CPP O processo seguirá **sem a presença do acusado** que, **citado ou intimado pessoalmente** para qualquer ato, **deixar de comparecer sem motivo justificado**, ou, no caso de mudança de residência, não comunicar o novo endereço ao juízo.*

> *Art. 368 Estando o **acusado no estrangeiro**, em **lugar sabido**, será citado mediante carta rogatória, suspendendo-se o curso do prazo de prescrição até o seu cumprimento.*

> *Art. 369 As citações que houverem de ser feitas em legações estrangeiras serão efetuadas mediante carta rogatória.*

11.2 Intimações

Diferentemente da citação, que ocorre apenas uma vez, as intimações ocorrem diversas vezes durante o processo, para que os envolvidos no processo tenham ciência do andamento de cada ato processual, sempre que for necessário.

> *Art. 370, CPP Nas intimações dos acusados, das testemunhas e demais pessoas que devam tomar conhecimento de qualquer ato, será observado, no que for aplicável, o disposto no Capítulo anterior.*
>
> *§ 1º A intimação do defensor constituído, do advogado do querelante e do assistente far-se-á por publicação no órgão incumbido da publicidade dos atos judiciais da comarca, incluindo, sob pena de nulidade, o nome do acusado.*
>
> *§ 2º Caso não haja órgão de publicação dos atos judiciais na comarca, a intimação far-se-á diretamente pelo escrivão, por mandado, ou via postal com comprovante de recebimento, ou por qualquer outro meio idôneo.*
>
> *§ 3º A intimação pessoal, feita pelo escrivão, dispensará a aplicação a que alude o § 1º.*
>
> *§ 4º A intimação do Ministério Público e do defensor nomeado será pessoal.*

A intimação poderá ser feita mediante precatória caso haja necessidade de ouvir uma testemunha que resida fora da comarca. A precatória **não suspende a instrução criminal**.

Caso não haja órgão de publicação oficial, a intimação será feita por mandado, via postal com aviso de recebimento (AR) ou **qualquer outro meio idôneo**.

Intimações

Art. 370 nas intimações:

1) Dos **acusados**

2) Das **testemunhas**

3) **Demais pessoas**

Será observado, no que for aplicável, o que consta no Capítulo I do CPP.

Art. 370, § 1º a intimação:

1) Do defensor **constituído**

2) **Advogado querelante**

3) **Assistente**

Será por **publicação** no órgão incumbido da publicidade dos atos judiciais da comarca, incluindo, sob pena de **nulidade**, o nome do acusado.

Art. 370, § 4º a intimação:

1) **Ministério Público**

2) Defensor **nomeado**

Será pessoal.

DIREITO PROCESSUAL PENAL

12 PROCESSOS EM ESPÉCIE DO PROCESSO COMUM

12.1 Instrução criminal

A instrução criminal é uma sequência de atos que consolida os procedimentos. Os procedimentos podem ser **comuns** ou **especiais**.

▷ **Procedimentos comuns (é regra):**
- Rito ordinário;
- Rito sumário.

▷ **Rito sumaríssimo:**
- Procedimentos especiais;
- Previstos no CPP – Tribunal do Júri;
- Previstos em Leis Especiais.

Por exemplo: rito da lei de drogas.

Art. 394, CPP O procedimento será comum ou especial:

§ 1º O procedimento comum será ordinário, sumário ou sumaríssimo:
I – ordinário, quando tiver por objeto crime cuja sanção máxima cominada for igual ou superior a 4 (quatro) anos de pena privativa de liberdade;
II – sumário, quando tiver por objeto crime cuja sanção máxima cominada seja inferior a 4 (quatro) anos de pena privativa de liberdade;
III – sumaríssimo, para as infrações penais de menor potencial ofensivo, na forma da lei.
§ 2º Aplica-se a todos os processos o procedimento comum, salvo disposições em contrário deste Código ou de lei especial.
§ 3º Nos processos de competência do Tribunal do Júri, o procedimento observará as disposições estabelecidas nos arts. 406 a 497 deste Código.
§ 4º As disposições dos arts. 395 a 398 deste Código aplicam-se a todos os procedimentos penais de primeiro grau, ainda que não regulados neste Código.
§ 5º Aplicam-se subsidiariamente aos procedimentos especial, sumário e sumaríssimo as disposições do procedimento ordinário.

Art. 394-A Os processos que apurem a prática de crime hediondo terão prioridade de tramitação em todas as instâncias.

Tipos de procedimentos comuns

▷ Ordinário: pena máxima igual ou superior a 4 anos.
▷ Sumário: pena máxima igual ou inferior a 4 anos.
▷ Sumaríssimo: infrações penais de menor potencial ofensivo, na forma da lei.

Quais são os crimes de menor potencial ofensivo?

▷ Os crimes cuja pena máxima cominada não seja **superior a 2 anos**;
▷ As contravenções penais.

O procedimento comum é aplicado **subsidiariamente** a todos os procedimentos especiais previstos no CPP ou até mesmo fora dele, **salvo se não houver qualquer disposição em contrário**.

12.1.1 Rito ordinário

O processo tem início com o recebimento da ação penal, podendo a denúncia ser na ação penal pública, e a queixa na ação penal privada.

A ação penal deve preencher alguns requisitos que, na falta deles, **não será recebida pelo juiz** e, portanto, rejeitada antes mesmo de o réu ser citado.

Art. 395, CPP A denúncia ou queixa será rejeitada quando:
I – for manifestamente inepta;
II – faltar pressuposto processual ou condição para o exercício da ação penal; ou
III – faltar justa causa para o exercício da ação penal.

Se a inicial não for recebida pelo juiz, poderá ser interposto o Recurso em Sentido Estrito (RESE), conforme art. 581, I do CPP. Sendo a inicial aceita, o juiz ordenará a citação do acusado.

Art. 396, CPP Nos procedimentos ordinário e sumário, oferecida a denúncia ou queixa, o juiz, se não a rejeitar liminarmente, recebê-la-á e ordenará a citação do acusado para responder à acusação, por escrito, no prazo de 10 (dez) dias.

Parágrafo único. No caso de citação por edital, o prazo para a defesa começará a fluir a partir do comparecimento pessoal do acusado ou do defensor constituído.

No caso de haver citação por edital e o réu não comparecer e não constituir seu defensor, **suspende-se o processo e o curso do prazo prescricional**.

Art. 396-A, CPP Na resposta, o acusado poderá argüir preliminares e alegar tudo o que interesse à sua defesa, oferecer documentos e justificações, especificar as provas pretendidas e arrolar testemunhas, qualificando-as e requerendo sua intimação, quando necessário.
§ 1º A exceção será processada em apartado, nos termos dos arts. 95 a 112 deste Código.
§ 2º Não apresentada a resposta no prazo legal, ou se o acusado, citado, não constituir defensor, o juiz nomeará defensor para oferecê-la, concedendo-lhe vista dos autos por 10 (dez) dias.

A resposta à acusação não pode ser dispensada, pois é **peça obrigatória no processo criminal**. Se mesmo após constituir o advogado ele não constituir defesa, o juiz irá, de ofício, remeter os autos à Defensoria Pública para apresentar a defesa.

O STF também já se pronunciou sobre o caso:

Súmula nº 523 – STF
No processo penal, a falta de defesa constitui nulidade absoluta, mas a sua deficiência só o anulará se houver prova de prejuízo para o réu.

Art. 397 Após o cumprimento do disposto no art. 396-A, e parágrafos, deste Código, o juiz deverá absolver sumariamente o acusado quando verificar:
I – a existência manifesta de causa excludente da ilicitude do fato;
II – a existência manifesta de causa excludente da culpabilidade do agente, salvo inimputabilidade;
III – que o fato narrado evidentemente não constitui crime; ou
IV – extinta a punibilidade do agente.

▷ A denúncia ou queixa será rejeitada quando:
- For manifestamente inepta;
- Faltar pressuposto processual ou condição para o exercício da ação penal; ou
- Faltar justa causa para o exercício da ação penal.

Recurso: RESE.

▷ Absolvição sumária: após o cumprimento do disposto no art. 396-A e parágrafos do CPP, o juiz deverá **absolver sumariamente** o acusado quando verificar:
- Existência **manifesta** de causa excludente de ilicitude do fato;
- Existência **manifesta** de causa excludente da culpabilidade do agente, **salvo inimputabilidade**;
- Que o fato narrado evidentemente **não constitui crime**;
- Extinta a unibilidade do agente.

Recurso: apelação.

Art. 399, CPP Recebida a denúncia ou queixa, o juiz designará dia e hora para a audiência, ordenando a intimação do acusado, de seu defensor, do Ministério Público e, se for o caso, do querelante e do assistente.
§ 1º O acusado preso será requisitado para comparecer ao interrogatório, devendo o poder público providenciar sua apresentação.
§ 2º O juiz que presidiu a instrução deverá proferir a sentença.

Trata-se do princípio da **identidade física do juiz**. Existem algumas **ressalvas** a esse princípio:

▷ Promoção;
▷ Licença;
▷ Afastamento;
▷ Convocação;

PROCESSOS EM ESPÉCIE DO PROCESSO COMUM

▷ Aposentadoria.

Art. 400, CPP *Na audiência de instrução e julgamento, a ser realizada no prazo máximo de 60 (sessenta) dias, proceder-se-á à tomada de declarações do ofendido, à inquirição das testemunhas arroladas pela acusação e pela defesa, nesta ordem, ressalvado o disposto no art. 222 deste Código, bem como aos esclarecimentos dos peritos, às acareações e ao reconhecimento de pessoas e coisas, interrogando-se, em seguida, o acusado.*

§ 1º As provas serão produzidas numa só audiência, podendo o juiz indeferir as consideradas irrelevantes, impertinentes ou protelatórias.

§ 2º Os esclarecimentos dos peritos **dependerão** *de prévio requerimento das partes.*

Audiência de instrução e julgamento

Procedimento ordinário	Procedimento sumário	Instrução do júri
60 dias	30 dias	90 dias (1ª fase)
Até 8 testemunhas	Até 5 testemunhas	Testemunhas (1ª fase)

Art. 401, CPP *Na instrução poderão ser inquiridas até 8 (oito) testemunhas arroladas pela acusação e 8 (oito) pela defesa.*

§ 1º Nesse número não se compreendem as que não prestem compromisso e as referidas.

§ 2º A parte poderá desistir da inquirição de qualquer das testemunhas arroladas, ressalvado o disposto no art. 209 deste Código.

Art. 209 *O juiz, quando julgar necessário, poderá ouvir outras testemunhas, além das indicadas pelas partes.*

Art. 402 *Produzidas as provas, ao final da audiência, o Ministério Público, o querelante e o assistente e, a seguir, o acusado poderão requerer diligências cuja necessidade se origine de circunstâncias ou fatos apurados na instrução.*

Art. 403 *Não havendo requerimento de diligências, ou sendo indeferido, serão oferecidas* **alegações finais orais por 20 (vinte) minutos***, respectivamente, pela acusação e pela defesa,* **prorrogáveis por mais 10 (dez)***, proferindo o juiz, a seguir, sentença.*

§ 1º Havendo **mais de um acusado***, o tempo previsto para a defesa de cada um será individual.*

§ 2º Ao assistente do **Ministério Público***, após a manifestação desse, serão concedidos* **10 (dez) minutos***, prorrogando-se por igual período o tempo de manifestação da defesa.*

§ 3º O juiz poderá, considerada a complexidade do caso ou o número de acusados, conceder às partes **o prazo de 5 (cinco) dias** *sucessivamente* **para a apresentação de memoriais.** *Nesse caso, terá o prazo de* **10 (dez) dias para proferir a sentença.**

▷ A parte poderá desistir de inquirir suas testemunhas, **salvo** se o juiz fizer questão de ouvi-la.

▷ As provas deverão ser produzidas sempre na **mesma audiência**.

▷ A regra é que as alegações finais devem ser feitas **oralmente**.

12.1.2 Rito sumário

Art. 531, CPP *Na audiência de instrução e julgamento, a ser realizada no prazo máximo de 30 (trinta) dias, proceder-se-á à tomada de declarações do ofendido, se possível, à inquirição das testemunhas arroladas pela acusação e pela defesa, nesta ordem, ressalvado o disposto no art. 222 deste Código, bem como aos esclarecimentos dos peritos, às acareações e ao reconhecimento de pessoas e coisas, interrogando-se, em seguida, o acusado e procedendo-se, finalmente, ao debate.*

Art. 532 *Na instrução, poderão ser inquiridas até 5 (cinco) testemunhas arroladas pela acusação e 5 (cinco) pela defesa.*

Art. 533 *Aplica-se ao procedimento sumário o disposto nos parágrafos do art. 400 deste Código.*

Art. 534 *As alegações finais serão orais, concedendo-se a palavra, respectivamente, à acusação e à defesa, pelo prazo de 20 (vinte) minutos, prorrogáveis por mais 10 (dez), proferindo o juiz, a seguir, sentença.*

§ 1º Havendo mais de um acusado, o tempo previsto para a defesa de cada um será individual.

§ 2º Ao assistente do Ministério Público, após a manifestação deste, serão concedidos 10 (dez) minutos, prorrogando-se por igual período o tempo de manifestação da defesa.

Art. 535 *Nenhum ato será adiado, salvo quando imprescindível a prova faltante, determinando o juiz a condução coercitiva de quem deva comparecer.*

Art. 536 *A testemunha que comparecer será inquirida, independentemente da suspensão da audiência, observada em qualquer caso a ordem estabelecida no art. 531 deste Código.*

Art. 538 *Nas infrações penais de menor potencial ofensivo, quando o juizado especial criminal encaminhar ao juízo comum as peças existentes para a adoção de outro procedimento, observar-se-á o procedimento sumário previsto neste Capítulo.*

Principais diferenças na audiência de instrução e julgamento

▷ Procedimento ordinário:
- Realização da audiência no prazo máximo de 60 dias;
- Na instrução de julgamento poderão ser inquiridas **até 8 testemunhas** arroladas pela acusação e **8** pela defesa;
- O juiz poderá, considerada a complexidade do caso ou o número de acusados, conceder às partes **o prazo de 5 (cinco) dias** sucessivamente para a apresentação de memoriais. Nesse caso, terá o prazo de **10 (dez) dias para proferir a sentença**.

▷ Procedimento sumário:
- Realização da audiência no prazo máximo de 30 dias;
- Na instrução de julgamento poderão ser inquiridas **até 5 testemunhas** arroladas pela acusação e **5** pela defesa;
- Nenhum ato será adiado, salvo quando imprescindível a prova faltante, determinando o juiz a condução coercitiva de quem deva comparecer.

13 PROCESSOS EM ESPÉCIE

13.1 Procedimento relativo aos procedimentos da competência do Tribunal do Júri

De acordo com art. 5º, XXXVIII, da CF/1988:

Art. 5º, XXXVIII, CF/1988 é reconhecida a instituição do júri, com a organização que lhe der a lei, assegurados:
a) a plenitude de defesa;
b) o sigilo das votações;
c) a soberania dos veredictos;
d) a competência para o julgamento dos crimes dolosos contra a vida;

A competência do Tribunal do Júri é a de julgar os **crimes dolosos contra a vida** ou, ainda, crimes comuns, caso estes estejam ligados com algum crime doloso contra a vida.

Quais são os crimes considerados dolosos contra a vida e, portanto, de competência do Tribunal do Júri? Crimes dolosos contra a vida, como:

▷ Induzimento, instigação ou auxílio ao suicídio;
▷ Homicídio;
▷ Infanticídio;
▷ Aborto;
▷ Crimes conexos.

> **Fique ligado**
> Lembre-se que o crime de induzimento, instigação ou auxílio ao suicídio agora **comporta a automutilação**.

13.2 Princípios que regem o Tribunal do Júri

▷ **Plenitude da defesa:** trata da possibilidade de o defensor do acusado se utilizar de todos os recursos e argumentos extrajurídicos perante os jurados. Trata, ainda, da possibilidade de o acusado se defender sustentando suas próprias teses em seu interrogatório.
▷ **Sigilo das votações:** garante a imparcialidade dos jurados, já que cada voto deles é mantido no mais absoluto sigilo.
▷ **Soberania dos veredictos:** garante que a decisão dos jurados é soberana, não podendo, portanto, ser mudada pelos juízes togados do Tribunal. Isso não quer dizer que não pode haver revisão de tais decisões para os Tribunais competentes.

13.2.1 Acusação e instrução preliminar

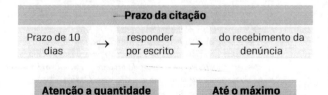

Art. 406, CPP O juiz, ao receber a denúncia ou a queixa, ordenará a citação do acusado para responder a acusação, por escrito, no prazo de 10 dias.

§ 1º O prazo previsto no caput deste artigo será contado a partir do efetivo cumprimento do mandado ou do comparecimento, em juízo, do acusado ou de defensor constituído, no caso de citação inválida ou por edital.

§ 2º A acusação deverá arrolar testemunhas, até o máximo de 8, na denúncia ou na queixa.

§ 3º Na resposta, o acusado poderá argüir preliminares e alegar tudo que interesse a sua defesa, oferecer documentos e justificações, especificar as provas pretendidas e arrolar testemunhas, até o máximo DE 8, qualificando-as e requerendo sua intimação, quando necessário.

Art. 407 As exceções serão processadas em apartado, nos termos dos arts. 95 a 112 deste Código.

Art. 408 Não apresentada a resposta no prazo legal, o juiz nomeará defensor para oferecê-la em até 10 (dez) dias, concedendo-lhe vista dos autos.

Art. 409 Apresentada a defesa, o juiz ouvirá o Ministério Público ou o querelante sobre preliminares e documentos, em 5 dias.

Art. 410 O juiz determinará a inquirição das testemunhas e a realização das diligências requeridas pelas partes, no prazo máximo de 10 dias.

13.2.2 Audiência de instrução e julgamento

Art. 411, CPP Na audiência de instrução, proceder-se-á:
a) à tomada de declarações do ofendido, se possível;
b) à inquirição das testemunhas arroladas pela acusação e pela defesa, nesta ordem;
c) bem como aos esclarecimentos dos peritos;
d) às acareações;
e) ao reconhecimento de pessoas e coisas, interrogando-se, em seguida, o acusado;
f) procedendo-se o debate.

§ 1º Os esclarecimentos dos peritos dependerão de prévio requerimento e de deferimento pelo juiz.

§ 2º As provas serão produzidas em uma só audiência, podendo o juiz indeferir as consideradas irrelevantes, impertinentes ou protelatórias.

§ 3º Encerrada a instrução probatória, observar-se-á, se for o caso, o disposto no art. 384 deste Código.

Encerrada a instrução probatória, se entender cabível nova definição jurídica do fato, em consequência de prova existente nos autos de elemento ou circunstância da infração penal não contida na acusação, o Ministério Público deverá aditar a denúncia ou queixa, no prazo de 5 dias, se em virtude desta houver sido instaurado o processo em crime de ação pública, reduzindo-se a termo o aditamento, quando feito oralmente.

Art. 384, CPP Encerrada a instrução probatória, se entender cabível nova definição jurídica do fato, em consequência de prova existente nos autos de elemento ou circunstância da infração penal não contida na acusação, o Ministério Público deverá aditar a denúncia ou queixa, no prazo de 5 dias, se em virtude desta houver sido instaurado o processo em crime de ação pública, reduzindo-se a termo o aditamento, quando feito oralmente. [...]

§ 4º As alegações serão orais, concedendo-se a palavra, respectivamente, à acusação e à defesa, pelo prazo de 20 minutos, prorrogáveis por mais 10.

§ 5º Havendo mais de 1 acusado, o tempo previsto para a acusação e a defesa de cada um deles será individual.

§ 6º Ao assistente do Ministério Público, após a manifestação deste, serão concedidos 10 minutos, prorrogando-se por igual período o tempo de manifestação da defesa.

§ 7º Nenhum ato será adiado, salvo quando imprescindível à prova faltante, determinando o juiz a condução coercitiva de quem deva comparecer.

§ 8º A testemunha que comparecer será inquirida, independentemente da suspensão da audiência, observada em qualquer caso a ordem estabelecida no caput deste artigo.

§ 9º Encerrados os debates, o juiz proferirá a sua decisão, ou a fará em 10 dias, ordenando que os autos para isso lhe sejam conclusos.

Não há a possibilidade de substituição das alegações finais orais por alegações escritas.

Art. 412, CPP O procedimento será concluído no prazo máximo de 90 dias.

PROCESSOS EM ESPÉCIE

13.2.3 Pronúncia, da impronúncia e absolvição sumária

Art. 413, CPP *O juiz, fundamentadamente, pronunciará o acusado, se convencido da materialidade do fato e da existência de indícios suficientes de autoria ou de participação.*

§ 1º A fundamentação da pronúncia limitar-se-á à indicação da materialidade do fato e da existência de indícios suficientes de autoria ou de participação, devendo o juiz declarar o dispositivo legal em que julgar incurso o acusado e especificar as circunstâncias qualificadoras e as causas de aumento de pena.

§ 2º Se o crime for afiançável, o juiz arbitrará o valor da fiança para a concessão ou manutenção da liberdade provisória.

§ 3º O juiz decidirá, motivadamente, no caso de manutenção, revogação ou substituição da prisão ou medida restritiva de liberdade anteriormente decretada e, tratando-se de acusado solto, sobre a necessidade da decretação da prisão ou imposição de quaisquer das medidas previstas no Título IX do Livro I deste Código.

Art. 414 *Não se convencendo da materialidade do fato ou da existência de indícios suficientes de autoria ou de participação, o juiz, fundamentadamente, impronunciará o acusado.*

Parágrafo único. Enquanto não ocorrer a extinção da punibilidade, poderá ser formulada nova denúncia ou queixa se houver prova nova.

Art. 415 *O juiz, fundamentadamente, absolverá desde logo o acusado, quando*

I – provada a inexistência do fato;
II – provado não ser ele autor ou partícipe do fato;
III – o fato não constituir infração penal;
IV – demonstrada causa de isenção de pena ou de exclusão do crime.

Parágrafo único. Não se aplica o disposto no inciso IV do caput deste artigo ao caso de inimputabilidade prevista no caput do art. 26 do Decreto-lei nº 2.848, de 7 de dezembro de 1940 – Código Penal, salvo quando esta for a única tese defensiva.

▷ **Impronúncia:** quando o juiz não se convencer da materialidade do fato, existência de indícios suficientes de autoria ou de participação.

▷ **Absolvição sumária:** o juiz absolverá quando:
- Provada a inexistência do fato;
- Provado não ser ele o autor;
- O fato não constituir infração penal;
- Demonstrada causa de pena ou de exclusão do crime.

Art. 416, CPP *Contra a sentença de impronúncia ou de absolvição sumária caberá apelação.*

A única decisão que permite o prosseguimento da ação penal é a **Pronúncia**. A pronúncia tem decisão meramente declaratória, ou seja, o juiz, ao pronunciar o acusado, apenas admite a acusação. A pronúncia faz coisa julgada **formal**, mas não material.

Art. 417, CPP *Se houver indícios de autoria ou de participação de outras pessoas não incluídas na acusação, o juiz, ao pronunciar ou impronunciar o acusado, determinará o retorno dos autos ao Ministério Público, por 15 dias, aplicável, no que couber, o art. 80 deste Código.*

Art. 418 *O juiz poderá dar ao fato definição jurídica diversa da constante da acusação, embora o acusado fique sujeito a pena mais grave.*

Art. 419 *Quando o juiz se convencer, em discordância com a acusação, da existência de crime diverso dos referidos no § 1º do art. 74 deste Código e não for competente para o julgamento, remeterá os autos ao juiz que o seja.*

Parágrafo único. Remetidos os autos do processo a outro juiz, à disposição deste ficará o acusado preso.

Recursos cabíveis

▷ Pronúncia: RESE.

Art. 581, CPP *Caberá recurso, no sentido escrito, da decisão, despacho ou sentença: [...]*
IV – que pronunciar o réu.

▷ Impronúncia e absolvição sumária: **Apelação.**

Art. 416, CPP *Contra a sentença de impronúncia ou da absolvição caberá apelação.*

▷ Desclassificação: **RESE.**

Art. 581, CPP *Caberá recurso, no sentido escrito, da decisão, despacho ou sentença: [...]*
II – que concluir pela incompetência do juízo.

Art. 420 *A intimação da decisão de pronúncia será feita:*
I – pessoalmente ao acusado, ao defensor nomeado e ao Ministério Público;
II – ao defensor constituído, ao querelante e ao assistente do Ministério Público, na forma do disposto no § 1º do art. 370 deste Código.

Parágrafo único. Será intimado por edital o acusado solto que não for encontrado.

Art. 421 *Preclusa a decisão de pronúncia, os autos serão encaminhados ao juiz presidente do Tribunal do Júri.*

§ 1º Ainda que preclusa a decisão de pronúncia, havendo circunstância superveniente que altere a classificação do crime, o juiz ordenará a remessa dos autos ao Ministério Público.

§ 2º Em seguida, os autos serão conclusos ao juiz para decisão.

Recursos cabíveis		
Pessoalmente	**Publicação**	**Edital**
1. Ao acusado	1. Ao constituído	
2. Ao defensor nomeado	2. Ao querelante	1. Ao acusado solto que não for encontrado
3. Ao Ministério Público	3. Ao assistente do MP	

13.2.4 Preparação do processo para julgamento em plenário

Ao receber os autos, o presidente do Tribunal do Júri determinará a intimação do órgão do Ministério Público ou do querelante, no caso de queixa, e do defensor, para, no prazo de **5 dias**, apresentarem rol de testemunhas que deporão em plenário, **até o máximo de 5**, oportunidade em que poderão juntar documentos e requerer diligência.

Art. 422, CPP *Ao receber os autos, o presidente do Tribunal do Júri determinará a intimação do órgão do Ministério Público ou do querelante, no caso de queixa, e do defensor, para, no prazo de 5 dias, apresentarem rol de testemunhas que irão depor em plenário, até o máximo de 5, oportunidade em que poderão juntar documentos e requerer diligência.*

Art. 423 *Deliberando sobre os requerimentos de provas a serem produzidas ou exibidas no plenário do júri, e adotadas as providências devidas, o juiz presidente:*
I – ordenará as diligências necessárias para sanar qualquer nulidade ou esclarecer fato que interesse ao julgamento da causa;
II – fará relatório sucinto do processo, determinando sua inclusão em pauta da reunião do Tribunal do Júri.

Art. 424 *Quando a lei local de organização judiciária não atribuir ao presidente do Tribunal do Júri o preparo para julgamento, o juiz competente remeter-lhe-á os autos do processo preparado até 5 dias antes do sorteio a que se refere o art. 433 deste Código.*

Parágrafo único. Deverão ser remetidos, também, os processos preparados até o encerramento da reunião, para a realização de julgamento.

13.2.5 Alistamento dos jurados

Art. 425, CPP *Anualmente, serão alistados pelo presidente do Tribunal do Júri de 800 (oitocentos) a 1.500 (um mil e quinhentos) jurados nas comarcas de mais de 1.000.000 (um milhão) de habitantes, de 300 (trezentos) a 700 (setecentos) nas comarcas de mais de 100.000 (cem mil) habitantes e de 80 (oitenta) a 400 (quatrocentos) nas comarcas de menor população.*

DIREITO PROCESSUAL PENAL

Alistamento tribunal do júri (anualmente)

▷ De **800** a **1.500** jurados: nas comarcas de **mais de 1 milhão habitantes;**

▷ De **300** a **700** jurados: nas comarcas de **mais de 100 mil habitantes;**

▷ De **80** a **400** jurados: nas comarcas de **menor população.**

> **Art. 425, CPP [...]**
>
> *§ 1º Nas comarcas onde for necessário, poderá ser aumentado o número de jurados e, ainda, organizada lista de suplentes, depositadas as cédulas em urna especial, com as cautelas mencionadas na parte final do § 3º do art. 426 deste Código.*
>
> *§ 2º O juiz presidente requisitará às autoridades locais, associações de classe e de bairro, entidades associativas e culturais, instituições de ensino em geral, universidades, sindicatos, repartições públicas e outros núcleos comunitários a indicação de pessoas que reúnam as condições para exercer a função de jurado.*
>
> **Art. 426** *A lista geral dos jurados, com indicação das respectivas profissões, será publicada pela imprensa até o dia 10 de outubro de cada ano e divulgada em editais afixados à porta do Tribunal do Júri.*
>
> *§ 1º A lista **poderá ser alterada**, de ofício ou mediante reclamação de qualquer do povo ao juiz presidente até o dia 10 de novembro, data de sua publicação definitiva.*

Data da publicação

▷ **Lista geral:** até 10 de outubro de cada ano.

▷ **Publicação definitiva:** até 10 de novembro de cada ano.

> **Art. 426, CPP [...]**
>
> *§ 2º Juntamente com a lista, serão transcritos os arts. 436 a 446 deste Código.*
>
> *§ 3º Os nomes e endereços dos alistados, em cartões iguais, após serem verificados na presença do Ministério Público, de advogado indicado pela Seção local da Ordem dos Advogados do Brasil e de defensor indicado pelas Defensorias Públicas competentes, permanecerão guardados em urna fechada a chave, sob a responsabilidade do juiz presidente.*
>
> *§ 4º O jurado que tiver integrado o Conselho de Sentença nos **12 meses** que antecederem à publicação da lista geral fica dela excluído.*
>
> *§ 5º **Anualmente**, a lista geral de jurados será, **obrigatoriamente**, completada.*

13.2.6 Desaforamento

Deslocamento do julgamento para uma comarca distinta daquela que tramitou o processo. Pode ser determinado pelo Tribunal, a requerimento de qualquer das partes.

> **Art. 427, CPP** *Se o interesse da ordem pública o reclamar ou houver dúvida sobre a imparcialidade do júri ou a segurança pessoal do acusado, o Tribunal, a requerimento do Ministério Público, do assistente, do querelante ou do acusado ou mediante representação do juiz competente, poderá determinar o desaforamento do julgamento para outra comarca da mesma região, onde não existam aqueles motivos, **preferindo-se** as **mais próximas**.*
>
> *§ 1º O pedido de desaforamento será distribuído **imediatamente** e terá **preferência** de julgamento na Câmara ou Turma competente.*
>
> *§ 2º Sendo relevantes os motivos alegados, o relator poderá determinar, **fundamentadamente**, a **suspensão** do julgamento pelo júri.*
>
> *§ 3º Será ouvido o juiz presidente, quando a medida não tiver sido por ele solicitada.*
>
> *§ 4º Na **pendência de recurso** contra a decisão de pronúncia ou quando efetivado o julgamento, **não se admitirá** o pedido de desaforamento, **salvo**, nesta última hipótese, quanto a fato ocorrido durante ou após a realização de julgamento anulado.*
>
> **Art. 428** *O desaforamento também poderá ser determinado, em razão do comprovado excesso de serviço, ouvidos o juiz presidente e a parte contrária, se o julgamento não puder ser realizado no prazo de **6 meses**, **contado do trânsito em julgado da decisão de pronúncia**.*
>
> *§ 1º Para a contagem do prazo referido neste artigo, não se computará o tempo de adiamentos, diligências ou incidentes de interesse da defesa.*

> *§ 2º Não havendo excesso de serviço ou existência de processos aguardando julgamento em quantidade que ultrapasse a possibilidade de apreciação pelo Tribunal do Júri, nas reuniões periódicas previstas para o exercício, o acusado poderá requerer ao Tribunal que determine a imediata realização do julgamento.*

Requisitos

▷ Interesse de Ordem Pública;

▷ Dúvida sobre a imparcialidade do juiz ou do Júri;

▷ Segurança do acusado;

▷ Excesso de serviços que inviabiliza o julgamento no prazo de **6 meses** contados do trânsito em julgado da Pronúncia;

▷ **Quem determina:** o **Tribunal**.

▷ **Quem requer:** MP, assistente, querelante, acusado, mediante representação do juiz competente.

▷ **Para onde:** outra comarca da mesma região, **preferência** pela mais próxima.

▷ **Como será distribuído o pedido:** será distribuído **imediatamente** e terá **preferência** de julgamento na Câmara ou Turma.

▷ **Jamais** poderá ser feito o **desaforamento** antes do trânsito em julgado da decisão da pronúncia.

13.2.7 Organização da pauta

> **Art. 429, CPP Salvo** *motivo relevante que autorize alteração na ordem dos julgamentos, **terão preferência**:*
>
> *I – os acusados presos;*
>
> *II – dentre os acusados presos, aqueles que estiverem há mais tempo na prisão;*
>
> *III – em igualdade de condições, os precedentemente pronunciados.*
>
> *§ 1º Antes do dia designado para o **primeiro julgamento** da reunião periódica, será afixada na porta do edifício do Tribunal do Júri a lista dos processos a serem julgados, obedecida a ordem prevista no caput deste artigo.*
>
> *§ 2º O juiz presidente reservará datas na mesma reunião periódica para a inclusão de processo que tiver o julgamento adiado.*
>
> **Art. 430** *O assistente somente será admitido se tiver requerido sua habilitação **até 5 dias** antes da data da sessão na qual pretenda atuar.*
>
> **Art. 431** *Estando o processo em ordem, o juiz presidente mandará intimar as partes, o ofendido, se for possível, as testemunhas e os peritos, quando houver requerimento, para a sessão de instrução e julgamento, observando, no que couber, o disposto no art. 420 deste Código.*

13.2.8 Sorteio e convocação dos jurados

> **Art. 432, CPP** *Em seguida à organização da pauta, o juiz presidente determinará a **intimação**.*

▷ Do Ministério Público;

▷ Da Ordem dos Advogados do Brasil; e

▷ Da Defensoria Pública para acompanharem, em dia e hora designados, o sorteio dos jurados que atuarão na reunião periódica.

> **Art. 433, CPP** *O sorteio, presidido pelo juiz, far-se-á a **portas abertas**, cabendo-lhe retirar as cédulas até completar o número de **25 jurados**, para a reunião periódica ou extraordinária.*
>
> *§ 1º O sorteio será realizado entre o **15º** e o **10º dia útil** antecedente à instalação da reunião.*
>
> *§ 2º A audiência de sorteio não será adiada pelo não comparecimento das partes.*
>
> *§ 3º O jurado não sorteado poderá ter o seu nome novamente incluído para as reuniões futuras.*
>
> **Art. 434** *Os jurados sorteados serão convocados pelo correio ou por qualquer outro meio hábil para comparecer no dia e hora designados para a reunião, sob as penas da lei.*
>
> **Parágrafo único.** *No mesmo expediente de convocação serão transcritos os arts. 436 a 446 deste Código.*

PROCESSOS EM ESPÉCIE

Art. 435 Serão afixados na porta do edifício do Tribunal do Júri a relação dos jurados convocados, os nomes do acusado e dos procuradores das partes, além do dia, hora e local das sessões de instrução e julgamento.

13.2.9 Função do jurado

Art. 436, CPP O serviço do júri é **obrigatório**. O alistamento compreenderá os cidadãos **maiores de 18 anos** de notória idoneidade.

§ 1º **Nenhum cidadão** poderá ser excluído dos trabalhos do júri ou deixar de ser alistado em razão de cor ou etnia, raça, credo, sexo, profissão, classe social ou econômica, origem ou grau de instrução.

§ 2º A recusa injustificada ao serviço do júri acarretará multa no valor de **1 a 10 salários-mínimos**, a critério do juiz, de acordo com a condição econômica do jurado.

Art. 437 Estão **isentos do serviço do júri**:
I – o Presidente da República e os Ministros de Estado;
II – os Governadores e seus respectivos Secretários;
III – os membros do Congresso Nacional, das Assembléias Legislativas e das Câmaras Distrital e Municipais;
IV – os Prefeitos Municipais;
V – os Magistrados e membros do Ministério Público e da Defensoria Pública;
VI – os servidores do Poder Judiciário, do Ministério Público e da Defensoria Pública;
VII – as autoridades e os servidores da polícia e da segurança pública;
VIII – os militares em serviço ativo;
IX – os cidadãos **maiores de 70 anos** que requeiram sua dispensa;
X – aqueles que o requererem, demonstrando justo impedimento.

Art. 438 A recusa ao serviço do júri fundada em convicção religiosa, filosófica ou política importará no dever de prestar serviço alternativo, sob pena de **suspensão dos direitos políticos**, enquanto não prestar o serviço imposto.

§ 1º Entende-se por serviço alternativo o exercício de atividades de caráter administrativo, assistencial, filantrópico ou mesmo produtivo, no Poder Judiciário, na Defensoria Pública, no Ministério Público ou em entidade conveniada para esses fins.

§ 2º O juiz fixará o serviço alternativo atendendo aos princípios da proporcionalidade e da razoabilidade.

Art. 439 O exercício efetivo da **função de jurado** constituirá serviço público relevante e estabelecerá presunção de idoneidade moral.

Art. 440 Constitui também direito do jurado, na condição do art. 439 deste Código, preferência, em igualdade de condições, nas licitações públicas e no provimento, mediante concurso, de cargo ou função pública, bem como nos casos de promoção funcional ou remoção voluntária.

Art. 441 Nenhum desconto será feito nos vencimentos ou salário do jurado sorteado que comparecer à sessão do júri.

Art. 442 Ao jurado que, sem causa legítima, deixar de comparecer no dia marcado para a sessão ou retirar-se antes de ser dispensado pelo presidente será aplicada **multa de 1 a 10 salários-mínimos**, a critério do juiz, de acordo com a sua condição econômica.

Art. 443 Somente será aceita escusa fundada em motivo relevante devidamente comprovado e apresentada, ressalvadas as hipóteses de força maior, até o momento da chamada dos jurados.

Art. 444 O jurado somente será dispensado por decisão motivada do juiz presidente, consignada na ata dos trabalhos.

Art. 445 O jurado, no exercício da função ou a pretexto de exercê-la, será responsável criminalmente nos mesmos termos em que o são os juízes togados.

Art. 446 Aos suplentes, quando convocados, serão aplicáveis os dispositivos referentes às dispensas, faltas e escusas e à equiparação de responsabilidade penal prevista no art. 445 deste Código.

13.2.10 Composição do Tribunal do Júri e formação do Conselho de Sentença

Art. 447, CPP O Tribunal do Júri é composto por:
▷ 1 juiz togado, seu presidente; e
▷ 25 jurados que serão sorteados dentre os alistados, 7 dos quais constituirão o Conselho de Sentença em cada sessão de julgamento.

Art. 448, CPP São **impedidos** de servir no mesmo **Conselho**:
I – marido e mulher;
II – ascendente e descendente;
III – sogro e genro ou nora;
IV – irmãos e cunhados, durante o cunhadio;
V – tio e sobrinho;
VI – padrasto, madrasta ou enteado.

§ 1º O mesmo impedimento ocorrerá em relação às pessoas que mantenham união estável reconhecida como entidade familiar.

§ 2º Aplicar-se-á aos jurados o disposto sobre os impedimentos, a suspeição e as incompatibilidades dos juízes togados.

Art. 449 Não poderá servir o jurado que:
I – tiver funcionado em julgamento anterior do mesmo processo, independentemente da causa determinante do julgamento posterior;

Por exemplo: digamos que você participou como jurado em julgamento anterior e este foi anulado pelo Tribunal de Justiça. Assim, nem você nem qualquer outro jurado poderão atuar do no novo conselho de Sentença.

Art. 449, CPP [...]
II – no caso do concurso de pessoas, houver integrado o Conselho de Sentença que julgou o outro acusado;
III – tiver manifestado prévia disposição para condenar ou absolver o acusado.

Art. 450 Dos impedidos entre si por parentesco ou relação de convivência, servirá o que houver sido sorteado em primeiro lugar.

Art. 451 Os jurados excluídos por impedimento, suspeição ou incompatibilidade serão considerados para a constituição do número legal exigível para a realização da sessão.

Art. 452 O mesmo Conselho de Sentença **poderá conhecer de mais de um processo, no mesmo dia**, se as partes o aceitarem, hipótese em que seus integrantes **deverão prestar novo compromisso**.

13.2.11 Reunião e sessões do Tribunal do Júri

Art. 453, CPP O Tribunal do Júri reunir-se-á para as **sessões de instrução e julgamento** nos períodos e na forma estabelecida pela lei local de organização judiciária.

Art. 454 Até o momento de abertura dos trabalhos da sessão, o juiz presidente decidirá os casos de isenção e dispensa de jurados e o pedido de adiamento de julgamento, mandando consignar em ata as deliberações.

Art. 455 Se o Ministério Público não comparecer, o juiz presidente **adiará** o julgamento para o primeiro dia desimpedido da mesma reunião, cientificadas as partes e as testemunhas.

Parágrafo único. Se a ausência não for justificada, o fato será imediatamente comunicado ao Procurador-Geral de Justiça com a data designada para a nova sessão.

Art. 456 Se a falta, sem escusa legítima, for do advogado do acusado, e se outro não for por este constituído, o fato será imediatamente comunicado ao presidente da seccional da Ordem dos Advogados do Brasil, com a data designada para a nova sessão.

§ 1º Não havendo escusa legítima, o julgamento será adiado somente uma vez, devendo o acusado ser julgado quando chamado novamente.

§ 2º Na hipótese do § 1º deste artigo, o juiz intimará a Defensoria Pública para o novo julgamento, que será adiado para o primeiro dia desimpedido, observado o prazo mínimo de **10 dias**.

Art. 457 O julgamento não será adiado pelo não comparecimento do acusado solto, do assistente ou do advogado do querelante, que tiver sido regularmente intimado.

§ 1º Os pedidos de adiamento e as justificações de não comparecimento deverão ser, salvo comprovado motivo de força maior, previamente submetidos à apreciação do juiz presidente do Tribunal do Júri.

§ 2º Se o acusado preso não for conduzido, o julgamento será adiado para o primeiro dia desimpedido da mesma reunião, salvo se houver pedido de dispensa de comparecimento subscrito por ele e seu defensor.

Art. 458 Se a testemunha, sem justa causa, deixar de comparecer, o juiz presidente, sem prejuízo da ação penal pela desobediência, aplicar-lhe-á a multa prevista no § 2º do art. 436 deste Código.

DIREITO PROCESSUAL PENAL

Art. 459 Aplicar-se-á às testemunhas a serviço do Tribunal do Júri o disposto no art. 441 deste Código.

Art. 460 Antes de constituído o Conselho de Sentença, as testemunhas serão recolhidas a lugar onde umas não possam ouvir os depoimentos das outras.

Art. 461 O julgamento não será adiado se a testemunha deixar de comparecer, salvo se uma das partes tiver requerido a sua intimação por mandado, na oportunidade de que trata o art. 422 deste Código, declarando não prescindir do depoimento e indicando a sua localização.

§ 1º Se, intimada, a testemunha não comparecer, o juiz presidente suspenderá os trabalhos e mandará conduzi-la ou adiará o julgamento para o primeiro dia desimpedido, ordenando a sua condução.

§ 2º O julgamento será realizado mesmo na hipótese de a testemunha não ser encontrada no local indicado, se assim for certificado por oficial de justiça.

Art. 462 Realizadas as diligências referidas nos arts. 454 a 461 deste Código, o juiz presidente verificará se a urna contém as cédulas dos **25 jurados** sorteados, mandando que o escrivão proceda à chamada deles.

Art. 463 Comparecendo, pelo menos, **15 jurados**, o juiz presidente declarará instalados os trabalhos, anunciando o processo que será submetido a julgamento.

§ 1º O oficial de justiça fará o pregão, certificando a diligência nos autos.

§ 2º Os jurados excluídos por impedimento ou suspeição serão computados para a constituição do número legal.

Art. 464 Não havendo o número referido no art. 463 deste Código, proceder-se-á ao sorteio de tantos suplentes quantos necessários, e designar-se-á nova data para a sessão do júri.

Art. 465 Os nomes dos suplentes serão consignados em ata, remetendo-se o expediente de convocação, com observância do disposto nos arts. 434 e 435 deste Código.

Art. 466 Antes do sorteio dos membros do Conselho de Sentença, o juiz presidente esclarecerá sobre os impedimentos, a suspeição e as incompatibilidades constantes dos arts. 448 e 449 deste Código.

§ 1º O juiz presidente também advertirá os jurados de que, uma vez sorteados, não poderão comunicar-se entre si e com outrem, nem manifestar sua opinião sobre o processo, sob pena de exclusão do Conselho e multa, na forma do § 2º do art. 436 deste Código.

§ 2º A incomunicabilidade será certificada nos autos pelo oficial de justiça.

Art. 467 Verificando que se encontram na urna as cédulas relativas aos jurados presentes, o juiz presidente **sorteará 7** dentre eles para a formação do Conselho de Sentença.

▷ **Ausência do MP:** adia para o próximo dia desimpedido da mesma reunião. **Não justificou?** Notifica-se o procurador geral de Justiça.

▷ **Ausência do advogado do acusado: injustificada,** se não for constituído outro advogado, notifica-se a OAB. Só se adia 1 vez, nesse caso. Intima-se a Defensoria Pública para atuar no caso, no próximo dia desimpedido da mesma reunião. Antecedência mínima: **10 dias**.

▷ **Ausência de testemunha sem justa causa:** juiz presidente deverá aplicar multa de 1 a 10 salários-mínimos, dependendo da condição da testemunha, sem prejuízo da ação penal por crime de desobediência.

▷ **Não estão presentes os 25 jurados:** o juiz dará início se tiver o mínimo de 15 jurados.

▷ **Se não tiver nem 15 jurados?** Será feito o sorteio de tantos quantos suplentes se fizerem necessários e designa-se data para nova sessão.

▷ **As partes poderão recusar algum jurado sorteado?** Sim. Poderão recusar até **3 jurados** cada sem a necessidade de motivação da recusa.

Art. 468, CPP À medida que as cédulas forem sendo retiradas da urna, o juiz presidente as lerá, e a defesa e, depois dela, o Ministério Público poderão recusar os jurados sorteados, até 3 (três) cada parte, sem motivar a recusa.

Parágrafo único. O jurado recusado imotivadamente por qualquer das partes será excluído daquela sessão de instrução e julgamento, prosseguindo-se o sorteio para a composição do Conselho de Sentença com os jurados remanescentes.

Art. 469 Se forem **2 ou mais os acusados**, as recusas poderão ser feitas por um só defensor.

§ 1º A separação dos julgamentos somente ocorrerá se, em razão das recusas, não for obtido o número **mínimo de 7 jurados** para compor o Conselho de Sentença.

§ 2º Determinada a separação dos julgamentos, será julgado em primeiro lugar o acusado a quem foi atribuída a autoria do fato ou, em caso de coautoria, aplicar-se-á o critério de preferência disposto no art. 429 deste Código.

Art. 470 Desacolhida a arguição de impedimento, de suspeição ou de incompatibilidade contra o juiz presidente do Tribunal do Júri, órgão do Ministério Público, jurado ou qualquer funcionário, o julgamento não será suspenso, devendo, entretanto, constar da ata o seu fundamento e a decisão.

Art. 471 Se, em consequência do impedimento, suspeição, incompatibilidade, dispensa ou recusa, não houver número para a formação do Conselho, o julgamento será adiado para o primeiro dia desimpedido, após sorteados os suplentes, com observância do disposto no art. 464 deste Código.

Art. 472 Formado o Conselho de Sentença, o presidente, levantando-se, e, com ele, todos os presentes, fará aos jurados a seguinte exortação:

Em nome da lei, concito-vos a examinar esta causa com imparcialidade e a proferir a vossa decisão de acordo com a vossa consciência e os ditames da justiça.

Os jurados, nominalmente chamados pelo presidente, responderão: Assim o prometo.

Art. 472, Parágrafo único, CPP O jurado, em seguida, receberá cópias da pronúncia ou, se for o caso, das decisões posteriores que julgaram admissível a acusação e do relatório do processo.

13.2.12 Instrução em plenário

Art. 473, CPP Prestado o compromisso pelos jurados, será iniciada a instrução plenária quando o juiz presidente, o Ministério Público, o assistente, o querelante e o defensor do acusado tomarão, sucessiva e diretamente, as declarações do ofendido, se possível, e inquirirão as testemunhas arroladas pela acusação.

§ 1º Para a inquirição das testemunhas arroladas pela defesa, o defensor do acusado formulará as perguntas antes do Ministério Público e do assistente, mantidos no mais a ordem e os critérios estabelecidos neste artigo.

§ 2º Os jurados poderão formular perguntas ao ofendido e às testemunhas, por intermédio do juiz presidente.

§ 3º As partes e os jurados poderão requerer **acareações**, reconhecimento de pessoas e coisas e esclarecimento dos peritos, bem como a leitura de peças que se refiram, exclusivamente, às provas colhidas por carta precatória e às provas cautelares, antecipadas ou não repetíveis.

Art. 474 A seguir será o acusado interrogado, se estiver presente, na forma estabelecida no Capítulo III do Título VII do Livro I deste Código, com as alterações introduzidas nesta Seção.

§ 1º O Ministério Público, o assistente, o querelante e o defensor, nessa ordem, poderão formular, diretamente, perguntas ao acusado.

§ 2º Os jurados formularão perguntas por intermédio do juiz presidente.

§ 3º Não se permitirá o uso de algemas no acusado durante o período em que permanecer no plenário do júri, salvo se absolutamente necessário à ordem dos trabalhos, à segurança das testemunhas ou à garantia da integridade física dos presentes.

Art. 475 O registro dos depoimentos e do interrogatório será feito pelos meios ou recursos de gravação magnética, eletrônica, estenotipia ou técnica similar, destinada a obter maior fidelidade e celeridade na colheita da prova.

Parágrafo único. A transcrição do registro, após feita a degravação, constará dos autos.

O uso de algemas só é admitido caso se faça necessário para garantir a ordem dos trabalhos, a segurança das testemunhas ou garantir a integridade física dos demais presentes.

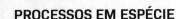

PROCESSOS EM ESPÉCIE

▷ Se necessário:
- Acareações;
- Reconhecimento de pessoas e coisas;
- Esclarecimento dos peritos;
- Leitura peças relativas.
- Interrogatório do acusado (se presente).

▷ Podem formular perguntas diretamente ao acusado (nesta ordem):
- MP;
- Assistente;
- Querelante e defensor.

Podem formular perguntas ao acusado **por intermédio do juiz:** jurados.

13.3 Debates

Art. 476, CPP *Encerrada a instrução, será concedida a palavra ao Ministério Público, que fará a acusação, nos limites da pronúncia ou das decisões posteriores que julgaram admissível a acusação, sustentando, se for o caso, a existência de circunstância agravante.*

§ 1º O assistente falará depois do Ministério Público.

§ 2º Tratando-se de ação penal de iniciativa privada, falará em primeiro lugar o querelante e, em seguida, o Ministério Público, salvo se este houver retomado a titularidade da ação, na forma do art. 29 deste Código.

§ 3º Finda a acusação, terá a palavra a defesa.

*§ 4º **A acusação poderá replicar e a defesa treplicar**, sendo admitida a reinquirição de testemunha já ouvida em plenário.*

Art. 477 *O tempo destinado à acusação e à defesa será **de uma hora e meia para cada**, e de uma **hora para a réplica e outro tanto para a tréplica**.*

§ 1º Havendo mais de um acusador ou mais de um defensor, combinarão entre si a distribuição do tempo, que, na falta de acordo, será dividido pelo juiz presidente, de forma a não exceder o determinado neste artigo.

*§ 2º Havendo **mais de 1 acusado**, o tempo para a acusação e a defesa será **acrescido** de **1 hora** e elevado **ao dobro** o da réplica e da tréplica, observado o disposto no § 1º deste artigo.*

13.3.1 Tempo

Tempo	
Defesa	Acusação
↓	↓
1h30	1h30
↓	↓
Tréplica	Réplica
↓	↓
1h	1h

Art. 478, CPP *Durante os debates as partes não poderão, sob pena de nulidade, fazer referências:*

I – à decisão de pronúncia, às decisões posteriores que julgaram admissível a acusação ou à determinação do uso de algemas como argumento de autoridade que beneficiem ou prejudiquem o acusado;

II – ao silêncio do acusado ou à ausência de interrogatório por falta de requerimento, em seu prejuízo.

Art. 479 *Durante o julgamento não será permitida a leitura de documento ou a exibição de objeto que não tiver sido juntado aos autos com a antecedência mínima **de 3 dias úteis**, dando-se ciência à outra parte.*

Parágrafo único. *Compreende-se na proibição deste artigo a leitura de jornais ou qualquer outro escrito, bem como a exibição de vídeos, gravações, fotografias, laudos, quadros, croqui ou qualquer outro meio assemelhado, cujo conteúdo versar sobre a matéria de fato submetida à apreciação e julgamento dos jurados.*

Art. 480 *A acusação, a defesa e os jurados poderão, a qualquer momento e por intermédio do juiz presidente, pedir ao orador que indique a folha dos autos onde se encontra a peça por ele lida ou citada, facultando-se, ainda, aos jurados solicitar-lhe, pelo mesmo meio, o esclarecimento de fato por ele alegado.*

§ 1º Concluídos os debates, o presidente indagará dos jurados se estão habilitados a julgar ou se necessitam de outros esclarecimentos.

§ 2º Se houver dúvida sobre questão de fato, o presidente prestará esclarecimentos à vista dos autos.

§ 3º Os jurados, nesta fase do procedimento, terão acesso aos autos e aos instrumentos do crime se solicitarem ao juiz presidente.

Art. 481 *Se a verificação de qualquer fato, reconhecida como essencial para o julgamento da causa, não puder ser realizada imediatamente, o juiz presidente dissolverá o Conselho, ordenando a realização das diligências entendidas necessárias.*

Parágrafo único. *Se a diligência consistir na produção de prova pericial, o juiz presidente, desde logo, nomeará perito e formulará quesitos, facultando às partes também formulá-los e indicar assistentes técnicos, no prazo de **5 dias**.*

13.4 Questionário e sua votação

Art. 482, CPP *O Conselho de Sentença será questionado sobre matéria de fato e se o acusado deve ser absolvido.*

Parágrafo único. *Os quesitos serão redigidos em proposições afirmativas, simples e distintas, de modo que cada um deles possa ser respondido com suficiente clareza e necessária precisão. Na sua elaboração, o presidente levará em conta os termos da pronúncia ou das decisões posteriores que julgaram admissível a acusação, do interrogatório e das alegações das partes.*

Art. 483 *Os quesitos serão formulados na seguinte ordem, indagando sobre:*

I – a materialidade do fato;

II – a autoria ou participação;

III – se o acusado deve ser absolvido;

IV – se existe causa de diminuição de pena alegada pela defesa;

V – se existe circunstância qualificadora ou causa de aumento de pena reconhecidas na pronúncia ou em decisões posteriores que julgaram admissível a acusação.

*§ 1º A resposta negativa, de mais de **3 jurados**, a qualquer dos quesitos referidos nos incisos I e II do caput deste artigo encerra a votação e implica a absolvição do acusado.*

*§ 2º Respondidos afirmativamente por mais de **3 jurados** os quesitos relativos aos incisos I e II do caput deste artigo será formulado quesito com a seguinte redação:*

O jurado absolve o acusado?

§ 3º Decidindo os jurados pela condenação, o julgamento prossegue, devendo ser formulados quesitos sobre:

I – causa de diminuição de pena alegada pela defesa;

II – circunstância qualificadora ou causa de aumento de pena, reconhecidas na pronúncia ou em decisões posteriores que julgaram admissível a acusação.

§ 4º Sustentada a desclassificação da infração para outra de competência do juiz singular, será formulado quesito a respeito, para ser respondido após o 2º ou 3º quesito, conforme o caso.

§ 5º Sustentada a tese de ocorrência do crime na sua forma tentada ou havendo divergência sobre a tipificação do delito, sendo este da competência do Tribunal do Júri, o juiz formulará quesito acerca destas questões, para ser respondido após o segundo quesito.

§ 6º Havendo mais de um crime ou mais de um acusado, os quesitos serão formulados em séries distintas.

DIREITO PROCESSUAL PENAL

Art. 484 *A seguir, o presidente lerá os quesitos e indagará das partes se têm requerimento ou reclamação a fazer, devendo qualquer deles, bem como a decisão, constar da ata.*

Parágrafo único. *Ainda em plenário, o juiz presidente explicará aos jurados o significado de cada quesito.*

Art. 485 *Não havendo dúvida a ser esclarecida, o juiz presidente, os jurados, o Ministério Público, o assistente, o querelante, o defensor do acusado, o escrivão e o oficial de justiça dirigir-se-ão à sala especial a fim de ser procedida a votação.*

§ 1º Na falta de sala especial, o juiz presidente determinará que o público se retire, permanecendo somente as pessoas mencionadas no caput deste artigo.

§ 2º O juiz presidente advertirá as partes de que não será permitida qualquer intervenção que possa perturbar a livre manifestação do Conselho e fará retirar da sala quem se portar inconvenientemente.

Art. 486 *Antes de proceder-se à votação de cada quesito, o juiz presidente mandará distribuir aos jurados pequenas cédulas, feitas de papel opaco e facilmente dobráveis, contendo 7 **delas a palavra sim**, 7 a palavra não.*

Art. 487 *Para assegurar o sigilo do voto, o oficial de justiça recolherá em urnas separadas as cédulas correspondentes aos votos e as não utilizadas.*

Art. 488 *Após a resposta, verificados os votos e as cédulas não utilizadas, o presidente determinará que o escrivão registre no termo a votação de cada quesito, bem como o resultado do julgamento.*

Parágrafo único. *Do termo também constará a conferência das cédulas não utilizadas.*

Art. 489 *As decisões do Tribunal do Júri serão tomadas por maioria de votos.*

Art. 490 *Se a resposta a qualquer dos quesitos estiver em contradição com outra ou outras já dadas, o presidente, explicando aos jurados em que consiste a contradição, submeterá novamente à votação os quesitos a que se referirem tais respostas.*

Parágrafo único. *Se, pela resposta dada a um dos quesitos, o presidente verificar que ficam prejudicados os seguintes, assim o declarará, dando por finda a votação.*

Art. 491 *Encerrada a votação, será o termo a que se refere o art. 488 deste Código assinado pelo presidente, pelos jurados e pelas partes.*

13.5 Sentença

Art. 492, CPP *Em seguida, o presidente proferirá sentença que:*

I – no caso de condenação:

a) fixará a pena-base;

b) considerará as circunstâncias agravantes ou atenuantes alegadas nos debates;

c) imporá os aumentos ou diminuições da pena, em atenção às causas admitidas pelo júri;

d) observará as demais disposições do art. 387 deste Código;

e) mandará o acusado recolher-se ou recomendá-lo-á à prisão em que se encontra, se presentes os requisitos da prisão preventiva, ou, no caso de condenação a uma pena igual ou superior a 15 (quinze) anos de reclusão, determinará a execução provisória das penas, com expedição do mandado de prisão, se for o caso, sem prejuízo do conhecimento de recursos que vierem a ser interpostos;

f) estabelecerá os efeitos genéricos e específicos da condenação;

II – no caso de absolvição:

a) mandará colocar em liberdade o acusado se por outro motivo não estiver preso;

b) revogará as medidas restritivas provisoriamente decretadas;

c) imporá, se for o caso, a medida de segurança cabível.

§ 1º Se houver desclassificação da infração para outra, de competência do juiz singular, ao presidente do Tribunal do Júri caberá proferir sentença em seguida, aplicando-se, quando o delito resultante da nova tipificação for considerado pela lei como infração penal de menor potencial ofensivo, o disposto nos arts. 69 e seguintes da Lei nº 9.099, de 26 de setembro de 1995.

§ 2º Em caso de desclassificação, o crime conexo que não seja doloso contra a vida será julgado pelo juiz presidente do Tribunal do Júri, aplicando-se, no que couber, o disposto no § 1º deste artigo.

§ 3º O presidente poderá, excepcionalmente, deixar de autorizar a execução provisória das penas de que trata a alínea e do inciso I do caput deste artigo, se houver questão substancial cuja resolução pelo tribunal ao qual competir o julgamento possa plausivelmente levar à revisão da condenação.

*§ 4º A apelação interposta contra decisão condenatória do Tribunal do Júri a uma pena igual ou superior a **15 anos de reclusão** não terá efeito suspensivo.*

§ 5º Excepcionalmente, poderá o tribunal atribuir efeito suspensivo à apelação de que trata o § 4º deste artigo, quando verificado cumulativamente que o recurso:

I – não tem propósito meramente protelatório; e

*II – levanta questão substancial e que pode resultar em absolvição, anulação da sentença, novo julgamento ou redução da pena para patamar inferior a **15 anos** de reclusão.*

§ 6º O pedido de concessão de efeito suspensivo poderá ser feito incidentemente na apelação ou por meio de petição em separado dirigida diretamente ao relator, instruída com cópias da sentença condenatória, das razões da apelação e de prova da tempestividade, das contrarrazões e das demais peças necessárias à compreensão da controvérsia.

Art. 493 *A sentença será lida em plenário pelo presidente antes de encerrada a sessão de instrução e julgamento.*

Como funciona o Tribunal do Júri?	
1ª fase	**2ª fase**
Audiência de instrução	Sessão de instrução
Ocorre na sala de audiência	Ocorre no plenário
Até 8 testemunhas	**Até 5 testemunhas**
Decisões do juiz: • Pronúncia; • Impronúncia; • Absolvição Sumária; • Desclassificação.	Decisões do juiz: • Absolvição; • Condenação; • Desclassificação.

13.6 Ata dos trabalhos

Art. 494, CPP *De cada sessão de julgamento o escrivão lavrará ata, assinada pelo presidente e pelas partes.*

Art. 495 *A ata descreverá fielmente todas as ocorrências, mencionando obrigatoriamente:*

I – a data e a hora da instalação dos trabalhos;

II – o magistrado que presidiu a sessão e os jurados presentes;

III – os jurados que deixaram de comparecer, com escusa ou sem ela, e as sanções aplicadas;

IV – o ofício ou requerimento de isenção ou dispensa;

V – o sorteio dos jurados suplentes;

VI – o adiamento da sessão, se houver ocorrido, com a indicação do motivo;

VII – a abertura da sessão e a presença do Ministério Público, do querelante e do assistente, se houver, e a do defensor do acusado;

VIII – o pregão e a sanção imposta, no caso de não comparecimento;

IX – as testemunhas dispensadas de depor;

X – o recolhimento das testemunhas a lugar de onde umas não pudessem ouvir o depoimento das outras;

XI – a verificação das cédulas pelo juiz presidente;

XII – a formação do Conselho de Sentença, com o registro dos nomes dos jurados sorteados e recusas;

XIII – o compromisso e o interrogatório, com simples referência ao termo;

XIV – os debates e as alegações das partes com os respectivos fundamentos;

XV – os incidentes;

XVI – o julgamento da causa;

XVII – a publicidade dos atos da instrução plenária, das diligências e da sentença.
Art. 496 *A falta da ata sujeitará o responsável a sanções administrativa e penal.*

13.7 Atribuições do presidente do Tribunal do Júri

Art. 497, CPP *São atribuições do juiz presidente do Tribunal do Júri, além de outras expressamente referidas neste Código:*
I – regular a polícia das sessões e prender os desobedientes;
II – requisitar o auxílio da força pública, que ficará sob sua exclusiva autoridade;
III – dirigir os debates, intervindo em caso de abuso, excesso de linguagem ou mediante requerimento de uma das partes;
IV – resolver as questões incidentes que não dependam de pronunciamento do júri;
V – nomear defensor ao acusado, quando considerá-lo indefeso, podendo, neste caso, dissolver o Conselho e designar novo dia para o julgamento, com a nomeação ou a constituição de novo defensor;
VI – mandar retirar da sala o acusado que dificultar a realização do julgamento, o qual prosseguirá sem a sua presença;
VII – suspender a sessão pelo tempo indispensável à realização das diligências requeridas ou entendidas necessárias, mantida a incomunicabilidade dos jurados;
VIII – interromper a sessão por tempo razoável, para proferir sentença e para repouso ou refeição dos jurados;
IX – decidir, de ofício, ouvidos o Ministério Público e a defesa, ou a requerimento de qualquer destes, a arguição de extinção de punibilidade;
X – resolver as questões de direito suscitadas no curso do julgamento;
XI – determinar, de ofício ou a requerimento das partes ou de qualquer jurado, as diligências destinadas a sanar nulidade ou a suprir falta que prejudique o esclarecimento da verdade;
XII – regulamentar, durante os debates, a intervenção de uma das partes, quando a outra estiver com a palavra, podendo conceder até 3 (três) minutos para cada aparte requerido, que serão acrescidos ao tempo desta última.

DIREITO PROCESSUAL PENAL

14 SENTENÇA

É a decisão terminativa do processo e definitiva quanto ao mérito, abordando a questão relativa à pretensão punitiva do Estado, para julgar procedente ou improcedente a imputação. A sentença pode ser condenatória ou absolutória.

Art. 381, CPP A sentença conterá:

I – os nomes das partes ou, quando não possível, as indicações necessárias para identificá-las;

II – a exposição sucinta da acusação e da defesa;

III – a indicação dos motivos de fato e de direito em que se fundar a decisão;

IV – a indicação dos artigos de lei aplicados;

V – o dispositivo;

VI – a data e a assinatura do juiz.

A ausência de quaisquer desses elementos torna a sentença viciada podendo, portanto, ser passível de anulação.

Relatório

É, basicamente, o resumo do processo.

Fundamentação

▷ Permite às partes terem conhecimento dos motivos de determinada decisão;

▷ A ausência desse requisito atenta diretamente aos princípios do contraditório e da ampla defesa;

▷ A única sentença que pode ser proferida sem motivação é a do Tribunal do Júri.

Dispositivo

É onde o juiz expressa sua decisão, seja condenando, seja absolvendo o réu.

Autenticação

Contém data e assinatura do juiz.

Art. 382, CPP Qualquer das partes poderá, no prazo de 2 dias, pedir ao juiz que declare a sentença, sempre que nela houver:

▷ Obscuridade;

▷ Ambiguidade;

▷ Contradição; ou

▷ Omissão.

Art. 383, CPP O juiz, sem modificar a descrição do fato contida na denúncia ou queixa, poderá atribuir-lhe definição jurídica diversa, ainda que, em consequência, tenha de aplicar pena mais grave.

§ 1º Se, em consequência de definição jurídica diversa, houver possibilidade de proposta de suspensão condicional do processo, o juiz procederá de acordo com o disposto na lei.

§ 2º Tratando-se de infração da competência de outro juízo, a este serão encaminhados os autos.

Art. 384 Encerrada a instrução probatória, se entender cabível nova definição jurídica do fato, em consequência de prova existente nos autos de elemento ou circunstância da infração penal não contida na acusação, o Ministério Público deverá aditar a denúncia ou queixa, no prazo de 5 dias, se em virtude desta houver sido instaurado o processo em crime de ação pública, reduzindo-se a termo o aditamento, quando feito oralmente.

§ 1º Não procedendo o órgão do Ministério Público ao aditamento, aplica-se o art. 28 deste Código.

§ 2º Ouvido o defensor do acusado no prazo de 5 dias e admitido o aditamento, o juiz, a requerimento de qualquer das partes, designará dia e hora para continuação da audiência, com inquirição de testemunhas, novo interrogatório do acusado, realização de debates e julgamento.

§ 3º Aplicam-se as disposições dos §§ 1º e 2º do art. 383 ao caput deste artigo.

§ 4º Havendo aditamento, cada parte poderá arrolar até 3 testemunhas, no prazo de 5 dias, ficando o juiz, na sentença, adstrito aos termos do aditamento.

§ 5º Não recebido o aditamento, o processo prosseguirá.

Art. 385 Nos crimes de ação pública, o juiz poderá proferir sentença condenatória, ainda que o Ministério Público tenha opinado pela absolvição, bem como reconhecer agravantes, embora nenhuma tenha sido alegada.

14.1 Sentença penal absolutória

Art. 386, CPP O juiz absolverá o réu, mencionando a causa na parte dispositiva, desde que reconheça:

I – estar provada a inexistência do fato;

É preciso estar evidenciado que o fato não ocorreu.

II – não haver prova da existência do fato;

O juiz evidenciou que não está provada a existência do fato.

III – não constituir o fato infração penal;

Não importa se o fato ocorreu ou não; o que importa é que, mesmo que ele tivesse ocorrido, seria um fato atípico, ou seja, sem previsão legal.

IV – estar provado que o réu não concorreu para a infração penal;

Fica provado, de forma cabal, que o réu não teve participação vital na infração penal.

V – não existir prova de ter o réu concorrido para a infração penal;

Mesmo que o réu tenha participado da infração, não fica provado tal participação.

VI – existirem circunstâncias que excluam o crime ou isentem o réu de pena (arts. 20, 21, 22, 23, 26 e § 1º do art. 28, todos do Código Penal), ou mesmo se houver fundada dúvida sobre sua existência;

Mesmo que o réu tenha participado da infração, que o fato seja típico, há um excludente de ilicitude ou de culpabilidade.

VII – não existir prova suficiente para a condenação.

O réu será absolvido sempre que não houver provas suficientes para o condenar.

Parágrafo único. Na sentença absolutória, o juiz:

I – mandará, se for o caso, pôr o réu em liberdade;

II – ordenará a cessação das medidas cautelares e provisoriamente aplicadas;

III – aplicará medida de segurança, se cabível.

14.2 Sentença penal condenatória

Ocorre quando é reconhecida a responsabilidade do réu na infração penal. Há provas irrefutáveis da participação do réu no ato.

O juiz poderá condenar o réu ainda que este tenha sido absolvido pelo MP nos crimes de ação penal pública.

Art. 385, CPP Nos crimes de ação pública, o juiz poderá proferir sentença condenatória, ainda que o Ministério Público tenha opinado pela absolvição, bem como reconhecer agravantes, embora nenhuma tenha sido alegada.

Art. 387 O juiz, ao proferir sentença condenatória:

*I – mencionará as **circunstâncias agravantes** ou **atenuantes** definidas no Código Penal, e cuja existência reconhecer;*

II – mencionará as outras circunstâncias apuradas e tudo o mais que deva ser levado em conta na aplicação da pena, de acordo com o disposto nos arts. 59 e 60 do Decreto-lei nº 2.848, de 7 de dezembro de 1940 – Código Penal;

III – aplicará as penas de acordo com essas conclusões;

IV – fixará valor mínimo para reparação dos danos causados pela infração, considerando os prejuízos sofridos pelo ofendido;

V – atenderá, quanto à aplicação provisória de interdições de direitos e medidas de segurança, ao disposto no Título XI deste Livro;

VI – determinará se a sentença deverá ser publicada na íntegra ou em resumo e designará o jornal em que será feita a publicação

SENTENÇA

*§ 1º O juiz decidirá, fundamentadamente, sobre a **manutenção** ou, se for o caso, a **imposição** de **prisão preventiva** ou de **outra medida cautelar**, sem prejuízo do conhecimento de apelação que vier a ser interposta.*

§ 2º O tempo de prisão provisória, de prisão administrativa ou de internação, no Brasil ou no estrangeiro, será computado para fins de determinação do regime inicial de pena privativa de liberdade.

A Sentença possui efeitos penais e extrapenais.

▷ **Penais:** produzem efeitos na esfera penal. Podem ser efeitos primários (imposição da pena) ou secundários (produzem efeitos na esfera jurídico-penal do indivíduo, bem como em outra relação jurídico-penal);

▷ **Extrapenais:** afetam outras áreas do Direito e se dividem em:
- **Genéricos:** incidem sobre todas as condenações, previsão no art. 91 do CP, obrigação de reparar o dano, confisco.
- **Automáticos:** incidem apenas sobre condenações relativas a crimes determinados. Previsão no art. 92 do CP: não são automáticos e devem constar na sentença condenatória.

Art. 92, parágrafo único, CP Os efeitos de que trata este artigo não são automáticos, devendo ser motivadamente declarados na sentença.

Efeitos da condenação	
Gerais	**Específicos**
Obrigação de reparar o dado	Perda de cargo/função pública/mandato eletivo em crimes praticados com abuso de poder ou violação de algum dever com Administração Pública
Perda em favor da União dos instrumentos do seu crime	Incapacidade para o exercício pátrio do poder
	Inabilitação para dirigir em casos de utilização para a prática de crime doloso.
AUTOMÁTICO	**NÃO AUTOMÁTICO**

14.3 Princípio da correlação e princípio da consubstanciação

▷ Correlação
- A sentença deve ser amoldada ao fato descrito na denúncia ou queixa;
- O juiz não pode decidir além dos limites; caso o faça, importará na violação do princípio da inércia.

▷ Consubstanciação
- O acusado se defende dos fatos a ele imputados;
- Quando a sentença extrapola limites, viola, além do princípio da inércia, o princípio do contraditório e ampla defesa.

14.3.1 Publicação e intimação da sentença

Art. 389, CPP A sentença será publicada em mão do escrivão, que lavrará nos autos o respectivo termo, registrando-a em livro especialmente destinado a esse fim.

▷ Até que haja a publicação, não há sentença de fato; o que há é apenas a **expectativa da sentença;**

▷ Sentença proferida na audiência;

▷ Sua leitura será considerada como a publicação.

14.4 Intimação das partes

*Art. 391, CPP O querelante ou o assistente será intimado da sentença, **pessoalmente ou na pessoa de seu advogado**. Se nenhum deles for encontrado no lugar da sede do juízo, a intimação será feita mediante **edital** com o prazo de **10 dias**, afixado no lugar de costume.*

Art. 392 A intimação da sentença será feita:
I – ao réu, pessoalmente, se estiver preso;
*II – ao **réu**, **pessoalmente**, ou ao **defensor** por ele **constituído**, quando **se livrar solto**, ou, sendo afiançável a infração, **tiver prestado fiança**;*
*III – ao **defensor** constituído pelo réu, se este, afiançável, ou não, a infração, expedido o mandado de prisão, não tiver sido encontrado, e assim o certificar o oficial de justiça;*
*IV – **mediante edital**, nos casos do nº II, se o réu e o defensor que houver constituído não forem encontrados, e assim o certificar o oficial de justiça;*
*V – **mediante edital**, nos casos do no III, se o defensor que o réu houver constituído também não for encontrado, e assim o certificar o oficial de justiça;*
*VI – **mediante edital**, se o réu, não tendo constituído defensor, não for encontrado, e assim o certificar o oficial de justiça.*

*§ 1º O prazo do edital será de **90 dias**, se tiver sido imposta pena privativa de liberdade por tempo igual ou superior a um ano, e de **60 dias**, nos outros casos.*

§ 2º O prazo para apelação correrá após o término do fixado no edital, salvo se, no curso deste, for feita a intimação por qualquer das outras formas estabelecidas neste artigo.

A obrigatoriedade de intimação pessoal ao réu preso só se aplica, segundo o STJ, às sentenças de 1º grau.

▷ **Réu preso:** devem ser intimados o próprio réu, pessoalmente, e seu defensor.

▷ **Réu solto com defensor nomeado:** intima-se os dois e considera como prazo para recurso a data do que for intimado por último.

▷ **Ministério Público:** intimado pessoalmente **sempre**, querelante ou assistente de acusação, intimado pessoalmente ou por intermédio de seu advogado.

▷ Foi intimado e não concorda com a sentença? Poderá recorrer por meio da **Apelação.**

DIREITO PROCESSUAL PENAL

15 EMENDATIO LIBELLI E MUTATIO LIBELLI

15.1 Emendatio libelli

O instituto da *emendatio libelli*, que é a modificação jurídica do fato, pode ser definido como a mera adequação feita pelo juiz dos fatos narrados na peça acusatória à correta tipificação legal, caso o autor da ação penal tenha se equivocado nessa atividade de tipificação.

Como ocorre a *emendatio libelli*? Assim que verificar que o autor da ação penal cometeu erro na definição jurídica dos fatos narrados na peça acusatória, o juiz pode, **de ofício, sem a necessidade de aditamento da inicial e de oitiva da defesa**, consertar tal definição.

Emendatio libelli é cabível na fase recursal.

> **Art. 383, CPP** *O juiz, sem modificar a descrição do fato contida na denúncia ou queixa, poderá atribuir-lhe definição jurídica diversa, ainda que, em consequência, tenha de aplicar pena mais grave.*
>
> *§ 1º Se, em consequência de definição jurídica diversa, houver possibilidade de proposta de **suspensão condicional do processo**, o juiz procederá de acordo com o disposto na lei.*
>
> *§ 2º Tratando-se de infração da competência de outro juízo, **a este serão encaminhados os autos**.*

O *emendatio libelli* dá a possibilidade de o juiz mudar a **capitulação legal** do fato da denúncia.

15.2 Mutatio libelli

> **Fique ligado**
>
> Atenção à jurisprudência!
> Assunto muito cobrado em concursos: distinção entre *mutatio* e *emendatio*, sendo que aquela não se aplica no grau recursal, conforme depreende a Súmula nº 453 – STF.

Não se aplicam à segunda instância o art. 384 e parágrafo único do Código de Processo Penal, que possibilitam dar nova definição jurídica ao fato delituoso, em virtude de circunstância elementar não contida, explícita ou implicitamente, na denúncia ou queixa.

Como ocorre a *mutatio libelli*? Permite a alteração da definição jurídica do fato se, **encerrada a instrução probatória, surgir nos autos prova a respeito de elementos do crime**, ou circunstância da infração penal, neste último caso qualificadoras, quando não contidas na peça acusatória.

O Ministério Público deverá aditar a denúncia ou queixa, no prazo de 5 dias, se em virtude desta houver sido instaurado o processo em crime de ação pública, reduzindo-se a termo o aditamento, quando feito oralmente.

> **Art. 384, CPP** *Encerrada a instrução probatória, se entender cabível nova definição jurídica do fato, em consequência de prova existente nos autos de elemento ou circunstância da infração penal não contida na acusação, o Ministério Público deverá aditar a denúncia ou queixa, no prazo de **5 dias**, se em virtude desta houver sido instaurado o processo em crime de ação pública, reduzindo-se a termo o aditamento, quando feito oralmente.*
>
> *§ 1º Não procedendo o órgão do Ministério Público ao aditamento, aplica-se o art. 28 deste Código.*
>
> *§ 2º Ouvido o defensor do acusado no prazo de **5 dias** e admitido o aditamento, o juiz, a requerimento de qualquer das partes, designará dia e hora para continuação da audiência, com inquirição de testemunhas, novo interrogatório do acusado, realização de debates e julgamento.*
>
> *§ 3º Aplicam-se as disposições dos §§ 1º e 2º do art. 383 ao caput deste artigo.*
>
> *§ 4º Havendo aditamento, cada parte poderá arrolar até **3 testemunhas**, no prazo de **5 dias**, ficando o juiz, na sentença, adstrito aos termos do aditamento.*
>
> *§ 5º **Não recebido o aditamento, o processo prosseguirá**.*

Há a alteração da definição jurídica do fato em razão do surgimento de novas provas em relação ao fato não previsto no início da peça acusatória.

Caso o membro do MP se recuse a aditar a denúncia, o juiz não poderá fazer isso em seu lugar.

> ***Súmula nº 453 – STF***
>
> *Não se aplicam à segunda instância o art. 384 e parágrafo único do Código de Processo Penal, que possibilitam dar nova definição jurídica ao fato delituoso, em virtude de circunstância elementar não contida, explícita ou implicitamente, na denúncia ou queixa.*

Parte da doutrina defende que não é possível a aplicação do ***mutatio libelli*** nos crimes de ação penal privada, já que a Lei cita o MP apenas em Ação Civil Pública. Já a outra parte defende que a lei não veda, não indo de encontro a qualquer princípio processual.

RECURSOS

16 RECURSOS

A finalidade do recurso é reverter uma decisão desfavorável:
- Modificando;
- Anulando;
- Esclarecendo;
- Integrando a decisão impugnada.

O recurso é o meio hábil para a alteração de uma decisão judicial, dentro da mesma relação judicial.

16.1 Juízo de admissibilidade

O juízo de admissibilidade se divide em duas etapas:
- **Preenchimento dos pressupostos recursais:** saber se o pedido preencheu todos os requisitos e as exigências legais.
- **Análise do mérito:** aquilo que se pretende que seja analisado e provido.

16.2 Pressupostos processuais

Intrínsecos

- **Cabimento:** exige que o recurso interposto seja o adequado, ou seja, que aquele recurso seja o certo para impugnar aquela decisão.
  - **Legitimidade recursal:** exige que a parte que interpôs o recurso tenha legitimidade para o ato.
- **Interesse recursal divide-se em:**
  - **Necessidade:** o recorrente teve prejuízo com o resultado da ação penal e o recurso é o único meio para revertê-lo;
  - **Adequação:** saber se aquele recurso é apto para reverter a situação em questão.
- **Inexistência de ato impeditivo ou extintivo do direito de recorrer:** pode ocorrer de, em alguns casos, o recorrente ter o direito de recorrer em tese, porém, no caso concreto, ter perdido tal direito.

Extrínsecos

- **Tempestividade:** trata-se da interposição do recurso dentro do prazo exigido na lei.
- **Regularidade formal:** trata-se do preenchimento dos requisitos estabelecidos na lei.
- **Juízo de mérito:** é a análise do recurso propriamente dita e volta-se para os fundamentos alegados pelo recorrente.

16.3 Efeitos dos recursos

- **Obstativo:** quando interposto impede a preclusão temporal.
- **Devolutivo:** o recorrente devolve ao Tribunal a competência para conhecer a matéria e apreciar o recurso. **Todo recurso tem efeito devolutivo.**
- **Suspensivo:** trata da impossibilidade de a decisão impugnada não produzir efeitos enquanto o recurso em andamento não for julgado. Não está presente em todos os recursos.
- **Translativo:** quando o Tribunal pode conhecer, de ofício, algumas matérias não impugnadas pelo recorrente, por serem de ordem pública.
- **Substitutivo:** substituição da decisão recorrida pela decisão do juízo ad quem.
- **Regressivo:** permite que o prolator da decisão se retrate da decisão proferida.
- **Extensivo:** vem da necessidade de haver isonomia de todos aqueles que respondem pelo mesmo fato.

16.4 Princípios recursais

- **Duplo grau de jurisdição:** princípio segundo o qual uma decisão deve estar submetida à apreciação de outro órgão superior àquele que julgou em 1ª instância.
- **Taxatividade:** somente pode ser considerado recurso aqueles que estão previstos em lei.
- **Singularidade:** para cada decisão é cabível apenas um recurso.
- **Voluntariedade:** o recurso só pode decorrer da vontade da parte não existindo, assim, recurso de ofício.
- **Fungibilidade:** mesmo que a parte interponha o recurso de forma errada, o órgão recursal aceita como sendo correto.
- *Non reformatio in pejus:* o recurso interposto **jamais** poderá ser julgado de forma a prejudicar o réu.
- **Complementariedade:** o recorrente pode complementar a fundamentação do recurso se, após interposto, a decisão for modificada.
- **Colegialidade:** o recorrente tem direito de ter seu recurso apreciado por um órgão colegiado.

16.5 Disposições gerais

Art. 574, CPP Os recursos serão voluntários, excetuando-se os seguintes casos, em que deverão ser interpostos, de ofício, pelo juiz:

*I – da sentença que conceder **habeas corpus**;*

*II – da que **absolver** desde logo o réu com fundamento na existência de circunstância que exclua o crime ou isente o réu de pena, nos termos do art. 411.*

Art. 575 Não serão prejudicados os recursos que, por erro, falta ou omissão dos funcionários, não tiverem seguimento ou não forem apresentados dentro do prazo.

*Art. 576 O Ministério Público **não poderá desistir** de recurso que haja interposto.*

*Art. 577 O recurso **poderá ser interposto** pelo Ministério Público, ou pelo querelante, ou pelo réu, seu procurador ou seu defensor.*

*Parágrafo único. **Não se admitirá**, entretanto, recurso da parte que não tiver interesse na reforma ou modificação da decisão.*

Art. 578 O recurso será interposto por petição ou por termo nos autos, assinado pelo recorrente ou por seu representante.

§ 1º Não sabendo ou não podendo o réu assinar o nome, o termo será assinado por alguém, a seu rogo, na presença de duas testemunhas.

§ 2º A petição de interposição de recurso, com o despacho do juiz, será, até o dia seguinte ao último do prazo, entregue ao escrivão, que certificará no termo da juntada a data da entrega.

*§ 3º Interposto por termo o recurso, o escrivão, sob pena de suspensão por **10 a 30 dias**, fará conclusos os autos ao juiz, até o dia seguinte ao último do prazo.*

*Art. 579 **Salvo** a hipótese de má-fé, a parte não será prejudicada pela interposição de um recurso por outro.*

Parágrafo único. Se o juiz, desde logo, reconhecer a impropriedade do recurso interposto pela parte, mandará processá-lo de acordo com o rito do recurso cabível.

*Art. 580 No caso de concurso de agentes, a decisão do recurso interposto por **1** dos réus, se fundado em motivos que não sejam de caráter exclusivamente pessoal, **aproveitará** aos outros.*

DIREITO PROCESSUAL PENAL

17 RECURSOS EM ESPÉCIE

17.1 Recurso em Sentido Estrito (RESE)

Fique ligado

RESE: Rol taxativo / *numerus clausus*

Não admite interpretação analógica

Não admite interpretação extensiva

É das partes a legitimidade para o recurso em sentido estrito

Art. 581, CPP *Caberá recurso, no sentido estrito, da decisão, despacho ou sentença:*
*I – que **não receber** a denúncia ou a queixa;*
*II – que **concluir** pela **incompetência** do juízo;*
*III – que **julgar** procedentes as exceções, **salvo** a de suspeição;*
*IV – que **pronunciar** o réu;*
*V – que **conceder, negar, arbitrar, cassar ou julgar** inidônea a fiança, indeferir requerimento de prisão preventiva ou **revogá-la**, conceder liberdade provisória ou relaxar a prisão em flagrante;*
VI – (Revogado pela Lei nº 11.689, de 2008);
*VII – que **julgar quebrada** a fiança ou perdido o seu valor;*
*VIII – que **decretar** a prescrição ou **julgar**, por outro modo, extinta a punibilidade;*
*IX – que **indeferir** o pedido de reconhecimento da prescrição ou de outra causa extintiva da punibilidade;*
*X – que **conceder** ou **negar** a ordem de **habeas corpus**;*
*XI – que **conceder, negar** ou **revogar** a suspensão condicional da pena;*
*XII – que **conceder, negar** ou **revogar** livramento condicional;*
*XIII – que **anular** o processo da instrução criminal, no todo ou em parte;*
*XIV – que **incluir** jurado na lista geral ou desta o excluir;*
*XV – que **denegar** a apelação ou a julgar deserta;*
*XVI – que **ordenar** a suspensão do processo, em virtude de questão prejudicial;*
*XVII – que **decidir** sobre a unificação de penas;*
*XVIII – que **decidir** o incidente de falsidade;*
*XIX – que **decretar** medida de segurança, depois de transitar a sentença em julgado;*
*XX – que **impuser** medida de segurança por transgressão de outra;*
*XXI – que **mantiver** ou **substituir** a medida de segurança, nos casos do art. 774;*
*XXII – que **revogar** a medida de segurança;*
*XXIII – que **deixar de revogar** a medida de segurança, nos casos em que a lei admita a revogação;*
*XXIV – que **converter** a multa em detenção ou em prisão simples;*
*XXV – que **recusar** homologação à proposta de acordo de não persecução penal, previsto no art. 28-A desta Lei.*

Art. 582 *Os recursos serão sempre para o Tribunal de Apelação, salvo nos casos dos nºs V, X e XIV.*
Parágrafo único. *O recurso, no caso do nº XIV, será para o presidente do Tribunal de Apelação.*
Art. 583 *Subirão nos próprios autos os recursos:*
I – quando interpostos de ofício;
II – nos casos do art. 581, I, III, IV, VI, VIII e X;
III – quando o recurso não prejudicar o andamento do processo.
Parágrafo único. *O recurso da pronúncia subirá em **traslado**, quando, havendo 2 ou **mais** réus, qualquer deles se conformar com a decisão ou todos não tiverem sido ainda intimados da pronúncia.*
Art. 584 *Os recursos **terão efeito suspensivo** nos casos de perda da fiança, de concessão de livramento condicional e dos nºs XV, XVII e XXIV do art. 581.*

*§ 1º Ao recurso interposto de sentença de **impronúncia** ou no caso do nº VIII do art. 581, aplicar-se-á o disposto nos arts. 596 e 598.*
*§ 2º O recurso da **pronúncia** suspenderá tão-somente o julgamento.*
*§ 3º O recurso do despacho que julgar quebrada a fiança **suspenderá** unicamente o efeito de perda da metade do seu valor.*

Efeito suspensivo dos recursos

1. Perda da Fiança
2. Concessão de livramento condicional
3. Denegar apelação ou julgar deserta
4. Decidir sobre a unificação de penas
5. Converter a multa em detenção ou prisão simples

Art. 585 *O réu **não poderá** recorrer da pronúncia senão depois de preso, salvo se prestar fiança, nos casos em que a lei a admitir.*
Art. 586 *O recurso **voluntário** poderá ser interposto no prazo de **5 dias**.*
Parágrafo único. *No caso do art. 581, XIV, o prazo será de **20 dias**, contado da data da publicação definitiva da lista de jurados.*
Art. 587 *Quando o recurso houver de subir por instrumento, a parte indicará, no respectivo termo, ou em requerimento avulso, as peças dos autos de que pretenda traslado.*
Parágrafo único. *O traslado será extraído, conferido e concertado no prazo de **5 dias**, e dele constarão sempre a decisão recorrida, a certidão de sua intimação, se por outra forma não for possível verificar-se a oportunidade do recurso, e o termo de interposição.*
Art. 588 *Dentro de **2 dias**, contados da interposição do recurso, ou do dia em que o escrivão, extraído o traslado, o fizer com vista ao recorrente, este oferecerá as razões e, em seguida, será aberta vista ao recorrido por igual prazo.*
Parágrafo único. *Se o recorrido for o réu, será intimado do prazo na pessoa do defensor.*
Art. 589 *Com a resposta do recorrido ou sem ela, será o recurso concluso ao juiz, que, dentro de **2 dias**, **reformará** ou **sustentará** o seu despacho, mandando instruir o recurso com os traslados que lhe parecerem necessários.*
Parágrafo único. *Se o juiz reformar o despacho recorrido, a parte contrária, por simples petição, poderá recorrer da nova decisão, se couber recurso, não sendo mais lícito ao juiz modificá-la. Neste caso, independentemente de novos arrazoados, subirá o recurso nos próprios autos ou em traslado.*
Art. 590 *Quando for impossível ao escrivão extrair o traslado no prazo da lei, poderá o juiz prorrogá-lo **até o dobro**.*
Art. 591 *Os recursos serão apresentados ao juiz ou tribunal ad quem, dentro de **5 dias** da publicação da resposta do juiz a quo, ou entregues ao Correio dentro do mesmo prazo.*
Art. 592 *Publicada a decisão do juiz ou do tribunal ad quem, deverão os autos ser devolvidos, dentro de **5 dias**, ao juiz a quo.*

▷ O RESE só é cabível nas hipóteses taxativas do art. 581.
▷ Destina-se à impugnação de decisões interlocutórias.
▷ Apenas a rejeição da denúncia ou queixa é impugnável com o RESE.
▷ Somente a decisão de pronúncia é atacável com o RESE.

17.2 Apelação

É um recurso cabível em face de sentença contra a qual não caiba recurso em sentido estrito.

Apelação plena: aquelas indicadas no inciso I e II do art. 593 do CPP.

▷ Das sentenças definitivas de condenação ou absolvição proferidas por juiz singular;
▷ Das decisões definitivas, ou com força de definitivas, proferidas por juiz singular

RECURSOS EM ESPÉCIE

Significa dizer que a interposição desse recurso se dá com efeito devolutivo integral. Lembre-se que a apelação pode ser interposta por petição ou por termo nos autos, no prazo de 5 dias, prazo aferido a partir da interposição do recurso.

Art. 593, CPP *Caberá apelação no prazo de 5 dias:*
I – das sentenças definitivas de condenação ou absolvição proferidas por juiz singular;
II – das decisões definitivas, ou com força de definitivas, proferidas por juiz singular nos casos não previstos no Capítulo anterior;
III – das decisões do Tribunal do Júri, quando:
*a) ocorrer nulidade **posterior à pronúncia**;*
b) for a sentença do juiz-presidente contrária à lei expressa ou à decisão dos jurados;
*c) houver **erro** ou **injustiça** no tocante à aplicação da pena ou da medida de segurança;*
*d) for a decisão dos jurados manifestamente **contrária à prova dos autos**.*
§ 1º Se a sentença do juiz-presidente for contrária à lei expressa ou divergir das respostas dos jurados aos quesitos, o tribunal ad quem fará a devida retificação.
§ 2º Interposta a apelação com fundamento no III, c, deste artigo, o tribunal ad quem, se lhe der provimento, retificará a aplicação da pena ou da medida de segurança.
§ 3º Se a apelação se fundar no III, d, deste artigo, e o tribunal ad quem se convencer de que a decisão dos jurados é manifestamente contrária à prova dos autos, dar-lhe-á provimento para sujeitar o réu a novo julgamento; não se admite, porém, pelo mesmo motivo, segunda apelação.
*§ 4º Quando cabível a apelação, **não poderá** ser usado o recurso em sentido estrito, ainda que somente de parte da decisão se recorra.*
Art. 594 *(Revogado pela Lei nº 11.719, de 2008).*
Art. 595 *(Revogado pela Lei nº 12.403, de 2011).*
Art. 596 *A apelação da sentença absolutória **não impedirá** que o réu seja posto imediatamente em liberdade.*
Parágrafo único. *A apelação **não suspenderá** a execução da medida de segurança aplicada provisoriamente.*
Art. 597 *A apelação de sentença condenatória **terá efeito suspensivo**, salvo o disposto no art. 393 (esse artigo foi revogado), a aplicação provisória de interdições de direitos e de medidas de segurança (arts. 374 e 378), e o caso de suspensão condicional de pena.*

Apelação de sentença condenatória	
Regra	**Exceção**
Efeito **suspensivo**	**Não terá efeito suspensivo** 1. Aplicação provisória de interdições de direitos e de medidas de segurança; 2. Suspensão condicional de pena

Art. 598 *Nos crimes de **competência do Tribunal do Júri**, ou do **juiz singular**, se da sentença não for interposta **apelação** pelo **Ministério Público** no prazo legal, o ofendido ou qualquer das pessoas enumeradas no art. 31, ainda que não se tenha habilitado como assistente, **poderá** interpor apelação, que **não terá**, porém, **efeito suspensivo**.*
Parágrafo único. *O prazo para interposição desse recurso será de 15 dias e correrá do dia em que terminar o do Ministério Público.*
Art. 599 *As apelações poderão ser interpostas quer em relação a todo o julgado, quer em relação a parte dele.*
Art. 600 *Assinado o termo de apelação, o apelante e, depois dele, o apelado terão o prazo de 8 dias cada um para oferecer razões, salvo nos processos de contravenção, em que o prazo será de 3 dias.*
§ 1º Se houver assistente, este arrazoará, no prazo de três dias, após o Ministério Público.
§ 2º Se a ação penal for movida pela parte ofendida, o Ministério Público terá vista dos autos, no prazo do parágrafo anterior.
*§ 3º Quando forem **2 ou mais** os apelantes ou apelados, **os prazos serão comuns**.*

§ 4º Se o apelante declarar, na petição ou no termo, ao interpor a apelação, que deseja arrazoar na superior instância serão os autos remetidos ao tribunal ad quem e onde será aberta vista às partes, observados os prazos legais, notificadas as partes pela publicação oficial.

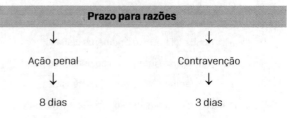

Art. 601 *Findos os prazos para razões, os autos serão remetidos à instância superior, com as razões ou sem elas, no prazo de 5 dias, salvo no caso do art. 603, segunda parte, em que o prazo será de 30 dias.*
§ 1º Se houver mais de 1 réu, e não houver todos sido julgados, ou não tiverem todos apelado, caberá ao apelante promover extração do traslado dos autos, o qual deverá ser remetido à instância superior no prazo de trinta dias, contado da data da entrega das últimas razões de apelação, ou do vencimento do prazo para a apresentação das do apelado.
§ 2º As despesas do traslado correrão por conta de quem o solicitar, salvo se o pedido for de réu pobre ou do Ministério Público.
Art. 602 *Os autos serão, dentro dos prazos do artigo anterior, apresentados ao tribunal ad quem ou entregues ao Correio, sob registro.*
Art. 603 *A apelação subirá nos autos originais e, a não ser no Distrito Federal e nas comarcas que forem sede de Tribunal de Apelação, ficará em cartório traslado dos termos essenciais do processo referidos no art. 564, nº III.*

Interposições e razões	
RESE	**Apelação**
Recurso dirigido ao **juiz**	Recurso dirigido ao juiz
Petição para as **interposição** em **5 dias**	Petição para a **interposição** em **5 dias**
Petição para as **razões** em **2 dias**; A outra parte também terá **2 dias** para arrazoar	Petição para as **razões** em **8 dias**; Em se tratando de **contravenção** penal, o prazo para as **razões** será de **3 dias**.

17.3 Processo e julgamento dos Recursos em Sentido Estrito e das apelações, nos Tribunais de Apelação

Art. 609, CPP *Os recursos, apelações e embargos serão julgados pelos Tribunais de Justiça, câmaras ou turmas criminais, de acordo com a competência estabelecida nas **leis de organização judiciária**.*
Parágrafo único. *Quando **não for** unânime a decisão de segunda instância, desfavorável ao réu, admitem-se **embargos infringentes e de nulidade**, que poderão ser opostos dentro de **10 dias**, a contar da publicação do acórdão, na forma do art. 613. Se o desacordo for parcial, os embargos serão restritos à matéria objeto de divergência.*
Art. 610 *Nos **recursos em sentido estrito**, com exceção do de **habeas corpus**, e nas **apelações** interpostas das sentenças em processo de contravenção ou de crime a que a lei comine pena de detenção, os autos irão imediatamente com vista ao procurador-geral pelo prazo de **5 dias**, e, em seguida, passarão, **por igual prazo**, ao relator, que pedirá designação de dia para o julgamento.*
Parágrafo único. *Anunciado o julgamento pelo presidente, e apregoadas as partes, com a presença destas ou à sua revelia, o relator fará a exposição do feito e, em seguida, o presidente concederá, pelo prazo de **10 minutos**, a palavra aos advogados ou às partes que o solicitarem e ao procurador-geral, quando o requerer, por igual prazo.*

DIREITO PROCESSUAL PENAL

Art. 612 *Os recursos de **babeas corpus**, designado o relator, serão julgados na **1ª sessão**.*

Art. 613 *As **apelações** interpostas das sentenças proferidas em processos por crime a que a lei comine pena de **reclusão**, deverão ser processadas e julgadas pela forma estabelecida no art. 610, com as seguintes modificações:*

*I – exarado o relatório nos autos, passarão estes ao **revisor**, que terá igual prazo para o exame do processo e pedirá designação de dia para o julgamento;*

*II – os prazos serão ampliados **ao dobro**;*

*III – o tempo para os debates será de ¼ **de hora**.*

Art. 614 *No caso de impossibilidade de observância de qualquer dos prazos marcados nos arts. 610 e 613, os motivos da demora serão declarados nos autos.*

Art. 615 *O tribunal decidirá por **maioria de votos**.*

§ 1º Havendo empate de votos no julgamento de recursos, se o presidente do tribunal, câmara ou turma, não tiver tomado parte na votação, proferirá o voto de desempate; no caso contrário, prevalecerá a decisão mais favorável ao réu.

*§ 2º O acórdão será apresentado à conferência na **1ª sessão** seguinte à do julgamento, ou no prazo de **2 sessões**, pelo juiz incumbido de lavrá-lo.*

Art. 616 *No julgamento das apelações poderá o tribunal, câmara ou turma proceder a novo interrogatório do acusado, reinquirir testemunhas ou determinar outras diligências.*

Art. 617 *O tribunal, câmara ou turma atenderá nas suas decisões ao disposto nos arts. 383, 386 e 387, no que for aplicável, **não podendo**, porém, ser **agravada a pena**, quando **somente o réu houver apelado da sentença**.*

Art. 618 *Os **regimentos** dos Tribunais de Apelação estabelecerão as **normas complementares** para o processo e julgamento dos recursos e apelações.*

Embargos infringentes e de nulidade		
Admissão	Quando **não for unânime**	**Desfavorável ao réu**
	A decisão de **2ª instância**	
	Poderão ser opostos dentro de **10 dias**	
	A contar da publicação de acórdão, na forma do art. 613	
	Se o desacordo for parcial, os embargos serão restritos à matéria objeto de divergência	

HABEAS CORPUS E SEU PROCESSO

18 *HABEAS CORPUS* E SEU PROCESSO

18.1 Espécies de HC

Preventivo: quando ocorre uma ameaça ao direito de locomoção, desde que o temor seja concreto, não basta uma simples suspeita. Salvo-conduto, impedindo-se que a pessoa venha a ser privada de sua liberdade.

> *Art. 660, § 4º, CPP Se a ordem de habeas corpus for concedida para evitar ameaça de violência ou coação ilegal, dar-se-á ao paciente salvo-conduto assinado pelo juiz.*

Repressivo: quando a liberdade já foi sacrificada, haverá alvará de soltura.

> *Art. 660, § 1º, CPP Efetuadas as diligências, e interrogado o paciente, o juiz decidirá, fundamentadamente, dentro de 24 (vinte e quatro) horas.*
>
> *§ 1º Se a decisão for favorável ao paciente, será logo posto em liberdade, salvo se por outro motivo dever ser mantido na prisão.*

18.2 Outra denominação

Profilático: também conhecido como HC trancativo, visa ao trancamento da uma ação penal que não tenha os seguintes requisitos básicos:
- Ausência de condições da ação;
- Fato já prescrito;
- Justa causa.

18.3 Cabimento

> *Art. 648, CPP A coação considerar-se-á ilegal:*
>
> *I – quando não houver justa causa;*
>
> *II – quando alguém estiver preso por mais tempo do que determina a lei;*
>
> *III – quando quem ordenar a coação não tiver competência para fazê-lo;*
>
> *IV – quando houver cessado o motivo que autorizou a coação;*
>
> *V – quando não for alguém admitido a prestar fiança, nos casos em que a lei a autoriza;*
>
> *VI – quando o processo for manifestamente nulo;*
>
> *VII – quando extinta a punibilidade.*

18.4 Sujeitos

Impetrante: quem ajuíza o *habeas corpus*. Mas quem pode impetrar o HC?

> *Art. 654, CPP O habeas corpus poderá ser impetrado por qualquer pessoa, em seu favor ou de outrem, bem como pelo Ministério Público.*

- Não exige capacidade postulatória (presença de advogado);
- O juiz pode conceder ex-officio;
- Analfabeto.

> *Art. 654, § 1º, CPP A petição de habeas corpus conterá: [...]*
>
> *c) a assinatura do impetrante, ou de alguém a seu rogo, quando não souber ou não puder escrever, e a designação das respectivas residências.*

Cuidado! Juiz não pode impetrar, mas, sim, conceder.

> *Art. 654, § 2º, CPP Os juízes e os tribunais têm competência para expedir de ofício ordem de habeas corpus, quando no curso de processo verificarem que alguém sofre ou está na iminência de sofrer coação ilegal.*

Paciente: em favor da pessoa qual se impetra.

Cuidado:
- Impetrante e paciente podem ser a mesma pessoa;
- Não pode ser pessoa jurídica.

Coator: quem privou o direito de locomoção.
Pode ser autoridade pública ou particular.

18.5 Formalidades

Não tem exigências formais:
- Não precisa de advogado;
- Gratuito.

> *Art. 647, CPP Dar-se-á habeas corpus sempre que alguém sofrer ou se achar na iminência de sofrer violência ou coação ilegal na sua liberdade de ir e vir, salvo nos casos de punição disciplinar.*
>
> *Art. 648 A coação considerar-se-á ilegal:*
>
> *I – quando não houver justa causa;*
>
> *II – quando alguém estiver preso por mais tempo do que determina a lei;*
>
> *III – quando quem ordenar a coação não tiver competência para fazê-lo;*
>
> *IV – quando houver cessado o motivo que autorizou a coação;*
>
> *V – quando não for alguém admitido a prestar fiança, nos casos em que a lei a autoriza;*
>
> *VI – quando o processo for manifestamente nulo;*
>
> *VII – quando extinta a punibilidade.*
>
> *Art. 649 O juiz ou o tribunal, dentro dos limites da sua jurisdição, fará passar imediatamente a ordem impetrada, nos casos em que tenha cabimento, seja qual for a autoridade coatora.*
>
> *Art. 650 Competirá conhecer, originariamente, do pedido de habeas corpus:*
>
> *I – ao Supremo Tribunal Federal, nos casos previstos no Art. 101, I, g, da Constituição;*
>
> *II – aos Tribunais de Apelação, sempre que os atos de violência ou coação forem atribuídos aos governadores ou interventores dos Estados ou Territórios e ao prefeito do Distrito Federal, ou a seus secretários, ou aos chefes de Polícia.*
>
> *§ 1º A competência do juiz cessará sempre que a violência ou coação provier de autoridade judiciária de igual ou superior jurisdição.*
>
> *§ 2º Não cabe o habeas corpus contra a prisão administrativa, atual ou iminente, dos responsáveis por dinheiro ou valor pertencente à Fazenda Pública, alcançados ou omissos em fazer o seu recolhimento nos prazos legais, salvo se o pedido for acompanhado de prova de quitação ou de depósito do alcance verificado, ou se a prisão exceder o prazo legal.*
>
> *Art. 651 A concessão do habeas corpus não obstará, nem porá termo ao processo, desde que este não esteja em conflito com os fundamentos daquela.*
>
> *Art. 652 Se o habeas corpus for concedido em virtude de nulidade do processo, este será renovado.*
>
> *Art. 653 Ordenada a soltura do paciente em virtude de habeas corpus, será condenada nas custas a autoridade que, por má-fé ou evidente abuso de poder, tiver determinado a coação.*
>
> *Parágrafo único. Neste caso, será remetida ao Ministério Público cópia das peças necessárias para ser promovida a responsabilidade da autoridade.*
>
> *Art. 654 O habeas corpus poderá ser impetrado por qualquer pessoa, em seu favor ou de outrem, bem como pelo Ministério Público.*
>
> *§ 1º A petição de habeas corpus conterá:*
>
> *a) o nome da pessoa que sofre ou está ameaçada de sofrer violência ou coação e o de quem exercer a violência, coação ou ameaça;*
>
> *b) a declaração da espécie de constrangimento ou, em caso de simples ameaça de coação, as razões em que funda o seu temor;*
>
> *c) a assinatura do impetrante, ou de alguém a seu rogo, quando não souber ou não puder escrever, e a designação das respectivas residências.*
>
> *§ 2º Os juízes e os tribunais têm competência para expedir de ofício ordem de habeas corpus, quando no curso de processo verificarem que alguém sofre ou está na iminência de sofrer coação ilegal.*
>
> *Art. 655 O carcereiro ou o diretor da prisão, o escrivão, o oficial de justiça ou a autoridade judiciária ou policial que embaraçar ou procrastinar a expedição de ordem de habeas corpus, as informações sobre a causa da prisão, a condução e apresentação do paciente, ou a sua soltura, será multado na quantia de duzentos mil-réis a um conto de réis, sem prejuízo das penas em que incorrer. As multas serão impostas pelo juiz do tribunal que julgar o habeas corpus, salvo quando se tratar de autoridade judiciária, caso em que caberá ao Supremo Tribunal Federal ou ao Tribunal de Apelação impor as multas.*

DIREITO PROCESSUAL PENAL

Art. 656 Recebida a petição de habeas corpus, o juiz, se julgar necessário, e estiver preso o paciente, mandará que este lhe seja imediatamente apresentado em dia e hora que designar.

Parágrafo único. Em caso de desobediência, será expedido mandado de prisão contra o detentor, que será processado na forma da lei, e o juiz providenciará para que o paciente seja tirado da prisão e apresentado em juízo.

Art. 657 Se o paciente estiver preso, nenhum motivo escusará a sua apresentação, salvo:

I – grave enfermidade do paciente;

II – não estar ele sob a guarda da pessoa a quem se atribui a detenção;

III – se o comparecimento não tiver sido determinado pelo juiz ou pelo tribunal.

Parágrafo único. O juiz poderá ir ao local em que o paciente se encontrar, se este não puder ser apresentado por motivo de doença.

Art. 658 O detentor declarará à ordem de quem o paciente estiver preso.

Art. 659 Se o juiz ou o tribunal verificar que já cessou a violência ou coação ilegal, julgará prejudicado o pedido.

Art. 660 Efetuadas as diligências, e interrogado o paciente, o juiz decidirá, fundamentadamente, dentro de 24 horas.

§ 1º Se a decisão for favorável ao paciente, será logo posto em liberdade, salvo se por outro motivo dever ser mantido na prisão.

§ 2º Se os documentos que instruírem a petição evidenciarem a ilegalidade da coação, o juiz ou o tribunal ordenará que cesse imediatamente o constrangimento.

§ 3º Se a ilegalidade decorrer do fato de não ter sido o paciente admitido a prestar fiança, o juiz arbitrará o valor desta, que poderá ser prestada perante ele, remetendo, neste caso, à autoridade os respectivos autos, para serem anexados aos do inquérito policial ou aos do processo judicial.

§ 4º Se a ordem de habeas corpus for concedida para evitar ameaça de violência ou coação ilegal, dar-se-á ao paciente salvo-conduto assinado pelo juiz.

§ 5º Será incontinenti enviada cópia da decisão à autoridade que tiver ordenado a prisão ou tiver o paciente à sua disposição, a fim de juntar-se aos autos do processo.

§ 6º Quando o paciente estiver preso em lugar que não seja o da sede do juízo ou do tribunal que conceder a ordem, o alvará de soltura será expedido pelo telégrafo, se houver, observadas as formalidades estabelecidas no art. 289, parágrafo único, in fine, ou por via postal.

Art. 661 Em caso de competência originária do Tribunal de Apelação, a petição de habeas corpus será apresentada ao secretário, que a enviará imediatamente ao presidente do tribunal, ou da câmara criminal, ou da turma, que estiver reunida, ou primeiro tiver de reunir-se.

Art. 662 Se a petição contiver os requisitos do art. 654, § 1º, o presidente, se necessário, requisitará da autoridade indicada como coatora informações por escrito. Faltando, porém, qualquer daqueles requisitos, o presidente mandará preenchê-lo, logo que lhe for apresentada a petição.

Art. 663 As diligências do artigo anterior não serão ordenadas, se o presidente entender que o habeas corpus deva ser indeferido in limine. Nesse caso, levará a petição ao tribunal, câmara ou turma, para que delibere a respeito.

Art. 664 Recebidas as informações, ou dispensadas, o habeas corpus será julgado na primeira sessão, podendo, entretanto, adiar-se o julgamento para a sessão seguinte.

Parágrafo único. A decisão será tomada por maioria de votos. Havendo empate, se o presidente não tiver tomado parte na votação, proferirá voto de desempate; no caso contrário, prevalecerá a decisão mais favorável ao paciente.

Art. 665 O secretário do tribunal lavrará a ordem que, assinada pelo presidente do tribunal, câmara ou turma, será dirigida, por ofício ou telegrama, ao detentor, ao carcereiro ou autoridade que exercer ou ameaçar exercer o constrangimento.

Parágrafo único. A ordem transmitida por telegrama obedecerá ao disposto no art. 289, parágrafo único, in fine.

Art. 666 Os regimentos dos Tribunais de Apelação estabelecerão as normas complementares para o processo e julgamento do pedido de habeas corpus de sua competência originária.

Art. 667 No processo e julgamento do habeas corpus de competência originária do Supremo Tribunal Federal, bem como nos de recurso das decisões de última ou única instância, denegatórias de habeas corpus, observar-se-á, no que lhes for aplicável, o disposto nos artigos anteriores, devendo o regimento interno do tribunal estabelecer as regras complementares.

▷ Súmulas do STF

- **Súmula nº 395:** "Não se conhece de recurso de habeas corpus cujo objeto seja resolver sobre o ônus das custas, por não estar mais em causa a liberdade de locomoção."

- **Súmula nº 693:** "Não cabe habeas corpus contra decisão condenatória a pena de multa, ou relativo a processo em curso por infração penal a que a pena pecuniária seja a única cominada."

- **Súmula nº 694:** "Não cabe habeas corpus contra a imposição da pena de exclusão de militar ou de perda de patente ou de função pública."

- **Súmula nº 695:** "Não cabe habeas corpus quando já extinta a pena privativa de liberdade."

Não cabimento do *habeas corpus*

▷ O *habeas corpus* não é meio processual adequado para o apenado obter autorização de visita de sua companheira no estabelecimento prisional. (STF. 2ª Turma. HC 127.685/DF, Rel. Min. Dias Toffoli, julgado em 30/6/2015 [Info 792]).

▷ Apreensão de veículos – CF/1988;

▷ Extração gratuita de cópias de processo criminal – STJ – 5ºTurma, HC 111.561/SP;

▷ Perda de direitos políticos – STF – 2ª Turma – HC 81.003/RS;

▷ Impeachment – STF, HC 70.033 e HC 134.315;

▷ Suspensão do direito de dirigir veículo automotor – STJ, 5ª Turma, HC 283.505/SP.

Pontos importantes

▷ Não cabe HC como substituto penal quando houver recurso cabível;

▷ O HC não comporta dilação probatória, ou seja, o impetrante deve provar de plano a ilegalidade da coação;

▷ É incabível o HC para impugnar decisão que defere a intervenção do assistente de acusação na ação penal;

▷ Efeito extensivo do HC;

▷ Cabe HC em varas Cíveis – Depositário infiel;

▷ Cabe HC em Internação Psiquiátrica – HC 135.271-SP.

OUTROS RECURSOS EM ESPÉCIE

19 OUTROS RECURSOS EM ESPÉCIE

19.1 Embargos

*Art. 619, CPP Aos acórdãos proferidos pelos Tribunais de Apelação, câmaras ou turmas, poderão ser opostos **embargos de declaração**, no prazo de **2 dias** contados da sua publicação, quando houver na sentença:*

- Ambiguidade;
- Obscuridade;
- Contradição; ou
- Omissão.

Art. 620, CPP Os embargos de declaração serão deduzidos em requerimento de que constem os pontos em que o acórdão é ambíguo, obscuro, contraditório ou omisso.

§ 1º O requerimento será apresentado pelo relator e julgado, independentemente de revisão, na primeira sessão.

§ 2º Se não preenchidas as condições enumeradas neste artigo, o relator indeferirá desde logo o requerimento.

19.2 Revisão

Quando será admitida a revisão:

- Sentença condenatória for contrária ao texto expresso da lei penal ou à evidência dos autos;
- Sentença condenatória se fundar em depoimentos, exames ou documentos comprovadamente falsos;
- Após a sentença, se descobrirem novas provas de inocência do condenado ou de circunstância que determine ou autorize diminuição especial da pena;

| A revisão poderá ser requerida | → | **Em qualquer tempo**, antes da extinção da pena ou após. |

*Art. 621, CPP A revisão dos **processos findos** será admitida:*
I – quando a sentença condenatória for contrária ao texto expresso da lei penal ou à evidência dos autos;
II – quando a sentença condenatória se fundar em depoimentos, exames ou documentos comprovadamente falsos;
III – quando, após a sentença, se descobrirem novas provas de inocência do condenado ou de circunstância que determine ou autorize diminuição especial da pena.
*Art. 622 A revisão poderá ser requerida **em qualquer tempo**, antes da extinção da pena ou após.*
Parágrafo único. Não será admissível a reiteração do pedido, salvo se fundado em novas provas.
*Art. 623 A **revisão** poderá ser pedida pelo próprio réu ou por procurador legalmente habilitado ou, no caso de morte do réu, pelo:*

- Cônjuge;
- Ascendente;
- Descendente; ou
- Irmão.

Art. 624 As revisões criminais serão processadas e julgadas:
*I – pelo **Supremo Tribunal Federal**, quanto às condenações por ele proferidas;*
*II – pelo Tribunal Federal de Recursos, Tribunais de Justiça ou de Alçada, **nos demais casos**.*
*§ 1º No Supremo Tribunal Federal e no Tribunal Federal de Recursos o processo e julgamento obedecerão ao que for estabelecido no respectivo **regimento interno**.*
*§ 2º Nos Tribunais de Justiça ou de Alçada, o julgamento será efetuado pelas câmaras ou turmas criminais, reunidas em sessão conjunta, quando houver **mais de uma**, e, no caso contrário, pelo tribunal pleno.*

*§ 3º Nos tribunais onde houver **4 ou mais** câmaras ou turmas criminais, poderão ser constituídos **2 ou mais** grupos de câmaras ou turmas para o julgamento de revisão, obedecido o que for estabelecido no respectivo regimento interno.*
*Art. 625 O requerimento será distribuído a um relator e a um revisor, devendo funcionar como relator um desembargador que **não tenha pronunciado decisão** em qualquer fase do processo.*

Distribuição do requerimento

↓ ↓
A 1 relator   A 1 revisor
↓
Desembargador que não tenha pronunciado decisão em qualquer fase do processo

*§ 1º O requerimento será instruído com a **certidão de haver passado em julgado a sentença condenatória** e com as peças necessárias à comprovação dos fatos arguidos.*
*§ 2º O **relator** poderá determinar que se apensem os autos originais, se daí não advier dificuldade à execução normal da sentença.*
*§ 3º Se o **relator** julgar insuficientemente instruído o pedido e inconveniente ao interesse da justiça que se apensem os autos originais, indeferi-lo-á in limine, dando recurso para as câmaras reunidas ou para o tribunal, conforme o caso (art. 624, parágrafo único).*
*§ 4º Interposto o recurso por petição e **independentemente de termo**, o **relator** apresentará o processo em mesa para o julgamento e o relatará, sem tomar parte na discussão.*
*§ 5º Se o requerimento não for indeferido in limine, abrir-se-á vista dos autos ao **procurador-geral**, que dará parecer no prazo de **10 dias**. Em seguida, examinados os autos, sucessivamente, em igual prazo, pelo relator e revisor, julgar-se-á o pedido na sessão que o presidente designar.*
*Art. 626 Julgando **procedente a revisão**, o tribunal poderá:*

- Alterar a classificação da infração;
- Absolver o réu;
- Modificar a pena; ou
- Anular o processo.

*Parágrafo único. De qualquer maneira, **não poderá ser agravada a pena imposta pela decisão revista**.*
Art. 627 A absolvição implicará o restabelecimento de todos os direitos perdidos em virtude da condenação, devendo o tribunal, se for caso, impor a medida de segurança cabível.
*Art. 628 Os regimentos internos dos **Tribunais** de Apelação estabelecerão as normas complementares para o processo e julgamento das revisões criminais.*
Art. 629 À vista da certidão do acórdão que cassar a sentença condenatória, o juiz mandará juntá-la imediatamente aos autos, para inteiro cumprimento da decisão.
Art. 630 O tribunal, se o interessado o requerer, poderá reconhecer o direito a uma justa indenização pelos prejuízos sofridos.
*§ 1º Por essa indenização, que será liquidada no juízo cível, responderá a **União**, se a condenação tiver sido proferida pela justiça do **Distrito Federal** ou de **Território**, ou o **Estado**, se o tiver sido pela respectiva justiça.*
§ 2º A indenização não será devida:
a) se o erro ou a injustiça da condenação proceder de ato ou falta imputável ao próprio impetrante, como a confissão ou a ocultação de prova em seu poder;
*b) se a acusação houver sido **meramente privada**.*
*Art. 631 Quando, no curso da revisão, falecer a pessoa, cuja condenação tiver de ser revista, **o presidente do tribunal** nomeará **curador** para a defesa.*

19.3 Recurso extraordinário

*Art. 637, CPP O recurso extraordinário **não tem efeito suspensivo**, e uma vez arrazoados pelo recorrido os autos do traslado, **os originais baixarão à primeira instância**, para a execução da sentença.*

*Art. 638 O **recurso extraordinário** e o recurso especial serão processados e julgados no **Supremo Tribunal Federal** e no **Superior Tribunal de Justiça** na forma estabelecida por leis especiais, pela lei processual civil e pelos respectivos regimentos internos.*

19.4 Carta testemunhável

*Art. 639, CPP Dar-se-á **carta testemunhável**:*

*I – da decisão que **denegar** o recurso;*

*II – da que, admitindo embora o recurso, **obstar à sua expedição e seguimento para o juízo ad quem**.*

Art. 640 A carta testemunhável será requerida ao escrivão, ou ao secretário do tribunal, conforme o caso, nas quarenta e oito horas seguintes ao despacho que denegar o recurso, indicando o requerente as peças do processo que deverão ser trasladadas.

*Art. 641 O escrivão, ou o secretário do tribunal, dará recibo da petição à parte e, no prazo **máximo** de **5 dias**, no caso de recurso no sentido estrito, ou de **60 dias**, no caso de recurso extraordinário, fará entrega da carta, devidamente conferida e concertada.*

*Art. 642 O escrivão, ou o secretário do tribunal, que se negar a dar o recibo, ou deixar de entregar, sob qualquer pretexto, o instrumento, será **suspenso** por **30 dias**. O juiz, ou o presidente do Tribunal de Apelação, em face de representação do testemunhante, imporá a pena e mandará que seja extraído o instrumento, sob a mesma sanção, pelo substituto do escrivão ou do secretário do tribunal. Se o testemunhante não for atendido, poderá reclamar ao presidente do tribunal ad quem, que avocará os autos, para o efeito do julgamento do recurso e imposição da pena.*

Art. 643 Extraído e autuado o instrumento, observar-se-á o disposto nos arts. 588 a 592, no caso de recurso em sentido estrito, ou o processo estabelecido para o recurso extraordinário, se deste se tratar.

Art. 644 O tribunal, câmara ou turma a que competir o julgamento da carta, se desta tomar conhecimento, mandará processar o recurso, ou, se estiver suficientemente instruída, decidirá logo, de meritis.

*Art. 645 O processo da carta testemunhável na **instância superior** seguirá o processo do recurso denegado.*

Art. 646 A carta testemunhável não terá efeito suspensivo.

▷ Possui natureza **residual;**

▷ Não é dirigida a um órgão jurisdicional, mas ao **escrivão;**

▷ Deve ser requerida **48 horas** a contas da intimação da decisão;

▷ **Não possui** efeito **suspensivo;**

▷ Possui efeito **regressivo.**

20 LEI Nº 9.099/1995 – JUIZADOS ESPECIAIS CÍVEIS E CRIMINAIS

Os Juizados Especiais Cíveis e Criminais, órgãos da Justiça Ordinária, serão criados pela União, no Distrito Federal e nos territórios, e pelos estados, para conciliação, processo, julgamento e execução, nas causas de sua competência.

Essa lei aplica-se para a Justiça Comum Estadual. Na **Justiça Federal**, ela pode ser utilizada de forma **subsidiária**, pois o Juizado Especial Federal tem legislação própria (Lei nº 10.259/2001).

O processo orientar-se-á pelos critérios da **oralidade, simplicidade, informalidade, economia processual e celeridade**, buscando, sempre que possível, a conciliação ou a transação.

O sistema dos **Juizados Especiais Civis** (JEC) aplica-se para **causas cíveis de menor complexidade**, enquanto os **Juizados Especiais Criminais** (JECrim) são utilizados **em infrações penais de menor potencial ofensivo**.

20.1 Juizados Especiais Cíveis

20.1.1 Competência

O Juizado Especial Cível tem competência para conciliação, processo e julgamento das causas cíveis de **menor complexidade**, sendo que essa Lei define quais são esses casos.

Podem ser apreciadas pelo JEC:
- Causas que não excedam 40 vezes o salário-mínimo;
- Hipóteses enumeradas no art. 275, II, do Código de Processo Civil (rito sumário do CPC);
- A ação de despejo para uso próprio;
- As ações possessórias sobre bens imóveis de valor não excedente a 40 salários-mínimos.

Essa competência é **facultativa**, isto é, o autor pode optar por ingressar com ação na Justiça Comum, mesmo que esteja enquadrada uma dessas hipóteses.

Se determinada ação for de valor superior a 40 salários-mínimos e a parte optar por esse procedimento, estará **renunciando ao crédito excedente ao teto** estabelecido, salvo conciliação (as partes podem fazer um acordo de valor superior).

O Juizado Especial também é competente para **executar seus próprios julgados e dos títulos executivos extrajudiciais de valor até 40 salários-mínimos** (observadas as restrições estabelecidas na Lei nº 9.099/1995).

Algumas ações, independentemente do valor, não podem ser apreciadas pelo Juizado Especial Cível, devendo tramitar na via comum.

São **excluídas** da competência do JEC as causas:
- De natureza alimentar, falimentar e fiscal;
- De interesse da Fazenda Pública;
- Relativas a acidentes de trabalho, a resíduos e ao estado das pessoas (ainda que de cunho patrimonial).

Mesmo quando o valor for igual ou inferior a 40 salários-mínimos, essas causas não poderão tramitar no JEC. A Lei nº 9.099/1995 também traz algumas regras de competência (locais em que a ação deve ser proposta).

Competência do foro:
- **Domicílio do réu:** autor pode optar pelo local onde o réu exerça atividades profissionais ou econômicas ou mantenha estabelecimento, filial, agência, sucursal ou escritório;
- Local onde a obrigação deva ser satisfeita;
- **Domicílio do autor ou do local do ato/fato:** reparação de danos de qualquer natureza.

Apesar dessas regras, em qualquer hipótese o autor pode optar por propor a ação no domicílio do réu.

20.1.2 Juiz, conciliadores e juízes leigos

A Lei nº 9.099/1995 traz um procedimento simplificado. O juiz possui **ampla liberdade** para determinar as provas a serem produzidas, para apreciá-las e dar especial valor às regras de experiência comum ou técnica.

Ele adotará em cada caso a decisão que reputar **mais justa e equânime**, atendendo aos **fins sociais da lei** e às **exigências do bem comum**.

O Juizado Especial é fortemente caracterizado pelos princípios da **conciliação** e da **celeridade**. Para privilegiar esses princípios, a Lei nº 9.099/1995 traz a figura de dois auxiliares da justiça no âmbito da competência dessa lei.

São auxiliares da Justiça:
- **Conciliadores** (bacharéis em Direito);
- **Juízes leigos** (advogados com mais de 5 anos de experiência – impedidos de exercer a advocacia perante os Juizados Especiais enquanto no desempenho de suas funções).

20.1.3 Partes no Juizado Especial

No Juizado Especial **não podem ser partes**:
- O incapaz;
- O preso;
- As pessoas jurídicas de direito público;
- As empresas públicas da União;
- A massa falida;
- O insolvente civil.

Independentemente do valor da causa ou matéria tratada, não poderão ser partes no JEC qualquer um dos acima indicados. Somente podem **propor ação** perante o Juizado Especial (legitimados ativos):
- **Pessoas físicas capazes** (cessionários de direito de pessoas jurídicas são excluídos; considera-se capaz o **maior de 18 anos,** inclusive para conciliação);
- **Microempresas;**
- **Oscip** (pessoas jurídicas qualificadas como Organização da Sociedade Civil de Interesse Público);
- **Sociedades de crédito ao microempreendedor.**

Nos termos dessa Lei, a obrigatoriedade de assistência por advogado depende do valor da causa:
- **Até 20 salários-mínimos: facultativa** (as partes comparecem pessoalmente, elas constituem advogados apenas se quiserem).
- **Valor superior: obrigatória** (devem obrigatoriamente constituir um advogado, não podem praticar os atos processuais pessoalmente).

No caso de **assistência facultativa**, se uma das partes comparecer assistida por advogado, ou se o réu for pessoa jurídica ou firma individual, terá a **outra parte, se quiser, assistência judiciária prestada por órgão instituído junto ao Juizado Especial, na forma da lei local.**

O juiz alertará as partes da conveniência do patrocínio por advogado, quando a causa o recomendar.

O mandato ao advogado **poderá ser verbal**, salvo quanto aos poderes especiais (não precisa de procuração escrita para conferir poderes gerais de foro para o advogado).

DIREITO PROCESSUAL PENAL

Não é admitida, no processo, nenhuma forma de intervenção de terceiro ou de assistência (mas o litisconsórcio é admitido).

O Ministério Público intervirá nos casos previstos em lei.

20.2 Atos processuais

Os atos processuais são **públicos** e poderão ser realizados em **horário noturno**, de acordo com o disposto nas **normas de organização judiciária**.

Na contagem de prazo em dias, estabelecido por lei ou pelo juiz, para a prática de qualquer ato processual, inclusive para a interposição de recursos, computar-se-ão somente os dias úteis. Sempre que **preencherem as finalidades** para as quais forem realizados, eles serão **considerados válidos** (atendidos os critérios definidos no art. 2º da Lei nº 9.099/2005).

Aqui, a lei adota o princípio da **instrumentalidade das formas**, isto é, caso a lei preveja determinada forma para a prática de um ato, sem cominação de nulidade, e o ato seja praticado de forma diversa, tendo ele alcançado a sua finalidade essencial, não será o mesmo anulado.

A prática de atos processuais em outras comarcas poderá ser solicitada por qualquer meio idôneo de comunicação.

▷ **Registro dos atos**: serão registrados apenas aqueles atos que forem considerados essenciais (de forma resumida), em notas manuscritas, datilografada ou estenotipadas.

- Os demais atos (não considerados essenciais) poderão ser gravados em fita magnética ou equivalente, que será **inutilizada após o trânsito em julgado da decisão**.

20.2.1 Pedido

O processo é instaurado com a **apresentação do pedido** à Secretaria do Juizado (isso pode ser feito **por escrito** ou de **forma oral**). Nele, constará de forma simples e em linguagem acessível:

▷ O nome, a qualificação e o endereço das partes;

▷ Os fatos e os fundamentos, de forma sucinta;

▷ O objeto e seu valor (pode ser formulado pedido genérico quando não for possível determinar, desde logo, a extensão da obrigação).

No caso de **pedido oral**, ele será **reduzido a escrito pela Secretaria do Juizado**, podendo ser utilizado o sistema de fichas ou formulários impressos.

Os pedidos poderão ser **alternativos** ou **cumulados**. No caso de cumulação de pedidos, eles devem ser conexos e a **soma não deve ultrapassar o limite fixado na lei** (40 salários-mínimos).

Registrado o pedido, independentemente de distribuição e autuação, a Secretaria do Juizado designará a sessão de conciliação, a realizar-se no prazo de **15 dias**. Comparecendo inicialmente ambas as partes, instaurar-se-á, desde logo, a sessão de conciliação, dispensados o registro prévio de pedido e a citação.

Havendo pedidos contrapostos, poderá ser dispensada a contestação formal e ambos serão apreciados na mesma sentença.

20.2.2 Citações e intimações

A citação é a forma pela qual o réu tem ciência de que contra ele, corre um processo, sendo, nesse ato, chamado para integrar a relação processual.

A **citação** é feita:

▷ Por correspondência, com aviso de recebimento em mão própria;

▷ Tratando-se de pessoa jurídica ou firma individual, mediante entrega ao encarregado da recepção, que será obrigatoriamente identificado;

▷ Sendo necessário, por oficial de justiça, independentemente de mandado ou carta precatória.

O **comparecimento espontâneo suprirá a falta ou nulidade da citação**. Dessa forma, caso o réu não tenha sido citado ou a citação tenha ocorrido de maneira nula (citou por engano o vizinho, por exemplo), mas ele compareça espontaneamente em juízo, esse vício estará sanado.

A citação conterá cópia do pedido inicial, dia e hora para comparecimento do citando e advertência de que, não comparecendo este, considerar-se-ão verdadeiras as alegações iniciais, e será proferido julgamento, de plano (efeitos gerados pela revelia do réu).

▷ **Intimações**: feitas na forma prevista para citação, ou por qualquer outro meio idôneo de comunicação.

Dos atos praticados na audiência, considerar-se-ão, desde logo, cientes as partes (não precisam ser intimados, pois tiveram ciência desses atos quando eles foram praticados).

As partes devem comunicar as mudanças de endereço que ocorrerem no curso do processo. Se não o fizerem, as intimações enviadas ao local anteriormente indicado serão **reputadas eficazes**.

20.2.3 Revelia

Não comparecendo o demandado à sessão de conciliação ou à audiência de instrução e julgamento, reputar-se-ão verdadeiros os fatos alegados no pedido inicial, salvo se o contrário resultar da convicção do Juiz.

20.2.4 Conciliação e juízo arbitral

Aberta a sessão, o juiz togado ou leigo esclarecerá as partes presentes sobre as vantagens da conciliação, mostrando-lhes os riscos e as consequências do litígio, especialmente quanto ao disposto no § 3º do art. 3º desta alei (renúncia ao crédito que exceder a 40 salários-mínimos).

A conciliação será conduzida pelo juiz togado ou leigo ou por conciliador sob sua orientação. Obtida a conciliação, esta será **reduzida a escrito e homologada** pelo juiz togado, mediante **sentença com eficácia de título executivo**.

É cabível a conciliação não presencial conduzida pelo Juizado mediante o emprego dos recursos tecnológicos disponíveis de transmissão de sons e imagens em tempo real, devendo o resultado da tentativa de conciliação ser reduzido a escrito com os anexos pertinentes.

Se o demandado não comparecer ou recusar-se a participar da tentativa de conciliação não presencial, o juiz togado proferirá sentença.

Não obtida a conciliação, as partes poderão optar, de comum acordo, pelo juízo arbitral. O juízo arbitral considerar-se-á instaurado, **independentemente de termo de compromisso**, com a escolha do árbitro pelas partes. Se este não estiver presente, o juiz convocá-lo-á e designará, de imediato, a data para a audiência de instrução. Esse árbitro será escolhido dentre os juízes leigos.

O árbitro conduzirá o processo com os mesmos critérios do juiz (dirigirá o processo com liberdade para determinar as provas a serem produzidas, para apreciá-las e para dar especial valor às regras de experiência comum ou técnica), **podendo decidir por equidade**.

O árbitro apresentará o **laudo ao juiz togado para homologação por sentença irrecorrível** ao término da instrução, ou nos 5 dias subsequentes.

20.2.5 Instrução e julgamento

Caso não seja instituído o juízo arbitral, proceder-se-á imediatamente à audiência de instrução e julgamento, desde que não resulte prejuízo para a defesa.

LEI Nº 9.099/1995 – JUIZADOS ESPECIAIS CÍVEIS E CRIMINAIS

Não sendo possível sua realização imediata, será a audiência designada para um dos **15 dias subsequentes**, cientes, desde logo, as partes e testemunhas eventualmente presentes.

Na audiência de instrução e julgamento, serão ouvidas as partes, colhidas as provas e, em seguida, proferida a sentença (as partes serão inquiridas ou interrogadas antes da produção das demais provas).

Serão **decididos de plano** (imediatamente) todos os incidentes que **possam interferir** no regular prosseguimento da audiência. As demais questões serão decididas na sentença.

As partes se **manifestarão imediatamente** sobre os documentos apresentados pela parte contrária, **sem interrupção da audiência**.

20.2.6 Resposta do réu

A contestação pode ser apresentada de **forma escrita ou oral**. Na contestação, deve estar contida **toda a matéria de defesa**, exceto arguição de suspeição ou impedimento do Juiz, que se processará na forma da legislação em vigor.

No âmbito dos Juizados Especiais, não se admitirá a reconvenção. Entretanto, é lícito ao réu, na contestação, formular pedido em seu favor, nos limites do art. 3º desta lei, desde que fundado nos mesmos fatos que constituem objeto da controvérsia (pedido contraposto).

O autor poderá responder ao pedido do réu na própria audiência ou requerer a designação da nova data, que será desde logo fixada, cientes todos os presentes.

20.2.7 Provas

Todos os meios de prova moralmente legítimos, ainda que não especificados em lei, são hábeis para provar a veracidade dos fatos alegados pelas partes.

Dessa forma, mesmo que determinado meio de prova não esteja previsto na legislação, mas seja moralmente legítimo, ele poderá ser utilizado para demonstrar a veracidade dos fatos narrados pelas partes.

Todas as provas serão produzidas na audiência de instrução e julgamento, **ainda que não requeridas previamente**, podendo o juiz limitar ou excluir as que considerar excessivas, impertinentes ou protelatórias. Assim, não é requisito para a produção da prova que a parte a tenha requerido previamente.

No Juizado Especial Cível, é possível trazer até **três testemunhas**. Essas testemunhas comparecem à audiência de instrução e julgamento levadas pela parte que as tenha arrolado, **independentemente de intimação**, ou mediante esta, se assim for requerido (só ocorre a intimação de testemunha se a parte o requerer).

Esse requerimento para intimação das testemunhas será apresentado à Secretaria, no **mínimo, 5 dias antes** da audiência de instrução e julgamento.

Se, mesmo após regularmente intimada, a testemunha não comparecer, o juiz poderá determinar sua imediata condução, valendo-se, se necessário, do auxílio da Força Pública (condução coercitiva).

Quando a prova do fato exigir, o juiz poderá inquirir técnicos de sua confiança, permitida às partes a apresentação de parecer técnico. No curso da audiência, poderá o juiz, de ofício ou a requerimento das partes, realizar inspeção em pessoas ou coisas, ou determinar que o faça pessoa de sua confiança, que lhe relatará informalmente o verificado.

A prova oral não será reduzida a escrito; a sentença deverá referir, no essencial, os informes trazidos nos depoimentos.

A instrução do processo poderá ser dirigida por juiz leigo, sob a supervisão de juiz togado.

20.2.8 Sentença

A sentença mencionará os elementos de convicção do juiz (com breve resumo dos fatos relevantes ocorridos em audiência), **dispensado o relatório**.

Não se admitirá sentença condenatória por quantia ilíquida, **ainda que genérico o pedido**. Dessa forma, mesmo que a parte tenha formulado um pedido genérico, o juiz não pode proferir sentença ilíquida, ela já deve apresentar o valor da condenação.

É ineficaz a sentença condenatória na parte que exceder a alçada estabelecida nesta lei. Dessa forma, caso a sentença condene o réu em quantia superior a 40 salários-mínimos, ela será ineficaz (sem produção de efeitos) no que ultrapassar esse valor.

O juiz leigo que tiver dirigido a instrução proferirá sua decisão e, imediatamente a submeterá ao juiz togado, que **poderá homologá-la, proferir outra em substituição** ou, antes de se manifestar, determinar a realização de atos probatórios indispensáveis.

Da sentença proferida, caberá recurso para o próprio Juizado (excetuada a homologatória de conciliação ou laudo arbitral). Esse recurso será julgado por uma turma composta por três juízes togados, em exercício no primeiro grau de jurisdição, reunidos na sede do Juizado (Turma Recursal).

Apesar de, em determinados casos, a assistência de advogado ser facultativa no âmbito dos Juizados Especiais, no recurso, as partes serão obrigatoriamente representadas por advogado.

O prazo para interposição de recurso é de **10 dias**, contados da ciência da sentença, por petição escrita, da qual constarão as razões e o pedido do recorrente.

Após a interposição, a parte recorrente tem que realizar o preparo em 48 horas, independentemente de intimação, sob pena de deserção. Após o preparo, a Secretaria intimará o recorrido para oferecer resposta escrita no prazo de 10 dias.

O recurso terá somente efeito devolutivo, mas o juiz poderá dar-lhe efeito suspensivo, para evitar dano irreparável para a parte.

O julgamento em segunda instância constará apenas da ata, com a indicação suficiente do processo, fundamentação sucinta e parte dispositiva. **Se a sentença for confirmada pelos próprios fundamentos, a súmula do julgamento servirá de acórdão**.

20.2.9 Embargos de declaração

Os embargos de declaração constituem o recurso cabível quando, na sentença ou acórdão, houver **obscuridade, contradição, omissão ou dúvida**. Tratando-se apenas de erros materiais, esses podem ser corrigidos de ofício.

Os embargos de declaração serão interpostos **por escrito ou oralmente**, no prazo de **5 dias**, contados da ciência da decisão. Os embargos de declaração interrompem o prazo para a interposição de recurso.

20.2.10 Extinção do processo sem julgamento do mérito

O processo será extinto (sem resolução do mérito), além dos casos previstos em lei, quando:

▷ O autor deixar de comparecer a qualquer das audiências do processo (caso comprove ter sido por motivo de força maior, a parte poderá ser isentada pelo juiz do pagamento das custas);

▷ Inadmissível o procedimento instituído por esta lei ou seu prosseguimento, após a conciliação;

▷ For reconhecida a incompetência territorial;

DIREITO PROCESSUAL PENAL

▷ Falecido o autor, a habilitação depender de sentença ou não se der no prazo de 30 dias;

▷ Falecido o réu, o autor não promover a citação dos sucessores no prazo de 30 dias da ciência do fato.

A extinção do processo **independerá**, em qualquer hipótese, de prévia intimação pessoal das partes.

20.2.11 Execução

O juizado possui competência para executar suas próprias decisões. A execução da sentença processar-se-á, no próprio juizado, aplicando-se, no que couber, o disposto no Código de Processo Civil, com as seguintes alterações:

▷ As sentenças serão necessariamente líquidas, contendo a conversão em Bônus do Tesouro Nacional (BTN) ou índice equivalente;

▷ Os cálculos de conversão de índices, de honorários, de juros e de outras parcelas serão efetuados por servidor judicial;

▷ A intimação da sentença será feita, sempre que possível, na própria audiência em que for proferida. Nessa intimação, o vencido será instado a cumprir a sentença tão logo ocorra seu trânsito em julgado, e advertido dos efeitos do seu descumprimento (inciso V);

▷ Não cumprida voluntariamente a sentença transitada em julgado, e tendo havido solicitação do interessado, que poderá ser verbal, proceder-se-á desde logo à execução, dispensada nova citação;

▷ Nos casos de obrigação de entregar, de fazer, ou de não fazer, o juiz, na sentença ou na fase de execução, cominará multa diária, arbitrada de acordo com as condições econômicas do devedor, para a hipótese de inadimplemento. Não cumprida a obrigação, o credor poderá requerer a elevação da multa ou a transformação da condenação em perdas e danos, que o juiz de imediato arbitrará, seguindo-se a execução por quantia certa, incluída a multa vencida de obrigação de dar, quando evidenciada a malícia do devedor na execução do julgado;

▷ Na obrigação de fazer, o juiz pode determinar o cumprimento por outrem, fixado o valor que o devedor deve depositar para as despesas, sob pena de multa diária;

▷ Na alienação forçada dos bens, o juiz poderá autorizar o devedor, o credor ou terceira pessoa idônea a tratar da alienação do bem penhorado, a qual se aperfeiçoará em juízo até a data fixada para a praça ou leilão. Sendo o preço inferior ao da avaliação, as partes serão ouvidas. Se o pagamento não for à vista, será oferecida caução idônea, nos casos de alienação de bem móvel, ou hipotecado o imóvel;

▷ É dispensada a publicação de editais em jornais, quando se tratar de alienação de bens de pequeno valor;

▷ O devedor poderá oferecer embargos, nos autos da execução, versando sobre:

- Falta ou nulidade da citação no processo, se ele correu à revelia;
- Manifesto excesso de execução;
- Erro de cálculo;
- Causa impeditiva, modificativa ou extintiva da obrigação, superveniente à sentença.

A execução de **título executivo extrajudicial**, no valor de **até 40 salários-mínimos**, obedecerá ao disposto no Código de Processo Civil, com as modificações introduzidas por esta lei.

Efetuada a penhora, o devedor será intimado a comparecer à audiência de conciliação, quando poderá oferecer embargos (art. 52, IX, Lei nº 9.099/1995), por escrito ou verbalmente.

Na audiência, será buscado o **meio mais rápido e eficaz para a solução do litígio,** se possível com dispensa da alienação judicial, devendo o conciliador propor, entre outras medidas cabíveis, o pagamento do débito a prazo ou a prestação, a dação em pagamento ou a imediata adjudicação do bem penhorado.

Não apresentados os embargos em audiência, ou julgados improcedentes, qualquer das partes poderá requerer ao juiz a adoção de uma das alternativas descritas anteriormente.

Não encontrado o devedor ou inexistindo bens penhoráveis, o processo será imediatamente extinto, devolvendo-se os documentos ao autor.

20.2.12 Despesas

Em primeiro grau de jurisdição, o acesso ao Juizado Especial independerá do pagamento de custas, taxas ou despesas.

O preparo do recurso, na forma do § 1º do art. 42 desta lei (o preparo será feito, independentemente de intimação, nas 48 horas seguintes à interposição, sob pena de deserção), compreenderá todas as despesas processuais, inclusive aquelas dispensadas em primeiro grau de jurisdição, ressalvada a hipótese de assistência judiciária gratuita.

Em primeiro grau de jurisdição, não há condenação do vencido em custas e honorários de advogado (salvo se configurada litigância de má-fé).

Em segundo grau, o recorrente, vencido, **pagará as custas e honorários de advogado**, que serão fixados entre 10% e 20% do valor de condenação (não havendo condenação, utiliza-se do valor corrigido da causa como base de cálculo).

Na execução não serão contadas custas, salvo quando:

▷ Reconhecida a litigância de má-fé;

▷ Improcedentes os embargos do devedor;

▷ Tratar-se de execução de sentença que tenha sido objeto de recurso improvido do devedor.

20.2.13 Disposições finais

Instituído o Juizado Especial, serão implantadas as curadorias necessárias e o serviço de assistência judiciária.

O **acordo extrajudicial**, de qualquer natureza ou valor, **poderá ser homologado**, no juízo competente, independentemente de termo, valendo a sentença como **título executivo judicial**.

Valerá como **título extrajudicial** o acordo celebrado pelas partes, por instrumento escrito, **referendado pelo órgão competente do Ministério Público**.

Nas causas sujeitas ao procedimento instituído pela Lei nº 9.099/1995, **não é admitida a ação rescisória**.

20.3 Juizados Especiais Criminais (JECRIM)

20.3.1 Disposições gerais

O Juizado Especial Criminal, **provido por juízes togados ou togados e leigos**, tem competência para a conciliação, o julgamento e a execução das **infrações penais de menor potencial ofensivo**, respeitadas as regras de conexão e continência.

Na hipótese de reunião de processos, perante o juízo comum ou o tribunal do júri, decorrentes da aplicação das regras de conexão e continência, **observar-se-ão os institutos da transação penal e da composição dos danos civis.**

▷ Consideram-se infrações penais de menor potencial ofensivo (para os efeitos da Lei nº 9.099/1995):

- As contravenções penais;
- Os crimes a que a lei comine pena máxima não superior a 2 anos (cumulada ou não com multa).

LEI Nº 9.099/1995 – JUIZADOS ESPECIAIS CÍVEIS E CRIMINAIS

O processo perante o Juizado Especial orientar-se-á pelos critérios de oralidade, simplicidade, informalidade, economia processual e celeridade, objetivando, sempre que possível, a reparação dos danos sofridos pela vítima e a aplicação de pena não privativa de liberdade.

20.3.2 Competência e atos processuais

A competência do Juizado é determinada pelo lugar em que foi praticada a infração penal.

Os atos processuais serão públicos e poderão realizar-se em horário noturno e em qualquer dia da semana, conforme dispuserem as normas de organização judiciária.

Os atos processuais serão válidos sempre que preencherem as finalidades para as quais foram realizados, atendidos os critérios indicados no art. 62 da Lei nº 9.099/1995 (critérios da oralidade, informalidade, economia processual e celeridade, objetivando, sempre que possível, a reparação dos danos sofridos pela vítima e a aplicação de pena não privativa de liberdade).

No âmbito do Juizado Especial Criminal, a nulidade somente será pronunciada se houver prejuízo para alguma das partes.

A prática de atos processuais em outras comarcas poderá ser solicitada por qualquer meio hábil de comunicação.

Somente serão registrados por escrito os atos havidos por essenciais. Os atos realizados em audiência de instrução e julgamento poderão ser gravados em fita magnética ou equivalente.

A citação será pessoal e far-se-á no próprio Juizado, sempre que possível, ou por mandado. Não encontrado o acusado para ser citado, o juiz encaminhará as peças existentes ao Juízo comum para adoção do procedimento previsto em lei.

A intimação far-se-á por correspondência, com aviso de recebimento pessoal ou, tratando-se de pessoa jurídica ou firma individual, mediante entrega ao encarregado da recepção, que será obrigatoriamente identificado, ou, sendo necessário, por oficial de justiça, independentemente de mandado ou carta precatória, ou ainda por qualquer meio idôneo de comunicação.

Dos atos que forem praticados em audiência, são consideradas intimadas desde logo cientes as partes, os interessados e defensores.

Do ato de intimação do autor do fato e do mandado de citação do acusado, constará a necessidade de seu comparecimento acompanhado de advogado, com a advertência de que, na sua falta, ser-lhe-á designado defensor público.

20.3.3 Fase preliminar

A autoridade policial que tomar conhecimento da ocorrência lavrará termo circunstanciado e o encaminhará imediatamente ao Juizado, com o autor do fato e a vítima, providenciando-se as requisições dos exames periciais necessários.

Depois da ocorrência do fato, a autoridade policial lavra o Termo Circunstanciado (TC) e encaminha para o Juizado. Não há inquérito nesse momento.

Se o autor do fato (trata-se do réu, mas a lei usa o termo "autor do fato") que, após a lavratura do termo, for imediatamente encaminhado ao juizado ou assumir o compromisso de a ele comparecer, não se imporá prisão em flagrante nem se exigirá fiança.

Em caso de violência doméstica, o juiz poderá determinar, como medida de cautela, seu afastamento do lar, domicílio ou local de convivência com a vítima.

Comparecendo o autor do fato e a vítima, e não sendo possível a realização imediata da audiência preliminar, será designada data próxima, da qual ambos sairão cientes.

Na falta do comparecimento de qualquer dos envolvidos, a Secretaria providenciará sua intimação e, se for o caso, a do responsável civil (intimação feita na forma dos arts. 67 e 68 da Lei nº 9.099/1995).

Na audiência preliminar, presente o representante do Ministério Público, o autor do fato e a vítima e, se possível, o responsável civil, acompanhados por seus advogados, o juiz esclarecerá sobre a possibilidade da composição dos danos e da aceitação da proposta de aplicação imediata de pena não privativa de liberdade.

A conciliação será conduzida pelo juiz ou também por conciliador (sob orientação do juiz).

Esses conciliadores são auxiliares da Justiça, recrutados, na forma da lei local, **preferentemente** entre bacharéis em Direito (mas aqueles que exerçam funções na administração da Justiça Criminal estão excluídos, não podem atuar como conciliadores).

Na audiência de conciliação, devem estar presentes o juiz, o promotor, a vítima e o autor do fato. Nessa audiência, eles podem fazer acordo.

A composição (acordo) dos danos civis:

▷ Será reduzida a escrito;
▷ Homologada pelo juiz (sentença irrecorrível);
▷ Eficácia de título a ser executado no juízo civil competente.

Tratando-se de ação penal de iniciativa privada ou de ação penal pública condicionada à representação, o acordo homologado acarreta a **renúncia ao direito de queixa ou representação**.

Não obtida a composição dos danos civis, será dada imediatamente ao ofendido a oportunidade de exercer o direito de **representação verbal, que será reduzida a termo**. O não oferecimento da representação na audiência preliminar não implica decadência do direito, que poderá ser exercido no prazo previsto em lei.

Havendo representação ou tratando-se de crime de ação penal pública incondicionada, não sendo caso de arquivamento, o Ministério Público poderá propor a aplicação imediata de pena restritiva de direitos ou multas, a ser especificada na proposta.

Nas hipóteses de ser a pena de multa a única aplicável, o juiz poderá reduzi-la **até a metade**.

Entretanto, **não se admitirá a proposta** se ficar comprovado:

▷ Ter sido o autor da infração **condenado**, pela prática de crime, à pena **privativa de liberdade**, por **sentença definitiva**;
▷ Ter sido o agente beneficiado anteriormente, no prazo de **5 anos**, pela aplicação de pena restritiva ou multa;
▷ **Não indicarem** os antecedentes, a conduta social e a personalidade do agente, bem como os motivos e as circunstâncias, **ser necessária e suficiente a adoção da medida**.

Se a proposta for aceita pelo autor da infração e seu defensor, será submetida à apreciação do juiz.

Se acolher essa proposta, o juiz aplicará a pena restritiva de direitos ou multa, que não importará em reincidência, sendo registrada apenas para impedir novamente o mesmo benefício no prazo de 5 anos.

A imposição dessa sanção não constará de certidão de antecedentes criminais, salvo para os fins previstos no mesmo dispositivo, e não terá efeitos civis, cabendo aos interessados propor ação cabível no juízo cível.

Dessa sentença cabe apelação (mas ela segue as regras previstas para esse recurso na Lei nº 9.099/1995).

20.3.4 Procedimento sumaríssimo

Na ação penal de iniciativa pública, quando não houver aplicação de pena, pela ausência do autor do fato (ou pela não ocorrência da aceitação da proposta), o Ministério Público oferecerá ao juiz, de imediato, denúncia oral, se não houver necessidade de diligências imprescindíveis.

Para o oferecimento da denúncia, que será elaborada com base no termo de ocorrência, com dispensa do inquérito policial, prescindir-se-á do exame do corpo de delito quando a materialidade do crime estiver aferida por boletim médico ou prova equivalente (nesse caso, então, não é preciso o exame de corpo de delito).

Se a complexidade ou circunstâncias do caso não permitirem a formulação da denúncia, o Ministério Público poderá requerer ao juiz o encaminhamento das peças existentes, na forma do parágrafo único do art. 66 da Lei nº 9.099/1995. Não encontrado o acusado para ser citado, o juiz encaminhará as peças existentes ao Juízo comum para adoção do procedimento previsto em lei.

Na ação penal **de iniciativa do ofendido**, poderá ser oferecida **queixa oral**, cabendo ao juiz verificar se a complexidade e as circunstâncias do caso determinam a adoção das providências previstas no parágrafo único do art. 66 dessa lei.

Oferecida a denúncia ou queixa, será reduzida a termo, entregando-se cópia ao acusado, que com ela ficará citado e imediatamente cientificado da designação de dia e hora para a audiência de instrução e julgamento, da qual também tomarão ciência o Ministério Público, o ofendido, o responsável civil e seus advogados.

Se o acusado não estiver presente, será citado na forma dos arts. 66 e 68 da Lei nº 9.099/1995 (pessoalmente no próprio Juizado ou por mandado) e cientificado da data da audiência de instrução e de julgamento, devendo a ela trazer suas testemunhas ou apresentar requerimento para intimação, no mínimo, 5 dias antes de sua realização.

Não estando presentes o ofendido e o responsável civil, serão intimados nos termos do art. 67 desta lei para comparecerem à audiência de instrução e julgamento (intimado por carta com aviso de recebimento ou qualquer outro meio idôneo).

As testemunhas arroladas serão intimadas por correspondência com aviso de recebimento ou qualquer outro meio idôneo.

No dia e hora designados para a audiência de instrução e julgamento, se na fase preliminar não tiver havido possibilidade de tentativa de conciliação e de oferecimento de proposta pelo Ministério Público, proceder-se-á a tentativa de conciliação (na forma estudada – fase preliminar).

Nenhum ato será adiado, determinando o juiz, **quando imprescindível a condução coercitiva** de quem deva comparecer.

Aberta a audiência, será dada a palavra ao defensor para responder à acusação. Após isso, o juiz receberá, ou não, a denúncia ou queixa; havendo recebimento, serão ouvidas a vítima e as testemunhas de acusação e defesa, interrogando-se a seguir o acusado, se presente, passando-se imediatamente aos debates orais e à prolação da sentença.

Todas as provas serão produzidas na audiência de instrução e julgamento, podendo o juiz limitar ou excluir as que considerar excessivas, impertinentes ou protelatórias.

> **Art. 81** [...]
> **§ 1º-A** Durante a audiência, todas as partes e demais sujeitos processuais presentes no ato deverão respeitar a dignidade da vítima, sob pena de responsabilização civil, penal e administrativa, cabendo ao juiz garantir o cumprimento do disposto neste artigo, vedadas:
> I – a manifestação sobre circunstâncias ou elementos alheios aos fatos objeto de apuração nos autos;
> II – a utilização de linguagem, de informações ou de material que ofendam a dignidade da vítima ou de testemunhas.

De todo o ocorrido na audiência, será lavrado termo, assinado pelo juiz e pelas partes, contendo breve resumo dos fatos relevantes ocorridos em audiência e a sentença. A sentença, dispensado o relatório, mencionará os elementos de convicção do juiz.

O recurso cabível no caso de decisão que rejeite a denúncia ou queixa e também da sentença é a **apelação**, que poderá ser julgada por turma composta de três juízes em exercício no primeiro grau de jurisdição, reunidos na sede do Juizado.

A apelação será interposta no prazo de **10 dias**, contados da ciência da sentença pelo Ministério Público, pelo réu e seu defensor, por petição escrita, da qual constarão as razões e o pedido do recorrente (o recorrido será intimado para oferecer resposta escrita também no prazo de 10 dias).

As partes poderão requerer a transcrição da gravação da fita magnética e serão intimadas da data da sessão de julgamento pela imprensa.

Se a sentença for confirmada pelos próprios fundamentos, a súmula do julgamento servirá de acórdão (nesse caso, a turma recursal confirmou a sentença dada, o acórdão é simplificado, consistirá apenas na súmula do julgamento).

Embargos de declaração:

▷ Recurso cabível quando houver obscuridade, contradição, omissão ou dúvida (em sentença ou em acórdão);

▷ Serão opostos por escrito ou oralmente;

▷ Opostos no prazo de cinco dias (contados da ciência da decisão).

Os embargos de declaração interrompem o prazo para a interposição de recurso.

Os erros materiais podem ser corrigidos de ofício (o próprio juiz corrige, sem que ninguém requeira).

20.3.5 Execução

Se a única pena aplicada for a de multa, seu cumprimento se dará mediante pagamento na Secretaria do Juizado. Efetuado o pagamento, o juiz declarará extinta a punibilidade, determinando que a condenação **não fique constando** dos registros criminais, exceto para fins de requisição judicial.

Mas, caso não seja efetuado o pagamento de multa, será feita a conversão **em pena privativa da liberdade**, ou **restritiva de direitos**, nos termos previstos em lei.

A execução das penas privativas de liberdade e restritivas de direitos, ou de multa cumulada com estas, será processada perante o órgão competente, nos termos da lei.

20.3.6 Despesas processuais

Nos casos de homologação do acordo civil e aplicação de pena restritiva de direitos ou multa, as despesas processuais serão reduzidas, conforme dispuser lei estadual.

20.3.7 Disposições finais

Além das hipóteses do Código Penal e da legislação especial, dependerá de representação a ação penal relativa aos crimes de lesões corporais leves e lesões culposas.

LEI Nº 9.099/1995 – JUIZADOS ESPECIAIS CÍVEIS E CRIMINAIS

Nos crimes em que a pena mínima cominada for igual ou inferior a 1 ano, abrangidas ou não por esta lei, o Ministério Público, ao oferecer a denúncia, poderá propor a suspensão do processo, por 2 a 4 anos, desde que o acusado não esteja sendo processado ou não tenha sido condenado por outro crime, presentes os demais requisitos que autorizariam a suspensão condicional da pena (os requisitos para suspensão da pena são tratados no art. 77 do Código Penal).

Aceita a proposta pelo acusado e seu defensor, na presença do juiz, este, recebendo a denúncia, **poderá suspender o processo**, submetendo o acusado **a período de prova**, sob as **seguintes condições**:

▷ Reparação do dano (salvo impossibilidade de fazê-lo);
▷ Proibição de frequentar determinados lugares;
▷ Proibição de ausentar-se da comarca onde reside, sem autorização do juiz;
▷ Comparecimento pessoal e obrigatório a juízo, mensalmente, para informar e justificar suas atividades.

O juiz **poderá especificar outras condições** a que fica subordinada a suspensão, desde que adequadas ao fato e à situação pessoal do acusado.

A suspensão poderá ser revogada se o acusado vier a ser processado, no curso do prazo, por contravenção, ou descumprir qualquer outra condição imposta.

Se no curso do prazo da suspensão o beneficiário vier a ser processado por outro crime ou não efetuar a reparação do dano (sem motivo justificado), a suspensão será revogada.

Expirado o prazo sem revogação, o juiz declarará extinta a punibilidade. Não correrá a prescrição durante o prazo de suspensão do processo.

Se o acusado não aceitar a proposta para que seja feita a suspensão, o processo prosseguirá em seus ulteriores termos.

As disposições desta lei não se aplicam aos processos penais cuja instrução já estiver iniciada.

Sobre esse assunto, veja a ADIN nº 1.719/1990 do STF:

> *O Tribunal, por votação unânime, deferiu, em parte, o pedido de medida cautelar, para, sem redução de texto e dando interpretação conforme à Constituição, excluir, com eficácia ex tunc, da norma constante do art. 90 da Lei nº 9099/1995, o sentido que impeça a aplicação de normas de direito penal, com conteúdo mais favorável ao réu, aos processos penais com instrução já iniciada à época da vigência desse diploma legislativo.*

As disposições previstas na Lei nº 9.099/1995 **não se aplicam no âmbito da Justiça Militar.**

Nos casos em que esta lei passa a exigir representação para a propositura da ação penal pública, o ofendido ou seu representante legal será **intimado para oferecê-la no prazo de 30 dias, sob pena de decadência.**

Aplicam-se subsidiariamente as disposições dos Códigos Penal e de Processo Penal, no que não forem incompatíveis com esta lei.

20.3.8 Disposições finais comuns

A lei estadual disporá sobre o Sistema de Juizados Especiais Cíveis e Criminais, sua organização, composição e competência.

Os serviços de cartório poderão ser prestados, e as audiências realizadas fora da sede da Comarca, em bairros ou cidades a ela pertencentes, ocupando instalações de prédios públicos, de acordo com audiências previamente anunciadas.

Os estados, o Distrito Federal e os territórios criarão e instalarão os Juizados Especiais no prazo de 6 meses, a contar da vigência desta Lei.

No prazo de 6 meses, contado da publicação da Lei nº 9.099/1995, serão criados e instalados os Juizados Especiais Itinerantes, que deverão dirimir, prioritariamente, os conflitos existentes nas áreas rurais ou nos locais de menor concentração populacional.

QUESTÕES COMENTADAS

01. **(CS-UFG – 2021 – TJ/GO – ANALISTA JUDICIÁRIO)** Conhecida como pacote anticrime, a Lei nº 13.964/2019 modifica a legislação penal e processual penal brasileira. Dentre as inovações dessa lei, destacam-se:
   a) a previsão do juiz de garantias, para atuar na fase da execução penal, e a sua consequente responsabilidade para realizar a execução da pena de multa.
   b) as modificações nas regras de arquivamento do inquérito policial, com possibilidade de participação da vítima nessa fase, e a definição e a regulamentação dos procedimentos que envolvem a cadeia de custódia.
   c) a previsão de execução provisória das penas quando da condenação igual ou superior a 15 anos de reclusão e a possibilidade de concessão do efeito suspensivo em caso de apelação contra júri em condenação por qualquer pena.
   d) a instituição do acordo de não persecução penal e a criação de varas criminais colegiadas para julgar organizações ou-associações criminosas de qualquer tipo.

A: Incorreta. Pois a atuação do juiz das garantias ocorre na fase da investigação criminal, nos termos do art. 3º do Código de Processo Penal.

B: Correta. Conforme art. 28, § 1º do CPP; se a vítima não concordar com o arquivamento, poderá recorrer à instância competente no prazo de 30 dias.

C: Incorreta. A apelação não terá efeito suspensivo, nos termos do art. 492, II, § 4º do Código de Processo Penal.

D: Incorreta. A competência é para julgar organizações criminosas armadas ou que tenham armas à disposição e não organização de qualquer tipo.

GABARITO: B.

02. **(CS-UFG – 2021 – TJ/GO – ANALISTA JUDICIÁRIO)** Leia o trecho da música "Rita", de Tierry, 2020, apresentada a seguir.

   Sua ausência tá fazendo mais estrago
   Que a sua traição (quero ouvir), lê-lê-lê-lê
   Minha cama dobrou de tamanho
   Sem você no meu colchão
   Seu perfume tá impregnado nesse quarto escuro
   Que saudade desse cheiro de cigarro e desse álcool puro
   Rita, eu desculpo tudo
   Ôh, Rita, volta, desgramada
   Volta, Rita, que eu perdoo a facada
   Ôh, Rita, não me deixa
   Volta, Rita, que eu retiro a queixa

   Atualmente, muitas músicas populares abordam temáticas jurídicas, sobretudo penais. Contudo, dada a licença poética e o descompromisso com as normas jurídicas, algumas impropriedades acabam sendo cometidas. Nesse sentido, considerando o trecho da música "Rita", infere-se que:
   a) Rita é autora do crime, que, a depender de sua intenção, poderá ser lesão corporal ou tentativa de homicídio e, em qualquer caso, de ação penal pública; logo, o inquérito policial deverá ser instaurado, não dependendo de manifestação de vontade da vítima, salvo se tratar de lesão corporal de natureza leve, em que dependerá da representação do ofendido.
   b) na música, a palavra "queixa" está relacionada ao seu uso popular, no sentido de indicar o comunicado do crime à autoridade policial, quando na verdade queixa-crime é a nomenclatura da peça inaugural do processo penal em casos de ações penais públicas condicionadas à representação ou privadas de qualquer natureza.
   c) para "adequar" a música ao direito penal, o crime deveria ser de lesão corporal de natureza leve, ou seja, dependeria de representação; nesse caso, o companheiro de Rita poderia, além de perdoar, retirar a representação até a data anterior à publicação da sentença, utilizando o seu direito de retratação.
   d) o perdão do ofendido, nos termos da canção, pode ter efeito moral, mas não gera efeito jurídico algum; todavia, caso fosse um crime de ação penal privada, o perdão poderia gerar extinção de punibilidade, independentemente da outra parte aceitá-lo.

A: Correta. De fato, depende do elemento subjetivo para definir o crime, além disso ambos são de ação penal pública (homicídio tentado e lesão corporal), podendo o delegado instaurar inquérito de ofício, salvo no caso de lesão corporal leve.

B: Incorreta. Nos casos de ação penal pública condicionada ou incondicionada, a peça inaugural é a denúncia.

C: Incorreta. Após o oferecimento da denúncia, a retratação é irretratável, nos termos do art. 25 do Código de Processo Penal.

D: Incorreta. Para gerar a extinção da punibilidade, faz-se necessário que ocorra o aceite do perdão.

GABARITO: A.

Texto para as próximas 6 questões.

Texto CG1A1

Na casa vazia, sozinha com a empregada, já não andava como um soldado, já não precisava tomar cuidado. Mas sentia falta da batalha das ruas. Melancolia da liberdade, com o horizonte ainda tão longe. Dera-se ao horizonte. Mas a nostalgia do presente. O aprendizado da paciência, o juramento da espera. Do qual talvez não soubesse jamais se livrar. A tarde transformando-se em interminável e, até todos voltarem para o jantar e ela poder se tornar com alívio uma filha, era o calor, o livro aberto e depois fechado, uma intuição, o calor: sentava-se com a cabeça entre as mãos, desesperada. Quando tinha dez anos, relembrou, um menino que a amava jogara-lhe um rato morto. Porcaria! berrara branca com a ofensa. Fora uma experiência. Jamais contara a ninguém. Com a cabeça entre as mãos, sentada. Dizia quinze vezes: sou vigorosa, sou vigorosa, sou vigorosa — depois percebia que apenas prestara atenção à contagem. Suprindo com a quantidade, disse mais uma vez: sou vigorosa, dezesseis. E já não estava mais à mercê de ninguém.

Desesperada porque, vigorosa, livre, não estava mais à mercê. Perdera a fé. Foi conversar com a empregada, antiga sacerdotisa. Elas se reconheciam. As duas descalças, de pé na cozinha, a fumaça do fogão. Perdera a fé, mas, à beira da graça, procurava na empregada apenas o que esta já perdera, não o que ganhara. Fazia-se pois distraída e, conversando, evitava a conversa. "Ela imagina que na minha idade devo saber mais do que sei e é capaz de me ensinar alguma coisa", pensou, a cabeça entre as mãos, defendendo a ignorância como a um corpo. Faltavam-lhe elementos, mas não os queria de quem já os esquecera. A grande espera fazia parte. Dentro da vastidão, maquinando.

Clarice Lispector. ***Preciosidade***. In: ***Laços de Família***. Rio de Janeiro: Rocco, 1998, p. 86-87 (com adaptações)

03. **(CESPE/CEBRASPE – 2021 – TJ/RJ – TÉCNICO DE ATIVIDADE JUDICIÁRIA)** No trecho "Suprindo com a quantidade, disse mais uma vez: sou vigorosa, dezesseis", do texto CG1A1, o sinal de dois-pontos está empregado com a finalidade de introduzir:
   a) um pensamento.
   b) uma síntese.
   c) uma fala.

QUESTÕES COMENTADAS

d) um esclarecimento.

e) uma exemplificação.

"Suprindo com a quantidade, *disse* mais uma vez: sou vigorosa, dezesseis", ou seja, os dois-pontos foram usados para mostrar a fala da personagem.

GABARITO: C.

---

04. **(CESPE/CEBRASPE – 2021 – TJ/RJ – TÉCNICO DE ATIVIDADE JUDICIÁRIA)** No primeiro período do texto CG1A1, o termo "como" expressa a ideia de:

a) explicação.

b) intensidade.

c) adição.

d) causa.

e) comparação.

"Na casa vazia, sozinha com a empregada, já não andava *como* (igual a / assim como) um soldado, já não precisava tomar cuidado". O termo "como" possui sentido de comparação, já que temos uma oração subordinada adverbial.

GABARITO: E.

---

05. **(CESPE/CEBRASPE – 2021 – TJ/RJ – TÉCNICO DE ATIVIDADE JUDICIÁRIA)** No trecho "Foi conversar com a empregada, antiga sacerdotisa. Elas se reconheciam. As duas descalças, de pé na cozinha, a fumaça do fogão. Perdera a fé, mas, à beira da graça, procurava na empregada apenas o que esta já perdera, não o que ganhara.", do texto CG1A1, o vocábulo "esta" se refere a:

a) "empregada".

b) "fé".

c) "cozinha".

d) "graça".

e) "fumaça".

"Perdera a fé, mas, à beira da graça, procurava na empregada apenas o que *a empregada* já perdera, não o que ganhara". O pronome demonstrativo faz referência a um termo anteriormente citado, nesse caso, a "empregada", tendo função anafórica.

GABARITO: A.

---

06. **(CESPE/CEBRASPE – 2021 – TJ/RJ – TÉCNICO DE ATIVIDADE JUDICIÁRIA)** No trecho "Na casa vazia, sozinha com a empregada, já não andava como um soldado, já não precisava tomar cuidado. Mas sentia falta da batalha das ruas. Melancolia da liberdade, com o horizonte ainda tão longe. Dera-se ao horizonte. Mas a nostalgia do presente. O aprendizado da paciência, o juramento da espera. Do qual talvez não soubesse jamais se livrar.", do texto CG1A1, a expressão *o qual*, contida em "Do qual", refere-se a:

a) "O aprendizado da paciência".

b) "um soldado".

c) "o juramento da espera".

d) "presente".

e) "o horizonte".

No trecho "O aprendizado da paciência, o juramento da *espera*. *Do qual* talvez não soubesse jamais se livrar", o pronome relativo "do qual" retoma o termo anterior "o juramento da espera".

GABARITO: C.

---

07. **(CESPE/CEBRASPE – 2021 – TJ/RJ – TÉCNICO DE ATIVIDADE JUDICIÁRIA)** No trecho "Quando tinha dez anos, relembrou, um menino que a amava jogara-lhe um rato morto. Porcaria! berrara branca com a ofensa. Fora uma experiência.", do texto CG1A1, o termo "Fora" poderia ser substituído, sem prejuízo dos sentidos do texto, por:

a) Teria sido.

b) Foi.

c) Havia sido.

d) Havia tido.

e) Haveria sido.

A questão pede a transposição do verbo no pretérito mais-que-perfeito (Fora) para o tempo composto (verbo auxiliar - ter / haver + particípio do verbo principal). Dessa forma, o verbo ter / haver deve ser colocado no pretérito imperfeito do indicativo (havia ou tinha + o particípio). O correto seria "Havia sido".

GABARITO: C.

---

08. **(CESPE/CEBRASPE – 2021 – TJ/RJ – TÉCNICO DE ATIVIDADE JUDICIÁRIA)** No trecho "Foi conversar com a empregada, antiga sacerdotisa", do texto CG1A1, a expressão "antiga sacerdotisa":

a) exerce a função de complemento indireto de "conversar", introduzindo uma nova personagem que participa da conversa na cozinha.

b) exerce a função sintática de aposto e se refere à expressão "a empregada".

c) constitui uma oração coordenada, embora não seja introduzida pela conjunção "e".

d) funciona sintaticamente como predicativo, uma vez que se refere ao sujeito de "Foi".

e) classifica-se como um vocativo, por se referir a uma possível leitora do texto.

No trecho "Desesperada porque, vigorosa, livre, não estava mais à mercê. Perdera a fé. Foi conversar com a empregada, *antiga sacerdotisa*", a expressão em destaque é um aposto que se refere à expressão anterior "a empregada".

GABARITO: B.

---

09. **(CESPE/CEBRASPE – 2021 – TJ/RJ – TÉCNICO DE ATIVIDADE JUDICIÁRIA)** É pessoa com deficiência, de acordo com a definição legal:

a) idoso com mobilidade reduzida por causa temporária.

b) indivíduo com capacidade residual permanente para locomover-se, escutar ou expressar a própria vontade.

c) indivíduo portador de impedimento de longo prazo de natureza física, intelectual, mental ou sensorial, que impede sua participação plena e efetiva na sociedade nas mesmas condições dos demais.

d) indivíduo incapacitado de expressar a vontade própria ou de locomover-se por sua conta, ainda que por curto prazo.

e) indivíduo que, por qualquer motivo temporário ou permanente, tenha redução efetiva de sua mobilidade, flexibilidade, coordenação motora ou percepção.

Para responder à presente questão, são necessários conhecimentos sobre a Lei nº 13.146/2015, denominada Estatuto da Pessoa com Deficiência:

Art. 2º Considera-se pessoa com deficiência aquela que tem impedimento de longo prazo de natureza física, mental, intelectual ou sensorial, o qual, em interação com uma ou mais barreiras, pode obstruir sua participação plena e efetiva na sociedade em igualdade de condições com as demais pessoas.

Assim, de acordo com o *caput* do art. 2º, a única alternativa correta é a C.

GABARITO: C.

10. **(CESPE/CEBRASPE – 2021 – TJ/RJ – TÉCNICO DE ATIVIDADE JUDICIÁRIA)** De acordo com a Lei nº 13.146/2015 (Lei de Inclusão da Pessoa com Deficiência), o comportamento que impede a participação social da pessoa é considerado:
   a) disfuncional.
   b) disruptivo.
   c) barreira.
   d) distúrbio.
   e) desestruturado.

Para responder a essa questão, são necessários conhecimentos sobre a Lei Brasileira de Inclusão da Pessoa com Deficiência, denominada Estatuto da Pessoa com Deficiência.

Inteligência do art. 3º, inciso IV do Estatuto, são consideradas barreiras: qualquer entrave, obstáculo, atitude ou comportamento que limite ou impeça a participação social da pessoa, bem como o gozo, a fruição e o exercício de seus direitos à acessibilidade, à liberdade de movimento e de expressão, à comunicação, ao acesso à informação, à compreensão, à circulação com segurança, entre outros.

Assim, apenas a alternativa C está correta, nos termos do art. 3º, inciso IV do Estatuto da Pessoa com Deficiência.

GABARITO: C.

11. **(CESPE/CEBRASPE – 2021 – TJ/RJ – TÉCNICO DE ATIVIDADE JUDICIÁRIA)** A respeito da reserva de vagas para veículos que transportam pessoas com deficiência, assinale a opção correta, considerando as disposições da Lei nº 10.098/2000.
   a) As vagas reservadas devem ser localizadas próximas ao acesso de circulação de pedestre, salvo se existir outra em local mais distante, porém com melhor nivelamento do solo.
   b) O número de vagas reservadas não poderá ser superior a 2% do total.
   c) Afastam-se do âmbito de aplicação da norma os estacionamentos que servem a edifícios em que funcionam representações estrangeiras.
   d) Não é necessário que espaços públicos em que se realizem atividades de risco garantam o número mínimo de vagas, a fim de preservar a integridade das pessoas com deficiência.
   e) A sinalização de vaga reservada deve ser clara e ostensiva, a fim de garantir a fácil identificação do espaço.

Para responder a essa questão, são necessários conhecimentos sobre a Lei nº 10.098/2000, que estabelece normas gerais e critérios básicos para a promoção da acessibilidade das pessoas portadoras de deficiência ou com mobilidade reduzida, e dá outras providências:

Art. 7º Em todas as áreas de estacionamento de veículos, localizadas em vias ou em espaços públicos, deverão ser reservadas vagas próximas dos acessos de circulação de pedestres, devidamente sinalizadas, para veículos que transportem pessoas portadoras de deficiência com dificuldade de locomoção.

Parágrafo único. As vagas a que se refere o caput deste artigo deverão ser em número equivalente a dois por cento do total, garantida, no mínimo, uma vaga, devidamente sinalizada e com as especificações técnicas de desenho e traçado de acordo com as normas técnicas vigentes.

GABARITO: E.

12. **(CESPE/CEBRASPE – 2021 – TJ/RJ – TÉCNICO DE ATIVIDADE JUDICIÁRIA)** De acordo com a Lei nº 10.048/2000, terá atendimento prioritário em todas as instituições financeiras a pessoa:
   I. Idosa.
   II. Obesa.
   III. Com deficiência auditiva.
   IV. Com deficiência visual.

Assinale a opção correta.
   a) Apenas os itens I, II e III estão certos.
   b) Todos os itens estão certos.
   c) Apenas os itens I, II e IV estão certos.
   d) Apenas os itens I, III e IV estão certos.
   e) Apenas os itens II, III e IV estão certos.

Para responder à presente questão, são necessários conhecimentos sobre prioridade de atendimento.

Inteligência do parágrafo único do art. 2º c/c art. 1º da Lei nº 10.048/2000: é assegurada, em todas as instituições financeiras, a prioridade de atendimento às pessoas com deficiência, idosos com idade igual ou superior a 60 (sessenta) anos, gestantes, lactantes, pessoas com crianças de colo e os obesos.

I: Correto. É assegurado atendimento prioritário aos idosos, consoante ao parágrafo único do art. 2º c/c art. 1º da Lei nº 10.048/2000.

II: Correto. É assegurado atendimento prioritário aos obesos, consoante ao parágrafo único do art. 2º c/c art. 1º da Lei nº 10.048/2000.

III: Correto. É assegurado atendimento prioritário às pessoas com deficiência, consoante ao parágrafo único do art. 2º c/c art. 1º da Lei nº 10.048/2000, incluindo deficiência auditiva, consoante ao art. 2º do Estatuto da Pessoa com Deficiência.

IV: Correto. É assegurado atendimento prioritário às pessoas com deficiência, consoante ao parágrafo único do art. 2º c/c art. 1º da Lei nº 10.048/2000, incluindo deficiência visual, consoante ao art. 2º do Estatuto da Pessoa com Deficiência.

GABARITO: B.

13. **(CESPE/CEBRASPE – 2021 – TJ/RJ – TÉCNICO DE ATIVIDADE JUDICIÁRIA)** O patrimonialismo é caracterizado pelo governo ou pela forma de exercício do poder em que a distinção entre público e privado é quase inexistente, defluindo todo o poder de um governante ou grupo específico, de modo que os cargos públicos são inacessíveis por via meritória. Considerando essas informações, assinale a opção que apresenta princípio ético previsto na Constituição Federal de 1988 que seria afrontado, com maior intensidade, pela investidura em cargo público na forma patrimonialista.
   a) razoabilidade.
   b) impessoalidade.
   c) supremacia do interesse público.
   d) publicidade.
   e) boa-fé objetiva.

O princípio afrontado seria o da impessoalidade, pois o ingresso aos cargos públicos seria por meio de conluios, indicações apadrinhamento, dentre outros. E a intenção do concurso é a meritocracia e a isonomia. Vejamos a jurisprudência do STF sobre o assunto:

"ADIN - EMENDA CONSTITUCIONAL N. 3/90, DO ESTADO DO MARANHAO - PROVIMENTO DE CARGOS PUBLICOS - APROVEITAMENTO E ACESSO - MATÉRIA SUJEITA A INICIATIVA RESERVADA DO CHEFE DO PODER EXECUTIVO - EXIGÊNCIA DE CONCURSO PÚBLICO PARA TODA E QUALQUER INVESTIDURA - PLAUSIBILIDADE JURÍDICA DO PEDIDO - MEDIDA CAUTELAR DEFERIDA. - O postulado constitucional do concurso público, enquanto cláusula integralizadora dos princípios da isonomia e da impessoalidade, traduz-se na exigência inafastável de prévia aprovação em concurso público de provas, ou de provas e títulos, para efeito de investidura em cargo público. Essa imposição jurídico-constitucional passou a estender-se, genericamente, com a promulgação da Constituição de 1988, a "investidura em cargo ou emprego público", ressalvadas, unicamente, as exceções previstas no próprio texto constitucional. A jurisprudência do Supremo Tribunal Federal tem-se orientado no sentido de conferir relevância jurídica a

QUESTÕES COMENTADAS

tese de que o reconhecimento ou outorga de direitos aos funcionários públicos, em sede constitucional estadual, restringe o poder de iniciativa - de exercício privativo, nessa matéria - conferido, dentre outros órgãos estatais, ao próprio Chefe do Executivo. Precedentes.

(ADI-MC 637, rel. Ministro CELSO DE MELLO, Plenário, 19.03.1992) "DIREITO ADMINISTRATIVO. ESTABILIDADE EXCEPCIONAL DO ART. 19, § 2º, DO ADCT. SERVIDOR SUBSTITUTO. 1. A Constituição de 1988 estabeleceu que a investidura em cargo depende da aprovação em concurso público. Essa regra garante o respeito a vários princípios constitucionais de direito administrativo, entre eles, o da impessoalidade e o da isonomia. O constituinte, todavia, inseriu norma transitória criando a estabilidade excepcional para servidores não concursados da União, dos Estados, do Distrito Federal e dos Municípios que, ao tempo da promulgação da Carta Federal, contassem com, no mínimo, cinco anos ininterruptos de serviço público. 2. O fato de a servidora estar no exercício de substituição não lhe retira o direito à estabilidade. As únicas exceções previstas para a aquisição da estabilidade, nessa situação, dizem respeito "aos ocupantes de cargos, funções e empregos de confiança ou em comissão" ou "aos que a lei declare de livre exoneração" (art. 19, § 2º, do ADCT). 3. Recurso conhecido e desprovido.

(RE 319.156, rel. Ministra ELLEN GRACIE, 2ª. Turma, 25.10.2005) Dessa maneira, a alternativa certa é a B.

GABARITO: B.

---

14. **(CESPE/CEBRASPE – 2021 – TJ/RJ – TÉCNICO DE ATIVIDADE JUDICIÁRIA)** Considerando o disposto na Lei nº 12.846/2013, assinale a opção correta.

a) A instauração de processo administrativo de responsabilização deve ser iniciada privativamente pela Controladoria-Geral da União (CGU).

b) A subdelegação para o julgamento do processo administrativo de responsabilização é admitida.

c) Pode-se aplicar a pessoas jurídicas infratoras a penalidade judicial de dissolução compulsória da pessoa jurídica.

d) A efetiva ocorrência de lesão patrimonial é indispensável para a caracterização dos ilícitos previstos na lei.

e) O descumprimento do acordo de leniência impede a formalização de um novo acordo no prazo de 5 anos, contados a partir do conhecimento da falta pela administração pública.

A questão tem por base as disposições da Lei nº 12.846/2013 (Lei Anticorrupção):

A: Incorreta. Na realidade, a lei estabelece a competência em favor das autoridades máximas de cada órgão ou entidade dos Poderes Executivo, Legislativo e Judiciário, sendo certo que, no âmbito do Executivo, a competência da CGU é meramente concorrente, e não privativa, tal como asseverado pela Banca.

No ponto, eis o teor do art. 8º, *caput* e § 2º, do referido diploma:

Art. 8º A instauração e o julgamento de processo administrativo para apuração da responsabilidade de pessoa jurídica cabem à autoridade máxima de cada órgão ou entidade dos Poderes Executivo, Legislativo e Judiciário, que agirá de ofício ou mediante provocação, observados o contraditório e a ampla defesa.

§ 2º No âmbito do Poder Executivo federal, a Controladoria-Geral da União - CGU terá competência concorrente para instaurar processos administrativos de responsabilização de pessoas jurídicas ou para avocar os processos instaurados com fundamento nesta Lei, para exame de sua regularidade ou para *corrigir-lhes o andamento*.

B: Incorreta. Cuida-se de afirmativa que afronta a norma do art. 8º, § 1º, da Lei Anticorrupção, *litteris*:

Art. 8º § 1º A competência para a instauração e o julgamento do processo administrativo de apuração de responsabilidade da pessoa jurídica poderá ser delegada, vedada a subdelegação.

C: Correta. De fato, a dissolução compulsória vem a ser uma das possíveis sanções a serem aplicadas às pessoas jurídicas infratoras, como se depreende do teor do artigo.

Art. 19 Em razão da prática de atos previstos no art. 5º desta Lei, a União, os Estados, o Distrito Federal e os Municípios, por meio das respectivas Advocacias Públicas ou órgãos de representação judicial, ou equivalentes, e o Ministério Público, poderão ajuizar ação com vistas à aplicação das seguintes sanções às pessoas jurídicas infratoras:

III - dissolução compulsória da pessoa jurídica.

D: Incorreta. Da leitura do rol de parâmetros a serem observados por ocasião da aplicação das sanções cabíveis, em especial do que estabelece o art. 7º, II, III e IV, extrai-se que a efetiva ocorrência de lesão patrimonial não é indispensável para a caracterização dos ilícitos previstos na lei.

No ponto, confira-se:

Art. 7º Serão levados em consideração na aplicação das sanções:

II - a vantagem auferida ou pretendida pelo infrator;

III - a consumação ou não da infração;

IV - o grau de lesão ou perigo de lesão.

E: Incorreta. Por fim, em verdade, o prazo de impedimento para a celebração de novo acordo de leniência, em caso de descumprimento do anteriormente firmado, é de 3 anos, e não de 5 anos, como se vê do art. 16, § 8º, da Lei Anticorrupção, reproduzido a seguir:

Art. 16 § 8º Em caso de descumprimento do acordo de leniência, a pessoa jurídica ficará impedida de celebrar novo acordo pelo prazo de 3 (três) anos contados do conhecimento pela administração pública do referido descumprimento.

GABARITO: C.

---

15. **(CESPE/CEBRASPE – 2021 – TJ/RJ – TÉCNICO DE ATIVIDADE JUDICIÁRIA)** Carlos, funcionário terceirizado que trabalha na 1ª Vara de Família da capital, recebeu, no período do Natal, uma cesta comemorativa, de valor irrisório, de um estagiário de direito de determinado escritório de advocacia, que tinha interesse em certo processo. Em razão do presente recebido, Carlos intencionalmente atrasou a publicação de um ato processual e revelou fato de que tinha conhecimento em virtude de suas atribuições e que deveria ter permanecido em segredo, relacionado ao processo de interesse do estagiário.

Considerando essa situação hipotética e o disposto na Lei n.º 8.429/1992, assinale a opção correta.

a) As condutas de Carlos não se enquadram nas situações descritas na Lei n.º 8.429/1992, porque o fato de ele ser funcionário terceirizado afasta a incidência das regras previstas nessa lei.

b) O recebimento da cesta comemorativa não configura vantagem indevida, uma vez que ela possui valor irrisório.

c) A conduta do estagiário, por ser omissiva, deixa de viabilizar a incidência das regras previstas na referida lei.

d) O fato de Carlos ter divulgado fato que deveria ter permanecido em segredo somente caracterizará ato de improbidade administrativa se gerar prejuízo para terceiro.

e) O retardamento intencional na publicação do ato processual, por si só, configura ato de improbidade administrativa.

A: Incorreta. De acordo com a Lei n.º 8.429/1992:

Art. 1º Os atos de improbidade praticados por qualquer agente público, servidor ou não, contra a administração [...] serão punidos na forma desta lei.

B: Incorreta. De acordo com a Lei nº 8.429/1992:

Art. 9º Constitui ato de improbidade administrativa importando enriquecimento ilícito auferir qualquer tipo de vantagem patrimonial indevida em razão do exercício de cargo, mandato, função, emprego ou atividade nas entidades mencionadas no art. 1º desta lei [...].

643

C: Incorreta. Conforme estabelece a Lei nº 8.429/1992:

Art. 10 Constitui ato de improbidade administrativa que causa lesão ao erário qualquer ação ou omissão, dolosa ou culposa, que enseje perda patrimonial, desvio, apropriação, malbaratamento ou dilapidação dos bens ou haveres das entidades referidas no art. 1º desta lei, e notadamente.

D: Incorreta. De acordo com a Lei nº 8.429/1992:

Art. 11 Constitui ato de improbidade administrativa que atenta contra os princípios da administração pública qualquer ação ou omissão que viole os deveres de honestidade, imparcialidade, legalidade, e lealdade às instituições, e notadamente:

III - revelar fato ou circunstância de que tem ciência em razão das atribuições e que deva permanecer em segredo; [...].

E: Correta. O retardamento intencional na publicação do ato processual, por si só, configura ato de improbidade administrativa. De acordo com a Lei nº 8.429/1992:

Art. 11 Constitui ato de improbidade administrativa que atenta contra os princípios da administração pública qualquer ação ou omissão que viole os deveres de honestidade, imparcialidade, legalidade, e lealdade às instituições, e notadamente:

II - retardar ou deixar de praticar, indevidamente, ato de ofício.

GABARITO: E.

16. **(CESPE/CEBRASPE – 2021 – TJ/RJ – TÉCNICO DE ATIVIDADE JUDICIÁRIA)** O entendimento de que atos administrativos gozam de presunção de legitimidade significa que estes:
    a) atestam fatos verdadeiros, não admitindo prova em contrário.
    b) são emitidos em conformidade com a lei, até prova em contrário.
    c) se impõem aos administrados, independentemente de sua concordância.
    d) se sujeitam ao controle discricionário do Poder Judiciário.
    e) são executados pela própria administração, sem intervenção do Poder Judiciário.

A presunção de legitimidade diz que os atos administrativos são emitidos conforme a lei, até que se prove o contrário.

GABARITO: B.

17. **(CESPE/CEBRASPE – 2021 – TJ/RJ – TÉCNICO DE ATIVIDADE JUDICIÁRIA)** Na administração pública federal, a administração direta compreende os serviços integrados na estrutura administrativa da:
    a) Presidência da República, dos ministérios, das autarquias, das fundações públicas, das empresas públicas e das sociedades de economia mista.
    b) Presidência da República e dos ministérios, apenas.
    c) Presidência da República, dos ministérios e das autarquias, apenas.
    d) Presidência da República, dos ministérios, das autarquias e das fundações públicas, apenas.
    e) Presidência da República, dos ministérios, das autarquias, das fundações públicas e das empresas públicas, apenas.

De acordo com o que estabelece o art. 4º, I, do Decreto-lei nº 200/1967:

Art. 4º A Administração Federal compreende: I - A Administração Direta, que se constitui dos serviços integrados na estrutura administrativa da Presidência da República e dos Ministérios.

Dessa maneira, a alternativa certa é a B.

GABARITO: B.

18. **(CESPE/CEBRASPE – 2021 – TJ/RJ – TÉCNICO DE ATIVIDADE JUDICIÁRIA)** Segundo a Lei nº 9.784/1999, depois de concluída a instrução no processo administrativo, a administração tem o dever de decidir em até:
    a) 30 dias, improrrogáveis.
    b) 45 dias, improrrogáveis.
    c) 60 dias, prorrogáveis por igual período.
    d) 30 dias, prorrogáveis por igual período.
    e) 45 dias, prorrogáveis por igual período.

De acordo com o art. 49, da Lei nº 9.784/1999:

Art. 49 Concluída a instrução de processo administrativo, a Administração tem o prazo de até trinta dias para decidir, salvo prorrogação por igual período expressamente motivada.

GABARITO: D.

19. **(CESPE/CEBRASPE – 2021 – TJ/RJ – TÉCNICO DE ATIVIDADE JUDICIÁRIA)** O princípio adotado no processo administrativo com a finalidade de vedar a aplicação retroativa de nova interpretação de lei no âmbito da administração pública denomina-se princípio da:
    a) eficiência.
    b) segurança jurídica.
    c) moralidade.
    d) publicidade.
    e) impessoalidade.

Trata-se do princípio da segurança jurídica, expressamente referido no art. 2º, parágrafo único, e inciso XIII, da Lei nº 9.784/1999:

Art. 2º A Administração Pública obedecerá, dentre outros, aos princípios da legalidade, finalidade, motivação, razoabilidade, proporcionalidade, moralidade, ampla defesa, contraditório, segurança jurídica, interesse público e eficiência.

Parágrafo único. Nos processos administrativos serão observados, entre outros, os critérios de: [...]

XIII - interpretação da norma administrativa da forma que melhor garanta o atendimento do fim público a que se dirige, vedada aplicação retroativa de nova interpretação.

Diante do exposto, a alternativa certa é a B.

GABARITO: B.

20. **(CESPE/CEBRASPE – 2021 – TJ/RJ – TÉCNICO DE ATIVIDADE JUDICIÁRIA)** De acordo com a Lei nº 8.666/1993, a concorrência pública do tipo técnica e preço, quando o contrato a ser celebrado contemplar o regime de empreitada integral, admite agendamento da reunião de abertura das propostas, a partir da publicação do aviso de licitação, observado o prazo mínimo de:
    a) 5 dias.
    b) 10 dias.
    c) 15 dias.
    d) 30 dias.
    e) 45 dias.

A alternativa correta é a E. Os prazos são os seguintes:

- 45 dias: concurso; ou concorrência, para o regime de empreitada integral ou quando a licitação for do tipo "melhor técnica" ou "técnica e preço";

- 30 dias: concorrência, nos demais casos; ou tomada de preços, quando a licitação for do tipo "melhor técnica" ou "técnica e preço";

- 15 dias: tomada de preços, nos demais casos; ou leilão;

- 5 dias úteis: convite.

GABARITO: E.

QUESTÕES COMENTADAS

21. (CESPE/CEBRASPE – 2021 – TJ/RJ – TÉCNICO DE ATIVIDADE JUDICIÁRIA) Segundo a Lei nº 8.666/1993, são documentos inerentes à habilitação jurídica, satisfeitos os devidos requisitos legais:

a) contrato social devidamente registrado, em se tratando de sociedades comerciais, e prova de regularidade para com a fazenda federal.

b) prova de inscrição no cadastro de pessoas físicas (CPF) e cédula de identidade.

c) prova de inscrição no cadastro de pessoas físicas (CPF) e prova de regularidade para com a fazenda federal.

d) prova de inscrição no cadastro de pessoas físicas (CPF) e contrato social devidamente registrado, em se tratando de sociedades comerciais.

e) registro comercial, no caso de empresa individual, e contrato social devidamente registrado, em se tratando de sociedades comerciais.

A documentação relativa à habilitação jurídica, conforme o caso, consistirá em: registro comercial, no caso de empresa individual; ato constitutivo, estatuto ou contrato social em vigor, devidamente registrado, em se tratando de sociedades comerciais.

Dessa maneira, a alternativa certa é a letra E.

GABARITO: E.

22. (CESPE/CEBRASPE – 2021 – TJ/RJ – TÉCNICO DE ATIVIDADE JUDICIÁRIA) O controle dos atos administrativos exercido por meio de processo participativo de determinada comunidade local sobre ações de gestão pública é denominado:

a) autocontrole.

b) controle legislativo.

c) controle social.

d) controle interno.

e) controle externo.

Conforme Rafael Oliveira: "Quanto ao órgão, entidade ou pessoa responsável por sua efetivação, o controle pode ser dividido em três categorias: [...]

c) controle social: é implementado pela sociedade civil, por meio da participação nos processos de planejamento, acompanhamento, monitoramento e avaliação das ações da gestão pública e na execução das políticas e programas públicos (ex.: participação em consulta pública ou audiência pública; direito de petição ou de representação etc.)".

Diante do exposto, a alternativa certa é a C.

GABARITO: C.

23. (CESPE/CEBRASPE – 2021 – TJ/RJ – TÉCNICO DE ATIVIDADE JUDICIÁRIA) Com relação a inquérito policial, é correto afirmar que:

a) é um processo administrativo judicialiforme.

b) observa, obrigatoriamente, as garantias do contraditório e da ampla defesa.

c) não tem prazo fixado em lei para ser concluído.

d) é um procedimento dispensável.

e) exige requerimento da vítima para ser instaurado.

A: Incorreta. Se trata de procedimento administrativo, não judicialiforme.

B: Incorreta. Uma das características do IP é a inquisitoriedade, logo não há nessa fase o contraditório e a ampla defesa.

C: Incorreta. Há prazos para conclusão do IP, nos termos do art. 10 do CPP. Em resumo, 10 dias se o indivíduo estiver preso e 30 dias se estiver solto.

D: Correta. Dentre as características do IP está a dispensabilidade, isto é, o MP pode oferecer denúncia se tiver elementos suficientes, dispensando o IP.

E: Incorreta. Nos casos de crimes de ação penal pública incondicionada, não se exige requerimento da vítima; o delegado instaura de ofício.

GABARITO: D.

24. (CESPE/CEBRASPE – 2021 – TJ/RJ – TÉCNICO DE ATIVIDADE JUDICIÁRIA) O Ministério Público ofereceu denúncia de crime de ação penal pública incondicionada. Porém, antes que a inicial acusatória fosse recebida pelo juiz, a vítima compareceu à vara criminal afirmando perdoar o réu.

Nesse caso, é correto afirmar que:

a) a manifestação da vítima não inviabiliza a continuidade da ação penal.

b) o Ministério Público deve desistir da propositura da ação penal, visto que a vítima não tem interesse.

c) houve retratação, impedindo o recebimento da denúncia pelo juiz.

d) o perdão da vítima obrigatoriamente extingue a punibilidade do réu.

e) o juiz deverá receber a denúncia e, em seguida, conceder o perdão judicial.

A: Correta. Por se tratar de crime de ação penal pública incondicionada, a manifestação da vítima não inviabiliza a continuidade da ação penal.

B, C, D e E: Incorretas. É importante destacar que o perdão do ofendido, previsto nos arts. 105 e 106 do Código Penal, obsta o prosseguimento da ação, apenas nos crimes que se procedam mediante queixa, ou seja, nos crimes de ação penal privada. Assim, nos crimes de ação penal pública incondicionada, não tem efeito algum.

GABARITO: A.

25. (CESPE/CEBRASPE – 2021 – TJ/RJ – TÉCNICO DE ATIVIDADE JUDICIÁRIA) Considere que um oficial de justiça não tenha localizado o réu, para realizar a citação pessoal na ação penal, no endereço que constava dos autos. Nesse caso:

a) o oficial de justiça deverá proceder à citação por hora certa, a ser cumprida, no máximo, em três dias.

b) o juiz decretará à revelia do réu e dará seguimento à ação penal.

c) será feita a citação por edital, e, caso o réu não compareça, a ação penal ficará suspensa.

d) será citada a Defensoria Pública para realizar a defesa técnica do réu.

e) a falta de citação pessoal interromperá o prazo prescricional até a localização do réu.

Caso o oficial de justiça não tenha localizado o réu para citação pessoal na ação penal, no endereço que constava nos autos, o Código de Processo Penal determina, em seu art. 361, que, se o réu não for encontrado, será citado por edital, com o prazo de 15 dias. Além disso, para complementar, o art. 366 afirma que, se o acusado, citado por edital, não comparecer, nem constituir advogado, ficarão suspensos o processo e o curso do prazo prescricional. Sendo assim, a única alternativa que corresponde ao gabarito correto é a letra C. As demais estão incorretas, pois vão de encontro ao que é cobrado na questão.

GABARITO: C.

26. **(CESPE/CEBRASPE – 2021 – TJ/RJ – TÉCNICO DE ATIVIDADE JUDICIÁRIA)** Em processo da competência do tribunal do júri, ao final da primeira fase do procedimento, o juiz entendeu que foi comprovada a materialidade do crime, porém não havia indícios suficientes de autoria por parte do acusado. A situação apresentada configura caso de:
    a) pronúncia.
    b) rejeição da denúncia.
    c) impronúncia.
    d) desclassificação.
    e) absolvição sumária.

Nos termos do art. 414 do Código de Processo Penal, não havendo indícios suficientes de autoria, deve o juiz impronunciar o acusado, logo a alternativa C está correta.

Art. 414 Não se convencendo da materialidade do fato ou da existência de indícios suficientes de autoria ou de participação, o juiz, fundamentadamente, impronunciará o acusado.

GABARITO: C.

27. **(CESPE/CEBRASPE – 2021 – TJ/RJ – TÉCNICO DE ATIVIDADE JUDICIÁRIA)** O tribunal do júri é composto por um juiz togado e:
    a) 25 jurados, sendo necessários 15 para a instalação da sessão e 7 para compor o conselho de sentença.
    b) 25 jurados, sendo necessários 15 para a instalação da sessão e 10 para compor o conselho de sentença.
    c) 12 jurados, sendo necessários 10 para a instalação da sessão e 5 para compor o conselho de sentença.
    d) 15 jurados, sendo necessários 12 para a instalação da sessão e 5 para compor o conselho de sentença.
    e) 15 jurados, sendo necessários 12 para a instalação da sessão e 7 para compor o conselho de sentença.

Nos termos dos arts. 447 e 463 do Código de Processo Penal, o tribunal do júri é composto por 1 juiz togado, 25 jurados, 15 para instalação e 7 para conselho de sentença.

Art. 447 O Tribunal do Júri é composto por 1 (um) juiz togado, seu presidente e por 25 (vinte e cinco) jurados que serão sorteados dentre os alistados, 7 (sete) dos quais constituirão o Conselho de Sentença em cada sessão de julgamento.

Art. 463 Comparecendo, pelo menos, 15 (quinze) jurados, o juiz presidente declarará instalados os trabalhos, anunciando o processo que será submetido a julgamento.

Sendo assim, a alternativa correta é a A.

GABARITO: A.

28. **(CESPE/CEBRASPE – 2021 – TJ/RJ – TÉCNICO DE ATIVIDADE JUDICIÁRIA)** A respeito de prisão e liberdade provisória, assinale a opção correta.
    a) A concessão de liberdade provisória impede a decretação de prisão preventiva durante a tramitação da ação penal.
    b) A pessoa autuada em flagrante delito responde presa ao inquérito policial e à ação penal.
    c) A pessoa presa por praticar crime grave ou hediondo não pode ser solta mediante liberdade provisória.
    d) A pessoa que presencia a ocorrência de um crime é obrigada a prender o agressor em flagrante.
    e) Em 24 horas, o preso deve receber a nota de culpa, com o motivo da prisão, o nome do condutor e das testemunhas.

A: Incorreta. A prisão preventiva pode ser decretada em qualquer tempo, desde que preenchidos os requisitos legais.

B: Incorreta. Não necessariamente a pessoa seguirá presa, pois na audiência de custódia ela pode ser posta em liberdade, caso não seja decretada a prisão preventiva, por exemplo.

C: Incorreta. O fato de ser grave ou hediondo não obsta a concessão da liberdade provisória, mas nos crimes hediondos não pode ser concedida mediante fiança.

D: Incorreta. Qualquer do povo pode prender em flagrante; a obrigatoriedade é para autoridade policial e seus agentes.

E: Correta. De acordo com o art. 306, §§ 1º e 2º do CPP.

GABARITO: E.

29. **(CESPE/CEBRASPE – 2021 – TJ/RJ – TÉCNICO DE ATIVIDADE JUDICIÁRIA)** Na audiência do processo comum ordinário, o último ato da instrução criminal é:
    a) a acareação.
    b) a inquirição das testemunhas da acusação.
    c) a inquirição das testemunhas da defesa.
    d) a tomada de declarações do ofendido.
    e) o interrogatório do réu.

Nos termos do art. 400 do Código de Processo Penal, o último ato da instrução criminal é o interrogatório do réu:

Art. 400. Na audiência de instrução e julgamento, a ser realizada no prazo máximo de 60 (sessenta) dias, proceder-se-á à tomada de declarações do ofendido, à inquirição das testemunhas arroladas pela acusação e pela defesa, nesta ordem, ressalvado o disposto no art. 222 deste Código, bem como aos esclarecimentos dos peritos, às acareações e ao reconhecimento de pessoas e coisas, interrogando-se, em seguida, o acusado.

GABARITO: E.

30. **(CESPE/CEBRASPE – 2021 – TJ/RJ – TÉCNICO DE ATIVIDADE JUDICIÁRIA)** Em relação à sentença proferida no plenário do tribunal do júri, é correto afirmar que:
    a) será lida em plenário, pelo presidente, após o encerramento da sessão de julgamento.
    b) o juiz pode considerar causa de diminuição de pena, independentemente da admissão pelo júri.
    c) não é possível a imposição de medida de segurança, em caso de absolvição.
    d) o juiz deve considerar circunstâncias agravantes ou atenuantes alegadas nos debates.
    e) o processo será encaminhado ao juízo competente, em caso de desclassificação.

A: Incorreta. A sentença será lida *antes* de encerrada a sessão de instrução e julgamento nos termos do art. 493 do Código de Processo Penal.

B: Incorreta. O juiz considerará causa de diminuição de pena, apenas se admitida pelo júri, nos termos do art. 483, § 3º, I do CPP.

C: Incorreta. Conforme o art. 492, II, C do CPP, é possível, no caso de absolvição imprópria, a imposição de medida de segurança.

D: Correta. Nos termos do art. 492, I, *b*, do CPP:

Art. 492 I [...]

b) considerará as circunstâncias agravantes ou atenuantes alegadas nos debates.

E: Incorreta. Caberá ao presidente do tribunal do júri, nos termos do art. 492, §1º do Código de Processo Penal.

GABARITO: D.

QUESTÕES COMENTADAS

31. (FGV – 2021 – TJ/RO – TÉCNICO JUDICIÁRIO) "Por medo de contágio da Covid-19, muitos londrinos relutam a segurar o corrimão das escadas rolantes das estações de metrô. O resultado é um aumento nas quedas com risco de vida – alertaram as autoridades do transporte público nesta sexta-feira (17)." (Isto É, 17/09/2021)

Esse segmento exemplifica um tipo de texto denominado informativo, estruturado a partir de um emissor que se dirige a um receptor para modificar seu estado de conhecimento.

A informação crucial desse segmento é a de que:

a) muitas pessoas mostram um medo exagerado de contágio da Covid-19.

b) muitos passageiros do metrô deixaram de segurar o corrimão das escadas rolantes por medo de contágio.

c) o fato de não segurarem o corrimão das escadas rolantes aumenta potencialmente o risco de quedas.

d) o número de quedas nas escadas rolantes do metrô tem aumentado.

e) as quedas nas escadas rolantes do metrô trazem risco de vida aos passageiros.

A informação importante da notícia é o "aumento nas quedas com risco de vida – alertaram as autoridades do transporte público nesta sexta-feira (17)". Logo, a assertiva correta é "as quedas nas escadas rolantes do metrô trazem risco de vida aos passageiros".

GABARITO: E.

32. (FGV – 2021 – TJ/RO – TÉCNICO JUDICIÁRIO) "RIO - A Fiocruz constatou que o número de casos e de mortes por Covid-19 no Brasil sofreu a maior queda desde o início de 2021. O recuo foi de 3,8% ao dia na última Semana

Epidemiológica, entre 5 e 11 de setembro. O País registra agora doze semanas consecutivas de redução nos óbitos." (Estadão, 17/09/2021)

Considerando a estruturação informativa desse texto, vê-se que seu autor atribui mais peso à seguinte informação:

a) A maior queda no número de casos e de mortes.

b) O ponto de partida da queda a partir do início de 2021.

c) O recuo do número de casos e mortes foi de 3,8%.

d) A datação da medição entre 5 e 11 de setembro.

e) A extensão de doze semanas consecutivas de queda.

O texto é informativo e de caráter expositivo. O foco textual é que "sofreu a maior queda". Logo, a informação que possui mais peso no texto é "a maior queda no número de casos e de mortes".

GABARITO: A.

33. (FGV – 2021 – TJ/RO – TÉCNICO JUDICIÁRIO) "Um homem de 44 anos foi preso na noite desta quinta-feira (16), após tentar furtar uma residência, localizada na rua Duque de Caxias entre Rafael Vaz e Silva e Guanabara, em Porto Velho.

A Polícia Militar foi informada que o criminoso, usando um alicate grande, teria cortado o cadeado do portão da residência, porém, o cachorro da casa começou a latir e o homem fugiu.

Populares seguiram o criminoso, acionaram a Polícia Militar, ele recebeu voz de prisão e foi encaminhado para a Central de Flagrantes." (Rondoniagora, 17/09/2021)

Na frase "o cachorro da casa começou a latir e o homem fugiu", a conjunção E mostra o mesmo valor em:

a) O ladrão chegou perto da casa e observou o cenário.

b) O bandido usou o alicate e cortou o cadeado.

c) A Polícia Militar chegou e o bandido ficou com medo.

d) O meliante foi preso e encaminhado para a delegacia.

e) Os assaltos e furtos são comuns nas grandes cidades.

A conjunção "e" em destaque na oração "o cachorro da casa começou a latir *e* o homem fugiu", além de ser uma coordenada aditiva, indica uma consequência.

"A Polícia Militar chegou *e* o bandido ficou com medo" - temos uma consequência, visto que, quando a Polícia Militar chegou, a consequência foi o bandido ficar com medo.

GABARITO: C.

34. (FGV – 2021 – TJ/RO – TÉCNICO JUDICIÁRIO) "A Polícia Militar foi informada que o criminoso, usando um alicate grande, teria cortado o cadeado do portão da residência, porém, o cachorro da casa começou a latir e o homem fugiu. Populares seguiram o criminoso, acionaram a Polícia Militar, ele recebeu voz de prisão e foi encaminhado para a Central de Flagrantes." (Rondoniagora, 17/09/2021)

Esse segmento de texto é predominantemente narrativo; as duas formas verbais que mostram sequência cronológica são:

a) foi informada / usando.

b) usando / teria cortado.

c) teria cortado / começou a latir.

d) seguiram / acionaram.

e) recebeu / foi encaminhado.

A: Incorreta. A locução verbal (dois verbos fazendo a função de apenas um) "foi informada" nos remete a uma noção de passado, porém, a forma do verbo "usar" no gerúndio ("usando") expressa uma ideia de continuidade, de algo que ainda está acontecendo e que ainda não acabou. Como qualquer palavra que não nos remete a uma noção de passado, invalida a alternativa como um todo.

B: Incorreta. A forma do verbo "usar" no gerúndio ("usando") expressa uma ideia de continuidade, de algo que ainda está acontecendo e que ainda não acabou. Além disso, a locução verbal (dois verbos fazendo a função de apenas um) "teria cortado" não nos remete a uma noção de passado, mas a um futuro que poderia ter acontecido (futuro do pretérito). Como qualquer palavra que não nos remete a uma noção de passado, invalida a alternativa como um todo.

C: Incorreta. A locução verbal (dois verbos fazendo a função de apenas um) "teria cortado" não nos remete a uma noção de passado, mas sim, a um futuro que poderia ter acontecido (futuro do pretérito). Como qualquer palavra que não nos remete a uma noção de passado, invalida a alternativa como um todo.

D: Incorreta. As duas formas verbais até estão flexionadas no passado (3ª pessoa do plural do pretérito perfeito do indicativo), mas indicam dois eventos ocorrendo ao mesmo tempo, o que, como dito na parte inicial da resolução, não se configura como sequência.

E: Correta. Tanto a forma verbal "recebeu" (3ª pessoa do singular do pretérito perfeito do indicativo) quanto a locução "foi encaminhado" ("foi" pessoa do singular do pretérito perfeito do indicativo "encaminhado" – forma do particípio do verbo "encaminhar") estão no passado e se configuram como uma sequência, isto é, um evento ocorre após o outro.

GABARITO: E.

35. (FGV – 2021 – TJ/RO – TÉCNICO JUDICIÁRIO) "(Virgem) Alguém está prejudicando você no trabalho? Seu momento de vida indica que você está livre de qualquer tentativa de prejudicá-lo. Todos vão continuar a tratá-lo com respeito." (Horóscopo, 10/08/2021)

Sobre os componentes estruturais desse texto, é correto afirmar que:

a) o autor do texto fala com um leitor imaginário, do signo de Virgem.

b) a primeira pergunta pretende receber uma informação indispensável para a continuidade do texto.

c) o "momento de vida" indica o responsável pela liberdade de que desfruta o leitor.

d) as duas ocorrências da forma "lo" mostram que os leitores pertencem todos ao sexo masculino.

e) as afirmações do horóscopo mostram negativismo, como a maioria das previsões astrológicas.

O texto é parte do horóscopo, e seu propósito é se comunicar com o leitor, que é do signo de Virgem.

A: Correta. Sim, um leitor imaginário que seja do signo de Virgem. O autor direciona o seu texto para cada leitor que possua o seu signo.

B: Incorreta. O autor trabalha com a ideia do leitor, provocando o pensamento desse leitor no seu dia a dia.

C: Incorreta. Indica que o leitor está livre de qualquer tentativa de prejudicá-lo.

D: Incorreta. As duas ocorrências da forma "lo" referem-se ao termo "você", ou seja, não sabemos se é masculino ou feminino.

E: Incorreta. Não trabalha o negativismo, mas sim a liberdade.

GABARITO: A.

---

36. **(FGV – 2021 – TJ/RO – TÉCNICO JUDICIÁRIO)** "Em um passeio numa praia do Havaí (EUA), a menina Abbie Graham, 9 anos, encontrou uma garrafa lançada ao mar há 37 anos por alunos de uma escola do Japão, como parte de um projeto de estudo das correntes marítimas." (Tudo Bem, 17/09/2021)

Nessa pequena notícia, o segmento "como parte de um projeto de estudo das correntes marítimas" tem a função de:

a) explicar o porquê de a garrafa ter sido atirada ao mar.
b) dar seriedade a uma ação que pode ser vista como diversão.
c) mostrar o avanço do Japão em educação.
d) indicar o momento em que a ação foi praticada.
e) demonstrar interesse pelo resultado do estudo.

No trecho da questão, pode-se notar que se deu seriedade a uma ação que pode ser vista como diversão. Ao revelar o motivo do ato, a passagem reveste de seriedade (finalidades acadêmicas) uma ação que poderia ser tomada como simples brincadeira por parte dos estudantes.

GABARITO: B.

---

37. **(FGV – 2021 – TJ/RO – TÉCNICO JUDICIÁRIO)** "As fotografias estão ótimas; acho que perdi bons momentos; vou ver se qualquer dia desses envio uma foto minha para você, você sabe que eu não gosto de tirar fotos."

O emprego da expressão "vou ver" nesse e-mail indica:

a) retribuição formal a uma ação do outro.
b) desprezo pela ação a ser praticada.
c) pouco compromisso na promessa feita.
d) preocupação com um compromisso firmado.
e) sugestão de uma ação dependente do outro.

A: Incorreta. Dado que foi usado uma linguagem coloquial.

B: Incorreta. Visto que não é desprezo e sim o descompromisso.

C: Correta. Existe a possibilidade, mas ele não trás precisão.

D: Incorreta. Uma vez que não há preocupação e, sim, imprecisão.

E: Incorreta. Não há ação dependente.

GABARITO: C.

---

38. **(FGV – 2021 – TJ/RO – TÉCNICO JUDICIÁRIO)** "Em um passeio numa praia do Havaí (EUA), a menina Abbie Graham, 9 anos, encontrou uma garrafa lançada ao mar há 37 anos por alunos de uma escola do Japão, como parte de um projeto de estudo das correntes marítimas." (Tudo Bem, 17/09/2021)

Nesse texto, a preposição **em** inicial mostra o mesmo valor em:

a) As moedas estão em uma pequena bolsa.
b) A pintura foi feita em um pedaço do teto.
c) Minha família está em situação difícil.
d) Seu discurso se apoia em falsos argumentos.
e) A notícia foi dada em uma sessão da Câmara.

Na oração em destaque, a preposição "em" é um adjunto adverbial com sentido de tempo ao verbo "encontrar" e equivale a "durante".

A: Incorreta. A preposição "em" possui sentido de lugar. Trata-se de um adjunto adverbial que atribui circunstância de lugar ao verbo "estar".

B: Incorreta. A preposição "em" possui sentido de lugar. Trata-se de um adjunto adverbial que atribui circunstância de lugar à locução verbal "foi feita".

C: Incorreta. A preposição "em" possui sentido de modo. Trata-se de um adjunto adverbial que atribui circunstância de modo ao verbo "estar".

D: Incorreta. Na oração em destaque, o verbo (apoiar) é transitivo indireto, tendo como objeto indireto "em falsos argumentos".

E: Correta. A preposição "em" possui sentido de tempo. Trata-se de um adjunto adverbial que atribui circunstância de tempo à locução verbal "foi dada", podendo ser substituído por "durante".

GABARITO: E.

---

39. **(FGV – 2021 – TJ/RO – TÉCNICO JUDICIÁRIO)** "Para pessoas como Jorge Mateus – um homem de 56 anos que decidiu experimentar o protocolo de aumento de energia do Dr. Rafael depois de tentar completar um projeto de reparo residencial – o efeito foi quase imediato.

Comecei este regime, e já percebi que tenho muita energia para executar o meu trabalho. Trabalho e viajo muito, minha rotina é dura até para um jovem de 30 anos, quem dirá pra minha idade. Eu estou animado porque me sinto muito melhor, com mais foco e mais disposição, escreveu ele."

O método utilizado para fazer a publicidade do regime é:

a) dar um testemunho de autoridade no setor.
b) citar um exemplo de adoção do regime.
c) trazer uma estatística sobre o emprego do regime.
d) indicar a quantidade de usuários do regime.
e) informar uma opinião do próprio autor do regime.

A: Incorreta. Um testemunho de autoridade é o relato de uma pessoa especialista na área, e não o Jorge Mateus, que é o paciente.

B: Correta. Jorge Mateus é um exemplo de pessoa que adotou o método de regime, e seu desempenho serviu como propaganda para o Dr. Rafael.

C: Incorreta. O depoimento de Jorge Mateus funciona como exemplificação de um paciente que fez uso de um experimento do Dr. Rafael.

D: Incorreta. Há somente o relato de um paciente.

E: Incorreta. O relato pertence a Jorge Mateus, e não ao Dr. Rafael, que é o autor do regime.

GABARITO: B.

QUESTÕES COMENTADAS

40. (FGV – 2021 – TJ/RO – TÉCNICO JUDICIÁRIO) "Nos últimos dias, intensificaram-se os sinais de atividade sísmica nas Canárias, comunidade autônoma espanhola, que levou à retirada de animais e de 40 pessoas com problemas de mobilidade. O vulcão entrou em erupção no início da tarde, pelas 15h e 15 minutos locais (14h15 GMT). A ilha está sob alerta amarelo." (Metro, 19/09/2021)

Sobre um componente desse segmento, é correto afirmar que:

a) o emprego de "intensificaram-se" mostra que as atividades sísmicas já ocorriam antes.

b) "atividade sísmica" é um exemplo de atuação do mar em direção à terra.

c) "comunidade autônoma espanhola" pretende mostrar ao leitor mudanças na política espanhola em relação a colônias.

d) "problemas de mobilidade" se refere àqueles que não possuíam meios econômicos para deslocar-se.

e) "sob alerta amarelo" se refere às leis de circulação do tráfego na região afetada.

De acordo com o trecho "Nos últimos dias, intensificaram-se…", percebe-se que algo que já se tinha agora se intensificou, pois não pode se intensificar algo que não existia, no caso, as atividades sísmicas. Dessa forma, o emprego de "intensificaram-se" mostra que as atividades sísmicas já ocorriam.

GABARITO: A.

Texto para as próximas 2 questões.

"Após sucessivos anos de poucas chuvas, os reservatórios das hidrelétricas brasileiras nas regiões Sudeste e Sul chegaram ao mês de setembro em seu pior nível histórico, abaixo mesmo do patamar de 2001, <u>quando</u> o país enfrentou um severo racionamento de energia.

Para especialistas ouvidos pela BBC News Brasil, esse cenário torna elevado o risco de apagões (interrupções temporárias localizadas de fornecimento), ainda mais em momentos de picos de consumo, que ficam mais frequentes com a volta do calor."

(BBC News Brasil, 19/09/2021)

41. (FGV – 2021 – TJ/RO – TÉCNICO JUDICIÁRIO) O segmento "chegaram ao mês de setembro em seu pior nível histórico" podia ser reescrito, de forma correta e com a manutenção do seu sentido original, do seguinte modo:

a) chegaram a seu pior nível histórico no mês de setembro.

b) no mês de setembro chegaram a seu pior nível histórico.

c) chegaram ao mês de setembro a seu nível histórico pior.

d) chegaram, no mês de setembro, a seu pior nível histórico.

e) o seu pior nível histórico foi atingido no mês de setembro.

A e B: Incorretas. Não mantêm a noção de limite e, por isso, há alteração de sentido.

C: Correta. Não houve alteração semântica e a gramática está correta.

D e E: Incorretas. Não mantêm a noção de limite e, por isso, há alteração de sentido. Logo, "chegar ao mês" e não "no mês".

GABARITO: C.

---

42. (FGV – 2021 – TJ/RO – TÉCNICO JUDICIÁRIO) A frase a seguir em que o vocábulo "quando" mostra o mesmo valor daquele apresentado no texto é:

a) Não se pode prever quando isso vai ocorrer de novo.

b) Desconhecemos quando esses fatos vão acontecer.

c) Os vulcões entraram em erupção quando o tempo mudou.

d) Esse é o momento quando todos devem tomar precauções.

e) As notícias chegaram quando menos se esperava.

A: Incorreta. Temos o termo empregado como advérbio de tempo, ligando-se diretamente à forma verbal equivalente a "em que momento".

B: Incorreta. Temos o termo empregado como advérbio de tempo, ligando-se diretamente à forma verbal, equivalente a "em que momento".

C: Incorreta. Temos o termo empregado como conjunção temporal, introduzindo na passagem oração subordinada adverbial temporal.

D: Correta. Em estrutura similar à encontrada no enunciado, temos o termo "quando" retomando explicitamente o termo anterior, impropriamente em função de pronome relativo, "momento no qual/em que", mas ainda carregado de seu nexo temporal.

E: Incorreta. Temos o termo empregado como conjunção temporal, introduzindo na passagem oração subordinada adverbial temporal.

GABARITO: D.

---

43. (FGV – 2021 – TJ/RO – TÉCNICO JUDICIÁRIO) "Um estudante matou oito pessoas a tiros no campus da Universidade de Perm, uma cidade nos Urais, no leste da Rússia, antes de ser ferido e preso nesta segunda-feira (20), de acordo com o Comitê de Investigação russo. Várias pessoas atingidas pelos disparos ficaram feridas, informa o comunicado divulgado pelo órgão, que ainda não estabeleceu um balanço definitivo do número de vítimas." (RFI, 20/09/2021)

No primeiro período desse pequeno texto, há um problema de estruturação que pode levar à seguinte informação errada:

a) As pessoas foram mortas a tiros.

b) O estudante foi ferido antes de ser preso.

c) O estudante foi preso no dia 20, mas a ocorrência foi em dia anterior.

d) As pessoas atingidas estavam no campus da Universidade de Perm.

e) O Comitê de Investigação russo deu informações sobre a ocorrência.

De acordo com o trecho "Um estudante matou oito pessoas a tiros no campus da Universidade de Perm, uma cidade nos Urais, no leste da Rússia, antes de ser ferido e preso nesta segunda-feira (20)…", há uma informação equivocada quanto ao adjunto adverbial "segunda-feira", pois mostra que ele foi preso antes de matar e ser ferido. Nesse caso, basta colocar o adjunto adverbial no início da oração.

GABARITO: C.

---

44. (FGV – 2021 – TJ/RO – TÉCNICO JUDICIÁRIO) Sobre expressões como "Uma mãe é uma mãe", "Uma mulher é uma mulher", "A Amazônia é a Amazônia", é correto afirmar que:

a) o primeiro termo está no sentido figurado e o segundo, no sentido próprio.

b) o primeiro termo é substantivo comum e o segundo, substantivo próprio.

c) o primeiro termo aponta as qualidades enquanto o segundo indica a pessoa.

d) os dois termos apresentam rigorosamente o mesmo significado.

e) o segundo termo é considerado adjetivamente.

Nas três orações em destaque, temos predicativos do sujeito. O predicativo do sujeito é o termo presente no predicado que atribui características ao sujeito da oração. Morfologicamente, a palavra que modifica um substantivo, qualificando-o ou classificando-o, classifica-se como adjetivo.

A: Incorreta. Os dois termos estão no sentido denotativo (dicionário), literal. O primeiro termo apresenta valor substantivo, e o segundo, adjetivo.

649

B: Incorreta. Nas duas primeiras orações, os termos "mãe e mulher" são substantivos comuns (letra minúscula), e na terceira oração o termo "Amazônia" é substantivo próprio (letra maiúscula).

C: Incorreta. O primeiro termo (sujeito/valor substantivo) indica a pessoa, e o segundo (predicativo do sujeito/valor adjetivo) aponta as qualidades.

D: Incorreta. Os dois termos apresentam significados diferentes: o primeiro termo (sujeito/valor substantivo) indica a pessoa, e o segundo (predicativo do sujeito/valor adjetivo) aponta as qualidades.

E: Correta. O segundo termo exerce função de adjetivo, já que exerce o papel de predicativo do sujeito.

GABARITO: E.

45. (FGV – 2021 – TJ/RO – TÉCNICO JUDICIÁRIO) "Também conhecida como esteatose hepática, ela é uma inflamação do fígado que se caracteriza pela presença de esteatose (acúmulo anormal de gordura em um órgão) associada a evidências de agressão hepática, que é quando as veias do fígado ficam obstruídas, dificultando o fluxo sanguíneo.

Uma das causas da gordura no fígado está relacionada a hábitos pouco saudáveis, como uma alimentação rica em gordura e açúcar e sedentarismo. Então, pessoas com obesidade, colesterol ou triglicerídeos altos, hepatite B ou C crônica, que fazem uso de medicamentos que contribuem para o acúmulo de gordura no fígado, ficam mais vulneráveis, diz um nutricionista." (Boa Forma, 18/09/2021)

O primeiro parágrafo desse texto dá uma série de informações sobre a gordura no fígado.

A informação que está presente nessa série é:

a) outros nomes dados à mesma inflamação.
b) associação da inflamação a outro fato.
c) as causas da inflamação.
d) as consequências permanentes da inflamação.
e) o processo indicado para combater esse mal.

É uma inflamação do fígado que se caracteriza pela presença de esteatose associada a evidências de agressão hepática, que é quando as veias do fígado ficam obstruídas, dificultando o fluxo sanguíneo - inflamação (esteatose) + veias do fígado obstruídas - logo, existe a associação da inflamação a outro fato.

GABARITO: B.

Texto para as próximas 2 questões.

"Neste mês, os incêndios florestais aumentaram de forma significativa em praticamente toda Minas Gerais, com o forte calor e a vegetação seca dificultando o combate e favorecendo a expansão das chamas. Mas, nesse período, um antigo problema decorrente da longa estiagem também se agravou: a falta de água para o abastecimento humano.

Sem chuva há seis meses em Francisco Sá, no Norte de Minas, uma lagoa que tinha mais de um hectare de lâmina d'água foi reduzida a uma poça de lama.

O flagelo da seca se soma aos impactos da crise gerada pela pandemia da Covid-19, com redução da renda no campo devido à interrupção das feiras livres, que serviam como opção de venda da pequena produção da agricultura familiar."

(Estado de Minas, Luiz Ribeiro 20/09/2021)

46. (FGV – 2021 – TJ/RO – TÉCNICO JUDICIÁRIO) Considerando ser essa uma notícia de jornal, há uma série de problemas citados nos parágrafos do texto, mas o mais relevante deles é:

a) a dificuldade de combater as chamas.
b) uma lagoa ter-se reduzido a uma poça de lama.
c) a expansão dos incêndios.
d) a falta de água para o abastecimento.
e) a redução da renda no campo.

A: Incorreta. A dificuldade de combater as chamas é um problema, mas não é o foco mais relevante.

B: Incorreta. Visto que a lagoa ter se reduzido a poça de lama é, justamente, a falta de água.

C: Incorreta. Visto que não é a expansão dos incêndios, mas sim a falta de água.

D: Correta. Uma vez que esse é o mais relevante.

E: Incorreta. O foco é a redução da água e não a redução de renda.

GABARITO: D.

47. (FGV – 2021 – TJ/RO – TÉCNICO JUDICIÁRIO) O problema citado no texto, que é decorrente da pandemia da Covid-19, é:

a) a interrupção das feiras livres.
b) a falta de água generalizada.
c) o agravamento da longa estiagem.
d) o aumento intenso do calor.
e) a falta de vagas nos hospitais.

A questão pede o problema da consequência da Covid-19. "O flagelo da seca se soma aos impactos da crise gerada pela pandemia da Covid-19, com redução da renda no campo devido à (*por causa de*) interrupção das feiras livres, que serviam como opção de venda da pequena produção da agricultura familiar", logo é por causa da interrupção das feiras livres.

GABARITO: A.

48. (FGV – 2021 – TJ/RO – TÉCNICO JUDICIÁRIO) "De acordo com o jornal *Deming Headlight*, uma brasileira morreu de fome e sede ao tentar entrar clandestinamente nos Estados Unidos. Agentes da fronteira do estado do Novo México encontraram o corpo dela nessa semana.

A família da vítima confirmou ao jornal *O Globo* que ela se chama Lenilda dos Santos e tinha 49 anos. De acordo com o relato dos familiares, ela cruzou a fronteira dos EUA com o México, no entanto, acabou ficando para trás, sem água nem comida em pleno deserto, porque ficou cansada. O grupo prometeu que voltaria para dar ajuda, porém isso não aconteceu.

Lenilda ainda conseguiu falar com a família por mensagens de celular, inclusive com compartilhamento de localização. Ela parou de responder e, então, eles solicitaram ajuda às autoridades do Novo México, estado no sudoeste dos EUA."

(Catraca Livre, 17/09/2021)

A frase a seguir, retirada do texto, que mostra um erro gramatical é:

a) "A família da vítima confirmou ao jornal O Globo que ela se chama Lenilda dos Santos e tinha 49 anos".
b) "De acordo com o relato dos familiares, ela cruzou a fronteira dos EUA com o México, no entanto, acabou ficando para trás, sem água nem comida em pleno deserto".
c) "Lenilda ainda conseguiu falar com a família por mensagens de celular, inclusive com compartilhamento de localização".
d) "O grupo prometeu que voltaria para dar ajuda, porém isso não aconteceu".
e) "Agentes da fronteira do estado do Novo México encontraram o corpo dela nessa semana".

QUESTÕES COMENTADAS

"A família da vítima confirmou ao jornal O Globo que ela se chama Lenilda dos Santos e tinha 49 anos". O verbo "confirmar" está no pretérito perfeito do indicativo, e nota-se que a vítima faleceu. Logo, o correto seria "A família da vítima confirmou ao jornal O Globo que ela se *chamava* (pretérito imperfeito) Lenilda dos Santos e tinha 49 anos".

GABARITO: E.

---

49. **(FGV – 2021 – TJ/RO – TÉCNICO JUDICIÁRIO)** A afirmativa a seguir que mostra uma contradição interna é:

a) O casal tem dois filhos, mas a menina é mais inteligente que o menino.

b) Eu adoro passear sozinho; meu amigo João também, por isso podemos passear juntos.

c) Para passar o tempo, os guardas penitenciários jogam cartas durante o expediente.

d) O jornaleiro não estava vendendo jornais ontem porque o distribuidor não os entregou em sua banca.

e) Os alunos reclamaram das notas de comportamento que lhes foram atribuídas, sem qualquer explicação.

B: Correta. Visto que se eu adoro passear sozinho, então, não vou passear junto.

A, C, D e E: Incorretas. As alternativas são coerentes e lógicas sem apresentar contradição.

GABARITO: B.

---

50. **(FGV – 2021 – TJ/RO – TÉCNICO JUDICIÁRIO)** Muitas vezes, as alegações presentes num raciocínio apresentam deficiências argumentativas. Numa redação escolar, havia o seguinte segmento:

"Napoleão só podia mesmo perder a batalha em Waterloo, pois estava gripado, febril, como pude ver num filme de produção americana".

O problema dessa alegação é que ela:

a) não estabelece uma relação lógica entre os fatos.

b) contraria as informações históricas.

c) se apoia em fato de pouca credibilidade: um filme;

d) mostra uma afirmação sem referências;

e) se apoia exclusivamente em opiniões pessoais.

A alegação é que ele só podia mesmo perder a batalha porque estava gripado, febril. Essa é a opinião do autor. Qual a deficiência dessa argumentação? O fundamento do autor não possui referência, sem autoridade, pois se baseou em um filme de produção americana, ou seja, apoia-se em fato de pouca credibilidade: um filme.

GABARITO: C.

---

51. **(FGV – 2021 – TJ/RO – TÉCNICO JUDICIÁRIO)** Observe o seguinte texto retirado de uma seção de piadas de uma revista: "já que o vento da janela incomodava tanto você, por que você não trocou de lugar com a pessoa que estava em frente? Eu teria feito isso, mas o assento estava vazio."

O humor dessa piada se apoia na <u>ausência</u> de uma característica textual, que é:

a) a coerência.

b) a intertextualidade.

c) a coesão.

d) a correção.

e) a relevância.

O humor da piada se apoia na ausência de coerência, pois se trata da característica do que tem lógica, ou seja, do que pode ser interpretado corretamente, e vemos que não há lógica, não há coerência no texto analisado.

GABARITO: A.

---

52. **(FGV – 2021 – TJ/RO – TÉCNICO JUDICIÁRIO)** Uma piada da internet conta que "Na minha cidade, havia um sujeito tão magro que, para ter certeza de que havia entrado no Banco, ele devia passar duas vezes pela mesma porta giratória".

Essa piada se apoia em um caso de linguagem figurada denominado:

a) metáfora, porque mostra uma comparação.

b) hipérbole, porque contém um exagero.

c) eufemismo, porque traz a atenuação de uma ideia ruim.

d) gradação, porque se apoia numa sequência de termos.

e) ironia, porque afirma algo por meio do seu contrário.

A questão aborda o valor conotativo da linguagem, ou seja, a linguagem figurada. Na piada, vimos que o sujeito era tão magro que precisava passar pela porta do banco duas vezes para se ter certeza de que havia entrado. Nesse caso, há um exagero, ou seja, uma hipérbole.

GABARITO: B.

---

53. **(FGV – 2021 – TJ/RO – TÉCNICO JUDICIÁRIO)** Um artigo sobre a vida eclesiástica trazia em seu texto três afirmações em sequência:

- Os religiosos levam uma vida sóbria e isenta de preocupações com a família;

- A vida sóbria e isenta de preocupações com a família a torna apta para trabalhos intelectuais;

- A aptidão para trabalhos intelectuais torna essa vida própria ao ensino.

A conclusão lógica que o artigo deve tirar dessas premissas é:

a) todos deviam levar uma vida como a dos religiosos.

b) os trabalhos intelectuais só devem ser feitos por religiosos.

c) a educação deve levar os alunos a uma vida sóbria.

d) a vida isenta de preocupações é própria para a educação.

e) os religiosos devem dedicar-se ao ensino.

A questão pede para avaliar as premissas e chegar a uma conclusão, chamada silogismo. O silogismo, no mínimo, possui duas premissas, o que significa que ele pode ter mais premissas.

1ª premissa - a vida sóbria e isenta de preocupações com a família.

2ª premissa - essa vida sóbria e isenta de preocupações torna aptos os trabalhos intelectuais.

3ª premissa - essa aptidão torna a vida sóbria e isenta de preocupações própria ao ensino.

Conclusão - Quem tem a vida sóbria e isenta de preocupações pode se dedicar ao ensino, ao trabalho intelectual. Mas quem possui essa vida? Os religiosos. Logo, os religiosos devem dedicar-se ao ensino.

GABARITO: E.

54. **(FGV – 2021 – TJ/RO – TÉCNICO JUDICIÁRIO)** João, ocupante do cargo efetivo de Técnico Judiciário de determinado Tribunal, exerce cargo em comissão de Diretor do Departamento de Tecnologia da Informação. Na qualidade de agente competente para decidir determinada matéria no bojo de processo administrativo, João praticou ato administrativo com motivação explícita, clara e congruente, porém consistente em declaração de concordância com fundamentos de anteriores pareceres e decisões constantes dos autos, que, neste caso, são parte integrante do ato.

    De acordo com a Lei nº 9.784/1999, que regula o processo administrativo, aplicável ao caso narrado, em tese, a motivação apresentada por João é:

    a) ilícita e opera efeitos *ex tunc*.
    b) ilícita e opera efeitos *ex nunc*.
    c) ilícita e não comporta convalidação.
    d) lícita e opera efeitos *ex tunc*.
    e) lícita e é conhecida como motivação *aliunde*.

    De acordo com a Lei nº 9784/1999:

    Art. 50 [...] § 1º A motivação deve ser explícita, clara e congruente, podendo consistir em declaração de concordância com fundamentos de anteriores pareceres, informações, decisões ou propostas, que, neste caso, serão parte integrante do ato.

    GABARITO: E.

55. **(FGV – 2021 – TJ/RO – TÉCNICO JUDICIÁRIO)** O Tribunal de Justiça do Estado de Rondônia, após regular processo licitatório, contratou a sociedade empresária Alfa para prestar serviços de jardinagem e paisagismo no canteiro existente ao redor do prédio do fórum central. Ocorre que a contratada deu causa à inexecução parcial do contrato. Após regular processo administrativo, o contratante aplicou-lhe a sanção administrativa da advertência, pois não se justificou a imposição de penalidade mais grave.

    Com base na doutrina de Direito Administrativo, o poder administrativo que embasou diretamente a aplicação da mencionada sanção é o poder:

    a) hierárquico, que consiste na superioridade contratual da Administração Pública contratante em relação à sociedade contratada, em razão das cláusulas limitantes.
    b) regulamentar, que consiste na possibilidade de a Administração Pública contratante impor unilateralmente penalidades, com base na supremacia do interesse público.
    c) disciplinar, que consiste em um sistema punitivo interno a que se sujeita a contratada que tem um vínculo com a Administração Pública contratante.
    d) de polícia, que consiste na necessidade vinculante de a Administração Pública contratante condicionar e limitar a propriedade da sociedade contratada em prol do interesse público.
    e) de justiça, que consiste na superioridade e na imperatividade das decisões jurisdicionais proferidas pela Administração Pública contratante em face da sociedade contratada, que deve se sujeitar às sanções impostas.

    A alternativa correta é a letra C, Poder Disciplinar, o qual tem o dever de punir internamente as infrações cometidas pelos servidores e as demais pessoas que estão sujeitas à disciplina dos órgãos e serviços da Administração.

    Em resumo, o Poder Disciplinar é aplicado tanto aos servidores públicos, quanto aos particulares que tenham vínculo com a administração pública.

    GABARITO: C.

56. **(FGV – 2021 – TJ/RO – TÉCNICO JUDICIÁRIO)** Maria, ocupante do cargo efetivo de Técnico Judiciário do Tribunal de Justiça do Estado Alfa, exerce suas funções auxiliando o Juiz Diretor do fórum na parte administrativa. Diante da interrupção do fornecimento de energia elétrica no fórum, Maria entrou em contato com a sociedade empresária prestadora do serviço e solicitou o reparo. O empregado Marcelo da concessionária Beta compareceu ao local e, ao realizar manutenção e conserto no poste, deixou uma ferramenta cair de seu bolso, atingindo o rosto de Maria, que sofreu graves lesões.

    Em razão dos danos sofridos, Maria contratou advogado e ajuizou ação indenizatória em face:

    a) do Poder Judiciário do Estado Alfa, que possui responsabilidade civil objetiva em relação à sua servidora pública estadual.
    b) do Estado Alfa diretamente, que possui responsabilidade civil subjetiva em razão da delegação do serviço público à concessionária.
    c) do Estado Alfa, que possui responsabilidade civil objetiva em relação à sua servidora pública estadual, assegurado o direito de regresso contra a concessionária.
    d) da concessionária Beta, que possui responsabilidade civil objetiva, assegurado o direito de regresso contra Marcelo, caso tenha agido com dolo ou culpa.
    e) do empregado Marcelo, que possui responsabilidade civil objetiva, assegurado o direito de regresso contra a concessionária, caso seja condenado.

    Conforme estabelece a Constituição Federal:

    Art. 37 A administração pública direta e indireta de qualquer dos Poderes da União, dos Estados, do Distrito Federal e dos Municípios obedecerá aos princípios de legalidade, impessoalidade, moralidade, publicidade e eficiência e, também, ao seguinte: [...]

    § 6º As pessoas jurídicas de direito público e as de direito privado prestadoras de serviços públicos responderão pelos danos que seus agentes, nessa qualidade, causarem a terceiros, assegurado o direito de regresso contra o responsável nos casos de dolo ou culpa.

    Além disso, o STJ diz que "As empresas que firmam contratos para a execução de serviços como fornecimento de água ou energia, ou construção e conservação de rodovias, são responsabilizadas pelos possíveis danos na mesma proporção do poder público executando os mesmos serviços. Para o STJ, é aplicada a teoria de risco administrativo do negócio."

    O ministro Villas Bôas Cueva trouxe o resumo do entendimento do tribunal: REsp 1.330.027: "Quanto à ré, concessionária de serviço público, é de se aplicar, em um primeiro momento, as regras da responsabilidade objetiva da pessoa prestadora de serviços públicos, independentemente da demonstração da ocorrência de culpa. Isso porque a recorrida está inserta na Teoria do Risco, pela qual se reconhece a obrigação daquele que causar danos a outrem, em razão dos perigos inerentes a sua atividade ou profissão, de reparar o prejuízo".

    GABARITO: D.

57. **(FGV – 2021 – TJ/RO – TÉCNICO JUDICIÁRIO)** No ano de 2020, João, Técnico Judiciário do Tribunal de Justiça do Estado Alfa, valendo-se do fato de ser o servidor responsável pela supervisão dos estagiários que atuam na Vara onde está lotado, utilizou, na obra de sua casa que está em reforma, o trabalho de três estagiários. Em troca de reduzir o cumprimento da carga horária semanal dos estagiários de 20 para 15 horas, João se utilizou dos estudantes para carregar material de construção em seu imóvel, no horário de expediente.

    Agindo dessa forma, João:

    a) praticou ato de improbidade administrativa que importa enriquecimento ilícito e está sujeito a sanções, como a perda da função pública e a suspensão dos direitos políticos de oito a dez anos.

QUESTÕES COMENTADAS

b) praticou ato de improbidade administrativa que causa prejuízo ao erário e está sujeito a sanções, como a perda da função pública e o pagamento de multa civil de até quatro vezes o valor do dano.

c) praticou ato de improbidade administrativa que atenta contra os princípios da administração pública e está sujeito a sanções, como o ressarcimento integral do dano e a suspensão dos direitos políticos de um a três anos.

d) não praticou ato de improbidade administrativa, porque não se enquadra no conceito de agente político, razão pela qual não se submete à lei de improbidade, mas responde nas esferas administrativa, cível e criminal.

e) não praticou ato de improbidade administrativa, porque não se enquadra no conceito de gestor público, exceto se estivesse respondendo pelo expediente ou exercendo a função de chefe do cartório da Vara.

João praticou ato de improbidade administrativa que importa enriquecimento ilícito e está sujeito a sanções, como a perda da função pública e a suspensão dos direitos políticos de oito a dez anos. Dessa maneira, a alternativa certa é a letra A.

Trata-se de ato de improbidade administrativa, que importa em enriquecimento ilícito, conforme o art. 9º, inciso VII, da LIA, e de acordo com as alterações promovidas pela Lei nº 14.230/2021:

Art. 9º Constitui ato de improbidade administrativa importando em enriquecimento ilícito auferir, mediante a prática de ato doloso, qualquer tipo de vantagem patrimonial indevida em razão do exercício de cargo, de mandato, de função, de emprego ou de atividade nas entidades referidas no art. 1º desta Lei, e notadamente:

IV - utilizar, em obra ou serviço particular, qualquer bem móvel, de propriedade ou à disposição de qualquer das entidades referidas no art. 1º desta Lei, bem como o trabalho de servidores, de empregados ou de terceiros contratados por essas entidades.

GABARITO: A.

---

58. **(FGV – 2021 – TJ/RO – TÉCNICO JUDICIÁRIO)** O Tribunal de Justiça do Estado de Rondônia, em outubro de 2021, com vistas a fomentar a capacitação e a qualificação de seus servidores, pretende contratar determinada sociedade empresária de notória especialização para prestação de serviços técnicos especializados de natureza predominantemente intelectual de treinamento e aperfeiçoamento de pessoal. O valor estimado da contratação é de quinhentos mil reais e atende ao princípio da economicidade.

De acordo com a Lei nº 14.133/2021, a contratação almejada deve ocorrer mediante:

a) dispensa de licitação, por expressa previsão legal.

b) inexigibilidade de licitação, por expressa previsão legal.

c) processo licitatório obrigatório, na modalidade pregão, pela natureza do serviço a ser contratado.

d) processo licitatório obrigatório, na modalidade leilão, pelo valor do contrato a ser firmado.

e) processo licitatório obrigatório, na modalidade concorrência, pelo valor do contrato a ser firmado.

De acordo com o art. 74, III da Lei nº 14.133/2021 (Nova Lei de Licitações e Contratos Públicos):

Art. 74 É inexigível a licitação quando inviável a competição, em especial nos casos de: [...]

III - contratação dos seguintes serviços técnicos especializados de natureza predominantemente intelectual com profissionais ou empresas de notória especialização, vedada a inexigibilidade para serviços de publicidade e divulgação: [...].

Dessa maneira, a alternativa certa é a B.

GABARITO: B.

---

59. **(FGV – 2021 – TJ/RO – TÉCNICO JUDICIÁRIO)** João, servidor público estável, foi demitido do serviço público após regular processo administrativo. Em razão da vacância, Maria foi nomeada para ocupar o respectivo cargo de provimento efetivo. Quatro anos depois, a demissão de João foi invalidada por sentença judicial, sendo determinada a sua reintegração no antigo cargo, que fora ocupado por Maria.

À luz da sistemática constitucional, Maria:

a) pode permanecer no cargo, desde que João seja indenizado.

b) deve ser afastada do cargo, com direito a indenização.

c) deve ser demitida, sem direito a indenização.

d) pode ser posta em disponibilidade.

e) deve ser exonerada.

De acordo com o art. 41, § 2º da CF/1988:

Art. 41 São estáveis após três anos de efetivo exercício os servidores nomeados para cargo de provimento efetivo em virtude de concurso público. [...]

§ 2º Invalidada por sentença judicial a demissão do servidor estável, será ele reintegrado, e o eventual ocupante da vaga, se estável, reconduzido ao cargo de origem, sem direito a indenização, aproveitado em outro cargo ou posto em disponibilidade com remuneração proporcional ao tempo de serviço.

João sofreu a penalidade de demissão, que posteriormente foi invalidada, dessa maneira, deve ser reintegrado. E Maria, que ocupava seu cargo, pode ser posta em disponibilidade.

GABARITO: D.

---

60. **(FGV – 2021 – TJ/RO – TÉCNICO JUDICIÁRIO)** Constitui delito de abuso de autoridade cumprir mandado de busca e apreensão domiciliar:

a) fora do período de luminosidade solar.

b) após as 18h ou antes das 6h.

c) após as 20h ou antes das 8h.

d) após as 21h ou antes das 5h.

e) fora do horário de expediente forense.

De acordo com o que prevê a Lei nº 13.869/2019:

Art. 22 Invadir ou adentrar, clandestina ou astuciosamente, ou à revelia da vontade do ocupante, imóvel alheio ou suas dependências, ou nele permanecer nas mesmas condições, sem determinação judicial ou fora das condições estabelecidas em lei:

Pena - detenção, de 1 (um) a 4 (quatro) anos, e multa.

§ 1º Incorre na mesma pena, na forma prevista no caput deste artigo, quem:

I - coage alguém, mediante violência ou grave ameaça, a franquear-lhe o acesso a imóvel ou suas dependências;

III - cumpre mandado de busca e apreensão domiciliar após as 21h (vinte e uma horas) ou antes das 5h (cinco horas).

GABARITO: D.

---

61. **(FGV – 2021 – TJ/RO – TÉCNICO JUDICIÁRIO)** Quanto à interpretação da norma penal incriminadora, fica vedada a realização de:

a) interpretação declarativa.

b) interpretação restritiva.

c) interpretação analógica.

d) interpretação extensiva.

e) analogia *in malam partem.*

É vedada a analogia *in malam partem,* pois ela é prejudicial ao réu. No direito penal apenas é admitida a analogia em favor do réu, não pode jamais causar prejuízo.

GABARITO: E.

62. **(FGV – 2021 – TJ/RO – TÉCNICO JUDICIÁRIO)** Quanto ao "tempo do crime", o Código Penal brasileiro adota a teoria:
    a) da atividade.
    b) do resultado.
    c) da ubiquidade.
    d) da consumação.
    e) do efeito.

A: Correta. O Código Penal adota a teoria da atividade, nessa teoria considera-se praticado o crime no momento da ação ou omissão, mesmo que outro seja o momento do resultado, de acordo com o art. 4º, do Código Penal.

B: Incorreta. O Código de Processo Penal é que adota a teoria do resultado, onde se considera praticado o crime no local onde ocorreu ou deveria ter ocorrido o resultado.

C: Incorreta. De acordo com a teoria da ubiquidade, é considerado lugar do crime aquele em que ocorreu a ação ou omissão, no todo ou em parte, bem como onde se produziu ou deveria produzir-se o resultado, de acordo com o art. 6º do CP.

D e E: Incorretas. Não existem essas teorias.

GABARITO: A.

63. **(FGV – 2021 – TJ/RO – TÉCNICO JUDICIÁRIO)** Sobre a aplicação da lei penal no espaço, é correto afirmar que:
    a) pelo princípio da extraterritorialidade, aplica-se a lei penal brasileira aos fatos puníveis praticados no território nacional, quando o agente for estrangeiro.
    b) a lei brasileira adota o princípio da territorialidade como regra, ainda que de forma atenuada, uma vez que ressalva a validade de convenções e tratados internacionais.
    c) o princípio da nacionalidade ou da personalidade permite a extensão da jurisdição penal do Estado titular do bem lesado para além dos seus limites territoriais.
    d) o princípio real, de defesa ou de proteção permite a aplicação da lei penal da nacionalidade do agente, pouco importando o local em que o crime foi praticado.
    e) o princípio da universalidade ou cosmopolita aplica-se à lei penal da nacionalidade do agente, pouco importando o local em que o crime foi praticado.

A: Incorreta. O princípio da extraterritorialidade é aplicado aos crimes cometidos por brasileiros no estrangeiro.

B: Correta. De acordo com o art. 5º, do Código Penal:

Art. 5º Aplica-se a lei brasileira, sem prejuízo de convenções, tratados e regras de direito internacional, ao crime cometido no território nacional.

C: Incorreta. O princípio da defesa, da proteção ou real permite a extensão da jurisdição penal do Estado titular do bem lesado para além dos seus limites territoriais.

D: Incorreta. O princípio da nacionalidade ou da personalidade permite a aplicação da lei penal da nacionalidade do agente, pouco importando o local em que o crime foi praticado.

E: Incorreta. O princípio da nacionalidade ou da personalidade aplica-se à lei penal da nacionalidade do agente, pouco importando o local em que o crime foi praticado.

GABARITO: B.

64. **(FGV – 2021 – TJ/RO – TÉCNICO JUDICIÁRIO)** As infrações penais de menor potencial ofensivo devem, preferencialmente, ser processadas e julgadas no âmbito dos Juizados Especiais Criminais.

A Lei nº 9.099/1995, no entanto, fixa duas hipóteses expressas em que o fato poderá ser apurado no Juízo Criminal Comum, quais sejam:
    a) não ser o acusado encontrado para ser intimado ou a infração penal ter sanção que exige instrução criminal para a sua imposição.
    b) complexidade ou circunstâncias do caso não permitirem a formulação da denúncia ou não ser o acusado encontrado para ser citado.
    c) multiplicidade de autores do fato, por condutas praticadas em concurso de pessoas, ou quando o fato apurado demandar a realização de perícia complexa.
    d) elevada ofensividade e repercussão em concreto da conduta ou impossibilidade de localização do autor do fato para intimação dos atos processuais.
    e) duração excessiva da instrução processual, sem justa causa, ou quando houver conexão entre a infração penal comum e a de menor potencial ofensivo.

Nos termos da Lei nº 9.099/1995, que dispõe acerca dos Juizados Especiais Cíveis e Criminais, há duas hipóteses em que o fato poderá ser apurado no Juízo Criminal Comum, conforme art. 66, parágrafo único e art. 77, § 2º, a saber: complexidade ou circunstâncias do caso não permitirem a formulação da denúncia ou não ser o acusado encontrado para ser citado. Logo, a alternativa correta é a B.

Art. 66 Parágrafo único. Não encontrado o acusado para ser citado, o Juiz encaminhará as peças existentes ao Juízo comum para adoção do procedimento previsto em lei.

Art. 77 § 2º Se a complexidade ou circunstâncias do caso não permitirem a formulação da denúncia, o Ministério Público poderá requerer ao Juiz o encaminhamento das peças existentes, na forma do parágrafo único do art. 66 desta Lei.

GABARITO: B.

65. **(FGV – 2021 – TJ/RO – TÉCNICO JUDICIÁRIO)** Uma organização introduziu recentemente um novo sistema para prestação de contas das despesas das diversas áreas. Alguns funcionários de áreas de apoio administrativo estão bastante resistentes ao novo sistema, alegando que ele "exige tantas informações, que iremos passar horas para conseguir prestar contas até das pequenas despesas, como as de táxi". O novo sistema é uma mudança importante para a organização, e a direção acredita que a resistência desse pequeno grupo se deve à falta de conhecimento sobre o impacto positivo do novo sistema para a organização como um todo.

Tendo como certa essa premissa, a direção deveria adotar, como tática para superar a resistência à mudança:
    a) negociação.
    b) cooptação.
    c) facilitação e apoio.
    d) participação na tomada de decisão.
    e) ações de comunicação e educação.

A: Incorreta. A negociação como tática pode ser necessária quando a resistência vem de uma fonte poderosa. Contudo, não se deve ignorar o alto custo potencial e riscos.

B: Incorreta. A cooptação é uma mistura de manipulação com participação, ou seja, é uma tentativa de "conquistar" os líderes dos grupos de resistência oferecendo-lhes papéis-chave nas decisões sobre as mudanças.

C: Incorreta. Os agentes de mudança podem oferecer uma série de esforços apoiadores para reduzir a resistência.

D: Incorreta. É difícil que uma pessoa se oponha a uma mudança se ela tiver participado de sua decisão. Antes que a mudança seja feita, deve-se inserir no processo decisório os que se opõem a ela.

E: Correta. A direção deveria adotar a táticas de resistência a mudança com ações de comunicação e educação

GABARITO: E.

QUESTÕES COMENTADAS

66. (FGV – 2021 – TJ/RO – TÉCNICO JUDICIÁRIO) Uma empresa pública atua em um ambiente estável e adota estratégia conservadora e defensiva. Nesse contexto, a estratégia de recursos humanos relativa ao treinamento e desenvolvimento de pessoas deve estar voltada para a construção de competências com foco no longo prazo e na sustentação da eficiência dos processos.

São abordagens de treinamento alinhadas à estratégia conservadora e defensiva:

a) treinamento no cargo; treinamento genérico para a flexibilidade.

b) treinamento externo; treinamento em equipe.

c) treinamento no cargo; treinamento individualizado.

d) treinamento específico; treinamento externo para a inovação.

e) treinamento externo e interno; treinamento genérico para a flexibilidade

Há dois tipos de estratégias de treinamento:

1- Estratégia Conservadora e Defensiva

- Treinamento individual;

- Treinamento no cargo;

- Treinamento específico;

- Comparar habilidades.

2- Estratégia Prospectiva e Ofensiva

- Treinamento em equipe;

- Treinamento externo;

- Treinamento genérico para flexibilidade;

- Construir habilidades.

Portanto, a alternativa correta é a C.

GABARITO: C.

67. (FGV – 2021 – TJ/RO – TÉCNICO JUDICIÁRIO) Em uma organização, o mapeamento de competências apontou a necessidade de desenvolver nos gerentes a competência "comunicação", envolvendo as capacidades "conhecimentos de língua portuguesa"; "disposição para oferecer *feedback*" e "interesse e atenção ao interlocutor". A direção da organização quer que o desenvolvimento dessa competência seja priorizado nos processos de treinamento e desenvolvimento.

Tendo em vista as capacidades que precisam ser desenvolvidas, são formas de treinamento adequadas:

a) ensino a distância; atribuição de projetos; *coaching*.

b) treinamento em sala de aula; *coaching*; treinamentos experienciais.

c) treinamentos experienciais; treinamento no cargo; ensino a distância.

d) mentoria; ensino a distância; treinamento em sala de aula.

e) treinamento no cargo; exercícios de simulação de papéis; *coaching*.

A comunicação está relacionada a saber estabelecer as relações interpessoais, saber se expressar com os pares, superiores e subordinados, ou seja, requer uma competência/habilidade humana para se estabelecer bons relacionamentos com outras pessoas.

1- Conhecimento em língua portuguesa: treinamento em sala de aula.

2- Disposição para oferecer feedback: coaching.

3- Interesse e atenção ao interlocutor: treinamentos experienciais (envolve os interlocutores através de recursos interativos, visuais, auditivos, dentre outros).

Portanto, a alternativa correta é a B.

GABARITO: B.

Texto para as próximas 11 questões.

1   *Amélia, 80, interrompe sonho de ter vaga na universidade para comprar geladeira. Amélia Pires fará 80 anos em 6 de dezembro um pouco mais distante de seu sonho. Há anos faz o exame vestibular para o curso de administração.*

2   *Mas este ano teve de desistir. A geladeira estava imprestável, e o dinheiro da inscrição – ajuda de um sobrinho – foi usado para pagar a prestação de uma nova. (Cotidiano, 24 de novembro de 2008)*

3   *Não foi uma decisão fácil, como se pode imaginar. Curso de administração ou geladeira? A favor de ambas as coisas, o curso e a geladeira, havia argumentos.*

4   *O curso era algo com que sonhava havia muito tempo, desde jovem, para dizer a verdade. Primeiro, porque era uma fervorosa admiradora da atividade em si, da administração. Organizar as coisas, fazer com que funcionem, levar uma empresa ao sucesso, mesmo em épocas de crise, sobretudo em épocas de crise, parecia-lhe um objetivo verdadeiramente arrebatador. Com o curso, ela poderia tornar-se, mesmo com idade avançada, numa daquelas dinâmicas executivas cuja foto via em jornais e em revistas.*

5   *Mas a geladeira... A verdade é que ela precisava de uma geladeira nova. A antiga estava estragada, e tão estragada que o homem do conserto a aconselhara a esquecer "aquele traste" e partir para algo mais moderno. E isso precisava ser feito com urgência: todos os dias estava jogando fora comida que estragara por causa do inconfiável eletrodoméstico.*

6   *Era o curso ou a geladeira. Era apostar no futuro ou resolver os problemas do presente. Ou se inscrevia na universidade ou pagava a prestação na loja: tinha de escolher. Dilema penoso. Durante duas noites não dormiu, fazendo a si própria cálculos e ponderações. "Faça o curso", sussurrava-lhe ao ouvido uma vozinha, "você será outra pessoa, uma pessoa com conhecimento, com dignidade, uma pessoa que todos respeitarão". E aí intervinha outra vozinha: "Deixe de bobagens, querida. Geladeira é comida, e comida é o que importa. Como é que você vai se alimentar se a comida continuar estragando desse jeito? Seja prática." Duas vozinhas. Anjinho e diabinho? Nesse caso, qual era a voz do anjinho, qual a do diabinho? Mistério.*

7   *Na manhã do terceiro dia sentiu um mau cheiro insuportável, vindo da cozinha. Foi até lá, abriu a geladeira e, claro, era a carne que simplesmente tinha apodrecido.*

8   *Foi a gota d'água. Vestiu-se, foi até a loja, e comprou a geladeira nova. Que lhe foi entregue naquele mesmo dia. Era uma bela geladeira, com muitos dispositivos que ela mal conhecia. "Vou ter de fazer um curso para aprender a operar essa coisa", disse ao homem da entrega. Ele concordou: "Sempre é bom fazer cursos".*

9   *Instalada a geladeira, ela tratou de colocar ali os alimentos e as bebidas. Foi então que encontrou a garrafa de champanhe. O champanhe que tinha comprado para celebrar com os vizinhos a sua entrada na universidade. Suspirou. O que fazer com aquilo, agora? Dar de presente para o sobrinho que a ajudara com o dinheiro da inscrição?*

10   *Resolveu guardar a garrafa. Bem no fundo da geladeira. Um dia ela ainda ingressaria no curso de administração, um dia brindaria a seu futuro. Era só questão de esperar. Sem medo: uma boa geladeira conserva qualquer champanhe.*

(Adaptado de: SCLIAR, Moacyr. O futuro na geladeira. *Folha de S.Paulo,* 01.12.2008)

68. (FCC – 2021 – TJ/SC – TÉCNICO JUDICIÁRIO AUXILIAR) A expressão *Dilema* penoso (6º parágrafo) estabelece uma relação de oposição com a seguinte expressão:

a) dinâmicas executivas (4º parágrafo).

b) fervorosa admiradora (4º parágrafo).

c) decisão fácil (3º parágrafo).
d) cheiro insuportável (7º parágrafo).
e) inconfiável eletrodoméstico (5º parágrafo).

O autor diz que era um dilema penoso para Amélia escolher entre cursar Administração ou comprar a geladeira. Isso parecia ser uma decisão fácil, mas, para ela, não era. Esse dilema era penoso, extenuante, difícil.

Perceba que há uma relação de oposição entre a decisão ser fácil e o dilema, ser penoso (fácil x penoso, difícil → relação opositiva).

GABARITO: C.

69. (FCC – 2021 – TJ/SC – TÉCNICO JUDICIÁRIO AUXILIAR) Em *Organizar as coisas, fazer com que funcionem, levar uma empresa ao sucesso, mesmo em épocas de crise, sobretudo em épocas de crise, parecia-lhe um objetivo verdadeiramente* arrebatador (4º parágrafo), o termo sublinhado pode ser substituído, sem prejuízo para o sentido, por:
    a) implacável.
    b) sedutor.
    c) sistemático.
    d) desolador.
    e) maçante.

Arrebatador é algo que cativa, encanta, atrai.

A: Incorreta. Que não se pode aplacar, atenuar.

B: Correta. Que seduz, atrai, encanta.

C: Incorreta. Que segue um sistema.

D: Incorreta. Que provoca desolação.

E: Incorreta. Que aborrece.

GABARITO: B.

70. (FCC – 2021 – TJ/SC – TÉCNICO JUDICIÁRIO AUXILIAR) *uma pessoa com conhecimento, com dignidade, uma pessoa* que *todos respeitarão* (6º parágrafo)
Era uma bela geladeira, com muitos dispositivos que *ela mal conhecia* (8º parágrafo)
Os termos destacados referem-se, respectivamente, a:
    a) *pessoa* e *ela.*
    b) *todos* e *geladeira.*
    c) *todos* e *dispositivos.*
    d) *pessoa* e *geladeira.*
    e) *pessoa* e *dispositivos.*

Os termos sublinhados são pronomes relativos, ou seja, pronomes que recuperam o termo dito anteriormente.

"uma pessoa com conhecimento, com dignidade, uma pessoa que (a qual - todos respeitarão essa pessoa - refere-se à pessoa) todos respeitarão. Era uma bela geladeira, com muitos dispositivos que (os quais - ela mal conhecia muitos dispositivos - refere-se a dispositivos) ela mal conhecia.

GABARITO: E.

71. (FCC – 2021 – TJ/SC – TÉCNICO JUDICIÁRIO AUXILIAR) Está empregada em sentido figurado a expressão sublinhada em:
    a) *Foi a* gota d'água (8º parágrafo)
    b) *Bem no* fundo da geladeira (10º parágrafo)
    c) *sobretudo em* épocas de crise (4º parágrafo)
    d) *mesmo com* idade avançada (4º parágrafo)
    e) *resolver os* problemas do presente (6º parágrafo)

Na oração "Foi a gota d'água", a expressão em destaque está no sentido conotativo (figurado). A expressão "gota d'água" não se refere literalmente a um gota de água, mas sim a um fato que foi decisivo para que algo acontecesse. As demais assertivas possuem sentido denotativo (dicionário).

GABARITO: A.

72. (FCC – 2021 – TJ/SC – TÉCNICO JUDICIÁRIO AUXILIAR) Em *O champanhe que tinha comprado* para celebrar com os vizinhos a sua entrada na universidade (9º parágrafo), o trecho sublinhado exprime ideia de:
    a) conclusão.
    b) condição.
    c) causa.
    d) consequência.
    e) finalidade.

"O champanhe que tinha comprado para (a fim de, com finalidade de) celebrar com os vizinhos a sua entrada na universidade." O trecho em destaque exprime ideia de finalidade.

GABARITO: E.

73. (FCC – 2021 – TJ/SC – TÉCNICO JUDICIÁRIO AUXILIAR) Verifica-se a ocorrência de voz passiva no seguinte trecho:
    a) *A verdade é que ela precisava de uma geladeira nova.*
    b) *o dinheiro da inscrição [...] foi usado para pagar a prestação de uma nova.*
    c) *Amélia, 80, interrompe sonho de ter vaga na universidade.*
    d) *Mas este ano teve de desistir.*
    e) *O curso era algo com que sonhava havia muito tempo.*

Voz passiva = VTD + se / ser + particípio.

A: Incorreta. A verdade é (verbo de ligação) que ela precisava (voz ativa) de uma geladeira nova.

B: Correta. O dinheiro da inscrição [...] *foi usado* (ser + particípio - voz passiva) para pagar a prestação de uma nova.

C: Incorreta. Amélia, 80, interrompe (voz ativa) o sonho de ter vaga na universidade.

D: Incorreta. Mas este ano teve de desistir (voz ativa).

E: Incorreta. O curso era (verbo de ligação) algo com que sonhava havia (verbo impessoal) muito tempo.

GABARITO: B.

74. (FCC – 2021 – TJ/SC – TÉCNICO JUDICIÁRIO AUXILIAR) Retoma um termo mencionado anteriormente no texto a palavra sublinhada em:
    a) *Vestiu-se, foi até* a *loja, e comprou a geladeira nova* (8º parágrafo).
    b) *Durante duas noites não dormiu, fazendo* a *si própria cálculos e ponderações* (6º parágrafo).
    c) *A antiga estava estragada, e tão estragada que o homem do conserto a aconselhara* a *esquecer "aquele traste"* (5º parágrafo).
    d) *Dar de presente para o sobrinho que* a *ajudara com o dinheiro da inscrição?* (9º parágrafo).
    e) *Foi até lá, abriu a geladeira e, claro, era* a *carne que simplesmente tinha apodrecido* (7º parágrafo).

A: Incorreta. O artigo "a" é o determinante do termo "loja" e não retoma um termo mencionado anteriormente.

B e C: Incorretas. A preposição "a" foi usada em decorrência da transitividade verbal.

QUESTÕES COMENTADAS

D: Correta. O pronome oblíquo átono "a" promove a retomada do termo "Amélia".

E: Incorreta. O artigo "a" é o determinante do termo "carne" e não retoma um termo mencionado anteriormente.

GABARITO: D.

75. **(FCC – 2021 – TJ/SC – TÉCNICO JUDICIÁRIO AUXILIAR)** Mantendo o sentido original, o trecho "*Faça o curso*", *sussurrava-lhe ao ouvido uma vozinha* (6º parágrafo) assume a seguinte redação em discurso indireto:
    a) Uma vozinha sussurrava-lhe ao ouvido: que faça o curso.
    b) Uma vozinha sussurrou-lhe ao ouvido: – Faça o curso.
    c) Uma vozinha sussurrava-lhe ao ouvido que fizesse o curso.
    d) Uma vozinha que lhe sussurrava ao ouvido disse que fará o curso.
    e) Uma vozinha ao sussurrar-lhe ao ouvido disse que fizera o curso.

Discurso indireto: "Uma vozinha sussurrava-lhe ao ouvido que fizesse o curso" – verbo no pretérito imperfeito do indicativo (sussurrava) relacionado ao verbo no pretérito imperfeito do subjuntivo (fizesse).

GABARITO: C.

76. **(FCC – 2021 – TJ/SC – TÉCNICO JUDICIÁRIO AUXILIAR)** Verifica-se a supressão de um substantivo que pode ser inferido pelo contexto no seguinte trecho:
    a) *O dinheiro da inscrição – ajuda de um sobrinho – foi usado para pagar a prestação de uma nova.* (2º parágrafo).
    b) *Como é que você vai se alimentar se a comida continuar estragando desse jeito?* (6º parágrafo).
    c) *A favor de ambas as coisas, o curso e a geladeira, havia argumentos.* (3º parágrafo).
    d) *Não foi uma decisão fácil, como se pode imaginar* (3º parágrafo).
    e) *O homem do conserto a aconselhara a esquecer "aquele traste"* (5º parágrafo).

A: Correta. De acordo com o texto, no 2º parágrafo é possível inferir que o dinheiro será usado para pagar a prestação da geladeira (termo suprimido).

B: Incorreta. O termo "comida" está especificado.

C: Incorreta. Os substantivos "o curso e a geladeira" foram especificados por meio de um aposto.

D: Incorreta. O que não foi fácil? A decisão – termo especificado.

E: Incorreta. "Aquele traste" refere-se à geladeira, logo o termo não está suprimido.

GABARITO: A.

77. **(FCC – 2021 – TJ/SC – TÉCNICO JUDICIÁRIO AUXILIAR)** Confere sentido hipotético ao enunciado o verbo sublinhado em:
    a) A verdade é que ela precisava de uma geladeira nova (5º parágrafo).
    b) Um dia ela ainda ingressaria no curso de administração (10º parágrafo).
    c) Na manhã do terceiro dia sentiu um mau cheiro insuportável (7º parágrafo).
    d) Todos os dias estava jogando fora comida que estragara (5º parágrafo).
    e) Ela tratou de colocar ali os alimentos e as bebidas (9º parágrafo).

A: Incorreta. O verbo de ligação é está no presente.

B: Correta. Apresenta uma hipótese, ou seja, nesta frase, o tempo verbal está no futuro do pretérito.

C: Incorreta. *Sentiu* está no passado.

D: Incorreta. A ação está no pretérito já concluído.

E: Incorreta. Está no pretérito perfeito, ou seja, uma ação já acabada.

GABARITO: B.

78. **(FCC – 2021 – TJ/SC – TÉCNICO JUDICIÁRIO AUXILIAR)** A forma verbal em negrito deve sua flexão ao termo sublinhado em:
    a) *Foi* a gota d'água. (8º parágrafo)
    b) Mas este ano *teve* de desistir. (2º parágrafo)
    c) A favor de ambas as coisas, o curso e a geladeira, *havia* argumentos. (3º parágrafo)
    d) Foi então que *encontrou* a garrafa de champanhe. (9º parágrafo)
    e) E aí *intervinha* outra vozinha. (6º parágrafo)

A: Incorreta. O verbo *ser* não está concordando com o termo *a gota d'água*, mas com um pronome oculto que retoma a ideia anterior.

B: Incorreta. *Este ano* é um adjunto adverbial de tempo.

C: Incorreta. O verbo *haver* não possui sujeito e, por isso, não há concordância. Logo, o termo sublinhado é um adjunto adnominal do termo *argumentos*.

D: Incorreta. O sujeito de *encontrou* é o pronome *ela* que está em elipse.

E: Correta. *Outra vozinha* é o sujeito de intervinha.

GABARITO: E.

79. **(FCC – 2021 – TJ/SC – TÉCNICO JUDICIÁRIO AUXILIAR)** Ela tomou a decisão __I__ pouco tempo. Chegou __II__ conclusão de que não valia __III__ pena adiar a compra da geladeira.

    Em conformidade com a norma-padrão da língua portuguesa, as lacunas I, II e III do texto devem ser preenchidas, respectivamente, por:
    a) há – à – a.
    b) há – à – à.
    c) a – à – a.
    d) há – a – a.
    e) a – à – à.

Ela tomou a decisão há (tempo passado) pouco tempo. Chegou (quem chega, chega a algum lugar – VTI) à conclusão de que não valia (vale alguma coisa – VTD) a pena adiar a compra da geladeira.

GABARITO: A.

80. **(FCC – 2021 – TJ/SC – TÉCNICO JUDICIÁRIO AUXILIAR)** Observe, a seguir, os três triângulos formados por 7 palitos de fósforo. Lúcia quer construir uma faixa horizontal de 120 triângulos, seguindo a mesma regra de construção da figura.

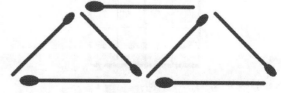

O número de palitos que Lúcia precisará para isso é:
a) 239.
b) 238.

c) 242.
d) 240.
e) 241.

Considerando o primeiro triângulo, foram necessários 3 palitos, para o próximo triângulo, se aproveita o palito do primeiro para compor um lado.

Sendo assim, os próximos triângulos serão construídos usando o lado do triângulo anterior + 2 palitos. Se Lúcia quer construir uma fileira com 120 palitos, ela usará para a primeira fileira, 3 palitos e para os próximos 119 triângulos, somente 2 em cada. Sendo assim:

$1 \cdot 3 + 199 \cdot 2$

$3 + 238 = 241$ palitos.

GABARITO: E.

81. (FCC – 2021 – TJ/SC – TÉCNICO JUDICIÁRIO AUXILIAR) Um tabuleiro de Sudoku de dimensão 4 é um quadrado 4 × 4 subdividido em quatro quadrados 2 × 2 demarcados. Observe na figura a seguir um tabuleiro desse tipo parcialmente preenchido.

X	3	1	4
Y	2	3	
3			Z

82. Para terminar de preenchê-lo, é preciso colocar os números de 1 a 4, sem repetição, em cada linha, em cada coluna e em cada quadrado 2 × 2 demarcado. Preenchido corretamente o tabuleiro na figura, obtém-se que X + Y + Z é igual a:
    a) 10.
    b) 9.
    c) 7.
    d) 8.
    e) 6.

Para encontrar X + Y + Z, precisamos preencher todas as colunas e linhas nos quadrados 2 x 2 com os números de 1 a 4, porém, sem repetir nenhum. Portanto:

₂X	3	1	4
1	4	1	4
₄Y	2	3	1
3	1	4	₂Z

Portanto, X + Y + Z = 2 + 4 + 2 = 8.

GABARITO: D

83. (FCC – 2021 – TJ/SC – TÉCNICO JUDICIÁRIO AUXILIAR) Considere um dado padrão, isto é, um cubo cujas faces estão numeradas com os números 1, 2, 3, 4, 5 e 6, de modo que a soma dos números em quaisquer duas faces opostas seja igual a 7. Se, após o lançamento do dado sobre uma mesa, a face com o número 6 está voltada para cima, então a soma dos números nas faces visíveis é:
    a) 20.
    b) 19.
    c) 17.
    d) 18.
    e) 15.

De acordo com a questão, a soma das faces opostas de um cubo de 1 a 6 é igual a 7.

Depois de ter sido lançado para cima, ele cai sobre a mesa com o número 6 virado para cima. Assim, a parte que está escondida é o número 1, já que 6 + 7 = 1.

Então, a soma das partes visíveis será:

$2 + 3 + 4 + 5 + 6 = 20$.

GABARITO: A.

84. (FCC – 2021 – TJ/SC – TÉCNICO JUDICIÁRIO AUXILIAR) Adão, Beto e Celso são casados com Ana, Bella e Clara, e atuam como advogado, engenheiro e matemático, não necessariamente nas ordens mencionadas. Sabe-se que Beto não é casado com Ana; Adão não é matemático e é casado com Clara. Além disso, o advogado é casado com Bella. É correto afirmar que:
    a) Clara é casada com o advogado.
    b) Ana é casada com o matemático.
    c) Celso é casado com Bella.
    d) Adão é advogado.
    e) Beto é engenheiro.

Beto não é casado com Ana, Adão é casado com Clara, então Beto é casado com Bella. Assim sendo, Celso é casado com Ana.

Sabemos que o advogado é casado com Bella, portanto, Beto é o advogado. Sabemos também que Adão não é matemático, então Adão é engenheiro. Sendo assim, Celso é matemático.

Portanto, Adão é casado com Clara e é engenheiro; Beto é casado com Bella e é advogado; Celso é casado com Ana e é matemático.

GABARITO: B.

85. (FCC – 2021 – TJ/SC – TÉCNICO JUDICIÁRIO AUXILIAR) Foi perguntado às 200 crianças de uma escola infantil qual é o seu sabor favorito de sorvete. Os resultados encontram-se no gráfico de setores a seguir.

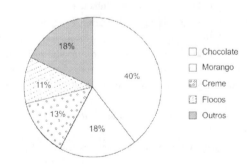

É correto afirmar que:
a) menos de 105 crianças preferem creme ou chocolate.

QUESTÕES COMENTADAS

b) menos de 100 crianças preferem chocolate ou morango.

c) mais de 20 crianças preferem creme.

d) mais de 90 crianças preferem chocolate.

e) menos de 20 crianças preferem flocos.

A: Incorreta. De acordo com o gráfico, 13% das crianças preferem creme, e 40% preferem chocolate. Somando isso teremos 53% das crianças preferem creme ou chocolate. Sendo assim:

$$53\% \text{ de } 200 = \frac{53}{100} \cdot 200 = 106 \text{ crianças.}$$

Portanto, menos de 105 crianças preferem creme ou chocolate.

B: Incorreta. Com base no gráfico, 40% das crianças preferem chocolate e 18% preferem morango, portanto, 58% preferem chocolate ou morango. 58% já é mais da metade, e se existem 200 crianças, 58% será mais de 100 crianças.

C: Correta. De acordo com o gráfico, 13% das crianças preferem creme. Portanto, o número de crianças que preferem creme será de:

13% de 200

$$\frac{13}{100} \cdot 200 = 26 \text{ crianças. Portanto, mais de 20 crianças preferem creme.}$$

D: Incorreta. Pelo gráfico, 40% das crianças preferem chocolate. Sendo assim:

$$40\% \text{ de } 200 = \frac{40}{100} \cdot 200 = 80 \text{ crianças.}$$

E: Incorreta. Pelo que vemos no gráfico, 11% das crianças preferem flocos, então:

$$11\% \text{ de } 200 = \frac{11}{100} \cdot 200 = 22 \text{ crianças.}$$

Portanto, menos de 20 crianças preferem flocos.

GABARITO: C.

86. (FCC – 2021 – TJ/SC – TÉCNICO JUDICIÁRIO AUXILIAR) João tem quinze anos e é pessoa com deficiência. João dirigiu-se à autoridade policial competente e alegou ter sofrido violência, pois seu genitor, em sua residência, intencionalmente e de forma negligente, deixou de lhe fornecer vestimentas, de prestar cuidados com higiene e cuidados escolares, o que lhe causou sofrimento psicológico. De acordo com a Lei nº 13.146/2015, a conduta narrada:

a) não caracteriza violência contra a pessoa com deficiência, pois para tanto é necessário que a violência cause morte ou dano físico.

b) não caracteriza violência contra a pessoa com deficiência, pois esta pressupõe conduta ativa, o que não ocorreu na hipótese.

c) caracteriza violência contra a pessoa com deficiência, por preencher os requisitos legais.

d) caracteriza violência contra a pessoa com deficiência, pois, apesar de a Lei nº 13.146/2015 não trazer os requisitos para a sua configuração, qualquer conduta negligente configura a violência.

e) não caracteriza violência contra a pessoa com deficiência, pois para a configuração dessa conduta específica é necessário que seja praticada em local público.

O gabarito é a alternativa C; está caracterizada a violência contra a pessoa com deficiência, por subsunção do art. 26 da Lei nº 13.146/2015 à omissão perpetrada contra João:

Art. 26 Os casos de suspeita ou de confirmação de violência praticada contra a pessoa com deficiência serão objeto de notificação compulsória pelos serviços de saúde públicos e privados à autoridade policial e ao Ministério Público, além dos Conselhos dos Direitos da Pessoa com Deficiência.

Parágrafo único. Para os efeitos desta Lei, considera-se violência contra a pessoa com deficiência qualquer ação ou omissão, praticada em local público ou privado, que lhe cause morte ou dano ou sofrimento físico ou psicológico.

GABARITO: C.

87. (FCC – 2021 – TJ/SC – TÉCNICO JUDICIÁRIO AUXILIAR) O semáforo com aviso sonoro auxilia na travessia segura das pessoas com deficiência visual. Nos termos específicos da Lei nº 10.098/2000, trata-se de exemplo de:

a) barreira urbanística.

b) desenho universal.

c) elemento de urbanização.

d) mobiliário urbano.

e) ajuda técnica.

O semáforo com aviso sonoro auxilia na travessia segura das pessoas com deficiência visual. Nos termos específicos da Lei nº 10.098/2000, trata-se de exemplo de mobiliário urbano.

A definição do art. 2º, VII, da Lei nº 10.098/2000, estabelece normas gerais e critérios básicos para a promoção da acessibilidade das pessoas portadoras de deficiência ou com mobilidade reduzida, com a redação dada pela Lei Brasileira de Inclusão da Pessoa com Deficiência (Lei nº 13.146/2015):

Art. 2º Para os fins desta Lei são estabelecidas as seguintes definições:

VII – mobiliário urbano: conjunto de objetos existentes nas vias e nos espaços públicos, superpostos ou adicionados aos elementos de urbanização ou de edificação, de forma que sua modificação ou seu traslado não provoque alterações substanciais nesses elementos, tais como semáforos, postes de sinalização e similares, terminais e pontos de acesso coletivo às telecomunicações, fontes de água, lixeiras, toldos, marquises, bancos, quiosques e quaisquer outros de natureza análoga. (Incluído pela Lei nº 13.146, de 2015)

GABARITO: D.

88. (FCC – 2021 – TJ/SC – TÉCNICO JUDICIÁRIO AUXILIAR) Analise as seguintes situações:

I. Uma chuva torrencial provocou enchente em bairro da Cidade, e constatou-se que o sistema de drenagem pluvial não sofria manutenção há meses.

II. Um policial envolve-se em troca de tiros com assaltantes e acaba baleando um pedestre que passava próximo ao local.

Considerando as teorias vigentes sobre responsabilidade extracontratual do Estado e no entendimento dominante da doutrina e jurisprudência:

a) na situação I, haverá responsabilidade estatal na modalidade subjetiva, com base na teoria da falta do serviço, uma vez patenteado o mau funcionamento do serviço que deveria evitar ou minorar o evento danoso.

b) em ambas as situações será aplicado o regime de responsabilidade objetiva, baseado na teoria do risco administrativo.

c) na situação I, o ente estatal não será responsabilizado, pois se trata de situação de força maior, não imputável à atuação do Poder Público.

d) em ambas as situações será aplicado o regime de responsabilidade subjetiva, desde que comprovada a culpa dos agentes públicos envolvidos nas atividades.

e) na situação II, o ente estatal não será responsabilizado, pois o nexo causal decorreu de comportamento de terceiro, no caso, o assaltante.

A: Correta. A responsabilidade do Estado, por omissão, em regra será subjetiva.

B: Incorreta. No caso da omissão estatal genérica a responsabilidade será subjetiva, de acordo com a doutrina majoritária.

C: Incorreta. O Estado poderá ser responsabilizado pela falta da prestação do serviço.

D: Incorreta. Nos casos de condutas comissivas de agentes públicos que causem dano a terceiros, a responsabilidade do Estado é objetiva.

E: Incorreta. A responsabilidade do Estado não pode ser afastada.

GABARITO: A.

89. **(FCC – 2021 – TJ/SC – TÉCNICO JUDICIÁRIO AUXILIAR)** Sobre as características de entidades da administração indireta, considere:

    I. Sempre terão personalidade de direito público.

    II. Poderão assumir personalidade de direito público ou de direito privado, a depender de sua lei de instituição/autorização.

    As características I e II correspondem, respectivamente, às figuras:
    a) agência executiva e agência reguladora.
    b) empresa pública e sociedade de economia mista.
    c) autarquia e consórcio público.
    d) agência e empresa pública.
    e) fundação governamental e autarquia.

I – O primeiro item corresponde a autarquia. Tal característica está expressa no art. 41, IV, do Código Civil:

Art. 41 São pessoas jurídicas de direito público interno:

IV - as autarquias, inclusive as associações públicas.

II – O segundo item corresponde aos consórcios públicos, os quais podem assumir personalidade pública ou privada, veja o que determina o art. 6º da Lei nº 11.107/2005:

Art. 6º O consórcio público adquirirá personalidade jurídica:

I – de direito público, no caso de constituir associação pública, mediante a vigência das leis de ratificação do protocolo de intenções;

II – de direito privado, mediante o atendimento dos requisitos da legislação civil.

GABARITO: C.

90. **(FCC – 2021 – TJ/SC – TÉCNICO JUDICIÁRIO AUXILIAR)** Nos termos da Constituição Federal de 1988, o poder regulamentar é:
    a) a faculdade conferida ao Supremo Tribunal Federal para complementar as leis por meio de Súmulas Vinculantes.
    b) conferido ao Chefe do Poder Executivo para sancionar ou vetar as leis.
    c) a competência que os Estados e Municípios têm para suplementar a legislação nacional.
    d) sujeito a controle pelo Poder Legislativo, que poderá sustar os atos normativos do Poder Executivo que sejam considerados exorbitantes.
    e) concedido exclusivamente ao Senado Federal, que o exerce por meio de suas comissões.

O Poder Regulamentar é a prerrogativa conferida à Administração Pública de editar atos gerais para complementar as leis e possibilitar sua efetiva aplicação. Seu alcance é apenas de norma complementar à lei; não pode, pois, a Administração, alterá-la a pretexto de estar regulamentando-a (Alexandre Magno Fernandes).

GABARITO: D.

91. **(FCC – 2021 – TJ/SC – TÉCNICO JUDICIÁRIO AUXILIAR)** Nos termos da Constituição Federal de 1988 e do Estatuto dos Servidores Públicos Civis do Estado de Santa Catarina, o instituto da disponibilidade remunerada:
    a) é inconstitucional, por caracterizar hipótese de enriquecimento sem causa.
    b) é aplicável a quaisquer servidores estatutários, seja qual for a natureza do provimento.
    c) não afasta a aplicação das normas sobre acumulação remunerada e respectivas exceções.
    d) impede a aposentadoria do servidor, que deve aguardar eventual aproveitamento para requerimento de passagem à inatividade.
    e) é uma penalidade disciplinar, aplicável aos servidores que estejam em estágio probatório.

O servidor em disponibilidade encontra-se subordinado às vedações constitucionais de acumulação de cargos e empregos públicos (art. 37, incisos XVI e XVII e art. 38, CF/1988). Isso é reforçado pelo fato de que tanto a Constituição Federal quanto a Carta Catarinense vedam a acumulação de juízes e procuradores, ainda que em disponibilidade, exceto com o exercício do magistério.

GABARITO: C.

92. **(FCC – 2021 – TJ/SC – TÉCNICO JUDICIÁRIO AUXILIAR)** A propósito do Sistema de Registro de Preços, a Lei nº 8.666/1993:
    a) determina a validade dos preços pelo prazo de dezoito meses.
    b) exige que os preços sejam publicados trimestralmente, na imprensa oficial.
    c) obriga a Administração a celebrar o contrato com o participante que ofereceu o menor preço.
    d) proíbe o uso de tal sistema para serviços, somente podendo ser utilizado para compras.
    e) impõe a adoção da modalidade tomada de preços para a seleção dos preços registrados.

A: Incorreta. De acordo com o § 3º, III, do art. 15 da Lei nº 8.666/1993, a validade dos preços no sistema de registro de preços é de um ano.

B: Correta. De acordo com o § 2º do art. 15, da Lei nº 8.666/1993 os preços serão publicados trimestralmente na imprensa oficial.

C: Incorreta. A Administração poderá adotar outros critérios de julgamento.

D: Incorreta. A lei não proíbe expressamente o uso do registro de preços na contratação de serviços.

E: Incorreta. De acordo com o § 3º, I, do art. 15, da Lei nº 8.666/1993, a adoção da modalidade de concorrência e não da modalidade tomada de preços.

GABARITO: B.

93. **(FCC – 2021 – TJ/SC – TÉCNICO JUDICIÁRIO AUXILIAR)** A adoção de medidas provisórias pelo Presidente da República, por motivo de relevância e urgência, relativas a direitos políticos e a partidos políticos é:
    a) permitida nas duas hipóteses apresentadas, situações em que tais medidas deverão ser apreciadas, conjuntamente, pelo Senado e pela Câmara dos Deputados, desde logo, em regime de urgência.
    b) permitida somente na primeira hipótese apresentada.
    c) vedada, expressamente, nas duas hipóteses apresentadas.
    d) vedada na primeira hipótese apresentada e permitida na segunda, devendo a medida, nesse caso, ser submetida de imediato ao Congresso Nacional.
    e) permitida nas duas hipóteses apresentadas, não havendo necessidade de submeter tais medidas, de imediato, ao Congresso Nacional, tendo em vista a relevância e a urgência que as justificam.

QUESTÕES COMENTADAS

A questão aborda o tema "medida provisória" e requer conhecimento acerca das hipóteses de cabimento e vedações da espécie normativa. É certo que a medida provisória não pode disciplinar qualquer matéria, em virtude da existência de limitações constitucionais. Nesse sentido vejamos a previsão constitucional:

Art. 62 Em caso de relevância e urgência, o Presidente da República poderá adotar medidas provisórias, com força de lei, devendo submetê-las de imediato ao Congresso Nacional.

§ 1º É vedada a edição de medidas provisórias sobre matéria:

I - relativa a:

a) nacionalidade, cidadania, direitos políticos, partidos políticos e direito eleitoral;

b) direito penal, processual penal e processual civil;

c) organização do Poder Judiciário e do Ministério Público, a carreira e a garantia de seus membros;

d) planos plurianuais, diretrizes orçamentárias, orçamento e créditos adicionais e suplementares, ressalvado o previsto no art. 167, § 3º.

II - que vise a detenção ou sequestro de bens, de poupança popular ou qualquer outro ativo financeiro;

III - reservada a lei complementar;

IV - já disciplinada em projeto de lei aprovado pelo Congresso Nacional e pendente de sanção ou veto do Presidente da República.

Assim, conforme se observa, a Constituição Federal veda expressamente a edição de Medida Provisória sobre nacionalidade, cidadania, direitos políticos, partidos políticos e direito eleitoral (art. 62, I, § 1º).

Portanto, a adoção de medidas provisórias pelo Presidente da República, por motivo de relevância e urgência, relativas a direitos políticos e a partidos políticos é vedada, expressamente, nas duas hipóteses. Assim, a alternativa correta é a letra C. As demais alternativas estão incorretas, pois apresentam variações acerca do cabimento de uma ou outra hipótese.

GABARITO: C.

---

94. **(FCC – 2021 – TJ/SC – TÉCNICO JUDICIÁRIO AUXILIAR)** Admitida acusação contra o Presidente da República, por dois terços da Câmara dos Deputados, será ele submetido a julgamento perante o Senado Federal pela suposta prática de ato que constitui crime, ficando suspenso de suas funções após a instauração do respectivo processo. Considerando a hipótese de que o julgamento não seja concluído dentro de cento e oitenta dias, o afastamento do Presidente da República:

    a) cessará, encerrando-se, consequentemente, o processo instaurado no âmbito do Senado Federal, não se podendo mais afirmar que o Presidente da República tenha cometido infração penal comum ou crime de responsabilidade.

    b) não cessará, devendo o processo, diante da inércia do Senado, prosseguir perante o Supremo Tribunal Federal, podendo-se afirmar que, à vista do quanto acima exposto, a situação descrita trata de acusação da prática de crime de responsabilidade praticado pelo Presidente da República.

    c) não cessará, devendo o processo, diante da inércia do Senado, prosseguir perante o Supremo Tribunal Federal, ao qual caberá o julgamento do Presidente da República, podendo-se afirmar que, à vista do quanto acima exposto, a situação descrita trata de acusação da prática de infração penal comum pelo Presidente da República.

    d) cessará, sem prejuízo do regular prosseguimento do processo no Senado, podendo-se afirmar que, à vista do quanto acima exposto, a situação descrita trata de acusação da prática de infração penal comum pelo Presidente da República.

    e) cessará, sem prejuízo do regular prosseguimento do processo no Senado, podendo-se afirmar que, à vista do quanto acima exposto, a situação descrita trata de acusação da prática de crime de responsabilidade pelo Presidente da República.

A questão exige conhecimento acerca da responsabilização do Presidente da República por crimes de responsabilidade e infração comum. Nesse sentido, vejamos a previsão constitucional:

Art. 52 Compete privativamente ao Senado Federal:

I - processar e julgar o Presidente e o Vice-Presidente da República nos crimes de responsabilidade, bem como os Ministros de Estado e os Comandantes da Marinha, do Exército e da Aeronáutica nos crimes da mesma natureza conexos com aqueles.

Art. 86 Admitida a acusação contra o Presidente da República, por dois terços da Câmara dos Deputados, será ele submetido a julgamento perante o Supremo Tribunal Federal, nas infrações penais comuns, ou perante o Senado Federal, nos crimes de responsabilidade.

§ 2º Se, decorrido o prazo de cento e oitenta dias, o julgamento não estiver concluído, cessará o afastamento do Presidente, sem prejuízo do regular prosseguimento do processo.

Art. 102 Compete ao Supremo Tribunal Federal, precipuamente, a guarda da Constituição, cabendo-lhe:

I - processar e julgar, originariamente:

b) nas infrações penais comuns, o Presidente da República, o Vice-Presidente, os membros do Congresso Nacional, seus próprios Ministros e o Procurador-Geral da República.

A: Incorreta. O afastamento do Presidente da República cessará, contudo, o processo instaurado no âmbito do Senado Federal prosseguirá até ulteriores termos. Ademais, ao contrário da alternativa, pode-se afirmar que se trata de crime de responsabilidade, pois a acusação foi admitida por dois terços da Câmara dos Deputados, sendo, então, o Presidente submetido a julgamento pelo Senado Federal.

B: Incorreta. De fato, a situação apresentada trata-se de acusação da prática de crime de responsabilidade por parte do Presidente da República. Entretanto, o afastamento cessará, prosseguindo-se o processo instaurado perante o Senado Federal.

C: Incorreta. Seria o caso de julgamento perante o Supremo Tribunal Federal, caso o enunciado tivesse narrado que o Presidente da República tivesse cometido infração comum. Contudo, não é o caso, tendo em vista que a questão afirma que será ele submetido a julgamento perante o Senado Federal, portanto, crime de responsabilidade.

D: Incorreta. A situação descrita no enunciado trata de acusação da prática de crime de responsabilidade, isso porque a questão afirma que foi admitida acusação contra o Presidente da República, por dois terços da Câmara dos Deputados, sendo ele submetido a julgamento perante o Senado Federal.

E: Correta. Nos termos do art. 86, § 2º, o afastamento do Presidente da República cessará, e o processo terá prosseguimento regular, diante da acusação da prática de crime de responsabilidade, tendo em vista que o procedimento foi instaurado perante o Senado Federal, conforme o enunciado.

GABARITO: E.

---

95. **(FCC – 2021 – TJ/SC – TÉCNICO JUDICIÁRIO AUXILIAR)** Quanto ao Conselho Nacional de Justiça e aos Tribunais e Juízes Eleitorais:

    a) são órgãos do Poder Judiciário, sendo que as ações contra o Conselho Nacional de Justiça serão processadas e julgadas originariamente pelo Supremo Tribunal Federal.

    b) não são órgãos do Poder Judiciário, sendo que as ações contra o Conselho Nacional de Justiça poderão ser processadas e julgadas originariamente pelo Supremo Tribunal Federal ou pelo Superior Tribunal de Justiça, conforme o caso.

    c) apenas os Tribunais Eleitorais são órgãos do Poder Judiciário, enquadrando-se o Conselho Nacional de Justiça dentre as funções essenciais à Justiça.

d) não são órgãos do Poder Judiciário, sendo que as ações contra o Conselho Nacional de Justiça serão julgadas originariamente pelo Supremo Tribunal Federal.

e) apenas o Conselho Nacional de Justiça e os Tribunais Eleitorais são órgãos do Poder Judiciário, sendo que as ações contra o Conselho Nacional de Justiça serão processadas e julgadas originariamente pelo Superior Tribunal de Justiça.

A questão requer conhecimento sobre a composição do Poder Judiciário, especialmente com relação ao que dispõe o art. 92, da CF/1988.

O Conselho Nacional de Justiça e os Tribunais e Juízes Eleitorais são órgãos do Poder Judiciário. Assim, prevê o artigo 92 da Constituição Federal:

Art. 92 São órgãos do Poder Judiciário:

I - o Supremo Tribunal Federal;

I-A - o Conselho Nacional de Justiça;

II - o Superior Tribunal de Justiça;

II-A - o Tribunal Superior do Trabalho;

III - os Tribunais Regionais Federais e Juízes Federais;

IV - os Tribunais e Juízes do Trabalho;

V - os Tribunais e Juízes Eleitorais;

VI - os Tribunais e Juízes Militares;

VII - os Tribunais e Juízes dos Estados e do Distrito Federal e Territórios.

Ademais, nos termos do art. 102, I, "r", as ações contra o Conselho Nacional de Justiça.

serão julgadas pelo Supremo Tribunal Federal processar. Veja-se:

Art. 102 Compete ao Supremo Tribunal Federal, precipuamente, a guarda da Constituição, cabendo-lhe:

I - processar e julgar, originariamente:

r) as ações contra o Conselho Nacional de Justiça e contra o Conselho Nacional do Ministério Público.

Portanto, a alternativa correta é a letra A, pois em total conformidade com a previsão constitucional.

GABARITO: A.

96. (FCC – 2021 – TJ/SC – TÉCNICO JUDICIÁRIO AUXILIAR) Jacinto, com nacionalidade originária uruguaia, mas naturalizado brasileiro, exerce, no Brasil, mandato de Deputado Federal e deseja concorrer à eleição para Presidente da Câmara dos Deputados. Nesse quadro, considerando-se apenas as informações fornecidas, Jacinto:

a) não poderá ocupar o cargo para o qual deseja se candidatar, salvo expressa previsão em lei complementar, caso em que deverá comprovar a aptidão para o seu exercício.

b) poderá ocupar o cargo para o qual deseja se candidatar, desde que não venha a ter cancelada sua naturalização, por sentença transitada em julgado.

c) não poderá ocupar o cargo para o qual deseja se candidatar e deverá ser destituído do cargo de Deputado Federal que irregularmente ocupa, porquanto ambos são cargos privativos de brasileiro nato.

d) poderá ocupar o cargo para o qual deseja se candidatar, pois não pode haver distinção entre brasileiros natos e naturalizados.

e) não poderá ocupar o cargo para o qual deseja se candidatar por não ser brasileiro nato, embora possa manter o mandato de Deputado Federal.

A: Incorreta. De fato, Jacinto não poderá ocupar o cargo para o qual deseja se candidatar, contudo, não há previsão constitucional acerca de exceção à previsão de cargos privativos de brasileiros natos por meio de lei complementar, a fim de possibilitar o exercício do cargo de Presidente da Câmara dos Deputados, tendo em vista que a Constituição Federal é expressa ao definir que se trata de cargo privativo de brasileiro nato.

B: Incorreta. Jacinto não poderá ocupar o cargo em decorrência de expressa vedação constitucional, pois o cargo é privativo de brasileiro nato.

C: Incorreta. Jacinto não poderá ocupar o cargo para o qual deseja se candidatar, mas poderá continuar no cargo de Deputado Federal, pois não é privativo de brasileiro nato, diferentemente do cargo de Presidente da Câmara dos Deputados.

D: Incorreta. Em regra, não pode haver distinção entre brasileiros natos e naturalizados, salvo aquelas decorrentes da Constituição Federal. Nesse sentido, veja-se o que dispõe a CF/1988:

Art. 12 § 2º A lei não poderá estabelecer distinção entre brasileiros natos e naturalizados, salvo nos casos previstos nesta Constituição.

Assim, considerando a distinção entre brasileiros natos e naturalizados feita pela própria Constituição Federal, Jacinto não poderá ocupar o cargo para o qual deseja se candidatar, pois é privativa de brasileiro nato.

E: Correta. Jacinto não poderá desempenhar a função de Presidente da Câmara dos Deputados, pois trata-se de cargo privativo de brasileiro nato, conforme estabelece o art. 12, § 3º, da CF/1988, porém, poderá manter seu cargo de Deputado Federal, não havendo impedimento em razão de sua condição de brasileiro naturalizado. Vejamos a previsão constitucional:

Art. 12 § 3º São privativos de brasileiro nato os cargos:

I - de Presidente e Vice-Presidente da República.

GABARITO: E.

97. (FCC – 2021 – TJ/SC – TÉCNICO JUDICIÁRIO AUXILIAR) Tibúrcio, pela primeira vez, elegeu-se, nas últimas eleições, Governador de determinado Estado e, tendo em vista o sucesso obtido com seus eleitores, deseja, nas próximas eleições gerais, candidatar-se à reeleição. Já Elza estreou na política elegendo-se a atual Prefeita de determinado Município, mas deseja, nas próximas eleições gerais, candidatar-se à Presidência da República. Considerando-se apenas os dados fornecidos no caso hipotético apresentado, Tibúrcio:

a) poderá ser reeleito para o mesmo cargo, mas Elza é obrigada a cumprir seu mandato até o fim, respeitando a vontade popular que a elegeu.

b) poderá ser reeleito para um único período subsequente, e Elza poderá candidatar-se à Presidência se renunciar ao mandato que atualmente exerce até seis meses antes do pleito.

c) e Elza poderão candidatar-se aos cargos que desejam desde que ambos renunciem aos mandatos que exercem até seis meses antes do pleito.

d) não poderá ser reeleito, pois não é permitida a reeleição para o cargo de Governador, e Elza poderá candidatar-se à Presidência se renunciar ao mandato que exerce até seis meses antes do pleito.

e) e Elza poderão candidatar-se aos cargos que desejam sem necessidade de renúncia aos respectivos mandatos.

A: Incorreta. De fato, Tibúrcio poderá ser reeleito para o mesmo cargo. Já no caso de Elza, não há previsão constitucional de que tenha que cumprir seu mandato até o fim. A única exigência para Elza concorrer ao pleito para o cargo de Presidente, é a renúncia de seu cargo até seis meses antes do pleito.

B: Correta. Tibúrcio na condição de governador em reeleição, como não está concorrendo a outro cargo não precisa renunciar, e, como é seu primeiro mandato, poderá ser reeleito para um único período subsequente.

QUESTÕES COMENTADAS

Já quanto a Elza, na condição de Prefeita, que deseja concorrer ao cargo de Presidente da República, precisará renunciar ao mandato 6 meses antes do pleito eleitoral. Trata-se da chamada desincompatibilização, regra prevista no art. 14, § 6º, da CF/1988:

Art. 14 § 6º Para concorrerem a outros cargos, o Presidente da República, os Governadores de Estado e do Distrito Federal e os Prefeitos devem renunciar aos respectivos mandatos até seis meses antes do pleito.

C: Incorreta. Somente Elza deve renunciar ao cargo que ocupa, isso porque pretende concorrer a eleição para cargo diverso.

D: Incorreta. Nos termos do art. 14, § 5º, da CF/1988, o Presidente da República, os Governadores de Estado e do Distrito Federal, os Prefeitos e quem os houver sucedido, ou substituído no curso dos mandatos poderão ser reeleitos para um único período subsequente. Assim, Tibúrcio poderá ser reeleito para o cargo que ocupa e Elza poderá candidatar-se à Presidência se renunciar ao mandato que exerce até seis meses antes do pleito.

E: Incorreta. Tibúrcio não precisará renunciar, pois pretende reeleger-se ao mesmo cargo que ocupa. Somente Elza necessitará renunciar ao cargo até seis meses antes do pleito.

GABARITO: B.

---

98. (FCC – 2021 – TJ/SC – TÉCNICO JUDICIÁRIO AUXILIAR) Considere:

I. Caio é membro do Ministério Público Federal.

II. Mustafá é membro do Ministério Público do Trabalho.

III. Dionísio é membro do Ministério Público de determinado Estado.

IV. Arnaldo é membro do Ministério Público Militar.

Sendo certo que todos ingressaram na carreira no ano 2000, à vista, somente, dos dados fornecidos:

a) a todos é vedado o percebimento, a qualquer título, de honorários e percentagens, podendo, entretanto, receber as custas processuais, na forma da lei.

b) apenas a Dionísio é vedado o exercício de qualquer outra função pública, inclusive uma de magistério.

c) apenas a Caio, Mustafá e Arnaldo é vedado o exercício da advocacia.

d) a todos é vedado participar de sociedade comercial, na forma da lei.

e) apenas a Dionísio é permitida a atividade político-partidária.

A questão requer conhecimento sobre as vedações aos membros do Ministério Público, consoante a previsão constitucional. Da análise do enunciado, extrai-se que todos os indivíduos pertencem ao Ministério Público, seja em âmbito federal ou estadual. Assim, vejamos a previsão da CF/1988:

Art. 128 O Ministério Público abrange:

I - o Ministério Público da União, que compreende:

a) o Ministério Público Federal;

b) o Ministério Público do Trabalho;

c) o Ministério Público Militar;

d) o Ministério Público do Distrito Federal e Territórios;

II - os Ministérios Públicos dos Estados.

§ 5º Leis complementares da União e dos Estados, cuja iniciativa é facultada aos respectivos Procuradores-Gerais, estabelecerão a organização, as atribuições e o estatuto de cada Ministério Público, observadas, relativamente a seus membros:

II - as seguintes vedações:

a) receber, a qualquer título e sob qualquer pretexto, honorários, percentagens ou custas processuais;

b) exercer a advocacia;

c) participar de sociedade comercial, na forma da lei;

d) exercer, ainda que em disponibilidade, qualquer outra função pública, salvo uma de magistério;

e) exercer atividade político-partidária;

f) receber, a qualquer título ou pretexto, auxílios ou contribuições de pessoas físicas, entidades públicas ou privadas, ressalvadas as exceções previstas em lei.

A: Incorreta. É vedado a todos, nos termos do art. 128, § 5º, inciso I, da CF/1988.

B: Incorreta. A todos é vedado o exercício de qualquer outra função pública, salvo uma de magistério.

C: Incorreta. A vedação do exercício da advocacia se estende a todos.

D: Correta. Conforme art. 128, § 5º, II, c.

E: Incorreta. O exercício de atividade político-partidária é vedado para todos.

GABARITO: D.

---

99. (FCC – 2021 – TJ/SC – TÉCNICO JUDICIÁRIO AUXILIAR) Sobre direitos e deveres individuais e coletivos, considere:

I. As entidades associativas têm legitimidade para representar seus filiados judicial ou extrajudicialmente, independentemente de autorização expressa.

II. No caso de iminente perigo público, a autoridade competente poderá usar de propriedade particular, assegurada ao proprietário indenização ulterior, mesmo que não haja dano, uma vez que este é presumido.

III. A prática de racismo constitui crime inafiançável e imprescritível, sujeito à pena de reclusão, nos termos da lei.

IV. Às presidiárias serão asseguradas condições para que possam permanecer com seus filhos durante o período de amamentação.

Está correto o que se afirma apenas em:

a) II e III.

b) II, III e IV.

c) III e IV.

d) I e II.

e) I e IV.

A questão requer conhecimento acerca dos direitos e deveres individuais e coletivos previstos no artigo 5º, da Constituição Federal.

I: Incorreto. Nos termos do inciso XXI, do art. 5º, é necessária expressa autorização dos filiados para representação por parte das entidades associativas:

Art. 5º XXI - as entidades associativas, quando expressamente autorizadas, têm legitimidade para representar seus filiados judicial ou extrajudicialmente.

II: Incorreto. Só há que se falar em indenização se houver dano. Nesse sentido, prevê o inciso XXV, do art. 5º, da CF/1988:

Art. 5º XXV - no caso de iminente perigo público, a autoridade competente poderá usar de propriedade particular, assegurada ao proprietário indenização ulterior, se houver dano.

III: Correto. Nos termos do art. 5º, inciso XLII, da CF/1988, a prática do racismo constitui crime inafiançável e imprescritível, sujeito à pena de reclusão, nos termos da lei.

IV: Correto. Conforme determina art. 5º, inciso L, da CF/1988, às presidiárias serão asseguradas condições para que possam permanecer com seus filhos durante o período de amamentação.

GABARITO: C.

100. (FCC – 2021 – TJ/SC – TÉCNICO JUDICIÁRIO AUXILIAR) Sobre o princípio da legalidade:

a) requer que além de prévia, a lei seja taxativa.
b) limita-se à previa definição do crime, mas a pena pode ser cominada posteriormente.
c) aplica-se a crime e contravenções penais, salvo crimes hediondos e equiparados.
d) permite a retroatividade da lei penal em caso de crime violento e sexual.
e) constitui um entrave ao combate da criminalidade violenta no Brasil.

Segundo a Constituição Federal, em seu artigo 5º, inciso XXXIX:

Art. 5º XXXIX - não há crime sem lei anterior que o defina, nem pena sem prévia cominação legal.

A taxatividade é uma consequência do princípio da legalidade e entende-se que a lei deve detalhar as características da conduta criminosa, descrever a conduta em todos os elementos.

GABARITO: A.

---

101. (FCC – 2021 – TJ/SC – TÉCNICO JUDICIÁRIO AUXILIAR) Considera-se em legítima defesa aquele que:

a) pratica o fato para salvar de perigo atual, que não provocou por sua vontade, nem podia de outro modo evitar, direito próprio ou alheio, cujo sacrifício, nas circunstâncias, não era razoável exigir-se.
b) repele injusta agressão, atual ou iminente, a direito seu ou de outrem, usando moderadamente dos meios necessários.
c) comete o fato sob coação irresistível ou em estrita obediência a ordem, não manifestamente ilegal, de superior hierárquico.
d) era, ao tempo da ação ou da omissão, por doença mental ou desenvolvimento mental incompleto ou retardado, inteiramente incapaz de entender o caráter ilícito do fato ou de determinar-se de acordo com esse entendimento.
e) desiste voluntariamente de prosseguir na execução ou impede que o resultado se produza, só responde pelos atos já praticados.

A: Incorreta. Estado de necessidade - art. 24, CP:

Art. 24 Considera-se em estado de necessidade quem pratica o fato para salvar de perigo atual, que não provocou por sua vontade, nem podia de outro modo evitar, direito próprio ou alheio, cujo sacrifício, nas circunstâncias, não era razoável exigir-se.

B: Correta. De acordo com o art. 25, CP:

Art. 25 Entende-se em legítima defesa quem, usando moderadamente dos meios necessários, repele injusta agressão, atual ou iminente, a direito seu ou de outrem.

C: Incorreta. Inexigibilidade de conduta diversa - art. 22, CP:

Art. 22 Se o fato é cometido sob coação irresistível ou em estrita obediência a ordem, não manifestamente ilegal, de superior hierárquico, só é punível o autor da coação ou da ordem.

D: Incorreta. Imputabilidade - art. 26, CP:

Art. 26 É isento de pena o agente que, por doença mental ou desenvolvimento mental incompleto ou retardado, era, ao tempo da ação ou da omissão, inteiramente incapaz de entender o caráter ilícito do fato ou de determinar-se de acordo com esse entendimento.

E: Incorreta. Desistência voluntária e arrependimento eficaz - art. 15, CP:

Art. 15 O agente que, voluntariamente, desiste de prosseguir na execução ou impede que o resultado se produza, só responde pelos atos já praticados.

GABARITO: B.

---

102. (FCC – 2021 – TJ/SC – TÉCNICO JUDICIÁRIO AUXILIAR) Sobre o regime fechado:

a) deve ser cumprido integralmente em regime fechado pelos autores de crime hediondo.
b) baseia-se na autodisciplina e senso de responsabilidade do condenado.
c) o condenado fica sujeito a trabalho em comum no período diurno, em colônia industrial.
d) a pena é cumprida em estabelecimento de segurança máxima ou média.
e) dispõe de saídas temporárias em feriados e datas festivas.

A: Incorreta. A pena será cumprida inicialmente em regime fechado.

B: Incorreta. O regime aberto baseia-se na autodisciplina e no senso de responsabilidade do condenado (art. 36, CP).

C: Incorreta. O condenado fica sujeito a trabalho em comum durante o período diurno, em colônia agrícola, industrial ou estabelecimento similar (art. 35, § 1º, CP).

D: Correta. De acordo com o CP:

Art. 33 [...]

§ 1º Considera-se:

a) regime fechado a execução da pena em estabelecimento de segurança máxima ou média.

E: Incorreta. De acordo com a Lei nº 7.210/1984:

Art. 122 Os condenados que cumprem pena em regime semi-aberto poderão obter autorização para saída temporária do estabelecimento, sem vigilância direta, nos seguintes casos:

I - visita à família;

II - frequência a curso supletivo profissionalizante, bem como de instrução do 2º grau ou superior, na Comarca do Juízo da Execução;

III - participação em atividades que concorram para o retorno ao convívio social.

GABARITO: D.

---

103. (FCC – 2021 – TJ/SC – TÉCNICO JUDICIÁRIO AUXILIAR) Configura o crime de corrupção ativa:

a) Solicitar, exigir, cobrar ou obter, para si ou para outrem, vantagem ou promessa de vantagem, a pretexto de influir em ato praticado por funcionário público no exercício da função.
b) Solicitar ou receber, para si ou para outrem, direta ou indiretamente, ainda que fora da função ou antes de assumi-la, mas em razão dela, vantagem indevida, ou aceitar promessa de tal vantagem.
c) Facilitar, com infração de dever funcional, a prática de contrabando ou descaminho.
d) Patrocinar, direta ou indiretamente, interesse privado perante a Administração pública, valendo-se da qualidade de funcionário.
e) Oferecer ou prometer vantagem indevida a funcionário público, para determiná-lo a praticar, omitir ou retardar ato de ofício.

A alternativa correta é a E. É *ipsis litteris* o art. 333, do CP:

Art. 333 Oferecer ou prometer vantagem indevida a funcionário público, para determiná-lo a praticar, omitir ou retardar ato de ofício:

Pena – reclusão, de 2 (dois) a 12 (doze) anos, e multa.

Parágrafo único - A pena é aumentada de um terço, se, em razão da vantagem ou promessa, o funcionário retarda ou omite ato de ofício, ou o pratica infringindo dever funcional.

GABARITO: E.

QUESTÕES COMENTADAS

104. (FCC – 2021 – TJ/SC – TÉCNICO JUDICIÁRIO AUXILIAR) Configura o crime de falsidade ideológica:

a) atribuir-se, ou atribuir a terceiro, falsa identidade para obter vantagem, em proveito próprio ou alheio, ou para causar dano a outrem.

b) falsificar, no todo ou em parte, documento público, ou alterar documento público verdadeiro.

c) omitir, em documento público ou particular, declaração que dele devia constar, ou nele inserir ou fazer inserir declaração falsa ou diversa da que devia ser escrita, com o fim de prejudicar direito, criar obrigação ou alterar a verdade sobre fato juridicamente relevante.

d) utilizar ou divulgar, indevidamente, com o fim de beneficiar a si ou a outrem, ou de comprometer a credibilidade do certame, conteúdo sigiloso de concurso público.

e) falsificar, no todo ou em parte, atestado ou certidão, ou alterar o teor de certidão ou de atestado verdadeiro, para prova de fato ou circunstância que habilite alguém a obter cargo público, isenção de ônus ou de serviço de caráter público, ou qualquer outra vantagem.

A: Incorreta. Traz o previsto no art. 307 do Código Penal, que descreve o crime de falsa identidade.

B: Incorreta. Traz o previsto no art. 297 do Código Penal, que descreve o crime de falsificação de documento público.

C: Correta. Traz o previsto no art. 299 do Código Penal, que descreve o crime de falsidade ideológica.

D: Incorreta. Traz o previsto no art. 311-A do Código Penal, que descreve o crime de fraudes em certames de interesse público.

E: Incorreta. Traz o previsto no art. 301, §1º do Código Penal, que descreve o crime de falsidade material.

GABARITO: C.

---

105. (FCC – 2021 – TJ/SC – TÉCNICO JUDICIÁRIO AUXILIAR) De acordo com o Código de Processo Penal, a denúncia ou a queixa serão rejeitadas quando o juiz verificar:

a) falta de justa causa para a ação penal.

b) a existência manifesta de causa excludente da ilicitude do fato.

c) que o fato narrado é atípico.

d) que está extinta a punibilidade do agente.

e) que o agente praticou os fatos em legítima defesa.

A: Correta. Nos termos do art. 395, III do Código de Processo Penal:

Art. 395 A denúncia ou queixa será rejeitada quando: [...]

III - faltar justa causa para o exercício da ação penal.

B, C, D e E: Incorretas. Elencaram causas de absolvição sumária, nos termos do art. 397, do Código de Processo Penal.

GABARITO: A.

---

106. (FCC – 2021 – TJ/SC – TÉCNICO JUDICIÁRIO AUXILIAR) Acerca da prisão em flagrante e da prisão preventiva:

a) todo cidadão tem o dever legal de prender quem quer que esteja em flagrante delito.

b) a prisão preventiva é cabível nos casos de furto simples, ainda que o acusado seja primário e de bons antecedentes.

c) a decretação da prisão preventiva será obrigatória nos casos de roubo seguido de morte.

d) a prisão preventiva, quando decretada pelo Delegado de Polícia, poderá ter sua duração de, no máximo, 30 dias, improrrogáveis.

e) denomina-se flagrante impróprio quando o agente é perseguido, logo após os fatos, por qualquer pessoa, em situação que faça presumir ser ele o autor do delito.

A: Incorreta. Qualquer do povo pode prender em flagrante. O dever legal de prender é da autoridade policial e seus agentes, nos termos do art. 301 do CPP.

B: Incorreta. A prisão preventiva é aplicável a crimes com pena máxima superior a 4 anos. O delito de furto tem pena máxima de exatamente 4 anos.

C: Incorreta. Não é obrigatória, mas uma possibilidade, nos termos do art. 312 do Código de Processo Penal.

D: Incorreta. O delegado de polícia não decreta prisão preventiva; ele pode representar por ela, mas decretar é competência da autoridade judiciária.

E: Correta. Trouxe a figura do flagrante impróprio, cuja previsão legal é o art. 302, III do Código de Processo Penal.

GABARITO: E.

---

107. (FCC – 2021 – TJ/SC – TÉCNICO JUDICIÁRIO AUXILIAR) Caberá recurso em sentido estrito da decisão, despacho ou sentença que:

a) concluir pela competência do juízo.

b) não receber a denúncia ou queixa.

c) impronunciar o réu.

d) decidir sobre a unificação de penas.

e) conceder ou negar o livramento condicional.

A: Incorreta. Cabe RESE da decisão que concluir pela *incompetência* do juízo, nos termos do art. 581, II do Código de Processo Penal.

B: Correta. Conforme o art. 581, I do CPP, caberá recurso em sentido estrito (RESE) da decisão, despacho ou sentença que não receber a denúncia ou queixa.

C: Incorreta. Contra a sentença de impronúncia caberá apelação, nos termos do art. 416 do CPP.

D: Incorreta. O recurso cabível para essa situação é o agravo de execução.

E: Incorreta. Cabe agravo de execução, pois o inciso XII do art. 581 do CPP foi tacitamente revogado pela Lei de Execução Penal, art. 197.

GABARITO: B.

---

108. (FCC – 2021 – TJ/SC – TÉCNICO JUDICIÁRIO AUXILIAR) Interposta apelação, o prazo para oferecimento das razões recursais em caso de condenação pelo crime de receptação qualificada será de:

a) 05 dias.

b) 15 dias.

c) 10 dias.

d) 08 dias.

e) 30 dias.

Nos termos do art. 600, o prazo para oferecimento das razões é de 08 (oito) dias.

Art. 600 Assinado o termo de apelação, o apelante e, depois dele, o apelado terão o prazo de oito dias cada um para oferecer razões, salvo nos processos de contravenção, em que o prazo será de três dias.

GABARITO: D.

---

109. (FCC – 2021 – TJ/SC – TÉCNICO JUDICIÁRIO AUXILIAR) Sobre a ação penal, de acordo com o Código de Processo Penal:

a) o ofendido decairá no direito de queixa ou representação se não o exercer dentro do prazo de 6 meses, contados do dia do cometimento do fato delituoso.

b) o inquérito policial é indispensável para a propositura da ação penal pública incondicionada.

c) na ação penal pública condicionada à representação, sendo esta ato personalíssimo do ofendido, a sua morte acarreta a automática extinção da punibilidade do acusado.

d) se o querelante deixar de promover seu andamento durante 15 dias seguidos, a ação penal privada restará perempta.

e) a queixa, ainda quando a ação for privativa do ofendido, poderá ser aditada pelo Ministério Público, a quem caberá intervir em todos os termos subsequentes do processo.

A: Incorreta. Conta-se o prazo a partir do dia em que se sabe quem é o autor do crime, nos termos do art. 38 do Código de Processo Penal.

B: Incorreta. Uma das características do inquérito policial é a dispensabilidade para a propositura da ação penal.

C: Incorreta. Se ocorrer a morte, o direito de representação passará ao cônjuge, ascendente, descendente ou irmão.

D: Incorreta. O prazo para restar perempta a ação penal privada é de 30 dias seguidos.

E: Correta. Trouxe na íntegra o art. 45 do Código de Processo Penal.

GABARITO: E.

110. (FCC – 2021 – TJ/SC – TÉCNICO JUDICIÁRIO AUXILIAR) O Juiz estará impedido de atuar no processo se:

a) tiver funcionado como juiz de outra instância, pronunciando-se sobre a questão dos autos.

b) for amigo íntimo ou inimigo capital de qualquer das partes do processo.

c) for credor ou devedor de qualquer das partes do processo.

d) tiver aconselhado qualquer das partes do processo.

e) for sócio de sociedade interessada no processo.

A: Correta. De fato, trata-se de caso de impedimento, nos termos do art. 252, III do Código de Processo Penal.

Art. 252 O juiz não poderá exercer jurisdição no processo em que:

III - tiver funcionado como juiz de outra instância, pronunciando-se, de fato ou de direito, sobre a questão.

B, C, D e E: Incorretas. Elencaram casos de suspeição, nos termos do art. 254, I, V, IV, VI do Código de Processo Penal.

GABARITO: A.